DICTIONNAIRE DES

COMBINAISONS DE MOTS

25, avenue Pierre-de-Coubertin, 75211 Paris Cedex 13

ISBN 978-2-84902-055-5

DICTIONNAIRE DES

COMBINAISONS DE MOTS

le Robert

Sous la direction de

DOMINIQUE LE FUR

Rédaction

YAËL FREUND

EDOUARD TROUILLEZ, MARIE DILGER, FLORENCE BOUCHON

Avec la collaboration de

SOPHIE BOURDEAU, ÉMILIE BOURGEOIS

LAURE GUITARD, ALICE MAESTRE

AMANDINE BRAXMEYER

Lecture-correction

ANNICK VALADE

ANNE-MARIE LENTAIGNE, SYLVIE PORTÉ

MURIELLE ZARKA-RICHARD, LAURE-ANNE VOISIN

Informatique éditoriale

KAROL GOSKRZYNSKI

SÉBASTIEN PETTOELLO

Conception technique et maquette

GONZAGUE RAYNAUD

PRÉFACE

UN NOUVEL OUTIL D'AIDE À L'EXPRESSION

Lorsque l'on s'exprime à l'oral ou à l'écrit, un vaste choix de mots s'offre à nous pour former une phrase. On peut pratiquement tout dire et une multitude de combinaisons de mots sont possibles. Mais l'éventail de ces possibles se ferme au fur et à mesure que la phrase se construit.

Certaines combinaisons de mots sont plus probables, plus naturelles que d'autres. Elles forment le socle d'un code partagé par l'ensemble des locuteurs d'une même langue. Ce sont ces associations lexicales que présente ce dictionnaire.

POURQUOI UN DICTIONNAIRE DES COMBINAISONS DE MOTS ?

∾ CONSTRUIRE SON DISCOURS : DU MOT-CLÉ AUX IDÉES

S'exprimer dans une langue grammaticalement correcte ne suffit pas pour faire entendre son message.

Lorsque l'on rédige, on peut « bloquer » sur le mot central de sa phrase, auquel on est momentanément incapable d'associer d'autres mots. Les dictionnaires de langue généralistes ne sont alors pas d'un grand secours, leur propos étant avant tout de définir ou de préciser l'orthographe de tel ou tel mot ou expression.

Le DICTIONNAIRE DES COMBINAISONS DE MOTS donne accès, à partir d'un mot-clé, à une multitude de contextes où ce mot apparaît régulièrement. Les mots-clés sont des noms : le nom est au cœur de la phrase et porteur du concept. Les contextes sont autant d'idées en germe. Ils permettent de relancer l'écriture et de développer une argumentation.

∾ VARIER ET ENRICHIR SON EXPRESSION : LE « BON » SYNONYME

Lorsque l'on veut éviter une répétition ou un mot trop banal ou imprécis, on cherche un synonyme, qui va pouvoir se substituer directement au mot dont on ne veut pas. Ce substitut doit non seulement avoir un sens très proche du mot à remplacer, mais surtout le même usage : il doit pouvoir s'insérer dans le même contexte.

Les dictionnaires de synonymes traditionnels atteignent vite leurs limites. Car si l'on peut parler, assez banalement, de *grand désir* et de *grande peur*, il n'en reste pas moins que l'intensité d'un désir et l'intensité d'une peur ne s'expriment pas de manière fine avec les mêmes mots : le désir peut être *ardent, brûlant, fougueux, impétueux, impérieux, infini, puissant, sauvage, vif*, etc. mais on aura *une belle peur, une peur affreuse, panique ... une peur bleue.*

Grâce à un classement grammatical et sémantique des mots et expressions se combinant avec le mot-clé, Le DICTIONNAIRE DES COMBINAISONS DE MOTS permet au lecteur d'accéder rapidement au synonyme le plus précis.

***

QUELLES SONT LES COMBINAISONS DE MOTS REPRÉSENTÉES, ET COMMENT ?

Pour élaborer le DICTIONNAIRE DES COMBINAISONS DE MOTS, notre équipe de lexicographes a exploré un vaste ensemble de textes journalistiques et littéraires, représentatifs de l'usage du français contemporain. Ils ont repéré les mots qui se combinaient le plus fréquemment de manière significative.

Plus de **2 600 mots-clés** ont été retenus. Ce sont des mots qui expriment des états ou des processus, qui désignent des concepts, des objets ou des personnes. Ce sont des mots simples (*affaires, humour, naturel*, etc.) ou composés (*état d'esprit, mauvaise foi*, etc.).

Un même mot se combine différemment selon son sens. Ainsi le mot *mesure* entre dans des contextes différents selon qu'il signifie « disposition » ou « modération ». Dans ce cas, des articles distincts ont été rédigés et un indicateur signale quel sens est traité.

Près de **162 000 combinaisons** sont décrites, des plus libres (ex : *grand débat, obtenir une aide*) aux plus idiomatiques (ex. : *colère noire, comptes d'apothicaire*). En revanche, les locutions figées (ex. : *l'oreille basse, avoir voix au chapitre*) et les associations très ponctuelles ou sans intérêt (ex. : *diverses prévisions, nouvelles certitudes*) ont été écartées.

Les mots et expressions qui s'associent avec le mot-clé ont été classés par catégorie grammaticale (adjectifs, verbes, noms) et par sens.

Les grands groupes de sens correspondent à des notions universelles : l'intensité (ex. : *gros appétit, appétit d'ogre, pantagruélique ; aiguiser, stimuler l'appétit*) et l'atténuation (ex. : *appétit d'oiseau, l'appétit s'émousse)*; le début, le déroulement et la fin d'un processus (ex. : *la colère éclate, retombe, s'évanouit ; l'histoire se répète, balbutie*); ce qui aide ou gêne un processus (ex. : *forger, bâtir, consolider une réputation ; écorner, entacher, érafler, flétrir, ternir une réputation*) ; la multiplicité (ex. : *une batterie, un cocktail, un éventail, un train de mesures*), etc.

À l'intérieur de chaque groupe sémantique, les mots et expressions sont rangés alphabétiquement et regroupés par nuance de sens.

Les groupes de sens sont eux-mêmes ordonnés selon une progression «naturelle », que nous espérons intuitive. Ainsi, pour les états, les actions et les processus, l'article débute par ce qui exprime la cause et le commencement, pour se terminer par la disparition en passant par l'intensification et l'atténuation, ce qui aide et fait obstacle.

***

Des informations sur la nature des combinaisons, leur registre ou certaines contraintes syntaxiques sont également données :

∾ **Indice de figement** : Une petite lune attire l'attention du lecteur sur la forte cohésion de certaines combinaisons lexicales.

prudence grande *+ nom* ○, extrême, de Sioux ○

sourire large, grand *+ nom*, fendu jusqu'aux oreilles ○ , en banane ○

∾ **Indicateurs de registre** : Lorsqu'un mot ou une expression associé au mot-vedette appartient à un registre de langue non standard, un indicateur donné en exposant précise le registre (familier, littéraire, technique, etc.).

amende écoper de *fam.*, être condamné à, recevoir

bonheur évanescent *littér.*, fugace, fugitif

∾ **Informations grammaticales** :

◗ **La position des adjectifs** La plupart des adjectifs se placent après le nom, éventuellement derrière un verbe d'état. Ceux qui ne s'emploient qu'avant le nom sont signalés par la marque *+ nom*.

réussite grande *+ nom*, belle *+ nom*

◗ **L'emploi du pluriel** Lorsque le mot-vedette ne s'associe à certains mots que lorsqu'il est au pluriel, le dictionnaire l'indique.

effort accomplir, consentir, faire, déployer [plur.]

◗ **L'emploi du passif** Lorsque le verbe s'emploie surtout au passif, un indicateur le signale.

remords (souvent passif) assaillir, dévorer, hanter, ronger, tarauder, tenailler : *tenaillé par le remords, il a fini par se rendre à la police*

◗ **L'article** Des précisions sur l'absence d'article ou sa nature sont données et régulièrement illustrées par un exemple.

faim manger à [+ possessif] : *ils n'ont pas de quoi manger à leur faim*

exemple montrer [+ art. déf.] : *les parents doivent montrer l'exemple*

∾ **Les exemples illustratifs** : Certaines combinaisons de mots peuvent surprendre, être difficiles à comprendre ou poser quelques problèmes de construction.
Plus de **26 000 exemples**, tirés des textes explorés par les lexicographes, illustrent l'emploi de ces combinaisons dans un contexte élargi.

ardeur revendicative : *quelques promesses pour calmer les ardeurs revendicatives des syndicats*
doucher : *la débâcle boursière a quelque peu douché les ardeurs des actionnaires*

∾ **Les citations-références** : Certaines combinaisons présentes dans le langage courant sont des références directes à un texte littéraire ou à un titre d'œuvre, voire des citations plus ou moins malmenées, volontairement ou non, ou bien détournées de leur sens premier. Le dictionnaire redonne la citation exacte et en précise la référence.

> **termes** galants : « *Ah, qu'en termes galants ces choses-là sont mises* » (Molière, *Le Misanthrope*, I, 2)
>
> **ascension** résistible (référence à la pièce de Bertolt Brecht *La Résistible Ascension d'Arturo Ui*)

∾ **Les alertes sur les combinaisons maladroites ou fautives** : Certaines combinaisons, maladroites ou fautives, ont été relevées très régulièrement dans les textes. Il peut s'agir de pléonasmes *(panacée universelle ; ego personnel)*, de confusions entre des paronymes (*délicate intention* au lieu de *délicate attention*) ou entre synonymes (*tisser des connaissances* sur le modèle de *tisser des liens*).
Une remarque en fin d'article alerte le lecteur sur ces maladresses ou ces impropriétés.

> **risque** ♦ On rencontre parfois " encourir un risque ". Or, on " encourt " une peine ou une sanction , mais pas une éventualité. Préférez " courir un risque, s'exposer à un risque ".

***

Le DICTIONNAIRE DES COMBINAISONS DE MOTS se veut un outil pratique qui permette au lecteur d'associer harmonieusement les mots pour construire son discours, et d'éviter impropriétés et formes fautives. Il s'adresse donc à toute personne désireuse d'enrichir son expression et curieuse des richesses de la langue.

Nous vous en souhaitons bonne lecture.

LES AUTEURS

numéro d'homographe

indicateur de sens

[1]**souvenir** *nom masc.* (réminiscence)

introduit les adjectifs et locutions adjectivales se combinant avec le mot-clé

∞ souvenir + ADJECTIF

- intime · personnel
- agréable · bon [+nom] · délicieux · doux · éblouissant · excellent · fabuleux · fantastique · formidable · heureux · magique · magnifique · merveilleux · plaisant • émouvant · poignant

introduit les verbes et locutions verbales dont le mot-clé est le sujet

indicateur grammatical

∞ souvenir + VERBE

- remonter (à la surface) · (re)surgir · revenir (à la mémoire) • (plur.) affluer · défiler : *quand je regarde ces photos, les souvenirs défilent*
- marquer : *il y a des souvenirs qui marquent plus que d'autres*
- assaillir · envahir · submerger • accabler · hanter · obséder · peser : *ces souvenirs pénibles pèsent sur sa conscience* · pourchasser · ronger · tourmenter : *il est tourmenté par ces souvenirs affreux*
- s'effacer · s'estomper · s'évanouir

divisions par sens

introduit les verbes et locutions verbales dont le mot-clé est le complément

∞ VERBE + souvenir

- avoir · conserver · garder : *je n'ai gardé aucun souvenir de cette période* • rapporter : *il a rapporté de sa visite un souvenir émerveillé* · revenir avec • (plur.) être chargé de · être plein de : *cette maison est pleine de souvenirs*
- déterrer · exhumer · retrouver · se (re)plonger dans · se rappeler · se remémorer • (plur.) mettre de l'ordre dans · rassembler • (plur.) brasser · fouiller (dans) · puiser dans · remuer
- (plur.) ressasser · ruminer : *il passe son temps à ruminer ses souvenirs de guerre*
- ranimer · rappeler : *ça va lui rappeler de mauvais souvenirs* · raviver · réveiller
- être relégué au rang de : *cette dispute est désormais reléguée au rang de souvenir* · ne plus être que : *l'Amazonie risque de n'être bientôt plus qu'un souvenir dans les manuels de géographie*
- perdre : *j'ai complètement perdu le souvenir de mes premières années*

sous-divisions par nuance de sens

exemples illustratifs

introduit les noms dont le mot-clé est le complément

∞ NOM + DE + souvenirs

- amas · cortège : *ces retrouvailles ont réveillé tout un cortège de souvenirs* · flot · tas [fam.]
- bribes · lambeaux

marque de registre

remarque sur les maladresses à éviter

REM. On rencontre parfois "rafraîchir des souvenirs", sur le modèle de "rafraîchir la mémoire". Évitez cette expression maladroite et préférez "raviver des souvenirs".

ABRÉVIATIONS ET MARQUES

adj.	adjectif	Math.	mathématiques
+ adj.	suivi d'un adjectif	Méd.	médecine
Admin.	Administration	Météo	météorologie
art.	article	Mil.	militaire
+ art. déf.	suivi d'un article défini	Mus.	musique
art. indéf.	article indéfini	Naut.	nautisme
art. déf.	article défini	nég.	négatif
Astron.	astronomie	nom	nom masculin et féminin
Auto	automobile	+ nom	suivi d'un nom
Biol.	biologie	nom fém.	nom féminin
Bourse	Bourse	nom masc.	nom masculin
Comm.	commerce	péj.	péjoratif
Droit	droit	plur.	pluriel
Écol.	écologie	Pol.	politique
Écon.	économie	+ possessif	suivi d'un adjectif possessif
euph.	euphémisme	Psych.	psychanalyse, psychologie
fam.	langage familier	qqch.	quelque chose
fig.	sens figuré	qqn	quelqu'un
Fin.	finances	Rel.	religion
Hist.	histoire	Scol.	scolaire
hum.	humoristique	sing.	singulier
Inform.	informatique	soutenu	langage soutenu
Internet	internet	Techn.	techniques
iron.	ironique	vieilli	emploi vieilli
litt.	sens littéral		
littér.	langage littéraire		

a

abandon *nom masc.* (délaissement, renonciation)

∾ abandon + ADJECTIF

- éventuel · possible · probable • prochain • prématuré [souvent Sport] : *il fallait éviter à tout prix l'abandon prématuré de plusieurs coureurs*
- délibéré · volontaire • officiel
- progressif • manifeste [Droit] : *l'état d'abandon manifeste de cet immeuble justifie son expropriation* • complet · définitif · pur et simple · total • collectif · général
- brutal · immédiat · rapide : *ils réclament l'abandon rapide de la filière nucléaire*
- forcé : *après l'abandon forcé, par le député, de la présidence du groupe*
- partiel · relatif • provisoire
- lâche + nom : *ces accords de paix sont vécus comme un lâche abandon* · regrettable

∾ VERBE + abandon

- prévoir · programmer
- plaider pour · préconiser · prôner · se prononcer pour : *il s'est prononcé pour l'abandon de la lutte armée* • se résigner à
- pousser à : *cette chute a poussé le cycliste à l'abandon ; les raisons qui ont poussé à l'abandon du projet* · provoquer
- demander · exiger · ordonner · réclamer
- craindre · redouter
- déplorer · regretter
- refuser · se prononcer contre

abcès *nom masc.* (litt. et fig.)

∾ abcès + ADJECTIF

- dentaire • chaud [Techn.] · froid [Techn.]
- collecté [Techn.] · mûr · purulent • effroyable · énorme · gigantesque · gros + nom · monstrueux · profond • persistant · vieil + nom
- douloureux
- petit + nom · superficiel

∾ abcès + VERBE

- apparaître · se former
- mûrir
- éclater · se résorber

∾ VERBE + abcès

- créer · provoquer
- crever : *la réunion a permis de crever l'abcès* · débrider · inciser · ouvrir · percer · vider : *elle veut vider l'abcès créé par la publication du rapport*

REM. On rencontre parfois "purger un abcès". Évitez cette expression maladroite et préférez "crever, vider un abcès".

abîme *nom masc.* (litt. et fig.)

∾ abîme + ADJECTIF

- culturel : *l'abîme culturel se creuse entre ces générations* · économique : *le pays se trouve dans un abîme économique et social* · psychologique (souvent plur.) : *son film est une plongée dans les abîmes psychologiques de l'adolescence* · etc.
- immense · impénétrable · infranchissable · insondable : *l'abîme insondable des dépenses de santé* · profond · sans fond · vertigineux
- effrayant · noir + nom · sombre + nom : *« Éternité, néant, passé, sombres abîmes / Que faites-vous des jours que vous engloutissez ? »* (Lamartine, *Premières Méditations*, « Le lac »)

∾ abîme + VERBE

- s'ouvrir
- se creuser : *un abîme se creuse entre la société et le pouvoir*
- séparer : *un abîme sépare nos conceptions du monde* • engloutir : *le pays est au bord d'un abîme qui pourrait engloutir ses dirigeants comme les opposants au régime*

∾ VERBE + abîme

- ouvrir : *le lapsus / ce glissement de sens ouvre des abîmes*

- creuser
- mesurer · sonder (le fond de) : *« Homme, nul n'a sondé le fond de tes abîmes / Ô mer, nul ne connaît tes richesses intimes »* (Baudelaire, *Les Fleurs du mal*, Spleen et idéal, « L'homme et la mer »)
- conduire vers · entraîner dans
- glisser dans / vers · marcher vers · se précipiter dans / vers • être au bord de · s'approcher de • plonger dans · sombrer dans : *ce pays a sombré dans l'abîme du totalitarisme* · tomber dans

abonnement *nom masc.*

∾ abonnement + ADJECTIF

- téléphonique • adsl · internet · etc.
- forfaitaire · payant • gratuit
- annuel · mensuel • illimité • préférentiel · spécial

∾ abonnement + VERBE

- donner accès à · donner / ouvrir droit à : *l'abonnement donne droit à une réduction de 50 % sur les trajets*
- coûter
- arriver à échéance · prendre fin : *l'abonnement prend automatiquement fin au bout de 12 mois* · se terminer

∾ VERBE + abonnement

- offrir · payer • vendre
- contracter · prendre · s'offrir · souscrire : *j'ai souscrit un abonnement de deux ans auprès de cet opérateur* • (s')acquitter (de) • renouveler
- mettre fin à · résilier

abri *nom masc.* (lieu, installation où l'on est à couvert)

∾ abri + ADJECTIF

- naturel : *la côte n'offre aucun abri naturel* • militaire • antiaérien · antiatomique • bétonné · blindé · métallique • souterrain
- provisoire · temporaire • de fortune° : *tous les enfants étaient entassés dans cet abri de fortune* · improvisé · précaire

∾ VERBE + abri

- chercher
- donner · fournir · offrir · procurer • servir de : *la petite grotte leur servit d'abri pour la nuit*
- aménager · bâtir · construire · creuser · fabriquer · faire
- trouver • descendre dans · se réfugier dans
- quitter · sortir de

[1] absence *nom fém.* (fait de ne pas être là)

∾ absence + ADJECTIF

- physique : *l'absence physique du maire à la réunion pose problème*
- délibérée · volontaire : *son absence volontaire de la scène médiatique n'a fait que conforter ses détracteurs*
- exceptionnelle · momentanée · provisoire · temporaire • occasionnelle : *en cas d'absence occasionnelle, un mot des parents suffit* • courte $^{+ \text{nom}}$ · de courte durée
- anormale : *toute absence anormale doit être justifiée* · étrange · imprévue · inhabituelle • remarquée : *les négociations se sont tenues en l'absence remarquée de leur syndicat*
- de longue durée · durable · longue $^{+ \text{nom}}$ · prolongée : *ils commencent à s'inquiéter de cette absence prolongée* • définitive • (plur.) fréquentes · régulières · répétées
- injustifiée · inexcusable
- regrettable

∾ VERBE + absence

- constater · remarquer : *personne n'a remarqué son absence*
- excuser • expliquer · justifier · motiver
- profiter de : *il a profité d'une courte absence de sa mère pour s'en aller*
- briller par° (+ possessif) : *« Entre tous les héros qui, présents à nos yeux, / Provoquaient la douleur et la reconnaissance, / Brutus et Cassius brillaient par leur absence »* (Tacite, *Tibère*, I, 1) ; *les Nations Unies brillent par leur absence sur le terrain*
- s'étonner de · s'inquiéter de · s'interroger sur
- supporter : *j'ai du mal à supporter son absence* · vivre
- pâtir de · souffrir de : *il a beaucoup souffert de l'absence de son père*
- déplorer · pleurer · regretter
- mettre fin à : *ce retour sur scène met fin à une absence de 10 ans*

[2] absence *nom fém.* (manque)

∾ absence + ADJECTIF

- apparente : *l'absence apparente de stratégie à long terme* · relative : *on regrette l'absence relative de nouvelles idées dans son programme politique ; les raisons de la relative absence d'images de ce conflit* • momentanée · provisoire · temporaire
- chronique : *l'absence chronique de courant électrique* · systématique : *l'absence systématique du président aux grands événements sportifs* • absolue · avérée : *une absence avérée de professionnalisme* · complète · radicale : *une absence radicale de*

compassion à leur égard · remarquable · significative · totale • criante · évidente · flagrante · manifeste · notable • durable · permanente · persistante
- cruelle : *l'absence cruelle de financements et de moyens techniques* · désespérante · dramatique : *il y a une absence dramatique de prise de conscience chez les jeunes* · regrettable · terrible

∾ absence + VERBE
- (souvent passif) faciliter : *l'attaque du commando a été facilitée par l'absence de gardes du corps* · renforcer : *ce phénomène est renforcé par l'absence d'eau* • justifier · motiver : *un refus administratif motivé par l'absence de documents*
- (souvent passif) affaiblir · aggraver · entraver · handicaper · pénaliser : *les ventes du constructeur automobile ont été pénalisées par l'absence de nouveaux modèles*
- (souvent passif) caractériser : *le système est caractérisé par une absence de transparence* · marquer : *une réunion au sommet marquée par l'absence de plusieurs chefs d'État*

∾ VERBE + **absence**
- constater · remarquer
- mettre en évidence · pointer (du doigt) : *le livre pointe du doigt l'absence quasi-totale de politique culturelle* · révéler · souligner
- excuser • expliquer · justifier · motiver
- exploiter · profiter de
- s'étonner de · s'inquiéter de · s'interroger sur
- pâtir de · souffrir de
- mettre en cause • critiquer · dénoncer · fustiger · protester contre • déplorer · se lamenter sur · se plaindre de • reprocher ... à : *ils lui reprochent son absence de lucidité*
- cacher : *il est difficile de cacher l'absence d'amélioration* · masquer : *cette vivacité ne parvient pas à masquer son absence de talent*
- combler · compenser · pallier : *le système D a pallié l'absence de crédits* · suppléer à

absurdité *nom fém.* (caractère, chose, parole absurde)

∾ absurdité + ADJECTIF
- économique · humaine · juridique · politique · sociale · etc.
- extrême · fondamentale : *voilà une belle illustration de l'absurdité fondamentale de la condition humaine* · parfaite · pleine $^{+ \text{nom}}$: *on est / nage en pleine absurdité* · pure $^{+ \text{nom}}$: *la suppression de cet impôt serait une pure absurdité* · totale
- consternante · effarante · tragique

∾ absurdité + VERBE
- amener à · conduire à
- consister à : *l'absurdité qui consisterait à penser que gouverner c'est se plier à l'opinion majoritaire*
- émailler (plur.) : *d'innombrables absurdités émaillent chaque page*
- éclater au grand jour

∾ VERBE + **absurdité**
- démontrer · illustrer · mettre en évidence · mettre en lumière · mettre le doigt sur : *il a mis le doigt sur l'absurdité de certains plans de développement* · montrer · révéler : *l'absence de croissance économique a révélé l'absurdité d'une telle doctrine* · souligner · témoigner de
- avoir conscience de · se rendre compte de • mesurer : *on mesure toute l'absurdité du système* · prendre conscience de
- débiter (plur.) · dire : *arrête de dire des absurdités*
- confiner à : *l'injustice confine à l'absurdité* · relever de : *leur faire confiance relève de l'absurdité*
- aboutir à · arriver à : *à force de réglementation, on arrive à des absurdités sur le terrain*
- ajouter à : *l'incident vient ajouter à l'absurdité de la situation*
- dénoncer
- en finir avec · mettre fin à : *il faut mettre fin à cette absurdité juridique* · mettre un terme à

∾ NOM + D' + **absurdité**
- comble

abus *nom masc.* (injustice, mauvais usage, excès)

∾ abus + ADJECTIF
- physique · psychologique : *les abus psychologiques accompagnent souvent les abus physiques* • financier · judiciaire · policier · psychiatrique • de langage° : *on le dit par abus de langage*
- [Droit] de bien(s) social / sociaux° · de faiblesse° · frauduleux° : *l'abus frauduleux de l'état d'ignorance ou de faiblesse est puni d'emprisonnement* · sexuel° · social° • d'autorité° [aussi Droit] · de confiance° [aussi Droit] · de pouvoir° [aussi Droit]
- criant · flagrant · manifeste • énorme
- choquant · horrible · monstrueux
- inévitable
- dangereux : *l'abus d'alcool est dangereux pour la santé*

∾ abus + VERBE
- résulter de
- exister
- continuer · perdurer · se perpétuer

∾ VERBE + **abus**
- donner lieu à · entraîner · ouvrir la porte à (plur., souvent passif) : *c'est la porte ouverte à tous les abus*
- constituer : *l'affaire constitue un abus de pouvoir puni par le code pénal* · relever de : *ces pratiques relèvent de l'abus de biens sociaux*
- commettre · perpétrer (souvent passif) : *les abus perpétrés à l'intérieur des prisons* · se rendre coupable de
- être victime de : *elle était victime d'abus sexuels de la part de son père*
- constater (souvent passif) · dénoncer · signaler
- [Droit] • soupçonner de • inculper pour : *inculpé pour abus de biens sociaux* · poursuivre pour
- accepter · fermer les yeux sur · tolérer
- faire la chasse à · traquer • combattre · lutter contre · s'attaquer à · s'élever contre • punir · réprimer · sanctionner
- empêcher · éviter · prévenir • limiter · remédier à
- en finir avec · mettre fin à · mettre un terme à

accalmie *nom fém.*

∾ **accalmie** + ADJECTIF
- météorologique : *ils ont traité les champs, profitant d'une accalmie météorologique* • boursière · politique : *la relative accalmie politique observée depuis leur victoire électorale* · etc.
- générale • nette · perceptible · sensible · visible
- brusque · soudaine
- légère [+ nom] · petite [+ nom] · relative : *après une relative accalmie sur le front des inondations* • fragile · précaire : *cette accalmie semble précaire* • brève : *l'accalmie aura été brève* · courte · éphémère · passagère • rares (plur.)
- apparente · fausse [+ nom]

∾ VERBE + **accalmie**
- annoncer · prévoir
- attendre · espérer
- connaître : *les affrontements ont connu une relative accalmie*
- observer : *l'accalmie observée sur les places financières*
- profiter de : *on a profité d'une accalmie pour sortir*

[1]accent *nom masc.* (prononciation)

∾ **accent** + ADJECTIF
- étranger · local • nasillard · pointu · titi • campagnard · rustique • banlieusard · chantant · faubourien · méridional · rocailleux · sudiste · etc.
- à couper au couteau° · fort [+ nom] · lourd · prononcé
- léger [+ nom] · moindre [+ nom] : *il parle russe sans le moindre accent* · petit [+ nom]
- bon [+ nom] : *il a un bon accent en italien* · correct · excellent · parfait · pur [+ nom] : *il parle avec le plus pur accent catalan* • bel [+ nom] · chaleureux · délicieux · doux · ensoleillé · fleuri · magnifique · savoureux · sympathique • charmant · traînant • inimitable
- bizarre · étrange · indéfinissable
- horrible · impossible[fam.] · mauvais [+ nom] · terrible

∾ **accent** + VERBE
- chanter · roucouler : *de son enfance passée au Liban, il a gardé un accent qui roucoule* · rouler : *il a l'accent qui roule du Midi*
- trahir : *son accent trahit son origine*

∾ VERBE + **accent**
- adopter · prendre • avoir · être affublé de[péj.] : *son personnage est affublé d'un accent méridional terrible* • conserver · garder
- être mâtiné de : *un français mâtiné d'accent africain* · être teinté de : *il parle un anglais fortement teinté d'accent du Midi*
- imiter
- dissimuler · gommer : *il essayait de gommer son accent cockney*
- perdre · se débarrasser de : *ils peinent à se débarrasser de leur accent*

∾ NOM + D' + **accent**
- brin : *il parle sans un brin d'accent* · pointe : *son français parfait, avec une pointe d'accent anglais* · trace

[2]accent *nom masc.* (ton, connotation ; souvent plur.)

∾ **accent** + ADJECTIF
- autobiographique : *une comédie aux accents autobiographiques* · personnel
- gaullien · patriotique • belliqueux · combatif : *le syndicat a retrouvé des accents combatifs* · contestataire · martial : *« nous vaincrons ! » a lancé avec des accents martiaux le chef de l'État*
- acerbe · amer · critique · cruel · cynique · hautain • cocardier · populiste · xénophobe
- passionné · profond • élégiaque : *une écriture fluide aux accents élégiaques* · épique : *il trouve des accents épiques pour défendre le projet* · lyrique · messianique : *il a été le plus éloquent, avec des accents parfois messianiques* · mystique • apocalyptique

- mélancolique · nostalgique • déchirant · douloureux · dramatique : *un téléfilm aux accents dramatiques* · tragique • mélodramatique : *la seconde partie du film souffre d'accents mélodramatiques* · pathétique

∾ VERBE + **accent**

- adopter : *il adopte des accents populistes pour parler de l'immigration* · prendre · (re)trouver : *il retrouve ses accents de tribun à la conférence de presse*

acceptation *nom fém.*

∾ **acceptation** + ADJECTIF

- préalable
- générale · grande [+ nom] : *une plus grande acceptation du concept d'école alternative* · large · mutuelle • globale : *cela ne signifie pas l'acceptation globale de leur modèle social* · inconditionnelle : *il existe une troisième voie entre le refus et l'acceptation inconditionnelle* · pleine [+ nom] · pleine et entière[Droit] : *l'utilisation du service est soumise à l'acceptation pleine et entière par l'utilisateur des présentes conditions d'utilisation* · pure et simple[souvent Droit] : *l'acceptation pure et simple d'une promesse de vente* · sans réserve · sans restriction · totale · unanime • aveugle
- explicite · expresse · formelle · officielle
- immédiate · rapide
- définitive · finale
- implicite · tacite
- raisonnée · sereine : *cela le mène à une acceptation sereine de la mort*
- molle : *la tolérance n'est pas l'acceptation molle des différences*
- fataliste · résignée

∾ VERBE + **acceptation**

- demander · requérir • impliquer · supposer
- emporter[○Admin.] : *la souscription de parts emporte acceptation du règlement* · porter[○Admin.] : *l'acte portant acceptation de la succession*
- notifier · signifier
- constituer · valoir[○Admin.] : *l'absence de réponse vaut acceptation*
- donner · fournir[Admin.] : *l'acquéreur doit fournir son acceptation*
- obtenir : *ils doivent obtenir l'acceptation par leur chef du plan de paix*
- confirmer · faciliter : *cela devrait faciliter l'acceptation de la nouvelle taxe par les entreprises*

[1]accès *nom masc.* (crise)

∾ **accès** + ADJECTIF

- fort [+ nom] · grand [+ nom] · sérieux · terrible · violent • brusque · brutal • énième • (plur.) périodiques · réguliers · répétés
- léger [+ nom] · petit [+ nom]

∾ **accès** + VERBE

- survenir : *de temps à autre survient un accès de fièvre*

∾ VERBE + **accès**

- causer · engendrer · entraîner · être à l'origine de · provoquer · susciter
- avoir · connaître · être atteint de · être pris de · être sujet à (plur.) : *il est sujet à des accès de dépression* · être victime de : *le yen a été victime d'un accès de faiblesse face au dollar*
- contenir · maîtriser

[2]accès *nom masc.* (possibilité d'aller quelque part)

∾ **accès** + ADJECTIF

- libre : *le contrôleur doit avoir (le) libre accès au chantier* • gratuit · public
- direct · rapide
- limité · réglementé · réservé : *l'accès du parking est réservé aux clients* • payant
- interdit

∾ VERBE + **accès**

- avoir : *on a (un) accès à la plage* · bénéficier de
- donner : *un pont de bois donne accès à la rive droite* • débloquer · dégager · ouvrir • accorder · permettre
- limiter · restreindre : *il veut restreindre l'accès de la ville aux automobiles*
- barrer : *des grévistes barrent l'accès au site* · bloquer · couper · empêcher · entraver · fermer · interdire : *un arrêté municipal interdit l'accès au chemin côtier* • refuser : *ils m'ont refusé l'accès au bureau*

[3]accès *nom masc.* (possibilité de connaître, de participer à qqch., de bénéficier de qqch.)

∾ **accès** + ADJECTIF

- exclusif · personnalisé · préférentiel · prioritaire · privilégié • gratuit
- élargi : *cette banque offre un accès élargi et simplifié au prêt* • libre : *le libre accès à l'information est un droit* · ouvert : *l'accès est ouvert à des sites très divers* · universel : *donner un accès universel aux connaissances* • complet · inconditionnel · sans entrave · total • illimité : *pour 30 euros, on a un accès illimité à internet* · permanent • automatique · direct
- immédiat · rapide
- aisé · facile · facilité · simplifié
- égal : *afin d'obtenir un accès égal à l'éducation* · égalitaire : *l'accès égalitaire de tous les citoyens à la justice* · équitable
- conditionnel · contrôlé · limité · restreint : *un site web à accès restreint* · sélectif • payant

- aléatoire · difficile · lent • inégal : *il dénonce l'accès inégal à l'éducation*
- impossible · interdit

∞ accès + VERBE

- se faire : *l'accès à internet se fait par la ligne de téléphone* · s'effectuer
- se compliquer : *l'accès aux études supérieures se complique pour les jeunes*

∞ VERBE + accès

- avoir : *avoir accès à l'information / aux soins ; avoir un accès direct à son dossier médical* · bénéficier de · jouir de : *vous jouissez d'un accès illimité à plusieurs sites*
- ouvrir (sans art.) : *des études supérieures ouvrant accès aux concours* • accorder · assurer · (re)donner (sans art.) : *donner accès à des archives / une prestation* · fournir · garantir · offrir · permettre
- améliorer · démocratiser : *ils veulent démocratiser l'accès à la culture* · élargir · faciliter : *des prêts à taux réduit facilitant l'accès à la propriété* · favoriser • sécuriser : *l'accès aux données est parfaitement sécurisé*
- conditionner · contrôler · filtrer : *le site va filtrer l'accès à la musique protégée* · limiter · restreindre
- bloquer · empêcher · entraver · interdire · refuser · verrouiller : *il a verrouillé l'accès aux codes de programmation*

accident *nom masc.*

∞ accident + ADJECTIF

- aérien · automobile · de la circulation · de la route · ferroviaire · routier • domestique · ménager • du travail · professionnel • climatique • conjoncturel • sportif • chimique · industriel · nucléaire • médical · opératoire · thérapeutique • allergique · anesthésique · cardiaque · cardiovasculaire · cérébral · circulatoire · corporel : *on recense plus de 200 000 accidents corporels de la route chaque année* · hémorragique · musculaire · neurologique · vasculaire cérébral · etc.
- de parcours • banal · commun · courant
- dramatique · grave · gravissime · horrible · majeur · spectaculaire · terrible · tragique • fatal : *l'accident lui a été fatal* · meurtrier · mortel
- fâcheux · malencontreux · malheureux : *sa mort est un accident malheureux* · regrettable • absurde · bête · stupide
- bénin · léger + nom · mineur · petit + nom • simple + nom : *on ne peut pas considérer cela comme un simple accident de parcours*
- heureux : *ma première victoire était un heureux accident*

∞ accident + VERBE

- être dû à
- arriver · avoir lieu · se dérouler · se produire · survenir • impliquer : *le nombre d'accidents impliquant un deux-roues*
- laisser des séquelles • choquer · traumatiser • causer / entraîner / provoquer la mort de · coûter la vie à · faire des morts / des blessés / des victimes · tuer

∞ VERBE + accident

- causer · être responsable de · être une source de · occasionner · provoquer
- avoir · risquer : *il faut savoir renoncer parfois, plutôt que de risquer l'accident*
- assister à · être témoin de · voir
- signaler
- disparaître dans · être victime de · mourir dans : *il est mort dans un accident d'avion* • mourir / décéder des suites de
- échapper à · éviter · prévenir • être à l'abri de (souvent nég.) : *nous ne sommes pas à l'abri d'un accident* • réchapper à / de · se tirer de · sortir indemne de · sortir sain et sauf de · survivre à
- simuler : *ils simulent tous les ans un accident nucléaire* • camoufler en · maquiller en : *un meurtre maquillé en accident*

∞ NOM + D' + accident(s)

- risque
- lot : *la voiture provoque chaque jour son lot d'accidents et de morts* · série

acclamations *nom fém. plur.*

∞ acclamations + ADJECTIF

- délirantes · enthousiastes · frénétiques · grandes + nom · joyeuses · nourries : *des acclamations nourries saluèrent son arrivée* · triomphales : *elle est entrée sous les acclamations triomphales du public* · tumultueuses · vives + nom • unanimes : *la proposition fut accueillie par des acclamations unanimes*
- timides

∞ acclamations + VERBE

- accompagner : *des acclamations ont accompagné toute sa déclaration* · accueillir · saluer : *son retour fut salué par des acclamations enthousiastes*
- redoubler : *quand il est apparu, les acclamations ont redoublé*
- cesser : *les acclamations cessèrent brutalement*

∞ VERBE + acclamations

- provoquer • valoir ... à : *cela lui a valu les acclamations du public*
- recueillir : *il a esquissé un pas de danse et recueilli les acclamations d'une foule ravie*

∾ NOM + D' + **acclamations**

- concert : *ils sont entrés dans le stade dans un concert d'acclamations* · tonnerre : *il est apparu sous un tonnerre d'acclamations*

[1] **accord** *nom masc.* (convention, pacte)

∾ **accord** + ADJECTIF

- agricole · commercial · environnemental · militaire · salarial • électoral · politique • douanier · tarifaire · etc.
- commun • bilatéral · multilatéral · paritaire · sectoriel · tripartite • de branche · interprofessionnel · partenarial • interétatique · intergouvernemental · international · national · transnational
- exclusif • formel · officiel • cadre° · programmatique • contractuel · transactionnel • conditionnel : *le groupe français a signé un accord conditionnel de rachat du groupe japonais*
- général · global · large [+ nom]
- crucial · important · vital : *cet accord était vital pour la survie de leur entreprise*
- équilibré · sage • (à l') amiable · bon [+ nom] · consensuel • avantageux · fructueux · satisfaisant • offensif : *c'est un accord offensif qui créera 110 emplois* • célèbre · fameux [+ nom] : *les fameux accords d'Oslo* · historique
- définitif · irrévocable • durable · pérenne
- exprès · rapide
- intérimaire · ponctuel · provisoire · temporaire • fragile · précaire
- au rabais · bancal · mauvais [+ nom] • hypothétique · impossible · improbable
- tacite : *il existe un accord tacite pour augmenter la production de pétrole* • officieux · secret
- caduc · nul et non avenu
- de façade : *il dénonce l'accord de façade avec leur parti* · illusoire

∾ **accord** + VERBE

- se dessiner : *l'accord qui se dessine repose encore sur des bases fragiles* · se profiler
- aboutir · entrer en application · entrer en vigueur · intervenir : *l'accord intervenu entre les différentes factions*
- exister
- préciser · prévoir · stipuler
- lier • consacrer : *l'accord consacre leur entrée dans le capital du groupe* • assurer · préserver • obliger (à) · viser à
- satisfaire
- échouer • arriver à échéance / à (son) terme · prendre fin

∾ VERBE + **accord**

- aller vers · se diriger vers
- concocter · être l'artisan de · être l'architecte de · ficeler · préparer · rédiger • finaliser · mettre le point final à • boucler · conclure · négocier · nouer : *ils essaient de nouer des accords commerciaux avec notre pays* · réaliser : *la direction souhaite réaliser un accord cadre global* · sceller : *les socialistes et les verts ont scellé un nouvel accord* • être signataire de · parapher · passer · ratifier · signer · accepter · entériner
- aboutir à · arriver à · déboucher sur · obtenir · parvenir à · tenir : *nous tenons presque un accord avec l'intersyndicale* · trouver • arracher
- appliquer · imposer • reconduire
- préserver · respecter
- rediscuter · renégocier
- cimenter : *cette dernière initiative pourrait cimenter l'accord politique en cours* · consolider • sécuriser
- prolonger · proroger
- se féliciter de · se réjouir de
- rester / se tenir à l'écart de · se retirer de
- fragiliser · mettre en danger · mettre en péril • bafouer · contrevenir à · enfreindre · violer : *ils ont violé les accords de paix*
- dénoncer : *il a dénoncé l'accord qui le liait à la maison d'édition* · refuser · rejeter · remettre en cause · remettre en question • bloquer
- abroger · annuler · briser · faire capoter[fam.] : *les rebelles dissidents ont fait capoter l'accord* · mettre un terme à · rendre caduc · rompre · sonner le glas de · torpiller : *ils ont torpillé l'accord sur la libération des otages*

∾ NOM + D' + **accords**

- ensemble · série · suite

[2] **accord** *nom masc.* (assentiment, autorisation, consentement)

∾ **accord** + ADJECTIF

- formel · officiel • de principe° : *il a donné son accord de principe pour faire une conférence* • écrit · verbal • parental
- définitif • unanime : *il est difficile d'obtenir l'accord unanime de tous les spécialistes* • total : *il affirme son accord total avec le processus engagé par le Premier ministre ; nous sommes en total accord avec les autorités* • plein [+ nom] : *cette réforme ne peut se faire qu'en plein accord avec le ministre*

∾ VERBE + **accord**

- demander · solliciter · vouloir • avoir besoin de · nécessiter · requérir
- donner : *j'ai donné mon accord pour diffuser le film*

▪ arracher · extorquer : *elle lui a extorqué son accord* · obtenir · recevoir : *j'ai reçu l'accord du préfet*

accouchement *nom masc.* (litt. et fig.)

∞ accouchement + ADJECTIF

▪ naturel · par voie naturelle • à terme
▪ dirigé · médicalisé
▪ imminent
▪ rapide • facile · sans douleur
▪ anonyme · secret · sous X : *elle a annoncé une réforme de l'accouchement sous X*
▪ à risque · au forceps [aussi fig.] · par césarienne · par le siège · par voie basse • avant terme · prématuré
▪ difficile · douloureux · laborieux · pénible • long [fig.] : *l'accouchement du projet a été long et difficile*

∞ accouchement + VERBE

▪ avoir lieu : *les accouchements qui ont lieu en présence du père* · se dérouler · se produire · survenir

∞ VERBE + accouchement

▪ déclencher · provoquer
▪ avoir (+ adj.) : *elle a eu un accouchement facile*
▪ faciliter
▪ assister à
▪ conduire · effectuer : *certaines maternités effectuent moins de 500 accouchements par an* · pratiquer : *lors d'un accouchement pratiqué dans un cabinet médical* • contrôler · superviser

accroc *nom masc.* (incident)

∞ accroc + ADJECTIF

▪ diplomatique · judiciaire · juridique · politique · technique · etc.
▪ de taille · grave + nom · gros + nom · important · majeur · sérieux · sévère • irréparable
▪ léger + nom : *c'est un léger accroc à sa légende* · minuscule · petit + nom

∞ accroc + VERBE

▪ apparaître : *c'est au niveau des procédures de sécurité qu'apparaissent les premiers accrocs* · avoir lieu · se produire · survenir : *les deux accrocs survenus durant la mission*

∞ VERBE + accroc

▪ faire : *sa déclaration a fait un nouvel accroc à la solidarité interministérielle* · provoquer
▪ connaître · rencontrer · subir : *leur pacte de non-agression a subi quelques accrocs*
▪ éviter : *cela éviterait les accrocs au moment de la passation de pouvoir*

sans accroc

▪ se dérouler : *le passage à l'euro s'est déroulé sans accroc technique majeur* · se faire · se passer • fonctionner : *le logiciel fonctionne sans accroc*

accroissement *nom masc.*

∞ accroissement + ADJECTIF

▪ budgétaire · démographique · etc.
▪ naturel • potentiel · prévisible • moyen : *elle prévoit désormais un accroissement moyen de la température de surface de 1,5 à 6 degrés*
▪ maximal · maximum • net · notable · sensible · significatif • considérable · énorme · exponentiel · extraordinaire · formidable · fort · gigantesque · important · massif · prodigieux · spectaculaire · substantiel · vertigineux • inéluctable • progressif • constant · continu : *l'accroissement continu du nombre des chômeurs* · permanent · régulier • global · total • brusque · brutal · immédiat · soudain • rapide
▪ dramatique : *la libéralisation de l'économie produit un accroissement dramatique du chômage*
▪ mimimal · minimum • faible + nom · léger + nom · limité • momentané · temporaire

∞ accroissement + VERBE

▪ provenir de · résulter de
▪ se poursuivre

∞ VERBE + accroissement

▪ engendrer · entraîner · impliquer : *cette évolution implique un accroissement des inégalités* · provoquer
▪ envisager · prévoir : *l'accroissement du déficit budgétaire prévu pour cette année*
▪ connaître : *la production a connu un brutal accroissement dans les années 80* · enregistrer
▪ assister à · constater
▪ montrer · témoigner de : *les chiffres disponibles témoignent d'un accroissement très significatif de la population*
▪ se manifester par · se traduire par : *le progrès technique se traduit par un accroissement de la productivité*
▪ favoriser · permettre
▪ répondre à : *leurs centrales électriques ne peuvent pas répondre à l'accroissement de la demande*
▪ compenser : *pour compenser l'accroissement du risque* • freiner · limiter : *ils ont accepté de limiter à 1 % leur accroissement démographique* · réduire
▪ anticiper
▪ éviter · prévenir
▪ craindre · redouter : *ils redoutent l'accroissement des dépenses de santé* · s'inquiéter de : *ils s'inquiètent de l'accroissement de la concurrence*

accueil *nom masc.* (manière de recevoir une personne, une œuvre, etc.)

∞ accueil + ADJECTIF

- critique : *le film a reçu un bon accueil critique* · officiel · populaire
- bruyant · délirant • grandiose · magnifique · triomphal
- bel $^{+ nom}$ · bon $^{+ nom}$ · excellent · exemplaire · exquis · mémorable · parfait · satisfaisant • aimable · amical · bienveillant · chaleureux · charmant · convivial · cordial · courtois · empressé : *l'accueil empressé réservé au nouveau président* · fraternel · prévenant : *cuisine excellente, accueil prévenant du patron* · souriant · sympathique
- enthousiaste : *le projet reçoit un accueil enthousiaste dans la région* · formidable • favorable · positif • élogieux · flatteur • encourageant
- étonnant · inattendu
- mesuré · poli : *l'accueil poli réservé à son plan d'action* · prudent · réservé • distant · frais : *un accueil assez frais pour ce film italien* · méfiant · mitigé · sceptique · tiède : *l'accueil réservé à sa proposition est plutôt tiède pour le moment* · timide
- boudeur · défavorable · désastreux · froid · glacial · hostile · houleux · mauvais $^{+ nom}$ · réfrigérant : *malgré l'accueil réfrigérant des débuts, il a persévéré* · sombre : *« D'où vient ce sombre accueil et ces regards fâcheux ? »* (Racine, *La Thébaïde*, IV, 3) · tumultueux : *il a reçu un accueil tumultueux lors de sa visite à Paris* • indigne : *l'accueil indigne réservé aux rescapés*

∞ VERBE + accueil

- assurer · faire : *quel accueil lui ont-ils fait ? ; faire bon / mauvais accueil à qqn / un film* · préparer · réserver : *quel accueil vont-ils lui réserver ?*
- bénéficier de · connaître · obtenir · recevoir · rencontrer : *le projet a rencontré un accueil favorable à droite comme à gauche*
- améliorer · soigner : *ils ont particulièrement soigné l'accueil du grand public*

∞ NOM + D' + accueil

- terre : *il avait choisi l'Argentine comme terre d'accueil*
- dispositif : *il dénonce les lacunes du dispositif d'accueil des demandeurs d'asile*

accusation *nom fém.* (Droit et emploi général)

∞ accusation + ADJECTIF

- criminelle : *il doit répondre d'accusations criminelles*
- à peine voilée · directe
- classique · récurrente : *les accusations récurrentes de l'Union européenne contre son laxisme*
- double $^{+ nom}$: *il devra répondre d'une double accusation* • grave · irréfutable · lourde · sévère : *il a porté les accusations les plus sévères contre l'existence d'un système de fraude électorale* · terrible · violente $^{+ nom}$ · virulente
- fondée · juste · justifiée
- indirecte · vague : *les avocats ont fait valoir que le dossier ne comportait que des accusations vagues*
- dépourvue de / sans fondement · fallacieuse · fantaisiste · fausse $^{+ nom}$ · gratuite · infondée · injuste · invraisemblable · mensongère • absurde · exagérée · extravagante · grotesque • infamante · malveillante
- abominable · monstrueuse · odieuse

∞ accusation + VERBE

- porter sur : *les accusations portent sur des événements qui ont eu lieu en 1999*
- reposer sur : *l'accusation repose sur son seul témoignage* · se baser sur · se fonder sur
- peser sur : *les accusations qui pèsent sur lui* · s'abattre sur : *les accusations se sont abattues sur les responsables du parti*

∞ VERBE + accusation

- coller / mettre ... sur le dos de$^{fam.}$ · diriger ... contre : *l'accusation était dirigée contre le gardien* · porter ... contre
- avancer : *les accusations avancées par le parquet / contre lui* · émettre · énoncer · faire / laisser planer · formuler · lancer · proférer · prononcer ... contre • renouveler : *il a renouvelé des accusations contre les services secrets*
- appuyer · justifier • confirmer · corroborer
- être l'objet de · être mis en : *des entreprises mises en accusation par l'opinion publique* · faire face à · prêter le flanc à : *afin de prêter le moins possible le flanc à l'accusation de manipulation politique*
- [Droit] • être sous le coup de : *des membres de forces de l'ordre sont sous le coup d'accusations de sévices* · répondre de : *les inculpés doivent répondre de l'accusation de trahison* • être arrêté / écroué sous : *il a été écroué sous l'accusation de meurtre* · être emprisonné / détenu sous
- éviter · prévenir · se prémunir contre • contester · démentir · nier · récuser · réfuter (en bloc) · rejeter (en bloc) · repousser : *il a toujours repoussé les accusations lancées contre lui* · se défendre contre / de : *il se défend de l'accusation de plagiat* · se disculper de : *il cherche à se disculper de l'accusation de détournement de fonds publics* · s'élever contre
- abandonner : *le parquet abandonne l'accusation contre l'ex-ministre* · retirer : *il a retiré toutes ses accusations*

- blanchir de : *les tribunaux l'ont blanchi de toute accusation* · innocenter de : *il a été innocenté des accusations de dopage dont il faisait l'objet* · laver de : *les policiers impliqués ont tous été lavés de l'accusation de meurtre*
- balayer · démonter

∞ NOM + D' + **accusations**

- accumulation · avalanche · ensemble · fatras · flot · foule · liste · multitude · série · succession · tas[fam.]

REM. On rencontre parfois "acquitter qqn d'une accusation". Évitez cette expression maladroite et préférez "blanchir / laver qqn d'une accusation".

acharnement *nom masc.*

∞ **acharnement** + ADJECTIF

- administratif · judiciaire · médiatico-judiciaire · médiatico-politique · médiatique · pédagogique · policier · répressif : *il dénonce l'acharnement répressif contre les sans-papiers* · thérapeutique · etc.
- démesuré · extraordinaire · féroce · furieux · grand [+ nom] · incroyable · méthodique · particulier · rare [+ nom] : *il a défendu le dossier avec un rare acharnement* · singulier · têtu • évident · véritable [+ nom] : *il a été victime d'un véritable acharnement judiciaire* • bel [+ nom] · exceptionnel · exemplaire · héroïque
- imbécile · ridicule • maladif · malsain · paranoïaque • inexplicable · injustifiable • aveugle · cruel · fol [+ nom] · suspect · terrible • meurtrier : *les violences témoignent d'un terrible acharnement meurtrier*

∞ VERBE + **acharnement**

- manifester : *l'acharnement qu'il manifeste à l'égard de son rival* · mettre : *il a mis beaucoup d'acharnement à le convaincre* • pratiquer : *il refuse de pratiquer l'acharnement thérapeutique vis-à-vis de ces malades*
- confiner à : *elle fait preuve d'un zèle qui confine à l'acharnement* · relever de · tenir de
- expliquer · justifier
- dénoncer · refuser
- en finir avec · mettre fin à : *pour mettre fin à l'acharnement des paparazzi* · mettre un terme à

avec acharnement

- mener · poursuivre · travailler · œuvrer • défendre · soutenir • combattre · contester · lutter · résister · se battre

achat *nom masc.*

∞ **achat** + ADJECTIF

- alimentaire · immobilier · pétrolier · etc.
- familial · personnel · privé • public • groupé[○] : *l'achat groupé de matériel est plus avantageux* • courants (plur.) : *régler leurs achats courants en espèces*
- effectif · ferme : *la réservation ne correspond pas à un achat ferme mais à une option* • conséquent · gros [+ nom] · important · massif · somptuaire
- réfléchi • coup de cœur · d'impulsion · impulsif • plaisir : *toute la campagne est axée sur l'achat plaisir*
- compulsif • inconsidéré · irréfléchi • spéculatif
- menus [+ nom] (plur.) : *j'ai fait de menus achats* · petit [+ nom]
- [Droit] fictif · frauduleux

∞ VERBE + **achat**

- inciter à · motiver • pousser à : *les démarcheurs poussent les gens à l'achat*
- effectuer · faire · procéder à · réaliser • payer · régler • négocier
- contribuer à · financer · permettre • rentabiliser
- être consacré à : *la part de leur budget qui est consacrée à ce genre d'achats* · être destiné à · servir à
- prouver : *la facturette prouve l'achat*
- renoncer à

∞ NOM + D' + **achat**

- preuve : *le hors-série est offert contre la preuve d'achat de 3 volumes de la série*

acoustique *nom fém.*

∞ **acoustique** + ADJECTIF

- modulable : *une salle de concert à l'acoustique modulable*
- agréable · avantageuse · belle [+ nom] · bonne [+ nom] · claire · excellente · exceptionnelle · exemplaire · idéale · impeccable · merveilleuse · nette · parfaite · remarquable · soignée · superbe • franche · généreuse · large : *les problèmes posés par l'acoustique large de l'Abbaye-aux-Dames*
- calamiteuse · capricieuse · défaillante · déficiente · déplorable · désastreuse · détestable · horrible · inadaptée · ingrate · mauvaise [+ nom] · médiocre · problématique • impitoyable : *peu aidé par une acoustique impitoyable, l'orchestre s'est révélé en très petite forme* · sans pitié

∞ VERBE + **acoustique**

- avoir · bénéficier de : *la cathédrale bénéficie d'une acoustique exceptionnelle* · posséder
- évaluer · tester
- améliorer

- souffrir de : *le concert a souffert de la mauvaise acoustique du lieu*

acrobatie *nom fém.* (litt. et fig.)

∾ acrobatie + ADJECTIF

- boursière · budgétaire · comptable · financière • administrative · diplomatique · juridique · politique • dialectique · oratoire · rhétorique · verbale • intellectuelle · littéraire • aérienne • vocale : *le bel canto ne doit pas être prétexte à des acrobaties vocales* · etc.
- ébouriffante · époustouflante · prodigieuse · sidérante · vertigineuse • étonnante · incroyable
- dangereuse $^{+ \text{nom}}$ · difficile · périlleuse : *il peint à même le roc au prix de périlleuses acrobaties* · risquée • épuisante
- petite $^{+ \text{nom}}$: *on a rétabli les comptes au prix d'une petite acrobatie*

∾ VERBE + acrobatie

- accomplir · effectuer · exécuter · faire : *faire de l'acrobatie / des acrobaties* · multiplier (plur.) · s'adonner à · se livrer à (plur.) : *le comptable s'est livré à quelques acrobaties*
- relever de : *tenir les délais relève de l'acrobatie*
- obliger à : *nos délais de bouclage nous obligeaient à de petites acrobaties*

[1] acte *nom masc.* (action)

∾ acte + ADJECTIF

- créateur · fondateur · inaugural • chirurgical · médical • militant · politique • culturel : *pleurer est un acte culturel* · social • judiciaire · militaire • sexuel° : *l'acte sexuel* · etc.
- concret : *le premier acte concret du nouveau gouvernement a consisté à supprimer cette taxe* • individuel · unilatéral
- délibéré · intentionnel · prémédité · réfléchi · volontaire • impulsif · mécanique
- décisif · important · lourd de conséquences · majeur • solennel · symbolique
- bel $^{+ \text{nom}}$ · citoyen : *l'adhésion à l'association est vécue comme un acte citoyen* · désintéressé · généreux · méritoire · utile • audacieux · téméraire • courageux · héroïque
- manqué° : *« Tout acte manqué est un discours réussi »* (Lacan, *Écrits*, « Fonction et champ de la parole et du langage »)
- anodin : *brûler des livres n'est pas un acte anodin* • isolé · rare
- arbitraire · gratuit
- désespéré · suicidaire
- indélicat · malveillant • intéressé
- insurrectionnel · subversif • [Droit] attentatoire à · délictueux · fautif : *l'acte fautif a provoqué le handicap* · illégal · illicite
- blâmable · criminel · répréhensible • raciste · terroriste • dément · démentiel · déraisonnable · insensé • barbare · cruel · violent • abject · abominable · affreux · déplorable · grave · ignoble · impardonnable · inhumain · injustifiable · inqualifiable · irréparable · méprisable · odieux · pervers · vil

∾ acte + VERBE

- tomber sous le coup de la loi

∾ VERBE + acte

- conduire à · motiver · provoquer
- accomplir · commettre · faire : *faire acte de candidature / de solidarité / de civisme* · se livrer à • passer à° : *il a du mal à passer à l'acte*
- participer à · prendre part à : *on l'accuse d'avoir pris part à des actes de torture*
- assister à : *jamais on n'avait assisté à de tels actes racistes* · être témoin de
- juger
- approuver · encourager • excuser · justifier · légitimer
- revendiquer • assumer · répondre de
- condamner · dénoncer · déplorer · regretter
- prévenir • punir · réprimer · sanctionner

∾ NOM + D' + actes

- accumulation · avalanche · ensemble · foule · multitude · série · succession · suite · tas$^{fam.}$ · vague : *une vague d'actes terroristes* • flambée : *la flambée des actes racistes* · multiplication

[2] acte *nom masc.* (document écrit, officiel)

∾ acte + ADJECTIF

- administratif · juridique · notarial · notarié · officiel · public • conservatoire · constitutif · constitutionnel · déclaratif · exécutoire · modificatif · normatif · sous seing privé • à titre onéreux · timbré
- authentique · original
- valable · valide
- caduc • faux · frauduleux · illégal • entaché de nullité · entaché d'erreurs · invalide

∾ VERBE + acte

- dresser · établir · formuler · libeller · rédiger • dater · enregistrer
- authentifier · homologuer · légaliser • entériner · ratifier · valider
- parapher · signer
- amender
- falsifier

- annuler · casser · déclarer nul · invalider · résilier

[1]action *nom fém.* (activité(s), initiative)

∞ action + ADJECTIF

- diplomatique · gouvernementale · politique · publique • caritative · humanitaire • militante · syndicale • culturelle • pacifique · sociale • armée° : *ils menacent de reprendre l'action armée* · militaire
- locale · municipale · nationale · régionale · territoriale • unilatérale
- décisive · éclatante • à grande échelle · d'envergure · grande + nom · vaste
- collective · concertée · conjointe · simultanée
- immédiate · rapide • ciblée · directe
- dissuasive · préventive • corrective : *le dysfonctionnement du réacteur appelait une action corrective*
- belle + nom · bonne + nom · citoyenne · utile • audacieuse · grandiose · mémorable • héroïque · méritoire · noble
- isolée · limitée · ponctuelle
- aventureuse · complexe · risquée • désespérée
- offensive · vigoureuse • brutale · hostile : *le pays répondra à toute action hostile de son voisin* · musclée · violente
- clandestine
- inconsidérée · insensée • mauvaise + nom • tragique

∞ VERBE + action

- déclencher · ouvrir la voie à : *ce vote ouvre la voie à une action militaire* · provoquer • pousser à : *qu'est-ce qui l'a poussé à l'action ?*
- engager · entreprendre · lancer · mettre en œuvre : *afin de mettre en œuvre une action interministérielle plus efficace* • reprendre : *à sa libération, il reprend son action militante ; les grévistes menacent de reprendre leur action*
- accomplir · commettre · mener · réaliser · s'engager dans • conduire : *il s'est toujours appuyé sur le droit pour conduire son action* · diriger : *le Premier ministre dirige l'action du gouvernement* • poursuivre • se consacrer à • avoir recours à · recourir à • participer à · prendre part à • coordonner : *ils tentent de coordonner l'action des différents services* · harmoniser : *il faut harmoniser l'action de nos deux services*
- approuver · appuyer : *le Président a appuyé l'action de son Premier ministre* · être favorable à · justifier · motiver · soutenir • donner une impulsion à · encourager • rendre hommage à : *il a rendu hommage à l'action du gouvernement* · saluer • donner du sens à
- durcir : *les syndicats promettent de durcir leur action* · intensifier · renforcer • prolonger
- être défavorable à · mettre en garde contre · protester contre
- différer · reporter · retarder
- limiter · mettre un bémol à : *ils redoutent que le gouvernement mette un bémol à leur action de prévention* · ralentir : *pour ralentir l'action des grévistes*
- éviter · prévenir • entraver · paralyser • empêcher
- mettre fin à · mettre un terme à

∞ NOM + D' + action(s)

- plan
- champ · rayon
- série · suite
- moyen(s)

[2]action *nom fém.* (d'un film, d'un livre)

∞ action + VERBE

- se dérouler · se passer : *l'action se passe sous l'Ancien Régime / en 1959* · se situer : *toute l'action se situe à Turin*
- avancer : *les cartons des films muets qui, en deux phrases, faisaient avancer l'action* · progresser • rebondir
- mollir : *l'action mollit dans la deuxième partie*

∞ VERBE + action

- plomber : *tous ces flash-backs plombent un peu l'action* · ralentir

[3]action *nom fém.* (de justice)

∞ action + ADJECTIF

- civile · fiscale : *l'action fiscale est exercée par l'administration* · publique : *le ministère public exerce l'action publique* • contentieuse : *engager une action contentieuse en dommages et intérêts contre l'État* · criminelle · judiciaire · juridique · pénale • directe • oblique · paulienne · récursoire · révocatoire
- recevable : *le tribunal a déclaré cette action recevable*
- irrecevable

∞ action + VERBE

- être en cours : *aucune action contentieuse n'est en cours*
- aboutir

∾ VERBE + **action**

- déclencher : *la victime peut déclencher l'action publique par une plainte* · engager · entamer · entreprendre · intenter° : *les intéressés sont fondés à intenter une action en diffamation* · introduire : *ils ont introduit une action devant le conseil des prud'hommes* · lancer
- exercer · mener · mettre en œuvre : *seul le ministère public a la possibilité de mettre en œuvre l'action publique* • poursuivre : *l'administration recommande de ne pas poursuivre l'action en recouvrement*
- fonder ... sur : *le plaideur pourrait fonder son action sur la législation antérieure*
- renoncer à : *elle a décidé de renoncer à son action en justice*
- éteindre : *le décès du prévenu éteint l'action publique* · mettre fin à · suspendre

[4] **action** *nom fém.* (Bourse)

∾ **action** + ADJECTIF

- ordinaire • cotée · négociable • préférentielle · privilégiée

∾ **action** + VERBE

- s'échanger : *l'action s'échange à 75 €* · se négocier : *l'action se négocie à 56 € / en hausse de 3,5 %*
- clôturer en hausse · ouvrir en hausse • afficher une hausse · présenter une hausse • enregistrer une hausse · être en hausse · être orientée à la hausse · faire un bond (de) · gagner : *l'action a gagné 3 € / 4,5 %* · monter · progresser · se redresser · se ressaisir · s'inscrire en hausse · s'octroyer une hausse : *l'action s'octroyait une hausse de 22,47 %, à 11,39 €* · terminer en hausse
- clôturer en baisse · ouvrir en baisse • afficher une baisse · présenter une baisse • accuser une baisse · baisser · clôturer en net / léger repli · enregistrer une baisse · être en baisse · être orientée à la baisse · fléchir · ouvrir en net / léger repli · s'échanger en baisse · se négocier en baisse · se replier · s'inscrire en baisse · terminer en baisse • dégringoler · s'effondrer

∾ VERBE + **action**

- créer : *accorder des stock-options revient à créer de nouvelles actions* · émettre
- coter : *il a fait coter son action à Wall Street*
- doper : *ces rumeurs de rachat ont dopé l'action*
- acheter · acquérir · investir dans · souscrire • avoir · détenir · être détenteur de · posséder
- échanger · négocier • placer · transférer
- céder · écouler · libérer : *le souscripteur peut à tout moment libérer ses actions par anticipation* · vendre

∾ NOM + D' + **action(s)**

- hausse · (re)montée
- baisse · dégringolade
- bloc · panier · paquet · portefeuille

[1] **activité** *nom fém.* (action d'une personne, d'une entreprise)

∾ **activité** + ADJECTIF

- humaine • sociale • artistique · créatrice · culturelle · littéraire · ludique • diplomatique · politique • scientifique • physique · sportive • commerçante · commerciale · marchande • intellectuelle · manuelle · etc.
- officielle · publique • personnelle · privée • associative · bénévole • militante · syndicale • normale · ordinaire • diurne · nocturne : *le couvre-feu a réduit l'activité nocturne de la ville*
- déterminante · importante • phare : *la vente d'ordinateurs, activité phare du groupe, est toujours en repli* · principale
- courante · habituelle · régulière • constante · inlassable
- adaptée • variée
- de pointe : *ils ont développé des activités de pointe dans le domaine de la recherche*
- marginale · petite [+ nom]
- exclusive : *l'entreprise a pour activité exclusive la construction de logements* · unique
- clandestine · criminelle · délictueuse · frauduleuse · illégale · illicite
- dangereuse · nocive · polluante

∾ **activité** + VERBE

- consister à : *son activité consiste à concevoir de nouveaux produits*
- se déployer : *des complexes où se déploient de multiples activités culturelles* · s'exercer : *le cadre démocratique dans lequel s'exerce son activité*
- s'étendre • se poursuivre

∾ VERBE + **activité**

- créer : *il a créé de nouvelles activités autour d'internet*
- débuter · se lancer dans · s'engager dans · s'initier à : *c'est l'occasion de s'initier à une activité sportive* • se tourner vers · s'orienter vers • se jeter à corps perdu dans · s'investir dans
- déployer : *le président a déployé une intense activité diplomatique* · entreprendre · mener • avoir · pratiquer : *il ne pratique aucune activité sportive* · s'adonner à · se consacrer à · se livrer à • participer à · prendre part à · vaquer à (plur.) : *chacun vaque à ses activités habituelles* • coordonner · diriger · gérer • maintenir · poursuivre • reprendre · retourner à
- se cantonner à · se limiter à : *ils se limitent à une activité de revente*

- être dédié à : *la zone entière est dédiée à des activités commerciales* • être voué à : *cette ville fut longtemps vouée à l'activité portuaire*
- autoriser • encourager • financer • soutenir
- contrôler • évaluer • mesurer
- témoigner de : *ces marques sur les rochers témoignent d'une activité humaine dès le néolithique*
- modifier • réorganiser • restructurer
- externaliser • filialiser • transférer
- avoir un impact sur • influencer • influer sur
- accroître • développer • intensifier • renforcer • diversifier
- diminuer • freiner • limiter • mettre en sourdine : *la banque a mis cette activité peu rentable en sourdine* • mettre / passer au second plan • mettre un bémol à • mettre un frein à : *ils essaient de mettre un frein à l'activité des mercenaires* • réduire • restreindre
- décourager • interdire • paralyser • perturber • inhiber : *pour inhiber l'activité de l'enzyme*
- cacher • dissimuler
- interrompre • suspendre • abandonner • renoncer à • cesser • mettre fin à • mettre un point final à : *l'entreprise a mis un point final à son activité touristique* • mettre un terme à • supprimer

∾ NOM + D' + **activité(s)**
- champ • domaine : *peu de domaines d'activité ont autant évolué ces dernières années*
- regain
- éventail • foule • gamme • multitude • panoplie

[2]**activité** *nom fém.* (Écon.)

∾ **activité** + ADJECTIF
- commerciale • économique • industrielle • domestique
- forte : *l'été est traditionnellement une période de forte activité pour le tourisme* • grande[+ nom] • importante • intense • intensive • soutenue • croissante • stable
- atone • faible : *un contexte de faible activité et de hausse du prix du pétrole* • modérée

∾ **activité** + VERBE
- fluctuer • varier
- augmenter • redémarrer • s'accélérer • s'emballer
- stagner • décroître • faiblir • fléchir • marcher au ralenti • marquer le pas : *à la Bourse, l'activité a marqué le pas depuis septembre* • (se) ralentir • reculer • s'effondrer • s'essouffler • se tasser

∾ VERBE + **activité**
- créer • générer
- accroître • augmenter • booster : *cette loi a boosté l'activité* • donner un coup d'accélérateur à • donner un coup de pouce à : *baisser les taux pour donner un coup de pouce à l'activité* • doper : *l'équipement des ménages dope l'activité* • relancer • soutenir • stimuler
- déprimer : *l'inflation déprime l'activité* • diminuer • entraver • freiner • paralyser • pénaliser • peser sur

∾ NOM + D' + **activité(s)**
- domaine • champ : *il souhaite élargir le champ d'activité de son entreprise*
- accélération • essor • hausse • progression • rebond • reprise
- baisse • (re)chute • fléchissement • ralentissement • recul • repli • tassement • déclin • effondrement
- fluctuation
- diversité

[3]**activité** *nom fém.* (métier, profession)

∾ **activité** + ADJECTIF
- professionnelle • rémunérée • salariée • libérale • ambulante : *les personnes exerçant une activité ambulante* • à domicile
- principale • courante • habituelle • régulière
- parallèle • connexe [Admin.] : *les bénéfices ou revenus provenant d'une activité connexe ou accessoire* • occasionnelle : *les chômeurs ayant eu une activité occasionnelle au cours des 12 derniers mois* • temporaire
- rentable • juteuse[fam.] • lucrative • rémunératrice
- déficitaire
- à risque • dangereuse

∾ VERBE + **activité**
- avoir • être en○ : *les personnes encore en activité au-delà de 65 ans* • exercer : *je n'exerce plus aucune activité salariée* • reprendre : *sa blessure l'empêche ensuite de reprendre son activité professionnelle* • poursuivre : *des jeunes chercheurs poursuivent leur activité professionnelle dans l'industrie*
- réduire : *après son accident, il a dû réduire son activité*
- interrompre : *certains parents souhaitent interrompre leur activité professionnelle pour élever leur enfant* • cesser • mettre fin à

[4]**activité** *nom fém.* (dynamisme, vitalité)

∾ **activité** + ADJECTIF
- bouillonnante • débordante • fébrile • fiévreuse • folle • frénétique • incroyable •

intense · trépidante • étonnante · extraordinaire · impressionnante · prodigieuse • pleine + nom : *à cette heure de la journée, les abeilles sont en pleine activité*
- constante · inlassable

∾ VERBE + activité
- déployer : *elle déployait une activité folle pour sauver les oiseaux rescapés de la marée noire* • redoubler de : *les militants redoublent d'activité à l'approche des élections*

addition *nom fém.* (facture, prix à payer)

∾ addition + ADJECTIF
- globale · totale
- exacte · juste
- correcte · raisonnable
- conséquente · élevée · lourde • astronomique · corsée[fam.] · démesurée · douloureuse · faramineuse · impressionnante · salée[fam.] • excessive
- simple + nom : *la fusion des styles est plus fertile que leur simple addition*

∾ addition + VERBE
- se chiffrer à : *l'addition se chiffrait à plusieurs milliards de dollars* · s'élever à : *l'addition s'élève à 150 €* · se monter à : *à combien se monte l'addition ?* • approcher : *l'addition approche les 300 €* · dépasser
- grimper : *le vin fait rapidement grimper l'addition* · s'alourdir · s'envoler : *en été, les additions s'envolent*

∾ VERBE + addition
- demander · réclamer
- chiffrer · faire
- donner · présenter : *le garçon nous a présenté l'addition ; ils leur ont présenté l'addition des dommages de guerre*
- vérifier
- alourdir · corser[fam.]
- alléger · réduire
- payer · régler · solder [fig.] : *le gouvernement devra bien un jour solder l'addition* • partager

adieux *nom masc. plur.*

∾ adieux + ADJECTIF
- officiels · politiques : *la Convention sera l'occasion de ses adieux politiques*
- interminables · longs + nom · sans fin
- définitifs · irrévocables
- provisoires : *en 1989, il faisait des adieux provisoires au music-hall*
- discrets · pudiques
- bouleversants · déchirants · émouvants · émus · pathétiques · poignants · touchants · tristes
- faux + nom : *un habitué des faux adieux à la scène*

∾ adieux + VERBE
- se dérouler · se faire : *les adieux se sont faits sur le quai de la gare*

∾ VERBE + adieux
- faire (+ possessif) : *faire ses adieux à qqn / à la politique / à la scène / à la compétition*
- prolonger
- brusquer
- assister à : *j'ai assisté aux adieux de la diva à l'Opéra de Paris*

admiration *nom fém.*

∾ admiration + ADJECTIF
- générale · unanime · universelle • mutuelle · réciproque
- absolue · éperdue · fervente · grande + nom · grandissante · idolâtre · illimitée · immense · immodérée · inconditionnelle · infinie · passionnée · profonde · renouvelée · sans bornes · sans faille · sans limites · sans mélange · sans partage · sans réserve · vive + nom • béate · dévote · muette
- affectueuse · attendrie · enthousiaste · tendre • légitime · sincère
- imbécile · sotte • déraisonnable · injustifiée • excessive · fanatique

∾ admiration + VERBE
- se porter sur : *son admiration se porte sur l'habileté de l'artiste*
- grandir · ne jamais faiblir · ne jamais se démentir : *ils ont eu pour lui une admiration qui ne s'est jamais démentie*
- faiblir

∾ VERBE + admiration
- attirer · faire : *son talent fait l'admiration de tous* · forcer : *son courage force l'admiration* · inspirer · provoquer · remplir de · soulever · susciter · valoir : *cela lui a valu l'admiration de ses pairs*
- avoir · concevoir · déborder de · éprouver : *cela n'enlève rien à l'admiration que j'éprouve pour son œuvre* · être béat de · être en○ : *être en admiration devant qqn / qqch.* · être éperdu de : *la jeune fille éperdue d'admiration pour l'auteur vieillissant* · être muet de · être pétri de : *tous ces jeunes fans pétris d'admiration pour le chanteur* · être plein de · être pris de : *elle s'était prise d'une vive admiration pour le compositeur* · être rempli de · être saisi de · être soulevé de · être transporté de · nourrir : *nourrir une admiration pour qqn / qqch.* · porter :

il lui porte une admiration sans bornes · ressentir · se prendre de · vouer (+ adj.) : *elle lui voue une admiration sans limites* • conserver · garder : *je lui garde toute mon admiration* • partager : *ils partagent la même admiration pour l'écrivain*
- être mêlé de : *un effroi mêlé d'admiration* · être teinté de : *le surnom qu'ils leur attribuent avec une ironie teintée d'admiration*
- avouer · confesser · déclarer · dire · exprimer · faire part de · murmurer · proclamer · redire · signifier : *elle lui a clairement signifié son admiration*
- ne pas cacher : *il n'a jamais caché son admiration pour le dictateur / leur audace* · ne pas dissimuler · professer : *il professe la plus grande admiration pour le cinéaste* · témoigner : *il lui a témoigné son admiration à maintes reprises*
- accroître · renforcer
- être digne de · mériter : *une telle maîtrise mérite notre admiration*

[1] adresse *nom fém.* (habileté)

∞ adresse + ADJECTIF
- manuelle · politique
- admirable · diabolique : *il manie les cartes avec une adresse diabolique* · exceptionnelle · extraordinaire · grande + nom · inconcevable · incroyable · inégalable · infernale · magistrale · merveilleuse · rare · remarquable · singulière

∞ VERBE + adresse
- avoir : *elle a de l'adresse / beaucoup d'adresse* · faire montre de : *il a fait montre d'une grande adresse* · faire preuve de · prouver
- acquérir : *il a acquis de l'adresse avec le temps*
- exercer : *c'est un exercice où il peut exercer toute son adresse* · jouer de · rivaliser de : *nos joueurs ont dû rivaliser d'adresse pour s'imposer contre cette équipe* · user de
- manquer de

[2] adresse *nom fém.* (de lieu, domicile, site internet)

∞ adresse + ADJECTIF
- postale • électronique · e-mail • internet · IP · url · web
- personnelle • commerciale · fiscale · légale · professionnelle
- fixe · habituelle · pérenne · permanente
- complète • valide • bonne + nom · exacte
- prestigieuse : *ils ont emménagé à une adresse prestigieuse dans le Quartier latin* • bonne + nom · excellente + nom : *si tu cherches un restaurant japonais, je connais une excellente adresse* · recherchée · sûre : *ce restaurant est une adresse sûre*
- provisoire · temporaire
- incomplète · inexacte · mauvaise • illisible · indéchiffrable · mal libellée
- bidon *fam.* · fausse + nom · fictive
- ancienne + nom · périmée · vieille + nom

∞ adresse + VERBE
- figurer sur : *l'adresse complète ne figurait pas sur le formulaire*

∞ VERBE + adresse
- (re)chercher · demander
- obtenir · prendre · relever · (re)trouver • connaître · se rappeler · se souvenir de
- créer : *j'ai créé mon adresse de messagerie* · se choisir • avoir · disposer de : *il dispose de plusieurs adresses électroniques* · posséder
- porter : *le pli portait votre adresse*
- attribuer : *il propose d'attribuer une adresse électronique à chaque citoyen* • donner · filer *fam.* · fournir : *il m'a fourni une fausse adresse* · indiquer · laisser : *elle est partie sans laisser d'adresse* · refiler *fam.* · transmettre
- copier · écrire · inscrire · libeller · marquer · mettre : *mets ton adresse sur le bagage*
- arriver à : *je suis arrivé rapidement à l'adresse indiquée* • [Internet] aller sur · cliquer sur · se connecter à
- changer de · modifier · rectifier
- conseiller · recommander : *si tu veux de l'excellente cuisine mexicaine, je te recommande cette adresse*
- oublier • paumer *fam.* · perdre
- se gourer de *fam.* · se tromper de

∞ NOM + D' + adresses
- annuaire • liste

adversaire *nom masc.*

∞ adversaire + ADJECTIF
- politique
- déclaré · direct • héréditaire · vieil + nom
- crédible : *il va devoir affronter des adversaires plus crédibles s'il veut être pris au sérieux* • dangereux · puissant · redoutable · sérieux · solide • acharné · coriace · décidé · déterminé · farouche · féroce · forcené · obstiné · opiniâtre · résolu · rude · virulent • implacable · insaisissable · intraitable · invincible · irréductible
- à la hauteur : *il vient de trouver un adversaire à sa hauteur* · à sa mesure · digne de soi • expérimenté · rusé
- fair-play · loyal
- inattendu : *l'équipe va affronter l'Argentine, adversaire inattendu en finale*

- faible · négligeable (souvent nég.) · piètre + nom
- déloyal · sournois • honni
- malheureux : *il fut l'adversaire malheureux de l'actuel maire aux dernières élections municipales*

∾ adversaire + VERBE
- bien se défendre · gagner du terrain • donner du fil à retordre (à) · faire peur (à)
- être à la portée de : *un adversaire à sa portée*
- perdre du terrain

∾ VERBE + **adversaire**
- affronter · attaquer · combattre · faire face à · lutter avec / contre · ruser avec · se battre contre · se mesurer à • foncer sur · fondre sur
- confondre : *il a essayé de confondre ses adversaires politiques* · faire douter · faire trembler · intimider · ne pas faire de cadeau à · surprendre • clouer le bec à · faire taire : *son programme a fait taire ses plus farouches adversaires* • accabler · démoraliser · narguer • désarçonner · désarmer • faire déjouer [Sport] : *c'est une équipe qui n'a pas sa pareille pour faire déjouer l'adversaire*
- avoir raison de · battre (à plates coutures) · dominer · éliminer · faire tomber · l'emporter sur · triompher de · vaincre · venir à bout de • abattre · donner / porter l'estocade à · écharper · écraser · enfoncer · envoyer au tapis · estoquer *littér.* · faire céder · faire mal à · faire reculer · faire souffrir · laminer · malmener · mettre en déroute · mettre hors de combat · réduire en bouillie · terrasser · tétaniser
- être à la merci de : *à ce niveau, une équipe diminuée est à la merci de son adversaire*
- craindre · redouter
- sous-estimer
- épargner · ménager • respecter
- exterminer · tuer

adversité *nom fém.*

∾ adversité + ADJECTIF
- politique : *il doit faire face à une réelle adversité politique* • grande + nom

∾ VERBE + **adversité**
- connaître · être confronté à · faire face à
- être / rester ferme dans : *il a su rester ferme dans l'adversité* · être / rester solidaire dans
- affronter · braver
- être plus fort que · résister à · surmonter · terrasser · triompher de · vaincre : *pour une réussite semblable, il a fallu vaincre l'adversité*

1 affaire *nom fém.* (faits, polémique, scandale)

∾ affaire + ADJECTIF
- mafieuse · politico-financière / -judiciaire · politique · etc.
- claire · limpide · simple
- de première / la plus haute importance · grande + nom : *impliqué dans une grande affaire d'espionnage* · grosse + nom : *la plus grosse affaire de dopage du cyclisme français* · importante · sans précédent • sérieuse : *pour lui, la cuisine est une affaire sérieuse* • épique · fertile / riche en rebondissements · hors du commun : *il s'agit là du dernier rebondissement d'une affaire hors du commun* · rocambolesque · spectaculaire
- complexe · compliquée · délicate · difficile
- confuse · embrouillée · équivoque • mystérieuse · obscure · ténébreuse + nom : *il a été mêlé de près à une ténébreuse affaire de chèques en blanc* • indébrouillable · inextricable
- embarrassante · épineuse · sensible
- louche · malhonnête · pas claire · scabreuse · suspecte · véreuse
- consternante · déplorable · dramatique · épouvantable · fâcheuse · fichue + nom · grave · inquiétante · sale + nom · sombre + nom · sordide + nom · vilaine + nom
- malheureuse + nom : *on ne va pas se fâcher pour une malheureuse affaire d'argent* · triste + nom
- de routine : *pour le groupe, cette fusion est presqu'une affaire de routine* · insignifiante · petite + nom · sans conséquence · simple + nom : *ce n'est pas qu'une simple affaire de corruption*
- classée° : *le président ne sera jamais inquiété, c'est une affaire classée* · entendue° : *on ira, c'est une affaire entendue* · réglée
- à suivre° : *d'autres témoins se seraient manifestés, affaire à suivre donc*

∾ affaire + VERBE
- éclater : *au moment où éclatait l'affaire des fausses factures*
- concerner · relever de : *cette affaire relève de la justice*
- se dérouler · suivre son cours • prendre une tournure (+ adj.) : *l'affaire prend une mauvaise tournure / une tournure politique* · prendre un tour (+ adj.) : *on va voir quel tour va prendre l'affaire*
- connaître des développements : *l'affaire a connu de nombreux développements à l'étranger* · prendre de l'envergure · progresser · rebondir
- se présenter bien · tourner bien
- refaire surface · revenir sur le tapis : *l'affaire des pots de vin revient sur le tapis*

- défrayer la chronique · faire couler beaucoup d'encre · faire du / grand bruit · faire scandale · soulever une polémique
- éclabousser : *toute la famille a été éclaboussée par l'affaire* · empoisonner : *l'affaire a empoisonné les relations entre nos deux pays* · fragiliser · meurtrir · secouer : *l'affaire a secoué toute la classe politique* · ternir : *sa réputation a été fortement ternie par cette affaire* • rattraper : *certaines affaires d'évasion fiscale ont fini par le rattraper*
- traîner
- tourner court
- ne pas sentir bon · sentir le soufre · sentir mauvais • se corser[fam.] : *l'affaire s'est corsée avec l'inculpation du maire* · se gâter · se présenter mal · tourner au drame · tourner mal

∞ VERBE + **affaire**
- manigancer · organiser
- intervenir dans · s'embarquer dans · s'engager dans · s'impliquer dans • interférer dans · mettre / fourrer son nez dans[fam.] · s'immiscer dans · s'ingérer dans • être compromis dans · être mêlé à · se fourvoyer dans · s'empêtrer dans · se risquer dans · tremper dans : *elle a trempé dans l'affaire des faux papiers*
- déballer : *on n'en finit pas de déballer des affaires de pédophilie* · déterrer : *l'homme qui a déterré l'affaire des emplois fictifs* · évoquer · exposer · porter sur la place publique
- considérer · examiner · observer de près • enquêter sur
- débattre de · discuter (de) · (re)mettre sur le tapis · revenir sur
- tenir au courant de · tenir informé de
- démêler · éclaircir · élucider · faire la lumière sur · tirer au clair : *l'affaire n'a jamais été tirée au clair* • connaître / découvrir le fin mot de
- arranger : *cela ne risque pas d'arranger son affaire* · dénouer · régler
- exploiter · tirer profit de
- médiatiser · politiser : *il a eu l'habileté de ne pas politiser l'affaire* • exagérer · gonfler · grossir : *il a grossi l'affaire pour se faire de la publicité* · monter en épingle
- pimenter • compliquer · embrouiller · emmêler
- minimiser · prendre à la légère · prendre / traiter par-dessus la jambe
- être hors de : *elle est maintenant hors d'affaire* · se sortir de · se tirer de : *se tirer d'affaire ; comment va-t-il se tirer de cette affaire de fraude ?*
- n'être pour rien dans : *il n'est pour rien dans cette sordide affaire* · rester en dehors de

[2] **affaire** *nom fém.* (dossier, surtout Droit)

∞ **affaire** + ADJECTIF
- contentieuse · criminelle · litigieuse
- en cours
- grosse [+ nom] · importante • urgente
- en souffrance · en suspens

∞ **affaire** + VERBE
- se dérouler : *l'affaire se déroule comme prévu* · suivre son cours
- concerner : *l'affaire concerne le financement du parti*
- être du ressort de : *cette affaire n'est pas de mon ressort* · être / relever de la compétence de : *l'affaire relève de la compétence du tribunal de Rouen*
- passer en jugement • être mise en délibéré

∞ VERBE + **affaire**
- charger de · confier ... à
- prendre en charge · prendre en main · reprendre • assurer le suivi de · être chargé de · être en charge de[critiqué] · être saisi de : *le juge qui a été saisi de l'affaire* · suivre
- déférer / porter devant une cour · porter devant la justice / un tribunal · porter devant le juge • renvoyer : *la cour renvoie l'affaire à la juridiction qu'elle estime compétente*
- instruire · juger · statuer sur
- être dessaisi de
- enterrer · étouffer
- boucler · classer

▷ voir aussi [1] **affaire**

[3] **affaire** *nom fém.* (transaction)

∞ **affaire** + ADJECTIF
- énorme · grosse [+ nom]
- intéressante · tentante • belle [+ nom] · bonne [+ nom] · du siècle[fam.] : *c'est l'affaire du siècle !* · en or · excellente • payante · profitable
- honnête · sûre · transparente
- bien engagée · bien partie
- modeste · petite [+ nom]
- à risque · hasardeuse · risquée • mal barrée[fam.] · mal engagée · mal partie
- louche · malhonnête · mauvaise [+ nom] · véreuse

∞ **affaire** + VERBE
- tomber dans l'escarcelle de : *l'affaire est tombée dans l'escarcelle d'une multinationale*
- claquer dans les doigts à · échapper à · passer sous le nez à : *le temps qu'il se décide, l'affaire lui est passée sous le nez*

∾ VERBE + **affaire**
- (r)emporter · enlever · gagner · obtenir · saisir : *il a su saisir l'affaire au bon moment ; c'est une affaire à saisir*
- avoir en poche · conclure • faire : *faire affaire avec qqn* · négocier
- être intéressé dans · s'engager dans
- conduire · gérer · mener
- mener rondement (souvent passif) : *cette affaire fut rondement menée* · mener tambour battant
- laisser filer · laisser passer · manquer · passer à côté de · perdre · rater : *j'ai raté l'affaire à deux heures près*

[4] **affaire** *nom fém.* (entreprise)

∾ **affaire** + ADJECTIF
- grosse [+ nom] : *il a une grosse affaire d'import-export* · importante
- florissante · lucrative · prospère · rentable
- modeste · petite [+ nom] : *son père tient une petite affaire de maçonnerie* • en sommeil · stagnante

∾ **affaire** + VERBE
- aller bien · marcher (bien) · prospérer • repartir
- aller à vau-l'eau · aller cahin-caha · aller / marcher mal · dépérir · être en difficulté · ne marcher que sur trois pattes[fam.] · péricliter

∾ VERBE + **affaire**
- créer · démarrer · lancer · mettre sur pied · monter : *ils ont monté une petite affaire de sushis à emporter* • prendre les rênes de · remettre sur pied · reprendre
- avoir · posséder
- administrer · conduire · diriger · être à la tête de · faire marcher · gérer · tenir les rênes de : *le duo tenait solidement les rênes de cette affaire*
- agrandir · développer
- liquider • céder · vendre

[1] **affaires** *nom fém. plur.* (activités commerciales)

∾ **affaires** + ADJECTIF
- bonnes : *les affaires sont bonnes* · florissantes · prospères
- calmes · stagnantes
- mauvaises

∾ **affaires** + VERBE
- aller bon train · marcher · reprendre · tourner (rond) : *les affaires ne tournent pas très rond dans la sidérurgie*
- aller cahin-caha · aller doucement · stagner • être au point mort · marcher mal

∾ VERBE + **affaires**
- entrer dans · se lancer dans · se reconvertir dans
- brasser : *il brasse des affaires dans l'import-export* · faire : *sa mère fait des affaires dans le textile* · gérer · traiter : *elle traite des affaires avec la Chine* • (re)mettre de l'ordre dans
- bien se défendre en · être adroit en · être bon en · être doué pour • être coriace en · être dur en
- se retirer de : *il a décidé de se retirer des affaires à la fin de l'année*

▷ voir aussi **chiffre d'affaires**

[2] **affaires** *nom fém. plur.* (activités publiques)

∾ **affaires** + ADJECTIF
- culturelles · publiques · sociales · etc.
- courantes°

∾ VERBE + **affaires**
- administrer · être en charge de[critiqué] : *elle est en charge des affaires culturelles* · expédier : *il ne fait qu'expédier les affaires courantes* · gérer · vaquer à : *le ministre vaque aux affaires courantes*

affection *nom fém.* (tendresse)

∾ **affection** + ADJECTIF
- conjugale · filiale · fraternelle · maternelle · parentale · paternelle
- débordante · forte · grande [+ nom] · indéfectible · intense · particulière · passionnée · profonde · sans faille · sincère · solide · tendre · vive [+ nom] • durable • mutuelle · partagée · réciproque
- soudaine : *il s'est pris d'une soudaine affection pour sa vieille tante*
- béate · excessive
- secrète : *il éprouvait une secrète affection pour elle*

∾ VERBE + **affection**
- avoir : *avoir de l'affection / beaucoup d'affection pour qqn* · déborder de : *il n'a jamais débordé d'affection pour son frère* · éprouver · nourrir (+ adj.) : *nourrir une affection sans borne pour qqn* · porter : *un vieil original auquel il porte une affection toute particulière* · prendre en : *elle l'a tout de suite pris en affection* · ressentir · se prendre de · vouer (+ adj.) : *elle voue une affection indéfectible à son vieil oncle*
- raviver
- être entouré de · gagner : *elle a su gagner l'affection de tous* · reconquérir : *pour reconquérir l'affection de son père*
- valoir ... à : *ses qualités humaines lui ont valu l'affection de ses collègues*

- dire · exprimer · faire part de • montrer · se montrer plein de · témoigner : *il savait comment lui témoigner son affection*
- répondre à : *elle n'a pas répondu à son affection*
- perdre : *il a perdu l'affection des siens*

∾ NOM + D' + affection
- demande : *il y a une grande demande d'affection chez ces adolescents* • besoin · manque
- élan • geste · marque · signe • témoignage

affinité *nom fém.* (souvent plur.)

∾ affinité + ADJECTIF
- culturelle · idéologique · littéraire · musicale · politique · religieuse · etc.
- électives : *il se sent aujourd'hui des affinités électives avec le discours libéral* (en référence au roman de Goethe *Les Affinités électives*) · évidente · forte · particulière

∾ affinité + VERBE
- se créer • exister : *des affinités existent entre leurs œuvres*
- lier : *des affinités stylistiques lient les deux artistes*

∾ VERBE + affinité
- se découvrir : *je me suis découvert des affinités avec l'auteur* · se sentir : *il se sent peu d'affinités avec ses collègues*
- avoir · entretenir : *les affinités qu'entretiennent ses romans avec certains thèmes proustiens* · présenter : *ses films présentent des affinités avec ceux du cinéaste italien*
- mettre au jour · révéler

affirmation *nom fém.* (assertion)

∾ affirmation + ADJECTIF
- officielle · politique · publique
- de principe : *malgré de grandes affirmations de principe, l'indépendance du juge est remise en question* • banale · simple $^{+ nom}$: *cette simple affirmation représente déjà une petite révolution*
- catégorique · claire · forte · péremptoire · solennelle · tranchée : *l'analyse du texte dément une affirmation si tranchée*
- grave • exagérée : *ils trouvent ces affirmations très exagérées* · grotesque · sans nuance
- exacte · incontestable · juste · raisonnée · valide
- étrange · surprenante
- (plur.) contradictoires · contraires : *malgré toutes les affirmations contraires, il y a une véritable crise dans ce secteur*
- contestée · discutable · douteuse · hasardeuse · sujette à caution : *une affirmation sujette à caution puisqu'aucun contrôle n'est effectué* • erronée · fausse · inexacte · infondée · injuste · mensongère • gratuite

∾ affirmation + VERBE
- reposer sur : *leurs affirmations ne reposent sur rien de tangible* · s'appuyer sur : *ces affirmations s'appuient sur des preuves*

∾ VERBE + affirmation
- avancer · énoncer · formuler • réitérer · répéter
- apporter / mettre un bémol à : *ils ont pris soin d'apporter un bémol à cette affirmation péremptoire* · nuancer · tempérer
- apporter la preuve de · établir · prouver
- appuyer · confirmer · corroborer · crédibiliser · étayer · justifier · renforcer · soutenir : *il n'y a pas la moindre preuve concrète pour soutenir ces affirmations*
- vérifier
- contester · mettre en doute · protester contre · réfuter · s'élever contre · s'inscrire en faux contre • contredire : *les faits contredisent les affirmations officielles sur un retour à la normale* · démentir

affolement *nom masc.*

∾ affolement + ADJECTIF
- médiatique : *l'affaire provoque un grand affolement médiatique*
- général • grand $^{+ nom}$: *au grand affolement des musiciens, le chef d'orchestre a quitté la salle*

∾ affolement + VERBE
- se propager · s'installer
- gagner · s'emparer de : *l'affolement s'est emparé des troupes*

∾ VERBE + affolement
- déclencher · provoquer · susciter : *l'élection municipale suscite l'affolement à droite* • contribuer à • ajouter à : *inutile d'ajouter à l'affolement général avec ce genre de déclaration*
- être le signe de · traduire : *l'intervention de l'armée traduit l'affolement des autorités face au phénomène* · trahir
- céder à : *ils ont évacué le bâtiment sans céder à l'affolement*

affront *nom masc.*

∾ affront + ADJECTIF
- petit $^{+ nom}$

- public • véritable + nom • abominable · cruel · grave · intolérable · mortifiant · suprême : *c'est à cette réunion que, affront suprême, ils lui ont retiré le dossier* · terrible • mortel : *« Je l'aime, et lui dois trop pour jeter sur son front / L'éternelle rougeur d'un si mortel affront »* (Corneille, *Tite et Bérénice*, II, 2) · sanglant

∾ VERBE + **affront**

- faire : *il m'a fait l'affront de refuser* · infliger : *il leur a infligé un nouvel affront*
- endurer · essuyer : *il venait d'essuyer un véritable affront de la part de ses vieux adversaires* · recevoir · subir · supporter • boire^littér. : *« Il faut que je boive l'affront »* (Molière, *Les Précieuses ridicules*, 16)
- percevoir comme · ressentir comme : *il a ressenti leur initiative comme un affront* · vivre comme : *il a vécu cela comme un affront personnel*
- laisser impuni · pardonner
- se venger de · venger : *ils s'étaient juré de venger l'affront* • effacer · laver : *« Laissez-moi m'assouvir dans mon courroux extrême / Et laver mon affront au sang d'un scélérat »* (Molière, *Amphitryon*, III, 5) · punir · réparer : *« De si mortels affronts ne se réparent point »* (Corneille, *Le Cid*, II, 3)

affrontement *nom masc.* (Mil. et fig.)

∾ **affrontement** + ADJECTIF

- armé · naval • clanique · (inter)communautaire · (inter)confessionnel · (inter)ethnique · fratricide · (inter)religieux • théologique : *le mouvement de la Réforme est né d'un affrontement théologique*
- inévitable • meurtrier · sanglant
- véritable + nom : *le moment du véritable affrontement a été retardé* • douloureux · majeur : *il y a un affrontement majeur au sommet de l'État* · ouvert : *le débat a dégénéré en affrontement ouvert* · sans merci · sérieux · sévère · terrible · violent
- inutile · stérile
- feutré : *l'affrontement feutré entre le gouvernement et l'armée*
- sporadiques (plur.) : *le conflit se limite à des affrontements sporadiques entre deux factions rebelles*

∾ **affrontement** + VERBE

- avoir lieu · éclater · se dérouler · se produire · survenir (passif) : *les affrontements survenus dans la nuit de jeudi à vendredi* • s'ensuivre
- dominer (souvent passif) : *la politique continue d'être dominée par des affrontements partisans* · émailler (souvent passif) : *une période émaillée d'affrontements sévères* · jalonner · marquer : *les violents affrontements qui ont marqué ces derniers mois*
- tourner à : *l'affrontement pourrait tourner à la guerre civile*
- s'étendre : *les affrontements se sont étendus à d'autres villages*
- déchirer : *un pays déchiré par les affrontements ethniques* · opposer • faire des morts / victimes / blessés
- tourner à l'avantage de
- cesser · se terminer

∾ VERBE + **affrontement**

- déboucher sur · déclencher · donner lieu à · provoquer : *cela a provoqué des affrontements avec les forces de l'ordre*
- chercher : *les jeunes ont cherché l'affrontement avec la police* · choisir : *il a choisi l'affrontement direct avec le syndicat* · risquer : *il ne veut pas risquer un affrontement avec son allié* · se préparer à
- dégénérer en · tourner à : *la discussion a tourné à l'affrontement*
- craindre · redouter
- éviter : *ils préfèrent éviter l'affrontement ouvert* • fuir : *la population a fui les affrontements entre l'armée et les rebelles*
- mettre fin à · mettre un terme à : *ils ont conclu un accord pour mettre un terme aux affrontements*

∾ NOM + D' + **affrontements**

- théâtre : *la ville a été le théâtre du dernier affrontement armé entre les deux factions*

[1] âge *nom masc.* (d'une personne)

∾ **âge** + ADJECTIF

- deuxième ○ + nom · premier ○ + nom : *des vêtements / du lait premier âge* · quatrième ○ + nom · troisième ○ + nom : *des personnes du troisième âge* • bas ○ + nom : *les enfants en bas âge* · jeune ○ + nom : *dès le plus jeune âge* · tendre : *« À mourir pour mourir, je choisis l'âge tendre »* (Barbara, *À mourir pour mourir*) • adulte · d'homme · viril : *ce rituel avait pour objet de préparer les jeunes gens à l'âge viril* • mental : *son âge mental est celui d'un enfant de 6 ans* • scolaire : *des enfants d'âge scolaire* • fécond : *le nombre de femmes d'âge fécond* · nubile • actif : *la population d'âge actif (de 15 à 64 ans)*
- maximal · maximum • minimal · minimum • légal · requis · statutaire • critique : *40 ans, c'est un âge critique pour un mannequin* · fatidique : *quand on atteint l'âge fatidique de 65 ans* · limite
- avancé · canonique · certain : *c'est une femme d'un âge certain / d'un certain âge* · élevé : *compte tenu de l'âge plus élevé d'entrée dans la vie active* · grand + nom · mûr : *un homme d'âge mûr* · respectable · vénérable : *son grand-père a atteint un âge vénérable* • de raison : *quand il atteindra l'âge de raison*
- bel + nom : *20 ans, c'est le bel âge* · bon + nom : *c'est le bon âge pour faire ce genre d'expérience*

- bête : *12 ans, c'est l'âge bête* · ingrat • sans pitié : *« Mais un fripon d'enfant (cet âge est sans pitié) prit sa fronde et du coup tua plus d'à moitié la volatile malheureuse »* (La Fontaine, *Fables*, IX, 2, « Les deux pigeons »)

∾ VERBE + **âge**
- arriver à : *arriver à un certain âge / à l'âge où ...* · atteindre · parvenir à · passer à
- avoir : *je n'ai plus l'âge de faire ça* · être en : *tu es en âge de décider tout seul* • accuser : *cet avion commence à accuser son âge* · faire : *il fait / ne fait pas son âge* · paraître · porter : *elle porte bien son âge*
- avancer en · prendre : *on s'embourgeoise en prenant de l'âge* • dépasser : *ils ont de loin dépassé l'âge de la retraite*
- trahir : *les taches de son trahissent notre âge*
- avouer · dire · divulguer
- cacher · mentir sur · tricher sur : *il a triché sur son âge pour obtenir le rôle*
- abaisser : *ils voulaient abaisser l'âge de la majorité*
- élever · reculer · relever : *ils ont relevé l'âge de la retraite* · repousser · retarder

∾ NOM + D' + **âge**
- catégorie · classe : *à l'intérieur de la même classe d'âge* · tranche : *les enfants de cette tranche d'âge*
- pyramide : *la pyramide des âges est en train de s'inverser*

[2]**âge** *nom masc.* (époque)

∾ **âge** + ADJECTIF
- de bronze : *des gravures rupestres de l'âge de bronze* · de fer [aussi fig., péj.] : *ce fut l'âge de fer des idéologies* · de pierre [aussi fig., péj.] : *on en était à l'âge de pierre en matière de communication* · néolithique · préhistorique · etc. • baroque · classique · moderne · etc.
- d'or° : *l'entreprise a connu un âge d'or dans les années 1980* · héroïque · mythique

∾ **âge** + VERBE
- commencer · débuter
- prendre fin · s'achever · se terminer

∾ VERBE + **âge**
- connaître · vivre : *dans les années 1930, le cirque vécut un âge d'or* • traverser (plur.) : *cette légende a traversé les âges*
- dater de : *ces céramiques datent de l'âge de bronze* · remonter à
- marquer : *les années 1850 marquent l'âge d'or des steamboats*
- avoir la nostalgie de : *ils ont la nostalgie de l'âge des épopées victorieuses* · regretter

agissements *nom masc. plur.*

∾ **agissements** + ADJECTIF
- antimilitaires · financiers · incendiaires : *la gendarmerie enquête sur les agissements incendiaires de quelques officiers* · parasitaires [Droit] : *les agissements parasitaires dont la firme est l'objet* · pédophiles · sectaires : *ils veulent lutter contre les agissements sectaires répréhensibles* · terroristes · etc.
- crapuleux : *elle a été victime d'agissements crapuleux* · criminels · délictueux · frauduleux · illicites · irréguliers · mafieux · répréhensibles • coupables · déloyaux · douteux · horribles · inadmissibles · louches · suspects

∾ VERBE + **agissements**
- se livrer à • se rendre complice de : *il s'est rendu complice d'agissements frauduleux*
- être victime de · subir
- contrôler : *les préfets ont prouvé leur incapacité à contrôler les agissements des maires* · surveiller • enquêter sur · faire la lumière sur
- mettre au jour · révéler
- imputer ... à : *on lui a imputé des agissements délictueux*
- encourager • justifier
- blâmer · condamner · dénoncer · se plaindre de • reprocher ... à
- combattre · lutter contre · prévenir · réprimer · se défendre contre
- couvrir : *le président a couvert ces agissements* · dissimuler

agitation *nom fém.* (animation, trouble, turbulence)

∾ **agitation** + ADJECTIF
- culturelle · intellectuelle • diplomatique · médiatique : *l'agitation médiatique autour de cette affaire est incroyable* • boursière · financière · spéculative • populaire : *l'agitation populaire qui a suivi l'attentat* · sociale • estudiantine · étudiante · lycéenne · universitaire • révolutionnaire · séparatiste • préélectorale • urbaine : *un centre d'hébergement éloigné de l'agitation urbaine* · etc.
- [Méd.] • anxieuse · mentale · nerveuse • motrice
- apparente · légère [+ nom] · petite [+ nom] · relative · superficielle • larvée · secrète · sourde · souterraine
- croissante · délirante · effrénée · extraordinaire · extrême · fébrile · forte [+ nom] · frénétique · furieuse [+ nom] · grande [+ nom] · importante · intense · sans précédent · sérieuse · violente · vive • continuelle ·

incessante · permanente · perpétuelle • collective · générale
- excessive • anormale · étrange · inaccoutumée · inexplicable · inhabituelle
- inutile · stérile · vaine • factice : *cette agitation factice n'est là que pour distraire l'attention de l'essentiel* · illusoire • imbécile

∾ agitation + VERBE
- commencer
- régner : *l'agitation règne parmi les étudiants* • enflammer · entourer · gagner (souvent passif) : *tout le pays est gagné par l'agitation depuis cette annonce* · habiter : *une très grande agitation habite les milieux politiques* · saisir · s'emparer de
- perturber · surprendre
- augmenter · croître · se développer
- retomber · s'apaiser

∾ VERBE + agitation
- causer · contribuer à · déclencher · donner lieu à · être la cause de · inciter à · produire · provoquer · susciter
- participer à
- connaître · être confronté à · être en proie à : *le pays est en proie à l'agitation sociale* · faire face à
- attiser · aviver · entretenir · renforcer
- calmer · contenir : *pour contenir son agitation* · mettre un frein à
- mettre fin à · mettre un terme à

∾ NOM + D' + agitation
- foyer
- mouvement · vague
- climat · signe
- comble • regain

REM. On rencontre parfois “agitation confuse” et “agitation désordonnée”. Évitez ces expressions pléonastiques.

agression *nom fém.* (physique, verbale, psychologique)

∾ agression + ADJECTIF
- armée · militaire • bactériologique · biologique · chimique • extérieure • impérialiste • raciste · sexuelle • physique · psychologique · verbale • naturelle : *une barrière de corail est soumise à des agressions naturelles* · urbaine : *des produits qui protègent la peau contre les agressions urbaines*
- fréquente · quotidienne
- caractérisée : *l'offensive du député est considérée comme une agression caractérisée* · flagrante · véritable ^{+ nom} • délibérée • grave · violente • mortelle
- barbare · brutale · criminelle : *ces puissances étrangères ont commis une agression criminelle contre notre pays* · sauvage • insupportable · intolérable

∾ agression + VERBE
- survenir : *à la suite de plusieurs agressions survenues récemment contre le personnel*
- entraîner la mort (de) · toucher : *ces agressions touchent d'abord les hommes*
- (plur.) continuer • se multiplier
- cesser · prendre fin

∾ VERBE + agression
- préméditer · préparer • commettre · perpétrer
- accuser de (souvent passif) · soupçonner de (souvent passif) • attribuer ... à · imputer ... à
- (plur.) recenser · répertorier
- constituer : *ce texte constitue une agression contre notre politique*
- être soumis à · être victime de · subir
- (souvent passif) considérer comme · percevoir comme · ressentir comme · vivre comme : *le bruit est vécu comme une agression*
- condamner · dénoncer • repousser · résister à · riposter à • (se) défendre contre · éviter · (se) protéger contre / de : *pour se protéger de / contre toute agression extérieure*
- arrêter · faire cesser · mettre fin à · mettre un terme à · stopper

∾ NOM + D' + agression(s)
- acte : *je ne comprends pas cet acte d'agression*
- série · vague : *leurs militants avaient participé à une vague d'agressions xénophobes*
- recrudescence

agressivité *nom fém.*

∾ agressivité + ADJECTIF
- sexuelle : *les hormones mâles liées à l'agressivité sexuelle* · verbale
- latente
- accrue · croissante · extrême · forte ^{+ nom} · franche ^{+ nom} : *elle s'est heurtée à une franche agressivité de la part de ses collègues* · grande ^{+ nom} · incontrôlée · incroyable • permanente
- gratuite
- saine ^{+ nom} : *l'équipe a fait preuve d'une saine agressivité*

∾ agressivité + VERBE
- se manifester : *comment s'est manifestée son agressivité à votre égard ?* · s'exercer · s'exprimer • avoir comme exutoire : *le cinéma X comme exutoire à l'agressivité sexuelle*
- gagner : *l'incivilité et l'agressivité gagnent toute la société*
- prendre de court : *ils ont été pris de court par l'agressivité de leurs adversaires politiques* · surprendre
- se retourner contre : *son agressivité se retourne contre lui*

∞ VERBE + **agressivité**

- déclencher · engendrer
- décharger ... sur : *ils déchargent leur agressivité sur leurs gardiens* · diriger ... contre : *elles finissent par diriger leur agressivité contre elles-mêmes* • libérer : *en seconde mi-temps, les joueurs ont enfin libéré leur agressivité*
- afficher · faire preuve de · manifester : *il ne manifeste pas d'agressivité envers elle* · montrer : *il a montré une agressivité inaccoutumée*
- tourner à · virer à : *son énervement a rapidement viré à l'agressivité*
- favoriser : *le système carcéral favorise l'agressivité des détenus* • faire monter · stimuler : *les anabolisants stimulent l'agressivité*
- affronter · être confronté à · être en butte à · se heurter à · subir
- canaliser · contenir · contrôler · gérer · maîtriser : *il maîtrisait mal son agressivité*
- manquer de • perdre · se départir de : *il essayait de se départir de toute agressivité en faisant des sourires*

∞ NOM + D' + **agressivité**

- déferlement
- geste · signe
- dose · pointe : *on se réjouit de la pointe d'agressivité qu'ils ont mise dans leur jeu* · trace : *pas la moindre trace d'agressivité dans l'interrogatoire*

aide *nom fém.* (appui, secours, financière, etc.)

∞ **aide** + ADJECTIF

- économique · financière · forfaitaire · pécuniaire • compensatoire • alimentaire • juridictionnelle · juridique • logistique · matérielle · technique • militaire • éducative · scolaire • morale · psychologique • humanitaire : *l'acheminement de l'aide humanitaire est difficile* · médicale · sociale : *les services de l'aide sociale ; il ne bénéficie d'aucune aide sociale*
- gouvernementale · publique • extérieure · internationale
- en ligne [Inform.] • à domicile
- individualisée · personnalisée • ciblée · sélective · spéciale · spécifique
- gratuite · payante • indirecte
- globale · totale • automatique · systématique
- directe • active · concrète · déterminante · effective • abondante · accrue · conséquente · considérable · énorme · forte · importante · massive · non négligeable · renforcée · solide · substantielle • mutuelle
- appréciable · efficace · indispensable · inestimable · précieuse · utile • ad hoc · inespérée · irremplaçable · providentielle • généreuse
- quotidienne · régulière • durable · pérenne
- d'urgence · immédiate · urgente
- incitative : *lorsque l'entreprise embauche des jeunes, elle reçoit des aides incitatives*
- partielle · petite[+ nom] • exceptionnelle · occasionnelle · ponctuelle • dérisoire · faible · incertaine · insuffisante · modeste · négligeable · parcimonieuse
- intéressée

∞ **aide** + VERBE

- concerner : *cette aide ne concerne que les personnes sans ressources*

∞ VERBE + **aide**

- avoir besoin de • attendre · compter sur · espérer • prétendre à : *vous pouvez prétendre à une aide financière* • chercher · demander · en appeler à : *ils en appellent à l'aide internationale* · implorer : *ils implorent l'aide de leurs voisins* · quémander · réclamer · requérir · solliciter
- avoir recours à • accepter · bénéficier de · disposer de · obtenir · percevoir · recevoir : *ils reçoivent une aide de la Région*
- instaurer · instituer · introduire · mettre en place
- débloquer · relancer : *il faut de l'argent frais pour relancer l'aide au développement*
- offrir · promettre · proposer • accorder · apporter : *apporter de l'aide / son aide à qqn* · donner · fournir · porter : *il lui a porté aide* · venir en : *personne ne lui est venu en aide* • [financière] affecter · allouer · attribuer · consentir : *une aide de 300 € leur a été consentie* · distribuer · octroyer · verser : *une aide d'urgence lui a été versée*
- accroître · augmenter · renforcer
- cibler : *la Banque mondiale souhaite mieux cibler l'aide au développement* · réorienter : *il a proposé de réorienter les aides de la grande agriculture vers les petites exploitations* • moduler · personnaliser • conditionner
- limiter · plafonner
- refuser • geler : *l'État a gelé les aides aux pêcheurs* · supprimer · suspendre
- détourner : *la guérilla a détourné toute l'aide humanitaire*

[1] air *nom masc.* (souffle, atmosphère, ambiance)

∞ **air** + ADJECTIF

- comprimé · conditionné[○] · pressurisé · pulsé
- ambiant • grand[○ + nom] : *le / au grand air* · libre[○] : *sortir à l'air libre* · plein[○ + nom]

- frais · froid · glacé · rafraîchissant • marin · salin • brûlant · chaud • tempéré · tiède • humide · moite : *dans l'air moite de ce début d'automne* • sec
- piquant · vif · vivifiant
- agréable · bon + nom · doux · léger : *l'air léger des hauts plateaux* · printanier · tranquille • pur · respirable · sain • limpide · transparent • embaumé · parfumé
- étouffant · lourd · surchauffé
- confiné · corrompu · délétère · empoisonné · fétide · impur · infecté · irrespirable · malsain · oppressant · pestilentiel · pollué · renfermé · saturé · toxique · vicié

∞ air + VERBE
- trembler · vibrer • s'adoucir · se réchauffer • se rafraîchir · se refroidir
- entrer dans : *laisse entrer de l'air / un peu d'air dans la pièce* · envelopper · pénétrer : *par temps froid et venteux, trop d'air pénétrait dans la maison*
- se raréfier
- empester · puer

∞ VERBE + air
- flairer · humer · sentir
- aspirer · respirer : *respire le bon air pur de la montagne !* • exhaler · expirer
- apporter : *ils ont apporté un peu d'air frais dans cette vieille institution* · (re)donner : *il est urgent de donner de l'air / un peu d'air aux entreprises européennes* • faire souffler : *cette réforme va faire souffler un air de renouveau dans la vie politique* · insuffler : *ce système permet d'insuffler de l'air dans les gaines d'aération ; le nouveau directeur a su insuffler un peu d'air frais dans le journal*
- assainir · filtrer · purifier • changer · renouveler : *il faut ouvrir en grand portes et fenêtres pour renouveler l'air*
- manquer de : *on manque d'air dans cette cave*

∞ NOM + D' + air
- masse
- bol° : *on a pris un bon bol d'air à la mer* · bouffée · flux · souffle : *un souffle d'air chaud venu du désert* • brin · filet • courant°

²air *nom masc.* (espace)

∞ VERBE + air
- brasser · déchirer : *un cri strident déchira l'air* · fendre · fouetter

en l'air
- jeter · propulser • regarder • sauter • tirer

dans l'air
- être suspendu · flotter · planer · s'élever : *le ballon s'élevait dans l'air / les airs* · tournoyer

³air *nom masc.* (expression, mine)

∞ air + ADJECTIF
- petit + nom : *leurs slogans ont un petit air de déjà-vu*
- calme · confiant · serein · tranquille • posé · raisonnable · réfléchi
- content · satisfait • épanoui · radieux • enjoué · enthousiaste · gai · guilleret · heureux · hilare · jovial · joyeux · ravi · réjoui
- espiègle · facétieux · mutin · polisson • futé · malin
- altier · digne · distingué · fier · impérial · imposant · majestueux · noble · olympien · superbe
- affable · aimable · bienveillant · débonnaire · engageant · gentil • déférent · révérencieux
- doux · inoffensif · paisible · placide
- assuré · décidé · déterminé · résolu · volontaire • conquérant · grands° + nom (plur.) : *il croit m'éblouir avec ses grands airs* · important · triomphant · victorieux
- absorbé · affairé · attentif · concentré • méditatif · pensif · recueilli · songeur • grave · sérieux · solennel
- absent · distant · distrait · étourdi · rêveur
- béat · candide · ingénu · innocent · naïf • enfantin · puéril
- circonspect · dubitatif · incrédule · interrogateur · perplexe
- détaché · impassible · impavide · indifférent • dégagé · désinvolte · naturel · nonchalant • évasif · indécis · vague
- réservé · timide • de sainte-nitouche° : *ne prends pas ces airs de sainte-nitouche* · humble · modeste · pudibond • craintif · farouche
- bizarre · énigmatique · étrange · impénétrable · mystérieux • faux + nom : *sous ce faux air de dilettante se cache un travailleur forcené*
- indigné · irrité · offensé · outré • fâché · furibond · furieux · mécontent
- ébahi · étonné · surpris • inquiet · préoccupé · stressé • effaré · hagard · terrifié
- désolé · embarrassé · ennuyé · gêné · navré • contrit · honteux · penaud
- abattu · découragé · dégoûté · dépité · déprimé · désabusé • blasé · résigné • fatigué · las · maladif
- de chien battu° : *il la regardait avec un air de chien battu* · triste · tristounet • lugubre · morne · sinistre • piteux · pitoyable
- méfiant · soupçonneux
- arrogant · dédaigneux · effronté · fat · méprisant · narquois · présomptueux · prétentieux · supérieur : *elle prend toujours ce petit air supérieur pour me parler* • goguenard · ironique · moqueur · railleur

- agressif · féroce · méchant · menaçant · provocant • austère · dur · pas commode · patibulaire · rébarbatif · renfrogné · revêche · sévère · taciturne
- abruti · bête · idiot · imbécile · niais · ridicule · stupide • emprunté · gauche
- boudeur · bougon · ronchon
- coincé · compassé · constipé · empesé · figé · guindé · pincé · raide
- doucereux · mielleux • faux · fourbe · hypocrite · sournois • équivoque · louche · suspect
- entendu° : *sait-on jamais ? dit-il d'un air entendu*

∞ VERBE + air
- affecter : *il affectait l'air le plus dégagé possible* · afficher · arborer : *il arborait un air goguenard / l'air blasé de ceux qui en ont vu d'autres* · avoir · prendre : *elle prit un air ennuyé pour lui répondre* · se donner : *il se donne des airs d'aristocrate*
- conférer : *les cyprès confèrent à l'ensemble un air de Toscane* · donner : *ça te donne l'air bête*
- se fier à : *il a un air très débonnaire, mais il ne faut pas s'y fier* · se laisser prendre par
- se départir de (souvent nég.) : *sans se départir de son air grave*

[4]air *nom masc.* (mélodie)

∞ air + ADJECTIF
- ancien · d'autrefois · vieil + nom
- à la mode · célèbre · connu · fameux + nom : *le fameux air de "Carmen" de Bizet* · populaire
- relevé · rythmé • chantant · mélodieux • entraînant · gai
- monotone · triste • entêtant · lancinant : *elle chantonne toujours les mêmes airs lancinants*

∞ air + VERBE
- hanter · obséder · poursuivre · trotter dans la tête : *cet air me trotte dans la tête depuis hier*

∞ VERBE + air
- phraser • composer · écrire
- chanter · chantonner · entonner · fredonner · siffler · siffloter • exécuter · jouer · pianoter
- retenir · se rappeler · se souvenir de
- oublier
- massacrer : *elle a massacré l'air de "La Reine de la nuit"*

[1]alarme *nom fém.* (appareil)

∞ alarme + ADJECTIF
- automatique · électronique · sonore · visuelle
- stridente
- dissuasive

∞ alarme + VERBE
- retentir · se déclencher · se mettre en marche · sonner
- s'arrêter

∞ VERBE + alarme
- installer • équiper de
- être doté de · posséder
- actionner · déclencher : *l'orage a déclenché plusieurs alarmes* · enclencher · mettre (en marche)
- régler
- arrêter · faire taire

[2]alarme *nom fém.* (signal, avertissement)

∞ alarme + ADJECTIF
- fausse + nom : *les fausses alarmes ont fini par les lasser* • intempestive

∞ VERBE + alarme
- donner : *ce sont les voisins qui ont donné l'alarme* · sonner [souvent fig.] : *le ministre a sonné l'alarme et mis en garde contre la montée des extrémismes*

∞ NOM + D' + alarme
- sirène
- système

cri d'alarme
- lancer : *les chercheurs lancent un cri d'alarme sur l'état de notre planète* · pousser

▷ voir aussi **signal d'alarme**

alcool *nom masc.* (boissons alcoolisées)

∞ alcool + VERBE
- griser • délier les langues · désinhiber · échauffer les esprits
- ravigoter · réchauffer
- hébéter · intoxiquer · monter à la tête • faire des morts · faire des ravages · faire des victimes · tuer : *l'alcool (au volant) tue* • (souvent passif) abîmer · abrutir : *il est complètement abruti par l'alcool* · affaiblir · assommer · bouffir : *le visage bouffi par l'alcool* · détruire · miner : *une vie complètement minée par l'alcool* · ravager · ronger

∞ VERBE + alcool
- absorber : *il avait absorbé beaucoup d'alcool* · boire · consommer · ingérer · ingurgiter · prendre · s'enivrer de : *il s'enivrait tous les soirs d'alcool de riz* · s'imbiber de : *imbibé d'alcool, il devenait soudainement violent*
- avoir un penchant pour · être porté sur • abuser de : *il ne faut pas abuser de l'alcool* · être accro à fam. · être dépendant de • replonger dans : *résister à la tentation de replonger dans l'alcool* · sombrer dans · tomber dans • noyer dans : *noyer son chagrin / son angoisse dans l'alcool*

- supporter : *je supporte très bien / mal l'alcool* · tenir : *il tient bien / ne tient pas du tout l'alcool*
- puer · sentir : *il sent l'alcool à plein nez*
- bannir · interdire · prohiber
- diminuer · éviter : *elle évite l'alcool depuis qu'elle est enceinte*
- ne pas / plus toucher à : *il ne touche plus à l'alcool depuis son accident* · renoncer à · se libérer de

∾ NOM + D' + alcool
- dose : *l'absorption de doses modérées d'alcool* · quantité
- goutte · larme · lichette^fam. · soupçon

sous l'effet / l'emprise de l'alcool
- agir · conduire · être

alerte *nom fém.* (signal, inquiétude)

∾ alerte + ADJECTIF
- automatique · électronique · sonore · visuelle
- aérienne • à la pollution • au feu · incendie • à la bombe · terroriste • cyclonique · météorologique • alimentaire · épidémiologique · médicale · sanitaire
- internationale · mondiale · nationale
- générale • chaude ^+ nom · sérieuse • maximale · maximum · rouge^○ : *les services de santé ont été placés en alerte rouge*
- rapide : *en cas d'attaque aérienne, une alerte rapide serait immédiatement déclenchée*
- constante : *les habitants sont en alerte constante* · permanente
- précoce · préventive : *l'alerte préventive des raz-de-marée*
- petite ^+ nom
- fausse ^○ + nom

∾ alerte + VERBE
- retentir · sonner
- passer

∾ VERBE + alerte
- déclencher · provoquer
- décréter : *les services météorologiques ont décrété une alerte rouge* · donner · lancer : *la police avait lancé une alerte dans la crainte de nouveaux attentats* · sonner
- maintenir
- lever

∾ NOM + D' + alerte
- état : *l'état d'alerte a été maintenu en raison des fortes pluies*
- cote · niveau · seuil
- bulletin • signal
- signe
- dispositif · plan · système

en alerte
- mettre : *les services météo ont mis plusieurs départements en alerte* · placer
- être : *toute la population est en alerte*
- rester

alibi *nom masc.* (Droit et fig.)

∾ alibi + ADJECTIF
- artistique · culturel · esthétique • démocratique : *ces primaires ne sont qu'un alibi démocratique* · institutionnel · politique • médical · thérapeutique • scientifique • moral · social · etc.
- bon ^+ nom · crédible · en béton^fam. · excellent · inattaquable · parfait · sérieux : *il n'a aucun alibi sérieux* · solide
- commode · dérisoire · facile : *il ne peut plus se servir de l'alibi un peu facile du devoir filial*
- inacceptable · irrecevable • suspect
- faux ^+ nom

∾ alibi + VERBE
- tenir : *son alibi tient toujours / ne tient pas* · tenir la route^fam.
- tomber : *son témoignage a fait tomber leur alibi*

∾ VERBE + alibi
- (se) chercher
- donner : *il n'a pu donner aucun alibi* · présenter · produire • fournir : *sa compagne lui a fourni un alibi pour la nuit du 3 avril*
- (se) dégoter^fam. · (se) trouver • (se) construire · (se) fabriquer · (se) forger · (s')inventer · monter · se constituer
- avoir · disposer de
- constituer · devenir · faire figure de : *seule femme au gouvernement, elle fait figure d'alibi* · servir de : *ces attentats servent d'alibi à la poursuite de la répression*
- invoquer · se réfugier derrière : *ils se réfugient derrière cet alibi pour justifier leur attentisme* · se servir de
- confirmer : *plusieurs personnes sont en mesure de confirmer son alibi*
- vérifier : *son alibi a été vérifié par la police*

aliment *nom masc.*

∾ aliment + ADJECTIF
- destiné aux animaux · destiné aux hommes / humains
- bio(logique) · naturel • carné · lacté · végétal • liquide · solide • cru · cuit • épicé · salé · sucré • acide · basique
- courant · de base · traditionnel

- complet • calorique · gras · riche • énergétique · hypercalorique · nourrissant · nutritif
- enrichi : *des aliments enrichis en vitamines* · vitaminé • génétiquement modifié · transgénique
- allégé · basses calories · hypocalorique · léger · maigre
- agréable · exquis · goûteux • diététique · digeste · sain
- fade · insipide • indigeste
- avarié · contaminé · périmé

∞ aliment + VERBE

- avoir bon / mauvais goût · avoir une bonne / sale tête (fam.) · laisser un goût dans la bouche
- caler (l'estomac) · tenir au corps
- peser sur l'estomac

∞ VERBE + aliment

- fabriquer · préparer · produire • bouillir · cuire · cuisiner · fumer · griller
- déshydrater · lyophiliser • conserver • congeler · surgeler (souvent passif) : *ils consomment beaucoup d'aliments surgelés*
- avaler · consommer · engloutir · ingérer · manger · prendre • assimiler · digérer • broyer : *les molaires servent à broyer les aliments* · mastiquer

alimentation *nom fém.* (nourriture, régime)

∞ alimentation + ADJECTIF

- hyperglucidique · hyperlipidique · hyperprotéinée • végétale • liquide · solide • salée · sucrée
- courante : *des produits en complément de l'alimentation courante* · de base : *les pommes de terre constituent l'alimentation de base* · traditionnelle
- abondante · riche (en) : *une alimentation riche en calcium*
- complète · diversifiée · équilibrée · variée • bonne + nom · naturelle · normale · saine
- allégée · légère
- carencée · déséquilibrée · mauvaise + nom • insuffisante · pauvre en : *une alimentation pauvre en matières grasses*

∞ VERBE + alimentation

- constituer : *le manioc constitue leur alimentation de base*
- avoir : *il faut avoir une alimentation équilibrée*
- entrer dans : *les produits entrant dans l'alimentation de base* · être utilisé dans
- convenir à · être adapté à · être destiné à : *des tubercules destinés à l'alimentation animale* · être indispensable à · être (à) la base de : *le riz est (à) la base de leur alimentation* · être nécessaire à · servir à
- améliorer
- exclure de : *j'ai dû exclure le sucre de mon alimentation*
- assurer · fournir · offrir • imposer : *il n'est pas si difficile d'imposer une alimentation équilibrée aux enfants*
- contrôler · surveiller
- être impropre à · être interdit dans

allégation *nom fém.*

∞ allégation + ADJECTIF

- erronée · fausse + nom : *les fausses allégations d'abus sexuels sont rares* · mensongère • infondée · sans fondement • délirante · fantaisiste • calomnieuse · diffamatoire
- salace · scabreuse
- simple + nom : *nous voulons des preuves tangibles et non de simples allégations*

∞ allégation + VERBE

- relever de : *ces allégations relèvent de la calomnie*
- concerner · être relative à

∞ VERBE + allégation

- enquêter sur : *il enquête sur cette allégation de subornation de témoin à l'encontre du maire* · vérifier
- publier · rapporter
- confirmer · étayer
- apporter / opposer un démenti à · démentir : *elle dément catégoriquement ces allégations* · réfuter · rejeter

alliance *nom fém.* (pacte, entente, union)

∞ alliance + ADJECTIF

- capitalistique · commerciale · conjoncturelle · industrielle • démocratique · électorale · parlementaire · politique • militaire · offensive • stratégique · tactique
- internationale · nationale · transfrontalière • double · tripartite · triple • officielle
- forte · intime · objective : *il y a toujours eu une alliance objective entre les ultras des deux camps* · privilégiée · puissante · sainte○ + nom : *ils cherchent à constituer une sorte de sainte alliance des pays démocratiques* · solide • élargie · grande + nom · vaste + nom : *nous devons aujourd'hui constituer une vaste alliance contre le tabac*
- durable · traditionnelle · vieille + nom
- ponctuelle · temporaire
- bizarre · étonnante · étrange · surprenante • hypothétique · imprévue · improbable · inattendue · inédite
- bancale · étroite · faible · floue · fragile · incertaine · mouvante • précaire
- secrète · tacite

- de circonstance : *les deux partis ont formé une alliance de circonstance* · opportuniste
- dangereuse · périlleuse
- contre nature : *les deux groupes ont formé une alliance contre nature* • suspecte · trouble

∾ **alliance** + VERBE
- se dessiner · se faire · se former · se nouer : *des alliances industrielles sont en train de se nouer entre Européens*
- réunir : *cette alliance réunit les deux premiers groupes sidérurgiques*
- conduire à · déboucher sur · donner naissance à : *cette alliance donnera naissance à la première banque du monde* · se traduire par
- se confirmer · se renforcer
- se défaire · se déliter : *l'alliance s'est délitée à la première difficulté* · se dénouer

∾ VERBE + **alliance**
- (re)chercher
- aboutir à · donner naissance à
- bâtir · conclure · constituer · construire · contracter · établir · faire (sans art.) : *les deux pays ont fait alliance* · fonder · forger · former · négocier · nouer · passer · réaliser · sceller · signer · tisser : *nous avons tissé des alliances avec des partenaires scandinaves* • reconduire · renouer · renouveler
- rejoindre : *deux nouveaux États ont rejoint cette alliance commerciale*
- affermir · cimenter · consolider · favoriser · renforcer · resserrer · revitaliser
- préconiser · prôner
- écarter : *il écarte toute alliance avec l'extrême droite* · refuser • désapprouver · protester contre · récuser · se prononcer contre · s'opposer à • mettre en garde contre • lutter contre · manifester contre
- se désengager de
- briser · défaire · dissoudre · provoquer la rupture de · renverser · rompre

allié *nom masc.*

∾ **allié** + ADJECTIF
- commercial · économique • parlementaire · politique • militaire · stratégique · tactique
- naturel · objectif : *la municipalité est devenue un allié objectif des défenseurs du littoral* · privilégié • véritable [+ nom] • crucial · de choix · de marque · de poids · de premier plan · de premier rang · de taille · formidable · important · indispensable · irremplaçable · majeur · proche · puissant · solide • de confiance · fidèle · inconditionnel · indéfectible · loyal · sûr • idéal · précieux • de cœur
- ancien · de longue date · de toujours · historique · traditionnel
- inattendu · inespéré • inhabituel · surprenant • de circonstance
- timide
- dangereux · encombrant · incommode

∾ **allié** + VERBE
- appuyer · soutenir

∾ VERBE + **allié**
- (se) faire : *il s'est fait l'allié du ministre; il a fait du ministre son meilleur allié* · gagner : *elle vient de gagner un allié de poids au sein du gouvernement* · se choisir · trouver : *il a trouvé en lui un solide allié* • mobiliser · rallier (plur.)
- avoir · compter : *il compte quelques alliés à gauche* · disposer de
- compter sur (le soutien de) · obtenir / recevoir le soutien de · s'appuyer sur · s'assurer du soutien de
- défendre · ménager · soutenir
- perdre · rompre avec · s'aliéner : *ils se sont aliéné tous leurs alliés* · se brouiller avec

[1]allure *nom fém.* (apparence, air, maintien)

∾ **allure** + ADJECTIF
- extérieure : *l'intérieur de la voiture comme son allure extérieure doivent plaire* · générale
- androgyne · efféminée • garçonne : *grande femme brune à l'allure garçonne* · virile • athlétique · sportive • jeune · juvénile
- classique · traditionnelle
- familière : *dans ses films, l'insolite prend des allures familières* · habituelle
- présentable : *l'extrême gauche s'est donné une allure présentable* · respectable • altière · avantageuse · belle [+ nom] : *une demeure de belle allure* · digne · distinguée · fière [+ nom] : *il a fière allure dans ce costume* · grande [+ nom] : *l'hôtel, parfaitement restauré, a maintenant grande allure* · majestueuse · noble · princière • élégante · étudiée · soignée · sophistiquée
- imposante · massive
- décontractée · détendue
- décidée · dynamique · énergique
- extraordinaire · fantastique · folle : *elle a une allure folle avec sa robe à paillettes* · impeccable · magnifique · sacrée [+ nom fam] • inimitable : *c'est ce qui donne au bateau son allure inimitable* · originale
- affable : *sous des allures affables se cache un redoutable homme d'affaires* · bonhomme · débonnaire : *ce bon vivant à l'allure débonnaire* · joviale

- paisible · posée · raisonnable · sage · sereine · tranquille
- bizarre · curieuse · drôle : *il a (une) drôle d'allure ce type* · étrange · surprenante
- discrète · modeste · timide • simple · sobre
- fragile · frêle
- banale · quelconque
- déplorable · épouvantable · mauvaise + nom : *il n'a pas trop mauvaise allure habillé comme cela* · triste : *le bâtiment a triste allure*
- cérémonieuse · solennelle • austère · martiale · raide · rigide · sévère · stricte • affectée · artificielle · compassée
- arrogante · fanfaronne · hautaine • délurée · effrontée
- balourde · gauche · maladroite · pataude
- désinvolte : *un jeune candidat à l'allure faussement désinvolte* · flegmatique · insouciante · nonchalante • bohème · débraillée · négligée : *il se donne une allure faussement négligée*
- équivoque · louche · suspecte • inquiétante : *un homme à l'allure inquiétante*

∞ VERBE + allure

- conférer : *le jardin confère une allure toute particulière au lieu* · donner : *ces lunettes lui donnent des allures d'étudiant sage*
- avoir : *il a une allure bizarre* • conserver : *il a conservé ses allures d'éternel jeune homme* • prendre : *le référendum prend des allures de plébiciste* · revêtir : *le feuilleton revêt des allures de tragédie antique* · se donner : *elle se donne des allures de pin up*
- cultiver : *le champion cultive ses allures d'homme ordinaire* · soigner : *il soigne son allure de dandy*

REM. On rencontre parfois "allure extérieure, physique". Évitez ces expressions pléonastiques.

[2]allure *nom fém.* (vitesse)

∞ allure + ADJECTIF

- constante · normale · régulière
- raisonnable · respectable
- belle + nom · bonne + nom · grande + nom : *la population s'accroît à grande allure* · infernale · rapide · soutenue · vertigineuse : *notre civilisation dévore les ressources naturelles à une allure vertigineuse* · vive + nom • échevelée · folle : *il roulait à une allure folle* · insensée
- faible · légère · lente : *l'autre véhicule roulait à une allure plus lente* · modérée · petite + nom : *le bateau est sorti du port à petite allure* · réduite

∞ allure + VERBE

- varier
- s'accélérer
- se stabiliser
- ralentir

∞ VERBE + allure

- conserver · garder : *le peloton a gardé la même allure* · maintenir : *il faut maintenir votre allure en dessous de 90 km/h*
- accélérer : *ils accélèrent l'allure au fil des kilomètres* · augmenter · forcer : *ne force pas l'allure même si on devait arriver en retard* · précipiter · presser
- changer de · régler : *il faut régler son allure sur le marcheur le plus lent*
- freiner · modérer · ralentir · réduire

à une allure (+ adj.), **à toute allure**

- aller · avancer · conduire : *des bolides conduits à des allures infernales* · courir · être lancé · filer · marcher · rouler

REM. "allure de sénateur" est une expression fautive, à laquelle il faut préférer "train de sénateur"

allusion *nom fém.*

∞ allusion + ADJECTIF

- autobiographique · personnelle : *alternant petites phrases et allusions personnelles* • historique · politique • littéraire · mythologique
- grivoise · hardie · polissonne · sexuelle
- claire · directe · évidente · explicite · limpide · nette · sans ambiguïté · transparente • appuyée · lourde • (plur.) fréquentes · multiples : *il a fait de multiples allusions au cinéaste* · répétées • perpétuelles
- drôle · ironique · piquante · plaisante • délicate · fine
- mystérieuse · obscure • incompréhensible : *des allusions incompréhensibles pour le commun des mortels*
- brève · courte · fugitive · rapide
- cryptée · détournée · discrète · implicite · indirecte · légère · petite + nom · vague : *il a fait une vague allusion à l'histoire mouvementée de sa famille* · (à peine) voilée : *c'est une allusion à peine voilée à sa famille*
- assassine : *il a émaillé son discours d'allusions assassines à l'opposition* · blessante · déshonorante · désobligeante · méchante · offensante · perfide · vexante
- déplacée · douteuse · tendancieuse

∞ allusion + VERBE

- concerner · être dirigée contre : *l'allusion n'était pas dirigée contre toi* · viser
- (plur.) abonder : *les allusions cinématographiques abondent dans son œuvre* · foisonner
- choquer
- échapper à : *toutes les allusions cinématographiques lui ont échappé*

∾ VERBE + **allusion**
- distiller · faire : *elle a fait une rapide allusion à son départ* · glisser · multiplier (plur.) : *il multipliait les allusions à caractère sexuel* · risquer • (plur.) émailler de · larder de · parsemer de · saupoudrer de
- contenir • (plur.) être bourré de · être chargé de · être plein de · fourmiller de
- relever • comprendre · saisir • prendre pour soi
- éviter : *évite toute allusion à sa mère* · se garder de : *je me suis bien gardée de faire allusion à l'héritage*

ambiance *nom fém.* (atmosphère, climat)

∾ **ambiance** + ADJECTIF
- musicale · sonore • jazzy
- générale
- bonne + nom • euphorique · excellente · extraordinaire · fantastique · formidable · géniale · incroyable • belle + nom · calme · sereine • recueillie · studieuse • chaleureuse • consensuelle · constructive : *ils se sont félicités de l'ambiance constructive des débats*
- de carnaval · de fête · festive • gaie · joviale · joyeuse
- bon enfant · conviviale · familiale : *ils accueillent les visiteurs dans une ambiance familiale et bon enfant* · positive · sympa *fam.* · sympathique • cool *fam.* · décontractée · détendue · informelle · relax *fam.* · tranquille • potache
- animée · débridée
- bizarre · curieuse · étrange · folklo *fam.* · irréelle · particulière · singulière · spéciale • indéfinissable · indescriptible
- maussade · molle : *l'ambiance était un peu molle dans les gradins* · morne · morose · mortifère · triste · tristounette • déprimante · (de) fin de règne : *il règne au Saint-Siège une ambiance de fin de règne* • glauque · inquiétante · kafkaïenne · lugubre · macabre · sordide
- électrique : *l'ambiance était électrique sur le plateau* · enfiévrée · fébrile · hystérique · surchauffée · survoltée · torride · trépidante • crispée · tendue • conflictuelle · explosive · hostile · houleuse
- lourde · oppressante · pesante • froide · glaciale • affreuse · détestable · épouvantable · exécrable · mauvaise · pourrie *fam.* · sale + nom • délétère · étouffante · irrespirable : *au bout de quelques semaines, l'ambiance est devenue irrespirable* · malsaine

∾ **ambiance** + VERBE
- prévaloir : *l'ambiance détestable qui a prévalu durant la campagne électorale* · régner : *il y règne une ambiance très conviviale*
- être propice à : *nous voulons créer une ambiance qui soit plus propice aux rencontres*
- se détendre · se réchauffer • être à la fête · être à l'optimisme · être au beau fixe
- s'alourdir · se dégrader · se détériorer

∾ VERBE + **ambiance**
- créer · installer · mettre : *il sait mettre de l'ambiance dans les soirées* • recréer · reproduire · restituer : *il a réussi à restituer l'ambiance de l'entre-deux-guerres*
- réchauffer : *il a mis de la musique pour réchauffer l'ambiance*
- décrire
- s'imprégner de : *j'aime m'imprégner de l'ambiance de la ville*
- manquer de : *sa soirée manquait d'ambiance*
- casser : *sa remarque a cassé l'ambiance* · empoisonner · gâcher · plomber · pourrir · refroidir
- refléter : *cette semaine reflète bien l'ambiance économique du moment*
- être sensible à : *les gens sont plus ou moins sensibles à l'ambiance dans laquelle ils vivent* · percevoir

dans l'ambiance, dans une ambiance (+ adj.)
- se dérouler : *les débats se sont déroulés dans une ambiance détendue* • entrer : *pour aider les convives à entrer dans l'ambiance* · se mettre : *il s'est tout de suite mis dans l'ambiance* · se plonger • baigner · évoluer · travailler : *il aime travailler dans l'ambiance des petits cafés* · vivre

REM. On rencontre parfois "détendre l'ambiance". Évitez cette expression et préférez "détendre l'atmosphère," plus idiomatique.

ambiguïté *nom fém.*

∾ **ambiguïté** + ADJECTIF
- juridique · morale · sémantique
- calculée · volontaire · voulue
- fondamentale · majeure · profonde
- dangereuse · terrible
- légère + nom · petite + nom · relative

∾ **ambiguïté** + VERBE
- être inhérente à · résulter de · venir de
- régner · résider
- peser sur : *cette ambiguïté pèse sur le débat politique*
- demeurer · subsister

∾ VERBE + **ambiguïté**
- créer · être source de : *cette formulation était source d'ambiguïté* · prêter à : *les termes pourraient prêter à ambiguïté*

- cultiver : *le réalisateur cultive l'ambiguïté en naviguant entre réalité et propagande* · exploiter · jouer de / sur : *elle a joué sur l'ambiguïté du mot / de la situation* · laisser planer : *il a laissé planer une certaine ambiguïté sur ses intentions* · manier
- baigner dans · nager dans / en : *il laisse le spectateur nager en pleine ambiguïté* · rester dans
- ajouter à · entretenir : *ses textes entretiennent une certaine ambiguïté à ce sujet*
- caractériser · incarner : *le nouvel homme fort du régime incarne bien l'ambiguïté de leur politique* · résumer
- exprimer · illustrer · mettre en lumière · révéler : *ces déclarations révèlent toute l'ambiguïté du personnage* • mettre en avant · souligner : *il souligne l'ambiguïté des déclarations du Premier ministre*
- être dénué de · être dépourvu de : *des termes dépourvus d'ambiguïté* · être exempt de : *ses propos ne sont pas toujours exempts d'ambiguïté*
- éviter : *pour éviter toute ambiguïté, précisons le sens des termes*
- condamner · dénoncer : *il dénonce l'ambiguïté de ses propos au sujet de l'extrémisme*
- dissiper · effacer · lever : *nous souhaitons lever toute ambiguïté sur la nature de notre intervention*

sans ambiguïté

- parler · s'exprimer • affirmer · déclarer • démontrer · montrer · prouver • condamner · dénoncer · rejeter

ambition *nom fém.*

∾ ambition + ADJECTIF

- artistique · créatrice · culturelle · esthétique · intellectuelle · littéraire • pédagogique · scientifique · sociale · sportive • égalitaire · humaniste · réformatrice • électorale · militaire · politicienne · politique · etc.
- naissante
- personnelle · professionnelle • internationale · mondiale · planétaire : *la compagnie ne cache pas ses ambitions planétaires*
- majeure · principale • débordante · démesurée · dévorante · effrénée · extraordinaire · forte · grande + nom · haute + nom : *vous devez vous fixer de hautes ambitions* · illimitée · immense · intacte : *ses ambitions restent intactes* · pas mince : *il veut en faire le champion du monde, l'ambition n'est pas mince* · prodigieuse · sans bornes · sans frein · sans limites · sans mesure · solide · vaste : *il nous faut un projet d'ambition plus vaste* • farouche · obstinée · tenace
- conquérante · expansionniste · hégémonique
- belle · généreuse · juste · légitime · louable · magnifique · noble · superbe
- affichée · affirmée · avouée · claire · déclarée : *l'ambition déclarée de la City de devenir le premier centre mondial du négoce* · proclamée
- aveugle · délirante · déréglée · désordonnée · éhontée · envahissante · exagérée · excessive · folle · insensée • égocentrique · égoïste • ridicule · vulgaire
- limitée · mesurée : *ils se sont fixé des ambitions mesurées* · modeste · raisonnable • étriquée
- déguisée · inavouée · secrète
- contrariée · déçue · refoulée

∾ ambition + VERBE

- se préciser · s'imposer • survivre : *son ambition a survécu aux multiples échecs*
- (souvent passif) guider : *le clan est guidé par des ambitions personnelles* · pousser
- ronger (souvent passif)
- s'arrêter à : *son ambition ne s'arrêtera pas là / à la mairie du village* · se limiter à · se réduire à

∾ VERBE + ambition

- éveiller · faire naître
- avoir : *elle a de l'ambition / beaucoup d'ambition* · brûler de · déborder de · être animé de · être dévoré de · être gorgé de : *un pays émergent, gorgé d'ambition* · être plein de • caresser : *elle caresse depuis longtemps l'ambition de devenir chef d'orchestre* · nourrir · partager : *ils partagent la même ambition démocratique*
- assouvir · concrétiser · réaliser • assumer
- afficher · affirmer · faire preuve de · manifester · montrer : *il faudrait montrer plus d'ambition*
- témoigner de : *le titre témoigne de l'ambition du projet*
- annoncer : *annoncer son / ses ambitions* · avouer · dévoiler · faire part de · ne pas faire mystère de
- prêter ... à : *elle lui prête une ambition démesurée*
- affermir · stimuler • encourager
- être au service de : *le parti est une machine au service de ses ambitions personnelles* · être un tremplin pour : *le parti extrémiste y trouverait un tremplin pour ses ambitions nationales* · se mettre au service de · servir • répondre à : *le projet répond à une double ambition, pédagogique et scientifique* · satisfaire
- être adapté à · être à la hauteur de · être à la mesure de : *le chiffre d'affaires est à la mesure de leurs ambitions* · être conforme à
- ajuster · réviser · revoir
- cacher · dissimuler
- détourner de : *détourner qqn de ses ambitions*

- être dénué de · être dépourvu de · manquer de · pécher par manque de
- brider · contrarier · contrecarrer · contrer · décevoir · écraser · faire fi de
- apaiser · borner : *l'absence de ressources borne ses ambitions* · doucher : *les résultats du premier tour ont douché les ambitions de la gauche* · endiguer · en rabattre sur · freiner · limiter · mettre un bémol à · mettre une sourdine à : *il devra mettre une sourdine à son ambition présidentielle* · mettre un frein à · modérer · réduire · réviser / revoir à la baisse : *ils ne cessent de réviser leurs ambitions à la baisse*
- abandonner · abdiquer : *il a abdiqué toute ambition de devenir champion du monde* · ravaler · refouler · remiser : *malgré son inéligibilité l'ex-ministre n'a pas remisé ses ambitions politiques* · renoncer à
- marquer / signer / signifier la fin de · mettre fin à · sonner le glas de : *cet échec aux législatives sonnent le glas de ses ambitions*

âme *nom fém.* (d'une personne, d'un lieu)

∾ âme + ADJECTIF

- humaine • immortelle : *il croit l'âme immortelle*
- belle + nom · bien née · d'élite : *ces âmes d'élite qui devancent les siècles* · élevée · excellente : *la faculté de rire aux éclats est preuve d'une âme excellente, disait Cocteau* · fière · forte : *le fado, cette "fatigue de l'âme forte", selon les mots de Fernando Pessoa* · pure · romantique : *il cache une âme romantique sous un cynisme habile* · sensible (souvent plur.) : *ce n'est pas un film pour les âmes sensibles* • bonne + nom : *j'ai trouvé une bonne âme pour m'aider* · charitable · généreuse · grande + nom · noble · vertueuse • bien trempée○ : *il faut avoir l'âme bien trempée pour garder son sang-froid* · chevillée au corps○ : *avoir l'âme chevillée au corps*
- sœur○ : *il a trouvé en elle l'âme sœur*
- simple : *ce genre de littérature fait rêver les âmes simples*
- brisée · désespérée · en peine○ : *il erre comme une âme en peine* · mélancolique · meurtrie : *le psychologue console les âmes meurtries* · noire : *ses manières élégantes cachaient une âme noire* · torturée · tourmentée • errante · solitaire · vagabonde : *un auteur à l'âme vagabonde*
- morte (plur.) : *les âmes mortes qui ne cessent de hanter les vivants* (en référence au roman de Gogol *Les Âmes mortes*)
- damnée○ · pécheresse

∾ âme + VERBE

- se réincarner · transmigrer

∾ VERBE + âme

- avoir • retrouver • conserver : *conserver son âme d'enfant*
- découvrir · percer · sonder : *ses romans sondent l'âme indienne*
- élever · forger · fortifier · purifier · régénérer · renforcer • préserver · sauver
- chavirer · faire vibrer · remuer : *il chante avec une voix qui remue l'âme*
- blesser · choquer · dessécher : *il pensait que la pratique assidue du travail scientifique tend à dessécher l'âme* · dévaster · ébranler · faire trembler · ronger
- perdre · vendre : *il a vendu son âme (au diable)*
- voler • détruire · tuer : *supprimer le marché, c'est tuer l'âme du quartier*

amende *nom fém.*

∾ amende + ADJECTIF

- administrative · civile · contraventionnelle · correctionnelle · criminelle · douanière · fiscale · pénale
- cumulable · forfaitaire
- maximale · maximum · record • colossale · considérable · élevée · exemplaire · forte · grosse + nom · lourde · majorée · sévère : *la nouvelle loi punit d'amendes sévères le passage à l'antenne de propos racistes* · significative · substantielle • exorbitante · salée*fam.*
- minimale · minimum • légère · petite + nom · symbolique

∾ amende + VERBE

- aller de ... à : *l'amende peut aller de 11 à 77 €* · aller jusqu'à · atteindre • équivaloir à : *une amende équivalant à 45 jours de salaire* · représenter

∾ VERBE + amende

- déboucher sur : *seulement 10 % des dossiers débouchent sur une amende* · entraîner • valoir ... à : *cela lui a valu une grosse amende*
- édicter : *le propriétaire encourt l'amende édictée par l'article 184* · instaurer : *ils veulent instaurer une amende pour sanctionner les parents d'élèves absentéistes* · prononcer • coller*fam.* · condamner à · donner · faire payer · imposer · infliger : *il s'est vu infliger une amende de 30 000 €* · menacer de · mettre à○ (souvent passif) : *les propriétaires récalcitrants seront mis à l'amende* · punir de / par
- être assorti de : *18 mois de prison, assortis d'une amende de 7 000 euros*
- encourir · être passible de · risquer · s'exposer à • écoper de*fam.* · être condamné à · être frappé de : *ils ont été frappés d'une amende légère* · recevoir

- commuer en : *la peine de prison a été commuée en amende*
- acquitter · payer · verser
- percevoir · recouvrer : *l'amende est recouvrée suivant les procédures prévues pour l'impôt sur le revenu*
- doubler · majorer
- échapper à · éviter

ami *nom masc.*

∞ ami + ADJECTIF

- de cœur · politique
- commun : *ils ont fait connaissance chez des amis communs*
- de fraîche date · nouveau + nom : *je me suis fait de nouveaux amis*
- bon + nom · cher · excellent · grand + nom · intime · proche • dévoué · fidèle · sincère · véritable : *« Qu'un ami véritable est une douce chose. / Il cherche vos besoins au fond de votre cœur [...] »* (La Fontaine, *Fables*, VIII, 811, « Deux Amis ») · vrai + nom • à la vie, à la mort · inconditionnel · indéfectible · pour la vie • inséparables (plur.)
- ancien + nom : *j'ai retrouvé d'anciens amis* · de longue / vieille date · d'enfance · de toujours · vieil + nom : *c'est un vieil ami de la famille*
- prétendu + nom

∞ VERBE + ami

- gagner · se faire : *« Faites-vous des amis prompts à vous censurer »* (Boileau, *Art poétique*, t. 1) · (re)trouver
- devenir : *avec le temps, c'est devenu un ami* • être : *nous sommes amis depuis vingt ans*
- être / rester en contact avec • convier · inviter
- délaisser · laisser tomber · larguer fam. · négliger • trahir
- être en froid avec · se brouiller avec · se fâcher avec · se mettre à dos
- couper les ponts avec · perdre · s'aliéner : *elle s'est aliéné tous ses amis en prenant cette décision*

∞ NOM + D' + ami

- cercle · groupe · tas fam.

en ami

- venir • parler

amitié *nom fém.*

∞ amitié + ADJECTIF

- amoureuse · conjugale · platonique · sentimentale • fraternelle • féminine · masculine · virile
- épistolaire : *ce livre est né de l'amitié épistolaire entre les deux artistes* · intellectuelle · littéraire · philosophique · politique · spirituelle
- naissante
- étroite : *il entretenait une amitié étroite avec le compositeur* · fervente · fidèle · forte · franche · grande + nom · immense · intense · passionnée · profonde · rare · sans réserve · véritable + nom · vive + nom · vraie + nom • à la vie, à la mort · indéfectible · indestructible · indissoluble · inébranlable · sans faille · solide • exclusive · exigeante • mutuelle · partagée · réciproque • ancienne · de longue / vieille date · historique · longue · traditionnelle · vieille + nom • constante · durable · éternelle · immortelle
- belle + nom · complice · délicate · douce · précieuse · sincère · tendre · touchante • innocente · pure
- ambiguë · étrange · particulière • improbable : *c'est l'histoire d'une amitié improbable entre un policier et un travesti*
- aveugle · fanatique • étouffante · jalouse · possessive • douteuse · fausse + nom : *il s'est lié avec lui d'une fausse amitié par intérêt* · intéressée · suspecte

∞ amitié + VERBE

- naître · se former · se nouer : *l'amitié qui s'est nouée entre eux au fil des années* · s'établir
- lier · unir : *une fervente amitié les unit*
- (re)fleurir · grandir · se cimenter · se renforcer · s'intensifier
- dater de : *notre amitié ne date pas d'hier / d'aujourd'hui* · remonter à
- résister (à) · survivre (à) : *leur amitié a survécu à leur divorce*
- se transformer

∞ VERBE + amitié

- faire naître · forger : *notre collaboration a forgé notre amitié*
- entamer · lier (sans art.) : *nous avons lié amitié* · nouer · se lier de : *se lier d'amitié avec qqn*
- avoir : *j'ai de l'amitié pour lui* · concevoir · déborder de · éprouver · porter · prendre en : *je l'ai tout de suite pris en amitié* · ressentir · se prendre de : *elle s'est prise d'amitié pour le jeune homme* • conserver · garder
- accorder : *il m'a accordé son amitié dès le premier jour* · donner · offrir · rendre · témoigner (de) : *il m'a témoigné de l'amitié / son amitié*
- être fidèle en • être exclusif en
- avoir : *vous avez toute mon amitié* · (re)gagner · retrouver
- accepter · répondre à : *elle n'a jamais répondu à son amitié*

- manifester · marquer · montrer · prouver · témoigner de : *ils voulaient ainsi témoigner de l'amitié franco-allemande*
- affirmer · exprimer · (se) jurer · (se) promettre : *nous nous sommes promis une amitié éternelle* · protester de · réaffirmer
- cultiver · entretenir • raviver · renouer • affermir · cimenter · consolider · fortifier · nourrir · resserrer (les liens de) · sceller : *ce traité a scellé l'amitié entre les deux pays* • préserver
- altérer · ébranler • mettre à l'épreuve
- renier : *il n'a jamais renié l'amitié qui le lie à cet ancien dictateur* · trahir
- perdre : *il a perdu leur amitié*
- briser · mettre fin à · sonner le glas : *cette rivalité sonna le glas de leur vieille amitié*

∾ NOM + D' + **amitié**

- gage · marque · preuve · signe • protestations : *malgré toutes leurs protestations d'amitié, la situation s'est tendue*

amour *nom masc.*

∾ **amour** + ADJECTIF

- humain • divin • charnel · physique • conjugal · fraternel · maternel · paternel • hétérosexuel · homosexuel • de jeunesse
- (fém. plur.) adolescentes · enfantines : *« Le vert paradis des amours enfantines »* (Baudelaire, *Les Fleurs du mal*, Spleen et idéal, 62, « Moesta et Errabunda ») • lesbiennes · saphiques • masculines · viriles • ancillaires
- frémissant · naissant
- absolu · avec un grand A · démesuré · éperdu · fervent · fort · fou · frénétique · fusionnel · grand ^+ nom^ : *elle a rencontré le grand amour à 30 ans* · immense · inconditionnel · infini · passionné · passionnel · profond · puissant · sans bornes · sans limites · sincère · solide · tenace · total · vif · violent • intact • fidèle • parfait · sans nuage • inépuisable · infatigable · insatiable • incurable · inguérissable • exclusif · exigeant
- constant · durable · éternel · immortel • indéfectible · indestructible
- mutuel · partagé · réciproque
- délicieux · doux · généreux · tendre • heureux · idéal • idéalisé · sublimé • romanesque · romantique
- cérébral · mystique · spirituel • chaste · désincarné · platonique · pudique · pur • chevaleresque · courtois°
- innocent · légitime · vertueux
- raisonnable • calme · paisible · tranquille • timide
- libre° : *à l'époque où ils expérimentaient l'amour libre*
- lascif · sensuel · voluptueux • ardent · brûlant · impétueux · torride • lubrique
- aveugle · irraisonné · maladif • despotique · égoïste · étouffant · jaloux · possessif · tyrannique • délirant · déraisonnable · dévorant · excessif · fanatique · idolâtre : *il éprouve un amour idolâtre pour sa muse* · immodéré · inconsidéré : *ils partagent un amour inconsidéré pour ce chanteur des années 70* • cruel · destructeur · pervers
- adultère · coupable · illégitime
- caché · clandestin · inavouable · inavoué · secret
- tarifé · vénal
- éphémère · fugace · inconstant · passager • fragile
- désespéré · malheureux · triste • tumultueuses (fém. plur.)
- condamné · impossible · inaccessible · interdit · sans espoir • à sens unique • contrarié · déçu
- avorté · mort · passé · perdu : *il pleure son amour perdu*

∾ **amour** + VERBE

- (re)naître
- se nourrir de : *l'amour se nourrit d'échanges* • augmenter · grandir · s'accroître · se fortifier · se renforcer · s'intensifier
- durer · subsister
- métamorphoser · transfigurer · transformer
- aveugler · rendre aveugle° : *l'amour rend aveugle*
- baisser · décliner · s'affaiblir · s'altérer · s'attiédir : *leur amour s'est attiédi au bout de quelques mois*
- disparaître · mourir · passer · s'éteindre · s'évanouir

∾ VERBE + **amour**

- éveiller · inspirer : *l'amour fou qu'elle lui a inspiré* · provoquer · susciter
- connaître : *il n'a jamais connu l'amour* · découvrir : *le jeune homme lui fit découvrir l'amour et la sexualité* · s'éveiller à · s'ouvrir à • rencontrer : *j'avais 15 ans quand j'ai rencontré l'amour pour la première fois* · trouver • être novice en • céder à
- avoir · concevoir · éprouver · filer° : *ils filent le parfait amour* · ressentir · vivre : *ils ont vécu un amour passionné* • se consumer de · se languir de · soupirer de • être éperdu de · être fou de · être ivre de · être plein de · être rempli de · être transi de · être transporté de • (s')aimer de : *ils s'aiment d'un tendre amour* • s'abandonner à : *il ne put s'abandonner à l'amour de la jeune Napolitaine*

- faire° [physique] : *faites l'amour, pas la guerre*
- donner · entourer de : *il l'a entourée d'amour jusqu'à la fin* · envelopper de • rendre · répondre à : *il n'a jamais répondu à son amour* • partager : *il veut partager avec ses étudiants son amour de la langue*
- avouer · clamer · confesser · crier · déclarer · dire · exprimer · proclamer • montrer · prouver
- célébrer · chanter · exalter • prêcher : *il prêche l'amour du prochain et la tolérance*
- consolider · entretenir · fortifier · ranimer · renforcer · stimuler
- badiner avec : *« On ne badine pas avec l'amour »* (titre d'une pièce d'Alfred de Musset) • feindre · singer
- cacher · dissimuler · taire
- être en manque de · être privé de · manquer de
- salir
- briser · détruire · éteindre : *l'absence n'avait pas éteint leur amour* • sacrifier

∞ NOM + D' + **amour**
- acte
- élan
- preuve • cri · mot • geste · signe
- déficit : *on attribua ses troubles à un déficit d'amour maternel* · manque
- chagrin : *elle a eu un gros chagrin d'amour*

amour-propre *nom masc.*

∞ **amour-propre** + ADJECTIF
- grand [+ nom] · solide • démesuré · exacerbé · immense · incroyable · sans limite
- chatouilleux

∞ VERBE + **amour-propre**
- avoir : *il a un amour-propre démesuré*
- exciter · flatter · stimuler • chatouiller · titiller : *de tels éloges titillent son amour-propre*
- blesser · choquer · égratigner · froisser · heurter
- ménager · préserver
- faire taire · mettre en sourdine · mettre entre parenthèses : *il va devoir mettre son amour-propre entre parenthèses* • abandonner · abdiquer
- être dépourvu de : *il est totalement dépourvu d'amour-propre* · manquer de

∞ NOM + D' + **amour-propre**
- blessure

analyse *nom fém.* (étude)

∞ **analyse** + ADJECTIF
- économique · financière · historique · politique · scientifique · sociétale · sociologique · etc. • comportementale · graphologique · psychologique • fonctionnelle · statistique · technique • sémantique · sémiologique · stylistique • conceptuelle · structurale · structurelle · typologique • filmique
- comparative · critique • chiffrée • d'ensemble · générale
- qualitative · quantitative
- contradictoire · divergente
- première [+ nom] : *en première analyse*
- a posteriori
- dernière [+ nom] : *en dernière analyse*
- documentée · informée • circonstanciée · détaillée • sérieuse · stricte • attentive · méthodique · méticuleuse · minutieuse · pointilleuse • au scalpel · fine · pointue · précise · serrée • approfondie · en profondeur · fouillée · poussée · profonde • dense • complète · exhaustive
- audacieuse · inédite · originale • claire • raffinée · soignée · subtile • nuancée · objective · patiente • rigoureuse · sans complaisance · scrupuleuse • éclairée · érudite · intelligente · lucide • éclairante · percutante · perspicace · pertinente • brillante · captivante · intéressante · lumineuse · magistrale · pénétrante
- froide [+ nom] : *dans une froide analyse des rapports de force* · impartiale · réaliste · sereine
- correcte · exacte
- partielle · ponctuelle
- étriquée · grossière · réductrice · terre à terre • rapide · sommaire · succincte · superficielle
- discutable · fumeuse • partiale • erronée · fallacieuse · fausse · inexacte
- au vitriol · corrosive · décapante · impitoyable · implacable · péremptoire
- laborieuse

∞ **analyse** + VERBE
- prévaloir : *c'est l'analyse qui prévaut dans les milieux universitaires*
- valoir pour
- mettre en lumière · mettre en valeur · montrer · souligner
- reposer sur · s'appuyer sur · se fonder sur

∞ VERBE + **analyse**
- commencer · entreprendre · s'atteler à
- conduire · construire · développer · faire · mener · procéder à · réaliser · se livrer à
- fournir · livrer · proposer

- soumettre à : *la situation financière doit être soumise à l'analyse*
- affiner · approfondir · pousser à l'extrême • nuancer
- fonder : *sur quoi fondez-vous votre analyse ?*
- confirmer · conforter · corroborer · étayer · valider · vérifier : *les faits ont vérifié l'analyse des experts*
- être d'accord avec · faire sienne · partager · rejoindre : *je rejoins l'analyse de mon confrère*
- réviser · revoir
- s'appuyer sur : *elle s'appuie sur l'analyse de petits fragments d'ADN* · se baser sur · se fonder sur
- biaiser
- contester · contredire · réfuter · rejeter · s'inscrire en faux contre
- défier · échapper à · résister à (souvent nég.) : *son rapport ne résiste pas à l'analyse*

anecdote *nom fém.*

∞ anecdote + ADJECTIF
- biographique · familiale : *elle raconte les mêmes anecdotes familiales à chaque dîner* · historique · littéraire · personnelle
- célèbre · connue • ancienne · vieille + nom
- belle + nom · charmante · délicieuse · excellente · savoureuse • amusante · distrayante · divertissante · drôle · fascinante · marrante fam. · plaisante · rigolote fam. • croustillante · gaillarde · grivoise • piquante · pittoresque
- éclairante · édifiante · révélatrice
- attestée · authentique · réelle · vraie • vécue : *son roman regorge d'anecdotes vécues*
- curieuse · étonnante · singulière · surprenante • incroyable · invraisemblable
- inédite · méconnue
- minuscule · petite + nom
- loufoque · ubuesque : *il peut vous raconter mille anecdotes ubuesques à ce sujet*
- fausse

∞ anecdote + VERBE
- courir : *l'anecdote courait les milieux syndicaux*
- raconter que · rapporter que : *l'anecdote rapporte qu'il ne parla que l'hébreu jusqu'à l'âge de 5 ans* • en dire long sur • illustrer : *cette anecdote illustrait parfaitement son propos*
- faire sourire
- faire froid dans le dos
- revenir en mémoire

∞ VERBE + anecdote
- glaner · recueillir
- (plur.) être agrémenté de · être bourré de · être émaillé de · être plein de · être ponctué de · être rempli de · être riche en · être semé de · être truffé de · être une source (inépuisable / intarissable) de : *ces archives sont une source inépuisable d'anecdotes* · fourmiller de
- citer · confier · conter · livrer · narrer · raconter · rapporter · relater • (plur.) distiller : *le maître des lieux distillait les anecdotes pour le plus grand plaisir de ses hôtes* · multiplier • caser · placer • rabâcher · ressasser • se perdre dans
- en rester à / au niveau de : *son histoire de Napoléon en reste au niveau de l'anecdote* • dépasser (le niveau de) (souvent nég.) : *son film qui se veut universel ne dépasse malheureusement pas l'anecdote*

angoisse *nom fém.*

∞ angoisse + ADJECTIF
- existentielle · identitaire · métaphysique • animale · archaïque · primaire • nerveuse · paranoïaque · pathologique • alimentaire : *pour rassurer un consommateur sujet à des angoisses alimentaires* · millénariste · sécuritaire · sociale · etc.
- nocturne
- palpable · tangible · visible • affreuse · cruelle · déchirante · effroyable · folle · grande + nom · grosse + nom · horrible · maladive · profonde · terrible · totale • incommunicable · indicible · inexprimable • insoutenable · insupportable · intolérable · mortelle
- soudaine
- chronique · permanente · perpétuelle · quotidienne • vieille + nom : *les vieilles angoisses remontent à la surface*
- étrange · indéfinissable · mystérieuse
- légère + nom · petite + nom • confuse · diffuse · insidieuse · latente · sourde · vague • imperceptible
- injustifiée

∞ angoisse + VERBE
- naître · pointer
- planer · régner • dominer
- remonter à la surface · se manifester · transparaître · transpirer
- aller crescendo · grandir · monter · redoubler · s'accroître

- agiter · assaillir · dévorer (souvent passif) · envahir · étouffer · étreindre · gagner · habiter · oppresser · peser sur · prendre à l'estomac · ronger (souvent passif) : *rongé d'angoisse / par l'angoisse* · saisir (souvent passif) : *saisi d'angoisse / par l'angoisse* · s'emparer de · submerger · tarauder · tenailler · tétaniser · torturer

∞ VERBE + **angoisse**

- causer · distiller · emplir de · engendrer · être source de · faire naître · générer · inspirer · provoquer · réveiller : *ça a réveillé ses vieilles angoisses d'abandon* · semer · susciter
- avoir : *il a souvent des angoisses à ce sujet* · connaître : *elle a connu les angoisses d'une mère* · éprouver · être dans un état de · être en proie à · être plein de · être pris de · ressentir · souffrir de • vivre dans : *il vit dans l'angoisse quotidienne de la menace d'expulsion* • partager
- confier · décrire · exprimer • communiquer
- être signe de · refléter · témoigner de
- attiser : *les extrémistes de tous bords attisent les angoisses de la population* · augmenter · entretenir · nourrir · ranimer · renforcer
- alléger · apaiser · calmer · diminuer • répondre à : *la religion ne suffit plus à répondre aux angoisses des gens*
- combattre · gérer · maîtriser
- conjurer · évacuer · exorciser · libérer : *il faut parler pour libérer l'angoisse* · mettre fin à · secouer · se libérer de · surmonter · tromper : *elle passe la soirée avec des amis pour tromper l'angoisse*

∞ NOM + D' + **angoisse**

- bouffée · crise · montée
- pointe : *"où est-il ?" demanda-t-elle avec une pointe d'angoisse*

année *nom fém.*

∞ **année** + ADJECTIF

- calendaire · civile • [Astron.] astronomique · bissextile · lunaire · sextile · solaire
- complète · entière • académique · estudiantine · scolaire · universitaire • budgétaire · financière · fiscale • économique · littéraire · scientifique · théâtrale · etc. • sabbatique
- ecclésiastique · jubilaire · liturgique · mariale · sainte · synodique
- courante · en cours · présente • nouvelle · prochaine : *j'irai en Inde l'année prochaine* · suivante
- finissante : *les pétards furent allumés quelques minutes avant minuit pour dire au revoir à l'année finissante* • dernière : *ça s'est passé l'année dernière; il n'allait pas bien ces dernières années* · précédente : *il a fait moins froid les années précédentes* • échue · écoulée · passée : *elle est revenue l'année passée* · révolue
- (plur.) jeunes + nom : *pendant mes jeunes années* · vertes + nom : *les vieillards se rappelaient leurs vertes années*
- grosse + nom : *le procès aura duré une grosse année; j'ai eu une grosse année* · longue + nom : *pendant de longues années* • chaude · critique • cruciale
- charnière · de transition · transitoire
- belle + nom : *j'ai encore quelques belles années devant moi* · bonne + nom : *c'est une bonne année pour le blé; bonne année!* · d'abondance · de vaches grasses : *les actionnaires ont connu des années de vaches grasses* · excellente · exceptionnelle · faste (souvent plur.) : *ils reçoivent 500 000 visiteurs pendant les années fastes* · folles : *nos folles années; les Années folles* · glorieuse · grande + nom · heureuse · mémorable · prospère · record : *c'est une année record pour le vin* • fertile en · riche en : *une année riche en événements*
- courte : *l'année scolaire est courte*
- calamiteuse · désastreuse · de vaches maigres · difficile · dure · funeste · mauvaise + nom · médiocre · morose · néfaste · noire : *les années noires du régime* · pénible · rude · sinistre · terrible · tragique • mouvementée : *nous sortons de plusieurs années mouvementées* · tumultueuse

∞ **année** + VERBE

- commencer · débuter
- filer · passer · s'écouler : *l'année s'est écoulée paisiblement* · se dérouler · se passer • venir : *les projets pour l'année qui vient / les 5 années qui viennent* • se suivre (plur.) : *les années se suivent et se ressemblent*
- décliner · finir · s'achever · s'enfuir · se terminer · tirer / toucher à sa fin
- marquer (plur., souvent passif) : *le visage marqué par les années* · user (plur., souvent passif) : *un homme usé par des années de labeur*

∞ VERBE + **année**

- commencer · débuter : *l'entreprise a bien débuté l'année* · entamer
- atteindre : *lorsqu'il atteindra sa vingtième année*
- prendre : *elle a pris une année sabbatique pour changer d'air*
- connaître · passer : *j'ai passé toutes ces années à voyager* · vivre

- achever · clore : *ce plan de restructuration vient clore une année désastreuse* · finir · terminer : *les marchés boursiers terminent l'année en baisse*
- remplir : *j'ai bien rempli mon année*
- marquer : *les dirigeants d'entreprise qui ont marqué l'année*
- dater de · remonter à : *les faits remontent aux années 80* • (plur.) être à cheval sur : *il a obtenu trois victoires consécutives à cheval sur les années 2000 et 2001*

∾ NOM + DES + **années**
- poids

annonce *nom fém.* (avis, déclaration)

∾ **annonce** + ADJECTIF
- budgétaire · fiscale : *le Premier ministre prépare ses annonces fiscales* • gouvernementale · ministérielle · etc.
- formelle : *rien ne peut être fait avant l'annonce formelle de son décès* · officielle · publique • concrète : *le pays attend des annonces concrètes de mesures économiques* · précise
- prophétique
- grande [+ nom] · importante · majeure • choc · en fanfare · fracassante · sensationnelle · solennelle · spectaculaire · tonitruante • rituelle · successives (plur.) : *malgré les annonces successives de redressement économique, rien ne change*
- optimiste · triomphaliste
- inattendue · stupéfiante · surprenante · surprise : *l'annonce surprise de son retour en politique*
- brutale · précipitée · prématurée
- in extremis : *l'annonce in extremis d'allégements fiscaux* · tardive
- alarmante · bouleversante · inquiétante · pessimiste · préoccupante · terrible

∾ **annonce** + VERBE
- provoquer : *l'annonce de sa démission a provoqué des remous dans l'entreprise* · susciter
- intervenir : *cette annonce intervient à un moment critique*
- faire l'effet de : *l'annonce a fait l'effet d'une douche froide* · faire sensation · surprendre

∾ VERBE + **annonce**
- diffuser · envoyer · faire : *il fera l'annonce en conférence de presse* · multiplier (plur.) : *le ministre de la Santé multiplie les annonces pour rassurer la population*
- confirmer
- accueillir · réagir à : *comment ont-ils réagi à l'annonce de sa nomination ?* · recevoir
- saluer : *cette annonce a été saluée par toute la classe politique*
- différer · reporter
- démentir

∾ NOM + D' + **annonce**
- effet : *avec cette déclaration, il recherche avant tout l'effet d'annonce*

(petite) annonce

∾ **(petite) annonce** + ADJECTIF
- d'(offre d')emploi · immobilière · matrimoniale
- gratuite
- sérieuse

∾ **(petite) annonce** + VERBE
- paraître · passer : *l'annonce passera dans le journal demain*
- proposer : *les petites annonces proposent aussi bien des emplois rémunérés que bénévoles*
- fleurir

∾ VERBE + **(petite) annonce**
- écrire · rédiger • insérer · mettre · placer : *j'ai placé une annonce dans le journal local*
- afficher · publier : *les petites annonces publiées dans les journaux*
- consulter · éplucher : *j'épluche les petites annonces tous les jours* · lire
- répondre à

par (le biais de) petite(s) annonce(s)
- chercher · recruter · rencontrer · (re)trouver : *il a trouvé un professeur de guimbarde via une petite annonce*

apparence *nom fém.* (aspect, extérieur)

∾ **apparence** + ADJECTIF
- extérieure : *des constructions d'apparence extérieure banale* · physique • générale : *il devrait soigner son apparence générale*
- banale · classique · normale · ordinaire
- agréable · avantageuse · belle [+ nom] · séduisante • avenante · bonhomme · généreuse • paisible : *une petite ville à l'apparence paisible* · tranquille • raisonnable · sage • respectable : *sous l'apparence respectable du notable se cachait un escroc*
- sauves° : *les apparences sont sauves*
- humble · modeste • simple : *derrière son apparence simple, son langage se révèle très complexe*
- anémique · chétive · fragile · frêle · maladive · rachitique
- bizarre · extravagante · insolite · surnaturelle · surprenante

- austère · froide • terne · triste
- grossière · vulgaire • négligée · nonchalante
- misérable · miteuse · piètre + nom · piteuse · sordide
- fausse + nom · trompeuse : *derrière cette trompeuse apparence, la réalité est grave; les apparences sont trompeuses*

∾ VERBE + apparence
- afficher · avoir · offrir · présenter • conserver · garder • recouvrer · retrouver
- prendre : *la sorcière prit l'apparence d'une jolie princesse* · revêtir · se donner
- conférer : *le suffrage universel lui confère une apparence démocratique* · donner
- soigner : *les hommes soignent de plus en plus leur apparence*
- se laisser tromper par (souvent plur.)
- ne pas s'arrêter à (souvent plur.) · ne pas se fier à (souvent plur.) · se déprendre de *littér.* · se méfier de (souvent plur.)

apparences
- maintenir : *pour maintenir les apparences d'un pluralisme politique* · ménager · préserver · sauvegarder · sauver : *il a invité sa belle-famille pour sauver les apparences*

1 apparition *nom fém.* (d'une personne)

∾ apparition + ADJECTIF
- cinématographique : *sa première apparition cinématographique* · médiatique · publique · scénique : *ce concert est son ultime apparition scénique* · télévisée
- officielle
- périodique · récurrente · régulière
- magnifique · mémorable • remarquée : *il a fait une apparition remarquée au congrès*
- étrange · imprévue · inattendue · inopinée · surprise
- brève + nom · courte + nom · (-)éclair · fugace · fugitive · furtive · rapide • modeste : *le film est ressorti après une apparition modeste l'été dernier* · timide : *elle avait fait une timide apparition dans un précédent film*
- isolée · ponctuelle • (plur.) épisodiques · rares
- [vision] • magique · miraculeuse : *une apparition miraculeuse de la Vierge*

∾ apparition + VERBE
- se multiplier (plur.)
- se faire rares (plur.)

∾ VERBE + apparition
- (re)faire : *elle a fait une brève apparition au cours de la soirée* • multiplier (plur.) : *ces derniers temps, il a multiplié les apparitions télévisées*
- (plur.) espacer
- guetter : *il guette les apparitions télévisuelles de son héros*

2 apparition *nom fém.* (d'un phénomène, d'une chose concrète)

∾ apparition + ADJECTIF
- périodique · récurrente · régulière
- brusque · soudaine · subite : *l'apparition subite de courriers publicitaires dans une boîte aux lettres électronique*
- occasionnelle · ponctuelle
- étrange · inattendue

∾ VERBE + apparition
- (re)faire : *cette méthode a fait son apparition dans les années 80*
- conduire à · entraîner · provoquer · susciter
- guetter : *il guette l'apparition des insectes résistants dans ses parcelles* • assister à · détecter · noter • contrôler · surveiller
- être nécessaire à · être propice à · faciliter · favoriser
- marquer · signaler • se caractériser par · se manifester par · se traduire par
- empêcher · éviter · prévenir : *pour prévenir l'apparition de boutons*
- différer · retarder

appartement *nom masc.*

∾ appartement + ADJECTIF
- de fonction° • conjugal · familial · privé • royal : *les grands appartements royaux du château de Versailles*
- modèle · témoin°
- contemporain · moderne • ancien · classique · traditionnel
- habité · occupé • équipé · meublé
- inoccupé • disponible · libre · vacant • vide : *je cherche un appartement vide à louer*
- grand + nom · immense · spacieux · vaste
- exigu · minuscule · modeste · petit + nom
- en ordre · propre
- en bon état · (tout) neuf · refait à neuf · rénové • correct · décent
- accueillant · agréable · bel + nom · charmant · douillet • bien agencé · confortable · fonctionnel · tout confort • bien situé : *j'ai acheté un appartement bien situé, en plein centre-ville* · calme · silencieux • clair · éclairé · ensoleillé · lumineux

- bourgeois · coquet · cossu • luxueux · magnifique · somptueux · superbe
- en désordre · sale
- vétuste · vieil [+ nom] • en mauvais état • insalubre • sinistre · sordide • sombre • bruyant
- sinistré : *de l'appartement sinistré, il ne reste que des murs calcinés*

∞ VERBE + appartement
- avoir · être propriétaire de · posséder
- emménager dans • habiter (dans) · occuper : *ils occupent le même appartement depuis 25 ans* · vivre dans • squatter • partager : *elle partage son appartement avec deux colocataires* • échanger : *ils échangent leurs appartements tous les étés*
- chercher · visiter : *il a visité beaucoup d'appartements avant d'en trouver un*
- trouver
- acheter · acquérir · se porter acquéreur de • obtenir : *il faut attendre plusieurs mois pour obtenir un appartement octroyé par l'État*
- prêter : *il m'a gentiment prêté son appartement pour les vacances* • louer · sous-louer • vendre
- construire
- décorer · (re)peindre • aménager : *ils aident leur fils à aménager son appartement* · rénover
- faire le ménage de · nettoyer · ranger
- fouiller : *son appartement a été fouillé de fond en comble* · mettre sens dessus dessous
- dévaster · saccager
- libérer · quitter · rendre : *à la fin du séjour, le résident devra rendre son appartement propre et en ordre*

[1] appel *nom masc.* (invitation, sollicitation)

∞ appel + ADJECTIF
- commun · conjoint · unitaire : *des appels unitaires étaient prévus pour ces manifestations* • public · solennel
- direct · impératif · insistant · irrésistible : *l'irrésistible appel de la nature* · pressant : *les appels pressants à renouer les pourparlers* · véritable [+ nom] : *il a lancé un véritable appel au peuple*
- constant · incessants (plur.) · systématique : *un appel systématique à la désobéissance*
- discret · timide · voilé
- vain : *de vains appels à la vigilance*
- déchirant · désespéré · émouvant · pathétique · poignant · vibrant
- dernier : *dernier appel pour l'embarquement du vol AF 1255 à destination de Bamako* · ultime : *ils ont lancé un ultime appel aux puissances occidentales*

∞ VERBE + appel
- constituer : *cette déclaration constitue un vrai appel au meurtre*
- adresser · faire : *ils ont fait un appel au micro* · lancer : *ils ont lancé un appel au calme* • réitérer · renouveler
- entendre · répondre à • devancer° [souvent Mil.] : *il a devancé l'appel*
- être insensible à · ignorer · rejeter : *ils ont rejeté les appels à la trêve* · rester sourd à : *ils sont restés sourds aux appels au calme* • dénoncer : *il dénonce les appels à la haine raciale*
- [pour vérifier une présence] • faire : *le maître fait l'appel tous les matins* • manquer à : *Jean manquait à l'appel ce matin*

[2] appel *nom masc.* (communication téléphonique)

∞ appel + ADJECTIF
- local • international · longue distance • entrant · sortant • gratuit
- long [+ nom] • interminable
- (plur.) innombrables · nombreux
- urgent
- bref
- anonyme · mystérieux
- malveillant : *elle est victime d'appels malveillants*

∞ appel + VERBE
- arriver de · émaner de : *les appels émanant d'une liste prédéfinie d'abonnés* · parvenir · provenir de : *les appels proviennent de toute la France* · venir de
- durer · se prolonger • faire sauter le standard (plur.)

∞ VERBE + appel
- prendre · répondre à • enregistrer : *nous enregistrons plus de 5 000 appels par jour* · recevoir
- (plur.) crouler sous · être assailli de · être inondé de · être submergé de
- passer · transférer : *tous les appels ont été transférés sur mon poste* • acheminer : *cet opérateur achemine des appels longue distance à des prix très compétitifs* • filtrer · orienter : *cela permet d'orienter les appels vers un interlocuteur spécialisé*
- renouveler : *merci de renouveler votre appel ultérieurement*
- mettre en attente
- traiter : *le nombre d'appels traités par jour*
- écourter • mettre fin à

∞ NOM + D' + appels
- afflux · avalanche · pic : *pour mieux gérer les pics d'appels* · série

appétit *nom masc.* (faim, envie)

∾ appétit + ADJECTIF

- charnel · sexuel : *pour réveiller l'appétit sexuel de son homme* • consumériste · économique · financier · immobilier (souvent plur.) : *cette partie du littoral a résisté aux appétits immobiliers* • (plur.) politiques · territoriaux
- (plur.) étrangers · extérieurs : *pour préserver ces petites entreprises des appétits extérieurs*
- naturel · normal
- d'oiseau° · faible + nom · maigre + nom · médiocre · petit + nom
- croissant · grandissant • aiguisé · bel + nom · bon + nom · colossal · considérable · de géant° · de loup° · démesuré · d'enfer · dévorant · d'ogre° · énorme · extraordinaire · fantastique · féroce · formidable · furieux · gargantuesque · glouton · gourmand · grand + nom · gros + nom · immense : *son immense appétit de vivre* · immodéré · incroyable · pantagruélique · phénoménal · robuste · solide · terrible · vorace • inextinguible · insatiable · sans borne · sans fin · sans limite • inassouvi · intact : *l'appétit intact des ménages pour la consommation et l'automobile*
- soudain
- légendaire
- capricieux · débauché · déréglé · désordonné · excessif · maladif • effrayant · terrifiant

∾ appétit + VERBE

- pointer
- revenir · venir : *« L'appétit vient en mangeant »* (proverbe)
- augmenter · croître
- diminuer
- disparaître

∾ VERBE + appétit

- (re)donner · éveiller : *pour ne pas éveiller l'appétit d'éventuels malfaiteurs* · ouvrir · provoquer · susciter • mettre en : *cela m'a mis en appétit*
- avoir : *elle a un appétit d'ogre ; je n'ai pas beaucoup d'appétit en ce moment* • faire preuve de : *l'héritier a fait preuve d'un appétit féroce* · montrer • reprendre de : *mon fils a repris de l'appétit depuis 3 jours* · retrouver
- aiguillonner · aiguiser · augmenter · exciter · nourrir · réveiller : *ils essaient de réveiller l'appétit sexuel du panda* · stimuler
- calmer · diminuer · émousser : *la nouvelle n'a pas émoussé son appétit* · freiner : *pour freiner les appétits des puissances étrangères* · gâter · refréner • contenir · contrôler · maîtriser · réguler
- être soumis à : *des petites entreprises soumises aux appétits de grands groupes* · être victime de
- manquer de · ne pas / plus avoir · perdre : *son chat est mort, il en a perdu l'appétit*
- assouvir · combler · contenter · satisfaire
- couper · faire passer · ôter

avec appétit

- dévorer · manger • lorgner · observer

applaudissements *nom masc. plur.*

∾ applaudissements + ADJECTIF

- à faire crouler la salle · à tout rompre · chaleureux · forts + nom · frénétiques · généreux · nourris · vifs + nom · vigoureux + nom
- à n'en plus finir · continus · ininterrompus · interminables · longs + nom · prolongés · répétés · sans fin
- assourdissants · bruyants
- complices · enthousiastes · joyeux · spontanés
- clairsemés · dispersés · isolés · rares • discrets · faibles · maigres · modérés · polis · tièdes · timides : *le musicien dut se contenter de timides applaudissements*
- convenus : *le discours du directeur reçut quelques applaudissements convenus*

∾ applaudissements + VERBE

- éclater · fuser · jaillir · retentir : *des applaudissements retentirent dans l'auditorium* • monter de : *des applaudissements montèrent du fond de la salle*
- crépiter · pleuvoir · redoubler
- emplir : *les applaudissements emplirent la salle*
- accueillir · ponctuer · saluer • couvrir : *la chanson fut rapidement couverte par les applaudissements*
- cesser · retomber · s'éteindre

∾ VERBE + applaudissements

- savourer · se délecter de
- être entrecoupé de · être interrompu de · être mêlé de
- arracher · provoquer : *la proposition a provoqué des applaudissements sur les bancs de la droite* • valoir ... à : *sa remarque lui a valu de vifs applaudissements*
- recevoir · récolter : *le sketch a récolté quelques rares applaudissements* · s'attirer
- avoir droit à · mériter

∾ NOM + D' + applaudissements

- déluge · pluie · salve · tonnerre : *cette figure libre a provoqué / soulevé un tonnerre d'applaudissements* · vague : *les vagues d'applaudissements ne se sont tues qu'a la clôture du tournoi* · volée : *une volée d'applaudissements a couvert la voix de l'orateur*

sous les applaudissements

- entrer · faire son entrée · partir • annoncer · conclure · déclarer
- crouler : *la salle croulait sous les applaudissements*

appui *nom masc.* (aide, soutien)

∾ appui + ADJECTIF

- moral · psychologique • militaire · tactique • logistique · matériel · technique • diplomatique · financier · politique · syndical · etc.
- populaire : *il jouit d'un très large appui populaire* • extérieur · international • officiel • conjoint · mutuel · réciproque
- conséquent · ferme · fondamental · fort · important · large + nom · massif · non négligeable · puissant · sérieux · solide · sûr · total : *il l'a assuré de son appui total* · unanime • actif : *il bénéficiait de l'appui actif du maire* · concret · déterminé : *ce projet bénéficie de l'appui déterminé de notre groupe* • suffisant • enthousiaste · inconditionnel · indéfectible · inébranlable · sans faille · sans réserve • décisif · déterminant • efficace · indispensable · précieux · primordial • constant
- bienveillant · complice · généreux · rassurant
- inattendu · inespéré
- implicite · tacite
- ponctuel • discret · feutré
- frêle · incertain · précaire • modeste · relatif

∾ VERBE + appui

- avoir besoin de · (re)chercher · demander · implorer · réclamer : *les troupes au sol réclament un appui aérien* · solliciter
- avoir · bénéficier de · disposer de · jouir de : *le parti jouit de l'appui sans réserve des syndicats* · posséder · se prévaloir de
- mériter : *ce genre d'initiative mérite notre appui*
- accorder · apporter · assurer · donner · fournir · ne pas ménager : *le syndicat ne lui ménage pas son appui* · offrir · prêter : *les avions vont leur prêter un appui logistique* · procurer • confirmer · (re)dire
- constituer · servir de
- gagner · recevoir · recueillir · s'assurer · se ménager : *elle a su se ménager des appuis parmi les syndicalistes* · se procurer · trouver
- compter sur · se reposer sur · se servir de
- ôter · retirer : *son parti lui a retiré son appui*
- manquer de : *elle manque d'appui au sein du parti*

arbre *nom masc.*

∾ arbre + ADJECTIF

- branchu · rameux • à feuillage persistant · à feuilles caduques · à feuilles persistantes · feuillu • à fleurs · fruitier • épineux · résineux • de basse futaie · de haute futaie • exotique · tropical
- élancé · élevé · géant · gigantesque · grand + nom · haut + nom · immense · long • énorme · gros + nom • robuste · sain · solide · vigoureux • touffu
- antique · centenaire · millénaire · séculaire · vénérable · vieil + nom
- bel + nom · élégant · magnifique · majestueux · superbe
- ombreux *littér.*
- (plur.) clairsemés · épars · espacés · rares
- courbé · difforme · tordu • creux · galeux · malade • improductif · stérile
- nain · petit + nom • rabougri · rachitique • chenu *littér.* · dénudé · dépouillé · nu
- mort · pourri

∾ arbre + VERBE

- prendre racine · s'enraciner
- bourgeonner · reverdir · verdir · verdoyer • fleurir • affruiter · fructifier • frémir : *les arbres frémissaient dans la brise* · trembler
- croître · grandir · grossir · monter · (re)pousser · se développer · se dresser · s'élever (dans le ciel) · s'épanouir · s'étaler
- donner · produire • être garni de · porter : *l'arbre portait encore quelques fruits* · se couvrir de : *les arbres se couvraient de fleurs / de feuilles / de fruits*
- courber : *l'arbre courbait sous le poids des fruits* · craquer · pencher · ployer
- perdre ses feuilles · se dégarnir · se dénuder · se dépouiller · se dessécher · s'effeuiller
- dépérir · tomber

∾ VERBE + arbre

- planter
- acclimater · transplanter • greffer
- escalader · grimper à / dans · monter à / dans • être juché dans · être perché dans · nicher dans • descendre de
- ébrancher · écimer · élaguer · étêter · recéper [Techn.] (= tailler) · tailler • débiter · tronçonner
- abattre · arracher · couper · déplanter · déraciner · enlever

∾ NOM + D' + arbres

- bouquet : *un bouquet d'arbres centenaires domine le lac*

ardeur *nom fém.*

∞ ardeur + ADJECTIF

- politique : *ils avaient mis toute leur ardeur politique à construire une nouvelle gauche* · sexuelle • militante · réformatrice · revendicative : *quelques promesses pour calmer les ardeurs revendicatives des syndicats*
- enfantine · juvénile
- nouvelle · renouvelée • belle + nom · déchaînée · décuplée · dévorante · extrême · inouïe · sans pareille • batailleuse · combative · conquérante
- agressive · belliqueuse (souvent plur.) : *pour calmer les ardeurs belliqueuses de ses adversaires* · féroce · guerrière · sauvage • fébrile · folle · impitoyable · insensée

∞ ardeur + VERBE

- se réchauffer · se réveiller
- retomber · se calmer · se refroidir

∞ VERBE + ardeur

- être plein de · redoubler de : *il redouble d'ardeur et fait huit films en deux ans*
- montrer · rivaliser de : *ils rivalisent d'ardeur pour occuper la première place sur le marché* · témoigner : *montrer / témoigner de l'ardeur au travail*
- attiser · aviver · enflammer · exalter · exciter · galvaniser · ranimer · raviver · réactiver · réchauffer · réveiller · stimuler
- calmer · canaliser · diminuer · doucher : *la débâcle boursière a quelque peu douché les ardeurs des actionnaires* · freiner · mettre un frein à · modérer · rafraîchir : *ces arguments risquent de rafraîchir les ardeurs des acheteurs potentiels* · refréner · refroidir · tempérer • éteindre : *les élections de l'automne pourraient éteindre ses ardeurs guerrières*
- perdre : *il a perdu (de) son ardeur au travail*

avec ardeur

- désirer · rechercher · souhaiter • défendre · travailler

REM. On rencontre parfois "ralentir les ardeurs de qqn". Évitez cette expression et préférez "freiner, modérer les ardeurs," plus idiomatique.

argent *nom masc.* (moyen de paiement)

∞ argent + ADJECTIF

- comptant○ · liquide○ · sonnant et trébuchant : *ils ont accepté de céder leurs terres contre argent sonnant et trébuchant* • disponible • frais○ : *le groupe sidérurgique avait besoin d'argent frais*
- de poche○ · personnel • public
- fou : *il dépense un argent fou*
- propre○ • facile : *la belle vie, l'argent facile, c'est fini*
- douteux · occulte : *les divers mécanismes du blanchiment de l'argent occulte* · sale○

∞ argent + VERBE

- provenir de · venir de : *cet argent lui vient de son père*
- circuler · être en circulation · partir : *où est parti tout cet argent ?* · transiter
- affluer · couler à flots · faire des petits*fam.* : *bien placé, l'argent fait des petits* · rentrer (dans les caisses) · s'accumuler
- fructifier · travailler : *il faut faire travailler ton argent*
- aller à : *l'argent récolté ira aux familles des victimes* · passer dans : *tout son argent passe dans les DVD* · servir à
- dormir : *son argent dort à la banque*
- manquer : *quand l'argent vint à manquer* · se faire rare · se raréfier
- corrompre · gangrener : *tout le système est gangrené par l'argent*
- brûler les doigts○ · filer · filer entre les doigts : *l'argent lui file entre les doigts* · fondre dans les mains • s'épuiser · s'évaporer

∞ VERBE + argent

- valoir : *ça vaut de l'argent / beaucoup d'argent*
- dégager · générer · rapporter : *les produits dérivés rapportent énormément d'argent*
- demander · exiger · quémander · réclamer
- mettre en circulation
- promettre · proposer • confier · donner · léguer · offrir • avancer · prêter • allouer · consacrer · débloquer · envoyer · injecter · octroyer • (re)distribuer · répartir
- rembourser · rendre · restituer
- devoir : *devoir de l'argent à qqn*
- accepter · prendre • emprunter • collecter · empocher · encaisser · obtenir : *il a réussi à obtenir beaucoup d'argent pour son réseau d'écoles* · récolter · recueillir • faire : *il a fait beaucoup d'argent dans l'import-export* · gagner : *elle gagne beaucoup d'argent ; de l'argent honnêtement gagné* · percevoir · puiser · ramasser · recevoir · se faire*fam.* : *je me suis fait un peu d'argent de poche* · se procurer · toucher · trouver • recouvrer · récupérer • prélever · retirer : *il a retiré un peu d'argent à la banque / de son compte en banque*
- avoir · posséder • accumuler · amasser · engranger · entasser • avoir / garder au chaud · économiser · épargner · mettre à gauche*fam.* · mettre de côté · thésauriser • crouler sous · nager dans · regorger de : *certaines municipalités regorgent d'argent*

- compter • brasser · manier · manipuler • débourser · dépenser · employer · être prodigue avec : *il est trop prodigue avec l'argent public* · faire bon / mauvais usage de · utiliser • engager : *qui a envie d'engager de l'argent dans ce genre d'activité ?* · immobiliser · investir · mettre ... dans*fam.* : *j'ai mis beaucoup d'argent dans ce projet* · placer • déposer à la banque / sur un compte : *il a déposé tout son argent à la banque / sur un compte en Suisse* · mettre à la banque / sur un compte · verser · virer
- claquer*fam.* · dilapider · engloutir · faire valser · gaspiller · jeter par les fenêtres · manger*fam.* · perdre
- changer · convertir • échanger
- dépouiller de : *ses fils l'ont dépouillé de tout son argent* · extorquer ... à · soustraire ... à · soutirer ... à • subtiliser · voler • détourner
- blanchir · laver : *l'île est devenue une machine à laver l'argent sale* · recycler
- avoir des ennuis de · avoir des soucis de · être à court de : *je suis un peu à court d'argent en ce moment* · être dépourvu de · manquer de
- retirer de la circulation

∞ NOM + D' + argent

- afflux : *cela représente un afflux d'argent frais pour l'entreprise* · apport · flux · masse · rentrée : *j'attends une grosse rentrée d'argent ce mois-ci* · réserve · somme
- problème

argument *nom masc.*

∞ argument + ADJECTIF

- commercial · économique · marketing · promotionnel · publicitaire • électoral · éthique · financier · historique · etc.
- a contrario · a fortiori · a priori • [Droit] ad hominem · ad rem
- de base · de fond · objectif
- classique · connu · habituel • rebattu · usé jusqu'à la corde
- majeur · numéro un · principal • décisif · déterminant · essentiel
- béton*fam.* · bon *+ nom* · (de) choc · (-)clé · d'autorité · de choix · de poids · de taille · efficace · fort · frappant · massue : *il met en garde contre l'argument massue de la défense* · percutant · puissant · solide · tenable · véritable *+ nom* · vrai *+ nom* • impérieux · péremptoire • convaincant · persuasif · plausible · probant • imparable · implacable · inattaquable · incontestable · incontournable · irréfutable · sans réplique
- juste · valable · valide
- bel *+ nom* · clair · cohérent • raisonnable : *l'argument du respect des sensibilités individuelles est raisonnable* · sérieux • logique · pertinent · rationnel · rigoureux
- à double tranchant
- dérisoire · faiblard*fam.* · faible · fragile · inconsistant · léger · malheureux · marginal · pathétique · pauvre · peu convaincant · piètre *+ nom* · tiré par les cheveux
- controversé · polémique
- contestable · difficilement tenable · douteux · intenable · invraisemblable · irrecevable · réfutable
- primaire · simpliste • absurde · débile*fam.* · imbécile · ridicule • facile · frivole · grossier • mauvais *+ nom* · stérile • insidieux · vicieux
- bidon*fam.* · captieux*littér.* · fallacieux · faux *+ nom* · invalide · spécieux · tendancieux · trompeur

∞ argument + VERBE

- reposer sur · s'appuyer sur
- consister à : *l'argument consistant à stigmatiser ceux qui prônent l'autonomie en les traitant de gauchistes* • se vouloir (+ adj.) : *cet argument se veut scientifique*
- se défendre · tenir (debout) · tenir la route • émouvoir · séduire · toucher • convaincre · faire mouche · peser lourd · porter : *son argument a porté* · satisfaire
- (plur.) fuser · ne pas manquer : *les arguments ne manquent pas pour renoncer au projet*
- jouer en faveur de · justifier · militer pour · plaider en faveur / dans le sens de
- jouer contre / en défaveur de · militer contre / en défaveur de · plaider contre / en défaveur de
- manquer de pertinence · manquer de poids · ne pas résister à l'analyse
- faire sourire · laisser de marbre · laisser rêveur / songeur · laisser sceptique • faire bondir · indigner

∞ VERBE + argument

- constituer · servir de · tenir lieu de
- disposer de · posséder • s'armer de • tirer ... de○ : *il a tiré argument de cet échec pour mettre fin à l'expérience*
- aligner (plur.) : *il aligné plus de dix arguments pour qu'on l'achète* · apporter · avancer · brandir · donner · exposer · faire valoir · fournir · invoquer · mettre en avant · opposer · présenter · proposer • rabâcher · répéter · reprendre · ressasser · ressortir : *ils ressortent toujours le même argument*
- avoir recours à · exploiter · manier · s'appuyer sur · se retrancher derrière · user de : *son adversaire a usé de l'argument inverse* · utiliser

- affûter : *les groupes de pression affûtent leurs arguments* · développer · fourbir : *chaque partie fourbit ses arguments* · roder • renforcer : *ceci renforce l'argument selon lequel toute réforme présente des risques* • accumuler (plur.)
- accepter · admettre · souscrire à · soutenir
- soupeser • prendre en compte
- être / rester sensible à · retenir : *la Cour a retenu les arguments de la défense* · s'incliner devant
- renverser
- chercher • être à bout de · être à court de · être en panne de · manquer de
- être / rester insensible à
- ébranler : *cette nouvelle étude ébranle les arguments des scientifiques*
- combattre · contester · écarter · récuser · réfuter · rejeter · repousser
- balayer · battre en brèche · démonter · détruire · discréditer · pulvériser : *il a pulvérisé les arguments de ses détracteurs* · ruiner

∾ NOM + D' + arguments

- faisceau : *les juges se fondent sur un faisceau d'arguments* · série · suite

argumentation *nom fém.*

∾ argumentation + ADJECTIF

- juridique · officielle · politique · scientifique · technique · etc.
- classique
- approfondie · forte · rigoureuse · sérieuse · serrée : *il s'efforce, au fil d'une argumentation serrée, de convaincre son adversaire* · solide · vigoureuse • imparable · irréfutable • longue ^+ nom^
- raisonnable · rationnelle · réaliste • cohérente · convaincante · intéressante • admirable · belle ^+ nom^ · brillante · irréprochable · lumineuse · subtile • adroite · habile
- déficiente · faible · fragile · inconsistante · inopérante · insuffisante · simpliste · superficielle
- biaisée · déloyale • illogique · maladroite
- erronée · fausse ^+ nom^ · spécieuse

∾ argumentation + VERBE

- être centrée sur · reposer sur · s'appuyer sur : *son argumentation s'appuie sur une étude européenne* · se baser sur · se fonder sur
- consister à · se résumer à
- convaincre • résister à l'épreuve des faits / au temps
- laisser sceptique · manquer de poids · ne pas convaincre · ne pas tenir

∾ VERBE + argumentation

- dégager · développer · échafauder · élaborer
- bétonner · roder : *son argumentation est bien rodée auprès de ses clients*
- exposer · présenter · reprendre
- faire droit à : *le tribunal a fait droit à l'argumentation des écologistes* · faire sienne · suivre : *elle n'a pas suivi l'argumentation de l'organisateur*
- s'incliner devant
- affiner • alimenter : *ces dispositions alimentent l'argumentation des partisans du non* · asseoir : *plusieurs témoignages lui ont permis d'asseoir son argumentation* · étayer · fortifier · nourrir · renforcer
- répondre à
- réfuter · rejeter · repousser
- balayer · démolir · démonter · détruire · pulvériser · réduire à néant

arme *nom fém.* (litt. et fig.)

∾ arme + ADJECTIF

- légère · lourde • de gros calibre • à feu° · à grenaille · à percussion · à répétition · à tir automatique · automatique • contondante · incendiaire · tranchante • blanche° • de poing · d'estoc° · d'hast° • de précision • blindée [collectif]
- atomique · nucléaire • bactériologique · biologique · chimique · non conventionnelle
- de destruction massive · de dissuasion · défensive · offensive • stratégique · tactique • de guerre • antiaérienne · antichar • de service : *lors de sa mutation, le policier a dû restituer son arme de service*
- conventionnelle · moderne · traditionnelle
- silencieuse • secrète : *il a sorti son arme secrète : un nouveau demi de mêlée venu d'Australie*
- absolue : *un virus redoutable, arme absolue des cyber terroristes* · de choc · décisive · efficace · excellente · puissante · sophistiquée · ultime : *la grève doit être l'arme ultime lorsque le dialogue a échoué* • de choix [fig.] : *il a une arme de choix pour séduire : sa voix* · imparable · incomparable
- fatale · létale • dangereuse · destructrice · dévastatrice · meurtrière • épouvantable · redoutable · terrible
- de prédilection · favorite [souvent fig.] : *il use de son arme favorite : la menace* · privilégiée [souvent fig.] : *le boycott, arme privilégiée des activistes*
- à double tranchant° : *son principal atout est la célébrité, mais c'est une arme à double tranchant*
- illicite · prohibée
- inoffensive · rudimentaire
- factice · fausse ^+ nom^

∞ arme + VERBE

- circuler : *des armes circulent dans les banlieues* • mutiler · tuer : *ces armes tuent et mutilent des civils longtemps après la fin des conflits* • parler (plur.) : *« Silent leges inter arma : Quand les armes parlent, les lois se taisent »* (adage latin)
- s'encrasser · s'enrayer
- se taire (plur.) : *les armes se sont enfin tues*

∞ VERBE + arme

- avoir · détenir : *il détient une arme de 4e catégorie* · disposer de : *ils disposent de l'arme nucléaire* · être détenteur de · posséder • être bardé de (plur.) : *des guérilleros bardés d'armes* · être porteur de : *les deux hommes étaient porteurs d'une arme de poing* · porter · tenir
- acquérir · se doter de : *ils veulent se doter de l'arme nucléaire* · se procurer · s'équiper de • prendre : *il a pris une arme dans le tiroir* · se saisir de • collecter : *des troupes doivent collecter les armes de la guérilla* · confisquer · saisir : *la police a saisi deux cents armes* • subtiliser
- distribuer · donner · fournir · ravitailler en
- graisser · nettoyer • charger · recharger • affûter · fourbir (plur.) : *les industriels fourbissent leurs armes*
- brandir · dégainer • employer · faire parler (plur.) : *l'organisation armée indépendantiste a de nouveau fait parler les armes* · faire usage de · manier · se servir de · tirer avec · user de · utiliser • braquer ... sur · diriger ... sur / contre / vers · menacer avec / de · passer par° (plur.) : *ils ont passé les traîtres par les armes* · pointer ... sur • décharger ... sur : *il a déchargé son arme sur le policier* • retourner contre soi : *le meurtrier a ensuite retourné l'arme contre lui*
- se dessaisir de · vendre
- (souvent plur.) [fig.] • abandonner : *pour obliger les rebelles à abandonner les armes* · déposer : *ils ont demandé aux guérilleros de quitter le pays ou de déposer les armes* · jeter · mettre bas · remiser · rendre · reposer
- détruire · éliminer : *l'objectif était d'éliminer les armes de destruction massive*
- faire taire (plur.) : *seule la diplomatie peut faire taire les armes*
- ne jamais avoir touché à
- rengainer

∞ NOM + D' + armes

- cargaison • arsenal · panoplie
- prolifération : *la prolifération des armes de destruction massive*
- trafic · vente
- trafiquant : *l'arrestation d'un trafiquant d'armes*

armée *nom fém.*

∞ armée + ADJECTIF

- de l'air° · de mer° · de terre° · navale°
- active° : *il a quitté l'armée active en 1973* · de réserve° • nationale · républicaine • de conscrits · professionnelle · régulière
- rebelle · révolutionnaire • irrégulière · mercenaire • secrète
- alliée • de libération · libératrice
- ennemie • d'invasion · d'occupation
- considérable · immense · importante · nombreuse • forte · puissante · redoutable · vaillante • invincible • triomphatrice · victorieuse
- bien équipée · disciplinée · entraînée · moderne · préparée
- glorieuse : *le mythe de la glorieuse Armée rouge* · grande ^+ nom^ · héroïque
- petite ^+ nom^ · réduite • pitoyable · squelettique • affaiblie · faible · fragile
- mal équipée · vétuste • d'opérette : *avec ces officiers en tenue léopard, tout cela fleure bon l'armée d'opérette* · indisciplinée
- en déroute · vaincue

∞ armée + VERBE

- comprendre : *leur armée comprend des tireurs d'élite* · être composée de : *leur armée est composée essentiellement de mercenaires* • compter : *l'armée de ce pays compte près d'un million d'hommes*
- être sur le pied de guerre
- avancer · débarquer · intervenir · mener des incursions • assiéger · attaquer · bombarder · encercler · marcher sur · pilonner · tuer
- défendre · libérer (souvent passif) • contrôler • riposter · se défendre
- battre en retraite · se replier · se retirer • capituler · lâcher pied · reculer · se débander

∞ VERBE + armée

- lever : *il a levé une armée de 10 000 hommes* · recruter · réunir • mettre en ordre de marche • commander · conduire · diriger · encadrer
- avoir recours à · dépêcher : *l'armée française a été dépêchée à Abidjan* · déployer · faire appel à · recourir
- entrer dans · être incorporé dans · grossir les rangs de · s'engager dans · s'enrôler dans • faire carrière dans · servir dans : *il a servi 15 ans dans l'armée de l'air*
- entretenir • exercer · former · instruire • discipliner : *il consacra l'automne et l'hiver à exercer et à discipliner son armée* • équiper · moderniser · réformer · réorganiser · restructurer • féminiser · professionnaliser

- se battre contre · s'opposer à • anéantir · battre · décimer : *son armée décimée par l'épuisement et la soif* · défaire · désorganiser · écraser · exterminer · mettre en déroute · repousser · tailler en pièces · vaincre • désarmer
- démissionner de · être libéré de · quitter

∾ NOM + D' + **armée**
- fer de lance : *cet hélicoptère est le fer de lance de l'armée de l'air*

arôme *nom masc.*

∾ **arôme** + ADJECTIF
- alimentaire · artificiel · naturel • floral · fruité · sucré
- complexe · délicat · riche · subtil
- fort · intense · puissant
- léger [+ nom] · petit [+ nom]

∾ **arôme** + VERBE
- se développer · s'épanouir • exploser : *les arômes puissants du cassis explosent en bouche* · s'exprimer : *en bouche s'expriment des arômes de fruits secs et de noyau de cerise*

∾ VERBE + **arôme**
- extraire · obtenir • synthétiser : *il a eu du mal à synthétiser l'arôme de la banane*
- avoir · posséder
- dégager · déployer : *ce chardonnay déploie des arômes d'amande et de noisette* · exprimer : *c'est un vin à boire jeune, lorsqu'il exprime encore des arômes de fruit* · révéler
- exhaler · libérer : *l'action du gaz carbonique libère plus d'arômes*
- conserver : *il faut une cuisson très rapide pour conserver tout l'arôme des truffes* · garder
- déceler · discerner · reconnaître · sentir
- mélanger · mêler : *une grande cuvée mêlant les arômes de fruits mûrs et de fruits secs*

∾ NOM + D' + **arômes**
- bouquet · palette : *l'échantillon révèle une large palette d'arômes*

arrangement *nom masc.* (accord)

∾ **arrangement** + ADJECTIF
- financier · fiscal • judiciaire • territorial
- bilatéral · international • familial · privé
- (à l') amiable • diplomatique
- acceptable · convenable · satisfaisant
- complexe · compliqué
- curieux · étrange · singulier
- intérimaire · provisoire · temporaire · transitoire
- petit [+ nom souvent péj.] : *leurs petits arrangements avec la loi n'ont pas plu au juge*
- discret : *des arrangements discrets entre factions* · secret
- mauvais [+ nom]

∾ VERBE + **arrangement**
- (re)chercher
- faire (souvent plur.) · imaginer · mettre en place · passer · proposer • bricoler[péj.] : *il a bricolé un arrangement avec le président*
- aboutir à · arriver à · conclure · négocier · obtenir · parvenir à · trouver • finaliser
- accepter
- bénéficier de : *il voudrait bénéficier de ces arrangements pour une série de produits de base*
- refuser • exclure : *cela exclut tout arrangement amiable*

arrestation *nom fém.*

∾ **arrestation** + ADJECTIF
- préventive : *il est en état d'arrestation préventive*
- massive : *les gendarmes mobiles ont procédé à des arrestations massives*
- spectaculaire • mouvementée · musclée : *les coups portés lors de cette arrestation musclée*
- arbitraire · illégale

∾ **arrestation** + VERBE
- avoir lieu · intervenir · survenir : *cette arrestation survient à point nommé, juste avant les élections*

∾ VERBE + **arrestation**
- aboutir à · conduire à : *l'enquête a conduit à l'arrestation de trois suspects* · déboucher sur · entraîner · mener à · permettre : *c'est leur témoignage qui a permis son arrestation*
- demander · réclamer : *les familles des victimes réclament l'arrestation du suspect* • exiger · ordonner
- effectuer · opérer · procéder à
- multiplier (plur.) : *la police a multiplié les arrestations d'activistes*
- aider à · faciliter
- saluer · se réjouir de : *le ministre s'est réjoui de l'arrestation des auteurs de l'attentat*
- dénoncer · protester contre

∾ NOM + D' + **arrestations**
- campagne · série · vague

en état d'arrestation
- mettre · placer
- être • maintenir

[1]arrêt *nom masc.* (interruption)

∾ **arrêt** + ADJECTIF
- normal • forcé · obligatoire

- officiel • absolu • complet • définitif : *il a annoncé l'arrêt définitif des travaux* • effectif • pur et simple • total • inconditionnel : *ils appellent à l'arrêt inconditionnel de la violence*
- immédiat : *ils réclament l'arrêt immédiat des attentats* • brusque • brutal • d'urgence : *cela a provoqué l'arrêt d'urgence du réacteur* • rapide • soudain • subit
- long [+ nom] • prolongé
- court • momentané • provisoire • temporaire • partiel • progressif
- inopiné • inespéré : *l'arrêt inespéré dans l'évolution de la maladie*
- accidentel : *l'arrêt accidentel de deux pompes* • anormal • intempestif • prématuré

∾ arrêt + VERBE
- avoir lieu • intervenir • se produire

∾ VERBE + **arrêt**
- causer • entraîner • provoquer
- conseiller • être favorable à • préconiser • se prononcer pour : *ils se sont prononcés pour l'arrêt des tests* • souhaiter
- appeler à : *ils appellent à l'arrêt de la grève* • demander • réclamer • décider • décréter : *ils ont décrété l'arrêt des relations financières avec ce pays* • exiger • imposer : *a-t-il la moindre chance d'imposer un arrêt de la violence ?* • ordonner
- prévoir • annoncer • signifier : *on leur a signifié l'arrêt pur et simple de leur projet*
- marquer : *une cérémonie est prévue pour marquer l'arrêt définitif de la centrale nucléaire*
- obtenir : *ils ont obtenu l'arrêt de la campagne publicitaire*
- critiquer • être défavorable à • se prononcer contre • s'insurger contre

coup d'arrêt

∾ coup d'arrêt + ADJECTIF
- brutal • subit
- sérieux : *ces événements ont donné un sérieux coup d'arrêt aux négociations* • définitif
- momentané • provisoire

∾ VERBE + **coup d'arrêt**
- donner : *ils ont voulu donner un coup d'arrêt à la politique des grands travaux* • marquer : *il était urgent de marquer un coup d'arrêt à cette dérive* • mettre • porter : *le démantèlement du réseau terroriste a porté un coup d'arrêt momentané aux attentats*
- connaître • subir : *le projet vient de subir un coup d'arrêt brutal après une dizaine d'années d'études*

[2]arrêt *nom masc.* (décision juridique)

∾ arrêt + ADJECTIF
- de principe • arbitral • (réputé) contradictoire • exécutoire • confirmatif • infirmatif
- exécutable
- irrévocable
- provisoire • révocable
- célèbre • fameux [+ nom]
- entaché de nullité
- inexécutable
- controversé
- infamant • injuste

∾ arrêt + VERBE
- concerner • être relatif à • s'appliquer à
- énoncer • indiquer • préciser : *l'arrêt précise que des poursuites pourront être engagées* • stipuler

∾ VERBE + **arrêt**
- notifier • prononcer : *la cour d'appel a prononcé un arrêt défavorable à M. Dupont* • rendre (souvent passif) : *d'après l'arrêt rendu par le Conseil d'État* • signer : *cela signe son arrêt de mort*
- exécuter : *la société est obligée d'exécuter l'arrêt de la Cour*
- confirmer
- motiver • valider
- attaquer • contester • critiquer • s'insurger contre
- infirmer
- annuler • casser : *les juges constitutionnels ont cassé un arrêt du tribunal correctionnel*

arrière-pensée *nom fém.*

∾ arrière-pensée + ADJECTIF
- politicienne • politique • électorale • électoraliste • commerciale • mercantile

∾ VERBE + **arrière-pensée**
- avoir • nourrir
- être empreint de • être lourd de • être teinté de : *des plaintes sans fondement et teintées d'arrière-pensées politiques*
- cacher • dissimuler : *cette opération dissimule mal des arrières-pensées mercantiles*
- accuser de : *majorité et opposition se sont mutuellement accusées d'arrière-pensées électorales*
- dénoncer
- nier : *il nie toute arrière-pensée électorale* • récuser
- être dénué de • être dépourvu de • être exempt de : *leur entente n'est pas exempte d'arrière-pensées*

arrivée *nom fém.*

∾ arrivée + ADJECTIF

- imminente · prochaine · proche • éventuelle · possible · probable • concomitante · simultanée
- brusque · soudaine · subite • rapide • hâtive · précoce
- effective : *l'arrivée effective des secours ne s'est faite que 3 heures plus tard* • inéluctable · inévitable
- en force · en masse · en nombre · groupée [Sport] : *l'arrivée groupée des coureurs* · massive : *l'arrivée massive de réfugiés dans la région*
- en fanfare · fracassante : *l'arrivée fracassante de l'électronique dans ce secteur* · remarquée
- attendue · espérée · prévue • à propos · inespérée · opportune · providentielle · salutaire • triomphale · victorieuse • inoubliable · mémorable
- fortuite · imprévue · impromptue · inattendue · inopinée · surprise : *cette année a été marquée par l'arrivée surprise d'un nouveau président*
- lente · progressive
- discrète
- désordonnée · intempestive · mouvementée • importune · inopportune • précoce : *l'arrivée précoce de la mousson* • tardive : *ils ont invoqué l'arrivée tardive des secours*

∾ arrivée + VERBE

- causer : *la peur causée par l'arrivée des militaires* · déclencher · entraîner · induire · provoquer · susciter
- se faire : *l'arrivée s'est faite dans le brouillard*
- réjouir
- inquiéter · perturber : *beaucoup de vieilles personnes ont été perturbées par l'arrivée de l'euro* · prendre au dépourvu · surprendre · traumatiser · troubler

∾ VERBE + arrivée

- faire : *il a fait une arrivée remarquée* · préparer
- annoncer · avertir de · faire état de · faire part de · signaler
- anticiper : *nous avions anticipé l'arrivée de cette concurrence* · attendre · prévoir • se préparer à
- assister à • épier · guetter • être confronté à : *ils sont confrontés à l'arrivée massive de clandestins*
- marquer : *un concert de sifflets a marqué son arrivée*
- être favorable à · saluer · se féliciter de · se réjouir de · voir d'un bon œil • commérorer : *la fête nationale australienne commémore l'arrivée du premier bateau de bagnards venus coloniser le pays* · fêter
- profiter de • compter sur · miser sur · tabler sur
- avancer · hâter · précipiter : *son départ va précipiter l'arrivée d'un nouvel attaquant dans l'équipe*
- différer · retarder
- appréhender · craindre · redouter · s'inquiéter de
- empêcher · être défavorable à · être hostile à · manifester contre · protester contre · s'élever contre · s'opposer à · voir d'un mauvais œil : *le journal voit d'un mauvais œil l'arrivée d'un tel concurrent gratuit*

arrogance *nom fém.*

∾ arrogance + ADJECTIF

- humaine • juvénile • coloniale : *il dénonce l'arrogance coloniale des autorités françaises* • intellectuelle : *c'est l'image même de l'arrogance intellectuelle* · technocratique · etc.
- ordinaire · perpétuelle · vieille [+ nom]
- croissante • absolue · extrême · grande [+ nom] · incroyable · infinie · inouïe · insondable · sans limites · sans pareil · stupéfiante · superbe [+ nom] • délibérée · tranquille • à peine voilée · mal déguisée
- notoire • insensée · outrancière · outrée • consternante · insupportable · irritante • crétine · imbécile · risible · stupide

∾ arrogance + VERBE

- blesser • excéder

∾ VERBE + arrogance

- avoir : *il a une telle arrogance !* · être bouffi de · être de (+ adj.) : *il est d'une arrogance inouïe* · être plein de · être rempli de · ne pas être dénué / exempt de
- être mâtiné de : *un orgueil mâtiné d'arrogance* · être teinté de : *sa pugnacité teintée d'arrogance*
- afficher : *l'arrogance affichée par les vainqueurs* · faire montre de : *il a fait montre d'une grande arrogance envers nous* · faire preuve de
- friser : *sa remarque frisait l'arrogance*
- critiquer · dénoncer · fustiger · se plaindre de
- accuser de · reprocher ... à : *on lui reproche son arrogance* · taxer de
- abandonner · ravaler : *il a dû ravaler son arrogance* · renoncer à : *notre pays doit renoncer à son arrogance* • perdre : *il semble plus détendu et a perdu cette arrogance insupportable qu'il affichait dans les années soixante*

REM. On rencontre parfois “arrogance insolente, hautaine, méprisante”. Évitez ces expressions pléonastiques.

[1] **art** *nom masc.* (expression esthétique, œuvres artistiques)

∾ **art** + ADJECTIF

- appliqué (souvent plur.) · décoratif (souvent plur.) · graphique (souvent plur.) · musical · photographique · pictural · plastique (souvent plur.) · sculptural • huitième ᴐ + nom (la télévision) • neuvième ᴐ + nom (la bande dessinée) • septième ᴐ + nom (le cinéma) • etc.
- liturgique · religieux · rituel · sacré • funéraire • rupestre • profane
- premier · primitif · tribal • baroque · gothique · médiéval · renaissant · roman • (hyper)réaliste · romantique · surréaliste • antique · classique • contemporain · moderne • populaire · traditionnel
- abstrait · figuratif • brut · naïf • éphémère · informel · pauvre : *l'art pauvre propose de rétablir un contact direct avec les matériaux naturels* • minimaliste • conceptuel • expérimental
- de commande · officiel • académique : *n'est-il pas tombé dans l'art académique bourgeois qu'il exécrait ?*
- engagé · militant · politique
- majeur : *la bande dessinée est devenue un art majeur* • grand ᴐ + nom : *plus qu'un beau film, c'est du grand art*
- original · singulier • délicat · raffiné
- universel
- total : *en Inde, la danse est un art total qui recouvre de très nombreuses disciplines* • pur : *il distingue l'art pur des commandes mercantiles*
- mineur
- décadent

∾ VERBE + **art**

- enseigner • étudier • comprendre : *nul n'a mieux compris l'art indien que ce sculpteur* · connaître
- s'adonner à · se consacrer à : *il a pris sa retraite et se consacre à son art* • vivre de : *elle a du mal à vivre de son art*
- être consacré à · être dédié à : *un magnifique espace dédié à l'art contemporain* · être voué à
- créer · inventer : *il prétend avoir inventé l'art abstrait* • élever au rang de : *ils ont élevé la typographie au rang d'art*
- révolutionner · transformer
- aimer · être amateur de · être féru de · être un passionné de
- encourager · promouvoir • rendre accessible : *il souhaite rendre l'art accessible à tous / au plus grand nombre* • faire connaître · partager son goût de / pour

∾ NOM + D' + **art**

- apogée : *l'apogée de l'art khmer* · sommet · summum

[2] **art** *nom masc.* (technique, adresse)

∾ **art** + ADJECTIF

- dramatique · oratoire • lyrique · poétique • littéraire : *elle montre bien que la traduction est aussi un art littéraire* • culinaire · divinatoire · floral • martial · noble ᴐ + nom (la boxe) • de (la) rue · forain · vivant · etc.
- ancestral · ancien · antique · millénaire • traditionnel • national : *le fado, art national au Portugal*
- noble : *ils considèrent le karaté comme un art noble*
- consommé · inégalé : *il évite les coups avec un art inégalé de l'esquive* · inouï · maîtrisé · unique : *il possède un art unique de la dissimulation* • admirable · merveilleux
- complexe · difficile · élaboré · exigeant · savant • délicat · subtil
- secret

∾ VERBE + **art**

- avoir · connaître : *il connaît l'art du sabre japonais* · posséder · savoir : *il sait l'art de tout dire avec trois fois rien* • être expert dans · être rompu à · être versé dans · exceller dans · maîtriser · passer maître dans
- enseigner
- acquérir · apprendre · étudier • perfectionner
- déployer · exercer · pratiquer : *il sait pratiquer l'art du compromis* · s'adonner à · user de : *il savait mieux que tout autre user de l'art de la litote* • cultiver
- perpétuer

∾ NOM + D' + **art**

- apogée : *un chef d'orchestre à l'apogée de son art* · sommet · summum

[1] **article** *nom masc.* (de presse)

∾ **article** + ADJECTIF

- nécrologique · scientifique
- de tête · d'introduction · d'ouverture • de fond
- anonyme • ancien · récent · vieil + nom • à paraître
- bref · court · elliptique · petit + nom • anodin
- grand + nom · long + nom
- fondamental · fondateur : *l'article fondateur de Zellig S. Harris sur "L'analyse du discours" paraît en 1952*

- célèbre · fameux • fracassant · remarqué · retentissant
- argumenté · (bien) documenté • fouillé · méticuleux · travaillé • excellent · remarquable · sensationnel • adroit · habile • clair · limpide · lumineux • intelligent · intéressant · pertinent · sensible • courageux
- bien écrit · bien rédigé · bien tourné · plein de verve
- digne de foi · sérieux • équilibré · juste · neutre · objectif
- exclusif · inédit
- bienveillant · dithyrambique · élogieux · laudatif · positif
- à sensation · polémique
- alarmiste
- au vitriol · brutal · choc · cinglant · décapant · enflammé · féroce · incendiaire · incisif · musclé · offensif · percutant · péremptoire · piquant · vif · virulent • scandaleux • acerbe · agressif · critique · hostile
- décousu · maladroit · mal conçu · mal écrit · mal tourné · négligé · vaseux • impubliable • indigeste · insipide
- (nettement / très) orienté · partial · partisan • diffamatoire · haineux · injurieux · insolent · malveillant · méchant · odieux · offensant • provocant · provocateur
- erroné · mensonger · plein d'erreurs / d'inexactitudes

∾ **article** + VERBE

- circuler · paraître · sortir
- concerner · être consacré à · porter sur · traiter de
- affirmer · soutenir • faire état de · indiquer · révéler · souligner • conter · raconter · relater · rendre compte de · retracer • brosser / faire le portrait de · décrire • disséquer · examiner · explorer • citer • évoquer · suggérer
- provoquer · susciter : *l'article a suscité de nombreux commentaires*
- défendre · faire l'éloge de · promouvoir
- choquer · faire scandale · scandaliser · soulever / susciter un tollé
- mettre en cause
- porter la griffe de · porter la signature de : *cet article porte la signature d'une célèbre journaliste*

∾ VERBE + **article**

- composer · construire · préparer · structurer · travailler à • commettre : *le journal a commis quelques articles qui ont mis à rude épreuve les nerfs des militants* · écrire · élaborer · faire · pondre[péj.] · produire · rédiger • taper : *il a tapé son article à l'ordinateur / à la machine* • intituler · titrer • être l'auteur de · signer
- compléter · étoffer
- fignoler · mettre la dernière main à • boucler · conclure · finir · terminer
- intervenir sur · réécrire · remanier · reprendre · réviser
- abréger · couper (dans) · faire des coupes sombres / claires dans · raccourcir
- bâcler · torcher
- éditer • faire paraître · publier
- consulter · lire • lire en diagonale · parcourir · survoler
- caviarder : *des articles caviardés parce qu'ils n'étaient pas dans la ligne du parti* · censurer

∾ NOM + D' + **articles**

- corpus · ensemble · kyrielle · recueil · sélection · série

[2]article *nom masc.* (de loi)

∾ **article** + ADJECTIF

- constitutionnel · organique • additionnel · complémentaire · supplétif
- célèbre · fameux[+ nom] : *on ne peut plus opposer aux employeurs le fameux article L 213-1 du Code du travail*
- controversé
- inapplicable

∾ **article** + VERBE

- conférer : *les droits que leur confère l'article 23 de la Constitution* · définir · disposer que · énoncer · instituer · permettre • encadrer · régir • mentionner · prévoir · stipuler
- concerner · être relatif à · traiter de
- protéger • limiter · restreindre : *cet article 10 restreint la durée de la chasse aux oiseaux migrateurs*
- punir · sanctionner

∾ VERBE + **article**

- être visé à : *les établissements visés à l'article 35 de la loi du 14 janvier 1933*
- accepter · adopter · voter
- appliquer · avoir recours à • citer · invoquer · s'appuyer sur · se fonder sur
- amender · modifier · réformer : *il propose de réformer l'article 18 du statut des travailleurs* · réviser
- assouplir
- enfreindre · violer : *ce contrat viole un article du traité d'Amsterdam*
- abroger • rejeter : *la commission a rejeté l'article 24 du projet de loi de finances*

[3]article *nom masc.* (objet)

∾ **article** + ADJECTIF

- alimentaire · électroménager · ménager · vestimentaire · etc.

- artisanal · manufacturé
- standard • de consommation courante · de grande consommation · de première nécessité • promotionnel
- neuf · nouveau • d'occasion
- échangeable · remboursable : *les articles vendus en solde ne sont ni échangeables ni remboursables*
- cher
- abordable · bon marché
- dégriffé · en promotion · en réclame · en solde
- apprécié · (très) demandé · (très) recherché
- bel [+ nom] · de choix · de luxe · de premier choix · de qualité · fiable · haut de gamme • de valeur • indémodable
- bas de gamme · cheap[fam.] · de pacotille · de second choix · sans valeur • défectueux • invendable
- épuisé

∾ article + VERBE
- coûter · valoir : *cet article vaut cher / vaut 120 €*
- être en magasin · être en stock
- se vendre bien · se vendre comme des petits pains
- être en rupture de stock · manquer
- se vendre mal
- se déprécier • ne rien valoir

∾ VERBE + article
- écouler · faire : *nous ne faisons plus cet article* · vendre • facturer
- solder
- faire de la réclame / publicité pour · promouvoir · vanter les mérites de
- commander · demander · réclamer : *nos clientes nous réclament souvent cet article*
- choisir · fixer / porter son choix sur · opter pour • acheter · payer · prendre
- échanger • retourner • rembourser

[1] ascension *nom fém.* (alpinisme)

∾ ascension + ADJECTIF
- hivernale
- aisée · facile
- lente · longue [+ nom]
- rapide
- difficile · pénible • dangereuse · périlleuse · risquée · téméraire

∾ VERBE + ascension
- entamer · entreprendre : *ils ont entrepris l'ascension du mont Pelé* • risquer · tenter
- continuer · poursuivre · reprendre
- accomplir : *il a accompli l'ascension en 3 jours* · réussir
- faciliter : *une corde facilite l'ascension*
- ralentir : *le blizzard ralentit leur ascension*
- terminer : *les gros risques d'avalanche ne lui ont pas permis de terminer son ascension*

[2] ascension *nom fém.* (progression, promotion)

∾ ascension + ADJECTIF
- électorale : *la raison de l'ascension électorale de leur parti* · politique · professionnelle · sociale · sportive · etc.
- interminable · longue • constante · ininterrompue · perpétuelle
- fabuleuse · folle · formidable · impressionnante · phénoménale · spectaculaire · vertigineuse • (-)éclair · foudroyante · fulgurante : *malgré son ascension fulgurante dans la carrière médicale* · météorique · rapide • inéluctable · inexorable · irrésistible : *l'irrésistible ascension du sémillant leader travailliste*
- brusque · soudaine
- belle [+ nom] · glorieuse · triomphale · triomphante
- patiente · prudente • difficile : *la difficile ascension sociale des diplômés issus de l'immigration* · laborieuse · lente [+ nom]
- petite [+ nom] • résistible (en référence à la pièce de Bertolt Brecht *La Résistible Ascension d'Arturo Ui*)
- étonnante · surprenante
- inquiétante : *l'inquiétante ascension politique de ce groupe extrémiste*

∾ VERBE + ascension
- commencer · entamer
- connaître
- effectuer · être en pleine : *une star / un euro en pleine ascension* · réaliser : *il a réalisé une ascension fulgurante dans l'entreprise* • continuer · poursuivre : *le billet vert poursuit son ascension* · reprendre
- faciliter · permettre • accélérer · activer
- freiner · modérer • bloquer · entraver
- briser net : *cette annonce a brisé net l'ascension de la devise* · stopper (net)

[1] aspect *nom masc.* (apparence)

∾ aspect + ADJECTIF
- extérieur · physique · visuel • général · global
- simple · uniforme • banal · habituel · normal · ordinaire
- d'origine · original · originel : *ce temple a conservé son aspect originel* • authentique · naturel
- imposant · monumental

- agréable · bel + nom · bon + nom · charmant · engageant · plaisant · séduisant • enchanteur · magique · magnifique · merveilleux • pittoresque
- chic · délicat · élégant · gracile · luxueux · raffiné · sophistiqué
- auguste *littér.* · respectable · vénérable
- doux · satiné · soyeux : *l'aspect soyeux de l'étoffe*
- changeant • hétéroclite · hybride
- bizarre · curieux · étrange · insolite · particulier · singulier
- chétif · fragile · frêle
- délabré · désuet · vétuste · vieillot
- cheap *fam.* · minable · misérable · miteux · piteux • hideux · laid • délabré
- désolé · triste
- maussade · morne • lugubre · sinistre · sombre · sordide
- désagréable · repoussant · répugnant · sale • effrayant · terrifiant

∞ **aspect** + VERBE
- plaire (à)
- changer · se modifier · se transformer
- rebuter
- se détériorer

∞ VERBE + **aspect**
- conférer · (re)donner
- apparaître sous : *le personnage apparaît sous différents aspects dans le livre* · avoir · être de (+ adj.) : *l'étoffe est d'un aspect soyeux* · offrir · présenter • prendre · revêtir : *la nouvelle gare revêt un aspect moderne* • conserver · garder
- changer · corriger · modifier · transformer
- accentuer · faire ressortir · mettre en évidence · mettre en relief : *la nouvelle adaptation de cet opéra met en relief son aspect comique* · souligner

[2]aspect *nom masc.* (angle, côté)

∞ **aspect** + ADJECTIF
- commercial · conjoncturel · économique • financier · pécuniaire • pratique · technique • éthique · moral · philosophique • relationnel · religieux · social • médical · militaire · politique · etc.
- qualitatif · quantitatif • abstrait : *l'aspect purement abstrait du problème* · formel
- particulier · spécifique
- crucial · essentiel · fondamental · important · majeur
- agréable · bon + nom · séduisant • fascinant · intéressant • novateur
- bénéfique · positif • commode · pratique
- bizarre · curieux · étrange · inattendu · insolite · mystérieux · singulier · troublant
- délicat · problématique
- choquant · dérangeant · déroutant · troublant
- controversé : *l'un des aspects les plus controversés de son programme* · discutable
- anecdotique · limité · mineur • mal / moins / peu connu · méconnu
- mauvais + nom · négatif • pénible · rébarbatif • dramatique · tragique
- dérisoire · navrant : *il ne sait plus quoi faire devant l'aspect navrant de la situation*

∞ **aspect** + VERBE
- attirer (souvent passif) : *je suis attiré par l'aspect social du programme* · intéresser · plaire à · séduire

∞ VERBE + **aspect**
- avoir · comporter : *cet examen comporte un aspect pratique* · revêtir
- aborder · couvrir · étudier · examiner · prendre en compte · s'intéresser à · traiter • embrasser · englober • distinguer : *il faut distinguer l'aspect moral de l'aspect financier*
- creuser : *la médiatrice tente de creuser cet aspect du problème* · (se) focaliser sur · insister sur · privilégier · se concentrer sur
- effleurer : *il ne fait qu'effleurer l'aspect politique de l'affaire* · se cantonner à · se limiter à · survoler
- découvrir · dévoiler · révéler : *ce livre révèle un aspect oublié de notre histoire*
- accentuer · éclairer : *ce livre éclaire un aspect peu connu de l'œuvre de Voltaire* · faire apparaître · faire ressortir · mettre en évidence · mettre en relief · souligner
- atténuer : *pour atténuer les aspects négatifs de la loi* · effacer · gommer : *il s'efforce de gommer les aspects les plus radicaux de son programme*
- occulter · passer sous silence
- ignorer · négliger : *l'aspect tactique ne doit pas être négligé*

sous tous ses / différents aspects
- considérer · entrevoir · envisager · voir

aspiration *nom fém.* (désir, souvent plur.)

∞ **aspiration** + ADJECTIF
- autonomiste · indépendantiste • fédéraliste • citoyenne · démocratique · égalitaire · libertaire • religieuse · spirituelle • politique · salariale · sociale · etc.
- individuelle · personnelle • collective · populaire : *il prétend vouloir mieux prendre en compte les aspirations populaires*
- forte · profonde • montante : *les aspirations montantes de citoyenneté et d'identité*
- légitime

- confuse
- secrète
- (plur.) antagonistes • contradictoires

∾ VERBE + **aspiration**

- dire • exprimer : *ils expriment leur aspiration à un monde meilleur*
- faire remonter : *les syndicats sont là pour faire remonter les aspirations des salariés* • refléter • relayer • traduire : *le livre traduit les aspirations de tout un peuple*
- concrétiser : *il n'a jamais su concrétiser ses aspirations* • réaliser
- coller à : *il cherche à mieux coller aux aspirations de son électorat* • combler • répondre à • satisfaire • respecter

assassinat *nom masc.*

∾ **assassinat** + ADJECTIF

- politique
- en série (plur.)
- mystérieux
- lâche + nom • barbare • brutal • horrible + nom • odieux : *le président a condamné cet odieux assassinat* • sauvage

∾ VERBE + **assassinat**

- commanditer • ordonner : *il a ordonné l'assassinat de plusieurs témoins gênants*
- organiser • planifier
- commettre • être l'auteur de
- être complice de • participer à
- revendiquer
- enquêter sur • élucider
- condamner • dénoncer : *l'ensemble de la communauté dénonce ces assassinats*
- être soupçonné de • être accusé de • être inculpé de / pour • être condamné pour
- juger pour • reconnaître coupable de • attribuer ... à : *l'assassinat est attribué à des militants extrémistes*
- être victime de

∾ NOM + D' + **assassinat**

- tentative : *il a survécu à plusieurs tentatives d'assassinat*

assaut *nom masc.* (attaque)

∾ **assaut** + ADJECTIF

- aérien • policier • terrestre
- imminent
- décisif • final • frontal : *ils ont lancé un assaut frontal contre la ville* • impétueux • violent • (plur.) incessants • multiples • réitérés • répétés • successifs • (plur.) conjugués : *les règles ont changé sous les assauts conjugués des professionnels d'Internet*
- victorieux
- barbare • brutal • dramatique • fatal • sanglant
- bref + nom • timide : *il a repoussé leurs timides assauts*
- manqué • raté

∾ VERBE + **assaut**

- donner le signal de • faire sonner • lancer : *un assaut terrestre doit être lancé au plus vite* • ordonner • commander • conduire • diriger • mener
- donner : *les forces de l'ordre donnent l'assaut* • aller à • grimper à : *ils grimpent à l'assaut de la colline* • marcher à • monter à • (re)partir à • retourner à • revenir à • s'élancer à • se lancer à • se précipiter à • prendre de : *ils ont pris la ville / le magasin d'assaut*
- faire face à • subir : *la ville a subi les assauts répétés des rebelles*
- céder sous • disparaître sous (plur.) : *la plantation a disparu sous les assauts des bulldozers* • mourir sous • succomber à / sous • tomber sous : *la ville est vite tombée sous l'assaut d'une colonne française*
- se défendre contre • se protéger contre • contenir • contrer • lutter contre • parer • repousser • résister à • riposter contre • soutenir : *nos entreprises ont du mal à soutenir l'assaut des pays asiatiques*

[1] assemblée *nom fém.* (groupe de personnes)

∾ **assemblée** + ADJECTIF

- élective • délibérante • délibérative • consultative • constituante • communale • départementale • fédérale • internationale • locale • nationale • provinciale • régionale • territoriale • administrative • judiciaire • législative
- élue • parlementaire • politique • populaire • publique • représentative
- autonome • souveraine
- corporative • patronale • œcuménique • ecclésiastique • épiscopale • paroissiale
- sortante
- permanente
- provisoire
- compétente
- auguste + nom (souvent ironique ou pour désigner l'Académie française) • honorable + nom • illustre + nom • noble + nom • prestigieuse + nom • sage + nom • vénérable + nom

∾ **assemblée** + VERBE

- se réunir (à huis clos) • siéger • tenir séance
- arbitrer • débattre sur • décider • délibérer • discuter • examiner • prendre une résolution • rendre compte de • statuer sur • voter

- adopter · approuver · autoriser · avaliser · entériner · ratifier : *l'assemblée a ratifié les décisions du conseil d'administration* · se prononcer (pour / en faveur de)
- rejeter · se prononcer contre
- s'autodissoudre

∾ VERBE + assemblée
- élire
- constituer · créer · former • renouveler
- entrer à : *lorsqu'elle est entrée à l'assemblée patronale* • composer : *les partis composant l'assemblée régionale* · être membre de · siéger à • présider
- dissoudre

[2]assemblée *nom fém.* (réunion)

∾ assemblée + ADJECTIF
- ordinaire : *ils se sont réunis en assemblée ordinaire* • extraordinaire : *ils ont tenu une assemblée extraordinaire à Paris*
- grande [+ nom] · large [+ nom] • générale° · plénière
- houleuse : *au sortir de trois heures d'une assemblée houleuse*

∾ assemblée + VERBE
- avoir lieu · se dérouler · se tenir

∾ VERBE + assemblée
- convoquer
- réunir · tenir : *les syndicats tiendront une assemblée générale mardi*
- participer à · prendre part à
- clôturer : *le discours clôturant l'assemblée fédérale*
- boycotter
- reporter
- interrompre

[1]assistance *nom fém.* (public)

∾ assistance + ADJECTIF
- féminine · masculine • hétéroclite · mélangée
- large · nombreuse · record
- brillante · élégante
- attentive · calme · tranquille • sérieuse · studieuse
- sympathique • euphorique · hilare · joviale · joyeuse
- admirative · approbatrice : *elle poursuivait son discours devant l'assistance approbatrice* · enthousiaste
- muette · recueillie · silencieuse
- ahurie · ébahie · médusée
- bruyante · déchaînée · enragée
- exigeante • sceptique • hostile
- apathique · morne : *il enchaîna les blagues devant une assistance morne*
- clairsemée · faible [+ nom] · maigre [+ nom] · réduite

∾ assistance + VERBE
- être composée de : *l'assistance était composée essentiellement de femmes*
- prendre place · s'installer
- écouter attentivement / religieusement
- être parcourue de rires / de frissons
- applaudir · manifester son approbation · saluer
- manifester sa désapprobation · siffler : *il s'est fait siffler par l'assistance*

∾ VERBE + assistance
- prendre à témoin · s'adresser à • saluer
- exhorter à : *elle exhorta l'assistance à prier*
- charmer · séduire
- ébranler · émouvoir · faire sensation sur
- arracher ... à / tirer ... de sa torpeur · chauffer

[2]assistance *nom fém.* (aide)

∾ assistance + ADJECTIF
- administrative · consulaire • alimentaire · humanitaire · sanitaire • commerciale · économique · financière • matérielle · technique · technologique • judiciaire · juridique • médicale · médico-sociale · psychiatrique · psychologique • sociale : *il ne bénéficie d'aucune assistance sociale* • éducative · linguistique : *un bureau propose aux voyageurs une assistance linguistique au saut de l'avion* · pédagogique · scolaire • militaire · etc.
- officielle • extérieure · internationale
- à domicile · téléphonique · vocale : *les appareils électroménagers à assistance vocale* • gratuite • payante
- multilatérale · mutuelle · réciproque
- active · importante · massive : *ils risquent de mourir de faim sans une assistance internationale massive*
- d'urgence · immédiate
- ponctuelle • discrète · limitée · modeste

∾ assistance + VERBE
- comprendre · inclure : *l'assistance technique inclut le diagnostic et la résolution des problèmes*
- fournir · offrir • assurer : *l'assistance médicale assure le rapatriement du bénéficiaire* · couvrir · garantir · prendre en charge

∾ VERBE + assistance
- chercher · demander · implorer · réclamer · requérir · solliciter • avoir besoin de

- promettre · proposer • apporter · donner · fournir : *ils leur fournissent une assistance technique* · offrir · porter (sans art.) : *porter assistance à qqn* · prêter (sans art.) : *prêter assistance à qqn*
- avoir droit à • bénéficier de : *l'abonnement payant permet de bénéficier d'une assistance juridique* · obtenir · trouver
- accepter • avoir recours à · compter sur · recourir à
- refuser
- geler · interrompre : *avec la fin du conflit armé, l'assistance alimentaire a été interrompue* · suspendre : *il souhaite voir suspendre toute assistance financière et matérielle étrangère au pays* • supprimer

REM. On rencontre parfois "être d'une grande assistance". Évitez cette expression maladroite et préférez "être d'une grande aide", plus idiomatique.

association *nom fém.* (organisation)

∾ association + ADJECTIF

- antiraciste · caritative · humanitaire · philanthropique • sportive • écologiste · environnementale • culturelle · politique • patronale • professionnelle • syndicale
- laïque • cultuelle · religieuse • locale · nationale
- ad hoc • agréée · reconnue d'utilité publique [Admin.]
- coopérative · en participation · mutualiste
- énorme · gigantesque · grande + nom · grosse + nom · importante • puissante
- petite
- jeune · nouvelle
- ancienne + nom · historique · vieille + nom
- secrète
- mafieuse : *on l'a arrêté pour association mafieuse*

∾ association + VERBE

- se constituer · se former
- représenter
- appeler à · proposer • avoir pour but de · s'employer à · œuvrer à / pour / en faveur de : *une association œuvrant en faveur de la petite enfance* • défendre · lutter contre / pour · militer contre / pour · promouvoir · protéger · se battre (pour / contre) · soutenir • réclamer · revendiquer • coordonner · organiser
- accueillir : *l'association accueille des jeunes sans ressources* • fédérer · rassembler · réunir : *l'association réunit hommes d'affaires et industriels*
- faire long feu · se désagréger

∾ VERBE + association

- constituer · créer · fonder · former · monter • créer / déposer les statuts de · déclarer (souvent passif) : *l'association est déclarée en préfecture / en France* • baptiser · dénommer · nommer
- se constituer en · se regrouper en · se réunir en · s'organiser en • adhérer à · entrer dans · s'affilier à · s'engager dans • être membre (actif) de · faire partie de · participer à • militer dans · s'impliquer dans · s'investir dans · travailler dans
- animer · diriger · gérer · présider
- financer · parrainer : *l'entreprise parraine plusieurs associations caritatives* · soutenir
- dissoudre

[1] assurance *nom fém.* (confiance en soi)

∾ assurance + ADJECTIF

- coutumière · habituelle
- belle + nom · calme + nom · tranquille • étonnante · exceptionnelle · grande + nom : *il assène avec la plus grande assurance de flagrantes contre-vérités* · incroyable
- démesurée · excessive · insolente • froide : *la froide assurance dont il ne se départ pas un instant*
- fausse + nom

∾ assurance + VERBE

- chanceler · vaciller : *la belle assurance du maire a vacillé*
- cacher · masquer : *cette assurance masque une grande timidité*

∾ VERBE + assurance

- avoir : *il a beaucoup d'assurance* · être plein de
- afficher · faire preuve de : *il fait preuve d'une trop grande assurance* · manifester · montrer
- acquérir · prendre · retrouver
- donner : *sa traversée solitaire de l'Amazonie lui a donné beaucoup d'assurance*
- ébranler · entamer : *ces mauvaises expériences ont de quoi entamer son assurance*
- manquer de · perdre

avec assurance

- parler · répondre · s'exprimer

[2] assurance *nom fém.* (contrat)

∾ assurance + ADJECTIF

- agricole · automobile · maritime • médicale · scolaire · sociale • multirisques · tous risques • chômage · décès · invalidité-vieillesse · maladie · santé · vie · vieillesse · etc.
- professionnelle • personnelle · privée
- complémentaire · facultative • obligatoire

- illimitée : *il dispose d'une assurance illimitée contre le vol*
- provisoire

∞ assurance + VERBE
- assurer · couvrir : *l'assurance ne couvre pas ce genre de risques ; vous êtes couvert par l'assurance* · prendre en charge · rembourser • jouer : *l'assurance ne joue pas pour les catastrophes naturelles*
- courir : *l'assurance du véhicule court encore pendant 3 mois*
- arriver à échéance · prendre fin

∞ VERBE + assurance
- contracter · prendre · souscrire : *tous les étudiants doivent souscrire une assurance de responsabilité civile*
- cotiser à : *je ne cotise à aucune assurance* · payer
- avoir · bénéficier de
- faire jouer : *c'est un accident, tu peux faire jouer ton assurance*
- déclarer à : *elle a déclaré le sinistre à son assurance*
- résilier

[3] assurance *nom fém.* (garantie, promesse ; souvent plur.)

∞ assurance + ADJECTIF
- absolue · ferme · formelle : *il affirme avoir reçu des assurances formelles à ce sujet de la part du président*
- fausse [+ nom] : *les fausses assurances données par les contrôles de qualité* · trompeuse

∞ VERBE + assurance
- donner · fournir
- obtenir : *les syndicats veulent obtenir des assurances sur le maintien du pouvoir d'achat* · recevoir

[1] atmosphère *nom fém.* (air, gaz)

∞ atmosphère + ADJECTIF
- martienne · stellaire · terrestre • supérieure
- sèche • humide • chaude · tiède
- pure · salubre • limpide : *l'atmosphère limpide des Alpes*
- dense : *cette planète possède une atmosphère dense qui empêche de voir sa surface*
- confinée : *l'atmosphère confinée des boîtes de nuit* · renfermée • enfumée · insalubre · polluée · saturée · toxique · viciée : *il voulait quitter l'atmosphère viciée de cette ville* • étouffante · irrespirable · suffocante · surchauffée • humide · lourde · moite · poisseuse

∞ atmosphère + VERBE
- se raréfier

∞ VERBE + atmosphère
- emplir : *l'odeur puissante de ses pieds sales emplissait l'atmosphère*
- purifier • parfumer : *une bougie à la figue parfumait l'atmosphère*
- rafraîchir : *cette violente averse avait un peu rafraîchi l'atmosphère* • polluer · saturer : *le trafic automobile sature l'atmosphère urbaine*

[2] atmosphère *nom fém.* (ambiance)

∞ atmosphère + ADJECTIF
- intellectuelle · politique • bourgeoise • cosmopolite • familiale • provinciale · surannée · etc.
- générale
- brûlante · chaude · enflammée · survoltée
- excellente · extraordinaire • accueillante · agréable · amicale · chaleureuse · conviviale · cordiale · sympathique • apaisée · calme · détendue · paisible · relaxante · reposante · sereine • consensuelle · harmonieuse
- de fête · de kermesse · festive · joyeuse • bon enfant
- envoûtante · magique • mélancolique · poétique
- familière · intime
- raffinée
- studieuse
- douce · douillette : *l'atmosphère douillette de sa maison de campagne*
- cotonneuse · feutrée · ouatée • légère : *l'atmosphère légère qui règne dans tous ses romans*
- curieuse · particulière · singulière · spéciale • étonnante · étrange · surréaliste • fantastique : *l'éclairage crée une atmosphère fantastique* · fantomatique · irréelle · mystérieuse
- aseptisée • assoupie · lénifiante · molle
- chargée · dense · de veillée d'armes : *une atmosphère de veillée d'armes règne autour de l'entreprise* · hostile · lourde · mauvaise [+ nom] · pesante • asphyxiante · délétère · déliquescente [littér.] · empoisonnée · étouffante · malsaine · mortifère · oppressante · suffocante · vénéneuse · venimeuse
- déplorable · insupportable · intenable · irrespirable • austère · glaciale · glauque · grise · lugubre · morne · morose · sombre • angoissante · d'angoisse · inquiétante • dramatique · tragique · violente
- enfiévrée · orageuse · tempétueuse · tendue • fébrile · volatile : *l'atmosphère est très volatile, un conflit peut éclater à tout moment* • ténébreuse : *l'atmosphère ténébreuse des romans populaires de Gustave Le Rouge* · trouble

∾ **atmosphère** + VERBE

- prévaloir : *l'atmosphère politique qui prévaut en ce moment* · régner · se dégager • imprégner (souvent passif) : *un film imprégné d'une atmosphère angoissante*
- être favorable (à) · être propice (à) : *il faut créer une atmosphère qui soit propice au dialogue*
- oppresser
- s'améliorer
- s'altérer · se dégrader : *l'atmosphère se dégrade au sein du parti*

∾ VERBE + **atmosphère**

- posséder : *ce petit bar possède une atmosphère bien particulière* • dégager : *ce château dégage une atmosphère paisible*
- créer · entretenir · installer
- décrire · évoquer · faire revivre · reconstituer · recréer · rendre : *il réussit parfaitement à rendre l'atmosphère du Paris d'après-guerre* · rendre palpable · ressusciter · restituer · saisir · traduire
- changer · transformer • rendre (+ adj.) : *pour rendre l'atmosphère moins pesante*
- alléger · décrisper · dégeler · dénouer · détendre · égayer : *il a essayé deux ou trois pitreries pour égayer l'atmosphère*
- alourdir : *les vexations quotidiennes alourdissent l'atmosphère de travail* · casser · dégrader · durcir · empoisonner · pourrir · refroidir · tendre : *l'incident a tendu l'atmosphère* · troubler : *rien n'est venu troubler l'atmosphère joyeuse des célébrations*

dans une atmosphère (+ adj.)

- se (re)mettre · se (re)plonger · s'immerger • baigner · se dérouler

atrocités *nom fém. plur.* (actes)

∾ **atrocités** + ADJECTIF

- sans nom · terribles

∾ **atrocités** + VERBE

- avoir lieu : *ces atrocités ont lieu en ce moment même* · se dérouler
- cesser

∾ VERBE + **atrocités**

- commettre · être l'auteur de · être / se rendre responsable de · perpétrer : *ce rapport détaille les atrocités perpétrées par les milices* • répondre de : *au tribunal international de La Haye, où il doit répondre d'atrocités commises au Kosovo*
- être victime de · subir : *elle évoque les atrocités subies pendant la guerre*
- évoquer · rappeler
- faire état de · faire le bilan de · recenser
- dénoncer • accuser de : *il a été accusé de certaines des pires atrocités de la guerre civile*
- assister à · être témoin de
- excuser · justifier
- mettre fin à · mettre un terme à

∾ NOM + D' + **atrocités**

- cortège · lot : *le bagne apporte son lot d'atrocités et de souffrances*
- théâtre : *la ville avait été le théâtre d'atrocités sans nom à leur encontre*

attachement *nom masc.*

∾ **attachement** + ADJECTIF

- sentimental : *son attachement sentimental à l'entreprise* • identitaire · patriotique • mystique · religieux
- collectif · personnel · populaire
- croissant · grandissant • farouche : *cet attachement farouche à la liberté* · formidable · fort + nom · incroyable · non feint · (tout) particulier · passionné · profond · réel + nom · résolu · sincère · total · véritable + nom · vif · viscéral · vrai + nom • immuable · inaltérable • inconditionnel · indéfectible · indissoluble · irréductible · sans faille • exclusif · fidèle
- ancien · constant · continu · durable · historique : *il y a un attachement historique des habitants de la ville à ce jardin* · persistant
- légitime · naturel · respectable • respectueux · tendre
- aveugle · excessif · fanatique · irrationnel • fétichiste
- feint

∾ VERBE + **attachement**

- avoir · éprouver • conserver · garder : *je garde un attachement particulier à / pour cette région*
- affirmer · clamer (haut et fort) · confier · crier (haut et fort) · déclarer (haut et fort) · dire · exprimer · faire savoir · faire valoir : *il fait valoir l'attachement profond de son peuple pour cette terre* · proclamer (haut et fort) · répéter · signifier · souligner • rappeler · réaffirmer · redire
- confirmer · démontrer · donner des gages de · faire preuve de · laisser deviner · manifester · marquer · montrer · ne pas cacher · prouver · témoigner
- renforcer : *cette crise a renforcé leur attachement mutuel*
- comprendre · mesurer

REM. On rencontre parfois "attachement affectif". Évitez cette expression pléonastique.

[1]attaque *nom fém.* (agression physique)

∾ attaque + ADJECTIF

- aérienne · terrestre • terroriste • alliée · ennemie • à main armée · bactériologique · bioterroriste · chimique · nucléaire · etc.
- nocturne • imminente
- isolée • (plur.) sporadiques
- concertée · délibérée · planifiée
- frontale · véritable [+ nom] • décisive · musclée • de grande ampleur · massive • à outrance°: *l'armée a opté pour une stratégie d'attaque à outrance*
- rude · terrible · violente • meurtrière · sanglante : *les sanglantes attaques terroristes*
- (plur.) incessantes · multiples · réitérées · répétées
- (-)éclair · foudroyante · fulgurante • brusque · brutale · soudaine · subite
- imprévue · inattendue · inopinée · surprise
- victorieuse
- inqualifiable • lâche · sournoise

∾ attaque + VERBE

- commencer
- avoir lieu · durer : *l'attaque a duré plusieurs heures* · se dérouler · se produire • avoir pour cible · viser
- prendre de court · prendre par surprise · surprendre : *cette attaque a surpris les réfugiés dans leur sommeil*
- réussir
- faire des morts / des blessés / des victimes
- échouer · se solder par : *l'attaque s'est soldée par un échec*

∾ VERBE + attaque

- commanditer · ordonner
- fomenter · planifier · préparer · projeter
- déclencher · lancer • monter à · (re)partir à : *ils sont repartis à l'attaque* · passer à° : *passer à l'attaque* • engager · livrer · mener · perpétrer • multiplier (plur.)
- conduire · diriger · mener
- cibler · concentrer (plur.) : *ils ont concentré les attaques sur la capitale*
- revendiquer : *le groupe revendique les attaques contre l'ambassade*
- essuyer · être la cible de · être l'objet de · être victime de · subir
- condamner · dénoncer
- craindre · redouter
- répliquer à · répondre à · riposter à • contrecarrer · contrer · déjouer · parer à · prévenir · repousser · résister à · se prémunir contre • survivre à • fuir
- stopper
- feindre · simuler

∾ NOM + D' + attaques

- campagne · série · succession · vague

[2]attaque *nom fém.* (critique)

∾ attaque + ADJECTIF

- ad hominem · nominale · personnelle • publique · verbale
- concertée · délibérée
- cinglante · en règle : *il se lance dans une attaque en règle contre le gouvernement* · frontale : *la virulence de ces attaques frontales a surpris* · véhémente · vigoureuse · violente · virulente
- (plur.) constantes · incessantes : *il dénonce les incessantes attaques contre la liberté de la presse* • convergentes
- infondée · injustifiée · sans fondement
- gratuite • calomnieuse · fielleuse · haineuse · ignoble · infâme · perfide • lâche · sournoise

∾ attaque + VERBE

- commencer
- prendre pour cible · viser (à) : *ces attaques visent (à disqualifier) le projet*
- blesser · déstabiliser : *cette attaque a déstabilisé tout le monde* · prendre de court · prendre par surprise · surprendre

∾ VERBE + attaque

- cibler : *ils ont décidé de cibler leurs attaques sur l'Union européenne* · concentrer · diriger contre
- se livrer à
- être en butte à (plur.) : *il est régulièrement en butte aux attaques de ses collaborateurs* · être la cible de · être l'objet de
- condamner · dénoncer
- se prémunir contre • contrecarrer · contrer · parer à · prévenir · repousser · résister à
- répliquer à · répondre à

∾ NOM + D' + attaques

- salve : *la dernière salve d'attaques venues de l'opposition* · série · succession · vague

attentat *nom masc.*

∾ attentat + ADJECTIF

- biologique · chimique · nucléaire • nationaliste · politique • suicide · terroriste • raciste
- gros [+ nom] · important : *c'est le premier attentat important depuis janvier* • sophistiqué · spectaculaire
- affreux · aveugle · barbare · criminel · dévastateur · fatal · horrible · meurtrier · monstrueux · sanglant · sauvage · sinistre · terrible
- lâche
- avorté · manqué · raté

∾ **attentat** + VERBE
- avoir lieu
- viser : *l'attentat visait l'ambassade*
- frapper • coûter la vie à : *cet attentat a coûté la vie à 30 personnes* · détruire · dévaster · ravager
- échouer

∾ VERBE + **attentat**
- commanditer · financer : *on le soupçonne d'avoir financé les attentats de Londres*
- fomenter · monter · orchestrer · organiser · planifier · préparer · projeter • commettre · être l'auteur de · être responsable de · perpétrer · réaliser · signer : *un attentat signé par une organisation totalement inconnue* • être complice de · être lié à · être mêlé à · participer à · prendre part à • diriger contre
- revendiquer (souvent passif) : *l'attentat n'a pas été revendiqué*
- attribuer ... à (souvent passif) : *l'attentat a été attribué à une organisation séparatiste* · imputer ... à (souvent passif) · tenir pour responsable de
- être la cible de · être victime de
- assister à · être témoin de
- condamner · dénoncer · déplorer
- faire face à · réagir à · répliquer à · répondre à · riposter à
- déjouer · empêcher · éviter · prévenir • échapper à · survivre à

∾ NOM + D' + **attentats**
- campagne · série · succession · vague : *une vague d'attentats terroristes a frappé le pays* • recrudescence

[1] **attente** *nom fém.* (espoir)

∾ **attente** + ADJECTIF
- (souvent plur.) personnelle • populaire · sociale
- principale · prioritaire : *cela reste l'attente prioritaire des consommateurs*
- croissante · énorme · forte · grande + nom · immense · importante · pressante : *cela répond à une attente pressante des producteurs* · profonde · réelle + nom · véritable + nom · vive · vraie + nom : *cela correspond à une vraie attente des téléspectateurs*
- légitime
- démesurée · déraisonnable • contradictoires (plur.)
- insatisfaite

∾ **attente** + VERBE
- naître
- évoluer

∾ VERBE + **attente**
- créer · susciter : *l'annonce a suscité de fortes attentes*
- coller à · combler · correspondre à · être adapté à · être à la hauteur de : *le résultat est à la hauteur de l'attente* · être conforme à · être en adéquation avec · répondre à · satisfaire • dépasser · être supérieur à · surpasser
- exprimer · formuler : *ces attentes sont formulées en majorité par les femmes*
- calmer · modérer
- être décalé / en décalage par rapport à : *le processus politique est décalé par rapport aux attentes des populations* · être en décalage par rapport à • décevoir · frustrer • être sourd à

REM. On rencontre parfois "remplir les attentes de qqn". Évitez cette expression maladroite et préférez "combler, satisfaire les attentes de qqn".

[2] **attente** *nom fém.* (le fait d'attendre)

∾ **attente** + ADJECTIF
- courte · de courte durée · petite + nom
- agréable · chargée d'espoir · délicieuse · douce + nom · tranquille
- longue + nom · prolongée • continuelle · perpétuelle • interminable
- fébrile · fiévreuse · impatiente · nerveuse • angoissante · angoissée · anxieuse · cruelle · désespérée · douloureuse • exaspérante · pénible • immobile · passive · résignée
- inadmissible · infernale · insupportable
- infructueuse · inutile · vaine

∾ **attente** + VERBE
- continuer · durer : *une attente qui dure depuis 12 mois* · paraître une éternité · se prolonger · s'éterniser
- prendre fin

∾ VERBE + **attente**
- prolonger
- écourter
- vivre dans : *le pays vit dans l'attente d'une nouvelle guerre*
- tromper : *pour tromper l'attente, il a commencé à écrire un journal*
- mettre fin / un terme à

∾ NOM + D' + **attente**
- salle · zone
- position : *les investisseurs ont adopté une position d'attente* · posture : *le gouvernement conserve une posture d'attente*

[1]attention *nom fém.* (application, concentration, vigilance)

∾ **attention** + ADJECTIF
- générale · publique • internationale • médiatique
- particulière · spéciale • accrue · aiguë · énorme · extrême · forte · grande [+ nom] · infinie · intense · minutieuse · précise : *ce travail requiert l'attention précise et constante de l'ingénieur* · profonde · redoublée · scrupuleuse · sourcilleuse · soutenue · suivie · vigilante · vive
- urgente : *c'est un domaine qui demande une attention urgente*
- constante · permanente
- démesurée · exagérée · excessive • anxieuse · inquiète
- défaillante · distraite · émoussée : *il est chargé de réveiller l'attention émoussée du public* · faible · flottante • polie : *il ne prête qu'une attention polie au déroulement des débats* • fugitive · intermittente

∾ **attention** + VERBE
- se concentrer sur · se diriger vers · se fixer sur · se focaliser sur · se porter sur · se reporter sur · se tourner vers
- faiblir · flancher · flotter · s'émousser · se relâcher : *l'attention du spectateur risque de se relâcher*

∾ VERBE + **attention**
- solliciter • demander : *c'est un travail qui demande beaucoup d'attention* · exiger · réclamer · requérir • se disputer : *les cinq chaînes de télévision se disputent l'attention de douze millions de personnes* • appeler (... sur) : *vous avez appelé mon attention sur votre situation* • se rappeler à : *je me permets de me rappeler à votre attention* · signaler à : *j'aimerais signaler deux ou trois choses à votre attention*
- faire ... à° : *faites attention à ne pas tomber en descendant du train* • concentrer ... sur · diriger ... sur · fixer ... sur · focaliser ... sur · reporter ... sur • conserver · maintenir
- accorder ... à · apporter ... à : *nous apportons une attention particulière aux plus démunis* · consacrer beaucoup de / plus de ... à · donner ... à · porter ... sur : *il porte une grande attention à l'accueil du public* · prêter ... à (sans art.) : *je n'ai guère prêté attention aux remarques de ce malotru*
- accrocher · attirer : *j'aimerais attirer votre attention sur ce point* · éveiller · exciter · forcer : *forcer l'attention de qqn* · frapper : *cet objet frappe l'attention par son étrangeté* · retenir : *votre candidature a retenu toute mon attention* · réveiller · s'imposer à · soulever · soutenir : *ce spectacle peine à soutenir l'attention des rares promeneurs* · susciter : *son procès suscite l'attention de tous les médias* • accaparer · bénéficier de · capter · être / faire l'objet de : *son dossier a fait l'objet d'une attention toute particulière* · mobiliser · monopoliser · obtenir · recevoir · retenir : *votre courrier a retenu toute mon attention*
- être digne de · mériter
- détourner : *il tente de détourner l'attention de ses propres turpitudes* · distraire
- lasser : *il passe d'une histoire à l'autre sans jamais lasser l'attention*
- relâcher : *il ne faut pas relâcher son attention* • manquer de : *il manque parfois d'attention en classe*
- échapper à : *cela n'aura pas échappé à votre attention*

avec attention
- lire · observer · regarder • écouter · suivre • considérer · examiner · traiter

[2]attention *nom fém.* (prévenance, souvent plur.)

∾ **attention** + ADJECTIF
- amicale · amoureuse • aimable · charmante · délicate · délicieuse · exquise · gentille · touchante
- empressée
- exagérée · excessive
- petite [+ nom] : *toutes ces petites attentions l'ont touché*

∾ **attention** + VERBE
- aller droit au cœur : *sa petite attention me va droit au cœur* · flatter · toucher

∾ VERBE + **attention**
- avoir : *il a mille attentions pour elle* · faire preuve de · témoigner • couvrir de · déborder de · entourer de · être plein de : *elle est pleine d'attentions pour lui* · redoubler de • prodiguer : *les multiples attentions prodiguées par le président à son hôte* • faire assaut de · rivaliser de : *les deux candidats rivalisent d'attentions envers les villageois* • multiplier : *la banque multiplie les attentions pour sa clientèle d'affaires*
- être / faire l'objet de
- apprécier

attitude *nom fém.* (comportement)

∾ **attitude** + ADJECTIF
- habituelle · naturelle · normale
- bienveillante · complice · compréhensive · conciliante · coopérative • laxiste · permissive • complaisante : *il a une attitude un peu trop complaisante avec sa fille*

- modérée · pondérée · posée · prudente • responsable • saine • pragmatique · rationnelle · réaliste
- constructive · positive • impartiale · respectueuse
- correcte · désintéressée · honnête · inattaquable · irréprochable · loyale · noble • courageuse · digne (de louanges) · héroïque
- compréhensible · justifiable
- combative · décidée · énergique · extrême · ferme · hardie · obstinée · résolue · volontariste • de principe · implacable · inflexible · intransigeante
- blessante · cassante · condescendante · désobligeante · méprisante · vexatoire • arrogante · présomptueuse · vaniteuse • moralisatrice · moraliste · paternaliste • cavalière · effrontée · humiliante · injurieuse · insolente · insultante · offensante · provocante · provocatrice • agressive · hostile · inamicale · menaçante · réprobatrice • crispée · distante · fière · froide · glaçante · guindée · hautaine
- gauche · maladroite • déplacée · gênante · incongrue · inconvenante · incorrecte • imprudente · irresponsable
- déloyale · lâche • cupide · mesquine • égocentrique · égoïste • belliqueuse · frondeuse · revancharde • partiale · raciste · sectaire · xénophobe • fanfaronne · triomphaliste
- décevante · décourageante • condamnable · contestable • aberrante · choquante · consternante · honteuse · indigne · rebutante • inacceptable · inadmissible · inexcusable · injustifiable · insupportable · intolérable • abjecte · détestable · infecte · inqualifiable · pitoyable
- capricieuse · changeante
- ambiguë : *il eut une attitude ambiguë lors de l'invasion du Koweït* · ambivalente · bizarre · curieuse · déconcertante · équivoque · étrange · paradoxale · troublante • louche · suspecte
- injustifiée • contradictoire : *l'opposition souligne l'attitude contradictoire du gouvernement* · incohérente • incompréhensible · indéchiffrable
- artificielle · stéréotypée • calculée · composée : *son attitude composée devant les caméras de télévision* · fabriquée · hypocrite • obséquieuse · servile
- discrète · effacée · humble · modeste · réservée · silencieuse
- désinvolte · flegmatique • insouciante : *malgré sa douleur, il affectait de garder une attitude insouciante* · nonchalante • cool^fam. · zen^fam.
- défaitiste · désabusée · fataliste · négative • passive · résignée • craintive · défensive · frileuse · protectionniste · timorée

∾ **attitude** + VERBE

- exister · prévaloir : *c'est l'attitude qui prévaut en Occident*
- consister à · viser à : *une attitude qui vise à ne jamais humilier le partenaire*
- conduire à : *c'est une attitude qui conduit invariablement à des désastres*
- donner à penser · donner à réfléchir • étonner · intriguer · surprendre
- diviser (souvent passif) • choquer · décevoir · déplaire (à) · effarer · indigner · irriter · outrer
- être contraire à : *une attitude contraire à la morale / au bon sens* • trancher avec : *son attitude tranche avec celle de son prédécesseur*

∾ VERBE + **attitude**

- conditionner · déterminer · dicter
- adopter · arborer · avoir · observer : *le gouvernement observe une attitude pragmatique* · prendre • affecter · se composer · se donner · s'imposer • conserver · garder · maintenir · persévérer dans · persister dans · rester figé dans : *les accusés sont restés figés dans une attitude provocatrice pendant tout le procès* · se cantonner dans : *ils se cantonnent dans une attitude défensive* · s'enfermer dans
- commenter · expliquer · interpréter : *son attitude passive a été mal interprétée* · juger (+ adj.) : *il juge son attitude trop laxiste* · qualifier ... de : *elle a qualifié leur attitude de "corporatiste"* · réexaminer
- changer (de) · modifier · redéfinir
- durcir · radicaliser
- approuver · cautionner · saluer · se féliciter de · soutenir • comprendre · excuser · justifier · légitimer
- conforter dans : *cela l'a conforté dans son attitude*
- aimer · apprécier · estimer
- être partagé sur : *ils sont partagés sur l'attitude à adopter* · s'interroger sur • s'inquiéter de • condamner · critiquer · dénoncer · déplorer · mettre en cause · regretter · réprouver · s'en prendre à · s'indigner de • épingler · fustiger · stigmatiser
- en finir avec · rompre avec : *il faut rompre avec cette attitude de mépris pour le public*

attributions *nom fém. plur.*

∾ **attributions** + ADJECTIF

- constitutionnelles · ministérielles · politiques • sacerdotales • honorifiques

- larges + nom · vastes + nom • régulières
- claires · exactes · précises
- délimitées · limitées • réduites
- floues · imprécises · vagues

∞ attributions + VERBE

- être dévolues à

∞ VERBE + attributions

- être / entrer dans (le cadre de) · faire partie de · relever de · rentrer dans
- conférer : *la Constitution confère des attributions nouvelles au Congrès* · confier · déléguer : *le maire délègue aux conseillers municipaux des attributions précises* • transférer
- hériter de : *les conseils généraux ont hérité de nouvelles attributions*
- exercer : *les procureurs exercent leurs attributions dans le respect des lois*
- définir · délimiter · déterminer · fixer · voter
- accroître · étendre
- dépasser · empiéter sur : *les juges avaient empiété sur les attributions du pouvoir législatif* · excéder • sortir (des bornes) de
- revoir
- limiter · réduire · restreindre
- dépouiller de · retirer ... à : *ses supérieurs lui ont retiré ses attributions*

audace *nom fém.*

∞ audace + ADJECTIF

- architecturale · politique · technologique • artistique · conceptuelle · créative · formelle : *il pousse très loin l'audace formelle par rapport aux canons du cinéma* · stylistique · etc.
- démesurée · extraordinaire · extrême · fantastique · folle · fougueuse · grande + nom · incroyable · inouïe · insolente · radicale · rare · singulière · stupéfiante
- admirable · belle + nom · géniale · merveilleuse · sublime • visionnaire
- excessive + nom · imprudente · inconsidérée · irréfléchie · sacrilège
- calculée : *il fit preuve d'une audace calculée en prenant parti pour le non* • fausse + nom
- limitée · mesurée : *l'audace mesurée du film m'a laissé sur ma faim* · tranquille

∞ audace + VERBE

- (souvent passif) stupéfier · subjuguer : *tous furent subjugués par une telle audace* · surprendre

∞ VERBE + audace

- donner : *celui lui a donné l'audace et le courage de se lancer*
- avoir · faire montre de · faire preuve de · manifester · montrer · ne pas manquer de : *voilà un garçon qui ne manque pas d'audace!* · révéler • redoubler de · rivaliser de : *ils rivalisent d'audace pour gagner les faveurs des critiques*
- être capable de · être plein de · ne reculer devant aucune : *elle ne recule devant aucune audace et décide d'enregistrer son premier album* · ne se refuser aucune · ne s'interdire aucune • (s')autoriser : *ils peuvent s'autoriser quelques audaces procédurales* · (se) permettre
- encourager : *ce climat de guerre n'encourageait guère l'audace et la créativité* · inciter à : *les pressions du marché n'incitent pas particulièrement à l'audace*
- exalter · pousser (loin / à l'extrême) : *personne n'a poussé l'audace jusqu'à lui poser des questions directes sur son passé*
- tempérer
- souligner · témoigner de : *cela témoigne de l'audace de ses recherches formelles*
- faire payer : *nous allons lui faire payer cher son audace* · punir

∞ NOM + D' + audace

- brin · dose : *il faut une certaine dose d'audace pour entreprendre cela*

[1]audience *nom fém.* (séance d'un tribunal)

∞ audience + VERBE

- avoir lieu : *l'audience a eu lieu à la date prévue* · se dérouler : *l'audience se déroule à huis clos / en anglais / de manière habituelle* · se tenir : *l'audience s'est tenue à huis clos devant la 31e chambre du tribunal correctionnel de Paris* • être ouverte à : *l'audience est ouverte au public / à la presse*

∞ VERBE + audience

- ouvrir : *l'audience est ouverte par le président de la chambre disciplinaire*
- fixer (souvent passif) : *l'audience est fixée au 20 février*
- poursuivre : *le président décide de poursuivre l'audience* • présider · tenir • reprendre
- assister à · être présent à • comparaître à · être appelé à : *les dossiers appelés à l'audience du tribunal administratif*
- ajourner · renvoyer : *l'audience est renvoyée à mardi matin* · repousser
- boycotter · être absent à
- (souvent passif) lever · suspendre : *le président a fait suspendre l'audience en plein réquisitoire*

[2]audience *nom fém.* (public)

∞ audience + ADJECTIF

- radio(phonique) · télévisée · télévisuelle

- nationale : *la seule chaîne de télévision privée à audience nationale* • globale
- jeune : *son émission cible une audience jeune et urbaine* · vieillissante • diplômée · éduquée • féminine · masculine
- accrue · bonne [+ nom] · conséquente · grande [+ nom] · historique : *la chaîne a réalisé une audience historique* · importante · large [+ nom] · record · sans précédent · satisfaisante · vaste : *il a connu une plus vaste audience dans les pays anglo-saxons qu'en France*
- confidentielle · faible · maigre · marginale · mauvaise [+ nom] : *l'émission a été stoppée pour cause de mauvaise audience* · médiocre · réduite

∾ **audience** + VERBE

- atteindre : *l'audience atteint son plus haut niveau / les 12 %* • dépasser : *son audience dépasse toutes les attentes*
- augmenter · décoller · doubler · exploser · grimper · monter · progresser · remonter : *le nouveau format de l'émission a fait remonter l'audience* · s'élargir · tripler
- baisser · chuter · s'éroder

∾ VERBE + **audience**

- enregistrer · faire : *une recette pour faire de l'audience / plus d'audience* · réaliser · recueillir : *l'émission recueille une audience très satisfaisante*
- augmenter : *les moyens d'augmenter l'audience de votre site internet* · développer · doper · doubler · élargir · redresser · tripler • fidéliser : *pour développer et fidéliser son audience, le site multiplie les partenariats en ligne*
- enregistrer · mesurer
- rajeunir

∾ NOM + D' + **audience**

- courbe : *la courbe d'audience de cette émission ne cesse d'augmenter*
- part : *le match a réalisé une part d'audience de 29 %* · point : *la série ne recueille que 5,6 % de points d'audience* · taux : *le film a recueilli le plus fort taux d'audience de la semaine*
- pic : *il y a eu un pic d'audience lors de l'allocution du président* · record : *la retransmission des Jeux olympiques a battu des records d'audience*
- chute · érosion

[3]audience *nom fém.* (entrevue)

∾ **audience** + ADJECTIF

- privée : *il a été reçu en audience privée par le pape*

∾ VERBE + **audience**

- demander · réclamer · solliciter
- accorder · donner

auditoire *nom masc.*

∾ **auditoire** + ADJECTIF

- féminin · masculin • âgé · jeune • varié : *une initiation destinée à un auditoire varié* • cible : *l'auditoire cible de l'émission est un public passionné de musique*
- large [+ nom] · nombreux · vaste
- captif : *une annonce publicitaire à la radio s'adresse à un auditoire captif* • bienveillant • ébloui · enchanté · enthousiaste · ravi • attentif · recueilli : *elle s'est produite devant un auditoire recueilli* • béat · captivé · subjugué • acquis (d'avance / à la cause) : *son auditoire était acquis d'avance* · conquis • fidèle
- choisi : *la conférence eut lieu devant un auditoire choisi composé de scientifiques et de journalistes* • respectueux · sage
- distrait
- partagé • sceptique • critique · hostile : *il s'adresse à un auditoire hostile qui l'interrompt à tout propos*
- ahuri · incrédule · médusé : *il a quitté la scène devant un auditoire médusé*
- agité · impatient • difficile
- clairsemé · maigre · petit [+ nom] · peu nombreux · restreint

∾ **auditoire** + VERBE

- comprendre : *son auditoire comprend beaucoup de femmes* · être composé de : *l'auditoire est composé principalement de retraités*
- applaudir : *l'auditoire a applaudi poliment*

∾ VERBE + **auditoire**

- parler à · s'adresser à · s'exprimer devant • exhorter (... à) · inviter ... à : *elle invite son auditoire à une expérience musicale insolite*
- élargir
- capter · conquérir · gagner • captiver · charmer · divertir · éblouir · électriser · émerveiller · émoustiller · enchanter · fasciner · intéresser · laisser pantois : *ses exercices vocaux laissent l'auditoire pantois* · ravir · séduire · subjuguer • ébahir · émouvoir · envoûter · exalter · tenir en haleine · transporter • bouleverser · étonner · secouer · surprendre · toucher
- impatienter • déconcerter · décontenancer · désappointer · laisser sur sa faim • endormir · ennuyer · lasser • laisser de marbre • tétaniser

auteur *nom masc.*

∞ auteur + ADJECTIF

- de fiction · de romans : *un auteur de romans à suspense* • de théâtre · dramatique • compositeur (-interprète) • pour enfants · pour la jeunesse
- débutant · en herbe : *ces auteurs en herbe réunissent leurs premières œuvres dans un même manuscrit* · jeune [+ nom]
- amateur • confirmé · professionnel
- contemporain · moderne
- engagé
- prolifique : *c'est un auteur prolifique qui écrit deux romans par an*
- atypique · inclassable · singulier
- difficile : *contrairement à sa réputation, ce n'est pas un auteur difficile*
- bon [+ nom] • brillant · de génie · de talent · excellent · grand [+ nom] · immense · important · majeur · talentueux
- à succès · célèbre · culte · de renom · illustre [+ nom] · mythique · populaire • à la mode
- anonyme : *l'auteur anonyme de ce poème* • inconnu · méconnu • oublié • maudit
- facile
- mineur

∞ auteur + VERBE

- écrire · rédiger • créer · produire
- décrire · exposer · narrer · parler de · raconter · relater • explorer : *l'auteur explore le fond de nos âmes*

∞ VERBE + auteur

- découvrir · révéler • éditer : *il a édité un jeune auteur de talent* · publier : *cette maison publie essentiellement des auteurs francophones*
- inspirer

∞ NOM + D' + auteurs

- pléiade : *une pléiade d'auteurs et de compositeurs ont collaboré à ce nouvel album*

[1] authenticité *nom fém.* (véracité d'un document, d'un témoignage)

∞ authenticité + ADJECTIF

- grande [+ nom] · parfaite · stricte [+ nom] : *je ne peux garantir la stricte authenticité des dialogues, reconstitués de mémoire* · totale : *la langue qu'utilisent les professeurs d'anglais en cours doit être d'une authenticité totale* • garantie · incontestable
- prétendue [+ nom] · supposée : *l'authenticité supposée de leur témoignage*
- contestée · discutée · douteuse

∞ VERBE + authenticité

- affirmer · revendiquer : *l'auteur a toujours revendiqué l'authenticité de son histoire*
- débattre sur · discuter (de) · se prononcer sur · s'interroger sur
- admettre · croire à · être certain de · être convaincu de · être persuadé de · reconnaître
- contrôler · mesurer · s'assurer de · vérifier
- attester · certifier · conclure à · confirmer · démontrer : *c'est un document dont l'authenticité reste à démontrer* · établir · prouver • être le garant de · être un gage de · garantir
- contester · douter de · émettre des doutes sur · mettre en doute · nier

[2] authenticité *nom fém.* (sincérité d'un sentiment, d'un endroit, d'une démarche, etc.)

∞ authenticité + ADJECTIF

- grande [+ nom] · parfaite · profonde · totale • indéniable · rare
- bouleversante : *une chanteuse au timbre vibrant et à l'authenticité bouleversante* · poignante
- relative [+ nom] : *le quartier chinois a gardé une relative authenticité*

∞ VERBE + authenticité

- être en quête de · rechercher
- être empreint de : *il recherche un nouvel art de vivre empreint d'authenticité* · respirer • conserver · préserver • retrouver
- assurer · conférer : *ces éléments historiques confèrent une authenticité au récit* · donner
- vanter • saluer : *l'authenticité de sa démarche artistique a été saluée*

∞ NOM + D' + authenticité

- caractère · parfum : *cela donne à l'endroit un parfum d'authenticité*
- gage · label

[1] autorité *nom fém.* (ascendant, pouvoir)

∞ autorité + ADJECTIF

- légale · morale • maternelle · parentale · paternelle · patronale · royale • personnelle
- directe
- absolue · incontestable · incontestée · indéniable : *ses recherches fondamentales lui confèrent une autorité indéniable en la matière* · indiscutable · reconnue · souveraine • légitime • effective · véritable [+ nom] : *il n'a pas de véritable autorité sur ses troupes*

- évidente · forte · grande + nom · impressionnante · pleine + nom : *avoir la pleine autorité sur / donner une pleine autorité à* · sans bornes · sans limites · sans partage : *un régime dictatorial soumis à l'autorité sans partage d'un seul homme* · toute-puissante
- naturelle • charismatique • bienveillante : *le professeur exerce une autorité bienveillante dans la classe*
- despotique · dictatoriale · oppressive · sévère · tyrannique
- illégitime · usurpée
- limitée · restreinte • chancelante · fragile · précaire

∞ autorité + VERBE
- émaner de · venir de
- s'affermir · s'affirmer
- chanceler · s'affaiblir · s'amoindrir · s'effriter · se relâcher • s'effondrer : *les autorités traditionnelles se sont effondrées*

∞ VERBE + **autorité**
- faire ° (sans art.) : *elle fait autorité dans le domaine* • incarner · représenter : *il représente l'autorité morale de l'institution*
- acquérir
- s'arroger · usurper : *cette association usurpe l'autorité de la justice*
- avoir · conserver · détenir · disposer de · être doté de : *il est doté d'une autorité naturelle* · garder · jouir de • abuser de
- étendre · gagner en : *il a gagné en autorité et en crédibilité* · raffermir · renforcer
- (ré)affirmer • afficher · faire acte de : *soucieux de préserver le consensus, il hésite à faire acte d'autorité* · faire preuve de
- asseoir · conforter · établir · fortifier : *la présence internationale du pays fortifie son autorité* • redonner : *pour redonner une certaine autorité aux Nations unies* · restaurer · rétablir
- accorder · conférer · déléguer : *la direction délègue son autorité aux chefs d'équipe* · donner · transmettre • partager
- exercer · imposer : *il a eu du mal à imposer son autorité* · user de
- faire appel à · invoquer : *il invoque l'autorité de la science* · s'appuyer sur
- reconnaître · respecter · se soumettre à · supporter : *il a du mal à supporter l'autorité de son oncle*
- contester : *son autorité est contestée au sein de sa majorité* · discuter · repousser • être réfractaire à : *sa fille est réfractaire à l'autorité*
- s'affranchir de : *le besoin de s'affranchir de l'autorité parentale* · se soustraire à
- contrebalancer · empiéter sur • affaiblir · ébranler · menacer · miner : *ces manœuvres visent à miner son autorité* · saper • anéantir · briser · démolir · ruiner : *il met tout en œuvre pour ruiner mon autorité*
- manquer de • perdre (de) : *dès le début du XVIIe siècle, le Pacha perd de son autorité*

avec autorité
- agir · gouverner • parler

2autorité *nom fém.* (administration, institution ; souvent plur.)

∞ autorité + ADJECTIF
- académique · universitaire • administrative · civile · consulaire · étatique · judiciaire · politique • aéroportuaire · maritime · portuaire • antitrust · de contrôle · de régulation · de sûreté · de surveillance · militaire • ecclésiastique · laïque · religieuse · spirituelle • boursière · financière · fiscale · monétaire • professionnelle • médicale · sanitaire · etc.
- centrale · de tutelle · publique : *les dépositaires de l'autorité publique* • fédérale · frontalière · locale · municipale · préfectorale • internationale · mondiale · nationale · supranationale
- autonome · indépendante • absolue · suprême : *le Comité international olympique est l'autorité suprême du mouvement olympique* • supérieure : *il faut soumettre l'affaire à une autorité supérieure*
- établie : *ils contestent l'autorité établie* · légale · reconnue · souveraine • véritable + nom : *il réclame la création d'une véritable autorité de régulation*
- puissante
- compétente : *vous devez vous adresser directement à l'autorité compétente* · responsable
- débordée · impuissante
- intérimaire · provisoire · transitoire

∞ autorité + VERBE
- décréter · délivrer · édicter · valider
- accepter · tolérer

∞ VERBE + **autorité**
- établir · instituer · mettre en place • se doter de : *le pays doit se doter d'une autorité centrale*
- représenter : *l'autorité médiacle était représentée par un grand chirurgien*
- alerter · avertir · informer · interpeller · prévenir
- appeler ... à : *il appelle les autorités à intervenir* · exhorter ... à · faire appel à · sommer ... de • intervenir auprès de · mandater · recourir à · s'adresser à · saisir : *les autorités ont été saisies du problème*

- avoir / établir / nouer des contacts avec · avoir / établir / nouer des liens avec · prendre contact avec • amorcer / nouer / instaurer un dialogue avec · engager / entamer des discussions / négociations avec · engager / entamer des pourparlers avec · engager / entamer un bras de fer avec · négocier avec · ouvrir des discussions / pourparlers avec · poursuivre le dialogue / les négociations avec · renouer le contact / dialogue avec • assurer la liaison avec · collaborer avec · coopérer avec · travailler avec • conclure / passer un accord avec · trouver un accord avec · trouver un arrangement avec · trouver un compromis avec • exercer une pression sur · faire fléchir · faire pression sur
- confier à : *il faudrait confier l'enquête à une autorité de contrôle indépendante* · soumettre à
- braver · défier · narguer • affoler · embarrasser · froisser : *l'ambassadeur tente de ne pas froisser les autorités locales* · inquiéter · préoccuper • avoir des démêlés avec · avoir / risquer des ennuis avec
- [tutelle] • dépendre de · être soumis à : *ils sont directement soumis à l'autorité de régulation des télécommunications* · être (placé) sous : *le journaliste est placé sous l'autorité de la rédaction en chef*

avalanche *nom fém.*

∞ avalanche + ADJECTIF
- énorme · gigantesque : *une gigantesque avalanche provoquée par la chute d'un glacier* · grosse + nom
- effroyable · meurtrière : *une avalanche meurtrière a fait 42 victimes en Haute-Savoie* · mortelle
- petite + nom : *un skieur a été entraîné par une petite avalanche*

∞ avalanche + VERBE
- avoir lieu · se déclencher : *on cherche à savoir si l'avalanche s'est déclenchée spontanément ou accidentellement* · se produire : *l'avalanche s'est produite vers 10 h 40* · survenir
- blesser · causer la mort de · faire des blessés / des morts / des victimes · tuer • être pris dans : *les cinq hommes ont été pris dans une avalanche* • (souvent passif) emporter : *l'avalanche emportait tout sur son passage* · ensevelir · s'abattre sur : *l'avalanche s'est abattue sur la petite ville*
- s'arrêter : *l'avalanche s'est arrêtée aux portes des maisons*

∞ VERBE + avalanche
- déclencher · provoquer
- prévoir
- être victime de · mourir dans · périr dans
- échapper à · survivre à
- freiner • arrêter : *sans obstacle suffisant pour arrêter l'avalanche* · stopper

[1] avance *nom fém.* (argent)

∞ avance + ADJECTIF
- annuelle · mensuelle
- forfaitaire • remboursable
- appréciable · colossale · confortable · conséquente · importante · substantielle • maximale
- insuffisante · maigre · petite + nom • minimale

∞ avance + VERBE
- atteindre · s'élever à : *l'avance s'élève à 30 % du loyer*

∞ VERBE + avance
- demander · réclamer
- bénéficier de · obtenir · percevoir · recevoir · toucher
- accorder · consentir : *l'avance consentie pour financer le film* · faire · octroyer · offrir · remettre · verser • rembourser : *vous avez un mois pour rembourser cette avance à l'association*

[2] avance *nom fém.* (avantage sur un concurrent)

∞ avance + ADJECTIF
- économique · stratégique · technique · technologique
- qualitative · quantitative
- appréciable : *ils ont pris une avance appréciable en recherche fondamentale* · belle + nom · colossale · confortable · conséquente · considérable · écrasante · exceptionnelle · forte + nom · grosse + nom · importante · incroyable · large · nette + nom · non négligeable · précieuse · sérieuse · significative · spectaculaire · substantielle · suffisante · vertigineuse • décisive · déterminante • irrattrapable
- courte + nom : *une courte avance suffit pour l'emporter* · faible + nom · infime + nom : *ces résultats se traduisent par une infime avance des conservateurs* · légère + nom · maigre + nom : *une maigre avance de moins de sept secondes* • fragile · insuffisante : *il avait une avance insuffisante pour se croire à l'abri* • théorique : *les démocrates disposent d'une avance théorique de 6 à 7 points dans les intentions de vote*

∞ avance + VERBE
- s'accentuer
- fondre : *il voit fondre son avance en tête du championnat* · s'amoindrir · se réduire

∾ VERBE + **avance**

- acquérir · avoir · disposer de · posséder · (re)prendre : *elle a repris de l'avance sur son adversaire* • conserver · garder · préserver
- faire apparaître · montrer
- accentuer · accroître · augmenter : *pour augmenter son avance sur lui / dans le classement* · confirmer · conforter · consolider : *il consolide son avance sur le marché de la musique numérique* · creuser [Sport] : *il creuse encore son avance de 11 minutes dans cette étape*
- rattraper : *pour rattraper l'avance prise par l'industrie japonaise* · réduire : *avec ce but, ils réduisent l'avance des adversaires*
- perdre : *notre pays est en train de perdre son avance en matière d'énergies renouvelables*

▷ voir aussi **longueur d'avance**

avances *nom fém. plur.* (propositions amoureuses)

∾ **avances** + ADJECTIF

- amicales : *elle repoussait les avances amicales de ses voisins* · sexuelles
- explicites · hardies
- déplacées : *elle devait subir les avances déplacées de son chef* · importunes

∾ VERBE + **avances**

- faire : *il lui a fait des avances*
- subir
- céder à · donner suite à · ne pas être insensible à · répondre à : *il a répondu à ses avances avec enthousiasme* · succomber à
- refuser · rejeter · repousser · résister à · se dérober à : *elle s'est dérobée à ses avances*

[1]avantage *nom masc.* (atout, point positif)

∾ **avantage** + ADJECTIF

- matériel · pratique • fiscal · pécuniaire · tarifaire • politique · social : *ils craignent de perdre leurs avantages sociaux* · syndical · etc.
- acquis : *il faut préserver les avantages acquis* • concret · direct · effectif • particulier · personnel
- immédiat : *une telle innovation offre des avantages immédiats*
- accessoire · annexe · indirect · secondaire
- afférent (à) : *le statut d'étudiant et les avantages afférents* · attaché à : *le seul avantage attaché à ce statut* · lié à
- appréciable · considérable · de taille · double · écrasant · énorme · évident · grand + nom · gros + nom · immense · important · marquant : *c'est l'un des avantages marquants de cette technique* · net : *le net avantage du diesel sur l'essence* · non négligeable · notable · palpable · sérieux · significatif · solide · substantiel : *un tel dispositif constitue un avantage substantiel pour le client* · triple • incontestable · indéniable • fabuleux · insigne : *la cadence présente l'insigne avantage de la rentabilité* · précieux · remarquable · stimulant · unique : *voici les avantages uniques dont vous bénéficierez* • inappréciable · incalculable · incomparable · inestimable
- durable · pérenne
- dérisoire · faible + nom · infime · léger + nom · maigre + nom · menu + nom · mince · négligeable · petit + nom · piètre : *c'est un bien piètre avantage face à l'ensemble des contraintes*
- momentané · provisoire
- exorbitant : *les avantages exorbitants que les dirigeants se sont octroyés* • contestable · douteux • indu : *qu'entendez-vous par avantages indus ?* · injustifié
- illusoire · trompeur : *cette diversité est un avantage trompeur*

∾ **avantage** + VERBE

- provenir de · résulter de
- prendre la forme de · résider dans · se trouver dans • se rattacher à : *les avantages fiscaux qui sont rattachés à ce plan d'épargne*

∾ VERBE + **avantage**

- constituer · représenter
- avoir · être assorti de · être plein de · offrir · posséder · présenter : *cette formule présenterait un avantage certain* • combiner : *cet endroit combine les avantages d'une petite librairie et d'une grande surface culturelle* · cumuler
- accorder · apporter · concéder : *la réforme concède un avantage aux organisations syndicales* · conférer · consentir : *ils ont consenti des avantages considérables aux industriels* · donner · faire miroiter · garantir · octroyer · offrir · procurer · rapporter • assortir de
- acquérir · avoir · bénéficier de · disposer de · jouir de · obtenir · retirer : *il ne retire aucun avantage de la situation* · s'assurer · trouver : *je ne trouve pas beaucoup d'avantages à la mensualisation de l'impôt* • conserver · garder
- exploiter · profiter de · tirer profit de · utiliser • tirer° : *il tire avantage de ses relations ; il tire un avantage indirect des circonstances*
- accroître · augmenter · optimiser · pousser : *la ville a décidé de pousser l'avantage de sa proximité avec la capitale*
- ménager · protéger
- expliquer · faire ressortir · faire valoir · mettre en évidence · montrer : *elle leur montre les avantages que peut en tirer un utilisateur* · présenter · vanter

- évaluer · mesurer · peser : *il faut peser les avantages et les inconvénients du système*
- diminuer · éroder · limiter · réduire · rogner sur : *l'État va rogner sur les avantages fiscaux* · toucher à : *ils exigent de ne pas toucher aux avantages acquis*
- perdre • renoncer à
- priver de : *on l'a privé des avantages dont jouissent les autres enfants*
- reprendre · supprimer

∞ NOM + D' + avantages

- ensemble · foule · multitude · série · tas*fam.*

²avantage *nom masc.* (avance sur un concurrent)

∞ avantage + ADJECTIF

- compétitif · concurrentiel : *nous ne résisterons pas à l'avantage concurrentiel de pays qui ont dévalué leur monnaie*
- appréciable · confortable · considérable · de taille · écrasant · énorme · grand + nom · gros + nom · immense · important · non négligeable · réel + nom · sérieux · significatif · solide : *ils conservent en matière de croissance un solide avantage* · véritable + nom • décisif : *les Brésiliens ont pris un avantage décisif à cinq minutes de la fin du match* · déterminant : *l'entreprise conserve un avantage déterminant sur ses concurrents*
- faible + nom · infime · léger + nom · maigre + nom · menu + nom · mince · négligeable · petit + nom • momentané

∞ VERBE + avantage

- assurer : *voilà de quoi lui assurer un avantage indéniable face à son rival* · donner : *ce but leur donne l'avantage juste avant la mi-temps* · procurer
- avoir : *notre équipe a toujours l'avantage* · conserver · garder • (re)prendre : *cet essai leur permet de prendre l'avantage*
- accroître · augmenter · consolider : *ils vont essayer de consolider leur avantage dans la deuxième mi-temps*

avenir *nom masc.*

∞ avenir + ADJECTIF

- culturel · économique · industriel · institutionnel · politique · professionnel · scientifique · etc.
- inéluctable · prévisible · (tout) tracé : *elle décide de rompre avec un avenir tout tracé*
- prochain · proche : *aucun traitement n'est à envisager dans un avenir proche* · rapproché • immédiat
- éloigné · lointain
- inconnu
- meilleur • apaisé : *c'est la seule solution qui garantirait un avenir apaisé* · confortable · digne · paisible · rassurant · sûr · viable : *il faut construire un avenir viable pour le petit commerce* • heureux · idyllique : *elle rêve d'un avenir idyllique dans les bras de son prince charmant* · radieux · riant · rose • bel + nom : *la famille a encore un bel avenir devant elle* · brillant · doré · glorieux · grand + nom · immense · magnifique · prometteur • florissant · prospère
- aléatoire · flou · incertain · indéterminé • instable : *les analystes prédisent un avenir instable*
- bouché : *pour échapper à son milieu et à un avenir bouché* · sans issue • désastreux · dramatique · effroyable · inquiétant · menaçant · sinistre · sombre

∞ avenir + VERBE

- appartenir à : *l'avenir appartient aux énergies renouvelables*
- dépendre de : *l'avenir dépend beaucoup de la réponse qui sera donnée à cette question*
- se présenter · s'offrir à : *le bel avenir qui s'offre à lui* • dire si (au futur) : *l'avenir dira si on joue à se faire peur pour rien* · réserver : *nous verrons bien ce que l'avenir nous réserve*

∞ VERBE + avenir

- avoir : *ce jeune homme a de l'avenir / n'a aucun avenir* · connaître : *après tant d'années sombres, elles pourront connaître un avenir meilleur* · être porteur de : *un domaine / projet porteur d'avenir* · être promis à : *il est promis à un bel avenir*
- être : *« La femme est l'avenir de l'homme »* (Aragon, *Le Fou d'Elsa*) · représenter
- bâtir : *comment bâtir un avenir commun ?* · construire · esquisser · façonner · forger · modeler · planifier · (se) préparer · prévoir · tracer : *leurs difficultés à tracer leur avenir personnel* • contrôler · maîtriser · prendre en main : *tu dois prendre ton avenir en main*
- assurer : *pour assurer l'avenir des enfants ; son avenir est assuré* · éclairer : *les accords de paix éclairent l'avenir du pays* · garantir · préserver : *l'État doit intervenir pour préserver l'avenir du groupe* · promettre : *on leur promettait un brillant avenir*
- avoir foi en · croire en · espérer en · être / se dire / rester confiant dans · faire confiance à • miser sur · parier sur • être tourné / se tourner vers · regarder vers · se projeter dans · tendre vers • espérer • rêver à / de : *ils rêvent tous d'un avenir meilleur*
- considérer · examiner · imaginer · penser : *il faut penser l'avenir de la planète* · penser à · questionner · réfléchir à / sur · regarder · se préoccuper de · se soucier de · s'inquiéter de · s'interroger sur · s'occuper de · songer à

- interroger · lire : *elle lit l'avenir dans les cartes / le marc de café / les lignes de la main* • anticiper · conjecturer · deviner · entrevoir · envisager · percevoir · prédire · préjuger de · pronostiquer · prophétiser • connaître : *les salariés connaîtront leur avenir dans un mois*
- annoncer · augurer (de) · laisser présager · préfigurer • dévoiler · évoquer
- conditionner · déterminer · engager : *ce sont des décisions qui engagent l'avenir* · être crucial pour · être déterminant pour • changer • fixer · sceller · statuer sur : *le gouvernement doit statuer sur l'avenir de la compagnie*
- affronter • désespérer de · douter de • appréhender · avoir peur de · craindre · redouter · trembler pour
- compromettre · hypothéquer · menacer · obérer · peser sur • assombrir · boucher · briser · compliquer · gâcher · grever : *leur avenir est grevé d'incertitudes* · ruiner • injurier : *il gère avec soin son capital en tâchant de ne pas injurier l'avenir* · insulter : *sauf à insulter l'avenir, nous devons changer notre gestion de la planète*

∞ NOM + D' + **avenir**

- clé
- perspective

1 **aventure** *nom fém.* (expérience)

∞ **aventure** + ADJECTIF

- artistique · cinématographique · éditoriale · intellectuelle · littéraire · scientifique · technologique · etc.
- humaine : *c'est l'histoire d'une formidable aventure humaine* • intérieure · personnelle • collective · commune • imaginaire · initiatique
- agréable · belle + nom · fantastique · formidable · jolie + nom · merveilleuse · unique • amusante · burlesque · cocasse · comique · fabuleuse · plaisante · savoureuse • dépaysante · exotique • exaltante · excitante · fascinante · grisante · palpitante • inénarrable
- célèbre · légendaire • inoubliable · mémorable
- folle · grande + nom : *ce sera sa dernière grande aventure politique* · véritable + nom · vraie + nom : *c'est là que la vraie aventure a commencé* • donquichottesque · épique · étourdissante · extravagante · haute en couleur · héroïque · mouvementée · picaresque · piquante · rocambolesque · romanesque · sacrée + nom fam. · tumultueuse
- bizarre · curieuse · étonnante · étrange · extraordinaire · improbable · incroyable · inouïe · invraisemblable · peu banale · peu commune · peu ordinaire · singulière : *ce livre retrace une singulière aventure spirituelle* · surprenante
- dangereuse · hasardeuse · périlleuse · risquée
- déplaisante · désagréable · lamentable · malencontreuse · malheureuse : *il a mis quelque temps à se remettre de l'aventure malheureuse de la présidentielle* · mauvaise + nom : *cette mauvaise aventure l'a rendu méfiant* • cauchemardesque · cruelle · désastreuse · douloureuse · effrayante · pénible · sinistre · terrible · tragique · triste • sans issue : *ne vous lancez pas dans une nouvelle aventure sans issue*
- loufoque · risible
- avortée : *l'aventure avortée de notre équipe dans la Coupe du monde*

∞ **aventure** + VERBE

- commencer · débuter
- arriver à : *une extraordinaire aventure lui est arrivée* · s'offrir à : *une nouvelle aventure s'offre à lui*
- continuer · se poursuivre
- tourner au drame / au cauchemar · tourner court / mal
- prendre fin · se terminer • se solder par : *l'aventure se solde par un nouvel échec*

∞ VERBE + **aventure**

- aimer · avoir soif de
- connaître · vivre : *nous voici partis pour vivre de nouvelles aventures*
- (s')embarquer dans : *il s'embarque dans une aventure autour du monde* · participer à · se laisser entraîner dans : *elle se laissa entraîner dans l'aventure suicidaire de son mari* · se lancer dans · s'engager dans • tenter • être le héros de · être partie prenante de : *les artistes qui sont parties prenantes de cette belle aventure*
- aller au bout de · poursuivre · prolonger
- conter · décrire · narrer : *des albums narrant les aventures de Tintin* · raconter · retracer
- écourter : *elle est contrainte d'écourter l'aventure*
- mettre fin à · mettre un point final à : *cette lettre mit un point final à son aventure communiste*

∞ NOM + D' + **aventures**

- cascade · série · succession

l'aventure

- aimer : *il aime l'aventure* · avoir l'esprit de : *elle a l'esprit d'aventure* · avoir soif de · chercher · être épris de • courir : *il part courir l'aventure à Paris en 1952* · risquer : *il décida de risquer l'aventure au-delà des océans*

à l'aventure

- aller · partir : *il quitta son village et partit à l'aventure*

2 aventure *nom fém.* (relation amoureuse)

∞ aventure + ADJECTIF

- amoureuse · extra-conjugale · galante · sentimentale · sexuelle • de jeunesse
- petite + nom · sans lendemain · sans suite • brève

∞ VERBE + aventure

- avoir : *elle a eu une aventure avec son secrétaire* · connaître · vivre • (plur.) collectionner : *il collectionne les aventures galantes* · multiplier

aversion *nom fém.*

∞ aversion + ADJECTIF

- alimentaire · culturelle · intellectuelle · politique · etc.
- instinctive · naturelle · spontanée • systématique
- commune · partagée · unanime
- croissante · grandissante • farouche · forte + nom · franche + nom : *elle avoue une franche aversion pour la politique* · immodérée · infinie · insurmontable · particulière · profonde · solide · totale · viscérale · vive
- ancestrale · séculaire · vieille + nom
- excessive · féroce · violente • irraisonnée · irrationnelle · pathologique

∞ VERBE + aversion

- inspirer : *toutes les formes de dogmatisme lui inspirent une profonde aversion* · provoquer · susciter
- avoir : *il a de l'aversion pour la viande rouge* · concevoir · développer : *il arrive que le bébé développe une aversion pour le sein* · éprouver • partager • avoir en : *j'ai la bureaucratie en aversion* · prendre en : *il a vite pris ce travail en aversion* • garder
- avouer · clamer · (re)dire · exprimer • afficher · manifester · montrer · ne pas / jamais cacher
- refléter · traduire
- surmonter : *il a fini par surmonter son aversion pour la cornemuse* · vaincre

avertissement *nom masc.* (alerte, mise en garde)

∞ avertissement + ADJECTIF

- divin : *certains verront dans cette catastrophe une sorte d'avertissement divin*
- sonore · verbal
- préalable · premier + nom
- dernier · ultime
- général • traditionnel : *après le traditionnel avertissement pour les scènes choquantes*
- à peine voilé · clair · direct · explicite · ferme · grave : *un grave avertissement lancé par les ONG sur les risques de famine* · sans ambiguïté · sans équivoque · sérieux · sévère · solennel
- (plur.) multiples · nombreux + nom · réitérés · répétés
- amical · fraternel
- sage · salutaire • justifié
- étrange · mystérieux : *quel est le sens de ce mystérieux avertissement "qui la porte franchira, tombera" ?*
- menaçant · musclé
- tardif
- petit + nom · simple + nom • sans frais : *ce qui ressemblait à un sévère ultimatum se transforme en un avertissement sans frais*
- déguisé · masqué

∞ avertissement + VERBE

- intervenir : *l'avertissement intervient trop tard* · résonner : *cet avertissement résonne encore dans les mémoires*
- concerner · être valable pour : *cet avertissement est valable pour tous* · s'adresser à · valoir pour · viser
- ne pas manquer (plur.) : *les avertissements n'ont pas manqué*
- arriver / venir trop tard

∞ VERBE + avertissement

- avoir valeur de · constituer · servir de · valoir (sans art.) : *une conclusion qui vaut avertissement pour l'avenir* • avoir / prendre des allures de · résonner comme · ressembler à · sonner comme
- adresser · donner · émettre · envoyer · formuler · lancer • multiplier (plur.) : *le gouvernement a multiplié les avertissements* • réitérer · renouveler
- [sanction] distribuer · infliger : *la commission a infligé un avertissement au club marseillais*
- [sanction] écoper de fam. · faire l'objet de · prendre : *le gardien vient de prendre un avertissement* · recevoir
- écouter · entendre · réagir à · répondre à • prendre en compte · tenir compte de
- balayer : *à l'époque, ils avaient balayé les avertissements de l'Europe* · être sourd à · fermer l'oreille à · ignorer · négliger

∞ NOM + D' + avertissements

- accumulation · série

aveu *nom masc.*

∾ aveu + ADJECTIF

- officiel • explicite • public · télévisé
- formidable : *c'est un formidable aveu d'impuissance* · grand + nom
- étrange · extraordinaire · surprenant
- doux · intime · tendre + nom : *il lui dévoila ses sentiments dans un tendre aveu* • candide • sincère
- libre + nom · spontané
- déchirant · émouvant · touchant
- honteux · indigne · scandaleux • terrible · terrifiant • humiliant
- laborieux • tardif
- contraint · forcé • involontaire
- partiel • prudent · vague
- implicite

∾ aveu + VERBE

- sonner comme : *cet aveu sonne comme un échec* • avoir l'effet d'une bombe
- confirmer : *cet aveu confirme ce que tout le monde savait depuis longtemps*
- contredire · mettre en cause : *cet aveu met en cause son ami d'enfance*
- arriver trop tôt / tard • coûter : *cet aveu me coûte (peu / beaucoup)*

∾ VERBE + aveu

- constituer · être interprété comme : *son retrait a été interprété comme un aveu de faiblesse / d'impuissance* • marquer · signer
- faire : *faire un aveu ; la commission a fait l'aveu de son opportunisme sans le moindre embarras* · formuler · lâcher : *il a lâché un terrible aveu* · murmurer
- publier · rendre public
- confirmer · corroborer

aveux *nom masc. plur.*

∾ aveux + ADJECTIF

- complets : *il a fait des aveux complets* • circonstanciés : *il a recueilli les aveux circonstanciés du suspect numéro un* · détaillés : *ils ont fait des aveux détaillés, plan à l'appui*
- faux + nom : *il a été poussé à de faux aveux* · prétendus + nom

∾ VERBE + aveux

- conduire à
- recueillir
- arracher · extorquer · obtenir (sous la contrainte / sous hypnose) · obtenir / arracher sous la torture · pousser à : *l'accusé fut poussé aux aveux sous la contrainte*
- passer à : *il est passé aux aveux* · signer • réitérer · renouveler
- revenir sur : *il est revenu sur les aveux qu'il avait faits en garde à vue*

avis *nom masc.* (opinion)

∾ avis + ADJECTIF

- médical • personnel
- écrit · formel · officiel
- informel : *cette note sera transmise pour avis informel au Parlement européen* · officieux
- circonstancié Admin. : *le dossier devra comprendre un avis circonstancié du directeur de recherche* · motivé • définitif · tranché
- (quasi) général · majoritaire · partagé · prédominant · principal · (quasi) unanime
- désintéressé · éclairé · impartial · raisonnable : *il n'est pas en position de donner un avis raisonnable* • humble ○ + nom : *à mon humble avis*
- enthousiaste · excellent · favorable · positif
- critique · défavorable · négatif
- contraire · différent · opposé • (plur.) contradictoires · divergents
- controversé • ambigu
- mitigé · nuancé
- isolé · minoritaire

∾ avis + VERBE

- reposer sur · se baser sur · se fonder sur
- compter : *tous les avis comptent* · l'emporter : *son avis l'emporte sur celui de l'expert* · prévaloir
- diverger (plur.) : *les avis divergent sur le sujet*

∾ VERBE + avis

- demander · réclamer · requérir · solliciter
- avoir : *je n'ai aucun avis sur la question* · être de : *je suis tout à fait de ton avis* • partager : *« C'est mon avis, et je le partage »* (Christophe, *Les Facéties du Sapeur Camember*)
- dire · donner · écrire · émettre : *la commission a émis un avis favorable* · énoncer · exposer · exprimer · faire connaître · formuler • [Admin.] délivrer · notifier · rendre : *le médecin a rendu son avis* · transmettre
- prendre : *il a pris l'avis de la commission / de ses amis* · prendre connaissance de Admin. · recueillir
- écouter · prendre en compte · tenir compte de • se conformer à · se ranger à · se référer à · se soumettre à · s'incliner devant · suivre • s'en remettre à : *je m'en remets à l'avis de l'expert* · se rallier à · se ranger à : *son frère s'est rangé à son avis* · se rendre à : *tout le monde s'est rendu à son avis* · se retrancher derrière : *le maire se retranche derrière l'avis du service juridique*
- justifier · motiver : *le médecin du travail doit motiver son avis*
- changer de : *il change d'avis toutes les cinq minutes / comme de chemise* • nuancer

- contredire • faire fi de • négliger • rejeter

REM. On rencontre parfois "porter un avis sur qqch". Évitez cette expression maladroite et préférez "donner, émettre, exprimer un avis sur qqch".

avortement *nom masc.*

∾ avortement + ADJECTIF

- chirurgical · médicamenteux · thérapeutique
- sélectif : *l'avortement sélectif menace l'équilibre démographique*
- naturel · spontané • accidentel · involontaire • prématuré · tardif
- forcé · provoqué
- légal · libre
- clandestin · illégal

∾ VERBE + avortement

- provoquer : *cette infection peut provoquer un avortement*
- considérer · envisager
- pratiquer : *le médecin accepta de pratiquer un avortement clandestin*
- avoir recours à · recourir à · subir
- autoriser · décriminaliser · dépénaliser : *le projet de loi de 1975 visant à dépénaliser l'avortement* · légaliser
- conseiller • être favorable à · favoriser l'accès à · lutter pour le droit à · soutenir : *ce candidat soutient ouvertement l'avortement*
- condamner · être défavorable à · être hostile à · être opposé à · lutter contre : *la femme du président des États-Unis veut lutter contre l'avortement en encourageant l'abstinence* · s'opposer à • refuser
- interdire • punir · réprimer
- limiter (le recours à)

b

[1]**bagage** *nom masc.* (valises, souvent plur.)

∞ **bagage** + ADJECTIF
- accompagné · à main · cabine
- lourd · volumineux
- embarrassant · encombrant
- léger · petit [+ nom]

∞ VERBE + **bagage**
- boucler · faire (souvent plur.) : *elle a fait ses bagages* · préparer • déposer · laisser à la consigne · poser • porter · traîner · transporter · trimballer[fam.] • surveiller • (faire) enregistrer
- prendre · récupérer · retirer
- fouiller : *son bagage a été fouillé à la douane*
- décharger : *il déchargeait les bagages des paquebots qui faisaient escale au Havre* • défaire

dans ses bagages
- glisser · mettre • apporter · emporter • avoir

[2]**bagage** *nom masc.* (connaissances)

∞ **bagage** + ADJECTIF
- culturel · intellectuel · linguistique · littéraire · professionnel : *ces enfants sortent du système scolaire sans bagage professionnel* · scientifique · technique · théorique : *ils sont dotés d'un savoir-faire manuel considérable, mais manquent d'un bagage théorique* • scolaire · universitaire · etc.
- considérable · impressionnant · précieux [+ nom] : *il s'est constitué un précieux bagage linguistique* · solide · suffisant
- maigre : *elle a essayé de compléter son maigre bagage par plusieurs stages professionnels* · mince · minimal

∞ VERBE + **bagage**
- avoir : *il n'a aucun bagage littéraire* · être doté de · posséder • se constituer : *il a fait une école de commerce pour se constituer un bagage plus solide*
- faire partie de : *cela fait partie du bagage culturel de l'Américain moyen*

bagarre *nom fém.* (lutte physique et fig.)

∞ **bagarre** + ADJECTIF
- commerciale • électorale · politique • judiciaire · juridique · etc.
- brève · petite [+ nom] · simple [+ nom]
- générale • grande [+ nom] · grosse [+ nom] • épique : *cette bagarre épique dura trois jours* · homérique
- longue [+ nom]
- belle [+ nom] · formidable
- sanglante · terrible · violente

∞ **bagarre** + VERBE
- commencer · éclater : *une bagarre a éclaté entre les supporteurs des deux équipes*
- opposer
- continuer · durer : *la bagarre a duré plusieurs mois avec la municipalité*

∞ VERBE + **bagarre**
- chercher : *tu cherches la bagarre ?*
- déclencher · donner lieu à · provoquer · susciter : *ces questions suscitent toujours des bagarres d'experts*
- dégénérer en : *la discussion a dégénéré en bagarre générale* · finir en · tourner à
- être impliqué dans · être pris dans · participer à · se lancer dans : *ses frères se sont lancés dans la bagarre* · se livrer à : *ils se livrent une bagarre commerciale sans pitié* • s'interposer dans
- gagner
- adorer : *tout petit déjà, il adorait la bagarre* · aimer

- détester · éviter
- arrêter · mettre fin à : *l'arbitre a mis fin à la bagarre entre les joueurs*

bail *nom masc.*

∾ bail + ADJECTIF
- commercial · foncier · immobilier · locatif · mobilier · professionnel · rural
- écrit · verbal • authentique · notarié · sous seing privé • à réhabilitation · classique · emphytéotique · glissant · ordinaire • à court / long terme · (de)courte / longue durée

∾ bail + VERBE
- prendre effet : *le bail a pris effet le 1er juin*
- expirer · prendre fin

∾ VERBE + bail
- établir · rédiger
- conclure · contracter · passer · signer • enregistrer • négocier
- obtenir · souscrire • prendre à : *il a pris le logement à bail*
- bénéficier de · jouir de • honorer : *il devra honorer le bail jusqu'à son expiration*
- accorder · consentir (souvent passif) : *le bail est consenti pour une durée de trois ans* · délivrer
- donner à : *une société d'économie mixte dont l'objet est de construire et de donner à bail des logements* · louer par
- prolonger · reconduire · renouveler
- modifier : *en cas de départ de l'un des colocataires, il faut modifier le bail*
- être mentionné dans · être stipulé dans : *le montant des charges doit être stipulé dans le bail*
- céder : *elle a cédé le bail du terrain à une association*
- résilier • dénoncer

baiser *nom masc.*

∾ baiser + ADJECTIF
- premier ^+ nom^ : *il se souvient encore de son premier baiser*
- amical · amoureux · fraternel • affectueux · doux · tendre
- gros ^+ nom^ : *elle lui posa un gros baiser sur la joue* · sonore • brûlant · fougueux · frémissant · langoureux ^+ nom^ · passionné • goulu · profond • long ^+ nom^ · prolongé
- chaste · furtif · léger · petit ^+ nom^ • peureux · timide • volé
- maladroit • baveux · humide · mouillé • froid · sec • répugnant

∾ VERBE + baiser
- (re)demander · quémander · réclamer · vouloir
- appliquer : *elle appliqua deux gros baisers sur ses joues roses* · déposer · donner · envoyer · faire · lancer · planter : *il planta un baiser sonore sur son front* · poser • couvrir de (plur.) : *elle le couvrit de baisers* • échanger · rendre · se donner
- cueillir : *il releva la tête pour cueillir son baiser* · recevoir • dérober · prendre · voler : *« Un baiser légal ne vaut jamais un baiser volé »* (Guy de Maupassant, *Confession d'une femme*)
- refuser

baisse *nom fém.*

∾ baisse + ADJECTIF
- auditive · barométrique · démographique · etc.
- conjoncturelle · structurelle · tendancielle
- attendue · éventuelle · probable · prochaine • annuelle · mensuelle • actuelle · récente
- concertée · coordonnée · programmée • unilatérale
- générale · généralisée · globale • notable · régulière · sensible · significative • accentuée · accrue · conséquente · considérable · drastique : *la consommation de tabac connaît une baisse drastique* · forte · historique · importante · marquée : *il y a une baisse assez marquée de la croissance* · massive · nette · sérieuse · sévère · spectaculaire · substantielle · vertigineuse
- accélérée · rapide • abrupte · brusque ^+ nom^ : *il est sujet à de brusques baisses de tension* · brutale · soudaine · subite
- constante · continue · continuelle · ininterrompue · persistante
- alarmante · catastrophique · inquiétante • inacceptable
- anormale : *une baisse anormale de la pression de l'air à bord* · atypique · imprévisible · inattendue
- ciblée : *une baisse ciblée de la TVA pour la restauration* • légère ^+ nom^ · modérée · raisonnable · timide • graduelle · lente · progressive • ponctuelle · saisonnière
- apparente

∾ baisse + VERBE
- être consécutive à · être corrélative à · résulter de
- approcher : *la baisse approche les 12 %* · atteindre • avoisiner · être comprise entre ... et ...
- être conjuguée à : *cette baisse conjuguée à la hausse de l'euro devrait profiter au blé européen* · s'accompagner de

- bénéficier à
- affecter · concerner · toucher : *la baisse de la taxe foncière touche tous les propriétaires*
- continuer · s'accentuer · se confirmer : *la baisse du cours du pétrole se confirme*

∾ VERBE + baisse

- amorcer : *l'opérateur a amorcé une baisse de ses prix*
- entraîner · induire · provoquer • précipiter • imposer • répercuter : *ils ont répercuté la baisse du prix du baril sur les prix à la pompe* · reporter
- accentuer · contribuer à
- constituer · représenter · se traduire par • témoigner de
- accuser · afficher · connaître · enregistrer : *les ventes enregistrent une nouvelle baisse* · marquer : *le CAC 40 marque une baisse de 0,2 % par rapport à son niveau de clôture de la veille* · subir • poursuivre : *les abonnements poursuivent leur baisse amorcée en 2000*
- constater · enregistrer · observer
- annoncer · anticiper · attendre · envisager · escompter · prévoir · tabler sur • confirmer • chiffrer
- [Bourse] spéculer sur • jouer : *il les accuse de jouer la baisse alors que son titre continue de s'effondrer*
- compenser · contrer · enrayer · freiner · limiter · pallier • corriger : *pour corriger la baisse du cours du sucre*

[1] balance *nom fém.* (instrument et fig.)

∾ balance + ADJECTIF

- à bascule · automatique · électrique · électronique · industrielle · romaine
- exacte · juste · précise · (très) sensible : *cette balance est sensible au milligramme près*

∾ balance + VERBE

- peser : *la balance pèse au gramme près* • pencher : *la balance penche du côté le plus lourd ; cette décision ne suffit pas à faire pencher la balance du côté du "non"* · se stabiliser · s'immobiliser
- se dérégler
- indiquer : *la balance indique 55 kilos*

∾ VERBE + balance

- jeter dans [souvent fig.] · mettre dans [souvent fig.] : *il devra mettre sa démission dans la balance pour les faire accepter*
- ajuster · étalonner • déséquilibrer
- peser dans [fig.] : *c'est un argument qui a pesé dans la balance au moment de l'attribution du prix*

[2] balance *nom fém.* (comptable, équilibre)

∾ balance + ADJECTIF

- extérieure · intérieure • commerciale · énergétique · touristique · etc.
- courante : *on enregistre un important déficit de la balance courante* · générale
- en excédent · excédentaire · positive
- déficitaire · négative : *notre exercice présente une balance négative*

∾ balance + VERBE

- afficher un excédent • s'améliorer
- basculer : *cette hausse ferait basculer la balance courante dans le rouge*
- afficher / accuser un déficit • se dégrader : *la balance commerciale se dégrade du fait de la crise financière asiatique*

∾ VERBE + balance

- établir : *l'arrêté des comptes permet d'établir la balance définitive*
- améliorer · (ré)équilibrer : *cela aiderait à rééquilibrer la balance des paiements* · redresser · rétablir
- dégrader · déséquilibrer : *la hausse des cours du pétrole déséquilibre la balance commerciale* · détériorer

[1] balle *nom fém.* (munition)

∾ balle + ADJECTIF

- caoutchoutée · de plomb · dum-dum · en caoutchouc · explosive · incendiaire · plastique · réelle : *la police a tiré à balles réelles sur les manifestants* · traçante
- perdue : *il a été touché par une balle perdue lors d'une fusillade dans un bar*
- à blanc° : *une répétition avec des balles à blanc tirées sur les doublures des vedettes*
- meurtrière · mortelle : *la balle mortelle a été tirée par le chef de la patrouille*

∾ balle + VERBE

- (plur.) fuser · siffler : *les balles sifflaient autour de lui* • ricocher : *la balle a ricoché sur un rocher*
- entrer dans · pénétrer · se loger dans
- (souvent passif) atteindre · blesser · faucher · foudroyer · fracasser · perforer · transpercer · traverser · trouer · tuer : *la balle l'a tué sur le coup*

∾ VERBE + balle

- tirer : *il a tiré une seule balle* • se tirer : *il s'est tiré une balle dans la tête / le pied*
- engager : *il engagea une balle dans le canon*
- extraire : *elle lui a extrait la balle de l'épaule* · retirer

- recevoir • être victime de · mourir de / sous · périr sous · succomber de / sous · tomber sous : *il est tombé sous les balles des guérilleros*

de x balles

- (souvent passif) abattre · assassiner · atteindre · exécuter · tuer : *il a été tué d'une balle en plein cœur* • cribler : *le corps criblé de balles*

par balles

- abattre · assassiner · blesser · tuer

[2]balle *nom fém.* (Sport)

∞ balle + ADJECTIF

- aérienne · en cloche · haute • longue
- basse
- rapide
- brossée · coupée · liftée · piquée · travaillée
- belle [+ nom] · bonne [+ nom] · correcte • facile
- dure · injouable · molle • imprécise · nulle

∞ balle + VERBE

- circuler : *il faut faire circuler la balle plus rapidement* · passer : *la balle est passée à côté du poteau* · rouler · tomber • rebondir
- être dans le camp de [aussi fig.] : *la balle est dans le camp des Brésiliens ; la balle est dans le camp des syndicats*
- avoir un faux rebond · fuser · glisser
- sortir : *la balle est sortie du terrain*

∞ VERBE + balle

- crosser [Hockey] · dégager · frapper (dans) · jouer · mettre au fond des filets [Foot] · mettre dans la lucarne [Foot] · placer : *la balle était bien placée* · pousser · propulser · servir [Tennis] : *il sert des balles très molles* · taper (dans) • (plur.) [Tennis] échanger · faire : *on a fait / échangé quelques balles avant le match*
- amortir · contrôler • brosser · choper · couper · donner de l'effet à · fouetter · lifter · slicer · travailler • écraser · puncher · smasher
- adresser ... à : *il lui a adressé une balle de la tête* · envoyer · (se) lancer • libérer [Rugby] • croiser · passer : *il passe la balle en retrait au numéro 10* · renvoyer • se disputer
- jongler avec · jouer à : *elle joue à la balle* · jouer avec
- attraper · conquérir [Rugby] : *ils ont du mal à conquérir la balle en touche* · cueillir · empaumer [Pelote] · intercepter · prendre : *il faut prendre la balle très tôt / au sommet du rebond / à la volée* · ramasser · réceptionner · recevoir · récupérer · saisir : *il faut saisir la balle au bond* · s'emparer de · toucher • [Tennis] obtenir : *obtenir une balle d'égalisation / de match / de 5 jeux à 2* · sauver : *il a sauvé une balle de set / deux balles de match* • [Foot] boxer · capter
- conserver · garder : *il faut garder la balle le plus longtemps possible*
- louper[fam.] · rater • gâcher : *il a gâché 2 balles de set*
- contrer · dévier
- arrêter · bloquer · sortir / botter en touche [Rugby]

ballon *nom masc.* (Sport)

∞ ballon + ADJECTIF

- orange[○] : *le ballon orange* (le basket) · ovale[○] : *le ballon ovale* (le rugby) · rond[○] : *le ballon rond* (le football)
- gonflable • increvable
- bon [+ nom]
- glissant

∞ ballon + VERBE

- circuler · passer : *le ballon est passé à côté du gardien* · rouler · tomber • rebondir
- être dans le camp de
- avoir un faux rebond · fuser · glisser
- éclater · péter[fam.] · se dégonfler

∞ VERBE + ballon

- attraper · capter [Foot] : *le gardien de but a parfaitement capté le ballon* · coincer · cueillir · intercepter · ramasser · récupérer · s'emparer de • courir après / derrière · se disputer · se jeter sur
- conserver · contrôler · garder
- boxer [Foot] · frapper · (re)pousser · taper dans · toucher
- envoyer · expédier : *il a expédié le ballon droit dans les buts* · glisser · (re)lancer · passer · rendre · renvoyer · se passer
- jongler avec · jouer avec
- lâcher · laisser échapper · perdre
- gonfler
- crever

[1]banalité *nom fém.* (caractère banal)

∞ banalité + ADJECTIF

- absolue · à (faire) pleurer · confondante : *l'affaire est d'une banalité confondante* · extraordinaire · extrême · grande [+ nom] · incroyable · inouïe · parfaite · rare [+ nom] · singulière · terrible · totale
- apparente · relative

- affligeante · consternante · désolante · navrante · terrifiante · triste + nom : *il est confronté à la triste banalité de son existence*

∾ VERBE + **banalité**
- s'enfoncer dans · sombrer dans
- dénoter · dépeindre · montrer · souligner
- échapper à : *comment échapper à la banalité du quotidien ?*

[2]banalité *nom fém.* (propos, souvent plur.)

∾ VERBE + **banalité**
- aligner · bafouiller · déballer · débiter · déclamer · dire · distiller · égrener : *il a égrené des banalités sur les affres de la passion* · émettre · énoncer · formuler · sortir[fam.] • échanger : *on a échangé quelques banalités sur la météo* · se dire

∾ NOM + DE + **banalités**
- catalogue · déballage · déluge · flot · somme · suite · tissu : *ce livre est un tissu de banalités* · torrent

banque *nom fém.*

∾ **banque** + ADJECTIF
- agricole · commerciale · d'affaires • centrale · fédérale · internationale · locale · mondiale · nationale · régionale • universelle : *les banques universelles offrent à leurs clients une vaste gamme de services sous un même toit*
- coopérative · mutualiste • nationalisée · publique • privatisée · privée
- directe · indépendante • à domicile
- créancière · créditrice · émettrice · hypothécaire · prêteuse
- grande + nom · grosse + nom : *la plus grosse banque du pays* · puissante
- réputée · sérieuse · vénérable • saine
- petite + nom

∾ **banque** + VERBE
- compter : *la banque compte 30 000 clients / 50 000 comptes*
- créditer · débiter : *la banque a débité le client / mon compte* · encaisser un chèque · financer · gérer · payer · prélever · rembourser • accorder / consentir un prêt (à) · accorder / octroyer un crédit (à) · prêter • afficher un (des) bénéfice(s) · afficher un (des) résultat(s) · afficher une (des) perte(s)
- blanchir de l'argent

∾ VERBE + **banque**
- créer · lancer : *ils ont lancé une banque en ligne*
- administrer
- nationaliser · privatiser
- déposer de l'argent à / dans : *il a déposé cet argent à la banque* · emprunter à / auprès de • être domicilié à / dans : *il est domicilié dans une banque monégasque*
- transiter par : *ces fonds avaient transité par une banque de Zurich*
- adosser à : *seuls les établissements adossés à une banque auront les moyens de survivre*
- attaquer · braquer · cambrioler · dévaliser

∾ NOM + DE + **banques**
- consortium : *l'entreprise a obtenu un prêt de 3 milliards d'euros de la part d'un consortium de banques*

barbarie *nom fém.*

∾ **barbarie** + ADJECTIF
- humaine : *jamais la barbarie humaine n'a atteint de telles proportions* • moderne • ordinaire • intégriste · totalitaire
- absolue · caractérisée · débridée · extrême · inouïe
- bestiale · fanatique · inhumaine · inqualifiable · odieuse · sans nom · sauvage

∾ **barbarie** + VERBE
- régner · s'enraciner · sévir · s'exercer
- ensanglanter · gagner · menacer

∾ VERBE + **barbarie**
- basculer dans · régresser dans : *un siècle qui fit régresser dans la barbarie les nations les plus avancées* · retourner à · sombrer dans · tomber dans
- être livré à : *un monde livré à la barbarie totalitaire* · souffrir de · subir
- décrire · témoigner de
- crier à · dénoncer
- combattre · lutter contre · manifester contre · résister à · se dresser contre · s'opposer à
- délivrer de
- échapper à · fuir • en finir avec · éradiquer · mettre fin à · mettre un terme à • triompher de
- expliquer : *l'histoire, la religion, les ethnies, les nationalismes ne suffisent pas à expliquer cette barbarie* · justifier

∾ NOM + DE + **barbarie**
- acte : *ils sont mis en examen pour tentative d'homicide avec actes de barbarie*

barbe *nom fém.*

∞ barbe + ADJECTIF
- de trois jours : *une barbe de trois jours ombrait son visage* · naissante
- belle $^{+ nom}$ · soignée
- grande $^{+ nom}$ · longue $^{+ nom}$ • abondante · énorme $^{+ nom}$ · épaisse · fleurie : *Charlemagne, l'empereur à la barbe fleurie* · fournie · grosse $^{+ nom}$
- en bataille · hirsute
- courte · fine · petite $^{+ nom}$ · rase
- fausse $^{+ nom}$ · postiche

∞ barbe + VERBE
- (re)pousser
- piquer

∞ VERBE + barbe
- arborer · avoir · porter
- couper · tailler
- (se) raser : *il s'est rasé la barbe pour ne pas être reconnu*

∞ NOM + DE + barbe
- collier : *il arbore toujours un petit collier de barbe*

barème *nom masc.*

∞ barème + ADJECTIF
- administratif : *les biens sont évalués selon le barème administratif applicable depuis le 1er janvier 2004* · fiscal · réglementaire
- initial · nouveau $^{+ nom}$
- officiel · public • applicable • indicatif
- forfaitaire · précis · préétabli · spécifique · standard
- complexe
- dégressif · différencié · progressif · proportionnel

∞ VERBE + barème
- adopter · appliquer · se référer à · utiliser • conserver · maintenir
- dépendre de · être assujetti à · être soumis à
- calculer · établir · fixer
- (ré)actualiser · ajuster · aménager · harmoniser · modifier · réévaluer · revaloriser · réviser · revoir · simplifier · unifier • indexer ... sur : *il propose d'indexer le barème de l'impôt sur l'inflation*
- relever : *le barème de l'impôt va être relevé*
- baisser

baromètre *nom masc.* (litt. et fig.)

∞ baromètre + ADJECTIF
- à liquide · à mercure · anéroïde · holostérique
- boursier · économique · politique · présidentiel : *le dernier baromètre présidentiel ne lui accorde que 4 % des intentions de vote* · social : *un baromètre social réalisé par les syndicats sur le terrain*
- officiel : *le nombre de demandeurs d'emploi de catégorie 1 sert de baromètre officiel du chômage*
- annuel · hebdomadaire · mensuel
- bon $^{+ nom}$ · fiable · sensible

∞ baromètre + VERBE
- annoncer · indiquer · montrer : *le dernier baromètre montre un regain d'inquiétude*
- être au beau fixe / au beau (temps) : *le baromètre politique du pays est au beau fixe* · être en hausse · grimper : *le baromètre grimpe de 1,5 point* · remonter
- chuter · dégringoler · (re)descendre · être en baisse · tomber • être à la pluie · être au vent

∞ VERBE + baromètre
- servir de : *la démographie est un baromètre de la nation*
- consulter · regarder · surveiller

1 barrage *nom masc.* (ouvrage hydraulique)

∞ barrage + ADJECTIF
- électrique · hydraulique · hydroélectrique
- naturel
- flottant : *des barrages flottants bloquent la nappe d'hydrocarbure* · mobile • fixe
- petit $^{+ nom}$ • provisoire
- énorme · gigantesque · grand $^{+ nom}$ · immense · impressionnant · pharaonique • solide

∞ barrage + VERBE
- se dresser : *le barrage se dresse à plus de 300 m de haut* · s'élever
- alimenter : *le barrage alimente la ville en eau potable* · fournir : *ce barrage fournit de l'électricité à la région*
- déborder : *le barrage menace de déborder*
- bloquer · empêcher : *un barrage empêche les castors de descendre la rivière* · stopper
- céder · s'effondrer · se rompre

∞ VERBE + barrage
- aménager · construire · édifier · ériger • former : *la coulée de lave forme un barrage naturel*
- alimenter : *le lac artificiel alimente le barrage*

2 barrage *nom masc.* (obstacle)

∞ barrage + ADJECTIF
- militaire · policier · routier
- humain : *ils ont formé un barrage humain pour s'opposer au passage du cortège* · naturel

- filtrant • fixe • mobile
- énorme · gigantesque · grand + nom · immense · impressionnant

∞ **barrage** + VERBE
- bloquer · empêcher · stopper

∞ VERBE + **barrage**
- dresser · établir · faire : *faire (un) barrage* · installer · mettre en place : *ils ont mis en place des barrages routiers dans tout le pays* · monter · placer
- être posté à · surveiller
- franchir · passer · traverser • forcer : *les fuyards ont forcé le barrage de police*
- être bloqué à · se heurter à • s'arrêter à
- contourner · éviter
- lever : *ils ont appelé les agriculteurs à lever les barrages* · mettre fin à

barricade *nom fém.*

∞ **barricade** + ADJECTIF
- énorme · grande + nom · haute + nom · imposante
- petite + nom

∞ **barricade** + VERBE
- bloquer l'accès de

∞ VERBE + **barricade**
- bâtir · construire · dresser · édifier · élever · ériger · faire · former · monter : *ils seraient prêts à monter des barricades pour défendre ce principe*
- être du même / de l'autre côté de · monter sur : *nous n'aurons pas à monter sur les barricades pour défendre ces valeurs* · s'abriter derrière · se poster derrière · se retrancher derrière
- défendre • mourir sur : *Gavroche mourut sur une barricade en juin 1832*
- assaillir · escalader · franchir · prendre

1 barrière *nom fém.* (séparation, obstacle physique)

∞ **barrière** + ADJECTIF
- naturelle : *ce massif rocheux constitue une barrière naturelle* • physique • corallienne · géographique · rocheuse · végétale • climatique : *les Pyrénées, une barrière climatique* · sonique · thermique
- automatique · électrifiée · électronique · métallique • de sécurité
- élevée · énorme · grande + nom · haute + nom • infranchissable : *une barrière infranchissable coupait la cité de son port*
- étanche · protectrice
- petite + nom

∞ **barrière** + VERBE
- entourer · protéger • délimiter · diviser · isoler · séparer
- bloquer · empêcher · interdire : *une barrière interdit l'accès à l'usine*
- s'abaisser · se lever

∞ VERBE + **barrière**
- construire · dresser · édifier · élever · ériger · installer · mettre
- abaisser · fermer
- lever · ouvrir
- heurter · percuter : *la moto a percuté la barrière de sécurité*
- contourner · enjamber · forcer · franchir · passer · sauter (par-dessus)
- abattre · briser · casser · démanteler · détruire · renverser · supprimer
- être agglutiné contre / derrière · être massé contre / derrière • [aussi fig.] être du même côté de · passer de l'autre côté de : *maintenant qu'il est patron, il est passé de l'autre côté de la barrière*

2 barrière *nom fém.* (empêchement, obstacle)

∞ **barrière** + ADJECTIF
- administrative · bureaucratique · fiscale · légale · législative · réglementaire • commerciale · douanière · économique · financière · monétaire · protectionniste · tarifaire • technique · technologique • culturelle · idéologique · linguistique • ethnique · raciale · sociale • mentale · morale · psychologique · etc.
- étanche : *ils essaient de créer des barrières étanches entre les différents métiers* · grande + nom · infranchissable · véritable + nom
- protectrice
- petite + nom • invisible
- artificielle : *ces barrières entre les différentes disciplines sont artificielles* · symbolique

∞ **barrière** + VERBE
- exister · se dresser : *des barrières se dressent entre eux dès qu'ils abordent ce sujet* • séparer
- protéger
- céder · éclater · s'effondrer · tomber : *il faut faire tomber les barrières législatives et réglementaires interdisant les échanges*
- bloquer · empêcher : *ces barrières empêchent la formation d'un vrai marché unique* · interdire

∞ VERBE + **barrière**

- créer · dresser · édifier · élever · ériger : *cet appareil coercitif érige des barrières infranchissables* · établir · imposer · installer · mettre • conserver · maintenir • rétablir : *ils veulent rétablir les barrières protectionnistes entre les deux pays*
- contrôler
- relever : *le gouvernement a donc relevé la barrière douanière de 5 % à 23 %* · renforcer
- contourner · surmonter · transcender : *c'est le seul sport qui transcende toutes les barrières sociales et religieuses* • franchir : *cette maladie des chats peut franchir la barrière des espèces* · passer
- abattre · abolir · briser · casser · démanteler · détruire · effacer : *nous devons effacer les barrières idéologiques* · éliminer · forcer · gommer · lever · renverser · supprimer

REM. On rencontre parfois "barrière impénétrable, insurmontable". Évitez ces expressions maladroites et préférez "barrière infranchissable".

[1] **base** *nom fém.* (principe, fondement)

∞ **base** + ADJECTIF

- constitutionnelle · juridique · législative · politique · statutaire • opérationnelle • économique · scientifique · sociale • psychologique · etc.
- ancienne • nouvelle : *nous allons repartir sur de nouvelles bases*
- fixe · objective • pratique · théorique
- commune
- constitutive : *l'antifascisme a été la base constitutive de cette communauté* · fondatrice · originelle
- acceptable · raisonnable • bonne + nom · claire · cohérente · saine · sereine · sérieuse · stable : *il faut donner au projet une base législative stable* · sûre • égalitaire
- minimale : *ils sont parvenus à un accord politique sur des bases minimales* • faible · fragile • bancale · branlante · instable · mouvante : *il sera difficile de construire un système performant sur une base mouvante* · vacillante
- erronée · mauvaise + nom : *nous sommes partis sur de mauvaises bases*

∞ VERBE + **base**

- constituer · former · servir de
- disposer de · se doter de
- construire · établir · jeter : *ils ont jeté les bases d'un programme commun* · poser · reconstituer
- assainir · clarifier : *il faut clarifier les bases de la négociation*
- consolider · préserver · renforcer · solidifier
- (re)partir sur : *il faut repartir sur des bases plus saines* · reposer sur · s'appuyer sur · se fonder sur
- fragiliser · saper : *ils essaient de saper les bases du futur accord* • détruire

[2] **base** *nom fém.* (socle, Pol.)

∞ **base** + ADJECTIF

- électorale · parlementaire · syndicale
- populaire

∞ VERBE + **base**

- consulter
- s'appuyer sur
- élargir : *pour élargir la base parlementaire du gouvernement*
- rétrécir
- détruire • se couper de : *son parti s'est coupé de sa base populaire* · se priver de

[3] **base** *nom fém.* (infrastructure militaire)

∞ **base** + ADJECTIF

- militaire • aérienne · navale
- avancée • arrière · défensive
- permanente • provisoire
- énorme + nom · grande + nom · grosse + nom · importante
- secrète
- abandonnée · désaffectée

∞ VERBE + **base**

- construire · implanter : *ils ont implanté leur base en plein désert* · installer
- utiliser : *les avions de la coalition pourront utiliser leurs bases aériennes*
- quitter • regagner : *tous les appareils ont regagné leurs bases sans encombre* · rejoindre · se replier vers
- couvrir · protéger • ravitailler
- attaquer · frapper
- anéantir · démanteler : *cette offensive vise à démanteler les bases rebelles* · détruire
- fermer

base de données *nom fém.*

∞ **base de données** + ADJECTIF

- en ligne · informatisée
- énorme · gigantesque · grande + nom · importante · vaste
- exceptionnelle · extraordinaire · riche
- confidentielle · protégée

∞ **base de données** + VERBE
- enregistrer · recenser · répertorier
- contenir · rassembler · stocker : *cette base de données stocke toutes les informations sur nos clients*
- s'enrichir : *la base de données s'enrichit de plusieurs centaines de fichiers par jour*

∞ VERBE + **base de données**
- construire · créer · mettre en place · mettre sur pied
- gérer : *ils gèrent des bases de données en ligne* • croiser : *nous avons croisé nos bases de données avec celles d'autres sites*
- avoir accès à · disposer de • exploiter · utiliser • consulter · entrer dans · interroger
- donner accès à · offrir
- (ré)actualiser · mettre à jour • alimenter · enrichir · nourrir

bases *nom fém. plur.* (connaissances élémentaires)

∞ **bases** + ADJECTIF
- bonnes + nom · solides • excellentes
- essentielles · minimales

∞ VERBE + **bases**
- donner · inculquer : *il essaie de lui inculquer les bases du métier*
- acquérir : *le stage permet d'acquérir les bases du secourisme* · apprendre · découvrir
- avoir · posséder
- consolider

bataille *nom fém.* (Mil. et fig.)

∞ **bataille** + ADJECTIF
- aérienne · navale · terrestre • de rue
- bancaire · boursière · budgétaire · financière • diplomatique · électorale · parlementaire · politique • judiciaire · juridique • commerciale · économique · éditoriale · industrielle · juridico-commerciale / -financière / -médiatique · politico-culturelle / -financière / -judiciaire / -juridique • sociale · syndicale • idéologique : *ils relancent la bataille idéologique autour de la mondialisation* • linguistique · sémantique : *la bataille sémantique autour de l'appellation "grand cru" n'est pas qu'anecdotique* · technologique · télévisuelle • bureaucratique · procédurale · etc.
- locale
- décisive : *ils ont gagné une bataille décisive dans cette guerre d'usure*
- générale : *l'incident a déclenché une bataille générale* • frontale : *il mène une bataille frontale contre les syndicats* · ouverte : *cela pourrait dégénérer en bataille ouverte entre l'État central et la Région autonome* • d'Hernani : *il se retrouve au centre d'une bataille d'Hernani* • gigantesque · grande + nom · grosse + nom • acharnée · âpre · cruelle · de tous les instants · difficile · dure · farouche · féroce · furieuse · impitoyable · intense · meurtrière · rangée ○ : *les escarmouches ont dégénéré en bataille rangée* · rude : *la bataille s'annonce rude entre les deux candidats* · sans merci · serrée · terrible · violente · vive • fratricide · sanglante
- longue + nom • interminable · sans fin • quotidienne
- célèbre · épique · fameuse + nom · homérique • héroïque · magnifique · mémorable
- coûteuse • perdue d'avance
- petite + nom • feutrée : *une bataille feutrée opposait les représentants des deux organisations* · souterraine : *les batailles souterraines de la cohabitation*
- (-)éclair
- finale · ultime

∞ **bataille** + VERBE
- s'annoncer : *une bataille s'annonce pour le poste de président du Conseil* · se préparer · s'organiser • se déclencher · s'engager : *une féroce bataille s'est engagée entre les deux partis* • avoir lieu · se dérouler · se jouer : *cette terrible bataille qui se joue sur la scène médiatique mondiale*
- opposer
- battre son plein · faire rage · s'intensifier
- ne plus finir · se poursuivre · s'éterniser
- prendre fin · se terminer

∞ VERBE + **bataille**
- aboutir à · déclencher · donner lieu à · entraîner
- dégénérer en : *la bagarre a dégénéré en bataille rangée*
- se préparer à • commencer · engager : *la bataille qu'il a engagée contre la secte* · entamer · ouvrir • reprendre
- conduire · (se) livrer : *les experts se livrent une bataille de chiffres* · mener (avec ou sans art.) : *elle est déterminée à mener bataille jusqu'au bout*
- se jeter dans · se lancer dans · s'engager dans • s'enliser dans : *il s'est enlisé dans une bataille juridique avec les autorités* • s'interposer dans
- continuer · poursuivre
- s'affronter dans
- gagner · remporter

- célébrer · commémorer
- éviter · fuir
- abandonner
- perdre
- mettre fin à · mettre un terme à · terminer

∞ NOM + DE + **bataille(s)**
- théâtre : *le pays est le théâtre d'une gigantesque bataille bancaire*
- plan

bateau *nom masc.*

∞ **bateau** + ADJECTIF
- citerne · marchand · militaire · pêcheur • patrouilleur · suiveur • côtier · fluvial · océanographique
- pneumatique
- espion · pirate
- énorme · gigantesque + nom · grand + nom · gros + nom
- beau + nom · joli + nom · luxueux · magnifique + nom · superbe
- performant · rapide
- frêle · modeste · petit + nom • de fortune
- en perdition · naufragé
- mal entretenu · poubelle : *le pétrolier qui a coulé était un bateau poubelle* · rouillé · vieux + nom

∞ **bateau** + VERBE
- être à quai · mouiller · stationner • être en cale sèche · être en rade
- être à flot · flotter · tenir la mer • battre pavillon (+ adj.) : *un bateau battant pavillon panaméen*
- appareiller · prendre la mer · quitter le port / la rade / le mouillage • arriver · s'approcher • avancer · courir sur son erre · évoluer · glisser · naviguer · voguer • croiser au large de • changer de cap · dévier de sa route · remonter au vent · tenir le cap · virer
- jauger : *le bateau jauge 500 tonnes* • transporter
- essuyer une tempête / un grain • dériver • pencher · prendre de la bande · rouler · se coucher · tanguer • prendre l'eau • faire naufrage · s'échouer • chavirer · couler · se retourner · sombrer (corps et biens)

∞ VERBE + **bateau**
- affréter · construire • baptiser · immatriculer
- appareiller · mettre à l'eau • écluser
- armer · gréer · mâter • déhaler · démâter
- amarrer : *ils viennent amarrer leur bateau sur les rives du lac* · ancrer • mettre en cale · remorquer
- charger · décharger
- barrer · commander
- réparer · retaper • remettre à flot · renflouer
- alléger : *pour réduire le temps de parcours, il faut alléger le bateau*
- inspecter • arraisonner · immobiliser
- ensabler • endommager
- débarquer de · descendre de · quitter
- embarquer sur / à bord de · monter sur / à bord de
- couler · envoyer par le fond · saborder

∞ NOM + DE + **bateaux**
- flotte · flottille

bâtiment *nom masc.* (édifice)

∞ **bâtiment** + ADJECTIF
- administratif · communal · municipal · officiel · public • d'habitation · privé • industriel • civil · militaire • conventuel · monastique · etc.
- extérieur • adjacent · annexe · contigu · mitoyen • central · principal
- préfabriqué • moderne · ultramoderne • ancien · historique • classique · néoclassique · victorien · etc.
- (flambant) neuf · nouveau · refait
- modeste · petit + nom
- provisoire
- de belle taille · énorme · géant · gigantesque · grand + nom · haut + nom · immense · large · long + nom · monumental · spacieux · vaste
- beau + nom · élégant · harmonieux · splendide · sublime · superbe • classé : *un bâtiment classé monument historique*
- biscornu · bizarre · curieux · étrange · incongru
- amianté • décrépit · délabré · sinistré · vétuste · vieux + nom
- austère · impersonnel · nu • informe · laid · lourd · monstrueux • lugubre · sinistre · triste
- insalubre • en ruine
- désert · vide • abandonné · désaffecté

∞ **bâtiment** + VERBE
- abriter : *le bâtiment abrite une superbe collection d'art brut* · renfermer • accueillir : *le bâtiment peut accueillir jusqu'à 3 000 congressistes* · loger • se prêter à · servir de
- se situer à / dans · se trouver à / dans
- être toujours / rester debout : *ce bâtiment est resté debout malgré le séisme* · résister (à) · survivre (à)
- pencher · s'affaisser · s'incliner
- se dégrader · tomber en ruine
- brûler • s'écrouler · s'effondrer

∾ VERBE + **bâtiment**

- construire · édifier · élever : *un bâtiment a été élevé à sa gloire*
- inaugurer · ouvrir au public
- affecter à · consacrer à · dédier à : *le nouveau bâtiment est entièrement dédié à l'art précolombien*
- acheter · acquérir • confisquer · réquisitionner
- occuper
- accéder à · entrer dans · pénétrer dans · s'engouffrer dans • circuler dans · visiter
- conserver · consolider · entretenir · réhabiliter · rénover · restaurer • désamianter • surveiller • mettre aux normes · sécuriser : *des travaux sont envisagés pour sécuriser le bâtiment* • classer
- dégrader · détériorer · dévaster · éventrer · incendier · sinistrer • bombarder · souffler : *l'explosion a soufflé le bâtiment* • piller · saccager
- déclasser
- quitter · sortir de • évacuer • déserter
- expulser de
- fermer · fermer au public • démolir · détruire · raser

bavardage *nom masc.*

∾ **bavardage** + ADJECTIF

- mondain : *les bavardages mondains dont nous abreuvent ces émissions* • aimable · cordial · courtois
- incessant · infini · ininterrompu · intarissable · long [+ nom] · permanent • interminable · sans fin
- bruyant • énervant · horripilant · intempestif • médisant · moqueur • pathétique · stupide
- futile · insignifiant · inutile · stérile · vain : *tout le reste n'est que vain bavardage*
- ennuyeux · fade · insipide

∾ **bavardage** + VERBE

- (re)commencer · reprendre : *dès que le professeur avait le dos tourné, les bavardages reprenaient de plus belle*
- continuer • s'intensifier
- agacer · assommer · exaspérer
- cesser · s'arrêter : *les bavardages s'arrêtèrent brutalement à son arrivée*

∾ VERBE + **bavardage**

- (re)commencer · reprendre
- limiter

bavure *nom fém.*

∾ **bavure** + ADJECTIF

- administrative · judiciaire · médicale · policière
- énorme · grave · grosse [+ nom] · terrible • inacceptable · regrettable
- fatale · meurtrière · mortelle · sanglante · tragique

∾ **bavure** + VERBE

- (plur.) se multiplier · se succéder

∾ VERBE + **bavure**

- commettre · être l'auteur de • multiplier (plur.)
- favoriser · provoquer : *leur manque d'entraînement risque de provoquer des bavures*
- être témoin de
- avouer · reconnaître
- dénoncer · regretter
- être victime de
- éviter · prévenir • limiter
- sanctionner
- couvrir : *il refusa de couvrir la bavure d'un de ses hommes*

beauté *nom fém.*

∾ **beauté** + ADJECTIF

- architecturale · formelle · physique · plastique · visuelle • musicale · sonore · vocale
- naturelle • antique · classique · hiératique [littér.] · primitive
- absolue · admirable · exceptionnelle · extraordinaire · fulgurante · grande [+ nom] · impressionnante · infinie · inouïe · intense · parfaite · profonde [+ nom] · rare [+ nom] · saisissante · sublime • sculpturale : *ces photos mettent en valeur la beauté sculpturale du mannequin* • ravageuse · sensuelle • féerique · irréelle · surnaturelle • éclatante · flamboyante · limpide : *ses dessins sont d'une beauté limpide* · lumineuse · pure · radieuse · rayonnante • inconcevable · incroyable · indescriptible · indicible · ineffable · inimaginable · inoubliable • incomparable · inégalable • indéniable · indiscutable • adorable · angélique · du diable [○] : *il a la beauté du diable*
- éternelle · inaltérable · intemporelle
- époustouflante · étonnante · sidérante · stupéfiante • bouleversante · poignante • enivrante · envoûtante · fascinante · magnétique · renversante · subjuguante
- désarmante · intrigante · surprenante · troublante

- altière · élégante · impériale · majestueuse · noble · sophistiquée • épanouie · mature · mûre • sereine · tranquille
- exotique · originale · particulière · singulière • ambiguë · changeante · curieuse · énigmatique · étrange · insolite · mystérieuse
- farouche · rude · sauvage : *la beauté sauvage de ces côtes escarpées* • insolente · provocante : *une femme à la beauté provocante* · ténébreuse • austère : *une imposante cathédrale à la beauté austère* · dépouillée
- froide · glacée · inquiétante : *des yeux verts d'une inquiétante beauté* · sévère · sombre
- banale · fade
- artificielle · empruntée · factice · maniérée • vulgaire
- cachée · intérieure · intrinsèque · secrète
- éphémère · fragile · fugace · fugitive · passagère

∞ beauté + VERBE

- émaner de · naître de : *la beauté peut naître d'un détail trivial* · résider dans · se dégager de
- (souvent passif) bouleverser · chavirer les cœurs · éblouir · émouvoir · frapper · laisser bouche bée · saisir · séduire · transporter
- irradier : *cette comédie est irradiée par la beauté de la jeune actrice*
- mourir · se faner · se flétrir

∞ VERBE + beauté

- dégager · être de : *c'est de toute beauté; elle est d'une beauté incroyable* · être éblouissant de · posséder · rayonner de • incarner : *elle incarne la beauté et la féminité* • gagner en : *l'actrice a gagné en beauté et en présence* • rivaliser de
- montrer · révéler • faire ressortir · mettre en évidence · mettre en relief · mettre en valeur · rehausser : *le maquillage rehausse la beauté du visage* · souligner
- entretenir · prendre soin de · préserver • conserver • se (re)faire*plaisant* : *il est en train de se refaire une beauté dans la salle de bains*
- jouer de · se servir de · tirer profit de
- déceler · découvrir · voir • contempler
- admirer · apprécier · être sensible à : *elle est sensible à la beauté des tableaux impressionnistes*
- célébrer · chanter · exalter · louer · saluer · vanter : *elle vante la beauté des hommes de son pays*
- être insensible à
- perdre (de)

en beauté

- partir · sortir • clore · clôturer · conclure · finir · s'achever · (se) terminer : *le festival terminera en beauté par un feu d'artifice*

[1]bénéfice *nom masc.* (argent)

∞ bénéfice + ADJECTIF

- comptable · financier · fiscal
- annuel · mensuel • avant impôt(s) · brut · imposable • après impôt(s) · net · opérationnel • non commerciaux (plur.) · consolidé : *une progression de 45 % du bénéfice consolidé* · global · total
- maximal · record • beau *+ nom* · bon *+ nom* · colossal · confortable · conséquent · considérable · coquet*fam.* · élevé · énorme · exceptionnel · fabuleux · fantastique · grand *+ nom* · gros *+ nom* · immense · important · joli *+ nom* · large · réel *+ nom* · rondelet*fam.* · solide · substantiel · tangible
- excessif · scandaleux : *cette puissante société réalise des bénéfices scandaleux* • illégitime · illicite
- hasardeux · hypothétique · incertain
- faible · maigre · médiocre · modéré · petit *+ nom* • dérisoire · insuffisant · symbolique

∞ bénéfice + VERBE

- aller à · revenir à : *une partie des bénéfices revient aux salariés*
- ressortir à : *le bénéfice par action ressort à 1,52 euro contre 1,22 un an plus tôt*
- augmenter · croître · doubler · être en hausse · grimper · progresser : *les bénéfices ont progressé de 18 %* · tripler
- accuser une baisse (de) · baisser · chuter · diminuer · fléchir · fondre · plonger · reculer · régresser · tomber

∞ VERBE + bénéfice

- engendrer · générer · laisser · produire
- escompter · espérer · rechercher
- accumuler · dégager : *le consortium a dégagé un bénéfice net de 83 millions d'euros* · empocher · encaisser · engranger · faire : *l'entreprise a fait de gros bénéfices cette année* · réaliser : *ils ont réalisé un bénéfice net de 23,2 millions* · recevoir · récolter · retirer · tirer · toucher • afficher · enregistrer
- être intéressé à · participer à : *les salariés participent aux bénéfices*
- allouer · donner • (re)distribuer · (se) partager · répartir • (ré)investir : *les bénéfices seront réinvestis dans du matériel plus performant* · (re)verser
- annoncer · déclarer · indiquer · présenter · publier · rapporter
- faire apparaître · faire ressortir : *les premiers calculs font ressortir un bénéfice de 300 000 euros* • faire miroiter

- calculer · chiffrer · estimer · prévoir · sous-estimer · surestimer
- augmenter · doubler · étendre · gonfler : *ils ont gonflé leurs bénéfices en distribuant leurs produits directement sur le Net* · maximiser · tripler
- diminuer

2 bénéfice *nom masc.* (avantage)

∞ bénéfice + ADJECTIF
- diplomatique · électoral · intellectuel · politique · psychologique · thérapeutique · etc.
- collectif · global • individuel · personnel
- concret · direct · net • conséquent · considérable · énorme · grand + nom · immense · important · majeur · substantiel · tangible
- immédiat : *le contrôle de cette source de pollution a des bénéfices immédiats*
- symbolique • médiocre

∞ VERBE + bénéfice
- attendre · escompter · espérer · rechercher
- apporter : *cette alliance n'apportera aucun bénéfice tangible à la population* · procurer
- obtenir · récolter · recueillir · retirer · tirer · toucher : *les gens ont fait des sacrifices, ils veulent en toucher les bénéfices*
- conserver · garder
- sous-estimer · surestimer
- perdre : *ils perdent ainsi le bénéfice du régime d'assurance maladie*

1 besoin *nom masc.* (désir)

∞ besoin + ADJECTIF
- affectif · psychologique · spirituel · etc.
- humain · social
- conscient · personnel • inconscient · inné · instinctif : *le besoin instinctif qui pousse l'homme à chercher la raison des phénomènes naturels*
- légitime · naturel
- élémentaire · fondamental · majeur · primordial
- croissant · grandissant • accru · aigu · criant · énorme · exacerbé · extraordinaire · grand + nom · gros + nom · immense · important · infini · intense · lancinant · profond • forcené : *chez lui, cela se traduit par un besoin forcené de tout maîtriser* · fougueux · frénétique · furieux · impérieux · vif · violent · viscéral • désespéré · éperdu • dévorant · inapaisable · incoercible · insatiable · irrassasiable · irrépressible : *un besoin irrépressible de bouger les jambes* · irrésistible
- chronique · continuel · incessant · permanent
- brusque · soudain • pressant · urgent
- compulsif · maladif · obsessionnel : *elle a un besoin obsessionnel de se rassurer sur elle-même*
- inassouvi : *un besoin inassouvi de reconnaissance* · insatisfait
- latent • confus

∞ besoin + VERBE
- émerger · naître · surgir
- exister : *ce besoin existe même chez les très jeunes*
- évoluer
- aller croissant · augmenter · grandir · s'affirmer : *un besoin de changement s'est rapidement affirmé dans l'entreprise* · se développer · se répandre · s'étendre
- diminuer : *c'est un besoin qui diminue avec l'âge*
- disparaître · mourir · s'éteindre

∞ VERBE + besoin
- avoir : *elle a un énorme besoin d'affection* · éprouver · être / se trouver confronté à · ressentir : *il n'a jamais ressenti le besoin de se venger* · sentir
- avouer · dire · exprimer · formuler
- prendre en compte · prendre en considération · se préoccuper de • assouvir · combler · répondre à · satisfaire (à) : *cette mutation satisfait son besoin de changement*

2 besoin *nom masc.* (nécessité, souvent plur.)

∞ besoin + ADJECTIF
- biologique · corporel · physiologique · sanitaire • alimentaire · calorique · énergétique · nutritif · nutritionnel • éducatif • matériel · pratique • commercial · économique • conjoncturel · etc.
- particulier · précis · spécifique • individuel · propre
- émergent · naissant · nouveau + nom
- élémentaire · essentiel · existentiel · fondamental · primaire : *les besoins primaires sont des besoins vitaux, notamment les besoins alimentaires et sexuels* · primordial · principal · vital : *la consommation d'eau est limitée aux besoins vitaux* • concret · effectif • quotidien
- accru · considérable · énorme · gigantesque · gros + nom · impérieux · important · réel · vrai • avéré · criant · crucial · pressant · urgent
- brusque · soudain
- chronique · continuel · incessant · permanent
- accessoire · secondaire • modéré • ponctuel
- artificiel · factice · faux + nom · superflu

∾ **besoin** + VERBE
- émerger : *de nouveaux besoins émergent tous les jours* · naître · surgir • exister
- évoluer
- augmenter · grandir · se développer · s'étendre • se multiplier
- diminuer
- disparaître

∾ VERBE + **besoin**
- créer · engendrer · faire naître · susciter : *la société industrielle a suscité de nouveaux besoins*
- avoir : *j'ai un besoin urgent d'argent*
- anticiper · prévoir • apprécier · cerner · chiffrer · connaître · définir · déterminer · estimer · évaluer · identifier · préciser · recenser • étudier · examiner • hiérarchiser
- assurer : *le pays n'est plus en mesure d'assurer leurs besoins alimentaires* · couvrir · garantir · parer à : *pour parer aux besoins de main-d'œuvre, le pays doit faire appel aux immigrés* · pourvoir à · répondre à · satisfaire (à) · subvenir à
- coller à · s'adapter à · s'ajuster à • coïncider avec · correspondre à • prendre en compte · prendre en considération · se préoccuper de
- dépasser : *les disponibilités alimentaires dépassent leurs besoins énergétiques*
- contenir · diminuer · limiter · réduire : *un enrichissement naturel du sol réduit les besoins en engrais*

REM. On rencontre parfois "besoin impératif". Évitez cette expression maladroite et préférez "besoin impérieux".

[1]bêtise *nom fém.* (caractère stupide)

∾ **bêtise** + ADJECTIF
- ambiante · environnante • collective · générale · humaine · universelle • ordinaire
- abyssale · consternante · hallucinante · incommensurable · incurable · infinie : *« La terre a des limites, mais la bêtise humaine est infinie »* (Gustave Flaubert, *Lettre à Maupassant*, février 1880) · insondable · monumentale · notoire · profonde · sans nom : *cet homme est d'une bêtise sans nom*
- accablante · affligeante · atroce · crasse : *il fustige la bêtise crasse des enquêteurs* · innommable · terrible • impardonnable

∾ **bêtise** + VERBE
- régner : *un milieu superficiel où règne la bêtise*
- attrister · consterner

∾ VERBE + **bêtise**
- confiner à : *une ignorance qui confine à la bêtise*
- être confronté à · être en butte à · souffrir de · subir
- dénoncer · déplorer • fustiger : *l'auteur fustige la bêtise de ses contemporains* · pourfendre · s'en prendre à
- combattre · lutter contre · résister à · se battre contre · traquer
- en finir avec · vaincre

[2]bêtise *nom fém.* (acte, propos)

∾ **bêtise** + ADJECTIF
- gigantesque : *la création de ce permis a été une gigantesque bêtise* · grande [+ nom] · grosse [+ nom] · incommensurable · majeure · monumentale • irréparable : *il a commis une bêtise irréparable*
- affligeante · innommable · terrible • impardonnable
- petite [+ nom]

∾ **bêtise** + VERBE
- coûter cher (à) : *cette bêtise va lui coûter cher*

∾ VERBE + **bêtise**
- commettre · faire : *j'ai fait une grosse bêtise; ils ont fait la bêtise de ne pas réserver* • dire · raconter : *elle ne raconte que des bêtises* • écrire • (plur.) accumuler · multiplier
- avouer · reconnaître
- rire de : *il rit de ses propres bêtises*
- rattraper : *que faire pour rattraper cette bêtise ?* · réparer
- en finir avec

∾ NOM + DE + **bêtises**
- accumulation : *j'ai rarement entendu une telle accumulation de bêtises* · avalanche · flot · série · succession · suite · tas[fam.]

bévue *nom fém.*

∾ **bévue** + ADJECTIF
- administrative · judiciaire · politique
- banale
- belle [+ nom] · énorme · étonnante · grande [+ nom] · grosse [+ nom] · importante · incroyable · monumentale : *le ministre a commis une bévue monumentale* · phénoménale • (plur.) multiples · nombreuses
- irrattrapable · irréparable

∞ VERBE + **bévue**

- commettre • (plur.) accumuler · collectionner · multiplier
- constater · relever · se rendre compte de : *il s'est rendu compte après coup de sa bévue*
- effacer · faire oublier · rattraper · réparer
- pardonner

bien *nom masc.* (possession, aussi Droit)

∞ **bien** + ADJECTIF

- foncier · immeuble · immobilier • immatériel · incorporel • corporel · meuble · mobilier
- agricole · domanial · économique · industriel · patrimonial · professionnel · social • artistique · culturel : *le pillage des biens culturels n'a pas épargné ce pays* • terrestre : *il décide de renoncer aux biens terrestres* · etc.
- [Écon., plur.] • manufacturés · marchands • de consommation (courante) · de production • durables : *les commandes de biens durables ont reculé de 1,7 %* • intermédiaires
- (non) fongible · indivis · successoral · transmissible • inaliénable · insaisissable
- de famille · particulier · personnel · privé · propre • collectif · commun : *il n'y a pas de biens communs dans ce type de contrat de mariage* • civil : *la destruction de biens civils par les militaires* · national · public
- inestimable · précieux : *cette montre à gousset était son bien le plus précieux*

∞ **bien** + VERBE

- [Écon., plur.] circuler

∞ VERBE + **bien**

- convoiter • réclamer · revendiquer
- avoir · détenir · disposer de · posséder • conserver · garder
- avoir la jouissance de · jouir de · profiter de · user de · utiliser
- acheter · acquérir · hériter de · prendre possession de · recevoir • recouvrer : *il cherche à recouvrer les biens qu'on lui a volés pendant la guerre* · récupérer · rentrer en / reprendre possession de
- [Écon., plur.] produire
- [Écon., plur.] exporter · importer
- [Écon., plur.] consommer : *ils consomment peu de biens manufacturés*
- aliéner · confisquer · dérober · prendre · s'approprier · s'emparer de · séquestrer · spolier · voler
- (plur.) amasser · entasser
- adjuger · céder · concéder · confier · donner · laisser · léguer : *elle a légué tous ses biens à son neveu* · restituer · transférer · transmettre • (plur.) distribuer · mettre en commun · partager · répartir • (plur.) échanger • louer
- (plur.) énumérer · faire l'inventaire de : *l'huissier a fait l'inventaire de ses biens* · inventorier • évaluer · sous-estimer · surestimer
- assurer • cacher · défendre · mettre à l'abri · mettre en sécurité · préserver · protéger · sauver : *les biens qu'il a pu sauver de l'incendie*
- administrer · contrôler · gérer • taxer
- engager · hypothéquer
- déposséder de · dépouiller de · déshériter de
- abandonner · céder · liquider · renoncer à · vendre (aux enchères)
- dégrader · endommager · incendier · piller · saccager
- dilapider · perdre • détruire

∞ NOM + DE + **biens**

- abondance : *« Abondance de biens ne nuit pas »* (proverbe)

bien-être *nom masc.*

∞ **bien-être** + ADJECTIF

- corporel · matériel · physique • intérieur · mental · moral · psychologique · spirituel
- individuel · personnel • familial · public · social • collectif · commun · général · global
- suffisant • complet · grand [+ nom] : *pour assurer un plus grand bien-être* · infini · intense · total • ineffable : *une expérience qui soulève un sentiment de bien-être ineffable*
- immédiat : *ce massage des pieds procure un bien-être immédiat*
- minimal · modeste · petit [+ nom] · relatif
- délicieux · doux [+ nom] : *enveloppé dans un doux bien-être* · tranquille
- égoïste : *il serait plus facile de retourner à son bien-être égoïste*

∞ **bien-être** + VERBE

- dépendre de · provenir de · résulter de · venir de

∞ VERBE + **bien-être**

- aspirer à · rechercher : *elle recherche le bien-être par la méditation* · travailler à · viser à
- accéder à · atteindre · éprouver · goûter · jouir de · parvenir à · ressentir · sentir · vivre dans
- être attentif à : *ils sont très attentifs au bien-être des passagers* · être soucieux de · se préoccuper de · se soucier de · veiller à

- apporter · assurer · garantir · pourvoir à · procurer • contribuer à · participer à · œuvrer pour : *il œuvre pour le bien-être de la communauté*
- accroître : *le principe du développement durable est d'accroître le bien-être sans détruire l'environnement naturel* · améliorer · augmenter · développer · faire progresser : *cet accord historique vise à faire progresser le bien-être de l'humanité* · maximiser
- affecter · attenter à · compromettre · diminuer · menacer · nuire à
- sacrifier : *il sacrifie le bien-être des ouvriers à ses exigences de productivité*

bienfait *nom masc.* (souvent plur.)

∞ bienfait + ADJECTIF

- moral · psychologique • médical · thérapeutique • économique · politique · social · etc.
- attendu · escompté · supposé
- énorme · grand [+ nom] · immense • appréciable · précieux
- caché : *les bienfaits cachés de la nature* · inattendu : *c'est l'un des bienfaits inattendus de la loi* · insoupçonné

∞ bienfait + VERBE

- provenir de · résulter de : *le progrès scientifique et les bienfaits qui en résultent* · venir de

∞ VERBE + bienfait

- accorder · apporter · assurer · délivrer · dispenser · distribuer · engendrer : *les bienfaits engendrés par les biotechnologies* · offrir · partager · procurer · prodiguer · redistribuer · répandre
- maximiser
- décrire · dire · énumérer · recenser • démontrer · évoquer · faire valoir · invoquer · mettre en avant · prôner · souligner · témoigner de • chanter · défendre · exalter · vanter • convaincre de : *elle tente de le convaincre des bienfaits de l'économie libérale*
- mesurer
- découvrir · éprouver · ressentir : *j'ai ressenti les bienfaits du traitement dès le lendemain* · sentir • bénéficier de · jouir de • apprécier · goûter : *j'ai goûté aux bienfaits du yoga* · profiter de · savourer

bienveillance *nom fém.*

∞ bienveillance + ADJECTIF

- fraternelle · maternelle · parentale · paternelle • mutuelle · réciproque
- aimable · amicale · attentive · chaleureuse · complice · douce [+ nom] · exquise · généreuse · sincère · tendre • touchante
- à toute épreuve · extraordinaire · extrême · grande [+ nom] · inépuisable · infinie · sans bornes · sans limites • haute [○ + nom] : *j'ai l'honneur de solliciter votre haute bienveillance ...*
- exagérée · excessive
- passive : *une écoute qui est plus que de la bienveillance passive* · relative · superficielle • apparente · factice · fausse [+ nom]

∞ VERBE + bienveillance

- demander · faire appel à · solliciter • compter sur
- afficher · faire montre de · faire preuve de · manifester : *il a manifesté une grande bienveillance à mon égard* · montrer · témoigner • être enclin à · respirer : *cet homme respire la bienveillance et la sagesse*
- bénéficier de · (re)gagner · obtenir · s'assurer · s'attirer : *il a fait cela pour s'attirer la bienveillance de l'examinateur* • acheter : *il s'est acheté la bienveillance des douaniers*
- manquer de

avec bienveillance

- considérer · écouter · envisager · étudier : *le jury a étudié avec une égale bienveillance tous les sujets* · examiner · regarder

[1] bilan *nom masc.* (Écon., Fin.)

∞ bilan + ADJECTIF

- commercial · comptable · financier
- consolidé
- équilibré · positif
- déficitaire · déséquilibré · mauvais [+ nom] · négatif
- faux [+ nom] : *il est jugé pour présentation de faux bilan* · inexact

∞ VERBE + bilan

- établir
- se solder par : *le terme de septembre s'est soldé par un bilan négatif de 13,05 %*
- inscrire à : *le montant des dettes à inscrire au bilan consolidé*
- présenter · publier
- (ré)équilibrer · redresser : *il a redressé le bilan du groupe en 2 ans* • gonfler : *les entreprises cherchent à gonfler leur bilan à l'approche de la fin de l'année fiscale*
- aggraver · plomber [fam.] : *pour ne pas plomber le bilan de sa société, il a payé de sa poche une partie de la dette*

- clore
- déposer○ : *l'entreprise a déposé son bilan en décembre*

²bilan *nom masc.* (inventaire, résultat)

∾ bilan + ADJECTIF

- économique · politique · social • culturel · écologique · scientifique · sportif • de santé · psychologique · sanguin · etc.
- comparatif · qualitatif · quantitatif · synthétique
- collectif · individuel · personnalisé
- initial · préliminaire · premier ⁺ ⁿᵒᵐ • intermédiaire · partiel · provisoire • définitif · final
- général · global • approfondi · complet · détaillé · exhaustif · sérieux
- correct · exact · fiable · juste · lucide · précis
- sommaire · succinct • hâtif · rapide • approximatif · flou · imprécis
- édifiant · éloquent : *le bilan est éloquent : installations sanitaires défectueuses, réseau électrique défaillant* · instructif
- sans concession · sévère
- bon ⁺ ⁿᵒᵐ · convenable · honorable · positif · raisonnable · satisfaisant • brillant · excellent · impeccable : *un gérant au bilan impeccable* · impressionnant • concluant · encourageant · optimiste · prometteur · rassurant
- élogieux · enthousiaste · favorable · flatteur
- contrasté · en demi-teinte · inégal · mitigé · nuancé
- décevant · pessimiste · sombre : *la droite dresse un sombre bilan de la cohabitation* • maigre ⁺ ⁿᵒᵐ · médiocre · négatif · pas fameux · peu / pas très reluisant · piètre ⁺ ⁿᵒᵐ : *un piètre bilan de six défaites pour l'équipe de France* · piteux • alarmant · effrayant · inquiétant · préoccupant · terrifiant • accablant · affligeant · calamiteux · catastrophique · désastreux · dramatique · épouvantable · minable · terne · triste ⁺ ⁿᵒᵐ

∾ bilan + VERBE

- faire état de · indiquer · révéler : *le bilan révèle les faiblesses de l'entreprise* • décrire · préciser
- laisser à désirer

∾ VERBE + bilan

- s'achever sur · se solder par : *ce sommet se solde par un bilan positif*
- dresser · effectuer · élaborer · esquisser · établir · faire : *nous allons faire le bilan de l'année écoulée* · procéder à · réaliser · tirer : *le moment est venu de tirer le bilan de sa présidence*
- arrêter : *le dernier bilan, arrêté fin février par le ministère, faisait état de 1200 régularisations*
- afficher · annoncer · communiquer · diffuser · donner · fournir · présenter · publier · rendre public · révéler
- analyser · chiffrer · juger
- défendre · valoriser : *le gouvernement essaie de valoriser son bilan* · vanter • revendiquer · s'enorgueillir de · se prévaloir de · se targuer de
- corriger · nuancer · relativiser
- améliorer · soigner : *elle soigne son bilan pour pouvoir se représenter à la mairie dans les meilleures conditions*
- aggraver · ternir : *ces grèves viennent ternir le bilan de son quinquennat*
- contester · critiquer
- falsifier · maquiller · truquer

³bilan *nom masc.* (nombre de victimes)

∾ bilan + ADJECTIF

- humain
- officiel : *le bilan officiel fait état de 52 victimes* · officieux
- provisoire • définitif · final
- effroyable · lourd ⁺ ⁿᵒᵐ · terrible · tragique · triste ⁺ ⁿᵒᵐ • meurtrier : *bilan meurtrier pour le week-end de la Toussaint* · sanglant

∾ bilan + VERBE

- s'élever à · s'établir à : *le bilan s'établit désormais à 38 morts*
- dépasser · excéder : *le bilan risque d'excéder les 200 morts*
- s'alourdir : *le bilan de la catastrophe ferroviaire s'alourdit d'heure en heure*

∾ VERBE + bilan

- dresser · établir
- aggraver : *la poursuite des combats devrait encore aggraver le bilan* · alourdir
- se solder par : *l'attentat contre l'hôtel pourrait se solder par un lourd bilan*

blessé *nom masc.*

∾ blessé + ADJECTIF

- civil · militaire • par balle
- léger

- grand $^{+ nom}$ · grave : *bilan : 10 blessés graves et 12 blessés légers*
- inopérable · intransportable

∞ blessé + VERBE
- appeler au secours / à l'aide • délirer · frissonner · saigner · souffrir • être cloué au lit · être couché · être étendu · gésir : *le blessé gisait sur le bord de la route*
- agoniser · s'effondrer • décéder · mourir · succomber : *le blessé a succombé pendant son transport à l'hôpital*
- guérir · se rétablir

∞ VERBE + **blessé**
- faire : *l'accident a fait plusieurs blessés*
- acheminer · brancarder · emporter · évacuer · hospitaliser : *les blessés ont été hospitalisés immédiatement* · transférer · transporter
- examiner · s'occuper de • allonger · étendre • aider · porter secours à · secourir · venir en aide à : *des secouristes sont venus en aide aux blessés* • opérer · panser · ranimer · rééduquer · soigner · soulager · soutenir · traiter • sauver : *le chirurgien a pu sauver le blessé*
- achever

REM. On rencontre parfois "blessé lourd, sérieux". Évitez ces expressions calquées sur l'anglais et préférez "blessé grave."

blessure *nom fém.* (physique et morale)

∞ blessure + ADJECTIF
- corporelle · physique • ligamentaire · musculaire • affective · amoureuse · morale · psychique · psychologique
- accidentelle · involontaire • volontaire : *il fait l'objet d'une plainte pour coups et blessures volontaires sur un militaire*
- enfouie · intérieure · intime · secrète
- fraîche · récente
- ancienne $^{+ nom}$ · vieille $^{+ nom}$
- béante : *il nous montre deux blessures béantes à son mollet ; les blessures béantes laissées par la guerre* · grande $^{+ nom}$ · grave · grosse $^{+ nom}$ · importante · large $^{+ nom}$ · mauvaise $^{+ nom}$ · méchante $^{+ nom}$ · profonde · sérieuse · sévère · vilaine $^{+ nom}$ · vive : *des souvenirs de blessures encore vives* • affreuse · atroce · cruelle · dangereuse · douloureuse · horrible • à vif · ouverte • mal cicatrisée · mal refermée • purulente • incurable · inguérissable • fatale · mortelle • [fig.] indélébile · ineffaçable : *cette barbarie a laissé des blessures ineffaçables*
- chronique : *la joueuse souffre d'une blessure chronique au tendon d'Achille* · durable · persistante · tenace : *il a dû abandonner la compétition en raison d'une blessure tenace à une cheville*
- anodine · bénigne · insignifiante · légère · mineure · sans conséquence · superficielle • apparente • cicatrisable · guérissable

∞ blessure + VERBE
- résulter de : *les blessures résultent de sollicitations excessives du muscle* · venir de
- saigner • faire souffrir • laisser des séquelles
- s'aggraver · s'infecter
- (se) cicatriser · guérir · se (re)fermer

∞ VERBE + **blessure**
- causer · engendrer · entraîner · infliger · laisser : *cette guerre a laissé de profondes blessures au sein de la population* · occasionner · produire · provoquer
- examiner
- souffrir de · subir
- être couvert de (plur.) · garder : *il garde cette blessure en lui* · porter
- aggraver · envenimer · infecter • raviver · rouvrir : *je ne veux pas rouvrir les vieilles blessures, seulement connaître la vérité*
- bander · cicatriser · désinfecter · panser · soigner · traiter • refermer : *il faut du temps pour refermer les blessures de l'apartheid*
- guérir de · se remettre de : *tout juste / mal remis d'une blessure à l'épaule* · se rétablir de · survivre à
- cacher · masquer
- décéder de · mourir de · succomber à : *trois jours plus tard, il succombait à ses blessures*

∞ NOM + DE + **blessures**
- cascade : *il est revenu dans la compétition après une cascade de blessures* · série

REM. On rencontre parfois "contracter une blessure". Évitez cette expression maladroite et préférez "se blesser".

blocus *nom masc.*

∞ blocus + ADJECTIF
- alimentaire · commercial · économique · pétrolier
- aérien · maritime · militaire · naval · routier · terrestre
- complet · strict : *un blocus strict est imposé au pays* · total • efficace
- partiel : *le travail des transporteurs est rendu difficile par le blocus partiel de l'île*

∾ **blocus** + VERBE
- peser sur : *le blocus qui pèse sur ce territoire* • empêcher · priver de • affamer · asphyxier · paralyser

∾ VERBE + **blocus**
- décider · décréter • établir · faire · instaurer : *le pays a instauré un blocus économique* · organiser • faire respecter · imposer
- placer sous · soumettre à : *la région est soumise à un blocus total*
- renforcer • maintenir · poursuivre
- souffrir de : *la population souffre du blocus imposé depuis sept ans*
- condamner · critiquer · dénoncer · lutter contre · protester contre · s'opposer à
- braver · briser · contourner · forcer · rompre : *les militaires ont réussi à rompre le blocus pétrolier* • échapper à · résister à
- desserrer : *ils ont été contraints de desserrer le blocus maritime*
- lever · mettre fin à

boisson *nom fém.*

∾ **boisson** + ADJECTIF
- favorite · fétiche : *c'est la boisson fétiche des jeunes* · préférée
- nationale : *la boisson nationale argentine est le maté* · officielle · traditionnelle
- naturelle • alcoolisée · spiritueuse • anisée · aromatique · aromatisée · chocolatée · fruitée • effervescente · gazéifiée · gazeuse · pétillante • fermentée · forte • lactée • édulcorée · sucrée
- tiède • brûlante · chaude • frappée · froide · glacée
- apéritive · digestive • curative : *le thé est souvent consommé comme boisson curative* · diététique · diurétique · purgative
- énergétique · énergisante · excitante : *pour éviter l'insomnie, ne buvez pas de boisson excitante après 16 h* · fortifiante · revigorante · tonique · vitaminée • désaltérante · rafraîchissante • enivrante
- agréable · excellente • saine
- acide · aigre · amère • fade · insipide • écœurante · imbuvable

∾ **boisson** + VERBE
- désaltérer · étancher la soif : *l'eau est la boisson qui étanche le mieux la soif* · rafraîchir
- assommer · enivrer

∾ VERBE + **boisson**
- fabriquer · inventer • mélanger · préparer
- importer • commercialiser · lancer : *ils ont lancé une nouvelle boisson à base de gingembre*
- offrir · servir : *notre hôte nous a servi une boisson fraîche*
- absorber · avaler · boire · consommer · ingurgiter · prendre · s'abreuver de : *il s'abreuvait de boissons énergétiques* · savourer · s'envoyer[fam.] · siffler[fam.] · siroter · s'offrir • déguster

la boisson
- avoir un penchant pour · être porté sur : *il est un peu trop porté sur la boisson* · s'adonner à • être pris de : *il était manifestement pris de boisson quand il a fait ça* · être sous l'empire de · être sous l'emprise de · sombrer dans • abuser de

bombardement *nom masc.*

∾ **bombardement** + ADJECTIF
- atomique · nucléaire • stratégique • aérien · terrestre
- ciblé · de précision • à faible / haute altitude · en piqué · nocturne
- allié · ennemi
- imminent · nouveau [+ nom]
- important · intense · intensif · massif · soutenu
- méthodique · systématique • à répétition · incessant · quotidien · régulier · répété • continu · ininterrompu
- aveugle · barbare · effroyable · infernal · terrible · violent : *ils ont été la cible de violents bombardements* • criminel · destructeur · meurtrier
- accidentel
- sporadiques (plur.) : *des nuits rythmées par les bombardements sporadiques*

∾ **bombardement** + VERBE
- commencer · démarrer · survenir • avoir lieu
- redoubler (d'intensité) · s'intensifier (plur.) • se poursuivre · se prolonger
- choquer · scandaliser : *ces bombardements ont scandalisé l'opinion internationale* • (souvent passif) affoler · terroriser · traumatiser • affecter : *la cathédrale n'a pas été affectée par les bombardements* · menacer · toucher : *les bombardements ont touché la capitale* · viser • (souvent passif) blesser · causer des morts / blessés · déchiqueter · défigurer · mutiler · tuer • coûter la vie à

- (souvent passif) causer des destructions / pertes · démolir · détruire · dévaster · endommager · occasionner / causer des dommages / dégâts · paralyser · raser · ravager · ruiner
- épargner (souvent passif) : *l'école a été miraculeusement épargnée par les bombardements*
- prendre fin · s'arrêter

∾ VERBE + bombardement
- ordonner · organiser • commencer · débuter · déclencher · démarrer · lancer
- effectuer · procéder à · se livrer à • recourir à • répliquer par · riposter par
- continuer · poursuivre · prolonger · reprendre : *l'armée a repris ses bombardements intensifs sur la zone* • intensifier : *l'Alliance a intensifié ses bombardements sur tout le territoire*
- connaître · essuyer · être exposé à · être la cible de · être soumis à : *la ville est soumise à des bombardements incessants depuis trois mois* · subir
- répondre à · riposter à : *ils n'ont pas tardé à risposter aux bombardements de la veille*
- approuver · être favorable à · justifier
- condamner · critiquer · dénoncer · lutter contre · manifester contre · protester contre · se prononcer contre · s'opposer à : *l'opinion s'est vivement opposée aux bombardements*
- résister à · se protéger de • échapper à · survivre à • fuir
- disparaître dans · être blessé dans · être écrasé sous · être tué dans : *des centaines d'habitants ont été tués dans les bombardements* · mourir dans / sous · tomber sous
- interrompre · suspendre • arrêter · cesser · mettre fin à · stopper

∾ NOM + DE + bombardements
- campagne : *ils ont lancé une campagne de bombardements aériens* · vague

bombe *nom fém.* (engin)

∾ bombe + ADJECTIF
- A · à hydrogène · à neutrons · atomique · au cobalt · au napalm · au phosphore · au plastic · au plutonium · H · nucléaire · radiologique · sale (engin classique dispersant un nuage radioactif) · thermonucléaire • à fragmentation · à pénétration · à retardement · à souffle · incendiaire · soufflante • antipersonnel • humaine : *ces fanatiques se transforment en bombes humaines* • à ailette · autopropulsée · flottante · guidée · planante · roulante · télécommandée · ventouse · volante • bactériologique · biologique · chimique • fumigène · lacrymogène · etc.
- de gros calibre · énorme · grosse + nom · puissante
- intelligente · sophistiquée
- petite + nom • artisanale · rudimentaire

∾ bombe + VERBE
- détoner · éclater · exploser · péter *fam.* · sauter : *la bombe a sauté à 11h15* • faire tic-tac · siffler
- viser
- atteindre : *certaines bombes n'avaient pas atteint les objectifs prévus* • pleuvoir sur (plur.) : *les bombes pleuvent sur la capitale* · s'abattre sur · tomber sur
- (souvent passif) déchiqueter · détruire · éventrer · pulvériser · raser · ravager · souffler : *le bâtiment a été complètement soufflé par la bombe* · tuer

∾ VERBE + bombe
- assembler · confectionner · construire · fabriquer · faire · préparer
- posséder · se doter de : *ils se sont dotés de la bombe atomique*
- avoir recours à · employer · manipuler · utiliser
- déposer · placer · poser • balancer · déverser (plur.) : *ils ont déversé des centaines de bombes sur le territoire* · jeter · lâcher · laisser tomber · lancer · larguer • actionner · faire sauter : *c'est un kamikaze qui a fait sauter la bombe* • arroser de (plur.)
- sauter sur : *il / le bus a sauté sur une bombe*
- se mettre à l'abri de · se protéger de • échapper à · résister à
- désamorcer · neutraliser

∾ NOM + DE + bombes
- chapelet : *le bombardier crache son interminable chapelet de bombes* · déluge · pluie • tapis ○ : *la stratégie du tapis de bombes*

sous les bombes
- disparaître · fuir · mourir · périr

bonheur *nom masc.*

∾ bonheur + ADJECTIF
- conjugal · familial · individuel
- extraordinaire · extrême · formidable · fou · grand + nom · immense · inappréciable · incommensurable · incroyable · infini · inouï · intense · pur + nom · rare · sans entrave(s) · sans limites · sans mélange · sans nom · sans nuage : *des années d'un bonheur sans nuage* · suprême · vrai + nom • absolu · complet : *pour que notre bonheur soit complet* · intégral · parfait · total • insolent · triomphant

• indescriptible · indicible · ineffable · inexprimable • évident · manifeste · palpable · tangible · visible • communicatif · contagieux
- constant · durable · éternel · solide
- grisant · inestimable · merveilleux · prodigieux
- inconnu • imprévu · inattendu · inespéré
- calme · douillet · paisible · ronronnant · sage · simple · tranquille
- fragile · frêle · imparfait · petit + nom · relatif
- court + nom · de courte durée · éphémère · évanescent *littér.* · fugace · fugitif · furtif · passager · périssable · précaire · provisoire
- égoïste · médiocre
- hypothétique · illusoire · impossible · inaccessible • apparent · factice · superficiel
- ancien · disparu · lointain · passé · perdu

∾ bonheur + VERBE
- naître (de) • arriver : *le bonheur arrive souvent par surprise*
- s'envoler · se sauver • se briser : *le jour où elle est partie, son bonheur s'est brisé*

∾ VERBE + bonheur
- aspirer à · (re)chercher · courir après · vouloir • attendre · croire à : *malgré les épreuves, elle croit encore au bonheur* · espérer · rêver à • envier · être jaloux de
- entrevoir · voir • accéder à · arriver à · atteindre · obtenir · rencontrer · saisir · toucher à : *la déception est d'autant plus cruelle qu'il croyait enfin toucher au bonheur* · trouver
- avoir · baigner dans · connaître : *ils connaissaient un bonheur parfait jusqu'à ce drame* · éprouver · goûter (à) · nager dans : *elle nage dans le bonheur* · profiter de · respirer · ressentir · savourer • être ivre de · être transporté de
- exulter de · frissonner de · pleurer de : *elle a pleuré de bonheur en apprenant la nouvelle* · rayonner de · resplendir de · rire de · sourire de
- être apte à · être doué pour · être fait pour
- afficher · exprimer · laisser éclater : *à la fin du match, il a laissé éclater son bonheur* · montrer • connaître (souvent nég.) : *ils ne connaissent pas leur bonheur !* · savourer
- promettre • apporter · assurer · contribuer à · donner · faire : *cet enfant fait mon bonheur* · procurer · suffire à : *une petite maison à la campagne suffirait amplement à mon bonheur*
- préserver · protéger
- fuir : *« Fuir le bonheur de peur qu'il ne se sauve »* (chanson de Serge Gainsbourg) · renoncer à · se priver de
- menacer · mettre en danger · mettre en péril
- détruire · ruiner • sacrifier

∾ NOM + DE + bonheur
- comble : *avec cette victoire inespérée, elle est au comble du bonheur*

bonté *nom fém.*

∾ bonté + ADJECTIF
- divine · humaine
- naturelle · sincère
- confondante · extraordinaire · extrême · grande + nom · immense · infinie · profonde • inépuisable · inlassable • ineffable : *il nous regardait avec une bonté ineffable* • proverbiale
- incarnée : *c'est la bonté incarnée* · personnifiée
- naïve
- apparente · fausse + nom

∾ VERBE + bonté
- avoir (de) : *ayez la bonté de m'écouter* · déborder de · être de : *elle est d'une grande bonté* · faire montre de · faire preuve de
- exprimer · irradier : *elle irradie la force et la bonté* · respirer
- être empreint de : *son jugement est juste et empreint de bonté* · être pénétré de · être plein de · être rempli de
- abuser de : *n'abusez pas de sa bonté !*

avec bonté
- agir • accueillir · recevoir · traiter • regarder · sourire

bouche *nom fém.*

∾ bouche + ADJECTIF
- rose · rouge · vermeille : *« Tartuffe ? Il se porte à merveille, gros et gras, le teint frais et la bouche vermeille »* (Molière, *Tartuffe*)
- grande + nom · immense • béante · fendue jusqu'aux oreilles : *nous sourions béatement, la bouche fendue jusqu'aux oreilles*
- belle + nom · bien / finement dessinée · jolie • charnue · pulpeuse · sensuelle
- en cœur · rieuse
- étroite · minuscule · petite + nom
- en cul-de-poule · pincée
- écumante : *avec son regard halluciné et sa bouche écumante, il a l'air d'un fou* • pâteuse · sèche

∾ VERBE + **bouche**
- fermer · ouvrir
- se dessécher

[1]**bouchon** *nom masc.* (capuchon)

∾ **bouchon** + ADJECTIF
- doseur · obturateur · verseur
- étanche · hermétique

∾ **bouchon** + VERBE
- obturer
- péter*fam.* · sauter : *il a fait sauter un bouchon de champagne*
- se casser · s'effriter

∾ VERBE + **bouchon**
- arracher · dévisser · enlever : *personne n'a réussi à enlever le bouchon* · faire sauter · ouvrir · retirer
- enfoncer · (re)fermer · (re)mettre · (re)visser
- sentir : *le vin sent le bouchon*

[2]**bouchon** *nom masc.* (embouteillage)

∾ **bouchon** + ADJECTIF
- autoroutier · routier
- habituel • énorme · gros *+ nom* · immense · long *+ nom* : *le barrage routier a causé un long bouchon* · phénoménal • interminable · monstre*fam.*
- petit *+ nom*

∾ **bouchon** + VERBE
- atteindre : *dimanche en milieu de journée, les bouchons ont atteint 582 km*
- s'étendre : *le bouchon s'étend sur plusieurs kilomètres*
- ralentir : *des bouchons ralentissent la circulation* • bloquer · immobiliser · paralyser

∾ VERBE + **bouchon**
- causer · créer · engendrer · occasionner · provoquer : *l'accident a provoqué un énorme bouchon sur la nationale*
- prévoir • enregistrer • signaler : *la radio signale un bouchon sur cette route*
- tomber dans • être bloqué dans · être coincé dans · être pris dans
- contourner · éviter • s'extirper de : *pour s'extirper de ce bouchon, prendre la sortie 12*
- limiter · résorber

bouleversement *nom masc.*

∾ **bouleversement** + ADJECTIF
- climatique · démographique · économique · géopolitique · institutionnel · politique · social · technologique · etc.
- intérieur · psychologique
- complet · considérable · de grande ampleur · énorme · grand *+ nom* · historique · immense · majeur · notable : *la radio présente cette année une grille sans bouleversement notable* · plein *+ nom* : *l'industrie de la chaussure est en plein bouleversement* · profond · radical · véritable *+ nom*
- constant · perpétuel : *un secteur en perpétuel bouleversement*

∾ **bouleversement** + VERBE
- (souvent passif) intervenir · survenir : *les bouleversements survenus au sein du service*
- être consécutif à · être lié à : *tous ces bouleversements sont liés à Internet*

∾ VERBE + **bouleversement**
- engendrer · entraîner · induire : *des bouleversements induits par la réorganisation* · occasionner · provoquer
- annoncer · être annonciateur de • anticiper : *anticiper les bouleversements de la société* · prévoir
- être riche en : *cette période fut riche en bouleversements*
- connaître · être confronté à · subir
- s'adapter à

bourbier *nom masc.*

∾ **bourbier** + ADJECTIF
- économique · financier · juridique • électoral · politique · etc.
- immense • affreux · épouvantable · horrible · infâme · infect · terrible

∾ VERBE + **bourbier**
- devenir · se transformer en
- (se) dégager de : *cet accord leur a permis de se dégager de ce bourbier* · échapper à · (s')extirper de · (s')extraire de · fuir · (se) sortir de · (se) tirer de

dans un bourbier
- être entraîné · être pris · mettre les pieds · tomber • être coincé · s'enfoncer : *le pays s'enfonce chaque jour un peu plus dans le bourbier de cette sale guerre* · s'engluer · s'enliser

[1]**Bourse** *nom fém.* (place financière)

∾ **Bourse** + ADJECTIF
- active · animée
- euphorique · optimiste
- fragile : *la Bourse est restée très fragile toute la semaine* · sensible · volatile : *la Bourse est trop volatile pour spéculer*

- atone : *la Bourse de Tokyo est restée désespérément atone* · calme · morose · stagnante • frileuse · prudente

∞ Bourse + VERBE

- afficher une progression / une hausse · clôturer en hausse · enregistrer un record / une hausse · être à la hausse · être au plus haut · faire un bond · (re)gagner du terrain · réagir bien · rebondir · remonter · reprendre du poil de la bête^fam. · se redresser · se reprendre · se requinquer^fam.
- baisser · céder / perdre du terrain · chuter · clôturer en baisse · dégringoler · enregistrer une baisse · être à la baisse · être au plus bas · être au plus mal · être en chute libre · plonger · réagir mal · s'écrouler · s'effondrer · s'enfoncer
- anticiper : *la Bourse avait anticipé la reprise* • apprécier : *la Bourse a apprécié cette annonce de fusion* · saluer : *la Bourse a salué ce rachat*
- s'affoler : *les chiffres de la croissance sont mauvais mais la Bourse refuse de s'affoler*
- sanctionner : *la Bourse n'a pas tardé à sanctionner cette décision*

∞ VERBE + **Bourse**

- créer : *ils veulent créer une Bourse électronique européenne*
- dynamiser · requinquer^fam. : *son élection a requinqué la Bourse de Bangkok* · revigorer · stimuler
- affecter · déstabiliser · miner · perturber

en Bourse

- coter (souvent passif) : *l'opérateur est maintenant coté en Bourse* · entrer · (s')introduire · mettre : *ils veulent mettre en Bourse leur filiale internet* • négocier : *les valeurs nominatives sont négociées en Bourse* • investir · placer
- bondir · flamber : *les entreprises du Net flambent en Bourse* · monter · progresser · s'envoler • baisser · chuter · être chahuté · être malmené : *le groupe continue d'être durement malmené en Bourse* · reculer

²**bourse** *nom fém.* (porte-monnaie)

∞ bourse + ADJECTIF

- commune : *tout l'argent collecté est versé dans cette bourse commune*
- (bien) garnie · grosse ^+ nom · (bien) remplie · ventrue
- dégarnie · légère · plate · vide

∞ VERBE + **bourse**

- constituer · créer · faire (sans art.) : *on a fait bourse commune*
- tenir les cordons de • serrer les cordons de : *le ministre a décidé de serrer les cordons de la bourse cette année*
- délier (les cordons de) : *il a fait tout cela sans bourse délier* · desserrer les cordons de · ouvrir
- vider

³**bourse** *nom fém.* (aide financière)

∞ bourse + ADJECTIF

- scolaire · universitaire • publique : *elle a reçu une bourse publique pour suivre des cours à Harvard*
- annuelle · mensuelle
- conséquente · généreuse · importante
- prestigieuse : *elle a reçu une prestigieuse bourse universitaire pour continuer ses recherches*
- misérable · modeste · petite

∞ bourse + VERBE

- aider · financer : *cette bourse permet de financer un stage à l'étranger*
- augmenter
- diminuer

∞ VERBE + **bourse**

- demander · faire / déposer une demande de · solliciter
- créer : *ils ont créé une bourse pour les étudiants étrangers*
- accorder · attribuer : *le ministère a attribué une bourse au jeune musicien* · offrir · proposer · verser
- décrocher^fam. · obtenir
- bénéficier de · être muni de : *elle est partie à Amsterdam munie d'une bourse Erasmus* · être titulaire de · percevoir · recevoir · toucher

¹**bras** *nom masc.* (membre)

∞ bras + ADJECTIF

- nu • tatoué
- grand ^+ nom · immense · interminable · long • boudiné : *ce caraco lui fait des bras boudinés* · charnu · dodu · gros ^+ nom · potelé · rond
- costaud · ferme · fort · musclé · musculeux · puissant · robuste · solide · vigoureux • valide : *il s'aida de son bras valide*
- accueillant · ami · fraternel · protecteur : *il lui a entouré les épaules d'un bras protecteur*
- gracieux · gracile · magnifique · superbe • souple

- (plur.) écartés · ouverts • en croix · en V • ballants : *il la regardait, les bras ballants* · pendants • chargés : *il est arrivé les bras chargés de victuailles*
- court · petit [+ nom] • fin · grêle · maigre · nerveux · noueux · sec • décharné
- endormi · engourdi · gourd • fatigué · perclus • raide · rigide
- cassé · en écharpe · estropié · invalide · paralysé

∞ bras + VERBE

- battre l'air · mouliner : *ses bras moulinaient en tous sens* · s'agiter • s'arrondir · s'écarter · s'ouvrir • se fermer
- entourer · étreindre · serrer • porter · soutenir
- pendre : *ses bras pendaient le long de son corps* · retomber
- fourmiller · trembler : *son bras n'a pas tremblé au moment de frapper*

∞ VERBE + bras

- arrondir · ouvrir • croiser · plier · refermer (sur) • agiter · balancer · battre de · bouger • allonger · décroiser · écarter · étendre · étirer · tendre • baisser · lever
- jeter ... autour · mettre ... autour · nouer ... au cou de (plur.) : *elle a noué ses bras autour de son cou* · passer ... autour
- emporter sous · prendre sous
- donner · offrir : *il lui a offert son bras pour traverser la route* · prêter • (plur., +possessif) bercer dans · porter dans · prendre dans · serrer dans / entre · tenir dans
- attraper · prendre · saisir · secouer • serrer · tenir • être à : *la jeune femme était à son bras* · s'accrocher à · s'agripper à · s'appuyer au / sur · se cramponner à · se suspendre à • prendre par · rattraper par · (se) tenir par · tirer par
- (plur.) aller dans · atterrir dans · courir dans · se jeter dans : *elle se jeta dans les bras de sa mère* · se précipiter dans • dormir dans · se blottir dans · se réfugier dans : *la petite fille se réfugia dans les bras de son père* • se consoler dans • mourir dans
- lâcher
- (plur.) quitter · s'arracher de : *elle réussit à s'arracher des bras de l'agresseur* · s'échapper de
- (se) tordre • (se) casser · (se) fracturer · (se) taillader
- amputer · sectionner
- perdre : *il a perdu un bras à la guerre*

à bras ouverts

- accueillir · recevoir

[2] **bras** *nom masc.* (instrument)

∞ bras + ADJECTIF

- articulé · robot · robotisé · télécommandé · télémanipulateur : *le bras télémanipulateur de la navette* · télescopique

∞ VERBE + bras

- actionner · manœuvrer · piloter

[3] **bras** *nom masc.* (organisation, personne)

∞ bras + ADJECTIF

- armé° : *c'est le bras armé de l'organisation indépendantiste* · militaire · politique • légiférant • séculier
- droit° : *elle est devenue son bras droit* • commercial
- invincible : *« Ton bras est invaincu, mais non pas invincible »* (Corneille, *Le Cid*, II, 2) · vainqueur • vengeur : *il se veut le bras vengeur de l'opinion publique*

bras de fer *nom masc.* (bataille)

∞ bras de fer + ADJECTIF

- diplomatique · politique • judiciaire · juridico-politique · juridique • psychologique • commercial · économique · financier · etc.
- sérieux • terrible
- long [+ nom] • interminable
- inégal : *on s'attend à des défections dans ce bras de fer inégal*
- discret

∞ bras de fer + VERBE

- commencer · débuter
- se jouer : *un bras de fer se joue entre les laboratoires et les États autour d'enjeux de santé publique*
- mettre aux prises : *le bras de fer qui met aux prises le gouvernement et les syndicats* · opposer
- se durcir
- continuer · durer · se poursuivre · se prolonger
- se terminer

∞ VERBE + bras de fer

- tourner à : *ses prises de position tournent au bras de fer avec l'establishment*
- provoquer : *l'incident avait alors provoqué un bras de fer entre les deux pays*
- engager · entamer · se livrer à · s'engager dans • poursuivre : *il a décidé de poursuivre le bras de fer engagé avec la mairie*
- gagner · remporter
- perdre : *il a finalement perdu son bras de fer contre le fournisseur d'accès*
- mettre fin à · mettre un terme à

brèche *nom fém.* (litt. et fig.)

∾ brèche + ADJECTIF

- juridique · légale
- béante : *les brèches béantes révélées dans la sécurité aérienne* · énorme · grande · importante · large + nom · profonde · sérieuse
- étroite · mince · petite + nom

∾ brèche + VERBE

- s'agrandir · se creuser · s'élargir

∾ VERBE + brèche

- créer · creuser : *le Premier ministre a creusé une brèche dans la doctrine officielle de son parti* · faire · ouvrir : *le bulldozer ouvrit une brèche pour permettre le passage ; ce jugement vient d'ouvrir une brèche dans le système* · pratiquer
- découvrir · trouver • profiter de : *les députés ont profité de la brèche pour revenir à la charge*
- colmater · combler · fermer · réparer

dans une / la brèche

- se faufiler · se glisser · s'engager · s'engouffrer : *une fois le coin enfoncé, il ne restait plus qu'à s'engouffrer dans la brèche* · se précipiter : *ils se sont précipités dans la brèche ouverte par la déréglementation* · s'infiltrer · s'introduire

REM. On rencontre parfois "s'immiscer dans, pénétrer une brèche". Évitez ces expressions maladroites et préférez "s'engouffrer dans, s'infiltrer dans une brèche".

1 brevet *nom masc.* (brevet d'invention)

∾ brevet + ADJECTIF

- industriel · d'invention · de perfectionnement
- informatique · logiciel • pharmaceutique · etc.
- communautaire (européen) · international · national
- exclusif
- valide
- abusif : *cette mesure vise à éviter les brevets abusifs* · contestable

∾ brevet + VERBE

- accorder / conférer un droit · accorder / conférer une exclusivité : *le brevet accorde une exclusivité de commercialisation limitée dans le temps*
- concerner · couvrir : *le brevet couvre des produits importants pour l'analyse de l'ADN* · porter sur · protéger
- dormir dans des cartons / des tiroirs : *nombre de brevets dorment dans les tiroirs des universités*
- expirer · tomber dans le domaine public

∾ VERBE + brevet

- déposer : *le laboratoire a déposé un brevet en 2001* · faire enregistrer
- acheter · demander · obtenir : *elle a obtenu un brevet pour son invention*
- avoir · détenir · être détenteur de · posséder
- accorder · délivrer : *l'INPI est le seul organisme habilité à délivrer les brevets en France*
- commercialiser · exploiter
- contourner : *le pays est accusé de contourner les brevets sur les médicaments antisida* · contrefaire · enfreindre : *le générique enfreignait le brevet de ce médicament* · violer : *il a violé le brevet d'invention appartenant à la société*
- céder · renoncer à
- annuler

2 brevet *nom masc.* (certificat d'aptitude)

∾ brevet + ADJECTIF

- professionnel • d'apprentissage · de technicien • militaire

∾ VERBE + brevet

- décerner · délivrer · donner
- passer : *il a passé son brevet de pilote d'avion*
- décrocher *fam.* · obtenir
- avoir · être titulaire de

brise *nom fém.*

∾ brise + ADJECTIF

- naissante
- marine · océanique · de mer · de terre • thermique [Météo] • estivale · matinale
- fraîche · frisquette • chaude · tiède • humide
- faible · légère · molle · petite + nom
- capricieuse · changeante · irrégulière
- bonne + nom · jolie • constante · forte + nom · soutenue • portante [Naut.] : *poussé à vive allure par une brise portante*
- agréable · délicieuse : *une brise délicieuse soufflait dans le patio* · douce • rafraîchissante · vivifiante • embaumée · odorante · parfumée

∾ brise + VERBE

- se lever • venir de
- souffler (sur) • bercer · caresser • embaumer
- s'amplifier • [Naut.] fraîchir · passer la barre des x nœuds : *la brise passe la barre des 23 nœuds*
- faiblir · mollir · (re)tomber • calmir [Naut.]

∾ VERBE + **brise**
- humer · respirer · sentir

brouillard *nom masc.*

∾ **brouillard** + ADJECTIF
- givrant · glacé · glacial • humide · moite
- matinal · vespéral
- blanc · blanchâtre · laiteux
- à couper au couteau° · cotonneux · dense · enveloppant · épais · immense : *j'avais l'impression de flotter dans un immense brouillard* · intense · opaque • obstiné · permanent · persistant · tenace • lourd · pesant · sale + nom • complet [fig.] : *nous sommes dans le brouillard le plus complet*
- fin · léger + nom · mince

∾ **brouillard** + VERBE
- monter de : *le brouillard montait de la vallée* · s'élever de : *un brouillard s'élève du fleuve*
- flotter (sur) · s'abattre sur : *le brouillard s'est abattu sur la région dans la nuit* · tomber (sur) • baigner · coiffer : *un brouillard tenace coiffait San Francisco* · ensevelir · entourer · envahir · envelopper · environner · napper : *un brouillard laiteux nappait les champs* · nimber (souvent passif) : *la campagne nimbée de brouillard* · recouvrir : *un épais brouillard froid recouvrait la capitale* • dissimuler · voiler
- aveugler · piéger (souvent passif) : *les randonneurs ont été piégés par le brouillard* • limiter la visibilité
- s'épaissir · s'étaler · s'étendre
- disparaître · se disperser · se dissiper · s'effilocher · se lever · s'estomper

∾ VERBE + **brouillard**
- former
- émerger de · sortir de · surgir de
- affronter · braver : *bravant le brouillard et la bruine, de nombreux spectateurs sont venus*
- disperser · dissiper · percer · transpercer

∾ NOM + DE + **brouillard**
- nappe : *une épaisse nappe de brouillard a enveloppé la ville*

dans le brouillard
- disparaître : *la barque disparut dans le brouillard* · être plongé : *le sommet du mont était plongé dans le brouillard* · s'enfoncer · se noyer · se perdre • avancer · naviguer
- [souvent fig.] être · nager

1 bruit *nom masc.* (son)

∾ **bruit** + ADJECTIF
- industriel · mécanique • blanc°
- familier · normal • caractéristique · distinct · particulier · significatif · spécifique • parasite : *la bande magnétique est saturée de bruits parasites*
- ambiant · de fond · extérieur • nocturne
- [retentissement] • médiatique : *depuis les élections, le bruit médiatique autour de la violence a brutalement chuté à la télévision*
- aigu · strident · suraigu • clair · éclatant · sonore • métallique · sec
- audible · perceptible • à réveiller un / les mort(s)° · assourdissant · considérable · d'enfer *fam.* · de tous les diables° · énorme · extraordinaire · formidable · fort · fou · fracassant · grand + nom · gros + nom · impressionnant · intense · pénétrant · puissant · retentissant • épouvantable · horrible · infernal · monstrueux · sinistre · terrible · violent • ahurissant · étourdissant
- uniforme • monotone
- agaçant · crispant · désagréable · énervant · exaspérant · fatigant · gênant · incommodant · insupportable · intolérable · irritant · lancinant · obsédant · pénible • alarmant · effrayant · inquiétant : *le moteur s'est mis à faire un bruit inquiétant* · menaçant · suspect · terrifiant
- prolongé • continu · incessant · omniprésent · perpétuel • régulier · répété · répétitif
- soudain
- anormal · bizarre · étrange · incongru · inexplicable · inhabituel · insolite · mystérieux · singulier • indéfinissable
- doux · harmonieux · joli + nom · mélodieux • joyeux • rassurant : *le bruit rassurant de la clé qui tourne dans la serrure*
- faible · léger · petit + nom • assourdi : *il entendit un bruit assourdi de sabots* · confus · diffus : *des bruits d'eau diffus le réveillèrent* · étouffé · feutré · mat · ouaté · sourd • imperceptible · lointain
- bref · court • discontinu · intermittent · irrégulier · saccadé : *le bruit saccadé des machines*

∾ **bruit** + VERBE
- monter (de) : *un bruit confus montant des cuisines* · s'élever (de) • s'échapper de : *des bruits de casserole s'échappaient du local* · sortir de
- dominer · régner : *un bruit infernal règne dans cette rue* · se faire entendre · s'entendre
- atteindre : *le bruit peut atteindre plus de 120 décibels* • accompagner · bercer : *il s'endormait, bercé par le bruit du moteur* · rythmer • emplir · remplir
- retentir • se préciser · se rapprocher • croître · grandir · gronder · grossir · monter · résonner · s'amplifier • se propager

- persister · se prolonger • recommencer · reprendre
- alerter · attirer l'attention · réveiller
- couvrir : *le bruit de la machine couvrait ses sanglots* • déranger · interrompre : *la leçon fut interrompue par des bruits suspects* · perturber · troubler
- écorcher les oreilles • abasourdir · agacer · assourdir · énerver · épuiser · excéder · fatiguer · gêner · importuner
- décroître · diminuer · faiblir · s'affaiblir · s'assourdir · se calmer • s'éloigner : *il écouta s'éloigner le bruit des pas* · se perdre : *le bruit se perdit dans la nuit*
- cesser · disparaître · mourir · s'arrêter · s'évanouir · stopper

∾ VERBE + **bruit**

- émettre : *la radio émet des bruits parasites* · faire : *ça a fait un bruit / du bruit* · générer · laisser échapper · produire · provoquer
- amplifier · augmenter
- résonner de : *la pièce résonne du bruit des cloches* · s'emplir de : *la pièce s'emplit des bruits nocturnes de la campagne*
- imiter · reproduire
- distinguer · entendre · ouïr^littér. · percevoir • écouter · prêter l'oreille à • guetter
- analyser · identifier · localiser
- enregistrer
- être exposé à : *les travailleurs sont exposés à un bruit intense* • accourir à · se réveiller à : *on s'est réveillé au bruit des marteaux-piqueurs* · sursauter à
- supporter (souvent nég.) : *je ne supporte plus tous ces bruits de photocopieuses*
- détester • avoir peur de · craindre • souffrir de
- combattre · lutter contre
- amortir · atténuer · diminuer · étouffer : *les épais tapis étouffent les bruits* · limiter · réduire
- arrêter · faire cesser

2 bruit *nom masc.* (rumeur)

∾ **bruit** + ADJECTIF

- de couloirs○
- insistant · récurrent : *les bruits récurrents sur la fermeture du club*
- absurde · extravagant • calomnieux · infâme
- invérifiable · vague • contradictoires (plur.)
- dénué de / sans fondement · faux + nom : *il répand de faux bruits dans l'entreprise* · infondé

∾ **bruit** + VERBE

- naître
- circuler · courir : *le bruit court qu'elle quitterait l'entreprise* • parcourir : *le bruit a parcouru la ville* • arriver jusqu'aux oreilles de · parvenir à / jusqu'à : *le bruit est parvenu jusqu'au siège du journal*
- se répandre
- affirmer · annoncer · assurer · évoquer · faire état de · prétendre • attribuer : *un bruit sans fondement lui attribue ce méfait* · prêter une intention / une ambition à
- affoler · alimenter la peur / l'inquiétude de · semer la panique

∾ VERBE + **bruit**

- rapporter • faire circuler · faire courir • colporter · propager · répandre : *ils ont répandu des bruits sur son renvoi imminent*
- accorder crédit à · accréditer : *cela accréditait le bruit selon lequel ils se séparent* · croire · prendre au sérieux • confirmer
- vérifier
- démentir
- faire taire : *ils essaient de faire taire les bruits selon lesquels il serait très malade*

brûlure *nom fém.*

∾ **brûlure** + ADJECTIF

- domestique
- au premier / deuxième / troisième degré • grave · importante · profonde · sévère · terrible · vilaine + nom • étendue
- [sensation] • vive + nom : *le malade ressent généralement une très vive brûlure* • atroce · douloureuse
- bénigne · légère · petite + nom · superficielle

∾ **brûlure** + VERBE

- s'étendre : *la brûlure s'étend du genou à la cheville* • s'infecter
- faire mal · faire souffrir
- refroidir · s'apaiser • cicatriser

∾ VERBE + **brûlure**

- causer · entraîner · provoquer
- être couvert de · être victime de : *elle a été victime d'une brûlure à la jambe* · souffrir de : *il souffre de graves brûlures au visage*
- [sensation] • ressentir : *je ressens une brûlure au niveau de l'estomac* · sentir
- calmer · guérir · refroidir : *il faut refroidir la brûlure avec de l'eau glacée* · soigner · soulager · traiter
- décéder (des suites de) · mourir (des suites) de · succomber à

brume *nom fém.*

∞ brume + ADJECTIF

- marine · océane
- de chaleur° • automnale · hivernale • matinale · nocturne • ambiante
- argentée · blanchâtre · blanche · laiteuse • bleuâtre · bleutée · etc.
- chaude · humide · tiède • froide · glacée
- épaisse · impénétrable · opaque • tenace : *les hauteurs où s'accrochent des brumes tenaces*
- évanescente[littér.] · légère · vaporeuse

∞ brume + VERBE

- apparaître · monter · se former · s'élever (de) · se lever (sur)
- couvrir · emplir · entourer · envahir · envelopper · flotter (sur) · gagner · planer (sur) · recouvrir · s'accrocher à · tomber (sur)
- diminuer · se disperser · se dissiper : *les brumes matinales vont rapidement se dissiper* · s'estomper : *la brume s'estompe peu à peu et laisse voir une vue magnifique* · s'évaporer

∞ VERBE + brume

- être baigné de · être nimbé de : *le lac était nimbé de brume* · se voiler de
- percer : *le soleil n'arrive pas à percer la brume* · traverser · trouer • chasser · dissiper
- apparaître dans · émerger de · se dessiner dans · se détacher dans : *la silhouette de l'île se détache dans la brume* · sortir de · surgir de
- disparaître dans · être noyé dans : *les coupoles noyées dans la brume de chaleur* · être plongé dans · se dissoudre dans · se fondre dans · s'enfoncer dans · se perdre dans · s'évanouir dans : *l'inconnu qui nous accompagnait s'évanouit dans la brume* · s'évaporer dans

∞ NOM + DE + brume

- couche · nappe (souvent plur.) : *une nappe de brume matinale flottait sur le lac* · voile

brutalité *nom fém.*

∞ brutalité + ADJECTIF

- physique · psychique · sexuelle · verbale : *la brutalité verbale avec laquelle il traite ses collaborateurs*
- masculine • policière : *une nouvelle affaire de brutalité policière à l'encontre d'immigrés*
- extraordinaire · extrême · formidable · grande[+ nom] · incroyable · inouïe · profonde · rare · sans limites · sans précédent
- animale · bestiale
- cynique · froide • inexcusable · insupportable • abominable · aveugle · effarante · impitoyable · insensée · révoltante · sanguinaire · sans nom
- coutumière · habituelle · quotidienne · répétée

∞ brutalité + VERBE

- (souvent passif) choquer · écœurer · gêner · indigner · révolter · scandaliser · stupéfier · surprendre

∞ VERBE + brutalité

- conduire à · mener à
- faire acte de · faire preuve de : *il n'hésite pas à faire preuve de brutalité pour se faire respecter* · recourir à
- [acte] • commettre · se livrer à : *les brutalités auxquelles se seraient livrées les forces de l'ordre* • être connu pour · être redouté pour · être réputé pour
- accuser de
- soumettre à (souvent passif) : *les prisonniers sont soumis aux brutalités et aux humiliations*
- être confronté à : *il est confronté à la brutalité de la réalité* · être victime de · souffrir de · subir
- condamner · contester · dénoncer
- lutter contre · manifester contre · protester contre · se mobiliser contre · se révolter contre · s'opposer à
- échapper à · survivre à : *comment ont-ils pu survivre à la brutalité des camps ?*
- accentuer · renforcer
- dévoiler · dire · révéler • montrer · refléter
- atténuer : *quelques précautions oratoires atténuent la brutalité de l'annonce*
- accepter · excuser · justifier
- en finir avec · faire cesser · mettre fin à

budget *nom masc.*

∞ budget + ADJECTIF

- fédéral · municipal · national · public · régional • communautaire · européen • familial · individuel · personnel • participatif : *le budget participatif permet aux habitants d'orienter l'affectation des fonds publics*
- modificatif · prévisionnel · rectificatif
- promotionnel · publicitaire
- annuel · mensuel • global · total • annexe · spécial · supplémentaire • moyen : *le budget moyen d'une campagne d'affichage s'élève à 3 millions d'euros*
- initial · primitif
- flexible · provisoire · révisable

- confortable · décent · raisonnable • colossal · conséquent · considérable · énorme · extraordinaire · faramineux · gros $^{+ \text{nom}}$: *des films à gros budget* · illimité · important · large · lourd · pharaonique : *le budget pharaonique d'une superproduction américaine*
- bon $^{+ \text{nom}}$ · sérieux • équilibré · stable • excédentaire
- de rigueur : *le musée devra se contenter d'un budget de rigueur* · dérisoire · étriqué · faible · famélique : *le développement du club est limité par son budget famélique* · insuffisant · léger · limité · maigre · mince · minimal · minime · minuscule · modeste · petit $^{+ \text{nom}}$ · restreint · riquiqui$^{fam.}$ · serré
- mauvais $^{+ \text{nom}}$ • déséquilibré • déficitaire

∞ budget + VERBE

- atteindre (la somme de) · avoisiner (la somme de) : *le budget total de l'opération avoisine les 10 millions d'euros* · équivaloir à · s'élever à
- alimenter : *ce budget alimente les travaux de 82 universités* · assurer · être dédié à · être dévolu à : *le budget dévolu à l'automobile* · financer · prendre en charge · supporter : *ces nouvelles dépenses sont en grande partie supportées par le budget de l'État*
- augmenter · enfler · gonfler : *le budget a gonflé de manière substantielle* • dépasser : *le budget dépasse le niveau de 1 % du PIB de l'Union*
- baisser · chuter · diminuer

∞ VERBE + **budget**

- construire · élaborer · établir · monter · préparer • prévoir • présenter · proposer
- contrôler · être en charge de · exécuter : *la commission est chargée de préparer et d'exécuter le budget* · gérer • jongler avec
- boucler : *j'ai du mal à boucler mon budget* • respecter · tenir : *les maires ont du mal à tenir les budgets*
- défendre : *le ministre de la Recherche a eu du mal à défendre son budget* • (faire) adopter · approuver · entériner · faire passer · valider · (faire) voter
- accorder · allouer · débloquer : *ils ont débloqué un budget pour leur venir en aide* • (souvent passif) affecter ... à · consacrer ... à : *le budget consacré à la recherche est de plus en plus faible*
- afficher : *l'association affiche un budget de fonctionnement dérisoire* · présenter • bénéficier de · disposer de · être doté de · être nanti de : *le film est nanti d'un budget à la hauteur de ses ambitions* · obtenir
- (souvent passif) comptabiliser dans · fixer dans · imputer à · inclure dans · inscrire à : *la création de ce poste n'est pas inscrite au budget* · mettre à : *le projet a été mis au budget 2007*
- apparaître dans · émarger à : *la vidéothèque émarge au budget municipal pour 5 millions d'euros* · figurer à
- alimenter · cofinancer : *le budget est cofinancé à parts égales par l'État et la Région* · contribuer à · financer • (re)verser à • alléger · soulager : *cette contribution importante soulage le budget de la fédération* • sauver
- modifier · réviser • (ré)équilibrer
- accroître · augmenter · doubler · gonfler · revoir / réviser à la hausse • porter ... à : *cela porte son budget à 5 % du PIB*
- alourdir · exploser$^{fam.}$ · faire flamber · grever : *ces dépenses grèvent lourdement leur budget* · peser lourd dans · peser sur : *la dette publique pèse sur le budget*
- dépasser
- limiter : *les mesures pour limiter le budget de la santé ont échoué* · plafonner (souvent passif) • amputer · comprimer · couper dans : *le consommateur coupe dans le budget alloué à l'alimentaire* · diminuer · économiser sur · faire des coupes sombres / claires dans · réaliser des économies sur · réduire · resserrer · réviser à la baisse · revoir à la baisse · rogner (sur) · serrer · tailler dans
- ponctionner · prélever sur · puiser dans : *la mairie a puisé dans son budget pour réparer les dégâts*
- engloutir · épuiser
- contester · dénoncer · refuser · rejeter · voter contre
- geler

bureaucratie *nom fém.*

∞ bureaucratie + ADJECTIF

- administrative · politique • étatique · gouvernementale • centrale · centralisée
- puissante · toute-puissante · triomphante
- énorme $^{+ \text{nom}}$ · gigantesque · immense · importante · pléthorique · tentaculaire · vaste $^{+ \text{nom}}$
- envahissante · étouffante · excessive · lourde · paralysante · pesante • tatillonne : *il a fallu surmonter tous les obstacles d'une bureaucratie tatillonne*
- autoritaire · répressive · tyrannique
- corrompue

∞ **bureaucratie** + VERBE
- (souvent passif) embêter · exaspérer • bloquer · entraver · freiner : *la bureaucratie est souvent accusée de freiner les réformes*

∞ VERBE + **bureaucratie**
- développer · renforcer • alourdir : *ce système ne fera qu'alourdir la bureaucratie*
- être en butte à · être victime de · se confronter à · se heurter à
- critiquer · dénoncer · s'en prendre à · se plaindre de • attaquer · bousculer · combattre · lutter contre · résister à · s'attaquer à · tenir tête à • contourner · court-circuiter
- alléger : *il souhaite alléger cette bureaucratie pléthorique* · réduire
- en finir avec · se débarrasser de

[1]**but** *nom masc.* (finalité)

∞ **but** + ADJECTIF
- électoral · politique • commercial · économique · financier · spéculatif • culturel · pédagogique • humanitaire · moral · philantropique · social • dissuasif · préventif • pratique · utilitaire • stratégique · thérapeutique · etc.
- personnel • commun · général
- initial · premier : *le but premier de cette visite est d'amorcer des négociations* • final · ultime : *son but ultime est de se construire une maison dans son village natal*
- exclusif · unique • essentiel · principal · prioritaire · suprême
- avoué · déclaré · explicite · invoqué · officiel · proclamé
- défini · déterminé · précis · spécifique • poursuivi · recherché : *cela va à l'encontre du but recherché*
- véritable + nom • évident · manifeste : *il a fait cela dans le but manifeste de torpiller les accords*
- honnête · honorable · louable · noble • légitime
- accessible · facile à atteindre · modeste
- ambitieux · difficile à atteindre
- implicite • caché · inavoué · inconnu · officieux · secret
- inavouable · obscur
- coupable · criminel · illicite

∞ VERBE + **but**
- (s')assigner · (se) donner · (se) fixer · (se) proposer • avoir (pour) : *elle a pour but de devenir médecin ; il faut avoir un but dans la vie* · poursuivre · suivre · tendre vers
- clarifier · définir · expliquer · préciser
- arriver à · atteindre · parvenir à : *tous les coups étaient permis pour parvenir au but* · toucher à : *encore un petit effort, nous touchons au but* • (s')approcher de · se rapprocher de • aller au-delà de
- être loin de • perdre de vue · s'écarter de · s'éloigner de • manquer · rater • échouer près de : *quel dommage d'échouer si près du but !*
- détourner de : *la campagne de sensibilisation a été détournée de son but* · dévier de

sans but
- errer · flâner · marcher · se balader · se promener

[2]**but** *nom masc.* (Sport)

∞ **but** + ADJECTIF
- égalisateur : *il marque le but égalisateur à la 89e minute* • libérateur • de la victoire · en or○ · victorieux
- beau + nom · joli + nom · magnifique · somptueux · splendide · superbe
- valable

∞ **but** + VERBE
- donner de l'air à · libérer : *ce but avant la mi-temps a libéré l'équipe*
- expédier / installer l'équipe en demi-finale / finale · qualifier

∞ VERBE + **but**
- être l'auteur de · inscrire · marquer : *elle a marqué l'unique but du match ; il a marqué un but de la tête* · signer
- encaisser · prendre
- rater
- accorder · valider : *l'arbitre n'a pas validé ce but*
- refuser : *il s'est vu refuser un but pour un hors-jeu d'un millimètre*

∞ NOM + DE + **buts**
- avalanche : *une avalanche de buts a marqué cette seconde journée de championnat* · festival

butin *nom masc.*

∞ **butin** + ADJECTIF
- considérable · énorme · gros + nom · important · imposant
- appréciable · beau + nom · fabuleux · incroyable · précieux
- modeste · petit + nom • maigre + nom · misérable · piètre + nom

butin + VERBE

- provenir de : *le butin provient du hold-up*
- frôler • s'élever à : *le butin s'élève à plusieurs millions d'euros* • dépasser

VERBE + **butin**

- convoiter · rechercher · réclamer · se disputer
- récolter : *de mémoire de soldat, on n'avait jamais récolté un butin aussi fabuleux* · récupérer · s'approprier · s'emparer de • déterrer · emporter · entasser · rassembler • disparaître avec · fuir avec · (re)partir avec · s'enfuir avec
- posséder • conserver · garder
- distribuer · partager
- restituer · (re)vendre
- prendre sa part de · puiser dans · se servir dans
- estimer : *on estime le butin à plus d'un million d'euros* · évaluer
- blanchir : *pour blanchir le butin d'un de ses hold-up*
- cacher · dissimuler · faire disparaître · planquer[fam.]

C

cachette *nom fém.*

∾ cachette + ADJECTIF

- souterraine • secrète : *un arbre avec une cachette secrète*
- insolite
- astucieuse · bonne [+ nom] · formidable · idéale · sûre • introuvable · invisible
- mauvaise [+ nom] · peu sûre

∾ VERBE + cachette

- chercher
- fournir · offrir : *le débarras lui offrit une cachette idéale*
- construire · fabriquer
- connaître · découvrir · localiser · repérer · (se) trouver
- posséder
- changer de
- rester dans · se réfugier dans · se terrer dans · vivre dans • regagner · retourner à / sans
- avouer · révéler
- quitter · sortir de : *ils ont eu du mal à le faire sortir de sa cachette*

en cachette

- boire · fumer · jouer · lire • entrer · rejoindre · s'introduire : *il s'est introduit en cachette dans la maison* • se fréquenter · se voir

cadavre *nom masc.*

∾ cadavre + ADJECTIF

- intact • encore chaud · encore palpitant · fumant
- froid · gelé • exsangue · livide · pâle • inerte
- défiguré · méconnaissable • décharné · décomposé · dévoré par les vers / les asticots · putréfié · rongé par les vers / les asticots • calciné · carbonisé • criblé de balles · décapité · déchiqueté · démembré · éventré · mutilé • ensanglanté
- (plur.) alignés · empilés
- ambulant ○ : *depuis sa dépression, c'est un cadavre ambulant*
- momifié
- encombrant : *il cherchait un moyen de se débarasser de ce cadavre encombrant* · gênant

∾ cadavre + VERBE

- gésir : *le cadavre gisait sur la berge* · reposer • joncher (plur.) : *des cadavres jonchent la chaussée*
- être en état de décomposition (avancée) · pourrir · se décomposer · se putréfier • refroidir

∾ VERBE + cadavre

- découvrir · trouver • déterrer · exhumer • ramasser
- autopsier · disséquer · examiner • identifier
- congeler · conserver · embaumer · momifier
- découper · dépecer • détrousser : *ils passaient sur les champs de bataille pour détrousser les cadavres*
- enfouir · ensevelir · enterrer · inhumer · mettre en bière
- brûler · incinérer
- dissimuler • faire disparaître · se débarrasser de : *ils avaient l'intention de se débarrasser du cadavre en haute mer*

∾ NOM + DE + cadavres

- amoncellement · monceau · tas

cadeau *nom masc.*

∾ cadeau + ADJECTIF

- diplomatique · électoral · fiscal • bonus · promotionnel • personnalisé : *la vogue des cadeaux personnalisés sur ordinateur* • en nature
- incontournable · inévitable [+ nom] : *l'inévitable cadeau de fête des mères* · rituel · traditionnel

- énorme · grand $^{+ nom}$ · gros $^{+ nom}$ · vrai $^{+ nom}$
- beau $^{+ nom}$ · extraordinaire · fabuleux · fantastique · formidable · joli $^{+ nom}$ · magnifique · merveilleux · royal : *il a gratifié son chauffeur d'un cadeau royal* · somptueux · splendide · superbe • utile • idéal : *le cadeau idéal pour les fêtes de fin d'année* • gentil
- cher · coûteux • inestimable : *ils m'ont fait le cadeau inestimable de leur confiance*
- étrange · insolite · original · particulier · singulier · spécial · surprenant • inattendu · surprise · tombé du ciel : *ce succès avant les élections, c'est un cadeau tombé du ciel*
- banal · futile · insignifiant · mesquin
- douteux · embarrassant · empoisonné : *il a laissé un cadeau empoisonné à son successeur* · encombrant · malvenu
- menu $^{+ nom}$: *je lui a apporté quelques menus cadeaux* · modeste · petit $^{+ nom}$ • symbolique

∾ cadeau + VERBE
- pleuvoir (plur.)
- faire plaisir à · plaire à
- entretenir l'amitié° (plur.) : *« Les petits cadeaux entretiennent l'amitié »* (proverbe)

∾ VERBE + cadeau
- espérer • demander · réclamer · vouloir • choisir
- emballer · empaqueter
- acheter · (se) cotiser pour • se ruiner en
- avoir dans sa hotte : *le maire a dans sa hotte quelques cadeaux à distribuer avant les municipales* • apporter · distribuer · donner · (s')échanger · (s')envoyer · (se) faire : *elle m'a fait un superbe cadeau pour mon anniversaire* · gratifier de : *ses meilleurs clients ont été gratifiés de multiples cadeaux* · offrir · remettre : *elle lui a remis un cadeau de la part de son père* • (plur.) arroser de · combler de · couvrir de : *il m'a couverte de cadeaux à Noël* · inonder de
- bénéficier de : *il a été condamné pour avoir bénéficié de cadeaux d'une entreprise publique* · recevoir • accepter
- déballer · ouvrir
- refuser • jeter à la figure de · rendre · renvoyer

∾ NOM + DE + cadeaux
- montagne · pluie · tas$^{fam.}$

cadence *nom fém.*

∾ cadence + ADJECTIF
- normale • régulière
- bonne $^{+ nom}$ · supportable • idéale · parfaite
- accrue · élevée · forte $^{+ nom}$ · industrielle : *ils travaillent à une cadence industrielle* · intense · rapide · soutenue • maximale · record • ahurissante · démentielle · effrénée · folle · furieuse · impressionnante
- dure à tenir · impossible (à tenir) · infernale° · insoutenable · insupportable · terrible
- ralentie

∾ cadence + VERBE
- augmenter · doubler · s'accélérer
- ralentir

∾ VERBE + cadence
- atteindre · retrouver • conserver · garder · maintenir · tenir : *j'ai du mal à tenir la cadence*
- résister à · subir · suivre : *les plus âgés n'arrivent pas à suivre les cadences imposées à tous les ouvriers* · supporter • s'habituer à
- dicter · donner : *c'est le coureur de tête qui donne la cadence* · imposer • soumettre à : *il les soumet à une cadence folle*
- accélérer · augmenter · doubler · forcer : *il faut forcer la cadence si nous voulons tenir les délais* · intensifier · monter en : *la demande a augmenté mais l'usine a eu des difficultés à monter en cadence* · pousser : *ils veulent pousser la cadence d'installation à 2 500 terminaux par mois* · relancer
- changer (de)
- limiter : *le traitement manuel limite la cadence* • diminuer · ralentir : *ce n'est pas le moment de ralentir la cadence* · réduire
- condamner · dénoncer · mettre en cause · se plaindre de · se révolter contre : *certains ouvriers se révoltent contre ces cadences infernales* · s'insurger contre
- en finir avec · mettre fin à · mettre un terme à
- perdre

à une cadence (+ adj.)
- s'enchaîner · se succéder · se suivre • produire · travailler • fonctionner · progresser • se maintenir · se poursuivre

REM. On rencontre parfois “cadence démesurée”. Évitez cette expression maladroite et préférez “cadence folle, infernale”.

[1] cadre *nom masc.* (environnement)

∾ cadre + ADJECTIF
- naturel • bucolique · champêtre · verdoyant • urbain · etc.
- familial · professionnel
- solennel : *la fête aura lieu dans le cadre solennel du Palais du peuple* • intimiste
- traditionnel : *le cadre traditionnel d'un chalet à la montagne* • familier · habituel

- inhabituel · insolite · original · particulier • futuriste
- agréable · charmant · enchanteur · exceptionnel · idéal · idyllique · magique · merveilleux · paradisiaque · plaisant · privilégié · splendide · superbe • cossu · grandiose · luxueux · majestueux · raffiné · somptueux • adéquat · approprié · propice à • chaleureux · convivial · sympathique • paisible · rassurant
- banal · quelconque • austère

∾ cadre + VERBE
- convenir à : *c'est un cadre qui convient mal aux réunions formelles*
- changer · évoluer · se transformer

∾ VERBE + cadre
- servir de : *la bibliothèque sert de cadre aux réunions ministérielles*
- offrir : *la ville universitaire offre un cadre idéal pour étudier*
- avoir lieu dans · se dérouler dans

[2]cadre *nom masc.* (périmètre d'action)

∾ cadre + ADJECTIF
- juridique · légal · législatif · réglementaire • administratif · contractuel · institutionnel · politique • scolaire · universitaire · etc.
- officiel • formel · théorique
- imparti : *ses recherches dépassent le cadre imparti à cette étude* · précis · prédéterminé · préétabli • habituel
- élargi · vaste : *cette opération s'inscrit dans le cadre plus vaste de la lutte contre la pauvreté*
- étriqué · étroit · limité · restreint
- astreignant · contraignant · rigide : *le cadre rigide de certaines administrations* • sévère · strict

∾ cadre + VERBE
- changer · évoluer · se transformer

∾ VERBE + cadre
- servir de : *la conférence intergouvernementale sert de cadre aux négociations*
- donner · établir : *il faut établir un cadre strict pour ce type d'action* · fixer · former · fournir : *le rôle de l'État est de fournir un cadre législatif adéquat* · imposer · offrir · tracer : *ils ont tracé le cadre général d'une coopération efficace* • définir · délimiter · préciser
- adapter · changer · modifier
- avoir lieu dans · se dérouler dans : *les débats qui se dérouleront dans le cadre de cette concertation* • (r)entrer dans · faire partie de · (s')incrire dans : *ces mesures s'incrivent dans le cadre de notre politique pour l'emploi* • s'insérer dans • respecter : *l'élargissement de l'Union doit respecter le cadre budgétaire fixé* · rester dans
- agir dans · effectuer dans · réaliser dans : *l'opération d'échange est réalisée dans le cadre d'une offre publique mixte*
- déborder de : *il ne faut pas déborder du cadre légal* · échapper à · sortir de
- faire éclater · faire exploser : *l'artiste a fait exploser le cadre classique de la sculpture*

[1]calcul *nom masc.* (opération numérique)

∾ calcul + ADJECTIF
- scientifique • prévisionnel
- élémentaire · facile · simple • petit [+ nom] • bref [+ nom] · rapide • approximatif
- correct · juste
- exact : *le calcul exact du coût global d'un crédit* · précis · strict
- complexe · compliqué · difficile · savant · subtil
- embrouillé · fastidieux · laborieux
- long [+ nom] • interminable
- bizarre · curieux
- faux · inexact

∾ calcul + VERBE
- s'avérer · se révéler (+ adj.) : *ses calculs se sont révélés exacts*
- prendre en compte : *ses calculs ne prennent pas en compte le taux de mortalité infantile* · reposer sur · s'appuyer sur · se baser sur · se fonder sur · utiliser
- indiquer · montrer : *tous les calculs montrent que nous allons droit dans le mur* · prévoir
- donner la migraine · prendre la tête[fam.] · rendre fou
- tenir la route • tomber juste
- être plein / bourré / truffé d'erreurs

∾ VERBE + calcul
- effectuer · entreprendre · (re)faire : *j'ai fait mon calcul : il vaut mieux que je fasse un emprunt* · opérer · procéder à · réaliser · se lancer dans · se livrer à : *inutile de se livrer à de savants calculs financiers* · se plonger dans
- finir · terminer · venir à bout de
- s'embrouiller dans · se perdre dans : *elle se perd dans des calculs compliqués* · se tromper dans
- servir à : *ces tableaux servent au calcul du montant de l'impôt*
- améliorer : *il a amélioré ses calculs prévisionnels* • faciliter · simplifier • corriger · modifier · rectifier
- confirmer · valider · vérifier

- compliquer • fausser : *l'absence de certaines données a faussé les calculs*
- contester : *il conteste le calcul des indemnités*

∾ NOM + DE + **calculs**

- série · suite · tas^fam. : *j'ai fait tout un tas de calculs avant de trouver la somme juste*

²calcul *nom masc.* (stratégie)

∾ **calcul** + ADJECTIF

- boursier · commercial · économique : *ils refusent la vaccination massive des troupeaux par calcul économique* • électoral · électoraliste · politicien · politique • diplomatique · stratégique · tactique · etc.
- à court / moyen / long terme
- bon ^+ nom · brillant · excellent · fin ^+ nom : *un fin calcul politique* • intelligent · lucide · prudent · rationnel · réaliste
- payant : *ce calcul pourrait être payant à long terme*
- bizarre · curieux
- à courte vue • aberrant · bête · idiot · mauvais ^+ nom · piètre ^+ nom · stupide • dangereux · désastreux · hasardeux
- cynique · diabolique · égoïste · froid · honteux · horrible · inavouable · intéressé · machiavélique · mesquin : *son apparente gentillesse n'est qu'un calcul mesquin* · pervers · sordide

∾ **calcul** + VERBE

- se révéler (+ adj.) : *ses calculs se sont révélés payants*

∾ VERBE + **calcul**

- faire : *il n'est pas de très bon goût de faire ce calcul à l'heure actuelle*
- relever de : *le maintien de cette loi relève d'un calcul politicien* · se résumer à
- démentir : *il a démenti tout calcul électoral*
- agir par : *il a agi par pur calcul (électoral)*

¹calendrier *nom masc.* (programme)

∾ **calendrier** + ADJECTIF

- électoral · parlementaire · politique • judiciaire · législatif • culturel · festif : *le carnaval de Québec est l'un des grands événements du calendrier festif canadien* • agricole · économique · scolaire · social · etc.
- indicatif · prévisionnel • définitif · officiel
- détaillé · précis · rigide · rigoureux · strict
- approprié · cohérent
- échelonné : *l'équipement se fera selon un calendrier échelonné* · progressif : *mettre au point un calendrier de réformes progressif*
- flexible · souple
- ambitieux · impressionnant • chargé · serré : *le calendrier de la réforme est très serré* · surchargé
- complexe · contraignant • démentiel · déraisonnable · intenable

∾ **calendrier** + VERBE

- prévoir : *le calendrier prévoit la fin des travaux le 21 mars* • imposer : *le calendrier impose ses contraintes*

∾ VERBE + **calendrier**

- adopter · arrêter · définir · établir · (se) fixer · (s')imposer : *je me suis imposé un calendrier très strict* · instaurer · mettre au point · mettre en place
- annoncer · présenter · proposer · publier
- avoir (+ adj.) : *j'ai un calendrier très serré* · gérer : *chaque préfecture gère le calendrier à sa manière* · s'engager sur · s'entendre sur • être fidèle à · respecter · s'en tenir à · suivre • jongler avec : *l'entraîneur de l'équipe de France doit jongler avec les calendriers de tous les clubs* • avoir de l'avance / du retard sur · devancer : *ils ont devancé le calendrier en achevant les travaux avant Noël* · être en avance / en retard sur
- consulter · examiner
- (ré)aménager : *ils veulent réaménager le calendrier scolaire national* · harmoniser · inverser : *ils aimeraient inverser le calendrier électoral* · modifier · redéfinir · réformer · réviser • avancer : *le calendrier des concours va être avancé* · retarder • alléger
- charger · resserrer · surcharger • accélérer · précipiter : *il n'entend pas précipiter le calendrier électoral*
- bouleverser · bousculer · chambouler^fam. · perturber
- refuser · rejeter · remettre en cause

²calendrier *nom masc.* (objet, système)

∾ **calendrier** + ADJECTIF

- chrétien · grec · grégorien · hébraïque · juif · julien · liturgique · musulman · orthodoxe · religieux · républicain · révolutionnaire · romain
- lunaire · lunisolaire : *le calendrier juif est lunisolaire : lunaire pour les mois et solaire pour les années* · solaire
- électronique · mural · perpétuel

∾ VERBE + **calendrier**

- suivre : *l'Éthiopie suit le calendrier julien*
- consulter • effeuiller
- cocher sur : *en attendant son retour, il coche les jours sur son calendrier* · faire une croix sur : *il t'a fait un cadeau ? tu peux faire une croix sur le calendrier*

[1]calme *nom masc.* (quiétude)

∞ calme + ADJECTIF

- ambiant · environnant · extérieur
- habituel • absolu · assourdissant : *un calme assourdissant règne dans la capitale* · complet · extrême · grand [+ nom] · impressionnant · infini · parfait · profond · remarquable • plat° : *côté affaires / cœur, c'est le calme plat* • retrouvé : *ils savourent le calme retrouvé* · revenu • durable : *pour que la région connaisse un calme durable*
- céleste · délicieux · majestueux · rassurant : *un calme rassurant règne sur la ville* · serein
- étonnant · étrange · inhabituel · insolite · surprenant
- effrayant · exaspérant · inquiétant : *il régnait un calme presque inquiétant dans les couloirs* · pesant · sinistre · suspect · terrifiant
- fragile · précaire · relatif
- éphémère · momentané · passager
- apparent · de façade · trompeur

∞ calme + VERBE

- revenir · s'instaurer
- prévaloir : *le projet ne sera mis en place que si le calme prévaut dans le pays* · régner : *le calme régnait enfin dans le dortoir*

∞ VERBE + calme

- aspirer à : *j'aspire à un peu de calme* · avoir besoin de · (re)chercher · demander · vouloir
- [ordre public] • appeler à · exhorter à : *le président a exhorté la population au calme* · lancer un appel à
- assurer : *les forces d'interposition sont là pour assurer le calme dans la région* · faire régner · imposer • maintenir · préserver • ramener · restaurer · rétablir : *ces mesures n'ont pas suffi à rétablir le calme dans la région*
- être de : *c'est d'un calme ici !* · respirer : *ici, tout respire le calme*
- jouir de : *ce petit village jouit d'un calme absolu* • être connu pour · être réputé pour • retrouver : *la ville a retrouvé son calme* · revenir à : *les efforts déployés pour revenir au calme dans les banlieues*
- profiter de · savourer
- respecter : *il faut respecter le calme de ces lieux*
- perturber · troubler

au calme

- rester : *il est resté au calme quelques jours avant de repartir* · travailler

dans le calme

- avoir lieu · se dérouler · se faire · se passer • défiler · se disperser : *la manifestation s'est dispersée dans le calme* · se réunir

[2]calme *nom masc.* (maîtrise de soi)

∞ calme + ADJECTIF

- intérieur : *il dégage un grand calme intérieur*
- à toute épreuve · imperturbable · inaltérable · olympien : *elle est restée d'un calme olympien* • légendaire • étonnant
- apparent · de façade · trompeur

∞ VERBE + calme

- afficher : *le calme affiché par l'entraîneur* · dégager · faire montre de : *il a fait montre de calme et de sang-froid* · faire preuve de · (se) montrer (de) : *elle s'est montrée d'un calme étonnant*
- conserver · garder · ne pas se départir de : *il lui a répondu sans se départir de son calme légendaire*
- perdre : *il a fini par perdre son calme*

∞ NOM + DE + calme

- semblant : *l'intervention de la police a ramené un semblant de calme*

avec calme

- accueillir la nouvelle · réagir • débattre · parler · répondre · s'expliquer · s'exprimer

calomnie *nom fém.*

∞ calomnie + ADJECTIF

- grave · pure (et simple)
- abominable · atroce · basse [+ nom] · cruelle : *il a su faire face aux plus cruelles calomnies* · détestable · grossière · honteuse · ignoble · infâme · inqualifiable · monstrueuse · odieuse · révoltante

∞ calomnie + VERBE

- viser à : *ces calomnies visent à le déstabiliser*
- atteindre : *leurs calomnies ne l'atteignent pas* · compromettre · nuire à

∞ VERBE + calomnie

- relever de : *ces déclarations relèvent de la calomnie*
- débiter · dire • colporter · diffuser · propager · relayer · répandre
- devoir supporter · être en butte à · être exposé à · être la cible de · faire face à · subir
- condamner · crier à · dénoncer • accuser de : *on nous a accusés de calomnie* · porter plainte pour
- réfuter · repousser · se défendre contre
- balayer · (faire) cesser · mettre fin à

∞ NOM + DE + calomnies

- campagne : *la campagne de calomnies destinée à le compromettre*

camp *nom masc.* (groupe)

∾ **camp** + ADJECTIF

- gouvernemental · présidentiel • conservateur · démocratique · pacifiste · patriotique · progressiste · réformiste · républicain · traditionaliste • patronal · etc.
- adverse · opposé · rival • (plur.) irréconciliables · irréductibles : *la partition de leur groupe en deux camps irréductibles*
- bon + nom : *il est dans le bon camp*
- mauvais + nom : *il a choisi le mauvais camp*

∾ **camp** + VERBE

- se former : *des camps se forment dès les premiers jours d'école*
- rassembler · regrouper · se composer de
- (plur.) s'affronter · se livrer bataille · se renvoyer la balle · se renvoyer la responsabilité de : *les deux camps se renvoient la responsabilité de l'échec* · s'opposer

∾ VERBE + **camp**

- choisir : *il faut choisir son camp* · opter pour
- appartenir à · être dans · se placer dans · se ranger dans · se réclamer de • jouer dans • basculer dans · passer dans : *il est passé dans le camp adverse* · rallier · rejoindre · s'aventurer dans : *il s'aventure dans le camp des extrémistes*
- grossir : *ils viennent grossir le camp des mécontents* · renforcer
- changer de · délaisser · quitter
- (plur.) se diviser en : *ils se sont divisés en deux camps* · se scinder en · se séparer en
- avantager · être pour · favoriser • sauver
- (re)mobiliser · (res)souder • réconcilier (plur.)
- conforter : *ces résultats risquent de conforter le camp des pessimistes* · donner raison à
- affaiblir : *l'absence d'accord affaiblit encore le camp réformiste*
- espionner · infiltrer
- jouer contre : *on l'accuse de jouer contre son camp* · trahir : *il trahit son propre camp* • marquer contre [Sport] : *le défenseur a marqué contre son camp*
- diviser • démoraliser

1 campagne *nom fém.* (nature)

∾ **campagne** + ADJECTIF

- boisée · vallonnée • cultivée · domestiquée
- pittoresque • ensoleillée · riante • fleurie · luxuriante · verdoyante · verte + nom • fertile · prospère · riche • paisible · tranquille
- pleine + nom · rase ○ + nom : *le moteur nous a lâchés en rase campagne* · reculée
- assoupie · endormie
- aride · dépouillée · déserte • monotone · morne · morose

∾ **campagne** + VERBE

- s'étendre : *la campagne s'étend à perte de vue*
- se (re)peupler
- se dépeupler · se vider : *les campagnes se vident peu à peu de leurs habitants*

∾ VERBE + **campagne**

- battre [aussi fig.] · courir : *une armée d'agents recruteurs court la campagne* · parcourir · sillonner : *il a sillonné la campagne normande pendant un mois*
- abandonner · déserter · quitter

à la campagne

- aller · passer ses vacances · séjourner · se reposer · se ressourcer • s'établir · s'installer • habiter · vivre • s'enterrer · se retirer : *il s'est retiré quelques semaines dans sa campagne creusoise pour dessiner* · se terrer · s'exiler

2 campagne *nom fém.* (action de communication)

∾ **campagne** + ADJECTIF

- électorale · législative · municipale · présidentielle • médiatique · promotionnelle · publicitaire
- locale · nationale • officielle • interne : *la campagne interne a vu s'affronter 5 candidats pour l'investiture*
- discrète · modeste · sobre
- brève · courte
- molle : *sa campagne électorale a été trop molle* · morne : *ces algarades réveillent la très morne campagne électorale* • avortée · ratée
- prometteuse • bien / savamment / soigneusement orchestrée · bonne + nom · brillante · dynamique · excellente · formidable · habile · intelligente · remarquable • efficace · réussie • glorieuse · triomphale · victorieuse
- déterminante · importante
- énorme + nom · grande + nom · large · massive : *une campagne massive de dépistage* · monstre *fam.* · sans précédent · tous azimuts · vaste
- acharnée · active · animée · énergique · forte + nom : *le roman a bénéficié d'une très forte campagne de publicité* · grosse + nom · importante · intense · intensive · puissante · vigoureuse · virulente : *ils se sont lancés dans une virulente campagne contre les OGM* · vraie + nom · véritable + nom
- méthodique · systématique : *une campagne systématique de dépistage a été menée auprès des femmes de plus de 50 ans*
- interminable · longue + nom
- agressive · féroce · implacable · musclée : *il a raflé la mairie à l'issue d'une campagne musclée* • brutale · mouvementée · tapageuse · tonitruante · véhémente · violente

- coûteuse • difficile · dure $^{+ nom}$ · épuisante · rude $^{+ nom}$
- calomnieuse : *elle dénonce la campagne calomnieuse orchestrée contre son mari* · diffamatoire · haineuse
- calamiteuse · désastreuse · médiocre

∾ campagne + VERBE
- commencer · débuter · décoller : *sa campagne n'a vraiment décollé qu'après son passage à la télévision* · démarrer · s'ouvrir • s'annoncer : *la campagne s'annonce difficile / acharnée*
- se dérouler : *la campagne électorale s'est déroulée sur fond de guerre / dans un climat exécrable* · s'inscrire dans : *cette campagne s'inscrit dans un vaste plan de communication*
- se jouer sur : *la campagne se joue sur les personnalités et non sur les programmes* • se focaliser sur · se polariser sur
- porter ses fruits : *la campagne de sensibilisation aux dangers de l'alcool a porté ses fruits*
- battre son plein · s'accélérer · se déchaîner · s'intensifier
- durer · se poursuivre
- prendre fin · s'achever · se finir · se terminer
- patiner · piétiner · s'enliser · s'essouffler : *cette campagne d'espionnage industriel s'est très vite essoufflée*
- s'envenimer

∾ VERBE + **campagne**
- amorcer · commencer · déclencher : *de nombreuses ONG ont déclenché une campagne de protestation* · démarrer · donner le coup d'envoi de / à · engager · entamer · entreprendre · (re)lancer · mettre en branle : *il a réuni assez d'argent pour mettre en branle sa campagne* · mettre en route · ouvrir
- bâtir · concevoir · construire · mettre sur pied · monter · orchestrer · organiser · préparer • axer ... autour / sur : *il a axé toute sa campagne autour de la sécurité* · centrer ... sur : *il entend centrer sa campagne sur la guerre contre le terrorisme* · cibler ... (sur) : *toute la campagne de communication est ciblée sur l'auteur* · orienter ... sur
- faire : *elle a fait une campagne remarquable; il fait campagne contre la nouvelle constitution* · réaliser • conduire · diriger · mener (tambour battant) : *il mène campagne pour les prochaines élections*
- intervenir dans · participer à · s'associer à · se lancer dans · s'engager dans · s'impliquer dans · s'investir dans · s'inviter dans : *elle s'invite au dernier moment dans la campagne électorale* • entrer dans / en [Pol.] : *le président n'entrera pas en campagne avant l'été prochain* · (re)partir en · se mettre en • continuer · poursuivre
- accélérer · durcir · intensifier
- alimenter : *il accuse le quotidien d'avoir alimenté une campagne de déstabilisation* · dynamiser • financer
- bénéficier de : *le livre bénéficiera d'une campagne de promotion de 15 jours*
- dominer : *les coups bas ont dominé la campagne présidentielle*
- gêner · perturber · troubler
- se retirer de
- interrompre · suspendre • mettre fin à
- achever · clore : *le discours qui vient clore sa campagne électorale* · terminer

cancer *nom masc.*

∾ cancer + ADJECTIF
- bronchique · cutané · gastrique · pulmonaire · etc.
- opérable
- avancé · en phase terminale · étendu · généralisé · invasif : *ce type de lésion n'évolue vers un cancer invasif que dans 30 % des cas* · métastasé • récidivant • foudroyant · redoutable
- incurable · inopérable · mortel

∾ cancer + VERBE
- être dû à · être lié à
- apparaître · se déclarer : *le cancer peut se déclarer plusieurs années après l'exposition aux radiations* · survenir
- (souvent passif) gagner : *le cancer a gagné tout l'intestin* · ronger • frapper · toucher • emporter · foudroyer · terrasser
- évoluer : *le cancer évolue plus lentement chez les personnes âgées*
- s'aggraver

∾ VERBE + **cancer**
- dégénérer en
- causer · donner · entraîner · provoquer • être responsable de : *les gènes responsables du cancer du sein*
- présenter un risque de · risquer • avoir · développer · être atteint de · faire : *il a fait un cancer du poumon à 50 ans* · souffrir de
- décéder (des suites) de · mourir (des suites) de
- craindre · redouter · suspecter
- déceler · dépister · détecter · diagnostiquer
- diminuer / réduire le risque de · prévenir • protéger contre

- agir contre · combattre · lutter contre · mener (une) bataille contre • opérer · soigner · traiter
- guérir (de) · triompher de · vaincre • éradiquer

[1]candidat *nom masc.* (à un poste, un examen, un jeu)

∞ candidat + ADJECTIF

- libre° : *il passe l'examen en candidat libre*
- acceptable · convenable · crédible · valable • dynamique · motivé • bon + nom · brillant · compétent · d'envergure · de poids · de premier plan · excellent · sérieux · solide · trié sur le volet • incollable
- bien classé · bien placé
- chanceux · heureux • victorieux
- mal classé • malchanceux · malheureux : *un petit porte-clé de consolation pour notre candidat malheureux*
- décevant · faible · mauvais + nom · médiocre · piètre + nom

∞ candidat + VERBE

- ambitionner · briguer · convoiter · postuler à · se présenter (à) : *plus de 300 candidats se sont présentés à ce poste* • se disputer : *cinq candidats se disputent un fauteuil / un siège à l'Académie*
- se faire connaître · se manifester : *peu de candidats se sont manifestés à ce jour* • (plur.) affluer · se bousculer (au portillon) : *les candidats ne se bousculent pas (au portillon)*
- être / rester en course (pour) · être / rester en lice (pour) : *les dix candidats en lice pour le poste* · être / se retrouver dans la ligne de départ
- être / se tenir dans un mouchoir de poche · se retrouver à égalité · se retrouver au coude à coude
- être reçu (à) : *la liste des candidats reçus au concours*
- (plur.) manquer · se faire rares
- échouer · être hors course · prendre une veste[fam.] · se ramasser[fam.] · se rétamer[fam.]

∞ VERBE + candidat

- être : *être candidat à un poste* · se porter : *les gens qui se sont portés candidats à l'achat des billets*
- (re)chercher
- attirer · séduire
- auditionner · évaluer · interroger • écrémer • départager (plur.) : *il est très difficile de départager les candidats*
- recruter · retenir : *seuls 3 candidats ont été retenus pour la deuxième phase* · sélectionner · trier sur le volet · trouver • rattraper · repêcher : *150 candidats ont été repêchés à l'oral*
- avantager · favoriser
- encourager • parrainer • recommander
- dérouter · désarçonner · intimider • pénaliser · sanctionner
- jouer contre : *le temps joue contre le candidat*
- battre · éliminer · évincer
- ajourner · coller[fam.] : *le candidat s'est fait coller à l'épreuve orale* · couler · recaler · retoquer
- écarter · éconduire : *ce candidat à la reprise de l'entreprise a été éconduit* · refuser

∞ NOM + DE + candidats

- afflux · cohorte · défilé · flot · flux : *le flux de candidats au statut de réfugié* · foule · multitude · pléthore : *une pléthore de candidats à la succession*
- réserve · vivier : *l'université est un bon vivier de candidats*
- poignée
- déficit · manque · pénurie

[2]candidat *nom masc.* (Pol.)

∞ candidat + ADJECTIF

- officiel • indépendant
- ancien + nom · sortant
- éventuel · possible · potentiel · probable · putatif · virtuel
- commun : *le candidat commun de la gauche et des verts* · unique : *la droite présentera un candidat unique à la présidentielle*
- favori · idéal · naturel • bon + nom · d'envergure · de poids · excellent · sérieux · solide : *le parti n'a pas de candidat solide*
- adverse · rival
- malchanceux · malheureux : *candidat malheureux à la mairie, il s'est présenté aux régionales*
- décevant · faible · mauvais · médiocre

∞ candidat + VERBE

- ambitionner · briguer · convoiter
- se présenter : *le candidat de la gauche plurielle se présente sur une liste / dans la 3e circonscription / aux municipales* · s'incrire sur la liste de • représenter · se positionner · se réclamer de : *le candidat se réclame de la gauche alternative* • être / rester en course (pour) : *les candidats en course pour l'Élysée* · être / rester en lice (pour) · se disputer : *trois candidats se disputeront les suffrages des Français*
- (s')affronter : *les deux candidats s'affronteront au deuxième tour* · s'opposer (à)
- être / entrer en campagne · faire campagne • promettre · s'engager à
- être crédité de : *cette candidate est créditée de 15 % des intentions de vote* • être en ballotage

- devancer : *ce candidat devance son rival de 15 points au premier tour* • être présent / se maintenir / passer au second tour · obtenir des voix / des suffrages · recueillir des voix / des suffrages • gagner · remporter : *ce candidat a remporté les élections haut la main*
- se désister : *le candidat s'est désisté au profit du chef de file du parti* · se retirer
- perdre · prendre une veste[fam.] · se faire étendre[fam.] : *leur candidat s'est fait étendre au deuxième tour*

∾ VERBE + **candidat**
- se déclarer : *il s'est déclaré candidat à la présidence* · se porter : *il s'est porté candidat à la mairie*
- adouber · choisir · désigner • placer : *ils ont placé un candidat contre lui à l'élection législative* · présenter
- apporter son soutien à · appuyer · se déclarer pour · soutenir
- donner sa voix à · (ré)élire · reporter ses voix sur · voter pour
- sanctionner : *les électeurs ont sanctionné les candidats du parti au pouvoir* · voter contre
- talonner : *il est talonné par le candidat de droite* • devancer · distancer
- battre · éliminer · évincer · supplanter

∾ NOM + DE + **candidats**
- foule · multitude · pléthore : *il y a pléthore de candidats à la succession*
- réserve · vivier
- liste
- poignée
- déficit · manque · pénurie

[1]**candidature** *nom fém.* (à un poste, un examen)

∾ **candidature** + ADJECTIF
- externe · interne
- spontanée • tardive
- inattendue · surprenante • fantaisiste · farfelue · saugrenue
- intéressante · sérieuse • acceptable · recevable · régulière • légitime : *son action sur le terrain a rendu sa candidature légitime*
- irrégulière
- infructueuse : *sa candidature infructueuse au rachat du journal* · malheureuse

∾ **candidature** + VERBE
- (plur.) affluer · fleurir · pleuvoir · se bousculer · se multiplier
- (plur.) se faire rares · se raréfier

∾ VERBE + **candidature**
- faire / lancer un appel à · solliciter • attirer : *le poste n'attire pas beaucoup de candidatures*
- déposer · faire acte de° : *elle a fait acte de candidature auprès de l'entreprise / au poste de directrice commerciale* · poser · présenter · proposer • confirmer · maintenir · renouveler
- crouler sous (plur.) : *nous croulons sous les candidatures* · recevoir
- apporter son soutien à · approuver · appuyer · défendre · encourager • accepter · autoriser · enregistrer · entériner · retenir · valider
- décourager • empêcher · faire obstacle à · interdire • compromettre
- écarter · invalider · refuser · rejeter · repousser
- renoncer à · retirer

∾ NOM + DE + **candidatures**
- afflux · avalanche · pléthore

[2]**candidature** *nom fém.* (Pol.)

∾ **candidature** + ADJECTIF
- individuelle • commune · conjointe · groupée · unique : *il y aura des candidatures uniques dans 39 circonscriptions*
- concurrente · contestataire · dissidente : *suite à sa candidature dissidente, il est menacé d'être exclu de son propre parti*
- officielle • légitime · recevable · régulière
- inattendue · surprenante • fantaisiste · farfelue
- illégitime · irrégulière
- malheureuse

∾ **candidature** + VERBE
- (plur.) affluer · fleurir : *les candidatures fleurissent dans ces circonscriptions* · pleuvoir · se bousculer · se multiplier
- (plur.) se faire rares · se raréfier

∾ VERBE + **candidature**
- annoncer · déclarer · proclamer • officialiser
- faire acte de° : *elle a fait acte de candidature à la présidence du conseil général* · lancer : *il se prépare à lancer sa candidature aux européennes* · présenter · proposer • confirmer · maintenir · renouveler
- apporter son soutien à · approuver · appuyer · défendre · encourager · parrainer : *il a déjà 450 promesses d'élus pour parrainer sa candidature* • légitimer : *son expérience légitime sa candidature* • accepter · autoriser · enregistrer · entériner · retenir · valider

- bloquer · contrer · empêcher · faire obstacle à · interdire • compromettre · faire capoter · faire échouer
- écarter · invalider : *le Haut Conseil a invalidé sa candidature à la présidentielle* · refuser · rejeter · repousser
- renoncer à · retirer

∾ NOM + DE + candidatures
- afflux : *devant l'afflux de candidatures aux législatives* · avalanche · pléthore : *sa succession a entraîné une pléthore de candidatures à droite*

[1] cap *nom masc.* (direction, Naut. et fig.)

∾ cap + ADJECTIF
- magnétique • compas° : *le cap compas est l'angle formé entre la direction du nord du compas et la direction de l'avant du navire* · vrai° : *l'angle entre la direction du nord géographique et la direction de la quille du navire indique le cap vrai*
- clair : *il n'a pas su fixer un cap clair au gouvernement*

∾ VERBE + cap
- définir · déterminer · (re)donner · (se) fixer · imposer
- faire° : *il a fait cap sur Vera Cruz* · mettre : *nous avons mis le cap plein sud / sur la Papouasie* · prendre : *le gouvernement a pris le bon cap* · suivre
- conserver · garder · maintenir : *le président maintient fermement le cap* · retrouver · tenir
- amorcer / impulser / opérer un changement de · changer de · infléchir : *faut-il infléchir le cap de la politique budgétaire ?* · modifier

[2] cap *nom masc.* (étape, palier)

∾ cap + ADJECTIF
- budgétaire · économique · stratégique • psychologique : *en acceptant de se rencontrer, ils ont franchi un cap psychologique important*
- décisif · historique · important • symbolique : *le cap symbolique du million de chômeurs a été franchi*
- critique · dangereux · délicat · difficile · fatidique : *le cap fatidique des 7 années de mariage* · périlleux • mauvais [+ nom]

∾ VERBE + cap
- indiquer · marquer : *le premier emploi marque un cap dans la vie* · représenter
- dépasser : *les ventes en ligne ont passé le cap des 4 milliards de dollars* · franchir : *on a franchi le cap des 300 000 abonnés* · passer
- passer · surmonter : *elle a finalement surmonté ce cap difficile*

[1] capacité *nom fém.* (aptitude, souvent plur.)

∾ capacité + ADJECTIF
- humaine : *la capacité humaine d'inventer* • cognitive · intellectuelle · mentale • biologique · mémorielle · motrice · musculaire · physique · sensorielle
- économique · industrielle · politique · professionnelle [Admin.] : *les travailleurs à capacité professionnelle réduite* • créatrice · innovatrice · mobilisatrice · relationnelle · etc.
- innée : *une capacité innée d'improvisation* · naturelle • personnelle
- évidente · indéniable • bonne [+ nom] · énorme · excellente · exceptionnelle · extraordinaire · fabuleuse · formidable · grande [+ nom] · immense · impressionnante · incomparable · incroyable · notable · phénoménale : *sa capacité phénoménale à rebondir après chaque échec* · prodigieuse · rare · remarquable · sérieuse · solide • illimitée · infinie
- pleine [+ nom] : *ce travail nécessite leur pleine capacité physique*
- déconcertante · étonnante · singulière · surprenante
- faible · insuffisante · limitée · réduite
- inemployée

∾ capacité + VERBE
- augmenter · croître · se développer
- diminuer : *nos capacités diminuent avec l'âge* • se limiter à

∾ VERBE + capacité
- avoir · disposer de · être doté de · être doué de : *c'est une grande interprète douée d'une capacité d'expression extraordinaire* · posséder • se donner · se doter de : *le pays veut se doter d'une capacité de défense autonome* • retrouver • conserver · garder
- exercer · utiliser
- démontrer · faire la preuve de : *j'ai fait la preuve de mes capacités au cours de ce stage* · montrer : *elle a montré sa capacité à gouverner le pays en temps de crise* · prouver
- révéler · témoigner de : *cette restauration témoigne des surprenantes capacités de réflexion du maître d'ouvrage*
- donner · offrir : *ce secteur offre de grandes capacités de développement*
- exiger : *tout cela exige une grande capacité d'innovation politique* · réclamer · requérir · supposer : *ce poste suppose des capacités que je n'ai pas*
- baser sur · miser sur · reposer sur : *la force de ce pays repose sur ses capacités industrielles*

- reconnaître • avoir confiance dans / en • croire dans / en : *il croit dans les capacités de son jeune protégé* • être confiant dans / en • admirer • envier • louer
- améliorer
- évaluer • jauger • juger de • mesurer • tester • remettre en cause • s'interroger sur
- se tromper sur • déprécier • douter de : *je doute de ses capacités comme directeur* • mésestimer • sous-estimer • surestimer
- dépasser : *ces bouleversements risquent de dépasser nos capacités d'adaptation*
- accroître • augmenter • décupler • démultiplier • développer • doubler : *le constructeur veut doubler sa capacité de production* • renforcer • tripler
- affaiblir • amoindrir • limiter • réduire

2 capacité *nom fém.* (contenance)

∞ **capacité** + ADJECTIF
- maximale • maximum • grande + nom
- minimale • minimum • petite + nom • insuffisante

∞ VERBE + **capacité**
- avoir • offrir : *le stade rénové offrira une capacité de 25 000 places*
- accroître • augmenter • doubler • tripler : *l'agence prévoit de tripler la capacité de ses serveurs*
- limiter • réduire

1 capital *nom masc.* (biens)

∞ **capital** + ADJECTIF
- en nature • immobilier • mobilier • immatériel • matériel
- amortissable • disponible • effectif • garanti • fixe • flottant
- considérable • énorme • grand + nom • gros + nom • immense • important
- faible • maigre • petit + nom • réduit

∞ **capital** + VERBE
- avoisiner : *leur capital avoisine les 3 millions de dollars* • s'élever à
- fructifier : *c'est le meilleur moyen de faire fructifier son capital* • rapporter : *ce capital rapporte peu d'intérêts*
- dormir : *son capital dort à la banque*
- fondre : *le capital commence à fondre*

∞ VERBE + **capital**
- constituer • représenter : *cette rente représente un capital de 80 000 euros*
- emprunter
- avoir • disposer de • posséder • accumuler : *l'État était capable d'accumuler du capital et de financer le développement du pays* • se constituer • conserver • garder
- allouer • apporter • avancer • fournir • garantir • procurer • verser : *l'assureur a versé un capital à la victime* • rembourser
- augmenter • développer • faire fructifier • faire valoir • rémunérer • rentabiliser • valoriser
- contrôler • gérer • engager : *le capital engagé pour acquérir le local* • immobiliser • investir • mobiliser • placer • amortir
- diminuer • entamer : *ces frais imprévus ont sérieusement entamé le capital de départ* • réduire
- dilapider • perdre

∞ NOM + DE + **capital**
- accumulation • stock • apport

2 capital *nom masc.* (d'une entreprise)

∞ **capital** + ADJECTIF
- nominal • social
- variable : *une société à capital variable*

∞ VERBE + **capital**
- détenir • être doté de : *la chaîne est dotée d'un capital de 8 millions d'euros*
- constituer : *les emprunts contractés pour constituer le capital de la société* • grignoter : *son groupe continue à grignoter le capital de la holding*
- ouvrir : *nous serons amenés à ouvrir notre capital pour continuer à grandir* • augmenter • renforcer : *ces investissements visent à renforcer le capital des filiales*
- diminuer • réduire

∞ NOM + DE + **capital**
- part
- augmentation
- diminution

3 capital *nom masc.* (ressource)

∞ **capital** + ADJECTIF
- (de) confiance : *vos critiques n'entameront pas notre capital confiance* • santé • (de) sympathie • culturel • économique • etc.
- appréciable • beau + nom • considérable • énorme • formidable • fort + nom : *il dispose d'un fort capital de confiance auprès des jeunes* • grand + nom • immense • important • incomparable
- faible • maigre • petit + nom

∾ VERBE + **capital**
- accumuler · se constituer
- avoir · détenir · disposer de · posséder • conserver · garder
- augmenter · développer
- préserver : *un traitement préventif destiné à préserver le capital osseux des femmes ménopausées* · protéger
- diminuer · entamer : *rien n'entame le capital sympathie du chanteur* · réduire
- dilapider · épuiser : *il a épuisé en un an le capital confiance qu'il avait au sein du parti* · perdre

capitaux *nom masc.* (fonds)

∾ **capitaux** + ADJECTIF
- mobiliers · spéculatifs • baladeurs : *les paradis fiscaux sont réfractaires à tout contrôle des capitaux baladeurs* · flottants · volatils
- familiaux : *les laboratoires à capitaux familiaux* · privés • mixtes · propres : *les pertes de l'exercice sont incluses dans les capitaux propres* • publics • étrangers · extérieurs
- d'origine douteuse · douteux : *sa réputation de première terre d'asile des capitaux douteux* • illicites · sales : *la découverte de capitaux sales provenant d'activités illégales*

∾ **capitaux** + VERBE
- affluer : *les capitaux devraient affluer dans la zone euro* · circuler : *les capitaux circulaient vite d'un pays à l'autre*
- déserter : *les capitaux désertent massivement le secteur agricole* · quitter : *les capitaux quittent le pays* • se volatiliser

∾ VERBE + **capitaux**
- détenir · posséder
- attirer : *les mesures fiscales pour attirer les capitaux étrangers* · drainer
- injecter · investir · placer : *ils incitent les investisseurs internationaux à placer leurs capitaux outre-Atlantique*
- être dévoreur de : *les activités non stratégiques et dévoreuses de capital* · être gourmand en · nécessiter · requérir
- exporter · rapatrier : *ils incitent les investisseurs à rapatrier leurs capitaux placés à l'étranger* · transférer
- blanchir : *c'est l'endroit idéal pour blanchir des capitaux illicites* · recycler

∾ NOM + DE + **capitaux**
- abondance · afflux · flux · masse · reflux : *on assiste au reflux des capitaux vers les places sûres*
- évasion : *le pays est confronté à des évasions massives de capitaux* · fuite · hémorragie · retrait : *cette crise de confiance a entraîné des retraits massifs de capitaux*

capitalisme *nom masc.*

∾ **capitalisme** + ADJECTIF
- boursier · financier · industriel · marchand
- de libre échange · d'État · libéral · monopoliste · néo-libéral · ultralibéral • patrimonial · salarial
- international · mondial · mondialisé · multinational · national · planétaire
- à tout crin · débridé · déchaîné · (pur et) dur · exacerbé · extrême · grand [+ nom] • conquérant · florissant · triomphant : *les grandes marques de cigarettes sont devenues le symbole du capitalisme triomphant*
- barbare · cruel · féroce · impitoyable · sauvage
- amoral · arrogant · cynique · outrancier · sans âme • corrompu · mafieux
- de papa : *le capitalisme de papa consistait à pérenniser un capital et à le laisser gentiment fructifier* · traditionnel • modéré
- éclairé · équitable · éthique · (à visage) humain

∾ **capitalisme** + VERBE
- émerger · naître : *le grand capitalisme français naît dans l'entre-deux-guerres*
- évoluer · se transformer
- fleurir · prospérer · se développer · triompher
- se durcir

∾ VERBE + **capitalisme**
- se convertir à : *tout le pays s'est converti au capitalisme*
- adhérer à · célébrer · encourager · promouvoir · prôner
- améliorer · aménager · réformer • encadrer · maîtriser · réglementer · réguler · tempérer
- combattre • critiquer · dénoncer
- bouleverser · bousculer : *le capitalisme français est bousculé par les restructurations* · ébranler
- refuser • abolir · en finir avec · mettre fin à · rompre avec · sortir de : *il faut sortir de ce capitalisme sauvage*

[1]caractère *nom masc.* (d'une situation, d'un document, etc.)

∾ **caractère** + ADJECTIF
- distinctif · exclusif · particulier · singulier · typique · unique

- déterminant · dominant · essentiel · fondamental • évident · frappant · marquant · marqué • absolu · indiscutable · inéluctable · inévitable · irréversible • impérieux · indispensable · nécessaire · obligatoire · urgent
- exceptionnel · facultatif · optionnel
- innovant · inventif · nouveau · novateur
- cyclique · durable · permanent · récurrent · répétitif · systématique
- accidentel · aléatoire · évolutif · fluctuant · instable
- imprévisible · incongru · insolite · intrigant
- abusif · arbitraire • fallacieux : *il a montré le caractère fallacieux de ces informations* · frauduleux · illégal · illicite • futile · utopique · vain • artificiel · factice · fictif • intentionnel : *le caractère intentionnel de son acte ne fait pas de doute* · volontaire
- fragile · précaire • éphémère · provisoire
- fragmentaire · incomplet · lacunaire

∾ caractère + VERBE
- se manifester : *le caractère innovant du projet se manifeste par sa portée internationale* · s'exprimer : *le caractère insolite du film s'exprime dans ses décors*
- étonner · frapper · surprendre

∾ VERBE + **caractère**
- acquérir : *n'attendez pas que la décision ait acquis un caractère définitif* · prendre · revêtir : *cette réduction de crédits revêt un caractère exceptionnel*
- avoir · présenter
- conférer · donner
- conserver · garder · préserver : *pour préserver le caractère authentique du village*
- démontrer · exprimer : *ces manifestations expriment le caractère mixte de notre culture* · faire apparaître · montrer · refléter · révéler · souligner
- accentuer · renforcer : *nous devons renforcer le caractère généraliste de la chaîne* • confirmer • (ré)affirmer : *elle prend soin d'affirmer le caractère légitime de la lutte contre ce régime* · insister sur
- contester · nier • critiquer · dénoncer · déplorer · fustiger · protester contre
- atténuer : *elle travaille ses transitions pour atténuer le caractère répétitif des bulletins météo*
- altérer • détruire
- dissimuler · occulter : *il essaye d'occulter le caractère politique de son refus*
- perdre : *le projet a perdu son caractère utopique*

2 caractère *nom masc.* (tempérament)

∾ caractère + ADJECTIF
- affirmé : *à 17 ans, elle a déjà un caractère très affirmé* · bien trempé · entier • hors du commun · sacré + nom fam. : *il a un sacré caractère son frère !*
- bon + nom · excellent · facile
- de chien° · de cochon° · désagréable · détestable · difficile · épouvantable · exécrable · mauvais + nom · peu commode · sale + nom
- (plur.) compatibles • incompatibles

∾ caractère + VERBE
- s'affirmer · se renforcer
- se manifester · se révéler : *son caractère indépendant s'est révélé très tôt*
- s'adoucir · se bonifier
- s'aigrir : *depuis l'accident, son caractère s'est aigri*

∾ VERBE + **caractère**
- avoir : *il a du / son caractère* · être de (+ adj.) : *elle est d'un caractère difficile* · être doté de · posséder • être connu / réputé pour : *il est connu pour son sale caractère*
- façonner · (se) forger · former : *ce genre d'expérience forme le caractère*
- fortifier · tremper (souvent passif) : *une femme au caractère bien trempé*
- adoucir : *ces épreuves ont adouci son caractère*
- manquer de

∾ NOM + DE + **caractère**
- trait : *l'orgueil n'est pas le trait de caractère le plus marquant chez ce jeune homme*

caractéristique *nom fém.*

∾ caractéristique + ADJECTIF
- anatomique · biologique · génétique · morphologique · physiologique · physique • socioculturelle · structurelle • mécanique · technique · etc.
- commune : *de nombreux venins possèdent des caractéristiques communes* · générale · universelle • individuelle · naturelle
- analogue · similaire
- dominante · essentielle · fondamentale · majeure · principale • habituelle • notable • particulière · précise · spécifique · typique
- atypique · inhabituelle · unique
- exceptionnelle · idéale : *l'hydrogène a les caractéristiques idéales pour la production d'énergie* · intéressante

∾ caractéristique + VERBE
- se dégager · s'observer
- différencier : *les caractéristiques différenciant cette lignée de celle des hommes modernes* · distinguer

∾ VERBE + **caractéristique**
- afficher · avoir (pour) · être doté de · posséder · présenter · réunir • conserver · garder • partager : *les deux systèmes partagent trois caractéristiques majeures*
- conférer : *ses propriétés chimiques confèrent au cheveu des caractéristiques particulières* · offrir
- cerner · définir · dégager · déterminer · identifier · mettre en lumière · relever • connaître • détailler · préciser • analyser · étudier · évaluer · examiner · mesurer • comparer
- prendre en compte · s'adapter à : *un équipement capable de s'adapter aux caractéristiques du terrain*
- adapter · améliorer · modifier
- reposer sur · s'appuyer sur · se baser sur · se fonder sur : *les résultats se fondent sur des caractéristiques génétiques*
- se différencier par · se distinguer par
- perdre

∾ NOM + DE + **caractéristiques**
- ensemble · série

carence *nom fém.*

∾ **carence** + ADJECTIF
- alimentaire · énergétique · hormonale · nutritionnelle · vitaminique • physique : *les prétendues carences physiques des joueurs français* • éducative · scolaire • spirituelle • sanitaire • familiale : *certains enfants souffrent de grosses carences familiales* · sociale • affective · relationnelle • juridique · législative · politique • budgétaire · économique · financière
- avérée · criante · évidente · flagrante · manifeste · notable • énorme · importante · incroyable · lourde : *le rapport fait état de carences lourdes en matière d'hygiène* · majeure · profonde · sérieuse · totale • dramatique · grave · préoccupante · terrible • chronique

∾ **carence** + VERBE
- résulter de : *ces carences résultent d'une alimentation trop pauvre*
- concerner • être liée à : *cette carence vitaminique est liée au surmenage*
- apparaître · se manifester

∾ VERBE + **carence**
- avoir · être victime de · présenter · souffrir de : *ces adolescents souffrent de carences affectives*
- causer · entraîner · être à l'origine de : *une mauvaise allocation des ressources est à l'origine des carences de l'enseignement* · être responsable de · provoquer
- évaluer • constater · identifier · reconnaître · relever
- démontrer · faire apparaître · mettre en évidence · mettre en lumière · montrer · présenter · révéler : *il a révélé les énormes carences de l'organisation des secours* · souligner
- exploiter · profiter de : *le Premier ministre profite des carences de l'opposition*
- dénoncer · déplorer · se plaindre de
- combler : *c'est un moyen de combler les carences en protéines* · compenser · corriger · lutter contre : *l'huile de palme rouge permet de lutter contre les carences en vitamine A* · pallier · remédier à · suppléer (à)
- cacher · masquer

caresse *nom fém.*

∾ **caresse** + ADJECTIF
- affectueuse · amicale • innocente
- amoureuse · érotique · intime · sensuelle · sexuelle • excitante · langoureuse · lascive · tendre · voluptueuse • experte · savante
- agréable · délicate · douce
- appuyée · fougueuse · passionnée • prolongée
- légère · petite + nom • furtive • lente
- maladroite • déplaisante · désagréable

∾ **caresse** + VERBE
- apaiser · consoler
- exciter · stimuler
- dégoûter

∾ VERBE + **caresse**
- faire • (plur.) combler de · couvrir de · échanger · prodiguer
- sentir • fondre sous · frémir sous · s'abandonner à : *il se détendit et s'abandonna à ses douces caresses* • être sensible à · répondre à
- aimer · apprécier · savourer

caricature *nom fém.*

∾ **caricature** + ADJECTIF
- politique · sociale
- bonne + nom · brillante · excellente · formidable · réussie
- burlesque · grotesque • amusante
- aimable · gentille
- véritable + nom • cruelle · féroce · grinçante : *il nous livre une caricature grinçante du monde de l'entreprise* · terrible • méchante · odieuse
- grossière · outrancière • mauvaise + nom · piètre + nom
- triste + nom : *le match restera comme une triste caricature du football moderne*

∾ caricature + VERBE
- montrer · représenter
- railler · ridiculiser · se moquer de · stigmatiser

∾ VERBE + **caricature**
- faire · publier
- confiner à : *ce type d'entretiens d'embauche confine à la caricature* · friser · frôler · relever de : *leur phraséologie managériale relève de la caricature*
- pousser à : *des personnages et des décors poussés à la caricature* · sombrer dans · tomber dans · verser dans
- accentuer · charger · exagérer · forcer
- dépasser · échapper à : *il n'échappe malheureusement pas à la caricature de la comédie boulevardière* · éviter · sortir de

carnage *nom masc.*

∾ carnage + ADJECTIF
- familial · humain
- abominable · affreux · atroce · effroyable · épouvantable · grand [+ nom] · horrible · immense · sanglant · total • bestial · infâme · inhumain · monstrueux · odieux

∾ carnage + VERBE
- avoir lieu · se dérouler · se produire • continuer · se poursuivre
- décimer : *le carnage a décimé 30 % de la population* · faire x morts · tuer
- hanter : *les rescapés sont toujours hantés par le carnage* · traumatiser

∾ VERBE + **carnage**
- aboutir à · déclencher · être responsable de · mener à · provoquer
- finir en · se terminer en · se tranformer en · tourner à : *la manifestation populaire a tourné au carnage* · virer à
- commettre : *les raisons qui ont poussé l'homme à commettre ce carnage restent inconnues* • participer à · se livrer à
- assister à
- échapper à · sortir indemne de · survivre à
- dénoncer
- empêcher · éviter • arrêter · cesser · mettre fin à · mettre un terme à

carrière *nom fém.* (parcours)

∾ carrière + ADJECTIF
- académique · universitaire • administrative · diplomatique · politique · syndicale • artistique · journalistique · littéraire · théâtrale • médicale · militaire · scientifique · sportive · etc.
- internationale · publique : *ce livre retrace la carrière publique de l'artiste*
- individuelle · solo : *il a fait une carrière solo dans le music-hall*
- classique • linéaire · rectiligne · sage · stable · toute tracée : *enfant de la balle, il avait une carrière toute tracée* · tranquille • sans accroc · sans encombre
- prometteuse • ascendante : *il était assuré de la sécurité de l'emploi et d'une promesse de carrière ascendante* • belle [+ nom] · brillante · éblouissante · enviable · époustouflante · exceptionnelle · exemplaire · fabuleuse · grande [+ nom] · impressionnante · magnifique · prestigieuse · remarquable · réussie · sans faille · sans faute • à succès · glorieuse · illustre • honnête · honorable • fulgurante · météorique : *l'accident de voiture mit fin à sa carrière météorique*
- fructueuse · prolifique : *sa carrière prolifique le conduit à la publication de plus de 300 articles scientifiques* • facile : *malgré ses origines, il n'eut pas une carrière facile*
- longue [+ nom]
- atypique · curieuse · étonnante · surprenante • diversifiée · éclectique
- discrète · modeste : *après une carrière modeste au théâtre, il se tourne vers le cinéma* • monotone · sans éclat · terne · triste
- brève [+ nom] · courte · (-)éclair · éphémère
- à éclipses · en dents de scie · en zigzag : *il mène une carrière en zigzag*
- accidentée · agitée · chaotique · houleuse · mouvementée · tortueuse · tumultueuse
- déclinante · sur le déclin • avortée : *après une carrière avortée de journaliste, il se tourne vers l'enseignement*

∾ carrière + VERBE
- s'offrir à : *une belle carrière de concertiste s'offre à elle* • se construire · se dérouler · se faire · se jouer : *une carrière peut se jouer en un soir*
- commencer · débuter · démarrer · se dessiner
- s'ouvrir à : *sa carrière s'ouvre à l'international* • décoller · s'accélérer · se développer : *sa carrière se développe également à l'étranger* · s'emballer · s'envoler
- durer : *sa carrière de chanteur n'a duré que quelques mois*
- arriver / parvenir à un tournant décisif · évoluer
- connaître des hauts et des bas
- prendre fin · s'achever · s'arrêter · se terminer

∾ VERBE + **carrière**

- aspirer à · envisager · penser à · prétendre à · rêver de : *il rêve d'une carrière hollywoodienne* · se destiner à
- commencer · débuter (dans) · démarrer · engager · entamer · entreprendre · se lancer dans · s'embarquer dans : *elle a décidé de s'embarquer dans une carrière solo* · s'engager dans · tenter • reprendre
- choisir · embrasser : *il embrasse la carrière militaire et deviendra amiral* · épouser · opter pour · se tourner vers
- donner le coup d'envoi à · inaugurer : *il débute comme réalisateur en 1951, inaugurant une carrière entièrement vouée aux films d'action* · lancer : *sa carrière a été lancée lors d'une première partie à Bobino*
- bâtir · construire : *cette femme d'affaires a construit sa carrière sur la prise de risques*
- accomplir : *elle a accompli une carrière exemplaire dans la haute finance* · avoir · connaître · faire : *il a fait carrière dans l'enseignement / à l'université ; elle a fait une très belle carrière dans le journalisme* · suivre : *elle a suivi la carrière classique du haut fonctionnaire* • conduire · gérer · mener : *il a mené sa carrière de manière exemplaire* · piloter : *elle pilote sa carrière avec lucidité* • prolonger • avancer dans · progresser dans • se consacrer à
- concilier ... avec / et : *comment concilier carrière et vie familiale ?* · sacrifier ... à : *elle a tout sacrifié à sa carrière de star hollywoodienne* • réussir : *difficile de réussir une carrière de comédien avec ce genre de physique*
- développer : *je souhaite développer davantage ma carrière de soliste* · (ré)orienter
- accompagner : *le club a accompagné les carrières de nombreux pianistes de jazz* · faciliter · promouvoir · relancer · servir de tremplin à : *ces années de militantisme servirent de tremplin à sa fulgurante carrière politique*
- émailler · jalonner : *les disques d'or ont jalonné sa carrière*
- revaloriser : *une réforme pour revaloriser la carrière des magistrats* • couronner : *deux distinctions importantes ont couronné sa carrière universitaire*
- écourter
- bloquer : *la carrière des représentants syndicaux sont souvent bloquées par la direction* · entraver · freiner • compromettre · mettre en danger · nuire à • briser · mettre fin à · ruiner · sonner le glas de : *ce scandale a sonné le glas de sa carrière diplomatique*
- rater : *il a raté sa carrière politique*
- abandonner · lâcher · laisser en plan · quitter · renoncer à · se détourner de • sacrifier • interrompre · mettre entre parenthèses : *il avait dû mettre entre parenthèses sa carrière, en raison d'un cancer* • faire une croix sur · tirer un trait sur • arrêter · mettre fin à · mettre un terme à
- achever · arriver au bout de · finir · terminer (en beauté) • clore : *il clôt sa carrière sur un championnat du monde*

∾ NOM + DE + **carrière**

- apogée · faîte · point culminant · sommet · zénith : *alors au zénith de sa carrière, elle préfère quitter la scène*
- crépuscule : *cette personnalité au crépuscule de sa carrière*
- plan

REM. On rencontre parfois "carrière professionnelle". Évitez cette expression souvent pléonastique.

[1]carrure *nom fém.* (physique)

∾ **carrure** + ADJECTIF

- athlétique · belle [+ nom] · d'athlète · de boxeur · de catcheur · de colosse · de géant · de lutteur · de rugbyman · exceptionnelle · forte [+ nom] · gigantesque · imposante · impressionnante · large [+ nom] · massive · puissante · rassurante · solide · sportive
- frêle

∾ **carrure** + VERBE

- imposer le respect · impressionner · intimider

∾ VERBE + **carrure**

- avoir · posséder • promener : *il promène nonchalamment sa carrure de rugbyman*

[2]carrure *nom fém.* (envergure, importance)

∾ **carrure** + ADJECTIF

- militaire : *le fils possède la carrure militaire et le charisme de son père* · politique
- européenne · internationale

∾ VERBE + **carrure**

- avoir : *il n'a pas la carrure d'un chef d'État* · posséder
- manquer de : *il manque de carrure pour le poste*

[1]carte *nom fém.* (à jouer)

∾ **carte** + ADJECTIF

- basse [+ nom] • haute [+ nom] : *l'as est la plus haute carte au bridge*

- bonne [+ nom] · maîtresse [aussi fig.] : *jouer sa carte maîtresse*
- mauvaise [+ nom]

∾ VERBE + **carte**
- (re)battre · brasser · mélanger • couper • retourner
- (re)distribuer · donner · servir
- jeter · lancer • abattre [aussi fig.] · jouer [aussi fig.] : *il me reste une carte à jouer; il joue la carte de la transparence*
- [aussi fig.] étaler · laisser voir · montrer
- avoir en main [aussi fig.] : *elle a toutes les cartes en main* · tenir : *il tenait les cartes contre lui, en éventail* • ramasser
- truquer • brouiller° [fig.] (plur.) : *le ministre cherche à brouiller les cartes*
- [Divination] tirer (plur.) : *je me suis fait tirer les cartes par une bohémienne* • lire dans

[2] **carte** *nom fém.* (plan)

∾ **carte** + ADJECTIF
- géographique · géologique · topographique • routière · touristique • météorologique • céleste · du ciel • marine · etc.
- murale • à l'échelle x / y : *une carte à l'échelle 1/20 000* · en relief
- complète · détaillée · précise • claire · lisible
- partielle · réduite
- illisible · imprécise

∾ **carte** + VERBE
- représenter • indiquer · mentionner : *la carte mentionne même les châteaux d'eau*

∾ VERBE + **carte**
- dresser : *dresser une carte hydrométrique des sols* · établir · faire · lever · tracer • orienter
- déplier · étaler • (re)plier · ranger
- consulter · étudier · lire : *je ne sais pas lire une carte* · regarder
- apparaître sur · figurer sur : *la nouvelle autoroute ne figure pas sur la carte*
- localiser ... sur · pointer ... sur · situer ... sur : *je n'arrive pas à situer le village sur la carte*

[1] **cas** *nom masc.* (exemple)

∾ **cas** + ADJECTIF
- général • classique · connu · courant · d'école° : *cette affaire de dopage pourrait devenir un cas d'école* · d'espèce° : *cette décision du Conseil d'État constitue un cas d'espèce* · fréquent · ordinaire · typique • avéré : *des cas, avérés ou non, de pédophilie* · concret · évident · flagrant : *dans certains cas flagrants de racisme*
- analogue · identique · semblable · similaire
- contraire · différent · inverse · opposé
- particulier · précis · singulier · spécial · spécifique • atypique · curieux · énigmatique · mystérieux · surprenant • imprévu
- possible · probable
- hypothétique · improbable • exceptionnel · ponctuel · rare · rarissime • isolé : *on licencie même si on fait des profits, et cette entreprise n'est malheureusement pas un cas isolé* · unique
- clair · exemplaire · intéressant · joli [+ nom] · magnifique • simple
- de force majeure° · extrême · grave · important · sérieux • prioritaire
- complexe · compliqué · difficile · insoluble · problématique • embarrassant · épineux • douteux · limite · suspect
- désespéré · douloureux · dramatique
- pendable° : *« La polygamie est un cas / Un cas pendable »* (Molière, *Monsieur de Pourceaugnac*, II, 11)

∾ **cas** + VERBE
- se présenter · se produire · se rencontrer • se révéler (+ adj.) : *le cas s'est révélé très difficile*
- attirer l'attention (de) · défrayer la chronique • préoccuper : *dans le cas qui nous préoccupe, l'important est de savoir si ...*
- (plur.) passer inaperçu
- abonder · se multiplier : *les cas d'enlèvement d'enfants se multiplient*

∾ VERBE + **cas**
- constater · rencontrer · tomber sur • (plur.) dénombrer · énumérer · recenser · relever · répertorier
- citer · évoquer · exposer · mentionner · parler de · prendre : *prenons le cas de la Chine, par exemple* · rapporter · relater · signaler
- poser · présenter · soumettre : *je voudrais vous soumettre un cas un peu particulier*
- aborder · considérer • envisager · prévoir
- se pencher sur · s'intéresser à · s'interroger sur • analyser · enquêter sur · étudier · (ré)examiner · tenir compte de · travailler sur • revenir sur · s'attarder sur
- décider de · se prononcer sur · statuer sur • régler · résoudre · traiter · trancher
- aggraver : *il aggrave son cas en essayant de se justifier*

∾ NOM + DE + **cas**
- accumulation · multitude · série

[2]cas *nom masc.* (Méd.)

∾ cas + ADJECTIF
- clinique
- bénin • présumé
- sporadique (souvent plur.) : *la bactérie est responsable de cas sporadiques de listériose*
- déclaré
- urgent
- désespéré · grave · mortel

∾ VERBE + cas
- dépister · détecter : *une quinzaine de nouveaux cas sont détectés chaque jour*
- diagnostiquer (souvent passif) : *le nombre de cas diagnostiqués chez les mineurs*
- soigner · traiter

∾ NOM + DE + cas
- épidémie · flambée : *la région connaît une flambée de cas de paludisme*
- nombre

▷ voir aussi [1]**cas**

cataclysme *nom masc.*

∾ cataclysme + ADJECTIF
- climatique · écologique · naturel • nucléaire
- humain · social • boursier · économique · financier • électoral · politique
- imminent • inéluctable · irréversible
- mondial · national · planétaire • considérable · gigantesque · grand [+ nom] · grave · immense · majeur · sans équivalent · spectaculaire · véritable [+ nom]
- effrayant · effroyable · épouvantable · horrible · terrible

∾ cataclysme + VERBE
- se produire · survenir
- menacer • frapper · s'abattre sur : *le cataclysme s'est abattu sur tout le sud du pays* • détruire · dévaster · ravager · tuer

∾ VERBE + cataclysme
- déclencher · engendrer · entraîner · provoquer : *ces objets sont capables de provoquer un cataclysme planétaire en cas de collision avec la Terre*
- résister à · se remettre de : *l'économie de la région aura du mal à se remettre de ce cataclysme* · surmonter · survivre à • échapper à · éviter

catalogue *nom masc.*

∾ catalogue + ADJECTIF
- critique · raisonné : *c'est le premier catalogue raisonné de l'œuvre du peintre* • illustré · thématique • électronique · en ligne · informatisé · numérisé
- général : *le catalogue général de la Bibliothèque nationale contient des millions de notices* • international · mondial
- énorme · épais · gros [+ nom] · imposant · lourd · volumineux
- complet · exhaustif · intégral • abondant · fourni · grand [+ nom] · important · long [+ nom] · riche · satisfaisant · solide · vaste
- bien documenté · bien fait · détaillé · précis · soigné • beau [+ nom] · luxueux · magnifique · somptueux · superbe • excellent · extraordinaire • époustouflant · impressionnant · intéressant · passionnant · réjouissant · remarquable • précieux · prestigieux
- hétéroclite · varié
- petit [+ nom] • fragmentaire · incomplet · lacunaire · limité
- aride · décevant · monotone · morne · pauvre

∾ catalogue + VERBE
- paraître · sortir
- accompagner : *un superbe catalogue accompagne l'exposition*
- énumérer · lister · recenser · répertorier : *le catalogue répertorie 320 cactées* • décrire · proposer • comprendre · contenir
- s'enrichir · s'étoffer : *leur catalogue de produits achetables en ligne ne cesse de s'étoffer*

∾ VERBE + catalogue
- créer · dresser : *elle a dressé le catalogue des œuvres du plasticien* · élaborer · établir · faire · préparer · réaliser • (co)éditer · préfacer · rédiger
- diffuser · distribuer · donner accès à · présenter · publier · sortir · vendre
- ajouter ... à · inscrire ... à : *le rapport sera inscrit au catalogue de l'Inserm* · intégrer ... à · mentionner ... dans · mettre ... à · recenser ... dans · répertorier ... à / dans : *plus de 10 000 travaux sont répertoriés au catalogue*
- apparaître au / dans · figurer dans / sur : *cette terre cuite ne figure pas dans le catalogue*
- compulser · consulter · éplucher : *il épluche les catalogues de toutes les ventes aux enchères* · feuilleter · lire · parcourir • accéder à : *il faut un mot de passe pour accéder au catalogue en ligne*
- compléter · élargir · enrichir · étoffer • actualiser · tenir à jour • diversifier · renouveler : *ce fabricant a perdu des clients faute d'avoir renouvelé son catalogue*
- rayer de · retirer de : *ils ont retiré son autobiographie de leur catalogue*

sur catalogue
- acheter · choisir · commander · sélectionner • proposer · vendre

catastrophe *nom fém.*

∞ catastrophe + ADJECTIF

- atomique · nucléaire • aérienne · ferroviaire · maritime · minière • climatique · écologique · naturelle · pétrolière
- humaine · humanitaire · sanitaire · sociale : *une catastrophe naturelle engendre une catastrophe sociale* • boursière · économique · financière · industrielle • politique
- annoncée : *pour éviter la catastrophe annoncée, des sommes considérables ont été dépensées* · inéluctable : *les digues n'étaient pas entretenues, la catastrophe était inéluctable* · inévitable · prévisible · programmée • imminente
- générale • mondiale · nationale · planétaire
- (plur.) en cascade · en chaîne · en rafale · en série
- de grande ampleur · gigantesque · grande + nom · grosse + nom · immense · inimaginable · inouïe · majeure · sans nom · vraie + nom · véritable + nom
- historique · sans précédent
- effroyable · épouvantable · grave · horrible · meurtrière · sanglante · sinistre · terrible
- irrémédiable · irréparable · irréversible
- imprévisible · inattendue · inexpliquée
- petite + nom

∞ catastrophe + VERBE

- approcher · guetter : *les pluies ne viennent pas, la catastrophe guette* · s'annoncer · se préparer
- arriver · avoir lieu · se dérouler · s'ensuivre : *la rupture de la digue et la catastrophe qui s'ensuivit* · se passer · se produire · survenir • (plur.) s'accumuler · se multiplier
- affecter · frapper · s'abattre sur · toucher • anéantir · coûter la vie à : *cette catastrophe a coûté la vie à 148 personnes* · faire x morts / victimes
- endeuiller : *la catastrophe a endeuillé tout le pays* · hanter · marquer : *toute la région reste irrémédiablement marquée par la catastrophe* · traumatiser

∞ VERBE + catastrophe

- aboutir à · amener · causer · conduire à · déboucher sur · déclencher · engendrer : *ces guerres ont engendré une catastrophe écologique* · entraîner · être à l'origine de · mener à · précipiter : *ces réformes sécuritaires ne peuvent que précipiter la catastrophe* · produire · provoquer
- constituer · faire figure de : *cet affront diplomatique fait figure de catastrophe nationale* • dégénérer en : *la sécheresse dégénère en catastrophe de grande ampleur* · tourner à · virer à
- aller (tout droit) à · courir à • assister à · connaître · enregistrer · être victime de · subir • être à deux doigts de : *le pays était à deux doigts de la catastrophe économique* · friser · frôler : *quand le pont s'est écroulé, on a frôlé la catastrophe* • accumuler (plur.) : *depuis un an, l'entreprise accumule les catastrophes*
- annoncer · prédire · pressentir · prévoir • anticiper
- craindre · redouter
- minimiser : *les autorités tentèrent de minimiser la catastrophe en annonçant un bilan de deux morts*
- faire face à · gérer : *elle a eu du mal à gérer la catastrophe de la marée noire*
- arrêter · empêcher · enrayer : *il faut enrayer la catastrophe humanitaire en cours* · éviter · prévenir • échapper à · être rescapé de · survivre à
- décéder dans · disparaître dans · être blessé dans · mourir dans · perdre la vie dans · périr dans

∞ NOM + DE + catastrophes

- avalanche : *cette comédie est une avalanche de catastrophes cocasses* · cascade · déferlante · déferlement · série · succession

REM. On rencontre parfois "conjurer une catastrophe". Évitez cette expression maladroite et préférez "éviter une catastrophe".

cauchemar *nom masc.* (mauvais rêve, litt. et fig.)

∞ cauchemar + ADJECTIF

- bureaucratique · familial · judiciaire · logistique : *les équipes de secours sont confrontées à un véritable cauchemar logistique* · etc.
- enfantin : *des créatures tout droit sorties de cauchemars enfantins* • prémonitoire
- éveillé○ : *cette expérience relevait du cauchemar éveillé* • halluciné • délirant
- véritable + nom · vrai + nom
- absolu : *ces grèves des transports, c'est le cauchemar absolu* · total • affreux · atroce · effroyable · épouvantable · horrible · pire + nom : *je ne l'aurais pas envisagé même dans mes pires cauchemars* · terrible • angoissant · effrayant · obsédant · sans nom : *les habitants vivent depuis des mois un cauchemar sans nom* · terrifiant · traumatisant
- à répétition · familier · récurrent · vieux + nom • constant · permanent · perpétuel · persistant · quotidien • interminable · long + nom · sans fin
- curieux · étrange
- petit + nom

∞ cauchemar + VERBE
- (re)commencer · resurgir · revenir
- continuer · se poursuivre • durer : *ce cauchemar dure depuis dix ans*
- réveiller : *son cauchemar l'a réveillé en sursaut* • assaillir : *l'enfant est assailli par des cauchemars* · envahir · hanter · obséder · traumatiser
- cesser · finir · prendre fin · s'arrêter · se dissiper · se terminer

∞ VERBE + **cauchemar**
- devenir · relever de · ressembler à · se transformer en · tourner à : *leur expédition a vite tourné au cauchemar* · virer à : *le rêve a rapidement viré en cauchemar*
- hanter · peupler : *les fantômes qui peuplent ses cauchemars*
- avoir · endurer (souvent passif) : *il a dénoncé le cauchemar enduré par la population* · être en plein : *j'ai l'impression d'être en plein cauchemar* · être en proie à · faire · vivre • revivre • être sujet à • basculer dans · être entraîné dans · plonger dans · sombrer dans
- donner : *toute cette histoire me donne des cauchemars*
- décrire · parler de · raconter
- chasser · dissiper · exorciser : *il tente d'exorciser son cauchemar en le mettant en scène* • oublier · refouler • (s')arracher à · délivrer de · se réveiller de · se soustraire à · s'éveiller de · s'extraire de : *comment m'extraire de ce cauchemar ?* · sortir de
- mettre fin à

[1] cause *nom fém.* (raison)

∞ cause + ADJECTIF
- morale · psychologique • physiologique · physique • accidentelle · conjoncturelle · matérielle · organique · structurelle • économique · politique · etc.
- initiale · originelle • endogène : *ils font porter les responsabilités de la crise sur l'extérieur en oubliant les causes endogènes* · interne • exogène · extérieure · externe • directe · immédiate : *on ignore toujours la cause immédiate de l'accident* • naturelle · objective • indirecte
- connue · déterminée • claire · exacte · précise
- plausible · possible · probable
- banale · courante · fréquente
- générale • majeure · principale • déterminante · essentielle · fondamentale · profonde • grave : *le délai ne peut être prorogé qu'en cas de cause grave* · sérieuse
- petite + nom : *de petites causes peuvent avoir de grands effets* • secondaire
- cachée · inconnue · indéterminée · inexpliquée · obscure · occulte · secrète • mystérieuse · surnaturelle

∞ cause + VERBE
- avoir / engendrer / entraîner une conséquence · avoir / engendrer / entraîner un effet · avoir pour conséquence / effet (de)

∞ VERBE + **cause**
- être dû à · tenir à : *le manque de personnel tient à plusieurs causes*
- constituer · représenter : *le tabac représente la principale cause de cancer*
- (re)chercher
- cerner · connaître · débusquer · découvrir · deviner · établir · identifier · remonter à : *il faut remonter aux causes de chaque événement anormal* · trouver
- analyser · enquêter sur · étudier · examiner · réfléchir à · se pencher sur · s'intéresser à · s'interroger sur
- déterminer · expliquer · juger de · préciser · statuer sur • (plur.) détailler · énumérer · recenser • comprendre · démêler · éclaircir · éclairer · élucider · faire toute la lumière sur : *nous ferons toute la lumière sur les causes de la catastrophe*
- évoquer · révéler
- cacher · dissimuler · masquer : *cette analyse masque des causes plus profondes*
- ignorer
- combattre · éradiquer : *il existe plusieurs remèdes pour éradiquer les causes du stress* · s'attaquer à : *il faut s'attaquer aux causes du problème* · traiter

∞ NOM + DE + **causes**
- accumulation · ensemble · faisceau · liste · multitude · série

[2] cause *nom fém.* (combat)

∞ cause + ADJECTIF
- caritative · humanitaire • politique · sociale · etc.
- collective · commune · universelle • grande + nom · sacrée • célèbre
- consensuelle · entendue° : *la désaffection des jeunes du politique n'est-elle pas une cause entendue ?* • belle + nom : *il fut le témoin engagé des plus belles causes du siècle* · bonne° + nom : *je l'ai fait pour la bonne cause* · noble
- défendable · juste · légitime
- désespérée · difficile · perdue (d'avance)

- illégitime · indéfendable · injuste · insoutenable • futile · mauvaise + nom : *ils se battent pour la mauvaise cause*

∞ cause + VERBE

- avancer · progresser · triompher : *toujours prompt à faire triompher la cause de la psychanalyse*
- tenir à cœur à : *c'est une cause qui me tient beaucoup à cœur* • mobiliser
- faire l'unanimité

∞ VERBE + cause

- adhérer à · adopter · embrasser · épouser : *le désir de liberté la pousse à épouser des causes discutables* · être acquis à · (se) rallier (à) · s'associer à · s'engager pour • être au service de · se consacrer à · se vouer à · travailler à • (se) mettre ... au service de : *elle a mis son charme au service de la cause* • combattre pour · lutter pour · militer pour • mourir pour • aider · servir : *pour mieux servir sa cause, l'institut possède son propre service de relations internationales* • défendre · plaider · promouvoir · soutenir
- gagner à : *il a réussi à me gagner à sa cause* · rallier à : *elle a rallié tous ses collègues à sa cause*
- desservir · nuire à
- trahir : *il a trahi la cause des siens* • abandonner · déserter · renier · se désintéresser de · se désolidariser de

célébration *nom fém.* (fête)

∞ célébration + ADJECTIF

- familiale · privée • collective · populaire · publique • officielle · solennelle
- œcuménique · liturgique · religieuse
- discrète · petite + nom
- annuelle · rituelle
- grande + nom · immense + nom • en grande pompe · exceptionnelle · fastueuse · grandiose · spectaculaire
- festive · joyeuse

∞ célébration + VERBE

- commencer · débuter
- avoir lieu · se dérouler : *les célébrations du centenaire se dérouleront dans tout le pays* • durer : *les célébrations du mariage durent 3 jours et 3 nuits*
- marquer : *ces célébrations marquent le cinquième anniversaire de l'accord*
- rassembler · réunir : *le célébration a réuni plus de 30 000 fidèles*
- prendre fin · se clôturer : *les célébrations du bicentenaire se clôtureront en décembre* · se terminer

∞ VERBE + célébration

- organiser · préparer • diriger · présider
- assister à · participer à · s'associer à : *la municipalité s'associe aux célébrations en organisant un concert*
- convier ... à · inviter ... à
- perturber · troubler
- boycotter
- annuler

[1]célébrité *nom fém.* (renommée)

∞ célébrité + ADJECTIF

- littéraire · médiatique : *elle a eu droit à son quart d'heure de célébrité médiatique*
- naissante · nouvelle
- inattendue · inespérée
- immédiate · instantanée · rapide · soudaine : *elle a eu du mal à gérer sa soudaine célébrité* · subite • précoce
- internationale · mondiale · nationale · planétaire • croissante · grandissante • énorme · grande + nom · immense
- durable · éternelle
- belle + nom · enviable · enviée · jolie + nom
- juste · justifiée · légitime
- posthume · tardive
- illégitime · injuste · injustifiée
- dure / difficile à vivre
- éphémère · fugitive · passagère · ponctuelle · provisoire

∞ célébrité + VERBE

- tenir à : *la célébrité tient parfois à peu de chose*
- arriver · venir : *il a fait un premier film à 25 ans mais la célébrité est venue bien plus tard*
- ne pas se démentir • augmenter · croître · se développer • dépasser les frontières de : *sa célébrité a dépassé nos frontières*
- affoler · chambouler la vie de *fam.* · perturber • corrompre · monter à la tête (de)
- ne pas durer · s'atténuer : *cette célébrité s'est quelque peu atténuée ces dernières années* · s'en aller · s'estomper

∞ VERBE + célébrité

- aspirer à · attendre · courir après · désirer · rechercher · rêver de · viser · vouloir • envier
- apporter · assurer · faire : *c'est une série télévisée qui a fait sa célébrité* · valoir ... à
- devoir ... à : *c'est à cette publicité qu'elle doit sa célébrité* • accéder à · acquérir · atteindre · bénéficier de · gagner : *elle gagna une célébrité planétaire avec ce film* · obtenir · parvenir à • connaître : *elle connut une grande célébrité dans les années 60* · jouir de • être promis à : *ces élèves*

du conservatoire sont promis à la célébrité • avoir son (quart d')heure de
- assumer · gérer
- exploiter · mettre ... au service de : *mettre sa célébrité au service de quelques grandes causes* · profiter de · tirer parti / profit de
- fuir · se lasser de • souffrir de
- être en mal de : *un député en mal de célébrité médiatique*

[2]célébrité *nom fém.* (personne)

∾ célébrité + ADJECTIF
- internationale · mondiale • nationale · régionale
- locale : *il est devenu une célébrité locale après ce sauvetage* · petite [+ nom] • obscure [+ nom]

∾ VERBE + célébrité
- côtoyer · croiser · rencontrer • inviter
- interviewer · photographier

∾ NOM + DE + célébrités
- brochette · défilé · galerie · parterre : *la cérémonie s'est déroulée devant un parterre de célébrités* · pléiade : *toute une pléiade de célébrités était sur le plateau*
- poignée : *la fête n'a attiré qu'une poignée de célébrités*

censure *nom fém.*

∾ censure + ADJECTIF
- idéologique · morale • artistique · cinématographique · culturelle · littéraire · médiatique • constitutionnelle : *ce projet de loi passera-t-il la censure constitutionnelle ?* · judiciaire · légale · parlementaire · politique • ecclésiastique · religieuse • militaire · etc.
- omniprésente • continuelle · permanente
- efficace • draconienne · implacable · rigoureuse · sévère · stricte · tatillonne · totale
- arbitraire · aveugle • épouvantable · féroce · insupportable · odieuse · terrible • insidieuse · pernicieuse · sournoise
- partielle · relative • déguisée : *les quotas constituaient à l'époque une censure déguisée* · invisible · qui ne dit pas son nom : *ces "recommandations" constituent une censure qui ne dit pas son nom* · voilée

∾ censure + VERBE
- faire rage · régner · sévir · s'installer · veiller • frapper · peser sur · s'exercer sur : *la censure s'exerce en amont, sur les scénarios des films* • contrôler · encadrer · examiner · filtrer · surveiller · traquer
- (souvent passif) empêcher · interdire · prohiber · refuser • brider · étouffer · museler • amputer : *son roman s'est vu amputé par la censure* · caviarder · classer X · couper · gommer · mutiler · supprimer • bloquer · entraver • contraindre à : *la censure a contraint la rédaction à retirer l'article* · imposer • attaquer · contrarier · décourager · harceler · inquiéter : *l'auteur a été inquiété à de nombreuses reprises par la censure* · menacer · opprimer · poursuivre · tracasser
- (souvent passif) accepter · admettre · autoriser · épargner : *ces poèmes ont été miraculeusement épargnés par la censure*
- s'assouplir · se relâcher

∾ VERBE + censure
- constituer · s'apparenter à
- instaurer · rétablir
- menacer de · soumettre à • exercer · imposer · infliger : *la censure infligée à ses films ne s'est jamais relâchée* · opérer
- durcir : *le régime durcit la censure sur le cinéma* · renforcer
- encourir · être confronté à : *l'écrivain est confronté à une double censure : la sienne et celle de l'éditeur* · être en butte à · (s')exposer à · se heurter à • avoir des démêlés avec · avoir maille à partir avec · être victime de · subir
- céder à · composer avec · faire avec · se soumettre à
- crier à · dénoncer
- combattre · lutter contre · protester contre · refuser · se battre contre · s'insurger contre · s'opposer à • affronter · braver • contourner · déjouer · ruser avec • échapper à · éviter · passer : *il a fallu enlever quelques phrases pour passer la censure* · se soustraire à
- alléger · assouplir · limiter
- abolir · lever : *ils ont enfin levé la censure qui pesait sur son livre* · mettre fin à

∾ NOM + DE + censure
- règne
- ciseaux : *ce passage n'a pas échappé aux ciseaux de la censure* · griffes · mailles : *son roman est passé au travers des mailles de la censure*
- foudres : *elle s'est attiré les foudres de la censure ; ce texte lui a valu les foudres de la censure*

cérémonie *nom fém.*

∾ cérémonie + ADJECTIF
- civile • nuptiale • païenne • religieuse · rituelle · sacrée • expiatoire · initiatique · purificatoire · sacrificielle • funèbre · funéraire · mortuaire • guerrière · militaire • commémorative · protocolaire · royale

- d'inauguration · d'initiation · d'intronisation · d'investiture · d'ouverture · inaugurale • d'adieu · de clôture · finale
- familiale · privée • officielle · publique
- annuelle · périodique
- attendue · convenue · coutumière : *les cérémonies coutumières marquant la naissance de la nouvelle institution* · ordinaire · traditionnelle • immuable
- gigantesque · grande + nom · immense · importante · imposante : *au cours d'une imposante cérémonie d'investiture* · spectaculaire
- festive • fastueuse · grandiose · magnifique · somptueuse · superbe • digne · émouvante · poignante · touchante
- inattendue · inhabituelle • étrange · mystérieuse
- modeste · petite + nom · simple · sobre • discrète · intime
- occulte · secrète : *il a été initié au cours d'une cérémonie secrète*
- brève + nom · courte · rapide
- sans éclat · sans faste • triste • désuète · ridicule

∞ **cérémonie** + VERBE

- commencer · s'ouvrir sur : *la cérémonie s'ouvrira sur un chant en sanskrit*
- avoir lieu · se dérouler · se tenir : *une cérémonie se tiendra au siège de l'ONU* • se poursuivre · traîner en longueur
- (plur.) s'enchaîner · se succéder
- célébrer · commémorer · marquer : *les cérémonies qui marquent l'instauration de la nouvelle république*
- s'achever · se clore sur : *la cérémonie se clôt sur l'hymne national* · se terminer

∞ VERBE + **cérémonie**

- donner le coup d'envoi de : *ils donneront le coup d'envoi aux cérémonies du centenaire du Nobel* · ouvrir
- fixer : *la cérémonie est fixée au 21 février prochain* • mener · monter · organiser · préparer · régler • présider
- convier à · convoquer à · inviter à
- assister à · venir à • être présent à · participer à · prendre part à
- différer · reporter · repousser · retarder
- bouder : *il a boudé la cérémonie de nomination de son successeur* · boycotter • perturber · troubler
- clôturer
- interrompre • annuler

certitude *nom fém.*

∞ **certitude** + ADJECTIF

- idéologique · morale · scientifique · théorique · etc.
- immédiate · intuitive
- croissante • absolue · (bien) ancrée · définitive : *le temps des certitudes définitives est révolu* · indestructible · indiscutable · inébranlable · sans faille
- collective · commune · partagée · universelle • ancestrale · ancienne · vieille + nom • définitive · durable · éternelle
- belle + nom · calme · confortable : *ils s'étaient installés dans des certitudes confortables* · rassurante · tranquille • rationnelle
- dangereuse • arrogante
- fausse + nom · illusoire

∞ **certitude** + VERBE

- dominer · régner · s'imposer : *une certitude s'impose : il ne renoncera pas* • habiter : *ils sont habités par la certitude d'avoir de leur côté le droit et la justice*
- aveugler : *ils sont aveuglés par leurs certitudes*
- chanceler · s'affaiblir · s'effriter : *une fois au pouvoir, ses certitudes se sont effritées* · se fissurer · s'estomper : *ces belles certitudes se sont peu à peu estompées* · vaciller
- disparaître · s'écrouler · se dissoudre · s'effacer · s'effondrer · s'envoler · s'évanouir · tomber : *toutes les certitudes tombent autour de lui* · voler en éclats

∞ VERBE + **certitude**

- avoir · se forger : *il s'est forgé cette certitude : un jour, il sera président* • (plur.) camper sur · être assis sur : *c'est un message à tous ceux qui sont trop bien assis sur leurs certitudes* · être bardé de · être (bien) calé dans · être corseté dans · être emmuré dans · être enfermé dans : *ils restaient enfermés dans leurs propres certitudes* · être imprégné de · être installé dans · être pétri de · être / rester drapé dans · être / rester engoncé dans · être / rester figé dans · être / rester muré dans : *il reste muré dans ses certitudes* · s'enfermer dans · s'enferrer dans : *chacun s'enferre dans ses certitudes* · se replier sur · vivre dans
- apporter : *cette enquête n'a apporté aucune certitude* · offrir
- afficher · affirmer · exprimer • asséner[péj.] : *notre rôle n'est pas d'asséner des certitudes mais de donner des orientations*
- se muer en · se transformer en : *le doute s'est transformé en certitude*

- (se) baser sur · (se) fonder sur · (se) reposer sur · s'appuyer sur
- affermir · asseoir : *cette expérience lui a permis d'asseoir ses certitudes* · fortifier · renforcer
- confirmer dans · conforter dans : *cette victoire l'a conforté dans ses certitudes*
- battre en brèche · bousculer · brouiller : *les embûches ont fini par brouiller nos certitudes* · déranger · déstabiliser · ébranler · entamer · éroder · mettre à mal · perturber · remettre en cause · remettre en question · saper · troubler
- atteindre dans · bousculer dans · déranger dans : *l'actualité vient souvent déranger le journaliste dans ses certitudes*
- être ébranlé dans
- balayer · briser · démolir · dissiper · dynamiter : *la pièce dynamite toutes les certitudes* · pulvériser · renverser

∾ NOM + DE + **certitudes**
- avalanche · lot • bloc : *il n'était pas le bloc de certitudes que certains se plaisaient à voir en lui*

avec certitude
- affirmer · assurer · authentifier · conclure · connaître · déterminer · dire · établir · identifier · prédire · répondre · savoir · se prononcer

REM. On rencontre parfois “avancer une certitude”. Évitez cette expression maladroite et préférez “exprimer, afficher une certitude”.

cessez-le-feu *nom masc.*

∾ **cessez-le-feu** + ADJECTIF
- en vigueur · formel : *un cessez-le-feu formel a été annoncé hier* · unilatéral
- complet · général · illimité • inconditionnel · sans condition
- immédiat • durable · permanent
- partiel • provisoire • fragile · précaire

∾ **cessez-le-feu** + VERBE
- entrer en vigueur · intervenir : *le cessez-le-feu intervenu début avril avec la guérilla*
- durer · tenir : *le cessez-le-feu tient malgré des embuscades*
- prendre fin · voler en éclats : *l'entrée des blindés a fait voler en éclats le fragile cessez-le-feu*

∾ VERBE + **cessez-le-feu**
- appeler à · demander · espérer · exiger · réclamer
- aboutir à · arriver à · conduire à · déboucher sur · obtenir · parvenir à
- conclure · négocier · signer
- annoncer : *il vient d'annoncer un cessez-le-feu unilatéral* · déclarer · proclamer • décréter · ordonner
- appliquer · (r)établir · imposer · instaurer · mettre en œuvre : *il n'entend pas mettre en œuvre le cessez-le-feu immédiatement* • contrôler · superviser · surveiller • assurer le respect de · garantir : *l'ONU arrive tout juste à garantir un fragile cessez-le-feu*
- accepter · approuver • observer · respecter · se conformer à · se résigner à
- consolider • maintenir · prolonger
- refuser · rejeter · s'opposer à • compromettre · mettre à mal · mettre en péril / danger · remettre en question • enfreindre · saboter · violer
- suspendre • mettre fin à · rompre

REM. On rencontre parfois “lever le cessez-le-feu”. Évitez cette expression maladroite et préférez “rompre le cessez-le-feu, mettre fin au cessez-le-feu”.

chagrin *nom masc.*

∾ **chagrin** + ADJECTIF
- intime • amoureux · d'amour° : *il cherche à se consoler d'un gros chagrin d'amour*
- grand [+ nom] · gros [+ nom] · immense · inconsolable · infini · profond · sincère · tenace · terrible
- amer · cuisant · douloureux
- petit [+ nom] • passager

∾ **chagrin** + VERBE
- (souvent passif) consumer · dévorer · envahir · submerger · terrasser • abattre · accabler · briser : *ils sont brisés par le chagrin* · déchirer · égarer · meurtrir · miner : *miné par le chagrin et la solitude* · ravager · ronger · user
- diminuer · s'effacer · s'estomper
- disparaître

∾ VERBE + **chagrin**
- avoir · connaître · éprouver · être dévoré de · être en proie à · être éperdu de : *à la mort de sa femme, l'empereur éperdu de chagrin lui fit construire un somptueux mausolée : le Taj Mahal* · être fou de · être malade de · être rempli de : *mon cœur est rempli de chagrin.* · ressentir • mourir de · pleurer de
- causer · donner · faire : *ça lui a fait du chagrin*
- raviver · renforcer · réveiller
- crier · exprimer · hurler • exhiber · extérioriser · laisser voir / paraître · montrer • ressasser · ruminer
- cacher · dissimuler · taire
- surmonter

- apaiser : *la seule manière d'apaiser leur terrible chagrin* · atténuer · calmer · soulager
- consoler de : *pour essayer de le consoler de son chagrin* · distraire de · (se) guérir · (se) soigner
- chasser · dissiper · noyer : *il noie son chagrin dans l'alcool*

chaîne *nom fém.* (TV)

∾ chaîne + ADJECTIF

- analogique · hertzienne · numérique • câblée · satellitaire • à péage · cryptée · payante · privée • gratuite · publique
- généraliste • événementielle · thématique • cinéma · culturelle · musicale · etc.
- grande + nom · grosse + nom • familiale · populaire
- prestigieuse · puissante : *c'est la plus puissante chaîne de télévision de France*

∾ chaîne + VERBE

- (re)diffuser · passer · programmer · retransmettre : *tous les matchs de la Coupe du monde seront retransmis sur notre chaîne*
- (co)produire
- atteindre / battre des records d'audience
- perdre de l'audience

∾ VERBE + chaîne

- mettre : *mets la cinquième chaîne s'il te plaît* • regarder
- changer de

∾ NOM + DE + chaînes

- bouquet : *il possède le principal bouquet de chaînes câblées*

chair *nom fém.*

∾ chair + ADJECTIF

- animale • fraîche° · humaine • comestible • crue : *il faut éviter de manger la chair crue de ces poissons* · cuite
- à canon° • de poule°
- appréciée · recherchée : *la chair de cet oiseau est très recherchée* • appétissante · bonne · délicieuse · exquise · savoureuse • parfumée · sucrée • délicate · douce • ferme · souple • fondante : *la chair de cette mangue est particulièrement fondante et parfumée* · juteuse · moelleuse · tendre
- élastique · fibreuse · gélatineuse · musculeuse • dure • fade · sans goût
- à vif · sanglante · sanguinolente • brûlée : *des morceaux de chair brûlée témoignaient de la puissance de l'explosion* · calcinée • suppliciée
- flasque · molle · tombante
- triste : *« La chair est triste, hélas, et j'ai lu tous les livres »* (Mallarmé, *Vers et prose*, "Brise marine")

∾ VERBE + chair

- goûter (à) · manger · mordre (dans) • aimer · apprécier · savourer
- attendrir : *on peut attendrir la chair crue de poulpe à coups de bâton*
- (re)donner [fig.] : *pour redonner chair et sens à la démocratie française; il tente de donner de la chair à son émission avec des intermèdes musicaux et la présence de vedettes*
- sentir : *"ça sent la chair fraîche", dit l'ogre au Petit Poucet*
- déchiqueter · déchirer · (s')enfoncer dans · entrer dans · pénétrer · transpercer

dans sa chair

- éprouver · ressentir : *pour vraiment comprendre cette douleur, il faut l'avoir ressentie dans sa chair* · sentir · souffrir • être atteint · être blessé · être marqué · être meurtri : *plusieurs mois après les inondations, la région est encore meurtrie dans sa chair* · être touché

[1] chaleur *nom fém.* (forte température, Techn.)

∾ chaleur + ADJECTIF

- animale · corporelle • solaire • blanche° [Techn. et fig.] : *la chaleur blanche qui baignait l'esplanade* • latente° · résiduelle : *des fûts radioactifs dégagent une forte chaleur résiduelle* · tournante : *four à chaleur tournante*
- sèche : *la chaleur sèche du sauna* • humide
- extrême · intense · vive : *le bois d'aulne brûle rapidement en donnant une chaleur vive*
- douce · modérée · relative · tiède : *la chaleur tiède du radiateur*

∾ chaleur + VERBE

- émaner de · se dégager de
- déformer · dilater · faire fondre · liquéfier
- augmenter · croître · monter
- baisser · diminuer

∾ VERBE + chaleur

- dégager · produire • conduire · transmettre
- diffuser · dispenser · donner · fournir
- capter · récupérer • conserver · emmagasiner : *la terre emmagasine la chaleur* · garder
- être sensible à : *des capteurs sensibles à la chaleur de la peau*
- mesurer
- évacuer : *la transpiration aide à évacuer la chaleur corporelle*

∾ NOM + DE + chaleur

- source
- bouffée : *elle a des bouffées de chaleur* · flux

[2]chaleur *nom fém.* (canicule)

∾ chaleur + ADJECTIF

- estivale • humide · lourde · moite · orageuse · poisseuse · tropicale • aride · sèche
- à crever[fam.] · à peine supportable · brûlante · caniculaire · de four° : *il faisait une chaleur de four dans la réserve* · de fournaise° · épouvantable · excessive · extrême · forte + nom · grande + nom · grosse + nom : *en période de grosse chaleur* · horrible · infernale · insupportable · intenable · intense · pleine + nom : *ils ont effectué l'ascension en pleine chaleur* · terrible · torride • accablante · écrasante · étouffante · étourdissante · incommodante · oppressante · suffocante
- exceptionnelle · inhabituelle · surprenante
- modérée · relative · tempérée • douce

∾ chaleur + VERBE

- régner : *une douce chaleur régnait le soir* · s'abattre sur : *une chaleur lourde s'est abattue sur la ville*
- assécher · dessécher
- abasourdir · accabler · asphyxier · assommer · brûler · écraser : *une plaine caillouteuse écrasée de chaleur* · étouffer · harasser · hébéter · incommoder · oppresser · terrasser
- augmenter · monter
- baisser · diminuer

∾ VERBE + chaleur

- être exposé à • subir · supporter • être sensible à · souffrir de • fondre sous : *les débris ont fondu sous la chaleur intense* · mourir de · succomber à
- aimer · avoir besoin de · rechercher • s'acclimater à · s'accoutumer à · s'adapter à · s'habituer à
- résister à • échapper à : *elle se réfugie dans des endroits climatisés pour échapper à la chaleur* · fuir

∾ NOM + DE + chaleur

- épisode : *l'épisode de forte chaleur a favorisé le développement de ces insectes* · vague : *la vague de chaleur qui s'est abattue sur le pays*

REM. On rencontre parfois "chaleur de plomb". Évitez cette expression calquée sur "soleil de plomb" et préférez "chaleur torride, de four".

[1]chance *nom fém.* (heureux hasard)

∾ chance + ADJECTIF

- bonne° + nom : *bonne chance !* • de cocu° · énorme · exceptionnelle · extraordinaire · fabuleuse · folle · formidable · grande + nom · immense · incroyable · sacrée + nom
- indécente · insolente : *elle a une chance insolente* • imméritée

∾ chance + VERBE

- accompagner : *la chance accompagne les bons joueurs* · sourire à : *la chance lui a enfin souri*
- changer de camp · tourner : *la chance a tourné*

∾ VERBE + chance

- courir° : *il est parti courir sa chance à l'étranger* · jouer : *notre équipe a joué crânement sa chance* · (re)tenter : *retente ta chance*
- avoir : *il a de la chance / une chance incroyable*
- porter° (sans art.) : *tu nous a porté chance*
- souhaiter : *je vous souhaite beaucoup de chance dans tout ce que vous entreprendrez*
- compter sur · croire en / à · s'en remettre à • forcer : *il faut savoir forcer la chance*
- aider · donner un coup de pouce à : *les médecins ont donné un coup de pouce à la chance*
- manquer de : *je manque vraiment de chance en ce moment*

∾ NOM + DE + chance

- coup : *c'est par un coup de chance qu'elle a obtenu cet emploi*
- jour : *c'est mon jour de chance, je vais acheter un billet de loto*

[2]chance *nom fém.* (probabilité, possibilité ; souvent plur.)

∾ chance + ADJECTIF

- bonne + nom · grande + nom · grosse + nom : *il y a de grosses chances qu'il ne vienne pas* · honnête + nom · honorable · intacte · raisonnable : *elle pensait avoir une chance raisonnable de l'emporter*
- accrue · forte + nom · importante · sérieuse · réelle + nom
- égale : *les deux concurrents ne partent pas avec des chances égales* · équitable
- faible · infime : *ils n'ont qu'une infime chance de se qualifier* · maigre · mince · minuscule · petite + nom · réduite : *nos chances de l'emporter sont assez réduites, du moins sur le papier*
- nulle : *les chances de gagner sont pratiquement nulles*

∾ chance + VERBE

- augmenter
- diminuer · s'amenuiser : *ses chances de survie politique s'amenuisent*

∾ VERBE + chance

- avoir : *sa proposition n'avait pratiquement aucune chance d'être acceptée* · posséder • conserver · garder
- égaliser : *la société devrait égaliser les chances de réussite entre tous les individus* · équilibrer

- accroître : *tous les moyens sont bons pour accroître ses chances de réussir* · améliorer · augmenter · maximiser : *pour maximiser les chances de survie* · multiplier · renforcer
- préserver · sauvegarder : *il faut se donner les moyens de sauvegarder les chances d'une paix juste et durable* • croire en / à · défendre : *blessé, il n'avait pu défendre ses chances pendant les qualifications ; pour mieux défendre les chances des candidats au droit d'asile* · être / rester confiant dans / sur : *la droite reste confiante sur ses chances de l'emporter*
- calculer · estimer · évaluer · juger de : *il est difficile de juger des chances de succès de chaque candidat* · mesurer · soupeser · spéculer sur · supputer : *la presse n'en finit pas de supputer des chances des uns et des autres aux élections* • douter de · s'interroger sur
- affaiblir · diminuer · réduire • compromettre · gâcher · hypothéquer : *une défaite hypothéquerait leurs chances de qualification* · mettre en danger · obérer
- perdre : *il a perdu toutes ses chances de qualification*
- anéantir · annihiler · réduire à néant : *cela a réduit à néant les chances de rétablir la confiance de la population* · ruiner

[3]**chance** *nom fém.* (occasion)

∾ **chance** + ADJECTIF

- unique • deuxième [+ nom] · seconde [+ nom] • énième · nouvelle [+ nom] · supplémentaire • dernière [+ nom] · ultime : *il vient de donner au journal une ultime chance de survie*
- à saisir · inattendue · inespérée : *il y voyait une chance inespérée de collaborer au projet* · inouïe : *ce festival est une chance inouïe pour les jeunes créateurs* · insensée · insigne
- extraordinaire · formidable : *cela représente une formidable chance pour la démocratie* · historique : *nous sommes en train de rater une chance historique d'émanciper notre pays* · immense · vraie [+ nom] : *c'est une vraie chance pour notre profession*

∾ **chance** + VERBE

- s'envoler : *c'est une très sérieuse chance de médaille qui s'envole* · s'évanouir

∾ VERBE + **chance**

- constituer · représenter
- mériter : *il mérite une seconde chance*
- accorder : *ils lui ont accordé une dernière chance* · (re)donner : *il faut donner une nouvelle chance à la paix* · laisser : *il faut lui laisser sa chance ; son tir ne laissait aucune chance au gardien* · offrir
- profiter de · saisir
- enlever · ôter : *le découpage électoral lui a ôté toute chance de se faire élire*
- gâcher · gaspiller · laisser échapper · laisser filer : *l'équipe a laissé filer une chance de se qualifier pour la Coupe du monde* · laisser passer · manquer : *nous ne devons pas manquer la chance historique qui se présente à nous* · rater

changement *nom masc.*

∾ **changement** + ADJECTIF

- constitutionnel · institutionnel · législatif · politique · social • stratégique · tactique • organisationnel · réglementaire · structurel • climatique · météorologique • hormonal · métabolique · physique · etc.
- qualitatif · quantitatif
- éventuel · hypothétique · possible • de dernière minute · in extremis
- indispensable · nécessaire · souhaitable • inéluctable · inévitable
- complet · global · total • concret · incontestable · indiscutable • manifeste · perceptible · sensible · visible • historique • considérable · de taille · drastique : *ils réclament un changement drastique de la loi électorale* · énorme · en profondeur · fondamental · frappant · grand [+ nom] · gros [+ nom] · important · incroyable · majeur · marqué · notable · notoire · profond · radical · remarquable · sérieux · significatif · spectaculaire
- continuel · durable • définitif · irréversible
- brusque · brutal · soudain · subit • accéléré · prompt · rapide
- (plur.) fréquents · incessants · innombrables · multiples · nombreux · perpétuels · successifs
- appréciable · positif · réussi · salutaire : *cela pourrait apporter des changements salutaires dans nos relations*
- imprévisible · imprévu · inattendu · inopiné
- catastrophique · dramatique · perturbant · préjudiciable
- partiel • faible [+ nom] · imperceptible · infime · insignifiant · léger · mineur · minime · petit [+ nom] · subtil : *on remarque quelques subtils changements dans son attitude* · symbolique • apparent · superficiel
- graduel · lent · progressif
- passager · saisonnier

∾ **changement** + VERBE

- être dû à · être le résultat de · résulter de · s'expliquer par · venir de
- s'amorcer · s'annoncer · se profiler

- avoir lieu · intervenir · s'effectuer · se produire · s'opérer · survenir • s'imposer • se concrétiser · se faire sentir • s'accélérer · se précipiter
- affecter · concerner · toucher • modifier : *ce changement modifie les termes du débat*
- désorienter · déstabiliser · perturber

∾ VERBE + changement
- amener · apporter · causer · conduire à · créer · déboucher sur · engendrer · entraîner · générer · impliquer · induire · produire · provoquer · susciter
- amorcer · engager · impulser · insuffler : *l'arrivée du nouveau directeur a insufflé un changement dans la vie de l'entreprise* · introduire
- accomplir · conduire · effectuer · faire · mener à bien · opérer · pratiquer · procéder à · réaliser
- accompagner · aider à · contribuer à · encadrer · permettre • entériner · officialiser · voter
- aspirer à · être avide de · réclamer · souhaiter · vouloir • être mûr pour · être prêt pour
- nécessiter · requérir
- aimer · être favorable à · être pour · préconiser · promouvoir · prôner
- annoncer · laisser augurer : *rien ne laissait augurer un tel changement de sa part* · laisser présager
- correspondre à · équivaloir à · incarner · marquer · refléter · se traduire par · signifier : *ce choix pourrait signifier un changement de tactique* · symboliser • s'accompagner de
- être soumis à · subir : *les pilotes subissent de violents changements de température selon l'altitude* • faire face à · s'adapter à · s'habituer à
- anticiper • assister à · constater · enregistrer · noter · observer · percevoir · relever · s'apercevoir de · sentir
- appréhender · craindre
- freiner · ralentir
- éviter : *il faut éviter les changements trop brutaux* • critiquer · être contre · être réfractaire à · être réticent à · être rétif à : *attachés à leur indépendance et rétifs aux changements, ils rejettent cette réforme* · rejeter · résister à • faire / être un obstacle à · lutter contre : *des mesures pour lutter contre le changement climatique*

∾ NOM + DE + changement(s)
- désir
- accélération
- multitude · série · vague · vent

REM. On rencontre parfois “changement copernicien”. Évitez cette expression calquée sur “révolution copernicienne”.

chanson *nom fém.*

∾ chanson + ADJECTIF
- enfantine • à texte° · contestataire · engagée · réaliste • satirique • patriotique • à boire° · grivoise · paillarde • intimiste
- ancienne · folklorique · traditionnelle · vieille $^{+ nom}$ • courtoise
- éponyme : *la chanson éponyme de l'album*
- inédite
- à la mode · à succès · célèbre · fameuse $^{+ nom}$ · phare • inoubliable · intemporelle · mémorable
- belle $^{+ nom}$ · bonne $^{+ nom}$ · grande $^{+ nom}$ · jolie $^{+ nom}$ · magnifique · merveilleuse · splendide
- amusante · drôle · rigolote$^{fam.}$ · marrante$^{fam.}$ • accrocheuse · entêtante • lancinante
- douce · douce-amère • mélancolique · triste
- à l'eau de rose · guimauve · langoureuse · sentimentale · sirupeuse

∾ chanson + VERBE
- donner son titre à l'album · ouvrir l'album : *la chanson qui ouvre l'album et lui donne son titre*
- être imprégnée de : *ses chansons sont imprégnées de références littéraires* • parler de · raconter · relater
- passer à la radio / à l'antenne / sur les ondes

∾ VERBE + chanson
- composer · écrire • intituler
- chanter · entonner · interpréter · reprendre en chœur : *l'assistance a repris la chanson en chœur* • fredonner · siffloter • enregistrer · (re)mixer
- compiler · reprendre : *elle a repris quelques vieilles chansons picardes* • exhumer : *des chansons exhumées du folklore breton*
- immortaliser : *les chansons immortalisées par Juliette Gréco*
- écouter · entendre
- remixer · reprendre • revisiter

∾ NOM + DE + chansons
- bouquet · collection · compilation · recueil · répertoire
- poignée : *une poignée de chansons hâtivement compilées*

chantage *nom masc.*

∾ chantage + ADJECTIF
- affectif · moral · psychologique · sentimental · sexuel : *elle refusa le chantage sexuel du tenancier* • financier · judiciaire · nucléaire · politique · terroriste · etc.
- constant · permanent · perpétuel

- abject · abominable · affreux · ignoble · inadmissible · indécent · indigne · infâme · monstrueux · odieux · terrible · vil

∾ VERBE + **chantage**
- exercer · faire : *il m'a fait du chantage* · pratiquer • avoir recours à · recourir à · se livrer à : *il s'est livré à un chantage odieux avec les familles des victimes* · user de · utiliser
- être exposé à · être / faire l'objet de · être livré à · être soumis à · être victime de
- céder à : *le gouvernement ne veut pas céder au chantage terroriste*
- crier à : *ils crient au chantage à l'emploi* · dénoncer • accuser de
- échapper à · refuser · résister à
- en finir avec · mettre fin à

chantier *nom masc.* (travaux, projet)

∾ **chantier** + ADJECTIF
- naval • archéologique • culturel · littéraire · social · etc.
- en cours • inachevé • à venir
- ambitieux · prometteur • colossal · énorme · gigantesque · grand + nom · gros + nom · immense · imposant · impressionnant · long + nom · lourd · pharaonique : *la reconstruction du centre-ville est un chantier pharaonique* · titanesque · vaste • crucial · important · majeur · prioritaire · urgent
- interminable · permanent : *cette ville est un chantier permanent* · perpétuel
- controversé · délicat · risqué · sensible

∾ **chantier** + VERBE
- débuter · démarrer · s'ouvrir
- avancer · progresser
- durer · s'étaler sur : *ce gigantesque chantier s'étale sur plus de 40 ans / sur 52 km*
- être au point mort
- prendre fin · s'achever · se terminer

∾ VERBE + **chantier**
- inaugurer : *il inaugure le chantier d'un musée national d'art moderne* • donner le coup d'envoi à : *il donne le coup d'envoi au premier grand chantier de sa présidence* · engager : *il reste à engager trois chantiers majeurs* · lancer · (r)ouvrir : *allez-vous rouvrir le chantier des réformes ?*
- diriger · mener · orchestrer
- participer à · travailler sur
- achever · mener à bien · mener à terme · terminer
- interrompre · suspendre • fermer · mettre fin à

chaos *nom masc.*

∾ **chaos** + ADJECTIF
- intérieur · intime · mental · moral · psychologique · sentimental
- administratif · diplomatique · économique · financier · juridico-administratif · juridique · monétaire · politique · social • urbain : *c'est un endroit calme dans le chaos urbain environnant*
- originel : *dans la mythologie scandinave, les géants sont les êtres primordiaux issus du chaos originel* · primitif
- ambiant : *les militaires ont profité du chaos ambiant pour prendre le pouvoir* · environnant
- apparent
- absolu · général · généralisé · intégral · plein + nom : *la ville est en plein chaos* · total • mondial · planétaire • abyssal · considérable · énorme · extraordinaire · fantastique · formidable · gigantesque · grand + nom · grandissant · impressionnant · incroyable · inextricable · infini · invraisemblable · prodigieux · sans précédent · terrible · vertigineux • indescriptible · ineffable
- durable · permanent · perpétuel
- dramatique · épouvantable · funeste · horrible · menaçant · monstrueux · sauvage
- joyeux + nom : *le joyeux chaos du festival off* · sympathique

∾ **chaos** + VERBE
- s'installer : *le chaos s'est installé dans le pays / sur le marché* · s'instaurer
- régner

∾ VERBE + **chaos**
- amener · créer · engendrer · introduire · produire · provoquer · semer : *la crise politique a semé le chaos dans l'économie locale* • organiser : *on accuse son parti d'avoir organisé ce chaos*
- dégénérer en : *une crise boursière peut vite dégénérer en chaos économique* · se transformer en · tourner à
- être au bord de · être dans · être en proie à : *on ne peut pas laisser le pays en proie au chaos et sans dirigeants* • aller vers · basculer dans : *le pays semble basculer un peu plus dans le chaos* · glisser vers · s'enfoncer dans · s'enliser dans · sombrer dans · (re)tomber dans
- jeter dans : *le coup d'État a jeté le pays dans le chaos* · livrer à · plonger dans · précipiter dans
- ajouter à · entretenir : *les partisans de l'ancien régime ont intérêt à entretenir le chaos* · faire régner
- profiter de : *il a profité du chaos pour s'évader de la prison*

- gérer • maîtriser • mettre de l'ordre à / dans • ordonner
- empêcher • éviter • prévenir • échapper à • émerger de • sortir de • surgir de : *le débat qui a surgi du chaos électoral*

chapitre *nom masc.* (d'un livre, d'un rapport)

∞ chapitre + ADJECTIF

- inaugural • introductif
- bref $^{+ nom}$ • court $^{+ nom}$
- grand $^{+ nom}$ • important • long $^{+ nom}$ • volumineux
- inédit : *on y trouve certains chapitres inédits de sa vie*
- excellent • passionnant
- [aussi fig.] douloureux : *cette rencontre a rouvert un douloureux chapitre de son histoire* • sombre : *une enquête a été ouverte sur ce sombre chapitre de la guerre du Viêtnam*

∞ chapitre + VERBE

- concerner • décrire • être relatif à • parler de • traiter de

∞ VERBE + chapitre

- comporter • être constitué de
- ouvrir [aussi fig.] : *il est temps d'ouvrir un nouveau chapitre dans nos relations avec ce pays*
- intituler
- écrire • rédiger • consacrer ... à : *elle consacre un long chapitre aux dictionnaires du XIXe siècle*
- découper en (souvent passif) : *le discours est découpé en neuf chapitres*
- [aussi fig.] clore : *je suis en train de clore un chapitre important de ma vie* • clôturer : *sa démission clôture un chapitre important de l'histoire du pays* • refermer

charisme *nom masc.*

∞ charisme + ADJECTIF

- naturel • personnel : *le charisme personnel du chef de bande* • scénique : *son charisme scénique hors du commun lui permet d'être repéré par plusieurs agents internationaux*
- incontestable • indéniable • indiscutable • époustouflant • étonnant • évident • extraordinaire • fabuleux • formidable • fou • immense • incroyable • inouï • puissant • rare • charmeur • ensorcelant • envoûtant • dévastateur • ravageur
- étrange • indéfinissable • particulier

∞ charisme + VERBE

- faire défaut à
- jouer (à plein) • attirer • convaincre • fasciner • laisser pantois • séduire : *les diplomates sont séduits par le charisme du nouveau ministre*

∞ VERBE + charisme

- acquérir • développer
- avoir • être doté de • jouir de : *son rival ne jouit pas du même charisme* • posséder
- jouer de : *elle joue parfaitement de son charisme* • mettre à profit • user de
- être dénué de • être dépourvu de • manquer de

charme *nom masc.*

∞ charme + ADJECTIF

- naturel • exotique • juvénile • naïf • bucolique • provincial • rustique : *une gargote au charme rustique*
- inépuisable • intact : *des villages au charme intact* • intemporel • évident • fou • incomparable • incroyable • infini • inouï • profond • puissant • rare • unique • vif • incontestable • indéniable • irrésistible • ravageur • redoutable • indéfinissable • indescriptible • indicible • inexprimable
- délicieux • exquis • langoureux • piquant • sensuel • voluptueux • attirant • enivrant • ensorcelant • envoûtant • séducteur • féerique • magique
- ambigu • atypique • décalé : *le charme décalé du style années 50* • énigmatique • étrange • insolite • mystérieux • particulier • singulier • troublant
- délétère • fatal : *une nouvelle victime du charme fatal du célèbre criminel* • insidieux • interlope • maléfique • sulfureux • trompeur • trouble • vénéneux : *des femmes au charme vénéneux*
- caché • méconnu • secret • délicat • discret • évanescent$^{littér.}$ • feutré : *le charme feutré de l'ancienne boutique* • fragile • petit $^{+ nom}$: *il n'est pas beau mais il a un petit charme* • subtil • ténu
- désuet • rétro • suranné • vieillot
- fané

∞ charme + VERBE

- émaner de • se dégager de • envelopper : *ce charme un peu délétère qui enveloppe la ville*
- agir • opérer : *son charme n'opère pas que sur les hommes* • gagner : *peu à peu, on se laisse gagner par le charme mystérieux de ces rivages* • séduire
- se dissiper • s'évanouir

∞ VERBE + charme

- avoir • être doté de • être plein de • posséder • dégager • exhaler : *la ville exhale un charme indéfinissable* • conserver • garder
- déployer : *elle a déployé tout son charme pour le convaincre* • exercer • faire : *elle lui a fait du charme* • user de

- (plur.) [appas] faire commerce de · monnayer · vendre
- cultiver : *il sait cultiver le charme de ses origines méditerranéennes*
- ajouter à : *ce petit accent brésilien ne fait qu'ajouter à son charme*
- donner · restituer : *sa mise en scène a su restituer le charme et l'ironie du théâtre populaire*
- (re)découvrir
- épuiser (plur.) : *en un jour, j'avais épuisé les charmes de la ville*
- céder à · être / rester sous : *je suis encore sous le charme* · succomber à · tomber sous
- apprécier · être sensible à : *on ne peut qu'être sensible au charme vieillot de cette bourgade* · savourer
- vanter
- être / rester hermétique à · être / rester imperméable à · être / rester insensible à · résister à
- être dénué de · être dépourvu de · manquer de
- briser · détruire · dissiper · rompre : *il est entré, le charme a été rompu* • perdre
- ôter : *ce lifting n'a rien ôté au charme du bâtiment*

châtiment *nom masc.*

∾ châtiment + ADJECTIF
- corporel · physique
- divin · éternel • public : *il a subi un châtiment public sur la place du village* • militaire
- exemplaire : *ils exigent un châtiment exemplaire* · rigoureux · sévère • suprême
- affreux · brutal · cruel · effroyable · humiliant · ignoble · impitoyable · indigne · révoltant · terrible · terrifiant • excessif · immérité · injuste
- équitable · juste • approprié · justifié · mérité
- léger + nom : *le châtiment est trop léger à leurs yeux*

∾ châtiment + VERBE
- attendre : *le châtiment qui attend le condamné*

∾ VERBE + **châtiment**
- exiger · réclamer : *on réclame un châtiment sévère pour les coupables* · requérir · vouloir
- encourir • être voué à : *les criminels sont voués au châtiment éternel* · recevoir · subir • mériter
- appliquer · imposer · infliger • condamner à : *les hommes condamnés à ce châtiment sont enterrés jusqu'au-dessus des hanches* · réserver ... à : *ils leur réservent le châtiment suprême*
- bannir : *ils ont banni ce châtiment de leur arsenal répressif* · interdire : *la loi interdit les châtiments corporels*

- échapper à · éviter

chef-d'œuvre *nom masc.*

∾ chef-d'œuvre + ADJECTIF
- architectural · littéraire · musical · etc.
- absolu · authentique + nom · pur + nom · véritable + nom · vrai + nom • incontestable • incomparable · indépassable · inégalé · insurpassable • impérissable
- inconnu · méconnu · oublié · sous-estimé : *ce disque est un chef-d'œuvre sous-estimé de l'histoire du rock*
- inachevé

∾ VERBE + **chef-d'œuvre**
- accoucher de : *elle a accouché de son chef-d'œuvre après 15 ans de carrière* · pondre fam. · réaliser · signer : *il a signé un des chefs-d'œuvre du cinéma des années 70*
- crier à : *c'est bien mais il n'y a pas de quoi crier au chef-d'œuvre* · parler de
- accueillir comme : *il a été accueilli comme un chef-d'œuvre dès sa parution* · considérer comme · qualifier de

[1] chemin *nom masc.* (voie)

∾ chemin + ADJECTIF
- communal · vicinal • privé • côtier · de crête · forestier · rural • de halage · de ronde • de traverse · transversal
- de terre · herbeux · sablonneux • empierré · goudronné · pavé
- balisé · (bien / tout) tracé • carrossable · (bien) entretenu · praticable • bon + nom · sûr
- désert
- ombragé
- sans issue • caillouteux · pierreux · rocailleux • enneigé • poudreux · poussiéreux • boueux · vaseux • sinueux · tortueux • impraticable · malaisé • pénible · périlleux
- accidenté · creusé d'ornières · creux · défoncé · raviné • mal entretenu · mal tracé
- abrupt · ardu · escarpé · pentu · raide
- grand + nom · large · long + nom • interminable
- étroit · petit + nom

∾ chemin + VERBE
- border · longer : *le chemin longe la voie ferrée* · suivre • descendre · monter : *le chemin monte en pente raide* • serpenter · zigzaguer (entre) • bifurquer · faire une fourche · fourcher vieilli · se diviser · se scinder : *le chemin se scinde en trois au niveau de l'église* • (se) croiser

- conduire à · déboucher sur · mener à : *« Tous les chemins mènent à Rome »* (proverbe)
- s'élargir
- se resserrer · se rétrécir
- s'arrêter • se perdre dans : *le chemin se perd dans la jungle*

∾ VERBE + **chemin**

- border · jalonner : *des panneaux jalonnent le chemin*
- (se) faire : *je me suis fait un chemin avec le coupe-coupe* · (se) frayer : *elle s'est frayé un chemin dans les ronces* · ouvrir : *ils ont le droit de ne pas ouvrir de chemins sur leurs propriétés* · tracer • baliser
- débroussailler · entretenir
- élargir
- (re)trouver
- arpenter · emprunter · passer par · (re)prendre · s'aventurer sur · s'engager dans / sur · suivre · vagabonder sur : *pendant plus de deux ans, il a vagabondé sur les chemins de Compostelle* • descendre · grimper · monter • croiser · traverser • continuer · poursuivre
- laisser · quitter • dévier de : *il a dévié du (bon) chemin* · perdre : *à un moment, j'ai perdu le chemin et me suis retrouvé en pleine campagne* · se tromper de
- encombrer : *tous ces troncs d'arbres encombrent le chemin* • barrer · couper : *un poste de contrôle coupe le chemin* · fermer

²chemin *nom masc.* (distance, itinéraire, trajet)

∾ **chemin** + ADJECTIF

- parcouru : *c'est le chemin parcouru en une heure*
- inverse : *j'ai fait le chemin inverse pour essayer de retrouver la clé* • des écoliers○ : *le retour à Paris se fera par le chemin des écoliers* · détourné : *on a dû prendre un chemin détourné à cause des travaux*
- long ⁺ ⁿᵒᵐ : *le chemin est assez long, il faut partir maintenant* • interminable
- court

∾ VERBE + **chemin**

- chercher : *il cherche son chemin* · demander : *j'ai dû demander mon chemin à plusieurs reprises*
- indiquer · montrer : *suivez-moi, je vais vous montrer le chemin jusqu'à la gare*
- évaluer · mesurer
- (re)trouver : *j'ai fini par retrouver mon chemin avec la boussole*
- faire : *nous avons fait du chemin / pas mal de chemin depuis ce matin ; j'ai fait le chemin à pied*
- emprunter · (re)prendre : *j'ai pris le même chemin qu'à l'aller* • aller : *elle va son chemin* · continuer · passer○ : *amateurs de tape-à-l'œil, passez votre chemin* · poursuivre
- se tromper de • rebrousser (sans art.) : *la nuit tombait, ils ont dû rebrousser chemin* • s'arrêter en : *on a dû s'arrêter en chemin pour se ravitailler*

▷ voir aussi ¹**chemin**

³chemin *nom masc.* (évolution, moyen d'atteindre un but)

∾ **chemin** + ADJECTIF

- initiatique · politique : *son chemin politique est plutôt tortueux*
- accompli · parcouru : *le chemin parcouru pour arriver à cette réorganisation*
- inverse : *son frère a fait le chemin inverse*
- bon○ ⁺ ⁿᵒᵐ : *il est sur le bon chemin*
- considérable · important · prodigieux : *on mesure le prodigieux chemin accompli*
- étonnant · inattendu · mystérieux • détourné
- long ⁺ ⁿᵒᵐ : *le long chemin menant au titre de champion du monde* • interminable • sinueux · tortueux
- chaotique · difficile · douloureux · étroit · parsemé / semé d'embûches / d'obstacles · rude : *le rude chemin de la vie*
- solitaire : *chacun poursuit son chemin solitaire*

∾ **chemin** + VERBE

- conduire à · mener à : *le chemin menant à la présidence est parsemé d'embûches*

∾ VERBE + **chemin**

- indiquer · montrer : *il nous sert d'exemple et nous montre le chemin* • ouvrir
- tracer : *elle continue de tracer son chemin hors de l'Hexagone* • faire : *nous avons fait du chemin depuis cette époque ; cette idée pourrait faire son chemin en Europe* · parcourir : *elle a parcouru un long chemin avant d'atteindre la célébrité* • être sur · s'avancer sur · s'engager sur : *ils veulent s'engager sur le chemin de la démocratie* · suivre • (re)prendre : *ils prirent le chemin de l'exil* · (re)trouver : *elle a retrouvé le chemin de l'université à plus de 60 ans* • continuer : *il continue son chemin sans se soucier du qu'en-dira-t-on* · poursuivre
- trouver sur : *il a trouvé des concurrents sur son chemin*
- s'arrêter en○ : *il ne faut pas s'arrêter en si bon chemin*
- évaluer · mesurer : *on mesure le chemin qui reste à faire pour arriver à un accord*
- jalonner : *leur chemin fut jalonné de belles rencontres*

▷ voir aussi ¹**chemin et** ²**chemin**

cheveu *nom masc.* (souvent plur.)

∞ cheveu + ADJECTIF

- bouclé · crêpé · ondulé · frisé · frisottant • permanenté • crépu · laineux
- fin • raide · raides comme des baguettes de tambour (plur.) · plat
- foncé • aile de corbeau · d'ébène · de jais · noir • auburn · châtain · brun • argenté · blanc · gris · grisonnant · poivre et sel • clair • d'or · blond : *des cheveux blond vénitien / blond platine* · (blond) filasse : *une marionnette aux cheveux blond filasse* · roux • bleu · rouge · violet · vert : *un punk aux cheveux verts* · etc.
- coloré · décoloré · teint • jaune · peroxydé
- brillant · souple · soyeux · doux • propre
- clairsemé · épars · rare
- abondant : *ses abondants cheveux roux volaient au vent* · dru · épais
- (plur.) gominés · laqués · plaqués • nattés · torsadés · tressés
- (plur.) au vent • décoiffés · défaits · ébouriffés · emmêlés · en bataille · en broussaille · en désordre · en pétard[fam.] · hirsutes • rebelles
- court · en brosse · ras • long · mi-long
- abîmé · cassant · fatigué · sec • terne • gras • sale
- faux [+ nom] (plur.)

∞ cheveu + VERBE

- encadrer : *un visage fin visage encadré de cheveux tirés en chignon*
- tomber : *ses cheveux commencent à tomber; les cheveux tombant sur les épaules* • flotter : *ses cheveux flottaient au gré du vent* · voler (au vent)
- blanchir · blondir · foncer · grisonner
- coller : *les cheveux collés au front par la sueur*
- [souvent fig.] • se dresser (sur la tête) · se hérisser

∞ VERBE + cheveu (souvent pron.)

- brosser · démêler · (se) peigner • défriser · gominer · lustrer · plaquer • tirer : *des cheveux tirés en arrière / en chignon / en queue de cheval* · raidir • boucler · crêper · friser
- laver • mouiller • arranger · mettre en forme • rejeter en arrière · relever • coiffer · sécher • décolorer · éclaircir · teindre • couper · effiler · raser · tondre • s'arracher[○] [souvent fig.]
- décoiffer · ébouriffer • emmêler • défaire · dénouer
- attacher · nouer · ramasser : *les cheveux ramassés sous un voile* • tresser
- caresser
- perdre : *il commence à perdre ses cheveux*

∞ NOM + DE + cheveux

- boucle : *elle porte dans son pendentif une boucle de ses cheveux* · houppe · mèche · touffe
- cascade · couronne : *une volumineuse couronne de cheveux dressée comme un défi* • boule : *sa boule de cheveux afro a fait place à une coupe ultracourte* · casque : *un homme au casque de cheveux argentés*
- coupe
- chute : *ce médicament peut provoquer une chute des cheveux*

chiffre *nom masc.*

∞ chiffre + ADJECTIF

- arabe · romain
- rond
- définitif • absolu : *notre budget a baissé en chiffres absolus* • global · total
- disponible · officiel
- exact · juste · précis · vrai [+ nom] • fiable · vérifiable
- récent
- (-)clé · fatidique : *le chiffre fatidique des 500 signatures n'a pas été atteint*
- astronomique · faramineux · vertigineux
- éloquent · parlant : *les chiffres sont parlants : près d'un jeune sur trois est au chômage* · révélateur · significatif
- implacable · têtu : *les chiffres sont têtus : il y a de moins en moins d'enseignants dans le secondaire*
- bon [+ nom] · excellent · remarquable
- encourageant · rassurant
- approximatif · imprécis
- provisoire
- invérifiable · officieux
- fantaisiste • erroné · faux • trompeur
- médiocre • accablant · alarmant · catastrophique · inquiétant · mauvais [+ nom]

∞ chiffre + VERBE

- atteindre • avoisiner : *les chiffres du chômage avoisinent les deux millions* · frôler
- concerner · correspondre à
- montrer · prouver · révéler
- faire tourner la tête
- être sujet à caution
- cacher · dissimuler · masquer : *ces chiffres masquent une dure réalité sur le terrain*

∞ VERBE + chiffre

- atteindre · totaliser
- avoir · disposer de : *nous ne disposons pas de chiffres fiables sur le sujet* • (plur.) compiler · réunir
- arrêter : *ces chiffres ont été arrêtés au 3 juillet 2006*

- aligner · annoncer · avancer · citer · communiquer · dévoiler · divulguer · donner · égrener · fournir : *selon les chiffres fournis par le ministère, la délinquance recule* · publier
- analyser · commenter • comparer
- corriger : *selon les chiffres corrigés des variations saisonnières* · réviser · revoir
- exagérer · gonfler
- altérer · manipuler · truquer : *son administration a truqué les chiffres des expulsions*
- contester

∞ NOM + DE + **chiffres**
- avalanche · batterie · ribambelle · série · suite · volée : *face à cette volée de chiffres contradictoires, ils ne savent que faire* • colonne
- bataille · guerre · querelle : *au-delà des querelles de chiffres, certaines données ne sont pas contestables*

chiffre d'affaires

∞ **chiffre d'affaires** + ADJECTIF
- consolidé · cumulé · global · hors taxes · total • brut · net • prévisionnel • additionnel
- annuel · trimestriel · mensuel · etc.
- bon [+ nom] · excellent · exceptionnel
- modeste • mauvais [+ nom] · médiocre

∞ **chiffre d'affaires** + VERBE
- provenir de : *70 % de son chiffre d'affaires provient de la publicité* · venir de
- atteindre • avoisiner : *son chiffre d'affaires avoisine le million d'euros* · friser · frôler
- stagner
- augmenter · croître · doubler · être en hausse · progresser · tripler • dépasser · être supérieur à · excéder : *le chiffre d'affaires global excède 500 000 euros* • s'envoler : *avec les fêtes de fin d'année, le chiffre d'affaires s'envole*
- être inférieur à • accuser une baisse / un recul de : *le chiffre d'affaires accuse une baisse de 3 %* · baisser · diminuer · être en baisse · être en recul · reculer • chuter · être en chute (libre) · s'effondrer · s'effriter : *le chiffre d'affaires s'est effrité de 9,2 % en septembre* · s'éroder

∞ VERBE + **chiffre d'affaires**
- créer · générer : *ces médicaments génèrent un chiffre d'affaires de plus de 1 milliard de dollars*
- calculer · évaluer
- afficher : *le groupe affiche un chiffre d'affaires de 10 milliards de dollars* · dégager · enregistrer · faire · réaliser · totaliser
- annoncer · déclarer · publier
- accroître · augmenter · décupler · doubler · multiplier par deux / trois / etc. · tripler • gonfler : *il les accuse d'avoir délibérément et artificiellement gonflé leur chiffre d'affaires*

∞ NOM + DE + **chiffre d'affaires**
- augmentation · hausse · progression
- baisse · recul

[1] choc *nom masc.* (coup, heurt, entrée en contact)

∞ **choc** + ADJECTIF
- électrique
- frontal · latéral
- accidentel
- bruyant · sonore
- sourd : *le choc sourd du marteau contre les cloisons*
- brutal • effroyable · énorme · gros [+ nom] : *il y a eu un gros choc à l'avant du véhicule* · rude · sérieux · terrible · violent • répétés (plur.) : *un métal capable de résister à des chocs répétés*
- douloureux
- léger · moindre [+ nom] : *ça se brise au moindre choc* · petit [+ nom]

∞ **choc** + VERBE
- avoir lieu · se produire : *le choc s'est produit à petite vitesse* · survenir
- assommer · mettre KO · sonner • briser · broyer · déformer · endommager : *le gouvernail a été endommagé par le choc* · fracasser · réduire en morceaux / miettes

∞ VERBE + **choc**
- causer · créer · entraîner · produire : *des gerbes de particules produites par le choc de deux faisceaux* · provoquer
- être victime de · recevoir
- absorber : *la cage d'aluminium est capable d'absorber des chocs violents* · résister à · supporter · tenir° : *la table a tenu le choc* • sortir indemne de
- amortir : *le coussin a amorti le choc* · atténuer

∞ NOM + DE + **chocs**
- série · succession · suite

sous le choc
- s'effondrer · tomber · vaciller

[2] choc *nom masc.* (événement important, violent)

∞ **choc** + ADJECTIF
- culturel · démographique · socioculturel • boursier · conjoncturel : *pour amortir les chocs conjoncturels* · économique · financier · industriel · monétaire · pétrolier
- [Écon.] • exogène · extérieur : *la vulnérabilité du pays aux chocs extérieurs* · externe • endogène · interne • asymétrique : *le choc asymétrique ne touche qu'un pays ou un secteur d'activité* · symétrique : *le choc symétrique touche tous les pays à la fois*

- positif · salutaire : *il estime que la crise était un choc salutaire* · salvateur
- inéluctable : *le choc démographique devient inéluctable* · inévitable • de grande ampleur · formidable · grand + nom · majeur · véritable + nom · vrai + nom
- négatif · récessif [Écon.] : *leur économie ne pourra pas encaisser un nouveau choc récessif* • brutal · dévastateur · dur

∾ choc + VERBE

- avoir lieu · se produire · survenir : *le choc pétrolier survient à la fin de son mandat*

∾ VERBE + choc

- causer · créer · entraîner · produire · provoquer
- constituer : *la réunification du pays a constitué un choc*
- affronter · être confronté à · être exposé à : *ces banques sont moins exposées aux chocs économiques* • connaître · subir • ressentir : *j'ai ressenti un vrai choc culturel en arrivant ici*
- amortir : *pour amortir le choc financier que risquent de connaître les régimes de retraite* · atténuer
- se préparer à : *les laboratoires de travaux photos se préparent au choc du numérique* • éviter
- absorber : *ces mesures ne suffiront pas à absorber le choc démographique* · résister à · supporter · tenir○ : *leur entreprise ne tiendra pas le choc* • sortir de : *nous sortons tout juste d'un deuxième choc boursier*

∾ NOM + DE + chocs

- série · succession · suite

3 choc *nom masc.* (forte émotion)

∾ choc + ADJECTIF

- affectif · émotif · émotionnel · psychique · psychologique
- grand + nom · immense · important · profond : *cela a provoqué un profond choc dans l'opinion* · véritable + nom · vrai + nom • affreux · douloureux · terrible

∾ VERBE + choc

- causer · créer · faire : *ça (m'a) fait un choc de le revoir* · produire · provoquer
- constituer : *la perte d'un emploi constitue un véritable choc psychologique*
- avoir : *en le voyant, j'ai eu un choc* · éprouver · recevoir · ressentir · sentir · vivre • être sous : *il est encore sous le choc* · rester sous : *le pays reste sous le choc de cet attentat terroriste*
- encaisser : *il prend des antidépresseurs pour encaisser le choc* · se remettre de · supporter · surmonter · tenir○ : *son travail l'a aidé à tenir le choc*
- adoucir · atténuer

1 choix *nom masc.* (décision)

∾ choix + ADJECTIF

- artistique · chromatique · esthétique • éditorial · méthodologique · stylistique · rédactionnel • stratégique · tactique • vestimentaire • thérapeutique • budgétaire · économique · politique · etc.
- initial · premier + nom
- alternatif : *il n'y a pas de choix alternatif* • binaire : *les législatives se réduisent à un choix binaire droite-gauche*
- instinctif · naturel • arbitraire · discrétionnaire • partial · subjectif • indifférent : *le choix du quartier n'est pas indifférent*
- individuel · personnel • collectif
- libre · ouvert : *les choix d'orientation restent ouverts jusqu'à la fin du premier cycle*
- concerté • délibéré : *il a fait le choix délibéré de ne travailler qu'avec des associations* · volontaire
- audacieux · osé : *la nouvelle star du tennis mondial peut se permettre des choix osés*
- définitif · inéluctable · irréversible · irrévocable
- capital · crucial · essentiel · important · vrai + nom • significatif : *le choix du lieu de rencontre est significatif*
- draconien · drastique : *les États sont sommés de pratiquer des choix drastiques dans leurs politiques d'aide* · rigoureux • ardu · cornélien · cruel · délicat · difficile · embarrassant · épineux · malaisé • déchirant · douloureux · grave · redoutable
- avisé · cohérent · éclairé · méticuleux : *mise en pages soignée, choix méticuleux des couleurs* · mûrement réfléchi · raisonnable · rationnel · souhaitable • bon + nom · excellent · heureux · honorable • intelligent · judicieux · justifié · logique · pertinent • argumenté · raisonné
- clair · précis · sans ambiguïté · tranché
- bizarre · curieux · déroutant · étonnant · étrange · insolite · surprenant
- contesté · controversé • contestable · douteux • malheureux · mauvais + nom
- impossible

∾ choix + VERBE

- s'imposer : *ce choix s'est imposé naturellement / de lui-même*

- intervenir : *le choix des électeurs n'intervient pas à ce niveau*
- se fixer sur · se porter sur · se poser sur
- déterminer · engager : *l'humanité est confrontée à des choix qui engagent son avenir*
- être conforme à · répondre à : *ce choix répond parfaitement au cahier des charges que nous nous étions imposé*
- concerner : *ce choix ne concerne que l'association*
- se justifier · s'expliquer · trouver son explication dans
- étonner · surprendre • choquer

∞ VERBE + **choix**

- avoir : *tu n'as pas le choix, il faut y aller ; tu as le choix entre thé et café* • être confronté à : *nous voici confrontés à un choix difficile* · être (placé) / se trouver face à
- effectuer · faire : *tout est là, fais ton choix ; nous avons fait le choix de la transparence* · opérer · procéder à • arrêter · fixer • persévérer dans · s'enfermer dans
- donner · laisser : *tu ne me laisses pas vraiment le choix* · permettre
- aider à · faciliter • affiner : *cet outil permet aux adolescents d'affiner leurs choix d'orientation*
- déterminer · dicter : *je n'ai pas l'habitude de me laisser dicter mes choix* · entraîner · être déterminant dans / pour · motiver · présider à : *les critères qui ont présidé au choix de la nouvelle équipe* • éclairer : *le comité est chargé d'éclairer les choix du gouvernement dans le domaine économique* · guider · infléchir · influencer · influer sur · orienter · peser sur • avoir un droit de regard sur
- imposer : *l'État n'imposera pas ses choix*
- expliciter · expliquer • justifier · légitimer · motiver • formaliser · officialiser
- approuver • respecter • assumer · avaliser · entériner · valider
- être / se sentir conforté dans : *nous sommes confortés dans notre choix par les résultats de l'entreprise*
- contester · critiquer · déplorer · (re)mettre en cause · (re)mettre en question · regretter
- différer · repousser · retarder

∞ NOM + DE + **choix**

- série · succession · suite
- critère

[2]choix *nom masc.* (variété)

∞ **choix** + ADJECTIF

- habituel : *il propose le choix habituel : bolognaise, carbonara, pesto et fruits de mer*
- diversifié · éclectique : *l'éditeur présente un choix éclectique, de la BD à l'essai philosophique* · varié • ample · bon [+ nom] · excellent · extraordinaire · grand [+ nom] · large [+ nom] · vaste [+ nom] : *ils offrent un vaste choix de revêtements* • illimité · infini
- inattendu : *le plateau de fromages offre un choix inattendu*
- limité · maigre · réduit · restreint • insuffisant

∞ VERBE + **choix**

- offrir : *ils offrent un large choix de produits* · présenter · proposer • avoir : *ce commerçant a du / beaucoup de choix*
- manquer de : *le magasin manque de choix en équipement sportif*

∞ NOM + DE + **choix**

- éventail · gamme · palette : *on offre au patient une plus large palette de choix thérapeutiques*

chômage *nom masc.*

∞ **chômage** + ADJECTIF

- technique • conjoncturel · frictionnel · structurel
- croissant · grandissant • considérable · élevé : *le chômage reste élevé* · fort [+ nom] · généralisé · important · record : *un chômage record de 4,3 millions de personnes* • de masse · massif : *le chômage massif des jeunes*
- à moyen / long terme • (de) longue durée · permanent · persistant · prolongé • chronique · cyclique · endémique • forcé : *je me retrouve au chômage forcé*
- partiel : *il a été mis en chômage partiel* • saisonnier · temporaire
- caché · déguisé : *certaines statistiques baissent artificiellement les chiffres et créent un chômage déguisé*

∞ **chômage** + VERBE

- sévir : *le chômage sévit depuis plusieurs années* • (souvent passif) affecter · frapper · miner · toucher : *les femmes sont plus touchées par le chômage que les hommes*
- augmenter · être en hausse · être en progression · grimper · (re)monter · progresser • atteindre · dépasser : *le chômage dépasse les 3 millions / la barre des 3 millions* • atteindre des sommets · battre des records
- baisser · décroître · diminuer · être en baisse · être en recul : *le chômage est en net recul dans le pays* · reculer · refluer · régresser · retomber : *le chômage est retombé à 8 % de la population active* · tomber à son plus bas niveau

∾ VERBE + **chômage**
- être / se retrouver à : *il est au chômage depuis un an* • connaître • être confronté à
- favoriser • provoquer : *une mauvaise politique économique a provoqué ce chômage élevé*
- mettre à : *l'entreprise l'a mis au chômage technique* • réduire à
- être sinistré par : *une région sinistrée par le chômage*
- combattre • lutter contre
- freiner • réduire • remédier à • résorber • endiguer • enrayer • juguler • stabiliser : *l'économiste explique qu'il faut une croissance de 3 % par an pour stabiliser le chômage*
- en finir avec • éradiquer • vaincre • venir à bout de
- échapper à • sortir de : *le pays n'arrive pas à sortir du chômage*
- [allocation] • pointer à • s'inscrire à • avoir droit à • toucher

∾ NOM + DE + **chômage**
- accroissement • augmentation • envolée • explosion • flambée • hausse • (re)montée • poussée : *on enregistre une nouvelle poussée du chômage* • progression : *le chômage continue sa progression*
- baisse • diminution • recul • reflux • repli • résorption : *les entreprises tiennent un rôle essentiel dans la résorption du chômage des jeunes*

[1] chute *nom fém.* (dégringolade, accident)

∾ **chute** + ADJECTIF
- libre° • verticale : *la chute verticale d'un solide dans un fluide*
- accidentelle
- inévitable
- grave • grosse + nom • lourde + nom : *il a été victime d'une lourde chute lors d'un entraînement* • mauvaise + nom : *il a fait une mauvaise chute en ski* • sérieuse • sévère • vilaine + nom • violente • impressionnante • spectaculaire • vertigineuse
- dramatique • malheureuse • terrible : *revenu à la compétition après une terrible chute* • tragique • fatale • mortelle

∾ **chute** + VERBE
- avoir lieu : *la chute a eu lieu à mi-parcours* • se produire

∾ VERBE + **chute**
- être victime de : *le motard a été victime d'une chute mortelle* • faire : *elle a fait une chute de 10 mètres* • terminer : *les cartons ont terminé leur chute dans la rivière*
- amener • causer • entraîner • provoquer
- amortir : *le feuillage a amorti sa chute* • freiner • ralentir
- arrêter • stopper
- éviter : *avoir un bon matériel, c'est le meilleur moyen d'éviter les chutes* • protéger de : *le casque est là pour protéger des chutes de pierres*
- se remettre de • survivre à

∾ NOM + DE + **chutes**
- série • succession

REM. On rencontre parfois "effectuer une chute". Évitez cette expression maladroite et préférez "faire une chute, être victime d'une chute".

[2] chute *nom fém.* (baisse)

∾ **chute** + ADJECTIF
- annoncée • attendue • inéluctable • inévitable • inexorable : *l'inexorable chute des valeurs technologiques* • irrésistible • prévisible
- forte + nom : *entraînant une forte chute des prix* • nette • sensible • sérieuse • drastique • historique : *la mortalité infantile a connu une chute historique* • importante • impressionnante • libre : *face à la chute libre des échanges dans l'Union* • massive • record • sévère • spectaculaire • vertigineuse • catastrophique • infernale : *pour enrayer la chute infernale des ventes*
- accélérée • brusque • brutale : *la brutale chute de popularité du Premier ministre* • rapide • soudaine • subite • violente : *après la violente chute du Nasdaq*
- continue • continuelle • ininterrompue • persistante : *la chute persistante de la monnaie unique* • régulière
- lente : *les cours du blé poursuivent la lente chute qu'ils ont entamée depuis plusieurs mois* • petite + nom

∾ **chute** + VERBE
- s'amorcer
- se produire • survenir
- s'accélérer
- (se) ralentir
- s'arrêter

∾ VERBE + **chute**
- amener • causer • entraîner • provoquer • entraîner dans : *le Nasdaq a entraîné dans sa chute toutes les Bourses asiatiques*
- noter • observer
- annoncer • laisser présager • prédire • prévoir
- accuser • connaître • enregistrer • poursuivre : *le dollar poursuit sa chute*
- pâtir de : *l'économie pâtit de la chute des cours du pétrole* • subir
- accélérer • accentuer • précipiter

- freiner : *pour tenter de freiner la chute de la devise* · ralentir
- compenser
- éviter · prévenir
- arrêter · enrayer · stopper

[3]chute *nom fém.* (déchéance, mise à l'écart)

∞ chute + ADJECTIF
- originelle [Bible]
- annoncée : *la chute annoncée du maire sonne la fin d'une époque* · programmée • inéluctable · inévitable · irrémédiable : *la chute irrémédiable de la royauté* • imminente
- fracassante : *après la chute fracassante du dictateur* · retentissante
- prématurée : *cela a évité une chute prématurée du gouvernement*

∞ VERBE + chute
- annoncer · laisser présager · prédire · prévoir
- entraîner · provoquer • hâter : *ces manifestations ont hâté la chute du régime* · précipiter
- contribuer à · participer à
- obtenir : *ils espèrent relancer la contestation et obtenir la chute du régime*
- différer · retarder : *cela n'a fait que retarder de quelques semaines la chute du Président*
- empêcher · éviter

[4]chute *nom fém.* (Météo, souvent plur.)

∞ chute + ADJECTIF
- de grêle · de neige · de pluie
- abondante · forte [+ nom] · grosse [+ nom] : *de grosses chutes de neige sont attendues mercredi* · importante : *les importantes chutes de grêle qui se sont abattues pendant le week-end* • exceptionnelle · record : *des chutes de neige records ont été observées au nord* • fréquentes (plur.)
- faible · petite [+ nom]

∞ chute + VERBE
- provoquer : *les abondantes chutes de pluie ont provoqué des inondations*

∞ VERBE + chute
- annoncer · (s')attendre (à) · prévoir
- enregistrer · observer

[1]cible *nom fém.* (personne, chose à abattre, à critiquer, etc.)

∞ cible + ADJECTIF
- civile · militaire · stratégique
- fixe · immobile • flottante · mobile · mouvante · pivotante • émergente : *les cibles émergentes, celles qui se découvrent au dernier moment* • vivante : *il est lanceur de couteaux sur cible vivante*
- possible · potentielle · probable
- à abattre : *il comprend qu'il est désormais devenu une cible à abattre* · ennemie
- connue · désignée : *la cible désignée de l'attaque* · précise • commode · facile · idéale : *le tunnel est une cible idéale pour le terrorisme* · molle : *ils s'en prennent aux cibles molles, comme les établissements de loisirs* · parfaite · vulnérable • favorite · habituelle · numéro un · préférée : *ce système d'exploitation est la cible préférée des pirates informatiques* · privilégiée : *il est devenu la cible privilégiée des terroristes* · toute trouvée · traditionnelle • alléchante : *cette réussite économique en fait une cible alléchante pour un grand groupe* · attrayante · prometteuse · tentante • légitime : *le convoi visé était une cible légitime*
- difficile
- fausse [+ nom] : *le missile a été détourné vers une fausse cible*

∞ VERBE + cible
- apparaître comme : *l'entreprise apparaît comme une cible idéale pour l'OPA* · constituer · devenir · être · faire figure de · servir de
- désigner · déterminer · identifier • choisir (comme / pour) : *il a reconnu que l'ambassade avait été choisie comme cible* · considérer comme · désigner comme · prendre pour · se fixer pour • détecter · localiser
- avoir dans son collimateur · coucher / mettre / tenir en joue · viser • attaquer · bombarder · frapper · s'attaquer à · tirer sur
- atteindre · toucher • abattre
- dévier de : *le missile a dévié de sa cible* • se tromper de • louper[fam.] · manquer · rater

[2]cible *nom fém.* (clients potentiels)

∞ cible + ADJECTIF
- commerciale · marketing • électorale · politique
- féminine · masculine • active · jeune
- nouvelle · possible · potentielle
- précise : *Internet permet d'atteindre une cible très précise*
- importante · large : *les assureurs espèrent toucher une large cible avec ce produit innovant*
- habituelle · principale · traditionnelle • chérie · de prédilection · favorite · préférée · prioritaire · prisée · privilégiée : *les 15-34 ans sont la cible privilégiée des publicitaires*

- appropriée · bonne + nom · de choix · intéressante · pertinente • idéale · parfaite · rêvée

∾ cible + VERBE
- se modifier
- s'élargir
- se rétrécir

∾ VERBE + cible
- (souvent passif) convoiter · viser : *la cible visée est féminine, jeune et active*
- choisir (comme)
- séduire
- atteindre · toucher
- élargir : *le fabricant veut élargir sa cible aux moins de 50 ans*
- manquer • se tromper de

∾ NOM + DE + cible
- cœur : *les jeunes constituent le cœur de cible de cette grande enseigne*

ciel *nom masc.*

∾ ciel + ADJECTIF
- azur · bleu · mauve · noir · orangé · rose · rouge · rougeoyant · violet • étincelant (d'étoiles) · étoilé · parsemé / piqueté d'étoiles • sans étoiles • uniforme
- automnal · estival · hivernal • diurne · matinal · nocturne
- [Astron.] • austral · boréal • profond : *ce télescope n'est pas adapté pour observer le ciel profond*
- changeant · instable · mouvant
- grand + nom · immense · infini · vaste
- découvert · dégagé • calme · immaculé · paisible · sans nuages · serein · tranquille
- clair · limpide · lumineux · pur • beau + nom · magnifique · resplendissant · splendide · superbe • clément (souvent plur.) : *je vais aller passer mes vacances sous des cieux plus cléments*
- blafard · délavé · lavé : *sous un ciel lavé par le mistral* · livide · pâle · terne • chagrin : *la cérémonie s'est déroulée sous un ciel chagrin* · maussade · morne · triste
- chargé (de nuages) · cotonneux · moutonneux · nébuleux · nuageux · pommelé • bouché : *le ciel est un peu bouché ce matin* · brouillé · chaotique · couvert · lourd · menaçant · orageux · pluvieux · tourmenté • brumeux · voilé • bas · de plomb° · gris · obscur · plombé · sombre · ténébreux

∾ ciel + VERBE
- rosir · rougeoyer · rougir · s'embraser • pâlir • se consteller d'étoiles · s'étoiler
- s'éclaircir · s'éclairer · se découvrir · se dégager · s'illuminer
- s'assombrir · se couvrir · se noircir · se voiler · s'obscurcir
- [divinité] • aider : « [...] *Tu vois comme / Tes chevaux aisément se sont tirés de là. / Aide-toi, le Ciel t'aidera* » (La Fontaine, *Fables*, VI, 18 "Le chartier embourbé")

∾ VERBE + ciel
- embraser · illuminer : *le feu d'artifice a illuminé le ciel*
- assombrir · obscurcir
- balayer · déchirer · sillonner · traverser · zébrer : *des éclairs zébraient le ciel*
- contempler · observer · regarder • examiner · inspecter · scruter · sonder • [Astron.] étudier
- monter (jusqu')à · s'élancer dans / vers · s'élever dans / vers · s'envoler dans / vers • flotter dans · tournoyer dans · voler dans • tomber de : *cette météorite est tombée du ciel il y a 130 000 ans*
- [divinité] • implorer · prier • bénir · remercier · rendre grâce à • maudire

∾ NOM + DE + ciel
- coin : *par la fenêtre, il aperçoit un coin de ciel bleu*

circonstance *nom fém.* (fait, souvent plur.)

∾ circonstance + ADJECTIF
- économique · historique · politique
- actuelle · présente
- normale • accidentelle · fortuite
- concrète · exacte · précise
- [Droit] • aggravante · atténuante : *il a des circonstances atténuantes; plaider les / bénéficier de circonstances atténuantes*
- analogue · comparable · semblable · similaire
- adéquate · favorable · opportune · propice à : *ce ne sont pas des circonstances propices à la relaxation*
- solennelle • rocambolesque · romanesque
- exceptionnelle · extraordinaire · rare • particulière · spéciale
- changeante · fluctuante • imprévisible · imprévue · indépendante de sa volonté
- bizarre · énigmatique · étrange · mystérieuse · troublante • confuse · floue · obscure · peu claire · trouble : *le corps a été retrouvé dans des circonstances assez troubles* • douteuse · suspecte • inconnue · indéterminée · inexpliquée
- complexe · critique · difficile

- adverse · défavorable · inopportune
- accablante · atroce · calamiteuse · douloureuse · dramatique · épouvantable · extrême · fâcheuse · funeste · grave · pénible · regrettable · terrible · tragique · triste

∞ circonstance + VERBE

- accompagner · entourer : *les circonstances qui entourent sa disparition* · présider à : *l'auteur dévoile les circonstances qui ont présidé à l'écriture du roman*
- amener à : *les circonstances l'ont amené à démissionner* · conduire à · pousser à • commander · dicter : *des compromis dictés par les circonstances* · exiger · imposer · réclamer • permettre · rendre possible • jouer en faveur / défaveur de
- expliquer · justifier
- changer · varier : *les circonstances varient beaucoup d'une ville à l'autre*

∞ VERBE + circonstance

- créer : *étant donné les circonstances créées par les attentats*
- évoquer · exposer · invoquer · narrer · raconter · relater · révéler • rappeler · revenir sur
- être dû à · être lié à · être relatif à • devoir à : *sa nomination doit beaucoup aux circonstances / ne doit rien aux circonstances* • dépendre de · varier selon
- enquêter sur · étudier · s'interroger sur • apporter / donner / fournir des précisions sur · cerner · clarifier · détailler · déterminer · éclaircir : *elle a disparu dans des circonstances mal / non éclaircies* · éclairer · élucider : *ils furent retrouvés morts dans des circonstances jamais élucidées* · établir · examiner · faire la lumière sur · préciser · reconstituer • comprendre · connaître
- prendre en compte · tenir compte de • être / se montrer à la hauteur de · faire face à · s'adapter à
- bénéficier de • profiter de · tirer parti de
- être victime de

∞ NOM + DE + circonstances

- concours : *par un malheureux concours de circonstances, nous nous sommes ratés* · conjonction · enchaînement : *par un curieux enchaînement de circonstances, nous nous sommes retrouvés 15 ans plus tard*

[1]circulation *nom fém.* (de véhicules)

∞ circulation + ADJECTIF

- automobile · motorisée : *les rues seront interdites toute la journée à la circulation motorisée* · routière • aérienne · ferroviaire · fluviale · maritime • urbaine
- alternée · réglementée • transfrontalière
- aisée · facile · fluide : *la circulation est redevenue fluide aux abords de la capitale* · normale · rapide · régulière
- accrue · dense · grande [+ nom] · impressionnante · intense · intensive : *les nuisances créées par une circulation intensive de poids lourds* • incessante · permanente
- anarchique : *l'absence de feux de signalisation rend la circulation complètement anarchique* · chaotique · incontrôlée · infernale
- compliquée · dangereuse · laborieuse · malaisée · pénible
- en accordéon° · perturbée • embouteillée · encombrée
- faible [+ nom] : *les routes à faible circulation ne sont pas toujours déneigées* · lente · réduite
- impossible · interdite

∞ circulation + VERBE

- se faire : *la circulation se fait à sens unique*
- augmenter : *la circulation automobile augmente de 3 % chaque année* · s'intensifier : *la circulation s'intensifie dans les quartiers du bord de mer*
- s'améliorer · se fluidifier
- baisser · diminuer
- s'arrêter · se bloquer

∞ VERBE + circulation

- (r)ouvrir à (souvent passif) : *l'autoroute devait être rouverte à la circulation en janvier* • rétablir : *l'armée a pu rétablir la circulation maritime*
- aménager · réglementer : *l'arrêté réglementant la circulation et le stationnement des taxis* · régler
- améliorer · faciliter · favoriser · fluidifier : *la troisième voie a nettement fluidifié la circulation*
- canaliser · maîtriser · réguler • diminuer · limiter : *la circulation est limitée à 30 km/h* · réduire · restreindre : *des règles restreignent la circulation des camions*
- détourner · dévier
- compliquer · encombrer · entraver · gêner · obstruer · paralyser · perturber · ralentir · troubler
- arrêter · bloquer · couper · interrompre : *la circulation est interrompue dans le sens Paris-province* · suspendre • interdire
- fermer à (souvent passif) : *les voies sur berges sont fermées à la circulation* · interdire à (souvent passif)
- retirer de : *les bus polluants ont été retirés de la circulation*

en circulation

- maintenir · (re)mettre : *le véhicule ne peut être remis en circulation avant d'avoir passé le contrôle technique*

[2]circulation *nom fém.* (des personnes, des biens, etc.)

∞ circulation + ADJECTIF

- fiduciaire · monétaire
- libre [+ nom] : *ils sont pour la libre circulation des biens et des personnes*
- irrégulière : *on l'a inculpé pour importation en contrebande et circulation irrégulière de marchandises prohibées*

∞ VERBE + circulation

- assurer : *ils s'engagent à assurer la libre circulation aux frontières* · garantir
- améliorer · faciliter · favoriser • accroître : *les États cherchent à accroître la circulation monétaire* · augmenter
- réglementer · réguler
- limiter · restreindre : *la nouvelle réforme restreint la circulation et l'usage de ces armes*
- retirer de : *les billets ont été retirés de la circulation*
- disparaître de

en circulation

- entrer
- (re)mettre : *La Poste va mettre en circulation une nouvelle série de timbres*
- rester

[3]circulation *nom fém.* (Physiol.)

∞ circulation + ADJECTIF

- artérielle · lymphatique · sanguine · veineuse • extracorporelle
- bonne [+ nom] · excellente
- mauvaise [+ nom]

∞ VERBE + circulation

- dériver : *ils dérivent la circulation du sang le temps de l'opération*
- rétablir : *rétablir la circulation dans une artère coronaire obstruée*
- accélérer · activer : *la marche active la circulation sanguine* · fluidifier · stimuler
- ralentir
- bloquer • arrêter

clameur *nom fém.*

∞ clameur + ADJECTIF

- générale · unanime • populaire · publique : *il a répondu à la clameur publique*
- assourdissante · bruyante · énorme · formidable · gigantesque · grande [+ nom] · grandissante · immense [+ nom] : *salué par une immense clameur* · impressionnante
- enthousiaste · fervente · joyeuse
- effrayante · enragée · guerrière · haineuse · hostile · sauvage · terrible
- confuse · lointaine · sourde : *cette information a été accueillie par une clameur sourde du public*

∞ clameur + VERBE

- résonner · retentir
- enfler · grandir · monter · reprendre · s'élever : *une énorme clameur s'élevait des gradins*
- envahir · parcourir
- accueillir · encourager · saluer : *une clameur assourdissante a salué le passage à l'an 2000*
- couvrir · étouffer : *les clameurs étouffaient la voix de l'orateur*
- s'éloigner
- mourir · s'éteindre

∞ VERBE + clameur

- déclencher · provoquer
- faire entendre · pousser : *la foule poussa une clameur à l'ouverture du score*
- résonner de · retentir de : *l'immense hall résonne d'une étrange clameur*
- amplifier · renforcer
- écouter · entendre

[1]clarté *nom fém.* (luminosité)

∞ clarté + ADJECTIF

- lunaire · solaire • naturelle
- blanchâtre · blanche · diaphane · laiteuse · pâle • rose · rouge · rougeâtre · etc.
- aveuglante · éblouissante · forte [+ nom] · grande [+ nom] · intense · pleine · vive
- belle [+ nom] · douce · exceptionnelle · incomparable · incroyable · remarquable · splendide
- criarde · crue · froide
- artificielle · blafarde • obscure : *« Cette obscure clarté qui tombe des étoiles / Enfin avec le flux nous fait voir trente voiles »* (Corneille, *Le Cid*, IV, 3)
- faible [+ nom]

∞ clarté + VERBE

- irradier · jaillir · régner

∞ VERBE + clarté

- diffuser · répandre : *le puits de jour répand une douce clarté*
- baigner dans : *le pré baignait dans une clarté laiteuse*
- manquer de : *la pièce manque de clarté* · perdre en

[2]clarté *nom fém.* (intelligibilité)

∾ clarté + ADJECTIF

- analytique · pédagogique • morale • mélodique
- absolue · extrême · grande + nom · totale • exceptionnelle · exemplaire · impeccable · incomparable · parfaite · redoutable · remarquable · rigoureuse : *tous les arguments étaient exposés avec une clarté rigoureuse* • étonnante · frappante · incroyable · singulière · stupéfiante
- apparente

∾ VERBE + clarté

- avoir besoin de · demander · exiger
- viser : *son rapport vise la clarté plus que le détail*
- avoir le mérite de : *son discours a le mérite de la clarté* · être de (+ adj.) : *son argumentaire est d'une clarté remarquable* · se distinguer par
- gagner en : *la phrase gagnerait en clarté si on la raccourcissait*
- brouiller : *cela risque de brouiller la clarté des débats* · nuire à
- manquer de · perdre en

avec clarté

- exposer · parler · s'exprimer • répondre • définir · démontrer · énoncer · expliquer

[1]classe *nom fém.* (groupe d'objets, d'animaux, etc.)

∾ classe + ADJECTIF

- grande + nom : *il existe deux grandes classes de produits*
- petite + nom
- homogène
- hétérogène

∾ VERBE + classe

- former
- appartenir à · faire partie de

[2]classe *nom fém.* (Sociol.)

∾ classe + ADJECTIF

- sociale
- agricole · industrielle
- émergente : *une classe émergente d'hommes d'affaires indigènes* · montante
- moyenne○ : *ils font partie de la classe moyenne*
- élevée · supérieure • aristocrate · noble • dirigeante · dominante · gouvernante • aisée · opulente · possédante · privilégiée · riche
- basses + nom (plur.) : *le populisme s'appuie sur les basses classes* · défavorisée · inférieure • laborieuse · ouvrière · prolétarienne · travailleuse • indigente · modeste : *il regrette le manque de représentation des classes modestes* · pauvre • plébéienne · populaire
- exploitée · opprimée

∾ VERBE + classe

- former
- appartenir à · être issu de · faire partie de · venir de

∾ NOM + DE + classe(s)

- conscience
- antagonisme · conflit · lutte

classe politique

∾ classe politique + ADJECTIF

- corrompue • discréditée • impuissante · incapable · inefficace

∾ classe politique + VERBE

- appeler à : *la classe politique appelle au dialogue*
- soutenir
- refuser • condamner : *toute la classe politique condamne ces attentats*

∾ VERBE + classe politique

- renouveler : *il faut renouveler la classe politique*
- diviser • agiter
- discréditer • éclabousser : *une nouvelle affaire de corruption a éclaboussé la classe politique*

[3]classe *nom fém.* (cours, cycle)

∾ classe + ADJECTIF

- élémentaire · maternelle · petite + nom : *l'enseignement de la musique dans les petites classes* · primaire • moyenne • grande + nom : *les élèves des grandes classes* • prépa(ratoire)
- de filles · de garçons · mixte • unique
- passerelle○ · pilote○ · relais○ • thérapeutique • virtuelle
- [séjour] découverte · de mer○ · (de) nature○ · de neige○ · verte○ : *ils sont partis en classe verte dans le Poitou*

∾ VERBE + classe

- aller en : *je ne vais pas en classe le mercredi* • être / entrer en : *il est / entre en classe de sixième* · être orienté dans / vers (+ adj.) : *on l'a orienté vers une classe thérapeutique*
- suivre en : *elle suit très bien en classe cette année*
- redoubler : *il a redoublé la classe de troisième*
- sauter : *elle a sauté une classe au primaire*
- faire : *elle fait (la) classe à des cinquièmes*

- inspecter
- déranger · perturber

4classe *nom fém.* (élèves)

∞ classe + ADJECTIF

- bondée · en sureffectif · grosse + nom · surchargée
- petite + nom : *elle a une petite classe de 15 élèves*
- homogène
- hétérogène
- bonne + nom · excellente · forte · studieuse
- faible · mauvaise + nom • chahuteuse · difficile · ingérable · turbulente

∞ VERBE + classe

- motiver • discipliner · tenir : *il a du mal à tenir sa classe*

▷ voir aussi 2**classe**

5classe *nom fém.* (distinction)

∞ classe + ADJECTIF

- folle · grande + nom : *c'est un joueur de grande classe* · rare

∞ VERBE + classe

- avoir : *cette fille a beaucoup de classe*
- manquer de

1classement *nom masc.* (classification)

∞ classement + ADJECTIF

- général • scratch [Sport] • par catégories • individuel · par équipes • mondial · national · régional
- provisoire
- officiel • définitif · final
- bon + nom · excellent · honorable
- moyen
- mauvais + nom · médiocre · passable

∞ classement + VERBE

- refléter : *ce classement ne reflète pas sa vraie valeur*

∞ VERBE + classement

- effectuer · établir : *le classement établi par le mensuel / à partir de 30 critères* · réaliser
- publier · rendre public
- dominer : *la jeune pilote automobile domine toujours le classement*
- apparaître dans · entrer dans · figurer dans • atteindre telle place à / de · avoir / occuper telle place à / de · conserver telle place à / de · prendre telle place à / de • conserver sa place à
- conforter : *il conforte sa place au classement général* · consolider sa place à • remonter dans • avoir x points d'avance à · devancer à : *elle le devance d'un point au classement général*
- avoir x points de retard à · dégringoler à : *il avait dégringolé au classement, victime de nombreuses blessures* · être en recul dans
- bouleverser : *cette victoire vient bouleverser le classement en ligue 1* · chambouler*fam.*

la tête du classement

- se rapprocher de • occuper · (re)prendre : *cette victoire lui a permis de reprendre la tête du classement général* · s'emparer de : *il a bien failli s'emparer de la tête du classement* • conserver · garder
- s'éloigner de

en tête de / du classement

- accentuer son avance · arriver · caracoler · conserver sa place · consolider sa place · être · figurer · s'installer : *elle s'est confortablement installée en tête du classement de la Coupe du monde de slalom* · terminer • se maintenir

la queue / le bas du classement

- se rapprocher de : *l'équipe se rapproche dangereusement du bas du classement* • occuper

en queue / bas du classement

- arriver : *ces trois pays arrivent en queue du classement de la vertu budgétaire* · être · figurer · terminer · traîner : *le club traîne en queue de classement depuis des mois* • conserver sa place

2classement *nom masc.* (rangement)

∞ classement + ADJECTIF

- alphabétique · alphanumérique · chronologique · hiérarchique · thématique
- automatique
- habituel · traditionnel
- approprié · astucieux · commode · ingénieux · pratique • logique · méthodique · rationnel
- vertical ○*hum.* : *je traite ce type de lettres par un classement vertical*
- sans suite ○ [Admin., Droit] : *j'ai procédé au classement sans suite de votre dossier*

∞ VERBE + classement

- faire · procéder à : *il est chargé de procéder au classement du courrier*

clause *nom fém.*

∞ clause + ADJECTIF

- contractuelle · juridique · légale • pénale • financière · fiscale · sociale : *le débat sur l'introduction d'une clause sociale dans le commerce international*
- dérogatoire · échappatoire · libératoire • conditionnelle · contingente · facultative • contraignante : *ils veulent inscrire dans le document commun une clause contraignante* · limitative · résolutoire · restrictive · suspensive • compromissoire
- de confidentialité · de non-concurrence · etc.
- spéciale · spécifique
- expresse · formelle · obligatoire
- légitime · valable
- secrète : *une clause secrète du pacte germano-soviétique signé en août 1939*
- litigieuse • abusive · illégale · illicite
- caduque

∞ clause + VERBE

- déclarer · préciser · prévoir · spécifier : *la clause spécifie l'arrêt du versement des salaires en cas de grève* · stipuler
- modifier : *les nouvelles clauses modifient l'économie du contrat*
- autoriser · garantir • attribuer · réserver : *une clause réserve au donateur la faculté de révocation*
- limiter · restreindre
- exclure • empêcher de · interdire

∞ VERBE + clause

- comporter · comprendre · contenir · être assorti de : *le contrat de mandat est assorti d'une clause de minimum garanti*
- négocier · prévoir • ajouter · établir · imposer · inclure · inscrire · insérer · introduire
- modifier
- être soumis à • accepter · adopter · respecter · signer : *ils ont dû signer une clause de confidentialité* · souscrire à
- appliquer · avoir recours à · faire jouer : *ils ont fait jouer la clause de cession* · faire valoir · invoquer
- bénéficier de : *ils pourront bénéficier de la clause d'exonération* · profiter de
- s'opposer à • contrevenir à · déroger à · enfreindre · violer
- renoncer à
- annuler · retirer · supprimer

∞ NOM + DE + clauses

- ensemble · série

cliché *nom masc.* (banalité)

∞ cliché + ADJECTIF

- journalistique · médiatique · touristique • culturel · sociologique : *un film qui se joue des clichés sociologiques* • exotique : *le roman abuse de clichés exotiques* · hollywoodien : *ce road-movie tente de se tenir à l'écart des clichés hollywoodiens* · romanesque · etc.
- attendu · conventionnel · éculé : *incapable d'énoncer autre chose que des clichés éculés* · habituel · répandu · usé · usuel · vieux + nom
- tenace : *il essaie de bousculer des clichés tenaces*
- complaisant · facile : *une musique à mille lieues des clichés faciles du rhythm'n'blues contemporain* • effrayant · insupportable · redoutable · ridicule • manichéen · réducteur · simpliste • raciste · sexiste

∞ cliché + VERBE

- avoir cours · circuler : *il connaît les clichés qui circulent dans les théâtres* • vouloir que : *le vieux cliché qui veut que le multilatéralisme c'est bien et l'unilatéralisme c'est mal* • (plur.) déferler · fleurir · foisonner · pleuvoir · proliférer
- avoir la vie / peau dure · coller à la peau · perdurer · subsister
- encombrer : *une intrigue policière encombrée de clichés* · nuire à

∞ VERBE + cliché

- avoir recours à · employer · emprunter : *des clichés visuels empruntés au roman-photo* · énoncer · produire · resservir · (res)sortir · véhiculer • exploiter · jouer avec / sur · se servir de · user de · utiliser • (plur.) accumuler · aligner · débiter · énumérer · multiplier
- basculer dans · entrer dans · patauger dans · se laisser enfermer dans · s'empêtrer dans · s'enfoncer dans · s'engluer dans · se perdre dans · sombrer dans · tomber dans · verser dans : *le film verse dans tous les clichés patriotiques*
- être bourré de · être plein de
- traquer
- détourner · prendre à rebours · se jouer de • dépasser • échapper à · éviter · fuir · refuser · s'éloigner de · se méfier de · se tenir loin / à l'écart de
- battre en brèche · bousculer • combattre · faire reculer · lutter contre · secouer
- contredire · démentir
- balayer · briser · casser · en finir avec · faire exploser : *la réalisatrice fait exploser tous les clichés des films d'horreur* · rompre avec · se débarrasser de • arrêter • tordre le cou à : *c'est l'occasion de tordre le cou aux clichés sur la banlieue*

∞ NOM + DE + **clichés**

- abondance · accumulation · amas · avalanche · batterie · brassée · catalogue · enfilade · ensemble · étalage · florilège · profusion · série · succession • fatras · ramassis

client *nom masc.*

∞ **client** + ADJECTIF

- nouveau • éventuel · hypothétique · potentiel • lambda : *le client lambda ne voit aucune différence entre ces deux produits*
- industriel • privé • international
- final : *l'acheminement de l'électricité jusqu'au client final*
- grand + nom · gros + nom : *l'Inde est le troisième plus gros client de la banque* · important · principal • bon + nom · excellent · intéressant · privilégié · sérieux
- assidu · de longue date · fidèle · habituel · régulier · vieux + nom • ancien + nom : *ils ont récupéré les anciens clients de leur concurrent*
- solvable • aisé · argenté · fortuné · généreux · riche · richissime • dépensier
- avisé · exigeant · pointu : *les clients sont de plus en plus pointus dans leur demande*
- captif : *les clients captifs du service public*
- illustre · prestigieux
- content · satisfait • enthousiaste · facile · sympathique
- de passage · occasionnel
- pressé • pénible
- difficile · hésitant
- insatisfait · mécontent
- infidèle · insupportable · sans gêne
- désargenté · insolvable
- douteux · louche · malhonnête · suspect

∞ **client** + VERBE

- acheter · payer • marchander · négocier
- demander · exiger · réclamer • avoir raison : *« Le client a toujours raison »* (proverbe) · être roi ○ : *n'oubliez jamais que le client est roi !*
- porter plainte (contre) · se plaindre
- (plur.) affluer · se bousculer : *les clients ne se bousculent plus dans sa boutique / pour en acheter*
- se faire rare

∞ VERBE + **client**

- aller chercher · courir après · démarcher · prospecter : *ils prospectent de nouveaux clients à l'Est* · racoler péj. · rechercher • attendre · guetter • relancer : *la directrice relance elle-même certains clients par téléphone*
- accrocher · allécher · appâter · attirer · convaincre · séduire · tenter
- conquérir · gagner · se faire : *je me suis fait quelques bons clients* • conserver · fidéliser : *ces petits cadeaux permettent de fidéliser le client* · garder
- accueillir · recevoir • conseiller · guider · informer · renseigner • prendre · servir · s'occuper de • négocier avec · traiter avec
- contenter · satisfaire • amadouer · chouchouter · choyer · dorloter · ménager · prendre soin de · rassurer · soigner
- dédommager · indemniser · rembourser
- mécontenter • arnaquer · escroquer · exploiter · matraquer · tromper · truander · voler • baratiner fam.
- décourager · dissuader · effaroucher · effrayer · faire fuir · rebuter • perdre
- refuser : *l'hôtel était plein et a dû refuser des clients*

∞ NOM + DE + **clients**

- portefeuille
- afflux · brochette · file · flopée fam. · groupe · horde · marée · nuée · palette : *son restaurant compte déjà une palette de clients prestigieux*
- poignée

clientèle *nom fém.*

∞ **clientèle** + ADJECTIF

- d'affaires • privée • enfantine · étudiante · jeune • féminine · masculine • familiale · populaire • locale · provinciale · rurale · urbaine • âgée · vieillissante • cosmopolite · étrangère · hétéroclite · hétérogène · internationale · variée
- ciblée
- belle + nom : *il s'est fait une belle clientèle* · bonne + nom · considérable · élargie · énorme · forte + nom · grande + nom · grosse + nom · importante · large + nom · massive · nombreuse · solide · vaste + nom
- fidèle · stable • traditionnelle • homogène
- avertie · exigeante · pointue
- solvable • aisée · fortunée · haut de gamme · riche • bourgeoise · choisie · cossue · de choix · élégante · huppée · sélect fam. • juteuse : *la juteuse clientèle des touristes milliardaires* · lucrative
- bas de gamme · modeste • désargentée · insolvable
- limitée · marginale : *les touristes constituent une clientèle marginale pour nous* · petite + nom · restreinte

∞ clientèle + VERBE

- fréquenter : *les grands hôtels sont fréquentés par une clientèle internationale* • apprécier · priser : *ce produit est très prisé par notre clientèle*
- rajeunir • vieillir
- se développer
- se faire rare · se raréfier
- déserter : *la clientèle a déserté le parc d'attractions*

∞ VERBE + clientèle

- démarcher • cibler · s'adresser à · se concentrer sur · viser : *cette voiture s'adresse à une clientèle jeune et féminine* • atteindre · capter · toucher • compter sur · miser sur
- (r)acheter : *il a racheté la clientèle de son prédécesseur* · se constituer · se créer · se faire • s'adapter à : *nous devons nous adapter à la clientèle étrangère* · s'ouvrir à • appâter · attirer · séduire • (re)conquérir · drainer · faire venir · gagner · récupérer · s'assurer · s'attacher : *elle a su s'attacher une clientèle d'habitants du quartier* • se disputer : *les boutiques se disputent une clientèle de plus en plus restreinte*
- avoir · bénéficier de · posséder • conserver · fidéliser · retenir
- accroître · développer · diversifier · élargir · grossir
- rajeunir · renouveler
- accueillir • informer • fournir à · offrir à · proposer à • ménager · rassurer · soigner • contenter · plaire à · satisfaire
- être destiné à · être réservé à : *le parking est réservé à notre clientèle*
- déplaire à · heurter • détourner : *le succès des compagnies aériennes à bas prix a détourné la clientèle vers d'autres destinations* • effrayer · faire fuir
- perdre

[1]climat *nom masc.* (Météo)

∞ climat + ADJECTIF

- continental · désertique · équatorial · maritime · méditerranéen · océanique · polaire · tempéré · (sub)tropical
- saisonnier : *la prévision des courants et des climats saisonniers*
- stable
- brûlant · chaud · tiède · torride • humide : *un pays de landes et de pâtures, au climat tiède et humide* · pluvieux • aride · sec • frais : *il est habitué au climat sec et frais des montagnes* · froid · glacial • maussade · mauvais [+ nom] · pourri
- capricieux · contrasté · instable · variable
- supportable • bienfaisant · sain · salubre • agréable · clément : *une région au climat plus clément* · délicieux · doux · ensoleillé · excellent · exceptionnel · idéal · paradisiaque • tonifiant · vivifiant
- difficile · dur · épouvantable · éprouvant · pénible · rigoureux · rude · terrible

∞ climat + VERBE

- changer · varier • évoluer · se modifier • se réchauffer • se refroidir

∞ VERBE + climat

- bénéficier de · jouir de • offrir : *l'île offre un climat idéal pour la culture maraîchère*
- profiter de • vivre sous : *cette plante vit sous des climats chauds*
- s'accommoder de · s'adapter à · se faire à • affronter · résister à · supporter
- souffrir de : *elle souffre du climat humide et tombe souvent malade*
- modifier : *certaines activités humaines modifient le climat*
- étudier

[2]climat *nom masc.* (atmosphère)

∞ climat + ADJECTIF

- politique · social • conjoncturel • émotionnel · psychologique · etc.
- ambiant : *dans le climat (sécuritaire) ambiant*
- agréable · amical · bon [+ nom] · positif • de confiance • euphorique • apaisé · dépassionné · détendu · pacifié · serein
- favorable · propice : *c'est un climat propice pour la consommation*
- bizarre · étrange • envoûtant : *le climat envoûtant de ses mélodies* · insaisissable · surréaliste
- d'angoisse · de crainte · de méfiance · de panique · de peur · de psychose · de suspicion · de tension · de terreur · sécuritaire
- chaotique · conflictuel · électrique · explosif · fiévreux · houleux · hystérique · insurrectionnel · orageux : *la rencontre s'engage dans un climat très orageux* · survolté · tendu · tumultueux • passionné · passionnel
- angoissant · défavorable · dégradé · délétère · déprimant · désagréable · détestable · difficile · empoisonné · envenimé · éprouvant · hostile · inquiétant · irrespectueux · lourd · malsain · morose · nauséabond : *le climat nauséabond créé par la guerre de succession à la tête du parti* · nauséeux · négatif · nocif · oppressant · pesant • dramatique · épouvantable · terrible

∾ climat + VERBE

- régner · s'installer : *ne laissez pas s'installer un climat délétère dans l'équipe* · s'instaurer
- évoluer
- s'améliorer · s'apaiser · se détendre
- s'alourdir · s'assombrir : *le climat politique s'est assombri* · se dégrader · se détériorer · s'envenimer

∾ VERBE + **climat**

- (re)créer · développer · établir · installer : *j'ai essayé d'installer un climat de confiance dans l'entreprise* · instaurer · susciter
- baigner dans · évoluer dans · se dérouler dans : *ce scrutin se déroule dans un climat tendu*
- maintenir · préserver · rétablir • alimenter · entretenir · exacerber · renforcer
- adoucir · améliorer · apaiser · assainir · détendre · pacifier : *les fouilles reprennent dans un climat pacifié* · réchauffer
- profiter de
- alourdir · assombrir : *les restructurations continuent d'assombrir le climat social* · dégrader · détériorer · empoisonner · envenimer · pourrir : *les affaires de corruption pourrissent le climat politique*
- dénoncer
- être victime de · souffrir de
- échapper à · fuir
- dissiper : *son intervention n'a pas vraiment dissipé ce climat pesant* · faire disparaître

[1] cœur *nom masc.* (organe)

∾ cœur + ADJECTIF

- artificiel · humain • droit · gauche : *le sang artériel circule dans le cœur gauche*
- en bonne santé · sain
- fragile : *il a le cœur très fragile* • défaillant · malade

∾ cœur + VERBE

- battre • fonctionner : *son cœur fonctionne mal* · se contracter · se dilater • pomper : *le cœur humain pompe environ 8 000 litres de sang par jour*
- s'accélérer · s'emballer : *lors d'une crise de tachycardie, le cœur s'emballe*
- ralentir
- s'arrêter

∾ VERBE + **cœur**

- stimuler : *ce médicament stimule le cœur*
- préserver · protéger : *une alimentation équilibrée protège le cœur de certaines maladies*
- ausculter
- opérer de
- soigner
- prélever • greffer

[2] cœur *nom masc.* (siège des émotions)

∾ cœur + ADJECTIF

- amoureux · épris • ardent · embrasé · enflammé • fidèle • sensible · tendre
- d'artichaut° · inconstant · infidèle · volage
- joyeux · léger : *il aborde cette rencontre le cœur léger* · content
- gros · lourd · serré · triste • blessé · brisé · meurtri · torturé
- bon [+ nom] : *à votre bon cœur ! ; il a vraiment bon cœur* · d'or° · généreux · pur
- brave · courageux · de lion°
- de pierre° · dur · insensible • impitoyable

∾ cœur + VERBE

- battre (la chamade) · frémir · s'emballer • chavirer : *mon cœur chavire quand je la vois*
- parler : *je ne suis pas hypocrite : c'est mon cœur qui parle*
- désirer : *c'est tout ce que mon cœur désire* • avoir ses raisons : *« Le cœur a ses raisons que la raison ne connaît point »* (Pascal, *Pensées*, IV, 277)
- exulter · se réjouir
- pleurer · soupirer : *« Cœur qui soupire n'a pas ce qu'il désire »* (proverbe) • brûler · saigner · souffrir • se lasser : *« Mon cœur lassé de tout, même de l'espérance »* (Lamartine, *Méditations poétiques*, "Le Vallon")

∾ VERBE + **cœur**

- avoir : *il a du / beaucoup de cœur*
- manquer de
- briser · fendre : *« Tu me fends le cœur... Pas vrai Escartefigue ? Il nous fend le cœur »* (Pagnol, *Marius*, III, 1)

coiffure *nom fém.* (coupe de cheveux)

∾ coiffure + ADJECTIF

- naturelle • afro · punk · rasta • en banane · en brosse · en casque · en crête · militaire
- à la mode · branchée · dans le vent · jeune · moderne · tendance
- pratique • sage · sobre · stricte
- compliquée · élaborée · sophistiquée · travaillée • impeccable · nette · ordonnée • belle [+ nom] · distinguée · remarquable · réussie · seyante · splendide · superbe
- bizarre · délirante · étrange · excentrique · extravagante · indescriptible · loufoque · marrante[fam.] · originale · rigolote[fam.]
- désordonnée · ébouriffée · floue · négligée • affreuse · grotesque · informe · laide · ratée
- banale • démodée · ringarde

∞ coiffure + VERBE

- tenir (bien) : *grâce à cette laque, votre coiffure tiendra toute la journée*
- changer : *cette coiffure la change complètement* · transformer
- adoucir les traits / le visage · aller bien · embellir · mettre en valeur · rajeunir · seoir bien / à ravir / à merveille à
- aller mal · durcir les traits / le visage · seoir mal à · vieillir

∞ VERBE + coiffure

- arborer : *elle arbore une coiffure à la frange droite très sage* · porter · se faire (faire)
- changer (de) : *il faudrait qu'il change de coiffure avant l'entretien d'embauche* · transformer
- améliorer · arranger · réajuster

coin *nom masc.* (lieu)

∞ coin + ADJECTIF

- beau [+ nom] · bon [+ nom] · charmant · joli [+ nom] • chic : *c'est devenu l'un des coins chic de la capitale* • cosy · douillet • calme · paisible · peinard[fam.] · pépère[fam.] · tranquille
- discret : *le poteau peut être installé dans un coin discret* · isolé • reculé · retiré · sauvage • paumé[fam.] · perdu
- obscur · sombre
- dangereux · mal famé · malsain

∞ VERBE + coin

- découvrir · trouver : *on a trouvé un coin tranquille pour se reposer*

dans un coin

- être tapi · vivre

dans le coin

- traîner • s'arrêter : *on pourrait s'arrêter dans le coin pour pique-niquer* • habiter · s'installer

colère *nom fém.*

∞ colère + ADJECTIF

- populaire · sociale • céleste · divine • enfantine
- énorme · folle · formidable · forte [+ nom] · grande [+ nom] · grosse [+ nom] · immense · inapaisable · incommensurable · noire[○] : *il est entré dans une colère noire* · palpable · profonde · sainte[○ + nom] : *il a piqué une sainte colère devant ces images* · sombre [+ nom] · terrible · violente · vraie [+ nom] • démesurée · épouvantable · excessive • homérique : *le patron est réputé pour son caractère trempé et ses colères homériques* · légendaire · mémorable • incontrôlée • grandissante • tenace
- saine · salutaire • juste · justifiée · légitime • excusable
- intérieure · secrète • contenue : *une colère trop longtemps contenue* · froide · muette · rentrée · silencieuse · sourde
- petite
- impuissante
- stérile • aveugle · dévastatrice · haineuse · imbécile
- incompréhensible · sans motif • illégitime · injuste · injustifiée

∞ colère + VERBE

- éclater : *sa colère a éclaté lorsqu'il a reçu la convocation* · exploser · s'exprimer
- enfler : *la colère enfle dans les banlieues* · grandir · gronder : *la colère gronde chez les étudiants* · monter : *la colère monte dans les ateliers* · s'élever • être à son comble
- dominer · emporter : *il s'est laissé emporter par la colère*
- décroître : *« Je sens à tes regards décroître ma colère »* (Corneille, *Médée*, III, 3) · se calmer · (re)tomber
- cesser · passer : *il est parti se promener pour faire passer sa colère* · s'évanouir

∞ VERBE + colère

- (r)allumer · attirer · déclencher · provoquer · soulever · susciter : *ses déclarations ont suscité la colère de certains observateurs* • mettre en : *il a le don de me mettre en colère*
- concevoir · éprouver · être en proie à · être plein de · être rempli de · ressentir • céder à · donner / laisser libre cours à · entrer dans (+ adj.) : *elle est entrée dans une colère noire quand elle a su ça* · laisser aller · s'abandonner à · succomber à • remâcher · ruminer
- faire : *le bébé n'arrête pas de faire des colères* · piquer : *il a piqué une de ces colères quand il a vu la photo !*
- décharger ... sur : *elle a déchargé sa colère sur son frère* · déverser ... sur · diriger ... contre : *il a dirigé sa colère contre moi* · passer ... sur : *elle a passé sa colère sur l'enfant*
- bégayer de · bondir de · bouillir de · bouillonner de · écumer de · étouffer de · être ivre de · frémir de · pleurer de · rugir de · sangloter de · s'étrangler de · suffoquer de · trembler de · trépigner de • être livide de · être rouge de · pâlir de · rougir de · s'empourprer de
- clamer · crier : *il crie sa colère contre ces injustices* · exprimer
- laisser éclater · laisser exploser : *quand il est rentré, elle a laissé exploser sa colère* · ne pas cacher

- cristalliser : *l'événement a cristallisé la colère de toute une profession* • attiser · aviver · déchaîner · enflammer : *ces déclarations ont enflammé leur colère* · exacerber · exciter · raviver
- canaliser · contenir · dominer · dompter · être maître de · maîtriser • dissimuler · ravaler · refouler · réfréner · rentrer · réprimer : *devant cette provocation, il n'a pas pu réprimer sa colère* · retenir
- apaiser · calmer · modérer
- désamorcer : *la promesse d'un débat a désamorcé la colère des plus hostiles* · détourner · faire taire
- affronter : *il a dû affronter la colère de sa mère* · braver

∾ NOM + DE + colère
- bouffée · explosion · flambée : *ces flambées de colère se sont soldées par des morts* · vague • accès : *il a tué un homme dans un accès de colère* · coup : *il est redouté pour ses coups de colère* · crise · éclat : *on percevait des éclats de colère dans sa voix*
- coup : *je l'ai fait sous le coup de la colère* · effet · empire · emprise : *agir / parler sous l'emprise de la colère*
- geste · manifestation · mouvement · réaction
- lueur : *j'ai vu une lueur de colère dans ses yeux*

REM. On rencontre parfois "colère furieuse". Évitez cette expression pléonastique.

collaboration *nom fém.*

∾ collaboration + ADJECTIF
- éditoriale · rédactionnelle · scientifique · etc.
- bénévole • extérieure : *établir des collaborations extérieures* · internationale • informelle • éventuelle · possible · présumée
- indispensable · nécessaire • active · directe · étroite + nom : *nous travaillons en étroite collaboration avec le laboratoire* · intense : *après cinq ans d'une collaboration intense* · serrée · totale · véritable + nom • fréquente · longue + nom · permanente · prolongée · régulière · répétée
- excellente · exemplaire · heureuse · parfaite · précieuse · réussie · sans faille : *réaliser un tel journal eut été impossible sans une collaboration sans faille des auteurs* · satisfaisante • fertile · fructueuse · positive • cordiale · franche · harmonieuse : *notre relation a abouti à une collaboration harmonieuse*
- inédite : *le fruit de la collaboration inédite entre deux grands éditeurs de musique* · originale
- conflictuelle · difficile · houleuse
- impossible • infructueuse
- occasionnelle · ponctuelle : *on recourt à la collaboration ponctuelle de pigistes* • brève + nom

∾ collaboration + VERBE
- commencer · débuter · démarrer · naître : *de cette réunion est née notre collaboration* · se mettre en place · s'instaurer
- s'imposer : *notre collaboration s'imposait sur ce projet* • se concrétiser • se resserrer
- durer · se poursuivre · se prolonger
- porter ses fruits • s'améliorer
- prendre fin · s'arrêter

∾ VERBE + collaboration
- demander · faire appel à · rechercher • envisager · réfléchir à · songer à
- commencer · débuter · démarrer · entamer · entreprendre · établir · instaurer · mettre en place · nouer : *il a noué des collaborations étroites avec le groupe* · tisser : *les collaborations tissées entre industries de défense et armées nationales* • sceller : *ces accords scellent leur collaboration* • reprendre
- apporter : *il a apporté sa précieuse collaboration au projet* · fournir · proposer
- obtenir · s'assurer • compter sur
- développer · entretenir : *il a entretenu longtemps cette collaboration* • accélérer · accroître · étendre · renforcer · resserrer : *l'importance de resserrer la collaboration entre les nations* • multiplier (plur.) • continuer · maintenir · poursuivre · prolonger
- accepter · favoriser · prôner
- interdire · refuser
- interrompre · suspendre : *faute de moyens suffisants, ils ont dû suspendre leur collaboration* • casser · cesser · mettre fin à · mettre un terme à · terminer

en collaboration (avec)
- concevoir · créer · développer · élaborer · travailler

collection *nom fém.* (réunion d'objets)

∾ collection + ADJECTIF
- muséale : *ce tableau vient compléter la collection muséale du Louvre* • particulière · personnelle · privée • impériale · publique · royale : *ce tableau provient des collections royales d'Espagne*
- permanente : *une œuvre de la collection permanente du musée d'Art moderne* • ancienne · vieille + nom
- complète • considérable · gigantesque · grande + nom · grosse + nom · immense · importante · imposante · impressionnante · incroyable · inépuisable · volumineuse

- admirable · belle + nom · extraordinaire · fabuleuse · intéressante · jolie + nom · magnifique · passionnante · prodigieuse · remarquable · riche · somptueuse · splendide · sublime · superbe • inestimable · précieuse • exceptionnelle · rare · unique • hétéroclite · variée • célèbre · fameuse + nom
- étonnante · stupéfiante : *une stupéfiante collection de timbres rares*
- incomplète • modeste · petite + nom

∞ **collection** + VERBE
- comprendre · compter · regrouper · réunir : *sa collection réunit plus de mille pièces*
- s'enrichir : *la collection s'est enrichie récemment de deux Fragonard* · s'étoffer

∞ VERBE + **collection**
- constituer · entrer dans · faire partie de · former • être extrait de · être issu de · provenir de · venir de
- commencer • amasser : *le musée montre une part infime de cette collection amassée depuis 1874* · (se) constituer · créer · faire
- acheter · acquérir
- avoir · posséder
- abriter · accueillir · rassembler : *ce nouvel espace rassemble de prestigieuses collections*
- exposer · présenter
- admirer : *il nous a fait admirer sa merveilleuse collection d'art chinois*
- agrandir · compléter · enrichir • tenir à jour
- puiser dans : *il a trouvé ces pièces en puisant dans les collections historiques de l'établissement*
- estimer • cataloguer · faire l'inventaire de
- disperser : *cette vente aux enchères dispersera la collection de tableaux d'un amateur* • léguer · se séparer de · vendre

∞ NOM + DE + **collection**
- fleuron : *ce Matisse est le fleuron de ma collection* · joyau · pièce maîtresse

[1]combat *nom masc.* (affrontement militaire)

∞ **combat** + ADJECTIF
- aérien · militaire · naval · terrestre
- courageux · héroïque • victorieux • gagné d'avance
- acharné · âpre · dur : *le camp avait été le théâtre des plus durs combats* · intense · rude
- impitoyable · sans merci · sauvage • affreux · cruel · effroyable · épouvantable · farouche · féroce : *le centre-ville a été le théâtre de combats féroces* · furieux : *de furieux combats ont eu lieu dans la ville* · horrible · terrible • difficile · dur · fratricide : *une population traumatisée par les combats fratricides* · mortel · sanglant · violent
- inégal · perdu d'avance
- sporadique : *des combats sporadiques ont encore lieu dans la capitale*

∞ **combat** + VERBE
- débuter · éclater : *les combats ont éclaté dans la nuit* • avoir lieu · se dérouler
- mettre aux prises : *de violents combats mettent aux prises les rebelles et l'armée loyaliste* · opposer
- faire rage : *les combats font rage à l'est de la capitale* · redoubler d'intensité • s'étendre à : *les combats s'étendent maintenant jusqu'à la frontière nord* • continuer · durer · se poursuivre • se multiplier (plur.) : *les combats se sont multipliés à la frontière*
- traumatiser • ensanglanter · ravager : *les combats ont ravagé toute la région* • faire des blessés · faire des morts · faire des victimes
- cesser · prendre fin · se terminer

∞ VERBE + **combat**
- commencer · engager · ouvrir : *des tirs de missiles ont ouvert le combat* · se lancer dans · s'engager dans
- aller à · (re)partir à · prendre part à • reprendre : *les troupes attendent le signal pour reprendre le combat*
- livrer ... contre · se livrer à
- intensifier • continuer · poursuivre
- abandonner · renoncer à • revenir de : *les rares soldats revenus du combat*
- éviter · fuir : *la population fuit les combats et passe la frontière*
- perdre : *les forces rebelles ont perdu le combat engagé plusieurs années auparavant*
- (faire) cesser · interrompre · mettre fin à

∞ NOM + DE + **combat(s)**
- série · succession · suite
- théâtre
- arme

[2]combat *nom masc.* (idéologique, politique)

∞ **combat** + ADJECTIF
- démocratique · électoral · judiciaire · politique · révolutionnaire · syndical • culturel · idéologique • féministe • écologique · etc.
- d'arrière-garde · d'avant-garde • singulier°: *la campagne prend des airs de combat singulier entre les deux candidats*
- courageux · héroïque • noble • à la régulière · loyal • victorieux : *après son combat victorieux pour le droit à l'avortement* • gagné d'avance

- décisif • prioritaire : *le combat contre l'effet de serre est devenu prioritaire* • symbolique • formidable : *son formidable combat contre la maladie* · grand $^{+ \text{nom}}$ · homérique : *le combat entre les deux géants de la distribution fut homérique* · véritable $^{+ \text{nom}}$ · vrai $^{+ \text{nom}}$
- difficile · douloureux · dur · rude · sans merci • farouche · frontal : *dans son combat frontal avec le gouvernement*
- implacable : *ils mènent un combat implacable contre la corruption* · infatigable · inlassable · opiniâtre · tenace • de longue haleine · interminable · long $^{+ \text{nom}}$ · sans fin • éternel · incessant : *un combat incessant avec la censure* · perpétuel · quotidien
- insensé • inégal · perdu d'avance • désespéré • dérisoire · inutile · sans issue · stérile · vain

∾ combat + VERBE
- commencer : *c'est à cette époque que commence son long combat contre la misère*
- avoir lieu · se dérouler • se jouer : *le combat va se jouer sur le terrain pénal* · se livrer : *le combat se livre désormais à l'échelle européenne*
- opposer : *le combat qui oppose les deux grands de l'informatique*
- continuer · durer · se poursuivre

∾ VERBE + combat
- commencer · engager · entamer : *il a entamé un long combat contre la maladie* · se lancer dans · s'engager dans
- livrer : *livrer combat / un combat contre; ils continuaient à livrer combat sur le terrain des idées* · reprendre : *à 64 ans, il a repris le combat syndical* • entrer dans · participer à · prendre part à · rejoindre · se joindre à • livrer · mener · se livrer à • conduire · prendre la tête de • être à la pointe de : *elle était à la pointe du combat contre la peine de mort* · être à l'avant-garde de • se tromper de : *selon lui, les manifestants se trompent de combat*
- intensifier • continuer · poursuivre
- soutenir : *elle soutient le combat des sans-papiers* • relayer : *toute la presse relaie leur combat pour changer le statut des stagiaires*
- gagner · remporter
- abandonner · renoncer à : *il n'a jamais renoncé au combat politique*
- perdre

3 combat *nom masc.* (affrontement physique, Sport)

∾ combat + ADJECTIF
- à mains nues · physique • singulier°
- décisif · grand $^{+ \text{nom}}$: *la nervosité de tout boxeur avant un grand combat* • difficile · dur · terrible
- à la régulière · loyal
- courageux · héroïque • beau $^{+ \text{nom}}$ · exemplaire · grand $^{+ \text{nom}}$: *il a livré là un très grand combat*
- victorieux
- inégal · perdu d'avance

∾ combat + VERBE
- commencer · débuter
- avoir lieu · se dérouler
- opposer : *ce combat opposera les deux meilleurs boxeurs mondiaux* · voir s'affronter

∾ VERBE + combat
- organiser
- assister à
- disputer : *à 38 ans, il disputait son 50e combat* · livrer : *il a livré un combat exemplaire*
- mettre hors de : *il a été mis hors de combat au bout de 5 minutes*
- gagner · remporter
- perdre

comédie *nom fém.* (genre, pièce de théâtre)

∾ comédie + ADJECTIF
- bouffonne · burlesque · picaresque · satirique • de mœurs · humaniste · sociale • à la française : *une bonne comédie à la française qui ravira petits et grands* · familiale · populaire • à l'eau de rose · amoureuse · psychologique · sentimentale • lyrique° · musicale° • noire : *ce film social tient de la comédie noire* • classique · dramatique · héroïque · historique · pastorale · policière · romantique · etc. • humaine° : *une étrange comédie humaine où l'humour n'est pas absent*
- gentillette · honnête · sans prétention • agréable · aimable · charmante · jolie · plaisante · savoureuse · sympathique • bien conduite · bien ficelée · bien troussée · bonne $^{+ \text{nom}}$ · efficace • amusante · désopilante · drôle · euphorisante · gaie · hilarante · joyeuse · réjouissante • brillante · excellente · fantastique · formidable · intelligente · irrésistible · remarquable · subtile
- débridée · déjantée · délirante · enlevée · étourdissante · extravagante • curieuse · étonnante · étrange · loufoque · originale • douce-amère · nostalgique
- acerbe · amère · caustique · cruelle · décapante · dévastatrice · féroce · grinçante · impertinente · mordante

- légère · petite [+ nom] • anodine · banale · insignifiante
- caricaturale · conformiste · ringarde • lourde · surfaite • larmoyante · mièvre • poussive
- macabre

∾ comédie + VERBE

- dépeindre · peindre · raconter
- virer à : *cette comédie satirique vire à la grosse farce / au drame / à l'aigre*
- se laisser regarder • connaître un succès : *cette comédie a connu un énorme / certain succès* · devenir un classique
- s'enliser · s'essouffler · se traîner · tourner en rond • sentir le réchauffé

∾ VERBE + **comédie**

- composer : *il a composé plusieurs comédies musicales* · produire · réaliser · signer : *elle signe là une comédie savoureuse* · tourner • diriger
- jouer : *il aime jouer la comédie ; j'ai joué cette comédie plus de trois ans*
- regarder · voir

∾ NOM + DE + **comédie**

- classique : *elle va adapter pour le cinéma un classique de la comédie musicale*

[1]commande *nom fém.* (Comm.)

∾ commande + ADJECTIF

- privée · publique
- ferme
- grosse [+ nom] · importante · massive · record : *une commande record de plusieurs millions d'euros* • groupée : *ils ont fait une commande groupée auprès d'un fabricant américain*
- urgente

∾ commande + VERBE

- (plur.) affluer : *les commandes d'écrans plats affluent* · pleuvoir

∾ VERBE + **commande**

- passer : *passer (une) commande ; les commandes sont passées directement sur le site* • adresser : *merci d'adresser votre commande par écrit plutôt que par téléphone* • confirmer
- décrocher[fam.] · enregistrer : *les constructeurs de satellites enregistrent des commandes records* · prendre · recevoir : *ils ont reçu (une) commande de seize hélicoptères* · recueillir • (plur.) accumuler · crouler sous · engranger
- exécuter : *l'entreprise doit fournir la liste des commandes exécutées cette année* · réaliser · traiter • envoyer · livrer • donner suite à · honorer · satisfaire : *il n'a pas pu satisfaire les commandes de tous ses clients* • accepter · répondre à : *pour vivre, il répond à des commandes de portraits de célébrités*
- être conforme à : *l'article reçu n'est pas conforme à la commande*
- réduire : *en période de récession, les entreprises réduisent leurs commandes*
- annuler

∾ NOM + DE + **commandes**

- afflux · augmentation · bond : *les commandes ont fait un bond spectaculaire au mois de juillet* · hausse
- baisse · chute · déclin · diminution · ralentissement · recul : *on enregistre un net recul des commandes de voitures*

[2]commande *nom fém.* (manette, litt. et fig., souvent plur.)

∾ commande + ADJECTIF

- manuelle · numérique : *des machines-outils à commandes numériques* · vocale

∾ VERBE + **commande**

- (re)prendre · s'emparer de : *les terroristes se sont emparés des commandes de l'avion*
- lâcher : *âgé de 68 ans, il n'entend pas lâcher les commandes de son groupe*

aux commandes

- être appelé • accéder : *la gauche était en passe d'accéder aux commandes* · arriver · se retrouver · s'installer : *elle s'est installée aux commandes de l'avion / du groupe* • être placé · rester : *il reste solidement aux commandes de son empire* • revenir

commentaire *nom masc.* (remarque, observation)

∾ commentaire + ADJECTIF

- journalistique · politique
- écrit · oral • d'ordre général · général
- à chaud : *il a fait quelques commentaires à chaud sur l'événement* · en direct
- long [+ nom]
- clair · éloquent · explicite • détaillé · précis • avisé · édifiant · intéressant · subtil • judicieux · pertinent · valable • impartial
- amusé · facétieux
- indulgent • dithyrambique · élogieux · enthousiaste · flatteur · optimiste · positif : *son intervention a fait l'objet de nombreux commentaires positifs* • enflammé · passionné

- diplomatique · mesuré · poli : *il a fait quelques commentaires polis sur ma tenue* · prudent • aigre-doux : *sa prise de parole a suscité quelques commentaires aigres-doux* • (plur.) contrastés : *les résultats du sommet ont fait l'objet de commentaires contrastés dans les capitales européennes* · mitigés
- orienté · partial · polémique
- ironique · moqueur · narquois • abrupt · cinglant · incisif · péremptoire • acerbe · acide · aigre · amer · assassin · caustique · critique : *l'article ne contient aucun commentaire critique sur son étrange comportement* · désagréable · désobligeant · diffamatoire · dur · hostile · incendiaire · insultant · malveillant · négatif · odieux · peu amène · peu charitable · sarcastique · sévère
- désabusé · indigné · outré • alarmiste · cynique · pessimiste
- insipide · inutile · oiseux · superflu : *ces chiffres ne méritent pas de commentaires superflus* • déplacé · gauche · maladroit
- bref · laconique · lapidaire · rapide · succinct

∾ **commentaire** + VERBE
- émaner de · venir de : *ces commentaires ne viennent pas seulement de l'opposition*
- accompagner : *de nombreux commentaires accompagnent le texte* • éclairer : *le commentaire éclaire le lecteur sur les références historiques*
- revenir (souvent)
- (plur.) aller bon train · fuser : *les commentaires ont fusé dans la salle* · se multiplier
- aller droit au cœur (de)

∾ VERBE + **commentaire**
- donner lieu à · inspirer : *son initiative vous inspire-t-elle un commentaire ?* · prêter à : *la phrase prête à commentaire* · provoquer · soulever · susciter • alimenter : *ces nouveaux résultats viennent alimenter les commentaires*
- appeler : *sa réaction appelle quelques commentaires* · mériter · nécessiter · réclamer
- dire · émettre : *le direction du groupe n'a émis aucun commentaire* · faire · formuler · lâcher : *il a lâché ce commentaire : "ça dépasse l'entendement"* · livrer · ne pas se priver de · se livrer à • ajouter · apporter • se répandre en · y aller de : *chacun y va de son commentaire sur sa décision* • réserver : *il préfère réserver ses commentaires pour la conférence de presse*
- (souvent passif) assortir de · émailler de : *toute la copie est émaillée de commentaires désobligeants* · enrichir de · enrober de · ponctuer de
- rapporter · recueillir
- écouter · prendre en compte · tenir compte de
- éviter · s'abstenir de : *je préfère m'abstenir de (tout) commentaire* · se garder de · se refuser à • être avare de
- se passer de : *son entêtement se passe de commentaires !*
- craindre · redouter • n'avoir cure de · se passer de : *je me passe de tes commentaires !*

∾ NOM + DE + **commentaires**
- avalanche · cascade · déluge · flot · foule · masse · pluie · profusion · série · succession · vague : *son comportement a déclenché une vague de commentaires moqueurs*

[1] **commerce** *nom masc.* (activité commerciale)

∾ **commerce** + ADJECTIF
- alimentaire · fluvial · maritime · pétrolier • négrier · triangulaire° • ambulant • électronique · etc.
- de détail · de gros • de luxe • traditionnel
- intérieur • extérieur · international · mondial • bilatéral · frontalier • libre° + nom : *il a plaidé en faveur du libre commerce entre les deux pays*
- actif : *à cette époque, les Chinois développent un commerce actif avec les peuples de l'Ouest* · à grande échelle · gros + nom : *il a un gros commerce de bonneterie* · important
- florissant · fructueux · porteur · prospère • juteux*fam.* · lucratif · rémunérateur : *l'importation de thé d'Asie était un commerce très rémunérateur* · rentable
- licite • équitable° : *du café issu du commerce équitable*
- informel · parallèle : *un commerce parallèle s'est établi pour l'essence* • clandestin · frauduleux · illicite • inéquitable

∾ **commerce** + VERBE
- aller bien · bien marcher · se porter bien
- grandir · prendre de l'importance · prospérer · se développer · s'intensifier : *après les voyages de Marco Polo, le commerce des épices s'intensifie*
- aller mal · mal marcher · se porter mal • péricliter : *le commerce local périclite faute d'être situé sur des axes de transit* · s'écrouler

∾ VERBE + **commerce**
- faire : *faire du commerce ; faire commerce de qqch.* · s'adonner à · se (re)convertir dans · se lancer dans · se livrer à : *il décida ensuite de se livrer au commerce des chaussures* · se spécialiser dans · travailler dans • mettre en place · organiser • faire fortune dans
- régir : *l'accord interprofessionnel qui régit le commerce du livre* · réglementer · réguler

- protéger • développer • donner un coup de pouce à : *cet assouplissement de la réglementation devrait donner un petit coup de pouce au commerce* • doper • encourager (l'essor de) • favoriser (l'essor de) • intensifier • libéraliser • ranimer • stimuler (l'essor de)
- devenir l'objet de • être / faire l'objet de : *les organes humains ne sauraient faire l'objet d'un commerce*
- décourager • entraver • freiner (l'essor de) • gêner
- interdire • prohiber

∞ NOM + DE + commerce
- augmentation • explosion

dans le commerce
- être (disponible) • exister • se trouver • se vendre • acheter • se procurer • être introuvable : *ce produit est aujourd'hui introuvable dans le commerce*

²commerce *nom masc.* (fonds, magasin)

∞ commerce + ADJECTIF
- de luxe • spécialisé • ambulant : *un petit commerce ambulant de frites* • traditionnel : *les petits commerces traditionnels ferment les uns après les autres*
- de proximité • local • petit ⁺ ⁿᵒᵐ

∞ commerce + VERBE
- appartenir à
- s'implanter • s'installer (dans) : *des commerces se sont installés dans les aérogares*
- bien marcher • bien tourner • prospérer : *ce sont les seuls commerces qui prospèrent encore sur l'avenue* • se développer
- survivre
- péricliter • baisser le rideau : *beaucoup de petits commerces baissent le rideau face aux centres commerciaux* • disparaître • fermer • mettre la clé sous la porte

∞ VERBE + commerce
- acheter • hériter de • reprendre : *elle a repris le commerce de son père* • implanter : *les commerces implantés ici subissent de nombreux vols* • installer • monter • ouvrir
- avoir • posséder
- faire marcher • faire tourner • gérer • tenir : *elle tient un petit commerce de primeurs*
- céder • vendre
- fermer
- mettre à sac • piller

¹commission *nom fém.* (comité)

∞ commission + ADJECTIF
- administrative • bancaire • juridique • médicale • militaire • technique • arbitrale • consultative • de contrôle • de discipline • disciplinaire • exécutive • rogatoire • (inter)gouvernementale • (inter)ministérielle • parlementaire • sénatoriale • (inter)communale • (inter)départementale • locale • (inter)régionale • etc.
- bilatérale • bipartite • conjointe • mixte • multipartite • paritaire • pluraliste • trilatérale • tripartite
- élue • officielle • indépendante • ad hoc : *une commission ad hoc a été mise en place pour traiter le dossier* • spéciale • spécialisée • intérimaire • permanente • restreinte : *l'enquête a été confiée à une commission restreinte*
- importante • influente • puissante ⁺ ⁿᵒᵐ : *il est à la tête de la puissante commission des ressources minières*
- compétente
- incompétente : *le Conseil d'État a déclaré la commission incompétente*

∞ commission + VERBE
- comprendre • être composée de • être formée de : *la commission est formée de douze membres réguliers*
- se réunir
- auditionner • enquêter • étudier • examiner • se pencher sur : *la commission doit se pencher sur un nouveau projet de loi* • conclure (à) • se prononcer • statuer sur • accoucher de : *la commission a fini par accoucher d'un texte de loi* • adopter : *la commission a adopté une résolution / le projet* • édicter : *la nouvelle réglementation édictée par la Commission fédérale* • proposer
- approuver • préconiser • prôner • recommander • valider : *la commission régionale a validé la création d'un nouveau lycée*
- annuler • désapprouver • invalider • refuser • rejeter

∞ VERBE + commission
- constituer • créer • former : *ils veulent former une commission de déontologie* • installer • instituer • mettre en place • désigner • élire • nommer
- composer : *les grands élus qui composent la commission* • appartenir à • être membre de • faire partie de • participer à • siéger à
- convoquer • réunir • saisir : *la commission a été saisie du dossier* • adresser à : *ils ont adressé leur requête à notre commission* • demander à • charger ... de • confier à • renvoyer à •

soumettre (pour avis) à · transmettre à : *la commission transmettra ses conclusions au ministre à la fin du mois*
- diriger

[2]commission *nom fém.* (pourcentage)

∾ commission + ADJECTIF
- forfaitaire
- élevée · énorme · forte [+ nom] · grosse [+ nom] · importante · lourde [+ nom] · substantielle
- faible · modeste · petite [+ nom]
- occulte : *il nie avoir perçu des commissions occultes*

∾ VERBE + commission
- payer à : *elle est payée à la commission* · rémunérer à
- prélever · prendre · retenir • empocher · percevoir · toucher • partager
- réduire
- plafonner : *la commission est plafonnée à 5 %*
- perdre

communauté *nom fém.* (groupe de personnes)

∾ communauté + ADJECTIF
- culturelle · ethnique : *une région où coexistent de multiples communautés ethniques et confessionnelles* · linguistique · sociale • économique · politique · scientifique • confessionnelle · ecclésiastique · monastique · religieuse · spirituelle • astronomique : *la fièvre s'est emparée de la communauté astronomique* · éducative · etc.
- agricole · paysanne · rurale • urbaine · villageoise · etc.
- étrangère · expatriée · immigrée • nationale : *ce décès a endeuillé la communauté nationale* • internationale° : *il en appelle à la communauté internationale* • virtuelle : *les sites de communautés virtuelles sont promis à un développement massif* • alternative · utopique
- majoritaire • forte [+ nom] · grande [+ nom] · grosse [+ nom] · importante · vaste [+ nom] : *cette ville héberge la plus vaste communauté brésilienne du Japon* • vieille [+ nom] : *une vieille communauté juive présente depuis le Moyen Âge*
- active · dynamique · vivante : *cette ville possède une communauté vivante grâce à sa jeune population* • influente · puissante • fraternelle · solidaire · soudée · unie : *ces immigrés forment une communauté très unie*
- minoritaire • minuscule · petite [+ nom] · restreinte • discrète

∾ communauté + VERBE
- naître : *de nombreuses communautés sont nées dans les années 70* · se constituer · se créer · se former • s'installer
- se développer · s'étendre • se mobiliser · s'organiser
- rassembler · regrouper : *cette communauté regroupe des personnes d'origines différentes*
- (plur.) coexister · cohabiter · se côtoyer : *ces communautés se côtoyaient jusqu'alors sans heurts*
- s'affronter (plur.)
- se révolter

∾ VERBE + communauté
- créer · fonder · instaurer : *cet accord instaure une nouvelle communauté économique* • constituer : *ils ont constitué une communauté d'artistes partageant les mêmes ateliers*
- adhérer à · appartenir à · être membre de · (ré)intégrer · rejoindre · se joindre à · s'intégrer à : *ses efforts pour s'intégrer à la communauté*
- fédérer · mobiliser : *elle tente de mobiliser la communauté scientifique* · (res)souder
- servir : *après quelques mois passés à servir la communauté*
- (en) appeler à : *la présidente en appelle à la communauté internationale pour résoudre cette crise* · s'adresser à • appeler ... à : *il a appelé la communauté à soutenir le gouvernement* · exhorter ... à
- déchirer · dissoudre · diviser • agiter · déstabiliser · ébranler · mettre en ébullition : *cette découverte a mis la communauté scientifique en ébullition* · mettre en émoi • endeuiller : *cet attentat a endeuillé toute la communauté*

en communauté
- se regrouper · vivre

[1]communication *nom fém.* (fait de communiquer entre individus)

∾ communication + ADJECTIF
- animale · humaine • interpersonnelle • langagière : *des difficultés de communication langagière* • internationale : *l'anglais, langue de la communication internationale* • directe · indirecte • conjugale · familiale · sociale : *le vêtement est un vecteur de communication sociale* • écrite · épistolaire • orale · verbale • non verbale • électronique · virtuelle • mentale · télépathique
- bilatérale · réciproque : *la communication réciproque est la clé d'une relation réussie* • unilatérale : *le cours magistral est une communication unilatérale*

- régulière
- chaleureuse · honnête : *nous désirons une communication honnête entre clients et fournisseurs* · sincère • aisée · bonne [+ nom] · facile · fluide • spontanée
- élémentaire : *un niveau de communication élémentaire en anglais*
- mauvaise [+ nom] • difficile

∾ communication + VERBE
- s'établir
- passer : *la communication passe plutôt bien / mal entre eux*
- s'améliorer

∾ VERBE + **communication**
- (r)entrer en · (r)établir : *le médium dit établir une communication entre les vivants et les morts*
- entretenir
- permettre : *les séances d'haptonomie permettent une communication avec le fœtus* • améliorer · faciliter
- empêcher • refuser
- être privé de : *le prisonnier est privé de toute communication avec sa femme* • avoir des difficultés de
- rompre : *il a fini par rompre toute communication avec sa famille*

∾ NOM + DE + **communication**
- moyen : *ne parlant pas la même langue, ils utilisent les gestes comme moyen de communication*

[2]communication *nom fém.* (moyen technique par lequel des personnes communiquent)

∾ communication + ADJECTIF
- téléphonique
- courte · longue [+ nom] • gratuite · payante • internationale · locale · longue distance : *le coût d'une communication longue distance* · nationale
- immédiate · instantanée : *internet permet une communication instantanée avec le monde entier*
- confidentielle : *une communication confidentielle faite au chef de l'État* · privée · secrète • cryptée : *ils déchiffrent des communications cryptées via internet*
- de la plus haute importance · importante • urgente
- claire · de (bonne) qualité · excellente
- de mauvaise qualité

∾ VERBE + **communication**
- (r)établir : *des difficultés pour établir une communication longue distance* • mettre en · passer : *l'opérateur lui a passé la communication*
- (r)entrer en • être en
- accepter • prendre · recevoir : *le ministre a reçu une communication téléphonique de son homologue anglais*
- capter : *il arrive à capter les communications de mes voisins* · enregistrer · espionner · intercepter : *le service des écoutes de la police intercepte les communications des terroristes*
- refuser • couper · interrompre

[3]communication *nom fém.* (promotion, relations publiques)

∾ communication + ADJECTIF
- de masse : *cette secte se sert de moyens de communication de masse* · événementielle · globale · publicitaire · etc. • audiovisuelle · télévisuelle : *les effets de la communication télévisuelle en matière d'opinion politique* · visuelle • commerciale · financière · gouvernementale · institutionnelle · politique · etc.
- interne • externe · publique • classique • directe • ciblée
- forte · intense · intensive : *une communication intensive et ciblée persuadera les clients de choisir votre société* · tous azimuts
- bonne [+ nom] · efficace · réussie • cohérente · élaborée • claire · transparente
- désastreuse · mauvaise [+ nom] • défaillante · déficiente · maladroite : *ce projet a avorté à cause d'une communication maladroite* • inefficace
- à outrance : *cette société pratique une communication à outrance envers ses clients*

∾ communication + VERBE
- s'améliorer : *la communication de l'entreprise s'est nettement améliorée*
- reposer sur · s'appuyer sur : *la communication du ministère de la Santé s'appuie sur des slogans marquants* · se baser sur

∾ VERBE + **communication**
- élaborer : *la Commission européenne a élaboré une communication visant à accroître l'emploi des travailleurs âgés* · faire · mettre en place • assumer · assurer · gérer · prendre en charge · se charger de · s'occuper de : *elle s'occupe désormais de la communication interne du groupe*
- réussir : *ils ont réussi leur communication auprès du public*

∾ NOM + DE + **communication**
- moyen · vecteur

communiqué *nom masc.*

∾ communiqué + ADJECTIF

- boursier · financier · médical · militaire · syndical · etc.
- dactylographié · écrit • authentifié · officiel • commun · conjoint : *les deux chefs d'État ont annoncé le projet dans un communiqué conjoint* • final
- anonyme : *ils ont revendiqué l'attentat dans un communiqué anonyme*
- long ⁺ ᶰᵒᵐ
- alambiqué
- simple · sobre • bref ⁺ ᶰᵒᵐ · court · petit ⁺ ᶰᵒᵐ • laconique · lapidaire · sibyllin · succinct
- vague ⁺ ᶰᵒᵐ
- apaisant · rassurant • optimiste · triomphant : *l'entreprise a publié son chiffre d'affaires dans un communiqué triomphant*
- alarmiste · pessimiste • assassin · cinglant · critique · glacial · incendiaire · indigné · menaçant · rageur · vengeur · vif · violent · virulent : *l'association a dénoncé ces injustices dans un communiqué virulent*
- contradictoires : *des communiqués contradictoires ont été publiés sur l'avancement des forces rebelles*
- faux ⁺ ᶰᵒᵐ : *un faux communiqué de presse a été diffusé à différents médias*

∾ communiqué + VERBE

- paraître · sortir · tomber : *au moment où tombe le communiqué annonçant son décès*
- affirmer · déclarer · faire état de · préciser · rappeler · revendiquer : *ils ont adressé à la radio un communiqué revendiquant l'attentat* · souligner · stipuler
- condamner · dénoncer • démentir

∾ VERBE + communiqué

- concocter · pondre[fam.] · produire · rédiger · se fendre de[fam.] : *l'Élysée s'est fendu d'un communiqué pour démentir cette rumeur* · signer
- adresser · diffuser · émettre · envoyer · publier · (re)transmettre • multiplier (plur.) : *le ministère de la Défense multiplie les communiqués*
- lire · recevoir • se contenter de · s'en tenir à : *on est obligé de s'en tenir aux communiqués officiels*
- citer
- réagir à
- analyser · commenter

∾ NOM + DE + communiqués

- série : *nous ne disposons que d'une série de communiqués contradictoires sur l'accident*
- guerre : *difficile de s'y retrouver dans la guerre de communiqués que se livrent actuellement les responsables de l'industrie du disque*

[1] compagnie *nom fém.* (entreprise)

∾ compagnie + ADJECTIF

- aérienne · bancaire · d'assurances · discographique · ferroviaire · financière · forestière · industrielle · maritime · minière · pétrolière · pharmaceutique · etc.
- familiale · indépendante · privée • internationale · mondiale · multinationale · nationale • locale · régionale • jeune · nouvelle • traditionnelle
- concurrente · rivale
- énorme · gigantesque · grande ⁺ ᶰᵒᵐ · grosse ⁺ ᶰᵒᵐ · importante · puissante : *il est président d'une puissante compagnie pétrolière*
- dynamique · innovante · inventive · pionnière • performante • florissante · prospère
- célèbre · fameuse ⁺ ᶰᵒᵐ · prestigieuse : *il a travaillé dans les plus prestigieuses compagnies internationales* · vénérable ⁺ ᶰᵒᵐ
- petite ⁺ ᶰᵒᵐ : *une petite compagnie basée à Montpellier*

∾ compagnie + VERBE

- naître
- détenir · posséder : *la compagnie possède une vingtaine d'avions* • gérer : *la compagnie qui gère l'entretien des lignes de métro*
- produire • prospecter : *des compagnies pétrolières prospectent dans la région*
- (plur.) se faire concurrence • rivaliser de : *les différentes compagnies rivalisent d'ingéniosité dans la recherche du luxe*
- bien se porter
- être en difficulté · mal se porter
- aller / foncer (droit) dans le mur · faire faillite

∾ VERBE + compagnie

- créer · fonder · lancer · mettre sur pied · monter : *ils ont monté une compagnie offshore* • absorber · (r)acheter • reprendre • posséder
- administrer · contrôler · diriger · être à la tête de · gérer · (re)prendre les rênes de : *c'est sa fille qui a repris les rênes de la compagnie*
- fusionner · restructurer • nationaliser · privatiser
- aider · redresser · relancer · remettre à flot : *il a besoin de nouveaux capitaux pour remettre la compagnie à flot* · remettre sur pied · renflouer · sauver · soutenir
- rentabiliser
- quitter
- liquider · vendre

∾ NOM + DE + compagnies

- consortium · groupe

- poignée : *à terme, il ne restera qu'une poignée de compagnies aériennes*

[2] compagnie *nom fém.* (présence)

∞ compagnie + ADJECTIF

- agréable · belle [+ nom] : *je l'ai vu hier en belle compagnie* · bonne [+ nom] · délicieuse · élégante · joyeuse • charmante [○ + nom] : *il est venu en charmante compagnie* · galante [○ + nom] : *je l'ai trouvé en galante compagnie* • stimulante
- encombrante · mauvaise [+ nom]
- curieuse : *on l'a aperçu hier en bien curieuse compagnie* · étrange · singulière

∞ VERBE + compagnie

- avoir besoin de · rechercher • aimer · apprécier · se plaire dans / en : *je me plais beaucoup en sa compagnie*
- être de (+ adj.) : *il est d'agréable compagnie* • (se) tenir : *ils se tiennent compagnie*
- avoir : *j'ai eu de la compagnie tout l'après-midi* · être en : *j'étais en compagnie de son frère*
- fausser [○] : *fausser compagnie à qqn*

comparaison *nom fém.*

∞ comparaison + ADJECTIF

- chiffrée · statistique • globale : *une comparaison globale des résultats* • historique : *une comparaison historique des catégorisations*
- approfondie · détaillée · exacte · fine · fouillée · précise · rigoureuse • audacieuse · hardie · osée
- incessante · permanente · systématique
- adéquate · appropriée · bonne [+ nom] · heureuse · juste · pertinente · recevable • concluante · convaincante · éclairante · édifiante · éloquente · instructive · intéressante · parlante • ingénieuse · judicieuse • féconde · utile • amusante
- séduisante · tentante • élogieuse · flatteuse : *le critique a rapproché l'auteur de Balzac dans une comparaison flatteuse*
- délicate · difficile • impossible
- aisée · facile : *la comparaison est un peu trop facile* · rapide · simple [+ nom] • hâtive : *il faut se garder des comparaisons hâtives* · superficielle
- contestable · discutable • déplacée · fâcheuse · malheureuse • douteuse · hasardeuse • absurde · saugrenue • inadéquate · mauvaise [+ nom] • abusive · biaisée · injuste · malhonnête
- blessante · cruelle · injurieuse · insultante · peu flatteuse

∞ comparaison + VERBE

- s'imposer (à) · venir à l'esprit (de) : *une comparaison me vient à l'esprit*
- valoir pour : *la comparaison vaut aussi pour les formations professionnelles*
- s'arrêter là : *ils ont le même cursus mais la comparaison s'arrête là*

∞ VERBE + comparaison

- dresser : *elle a dressé une comparaison entre les deux dispositifs* · effectuer · établir · faire · opérer · procéder à · se livrer à • poursuivre • oser · risquer · tenter • mettre en : *ces images sont mises en comparaison avec d'autres de la même période*
- avoir recours à · employer · se servir de · user de · utiliser • (se) baser sur · (se) fonder sur · reposer sur · s'appuyer sur
- développer · pousser : *il n'a pas osé pousser la comparaison plus loin* • multiplier (plur.)
- ne pas souffrir de · soutenir : *il a dû suréquiper ses voitures afin de soutenir la comparaison avec la concurrence* · supporter · tenir : *il tient la comparaison avec son prédécesseur* • ne pas avoir à rougir de
- faciliter : *la monnaie unique va faciliter les comparaisons salariales* · favoriser · permettre
- échapper à : *son œuvre échappe à toute comparaison* · être sans : *son premier roman est sans comparaison avec le second*
- craindre • ne pas / mal tenir : *il tient mal la comparaison avec son prédécesseur* • pâtir de · souffrir de : *le fils a souffert de la comparaison avec le père*
- récuser · refuser · réfuter : *il réfute la comparaison des hybrides avec les OGM* · rejeter
- biaiser · fausser : *nous n'avons pas les mêmes normes, ce qui fausse la comparaison avec les autres pays*

compassion *nom fém.*

∞ compassion + ADJECTIF

- humaine · naturelle • universelle : *une religion reposant sur la compassion universelle*
- énorme : *il avait alors ressenti une énorme compassion pour ses camarades de combat* · extrême · forte [+ nom] · grande [+ nom] · immense · infinie · profonde · sans borne
- authentique · pure [+ nom] : *je l'ai fait par pure compassion* · sincère
- fausse : *la fausse compassion de l'accusé face à sa victime*

∾ **compassion** + VERBE
- naître (de)
- se dégager de : *la compassion qui se dégage de son témoignage*

∾ VERBE + **compassion**
- appeler · attirer · inspirer · susciter : *leur état ne peut que susciter de la compassion*
- avoir · éprouver · être plein de · être pris de · ressentir
- afficher · exprimer : *il a exprimé sa compassion à l'égard de tous ceux qui souffrent* · faire preuve de · manifester · marquer · montrer · témoigner • simuler
- manquer de

∾ NOM + DE + **compassion**
- besoin : *les malades ont autant besoin de compassion que de soins*
- manque
- élan : *un vaste élan de compassion a fait suite à la catastrophe* · sentiment • geste · message · regard · signe : *une minute de silence a été observée en signe de compassion* • mot · parole

compensation *nom fém.*

∾ **compensation** + ADJECTIF
- judiciaire · légale • budgétaire · commerciale · économique · financière · fiscale · matérielle · monétaire · pécuniaire · salariale · sociale : *des compensations sociales atténuent les aléas de la conjoncture*
- immédiate • forfaitaire · spéciale · supplémentaire
- intégrale : *ils réclament la compensation intégrale des pertes des éleveurs* • importante · substantielle
- convenable · équitable · honnête : *ils m'ont proposé une compensation honnête pour le préjudice subi* · juste
- partielle • faible ⁺ ⁿᵒᵐ · insuffisante · maigre ⁺ ⁿᵒᵐ · petite ⁺ ⁿᵒᵐ • symbolique • provisoire : *une compensation provisoire a été accordée aux victimes dans l'attente de la fixation du préjudice subi*

∾ VERBE + **compensation**
- attendre · chercher · demander · exiger · réclamer · vouloir : *favorables à cette mesure, les commerçants veulent néanmoins une compensation financière* • compter sur
- promettre · proposer • accorder · garantir · offrir · payer · verser
- obtenir : *ils se battent pour obtenir des compensations pour les victimes* · percevoir · recevoir · toucher · trouver
- avoir · bénéficier de • accepter · se contenter de
- constituer · servir de : *la pension sert de compensation à la perte de revenus subie*
- refuser : *il a refusé fièrement les compensations qu'on lui offrait*

[1] compétence *nom fém.* (connaissance, savoir-faire)

∾ **compétence** + ADJECTIF
- informatique · linguistique · médicale · politique · professionnelle · relationnelle : *le métier d'assureur requiert aussi des compétences relationnelles* · scientifique · technique · etc.
- accrue · approfondie · grande [+ nom] · pointue · solide • de haut niveau · exceptionnelle • précieuse · recherchée · reconnue • incontestable · incontestée · indéniable · indiscutable · réelle [+ nom] · véritable [+ nom] · vraie [+ nom] • indispensable
- particulière · précise · spéciale • transférable : *leur formation leur apporte des compétences transférables (à d'autres activités)*
- limitée
- contestable · discutable : *une équipe à la compétence discutable* • prétendue [+ nom]

∾ **compétence** + VERBE
- s'accroître · s'affirmer • s'étendre à : *les compétences de l'agence sont étendues aux produits non médicamenteux*
- diminuer : *son manque de pratique a diminué ses compétences d'observateur*

∾ VERBE + **compétence**
- exiger · nécessiter · requérir : *elles doivent prouver qu'elles ont la compétence requise pour faire des travaux*
- acquérir · avoir · détenir · être doté de · posséder • faire preuve de : *elle a fait preuve de compétences exceptionnelles* · justifier : *il faut justifier d'une compétence dans le domaine social* · montrer
- se fier à · s'en remettre à • avoir recours à : *j'ai eu recours aux compétences d'un architecte* · exploiter · faire appel à · mettre à profit · mobiliser · user de · utiliser
- apporter · offrir • (plur.) croiser · fédérer · partager · unir
- accroître · améliorer · augmenter · développer · enrichir : *des formations sont proposées pour enrichir vos compétences*
- valoriser
- évaluer • valider
- manquer de

- contester · douter de · (re)mettre en cause · (re)mettre en question

∞ NOM + DE + compétences
- champ · domaine • ensemble · éventail · panel

[2]compétence *nom fém.* (pouvoir officiel, autorité)

∞ compétence + ADJECTIF
- juridictionnelle · juridique · réglementaire • territoriale
- exclusive : *la résolution de votre différend est de la compétence exclusive des tribunaux civils* · pleine [+ nom] : *les conseils généraux ont pleine compétence en matière d'action sociale* • rétroactive : *la future cour n'aura pas de compétence rétroactive* • de principe
- élargie · étendue · large · vaste : *les gouverneurs d'alors avaient des compétences beaucoup plus vastes*

∞ compétence + VERBE
- s'exercer : *les compétences du conseil général s'exercent dans des domaines variés*

∞ VERBE + compétence
- (re)définir · délimiter · établir · fixer · préciser : *le texte précise les compétences de la commission*
- exercer : *les collectivités locales exercent des compétences de plus en plus larges*
- maintenir : *la cour d'appel a maintenu la compétence du juge*
- élargir · étendre · renforcer : *cette loi renforce les compétences des municipalités*
- attribuer · confier • déléguer · transférer
- limiter · réduire · restreindre : *la commission a restreint les compétences de ce ministère*
- (r)entrer dans : *la question ne rentre pas dans la compétence du tribunal saisi* · être de : *un permis de construire est de la compétence pleine et entière du maire* • relever de · ressortir à : *ces questions ressortissent à la compétence exclusive des tribunaux judiciaires*
- récuser : *son avocat récuse la compétence du tribunal international* · refuser
- dépasser · échapper à · excéder · sortir de • outrepasser : *le ministère n'a pas hésité à outrepasser ses compétences en matière de contrôle* • empiéter sur

∞ NOM + DE + compétences
- bloc [Admin.] : *les communes doivent choisir au moins un bloc de compétences ayant trait à la protection de l'environnement*

[1]compétition *nom fém.* (épreuve, concours)

∞ compétition + ADJECTIF
- équestre · hippique · sportive • internationale · mondiale · nationale · olympique
- officielle • amicale
- grande [+ nom] : *il dispute sa première grande compétition internationale* · importante · majeure • vieille [+ nom] : *cette coupe est souvent définie comme la plus vieille compétition du monde* • phare · reine : *c'est la compétition reine du sport automobile* • prestigieuse
- ouverte : *la compétition reste très ouverte, avec 9 équipes en lice*
- âpre · difficile · féroce · rude : *le niveau très élevé a rendu la compétition rude* · sans merci : *ils se sont affrontés dans une compétition sans merci*

∞ compétition + VERBE
- commencer · débuter · s'ouvrir (par) : *la compétition s'ouvrira par l'épreuve de saut*
- avoir lieu · se dérouler : *la compétition se déroulera en nocturne* · se disputer
- être ouverte à : *cette compétition est ouverte à tous les réalisateurs de courts-métrages* · mettre aux prises : *la compétition met aux prises 32 pays* · opposer : *cette compétition oppose les meilleurs coureurs* · rassembler · regrouper · réunir
- être dotée de : *la compétition est dotée de cinq prix* • récompenser
- s'achever · se terminer : *la compétition s'est terminée avec / sur la victoire du favori*
- s'annoncer (+ adj.) : *la compétition s'annonce féroce / âpre / rude / difficile*

∞ VERBE + compétition
- organiser · préparer
- disputer : *elles se préparent pour disputer les compétitions internationales* · entrer (de plain-pied) dans · être présent dans · être / rester en : *huit équipes sont encore en compétition* · être / rester / se retrouver en lice dans · s'aligner dans : *les trois Françaises alignées dans la compétition* · s'engager dans
- emporter · remporter · sortir vainqueur de
- aller / arriver loin dans · être bien placé dans • dominer · s'imposer dans · survoler : *il a survolé la compétition de bout en bout*
- bouder : *les équipes boudent une compétition pourtant bien dotée* · être absent de • quitter
- écarter de · éliminer de · exclure de : *il a été exclu de la compétition après un contrôle anti-dopage*
- mettre fin à · suspendre
- truquer : *on l'accuse d'avoir truqué des compétitions de patinage artistique*

2compétition *nom fém.* (sports de compétition)

∞ compétition + ADJECTIF

- de haut niveau · haute○ + nom : *les athlètes de haute compétition*

∞ VERBE + compétition

- faire : *elle fait de la compétition de haut niveau* • se consacrer à · se lancer dans • renouer avec · reprendre : *après sa blessure, elle pensait ne jamais pouvoir reprendre la compétition*
- abandonner · arrêter · faire ses adieux à · quitter · renoncer à · se retirer de : *il est encore jeune pour se retirer de la compétition*
- manquer de : *ce joueur manque de compétition*

3compétition *nom fém.* (rivalité)

∞ compétition + ADJECTIF

- économique · électorale · politique · etc.
- interne : *la compétition interne au sein de chaque camp*
- acharnée · âpre · brutale : *notre pays n'est pas le mieux placé pour affronter cette brutale compétition* · difficile · dure · effrénée · exacerbée : *c'est un secteur où sévit une compétition exacerbée* · féroce · forcenée · frontale · grande + nom · intense · ouverte : *les deux opérateurs y sont en compétition ouverte* · redoutable · rude · sans merci · serrée · sévère : *une sévère compétition oppose les fournisseurs* · vive
- traditionnelle • constante · permanente
- loyale · saine : *une atmosphère de saine compétition*

∞ compétition + VERBE

- mettre aux prises · opposer

∞ VERBE + compétition

- mettre en : *ces élections mettent en compétition des candidats du même parti*
- entrer en · se retrouver en • se livrer à : *les grandes marques se livrent à une rude compétition* • tenir son rang dans
- affronter • être confronté à · être / faire face à : *les entreprises doivent faire face à une compétition sans merci* · être soumis à
- fausser : *l'aide publique fausse la compétition*
- adorer · aimer · avoir l'esprit de

compétitivité *nom fém.*

∞ compétitivité + ADJECTIF

- commerciale · économique · structurelle
- globale : *l'amélioration de la compétitivité globale du pays* • extérieure · externe : *cela permettrait de retrouver une compétitivité externe qui favoriserait l'exportation* · interne • hors prix : *les pays asiatiques améliorent leur compétitivité hors prix*
- croissante · meilleure + nom • forte + nom · grande + nom : *ces bons résultats s'expliquent par une plus grande compétitivité de l'entreprise*
- faible + nom · relative
- insuffisante

∞ compétitivité + VERBE

- se maintenir
- augmenter · progresser
- baisser · diminuer

∞ VERBE + compétitivité

- accroître · améliorer · augmenter · doper : *ces actions visent à doper la compétitivité européenne* · favoriser · renforcer
- préserver · sauvegarder • reconstituer : *permettre aux entreprises de reconstituer leur compétitivité sur le marché intérieur* · redresser · restaurer · rétablir • (re)gagner en : *avec cette restructuration, nous allons gagner en compétitivité*
- manquer de
- affaiblir · affecter · entamer · peser sur · plomber : *cette réforme pourrait plomber leur compétitivité*

∞ NOM + DE + compétitivité

- gain · regain
- perte

1complexe *nom masc.* (sentiment)

∞ complexe + ADJECTIF

- de culpabilité · de persécution · de supériorité · d'infériorité · d'Œdipe · etc.
- évident
- énorme · gros + nom
- vieux + nom : *elle a refusé une promotion à cause de son vieux complexe d'infériorité*

∞ VERBE + complexe

- donner : *son grand nez lui donne des complexes* · filer*fam.*
- développer • avoir · faire : *il fait un complexe vis-à-vis de sa sœur* · nourrir : *elles nourrissaient un complexe évident par rapport à nous* · souffrir de
- alimenter
- exploiter · jouer sur
- surmonter • se libérer de

∞ NOM + DE + complexe

- ombre (nég.) : *il égrène tous les clichés du genre sans l'ombre d'un complexe*

2 complexe *nom masc.* (industries, bâtiments)

∞ complexe + ADJECTIF

- aéroportuaire · aquatique · cinématographique · commercial · de loisirs · hôtelier · industriel · pétrolier · résidentiel · sportif · textile · touristique · etc.
- énorme · gigantesque · grand + nom · vaste + nom

∞ complexe + VERBE

- s'implanter · s'ouvrir
- produire : *le complexe pétrochimique produit 800 000 tonnes d'éthylène par an*
- être situé à / sur • se trouver
- fermer

∞ VERBE + complexe

- construire · créer · édifier • implanter : *il a implanté un complexe hôtelier à 40 km de l'aéroport* · installer · ouvrir
- former
- posséder
- bombarder · détruire · faire sauter : *des terroristes projetaient de faire sauter ce complexe hôtelier*

complexité *nom fém.*

∞ complexité + ADJECTIF

- comptable · narrative · technique · technologique · etc.
- croissante : *la complexité toujours croissante des phénomènes économiques* · grande + nom • étonnante · extraordinaire · extrême · folle : *ce sont des processus d'une complexité folle* · immense · incroyable · infinie · inouïe · insoupçonnée · rare
- riche + nom : *une composition narrative d'une riche complexité* · subtile
- déroutante · effarante · effroyable · redoutable
- relative • apparente : *il s'est laissé impressionner par la complexité apparente du sujet*

∞ complexité + VERBE

- apparaître · émerger
- être inhérente à · tenir à : *cette complexité tient à la nature même du dossier*
- augmenter · croître

∞ VERBE + complexité

- cerner · comprendre · connaître · découvrir · décrypter · entrevoir · être conscient de · saisir · se rendre compte de • éclairer : *cet expert éclaire la complexité de l'histoire du monde musulman*
- évaluer · sous-estimer · surestimer
- gérer : *il est possible de gérer la complexité des réseaux économiques*
- affronter • être confronté à · faire face à · se heurter à
- démontrer · illustrer · mettre au jour : *son rapport a mis au jour toute la complexité de l'entreprise* · montrer · refléter · révéler : *cet album révèle la complexité de son talent* · traduire
- accroître · augmenter : *ajouter des caractères spéciaux permet d'augmenter la complexité d'un mot de passe*
- limiter · réduire : *il faut réduire au maximum la complexité de nos procédures*

∞ NOM + DE + complexité

- élément · facteur · source
- degré · niveau : *ce système a atteint un niveau de complexité inacceptable*

1 complication *nom fém.* (difficulté, ennui)

∞ complication + ADJECTIF

- administrative · bureaucratique · juridique · politique · procédurale · technique · technocratique : *on s'empêtre dans des complications technocratiques pour accueillir des étrangers* · technologique · etc.
- grande + nom · importante · majeure · sérieuse
- inutile : *ne nous embarrassons pas de complications inutiles*

∞ complication + VERBE

- être liée à : *ces complications sont liées à l'inexpérience de l'opérateur* · résulter de · venir de : *les complications viennent de lui / de son entêtement*
- apparaître · commencer

∞ VERBE + complication

- causer · créer · entraîner · générer · provoquer
- éviter : *par souci d'éviter des complications administratives*

∞ NOM + DE + complications

- facteur · source : *cette nouvelle réforme ne sera qu'une nouvelle source de complications*

2 complication *nom fém.* (Méd.)

∞ complication + ADJECTIF

- cardiaque · infectieuse · médicale · (post-)opératoire · pulmonaire · respiratoire · vasculaire · etc.
- éventuelle · possible · potentielle · prévisible • ultérieure : *pour éviter toute complication ultérieure* • à court terme · à long terme · à moyen terme · tardive : *on n'a pas observé de complications tardives*

- grave : *pour prévenir certaines graves complications neurologiques* · grosse + nom · importante · majeure · sérieuse · sévère • fréquente · habituelle
- imprévue · inattendue · inopinée : *pour parer les risques de complications inopinées* · rare

∾ **complication** + VERBE
- être liée à : *la crainte des complications liées à la vaccination*
- apparaître · commencer · survenir : *des complications sévères peuvent survenir dans les jours qui suivent*

∾ VERBE + **complication**
- causer · entraîner : *la moindre infection peut entraîner des complications* · générer · provoquer • donner lieu à
- avoir · être victime de · présenter : *des patients présentant des complications sévères* · souffrir de
- constater · déceler · diagnostiquer · observer
- envisager · prévoir • s'attendre à : *après une opération aussi lourde on peut s'attendre à des complications*
- craindre · redouter : *ses douleurs abdominales font redouter des complications digestives*
- empêcher · éviter : *arrêter de fumer permet d'éviter des complications cardio-vasculaires* · prévenir
- traiter : *une intervention chirurgicale destinée à traiter les complications hémorragiques graves*

∾ NOM + DE + **complications**
- facteur · source • risque
- série

compliment *nom masc.*

∾ **compliment** + ADJECTIF
- grand + nom · gros + nom · immense + nom · meilleur + nom • appuyé
- beau + nom : *c'est le plus beau compliment qu'on m'ait jamais fait* · joli + nom · joliment / bien tourné • agréable · flatteur · gentil
- sincère : *elle a compris ses paroles comme une flatterie alors que c'était un compliment sincère*
- mérité : *c'est un compliment amplement mérité*
- léger + nom · mince + nom : *venant de lui, je t'assure que ce n'est pas un mince compliment* · petit + nom
- détourné : *cette remarque ironique était en fait un compliment détourné* • ambigu · curieux • maladroit

∾ **compliment** + VERBE
- venir de : *venant d'elle, ce compliment m'étonne*
- pleuvoir (plur.) : *depuis sa dernière prestation, les compliments pleuvent*
- s'adresser à : *le compliment ne s'adressait pas à lui*
- aller droit au cœur (de) · faire plaisir à

∾ VERBE + **compliment**
- adresser ... à · faire ... à : *je lui ai fait compliment de son succès; il me fait rarement des compliments* · lancer ... à · prodiguer ... à • se fendre de fam. : *pour une fois qu'il se fend d'un compliment!* · y aller de fam. : *elle y est allée de son petit compliment* • (plur.) distribuer : *peu enclin d'habitude à distribuer des compliments* · multiplier : *il a multiplié les compliments à son homologue* · ne pas lésiner sur • (plur.) abreuver de · couvrir de • renvoyer .... à · retourner ... à : *tu es très élégante – je te retourne le compliment!*
- attirer · recevoir • prendre comme : *j'ai pris sa remarque comme un compliment*
- valoir ... à : *sa prestation lui a valu de nombreux compliments*
- accepter · aimer · savourer : *savoure le compliment, il en fait si rarement!*
- aller à la pêche à : *elle va à la pêche aux compliments en se forçant à être modeste* · être avide de · être friand de · rechercher
- être avare de : *généralement avare de compliments, il s'est dit "épaté"*
- être / rester insensible à • refuser : *elle refuse les compliments quand elle ne les trouve pas mérités*
- (plur., +possessif) faire ... à : *il lui a fait ses compliments* · présenter ... à · transmettre ... à : *vous transmettrez mes compliments à votre femme*

complot *nom masc.*

∾ **complot** + ADJECTIF
- médiatique · politique · terroriste • international · mondial
- historique : *le complot historique du Watergate*
- gigantesque · grand + nom · vaste + nom • incroyable + nom
- noir + nom littér. · sinistre + nom · sombre + nom · terrible + nom • démoniaque · diabolique · infernal · machiavélique • meurtrier
- présumé : *l'enquête sur le complot présumé est au point mort* • étrange · mystérieux
- prétendu + nom : *il se dit victime d'un prétendu complot* • faux + nom

∾ **complot** + VERBE
- se tramer : *un terrible complot se trame au château*
- menacer : *on dit qu'un complot menace le prince* · viser (à) : *sa prétendue participation à un complot visant à tuer le président*
- réussir
- avorter · échouer : *sa garde rapprochée a fait échouer le complot*

∾ VERBE + **complot**

- fomenter · manigancer · monter · organiser · ourdir : *un sombre complot ourdi avec la complicité du vizir* · préparer : *les royalistes auraient fomenté un complot contre le gouvernement*
- diriger · mener · orchestrer • être au centre de : *le colonel est soupçonné d'être au centre du complot*
- être impliqué dans · participer à · tremper dans : *il nie avoir trempé dans ce complot meurtrier*
- être victime de
- soupçonner : *les services secrets soupçonnent un complot contre le roi* • découvrir
- dévoiler · éventer · révéler • arrêter : *« Celui qui met un frein à la fureur des flots Sait aussi des méchants arrêter les complots »* (Racine, *Athalie*, I, 1)
- crier à : *l'accusé crie au complot* · dénoncer • accuser de
- échapper à : *le duc a échappé de peu au complot du cardinal* • déjouer · démonter : *c'est un journaliste qui a démonté ce complot politique*

comportement *nom masc.*

∾ **comportement** + ADJECTIF

- amoureux · sexuel • alimentaire · consuмériste · social : *des règles complexes régissent le comportement social des bisons sauvages*
- instinctif · naturel · normal • acquis · inné • collectif · individuel • particulier · stéréotypé · typique
- bien ancré · habituel
- acceptable · adéquat · bon [+ nom] · correct · honorable · satisfaisant • honnête · loyal • civilisé : *on leur demande tout simplement d'avoir un comportement civilisé* · respectueux • adulte · mature · responsable • cohérent · rationnel • adapté · conforme à • admirable · exemplaire · héroïque · irréprochable · remarquable : *l'ensemble de la classe a eu un comportement remarquable durant la visite*
- ambigu · ambivalent • déroutant · énigmatique · mystérieux · paradoxal · surprenant · troublant • bizarre · curieux · étrange · particulier · singulier • erratique : *comment justifier le comportement erratique de l'équipe en championnat ?* · imprévisible · inattendu • aberrant · anormal · incompréhensible
- atypique · inhabituel • isolé · rare : *c'est un comportement assez rare chez les jeunes singes*
- à risques : *une vitesse trop élevée au volant constitue un comportement à risques* · dangereux · imprudent
- compulsif · névrotique · pathologique • absurde · incohérent · inconséquent · irrationnel • fautif · maladroit · mauvais [+ nom] • inadapté · inadéquat • immature · infantile · irresponsable · puéril • grégaire · moutonnier
- dommageable · préjudiciable • criminel · délictueux · délinquant · répréhensible • extravagant · inconvenant · indécent • inacceptable · inadmissible · inexcusable · inqualifiable : *son comportement est tout bonnement inqualifiable* · scandaleux
- égoïste · individualiste · narcissique • antisocial · antisportif · asocial · incivil · machiste · sectaire • déloyal · malhonnête • arrogant · insultant · irrespectueux · provocateur • agressif · cruel · violent • abject · déplorable · honteux · odieux • déviant · immoral · pervers · suspect : *il est demandé au public de signaler tout comportement suspect*

∾ **comportement** + VERBE

- apparaître · émerger : *de nouveaux comportements consuméristes émergent*
- évoluer · se modifier
- choquer · offusquer

∾ VERBE + **comportement**

- créer · déclencher · développer · dicter · entraîner : *des troubles mentaux peuvent entraîner un tel comportement* · favoriser · induire · provoquer · susciter • conduire à · mener à · pousser à • se traduire par : *leur mal de vivre se traduit par des comportements violents*
- changer · façonner : *les règles sociales qui façonnent notre comportement* · faire évoluer · infléchir : *une baisse du chômage serait susceptible d'infléchir le comportement des ménages* · influencer · influer sur · modifier · orienter · transformer • dicter : *nous ne nous laisserons pas dicter notre comportement par ces gens* · régir : *les principes et règles qui régissent le comportement de l'individu* • corriger : *nous devons corriger nos comportements alimentaires*
- adopter · afficher · avoir · faire preuve de : *le détenu fait preuve d'un comportement très agressif*
- renforcer
- dénoter · montrer · révéler
- imiter · reproduire
- constater · déceler · observer
- anticiper · prédire · prévoir
- enquêter sur · étudier · surveiller • enregistrer : *une boîte noire enregistre le comportement de l'automobiliste* · noter • analyser · comprendre · décrire · interpréter

- accepter · tolérer • approuver • excuser · expliquer · justifier
- blâmer · critiquer · dénoncer · déplorer : *il déplore le comportement de certaines entreprises en matière de licenciements* · désapprouver · fustiger · mettre en cause · réprouver · stigmatiser
- combattre · lutter contre · réprimer · sanctionner • empêcher · en finir avec · mettre un terme à · prévenir

[1] compréhension *nom fém.* (entendement)

∾ compréhension + ADJECTIF
- humaine : *cette question échappe à la compréhension humaine* • intellectuelle : *une émotion échappant à la compréhension intellectuelle* • écrite · orale
- commune · partagée
- intuitive • immédiate · instantanée · rapide
- d'ensemble · générale · globale • complète · pleine + nom · totale : *cet exercice nécessite une compréhension globale du texte* • approfondie · en profondeur : *une compréhension en profondeur de la société civile et politique* · grande + nom · intime : *sa compréhension intime de la société / de la ville / de l'écrivain* · profonde
- bonne + nom · excellente · juste + nom · parfaite + nom · pleine + nom • fine : *cela aide à une compréhension plus fine des besoins réels des utilisateurs* · précise • aisée · facile
- insuffisante · limitée · superficielle • difficile · malaisée • imparfaite · mauvaise + nom

∾ VERBE + compréhension
- acquérir · développer • accéder à : *l'imaginaire nous permet d'accéder à la compréhension du réel*
- aller plus loin dans · approfondir : *pour approfondir notre compréhension de ce phénomène* · avancer dans · faire un grand pas dans : *nous avons fait un grand pas dans la compréhension de l'origine des cancers* · progresser dans · renforcer
- aider à : *l'enquête devrait aider à la compréhension de ce qui s'est passé* · améliorer · contribuer à · faciliter · favoriser · permettre
- entraver · gêner · nuire à : *cela nuit à la compréhension des débats*
- échapper à

[2] compréhension *nom fém.* (compassion, bienveillance)

∾ compréhension + ADJECTIF
- mutuelle · réciproque : *une attitude de respect et de compréhension réciproque*
- grande + nom : *nous avons déjà fait preuve d'une très grande compréhension à son égard* · totale : *je l'ai assuré de notre totale compréhension*

∾ VERBE + compréhension
- être plein de : *elle est pleine de compréhension mais reste ferme* · faire montre de · faire preuve de · manifester · montrer : *tu devrais montrer un peu plus de compréhension envers lui* • exprimer
- compter sur : *je compte sur votre compréhension*
- manquer de : *son père a un peu manqué de compréhension*

compromis *nom masc.* (moyen terme, terrain d'entente)

∾ compromis + ADJECTIF
- diplomatique · politique · salarial · social · territorial · etc.
- permanent : *un spectacle est un compromis permanent entre un metteur en scène, un texte et des comédiens*
- historique : *les négociations ont permis d'aboutir à un compromis historique entre ces deux états* · important
- acceptable · bon + nom · honnête · honorable · raisonnable · satisfaisant · valable · viable • équilibré · équitable · loyal • beau + nom · excellent + nom · heureux · intelligent · parfait · réussi • habile · savant · subtil : *c'est un compromis subtil entre le pouvoir des anciens et les ambitions des générations montantes*
- délicat · difficile · laborieux : *un texte issu d'un compromis laborieux entre les députés* • désagréable · douloureux : *la paix suppose des compromis douloureux des deux côtés*
- fragile · précaire : *il est nécessaire d'aboutir à une vraie réforme, et non à un compromis précaire*
- bancal · boiteux · imparfait · mauvais + nom · médiocre • douteux · honteux : *acheter son silence serait un compromis honteux* · malhonnête

∾ compromis + VERBE
- se dessiner · se profiler

∾ VERBE + compromis
- (re)chercher : *il devra rechercher des compromis avec l'opposition* · espérer · être à la recherche de · être en quête de
- constituer · être le fruit de : *cet accord est le fruit d'un compromis entre leurs exigences et les nôtres* · représenter · résulter de : *le texte adopté résulte d'un compromis*
- proposer • concocter · élaborer · esquisser : *les Quinze sont en train d'esquisser des compromis sur les points les plus difficiles* · négocier · préparer

- aller vers · s'acheminer vers • aboutir à · arriver à · dégager : *les parlementaires tentent de dégager un compromis* · en venir à · parvenir à · trouver • se solder par : *cette réunion s'est soldée par un compromis*
- consentir à · être prêt à • accepter · adopter · approuver · s'accorder sur : *députés et sénateurs se sont accordés sur un compromis à propos du projet de loi* • être favorable à · être partisan de • conclure : *les ministres ont dû conclure un compromis politique* · signer
- être hostile à · refuser · rejeter • bloquer : *le pays a bloqué un compromis sur la libéralisation du marché européen de l'énergie*

comptabilité *nom fém.* (établissement des comptes)

∞ comptabilité + ADJECTIF

- publique • associative · commerciale · interne · nationale · patrimoniale • familiale : *un logiciel pour la comptabilité familiale* · privée
- analytique • en partie double○ : *la comptabilité en partie double facilite les recoupements* · (en partie) simple○
- générale • double$^{+\text{ nom}}$: *la tenue d'une double comptabilité devrait permettre une plus grande lisibilité de la dépense*
- régulière • journalière
- simplifiée
- à jour · bien tenue · précise · rigoureuse · scrupuleuse : *il tient une comptabilité scrupuleuse* • en règle
- mal tenue
- créative : *la comptabilité créative de l'entreprise l'a conduit devant les tribunaux* · fantaisiste • occulte : *leur comptabilité occulte recensait toutes les opérations illicites* · parallèle

∞ VERBE + comptabilité

- gérer · s'occuper de : *c'est lui qui s'occupe de la comptabilité de l'association* · tenir
- convertir ... en : *toutes les entreprises ont dû convertir leur comptabilité en euros*
- consulter · examiner • contrôler · vérifier : *cette enquête vise à vérifier la comptabilité de cette entreprise*
- falsifier · truquer

[1]compte *nom masc.* (Banque)

∞ compte + ADJECTIF

- bancaire · en banque · financier : *leurs comptes financiers seront gelés jusqu'aux résultats de l'enquête*
- courant · ordinaire • collectif · commun · joint : *nous avons ouvert un compte joint* · unique • individuel · nominatif · personnel • chèques · (d')épargne · (non) rémunéré • à vue · de dépôt • spécial : *l'Assemblée nationale a adopté la création d'un compte spécial qui recueillera la nouvelle taxe*
- à numéro · numéroté : *la somme a été versée sur un compte numéroté en Suisse* · occulte · secret
- approvisionné · bien garni : *il avait plusieurs comptes en banque bien garnis* · créditeur
- dans le rouge : *plus d'un commerçant terminera l'année avec ses comptes dans le rouge* · débiteur · (à) découvert · déficitaire · dégarni
- bloqué • dormant : *certaines banques prélèvent des commissions sur les comptes dormants*

∞ VERBE + compte

- (faire) ouvrir
- être titulaire de : *on peut être titulaire d'un compte courant dès l'âge de 16 ans* · posséder
- alimenter · (ré)approvisionner · créditer : *j'ai crédité mon compte de 700 euros* · provisionner
- gérer : *internet permet de gérer ses comptes à distance*
- déposer sur · encaisser sur · placer sur · reverser sur · verser sur · virer sur
- transiter par : *l'argent a transité par un compte à Monaco*
- débiter : *j'ai débité mon compte de 200 euros* · imputer sur / à : *ces dépenses n'ont pas été imputées sur le compte de sa campagne* · porter au débit de • puiser dans : *j'ai beaucoup puisé dans mon compte ces derniers temps* · tirer sur$^{fam.}$
- débloquer
- bloquer · geler
- solder · vider • clore · clôturer · fermer

[2]compte *nom masc.* (calcul)

∞ compte + ADJECTIF

- rond : *donne-moi 20 euros, ça fera un compte rond*
- d'apothicaire○
- bon$^{+\text{ nom}}$: *le compte est bon ; « Les bons comptes font les bons amis »* (proverbe) · exact
- faux$^{+\text{ nom}}$ · inexact

∞ VERBE + compte

- faire : *j'ai fait le compte, il y en a 24*

comptes *nom masc. plur.* (Comptabilité)

∞ comptes + ADJECTIF

- financiers (aussi sing.) : *le compte financier de mars est déficitaire* • prévisionnels · provisoires • consolidés · détaillés
- annuels · semestriels

- équilibrés : *l'entreprise présente des comptes équilibrés*
- faux · inexacts : *le trésorier a été mis en examen pour présentation de comptes inexacts* • mauvais $^{+\text{ nom}}$: *les comptes de l'entreprise sont très mauvais cette année*

∾ VERBE + comptes

- dresser · établir · faire · tenir (à jour) : *elle ferait mieux de tenir ses comptes à jour*
- afficher · présenter : *le président présentera les comptes trimestriels pendant la réunion*
- réviser • assainir · équilibrer · redresser · régulariser : *la Cour a contraint cet organisme à régulariser ses comptes* • faire le ménage dans$^{\text{fam.}}$
- auditer · avoir un droit de regard sur · éplucher : *le fisc a épluché tous nos comptes* · examiner · mettre son nez dans$^{\text{fam.}}$: *le fisc pourrait mettre son nez dans les comptes de l'entreprise* • contrôler · surveiller · vérifier
- approuver · apurer : *une commission spéciale chargée de vérifier et d'apurer les comptes* · certifier
- grever · plomber : *ces mauvais résultats ont plombé les comptes*
- enjoliver · gonfler : *l'entreprise a trompé ses investisseurs en gonflant ses comptes* • falsifier · fausser · maquiller : *les deux hommes auraient maquillé les comptes du groupe* · trafiquer
- boucler · clore · clôturer : *les comptes seront clôturés le 25 mai*

[1] concentration *nom fém.* (intellectuelle)

∾ concentration + ADJECTIF

- extrême · grande $^{+\text{ nom}}$ · grosse $^{+\text{ nom}}$ · importante · intense • de tous les instants · sans relâche : *l'exercice exige une concentration intellectuelle sans relâche*

∾ concentration + VERBE

- faiblir : *la concentration ne doit surtout pas faiblir*

∾ VERBE + concentration

- demander · exiger · réclamer · requérir : *ce travail requiert énormément de concentration*
- retrouver : *après un passage à vide, elle a retrouvé toute sa concentration*
- manquer de • perdre
- gêner : *les bruits de la rue gênaient la concentration des élèves* · perturber · troubler

∾ NOM + DE + concentration

- saute : *il a connu une légère saute de concentration pendant le deuxième set*

[2] concentration *nom fém.* (proportion)

∾ concentration + ADJECTIF

- croissante • élevée · grande $^{+\text{ nom}}$ · grosse $^{+\text{ nom}}$ · haute $^{+\text{ nom}}$: *ce quartier comporte la plus haute concentration de gratte-ciel de la ville* · importante • extrême : *une concentration extrême d'arômes* • maximale
- excessive
- faible $^{+\text{ nom}}$: *les stéroïdes naturels sont en faible concentration dans les échantillons*

[3] concentration *nom fém.* (Écon.)

∾ concentration + ADJECTIF

- capitalistique · sectorielle • bancaire · éditoriale · etc.
- horizontale · verticale : *la concentration verticale intègre des activités placées en amont ou en aval de la filière de production*
- croissante
- faible $^{+\text{ nom}}$: *le secteur est fragilisé par sa faible concentration*

∾ VERBE + concentration

- contrôler : *le gouvernement contrôle les concentrations économiques*
- accélérer · favoriser : *cette législation vise à favoriser les concentrations*
- empêcher : *il s'agit d'empêcher les concentrations excessives dans le secteur privé* · limiter • perturber

∾ NOM + DE + concentrations

- vague : *cela laisse présager une vague de concentrations pour ce secteur*

concept *nom masc.*

∾ concept + ADJECTIF

- hôtelier · marketing · mathématique : *le concept mathématique de nombre imaginaire* · etc.
- initial · originel
- abstrait : *la notion d'atome est un concept abstrait*
- innovant · nouveau · novateur · original · révolutionnaire • moderne : *le concept moderne d'État* • à la mode : *la transparence financière n'est plus un concept à la mode* · en vogue · populaire • bon $^{+\text{ nom}}$ · viable • beau $^{+\text{ nom}}$ · génial • (-)clé · fondamental : *le concept fondamental d'évolution par sélection* · important · stratégique • universel
- large • général
- flottant : *la haute trahison, c'est un concept flottant* · flou · fourre-tout • bidon$^{\text{fam.}}$ · creux : *la liberté de la presse n'est pas un concept creux* · douteux · fumeux • étroit • démodé · dépassé · vieux $^{+\text{ nom}}$

∾ concept + VERBE

- relever de : *ce concept relève de la manipulation* • englober : *difficile de savoir ce qu'englobe précisément ce concept de "vie privée"* · recouvrir
- correspondre à · répondre à : *ce nouveau concept répond à la demande du marché*
- faire décoller l'audience · faire fureur : *ce concept de télé-réalité fait fureur* · faire mouche · plaire

∾ VERBE + concept

- développer · élaborer · forger : *la révision de concepts forgés dans l'ancien monde* · inventer • introduire : *le texte introduit le concept d'escroquerie fiscale*
- remanier · renouveler · repenser
- affiner · peaufiner • finaliser
- clarifier : *cet ouvrage permet de clarifier ce concept politique*
- manier · utiliser • décliner · exploiter
- valider : *aucun auteur n'a validé ce concept douteux*
- s'approprier : *certaines entreprises tentent de s'approprier ce concept* • assimiler · comprendre
- exporter : *il cherche à exporter son concept au Japon* · importer
- s'écarter de · s'éloigner de : *on s'éloigne encore un peu plus du concept initial*

conception *nom fém.* (point de vue)

∾ conception + ADJECTIF

- esthétique · morale • libérale · politique • laïque · religieuse • déterministe · philosophique · positiviste · rationaliste · etc.
- conflictuelle : *leur conception conflictuelle des rapports sociaux* • fédératrice · populaire • pragmatique · réaliste
- moderne · neuve · nouvelle · révolutionnaire
- ancienne · classique · habituelle · immuable · traditionnelle · vieille + nom
- différente : *ma conception du monde est sensiblement/fondamentalement/radicalement différente de la sienne* · opposée : *nous avons des conceptions diamétralement / radicalement opposées sur le sujet* · partisane • (plur.) antagonistes · contraires · divergentes
- d'ensemble · générale · globale · holistique • élargie · extensive · large
- claire · limpide
- curieuse · étonnante · étrange · extravagante · originale · singulière · spéciale • particulière · personnelle : *il a une conception très personnelle de la fidélité*
- belle + nom · exigeante : *il a une conception assez exigeante de la liberté* • appropriée · juste · logique · rationnelle · saine • démocratique · humaniste • idéaliste · idyllique · optimiste · romanesque • audacieuse · hardie
- nuancée · pondérée
- élastique : *ils ont une conception assez élastique de la solidarité* • manichéenne · schématique · simpliste • limitative · minimaliste · normative · réductrice · restrictive • bornée · étriquée · étroite · rigide · rigoriste · stricte • figée · statique
- erronée · fausse
- angélique · naïve
- immorale • contestable · critiquable • hasardeuse • autoritaire · dirigiste · totalitaire • égoïste · individualiste • conflictuelle • aristocratique · élitiste · régalienne : *c'est une conception régalienne de la justice*
- amère · pessimiste · triste + nom : *elle a une conception bien triste de la vie*
- archaïque · dépassée · féodale · obsolète · passéiste · périmée : *leur conception périmée des rapports sociaux*

∾ conception + VERBE

- prévaloir : *il fera prévaloir les conceptions françaises dans les prochaines négociations*
- correspondre à : *cette conception ne correspond pas à ma vision du métier* · être conforme à · être proche de
- confronter · opposer : *un débat politique qui oppose deux conceptions de l'Europe*
- renouveler : *les agences d'urbanisme ont renouvelé la conception de la ville*
- s'affronter (plur.) : *ce sont deux conceptions du cinéma qui s'affrontent* • bouleverser · contredire · être contraire à · être éloignée de : *sa conception de la psychanalyse était fort éloignée de la leur* · être en contradiction avec · être en opposition avec · être en rupture avec · être incompatible avec · rejeter · rompre avec · s'opposer à

∾ VERBE + conception

- avoir : *il a une haute conception de la littérature* · cultiver · développer · être porteur de : *un parti porteur d'une conception alternative du développement* · se faire : *quelle conception se fait-il de la justice ?* • partager (la même) · s'entendre sur • revenir à : *nous sommes revenus à une conception plus traditionnelle de la culture*
- exposer : *il nous a longuement exposé sa conception de la photographie*

- adhérer à · adopter · défendre · être attaché à · être fidèle à · préconiser · revendiquer · se rallier à
- reconsidérer · repenser · réviser · revoir • changer · modifier · renouveler : *ces théories renouvellent notre conception de l'éducation* • affiner
- imposer : *ils essaient d'imposer leur conception des choses au reste du monde*
- correspondre à : *cela ne correspond pas à sa conception de l'entreprise* · découler de · être basé sur · être fondé sur · être lié à · relever de · renvoyer à · reposer sur · s'appuyer sur · se rattacher à • toucher à : *cette question touche à la conception même de la société*
- en dire long sur · être le reflet de : *cette architecture est le reflet d'une conception nouvelle de la ville* · illustrer · témoigner de
- bouleverser · contredire · dépasser : *cette thèse dépasse les conceptions habituelles des relations entre hommes et femmes* · être contraire à · être éloigné de · être en contradiction avec · être en opposition avec • être incompatible avec · se heurter à
- être en rupture avec · rejeter · rompre avec · s'opposer à • sortir de : *il faut sortir de cette conception archaïque de la famille*

[1] conclusion *nom fém.* (déduction, résultat d'un raisonnement)

∾ conclusion + ADJECTIF

- politique · scientifique · etc.
- première [+ nom] : *voici les premières conclusions de l'enquête* • générale · principale : *telles sont les principales conclusions de notre rapport annuel* • définitive · finale
- (plur.) convergentes · identiques · semblables · similaires : *les deux rapports arrivent à des conclusions similaires*
- (plur.) contradictoires · divergentes · inverses · opposées : *leurs conclusions sont diamétralement / radicalement opposées*
- attendue · prévisible · sans surprise
- claire · évidente : *aucune conclusion évidente ne s'impose* · formelle : *ses conclusions sont formelles : il s'agit d'un incendie criminel* · sans ambiguïté · sans équivoque • péremptoire · sans appel • imparable · implacable · inattaquable
- plausible · vraisemblable • juste · logique · rationnelle · réaliste
- argumentée · détaillée · précise • instructive · intéressante · utile • convaincante · probante
- modérée · nuancée • prudente : *les conclusions de l'expert restent prudentes* · sage • provisoire
- optimiste · positive · rassurante · réconfortante
- inattendue · incroyable · stupéfiante · surprenante
- audacieuse · hardie : *des conclusions hardies mais sans fondement scientifique*
- hâtive · prématurée · trop / un peu rapide : *il tire des conclusions trop rapides sur des bases statistiques discutables*
- accablante : *les conclusions du rapport sont accablantes* · alarmante · décourageante · négative · pessimiste · préoccupante · sévère · sombre : *il tire des conclusions plutôt sombres de sa longue carrière* · terrible
- hasardeuse • problématique • absurde · simpliste
- erronée · fausse [+ nom]

∾ conclusion + VERBE

- découler de · ressortir de : *les conclusions qui ressortent de leur enquête* · se dégager
- couler de source : *la conclusion coule de source : il faut déménager !* · s'imposer
- s'appuyer sur : *ces conclusions s'appuient exclusivement sur des statistiques* · se fonder sur
- (plur.) converger · diverger : *les conclusions des deux rapports divergent*
- confirmer : *ces conclusions confirment nos intuitions*
- donner satisfaction à · satisfaire : *les conclusions de l'enquête ne satisfont personne*

∾ VERBE + conclusion

- aboutir à · (en) arriver à · déduire · dégager : *les chercheurs n'ont pas réussi à dégager de conclusions précises* · établir : *les services vétérinaires ont pu établir leurs conclusions en 48 heures* · faire · parvenir à · tirer : *chacun tirera les conclusions qu'il veut* • amener à · conduire à · déboucher sur : *les études ne débouchent sur aucune conclusion claire*
- présenter · publier · remettre : *la commission doit remettre ses conclusions définitives à la fin du mois* • faire part de · formuler • dévoiler · émettre · exposer · rendre publique · révéler
- induire · inférer · préjuger de : *sans préjuger des conclusions de la commission*
- adhérer à · adopter
- s'appuyer sur · se fonder sur
- nuancer · relativiser : *l'avocat a relativisé les conclusions de la défense*
- contester · réfuter • aller à l'encontre de · contredire : *de nouvelles études contredisent les conclusions d'expériences précédentes*

[2]conclusion *nom fém.* (fin, règlement)

∾ conclusion + ADJECTIF

- inévitable · prévisible
- heureuse · satisfaisante : *il est soulagé de la conclusion satisfaisante de cette semaine de négociations*
- étonnante · inattendue · surprise

∾ VERBE + conclusion

- trouver : *cette affaire n'a trouvé qu'une conclusion provisoire*
- faciliter : *ces structures devraient faciliter la conclusion d'alliances internationales* · favoriser : *ce climat a favorisé la conclusion de la transaction* • accélérer
- repousser : *ils essaient de repousser à l'automne la conclusion d'un accord*

concurrence *nom fém.*

∾ concurrence + ADJECTIF

- commerciale · économique · fiscale · etc.
- interne • étrangère · internationale · mondiale
- pure et parfaite° [Écon.] : *la concurrence pure et parfaite est un modèle théorique qui se rencontre très peu dans la réalité* • libre° + nom : *ils sont pour la libre concurrence*
- directe · frontale : *les deux entreprises sont en concurrence frontale sur ce marché* • accrue · débridée · effrénée · exacerbée · forte + nom · réelle + nom · sans entrave(s) · sérieuse · totale · vive : *cette chute des ventes survient dans un contexte de vive concurrence* · véritable + nom • croissante • acharnée · agressive · âpre · brutale · farouche · féroce · impitoyable · redoutable · rude · sans merci · sauvage · sévère · terrible
- loyale · saine · stimulante
- imparfaite° [Écon.] : *les théories de la concurrence imparfaite* · indirecte
- faussée • déréglementée · incontrôlée • déloyale · illégale · illicite : *des lois de protection contre les monopoles et la concurrence illicite*
- dangereuse · dommageable · malsaine · néfaste · perverse · stérile

∾ concurrence + VERBE

- poindre : *on commence à voir poindre la concurrence sur ce marché* · venir de : *la concurrence la plus vive vient de l'Asie* • jouer (à plein / à fond) · s'exercer • s'installer : *face à ce mastodonte, la concurrence s'installe peu à peu* · s'organiser • s'annoncer (+ adj.) · se faire (+ adj.) : *la concurrence se fait de plus en plus rude*
- s'aiguiser · se développer · se durcir · se faire sentir · se renforcer · se réveiller · s'exacerber · s'intensifier • faire rage : *la concurrence fait rage sur le marché de l'automobile*
- fragiliser · menacer · pénaliser

∾ VERBE + concurrence

- être / entrer en : *nos deux entreprises sont / vont entrer en concurrence sur ce marché* · se faire : *ces deux produits se font concurrence* · se livrer (à)
- mettre en : *la mondialisation met en concurrence les législations fiscales* • faire jouer
- s'ouvrir à : *ce secteur s'ouvre progressivement à la concurrence*
- composer avec · compter avec : *les industriels s'adaptent à la concurrence en baissant leurs prix* · s'adapter à
- accentuer · attiser · durcir · exacerber · intensifier · raviver : *l'avènement du numérique hertzien va raviver la concurrence* · renforcer · stimuler
- passer à : *l'auteur mécontent est passé à la concurrence*
- affronter · être aux prises avec · être confronté à · être exposé à · être livré à · être soumis à · souffrir de · se frotter à : *la compagnie française se frotte déjà à la concurrence du low cost* · subir (de plein fouet) : *les commerces de textile subissent de plein fouet cette nouvelle concurrence*
- craindre · redouter · se méfier de
- faire face à · lutter contre · répondre à · résister à • creuser l'écart avec · rivaliser avec · se démarquer de • échapper à · éviter • défier toute° : *abonnez-vous à internet pour un tarif défiant toute concurrence*
- entraver · fausser (le jeu de)
- réduire · restreindre
- écraser · étouffer : *ces propositions tarifaires étouffent la concurrence* · mettre fin à · supprimer

[1]concurrent, e *nom* (d'une épreuve, d'une élection, etc.)

∾ concurrent, e + ADJECTIF

- bien placé : *trois concurrents sont bien placés pour remporter l'épreuve*
- crédible : *le président sortant n'a absolument aucun concurrent crédible* · sérieux · solide • dangereux · de taille : *il devra rivaliser avec un concurrent de taille* · redoutable · terrible
- déloyal
- mal placé
- malchanceux · malheureux : *le concurrent malheureux est reparti avec un lot de consolation*

∾ concurrent, e + VERBE

- caracoler en tête de : *le concurrent favori caracole toujours en tête du classement* · dominer : *son concurrent domine toujours la course* · mener · prendre la tête de

∾ VERBE + **concurrent, e**

- affronter · rivaliser avec · se mesurer à · se trouver face à : *il s'est retrouvé face à un concurrent redoutable*
- conserver une avance sur · devancer : *il devance son concurrent d'à peine 49 voix* · distancer · être en avance sur • avoir l'avantage sur · disposer d'une longueur d'avance sur · doubler · garder une (longueur d')avance sur · laisser loin derrière · prendre de vitesse · prendre une (longueur d')avance sur · semer • talonner • augmenter / mettre la pression sur
- coiffer sur le poteau / sur le fil · l'emporter sur · mettre à genoux · triompher de : *il a triomphé de son concurrent le plus sérieux* · vaincre • éliminer · se débarrasser de
- surestimer • sous-estimer
- départager (plur.) : *le chronomètre départagera les trois concurrents*
- disqualifier : *deux concurrents ont été disqualifiés pour faux départ*

²concurrent *nom masc.* (Écon.)

∾ **concurrent** + ADJECTIF

- commercial · économique
- petit ⁺ ⁿᵒᵐ
- crédible · de taille · grand ⁺ ⁿᵒᵐ : *il livre une bataille farouche à son grand concurrent japonais* · puissant : *le journal doit lutter contre un puissant concurrent* · sérieux · solide • direct : *c'est notre concurrent le plus direct* • éternel : *nous devons nous démarquer de notre éternel concurrent*
- agressif · dangereux · féroce · redoutable · terrible
- déloyal : *nous ne laisserons pas ce concurrent déloyal nous faire de l'ombre*

∾ **concurrent** + VERBE

- arriver dans / sur · entrer dans / sur · faire son apparition dans / sur : *des concurrents étrangers agressifs font leur apparition sur ce marché*

∾ VERBE + **concurrent**

- affronter : *il devra affronter des concurrents bien plus petits que lui, mais solidement installés* · rivaliser avec · se heurter à · se mesurer à · se trouver face à
- talonner : *cette entreprise talonne régulièrement son concurrent sur le marché asiatique* • n'avoir rien à envier à : *les studios japonais n'ont rien à envier à leurs concurrents américains* • avoir l'avantage sur · conserver une avance sur · devancer · disposer d'une longueur d'avance sur · distancer : *ils ont adopté une communication de masse pour distancer leurs concurrents* · doubler · être en avance sur · garder une (longueur d')avance sur · laisser loin derrière · prendre de vitesse · prendre le contre-pied de · prendre une (longueur d') avance sur • affaiblir · gêner • augmenter / mettre la pression sur • espionner
- coiffer sur le poteau / sur le fil · écarter : *cette alliance lui permet d'écarter des concurrents* · éliminer · évincer : *afin d'évincer son seul concurrent sur le marché* · l'emporter sur · neutraliser · se débarrasser de · supplanter · surpasser · triompher de · vaincre
- prendre / traiter par-dessus la jambe · sous-estimer
- se démarquer de · se différencier de · se distinguer de : *ils recherchent des produits originaux afin de se distinguer de leurs concurrents*
- se rapprocher de • collaborer avec · coopérer avec · s'allier avec : *en difficulté financière, cette start-up a dû s'allier avec son grand concurrent*
- absorber · acquérir · racheter · reprendre • fusionner avec : *ce fabricant américain envisage de fusionner avec ses concurrents européens*

¹condamnation *nom fém.* (judiciaire)

∾ **condamnation** + ADJECTIF

- civile · criminelle · judiciaire · pénale • par contumace • à mort • à perpétuité • pécuniaire : *ils n'encourent que des condamnations pécuniaires* • avec sursis • définitive : *l'ancien maire est sous le coup d'une condamnation définitive à deux ans d'emprisonnement*
- exemplaire · grave : *la radiation est la condamnation la plus grave qui puisse être prononcée contre un fonctionnaire* · lourde : *la seconde cour ne peut infliger une condamnation plus lourde que la première* • successives (plur.)
- de principe · légère · symbolique : *le conseil des parties civiles a réclamé une condamnation symbolique*
- injuste · disproportionnée

∾ **condamnation** + VERBE

- intervenir : *la condamnation peut intervenir plusieurs années après le délit*
- frapper : *la condamnation frappant les deux journalistes était disproportionnée*
- pleuvoir (plur.) : *après des mois de procès, les condamnations pleuvent*

∾ VERBE + **condamnation**

- réclamer · requérir : *le procureur a requis une condamnation exemplaire*

- aboutir à · conduire à · entraîner · se solder par · valoir : *ces activités peuvent valoir des condamnations à de la prison ferme*
- confirmer (en appel) : *sa condamnation a été confirmée en appel*
- encourir · être sous la menace de · être sous le coup de
- faire l'objet de : *vous avez fait l'objet d'une condamnation pénale le 10 janvier 2004* · obtenir · subir
- avoir à son actif · purger : *il a purgé deux condamnations à un an de détention*
- infliger · prononcer : *le tribunal a prononcé une condamnation de six mois de prison à son encontre*
- faire appel de · interjeter appel de · rejeter en appel
- examiner en appel · réviser • commuer en : *des condamnations à mort commuées en peines de prison*
- échapper à · être / mettre à l'abri de · éviter
- amnistier · annuler · casser · lever : *pour faire lever sa condamnation, il faudrait qu'elle en fasse la demande expresse auprès du juge*

∾ NOM + DE + **condamnations**
- série · suite

²condamnation *nom fém.* (réprobation)

∾ **condamnation** + ADJECTIF
- morale : *la condamnation morale des violations des droits de l'homme*
- formelle : *il n'y a eu aucune condamnation formelle du Conseil de l'Europe* · officielle · solennelle • explicite · expresse • internationale · unanime
- absolue · claire · énergique · ferme · forte ⁺ ⁿᵒᵐ · franche : *ils auraient préféré une condamnation plus franche de son attitude* · sans ambiguïté · sans appel° · sans équivoque · sans réserve · sévère · totale · virulente • répétées : *les condamnations répétées des Nations unies ne changeront rien à leur comportement*
- implicite : *son discours a été interprété comme une condamnation implicite de la politique économique du pays*

∾ VERBE + **condamnation**
- s'attirer : *il s'est attiré la condamnation unanime de la presse*
- mériter : *ces faits méritent condamnation*
- exprimer • réitérer · renouveler

¹condition *nom fém.* (règle, stipulation, exigence)

∾ **condition** + ADJECTIF
- préalable · requise • générales (plur.) : *les conditions générales de vente* • spéciale • suspensive : *la promesse de vente comporte des conditions suspensives*
- élémentaire : *ce navire ne respecte pas les conditions élémentaires de sécurité* · minimale
- explicite · expresse : *je le ferai, à la condition expresse qu'il donne son accord*
- claire · précise • absolue : *c'est une condition absolue de la victoire contre le terrorisme* · essentielle · formelle · impérative · indispensable · nécessaire (et suffisante) · sine qua non° : *c'est la condition sine qua non de ma venue* · stricte • draconienne · drastique · non négociable · restrictive
- acceptable · raisonnable • préférentielle • attractive · avantageuse : *on a obtenu le prêt à des conditions avantageuses*
- implicite · tacite : *sa réélection repose sur la condition tacite d'une réforme profonde de l'éducation*
- floue
- arbitraire · immorale • excessive · impossible à remplir

∾ **condition** + VERBE
- s'appliquer (à) : *les présentes conditions s'appliquent à toute vente de matériel*
- déterminer · permettre de

∾ VERBE + **condition**
- définir · déterminer : *la loi détermine les conditions d'indemnisation des chômeurs* · réglementer : *le texte réglemente les conditions de distribution de tels produits*
- dicter · établir · fixer · imposer · mettre : *il a mis des conditions à son retour* · poser : *elle n'a posé aucune condition (à sa participation)* • émettre · énoncer · énumérer · faire connaître · formuler · indiquer · marquer · préciser • (re)discuter · négocier : *le loyer a été négocié aux conditions du marché*
- (souvent passif) assortir de · soumettre à · subordonner à : *l'exonération est subordonnée aux conditions suivantes*
- analyser · examiner • se renseigner sur
- harmoniser • changer · modifier · redéfinir
- alléger · assouplir
- durcir : *le décret durcit les conditions de remboursement des médicaments*
- accepter · obéir à · remplir · respecter · réunir · s'adapter à · satisfaire à · se conformer à · se soumettre à : *il a accepté de se soumettre aux conditions de l'ONU*

∾ NOM + DE + **conditions**
- ensemble · foule · liste · série

[2]condition *nom fém.* (état, vie d'un groupe)

∾ **condition** + ADJECTIF
- humaine° • féminine · masculine • ouvrière · prolétarienne • carcérale · étudiante · pénitentiaire · etc.
- enviable : *ce n'est pas là une condition très enviable* · heureuse
- basse [+ nom] · humble : *des gens d'humble condition* • misérable · triste

∾ **condition** + VERBE
- s'améliorer
- changer · évoluer

∾ VERBE + **condition**
- être inhérent à : *la grande misère inhérente à la condition humaine*
- changer · faire évoluer · modifier : *certains changements ont modifié la condition des femmes*
- se résigner à • accepter · assumer : *il a du mal à assumer sa condition d'exilé*
- améliorer
- précariser : *cette loi précarise un peu la condition des intermittents du spectacle*
- échapper à : *comment échapper à cette triste condition ?*

[3]condition *nom fém.* (état d'une personne)

∾ **condition** + ADJECTIF
- physique : *elle est en excellente condition physique* • mentale · psychique · psychologique
- bonne [+ nom] · excellente [+ nom] · irréprochable : *ce rythme soutenu suppose une condition physique irréprochable* · parfaite [+ nom]
- mauvaise [+ nom]

∾ **condition** + VERBE
- s'améliorer
- empirer · s'aggraver

∾ VERBE + **condition**
- avoir : *il a une très bonne condition physique* · être en : *je ne suis pas en assez bonne condition pour y aller*
- améliorer
- (se) mettre en : *les joueurs se mettent en parfaite condition physique avant un tournoi* • parfaire · soigner : *elle soigne sa condition physique* · travailler
- manquer de

conditions *nom fém. plur.* (circonstances)

∾ **conditions** + ADJECTIF
- atmosphériques · climatiques · météorologiques • économiques · matérielles • d'hygiène · sanitaires • de travail · de vie° · etc.
- générales • naturelles : *ce phénomène ne se produit jamais dans des conditions naturelles* · normales : *le vote s'est déroulé dans des conditions normales* · ordinaires • objectives : *les conditions objectives qui permettraient de relever ce défi sont réunies* • particulières · spéciales
- acceptables · adéquates · appropriées · convenables · décentes · satisfaisantes · suffisantes · supportables • équitables : *des conditions de travail équitables* • bonnes [+ nom] · privilégiées • agréables · confortables · excellentes · exceptionnelles · favorables · idéales · idylliques · optimales · parfaites · propices · rêvées
- changeantes · fluctuantes · variables
- anormales • floues · inexpliquées · mystérieuses • sujettes à caution : *il a été élu dans des conditions sujettes à caution* · suspectes : *il est mort dans des conditions suspectes*
- dangereuses · périlleuses • acrobatiques · dantesques : *il nous raconte les conditions dantesques de sa traversée* · rocambolesques : *ils se sont mariés dans des conditions rocambolesques* • difficiles · dures · éprouvantes · extrêmes · mauvaises [+ nom] · rigoureuses · rudes · spartiates • défavorables • abominables · calamiteuses · critiques · dégradantes · dégradées · déplorables · désastreuses · dramatiques · effrayantes · effroyables · épouvantables · humiliantes · inacceptables · indécentes · indignes · inhumaines · insalubres · insupportables · lamentables · misérables · pénibles · piètres [+ nom] : *ils ont enquêté sur leurs piètres conditions de travail* · pitoyables · précaires · sévères · stressantes · terribles

∾ **conditions** + VERBE
- exister · prévaloir : *les conditions d'hygiène qui prévalent dans les hôpitaux* • subsister
- déterminer
- permettre · rendre possible • encourager · favoriser : *les conditions favorisant la croissance*
- rendre impossible : *ces conditions rendent impossible toute négociation*
- changer · évoluer · se modifier
- s'améliorer
- s'aggraver · se dégrader · se détériorer

∞ VERBE + **conditions**
- assurer · créer : *il faut créer les conditions d'une vraie solidarité* · garantir
- avoir · bénéficier de : *les cactus bénéficient de conditions exceptionnelles pour croître*
- adoucir : *pour adoucir leurs conditions de détention* · améliorer
- aggraver · dégrader · détériorer
- s'adapter à : *il s'agit de s'adapter aux conditions d'un marché qui évolue vite*
- affronter : *nos ancêtres devaient affronter des conditions beaucoup plus rudes* · être confronté à · résister à
- fausser : *cette aide de l'État fausse les conditions de concurrence*

∞ NOM + DE + **conditions**
- amélioration
- dégradation

dans des conditions
- se dérouler · survivre · travailler · vivre · voyager

[1]conduite *nom fém.* (comportement)

∞ **conduite** + ADJECTIF
- digne · droite · exemplaire · honnête · irréprochable · louable · loyale · modèle · parfaite • chevaleresque · courageuse · héroïque • prudente · responsable • cohérente · raisonnable · sensée
- bizarre · étrange · excentrique · extravagante · originale · singulière • imprévisible · inattendue • erratique • énigmatique · équivoque · louche · suspecte
- à risque · dangereuse · déraisonnable · imprudente · inconsidérée · suicidaire : *les conduites suicidaires de ces adolescents sont inquiétantes*
- aberrante • agressive • blâmable · répréhensible • impardonnable · inacceptable · inadmissible · inexcusable · inexplicable · injustifiable • déloyale · malhonnête • inappropriée · irresponsable · maladroite · mauvaise [+ nom] : *la mauvaise conduite de quelques joueurs a gâché le match* • déshonorante · honteuse · immorale · inconvenante · indécente · indigne · insupportable · odieuse · offensante · outrageante · pitoyable · scandaleuse : *il a été licencié suite à sa conduite scandaleuse envers ses collègues* • abjecte · déplorable · désastreuse · innommable · inqualifiable : *il a eu une conduite inqualifiable avec les enfants*

∞ VERBE + **conduite**
- adopter · afficher · avoir (+ adj.) : *il a toujours eu une conduite irréprochable* • régler : *il règle sa conduite sur celle de son grand frère / sur le résultat des sondages*
- dicter · guider · influencer
- changer · corriger · modifier • s'acheter · se racheter : *il cherche ainsi à se racheter une conduite et à faire oublier ses crimes passés*
- expliquer · justifier : *rien ne peut justifier une telle conduite* • approuver · louer
- blâmer · critiquer · désapprouver · stigmatiser

ligne de conduite

∞ **ligne de conduite** + ADJECTIF
- générale
- constante · permanente
- claire · stricte
- prudente

∞ VERBE + **ligne de conduite**
- décider de · définir · dicter : *je ne me laisserai pas dicter ma ligne de conduite* · donner · fixer · (s')imposer : *elle s'est imposé une ligne de conduite très stricte*
- adopter · être fidèle à · s'en tenir à · suivre
- déroger à : *le Premier ministre n'a pas dérogé de sa ligne de conduite* · s'écarter de · s'éloigner de

[2]conduite *nom fém.* (d'un véhicule)

∞ **conduite** + ADJECTIF
- à droite · à gauche • de jour · de nuit
- bonne [+ nom] · paisible · pépère[fam.] · prudente · sage · sûre · tranquille • décontractée · souple
- nerveuse · sportive
- dangereuse · imprudente • périlleuse : *la neige et le verglas rendent la conduite périlleuse* • en état d'ivresse

∞ VERBE + **conduite**
- adopter · avoir : *elle a une conduite très sportive*
- s'initier à : *je me suis initiée à la conduite sur neige*
- permettre · rendre (+ adj.) : *le verglas rend la conduite très difficile*
- faciliter

[1]conférence *nom fém.* (exposé)

∞ **conférence** + ADJECTIF
- inaugurale : *la conférence inaugurale aura lieu dans le grand amphithéâtre* · magistrale : *il a fait salle comble lors de deux conférences magistrales sur le système international de justice*

- captivante · extraordinaire · intéressante · passionnante
- longue + nom
- interminable • barbante fam. · ennuyeuse
- brève + nom · courte + nom

∾ **conférence** + VERBE
- avoir lieu · se dérouler · se tenir : *la conférence se tiendra à 9.30 salle 15*
- durer • s'éterniser · traîner en longueur
- aborder · traiter de : *ces conférences traiteront des enjeux de l'industrie*

∾ VERBE + **conférence**
- donner : *elle a donné une conférence sur un thème d'actualité scientifique* · faire · prononcer · tenir
- commencer · ouvrir
- clôturer · conclure · terminer
- aller à · assister à · écouter · suivre
- rater
- reporter
- annuler

∾ NOM + DE + **conférences**
- cycle : *dans le cadre du cycle de conférences "Les écrivains et Paris"* · série · tournée : *il a commencé une tournée de conférences en Europe*

2 conférence *nom fém.* (réunion au sommet)

∾ **conférence** + ADJECTIF
- générale · officielle · préparatoire : *la conférence préparatoire au sommet social* • téléphonique • plénière · tripartite • internationale · mondiale · nationale
- importante • au sommet

∾ **conférence** + VERBE
- avoir lieu · se dérouler · se tenir : *la conférence internationale se tiendra mardi*
- s'ouvrir : *la douzième conférence s'ouvre dimanche à Genève*
- durer
- réunir : *la conférence réunissait tous les candidats à l'Union européenne*

∾ VERBE + **conférence**
- ouvrir : *les deux ministres ouvriront la conférence dans l'après-midi* • déclarer ouverte
- convoquer : *il a convoqué une conférence internationale sur les énergies renouvelables* · organiser · réunir
- participer à • animer · organiser · présider
- clôturer : *le ministre a clôturé la conférence nationale sur l'emploi*
- perturber • bouder · boycotter
- faire capoter · faire échouer · torpiller : *ils ont réussi à torpiller la conférence internationale*
- ajourner · reporter
- annuler

conférence de presse

∾ **conférence de presse** + ADJECTIF
- commune · conjointe
- impromptue
- longue + nom
- brève + nom · courte + nom
- clandestine

∾ **conférence de presse** + VERBE
- avoir lieu · se dérouler · se tenir : *la conférence de presse s'est tenue dans la cour de l'Élysée*
- durer

∾ VERBE + **conférence de presse**
- convoquer
- organiser • improviser : *les familles ont improvisé une conférence de presse en présence de nombreux journalistes* • donner · tenir : *les deux présidents tiendront une conférence de presse commune* • participer à
- reporter
- annuler

confession *nom fém.* (déclaration, aveu de culpabilité)

∾ **confession** + ADJECTIF
- religieuse • amoureuse · érotique · sexuelle · etc.
- écrite · orale • privée · publique · télévisée • posthume
- pudique : *l'auteur retrace son histoire dans une confession pudique*
- franche · intime : *un film curieux, entre confession intime et fiction* · sans fard · sincère · spontanée • complète : *elle peut obtenir l'immunité judiciaire en échange d'une confession complète* · détaillée · longue + nom : *il a enregistré une longue confession de l'ex-dictateur*
- bouleversante · courageuse · déchirante · émouvante · poignante · touchante · troublante • difficile · douloureuse
- étonnante · surprenante
- accablante · accusatrice · amère · brutale · cruelle · effrayante · terrible • impudique · scabreuse · sordide • hypocrite
- forcée : *ces confessions forcées sont totalement invraisemblables*

∾ VERBE + **confession**

- faire · publier · signer : *il a dû signer une confession sous la menace*
- écouter · enregistrer · entendre · obtenir · recueillir : *il a recueilli la confession de son voisin de cellule* • arracher · extorquer

confiance *nom fém.*

∾ **confiance** + ADJECTIF

- populaire · publique • mutuelle · partagée · réciproque
- retrouvée : *nous sommes assurés de la confiance retrouvée de nos lecteurs*
- justifiée • sereine : *du côté de la majorité, on affiche une confiance sereine*
- absolue · accrue · à toute épreuve · énorme · entière [+ nom] : *j'ai une entière confiance en lui* · extrême · forte · grande [+ nom] · immense · inconditionnelle · intacte · large [+ nom] · pleine [+ nom] · profonde · rare · sans bornes · sans faille · sans limites · sans réserve · solide · totale • imperturbable · indestructible · inébranlable · invincible
- aveugle · béate · candide · crédule · naïve • démesurée · exagérée · excessive • injustifiée · insensée · irréfléchie · stupide
- limitée · mesurée · relative : *j'ai une confiance toute relative dans ce genre d'engin volant*

∾ **confiance** + VERBE

- régner : *la confiance règne !* · s'établir · s'imposer · s'installer · s'instaurer
- se construire · se développer • perdurer · se maintenir
- revenir : *la confiance est revenue chez les consommateurs* · se rétablir
- s'effriter · s'émousser · s'éroder
- s'effondrer · s'envoler : *la confiance de la joueuse s'est envolée dans le deuxième set*

∾ VERBE + **confiance**

- rechercher · solliciter : *il doit solliciter la confiance des bailleurs de fonds*
- créer · établir · inspirer : *il inspire (la) confiance* · susciter • ramener · redonner · rendre : *il faut leur rendre confiance dans l'avenir* • mettre en : *il faut d'abord mettre le patient en confiance*
- avoir : *j'ai toute confiance en lui / en ce véhicule* • conserver : *la majorité conserve sa confiance au président* · garder · maintenir • être / se sentir en : *je me sens en confiance avec elle au volant*
- faire : *je lui fais entièrement confiance* • accorder · donner · offrir : *je lui ai offert ma confiance* • mettre ... en / dans · placer ... en / dans : *placer sa confiance en qqn / dans qqch.* • voter [Pol.] : *80 % des députés ont voté la confiance au Premier ministre*
- avoir : *j'ai la confiance du maire* · bénéficier de · (re)conquérir · (re)gagner · jouir de · obtenir · recevoir · retrouver : *il nous faut retrouver la confiance des électeurs*
- être digne de · mériter : *il a prouvé qu'il méritait notre confiance*
- afficher · affirmer · exprimer · manifester · témoigner • réaffirmer
- renouveler • entretenir · ranimer · stimuler • faire renaître · restaurer · rétablir • accroître · augmenter · consolider · raffermir · renforcer
- baser sur : *un système basé sur la confiance* · fonder sur · reposer sur
- être indigne de • abuser de • décevoir · faillir à · trahir · tromper
- être en panne de : *l'équipe est en panne de confiance depuis le début de saison* · perdre : *perdre confiance ; perdre la confiance de qqn*
- ébranler · entamer · éroder : *ces résultats ont gravement érodé la confiance des investisseurs* · miner · saper
- briser · détruire · rompre : *la confiance est rompue entre le ministère et les professionnels* · ruiner • ôter · retirer

∾ NOM + DE + **confiance**

- acte
- gage · marque · signe · témoignage
- degré · dose
- capital
- atmosphère · climat
- regain : *on peut y voir le signe d'un regain de confiance dans l'économie*
- excès
- abus
- érosion • déficit · manque

crise de confiance

∾ **crise de confiance** + ADJECTIF

- financière
- généralisée • grande [+ nom] · grave · grosse [+ nom] · majeure · profonde · sans précédent : *les marchés boursiers sont déstabilisés par une crise de confiance sans précédent* · véritable [+ nom]

∾ **crise de confiance** + VERBE

- durer · perdurer
- atteindre · frapper · secouer · toucher : *cette crise de confiance touche tous les marchés*

∾ VERBE + **crise de confiance**

- entraîner · ouvrir : *la crise de confiance ouverte par l'assassinat du président* · provoquer
- connaître · être confronté à · être en proie à · souffrir de : *les places financières souffrent d'une crise de confiance à l'égard des institutions* · traverser · vivre

- affronter · faire face à
- gérer : *le ministre est incapable de gérer la crise de confiance actuelle*
- désamorcer · enrayer : *rien ne semble pouvoir enrayer la crise de confiance que le pays traverse* · mettre fin à

confiance en soi

∞ confiance en soi + ADJECTIF

- énorme · grande + nom · immense
- excessive

∞ VERBE + confiance en soi

- avoir · (re)prendre · retrouver : *j'ai retrouvé un peu de confiance en moi* • développer
- (re)donner
- manquer de : *il manque trop de confiance en lui*

∞ NOM + DE + confiance en soi

- dose : *cette expérience lui donna la dose de confiance en soi indispensable pour réussir*
- excès
- manque

confidence *nom fém.*

∞ confidence + ADJECTIF

- intime · personnelle · sur l'oreiller○ : *il lui a peut-être fait des confidences sur l'oreiller*
- grande + nom : *je ne lui ai pas fait de grandes confidences*
- anodine · banale · petite + nom • rare : *c'est l'une des rares confidences qu'il m'ait faites*
- déroutante · énigmatique · étonnante · inattendue · surprenante
- bouleversante · touchante
- déplacée · imprudente • impudique : *son dernier essai recèle quelques confidences impudiques*

∞ VERBE + confidence

- (s')échanger · faire · glisser · livrer • chuchoter · murmurer · sussurer • se laisser aller à · se livrer à : *après quelques verres, il s'est livré à des confidences* • mettre dans : *il l'avait mise dans la confidence*
- attirer · encourager · être propice à : *l'obscurité est propice aux confidences* · favoriser · susciter
- être avide de · être en mal de
- entrer dans · être dans : *je n'étais pas dans la confidence* • écouter · glaner · obtenir · recueillir • arracher · soutirer : *les journalistes ont cherché à soutirer des confidences au député*
- publier · rapporter · révéler : *la presse a révélé les confidences du chanteur*
- être avare de · être peu enclin à : *il est peu enclin aux confidences*

confirmation *nom fém.*

∞ confirmation + ADJECTIF

- écrite · formelle · officielle • définitive
- indépendante : *aucune confirmation indépendante de cette attaque n'a pu être obtenue* • expérimentale
- éclatante : *il trouve là une confirmation éclatante de son pronostic* • supplémentaire : *ils y verront probablement une confirmation supplémentaire de leurs craintes*
- implicite : *ce mutisme des autorités valait confirmation implicite* · tacite

∞ confirmation + VERBE

- venir (de) : *la confirmation est venue mercredi / du ministre*

∞ VERBE + confirmation

- attendre • demander
- apporter : *le rapport n'apporte aucune confirmation de ces soupçons*
- avoir : *nous avons eu (la) confirmation de son retour* · obtenir · recevoir : *nous n'avons toujours pas reçu de confirmation officielle* · trouver

conflit *nom masc.* (guerre, tension, tiraillement)

∞ conflit + ADJECTIF

- armé · militaire • (inter)communautaire · (inter)ethnique • civil · intérieur · interne • commercial · familial · idéologique · juridique · politique · religieux · salarial · social • émotionnel · œdipien · personnel · psychique · psychologique · etc.
- international · mondial · national
- naissant · nouveau · récent • imminent
- classique : *ces deux nations s'opposent dans un conflit classique de souveraineté territoriale*
- aigu · exacerbé · généralisé · grand + nom · grave · gros + nom · important · lourd de conséquences / menaces · majeur · profond · réel + nom · sérieux · véritable + nom • déclaré · ouvert : *ce traité est censé mettre un point final à 30 ans de conflit ouvert entre ces deux communautés* • inéluctable · inévitable
- interminable · long + nom · persistant · prolongé • insoluble • incessant · permanent · perpétuel · sans fin • éternel · séculaire · sempiternel · vieux + nom
- dévastateur · dur · meurtrier · sanglant · tragique · violent
- absurde
- mineur • local · localisé • feutré · larvé · latent

∾ **conflit** + VERBE

- éclater · émerger · surgir : *si nous ne réglons pas cette question, des conflits surgiront immanquablement* · survenir
- opposer : *le conflit qui oppose les deux ethnies*
- s'aggraver · se radicaliser · s'intensifier • se généraliser · s'étendre • déborder sur : *le conflit déborde maintenant sur le pays voisin*
- durer · s'éterniser · s'installer dans la durée
- dégénérer · se durcir · s'enliser · s'envenimer : *le conflit s'envenime entre les ex-époux* • pourrir : *ils vont laisser pourrir le conflit pendant les vacances*
- (souvent passif) déchirer · dévaster · fragiliser · paralyser · perturber · ravager · toucher · traverser : *toute la zone est traversée de conflits ; l'homme est traversé de conflits intérieurs*
- épargner (souvent passif) : *la ville a été miraculeusement épargnée par le conflit*
- s'apaiser · s'essouffler
- prendre fin · s'achever · se terminer

∾ VERBE + **conflit**

- aboutir à · conduire à · créer · déboucher sur · déclencher · dégénérer en · être porteur de : *toute réforme est porteuse de conflits* · être source de · faire naître · provoquer · soulever · susciter
- amorcer · engager
- alimenter · attiser : *une série de déclarations propres à attiser le conflit* · élargir · entretenir · envenimer · étendre · exacerber · nourrir : *les fanatismes qui nourrissent le conflit* · radicaliser · rallumer · ranimer • faire durer · prolonger
- aller à : *il est peu désireux d'aller au conflit avec son collègue* • être en : *les deux pays sont en conflit depuis 10 ans* · être en proie à : *une région en proie à un conflit meurtrier*
- entrer dans / en • être impliqué dans · intervenir dans · prendre part à · prendre position dans · s'engager dans · s'immiscer dans · s'interposer dans
- basculer dans : *toute la région a basculé dans le conflit* · s'embourber dans · s'enfoncer dans · s'enliser dans : *les armées étrangères se sont enlisées dans un conflit régional*
- être confronté à · faire face à • être victime de
- arbitrer · gérer · maîtriser : *ces mesures ont contribué à maîtriser le conflit et à sauver des vies*
- apaiser · calmer · canaliser · circonscrire · contenir · débloquer · déminer : *il y a urgence à déminer un conflit social national* · dénouer : *le plan proposé pour commencer à dénouer ce conflit* · désamorcer · limiter · résorber • minimiser
- fuir · se tenir / rester en dehors de • renoncer à
- empêcher · éviter · prévenir
- dénouer : *ils ont confié aux tribunaux le soin de dénouer leurs conflits d'intérêts* · mettre fin à · mettre un point final à · mettre un terme à · régler · résoudre : *la détermination des deux parties à résoudre le conflit à travers un dialogue* · sortir de · trancher · trouver une issue / solution à

∾ NOM + DE + **conflit(s)**

- théâtre
- multiplication · série · suite
- source

confort *nom masc.*

∾ **confort** + ADJECTIF

- financier · matériel • domestique · ménager • physique · sanitaire · technique • acoustique · sonore · visuel • moderne : *un appartement avec tout le confort moderne*
- intellectuel · mental · moral · psychique · psychologique · spirituel • individuel · personnel
- acceptable · appréciable · bon ^+ nom^ · convenable · parfait · petit ^+ nom^ : *elle tient à son petit confort parisien* · satisfaisant • bourgeois : *il se sent mal à l'aise dans le confort bourgeois de la maison* · luxueux · raffiné • capitonné · douillet · feutré : *dans le confort feutré d'un restaurant libanais* · ouaté · tranquille
- absolu · accru · exceptionnel · extrême · grand ^+ nom^ · idéal · inouï · maximum · optimal · total
- aseptisé
- basique · limité · minimal · minimum · modeste · relatif · rudimentaire · simple · sommaire : *c'est un hôtel de village au confort sommaire* • fruste · insuffisant · précaire · rustique · spartiate : *des salles de projection au confort parfois spartiate*

∾ VERBE + **confort**

- avoir besoin de · rechercher
- aimer : *elle aime le confort / son confort* · être attentif à · être soucieux de · tenir à • être habitué à
- avoir : *nous avons tout le confort nécessaire* · disposer de · jouir de : *on jouit en prison d'un confort très relatif* • goûter (à) : *depuis que j'ai goûté au confort de ces mocassins* • se réfugier dans : *elle s'est réfugiée dans le confort d'une petite vie bourgeoise* · s'installer dans
- obtenir · trouver • gagner en : *le nouveau modèle gagne en confort*

- apporter · assurer · fournir · offrir : *les chambres offrent un confort insuffisant pour le prix* · procurer · proposer
- ménager · préserver • accroître · améliorer · optimiser : *tout a été fait pour optimiser le confort des invités*
- bousculer · déranger · gêner
- manquer de : *cette pièce / je manque de confort*
- quitter · renoncer à · sacrifier : *il n'a pas hésité à sacrifier son confort et son intérêt personnel*

confrontation *nom fém.* (affrontement)

∾ confrontation + ADJECTIF

- armée · militaire • judiciaire • artistique · électorale · politique · scientifique · sociale · sportive • intellectuelle · physique · etc.
- démocratique : *la confrontation démocratique par les urnes* • publique : *la municipalité a organisé une confrontation publique entre les opposants*
- télévisée
- attendue : *la confrontation très attendue entre les deux candidats sera décisive* • inéluctable · inévitable · nécessaire • décisive
- grande [+ nom] · importante · majeure • directe · ouverte : *les relations entre les deux hommes ont tourné à la confrontation ouverte* • musclée : *une confrontation musclée entre émeutiers et forces de l'ordre*
- collective · générale
- longue [+ nom] • constante · permanente · quotidienne · systématique : *la confrontation systématique doit faire place au dialogue*
- belle [+ nom] : *nous avons assisté à une belle confrontation entre les deux équipes* · passionnante • au sommet · de haut niveau
- amicale · pacifique : *ce débat vise à une confrontation pacifique des points de vue*
- inégale • stérile • difficile • brutale · douloureuse · houleuse · sanglante · violente

∾ confrontation + VERBE

- commencer
- s'annoncer (+ adj.) : *la confrontation entre les deux factions s'annonce sanglante*
- avoir lieu · se dérouler
- opposer : *la confrontation oppose deux équipes prometteuses*
- durer : *la confrontation a duré près de 3 heures*

∾ VERBE + confrontation

- demander [Droit] : *le juge a demandé la confrontation des deux témoins* • exiger · réclamer · vouloir : *le pays ne veut pas de confrontation avec l'ONU*
- organiser • pousser à
- tourner à : *le débat a tourné à la confrontation*
- accepter · assumer : *le gouvernement s'est résolu à assumer la confrontation avec les syndicats* • se préparer à • être prêt à / pour
- assister à
- craindre · redouter
- repousser · retarder : *le suspect a excipé d'une santé défaillante pour retarder sa confrontation avec les juges*
- éviter · fuir · se passer de : *le gouvernement se serait volontiers passé de cette confrontation* · trouver une alternative à

1 confusion *nom fém.* (anarchie, chaos)

∾ confusion + ADJECTIF

- identitaire · juridique · politique · sociale · etc.
- actuelle · ambiante
- absolue · complète · croissante · extrême · générale · généralisée · grande [+ nom] · totale • épouvantable · incroyable · indescriptible · inexprimable · inimaginable · terrible
- belle [+ nom] : *une belle confusion règne quant aux enjeux du référendum* · joyeuse [+ nom]
- relative

∾ confusion + VERBE

- naître (de) · s'ensuivre : *la dispersion des manifestants et la confusion qui s'ensuivit* · suivre · venir de • s'établir · s'installer
- demeurer : *la confusion demeure totale* · exister · prévaloir · régner : *la plus grande confusion règne sur leur situation juridique*
- subsister : *une certaine confusion subsiste autour du projet* • grandir · s'accroître
- perdurer · persister
- accompagner · entourer • s'emparer de : *la confusion s'est emparée de la droite après l'élection*

∾ VERBE + confusion

- conduire à · créer · déboucher sur · engendrer · entraîner · être source de · jeter (dans) : *cette défaite a jeté la confusion dans les rangs des travaillistes* · provoquer · semer (dans)
- accentuer · accroître · ajouter à : *son indécision ne fait qu'ajouter à la confusion* · augmenter • alimenter · contribuer à · entretenir · favoriser
- profiter de : *il a profité de la confusion générale pour se sauver*
- être dans (un état de) · nager dans / en : *on nage en pleine confusion* · plonger dans · se perdre dans • s'achever dans · se terminer dans
- témoigner de : *leurs réactions témoignent de la confusion actuelle*

- craindre · redouter
- dénoncer · déplorer
- dissiper : *le moment est venu de dissiper la confusion régnant dans l'opinion publique* · éviter · faire cesser · mettre fin à

[2]confusion *nom fém.* (trouble, embarras)

∾ confusion + ADJECTIF
- émotionnelle : *l'état de confusion émotionnelle des personnages* · mentale : *ce psychotrope provoque une confusion mentale* · pathologique
- grande [+ nom] : *il est arrivé à l'hôpital dans une grande confusion*

∾ confusion + VERBE
- être due à · venir de • s'installer : *la confusion s'installe dans l'esprit du patient*
- grandir

∾ VERBE + confusion
- engendrer · entraîner · provoquer : *ce psychotrope provoque confusion mentale et vertiges*
- accentuer · accroître · ajouter à · augmenter
- alimenter
- être atteint de · être dans un état de
- témoigner de : *ces réponses témoignent de la confusion mentale de l'accusé*

[3]confusion *nom fém.* (erreur)

∾ confusion + ADJECTIF
- chronologique · phonétique · sémantique · etc.
- compréhensible · explicable
- courante · fréquente · systématique • (plur.) en cascade · innombrables
- délibérée : *la confusion délibérée entre les registres de réalité et de fiction* · intentionnelle · volontaire · voulue • énorme · importante · incroyable
- dangereuse · grave · grossière · pernicieuse • déplorable · fâcheuse : *le titre de l'exposition entretient une fâcheuse confusion* · malencontreuse · malheureuse · regrettable

∾ confusion + VERBE
- être due à : *un code international permettant d'éviter les confusions dues aux appellations divergentes* · naître de · venir de
- se produire : *des confusions ont pu se produire à cause de la terminologie employée* • subsister : *la confusion subsiste dans le langage familier*

∾ VERBE + confusion
- conduire à · créer · déboucher sur · donner lieu à · engendrer · entraîner · provoquer • être (la) source de : *ces subtilités sont la source de confusions en cascade* · prêter à : *ces similitudes prêtent à confusion*
- alimenter · entretenir : *ces faits contradictoires entretiennent la confusion* • contribuer à : *des expressions homophones ont contribué à la confusion entre les deux mots* · participer à
- faire : *il fait une confusion entre les deux frères*
- écarter · empêcher · éviter · prévenir
- craindre · redouter
- jouer sur : *il joue sur la confusion des noms*
- dissiper · mettre fin à

congé *nom masc.*

∾ congé + ADJECTIF
- familial · maladie · (de) maternité · parental · (de) paternité • individuel de formation • parlementaire · scolaire • annuel · hebdomadaire • légal • payés° : *le report des congés payés annuels n'est pas autorisé* · rémunéré • sabbatique · sans rémunération · sans solde
- illimité · long [+ nom] · prolongé • (de) longue durée · longue maladie
- exceptionnel · spécial · supplémentaire
- petit [+ nom]
- forcé : *avec les congés forcés, c'est près de la moitié de la population active qui est sans emploi*

∾ congé + VERBE
- commencer : *les congés parlementaires de Pâques commenceront le 8 avril*
- finir · se terminer

∾ VERBE + congé
- demander · réclamer · solliciter : *le salarié peut solliciter un congé individuel de formation*
- accorder · octroyer • donner droit à
- avoir · avoir droit à • bénéficier de · disposer de : *les femmes enceintes disposent d'un congé maternité* · obtenir
- être en : *je serai en congé du 10 au 25 avril* · partir en · prendre : *elle a pris un congé bien mérité* · se mettre en • profiter de
- étaler : *j'ai étalé mes congés d'hiver sur trois semaines* • prolonger • écourter
- reporter : *l'employeur peut reporter le congé s'il estime que le départ du salarié est préjudiciable à la production*

conjecture *nom fém.* (souvent plur.)

∞ **conjecture** + ADJECTIF

- pure $^{+ nom}$: *tout cela n'est que pure conjecture* · simple $^{+ nom}$: *c'est une simple conjecture de ma part*
- dangereuse · vaine : *toutes ces vaines conjectures ne nous mènent à rien*

∞ **conjecture** + VERBE

- aller bon train (plur.) : *les conjectures vont bon train sur un possible rachat de l'entreprise*

∞ VERBE + **conjecture**

- faire · se laisser aller à : *sans se laisser aller à des conjectures dangereuses* · se livrer à · se permettre · tirer : *quelles conjectures en tirer ?* • se perdre en : *les enquêteurs se perdent en conjectures* • en être réduit à · s'en tenir à : *on ne peut s'en tenir qu'à des conjectures*
- relever de
- donner / fournir (de la) matière à · donner lieu à · être matière à · faire l'objet de • alimenter : *son silence a alimenté les conjectures*
- éviter · se refuser à : *il se refuse à toute conjecture sur les intentions du Président*
- mettre fin à : *sa déclaration a mis fin aux conjectures*

conjoncture *nom fém.*

∞ **conjoncture** + ADJECTIF

- boursière · économique · immobilière · industrielle · pétrolière · politique · sociale · etc.
- générale • internationale · mondiale • domestique · intérieure · nationale • actuelle · présente • particulière · spéciale
- avantageuse · bonne $^{+ nom}$ · favorable · porteuse : *les constructeurs automobiles ont bénéficié d'une conjoncture porteuse* · positive · prospère • exceptionnelle · florissante
- cyclique · en dents de scie · hésitante · incertaine · instable : *les entreprises sont confrontées à une conjoncture économique instable*
- délicate · difficile · faible : *le recul des recettes fiscales dû à la faible conjoncture* · maussade · médiocre · morose · peu porteuse • agitée : *dans une conjoncture politique régionale très agitée* · défaillante : *des mesures de soutien à une conjoncture économique défaillante* · défavorable · dégradée · déprimée · mauvaise $^{+ nom}$ · négative · peu propice · tendue • désastreuse · effroyable

∞ **conjoncture** + VERBE

- être marquée par : *la conjoncture économique est marquée par une forte progression de l'emploi*
- évoluer · fluctuer • se renverser · se retourner
- s'améliorer · se redresser : *la conjoncture s'est redressée et on a trouvé de nouveaux marchés*
- faiblir · ralentir · s'affaiblir • s'assombrir · se dégrader · se détériorer : *si la conjoncture se détériore, les grands groupes reverront leurs prévisions à la baisse*
- affecter : *le secteur du tourisme ne paraît pas trop affecté par la conjoncture*

∞ VERBE + **conjoncture**

- jouir de : *les places européennes jouissent d'une conjoncture exceptionnelle* · profiter de
- s'adapter à
- dépendre de · être dépendant de · être tributaire de
- relancer · soutenir : *des programmes d'investissement public sont mis en œuvre pour soutenir la conjoncture*
- affecter : *la crise asiatique pourrait affecter la conjoncture européenne* · toucher • influencer
- intervenir dans : *ces événements interviennent dans une conjoncture déjà morose*
- analyser

∞ NOM + DE + **conjoncture**

- amélioration
- dégradation · détérioration

[1] connaissance *nom fém.* (fait de connaître, maîtrise)

∞ **connaissance** + ADJECTIF

- empirique · expérimentale • concrète · directe · pratique • instinctive · intuitive • abstraite · académique · livresque : *les jeunes générations n'ont de Vichy qu'une connaissance livresque* · scolaire · théorique • de première / seconde main · indirecte
- réelle $^{+ nom}$ · véritable $^{+ nom}$ · vraie $^{+ nom}$
- aigüe : *il témoigne d'une connaissance aiguë du septième art* · approfondie · claire · intime · profonde · solide : *cela implique une solide connaissance des écosystèmes* · supérieure • détaillée · exacte · fine : *ils possèdent une connaissance fine du terrain* · minutieuse : *son analyse se fonde sur une connaissance minutieuse du terrain* · précise · rigoureuse : *la connaissance rigoureuse d'un répertoire est indispensable pour un musicien* • complète · exhaustive : *cela rendait indispensable une connaissance aussi exhaustive que possible du génome* • encyclopédique : *un chanteur d'opéra n'a pas nécessairement une connaissance encyclopédique de la musique*

- objective : *une partie de l'être humain échappe à toute connaissance objective* • admirable · bonne ⁺ ⁿᵒᵐ · étourdissante · excellente · exceptionnelle · impressionnante · incomparable · parfaite · rare
- balbutiante : *la connaissance du cerveau est encore balbutiante* • élémentaire : *une connaissance élémentaire de la situation rend tout cela évident* · minimale • limitée · réduite · relative · restreinte · rudimentaire : *ma connaissance du chinois est assez rudimentaire* · sommaire · superficielle • fragmentaire · lacunaire · parcellaire : *nous n'avons qu'une connaissance parcellaire de l'univers* · partielle • faible · imparfaite · insuffisante · mauvaise + nom : *sa mauvaise connaissance du terrain l'a pénalisé* • approximative · confuse · floue · vague : *il n'a qu'une connaissance assez vague du sujet*
- inutile · stérile · vaine

∞ connaissance + VERBE

- progresser : *notre connaissance de cette période a beaucoup progressé*

∞ VERBE + connaissance

- impliquer · nécessiter · requérir : *le poste requiert des connaissances en informatique* · supposer
- être basé sur · être fondé sur · reposer sur
- avoir : *il n'a qu'une connaissance parcellaire du fonctionnement de cette institution* · posséder • faire preuve de : *elle fait preuve d'une connaissance très fine du sujet*
- attester de · montrer · témoigner de
- accéder à · avoir accès à : *les femmes ont difficilement accès à la connaissance dans ce pays*
- faciliter l'accès à · favoriser l'accès à
- affiner : *ils interrogent les malades pour affiner leur connaissance des symptômes* · améliorer · enrichir · parfaire · perfectionner • contribuer à : *il a largement contribué à la connaissance de la musique indienne en France* · faire avancer · faire progresser

[2]connaissance *nom fém.* (savoir dans un domaine, souvent plur.)

∞ connaissance + ADJECTIF

- historique · linguistique · médicale · scientifique : *en l'état actuel des connaissances scientifiques* · technique · etc.
- indispensable · nécessaire · préalable · suffisante : *ils n'ont pas les connaissances suffisantes pour s'acquitter de leur mission* · utile
- bonne + nom · considérable · étendue · pointue : *une reconstitution basée sur des connaissances anatomiques pointues* · sérieuse · solide · vaste • approfondie · excellente · précise : *il manque de connaissances précises sur le sujet*
- de base · élémentaire : *ils n'ont même pas accès aux connaissances médicales les plus élémentaires* · minimale · rudimentaire • fragmentaire · lacunaire · parcellaire · partielle • approximative · vague • limitée · maigre · réduite · sommaire · superficielle • faible · insuffisante · mal assimilée : *un devoir médiocre réalisé sur la base de connaissances mal assimilées*

∞ VERBE + connaissance

- impliquer · nécessiter · requérir · supposer
- avoir soif de · être assoiffé de · être avide de : *un enfant avide de connaissances et toujours prêt à apprendre*
- avoir : *elle a d'excellentes connaissances en botanique* · posséder • faire étalage de : *il aime faire étalage de ses connaissances en musique baroque*
- accéder à · acquérir · assimiler · avoir accès à · s'approprier : *il faut aider le jeune à s'approprier ces connaissances* · s'ouvrir à : *les élèves s'ouvrent à d'autres connaissances comme l'informatique* • glaner · grappiller • accumuler · amasser · rassembler
- être basé sur · être fondé sur · reposer sur · utiliser : *les enfants devront réaliser une série de jeux en utilisant leurs connaissances en géographie* • mettre en pratique
- diffuser · inculquer · transmettre • vulgariser : *cet ouvrage est destiné à vulgariser des connaissances scientifiques*
- actualiser · approfondir · mettre à jour
- accroître · augmenter · compléter · développer · élargir · enrichir · étendre • capitaliser : *il s'agit de capitaliser les connaissances de nos chercheurs*
- contrôler · tester · valider : *un examen valide les connaissances en fin de premier cycle* · vérifier

∞ NOM + DE + connaissances

- accumulation · ensemble · masse · mine · somme

[3]connaissance *nom fém.* (personne)

∞ connaissance + ADJECTIF

- nouvelle + nom
- ancienne + nom · de longue date · vieille + nom

∞ VERBE + connaissance

- (se) faire : *je me suis fait de nouvelles connaissances au camping*

∾ NOM + DE + **connaissances**
- réseau : *il a activé son réseau de connaissances*

REM. On rencontre parfois "nouer, tisser des connaissances". Évitez cette expression maladroite et préférez "se faire des connaissances".

[1] **connexion** *nom fém.* (branchement)

∾ **connexion** + ADJECTIF
- adsl · internet · téléphonique
- mobile · nomade · sans fil · wifi
- gratuite · payante
- simultanée : *ce système permet la connexion simultanée de 20 postes* • journalière · quotidienne
- locale : *on y accède par une connexion locale à Internet*
- bas débit · lente
- automatique · directe • haut débit · rapide • sécurisée · sûre
- illimitée : *20 euros par mois pour une connexion illimitée* · permanente

∾ **connexion** + VERBE
- se faire · s'effectuer · s'établir
- coûter

∾ VERBE + **connexion**
- effectuer · (r)établir · faire · procéder à
- offrir : *ils offrent des connexions par satellite et par câble* · proposer
- avoir · disposer de · posséder : *je possède une connexion adsl*
- passer par : *je passe par une connexion sécurisée pour effectuer mes paiements*
- couper · interrompre · mettre fin à

∾ NOM + DE + **connexions**
- afflux · pic : *il y a un pic de connexions en milieu d'après-midi*

[2] **connexion** *nom fém.* (rapport, lien)

∾ **connexion** + ADJECTIF
- étroite : *le livre révèle les connexions étroites entre les narco-trafiquants et le monde des finances* · forte [+ nom] · intime
- douteuse · suspecte

∾ **connexion** + VERBE
- exister : *des connexions existent entre politique et média*

∾ VERBE + **connexion**
- établir · faire : *je n'avais pas fait la connexion entre les deux problèmes*
- mettre au jour : *l'enquête met au jour de douteuses connexions entre le chanteur et la mafia* · révéler

[1] **conquête** *nom fém.* (action de conquérir)

∾ **conquête** + ADJECTIF
- lunaire · martienne : *c'est la première étape vers la conquête martienne* · spatiale • coloniale · militaire · territoriale
- épique · légendaire : *les conquêtes légendaires des grands alpinistes* • ambitieuse
- rapide : *les rebelles ont entrepris une conquête rapide des territoires du nord*
- pacifique : *il poursuit sa conquête pacifique du pouvoir* • lente : *la lente conquête du suffrage universel* · progressive : *il raconte la conquête progressive des Antilles*
- difficile : *la difficile conquête de l'indépendance* · laborieuse
- avortée : *la conquête avortée de l'Amérique par les Vikings*

∾ VERBE + **conquête**
- avoir soif de · rêver de : *il rêve de conquête spatiale depuis qu'il a vu décoller Spoutnik*
- entreprendre · faire · (re)partir à : *elle est (re)partie à la conquête des cimes andines* · s'élancer à · se lancer à : *il s'est lancé à la conquête du marché japonais* · se lancer dans · tenter • poursuivre • réussir (dans) : *ils n'ont pas encore réussi leur conquête du marché européen*
- aider à · faciliter : *pour faciliter la conquête de marchés extérieurs*
- achever : *Vasco de Gama voulut achever la conquête de la route de l'océan Indien*
- échouer dans

[2] **conquête** *nom fém.* (pays, chose conquise)

∾ **conquête** + ADJECTIF
- coloniale · militaire · territoriale • napoléonienne • révolutionnaire • scientifique • démocratique · ouvrière · politique · sociale · syndicale · etc.
- fondamentale · importante · majeure : *la libre circulation est considérée comme une conquête majeure de la démocratie* · significative
- belle [+ nom] · noble [○ + nom] : *« La plus noble conquête que l'Homme ait jamais faite est celle de ce fier et fougueux animal qui partage avec lui les fatigues de la guerre et la gloire des combats »* (Buffon, *Histoire naturelle*, t. IV, "Le Cheval") · précieuse [+ nom] : *c'est l'une des plus précieuses conquêtes du XXe siècle*

∾ VERBE + **conquête**
- consolider : *les alliés sont occupés à consolider leurs conquêtes dans le sud du pays*
- défendre · préserver : *nous devons préserver ces conquêtes sociales*

³conquête *nom fém.* (personne séduite)

∾ conquête + ADJECTIF
- amoureuse · féminine · masculine • dernière [+ nom] · nouvelle [+ nom] : *c'est sa nouvelle conquête*

∾ VERBE + conquête
- (plur.) accumuler · collectionner · multiplier : *elle multiplie les conquêtes masculines*
- (plur.) énumérer · recenser : *le vieil homme recense ses conquêtes*

¹conscience *nom fém.* (compréhension, perception)

∾ conscience + ADJECTIF
- de classe · identitaire · sociale • politique · religieuse • citoyenne · civique · démocratique
- individuelle · personnelle • collective : *ces événements ont laissé un sentiment de malaise dans la conscience collective* · commune
- aiguë : *elle a une conscience aiguë de sa condition* · claire · exacte · grande [+ nom] : *il a une grande conscience de ses limites et de ses faiblesses* · intime : *sa conscience intime du monde* · juste · lucide · nette · parfaite · vive : *ils ont une vive conscience des difficultés du métier*
- confuse · vague : *j'avais la conscience vague que quelque chose n'allait pas*

∾ VERBE + conscience
- créer · développer · faire naître · forger : *il insiste sur le rôle des enseignants pour forger une conscience citoyenne*
- accéder à · s'éveiller à : *la nouvelle génération de dirigeants s'est éveillée à la conscience politique sur les campus* • prendre (sans art.) : *prendre conscience de qqch.*
- avoir : *avoir conscience de qqch.; ils ont une conscience politique peu développée* · posséder : *chacun doit posséder une conscience claire de ses droits*
- aiguiser · développer : *il faut développer une conscience du risque* · renforcer
- perdre : *il a tendance à perdre la conscience de ses limites*

prise de conscience

∾ prise de conscience + ADJECTIF
- individuelle · personnelle • collective · globale · internationale · nationale · universelle
- accrue · croissante · grandissante • large : *cette évolution coïncide avec une prise de conscience plus large des enjeux écologiques*
- brutale · soudaine · subite
- citoyenne • bénéfique · salutaire : *ces préoccupations sont le signe d'une prise de conscience salutaire*
- récente · tardive • lente • insuffisante : *elle dénonce une prise de conscience insuffisante du problème*
- douloureuse : *ce licenciement a été l'occasion d'une douloureuse prise de conscience*

∾ prise de conscience + VERBE
- s'imposer • s'amorcer · s'opérer : *la prise de conscience s'est opérée lentement*
- s'accompagner de : *cette prise de conscience s'accompagne d'un changement de vocabulaire*
- amener à · conduire à : *cette prise de conscience l'a conduit à militer*

∾ VERBE + prise de conscience
- déclencher · provoquer : *ce meurtre a provoqué la prise de conscience nécessaire face à la violence*
- résulter de · venir de
- accélérer : *ces reportages ont beaucoup fait pour accélérer notre prise de conscience* · aider (à) · faciliter
- montrer · témoigner de : *ce genre de sommet témoigne de la prise de conscience du monde politique*
- se réjouir de

conscience professionnelle

∾ conscience professionnelle + ADJECTIF
- grande [+ nom] · infinie
- admirable · exemplaire · louable

∾ VERBE + conscience professionnelle
- faire preuve de : *il a fait preuve d'une grande conscience professionnelle* · montrer
- pousser : *il pousse la conscience professionnelle très loin*
- admirer · louer · rendre hommage à · saluer
- (re)mettre en cause : *elle a été très vexée qu'on remette en cause sa conscience professionnelle*

∾ NOM + DE + conscience professionnelle
- fonds : *un vieux fonds de conscience professionnelle*
- absence · manque

²conscience *nom fém.* (moralité)

∾ conscience + ADJECTIF
- morale
- bonne [○ + nom] : *avoir / se donner bonne conscience* · en paix · tranquille : *j'ai la conscience tranquille*
- élastique : *de jeunes cadres aux dents longues et à la conscience élastique*
- mauvaise [○ + nom] : *avoir mauvaise conscience* • chargée · torturée · tourmentée · troublée

∾ conscience + VERBE
- dicter : *je ferai ce que me dicte ma conscience*

∾ VERBE + **conscience**
- avoir : *j'ai maintenant la conscience en paix*
- donner : *l'aider m'a donné bonne conscience*
- s'acheter : *il s'est acheté une bonne conscience* · se donner : *je l'ai fait pour me donner bonne conscience*
- écouter : *elle a écouté (la voix de) sa conscience* · obéir à · suivre
- éclairer : *il veut éclairer les consciences sur les enjeux sociaux* · interroger : *cette question interroge la conscience de chacun*
- (r)éveiller : *il cherche à éveiller la conscience de la jeunesse*
- apaiser · décharger · être en paix avec · laver · libérer · soulager : *il s'est confié à moi pour soulager sa conscience* • composer avec · s'arranger avec · se débrouiller avec · transiger avec : *quand on est dans les affaires, on apprend à transiger avec sa conscience*
- hanter : *ces répressions n'ont pas cessé de hanter la conscience occidentale / les consciences* • choquer · heurter : *ces ordres heurtent la conscience morale* · remuer : *cet anarchiste aura passé sa vie à remuer les consciences* · secouer
- anesthésier · endormir : *des euphémismes destinés à endormir leur conscience*
- agir contre · aller contre · parler contre

∾ NOM + DE + **conscience**
- crise : *ce dilemme provoque chez lui une vraie crise de conscience*

en conscience
- juger

selon sa conscience
- agir · choisir · parler · se déterminer · se prononcer · voter

sur la conscience
- avoir : *il a un crime / un poids / deux morts sur la conscience*
- peser : *ce mensonge pesait sur sa conscience*

▷ voir aussi [1]**conscience, prise de conscience**

examen de conscience

∾ examen de conscience + ADJECTIF
- collectif
- indispensable · nécessaire
- sérieux
- difficile · douloureux
- petit [+ nom] : *chacun va se livrer à son petit examen de conscience*

∾ VERBE + **examen de conscience**
- déclencher · donner lieu à : *cet épisode a donné lieu à un examen de conscience collectif*
- amorcer : *ils ont amorcé un examen de conscience sur l'antisémitisme* • faire : *c'est l'occasion de faire un examen de conscience collectif* · pratiquer · procéder à · se lancer dans · se livrer à

[3]conscience *nom fém.* (état d'éveil)

∾ VERBE + **conscience**
- reprendre (sans art.) : *il n'a jamais repris conscience*
- altérer · modifier : *les psychotropes modifient la conscience*
- perdre (sans art.) : *elle perdit conscience et se réveilla quelque temps plus tard*

[1]conseil *nom masc. plur.* (recommandation)

∾ conseil + ADJECTIF
- boursier · financier • diététique · médical · nutritionnel · etc.
- pratique • personnalisé · spécialisé
- petit [+ nom] : *laisse-moi te donner un petit conseil* · simple : *un simple conseil : partez pendant qu'il en est encore temps*
- insistant · pressant : *sur les conseils pressants de son fils, il s'est décidé à vendre l'entreprise*
- bon [+ nom] : *il est toujours de bon conseil ; elle m'a donné de bons conseils* · éclairé · excellent · judicieux · précieux • avisé · prudent · raisonnable · sage · sensé • précis • indispensable · salutaire · utile • amical · bienveillant · désintéressé
- idiot · inadapté · inutile · mauvais [+ nom] • intéressé

∾ VERBE + **conseil**
- demander : *demander conseil à qqn; je lui ai demandé quelques conseils en la matière* · solliciter • avoir recours à
- adresser · délivrer · donner · émettre • (plur.) dispenser · distiller · prodiguer : *ce site prodigue des conseils pour l'entretien des plantes carnivores* • multiplier (plur.) • échanger (plur.) : *ils se retrouvent sur ce site pour échanger des conseils* • assortir de : *l'ordonnance est assortie de quelques conseils nutritionnels*
- accepter · appliquer · écouter · faire sur : *je l'ai fait sur les conseils de mon notaire* · suivre · tenir compte de : *il tient rarement compte de mes conseils* • méditer : *je te laisse méditer ces conseils*
- bénéficier de · profiter de · recevoir : *elle a reçu d'excellents conseils de son banquier*

- être / rester sourd à : *il reste sourd aux conseils du chirurgien* · faire fi de : *il a fait fi de mes conseils* · négliger · refuser · rejeter · repousser · se moquer de

∞ NOM + DE + **conseils**
- foule · multitude · pléthore · série · tas[fam.] • mine : *ce livre est une mine de conseils*

[2]conseil *nom masc.* (assemblée)

∞ **conseil** + ADJECTIF
- académique · juridique · ministériel · scientifique · syndical · universitaire • consultatif · exécutif : *31 personnes composent le conseil exécutif de l'OMS* · législatif
- de quartier · local · municipal · régional • restreint : *un conseil restreint a été convoqué d'urgence à l'Élysée* • central · permanent • indépendant : *un conseil indépendant sera chargé de la lutte contre le dopage*

∞ **conseil** + VERBE
- se réunir · se tenir · siéger : *le conseil siège trois fois par an*
- délibérer · statuer sur · voter • élire : *le conseil élit son président parmi les membres du bureau*
- adopter : *le Conseil a adopté ces résolutions à l'unanimité* · approuver · entériner · valider
- rejeter • condamner

∞ VERBE + **conseil**
- constituer · créer · former · instituer : *il veut instituer un conseil de surveillance* • renouveler
- élire à · nommer à : *il a été nommé au conseil consultatif*
- adhérer à · être membre de · faire partie de · (ré)intégrer · siéger à : *il est le seul maire d'une grande ville à siéger au conseil régional* • diriger · présider
- convoquer · réunir · saisir • consulter
- proposer à · soumettre à : *ils ont soumis la question au Conseil constitutionnel*
- démissionner de · se retirer de • claquer la porte de[fam.]

consensus *nom masc.*

∞ **consensus** + ADJECTIF
- idéologique · politique · social · syndical • démocratique · républicain • médical · scientifique · etc.
- ambiant • général · national • ample : *un ample consensus semble s'être dégagé sur ce point* · croissant : *il existe un consensus croissant sur la question du réchauffement climatique* · fort · grand [+ nom] : *il existe un grand consensus sur ce sujet* · large · vaste • universel • beau [+ nom] · parfait • fameux [+ nom] : *comment obtenir ce fameux consensus national ?*
- fragile · mou° : *le congrès s'achève sur un consensus mou* · relatif · tiède • local · minimal · minimum • apparent · de façade • momentané · provisoire
- implicite · tacite : *bien qu'il n'y ait pas eu de décision officielle, il existe un consensus tacite*
- improbable · inespéré : *ils sont parvenus à un consensus inespéré*
- difficile • impossible
- faux [+ nom] : *ils sont tombés dans le piège du faux consensus* · trompeur

∞ **consensus** + VERBE
- émerger : *un consensus émerge lentement des négociations* · s'ébaucher · se dégager · se dessiner · s'esquisser · s'établir
- exister : *il semble qu'un consensus existe au sein de l'Union pour occulter ce problème* · régner · se faire
- s'effriter : *ce beau consensus commence à s'effriter*

∞ VERBE + **consensus**
- appeler à · (re)chercher
- bâtir · constituer · créer · établir · réaliser : *il n'est plus en position de réaliser un consensus au sein de son parti* · susciter • aboutir à · arriver à · déboucher sur · dégager · négocier · obtenir · parvenir à · recueillir : *il veut recueillir un large consensus sur son projet* · trouver • arracher : *le gouvernement a pu arracher un consensus au sommet socio-économique*
- forcer : *il ne s'agit pas de forcer un consensus* · imposer
- faire l'objet de
- renforcer • maintenir · préserver
- se rallier à
- reposer sur • être le fruit de
- menacer : *ce pays prend un virage libéral qui menace le consensus social*
- briser · rompre : *ils font tout pour rompre le consensus ambiant*

consentement *nom masc.*

∞ **consentement** + ADJECTIF
- sexuel : *l'âge du consentement sexuel a été fixé à 16 ans* • parental • individuel · personnel • écrit · oral · verbal • nécessaire · obligatoire · préalable
- explicite · exprès · formel · officiel • plein [+ nom] : *avec le plein consentement de son conjoint* · sans réserve • libre : *ils doivent pouvoir exprimer leur libre consentement à toute évolution statutaire* · volontaire • éclairé° : *le praticien doit recueillir le consentement éclairé du patient*

- général · unanime • mutuel° : *divorcer par consentement mutuel* · réciproque
- implicite · présumé : *c'est le principe du consentement présumé : tout individu est potentiellement donneur, sauf s'il signifie son refus* · tacite

∾ VERBE + **consentement**
- demander · exiger • nécessiter · requérir · supposer
- accorder · donner · exprimer : *le mariage n'est valide que si le consentement de chacun des deux futurs époux a été exprimé librement*
- obtenir · recevoir · recueillir • arracher : *il est parvenu à arracher le consentement du père de la fille et il l'a épousée* · extorquer · forcer : *ils ont forcé le consentement du président*
- refuser : *s'il me refuse son consentement, je m'en passerai*

conséquence *nom fém.* (suite)

∾ **conséquence** + ADJECTIF
- écologique · humaine · sociale • économique · financière · matérielle • juridique · politique • clinique · psychologique · sanitaire · thérapeutique · etc.
- générale · globale • à court / moyen / long terme
- attendue · prévisible • plausible · possible · potentielle · probable
- (plur.) diverses · multiples · variées
- exacte : *pour mesurer les conséquences exactes du phénomène* · précise
- naturelle : *ces difficultés sont la conséquence naturelle de l'explosion démographique* · nécessaire · obligée • directe · évidente · logique : *la chute de la production agricole est une conséquence logique de la réforme agraire* • inéluctable · inévitable
- immédiate · instantanée
- concrète · tangible · visible • capitale · considérable · décisive · essentielle · extrême · grande + nom · importante · incommensurable · majeure · non négligeable · radicale • grave · lourde · redoutable · sérieuse • irrémédiable · irréparable · irréversible : *l'accident a eu des conséquences irréversibles*
- durable : *cela risque d'avoir des conséquences durables sur notre économie*
- étonnante · imprévisible · imprévue · inattendue · paradoxale · surprenante
- limitée • différée · tardive • éloignée · indirecte · lointaine · secondaire
- bénéfique · favorable · heureuse · positive · salutaire : *la hausse des exportations a eu des conséquences salutaires sur l'économie intérieure*
- défavorable · négative • désagréable · fâcheuse · indésirable · inquiétante • brutale • catastrophique · dangereuse · déplorable · désastreuse · dévastatrice · dommageable · dramatique · effroyable · funeste · malheureuse · néfaste · pernicieuse · perverse · préjudiciable · regrettable · terrible · tragique · triste • fatale · mortelle : *des maladies aux conséquences mortelles évitables*

∾ **conséquence** + VERBE
- découler de · résulter de

∾ VERBE + **conséquence**
- avoir (comme / pour) : *avoir comme / pour conséquence ; l'inflation a eu d'importantes conséquences politiques et sociales* • engendrer · entraîner · impliquer · provoquer • porter à° (sans art.) : *cela ne porte pas à conséquence* · prêter à° (sans art.) : *cela pourrait prêter à conséquence* · tirer à° (sans art.) : *cela ne tire pas à conséquence* • être lourd de° : *votre décision sera lourde de conséquences*
- ressentir · souffrir de · subir · supporter : *c'est moi qui supporterai les conséquences de ses actes*
- considérer · envisager · penser à · prendre en compte · réfléchir à · regarder · se pencher sur · s'interroger sur · songer à • anticiper · prédire · prévoir • calculer · chiffrer · discerner · estimer · étudier · évaluer · examiner · mesurer · peser · prendre la mesure · soupeser : *elle a longuement soupesé les conséquences de sa décision* • sous-estimer : *les investisseurs ont sous-estimé les conséquences de la crise boursière*
- assumer • accepter · contrôler · s'adapter à • tirer : *ils ont tiré les conséquences de leur échec*
- craindre · redouter · s'alarmer de · se soucier de (souvent nég.) : *il prend des décisions sans se soucier des conséquences* · s'inquiéter de : *nous n'avons pas à nous inquiéter des conséquences politiques de cette décision* • regretter · se plaindre de
- être dénué de
- amortir : *il faut amortir les conséquences dévastatrices du choc pétrolier* · atténuer · limiter • dédramatiser : *ils se sont efforcés de dédramatiser les conséquences monétaires de cette décision* · minimiser
- éviter · prévenir • parer à · remédier à : *des travaux destinés à remédier aux conséquences de l'accident* • échapper à
- cacher · dissimuler · masquer · occulter · passer sous silence · taire : *on a longtemps tu les conséquences de cette guerre*

∾ NOM + DE + **conséquences**

- cascade : *parfois, un seul geste déclenche une cascade de conséquences imprévisibles* · foule · lot · série

REM. On rencontre parfois "produire, comporter des conséquences". Évitez ces expressions maladroites et préférez "avoir, entraîner des conséquences".

[1]considération *nom fém.* (raison, motif ; souvent plur.)

∾ **considération** + ADJECTIF

- budgétaire · commerciale · conjoncturelle · économique · financière • médicale · sanitaire · scientifique · technique • juridique • sociale · sociologique • stratégique · tactique • militaire • diplomatique · électorale · politique • sécuritaire : *cela a été fait pour des considérations strictement sécuritaires* • écologique · environnementale • éthique · humanitaire · idéologique · métaphysique · morale : *des considérations faussement morales* · philosophique · religieuse • psychologique • culturelle · esthétique • matérielle · pragmatique · pratique · théorique · etc.
- contingente · extérieure · externe • intérieure · interne • personnelle · subjective
- majeure : *il doit prendre en compte une série de considérations majeures avant de se décider*
- simple [+ nom] · stricte [+ nom] : *au-delà des strictes considérations techniques* • subtile
- obscure · peu claire · vague : *il a été noté sur la base de considérations vagues et subjectives*
- égoïste · mercantile : *ils l'ont fait pour des considérations bassement mercantiles* · mesquine • électoraliste · partisane · politicienne
- étrangère à : *ce sont des considérations totalement étrangères à l'intérêt de l'enfant*

∾ **considération** + VERBE

- intervenir · peser sur : *autant de considérations qui vont peser sur la politique extérieure* · s'ajouter à : *à ceci s'ajoutent des considérations plus prosaïquement financières* • (souvent passif) dicter : *son choix a été dicté par des considérations politiques* · guider · inspirer · justifier : *l'intervention était justifiée par des considérations humanitaires* · motiver

∾ VERBE + **considération**

- dépendre de : *ce choix ne dépend pas uniquement de considérations économiques* · être basé sur · être fondé sur · obéir à · relever de · reposer sur
- intégrer : *ce système économique intègre des considérations environnementales en amont* · prendre en compte · tenir compte de
- prendre le pas sur : *des impératifs économiques prennent le pas sur les considérations personnelles*
- balayer (d'un revers de main) · ne pas s'embarrasser de : *l'assureur ne s'embarrasse pas de considérations idéologiques* · s'abstraire de

∾ NOM + DE + **considérations**

- série : *le projet doit prendre en compte une série de considérations techniques*

[2]considération *nom fém.* (remarque, souvent plur.)

∾ **considération** + ADJECTIF

- vague : *il s'est lancé dans de vagues considérations sur l'état du monde*
- oiseuse · vaine : *il est entré dans de vaines considérations d'ordre esthétique* • hasardeuse · inutile
- désabusée

∾ VERBE + **considération**

- entrer dans (+ adj.) : *il ne craint pas d'entrer dans des considérations techniques* · se laisser aller à · se lancer dans • mêler : *il fait des digressions, mêlant des considérations sur la peinture, la musique et la littérature* • assortir de : *elle a assorti son discours de considérations morales et juridiques*
- revenir à : *pour revenir à des considérations plus proches de nos intérêts* · s'en tenir à : *il s'en est tenu à des considérations générales sur les défis à relever*

▷ voir aussi [1]**considération**

[3]considération *nom fém.* (estime, attention)

∾ **considération** + ADJECTIF

- grande [+ nom] · haute [+ nom] : *veuillez croire à l'assurance de ma haute considération* · particulière : *la profession médicale jouit d'une considération particulière* · respectueuse° · spéciale
- générale • réciproque
- piètre [+ nom] : *la concurrence est tenue en piètre considération*

∾ VERBE + **considération**

- avoir (pour) : *j'ai beaucoup de considération pour elle* • accorder : *des lieux d'écoute qui accordent de la considération à la parole des victimes*
- être digne de · mériter
- gagner : *il a gagné la considération de tous* · jouir de : *une profession qui jouit de la considération générale* · obtenir

consigne *nom fém.* (conseil)

∾ **consigne** + ADJECTIF

- gouvernementale · ministérielle · nationale • électorale

- initiale · première $^{+ nom}$ • nouvelle • dernière : *dernière consigne : n'allez pas trop vite* · ultime
- générale · officielle • écrite · orale • particulière · spéciale
- ferme · formelle · impérative · rigoureuse · stricte • claire · explicite · précise · simple : *la consigne est simple : ne plus répondre au téléphone*
- discrète · implicite · tacite
- floue

∾ consigne + VERBE
- concerner · valoir pour : *la consigne vaut pour tous*
- venir de : *les consignes viennent d'en haut* • circuler : *des consignes de boycott circulent depuis quelques jours dans les couloirs des bureaux*

∾ VERBE + **consigne**
- donner : *je ne donnerai pas de consignes de vote* · imposer · laisser : *il m' a laissé cette consigne* • diffuser · passer · relayer · répercuter : *les consignes nationales sont répercutées localement* · transmettre
- changer
- avoir (pour) : *avoir (pour) consigne de faire qqch.*
- recevoir : *j'ai reçu la consigne de / comme consigne de ne rien dire*
- comprendre · connaître
- appliquer (à la lettre) : *les joueurs appliquent la consigne du coach sans se poser de questions* · être respectueux de · exécuter (à la lettre) · obéir à · observer (à la lettre) · respecter (à la lettre) · satisfaire à · se conformer à · s'en tenir à · se plier à · se soumettre à : *les agriculteurs se soumettent à des consignes très strictes en période de sécheresse* · suivre (à la lettre)
- être conforme à
- braver : *ils ont bravé les consignes de boycottage* · contrevenir à · désobéir à · enfreindre · faire une entorse à · faire une exception à · ignorer · manger$^{fam.}$ · oublier · passer outre · rejeter · s'opposer à · violer : *les candidats ont violé la consigne et passé des accords régionaux* • échapper à
- se heurter à : *les enquêteurs se sont heurtés à des consignes de silence données par les directions*

consommation *nom fém.* (de produits, de services)

∾ consommation + ADJECTIF
- alimentaire · énergétique · tabagique : *en cas de très grosse consommation tabagique* · etc.
- culturelle : *les produits de consommation culturelle imposés par la mode*
- animale · humaine : *les poissons destinés à la consommation humaine* • des ménages · familiale · individuelle · personnelle · privée • domestique • publique [Écon.] : *la hausse de la croissance fait suite à une progression de la consommation publique* • finale [Écon.] : *les biens livrés au commerce de détail, c'est-à-dire destinés à la consommation finale*
- active · passive : *Internet n'est pas qu'un lieu de consommation passive* • gratuite · payante
- annuelle • journalière · quotidienne • moyenne · normale • globale · mondiale · totale
- chronique : *la consommation chronique d'alcool est un facteur aggravant* · courante · régulière • habituelle
- accrue · effrénée : *nous vivons dans un univers de consommation effrénée* · énorme · forte $^{+ nom}$ · frénétique · grande $^{+ nom}$ · grosse $^{+ nom}$ · intensive • soutenue : *cette prévision mise sur une consommation soutenue des ménages* • croissante : *les économistes prévoient une consommation croissante des combustibles fossiles* • rapide
- ostentatoire : *les jeunes adeptes de la consommation ostentatoire* • abusive · à outrance : *la société de consommation à outrance* · effrayante · effroyable · exagérée · excessive · immodérée
- occasionnelle • faible · modérée · raisonnable · réduite • [Écon.] atone : *les baisses d'impôt sont destinées à relancer une consommation atone* · en berne · en panne · ralentie · stagnante

∾ consommation + VERBE
- se maintenir : *la consommation se maintient à un bon niveau*
- augmenter · croître · enregistrer une hausse · enregistrer une progression · être en hausse · être en progression · exploser : *les décorations de Noël ont fait exploser la consommation de kilowatts* · progresser • redémarrer
- baisser · chuter · enregistrer une baisse · enregistrer une chute · être en baisse · être en chute · fléchir · ralentir · reculer · s'effondrer · s'essouffler

∾ VERBE + **consommation**
- être destiné à : *l'eau destinée à la consommation humaine* · être réservé à : *cette partie de la récolte est réservée à sa consommation familiale*
- faire : *nous faisons une grande consommation de papier*
- évaluer • gérer · réguler : *l'eau est rare, il faut en réguler la consommation*

- augmenter · booster · doper : *la consommation redémarre, dopée par l'envolée de la bourse* · encourager · favoriser · inciter à · pousser à · relancer : *des mesures pour relancer la consommation des ménages* · reprendre · soutenir · stimuler
- autoriser · dépénaliser : *ils veulent dépénaliser la consommation de cette drogue*
- pénaliser · punir
- interdire
- diminuer · freiner · limiter · modérer · ralentir · réduire · restreindre : *les hausses des prix de l'électricité obligent les habitants à restreindre leur consommation* • minimiser : *cette nouvelle technologie permet de minimiser la consommation de carburant*
- arrêter : *il faut qu'il arrête toute consommation d'alcool* · stopper

∾ NOM + DE + **consommation**
- bonne tenue : *les soldes témoignent d'une bonne tenue de la consommation*
- pic • augmentation · explosion · hausse · progression • redémarrage · relance · reprise
- baisse · chute · diminution · fléchissement · ralentissement · recul · tassement

constat *nom masc.*

∾ **constat** + ADJECTIF
- chiffré · détaillé • global
- (largement) partagé · unanime • consensuel • banal · récurrent : *le constat récurrent de notre difficulté à réformer nos habitudes*
- optimiste · rassurant : *un constat rassurant pour les habitants : l'épidémie est pratiquement terminée*
- clair · lucide • incontestable · objectif • édifiant
- brutal · cinglant · cynique · dur · froid · implacable : *son document est un constat froid et implacable* · lapidaire · pénible · rude · sans appel • cruel · douloureux · sévère · sinistre · sombre • attristant · décevant · déprimant · inquiétant · peu réjouissant · préoccupant • accablant · affligeant · alarmant · consternant · effrayant · terrible · terrifiant • alarmiste · morose · pessimiste • amer · désabusé · désenchanté · désespéré : *de nombreux quotidiens dressent un constat désespéré de la situation* · triste
- étonnant · paradoxal · surprenant
- en demi-teinte · mi-figue, mi-raisin · mitigé · nuancé
- contestable • erroné

∾ **constat** + VERBE
- se dégager · s'imposer : *un premier constat s'impose : la croissance est en panne* • se révéler (+ adj.) : *au final, le constat s'est révélé plutôt positif*
- se confirmer · se vérifier
- concerner · valoir pour : *ce constat vaut également pour la France / pour le secteur audiovisuel*
- laisser rêveur • rassurer : *ce constat rassure quant à l'avenir de la société*
- choquer · surprendre

∾ VERBE + **constat**
- amener à · conduire à
- aboutir à · arriver à · déboucher sur · parvenir à • buter sur : *on bute toujours sur le même constat : l'argent manque* • dresser : *les spécialistes du sida dressent un sombre constat* · établir · faire · formuler • être d'accord sur · s'accorder sur • s'arrêter à · s'en tenir à
- partir de · reposer sur : *leur réflexion repose sur un constat : le dialogue entre les deux factions est rompu* · s'appuyer sur · se baser sur · se fonder sur • être le fruit de : *cette amertume est le fruit d'un constat* · naître de · procéder de · venir de
- confirmer · conforter
- contredire : *un nouveau témoignage vient contredire le constat des enquêteurs* · démentir · infirmer
- nuancer · relativiser
- dépasser : *il s'agit aujourd'hui de dépasser ce constat défaitiste*

consternation *nom fém.*

∾ **consternation** + ADJECTIF
- générale
- manifeste · palpable · perceptible • profonde · totale · vive : *le maire a exprimé sa plus vive consternation à l'égard des violents événements de la veille*
- muette : *l'homme, courbant la tête, restait plongé dans une muette consternation*

∾ **consternation** + VERBE
- dominer : *en ce lundi matin, c'est la consternation qui domine* · prévaloir : *autour de la table, l'énervement et la consternation prévalent* · régner
- se lire sur : *la consternation peut se lire sur tous les visages*

∾ VERBE + **consternation**
- jeter ... dans : *sa déclaration a jeté la consternation dans le public / chez ses camarades* · provoquer · répandre · semer · susciter : *l'affaire a suscité la consternation dans le village* • laisser place à : *l'étonnement laissa place à la consternation* • plonger dans : *cet événement plonge dans la consternation tous ceux qui luttent pour une paix durable*

- avouer · dire · exprimer · faire part de · ne pas cacher • partager : *je partage votre consternation*

avec consternation

- accueillir : *une annonce accueillie avec consternation à l'Élysée* · apprendre · découvrir

[1]contact *nom masc.* (toucher)

∞ contact + ADJECTIF

- corporel · physique • cutané • charnel · sexuel
- direct · face à face · intime · rapproché : *le port d'un masque est recommandé lors d'un contact rapproché avec les malades*
- fréquent · prolongé · quotidien · régulier · répété • constant · continu · permanent
- léger · limité · réduit
- délicat · doux · sensuel : *sa peau préfère le contact sensuel de la soie*
- désagréable · dur · rude · rugueux : *le contact rugueux de la pierre contre son dos*

∞ VERBE + contact

- entrer en · être au / en · rester en / au : *si la peau reste trop longtemps en contact avec le produit, elle rougit*
- mettre en : *les bovins mis en contact avec des moutons ont été contaminés*
- augmenter : *pour augmenter le contact de la muqueuse avec les principes actifs*
- éviter : *éviter le contact du produit avec les yeux* • limiter · minimiser

[2]contact *nom masc.* (relation)

∞ contact + ADJECTIF

- humain • personnel · privé • professionnel · téléphonique
- préliminaire · premier + nom
- direct · formel · officiel • approfondi · étroit · intense · intensif : *il a eu des contacts intensifs avec les autorités militaires* · rapproché : *l'entreprise a été en contact rapproché avec les autorités publiques* · vrai + nom
- fréquent · prolongé · quotidien · régulier · répété · suivi • constant · continu : *nous avons des contacts continus avec les rebelles* · permanent · perpétuel
- amical · bon + nom : *elle a un très bon contact avec le public* · chaleureux · excellent · fraternel • précieux : *il a une liste de contacts précieux dans la région* · privilégié · utile
- difficile · dur · infructueux
- discret · timide : *de timides contacts ont repris depuis quelques années* • informel · officieux • indirect • épisodique · intermittent · rare • limité · réduit : *ils ont des contacts très réduits avec la population locale*

∞ contact + VERBE

- avoir lieu : *des contacts ont eu lieu avec le ministère* · se faire · se nouer : *des contacts se sont noués entre les familles de victimes* · s'établir · s'instaurer • se poursuivre • reprendre • se multiplier (plur.)
- s'arrêter · s'interrompre

∞ VERBE + contact

- engager · (r)entrer en ○ : *ils n'arrivent plus à entrer en contact avec les astronautes* · établir · lier : *le représentant de l'ONU essaye de lier contact avec les rebelles ; elle souhaite lier de nouveaux contacts dans sa ville* · nouer : *les étudiants nouent des contacts directs avec les entreprises* · prendre ○ : *as-tu pris contact avec l'université ?* · se mettre en ○ • renouer · rentrer en ○ · reprendre ○ · rétablir
- avoir : *j'ai quelques contacts au ministère* · entretenir : *il entretient d'excellents contacts avec la mairie* · être en ○ : *elle est toujours en contact avec l'ex-directeur* • garder · maintenir · rester en ○ : *nous sommes restés en contact plus de dix ans*
- intensifier • multiplier (plur.) • cultiver : *il lui faut cultiver ses contacts au Moyen-Orient*
- assurer · faciliter · favoriser : *ce genre de séminaire favorise les contacts entre collègues*
- éviter · fuir : *il a tendance à fuir les contacts humains*
- limiter · réduire
- perdre : *j'ai perdu le contact avec tous mes anciens collègues*
- couper : *il a coupé tout contact avec ses anciens camarades* · interrompre · rompre · suspendre

[3]contact *nom masc.* (abord, comportement)

∞ contact + ADJECTIF

- agréable · facile
- désagréable · difficile : *son prof est d'un contact un peu difficile* · rude

∞ VERBE + contact

- avoir · être de (+ adj.) : *il est d'un contact très agréable / un peu rude*

[1]contestation *nom fém.* (Pol. : opposition)

∞ contestation + ADJECTIF

- citoyenne · populaire · sociale • idéologique · politique • syndicale • estudiantine · étudiante · lycéenne • antinucléaire · etc.
- interne

- générale · généralisée · globale • permanente · systématique · tous azimuts : *les réformes du ministre suscitent une contestation tous azimuts*
- forte · importante · manifeste · ouverte : *on peut parler de contestation ouverte de la ligne présidentielle* · sérieuse · violente · virulente · vive • croissante · grandissante
- émergente · larvée
- pacifique : *la contestation populaire pacifique s'est transformée en insurrection* • constructive · positive • organisée

∾ **contestation** + VERBE
- émerger · germer · prendre naissance : *la contestation a pris naissance dans les universités* · surgir • couver · gronder : *la contestation gronde au sein de la fédération*
- se faire sentir · se manifester · s'exprimer
- grandir · monter · s'amplifier · se durcir · s'enflammer • prendre de l'ampleur · se développer · se généraliser · s'étendre • perdurer · persister
- se diluer : *la contestation se dilue dans un conformisme bon enfant*

∾ VERBE + **contestation**
- être propice à · être source de : *la nouvelle loi risque d'être source de contestation* · porter (en germe)
- (r)allumer · donner lieu à · éveiller · faire l'objet de · provoquer · soulever · susciter
- alimenter : *les malentendus alimentent la contestation des étudiants* · attiser · favoriser · nourrir : *ce texte pourrait nourrir la contestation qui couve au sein de la majorité* · relancer · renforcer
- animer · être le fer de lance de · orchestrer : *la contestation étudiante est orchestrée par certains syndicats*
- faire face à · rencontrer
- calmer (les ardeurs de) · canaliser · contenir · décourager
- désamorcer · enterrer · étouffer (dans l'œuf) : *une grande vague répressive visant à étouffer toute contestation* · faire taire · tuer (dans l'œuf)
- abandonner : *le gouvernement invite les étudiants à abandonner toute contestation*

∾ NOM + DE + **contestation**
- foyer : *les universités sont des foyers de contestation dont le pouvoir se méfie* • front
- vent : *un vent de contestation souffle* • mouvement · vague
- regain

[2]contestation *nom fém.* (objection, souvent plur.)

∾ **contestation** + ADJECTIF
- interne
- relative à : *les contestations relatives aux décisions administratives*
- radicale : *c'est une contestation assez radicale de l'institution* · sérieuse · véhémente · vive
- récurrente

∾ **contestation** + VERBE
- concerner · porter sur : *les contestations portant sur le montant des salaires*

∾ VERBE + **contestation**
- être source de
- faire l'objet de · prêter à : *ces mesures prêtent à contestation* • soulever · susciter
- éviter · prévenir : *pour prévenir toute contestation, il a éludé le sujet*
- ne pas souffrir : *ces données ne souffrent aucune contestation* · ne pas tolérer

∾ NOM + DE + **contestations**
- vague (plur.) : *cette date a été le point de départ d'une vague de contestations dans tout le pays*

contexte *nom masc.* (situation)

∾ **contexte** + ADJECTIF
- familial • culturel · historique · religieux • économique · géopolitique · politique · social · socio-culturel · socio-économique · socio-politique • boursier · financier • compétitif · concurrentiel • psychique · psychologique · etc.
- actuel · présent • général · global • international · mondial
- inédit · nouveau
- d'origine : *ces données doivent être remises dans leur contexte d'origine pour pouvoir être exploitées* · original · originel
- (bien) défini · (bien) précis
- plus large : *il faut replacer ces événements dans un contexte plus large* · plus vaste
- évolutif
- favorable · porteur : *le projet a été lancé dans un contexte économique porteur* · positif · propice • apaisé · serein • euphorique
- étrange · inhabituel · original · particulier
- brouillé : *dans ce contexte brouillé, les stratégies sont difficiles à établir* · flou · incertain · instable • agité · chahuté · mouvementé · tourmenté · troublé • délicat · sensible · sulfureux • houleux · orageux · passionnel · tendu • dégradé · déprimé · morose • douloureux ·

tragique : *c'est dans ce contexte tragique que les familles des victimes sont arrivées sur place* • conflictuel · défavorable · difficile · dur · hostile · négatif

∾ contexte + VERBE

- prévaloir : *le contexte de tension qui prévaut en ce moment*
- être marqué par : *tout cela se déroule dans un contexte marqué par des luttes de pouvoir*
- permettre (de) · se prêter à : *le contexte ne se prête pas aux prises de risque*
- changer · évoluer
- se dégrader : *quelle est la solution pour remédier à un contexte économique qui se dégrade ?* · se durcir

∾ VERBE + **contexte**

- créer : *il faut créer un contexte propice à l'initiative*
- dépendre de · être lié à · être tributaire de
- prendre place dans · relever de : *il y a eu d'autres cas similaires, mais qui relèvent d'un contexte différent* · se placer dans · se situer dans · s'inscrire dans · survenir dans : *la venue du ministre à Francfort survient dans un contexte particulier*
- (s')adapter à • comprendre · connaître · considérer · être attentif à · tenir compte de • se (re)mettre dans · se replacer dans : *il faut se replacer dans le contexte de l'entre-deux-guerres* • inscrire dans · (re)situer dans : *le drame est à resituer dans un contexte politique troublé*
- décrire · évoquer · rappeler • invoquer : *ils invoquent le contexte économique difficile pour justifier leurs mauvais résultats*
- changer de · modifier : *les attentats ont radicalement modifié le contexte international* · transformer
- isoler de · prendre hors de : *pris hors de son contexte, ce discours peut faire frémir* · sortir de
- ignorer · s'abstraire de · se détacher de

[1]contour *nom masc.* (d'un objet, d'un corps ; souvent plur.)

∾ contour + ADJECTIF

- général
- clair · net · précis
- anguleux · rigide : *la garde-robe masculine perd ses contours rigides* · sévère
- flou · imprécis · indistinct · informe · irrégulier : *le mélanome se présente au départ sous la forme de petites plaques au contour irrégulier* · sinueux
- doux • délicat · élégant · gracieux · harmonieux

∾ contour + VERBE

- s'effacer · s'estomper · s'évanouir : *les contours des personnages s'évanouissent*

∾ VERBE + **contour**

- avoir · présenter
- dessiner · esquisser · tracer • accentuer : *il a accentué les contours au feutre*
- adoucir · arrondir
- effacer · estomper · gommer
- changer · modifier · transformer • redessiner

[2]contour *nom masc.* (d'un projet, d'une idée ; souvent plur.)

∾ contour + ADJECTIF

- (plur.) géographiques : *des syndicats aux contours géographiques variables* · juridiques : *les entreprises modifient perpétuellement leurs contours juridiques* · politiques : *un parti aux contours politiques mal définis*
- général
- bien défini · clair · exact · net · précis • définitif : *le moment est venu de tracer les contours définitifs de l'Union*
- flou : *c'est une notion aux contours flous* · imprécis · incertain : *il a effectué des missions aux contours incertains* · indéterminé · indistinct · mal défini · vague : *c'est un projet aux contours encore assez vagues* • mouvant · sinueux : *une carrière aux contours sinueux*
- mystérieux · obscur : *une affaire aux contours obscurs*

∾ contour + VERBE

- apparaître · se dessiner : *on voit se dessiner le contour d'une économie solidaire*
- s'effacer : *une lutte de classes dont les contours traditionnels s'effacent* · s'estomper

∾ VERBE + **contour**

- avoir · prendre : *son œuvre prend des contours variés* · présenter
- dessiner · esquisser · tracer • décider de : *il faut décider des contours de la réforme / de la loi* · définir · délimiter · dresser · fixer · préciser
- cerner · connaître : *il est encore difficile de connaître les contours du projet avec précision* · deviner · percevoir · voir
- changer · modifier · redéfinir · redessiner · revoir · transformer
- effacer · estomper · gommer : *cette crise interne gomme les contours du parti*

[1]contradiction *nom fém.* (discordance, incohérence)

∞ **contradiction** + ADJECTIF
- juridique · morale · politique · sociale · etc.
- constitutive · interne · structurelle • inhérente à : *les contradictions inhérentes à la structure du pouvoir*
- criante · évidente · flagrante · frappante · manifeste · patente • absolue · complète · directe : *cette décision est en contradiction directe avec l'accord de l'OMC* · formelle · parfaite : *c'est en parfaite contradiction avec le principe de non-ingérence* · pleine + nom : *on est en pleine contradiction* · radicale · totale • fondamentale · grande + nom · grave · lourde + nom : *ce texte porte en lui de très lourdes contradictions* · majeure · profonde • inextricable · insoluble · insurmontable · irréductible
- constante · permanente · perpétuelle
- étrange · troublante
- douloureuse : *les deux parties se retrouvent face à de douloureuses contradictions* · insupportable
- apparente : *ces propos sont en contradiction apparente avec l'affirmation précédente*
- légère + nom · menue + nom : *les plus tatillons pointeront de menues contradictions* · petite + nom

∞ **contradiction** + VERBE
- apparaître · émerger · naître (de) · se faire jour · surgir : *de petites contradictions surgissent au fil du témoignage* • se manifester · se présenter
- exister · habiter · se retrouver (à / chez) : *ces contradictions se retrouvent au niveau de chaque individu* · traverser : *de nombreuses contradictions traversent cette génération* • s'accumuler · se multiplier
- affaiblir : *ces contradictions affaiblissent le camp adverse* · agiter : *les contradictions qui agitent les sociétés démocratiques* · miner

∞ VERBE + **contradiction**
- amener à · créer · engendrer
- comporter · contenir · être bourré de *fam.* · être pétri de : *le simple mortel est pétri de contradictions* · être plein de · être truffé de · receler • s'empêtrer dans · s'enfermer dans : *il préfère s'enfermer dans ses contradictions plutôt que de prendre le problème à bras le corps*
- être exempt de (souvent nég.) : *ce texte n'est pas exempt de contradictions*
- faire apparaître · faire éclater : *cette crise fait éclater les contradictions et les faiblesses du régime* · faire ressortir · illustrer : *cela illustre une des contradictions fondamentales de leur politique* · mettre au jour · refléter · révéler · souligner · témoigner de
- pointer (du doigt) · relever : *j'ai relevé de nombreuses contradictions dans son témoignage*
- éclairer · expliquer • assumer
- buter sur : *ils butent toujours sur les mêmes contradictions* · être / se trouver confronté à : *il se trouve confronté à ses propres contradictions*
- dépasser · résoudre : *l'exégèse censée résoudre les contradictions présentes dans le texte sacré* · surmonter

∞ NOM + DE + **contradictions**
- série • nœud : *la justice se trouve face à un nœud de contradictions* · tissu

en contradiction (avec)
- entrer · être : *nous sommes en pleine contradiction avec les idéaux égalitaires de la République* · se mettre : *afin de ne pas se mettre en contradiction avec le droit communautaire*

[2]contradiction *nom fém.* (opposition)

∞ VERBE + **contradiction**
- apporter : *ils viennent apporter la contradiction dans ce prétoire* · porter : *elle ira porter la contradiction à son rival dans un débat télévisé*
- supporter (souvent nég.) : *il ne supporte pas / supporte mal la contradiction*

[1]contrainte *nom fém.* (gêne)

∞ **contrainte** + ADJECTIF
- budgétaire · économique · financière • géographique • administrative · juridique · légale · réglementaire • logistique · technique • mécanique • de temps · temporelle • sécuritaire • politique · professionnelle · sociale · etc.
- extérieure : *tous les pays de l'Union se heurtent aux mêmes contraintes extérieures*
- inhérente à : *ce sont les contraintes inhérentes à la profession*
- permanente · perpétuelle · quotidienne
- majeure · principale • drastique · forte + nom · grande + nom · importante · lourde · rigoureuse · sérieuse · sévère · stricte : *la chaîne s'est engagée à respecter des contraintes strictes en matière de protection de l'enfance* • double + nom · supplémentaire
- arbitraire · injustifiée : *ils considèrent le souci écologique comme une contrainte injustifiée* • absurde · cruelle · excessive : *les contraintes excessives du système éducatif* · pénible · terrible • insupportable · insurmontable : *cette nouvelle loi va créer des contraintes insurmontables pour les maires* · intolérable
- légère + nom · mineure · petite + nom

∾ contrainte + VERBE

- découler de · venir de : *la seule contrainte vient de l'obligation de partager les locaux*
- peser sur : *une double contrainte pèse sur les protagonistes de la rencontre* · s'exercer sur
- empêcher de · rendre difficile : *cette contrainte rend difficile la mise en œuvre des actions programmées*

∾ VERBE + **contrainte**

- représenter • impliquer
- imposer : *les contraintes imposées par la réglementation* • assortir de (souvent passif) : *ces billets sont généralement assortis de la contrainte "non modifiables"*
- enfermer dans · soumettre à : *il est soumis à de fortes contraintes*
- buter sur · être confronté à · être / rester tributaire de : *nous restons tributaires des contraintes météorologiques* · se heurter à · subir
- faire face à · vivre : *leur incapacité à vivre les contraintes du réel* • accepter · intégrer : *il a dû intégrer la contrainte architecturale dans sa réflexion* · intérioriser · obéir à · s'accommoder de · se plier à · se soumettre à · supporter · tenir compte de
- renforcer
- alléger · atténuer · desserrer : *il faudrait desserrer la contrainte budgétaire* · réduire · relâcher
- ignorer · négliger • contourner · échapper à · fuir · rejeter · surmonter • (s')affranchir de · (se) débarrasser de · (se) dégager de · (se) libérer de · s'émanciper de · sortir de · (se) soustraire à • être libre de : *des créations artistiques libres de toutes contraintes*
- briser · faire éclater · faire exploser : *il fait exploser les contraintes du genre* · lever · supprimer

∾ NOM + DE + **contraintes**

- faisceau · réseau : *un élan qu'entrave tout un réseau de contraintes* · série

2 contrainte *nom fém.* (violence, assujettissement)

∾ contrainte + ADJECTIF

- morale · physique · psychique

∾ VERBE + **contrainte**

- avoir recours à · employer · exercer · recourir à · user de : *il nie avoir usé de la contrainte pour obtenir le document*

sans contrainte

- agir · parler · s'exprimer

sous la contrainte

- agir · parler · s'exprimer • obtenir : *ils ont obtenu ses aveux sous la contrainte*

contraste *nom masc.*

∾ contraste + ADJECTIF

- absolu : *un contraste absolu entre le réel et l'imaginaire* · total • éclatant · énorme · évident · extraordinaire · flagrant · fort · frappant · grand ⁺ ⁿᵒᵐ · marqué · net · prodigieux · puissant : *la peinture acrylique utilisée ici donne un contraste très puissant* · remarquable · saisissant : *il y a un contraste saisissant entre l'ampleur du projet et la médiocrité des moyens affectés* · violent
- éloquent · révélateur : *cette étude souligne le contraste révélateur entre le nord et le sud du pays*
- curieux · étonnant · étrange · inattendu · singulier · surprenant
- faible + nom · léger + nom

∾ contraste + VERBE

- s'accentuer · s'accroître · s'amplifier
- disparaître

∾ VERBE + **contraste**

- créer · donner · établir · offrir · présenter · produire • faire° (sans art.) : *l'édifice de verre et d'acier fait contraste avec la façade en pierre*
- être fait de : *ce début d'année est fait de contrastes* · être tout en : *il en dresse un portrait tout en contraste(s)*
- jouer (de / sur) : *un maquillage qui joue les contrastes; ils jouent sur les contrastes entre les couleurs internes et externes des murs* · utiliser
- accentuer · amplifier • accuser : *sa présence ne fait qu'accuser le contraste* · faire ressortir · mettre en évidence · mettre en valeur · souligner : *la presse a souligné le contraste entre le nouveau président et son prédécesseur*
- adoucir · affaiblir · atténuer : *ce procédé augmente la luminosité et atténue le contraste de l'image*

contrat *nom masc.*

∾ contrat + ADJECTIF

- commercial · de mariage · de travail • bilatéral · collectif · unilatéral • individuel • exclusif • à titre gratuit · à titre onéreux • pluriannuel · quadriennal · triennal · etc.
- [de travail] • aidé° : *les contrats aidés tels que les emplois-jeunes* • d'insertion (professionnelle) • à durée déterminée / indéterminée · (de) courte / longue durée

- reconductible · renouvelable : *le contrat est renouvelable deux fois*
- en bonne et due forme · légal · valable · valide
- clé en main : *il a remporté un contrat clé en main pour la construction de 200 logements*
- implicite : *leur relation reposait aussi sur un contrat implicite de publicité réciproque* · tacite
- flexible · souple · sur mesure • précaire : *le nombre de salariés en contrats précaires dépasse 10 % des effectifs* · temporaire
- [Comm.] alléchant · avantageux · énorme · gros + nom · important · juteux : *elle a signé quelques contrats juteux avec des grandes marques d'équipement sportif* · mirifique · mirobolant
- litigieux • illégal · nul
- abusif · léonin : *l'éditeur l'a obligé à signer un contrat léonin*
- caduc · périmé

∞ contrat + VERBE

- engager : *ce contrat vous engage à payer un loyer tous les 28 du mois* · obliger à • lier : *ce contrat lie le titulaire et l'organisme gestionnaire de son choix*
- prévoir · stipuler (que) • comporter une clause : *le contrat comporte une clause de reconduction* • couvrir : *ce cas de figure / ce risque n'est pas couvert par le contrat* · garantir
- prendre effet : *le contrat prendra effet le 1er juillet prochain* • courir : *le contrat court jusqu'au 31 octobre 2010* · porter sur une durée de
- arriver à terme · expirer · prendre fin · s'achever · s'arrêter
- [Comm.] • être à la clé : *il y a un contrat juteux à la clé* • tomber dans l'escarcelle de
- [Comm.] • se chiffrer à / en : *le contrat s'élève à 2 milliards de dollars* · s'élever à

∞ VERBE + contrat

- établir · rédiger • antidater · dater
- conclure · passer · signer · souscrire [d'assurances] • lancer [pour tuer qqn] : *ils ont lancé un contrat contre le chef de la mafia locale*
- avoir · être sous (sans art.) : *il est sous contrat avec une maison de disques londonienne*
- offrir · proposer
- discuter · (re)négocier
- changer les termes de · faire un avenant à · modifier · requalifier : *ils ont requalifié le contrat commercial en contrat de travail*
- prolonger · proroger · reconduire · renouveler
- arracher · décrocher*fam.* · empocher*fam.* · emporter · obtenir · remporter
- déboucher sur : *peu de stages débouchent sur un contrat*
- accepter · approuver · ratifier · valider • exécuter · honorer · remplir : *l'équipe de France a rempli son contrat* · se conformer à
- attaquer · dénoncer • refuser • faire des confettis de / avec
- inclure dans : *il faut inclure cette clause dans le contrat* · intégrer dans / à
- casser · mettre un terme à · résilier · rompre • annuler

1 contribution *nom fém.* (collaboration)

∞ contribution + ADJECTIF

- collective • individuelle · personnelle • spontanée · volontaire • anonyme · écrite
- pleine + nom : *l'Unesco apportera sa pleine contribution à ces travaux de reconstruction* • appréciable · forte + nom · grande + nom : *il a apporté une grande contribution au développement du septième art* · immense · importante • capitale · cruciale · décisive · déterminante · essentielle · fondamentale · majeure · significative • belle + nom · exceptionnelle · inappréciable · intéressante · irremplaçable · originale · précieuse · remarquable · remarquée · riche · utile
- minimale · modeste · petite + nom · symbolique : *sa contribution au projet est plutôt symbolique* • occasionnelle

∞ VERBE + contribution

- apporter : *elle a apporté sa contribution au projet*
- mettre à° (sans art.) : *il a mis toute la famille à contribution*
- recevoir · recueillir
- saluer : *elle a salué la contribution importante des ONG*

2 contribution *nom fém.* (financière, souvent plur.)

∞ contribution + ADJECTIF

- patronale · sociale
- brute · directe · nette • indirecte · proportionnelle
- forte · grande + nom · importante · significative • appréciable · généreuse : *le club a été créé grâce à la contribution généreuse d'un entrepreneur local* · majeure • exceptionnelle • lourde : *le pays qui a la plus lourde contribution nette au budget européen*
- minimale · modérée · modeste · petite + nom · symbolique

∞ VERBE + **contribution**

- prélever • percevoir · recevoir
- (s')acquitter (de) : *ces contributions ont été acquittées en 2005* · payer • apporter : *certaines entreprises apportaient des contributions aux partis* · verser
- être soumis à : *les revenus sont désormais soumis à la contribution sociale généralisée*
- calculer
- accroître · augmenter · revoir à la hausse
- alléger · diminuer · réduire · revoir à la baisse
- déduire ... de · exonérer ... de : *ces contributions sont exonérées des cotisations sociales*

[1]**contrôle** *nom masc.* (vérification, surveillance)

∞ **contrôle** + ADJECTIF

- financier · fiscal • antidopage : *une substance indétectable aux contrôles antidopage* · antipollution • médical · sanguin · sanitaire · urinaire • frontalier · policier · routier • technique°: *la véhicule doit passer le contrôle technique l'année prochaine* · etc.
- direct • a posteriori · a priori · préventif • négatif · positif : *il y a eu de nombreux contrôles positifs à la nandrolone*
- réel [+ nom] · véritable [+ nom] • accru · renforcé • draconien · drastique · minutieux · poussé · rigoureux · sévère · strict • pointilleux · sourcilleux · tatillon : *ils effectuent des contrôles assez tatillons aux frontières*
- constant · continu · incessant · permanent · régulier
- efficace · suffisant • légitime
- limité • discret • banal · de routine · habituel · simple [+ nom] : *il s'agit d'un simple contrôle d'identité* • intermittent
- impromptu · inopiné
- inefficace · inopérant · insuffisant

∞ **contrôle** + VERBE

- s'effectuer · s'exécuter · s'exercer · s'opérer
- concerner · porter sur
- se renforcer · s'intensifier
- s'assouplir · se relâcher

∞ VERBE + **contrôle**

- demander · diligenter · exiger · réclamer
- instaurer · mettre en place • assurer · effectuer : *les contrôles fiscaux effectués par la brigade de vérification* · établir : *ils ont établi des contrôles routiers aux sorties de la ville* · opérer · pratiquer · procéder à : *ils ont procédé à des contrôles d'identité* • être chargé de : *le service chargé du contrôle du respect des droits d'auteur* · être en charge de[critiqué] • rétablir : *il a rétabli les contrôles d'identité à la frontière franco-espagnole*
- assujettir à · astreindre à · soumettre à : *les employés sont soumis à des contrôles réguliers*
- faire l'objet de · se prêter à · se soumettre à · subir : *les coureurs ont subi un contrôle sanguin*
- renforcer : *ils ont renforcé les contrôles à la frontière* · resserrer • (plur.) intensifier · multiplier
- alléger · réduire · relâcher : *les contrôles ont été un peu relâchés à la frontière*
- lever : *tous les contrôles à la frontière ont été levés*
- échapper à · se soustraire à

∞ NOM + DE + **contrôle(s)**

- dispositif · instrument · moyen
- arsenal : *chaque étape est sanctionnée par un arsenal de contrôles* · ensemble · multitude · pléthore · série • vague : *le ministre a lancé une vague de contrôles dans le secteur bancaire et industriel*
- absence

[2]**contrôle** *nom masc.* (maîtrise, pouvoir)

∞ **contrôle** + ADJECTIF

- aérien • étatique : *des banques sous contrôle étatique* · parental : *logiciel / système de contrôle parental* • judiciaire° : *les personnes placées sous contrôle judiciaire*
- absolu · complet · parfait : *cela permet le parfait contrôle du cycle des cuissons* · sans faille · total • étroit : *l'organisme est placé sous le contrôle étroit du gouvernement* · serré · vigilant
- faible : *le pays n'exerce qu'un très faible contrôle sur ces activités* · limité

∞ VERBE + **contrôle**

- avoir · exercer : *il exerce un contrôle sur les principales chaînes télévisées du pays* · prendre : *il a pris le contrôle du groupe* · s'assurer • garder • reprendre : *il a repris le contrôle des opérations* · restaurer : *leur objectif : restaurer le contrôle du territoire* · rétablir
- renforcer · resserrer : *le gouvernement a resserré son contrôle sur l'information*
- se disputer : *les deux pays se disputent le contrôle de cet espace aérien*
- être (placé) sous · passer sous : *la société est (passée) sous contrôle russe / sous le contrôle des Américains*
- relâcher
- perdre° : *il a perdu le contrôle de son véhicule*

∞ NOM + DE + **contrôle**

- instrument · moyen

controverse *nom fém.*

∞ **controverse** + ADJECTIF

- éthique · historique · politique · scientifique · etc.

- naissante
- grandissante • énorme • grande $^{+ nom}$ • vaste
- âpre : *d'âpres controverses les opposent* • furieuse • intense • passionnée • sérieuse • vaste $^{+ nom}$ • violente • virulente : *son essai est devenu en quelques mois l'objet d'une virulente controverse* • vive $^{+ nom}$
- longue $^{+ nom}$ • ancienne • vieille $^{+ nom}$ • interminable • sans fin
- inutile • vaine

∾ controverse + VERBE
- éclater • naître : *la controverse est née de la décision du gouvernement* • (res)surgir
- concerner • entourer : *les innombrables controverses qui entourent cet ouvrage* • porter sur : *la controverse a porté sur le terme "ostentatoire"*
- agiter • diviser • opposer
- faire rage : *avant la mise en vente du livre, la controverse fait déjà rage*
- durer • se poursuivre

∾ VERBE + controverse
- déclencher • lancer • ouvrir (souvent passif) : *la controverse ouverte par le ministre de l'Éducation sur les absences des enseignants* • provoquer • soulever • susciter
- être au cœur de • être source de • être sujet à : *la mise en œuvre du projet / sa personnalité est sujette à controverse* • prêter à
- entrer dans : *il refuse d'entrer dans la controverse*
- alimenter • attiser • nourrir • raviver : *cette décision de justice ravive la controverse politique* • relancer
- arbitrer • trancher : *il n'appartient pas aux juges de trancher des controverses historiques*
- faire face à
- minimiser • apaiser
- éviter
- faire taire : *il veut faire taire la controverse autour de sa personne* • mettre fin à • mettre un point final à • mettre un terme à

∾ NOM + DE + controverse
- objet • point • sujet • thème

convention *nom fém.* (contrat, accord)

∾ convention + ADJECTIF
- fiscale • médicale • salariale • etc.
- collective ° : *cela est régi par la convention collective de l'entreprise* • bilatérale
- actuelle • en vigueur
- ancienne $^{+ nom}$ • vieille $^{+ nom}$
- implicite • tacite
- secrète

∾ convention + VERBE
- concerner • être relative à : *cette convention est relative aux droits de l'enfant* • porter sur • s'appliquer à
- lier (à) : *il suspend l'application de la convention qui le liait au ministère* • unir • définir : *certains crimes définis par des conventions internationales* • fixer • prévoir • régir • régler • stipuler • interdire
- donner lieu à • faire l'objet de : *ce type de service fait l'objet d'une convention spéciale*

∾ VERBE + convention
- négocier • passer • élaborer • rédiger
- adopter • agréer • approuver • entériner : *ce dernier ajout permet d'entériner la convention d'association* • ratifier • signer
- appliquer : *la direction a décidé d'appliquer la convention collective de la branche* • mettre en œuvre • respecter
- réexaminer • remanier • renégocier • réviser • revoir
- proroger • reconduire • renouveler : *il faut trouver un terrain d'entente pour renouveler la convention de distribution*
- refuser
- enfreindre • porter atteinte à • violer : *il estime que cette décision viole la Convention européenne des droits de l'homme*
- abroger • mettre fin à • résilier : *ils menacent de résilier leur convention avec la Sécurité sociale*

conventions *nom fém. plur.* (usages)

∾ conventions + ADJECTIF
- linguistiques • romanesques • sociales • théâtrales • etc.
- bourgeoises : *le film s'en prend aux conventions bourgeoises*
- d'usage ° • habituelles

∾ VERBE + conventions
- établir • fixer
- respecter • sacrifier à : *il ne sacrifie pas aux conventions d'usage*
- bouleverser • bousculer • détourner : *elle sait détourner les conventions sirupeuses du rhythm'n'blues* • faire éclater : *il fait éclater les conventions du cinéma classique* • renverser • faire fi de • ignorer • s'asseoir sur • se foutre de $^{fam.}$ • se moquer de

conversation *nom fém.* (discussion)

∾ conversation + ADJECTIF
- amoureuse • philosophique • poétique • spirituelle • professionnelle

- à bâtons rompus · impromptue · informelle · libre : *la projection sera suivie d'une conversation libre avec le public* • mondaine
- téléphonique
- courante : *dans la conversation courante* · familière : *il fait une analyse des interactions dans la conversation familière*
- ininterrompue • longue + nom · sans fin
- confidentielle · privée · secrète
- grande + nom : *j'ai eu une grande conversation avec lui sur le sujet* · grave · sérieuse • approfondie • animée · bruyante · enflammée · vive
- difficile · houleuse · tendue
- étonnante · étrange · singulière
- agréable · amusante · brillante · délicieuse · exquise · gaie · joyeuse · plaisante • détendue · tranquille • amicale · cordiale · courtoise • captivante · instructive · intelligente · intéressante · passionnante • constructive · fructueuse • franche : *j'ai eu une conversation franche avec le directeur* · honnête · libre · ouverte
- brève + nom · courte · rapide
- anodine · badine · frivole · futile · légère : *les visites d'affaires commencent habituellement par une conversation légère* · triviale
- interminable • décousue • fastidieuse · fatigante · pénible • banale · insignifiante · insipide · languissante · monotone · morne · plate · terne

∾ **conversation** + VERBE
- s'engager · commencer
- être centrée sur · se concentrer sur · concerner · porter sur · rouler sur : *la conversation roulait sur sa nomination* · tourner autour de • glisser sur : *la conversation a glissé naturellement sur les élections* · s'engager sur
- être entrecoupée de : *la conversation était entrecoupée d'exclamations*
- prendre un tour (+ adj.) : *la conversation a rapidement pris un tour moins convenu*
- aller bon train • rebondir · repartir · s'animer
- languir · s'éterniser · (se) traîner
- tarir : *la conversation tarit rapidement avec lui*

∾ VERBE + **conversation**
- avoir : *nous avons eu une conversation franche sur le sujet* · être en : *être en (pleine) conversation*
- amorcer · commencer · déclencher · démarrer · engager · entamer · entrer en° : *il est entré en grande conversation avec le ministre* · (re)nouer
- entrer dans · intervenir dans · participer à · prendre part à · se joindre à · se mêler à
- continuer · poursuivre · prolonger
- assurer · soutenir : *il n'a pas un niveau suffisant en espagnol pour soutenir une conversation professionnelle*
- assister à · écouter · entendre · suivre • capter : *il a capté des conversations sur son talkie-walkie* · intercepter · surprendre • épier · espionner · se brancher sur
- alimenter · animer · égayer · meubler · nourrir · ranimer · relever le niveau de
- rapporter · relater · répéter • enregistrer · retranscrire
- changer de · détourner : *il s'arrange toujours pour détourner la conversation* · faire dévier
- abréger · écourter • interrompre · suspendre
- arrêter · clore · couper · couper court à · finir · mettre fin à · mettre un point final à · mettre un terme à · terminer · stopper

∾ NOM + DE + **conversation**
- objet · sujet
- brin : *ils ont fait un brin de conversation*
- bribes : *il saisissait au passage des bribes de conversation*

[1] conviction *nom fém.* (opinion, principe ; souvent plur.)

∾ **conviction** + ADJECTIF
- éthique · idéologique · morale · philosophique · politique · religieuse • écologique · féministe · humaniste · pacifiste · républicaine · etc.
- personnelle • collective · commune • partagée · répandue
- bien / solidement / profondément ancrée · bien / solidement / profondément enracinée · forte · grande + nom · profonde · puissante · sérieuse · solide : *elle a eu le temps de se forger de solides convictions* • inébranlable · pure + nom : *il fait cela par pure conviction politique* • intacte
- chancelante : *des unionistes aux convictions chancelantes*

∾ **conviction** + VERBE
- animer : *les convictions humanistes qui les animent*
- s'affermir · s'enraciner • demeurer : *ses convictions demeurent (intactes)* · rester (+ adj.)
- s'émousser · s'étioler • se briser · s'effondrer : *ses convictions se sont effondrées du jour au lendemain*

∾ VERBE + **conviction**
- avoir · être pétri de · être plein de • partager : *il veut faire partager ses convictions à ses collègues* • imposer • être attaché à · être ferme dans · être fidèle à : *il est toujours resté fidèle à*

ses convictions pacifistes · être / rester en accord avec : *pour rester en accord avec ses convictions républicaines, il démissionne* · ne pas transiger avec / sur · s'accrocher à • être conforté dans

- afficher : *les opposants n'hésitent désormais plus à afficher leurs convictions* · (ré)affirmer · clamer · exprimer · marteler : *cela ne l'empêchera pas de marteler ses convictions européennes* · proclamer • expliquer · exposer • avoir le courage de · ne pas cacher
- conforter : *ils ont trouvé dans le rapport matière à conforter leurs convictions* · nourrir · renforcer
- être conforme à · respecter • défendre · se battre pour
- altérer · ébranler : *le scandale n'a pas suffi à ébranler ses convictions* · entamer
- aller contre / à l'encontre de · être en contradiction avec
- perdre : *cet homme libre a perdu quelques convictions en route* · renier · renoncer à · trahir : *il va voter la mort dans l'âme, bien conscient de trahir ses convictions*

²conviction *nom fém.* (certitude)

∞ **conviction** + ADJECTIF

- absolue · ferme + nom · forte + nom · indéracinable · inébranlable · intime : *le juge se prononce selon son intime conviction ; j'ai l'intime conviction que c'est lui qui l'a fait* · profonde : *il l'a dit sur le ton de la plus profonde conviction* · sans faille : *ils encouragent cette évolution avec une conviction sans faille* · solide • vieille + nom : *la vieille conviction nationale que la langue française ne sera jamais menacée*
- claire · sincère
- naïve

∞ VERBE + **conviction**

- arriver à : *je suis arrivé à la conviction que ...* · avoir · porter (en soi)
- acquérir : *les enquêteurs ont acquis la conviction que le complot a été préparé dès 1996*
- étayer : *toutes ces constatations viennent étayer la conviction des scientifiques*
- emporter : *il met toute sa verve à emporter la conviction du public* · entraîner : *ce sont ses aveux qui ont entraîné l'intime conviction des jurés*
- (ré)affirmer · (re)dire

corps *nom masc.*

∞ **corps** + ADJECTIF

- humain : *les mystères du corps humain*
- nu
- grand + nom : *son grand corps adolescent* • épais · puissant · râblé · trapu • athlétique · bien bâti · bien fait · bien proportionné · ferme · musclé · musculeux · sculptural • nerveux · robuste · vif · vigoureux • agile · félin · gracieux · souple • en bonne santé · sain • épanoui • charnu · dodu · gras · grassouillet · lourd · massif · potelé
- délicat · élancé · gracieux · gracile · svelte • beau + nom · de rêve · fabuleux · harmonieux · magnifique · parfait · superbe
- amaigri · débile · efflanqué · émacié · faible · maigre · malingre · osseux · rabougri · rachitique · sec · squelettique • chétif · fin · fluet · fragile · frêle · mince • petit + nom : *ces personnages de bande-dessinée ont une grosse tête et de tous petits corps*
- obèse • difforme · disgracieux · monstrueux
- courbaturé · fatigué · fourbu · malade · maladif · meurtri · souffreteux • raide · raidi
- décapité · décharné · déchiqueté · démembré · désarticulé · disloqué · mutilé · supplicié : *le corps supplicié d'un Christ en croix* • immobile · inanimé · inerte

∞ **corps** + VERBE

- bouger · se mouvoir • se détendre • se redresser • se figer
- onduler · se cabrer · se courber · se tordre • frissonner · s'affaisser · trembler · tressailler · vaciller • s'engourdir : *vous sentirez votre corps s'engourdir peu après l'injection* • s'affaiblir
- changer · se métamorphoser · se transformer
- lutter contre : *le corps doit lutter contre le froid* · se défendre contre
- (plur.) se mêler · s'enlacer · s'entrelacer · s'entremêler · s'étreindre • se frôler · se toucher
- gésir : *son corps gisait sous l'arbre* • se décomposer • reposer : *son corps repose au cimetière du Père Lachaise*

∞ VERBE + **corps**

- avoir (+ adj.) : *il a un corps d'Apollon* • disposer de : *le droit des femmes de disposer de leur corps*
- faire don de · léguer : *il a légué son corps à la science*
- cambrer · courber · incliner • étirer · redresser : *redresse un peu ton corps quand tu vises*
- dénuder · exhiber · montrer
- cacher · couvrir · dissimuler
- prendre soin de · protéger · respecter · soigner
- caresser · effleurer · frôler · toucher
- négliger • mutiler

- autopsier · faire l'autopsie de • brûler · incinérer • embaumer · ensevelir · enterrer · inhumer • déterrer · exhumer : *ils vont exhumer le corps pour une autopsie*

∾ NOM + DE + **corps**
- amas · multitude • défilé
- bout · fragment · morceau · reste : *des restes de corps momifiés*

[1] correction *nom fém.* (modification)

∾ **correction** + ADJECTIF
- boursière · budgétaire · comptable · financière • grammaticale · orthographique • auditive · visuelle
- automatique · humaine · manuelle • autographe : *des volumes de Stendhal avec corrections autographes*
- [Bourse, acuité visuelle] forte [+ nom] · importante · significative • majeure • brusque · brutale : *les experts qui redoutent une correction brutale de Wall Street* · vive [+ nom]
- [Bourse] salutaire
- légère [+ nom] · limitée · marginale · mineure : *j'ai suggéré quelques corrections mineures en marge* · petite [+ nom] · simple • rapide
- malencontreuse : *une correction malencontreuse a altéré la fin de la lettre publiée dans le journal*

∾ **correction** + VERBE
- concerner · porter sur : *la correction porte sur le montant global*

∾ VERBE + **correction**
- demander · nécessiter · requérir
- apporter : *il s'est étonné du peu de corrections apportées à la copie initiale* · effectuer · faire · introduire · opérer : *nous opérerons les corrections budgétaires nécessaires*
- enregistrer [Bourse] : *les marchés d'obligations d'État ont enregistré une forte correction*
- faire l'objet de · subir : *le montant de l'impôt subit des corrections (réductions, décotes, minorations, majorations)*
- limiter : *il faut limiter les corrections au strict minimum*

[2] correction *nom fém.* (punition, aussi Sport)

∾ **correction** + ADJECTIF
- belle [+ nom] · bonne [+ nom] · cinglante · sacrée [+ nom fam.] · sérieuse · sévère · vigoureuse • brutale · violente
- méritée · nécessaire
- injuste
- légère [+ nom] · petite [+ nom]

∾ VERBE + **correction**
- administrer · appliquer · donner · flanquer [fam.] · infliger : *il compte bien infliger une cinglante correction à ses outrecuidants adversaires*
- risquer • recevoir · subir
- mériter : *il mérite une bonne correction*

corrélation *nom fém.*

∾ **corrélation** + ADJECTIF
- directe · statistique : *la corrélation statistique entre la présence du gène et la maladie* • [Sciences] négative : *il existe une corrélation négative entre les deux index* · positive : *on observe une corrélation positive entre le niveau d'exposition du père à des éléments radioactifs et le niveau de risque induit chez les enfants*
- avérée · évidente · flagrante · indiscutable
- étroite · forte [+ nom] : *il y a une forte corrélation entre chute des bénéfices et suppressions d'emplois* · stricte
- faible [+ nom]

∾ VERBE + **corrélation**
- établir : *une étude a établi une corrélation entre certains styles musicaux et le sentiment dépressif chez les adolescents* · faire
- démontrer · mettre en évidence · mettre en lumière · montrer
- constater · découvrir · trouver · voir : *on voit une corrélation entre le taux de chômage et la popularité de ce parti politique*
- analyser · étudier · examiner · mesurer : *on peut mesurer la corrélation entre l'investissement et les gains de productivité*

[1] correspondance *nom fém.* (courrier)

∾ **correspondance** + ADJECTIF
- amicale · amoureuse · galante • commerciale · professionnelle • administrative · diplomatique
- électronique · épistolaire
- intime · personnelle · privée • inédite · secrète • croisée : *la parution de la correspondance croisée de Hugo et d'Adèle*
- assidue : *il a entretenu avec son ami une correspondance assidue* · ininterrompue · longue [+ nom] · régulière · suivie
- abondante · importante · riche · vaste · volumineuse : *de leur correspondance volumineuse, une centaine de lettres ont survécu*
- admirable · magnifique · remarquable
- étonnante · étrange

∾ correspondance + VERBE

- durer : *c'est le début d'une correspondance qui durera un quart de siècle*
- s'achever · s'interrompre

∾ VERBE + correspondance

- commencer · engager · entamer · entreprendre · initier
- échanger : *on a retrouvé une partie de la correspondance qu'elle échangeait avec le poète* · entretenir · être en : *nous sommes en correspondance depuis deux ans* • faire (+ possessif) : *il fait sa correspondance le matin* · rédiger (+ possessif) · tenir : *c'est sa femme qui tenait la correspondance*
- adresser : *une correspondance adressée au ministre* · envoyer : *toute correspondance doit être envoyée de manière impersonnelle à Monsieur le Préfet* • transmettre
- dépouiller · lire · ouvrir · trier : *son secrétaire trie toute sa correspondance*
- intercepter • censurer : *les correspondances des déportés étaient censurées*
- interrompre · mettre fin à : *la guerre mit fin à leur correspondance*

par correspondance

- acheter · commander · vendre • voter • apprendre · étudier · suivre des cours

²correspondance *nom fém.* (corrélation, lien)

∾ correspondance + ADJECTIF

- étroite : *il y a une correspondance étroite entre l'homme et l'univers*
- fragile · subtile

∾ VERBE + correspondance

- établir : *il essaie d'établir des correspondances entre les différentes cultures européennes*
- trouver · voir
- mettre au jour · mettre en évidence · montrer · révéler

∾ NOM + DE + correspondances

- réseau : *le réseau de correspondances que l'artiste établit entre son existence et le monde*

corruption *nom fém.*

∾ corruption + ADJECTIF

- morale • bancaire · économique • électorale · parlementaire · politique · etc.
- ambiante · générale · généralisée · omniprésente • institutionnalisée · officielle
- à grande échelle • effrénée · éhontée · endémique : *la corruption est endémique dans la plupart de ces pays* · galopante : *ils s'inquiètent de la corruption galopante dans les administrations* · grave · inimaginable · rampante · sans précédent • [Droit] active : *il a été mis en examen pour corruption active* · aggravée · avérée · caractérisée
- [Droit] passive : *une affaire de corruption passive* · présumée

∾ corruption + VERBE

- prévaloir · régner : *la corruption règne dans les hautes sphères de l'armée* · sévir • entourer : *la corruption entourant des contrats passés avec des entreprises publiques*
- fleurir · prospérer · se développer · se généraliser · s'étaler au grand jour / partout · s'étendre : *la corruption s'étend à tous les niveaux de l'administration*
- (souvent passif) atteindre · entacher : *des pratiques politiques fortement entachées de corruption* · frapper · gangréner · menacer · miner : *le pays est complètement miné par la corruption* · pervertir · peser sur · ronger · toucher

∾ VERBE + corruption

- être confronté à · être en proie à : *un pays en proie à une corruption généralisée* · se heurter à • s'engluer dans · s'enliser dans · sombrer dans : *tout le pays a sombré dans la corruption*
- avoir recours à · recourir à : *ils sont obligés de recourir à la corruption pour les besoins les plus ordinaires* • être convaincu de
- alimenter : *le système fiscal alimente la corruption*
- dénoncer
- accuser de · suspecter de • inculper pour · poursuivre pour • reconnaître coupable de
- enquêter sur • démasquer : *une cellule chargée de démasquer la corruption parmi les hauts fonctionnaires*
- prévenir • agir contre · combattre · déclarer la guerre à · endiguer · enrayer · faire barrage à · lancer une croisade / une guerre contre · lutter contre · partir en croisade / en guerre contre · refuser · réprimer · résister à · s'attaquer à · s'opposer à · traquer • être un remède contre · être un rempart contre
- en finir avec · éradiquer : *ils ont du mal à éradiquer la corruption* · mettre fin à · mettre un terme à

∾ NOM + DE + corruption

- tentative : *ils sont poursuivis pour tentative de corruption du Comité international olympique*
- odeur · parfum : *le parfum de corruption qui a entouré son mandat / ce dossier*

cortège *nom masc.* (défilé de personnes)

∞ cortège + ADJECTIF

- funèbre · funéraire • nuptial • officiel · présidentiel · royal • syndical
- traditionnel : *le traditionnel cortège du 1er mai* • habituel
- grand + nom · gros + nom · immense · important · imposant : *un imposant cortège syndical défilait hier dans la capitale* · impressionnant · interminable · long + nom • bruyant · tumultueux
- coloré : *un cortège coloré a parcouru les rues du village* • beau + nom · magnifique · majestueux · somptueux • triomphal : *l'équipe a eu droit à un cortège triomphal sur l'avenue* • pacifique
- étrange
- maigre : *le maigre cortège s'est éparpillé* · petit + nom • lent
- lugubre · silencieux · sinistre · triste

∞ cortège + VERBE

- être composé de : *le cortège était essentiellement composé de syndicalistes*
- se former • s'ébranler · s'élancer · se mettre en branle · se mettre en route
- défiler · manifester
- partir de • progresser · s'avancer · se déplacer • se diriger vers · se rendre à • repartir • parcourir · s'engager dans / sur : *le cortège s'engage sur la route de l'aéroport* · traverser
- grossir : *des badauds s'assemblent, le cortège grossit* • s'allonger · se déployer : *le cortège s'est déployé d'un bout à l'autre de la ville* · s'étirer
- piétiner (sur place) · s'arrêter
- se disperser : *le cortège s'est dispersé sans incidents* · s'éparpiller

∞ VERBE + cortège

- former
- conduire · encadrer · mener : *le maire menait le cortège* • défiler / marcher en tête de · être / se trouver / figurer en tête de · ouvrir • défiler / marcher en queue de · être / se trouver / figurer en queue de · fermer
- défiler dans · être dans · être présent dans · (venir) grossir : *des passants sont venus grossir le cortège* · participer à · prendre part à · prendre place dans · rallier · rejoindre · se fondre dans · se joindre à : *des sans-papiers se joindront au cortège parisien* · se mêler à · suivre • remonter
- disperser

en cortège

- défiler · marcher · partir · se diriger · se rendre : *les manifestants se sont rendus en cortège sur le site* · venir

cote (de popularité / de confiance) *nom fém.*

∞ cote (de popularité / de confiance) + ADJECTIF

- personnelle
- stable : *il a une cote stable de 35 % dans les sondages*
- bonne + nom · positive · respectable • considérable · élevée · forte + nom · grandissante · haute • exceptionnelle · fantastique · record
- petite + nom : *les militants moquent sa petite cote dans les sondages* • mauvaise + nom · pas fameuse

∞ cote (de popularité / de confiance) + VERBE

- se situer en dessous / autour de / au-dessus de : *sa cote de popularité se situe en dessous de 25 %*
- évoluer · fluctuer · varier
- augmenter · enregistrer une hausse · être en hausse · exploser · grimper · monter (en flèche) · progresser · remonter · s'envoler : *sa cote de popularité s'est envolée après la Coupe du Monde* · se redresser
- baisser · chuter : *il a vu sa cote chuter dramatiquement dans les sondages* · enregistrer une baisse / chute · fléchir · s'effondrer · tomber

∞ VERBE + cote (de popularité / de confiance)

- avoir ○fam. : *elle a la cote auprès de ses élèves ; il n'a pas la cote dans l'électorat féminin* · bénéficier de : *ils bénéficient de cotes de popularité exceptionnelles* • retrouver : *le Président retrouve une cote positive pour la première fois depuis octobre* • conserver
- soigner : *elle soigne sa cote de popularité*
- améliorer · redresser : *cela n'a pas contribué à redresser sa cote de popularité*
- affecter · faire baisser · se répercuter sur
- perdre : *les savants ont perdu la cote auprès des jeunes*

cote d'alerte *nom fém.*

∞ VERBE + cote d'alerte

- atteindre • dépasser : *le fleuve a largement dépassé sa cote d'alerte* · être au-dessus de : *le niveau du lac s'est stabilisé à plus d'un mètre au-dessus de la cote d'alerte* · franchir • être au-dessous de

couleur *nom fém.* (teinte, coloris)

∞ couleur + ADJECTIF

- complémentaire · neutre · primaire • artificielle · naturelle • minérale · végétale
- originelle : *on a retrouvé la couleur originelle du plafond*

- nationale : *le rouge et le jaune, couleurs nationales de la Chine* • populaire
- dominante · principale • unie · uniforme
- mate • brillante • claire • foncée · sombre • métallique · métallisée · nacrée • changeante · irisée
- inaltérable
- (plur.) assorties
- (plur.) contrastées · discordantes · disparates
- ardente : *des fleurs aux couleurs ardentes* · clinquante · crue · détonnante · éclatante · étincelante · flashy[fam.] · fluo(rescente) · forte · franche · intense · nette · pétante[fam.] · profonde · riche · saturée · soutenue · tranchée · vive · voyante
- chaude · cuivrée • chatoyante · fauve · flamboyante · lumineuse
- belle[+ nom] · délicate · exquise · féerique · harmonieuse · jolie[+ nom] · magnifique · pure · somptueuse • agréable · apaisante · reposante : *le bleu est une couleur reposante* • gaie • flatteuse
- transparente • délavée · discrète · douce · pâle · pastel · tendre • simple · sobre
- acide · acidulée · froide
- indéfinie · indéfinissable · indistincte • étrange · insolite · irréelle : *des papillons aux couleurs irréelles*
- agressive · aveuglante · criarde · violente • affreuse · glauque · laide · moche · sinistre · vilaine • fade · morne · pisseuse[fam.] · terne · terreuse · triste
- défraîchie · délavée · passée : *les couleurs passées des vieilles tentures* • salissante : *le blanc est une couleur très salissante*

∾ **couleur** + VERBE

- contraster avec : *la couleur des rideaux contraste avec les murs noircis* · trancher avec • dominer : *une couleur domine tout au long du film : le rouge* · ressortir • (plur.) se combiner · se mélanger
- se modifier · varier • tirer sur : *une couleur qui tire sur le violet* · virer à : *la couleur vire du vert au jaune*
- attirer le regard · détonner
- flatter : *c'est une couleur qui flatte le teint* · illuminer
- passer · perdre son éclat · s'altérer
- s'effacer

∾ VERBE + **couleur**

- avoir (+ adj.) · (re)prendre : *le ciel a pris une couleur rouge* · retrouver • changer de : *le caméléon / le ciel change de couleur*
- ajouter · (re)donner · introduire : *il faudrait introduire un peu de couleur pour égayer le salon* · mettre
- alterner • uniformiser : *un produit pour uniformiser la couleur du bois*
- (plur.) assortir · combiner · harmoniser · marier · mélanger · mêler
- (r)aviver · faire ressortir · rehausser : *le khôl rehausse la couleur des yeux* · relever · renforcer • assombrir · foncer
- adoucir · affaiblir · atténuer · délayer · laver • éclaircir • altérer : *le soleil altère les couleurs*
- perdre : *le fruit a perdu sa belle couleur*
- manquer de : *le tableau manque de couleurs*

∾ NOM + DE + **couleur(s)**

- gamme · palette · variété
- mélange · mosaïque • (sur)abondance · débauche · flot · foisonnement · luxe · multitude · profusion • avalanche · déferlante · déluge · explosion · océan · orgie · pluie • farandole · féerie · festival · feu d'artifice : *elles dansent dans un feu d'artifice de couleurs* · symphonie · tourbillon : *on est emporté dans un tourbillon de couleurs*
- pointe · touche : *il faudrait quelques touches de couleur pour casser cette uniformité*

[1] **coup** *nom masc.* (choc)

∾ **coup** + ADJECTIF

- grand[+ nom] : *il donna un grand coup sur la table en pestant* · gros[+ nom] · sec : *il frappa un coup sec sur le comptoir* • (plur.) redoublés : *frapper à coups redoublés* · répétés
- bas° [Sport] : *il a été pénalisé pour avoir donné un coup bas* • brutal · furieux · méchant[+ nom fam.] : *il a reçu un méchant coup de coude dans les côtes* · redoutable · sévère : *les combats ont porté des coups sévères au patrimoine architectural de la ville* · terrible · violent • fatal : *on le soupçonne de lui avoir porté le coups fatal* · mortel
- léger · petit[+ nom]

∾ **coup** + VERBE

- pleuvoir (plur.) : *les coups pleuvaient dans la mêlée*

∾ VERBE + **coup**

- assener : *il lui a assené deux coups sur le crâne* · décocher · donner · infliger : *les coups infligés à sa mère par le voleur* • (plur.) bourrer de · rouer de • échanger : *ils ont échangé des coups*
- prendre : *il a pris pas mal de coups quand il était jeune* · recevoir • encaisser
- accuser° : *il a mis du temps pour accuser le coup de cette défaite*
- éviter · parer : *il n'a pas réussi à parer le coup* · (se) prémunir contre

∾ NOM + DE + **coups**
- avalanche · pluie · succession

[2]coup *nom masc.* (opération, tentative)

∾ **coup** + ADJECTIF
- commercial · médiatique · promotionnel · publicitaire · etc.
- décisif · grand + nom · gros + nom · retentissant · spectaculaire
- audacieux · beau + nom · superbe • de génie○
- fumant○ : *ils craignent de le voir renouveler son coup fumant de la dissolution de l'Assemblée* • fourré○ · monté○ • bas○ · de / en vache○ fam. · foireux · mauvais + nom · pendable · sale○ + nom fam. · tordu • dur○ : *cette défaite a été un coup dur pour lui* · vilain : *c'est un vilain coup du sort*

∾ VERBE + **coup**
- calculer : *il a bien / mal calculé son coup* · monter · préméditer · préparer • risquer · tenter○ fam. : *on peut toujours tenter le coup* • frapper (+ adj.) : *ils ont décidé de frapper un grand coup avec cette campagne*
- réussir : *elle voulait le faire démissionner, elle a réussi son coup*
- flairer : *je flaire le coup tordu* · sentir (venir)
- manquer · rater

coup d'État *nom masc.*

∾ **coup d'État** + ADJECTIF
- militaire
- réussi

∾ **coup d'État** + VERBE
- avoir lieu · intervenir : *le coup d'État intervient après quelques années d'instabilité*

∾ VERBE + **coup d'État**
- fomenter · préparer • diriger · être à / prendre la tête de

coup de feu *nom masc.*

∾ **coup de feu** + ADJECTIF
- fatal · mortel
- manqué : *l'auteur du coup de feu manqué contre le Président*

∾ **coup de feu** + VERBE
- partir : *le coup de feu est parti quand son arme est tombée* • retentir : *un coup de feu a retenti dans la rue*
- atteindre (souvent passif) : *atteint par un / d'un coup de feu dans la tête* · blesser (souvent passif)

∾ VERBE + **coup de feu**
- tirer : *il a tiré plusieurs coups de feu sur sa victime* • échanger (plur.)
- essuyer : *l'armée a essuyé des coups de feu*

coup d'œil *nom masc.*

∾ **coup d'œil** + ADJECTIF
- circulaire · général · panoramique • premier○ + nom : *je l'ai vu au premier coup d'œil* • dernier + nom · ultime
- bon + nom • beau + nom · formidable : *de là, on a un formidable coup d'œil sur l'Himalaya* · joli + nom : *il y a un joli coup d'œil du haut de la falaise*
- complice
- indiscret
- discret · simple + nom : *un simple coup d'œil sur une carte permet de le constater* • distrait : *chacun jeta un coup d'œil distrait aux documents* · sommaire · vague + nom • bref + nom · furtif · petit + nom · rapide

∾ VERBE + **coup d'œil**
- avoir○ : *il faut avoir le coup d'œil pour le voir*
- jeter · lancer : *il a lancé un coup d'œil dans la chambre*
- mériter○ · valoir○ : *le paysage vaut le coup d'œil*

couple *nom masc.* (amoureux)

∾ **couple** + ADJECTIF
- présidentiel · princier
- marié · pacsé · traditionnel • conjugal · parental : *lorsque le couple parental est désuni* • interracial · mixte • hétérosexuel • gay · homosexuel · lesbien • infécond · infertile · sans enfant · stérile
- biactif [Admin.] (= dont les deux membres travaillent)
- (bien) assorti · idéal · modèle · parfait • paisible · sans histoire • amoureux · fusionnel · indissociable · inséparable · solide · soudé · stable · uni • épanoui · heureux • enlacé : *une photo représentant un couple enlacé*
- beau + nom · glamour · joli + nom · magnifique • charmant · sympathique • célèbre · emblématique · fameux + nom · illustre · légendaire · mythique : *Bonnie and Clyde, couple mythique*
- curieux · étonnant · extravagant · improbable · inattendu
- scandaleux · tumultueux • illégitime • incestueux
- désuni · divorcé · séparé • mal assorti • infernal [souvent fig.] : *le couple infernal qu'elle forme avec son producteur*

∾ couple + VERBE
- se former · se rencontrer
- convoler (en justes noces) · se marier · vivre en concubinage / en union libre · vivre ensemble
- se disputer · se fâcher • battre de l'aile · divorcer · se déchirer · se défaire · se déliter : *le couple s'est délité après la mort du bébé* · se désagréger · se disloquer · se séparer
- renouer · se rabibocher[fam.] · se réconcilier · se retrouver

∾ VERBE + **couple**
- marier · unir : *le maire a refusé d'unir le couple*
- faire · former : *ils forment un beau couple*
- réconcilier · ressouder : *l'expérience a ressoudé leur couple* · réunir

en couple
- être : *ils sont en couple depuis trois ans* · se mettre · vivre

courage *nom masc.*

∾ courage + ADJECTIF
- politique • intellectuel · moral • physique • artistique · éditorial · etc.
- admirable · à toute épreuve · beau · éclatant · énorme · étonnant · exceptionnel · extraordinaire · formidable · fou · grand [+ nom] · héroïque · hors du commun · hors normes · immense · impressionnant · incroyable · indéniable · indomptable · inouï · peu commun · rare · remarquable · sans faille · vrai [+ nom] • exemplaire · inébranlable · inflexible · invincible

∾ courage + VERBE
- forcer l'admiration
- défaillir · vaciller
- abandonner · faire défaut à : *le courage politique leur fait défaut*

∾ VERBE + **courage**
- demander : *cela demandera un certain courage de la part de la population* · exiger · faire appel à · nécessiter · réclamer · requérir
- avoir : *elle a du courage / le courage de l'affronter* · se sentir : *je ne me sens pas le courage de lui dire* • faire provision de · prendre à deux mains○ : *j'ai dû prendre mon courage à deux mains pour lui dire* · puiser : *elle puise son courage dans sa confiance en l'avenir* · rassembler : *j'ai dû rassembler tout mon courage pour y aller* · s'armer de · trouver • reprendre · retrouver
- démontrer · déployer · faire montre de : *elle a fait montre de beaucoup de courage* · faire preuve de · manifester · montrer · prouver
- (re)donner • ranimer · réveiller
- admirer · célébrer · louer · rendre hommage à · saluer · vanter
- manquer de • perdre (sans art.) : *il ne faut pas perdre courage*

∾ NOM + DE + **courage**
- dose : *cela réclame une bonne dose de courage de la part du pouvoir politique*
- acte • marque · preuve • leçon : *elle nous donne là une belle leçon de courage*

avec courage
- braver · combattre · se battre • dénoncer · refuser • affronter · endurer • écrire · s'exprimer · témoigner

[1] courant *nom masc.* (opinion, mouvement)

∾ courant + ADJECTIF
- idéologique · politique • artistique · esthétique · intellectuel · littéraire · musical • religieux · spirituel · etc.
- nationaliste · populiste • libéral · radical • conservateur · traditionnel • alternatif · contestataire · réformateur · révolutionnaire • modéré
- international · mondial · national
- interne
- différent · opposé • divergents (plur.)
- structuré : *le courant le plus puissamment structuré du parti* • fédérateur • dominant · majoritaire · populaire • grand [+ nom] · large · puissant
- minoritaire · petit [+ nom]

∾ courant + VERBE
- émerger : *ils font émerger un courant écologiste* · naître · s'amorcer · se créer · se dessiner · se manifester · se profiler · s'imposer · s'installer
- agiter : *les courants internes qui ont agité le parti*

∾ VERBE + **courant**
- créer · développer · donner forme à · donner naissance à · engendrer · fonder · former · produire · susciter : *ce reportage a suscité un courant d'émotion dans l'opinion publique*
- incarner : *elle incarne le courant social-démocrate* · représenter
- appartenir à · être issu de · participer à · se ranger dans · se rattacher à · s'inscrire dans : *ce film s'inscrit dans le courant social du cinéma britannique contemporain*
- alimenter : *cela a alimenté les courants extrémistes* · animer · favoriser · nourrir · renforcer
- rester à l'écart de • s'éloigner de • quitter

[2]courant *nom masc.* (d'une rivière, maritime)

∞ courant + ADJECTIF

- chaud · froid • marin · maritime · océanique · sous-marin · souterrain • contraire
- fort [+ nom] · impétueux · irrésistible · puissant · rapide
- dangereux · violent
- faible · petit [+ nom]

∞ courant + VERBE

- charrier · emporter : *le courant nous a emportés vers le large* · entraîner

∞ VERBE + courant

- aller avec · descendre · nager avec · suivre : *en suivant le courant, on arrive à l'écluse*
- aller contre · lutter contre · résister à • nager contre · ramer contre : *difficile de ramer contre un courant si violent* · remonter

[3]courant *nom masc.* (électrique)

∞ courant + ADJECTIF

- alternatif · continu • porteur : *les courants porteurs utilisés pour commander à distance certains appareils électriques* • haute / basse tension • tellurique

∞ courant + VERBE

- circuler · passer [aussi fig.] : *le courant passe / ne passe pas entre eux*

∞ VERBE + courant

- créer · générer · induire · produire : *le photovoltaïque produit du courant par transformation directe de l'énergie solaire*
- inverser
- couper : *je vais couper le courant avant de changer l'ampoule*
- remettre · rétablir

courrier *nom masc.*

∞ courrier + ADJECTIF

- électronique : *le courrier électronique commence à concurrencer le courrier postal* • postal · traditionnel
- personnel : *elle a ouvert son courrier personnel* · privé • professionnel • officiel
- recommandé (avec accusé de réception) · suivi
- [Admin.] précité · susvisé · visé en référence
- abondant : *nous recevons un abondant courrier de nos auditeurs* · de ministre · volumineux
- anonyme • confidentiel
- suspect • infecté · piégé

∞ courrier + VERBE

- arriver à · parvenir à : *le courrier n'est jamais parvenu à destination*
- s'accumuler (souvent passif) · s'amonceler · s'entasser
- [électronique] • peser : *ce courrier pèse très lourd / près d'un méga* • encombrer : *tous ces courriers encombrent ma messagerie*

∞ VERBE + courrier

- adresser ... à • envoyer (... à) · expédier · mettre à / dans la boîte aux lettres · poster
- collecter · ramasser • trier • acheminer · distribuer
- (co)signer • (souvent passif) antidater · dater · postdater
- dépouiller : *toute une équipe est chargée de dépouiller le courrier des lecteurs* · éplucher · lire
- avoir · recevoir : *je reçois beaucoup de courrier en ce moment*

∞ NOM + DE + courrier(s)

- afflux : *devant l'afflux de courriers, nous ne pouvons répondre à toutes vos questions* · avalanche · flot · montagne · tonnes
- échange : *après plusieurs échanges de courriers, l'affaire était réglée*

[1]cours *nom masc.* (Bourse)

∞ cours + ADJECTIF

- boursier · pétrolier · etc.
- légal · officiel • indicatif · moyen : *le cours moyen du dollar pendant les six derniers mois* · pivot • fixe · stable • forcé : *la loi a instauré le cours forcé du billet de banque* · garanti · plafond
- élevé • attractif · avantageux · favorable
- bas • plancher : *le cuivre a retrouvé son cours plancher d'il y a deux ans*

∞ cours + VERBE

- être à / atteindre (un niveau) : *les cours sont à leur plus bas niveau depuis 1993* · être compris entre ... et ... · s'afficher à : *les cours s'affichent à 54 cents* · s'élever à · se situer autour de · tourner autour de
- se maintenir · se stabiliser
- fluctuer · varier
- réagir à : *les cours ont réagi violemment à cette annonce*
- être supérieur à • afficher une hausse · atteindre un (nouveau) record · bondir : *le cours du brut a bondi* · croître · dépasser : *le cours dépasse les 38 dollars* · être à la hausse · flamber · gagner x % · grimper · (re)monter · progresser · s'afficher en hausse · s'améliorer · s'envoler · se porter mieux · se redresser · se relever · s'orienter à la hausse

- être inférieur à • afficher une baisse · baisser · chuter · décliner · dégringoler · être à la baisse · être en chute libre · faire un plongeon · fléchir · perdre x % / points : *le cours de l'action a perdu 3 % / points* · piquer du nez · plonger · reculer · refluer : *les cours pétroliers refluent* · retomber · s'affaiblir · s'affaisser · s'afficher en baisse · s'écrouler · s'effondrer · s'effriter · s'orienter à la baisse · tomber : *les cours sont tombés à leur plus bas niveau depuis près de dix ans*

∞ VERBE + **cours**
- fixer
- être aligné sur · être indexé sur : *les obligations sont indexées sur le cours de l'action*
- avoir des effets sur · avoir une incidence sur · interférer sur · peser sur
- doper · gonfler : *l'explosion financière asiatique est venue gonfler les cours à New York* · relancer · soutenir : *il va falloir des interventions pour soutenir le cours de l'euro*
- avoir l'œil rivé sur · surveiller
- manipuler : *il est soupçonné de manipuler le cours des actions*

∞ NOM + DE + **cours**
- faiblesse : *la faiblesse persistante des cours du brut* • baisse · chute · dégringolade · effondrement · plongeon : *ils ont largement profité du plongeon des cours* · recul · reflux : *on enregistre un petit reflux des cours de l'action* · tassement
- raffermissement • envolée · flambée : *les effets de la flambée des cours du pétrole sur les prix des carburants à la pompe* · hausse · (re)montée · rebond : *ils prévoient un violent rebond des cours* · renchérissement
- fluctuation · variation · volatilité

[2]cours *nom masc.* (évolution, direction)

∞ **cours** + ADJECTIF
- habituel · naturel · normal : *la vie suit / reprend son cours normal* · ordinaire · prévu • immuable · régulier
- imprévisible · inattendu · inhabituel
- chaotique · sinueux : *le cours très sinueux de sa carrière* · tortueux

∞ VERBE + **cours**
- prendre · suivre : *la vie paraît suivre un cours normal / son cours* • reprendre · retrouver · revenir à : *les choses sont revenues à leur cours normal*
- maîtriser • agir sur · avoir des effets sur · avoir une incidence sur · avoir un impact sur · changer · exercer une pression sur · faire pression sur · infléchir · influencer · influer sur · intervenir dans / sur • inverser · modifier · renverser
- accélérer · forcer · hâter · précipiter : *ces événements ont précipité le cours de l'histoire*
- remonter : *l'exposition nous fait remonter le cours du temps*
- freiner · ralentir : *il serait tenté de ralentir le cours des réformes*
- déranger · détourner · dévier : *le ministre s'est engagé à ne pas dévier le cours de la justice* · entraver · gêner · paralyser · retarder · troubler
- interrompre · suspendre • arrêter · rompre · stopper

[3]cours *nom masc.* (d'une rivière)

∞ **cours** + ADJECTIF
- inférieur · supérieur
- lent · paisible · sage · tranquille
- impétueux · rapide · torrentueux
- méandreux : *la Loire a un cours très méandreux* · sinueux

∞ VERBE + **cours**
- détourner : *ils ont détourné le cours du fleuve pour irriguer la zone* · dévier
- barrer · canaliser

[4]cours *nom masc.* (leçon)

∞ **cours** + ADJECTIF
- pratique · professionnel • magistral · théorique • facultatif · obligatoire · optionnel • collectif · individuel · particulier • à domicile · par correspondance • hebdomadaire · interactif · mensuel · trimestriel · etc.
- classique : *je donne des cours classiques, avec des thèmes et des versions* · traditionnel
- accéléré · intensif • complet
- captivant · intéressant · passionnant · vivant
- sommaire
- ennuyeux · nul · rébarbatif · soporifique

∞ **cours** + VERBE
- commencer • avoir lieu · se dérouler : *les cours se déroulent de 18 heures à 20 heures* • redémarrer · reprendre · se poursuivre
- s'articuler autour de • aborder · être consacré à · présenter : *ce cours présentera les principaux courants de la linguistique* · traiter de • s'intituler
- s'achever · s'arrêter · se terminer · s'interrompre

∞ VERBE + **cours**

- intégrer · s'inscrire à / dans • aller à / en · se rendre à / en • avoir : *j'ai (des) cours le matin* · prendre · se payer • assister à · participer à · suivre • être assidu à • continuer · poursuivre · reprendre • apprendre · bûcher*fam.* · potasser*fam.* · réviser
- proposer • assurer · délivrer : *des étudiants en thèse délivrent des cours tout en achevant leurs recherches* · dispenser · donner · être chargé de · faire : *faire un cours; il ne fait pas cours le mardi* · prodiguer : *elle prodigue des cours de mise en scène depuis vingt ans* • continuer · poursuivre • construire · préparer · rédiger • organiser : *il organise des cours privés de langue kurde*
- inaugurer : *elle inaugure un cours consacré à l'histoire des femmes* • ouvrir : *elle vient d'ouvrir un cours de cuisine à Lyon*
- inspecter · superviser
- boycotter · déserter • manquer · sécher*fam.*
- être dispensé de • abandonner · arrêter · cesser
- déranger · perturber
- interrompre · suspendre : *le cours a été suspendu pendant une demi-heure* • annuler · arrêter

∞ NOM + DE + **cours**

- série : *ce célèbre chirurgien donnera une série de cours interactifs sur Internet*

[1] **course** *nom fém.* (déplacement)

∞ **course** + ADJECTIF

- longue + nom
- pleine + nom : *elle a été percutée en pleine course* • échevelée · endiablée · éperdue · folle · haletante • affolée · infernale
- épuisante : *au bout d'une course épuisante, elle l'a enfin rattrapé* · éreintante · harassante

∞ VERBE + **course**

- faire : *faire la course avec qqn; faire de la course* • continuer · poursuivre • reprendre : *après une courte pause, elle a repris sa course*
- accélérer : *il a accéléré sa course en fin de parcours*
- ralentir : *il ralentit peu à peu sa course*
- entraver : *sa robe longue entravait sa course*
- finir · terminer : *la voiture a terminé sa course dans le ravin*

[2] **course** *nom fém.* (épreuve sportive)

∞ **course** + ADJECTIF

- automobile · cycliste · hippique · pédestre • océanique · transatlantique
- de demi-fond · de fond · d'endurance · de vitesse
- en solitaire · individuelle • de / en relais · en équipe
- célèbre · fameuse + nom · mythique · phare · prestigieuse
- longue + nom
- belle + nom · magnifique · superbe • impeccable · parfaite · sans faute : *elle a fait une course sans faute*
- victorieuse
- acharnée · au coude à coude · haletante · sans pitié · serrée
- épuisante · éreintante · harassante
- mauvaise + nom · médiocre : *elle a fait une course assez médiocre* · moyenne

∞ **course** + VERBE

- commencer • s'annoncer (+ adj.) : *la course s'annonce serrée*
- avoir lieu · se dérouler · se disputer • se jouer : *la course s'est jouée dans le dernier kilomètre*
- s'animer · s'emballer
- s'arrêter · s'interrompre • finir · s'achever · se terminer : *la course s'est terminée à la nuit tombée / sur la victoire de l'Allemand*

∞ VERBE + **course**

- être en : *ils sont encore cinq en course* · participer à · prendre le départ de · prendre part à · s'aligner en / au départ de : *les bateaux qui vont s'aligner au départ de la course sont tous plus sophistiqués les uns que les autres* · s'élancer dans • rester dans / en
- contrôler · être en tête de · mener : *leur pilote a contrôlé / mené la course de bout en bout*
- être / rester seul en • (r)emporter · gagner
- finir · terminer : *seules huit voitures ont pu terminer la course*
- truquer
- annuler : *les conditions météo les ont obligés à annuler la course* • arrêter · interrompre · suspendre
- perdre
- abandonner · arrêter · renoncer à · se retirer de
- disqualifier de · éliminer de · exclure de

[3] **course** *nom fém.* (fig., concurrence)

∞ **course** + ADJECTIF

- au profit · aux armements · électorale · présidentielle · etc.

- acharnée · échevelée · effrénée : *ils se sont lancés dans une course effrénée à l'innovation* · éperdue : *une course éperdue après la beauté et la jeunesse* · folle · formidable $^{+\text{nom}}$ · frénétique · incessante
- aveugle · infernale : *certains éditeurs sont épuisés par la course infernale aux fortes ventes* · sans merci

∞ VERBE + course

- être en : *elle est toujours en course pour les présidentielles* · participer à · prendre part à · se replacer dans : *cela leur permet de se replacer dans la course à la qualification* • rester en / dans : *ils sont bien décidés à rester dans la course à la technologie*
- (s')engager (dans) : *les constructeurs automobiles ont engagé une course à la taille* · entrer dans · s'élancer dans · se lancer dans · se livrer à : *ils se livrent à une course de vitesse pour couvrir la planète de réseaux*
- continuer · poursuivre • reprendre
- relancer : *la guerre froide a relancé la course aux armements*
- être bien placé dans : *elle est bien placée dans la course au siège de député* • (r)emporter · gagner • être / rester seul en
- perdre · se laisser distancer dans
- abandonner · se retirer de
- écarter de · éliminer de · évincer de : *son propre parti l'a évincé de la course* · exclure de
- entraver · freiner : *il faut freiner la course aux armements* · mettre un frein à · ralentir
- arrêter · mettre fin à · mettre un terme à : *il faut mettre un terme à la course au nucléaire*

coût *nom masc.* (argent, effort)

∞ coût + ADJECTIF

- budgétaire · financier · horaire · salarial • environnemental · humain · politique · social · etc.
- de revient° • de base · unitaire • direct · indirect • additionnel · marginal · supplémentaire • opérationnel · prévisionnel · résiduel
- médian : *le coût médian d'un film s'établissait à 2,5 M d'€* · moyen • global · total
- exact · net · réel
- constant · fixe · stable
- variable • approximatif
- élevé · important · lourd • astronomique · disproportionné · excessif · exorbitant · faramineux • dissuasif : *cette solution fut un moment envisagée mais vite repoussée à cause de son coût dissuasif* · prohibitif
- avantageux · meilleur $^{+\text{nom}}$: *Internet permet d'obtenir des séjours au meilleur coût*
- justifié
- abordable · accessible • bas · dérisoire · faible · modéré · modique · moindre $^{+\text{nom}}$: *pour fabriquer des médicaments à moindre coût*
- caché : *les outils de gestion n'ont pas pu déceler les coûts cachés de cette politique*

∞ coût + VERBE

- être égal à · représenter : *une augmentation de 2 % représenterait un coût de 4,27 millions d'euros* • avoisiner : *une opération dont le coût avoisine le million de dollars* · se chiffrer à · s'élever à · se monter à
- comprendre · intégrer : *ces coûts n'intègrent pas le coût du travail*
- s'en ressentir
- dépasser · être supérieur à · excéder · s'alourdir · s'envoler
- être inférieur à • baisser · chuter

∞ VERBE + coût

- avoir : *tout service a un coût* · représenter : *les mesures prévues représentent un coût total de 43 M d'€*
- engendrer · entraîner · induire · occasionner : *ce processus occasionne des coûts supplémentaires*
- apprécier · chiffrer · déterminer · estimer · évaluer • sous-estimer · sous-évaluer • surestimer · surévaluer
- établir · fixer
- prendre en compte · tenir compte de
- prendre en charge · supporter : *le Conseil régional supportera tout le coût de l'opération* • couvrir
- peser sur : *le prix des matières premières pèse lourdement sur les coûts de production* · (se) répercuter sur
- mutualiser · partager · répartir
- amortir · maîtriser · optimiser
- abaisser · alléger · baisser : *cela a permis de baisser drastiquement le coût de revient* · comprimer · diminuer · limiter · minimiser · réduire · resserrer · rogner sur : *les entreprises continuent de rogner sur les coûts de recherche*
- alourdir · augmenter · gonfler · grever : *ces imprévus n'ont pas grevé le coût du film* • majorer : *tous les coûts sont majorés de 10 %*

∞ NOM + DE + coût(s)

- augmentation · envolée · flambée · hausse · inflation
- baisse · chute · diminution

coutume *nom fém.*

∾ coutume + ADJECTIF

- familiale • folklorique · populaire · sociale · tribale • paysanne · rurale • antique · médiévale • païenne · religieuse
- locale · nationale · régionale
- fameuse + nom • courante · fréquente · habituelle · répandue • bien ancrée : *c'est une coutume bien ancrée en terre catalane* · bien établie
- ancestrale · ancienne · antique · millénaire · séculaire · traditionnelle : *cette coutume traditionnelle a réapparu depuis une trentaine d'années* · vieille + nom
- archaïque · désuète · d'un autre âge
- bizarre · étrange
- absurde · ridicule · stupide • barbare : *ce rituel d'intégration est une coutume barbare*
- belle + nom

∾ coutume + VERBE

- dater de · remonter à : *c'est une coutume qui remonte au XVIe siècle* • apparaître · naître
- être héritée de : *décorer sa maison avec du gui est une coutume héritée des peuples celtes* · provenir de
- consister en · vouloir que : *la coutume veut que l'on remette un collier de fleurs aux nouveaux arrivants*
- se pratiquer : *cette coutume se pratique encore de nos jours*
- prévaloir : *cette coutume prévaut au Moyen-Orient* • se généraliser · se répandre : *cette coutume s'est répandue dans tout le pays*
- perdurer · persister · se perpétuer : *c'est une coutume qui s'est perpétuée de génération en génération*
- disparaître · se perdre · s'éteindre · tomber en désuétude

∾ VERBE + coutume

- devenir : *l'échange de cadeaux est devenu une coutume* · passer en : *c'est une pratique passée en coutume*
- (r)établir · instaurer : *une coutume instaurée par des peuples païens* · introduire • transmettre
- adopter
- pratiquer : *les habitants du village pratiquent encore cette coutume* • observer · respecter · suivre
- conserver · continuer · garder · maintenir · perpétuer
- déroger à · enfreindre · faire une entorse à : *elle a fait une entorse à la coutume en me recevant sans la présence de mon supérieur hiérarchique* · rompre avec • être contraire à
- se heurter : *le gouvernement se heurte à une coutume bien établie*
- s'attaquer à : *l'association veut s'attaquer à ces coutumes d'un autre âge* · s'opposer à
- abandonner : *la Bretagne a progressivement abandonné cette coutume* · perdre · renoncer à
- abolir · mettre fin à : *la révolution industrielle a mis fin à cette coutume*

crainte *nom fém.*

∾ crainte + ADJECTIF

- instinctive : *la crainte instinctive que m'inspirent les araignées*
- ancestrale · ancienne · vieille + nom • permanente · perpétuelle · persistante • récurrente
- compréhensible · fondée · justifiée · légitime · motivée
- majeure · principale • bien / fortement ancrée : *cette crainte est fortement ancrée dans la population* · forte + nom · grande + nom · grosse + nom · réelle · vive • excessive • croissante · grandissante • partagée · réciproque
- respectueuse : *elle inspire une crainte respectueuse à tout le personnel*
- diffuse : *de quoi susciter une crainte diffuse dans les rangs du parti* · sourde • relative • brève · passagère
- infondée · injustifiée · irrationnelle

∾ crainte + VERBE

- exister • naître de · venir de • concerner · être liée à · porter sur : *leurs craintes portent sur la question des salaires*
- s'installer · (re)surgir • gagner : *ces craintes ont gagné toute l'équipe* • persister
- se faire jour · se manifester
- se réveiller • augmenter · s'amplifier · se fortifier · s'étendre • se confirmer : *mes pires craintes se sont confirmées*
- dicter · motiver • amener à · mouvoir (passif) : *un bon élève mû par la crainte de décevoir*
- hanter · tarauder · tourmenter
- disparaître · se dissiper

∾ VERBE + crainte

- causer · engendrer · inspirer · provoquer · susciter
- avoir · concevoir · éprouver · nourrir · partager · ressentir · vivre dans : *il vit dans la crainte de représailles*
- afficher · mal cacher · manifester
- avouer · émettre · exprimer · formuler
- confirmer · justifier
- alimenter · conforter · entretenir · nourrir • accroître · attiser : *cette réforme attise les craintes syndicales* · (r)aviver · (r)éveiller · relancer · renforcer

- refléter · traduire : *cette chute des cours traduit des craintes inflationnistes*
- cacher · dissimuler
- surmonter · vaincre
- apaiser · atténuer · calmer · modérer · tempérer : *le ministre a su tempérer les craintes des élus*
- balayer · désamorcer · dissiper · écarter · lever : *il a voulu lever les craintes des salariés*

[1]création *nom fém.* (acte de créer)

∞ création + ADJECTIF

- brute : *cela conduit à la création brute de 24 764 emplois* · nette : *il prévoit la création nette de 1 000 emplois de professeurs*
- massive : *ce secteur ne verra plus de créations massives d'emplois*

∞ VERBE + création

- appeler à · exiger · nécessiter · réclamer · préconiser · prôner · recommander : *il recommande la création d'un tribunal pénal international*
- aboutir à · concourir à · conduire à · déboucher sur · donner lieu à · entraîner · générer : *ce plan devrait générer quelques créations de postes* · provoquer · susciter · se matérialiser par · se traduire par : *cette proposition se traduirait par la création d'une société holding*
- autoriser · entériner : *le sommet a entériné la création d'un observatoire de la démocratie* · permettre · aider à · donner un coup de fouet à · dynamiser · encourager · favoriser : *cela favorise la création d'emplois* · impulser · relancer · soutenir · stimuler
- contribuer à · participer à : *l'immigration participe à la création de richesses*
- réglementer
- limiter : *la législation actuelle qui limite la création de nouveaux centres commerciaux*
- empêcher · entraver · faire obstacle à · interdire

[2]création *nom fém.* (œuvre)

∞ création + ADJECTIF

- artistique · audiovisuelle · poétique : *les mystères de la création poétique* · publicitaire · scénique · télévisuelle : *il y a des aides européennes à la création télévisuelle* · théâtrale · visuelle · etc.
- collective · individuelle
- vivante · contemporaine
- originale : *ils ne subventionnent que les créations originales*
- belle + nom : *il y expose quelques-unes de ses plus belles créations* · réussie · géniale · magnifique · remarquable

∞ VERBE + création

- signer : *des créations signées de designers contemporains*
- exposer · montrer · présenter : *il présentera ses nouvelles créations lors du défilé*

créativité *nom fém.*

∞ créativité + ADJECTIF

- artistique · linguistique · littéraire · musicale · scientifique · etc.
- collective · individuelle
- bouillonnante · débordante · débridée : *ces objets témoignent de la créativité débridée des années 1960* · exceptionnelle · foisonnante · forte + nom : *il y a une très forte créativité dans les jeux vidéo* · grande + nom · incroyable · inépuisable · intense · sans égal · surprenante · merveilleuse · prodigieuse

∞ VERBE + créativité

- nécessiter · requérir
- libérer : *un bon patron sait libérer la créativité de ses employés* · susciter
- exercer : *leurs éditeurs pourront librement exercer leur créativité* · retrouver
- exprimer · faire preuve de · marquer / connaître un regain de : *le cinéma argentin connaît un regain de créativité inespéré*
- montrer · témoigner de
- alimenter · améliorer · développer · nourrir · booster *fam.* · encourager · favoriser · stimuler
- brider : *cette atmosphère angoissante qui bride la créativité* · entraver · étouffer · être un frein à
- être en panne de : *le constructeur automobile est en panne de créativité* · manquer de

crédibilité *nom fém.*

∞ crédibilité + ADJECTIF

- commerciale · économique · financière · politique · morale · scientifique · internationale · etc.
- indéniable · indiscutable · forte + nom · grande + nom · sans faille
- faible : *la faible crédibilité du gouvernement en matière d'emploi* · relative

∞ crédibilité + VERBE

- être en cause · être en jeu
- en prendre un coup *fam.* · s'émousser · s'éroder · souffrir : *sa crédibilité a beaucoup souffert de toutes ces affaires*

∞ VERBE + crédibilité

- établir · se forger : *les écologistes ont dû se forger une crédibilité économique et sociale*
- acquérir : *il avait besoin de victoires pour acquérir une crédibilité* · gagner en • recouvrer · regagner · rétablir · retrouver
- assurer · garantir : *c'est le seul moyen de garantir la crédibilité des compétitions cyclistes* • (re)donner : *il a redonné une crédibilité internationale à son pays* · restaurer
- accroître · asseoir · renforcer
- manquer de
- compromettre · mettre en jeu · risquer
- affecter · entacher : *ce mauvais bilan entache sérieusement la crédibilité du candidat* · mettre à mal · miner · nuire à · porter atteinte à · porter préjudice à · porter un coup à · ruiner : *ce déficit risque de ruiner notre crédibilité financière* · saper · ternir • affaiblir · amoindrir · diminuer · ébranler · écorner · entamer : *cette fausse interview entame sérieusement la crédibilité du journaliste* · éroder
- douter de · (re)mettre en cause · mettre en doute
- perdre (en)
- enlever ... à · ôter ... à : *cette déclaration lui ôte toute crédibilité* · retirer ... à

∞ NOM + DE + crédibilité

- quête · recherche
- gage
- regain
- crise • déficit : *il souffre d'un déficit de crédibilité auprès des électeurs* · manque · perte
- absence
- test

[1]**crédit** *nom masc.* (confiance, crédibilité)

∞ crédit + ADJECTIF

- moral · politique · professionnel • personnel
- grand [+ nom] · immense · international · large [+ nom] : *ce mouvement bénéficie d'un large crédit au sein de l'opinion publique* · significatif
- limité : *les experts accordent un crédit limité à cette hypothèse* · modeste · petit [+ nom]

∞ crédit + VERBE

- baisser · diminuer · s'effriter · s'éroder · s'user : *son crédit s'use rapidement auprès de ses collaborateurs*

∞ VERBE + crédit

- avoir · disposer de · jouir de : *il jouit d'un crédit intellectuel certain* • conserver · garder
- gagner : *le nouveau régime a gagné du crédit auprès des capitales occidentales* · rétablir · retrouver
- accorder : *si la communauté scientifique accorde quelque crédit à ces études* · donner° : *je ne donne aucun crédit à ses propos* · faire : *il ne lui fait aucun crédit*
- affermir · augmenter · consolider · renforcer • restaurer
- se servir de · user de : *usera-t-il de son nouveau crédit pour faire passer des réformes ?* • compter sur
- entamer · éroder · fragiliser · ternir • détériorer · nuire à · porter atteinte à · ruiner
- faire perdre · retirer ... à : *il cherche à lui retirer son crédit international*

[2]**crédit** *nom masc.* (prêt)

∞ crédit + ADJECTIF

- à la consommation · bancaire · hypothécaire · immobilier
- syndiqué : *les crédits syndiqués sont des crédits faits entre plusieurs banques* • (non) remboursable : *un crédit remboursable mensuellement / sur 10 ans* • garanti par gage / hypothèque • en blanc : *un crédit en blanc est accordé sans demande de garantie* • à vue · de caisse • pont · relais : *le crédit relais est mis en place dans l'attente d'une recette future qui assurera son remboursement* • à court / moyen / long terme • à taux fixe · à taux révisable / variable • à but social / non lucratif · à faible taux · à taux préférentiel · à taux zéro / nul · avantageux · bonifié · gratuit · incitatif · subventionné
- illimité · important · substantiel
- permanent • renouvelable

∞ crédit + VERBE

- s'élever à

∞ VERBE + crédit

- prendre · recourir à : *leur gouvernement ne peut plus recourir aux crédits internationaux* · souscrire à
- demander · solliciter • négocier
- accorder · consentir · faire° : *le boulanger m'a fait crédit* • donner accès à · donner droit à
- avoir accès à : *cet organisme de microcrédit permet à des petits commerçants d'avoir accès au crédit* · bénéficier de · obtenir
- rembourser
- refuser
- [Admin.] • encadrer : *la Banque de France encadre le crédit* · resserrer • assouplir : *la loi de finances 2004 assouplit le crédit*

∞ NOM + DE + crédit

- encours : *les encours de crédit accordés par les grandes banques ont sensiblement progressé* • ligne : *il bénéficie d'une ligne de crédit d'un million d'euros au total* · marge · plafond
- cote : *la cote de crédit mesure la solvabilité selon différents critères*
- report
- facilité
- lettre : *la lettre de crédit représente l'accord donné par un établissement de crédit à l'un de ses correspondants*

à crédit

- acheter · acquérir · financer · payer • vendre • vivre : *pour arrêter de vivre à crédit, ils vont devoir limiter leur consommation*

[3] crédit *nom masc.* (budget)

∞ crédit + ADJECTIF

- budgétaire • annuel
- privé · public
- non consommé · non dépensé
- supplémentaire • exceptionnel · extraordinaire · substantiel
- insuffisant · maigre $^{+\text{ nom}}$ · petit $^{+\text{ nom}}$

∞ crédit + VERBE

- s'élever à
- augmenter · progresser : *la chaîne publique voit ses crédits progresser de 3,7 %*
- baisser · diminuer • s'épuiser

∞ VERBE + crédit

- engager : *les collectivités locales sont appelées à engager des crédits* · inscrire / prévoir au budget · ouvrir : *l'ordonnance ouvrant un crédit extraordinaire pour réparer les dégâts* · voter • débloquer · dégager : *il va falloir dégager des crédits supplémentaires pour la reconstruction* · (re)déployer • accorder · consentir · distribuer : *selon quels critères les crédits sont-ils distribués ?* · octroyer • affecter ... à · allouer ... à · attribuer ... à · consacrer ... à · mettre ... à (la) disposition
- bénéficier de · disposer de · obtenir
- augmenter · doubler · majorer : *la présidence danoise a proposé de majorer les crédits européens*
- réduire · rogner sur • limiter · plafonner · rationner · restreindre
- bloquer · geler : *les crédits au théâtre ont été gelés*

∞ NOM + DE + crédit

- enveloppe · lettre : *le gouvernement a ouvert une lettre de crédit de 58 millions de dollars*

cri *nom masc.*

∞ cri + ADJECTIF

- inarticulé · primal · primordial
- aigu · perçant · strident • guttural · rauque
- assourdissant · énorme · fort · grand $^{+\text{ nom}}$ · immense • hauts$^{\circ\, +\text{ nom}}$: *j'entends d'ici les hauts cris des moralistes* • long · prolongé
- général · unanime
- étrange · indescriptible • involontaire
- enthousiaste · joyeux
- affreux · atroce · épouvantable · horrible · horrifié · hystérique · inhumain · insoutenable · lugubre · monstrueux · sinistre · terrible · terrifiant
- furieux · révolté • bouleversant · déchirant · désespéré · douloureux · mélancolique · plaintif
- étouffé · étranglé · faible · inaudible · léger $^{+\text{ nom}}$ · petit $^{+\text{ nom}}$ · timide • muet · silencieux

∞ cri + VERBE

- accueillir : *des cris ont accueilli son arrivée sur scène*
- jaillir de : *un grand cri jaillit de sa poitrine* · monter de : *des cris montent de la foule* · s'échapper de • fuser · résonner · retentir · se faire entendre · s'élever : *des cris s'élevèrent à l'annonce de la victoire* • redoubler · s'intensifier
- déchirer le silence / l'air / la nuit : *les cris des mouettes déchiraient la nuit* • ponctuer : *des cris de joie ponctuaient sa déclaration* · rythmer
- alerter · réveiller • effrayer · faire peur · inquiéter • glacer le sang
- se muer en : *son cri se mua en rire* · se transformer en
- cesser · se taire : *progressivement, les cris se sont tus* · s'évanouir

∞ VERBE + cri

- arracher : *son solo a arraché des cris d'émerveillement au public* · provoquer
- émettre · faire entendre · jeter · laisser échapper · lancer : *ils lancent un cri d'alarme au monde entier* · pousser
- résonner de (plur.) : *la cour résonne de cris d'enfants*
- entendre
- imiter : *il imite très bien le cri de la chouette*
- étouffer : *il étouffa un cri* · réprimer · retenir

crime *nom masc.*

∞ crime + ADJECTIF

- crapuleux · de sang° · politique · raciste · rituel • passionnel · sexuel • contre l'humanité° · de guerre° • de lèse-majesté° • sans victime • organisé° : *la lutte contre le crime organisé*

- parfait° : *le crime parfait n'existe pas* • impuni : *il s'indigne de voir ce crime impuni*
- grand + nom · grave · violent • de masse
- (plur.) en série · innombrables · multiples
- aveugle · gratuit · haineux • imprescriptible : *ce massacre relève d'un crime imprescriptible* • inqualifiable · sans nom • impardonnable · inexpiable · irréparable
- abject · abominable · affreux · atroce · barbare · effroyable · épouvantable · hideux · horrible · ignoble · immonde · infâme · monstrueux · odieux · sanglant · sinistre · sordide · terrible
- bizarre · insolite • énigmatique · mystérieux

∾ **crime** + VERBE

- être passible de : *ce crime est passible de la peine de mort* · tomber sous le coup de : *ce crime tombe sous le coup de la loi / du droit international*

∾ VERBE + **crime**

- avoir ... sur la conscience • planifier · préméditer : *les enquêteurs ont écarté la thèse du crime prémédité* • commettre : *le crime a été commis avec / sans préméditation* · exécuter · perpétrer
- être complice de · être impliqué dans · s'associer à
- avouer · faire l'aveu de • revendiquer · se vanter de
- assister à · être le témoin de
- expier · payer (pour) : *il a payé son crime de sa vie* · réparer
- enquêter sur · reconstituer • élucider : *le crime n'a jamais été élucidé* · résoudre
- juger • qualifier de : *l'initiative visait à qualifier de crimes contre l'humanité la traite négrière*
- dénoncer
- attribuer ... à · imputer ... à : *plusieurs crimes lui ont été imputés* • accuser de
- être convaincu de · être coupable de · être inculpé de / pour · être jugé coupable de · être jugé pour : *il est jugé pour des crimes commis pendant la guerre civile* · être recherché pour · être suspecté de · répondre de : *il doit répondre de crimes contre l'humanité*
- camoufler ... en · maquiller ... en : *ils ont maquillé le crime en suicide*
- nier
- décourager · empêcher • punir · réprimer

∾ NOM + DE + **crimes**

- série · vague : *la ville est confrontée à une vague de crimes sans précédent*

criminalité *nom fém.*

∾ **criminalité** + ADJECTIF

- économique · financière · fiscale • d'entreprise • informatique · politique · sexuelle · etc.
- internationale · locale · transfrontalière · transnationale · urbaine • mafieuse · organisée° • juvénile
- petite + nom
- forte + nom : *le pays n'est pas épargné par la forte criminalité* · grande + nom : *les nouvelles formes de grande criminalité internationale* • croissante · galopante : *du fait de la criminalité galopante, les touristes se font plus rares*
- violente : *une baisse de 11 % de la criminalité violente*

∾ **criminalité** + VERBE

- baisser · chuter · diminuer · être en recul · reculer · régresser • enregistrer une baisse
- augmenter · être en hausse · progresser • enregistrer une hausse : *la criminalité de ce pays a enregistré une hausse considérable l'année dernière*

∾ VERBE + **criminalité**

- combattre · lutter contre · réprimer : *la loi réprime sévèrement la criminalité d'entreprise* • endiguer : *il n'a pas réussi à endiguer la criminalité politique et mafieuse* · enrayer · freiner · juguler • éliminer · en finir avec · éradiquer · mettre fin à

[1] crise *nom fém.* (bouleversement)

∾ **crise** + ADJECTIF

- existentielle · identitaire · morale • diplomatique · institutionnelle · politique · sociale • boursière · monétaire • conjoncturelle · économique · sectorielle · structurelle • énergétique · pétrolière • conjugale • interne · etc.
- prévisible • imminente · proche
- d'envergure · générale · généralisée · internationale · majeure · mondiale • aiguë : *c'est l'expression d'une crise de confiance aiguë* · dramatique · grande + nom · grave · gravissime · insoluble · ouverte : *pour trouver une issue à la crise ouverte entre nos deux pays* · pleine + nom : *le pays est en pleine crise politique* · profonde · sans précédent · sérieuse · sévère · terrible · véritable + nom · vrai + nom • douloureuse : *le pays traverse une crise douloureuse* · traumatisante · violente
- chronique · cyclique · récurrente • interminable · longue + nom • permanente • sans issue

- larvée · latente · rampante : *la dépréciation de la monnaie est révélatrice d'une crise financière rampante*
- localisée · mineure · petite ^+ nom^ • courte · momentanée · passagère · provisoire · temporaire
- bénéfique · positive · salutaire

∞ crise + VERBE

- couver · s'annoncer · se dessiner · se profiler · s'esquisser
- naître de : *la crise est née de la contestation des résultats aux élections* • commencer · éclater · se produire · survenir
- se faire sentir · se traduire par
- empirer · s'accentuer · s'aggraver · se développer · se propager · s'étendre • s'accélérer · se précipiter • durer · s'enliser · se poursuivre · se prolonger · s'éterniser · s'installer • être loin d'être achevée / terminée / réglée · s'envenimer • atteindre son paroxysme / son apogée
- menacer · sévir • avoir un effet sur · avoir un impact sur · se répercuter sur • (souvent passif) accabler · atteindre · frapper : *le secteur a été frappé (de plein fouet) par la crise* · rattraper : *l'économie du pays a été rattrapée par la crise asiatique* · toucher • (souvent passif) affaiblir · affecter · agiter · déstabiliser · ébranler · fragiliser · laisser des traces / séquelles · marquer : *cette crise politique a profondément marqué la campagne électorale* · mettre à mal · miner · pénaliser · ravager · ronger · secouer · traumatiser
- épargner : *la crise n'a pas épargné notre secteur d'activités*
- s'apaiser · se calmer · se résorber • se débloquer · se dénouer : *cette crise ne se dénouera que par une solution politico-diplomatique* · se résoudre • passer · s'achever · se terminer · toucher à sa fin / à son terme

∞ VERBE + crise

- causer · conduire à · contribuer à · créer · déboucher sur · déclencher · ouvrir : *sa démission du gouvernement ouvre une crise politique* · précipiter · provoquer · susciter • dégénérer en · se terminer en · se transformer en
- affronter · connaître · être confronté à · subir · traverser · vivre • être aux prises avec · être en : *la classe politique est en (pleine) crise* · être / rester en proie à · passer par • s'enfoncer dans · s'engluer dans • pâtir de · payer un lourd tribut à : *les collectivités locales ont payé un lourd tribut à la crise* · souffrir de
- aggraver · envenimer · exacerber · renforcer : *le meurtre du député renforce la crise politique actuelle*
- anticiper · prévenir • réagir à · répondre à • faire face à · gérer · maîtriser · traiter
- conjurer · échapper à · éviter · passer au travers de · résister à · surmonter · transcender
- lutter contre · pallier · parer à · remédier à • apaiser · circonscrire · contenir · endiguer · enrayer · juguler : *les mesures à prendre pour juguler la crise financière*
- dénouer · désamorcer · entrevoir une issue / sortie à · mettre fin à · régler : *ils essaient de régler pacifiquement la crise* · résoudre · trouver une réponse / solution à
- se remettre de · (se) sortir de • survivre à

∞ NOM + DE + crise(s)

- climat
- série · succession
- paroxysme

▷ voir aussi **crise de confiance**

[2]crise *nom fém.* (accès)

∞ crise + ADJECTIF

- cardiaque · convulsive · d'angoisse · nerveuse · etc.
- brutale · soudaine • imminente · proche
- aiguë · forte ^+ nom^ · grave · terrible · violente • fatale · mortelle : *une crise d'asthme peut être mortelle*
- douloureuse · pénible
- légère ^+ nom^ · petite ^+ nom^

∞ crise + VERBE

- commencer · débuter · se déclencher
- (souvent passif) emporter · foudroyer · terrasser : *une crise cardiaque l'a terrassé* • épuiser · fatiguer · laisser sans force • laisser / avoir des séquelles
- s'aggraver • (plur.) se rapprocher
- s'apaiser · se calmer · se dissiper • (plur.) s'espacer
- cesser · passer · se terminer

∞ VERBE + crise

- causer · déclencher · entraîner · provoquer
- avoir : *elle a failli avoir une crise cardiaque quand elle a vu les résultats* · être pris de : *il a été pris d'une violente crise de tremblements*
- être atteint de : *atteint de crises cardiaques successives, d'étouffements et de bronchites, Balzac mourut le 18 août 1850* · souffrir de • être victime de · mourir (des suites) de : *il est mort d'une crise cardiaque* · succomber à

critère *nom masc.*

∞ critère + ADJECTIF

- qualitatif · quantitatif • économique · esthétique · financier · génétique · géographique · moral · politique · professionnel · racial · social · technique · etc.
- propre · spécifique • habituel · traditionnel · universel
- demandé · exigé · requis : *c'est le seul critère requis pour accéder à la formation*
- discriminant : *l'orientation sexuelle ne doit pas être un critère discriminant* · restrictif · sélectif
- absolu · décisif · déterminant · essentiel · important · primordial · principal · prioritaire · suprême
- exigeant · rigoureux · solide · strict : *cette école a des critères de sélection très stricts*
- bon + nom · incontestable · opérant · pertinent · rationnel · valable • pointu · précis • clair : *en l'absence de critères clairs d'attribution* · explicite • fiable · infaillible · stable • applicable · mesurable · pragmatique · vérifiable • équitable · juste · objectif
- mineur · secondaire
- confus · flou : *ils sont sélectionnés selon des critères flous* · obscur · vague • arbitraire · contestable · inapplicable
- implicite · tacite

∞ critère + VERBE

- compter : *c'est le seul critère qui compte à nos yeux* · prévaloir · s'appliquer
- guider : *ces critères guident notre choix / décision* · permettre (de) · servir à • fonder : *les critères qui fondent la masculinité ont changé* · justifier · motiver : *il faut définir les critères motivant les refus de régularisation* · présider à un choix
- changer · évoluer · varier

∞ VERBE + critère

- définir · déterminer · fixer · mettre en place · retenir • trouver : *il est difficile de trouver des critères objectifs*
- se fier à • adopter · appliquer : *il n'a fait qu'appliquer les critères définis par la Commission* · employer · prendre en compte · recourir à · tenir compte de · utiliser
- édicter · énoncer · imposer · lister
- constituer : *l'âge ne constitue pas un bon critère*
- relever de : *la distinction relève de critères sociolinguistiques* · reposer sur : *notre décision repose sur des critères stricts* · s'appuyer sur · se baser sur · se fonder sur • être soumis à · être subordonné à : *l'attribution de locations de vacances est subordonnée à des critères de revenus*
- évaluer · tester
- modifier · redéfinir · réexaminer · revoir • affiner · harmoniser
- durcir · renforcer · resserrer : *il a décidé de resserrer les critères professionnels d'admission*
- assouplir · relativiser
- atteindre · correspondre à · obéir à · remplir · répondre à · respecter · satisfaire à · se conformer à : *le nombre de candidates aux élections est conforme aux critères de parité*
- remettre en question / cause
- échapper à : *cette situation économique échappe aux critères d'analyse classique* · s'affranchir de

∞ NOM + DE + critères

- batterie · faisceau · série

selon / sur / en fonction de critères (+ adj.)

- apprécier · évaluer · juger · mesurer • attribuer · choisir · sélectionner

[1]critique *nom fém.* (jugement)

∞ critique + ADJECTIF

- fondée · justifiée · légitime • bien sentie · clairvoyante · judicieuse · lucide • constructive · utile · vivifiante • (bien) argumentée · détaillée · méticuleuse · minutieuse · rigoureuse · solide • fine · pénétrante · subtile : *ce livre présente une critique subtile de la société contemporaine* • éclairée · raisonnée · saine · sereine
- équitable · impartiale · juste · sans parti pris
- bienveillante · indulgente • bonne + nom · favorable · positive • chaleureuse · dithyrambique · élogieuse · enthousiaste · excellente
- cachée · déguisée · implicite · sous-jacente • à peine voilée · discrète : *les critiques se font plus discrètes quand il s'agit du directeur* · feutrée · indirecte · timide
- mesurée · mitigée · modérée · nuancée
- récurrente · répétée · sempiternelle · systématique • unanime
- directe · explicite · libre · ouverte • en règle : *ce sociologue se livre à une critique en règle des médias* · frontale · vigoureuse · vive • acerbe · acide · incisive · violente · virulente • décapante · mordante · radicale · sans précédent : *son intervention a déclenché une vague de critiques sans précédent*
- défavorable · négative • ironique · sarcastique · vexante • assassine · au vitriol · cinglante · corrosive · déplorable · dure · féroce · grave · impitoyable · malveillante · mauvaise + nom · redoutable · sévère · véhémente · venimeuse

- exagérée · excessive • à l'emporte-pièce · dépourvue de / sans nuances · hâtive · superficielle
- aisée° : *« Mais on dit qu'aux auteurs la critique est utile : La critique est aisée, et l'art est difficile »* (Destouches, *Le Glorieux*, II, 5) · facile • injuste · injustifiée · inopportune · partiale • maladroite · stupide

critique + VERBE

- se faire entendre · se faire jour : *des critiques se font jour au sein même de son parti* · s'élever
- aller bon train • s'amplifier · se durcir • (plur.) fuser · pleuvoir : *les critiques pleuvent contre la politique économique du gouvernement* · s'accumuler · se multiplier
- (se) porter sur · prendre pour cible · se concentrer sur · se focaliser sur
- émaner de : *les principales critiques émanent de ses anciens alliés* · venir de
- se taire : *les critiques se sont tues face à l'évidence des chiffres*

VERBE + **critique**

- être au cœur de · être la cible de · être sous le feu de · faire l'objet de • être source de · provoquer · susciter • (s')attirer · encourir · prêter le flanc à : *pendant la campagne, il a veillé à ne pas prêter le flanc aux critiques de ses adversaires*
- émettre · faire · formuler · glisser · lancer · présenter • se lancer dans · se livrer à · se permettre • adresser ... à : *il se contentait d'adresser des critiques cinglantes à son rival* · diriger ... contre
- durcir • multiplier (plur.) · réaffirmer · réitérer · répéter
- relayer : *ces critiques sont relayées par des experts militaires* · reprendre à son compte • alimenter : *son mutisme alimente les critiques de la presse* · nourrir
- entendre · essuyer : *il a essuyé beaucoup de critiques de la part de ses confrères*
- accepter · prendre en compte · tenir compte de
- s'émouvoir de · s'inquiéter de
- anticiper · devancer · être / se mettre à l'abri de • décourager · désamorcer · prévenir • échapper à · éviter • braver · contrer · parer à • résister à • s'insurger contre · s'opposer à • balayer (d'un revers de la main) · récuser · réfuter · rejeter · rester sourd à
- calmer · mettre en sourdine / une sourdine à
- faire taire · neutraliser • laisser au vestiaire

NOM + DE + **critiques**

- avalanche · concert · déluge · feu (roulant) · pluie · salve · série · volée

[2]critique *nom fém.* (ensemble des critiques littéraires, cinématographiques, etc.)

critique + ADJECTIF

- équitable · impartiale · juste · sans parti pris • bienveillante · indulgente • dithyrambique · élogieuse · enthousiaste • unanime
- déchaînée · dure · féroce · hostile · impitoyable · sévère · violente · virulente : *la critique a été particulièrement virulente envers son dernier album*
- injuste · partiale • malveillante · stupide

critique + VERBE

- s'exprimer
- s'échauffer · s'en donner à cœur joie · s'enflammer
- s'indigner de · s'offusquer de
- s'enthousiasmer (pour) • (souvent passif) acclamer · accueillir avec enthousiasme · aduler · applaudir · apprécier · bien accueillir · bien recevoir · célébrer · encenser · ne pas tarir d'éloges sur · plébisciter · porter aux nues · reconnaître · remarquer : *un premier album très remarqué par la critique* · respecter · saluer • couronner · distinguer · récompenser • épargner · ménager
- (souvent passif) bouder · ignorer · mépriser · négliger · snober : *les films comiques sont souvent snobés par la critique*
- (souvent passif) assassiner · attaquer · démolir · descendre (en flammes) · égratigner · éreinter : *ce roman a été éreinté par la critique* · honnir · mal accueillir · mal recevoir · massacrer · s'acharner sur · vilipender*littér.*

VERBE + **critique**

- enthousiasmer
- diviser
- déconcerter • excéder • déchaîner / provoquer les foudres de · s'attirer les foudres de

croisade *nom fém.* (litt. et fig.)

croisade + ADJECTIF

- judiciaire · médiatique • morale · moralisatrice • anticorruption · antiterroriste
- personnelle : *l'affaire est devenue pour lui une croisade personnelle* • internationale · mondiale · nationale

- acharnée · grande [+ nom] • interminable · longue [+ nom]
- inutile · vaine : *sa vaine croisade pour l'arrêt du déboisement*

∞ VERBE + **croisade**
- commencer · engager · entamer · entreprendre · entrer en · partir en · se lancer dans · s'engager dans : *elle s'est engagée dans une croisade contre les armes*
- prendre part à · rejoindre • lancer · organiser • être à la tête de · être en première ligne dans · être le fer de lance de · mener · prendre la tête de : *il a pris la tête de la croisade contre l'euro*
- continuer · poursuivre · reprendre
- appeler à · prêcher : *en 1209, le pape prêche la croisade contre les Albigeois*
- avoir / prendre des allures de : *sa campagne a pris des allures de croisade anticoloniale* · se muer en · se transformer en

[1] **croissance** *nom fém.* (Écon.)

∞ **croissance** + ADJECTIF
- économique · monétaire
- endogène · interne · organique • exogène · externe
- annuelle · globale · moyenne • naturelle · nominale : *une croissance nominale du salaire moyen de 10 % par an* • internationale · mondiale · nationale
- bonne [+ nom] · positive • considérable · élevée · en flèche · explosive · forte · importante · intensive · significative · vive [+ nom] : *grâce à une vive croissance des exportations* • robuste · solide · vigoureuse • extraordinaire · formidable · impressionnante · incroyable · phénoménale · remarquable · spectaculaire
- à tout crin : *ils prétendent concilier croissance à tout crin et protection de l'homme et de la nature* · à tout prix · à tout va · débridée
- accélérée · exponentielle · foudroyante · fulgurante · galopante · rapide · soutenue
- linéaire · régulière · stable • durable · prolongée • constante · continue · ininterrompue · perpétuelle
- équilibrée · euphorique : *après une période de croissance euphorique, le marché stagne un peu* · harmonieuse · saine · satisfaisante · vertueuse : *il prône une dynamique de croissance vertueuse*
- en dents de scie · irrégulière
- négative • anémiée : *cette croissance anémiée est catastrophique pour l'emploi* · atone : *la zone euro a enregistré une croissance quasi atone au deuxième trimestre* · en berne · faible · fragile · insignifiante · limitée · modérée · modeste · molle · poussive · réduite • en panne · en perte de vitesse · lente · ralentie • nulle · (proche de) zéro • en chute (libre)

∞ **croissance** + VERBE
- rebondir : *la croissance devrait rebondir à 5,5 % en 2007* · redémarrer · repartir : *si la confiance revient, la croissance repartira* · reprendre
- être supérieure à • se confirmer · se consolider · se renforcer • s'accélérer · s'envoler
- se poursuivre · s'installer : *il faudrait que la croissance s'installe sur un rythme trimestriel de 0,8 %*
- se situer autour de / aux environs de : *la croissance se situe entre 10 % et 20 %* · s'établir à / autour de
- engendrer : *les recettes fiscales engendrées par la croissance* · générer • s'accompagner de : *la nouvelle croissance s'accompagne d'un bond des importations*
- (souvent passif) compenser · doper · porter : *ce secteur est porté par la croissance* · stimuler
- être inférieure à • se stabiliser · stagner : *la croissance stagne aux environs de 3 %* • fléchir · ralentir · s'éroder · s'essouffler · se tasser
- s'arrêter · s'effondrer

∞ VERBE + **croissance**
- engendrer : *l'interaction des huit variables doit engendrer la croissance* · générer · se traduire par
- connaître · enregistrer · être en (pleine) : *le secteur est en pleine croissance* · être marqué par : *l'industrie automobile est marquée par une croissance économique ralentie* • renouer avec · (re)trouver
- (ré)amorcer · relancer
- compter sur · escompter : *le gouvernement escompte une croissance robuste pour 2007* · miser sur · parier sur · prévoir · s'attendre à · tabler sur
- estimer · évaluer • réviser ... en / à la hausse • réviser ... en / à la baisse
- avoir un impact sur · influer sur
- contribuer à · donner un coup de pouce à : *l'achèvement de ces réformes donnera un coup de pouce à la croissance* · encourager · être facteur de · être favorable à · favoriser · participer à · profiter à · soutenir • conforter · entretenir · protéger
- accélérer · booster · donner un coup de fouet à · doper · dynamiser · renforcer · stimuler • stabiliser
- gérer : *le ministre a pris des mesures destinées à mieux gérer la croissance* · maîtriser

- affaiblir : *nous devons contenir l'inflation sans affaiblir la croissance* · ralentir • bloquer · brider : *la croissance bridée par les réglementations* · constituer/être un obstacle à · constituer un frein à · être défavorable à · être une entrave à · être un frein à · exercer un frein sur · freiner · mettre un frein à · nuire à · peser sur

∾ NOM + DE + **croissance**
- niveau
- rythme
- accélération · rebond : *grâce à un rebond surprise de la croissance au premier trimestre* · redémarrage · relance · reprise · retour
- locomotive : *leur pays est aujourd'hui la locomotive de la croissance mondiale* · moteur : *les logiciels sont devenus les principaux moteurs de leur croissance* • facteur
- décélération · essoufflement · faiblesse · fléchissement · ralentissement · tassement

[2]croissance *nom fém.* (développement)

∾ **croissance** + ADJECTIF
- normale
- extraordinaire · formidable · impressionnante · incroyable · phénoménale · remarquable · spectaculaire
- rapide • brusque · brutale · soudaine
- bonne + nom · équilibrée · harmonieuse · régulière
- faible · insignifiante · limitée • lente • irrégulière : *cette maladie provoque une croissance irrégulière des os touchés*

∾ **croissance** + VERBE
- redémarrer · repartir • se poursuivre : *la croissance des enfants se poursuit jusqu'après la puberté*
- s'accélérer
- ralentir • s'arrêter

∾ VERBE + **croissance**
- accélérer · stimuler : *l'engrais stimule la croissance*
- ralentir · retarder
- arrêter (dans) : *la plante est arrêtée dans sa croissance* · interrompre (dans) · stopper (dans)

∾ NOM + DE + **croissance**
- courbe
- cycle
- pic · poussée
- trouble

croyance *nom fém.*

∾ **croyance** + ADJECTIF
- religieuse • magique · mystique · superstitieuse
- personnelle • locale • eschatologique · messianique · millénariste · etc.
- collective · commune · dominante · générale · majoritaire · (largement) partagée · répandue · (quasi)universelle
- ancestrale · ancienne · antique · archaïque · millénaire · populaire · traditionnelle · vieille + nom
- absolue · (bien) ancrée : *c'est une croyance bien ancrée dans les mentalités* · enracinée · ferme + nom · forte · intacte · obstinée · profonde · solide · tenace : *une croyance tenace dans le caractère cyclique de l'Histoire* • indéracinable · indestructible · inébranlable
- légitime • enthousiaste · sincère
- absurde · bizarre · étrange · inexplicable
- aveugle : *leur croyance aveugle en l'omnipotence de leur chef* · dogmatique
- erronée : *cette coutume trouve ses fondements dans une croyance erronée* · fausse + nom · illusoire · irrationnelle · naïve · obscure • folle · ridicule · saugrenue

∾ **croyance** + VERBE
- apparaître · émerger · naître
- être issue de · naître de (souvent passif) · provenir de · reposer sur · s'appuyer sur · se baser sur · se construire sur · se fonder sur · venir de : *c'est une croyance qui vient d'une légende* • remonter à · venir de
- se développer · se répandre
- perdurer · persister
- disparaître · s'effondrer · se perdre

∾ VERBE + **croyance**
- avoir · conserver · garder · maintenir · s'accrocher à : *la population s'accroche à ses croyances traditionnelles*
- exprimer · manifester
- imposer ... à
- faire référence à · reposer sur : *cette pratique repose sur une vieille croyance* · s'appuyer sur · se baser sur · se fonder sur · se nourrir de
- défendre · respecter
- entretenir · renforcer · répandre • affermir dans · conforter dans
- abdiquer · perdre · renier · renoncer à : *il préférerait mourir plutôt que de renoncer à ses croyances*

- bouleverser · ébranler · entamer : *cela a entamé sa croyance dans un monde meilleur* • combattre · déraciner · détruire · mettre à mal · pourfendre · refuser · tordre le cou à : *il faut tordre le cou à ces vieilles croyances*

cruauté *nom fém.*

∾ cruauté + ADJECTIF
- humaine • enfantine • mentale · physique
- extrême · grande $^{+ nom}$ · impitoyable · implacable · incroyable · indescriptible · infinie · inimaginable · inouïe · inqualifiable · invraisemblable · pure $^{+ nom}$: *il l'a fait par pure cruauté* · sans appel · sans borne · sans limite · sans nom • époustouflante · étonnante · stupéfiante • inégalée · inhabituelle · rare · sans pareil · sans précédent • légendaire : *la cruauté légendaire de Néron*
- absurde · gratuite · inutile • aveugle · barbare · épouvantable · glaçante · inhumaine · insoutenable · meurtrière · terrible · terrifiante
- raffinée : *une pièce à l'humour noir et à la cruauté raffinée* · subtile : *un portrait d'une subtile cruauté*
- douce · feutrée : *ses nouvelles sont d'une cruauté feutrée*

∾ cruauté + VERBE
- se manifester · triompher

∾ VERBE + cruauté
- faire montre de · faire preuve de · manifester • rivaliser de : *les candidats rivalisent de cruauté pour s'éliminer*
- accentuer · montrer · révéler · souligner : *ce documentaire historique souligne la cruauté des faits*
- endurer · souffrir de · subir : *ils ont subi la cruauté de leur père pendant des années* · supporter
- dénoncer

cuisine *nom fém.* (mets)

∾ cuisine + ADJECTIF
- classique · traditionnelle • régionale · rustique • bourgeoise · familiale · ménagère : *on s'y délecte d'une cuisine ménagère dans une ambiance décontractée* • nouvelle $^{+ nom}$ • végétarienne • ensoleillée · exotique • épicée · pimentée · relevée
- allégée · diététique · légère · simple
- honnête : *il propose une honnête cuisine de brasserie* • équilibrée · saine • bonne $^{+ nom}$ · délicieuse · excellente · exquise · gastronomique · gourmande : *ses menus conjuguent cuisine gourmande et allégée* · goûteuse · parfumée · savoureuse · succulente • délicate · élaborée · fine · grande $^{+ nom}$: *je n'ai pas les moyens de fréquenter les temples de la grande cuisine* · haute$^{\circ + nom}$: *les maîtres de la haute cuisine française* · raffinée · soignée · sophistiquée • renommée · réputée
- diversifiée · éclectique · variée • audacieuse · créative · haute en couleur · inventive · originale
- grasse · indigeste · lourde · mauvaise $^{+ nom}$ • fade · insipide · sans saveur

∾ VERBE + cuisine
- apprendre · faire : *faire la cuisine*
- offrir · proposer · servir : *il sert une cuisine goûteuse à base de produits du terroir* • signer : *il signe une cuisine du Sud-Ouest de haute tenue*
- découvrir · déguster · goûter · savourer · se délecter de · se régaler de

[1]culpabilité *nom fém.* (sentiment)

∾ culpabilité + ADJECTIF
- judéo-chrétienne · morale · originelle • collective
- forte $^{+ nom}$ · grande $^{+ nom}$ · intense • lancinante
- vague $^{+ nom}$: *la réussite crée toujours une vague culpabilité*

∾ culpabilité + VERBE
- ronger · tarauder : *la culpabilité d'avoir survécu le taraude* · tourmenter

∾ VERBE + culpabilité
- éprouver · ressentir : *je ressens une forte culpabilité quand je le vois dans cet état*

∾ NOM + DE + culpabilité
- sentiment • complexe

[2]culpabilité *nom fém.* (Droit)

∾ culpabilité + ADJECTIF
- évidente · flagrante • établie · prouvée · reconnue
- présumée

∾ culpabilité + VERBE
- ne pas faire l'ombre d'un doute

∾ VERBE + culpabilité
- préjuger de (souvent nég.) · se prononcer sur • être convaincu de : *il est difficile d'être intimement convaincu de la culpabilité d'un homme* • conclure à · retenir : *la cour a également retenu la culpabilité de trois des cinq inculpés*
- confirmer · démontrer · établir · prouver
- avouer · reconnaître
- douter de · faire naître / jeter un doute sur : *ce nouvel indice jette un doute sur sa culpabilité*

- nier : *ils n'ont jamais cessé de nier leur culpabilité dans les attentats*

∞ NOM + DE + **culpabilité**
- indice · preuve : *donner / rassembler / fournir / trouver les preuves de* · signe
- présomption • conviction : *j'en suis arrivé à l'intime conviction de sa culpabilité* • aveu · déclaration • reconnaissance · verdict

[1] **culture** *nom fém.* (activité agricole)

∞ **culture** + ADJECTIF
- céréalière · florale · fourragère · fruitière · légumière · maraîchère · marine · potagère • énergétique : *le colza est une culture énergétique dont on extrait un biocarburant* • biologique • transgénique
- de subsistance · familiale · vivrière • alternative · de substitution : *la plantation de l'eventa comme culture de substitution à la coca* · expérimentale • artisanale · conventionnelle · traditionnelle • industrielle · mécanisée
- extensive
- pérenne
- à grande échelle · intensive : *ils pratiquent la culture intensive du maïs*
- illégale · illicite

∞ VERBE + **culture**
- relancer : *ils vont relancer la culture du coton* • développer · intensifier
- alterner (plur.) : *il faut alterner différentes cultures pour ne pas épuiser le sol* • remplacer
- autoriser : *ils ont autorisé la culture d'OGM dans la région*
- interdire
- éradiquer : *le gouvernement a réussi à éradiquer la culture de l'opium*
- abandonner · renoncer à

[2] **culture** *nom fém.* (civilisation)

∞ **culture** + ADJECTIF
- entrepreneuriale · paysanne · politique · rurale · urbaine • citoyenne · civique · humaniste • laïque · religieuse • de masse · populaire • familiale · etc.
- ancestrale · millénaire · vieille [+ nom]
- dominante · majoritaire • (profondément) enracinée · forte • universelle
- florissante · vivace · vivante : *cette langue régionale témoigne d'une culture vivante* • raffinée · riche
- émergente : *ils font preuve d'une totale incompréhension à l'encontre de cette culture émergente*
- indigène · locale
- originale · particulière · singulière
- minoritaire
- marginale · underground • contestataire : *ce quartier déshérité est le berceau d'une culture contestataire*

∞ **culture** + VERBE
- coexister (plur.)
- se développer · s'épanouir · se propager • rayonner • (passif) influencer · marquer
- disparaître

∞ VERBE + **culture**
- construire · (se) forger
- créer · engendrer : *les sports de glisse ont engendré une culture spécifique*
- appartenir à · être de (+ adj.) • baigner dans · vivre dans
- être ancré dans : *le risque est profondément ancré dans leur culture* · être enraciné dans · s'inscrire dans
- donner · transmettre : *il souhaite transmettre sa culture à ses enfants* • introduire : *il n'a pas réussi à introduire la culture du vin* • imposer
- rencontrer · se frotter à • intégrer : *ce peuple a largement intégré la culture et la mythologie de ses voisins* · s'imprégner de
- entrer dans · faire partie de
- brandir : *il brandit la culture de ses ancêtres comme un étendard* · revendiquer · se réclamer de
- refléter · témoigner de
- dénoncer : *l'auteur dénonce une culture du laxisme*
- renier · rompre avec : *une partie de la population a rompu avec sa culture d'origine* • en finir avec · renoncer à

∞ NOM + DE + **culture**
- chantre : *cette chanteuse est le chantre de la culture kabyle*
- foyer : *l'Ionie anatolienne, foyer de culture hellénique*

[3] **culture** *nom fém.* (ensemble de connaissances)

∞ **culture** + ADJECTIF
- cinématographique · littéraire · musicale · philosophique
- orale · populaire · régionale · traditionnelle • commune · générale° · partagée
- classique · encyclopédique · livresque
- éclectique · solide • étendue · exceptionnelle · immense · large · stupéfiante · vaste
- de base
- superficielle
- au rabais : *ce professeur combat l'enseignement d'une culture au rabais*
- élitiste : *critiqué comme un temple de la culture élitiste, cet institut a entamé une politique d'ouverture*

∾ VERBE + **culture**

- avoir soif de
- accéder à · acquérir · s'approprier • recevoir : *ces élèves n'ont pas reçu la culture littéraire par héritage familial*
- se construire : *il s'est construit une culture de l'image en côtoyant les plus grands photographes*
- avoir (+ adj.) · être doté de · posséder
- développer · élargir · enrichir · étendre
- donner · inculquer · insuffler · transmettre : *elle veut transmettre sa culture musicale à ses enfants*
- diffuser · propager • démocratiser • partager

cultures *nom fém. plur.* (plantes)

∾ **cultures** + ADJECTIF

- génétiquement modifiées · transgéniques • annuelles · pluriannuelles

∾ **cultures** + VERBE

- résister : *ces cultures résistent à la sécheresse / aux insectes nuisibles*
- souffrir (de) : *les cultures ont souffert du gel*

∾ VERBE + **cultures**

- (re)planter : *elle plante ses cultures en rangs au lieu de les semer à la volée*
- (plur.) détruire · dévaster : *les crickets ont dévasté toutes les cultures* · ravager

cupidité *nom fém.*

∾ **cupidité** + ADJECTIF

- humaine
- démesurée · incroyable · inimaginable · sans borne · sans fin · sans limite · sans nom
- minable · révoltante

∾ **cupidité** + VERBE

- (passif) animer · motiver · pousser : *sa cupidité l'a poussé à la trahison*
- le disputer à : *chez lui, la cupidité le dispute à l'avarice* · prendre le dessus

∾ VERBE + **cupidité**

- (+ adj.) être de · manifester · se montrer de
- éveiller : *ces richesses minières ont éveillé la cupidité occidentale* · exciter
- accuser de
- dénoncer · stigmatiser : *l'auteur a stigmatisé la cupidité du personnage*

curiosité *nom fém.*

∾ **curiosité** + ADJECTIF

- intellectuelle · littéraire · musicale · professionnelle · scientifique • encyclopédique · universelle : *c'est un érudit à la curiosité universelle*
- pure [+ nom] · simple [+ nom] • naturelle • réciproque
- grande [+ nom] • aiguisée · avide · démesurée · extrême · immense · incroyable · intense · passionnée · sans égale · sans frein · sans limite · vive · vraie [+ nom] • boulimique · dévorante · gourmande · vorace • inépuisable · infatigable · inlassable · insatiable · irrépressible · irrésistible
- fureteuse · vagabonde
- ancienne · vieille [+ nom]
- amusée : *elle le considérait avec une curiosité amusée* • authentique · sincère
- légitime · louable · saine
- petite [+ nom] : *ce premier roman suscite une petite curiosité* · vague [+ nom] : *une vague curiosité mêlée d'une pointe d'indifférence* • élémentaire : *il n'a pas eu la curiosité élémentaire de vérifier par lui-même*
- inassouvie · insatisfaite
- vaine [+ nom] : *j'ai cédé plus d'une fois à une vaine curiosité*
- excessive · maladive · pathologique
- louche · malsaine · morbide : *j'ai assisté par curiosité morbide à quelques dissections* • importune · indiscrète · insupportable · malvenue · sans gêne

∾ **curiosité** + VERBE

- s'éveiller • être en éveil
- s'accroître · s'aiguiser
- (souvent passif) animer · mouvoir : *mû par une curiosité insatiable* · pousser (à) • dévorer
- être mêlée de : *une curiosité mêlée de crainte*
- s'émousser

∾ VERBE + **curiosité**

- attirer · éveiller · faire naître · inspirer · provoquer · soulever · susciter : *cette exposition insolite suscite la curiosité*
- faire place à · laisser place à : *la surprise laissa rapidement place à la curiosité*
- entretenir • aiguillonner · aiguiser · attiser · chatouiller · exciter · nourrir · piquer : *elle a réussi à piquer ma curiosité avec cette histoire* · réveiller · stimuler · titiller
- avoir · faire preuve de · montrer • partager • brûler de : *brûlant de curiosité, il décacheta l'enveloppe*
- (s')offrir à : *des pièces extraordinaires sont offertes à la curiosité du visiteur* · (se) prêter à : *les auteurs se sont gentiment prêtés à la curiosité du public* • (s')exposer à • être un objet de
- être le signe de · montrer · témoigner de
- assouvir · contenter · rassasier : *ce reportage n'a pas rassasié sa curiosité sur le sujet* · répondre à · satisfaire

- contenir · réprimer · retenir
- échapper à · (se) soustraire à : *on les a envoyés à la campagne pour les soustraire à la curiosité des journalistes*
- émousser
- manquer de

∾ NOM + DE + **curiosité**
- objet · sujet
- brin · pointe • élan
- effet : *au-delà de l'effet de curiosité des premiers jours, ce procès ne déclenche guère de passion*
- absence · manque

avec curiosité
- attendre · observer · regarder

cynisme *nom masc.*

∾ **cynisme** + ADJECTIF
- électoral · politique • commercial · marchand · etc.
- ambiant · généralisé • absolu · accompli · complet · consommé : *il réemploie les mêmes recettes avec un cynisme consommé* · total • affiché · assumé • à toute épreuve · étonnant · extraordinaire · extrême · fou · grand + nom · hors du commun · incroyable · inégalé · inouï · parfait · phénoménal · profond · redoutable · sans borne · sans équivalent · sans limite
- détestable · féroce · froid : *il a étrillé ses victimes, une à une, avec un cynisme froid* · grotesque · ignoble · insupportable · obscène · odieux · révoltant : *ses déclarations sont d'un cynisme révoltant*
- enjoué · jovial · joyeux
- léger · tranquille
- désabusé : *ce film dépeint la réalité de l'entreprise avec un cynisme désabusé*

∾ **cynisme** + VERBE
- animer : *le cynisme qui l'anime est sans borne*
- entourer : *le cynisme qui entoure cette affaire me révolte* · se mêler à

∾ VERBE + **cynisme**
- afficher : *il affiche un cynisme parfait* · faire preuve de · laisser paraître · manifester · montrer • cultiver
- être teinté de : *une méchanceté teintée de cynisme* • confiner à : *cette absence d'émotion confine au cynisme*
- révéler · témoigner de
- accuser de • dénoncer · s'insurger contre
- être dénué de · être dépourvu de

∾ NOM + DE + **cynisme**
- dose : *des réponses servies avec une bonne dose de cynisme* · pointe
- comble : *on atteint là le comble du cynisme ; le cynisme est à son comble*

avec cynisme
- affirmer · conclure • agir • exploiter

d

danger *nom masc.*

∾ danger + ADJECTIF

- démographique · écologique · industriel · inflationniste · nucléaire · politique · sanitaire · social • moral · psychologique : *le juge a estimé qu'il y avait un danger psychologique pour l'enfant* • physique • public○ : *quand il conduit, c'est un vrai danger public*
- actuel • direct : *ce volcan ne représente pas un danger direct pour la population* • extérieur • particulier : *l'opération ne présente aucun danger particulier* • possible · potentiel
- colossal · effroyable · énorme : *c'est un danger énorme pour la démocratie* · exceptionnel · extrême · grand + nom · grave · immense · important : *le plomb est un danger important pour l'homme et son environnement* · majeur · réel + nom · vrai + nom • croissant • de mort · mortel • redoutable · sérieux · terrible • évident · manifeste · patent : *la police n'intervient qu'en cas de danger patent* • majeur · numéro un : *les avalanches constituent le danger numéro un pour les skieurs* · principal • constant · permanent · perpétuel • immédiat · imminent
- inattendu · inconnu
- mineur · moindre + nom : *au moindre danger, il intervient* · petit + nom : *les petits dangers de la vie quotidienne* · relatif • invisible · latent • méconnu • évitable
- imaginaire · virtuel

∾ danger + VERBE

- être inhérent à : *ces dangers sont inhérents aux sports de haut niveau* · résider dans · venir de
- apparaître · approcher · pointer
- exister · planer · rôder
- guetter : *tous les dangers qui guettent le gouvernement* · menacer
- croître · se préciser • persister · subsister
- passer : *le danger est / semble passé* · retomber · s'écarter · se dissiper · s'éloigner

∾ VERBE + **danger**

- attirer · créer · être source de · poser : *les dangers posés par le piratage de la musique* • exposer à · mettre en : *mettre qqn / qqch. en danger*
- comporter : *l'opération comporte quelques dangers* · contenir · présenter · receler
- constituer · devenir · représenter : *il représente un sérieux danger pour le régime*
- être dénué de (souvent nég.) : *la manipulation n'est pas dénuée de tout danger*
- avertir de : *il les avait avertis du danger* · dénoncer : *les spécialistes dénoncent le danger de l'effet de serre* · mettre en garde contre · prévenir de • confirmer · indiquer · montrer · signaler · souligner
- avoir / prendre conscience de · connaître · percevoir · reconnaître · savoir · se rendre compte de · voir • deviner · flairer · pressentir · sentir · sentir / voir venir • craindre · s'inquiéter de
- identifier • mesurer · mesurer / saisir l'ampleur de · prendre en considération · prendre la mesure de • être inconscient de · sous-estimer • surestimer : *l'anxiété nous porte à surestimer le danger*
- courir · encourir · être en : *vous êtes en grand danger / en danger de mort* · s'exposer à
- affronter · aller au-devant de · braver · faire face à • contrer · lutter contre · pallier · parer : *un dispositif qui pare le danger d'un accident* · parer à : *les pompiers sont présents pour parer au danger* · (se) prémunir contre · (se) protéger de · s'armer contre · se défendre contre • défier · ignorer · mépriser · narguer • rester

impassible devant · rester impavide devant • conjurer : *un talisman destiné à conjurer les dangers* · éviter · prévenir • échapper à · être hors de · sortir de · sortir indemne de · sortir sain et sauf de · tirer de : *mentir pour se tirer d'un danger*
- fuir · reculer devant : *il ne recule devant aucun danger* · (se) soustraire à
- diminuer · réduire • minimiser · relativiser
- dissiper · écarter (souvent passif) : *tout danger est maintenant écarté* · éloigner

danse *nom fém.*

∾ danse + ADJECTIF
- classique • contemporaine · moderne • ancienne · traditionnelle • folklorique · paysanne · populaire · régionale · tribale · villageoise • à deux · de / en couple · de salon · de société • religieuse · rituelle · sacrée • du ventre · orientale • rythmique : *elle a suivi des cours de danse rythmique avant de commencer la danse classique* • théâtrale • guerrière
- macabre°
- frétillante · rythmée · saccadée · sautillante · tournoyante : *Rumi créa la danse tournoyante derviche* • acrobatique · animée · effrénée · endiablée · énergique · folle · frénétique · sauvage · vive
- belle + nom · sublime • élégante · fluide · gracieuse · harmonieuse • joyeuse · jubilatoire
- chaloupée · langoureuse · lascive · sensuelle · voluptueuse • lente
- grotesque · lourde

∾ danse + VERBE
- recommencer · reprendre
- s'accélérer
- cesser · s'arrêter · s'interrompre

∾ VERBE + danse
- ouvrir : *il ouvre la danse en solo*
- danser : *danser des danses folkloriques* · exécuter · interpréter
- mener [fig.] : *c'est sa femme qui mène la danse*
- entrer dans [aussi fig.] · rejoindre • inviter à : *une musique orientale qui invite à la danse* • entraîner dans : *il l'entraîna dans une folle danse autour de la pièce*

date *nom fém.*

∾ date + ADJECTIF
- contractuelle · légale · officielle • anniversaire · commémorative · inaugurale • antérieure • ancienne · lointaine • postérieure · prochaine · ultérieure • proche · rapprochée : *les deux élections ont lieu à des dates rapprochées* · récente : *jusqu'à une date récente*
- exacte · précise • butoir · impérative · limite · ultime : *jusqu'à la date ultime de dépôt du dossier* • fixe : *le paiement s'effectue à date fixe*
- convenue · déterminée · indiquée · prévue · promise
- capitale · charnière · (-)clé : *la société vit actuellement une date(-)clé de son histoire* · décisive · fatidique : *avant la date fatidique du 1er janvier 2000* · stratégique : *choisir une date stratégique pour le lancement d'un produit* • grande + nom · importante · significative • symbole : *ce jour restera comme la date symbole d'un nouveau départ* · symbolique • fameuse + nom · historique · marquante · mémorable · mythique
- appropriée · bonne + nom
- approximative · floue · incertaine · indéterminée • variable
- tardive : *l'information n'a été officialisée qu'à une date tardive*
- erronée · fausse + nom · mauvaise + nom
- funeste · tristement célèbre

∾ date + VERBE
- approcher · se rapprocher
- reculer · s'éloigner

∾ VERBE + date
- annoncer · citer · indiquer · inscrire · marquer · mentionner · noter · préciser · rappeler
- donner · proposer · suggérer • arrêter · choisir · confirmer · convenir de · déterminer · (se) fixer · retenir : *nous avons retenu la date du 23 avril pour la réunion* • prendre (sans art.) : *les syndicats ont pris date pour la prochaine réunion*
- respecter · s'engager sur
- faire° : *faire date ; cet accord fera date dans l'histoire de l'Union européenne*
- déplacer · modifier • différer · reculer · reporter (à) · repousser · retarder • avancer : *la date du retour a été avancée de 3 jours / au 15 mars*
- falsifier

débâcle *nom fém.*

∾ débâcle + ADJECTIF
- boursière · économique · financière · monétaire • électorale · idéologique · politique
- générale • grande + nom · historique · immense · incroyable · retentissante · sans précédent · sévère · spectaculaire · totale · véritable + nom · vraie + nom
- dramatique · terrible

∞ **débâcle** + VERBE
- s'annoncer : *tous sont conscients de la débâcle qui s'annonce* • menacer
- affecter · éprouver · toucher : *toutes les entreprises ont été touchées par la débâcle*

∞ VERBE + **débâcle**
- causer · entraîner · provoquer
- connaître · subir
- prendre des allures de · se transformer en · tourner à · virer à : *la campagne a viré à la débâcle*
- éviter
- sauver de · sortir de • échapper à · survivre à
- stopper

débat *nom masc.* (échange de points de vue)

∞ **débat** + ADJECTIF
- éthique • budgétaire · économique · fiscal • constitutionnel · institutionnel • démocratique • citoyen · de société · social · sociétal • judiciaire · juridique · jurisprudentiel · légal • médiatique • idéologique · intellectuel · ontologique · philosophique • électoral · parlementaire · politique • scientifique • académique • théologique · etc.
- contradictoire : *l'émission est conçue comme un lieu de débats contradictoires*
- à huis clos · interne • public · télévisé : *tous les débats parlementaires sont télévisés*
- de principe · de pure forme
- général · grand + nom · grave + nom : *ce procès suscite un grave débat éthique* · gros + nom · important · large + nom · vaste + nom • agité · animé · ardent · brûlant · enflammé · engagé · intense · passionné · serré · vif · vigoureux : *les sanctions ont provoqué un débat vigoureux* • approfondi · de fond · véritable + nom · vrai + nom
- ancien · éternel · lancinant · sempiternel : *le sempiternel débat sur le redécoupage administratif* · traditionnel · vieux + nom : *le vieux débat sur l'inné et l'acquis* • continuel · (-)fleuve : *les candidats se sont affrontés au cours d'un débat fleuve de plus de trois heures* · interminable · long + nom · permanent · prolongé · quotidien · récurrent · sans fin · sans issue
- décisif : *ce débat est décisif pour les institutions de notre pays* · essentiel · fondamental · indispensable · nécessaire • fécond · productif · utile
- argumenté · sérieux • ouvert · transparent • éclairé · passionnant • savant · d'experts
- calme · civilisé · courtois · serein
- légitime
- délicat · difficile · douloureux · épineux : *il relance le débat épineux sur la protection juridique*
- houleux · orageux · polémique · tumultueux · violent · virulent • âpre · brutal · empoisonné
- anachronique · dépassé · obsolète • inutile · oiseux · stérile · superficiel · superflu • ridicule : *on a assisté à un débat ridicule sur les extraterrestres* · ubuesque
- abscons · byzantin · confus · tortueux • laborieux • mal posé
- biaisé • hypocrite
- faux + nom : *la barrière culturelle est un faux débat*
- court + nom • feutré : *l'accès du patient à son dossier médical suscite des débats feutrés* • tronqué

∞ **débat** + VERBE
- émerger : *un nouveau débat émerge entre les deux pays* · s'amorcer · s'engager · se profiler : *alors que se profile le difficile débat sur le statut de l'île* · s'installer · s'instaurer · s'ouvrir • être ouvert • resurgir · revenir sur le tapis
- avoir lieu · exister · se dérouler • agiter : *le débat agite toute la classe politique* · secouer : *le débat qui secoue le pays depuis deux semaines* • diviser : *ce débat divise les experts* · opposer • réunir : *un débat réunira les représentants de chaque commune*
- aborder · être consacré à · porter sur · tourner autour de • se concentrer sur · se cristalliser sur · se focaliser sur · se polariser sur : *le débat se polarise sur le vote du projet de loi* • se réduire à : *le débat s'est réduit à un échange de slogans* • dépasser : *le débat dépasse le clivage gauche-droite / les simples considérations écologiques* · s'élargir à : *le débat devrait s'élargir à l'ensemble de la profession*
- évoluer · progresser
- enfler · rebondir · rester vif · s'échauffer · faire rage • continuer · rester ouvert · se poursuivre · se prolonger : *les débats se sont prolongés jusque tard dans la nuit*
- n'en pas finir · s'éterniser · traîner • s'embourber · s'enliser • dégénérer : *le débat a dégénéré en affrontement politique* · s'envenimer
- s'achever • être clos

∞ VERBE + **débat**
- déclencher · entraîner · faire émerger · provoquer · soulever : *la question soulève déjà un âpre débat dans l'archipel* · susciter • faire (sans art.) : *la question fait débat*
- amorcer · commencer · engager · entamer · instaurer · introduire · lancer · ouvrir • remettre sur le tapis · reprendre · ressortir · rouvrir

- dominer : *la question qui domine le débat* · être au centre de · être au cœur de · être en : *le projet est en débat* · être (l')objet de
- organiser · tenir • animer · conduire · diriger · mener · présider : *le ministre finlandais présidait les débats*
- apporter / porter la contradiction dans · avoir une voix dans · contribuer à · entrer dans le cœur / le vif de · intervenir dans · participer à · prendre part à · se joindre à · se mêler à • prendre parti / position dans · s'engager dans • se laisser enfermer dans : *nous ne devons pas nous laisser enfermer dans un débat simpliste*
- assister à · suivre
- alimenter · nourrir • approfondir · (r)aviver · rallumer · ranimer · relancer · réveiller • passionner : *il veille à ne pas passionner le débat* · pimenter • poursuivre · prolonger • porter sur la place publique
- clarifier · éclaircir · éclairer • débloquer · faire avancer · stimuler • élever · enrichir • élargir : *les intervenants ont élargi le débat*
- apaiser · calmer · décrisper : *il a tenu à décrisper le débat en multipliant les précautions oratoires* · dépassionner · dépolitiser · désamorcer : *le gouvernement veut désamorcer le débat qui se profile*
- focaliser ... sur : *ils veulent focaliser le débat sur la souveraineté nationale* · orienter (...sur) · polariser (... autour de) • recadrer · recentrer · resituer dans le contexte • donner le ton à : *son intervention a donné le ton au débat*
- ajourner · remettre (à plus tard) · renvoyer (à plus tard) · repousser · retarder
- être absent de : *l'Europe est singulièrement absente des débats* · rester à l'écart de · rester neutre dans · rester / se tenir en dehors de
- appauvrir • brouiller · embrouiller · fausser · obscurcir · polluer : *le débat est pollué par la perspective des élections* · troubler • envenimer
- éluder · empêcher · escamoter · esquiver · étouffer : *la pression des dirigeants a étouffé le débat* · éviter • abandonner • suspendre
- abréger · écourter
- arbitrer · régler · trancher : *l'incertitude n'a pas permis de trancher le débat*
- clore · clôturer : *le Premier ministre clôturera les débats* · fermer : *il a préféré fermer le débat et éviter ainsi le piège d'une polémique* · mettre fin à · mettre un terme à

∾ NOM + DE + **débat**
- absence

REM. On rencontre parfois "débat cornélien". Évitez cette expression maladroite et préférez "situation cornélienne". De même, préférez "mettre fin ou mettre un terme à un débat" à "vider un débat".

débouché *nom masc.* (économique, professionnel)

∾ **débouché** + ADJECTIF
- commercial · économique · industriel • professionnel
- possible · potentiel • classique · naturel · traditionnel : *les débouchés traditionnels de cette filière*
- nouveau
- assuré · certain · sûr • important · majeur • (plur.) larges + nom · vastes + nom • (plur.) diversifiés · variés • pérennes (plur.)
- inattendu · inespéré • intéressant · prometteur • avantageux · fructueux · lucratif · profitable · rémunérateur · rentable • privilégié : *l'informatique est un débouché privilégié des écoles d'ingénieurs*
- (plur.) incertains • faibles · limités · réduits : *un secteur d'activité aux débouchés réduits* · restreints (plur.)
- marginal : *ce marché ne représente qu'un débouché marginal pour nos entreprises*
- décevant

∾ **débouché** + VERBE
- apparaître · se profiler : *de nombreux débouchés se profilent pour les jeunes chercheurs*
- exister
- (plur.) être limités · se raréfier · se réduire

∾ VERBE + **débouché**
- chercher · rechercher • explorer (plur.) : *elle explore de nouveaux débouchés*
- constituer · représenter
- créer · ouvrir : *ce nouveau marché ouvre de nombreux débouchés* • fournir · offrir
- assurer · garantir · proposer
- trouver
- (plur.) élargir : *il cherche à élargir ses débouchés commerciaux*
- (plur.) faciliter : *des mesures sont mises en place pour faciliter les débouchés professionnels* · favoriser
- (plur.) réduire
- perdre

début *nom masc.* (première phase)

∾ **début** + ADJECTIF
- (plur.) [premiers pas dans une carrière] • cinématographiques · discographiques · journalistiques · littéraires · professionnels · romanesques · etc.

- agréable + nom : *je vous souhaite un agréable début de soirée* · beau + nom · bon + nom · convenable · honorable · réussi • convaincant · encourageant · enthousiasmant · prometteur
- brillant · éblouissant · ébouriffant · éclatant · impressionnant • en fanfare · fracassant · remarqué · retentissant · spectaculaire · tonitruant · triomphal · triomphant • fulgurant : *cette vedette a connu des débuts fulgurants*
- contrasté · décevant · médiocre · mitigé • balbutiant · vacillant • discret · modeste : *déçus par leur modeste début de saison* · prudent · timide
- hésitant · incertain · laborieux · poussif • chaotique · difficile · dur • calamiteux · catastrophique · pénible

∾ VERBE + début

- constituer · représenter
- (souvent plur.) effectuer : *il a effectué un excellent début de saison ; il a effectué ses débuts professionnels à 17 ans* · faire : *elle a fait ses débuts sur scène en 1999*
- marquer : *ce changement de direction marque le début d'une nouvelle ère ; ce film marque les débuts au cinéma du chanteur à succès* • signaler : *l'apparition du croissant de lune qui signale le début du ramadan*
- manquer · rater : *j'ai raté le début du film*

décalage *nom masc.* (litt. et fig.)

∾ décalage + ADJECTIF

- chronologique · horaire○ : *souffrir du décalage horaire* · temporel • culturel • historique • social · sociologique • linguistique · stylistique
- flagrant · frappant · manifeste · net + nom · patent · perceptible · saisissant · sensible • complet · total • abyssal · ahurissant : *un décalage ahurissant entre la théorie et la pratique* · considérable · criant · détonant · énorme · extraordinaire · fantastique · formidable · fort + nom · gigantesque · grand + nom · gros + nom · immense · important · incroyable · indéniable · inouï · non négligeable · prodigieux · remarquable · spectaculaire · stupéfiant · vertigineux : *le décalage vertigineux entre le délit et la peine* • inévitable • croissant · grandissant • constant · permanent · persistant
- excessif • violent • effrayant · gênant · inquiétant · préoccupant • scandaleux
- curieux · étonnant · étrange · surprenant
- imperceptible · infime · léger + nom · minuscule · petit + nom · relatif · subtil

∾ décalage + VERBE

- être lié à · résulter de · s'expliquer (par) · venir de
- exister : *il existe un fort décalage entre les générations*
- apparaître · se produire · s'introduire · s'opérer : *un décalage s'opère d'une année sur l'autre par rapport au calendrier grégorien*
- séparer : *le décalage qui sépare les deux pays*
- déboucher sur · être à l'origine de
- croître · s'accentuer · s'accroître · s'aggraver · se creuser • persister · subsister
- faire surgir · montrer · refléter · révéler · traduire : *ce décalage traduit un manque de communication*
- (souvent passif) frapper · saisir · surprendre : *on est surpris par le décalage entre les deux cultures*
- se réduire : *le décalage avec les pays européens se réduit*

∾ VERBE + décalage

- être dû à · naître de : *un malentendu né du décalage culturel* · venir de
- conduire à · créer · engendrer · entraîner · être à l'origine de · provoquer
- faire apparaître · illustrer · mettre à jour · mettre en avant · mettre en évidence · mettre en lumière · montrer · révéler (au grand jour) · souligner
- constater · enregistrer · observer · percevoir · relever · remarquer · sentir • être conscient de · prendre conscience de · saisir l'ampleur de : *on saisit l'ampleur du décalage entre les besoins et les moyens* · se rendre compte de
- se préoccuper de · se soucier de · s'inquiéter de · s'interroger sur • analyser · mesurer · prendre en compte
- expliquer · justifier
- accuser : *leur production accuse un gros décalage par rapport aux produits parisiens* · présenter
- jouer (de / sur) : *le film joue du décalage entre le rêve et la réalité ; jouer le décalage entre le fond et la forme* · profiter de · tirer parti de
- accélérer · accentuer · aggraver · alimenter · amplifier • confirmer
- souffrir de : *l'entreprise souffre du décalage entre les moyens mis en œuvre et les résultats obtenus* · subir : *le programme subit un décalage de six mois par rapport aux prévisions* • supporter
- craindre · dénoncer
- limiter · rattraper · réduire
- éviter : *la formation continue évite le décalage avec le marché du travail* · remédier à · surmonter : *des propositions concrètes qui visent à surmonter le décalage entre les riches et les pauvres* • combler : *pour combler le décalage qui sépare ce pays du reste de l'Europe*

en décalage avec / par rapport à

- apparaître · être · paraître · sembler · se (re)trouver • se sentir : *il s'est toujours senti un peu en décalage avec les jeunes de son âge*

décence *nom fém.*

∞ décence + ADJECTIF

- grande + nom : *la cérémonie s'est déroulée dans une grande décence et avec dignité*
- élémentaire : *ce poste exige une décence élémentaire*

∞ décence + VERBE

- commander · exiger : *des pensées que la décence exige de garder pour soi* · obliger · vouloir : *la décence voudrait qu'il s'abstienne de critiques*
- interdire : *une histoire que la décence interdit de raconter*

∞ VERBE + décence

- manquer de • heurter : *cette scène très crue heurte la décence* · porter atteinte à

déception *nom fém.*

∞ déception + ADJECTIF

- amoureuse · sentimentale : *il s'est suicidé par déception sentimentale* • personnelle : *en dépit d'une immense déception personnelle*
- légère + nom · mineure · petite + nom · relative • passagère · ponctuelle
- évidente · manifeste · patente · perceptible · sensible · visible • complète · considérable · de taille · énorme · extrême · grande + nom · grosse + nom · immense · infinie · intense · lourde : *les résulats de cette année auront été une lourde déception* · partagée · profonde · vive + nom · véritable + nom · vraie + nom
- affreuse · amère · atroce · cruelle · douloureuse · horrible · terrible

∞ déception + VERBE

- être due à · naître de · résulter de · venir de • s'ensuivre
- percer : *une voix où perce la déception* · se manifester : *une certaine déception se manifeste parmi les employés* · s'exprimer
- être mêlée de · être teintée de : *leur déception est teintée d'amertume*
- être à la hauteur de l'attente / de l'espoir · être à la mesure de l'attente / de l'espoir : *la déception des perdants est à la mesure de leur espoir*
- attendre : *de grosses déceptions nous attendent*
- (plur.) s'accumuler · se multiplier

∞ VERBE + déception

- résulter de · s'expliquer par
- causer · créer · engendrer · provoquer · susciter : *la nouvelle risque de susciter la déception*
- avoir · éprouver · ressentir • essuyer : *les plus optimistes ont essuyé une grande déception* · subir • être sous le choc de
- risquer · s'exposer à • se préparer à : *rien n'est joué mais il faut se préparer à une éventuelle déception*
- afficher : *elle a clairement affiché sa déception dans les colonnes du journal* · manifester · marquer • avouer · confier · dire : *elle m'a dit sa déception d'avoir été recalée à l'examen* · évoquer · exprimer · faire état de · faire part de · faire savoir · se faire l'écho de : *la presse se fait l'écho de la déception des intellectuels* • ruminer : *elle a quelques raisons de ruminer sa déception*
- montrer · refléter · témoigner de · trahir
- deviner · imaginer · percevoir · sentir
- comprendre · connaître · mesurer • expliquer
- alimenter · nourrir : *cela nourrit chez elle une déception à l'égard de la classe politique* • accumuler (plur.)
- adoucir · alléger · calmer • contrebalancer · tempérer • relativiser
- épargner : *pour lui épargner une cruelle déception* · éviter · limiter
- cacher · dissimuler · masquer
- digérer · évacuer · oublier · ravaler · se remettre de · surmonter • effacer · noyer : *il noie sa déception dans l'alcool*

décision *nom fém.* (choix, parti)

∞ décision + ADJECTIF

- administrative · gouvernementale · judiciaire · préfectorale · présidentielle • budgétaire · économique · financière · politique · stratégique · etc.
- formelle · officielle · publique • souveraine • collective · collégiale · commune · unanime • individuelle · personnelle · unilatérale • prévisible
- nécessaire • capitale · cruciale · essentielle · importante · lourde de conséquences · majeure • définitive · ferme · finale · irréversible · irrévocable · sans appel
- prompte · rapide • immédiate · subite
- audacieuse · courageuse · hardie · héroïque · radicale • habile · judicieuse • bonne + nom · brillante · cohérente · éclairée · équilibrée · mesurée · motivée · pesée · pondérée · raisonnable · raisonnée · rationnelle · (mûrement /

longuement) réfléchie · responsable · sage • heureuse · salutaire • historique · sans précédent • claire • consensuelle
- favorable (à) : *une décision favorable aux victimes* · positive
- défavorable (à) : *une décision défavorable au plaignant* · négative : *en cas de décision négative du ministère*
- étonnante · étrange · inattendue · inhabituelle · surprenante
- tardive
- de principe · de pure forme
- compliquée · délicate · difficile (à prendre) • hasardeuse · périlleuse · risquée • douloureuse · grave · pénible
- irraisonnée · irréfléchie · irresponsable • contestée · controversée · critiquée · impopulaire • aberrante · absurde · ahurissante · choquante · consternante · contestable · inacceptable · incompréhensible · scandaleuse • inique · injuste • arbitraire · illégale • désastreuse · dramatique · fâcheuse · funeste · inadaptée · malheureuse • contre-productive · maladroite · mauvaise + nom • inopportune · intempestive • hâtive · précipitée · prématurée • ambiguë · contradictoire

∞ décision + VERBE
- découler de : *cette décision découle en bonne partie des pressions internationales* · faire suite à
- intervenir · prendre effet : *cette décision prendra effet au mois de janvier*
- appartenir à · être du ressort de : *cette décision est du ressort de la médecine* · incomber à · relever de : *la décision relève de la seule compétence des autorités* · revenir à
- conduire à · entraîner · provoquer : *sa décision a provoqué une vive polémique* · susciter • engager · mettre en jeu : *une décision qui met en jeu un groupement d'intérêts économiques*
- concerner · porter sur • affecter
- se fonder sur · se justifier · s'expliquer par
- faire grand bruit · soulever un tollé
- mûrir : *le refus du chef de la diplomatie de lui parler au téléphone a précipité une décision mûrie de longue date*
- passer inaperçue

∞ VERBE + décision
- attendre
- aboutir à · arriver à · déboucher sur · parvenir à • arracher · emporter • brusquer · forcer · imposer : *le gouvernememnt tente d'imposer sa décision*
- arrêter · prendre : *prendre une décision sans hésiter ; la décision a été prise à l'unanimité* · rendre : *le rectorat doit rendre sa décision dans la journée* • maintenir • être conforté dans • appliquer · concrétiser : *trouver les moyens pour concrétiser une décision* · donner effet à · mettre à exécution · mettre en œuvre
- annoncer · donner · exprimer · formuler · informer de · notifier · rendre · rendre publique • prononcer [Admin., Droit] : *pour autant que la décision ait été prononcée en dernier ressort*
- accepter · adopter · approuver · avaliser · entériner · voter : *voter une décision à l'unanimité* • adhérer à · appuyer · se rallier à · se ranger à · se soumettre à · s'incliner devant • applaudir à · saluer • confirmer · justifier • honorer · obéir à · respecter · se conformer à · se plier à
- expliquer · fonder : *les arguments qui fondent ma décision* · motiver
- guider · infléchir · influencer · influer sur · peser sur • avoir un droit de regard sur
- reconsidérer · regretter · revenir sur
- réagir à : *l'accusé n'a pas réagi à la décision du tribunal*
- ajourner Admin. · différer : *la décision fut longuement différée* · remettre (à plus tard) · reporter · repousser · retarder • geler : *ils gèlent toute décision importante lors des campagnes électorales* · suspendre
- (re)mettre en cause · remettre en question • contester · protester contre · s'inscrire en faux contre • aller à l'encontre de · entraver : *rien ne peut entraver la décision du juge*
- annuler · invalider [Admin., Droit]

[1] déclaration *nom fém.* (propos)

∞ déclaration + ADJECTIF
- gouvernementale · ministérielle · présidentielle • politique · sociale
- de principe · fondatrice • solennelle · sous serment • formelle · officielle : *il s'est abstenu de toute déclaration officielle sur sa position dans ce conflit* • publique · télévisée
- unilatérale • collective · commune
- de pure forme • spontanée : *un témoin a fait une déclaration spontanée à la police* • brève + nom · courte + nom · lapidaire · petite + nom • mesurée · modérée · prudente
- grande + nom · interminable · longue + nom
- (plur.) nombreuses · répétées
- historique · importante

- belle + nom • claire · non équivoque · sans équivoque · sincère • encourageante · optimiste · positive • apaisante · rassurante • émouvante • attendue : *la déclaration du président est très attendue*
- énergique · enflammée · forte · fracassante · percutante · radicale · retentissante · tonitruante · vigoureuse • musclée
- emphatique · fanfaronne · outrancière · pompeuse · tapageuse · théâtrale · triomphaliste
- ambiguë · curieuse · étrange · hésitante · obscure · stupéfiante · surprenante · troublante · vague
- accablante · accusatrice · incendiaire · indignée · sévère • alarmante · alarmiste · pessimiste
- insultante · provocante · provocatrice · violente • agressive · belliqueuse · haineuse · hostile · martiale : *les déclarations martiales n'ont pas manqué*
- lénifiante : *le contraste entre les déclarations lénifiantes du ministre et son impuissance est frappant* • hâtive · précipitée · prématurée • maladroite · malencontreuse • abrupte · à l'emporte-pièce : *ce flamboyant manager multiplie les déclarations à l'emporte-pièce* · brutale : *il a inquiété le personnel par ses déclarations brutales.* · intempestive
- controversée · discutable • orientée · tendancieuse • inacceptable · inadmissible · incohérente • incongrue · insensée · invraisemblable • contradictoires (plur.)
- fallacieuse · fausse + nom · inexacte · mensongère

∞ déclaration + VERBE

- intervenir : *cette déclaration intervient vingt-quatre heures après les faits*
- concerner : *une déclaration qui concerne les résultats du mois précédent*
- faire bondir · jeter un émoi · semer la confusion · soulever un tollé
- condamner : *une déclaration qui condamne la décision de la commission* • être en contradiction avec : *une déclaration qui est en contradiction avec la réalité des faits*

∞ VERBE + déclaration

- faire · se fendre de fam. : *ils pourraient au moins se fendre d'une déclaration officielle* • maintenir : *il maintient ses déclarations* • multiplier (plur.) : *les témoins ont multiplié les déclarations contradictoires* · réitérer
- publier · rendre publique • faire écho à · relayer
- recueillir
- réagir à
- croire · prendre au sérieux • s'associer à • applaudir · approuver · se féliciter de · se réjouir de
- confirmer · corroborer · étayer
- commenter · qualifier ... de : *elle a qualifié leur déclaration d'inacceptable* • contrôler · vérifier
- reposer sur · s'appuyer sur · se fonder sur
- s'abstenir de : *il a préféré s'abstenir de toute déclaration* • revenir sur : *ils l'ont forcé à revenir sur ses déclarations*
- regretter
- démentir • contredire · être en contradiction avec • critiquer · dénoncer · désapprouver · mettre en doute · rejeter

²déclaration *nom fém.* (Admin.)

∞ déclaration + ADJECTIF

- de ressources · de revenus · douanière · fiscale · etc.
- contrôlée : *le régime de la déclaration contrôlée en matière d'impôt sur le revenu*
- annuelle · trimestrielle · etc.
- sur l'honneur
- vierge : *vous devez retirer une déclaration vierge dans une recette des impôts*
- préremplie · simplifiée
- sécurisée : *la conservation des déclarations sécurisées sur une longue période par la DGI permet de faire face à des contentieux éventuels*
- rectificative
- tardive
- incomplète · insuffisante · lacunaire
- erronée · inexacte • frauduleuse · irrégulière

∞ VERBE + déclaration

- souscrire • établir · faire · rédiger · remplir • ratifier · signer
- faire apparaître sur · mentionner dans
- déposer · envoyer · faire parvenir · transmettre • annexer (à) · joindre (à)
- recevoir
- corriger · rectifier
- contrôler

déclin *nom masc.*

∞ déclin + ADJECTIF

- artistique · créatif · culturel · sportif • économique · industriel · social • électoral · politique • démographique • moral · physique
- naturel • prévisible · programmé

- complet · définitif · fort $^{+\text{nom}}$ · grand $^{+\text{nom}}$ · historique : *le déclin historique de la puissance française* · important · massif · radical · significatif · spectaculaire · substantiel · vertigineux • évident · net $^{+\text{nom}}$: *on a enregistré un net déclin en 2003* · sensible • inéluctable · inévitable · inexorable · irrésistible • irréversible · irrémédiable • brutal · rapide • général · global • mondial · national • constant · continu • long $^{+\text{nom}}$ • régulier : *un marché en déclin régulier depuis dix ans*
- apparent • insensible · léger $^{+\text{nom}}$ · relatif • lent · progressif
- douloureux · dramatique · inquiétant

∞ déclin + VERBE
- commencer · s'amorcer · s'annoncer · s'engager
- (souvent passif) frapper : *une région frappée par le déclin de la sidérurgie* · menacer : *un pays menacé par le déclin démographique* · toucher · miner
- progresser · s'accélérer · se confirmer · se poursuivre · se précipiter

∞ VERBE + **déclin**
- contribuer à · entraîner · provoquer
- annoncer : *les experts annoncent le déclin de l'espèce* · augurer · laisser présager · préfigurer · prévoir · programmer (souvent passif) • prédire · prophétiser
- assister à · constater · enregistrer · observer
- signer : *le mois de septembre signe le déclin de la belle saison* · signifier · sonner : *l'exode rural sonne le déclin de la profession*
- amorcer : *la fermeture de l'usine amorça le déclin de la ville* · entamer : *la civilisation entame son déclin après l'éruption du volcan*
- accélérer · accentuer · précipiter
- aller à / vers · arriver à · conduire à / vers · courir à · être à / sur : *la société victorienne était déjà sur son déclin* · être condamné à · être menacé de · être promis à · être sur la voie de · être voué à · marcher vers
- connaître · être confronté à · être marqué par · subir • poursuivre : *l'industrie textile poursuit son déclin*
- craindre · s'inquiéter de • déplorer
- conjurer · lutter contre • compenser · endiguer · enrayer · freiner · inverser : *l'enjeu majeur est d'inverser le déclin du département* · ralentir • pallier · remédier à • résister à
- mettre fin à · stopper

décor *nom masc.*

∞ décor + ADJECTIF
- bucolique · champêtre • floral · minéral · végétal
- bourgeois · classique · contemporain · futuriste · moderne • exotique • original
- en trompe-l'œil · mural · peint • naturel (souvent plur.) : *filmer en décors naturels* · réaliste
- fastueux · gigantesque · grandiose · immense · impressionnant · monumental · spectaculaire
- immuable : *il partage son temps entre le bar-tabac et sa chambre d'hôtel au décor immuable*
- admirable · beau $^{+\text{nom}}$ · charmant · idyllique · paradisiaque · splendide · superbe • cossu · fabuleux · fastueux · majestueux · somptueux • élégant · raffiné · soigné • convivial · cosy • apaisant
- dépouillé · épuré · minimal · minimaliste · réduit au minimum : *les comédiens évoluent dans un décor réduit au minimum* · simple · sobre • austère · spartiate
- désuet · kitsch · suranné • (de) carton-pâte
- déprimant · morne · sombre • étouffant · surchargé

∞ VERBE + **décor**
- dessiner · créer · signer : *c'est sa femme qui signe les décors de la pièce* • reconstituer
- composer · dresser · planter : *il plante le décor : éclats de musique et bruits de foule, chambre délabrée* · camper · poser • monter
- former · servir de · tenir lieu de
- rafraîchir · soigner : *l'avocate a soigné le décor de son cabinet*
- démonter

l'envers du décor
- [fig.] montrer / révéler : *un documentaire qui révèle l'envers du décor de la télévision*
- [fig.] connaître / voir · découvrir / explorer : *un livre qui vous fait découvrir l'envers du décor et la genèse du film*

[1]décoration *nom fém.* (médaille)

∞ décoration + ADJECTIF
- militaire • honorifique • à titre posthume
- prestigieuse

∞ VERBE + **décoration**
- remettre à : *il remettra les décorations aux anciens combattants*
- obtenir · recevoir
- arborer : *il arbore fièrement toutes ses décorations* · être bardé de$^{\text{fam.}}$: *il est bardé de décorations ; la poitrine bardée de décorations* · être couvert de · porter
- mériter
- refuser

²décoration *nom fém.* (d'un lieu)

∾ décoration + ADJECTIF

- intérieure • classique · contemporaine · moderne : *les appartements bénéficient d'une décoration moderne*
- agréable · gaie • originale · recherchée • élaborée · élégante · raffinée · soignée • luxueuse · riche · somptueuse
- épurée · minimaliste · sobre · sommaire
- clinquante · extravagante · vulgaire • désuette · kitsch · surannée • surchargée • triste · tristounette[fam.]

∾ VERBE + décoration

- prendre en charge · signer : *un jeune créateur a signé la décoration de l'hôtel*
- changer : *ils ont changé la décoration du restaurant*
- soigner : *elle a soigné la décoration de sa chambre*

découragement *nom masc.*

∾ découragement + ADJECTIF

- léger [+ nom] · petit [+ nom] : *les petits découragements des débuts* • passager : *c'est juste un découragement passager*
- extrême · fort [+ nom] · profond · tenace • évident · perceptible

∾ découragement + VERBE

- (souvent passif) gagner · guetter : *faute de résultats, le découragement les guette* · prendre : *soudain prise de découragement, elle se laissa tomber dans le fauteuil* · saisir

∾ VERBE + découragement

- conduire à · mener à · provoquer · susciter
- éprouver · être en proie à : *en proie au plus profond découragement, il décida de tout abandonner* • céder à · se laisser aller à : *il ne faut pas se laisser aller au découragement*
- résister à · surmonter

découverte *nom fém.* (d'un phénomène, d'un objet, d'un lieu)

∾ découverte + ADJECTIF

- archéologique · paléontologique • mathématique · scientifique · technique · technologique · etc.
- capitale · décisive · essentielle · fondamentale · grande [+ nom] · importante · majeure · véritable [+ nom] · vraie [+ nom] • exceptionnelle · extraordinaire · fabuleuse · fantastique · formidable · magnifique · merveilleuse · sensationnelle · spectaculaire • historique · révolutionnaire • géniale · heureuse · intéressante
- bouleversante · émouvante • belle [+ nom] · éblouie · émerveillée : *sa découverte émerveillée du monde du cirque*
- accidentelle · fortuite : *la découverte fortuite d'une grotte préhistorique par un berger* · inopinée · inattendue · inespérée
- curieuse · insolite · étonnante · étrange • incroyable · inouïe · renversante · surprenante · ahurissante
- troublante · effarante · bouleversante • choquante · déconcertante · déprimante · désagréable • macabre · terrible · traumatisante
- mutuelle · réciproque : *un lieu d'échanges et de découvertes réciproques*

∾ découverte + VERBE

- avoir lieu · intervenir
- entraîner · provoquer · susciter : *cette découverte a suscité un immense espoir chez les malades*
- confirmer · démontrer : *cette découverte démontre la transformation de la matière en énergie* · prouver : *sa découverte prouve l'influence régionale de cette civilisation*
- marquer une étape dans • avoir un grand / fort retentissement · relancer la controverse / le débat

∾ VERBE + découverte

- avoir soif de · être avide de : *un public enthousiaste et avide de découvertes*
- aboutir à · effectuer · faire : *elle a fait une importante découverte; ils ont fait la découverte de bactéries dangereuses* · réaliser
- (plur.) accumuler : *depuis le début des fouilles, ils accumulent les découvertes* · multiplier
- faciliter · favoriser · permettre
- annoncer · signaler • raconter · relater · révéler
- présenter · publier
- attribuer · devoir : *c'est à ce chimiste que l'on doit la découverte de l'ADN*
- appliquer : *ils vont tenter d'appliquer cette découverte sur un être humain* · exploiter : *le laboratoire compte bien exploiter ses découvertes* · utiliser

à la découverte

- aller · partir : *partez à la découverte des grottes de la région*

dédain *nom masc.*

∾ dédain + ADJECTIF

- absolu · formidable · grand [+ nom] : *il a le plus grand dédain pour ce type de journalisme* · parfait [+ nom] : *ils ont un parfait dédain pour l'argent* · profond • fier [+ nom] · souverain • ostensible

∞ VERBE + **dédain**
- avoir · éprouver : *elle n'éprouve que du dédain à l'égard de la bourgeoisie*
- afficher · manifester : *il a toujours manifesté son dédain pour leur univers* · montrer

∞ NOM + DE + **dédain**
- brin · pointe : *j'ai senti une pointe de dédain dans son discours* · soupçon : *il parle d'elle avec un soupçon de dédain*
- geste : *il laissa échapper un geste de dédain* · marque · signe

avec dédain
- parler · refuser : *ils ont refusé avec dédain l'aide des ONG* • considérer : *le film d'horreur est un genre considéré avec dédain par les intellectuels* · regarder · traiter

déduction *nom fém.* (réduction)

∞ **déduction** + ADJECTIF
- fiscale
- forfaitaire : *une déduction forfaitaire pour frais professionnels*
- importante : *ils bénéficient d'importantes déductions fiscales*
- immédiate
- petite

∞ **déduction** + VERBE
- concerner · être afférente à
- dépendre : *la déduction dépend du type de véhicule* · être subordonnée à : *la déduction sera subordonnée à la production de justificatifs*

∞ VERBE + **déduction**
- opérer · pratiquer : *on peut pratiquer la déduction de la moitié des investissements*
- octroyer : *une déduction est octroyée aux contribuables qui paient sur internet* • donner lieu à [Admin.] : *si le bien n'a pas donné lieu à déduction* · ouvrir droit à [Admin.] : *ces opérations ouvrent droit à déduction*
- avoir droit à · bénéficier de

défaillance *nom fém.*

∞ **défaillance** + ADJECTIF
- informatique · mécanique · technique • humaine : *une défaillance humaine est à l'origine du déraillement du train* · individuelle • intellectuelle · mentale · physique • cardiaque · immunitaire · etc.
- collective • généralisée
- évidente · flagrante • grande + nom · grave · grosse + nom · importante · majeure · sans précédent · terrible • soudaine · subite • persistante • (plur.) à répétition · en cascade · en chaîne · en série · répétées
- imprévisible · imprévue • inexplicable
- légère + nom · petite + nom • momentanée : *une défaillance momentanée du serveur* · passagère · temporaire
- éventuelle · possible · potentielle

∞ **défaillance** + VERBE
- être due à · être imputable à : *une défaillance imputable à une température élevée de la machine*
- apparaître · se produire · survenir : *le nombre incroyable de défaillances techniques survenues dernièrement*
- affecter : *une défaillance a affecté le réseau électrique*

∞ VERBE + **défaillance**
- entraîner · provoquer
- connaître · enregistrer • ne pas être à l'abri de • être victime de · souffrir de
- constater · remarquer • conclure à • dénoncer : *la presse a dénoncé les défaillances de la compagnie aérienne* · montrer (du doigt) : *certaines défaillances déjà montrées du doigt sont loin d'avoir disparu* · pointer (du doigt) · relever · révéler · souligner
- minimiser
- (souvent nég.) tolérer
- compenser · corriger · pallier · parer à · remédier à · suppléer (à)
- profiter de · utiliser
- craindre · redouter
- prévenir · se garantir contre · se protéger contre

∞ NOM + DE + **défaillance**
- cascade : *elle met à jour la cascade des défaillances politiques* · série · succession · suite

défaite *nom fém.*

∞ **défaite** + ADJECTIF
- militaire • judiciaire · juridique • électorale · politique • morale
- individuelle · personnelle • collective
- cinglante · cuisante · écrasante · historique · lourde · majeure · massive · retentissante · rude · sans appel · sans précédent · sérieuse · sévère • générale · complète · totale • incontestable · indiscutable • logique · annoncée · assurée : *s'il ne joue pas, c'est la défaite assurée* · inéluctable · inexorable · programmée • (plur.) consécutives · successives

- amère · cruelle · douloureuse · funeste · malheureuse · sanglante · terrible • honteuse · humiliante · indigne · lamentable · piteuse • imméritée · injuste
- imprévue · inattendue · incompréhensible · stupéfiante · surprenante · surprise
- rapide : *après une défaite rapide, la plupart des chefs de la rébellion sont exécutés* • relative · sur le fil
- honorable

∾ défaite + VERBE
- s'annoncer · se dessiner · se profiler
- se produire · survenir
- déshonorer • décevoir • (souvent passif) assommer · démoraliser · fragiliser : *un groupe fragilisé par quatre défaites successives* · sonner : *un parti encore sonné par la défaite de son candidat* · traumatiser : *on le dit traumatisé par sa récente défaite*

∾ VERBE + **défaite**
- précipiter • causer · contribuer à · entraîner · se solder par : *la guerre s'est soldée par la défaite de l'ennemi*
- infliger : *il nous a infligé une sévère défaite*
- concéder : *il a déjà concédé deux défaites devant le tenant du titre* · connaître (les affres de) : *l'équipe a failli connaître sa première défaite de la saison ; les joueurs ne méritent pas de connaître les affres de la défaite* · enregistrer · essuyer · subir · vivre • rester sur
- accepter · admettre · avouer · reconnaître • remâcher · ruminer
- subir le contrecoup de • digérer · encaisser^fam.
- profiter de • miser sur
- relativiser
- éviter • se consoler de • venger
- effacer • oublier

∾ NOM + DE + **défaite**
- série · spirale · succession · suite

défaut *nom masc.* (imperfection)

∾ défaut + ADJECTIF
- intrinsèque • congénital · génétique • visuel • structurel · systémique • mécanique · physique
- apparent · perceptible · visible
- banal · commun · courant · reconnu · répandu · traditionnel • constant · systématique • évident · frappant • considérable · énorme · grand ^+ nom · grave · gros ^+ nom · important · significatif • majeur : *le défaut majeur du système, c'est son coût* · principal • inévitable
- inacceptable · inexcusable · insupportable · intolérable • incorrigible • monstrueux · rédhibitoire · terrible • vilain ^+ nom
- léger ^+ nom · menu · mince · mineur · petit ^+ nom • invisible

∾ défaut + VERBE
- être inhérent à • venir de
- apparaître · être présent
- (souvent passif) handicaper : *un élève handicapé par un défaut auditif*
- se corriger

∾ VERBE + **défaut**
- comporter · comprendre : *le dispositif comprend cependant un défaut* · être entaché de · posséder · présenter · souffrir de : *le traité souffre de trois défauts majeurs* • tomber dans : *il est tombé dans le défaut de tous les débutants*
- déceler · découvrir • entrevoir · percevoir · sentir • constater · observer · relever · remarquer · trouver · voir
- mettre en évidence · pointer · souligner · montrer • traduire : *cet échec traduit un défaut d'adaptation*
- avouer · reconnaître
- accepter · excuser · oublier · pardonner · passer sur · tolérer
- dénoncer · déplorer · reprocher
- faire la chasse à · s'attaquer à : *une commission va s'attaquer aux défauts du système* · traquer : *il traque les défauts de ses contemporains*
- exagérer · grossir
- atténuer · compenser · faire oublier • corriger · gommer · pallier · remédier à · réparer · suppléer (à)
- cacher · dissimuler · masquer
- (souvent nég.) être dénué de · être dépourvu de : *ce livre n'est pas dépourvu de défauts* · être exempt de : *leur album n'est pas exempt de défauts*
- se défaire de

∾ NOM + DE + **défauts**
- multitude · tonnes^fam. : *j'ai peut-être des tonnes de défauts mais je ne suis pas menteur*

[1] défense *nom fém.* (protection, soutien)

∾ défense + ADJECTIF
- immunitaire • nationale°
- acharnée · énergique · farouche · inconditionnelle · obstinée · opiniâtre
- efficace • héroïque : *après la défense héroïque de la citadelle, l'armée fut rapidement vaincue*
- faible · insuffisante

∞ VERBE + **défense**

- prendre : *il a pris la défense de son collègue* • organiser : *il veut organiser la défense des petits commerces* • s'engager dans : *il s'est engagé dans la défense des droits de la femme* · contribuer à

∞ NOM + DE + **défense**

- réaction
- moyen

[2]défense *nom fém.* (sport)

∞ **défense** + ADJECTIF

- adverse
- bonne [+ nom] · de fer · en béton[fam.] • héroïque
- efficace

∞ VERBE + **défense**

- renforcer : *le club doit renforcer sa défense s'il veut être capable d'affronter d'autres équipes*
- ébranler : *notre équipe n'a pas réussi à ébranler leur défense* · fragiliser · ouvrir une brèche dans

[3]défense *nom fém.* (dans un procès)

∞ **défense** + ADJECTIF

- brillante · bonne [+ nom]
- boiteuse · laborieuse

∞ **défense** + VERBE

- demander · plaider

∞ VERBE + **défense**

- assurer : *c'est Maître Dupré qui assurera sa défense* · se charger de
- bâtir · construire · préparer
- présenter : *l'accusé dispose de deux semaines pour présenter sa défense*
- ébranler : *son témoignage a ébranlé la défense* · mettre à mal : *les avocats des parties civiles ont mis à mal la défense de l'accusé*

défi *nom masc.*

∞ **défi** + ADJECTIF

- commercial · économique • physique • culturel · écologique • technique · technologique • militaire · etc.
- personnel • commun : *c'est le défi commun auquel la gauche doit répondre*
- essentiel · important · majeur · véritable [+ nom] · vrai [+ nom] • colossal · de taille · énorme · formidable · gigantesque · grand [+ nom] · gros [+ nom] · pas mince : *le défi n'est pas mince* · sans précédent • rude · sérieux · redoutable · insurmontable · sacré[fam] · lourd [+ nom]
- beau • excitant : *entreprendre l'ascension d'un nouveau sommet est toujours un défi excitant* · intéressant · stimulant

∞ **défi** + VERBE

- attendre : *voilà le nouveau défi qui vous attend*
- consister à : *le défi qui consiste à rétablir la démocratie dans ce pays*

∞ VERBE + **défi**

- adresser · jeter · lancer : *il lance un défi au président* · mettre à○ : *je te mets au défi de le faire* · poser : *il n'est pas le premier à poser ce défi* • présenter : *la régulation du réseau internet présente un défi au législateur*
- avoir un air de · constituer · prendre des allures de · relever de · représenter · ressembler à · tenir de : *continuer à fumer dans ces conditions tient du défi*
- aimer · avoir le goût de
- être confronté à · affronter · se trouver face à · faire face à : *nous devons faire face au défi de la modernité* • accepter · assumer · répondre à · s'attaquer à
- réussir : *il a réussi le défi de faire le tour du monde en 80 jours* · surmonter : *son courage lui a permis de surmonter ce défi* · relever

∞ NOM + DE + **défi**

- air : *il retroussa ses manches avec un air de défi* · attitude · geste

déficience *nom fém.* (faiblesse, handicap, défaut)

∞ **déficience** + ADJECTIF

- auditive · cardiaque · immunitaire · motrice · physique · visuelle • mentale · psychique · intellectuelle
- forte [+ nom] · grave · sérieuse

∞ VERBE + **déficience**

- être atteint de : *des enfants atteints de déficiences visuelles* · montrer · présenter · souffrir de : *il souffre d'une légère déficience cardiaque*
- constater · observer
- aggraver
- combler · compenser · pallier · remédier à · suppléer (à) : *notre but n'est pas de suppléer aux déficiences du système éducatif*

déficit *nom masc.* (financier, économique, etc.)

∞ **déficit** + ADJECTIF

- budgétaire · comptable · fiscal · public • commercial · extérieur · intérieur • alimentaire · énergétique · foncier · etc.
- courant · prévisible · prévisionnel · prévu • cumulé · global · total • organique · structurel

- abyssal : *le déficit abyssal du budget municipal* · gros $^{+nom}$ · colossal · considérable · croissant · élevé · énorme · formidable · gigantesque · grand $^{+nom}$ · grandissant · immense · important · lourd · record · sérieux · sévère · vertigineux • persistant • chronique
- alarmant · cruel · dramatique · grave · inquiétant
- faible · insignifiant · léger $^{+nom}$ · petit $^{+nom}$ · zéro : *cette année nous atteignons le déficit zéro* • momentané · temporaire · provisoire

∾ déficit + VERBE

- être imputable à : *les déficits budgétaires sont imputables au ralentissement de la croissance*
- atteindre : *le déficit de la Sécurité sociale atteint 25 milliards d'euros / des sommets / un record* · avoisiner · se chiffrer à · se hisser à · s'élever à
- augmenter · s'accroître · s'accumuler · s'alourdir · se creuser • persister · subsister
- baisser · diminuer · se réduire · se résorber • se limiter à

∾ VERBE + déficit

- créer · entraîner · générer · occasionner · provoquer · se solder par • porter à : *cela porte le déficit à 15 millions d'euros*
- être confronté à · être face à · faire face à · pâtir de · souffrir de · subir · supporter
- accuser · afficher · connaître · enregistrer · essuyer : *l'entreprise a essuyé un gros déficit cette année* · présenter
- faire apparaître · faire ressortir
- annoncer · promettre • escompter · prévoir · tabler sur
- estimer · évaluer
- accentuer · aggraver · alourdir · creuser · grossir : *ces nouvelles dépenses viennent grossir le déficit* · laisser filer : *ils préconisent de laisser filer le déficit de la Sécurité sociale*
- balancer · compenser · corriger · couvrir : *des mesures destinées à couvrir le déficit public* · financer · pallier · remédier à · suppléer à
- dissimuler · masquer
- abaisser · contenir · diminuer · limiter · ramener à / au-dessous de : *il faut ramener le déficit au-dessous de la barre des 10 millions d'euros* · réduire
- combler · éliminer · éponger : *cette somme ne suffira pas à éponger le déficit* · résorber · supprimer · venir à bout de

∾ NOM + DE + déficit

- accroissement · augmentation · hausse
- baisse · contraction · diminution · résorption

définition *nom fém.*

∾ définition + ADJECTIF

- légale · juridique · officielle : *quelle est la définition officielle du commerce équitable ?* • didactique • économique · politique • technique · scientifique • biologique : *les difficultés d'une définition biologique du vivant* · sociale : *elle insiste sur une définition sociale du féminin* · etc.
- générale : *une définition générale de la notion de crime contre l'humanité* • actuelle · moderne • personnelle : *il nous donne sa définition personnelle de la création artistique* • poétique
- classique · commune · conventionnelle · courante · habituelle · ordinaire · traditionnelle : *il s'attaque à la définition traditionnelle de la nation* · usuelle • ancienne • universelle
- complète · détaillée · élargie · extensive · large · ouverte
- acceptable · satisfaisante · pertinente • adéquate · bonne $^{+nom}$ · correcte · exacte · formelle : *cela ne correspond pas à la définition formelle d'une récession* · juste · précise · rigoureuse · valable • belle $^{+nom}$ · excellente · fine · heureuse · parfaite · raisonnable • objective : *il est difficile d'établir la définition objective du mot "secte"* • logique • claire · incontestable : *il n'y a pas de définition incontestable du livre* · limpide · simple · stable : *il n'y a pas de définition stable et univoque du déchet* · univoque • commode · confortable · consensuelle · pratique • célèbre · fameuse $^{+nom}$: *c'est à cet auteur qu'on doit cette fameuse définition du surréalisme* • optimiste · positive · rassurante
- réductrice · restrictive · rigide • étroite · stricte • courte · limitée · minimale · minimum · partielle · rapide · sommaire • provisoire
- complexe • curieuse · étrange
- mauvaise $^{+nom}$ · médiocre • incomplète · insuffisante • aberrante · illogique · impossible : *cet auteur cherche l'impossible définition de la littérature* · inadéquate • alambiquée · confuse · équivoque · floue · imprécise · nébuleuse · obscure · sibylline · vague • abrupte · lapidaire • négative : *il donne une définition négative de la guerre, "absence de paix"*

∾ définition + VERBE

- englober : *cette définition englobe aussi l'aspect technique* · recouvrir · renvoyer à · s'appliquer à
- reposer sur : *ma définition du concept repose sur une étude de 800 cas* • être extraite de · être tirée de
- changer · évoluer · se modifier · varier

∾ VERBE + **définition**
- chercher • réclamer · nécessiter · requérir
- ébaucher · élaborer · esquisser · établir · mettre au point • arrêter · dégager · trouver • écrire · rédiger
- avancer : *il avance avec précaution une définition* · introduire · proposer • apporter · donner · fournir · livrer · offrir
- accepter · adopter · retenir · se mettre d'accord sur
- se référer à · reprendre · citer
- constituer · servir de : *cette citation pourrait servir de définition*
- entrer dans : *les heures de nuit n'entrent pas dans la définition des "heures de grande écoute"*
- compléter · préciser • élargir · étendre
- reprendre · réviser · revoir • changer · modifier
- restreindre (... à) : *restreindre la définition du mariage à l'union amoureuse*
- contester · récuser · refuser • échapper à : *ce phénomène échappe à toute définition*

dégât *nom masc.* (dommage, souvent plur.)

∾ **dégât** + ADJECTIF
- économique · financier • humain · social · psychologique • politique • agricole • écologique · environnemental · sanitaire • matériel · physique
- collatéral : *cette délocalisation entraînera forcément des dégâts collatéraux* • direct · interne
- conséquent · considérable : *ces larves causent des dégâts considérables dans les plantations de coton* · grand + nom · grave · gros + nom · immense · important · inestimable • irrémédiable · irréparable · irréversible
- effroyable · redoutable · terrible
- léger · limité · mineur · modéré • minime · insignifiant • réversible

∾ **dégât** + VERBE
- être dû à
- se chiffrer en · s'élever à

∾ VERBE + **dégât**
- causer · créer · engendrer · entraîner · être à l'origine de · être responsable de · faire · occasionner · produire · provoquer
- infliger ... à : *les centaines d'avions de combat ont infligé de sérieux dégâts à l'armée adverse*
- constater (de visu) · contempler · découvrir · observer · voir
- chiffrer · détailler · estimer · évaluer · inspecter · expertiser · mesurer · quantifier • être conscient de · prendre conscience de · se rendre compte de
- dénoncer · révéler : *révéler (l'étendue / l'ampleur) des dégâts*
- déplorer · regretter : *ils disent regretter les dégâts collatéraux*
- aggraver
- atténuer · limiter○ • nettoyer : *tout le monde est mobilisé pour nettoyer les dégâts après la marée noire* · réparer
- couvrir · financer · payer · rembourser
- craindre · redouter
- éviter · prévenir

dégoût *nom masc.*

∾ **dégoût** + ADJECTIF
- instinctif · physique
- absolu · aigu · extrême · grand + nom · immense · intense · profond • mal dissimulé • insurmontable · sans limite · violent • grandissant · croissant
- inexprimable · vague : *subsiste un vague dégoût de lui-même*

∾ VERBE + **dégoût**
- être objet de : *l'araignée peut être objet de dégoût* · inspirer · provoquer · susciter : *le sang suscite parfois le dégoût*
- (r)emplir de
- éprouver · être pris de : *elle ne peut regarder de la viande sans être prise de dégoût* · ressentir • comprendre · partager : *je partage son dégoût du romantisme larmoyant*
- crier · exprimer • dire : *ce livre dit son dégoût de la dictature* · hurler
- manifester · marquer · ne pas cacher · témoigner
- surmonter · vaincre

1 degré *nom masc.* (niveau)

∾ **degré** + ADJECTIF
- [température] • Celsius · centigrade · Fahrenheit · etc.
- avancé : *un degré avancé de dégradation* · dernier○ + nom : *il est alcoolique au dernier degré* · élevé : *ces régions jouissent d'un degré élevé d'autonomie* · haut + nom · important · rare : *ce vin atteint un rare degré de perfection* · supérieur : *un degré supérieur d'intelligence* • maximal · maximum
- bas + nom : *le plus bas degré de la moralité* · faible • minimal · minimum • zéro : *il faut revenir au degré zéro de la mise en scène théâtrale* (en référence au titre de l'essai de Roland Barthes *Le Degré zéro de l'écriture*)

∞ VERBE + **degré**

- atteindre : *la température a atteint 40 degrés; les manifestations n'avaient jamais atteint un tel degré de barbarie* · parvenir à
- passer par : *elle est passée par tous les degrés du désespoir* • franchir : *le conflit franchit un nouveau degré de violence*
- varier de : *les températures varieront de plusieurs degrés ces jours-ci* • augmenter de • baisser de
- apprécier · évaluer : *il a obtenu une nouvelle expertise afin d'évaluer son degré d'infirmité* · mesurer
- indiquer : *le thermomètre indique 25 degrés à l'ombre; le guide indique le degré de difficulté pour chaque randonnée* · marquer

²degré *nom masc.* (proportion)

∞ **degré** + ADJECTIF

- alcoolique · etc.
- élevé · important • maximal · maximum
- supérieur
- faible • minimal · minimum

∞ VERBE + **degré**

- titrer : *ce rhum agricole titre entre 65 et 75 degrés*
- apprécier · évaluer · mesurer

délai *nom masc.*

∞ **délai** + ADJECTIF

- convenu · déterminé • imparti · impératif · imposé • légal · permis · réglementaire • de rigueur · prédéterminé · prévu (par la loi) • moyen · nécessaire · normal • envisageable · possible • spécial · supplémentaire
- ferme · fixe · fixé · strict • incompressible · inextensible
- maximal · maximum • interminable · long
- variable
- acceptable · convenable · décent · raisonnable · réaliste • suffisant
- bref : *dans un délai extrêmement bref* · court · raccourci : *un délai raccourci dans le cadre d'une simplification administrative* · rapide · rapproché : *une procédure de comparution à délai rapproché* • serrés (plur.) : *les imprimeurs doivent faire face à des délais serrés et à des clients exigeants*
- anormal · déraisonnable • inacceptable · inadmissible · irréaliste • insuffisant • contraignant : *mon directeur m'impose des délais de plus en plus contraignants*
- échu : *le délai d'opposition est échu* · écoulé · expiré · passé · révolu

∞ **délai** + VERBE

- laisser du temps à · permettre de
- échoir : *ce délai échoit fin septembre* · expirer · passer · prendre fin · s'écouler

∞ VERBE + **délai**

- déterminer · (se) fixer : *je me fixe un délai d'une semaine pour terminer ce dossier* · prévoir • imposer · prescrire [Admin.] : *les travaux demandés n'ont pas été effectués dans le délai prescrit*
- avoir besoin de • demander · exiger · réclamer · solliciter : *il sollicite un délai supplémentaire pour payer*
- accorder · assigner · consentir · impartir · laisser · octroyer
- bénéficier de · disposer de · jouir de · obtenir · profiter de • s'accorder · se donner · s'octroyer
- mettre à profit
- tenir compte de • observer · respecter · tenir : *on a du mal à tenir les délais*
- allonger · étendre · prolonger · proroger [Admin.] : *ces entreprises bénéficieront d'un délai prorogé au 30 juin 2007* · reconduire · reculer · repousser
- abréger · écourter · raccourcir · ramener ... à : *ils ont ramené le délai à 2 semaines* · réduire · resserrer
- dépasser : *il a dépassé le délai de son abonnement*

dans les délais

- être : *nous sommes toujours dans les délais pour la remise du dossier* • finir · terminer • livrer

délit *nom masc.*

∞ **délit** + ADJECTIF

- civil · financier · fiscal · pénal · routier · sexuel
- d'ingérence · d'initié · de fuite • de presse · d'opinion • de faciès · de sale gueule[fam] · etc.
- intentionnel (souvent nég.) : *une erreur médicale est un délit non intentionnel* • passible de · punissable : *l'homosexualité a longtemps été un délit punissable*
- petit [+ nom] · simple [+ nom] : *la prison était épargnée aux mineurs lorsqu'ils n'avaient commis qu'un simple délit*
- grave · important • imprescriptible : *l'abus de biens sociaux est un délit imprescriptible* • flagrant[○ + nom] • continu[○] : *la séquestration est un délit continu tant que le corps n'a pas été retrouvé*

∞ **délit** + VERBE

- être passible de : *ce délit est passible d'une peine de dix ans de prison*

∾ VERBE + **délit**
- commettre : *il a commis plusieurs délits*
- créer : *il propose de créer un délit de manipulation mentale* · instaurer
- établir : *nous n'avons pas pu établir le délit d'abus de faiblesse*
- constituer : *le non-respect de cette loi constitue un délit*
- punir · réprimer · sanctionner
- être accusé de · être (reconnu) coupable de · être inculpé de / pour · être poursuivi pour · être soupçonné de · se rendre coupable de
- être relaxé de : *il a été relaxé du délit de contrefaçon*

démagogie *nom fém.*

∾ **démagogie** + ADJECTIF
- électorale · électoraliste · politique · populiste · sécuritaire
- pure [+ nom] · pure et simple : *c'est de la démagogie pure et simple*
- facile · grossière · honteuse • écœurante · crasse : *la population n'est pas dupe et s'insurge contre cette démagogie crasse* • dangereuse

∾ VERBE + **démagogie**
- flirter avec • faire assaut de · faire preuve de • sombrer dans · verser dans : *comment évoquer ce sujet sans verser dans la démagogie ?* · céder à
- suspecter de • accuser de · taxer de
- crier à · dénoncer · déplorer
- combattre · lutter contre · résister à · s'opposer à

[1] demande *nom fém.* (question, réclamation)

∾ **demande** + ADJECTIF
- additionnelle · subsidiaire · supplémentaire • collective · conjointe · générale • écrite · expresse · formelle · officielle • implicite · orale • individuelle • précise · spécifique
- classique · courante · ordinaire • majoritaire : *à la demande majoritaire, il a été convenu d'un cessez-le-feu* • principale • véritable [+ nom] · vraie [+ nom] • incessante · réitérée · renouvelée · répétée • insistante · impérative · pressante • croissante · grandissante
- bizarre · curieuse · étrange : *le cuisinier semblait un peu désemparé par cette demande étrange*
- fondée · justifiée · légitime · raisonnable • opportune
- insatisfaite
- contradictoire : *l'éducation nationale devra arbitrer entre les demandes contradictoires des syndicats* • embarrassante · gênante • extravagante · inconsidérée · irréaliste • inopportune · intempestive • illégitime · inadmissible · injustifiée · irrecevable
- humble • latente • ponctuelle • tardive

∾ **demande** + VERBE
- émaner de : *la demande n'émanait pas de nos services* · venir de
- (plur.) affluer : *les demandes affluent de toutes parts*
- rester sans réponse

∾ VERBE + **demande**
- exprimer · faire · formuler • confirmer par écrit • adresser · déposer · présenter · soumettre · transmettre
- enregistrer · recevoir
- accueillir · réagir à : *il n'a guère réagi à leur demande de procéder à un audit* · répondre à · traiter • être confronté à · faire face à
- accéder à · accepter · agréer · céder à · donner satisfaction à · faire bon accueil à · satisfaire (à) : *nous ne pouvons pas satisfaire toutes les demandes* • donner suite à · faire aboutir · faire droit à [Admin.] : *la Cour a refusé de faire droit à la demande du procureur* · honorer : *je demeure dans l'impossibilité d'honorer votre demande*
- prendre en compte · tenir compte de • étudier · examiner · se prononcer sur · statuer sur
- appuyer · étayer : *des accusations qui étayent une demande de détention* · soutenir • fonder · justifier
- accabler de (souvent passif) · submerger de (souvent passif) : *nous sommes submergés de demandes* • réitérer
- débouter [Admin.] : *le Conseil d'administration se réserve le droit de débouter une demande d'adhésion* · écarter · refuser · rejeter · repousser • ignorer
- retirer : *il a retiré sa demande d'indemnisation*

∾ NOM + DE + **demande**
- afflux · augmentation · hausse
- baisse · chute

[2] demande *nom fém.* (Écon.)

∾ **demande** + ADJECTIF
- économique
- actuelle • effective° : *la demande effective est essentielle pour assurer la croissance* · solvable : *l'essor de l'activité marchande est limité par l'étroitesse de la demande solvable* • domestique · intérieure · interne • privée : *la demande privée reste limitée par rapport aux appels d'offre des marchés publics* • étrangère · extérieure • globale · mondiale

- accrue · forte · importante · massive · réelle + nom · vraie + nom • croissante · grandissante • soutenue · stable
- faible • instable

∞ **demande** + VERBE
- exister
- se stabiliser
- aller croissant : *c'est un marché où la demande va croissant* · augmenter · enfler · être en augmentation • excéder l'offre
- diminuer · être en baisse · faiblir · fléchir · s'effondrer

∞ VERBE + **demande**
- créer · induire · entraîner
- correspondre à · s'adapter à • suivre : *la production est loin de suivre la demande* · satisfaire · répondre à
- accroître · booster · doper · relancer · stimuler
- contenir : *l'État a créé un fonds de financement pour tenter de contenir les demandes d'indemnisation* · réduire

∞ NOM + DE + **demande**
- accroissement · augmentation · croissance · explosion · hausse
- baisse · chute · diminution · contraction · fléchissement

[1]démarche *nom fém.* (action, manière d'agir)

∞ **démarche** + ADJECTIF
- artistique · culturelle · intellectuelle • littéraire · philosophique • scientifique • politique • citoyenne · civique · humaniste · militante • égalitaire · unitaire • commerciale • pédagogique · etc.
- analytique · conceptuelle · critique · empirique · expérimentale · inductive
- individuelle · personnelle • collective : *il refusa de prendre part à cette démarche collective* • générale · globale
- classique · habituelle · normale • logique · naturelle : *cette démarche de solidarité nous a semblé naturelle*
- créative · inédite · innovante · novatrice · originale · singulière · pionnière • étrange · inhabituelle · insolite • rare
- active · volontaire · volontariste • radicale · révolutionnaire
- ambitieuse · audacieuse · courageuse • claire · cohérente · rigoureuse • intéressante · passionnante • exemplaire · généreuse · honnête · louable • prudente · raisonnable · rationnelle • constructive · féconde · fructueuse • pragmatique · réaliste
- délicate · difficile : *aller avouer ses erreurs reste une démarche difficile*
- imprudente · risquée · dangereuse · inconsidérée • infructueuse · inutile

∞ **démarche** + VERBE
- aboutir
- déboucher sur • impliquer
- viser à
- échouer

∞ VERBE + **démarche**
- initier · oser · prendre l'initiative de · s'engager dans · se lancer dans · proposer · tenter
- adopter · avoir · mener : *il souhaite que les autres régions viticoles mènent chacune une démarche semblable*
- se placer dans · se situer dans : *une partie des postulants se situe dans une démarche plus radicale* · être dans • s'intégrer dans : *la formation médicale continue s'intègre dans cette démarche en faveur de la qualité des soins* · s'inscrire dans : *ce salon s'inscrit dans une démarche pédagogique qui vise à familiariser le grand public avec internet*
- justifier · motiver
- saluer · soutenir · encourager
- contester · désapprouver · critiquer

[2]démarche *nom fém.* (Admin., souvent plur.)

∞ **démarche** + ADJECTIF
- administrative · judiciaire · juridique · officielle
- incessantes (plur.)
- vaine : *pendant plus d'un an, nos démarches sont restées vaines*

∞ **démarche** + VERBE
- aboutir : *l'assistante sociale vous aidera à faire aboutir vos démarches*
- échouer

∞ VERBE + **démarche**
- engager · entamer · entreprendre
- accomplir · effectuer · faire · mener • renouveler • multiplier (plur.)
- continuer · poursuivre
- simplifier : *la réforme vise à simplifier les démarches administratives* • accélérer

[3]démarche *nom fém.* (façon de marcher)

∞ **démarche** + ADJECTIF
- assurée · décidée · ferme • tranquille • altière · digne · élégante · fière · magnifique · majestueuse · noble • aérienne · agile · légère • chaloupée · dansante · féline · gracieuse · ondulante · sexy · souple

- rapide • nerveuse • saccadée • sautillante : *un petit homme à la démarche sautillante*
- lente • molle • traînante • gauche • hésitante • incertaine • lourde • maladroite • mal assurée • pataude • pesante • raide • dégingandée • désarticulée • chancelante • claudicante • vacillante • zigzagante : *il sortait sans doute d'une soirée bien arrosée car sa démarche était plutôt zigzagante*

∞ VERBE + **démarche**

- avoir : *il a une démarche pesante*

démission *nom fém.* (d'un poste)

∞ **démission** + ADJECTIF

- collective : *menace de démission collective des directeurs de laboratoires de recherche* • en cascade (plur.) • en masse (plur.) • d'office°
- brusque • brutale • soudaine • surprise • pure et simple : *ils réclament la démission pure et simple du ministre*
- contrainte • forcée
- irresponsable

∞ **démission** + VERBE

- intervenir : *sa démission est intervenue quelques heures après son échec aux élections*
- provoquer : *sa démission a provoqué une élection anticipée* • laisser un poste / siège vacant
- se multiplier (plur.)
- (souvent passif) ébranler • prendre de court • surprendre • étonner

∞ VERBE + **démission**

- aboutir à • conduire à • entraîner • provoquer • se solder par • acculer à : *ses employeurs l'ont acculé à la démission* • contraindre à • inviter à : *on l'a gentiment invité à la démission* • pousser à
- demander • exiger • réclamer : *ils ont réclamé publiquement sa démission*
- annoncer • prononcer : *il a prononcé la démission d'office du vice-président*
- adresser / envoyer (sa lettre de) • donner (sa lettre de) • présenter (sa lettre de) • remettre (sa lettre de) • filer*fam* • proposer • offrir
- accepter • confirmer • entériner : *le Parlement refuse d'entériner sa démission* • approuver • saluer
- déplorer • regretter
- différer • repousser
- démentir (les rumeurs de) • refuser : *le Président a refusé la démission de son Premier ministre*

démocratie *nom fém.* (système, pays)

∞ **démocratie** + ADJECTIF

- parlementaire • participative • populaire • représentative • pluraliste • plurielle • républicaine • citoyenne • économique • électorale • politique • sociale
- directe • indirecte • à la française
- émergente • jeune • naissante • balbutiante
- vieille + nom : *les vieilles démocraties européennes* • durable • stable
- vraie + nom • véritable + nom • digne de ce nom • réelle + nom
- efficace • exemplaire • vertueuse : *une démocratie vertueuse assure un juste équilibre entre l'égalité et la liberté* • adulte • avancée • moderne
- formelle • de façade
- chancelante • fragile • limitée : *une démocratie limitée, dans laquelle le gouvernement corrompt la société* • vulnérable
- en crise • instable • malade • imparfaite

∞ **démocratie** + VERBE

- reposer sur : *la démocratie repose sur l'équilibre et la séparation des pouvoirs* • être fondée sur
- fonctionner (bien) • se porter bien
- se porter mal • s'essouffler
- être mise à mal • en prendre un coup*fam* : *la démocratie en a pris un sacré coup*

∞ VERBE + **démocratie**

- construire • implanter • instaurer • restaurer • rétablir • revenir à • aller vers • avancer vers • marcher vers • s'ouvrir à : *après des années de dictature, le pays s'ouvre lentement à la démocratie*
- conforter • consolider • fortifier • renforcer • soutenir • sauver • encenser • faire l'apologie de • glorifier
- réformer
- bafouer : *ce dirigeant bafoue la démocratie et les droits de l'homme* • confisquer (souvent passif) : *la démocratie a été confisquée par le roi avec l'appui des élites rurales* • discréditer • fragiliser : *les inégalités sociales fragilisent la démocratie* • menacer
- tuer

[1]démonstration *nom fém.* (manifestation, signes, preuves)

∞ **démonstration** + ADJECTIF

- éclatante • flagrante : *son documentaire fait une démonstration flagrante de ces inégalités* • implacable • belle + nom • jolie + nom • merveilleuse : *il vient de faire la merveilleuse démonstration de son incompétence* • spectaculaire • éblouissante • parfaite • saisissante • superbe •

convaincante · imparable · irréfutable : *c'est un acteur-né, son interprétation de Cyrano en est la démonstration irréfutable* · probante • exemplaire · intelligente

∞ **démonstration** + VERBE
- ne plus être à faire : *la démonstration de son talent n'est plus à faire*

∞ VERBE + **démonstration**
- constituer : *ces bombardements constituent une nouvelle démonstration de force*
- apporter · donner · faire : *elle a fait la démonstration de son indéniable talent* · fournir : *cette publication fournit la première démonstration de l'efficacité de la vaccination* · offrir · se livrer à • multiplier (plur.) : *les autorités ont multiplié les démonstrations de force*

[2]démonstration *nom fém.* (présentation didactique)

∞ **démonstration** + ADJECTIF
- culinaire • aérienne • pédagogique • mathématique · scientifique · technique · etc.
- analytique · concrète : *après le traitement théorique vient la démonstration concrète* · expérimentale · grandeur nature · par l'absurde° • logique · méthodique · rationnelle · rigoureuse
- belle [+ nom] · claire · limpide · éclairante · lumineuse • brillante · impeccable · magistrale · parfaite · spectaculaire • passionnante · saisissante • concluante · convaincante · efficace · éloquente · probante · vraie [+ nom]
- simple [+ nom]
- délicate · difficile

∞ **démonstration** + VERBE
- reposer sur · s'appuyer sur : *sa démonstration s'appuie sur l'étude d'une trentaine de cas*
- s'articuler (autour de) : *cette démonstration s'articule en quatre parties*
- prouver • convaincre (souvent passif) : *je ne suis pas convaincu par sa démonstration*

∞ VERBE + **démonstration**
- commencer · entamer
- effectuer · faire · se livrer à • poursuivre · reprendre
- réussir
- faire l'objet de : *cette nouvelle théorie a fait l'objet d'une démonstration lors du colloque*
- assister à · suivre
- appuyer · étayer · parfaire · renforcer
- affaiblir · contredire
- achever · conclure · terminer

dénouement *nom masc.*

∞ **dénouement** + ADJECTIF
- judiciaire : *le président a demandé à la population d'attendre dans le calme le dénouement judiciaire de cette affaire*
- final
- possible · probable
- attendu · logique · prévisible · prévu • inévitable • brutal · rapide
- pacifique • favorable · heureux · positif : *ce conflit social houleux a trouvé un dénouement positif grâce au dialogue*
- étonnant · imprévu · improbable · inattendu · incroyable · mystérieux
- catastrophique · désastreux · dramatique · fatal · funeste · horrible · malheureux · tragique • frustrant

∞ **dénouement** + VERBE
- approcher · arriver · sembler proche

∞ VERBE + **dénouement**
- amener : *cette ultime péripétie va amener le dénouement du récit* · provoquer : *le deux ex-machina surgit des ténèbres pour provoquer un dénouement inattendu*
- s'approcher de
- laisser prévoir : *l'entrée de ce personnage maléfique laisse prévoir un dénouement malheureux* · présager de
- dévoiler · raconter
- attendre : *il souhaite attendre le dénouement de l'affaire pour se prononcer*
- connaître · trouver : *l'affaire devrait trouver un dénouement avant la fin du mois*
- faciliter · permettre • accélérer · brusquer · hâter : *le retour du fils a apporté un dénouement heureux à cette sombre affaire*

[1]départ *nom masc.* (fait de partir)

∞ **départ** + ADJECTIF
- matinal
- imminent · proche
- discret · furtif
- grand [+ nom] : *ce sont les premiers grands départs en vacances* • définitif
- immédiat • brusque · brutal · précipité : *il a justifié son départ précipité par des menaces de mort* · prompt · rapide · soudain · subit
- imprévu · impromptu · inattendu · surprise • étrange · mystérieux
- faux° [+ nom] : *après plusieurs faux départs, il a quitté la scène politique*

∞ **départ** + VERBE
- intervenir : *son départ du foyer est intervenu quelques jours après une dispute*

∞ VERBE + **départ**
- entraîner · provoquer • hâter · précipiter
- être sur° : *j'étais sur le départ quand il m'a téléphoné*
- annoncer
- motiver · justifier
- fixer · programmer • organiser · préparer
- avancer
- différer · reculer · reporter · retarder
- empêcher : *j'ai tout fait pour empêcher son départ*

²départ *nom masc.* (démission, licenciement, retraite)

∞ **départ** + ADJECTIF
- naturel : *ils prévoient 30 départs naturels par an* · volontaire
- massifs (plur.) : *pour compenser les départs massifs d'enseignants*
- prématuré • anticipé · précoce : *ils encouragent les départs précoces à la retraite*
- contraint · forcé
- brusque · impromptu : *l'équipe a été fragilisée par le départ impromptu de son entraîneur*
- fracassant · mouvementé : *on ne sait pas ce qu'il est devenu depuis son départ mouvementé de l'entreprise*

∞ **départ** + VERBE
- intervenir : *ce départ intervient dans un climat social très tendu* · survenir · avoir lieu

∞ VERBE + **départ**
- demander : *la rue demande le départ du ministre* · exiger · réclamer · souhaiter
- obtenir : *ils ont obtenu le départ de leur directeur*
- négocier : *il a très bien négocié son départ de l'entreprise*
- accepter · consentir à • encourager · faciliter • financer : *il a cotisé de nombreuses années pour financer son départ à la retraite*
- fêter
- justifier · motiver
- regretter · s'inquiéter de
- limiter : *pour limiter les départs à la retraite* • compenser

³départ *nom masc.* (commencement, aussi Sport)

∞ **départ** + ADJECTIF
- nouveau + nom : *c'est un nouveau départ pour ce chanteur*
- prometteur · en fanfare : *après un départ en fanfare, le voilier navigue maintenant au moteur faute de vent* • bon + nom · excellent · parfait · impeccable : *l'équipe a pris un départ impeccable dans cette troisième saison* • foudroyant · fulgurant · tonitruant
- difficile · mauvais + nom · calamiteux : *après un départ calamiteux dans le championnat, l'équipe remonte lentement* · catastrophique • poussif
- prudent
- faux° + nom : *le second faux départ est éliminatoire*

∞ VERBE + **départ**
- [Sport] • être à : *il ne sera pas au départ de la course* · prendre : *tous les concurrents ont pris le départ* · s'aligner à : *12 voitures se sont alignées au départ de la course* · se présenter à • donner (le signal de)
- assister à
- manquer · rater

dépendance *nom fém.* (assujettissement)

∞ **dépendance** + ADJECTIF
- alcoolique · médicale · physique · sexuelle · tabagique · toxicologique • politique · stratégique • alimentaire : *ils espèrent réduire la dépendance alimentaire du pays par le développement de ce type de cultures* · commerciale · économique · énergétique · financière · pétrolière · technologique • extérieure : *pour réduire la dépendance extérieure vis-à-vis du pétrole* • familiale : *le dilemme entre dépendance familiale et indépendance précaire* • psychique · psychologique • affective · amoureuse
- mutuelle · réciproque
- faible : *le chocolat n'entraîne qu'une faible dépendance*
- absolue · complète · accrue · entière + nom · étroite · extrême · forte · grande + nom · sévère · totale • exclusive • croissante
- anormale · avilissante · malsaine · terrible

∞ **dépendance** + VERBE
- se créer · s'installer
- s'accentuer · s'accroître · s'aggraver · s'amplifier · s'intensifier • durer · persister : *la dépendance au crack persiste même plusieurs mois après en avoir cessé la consommation*

∞ VERBE + **dépendance**
- créer · engendrer · entraîner · induire · provoquer · susciter : *selon lui, cette plante suscite une dépendance physique assimilable à celle d'une drogue dure* • développer
- (se) mettre dans · (se) placer dans
- être en état de : *le fournisseur estime être en état de dépendance économique au regard de son distributeur* · être / se mettre / vivre sous : *deux millions de jeunes vivent sous la dépendance de cette drogue* · être / tomber dans
- souffrir de

- accentuer · accroître · aggraver · augmenter · entretenir · renforcer : *les fabricants de cigarettes sont accusés d'avoir manipulé les taux de nicotine pour renforcer la dépendance chez les fumeurs* • maintenir · prolonger
- diminuer · limiter · réduire
- combattre · lutter contre
- échapper à · s'affranchir de : *l'utilisation de la voiture électrique permettrait de s'affranchir de la dépendance vis-à-vis du pétrole* · se libérer de · sortir de

dépense *nom fém.* (emploi d'argent, souvent plur.)

∾ **dépense** + ADJECTIF
- alimentaire : *le montant des dépenses alimentaires d'une famille* · vestimentaire · médicale · publicitaire · somptuaire*critiqué* • budgétaire · publique : *le gouvernement a décidé de freiner les dépenses publiques* · sociale
- (plur.) courantes · ordinaires · générales • effective • personnelle · privée • supplémentaire
- afférente à · consacrée à · relative à : *les dépenses relatives à l'emploi ont monté de 12,5 % en 1990 à près de 17 % en 1997* • consécutive à · liée à
- nécessaire · obligatoire · utile · vitale : *on l'aide à payer des dépenses vitales telles que le loyer, le gaz, l'électricité et l'eau* • incompressible · inévitable
- colossale · considérable · élevée · forte + nom · grande + nom · grosse + nom · importante · lourde + nom : *les lourdes dépenses de la rentrée scolaire*
- imprévue · inattendue
- exceptionnelle · extraordinaire · occasionnelle
- excessive · extravagante · folle : *elle fait de folles dépenses en lingerie* · inconsidérée • indue : *ces investissements sont nécessaires et ne constituent pas une dépense indue* · injustifiable · inutile · superflue
- menue + nom : *même les menues dépenses peuvent s'additionner pour faire de gros montants* · minime · faible + nom · modérée · modique · petite + nom • compressible

∾ **dépense** + VERBE
- se chiffrer à : *la dépense se chiffre à plusieurs milions* · se monter à
- augmenter · croître · exploser : *l'augmentation du chômage a fait exploser les dépenses sociales* · progresser • être supérieure à : *les dépenses sont supérieures aux recettes* · excéder
- baisser : *il propose de baisser les dépenses publiques pour baisser les impôts* · diminuer

∾ VERBE + **dépense**
- engendrer · entraîner · générer · occasionner : *les dépenses occasionnées par les réparations* • entraîner à · inciter à : *les magasins incitent à la dépense* · inviter à · pousser à : *je ne voudrais pas te pousser à la dépense*
- engager • se lancer dans : *il est nécessaire d'établir un budget avant de se lancer dans des dépenses* · s'engager dans
- effectuer · faire · réaliser • assumer · faire face à · participer à · payer · prendre en charge · régler · rembourser · supporter • couvrir : *les recettes n'ont pas été suffisantes pour couvrir les dépenses* · financer
- budgéter · inscrire au budget · voter : *le parlement vote les dépenses publiques* • imputer (...à / sur) : *il souhaite imputer les dépenses des travaux aux communes concernées*
- calculer · évaluer · prévoir
- représenter : *la réfection du toit représente une grosse dépense*
- accroître · enfler · gonfler · multiplier · relancer
- baisser · comprimer · contenir · contrôler · diminuer · freiner · limiter · maîtriser · mettre un frein à : *elle a décidé de mettre un frein aux dépenses de son fils* · modérer · réduire · regarder à° : *il ne regarde jamais à la dépense* · restreindre · se modérer dans : *elle essaie de se modérer dans ses dépenses* · surveiller · tailler dans : *la municipalité a taillé dans les dépenses*
- geler

∾ NOM + DE + **dépenses**
- augmentation · accroissement · explosion
- baisse · chute

désaccord *nom masc.*

∾ **désaccord** + ADJECTIF
- idéologique · politique · stratégique
- interne
- absolu · complet · entier · foncier · fondamental · fort + nom · grave · important · majeur · plein + nom : *ils sont en plein désaccord* · profond · radical · sérieux · total · violent • insoluble · insurmontable · irréductible · irrémédiable • affiché · flagrant · manifeste · net · patent · visible • persistant · vieux
- léger + nom · mineur · petit + nom

∞ **désaccord** + VERBE

- apparaître au grand jour · éclater · naître : *un grave désaccord naît alors entre les deux souverains*
- exister · prévaloir
- concerner · porter sur : *leur désaccord porte essentiellement sur les salaires*
- demeurer · rester entier · se confirmer · persister · subsister : *des désaccords subsistent sur la date de la prochaine réunion*
- diviser · opposer : *des désaccords importants opposent ces deux dirigeants*

∞ VERBE + **désaccord**

- amener · causer · déclencher · engendrer · entraîner · être source de · faire l'objet de : *ce projet de loi a fait l'objet d'un désaccord* · provoquer
- affirmer · dire · évoquer · exposer · exprimer · faire connaître · faire entendre · faire part de · faire savoir · proclamer · rappeler · révéler · signifier • afficher · étaler : *ils ne ratent pas une occasion d'étaler leurs désaccords* · manifester · montrer · ne pas cacher · rendre public
- marquer · traduire · laisser percer · laisser percevoir
- être en$^{\circ}$: *être en désaccord avec qqn / qqch.*
- accentuer
- se heurter à
- constater · souligner
- éviter · prévenir · surmonter
- aplanir · atténuer · réduire • minimiser · relativiser
- cacher · dissimuler
- faire cesser · régler · résoudre : *le dialogue et la tolérance peuvent résoudre les désaccords*

désarroi *nom masc.*

∞ **désarroi** + ADJECTIF

- amoureux · sentimental • existentiel · identitaire : *le désarroi identitaire de la jeunesse issue de l'immigration* · intérieur · moral · psychologique • idéologique · intellectuel · politique · social
- général • absolu · complet · grand$^{+\text{nom}}$ · horrible · immense · indescriptible · infini · intense · profond · terrible · total • évident · palpable • grandissant · croissant

∞ **désarroi** + VERBE

- naître de
- régner : *plusieurs semaines après le drame, le désarroi règne toujours dans le quartier*
- augmenter · grandir
- s'exprimer : *le désarroi du personnage s'exprime par ses sautes d'humeur incessantes*

∞ VERBE + **désarroi**

- provoquer · semer : *la tempête de verglas sème le désarroi dans les zones agricoles*
- aggraver · ajouter à · alimenter · contribuer à · amplifier · entretenir · nourrir : *l'insécurité nourrit le désarroi des villageois*
- éprouver · être en : *l'enfant était en grand / plein désarroi* · être en proie à · être plongé dans : *elle était plongée dans un désarroi infini* · être / vivre dans · ressentir
- comprendre · imaginer · partager
- avouer · confier · crier : *ils crient leur désarroi* · décrire · dire · exprimer : *il exprime son désarroi face à la discrimination* · faire part de · raconter
- afficher · donner des signes de · manifester : *l'adolescent manifeste son désarroi en faisant une fugue* · montrer • être révélateur de · illustrer · laisser filtrer · laisser percer · refléter · révéler · témoigner de · traduire · trahir
- mesurer · prendre la mesure de
- exploiter · profiter de
- cacher · dissimuler
- dépasser · surmonter • répondre à : *lors de son allocution, le président a essayé de répondre au désarroi de ses concitoyens*

désastre *nom masc.*

∞ **désastre** + ADJECTIF

- climatique · écologique · environnemental · naturel : *la multiplication des désastres naturels* · nucléaire • sanitaire • militaire • diplomatique · électoral · politique • boursier · commercial · économique · financier · industriel • social · familial · humain · humanitaire · etc.
- national • mondial · planétaire
- absolu · complet · grand$^{+\text{nom}}$ · immense · affreux$^{+\text{nom}}$ · majeur · sans précédent · terrible · véritable$^{+\text{nom}}$ · vrai$^{+\text{nom}}$ • annoncé · assuré · programmé • imminent · inévitable

∞ **désastre** + VERBE

- s'annoncer · se préparer • se dérouler · se produire
- frapper · menacer : *un désastre écologique menace notre planète* · toucher : *ce désastre a touché des milliers de personnes*
- se confirmer

∞ VERBE + **désastre**

- aboutir à · contribuer à · déclencher · engendrer · entraîner · provoquer · se solder par • conduire à : *cette voie ne pourra que les conduire au désastre* · mener à • être responsable de

- prédire : *elle avait prédit le désastre et les avait exhortés à fuir* · prévoir
- aller (droit) à · aller vers · courir à • être en plein : *c'est un pays en plein désastre financier* · subir · connaître • frôler : *on a frôlé le désastre au départ de la course* · risquer : *le pays risque un désastre national si l'épidémie s'étend*
- tourner à : *la cérémonie a tourné au désastre* · virer à · se révéler
- mesurer l'ampleur / étendue de · prendre la mesure de · se rendre compte de
- tirer les leçons de
- (plur.) accumuler
- assister à · être témoin de
- craindre · redouter
- faire face à • conjurer : *il lui a confié une mission secrète dans l'espoir de conjurer le désastre militaire qui s'annonce* · empêcher · éviter · prévenir • échapper à · se remettre de · survivre à • sauver de
- limiter l'ampleur de • minimiser l'ampleur de

descendance *nom fém.* (litt. et fig.)

∾ **descendance** + ADJECTIF
- artistique · littéraire · etc.
- directe · finale° (le nombre moyen d'enfants par femme)
- nombreuse : *elle a eu une nombreuse descendance*
- légitime

∾ VERBE + **descendance**
- avoir · laisser : *ces reptiles volants ont disparu sans laisser de descendance* • assurer : *il est le seul homme de la famille à pouvoir assurer une descendance à la lignée*

[1] descente *nom fém.* (pente)

∾ **descente** + ADJECTIF
- douce · légère • courte + nom
- forte + nom · raide · vertigineuse · rapide · abrupte • interminable · longue + nom

∾ VERBE + **descente**
- s'engager dans : *il s'est engagé prudemment dans la descente*

[2] descente *nom fém.* (fait de descendre une pente)

∾ **descente** + ADJECTIF
- aux enfers°
- brusque · brutale · rapide · en piqué
- interminable · longue + nom • irrésistible : *son irrésistible descente aux enfers*
- dangereuse · difficile · infernale · périlleuse • fatigante · laborieuse · pénible : *la pénible descente des 2 000 marches du monastère*
- lente · progressive • prudente

∾ VERBE + **descente**
- amorcer · entamer : *l'avion entame sa descente vers l'océan* · commencer · entreprendre : *il entreprit la descente de la falaise en rappel*
- effectuer • continuer · poursuivre
- stopper : *cela suffira-t-il à stopper sa lente descente aux enfers ?* · arrêter

[3] descente *nom fém.* (baisse)

∾ **descente** + ADJECTIF
- brusque · brutale · rapide
- vertigineuse : *pour ralentir la descente vertigineuse des prix* • inéluctable · inexorable · irrésistible • interminable · longue + nom
- lente · progressive

∾ VERBE + **descente**
- amorcer : *l'euro a amorcé sa descente* · commencer · entamer
- continuer · poursuivre : *l'action a poursuivi sa descente en piqué*
- enrayer · freiner
- stopper · arrêter

[4] descente *nom fém.* (de police)

∾ **descente** + ADJECTIF
- nocturne
- musclée • (-)éclair
- spectaculaire
- inopinée · surprise

∾ VERBE + **descente**
- effectuer · faire : *la police a fait une descente dans un atelier clandestin*

description *nom fém.*

∾ **description** + ADJECTIF
- anatomique · clinique · morphologique • physique · psychologique • qualitative · quantitative • scientifique · technique • écrite · orale
- exacte · factuelle · fiable · fidèle · juste · objective · ressemblante · véridique • naturaliste · réaliste • sans complaisance · sans concession · sans fard · sans pathos • vraisemblable
- générale • circonstanciée · complète · détaillée · étoffée · exhaustive · foisonnante · méthodique · riche · systématique • claire · minutieuse · nette · précise

- jolie · poétique · romanesque • colorée · haute en couleur · imagée · pittoresque · vivante • étonnante · impressionnante · magnifique · parfaite · remarquable · saisissante • cocasse : *la description cocasse d'une famille de quinze rejetons capricieux* • convaincante • dithyrambique · élogieuse · flatteuse · idyllique • intelligente · intéressante • édifiante · érudite • éloquente · évocatrice · parlante • inoubliable : *Virgile nous a laissé une description inoubliable de l'Etna*
- banale · classique · monotone · sans couleur • naïve • caricaturale · outrée • chargée · lourde · maniérée • acerbe · amère · assassine · sèche • approximative · vague
- apocalyptique · cauchemardesque · inquiétante · noire · sombre · terrifiante • critique · crue · cruelle · féroce · grinçante · impitoyable · implacable · sans pitié
- abrégée · brève [+ nom] · courte [+ nom] · ramassée · rapide · simple · sommaire · succincte
- erronée · fantaisiste · fausse · imparfaite • incomplète

∾ description + VERBE
- correspondre (à) : *la description qu'on m'a faite de lui correspond bien à la réalité*

∾ VERBE + **description**
- se lancer dans · se livrer à · tenter · esquisser • donner · faire • fournir
- étoffer
- (plur.) déborder de · regorger de : *le livre regorge de descriptions*
- se fonder sur · reposer sur : *sa recherche repose sur une description des comportements au travail* · se baser sur

déséquilibre *nom masc.*

∾ déséquilibre + ADJECTIF
- commercial · conjoncturel · économique · structurel • institutionnel · politique • démographique · social • budgétaire · financier • alimentaire · écologique · etc.
- extérieur · interne • qualitatif · quantitatif • mondial · planétaire
- mental · physique · psychique · psychologique
- léger [+ nom] · mineur • passager • global
- croissant · grandissant • flagrant · manifeste · patent · perceptible · marqué · visible • extraordinaire · fort [+ nom] · grand [+ nom] · grave · important · incontestable · incroyable · inouï · irrémédiable · majeur · massif · profond · sérieux • excessif • chronique · constant · durable · perpétuel · persistant
- dangereux · fatal · inquiétant • honteux · injuste · insupportable

∾ déséquilibre + VERBE
- être dû à · résulter de
- apparaître · s'installer
- s'accentuer · s'accroître · s'aggraver · s'amplifier
- se manifester · s'observer
- affecter · fragiliser · représenter un danger / une menace pour

∾ VERBE + **déséquilibre**
- causer · conduire à · créer · engendrer · entraîner · être (une) source de · être une cause de · être un facteur de · générer · introduire · provoquer
- découler de · être une conséquence de · résulter de
- accuser : *la balance commerciale n'accuse aucun déséquilibre* · montrer des signes de • connaître : *ce pays connaît un important déséquilibre financier*
- risquer
- être confronté à · être soumis à · souffrir de
- être le reflet de · faire apparaître · illustrer · indiquer · marquer · présenter · refléter · révéler · traduire · trahir
- constater · noter · observer : *en matière de santé, on observe un déséquilibre entre l'offre publique et l'offre libérale* • souligner · pointer
- accentuer · aggraver · alimenter · amplifier
- dénoncer · déplorer · s'inquiéter de
- éviter · lutter contre · résister à · s'attaquer à : *le gouvernement s'est résolu à s'attaquer au déséquilibre de ses finances*
- cacher · dissimuler · masquer
- atténuer · combler · compenser · corriger : *le logement social est un moyen de corriger ce déséquilibre démographique et social* · pallier · réduire (l'ampleur de) · remédier à
- éliminer · mettre fin à · mettre un terme à · résorber

désespoir *nom masc.*

∾ désespoir + ADJECTIF
- amoureux · intime
- inconcevable · indéfinissable · indescriptible · inexplicable
- absolu · grand [+ nom] · immense · incommensurable · infini · profond · sans fond • croissant · grandissant • palpable • tenace
- affreux · âpre · noir : *il sombra dans un noir désespoir* · sombre
- sourd • muet · silencieux

- calme · tranquille : *on note dans son œuvre un goût pour le désespoir tranquille*

∞ désespoir + VERBE
- naître de : *un désespoir né de l'injustice*
- guetter : *le désespoir qui guette les chômeurs*
- gagner (souvent passif) · habiter · s'abattre sur · s'emparer de • ronger
- pousser à (souvent passif)

∞ VERBE + désespoir
- engendrer • conduire à : *l'oppression peut conduire au désespoir* · faire : *il fait le désespoir de ses parents* · porter à · pousser à : *ils poussent la population au désespoir* · réduire à
- céder à · s'abandonner à · se laisser aller à
- éprouver · être à : *sa mère est au désespoir* · être en proie à • être au comble de · être ivre de
- (re)plonger dans · s'abîmer dans · s'enfoncer dans · sombrer dans · (re)tomber dans • mettre au · plonger dans
- crier · exprimer · hurler · laisser éclater
- ajouter à · alimenter · entretenir · nourrir : *ce double discours nourrit le désespoir de la population*
- lutter contre • sauver de : *l'écriture l'a sauvé du désespoir*

∞ NOM + DE + désespoir
- comble • accès · crise : *j'ai connu une crise de désespoir après son départ*
- acte · geste

désillusion *nom fém.*

∞ désillusion + ADJECTIF
- amoureuse · sentimentale • idéologique · politique · etc.
- énorme · grande + nom · grosse + nom · immense · majeure · profonde · sévère • totale • amère · brutale · cruelle · douloureuse · grave · terrible · violente

∞ désillusion + VERBE
- guetter : *la désillusion qui guette le pays ; malgré leur motivation, la désillusion guette*
- survenir • s'ensuivre · succéder à
- venir de

∞ VERBE + désillusion
- créer · entraîner · être (une) source de · susciter
- avoir · connaître : *il a connu de nombreuses désilllusions*
- éviter

∞ NOM + DE + désillusions
- enchaînement · série · suite

désintérêt *nom masc.*

∞ désintérêt + ADJECTIF
- général · massif • absolu · complet · incroyable · profond · pur et simple · total • croissant · grandissant · persistant • affiché · flagrant · ostensible · patent • soudain
- apparent : *face à son apparent désintérêt pour la question* · relatif
- inquiétant

∞ VERBE + désintérêt
- entraîner
- afficher · exprimer · faire savoir · manifester · marquer · montrer • confirmer
- expliquer : *comment expliquer le désintérêt des jeunes pour la politique ?*
- être la marque de · montrer · illustrer · être signe de · révéler · témoigner de · traduire
- déplorer · se plaindre de
- souffrir de : *nos entreprises souffrent du désintérêt des investisseurs étrangers*

REM. On rencontre parfois "porter du désintérêt à". Évitez cette expression maladroite et préférez "manifester, marquer un désintérêt pour".

désir *nom masc.*

∞ désir + ADJECTIF
- amoureux · charnel · érotique · physique · sensuel · sexuel
- individuel · personnel : *il ne pense qu'à assouvir ses désirs personnels* • mutuel · réciproque
- âpre · ardent · bouillant · brûlant · effréné : *le désir effréné de séduction et de consommation* · éperdu · farouche · fiévreux · fort · fou · fougueux · furieux · impérieux · impétueux · infini · intense · manifeste · passionné · profond · puissant · réel + nom · sans bornes · sans fin · sans limites · sauvage · vif · violent · véritable + nom · vrai + nom : *un vrai désir de changement* • croissant · grandissant • inapaisable · insatiable • inextinguible *littér.* · invincible · irrépressible · irrésistible
- inassouvi · insatisfait
- constant · continuel · incessant · perpétuel • lancinant · obsédant
- immodéré · déraisonnable · insensé · irraisonné • criminel · meurtrier : *cela a éveillé en elle des désirs meurtriers* · morbide
- caché · inavouable · inavoué · secret • inconscient
- étrange · indéfinissable · indistinct · obscur · trouble · vague + nom : *un vague désir d'écrire la traverse périodiquement* • confus
- éphémère · passager

∾ **désir** + VERBE
- naître de : *on dit que le désir naît de la volonté*
- apparaître · s'éveiller · s'installer
- porter (vers) : *je vais où mon désir me porte*
- augmenter · croître · grandir · monter · s'accentuer · s'épanouir · s'exacerber • demeurer
- animer · guider : *le désir guide notre comportement* · pousser à (souvent passif)
- (souvent passif) assaillir · dévorer · hanter · ravager · tarauder : *un jeune avocat taraudé par le désir de notoriété* · tirailler · tourmenter · travailler
- s'atténuer · s'attiédir • s'émousser
- s'en aller · s'éteindre

∾ VERBE + **désir**
- engendrer · créer • remplir de
- éveiller · faire naître · inspirer · provoquer · susciter
- être en proie à • céder à · s'abandonner à
- obéir à · se plier à · se soumettre à
- caresser : *elle caresse le désir de devenir actrice* • ressentir · éprouver · être pris de
- brûler de · être bouillant de · être éperdu de · être fou de · être ivre de · être tremblant de · frémir de · se consumer de • être mû par : *il est surtout mû par le désir de revoir son fils*
- être mêlé de · être plein de
- assouvir · combler · contenter · satisfaire • accéder à · exaucer : *le pouvoir d'exaucer nos désirs les plus secrets* · répondre à
- accroître · aiguiser · attiser · augmenter · aviver · décupler · enflammer · exacerber · exaspérer · exciter • rallumer · renouveler · stimuler • alimenter : *leur attitude méprisante a alimenté un désir de revanche* · entretenir · nourrir
- afficher · exprimer · manifester · montrer : *son attitude montre un désir de réconciliation*
- aller contre · contrarier · refouler · réprimer · résister à
- brider · inhiber • affaiblir · apaiser • contenir · freiner · maîtriser · mettre un frein à · modérer · réfréner
- éteindre · étouffer : *les années de répression n'ont pas étouffé le désir de liberté* • tuer : *l'habitude risque de tuer le désir*
- prendre ... pour une réalité○ : *prendre ses désirs pour des réalités*

∾ NOM + DE + **désir**
- objet : *la publicité tente d'imposer aux femmes le rôle exclusif d'objet de désir*

[1] **désordre** *nom masc.* (absence d'ordre, pagaille)

∾ **désordre** + ADJECTIF
- public · social
- actuel · ambiant • mondial
- complet · parfait · fou · grand + nom · fantastique · formidable • indescriptible · indicible · beau + nom · joli + nom • croissant · grandissant
- assumé · organisé : *ses chorégraphies sont caractérisées par un désordre organisé* · savamment entretenu : *le désordre savamment entretenu de sa tenue* · savant○ + nom : *son récit est construit dans un savant désordre* · voulu
- apparent : *derrière cet apparent désordre, se cache un mode de classement très personnel*
- joyeux + nom · réjouissant · sympathique
- affreux · effarant · épouvantable · invraisemblable · terrible · monstrueux

∾ **désordre** + VERBE
- envahir · gagner · s'installer • régner : *le désordre règne dans tout le pays*

∾ VERBE + **désordre**
- créer · entraîner · être un facteur de · provoquer · semer : *les bandes rebelles ont semé le désordre dans tout le pays* · susciter • faire · mettre : *il a mis le désordre dans toute la maison* · introduire : *elle a introduit le désordre dans leur vie tranquille*
- accentuer · accroître · aggraver · ajouter à · amplifier • entretenir
- craindre · redouter • dénoncer
- échapper à : *notre pays ne pourra échapper au désordre mondial* · éviter
- remédier à • faire cesser · mettre fin à

[2] **désordre** *nom masc.* (problème, dysfonctionnement ; souvent plur.)

∾ **désordre** + ADJECTIF
- climatique · écologique · météorologique • administratif · culturel · économique · financier · juridique · monétaire · politique · social • fonctionnel • alimentaire • hormonal · sexuel • mental · psychologique • amoureux : *les ravages du désordre amoureux* · familial · sentimental · etc.
- notable · visible • grand + nom · grave · immense · important : *d'importants désordres dans l'organisation du service* · majeur · profond · sérieux · terrible
- mineur · petit + nom

∾ désordre + VERBE
- régner
- survenir : *s'il survient des désordres de nature à troubler la sérénité des débats*
- résulter de

∾ VERBE + **désordre**
- causer · créer · engendrer · entraîner · être cause de · être responsable de · être source de · être un facteur de · provoquer · susciter
- faire cesser · mettre fin à

désordres *nom masc. plur.* (troubles, émeutes)

∾ désordres + ADJECTIF
- ethniques · sociaux : *il a fait marche arrière devant le risque de désordres sociaux* · etc.
- graves [+ nom] · importants • sanglants

∾ désordres + VERBE
- éclater : *les désordres ont éclaté dans tous les coins de la capitale* · survenir
- résulter de · s'ensuivre
- agiter · déchirer · secouer : *des désordres secouent le pays depuis trois mois*

∾ VERBE + **désordres**
- causer · créer · engendrer · entraîner · être responsable de · provoquer
- faire cesser · mettre fin à · mettre un terme à

[1]destin *nom masc.* (existence)

∾ destin + ADJECTIF
- professionnel · social : *il parvient à échapper à son destin social grâce à une bourse d'université* • culturel · économique · littéraire · politique · etc.
- collectif · commun • individuel · intime · singulier · personnel : *son destin personnel se confond avec l'histoire de son pays* • posthume
- (plur.) croisés : *ce roman est la chronique des destins croisés de trois amis d'enfance* · parallèles • (plur.) contrastés : *les trois constructeurs automobiles connaissent des destins contrastés* · opposés
- international : *il voit cette rencontre comme un tremplin pour le destin international dont il rêve* · national · planétaire · mondial
- inéluctable · (bien / tout) tracé
- beau [+ nom] · enviable · exceptionnel · exemplaire · extraordinaire · fabuleux · grand [+ nom] · imprévisible · heureux · incroyable · magnifique • glorieux · illustre · grandiose • hors du commun · hors norme · peu commun • romanesque
- étonnant · étrange · insolite · bizarre • incertain · imprévisible
- absurde • affreux · atroce · cruel · douloureux · dramatique · funeste : *ils quittèrent le pays pour échapper à leur funeste destin* · horrible · malheureux · monstrueux · terrible · terrifiant · tragique · violent • agité · chaotique · mouvementé · tourmenté • contrarié • brisé · broyé
- banal · obscur · pathétique · prosaïque • sans joie · sinistre · triste [+ nom] · morne

∾ destin + VERBE
- se jouer · s'accomplir · se dessiner : *le lieu où se dessine le destin de notre pays*
- (plur.) se croiser · s'entrecroiser : *le portrait de trois femmes aux destins qui s'entrecroisent*
- faire rêver
- basculer : *après cet accident, son destin bascule*

∾ VERBE + **destin**
- avoir · connaître
- prédire : *la voyante lui a prédit un destin fabuleux* · promettre à : *elle était promise à un destin exceptionnel*
- décider de · déterminer · fixer · présider à · sceller : *l'issue de ce procès scellera son destin* • être maître de · être responsable de · maîtriser · prendre en charge · (re)prendre en main • (se) construire · (se) forger
- accepter · assumer · faire face à • croire en : *elle croit en son destin de poète* • accomplir · aller vers · avancer vers · marcher vers · voler vers : *elle quitta tout pour voler vers son destin* · s'acheminer vers · poursuivre · suivre
- assurer : *son talent lui assura un glorieux destin* • remettre ... entre les mains de : *je remets mon destin entre tes mains* · unir ... à : *ils ont décidé d'unir leurs destins* · lier ... à
- bouleverser · chambouler[fam.] · faire basculer · infléchir : *des événements susceptibles d'infléchir le destin du pays* · influencer · influer sur · modifier · transformer
- décrire · évoquer · raconter · retracer : *le documentaire retrace le destin du grand écrivain* · tisser
- affronter · se révolter contre • contrarier : *le sort semble s'acharner à contrarier le destin de cet avion révolutionnaire*
- arracher à • échapper à · fuir · se dérober à
- abandonner à : *on ne peut abandonner les pays pauvres à leur destin*

[2]destin *nom masc.* (puissance, hasard)

∾ destin + ADJECTIF
- aveugle · impitoyable · implacable

∾ **destin** + VERBE

- frapper à la porte : *il faut être prêt quand le destin frappe à votre porte*
- poursuivre · rattraper · s'acharner contre • se retourner contre • (souvent plur.) marquer : *une famille cruellement marquée par le destin* · frapper
- en décider autrement : *je voulais être musicien mais le destin en a décidé autrement* • sourire : *le destin lui a souri*

∾ VERBE + **destin**

- avoir rendez-vous avec • croire à
- subir
- forcer · provoquer : *il faut parfois savoir provoquer le destin* · se révolter contre
- conjurer · déjouer · faire la nique à · faire un pied de nez à

∾ NOM + DE + **destin**

- signe : *cette rencontre est un signe du destin*
- coup de pouce : *j'y ai vu comme un coup de pouce du destin*

[1] **destination** *nom fém.* (lieu)

∾ **destination** + ADJECTIF

- balnéaire · culturelle · touristique · etc.
- éloignée · étrangère · lointaine · exotique • proche
- secrète
- finale · ultime
- importante · majeure · phare : *l'Angleterre demeure la destination phare des compagnies de ferries* • classique · courante · traditionnelle
- à la mode · prisée · recherchée · appréciée · courue • favorite · de prédilection : *c'est la destination de prédilection des milliardaires russes* · préférée • attractive · de choix · de rêve · rêvée · paradisiaque • belle [+ nom] · ensoleillée • incontournable · privilégiée • abordable · bon marché • sûre
- inédite · insolite • inconnue
- chère · coûteuse · inaccessible • élitiste • dangereuse · déconseillée

∾ **destination** + VERBE

- attirer · faire rêver

∾ VERBE + **destination**

- privilégier : *notre clientèle privilégie les destinations lointaines*
- proposer : *cette agence propose des destinations exotiques*
- choisir · décider de · déterminer · programmer : *beaucoup de circuits programment cette destination* · fixer
- changer de
- conduire vers · emmener vers · partir pour / vers · rouler vers · se diriger vers · voguer vers · voler vers • voyager à : *les personnes voyageant à destination de Prague* • (sans art.) parvenir à · arriver à

[2] **destination** *nom fém.* (usage, Admin., Droit)

∾ **destination** + ADJECTIF

- d'origine · première : *la destination première de cette association est l'aide aux plus démunis* · primitive · originale · originelle • précise · exacte • particulière · propre · spécifique · définie
- mal définie

∾ VERBE + **destination**

- déterminer
- changer · modifier
- rendre à : *le bâtiment ne peut être rendu à sa destination première de maison d'habitation*
- détourner de : *cet outil a été détourné de sa destination principale*
- mettre fin à : *cette démarche mettra fin à la destination forestière du terrain*

destinée *nom fém.* (existence)

∾ **destinée** + ADJECTIF

- humaine • collective · commune • individuelle · personnelle • professionnelle · sentimentale · etc.
- curieuse · étrange · bizarre · particulière · surprenante
- prometteuse • belle [+ nom] · brillante · exceptionnelle · glorieuse · grande [+ nom] · haute [+ nom] : *il est appelé à une haute destinée* · heureuse · romanesque • d'exception · hors du commun · singulière
- cruelle · fatale · funeste · lugubre · malheureuse • sinistre · terrible · tragique · triste

∾ **destinée** + VERBE

- être réservée à
- (plur.) se croiser · se rencontrer : *nos destinées se sont croisées / rencontrées*

∾ VERBE + **destinée**

- prédire · promettre : *elle était promise à une destinée hors du commun*
- avoir : *il a eu une destinée singulière* • accomplir : *il s'est éloigné de son maître pour accomplir sa propre destinée*
- décider de · déterminer · fixer · régir · régler

- avoir une influence sur · changer : *un petit rien peut changer une destinée* · infléchir : *un événement qui va infléchir sa destinée* · transformer · modifier • (re)prendre en main : *elle a décidé de prendre en main sa destinée* • être maître de · maîtriser
- confier : *il a confié la destinée de l'entreprise à un nouveau dirigeant* · lier : *nos destinées sont liées* · unir ... à : *ils ont uni leurs destinées*
- échapper à : *il tentait d'échapper à sa destinée* · fuir · lutter contre · se dérober à

destruction *nom fém.*

∞ destruction + ADJECTIF
- écologique • matérielle · physique • morale · psychologique • chimique · militaire · etc.
- délibérée · volontaire • préventive · programmée • légale
- complète · totale • considérable · massive : *des armes de destruction massive; la destruction massive des forêts* • inéluctable · inexorable • irréparable · irréversible • méthodique · pure et simple · systématique : *la destruction systématique de villages entiers*
- brusque · brutale · immédiate • imminente
- aveugle · effroyable · impitoyable · insensée : *on assiste à la destruction insensée d'un patrimoine millénaire* · sauvage · scandaleuse · violente • gratuite
- accidentelle · involontaire
- localisée · partielle • lente · progressive

∞ VERBE + destruction
- appeler à · demander · exiger · ordonner · réclamer
- annoncer
- aboutir à · conduire à · engendrer · entraîner · mener à · occasionner · semer : *les troupes ont semé la destruction dans tout le pays* • planifier · préparer
- procéder à · se livrer à : *les troupes se livrent à la destruction des villages* • assurer
- contribuer à · participer à
- accélérer · poursuivre
- encourager · justifier
- subir • être menacé de : *notre quartier est menacé de destruction* · être promis à · être voué à
- assister à · constater
- chiffrer · évaluer
- déplorer · regretter • condamner · dénoncer
- empêcher · interdire · lutter contre · s'opposer à • échapper à · être à l'abri de · éviter · survivre à
- limiter : *des mesures visant à limiter la destruction de l'environnement*
- arrêter · (faire) cesser · mettre fin / un terme à : *une loi qui met fin à la destruction des quartiers historiques*

détachement *nom masc.* (indifférence)

∞ détachement + ADJECTIF
- absolu · complet : *le détachement complet de l'accusé devant les témoins* · total
- amusé • cynique : *il observe ses contemporains avec un détachement cynique* · hautain · ironique
- apparent · faux + nom : *il décrit son enfance sans apitoiement mais sans faux détachement*

∞ VERBE + détachement
- afficher : *le ministre affiche un certain détachement malgré les événements*

détail *nom masc.*

∞ détail + ADJECTIF
- juridique · technique • architectural · vestimentaire • anatomique · physique • historique • (auto)biographique : *un livre où les détails autobiographiques sont nombreux* · intime · personnel
- caractéristique · distinctif • concret · réaliste
- crucial · essentiel · important · non négligeable · précieux · significatif · d'importance · qui tue*fam*
- ultime · de dernière minute
- amusant · cocasse • intéressant · révélateur : *un détail révélateur de sa position sociale élevée* • exact · minutieux : *un tableau plein de détails minutieux* · précis • pertinent · pratique • croustillant · piquant · pittoresque · savoureux • raffiné
- curieux · étonnant · étrange · inattendu · insolite · singulier · original · troublant : *un détail troublant : il parle lui aussi avec une pointe d'accent écossais* • inconnu · inédit
- accessoire · anodin · infime · insignifiant · léger + nom : *un léger détail avait pourtant échappé à sa sagacité* · menu · mince + nom : *l'argent n'est pas un mince détail* · moindre + nom : *une reconstitution exacte jusque dans les moindres détails* · négligeable · petit + nom · sans importance · simple + nom · trivial • dérisoire • imperceptible (à l'œil nu) · invisible (à l'œil nu)
- inutile · superflu · obscur · saugrenu · incongru • fastidieux · futile · oiseux • affreux · horrible · macabre · sordide • choquant · cru · graveleux · salace · scabreux

∾ **détail** + VERBE
- ressortir
- en dire long sur • avoir son importance
- choquer · troubler
- échapper à : *ce détail m'avait échappé* · passer inaperçu

∾ VERBE + **détail**
- aborder · discuter (de) : *ils ont discuté des détails de l'organisation* · divulguer · informer de · préciser · raconter · relater • dévoiler · exposer · faire apparaître · faire ressortir · révéler • faire attention à · être à cheval sur · insister sur · ne pas négliger : *il ne faut négliger aucun détail* · s'appesantir sur · s'arrêter sur · s'attacher à · s'attarder à / sur
- découvrir · distinguer · noter · saisir
- apporter · donner · entrer dans : *je ne veux pas entrer dans les détails* · fournir · livrer • (plur.) s'embarrasser de · s'empêtrer dans · se noyer dans · se perdre dans : *la description se perd dans les détails inutiles* • (plur.) entrer dans : *je ne veux pas entrer dans les détails* · accumuler · ajouter · multiplier
- abonder en : *le descriptif abonde en détails techniques* · être bourré de[fam.] · être truffé de : *un témoignage truffé de détails croustillants* · fourmiller de · grouiller de · regorger de : *son roman regorge de détails historiques*
- être attentif à · être soucieux de · peaufiner · soigner • régler : *il ne reste plus qu'à régler les petits détails* · s'occuper de
- changer · modifier
- épargner : *épargne-moi les détails; elle ne m'a épargné aucun détail* · ne pas faire dans° : *cette vieille machine ne fait pas dans le détail* • être avare de · ne pas s'embarrasser de · passer sur
- négliger · omettre · oublier : *tu oublies un léger détail* • ignorer

∾ NOM + DE + **détail(s)**
- abondance · accumulation · avalanche · foule · multitude · profusion
- souci : *un style caractérisé par le souci du détail* · recherche

détermination *nom fém.* (décision, résolution)

∾ **détermination** + ADJECTIF
- politique
- individuelle · personnelle • collective · commune
- soudaine
- absolue · acharnée · de fer · énorme · entière · évidente · fabuleuse · farouche · ferme · folle · forte + nom · immense · impitoyable · impressionnante · infatigable · inouïe · intense · opiniâtre · profonde · rare · réelle · remarquable · sans faille · sérieuse · solide · totale • à toute épreuve · immuable · implacable · intacte · inébranlable · inflexible : *son inflexible détermination à tirer le maximum de son statut* · irrévocable
- admirable · courageuse · fière • calme · sobre · tranquille : *il a la détermination tranquille des optimistes*
- étonnante · surprenante
- discrète · secrète • sourde
- aveugle · cruelle · féroce · froide · funeste · vengeuse · violente

∾ **détermination** + VERBE
- impressionner · surprendre
- faiblir : *la détermination des manifestants ne faiblit pas* · s'altérer · s'émousser

∾ VERBE + **détermination**
- avoir • ne rien perdre de · conserver · garder
- affirmer · assurer de · clamer · dire · exprimer · faire part de : *il lui a fait part de sa détermination à trouver une solution* • rappeler · réaffirmer · redire · répéter : *le ministre a répété sa détermination à lutter contre le chômage* • expliquer · justifier
- afficher · agir avec · démontrer · déployer · indiquer · faire preuve de · manifester · marquer · montrer : *il a montré une détermination sans faille / beaucoup de détermination*
- prouver · en dire long sur · illustrer · révéler : *le nombre important de signatures révèlent leur détermination à se faire entendre* · souligner · indiquer · traduire
- renforcer : *le soutien de son entourage renforce sa détermination* • confirmer
- mesurer · tester : *l'employeur a testé la détermination des candidats*
- saluer
- affronter · faire face à : *les joueurs ont dû faire face à la détermination de l'équipe adverse*
- avoir raison de · briser · ébranler · entamer : *rien ne peut entamer sa détermination*
- douter de · mettre en doute
- perdre

dette *nom fém.* (somme due)

∾ **dette** + ADJECTIF
- commerciale · financière · fiscale · hypothécaire · locative · viagère • domestique ·

intérieure • publique • étrangère · extérieure • personnelle • globale

- active • exigible • nette • à court terme · flottante • impayée • inexigible · irrécouvrable • négociable · obligataire · solidaire
- minime · petite • recouvrable · remboursable
- ancienne · vieille
- abyssale · colossale · considérable · écrasante · énorme · grosse + nom · lourde

∞ **dette** + VERBE

- avoisiner : *leur dette avoisine les 15 milliards d'euros* · s'élever à · grimper à
- augmenter · grossir · s'alourdir • (plur.) s'accumuler
- diminuer

∞ VERBE + **dette**

- hériter de • contracter · faire : *il a fait beaucoup de dettes*
- avoir · supporter : *la société supporte une dette d'un milliard d'euros* • (plur.) crouler sous : *ils croulent sous les dettes* · être accablé de · être criblé de · être écrasé de · ployer sous : *l'entreprise ploie sous les dettes*
- estimer : *des dettes estimées à 3 millions d'euros* · évaluer
- accroître · augmenter • accumuler (plur.)
- consolider · rééchelonner : *les créanciers ont rééchelonné sa dette sur dix ans* · restructurer • racheter · refinancer · reprendre : *la multinationale a repris la dette de l'entreprise*
- alléger · diminuer · réduire • amortir
- acquitter · honorer · payer : *« Qui paye ses dettes s'enrichit »* (proverbe) · régler · rembourser · s'acquitter de · solder • recouvrer
- annuler · apurer · effacer · éliminer · éponger · éteindre : *cet héritage l'aidera à éteindre sa dette*

développement *nom masc.*

∞ **développement** + ADJECTIF

- culturel · économique · industriel · politique · social · technique · technologique · territorial · touristique · urbain • humain · psychologique · psychomoteur • intellectuel · mental · personnel° : *sa philosophie prône le développement personnel* · spirituel · etc.
- alternatif · parallèle • prévisible · normal • uniforme
- embryonnaire
- à grande échelle · massif : *ils souhaitent un développement massif des énergies renouvelables* • sans précédent • considérable · énorme · extraordinaire · florissant · formidable · fort + nom · immense + nom · important · impressionnant · notable · vertigineux • phénoménal · prodigieux · spectaculaire · stupéfiant · étonnant • exponentiel · croissant • inexorable • systématique
- continu · continuel · pérenne • durable° : *cet organisme promeut le développement durable*
- brusque · (-)éclair · rapide · fulgurant · foudroyant
- cohérent · logique • souhaitable • équilibré · harmonieux · maîtrisé • à visage humain • ambitieux · dynamique • positif · prometteur • précoce
- imprévisible · imprévu · inattendu
- à outrance · effréné · exagéré · excessif · inconsidéré · incontrôlé · tentaculaire : *le développement tentaculaire d'Internet* · tous azimuts • anarchique · déséquilibré • dramatique · malheureux · monstrueux • inquiétant · préoccupant
- faible · insuffisant • graduel · lent · progressif • tardif

∞ **développement** + VERBE

- s'appuyer sur · s'expliquer par
- se traduire par
- s'accélérer · se poursuivre
- bénéficier à

∞ VERBE + **développement**

- engendrer · entraîner · être à l'origine de · pousser à · susciter
- assurer · garantir • encourager · être favorable à · être propice à · faciliter · favoriser · permettre · préconiser · privilégier · promouvoir · soutenir · stimuler · aider à • financer
- contribuer à · participer à · se consacrer à · œuvrer à • être indispensable à · être nécessaire à
- prendre la mesure de • contrôler · réguler • être attentif à · suivre : *la commission chargée de suivre le développement des travaux* · veiller à
- accompagner : *le gouvernement souhaite accompagner le développement des petites entreprises*
- connaître : *cette technique a connu un développement foudroyant* • assister à
- tirer profit de
- accentuer · renforcer • accélérer · hâter • poursuivre
- affecter · bouleverser · contrarier · être défavorable à · être un obstacle à · nuire à · porter préjudice à · retarder

- brider · enrayer · entraver · faire obstacle à · freiner : *cela a freiné le développement touristique de l'île* · gêner · handicaper · limiter · ralentir • être arrêté dans · être gêné dans
- empêcher · éviter : *un produit qui évite le développement des bactéries* • arrêter · bloquer · stopper

∾ NOM + DE + développement
- facteur
- accélération
- cycle
- chemin · voie : *un obstacle sur la voie du développement durable*

¹devise *nom fém.* (monétaire)

∾ devise + ADJECTIF
- commune · unique : *la devise unique européenne* • convertible • étrangère · internationale • refuge • officieuse
- forte · stable
- faible · flottante

∾ devise + VERBE
- coter : *la devise européenne cotait 1,16 dollar*
- évoluer
- atteindre un haut niveau / des sommets historiques
- céder du terrain · perdre de sa valeur · reculer

∾ VERBE + devise
- engranger : *le tourisme a permis d'engranger des devises* • acheter · se procurer
- changer · échanger
- soutenir · stabiliser
- dévaluer : *le pays en crise a dévalué sa devise* • affaiblir

²devise *nom fém.* (slogan)

∾ devise + ADJECTIF
- nationale : *"l'union fait la force" est la devise nationale*
- favorite · préférée
- ancienne ⁺ ⁿᵒᵐ · vieille ⁺ ⁿᵒᵐ
- célèbre · fameuse ⁺ ⁿᵒᵐ • fière ⁺ ⁿᵒᵐ · noble ⁺ ⁿᵒᵐ · orgueilleuse • belle ⁺ ⁿᵒᵐ · sage • percutante

∾ VERBE + devise
- adopter · choisir · faire sienne · prendre (pour) · reprendre • appliquer : *elle appliquera sa devise : "ça passe ou ça casse"*
- porter : *les armoiries portent la devise du duc*
- inscrire

devoir *nom masc.* (obligation, responsabilité ; souvent plur.)

∾ devoir + ADJECTIF
- citoyen · civique · militaire · national · patriotique • conjugal : *exercer son devoir conjugal; accomplir ses devoirs conjugaux* · filial • de réserve° • démocratique · électoral · politique • déontologique : *le devoir déontologique de confidentialité* · humanitaire · médical · moral · professionnel · religieux · etc.
- accompli° : *la satisfaction du devoir accompli*
- élémentaire · essentiel · fondamental • absolu · impératif · impérieux : *le devoir impérieux de solidarité de la société* · incontournable · indispensable · prioritaire · sacré : *le respect des hôtes étrangers est un devoir sacré* · suprême
- permanent : *la vigilance est un devoir permanent*

∾ devoir + VERBE
- incomber à · revenir à : *ce devoir revient aux institutions publiques*
- exiger : *le devoir exige que vous disiez la vérité* • dicter

∾ VERBE + devoir
- imposer : *vivre ici impose des devoirs particuliers*
- avoir · être / se sentir investi de · être tenu à : *les parents sont tenus à certains devoirs* · être soumis à • se faire° : *il s'est fait un devoir de l'informer*
- accomplir : *j'ai accompli mon devoir* · assumer : *il veut tous les droits sans assumer le moindre devoir* · assurer : *une association destinée à assurer le devoir de mémoire* · exercer · faire : *je n'ai fait que mon devoir* · honorer · remplir · respecter : *il n'a pas respecté le devoir de réserve* · s'acquitter de • (se) libérer de
- rappeler à
- constituer · représenter · être
- faillir à · forfaire à ^vieux ou littér.^ · manquer à · négliger · s'affranchir de · se dérober à · se soustraire à · trahir · violer : *il a violé le devoir de réserve auquel il est soumis*

dévotion *nom fém.*

∾ dévotion + ADJECTIF
- populaire
- ardente · fervente · grande ⁺ ⁿᵒᵐ
- fausse ⁺ ⁿᵒᵐ

∾ VERBE + dévotion
- être confit en° : *une église pleine de vieilles femmes confites en dévotion*
- vouer ... à : *elle lui voue une grande dévotion*
- faire preuve de · manifester

- être l'objet de : *il était l'objet d'une grande dévotion populaire*

dévouement *nom masc.*

∞ dévouement + ADJECTIF

- conjugal · familial · filial · professionnel • personnel
- absolu · complet · de tous les instants · de chaque instant · exceptionnel · grand + nom · incroyable · infini · inlassable · profond · remarquable · sans bornes · sans égal · sans faille · sans fin · sans limites · sans pareil · sans partage · sans réserve · total • éternel · indéfectible
- admirable · désintéressé · digne d'éloges · exemplaire · généreux · irréprochable · méritoire · sublime • empressé · enthousiaste · fervent
- aveugle · fanatique
- discret

∞ VERBE + dévouement

- être plein de : *il est plein de dévouement pour sa mère*
- faire montre de · faire preuve de · montrer
- louer · rendre hommage à · saluer
- compter sur

avec dévouement

- servir · s'occuper de : *il s'occupe de ses frères avec dévouement* · soigner

diagnostic *nom masc.*

∞ diagnostic + ADJECTIF

- clinique · génétique · médical · prénatal · psychiatrique • économique · financier
- général · global • individuel · personnalisé · personnel • gratuit
- initial · préalable
- précoce
- attendu · prévisible • rapide
- correct · exact · fiable · juste · sûr : *elle a le diagnostic sûr* · valable
- approfondi · complet · étayé · précis • incontestable · unanime • implacable · sans appel • clair · formel : *le diagnostic est formel : il s'agit d'une leucémie* · sans équivoque • lucide · objectif · rigoureux
- définitif : *des tests sont en cours pour établir un diagnostic définitif* · final
- encourageant · optimiste · positif · rassurant
- nuancé · prudent · réservé • approximatif · hésitant · imprécis • tardif
- imprévisible · inattendu · surprenant
- accablant · alarmant · grave · pessimiste · sombre • sans concession · sévère
- erroné · faux

∞ diagnostic + VERBE

- mettre en évidence · révéler : *le diagnostic révèle un mal incurable*
- se confirmer · se révéler exact
- créer la surprise · surprendre

∞ VERBE + diagnostic

- dresser · effectuer · établir · faire · porter : *de tels symptômes permettent de porter un diagnostic avec certitude* · poser : *si le diagnostic est posé assez tôt* · réaliser : *ils ont réalisé un diagnostic sur le niveau de bruit* • risquer
- délivrer · émettre · énoncer · formuler · livrer · proposer · rendre
- réserver : *il préfère réserver son diagnostic pour le moment*
- affiner : *d'autres examens permettront d'affiner le diagnostic* · compléter · préciser • étayer : *des examens complémentaires devraient étayer le diagnostic*
- accepter · partager (souvent passif) : *un diagnostic partagé par tous les pays de l'UE*
- confirmer · valider · vérifier
- contester · infirmer

REM. On rencontre parfois "diagnostic fatal", non utilisé par les médecins qui parlent de "pronostic vital engagé".

dialogue *nom masc.* (entretien, discussion)

∞ dialogue + ADJECTIF

- œcuménique · interreligieux · théologique • amoureux · philosophique · politique · social○ · etc.
- intérieur • interne • national · public
- animé · intense · passionné · vif • approfondi · dense · riche · véritable + nom · vrai + nom
- constant · incessant · permanent · régulier · suivi • direct : *c'est une excellente occasion d'avoir un dialogue direct avec nos élus* • long + nom : *ce fut le début d'un long dialogue entre les deux écrivains*
- curieux · étonnant · improbable · singulier
- amical · chaleureux · consensuel · convivial · fraternel · serein • facile · ouvert · sérieux · sincère • constructif · fertile · fructueux
- âpre · conflictuel · difficile · impossible · rude · rugueux
- de sourds○ : *le débat a vite tourné au dialogue de sourds*

∞ dialogue + VERBE

- s'amorcer · s'engager · se nouer · s'établir · se tenir · s'installer · s'instaurer
- reprendre • se poursuivre · se prolonger

- être au point mort
- aboutir

∾ VERBE + **dialogue**

- provoquer : *ces activités provoquent le dialogue entre les habitants* · susciter : *elle espère susciter un dialogue entre les universitaires*
- amorcer · commencer · enclencher · engager · entamer · établir : *l'objectif est d'établir un dialogue national* · initier · installer : *une durée suffisante pour installer un vrai dialogue* · instaurer · lancer · mettre en place · nouer : *ils veulent nouer un dialogue direct avec le patronat* · ouvrir
- accepter · être attaché à · être en faveur de · être ouvert à · être / se dire / se déclarer prêt à • appeler à · prôner · proposer · souhaiter • réinstaller · relancer · renouer · reprendre · restaurer · rétablir · rouvrir • améliorer · dynamiser · encourager · faciliter · faire avancer · revitaliser • faire / laisser une place à · favoriser · permettre · privilégier · promouvoir • soutenir : *les élus veulent soutenir le dialogue avec leurs administrés*
- approfondir · intensifier · renforcer • continuer · maintenir · poursuivre
- refuser • bloquer · compliquer · entraver · mettre en péril · suspendre • arrêter · interrompre · rompre : *le pays menace de rompre le dialogue*

∾ NOM + DE + **dialogue**

- amorce
- absence · manque

dictature *nom fém.* (Pol. et fig.)

∾ **dictature** + ADJECTIF

- militaire · politique • religieuse · théologique • fascisante · fasciste · intégriste · fanatique • impériale · populiste · technocratique • culturelle · économique · financière · médiatique • personnelle
- naissante
- vieille [+ nom]
- abominable · effroyable · féroce · impitoyable · implacable · insupportable · sans pitié · terrible • brutale · criminelle · étouffante · moyenâgeuse · répressive · sanglante · sanguinaire
- déguisée
- douce

∾ **dictature** + VERBE

- s'établir · s'instaurer • s'exercer : *la dictature qui s'exerce dans son pays*
- écraser : *la dictature est venue écraser l'espoir démocratique* · sévir
- s'écrouler · s'effondrer · tomber

∾ VERBE + **dictature**

- aboutir à · conduire à
- établir · fonder · imposer · installer · instaurer · proclamer
- exercer : *la finance exerce une dictature insupportable sur nos sociétés* · pratiquer : *des dirigeants qui pratiquent une dictature culturelle* • conduire · diriger
- maintenir · soutenir
- consolider · renforcer
- se soumettre à : *elles refusent de se soumettre à la dictature de la mode*
- être victime de
- critiquer · dénoncer
- combattre · lutter contre · refuser · résister à · s'insurger contre · s'opposer à • échapper à · se libérer de · fuir
- affaiblir · déstabiliser
- briser · détruire · en finir avec · mettre fin à · renverser

∾ NOM + DE + **dictature**

- chute

diction *nom fém.*

∾ **diction** + ADJECTIF

- admirable · bonne [+ nom] · convenable · correcte · excellente · extraordinaire · impeccable · intelligible · irréprochable · parfaite · remarquable • claire · nette · précise • fluide · naturelle • chantante · musicale · syncopée
- lente
- catastrophique · épouvantable · mauvaise [+ nom] • atone · monocorde · monotone • artificielle · emphatique · théâtrale • bredouillante · hachée · haletante · saccadée · trébuchante

∾ VERBE + **diction**

- avoir : *elle a une diction impeccable*
- améliorer · soigner · travailler

dictionnaire *nom masc.*

∾ **dictionnaire** + ADJECTIF

- de langue · linguistique • bilingue · monolingue • général • spécialisé · technique • historique · juridique · littéraire · médical · etc.
- analogique · encyclopédique · étymologique · terminologique · thématique • critique · raisonné
- illustré
- électronique · en ligne

- ancien $^{+ nom}$ · vieux $^{+ nom}$: *« J'ai mis un bonnet rouge au vieux dictionnaire »* (Victor Hugo, *Les Contemplations*, I, 7, "Réponse à un acte d'accusation") • classique · traditionnel
- grand $^{+ nom}$ · gros $^{+ nom}$
- bon $^{+ nom}$ • excellent $^{+ nom}$ • indispensable · précieux $^{+ nom}$ • pratique
- célèbre $^{+ nom}$ · fameux $^{+ nom}$
- de poche · petit $^{+ nom}$

∾ dictionnaire + VERBE
- paraître · sortir : *ce nouveau dictionnaire est sorti en mars 2006*
- offrir · proposer : *ce dictionnaire propose de nombreux mots nouveaux* • définir : *ce dictionnaire définit 4500 termes juridiques*

∾ VERBE + **dictionnaire**
- rédiger • éditer · publier
- chercher dans · consulter • se servir de · utiliser
- entrer dans : *ce mot est entré dans le dictionnaire l'année dernière* · faire son entrée dans • figurer dans
- enrichir • mettre à jour
- acheter · se procurer

∾ NOM + DE + **dictionnaire**
- mise à jour · refonte : *la refonte de cet ancien dictionnaire est indispensable*

différence *nom fém.*

∾ différence + ADJECTIF
- anatomique · biologique · climatique · culturelle · physiologique · physique · sociale · structurelle · visuelle · etc.
- caractéristique · spécifique • individuelle • interne • qualitative · quantitative
- évidente · frappante · manifeste · notable · flagrante · palpable · perceptible · sensible · voyante • abyssale · appréciable · capitale · colossale · considérable · de taille · énorme $^{+ nom}$ · extrême · forte $^{+ nom}$ · franche : *on observe de franches différences stylistiques* · grande $^{+ nom}$ · grosse $^{+ nom}$ · importante · majeure · marquée · nette · profonde · prononcée · radicale · remarquable · réelle $^{+ nom}$ · véritable $^{+ nom}$ · vraie $^{+ nom}$ • sérieuse · significative · substantielle · irréductible · fondamentale · essentielle
- faible $^{+ nom}$ · petite $^{+ nom}$ · légère $^{+ nom}$ · menue · subtile · ténue • impalpable · imperceptible · infime · minime · négligeable · insaisissable · insensible · insignifiante • apparente

∾ différence + VERBE
- s'expliquer : *la différence de couleur s'explique par nos techniques artisanales* · tenir à : *les différences d'opinion tiennent à l'histoire du pays*
- exister · résider dans (le fait que)
- sauter aux yeux · s'observer
- demeurer · subsister
- s'estomper
- disparaître : *les différences culturelles disparaissent petit à petit*

∾ VERBE + **différence**
- établir : *une enquête qui établit les différences de qualité entre ces produits* · faire : *cela ne fait pas une grosse différence ; il ne fait pas de différence entre ses deux enfants*
- constituer : *c'est ce qui constitue la principale différence entre les deux* · représenter
- accepter · respecter · tolérer • concilier : *pour travailler ensemble il faudra concilier vos différences* • promouvoir · valoriser
- exprimer · faire entendre · revendiquer : *elle revendique sa différence religieuse*
- prendre en compte · tenir compte de • apprécier · comprendre · saisir · connaître
- illustrer · indiquer · insister sur · manifester · marquer : *il faut marquer sa différence pour sortir du lot* · mettre au jour · montrer · présenter · révéler · souligner • afficher : *ils affichent avec fierté leur différence*
- constater · déceler · noter · observer · percevoir · remarquer · sentir · trouver · voir
- affirmer · cultiver : *elle cultive sa différence en adoptant un look excentrique* · entretenir • accentuer • aggraver
- amoindrir · aplanir : *des mesures qui cherchent à aplanir les différences sociales* · compenser · lisser : *une charte qui vise à lisser les différences de style* · réduire
- abolir · annuler · effacer · évacuer · gommer

différend *nom masc.*

∾ différend + ADJECTIF
- commercial · diplomatique · familial · financier · frontalier · historique · immobilier · judiciaire · juridique · politique · territorial • personnel · privé · sentimental · etc.
- grave · gros $^{+ nom}$ · irréductible · majeur · marqué · profond · sérieux · vif • vieux $^{+ nom}$: *elle a un vieux différend avec son ami d'enfance*
- léger $^{+ nom}$ · mineur · petit $^{+ nom}$ · simple $^{+ nom}$
- regrettable

∾ **différend** + VERBE
- naître (de) • éclater · surgir : *un grave différend a surgi*
- exister • subsister
- s'envenimer • s'éterniser
- concerner · être relatif à · porter sur : *le différend porte sur la date d'application des accords*
- opposer : *ce différend oppose les deux familles depuis des années*
- se régler · se résoudre

∾ VERBE + **différend**
- causer · engendrer · provoquer · soulever · susciter : *cette question suscite des différends*
- avoir : *l'accusé avait eu un différend financier avec la victime*
- officialiser · porter devant la justice / le tribunal · porter en justice
- accentuer · aggraver · exacerber
- clarifier : *une personne impartiale a clarifié le différend* · mettre à plat
- arbitrer : *un médiateur arbitre les différends entre le comité d'entreprise et la direction* · juger · statuer sur : *le tribunal de commerce est compétent pour statuer sur votre différend*
- apaiser · aplanir : *la réunion a permis d'aplanir leurs différends* · arranger · atténuer · minimiser · relativiser
- dépasser · laisser de côté · prévenir · surmonter : *leur amitié leur permet de surmonter leurs différends*
- clore : *cet arrangement vient clore un différend de plus de sept ans* · gommer · mettre fin à · mettre un terme à · régler : *le différend a été réglé à l'amiable* · résoudre · terminer · traiter · trancher

difficulté *nom fém.* (problème, embûche)

∾ **difficulté** + ADJECTIF
- administrative · budgétaire · conjoncturelle · économique · financière · juridique · matérielle · politique · pratique · structurelle · technique · technologique • intellectuelle · professionnelle · scolaire : *des enfants en difficulté scolaire* • existentielle • familiale · personnelle · relationnelle · sentimentale · etc.
- normale • quotidienne • supplémentaire
- objective · réelle · véritable $^{+\text{nom}}$ · vraie $^{+\text{nom}}$
- insoupçonnable · légère $^{+\text{nom}}$ · menue · moindre $^{+\text{nom}}$: *il abandonne à la moindre difficulté ; je l'ai fait sans la moindre difficulté* · petite $^{+\text{nom}}$ · relative · surmontable
- passagère · ponctuelle
- considérable · énorme · extraordinaire · extrême · gigantesque · grande $^{+\text{nom}}$ · grave · grosse $^{+\text{nom}}$ · immense · importante · incalculable · incroyable · indéniable · inouïe · majeure · notoire · profonde · redoutable · sans nom · sérieuse · singulière · terrible · horrible • évidente : *il éprouve d'évidentes difficultés à comprendre ce qu'on lui dit* • inextricable · infranchissable · insoluble · insurmontable · irréductible • inéluctable · inévitable • majeure · principale • croissante · grandissante • chronique · constante · persistante
- imprévue · inattendue

∾ **difficulté** + VERBE
- conduire à
- être due à · être inhérente à · être liée à · venir de · naître de
- apparaître · commencer · se dresser : *des difficultés se dressent sur son chemin* · se présenter · surgir
- résider dans · se situer : *c'est là que se situe la difficulté*
- attendre · guetter : *de nombreuses difficultés nous guettent*
- s'accroître • s'enchaîner : *les difficultés se sont enchaînées* • demeurer · subsister
- handicaper · toucher : *les difficultés économiques touchent l'ensemble des entreprises* • déstabiliser
- disparaître · se résoudre · cesser

∾ VERBE + **difficulté**
- causer · créer · engendrer · entraîner · faire naître · générer · occasionner · poser · présenter · provoquer · attirer : *son mauvais caractère lui attire des difficultés* · soulever · susciter • mettre en° : *cet engagement financier a mis le groupe en (grande) difficulté*
- comporter · être plein de · n'être pas sans : *l'entreprise n'est pas sans difficulté* · présenter · recéler
- constituer · représenter
- aimer · aller au-devant de · (re)chercher
- avoir : *cette entreprise a des difficultés de recrutement* · connaître · éprouver : *il éprouve une difficulté à s'exprimer* · être confronté à · être en° : *les petits commerçants sont en (grande) difficulté* · être / faire face à · rencontrer · se heurter à · se trouver devant · se trouver en face / en présence de · souffrir de · traverser · trouver : *le pays trouve quelques difficultés à écouler sa production*
- cerner · mesurer • mésestimer · sous-estimer • surestimer
- avoir peur de · craindre · redouter · s'inquiéter de

- achopper sur · buter sur · être en butte à · hésiter devant · reculer devant · s'arrêter devant · se casser les dents sur · se noyer dans
- envisager · imaginer · prendre en compte · tenir compte de • être conscient de · prendre la mesure de · reconnaître · s'apercevoir de · se rendre compte de • entrevoir · pressentir
- démontrer : *cette enquête a démontré la difficulté des adolescents à s'intégrer dans la société* · illustrer · mettre en relief · montrer · ne pas cacher · souligner · témoigner de · toucher du doigt · traduire
- accentuer · accumuler (plur.) · aggraver · (s')ajouter à · augmenter · accroître · élever
- aborder · affronter · attaquer (de front) · lutter contre · s'attaquer à • écarter · éclairer : *son livre éclaire la difficulté de remédier au chômage* · parer à · prévenir
- passer sur • nier
- aplanir · limiter · maîtriser • alléger · minimiser · minorer
- avoir raison de · échapper à · franchir · se jouer de · se rire de · surmonter · triompher de • démêler · dénouer · éluder · lever · résoudre · pallier · remédier à · supprimer · vaincre
- contourner · escamoter · esquiver · évacuer · éviter · fuir

sans difficulté

- comprendre · obtenir · parler · respirer • accepter · adopter • avancer · se déplacer · se dérouler

diffusion *nom fém.* (d'une œuvre, d'une émission)

∞ diffusion + ADJECTIF

- exclusive • gratuite · payante • simultanée
- internationale · locale · nationale · planétaire
- croissante · forte + nom · rapide • à grande échelle · élargie : *ce produit a connu une diffusion élargie* · large · massive • immédiate
- intégrale : *ils exigent de la chaîne la diffusion intégrale du film*
- confidentielle : *son disque a été remarqué malgré sa diffusion confidentielle* · faible · limitée · restreinte
- insuffisante • incontrôlée : *les éditeurs craignent la diffusion incontrôlée de leurs produits*

∞ VERBE + diffusion

- assurer : *ils assurent la diffusion du produit à l'étranger* · contrôler · gérer
- autoriser · permettre
- faciliter · favoriser • accroître · élargir • accélérer : *ces logiciels accélèrent la diffusion de contenus sur Internet* · améliorer
- empêcher · interdire • entraver · perturber · s'opposer à
- limiter · restreindre
- bloquer · cesser · stopper • interrompre · suspendre : *ils ont suspendu la diffusion de cette publicité scandaleuse*

∞ NOM + DE + diffusion

- moyen · vecteur : *Internet est devenu un formidable vecteur de diffusion d'offres d'emploi*

dignité *nom fém.* (fierté)

∞ dignité + ADJECTIF

- civique · humaine · morale · personnelle · sociale • collective · nationale
- belle + nom : *il a pris la parole avec une belle dignité* · éminente : *nous croyons en l'éminente dignité de tout être humain*

∞ VERBE + dignité

- avoir • reconquérir · recouvrer · retrouver • conserver : *le roi a conservé sa dignité malgré la défaite* · garder • se draper dans (+possessif) : *il se drape dans sa dignité et conteste toujours le rapport*
- redonner · rendre : *il s'agit de rendre leur dignité aux sinistrés* · restaurer · rétablir
- défendre · préserver · protéger · respecter
- bafouer · blesser · offenser · outrager · porter atteinte à · voler : *cet État policier essaie de nous voler notre dignité*
- perdre

∞ NOM + DE + dignité

- sursaut : *s'il vous reste un sursaut de dignité, battez-vous*
- manque

dilemme *nom masc.*

∞ dilemme + ADJECTIF

- amoureux · existentiel · intérieur · intime • éthique · moral · théologique • politique · stratégique · etc.
- ancien · éternel + nom · vieux + nom
- grave · gros + nom · majeur · redoutable · sérieux · terrible · véritable + nom · vrai + nom • complexe · délicat · difficile • impossible · inextricable · insoluble · insurmontable • classique · fameux + nom : *il est confronté au fameux dilemme entre l'honneur et l'amour* · familier
- abominable · affreux · angoissant · cruel · déchirant · douloureux · dramatique · épouvantable · tragique

- faux [+ nom] : *l'antagonisme entre la liberté et la sécurité est un faux dilemme*

∾ dilemme + VERBE
- se poser : *un dilemme se pose à l'entraîneur quant à la tactique à adopter* · surgir
- agiter · secouer · tarauder

∾ VERBE + **dilemme**
- énoncer · exposer · formuler · poser
- être au cœur de • représenter : *chaque décision représente pour lui un dilemme*
- présenter
- illustrer · souligner · témoigner de · traduire : *cela traduit bien le dilemme auquel ils sont confrontés*
- être confronté à · être devant · être en proie à · être mis devant / face à · être placé devant / face à · être pris dans · faire face à · se heurter à · se (re)trouver devant / face à • se laisser enfermer dans · s'enfermer dans
- affronter · dépasser · échapper à · éviter : *donner de l'argent évite le dilemme du choix des cadeaux* · s'échapper de · sortir de · surmonter
- en finir avec · résoudre · sortir de · trancher : *les élections trancheront ce dilemme*

REM. On rencontre parfois "dilemme cornélien". Évitez cette expression pléonastique et préférez "choix cornélien".

[1]dimension *nom fém.* (taille, proportion)

∾ dimension + ADJECTIF
- courante · normale · ordinaire · standard
- externe · interne • globale · totale
- requise · voulue
- exacte · précise
- approximative
- adéquate · pratique · raisonnable · suffisante
- généreuse · respectable • colossale · considérable · étonnante · exceptionnelle · gigantesque · grande [+ nom] · hors du commun · hors normes · importante · imposante · impressionnante · inaccoutumée · inégalée · inimaginable · insoupçonnée · maximale · maximum · monumentale · record · stupéfiante
- démesurée · disproportionnée · écrasante · effrayante · exagérée · excessive · infernale · inhumaine · redoutable
- faible · limitée · microscopique · minimale · minimum · modeste · moyenne · petite [+ nom] · réduite · restreinte
- insuffisante · médiocre

∾ dimension + VERBE
- varier • augmenter • diminuer

∾ VERBE + **dimension**
- avoir · conserver · garder · retrouver : *il a retrouvé ses dimensions normales*
- changer · changer de • (r)amener à : *il veut ramener nos bâtiments à des dimensions plus humaines* · mettre à : *le volet est mis aux dimensions de la fenêtre avant la pose* · tailler à : *il faut tailler les tubes aux dimensions précisées*
- accroître · augmenter
- diminuer · réduire
- évaluer • mesurer · noter · prendre · relever • vérifier

[2]dimension *nom fém.* (aspect)

∾ dimension + ADJECTIF
- artistique · culturelle · littéraire · médiatique · théâtrale • économique · financière · politique · sociale • affective · émotionnelle · humaine · intime · personnelle · psychique · psychologique · relationnelle • éthique · existentielle · métaphysique · philosophique • historique · militaire · révolutionnaire • mythologique · religieuse · sacrée · spirituelle • épique · fantastique · onirique · poétique · prophétique · surnaturelle · symbolique • écologique · scientifique · technique · technologique • pédagogique · etc.
- capitale · essentielle · extraordinaire · forte : *un enseignement à forte dimension professionnelle* · importante · majeure : *la violence est une dimension majeure de cette crise* · primordiale
- imprévue · inattendue · singulière
- insignifiante · mineure · secondaire

∾ dimension + VERBE
- apparaître
- disparaître : *la dimension éducative du projet a complètement disparu*

∾ VERBE + **dimension**
- accéder à · acquérir · intégrer · prendre : *la réforme prend alors toute sa dimension / une tout autre dimension* · retrouver : *la pièce retrouve sa dimension populaire dans cette adaptation*
- avoir · comporter · inclure : *ce projet inclut une dimension sociale* · posséder · présenter · revêtir : *la conquête de l'espace revêt pour eux une dimension politique* • conserver · garder • ne pas être réductible à : *le conflit n'est pas réductible à sa dimension religieuse*
- apporter · conférer · (re)donner · insuffler · (ré)introduire • préserver

- accentuer · accroître · approfondir · développer · élargir · renforcer • affirmer · insister sur · mettre en évidence · mettre en valeur · mettre l'accent sur
- dégager · faire apparaître · faire valoir · illustrer · incarner · mettre au jour · montrer · refléter · représenter · restituer · souligner · traduire
- (re)découvrir · percevoir · reconnaître · trouver · voir
- explorer • prendre en compte · tenir compte de
- manquer de : *l'entreprise manquait de dimension humaine* · perdre
- dépasser : *cette affaire a dépassé sa dimension politique* • délaisser · ignorer · méconnaître · négliger · nier · occulter · omettre · oublier · perdre de vue
- éliminer · évacuer : *ses images évacuent toute dimension documentaire* · supprimer

diminution *nom fém.* (baisse, fléchissement)

∾ diminution + ADJECTIF

- générale · globale • proportionnelle
- prévisible · volontaire • spontanée
- infime · légère [+ nom] · marginale · minime · modeste · petite [+ nom] · relative • graduelle · lente · progressive
- brusque · brutale · rapide
- constante · continue : *ils subissent une diminution continue de leur niveau de vie* · permanente · régulière
- considérable · drastique · énorme · forte [+ nom] · importante · majeure · marquée · massive · nette · notable · radicale · sensible · significative · spectaculaire · substantielle · vertigineuse • inexorable
- anormale • catastrophique · dramatique · inquiétante

∾ diminution + VERBE

- provenir de · résulter de · s'expliquer par
- concerner · porter sur : *cette diminution porte sur les importations*
- avoir un effet sur · influer sur : *la diminution des œstrogènes influe sur la santé des tissus*
- s'accompagner de : *la diminution du risque s'accompagne d'une baisse de la mortalité*

∾ VERBE + diminution

- résulter de : *cette baisse résulte de la diminution de la production agricole* · venir de
- aboutir à · avoir pour conséquence · causer · conduire à · contribuer à · donner lieu à · engendrer · entraîner · permettre · provoquer · se traduire par
- demander · espérer · réclamer · souhaiter
- accepter · approuver : *ils approuvent la diminution des charges sociales* · plaider pour · prôner • favoriser : *le régime crétois favorise la diminution de la tension artérielle*
- afficher : *la compagnie aérienne affiche une diminution de 7 % de son trafic* · connaître · enregistrer · être face à • être confronté à · souffrir de · subir
- représenter : *ce résultat représente une diminution de 2 %*
- constater · noter · observer
- montrer · refléter
- annoncer · faire état de · indiquer
- mesurer · prévoir · projeter · tabler sur
- refuser • redouter · s'inquiéter de
- (s')accompagner (de) · aller de pair avec · être associé à
- compenser · contrebalancer
- enrayer · pallier · remédier à

[1]direction *nom fém.* (sens, orientation)

∾ direction + ADJECTIF

- convergentes (plur.) • oblique • nouvelle • inconnue • définie · donnée
- divergentes (plur.) • contraire · inverse · opposée • différente
- à suivre · bonne [+ nom]
- mauvaise [+ nom]

∾ VERBE + direction

- prendre · suivre
- indiquer · pointer dans : *la flèche pointe dans cette direction*
- changer de
- se tromper de

en direction de

- aller : *ces voyageurs vont en direction de Paris* · (s')avancer · partir

dans une / la direction

- aller · s'orienter • descendre · monter • se diriger · s'engager · tourner
- regarder
- redescendre · remonter · repartir · retourner

[2]direction *nom fém.* (orientation que l'on donne à une action)

∾ direction + ADJECTIF

- actuelle
- bonne [+ nom] · idéale · intéressante • claire : *le ministre n'a pas donné de direction claire à sa politique* · précise

- inattendue : *le récit prend une direction inattendue* · originale · surprenante
- fausse $^{+ nom}$ · imprécise · mauvaise $^{+ nom}$

∞ VERBE + **direction**
- prendre · suivre • aller dans · se diriger dans · s'engager dans · s'orienter vers • faire un pas dans : *le gouvernement envisage de faire un pas dans cette direction* • avancer dans
- changer de · rectifier
- se tromper de

[1]**discipline** *nom fém.* (règle, rigueur)

∞ **discipline** + ADJECTIF
- économique · militaire · républicaine • financière · fiscale · monétaire · etc.
- individuelle • collective • intérieure · interne
- quotidienne
- (librement) consentie
- de fer° : *il impose une discipline de fer à ses hommes* · draconienne · exemplaire · ferme · forte $^{+ nom}$ · grande $^{+ nom}$ · impeccable · implacable · rigoureuse · sans faille · sévère · stricte
- contraignante · excessive · redoutable · rigide · rude · terrible • inhumaine · perverse
- élastique · lâche

∞ **discipline** + VERBE
- régner
- se durcir
- se relâcher

∞ VERBE + **discipline**
- adopter · être soumis à · faire montre de · obéir à · observer · s'astreindre à · se conformer à · se plier à · respecter · se soumettre à · s'habituer à
- établir · exiger · imposer · instaurer · maintenir • restaurer · rétablir • être strict sur
- renforcer · resserrer
- adoucir · relâcher · tempérer
- manquer de
- enfreindre · être rebelle à · être réfractaire à

[2]**discipline** *nom fém.* (matière, activité)

∞ **discipline** + ADJECTIF
- artistique · intellectuelle · médicale · scientifique · scolaire • athlétique · olympique · sportive · etc.
- classique · traditionnelle • auxiliaire · connexe
- vaste $^{+ nom}$: *les arts visuels constituent une vaste discipline* • précise : *il ne veut pas se spécialiser dans une discipline précise*
- de base · fondamentale · majeure • phare : *ce sport est devenu une discipline phare des Jeux olympiques* · reine : *le 100 m est la discipline reine de l'athlétisme*
- de prédilection · fétiche
- difficile : *la psychiatrie reste une discipline difficile* · exigeante
- confidentielle : *le golf était alors une discipline confidentielle* · mineure

∞ **discipline** + VERBE
- attirer · séduire • se démocratiser · s'ouvrir à : *la discipline s'ouvre à de nombreux publics*
- évoluer
- [Sport] • se disputer : *la natation longue distance est une discipline qui se dispute en lac*

∞ VERBE + **discipline**
- travailler • apprendre · se spécialiser dans
- exceller dans
- enseigner

discours *nom masc.*

∞ **discours** + ADJECTIF
- amoureux · publicitaire · religieux · scientifique • électoral · idéologique · politique · sécuritaire · etc.
- officiel · présidentiel · public • écrit • télévisé
- d'ouverture · inaugural · introductif · liminaire
- impromptu · improvisé
- bref $^{+ nom}$ · concis · court $^{+ nom}$ · petit $^{+ nom}$ · succinct
- important • ardent · énergique · enflammé · ferme · fort · fougueux · passionné · passionnel · percutant · péremptoire · polémique · radical · retentissant : *elle a marqué les esprits par un discours retentissant* · vigoureux
- combatif · militant · offensif · partisan · volontariste
- critique · décapant · incendiaire · incisif · musclé · virulent
- à la mode · ambiant · dominant : *ce constat tranche avec le discours dominant des vingt dernières années*
- habituel · récurrent · traditionnel : *le président sortant a prononcé le traditionnel discours d'investiture*
- touffu • (-)fleuve · grand $^{+ nom}$ · long $^{+ nom}$
- interminable · longuet · répétitif · sans fin
- (très) attendu • célèbre · fameux $^{+ nom}$ · historique · illustre · mémorable · remarqué
- fondateur : *c'est le discours fondateur de sa campagne* · novateur

- admirable · beau + nom · brillant · éblouissant · étincelant · étourdissant · impressionnant · intelligent · remarquable
- habile • balancé · modéré · nuancé · posé · subtil • (bien) argumenté · bien charpenté · bien conçu · bien huilé · bien rodé · équilibré · ordonné · raisonné
- convaincant · crédible · édifiant · persuasif · probant
- déchirant · éloquent · émouvant · vibrant • lyrique · pétillant · savoureux · vivant • audacieux · courageux · héroïque
- clair · cohérent · franc : *il m'a tenu un discours franc et direct* · limpide · sans ambiguïté • simple · sobre · solennel
- consensuel • enthousiaste · laudatif · optimiste · rassurant : *malgré la catastrophe, son discours se veut rassurant*
- ambigu · double + nom : *il tient un double discours, à la fois rassurant et alarmiste* · hypocrite • fallacieux · mensonger · trompeur
- alarmiste · catastrophiste · fataliste · misérabiliste · résigné
- convenu · de circonstance · prêt à l'emploi · stéréotypé • d'apparat · de façade • bien pensant · démagogique · moralisant · moralisateur · politiquement correct · populiste · réactionnaire
- assommant · assoupissant · barbant*fam.* · endormant · ennuyeux · fastidieux · lénifiant · monotone · rasant*fam.* · soporifique
- creux · fade · insipide · peu crédible · plat · sans intérêt · stérile · terne · vain • débile · idiot · simpliste
- ampoulé · boursouflé · emphatique · grandiloquent · hyperbolique · lourd · pédant · pompeux · ronflant • arrogant · prétentieux
- alambiqué · tortueux • bancal · confus · décousu · embrouillé · flou · haché · heurté · incohérent · inconsistant · informe · inintelligible · maladroit · mal charpenté · mal conçu · nébuleux · obscur · opaque · vaseux
- déplacé · inacceptable · inconvenant · insupportable · irrecevable • excessif · extrémiste · hystérique
- dépassé • affligeant · pathétique · pitoyable
- agressif · à l'emporte-pièce · blessant · dur · guerrier · hostile · injurieux · intransigeant · réprobateur · revanchard · vengeur · violent

∾ discours + VERBE

- s'adresser à : *« C'est à vous, s'il vous plaît, que ce discours s'adresse »* (Molière, *Le Misanthrope*, I, 2)
- exhorter (à)
- être chargé de · être empreint de • être émaillé de · être ponctué de · être truffé de
- se politiser : *le discours de cette association se politise*
- tourner à la langue de bois • sonner creux
- monter d'un ton · se durcir · se radicaliser
- s'adoucir

∾ VERBE + discours

- commencer · entamer
- composer · construire · écrire · produire · rédiger • élaborer • fignoler · mettre la dernière main à · peaufiner · polir · travailler
- dire · faire · lire · prononcer • avoir : *il a du mal à avoir un discours cohérent* · tenir • débiter*péj.* · réciter*péj.* • poursuivre · reprendre · reprendre / retrouver le fil de · revenir à • roder
- perdre le fil de · s'embrouiller dans · s'empêtrer dans
- alimenter · développer · enrichir · étoffer : *de nombreux témoignages viennent étoffer son discours*
- délayer
- changer de · infléchir · modifier · recentrer (sur) : *elle a recentré son discours sur la politique intérieure* • durcir
- assister à · écouter · entendre · suivre : *elle a suivi le discours du Président à la télévision* • lire
- accueillir · recevoir : *le discours a été mal reçu par les habitants*
- adhérer à · être réceptif à
- rejeter : *elle rejette le discours des intégristes*
- abréger · couper · écourter · élaguer · raccourcir
- expurger · modérer
- achever · clore : *il a clos son discours sur une note positive* · conclure · finir · mettre fin à · terminer

[1] discrétion *nom fém.* (silence)

∾ discrétion + ADJECTIF

- absolue · extrême · grande + nom : *le procès s'est déroulé dans la plus grande discrétion* · maximale · parfaite · totale • assurée · à toute épreuve · garantie • exemplaire · remarquable
- étonnante · inhabituelle : *les avocats sont d'une discrétion inhabituelle sur l'affaire*
- relative : *on regrette sa relative discrétion sur le dossier*

∾ discrétion + VERBE

- être de mise : *dans les affaires d'enlèvement, la discrétion est de mise* · être de rigueur

∾ VERBE + **discrétion**
- faire preuve de · observer : *la presse a observé une discrétion totale sur leur arrivée* · se montrer de : *il s'est montré de la plus grande discrétion*
- cultiver : *au ministère, on cultive la discrétion*

[2]discrétion *nom fém.* (effacement)

∾ **discrétion** + ADJECTIF
- habituelle · naturelle • légendaire : *grâce à sa discrétion légendaire, il ne se fait jamais repérer*
- de bon aloi

∾ **discrétion** + VERBE
- confiner à l'effacement / l'indifférence

discrimination *nom fém.*

∾ **discrimination** + ADJECTIF
- ethnique · génétique · raciale • sexiste · sexuelle • économique · fiscale · institutionnelle · politique · sociale • professionnelle · salariale · syndicale • religieuse
- directe · indirecte • légale : *cette association lutte contre les discriminations légales* · ordinaire • positive° • négative : *ils se battent pour supprimer toute discrimination négative fondée sur un handicap*
- évidente · flagrante • accrue · avérée · croissante · forte + nom · massive • permanente · persistante · quotidienne · systématique
- inacceptable · inadmissible • abusive · excessive • aberrante · déplorable · honteuse · inquiétante · révoltante · scandaleuse · terrible · terrifiante
- illégale · illicite
- déguisée · insidieuse · silencieuse · sournoise

∾ **discrimination** + VERBE
- être basée sur · être fondée sur : *la discrimination peut par exemple être fondée sur le sexe* · être liée à : *nous refusons toute discrimination liée à la religion*
- s'établir · s'installer
- se renforcer • se perpétuer · se poursuivre
- frapper · peser sur · toucher : *cette forme de discrimination touche plus les femmes* · viser

∾ VERBE + **discrimination**
- créer · engendrer · entraîner · établir · être facteur de · être source de : *l'ignorance est source de discrimination* · faire naître · instaurer · introduire
- constituer · relever de : *une telle mesure relève de la discrimination raciale*
- appliquer · avoir recours à · exercer · faire : *ils sont accusés de faire une discrimination par l'âge* · opérer · pratiquer • être coupable de · être poursuivi pour · être soupçonné de
- accentuer · aggraver · entretenir · renforcer • perpétuer
- institutionnaliser · justifier · légitimer · prôner : *ils prônent la discrimination positive*
- être en butte à · être exposé à · être / faire l'objet de · être / s'estimer victime de · souffrir de : *il a souffert d'une discrimination religieuse à l'embauche* · subir
- condamner · dénoncer · se plaindre de
- combattre · déjouer · lutter contre · refuser · réprimer · s'attaquer à · se battre contre · se mobiliser contre · stigmatiser • éviter • interdire • protéger contre
- réduire
- abolir · éradiquer · faire cesser · mettre fin à · mettre un terme à · supprimer

discussion *nom fém.*

∾ **discussion** + ADJECTIF
- budgétaire · parlementaire · politique · professionnelle · technique · théologique · théorique · etc.
- préalable · préliminaire • exploratoire · préparatoire • téléphonique
- officielle · publique • bilatérale · conjointe
- informelle · à bâtons rompus · impromptue
- brève · rapide
- acharnée : *les parlementaires ont eu une journée de discussions acharnées* · animée · intense · opiniâtre · passionnée · serrée : *un accord a été trouvé au terme d'une discussion serrée* · vive • grave · sérieuse : *je vais avoir une sérieuse discussion avec lui*
- générale · globale • approfondie · pointue • au sommet • large + nom : *le parti a souhaité une large discussion menée par les militants*
- longue + nom • incessantes (plur.) • à n'en plus finir (plur.) · interminable · sans fin
- amicale · bon enfant · calme · consensuelle · courtoise · sans heurts · sereine • constructive · encourageante · fructueuse · positive · utile • essentielle · indispensable • intéressante · passionnante • savante
- franche · honnête · libre · ouverte : *les élèves ont eu une discussion ouverte sur la sexualité* · sans tabou
- âpre · difficile · chaotique · discourtoise · houleuse · orageuse · tendue · tumultueuse · violente
- byzantine · confuse · oiseuse • inféconde · infructueuse · vaine • morne · terne
- clandestine · secrète

∾ discussion + VERBE

- commencer · s'engager · s'ouvrir • s'ensuivre : *la discussion qui s'ensuivit porta sur le choix de la technologie*
- arriver · avoir lieu · être en cours · se dérouler · se tenir • rebondir · reprendre
- continuer · durer · se poursuivre · se prolonger • s'éterniser · traîner en longueur
- concerner · être centrée sur · porter sur · rouler sur : *à la cantine, la discussion roule sur la situation internationale* · se concentrer sur · tourner autour de • soulever : *la discussion soulève la question de l'efficacité du système* • viser à · avoir pour objectif de
- aller bon train · aller dans la bonne direction · avancer · progresser
- achopper · buter sur : *les discussions butent sur la question des salaires*
- être au point mort · être dans l'impasse • s'égarer · s'embrouiller · s'enliser • dégénérer · déraper · s'emballer · s'enflammer · s'envenimer · tourner au pugilat · tourner au vinaigre / à l'aigre • tourner court
- aboutir · s'achever · se terminer

∾ VERBE + discussion

- amener : *j'ai hésité à amener la discussion sur ce terrain*
- déclencher · provoquer · soulever · susciter
- amorcer · engager · entamer · lancer · ouvrir • recommencer · reprendre · rouvrir
- diriger · mener · organiser : *le musée organise une discussion sur l'art*
- avoir : *nous avons eu une longue discussion sur son avenir* · être en : *ils étaient en grande discussion*
- entrer dans : *on n'entrera pas ici dans des discussions byzantines* · intervenir dans · participer à · prendre part à · se joindre à · se lancer dans · se mêler à · s'engager dans • interférer dans · s'immiscer dans
- continuer · poursuivre · prolonger
- s'engluer dans · s'enliser dans
- avoir le dernier mot dans · avoir / prendre le dessus dans · l'emporter dans · sortir vainqueur de
- élargir : *nous voulons élargir la discussion à l'ensemble de la communauté*
- être au centre de · être au cœur de · faire l'objet de
- être en cours de : *le texte de loi est en cours de discussion*
- alimenter : *vous devez préparer des questions précises pour alimenter la discussion* · animer · relancer · soutenir · stimuler : *la lecture de ce texte a stimulé la discussion chez les élèves* • débloquer · faciliter · faire avancer
- (ré)orienter · recadrer : *le présentateur a recadré la discussion sur le sujet initial* · recentrer • dépassionner · dépolitiser
- reporter · repousser
- abandonner · éviter · refuser : *il refuse toute discussion* · se dérober à · se soustraire à · échapper à : *il semble essayer d'échapper à la discussion* • être absent de · être exclu de : *les pays pauvres sont exclus des discussions*
- bloquer · empêcher • envenimer • faire traîner
- interrompre · suspendre • achever · arrêter · clore · couper court à · mettre fin à · mettre un terme à · rompre : *les syndicats ont rompu la discussion avec le ministre* · stopper · mettre un point final à

∾ NOM + DE + discussion

- objet · sujet

[1] **disparition** *nom fém.*

∾ disparition + ADJECTIF

- accidentelle · impromptue • volontaire
- éventuelle · imminente · possible · prochaine
- récente • annoncée · certaine · inéluctable · programmée
- partielle • intermittente · momentanée · temporaire
- absolue · complète · (quasi) générale · (quasi) totale • définitive · effective · pure et simple
- brusque [+ nom] · brutale · soudaine · subite · violente • accélérée · fulgurante · rapide • immédiate · instantanée · spontanée • précoce · prématurée
- mystérieuse · suspecte · troublante · invraisemblable · incompréhensible • inattendue · inexplicable · inexpliquée · inopinée · surprenante • inquiétante
- lente · progressive · insidieuse · imperceptible • partielle

∾ disparition + VERBE

- survenir
- laisser place à : *la disparition des petits commerces laisse place aux supermarchés*

∾ VERBE + disparition

- aboutir à : *leur solution aurait abouti à la disparition d'au moins 1000 emplois* · causer · conduire à : *ces principes doivent conduire à la disparition de l'exclusion* · entraîner · être responsable de · provoquer · se solder par · signer : *le verdict signe la disparition de la société* · signifier : *la faillite de la société signifierait la disparition de 300 millions de revenus*

- être en voie de : *cet oiseau est en voie de disparition* · être menacé de · être voué à : *cette espèce est vouée à la disparition dans de brefs délais*
- assister à · constater · découvrir · remarquer · s'apercevoir de
- anticiper · prédire · prévoir · pronostiquer • annoncer · révéler · signaler
- élucider · enquêter sur · faire la lumière sur : *nous ferons toute la lumière sur sa disparition*
- accélérer • confirmer · entériner : *ce traité entérine la disparition de la frontière*
- saluer · se réjouir de · se féliciter de
- craindre · redouter · s'inquiéter de • dénoncer · déplorer · protester contre · regretter
- faire face à · réagir à • compenser · lutter contre · pallier · remédier à • survivre à
- empêcher · enrayer : *il faut protéger la nature pour enrayer la disparition d'espèces menacées* · éviter

[2]disparition *nom fém.* (mort)

∾ disparition + ADJECTIF

- récente [+ nom]
- brutale · soudaine · subite • précoce · prématurée
- cruelle · dramatique · tragique

∾ disparition + VERBE

- survenir : *sa disparition survient deux semaines à peine après la sortie de son dernier roman*
- laisser un grand vide
- (souvent passif) affecter · attrister · peiner · ébranler · émouvoir · éprouver · laisser désemparé · toucher : *la disparition de ce grand musicien m'a beaucoup touché* • marquer · traumatiser · meurtrir • endeuiller · bouleverser · choquer · déboussoler · dérouter • assombrir

∾ VERBE + disparition

- pleurer : *10 ans après, elle pleure encore la disparition de l'homme de sa vie* · regretter

dispositif *nom masc.* (moyens)

∾ dispositif + ADJECTIF

- scénique • conventionnel : *ce dispositif conventionnel est destiné à combler le déficit* • législatif • défensif · préventif · répressif • policier · sécuritaire · de sûreté • incitatif : *le dispositif incitatif encourage la responsabilisation de chacun*
- énorme · important · gros [+ nom] · imposant · impressionnant · lourd : *un lourd dispositif de sécurité sera mis en place* • pérenne
- ingénieux · pratique • perfectionné · sophistiqué • fiable · sûr · efficace
- allégé : *un dispositif allégé d'assistance technique a été mis en place* · léger
- transitoire
- inefficace · inopérant

∾ VERBE + dispositif

- installer · instituer · mettre en place
- adapter · ajuster · (ré)aménager · refondre : *le dispositif d'adoption va être totalement refondu* · remanier
- compléter · durcir : *ils veulent durcir le dispositif de lutte contre les réseaux mafieux* · muscler · renforcer · resserrer : *le gouvernement a décidé de resserrer son dispositif de contrôle vétérinaire* • pérenniser · reconduire
- affiner · parachever · parfaire
- appliquer : *les organisateurs appliqueront un dispositif antidopage* · déployer : *les autorités ont déployé un impressionnant dispositif de sécurité* • déclencher : *le préfet a déclenché le dispositif d'alerte*
- assouplir · alléger · simplifier
- déjouer : *des terroristes ont pu déjouer le dispositif de sécurité*
- abroger [Droit] : *le Parlement peut abroger ce dispositif avant son terme*

∾ NOM + DE + dispositif

- pièce maîtresse

dispute *nom fém.*

∾ dispute + ADJECTIF

- idéologique · philosophique · théologique • commerciale · financière • frontalière · territoriale · etc.
- amoureuse · conjugale · domestique · familiale · interne
- acharnée · âpre · belle [+ nom] · farouche · grave · grosse [+ nom] · homérique · mémorable · monumentale · sanglante · terrible · violente
- continuelle · incessante · interminable · vieille [+ nom] • fréquentes (plur.) · récurrente · régulière
- banale · classique • anodine · petite [+ nom] · simple [+ nom] : *il s'agit d'une simple dispute entre voisins*
- amicale · courtoise
- inutile · oiseuse · stérile • mesquine

∾ dispute + VERBE

- éclater : *une dispute éclata entre les deux frères*
- se poursuivre
- dégénérer · mal tourner · s'envenimer · se transformer en bagarre
- déchirer · opposer : *la dispute qui oppose l'Iran et l'Occident s'envenime*
- cesser · prendre fin · se finir · se terminer

∞ VERBE + **dispute**
- être l'objet de
- déboucher sur · donner lieu à · faire naître · inciter à · pousser à · provoquer
- intervenir dans · s'interposer dans
- alimenter · ranimer · réveiller : *son mariage a réveillé de vieilles disputes* • envenimer
- arbitrer : *Pâris arbitra la dispute entre les trois déesses*
- mettre fin à · mettre un terme à · régler · résoudre

[1]**distance** *nom fém.* (espace, intervalle)

∞ **distance** + ADJECTIF
- géographique · physique • kilométrique
- constante • exacte · réelle • déterminée · donnée • réglementaire · requise • parcourue
- variable • égale [+ nom]
- acceptable · bonne [+ nom] : *il faut rester à bonne distance du volcan* · commode · confortable · convenable · honnête : *nous serons logés à une distance honnête de l'université* · idéale · juste · raisonnable · respectable · suffisante • salutaire : *l'auteur garde une distance salutaire avec ses personnages* • [Sport] de prédilection : *la distance de prédilection de ce coureur est le 1500 m*
- appréciable · considérable · énorme · grande [+ nom] · importante • longue [+ nom] • critique : *la distance critique est de 10 mètres*
- excessive
- courte [+ nom] : *c'est un nageur spécialiste des courtes distances* · faible · minime · petite [+ nom]
- insuffisante

∞ **distance** + VERBE
- augmenter · s'accroître
- aller de ... à ... : *il a mesuré la distance qui va du mur à la fenêtre* · séparer : *la distance qui sépare les rails n'est pas constante*
- être comprise entre ... et : *la distance est comprise entre 75 et 200 km* · osciller entre ... et ... · varier entre ... et ... : *la distance varie entre 2 et 5 m*
- diminuer · se rétrécir

∞ VERBE + **distance**
- indiquer · marquer · donner : *une carte donne les distances*
- conserver · garder : *il faut garder une distance de sécurité entre les véhicules* · maintenir · observer · respecter
- diminuer · raccourcir : *comment raccourcir la distance de freinage ?* · réduire · minimiser : *comment minimiser la distance à parcourir ?*
- calculer · définir · déterminer · estimer · évaluer · mesurer
- respecter : *trop d'automobilistes ne respectent pas les distances de sécurité*
- allonger · augmenter · rallonger : *ce détour a rallongé la distance à parcourir*
- boucler : *elle a réussi à boucler la distance en 2h20* · couvrir · franchir · parcourir
- abolir : *Internet abolit les distances* · combler : *le peloton a comblé la distance qui le séparait du groupe de tête* · effacer · éliminer · supprimer

à distance
- commander · consulter · contrôler · détecter · observer · suivre · surveiller • déclencher · piloter • enseigner · travailler • se parler • voter • demeurer · maintenir · mettre · rester · (se) tenir

[2]**distance** *nom fém.* (fossé, écart)

∞ **distance** + ADJECTIF
- culturelle · intellectuelle • critique : *les étudiants doivent garder une distance critique par rapport au cours*
- nécessaire · salutaire : *l'auteur garde une distance salutaire avec ses personnages* • bonne [+ nom]
- considérable · énorme · formidable · grande [+ nom] · immense · incommensurable · incroyable · infinie · infranchissable • croissante : *la distance croissante entre l'État moderne libéral et le citoyen dans le contexte de la mondialisation* · grandissante
- effroyable · excessive · inacceptable : *il y a une distance inacceptable entre les volontés affichées en haut lieu et la réalité* · insupportable

∞ **distance** + VERBE
- se créer : *une distance s'est créée entre nous* · s'instaurer : *une distance s'instaure entre les deux chefs d'État*
- augmenter · s'accroître
- diminuer · se rétrécir

∞ VERBE + **distance**
- créer · établir : *il préfère établir une distance avec ses patients* · introduire · mettre : *je préfère mettre un peu de distance entre ma sœur et moi* • prendre : *il faut prendre de la distance par rapport au problème*
- conserver · garder · maintenir
- réduire : *il faut réduire la distance entre le public et l'institution*
- accentuer · allonger · augmenter · creuser : *cela creuse encore davantage la distance avec les syndicats*
- abolir · effacer · supprimer

[1]distinction *nom fém.* (différenciation, différence)

∾ distinction + ADJECTIF
- sociale · religieuse
- classique · traditionnelle · habituelle
- capitale · cruciale · essentielle · fondamentale · importante • claire · nette · radicale : *il fait une distinction radicale entre travail et vie de famille* · stricte
- délicate · difficile · subtile
- floue · vague

∾ distinction + VERBE
- être fondée sur : *une distinction fondée sur le sexe* · être basée sur · s'appuyer sur · reposer sur
- disparaître

∾ VERBE + distinction
- être basée sur · être fondée sur · reposer sur : *ce dispositif repose sur la distinction entre deux catégories d'employés* · s'appuyer sur
- créer · effectuer · établir : *il établit une distinction claire entre les risques politiques et les risques financiers* · faire · introduire : *ce texte philosophique introduit une distinction entre la compassion et la pitié* · opérer • maintenir : *il faut maintenir la distinction entre accusé et condamné*
- brouiller : *cela brouille la distinction traditionnelle entre civils et combattants*
- abolir · effacer : *on s'efforce d'effacer les distinctions entre les classes* · faire disparaître · supprimer

[2]distinction *nom fém.* (récompense, honneur)

∾ distinction + ADJECTIF
- littéraire : *le Booker Prize, la plus prestigieuse distinction littéraire britannique* · scientifique • officielle
- haute $^{+ nom}$ · honorifique • flatteuse · prestigieuse

∾ VERBE + distinction
- accorder · décerner : *dix entreprises se voient chaque année décerner cette distinction*
- être le récipiendaire de · obtenir · recevoir

divergence *nom fém.* (souvent plur.)

∾ divergence + ADJECTIF
- doctrinale · philosophique · politique · stratégique · etc.
- abyssale · de fond · énorme · évidente · fondamentale · grande $^{+ nom}$ · grave · importante · majeure · notable · profonde : *les divergences entre les deux camps restent profondes* · radicale · sensible · sérieuse · substantielle · vive • croissante · grandissante • insurmontable · irréconciliable · irréductible • persistante
- mineure · petite $^{+ nom}$ · secondaire · surmontable

∾ divergence + VERBE
- trouver ses racines dans · venir de
- (ré)apparaître · commencer à poindre · éclater · se faire jour · se faire sentir · (re)surgir · se manifester
- exister · intervenir
- prendre de l'ampleur · s'accentuer · s'exacerber • ne pas manquer (plur.) • demeurer · persister · subsister
- se faire entendre · se manifester · s'exprimer
- opposer : *de fortes divergences nous opposent* · séparer : *ils ont pu constater l'ampleur des divergences qui séparent les deux camps* • (souvent passif) entraver · menacer · miner · paralyser
- porter sur
- se réduire

∾ VERBE + divergence
- créer · provoquer · susciter
- faire l'objet de : *cette loi fait l'objet de divergences d'interprétation*
- cristalliser • accentuer · aggraver · aiguiser : *l'approche des élections aiguise les divergences d'opinions* · amplifier · approfondir · attiser : *le délégué de classe doit atténuer et non attiser les divergences* · exacerber
- exprimer · faire état de · invoquer · pointer · soulever · souligner • insister sur · mettre l'accent sur • énumérer (plur.)
- afficher · étaler (plur.) · manifester • être révélateur de · être signe de · mettre en évidence · mettre en lumière · montrer · refléter · révéler · témoigner de
- constater · percevoir · voir
- dépasser · faire oublier · laisser de côté · mettre de côté · surmonter
- cacher · camoufler · gommer : *ils se sont employés à gommer leurs divergences pendant la conférence* · masquer · occulter
- apaiser · aplanir · atténuer · mettre en sourdine · réduire · (faire) taire • dédramatiser · minimiser · relativiser
- combler · éliminer · enterrer · régler · résoudre · supprimer

diversité *nom fém.*

∾ diversité + ADJECTIF
- culturelle · ethnique · linguistique · musicale · politique · religieuse · sociale · sociologique · stylistique • animale · biologique · génétique · végétale · etc.

- éclatante · étonnante · exceptionnelle · extraordinaire · extrême · fabuleuse · grande + nom · immense · impressionnante · incroyable · infinie · large + nom · prodigieuse · profonde · réelle + nom · remarquable · riche : *la riche diversité de nos cultures*

∾ VERBE + diversité

- défendre · encourager · favoriser · plaider pour : *ils plaident pour la diversité culturelle* · promouvoir • prendre en compte · reconnaître · respecter · tenir compte de
- garantir · offrir · préserver · maintenir
- illustrer · montrer · refléter · rendre compte de · souligner · témoigner de
- présenter : *ce salon présente la diversité des métiers de l'édition*
- manquer de

division *nom fém.* (écart, mésentente)

∾ division + ADJECTIF

- politique · sociale · syndicale
- interne · partisane
- extrême · grosse + nom · manifeste · profonde · totale • croissante · grandissante • inévitable · insurmontable · irréductible · irrémédiable · irréparable • durable · traditionnelle · vieille + nom
- cruelle · misérable • excessive

∾ division + VERBE

- apparaître
- régner

∾ VERBE + division

- causer · créer · déclencher · engendrer · être une source de · provoquer · susciter
- présenter
- fomenter : *il fomente la division au sein du parti* · introduire · semer : *cette réforme sème la division parmi les étudiants*
- entériner • accentuer · aggraver · attiser · envenimer · exacerber · exciter • entretenir · perpétuer
- mettre en évidence · refléter · montrer · illustrer · révéler
- dépasser · oublier · résister à · surmonter · transcender : *cet avis transcende les divisions traditionnelles*
- atténuer
- faire taire · mettre fin à

1 divorce *nom masc.* (entre époux)

∾ divorce + ADJECTIF

- judiciaire • civil · religieux
- à l'amiable · sur requête conjointe
- conflictuel · contentieux : *des rentes sont versées en cas de divorce contentieux* • difficile · pénible · douloureux : *il a refait sa vie après un divorce douloureux*

∾ VERBE + divorce

- demander · engager une procédure de · réclamer : *après dix ans de vie commune, elle réclame le divorce*
- être en instance de : *ils sont en instance de divorce*
- accorder : *le tribunal lui a accordé le divorce ; sa femme refuse de lui accorder le divorce* · prononcer : *le juge a prononcé le divorce le mois dernier*
- obtenir : *il a obtenu le divorce après 5 ans de procédure*
- se terminer par : *un mariage sur deux se termine par un divorce*

2 divorce *nom masc.* (malentendu, séparation)

∾ divorce + ADJECTIF

- complet : *c'est le divorce complet entre les deux partis politiques* · profond • inévitable : *les dissensions ont rendu le divorce inévitable*
- douloureux : *la fusion des deux sociétés s'est terminée par un divorce douloureux*

∾ VERBE + divorce

- entériner · sceller : *cette déclaration a scellé le divorce entre les deux sociétés*
- consommer : *libéraux et centristes ont pratiquement consommé le divorce*

document *nom masc.*

∾ document + ADJECTIF

- administratif · diplomatique · historique · juridique · notarié · stratégique · etc.
- écrit · manuscrit • audiovisuel · électronique · iconographique · numérique · sonore · vidéo • exclusif · original · inédit • annexe • explicatif · introductif • formel · officiel • interne • accessible · disponible • classé · classé / estampillé confidentiel défense · classifié · confidentiel · inaccessible · (classé / estampillé) secret défense • indisponible · introuvable
- complet • épais · lourd · volumineux : *ce document volumineux contient une masse d'informations*
- détaillé · fouillé · précis • instructif · passionnant • éloquent · probant · révélateur · significatif • capital · exceptionnel · exemplaire · important · irremplaçable · précieux · rare · unique • de première main • nécessaire · utile

- authentique · certifié conforme · inattaquable · irrécusable · irréfutable
- étonnant · insolite
- brut : *le document brut n'est pas très clair à comprendre*
- anonyme · (top) secret
- compromettant · embarrassant · explosif · sensible
- fastidieux • incompréhensible · indéchiffrable · inintelligible
- falsifié · faux

∾ document + VERBE
- émaner de · venir de : *ce document vient de la préfecture* • paraître : *le document est paru le 16 mai dans le journal*
- circuler : *le document a circulé dans toute l'entreprise*
- concerner · porter sur : *ce document porte sur la révision du budget* · traiter de
- affirmer · établir · indiquer · montrer · préciser · présenter · refléter · relever · révéler · témoigner de • évoquer · mentionner • détailler · éclairer · renseigner sur • attester · confirmer • avoir valeur de preuve · prouver
- contredire · mettre en cause

∾ VERBE + **document**
- créer · élaborer · établir · être l'auteur de · fabriquer · produire · réaliser · rédiger • signer
- compulser · consulter · feuilleter · lire · prendre connaissance de
- analyser · dépouiller · éplucher[fam.] · examiner · traiter
- faire état de : *le rapport fait état de documents reçus de source anonyme* • dévoiler · divulguer · exhiber · montrer · présenter · publier · rendre public • déclassifier : *le ministère a déclassifié plusieurs documents confidentiels* • déterrer · exhumer
- apporter · communiquer · confier · diffuser · délivrer · distribuer · échanger · envoyer · fournir · livrer · remettre · transmettre
- accéder à · avoir accès à · découvrir · mettre la main sur · obtenir · recueillir · récupérer · retrouver · saisir · se procurer
- conserver · détenir
- archiver · classer · ficher · ranger · répertorier · stocker • intituler · titrer • annexer • parapher · signer • photocopier · reproduire · numériser
- modifier • antidater · postdater • [Inform.] éditer · formater · ouvrir · fermer · rechercher · sauvegarder
- apporter la touche finale à · compléter · mettre la dernière main à • mettre en pages • protéger
- (plur.) accumuler · amasser · assembler · collecter · ramasser · rassembler · réunir
- authentifier · confirmer la véracité de · valider
- apparaître dans · être mentionné dans : *ce document est mentionné à l'article 25 de la loi* · figurer dans
- falsifier
- confisquer • voler
- contester · refuser
- détruire · supprimer

∾ NOM + DE + **documents**
- corpus · ensemble
- liasse • abondance · foule · masse · mine · montagne · multitude · série · tas[fam.] · tonnes[fam.]

doigt *nom masc.* (souvent plur.)

∾ doigt + ADJECTIF
- préhensile • surnuméraire
- court • décharné · maigre · mince
- boudiné · bouffi · boursouflé · énorme · épais · gras · gros [+ nom] • allongé · effilé · fin · interminable · long
- agile · de fée[○] : *il a des doigts de fée* · délié · souple • élégant · joli · manucuré
- arthritique • griffu • (plur.) palmés · soudés • crispé · engourdi · gourd · raide • maladroit · malhabile • croche · crochu · tordu · noueux · recroquevillé
- accusateur · menaçant · vengeur
- bagouzé[fam.] · bagué

∾ doigt + VERBE
- désigner · pointer : *« Quand un doigt pointe la lune, l'imbécile regarde le doigt »* (proverbe chinois) • claquer · craquer

∾ VERBE + **doigt**
- agiter · bouger · dresser · lever • se dégourdir (plur.) • se lécher · se mordre • (plur.) croiser · enlacer • enfoncer · fourrer · glisser · introduire · passer · plonger • mettre ... dans : *il a mis ses doigts dans une prise électrique* · poser ... sur • mettre ... sur [fig.] : *il met le doigt sur les aspects contradictoires du système*
- amputer · couper
- se brûler · se couper · s'entailler · se sectionner

du doigt

- désigner · indiquer · montrer · pointer · toucher • faire toucher [fig.] : *il veut leur faire toucher du doigt la réalité du problème*

avec les doigts

- manger

sur les doigts (de)

- taper : *autrefois, les instituteurs tapaient sur les doigts des mauvais élèves* • compter : *les grands projets se comptent sur les doigts d'une main*

domination *nom fém.*

∾ domination + ADJECTIF

- capitaliste · commerciale · économique · financière · industrielle · marchande · monétaire · socio-économique • démographique · ethnique · raciale · sociale • culturelle · idéologique · intellectuelle · morale · spirituelle • institutionnelle · politique • étrangère · militaire · navale · territoriale • technique · technologique • féminine · machiste · mâle · masculine · phallique · sexuelle · etc.
- absolue · complète · croissante · éclatante · écrasante · effective · entière · exclusive · extrême · grandissante · impressionnante · incroyable · large · profonde · sans partage · stupéfiante · suprême · totale • flagrante • mondiale · planétaire • hégémonique · impérialiste · monopolistique • incontestable · indiscutable • implacable · inévitable · irrésistible · irréversible
- constante · durable · éternelle · permanente
- exagérée · excessive · incontrôlée · outrancière • autoritaire · brutale · despotique · impitoyable · totalitaire · tyrannique • arrogante · humiliante · insolente · outrageuse • inique · injuste • illusoire · vaine

∾ domination + VERBE

- s'établir · s'exercer : *la domination s'exerce aussi par les armes*
- perdurer · persister · se perpétuer
- être fondée sur · reposer sur

∾ VERBE + domination

- aboutir à · conduire à · construire : *cette entreprise a construit sa domination grâce à la publicité* · entraîner
- (r)établir · installer · instaurer • exercer : *Hollywood exerce une domination absolue sur le cinéma mondial* · imposer
- utiliser
- être sous · passer sous · rester sous · se retrouver sous · tomber sous · vivre sous
- accepter · se soumettre à
- favoriser · justifier · promouvoir · prôner
- accélérer · accentuer · accroître · affermir · (ré)affirmer · asseoir : *le groupe veut asseoir sa domination sur la marché mondial* · assurer · confirmer · conforter · consolider · élargir · étendre : *les monarques de Rome étendirent leur domination de génération en génération* · renforcer
- maintenir · perpétuer · poursuivre : *il poursuit sa domination sur le tennis mondial* · préserver · prolonger : *cette marque de soda prolonge sa domination en variant les parfums*
- montrer · refléter · traduire
- s'inquiéter de • contester · dénoncer · mettre en cause · refuser · remettre en cause • faire face à · protester contre · réagir à · s'élever contre · s'opposer à • bousculer · contrarier · contrecarrer · ébranler · écorner · menacer • combattre · lutter contre · résister à · se défendre contre • échapper à · éviter · s'affranchir de · se soustraire à
- craindre · redouter
- atténuer · brider · limiter
- briser · mettre fin à · renverser : *l'adolescent cherche à renverser la domination de l'adulte pour avoir le dessus*

dommage *nom masc.* (dégât, préjudice)

∾ dommage + ADJECTIF

- corporel · physique • psychique · psychologique · moral • environnemental · matériel · sanitaire • social · culturel • économique · financier • diplomatique · politique · etc.
- accidentel • civil : *ils cherchent à éviter tout dommage civil lors des frappes* • direct · extérieur : *l'accident a causé des dommages extérieurs sur le véhicule* · intérieur • annexe · collatéral • assurable · indemnisable · réparable • éventuel · potentiel
- considérable · énorme · épouvantable · grave · immense · important · incommensurable · inestimable · lourd · majeur · maximum · notable · profond · sérieux · sévère • irrémédiable · irréparable · irréversible • durable
- faible · insignifiant · léger · limité · minime · réduit

∾ dommage + VERBE

- être consécutif à · être dû à · être lié à · résulter de
- survenir : *le dommage survenu résulte d'un défaut d'entretien*

- se chiffrer à · s'élever à · se monter à : *les dommages se montent à plusieurs millions d'euros*
- être à la charge de

∾ VERBE + **dommage**
- constituer : *la pollution constitue un dommage produit par l'homme*
- causer : *des dommages considérables ont été causés par les inondations* · créer : *la lutte des chefs pourrait créer des dommages sérieux dans le parti* · engendrer · entraîner · faire · infliger · occasionner : *ils ont estimé à 50 millions d'euros les dommages occasionnés par les attentats* · porter ... à : *une politique qui porte dommage à l'économie* · provoquer
- risquer : *il risque un dommage à l'ouïe* • faire face à · pâtir de · souffrir de · subir : *il s'est montré assez vague sur l'ampleur des dommages subis*
- constater : *un expert a constaté les dommages* • déterminer · mesurer · estimer · évaluer • recenser (plur.)
- aggraver · augmenter
- assurer · couvrir : *l'assurance ne couvre pas ce genre de dommages* • indemniser · payer · rembourser · financer
- éviter · lutter contre · prévenir
- atténuer · limiter · minimiser : *une mesure pour minimiser les dommages en cas de séisme* · réduire • réparer • compenser

dommages et intérêts *nom masc. plur.*

∾ **dommages et intérêts** + ADJECTIF
- exigibles · forfaitaires
- considérables · élevés · énormes : *il doit d'énormes dommages et intérêts à l'État* · importants · lourds · substantiels
- excessifs · exorbitants
- faibles · limités · symboliques

∾ **dommages et intérêts** + VERBE
- atteindre : *les dommages et intérêts atteignent des sommes confortables* · se chiffrer à · s'élever à · se monter à

∾ VERBE + **dommages et intérêts**
- demander · réclamer · requérir · solliciter
- obtenir · recevoir
- accorder · allouer · attribuer • payer : *il a été condamné à payer des dommages et intérêts* · rembourser · s'acquitter de · verser : *il a dû verser de substantiels dommages et intérêts à la victime*

1 don *nom masc.* (cadeau)

∾ **don** + ADJECTIF
- anonyme : *il a accepté des dons anonymes pour renflouer les caisses de son parti* • direct • indirect • en nature • en argent · en liquide · financier • individuel · privé : *l'organisation est financée par des dons privés* • public • légal · officiel • manuel : *mon père m'a fait un don manuel de 200 euros*
- modeste · petit • ponctuel
- généreux · important · substantiel
- inespéré
- extravagant • illégal · occulte
- gratuit : *le don de sang est gratuit et anonyme*

∾ **don** + VERBE
- venir de : *les dons viennent de particuliers*
- affluer (plur.)
- alimenter : *le compte a été alimenté par les dons collectés* · financer : *l'opération sera financée par un don public de 5 millions de dollars*

∾ VERBE + **don**
- provenir de : *le fonds provient de dons individuels*
- faire (un) appel à · lancer un appel à : *nous avons lancé un appel aux dons pour financer l'opération* · solliciter
- accorder · consentir : *les dons consentis aux associations culturelles* · octroyer · offrir · remettre · verser · effectuer · faire : *il a fait un don de 30 euros à l'association* · réaliser • faire ... de (sans art.) : *elle a fait don de son corps à la science*
- affecter ... à · destiner ... à : *les dons sont destinés au financement du nouveau dispensaire* • (plur.) répartir · distribuer · partager
- bénéficier de · obtenir · recevoir • accepter
- (plur.) collecter · rassembler · récolter · recueillir

2 don *nom masc.* (talent)

∾ **don** + ADJECTIF
- artistique · littéraire · musical · oratoire • athlétique · sportif • divinatoire · médiumnique · paranormal · prophétique · surnaturel · etc.
- naturel
- divin · du ciel° : *son aisance n'est pas tant un don du ciel que le fruit d'une formation* • éclatant · étonnant · exceptionnel · fabuleux · fantastique · incontestable · inégalé · inouï · merveilleux · remarquable : *il a un remarquable don de conteur* · véritable ⁺ ⁿᵒᵐ · vrai ⁺ ⁿᵒᵐ • particulier · rare · singulier · spécial · unique

∞ VERBE + **don**

- avoir : *elle a un don musical ; il a le don d'envenimer la discussion* · bénéficier de · être comblé de (plur.) : *elle est comblée de dons* · être doté de · posséder • se découvrir
- employer · exploiter · faire appel à : *la police a fait appel à ses dons de pilote* · user de · utiliser
- cultiver · développer • mettre en valeur · révéler
- vanter
- gâcher · gaspiller
- être dépourvu de

REM. On rencontre parfois "don inné". Évitez cette expression pléonastique.

dose *nom fém.*

∞ **dose** + ADJECTIF

- médicamenteuse · thérapeutique · vaccinale : *ils ne sont pas en mesure de produire suffisamment de doses vaccinales*
- annuelle · habituelle · hebdomadaire · journalière · mensuelle · quotidienne • fixe · identique : *à dose identique, l'effet peut être différent* · moyenne · régulière
- admise · admissible • conseillée · préconisée · prescrite : *il ne faut pas dépasser la dose prescrite* · recommandée
- adaptée · adéquate · bénéfique · efficace
- bonne + nom : *il faut connaître le poids du patient pour prescrire la bonne dose d'antibiotiques* · généreuse · nécessaire · optimale · raisonnable · suffisante • supportable · tolérable
- exacte • supplémentaire • variable : *les cachets contenaient cette substance à des doses très variables*
- limite · maximale · maximum · seuil : *il existe une dose seuil au-delà de laquelle ce médicament est dangereux* • complète · considérable · croissante · élevée · énorme · faramineuse · forte + nom : *le cuivre est une substance toxique à forte dose* · globale · grosse + nom · haute + nom : *la présence à haute dose de cet insecticide a été détectée dans la rivière* · large + nom · lourde + nom · massive · non négligeable · sacrée + nom fam. : *une sacrée dose de courage* · sérieuse + nom : *il faut une sérieuse dose d'humour pour accepter cela* · significative · solide + nom : *il faut une solide dose de naïveté pour y croire* · substantielle
- excessive
- minimale · minimum • faible : *ce produit est inoffensif à faible dose pour l'organisme* · homéopathique° : *ces réformes se font à dose homéopathique* · infime · infinitésimale · légère + nom · limitée · minime · modérée · négligeable · petite + nom : *c'est supportable à petite(s) dose(s)* · réduite
- insuffisante · parcimonieuse
- létale · mortelle · nocive · toxique

∞ **dose** + VERBE

- varier : *la dose varie entre 1 mg et 16 mg par jour*
- augmenter
- diminuer

∞ VERBE + **dose**

- préconiser · prescrire · recommander
- définir · calculer · fixer · évaluer · mesurer
- administrer · injecter : *il essaie de doper le film en y injectant des doses d'effets spéciaux* · apporter · instiller : *pour instiller une dose de libéralisme dans certaines entreprises publiques* · introduire · fournir
- respecter : *il est important de respecter les doses prescrites*
- adapter · ajuster · modifier
- doubler · augmenter · tripler • forcer° : *il a forcé la dose de vodka*
- dépasser (souvent nég.) : *attention à ne pas dépasser les doses prescrites*
- absorber · avaler · ingérer · ingurgiter · inhaler · prendre · recevoir · s'injecter : *elle doit s'injecter une dose d'insuline deux fois par jour*
- alléger · diminuer · réduire : *il faut réduire progressivement la dose d'antidépresseur*

dossier *nom masc.* (affaire, pièces relatives à une affaire)

∞ **dossier** + ADJECTIF

- administratif · médical · pédagogique · social · technique · thématique • criminel · judiciaire · pénal · etc.
- à l'ordre du jour · en cours · en instance • en attente · en souffrance · en suspens • individuel • spécial • confidentiel · secret
- central · crucial · essentiel · important · majeur · principal · stratégique • prioritaire · urgent • complet · copieux · détaillé · fourni · solide · tentaculaire : *les milliers de pages d'un dossier tentaculaire* · volumineux
- recevable • bon + nom · élogieux · favorable
- complexe : *le dossier est éminemment complexe* · difficile · lourd : *ils n'ont pas réglé le lourd dossier du financement des travaux* • contentieux · controversé · litigieux · polémique • brûlant · chaud · délicat · encombrant · épineux : *cette loi interdit la divulgation d'informations sur certains dossiers épineux* · explosif · noir : *ses révélations sur les dossiers noirs du régime ont été publiées dans la presse* · sensible : *le dossier est jugé hautement sensible* · sulfureux • accablant · compromettant · embarrassant

- bancal · chaotique · embrouillé · mal ficelé • faible · incomplet · mal renseigné • irrecevable

∾ dossier + VERBE

- émaner de • relever de : *ce dossier relève de la tutelle du ministre de la Défense*
- comporter · renfermer : *le dossier renferme des informations capitales* • concerner · être relatif à : *le dossier relatif à la chasse de nuit* · porter sur
- s'entasser (plur.) : *les dossiers s'entassent sur son bureau*
- tenir la route : *si votre dossier tient la route, vous avez donc toutes les chances d'obtenir votre permis*
- prendre une tournure (+ adj.) : *le dossier prend une tournure politique*
- dormir : *le dossier dort dans un tiroir / dans un placard / sur une étagère* · être au point mort · être dans l'impasse · rester bloqué : *à défaut d'un consensus, le dossier reste bloqué*
- s'alourdir

∾ VERBE + **dossier**

- constituer · dresser · élaborer · établir · monter · préparer · produire · rédiger
- prendre à bras le corps · prendre en charge · prendre en main · s'attaquer à • diligenter · être en charge de · piloter · se coltiner*fam.* : *il va devoir se coltiner l'épineux dossier des retraites* · s'occuper de · suivre · traiter · travailler sur • [Droit] instruire · plaider · porter devant un tribunal · porter en justice • défendre : *le détenu peut défendre lui-même son dossier*
- accéder à · avoir accès à · mettre la main sur · (re)trouver • (r)ouvrir : *le Premier ministre s'est enfin décidé à ouvrir le dossier* · reprendre · s'emparer de · se saisir de
- adresser · communiquer · déposer · envoyer · remettre · transférer · transmettre • confier : *le magistrat a confié le dossier à un juge d'instruction* · présenter · soumettre ... à : *le dossier a été soumis à une commission d'enquête*
- débloquer · faire avancer • débroussailler · éclaircir
- compulser · consulter · feuilleter · prendre connaissance de • connaître • analyser · décortiquer · approfondir · dépouiller · éplucher · étudier · examiner · fouiller • se pencher sur · s'intéresser à • juger · se prononcer sur
- compléter · enrichir · épaissir : *ces documents viennent épaissir le dossier des faux électeurs* · étayer · étoffer · verser une pièce à
- dessaisir de · retirer ... à
- se casser les dents sur
- bloquer · enterrer · étouffer · geler • miner · parasiter
- boucler · classer · classer sans suite · clore · (re)fermer · régler · résoudre : *les divergences entre le conseil général et la mairie n'aident pas à résoudre le dossier*

∾ NOM + DE + **dossiers**

- afflux • montagne · pile

[1]douceur *nom fém.* (d'une personne)

∾ douceur + ADJECTIF

- féminine · maternelle
- exquise · extrême · grande + nom · incomparable · incroyable : *un regard d'une douceur incroyable* · infinie • ineffable : *elle me sourit avec une douceur ineffable*
- angélique • suave · sucrée · tendre • tranquille
- mélancolique · triste : *la douceur triste de son visage*
- apparente : *sous cette douceur apparente se cache un tempérament de feu* · fausse + nom

∾ douceur + VERBE

- émaner de · imprégner

∾ VERBE + **douceur**

- être empreint de · être teinté de
- employer · user de : *il faut user de douceur avec cet enfant*

avec douceur

- parler · regarder · s'exprimer · etc.

en douceur

- commencer · débuter • se réveiller • assurer / permettre une transition • se faire · s'effectuer • s'imposer • finir · se terminer • [avion] atterrir · se poser

[2]douceur *nom fém.* (d'un climat)

∾ douceur + ADJECTIF

- climatique • automnale · printanière
- angevine : *« Plus me plaît le séjour qu'ont bâti mes aïeux / Que des palais romains le front audacieux [...] / Et, plus que l'air marin, la douceur angevine »* (J. du Bellay, *Regrets*)
- exceptionnelle : *un hiver d'une douceur exceptionnelle* · incroyable · inhabituelle
- étrange : *« Venez vous enivrer de la douceur étrange / De cette après-midi qui n'a jamais de fin ! »* (Baudelaire, *Les Fleurs du mal*, "Le Voyage")

douleur *nom fém.*

∾ douleur + ADJECTIF

- abdominale · articulaire · cervicale · dorsale · lombaire · musculaire · physique · rhumatismale · stomacale · thoracique • arthritique · inflammatoire · traumatique
- morale · psychique · psychologique · sentimentale
- intime · intérieure • interne
- affreuse · atroce · brutale · brute · effroyable · extrême · forte · grande $^{+ \text{nom}}$ · horrible · immense · incommensurable · inextinguible*littér.* · infernale · infinie · inouïe · intense · profonde · suprême · (sur)aiguë · terrible · violente · vive • brûlante · cuisante · déchirante · foudroyante · fulgurante · irradiante · lancinante · rayonnante · térébrante [Méd.] • insoutenable · insupportable · intolérable • indescriptible · indicible · inexprimable · insondable
- inapaisable · inconsolable • amère · cruelle
- brusque · soudaine · subite
- chronique · continue · continuelle · éternelle $^{+ \text{nom}}$ · permanente · persistante · quotidienne · récurrente · tenace • ancienne · vieille $^{+ \text{nom}}$: *ce sont mes vieilles douleurs qui se réveillent*
- enfouie · inavouée · muette : *« Les grandes douleurs sont muettes »* (Lamartine, *Commentaire sur la 9ᵉ méditation poétique*, "Souvenir") · secrète · silencieuse
- diffuse · sourde · vague • insidieuse · sournoise
- légère $^{+ \text{nom}}$ · limitée · petite $^{+ \text{nom}}$ • locale · localisée • brève · intermittente · passagère • endurable · supportable · tolérable

∾ douleur + VERBE

- (ré)apparaître · pointer
- éclater · se faire sentir
- siéger : *la douleur siège dans l'oreille* • assaillir · envahir · frapper : *une grande douleur frappe notre communauté* · s'emparer de
- irradier · rayonner · se répandre • se raviver · se réveiller · s'exacerber
- accabler · arracher / briser le cœur (de) · crever / fendre le cœur (de) · épuiser · gonfler / faire saigner le cœur (de) · paralyser · ronger · submerger · tarauder · tenailler · terrasser · tétaniser · tourmenter · transpercer
- s'apaiser · s'assoupir · s'atténuer · se calmer · se dissiper · s'émousser · s'estomper • cesse · disparaître · passer : *la douleur est rapidement passée grâce à la morphine*

∾ VERBE + douleur

- causer · éveiller · provoquer · susciter • infliger : *cette méthode n'inflige aucune douleur à l'animal*
- avoir · connaître · endurer · éprouver · être en proie à · ressentir · sentir · subir • traîner : *il traîne une vieille douleur à la jambe*
- être sensible à
- s'abandonner à · se complaire dans · se laisser aller à • gémir de · grimacer de · grogner de · hurler de · pâlir de · pleurer de · se convulser de · se mourir de · se rouler de · se tordre de · s'évanouir de · souffrir de : *il souffre de douleurs dorsales* · tressaillir de • devenir / être fou de · être éperdu de · être hébété de · être ivre de · être livide de · être pétrifié de • être perclus de : *perclus de douleurs, il n'arrivait pas à dormir*
- accepter · dominer : *il essaye sans succès de dominer sa douleur* · dompter · supporter · surmonter · tolérer • avoir une grande résistance à · être insensible à · être résistant à · résister à • oublier • lutter contre
- confier : *il n'a personne à qui confier sa douleur* · crier : *il crie sa douleur de l'avoir perdue* · épancher · exprimer · hurler · manifester • se plaindre de : *il se plaint de douleurs au ventre*
- laisser éclater · montrer · témoigner de : *cette chanson témoigne de la douleur des réfugiés*
- accentuer · aggraver · augmenter · exacerber · exciter · intensifier · ranimer · raviver · réveiller
- feindre · simuler
- craindre : *je crains la douleur de la piqûre* · redouter
- taire · cacher · masquer
- panser · soigner · traiter • adoucir · alléger · apaiser · assoupir · atténuer · calmer · diminuer · endormir · limiter · soulager
- dissiper · effacer · étouffer : *seule la morphine parvient à étouffer sa douleur* · exorciser : *il écrit pour exorciser sa douleur* · supprimer · vaincre

doute *nom masc.*

∾ doute + ADJECTIF

- existentiel · métaphysique · philosophique · religieux • cartésien · méthodique : *le doute méthodique proposé par Descartes est orienté vers la recherche de la vérité*

- fondé · raisonnable : *les faits rapportés établissent au-delà de tout doute raisonnable l'assassinat du sénateur*
- bien / profondément ancré · général : *le doute général plane sur l'affaire* · généralisé : *le sceptique défend l'idée d'un doute généralisé* · grand + nom · gros + nom · méchant fam. · profond · sérieux · terrible • complet · total · absolu • constant · éternel · permanent · perpétuel • subit
- angoissant · affreux · désagréable · horrible · obsédant · pénible • insupportable
- exagéré · excessif • infondé · injuste · mal fondé
- diffus · faible · moindre + nom : *au moindre doute, posez-moi des questions* · petit + nom

∞ doute + VERBE

- naître : *cela a fait naître le doute dans son esprit* · surgir • planer : *le doute plane sur l'avenir du pays* · régner · s'installer
- grandir · s'accumuler (plur.) · se multiplier (plur.) • persister · subsister : *le doute subsiste quant à sa culpabilité*
- peser sur : *les doutes qui pèsent sur lui*
- se glisser dans · s'emparer de · s'insinuer dans • (souvent passif) envahir · gagner · prendre : *il a été soudain pris d'un doute* · saisir • (souvent passif) assaillir · ébranler · habiter · miner · ronger · tarauder · tenailler · torturer · tourmenter · travailler
- ne pas être de mise · ne pas être permis : *aucun doute n'est permis*
- disparaître · s'évanouir

∞ VERBE + doute

- créer · éveiller · induire · inspirer · installer · instaurer · instiller · introduire · jeter : *son mensonge a jeté le doute sur son honnêteté* · mettre : *il a mis le doute dans son esprit* · semer : *il sème le doute sur ses intentions* · soulever · susciter
- autoriser : *ces tests n'autorisent aucun doute* · permettre : *l'accusation du mort était trop formelle pour permettre le doute*
- avoir · éprouver · être dans : *je suis dans le doute* · être en proie à : *un homme angoissé, en proie aux doutes* · être pétri de • laisser dans : *ne me laisse pas dans le doute*
- émettre · exprimer · faire part de · formuler · révéler : *les sondages révèlent les doutes de la population*
- manifester · refléter · traduire : *ces hésitations traduisent le doute des électeurs*
- accentuer · alimenter · confirmer · entretenir · fortifier · nourrir · raviver · renforcer
- mettre en : *l'utilité de ces travaux est mise en doute*
- ne faire guère de / aucun : *sa culpabilité ne fait guère de / aucun doute* · ne laisser aucun · ne laisser guère de / aucune place à · ne pas / plus faire de • être hors de
- accorder / laisser le bénéfice de
- ôter (de) : *ôte-moi d'un doute* • balayer · dissiper · enlever · faire disparaître · lever · mettre fin à · mettre un terme à · vaincre

∞ NOM + DE + doute

- moment · période · phase · temps

drame *nom masc.* (événement tragique)

∞ drame + ADJECTIF

- économique · financier · judiciaire • écologique · humanitaire · racial · religieux · routier : *un nouveau drame routier s'est produit hier* · sanitaire · social · etc.
- humain • amoureux · conjugal · passionnel · romantique · sentimental • domestique · familial • intérieur · intime · moral · identitaire • individuel · personnel · privé
- annoncé · inévitable · irrémédiable · irréversible · prévisible • banal · commun · connu · ordinaire
- grand + nom · grave · immense · majeur · terrible · véritable + nom · vrai + nom • cornélien · shakespearien • éternel · interminable · permanent · quotidien · sans fin
- collectif · mondial · national · planétaire · universel
- bouleversant · déchirant · émouvant · poignant • consternant · regrettable · révoltant · inexplicable • affreux · atroce · effroyable · épouvantable · horrible · insupportable · sanglant · terrifiant
- absurde · stupide · inutile
- étrange · inattendu · inexpliqué · mystérieux · singulier
- petit + nom : *il y a eu un petit drame familial au dîner d'hier soir*

∞ drame + VERBE

- couver · pointer · s'annoncer · se nouer · se tisser : *un drame se tisse autour de cet amour impossible* · se tramer
- éclater : *soudain, le drame éclate : un homme est abattu* · survenir • arriver · avoir lieu · se dérouler · se jouer : *cette question est au cœur du drame qui se joue* · s'ensuivre · se passer · se produire
- se poursuivre · se rejouer · se répéter · se reproduire · se succéder (plur.) • durer

- (souvent passif) affecter · briser · déstabiliser · emporter · endeuiller : *ce drame endeuille la ville entière* · fondre sur · frapper · marquer · menacer · s'abattre sur • bouleverser · ébranler · émouvoir · horrifier · plonger dans le désarroi · toucher · traumatiser
- se dénouer · se terminer : *souvent, ces drames se terminent par un divorce*

∞ VERBE + **drame**
- conduire à · déboucher sur · déclencher · entraîner · être à l'origine de · provoquer
- affronter · connaître · être confronté à : *beaucoup de familles sont confrontées au drame de la drogue* · être impliqué dans · être plongé dans · faire face à · frôler · traverser : *cette femme a traversé un drame : la perte d'un enfant* · vivre : *avec cet accident, elle a vécu un drame* • être victime de
- basculer dans : *l'histoire bascule dans le drame avec la découverte d'un cadavre* · devenir : *ce fait divers est devenu un drame national* · prendre des allures de · se terminer par / en · tourner à · virer à
- annoncer · préfigurer : *ce livre préfigure le drame actuel* • décrire · évoquer · expliquer · raconter · rappeler
- pressentir • analyser · comprendre (les raisons de) · enquêter sur · mesurer l'étendue de · mesurer / prendre conscience de l'ampleur de · prendre connaissance de · prendre la mesure de · se pencher sur · s'interroger sur • tirer les conséquences de · tirer les leçons de
- être témoin de · assister à
- alimenter : *des tensions alimentent le drame*
- craindre · redouter
- éviter · sortir de · survivre à
- minimiser
- dénouer · désamorcer · mettre fin à · mettre un terme à

drogue *nom fém.* (stupéfiant)

∞ **drogue** + ADJECTIF
- pharmaceutique · chimique · synthétique
- classique · traditionnelle • de synthèse · naturelle • psychédélique · psychotrope • euphorisante · hallucinogène · récréative · stimulante • injectable : *l'héroïne est une drogue injectable*
- populaire : *une drogue populaire chez les athlètes américains*
- douce○ : *les drogues douces n'entraînent pas de dépendance immédiate* • légale · légalisée · licite
- dure○ : *les drogues dures ont des effets dévastateurs* · puissante • [aussi fig.] véritable + nom : *les jeux vidéo sont devenus une véritable drogue pour lui* · vraie + nom
- dangereuse · mortelle · redoutable • illégale · illicite · prohibée

∞ **drogue** + VERBE
- causer / provoquer une accoutumance • détruire · faire / provoquer des ravages · faire / provoquer des dommages · ronger : *ils sont rongés par l'alcool et la drogue*
- circuler : *la drogue circule en prison / dans les lycées*

∞ VERBE + **drogue**
- basculer dans · plonger dans · s'enfoncer dans · se réfugier dans · sombrer dans · (re)tomber dans • toucher à : *elle a touché à la drogue très jeune* · avoir un contact avec · goûter à · essayer · expérimenter : *le nombre d'adolescents ayant déjà expérimenté une drogue a doublé* • absorber · avaler · consommer · fumer · ingurgiter · manipuler · prendre · s'administrer · s'injecter : *ils s'injectent leurs drogues dans de mauvaises conditions sanitaires* · user de · utiliser • être sous l'effet de · être sous l'emprise de · être sous l'influence de • abuser de · s'adonner à · se bourrer de *fam.* • devenir / être dépendant de · être accro à *fam.* · ne pas / plus pouvoir se passer de · s'accoutumer à
- se procurer · trouver
- distribuer · fournir · passer · receler · (re)vendre
- dépénaliser · légaliser
- combattre · déclarer la guerre à : *les élus déclarent la guerre à la drogue* • interdire
- décrocher de *fam.* · en terminer avec · guérir de : *il peut guérir de la drogue en faisant une cure de désintoxication* · renoncer à · sortir de

∞ NOM + DE + **drogue**
- trafic

1 droit *nom masc.* (faculté)

∞ **droit** + ADJECTIF
- civique : *ces personnes peuvent être privées des droits civiques* · humanitaire · moral · social • d'asile○ · de vote○ · de grève○ • de garde○ · de visite○ • de regard○ · de cité○ • d'ingérence○
- collectif : *cette mesure renforce les droits collectifs des travailleurs* · humain : *ils considèrent l'accès à l'eau comme un droit humain et social* • exclusif : *il lui a donné un droit exclusif d'exploitation de son invention* · individuel · personnel • divin :

auparavant, le roi était un souverain de droit divin · légitime · naturel : *la sûreté individuelle est l'un des droits naturels et imprescriptibles de l'homme* · régalien : *la grâce est un droit régalien* • indivisible : *ils bénéficient de droits indivisibles sur la propriété de leurs clichés* • transférable

- acquis · reconnu • automatique • absolu · sacré · sans réserve · souverain : *le droit souverain des États d'appliquer leurs politiques publiques* · universel • élémentaire · essentiel · fondamental : *la propriété privée est un des droits fondamentaux de l'homme et du citoyen* • imprescriptible · inaliénable · incontestable · inviolable
- contestable · douteux · litigieux

∾ VERBE + **droit**

- demander · réclamer · revendiquer
- établir · instaurer · instituer
- consacrer : *le texte ne consacre pas un droit absolu à retrouver ses géniteurs* • accorder · attribuer · conférer · consentir · transférer • rétablir dans (plur.) : *si la suspension se révèle injustifiée, le fonctionnaire sera rétabli dans ses droits*
- entériner · faire appliquer · mettre en œuvre • défendre · garantir · maintenir · préserver · promouvoir · protéger · sauvegarder • être attaché à · lutter pour · plaider pour · prôner : *une majorité prône le droit de vote des étrangers aux élections municipales* · soutenir • reconnaître · respecter
- appliquer · exercer : *il peut exercer son droit de veto et bloquer le projet* · faire jouer · se prévaloir de : *ils ne peuvent se prévaloir d'un droit à l'adoption* · user de · utiliser • faire entendre · faire reconnaître · faire respecter · faire valoir • [péj.] abuser de · outrepasser · usurper
- élargir · renforcer
- acquérir · conquérir · gagner · intégrer : *la charte éthique de l'entreprise vient d' intégrer les droits sociaux fondamentaux* · obtenir • s'attribuer · se reconnaître · se réserver : *je me réserve le droit de refuser* • [péj.] s'approprier · s'arroger • recouvrer · regagner · rentrer dans · reprendre
- avoir · bénéficier de · détenir · disposer de · être dans : *il est tout à fait dans son droit* · être investi de : *la mairie est investie d'un droit de préemption* · jouir de • conserver · garder
- (ré)affirmer · proclamer • invoquer · rappeler : *l'avocat a rappelé ses droits à son client*
- remettre en cause • dénier · nier · contester • aliéner · aller à l'encontre de · bafouer · empiéter sur · léser : *il doit prendre des précautions pour ne pas léser les droits de la défense* · porter atteinte à · sacrifier (...à) : *on l'accuse d'avoir sacrifié les droits de l'homme à des intérêts commerciaux* · violer
- méconnaître
- limiter · réduire · restreindre
- abandonner · abdiquer · céder · concéder · laisser tomber · renoncer à · rétrocéder
- être débouté de : *il a été débouté du droit d'asile* · perdre · se désister de : *un parent ne peut pas se désister de ses droits parentaux*
- abolir · supprimer • enlever : *le juge lui enlèvera peut-être ses droits sur notre enfant* · priver de · refuser · retirer : *le gouvernement voulait leur retirer le droit de grève*

[2]**droit** *nom masc.* (législation)

∾ **droit** + ADJECTIF

- bancaire · boursier · canon · civil · commercial · constitutionnel · économique · fiscal · foncier · maritime · pénal · humanitaire · politique · social · syndical · etc.
- commun · communautaire · coutumier · européen · international · national · privé · public

∾ VERBE + **droit**

- relever de : *cela relève du droit international*
- être compatible avec · être conforme à · être en conformité avec
- mettre ... en conformité avec : *la réforme mettra le droit interne en conformité avec le droit communautaire*
- réformer
- contourner : *ces grands dirigeants cherchent à contourner le droit du travail* • aller à l'encontre de · bafouer · constituer une violation de · être contraire à · violer : *ils violent le droit international*

[3]**droit** *nom masc.* (taxe)

∾ **droit** + ADJECTIF

- d'auteur · de douane · d'entrée · etc.
- élevé
- excessif · exorbitant
- modéré · modique · réduit

∾ VERBE + **droit**

- percevoir · prélever · toucher • recouvrer
- être assujetti à · être frappé de · être soumis à · être sujet à : *je ne sais si ce texte est sujet à droit d'auteur*
- acquitter · payer · régler · rembourser · s'acquitter de
- réduire : *les droits de douane sur le tissu ont été réduits*

- affranchir de · dispenser de · exempter de · libérer de
- être exempt de · être libre de : *la publication de cette photo est libre de droit*

∾ NOM + DE + droits
- catalogue : *le groupe a acheté un catalogue de droits audiovisuels*

durée *nom fém.*

∾ durée + ADJECTIF
- globale · totale : *la durée totale de la formation est de 18 mois* • déterminée · fixe · précise • effective · réelle • habituelle · médiane : *la durée médiane des stages de fin d'études* · moyenne · normale : *la durée normale d'utilisation du produit* • maximale · maximum • minimale · minimum • hebdomadaire • autorisée · contractuelle : *la réduction de la durée contractuelle réclame l'accord des deux parties* · légale · officielle · permise : *vous avez dépassé la durée permise de stationnement* · réglementaire • prévisible : *la durée prévisible du traitement* · prévue · probable • inégale · variable
- exceptionnelle · importante · inhabituelle · inimaginable · longue + nom : *une affection de longue durée ; pendant une durée relativement longue* • illimitée · infinie • ininterrompue : *vous devez justifier d'un séjour d'une durée ininterrompue de trois ans* • excessive
- optimale · raisonnable · suffisante • nécessaire
- incertaine · inconnue · indéfinie · indéterminée
- brève + nom · courte + nom : *pendant une durée relativement courte ; l'averse a été de courte durée* · limitée · moindre + nom : *un résultat équivalent pour une durée moindre de travail* · petite + nom · réduite

∾ durée + VERBE
- s'écouler • être comprise entre ... et ...
- dépasser · excéder : *la durée de ce type de contrat ne peut excéder deux mois*

∾ VERBE + durée
- respecter
- définir · fixer · préciser · prévoir
- calculer · évaluer · mesurer
- abréger · baisser · diminuer · limiter · raccourcir · ramener à : *ils ont ramené la durée du stage à deux semaines* · réduire
- accroître · allonger · augmenter • prolonger
- dépasser · excéder

e

[1] eau *nom fém.* (liquide, boisson)

∾ eau + ADJECTIF

- de pluie° • thermale : *des cosmétiques à base d'eau thermale* • baptismale · bénite · lustrale° · sacrée · sanctifiée
- liquide : *l'eau liquide est plus dense que la glace* • salée • courante° · du robinet° • de source° · gazéfiée · gazeuse° · minérale° · pétillante · plate°
- bouillante · bouillie · brûlante • bouillonnante · chaude · tiède • fraîche · froide · glacée
- calcaire · dure° • contaminée · empoisonnée · impropre à la consommation · non potable · polluée • insipide
- claire : *je l'ai lavé à l'eau claire* · propre · pure · purifiée • buvable · potable · propre à la consommation · salubre : *après l'inondation, des milliers de gens se sont retrouvés sans eau salubre* • cristalline · diaphane · limpide · translucide · transparente

∾ eau + VERBE

- jaillir (de) : *l'eau jaillissait du sol* · sourdre • circuler · couler · courir · s'écouler • pénétrer dans · se déverser dans · s'engouffrer dans : *l'eau s'engouffrait dans le bateau* · s'infiltrer dans • déborder • dégouliner · ruisseller · suinter • clapoter · onduler · tourbillonner • s'abattre sur · tomber (sur) • tomber dru · tomber en cascade
- contenir · se charger de : *l'eau de pluie se charge de minéraux*
- bouillir · bouillonner • geler · se condenser
- se faire rare • s'évaporer

∾ VERBE + eau

- se gonfler de · s'imbiber de · se remplir de · regorger de · se gorger de · s'imbiber de
- aller chercher : *elles vont chercher l'eau au puits* · capter · pomper · prendre : *j'ai pris de l'eau au robinet* · puiser · récupérer : *on récupère l'eau de pluie dans des bassins* • stocker • économiser
- acheminer · transporter • distribuer · fournir
- être privé de : *la population est privée d'eau potable* · manquer de : *les plantes manquent d'eau*
- bouillir · chauffer • déminéraliser · dessaler • embouteiller · verser ... dans : *il a versé l'eau dans un verre*
- avaler · boire · consommer • s'arroser de · s'asperger de
- contaminer · polluer · souiller
- dépolluer · filtrer · purifier · traiter
- couper : *il faut couper l'eau au compteur*

∾ NOM + D' + eau

- trombes (plur.)
- flaque · goutte
- réserve

[2] eau *nom fém.* (masse d'eau, mer, rivière)

∾ eau + ADJECTIF

- (plur.) basses [+ nom] : *ils profitent des basses eaux pour ramasser les coquillages* · hautes [+ nom] : *la grève disparaît au moment des hautes eaux* · morte(s) [+ nom] • littorales · territoriales • fluviales • usagées · usées • de ruissellement · pluviales · résiduaires
- douce° : *c'est un poisson d'eau douce qu'on pêche dans les lacs du Nord-Est* • calcaire · dure° • salée • de mer° · marine : *une grande étendue d'eau marine* · océanique : *les courants affectent la circulation des eaux océaniques* • vive° : *les sports d'eau(x) vive(s)* • profonde · souterraine : *le réseau d'eau souterraine de la région ; la pollution des eaux souterraines par les agriculteurs* • de surface · superficielle(s)

- bleue · rouge · turquoise · verte • grise · noire · sombre
- assoupie · calme : *un donjon domine les eaux calmes du détroit de Johore* · dormante · immobile · lisse · paisible · stagnante · tranquille
- agitée · capricieuse · dangereuse · déchaînée · houleuse · tourmentée · tumultueuse · turbulente : *la pratique des sports aquatiques en eau turbulente* • boueuse · bourbeuse · limoneuse · sableuse • ferrugineuse · soufrée · sulfureuse • laiteuse · trouble • sale · souillée • rougeâtre · verdâtre • gluante · grasse · huileuse · saumâtre • croupie

∞ eau + VERBE

- alimenter : *les étangs sont alimentés par les eaux fluviales* · arroser · baigner : *la côte est baignée par les eaux froides du courant de Humboldt* • charrier · emporter : *les ponts ont été emportés par l'eau / les eaux* · entraîner
- cerner · entourer : *une petite maison entourée d'eau* • engloutir · envahir · inonder · menacer · submerger : *l'île a été entièrement submergée par l'eau*
- monter
- descendre · reculer · refluer · se retirer : *l'eau se retire peu à peu de la ville*
- croupir · dormir : *« Il n'est pire eau que l'eau qui dort »* (proverbe) · stagner • se troubler

∞ VERBE + eau

- fendre : *l'étrave fendait l'eau* • pénétrer dans : *le submersible a pénétré dans nos eaux territoriales*

∞ NOM + D' + eau(x)

- (re)montée
- masse

à l'eau

- sauter · se jeter [aussi fig.] · se lancer [aussi fig.] · se mettre · tomber [aussi fig.]

dans l'eau

- entrer · pénétrer · plonger · sauter · se jeter · se noyer : *il a failli se noyer dans l'eau du lac* · (se) tremper • vivre • nager · barboter · patauger • se dissoudre · être soluble · diluer

sous l'eau

- évoluer · nager

sur l'eau

- danser · flotter · glisser : *le bateau glisse lentement sur l'eau noire* · marcher : *des sabots élastiques censés permettre de marcher sur l'eau* · naviguer · se poser

ébauche *nom fém.*

∞ ébauche + ADJECTIF

- première [+ nom] · simple [+ nom] • embryonnaire · grossière · rapide · rudimentaire · sommaire · timide : *une timide ébauche de politique culturelle européenne*
- informe · vague
- admirable · belle [+ nom] · impressionnante · magistrale · solide

∞ VERBE + ébauche

- servir de : *la Chapelle de Vincennes servit d'ébauche à la Sainte-Chapelle de Paris*
- concevoir · élaborer · faire · réaliser · rédiger · tracer : *ils ont tracé l'ébauche d'un nouveau plan*
- fournir · livrer · proposer : *ils proposent une ébauche de loi*

[1] écart *nom masc.* (distance, différence)

∞ écart + ADJECTIF

- conjoncturel · culturel · démographique · économique · idéologique · salarial · social · etc.
- actuel • moyen : *l'écart moyen de salaire entre un homme et une femme pour un même poste se situe autour de 18 %.*
- inattendu · inhabituel
- béant : *tous constatent l'écart béant entre le bilan officiel et la réalité* · colossal · conséquent · considérable · élevé · énorme · extrême · formidable · gigantesque · grand [+ nom] · gros [+ nom] · immense · important · impressionnant · large [+ nom] · net · non négligeable · prodigieux · sans précédent · spectaculaire · saisissant · substantiel · vertigineux • démesuré · ahurissant • prononcé · marqué · criant : *il existe des écarts criants de revenus entre ces deux groupes* · sensible · significatif · notable • inévitable : *l'écart inévitable entre l'idée et sa réalisation* · irréductible · irrémédiable : *ils ont creusé un écart irrémédiable de quatre buts face aux Autrichiens* • croissant · grandissant • permanent · perpétuel · persistant
- suffisant : *il faut laisser un écart suffisant entre les plants*
- fâcheux · injustifié · inquiétant · scandaleux : *l'écart scandaleux entre les riches et les pauvres*
- faible · infime · infinitésimal · limité · mince : *Il a 4 points d'avance sur son adversaire : un écart mince* · minime · minuscule · modeste · moyen · petit [+ nom] · raisonnable

∾ écart + VERBE

- apparaître · se créer · s'installer : *un écart s'installe très tôt entre les bons élèves et les plus faibles*
- exister
- séparer : *l'écart qui sépare ces deux générations*
- aller croissant · augmenter · doubler · grandir · progresser · s'accentuer · s'accroître · s'aggraver · se creuser : *l'écart se creuse entre pays indusrialisés et pays en développement* · s'élargir · se renforcer • demeurer · subsister · se confirmer
- diminuer · faiblir · s'amenuiser · se réduire · se resserrer
- disparaître · se combler

∾ VERBE + écart

- entraîner · générer · provoquer • rétablir : *en marquant un but, il a rétabli l'écart*
- constater · enregistrer · observer · relever
- calculer · mesurer · prendre la mesure de • surestimer
- faire apparaître · mettre en évidence · montrer · révéler · souligner · traduire : *l'étude traduit un écart de développement entre l'Ouest et l'Est*
- accentuer · accroître · agrandir · augmenter · creuser · doubler · exacerber : *la mondialisation pourrait exacerber l'écart entre le Nord et le Sud* · maximiser : *il cherche à maximiser l'écart entre le coût de production et le prix du produit* · renforcer
- dénoncer · déplorer · s'insurger contre
- profiter de
- atténuer · compenser · diminuer · limiter · rattraper · réduire · résorber : *résorber l'écart de rémunération entre les sexes* · resserrer • minimiser · relativiser
- annuler · combler · corriger · gommer

à l'écart

- (se) mettre · (se) tenir • rester · demeurer • laisser · maintenir • tirer : *il l'a tiré à l'écart pour lui parler* · prendre

²écart *nom masc.* (dans le comportement)

∾ écart + ADJECTIF

- de conduite° · de langage° · de régime · verbal • amoureux · sexuel : *les écarts sexuels des hommes politiques ne m'intéressent pas*
- fâcheux · grave · sérieux

∾ VERBE + écart

- commettre : *il a commis quelques écarts dans sa jeunesse* · faire · se laisser aller à : *il s'est laissé aller à quelques écarts de langage*
- justifier • pardonner · permettre · supporter · tolérer
- interdire : *il interdit tout écart de conduite* · sanctionner

¹échange *nom masc.* (substitution)

∾ échange + ADJECTIF

- standard° : *faire un échange standard de moteur*
- amiable · gratuit

∾ VERBE + échange

- effectuer · faire · procéder à

en échange

- exiger · demander · réclamer • offrir · payer • obtenir · recevoir

²échange *nom masc.* (propos, souvent plur.)

∾ échange + ADJECTIF

- épistolaire · téléphonique · verbal • informel : *nous avons eu des échanges informels avec les syndicats*
- aimables · courtois : *les rencontres diplomatiques ne se limitent qu'à des échanges courtois*
- fructueux : *des échanges fructueux entre chercheurs*
- long ⁺ ⁿᵒᵐ : *j'aime nos longs échanges sur la poésie et la philosophie*
- aigre · dur · sévère · vif : *le sujet a donné lieu à de vifs échanges entre opposition et majorité* · virulent • aigre-doux • interminables : *les interminables échanges entre députés*
- bref

∾ VERBE + échange

- donner lieu à · susciter : *ce dossier a suscité un vif échange*
- avoir : *nous avons eu plusieurs échanges sur le sujet* · se livrer à : *les délégués se sont livrés à des échanges assez virulents*

échanges *nom masc. plur.* (relations, commerce)

∾ échanges + ADJECTIF

- artistiques · culturels • interculturels · interdisciplinaires : *un lieu pour favoriser les échanges interdisciplinaires* • interpersonnels : *l'internationalisation des échanges interpersonnels est amplifiée par l'usage d'Internet* • commerciaux · économiques · interbancaires
- banals · courants • continuels · continus · incessants · permanents
- fertiles · fructueux • directs · informels : *les échanges informels avec l'Est minorent le déficit commercial*

∾ échanges + VERBE

- être fondé sur : *tous ces échanges sont fondés sur la confiance* · reposer sur
- se multiplier

∞ VERBE + **échanges**

- mettre en place
- avoir : *la France a des échanges commerciaux avec l'Allemagne* · organiser · procéder à : *procéder à des échanges d'informations sur la criminalité* · se livrer à • redémarrer · reprendre : *nous avons repris nos échanges avec l'Asie*
- faciliter · favoriser : *pour favoriser les échanges culturels entre nos deux pays* • sécuriser : *la réglementation permet de sécuriser les échanges sur Internet* • réguler
- accélérer · développer · doper : *cette enveloppe financière devrait doper les échanges économiques entre nos pays* · intensifier · libéraliser · stimuler • multiplier
- diversifier · rééquilibrer · réorienter : *le pays a complètement réorienté ses échanges au profit de ses partenaires de l'Union*
- ralentir

∞ NOM + D' + **échanges**

- accélération · accroissement
- flux

[1]**échéance** *nom fém.* (date limite)

∞ **échéance** + ADJECTIF

- déterminée · fixe · normale · précise · prévue • régulière : *des intérêts payés chaque année à échéances régulières* • intermédiaire • future · prochaine · ultérieure • éloignée · lointaine • immédiate : *elle doit faire face aux échéances immédiates de son endettement* · imminente · proche · rapprochée : *un contrat à échéance rapprochée* • butoir · définitive · dernière [+ nom] · finale
- [délai] • longue [+ nom] : *cela conduit, à plus ou moins longue échéance, à la mort*
- [délai] • brève [+ nom] · courte [+ nom] : *le pays risque de plonger dans la guerre civile à courte échéance*

∞ **échéance** + VERBE

- approcher · arriver (à terme) · se rapprocher : *l'échéance se rapproche dangereusement*

∞ VERBE + **échéance**

- déterminer · fixer • négocier
- observer : *le service de recouvrement fixe les échéances à observer par le débiteur* · respecter
- anticiper
- différer · reculer · reporter · repousser · retarder : *ils essayent de retarder au maximum l'échéance* • prolonger · proroger

à échéance

- arriver : *l'emprunt arrive à échéance le 15 avril* · venir

[2]**échéance** *nom fém.* (moment, événement, souvent plur.)

∞ **échéance** + ADJECTIF

- électorale : *à la veille de l'échéance électorale de 2007* · législative · municipale · politique · présidentielle : *à l'approche des échéances présidentielles de 2007* • judiciaire : *la mairie va connaître deux échéances judiciaires importantes*
- capitale · cruciale · décisive · déterminante · importante · majeure • inéluctable : *cela n'a fait que retarder des échéances inéluctables* · inévitable
- fatale · fatidique : *lutter contre la maladie pour faire reculer l'échéance fatidique* · redoutable · redoutée : *prolonger sa carrière pour retarder l'échéance redoutée de la retraite*

∞ **échéance** + VERBE

- approcher · arriver · s'approcher · se préciser : *alors que les échéances se précisent, ils n'ont toujours aucun programme politique* · se rapprocher • attendre : *l'échéance électorale qui les attend*
- (souvent passif) obnubiler : *il est complètement obnubilé par l'échéance présidentielle* · obséder · préoccuper

∞ VERBE + **échéance**

- attendre • aborder : *pour aborder les échéances législatives dans un ordre de bataille cohérent* · affronter : *le Premier ministre aura à affronter des échéances politiques cruciales* · préparer · se préparer à
- bouleverser · bousculer : *bousculer les échéances en avançant les élections* • brusquer · hâter · précipiter · rapprocher : *la maladie rapproche l'échéance de la mort*

[3]**échéance** *nom fém.* (règlement, souvent plur.)

∞ **échéance** + ADJECTIF

- bancaire : *le groupe doit régler d'importantes échéances bancaires* · financière • mensuelle · trimestrielle
- importante · lourde [+ nom] : *le pays devra rembourser au FMI une lourde échéance de 2,9 milliards de dollars*
- petite [+ nom]

∞ **échéance** + VERBE

- tomber : *de lourdes échéances tombent tous les mois*

∞ VERBE + **échéance**

- acquitter · faire face à · honorer : *la société n'a pu honorer une échéance de 1,55 milliard de dollars* · payer · régler · rembourser · s'acquitter de

échec *nom masc.*

∞ échec + ADJECTIF

- commercial · économique · financier • diplomatique · politique • technique · thérapeutique • sentimental • personnel · professionnel · scolaire : *des enfants en échec scolaire* • critique · public : *son dernier film a été un échec critique et public*
- annoncé · prévisible · programmé • assuré · certain · inéluctable · inévitable
- historique · important · majeur · véritable + nom • absolu · complet · grave · incontestable · retentissant · sans appel · sans précédent · total • cuisant · cinglant • définitif • criant · éclatant · évident · flagrant · patent • chronique · perpétuel · persistant • (plur.) consécutifs · successifs · répétés
- catastrophique · cruel · désastreux · effroyable · dramatique · lamentable · rude · sanglant · sévère · terrible · tragique • regrettable • déshonorant · humiliant · piteux : *leur diplomatie a enregistré une série de piteux échecs* • intolérable
- décevant · décourageant · démoralisant · désolant • immérité · injuste
- inattendu · surprenant
- apparent • petit + nom · relatif • provisoire : *après un échec provisoire, les troupes ont réussi à conquérir la ville*

∞ échec + VERBE

- (plur.) s'accumuler · se multiplier · se répéter · se succéder
- (souvent passif) affaiblir · affecter · anéantir · avoir un impact sur · briser · décevoir · décourager · démoraliser · désabuser · détruire · écœurer · entamer : *ces échecs successifs ont entamé sa confiance* · frustrer · hanter · humilier · sonner : *le parti a été sonné par son échec* · ternir : *sa réputation a été ternie par cet échec* · traumatiser • remettre en cause · fragiliser

∞ VERBE + échec

- causer · conduire à · contribuer à · engendrer · entraîner · être à l'origine de · être responsable de · provoquer • infliger : *ils ont infligé un échec à leur ennemi* • aboutir à · se solder par • se terminer sur · s'achever sur · se conclure sur • mettre en · tenir en○ : *les guérilleros ont tenu en échec l'armée pendant des semaines*
- attribuer ... à · imputer ... à : *on ne peut lui imputer l'échec de la gauche*
- aller à / au-devant de · aller droit à / vers : *ils vont (tout) droit à / vers l'échec* · courir à · être condamné à · être / sembler voué à : *ce modèle politique semble voué à l'échec* · s'exposer à
- connaître · enregistrer · essuyer : *il a essuyé un nouvel échec aux élections cantonales* · se heurter à · subir • être en situation de : *les enfants en situation d'échec scolaire* · être en : *ce malade est en échec thérapeutique* • avoir / rester sur un sentiment de · ressentir · vivre • (plur.) accumuler · collectionner : *l'antihéros collectionne les échecs* • rester sur : *il ne faut pas rester sur un échec* • remâcher · ressasser
- se souvenir de • tirer la leçon / les conséquences de
- annoncer · avouer · reconnaître
- constater
- constituer · être synonyme de : *un redoublement n'est pas forcément synonyme d'échec* · signifier : *cet attentat signifie l'échec du processus de paix* • marquer : *ce taux d'inflation marque l'échec de leur politique économique* · sceller : *la victoire des extrémistes scelle l'échec de toute une classe politique*
- être le signe de : *les crispations identitaires sont le signe de l'échec d'une intégration républicaine* · faire ressortir · illustrer · mettre en évidence · révéler
- mesurer • analyser · commenter · expliquer
- accepter · admettre · assumer · digérer*fam.*
- affronter : *il est toujours douloureux d'affronter l'échec* · faire face à · lutter contre : *une nouvelle politique destinée à lutter contre l'échec scolaire* · refuser · surmonter • empêcher · éviter • sanctionner : *cette situation sanctionne l'échec d'une coûteuse stratégie*
- avoir peur de · craindre · redouter : *le diplomate redoute l'échec des négociations*
- dissimuler · masquer
- compenser · contrebalancer · rattraper · réparer • faire oublier · effacer • relativiser
- transformer ... en succès / victoire : *il a suffisamment de talent pour transformer son échec en victoire*

∞ NOM + D' + échec(s)

- sentiment • aveu : *la présence de la police dans les collèges serait un aveu d'échec*
- accumulation · série · succession

écho *nom masc.* (fig. : évocation, retentissement)

∞ écho + ADJECTIF

- local · mondial · planétaire · public • intime : *l'écho intime de sa solitude* • médiatique : *l'inévitable écho médiatique de ce procès risque d'en*

influencer le cours · politique • contemporain · moderne
- direct : *ce qui se passe au Moyen-Orient a un écho direct ici* · immédiat · instantané
- indirect · tardif : *l'œuvre de l'artiste n'a rencontré qu'un écho tardif*
- [aussi litt.] puissant · remarquable · exceptionnel · incroyable • fort [+ nom] · considérable · énorme · formidable · immense · important · indéniable · large · profond · retentissant · sans précédent · bel [+ nom] • croissant · grandissant • persistant · sans fin : *les mots résonnent encore dans sa tête, comme un écho sans fin* • multiples (plur.)
- enthousiaste · favorable · positif • fidèle : *le journal se fait l'écho fidèle de la vie du village*
- inattendu · inespéré : *la télévision donne un écho inespéré à ceux qui veulent s'offrir ce genre de gloire* · singulier
- défavorable : *aucun écho défavorable ne m'est parvenu sur le sujet* · négatif
- douloureux : *cette pièce sur la bataille d'Azincourt fait résonner l'écho douloureux d'autres guerres* · sinistre
- assourdi · étouffé · limité · lointain : *un amphithéâtre romain où l'on entend encore le lointain écho des batailles* · réduit • faible · petit [+ nom]

∾ **écho** + VERBE
- résonner : *la splendeur ottomane dont l'écho résonne dans la Turquie d'aujourd'hui* · se faire entendre
- s'amplifier · se confirmer • se prolonger

∾ VERBE + **écho**
- éveiller : *la discipline éveille un écho croissant au sein de la nouvelle génération* · susciter : *l'affaire a suscité un large écho / davantage d'écho chez les jeunes*
- faire : *la presse est accusée de faire écho à toutes sortes de rumeurs* · se faire : *le journal se fait largement l'écho de ses déclarations*
- recevoir · recueillir · rencontrer · (re)trouver : *cette théorie rencontre / trouve un large écho auprès des astrophysiciens*
- mériter • valoir à : *cela lui a valu un écho médiatique important*
- [aussi litt.] entendre · percevoir : *on perçoit l'écho d'une inquiétude*

[1]éclairage *nom masc.* (lumière)

∾ **éclairage** + ADJECTIF
- artificiel · électrique · naturel • public° · urbain • de sécurité • nocturne : *les rues sont toujours privées d'éclairage nocturne* • ultraviolet : *des photographies prises sous éclairage ultraviolet*
- efficace · performant • sophistiqué : *meublé dans un style contemporain, avec un éclairage sophistiqué* · subtil • dramatique : *il n'a pas usé d'un éclairage dramatique pour nimber de mystère ces œuvres d'art*
- direct · zénithal : *l'éclairage zénithal permet de faire bénéficier certains espaces de la lumière naturelle* • éblouissant · intense · violent · cru
- indirect • faible · intimiste · tamisé
- insuffisant · mauvais [+ nom]

∾ VERBE + **éclairage**
- être doté de · être pourvu de : *la cage d'escalier est pourvue d'un éclairage de sécurité*
- fournir : *le groupe électrogène peut fournir l'éclairage de toute la ville*
- ajuster · modifier · régler • améliorer
- intensifier
- être dépourvu de · être privé de · manquer de : *cette pièce manque d'éclairage*

[2]éclairage *nom masc.* (point de vue)

∾ **éclairage** + ADJECTIF
- économique · historique · psychologique · technique · théorique · etc.
- inattendu · inédit · neuf · nouveau : *il vient apporter un éclairage nouveau sur l'affaire* · original • particulier · personnel · singulier
- pertinent · précieux · salutaire · utile • instructif · intéressant · passionnant • précis : *cet expert apporte un éclairage précis sur la question*
- brutal : *leurs témoignages donnent un éclairage brutal à ces événements* · cru : *quelques chiffres permettent de jeter un éclairage cru sur la politique monétaire de l'Europe* • accablant · dramatique · sombre

∾ **éclairage** + VERBE
- permettre de : *cet éclairage inédit permet de se faire une idée sur*

∾ VERBE + **éclairage**
- mériter · nécessiter
- bénéficier de : *se consulter pour bénéficier de l'éclairage des uns et des autres* · recevoir
- apporter · donner · fournir · jeter · offrir · porter : *son film porte un éclairage différent sur la condition des femmes* · proposer : *il propose un éclairage inhabituel des relations franco-chinoises*

éclat *nom masc.* (lumière)

∾ **éclat** + ADJECTIF
- naturel : *elle s'est collé des paillettes sur le visage pour rehausser son éclat naturel* • argenté ·

blanc · irisé · marmoréen · métallique : *l'éclat métallique des élytres* · minéral · nacré · perlé · cristallin
- éblouissant : *l'éclat éblouissant des dorures* · intense · lumineux · puissant · vif
- bel [+ nom] · doux · scintillant · soyeux : *un tissu à l'éclat soyeux* • sublime · exceptionnel · extraordinaire · formidable
- inhabituel · particulier • mystérieux · singulier · troublant
- discret · faible · voilé

∾ éclat + VERBE
- blesser la vue · éblouir

∾ VERBE + éclat
- briller de : *le lustre brillait de mille éclats* · garder · posséder · reprendre · retrouver
- conférer · (re)donner : *cette crème redonne de l'éclat à votre teint* · préserver
- jeter : *la lune jetait un éclat pâle sur les champs*
- augmenter · aviver · intensifier · rehausser : *un éclairage spécial pour rehausser l'éclat du diamant* · renforcer • faire ressortir · sublimer
- altérer : *les années n'ont pas altéré l'éclat de sa beauté* · diminuer · ternir
- perdre : *les perles ont perdu de leur éclat*

[1]économie *nom fém.* (situation, système économique)

∾ économie + ADJECTIF
- agricole · politique · sociale • européenne · hexagonale · internationale · locale · nationale • étatisée · globalisée · mondialisée
- ancienne [+ nom] : *la désaffection des boursiers pour les valeurs de l'ancienne économie* · vieille [+ nom] : *l'industrie aurifère, symbole par excellence de la vieille économie* • nouvelle [+ nom] : *les principaux acteurs de la nouvelle économie sont les entreprises de logiciels*
- émergente · en développement · en expansion • développée · grande [+ nom] : *toutes les grandes économies fonctionnent au ralenti* · puissante · solide • croissante · dynamique · florissante · renaissante
- saine • à visage humain · solidaire : *l'économie solidaire refuse la logique d'assistanat et prône l'initiative*
- grise [○] : *cette économie grise représente environ 40 % du PIB* · informelle · occulte : *ils essaient de réduire la part de l'économie occulte* · parallèle : *travail illégal, trafics de stupéfiants, d'armes ou de cigarettes relèvent de l'économie dite souterraine ou parallèle* · souterraine
- atone · chancelante · déficitaire · déprimée · fragile · précaire · stagnante
- délabrée · désastreuse : *il s'agit de redresser l'économie désastreuse du pays* · sinistrée
- exsangue · moribonde

∾ économie + VERBE
- bien marcher · bien se porter · connaître une croissance de : *les économies asiatiques connaissent une croissance d'au moins 6 %* · croître · décoller · être dans / traverser une bonne passe · s'améliorer · se développer · tourner à plein régime • connaître une embellie · rebondir · redémarrer · repartir · reprendre · reprendre du poil de la bête · se redresser · se renforcer · se ressaisir
- déraper · être en surchauffe · s'emballer
- atterrir en douceur : *pour permettre à l'économie d'atterrir en douceur après cette surchauffe* · se stabiliser • être à la traîne · marquer le pas · stagner • être sous perfusion · mal marcher · mal se porter • chuter · décliner · décroître · entrer en récession : *l'économie américaine entre en récession* · être dans le creux de la vague · être dans / traverser une mauvaise passe · marcher / fonctionner au ralenti · perdre des emplois : *l'économie a perdu 42 000 emplois net* · ralentir · se dégrader · s'essouffler • être en chute libre · être en faillite · être en perdition · être en ruine · s'effondrer

∾ VERBE + économie
- avoir : *le pays a une économie forte* · disposer de : *les pays disposent d'une économie de marché*
- administrer · contrôler · diriger · gérer · organiser · planifier · réglementer · réguler
- ajuster · diversifier • démocratiser · moderniser · privatiser • déréguler · libéraliser · ouvrir : *l'Inde commence à ouvrir son économie* · s'ouvrir à : *leur pays s'ouvre à l'économie de marché* • réformer · restructurer · révolutionner • dollariser : *la crise financière de l'Équateur l'a poussé à dollariser son économie*
- alimenter · faire fonctionner · faire tourner · faire vivre · nourrir : *le trafic de drogue qui nourrit l'économie souterraine* • assainir · redresser · remettre sur les rails · remettre sur pied · sortir / tirer de l'ornière · stabiliser • aider · donner un coup de pouce à : *l'augmentation des dépenses publiques a donné un coup de pouce à l'économie* · favoriser · protéger · sauver · soutenir
- accélérer · booster · consolider · développer · donner un coup de fouet à · doper · dynamiser · muscler · purger · ranimer · redynamiser · relancer · renforcer · requinquer [fam.] · réveiller · revigorer : *des réformes nécessaires pour revigorer l'économie* · revitaliser · stimuler

- affecter · asphyxier · bloquer · bouleverser · ébranler · endommager · entraver · fragiliser · frapper (de plein fouet) : *la crise de 1929 frappe de plein fouet l'économie argentine* · freiner · menacer · mettre à genoux · mettre en péril · nuire à · paralyser · pénaliser · perturber · plonger dans la crise / la récession / le marasme · précipiter dans la récession : *cela a précipité l'économie dans la récession*
- affaiblir · assécher : *l'univers numérique assèche l'économie de la musique*
- anéantir · détruire · étouffer · ruiner · saboter : *le blocus a saboté leur économie*

∞ NOM + D' + **économie**
- bonne tenue · croissance · essor
- effondrement
- moteur

[2]**économie** *nom fém.* (gain, argent non dépensé ; souvent plur.)

∞ **économie** + ADJECTIF
- budgétaire · fiscale : *ce type de placement permet de réaliser des économies fiscales*
- appréciable · conséquente · considérable · grande [+ nom] · grosse [+ nom] · importante · non négligeable · sérieuse [+ nom] : *cette politique devrait permettre de sérieuses économies* · substantielle • drastique : *un plan de redressement assorti d'économies drastiques*
- de bouts de chandelles° · faible · insignifiante · légère

∞ **économie** + VERBE
- atteindre · se chiffrer en : *l'économie réalisée se chiffre en millions d'euros* · se monter à

∞ VERBE + **économie**
- représenter : *cela ne représenterait aucune économie pour les finances publiques*
- créer · entraîner · générer · permettre : *ce type de chauffage permet d'importantes économies sur la facture énergétique*
- dégager · faire · réaliser : *j'ai réalisé une grosse économie / 15 % d'économie*

économies *nom fém. plur.* (argent mis de côté)

∞ **économies** + ADJECTIF
- personnelles
- grosses [+ nom] · importantes
- maigres [+ nom] · petites [+ nom]

∞ **économies** + VERBE
- faire des petits : *bien placées, tes économies feront des petits*
- fondre (comme neige au soleil) : *les petits porteurs ont vu fondre leurs économies* · se réduire comme une peau de chagrin

∞ VERBE + **économies**
- avoir · disposer de : *si vous disposez de quelques économies* · posséder
- amasser · faire fructifier
- gérer · investir : *il a investi toutes ses économies dans ce projet*
- dilapider : *il a dilapidé les économies du ménage* · puiser dans : *il a puisé dans ses économies pour se payer ce voyage*

[1]**écriture** *nom fém.* (signes graphiques)

∞ **écriture** + ADJECTIF
- alphabétique · cunéiforme · hiéroglyphique · idéographique · phonétique · pictographique · syllabique • typographique • manuscrite • calligraphiée • cursive · déliée • en majuscules · en minuscules • horizontale · verticale
- droite • couchée · inclinée · penchée • renversée · inversée • aigüe · anguleuse · carrée · pointue · serrée • arrondie · ronde • coulée · liée · ondulante · sinueuse · souple
- épaisse · grande [+ nom] · grosse [+ nom] · large
- fine · maigre · menue · minuscule · petite [+ nom]
- lisible
- admirable · belle [+ nom] · délicate · élégante · jolie [+ nom] • appliquée · minutieuse · régulière · soignée • impeccable · nette
- bizarre · étrange · curieuse
- difficile à déchiffrer · illisible · indéchiffrable • affreuse · de pattes de mouche° · enchevêtrée · horrible · maladroite • chancelante · changeante · hésitante · inégale · irrégulière · tordue · torturée · tremblante · tremblée : *son écriture tremblée trahissait une alcoolémie avancée*

∞ VERBE + **écriture**
- avoir : *elle a une belle écriture / une écriture d'enfant*
- soigner : *il soigne son écriture*
- déchiffrer · lire

[2]**écriture** *nom fém.* (style : Littérature, Musique, Cinéma)

∞ **écriture** + ADJECTIF
- automatique° · expérimentale · narrative • journalistique · littéraire · poétique •

autobiographique • chorégraphique · cinématographique · musicale · télévisuelle · théâtrale • alimentaire : *pour faire vivre sa famille, il se tourne vers l'écriture alimentaire*
- belle + nom · brillante · exceptionnelle · flamboyante · hors du commun · jolie + nom · magnifique · merveilleuse • claire · limpide · précise · pure • aboutie · accomplie · maîtrisée • ciselée · esthétisante · exigeante · précieuse · raffinée · recherchée · rigoureuse · travaillée • facile · fluide · libre • efficace
- dense · forte · intense · riche • pudique · sensible · tendre • colorée · baroque : *des nouvelles déjantées et décapantes, d'une écriture toute baroque*
- unique · créative · inventive · novatrice • déconcertante · étrange
- lapidaire · nerveuse · rapide · sèche • dynamique · énergique · frénétique · vibrante d'énergie · vivante · vive
- corrosive · incisive · musclée · percutante · provocante · rageuse • crue · cruelle · dure · impitoyable
- minimaliste • blanche · épurée • économe · sans fioritures · simple · sobre
- laborieuse • confuse

∞ VERBE + **écriture**
- se consacrer à · se frotter à : *Sartre s'est frotté à l'écriture de scénarios* · se lancer dans · se mettre à · se tourner vers · se vouer à · travailler à ... de : *elle travaille à l'écriture de son nouveau roman* • revenir à · se remettre à
- faciliter

écrivain *nom masc.*

∞ **écrivain** + ADJECTIF
- de fiction · de romans : *les écrivains de romans noirs / d'horreur / policiers* • de théâtre · dramaturge • pour enfants · pour la jeunesse • voyageur : *Loti, grand écrivain(-)voyageur*
- apprenti + nom · aspirant + nom : *un aspirant écrivain en proie à l'angoisse de la page blanche* · débutant · en herbe ○ • jeune + nom
- amateur • confirmé · professionnel
- contemporain · fin de siècle · (post)moderne • romantique · surréaliste • engagé · polémiste · rebelle
- prolifique · prolixe
- atypique · inclassable · singulier • d'avant-garde
- authentique · bon + nom · brillant · de génie · de talent · excellent · grand + nom · immense + nom · important · majeur · talentueux • raffiné · subtil
- culte · de renom · illustre + nom · mythique · phare : *Robbe-Grillet, l'écrivain phare du Nouveau Roman* · populaire · célèbre • à la mode · à succès · en vogue
- de prédilection · favori · préféré
- mineur • inconnu · méconnu • maudit
- inégal · médiocre • raté

∞ **écrivain** + VERBE
- écrire · pondre *fam.* · produire
- décrire · exposer · parler de · raconter • explorer
- démonter : *l'écrivain démonte les mécanismes du système oppressif colonial* · dénoncer
- être en pleine maturité · se révéler • faire carrière
- être en mal / panne d'inspiration · être en pleine crise d'inspiration

∞ VERBE + **écrivain**
- découvrir · révéler : *c'est cette œuvre qui a révélé l'écrivain (à un large public)* • éditer
- inspirer : *cette histoire n'a cessé d'inspirer les écrivains tout au long des siècles*

écueil *nom masc.* (litt. et fig.)

∞ **écueil** + ADJECTIF
- culturel · juridique · politique · structurel · technique · etc.
- important · majeur · principal
- dangereux · menaçant · mortel · périlleux • effrayant · funeste · redoutable · sombre : *« Les Turcs ont passé là. Tout est ruine et deuil. Chio, l'île des vins, n'est plus qu'un sombre écueil »* (Hugo, *Les Orientales*, XVIII) · terrible

∞ **écueil** + VERBE
- se profiler · surgir
- guetter · menacer
- rester · subsister : *des personnes d'origine étrangère, pour qui subsiste encore l'écueil de la langue*

∞ VERBE + **écueil**
- être plein de · être semé de : *c'est une mer / une carrière semée d'écueils* · présenter
- rencontrer : *ce sage précepte rencontre un écueil important*
- être conscient de · connaître
- buter sur · échouer contre / sur · heurter · se briser contre / sur · se fracasser sur · se heurter à / contre · tomber dans
- se méfier de • contourner · échapper à · esquiver · éviter : *il évite de justesse l'écueil du voyeurisme* · ne pas tomber dans : *nous ne devons pas tomber dans l'écueil qui consiste à mélanger les genres* • naviguer entre : *le président essaie de naviguer entre les écueils* · slalomer entre

- passer · surmonter

édifice *nom masc.* (bâtiment)

∞ édifice + ADJECTIF

- cultuel · religieux • administratif · public • civil · militaire · etc.
- moderne • ancien · historique • baroque · classique · néoclassique · etc.
- (flambant) neuf · nouveau · refait
- modeste · petit [+ nom]
- de belles proportions · de belle taille · énorme · géant · gigantesque · grand [+ nom] · haut [+ nom] · immense · monumental · spacieux · vaste [+ nom]
- bel [+ nom] · élégant · harmonieux · splendide · superbe • classé (monument historique)
- bizarre · curieux · étrange
- décrépit · délabré · lézardé · vétuste · vieux
- austère · impersonnel · nu • informe · laid · lourd · monstrueux • lugubre · sinistre · triste
- abandonné • dévasté · en ruine · éventré

∞ édifice + VERBE

- abriter : *cet édifice abritait l'ancienne piscine municipale* · renfermer • accueillir : *l'édifice peut accueillir des expositions*
- se situer à / dans · se trouver à / dans
- être toujours / rester debout · résister (à) · survivre (à)
- s'affaisser • se dégrader
- brûler • s'écrouler · s'effondrer

∞ VERBE + édifice

- construire · élever
- inaugurer · ouvrir au public
- affecter ... à · consacrer ... à · dédier ... à : *de nouveaux édifices dédiés à la culture*
- acheter · acquérir · réquisitionner
- occuper
- visiter
- conserver · consolider · entretenir · réhabiliter · rénover · restaurer
- déclasser
- dégrader · détériorer · dévaster · éventrer · incendier · sinistrer • souffler : *l'explosion a soufflé l'édifice*
- fermer · fermer au public • démolir · détruire · raser

éducation *nom fém.* (enseignement, formation)

∞ éducation + ADJECTIF

- artistique · culinaire · culturelle · morale · musicale · politique · routière · sanitaire · scientifique · théâtrale · etc.
- sentimentale : *un film sur une éducation sentimentale dans le Paris des années 1950* · sexuelle
- permanente° • à domicile · scolaire : *les filles ne recevaient aucune éducation scolaire* • élémentaire° · maternelle° · primaire° · secondaire° · supérieure° · universitaire° • professionnelle · spécialisée • civique° · physique (et sportive)°
- gratuite · payante
- conventionnelle · moderne · traditionnelle • religieuse · laïque • populaire : *ce réseau associatif se réclame de l'éducation populaire* • aristocratique · bourgeoise · huppée
- parentale • personnelle
- spéciale
- de base : *tous n'ont pas accès à une éducation de base*
- adaptée · appropriée · suffisante
- libérale · souple
- bonne [+ nom] : *il veut donner une bonne éducation et un avenir à ses enfants* · excellente · solide [+ nom]
- austère · autoritaire · rigide · rigoriste · rude · sévère

∞ VERBE + éducation

- recevoir : *elle a reçu une excellente éducation*
- accéder à · avoir accès à
- assurer · dispenser : *l'éducation de base est dispensée dans la langue nationale* · donner : *il s'est appliqué à lui donner une éducation moderne et ouverte sur le monde* · donner / offrir l'accès à · fournir · garantir · offrir • confier : *ils ne veulent plus confier l'éducation de leurs enfants à l'État*
- contribuer à · participer à · se charger de · se consacrer à · s'engager dans · s'impliquer dans
- encourager · mettre l'accent sur · privilégier • améliorer · parfaire · renforcer · soigner : *j'étais l'aînée, on a soigné mon éducation* • être soucieux de · veiller à
- promouvoir : *ils se mobilisent pour combattre la pauvreté et promouvoir l'éducation dans le monde*
- réformer
- négliger : *ils ont complètement négligé l'éducation du cadet*

effectif *nom masc.*

∞ effectif + ADJECTIF

- salarié : *l'effectif salarié comprend les CDI et les CDD* • instrumental · orchestral · etc.
- cumulé · global · total
- stable
- variable

- suffisant • gros [+ nom] • en surnombre · excédentaire : *les effectifs excédentaires des groupes scolaires* · pléthorique : *ces grands clubs ont des effectifs pléthoriques*
- faible · maigre [+ nom] : *ils ont été incapables de mobiliser leurs maigres effectifs* · minimal • insuffisant

∾ effectif + VERBE
- être constitué de · inclure • atteindre · être compris entre ... et ...
- fluctuer · varier
- augmenter · croître : *les effectifs du syndicat croissent régulièrement* · grossir • dépasser · être supérieur à · excéder · franchir le seuil de : *les entreprises dont l'effectif a franchi le seuil de dix salariés*
- chuter • être inférieur à

∾ VERBE + effectif
- employer : *les filiales étrangères emploient 27 % des effectifs*
- maintenir · stabiliser : *il s'est engagé à stabiliser les effectifs de la fonction publique*
- ajuster · redéployer
- rajeunir · renouveler
- augmenter · doubler · étoffer · gonfler · grossir : *ces gamins vont grossir les effectifs des prisons* · tripler • porter ... à
- alléger · comprimer · dégonfler · dégraisser · faire des coupes claires / sombres dans · réduire : *l'objectif est de réduire de 20 % les effectifs mondiaux de la branche* · tailler (à la hache) dans • ramener ... (de ...) à

∾ NOM + D' + effectif(s)
- augmentation · hausse
- baisse · diminution · réduction

[1] effet *nom masc.* (action, résultat, conséquence)

∾ effet + ADJECTIF
- mécanique · physique • de serre° · placebo° • boomerang° : *il redoute un effet boomerang sur la croissance* · de levier° · d'entraînement° · domino° · tequila° (= propagation de crises financières d'un État émergent à l'autre) · etc.
- direct • à court terme • immédiat : *l'effet du médicament n'est pas immédiat*
- induit : *le conflit et ses effets induits ont causé la mort de plus de deux millions de personnes* • possible · potentiel · probable • supposé • inévitable
- attendu · désiré · escompté : *son intervention n'a pas eu l'effet escompté* · recherché
- contraire · inverse : *cela produira les effets inverses à ceux recherchés*
- conjugué : *l'effet conjugué de l'alcool et des somnifères* • visible : *les effets visibles de l'exclusion* • considérable · grand [+ nom] : *« À petites causes grands effets »* (proverbe) · important · puissant · significatif · véritable [+ nom] · plein [+ nom] • rétroactif [Droit]
- nul
- collatéral : *les effets collatéraux d'une telle décision sur d'autres projets* · indirect • à retardement · retard° : *les usagers méconnaissent l'effet retard lié à ce produit ; ils craignent un effet retard sur l'emploi*
- léger [+ nom] · limité · maigre [+ nom] · mineur · négligeable · petit [+ nom] · simple [+ nom] · moindre [+ nom]
- nul
- dissuasif · repoussoir : *les 35 heures ont-elles eu un effet repoussoir sur les patrons étrangers ?* · suspensif • récessif : *la dépression des économies voisines a eu un effet récessif sur les exportations*
- bénéfique · positif • euphorisant : *un gaz aux effets euphorisants*
- bizarre · curieux · étonnant · inattendu
- fâcheux · négatif · pervers • délétère : *les effets délétères de l'alcool sur le développement du cerveau* · désastreux · destructeur · dévastateur · funeste · néfaste · nocif · ravageur · redoutable • [Méd.] cancérigène · létal · tératogène • secondaire · indésirable : *les nausées font partie des effets indésirables*

∾ effet + VERBE
- se faire sentir
- durer
- se dissiper : *l'effet de l'alcool se dissipe au bout de quelques heures*

∾ VERBE + effet
- aboutir à · avoir · créer : *il a voulu créé un effet de surprise* · engendrer · faire° : *cela fait effet immédiatement ; le médicament a fait son effet* · induire · produire • faire sentir : *cette asymétrie risque de faire sentir ses effets dans notre relation*
- calculer · étudier · évaluer · mesurer · prendre la mesure de • prendre en compte · prévoir · tenir compte de
- constater · enregistrer · observer · voir
- bénéficier de · profiter de
- ressentir : *on commence à ressentir les effets du manque d'eau*
- être victime de · subir
- accentuer · accroître · amplifier • prolonger
- minimiser · relativiser • sous-estimer
- se préoccuper de · se soucier de
- craindre · redouter · se méfier de

- adoucir : *pour adoucir les effets néfastes de la mondialisation* · amortir · atténuer · compenser · contrer · corriger · gommer · lisser : *cela permettra de lisser les effets des variations saisonnières* · lutter contre · pallier · tempérer
- retarder : *cela permet de retarder les effets du vieillissement*
- éviter · prévenir
- annuler · neutraliser : *les efforts déployés pour neutraliser les effets de l'incident nucléaire*
- être dénué de

∞ NOM + D' + effets
- cascade : *il y a eu une cascade d'effets pervers* · série

REM. On rencontre parfois "exercer un effet sur". Évitez cette expression maladroite et préférez "produire un effet sur".

²effet *nom masc.* (impression)

∞ effet + ADJECTIF
- bel ⁺ ⁿᵒᵐ : *ces tentures sont du plus bel effet* · bon ⁺ ⁿᵒᵐ : *elle m'a fait très bon effet* · grand ⁺ ⁿᵒᵐ • monstre*fam* · bœuf*fam*
- petit ⁺ ⁿᵒᵐ : *il a fait son petit effet, il est content*
- mauvais ⁺ ⁿᵒᵐ · déplorable · lamentable

∞ VERBE + effet
- faire○ : *il m'a fait mauvais effet ; il me fait l'effet d'un hypocrite* · produire : *sa remarque a produit son effet*

³effet *nom masc.* (artifice, procédé ; souvent plur.)

∞ effet + ADJECTIF
- de lumière · d'optique · sonore · spécial○ (souvent plur.) : *le film est bourré d'effets spéciaux* · etc.
- d'annonce○ · de surprise○ • (plur.) de manches
- spectaculaire • tape-à-l'œil

∞ VERBE + effet
- employer · utiliser • épuiser : *il est loin d'avoir épuisé tous ses effets*
- rechercher : *je ne recherche pas l'effet d'annonce* • (plur.) ménager : *soucieux de ménager ses effets, il ne dit rien pour l'instant* · soigner : *il a soigné les effets lumineux* • doser : *elle sait parfaitement doser ses effets*
- (plur.) être bourré de*fam.* · être plein de · être truffé de
- manquer · rater : *il voulait nous surprendre, il a raté son effet*
- couper : *elle lui a coupé ses effets*

∞ NOM + D' + effets
- accumulation · arsenal : *il déploie tout un arsenal d'effets spéciaux* · avalanche : *le réalisme a été sacrifié à une avalanche d'effets spectaculaires* · débauche · déluge · festival · surenchère

efficacité *nom fém.*

∞ efficacité + ADJECTIF
- commerciale · publicitaire • militaire • diplomatique · politique • éducative · scientifique · sociale · technique · thérapeutique • narrative · rhétorique · etc.
- absolue · assurée · complète · totale · réelle ⁺ ⁿᵒᵐ • accrue · extrême • maximale · optimale • démontrée · établie · reconnue • croissante · grandissante • durable • immédiate : *un médicament à l'efficacité immédiate* · instantanée
- belle ⁺ ⁿᵒᵐ · éclatante · époustouflante · évidente · exceptionnelle · exemplaire · extraordinaire · implacable · incroyable · irréprochable · rare · remarquable · sans faille · singulière · supérieure · suprême • incontestable · indéniable · indiscutable · indubitable • incomparable : *l'efficacité incomparable d'un déodorant* · inégalée • diabolique · redoutable : *cette structure s'est révélée d'une efficacité redoutable*
- faible · limitée · mince · modeste · nulle · proche de zéro · moindre ⁺ ⁿᵒᵐ • incomplète · insuffisante · partielle · relative • inégale · variable • à court terme · provisoire
- piètre ⁺ ⁿᵒᵐ • contestable · discutable · douteuse

∞ efficacité + VERBE
- reposer sur : *l'efficacité du coffre-fort repose avant tout sur son effet dissuasif*
- prendre le pas sur : *l'efficacité prend souvent le pas sur la qualité* · primer
- augmenter · s'améliorer : *l'efficacité de son travail s'est améliorée*
- se ressentir • rester à démontrer · rester à prouver
- rester limitée · se réduire

∞ VERBE + efficacité
- être source de · être un facteur de · être un gage de
- avoir le souci de · être soucieux de · s'assurer de · se soucier de · veiller à • assurer · garantir · préserver • vanter • croire à · être convaincu de · être persuadé de
- atteindre (un degré / niveau de) · avoir : *les campagnes de sensibilisation n'ont eu qu'une efficacité limitée* · conserver · être connu pour · faire preuve de · garder · présenter · retrouver • être un modèle de · être un monstre de*fam.* : *cette voiture est un monstre d'efficacité dans les virages* • gagner en : *en regroupant les équipes, on gagnerait en efficacité*

- accroître · améliorer · amplifier · apporter un gain de · augmenter · décupler · démultiplier · maximiser · optimiser · renforcer
- confirmer · démontrer · mettre en évidence · montrer · prouver · rendre compte de · témoigner de : *plusieurs expériences témoignent de l'efficacité de ce traitement*
- étudier · évaluer · juger de · mesurer (le degré de) · tester · vérifier
- contester · douter de · exprimer un doute sur · faire planer un doute sur · (re)mettre en cause · mettre en doute · nier · questionner · s'interroger sur
- affaiblir : *l'insuffisance des salaires affaiblit l'efficacité de notre économie* · diminuer · enlever de ... à : *croquer un médicament plutôt que l'avaler lui enlève de l'efficacité* · limiter · obérer · réduire • affecter · compromettre · nuire à · saper : *les retards dans la notification des résultats des tests sapent l'efficacité des mesures antidopage* • perdre (en) : *on peut réduire le traitement sans pour autant perdre en efficacité antirétrovirale*
- être dépourvu de · n'avoir aucune

∾ NOM + D' + **efficacité**

- gage · garantie · preuve
- degré · seuil • maximum · minimum
- souci
- absence · manque • perte · baisse

effort *nom masc.*

∾ **effort** + ADJECTIF

- diplomatique · financier • musculaire • de guerre°
- collectif · commun · concerté • (plur.) combinés · conjugués • individuel · isolé · personnel
- indispensable · nécessaire
- dernier + nom : *encore un dernier effort et tu atteindras la ligne d'arrivée* · ultime + nom • supplémentaire : *l'éclairage par dynamo demande un effort supplémentaire au cycliste*
- évident · manifeste · visible : *il fait de visibles efforts pour lui plaire* • accru · colossal · considérable · énergique · énorme · extrême · frénétique : *leur effort frénétique pour rattraper l'économie occidentale* · gigantesque · grand + nom · gros + nom · immense + nom · inouï : *au prix d'un effort inouï, il réussit à s'extraire du piège* · intense · intensif · massif : *un effort massif du gouvernement en faveur de la création d'entreprises* · maximal · particulier · sans précédent · sérieux + nom : *pour comprendre, il te faudra faire un sérieux effort de concentration* · substantiel · suprême + nom · surhumain · terrible · vaste : *un vaste effort de réorganisation* · violent · véritable + nom · plein + nom : *elle s'est blessée en plein effort* · réel + nom • acharné · assidu : *au bout de cinq ans d'efforts assidus, son long métrage sort en salle* · de longue haleine · inlassable · obstiné · opiniâtre · persévérant · soutenu · suivi : *il est incapable d'un effort suivi* · tenace
- long + nom · prolongé • constant · continu · continuel · de tous les instants · incessant · ininterrompu · perpétuel · régulier
- admirable · bel + nom · constructif · efficace · exceptionnel · fantastique · formidable · impressionnant · magnifique · prodigieux • sincère • ambitieux · généreux · héroïque • louable · méritoire • décisif · déterminant • patient : *l'apprentissage d'une nouvelle langue exige un effort patient*
- fructueux · payant
- épuisant
- démentiel · démesuré · excessif • difficile · douloureux · dur · insoutenable · laborieux · pénible • désespéré • tardif • (plur.) désordonnés · dispersés · éparpillés · mal dirigés • illusoire · inefficace · infructueux · inutile · pathétique · stérile · vain : *ses efforts sont restés vains*
- léger + nom · maigre · mesuré · moindre + nom : *il est partisan du moindre effort* · petit + nom • insuffisant
- momentané • discontinu · irrégulier

∾ **effort** + VERBE

- s'accroître · s'intensifier • se poursuivre
- être couronné de succès
- se relâcher
- être voué à l'échec

∾ VERBE + **effort**

- demander · exiger · nécessiter · réclamer • mobiliser
- accomplir · consentir : *ils sont prêts à consentir un effort supplémentaire de 2 350 euros* · déployer (plur.) · entreprendre : *l'effort de changement entrepris l'année dernière* · faire · fournir · produire · réaliser · supporter : *les contribuables devront supporter cet effort financier* • ne pas ménager · ne s'épargner aucun · s'imposer : *une entreprise qui s'impose un effort de modernisation* • concentrer · (faire) porter : *il préfère désormais porter tous ses efforts sur la sécurité*
- contribuer à · participer à · s'associer à · se joindre à : *se joindre à l'effort de guerre* • coordonner

- aider · appuyer · encourager · soutenir · stimuler
- doser : *c'est un élève qui dose toujours son effort* · mesurer
- couronner : *cette médaille vient couronner des efforts assidus* · récompenser : *ses efforts ont été récompensés* • glorifier · saluer
- intensifier • continuer · persévérer dans · poursuivre · redoubler (de) : *il redouble d'efforts par peur de perdre son travail* • renouveler • (plur.) conjuguer · grouper · unir : *unissons nos efforts pour lutter contre ce fléau*
- laisser retomber · ralentir · relâcher : *c'est la dernière ligne droite, il ne faut pas relâcher l'effort* • disperser (plur.) : *attention à ne pas disperser vos efforts* • répartir : *il vaut mieux répartir l'effort entre les différents bailleurs de fonds*
- contrecarrer · entraver · paralyser · retarder · saper · freiner
- anéantir · annihiler · réduire à néant · ruiner · torpiller : *cet attentat torpille tous les efforts de paix*
- dispenser de · épargner ... à : *l'entraîneur n'épargne aucun effort à ses joueurs*

REM. On rencontre parfois "mener des efforts". Évitez cette expression maladroite et préférez "déployer des efforts" ou "fournir des efforts".

effroi *nom masc.*

∾ effroi + ADJECTIF

- léger + nom · vague + nom • passager
- grand + nom · grandissant • communicatif · général
- indescriptible · indicible · inexplicable

∾ effroi + VERBE

- naître de : *l'effroi naît de la peur de la mort*
- saisir (souvent passif) · s'emparer de • paralyser

∾ VERBE + effroi

- éprouver · être plongé dans · ressentir · vivre dans • bondir de · être pétrifié de · frémir de · frissonner de · hurler de · pâlir de · pousser un cri de · trembler de • se teinter de : *son visage se teinta d'effroi à la vue du cadavre*
- causer · créer · inspirer · jeter : *ses cris ont jeté l'effroi dans le public* · porter : *« Je te donne à combattre un homme à redouter / Je l'ai vu, tout couvert de sang et de poussière / Porter partout l'effroi dans une armée entière »* (Corneille, *Le Cid*, I, 5.) · provoquer · répandre · semer · susciter • glacer de (souvent passif) : *cette directive a glacé d'effroi les services administratifs* · remplir de : *un monstre à tentacules censé remplir les spectateurs d'effroi*
- apaiser · calmer · contenir · maîtriser

avec effroi

- apprendre · découvrir · réaliser · se rendre compte

égalité *nom fém.*

∾ égalité + ADJECTIF

- citoyenne · civique • ethnique · raciale • fiscale · juridique · politique · territoriale • professionnelle · salariale : *l'égalité salariale entre hommes et femmes* · sociale • sexuelle · etc.
- absolue · complète · grande + nom : *une plus grande égalité* · parfaite · pleine + nom · stricte + nom · totale • vraie + nom · réelle + nom · véritable + nom • sacro-sainte + nom : *la sacro-sainte égalité républicaine*
- fameuse + nom : *la fameuse égalité des chances*
- de principe · formelle : *le contraste entre égalité formelle et égalité réelle* • apparente · relative • pseudo- + nom : *la pseudo-égalité des chances*

∾ VERBE + égalité

- demander · revendiquer • lutter pour · se battre pour
- proclamer · stipuler
- imposer · instaurer : *une culture populaire visant à instaurer l'égalité des citoyens dans l'accès aux biens culturels* • restaurer : *il souhaite restaurer l'égalité des chances à l'école pour réduire la fracture sociale* · rétablir
- obtenir
- défendre · favoriser · promouvoir · prôner • assurer : *la justice assure l'égalité entre les différentes parties* · garantir : *l'article 1 de la Constitution garantit l'égalité sans distinction de races* · veiller à • respecter • maintenir · préserver
- améliorer · renforcer
- porter atteinte à : *ces méthodes portent atteinte à l'égalité entre citoyens* · rompre avec : *cet article rompt avec l'égalité des citoyens devant la loi*

ego *nom masc. invar.*

∾ ego + ADJECTIF

- débordant · démesuré · exacerbé · hypertrophié · surdimensionné : *un stratège diabolique à l'ego surdimensionné*

∾ ego + VERBE

- en prendre un coup[fam.] : *avec cet échec au concours, son ego a en pris un coup* · souffrir : *leur ego souffre de ce manque de reconnaissance*

∾ VERBE + **ego**

- flatter · satisfaire
- avoir : *les artistes ont souvent des ego surdimensionnés* · être doté de
- blesser · égratigner : *les huées égratignent l'ego du joueur de tennis*
- mettre en sommeil · mettre en veilleuse

REM. On rencontre parfois "ego personnel". Évitez cette expression pléonastique.

égoïsme *nom masc.*

∾ **égoïsme** + ADJECTIF

- local · national • individuel (souvent plur.) : *la tension entre les égoïsmes individuels et l'intérêt général* • économique · matérialiste
- croissant · féroce · pur $^{+ nom}$: *il a fait ça par pur égoïsme* · sans limites · total
- aveugle · avide · brutal · monstrueux · prétentieux · répugnant · révoltant
- calculateur · destructeur

∾ **égoïsme** + VERBE

- gouverner : *l'égoïsme tend à gouverner le cœur humain* · triompher
- aveugler

∾ VERBE + **égoïsme**

- être de (+ adj.) : *il est d'un égoïsme !* · être un monstre de · faire preuve de
- cultiver : *une société qui cultive l'égoïsme comme un idéal*
- accuser de · taxer de • condamner · dénoncer · fustiger · stigmatiser • contrer : *il faut contrer les égoïsmes locaux* · dépasser · dompter : *une argumentation raisonnable est en mesure de dompter égoïsmes et passions* · refuser · surmonter : *la volonté politique collective de surmonter les égoïsmes nationaux*

[1]élan *nom masc.* (impulsion physique, poussée)

∾ **élan** + VERBE

- emporter (souvent passif) : *emporté par son élan, il a défoncé la barrière* · entraîner

∾ VERBE + **élan**

- avoir : *il n'avait pas assez d'élan pour franchir la rivière* · conserver
- (re)prendre : *les deltistes prennent leur élan du haut de la colline*
- manquer de • perdre
- arrêter : *un bris de pédale a arrêté son élan lors du sprint* · casser · couper (net) · stopper (net)

[2]élan *nom masc.* (mouvement, dynamique)

∾ **élan** + ADJECTIF

- artistique · culturel • mystique · religieux · spirituel • citoyen · communautaire · identitaire · national · patriotique · républicain • contestataire · rebelle · réformateur
- intérieur · naturel · spontané · vital° : *l'élan vital chez Bergson explique l'évolution du vivant*
- collectif · commun · général · partagé · populaire · unanime • solidaire · unitaire
- nouvel $^{+ nom}$
- accru · bel $^{+ nom}$: *un bel élan de sympathie / de fraternité* · considérable · exceptionnel · extraordinaire · formidable : *un formidable élan de générosité* · fort · important · impressionnant · indéniable · magnifique · profond · sans précédent · vaste $^{+ nom}$: *un vaste élan de solidarité pour les victimes du tsunami* · plein $^{+ nom}$: *la mort surprit l'écrivain en plein élan créateur* • dynamique · énergique · fougueux · impétueux • irrésistible • décisif : *ce compositeur a donné un élan décisif à la vie musicale de son pays* • durable
- brusque · soudain · subit
- amical · chaleureux • courageux · généreux • joyeux • libérateur · salvateur

∾ **élan** + VERBE

- (souvent passif) animer · emporter · entraîner · porter : *toute une population portée par un grand élan pacifiste* • pousser à : *ce formidable élan qui nous pousse à nous dépasser*
- retomber · se briser : *il faut redoubler de créativité, si l'on ne veut pas que l'élan se brise*

∾ VERBE + **élan**

- créer : *il n'a pas réussi à créer un élan communautaire* · déclencher · impulser : *ces mesures devraient impulser un bel élan à notre économie* · insuffler : *pour insuffler un nouvel élan au basket féminin* · provoquer · soulever · susciter
- apporter · (re)donner : *cela va donner un nouvel élan à notre mouvement*
- acquérir · (re)trouver • conserver
- soutenir • confirmer · prolonger : *la nécessité de prolonger l'élan en faveur d'une défense commune*
- bénéficier de : *le pays bénéficie d'un élan de solidarité sans précédent* · profiter de : *les Bourses européennes ont profité de l'élan américain*
- bloquer · entraver · paralyser · retenir • affaiblir · brider · freiner · ralentir
- contenir · maîtriser
- arrêter · briser (net) · casser · couper (net) · stopper (net)
- perdre : *le mouvement démocratique perd un peu de son élan*

dans son / leur élan, en plein élan

- (s')arrêter : *les envahisseurs se sont arrêtés dans leur élan aux portes de la citadelle* · couper · stopper

[3]élan *nom masc.* (dans un discours, transport sentimental)

∞ élan + ADJECTIF

- lyrique : *l'éditeur a tempéré ses élans lyriques* · poétique · romantique
- bel [+ nom] · enthousiaste
- affectif · d'affection · de tendresse • amoureux · passionné : *dans un élan passionné, elle se jeta dans ses bras*
- étonnant · surprenant

∞ élan + VERBE

- emporter (souvent passif) : *vers la fin de son exposé, il fut emporté par un bel élan de sincérité*

∞ VERBE + élan

- contenir : *au prononcé du verdict, la police n'a pas pu contenir les élans des proches des condamnés* · refréner : *ne pouvant alors refréner l'élan de joie qui l'envahit, il lança un cri*
- arrêter · briser (net) · casser · couper (net) · stopper (net)

élection *nom fém.*

∞ élection + ADJECTIF

- législative · présidentielle · sénatoriale • cantonale · municipale · nationale · provinciale · régionale · territoriale • européenne · locale • professionnelle · syndicale • générale
- directe · (au suffrage) indirect(e) • interne · primaire • triangulaire • anticipée : *il réclame la tenue d'élections anticipées* • partielle
- cruciale · décisive · majeure
- démocratique · libre · pluraliste • régulière : *cette ancienne dictature a réussi sa première élection régulière*
- controversée · mouvementée
- bidon [fam.]
- [fait d'être élu] • surprise : *nous avons assisté à une élection surprise de la nouvelle Miss France* • triomphale

∞ élection + VERBE

- avoir lieu · se dérouler · se jouer : *l'élection se jouera dans un second tour classique gauche-droite* • être jouée d'avance : *l'élection était jouée d'avance, le parti adverse étant hors jeu après sa débâcle*
- conforter : *le gouvernement vient d'être conforté par les élections législatives* · crédibiliser · légitimer · renforcer

∞ VERBE + élection

- provoquer : *sa démission pourrait provoquer des élections anticipées*
- instaurer · instituer : *le référendum instituant l'élection du président de la République au suffrage universel*
- demander · proposer · réclamer • convoquer : *le président a déclaré qu'il ne démissionnerait pas et ne convoquerait aucune élection* • annoncer : *le président devrait annoncer des élections anticipées pour mai*
- annoncer sa candidature à · concourir à / pour · disputer : *les formations politiques qui disputeront les élections de novembre* · être / rester candidat à · participer à · prendre part à · se présenter à • voter à / lors de / pour
- organiser : *c'est la première fois que des élections libres sont organisées dans ce pays* · préparer • programmer · fixer • anticiper · prévoir • procéder à
- être favorable à : *il est favorable à des élections générales anticipées* · militer pour · plaider pour
- valider
- emporter · être déclaré vainqueur de · gagner · remporter • frôler : *il avait alors frôlé l'élection au premier tour* · obtenir la majorité à · obtenir x% à · réaliser un bon / mauvais score à : *depuis le score historiquement bas qu'il avait réalisé à l'élection présidentielle*
- bouder · boycotter • contester · invalider • empêcher · interdire · s'opposer à
- échouer à / lors de · être battu à · perdre · prendre une râclée / une déculottée / une veste à [fam.]
- truquer : *le vote électronique pourrait permettre de truquer les élections*
- annuler
- [fait d'être élu] • contribuer à : *elle aura contribué à l'élection du président de la République* · faciliter · favoriser · permettre • frôler : *Il avait alors frôlé l'élection au premier tour*

électorat *nom masc.*

∞ électorat + ADJECTIF

- socialiste · démocrate · centriste · conservateur · écologiste · etc.
- féminin · masculin • âgé · jeune • ouvrier · populaire · rural · urbain · etc.
- naturel : *il cherche à satisfaire en priorité son électorat naturel* · potentiel
- flottant · volatil
- déçu · désabusé

∾ **électorat** + VERBE
- aller aux urnes · voter
- être acquis à : *on constate une désaffection de l'électorat traditionnellement acquis à la gauche* · soutenir
- bouder les urnes
- s'effriter

∾ VERBE + **électorat**
- prendre / tâter le pouls de
- courtiser : *les deux camps courtisent l'électorat du centre* · flatter : *il dit ne pas chercher à flatter l'électorat xénophobe* • ménager · rassurer
- attirer · convaincre · plaire à · séduire · toucher • capter · mordre sur : *il espère mordre sur l'électorat d'extrême droite* · rallier • fédérer · rassembler • reconquérir · récupérer · renouer avec : *elle peut renouer avec l'électorat populaire* · retrouver • (re)mobiliser · réveiller • fidéliser
- consolider · élargir
- déboussoler · désorienter · effrayer · faire fuir · heurter • diviser
- éroder
- perdre · s'aliéner : *désireux de ne pas s'aliéner l'électorat jeune*

∾ NOM + D' + **électorat**
- frange : *une petite frange de l'électorat a opté pour le vote utile*
- sursaut : *il table sur le sursaut de l'électorat de gauche*
- désaffection · dispersion · effritement : *le second tour a confirmé l'effritement de l'électorat de droite au profit des extrêmes* · érosion : *le parti enregistre une forte érosion de son électorat*

élégance *nom fém.* (raffinement, distinction)

∾ **élégance** + ADJECTIF
- vestimentaire • morale • féminine · masculine • aristocratique · urbaine • campagnarde · rustique • à la française · classique · parisienne
- absolue · confondante · déconcertante · extrême · folle : *cet acteur, d'une élégance folle, est le charme masculin personnifié* · grande [+ nom] · infinie · parfaite · rare · suprême · surprenante • intemporelle : *ce chef-d'œuvre a conservé son élégance intemporelle* • incontestable · indéniable
- innée · naturelle • coutumière · habituelle
- belle [+ nom] · incomparable · légendaire · magnifique · princière · raffinée · souveraine • glamour
- discrète · épurée : *ses tailleurs à l'élégance épurée* · feutrée · sans fard · sans ornement(s) · simple · sobre
- austère · froide · triste • débraillée · décontractée · désinvolte · nonchalante : *un chanteur à l'élégance nonchalante* • désuète · surannée

∾ VERBE + **élégance**
- (re)donner
- faire assaut de · faire preuve de : *elle a su faire preuve d'élégance dans une situation difficile* · rivaliser de : *les villas de la côte rivalisent d'élégance* • cultiver : *l'hôtel cultive une élégance proprement française*

∾ NOM + D' + **élégance**
- touche : *elle sait apporter la touche d'élégance qui manque*

élocution *nom fém.*

∾ **élocution** + ADJECTIF
- naturelle
- rapide
- aisée · bonne [+ nom] · claire · nette · parfaite · précise · remarquable · soignée • nerveuse
- lente • nonchalante · traînante
- mauvaise • affectée · précieuse • bafouillante · bégayante · difficile · embarrassée · hésitante • laborieuse · pâteuse · pénible • hachée · saccadée • monotone

∾ VERBE + **élocution**
- avoir : *elle a une élocution soignée*
- soigner : *il soigne son élocution et prend des cours de diction*
- gêner : *la raréfaction de la salive gêne l'élocution*
- avoir des difficultés de · avoir un défaut de : *il a un gros défaut d'élocution*

éloge *nom masc.*

∾ **éloge** + ADJECTIF
- académique • funèbre · posthume : *le célèbre éloge posthume d'André Malraux à Jean Moulin*
- admirable · appuyé · bel [+ nom] : *c'est le plus bel éloge qu'on puisse lui faire* · dithyrambique · enflammé · flatteur : *« Sans la liberté de blâmer, il n'est point d'éloge flatteur »* (Beaumarchais, *Le Mariage de Figaro*, V, 3) · formidable · grand [+ nom] · magnifique · vibrant : *il s'est livré à un éloge vibrant des femmes* · véritable [+ nom]
- excessif · hyperbolique
- poli : *il a fait l'éloge poli de son prédécesseur*

∾ **éloge** + VERBE
- (plur.) pleuvoir : *les éloges pleuvent sur cette jeune artiste*

∾ VERBE + éloge

- composer : *il a composé les éloges funèbres de ses camarades morts au combat* · rédiger
- faire : *il fait l'éloge de la lenteur et de la paresse* · prononcer
- adresser ... à • (plur.) ne pas être avare de · ne pas tarir de : *il ne tarit pas d'éloges pour sa jeune protégée* · se répandre en : *le chef d'État français s'est répandu en éloges sur la haute technologie nippone* · couvrir de : *ses pairs l'ont couvert d'éloges*
- être digne de · mériter · s'attirer : *elle décroche le rôle et s'attire les éloges des critiques et du public*
- accepter · recevoir · recueillir

∾ NOM + D' + éloges

- avalanche · concert° · déluge · pluie · torrent

REM. On rencontre parfois "se confondre en éloges". Évitez cette expression très maladroite ; on dit "se confondre en excuses" mais "se répandre en éloges".

éloquence *nom fém.*

∾ éloquence + ADJECTIF

- administrative · judiciaire · politique · religieuse · etc.
- naturelle : *il possédait une éloquence naturelle*
- belle + nom · exceptionnelle · grande + nom · particulière · rare : *les documents choisis sont d'une rare éloquence* • électrisante · enflammée · impétueuse · lyrique · véhémente • persuasive
- poignante · touchante • sobre
- ennuyeuse : *« Des harangueurs du temps l'ennuyeuse éloquence »* (Boileau, *Satires*, VIII)

∾ éloquence + VERBE

- fasciner · frapper : *ils ont été frappés par l'éloquence de ce jeune chef* · impressionner · surprendre

∾ VERBE + éloquence

- avoir · briller par (+ possessif) : *elle a brillé par sa grande éloquence* · posséder : *il possède l'éloquence des grands harangueurs*
- déployer : *j'ai dû déployer toute mon éloquence pour le convaincre* · exercer · jouer de · mettre ... au service de : *il met toute son éloquence au service de la cause souverainiste* · rivaliser de : *ils rivalisent d'éloquence pour stigmatiser le gouvernement* · user de

avec éloquence

- communiquer · défendre · dénoncer · exposer · parler

embûche *nom fém.*

∾ embûche + ADJECTIF

- administrative · judiciaire · politique · etc.
- inévitable · prévisible
- énorme · majeure · redoutable · sérieuse + nom

∾ embûche + VERBE

- se dresser · être placée sur · joncher (plur.) : *les embûches qui jonchent notre chemin*
- barrer le chemin · entraver : *une fois le cap des premières pages franchi, plus aucune embûche n'entrave la progression du lecteur*

∾ VERBE + embûche

- (plur.) comporter · être parsemé de · être pavé de : *le chemin vers la gloire est pavé d'embûches* · être plein de · être semé de
- semer : *ils cherchent à semer des embûches sur le chemin de leurs concurrents* · tendre ... à • (plur.) accumuler · multiplier
- être confronté à · rencontrer
- déjouer · échapper à · esquiver · éviter · passer à côté de / au travers de · se jouer de · se sortir de · surmonter

REM. On rencontre parfois "affronter des embûches". Évitez cette expression maladroite et préférez "rencontrer des embûches".

émeute *nom fém.*

∾ émeute + ADJECTIF

- (inter)ethnique · (inter)raciale • interconfessionnelle · (inter)religieuse • ouvrière · populaire · sociale • communautaire · étudiante · urbaine • antigouvernementale · insurrectionnelle · révolutionnaire · séparatiste · etc.
- petite + nom
- généralisée · grande + nom · grave + nom · importante · incontrôlable · massive • (plur.) incessantes
- criminelle · dévastatrice · meurtrière · sanglante · terrible · violente

∾ émeute + VERBE

- menacer : *la nourriture manque et les émeutes menacent*
- avoir lieu · commencer · éclater · se déclencher · se produire · survenir
- déborder : *les émeutes débordent des campus universitaires et s'étendent à tout le pays* · faire rage · reprendre : *les émeutes ont repris dans plusieurs villes* · s'étendre • se poursuivre · se prolonger
- causer · entraîner · provoquer : *les émeutes ont provoqué la mort d'un millier de personnes*

- dévaster · embraser · enfiévrer · enflammer · ensanglanter · faire des ravages (dans) · frapper · mettre à feu et à sang · secouer (souvent passif) : *la capitale a été secouée par des émeutes pendant une semaine* · toucher : *les émeutes ont touché le sud du pays* • opposer : *de violentes émeutes opposent manifestants et forces de l'ordre* • coûter la vie à · faire des morts / blessés : *les émeutes ont fait 152 morts*
- s'apaiser · se terminer

∾ VERBE + **émeute**
- organiser • être impliqué dans · participer à
- provoquer · susciter · conduire à · déboucher sur · déclencher
- dégénérer en · se tranformer en · tourner à · virer à : *une manifestation qui vire à l'émeute*
- frôler · risquer
- canaliser · enrayer
- calmer · maîtriser • éviter : *on a évité l'émeute de justesse dans le quartier*
- arrêter · mettre fin à • réprimer

∾ NOM + D' + **émeute**
- série · vague : *l'enterrement d'un chef de la milice a suscité une vague d'émeutes*
- théâtre : *la capitale a été le théâtre d'une émeute sanglante*

émission *nom fém.* (Radio, TV)

∾ **émission** + ADJECTIF
- de radio · de télévision · radiophonique · télévisée
- de service public : *une longévité exceptionnelle pour une émission de service public*
- spéciale : *ils animeront cette émission spéciale élections* · thématique • culturelle · de variétés · littéraire · musicale · politique · satirique · etc.
- matinale • dominicale · hebdomadaire · mensuelle · quotidienne · etc.
- bonne + nom · excellente · remarquable
- célèbre · culte · fameuse + nom · phare : *l'émission phare de la télévision publique régionale*
- courte + nom
- grande + nom · longue

∾ **émission** + VERBE
- passer : *l'émission passe sur une chaîne publique / tard le soir*
- réunir : *l'émission réunit des candidats sur une île déserte*
- faire de l'audience · rafler des parts d'audience · rassembler x millions de spectateurs · trouver son public
- connaître une baisse d'audience
- s'interrompre

∾ VERBE + **émission**
- faire · produire · réaliser • intituler
- animer · présenter
- consacrer ... à
- (re)diffuser · montrer · programmer · retransmettre • (pré)enregistrer
- écouter · regarder · visionner
- zapper
- arrêter · déprogrammer : *ils ont déprogrammé l'émission pour passer un de ses films* · supprimer

émoi *nom masc.*

∾ **émoi** + ADJECTIF
- adolescent · premiers + nom (plur.) : *le temps des premiers émois* • amoureux · sentimental • érotique · sensuel · sexuel • populaire
- considérable · fort + nom · grand + nom · gros + nom : *gros émoi chez les agriculteurs français* · immense · incontrôlable · intense · profond · sérieux + nom · vaste + nom · vif + nom · violent • général · international
- bel + nom · doux + nom : *le doux émoi que provoquait ce spectacle* • légitime : *la série d'accidents aériens a suscité un émoi légitime*
- léger + nom · moindre + nom : *sa peau trahit le moindre émoi en rougissant* • bref + nom · passager

∾ **émoi** + VERBE
- surgir
- saisir · s'emparer de : *un grand émoi s'est emparé de la presse lorsqu'on a retrouvé le maire mort en pleine rue*
- s'apaiser • se dissiper

∾ VERBE + **émoi**
- causer · créer · déclencher · engendrer · éveiller · jeter : *le président a jeté l'émoi dans les chancelleries* · mettre en : *un texte de loi qui met en émoi le monde agricole* · plonger dans · provoquer · semer · susciter : *ce meurtre avait suscité un émoi considérable dans le village*
- connaître : *c'est là qu'il a connu ses premiers émois amoureux* · être en : *toute la ville était en émoi*
- frissonner de · trembler de
- confier · faire part de · livrer : *avec son dernier texte, il nous livre ses émois d'adolescent*
- manifester : *il ne fait pas bon manifester ses émois en public*
- cacher · dissimuler
- calmer · contenir

émotion *nom fém.*

∾ émotion + ADJECTIF

- esthétique · artistique · musicale • sensuelle • intérieure · intime
- à fleur de peau · considérable · effroyable · énorme · extraordinaire · extrême · forte°: *un amateur d'émotions fortes ; c'est l'une des plus fortes émotions que j'aie jamais éprouvée* · grosse [+ nom] · inoubliable · intacte · intense · irrésistible · particulière · profonde · vibrante : *cette émotion vibrante parcourt tout le livre* · violente · vive • soudaine • brute · viscérale • évidente · palpable • communicative · contagieuse • poignante · troublante
- délicieuse · pure : *il doit à Verdi l'une des plus pures émotions musicales de sa vie* · tendre • légitime • pudique
- authentique · non feinte : *c'est avec une émotion non feinte qu'il a pris la parole* · sincère
- légère [+ nom] · retenue · sourde • furtive · passagère
- confuse · diffuse · étrange · trouble • incompréhensible · indéfinissable · indescriptible · indicible · inexprimable
- douloureuse
- artificielle : *les images sont standardisées et les émotions artificielles*

∾ émotion + VERBE

- jaillir : *il fait jaillir les émotions en quelques notes* · naître
- paraître · transparaître
- aller crescendo · déborder · grandir · monter · s'intensifier
- (souvent passif) agiter · bouleverser · chavirer : *un public chaviré par l'émotion* · étreindre · gagner · happer · saisir · submerger · tenailler · troubler
- (souvent passif) paralyser · ravager · terrasser · tétaniser • briser / hacher la voix : *la voix brisée d'émotion / par l'émotion* · casser / étrangler la voix : *la voix cassée / étranglée d'émotion / par l'émotion* · embuer / mouiller les yeux : *les yeux embués d'émotion / par l'émotion* · nouer la gorge
- dépasser · dominer · emporter · envahir · gagner : *elle se laisse facilement gagner par l'émotion* · guider · porter · vaincre
- retomber · s'émousser : *avec le temps, l'émotion s'est émoussée*

∾ VERBE + émotion

- distiller · donner · faire naître · induire · insuffler · offrir : *la deuxième mi-temps allait offrir des émotions fortes* · procurer · provoquer · soulever · susciter • communiquer · faire passer : *un film comique peut aussi faire passer de l'émotion*
- avoir · être chargé de : *un texte chargé d'émotion* · être empli de · être empreint de · être plein de · être rempli de · être riche en : *cette année promet d'être riche en émotions* · être traversé de : *son univers est sombre, traversé d'émotions fortes* · être truffé de : *ça a été un tournoi truffé d'émotions* · regorger de • éprouver · être en proie à · être sous le coup de · goûter à : *si vous voulez goûter aux émotions fortes, allez-y !* · ressentir · revivre · vivre
- céder à · succomber à • pâlir de · pleurer de · rougir de · transpirer de · trembler de · vibrer de
- être avide de : *les spectateurs, toujours avides d'émotions* · rechercher
- avouer · confier · exprimer · partager · transmettre · verbaliser
- donner / laisser libre cours à · laisser parler : *il laisse parler ses émotions* · laisser transparaître : *elle a un visage lisse qui laisse rarement transparaître ses émotions* · manifester · montrer · trahir
- percevoir · sentir
- être à l'écoute de · être réceptif à · être sensible à
- se remettre de : *une fois remis de ses émotions*
- jouer sur · miser sur
- être en mal de : *un film à recommander à tous ceux qui sont en mal d'émotions fortes*
- bannir · chasser · combattre • canaliser · dominer · dompter · maîtriser • contenir · refouler · retenir • être imperméable à · être insensible à
- feindre · simuler
- être dépourvu de · être vide de : *c'est un texte totalement vide d'émotion(s)*
- cacher · dissimuler · masquer · taire · faire taire
- étouffer : *la grandiloquence vient malheureusement étouffer l'émotion* · l'emporter sur : *l'exercice de style l'emporte sur l'émotion* · prendre le pas sur · prévaloir sur

∾ NOM + D' + émotion(s)

- palette · registre : *la faculté d'une actrice de couvrir un large registre d'émotions*
- torrent · vague : *son arrestation a soulevé une vague d'émotion*
- ombre : *il a assisté à l'enterrement sans l'ombre d'une émotion* · trace

avec émotion

- évoquer · parler · raconter • relire · revivre · revoir · se rappeler · se remémorer · se souvenir

empêchement *nom masc.*

∞ empêchement + ADJECTIF

- de dernière minute · imprévu
- éventuel
- absolu · grave · gros + nom · majeur • définitif [Pol.] : *en cas d'empêchement définitif du président de la République*
- momentané
- prétendu

∞ empêchement + VERBE

- surgir · survenir · tomber dessus

∞ VERBE + empêchement

- avoir
- invoquer • mentionner

empire *nom masc.* (État, groupe puissant)

∞ empire + ADJECTIF

- colonial • agroalimentaire · audiovisuel · commercial · de luxe · de presse · éditorial · immobilier : *il règne sur l'un des plus grands empires immobiliers du pays* · industriel · médiatique · télévisuel · etc. • [avec une majuscule] byzantin · romain · soviétique · etc.
- immense · puissant · tentaculaire : *un empire médiatique tentaculaire* · vaste + nom · véritable : *il possède un véritable empire financier*
- déliquescent
- défunt + nom · disparu · éclaté

∞ empire + VERBE

- comprendre : *un empire audiovisuel comprenant les principales chaînes de télévision* · regrouper : *son empire regroupe immobilier, finance et agroalimentaire*
- s'étendre : *son empire s'étendait jusqu'en Chine* • résister à l'épreuve du temps
- chanceler · vaciller
- disparaître · imploser · s'écrouler · se décomposer · se disloquer · s'émietter

∞ VERBE + empire

- bâtir · construire · édifier · élever · fonder · se tailler : *le magnat de la télévision a essayé de se tailler un empire à l'étranger* • reconstituer : *il a longtemps rêvé de reconstituer l'Empire romain* · rétablir
- contrôler · être à / prendre la tête de · gérer · posséder · régner sur
- élargir · étendre
- ébranler
- conduire au naufrage de · démanteler · démembrer · dépecer · détruire · disloquer

∞ NOM + D' + empire

- fleuron · joyau : *ils ont dû abandonner le joyau de leur empire* · perle : *Ceylan fut longtemps considérée comme la perle de l'empire des Indes*
- apogée
- chute · déclin • décadence · démantèlement · effondrement
- décombres : *il fonda une République sur les décombres de l'Empire ottoman* · ruine · vestiges

[1]emploi *nom masc.* (poste)

∞ emploi + ADJECTIF

- administratif · public · industriel · marchand · tertiaire · secondaire
- direct : *le tri sélectif a déjà permis de créer 20 000 emplois directs* • indirect · induit : *l'installation de l'usine va créer 1 200 emplois, sans compter les emplois induits*
- rémunéré · salarié • de proximité° • non qualifié · qualifié · sous-qualifié
- accessible à : *la pénurie d'emplois accessibles aux jeunes* • à pourvoir · disponible · vacant
- à temps partiel · flexible · intermittent · occasionnel · saisonnier · temporaire • précaire
- irrégulier · frauduleux · illégal • modeste : *après quelques modestes emplois dans la restauration, il s'embarque sur un paquebot* · subalterne
- durable · stable • fixe · permanent · statutaire • à temps plein
- bon + nom • gratifiant
- fictif° : *l'affaire des emplois fictifs de la mairie*

∞ emploi + VERBE

- convenir à : *pour l'instant, mon emploi me convient*
- passer à la trappe (plur.) : *plus d'un millier d'emplois passent à la trappe*

∞ VERBE + emploi

- aspirer à · chercher · convoiter · espérer · être à la recherche de · être en recherche de : *les jeunes en recherche d'emploi* · rechercher · vouloir • solliciter · demander • postuler à / pour · se proposer pour
- créer : *pour créer de l'emploi / des emplois dans l'industrie* · développer · être générateur de : *la renaissance rurale peut-elle être génératrice d'emplois ?* · faire émerger · générer
- assurer : *des années de croissance rapide assurant le plein emploi ; ils sont disposés à faire des concessions sur les salaires si l'emploi est assuré* · être un pourvoyeur de : *ces PME sont les plus grosses pourvoyeuses d'emplois* · fournir · offrir · procurer · proposer • donner accès à · être / rester un / le sésame pour : *le diplôme reste le sésame pour l'emploi*

- accepter · décrocher[fam.] · obtenir · se procurer · (re)trouver
- accéder à · avoir · bénéficier de · exercer · occuper • conserver · garder • cumuler
- défendre : *ils sont descendus dans la rue pour défendre leurs emplois* · garantir · maintenir · pérenniser · préserver · sauvegarder · sauver
- changer de
- condamner : *la fermeture de l'usine condamne 350 emplois* · réduire : *la volonté de l'État de réduire l'emploi public*
- menacer · précariser
- détruire · faire disparaître · supprimer : *la société veut supprimer 150 emplois d'ici la fin de l'année*
- perdre • être privé de · être sans • abandonner · démissionner de · lâcher[fam.] · libérer : *les personnes qui partent à la retraite libèrent des emplois* · quitter
- refuser ... à

∞ NOM + D' + **emplois**
- cumul
- bassin · gisement : *l'univers d'internet représente un nouveau gisement d'emplois* · vivier
- manque · pénurie

²emploi *nom masc.* (marché du travail)

∞ **emploi** +ADJECTIF
- plein [+ nom] : *les années 1960 étaient des années de plein-emploi*

∞ **emploi** + VERBE
- être en hausse : *l'emploi est en hausse dans ce secteur* · redémarrer • s'améliorer : *l'emploi s'améliore lentement dans ce secteur*
- stagner • être en baisse · manquer · reculer : *l'emploi recule régulièrement dans la région* · se raréfier

∞ VERBE + **emploi**
- aider · consolider · doper : *la croissance prévue cette année va doper l'emploi* · favoriser · redynamiser
- fragiliser · pénaliser : *ces mesures risquent de pénaliser l'emploi des plus de 55 ans*

∞ NOM + D' + **emploi**
- croissance · progression
- chute · baisse

▷ voir aussi ¹**emploi**

³emploi *nom masc.* (usage, utilisation)

∞ **emploi** + ADJECTIF
- [d'un mot, d'une expression] • figuré · imagé · métaphorique • familier · littéraire · moderne · vieilli
- généralisé · intensif · large • courant · systématique • fréquent · répété • constant · continu : *l'emploi continu de cette expression finit par énerver* • redondant : *l'emploi redondant de l'auxiliaire être*
- exclusif • obligatoire : *la loi prévoit l'emploi obligatoire du français pour ce type d'étiquetage*
- bon [+ nom] : *l'orthotypographie veille au bon emploi des majuscules et des signes de ponctuation* · correct
- abusif : *l'emploi abusif de cette substance peut entraîner des troubles* · fantaisiste · impropre · incorrect · mauvais
- marginal · restreint

∞ **emploi** + VERBE
- se généraliser · s'étendre : *l'emploi des mines antipersonnel s'étend à tous les types de conflits*
- disparaître

∞ VERBE + **emploi**
- privilégier • préconiser · recommander : *on recommande l'emploi d'un antipaludéen dans ces régions* • justifier
- nécessiter · exiger : *des lois spécifiques exigent l'emploi d'un kit mains libres dans la voiture*
- étendre ... à · généraliser : *il souhaite généraliser l'emploi du papier recyclé*
- être prêt à (+ art. déf.) : *un vernis prêt à l'emploi*
- attester : *l'emploi de ce mot est attesté dès le XVIe siècle*
- déconseiller • décourager : *cette politique tend à décourager l'emploi des langues locales* • éviter · interdire

emploi du temps

∞ **emploi du temps** + ADJECTIF
- personnel · professionnel
- minuté • (bien) chargé · de ministre · lourd : *l'emploi du temps des collégiens est souvent très lourd* · (bien) rempli · saturé · serré · surchargé
- délirant · démentiel · ingérable • morcelé
- bon [+ nom] • aménagé : *notre champion bénéficie d'un emploi du temps aménagé pour pouvoir s'entraîner* · personnalisé · sur mesure • flexible · souple • précis

∞ **emploi du temps** + VERBE
- être compatible avec · laisser le loisir de : *son emploi du temps lui laisse le loisir de faire beaucoup de théâtre* · permettre de
- exiger · obliger à · requérir : *un tel emploi du temps requiert une organisation très au point*
- interdire : *mon emploi du temps m'interdit toute sortie en soirée*
- changer

∾ VERBE + emploi du temps

- composer : *il compose son emploi du temps comme ça l'arrange* · définir · détailler · déterminer · établir · fixer · programmer • équilibrer • gérer · organiser
- donner · imposer
- avoir · bénéficier de : *elle bénéficie d'un emploi du temps personnalisé* • respecter · se tenir à : *je n'arriverai jamais à me tenir à mon emploi du temps* • jongler avec • avoir des trous dans : *j'ai beaucoup de trous dans mon emploi du temps cette semaine* · profiter d'une pause dans
- adapter · aménager · changer · modeler · modifier · réajuster · régler • bouleverser · bousculer · chambouler^fam. · dérégler
- alourdir : *on ne peut pas alourdir indéfiniment l'emploi du temps des élèves*
- alléger · ménager
- consulter · lire · regarder · visualiser
- éplucher · reconstituer : *ils ont réussi à reconstituer son emploi du temps avant sa disparition* · vérifier

empressement *nom masc.*

∾ empressement + ADJECTIF

- grand ^+ nom : *il a montré un grand empressement à défendre son patron* • inhabituel · inaccoutumé · particulier
- soudain • fébrile · frénétique
- collectif · général : *l'empressement général à se débarrasser des francs*
- excessif · servile
- faible : *il s'est plaint de leur faible empressement à l'aider*

∾ VERBE + empressement

- faire preuve de · manifester · mettre : *ils n'ont mis aucun empressement à nous répondre* · montrer : *il ne montre guère d'empressement à la soutenir*
- s'étonner de · souligner • déplorer le peu / le manque de · s'alarmer du peu / du manque de · se plaindre du peu / du manque de · s'inquiéter du peu / du manque de

avec empressement

- accepter · obéir · s'exécuter • répondre · venir

emprise *nom fém.* (morale)

∾ emprise + ADJECTIF

- coloniale · culturelle · familiale · politique · psychologique · sociale · etc.
- croissante · grandissante • absolue · considérable · énorme · forte ^+ nom · grande ^+ nom · immense · profonde · tentaculaire · totale • directe
- excessive · hégémonique · totalitaire • malsaine
- faible ^+ nom : *on a ainsi pu mesurer la faible emprise qu'il exerçait sur ses confrères*

∾ emprise + VERBE

- croître
- diminuer

∾ VERBE + emprise

- assurer · avoir ... sur : *la royauté n'a aucune emprise directe sur la décision politique* · établir · exercer • garder : *elles veillent avec un soin jaloux à garder leur emprise sur ce petit monde* · maintenir
- accentuer · accroître · asseoir · confirmer · conforter · consolider · élargir · étendre · raffermir · renforcer · rétablir • réaffirmer · déployer
- être livré à · être soumis à · subir
- mesurer
- marquer · souligner
- affaiblir · alléger · desserrer : *le moment est venu de desserrer l'emprise des militaires sur les affaires civiles* · diminuer · faire reculer · limiter : *afin de limiter l'emprise du gouvernement sur la magistrature* · réduire · saper • lâcher · relâcher : *le vieillard n'a pas relâché son emprise sur son commerce*
- déplorer · regretter • dénoncer · protester contre · s'élever contre
- batailler contre · (se) défendre contre · faire face à · lutter contre · réagir à / contre · refuser · rejeter · s'opposer à • fuir • résister à · se préserver de
- (s')affranchir de : *il lui a fallu s'affranchir de l'emprise du modèle paternel* · (s')arracher à · (se) dégager de · (se) délivrer de · échapper à · (se) libérer de : *les journaux se sont libérés de l'emprise du parti* · se défaire de • défaire · rompre · briser
- perdre : *le pouvoir central a perdu son emprise sur ces régions*

sous l'emprise de

- être : *elle est sous son emprise ; il est sous l'emprise de l'acool* · se trouver · tomber • agir : *il a agi sous l'emprise de l'alcool / la colère*

REM. On rencontre parfois “instaurer une emprise sur”. Évitez cette expression maladroite et préférez “établir une emprise sur” ou “exercer une emprise sur”.

encouragement *nom masc.*

∾ encouragement + ADJECTIF

- financier · fiscal

- direct · systématique : *la progression de leur économie s'explique par un encouragement systématique à l'entreprise* • indirect • mutuel • personnel : *il a reçu les encouragements personnels du président de la République*
- appuyé · formidable · grand + nom · immense · incroyable · profond · puissant · vif • bruyant · sonore : *les encouragements sonores de son coach n'auront pas suffi à le faire gagner*
- chaleureux · précieux · sincère
- inattendu
- officieux · tacite : *il a agi avec le consentement, sinon les encouragements plus ou moins tacites de l'ambassade*
- discret

encouragement + VERBE
- venir de
- aider · aller droit au cœur · porter (souvent passif) : *il est porté par les encouragements de la foule* · réconforter · revivifier
- bouleverser · toucher

VERBE + **encouragement**
- être digne de · mériter : *cet énorme travail de recherche mérite de vifs encouragements* · valoir
- marquer : *il tenait à marquer son encouragement à leur initiative*
- crier · lancer · prononcer • adresser · apporter : *une enveloppe de 500 millions d'euros pour apporter un encouragement de l'État aux initiatives locales* · gratifier de : *le professeur l'a gratifié de quelques encouragements* · prodiguer · transmettre • (plur.) multiplier · ne pas être avare de · ne pas ménager : *le public n'a pas ménagé ses encouragements*
- attendre · guetter • obtenir · recevoir : *nous n'avons pas reçu le moindre encouragement* · trouver : *nous y avons trouvé des encouragements à poursuivre ces efforts*

NOM + D' + **encouragement**
- signe : *attendre / guetter / donner / adresser un mot d'encouragement* · signal
- mot · message : *délivrer / envoyer un message d'encouragement*

1 énergie *nom fém.* (vigueur)

énergie + ADJECTIF
- collective : *l'énergie collective dégagée par les acteurs* • juvénile
- créatrice • spirituelle
- nouvelle
- ardente · belle + nom · bouillonnante · débordante · époustouflante · extraordinaire · farouche · folle · formidable · hors du commun · importante · incroyable · indomptable · inouïe · insoupçonnable · intacte · peu commune : *il est doté d'une énergie peu commune* · phénoménale · prodigieuse · puissante · pure + nom · rare · sans faille : *ils ont fait preuve d'une énergie sans faille pour faire aboutir le projet* · singulière · soutenue · spectaculaire · vive • à toute épreuve · de tous les instants · inépuisable · infatigable + nom · inlassable • communicative · contagieuse • brute : *l'énergie brute de sa musique / de la révolte* · sauvage • féroce : *il dénonce avec une énergie féroce les tares du système* · rageuse : *leur musique est un concentré d'énergie rageuse* • désespérée : *elle s'accroche à cet espoir avec une énergie désespérée* • dernière + nom : *il a protesté avec la dernière énergie*

énergie + VERBE
- animer (souvent passif) : *il semble animé d'une énergie inépuisable*

VERBE + **énergie**
- être source de · insuffler : *ce metteur en scène sait insuffler de l'énergie à ses comédiens*
- avoir besoin de · demander : *ces exercices demandent une certaine énergie* · requérir
- avoir · faire preuve de · être doté de : *elle est dotée d'une énergie hors du commun* · être / se sentir plein de · irradier : *elle irradie une énergie communicative* · posséder · regorger de • déborder de · être bourré de[fam] : *ses chorégraphies sont bourrées d'énergie* • redoubler de • conserver · garder : *il faut garder assez d'énergie pour la fête de demain*
- (plur.) [personnes] • faire appel à · mobiliser
- accumuler · faire le plein de · puiser : *où puise-t-elle toute cette énergie ?* · tirer ... de : *il tire son énergie du désespoir* · (re)trouver • capter : *cet écrivain n'a de cesse de capter l'énergie du monde*
- (plur.) [personnes] • coordonner : *nous avons fait appel à toutes les énergies pour monter ce projet* · fédérer · rassembler · regrouper · réunir · unir
- (plur.) [personnes] • catalyser : *la commune s'efforce de catalyser les énergies locales* · galvaniser : *un talent d'orateur capable de galvaniser les énergies*
- faire preuve de : *il a fait preuve d'une belle énergie ce soir-là* · montrer
- dégager · donner · redonner · transmettre
- consacrer · déployer : *il a déployé une énergie peu commune pour monter le projet* · employer · mettre ... dans : *elle a mis toute son énergie dans cette mission* • dépenser · user : *il use son énergie à tenir les élèves*

- décupler · renouveler
- disperser · gaspiller : *il gaspille son énergie à s'occuper de babioles* • bouffer^fam. : *ce genre de dossier bouffe du temps et de l'énergie* · épuiser · pomper^fam. : *les enfants m'ont pompé toute mon énergie*
- canaliser · dompter : *il marche beaucoup pour canaliser sa nervosité et dompter son énergie* • économiser : *il économise son énergie en prévision d'un voyage fatigant*
- manquer de · perdre

∾ NOM + D' + **énergie**
- concentré • débauche · débordement

avec énergie
- combattre · défendre · lutter · protester • résister · s'accrocher

²énergie *nom fém.* (propriété d'un système physique)

∾ **énergie** + ADJECTIF
- fossile • chimique · cinétique • atomique · calorifique · électrique · hydroélectrique · nucléaire · radiante · thermique • géothermique · hydraulique · marémotrice · mécanique · éolienne · solaire
- (souvent plur.) conventionnelle · traditionnelle • alternative · douce · naturelle · nouvelle : *les énergies nouvelles et renouvelables* · verte° : *la part des énergies vertes devrait passer à 9 % en 2010* · renouvelable • non polluante · propre
- domestique
- haute ^+nom : *des particules à haute énergie* • colossale · considérable • inépuisable : *la fusion pourrait fournir à l'humanité une énergie quasi inépuisable*
- bon marché
- basse ^+nom : *ces particules solaires sont émises à basse énergie* · faible
- non renouvelable · polluante

∾ **énergie** + VERBE
- alimenter · propulser : *l'engin est propulsé par l'énergie solaire*
- circuler : *la thermodynamique étudie comment l'énergie circule et se transforme* • se transformer
- s'épuiser

∾ VERBE + **énergie**
- être source de : *ces céréales sont une bonne source d'énergie* · produire
- contenir · diffuser · fournir · libérer : *une fission d'uranium 235 libère une énergie de 200 millions d'électronvolts* • distribuer · livrer
- capter · récupérer • accumuler : *le rôle de cette dalle est d'accumuler l'énergie thermique* • stocker • s'approvisionner en
- promouvoir : *des mesures pour promouvoir les énergies renouvelables* • développer : *il faut développer les énergies douces*
- employer · recourir à · utiliser • absorber · brûler : *le procédé est très peu rentable car il brûle beaucoup d'énergie* · consommer · dépenser : *les grands oiseaux migrateurs dépensent moins d'énergie lorsqu'ils volent en V* • être dévoreur de : *la photo numérique est dévoreuse d'énergie* · être gourmand en · être vorace en
- convertir ... en : *cela permet de convertir l'énergie électrique en lumière* · transformer ... en • réutiliser : *un procédé qui permet de réutiliser l'énergie libérée lors de la condensation* · renouveler
- domestiquer · maîtriser : *nous devons mieux maîtriser l'énergie pour consommer moins* • économiser · éviter / limiter les déperditions de · faire / réaliser des économies de · optimiser la consommation de
- gaspiller

∾ NOM + D' + **énergie**
- flux : *ils étudient les flux d'énergie solaire atteignant la Terre*

³énergie *nom fém.* (d'un être vivant)

∾ **énergie** + ADJECTIF
- musculaire · physique · psychique · vitale° : *cela fait circuler l'énergie vitale*
- positive : *il émane une énergie positive de cet endroit*
- négative : *le chaman essaie d'éloigner les énergies négatives*

∾ **énergie** + VERBE
- circuler : *les canaux par lesquels l'énergie circule dans le corps* · s'écouler : *dans cet état de relaxation, l'énergie s'écoule librement*

∾ VERBE + **énergie**
- être chargé de : *le sol est chargé d'énergie volcanique*

enfance *nom fém.* (période)

∾ **enfance** + ADJECTIF
- petite ^+nom : *il se souvient très peu de sa petite enfance* · première ^+nom · prime ^+nom : *on l'a mis au piano dès sa prime enfance* · tendre ^+nom : *il vit à Paris depuis sa plus tendre enfance*
- choyée · comblée · dorée · extraordinaire · favorisée · gâtée · heureuse · idéale · idyllique · insouciante · merveilleuse · paisible

- bourgeoise • banale · sans histoire • nomade : *ce fils de diplomate connaîtra une enfance nomade au rythme des nominations de son père*
- troublée · difficile · tumultueuse • affreuse · désastreuse · horrible · malheureuse · sordide · tragique • austère · morose · triste • bafouée · déchirée · douloureuse · meurtrie : *elle raconte ses années d'enfance meurtrie* • misérable · miséreuse · pauvre • perdue · saccagée · sacrifiée · solitaire

∾ **enfance** + VERBE
- s'écouler · se passer

∾ VERBE + **enfance**
- avoir · connaître : *il a connu une enfance morose dans un foyer* · mener : *il mène une enfance heureuse auprès d'un père horloger et d'une mère institutrice* · passer • renouer avec : *un voyage qui lui permet de renouer avec son enfance ardéchoise* · retomber en
- se rappeler · se remémorer · se souvenir de • évoquer · raconter · relater · retracer · revenir sur
- bercer : *ce chanteur a bercé mon enfance* · imprégner · marquer : *les drames familiaux qui ont marqué son enfance*
- briser • voler : *il pleure sur son enfance volée*
- quitter (+ art. déf.) : *le moment où l'on quitte l'enfance pour entrer dans l'adolescence* · sortir de (+ art. déf.) : *un fils à peine sorti de l'enfance*

[1] engagement *nom masc.* (implication, action)

∾ **engagement** + ADJECTIF
- politique · intellectuel · militant · social : *une forte tradition d'engagement social* · syndical · idéologique • associatif · citoyen · civique · écologique · humanitaire · solidaire • artistique · spirituel • militaire : *ils n'approuvent pas l'engagement militaire de leur pays dans la région* • physique : *un match avec un gros engagement physique* • moral · psychologique • affectif · amoureux · émotionnel
- bénévole · volontaire • professionnel : *il faut un meilleur équilibre entre engagement professionnel et vie familiale* • individuel · personnel • collectif : *les jeunes sont très attirés par l'engagement collectif* · commun · public • européen · international
- minimal : *cela nécessite un engagement minimal de la part de l'élève*
- absolu : *il réaffirme l'engagement absolu de son pays en faveur de l'euro* · actif · considérable · effectif · entier : *l'aide humanitaire demande un engagement entier* · fort · important · incroyable · massif · net · profond · radical · sans équivoque · sans faille · sans limites · sans précédent · sans relâche · total · véritable ^+ nom^ • constant · de tous les instants · durable
- constructif · courageux • désintéressé · généreux · sincère • passionné : *le défi a pu être relevé grâce à l'engagement passionné de quelques chercheurs*
- lourd : *le parrainage est un engagement lourd* · lourd de conséquences • contraignant · coûteux

∾ **engagement** + VERBE
- se limiter à : *les engagements des épouses d'hommes d'État se limitent bien souvent à l'action sociale et humanitaire*

∾ VERBE + **engagement**
- fonder : *les principes qui fondent son engagement* · être à la base de
- demander · exiger · nécessiter · réclamer · requérir · revendiquer
- encourager · susciter : *l'association s'efforce de susciter l'engagement des jeunes* · pousser à
- être / rester fidèle à : *je suis resté fidèle à mon engagement politique* • montrer · faire preuve de
- renforcer
- apprécier · approuver · louer · saluer • soutenir
- annoncer · déclarer · exprimer • confirmer : *il a confirmé l'engagement de son parti dans ce projet européen*
- montrer · illustrer · prouver (+ possessif) : *pour prouver son engagement, le gouvernement a débloqué d'énormes moyens financiers* · traduire
- mettre fin à

[2] engagement *nom masc.* (promesse, souvent plur.)

∾ **engagement** + ADJECTIF
- électoral · présidentiel • financier : *le sommet du G8 s'est refermé sans engagement financier*
- écrit · verbal • de principe • mutuel · réciproque • chiffré : *les engagements chiffrés qu'ils ont pris avant les élections*
- exprès · ferme · formel · solennel • irrévocable : *elle demande un engagement clair et irrévocable de tous les dirigeants du parti* • clair · concret : *il réclame des engagements concrets sur la promotion du développement durable* · précis · sans détour
- imprécis · vague
- imprudent · inconsidéré • intenable
- sans lendemain · sans suite

∾ VERBE + **engagement**

- obtenir : *ils n'ont obtenu aucun engagement ferme de la part de la direction* · recevoir
- prendre : *elle a pris l'engagement de s'occuper du dossier*
- multiplier (plur.) • réaffirmer · réitérer · renouveler · maintenir : *il a maintenu ses engagements électoraux*
- être fidèle à : *il a toujours été fidèle aux engagements pris devant le pays* · honorer · faire face à · respecter · tenir · accomplir · remplir · satisfaire à · suivre : *le nouveau dirigeant suivra les engagements de son prédécesseur*
- rappeler (... à)
- déroger à^littér. : *je n'entends pas déroger aux engagements pris devant la nation* · faillir à · manquer à · oublier · renier : *ils ont renié les engagements pris à Kyoto* · renoncer à · revenir sur · se dérober à • trahir · violer : *il accuse le gouvernement de violer allègrement ses engagements*
- mettre fin à • (se) libérer de · se délier de : *il se sent maintenant délié de tout engagement envers le parti*

[3]engagement *nom masc.* (obligation, contrat)

∾ **engagement** + ADJECTIF

- budgétaire · financier • hors bilan°
- contractuel · conventionnel • multilatéral · unilatéral
- lourd · massif

∾ **engagement** + VERBE

- se concrétiser · voir le jour
- stipuler : *un engagement qui stipule que les données doivent rester confidentielles*
- lier : *être lié par un engagement auprès de qqn* • obliger à
- concerner · porter sur

∾ VERBE + **engagement**

- avoir • conclure · contracter · souscrire [Admin.] : *les engagements souscrits en vue d'obtenir l'agrément de la préfecture* • contractualiser · formaliser · sceller : *un véritable contrat permet de sceller un engagement sur des objectifs précis* • parapher · signer
- provisionner
- faire face à · honorer · remplir · respecter · s'acquitter de · tenir · exécuter
- limiter : *ils veulent limiter leurs engagements dans ce secteur*
- résilier · rompre • annuler : *victime d'un gros rhume, il a dû annuler tous ses engagements*
- être délié de : *une fois délié de ses engagements* · être libre de : *le joueur sera libre de tout engagement à la fin de la saison*

engouement *nom masc.*

∾ **engouement** + ADJECTIF

- médiatique · éditorial • touristique • boursier · financier · etc.
- collectif · populaire : *l'actrice bénéficie d'un grand engouement populaire* · public • international · mondial · planétaire • général
- naissant · nouveau : *l'engouement nouveau des Français pour la marche à pied*
- bel^+nom · considérable · énorme · exceptionnel · extraordinaire · formidable · fort^+nom · frénétique · grand^+nom · incontestable · incroyable · large^+nom · massif · net^+nom : *on observe un net engouement des clients pour cette destination* · particulier · sans précédent · spectaculaire · vif^+nom · véritable^+nom · réel^+nom • durable · persistant • croissant · grandissant
- brusque · brutal · immédiat · soudain · subit
- inattendu
- aveugle · démesuré • injustifié
- faible^+nom · moindre^+nom : *son deuxième film a suscité un moindre engouement* • passager

∾ **engouement** + VERBE

- gagner · s'emparer de · toucher : *un engouement qui touche essentiellement les 18-25 ans*
- faire rage · se développer · s'intensifier
- baisser · faiblir
- disparaître · s'éteindre : *l'engouement pour le snowboard n'est pas près de s'éteindre*

∾ VERBE + **engouement**

- créer · générer · provoquer · susciter : *il s'étonne de l'engouement médiatique que suscite le film*
- se prendre de : *au milieu du XVIIIe siècle, les Anglais se sont pris d'engouement pour les ornements chinois* • partager
- bénéficier de · connaître : *les véhicules tout-terrains connaissent un engouement sans précédent* · profiter de · rencontrer • surfer sur : *la marque surfe sur l'engouement pour la téléphonie mobile*
- compter sur · miser sur · tabler sur
- contribuer à · favoriser · relancer : *une mode qui relance l'engouement pour les talons hauts*
- accentuer · décupler · renforcer • alimenter · faire durer · nourrir : *l'apparition de la monnaie unique nourrit l'engouement pour l'Europe*
- constater · découvrir · observer
- analyser · comprendre · décrypter · mesurer · prendre la mesure de • relativiser

- démontrer · illustrer · manifester : *les Italiens manifestent un engouement prononcé pour la pelote basque* · montrer · refléter · témoigner de · traduire
- calmer · refroidir : *cette annonce pourrait refroidir l'engouement des investisseurs*

énigme *nom fém.*

∞ énigme + ADJECTIF

- criminelle · judiciaire · policière • psychologique : *ce dictateur est une énigme psychologique* · historique · scientifique
- grande + nom • compliquée · coriace · indéchiffrable · insoluble : *l'énigme paraît insoluble*
- captivante : *l'énigme captivante de ce crime mystérieux* · passionnante • troublante

∞ énigme + VERBE

- se poser à : *l'énigme qui se pose à nous*
- demeurer · rester entière

∞ VERBE + énigme

- poser : *le Sphinx pose une énigme à Œdipe* · proposer
- constituer : *cette pathologie constitue une véritable énigme scientifique* · poser : *ces animaux posent une énigme aux chercheurs* • faire surgir : *les témoignages contradictoires font surgir une énigme* • demeurer : *le mobile du crime demeure une énigme* · rester : *cette femme reste une énigme pour moi*
- être confronté à · se heurter à
- déchiffrer · démêler · élucider : *l'une des énigmes historiques que le livre cherche à élucider* · percer : *ils n'ont jamais réussi à percer l'énigme* · résoudre · trouver la clé de : *le lecteur ne trouvera la clé de l'énigme qu'à la dernière page* · trouver la réponse à

REM. On rencontre parfois "lever une énigme". Évitez cette expression maladroite et préférez "résoudre une énigme".

enjeu *nom masc.*

∞ enjeu + ADJECTIF

- artistique · culturel · esthétique · médiatique • social · sociétal · politique • électoral · politicien · judiciaire • géopolitique · géostratégique · stratégique · territorial • commercial · économique · industriel · financier · monétaire · socioéconomique • nucléaire · pétrolier • éthique · idéologique · métaphysique · moral · philosophique · théologique • éducatif • climatique · environnemental · etc.
- collectif · commun • concret • implicite • international · local · mondial · national · planétaire
- nouvel + nom : *la profession réfléchit à ces nouveaux enjeux pour la propriété intellectuelle*
- général • colossal · considérable · de taille · d'importance · élevé : *dans cette affaire, les enjeux sont élevés* · énorme · formidable · fort + nom · gigantesque · grand + nom · gros + nom · immense · important · lourd + nom : *il y a là de lourds enjeux financiers* · spectaculaire · véritable + nom • crucial · décisif · déterminant · essentiel · fondamental · primordial · vital : *l'océan constitue un enjeu vital pour l'humanité* • historique • capital · central · global : *il a exposé les enjeux globaux de la réforme* · majeur · numéro un · principal • immédiat
- clair : *le débat se positionne autour d'un enjeu clair* · explicite
- symbolique : *l'enjeu symbolique de ce procès* · théorique
- dérisoire · insuffisant · limité · mince + nom (souvent plur.) : *la promotion de la littérature francophone n'est pas un mince enjeu* · modeste · négligeable · secondaire
- complexe • ambigu · obscur • paradoxal : *l'enjeu paradoxal de la discrimination positive*

∞ enjeu + VERBE

- apparaître · se profiler : *les formidables enjeux technologiques qui se profilent à l'horizon* • se préciser
- résider dans
- se cacher derrière · se dissimuler derrière
- (souvent passif) motiver
- (souvent passif) crisper · paralyser · tétaniser : *tétanisée par l'enjeu, elle a perdu tous ses moyens pendant le match* • impressionner · intimider
- dépasser : *l'enjeu dépasse largement les revendications catégorielles* · transcender

∞ VERBE + enjeu

- constituer : *l'exploitation des océans constituent un enjeu stratégique important* · demeurer · devenir · représenter
- être au cœur de : *la mondialisation sera au cœur des enjeux électoraux* · être porteur de : *une loi porteuse d'un immense enjeu social* · soulever
- comporter · être lourd de : *la bataille est lourde d'enjeux* · receler
- définir · fixer · poser : *ils ont posé les véritables enjeux de cette réforme* · situer
- être confronté à · faire face à

- connaître • apprécier • avoir conscience de • cerner • comprendre • décrypter • être conscient de • mesurer • percevoir • saisir • éclairer : *ce rapport a le mérite d'éclairer les grands enjeux de la construction européenne* • expliciter • expliquer • faire comprendre
- dramatiser : *il a volontairement dramatisé l'enjeu de cette rencontre*
- dégager • faire ressortir • souligner : *le ministre a souligné l'enjeu national du scrutin*
- clarifier • dépolitiser • dédramatiser • relativiser : *le ministre a cherché à relativiser l'enjeu du sommet européen*
- sous-estimer : *il ne faut pas sous-estimer l'enjeu politique de la culture*
- cacher • dissimuler : *ils n'ont pas cherché à dissimuler l'enjeu de ce scrutin anticipé* • faire oublier • masquer • occulter
- être dénué de • être dépourvu de • être vide de

ennemi *nom masc.*

∞ ennemi + ADJECTIF

- politique • naturel : *ils emploient l'ennemi naturel de l'insecte pour protéger leurs cultures* • intime : *le comité est animé par un ennemi intime du maire socialiste* • intérieur • invisible : *le pays est en guerre contre un ennemi invisible* • secret • virtuel
- grand [+ nom] • numéro un • principal • public (numéro un)○ : *les médias en ont fait un ennemi public / l'ennemi public numéro un* • absolu : *pour eux, l'OTAN est l'ennemi absolu* • puissant • redoutable • terrible • implacable • invincible • irréconciliables (plur.) : *les adversaires politiques se sont transformés en ennemis irréconciliables* • irréductible • acharné • déclaré • farouche • juré○ : *c'est mon ennemi juré* • pire [+ nom] : *le temps est notre pire ennemi* • ancestral • ancien [+ nom] • de toujours • héréditaire : *l'existence d'un ennemi héréditaire a tenu lieu de ciment national* • historique • traditionnel • vieil [+ nom]
- cruel • dangereux • impitoyable

∞ ennemi + VERBE

- (plur.) s'affronter
- attaquer • menacer • monter / passer à l'attaque • s'infiltrer : *l'ennemi s'infiltre de partout*
- capituler • se rendre

∞ VERBE + ennemi

- avoir : *il n'a aucun ennemi* • compter : *il compte beaucoup d'ennemis au conseil* • se faire • s'attirer • se trouver • se créer
- attirer ... à : *son ambition lui attire des ennemis* • créer • valoir ... à : *elle ne mâche pas ses mots, ce qui lui a valu nombre d'ennemis*
- devenir : *ils sont devenus ennemis* • faire figure de • demeurer • rester : *ce virus reste l'ennemi numéro un dans le pays*
- se chercher : *il se cherche des ennemis pour légitimer le conflit*
- connaître : *il faut connaître son ennemi* • identifier • reconnaître • repérer
- désigner comme • identifier comme • présenter comme : *un mouvement qu'on présente souvent comme l'ennemi de la démocratie* • se tromper de : *il ne faut pas se tromper d'ennemi*
- affronter • attaquer • combattre • contrer • désarmer • en découdre avec : *nos hommes veulent en découdre avec l'ennemi* • faire face à • frapper • lutter contre • se battre contre • cerner • encercler • traquer • (se) défendre contre • (se) protéger contre : *pour protéger le pays contre ses ennemis* • décourager • intimider • surprendre : *ils ont surpris l'ennemi en intervenant de nuit* • tromper (+ art. déf.) : *ils diffusaient de fausses nouvelles pour tromper l'ennemi*
- bouter ... hors de [vieux ou littér.] • chasser • repousser • abattre • anéantir • détruire • écraser • neutraliser • terrasser • tuer • vaincre
- capituler devant • reculer devant • se rendre à • tomber aux mains de : *la ville est tombée aux mains de l'ennemi*
- collaborer avec • pactiser avec • passer à (+ art. déf.) : *le nombre de soldats passés à l'ennemi* • faire le jeu de : *on l'accuse de faire le jeu de l'ennemi*
- faire la paix avec

∞ NOM + D' + ennemis

- collection : *l'homme d'affaires a fini par se faire une belle collection d'ennemis* • horde • liste • myriade

[1] ennui *nom masc.* (lassitude, désœuvrement)

∞ ennui + ADJECTIF

- ambiant • collectif • général • conjugal • existentiel
- manifeste • ostensible : *l'ennui ostensible des élèves* • palpable : *l'ennui palpable de ce petit village de province* • perceptible • visible
- absolu • abyssal : *ce documentaire décrit l'ennui abyssal de la vie en tournée* • accablant • croissant • cruel • démesuré • désespéré • écrasant • extrême • féroce • gigantesque • immense • implacable • incommensurable • indicible • insondable : *ce film est d'un insondable ennui* • insupportable • intenable • mortel○ : *ses cours sont d'un ennui mortel* • pénible • pesant •

prodigieux · profond · pur et simple · suprême · terrible · total
- chic : *l'ennui chic des soirées de gala* · distingué · élégant : *il promène l'ennui élégant qui sied au dandy* · superbe : *« Et calme, il enjambait, plein d'un superbe ennui / Des cadavres gisants, peut-être faits par lui »* (Hugo, *La Légende des siècles*, LVII, "Guerre civile")
- latent · modéré · relatif · tranquille · vague $^{+\text{ nom}}$

∾ ennui + VERBE
- menacer · guetter
- naître de • émaner de · se dégager de
- dominer · envahir · gagner : *l'ennui a fini par tous nous gagner* · régner · s'installer : *l'ennui s'est lentement installé entre lui et sa femme*

∾ VERBE + ennui
- dégager · distiller · être source de · respirer : *une petite ville de province qui respire l'ennui* • inspirer · susciter : *le débat politique ne suscite plus que de l'ennui*
- connaître · éprouver : *elle éprouve un ennui profond depuis le départ de ses amis* · ressentir · vivre • traîner : *des camps dans lesquels les réfugiés traînent leur ennui* • s'enfoncer dans · sombrer dans : *le public sombra rapidement dans l'ennui* · s'enliser dans • bâiller de • crever de^{fam} · dépérir de · mourir de · se morfondre de
- afficher : *son visage affiche un ennui profond* · laisser transparaître · rendre perceptible
- cacher · dissimuler
- combattre · échapper à : *pour échapper à l'ennui provincial* · (se) sauver de · (se) sortir de · tromper : *il lisait pour tromper son ennui*
- chasser · conjurer : *elle conjure son ennui en faisant des mots croisés* · dissiper · tuer : *ils tuent l'ennui en fumant des cigarettes* · vaincre : *il a besoin de la télévision pour vaincre son ennui*

²ennui *nom masc.* (souci, problème ; souvent plur.)

∾ ennui + ADJECTIF
- conjugal : *leurs ennuis conjugaux les ont menés au divorce* · familial · personnel · sentimental • professionnel • administratif · financier · judiciaire · politique • cardiaque · gastrique · intestinal · musculaire · physique · respiratoire · vasculaire • mécanique · technique · etc.
- grave · gros $^{+\text{ nom}}$ · insurmontable · pire $^{+\text{ nom}}$: *ils avaient eu les pires ennuis avec la douane* · sérieux • chronique · sans fin
- imprévu
- mineur · petit $^{+\text{ nom}}$ • rare · rarissime • passager · temporaire

∾ ennui + VERBE
- arriver · (re)commencer · ne pas tarder : *les ennuis ne vont pas tarder et ceux qui n'ont pas fui vont en faire les frais* · se profiler (à l'horizon) · survenir • reprendre · revenir
- (plur.) déferler · pleuvoir · s'accumuler · s'amonceler · se multiplier • continuer · ne pas cesser
- assaillir · peser · ronger · s'abattre sur · submerger (souvent passif) : *le directeur est actuellement submergé par les ennuis judiciaires* • tarauder · obséder
- finir · prendre fin · se terminer

∾ VERBE + ennui
- amener · (s')attirer : *il peut nous attirer de gros ennuis* · causer · coûter · créer · engendrer · être à l'origine de · être source de · faire : *tu ne crains pas qu'on te fasse des ennuis ?* · provoquer · valoir : *cela lui a valu de gros ennuis avec le fisc*
- aller au-devant de · chercher : *toi, tu cherches les ennuis !* • risquer · s'exposer à · vouloir : *je ne veux pas d'ennuis avec lui*
- avoir · connaître · rencontrer
- échapper à · être à l'abri de · fuir · sortir de : *il n'est pas tout à fait sorti de ses ennuis judiciaires* • (s')épargner : *des précautions qui vous épargneront des ennuis inutiles* · (s')éviter

REM. On rencontre parfois "encourir des ennuis". Évitez cette expression maladroite et préférez "risquer des ennuis, s'exposer à des ennuis".

enquête *nom fém.* (policière, judiciaire, d'opinion)

∾ enquête + ADJECTIF
- administrative · judiciaire · officielle · parlementaire · policière · de voisinage · etc.
- préliminaire • interne
- grande $^{+\text{ nom}}$ · large : *une large enquête relative aux causes de pollution* · vaste • approfondie · complète · exhaustive · fine · fouillée · poussée · sérieuse · serrée : *la Cour suprême mène une enquête serrée auprès de l'armée* · solide • méthodique · minutieuse · précise · rigoureuse · soignée · systématique • longue · patiente
- impartiale
- ardue · délicate · difficile · tortueuse
- discrète • confidentielle · secrète
- intéressante · palpitante
- de routine • petite $^{+\text{ nom}}$ · rapide · sommaire · simple $^{+\text{ nom}}$: *une simple enquête préliminaire*

- parcellaire · superficielle • bâclée
- biaisée · complaisante · partiale • bidon*fam.*

∞ enquête + VERBE
- démarrer
- avancer · être en cours · être engagée · se poursuivre · suivre son cours • rebondir : *des éléments nouveaux ont fait rebondir l'enquête*
- démontrer · montrer · prouver • confirmer · corroborer
- aboutir : *un témoignage grâce auquel l'enquête a pu aboutir*
- être au point mort · faire du surplace · piétiner · s'enliser · tourner en rond • être vouée à l'échec · tourner court

∞ VERBE + **enquête**
- commander · diligenter : *l'association a demandé au procureur de diligenter une enquête* · exiger · ordonner · prescrire : *la commission peut prescrire une enquête complémentaire* · réclamer
- déclencher : *le parquet a déclenché cette enquête après avoir eu communication des documents* · (re)démarrer · entreprendre · initier : *le département sanitaire a décidé d'initier une enquête épidémiologique* · lancer · mettre en chantier · (r)ouvrir
- conduire · effectuer · être sur : *plusieurs inspecteurs sont sur l'enquête* · faire · mener · procéder à : *la directrice de l'école a procédé à une enquête interne* · réaliser · se livrer à • continuer · poursuivre
- orienter : *les gendarmes orientent l'enquête vers les proches de la victime*
- être / faire l'objet de
- charger de (souvent passif) : *l'inspecteur / l'institut de sondage a été chargé de l'enquête* · confier ... à
- être saisi de
- dessaisir de (souvent passif) : *il a été dessaisi de l'enquête*
- entraver : *des policiers sont accusés d'avoir entravé l'enquête* · faire obstruction à
- biaiser
- clore · interrompre · mettre fin à · suspendre : *le parquet a décidé de suspendre l'enquête*

[1]enseignement *nom masc.* (apprentissage, formation)

∞ enseignement + ADJECTIF
- agricole · artistique · littéraire · militaire · musical · philosophique · politique · scientifique · sportif · technique · technologique · etc.
- général • pratique · théorique • élémentaire · primaire · scolaire · secondaire · supérieur · universitaire • professionnel · spécialisé • privé · public • laïc · religieux • individualisé · modulaire · personnalisé • facultatif · obligatoire · optionnel • à distance · à domicile • alterné · assisté par ordinateur · par immersion : *les écoles Diwan pratiquent l'enseignement par immersion*
- accéléré · intensif
- de qualité • diversifié · riche · varié • adapté · valable · utile
- au rabais

∞ enseignement + VERBE
- se dérouler : *l'enseignement se déroule sur six mois*
- se démocratiser · se développer
- aborder · concerner : *cet enseignement concerne plusieurs langues étrangères dont l'espagnol*

∞ VERBE + **enseignement**
- suivre : *elle a suivi l'enseignement de son maître pendant cinq ans* • bénéficier de · recevoir • accéder à · avoir accès à : *ils n'ont pas accès à l'enseignement public*
- donner / faciliter / généraliser l'accès à : *il faut faciliter l'accès des filles à l'enseignement supérieur* · ouvrir les portes de : *l'examen qui ouvre les portes de l'enseignement supérieur* • délivrer : *le rôle de l'enseignant est de délivrer un enseignement de qualité* · dispenser : *ces établissements dispensent un enseignement professionnel agricole* · donner · offrir · pratiquer
- financer • défendre · promouvoir : *promouvoir l'enseignement des langues régionales* • améliorer · renforcer • réhabiliter · (re)valoriser : *sa méthode pour revaloriser l'enseignement professionnel*
- recentrer ... sur : *recentrer l'enseignement sur l'apprentissage de la lecture* • adapter · réformer
- [profession] • entrer dans · se destiner à · se lancer dans · se reconvertir dans • être dans · faire carrière dans · travailler dans • démissionner de · quitter

[2]enseignement *nom masc.* (leçon, précepte)

∞ enseignement + ADJECTIF
- intéressant : *il y a toujours des enseignements intéressants à tirer de ce genre d'expérience* · positif · précieux · utile

∞ enseignement + VERBE
- se dégager de : *l'enseignement qui se dégage de la lecture de ses mémoires*

∾ VERBE + **enseignement**
- contenir · être riche de (plur.) : *l'expérience a été riche d'enseignements* · renfermer : *la fable renferme de précieux enseignements*
- donner · livrer : *les résultats du recensement livrent un double enseignement* · offrir
- tirer : *quel enseignement tirer de ces événements ?* · dégager
- tirer profit de

1 entente *nom fém.* (harmonie, connivence)

∾ **entente** + ADJECTIF
- belle [+ nom] · bonne [+ nom] · parfaite • retrouvée : *cette visite doit marquer la bonne entente retrouvée entre les deux pays* • durable
- mauvaise [+ nom]

∾ **entente** + VERBE
- régner : *la bonne entente paraît régner au sommet de l'État*

∾ VERBE + **entente**
- afficher : *malgré leurs efforts pour afficher leur entente*
- préserver
- mettre fin à

en bonne entente
- travailler · vivre : *les deux populations frontalières vivent en bonne entente*

2 entente *nom fém.* (accord)

∾ **entente** + ADJECTIF
- anticoncurrentielle
- cordiale° : *cela mit fin à l'entente cordiale entre nos deux pays*
- verbale
- préalable • directe : *il rappelle à ses candidats que toute entente directe ou indirecte avec les mouvements extrémistes sera sanctionnée*
- indirecte • secrète · tacite
- frauduleuse · illégale · illicite

∾ **entente** + VERBE
- concerner · porter sur

∾ VERBE + **entente**
- arriver · parvenir à • conclure : *l'entente conclue entre la ville et des promoteurs immobiliers* · signer • sceller : *le gouvernement et l'entreprise auraient scellé une entente sur le dos des salariés*
- dénoncer
- accuser de · soupçonner (de) : *certains soupçonnent une entente tacite entre les deux hommes* · suspecter de

entêtement *nom masc.*

∾ **entêtement** + ADJECTIF
- extrême · farouche · incroyable
- bizarre · étrange · incompréhensible · inhabituel
- absurde · stupide • consternant · déraisonnable · puéril · stérile · suicidaire

∾ **entêtement** + VERBE
- amuser · étonner
- exaspérer

∾ VERBE + **entêtement**
- faire preuve de · montrer : *il a montré un entêtement puéril à refuser toutes les propositions*
- confiner à : *une détermination qui confine à l'entêtement*
- céder à / devant : *la direction a cédé devant l'entêtement des syndicats*
- dénoncer · déplorer · regretter

enthousiasme *nom masc.*

∾ **enthousiasme** + ADJECTIF
- national · patriotique · révolutionnaire • populaire : *il n'y a aucun enthousiasme populaire pour cette compétition*
- adolescent · juvénile
- ardent · bel [+ nom] · débordant · débridé · délirant · énorme · exalté · extraordinaire · extrême · fiévreux · forcené : *cette législation ne déclenche pas un enthousiasme forcené chez les consommateurs* · fou · grand [+ nom] · immense · intact · irrépressible · non feint · sans bornes · vif · réel [+ nom] • grandissant · croissant • communicatif · contagieux • bruyant · démonstratif • habituel · légendaire : *l'enthousiasme légendaire des supporters de l'équipe*
- général · unanime : *l'enthousiasme unanime des critiques pour ce jeune chanteur*
- touchant
- aveugle · béat : *l'enthousiasme béat a fait place à la méfiance* · naïf • démesuré · excessif • déplacé · inconsidéré · irréfléchi • factice
- faible · mitigé · modéré · relatif · variable • de courte durée : *l'enthousiasme aura été de courte durée*

∾ **enthousiasme** + VERBE
- accompagner · marquer : *l'enthousiasme qui a marqué les premiers mois du projet*
- emporter (souvent passif) · gagner · porter (souvent passif) : *l'équipe était portée par l'enthousiasme du stade* · saisir · s'emparer de
- aller croissant

- diminuer · fléchir · s'émousser : *son enthousiasme s'est émoussé au fil des années* · se refroidir · s'essouffler : *l'enthousiasme des professeurs s'essouffle* · s'estomper · (re)tomber

∾ VERBE + enthousiasme

- déchaîner · déclencher · engendrer · générer · inspirer · insuffler : *il sait insuffler l'enthousiasme à ses coéquipiers* · provoquer · soulever : *sa prestation n'a pas soulevé l'enthousiasme* · susciter • redonner · relancer · réveiller
- entretenir · maintenir · stimuler
- céder à : *il ne faut pas céder à l'enthousiasme trop rapidement* · se laisser aller à · tomber dans
- déborder de · être plein de · être rempli de · être transporté de : *la foule, transportée d'enthousiasme et de ferveur pour son nouveau président* · ressentir : *je ne ressens plus le même enthousiasme qu'au début* • garder · conserver • partager
- claironner · clamer · exprimer · faire part de
- prendre la mesure de • expliquer · comprendre
- afficher · faire montre de · faire preuve de · manifester : *ils manifestent peu d'enthousiasme pour le moment* · montrer
- feindre
- témoigner de · traduire · montrer · illustrer · refléter
- cacher · contenir · dissimuler · refréner
- brider : *une série d'échecs qui a bridé l'enthousiasme des organisateurs* · calmer · doucher : *la crise économique a douché l'enthousiasme des financiers* · émousser · entamer · freiner · limiter · modérer · refroidir · tempérer : *son enthousiasme est tempéré par la prudence de ses partenaires* • avoir raison de
- manquer de
- perdre · revenir de : *ils sont revenus de leur enthousiasme pour la réunification*

∾ NOM + D' + enthousiasme

- accès · élan · débordement • déferlement : *les buts sont fêtés par un déferlement d'enthousiasme* · vague : *un projet qui a suscité une grande vague d'enthousiasme dans tout le pays* • regain

avec enthousiasme

- parler · réagir • accueillir · applaudir · célébrer • s'engager · s'investir · soutenir · supporter • travailler

entrain *nom masc.*

∾ entrain + ADJECTIF

- bel + nom · formidable · irrésistible : *un morceau à l'entrain irrésistible* • communicatif · contagieux • renouvelé : *il a repris ses études avec un entrain renouvelé*
- excessif
- modéré · passager

∾ VERBE + entrain

- être plein de · mettre : *il a mis beaucoup d'entrain à le faire* · redoubler de : *la fanfare a redoublé d'entrain* • retrouver
- faire preuve de : *elle n'a jamais fait preuve d'un entrain excessif à coopérer* · manifester · montrer : *il a montré un bel entrain à la tâche*
- communiquer · (re)donner : *l'orchestre tentait de redonner de l'entrain aux convives* · faire partager
- témoigner de · montrer
- manquer de
- perdre : *il a perdu tout son entrain ; il n'a rien perdu de son entrain*

avec entrain

- mener · participer • travailler • raconter

entraînement *nom masc.* (préparation)

∾ entraînement + ADJECTIF

- physique · sportif • mental · spirituel • militaire · paramilitaire
- préalable · préparatoire • collectif • particulier · personnalisé · spécifique · sur mesure • virtuel : *des techniques de simulation et d'entraînement virtuel aux opérations militaires*
- intense · intensif · poussé · rigoureux · sérieux · soutenu : *cela représente des années d'un entraînement soutenu et souvent quotidien* · spartiate • permanent · quotidien · régulier
- difficile · dur : *elle a partagé le dur entraînement des cosmonautes* · éprouvant
- approprié · bon + nom · formidable : *ces escaliers sont un formidable entraînement pour notre randonnée dans les Pyrénées* · idéal
- léger : *il a commencé par un entraînement plutôt léger*
- insuffisant · mauvais + nom

∾ entraînement + VERBE

- avoir lieu · se dérouler

∾ VERBE + entraînement

- exiger · réclamer · requérir · nécessiter
- commencer · débuter
- imposer · soumettre à : *il soumit son équipe à un rude entraînement*
- bénéficier de · recevoir : *les jeunes recrues reçoivent un entraînement militaire*

- avoir : *ce garçon a de l'entraînement !* • être soumis à · subir : *elle a subi l'entraînement d'un instructeur de choc* • effectuer · participer à · s'imposer : *il s'impose un entraînement très rigoureux* · suivre : *elle suit un entraînement quotidien* • reprendre · se remettre à : *l'équipe s'est très vite remise à l'entraînement* • aller à · retourner à
- concocter : *le coach lui a concocté un entraînement individualisé* · diriger · mettre au point · organiser · programmer • assurer : *c'est lui qui doit assurer l'entraînement de l'équipe*
- adapter · améliorer
- alléger
- manquer de : *je manque sérieusement d'entraînement*
- abandonner · arrêter : *j'ai arrêté l'entraînement pour raisons médicales* • interrompre • terminer · achever

entrave *nom fém.* (gêne, obstacle)

∾ entrave + ADJECTIF
- physique • bureaucratique · juridique
- majeure
- [Droit] caractérisée : *il dénonce une entrave caractérisée à la justice* · concertée · manifeste : *cela constitue une entrave manifeste à la liberté du commerce* · volontaire : *une plainte pour non-assistance à personne en danger et entrave volontaire à porter secours*
- excessive · injustifiée • insupportable

∾ entrave + VERBE
- exister • subsister
- disparaître : *il faut veiller à ce que ces entraves à la coopération judiciaire disparaissent*

∾ VERBE + entrave
- constituer : *cela constituerait une entrave aux règles de la concurrence*
- (se) dégager de · (se) libérer de
- briser · éliminer : *pour éliminer les entraves au commerce électronique mondial* · lever · supprimer

sans entraves
- circuler · se déplacer · se développer

[1]entrée *nom fém.* (porte)

∾ entrée + ADJECTIF
- principale • arrière · latérale · secondaire
- monumentale

∾ VERBE + entrée
- emprunter · franchir
- garder · protéger · surveiller
- être / se trouver à · être / rester planté à[fam.] · être posté à · stationner à / devant · trôner à
- forcer : *ils ont forcé l'entrée de la discothèque*
- barrer : *une corde barre l'entrée de la galerie réservée aux femmes* · bloquer • murer

[2]entrée *nom fém.* (droit d'accès à un magasin, musée, etc.)

∾ entrée + ADJECTIF
- directe · gratuite · libre • payante • interdite

∾ entrée + VERBE
- coûter

∾ VERBE + entrée
- payer
- filtrer : *cela permet aux contrôleurs de filtrer l'entrée des spectateurs* · limiter
- empêcher · interdire : *l'entrée du magasin est interdite aux animaux* · refuser : *ils se sont vu refuser l'entrée de la salle de réunion*
- se faire refouler à

[3]entrée *nom fém.* (droit d'accès à un pays)

∾ entrée + ADJECTIF
- licite · régulière : *vous devez justifier de votre entrée régulière pour l'obtention du titre de séjour*
- clandestine · illégale · irrégulière : *pour lutter contre les entrées irrégulières dans l'UE*

∾ VERBE + entrée
- accepter · admettre : *ils ont admis l'entrée en France de 4 000 informaticiens* · autoriser · permettre : *le document qui permet l'entrée dans le pays* · tolérer • faciliter · favoriser • régulariser
- filtrer · limiter
- empêcher · interdire : *ils se sont vu interdire l'entrée sur leur territoire* · refuser
- se faire refouler à · se voir refuser

[4]entrée *nom fém.* (arrivée dans un lieu, un domaine)

∾ entrée + ADJECTIF
- effective : *l'entrée effective des jeunes sur le marché du travail* · officielle : *l'entrée officielle de la société dans le holding*
- imminente
- discrète · silencieuse • timide · tranquille • progressive
- au galop · précipitée · rapide • en force · massive • en fanfare · fracassante · remarquable · remarquée · spectaculaire · tonitruante : *ce pianiste a effectué une entrée tonitruante dans le monde du jazz* • soudaine · subite

- majestueuse · solennelle · théâtrale • triomphale · victorieuse : *l'entrée victorieuse des rebelles dans la capitale*
- inattendue · surprise
- tardive

∞ **entrée** + VERBE

- avoir lieu : *l'entrée du pays dans l'UE a eu lieu en 2003*

∞ VERBE + **entrée**

- annoncer · signaler • marquer : *l'insertion professionnelle et le départ de la famille marquent l'entrée dans la vie adulte* · officialiser : *il a officialisé son entrée en campagne électorale* · signer : *ce roman signe son entrée en littérature*
- célébrer · fêter · saluer
- soutenir : *ils soutiennent l'entrée du pays dans l'UE*
- préparer · prévoir · programmer • effectuer · faire : *les joueurs ont fait leur entrée sur le terrain ; elle a fait une entrée triomphale en politique* • réussir (+ possessif) : *le pays a réussi son entrée sur la scène économique mondiale*
- différer · retarder
- manquer (+ possessif) · rater (+ possessif) : *il a manqué / raté son entrée sur scène*

[1]entreprise *nom fém.* (projet)

∞ **entreprise** + ADJECTIF

- collective · commune
- criminelle : *les membres de cette entreprise criminelle* · pédagogique
- colossale · de grande envergure · d'envergure : *c'est une entreprise éditoriale d'envergure* · énorme · gigantesque · immense · importante · longue · titanesque · vaste • de longue haleine
- ambitieuse · audacieuse · courageuse · novatrice · téméraire • brillante : *ils ont mené à bien cette brillante entreprise encyclopédique* · exaltante · heureuse • louable
- étrange : *« C'est une étrange entreprise que celle de faire rire les honnêtes gens »* (Molière, *La Critique de l'École des femmes*, 6)
- ardue · délicate · difficile · harassante · laborieuse · malaisée • à risque(s) · aventureuse · dangereuse · hasardeuse · incertaine · périlleuse · pleine de risques · problématique · risquée • désespérée
- démesurée • impossible · infernale · interminable • malheureuse · suicidaire • extravagante · farfelue · insensée • douteuse · louche • vaine

∞ **entreprise** + VERBE

- être couronnée de succès · réussir
- échouer · être vouée à l'échec · rater

∞ VERBE + **entreprise**

- foncer tête baissée dans · participer à · se jeter à corps perdu dans · se lancer dans · s'engager dans · se risquer dans · s'investir dans · tenter
- mener : *il a mené tout seul son entreprise de rénovation* • mener à bien · mener à terme · réussir (dans) : *il est en passe de réussir son entreprise de déstabilisation* · venir à bout de
- mettre fin à : *les décideurs qui ont mis fin à l'entreprise de colonisation*

[2]entreprise *nom fém.* (société)

∞ **entreprise** + ADJECTIF

- aéronautique · agricole · autoroutière · ferroviaire · immobilière · informatique · navale · pétrolière · sidérurgique · etc.
- commerciale • artisanale · de pointe · industrielle · manufacturière • familiale · individuelle · privée • mixte · nationalisée · publique • commune · conjointe
- contractante · exploitante • emprunteuse · prêteuse • exportatrice · importatrice
- d'envergure (mondiale) · de taille mondiale / européenne · grande [+ nom] · grosse [+ nom] · internationale · multinationale · nationale • phare : *c'est l'entreprise phare de la technologie flamande*
- jeune · junior
- petite [+ nom]
- de moyenne envergure · (de taille) moyenne • à taille humaine
- solvable · viable · saine • florissante · lucrative · performante · prospère · rentable · riche
- compétitive · dynamique • innovante · pionnière • citoyenne · éthique
- à la traîne · en crise · en difficulté : *l'entreprise est en grande difficulté* • exsangue · malade • déficitaire · endettée · surendettée

∞ **entreprise** + VERBE

- s'établir · s'implanter · s'installer • être basée à · être sise à[Admin.] • entrer sur un marché
- compter x salariés : *cette petite entreprise compte huit salariés* · embaucher · employer · recruter
- exploiter · produire • sous-traiter
- concurrencer • absorber · fusionner avec
- clôturer son exercice
- peser : *l'entreprise pèse près de 16 milliards d'euros*

- déménager · se délocaliser · transférer ses activités (à) • faire peau neuve · se diversifier (dans) · se reconvertir (dans) · se redéployer · se restructurer · se spécialiser dans • passer dans le giron de : *l'entreprise est passée dans le giron de l'État* · tomber dans l'escarcelle de
- faire des investissements • financer · investir dans
- parvenir à maturité • être en pleine croissance / expansion · prendre de l'envergure · prendre son essor · se développer · se mondialiser • faire / réaliser des profits / bénéfices · marcher bien · prospérer · tourner bien · tourner à plein régime • redorer son blason
- dégraisser (ses effectifs) · licencier
- s'endetter • réduire sa voilure • avoir du plomb dans l'aile*fam.* · battre de l'aile · connaître des hauts et des bas · dépérir · être au bord du gouffre · être au creux de la vague · être dans / traverser une mauvaise passe · être / se trouver en difficulté · être en perte de vitesse · mal tourner · tourner au ralenti · végéter · vivoter
- aller / foncer (droit) dans le mur · sombrer (corps et biens) • cesser ses activités · couler · déposer le bilan · disparaître · être en cessation d'activité · faire faillite · fermer · mettre la clé sous la porte

∾ VERBE + **entreprise**

- créer · démarrer : *il a démarré son entreprise de confection dans un garage* · fonder · lancer · monter : *elle a monté sa propre entreprise* • établir · implanter · installer • introduire en Bourse · mettre sur le marché • recapitaliser
- déposer les statuts de · domicilier : *il a domicilié son entreprise en Suisse* · immatriculer : *la société est immatriculée au registre du commerce* • appeler · baptiser · nommer
- (r)acheter · acquérir · faire / lancer une OPA (hostile) sur · faire main basse sur · mettre la main sur · reprendre · se lancer à l'assaut de
- avoir · détenir · posséder • administrer · contrôler · diriger · être à / prendre la direction de · être à la tête de · être aux manettes de · faire marcher · gérer · piloter · tenir / prendre les rênes de
- arriver dans · débarquer dans · débuter dans · rejoindre • avoir de l'ancienneté dans · faire carrière dans · rester dans · travailler dans
- délocaliser · déménager • mettre sous tutelle · nationaliser · privatiser • restructurer
- investir dans • assainir · donner un nouveau souffle à · redresser · relancer · remettre à flot · remettre d'aplomb · remettre en état de marche · remettre sur les rails · renflouer · reprendre en main(s) · sauver (du naufrage)
- agrandir · développer
- concurrencer • mettre sous pression · mettre sous tension : *les remaniements ont mis l'entreprise sous tension*
- mettre en déficit · mettre en difficulté · mettre en faillite · mettre en péril · ruiner · saborder · couler
- claquer la porte de · démissionner de · quitter • lâcher les rênes de
- céder · mettre en vente · (re)vendre
- fermer · liquider · mettre en liquidation (judiciaire)

∾ NOM + D' + **entreprises**

- incubateur · pépinière
- concentration · tissu • groupement · consortium • myriade · poignée · série · vague : *la première vague d'entreprises concernées par la législation*

[1]entretien *nom masc.* (conversation)

∾ **entretien** + ADJECTIF

- en tête-à-tête · individuel · particulier • (souvent plur.) bilatéral · multipartite • à bâtons rompus · impromptu · informel • professionnel • filmé · téléphonique · télévisé · télévisuel • exclusif : *un entretien exclusif publié dans le journal* · inédit • croisé : *un entretien croisé avec les deux lauréats du prix*
- confidentiel · secret : *un entretien secret de trois heures s'est déroulé entre le ministre et son homologue jordanien* • anonyme : *il a accordé un entretien anonyme au magazine*
- grave · sérieux
- approfondi • interminable · long + nom
- excellent • à cœur ouvert · émouvant · touchant • fructueux · positif · riche • instructif · intéressant · passionnant
- animé · houleux · mouvementé • nerveux · tendu • laborieux · stressant
- bref + nom · court + nom · petit + nom · rapide

∾ **entretien** + VERBE

- commencer · démarrer
- avoir lieu · se dérouler
- porter sur : *l'entretien a porté sur ses projets de films*
- durer · se prolonger
- prendre fin · s'achever · se terminer • tourner court

∾ VERBE + **entretien**
- demander · réclamer · solliciter
- accorder : *il a accordé quelques rares entretiens à la presse* · donner • faire passer [professionnel]
- [professionnel] • être convoqué à · obtenir · passer • aller à · avoir · se rendre à
- amorcer · démarrer
- organiser · préparer • conduire · diriger · mener · réaliser
- continuer · prolonger
- (res)sortir de : *il est sorti de l'entretien regonflé à bloc*
- enregistrer · filmer • traduire · (re)transcrire • publier · diffuser
- interrompre · suspendre
- achever · clore · conclure · mettre fin à · terminer
- échouer à [professionnel]

∾ NOM + D' + **entretiens**
- kyrielle · série · succession · suite
- collection : *une belle collection d'entretiens avec des écrivains* · recueil

[2] entretien *nom masc.* (maintenance)

∾ **entretien** + ADJECTIF
- mécanique · ménager · préventif
- de routine • minimum · rapide
- énorme · gros [+ nom] : *ce carrelage ne demande pas un gros entretien* · important • méticuleux · soigneux • courant · fréquent · périodique · régulier · suivi : *l'entretien suivi du véhicule par le concessionnaire* • journalier · quotidien
- facile · simple
- difficile
- mauvais [+ nom] • cher · coûteux · onéreux

∾ VERBE + **entretien**
- demander · exiger : *ce revêtement exige beaucoup d'entretien* · nécessiter
- assurer : *la commune est tenue d'assurer l'entretien de la plage* · effectuer · procéder à · se charger de · s'occuper de • être chargé de · être reponsable de · prendre en charge · travailler à · contribuer à • assumer : *le ministère accepte de céder le bâtiment sous réserve de ne plus en assumer l'entretien* · pourvoir à · veiller à
- financer · payer
- négliger

entrevue *nom fém.*

∾ **entrevue** + ADJECTIF
- diplomatique · présidentielle • formelle · officielle • télévisée • informelle • privée
- longue • interminable
- agréable · amicale • constructive · fructueuse · instructive • décisive · historique : *l'entrevue historique entre Roosevelt et Churchill*
- brève [+ nom] · courte [+ nom]
- secrète · confidentielle
- délicate · difficile • houleuse · orageuse
- infructueuse · stérile

∾ **entrevue** + VERBE
- commencer · débuter
- avoir lieu · se dérouler · se passer · se tenir : *l'entrevue s'est tenue au ministère*
- durer · s'éterniser
- se passer bien
- déraper · se passer mal
- se clore : *l'entrevue se clôt sur un silence* · se terminer

∾ VERBE + **entrevue**
- demander · réclamer · solliciter · proposer · vouloir
- arranger : *il a réussi à lui arranger une entrevue avec le directeur* · fixer · ménager · organiser · préparer · prévoir · programmer
- accorder · donner
- avoir · obtenir · passer · se présenter à
- commencer · débuter
- continuer · poursuivre
- revenir de · (res)sortir de
- refuser
- reporter · repousser
- clore : *elle a clos l'entrevue en claquant la porte* · mettre fin à • annuler

∾ NOM + D' + **entrevues**
- série : *cet article s'appuie sur une série d'entrevues conduites auprès de dirigeants d'entreprise*

énumération *nom fém.*

∾ **énumération** + ADJECTIF
- complète · détaillée · exhaustive • longue [+ nom] · interminable
- incomplète · limitative : *cette liste constitue une énumération limitative* • brève [+ nom] : *une brève énumération de ses publications* · rapide · sommaire · succinte
- froide [+ nom] : *l'avocat ne pouvait se contenter de la froide énumération des faits* • ennuyeuse · fastidieuse • accablante : *l'énumération accablante de leurs méfaits* • en vrac : *ce document contient une énumération en vrac de ses idées essentielles*

∾ VERBE + **énumération**
- faire · se lancer dans · s'engager dans • aller au bout de · compléter · poursuivre
- entrer dans · être compris dans · figurer dans
- arrêter · finir · terminer

envie *nom fém.* (désir)

∾ **envie** + ADJECTIF
- évidente · manifeste : *son envie manifeste de plaire* • croissante · grandissante • débordante · dévorante · énorme · ferme : *l'envie ferme d'atteindre son but au plus vite* · féroce · folle · formidable · frénétique · furieuse · grande [+ nom] · grosse [+ nom] · immense · incroyable · intense · irrépressible · irrésistible · tenace · terrible · violente · viscérale · vraie [+ nom] · véritable [+ nom] • constante · permanente : *il y a chez lui une envie permanente de surprendre* · récurrente
- brusque · pressante [○euph.] : *il est parti soulager une envie pressante* · soudaine · subite
- sincère : *ils viennent ici avec l'envie sincère de nous aider*
- moindre [+ nom] : *je n'ai pas la moindre envie d'aller à ce mariage*
- meurtrière : *cela a attisé chez lui des envies meurtrières* · de meurtre

∾ **envie** + VERBE
- naître · venir (à) : *l'envie m'est venue d'y aller*
- démanger : *l'envie de le gifler la démangeait* · dévorer · ne pas manquer à [○] : *ce n'est pas l'envie qui me manque* · prendre : *quand l'envie lui prend d'embêter les gens* · tarauder · tenailler
- augmenter · croître : *mon envie croît et ma volonté faiblit* · grandir · se préciser
- se manifester · transparaître : *l'envie transparaît dans leurs regards*
- décliner · diminuer : *l'envie de fumer diminue après plusieurs semaines* · s'émousser
- passer : *l'envie passe aussi vite qu'elle est venue*

∾ VERBE + **envie**
- déclencher · (re)donner : *le reportage m'a donné envie d'y aller* · faire naître
- avoir · connaître · éprouver · être pris de : *il fut pris d'une envie irrépressible de lui dire toute la vérité* · ressentir · se sentir : *je ne me sens pas l'envie de le faire* • conserver · garder • retrouver • brûler de · crever de · déborder de · mourir de · trépigner de
- afficher · manifester · montrer
- aiguiser · attiser · augmenter · développer · renforcer · réveiller • entretenir · nourrir
- assouvir · céder à · écouter · satisfaire • soulager
- atténuer · émousser : *le temps n'a pas émoussé l'envie*
- contenir : *il a su contenir son envie de le frapper* · refréner · réprimer • lutter contre · résister à
- enlever : *ça m'enlève l'envie d'y aller* · faire passer : *ça lui fera passer l'envie de recommencer* · ôter
- perdre

épanouissement *nom masc.* (développement, plénitude)

∾ **épanouissement** + ADJECTIF
- amoureux · sensoriel · sexuel • individuel · intime · personnel • mental · moral · psychique • familial · humain • professionnel • artistique · culturel · musical • économique : *pour favoriser l'épanouissement économique de la région* · social
- précoce
- graduel · lent · progressif
- formidable · grand [+ nom] : *cette civilisation permit un plus grand épanouissement artistique* · maximal · plein [+ nom] : *l'éducation doit viser au plein épanouissement de la personnalité; ses formes ont atteint leur plein épanouissement* · remarquable · total • libre [+ nom] : *pour ne pas entraver le libre épanouissement de sa personnalité*
- rapide
- tardif

∾ VERBE + **épanouissement**
- être en quête de · rechercher
- aider à · amener à : *c'est le travail de l'éditeur d'amener des œuvres à leur épanouissement* · assurer (les conditions de) · concourir à · conduire à · contribuer à · être favorable à · être indispensable à · être nécessaire à · être propice à · favoriser · garantir · permettre · promouvoir
- atteindre : *ce style s'affirme peu à peu et atteint son plein épanouissement au tournant du siècle* · connaître · retrouver · trouver : *le peintre trouvera son plein épanouissement loin de sa ville natale* · trouver la voie de : *ces adolescents ont su trouver la voie de l'épanouissement*
- aller à l'encontre de · brider · contrarier · empêcher · entraver · être un frein à · être un obstacle à : *le bégaiement est un obstacle à l'épanouissement professionnel* · gêner · nuire à · perturber · rendre difficile · retarder

épidémie *nom fém.*

∾ **épidémie** + ADJECTIF
- animale · humaine • virale

- hivernale · saisonnière
- de grande ampleur · gigantesque · grande ^+ nom^ · importante · massive : *la région connaît une épidémie massive de grippe* · mondiale • catastrophique · effroyable · épouvantable · formidable · foudroyante · grave · redoutable · terrible • dévastatrice · meurtrière · mortelle
- étrange · mystérieuse : *une enquête est ouverte sur cette mystérieuse épidémie*
- de faible ampleur

∾ **épidémie** + VERBE
- (ré)apparaître · éclater : *une épidémie de diphtérie a éclaté* · (ré)émerger : *l'épidémie de sida réémerge aujourd'hui* · se déclarer · se déclencher · survenir
- être due à
- menacer : *l'épidémie menace tout le continent* • affecter · atteindre · contaminer · frapper · gagner : *l'épidémie a gagné leurs troupeaux* · sévir (en) : *l'épidémie qui sévit en France depuis la fin de l'année* · toucher • décimer · dévaster · faire des ravages · faire x morts / victimes · ravager · tuer
- exploser · flamber : *l'épidémie flambe en Afrique* · gagner (du terrain) : *l'épidémie gagne du terrain en l'absence de vaccin* · prendre des proportions (+ adj.) : *l'épidémie a pris des proportions alarmantes / dramatiques / considérables* · progresser · s'aggraver · se diffuser · se propager · s'étendre • durer · persister
- se déplacer : *l'épidémie se déplace vers le sud* • évoluer
- alarmer · inquiéter
- épargner
- se stabiliser • être en recul · reculer · régresser

∾ VERBE + **épidémie**
- déclencher : *les farines animales ont sans doute déclenché l'épidémie de vache folle* · engendrer : *la progression de l'épidémie engendrée par le virus du Nil occidental* · être la source de · provoquer
- connaître · être en proie à : *l'île est en proie à une épidémie de variole* · être victime de · subir
- craindre · redouter · s'inquiéter de
- suivre l'évolution de · surveiller
- combattre · contrer · faire face à · lutter contre · renforcer ses défenses contre • éviter · prendre des mesures contre · prévenir · réduire le risque de · se protéger contre • traiter : *un médicament qui permet de traiter l'épidémie* • (r)échapper à · résister à
- contrôler · maîtriser • circonscrire · endiguer · enrayer · juguler
- en finir avec · éradiquer · se débarrasser de · venir à bout de : *on peut espérer venir à bout de l'épidémie très rapidement*

∾ NOM + D' + **épidémie(s)**
- foyer
- série · vague
- flambée : *ces différents traitements pourraient limiter la flambée de l'épidémie* · progression

époque *nom fém.*

∾ **époque** + ADJECTIF
- byzantine · carolingienne · classique · impériale · médiévale · mérovingienne · napoléonienne · ottomane · (pré)coloniale · préindustrielle · révolutionnaire · romaine · tsariste · victorienne • glacière · néolithique · paléolithique · préhistorique · etc.
- moderne · récente • actuelle · contemporaine · présente • ancienne · lointaine · reculée · vieille ^+ nom^ : *la vieille époque du phonographe* • basse ^+ nom^ : *la pièce vient d'Égypte, basse époque* · haute ^+ nom^ : *une affiche de la haute époque maoïste*
- charnière · intermédiaire · transitoire
- belle ^+ nom^ · bénie · bienheureuse · fabuleuse · fastueuse : *ce genre est né à l'époque fastueuse des Abbassides* · féconde · formidable · grande ^+ nom^ : *c'était la grande époque du music-hall* · heureuse · intéressante · mémorable · merveilleuse • épique · glorieuse : *c'est la glorieuse époque du canal de Suez* · héroïque
- drôle ^+ nom^ : *nous vivons une drôle d'époque* · étrange
- agitée · bouillonnante · confuse · délicate · difficile · mouvementée · tourmentée · troublée · tumultueuse · turbulente
- décadente · épouvantable · malheureuse · mauvaise ^+ nom^ · sale ^+ nom^ : *c'est une sale époque pour les libertés fondamentales* · sinistre · sombre · triste • sanguinaire
- finissante • disparue · finie : *cette fabuleuse époque est bien finie* · passée : *l'évocation mélancolique d'une époque passée* · révolue

∾ **époque** + VERBE
- débuter
- approcher : *lorsque l'époque approche, les chasseurs préparent leurs armes*
- s'achever · se terminer

∾ VERBE + **époque**
- vivre (à) : *nous vivons une triste époque* • traverser : *cet humour / ce style a traversé les époques* • appartenir à · être de • (+ possessif) épouser · vivre avec : *il faut vivre avec son époque*

- (+ possessif) devancer · être en avance sur • (+ possessif) être en retard sur • se tromper de : *les partisans du pétrole et du charbon se trompent d'époque*
- être nostalgique de : *il est nostalgique de l'époque de son enfance* · regretter
- dépeindre · faire revivre · rappeler · reconstituer
- caractériser · être typique de · marquer · refléter · témoigner de : *il témoigne de cette époque avec beaucoup d'humour* • dater de · remonter à
- clore · marquer / signer / sonner la fin de · mettre fin à : *les accords de Schengen ont mis fin à cette époque* · sonner le glas de

[1]épreuve *nom fém.* (malheur, souffrance)

∞ **épreuve** + ADJECTIF
- morale · physique
- dure · extrême · grande [+ nom] · insurmontable · redoutable · rude [+ nom] · terrible · véritable [+ nom] • cruelle · difficile · douloureuse · effrayante · épouvantable · pénible
- longue • quotidienne
- passagère

∞ **épreuve** + VERBE
- fortifier
- ébranler · laisser un goût amer (à) · secouer

∞ VERBE + **épreuve**
- infliger
- affronter · connaître · endurer · être confronté à · être soumis à · faire face à · passer par : *ils sont passés par de cruelles épreuves* · subir · supporter : *nous ne pensions pas devoir supporter une si grande épreuve* · traverser · vivre
- constituer : *cette mise en examen constitue une véritable épreuve pour lui*
- épargner ... à • résister à · se remettre de · sortir indemne de · surmonter · survivre à
- mettre fin à · mettre un terme à : *le pays en conflit veut mettre un terme aux épreuves que subit son peuple*

∞ NOM + D' + **épreuves**
- série · suite · succession

[2]épreuve *nom fém.* (examen)

∞ **épreuve** + ADJECTIF
- écrite · orale • obligatoire • facultative · optionnelle • éliminatoire
- principale • décisive · déterminante · majeure
- initiatique : *tuer un lion est une des épreuves initiatiques* • du feu°
- aisée : *l'épreuve n'est pas aussi aisée que les élèves le pensent* · facile
- délicate · difficile · dure · hasardeuse · périlleuse · redoutable · rude [+ nom]
- décisive · déterminante

∞ **épreuve** + VERBE
- commencer · débuter
- avoir lieu · se dérouler · se passer
- porter sur
- durer : *l'épreuve d'anglais dure six heures*
- se terminer

∞ VERBE + **épreuve**
- préparer · réviser (pour) : *il doit réviser (pour) l'épreuve d'histoire* • (re)passer · se présenter à · subir : *le jury établit la liste des candidats autorisés à subir l'épreuve orale d'admission*
- être admis à · réussir • franchir / passer sans encombre
- échouer à · rater : *il a raté l'épreuve de philosophie*

∞ NOM + D' + **épreuves**
- batterie · série

à toute épreuve
- fiabilité · fidélité · loyauté • détermination · nerfs · optimisme · patience • résistance · robustesse · solidité • mental · moral

à l'épreuve, à l'épreuve +adj.
- mettre° : *mettre qqn à l'épreuve ; mettre qqn / qqch. à rude épreuve ; les nerfs sont mis à rude épreuve* · soumettre° : *le matériau est ensuite soumis à l'épreuve du feu ; les projets doivent subir l'épreuve du feu*

[3]épreuve *nom fém.* (Sport)

∞ **épreuve** + ADJECTIF
- sportive • olympique • cycliste · hippique · nautique · etc.
- féminine · masculine • individuelle · par couples · par équipes • éliminatoire · préparatoire : *les épreuves préparatoires à la finale* · qualificative
- décisive · déterminante • grande [+ nom] : *nous diffusons en exclusivité les grandes épreuves de la saison moto* · majeure · phare · reine : *le 100 m est l'épreuve reine de l'athlétisme*
- belle [+ nom] • célèbre · légendaire · mythique · prestigieuse · fameuse
- difficile · dure · épuisante · fatigante · redoutable

∞ épreuve + VERBE

- avoir lieu · se dérouler
- commencer · débuter
- durer
- s'achever · se terminer · tirer à sa fin

∞ VERBE + épreuve

- aborder : *il s'entraîne quotidiennement pour aborder cette épreuve dans les meilleures conditions* · appréhender : *sa façon d'appréhender cette épreuve* • être au départ / prendre le départ de
- concourir dans · courir · disputer : *les patineurs disputeront l'épreuve du libre demain* · participer à · s'aligner dans · se lancer dans · s'engager dans • jeter ses forces dans : *nous avons jeté toutes nos forces dans l'épreuve par équipe*
- enlever · être vainqueur de · gagner (haut la main) · remporter · s'adjuger : *Toulouse s'est offert un doublé en s'adjugeant cette épreuve et le championnat* · s'imposer dans · survoler : *vous décrochez la victoire après avoir survolé l'épreuve de bout en bout*
- perturber · retarder le départ de • fausser · truquer : *le pays aurait tenté de truquer certaines épreuves de patinage*
- appréhender · craindre · redouter
- bouder : *elle a boudé l'épreuve en 2002 mais se dit prête à revenir* · déclarer forfait pour / dans · se retirer de
- échouer à · être disqualifié de · rater

∞ NOM + D' + épreuves

- groupe · série · succession · suite

épreuve de force

∞ épreuve de force + ADJECTIF

- grande [+ nom] · longue [+ nom] : *avec une longue épreuve de force entre les syndicats et le gouvernement* · sérieuse • redoutable · rude [+ nom] · terrible
- inégale : *il s'est engagé dans une inégale épreuve de force avec la presse*

∞ VERBE + épreuve de force

- engager : *il a décidé d'engager une épreuve de force avec le gouvernement* · jouer : *il préfère négocier que jouer l'épreuve de force*
- dégénérer en · tourner à : *les négociations sur les exportations tournent à l'épreuve de force*
- éviter : *la direction veut éviter l'épreuve de force avec les syndicats*

[1] équilibre *nom masc.* (stabilité, bon fonctionnement)

∞ équilibre + ADJECTIF

- alimentaire · nutritif · nutritionnel • affectif · émotionnel · nerveux · psychique • biologique · physiologique • écologique · environnemental • budgétaire · financier · monétaire · structurel • démocratique · institutionnel • démographique · géopolitique · interethnique · politique · stratégique · territorial • économique · scientifique · social : *cela met en danger les équilibres sociaux* · socioéconomique
- général · grand [+ nom] : *les grands équilibres économiques ne sont pas menacés* · mondial · planétaire • interne • naturel · traditionnel · vieil [+ nom] : *son parti vient remettre en question de vieux équilibres* • nouvel [+ nom]
- strict : *un strict équilibre entre ses intérêts et ceux du groupe*
- bel [+ nom] · bon [+ nom] · excellent · exceptionnel : *un équilibre exceptionnel entre élégance et dynamisme* · harmonieux · heureux [+ nom] · magnifique · miraculeux · optimal · parfait · remarquable · sain • raisonnable · satisfaisant • équitable · juste • savant · subtil : *une organisation humaine à l'équilibre subtil*
- fragile · ténu : *l'équilibre ténu entre innovation et maîtrise* • branlant · instable · relatif · précaire
- compliqué · délicat · difficile (à trouver) · impossible · introuvable · périlleux
- faux [+ nom] · apparent

∞ équilibre + VERBE

- résulter de • reposer sur : *l'équilibre financier du journal repose en grande partie sur la publicité*
- se dessiner · s'installer
- prévaloir : *une décoration harmonieuse où l'équilibre prévaut* · se maintenir • se rétablir
- évoluer · s'inverser · varier
- se briser · se rompre

∞ VERBE + équilibre

- induire · instaurer
- chercher (un point de) · rechercher · réclamer · viser [Fin.] : *l'entreprise vise l'équilibre dans les trois ans*
- arriver à (un point de) · atteindre (une position de) · être proche de [Fin.] : *la situation budgétaire est proche de l'équilibre* · parvenir à · retrouver · revenir à · se rapprocher de · trouver (le point de) : *il faut trouver le juste équilibre / le point d'équilibre entre sanction et récompense* • conserver · garder • être à [Fin.] : *les comptes sont à l'équilibre* · être dans une situation de · être en (état de)

- assurer : *l'argent versé par la commune permet d'assurer l'équilibre financier du festival* · être le garant de · garantir · permettre · veiller à • maintenir · préserver • renouer avec : *l'objectif est de renouer avec l'équilibre financier en 2008* · rétablir • être respectueux de : *un usage des ressources naturelles qui soit respectueux de l'équilibre écologique de la planète* · respecter
- améliorer · asseoir • participer à : *les recettes de billetterie participent à l'équilibre financier des manifestations*
- reposer sur : *l'accord repose sur un équilibre des positions*
- altérer · changer · déplacer · influencer · inverser · modifier : *la cohabitation risque de modifier l'équilibre institutionnel entre le Président et le Premier ministre* · toucher à
- affecter · bouleverser · bousculer · compromettre · déranger · dérégler · déstabiliser : *cela contribuerait à déstabiliser un équilibre déjà fort précaire* · ébranler · être préjudiciable à · fragiliser · menacer · mettre en danger / péril · nuire à · perturber · remettre en cause / question · troubler
- briser · détruire · mettre fin à · rompre : *cette loi vient rompre l'équilibre social*

[2]**équilibre** *nom masc.* (physique)

∞ équilibre + ADJECTIF

- aérodynamique · physique • dynamique
- stable
- instable

∞ VERBE + équilibre

- être en · tenir en : *la cruche tient en équilibre sur sa tête* • garder · conserver • atteindre une position de · revenir à sa position de : *quand le mobile revient à sa position d'équilibre* • trouver le point de
- manquer de · perdre

[1]**équipe** *nom fém.* (groupe de collaborateurs)

∞ équipe + ADJECTIF

- chirurgicale · médicale · paramédicale · soignante • éducative · enseignante · pédagogique • technique · interdisciplinaire • [Pol.] au pouvoir · dirigeante · en place · sortante • [Pol.] gouvernementale · municipale · etc.
- jeune · nouvelle
- de jour · de nuit
- énorme · grande [+ nom] · grosse [+ nom] • de renfort
- petite [+ nom] · restreinte
- aguerrie · bonne [+ nom] · compétente · efficace · expérimentée · performante • forte · solide : *elle est entourée d'une solide équipe de bénévoles* • belle [+ nom] · brillante · excellente · extraordinaire · fantastique · fine[○ + nom] : *la fine équipe triomphe sur scène* · grande [+ nom] · idéale · magnifique · vraie [+ nom] · véritable [+ nom] • prestigieuse : *une prestigieuse équipe de professeurs-chercheurs en chimie* • homogène · soudée
- mauvaise · piètre [+ nom]

∞ équipe + VERBE

- comprendre · être composée de · être constituée de
- accomplir une mission · fonctionner · s'activer · se déployer : *les équipes se déploient dans les zones sinistrées* · travailler • mettre en œuvre · mettre sur pied

∞ VERBE + équipe

- composer · constituer · construire · créer · établir · former · mettre en place · mettre sur pied · monter · rassembler · réunir · structurer
- disposer de · engager · mobiliser · recruter · se doter de · s'entourer de : *il s'est entouré d'une équipe aguerrie*
- déployer : *le HCR a déployé une équipe internationale auprès des réfugiés* • animer : *il sait animer des équipes de militants* · diriger · encadrer · être à la tête de · être responsable de · faire tourner · manager · mener · piloter · prendre la direction de • mener à la cravache / baguette
- dynamiser · motiver · (res)souder • soutenir : *il a soutenu son équipe jusqu'au bout*
- étoffer
- mettre de l'ordre dans · rajeunir · renouveler · restructurer • changer
- entrer dans · grossir les rangs de · intégrer • être membre de · faire partie de · travailler dans / au sein de • réintégrer · rejoindre · revenir au sein de
- démanteler · démolir · mettre à la porte : *elle a mis à la porte toute l'équipe marketing*
- exclure de
- quitter · se retirer de • abandonner · lâcher[péj.]

[2]**équipe** *nom fém.* (Sport)

∞ équipe + ADJECTIF

- olympique · sportive • féminine · masculine · mixte • amateur · professionnelle • nationale · officielle
- défensive · offensive
- adverse · concurrente

- de choc • aguerrie · bonne + nom · compétitive · expérimentée · forte · grande + nom · grosse + nom : *leur club n'a pas baissé les bras face à la grosse équipe de Lens* · solide · vraie + nom · véritable + nom • combative · courageuse · fière + nom : *tétanisée par l'enjeu, la fière équipe était en pleine débandade* · pleine d'allant · pleine de fougue · valeureuse • imbattable · invincible • physique · puissante • dangereuse · redoutable • belle + nom · brillante · excellente · extraordinaire · fantastique · magnifique · idéale • homogène · soudée • emblématique · phare · prestigieuse : *la plus prestigieuse équipe de base-ball du pays* • en forme · pleine de promesses · pleine de talent · talentueuse • championne · gagnante · invaincue : *c'est la seule équipe invaincue du championnat de France* · tenante du titre · victorieuse • favorite
- perdante
- modeste · petite
- faible · mauvaise · piètre + nom • frileuse · pâle + nom : *leur club n'a éprouvé aucune difficulté à battre une pâle équipe suédoise*
- hétérogène

∾ équipe + VERBE

- comprendre · compter x joueurs · être composée de · être constituée de
- s'étoffer
- concourir · être en lice • affronter · être confrontée à · être opposée à · jouer (contre) : *l'équipe joue contre l'Espagne demain* • débuter / finir la saison · débuter / finir un match / une rencontre / un tournoi · disputer / faire / jouer un match • occuper la ixième place
- arriver / parvenir en : *l'équipe est arrivée en quart de finale* · atteindre : *notre équipe a atteint la demi-finale* • l'emporter : *c'est leur équipe qui a fini par l'emporter* · gagner · monter sur la plus haute marche du podium · ramener une médaille · réussir le grand chelem • dominer · être / se retrouver / terminer en tête (de) : *l'équipe est en tête du championnat* · mener : *l'équipe lilloise mène au score par 3 buts à 2* • se classer · se qualifier • bien jouer · être dans une bonne passe • se défoncer*fam.* · se sortir les tripes*fam.* · tout donner*fam.*
- déstabiliser · donner du fil à retordre à · faire plier · mettre en difficulté · surclasser : *surclassé par l'équipe australienne, le XV de France va devoir se ressaisir* • assommer · battre (à plates coutures) · donner / filer une raclée / déculottée à*fam.* · éliminer · massacrer*fam.*
- avoir un passage à vide · être dans une mauvaise passe · être en déroute · être en pleine débandade · mal jouer · se désunir • échouer : *l'équipe a échoué en quart de finale* · perdre · prendre une raclée / une déculottée*fam.* · se faire massacrer*fam.* · se rétamer*fam.* · subir une défaite • perdre contre / face à · s'incliner face à • éviter l'humiliation : *l'équipe a évité de justesse l'humiliation en inscrivant un but dans les cinq dernières minutes de jeu*

∾ VERBE + équipe

- aligner : *il a aligné une équipe défensive* · composer · constituer · construire · former · mettre sur pied · rassembler · réunir · sélectionner
- coacher · entraîner • encadrer · mener
- changer · rajeunir · recomposer · remanier · renouveler
- étoffer · muscler · renforcer
- entrer dans · rejoindre · signer avec • être sélectionné en : *elle est vexée de ne pas avoir été sélectionnée en équipe nationale* · évoluer dans / au sein de : *il évolue au sein de la modeste équipe de football locale* · faire partie de · figurer dans : *la légitimité de plusieurs joueurs à figurer dans l'équipe de France* · intégrer · jouer avec / dans • réintégrer · renouveler son contrat avec · revenir au sein de
- mettre aux prises : *un grand tournoi mettant aux prises plusieurs équipes de grand talent* · voir s'affronter
- financer · mettre de l'argent dans · investir dans · sponsoriser • miser sur : *il a misé une grosse somme sur l'équipe finlandaise* • apporter son soutien à · appuyer · soutenir · supporter*critiqué* • avantager · donner une petite longueur d'avance à • donner de l'allant à · donner de l'espoir à · donner des ailes à · motiver · (res)souder • donner l'avantage à • conduire / emmener à la victoire · donner la victoire à : *un but marqué dans la dernière minute de jeu leur donne la victoire* · faire gagner · mener au plus haut niveau · mener au sommet · mener au titre de champion · mettre sur la route du titre
- exclure de
- faire ses adieux à · quitter · se retirer de · terminer son engagement avec

équipement *nom masc.*

∾ équipement + ADJECTIF

- (souvent plur.) aéronautique · agricole · audiovisuel · automobile · cinématographique ·

commercial · culturel · domestique · électrique · électroménager · électronique · ferroviaire · hospitalier · hôtelier : *un centre doté d'un équipement hôtelier de grand confort* · hydraulique · industriel · informatique · médical · ménager · militaire · multimédia · naval · portuaire · sanitaire · scolaire · sportif · téléphonique · touristique · etc.
- (souvent plur.) collectif : *la commune est dotée d'équipements collectifs : piscine, collèges, prison* · public · réglementaire · standard • fonctionnel · structurant : *le développement d'équipements structurants tels que les autoroutes, réseaux ferrés, aéroports, universités*
- complet • polyvalent • grand + nom : *les grands équipements nécessaires à l'organisation des Jeux olympiques* · gros + nom · lourd
- avantageux · bon + nom · sophistiqué · valable • indispensable • suffisant · adéquat
- léger · minimum · petit + nom • faible + nom : *le faible équipement informatique des foyers dans les années 1980*
- nouveau · neuf
- défectueux • obsolète · vétuste · vieil + nom
- cher · coûteux · onéreux

∾ VERBE + équipement
- avoir besoin de · manquer de
- installer
- doter de : *il veut doter la capitale de grands équipements culturels* · fournir · livrer · vendre
- acheter · acquérir · se doter de
- avoir · bénéficier de · disposer de · être doté de · être muni de • utiliser
- contrôler · gérer • poser · porter : *il porte un équipement de protection* • prévoir
- financer • assurer la maintenance de · entretenir
- contrôler · tester
- moderniser · remplacer · changer (de)
- compléter

érosion *nom fém.* (litt. et fig.)

∾ érosion + ADJECTIF
- naturelle • éolienne · marine · torrentielle
- démographique · monétaire
- constante · permanente · régulière • inexorable : *l'inexorable érosion démographique*
- sensible · significative • accélérée · rapide • considérable · forte · importante · sérieuse
- lente : *la lente érosion qui a modelé le paysage* · progressive
- légère + nom · petite + nom

∾ érosion + VERBE
- affecter · attaquer : *les falaises sont attaquées par l'érosion* · menacer

∾ VERBE + érosion
- contribuer à : *l'affaire a contribué à l'érosion des ventes* · entraîner · provoquer
- connaître · enregistrer · être confronté à · souffrir de · subir : *ils subissent une certaine érosion de leur lectorat*
- assister à · constater • s'inquiéter de
- lutter contre · résister à
- protéger contre / de : *des travaux ont été entrepris pour protéger la lagune de l'érosion*
- endiguer · enrayer · freiner · limiter · ralentir : *les écoles de commerce essaient de ralentir l'érosion de leurs effectifs*
- empêcher · stopper

erreur *nom fém.*

∾ erreur + ADJECTIF
- comptable · économique · historique · judiciaire · médicale · politique · professionnelle · stratégique · tactique · technique · etc.
- de frappe · de syntaxe · d'orthographe · grammaticale • de casting : *le choix de ce présentateur est une erreur de casting* • de parcours
- factuelle • humaine : *« Errare humanum est : l'erreur est humaine »* (proverbe latin) · individuelle • collective • accidentelle · fortuite • ancienne · passée · vieille
- infime : *une erreur infime mais aux conséquences lourdes* · moindre + nom : *la moindre erreur est sanctionnée* · petite + nom • simple + nom : *c'est une simple erreur de calcul*
- commune · courante · fréquente · récurrente · répandue • inévitable
- délibérée · volontaire • évidente · manifeste • cruciale : *le service marketing a commis une erreur cruciale dans le lancement du produit* · fondamentale • majeure · principale • colossale · considérable · de taille · énorme · grande + nom · grave · gravissime · grosse + nom · immense · incroyable · lourde : *le traducteur a commis une lourde erreur d'interprétation* · majeure · monstrueuse · monumentale · pire + nom : *c'est la pire erreur de ma vie* · sérieuse · terrible • catastrophique · dramatique · fatale · irréparable · tragique • cruelle : *une cruelle erreur que je devais regretter toute ma vie* · funeste
- bête · malencontreuse · malheureuse · stupide • déplorable · grossière · regrettable • impardonnable · inadmissible · inexcusable

- prétendue : *Galilée dut abjurer ses prétendues erreurs*

∾ **erreur** + VERBE
- être due à · être imputable à : *cette erreur n'est pas imputable à nos services* · provenir de : *d'autres erreurs proviennent de confusions de mots* · venir de
- se glisser dans : *une erreur s'est glissée dans le rapport* • se produire
- coûter cher (à)
- passer inaperçue

∾ VERBE + **erreur**
- aboutir à · arriver à · être source de • induire en · pousser à
- comporter · contenir · être bourré de[fam.] · être entaché de [Admin.] : *si la déclaration est entachée d'erreurs manifestes* · être plein de · être truffé de[fam.] · ne pas être exempt de · receler : *le document recèle plusieurs erreurs*
- chercher · faire la chasse à · traquer • constater · découvrir · faire un relevé de · mettre le doigt sur : *la presse a mis le doigt sur ses erreurs* · relever · remarquer · se rendre compte de · trouver · voir • comprendre : *il pensait pouvoir lui faire confiance, il a compris son erreur !* · être conscient de · réaliser · s'apercevoir de
- admettre · assumer (la responsabilité de) · avouer · confesser · endosser la responsabilité de · reconnaître • regretter · s'excuser de
- faire remarquer · montrer · pointer du doigt · signaler
- dénoncer · stigmatiser : *il n'hésite pas à stigmatiser les erreurs de ses subordonnés*
- attribuer à · imputer à
- avoir droit à (+ art. déf.) : *un médecin n'a pas droit à l'erreur* · ne pas être à l'abri de • commettre · faire • multiplier · recommencer · renouveler · répéter · reproduire • être (tenu pour) responsable de • être dans (+ art. déf.) : *tu es manifestement dans l'erreur* · persister dans (+ art. déf.)
- mettre à profit : *il met à profit ses erreurs passées* · profiter de : *il a profité d'une erreur de la défense pour marquer le troisième but*
- être victime de : *elle a été victime d'une erreur judiciaire* · payer : *l'opinion publique lui a fait payer très cher ses erreurs*
- corriger · rattraper · rectifier · remédier à · réparer • éviter · limiter · prévenir • sanctionner
- laisser passer · pardonner
- effacer · masquer : *il a cherché à masquer les erreurs administratives avec des documents falsifiés*
- en finir avec : *l'heure est venue d'en finir avec les erreurs du passé* · mettre fin à

∾ NOM + D' + **erreurs**
- accumulation · série · succession · suite

escalade *nom fém.* (augmentation, aggravation)

∾ **escalade** + ADJECTIF
- boursière · financière • diplomatique · politique · sécuritaire : *elle s'oppose à l'escalade sécuritaire du ministre de l'Intérieur* • judiciaire · médiatique · religieuse · sociale • belliqueuse · guerrière · militaire · nucléaire : *pour empêcher l'escalade nucléaire entre les deux ennemis* · terroriste • verbale : *il a encore franchi un pas dans l'escalade verbale en les accusant de barbarie*
- incontrôlable · inévitable · inexorable · irréversible • énorme · formidable · graduelle · impressionnante · majeure · sans précédent · spectaculaire · vertigineuse
- continue · ininterrompue · longue[+ nom] · permanente · sans fin · sans répit
- dangereuse : *on assiste ces derniers jours à une dangereuse escalade de violences interethniques* · désastreuse · dramatique · folle · grave · infernale · inquiétante · sournoise • meurtrière · sanglante • injustifiée · irresponsable

∾ **escalade** + VERBE
- aboutir à · conduire à
- se produire
- aller crescendo · s'amplifier · se développer • durer · persister · se poursuivre • devenir incontrôlable · échapper à tout contrôle
- faire peur (à) · inquiéter · préoccuper
- s'arrêter

∾ VERBE + **escalade**
- causer · conduire à · déboucher sur · déclencher · enclencher · entraîner : *la pénurie a entraîné une escalade des prix* · être à l'origine de · mener à · provoquer
- accroître les risques de · contribuer à · encourager · relancer
- constituer · marquer : *cette exclusion marque une nouvelle escalade dans le différend entre les deux partis*
- porter / prendre la responsabilité de • se laisser entraîner dans · se lancer dans : *leur pays se lance dans une escalade militaire* · s'engager dans
- aller plus loin dans · faire un pas de plus dans • continuer · poursuivre
- connaître · faire face à : *nous faisons face à une escalade de la violence*
- assister à · observer

- dénoncer (le risque de) · mettre en garde contre
- avoir peur de · craindre · redouter
- réagir à · s'élever contre · s'opposer à
- échapper à
- contenir · freiner · mettre un frein à
- arrêter · cesser · désamorcer · empêcher · enrayer : *les moyens mis en œuvre pour enrayer l'escalade du terrorisme* · éviter · interrompre · mettre fin à · mettre un terme à · stopper

[1] **espace** *nom masc.* (étendue)

∾ espace + ADJECTIF
- aérien · géographique • arboré · boisé · littoral : *les espaces littoraux remarquables sont protégés* · naturel : *la région est aux trois quarts couverte d'espaces naturels* · paysager · rural · sauvage · vert° : *la ville manque d'espaces verts* • piétonnier · urbain · urbanisé • muséographique · scénique • publicitaire • industriel : *la régulation de l'espace industriel européen* · etc.
- environnant • individuel · privatif · privé • commun · public • ouvert • disponible · libre • fumeur · non fumeur • habitable : *ils ont redessiné l'habitacle pour agrandir l'espace habitable* • vital°
- imparti : *difficile de tout loger dans l'espace imparti*
- gigantesque · grand + nom · immense · infini · sans frontières · sans limites · vaste + nom
- intact · vierge
- bel + nom · magnifique · privilégié • calme : *un espace calme en plein cœur de Paris* · tranquille
- clos · délimité · fermé
- confiné · exigu · minuscule · petit + nom · restreint · unique
- rare : *les quelques rares espaces verts*
- aride · désert • aseptisé • inhabitable

∾ espace + VERBE
- s'étirer • s'ouvrir sur : *l'espace s'ouvre sur la rue par une grande baie vitrée*
- manquer
- se vider : *l'espace se vide, il ne reste que quelques chaises*

∾ VERBE + **espace**
- avoir besoin de · avoir soif de : *ils ont soif d'espace / de grands espaces*
- construire · créer · faire · former • dégager · libérer
- dédier ... à · donner : *pour donner plus d'espace aux passagers* · laisser · octroyer ... à : *la direction a décidé d'octroyer un espace de détente aux employés* · offrir ... à · réserver • partager
- acheter : *acheter de l'espace publicitaire* · conquérir • s'approprier • économiser · gagner • accaparer · dévorer · empiéter sur · encombrer · envahir · être dévoreur de · grignoter · monopoliser • saturer : *les compagnies low-cost saturent l'espace aérien*
- avoir · disposer de · être doté de · jouir de · bénéficier de
- emplir · investir · meubler · (ré)occuper · profiter de · utiliser
- baliser · matérialiser • cloisonner · découper · définir · délimiter • agencer · aménager · convertir · ordonner · organiser · remodeler · repenser · (re)structurer · transformer • embellir
- agrandir · élargir · ouvrir
- explorer · parcourir · survoler : *leurs avions ont survolé notre espace aérien* • contrôler · surveiller
- entrer dans · retourner dans · s'engouffrer dans • circuler dans · évoluer dans · se mouvoir dans · se situer dans · vivre dans · habiter • être circonscrit à · être confiné à / dans
- limiter · réduire : *la surpopulation carcérale réduit l'espace vital nécessaire à chacun* · restreindre
- manquer de · perdre

[2] **espace** *nom masc.* (intervalle)

∾ espace + ADJECTIF
- interstitiel
- étroit · petit
- énorme · grand + nom · large : *il faut laisser un large espace derrière le caisson pour la ventilation*

∾ espace + VERBE
- séparer : *l'espace qui sépare les deux objets*
- augmenter · croître · grandir
- diminuer · se réduire

∾ VERBE + **espace**
- franchir : *le temps nécessaire pour franchir l'espace qui sépare les continents*
- agrandir · augmenter
- diminuer · réduire

[3] **espace** *nom masc.* (cosmos)

∾ espace + ADJECTIF
- intergalactique · intersidéral · interstellaire · sidéral • étoilé
- immense · infini · vaste + nom

∾ VERBE + **espace**
- aller dans · être envoyé dans · partir dans · s'envoler vers • explorer · parcourir · voyager dans

espérance *nom fém.*

∾ espérance + ADJECTIF

- démocratique · politique · révolutionnaire · thérapeutique : *les résultats obtenus chez la souris ouvrent de nouvelles espérances thérapeutiques*
- collective : *l'écroulement des grandes espérances collectives* • initiale : *la déconvenue est à la mesure des espérances initiales*
- folle + nom : *les résultats ont dépassé mes plus folles espérances* · grande + nom · haute + nom : *ils ont de hautes espérances pour la carrière de leur fils* · immense
- belle + nom
- secrète
- vaine • déçue

∾ espérance + VERBE

- naître : *les espérances qui naissent après la chute d'une dictature*
- mourir · s'écrouler

∾ VERBE + espérance

- être porteur de : *le mouvement ouvrier a été porteur d'espérance* · faire naître · susciter : *le chagrin est à la mesure de l'espérance suscitée*
- porter · incarner
- placer ... dans
- entretenir · nourrir
- dépasser : *ces résultats dépassent leurs espérances* · réussir au-delà de : *il a réussi au-delà de toute espérance*
- décevoir : *le ministre a déçu beaucoup d'espérances*
- mettre fin à (plur.) : *l'échec du sportif a mis fin aux espérances du pays* · ruiner · sonner le glas de : *un scandale qui a sonné le glas de ses espérances présidentielles*

espoir *nom masc.*

∾ espoir + ADJECTIF

- nouveau · renouvelé
- bon + nom : *j'ai bon espoir de retrouver du travail* · délirant · énorme · fantastique · ferme · fol + nom · formidable · grand + nom · immense · suprême : *certains voient en la science l'espoir suprême de l'humanité* · vif · solide + nom · véritable + nom · réel + nom
- éternel · tenace
- bel + nom • sincère • prudent · raisonnable
- fragile · frêle + nom : *il a anéanti le frêle espoir que les négociations avaient fait naître* · maigre · mince : *il existe encore un mince espoir de les voir se réconcilier* · ténu · timide · vague + nom : *je lui ai parlé dans le vague espoir de le convaincre* · moindre + nom • unique + nom : *vous êtes mon unique espoir*
- éphémère · momentané
- dernier + nom · ultime + nom
- secret : *elle nourrissait l'espoir secret qu'elle reviendrait*
- excessif · démesuré • absurde · impossible · insensé
- fallacieux · faux + nom · trompeur · vain + nom
- déçu · envolé

∾ espoir + VERBE

- apparaître · germer · (re)naître : *des négociations ont fait naître l'espoir de sa libération*
- être permis : *tous les espoirs sont permis* · subsister
- animer : *ils sont animés du fol espoir de retrouver leurs proches* · habiter • se fonder sur · se reporter sur
- changer de camp : *« L'espoir changea de camp, le combat changea d'âme / La mêlée en hurlant grandit comme une flamme »* (Hugo, *Les Châtiments*, V, XIII, II)
- consoler · faire vivre° : *« L'espoir fait vivre »* (proverbe)
- se concrétiser
- diminuer : *l'espoir diminue de le retrouver vivant* · s'amenuiser : *les espoirs s'amenuisent de voir aboutir les pourparlers* · s'estomper
- disparaître · se briser : *l'explosion sociale d'une jeunesse dont tous les espoirs se brisent* · s'effondrer · s'envoler · s'évanouir

∾ VERBE + espoir

- être porteur de (sans art.) : *un message porteur d'espoir* · éveiller · soulever : *le travail fourni depuis deux ans a soulevé un espoir énorme* · susciter : *on est loin des formidables espoirs de changement suscités par son élection* • (re)donner : *un nouveau témoignage a redonné espoir aux victimes* · laisser · rendre : *vous m'avez rendu (l')espoir* • alimenter · entretenir · ranimer · raviver
- concevoir • avoir · caresser · nourrir • être gorgé de : *son discours est gorgé d'espoir* · être ivre de · être plein de • conserver · garder : *je garde (l')espoir* • renouer avec · reprendre (sans art.) · retrouver : *elle a retrouvé (l')espoir malgré les obstacles* • s'accrocher à · se raccrocher à
- fonder ... sur : *il fonde beaucoup d'espoir sur les neurosciences* · mettre ... en / dans · placer ... en / dans : *je place tous mes espoirs en lui* · reporter (+ possessif) : *il a reporté tous ses espoirs sur sa fille*
- confirmer · justifier
- incarner : *il incarne l'espoir de toute une génération* • être à la hauteur de : *la déception / le résultat est à la hauteur de nos espoirs* · répondre à

- contrarier · décevoir · doucher · refroidir : *ces graves événements viennent refroidir les espoirs d'une détente* · trahir : *ils l'accusent d'avoir trahi les espoirs de son peuple*
- anéantir · annihiler · enterrer : *la reprise des attentats a enterré tout espoir d'accord* · éteindre · étouffer · réduire à néant · ruiner • enlever · ôter • sonner le glas de
- abandonner · perdre : *j'ai perdu (tout) espoir* · renoncer à

∞ NOM + D' + **espoir**
- élan · bouffée · souffle · vent
- brin · lueur : *entrevoir / apporter une lueur d'espoir* · note

[1]esprit *nom masc.* (siège de la pensée)

∞ **esprit** + ADJECTIF
- carré : *son esprit carré l'a poussé à devenir informaticien* · cartésien · logique · mathématique · scientifique • pratique • d'analyse · de suite · de synthèse · de système • de l' / d'escalier°
- sain : *« Anima sana in corpore sano : un esprit sain dans un corps sain »* (Proverbe latin) • clair : *bien qu'elle ait bu, elle gardait l'esprit clair* • calme · tranquille • bel [+ nom] · bon [+ nom]
- libéré : *nous aurons l'esprit libéré une fois les examens terminés* · libre
- lent : *cet enfant à l'esprit lent a des difficultés d'apprentissage*

∞ **esprit** + VERBE
- se concentrer sur · se focaliser sur : *durant cet exercice, l'esprit se focalise sur la respiration*
- se promener · s'évader : *au son de cette musique, son esprit s'évade* · vagabonder

∞ VERBE + **esprit**
- avoir
- effleurer : *cette idée ne m'avait même pas effleuré l'esprit !* · traverser
- être ancré dans : *une image qui reste ancrée dans les esprits* · être enraciné dans · être gravé dans • frapper · marquer · pénétrer • envahir · s'emparer de • s'imprimer dans : *ces images sont imprimées dans l'esprit de chacun* · s'insinuer dans · s'installer dans : *le doute s'est installé dans mon esprit* • naître dans : *il a fait naître l'espoir dans l'esprit des habitants* • faire son chemin dans · germer dans · mûrir dans
- ouvrir : *cette conversation lui a ouvert l'esprit* • libérer
- chasser de · effacer de : *il a effacé ce souvenir de son esprit*

▷ voir aussi **état d'esprit**

[2]esprit *nom masc.* (personne, souvent plur.)

∞ **esprit** + ADJECTIF
- jeune [+ nom] : *ce que la télévision apprend aux jeunes esprits*
- bel° [+ nom] · brillant · grand° [+ nom] : *« Les grands esprits se rencontrent »* (proverbe) • éclairé • fort
- pur [+ nom] : *j'ai besoin de manger, je ne suis pas un pur esprit !*
- faible : *c'est un esprit faible qui se laisse facilement influencer* · malléable · influençable
- soupçonneux • chagrin : *certains esprits chagrins n'ont pas tardé à émettre des critiques* · grincheux

∞ VERBE + **esprit**
- mobiliser : *une seule question a mobilisé les esprits tout au long de cette soirée* · occuper : *la reconstruction occupe déjà les esprits*
- habiter · hanter : *la crainte du chômage hante les esprits*
- agiter · bousculer • brouiller · choquer · jeter / semer le doute dans · remuer · troubler • embrouiller · embrumer
- échauffer · enflammer : *la rumeur a enflammé les esprits*
- apaiser · calmer : *la déclaration du président n'a pas calmé les esprits*
- formater : *des programmes de télévision destinés à formater les esprits malléables* · manipuler • pervertir

[3]esprit *nom masc.* (attitude, mentalité, idées)

∞ **esprit** + ADJECTIF
- pionnier • de compétition • sportif • civique · communautaire · de corps · d'équipe • de chapelle · de clan · de clocher° • de contradiction • de famille
- du temps • général
- bel [+ nom] : *un bel esprit d'équipe* · bon [+ nom] • intact : *un esprit de compétition toujours intact* • constructif · généreux · ouvert · d'ouverture • bon enfant · convivial
- acéré · agile · alerte · fin · vif • audacieux · créatif · d'initiative · malin · retors • curieux · fouineur
- aventureux • baba cool · bohème
- combatif · contestataire · critique · frondeur · libertaire · protestataire · rebelle · revendicatif • caustique
- racoleur • cocardier · franchouillard • revanchard · vengeur
- borné · fermé • étriqué · étroit · obtus • dérangé · malsain · mal tourné · tordu • calculateur · malveillant • mauvais° [+ nom] : *avoir mauvais esprit, faire du mauvais esprit*

∞ **esprit** + VERBE

- (souvent passif) animer : *animé par l'esprit de vengeance* · habiter · nourrir

∞ VERBE + **esprit**

- avoir · faire preuve de : *elle a toujours fait preuve d'esprit d'ouverture* · montrer · exercer • retrouver • conserver · garder
- acquérir · développer
- défendre · encourager • s'imprégner de · coller à · convenir à · être adapté à · s'inscrire dans : *cette pièce s'inscrit dans l'esprit de leurs précédents spectacles* • être conforme à · être / rester fidèle à : *il est fidèle à l'esprit de son père* · préserver · respecter · sauver • renouer avec · restaurer • perpétuer · s'attacher à : *elle s'est attachée à l'esprit de cette ville*
- donner · insuffler : *en quelques mois, il a insufflé un esprit créatif à l'entreprise* • véhiculer : *ce journal véhicule depuis toujours un esprit contestataire*
- cultiver : *ce dessin animé cultive l'esprit des années 1960* · développer · exalter • aiguiser : *cette formation a aiguisé son esprit critique* · doper · nourrir · renforcer
- apprécier : *ses collaborateurs apprécient son esprit d'initiative*
- faire appel à : *nous allons faire appel à l'esprit créatif des participants*
- changer · faire évoluer · modifier
- dévoyer · pervertir • déroger à : *son article déroge à l'esprit du magazine* · être contraire à
- perdre : *il a perdu tout esprit critique*

[4]**esprit** *nom masc.* (fantôme)

∞ **esprit** + ADJECTIF

- frappeur° • du mal : *cette cérémonie rituelle chasse les esprits du mal* · maléfique · malfaisant · malin

∞ **esprit** + VERBE

- hanter : *d'après la légende, son esprit hante le château*

∞ VERBE + **esprit**

- invoquer [+ nom]
- croire à [+ nom] (plur.)
- chasser · éloigner

[1]**essai** *nom masc.* (tentative)

∞ **essai** + ADJECTIF

- clinique · thérapeutique · vaccinal • atomique · nucléaire • expérimental · technique • comparatif
- préalable · préliminaire
- grandeur nature • à grande échelle · de grande envergure · grand [+ nom] : *un grand essai thérapeutique portant sur plus de 1 000 malades vient d'être lancé* · important • (plur.) répétés · successifs
- concluant · convaincant · encourageant · prometteur
- modeste · petit [+ nom] · timide • unique
- décevant · infructueux · maladroit : *le premier film de ce réalisateur fut considéré comme un essai maladroit*
- à blanc

∞ **essai** + VERBE

- être en cours
- confirmer · montrer : *les premiers essais cliniques montrent que ce médicament agit bien sur le cerveau* · prouver
- réussir
- avorter · échouer

∞ VERBE + **essai**

- conduire : *des essais cliniques à grande échelle seront conduits l'année prochaine* · effectuer · faire : *faire un essai; faire l'essai de qqch.* · lancer : *il est urgent de lancer un essai thérapeutique* · procéder à · réaliser · se livrer à : *ils se sont livrés à des essais nucléaires dans le Pacifique*
- multiplier (plur.) · réitérer
- participer à · se porter volontaire pour
- autoriser · permettre
- abandonner · arrêter · interrompre · mettre fin à · suspendre

∞ NOM + D' + **essais**

- banc°
- série · succession · suite

à l'essai

- être · embaucher : *il a été embauché à l'essai le 13 août, puis définitivement le 20 novembre* · prendre • mettre

[2]**essai** *nom masc.* (ouvrage)

∞ **essai** + ADJECTIF

- biographique · didactique · littéraire · philosophique · politique · sociologique · théorique · etc.
- critique · synthétique
- inédit
- dense · grand [+ nom] · monumental · volumineux
- bref [+ nom] · court [+ nom] · petit [+ nom]

▪ argumenté · détaillé · documenté · fouillé · minutieux · sérieux • admirable · bel + nom · brillant · excellent · magnifique · majeur : *"L'Homme révolté", essai majeur d'Albert Camus* · passionnant · remarquable · splendide · superbe • érudit · intelligent · pénétrant · pertinent · subtil • éclairant · lumineux • bouleversant · émouvant · vibrant • enlevé · stimulant · vigoureux • engagé · militant
▪ atypique · étonnant · original · singulier · surprenant
▪ décapant · iconoclaste · insolent · provocateur · virulent • controversé · polémique
▪ indigeste

∞ VERBE + **essai**
▪ écrire · rédiger · signer
▪ éditer · publier

∞ NOM + D' + **essais**
▪ collection · recueil · série

[3]essai *nom masc.* (rugby)

∞ **essai** + ADJECTIF
▪ collectif · personnel
▪ bel + nom · magnifique · somptueux · superbe
▪ cafouilleux*fam.*

∞ VERBE + **essai**
▪ aller à : *l'arrière est allé tout seul à l'essai* · aplatir : *un essai collectif aplati par le capitaine* · inscrire · marquer · mettre : *ils ont mis trois essais en vingt minutes* · signer : *il signe le troisième essai du match*
▪ convertir · transformer
▪ refuser : *l'arbitre (nous) a refusé l'essai*
▪ accorder : *l'arbitre (lui) a accordé l'essai*
▪ encaisser · prendre : *on a pris deux essais en dix minutes*
▪ manquer · rater

essor *nom masc.* (développement)

∞ **essor** + ADJECTIF
▪ boursier · colonial · conjoncturel · démographique · économique · électoral : *l'essor électoral des extrêmes* · financier · industriel · scientifique · technologique · touristique · urbain · etc.
▪ attendu : *l'essor attendu de l'Internet bancaire* · espéré
▪ inéluctable · inévitable · irrésistible • brillant + nom · considérable · énorme · exceptionnel · exponentiel · extraordinaire · formidable · grand + nom · important · impressionnant · incomparable · incroyable · indéniable · merveilleux · notable · phénoménal · plein + nom : *ce secteur est en plein essor* · prodigieux · puissant · remarquable · sans pareil · sans précédent · significatif · spectaculaire · vertigineux · vif · vigoureux • libre ○ + nom : *quand la pensée prend son libre essor*
▪ constant · continu · persistant
▪ foudroyant · fulgurant · rapide · soudain
▪ étonnant · imprévu · inattendu
▪ discret · timide

∞ **essor** + VERBE
▪ profiter à · stimuler

∞ VERBE + **essor**
▪ contribuer à · participer à • donner : *cela devrait donner un nouvel essor au marché de l'art* · entraîner · provoquer : *cela n'a pas provoqué l'essor économique espéré*
▪ encourager · faciliter · favoriser · promouvoir · soutenir · stimuler • garantir · permettre : *cela devrait permettre l'essor de l'association*
▪ connaître : *ce secteur connaît un formidable essor* · prendre : *à l'époque où le rock prenait son essor ; l'enseignement à distance prend un essor formidable* · trouver • poursuivre : *le numérique poursuit son essor* • reprendre
▪ bénéficier de · profiter de : *leur entreprise a bénéficié / profité de l'essor de la téléphonie mobile*
▪ assister à · constater
▪ maîtriser : *ils ont du mal à maîtriser l'essor des multiplexes* • brider · empêcher · entraver · être un frein à : *la corruption est un frein à l'essor des économies* · freiner · gêner · limiter · ralentir · s'opposer à
▪ arrêter · stopper (net)

estimation *nom fém.*

∞ **estimation** + ADJECTIF
▪ actuelle · courante • officielle · officieuse • chiffrée : *ils n'ont donné aucune estimation chiffrée* • forfaitaire : *il s'agit d'une estimation forfaitaire des frais de carburant* · globale · moyenne
▪ initiale · préliminaire · première + nom : *d'après les premières estimations, il y aurait 300 morts*
▪ définitive · finale : *le département du commerce a publié jeudi son estimation finale*
▪ complète • généreuse · haute : *le déficit a dépassé l'estimation la plus haute* · large
▪ bonne + nom : *les chiffres que nous donnons constituent une bonne estimation* · correcte · exacte · fiable · juste · précise · sérieuse • serrée (souvent plur.) : *à 20 heures, les premières estimations sont toujours très serrées* • encourageante · optimiste • plausible · prudente · raisonnable · réaliste

- basse : *ce chiffre est bien en dessous de l'estimation basse* · mesurée · minimale : *on compterait au moins 2 000 blessés, une estimation minimale* • indicative · partielle • rapide · sommaire • provisoire
- approximative · grossière · vague • incorrecte · injuste · mauvaise + nom · trompeuse • arbitraire · hasardeuse · incertaine • excessive · fantaisiste • pessimiste • prématurée
- contradictoires (plur.)

∞ estimation + VERBE

- faire état de : *sa précédente estimation faisait état d'une progression de 0,2 %.* • prendre en compte
- aller de ... à : *leurs estimations vont de 40 à 200 euros* · osciller entre ... et · se situer entre ... et : *les estimations se situent entre 200 000 et 400 000 participants* · varier entre ... et

∞ VERBE + estimation

- avancer · effectuer · établir · faire · procéder à · réaliser • calculer · chiffrer • fonder ... sur : *ils ont fondé leurs estimations sur divers indices*
- donner · fournir · livrer • diffuser · publier · rendre publique
- faire l'objet de : *ce véhicule a fait l'objet d'une estimation par un commissaire-priseur*
- confirmer · corroborer : *les résultats des tests corroborent les estimations des spécialistes*
- correspondre à · être conforme à • être inférieur à • dépasser · être supérieur à
- corriger · réévaluer · relativiser · réviser (à la baisse / à la hausse) · revoir (à la baisse / à la hausse) · vérifier
- doubler · gonfler · tripler
- contester · démentir

∞ NOM + D' + estimation(s)

- série • fourchette : *il a été adjugé 520 000 euros, dans la fourchette de l'estimation*

estime *nom fém.*

∞ estime + ADJECTIF

- mutuelle · réciproque
- grande + nom · haute + nom · parfaite + nom : *je le tiens en parfaite / dans la plus parfaite estime* · particulière · profonde · sincère
- disproportionnée · exagérée
- mesurée · piètre + nom · toute relative

∞ VERBE + estime

- accorder ... à · porter ... à : *elles ne se portent aucune estime* · porter / tenir en : *porter / tenir qqn en haute estime* · vouer ... à : *la grande majorité de ses sujets lui vouent estime et affection* • conserver · garder : *je lui garde toute mon estime*
- avoir droit à · être digne de · mériter · valoir
- (re)conquérir · (re)gagner : *ils ont su (re)gagner l'estime de la population* · trouver
- (s')attirer · avoir : *vous avez toute mon estime* · bénéficier de · jouir de • forcer · inspirer • grimper dans · (re)monter dans
- assurer de : *il m'a assuré de son estime* · dire · faire savoir · signifier
- manifester · marquer · montrer · ne pas cacher · témoigner
- être basé sur · être fondé sur
- baisser dans · chuter dans · tomber (très bas) dans : *depuis cette affaire, il est tombé très bas dans mon estime*
- perdre

étape *nom fém.* (phase)

∞ étape + ADJECTIF

- préparatoire • successives (plur.)
- nouvelle : *nous venons de franchir une nouvelle étape dans la recherche du vaccin* • prochaine · suivante · supérieure : *il est temps de passer à l'étape supérieure*
- dernière + nom · ultime
- capitale · charnière · (-)clé · cruciale · décisive · déterminante · importante · majeure • grande + nom : *ça a été une grande étape dans ma vie* · marquante · significative • essentielle · incontournable : *les stages deviennent une étape incontournable sur le chemin de l'emploi* · indispensable · obligée : *la crise d'adolescence, étape obligée pour devenir adulte*
- adaptée · ambitieuse · paisible · raisonnable · utile
- courte · petite + nom • intermédiaire · progressive : *la revalorisation par étapes progressives des pensions de retraite* · transitoire : *elle dit que son célibat n'est qu'une étape transitoire dans sa vie* • facultative : *faire fondre le beurre dans une poêle (étape facultative, car les lardons rendent assez de gras)*
- compliquée · critique · délicate
- coûteuse · douloureuse · éprouvante · fastidieuse : *la nouvelle technique permet de sauter cette étape fastidieuse* · lourde · rude • inutile

∞ VERBE + étape

- aborder · commencer · engager : *le moment est venu d'engager une étape nouvelle* · lancer
- comporter · se dérouler en · se faire en · se décomposer en : *la procédure se décompose en plusieurs étapes*

- constituer : *ces licenciements constituent la première étape de la restructuration* • marquer : *son œuvre marque une étape importante dans l'histoire du cinéma indien*
- définir · fixer • multiplier
- franchir : *ils franchissent une étape supplémentaire en matière de services* · passer par : *on n'entre pas sur un plateau de télévision sans passer par l'étape du maquillage et du coiffeur* • enchaîner (plur.) · passer à : *passons à l'étape suivante / supérieure* • respecter
- décrire · reconstituer · relater · retracer : *il retrace les étapes de son trajet*
- brûler (souvent plur.) · griller (souvent plur.) : *leur pays semble griller les étapes pour acquérir directement des systèmes satellitaires* · sauter (souvent plur.) : *si tu veux réussir, il ne faut pas sauter d'étapes* • manquer · rater
- achever · finir · terminer • supprimer

∞ NOM + D' + **étapes**

- série · succession · suite

par étapes

- avancer · procéder

[1]État *nom masc.* (nation)

∞ **État** + ADJECTIF

- industrialisé • capitaliste · colonial · démocratique · fédéral • (bi-)national • autonome · indépendant · souverain • de droit° • voisin · étranger • membre : *les États membres de l'Union européenne*
- grand [+ nom] · puissant · riche • omnipotent
- autocratique · despotique · totalitaire · dictatorial
- petit [+ nom] · faible • chancelant

∞ VERBE + **État**

- constituer · créer
- administrer · diriger · gouverner
- renforcer
- affaiblir

▷ voir aussi **coup d'État**

[2]état *nom masc.* (condition physique, morale, psychique)

∞ **état** + ADJECTIF

- de santé° · physiologique · physique • de conscience · émotionnel · mental · psychique
- d'ébriété : *il a été arrêté pour conduite en état d'ébriété* · grippal • pathologique · sénile • anxieux · dépressif · déprimé · morbide · névrotique · suicidaire • de choc • comateux · grabataire · léthargique · second° : *être dans un état second* · végétatif • hypnotique
- chronique · habituel · normal : *il n'est pas dans son état normal*
- constant · durable · permanent · perpétuel : *la population vit dans un perpétuel état de terreur* • stable · stationnaire : *l'état du malade est stationnaire*
- intermédiaire · passager · transitoire • limite : *on laisse sortir de l'hôpital des malades dans un état limite*
- évolutif
- bon [+ nom] · excellent : *son état de santé est excellent* • euphorique • contemplatif
- bizarre
- instable · précaire • anormal • alarmant · consternant · désolant · inquiétant · préoccupant • bel [+ nom iron.] : *te voilà dans un bel état !* · calamiteux · catastrophique · critique · dégradé · désespéré · dramatique · épouvantable · gravissime · mauvais [+ nom] · pas croyable[fam.] · pas possible[fam.] · piètre [+ nom] · piteux [+ nom] · pitoyable · sale [+ nom] • sérieux · grave • déplorable · lamentable · triste [+ nom]

∞ **état** + VERBE

- se maintenir
- évoluer : *son état évolue d'heure en heure*
- s'améliorer
- être propice à
- empirer · s'aggraver · se dégrader · se détériorer • inspirer des inquiétudes

∞ VERBE + **état**

- atteindre : *il prend des substances pour atteindre une sorte d'état second* · connaître · demeurer dans · être dans · rester dans · retrouver · se mettre dans : *il faut se mettre dans un état de conscience différent* · se (re)trouver dans · tomber dans
- laisser dans · mettre dans : *ça l'a mis dans un état pas possible d'apprendre ça* · plonger dans • maintenir dans : *le malade est maintenu dans un état comateux*
- constater · voir • contrôler · surveiller
- juger de • s'inquiéter de
- altérer · changer · modifier
- améliorer
- aggraver
- taire

³état *nom masc.* (aspect, condition, situation)

∾ état + ADJECTIF

- gazeux · liquide • brut · naturel : *dans les régions où ces arbres ne poussent pas à l'état naturel* · sauvage : *à l'état sauvage, cet animal peut être dangereux* • embryonnaire · fœtal · larvaire
- naissant : *ils donnent à voir la recherche à l'état naissant* • initial · primitif : *remettre les lieux dans leur état primitif*
- actuel : *dans l'état actuel de nos connaissances* · présent : *la question sur l'état présent et le devenir de la poésie*
- bon ⁺ ⁿᵒᵐ · excellent · impeccable · parfait : *la voiture est en parfait état de marche* • neuf
- intermédiaire · transitoire • latent : *ce sentiment existait déjà à l'état latent dans la population*
- endémique : *le choléra subsiste à l'état endémique dans ces régions*
- instable · précaire
- alarmant · consternant · désolant · inquiétant · préoccupant • calamiteux · catastrophique · critique · dégradé · déplorable · désastreux · dramatique · épouvantable · grave · inimaginable · lamentable · mauvais + nom · pas croyable *fam.* · pas possible *fam.* · piètre + nom · piteux + nom · pitoyable · sale + nom · sérieux · désastreux · triste + nom

∾ VERBE + état

- analyser · contrôler · évaluer · explorer · inspecter · mesurer · vérifier
- indiquer · révéler : *cela révèle l'état de déliquescence des troupes*
- altérer · changer · modifier
- améliorer
- en finir avec · mettre fin à : *pour mettre fin à cet état de suspicion*

en état

- être : *tout est en état de marche* · (re)mettre : *j'ai remis la machine en état (de marche)*

en l'état

- laisser • demeurer · rester : *depuis son décès, la maison est restée en l'état*

état d'esprit

∾ état d'esprit + ADJECTIF

- ambiant · dominant : *le spleen reste l'état d'esprit dominant dans la jeune chanson française* · général • actuel
- bon + nom · excellent + nom · positif
- favorable (à) · propice (à)
- mauvais + nom

∾ état d'esprit + VERBE

- prévaloir · régner : *compte tenu de l'état d'esprit qui règne au siège de la compagnie*
- évoluer

∾ VERBE + état d'esprit

- créer • (se) mettre dans : *sa musique nous met dans un état d'esprit propice*
- avoir · être dans • retrouver : *l'équipe a retrouvé un excellent état d'esprit*
- donner / fournir une indication sur · exprimer · illustrer · refléter · révéler · résumer · témoigner de · traduire : *la banderole traduisait l'état d'esprit de la majorité de la foule* • être représentatif de · être symptomatique de · fournir / donner une indication sur : *ces élections donneront une première indication sur l'état d'esprit des salariés*
- décrire
- cerner · mesurer : *les élections d'avril permettront de mesurer l'état d'esprit de la population* · sonder • comprendre · saisir
- changer · modifier

dans un état d'esprit (+ adj.)

- aborder : *on aborde la négociation dans un état d'esprit d'ouverture* · travailler • se dérouler : *la rencontre s'est déroulée dans un très bon état d'esprit* · etc.

état des lieux

∾ état des lieux + ADJECTIF

- complet · détaillé · exhaustif · précis
- accablant · alarmant · triste + nom

∾ VERBE + état des lieux

- dresser · effectuer · établir · faire · procéder à : *il faut absolument procéder à un état des lieux à l'arrivée dans les locaux* · réaliser
- présenter : *la nouvelle direction générale a présenté un état des lieux*

état d'urgence

∾ état d'urgence + ADJECTIF

- permanent

∾ VERBE + état d'urgence

- déclarer : *l'état d'urgence a été déclaré par le gouverneur* · décréter · imposer : *l'état d'urgence a été imposé pour trois mois* · instaurer · proclamer
- lever

éthique *nom fém.*

∾ **éthique** + ADJECTIF
- biomédicale · clinique · médicale · scientifique • chrétienne · protestante · musulmane · juive · religieuse • diplomatique · politique • démocratique · républicaine • familiale · humaniste · sexuelle · sociale • économique · journalistique · professionnelle · sportive · etc.
- collective · commune · universelle • personnelle · individuelle • normative : *l'éthique normative traite de ce que la population devrait croire être juste ou injuste* • appliquée
- exigeante · rigoureuse · stricte
- rigide · sévère

∾ **éthique** + VERBE
- prôner
- interdire

∾ VERBE + **éthique**
- définir · fixer (les règles de) · fonder · reconstituer · se donner
- appliquer · observer · pratiquer · respecter
- préserver · promouvoir · restaurer
- être contraire à : *ils estiment ce projet contraire à l'éthique médicale*

¹étoile *nom fém.* (astre)

∾ **étoile** + ADJECTIF
- filante° · polaire°
- géante · grosse $^{+\text{nom}}$ · massive · supermassive • binaire · double
- brillante · clignotante · étincelante · lumineuse
- morte · mourante
- de faible masse · petite $^{+\text{nom}}$

∾ **étoile** + VERBE
- naître · se former • apparaître · poindre · s'allumer : *les étoiles s'allumaient au firmament*
- briller · clignoter · scintiller
- blêmir$^{\text{littér.}}$ · pâlir
- mourir · s'éteindre

∾ VERBE + **étoile**
- (plur.) être constellé de · être criblé de · être empli de · être parsemé de : *un ciel pur parsemé d'étoiles* · être plein de

∾ NOM + D' + **étoiles**
- amas · multitude · myriade · pluie : *les Léonides, une pluie d'étoiles filantes qui semble tomber tout droit de la constellation du Lion*

²étoile *nom fém.* (vedette)

∾ **étoile** + ADJECTIF
- montante° : *c'est l'étoile montante du cinéma argentin* · nouvelle
- ancienne $^{+\text{nom}}$ · déchue

∾ **étoile** + VERBE
- naître : *une étoile est née* (en référence au film de George Cukor avec Judy Garland *Une étoile est née*)

étonnement *nom masc.*

∾ **étonnement** + ADJECTIF
- amusé
- grand $^{+\text{nom}}$ · profond $^{+\text{nom}}$ · vif
- perpétuel

∾ **étonnement** + VERBE
- être mêlé de : *cela a provoqué un étonnement mêlé de colère au sein des partis politiques*

∾ VERBE + **étonnement**
- provoquer · susciter : *cet acte de candidature sans précédent a suscité un étonnement bien au-delà des frontières*
- être frappé de : *on est frappé d'étonnement à chaque coin de rue*
- avouer · exprimer : *ils ont exprimé leur étonnement face à cette prise de position* · manifester
- feindre : *il feignait l'étonnement : "une cérémonie ? où ça ?"*
- cacher (souvent nég.) : *ils ne cachent pas leur étonnement devant ce comportement* · dissimuler

∾ NOM + D' + **étonnement**
- motif · sujet : *un autre sujet d'étonnement est le rôle qui lui a été confié*

étude *nom fém.* (recherche, analyse)

∾ **étude** + ADJECTIF
- ethnologique · épidémiologique · médicale · sociologique · etc.
- comparative · comparée : *une vaste étude comparée des religions universelles* • empirique : *il appuie sa thèse sur des études empiriques* · scientifique • qualitative · quantitative
- exploratoire · préliminaire
- approfondie · circonstanciée · détaillée · documentée : *une étude bien documentée consacrée aux expositions philatéliques* · exhaustive · fouillée · minutieuse • rigoureuse · sérieuse • d'envergure : *aucune étude d'envergure n'a été consacrée à ce virus* · vaste $^{+\text{nom}}$: *ils viennent de lancer une vaste étude sur le harcèlement moral* • coûteuse
- longue $^{+\text{nom}}$ • (plur.) innombrables : *le phénomène a fait l'objet d'innombrables études* · maintes $^{+\text{nom}}$ · nombreuses

- admirable · belle + nom · excellente · magistrale : *auteur d'une magistrale étude sur les idéogrammes* · remarquable · savante + nom : *ils ont publié de savantes études sur la question* · bonne • intéressante · passionnante • célèbre · fameuse + nom : *leur fameuse étude sur les fortunes financières mondiales*
- confidentielle · courte + nom · petite + nom

∾ étude + VERBE
- concerner · porter sur
- conduire à : *d'autres études conduisent à des résultats comparables* • démontrer · indiquer · mettre en lumière · montrer · noter · rappeler · révéler : *une nouvelle étude révèle que cela pourrait offrir une protection efficace contre le paludisme* · souligner
- confirmer · corroborer
- infirmer

∾ VERBE + étude
- commander · commanditer · diligenter
- lancer · mettre en chantier · mettre sur pied
- conduire · effectuer · établir · mener : *les études menées sur l'intégration des immigrés* · procéder à · réaliser • coordonner · diriger · piloter · superviser
- centrer ... sur · dédier ... à · consacrer ... à • s'attacher à : *la parapsychologie s'attache à l'étude du paranormal* · se consacrer à · se spécialiser dans : *il s'est spécialisé dans l'étude des météorites*
- être consacré à : *après quatre années consacrées à l'étude du droit* · être dévolu à : *une institution dévolue à l'étude des sciences*
- compléter · enrichir · étoffer
- ressortir de : *c'est ce qui ressort d'une étude réalisée auprès des primo-arrivants*
- s'appuyer sur · se fonder sur · se référer à
- diffuser · éditer · publier

∾ NOM + D' + étude(s)
- champ · domaine • terrain
- série · tas[fam.]

études *nom fém. plur.* (cours, cursus)

∾ études + ADJECTIF
- secondaires · supérieures · universitaires
- brillantes : *après de brillantes études de droit* · bonnes · solides + nom : *il fit de solides études chez les jésuites* • chères ○ + nom : *après cette expérience en entreprise, il est retourné à ses chères études*
- longues + nom
- médiocres : *il a fait de médiocres études secondaires*
- brèves + nom : *après de brèves études aux Beaux-Arts, il s'engage dans la marine* · courtes

∾ études + VERBE
- conduire à : *ses études le conduisent à Cambridge* · mener à : *ces études mènent tout droit aux grandes fonctions de l'État*

∾ VERBE + études
- commencer · entreprendre : *elle a entrepris des études de géophysique à la faculté de Jussieu* · se plonger dans : *il s'est plongé tardivement dans des études d'architecture*
- faire : *elle a fait de brillantes études supérieures* · suivre • continuer · poursuivre · prolonger : *les diplômés prolongent leurs études pour retarder leur arrivée sur le marché du travail* • reprendre · retourner à
- renvoyer à
- être doué pour
- abandonner · cesser · interrompre · lâcher[fam.] • finir · terminer : *il a terminé des études de lettres*
- rater : *à force de s'amuser, il a fini par rater ses études*

∾ NOM + D' + études
- cycle : *un cycle d'études supérieures* · cursus

évaluation *nom fém.* (estimation)

∾ évaluation + ADJECTIF
- comptable · financière · pécuniaire • scientifique · statistique • professionnelle · scolaire • clinique · diagnostique · médicale · psychiatrique · etc.
- comparative · comparée • empirique • qualitative · quantitative • chiffrée : *le document ne fournit pas la moindre évaluation chiffrée* • forfaitaire : *les voyages peuvent faire l'objet d'une évaluation forfaitaire pour les impôts* · prévisionnelle · globale
- approximative : *ils ont fait une évaluation approximative de leur bénéfice imposable* · rapide
- préalable · préliminaire
- périodique · permanente · régulière
- bonne + nom · correcte · exacte · fiable · juste · rigoureuse • approfondie · détaillée · précise • prudente · raisonnée • objective : *une évaluation objective du travail fourni* · réaliste • sereine
- positive : *le jury a fait une évaluation positive de sa thèse*
- complexe · difficile
- critique · négative · pessimiste
- subjective • aberrante · insuffisante · mauvaise + nom : *cela résulte d'une mauvaise évaluation de leur situation*

∾ évaluation + VERBE

- concerner
- se passer : *l'évaluation s'est passée dans de bonnes / mauvaises conditions* · s'organiser
- faire ressortir
- diverger (plur.) : *les évaluations divergent grandement en fonction des études*

∾ VERBE + **évaluation**

- demander · réclamer
- commencer · lancer
- effectuer · établir · faire · mener (souvent passif) · mettre en place · procéder à · se livrer à • fournir · livrer · présenter · proposer • chiffrer
- corriger · réajuster · rectifier · réviser • abaisser : *nous avons abaissé notre évaluation des bénéfices à 50 millions d'euros*
- faire l'objet de
- se baser sur · se fonder sur
- contester
- fausser : *toute consommation d'alcool ralentit les réflexes et fausse l'évaluation des risques*

∾ NOM + D' + **évaluation(s)**

- critère • échelle : *il a conçu une échelle d'évaluation de la qualité des sites* · grille
- série

événement *nom masc.* (fait, affaire)

∾ événement + ADJECTIF

- culturel · littéraire • historique · politique • mondain • médiatique · télévisuel • footballistique · hippique · sportif · etc.
- inédit · nouveau
- accidentel · fortuit • extérieur
- quotidien
- international · mondial • capital · central · crucial · décisif · majeur • colossal · considérable · de première importance · de taille · d'importance · énorme · grand $^{+ \text{nom}}$ · historique : *il a qualifié cette élection d'événement historique* · immense · lourd de conséquences · sans précédent · significatif · véritable $^{+ \text{nom}}$ • inoubliable • marquant · phare : *c'est l'événement phare de la rentrée littéraire* · saillant • spécial
- heureux $^{\circ + \text{nom}}$: *elle attend un heureux événement* • exceptionnel · extraordinaire · merveilleux · sensationnel • festif · agréable · bien venu
- imprévisible · imprévu · inattendu · inespéré • curieux · étonnant · étrange · inouï · insolite · singulier
- anodin · de peu d'importance · insignifiant · mineur · minime · petit $^{+ \text{nom}}$ · sans importance · moindre $^{+ \text{nom}}$ • isolé · ponctuel • aléatoire : *l'assurance annulation fonctionne lorsque survient un événement aléatoire pouvant être justifié*
- anormal : *chaque événement anormal doit m'être rapporté* · hors du commun · inhabituel · rare · rarissime
- déplorable · dérangeant · regrettable • désagréable · fâcheux · malencontreux • atroce · catastrophique · douloureux · dramatique · effroyable · grave · horrible · malheureux · pénible · redoutable · terrible · tragique · traumatique : *il est encore sous le choc d'un événement traumatique de son enfance* · traumatisant · triste • fatal $^{+ \text{nom}}$ · sanglant · violent

∾ événement + VERBE

- advenir · arriver · avoir lieu · intervenir : *l'émission retrace les principaux événements intervenus cette année dans le monde* · se dérouler · se passer · se produire · survenir
- (plur.) s'enchaîner : *c'est amusant comme les événements s'enchaînent* · se succéder · se suivre • s'accélérer · se précipiter : *les événements se sont précipités avec le remaniement ministériel*
- bien / mal tourner · prendre une tournure
- faire couler beaucoup d'encre · prendre une importance considérable
- entraîner · imposer : *cet événement nous impose de fermer la centrale nucléaire* · provoquer · susciter : *l'émotion suscitée par cet événement historique* • avoir des conséquences / répercussions sur
- marquer : *cet événement a marqué un tournant dans la lutte antiterroriste* · représenter · constituer • (plur.) donner raison à : *les événements lui ont donné raison*
- (souvent passif) affecter : *la production a été terriblement affectée par les événements* · bouleverser · ébranler · marquer · secouer · tourmenter • (plur.) ballotter · bousculer • (plur.) déborder : *il s'est laissé déborder par les événements* · dépasser : *elle est complètement dépassée par les événements* · surprendre

∾ VERBE + **événement**

- constituer : *cette rencontre au sommet constitue un événement majeur*
- (plur.) déclencher : *les étudiants qui ont déclenché les événements de mai 68*
- (plur.) connaître · être fertile en · être riche de : *l'actualité a été particulièrement riche en événements dramatiques*

- anticiper (sur) : *leur veille technologique leur a permis d'anticiper (sur) l'événement* · devancer · prévoir : *l'incapacité des services secrets à prévoir l'événement* • organiser : *il organise des événements culturels / sportifs* · préparer • créer (+ art. déf.) : *à chaque sortie d'album, il crée l'événement*
- célébrer · commémorer · fêter · immortaliser · marquer : *il y aura une fête pour marquer l'événement* · saluer · solenniser • sponsoriser
- [manifestation sportive] accueillir
- ressentir · vivre : *comment avez-vous vécu les événements dans votre pays depuis Paris ?* • revivre · se remémorer
- couvrir [Journalisme] · informer de · relater
- observer • être au courant de · se tenir informé de
- analyser · commenter · comprendre · faire la lumière sur : *la mission doit faire la lumière sur les événements qui se sont déroulés dans le camp de réfugiés* · prendre la mesure de : *les médias furent incapables de prendre immédiatement la mesure de l'événement*
- réagir à • contrôler · gérer : *la manière dont la police a géré les événements* · maîtriser
- précipiter (plur.)
- banaliser : *organiser une rencontre tous les deux ans permet de ne pas banaliser l'événement*
- être le jouet de : *il n'est que le jouet des événements qu'il croyait contrôler* · subir

∞ NOM + D' + événements

- cascade · enchaînement · série · succession · suite

éventail *nom masc.* (palette, choix)

∞ éventail + ADJECTIF

- complet • gigantesque · grand ⁺ⁿᵒᵐ · illimité · immense · important · infini · large ⁺ⁿᵒᵐ · riche : *un éventail très riche de projets cinématographiques* · vaste • bel ⁺ⁿᵒᵐ : *le groupe a maintenant un bel éventail de marques de luxe* · époustouflant · impressionnant
- limité · réduit · restreint

∞ VERBE + éventail

- offrir : *le voyagiste offre un large éventail d'excursions* · ouvrir : *informer, c'est ouvrir l'éventail des possibilités*
- bénéficier de : *ils peuvent bénéficier de tout un éventail de mesures sociales* · disposer de
- couvrir : *vingt-cinq albums couvrant un large éventail du jazz français contemporain*
- faire partie de
- agrandir · augmenter · compléter · déployer · élargir : *ils ont dû élargir l'éventail de leurs offres* · enrichir
- limiter · réduire · resserrer · restreindre : *cela restreint l'éventail des solutions possibles*

éventualité *nom fém.* (fait qui peut se réaliser)

∞ éventualité + ADJECTIF

- alléchante · réjouissante
- improbable : *c'est une éventualité juridique improbable en l'état actuel du droit* · peu probable · peu vraisemblable
- déplaisante · fâcheuse • angoissante · effrayante

∞ éventualité + VERBE

- apparaître · se préciser · se présenter · se profiler
- rester / être du domaine du possible
- mériter considération
- plaire à
- déplaire à · déranger · inquiéter

∞ VERBE + éventualité

- considérer · envisager · étudier · examiner · réfléchir à · songer à • prévoir · entrevoir · imaginer • prendre en compte · tenir compte de
- croire à · prendre au sérieux
- admettre · se résigner à • accepter · être ouvert à · retenir : *le comité n'a pas retenu cette éventualité* · se montrer favorable à · tolérer
- annoncer · évoquer · mentionner
- craindre · redouter · s'inquiéter de
- être prêt à tout · se préparer à • affronter · réagir à · faire face à · pallier · parer à : *pour parer à toute éventualité, des troupes ont été envoyées sur place* · prévenir
- contester · démentir · nier · réfuter • se dresser contre · s'insurger contre · s'opposer à • écarter · éliminer · refuser · rejeter · repousser

évolution *nom fém.*

∞ évolution + ADJECTIF

- technique · technologique • biochimique · biologique · organique · physiologique · psychologique · sexuelle • darwinienne • climatique · cosmique • démographique · sociale · sociétale · sociologique • économique · historique · institutionnelle · politique • linguistique · littéraire · stylistique • professionnelle · etc.
- actuelle · en cours • récente • future · ultérieure • générale • conjoncturelle · structurelle · tendancielle • qualitative • possible · prévisible

- convergente · divergente : *il y a eu une évolution divergente des taux directeurs*
- logique · naturelle · normale · spontanée • appropriée · belle + nom · encourageante · favorable · heureuse · nécessaire · positive : *cette morosité boursière contraste avec l'évolution positive de la situation économique* • intéressante
- chronique : *une affection virale d'évolution chronique* · continue · durable · incessante · ininterrompue · longue + nom · permanente · perpétuelle · régulière
- accélérée · foudroyante · fulgurante · rapide
- notable · perceptible · significative • complète · pleine + nom : *le secteur est en pleine évolution* • considérable · délirante · énorme · formidable · forte · importante · marquante · nette · profonde · spectaculaire · réelle + nom · véritable + nom • inéluctable · inévitable
- étonnante · imprévue · inattendue
- effrayante · inquiétante · préoccupante • dangereuse · désastreuse · dramatique · gravissime · insidieuse • défavorable · négative · régressive
- capricieuse · contrastée : *cette hausse de plus de 50 % cache une évolution contrastée* · en dents de scie · incertaine
- graduelle · lente · patiente · progressive • faible · imperceptible · subtile

∾ **évolution** + VERBE
- commencer · s'amorcer • se dessiner · se profiler
- avoir lieu · s'effectuer · se manifester · se produire · s'opérer
- conduire à : *cette lente évolution qui conduit le pays de la crise économique à la crise sociale*
- affecter

∾ VERBE + **évolution**
- induire : *la construction de l'Europe induit des évolutions majeures de nos institutions* · entraîner
- amorcer : *la nouvelle génération de dirigeants est en train d'amorcer une évolution politique* · commencer
- poursuivre : *la maladie poursuit son évolution*
- connaître · subir
- être représentatif de · être révélateur de · préfigurer · refléter · traduire · marquer · montrer : *l'envoi de ce satellite marque une évolution importante dans la donne spatiale*
- retracer : *il a retracé l'évolution de la consommation du haricot au fil des siècles* • modéliser · simuler · visualiser
- accompagner · jalonner
- encadrer · organiser · planifier · régir
- observer · suivre · surveiller • anticiper · prévoir · spéculer sur
- analyser · être attentif à · examiner · mesurer · réfléchir à • prendre en compte · tenir compte de • comprendre
- avoir un impact sur · bouleverser · conditionner · infléchir · influencer · influer sur · modifier
- accélérer
- assurer · être favorable à · favoriser : *l'embourgeoisement de Paris a paradoxalement favorisé cette évolution* · permettre
- être un frein à · freiner : *les antirétroviraux peuvent freiner l'évolution de la maladie* · ralentir · retarder • contrôler · maîtriser
- bloquer · compromettre · contrarier · contrecarrer · enrayer · entraver : *idées préconçues et a-priori tenaces n'ont pas fini d'entraver l'évolution professionnelle des femmes*
- arrêter · faire cesser · interrompre

∾ NOM + D' + **évolutions**
- série · suite

exactitude *nom fém.*

∾ **exactitude** + ADJECTIF
- factuelle · grammaticale · historique : *il a romancé cette histoire sans sacrifier l'exactitude historique*
- absolue · extraordinaire · extrême + nom · grande + nom · incomparable · indiscutable · maniaque · mathématique · merveilleuse · méticuleuse · minutieuse · parfaite : *on connaît avec une exactitude parfaite le chiffre des ventes* · rigoureuse · scrupuleuse • impitoyable · implacable · militaire · redoutable
- étonnante · troublante
- douteuse

∾ VERBE + **exactitude**
- affirmer · assurer · attester sur l'honneur · certifier · confirmer · reconnaître
- admirer · apprécier
- contrôler · évaluer · prouver · s'assurer de · veiller à · vérifier
- manquer de : *son exposé manque d'exactitude*
- avoir des doutes sur · contester · nier

avec exactitude
- raconter · décrire · rendre compte · retracer • se rappeler · se souvenir • savoir · évaluer · prédire · déterminer · calculer · chiffrer · connaître · etc.

[1]examen *nom masc.* (analyse)

∞ examen + ADJECTIF
- géologique · judiciaire · scientifique · etc.
- analytique · comparatif · critique • au cas par cas · individuel : *nous effectuons un examen individuel des demandes* · spécifique • libre° + nom : *le libre examen est contraire au jugement préalable* • préliminaire • officiel
- complet · général • approfondi · poussé • méthodique · minutieux · précis · rigoureux · scrupuleux · sérieux • attentif · vigilant
- fréquent · périodique • long
- désintéressé · impartial · lucide · objectif • nécessaire · obligatoire · utile
- partiel · succinct · superficiel • simple + nom • bref + nom · rapide

∞ examen + VERBE
- commencer · débuter
- mettre en évidence · montrer · révéler
- confirmer · infirmer
- prendre fin · se terminer

∞ VERBE + **examen**
- nécessiter · requérir : *chaque situation particulière requiert un examen spécifique*
- amorcer · commencer · engager · entamer · entreprendre : *j'ai alors entrepris un long examen de conscience*
- effectuer · procéder à : *j'ai procédé à un examen attentif de votre dossier* · se livrer à • organiser · programmer • se borner à · se limiter à : *la commission doit se limiter à l'examen des seules questions juridiques*
- se soumettre à
- faire l'objet de
- ne pas résister à : *ce choix stratégique ne résiste pas à l'examen de la situation du marché*
- ajourner · différer · reporter · retarder
- bâcler
- achever · finir · terminer

▷ voir aussi **examen de conscience**

[2]examen *nom masc.* (Méd.)

∞ examen + ADJECTIF
- médical · de santé • biologique · cardiaque · cardiologique · génétique · gynécologique · neurologique · oculaire · ophtalmologique · osseux · physiologique · prénatal · psychiatrique · psychologique · pulmonaire · radiographique · radiologique · sanguin · sérologique · toxicologique · virologique • clinique · diagnostique · échographique · microscopique · etc.
- complémentaire : *le médecin a réclamé des examens complémentaires* • préventif • post mortem
- négatif · positif : *tous les examens diagnostiques se révèlent positifs*
- invasif : *la coloscopie est un examen invasif* • poussé • complet · général
- fréquent · périodique • long + nom
- de routine • partiel · superficiel
- bref + nom · rapide • simple + nom
- douloureux · pénible
- superflu
- coûteux · onéreux

∞ examen + VERBE
- commencer
- avoir lieu · se dérouler · se passer : *l'examen s'est bien / mal passé*
- mettre en évidence · montrer · révéler
- confirmer · infirmer
- se terminer

∞ VERBE + **examen**
- demander · imposer : *la législation impose un examen médical à tous les conducteurs de plus de 45 ans* · ordonner · prescrire
- nécessiter : *toute dysphonie nécessite un examen des cordes vocales* · requérir
- commencer · entamer · entreprendre
- effectuer · (re)faire · pratiquer : *l'examen est pratiqué sous anesthésie générale* · procéder à · réaliser · se livrer à
- (se faire) faire · passer · se soumettre à · subir
- différer · reporter · retarder
- achever · terminer

∞ NOM + D' + **examens**
- batterie · flopée*fam.* · série · suite · tas*fam.* · foule*fam.*

[3]examen *nom masc.* (Scol.)

∞ examen + ADJECTIF
- scolaire · universitaire • pratique · professionnel · théorique • écrit · oral • blanc°
- facile
- ardu · difficile
- de fin d'études · final · terminal

∞ examen + VERBE
- commencer · débuter · démarrer : *les examens démarrent dès le printemps*
- avoir lieu · se dérouler · se passer : *l'examen se passe le même jour dans tous les lieux de formation*
- s'achever · se terminer

∾ VERBE + **examen**

- se présenter à · s'inscrire à • se rendre à · venir à • (re)passer
- faire passer
- bosser*fam.* · bûcher*fam.* · potasser*fam.* · préparer · réviser
- être admis à · être reçu à · réussir
- frauder à · tricher à
- ajourner · différer · reporter · repousser · retarder
- finir · terminer
- échouer à · être recalé à · louper*fam.* · manquer · rater
- annuler

exception *nom fém.*

∾ **exception** + ADJECTIF

- culturelle : *l'exception culturelle française* • française · hexagonale · etc.
- de taille · éclatante · marquante · flagrante · notable : *tous les secteurs sont en crise, à l'exception notable du tourisme* · notoire · remarquable
- belle + nom : *la musique est soumise aux phénomènes de mode, avec de belles exceptions* · brillante + nom · fameuse + nom : *la fameuse exception française n'est pas morte* · heureuse + nom : *à d'heureuses exceptions près, les médias avaient rapporté ce canular*
- rare + nom · rarissime : *à de rarissimes exceptions près, ils sont tous mineurs* · unique
- fâcheuse + nom : *fâcheuse exception française : le cumul des mandats* · regrettable · triste + nom : *une triste exception aux règles déontologiques*

∾ **exception** + VERBE

- confirmer○ : *« L'exception confirme la règle »* (Proverbe)

∾ VERBE + **exception**

- faire : *tu pourrais faire une exception pour moi !* · instaurer · instituer [Admin.] : *l'article 774 du Code général des impôts institue une exception à ce principe* · introduire
- accepter · admettre : *cette règle admet quelques exceptions* · comporter · souffrir · supporter
- tolérer : *le traité ne sera efficace que s'il ne tolère aucune exception* • défendre : *un texte défendant l'exception culturelle française*
- constituer · faire (sans art.) : *pourquoi notre pays ferait-il exception ?* · faire figure de · relever de : *le cas relève de l'exception*
- faire valoir · invoquer

[1]excès *nom masc. plur.* (abus)

∾ **excès** + ADJECTIF

- alcooliques · alimentaires · de table · médicamenteux • financiers · sécuritaires · spéculatifs • oratoires · verbaux • médiatiques · etc.
- passés : *il paie ses excès passés*
- regrettables · indécents · pires + nom : *ce genre de loi pourrait conduire aux pires excès* · révoltants · scandaleux
- légers + nom · petits + nom

∾ **excès** + VERBE

- être péjudiciable à · nuire à : *ces excès de table finissent par nuire à la santé*

∾ VERBE + **excès**

- conduire à : *un tempérament qui le conduit parfois à des excès* · mener à · entraîner · pousser à
- connaître : *cette société connaît les mêmes excès que la nôtre*
- commettre · faire : *faire des excès de table* · s'adonner à : *ses personnages tourmentés s'adonnent à tous les excès* · se laisser aller à · se livrer à • sombrer dans · tomber dans : *sans tomber dans les excès d'un libéralisme à tout-va* · verser dans
- être lassé de : *lassés des excès de leur président* · être victime de · souffrir de : *le pays a souffert des excès de ce modèle économique*
- condamner · critiquer · dénoncer · fustiger · mettre en garde contre : *il met en garde contre les excès de la privatisation* · regretter
- atténuer · contenir · corriger · diminuer · freiner · gommer : *pour gommer les excès de la précarité dans le monde du travail* · limiter · modérer · tempérer : *ses déclarations ont tempéré les excès d'enthousiasme*
- combattre · lutter contre · pallier : *pour pallier les excès du néolibéralisme* • craindre · éviter · fuir · redouter · se garder de • punir · réprimer · sanctionner • empêcher · interdire
- effacer · mettre fin à · mettre un terme à · supprimer

avec excès

- boire · consommer · fumer · manger • user de · utiliser • pratiquer : *c'est un sport dangereux si on le pratique avec excès*

[2]excès *nom masc.* (exagération)

∾ **excès** + ADJECTIF

- contraire · inverse : *il ne faut pas verser / sombrer / tomber dans l'excès inverse*

∾ VERBE + **excès**
- aller dans : *il faut se montrer convaincant sans aller dans l'excès* · céder à · donner dans · faire dans : *il n'a pas craint de faire dans l'excès de pédagogie* · se laisser aller à • pécher par : *la presse a tendance à pécher par excès de zèle* • sombrer dans · tomber dans · verser dans : *ne versons pas dans l'excès de confiance*
- craindre · redouter • regretter • être victime de
- condamner · critiquer · dénoncer • mettre en garde contre : *il met en garde contre un excès de pessimisme* • se garder de : *il veut se garder de tout excès d'enthousiasme après ce match*
- payer : *ils ont payé très cher cet excès d'optimisme*

avec excès
- réagir • aimer · haïr

excuse *nom fém.* (prétexte, justification)

∾ **excuse** + ADJECTIF
- [Droit] atténuante · de minorité · légale
- bonne [+ nom] · en béton[fam.] · excellente · légitime · sérieuse · suffisante · valable • convaincante
- commode : *la nécessité, cette excuse commode* · facile · toute trouvée
- moindre [+ nom] : *vous n'avez pas la moindre excuse*
- inacceptable · insuffisante · mauvaise [+ nom] · peu convaincante · peu vraisemblable · piètre [+ nom]
- bidon[fam.] · fausse [+ nom]

∾ VERBE + **excuse**
- avoir valeur de · constituer · servir de : *les crimes de l'adversaire ne peuvent servir d'excuse aux siens propres*
- (se) chercher : *il est toujours en train de se chercher des excuses*
- inventer · se créer · (se) trouver : *elle (se) trouve toujours une bonne excuse pour ne pas y aller ; elle ne lui trouve pas d'excuse* • avoir
- avancer · invoquer
- fournir : *la chaleur accablante fournit une bonne excuse pour aller se baigner*

excuses *nom fém. plur.* (demande de pardon)

∾ **excuses** + ADJECTIF
- officielles · publiques
- sincères
- de circonstance · humbles [+ nom] · plates [○ + nom] : *je vous présente mes plus plates excuses pour cette erreur* • tardives

∾ VERBE + **excuses**
- demander · exiger · réclamer
- attendre : *j'attends toujours ses excuses*
- devoir ... à : *je vous dois des excuses pour hier* • exprimer · faire · formuler • adresser · présenter • renouveler · se confondre en · se répandre en
- obtenir · recevoir • accepter
- refuser

REM. On rencontre parfois "profondes excuses". Évitez cette expression maladroite et préférez "sincères ou humbles excuses".

exécution *nom fém.* (mise à mort)

∾ **exécution** + ADJECTIF
- publique • capitale [○] : *il y a eu onze exécutions capitales en trois ans* · sommaire [○]
- collective · en / de masse · massive • immédiate

∾ **exécution** + VERBE
- avoir lieu · se dérouler

∾ VERBE + **exécution**
- demander · exiger · ordonner · réclamer
- approuver · autoriser
- procéder à • participer à
- assister à · être témoin de
- différer · reporter · retarder · surseoir à
- empêcher · interdire · s'opposer à • sauver de : *le verdict / l'homme qui l'a sauvé de l'exécution*
- abolir : *ils veulent abolir l'exécution capitale*

[1] exemple *nom masc.* (cas, illustration)

∾ **exemple** + ADJECTIF
- abstrait · concret • contraire · inverse
- précis • canonique : *García Márquez, exemple canonique du réalisme magique* · classique · emblématique · prototypique · représentatif · symbolique · type · typique • criant · éclatant · éloquent · frappant · manifeste · marquant · parlant · saisissant · significatif · spectaculaire : *un exemple spectaculaire de la pénétration d'une entreprise par la criminalité organisée* · véritable [+ nom] • vivant [○] : *la politique mène à tout, j'en suis un exemple vivant*
- convaincant · probant • éclairant · édifiant : *cette affaire est un exemple édifiant des dysfonctionnements de la justice* · intéressant · utile • admirable · bel [+ nom] : *c'est un bel exemple de dévouement* · bon [+ nom] · brillant · excellent · fabuleux · magistral : *Holmes nous offre alors un exemple magistral de son sens de la déduction* · parfait · remarquable • adéquat · bien

amené · bien choisi · bien trouvé · judicieux · pertinent • encourageant • célèbre · connu · fameux [+ nom]

- étonnant · paradoxal · sidérant
- consternant · déplorable · navrant · regrettable
- anecdotique · isolé · rare : *les exemples d'une telle maîtrise sont rares*
- mal choisi · mauvais [+ nom] · piètre [+ nom] • pernicieux · triste [+ nom] • caricatural

∾ exemple + VERBE

- (plur.) abonder · fleurir : *les exemples d'escroquerie fleurissent dans la région* · foisonner · fourmiller · se multiplier
- en dire long sur · illustrer : *ces exemples illustrent les inégalités de traitement* · mettre en lumière · montrer · témoigner de

∾ VERBE + **exemple**

- avoir valeur de · constituer · devenir · faire figure de · servir de
- comprendre · contenir : *le rapport contient d'innombrables exemples de dysfonctionnements* • (plur.) abonder en · (s')enrichir de : *il enrichit sa thèse de nombreux exemples* · être riche en / de · être truffé de · fourmiller de · regorger de
- citer (à titre de) · donner : *donne-moi des exemples d'animaux qui hibernent* · fournir · multiplier (plur.) · prendre
- choisir · emprunter · puiser : *il a éclairé son étude d'exemples puisés dans la culture américaine* • recueillir · trouver
- s'appuyer sur : *les différents processus sont présentés en s'appuyant sur des exemples concrets* · utiliser · se référer à · s'inspirer de

∾ NOM + D' + **exemples**

- foule · kyrielle · liste · multitude · série · tas[fam.]

par l'exemple

- démontrer · expliquer · illustrer

²exemple *nom masc.* (modèle)

∾ exemple + ADJECTIF

- admirable · à suivre · bon [+ nom] : *tu dois donner le bon exemple à ton frère* · remarquable
- mauvais [+ nom] · piètre [+ nom]

∾ VERBE + **exemple**

- être : *il est un exemple pour nous tous* · rester : *elle reste un exemple pour toute sa génération* · servir de
- imiter · prendre° (sans art.) : *il prend exemple sur elle* · suivre : *ne suis surtout pas son exemple !*
- faire° (+ art. indéf.) : *ils veulent faire un exemple en le punissant si sévèrement*
- donner (+ art. déf.) · montrer (+ art. déf.) : *les parents doivent montrer l'exemple* · se poser en : *notre pays ne devrait pas se poser en exemple*
- méditer : *il devrait méditer l'exemple de son prédécesseur*

¹exercice *nom masc.* (activité, manœuvre)

∾ exercice + ADJECTIF

- mental · spirituel • militaire · naval
- pratique : *un exercice pratique de cohabitation*
- grandeur nature
- banal · de routine · habituel
- interminable · long
- aisé · facile · simple • bon [+ nom] · excellent : *c'est un excellent exercice pour la mémoire* • bénéfique · salutaire · vertueux • excitant · jubilatoire · réjouissant · stimulant • brillant : *un brillant exercice formel* · éblouissant · virtuose : *un exercice virtuose de théâtre total*
- obligé : *la gestion du lien social implique l'exercice obligé de la médiation*
- inhabituel
- ardu · compliqué · délicat · difficile · exigeant · malaisé · pas évident[fam.] • à risques · hasardeux · périlleux
- absurde • cruel · douloureux • fastidieux · insupportable · laborieux · rebutant • éprouvant · épuisant · fatigant · pénible · redoutable · rude · usant

∾ exercice + VERBE

- consister à : *l'exercice consiste à réunir un panel d'experts*

∾ VERBE + **exercice**

- commencer
- accomplir · exécuter · réaliser · faire · pratiquer : *tous les matins, ils pratiquent leurs exercices de méditation* · s'adonner à · se livrer à : *il s'est livré à un exercice périlleux* • recommencer · refaire • (s')imposer
- prolonger
- réussir
- faciliter · simplifier
- achever · boucler · terminer
- arrêter • suspendre

∾ NOM + D' + **exercices**

- batterie · ensemble · foultitude[fam.] · gamme · série

²exercice *nom masc.* (mouvements, Sport)

∾ exercice + ADJECTIF

- acrobatique · gymnique · musculaire · physique

- aisé · facile · simple • bon · excellent : *c'est un excellent exercice pour les abdos et le fessier*
- compliqué · difficile · pas évident[fam.]
- épuisant · fatigant · pénible • violent

∾ VERBE + **exercice**

- faire : *il faut faire de l'exercice tous les jours ; faire des exercices d'échauffement* • prendre[vieilli] (+ art. déf.) : *il n'est autorisé à prendre de l'exercice que pendant une heure* • recommencer · répéter : *répétez l'exercice vingt fois*
- manquer de : *je manque d'exercice en ce moment*

∾ NOM + D' + **exercices**

- batterie · ensemble · gamme · série

[3] exercice *nom masc.* (pratique d'un métier, d'une activité)

∾ **exercice** + ADJECTIF

- libéral : *l'exercice libéral de la médecine* · médical · professionnel
- habituel : *les différents critères qui caractérisent l'exercice habituel d'une activité* · normal : *les dépenses exposées doivent résulter de l'exercice normal de la profession* • effectif • libre [+ nom] : *la loi du 9 décembre 1905 garantit le libre exercice des cultes* · sans entraves : *pour un exercice sans entraves de leur activité* • simultané : *l'exercice simultané de plusieurs emplois salariés n'est pas interdit par la loi* • solitaire : *l'exercice solitaire du pouvoir*
- illégal

∾ VERBE + **exercice**

- se livrer à : *il est soupçonné de se livrer à l'exercice illégal de la profession d'expert-comptable*
- autoriser · faciliter
- compromettre · entraver : *cela entrave le libre exercice de ma profession*
- abandonner · arrêter

[4] exercice *nom masc.* (devoir scolaire)

∾ **exercice** + ADJECTIF

- écrit · oral
- ardu · chiadé[fam.] · difficile
- facile

∾ VERBE + **exercice**

- commencer
- faire • avoir bon à[fam.] · réussir • avoir faux à[fam.]
- corriger · noter
- finir · terminer

∾ NOM + D' + **exercices**

- ensemble · série

[5] exercice *nom masc.* (Comptabilité)

∾ **exercice** + ADJECTIF

- budgétaire · comptable · d'imposition · fiscal
- imputable · ouvert
- bénéficiaire · positif : *l'entreprise a bouclé fin mars son premier exercice positif en six ans*
- déficitaire · négatif
- en cours
- écoulé

∾ VERBE + **exercice**

- ouvrir : *la société a ouvert un exercice le 1er janvier et l'a clos le 30 juin*
- boucler · clore · clôturer

[1] exigence *nom fém.* (demande, revendication, besoin ; souvent plur.)

∾ **exigence** + ADJECTIF

- salariale
- collective · commune • (plur.) contradictoires · contraires
- accrue : *les consommateurs ont des exigences accrues en matière de qualité et de confort* · croissante : *les exigences croissantes du patient, qui se comporte de plus en plus en consommateur* • énorme · ferme · forte : *il y a une exigence plus forte sur la qualité de vie* · grande [+ nom] · lourde · pressante • capitale · fondamentale • double · triple · etc.
- légitime · raisonnable
- démesurée · déraisonnable · exorbitante : *les financiers ont des exigences exorbitantes de rentabilité* · inacceptable · irréaliste
- minimale : *il s'agit là d'une exigence minimale réclamée depuis des années par les syndicats*

∾ VERBE + **exigence**

- avoir · exprimer · faire valoir · formuler : *ils formulent une double exigence d'efficacité et de simplification* · rappeler · réaffirmer · réitérer
- imposer : *les ONG devraient imposer des exigences minimales comme l'égal accès à la santé* · poser : *le gouvernement doit répondre aux exigences posées par les organisations syndicales*
- accepter · céder à · obéir à · obtempérer à : *une solution serait d'obtempérer aux exigences des rebelles* · répondre à · respecter · satisfaire (à) · se conformer à : *ils doivent se conformer aux exigences de la Commission européenne* · se plier à • être adapté à : *la formation des professeurs n'est plus adaptée aux exigences de l'enseignement de masse* · être compatible avec • concilier : *comment concilier ces deux exigences contraires ?*
- être écartelé entre · être tiraillé entre • se heurter à • être inadapté à : *une réponse inadaptée aux exigences de clarté des citoyens* · être incompatible avec

- brisée · fracassée · tourmentée • gâchée • agitée · chaotique · mouvementée · secouée · tumultueuse
- végétative : *il veut mettre fin à une existence végétative sans espoir de guérison* • austère • bancale · précaire • difficile · douloureuse · intolérable • au jour le jour · étriquée · médiocre · minable · misérable · pauvre ^+ nom^ · petite ^+ nom^ • banale · morne · ordinaire · routinière · terne · uniforme • absurde · vide

∾ existence + VERBE

- s'écouler · se dérouler • s'organiser • être consacrée à · être vouée à
- basculer : *un jour, elle reçoit une lettre et son existence bascule*
- somnoler

∾ VERBE + **existence**

- aspirer à : *il aspire à une existence tranquille*
- avoir · mener · traîner^péj.^ : *il traîne son existence misérable dans les faubourgs de la ville* · vivre : *elle a vécu une existence douloureuse* • retrouver • affronter · supporter
- donner/trouver un sens à · prendre en main : *il décida un beau jour de prendre en main son existence* • assurer : *la pêche des sardines assure l'existence d'une grande partie de la population*
- changer : *ces lois ont changé l'existence des femmes*
- (se) faciliter · (se) simplifier
- meubler : *toutes ces petites choses qui meublent notre existence* · remplir : *être mère ne suffit pas à remplir son existence* • consacrer ... à · vouer ... à • profiter de : *tu es encore jeune, profite de l'existence !*
- bouleverser · chambouler^fam.^ · faire basculer • (se) compliquer : *arrête de te compliquer l'existence !* · (s')empoisonner · (se) gâcher · miner · rendre difficile
- dire adieu à · mettre fin à · mettre un point final à · mettre un terme à · renoncer à : *elle a renoncé à cette existence dorée pour parcourir le monde*

2 existence

nom fém. (fait d'exister, présence, statut)

∾ existence + ADJECTIF

- constitutionnelle · historique · politique • collective : *après deux siècles d'existence collective en tant que nation* · sociale : *ils veulent des revenus leur permettant d'avoir une existence sociale* • juridique : *il faut donner une existence juridique aux unions hors mariage* · légale : *cette société n'a pas d'existence légale* · officielle • avérée : *l'existence avérée de tunnels clandestins creusés à la frontière* · reconnue : *cette association n'a pas d'existence reconnue* • autonome · distincte · indépendante · individuelle · personnelle · propre : *les idées possèdent une existence propre* · séparée
- concrète · matérielle · physique · tangible
- apparente · supposée • éventuelle · possible

∾ existence + VERBE

- remonter à : *son existence doit remonter à des milliers d'années*

∾ VERBE + **existence**

- donner : *il faut donner une existence légale à ce métier*
- acquérir : *en 1947, la ville a acquis une existence juridique distincte* · avoir · posséder
- conclure à : *ils ont conclu à l'existence d'un seul meurtrier* · postuler · présumer · supposer
- soupçonner · supposer · suspecter
- affirmer · annoncer · avancer · déclarer · mentionner · mettre au courant de · proclamer • révéler · dévoiler • officialiser • avouer · reconnaître : *ils n'ont jamais reconnu l'existence de ces contaminations*
- mettre au jour · mettre en évidence : *l'enquête a mis en évidence l'existence d'une caisse noire* · mettre en lumière · rendre publique · témoigner de
- déterminer · établir • trouver des indices de • accréditer · apporter / faire la preuve de · attester · avoir / détenir la preuve de · certifier · confirmer · démontrer · ne plus laisser de doutes sur · obtenir / trouver la preuve de · prouver
- apprendre · constater · découvrir • avoir connaissance de · être au courant de · être informé de · prendre conscience de • prendre en compte · tenir compte de
- admettre · croire à · prendre au sérieux • défendre · faire valoir · lutter pour · prôner : *une religion qui prône l'existence d'une vie après la mort* • justifier
- garantir · assurer : *il veut assurer l'existence d'une majorité stable au gouvernement* • pérenniser
- s'assurer de · vérifier
- avoir / émettre des doutes sur · discuter · douter de · mettre en doute · s'interroger sur • remettre en cause · remettre en question • démentir · dénier · nier · réfuter • dénoncer · protester contre
- menacer · mettre en danger · mettre en péril
- cacher · dissimuler · masquer · passer sous silence · taire
- ignorer · oublier : *j'avais oublié l'existence de ces documents*

exode *nom masc.*

∞ exode + ADJECTIF

- biblique : *l'exode biblique des Hébreux hors de la terre égyptienne* • rural · agricole • urbain : *le début d'un exode urbain a compensé la baisse des effectifs agricoles* • des cerveaux • fiscal
- considérable · fort + nom · général · gigantesque · grand + nom · immense · massif · vaste + nom : *ils brandissent la menace d'un vaste exode des cerveaux* • constant · continu
- incontrôlé · inévitable
- rapide · soudain
- dramatique · tragique · traumatisant
- contraint · forcé · imposé

∞ exode + VERBE

- commencer
- avoir lieu · s'organiser
- s'accélérer · s'accentuer · s'amplifier : *l'exode rural s'est amplifié dans les années 1980* • continuer · durer · se poursuivre
- se ralentir
- s'achever · se terminer

∞ VERBE + exode

- déclencher · entraîner · provoquer · susciter • inciter à · pousser à • jeter sur les routes de : *la famine a jeté des milliers de personnes sur les routes de l'exode*
- accélérer
- connaître · être condamné à : *les paysans sont condamnés à l'exode vers les grandes villes* · être contraint à
- organiser
- craindre · redouter · s'inquiéter de
- endiguer · enrayer · freiner · limiter · ralentir • compenser • empêcher · éviter
- arrêter · bloquer · marquer la fin de · mettre fin à · stopper

expansion *nom fém.*

∞ expansion + ADJECTIF

- budgétaire · économique · monétaire • coloniale • démographique · humaine • géographique · territoriale • technologique · urbaine
- naturelle
- internationale · mondiale · planétaire · tentaculaire · tous azimuts • considérable · croissante · débridée · dévorante · effrénée · étonnante · exponentielle · extraordinaire · formidable · forte · frénétique · grande + nom · impressionnante · large · nette + nom · phénoménale · prodigieuse · remarquable · sans précédent · solide · spectaculaire · vigoureuse · pleine + nom : *sa société est en pleine expansion* • accélérée · brusque · explosive · foudroyante · fulgurante · galopante · rapide • irréversible
- constante · continue · durable · infinie · ininterrompue · permanente · perpétuelle · régulière
- anarchique · folle · incontrôlée • inquiétante • inconsidérée · irréfléchie
- contrôlée · discrète · légère · raisonnable

∞ VERBE + expansion

- connaître : *ces pays ont connu une forte expansion démographique* · être en (pleine) : *le secteur est en pleine expansion* · être en voie de : *le trafic de drogue est en voie d'expansion* • poursuivre
- conforter · contribuer à · encourager · être le moteur de : *les exportations ont été le moteur de l'expansion* · favoriser · nourrir : *ces sociétés tentent d'attirer les compétences qui vont nourrir leur expansion* · promouvoir · soutenir · stimuler • financer
- accélérer
- compromettre · contrecarrer · enrayer · faire obstacle à
- brider · être / mettre un frein à · freiner · ralentir
- bloquer · juguler · stopper

expédition *nom fém.* (voyage, mission)

∞ expédition + ADJECTIF

- humanitaire • exploratoire · scientifique • militaire · coloniale • punitive • maritime • himalayenne · polaire • lunaire · martienne · spatiale
- véritable + nom iron. • grande + nom · grosse + nom • lointaine • longue + nom
- audacieuse · aventureuse • enrichissante · fructueuse • exceptionnelle
- petite + nom • rapide
- dangereuse · difficile
- décevante • calamiteuse · effroyable · tragique

∞ VERBE + expédition

- monter : *nous avons monté une grosse expédition dans le Grand Nord* · organiser · préparer • tenter • débuter · entreprendre · lancer : *ils ont lancé une expédition pour sillonner les eaux sombres du Loch* • conduire : *il conduisit six expéditions au Moyen-Orient entre 1856 et 1880* · diriger · guider · mener · superviser • accompagner · faire partie de · participer à · partir en · prendre part à · se lancer dans ·

s'embarquer dans / pour · s'engager dans · poursuivre
- financer · parrainer · sponsoriser
- narrer · raconter · relater

∞ NOM + D' + expéditions
- série : *il entama alors une série d'expéditions à travers le monde*

[1]expérience *nom fém.* (expérimentation, test, tentative)

∞ expérience + ADJECTIF
- chimique · clinique · scientifique · etc.
- grandeur nature
- inédite · novatrice · originale · pilote · test : *une expérience test qui pourrait faire des adeptes*
- concluante · convaincante · probante
- insolite · spectaculaire
- petite + nom • (plur.) isolées · ponctuelles · rares
- sans danger
- dangereuse · hasardeuse · risquée
- avortée

∞ expérience + VERBE
- avoir lieu · être en cours · se dérouler
- durer · se poursuivre
- corroborer : *les expériences corroborent la théorie des chercheurs* · démontrer · montrer • confirmer · prouver · vérifier
- aboutir (à) : *l'expérience a abouti à des résultats concluants* • réussir
- ne pas être sans danger · ne pas être sans risques
- mal tourner : *l'expérience a mal tourné et il s'est retrouvé à l'hôpital* · tourner court • échouer

∞ VERBE + expérience
- commencer · engager · entreprendre · lancer
- conduire · faire · mener · pratiquer : *les expériences pratiquées sur les animaux* · réaliser • participer à · se lancer dans · se livrer à · s'engager dans · tenter • aller au bout de · réussir • recommencer · réitérer · renouveler · répéter · reproduire · retenter
- se prêter à · se soumettre à
- élargir · étendre : *il a promis d'étendre l'expérience engagée il y a deux ans* • (plur.) accumuler · multiplier
- continuer · pérenniser : *les élus ont décidé de pérenniser l'expérience en lui accordant une subvention* · poursuivre · prolonger
- valider
- confronter · croiser : *il a croisé son expérience avec celle de son homologue allemand*
- interrompre · mettre fin à · mettre un terme à · terminer

∞ NOM + D' + expérience(s)
- champ : *cette découverte permet d'élargir leur champ d'expérience*
- faisceau · gamme · pléthore : *l'introduction de l'audiovisuel en prison a suscité une pléthore d'expériences* · série · succession · suite · tas fam.

[2]expérience *nom fém.* (vécu, ressenti)

∞ expérience + ADJECTIF
- mystique · spirituelle • intérieure · intime · introspective • émotionnelle · psychologique · sensorielle · sentimentale • sexuelle
- collective · humaine • individuelle · personnelle • directe : *ses nombreux voyages lui ont apporté une expérience directe du monde*
- petite + nom • courte + nom · rapide : *il a eu une expérience rapide en tant qu'employé avant de créer sa société*
- cruciale · décisive · primordiale • forte · incroyable · intense • inoubliable · mémorable
- bonne + nom · édifiante · enrichissante · formatrice · instructive · intéressante · utile • féconde · fructueuse · positive · riche • belle + nom · exaltante · extraordinaire · fascinante · formidable · grisante · passionnante • hors du commun · incomparable · irremplaçable · précieuse · sacrée + nom fam.
- nouvelle + nom • curieuse · étonnante · étrange · singulière · surprenante
- décevante · infructueuse · négative • désagréable · fâcheuse · malheureuse • amère : *elle est intraitable, ils en ont fait l'amère expérience* · bouleversante · cauchemardesque · cruelle · désastreuse · douloureuse · dure · horrible · pénible · rude • blessante · cuisante · déroutante · éprouvante · traumatisante • sordide • inavouable

∞ expérience + VERBE
- apprendre à · enseigner · faire prendre conscience de • servir à · servir de leçon à
- endurcir · façonner · faire mûrir · nourrir
- bouleverser • décevoir · échauder · refroidir : *cette expérience douloureuse m'a refroidi*

∞ VERBE + expérience
- avoir soif de · être à la recherche de · être avide de : *elle est toujours avide de nouvelles expériences* · être en quête de
- faire : *il a fait l'expérience de la vie en communauté* · passer par · (re)vivre • engranger · s'enrichir de : *il s'est enrichi d'une expérience qui va lui être profitable*

- décrire · évoquer · faire part de · raconter · relater • confronter : *des lieux où les artistes peuvent confronter leurs expériences* · croiser · échanger · partager
- mettre à profit · tirer la / les leçon(s) de · tirer un enseignement de
- se remettre de : *elle a fini par se remettre de cette expérience pénible*
- ne pas sortir indemne de : *aucun enfant ne sort indemne d'une telle expérience*

∞ NOM + D' + expérience(s)
- champ : *des dealers, des drogués, des personnages qui étaient auparavant hors de mon champ d'expérience*
- tas*fam.* · foule*fam.* · série · accumulation : *la confiance se bâtit à travers l'accumulation d'expériences variées*

[3]expérience *nom fém.* (savoir-faire, pratique)

∞ expérience + ADJECTIF
- politique · professionnelle • de terrain · pratique · etc.
- courte + nom : *il a une assez courte expérience de la télévision* · maigre + nom · petite + nom
- appréciable · bonne + nom · formidable · grande + nom · impressionnante · sacrée + nom *fam.* · solide + nom • authentique · indéniable • incomparable · inégalée
- longue + nom

∞ expérience + VERBE
- faire défaut à · manquer à : *l'expérience lui manque encore mais il apprend vite*

∞ VERBE + expérience
- faire appel à : *ils font appel à l'expérience de leur ancien trésorier*
- acquérir · engranger : *ce contrat est l'occasion d'engranger de l'expérience* · gagner de / en
- avoir · être fort de : *fort d'une expérience de terrain, il a pu reprendre l'entreprise* · posséder • compléter
- bénéficier de : *elle a bénéficié de l'expérience de ses aînés* · se servir de · utiliser • compter sur · miser sur · s'appuyer sur • être fondé sur : *un savoir-faire fondé sur une expérience centenaire*
- faire valoir · mettre à profit · valoriser : *le dispositif permet de valoriser l'expérience des salariés*
- apporter • partager · transmettre
- (plur.) confronter · mutualiser : *le travail en équipe permet de mutualiser les expériences*
- être dépourvu de · manquer de

[1]explication *nom fém.* (éclaircissement)

∞ explication + ADJECTIF
- biologique · conjoncturelle · économique · historique · juridique · politique · psychologique · scientifique · sociologique · technique · etc.
- causale : *aucune explication causale ne permet de rendre compte du lien entre ces deux séries de phénomènes* · empirique • officielle · officieuse • générale · globale • complémentaire • prosaïque · terre à terre · toute bête : *il y a une explication toute bête à cela* · toute simple · triviale
- courte · petite + nom · rapide · simple + nom • lapidaire*péj.* · minimale · partielle · sommaire • provisoire
- détaillée · grande + nom : *il s'est lancé dans de grandes explications* · in extenso
- longue + nom • à n'en plus finir*péj.* · interminable
- décisive · déterminante : *ce n'est pas l'explication déterminante de sa popularité* · essentielle · fondamentale
- curieuse · originale
- cartésienne · cohérente · logique · rationnelle • satisfaisante · suffisante • fondée · honnête · juste · objective · raisonnable · sérieuse · valable • claire · évidente · limpide · simple · univoque • crédible · plausible · vraisemblable • convaincante · éclairante · probante • bonne + nom · intéressante • rassurante · séduisante • érudite · savante
- classique · commode · facile
- évasive · insuffisante · vague • puérile · simplette · simpliste • à la noix*fam.* · bidon*fam.* · idiote · stupide
- alambiquée · ambiguë · compliquée · confuse · emberlificotée · embrouillée · floue · fumeuse · incohérente · nébuleuse · obscure · oiseuse · tarabiscotée · tortueuse • boiteuse · chancelante • à dormir debout : *je ne crois pas son explication à dormir debout* · embarrassée · laborieuse • cocasse · farfelue · incongrue · rocambolesque • contradictoires (plur.) · paradoxale
- peu crédible · suspecte • mensongère

∞ explication + VERBE
- convaincre : *son explication n'a pas tout à fait convaincu* · satisfaire · séduire : *l'explication a semblé séduire le grand public* • faire mouche · s'imposer • excuser : *ses explications n'excusent rien* • éclairer
- tenir en quelques mots : *selon lui, l'explication tient en quelques mots* • suffire

- s'ébaucher
- ne pas manquer (plur.) : *les explications ne manquent pas*
- choquer · faire bondir

∞ VERBE + **explication**
- chercher • avoir besoin de • exiger · réclamer · solliciter · souhaiter · vouloir • attendre
- appeler : *ces dispositions appellent des explications sur les points suivants* · mériter : *cela mérite (une) explication*
- esquisser · oser : *il ose une explication plus psychologique du problème*
- devoir ... à : *je vous dois une explication* • apporter · avancer · avoir : *je n'ai aucune explication valable* · donner : *sans donner la moindre explication* · fournir · livrer · offrir · proposer · se livrer à · tenter • bafouiller · bégayer · bredouiller • se fourvoyer dans · se lancer dans · s'embarquer dans^fam.^ · s'embourber dans · s'emmêler dans · s'enferrer dans · s'enfoncer dans · s'engager dans · s'enliser dans · se noyer dans : *le journaliste s'est noyé dans des explications confuses* · se perdre dans · se répandre en : *il s'est répandu en explications contradictoires*
- obtenir • trouver · voir : *je ne vois pas d'autre explication (possible)* • avoir droit à : *j'ai droit à des explications tout de même !*
- admettre · croire · retenir : *les juges n'ont pas retenu cette explication* · se contenter de · s'en tenir à · se satisfaire de (souvent nég.) : *l'opinion publique ne se satisfait pas de cette explication* • appuyer · étayer
- constituer · servir de · tenir lieu de : *l'émotion légitime tient lieu d'explication*
- être avare de · se refuser à : *il se refuse à toute explication*
- écarter : *il écarte les explications complaisantes* · nier · récuser · refuser · réfuter • douter de · se méfier de

∞ NOM + D' + **explication(s)**
- série : *les militaires ont donné une série d'explications contradictoires*
- amorce : *il a tenté une amorce d'explication aux divisions actuelles* · début : *c'est un début d'explication*
- ombre : *il est parti sans l'ombre d'une explication*

[2] explication *nom fém.* (dispute, discussion)

∞ **explication** + ADJECTIF
- grande ^+ nom^ · longue ^+ nom^
- animée · passionnée • sérieuse · tendue • houleuse · orageuse · sévère : *cela lui a valu une explication sévère avec le maire* · violente · vive
- franche · honnête : *nous réclamons une explication honnête et non un tour de passe-passe* · polie
- petite ^+ nom^ • courte ^+ nom^ · rapide

∞ VERBE + **explication**
- conduire à · provoquer
- avoir : *j'ai eu une explication assez vive avec lui*

exploit *nom masc.*

∞ **exploit** + ADJECTIF
- athlétique · sportif • scientifique · technique · technologique • galant : *une correspondance où il relate ses exploits galants* · sexuel • aérien · guerrier · etc.
- individuel · personnel
- bel ^+ nom^ · formidable · historique · retentissant · spectaculaire · véritable ^+ nom^
- inédit · rare ^+ nom^ · unique
- sinistre ^+ nom^ : *les sinistres exploits du tueur en série*

∞ VERBE + **exploit**
- accomplir : *il a accompli un bel exploit en battant le numéro 1 mondial* · créer : *bien décidés à créer l'exploit devant leur public* · réaliser · réussir : *il réussit l'exploit d'être en finale à dix-sept ans* · signer : *ils signent un exploit en battant un club de division 1* • rééditer : *il a bien failli réédité son exploit de l'an dernier* · réitérer · renouveler · répéter • multiplier (plur.) • être capable de : *qui l'aurait cru capable d'un tel exploit ?*
- avoir valeur de : *cette performance a valeur d'exploit* · relever de : *un succès aux cantonales relèverait de l'exploit* · tenir de • friser
- admirer · applaudir · saluer
- décrire · raconter · relater • fêter • vanter

∞ NOM + D' + **exploits**
- série
- théâtre : *pendant des siècles, cette forêt fut le théâtre des exploits des ducs de Normandie*

[1] exploitation *nom fém.* (entreprise)

∞ **exploitation** + ADJECTIF
- agricole · arboricole · céréalière · forestière · maraîchère · viticole • laitière · porcine • charbonnière · minière · pétrolière · etc.
- à ciel ouvert
- de taille industrielle · grande ^+ nom^ · grosse ^+ nom^ · vaste
- (de taille) moyenne
- de / à taille humaine · de taille modeste · familiale · minuscule · petite ^+ nom^
- rentable

∞ **exploitation** + VERBE
- produire
- s'adapter · se reconvertir
- être menacée de ruine • aller dans le mur · disparaître : *30 000 exploitations disparaissent chaque année*

∞ VERBE + **exploitation**
- travailler sur : *les deux frères travaillent sur l'exploitation familiale*
- agrandir
- concentrer • moderniser
- menacer : *les exploitations sont menacées par l'urbanisation* · toucher

²exploitation *nom fém.* (utilisation, abus)

∞ **exploitation** + ADJECTIF
- économique · sexuelle · touristique : *un littoral victime de l'exploitation touristique*
- capitaliste · mercantile : *l'exploitation mercantile de fêtes religieuses* · politicienne : *les risques d'exploitation politicienne de l'événement*
- intensive · pleine [+ nom] • forcenée : *l'exploitation forcenée des rives par l'agriculture accélère l'érosion* · abusive : *il craint l'exploitation abusive des photographies* • éhontée : *l'exploitation éhontée de la souffrance des couples à la télévision* · inhumaine : *elle dénonce l'exploitation inhumaine de quelque 250 millions d'enfants* · sans vergogne
- clandestine · illégale : *l'ONU a publié un rapport sur l'exploitation illégale des ressources naturelles du pays* · injustifiée [Droit] : *il est poursuivi pour exploitation injustifiée de la marque et du logo*

∞ VERBE + **exploitation**
- assurer : *la société assure l'exploitation et l'entretien du réseau ferroviaire* • se livrer à : *ils se livrent à l'exploitation clandestine des bois tropicaux; il s'est livré à une exploitation politicienne de cette décision* • continuer · poursuivre • relancer : *ils essaient de relancer l'exploitation des gisements* · reprendre
- charger de · confier ... à
- dénoncer · lutter contre
- interdire
- arrêter · mettre fin à · mettre un terme à

explosion *nom fém.* (éclatement)

∞ **explosion** + ADJECTIF
- atomique · chimique · nucléaire
- souterraine • accidentelle · prématurée : *victime de l'explosion prématurée de sa grenade* · spontanée : *cet alliage présente certains risques d'explosion spontanée*
- soudaine
- cataclysmique · énorme · forte [+ nom] · gigantesque · importante · puissante · terrible · violente • spectaculaire • assourdissante • sourde
- dévastatrice · fatale · meurtrière • suspecte : *un journaliste tué par une explosion suspecte dans son appartement* • criminelle : *explosion criminelle dans un lycée bordelais*
- petite [+ nom] : *plusieurs petites explosions se sont produites dans la nuit*

∞ **explosion** + VERBE
- avoir lieu · se produire · survenir
- résonner : *une forte explosion a résonné dans toute la ville* · retentir
- démolir · détruire : *l'immeuble a été détruit par une violente explosion due au gaz* · dévaster · ébranler · endommager · faire voler en éclats · pulvériser · ravager · secouer · sinistrer · souffler • causer / faire des dégâts · creuser un cratère · provoquer un carnage • blesser · frapper · meurtrir · provoquer la mort de · toucher · tuer • faire x blessés / victimes / morts

∞ VERBE + **explosion**
- déclencher · entraîner · être à l'origine de · être la cause de · produire · provoquer
- empêcher · éviter · prévenir
- assister à · entendre
- mourir dans · périr dans

∞ NOM + D' + **explosions**
- série · vague : *une vague d'explosions criminelles*

exposé *nom masc.*

∞ **exposé** + ADJECTIF
- didactique · historique · scientifique · technique · etc.
- introductif · liminaire · préliminaire
- écrit · oral • magistral • impromptu : *l'historien fit pour ses amis un exposé impromptu sur la Russie soviétique*
- complet · détaillé · substantiel · touffu · vaste • long [+ nom]
- bon [+ nom] · brillant · intéressant · remarquable · vivant • convaincant • bien construit · bien structuré • clair · intelligible · limpide · lumineux • méthodique · minutieux · précis
- condensé · synthétique • bref · court [+ nom] · rapide • laconique · sommaire · succinct
- approximatif • confus · embrouillé · incompréhensible · obscur • ennuyeux · laborieux · monotone

∾ VERBE + **exposé**
- bâtir · préparer • commencer · débuter · entamer · se lancer dans : *le chef du gouvernement s'est lancé dans un exposé d'une demi-heure*
- faire · livrer · rédiger • continuer · poursuivre • compléter • publier
- écouter · suivre
- achever · conclure · finir · terminer

exposition *nom fém.* (foire, salon)

∾ **exposition** + ADJECTIF
- artistique · photographique • florale · canine · féline · etc.
- coloniale○ · universelle○
- monographique : *il n'avait jamais fait l'objet d'une exposition monographique* • vitruelle : *le site de la Bibliothèque nationale propose de nombreuses expositions virtuelles*
- permanente • temporaire • itinérante : *elle organise des expositions itinérantes autour du thème de la prévention sanitaire*
- inaugurale
- d'envergure · gigantesque · grande + nom
- majeure · phare • passionnante · remarquable · superbe • ambitieuse : *une ambitieuse exposition sur l'art brésilien* · prestigieuse
- modeste : *c'est une exposition, modeste par la taille, mais ambitieuse par ses intentions* · petite + nom
- de courte durée

∾ **exposition** + VERBE
- commencer · débuter · ouvrir
- comprendre : *l'exposition comprend plus de 500 gravures* · juxtaposer : *l'exposition juxtapose des vidéos de plusieurs créateurs* · présenter • avoir pour thème · célébrer : *plusieurs expositions célèbrent cet anniversaire* • retracer : *une exposition retrace l'histoire des lieux*
- circuler · tourner · voyager : *l'exposition voyagera ensuite à travers la France*
- durer · se prolonger
- finir · s'achever · se terminer

∾ VERBE + **exposition**
- mettre sur pied · monter · organiser • consacrer ... à : *le musée de Vienne lui consacrera une exposition à partir de mai* · dédier ... à : *une exposition dédiée aux arts sacrés du sud de l'Inde* • intituler · titrer
- inaugurer
- accueillir : *Barcelone accueillait l'Exposition universelle en mai 1929*
- patronner · sponsoriser · financer
- parcourir · visiter · voir
- accompagner : *un superbe catalogue accompagne l'exposition*
- clore : *un film clôt l'exposition et montre l'artiste au travai*

∾ NOM + D' + **exposition**
- point d'orgue
- pièce maîtresse

expression *nom fém.* (formulation, tournure)

∾ **expression** + ADJECTIF
- consacrée○ : *pris la main dans le sac, suivant l'expression consacrée* · figée · figurée · idiomatique · imagée · toute faite○ • neutre
- à la mode · commune · courante · en usage · en vigueur · usuelle • célèbre
- audacieuse · forte · frappante · percutante : *la "banalité du mal", pour reprendre l'expression percutante de Hannah Arendt* • directe · explicite
- adaptée · adéquate · correcte · pertinente · heureuse • exacte · juste · précise • belle + nom · élégante · jolie
- littéraire · recherchée · soutenue
- argotique · familière · populaire
- favorite : *"ça roule ma poule", c'est son expression favorite* · préférée
- inédite · insolite · nouvelle • curieuse · étrange · originale · particulière · surprenante
- blessante · irrespectueuse · outrageante · péjorative · provocatrice · sarcastique • triviale · vulgaire • abusive · impropre · inadéquate · incorrecte · maladroite · mal à propos · malheureuse · vicieuse*vieilli* • alambiquée • creuse · vague · vide de sens • archaïque · démodée · désuète · inusitée · vieillie • éculée · galvaudée

∾ **expression** + VERBE
- apparaître · entrer dans l'usage / la langue
- avoir cours · faire florès*littér.* : *"séparation unilatérale" : l'expression fait florès, ces temps-ci, au Proche-Orient* • passer en proverbe
- désigner · signifier
- choquer · faire mouche
- ne plus avoir cours · sortir de l'usage · tomber en désuétude

∾ VERBE + **expression**
- consacrer · forger · inventer · lancer • populariser • revendiquer : *ce publiciste revendique l'expression de "créateur de rêves"*

- hasarder • risquer • adopter • employer : *l'expression est bien / mal employée ici* • recourir à • reprendre : *l'économie actuelle tend à devenir une "économie-monde" pour reprendre une expression à la mode depuis Fernand Braudel* • retenir : *le département a retenu l'expression "Pays cathare" pour sa promotion* • se permettre • se servir de • user de • utiliser
- prendre au pied de la lettre
- pardonner° • passer : *passez-moi/pardonnez-moi l'expression*
- affectionner : *il affectionne l'expression "Gros-Jean comme devant"* • aimer • préférer
- abolir • bannir • rejeter

extrémisme *nom masc.*

∾ extrémisme + ADJECTIF

- nationaliste • politique • religieux

∾ extrémisme + VERBE

- menacer : *l'extrémisme menace le monde*
- fleurir • s'étendre
- régresser

∾ VERBE + extrémisme

- basculer dans • sombrer dans • tomber dans
- être / devenir un terreau pour : *le sentiment d'insécurité est un bon terreau pour l'extrémisme* • encourager • favoriser • fortifier • nourrir : *les thèmes qui nourrissent l'extrémisme*
- accuser de
- critiquer • dénoncer
- combattre • constituer un rempart contre • faire barrière / obstacle à • faire face à • lutter contre • rejeter • s'opposer à
- contenir • faire reculer
- éradiquer • mettre fin à • se débarrasser de

∾ NOM + D' + extrémisme

- montée • propagation : *il faut parfois une poigne de fer pour éviter la propagation de l'extrémisme*

f

[1]**facilité** *nom fém.* (simplicité)

∾ **facilité** + ADJECTIF

- enfantine · extrême · grande [+ nom] • accrue : *la mondialisation fait que les personnes et les biens circulent avec une facilité accrue*
- apparente · relative

∾ VERBE + **facilité**

- choisir : *elle aurait pu choisir la facilité et abandonner* · jouer : *il préfère jouer la facilité en restant dans le sillage de son prédécesseur* · recourir à • céder à (la tentation de) : *le cinéaste a pris soin de ne pas céder aux facilités de la légende* · se laisser aller à · sombrer dans · tomber dans
- échapper à · éviter : *malheureusement, son film n'évite aucune facilité* · ne faire aucune concession à : *l'œuvre ne fait aucune concession à la facilité ou à la démagogie* · renoncer à · résister à

[2]**facilité** *nom fém.* (aisance)

∾ **facilité** + ADJECTIF

- déconcertante · étonnante · grande [+ nom] : *il a appris le français avec un grande facilité* · impressionnante · incroyable · inouïe

∾ VERBE + **facilité**

- avoir · faire montre de : *il fait montre d'une facilité d'écriture inouïe* · faire preuve de · montrer

[3]**facilité** *nom fém.* (possibilité, souvent plur.)

∾ **facilité** + ADJECTIF

- bancaire · commerciale · financière · fiscale · matérielle · médicale · technique · technologique · etc.
- considérable · grande [+ nom] · importante · large [+ nom] : *ces banques accordent de larges facilités de crédit*

∾ VERBE + **facilité**

- accorder · assurer · octroyer · offrir · procurer
- bénéficier de · disposer de · jouir de : *les villes nouvelles jouissent de grandes facilités fiscales* · obtenir • abuser · user de : *il a trop usé des facilités que lui procure son mandat de parlementaire*

facteur *nom masc.* (paramètre)

∾ **facteur** + ADJECTIF

- climatique · démographique · économique · émotionnel · environnemental · financier · naturel · politique · psychologique · religieux · social · etc.
- chance · risque : *le lancement d'un nouveau produit présente toujours un facteur risque* · temps
- quantitatif · qualitatif • objectif • conjoncturel · humain · structurel · technique · extérieur
- majeur · prépondérant · principal · capital · central · (-)clé · crucial · décisif · déterminant · essentiel · grand [+ nom] · gros [+ nom] · important · incontournable · non négligeable · primordial • puissant · efficace : *la pratique d'un sport est un facteur efficace d'insertion* · formidable : *Internet peut être un facteur formidable de diffusion de la culture* • indispensable · nécessaire
- favorable · positif · rassurant
- impondérable · imprévisible
- aggravant · défavorable · déstabilisant · négatif · pénalisant : *l'inflation est souvent considérée comme un facteur pénalisant pour l'économie*

∾ **facteur** + VERBE

- agir · entrer en compte · entrer en jeu · intervenir · jouer un rôle
- conduire à · déclencher · enclencher · entraîner · être la cause de · induire · pousser à · provoquer • influer sur

- aider · concourir à · contribuer à · faciliter · favoriser : *il étudie les différents facteurs qui facilitent l'irruption de maladies cardio-vasculaires* · inciter à · permettre
- aggraver · bloquer · contraindre · empêcher · pénaliser · peser sur

∞ VERBE + **facteur**
- constituer · devenir · représenter
- prendre en compte · tenir compte de
- négliger

∞ NOM + DE + **facteurs**
- multitude · série · ensemble · faisceau • accumulation · combinaison · conjonction · conjugaison · cumul

faculté *nom fém.* (capacité, souvent plur.)

∞ **faculté** + ADJECTIF
- cognitive · intellectuelle · mentale · physique • langagière • critique
- innée
- énorme + nom · exceptionnelle · extraordinaire · grande + nom · hors du commun · importante · impressionnante · incroyable + nom · inouïe · phénoménale · rare + nom · redoutable + nom · solide + nom : *ce travail requiert une solide faculté d'anticipation*
- curieuse · étonnante · étrange · singulière · incroyable
- limitée

∞ VERBE + **faculté**
- disposer de · être doté de · jouir de · posséder • conserver : *à plus de 90 ans, elle a conservé toutes ses facultés mentales* · garder • recouvrer · retrouver
- accroître · développer
- exploiter · mettre à profit : *elle a su mettre à profit ses facultés d'organisation dans son travail* · utiliser
- faire preuve de · manifester · montrer · révéler • déployer
- témoigner de · montrer · révéler · refléter
- douter de · mettre en doute
- altérer · diminuer
- ôter · priver de
- perdre

faiblesse *nom fém.* (faille, handicap, défaut)

∞ **faiblesse** + ADJECTIF
- conjoncturelle · économique · structurelle · technique • cardiaque · musculaire · etc.
- constitutive · fondamentale · intrinsèque • congénitale [aussi fig., péj.] : *cette hernie est souvent causée par une faiblesse congénitale du nombril; par faiblesse congénitale, aucun gouvernement n'a osé s'attaquer à cette question*
- apparente · petite + nom · relative • passagère
- accrue · croissante · extrême · générale · généralisée : *la maladie aboutit à une faiblesse généralisée* · grande + nom · grosse + nom · importante · indéniable · insoupçonnée · manifeste · profonde · vraie + nom · véritable + nom · réelle + nom • affichée · avérée : *ce système réduit les émissions de fumée et de particules, faiblesse avérée du moteur diesel* · avouée
- durable · persistante · prolongée • chronique · récurrente · endémique : *cette hausse des prix est due à une faiblesse endémique de la monnaie*
- excessive : *cette pathologie résulte d'une faiblesse excessive des muscles* • coupable : *l'État s'est toujours montré d'une faiblesse coupable envers ces organisations* · grave · impardonnable · inacceptable · inquiétante

∞ VERBE + **faiblesse**
- avoir · présenter · souffrir de : *il souffre de faiblesse cardiaque* • afficher : *celui qui cède à la violence ne fait qu'afficher sa faiblesse*
- constater · déceler · prendre conscience de · s'apercevoir de
- mettre au jour · mettre en exergue · mettre en relief · montrer · noter · pointer : *il ne se prive pas de pointer les faiblesses de ses concurrents* · révéler · souligner
- avouer : *il avoue sa grande faiblesse face à la gente féminine* · confesser · reconnaître
- accentuer · aggraver
- exploiter : *l'ennemi essaie d'exploiter nos faiblesses* · profiter de
- compenser · corriger • relativiser
- combler · masquer · pallier · remédier à · surmonter · vaincre • transformer ... en : *il faut apprendre à transformer nos faiblesses en atouts*
- déplorer · regretter

∞ NOM + DE + **faiblesse**
- moment : *j'ai accepté dans un moment de faiblesse*
- accès
- abus [Droit]

[1]faim *nom fém.* (appétit)

∞ **faim** + ADJECTIF
- de loup○ · dévorante · gargantuesque · grande + nom · grosse + nom · insatiable · pantagruélique · terrible · vorace • atroce : *une faim atroce me tordait l'estomac*

- inassouvie · tenace
- petite [+ nom]

∞ faim + VERBE

- (souvent passif) talonner · tenailler · torturer • tordre le ventre / les entrailles / l'estomac

∞ VERBE + faim

- avoir° (sans art.) : *je n'ai pas très faim aujourd'hui* · crever de[fam.] · mourir de
- donner (sans art.) : *tu me donnes faim avec ton gâteau !*
- apaiser · manger à° (+possessif) : *ils n'ont pas de quoi manger à leur faim* · satisfaire : *les nourrissons ont besoin de boire souvent pour satisfaire leur faim*
- [fig.] • laisser sur : *cet exposé m'a laissé sur ma faim* · rester sur : *ce film m'a déçu, je suis resté sur ma faim*

²faim *nom fém.* (famine)

∞ faim + VERBE

- frapper · menacer : *la faim menace les assiégés* · toucher
- pousser à° : *la faim poussa certains au cannibalisme*
- tuer

∞ VERBE + faim

- connaître : *il n'a jamais connu la faim* • être victime de · souffrir de • crever de[fam.] : *on crève encore de faim dans ce pays* · mourir de · succomber à
- combattre : *des mesures doivent être prises pour combattre la faim dans le monde* · éliminer · faire reculer · lutter contre · remédier à · vaincre

fait *nom masc.*

∞ fait + ADJECTIF

- historique · politique · scientifique
- récent : *un fait récent jette un éclairage nouveau sur l'affaire* • inédit · nouveau • ancien
- brut : *le rapport de police relate les faits bruts* · objectif
- banal · commun : *le divorce est devenu un fait commun* · courant · naturel · normal · ordinaire · quotidien · habituel
- anecdotique · anodin · divers° : *il s'occupe de la rubrique des faits divers* · insignifiant · secondaire · simple [+ nom]
- isolé · passager · ponctuel · rare · rarissime · unique
- authentique · concret · réel : *une fiction basée sur des faits réels* • acquis : *l'internationalisation de l'économie est un fait acquis* · attesté · avéré · connu · établi · incontestable · incontesté · indéniable · indiscutable · indubitable · irréfutable · observable · prouvé · reconnu · tangible · vérifiable · vérifié • exact · précis
- accompli° : *il m'a mis devant le fait accompli*
- incontournable · inévitable · majeur · principal • capital · crucial · décisif · déterminant · dominant · essentiel · fondamental · important · primordial • évident : *c'est un fait évident que les animaux communiquent entre eux* · marquant · notable · notoire · patent · remarquable · saillant · sans précédent · significatif · unique • inoubliable · mémorable
- positif • éclairant · révélateur • admirable · exceptionnel · extraordinaire · miraculeux · sensationnel · spectaculaire
- imprévisible • curieux · étrange · insolite · paradoxal · singulier · surprenant · troublant • inouï · renversant
- contestable · discutable · douteux · incertain
- délictueux · illégal · illicite · répréhensible • inacceptable · inadmissible • inexplicable · invraisemblable • dramatique · horrible · macabre · sordide · terrible · tragique • grave · gravissime · révoltant · scandaleux · inavouable • lourd de conséquences · préjudiciable · regrettable • négatif : *il est très difficile d'apporter la preuve d'un fait négatif*
- erroné · inexact · mensonger : *ils dénoncent les faits mensongers rapportés par l'inspection générale*

∞ fait + VERBE

- dater de · remonter à : *les faits remontent à l'année dernière* • se dérouler · se passer • parler : *il suffit de laisser parler les faits pour comprendre la situation* · s'imposer : *un fait s'impose : aucune des promesses électorales n'a été tenue*
- relever de : *ces faits ne relèvent pas de notre compétence*
- frapper · choquer · horrifier · scandaliser : *il est scandalisé par le fait que personne ne soit venu à son secours*
- attester · conforter · corroborer : *son témoignage est corroboré par les faits* · démontrer
- déterminer · imposer : *le choix de cet itinéraire est imposé par le fait que les autres routes sont dangereuses* • aider · faciliter • expliquer · justifier · motiver
- contredire · démentir
- aggraver · compliquer : *la situation est compliquée par le fait qu'il est mineur*

∞ VERBE + fait

- venir de
- collecter · consigner · constater · enregistrer · noter · observer · recueillir

- aller à : *allons (droit) au fait !* · en venir à : *venez-en au fait* · s'en tenir à : *l'auteur s'en tient aux faits et aux données d'époque* • citer · décrire · dire · énoncer · énumérer · évoquer · exposer · mentionner · narrer · présenter · raconter · rapporter · relater · revenir sur · relever • affirmer · alléguer · arguer de · avancer · en donner / vouloir pour preuve : *j'en veux pour preuve le fait que cet article n'a jamais été publié* · invoquer · mettre en avant · produire · signaler · soulever · tirer argument de • insister sur • avouer · reconnaître : *reconnaissez-vous les faits ?*
- contrôler · entériner : *l'Assemblée a entériné le fait que la loi ne s'appliquera pas rétroactivement* · recouper : *les différents témoignages ont permis de recouper les faits* · vérifier • épier : *elle épie mes moindres faits et gestes*
- requalifier [Droit] : *la Cour a requalifié les faits en "tentative d'empoisonnement"*
- établir · rétablir : *ce verdict rétablit les faits et la vérité historique* • éclaircir · expliquer • attester · confirmer · corroborer · démontrer : *plusieurs publications scientifiques ont démontré ces faits*
- faire ressortir · illustrer · mettre en évidence · refléter · révéler · souligner · témoigner de • se traduire dans
- reposer sur · s'appuyer sur · se baser sur · se fonder sur • exploiter · jouer sur · profiter de : *il a profité du fait qu'elle était absente pour fouiller sa chambre* • juger sur : *il sera jugé sur les faits*
- apprendre · avoir conscience de · connaître · être informé de · prendre conscience de · se rendre compte de • intégrer : *il n'a pas du tout intégré le fait que le français et le chinois ont des structures grammaticales très différentes* · prendre en compte • comprendre · interpréter
- discuter (de) · réfléchir sur · s'interroger sur • s'étonner de
- accepter · admettre • se soumettre à : *toute théorie doit se soumettre aux faits* · s'incliner devant • s'accorder sur · s'entendre sur • apprécier · approuver • saluer · se féliciter de · se réjouir de
- arranger · changer (souvent nég.) : *cela ne change rien au fait qu'il est coupable* • altérer · déformer · dénaturer · farder · fausser · maquiller · travestir
- cacher · camoufler · dissimuler · escamoter · gommer · masquer · occulter · passer sous silence · taire : *il a longtemps préféré taire le fait qu'il avait été licencié* • passer sur : *passons sur le fait qu'un tel objectif est contraire aux accords signés*
- douter de · remettre en question • contester · démentir · nier · réfuter
- s'alarmer de · s'indigner de · s'inquiéter de · s'insurger contre • dénoncer · déplorer • critiquer · désapprouver · protester contre · se plaindre de
- ignorer · méconnaître · négliger · oublier
- résider dans : *la nouveauté réside dans le fait que beaucoup de postes ont été créés* · tenir dans
- reprocher ... à : *quels sont les faits qui lui sont reprochés ?*

∾ NOM + DE + faits

- accumulation · avalanche · conjonction · enchaînement · enchevêtrement · ensemble · faisceau · kyrielle · lot : *chaque jour apporte son lot de faits divers* · masse · multiplication · série · succession · suite

famille *nom fém.* (ménage)

∾ famille + ADJECTIF

- biologique • d'accueil · adoptive · d'adoption : *ils sont en quelque sorte devenus sa famille d'adoption* • spirituelle · d'esprit : *elle trouve dans le milieu intellectuel libéral une famille d'esprit* • homoparentale · monoparentale · nucléaire · recomposée · traditionnelle
- bon chic bon genre · bourgeoise • aisée · favorisée · riche
- défavorisée · démunie · modeste · nécessiteuse · pauvre
- élargie · grande + nom · nombreuse
- vraie + nom · véritable + nom
- soudée · unie • aimante · protectrice • heureuse
- illustre · prestigieuse • influente · puissante • royale
- désunie · dispersée · éclatée
- endeuillée · éplorée
- à risques · en difficulté

∾ famille + VERBE

- compter : *cette famille nombreuse compte huit enfants* · se composer de
- s'agrandir
- adopter
- se déchirer · se disputer

∾ VERBE + famille

- avoir • appartenir à : *il appartient à la famille royale* · être membre de · faire partie de
- fonder · former : *on forme une belle famille* • (s')inventer • se trouver : *il s'est trouvé là une nouvelle famille* · choisir : *on ne choisit pas sa famille !*
- recomposer · regrouper · réunifier · réunir

- abriter · accueillir · héberger · reloger • dédommager · indemniser
- déchirer : *une rivalité ancestrale déchire leur famille* · décimer
- renier · se séparer de · quitter

∞ NOM + DE + famille
- cercle : *la projection de ce film doit se limiter à l'usage privé ou au cercle de famille*

fascination *nom fém.*

∞ fascination + ADJECTIF
- érotique · esthétique · sexuelle
- mutuelle · réciproque
- curieuse · étrange · surprenante · troublante + nom
- évidente · manifeste · réelle + nom · véritable + nom • démesurée · grande + nom · grandissante · hypnotique · incontestable · intense · vive + nom • collective • muette
- ambiguë · macabre · malsaine : *elle a une fascination malsaine pour les tueurs en série* · morbide · obsessionnelle

∞ VERBE + fascination
- éprouver · ressentir
- céder à · succomber à
- développer : *il a développé une fascination pour la culture japonaise* · nourrir : *cet artiste nourrit une fascination pour l'univers tropical* • accroître • garder : *de son enfance sénégalaise, il a gardé une fascination pour l'Afrique* · conserver
- montrer · témoigner de
- être source de · exercer · opérer · susciter
- avouer · évoquer · exprimer · ne pas cacher : *il ne cache pas sa fascination pour la chanteuse* • partager
- comprendre · expliquer
- résister à

fatalité *nom fém.*

∞ fatalité + ADJECTIF
- biologique · économique · extérieure · historique · humaine · sociale : *comment agir pour que l'échec scolaire ne soit pas une fatalité sociale ?*
- étrange · singulière
- implacable · inéluctable · inexorable
- abominable · accablante · dure + nom · insurmontable · malheureuse · tragique

∞ fatalité + VERBE
- accabler · frapper · peser sur · s'abattre sur
- poursuivre · s'acharner contre / sur : *la fatalité s'acharne contre / sur le héros*

∞ VERBE + fatalité
- être victime de
- accepter : *elle refuse d'accepter la fatalité et d'abandonner* · admettre · croire à · subir comme • s'abandonner à · s'en remettre à
- accuser · invoquer : *devant les dégâts, ils invoquent la fatalité*
- refuser • conjurer : *elle écrit pour conjurer la fatalité* · contrer · défier · lutter contre • prendre une revanche sur • briser · échapper à · en finir avec · rompre avec

fatigue *nom fém.*

∞ fatigue + ADJECTIF
- musculaire · physique • intellectuelle · mentale · nerveuse · psychique · psychologique
- générale · généralisée • manifeste · visible • extrême · forte + nom · grande + nom · grosse + nom · immense · importante · intense · profonde · terrible • chronique · permanente · persistante
- brusque + nom · soudaine : *il a prétexté une soudaine fatigue pour rentrer plus tôt*
- apparente · légère • passagère

∞ fatigue + VERBE
- se faire sentir · s'installer
- gagner · prendre le dessus · s'accumuler
- accabler · assommer · s'abattre sur · terrasser · user

∞ VERBE + fatigue
- accuser · connaître · éprouver · ressentir · sentir • donner / manifester / montrer des signes de · trahir : *ses petits yeux trahissent sa faitgue*
- être écrasé de · être exténué de · être harassé de · être hébété de · être rompu de : *rompus de fatigue, le sommeil nous gagne rapidement* · s'écrouler de · s'effondrer de · s'évanouir de · tituber de · tomber de
- avouer · exprimer • se plaindre de : *le patient se plaint d'une grande fatigue* • prétexter
- accumuler · avoir des accès de
- engendrer · provoquer
- endurer · résister à · supporter · surmonter
- apaiser · diminuer
- éviter
- oublier : *quand je danse, j'oublie toute fatigue*
- cacher · masquer · dissimuler
- effacer · éliminer · évacuer · faire oublier · supprimer

[1]faute *nom fém.* (erreur)

∾ faute + ADJECTIF

- de frappe · d'orthographe · grammaticale · orthographique • humaine · morale : *cette alliance avec l'extrême droite est vue comme une faute morale* • politique · stratégique · tactique · etc.
- d'étourderie○ · d'inattention○ · involontaire • excusable • infime · insignifiante · légère + nom · petite + nom · moindre + nom · simple
- commune · courante · habituelle
- inhabituelle · rare
- évidente · flagrante · incontestable · manifeste · vraie + nom • énorme · grande + nom · grosse + nom · grossière · importante · monumentale · sérieuse : *il reconnaît avoir commis une faute sérieuse en le recrutant* • grave · gravissime · terrible · impardonnable · inadmissible · inexcusable · irréparable
- incompréhensible · inexplicable
- dommageable · fatale : *la moindre faute d'inattention peut être fatale*
- bête · idiote · stupide

∾ faute + VERBE

- incomber à · revenir à : *la faute en revient pour partie / entièrement à la direction*
- coûter à : *cette faute leur a coûté la victoire / le match* · coûter cher (à)

∾ VERBE + faute

- commettre · faire : *elle fait trop de fautes d'orthographe* • (plur.) accumuler · enchaîner · multiplier
- comporter · contenir : *le texte contient énormément de fautes* • (plur.) être bourré de*fam.* · être émaillé de · être plein de · être truffé de · fourmiller de : *la version anglaise fourmille de fautes*
- constituer · relever de : *cette mauvaise gestion relève d'une faute grave*
- accepter · admettre • excuser · passer sur · tolérer • laisser échapper · laisser passer
- chercher · faire la chasse à · traquer
- déceler · découvrir · identifier · recenser (plur.) · relever · repérer · trouver
- sanctionner
- cacher · dissimuler
- corriger · pallier · rectifier

∾ NOM + DE + fautes

- accumulation · cumul · enchaînement · multitude · série · succession · tas*fam.*

[2]faute *nom fém.* (manquement à des règles, à une obligation légale)

∾ faute + ADJECTIF

- délictuelle · disciplinaire · pénale • professionnelle○ : *il a été licencié pour faute professionnelle grave*
- imputable à
- intentionnelle · volontaire • avérée : *il sera condamné si sa faute est avérée* · caractérisée [Droit] · évidente · flagrante · incontestable · inexcusable : *l'entreprise a été reconnue coupable de faute inexcusable* · manifeste • grave · lourde · réelle · sérieuse : *il a été licencié pour faute réelle et sérieuse*
- bénigne · excusable · légère · simple

∾ faute + VERBE

- engager la responsabilité de : *cette faute engage la responsabilité de l'hôpital*

∾ VERBE + faute

- commettre · être / se rendre coupable de · faire
- constituer · relever de : *ce comportement relève de la faute professionnelle*
- avouer · confesser · reconnaître · s'accuser de • répondre de : *il doit répondre des fautes qu'il a commises dans l'exécution de son contrat*
- avoir sur la conscience • regretter · rougir de · se repentir de
- accuser de (sans art.) : *il est accusé de faute professionnelle pour négligence* · imputer ... à · reconnaître coupable de · rejeter ... sur · reprocher ... à · retenir ... contre : *il a retenu une faute grave contre lui*
- prendre en : *je ne l'ai jamais pris en faute sur son travail*
- prouver
- admettre · excuser · laisser passer · pardonner · passer sur · tolérer
- sanctionner
- réparer

∾ NOM + DE + fautes

- accumulation · flopée*fam.* · multitude · série · succession · tas*fam.*

[3]faute *nom fém.* (mauvaise action, errement, péché)

∾ faute + ADJECTIF

- originelle : *les concepts judéo-chrétiens de péché et de faute originelle*
- excusable · vénielle
- incompréhensible · inexplicable
- grande + nom · sérieuse · terrible

- impardonnable · inadmissible · inexcusable · inexpiable · irréparable
- passée : *les évêques demandent pardon pour les fautes passées*

∾ VERBE + **faute**

- commettre · être / se rendre coupable de
- avouer : *« Faute avouée est à moitié pardonnée »* (proverbe) · confesser · reconnaître · s'accuser de • répondre de : *je répondrai de mes fautes devant Dieu*
- avoir sur la conscience • regretter · rougir de · se repentir de
- admettre · excuser · pardonner · passer sur
- châtier · punir · sanctionner
- effacer : *il faut trouver une punition propre à effacer la faute* · expier · payer : *il a payé sa faute vis-à-vis de la société* · racheter · réparer

⁴faute *nom fém.* (Sport)

∾ **faute** + ADJECTIF

- de filet · de main · de pied
- directe · indirecte • [Tennis] double ⁺ ⁿᵒᵐ
- volontaire • grosse ⁺ ⁿᵒᵐ
- involontaire • petite ⁺ ⁿᵒᵐ
- dangereuse • impardonnable · inadmissible · inexcusable

∾ VERBE + **faute**

- pousser à : *il a poussé le défenseur à la faute*
- commettre · être / se rendre coupable de · faire
- sanctionner · siffler : *l'arbitre vient de siffler la faute*

∾ NOM + DE + **fautes**

- accumulation · festival : *ce match fut surtout un festival de fautes directes* · flopée[fam.] · multitude · série

¹faveur *nom fém.* (aide, bienfait ; souvent plur.)

∾ **faveur** + ADJECTIF

- financière · matérielle · politique : *il aurait accordé des faveurs politiques au conglomérat financier* · sexuelle
- personnelle • divine · royale : *l'octroi de cette faveur royale n'est pas automatique* • dernière [+ nom] · ultime [+ nom]
- menue [+ nom] : *la contrepartie de ces menues faveurs était une surfacturation des travaux* · petite [+ nom]
- considérable · exceptionnelle · exclusive · grande [+ nom] · immense · inappréciable · insigne : *elle m'a fait l'insigne faveur de me recevoir* · particulière · rare · spéciale · unique
- justifiée · méritée
- imméritée · injustifiée

∾ VERBE + **faveur**

- demander · implorer · réclamer · solliciter
- devoir : *je vous dois une faveur* • accorder : *elle l'implora de lui accorder une dernière faveur* · consentir : *le comité a consenti une faveur aux villes candidates* · faire : *faites-moi la faveur d'accepter* • attribuer · combler de : *le roi le combla de faveurs* · dispenser · distribuer · donner · octroyer
- acheter · acquérir · bénéficier de · gagner · jouir de · obtenir · recevoir • accepter · accueillir • s'attirer : *ils cherchent à s'attirer les faveurs des investisseurs* · se rallier : *ils se sont rallié les faveurs de l'armée* • arracher • se disputer · se partager
- refuser

²faveur *nom fém.* (considération, crédit ; souvent plur.)

∾ **faveur** + ADJECTIF

- considérable · grande [+ nom] · large [+ nom] · particulière · rare [+ nom] · spéciale • constante · durable
- justifiée · méritée
- médiatique · personnelle · populaire
- imméritée · injustifiée

∾ VERBE + **faveur**

- accorder
- conquérir · emporter · gagner · obtenir · reconquérir · recueillir · remporter · retrouver · s'assurer · s'attacher · se concilier : *il essaie de se concilier les faveurs de tout le monde* • encourir : *« Lorsque tout tremble devant le tyran, et qu'il est aussi dangereux d'encourir sa faveur que de mériter sa disgrâce »* (Chateaubriand, *Mémoires d'outre-tombe*, t.2) • se disputer · se partager
- avoir : *le film a eu les faveurs du public* · bénéficier de · connaître · jouir de • conserver · garder

fête *nom fém.*

∾ **fête** + ADJECTIF

- familiale · foraine° · musicale · patronale · paysanne • carillonnée · religieuse · sacrée • civile · laïque · païenne • commerciale : *la Saint-Valentin n'est qu'une fête commerciale* • dionysiaque · grecque · orgiaque · romaine · etc.
- annuelle • fixe · mobile : *les fêtes mobiles dépendent de la date de Pâques* • chômée : *l'Ascension est une fête chômée* · légale
- locale · nationale : *le 14 Juillet, jour de la fête nationale* · régionale

- commémorative • populaire • privée · publique • costumée · déguisée • galante○
- ancestrale · ancienne + nom · traditionnelle
- grande + nom · grosse + nom · véritable + nom · vraie + nom • du tonnerre○
- petite + nom : *j'organise une petite fête entre amis*
- belle + nom · brillante · fastueuse · magnifique · merveilleuse · somptueuse · splendide • féerique · magique • inoubliable · réussie : *chez lui, les fêtes sont toujours réussies*
- ratée

∾ fête + VERBE
- commencer : *que la fête commence !*
- avoir lieu · se dérouler : *la fête se déroulera dans la salle polyvalente*
- battre son plein
- mal tourner
- finir · se terminer : *la fête s'est terminée à 5 heures du matin*

∾ VERBE + fête
- prévoir • organiser · préparer • improviser
- donner · offrir : *il offre une petite fête pour ses 30 ans* • convier à · inviter à : *j'ai invité tous nos voisins à la fête*
- célébrer : *les communes viticoles célèbrent la fête des vendanges* · faire (... à) : *ils ont fait la fête toute la nuit ; ils ont fait la fête au vainqueur*
- être de○ : *toute la famille était de la fête* · participer à
- être à○ : *l'ambiance est à la fête* · être en○ : *toute la ville est en fête*
- endeuiller : *ces tirs ont endeuillé la fête marquant la fin du ramadan* · gâcher : *le mauvais temps a gâché la fête* · jeter une ombre sur : *l'intervention de la police a jeté une ombre sur la fête* · troubler
- empêcher · interdire : *le préfet a interdit la fête* • annuler • interrompre
- mettre fin à : *ses parents ont mis fin à la fête*

∾ NOM + DE + fête
- allure · ambiance

[1] **feu** *nom masc.* (source de chaleur)

∾ feu + ADJECTIF
- de bois○ · de cheminée○
- bon + nom : *rien de tel qu'un bon feu de bois pour se réchauffer*
- gigantesque · grand + nom · immense
- petit + nom

∾ feu + VERBE
- démarrer : *j'ai eu du mal à faire démarrer le feu* · jaillir
- crépiter · flamber • danser : *le feu dansait dans la cheminée*
- couver (sous la cendre)
- mourir : *il a laissé le feu mourir* · s'éteindre

∾ VERBE + feu
- faire : *j'ai fait du feu / un feu*
- (r)allumer
- alimenter · attiser
- cracher : *le fourneau crachait du feu*
- éteindre

∾ NOM + DE + feu
- boule · colonne

[2] **feu** *nom masc.* (incendie)

∾ feu + ADJECTIF
- accidentel · d'origine indéterminée
- criminel · d'origine criminelle · volontaire

∾ feu + VERBE
- éclater · partir de : *le feu est parti d'une cigarette mal éteinte* · prendre : *le feu a pris à plusieurs endroits* · se déclarer : *le feu s'est déclaré dans la nuit*
- parcourir : *le feu a parcouru plusieurs dizaines de kilomètres* · se propager · se répandre · s'étendre • faire rage · se déchaîner
- brûler · consumer · détruire · dévaster · dévorer · emporter : *le feu a tout emporté* · endommager · ravager · s'abattre sur · tuer

∾ VERBE + feu
- déclencher · provoquer
- allumer · mettre○ : *il a mis le feu à la grange*
- attiser
- circonscrire : *le feu a été circonscrit rapidement* · contenir · contrôler · maîtriser
- braver • combattre · lutter contre : *ils luttent contre les feux de forêt*
- éteindre · venir à bout de

[3] **feu** *nom masc.* (tirs, puissance militaire)

∾ feu + ADJECTIF
- nucléaire : *un déclenchement accidentel du feu nucléaire est improbable*
- allié · ennemi
- nourri : *ils ont débarqué sur une plage de Normandie sous un feu nourri* · roulant
- intermittent

∾ VERBE + feu
- déclencher : *seul le président de la République peut déclencher le feu nucléaire* · faire○ : *ils ont fait feu sur les rebelles* · ouvrir : *c'est eux qui ont ouvert le feu les premiers*

- essuyer · être exposé à : *il est exposé au feu ennemi* · être (pris) / se retrouver sous : *son camp est sous le feu de batteries ennemies* · subir
- riposter à
- cesser° : *il a donné l'ordre de cesser le feu*

∞ NOM + DE + **feu**
- déluge : *sous un déluge de feu, les soldats commencent leur progression*

▷ voir aussi **coup de feu**

fibre *nom fém.* (sensibilité)

∞ **fibre** + ADJECTIF
- chauvine · identitaire · nationaliste · patriotique · républicaine
- affective · maternelle · paternelle · sentimentale
- écologique · sociale · etc.

∞ VERBE + **fibre**
- avoir • conserver · garder
- faire appel à • flatter : *la municipalité a su flatter la fibre populaire* · jouer de / sur : *le candidat a joué sur la fibre patriotique et républicaine des élus* · titiller : *la droite va-t-elle titiller la fibre sécuritaire de l'opinion ?*
- réveiller : *ils ont réveillé une fibre footballistique dans tout le pays*

[1] fiction *nom fém.* (construction de l'imagination)

∞ **fiction** + ADJECTIF
- absolue · pure [+ nom] : *son histoire est une pure fiction*

∞ **fiction** + VERBE
- dépasser / prendre le pas sur la réalité · rattraper : *un écrivain dont la fiction rattrape la propre vie* · rejoindre la réalité
- devenir réalité

∞ VERBE + **fiction**
- entretenir : *ils persistent à entretenir la fiction d'un simple malentendu*
- devenir · relever de : *pour eux, être embauché relève de la fiction* • appartenir au domaine de · prendre / se donner des allures de • nager en pleine : *arrêtons ces débats qui nagent en pleine fiction*
- dépasser : *la réalité dépasse parfois la fiction* · sortir du domaine de

[2] fiction *nom fém.* (œuvre audiovisuelle)

∞ **fiction** + ADJECTIF
- classique • contemporaine · moderne
- cinématographique · musicale · télévisuelle · télévisée • documentaire · réaliste • historique · littéraire · narrative · policière · romanesque • autobiographique · intimiste • érotique • fantasmatique · onirique · etc.
- ambitieuse · amusante · belle [+ nom] · bonne [+ nom] · édifiante · excellente · grande [+ nom] : *nous avons lancé l'adaptation de grandes fictions en costume* • originale
- alambiquée · invraisemblable

∞ **fiction** + VERBE
- être inspirée de / par : *une fiction inspirée par le témoignage d'une journaliste* · être nourrie de / par : *la fiction est nourrie par le vécu de son auteur*

∞ VERBE + **fiction**
- concevoir · construire · écrire · inventer • réaliser · tourner
- diffuser · produire · publier
- adapter : *elle a adapté cette fiction pour le théâtre*

fidélité *nom fém.*

∞ **fidélité** + ADJECTIF
- affective · amicale • amoureuse · conjugale · sexuelle • politique · religieuse • mutuelle
- exemplaire
- [conformité] • irréprochable : *sa traduction est d'une fidélité irréprochable au texte original*
- rare • absolue · à toute épreuve · inconditionnelle · profonde · sans bornes · sans faille · totale • à la vie à la mort · immuable · indéfectible : *ils sont liés par une fidélité indéfectible à leur patrie* · inébranlable · irréductible • obstinée · tenace
- [conformité] • scrupuleuse : *l'adaptation fut faite avec une fidélité scrupuleuse au roman*
- constante · éternelle · longue [+ nom]

∞ VERBE + **fidélité**
- être de (+adj.) : *il est d'une fidélité à toute épreuve envers son maître*
- (ré)affirmer : *par cette cérémonie, elle affirme sa fidélité à la religion chrétienne* · (se) jurer · promettre · (se) devoir
- faire preuve de · manifester · marquer : *en manifestant, il marque sa fidélité à cette cause* · montrer · témoigner
- garder : *ils s'engagèrent à garder fidélité au roi* · rester de (+adj.) : *tout au long de sa vie, il lui est resté d'une grande fidélité*
- s'assurer : *il s'assure ainsi la fidélité de ses fournisseurs* • récompenser
- éprouver · mettre à l'épreuve

avec fidélité

- [conformité] • reproduire · restituer : *le réalisateur restitue avec fidélité l'atmosphère du Paris des années 1930*

[1]fierté *nom fém.* (orgueil)

∾ fierté + ADJECTIF

- identitaire · nationale • maternelle · paternelle · personnelle · professionnelle · etc.
- grande + nom · immense · profonde + nom
- juste · légitime
- arrogante · déplacée · excessive · insolente

∾ fierté + VERBE

- renaître

∾ VERBE + fierté

- éprouver · ressentir • recouvrer · retrouver • se draper dans : *drapé dans sa fierté, il refusait d'obéir*
- tirer○ : *cet héritage, je fais plus que l'accepter, j'en tire fierté* • déborder de · être empli de
- affirmer · exprimer • afficher · montrer · ne pas cacher · ne pas dissimuler
- entretenir · flatter : *ce compliment flatte sa fierté*
- (re)donner : *il veut redonner de la fierté à son peuple bafoué* · rendre
- ravaler : *il a dû ravaler sa fierté et déclarer forfait*
- manquer de • perdre : *les gens de cette région sinistrée ont perdu leur fierté*
- blesser · heurter

∾ NOM + DE + fierté

- source · sujet · objet
- sentiment
- excès
- brin · pointe

avec fierté

- affirmer · déclarer · défendre · expliquer · raconter · revendiquer
- arborer · brandir · exhiber · montrer · présenter

[1]fièvre *nom fém.* (température)

∾ fièvre + ADJECTIF

- de cheval○ · forte + nom · grosse + nom
- persistante · rebelle
- délirante : *la peste noire se caractérise par une fièvre délirante*
- modérée · petite + nom
- intermittente : *une fièvre intermittente avec des accès tous les deux jours* · passagère · ponctuelle

∾ fièvre + VERBE

- se déclarer · se déclencher • réapparaître : *après une phase de répit, la fièvre réapparaît* · revenir
- grimper · monter
- durer : *chez les patients âgés, la fièvre dure en général plus longtemps* · persister : *il faudra envisager un traitement si cette fièvre persiste*
- chuter · décroître · diminuer · retomber : *le paracétamol a fait retomber la fièvre*
- cesser · disparaître

∾ VERBE + fièvre

- être en proie à · être pris de
- déclencher · provoquer · susciter
- s'accompagner de : *consultez votre médecin si le mal de gorge s'accompagne de fièvre*
- être brûlant de · grelotter de · trembler de • succomber à
- guérir de · soigner
- vaincre

∾ NOM + DE + fièvre

- accès · poussée : *elle a eu une forte poussée de fièvre en soirée*

[2]fièvre *nom fém.* (ardeur)

∾ fièvre + ADJECTIF

- acheteuse○iron. · consumériste : *la publicité entretient une fièvre consumériste* • boursière · commerciale · immobilière · inflationniste : *l'euro n'aurait causé aucune fièvre inflationniste* · mercantile · spéculative : *ils veulent se protéger de l'instabilité monétaire et de la fièvre spéculative* • culturelle · littéraire • créatrice • médiatique • électorale · nationaliste · patriotique · politique • contestatrice · réformatrice · révolutionnaire · sociale
- permanente · persistante
- contagieuse

∾ fièvre + VERBE

- embraser : *la fièvre du disco embrase les boîtes de nuit* · gagner · habiter · s'emparer de
- se propager · s'étendre · s'installer
- persister : *la fièvre persiste dans l'immobilier* · perdurer

∾ VERBE + fièvre

- être en proie à · être pris de
- céder à • alimenter · entretenir
- déclencher · provoquer · susciter : *la fête des mères suscite une fièvre commerciale qui profite surtout aux fleuristes*
- apaiser · calmer · canaliser · tempérer
- vaincre

[1]figure *nom fém.* (personnage)

∞ **figure** + ADJECTIF

- fondatrice · intellectuelle
- politique · littéraire · musicale · etc.
- médiatique • célèbre · connue · culte · émérite · éminente · fameuse [+ nom] · historique · légendaire · mythique · notoire : *une figure notoire du grand banditisme* · phare · publique
- consensuelle · familière · populaire • adulée · charismatique · reconnue · respectée • attachante · émouvante · touchante
- centrale · (-)clé · dominante · incontournable · majeure · tutélaire : *c'est la figure tutélaire du parti depuis 25 ans* • forte : *c'est sans doute la figure politique la plus forte de sa génération* · grande [+ nom] : *c'est l'une des grandes figures du Pop Art* · immense · imposante · impressionnante · véritable [+ nom] • exceptionnelle · extraordinaire · influente · omniprésente · prépondérante · puissante [+ nom] · sublime · toute-puissante • emblématique · exemplaire · représentative · symbolique · typique • universelle
- fascinante · flamboyante · haute en couleur · marquante · originale
- ambiguë · ambivalente • inclassable · singulière • énigmatique · étrange · troublante • provocante · sulfureuse
- encombrante · gênante • contestée · controversée · honnie
- sinistre · tragique • redoutée
- écrasante : *elle essaye de se détacher de la figure écrasante de son maître*
- discrète · marginale • méconnue · oubliée

∞ **figure** + VERBE

- apparaître · émerger
- dominer : *Newton est la grande figure qui domine les sciences au XVIIIe siècle*
- refléter · symboliser

∞ VERBE + **figure**

- apparaître comme · constituer · demeurer · (re)devenir · incarner : *il incarne la figure du créateur fou* · représenter · rester : *elle reste encore la figure emblématique de la ville* · s'imposer comme
- considérer comme · présenter comme • s'identifier à
- rendre hommage à • réhabiliter
- se libérer de : *ils ont lutté toute leur vie pour se libérer de la figure du père* · se détacher de
- s'emparer de · s'inspirer de : *il s'est inspiré d'une figure historique*

[2]figure *nom fém.* (Sport)

∞ **figure** + ADJECTIF

- acrobatique · aérienne · artistique
- libre : *en voltige, les cavaliers peuvent effectuer des figures libres* • imposée • interdite
- inédite • audacieuse · belle [+ nom] · époustouflante · impressionnante · originale · spectaculaire · superbe
- délicate · difficile · périlleuse

∞ VERBE + **figure**

- inventer · mettre au point
- essayer · tenter · tester • effectuer · exécuter · faire : *le half-pipe permet de faire des figures spectaculaires en snowboard* · réaliser • enchaîner (plur.)
- maîtriser · réussir
- rater

film *nom masc.* (œuvre)

∞ **film** + ADJECTIF

- burlesque · comique · de divertissement · léger · parodique • catastrophe · dramatique · tragique • historique · réaliste • à effets spéciaux · à grand spectacle · à sensation · d'action · d'aventures • d'anticipation · de science-fiction · fantastique · futuriste • à suspense · noir · policier • d'angoisse · d'épouvante · d'horreur • à l'eau de rose · d'amour · intimiste · sentimental • érotique · porno · pornographique · X • animalier · documentaire • d'animation · pour enfants
- promotionnel · publicitaire • alimentaire · commercial · de série B
- en couleur · noir et blanc • muet · parlant • doublé · en V.F. · en V.O. · sous-titré • court métrage · long métrage · moyen métrage • amateur · professionnel • indépendant · à petit budget • à gros budget · hollywoodien • à la française · à l'américaine
- inédit · premier [+ nom]
- gentillet[fam.] · mineur • petit [+ nom]
- beau [+ nom] · bon [+ nom] · de qualité · excellent · magnifique · sublime • bien ficelé • chaleureux · drôle · efficace • attachant · bouleversant · délicat · émouvant · envoûtant · humaniste · sensible · sincère · tendre • extraordinaire · palpitant · passionnant · prenant • ambitieux · audacieux · novateur
- -fleuve : *un film-fleuve de plus de cinq heures* · long [+ nom] · longuet[fam.]
- engagé · militant

- à la mode · à succès · célèbre · classique · culte · grand + nom · majeur · mythique · phare : *"À bout de souffle", film phare de la Nouvelle Vague*
- ambigu · complexe · énigmatique · étrange · mystérieux • atypique · étonnant · insolite · original · loufoque
- mauvais + nom · médiocre · minable fam. · nul fam. · ringard fam. • académique · conventionnel • décevant · ennuyeux · lassant • inspide · sans saveur • cucul fam. · débile fam. · gnangnan fam. · stupide • décousu
- grave · mélancolique · triste • dur · féroce • gore fam. · violent • controversé · dérangeant • insoutenable

∾ film + VERBE

- commencer · démarrer : *le film a démarré avec 30 minutes de retard*
- contenir : *ce film contient quelques scènes violentes* · montrer · raconter (l'histoire de) • traiter de • révéler
- être adapté de · être basé sur · être inspiré de · être tiré de : *le film est tiré d'un roman de Raymond Queneau*
- se faire : *faute de moyens suffisants, le film ne se fera pas* • être à l'affiche · être / sortir dans les salles · être sur les écrans · (re)passer : *ce film repasse pour la quinzième fois à la télévision / en salles* · (res)sortir · sortir en avant-première · sortir en DVD • réaliser : *son dernier film a réalisé plus d'un million d'entrées* · réunir : *ce film réunit deux monstres sacrés du cinéma français*
- battre des records · créer l'événement · être applaudi : *ce film a été applaudi par la critique* · marcher : *ce film va marcher* · remporter un franc succès / un succès fou · faire un carton fam. · triompher au box-office · prendre la tête du box-office • être nominé · être remarqué : *son film a été remarqué au festival de Cannes* · être sélectionné · recevoir un prix
- faire pleurer dans les chaumières fam.
- finir · se conclure : *le film se conclut sur une note optimiste* · se terminer

∾ VERBE + film

- écrire · préparer · scénariser • mettre en scène · réaliser · tourner • doubler · monter · sous-titrer
- faire la promotion de · financer · produire • diffuser · distribuer • montrer · présenter · projeter
- (bien) accueillir : *la critique a très bien accueilli ce film* · césariser · oscariser · récompenser
- avoir un rôle dans · être la vedette de · faire une apparition dans · figurer dans · jouer dans · tourner dans
- consacrer ... à : *il a consacré un film à la vie de Marilyn Monroe*
- regarder · visionner · (re)voir
- bouder
- censurer · interdire • pirater · télécharger

∾ NOM + DE + films

- sélection • cycle · série

[1] **fin** *nom fém.* (terme, dénouement)

∾ fin + ADJECTIF

- anticipée : *il n'a pas fait de commentaire sur la fin anticipée de son mandat* · programmée : *l'entreprise semble condamnée à une fin programmée* • imminente · prochaine
- annoncée · inéluctable · inévitable
- provisoire : *la fin provisoire du processus de paix*
- belle + nom · heureuse · pacifique • inespérée · satisfaisante • [d'une œuvre] édifiante · optimiste
- définitive • immédiate : *il réclame la fin immédiate des violences*
- abrupte · brutale • apocalyptique · atroce · difficile · dramatique · dure + nom · épouvantable · houleuse : *la rencontre a connu une fin houleuse* · pénible · sanglante · tragique · triste · violente • [d'une œuvre] bâclée · convenue · peu convaincante

∾ VERBE + fin

- connaître : *cette romance connut une fin tragique*
- exiger · réclamer
- décider de : *les syndicats ont décidé de la fin de la grève* · envisager : *la fin des travaux est envisagée pour le mois de mai* · fixer
- entraîner
- annoncer · déclarer · décréter · marquer : *cette défaite a marqué la fin de sa carrière politique* · siffler : *l'arbitre siffle la fin du match* · signifier · sonner : *l'arrêt rendu hier sonne la fin d'une interminable instruction* • [d'une œuvre] raconter : *ne me raconte pas la fin de l'histoire !*
- [d'une œuvre] connaître : *je connais déjà la fin du film*
- deviner · entrevoir : *l'informatique entrevoit la fin des années de crise* · prédire · prévoir · voir • attendre · espérer : *tout le monde espère la fin de la crise*
- célébrer · fêter : *en Suède, on fête la fin de l'hiver avec des chants et des danses*
- déplorer : *ils déplorent la fin de cette émission de radio* · regretter
- approcher de · atteindre : *j'ai atteint la fin du fichier* · prendre ○ (sans art.) : *le bail prend fin en novembre* · tirer à ○ (+possessif) : *le match tirait à sa fin lorsqu'il a marqué* · toucher à ○ (+possessif) : *la crise semble toucher à sa fin*

- mettre° (sans art.) : *les pourparlers ont mis fin aux raids aériens* • sentir : *avec toute cette pluie, ça sent la fin de l'été*
- accélérer · hâter · précipiter : *cette défaite a contribué à accélérer la fin de la dictature militaire*
- commencer par° : *j'aime commencer les livres par la fin*

[2]fin *nom fém.* (mort de quelqu'un)

∞ fin + ADJECTIF
- imminente · prochaine · proche : *il sait bien que sa fin est proche* • inéluctable · inévitable
- brusque · brutale
- atroce · difficile · douloureuse · dramatique · épouvantable · horrible · misérable · sanglante · terrible · tragique · triste · violente : *empoisonné par son médecin, il a eu une fin violente* • prématurée
- naturelle · paisible

∞ VERBE + fin
- attendre · sentir : *sentant sa fin prochaine, il rédigea son testament*
- avoir · connaître : *il a connu une fin paisible*
- hâter

[3]fin *nom fém.* (objectif, souvent plur.)

∞ fin + ADJECTIF
- économique · idéologique · médiatique · militaire · pédagogique · scientifique · statistique • commerciale · (non) lucrative · promotionnelle • interne · privée · professionnelle • électorale · politique • défensive · préventive • matérielle • artistique · esthétique • expérimentale · humanitaire · thérapeutique · etc.
- déterminée · précise
- intéressée · mercantile • démagogique · électoraliste
- inacceptable · inadmissible · inavouable : *il a utilisé des messages cryptés à des fins inavouables* • diabolique · malveillante • criminelle · illégale · illicite

∞ fin + VERBE
- justifier° : *« La fin justifie les moyens »* (proverbe)

∞ VERBE + fin
- servir : *il utilise les institutions démocratiques pour servir ses fins*
- aboutir à : *pour aboutir à ses fins, toutes les méthodes sont bonnes* · arriver à : *il fera tout pour arriver à ses fins* · atteindre · parvenir à

à des fins (+ adj.)
- détourner : *l'argent a été détourné à des fins politiques* · exploiter · instrumentaliser : *ils instrumentalisent l'actualité à des fins de propagande* · manipuler

REM. On rencontre parfois "poursuivre des fins". Évitez cette expression maladroite et préférez "poursuivre des objectifs".

financement *nom masc.*

∞ financement + ADJECTIF
- électoral : *ils veulent une réforme du financement électoral*
- privé · public • croisé : *ils bénéficient d'un financement croisé entre le ministère et les collectivités locales* · mixte · multilatéral • prévisionnel
- adéquat : *faute d'un financement adéquat, le projet ne verra pas le jour* · suffisant • pérenne
- illégal · illicite · irrégulier : *il a été mis en examen pour "financement irrégulier de campagne électorale"* · occulte

∞ VERBE + financement
- obtenir · trouver
- assurer : *un emprunt assurera le financement du projet* · concourir à : *cet organisme concourt au financement des œuvres cinématographiques* · contribuer à · garantir · participer à
- régir : *une législation claire régit le financement des partis politiques* · réglementer
- boucler : *il parvient tout juste à boucler le financement de son film* · monter
- mettre fin à

∞ NOM + DE + financement
- source : *les dons privés sont leur seule source de financement*
- formule · méthode · mode · moyen · plan · système

finances *nom fém. plur.*

∞ finances + ADJECTIF
- communales · communautaires · europénnes · municipales · nationales · publiques · régionales • privées

∞ VERBE + finances
- diriger · gérer • contrôler · encadrer : *le pacte de stabilité encadre les finances publiques de la zone euro* · maîtriser
- alimenter : *des fonds spéciaux sont soupçonnés d'alimenter les finances de partis politiques*

- améliorer : *des mesures commerciales ont été prises pour améliorer les finances de l'entreprise* · assainir · (ré)équilibrer · (re)mettre en ordre / de l'ordre dans · ramener à l'équilibre · redresser · remettre à flot · renflouer · restaurer · rétablir
- déséquilibrer · grever · peser sur · plomber • menacer : *l'inflation salariale menace les finances des clubs de football* · mettre en danger / péril : *cette réforme met en péril les finances des établissements hospitaliers*

finesse *nom fém.*

∾ finesse + ADJECTIF

- intellectuelle · psychologique • tactique · technique
- absolue · étonnante · exceptionnelle · extrême · grande [+ nom] · incomparable · infinie · rare
- admirable · belle [+ nom] · exquise · remarquable

∾ VERBE + finesse

- demander · exiger : *c'est une épreuve qui exige une grande finesse d'analyse* · nécessiter · requérir
- avoir · posséder • être reconnu pour · se distinguer par : *le film se distingue par la finesse des dialogues*
- montrer · révéler : *ce roman révèle la finesse de ses descriptions* · témoigner de
- développer : *cette activité développe la finesse de l'observation* • gagner en : *son style a gagné en finesse*
- apporter : *la haute définition apporte une finesse dans les détails* · faire dans° : *cette comédie ne fait pas dans la finesse* • jouer en · travailler en · user de : *il a usé de finesse pour le convaincre*
- être dénué de · manquer de
- perdre en : *son interprétation a perdu en finesse*

[1]flamme *nom fém.* (langue de feu, souvent plur.)

∾ flamme + ADJECTIF

- olympique° : *il a porté la flamme olympique au stade de Séoul*
- blanche · bleue · claire · jaune · rouge · rousse · verte
- énorme · gigantesque · grande [+ nom] · puissante : *le chalumeau délivre une flamme puissante* · vive
- éternelle : *une flamme éternelle brûle en mémoire des partisans*
- petite [+ nom] • mourante · tremblotante · vacillante

∾ flamme + VERBE

- briller · danser • (plur.) crépiter • (plur.) bondir · jaillir · monter · sortir de / par : *les flammes sortaient des fenêtres*
- (plur.) atteindre : *les flammes ont atteint rapidement l'usine* · cerner · entourer · lécher : *les flammes ont léché les murs d'enceinte* • (plur., souvent passif) brûler · consumer · détruire · dévorer · ravager : *l'entrepôt a été ravagé par les flammes*
- (plur.) se propager
- trembler · trembloter · vaciller
- mourir · s'éteindre

∾ VERBE + flamme

- (r)allumer
- attiser · ranimer · raviver
- (plur.) cracher : *le dragon crachait des flammes* · lancer · projeter · vomir : *les fourneaux vomissaient des flammes gigantesques*
- (plur.) jeter à · livrer à : *le palais était livré aux flammes*
- (plur.) être en° : *l'opéra est en flammes* · être la proie de • mourir dans : *il a vu ses fils mourir dans les flammes* · périr dans
- (plur.) échapper à : *quelques tableaux ont échappé aux flammes*
- (plur.) délivrer de · sauver de : *les pompiers ont sauvé les enfants des flammes*
- éteindre · souffler

∾ NOM + DE + flamme(s)

- déluge · rideau : *le bâtiment disparut derrière un rideau de flammes* • retour° [aussi fig.] : *un des hommes a été sérieusement blessé par le retour de flamme ; personne n'est à l'abri d'un retour de flamme des vieilles confrontations*

[2]flamme *nom fém.* (ardeur, passion)

∾ flamme + ADJECTIF

- patriotique · républicaine · révolutionnaire · souverainiste · etc.
- inextinguible
- fragile · mourante · tremblotante · vacillante : *ils ont su rallumer la flamme vacillante de leurs aînés*

∾ flamme + VERBE

- animer : *on sent la flamme qui les anime*

∾ VERBE + flamme

- transmettre ... à : *ce professeur transmet sa flamme à ses étudiants*
- entretenir : *ils prennent soin d'entretenir la flamme patriotique* · être le gardien de · maintenir
- ranimer : *ils essaient de ranimer la flamme révolutionnaire des habitants* · raviver

- retrouver : *le champion a retrouvé toute sa flamme à la fin de la saison*
- manquer de · perdre
- [amour] avouer · déclarer : *il a fini par lui déclarer sa flamme*

fleur *nom fém.*

∾ fleur + ADJECTIF
- femelle · hermaphrodite · mâle
- coupée · en pot • séchée : *un bouquet de fleurs séchées*
- naturelle • artificielle · en papier · en plastique · en tissu
- champêtre · de montagne · des champs · sauvage • exotique · rare : *l'orchidée est une fleur rare*
- aromatique · odorante · parfumée • inodore
- colorée · multicolore • décorative · ornementale
- d'automne · de printemps · de saison · d'été : *le coquelicot est une fleur d'été* · d'hiver • annuelle
- en bouton · fraîche
- grande [+ nom] · grosse [+ nom] • énorme · gigantesque · immense : *un arbuste aux immenses fleurs*
- minuscule · petite [+ nom]
- solitaire : *une plante à fleur solitaire* · unique
- belle [+ nom] · jolie [+ nom] • magnifique · splendide · superbe • éclatante · resplendissante
- délicate · fragile
- toxique · vénéneuse
- défraîchie · fanée · flétrie

∾ fleur + VERBE
- apparaître : *ce sont des fleurs qui apparaissent vers la mi-avril* · naître
- fleurir : *ces fleurs fleurissent au printemps* • éclore · s'épanouir · s'ouvrir
- exhaler : *les fleurs de son jardin exhalent un doux parfum* · sentir : *ces fleurs sentent si bon !* • embaumer : *les fleurs embaument la maison* · parfumer
- joncher : *l'allée centrale était jonchée de fleurs* · recouvrir
- sécher · se dessécher · se faner · se flétrir • tomber : *les fleurs sont tombées de l'arbre* • mourir

∾ VERBE + fleur
- mettre en pot · planter
- couper · cueillir
- cultiver • arroser
- butiner : *les abeilles butinent les fleurs*
- donner · offrir • livrer · porter : *je lui ai fait porter des fleurs pour son anniversaire*
- recevoir
- porter : *il porte une fleur à la boutonnière*
- sentir
- effeuiller • abîmer · piétiner : *quelqu'un a piétiné les fleurs de mon jardin*

∾ NOM + DE + fleurs
- brassée · grappe • bouquet · collier : *un collier de fleurs est remis aux arrivants* · corbeille · couronne · gerbe · guirlande • champ · massif · parterre · plant

fleuve *nom masc.*

∾ fleuve + ADJECTIF
- côtier • navigable
- large · long [+ nom] • majestueux
- rapide
- étroit
- lent · paresseux • impassible : *« Comme je descendais des fleuves impassibles, / Je ne me sentis plus guidé par les haleurs »* (Rimbaud, *Le Bateau ivre*) · tranquille : *« La vie est un long fleuve tranquille »* (titre d'une comédie d'Étienne Chatiliez)

∾ fleuve + VERBE
- couler · courir : *le fleuve court jusqu'en Sibérie* • serpenter • se jeter dans : *le fleuve se jette dans la Manche*
- charrier · transporter
- arroser · baigner · sillonner · traverser : *ce fleuve traverse sept États américains* • inonder
- s'élargir
- atteindre sa cote d'alerte · monter • déborder · être en crue · sortir de son lit
- baisser · être en / amorcer sa décrue

∾ VERBE + fleuve
- enjamber : *un pont enjambe le fleuve* · franchir · passer · traverser
- descendre · remonter
- dévier le cours de • canaliser · dompter · endiguer
- longer : *nous avons longé le fleuve sur 20 km*
- border : *des isbas bordent le fleuve* · surplomber : *un parc romantique surplombe le fleuve*

[1] foi *nom fém.* (croyance religieuse)

∾ foi + ADJECTIF
- mystique · religieuse • populaire
- ardente · fervente · forte · inconditionnelle · intacte · profonde · vivace · vivante : *les pèlerins viennent témoigner d'une foi vivante* · vive • à toute épreuve · indéfectible : *une foi indéfectible en Dieu permet de vaincre les pires épreuves* · indéracinable · indestructible · inébranlable · inentamée · chevillée au

corps° • aveugle · intransigeante : *le vieux patriarche a un tempérament de feu et une foi intransigeante* • ancestrale · séculaire
- généreuse · simple · sincère • optimiste · sereine
- du charbonnier° : *« Cet homme avait la foi du charbonnier. Il aimait la sainte Vierge comme il eût aimé sa femme »* (Balzac, *La Messe de l'athée*) · naïve : *il a renié la foi naïve de son enfance*
- chancelante : *une église abandonnée par des paroissiens à la foi chancelante* · vacillante

∾ **foi** + VERBE
- animer : *elle est animée par une foi indéfectible* · déplacer les montagnes° : *la foi déplace les montagnes* • illuminer (souvent passif) : *des visages illuminés par la foi*
- guider · sauver : *« Il n'y a que la foi qui sauve »* (proverbe)

∾ VERBE + **foi**
- avoir° : *il a la foi* · découvrir : *il découvre la foi à l'âge de 24 ans* · (re)trouver • conserver · garder
- pratiquer : *on leur interdisait de pratiquer leur foi* · vivre : *ils veulent pouvoir vivre leur foi librement*
- (ré)affirmer : *la communion est une manière de réaffirmer sa foi* · clamer · dire · exprimer · proclamer
- (re)donner ... à : *la guérison de son fils lui a redonné la foi* · rendre ... à · transmettre ... à
- diffuser · professer · propager • raffermir · ranimer · raviver · restaurer · réveiller : *le Vatican veut réveiller la foi des jeunes*
- respecter : *il respecte la foi des croyants de tous bords*
- ébranler · éprouver : *le jeûne a pour but d'éprouver la foi du croyant*
- abandonner : *elle a abandonné la foi de ses parents* · abjurer : *elle a préféré le bûcher plutôt que d'abjurer sa foi* · renier · renoncer à
- perdre

∾ NOM + DE + **foi**
- propagation : *à cette époque, la propagation de la foi était une préoccupation majeure*

[2]**foi** *nom fém.* (confiance)

∾ **foi** + ADJECTIF
- absolue : *il a une foi absolue dans le progrès technique* · totale • accrue · ardente · à toute épreuve · démesurée · immense · inconditionnelle · intacte · obstinée · profonde • chevillée au corps° : *elle s'évertue encore à le convaincre, la foi chevillée au corps* · indécrottable · indéfectible · indéracinable · indestructible · inébranlable
- aveugle · naïve : *cette foi naïve dans les valeurs républicaines*

∾ **foi** + VERBE
- animer : *la foi dans le progrès animait alors toute la population*

∾ VERBE + **foi**
- avoir ... en° : *elle a foi en son destin* • accorder ... à° (sans art.) : *il n'accorde pas foi à ces chiffres improbables* · ajouter ... à° (sans art.) : *il n'a pas l'intention d'ajouter foi à ces rumeurs* · donner ... à (sans art.) · prêter ... à (sans art.) : *ils ont arrêté de prêter foi aux sondages* • conserver : *il conserve une foi inébranlable en la politique* · garder ... en° : *elle garde foi en ses capacités*
- (re)donner : *il faut redonner foi en l'avenir*
- afficher · exprimer · affirmer
- ébranler
- perdre ... en° (sans art.) : *les supporters ont perdu foi en leurs joueurs*

∾ NOM + DE + **foi**
- acte : *l'intervention du ministre résonne comme un acte de foi*

bonne foi

∾ **bonne foi** + ADJECTIF
- entière ⁺ nom · indiscutable · parfaite ⁺ nom · toute : *je l'ai dit en toute bonne foi*
- apparente · relative ⁺ nom

∾ VERBE + **bonne foi**
- être de : *il est de bonne foi*
- arguer de · invoquer · plaider
- convaincre de • clamer · exprimer · faire valoir : *elle doit faire valoir sa bonne foi pour obtenir des réparations*
- démontrer · montrer · témoigner de • attester (de) : *ces documents attestent de sa bonne foi* · confirmer · établir : *le nouveau témoignage établit sa bonne foi* · prouver
- contrôler · juger de
- croire en · se fier à
- douter de · s'interroger sur • contester · mettre en cause · mettre en doute
- abuser de : *il a abusé de ma bonne foi*

mauvaise foi

∾ **mauvaise foi** + ADJECTIF
- partisane · politique
- absolue · totale ⁺ nom • avérée · éclatante · évidente · flagrante · manifeste · patente • abyssale ⁺ nom · caractérisée · extrême · incroyable · invraisemblable · parfaite ⁺ nom · pure ⁺ nom · redoutable · sans pareille

- affligeante · éhontée · exaspérante · inadmissible · navrante

∾ mauvaise foi + VERBE

- caractériser : *il a répondu avec la mauvaise foi qui le caractérise*

∾ VERBE + **mauvaise foi**

- être (plein) de : *vous êtes de mauvaise foi* • afficher · faire montre de · faire preuve de
- recourir à : *il n'hésite pas à recourir à la mauvaise foi*
- être teinté de : *des arguments légèrement teintés de mauvaise foi* · relever de
- être dénué de (souvent nég.) : *ces critiques ne sont pourtant pas dénuées de mauvaise foi*
- accuser de · suspecter de : *les deux parties se suspectent de mauvaise foi* • dénoncer · stigmatiser
- démontrer : *ils recherchent des éléments démontrant sa mauvaise foi* · établir · prouver
- admettre · avouer · reconnaître

[1]folie *nom fém.* (démence)

∾ folie + ADJECTIF

- humaine : *une terre ravagée par vingt années de haine et de folie humaine* • amoureuse : *elle a tué son amant par folie amoureuse* · passionnelle • mystique · religieuse • nationaliste · sécuritaire • médiatique • consumériste · consommatrice · spéculative · etc.
- ambiante
- absolue · totale · immense [+ nom] · pure [+ nom] : *son projet est (de la) pure folie* • furieuse · hystérique • incurable · persistante • collective · contagieuse
- inquiétante · macabre · morbide • autodestructrice · barbare · criminelle · dangereuse · destructrice · exterminatrice · guerrière · haineuse · incendiaire · meurtrière · mortelle · sanguinaire · suicidaire
- douce : *une douce folie a déferlé sur la ville ce week-end; tu veux y aller? c'est de la folie douce!* · ordinaire • passagère

∾ folie + VERBE

- éclater : *sa folie a éclaté brusquement sans cause connue* · transparaître : *sa folie transparaît dans certaines de ses œuvres*
- guetter : *la folie le guette* · rôder • régner • gagner : *la folie a gagné tout le stade* · saisir : *la folie du bio saisit les classes moyennes* · s'emparer de
- (souvent passif) dévorer · emporter · perdre · ravager

∾ VERBE + **folie**

- conduire à : *la mort de son fils l'a conduit à la folie* · déclencher
- être aux limites de · friser : *ce projet frise la folie*
- être atteint de · être frappé de : *pour lui notre monde est frappé de folie* · être pris de : *il a été pris de folie* • plonger dans · sombrer dans · tomber dans • s'emmurer dans · se perdre dans · se réfugier dans
- simuler : *il a simulé la folie pour échapper à l'enrôlement*
- soigner
- échapper à · sortir de : *le traitement doit l'aider à sortir de la folie*
- arrêter · cesser · mettre fin à

∾ NOM + DE + **folie**

- accès · coup : *il fut saisi d'un coup de folie* · crise : *en proie à une crise de folie, elle a tué son mari* · éclair • instant · moment • tourbillon : *la population a été prise dans un tourbillon de folie hystérique* · vague : *une vague de folie spéculative* · vent : *un vent de folie s'empara du village*
- acte : *un acte de folie meurtrière* · geste
- brin · grain : *il faut sans doute un petit grain de folie pour ce genre d'entreprise*

[2]folie *nom fém.* (extravagance, erreur)

∾ folie + ADJECTIF

- grande [+ nom] · grosse [+ nom]
- petite [+ nom] : *il a bien droit à une petite folie*

∾ VERBE + **folie**

- faire : *j'ai fait une folie en achetant cette voiture*
- regretter

fonction *nom fém.* (rôle, métier)

∾ fonction + ADJECTIF

- administrative : *il est suspendu de toute fonction administrative pendant un an* • biologique · éducative · identitaire · motrice · régulatrice · sociale · etc.
- dissuasive : *la caméra de surveillance a avant tout une fonction dissuasive* · pratique • dirigeante : *il occupe des fonctions dirigeantes dans une administration* · élective · officielle : *il n'a pas de fonction officielle au sein du parti* • ancienne [+ nom] • complémentaire : *l'école et la famille ont des fonctions complémentaires dans l'éducation de l'enfant* · double [+ nom] · principale · unique
- actuelle · nouvelle [+ nom]
- initiale · traditionnelle : *ils détournent ces instruments de leur fonction traditionnelle* · originelle · première

- exacte : *je ne connais pas la fonction exacte de ce logiciel* · précise
- centrale · cruciale · essentielle · importante · indispensable · majeure · primordiale · vitale : *ils ont maintenu artificiellement ses fonctions vitales pendant un mois; ces commerces remplissent une fonction vitale dans l'économie du village*
- éminente · hautes○ (souvent plur.) : *elle occupe de hautes fonctions dans une grande compagnie* · prestigieuse : *il brigue la prestigieuse fonction de secrétaire général* · puissante · suprême○ : *il y a trois candidats principaux à la fonction suprême*
- décorative · discrète · honorifique · modeste · symbolique
- complexe : *le médecin généraliste a une fonction complexe* · délicate · difficile · exigeante
- (plur.) incompatibles · non cumulables : *il a dû faire un choix entre ces deux fonctions non cumulables*

∾ **fonction** + VERBE

- consister à : *sa fonction consistait à entretenir le parc automobile*
- être dévolue à : *le cinéma rejoint ici une fonction traditionnellement dévolue au théâtre*
- conférer : *il est attiré par le prestige conféré par cette fonction*

∾ VERBE + **fonction**

- créer : *Charles V a créé la fonction de garde champêtre en 1369*
- aspirer à · briguer : *il brigue la fonction d'inspecteur général* · convoiter · postuler à
- confier ... à · déléguer ... à : *il délègue une partie de ses fonctions à son adjoint* • assigner : *il voudrait assigner une fonction nouvelle à l'enseignement de la philosophie* • reconduire dans · réhabiliter dans · réintégrer dans · renouveler dans · rétablir dans : *la commission a décidé de le rétablir dans ses fonctions*
- entrer en○ : *le nouveau gouvernement est entré en fonction* · accéder à · prendre : *l'ambassadeur prendra ses fonctions le 1er novembre* • recouvrer · reprendre · retrouver • cumuler (plur.) • conserver · rester en : *il souhaite rester en fonction jusqu'à la fin de l'année* · se maintenir en
- assumer · assurer : *son père assure la fonction de manager de l'équipe* · exercer · occuper · remplir · tenir • s'acquitter de : *elle s'acquitte parfaitement de ses fonctions*
- outrepasser : *il reproche au général en chef d'outrepasser ses fonctions*
- consolider : *ces propositions sont destinées à consolider la fonction du Sénat*
- affaiblir : *cette loi risquerait d'affaiblir la fonction présidentielle*
- changer de • redéfinir
- s'appuyer sur · utiliser : *il utilise les fonctions interactives du logiciel*
- (souvent plur.) décharger de · déchoir de : *le président accusé de corruption a été déchu de ses fonctions* · démettre de : *le président a été démis de ses fonctions* · destituer de · mettre fin à · relever de : *la commission a préféré le relever de ses fonctions* · suspendre de
- abandonner · démissionner de · quitter : *il a quitté ses fonctions*
- supprimer

∾ NOM + DE + **fonctions**

- cumul · regroupement • diversité · multiplicité · multitude · pluralité · série

fonctionnement *nom masc.*

∾ **fonctionnement** + ADJECTIF

- autonome · démocratique · hiérarchique · pyramidal • classique · normal · traditionnel
- bon + nom : *il assure le bon fonctionnement des outils informatiques* · correct
- concret : *voilà le fonctionnement concret de la procédure pénale* · effectif
- harmonieux : *ils prônent un fonctionnement harmonieux du commerce mondial* · transparent • facile · sans entrave(s) · simple · souple : *un fonctionnement souple où chaque personne participe aux tâches quotidiennes*
- complexe · compliqué · difficile • capricieux : *ces vieilles machines ont un fonctionnement capricieux* · chaotique • défaillant · défectueux · mauvais + nom · précaire
- bureaucratique : *la lourdeur du fonctionnement bureaucratique des administrations l'agace* · sclérosé • opaque : *il dénonce le fonctionnement opaque de certaines institutions*

∾ **fonctionnement** + VERBE

- laisser à désirer

∾ VERBE + **fonctionnement**

- assurer : *une équipe administrative assure le fonctionnement quotidien de l'école* • participer à · s'impliquer dans • assumer
- être garant de : *la fédération est garante du bon fonctionnement du projet* · garantir • s'assurer de : *elle est chargée de s'assurer du bon fonctionnement des réacteurs* · veiller à • aider à · contribuer à : *les acides gras contribuent au bon fonctionnement cardio-vasculaire* • régulariser · réguler · rétablir • financer · subventionner
- montrer · révéler
- obéir à : *cela obéit à un fonctionnement complexe* · reposer sur

- analyser · étudier · tester • détailler · expliquer • comprendre : *je ne comprends pas le fonctionnement de cet appareil* · connaître
- changer · modifier · revoir : *il faut revoir le fonctionnement de cette société*
- améliorer · harmoniser · optimiser • clarifier · simplifier
- contester · critiquer : *le rapport critique le fonctionnement de la coopérative* · remettre en question · (re)mettre en cause
- affecter · bouleverser : *l'arrivée d'une nouvelle monnaie bouleverse le fonctionnement de l'économie* · gêner · limiter · nuire à · perturber · peser sur · porter atteinte à : *cette dérive porte atteinte au fonctionnement du conseil municipal* • bloquer · paralyser : *une crise institutionnelle paralyse le fonctionnement du gouvernement*
- suspendre : *ils ont suspendu le fonctionnement du téléphérique en raison des risques d'orage* • arrêter · interrompre

1 force *nom fém.* (puissance, énergie d'une personne)

∞ force + ADJECTIF

- athlétique · musculaire · physique • vitale • intérieure · mentale · morale · spirituelle
- colossale · décuplée · énorme · étonnante · exceptionnelle · extrême · gigantesque : *il faut une force gigantesque pour déraciner un arbre* · grande + nom · herculéenne ○ : *il a défoncé la porte avec une force herculéenne* · immense · impressionnante · incomparable · incroyable + nom · inégalable · inouïe · irrésistible · rare · redoutable · remarquable · saisissante · singulière · terrible · démentielle · véritable + nom · vraie + nom • extraordinaire · fabuleuse · prodigieuse · surhumaine · surnaturelle · invicible
- inattendue · inédite · inhabituelle · insoupçonnée
- animale · aveugle · brutale
- apparente • réduite · faible + nom · simple + nom

∞ force + VERBE

- émaner de · se dégager de : *une grande force se dégage de cet homme*
- baisser · décliner · diminuer
- revenir : *ses forces reviennent peu à peu*

∞ VERBE + force

- avoir besoin de
- avoir · être doté de · être doué de · jouir de (+ adj.) · posséder • trouver : *il n'a pas trouvé la force de lui dire* • conserver · garder
- puiser : *il puise sa force dans la foi* • accumuler (plur.) : *ce repos m'a permis d'accumuler des forces* · acquérir • (plur.) rassembler · recouvrer · récupérer · reprendre : *il faut que tu reprennes des forces avant de repartir* · retrouver
- (plur.) joindre · rassembler · unifier · unir : *nous devons unir nos forces pour relever ce défi*
- connaître : *il ne connaît pas sa force* · être conscient de · sentir
- (re)donner · insuffler
- (plur.) économiser · épargner · ménager
- (plur.) abuser de • présumer de
- augmenter · décupler : *la rage a décuplé sa force*
- affaiblir : *la maladie a affaibli ses forces* · diminuer • atténuer : *le coussin a atténué la force du coup*
- être sans · manquer de • perdre
- [contrainte] • avoir recours à · faire usage de · recourir à
- [contrainte] • rejeter l'usage de

par la force

- conquérir · contraindre : *l'esprit humain ne peut être contraint par la force physique* · faire respecter · obtenir : *on n'obtient rien par la force* · répondre · s'imposer • gouverner · régner

▷ voir aussi **épreuve de force et rapport de forces**

2 force *nom fém.* (Phys.)

∞ force + ADJECTIF

- attractive · centrifuge · centripète · d'attraction · de choc · gravitationnelle · motrice · répulsive
- maximale
- minimale

∞ VERBE + force

- compenser : *un dispositif d'inclinaison compense la force centrifuge* · équilibrer

3 force *nom fém.* (effet, influence, pouvoir)

∞ force + ADJECTIF

- émotionnelle · émotive • dramatique · évocatrice · expressive · idéologique · mystique · poétique · rhétorique • comique · créatrice · etc.
- [point fort] • majeure · principale + nom
- intacte : *la force intacte de ce texte fondateur*
- étonnante · exceptionnelle · extraordinaire · fabuleuse · grande + nom · impétueuse · impressionnante · incomparable · incroyable + nom · inégalable · inouïe · prodigieuse · rare · remarquable · saisissante · singulière · véritable + nom • redoutable · terrible

- déréglée · incontrôlée • destructrice · dévastatrice · meurtrière • subversive : *elle est consciente de la force subversive de son écriture*

∞ **force** + VERBE
- résider dans : *sa grande force réside dans son réalisme* · se situer dans

∞ VERBE + **force**
- constituer : *cet aspect pédagogique constitue la force du projet* · faire : *il est audacieux, c'est ce qui fait sa force*
- tirer ... de : *le film tire toute sa force de son symbolisme*

[4]force *nom fém.* (acteur, puissance)

∞ **force** + ADJECTIF
- économique · étatique · financière · gouvernementale · politique · sociale : *ils représentent une force sociale* · syndicale • européenne · nationale · internationale · etc.
- productive · vive : *ils font partie des forces vives du rugby français*
- grande [+ nom] · puissante · majeure · principale · importante • indestructible · invincible
- invisible · supérieure · surnaturelle • démoniaque · maléfique · malfaisante · obscure
- étrange · mystérieuse • aveugle
- (plur.) antagonistes · contradictoires

∞ **force** + VERBE
- être en présence : *les forces en présence dans cette affaire* · s'affronter · s'opposer
- intervenir : *les forces politiques interviennent dans le débat sur les licenciements*

∞ VERBE + **force**
- faire appel à : *il doit faire appel aux forces vives du parti pour renouveler ses idées*
- se heurter à : *le progrès se heurte à la force des habitudes*

[5]force *nom fém.* (militaire, souvent plur.)

∞ **force** + ADJECTIF
- armée · militaire • de l'ordre° · de sécurité • dissuasive · nucléaire • étrangère · fédérale · gouvernementale · internationale • paramilitaire · spéciale • aérienne · aéronavale · amphibie · expéditionnaire · navale · terrestre
- alliée · libératrice
- adverse · ennemie · hostile · rebelle • occupante

∞ **force** + VERBE
- intervenir · se déployer • investir : *les forces armées ont investi le territoire* · pénétrer · prendre (d'assaut) : *les forces militaires ont pris la capitale dans la matinée* · s'emparer de • contrôler : *toute la zone est contrôlée par les forces militaires* · occuper
- affronter • arrêter : *les forces de sécurité ont arrêté une vingtaine d'individus*
- protéger • libérer
- se retirer

∞ VERBE + **force**
- créer · former · mettre en place • se doter de
- déployer : *une force de maintien de la paix sera déployée dans la région* · engager : *les forces engagées sur le terrain doivent maintenir la paix* · envoyer : *une force armée a été envoyée sur place* · mobiliser : *le pays a mobilisé la force navale pour cette opération*
- commander · diriger · être à la tête de
- rejoindre · s'engager dans : *il veut s'engager dans une force internationale*
- retirer : *le gouvernement a annoncé qu'il va retirer ses forces de la province*

forêt *nom fém.*

∞ **forêt** + ADJECTIF
- amazonienne · équatoriale · tropicale • pluviale · sauvage · vierge° • domaniale • résineuse • giboyeuse
- naturelle • artificielle · plantée
- humide • sèche
- enchantée · magique · merveilleuse
- grande [+ nom] · immense · vaste • dense · épaisse · impénétrable · profonde • luxuriante
- belle [+ nom]
- petite [+ nom] • claire · clairsemée
- obscure · sombre

∞ **forêt** + VERBE
- (re)couvrir : *la forêt recouvre 70% du territoire* · s'étendre : *la forêt s'étend sur plusieurs hectares*
- border · jouxter : *une jolie forêt jouxte le château* • entourer : *une forêt entoure le hameau* · encercler
- brûler
- disparaître : *les vieilles forêts d'Europe disparaissent un peu plus chaque jour*

∞ VERBE + **forêt**
- planter
- entrer dans · pénétrer dans · s'enfoncer dans • se perdre dans • traverser • sortir de

- entretenir • protéger : *ce programme vise à protéger les forêts tropicales*
- aménager · layer : *ils ont layé la forêt pour en faciliter la traversée*
- déboiser · défricher
- exploiter
- menacer • embraser · incendier · mettre le feu à • détruire · ravager · saccager

formalité *nom fém.* (souvent plur.)

∞ formalité + ADJECTIF

- administrative · comptable · douanière · fiscale · juridique · légale · technique · etc.
- préalable : *les formalités préalables à l'exercice d'une activité*
- pure○ + nom : *cette procédure n'est que pure formalité* · simple○ + nom : *ce n'est qu'une simple formalité administrative*
- habituelle • importante • indispensable : *les formalités indispensables pour bénéficier d'une aide* · nécessaire · obligatoire
- dernière · ultime : *la déclaration d'utilité publique est l'ultime formalité avant le lancement du chantier*
- compliquée · contraignante • ennuyeuse : *l'installation du logiciel comporte quelques formalités ennuyeuses* • inutile : *les formalités inutiles seront progressivement supprimées*

∞ VERBE + formalité

- exiger · nécessiter : *toute hospitalisation nécessite des formalités administratives* · requérir : *l'exportation de ces produits requiert des formalités particulières*
- accomplir · effectuer · entreprendre · procéder à : *dans votre cas, vous n'avez pas procédé à cette formalité* · régler : *il a quelques formalités à régler avant son départ* · remplir · respecter · se charger de • se plier à · se soumettre à
- boucler · expédier : *c'était une formalité vite expédiée* • se débarrasser de
- alléger · réduire : *ils réduisent les formalités pour les clients exigeants* • faciliter · simplifier
- dispenser de : *vous ne pouvez pas être dispensés de cette formalité*
- relever de : *les compétitions relevaient plus de la formalité* · se réduire à : *les démarches pour modifier le nom du titulaire se réduisent à quelques formalités*

[1]forme *nom fém.* (aspect)

∞ forme + ADJECTIF

- humaine
- anguleuse · arrondie · carrée · conique · courbe · cubique · cylindrique · géométrique · octogonale · ovale · pyramidale · rectangulaire · ronde · sphérique · symétrique • globuleuse · ovoïde • phallique · allongée · effilée · élancée · évasée · fuselée · longue · oblongue · stylisée • aérodynamique · ergonomique • hybride · etc.
- abstraite · figurative • basique · classique
- fixe · unique • définitive
- caractéristique · particulière · spécifique
- coutumière · traditionnelle · typique
- audacieuse · inédite · innovante · nouvelle + nom : *la maladie a pris une nouvelle forme* · originale • originelle
- inattendue • inhabituelle · inusitée • déconcertante · étonnante · saisissante • atypique · bizarre · curieuse · insolite · singulière • complexe
- indéterminée · indistincte · irrégulière • changeante · mouvante · variable
- massive · monumentale • spectaculaire
- délicate · douce · élégante · harmonieuse · idéale · jolie · magnifique · majestueuse · noble · parfaite · précise · proportionnée · pure · raffinée • sensuelle · superbe + nom • élaborée • adéquate · appropriée · étudiée
- austère • épurée · sage · simple · sobre
- approximative · confuse · imparfaite · imprécise • banale · quelconque • biscornue · compliquée · lourde
- provisoire · temporaire
- extravagante · grotesque • caricaturale · disgracieuse · disproportionnée · monstrueuse · ridicule • agressive · inquiétante

∞ forme + VERBE

- émerger : *une nouvelle forme de cinéma a émergé avec ce film* • se dessiner
- s'inspirer de : *la forme de ce meuble s'inspire de celle du piano*
- changer · varier : *sa forme varie en fonction de la température*

∞ VERBE + forme

- avoir · posséder · présenter • conserver : *la bâtiment a conservé sa forme initiale* · garder • épouser : *la pâte épouse la forme du moule* • changer de
- dessiner · peindre · tracer
- acquérir · (re)prendre : *le monstre avait pris forme humaine* • retrouver : *la vapeur retrouve sa forme liquide en libérant de la chaleur*
- évoquer · rappeler : *ce nuage rappelle la forme d'une lyre*

- discerner · reconnaître
- altérer · changer : *elle a changé la forme de sa robe pour la rendre plus originale* · modifier
- perdre : *au lavage, le pull a complètement perdu sa forme*

[2]forme *nom fém.* (santé)

∞ forme + ADJECTIF

- bonne [+ nom] · d'athlète · éblouissante · époustouflante · étonnante · excellente · exceptionnelle · grande [+ nom] · insolente : *le marché français affiche une forme insolente* · magnifique · olympique : *la joueuse a retrouvé sa forme olympique* · optimale : *le préparateur physique doit amener ses joueurs à une forme optimale* · pleine [+ nom] : *elle est en pleine forme* · splendide · superbe • ascendante : *il a montré une forme ascendante dans les étapes de montagne*
- petite [+ nom] : *je suis en petite forme en ce moment*

∞ VERBE + forme

- afficher (+ adj.) : *la comédienne affiche une forme éblouissante* · apparaître en · être dans (+ adj.) : *je suis dans une forme olympique* · être en : *il est en (pleine) forme* · paraître en · posséder · se sentir en
- conserver · garder · rester en · se maintenir en · tenir : *comment fait-il pour tenir la forme comme ça ?*
- être au meilleur / mieux de · être au sommet de · être au top de · péter[fam.]
- (se) remettre en : *ce programme de huit jours doit le remettre en forme* · retrouver
- négliger : *60 ans est un âge où il ne faut pas négliger sa forme*

formes *nom fém. plur.* (physique)

∞ formes + ADJECTIF

- charnues · dodues · épanouies · généreuses · grassouillettes · imposantes · massives · plantureuses · potelées : *elle dissimule ses formes potelées sous une grande tunique* · pulpeuses · rebondies
- athlétiques • élancées · sveltes • délicates · fines · graciles • belles [+ nom] · charmantes · gracieuses · harmonieuses · jolies · magnifiques · superbes • idéales · parfaites • affriolantes · attrayantes · avantageuses · séduisantes · sensuelles · voluptueuses
- disgracieuses · imparfaites

∞ VERBE + formes

- avoir · posséder (+ adj.) : *ce soutien-gorge est idéal pour les femmes qui possèdent des formes avantageuses* • prendre : *elle a pris des formes à l'adolescence*
- exhiber · faire voir · mettre en valeur · montrer
- épouser · mouler
- cacher · dissimuler : *un ample pantalon dissimulait ses formes*

[1]formule *nom fém.* (solution, procédé)

∞ formule + ADJECTIF

- adaptée · personnalisée · adéquate
- alternative · inédite · unique · innovante · nouvelle · originale
- ancienne [+ nom] · classique · éprouvée · habituelle : *un ensemble plus resserré que la formule habituelle du big band* · traditionnelle
- à la carte : *ils ont opté pour une formule à la carte pour leurs vacances aux Bahamas* · souple • bonne [+ nom] · commode · efficace · simple · tout compris • attrayante · séduisante • gagnante : *il semble avoir trouvé la formule gagnante pour les films à succès* · idéale · magique[○] : *il n'y a pas de formule magique* · miracle
- coûteuse : *les vacances à l'hôtel, c'est une formule coûteuse* • éculée · usée : *une intrigue sans surprise à la formule usée*

∞ formule + VERBE

- avoir du succès · faire des émules · faire fureur · fonctionner : *la formule du tri sélectif fonctionne bien* · séduire • faire ses preuves · gagner : *on ne change pas une formule qui gagne* • contribuer à : *cette formule contribue à fidéliser la clientèle* • faire le succès de : *la formule a fait le succès de l'entreprise*
- vieillir : *le séjour linguistique à l'étranger est une formule qui n'a pas vieilli*

∞ VERBE + formule

- chercher
- essayer · tester : *une semaine suffira pour tester la formule*
- trouver
- (s')offrir : *le journal de 13 heures s'offre une nouvelle formule* · proposer
- inaugurer · inventer • développer : *le conseil général a développé une formule de volontariat* · échafauder · lancer
- appliquer · employer · pratiquer : *cette agence de voyages pratique la formule tout compris* · recourir à · utiliser

- reconduire : *la marque reconduit la formule qui a fait son succès* · répéter
- adopter · choisir · opter pour · retenir • affectionner · approuver · plébisciter : *de plus en plus de parents plébiscitent la formule de l'internat*
- adapter · affiner · améliorer · remanier • moderniser · rajeunir · rénover • roder

[2] **formule** *nom fém.* (expression)

∾ formule + ADJECTIF

- consacrée · éternelle [+ nom] · figée · habituelle · sacramentelle · officielle : *"à l'appréciation de Sa Majesté", comme dit la formule officielle* · rituelle · usuelle • célèbre [+ nom] · fameuse · inoubliable : *la formule inoubliable de Simone Signoret : "la nostalgie n'est plus ce qu'elle était"*
- argotique · imagée · poétique · polie : *il faut terminer ta lettre par une formule polie* · savante
- cabalistique · incantatoire · magique · sacrée
- amusante · belle [+ nom] · bien tournée · bonne [+ nom] · éblouissante · jolie · magnifique • adéquate · heureuse[○ + nom] · pertinente • rassurante
- audacieuse · percutante · saisissante • accrocheuse : *cette campagne publicitaire a une formule accrocheuse* · choc[○] • mordante · provocatrice · tranchante
- concise · elliptique · laconique · ramassée · simple • prudente
- curieuse [+ nom] · étonnante · troublante • vague • ambiguë · énigmatique · obscure · sibylline • codée : *"nuit et brouillard" était la formule codée pour désigner les camps d'extermination*
- assassine · cynique · grinçante · lapidaire · méchante · méprisante
- trompeuse • maladroite · malheureuse • attendue · convenue · creuse · éculée · passe-partout : *il se méfie des formules passe-partout et de la langue de bois* · stéréotypée · toute faite[○] · usée • alambiquée · à l'emporte-pièce · boursouflée · empruntée · pompeuse · précieuse

∾ formule + VERBE

- faire mouche
- agacer · choquer · fâcher · vexer

∾ VERBE + formule

- lancer : *le magicien lance des formules magiques* · prononcer · réciter · répéter : *il a répété cette formule mordante pendant toute la campagne électorale*
- adopter · employer · recourir à · user de · utiliser • citer · emprunter · paraphraser : *le titre de l'article paraphrase la célèbre formule de Proudhon* · ressortir • reprendre (à son compte) • piquer[fam.] · s'approprier · voler • abuser de : *ce politicien abuse des formules convenues*
- avoir l'art / le sens de : *elle a le sens de la formule*
- affectionner : *elle affectionne les formules chocs*
- éviter
- (se) résumer dans / en : *son opinion défavorable se résume dans cette formule lapidaire*

[1] **fortune** *nom fém.* (richesse)

∾ fortune + ADJECTIF

- familiale · parentale · personnelle · privée
- petite [+ nom]
- soudaine · subite
- vieille
- confortable · honnête • belle [+ nom] : *il est à la tête d'une belle fortune* · colossale · considérable · énorme · extraordinaire · fabuleuse · gigantesque · grande [+ nom] · grosse [+ nom] · honorable · illimitée · immense · importante · impressionnante · incroyable · jolie · mirobolante · prodigieuse · rondelette · solide • insolente

∾ VERBE + fortune

- chercher[○] : *chercher fortune* · courir : *il est parti courir la fortune au Japon*
- bâtir : *il a bâti une fortune avec ses pilules revigorantes* · faire[○] : *elle a fait fortune avec son invention* • accumuler · amasser
- apporter : *ce brevet lui apportera fortune et renommée* · assurer : *cet héritage lui assure une fortune honnête*
- faire don de · offrir · payer : *il a payé une fortune pour ce vase*
- coûter · valoir
- dilapider · perdre : *il a perdu toute sa fortune au jeu*

[2] **fortune** *nom fém.* (chance)

∾ fortune + ADJECTIF

- bonne [+ nom] : *la bonne fortune ne le quitte pas*
- mauvaise [+ nom] : *il faut faire contre mauvaise fortune bon cœur*

∾ fortune + VERBE

- sourire à : *« La fortune sourit aux audacieux »* (proverbe)
- tourner : *la fortune a tourné à son avantage*

∾ VERBE + **fortune**

- connaître : *aucun joueur n'avait connu une telle fortune depuis bien longtemps*

[1]**fossé** *nom masc.* (creux)

∾ **fossé** + ADJECTIF

- énorme · grand [+ nom] · infranchissable : *un fossé infranchissable empêche d'accéder au château* · large · profond
- bourbeux · fangeux
- étroit · petit [+ nom]

∾ **fossé** + VERBE

- border · jouxter : *un fossé jouxte leur propriété* · longer
- séparer : *un petit fossé sépare la route du champ*
- s'élargir
- rétrécir

∾ VERBE + **fossé**

- creuser
- enjamber · franchir : *il franchit le fossé d'un bond* · sauter
- curer · débourber · empierrer

dans un fossé

- atterrir · échouer : *la voiture a échoué dans un fossé* · glisser · sauter · se retrouver · tomber

[2]**fossé** *nom masc.* (écart)

∾ **fossé** + ADJECTIF

- générationnel · social • culturel · démographique · économique · idéologique · numérique : *il y a un fossé numérique croissant entre ceux qui ont accès à Internet et les autres* · psychologique · salarial · technologique · etc.
- abyssal : *un fossé abyssal sépare la théorie de la pratique* · béant · considérable · énorme · extraordinaire · gigantesque · grand [+ nom] · impressionnant · incroyable · infranchissable · profond · vertigineux · véritable [+ nom] • croissant · grandissant • irrémédiable · persistant
- intolérable • dangereux · effroyable · terrible
- apparent · petit [+ nom]

∾ **fossé** + VERBE

- se créer • exister · séparer : *un fossé les sépare des élites* • demeurer
- s'accroître · s'aggraver · se creuser · s'élargir : *le fossé s'élargit entre les magistrats et les députés*
- se réduire · s'estomper : *le fossé entre le secteur public et le secteur privé tend à s'estomper*

∾ VERBE + **fossé**

- créer · creuser
- illustrer · révéler · souligner : *le journal souligne le fossé entre les discours du politicien et ses actes*
- dénoncer · s'inquiéter de : *le ministère s'inquiète du fossé entre les parents et les enseignants*
- constater
- évaluer · mesurer · prendre la mesure de
- accentuer · aggraver
- réduire · résorber : *ces mesures visent à résorber le fossé économique* • surmonter : *un échange permet de surmonter le fossé culturel entre les deux communautés*
- abolir · combler · gommer

foule *nom fém.*

∾ **foule** + ADJECTIF

- bigarrée · colorée · cosmopolite · hétéroclite • endimanchée • désarmée : *les soldats ont ouvert le feu sur la foule désarmée des manifestants*
- compacte · dense · énorme · grouillante · immense · importante · impressionnante · innombrable · monstre [fam.] : *une foule monstre a envahi les rues de la capitale* · nombreuse · prodigieuse : *le Salon de l'agriculture a attiré une foule prodigieuse* · vaste [+ nom] : *une vaste foule s'est rassemblée devant le ministère*
- clairsemée · éparse
- attentive · calme · docile · silencieuse
- chaleureuse : *le candidat a été accueilli par une foule chaleureuse* • hilare · joyeuse
- déchaînée · en délire : *une foule en délire a acclamé les joueurs* · enfiévrée · enthousiaste · fervente · hystérique · impatiente · surexcitée · survoltée
- bruyante • hostile · houleuse : *une foule houleuse l'a hué devant le tribunal* · menaçante • incontrôlable : *le rassemblement des curieux et des badauds s'est rapidement transformé en une foule incontrôlable*
- médusée

∾ **foule** + VERBE

- attendre · se recueillir • avancer · défiler · manifester • piétiner · s'agiter
- affluer · converger : *la foule convergeait vers la place de la Bastille* · déferler · s'agglutiner : *la foule des militants s'agglutinait devant la tribune* · s'amasser · s'attrouper · se masser · s'engouffrer · se presser · se rassembler · se réunir • déborder : *la foule débordait de la salle* · emplir · envahir · s'emparer de : *la foule s'est emparée de la forteresse* · submerger : *l'exposition est submergée par la foule des visiteurs* • enfler · grossir : *la foule*

grossit à vue d'œil pour atteindre bientôt un millier de personnes

- reculer · s'écarter · se disloquer · se disperser : *la foule s'est dispersée dans le calme* · s'égailler : *la foule s'est égaillée sur l'ordre des policiers* · s'éparpiller
- demander · réclamer : *la foule réclame sa démission*
- entonner · murmurer · scander : *la foule scande le nom du gagnant* • gronder · hurler : *la foule hurlait devant le tribunal*
- (souvent passif) accueillir : *le cortège officiel a été accueilli par une foule immense* • acclamer · applaudir · ovationner : *la chanteuse a été ovationnée par une foule en délire* • admirer · aduler
- (souvent passif) dévaster · emporter · entraîner • assaillir · bousculer · écharper · étouffer · lyncher : *le criminel a été lynché par la foule* · molester • conspuer · huer : *l'arbitre a été hué par la foule* · siffler

∾ VERBE + foule

- interpeller · s'adresser à • exhorter · haranguer • saluer
- contempler · observer · regarder
- se joindre à · se mêler à : *les joueurs se sont mêlés à la foule des supporters*
- manipuler · manœuvrer : *ce dictateur est habile à manœuvrer les foules*
- (souvent plur.) affoler · déchaîner · exciter
- (souvent plur.) amasser · ameuter · attirer · déplacer : *c'est le seul artiste qui déplace de telles foules* · drainer · mobiliser · rameuter
- calmer • canaliser · contenir : *la police a tenté en vain de contenir la foule* • disperser
- (souvent plur.) amuser · captiver : *une élection qui ne captive pas les foules* · charmer · divertir • enflammer · enthousiasmer · faire vibrer · galvaniser : *ce groupe galvanisait les foules* · magnétiser : *il est capable de magnétiser les foules* · passionner · survolter
- avoir peur de · craindre : *c'est une destination de rêve si on ne craint pas la foule estivale* · détester · fuir
- écarter · fendre : *il est entré dans la salle en fendant la foule* · percer : *il a dû percer la foule pour atteindre le bâtiment*
- affronter : *le ministre a dû affronter une foule hostile* · charger : *la police a chargé la foule à coups de matraque* • tirer sur

∾ NOM + DE + foule

- bain° : *le candidat a pris un bain de foule après son discours*
- bruit • effet · mouvement · rassemblement • scène : *le film commence par une longue scène de foule*

dans la foule

- se faufiler · se glisser • disparaître · se cacher · se fondre · se noyer · se perdre

[1]**fracture** *nom fém.* (blessure)

∾ fracture + ADJECTIF

- osseuse • de fatigue
- incomplète · petite [+ nom] : *il souffre de plusieurs petites fractures* · simple
- complète · en bois vert° · nette · ouverte • double · multiple · triple
- grave · mauvaise [+ nom]

∾ VERBE + fracture

- causer · entraîner · provoquer
- être victime de : *il a été victime d'une fracture ouverte à la jambe droite* · souffrir de
- consolider · réduire

[2]**fracture** *nom fém.* (fossé)

∾ fracture + ADJECTIF

- culturelle · linguistique · morale · religieuse • civique · démocratique · politique · idéologique • ethnique · raciale • scolaire · sociale • territoriale : *la fracture territoriale s'élargit entre les centres-villes et les périphéries* • digitale : *l'association lutte contre la fracture digitale entre les pays développés et ceux en voie de développement* · numérique · etc.
- mondiale · nationale
- consommée : *la fracture semble consommée entre les deux partis de gauche* · irréductible · véritable [+ nom] • abyssale · béante · grave · nette · profonde

∾ fracture + VERBE

- apparaître : *cette fracture est apparue au sein de la majorité*
- s'aggraver · se creuser · s'élargir : *la fracture s'élargit entre modérés et extrémistes*
- diviser : *ils ont mis en lumière les fractures qui divisent le pays* · séparer

∾ VERBE + fracture

- causer · provoquer
- dénoncer
- accentuer · accroître · aggraver · creuser · élargir · raviver
- mettre en lumière · révéler
- éviter · lutter contre · résoudre · surmonter

- combler · diminuer · réduire · réparer · résorber : *le candidat a promis de résorber la fracture sociale*

[1]fraîcheur *nom fém.* (froid)

∞ fraîcheur + ADJECTIF
- matinale · nocturne · printanière • humide
- agréable · délicieuse · exquise • tonique · vivifiante

∞ VERBE + fraîcheur
- apporter : *la pluie a apporté un peu de fraîcheur*
- (re)chercher • bénéficier de : *la région bénéficie de la fraîcheur de l'océan* · profiter de • goûter · respirer · sentir

∞ NOM + DE + fraîcheur
- souffle · vent • oasis : *c'est une oasis de fraîcheur dans une région saturée de soleil*

[2]fraîcheur *nom fém.* (vigueur, d'une denrée)

∞ fraîcheur + ADJECTIF
- extraordinaire · incroyable · première + nom : *des poissons de première fraîcheur* · remarquable : *le mascarpone est d'une fraîcheur remarquable* · grande + nom

∞ VERBE + fraîcheur
- garantir : *ils garantissent la fraîcheur des produits servis*
- retrouver
- manquer de • perdre (de)

[3]fraîcheur *nom fém.* (spontanéité, originalité, renouveau)

∞ fraîcheur + ADJECTIF
- belle + nom · délicieuse · exquise · extraordinaire · grande + nom : *un drame amoureux d'une grande fraîcheur* · incroyable · intacte · première + nom · rare · réjouissante · remarquable • inaltérable : *ces poèmes sont d'une fraîcheur inaltérable*
- naïve : *on trouve dans cet album toute la fraîcheur naïve de sa musique* · spontanée • confondante · désarmante · étonnante : *c'est un film d'une étonnante fraîcheur* · inattendue

∞ VERBE + fraîcheur
- apporter : *les femmes apportent un peu de fraîcheur dans la politique* · préserver : *son écriture tente de préserver la fraîcheur de l'oralité*
- avoir · être plein de · posséder : *elle possède une fraîcheur assez rare dans ce métier* • conserver : *ce conte pour enfants a conservé toute sa fraîcheur* · garder • retrouver
- perdre : *il a perdu la fraîcheur de ses débuts*

∞ NOM + DE + fraîcheur
- souffle · vent : *elle fait souffler un vent de fraîcheur sur l'équitation mondiale*

frais *nom masc. plur.* (dépenses)

∞ frais + ADJECTIF
- administratifs · bancaires · médicaux · publicitaires · techniques · de change · etc.
- courants · directs · fixes · forfaitaires · généraux ○ · réels ○ : *l'indemnité forfaitaire est trop éloignée des frais réels* • déductibles • faux ○ + nom : *de nombreux faux frais se sont ajoutés aux dépenses habituelles* · imprévus · indirects • variables • afférents · annexes · inhérents · supplémentaires
- incompressibles • considérables · élevés · grands + nom : *il a restauré la maison à grands frais* · gros + nom : *il craint de gros frais de manutention* · importants
- ahurissants · excessifs · exorbitants · insensés • inutiles
- menus + nom : *la commune a payé jusqu'aux menus frais du séjour* · moindres + nom : *je l'ai réparé à moindres frais* • compressibles

∞ frais + VERBE
- incomber à : *la totalité des frais lui incombe*
- se chiffrer à : *les frais se chiffrent à 900 euros* · s'élever à · se monter à
- s'ajouter à : *des frais annexes doivent s'ajouter à ce montant*
- varier : *les frais varient selon les municipalités; les frais varient entre 15 et 30 euros*

∞ VERBE + frais
- causer · entraîner · impliquer · nécessiter : *cela va nécessiter des frais de fonctionnement supplémentaires* · occasionner
- encourir · (s')engager dans : *on peut revoir la décoration sans s'engager dans des frais importants* • assumer · faire face à · subir : *ils n'ont plus à subir les frais de change* · supporter • contribuer à · participer à · prendre part à · subvenir à : *il m'a prêté de l'argent pour subvenir aux frais d'hospitalisation* • partager · répartir : *le juge peut décider de répartir les frais de déplacement de l'un des deux parents*
- imposer • facturer · imputer : *votre banque peut vous imputer des frais pour ce type de transaction*
- encaisser · percevoir · prélever : *l'opérateur m'a prélevé des frais de dossier de 20 €* · toucher
- calculer • sous-estimer · surestimer • justifier

- acquitter · avancer · payer · prendre en charge · régler · reverser : *les frais sont reversés directement aux employés* · verser • couvrir : *la mutuelle ne couvre pas tous mes frais médicaux* · rembourser
- rentrer dans○ : *je suis finalement rentrée dans mes frais*
- accroître · augmenter
- comprimer : *une activité non rentable a été supprimée pour comprimer les frais généraux* · diminuer · limiter · réduire
- épargner : *la société épargne les frais de transport aux salariés* · exonérer de • économiser · éviter

franchise *nom fém.* (sincérité)

∞ franchise + ADJECTIF

- coutumière : *il s'est exprimé avec sa franchise coutumière* · habituelle
- absolue · à toute épreuve : *elle est d'une franchise à toute épreuve* · entière + nom : *il nous a répondu avec une entière franchise* · évidente · grande + nom · remarquable · totale • inhabituelle · rare
- déconcertante · déroutante · désarmante · étonnante
- amusante · belle + nom · rafraîchissante · séduisante
- abrupte · brutale · crue : *sa franchise crue n'épargne personne* • cruelle · cynique · déplacée · dure · insolente · provocante
- apparente

∞ VERBE + franchise

- avoir : *aie au moins la franchise de me le dire en face* · être de (+ adj.) : *il est d'une franchise absolue*
- faire preuve de : *il a fait preuve de beaucoup de franchise dans cette affaire* · respirer : *elle respire la franchise* · se montrer de (+adj.)
- apprécier · saluer • excuser : *excusez ma franchise, mais je n'aime pas votre travail* · pardonner
- avoir le mérite de : *cette critique a au moins le mérite de la franchise*
- manquer de : *je le soupçonne de manquer de franchise*

avec franchise

- affirmer · avouer · dire · parler · reconnaître · répondre · s'exprimer

fraude *nom fém.*

∞ fraude + ADJECTIF

- bancaire · boursière · comptable · financière · fiscale • commerciale · douanière • électorale · électronique : *l'interception des données constitue une fraude électronique* · informatique · sportive
- interne : *la direction veut tout faire pour prévenir la fraude interne*
- présumée : *une enquête sur une fraude présumée de plusieurs millions d'euros*
- grave : *la commission des litiges ne s'occupe pas des cas de fraude grave* · monumentale · organisée · vaste + nom : *il serait impliqué dans une vaste fraude électorale* • avérée · caractérisée · évidente · flagrante · manifeste • complexe · sophistiquée
- grossière : *une fraude grossière visait les clients de plusieurs banques* · honteuse · scandaleuse
- petite + nom

∞ fraude + VERBE

- constituer
- concerner : *la fraude concerne la gestion de la chaîne de télévision* · porter sur : *la fraude portait sur 3,8 milliards de dollars* · s'élever à : *la fraude s'élève à 75 millions de dollars*
- augmenter : *la fraude a augmenté de 14,6 % par rapport à l'année passée* · se développer

∞ VERBE + fraude

- avoir recours à · commettre · recourir à
- être entâché de : *un acte juridique entâché de fraude*
- être victime de
- constater : *la mission d'observation n'a pas constaté de fraude* · déceler · découvrir · détecter · établir · mettre au jour · prouver · révéler • crier à : *ils crient à la fraude électorale* · protester contre · signaler
- estimer · évaluer : *une première estimation évalue la fraude à 800 000 euros*
- cautionner : *le gouvernement ne cautionne pas les fraudes commises* · couvrir · encourager · laisser passer · permettre · tolérer
- empêcher · endiguer · éviter · freiner · limiter · prévenir
- combattre · débusquer · déjouer : *un dispositif sans précédent a déjoué la fraude* · enrayer · lutter contre · parer à · réprimer · s'attaquer à
- arrêter · éradiquer · mettre fin à · stopper
- soupçonner de · suspecter • accuser de · inculper pour · juger pour · mettre en examen pour · poursuivre pour

en fraude

- acheter · exporter · importer · introduire · passer · vendre • pénétrer · sortir

frayeur *nom fém.*

∞ frayeur + ADJECTIF

- enfantine

- petite + nom
- belle + nom · énorme + nom · extraordinaire · grande + nom · grosse + nom · indescriptible · insurmontable · intense · sérieuse + nom
- excessive • inutile : *ils ont mal maîtrisé le match en se faisant des frayeurs inutiles* · ridicule

∞ VERBE + **frayeur**
- causer · provoquer · susciter • valoir ... à : *cette imprudence lui a valu une petite frayeur*
- connaître · éprouver · ressentir · se faire • être rempli de · être saisi de
- crier de · frémir de · hurler de · mourir de*fam.* · trembler de
- calmer · dissiper
- conjurer · oublier · se remettre de · surmonter · vaincre : *afin de vaincre ses frayeurs, il apprend à sauter en parachute*

[1]fréquence *nom fém.* (répétition, rythme)

∞ **fréquence** + ADJECTIF
- cardiaque · respiratoire
- variable · irrégulière
- habituelle · moyenne · normale
- annuelle · hebdomadaire · quotidienne · etc.
- accrue · croissante · grandissante • élevée · extrême + nom : *cela explique l'extrême fréquence du phénomène sous ces latitudes* · forte + nom · grande + nom • maximale : *il est déconseillé de dépasser 80 % de sa fréquence cardiaque maximale* • supérieure (à)
- inférieure (à) • faible + nom · minimale
- anormale · inhabituelle

∞ **fréquence** + VERBE
- augmenter
- diminuer

∞ VERBE + **fréquence**
- déterminer · établir · fixer : *ils ont fixé la fréquence moyenne de leurs entrevues* • contrôler · mesurer
- accroître · augmenter
- diminuer · réduire

[2]fréquence *nom fém.* (ondes, souvent plur.)

∞ **fréquence** + ADJECTIF
- acoustique · analogique · FM · hertzienne · musicale · radio(phonique) · sonore
- disponible · libre • gratuite : *cette chaîne de télévision est en course pour une fréquence gratuite*
- aiguë · élevée • grande + nom · haute + nom
- basse + nom : *un encodeur compresse les basses fréquences en MP3* · faible + nom : *le radar est sensible aux plus faibles fréquences*

∞ VERBE + **fréquence**
- distribuer · répartir • attribuer à : *le comité leur a attribué une fréquence pour le lancement de la nouvelle chaîne* · réserver à
- obtenir : *cette station musicale ne parvient pas à obtenir de nouvelles fréquences* · se partager
- émettre sur : *ils émettent sur la fréquence 93,9 mhz* · utiliser : *ce procédé de transport par voie hertzienne utilise des hautes fréquences*

∞ NOM + DE + **fréquence(s)**
- bande : *les liaisons utilisent deux bandes de fréquence* · bloc · gamme · spectre
- intervalle · modulation

frisson *nom masc.*

∞ **frisson** + ADJECTIF
- assuré · garanti : *plongée de nuit dans les eaux polynésiennes : frisson garanti !*
- grand + nom : *cette attraction est faite pour ceux qui sont en quête du grand frisson*
- agréable · délicieux : *chaque but marqué lui donne un délicieux frisson* · doux · voluptueux
- désagréable
- léger + nom · petit + nom

∞ **frisson** + VERBE
- parcourir : *un petit frisson parcourut l'assistance* • courir : *son apparition a fait courir un frisson dans le public* · passer sur

∞ VERBE + **frisson**
- donner · offrir · procurer • créer · provoquer : *la descente provoque les premiers frissons*
- avoir · connaître · ressentir · sentir • être parcouru de · être pris de · être saisi de · être secoué de : *son corps tout entier était secoué de frissons*

froid *nom masc.*

∞ **froid** + ADJECTIF
- ambiant • hivernal · matinal • précoce · tardif • humide · sec
- de canard○ : *il fait un froid de canard dehors* · de loup○ · exceptionnel · extraordinaire · extrême · glacé · glacial · grand○ + nom : *la région connaît une période de grand froid* · intense · polaire · redoutable · rigoureux · sibérien · terrible · vif • cinglant · mordant · pénétrant · perçant · piquant · saisissant
- assassin · atroce · épouvantable · horrible · insupportable · meurtrier · mortel · paralysant
- vivifiant
- modéré · supportable

∞ froid + VERBE

- arriver · passer : *les fenêtres laissent passer le froid* · s'abattre (sur) : *depuis hier, le froid s'est abattu sur la capitale* • régner : *un froid glacial règne neuf mois sur douze* • sévir · toucher (souvent passif) : *une dizaine de départements sont touchés par le froid*
- mordre · pénétrer • saisir (souvent passif) • paralyser · tuer • rougir : *ses oreilles sont rougies par le froid*

∞ VERBE + **froid**

- avoir° : *avoir froid* · sentir : *je sens le froid dans mon cou* • attraper° : *j'ai attrapé froid, je suis malade* · prendre° : *il a pris froid à la piscine*
- crever de[fam.] · être transi de · frissonner de · grelotter de · peler de[fam.] · trembler de · trembloter de
- être victime de · mourir de · périr de
- craindre · redouter · souffrir de • se plaindre de
- affronter · braver · combattre · endurer · lutter contre • résister à · s'adapter à · supporter · survivre à • fuir • (s')isoler de : *le dos est doublé de maille polaire pour isoler du froid* · (se) protéger de
- s'accoutumer à · s'habituer à

∞ NOM + DE + **froid**

- coup [aussi fig.] : *les investisseurs craignent le moindre coup de froid sur le marché* · vague

front *nom masc.* (Mil.)

∞ front + ADJECTIF

- central • nord · sud · est · ouest
- [fig.] • du refus : *l'opposition tente d'organiser un front du refus* • économique · politique · social · syndical · etc.
- allié · uni · unitaire
- ennemi · adverse

∞ VERBE + **front**

- envoyer à
- aller à · monter à · partir à · rejoindre
- enfoncer : *les forces de l'opposition avaient enfoncé le front du nord*
- [fig.] • faire ... à° : *le président a fait front à une grave crise*
- être tué à / sur : *son père est mort, tué au front en 1917* · mourir à · tomber à

frontière *nom fém.* (litt. et fig.)

∞ frontière + ADJECTIF

- fluviale · géographique · maritime · naturelle · territoriale • administrative · étatique · intérieure · internationale
- [fig.] culturelle · économique · historique · linguistique · politique · religieuse · sociale · etc.
- commune • extérieure · externe
- définitive · fixe · permanente • reconnue
- sûre
- dangereuse · exposée · sensible
- mouvante · fluctuante · imprécise • perméable · poreuse
- provisoire
- arbitraire · artificielle
- [fig.] • étanche : *l'histoire de l'art ne trace plus de frontière étanche entre l'artistique et l'utile* · hermétique · imperméable · infranchissable • nette · stricte
- [fig.] • floue · incertaine · indécise · trouble : *la frontière trouble et incertaine entre rêve et réalité*
- [fig.] • délicate : *la frontière délicate entre sentiment d'appartenance nationale et nationalisme* · mince · subtile · symbolique · ténue • imaginaire · impalpable · invisible · virtuelle

∞ frontière + VERBE

- passer par / à · se situer
- séparer · couper : *la frontière coupe le village en deux* • traverser : *la frontière traverse cette commune de 14 000 habitants* • longer · courir : *la frontière court le long du fleuve*
- [fig.] • s'estomper • disparaître · tomber : *à l'heure du marché unique, les frontières tombent*

∞ VERBE + **frontière**

- définir · délimiter · (re)dessiner · fixer · marquer · tracer • matérialiser : *une rangée d'arbustes matérialise la frontière avec la Mauritanie* • rétablir
- contrôler · défendre · garder · renforcer · sécuriser · surveiller
- fermer · verrouiller
- border · jouxter · longer
- déborder (de) : *la crise déborde depuis longtemps les frontières du pays* · dépasser
- atteindre • franchir · passer · traverser · s'infiltrer par
- (re)conduire à • arrêter à • être bloqué à
- se disputer • contester
- transgresser : *son écriture transgresse la frontière entre théorie et fiction* · violer
- ignorer : *les animaux ignorent les frontières administratives*
- entrouvrir · (r)ouvrir
- [fig.] brouiller · estomper · gommer · reculer · repousser · transcender
- [fig.] abattre · abolir : *elle abolit la frontière entre la réalité et la fiction; l'euro abolit les frontières géographiques*

[1]fuite *nom fém.* (échappée)

∾ fuite + ADJECTIF

- des cerveaux · des capitaux · des talents · etc.
- en avant°
- [des cerveaux, des capitaux, des investisseurs] • générale · généralisée · massive : *le pays fait face à une fuite massive des capitaux*
- inexorable : *la fuite inexorable du temps*
- désordonnée · précipitée • désespérée · éperdue • panique : *elle réagit par une fuite panique et sauta par la fenêtre* • rocambolesque
- dangereuse • illusoire · vaine
- discrète

∾ fuite + VERBE

- durer : *sa fuite dura 10 jours*

∾ VERBE + fuite

- [des cerveaux, des capitaux, des investisseurs] • entraîner · favoriser · provoquer
- mettre en° : *il a réussi à mettre ses agresseurs en fuite*
- orchestrer · organiser · préparer
- être en : *le chauffard est toujours en fuite* • prendre° : *son assassin a réussi à prendre la fuite* • choisir · opter pour • se réfugier dans : *ils se sont réfugiés dans la fuite en avant*
- couvrir : *les agresseurs ont lancé des grenades pour couvrir leur fuite*
- [des cerveaux, des capitaux, des investisseurs] • endiguer · enrayer · freiner · limiter • empêcher · éviter · stopper
- [des cerveaux, des capitaux, des investisseurs] • accélérer : *la chute de la monnaie accélère la fuite des capitaux*
- poursuivre

[2]fuite *nom fém.* (écoulement)

∾ fuite + ADJECTIF

- radioactive · toxique
- importante • inquiétante : *l'immeuble a été évacué suite à une inquiétante fuite de gaz*
- légère + nom · petite + nom

∾ VERBE + fuite

- provoquer : *on craint que le renflouage du sous-marin ne provoque des fuites radioactives*
- constater · déceler · détecter · observer · repérer • signaler • localiser · trouver l'origine de
- empêcher · éviter · prévenir
- contenir · limiter : *plonger les légumes dans l'eau bouillante limite la fuite des vitamines et des sels minéraux* · réduire : *le capuchon réduit la fuite d'air à la valve* · remédier à · réparer
- boucher · colmater · stopper

[3]fuite *nom fém.* (indiscrétion)

∾ fuite + ADJECTIF

- judiciaire
- interne • organisée : *ces révélations ont été permises par des fuites organisées au plus haut niveau*
- importante
- accablante · gênante

∾ fuite + VERBE

- provenir de : *des fuites proviennent directement du ministère*
- annoncer · évoquer · faire état de · révéler · signaler

∾ VERBE + fuite

- publier
- dénoncer · déplorer
- craindre
- empêcher · éviter · prévenir

fumée *nom fém.*

∾ fumée + ADJECTIF

- (souvent plur.) industrielle : *les fumées industrielles participent à la pollution* · radioactive
- blanche · bleuâtre · bleue · blonde · grise · noire
- fine + nom · petite + nom : *une petite fumée bleue s'échappe au démarrage*
- dense · énorme · épaisse · importante · intense : *une intense fumée noire a envahi le bâtiment et la rue* · opaque
- âcre · étouffante · irritante · mortelle · nocive · suffocante · toxique • grasse : *la fumée grasse du barbecue du voisin m'insupporte* · nauséabonde · puante • aveuglante · effroyable · épouvantable · infernale

∾ fumée + VERBE

- apparaître · provenir de · s'échapper (de) · se dégager de · sortir de
- faire des volutes · flotter · tournoyer • recouvrir · traverser
- entrer dans : *si de la fumée entre dans la pièce, suspendez des draps devant la fenêtre* · envahir · monter : *une épaisse fumée noire montait jusqu'au ciel* · s'élever · se répandre
- cacher · obscurcir
- asphyxier · étouffer · faire pleurer · faire tousser · intoxiquer · piquer les yeux · prendre à la gorge • polluer • embrumer · jaunir : *la fumée de cigarette a jauni les murs*
- retomber : *la fumée retombait enfin sur le champ de bataille* · se disperser · se dissiper · s'envoler

∾ VERBE + **fumée**

- faire · produire • cracher · dégager · rejeter · souffler : *il souffle la fumée de sa cigarette en fermant les yeux* • emplir de
- détecter
- avaler · inhaler · respirer
- dissiper · évacuer

∾ NOM + DE + **fumée**

- bouffée · jet · rond · volute • colonne · écran · nuage · rideau

en fumée

- disparaître · finir · partir · s'envoler

fureur *nom fém.*

∾ **fureur** + ADJECTIF

- divine • adolescente · enfantine • collective · populaire
- juste · légitime
- belle ⁺ ⁿᵒᵐ · grande ⁺ ⁿᵒᵐ · immense · incommensurable · incontrôlable · inexprimable · noire · passionnée · redoublée • brusque ⁺ ⁿᵒᵐ · soudaine
- désespérée · indignée
- animale · aveugle · sauvage · sombre · sourde · violente • destructrice · dévastatrice · guerrière · meurtrière • jalouse · vengeresse · vindicative
- absurde · démentielle
- contenue · froide · sourde

∾ **fureur** + VERBE

- éclater : *les larmes lui montent aux yeux puis sa fureur éclate* • régner · s'installer • gronder · se déchaîner • s'exprimer
- assaillir · gagner · saisir · s'emparer de · submerger
- s'apaiser
- disparaître

∾ VERBE + **fureur**

- déchaîner · déclencher · mettre en° : *ça m'a mis en fureur* · provoquer · réveiller · susciter
- alimenter · attiser · augmenter · décupler · exacerber · exciter · ranimer · redoubler de : *la guerre redouble de fureur*
- entrer dans (+ adj.) : *il est entré dans une fureur incontrôlable* · être plein / rempli de · être pris de • exploser de · hurler de · laisser éclater · rougir de · rugir de · s'étrangler de · trembler de
- crier · exprimer · manifester
- apaiser · assouvir · calmer
- contenir · dompter · réfréner • cacher
- faire° : *ce disque fait fureur*

∾ NOM + DE + **fureur**

- état : *il était dans un tel état de fureur qu'il a failli s'étouffer*
- accès · crise

fusion *nom fém.* (d'entreprises)

∾ **fusion** + ADJECTIF

- européenne · internationale · transfrontalière · etc.
- géante · grande ⁺ ⁿᵒᵐ · grosse ⁺ ⁿᵒᵐ : *la plus grosse fusion jamais enregistrée dans l'univers des médias*
- éphémère • avortée · ratée

∾ **fusion** + VERBE

- avoir lieu · s'accomplir · s'effectuer · s'opérer • se concrétiser
- donner naissance : *la fusion des deux entreprises a donné naissance à un grand groupe industriel* • générer : *cette fusion génère des économies annuelles de deux millions d'euros* · se traduire par
- menacer : *la fusion menace 100 000 emplois*
- capoter*ᶠᵃᵐ.* · échouer

∾ VERBE + **fusion**

- envisager
- conduire à
- négocier · orchestrer · organiser · réaliser • réussir • boucler · conclure · parachever
- annoncer
- accepter · autoriser · confirmer · entériner · prendre acte de • approuver · être favorable à · se prononcer en faveur de · souhaiter · voter en faveur de
- bloquer · empêcher · interdire · s'opposer à • se prononcer contre · voter contre
- renoncer à • rater : *depuis sa fusion ratée, le groupe est à la dérive*

futilité *nom fém.*

∾ **futilité** + ADJECTIF

- absolue · grande ⁺ ⁿᵒᵐ · incroyable
- apparente : *derrière l'apparente futilité du propos se cache une réflexion profonde sur l'identité* · prétendue ⁺ ⁿᵒᵐ

∾ VERBE + **futilité**

- (plur.) parler de · perdre du temps en · s'attarder à · se consacrer à · s'occuper de : *tu ferais mieux de réviser au lieu de t'occuper de futilités*
- montrer

futur *nom masc.*

∾ **futur** + ADJECTIF

- possible · probable • prévisible : *ce ne sera ni cette année, ni dans un futur prévisible*

- immédiat · imminent · prochain · proche
- éloigné · lointain : *l'action du film se situe dans un futur très lointain*
- aléatoire : *nous voulons vivre maintenant, pas dans un futur aléatoire* · hypothétique · imprévisible · incertain · indéterminé
- acceptable · meilleur : *ils espèrent un futur meilleur* • heureux · radieux
- angoissant · sombre

∾ **futur** + VERBE

- se construire · se préparer
- préparer : *qui sait ce que le futur nous prépare ?* · réserver

∾ VERBE + **futur**

- bâtir · construire · préparer
- assurer · croire à / en · se battre pour : *il faut se battre pour le futur de nos enfants*
- anticiper sur · augurer de · avoir une vision de · deviner · prédire · présager de • envisager · imaginer · penser à · réfléchir à • se tourner vers
- déterminer : *ce choix déterminera notre futur*
- hypothéquer : *nous avons hypothéqué le futur de notre planète avec nos émissions de dioxyde de carbone*
- avoir peur de · s'inquiéter de

dans le futur

- avoir lieu · se passer · se situer • se projeter · s'imaginer • vivre

g

gâchis *nom masc.*

∾ gâchis + ADJECTIF

- écologique · économique · financier · industriel · intellectuel · politique · social · etc.
- absolu · beau + nom · complet · considérable · énorme · extraordinaire · formidable · gigantesque · grand + nom · gros + nom · immense · impressionnant · incroyable · monumental · sans précédent · vrai + nom · véritable + nom
- affreux · déplorable · effroyable · épouvantable · horrible · inexplicable · monstrueux · regrettable · stupide · terrible · terrifiant • consternant · écœurant · impardonnable · inacceptable · inexcusable · insupportable · intolérable · lamentable : *cette guerre est un lamentable gâchis* · pitoyable · scandaleux

∾ VERBE + gâchis

- causer · conduire à · déboucher sur · engendrer · entraîner · générer : *la bouteille plastique génère un gâchis gigantesque de matières premières* · provoquer • être responsable de • laisser une impression de
- constituer : *le publipostage constitue un énorme gâchis de papier* · représenter
- mesurer · se rendre compte de • avoir / éprouver un sentiment de
- dénoncer · déplorer · regretter · s'indigner de • avoir horreur de
- accentuer · accroître
- limiter • empêcher : *il est encore temps de réagir et d'empêcher un gâchis environnemental* · éviter
- faire cesser · mettre fin à

gaieté *nom fém.*

∾ gaieté + ADJECTIF

- de cœur○ : *ce n'est pas de gaieté de cœur qu'ils quittent leur maison et leur village* • générale • débordante · folle : *ce lieu n'est pas d'une gaieté folle* · franche + nom : *cette pièce est un mélange de franche gaieté et de dérision* · grande + nom · immense · profonde • inaltérable • communicative · contagieuse • légendaire : *le Dalaï-Lama ne s'est pas départi de sa gaieté légendaire* · habituelle
- belle + nom • naturelle · spontanée
- factice · feinte · apparente

∾ gaieté + VERBE

- se dégager (de) : *une grande gaieté se dégage de cet album*

∾ VERBE + gaieté

- afficher · exprimer · manifester : *il manifeste en toutes circonstances gaieté et bonne humeur* · montrer · respirer • déborder de · rayonner de • retrouver : *l'évocation de ces souvenirs joyeux lui fit retrouver sa gaieté habituelle*
- être dépourvu de · manquer de : *ces locaux manquent de gaieté* • perdre
- apporter ... à · donner ... à : *le soleil donne encore plus de gaieté à cette rencontre* · mettre ... dans : *il met un peu de gaieté dans cette triste assemblée*

∾ NOM + DE + gaieté

- brin · note · touche : *les volets rouges ajoutent aux bâtiments une touche de gaieté*

[1] gain *nom masc.* (avantage, économie)

∾ gain + ADJECTIF

- de place · de temps · etc.
- considérable · exceptionnel · fort + nom · gros + nom · important · significatif · substantiel : *les placards encastrés permettent un gain substantiel de place* · vrai + nom · véritable + nom • immédiat
- faible + nom · léger + nom · limité · maigre + nom · modeste · petit + nom · relatif · symbolique

∾ VERBE + **gain**

- constituer · représenter : *l' utilisation du bois dans la construction représente un gain d'énergie*
- apporter · offrir · permettre
- obtenir
- maximaliser · optimiser
- limiter · réduire • effacer : *la crise a effacé ce gain politique en quelques jours*

²gain *nom masc.* (profit, souvent plur.)

∾ **gain** + ADJECTIF

- d'argent · financier · fiscal · monétaire · économique · etc.
- attendu
- latent • brut · imposable · net · taxable • annuel · hebdomadaire · mensuel · etc.
- maximum • considérable · exceptionnel · fort ⁺ ⁿᵒᵐ · gros ⁺ ⁿᵒᵐ · important · sensible · significatif · substantiel • immédiat
- inespéré
- minimum • faible · léger · limité · maigre ⁺ ⁿᵒᵐ · modeste · petit ⁺ ⁿᵒᵐ · relatif · symbolique

∾ VERBE + **gain**

- constituer · représenter
- (souvent passif) (re)chercher · escompter · espérer · prévoir
- être âpre à : *il était toujours plus cupide, plus âpre au gain*
- afficher · annoncer
- bénéficier de : *le chiffre d'affaires bénéficie d'un gain exceptionnel de 20 millions* · clôturer sur · conserver : *en clôture, le titre a conservé un gain très substantiel de 11,58 %* · dégager · engranger : *l'indice CAC 40 a engrangé un gain de 1,05 %, à 33 174,00 points* · enregistrer · finir sur · réaliser · s'adjuger · s'octroyer : *l'action s'est octroyé un gain de 8,61 %* · terminer sur
- maximaliser · optimiser : *on peut optimiser les gains de productivité en améliorant la chaîne logistique*
- renoncer à
- réduire · limiter
- annuler : *ce brusque repli a totalement annulé le gain enregistré en début de semaine* · effacer : *l'indice CAC 40 a effacé ses gains pour tomber dans le rouge*

gang *nom masc.*

∾ **gang** + ADJECTIF

- armé · criminel · mafieux · organisé · terroriste
- local • fameux ⁺ ⁿᵒᵐ : *le fameux gang des veuves joyeuses*
- puissant · redoutable · terrible · violent
- ennemi · rival : *il y a eu un règlement de comptes entre gangs rivaux*

∾ **gang** + VERBE

- terroriser • braquer : *le gang vient de braquer une banque* · attaquer

∾ VERBE + **gang**

- former • diriger
- appartenir à · faire partie de
- arrêter · démanteler : *la police a démantelé un gang de dealers de drogue*

garantie *nom fém.*

∾ **garantie** + ADJECTIF

- contractuelle · légale • bancaire · commerciale · financière · locative · etc.
- décennale · biennale · etc.
- vraie ⁺ ⁿᵒᵐ · véritable ⁺ ⁿᵒᵐ • absolue · formelle · maximale · solide · sûre · totale : *nos vins parviennent au consommateur avec des garanties totales de qualité* • inconditionnelle : *l'État apporte sa garantie inconditionnelle sur la totalité des dépôts* · irrévocable : *l'affacturage constitue une garantie irrévocable de paiement* · explicite
- supplémentaire
- illimitée • renouvelable
- essentielle · fondamentale · indispensable · importante • suffisante
- moindre ⁺ ⁿᵒᵐ • minimale · plancher : *c'est la garantie plancher en cas de décès* • implicite : *nous n'accordons aucune garantie implicite de qualité sur nos produits*

∾ **garantie** + VERBE

- couvrir : *cette garantie couvre l'internaute contre la fraude à la carte bancaire* · jouer : *la garantie joue aussi quand vous prêtez votre bateau* · s'appliquer : *la garantie ne s'applique pas en cas de mauvaise utilisation de l'appareil* • s'étendre à : *la garantie s'étend à l'Europe*
- protéger : *cette garantie protège l'automobile contre le / du vol*
- expirer : *la garantie décennale expire en octobre* · prendre fin

∾ VERBE + **garantie**

- demander · exiger : *la banque exige des garanties lorsqu'elle accorde un prêt* · réclamer · vouloir
- bénéficier de · jouir de
- créer · instaurer · instituer : *il faut instituer des garanties légales*
- constituer : *un agrément qui constitue une garantie de sérieux et de qualité* • tenir lieu de : *la facture délivrée avec l'objet commandé tient lieu de garantie*

- accorder · apporter : *le droit du travail apporte des garanties aux salariés* · fournir · offrir • comporter · inclure : *les assurances incendie doivent inclure une garantie contre les catastrophes naturelles*
- souscrire : *l'assureur lui conseille de souscrire une garantie supplémentaire*
- obtenir : *les ouvriers ont obtenu une garantie d'emploi pendant cinq ans*
- étendre : *il est possible d'étendre la garantie à 5 ans*
- mettre fin à • supprimer · annuler

[1]garde *nom fém.* (des enfants)

∞ garde + ADJECTIF
- alternée · conjointe · exclusive • partagée · simple : *dans le cas d'une garde simple, une seule famille est employeur* • à domicile

∞ VERBE + garde
- réclamer · demander
- obtenir · récupérer : *elle a récupéré la garde de sa fille* • avoir · partager : *ils partagent la garde des enfants*
- accorder · attribuer · confier : *elle confie la garde de sa fille à ses parents*
- statuer sur : *au moment où il prononce le divorce, le tribunal statue sur la garde, l'entretien et l'éducation des enfants*
- refuser : *c'est parce qu'elle n'a pas d'emploi qu'on lui a refusé la garde de son enfant*

[2]garde *nom fém.* (escorte)

∞ garde + ADJECTIF
- civile○ · présidentielle · prétorienne · royale • personnelle · privée • jeune○ + nom · vieille○ + nom : *une vieille garde de gens bien-pensants déconnectés de la réalité*
- permanente · rapprochée : *depuis le deuxième attentat contre sa personne, elle bénéficie d'une garde rapprochée de la police*

∞ garde + VERBE
- protéger · veiller (sur)
- accompagner : *la garde qui accompagnait le dictateur*

∞ VERBE + garde
- constituer · former
- commander : *il commande la garde présidentielle*

gêne *nom fém.*

∞ gêne + ADJECTIF
- financière · matérielle • physique · respiratoire · visuelle • sonore · etc.
- apparente · particulière : *il arrive à parler sans gêne particulière*
- initiale : *une fois la gêne initiale dissipée*
- évidente · palpable : *la gêne est palpable* · patente · perceptible • croissante : *depuis deux jours, j'ai une gêne croissante au niveau des amygdales* • considérable · extrême · forte + nom · grande + nom : *il mangeait comme un cochon, à la plus grande gêne des convives* · importante · intense · majeure : *la circulation a été interrompue sans provoquer de gêne majeure* · profonde · sérieuse · véritable + nom
- constante · continuelle · persistante
- douloureuse · insupportable : *les acouphènes occasionnent une gêne insupportable* · intolérable
- légère · mineure · minime · petite + nom · moindre + nom : *elle parle de ses problèmes sans la moindre gêne* • fugitive · momentanée · passagère

∞ gêne + VERBE
- résulter de : *la gêne qui pourrait résulter des travaux* · venir de
- apparaître · naître · poindre : *une petite gêne ne tarda pas à poindre* · s'installer
- envahir : *une certaine gêne envahit la salle* · saisir
- demeurer : *ils se sont réconciliés mais la gêne demeure* · perdurer
- s'apaiser · s'estomper
- disparaître · se dissiper

∞ VERBE + gêne
- apporter : *les emplacements à caractère publicitaire ne devront pas apporter de gêne au bon fonctionnement du parc de stationnement* · causer · créer · engendrer · entraîner · occasionner : *cela peut occasionner une gêne pour les riverains* · provoquer · susciter
- constituer · représenter : *le bruit représente une gêne fréquente dans les agglomérations*
- avoir (souvent nég.) : *il n'a aucune gêne pour couper la parole à ses supérieurs* · éprouver · ressentir · souffrir de • être sans : *il est complètement sans gêne* • manifester : *ils ne manifestent aucune gêne*
- [indigence] être dans : *être dans la gêne* · se (re)trouver dans
- témoigner de : *ce débat témoigne de la gêne des élus* · traduire : *ce communiqué traduit la gêne des autorités* · refléter · révéler
- avouer : *le seul fait d'avouer sa gêne l'a mis plus à l'aise*
- comprendre · être conscient de · se rendre compte de
- (s')excuser de / pour : *veuillez nous excuser pour la gêne occasionnée*
- regretter · déplorer

- cacher : *ils ont du mal à cacher leur gêne* · dissimuler
- réduire : *un nouveau plan pour réduire la gêne sonore engendrée par l'aéroport* • remédier à · surmonter · vaincre : *il a réussi à vaincre sa gêne et à parler en public*

[1] généralisation *nom fém.* (énoncé)

∾ généralisation + ADJECTIF
- hâtive · rapide • excessive · outrancière : *il fait une généralisation outrancière à partir de quelques cas particuliers*
- abusive · douteuse · hasardeuse : *dire que tous les patrons sont cupides est une généralisation plus qu'hasardeuse* · imprudente · suspecte · dangereuse • simpliste · stupide · ridicule

∾ VERBE + généralisation
- faire · procéder à : *il est dangereux de procéder à quelque généralisation que ce soit*
- se laisser aller : *je refuse de me laisser aller à une généralisation simpliste* · tomber dans
- éviter · refuser · se méfier de

[2] généralisation *nom fém.* (processus)

∾ généralisation + ADJECTIF
- brutale : *la généralisation brutale de l'économie de marché* • massive
- effective · efficace
- progressive · graduelle

∾ VERBE + généralisation
- demander : *ils demandent la généralisation de la gratuité des médicaments* · réclamer · souhaiter
- rendre possible
- aboutir à · entraîner
- annoncer · prévoir : *le gouvernement prévoit la généralisation du télépaiement à tous les impôts*
- obtenir
- être en voie de : *la surveillance électronique des salariés serait une pratique en voie de généralisation*
- accélérer
- refuser : *le ministre refuse la généralisation de la retraite à cinquante-cinq ans* · s'opposer à

généralité *nom fém.* (énoncé, souvent plur.)

∾ ADJECTIF + généralité
- grande [+ nom] · vague [+ nom]

∾ VERBE + généralité
- affirmer · débiter · dire : *il se contente de dire des généralités* · énoncer • répondre (par) • en rester au stade de · rester dans · se contenter de · se limiter à · s'en tenir à : *son exposé n'était pas intéressant, il s'en est tenu à des généralités* • se perdre dans / en : *le dialogue ne doit pas se perdre en généralités*
- dépasser : *le professeur dépasse les généralités pour lancer ses élèves dans des problématiques précises* · sortir de

générosité *nom fém.*

∾ générosité + ADJECTIF
- collective · populaire · publique • individuelle · personnelle • humanitaire : *un élan de générosité humanitaire envers les réfugiés*
- inattendue · soudaine • inhabituelle · rare • spontanée : *la générosité spontanée des enfants*
- évidente · extrême · folle · grande [+ nom] · hors du commun · immense · incomparable · incroyable · indiscutable · inégalée · infinie · profonde · sans bornes · sans fin · sans limites · stupéfiante
- belle [+ nom] · exceptionnelle · exemplaire · extraordinaire · fabuleuse · formidable [+ nom] · légendaire · pure [+ nom] · sans égale · sans faille • authentique · désintéressée · sincère
- aveugle : *aider les pays pauvres nécessite une méthode plus qu'une générosité aveugle* · excessive • intéressée

∾ générosité + VERBE
- se manifester : *sa générosité se manifeste dans le soutien qu'il apporte aux malades* · s'exprimer

∾ VERBE + générosité
- faire appel à · solliciter : *le Téléthon sollicite chaque année la générosité des Français* · compter sur
- faire montre de · faire preuve de · témoigner de • rivaliser de
- bénéficier de • vivre de : *il vit de la générosité de ses admirateurs*
- abuser de : *je ne voudrais pas abuser de votre générosité*

∾ NOM + DE + générosité
- élan : *ce drame provoque un immense élan de générosité*

[1] génie *nom masc.* (talent)

∾ génie + ADJECTIF
- formel : *le génie formel du peintre* · intuitif • individuel · personnel · propre : *chaque langue*

a son génie propre, qui fait d'elle une manifestation unique de la créativité • national · universel : *Léonard de Vinci, incarnation du génie universel ?*
- exceptionnel · indiscutable · manifeste · prodigieux · pur : *le génie pur ne se commente pas : il s'admire* • inégalé · sans pareil · unique
- créateur · créatif : *il a su imposer son génie créatif au cinéma hollywoodien* · inventif

∞ génie + VERBE
- habiter : *le génie qui habite cette joueuse hors norme*
- consister à · résider dans : *c'est là que réside son génie*
- forcer l'admiration · frapper

∞ VERBE + génie
- avoir : *elle a du génie ; il a le génie des affaires* • montrer
- relever de : *cette performance relève du génie*
- prendre la mesure de
- admirer · crier à : *certains crient au génie en voyant ses images*
- perdre (souvent nég.) : *à soixante-cinq ans, il n'a rien perdu de son génie*

∞ NOM + DE + génie
- coup : *il a eu un véritable coup de génie* · éclair · idée · lueur · trait

[2]génie *nom masc.* (personne)

∞ génie + ADJECTIF
- autodidacte
- en herbe · jeune [+ nom] · précoce • petit [○ + nom] : *le petit génie a gagné 8 tournois*
- absolu · authentique · grand [+ nom] · hors du commun · hors norme · pur [+ nom] : *Einstein était un pur génie* · vrai [+ nom] · véritable [+ nom]
- avant-gardiste · hors de son temps · visionnaire
- reconnu : *Mozart fut un génie reconnu dès sa plus tendre enfance*
- solitaire : *ce n'était pas le génie solitaire et incompris qu'on nous a souvent présenté* • rebelle
- incompris · mal compris · méconnu
- caractériel · excentrique · torturé · tourmenté

[3]génie *nom masc.* (esprit)

∞ génie + ADJECTIF
- bienfaisant · bon [+ nom]
- diabolique · malin · mauvais [+ nom] : *en frottant la lampe, la petite fille réveilla le mauvais génie qui y était enfermé* · méchant · vilain [+ nom]

∞ génie + VERBE
- apparaître · surgir
- veiller sur : *son bon génie veille sur lui*
- disparaître : *un éclair jaillit et le génie disparaît*

[1]genre *nom masc.* (espèce, catégorie d'œuvre)

∞ genre + ADJECTIF
- académique · artistique · cinématographique · journalistique · littéraire · musical · pictural · romanesque · télévisuel · théâtral · etc.
- comique · dramatique • classique
- inédit · nouveau : *des sculptures d'un genre nouveau / d'un nouveau genre*
- distinct · particulier · spécifique
- inattendu · inhabituel · singulier · spécial : *c'est une académie d'un genre spécial* • hybride · bâtard
- dominant · majeur : *on a longtemps considéré la tragédie comme le genre théâtral majeur* • noble
- à la mode · de prédilection · florissant · populaire · prisé : *le docu-fiction devient un genre très prisé à la télévision*
- mineur
- codifié : *le genre très codifié de la musique soul* · figé : *cet auteur ne se laisse pas embrigader dans les carcans d'un genre figé* • convenu : *le genre convenu de la lettre officielle*
- oublié

∞ genre + VERBE
- naître : *un nouveau genre est en train de naître*
- relever de : *un genre qui relève d'un art bourgeois daté* · s'apparenter : *c'est un genre qui s'apparente au café-théâtre*
- avoir le vent en poupe · exploser : *le genre explose en Grande-Bretagne* · faire florès · fleurir
- perdurer
- évoluer · se renouveler : *un genre qui a du mal à se renouveler*
- dépérir · disparaître · passer de mode · se perdre : *un genre qui se perd* · tomber en décrépitude · tomber en désuétude : *l'oratorio, genre tombé en désuétude à l'approche du troisième millénaire*

∞ VERBE + genre
- inaugurer : *avec "Cinq semaines en ballon", Jules Verne a inauguré le genre du roman scientifique* · inventer
- définir : *l'ensemble des règles et conventions qui définissent le genre poétique* · être inhérent à : *le spectaculaire est inhérent au genre du space opera*
- relever de : *cette pièce relève du genre du boulevard* · ressortir à : *ce livre ressortit au genre épistolaire* • appartenir à · faire partie de

- exceller dans : *elle excelle dans le genre théâtral*
- se cantonner à : *cet artiste ne veut pas se cantonner à un seul genre* · se limiter à
- dépasser
- renouveler · revisiter · révolutionner • influencer : *ce polar américain a durablement influencé son genre*
- (plur.) combiner · mélanger
- détourner · tourner en dérision

[2]genre *nom masc.* (apparence)

∾ genre + ADJECTIF

- classique · sophistiqué · traditionnel • artiste · bohème · gothique · hippie · intello · séducteur · sportif · etc.
- bon$^{\circ + \text{nom}}$: *bon chic bon genre*
- mauvais$^{\circ + \text{nom}}$ · vulgaire

∾ VERBE + genre

- avoir (+adj.) • cultiver : *elle cultive un genre androgyne* · se donner : *il cherche à se donner un genre en fumant*

gentillesse *nom fém.*

∾ gentillesse + ADJECTIF

- naturelle · spontanée
- absolue · extrême · grande$^{+ \text{nom}}$ · immense · infinie · profonde • extraordinaire · merveilleuse · rare : *cette star est d'une rare gentillesse avec ses fans*
- constante • coutumière : *il nous a accueillis avec sa gentillesse coutumière* · habituelle : *avec sa gentillesse habituelle, il a encore accepté de me dépanner* • fameuse$^{+ \text{nom}}$ · légendaire
- excessive : *elle est parfois ridicule avec sa gentillesse excessive*
- apparente • fausse$^{+ \text{nom}}$: *sa fausse gentillesse cache un manipulateur redoutable*

∾ VERBE + gentillesse

- respirer : *elle respire la gentillesse*
- faire montre de · faire preuve de · montrer
- pousser : *il a poussé la gentillesse jusqu'à me raccompagner*
- abuser de : *je trouve qu'il abuse de votre gentillesse*
- [acte / parole] • dire : *dire des gentillesses* · faire : *faire une gentillesse*

[1]geste *nom masc.* (mouvement)

∾ geste + ADJECTIF

- rituel · solennel • impulsif · instinctif · machinal · mécanique · réflexe · convulsif
- préventif · salutaire · vital : *la ceinture de sécurité à l'arrière, un geste vital* • fondamental · nécessaire
- affectueux · amical · fraternel · maternel · protecteur · romantique · tendre • innocent
- anodin · infime · moindre$^{+ \text{nom}}$: *le moindre geste lui fait mal* · petit$^{+ \text{nom}}$ · simple$^{+ \text{nom}}$ • mesuré
- évasif · lent · vague • désabusé · las · nonchalant
- bref · furtif · rapide
- ample · large$^{+ \text{nom}}$ • énergique · ferme · impérieux • auguste$^{\text{littér.}}$: *« [...] L'ombre, où se mêle une rumeur, / Semble élargir jusqu'aux étoiles / Le geste auguste du semeur »* (Hugo, *Les Chansons des rues et des bois*, II, 1, 3, "Saison des semailles, le soir") · passionné · théâtral • osé · spectaculaire • brusque · brutal • caractéristique · précis • démonstratif · révélateur
- délicat · élégant · fluide · souple • magnifique · parfait · poli : *plus qu'un geste poli, cette poignée de main était la marque d'un profond respect* • franc · juste · pur • audacieux · hardi • assuré · maîtrisé · naturel
- inattendu · inhabituel • incongru · peu orthodoxe
- paternaliste • dédaigneux · déplacé · grossier · inamical · injurieux · irrespectueux : *tout langage ou geste irrespectueux envers le personnel donnera lieu au dépôt d'une accusation* · menaçant · obscène · provocateur · rageur : *d'un geste rageur, il m'arracha la feuille des mains* · vilain$^{+ \text{nom}}$ • agressif · de colère · violent
- déplorable · excessif · imbécile · intolérable · lourd · périlleux · regrettable · stupide · suspect : *au moindre geste suspect de votre part, je tire* · terrible • impatient : *le roi, d'un geste impatient, le fit taire* · maladroit : *elle fit un geste maladroit et renversa son assiette par terre* · malheureux · nerveux • fou · hasardeux · imprudent · incontrôlé

∾ VERBE + geste

- esquisser : *il m'aurait tué avant que j'aie esquissé le moindre geste* · faire : *ne faites plus un geste !*
- refaire • reproduire
- accompagner : *il accompagna son geste d'un vilain ricanement* · joindre ... à la parole$^{\circ}$: *joignant le geste à la parole, il versa l'eau dans la coupe*
- éviter : *il faut éviter tout mauvais geste* · réprimer : *il ne put réprimer un geste d'exaspération*
- désigner de : *elle désigna le coupable d'un geste*

[2]geste *nom masc.* (action)

∾ geste + ADJECTIF

- chirurgical · médical · thérapeutique • commercial$^{\circ}$ · diplomatique · etc.

- créateur · fondateur · inaugural • inédit : *dans un geste inédit, le président de la République a dénoncé ce désastre judiciaire*
- calculé · motivé · prémédité · réfléchi · volontaire
- décisif · fort · historique · important · primordial · radical · sans précédent • significatif • emblématique · symbolique : *un geste hautement symbolique* • sans équivoque
- isolé · limité · modeste · petit + nom · sans conséquence • gratuit : *un geste gratuit dont on n'attend rien en retour* • dérisoire
- inattendu
- bon + nom · charitable · citoyen · délicat · généreux · joli + nom · positif • rassembleur • gentil · sincère • désintéressé · philanthropique • chevaleresque : *il faut saluer le geste chevaleresque du ministre* · courageux · héroïque · téméraire
- irrémédiable · irréparable • désespéré : *elle a tenté un geste désespéré pour le sauver* • fatal · suicidaire
- protestataire
- controversé • absurde · fou · inconsidéré · insensé : *la conduite en état d'ivresse constitue un geste insensé* · irréfléchi • grave : *il a commis un geste grave en agressant son professeur*
- suspect : *donner gratuitement semble être devenu un geste suspect* • malintentionné · malveillant • illégal · répréhensible • criminel · meurtrier

∾ geste + VERBE

- compter○ : *c'est le geste qui compte*
- aller droit au cœur

∾ VERBE + geste

- accomplir : *ils ont accompli un geste significatif sur la question des armes* · commettre · faire • préméditer : *il expliqua avoir prémédité ce geste meurtrier*
- déclencher : *les douloureuses conséquences que ce geste peut entraîner* · entraîner
- réitérer · renouveler · répéter
- attendre · espérer : *les marchés financiers espèrent un geste de la France*
- accueillir (souvent passif) : *ce geste a été bien accueilli par les familles des victimes* · recevoir
- apprécier : *j'apprécie votre geste commercial* · approuver : *les deux tiers des personnes interrogées disent approuver son geste* · saluer : *je salue votre noble geste* · se féliciter de
- dénoncer · déplorer
- assumer : *il assume son geste* · expliquer : *il n'a pas su expliquer son geste* · justifier • interpréter : *certains ont interprété mon geste comme une censure*
- regretter : *il a regretté son geste et a écrit à la victime*

gestion *nom fém.*

∾ gestion + ADJECTIF

- boursière · comptable · financière • artistique · budgétaire · commerciale · écologique · économique · foncière · politique · sociale · sportive · technique · etc.
- associative · capitaliste · libérale • centrale · centralisée · informatisée · interne • à / en flux tendus : *la gestion en flux tendus* · horizontale : *on fait de la gestion horizontale lorsqu'on associe tous les impliqués à la définition des enjeux* · mixte · verticale : *dans une structure de gestion verticale, les problèmes sont examinés par le sommet de la hiérarchie*
- collective · collégiale · commune · concertée · conjointe · coordonnée · démocratique : *la gestion démocratique de l'usine par ses travailleurs*
- au quotidien · courante · normale • classique · conservatrice · traditionnelle
- à long terme · durable · permanente
- globale · systématique • draconienne : *le redressement de la société n'a été possible qu'au prix d'une gestion draconienne* · ferme · impitoyable
- équilibrée · exemplaire · prudente · rationnelle · responsable · rigoureuse · saine + nom · transparente · vertueuse : *une gestion vertueuse des deniers publics* • fluide · souple • dynamique · efficace • adaptée · adéquate · bonne + nom · convenable · optimale : *la gestion optimale des déchets par le tri sélectif* • astucieuse · avisée · habile · tactique · stratégique
- alternative · différente
- à court terme · provisoire
- complexe · difficile : *la difficile gestion du quotidien*
- contestée · controversée · critiquée
- aberrante · bureaucratique · calamiteuse : *la gestion calamiteuse de la crise* · catastrophique · contestable · déficiente · déplorable · désastreuse · irresponsable · mauvaise + nom · médiocre • approximative : *une gestion approximative peut mener à l'endettement* · brouillonne · confuse · fantaisiste · laxiste • anarchique · chaotique · erratique · hasardeuse • coûteuse · dispendieuse • arbitraire · autocratique · autoritaire • clientéliste · corporatiste · discriminatoire • paternaliste : *la victoire des syndicats sur la gestion paternaliste des entreprises* • archaïque • irrégulière · occulte · opaque • corrompue · déloyale

∾ gestion + VERBE

- se faire · s'effectuer

- conduire à · consister à : *la gestion des âges consiste à se préoccuper des rapports entre les générations* · impliquer : *toute gestion de projet implique une planification* · nécessiter
- se limiter à

∾ VERBE + **gestion**
- assurer · participer à · prendre en charge · (re)prendre le contrôle de : *la population a repris le contrôle de la gestion de l'eau* · se charger de · se consacrer à · s'impliquer dans : *il souhaite s'impliquer davantage dans la gestion au quotidien de l'entreprise* · s'occuper de • avoir un droit de regard dans · s'immiscer dans : *je ne veux pas qu'il s'immisce dans la gestion de mes affaires* • proposer
- attribuer · confier · déléguer : *elle a délégué la gestion de ses biens à son fils*
- avaliser · cautionner · valider
- adapter : *les collectivités peuvent adapter leur gestion aux spécificités locales* • aider dans · améliorer · faciliter · optimiser · permettre
- critiquer · dénoncer · déplorer : *il déplore la mauvaise gestion de la crise* · mettre en cause • sanctionner
- affecter : *cela n'affecte pas la gestion au jour le jour* · alourdir · perturber
- se retirer de • perdre tout contrôle sur

gloire *nom fém.* (renommée, prestige)

∾ **gloire** + ADJECTIF
- littéraire · médiatique · militaire · olympique : *le marathonien espère la gloire olympique* · sportive · etc.
- personnelle • précoce : *Alfred de Musset a connu une gloire précoce avec ses œuvres de jeunesse* • posthume
- naissante
- céleste · divine
- internationale · locale · nationale · planétaire • fulgurante : *mieux vaut un succès durable qu'une gloire fulgurante* · soudaine • grande [+ nom] · immense · pleine [+ nom] : *il a disparu en pleine gloire* · sans pareille • croissante · montante
- durable · éternelle · immortelle
- modeste · petite [+ nom] · relative • éphémère · fugace · rapide · temporaire
- illusoire · vaine [+ nom]
- déchue : *une gloire déchue du football* · fanée · oubliée · passée · perdue

∾ **gloire** + VERBE
- arriver
- rejaillir sur

∾ VERBE + **gloire**
- attendre · avoir soif de · chercher : *il est venu chercher la gloire à Paris* · être avide de · poursuivre · rêver de
- mener à · offrir
- faire : *ce film a fait sa gloire* · valoir ... à : *ce spectacle lui a valu une gloire européenne*
- accéder à · atteindre · conquérir · gagner · obtenir · renouer avec : *il cherche à renouer avec sa gloire passée* · se couvrir de : *il se couvre de gloire lors de la guerre d'indépendance* · se faire : *il se fait gloire des exploits des autres* · tirer° : *le héros tire sa gloire de mourir au combat*
- connaître : *il a connu la gloire assez tardivement* · jouir de : *il jouit d'une gloire posthume* • être auréolé de gloire : *elle est revenue de son expédition tout auréolée de gloire* · rayonner de
- asseoir

∾ NOM + DE + **gloire**
- apogée · comble · faîte · sommet · summum
- heure · jour · période · etc.

[1]gouffre *nom masc.* (cavité)

∾ **gouffre** + ADJECTIF
- béant · immense · insondable · profond · sans fond · vertigineux
- étrange · mystérieux
- noir : *il voit son avenir comme un gouffre noir sans fond* · sinistre · ténébreux

∾ VERBE + **gouffre**
- entraîner dans
- disparaître dans : *trois spéléologues ont disparu dans un gouffre* · être englouti dans · être précipité dans · glisser dans · tomber dans
- extraire de · sortir de · tirer de

[2]gouffre *nom masc.* (écart)

∾ **gouffre** + ADJECTIF
- culturel · identitaire · idéologique : *le gouffre idéologique qui sépare les deux nations* · technologique
- véritable [+ nom] • abyssal · béant : *le gouffre béant entre riches et pauvres* · colossal · grand [+ nom] · immense · infranchissable : *il y a un gouffre infranchissable entre les opposants* · vertigineux • croissant · grandissant • effrayant · effroyable

∾ **gouffre** + VERBE
- se créer · s'ouvrir
- se creuser
- séparer : *le gouffre technologique qui sépare les pays riches des pays pauvres*

∞ VERBE + **gouffre**
- créer : *l'effondrement des structures traditionnelles a créé un gouffre entre la morale et la réalité* · ouvrir
- accroître · agrandir · creuser : *ce drame a creusé un gouffre entre les deux communautés*
- souligner : *son discours souligne le gouffre qui sépare la classe politique des citoyens* · traduire
- mesurer · prendre la mesure de
- combler

[3]gouffre *nom masc.* (chose ruineuse, situation dramatique)

∞ **gouffre** + ADJECTIF
- budgétaire · économique · financier : *cette affaire est un véritable gouffre financier*
- énorme · insondable · profond · sans fond
- effrayant · effroyable

∞ **gouffre** + VERBE
- aspirer · avaler · engloutir · happer : *des personnages happés par le gouffre de l'Histoire*

∞ VERBE + **gouffre**
- (se) précipiter dans : *le blocus a précipité l'économie du pays dans un gouffre* · tomber dans · sombrer dans • être au bord de : *l'entreprise est au bord du gouffre* · frôler : *elle a frôlé le gouffre de la dépression* • disparaître dans · être au fond de · s'enfoncer dans
- entraîner dans · mener au bord de
- creuser : *cette gestion désastreuse a creusé un gouffre d'un milliard d'euros* • accroître · agrandir
- éviter · (s')extraire de · sauver de : *il a sauvé l'événement du gouffre financier* · (se) sortir de · (se) tirer de
- combler
- sonder : *de nombreux rapports ont déjà sondé le gouffre des retraites*

[1]goût *nom masc.* (affinité, penchant)

∞ **goût** + ADJECTIF
- artistique · esthétique · littéraire · musical · etc.
- individuel · personnel : *elle confond ses goûts personnels et ses choix professionnels* • inné : *un goût inné des couleurs et des matières* · instinctif
- bourgeois · de luxe
- modeste · simple : *elle a des goûts très simples*
- (plur.) éclectiques · variés
- bizarre · curieux · étrange · excentrique · particulier · spécial
- démesuré · développé · effréné · forcené : *il a un goût forcené pour les gadgets* · frénétique : *il ne cache pas son goût frénétique pour le pouvoir* · immodéré · insatiable · invétéré : *chacun connaît son goût invétéré pour la chasse* · marqué · profond · prononcé : *ils partagent un goût prononcé pour les palaces* · sans limite · sans réserve
- affiché · avéré : *son goût avéré pour l'expérimentation* · confirmé · évident · manifeste · revendiqué
- maladif · obsessionnel : *il a un goût obsessionnel du détail*

∞ **goût** + VERBE
- se former : *les goûts d'un individu se forment dès le plus jeune âge* • s'affirmer : *les goûts s'affirment à l'adolescence* • persister : *le goût des vacanciers pour la Côte d'Azur persiste d'année en année*
- changer : *mes goûts ont beaucoup changé depuis* · différer · varier
- converger (plur.) : *leurs goûts convergent en musique*
- conduire : *son goût personnel le conduit vers des choses simples* · guider

∞ VERBE + **goût**
- (re)donner ... à : *ce professeur lui a donné le goût des mathématiques* · inculquer : *il lui a inculqué le goût de l'effort* · transmettre : *il a transmis à ses enfants le goût de la musique classique*
- acquérir : *il a acquis très jeune le goût de la politique* · (re)prendre° (sans art.) : *il a finalement pris goût à la lecture* • hériter (de) : *elle a hérité de son père le goût des voyages*
- avoir (sans art.) : *il n'a plus goût à rien* · se sentir : *il s'est toujours senti un goût pour la vie monastique* • cultiver : *ils cultivent le goût du secret* · développer • (re)trouver (sans art.) : *elle a retrouvé goût à la vie* • partager (plur.) : *ils partagent un goût pour la musique expérimentale*
- dénoter · montrer · refléter · suggérer · témoigner de : *la décoration de son appartement témoigne de son goût pour les années 1970* • ne pas cacher : *il n'a jamais caché son goût du pouvoir* • trahir
- stimuler : *la réussite stimule le goût d'apprendre*
- correspondre à · être à : *la décoration n'est pas à son goût* • assouvir · satisfaire
- perdre : *elle a perdu le goût de voyager*

[2]goût *nom masc.* (jugement)

∞ **goût** + ADJECTIF
- bon° + nom : *le bon goût* · cohérent · indiscutable · infaillible : *tu peux te fier à son goût infaillible* · sans faille : *les intérieurs qu'elle décore avec un goût sans faille* · sûr

- constant
- bizarre · curieux · étrange · particulier · spécial
- discutable : *il portait un costume d'un goût discutable* · douteux • de chiottes^très fam.^ · de merde^très fam.^ · mauvais^○ + nom^ : *une publicité de très mauvais goût* · vulgaire • atroce · déplorable : *le graphisme du site est d'un goût déplorable* · détestable · horrible · lamentable

∞ VERBE + goût

- avoir : *elle a beaucoup de goût* • exercer • faire preuve de : *elle fait preuve de bon goût dans sa manière de s'habiller*
- montrer · refléter · témoigner de
- manquer de : *elle manque de goût en matière de décoration*
- heurter : *il heurte le bon goût dominant*

³goût *nom masc.* (saveur)

∞ goût + ADJECTIF

- salé · sucré • acide · aigre · amer · astringent : *un thé âpre, au goût astringent* · piquant • artificiel : *le goût artificiel des bonbons chimiques* · chimique · naturel • caractéristique · typique : *le goût typique de la cuisine au feu de bois* • authentique : *le goût authentique des tomates mûries au soleil* • chocolaté · citronné · fruité · etc.
- de déjà-vu [fig.] : *son programme électoral a un goût de déjà-vu*
- bizarre · curieux · étrange · indéfinissable : *une mixture au goût indéfinissable* · particulier · spécial
- corsé · fort^+ nom^ · prononcé · puissant • dominant
- persistant • constant : *ce vin a un goût constant et ne déçoit jamais*
- léger^+ nom^ : *un alcool au léger goût anisé* · petit^+ nom^ : *cette deuxième cuisson lui donne ce petit goût caractéristique de lait cuit*
- bon^+ nom^ · délectable · délicat · délicieux · de reviens-y^fam.^ · fameux^+ nom^ : *le fameux goût de noisette des huîtres bretonnes* · frais · irrésistible · parfait · plaisant · rafraîchissant · sans égal · savoureux · suave
- banal · standardisé : *le goût standardisé des produits de l'industrie agro-alimentaire* • fade : *j'ai ajouté du poivre pour relever le goût fade du plat*
- anormal · douteux • âcre · chloré · métallique : *l'eau du robinet a un goût métallique* · rance • atroce · désagréable · mauvais^+ nom^ · sale^+ nom fam.^ · saumâtre : *la rencontre de la rivière et de la mer donne à l'eau un goût saumâtre* • de bouchon · de brûlé

∞ goût + VERBE

- persister : *un vin sec dont le goût persiste un long moment* · rester
- changer · varier
- s'affiner : *la bière mûrit et son goût s'affine*
- s'effacer : *le goût amer s'efface progressivement*
- faire horreur à : *le goût du poireau lui fait horreur*
- bien aller avec · se marier avec : *son goût se marie particulièrement bien avec celui de la seiche*

∞ VERBE + goût

- acquérir : *le vin acquiert un goût de fruit rouge* · avoir : *cela a très bon goût ; cela n'a aucun goût* · prendre • conserver · garder : *un mélange dont chaque élément garde un goût perceptible*
- donner : *mets un peu de sauce de soja, ça donne du goût* • accentuer · rehausser · relever : *le curry relève le goût du plat* • mettre en valeur · souligner : *la saveur de la menthe souligne le goût épicé de la cannelle*
- allier · conjuguer · marier : *une recette qui marie le goût des asperges et celui des crevettes*
- laisser [souvent fig.] : *une défaite qui laisse un goût amer / d'inachevé*
- changer de
- améliorer
- affadir • altérer · dénaturer · gâter · pervertir : *un goût perverti par trop de vinaigre*
- perdre : *la cuisson lui a fait perdre tout son goût* • manquer de : *ces fraises manquent de goût*
- trouver (+ adj.) : *ils trouvent au vin un petit goût de bouchon*
- atténuer
- enlever · faire disparaître

gouvernement *nom masc.*

∞ gouvernement + ADJECTIF

- conservateur · de droite · de gauche · républicain · travailliste · etc.
- de coalition • de facto : *l'armée a mis sur pied un gouvernement de facto* · de fait • central · fédéral • civil · populaire • insurrectionnel · militaire • local · national · provincial · régional
- actuel · au pouvoir · en place : *l'opinion est favorable au gouvernement en place* • précédent : *il y a eu beaucoup de négligences de la part du gouvernement précédent* · sortant
- fort · majoritaire
- intègre · modéré : *un gouvernement modéré prêt à se retirer des territoires occupés* · responsable • légitime • consensuel : *un gouvernement consensuel de transition chargé d'organiser les élections*

- éphémère : *le gouvernement éphémère des Trente tyrans à Athènes* · intérimaire · provisoire · temporaire · transitoire
- critiqué · fragile · instable · (ultra)minoritaire · vulnérable • fantoche • impuissant
- à poigne · autocratique · autoritaire · despotique · totalitaire • corrompu · défaillant · irresponsable • illégitime

∞ gouvernement + VERBE

- se réunir · siéger • initier · instaurer : *le gouvernement a instauré un système de baisse des charges* · intervenir · jouer un rôle dans : *le gouvernement joue un rôle de premier plan dans le conflit* · lancer • prendre en charge · s'acquitter de : *le gouvernement s'acquitte pleinement de ses obligations* · s'atteler à · œuvrer pour • engager des pourparlers · légiférer · s'activer
- accepter · adopter · appliquer · approuver · autoriser · consentir à · entériner : *ce choix doit être entériné par le gouvernement* • encourager · promouvoir · soutenir
- affirmer · annoncer · déclarer · édicter : *le gouvernement a édicté un nouveau règlement* · établir : *le gouvernement a établi des directives strictes* • mettre en place · nommer
- allouer : *le gouvernement a alloué une subvention aux agriculteurs* · débloquer : *le gouvernement a débloqué des fonds pour la reconstruction* · octroyer · offrir · subventionner
- ne pas céder
- interdire · refuser • bafouer : *leur gouvernement bafoue les droits de l'homme*
- nationaliser · privatiser
- se succéder (plur.)

∞ VERBE + gouvernement

- constituer · élire · former · instituer · investir · nommer
- entrer dans · être à · faire partie de · participer à • diriger : *il a dirigé le gouvernement pendant 2 ans* · être à la tête de
- cautionner · soutenir • créditer : *la majorité des sympathisants crédite le gouvernement d'avoir tenu ses promesses*
- asseoir · consolider · fortifier • stabiliser
- remanier · renouveler
- appeler ... à : *le maire a appelé le gouvernement à prendre ses responsabilités* · enjoindre ... à · exhorter ... à · interpeller · inviter ... à : *les syndicats invitent le gouvernement à négocier* • négocier avec : *les patrons négocient avec le gouvernement les nouvelles conventions*
- quitter : *un ministre contraint de quitter le gouvernement* • claquer la porte de
- accuser : *certains accusent le gouvernement de laxisme* · critiquer • combattre · contraindre ... à · faire pression sur · reprocher à · s'opposer à • embarrasser • ébranler · faire imploser : *sa démission a fait imploser le gouvernement* · faire plier
- dissoudre • défaire : *ce référendum pourrait défaire le gouvernement* · limoger : *le gouverneur a pris la liberté de limoger le gouvernement local* · renverser

∞ NOM + DE + gouvernement

- chute : *cette crise pourrait provoquer la chute du gouvernement*

[1]grâce *nom fém.* (pardon)

∞ grâce + ADJECTIF

- présidentielle · royale • amnistiante
- collective : *les détenus ont bénéficié de la grâce collective de l'an 2000*
- partielle

∞ VERBE + grâce

- demander : *le pape a demandé la grâce de prisonniers politiques* · implorer · réclamer · solliciter • crier (sans art.) • espérer
- accorder · octroyer : *le président de la République a octroyé une grâce collective*
- bénéficier de · obtenir : *il obtint du Président une grâce partielle* · recevoir
- refuser · rejeter

∞ NOM + DE + grâce

- droit : *le droit de grâce est une prérogative personnelle du chef de l'État*
- demande
- délai

[2]grâce *nom fém.* (faveur)

∞ grâce + ADJECTIF

- bonnes° + nom (plur.) : *il a obtenu les bonnes grâces du sélectionneur*

∞ VERBE + grâce

- faire : *il nous a fait la grâce de nous recevoir*

∞ NOM + DE + grâce

- jour : *son jour de grâce était enfin arrivé*

en grâce

- être° · rentrer° : *après avoir été longtemps tenu à l'écart de l'équipe, il est rentré en grâce* · revenir°

les bonnes grâces de

- rechercher

- acheter · gagner · obtenir · retrouver · s'assurer · s'attirer · se concilier · se ménager : *ce grand patron a su se ménager les bonnes grâces du ministre* • (r)entrer dans · être dans · rester dans

[3]grâce *nom fém.* (élégance, charme)

∞ grâce + ADJECTIF
- enfantine · féminine · juvénile
- désinvolte · naturelle · nonchalante • naïve : *la grâce naïve d'une jeune provinciale*
- animale : *une actrice à la grâce animale* · féline · sensuelle
- absolue · infinie · inouïe : *elle danse avec une grâce inouïe* · pure [+ nom] • incomparable · irrésistible · lumineuse · merveilleuse · touchante • aérienne · surnaturelle : *une grâce surnaturelle qui se rit des difficultés techniques*
- fragile : *la grâce fragile d'une jeune nymphette*

∞ grâce + VERBE
- bouleverser · conquérir · illuminer · laisser pantois · saisir : *les spectateurs ont été saisis par autant de grâce*

∞ VERBE + grâce
- avoir · posséder : *elle possède une grâce incomparable* • être empreint de · être plein de · être rempli de
- être dépourvu de

∞ NOM + DE + grâce
- état
- instant · moment

avec grâce
- danser · défiler · évoluer · saluer · sourire

[1]grandeur *nom fém.* (dignité, supériorité)

∞ grandeur + ADJECTIF
- épique : *son inspiration confère à certains passages une grandeur épique* · impériale · incroyable [+ nom] · indiscutée : *la grandeur indiscutée de la cuisine française* · infinie [+ nom] · sans pareil · stupéfiante
- ancienne [+ nom] : *la ville porte la trace de cette ancienne grandeur* · déchue · disparue · passée · perdue · révolue · surannée · d'antan

∞ grandeur + VERBE
- résider dans · résulter de · se fonder sur · tenir à
- s'exprimer

∞ VERBE + grandeur
- (re)donner ... à : *pour redonner éclat et grandeur à la capitale* · faire : *c'est ce qui fait la grandeur de son œuvre*
- (re)trouver : *le pays a retrouvé sa grandeur d'avant le conflit* • garder
- restaurer : *ils voulaient restaurer la grandeur perdue de leur pays* · rétablir
- célébrer · chanter · dire · exprimer · raconter · vanter • exalter · magnifier
- prouver · révéler · souligner · montrer · refléter · témoigner de
- contester · douter de · méconnaître
- manquer de · perdre

[2]grandeur *nom fém.* (dimension)

∞ grandeur + ADJECTIF
- nature[○] : *une rue reconstituée grandeur nature ; un test grandeur nature* · vraie [+ nom] : *il préconise un test en vraie grandeur*
- variable

∞ VERBE + grandeur
- avoir · être de : *les lampes sont de grandeur variable*
- évaluer · mesurer

gratitude *nom fém.*

∞ gratitude + ADJECTIF
- grande [+ nom] · immense · intense · profonde [+ nom] · totale · vive [+ nom] • éternelle · infinie
- émue · sincère [+ nom] · tendre

∞ VERBE + gratitude
- déborder de · éprouver : *j'éprouve une infinie gratitude envers elle* · être / se sentir plein de · ressentir
- vouer : *il voue une gratitude éternelle à son médecin*
- mériter : *une association bénévole qui mérite la gratitude de la nation* • valoir : *son secours lui vaut toute ma gratitude*
- assurer de : *il assure de sa gratitude tous ceux qui ont contribué à son succès* · dire · exprimer • afficher · manifester · montrer · témoigner
- réitérer · renouveler

[1]gravité *nom fém.* (importance)

∞ gravité + ADJECTIF
- exacte [+ nom] : *nous ne connaissons pas encore l'exacte gravité de sa blessure*

- absolue : *une affaire d'une gravité absolue* · haute + nom · historique : *la gravité historique des événements de l'époque* • exceptionnelle · extraordinaire · extrême · grande + nom : *des effets secondaires sans grande gravité* · sans comparaison · sans égal · sans équivalent · sans pareil · sans précédent • indéniable · indiscutable · reconnue • particulière : *le jugement révèle la gravité particulière des faits* • inattendue · inhabituelle
- affichée · apparente
- faible + nom · légère · mineure : *une infraction de gravité mineure* • relative

∾ gravité + VERBE

- s'accroître : *la gravité des accidents s'est accrue ces derniers temps*
- diminuer

∾ VERBE + gravité

- déterminer · estimer : *l'examen permettra d'estimer la gravité de la brûlure* · évaluer · mesurer
- comprendre : *il suffit de regarder les statistiques pour comprendre la gravité du problème* · être conscient de · prendre conscience de · réaliser · se rendre compte de • percevoir : *les chercheurs commencent à percevoir la gravité de l'épidémie* • admettre · reconnaître
- évoquer : *il a évoqué publiquement la gravité de la situation* · révéler · souligner • insister sur • confirmer
- exagérer · surestimer
- atténuer : *prévoir la maladie permet de l'éviter ou d'en atténuer la gravité* · limiter
- minimiser · relativiser : *ils relativisent la gravité de la situation* · sous-estimer
- cacher · dissimuler · masquer · occulter : *le gouvernement continue d'occulter la gravité de la crise* • ignorer • nier

²gravité *nom fém.* (solennité)

∾ gravité + ADJECTIF

- requise : *il l'a reçu avec toute la gravité requise*
- inattendue · inhabituelle
- fausse + nom · feinte • empesée · froide
- digne : *elle répond aux risées par une gravité digne* · sereine · sobre

∾ gravité + VERBE

- convenir (à) : *elle s'adresse à la mère supérieure avec la gravité qui convient* · seoir (à) : *cette gravité qui sied à la justice* · s'imposer
- contraster avec : *sa gravité contraste avec la désinvolture de son partenaire*

∾ VERBE + gravité

- dégager · être empreint de : *son visage était empreint d'une gravité sereine*

³gravité *nom fém.* (force d'attraction)

∾ gravité + ADJECTIF

- martienne · terrestre
- élevée · forte + nom
- faible · négligeable · réduite : *la gravité y est si réduite que le ballon ne retomberait jamais* · zéro

∾ gravité + VERBE

- augmenter
- diminuer

∾ VERBE + gravité

- être soumis à
- s'accoutumer à · s'adapter à : *les astronautes devront rapidement s'adapter à la gravité*
- défier : *un numéro d'acrobatie qui défie la gravité* · échapper à · s'opposer à : *la force centrifuge s'oppose à la gravité*

grève *nom fém.*

∾ grève + ADJECTIF

- administrative · politique · syndicale • catégorielle · interprofessionnelle · unitaire • nationale • d'avertissement · de la faim · de solidarité
- carrée ○Rail (mouvement de 24 heures, non prolongé) · du zèle · perlée○ · tournante : *le syndicat organise une grève tournante d'une seule journée dans chaque usine*
- de courte durée · sporadique (souvent plur.) : *une grève sporadique a été entreprise dans quelques musées de France* · symbolique
- d'envergure : *la première grève d'envergure de l'histoire ouvrière du pays* · dure · grande + nom · immense + nom · massive · spectaculaire · totale • générale : *une grève générale a paralysé les transports*
- à durée indéterminée / indéfinie · de longue durée · illimitée · interminable + nom · longue + nom • reconductible
- sans préavis · sauvage : *des postiers ont mené une grève sauvage hors du giron syndical* · spontanée · surprise
- illégale · illicite
- injustifiée · inopportune

∾ grève + VERBE

- se profiler • commencer · débuter · éclater : *la grève a éclaté dans une des usines de la société* · survenir • reprendre
- avoir lieu · se dérouler

- progresser · s'amplifier · se durcir · s'étendre : *la grève s'est étendue à d'autres sites*
- durer · se poursuivre · se prolonger
- affecter · frapper · secouer · toucher • compromettre : *cette grève compromet la relance économique* · empêcher · pénaliser · perturber · retarder • bloquer · immobiliser · paralyser
- s'enliser : *la grève s'enlise et les syndicats se divisent* · s'essouffler
- prendre fin · s'achever · s'arrêter · se terminer

∾ VERBE + **grève**
- appeler à : *tous les syndicats appellent à la grève*
- annoncer · décréter · proclamer
- déclencher · entraîner · susciter • se traduire par
- organiser · prévoir · programmer • engager · entamer · lancer : *les internes ont lancé une grève des gardes de nuit* · organiser · entreprendre
- faire : *faire (la) grève* · mener : *ils ont mené une grève de la faim de 21 jours* · observer : *les employés ont observé une grève de 48 heures* · se mettre en • participer à · suivre : *l'ensemble du personnel a suivi la grève* • recourir à : *les salariés sont contraints de recourir à la grève*
- durcir · étendre
- continuer · maintenir · poursuivre · reconduire • maintenir le mot d'ordre de : *l'opposition a maintenu son mot d'ordre de grève*
- approuver · appuyer : *le parti a appuyé la grève des étudiants* · soutenir • donner du poids à • voter
- souffrir de : *les transports publics, déjà très saturés, souffrent de la grève*
- dénoncer · protester contre
- désamorcer : *le gouvernement fait un geste financier pour désamorcer la grève* · enrayer · éviter • briser · casser · écraser : *le pouvoir a vainement tenté d'écraser la grève* · interdire · réprimer
- interrompre · reporter · suspendre : *les sans-papiers ont suspendu leur grève de la faim* • achever · arrêter · cesser · mettre fin à · stopper • annuler · renoncer à : *les syndicats renoncent à la grève prévue en début de semaine*

∾ NOM + DE + **grève(s)**
- droit
- menace • préavis
- mot d'ordre
- piquet°
- mouvement · série · vague

grimace *nom fém.*

∾ **grimace** + ADJECTIF
- légère [+ nom] · petite [+ nom]
- affreuse · horrible · monstrueuse · vilaine [+ nom] • effrayante · inquiétante
- agressive · furieuse · haineuse · hargneuse • méprisante · moqueuse

∾ VERBE + **grimace**
- esquisser : *il a esquissé une grimace de douleur*
- faire · laisser échapper : *il laisse échapper une grimace de dégoût*
- contenir · réprimer : *il avala une gorgée et réprima une grimace* · retenir

grognement *nom masc.*

∾ **grognement** + ADJECTIF
- aigu · grave : *le grognement grave de l'hippopotame*
- léger [+ nom] · petit [+ nom] · sourd · vague : *il a répondu par un vague grognement*
- approbateur : *la proposition fut accueillie par quelques grognements approbateurs*
- désapprobateur · réprobateur

∾ VERBE + **grognement**
- provoquer · susciter : *l'annonce de la nouvelle loi suscite des grognements*
- émettre : *la machine émet des grognements sourds* · lâcher · laisser échapper · pousser • imiter : *il imite le grognement du sanglier*
- entendre

grondement *nom masc.*

∾ **grondement** + ADJECTIF
- léger · petit [+ nom] · sourd : *le grondement sourd d'un fleuve puissant* • doux : *l'océan faisait entendre son doux grondement* • lointain
- énorme · formidable • continu · incessant : *le grondement incessant de l'autoroute*
- étrange : *un grondement étrange montait du sous-sol*
- effrayant · épouvantable · horrible · sinistre : *le grondement sinistre du tonnerre* · terrible · terrifiant

∾ **grondement** + VERBE
- monter : *des grondements montaient des entrailles de la terre* · se faire entendre · se rapprocher
- ébranler : *un formidable grondement ébranle le désert* · secouer

∾ VERBE + **grondement**
- émettre · produire : *la grosse caisse produit un grondement sourd très marqué*
- entendre

[1]groupe *nom masc.* (ensemble de personnes)

∾ **groupe** + ADJECTIF
- armé · paramilitaire · terroriste • parlementaire • folklorique · etc.

- à risque○ : *cette maladie touche certains groupes à risque comme les personnes âgées*
- phare : *c'est le groupe phare de la pop anglaise* · célèbre + nom · fameux + nom
- soudé · uni
- cohérent · homogène • ad hoc : *un groupe ad hoc d'experts a été constitué pour réfléchir sur le problème*
- petit + nom · restreint
- minoritaire • informel
- grand + nom · gros + nom • de choc○ : *un reporter a été agressé par un groupe de choc*
- majoritaire
- dissident • clandestin

∞ groupe + VERBE
- s'assembler · se réunir
- associer : *le groupe de réflexion associe plusieurs ministères* · comprendre · compter x membres · être composé de · réunir : *ce groupe de travail réunit les plus grands spécialistes*
- plancher sur · travailler • [d'artistes] jouer · se produire
- changer · évoluer
- se resserrer
- se désintégrer · se dissoudre · se diviser

∞ VERBE + groupe
- constituer · créer · former · réunir • se constituer en : *pour se constituer en groupe à l'Assemblée nationale, il faut au minimum vingt députés* • baptiser
- pénétrer dans · rallier · rejoindre • appartenir à : *ils appartiennent au même groupe de rock* · être membre de · participer à · faire partie de • infiltrer
- animer · piloter : *elle pilote le groupe de travail* · présider • souder : *il faut souder le groupe autour d'un projet commun*
- mettre en danger

en groupe
- arriver · marcher · se déplacer · venir • vivre • chasser · travailler · voyager

²groupe *nom masc.* (consortium)

∞ groupe + ADJECTIF
- de communication · de presse · hôtelier · industriel · naval · etc.
- grand + nom · tentaculaire • international

∞ groupe + VERBE
- grandir : *le groupe veut grandir en s'appuyant sur la croissance interne* · se développer • diversifier ses activités · se diversifier

∞ VERBE + groupe
- donner naissance : *la fusion des deux entreprises a donné naissance à un grand groupe industriel*
- entrer dans : *cet hebdomadaire vient d'entrer dans le groupe de presse* • intégrer dans
- diriger · être à la tête de · gérer
- redéployer
- renflouer
- s'adosser à

∞ NOM + DE + groupe
- fleuron : *leur entreprise est devenue le fleuron du groupe* · joyau

guérison *nom fém.*

∞ guérison + ADJECTIF
- physique : *la guérison physique peut prendre plusieurs mois* • mentale · psychique : *Freud développa une méthode de guérison psychique par la connaissance de soi* · psychologique
- possible + nom
- complète · entière + nom · totale • sans séquelle : *la guérison sans séquelle d'une méningite bactérienne* • définitive · durable
- (-)éclair · prompte · rapide
- spontanée : *la guérison spontanée de la plupart des otites*
- inespérée · inexpliquée • merveilleuse : *« Que je vous suis obligé de cette guérison merveilleuse ! »* (Molière, *Le Médecin malgré lui*, III, 6) · miraculeuse · prodigieuse
- imparfaite · partielle · relative + nom • fragile + nom • lente + nom
- impossible + nom

∞ guérison + VERBE
- être en bon chemin · suivre le bon chemin
- se poursuivre : *la guérison se poursuit normalement*

∞ VERBE + guérison
- espérer · souhaiter • viser à
- aider (à) : *la relaxation aide à la guérison de ces troubles* · assurer · faciliter • apporter · entraîner · permettre • obtenir : *le médicament permet d'obtenir une guérison rapide*
- accélérer · activer : *aviver une inflammation permet d'en activer la guérison*
- conduire à · mener à • être en voie de : *le malade est en voie de guérison*
- devoir ... à : *il doit sa guérison à une cure ayurvédique*
- achever : *un remède complémentaire permet d'achever la guérison plus rapidement*
- compromettre : *le manque de rigueur dans le suivi du traitement peut compromettre la guérison*

guerre *nom fém.*

∾ guerre + ADJECTIF

- aérienne · navale · sous-marine · terrestre • conventionnelle • atomique · bactériologique · biologique · chimique · nucléaire · thermonucléaire • de position · de tranchées • de mouvement
- sainte○ : *ils appellent à la guerre sainte contre notre pays* • de religion • interethnique · intestine · tribale · civile○ · fratricide : *un pays plongé dans une guerre fratricide* • des chefs○ · de succession
- de libération · d'indépendance • coloniale · de conquête · napoléonienne
- [fig.] • commerciale · des prix · économique · tarifaire • psychologique · des nerfs○ : *les deux partis se livrent une véritable guerre des nerfs* • idéologique • des étoiles○
- préventive · offensive · défensive
- juste : *peut-on parler de "guerre juste" ?* · propre • en dentelles : *c'était à l'époque de la guerre en dentelles*
- à grande échelle · grande + nom : *une grande guerre a éclaté entre plusieurs pays* · mondiale · planétaire • à outrance • ouverte [fig.] : *le maire mène une guerre ouverte contre le théâtre et son directeur* · totale · tous azimuts : *ils mènent une guerre tous azimuts contre ce qu'ils appellent l'alliance judéo-croisée*
- d'usure○ • incessante [fig.] · interminable · longue · sans fin · sans issue
- sans limites • atroce · barbare · désastreuse · effroyable · terrible • [fig.] brutale · farouche · impitoyable · sans merci · sauvage • meurtrière · sanglante • sale + nom
- absurde · de clocher○ [fig.] : *les deux écoles se livrent une guerre de clocher depuis des années* · insensée • injuste • ingagnable · perdue d'avance
- froide○ · larvée · sourde : *cette sourde guerre des nerfs perdure*
- (-)éclair

∾ guerre + VERBE

- menacer · se profiler • commencer · éclater • reprendre
- continuer · durer · se poursuivre
- battre son plein · faire rage · sévir : *la guerre civile qui sévit actuellement à l'est du pays*
- chasser : *ils ont été chassés de leur pays par la guerre civile* • détruire · faire des blessés / des morts / des victimes · ravager · tuer
- prendre fin · se terminer

∾ VERBE + guerre

- préparer : *« Si vis pacem, para bellum : si tu veux la paix, prépare la guerre »* (proverbe latin)
- déboucher sur · déclencher · mener à · provoquer
- dégénérer en : *la violence peut dégénérer en guerre fratricide* · tourner à : *ces bagarres ont failli tourner à la guerre civile*
- [aussi fig.] déclarer ... à • [aussi fig.] partir en : *ils partent en guerre contre la famine dans le monde* · faire ... à : *elle fait la guerre aux abus de l'Administration* • basculer dans · plonger dans : *le pays a plongé dans la guerre civile* · s'enfoncer dans · sombrer dans
- entrer en · être en • faire : *mon grand-père a fait les deux guerres mondiales* · livrer : *ils se sont livré une guerre sans merci* · mener : *ils mènent une guerre des prix sauvage* • partir à • être / passer à deux doigts de : *le pays est à deux doigts de la guerre civile*
- [fig.] rallumer · raviver : *cette déclaration a ravivé la guerre latente entre les deux courants du parti*
- [aussi fig.] continuer · poursuivre
- gagner
- perdre
- éviter · prévenir
- échapper à · fuir
- [aussi fig.] mettre fin à

∾ NOM + DE + guerre(s)

- [aussi fig.] moteur · nerf : *le cacao est le nerf de cette guerre économique*
- théâtre : *la région a été le théâtre de guerres tribales*
- blessure · séquelle · stigmate : *cette ligne de démarcation est le dernier stigmate de la guerre froide*

[1] guide *nom masc.* (livre)

∾ guide + ADJECTIF

- de voyage · touristique • de bonne conduite · de savoir-vivre • gastronomique • de survie • critique • pratique : *il est l'auteur de plusieurs guides pratiques de jardinage*
- comparatif • illustré • officiel • gratuit • de référence
- général • complet · détaillé · documenté · exhaustif
- adapté • agréable · clair · érudit · excellent · intelligent · original · sérieux + nom · utile • essentiel : *c'est un guide essentiel pour tous les amoureux de la brocante* · fiable · inestimable · infaillible · pratique : *ce guide de voyage est très pratique* · précieux · incontournable · indispensable
- de poche · petit + nom • concis
- confus • mauvais + nom

∾ **guide** + VERBE

- s'adresser à : *ce guide s'adresse aussi bien aux professionnels qu'aux particuliers*
- offrir · proposer • comporter · contenir • rassembler · recenser : *un guide qui recense les meilleurs restaurants de la région* · regrouper · répertorier
- décrire · exposer : *un guide qui expose les différentes techniques de relaxation* · indiquer · présenter · signaler • expliquer • vanter

∾ VERBE + **guide**

- concocter · écrire · élaborer · réaliser · rédiger • publier
- diffuser · distribuer : *un petit guide distribué dans le réseau associatif*
- acheter · emporter · se munir de : *il vaut mieux se munir d'un guide si on ne connaît pas la région*
- actualiser · mettre à jour : *le guide est mis à jour tous les ans*
- figurer dans · se trouver dans : *la liste des séminaires se trouve dans le guide de la formation*
- consulter : *on peut désormais consulter ce guide sur CD-ROM* · lire

²guide *nom* (personne)

∾ **guide** + ADJECTIF

- moral · spirituel • de (haute) montagne : *une excursion avec un guide de haute montagne* · touristique • conférencier
- agréé · officiel • indépendant • spécialisé
- improvisé : *le chauffeur a été notre guide improvisé*
- bon [+ nom] · charismatique · d'exception · érudit · excellent · passionnant • expérimenté : *un guide expérimenté peut accompagner les plongeurs moins chevronnés*
- ennuyeux · soporifique : *nous avons eu à faire à un guide des plus soporifiques*

∾ **guide** + VERBE

- accompagner · conduire : *le guide nous conduit vers les carrières de granit* • accueillir
- commenter · décrire · expliquer · exposer · raconter • indiquer · montrer · présenter · signaler

∾ VERBE + **guide**

- prendre : *j'ai pris un guide pour visiter la ville*
- écouter · suivre : *suivez le guide !*
- être : *elle est guide au château de Versailles* • faire : *j'ai fait le guide toute la journée pour mes amis* · faire office de : *le propriétaire des lieux a fait office de guide* · jouer / tenir le rôle de · servir de · s'improviser : *je me suis improvisé guide le temps de la promenade*
- être regroupé autour : *les visiteurs sont regroupés autour de la guide* · se rassembler derrière

h

habileté *nom fém.*

∾ habileté + ADJECTIF

- architecturale · commerciale · diplomatique · manuelle · politique · professionnelle · rhétorique · tactique : *il a gagné grâce à son habileté tactique* · technique · etc.
- confondante · étonnante · exceptionnelle · extraordinaire · formidable · grande [+ nom] · incomparable · indéniable · inégalable · prodigieuse · rare · redoutable · remarquable · stupéfiante • diabolique : *il noue avec une habileté diabolique les fils de l'intrigue*

∾ habileté + VERBE

- servir : *son habileté rhétorique lui sert dans son travail*
- étonner · impressionner

∾ VERBE + habileté

- demander · exiger : *ce travail exige une grande habileté* · nécessiter · requérir · supposer
- avoir · posséder • acquérir · développer • déployer : *il a dû déployer une habileté prodigieuse pour arriver à ses fins* · faire montre de · faire preuve de · montrer · user de : *il a usé de toute son habileté pour les convaincre*
- mettre ... au service de : *il met son habileté diplomatique au service du pays*
- démontrer · montrer · prouver · révéler
- admirer • louer : *ses supérieurs ont loué son habileté à diriger une équipe* · rendre hommage à · saluer · vanter
- manquer de • perdre

habit *nom masc.* (tenue vestimentaire)

∾ habit + ADJECTIF

- civil · de fonction · de scène · de travail · de ville · traditionnel • ecclésiastique · monacal · monastique · religieux
- strict • simple
- de circonstance
- éternel [+ nom] : *l'éternel habit noir des popes*
- ample (plur.) · grand [+ nom]
- chaud • bel [+ nom] : *elle a mis ses beaux habits pour sortir* · de (grande) marque · élégant · magnifique · somptueux · superbe • bariolé · chamarré • d'apparat · de fête · de gala · du dimanche · de soirée
- étriqué · étroit · petit [+ nom]
- élimé · miteux · usé · vieil [+ nom]

∾ habit + VERBE

- aller à (+ adj.) · seoir à : *cet habit te sied à merveille*
- convenir : *l'habit ne convenait pas aux circonstances*
- être de rigueur

∾ VERBE + habit

- couper · tailler
- être en° : *les musiciens en habit ont pris place* • endosser · enfiler · mettre : *il a mis son habit du dimanche* · passer · porter · revêtir · se glisser dans · se parer de · se vêtir de • prendre° [Rel.] : *prendre l'habit*
- enlever · ôter · quitter : *le prêtre quitta son habit de fonction* · retirer · se débarrasser de

habitude *nom fém.*

∾ habitude + ADJECTIF

- alimentaire · consumériste : *les habitudes consuméristes ont pris le dessus* · culinaire · culturelle · vestimentaire · etc.
- ancienne [+ nom] · (bien / fortement / profondément) ancrée : *ces habitudes sont profondément ancrées dans la population* · invétérée : *le mensonge est chez lui une habitude invétérée* · vieille [+ nom] (souvent plur.) : *on ne change pas de vieilles habitudes*
- petite° [+ nom] : *elle a ses petites habitudes*

- bonne + nom : *il faut prendre de bonnes habitudes dès le plus jeune âge* · saine
- détestable · extravagante · fâcheuse + nom · mauvaise + nom · néfaste · sale + nom fam. : *cette sale habitude ne lui est pas passée*

∞ habitude + VERBE

- dater de : *cette habitude date de ses années d'internat*
- s'installer : *les habitudes s'installent dans la vie de couple* • avoir la peau / vie dure○ : *les vieilles habitudes ont la vie dure* · perdurer · persister
- reprendre le dessus · revenir au galop : *les vieilles habitudes reviennent au galop*
- changer : *les habitudes alimentaires des Français ont beaucoup changé* · se modifier
- passer (à) : *cette habitude (lui) passera*

∞ VERBE + habitude

- créer · engendrer : *une mauvaise éducation engendre de mauvaises habitudes* · entraîner
- (plur.) entrer dans · faire partie de : *manger du poisson ne fait pas partie de ses habitudes*
- contracter : *il faut empêcher les adolescents de contracter l'habitude de fumer* · prendre
- reprendre · retrouver : *il a retrouvé ses bonnes habitudes* • conserver · garder · rester fidèle à : *il a mûri mais il reste fidèle à ses habitudes* • être attaché à · s'accrocher à : *il se méfie de la nouveauté et s'accroche à ses habitudes*
- (plur.) changer · modifier • aller à l'encontre de · déroger à : *il est peu enclin à déroger à ses habitudes*
- (plur.) bouleverser · bousculer · chambouler fam. · contrarier · déjouer : *ces phrases courtes déjouent les habitudes de lecture* · déranger · heurter · perturber · remettre en cause · révolutionner · secouer
- (plur.) casser · entamer : *ils n'ont pas réussi à entamer des habitudes bien ancrées* · laisser tomber fam. · perdre · renoncer à · rompre avec · se défaire de · se départir de : *ces jeunes ne se départiront pas totalement de leurs habitudes de consommation* · se déprendre de littér.

haine *nom fém.*

∞ haine + ADJECTIF

- clanique · intercommunautaire · (inter)ethnique : *les médias ont attisé la haine interethnique* · tribale • familiale (plur.) : *tous les ingrédients du drame naturaliste sont réunis : haines familiales, morts violentes et alcoolisme* • antisémite · homophobe : *un délit d'incitation à la haine homophobe* · raciale · raciste · religieuse : *la lutte contre la haine religieuse* · xénophobe
- persistante : *la haine persistante entre les deux régions* · tenace • ancestrale · éternelle · recuite : *je ne suis pas ici pour assouvir une haine recuite* · séculaire · vieille + nom
- instinctive : *sa haine instinctive du militarisme* · viscérale
- sans fin · sans limite • absolue : *sa haine absolue de la violence* · ardente · farouche · féroce · furieuse · indicible · mortelle · ouverte · profonde · terrible · vivace • cordiale : *les doyens des différentes facultés se vouent une haine cordiale* • indéracinable · inexpiable · inextinguible · irréductible
- contenue · froide · secrète · sourde : *la haine sourde qui couve dans une fraction du peuple*
- destructrice : *la haine destructrice des vandales* · fanatique · fratricide · meurtrière · obsessionnelle : *sa haine obsessionnelle de la bourgeoisie* · rageuse • aveugle · irrationnelle · pathologique : *une haine pathologique des femmes*

∞ haine + VERBE

- se nourrir de : *la haine se nourrit de frustrations*
- couver : *la haine couve entre les deux communautés*
- se dégager de : *la haine qui se dégage de son discours* · se manifester · s'exprimer
- déferler sur · éclater · gagner · se déchaîner · se propager · se répandre
- (souvent passif) aveugler · consumer : *un esprit vengeur consumé par la haine*
- animer · mouvoir : *des terroristes mus par une haine absolue*
- empoisonner : *la haine qui empoisonne cette société* · ravager
- disparaître · s'effacer · s'éteindre

∞ VERBE + haine

- allumer · déchaîner : *ces propos ont déchaîné la haine de ses concitoyens* · engendrer · entraîner · générer · provoquer · semer · susciter
- appeler à · distiller : *un journal qui distille la haine raciale* · inciter à · prêcher · prôner · propager • entretenir · favoriser • se nourrir de
- alimenter · attiser · (r)aviver · entretenir · (r)éveiller : *la dispute a réveillé les vieilles haines familiales* · exacerber · nourrir · ranimer : *le conflit a ranimé les haines ethniques* • cristalliser : *les événements qui ont cristallisé la haine de ce courant extrémiste*
- avoir : *avoir la haine; j'ai de la haine pour lui* · concevoir · cultiver : *il cultive la haine de l'uniforme* · éprouver · être en proie à · être rempli de · porter ... à : *il lui porte une haine farouche* · ressentir · vouer ... à : *elle leur voue une haine mortelle* • ruminer • afficher · manifester • focaliser ... sur · reporter ... sur · retourner ... contre : *ils ont retourné leur haine contre le directeur*

- cracher · déverser · dire · exprimer · vomir : *il vomit sa haine de l'Occident*
- assouvir : *il cherche à assouvir sa haine par la violence*
- se transformer en : *son amour s'est transformé en haine*
- être / devenir un objet de : *un peuple qui a souvent été l'objet de haines xénophobes*
- révéler · témoigner de · traduire
- braver · combattre · refuser
- apaiser · dissiper · endiguer : *le gouvernement veut endiguer la haine qui se propage dans le pays*
- éteindre · exorciser · surmonter : *la générosité de cœur peut aider à surmonter la haine* · vaincre

∞ NOM + DE + haine
- climat : *le rapport fait état d'un climat de haine raciale dans certaines écoles*

[1] handicap *nom masc.* (physique ou mental)

∞ handicap + ADJECTIF
- congénital • moteur · physique · visuel • mental · psychologique : *certaines personnes présentant un handicap psychologique sont placées sous tutelle*
- léger + nom · mineur · modéré · petit + nom
- grave · gros + nom · important · lourd · majeur · profond · sérieux · sévère • permanent

∞ handicap + VERBE
- être dû à · résulter de : *ce handicap résulte d'une erreur de diagnostic*
- empêcher de : *mon handicap m'empêche de me baisser* · interdire à • obliger à : *ce handicap l'oblige à se déplacer en fauteuil roulant*

∞ VERBE + handicap
- être affecté de : *il est affecté de ce handicap depuis la naissance* · être affligé de · être atteint de · être porteur de : *un fœtus porteur d'un handicap diagnostiqué in utero* · être victime de : *il est victime d'un handicap depuis son accident* · souffrir de
- naître avec · vivre avec
- évaluer : *une équipe médicale est chargée d'évaluer le handicap*
- aggraver : *la dénutrition aggrave le handicap respiratoire*
- compenser · pallier · soulager • être adapté à : *l'ordinateur a été spécialement adapté à son handicap*
- indemniser · prendre en charge : *des indemnités versées pour prendre en charge les handicaps lourds*
- dépasser : *les dyslexiques se battent pour dépasser leur handicap* · surmonter · vaincre

[2] handicap *nom masc.* (désavantage)

∞ handicap + ADJECTIF
- concurrentiel · économique · électoral · financier · géographique · linguistique · naturel : *les indemnités compensatoires de handicaps naturels permanents* · politique · professionnel · social · socioculturel · structurel : *l'économie du pays souffre de lourds handicaps structurels*
- majeur · principal
- considérable · énorme · flagrant · fort + nom · grave · gros + nom · important · lourd + nom · profond · sérieux · terrible : *elle part avec un terrible handicap dans cette campagne électorale* · vrai + nom · véritable + nom · réel + nom
- gênant · insurmontable · rédhibitoire : *le temps de préparation de ce plat traditionnel est un handicap rédhibitoire pour sa consommation courante*
- mineur · modéré · petit + nom

∞ handicap + VERBE
- résider dans : *leur principal handicap réside dans le prix*
- peser sur : *de nombreux handicaps pèsent sur le développement de la région*

∞ VERBE + handicap
- subir · supporter
- considérer comme · percevoir comme
- constituer · être
- (plur.) accumuler : *le site accumule les handicaps* · cumuler : *un département qui cumule les handicaps sociaux*
- combler · compenser · dépasser · pallier : *elle prend des cours pour pallier le handicap de la langue* · surmonter • rattraper · remonter
- effacer : *il n'est pas facile d'effacer le handicap d'une condamnation* · gommer : *un moyen de transport qui permet de gommer le handicap de l'insularité*
- partir avec

harcèlement *nom masc.*

∞ harcèlement + ADJECTIF
- administratif · bureaucratique · judiciaire : *la presse indépendante se dit victime de harcèlement judiciaire* · policier · politique • commercial : *le harcèlement commercial de la Saint-Valentin* · médiatique
- moral · psychologique · sexuel • épistolaire · téléphonique · verbal
- avéré • véritable + nom
- quotidien · régulier · répété : *il est victime de harcèlement répété de la part des autres élèves* • constant · continu · incessant · permanent · systématique
- cruel · ignoble · impitoyable

∾ **harcèlement** + VERBE
- se pratiquer · s'exercer
- s'intensifier

∾ VERBE + **harcèlement**
- se livrer à · pratiquer
- friser · frôler : *son attitude envers elle frôle le harcèlement* · ressembler à
- considérer comme · interpréter comme · qualifier de
- être confronté à · être en butte à · être en proie à · être la cible de · être soumis à · être victime de · faire l'objet de · souffrir de · subir · supporter
- être témoin de : *il est témoin du harcèlement qu'a subi sa collègue*
- encourager : *un comportement qui encourage le harcèlement*
- crier à : *la comédienne crie au harcèlement médiatique* · se plaindre de • déposer une plainte pour · porter plainte pour • accuser de · mettre en cause pour · mettre en examen pour • condamner · dénoncer • réprimer · sanctionner
- légiférer sur · réglementer
- empêcher · éviter · prévenir • combattre · refuser • échapper à · fuir
- couper court à · en finir avec · mettre fin à

harmonie *nom fém.*

∾ **harmonie** + ADJECTIF
- conjugale · domestique · (inter)ethnique · familiale · politique · sociale • esthétique • intérieure · personnelle
- parfaite · profonde · pure [+ nom] · remarquable • absolue · complète · totale · suprême • universelle
- belle [+ nom] · merveilleuse · sereine : *l'impression d'harmonie sereine qui émane du tableau* • subtile
- apparente · fragile · précaire · relative
- factice
- perdue : *elle cherche à retrouver l'harmonie perdue de son enfance*

∾ **harmonie** + VERBE
- naître : *l'harmonie naît de la complémentarité des contraires* · s'établir • émaner : *une merveilleuse harmonie émane de ce jardin*
- résider dans : *l'harmonie réside dans l'équilibre des forces*
- régner : *un lieu retiré où règne une harmonie absolue*
- se briser : *l'harmonie de leur couple s'est brisée au bout de quelques années*

∾ VERBE + **harmonie**
- aspirer à · (re)chercher · tendre à : *une hygiène de vie où chaque geste quotidien tend à l'harmonie avec notre environnement*
- apporter · créer • restaurer · rétablir
- atteindre · parvenir à · (re)trouver
- afficher · dégager : *une composition florale qui dégage une harmonie parfaite* · respirer
- préserver : *les constructions en hauteur sont interdites afin de préserver l'harmonie du village* · respecter • promouvoir : *cet organisme vise à promouvoir l'harmonie des cultures* • conserver · garantir
- accroître · ajouter à · contribuer à · renforcer
- bouleverser : *un édifice qui bouleverse l'harmonie de la ville* · compromettre · dérégler · ébranler · heurter · menacer · mettre en péril · perturber
- briser · détruire · perdre · rompre : *une peinture criarde rompt l'harmonie des façades*
- manquer de

en harmonie
- coexister · cohabiter : *un monde où l'homme et la nature cohabitent en harmonie* · être : *les contrats seront revus afin qu'ils soient en harmonie avec les missions de service public* · fonctionner · se sentir : *elle se sent en harmonie avec elle-même* · travailler · vivre • construire · mettre : *chaque état devra mettre ses lois internes en harmonie avec la convention* · etc.

hâte *nom fém.*

∾ **hâte** + ADJECTIF
- grande [+ nom]
- excessive · fébrile : *la hâte fébrile du soldat qui traverse un champ à découvert*

∾ VERBE + **hâte**
- avoir : *j'ai hâte de le revoir*
- dire : *il avait dit sa hâte de revenir* · manifester · montrer
- expliquer · justifier
- reprocher

à la hâte, en (toute / grande) hâte
- griffonner : *quelques mots griffonnés à la hâte sur un bout de papier* · rédiger • se lever · s'habiller • descendre · monter · partir · se rendre · sortir · venir · etc.

hausse *nom fém.* (augmentation)

∾ **hausse** + ADJECTIF
- des prix · salariale · tarifaire
- automatique · prévisible • probable · prochaine • tendancielle • simultanée · symétrique • annuelle · mensuelle · trimestrielle · etc.

- imprévisible · inattendue
- nette : *la nette hausse du taux d'occupation des hôtels par rapport à l'an dernier* • considérable · exponentielle : *la hausse exponentielle des cotisations d'assurance professionnelle* · extraordinaire · forte + nom · importante + nom · impressionnante · inexorable · nette · record · sensible · significative · spectaculaire · substantielle · vertigineuse
- brusque · brutale · fulgurante · rapide · subite · vive + nom
- générale · généralisée · globale · massive
- constante · continue · continuelle · durable · ininterrompue · régulière · soutenue : *une hausse soutenue de la consommation des ménages* • progressive : *on prévoit une hausse progressive des taxes sur l'énergie* · graduelle
- catastrophique · excessive · inopportune · intempestive : *une hausse intempestive des coûts dans le système productif* • anormale · sauvage · scandaleuse : *la hausse scandaleuse des impôts locaux*
- faible + nom · légère + nom · minime · modérée · modeste + nom · moindre + nom : *une moindre hausse de la clientèle étrangère* · petite + nom · raisonnable · symbolique · timide + nom : *une timide hausse des ventes de 2 %*
- momentanée · passagère · ponctuelle · temporaire

∾ hausse + VERBE

- intervenir · se produire
- atteindre : *la hausse atteint 18 %* · dépasser · osciller entre ... et ... : *la hausse oscille entre 1,4 % et 2 %* · se monter à
- se confirmer · se poursuivre
- doper · encourager : *une hausse des taux encouragerait l'afflux de capitaux* · stimuler
- compenser : *une hausse qui compense la chute du trimestre précédent*

∾ VERBE + hausse

- demander · exiger · réclamer · revendiquer : *les salariés revendiquent une hausse des salaires* • négocier
- se traduire par : *le ralentissement de la croissance devrait se traduire par une hausse du chômage* • conduire à · enclencher · entraîner · induire · provoquer : *le sinistre a provoqué une hausse générale des primes d'assurance*
- concourir à · contribuer à · favoriser
- appliquer · procéder à • répercuter : *ils répercutent la hausse du prix de production sur les consommateurs*
- assister à · enregistrer : *on enregistre une hausse à la pompe de 20 centimes* · noter · observer • s'accompagner de
- refléter
- afficher · connaître · faire état de
- annoncer · anticiper · prédire · prévoir : *nous prévoyons une hausse de 30 % en 2007* · pronostiquer • escompter · s'attendre à · tabler sur • justifier : *les assureurs justifient ces hausses par la différence entre les primes encaissées*
- accuser · souffrir de · subir
- bénéficier de · profiter de
- accélérer · accentuer · amplifier · confirmer : *les spécialistes confirment une hausse de la température moyenne du globe*
- compenser · freiner · plafonner
- empêcher · éviter · prévenir : *les entreprises font des stocks pour prévenir la hausse de leurs coûts d'approvisionnement* • brider · enrayer
- juguler : *une révision des tarifs douaniers permettra de juguler la hausse du carburant* · mettre fin à · stopper

hauteur *nom fém.* (mesure)

∾ hauteur + ADJECTIF

- habituelle · moyenne · normale • réglementaire
- totale : *une hauteur totale de 28 cm* • sous plafond : *une pièce de 3 m de hauteur sous plafond*
- humaine : *les noisetiers forment des buissons à hauteur humaine* • inférieure à · supérieure à • équivalente à
- variable
- maximale · maximum • belle + nom · inouïe · prodigieuse · record · vertigineuse • bonne + nom · raisonnable
- minimale · minimum • faible + nom : *ce projet privilégie les immeubles de faible hauteur*

∾ hauteur + VERBE

- atteindre : *la hauteur de cet édifice atteint 209 m* · avoisiner

∾ VERBE + hauteur

- monter à · s'élever à : *les séquoias s'élèvent à une hauteur prodigieuse*
- être limité en : *leur espace est limité en hauteur par des câbles métalliques tendus*
- gagner en · prendre de : *l'avion prend de la hauteur*
- perdre : *l'hélicoptère a rapidement perdu de la hauteur*

1 héritage *nom masc.* (argent, biens)

∾ héritage + ADJECTIF

- foncier
- direct · indirect

- bel $^{+ nom}$ · conséquent · coquet · grand $^{+ nom}$: *il est le légataire d'un grand héritage* · gros $^{+ nom}$: *il a reçu un gros héritage d'une tante éloignée* · important · rondelet : *ses parents lui ont laissé un héritage rondelet*
- dérisoire · maigre $^{+ nom}$: *elle ne leur a laissé qu'un maigre héritage* · modeste $^{+ nom}$ · négligeable · petit $^{+ nom}$ · symbolique

∾ héritage + VERBE
- revenir à : *l'héritage qui lui revient*

∾ VERBE + **héritage**
- convoiter · espérer · lorgner : *il lorgne l'héritage de son oncle* · prétendre à · se disputer : *les quatre frères se disputent l'héritage*
- donner en · laisser (en) • partager · redistribuer
- estimer · évaluer
- faire · percevoir · prendre possession de · recevoir (en) · se retrouver à la tête de · toucher : *il a touché un héritage important*
- faire fructifier
- capter · confisquer · détourner · piller · ravir · s'approprier · s'emparer de • déposséder de : *il a dépossédé son fils cadet de son héritage* · dépouiller de
- diviser · morceler
- refuser · renoncer à
- claquer$^{fam.}$ · dilapider · engloutir · manger$^{fam.}$

∾ NOM+ D' + **héritage**
- part : *sa fille aînée demande sa part de l'héritage*

[2]héritage *nom masc.* (patrimoine, fig.)

∾ héritage + ADJECTIF
- démocratique · historique · politique : *il assume l'héritage politique de son père* · scientifique • colonial • idéologique · intellectuel · philosophique • artistique · culturel · littéraire · patrimonial : *cette ville a un héritage patrimonial* • religieux · spirituel • familial · génétique · maternel · paternel
- bel $^{+ nom}$ · exceptionnel · extraordinaire · fabuleux · grandiose · impressionnant · magnifique · monumental : *ce courant de pensée a laissé un héritage monumental* · précieux $^{+ nom}$: *les habitants aiment leur ville et préservent ce précieux héritage* · riche · superbe
- difficile : *la politique sociale de son prédécesseur constitue un héritage difficile* · encombrant $^{+ nom}$: *l'héritage encombrant de l'époque fasciste* · lourd $^{+ nom}$ • douloureux · triste $^{+ nom}$: *la pollution des sols est le triste héritage de plus d'un siècle d'activités industrielles* • controversé : *l'héritage controversé du passé colonial*

∾ VERBE + **héritage**
- constituer · représenter
- porter · recevoir
- être fondé sur : *une conception de la famille fondée sur un héritage judéo-chrétien* · être imprégné de · être le fruit de : *la France est le fruit de trois héritages : celte, latin et germanique* · être porteur de · s'inscrire dans · s'inspirer de : *la constitution européenne s'inspire de son héritage culturel, humaniste et religieux*
- confier en · donner en · laisser en · léguer en
- composer avec · gérer · surmonter : *le pays tente de surmonter l'héritage de la dictature* • être confronté à : *les difficultés d'un pays encore confronté à l'héritage de l'apartheid*
- mesurer le poids de · tenir compte de • méditer sur · s'interroger sur
- défendre · être attaché à · être fier de · être / rester fidèle à : *il est resté fidèle à l'héritage de son prédécesseur* · prendre conscience de la valeur de · rappeler · reconnaître · sauvegarder • accepter · assumer : *il assume complètement l'héritage du président sortant* · endosser : *il endosse l'héritage du rock américain* · revendiquer · se prévaloir de · se réclamer de
- asseoir · consolider · cultiver : *il se fait un devoir de cultiver l'héritage patrimonial* · entretenir · faire fructifier : *il tente de faire fructifier l'héritage de son prédécesseur* · faire revivre · perpétuer · préserver · revivifier : *cet héritage a été revivifié par des apports extérieurs*
- adapter · dépoussiérer · revisiter : *son œuvre revisite l'héritage andalou*
- combattre · contester · critiquer : *son livre critique l'héritage de mai 68* · renier • trahir
- marquer une rupture avec · prendre ses distances avec · rejeter · rompre avec : *elle a rompu avec l'héritage paternel* · se débarrasser de · se décharger du fardeau de · se libérer de · se démarquer de : *il veut se démarquer de l'héritage de son prédécesseur* • liquider : *il va falloir liquider l'héritage de la planification soviétique* · solder

héroïsme *nom masc.*

∾ héroïsme + ADJECTIF
- guerrier · militaire
- légendaire
- tranquille : *l'héroïsme tranquille des petits résistants*
- inutile

∾ VERBE + **héroïsme**
- faire preuve de · manifester · montrer
- tenir de : *dans ce contexte, enseigner tient de l'héroïsme*

▪ rendre hommage à · saluer : *le député a salué l'héroïsme des pompiers* • exalter · faire l'éloge de · magnifier : *un hymne à la guerre qui magnifie l'héroïsme* · vanter

héros *nom masc.*

∞ héros + ADJECTIF

▪ de bande dessinée : *Tintin reste le héros de bande dessinée préféré des Français* · de cinéma · de jeu vidéo · musical · sportif • antique · biblique · cornélien · hollywoodien : *un héros hollywoodien se doit d'être vengeur, indestructible et admirable* · mythologique : *un héros mythologique comme Hercule ou Ulysse* · shakespearien • guerrier · militaire • prolétarien : *une sculpture de héros prolétarien aux muscles hypertrophiés* • romanesque · romantique : *le héros romantique est le porte-parole d'une génération* · etc.

▪ éponyme : *Bartleby, le héros éponyme du roman de Melville*

▪ local · national • de la fête · du jour : *en trouvant la fève, vous deviendrez le héros du jour*

▪ adulé · glorieux · populaire : *Dumas a fait vivre de nombreux héros populaires dans ses œuvres* • favori · préféré • célèbre · fameux · légendaire · mythique • éternel : *Batman demeure le héros éternel des enfants* · immortel • récurrent : *les séries télévisées à héros récurrents assurent la fidélité des téléspectateurs*

▪ super- + nom : *les pouvoirs des super-héros de nos bandes dessinées* • authentique · grand + nom · parfait : *le parfait héros courtois est toujours partagé entre l'aventure et l'amour* · sublime

▪ sympathique • justicier · sauveur • courageux · intrépide · sans peur et sans reproche · téméraire

▪ anonyme • discret · modeste • méconnu · oublié

▪ involontaire · malgré lui : *par un étrange concours de circonstances, ce jeune homme ordinaire devint un héros malgré lui*

▪ brisé · désabusé · désenchanté · fatigué • sombre · tourmenté · triste • solitaire

▪ de pacotille

▪ maudit : *le loup, héros maudit des contes pour enfants* · tragique

▪ déchu · vaincu

∞ VERBE + héros

▪ élever au rang de : *depuis ce match victorieux, il a été élevé au rang de héros national* · ériger en · faire ... de : *ce film documentaire a fini d'en faire un héros* • (se) considérer comme · (se) percevoir comme · (se) poser en : *il veut toujours se poser en héros et tout gérer tout seul* · (se) présenter comme : *il ne cherche pas à se présenter en héros* • se rêver en

▪ devenir • apparaître comme · faire figure de : *cet ancien mafieux fait maintenant figure de héros* • incarner : *ce milliardaire incarne le héros populaire par excellence, celui qui a su sortir de la ruelle* · représenter • jouer○ : *il ne cherche pas à jouer les héros* • endosser le costume de : *pour ce film, il endosse le costume du héros solitaire* · jouer à : *il aime bien jouer au héros romantique* • imiter • s'identifier à : *j'ai du mal à m'identifier au héros de ce roman*

▪ [dans un film, un spectacle] • incarner : *le comédien incarne le héros de Dumas* · jouer : *l'acteur qui joue le héros principal*

▪ (se) choisir comme / pour : *ils se sont choisis un chanteur pour héros* · se chercher : *cette communauté se cherche un héros*

▪ acclamer · célébrer : *le but d'une épopée est de célébrer un héros* · chanter les louanges de · honorer · rendre hommage à : *ils sont venus rendre hommage au héros national* · saluer : *le premier ministre salue le héros du jour*

▪ pleurer : *la nation pleure ses héros*

en héros / comme un héros

▪ rentrer : *il rentre en héros au pays* • accueillir · fêter · honorer · recevoir · saluer · traiter : *quel choc pour elle de voir son fils traité comme un héros !* • mourir : *il est mort en héros sur le champ de bataille* · périr

hésitation *nom fém.*

∞ hésitation + ADJECTIF

▪ stratégique : *il paie ses hésitations stratégiques* · tactique

▪ initiale · première + nom

▪ forte + nom · grande + nom · sérieuse + nom • longue + nom • permanente : *son principal défaut est cette hésitation permanente, cette difficulté à faire des choix*

▪ compréhensible · justifiée · légitime : *ton hésitation concernant l'orthographe de ce mot est légitime*

▪ légère + nom · petite + nom • brève + nom · courte + nom · moindre + nom : *à la moindre hésitation, posez-moi des questions*

▪ apparente

∞ VERBE + hésitation

▪ avoir : *il a encore quelques hésitations*

▪ confesser · dire · exposer · faire part de

- illustrer · mettre en évidence · montrer · refléter · rendre compte de · souligner · témoigner de : *le sondage témoigne des hésitations de l'opinion publique* · trahir : *un instant de silence a trahi son hésitation* · révéler • marquer : *il marque une hésitation avant de parler*
- sentir : *j'ai senti son hésitation au moment où il a dû sauter dans le vide* • comprendre : *on comprend bien l'hésitation des bacheliers à entreprendre de longues études* · excuser · pardonner
- critiquer : *la presse a beaucoup critiqué les hésitations du parti* · regretter · se lasser de
- souffrir (nég.) : *sa détermination ne souffre aucune hésitation*
- balayer : *l'argument a balayé leurs dernières hésitations* · chasser · dissiper · lever

∾ NOM + D' + hésitation

- pointe : *il avait une pointe d'hésitation dans la voix*
- instant · moment

sans (la moindre) hésitation

- identifier : *Paul l'a identifié sans hésitation* · reconnaître • affirmer · répondre · rétorquer • choisir · opter • refuser : *j'ai refusé sans la moindre hésitation* • s'engager · signer

[1]heure *nom fém.* (soixante minutes)

∾ heure + ADJECTIF

- diurne : *ce tarif inclut 20 heures diurnes et 10 heures nocturnes de connexion* · hebdomadaire : *ils font 37 heures hebdomadaires* · nocturne • payée · rémunérée • de fermeture · d'ouverture • ouvrable : *le délai de livraison est de 48 à 72 heures ouvrables* · sup[fam.] · supplémentaire : *les heures supplémentaires sont payées 30 % plus cher* · travaillée • d'avance · de retard : *il avait trois heures de retard sur l'horaire*
- de grande affluence · de pointe : *les heures de pointe se situent entre 16 et 18 heures* · pleine : *le tarif heures pleines* • de grande écoute
- creuse
- perdue (plur.) : *cet informaticien est aussi musicien à ses heures perdues* · vide : *elle tue ses heures vides sur le net*
- bonne [+ nom] : *il lui faut au moins huit bonnes heures de sommeil* · grosse [+ nom] : *il devrait arriver d'ici une grosse heure*
- pile : *j'ai mis une heure pile pour arriver chez elle*
- petite [+ nom] : *elle sera là dans une petite heure*
- (plur.) d'affilée · de suite

∾ heure + VERBE

- (plur.) défiler : *les heures défilent et elle n'est toujours pas là* · fuir : *« Les heures fuient et m'entraînent; je n'ai pas même la certitude de pouvoir achever ces Mémoires »* (Chateaubriand, *Mémoires d'outre-tombe*, t.2) · se suivre • passer · s'écouler

∾ VERBE + heure

- accorder · donner
- demander · durer · falloir : *il faut une heure minimum pour y arriver* · mettre : *ça met une heure environ* · prendre : *ça te prendra trois heures* • en avoir pour : *j'en ai pour une heure*
- consacrer ... à · passer ... à : *il passe des heures et des heures à jouer sur sa console*
- gagner : *j'ai gagné une demi-heure en prenant ce raccourci*
- perdre : *j'ai perdu deux heures à essayer de le réparer*

∾ NOM + D' + heures

- contingent • volume : *le volume d'heures travaillées* • poignée : *la marée ne nous laissera au sec qu'une poignée d'heures*

[2]heure *nom fém.* (l'heure qu'il est)

∾ heure + ADJECTIF

- atomique · légale : *l'heure légale est définie par le méridien de Greenwich* · solaire
- de la nuit · du jour : *à toute heure du jour ou de la nuit*
- approximative : *je connais l'heure approximative de son arrivée*
- matinale · première[○ + nom] : *il s'est réveillé à la première heure*
- avancée : *jusqu'à une heure avancée de la nuit* · tardive
- convenue · dite : *à l'heure dite, il était là* · prévue
- fixe : *la séance a lieu à heure fixe chaque jour* · régulière : *des repas pris à heures régulières* • (plur.) pétantes[fam.] : *à 15 heures pétantes* · sonnantes · tapantes
- bonne [+ nom] · juste • exacte · précise
- décente · normale · raisonnable • pratique
- impossible[fam.] · indue : *il rentre toujours à des heures indues !*

∾ VERBE + heure

- annoncer · donner · indiquer : *la pendule indique l'heure*
- dépasser : *on a dépassé l'heure de son repas*
- convenir de : *ils ont convenu d'une heure de rendez-vous* · fixer
- avancer : *le groupe a avancé l'heure de son concert* • changer : *il a encore changé l'heure du rendez-vous* · modifier • [heure d'été / d'hiver] changer de : *on va changer d'heure en octobre* · passer à : *on passe à l'heure d'été demain*

- regarder° : *j'ai oublié de regarder l'heure* · voir° : *tu as vu l'heure ?*
- oublier : *il en oublie l'heure*

3 **heure** *nom fém.* (moment particulier)

∞ heure + ADJECTIF

- bleue (l'instant où le jour s'achève avant que la nuit ne tombe) • de pointe • propice : *l'heure propice pour agir*
- bénie : *elle a connu son heure bénie, juste après la guerre* · de gloire° · glorieuses° : *il connut des heures plus glorieuses* • tranquille : *« C'était l'heure tranquille où les lions vont boire »* (V. Hugo, *la Légende des siècles*, II, 6, "Booz endormi")
- décisive · fatidique : *l'heure fatidique des premières estimations de résultats était arrivée* • de vérité°
- difficile : *elle essaie d'oublier ces heures difficiles* · tourmentée · troublée : *le journal vit des heures troublées*
- fatale : *l'heure fatale approche* · H : *à l'heure H*

∞ heure + VERBE

- sonner : *lorsque sonnera l'heure du départ* • approcher : *l'heure des résultats approche* · arriver : *l'heure de vérité est arrivée* · venir : *l'heure des réjouissances est venue*

∞ VERBE + heure

- avoir · connaître : *il a connu son heure de gloire à la fin des années 80*
- attendre : *il attend son heure / l'heure de la vengeance*
- différer · retarder : *il retarde l'heure de la succession*

1 **hiérarchie** *nom fém.* (organisation)

∞ hiérarchie + ADJECTIF

- administrative · gouvernementale · judiciaire · militaire · policière · professionnelle · religieuse · scolaire · sociale • morale : *deux crimes qui occupent des degrés différents dans la hiérarchie morale*
- naturelle : *certains présupposent une hiérarchie naturelle entre les êtres vivants* • interne : *la hiérarchie interne de l'entreprise*
- classique : *la hiérarchie classique de la Mafia* · habituelle · traditionnelle • ancienne + nom : *dans l'ancienne hiérarchie des genres picturaux, l'histoire tenait la première place*
- subtile : *la subtile hiérarchie qui structure cette famille*
- bien établie : *une discipline sans hiérarchie bien établie* · puissante · redoutable • rigide · solide : *une armée nationale dotée d'une hiérarchie solide* · stricte
- pesante : *la division du travail est très poussée et la hiérarchie pesante*

∞ VERBE + hiérarchie

- créer · (r)établir · instituer • imposer
- respecter : *il respecte aveuglément sa hiérarchie*
- renforcer
- grimper dans · monter dans · progresser dans · s'élever dans • être en tête de [Sport] : *il terminera la saison en tête de la hiérarchie mondiale* · être haut placé dans
- se heurter à
- descendre (d'un échelon) dans
- contester · remettre en cause : *il remet en cause la hiérarchie des espèces* • être réfractaire à : *elle est réfractaire à la hiérarchie et ne supporte aucune remarque de sa patronne*
- modifier • bouleverser · bousculer
- abolir

∞ NOM + DE + hiérarchie

- position · statut
- échelon : *il a rapidement gravi / grimpé tous les échelons de la hiérarchie* · étage · grade · niveau · rang
- sommet : *elle a atteint le sommet de la hiérarchie*

2 **hiérarchie** *nom fém.* (cadres)

∞ hiérarchie + ADJECTIF

- haute + nom : *les femmes sont peu nombreuses dans la haute hiérarchie militaire* · supérieure • intermédiaire : *la hiérarchie intermédiaire, l'entre-deux qui sépare le travail et les dirigeants*

∞ VERBE + hiérarchie

- alerter · avertir · communiquer à · informer · prévenir · rendre compte à · transmettre à • en référer à : *merci pour l'information, je vais en référer à ma hiérarchie*
- s'opposer à · tenir tête à

1 **histoire** *nom fém.* (récit, conte)

∞ histoire + ADJECTIF

- épique · tragique • à l'eau de rose · d'amour · romantique : *un scénario sans prétention pour les amateurs de jolies histoires romantiques* • à succès · populaire : *les légendes et histoires populaires bretonnes*
- intemporelle · universelle • vieille (comme/de) : *une histoire vieille comme le monde ; une histoire vieille de trois cents ans* • classique : *une histoire classique de super-héros* · traditionnelle • écrite · orale
- petite° + nom : *une petite histoire ; pour la petite histoire, il n'est jamais revenu*
- longue + nom · sans fin
- (plur.) parallèles : *des histoires parallèles qui finissent par se croiser*

- réelle · vécue · véridique · vraie
- extraordinaire · incroyable • curieuse · étrange · singulière · surprenante • originale
- abracadabrante · à coucher dehors · à dormir debout · extravagante · farfelue · inventée (de toutes pièces) · invraisemblable · loufoque · sans queue ni tête · tirée par les cheveux
- belle + nom · jolie + nom · magnifique · merveilleuse • captivante · palpitante · passionnante · prenante · savoureuse • amusante · cocasse · comique · désopilante · drolatique · drôle · réjouissante · burlesque • bouleversante · émouvante · poignante · touchante
- édifiante · instructive · intéressante • moralisatrice
- coquine · croustillante · grivoise · salace · scabreuse
- atroce · déchirante · horrible · terrible · tragique · triste • lugubre · macabre · sordide

∾ histoire + VERBE

- commencer · débuter
- circuler : *beaucoup d'histoires circulent sur son compte* • abonder : *les histoires de ce type abondent*
- se dérouler · se passer
- être ancrée dans : *une histoire ancrée dans la réalité contemporaine de la Chine* • être peuplée de : *des histoires peuplées d'archétypes rassurants*
- (plur.) se croiser · s'entrecroiser · s'entrelacer : *plusieurs histoires s'entrelacent autour du protagoniste* · s'imbriquer
- se compliquer · se corser
- bien finir · bien tourner · se terminer bien
- mal finir · mal tourner · se terminer mal
- s'achever · se terminer : *l'histoire se termine par un happy end*

∾ VERBE + histoire

- concocter : *ce père a concocté une petite histoire avec des animaux pour ses enfants* · construire · créer : *il a créé cette histoire de toutes pièces* · écrire : *elle écrit et illustre des histoires pour les plus jeunes* · forger · imaginer · inventer • dessiner : *il dessine des petites histoires en BD* · illustrer
- (plur.) être riche en : *le folklore japonais est riche en histoires de fantômes* · regorger de
- colporter · conter · narrer : *l'institutrice leur narre chaque jour une nouvelle histoire* · raconter · rapporter
- lire • écouter · entendre · recueillir
- connaître : *tu connais l'histoire du fou qui repeint son plafond ?* • avoir en mémoire · se rappeler · se remémorer • être nourri de : *un imaginaire nourri d'histoires de voyages*
- arranger · embellir · romancer
- écourter
- interpréter · mettre en scène : *seul le génie de ce réalisateur pouvait mettre en scène une telle histoire*
- croire à : *je ne crois pas à votre histoire*

∾ NOM + DE + histoire(s)

- série · tas fam.
- fil : *j'ai complètement perdu le fil de l'histoire* · trame : *être / former la trame de l'histoire ; tisser la trame de l'histoire*
- chute · dénouement

²histoire *nom fém.* (faits, affaire)

∾ histoire + ADJECTIF

- d'amour · de cœur · sentimentale : *une douloureuse histoire sentimentale*
- individuelle : *les histoires individuelles viennent se mêler à l'histoire collective* · personnelle • collective · familiale
- intemporelle · universelle • banale · classique : *une histoire classique de vengeance*
- ancienne ○ : *c'est de l'histoire ancienne* · vieille + nom
- brève + nom : *une brève histoire d'amour*
- à n'en plus finir · longue + nom · sans fin : *cela va encore donner lieu à des chamailleries et des histoires sans fin*
- réelle · vécue · véridique · vraie • crédible : *son histoire de rencontre avec une star me paraît peu crédible*
- enfouie : *les greniers poussiéreux regorgent d'histoires enfouies* · secrète
- curieuse · étonnante · étrange · extraordinaire · incroyable · originale · singulière · surprenante • abracadabrante · à dormir debout · folle · invraisemblable : *il m'est arrivé une histoire invraisemblable* · rocambolesque · romanesque · tumultueuse
- complexe · compliquée : *une histoire familiale compliquée* • confuse · louche · sombre + nom : *une sombre histoire d'héritage* · tourmentée · trouble
- à la gomme fam. · à la noix fam.
- croustillante • scandaleuse · sulfureuse
- atroce · déchirante · douloureuse · effroyable · épouvantable · horrible · terrible · tragique · traumatisante · triste • idiote · pathétique • lugubre · macabre · sale + nom fam. : *il lui est arrivé une sale histoire* · sordide
- admirable · glorieuse · prestigieuse · prodigieuse
- belle + nom · magnifique · merveilleuse • amusante · cocasse · croustillante · réjouissante • bouleversante · émouvante · poignante · touchante

- captivante · intéressante · passionnante • édifiante · instructive

∞ histoire + VERBE
- commencer · débuter
- se dérouler · se passer : *cette histoire s'est passée alors que je n'avais que 3 ans*
- défrayer la chronique
- dater de · remonter à : *l'histoire remonte à l'époque du mariage de mes grands-parents*
- ne pas tenir debout : *cette histoire rocambolesque ne tient pas debout*
- se compliquer · se corser
- bien finir · bien tourner · se terminer bien
- mal finir · mal tourner · se terminer mal
- s'achever : *l'histoire s'est achevée dans un bain de sang* · se terminer
- (souvent passif) façonner · tisser : *des liens tissés par une histoire commune* • lier : *ils sont liés par une histoire commune*
- (souvent passif) fasciner • habiter · hanter • marquer

∞ VERBE + **histoire**
- avoir : *il a eu des histoires avec la police* · vivre : *ils vivent une belle histoire d'amour*
- écrire : *il a écrit l'histoire de sa vie* · retracer : *ce livre retrace les histoires criminelles les plus sordides du XIXe siècle* • conter · narrer · raconter · rapporter
- avoir en mémoire · se rappeler · se remémorer
- apprendre : *j'ai appris l'histoire qui est arrivée à son mari* · découvrir • connaître

∞ NOM + DE + **histoire**
- déroulement · fil : *remonter / reprendre le fil de l'histoire* · trame : *être / former la trame de l'histoire ; tisser la trame de l'histoire*
- dénouement · fin mot

▷ voir aussi [1]**histoire**

[3]histoire *nom fém.* (récit des événements du passé)

∞ histoire + ADJECTIF
- culturelle · économique · littéraire · politique · sociale · sociologique · etc.
- ancienne : *l'histoire dite "ancienne" va de la découverte de l'écriture en Mésopotamie à la chute de l'Empire romain* · antique · médiévale • contemporaine · moderne · récente • locale · nationale · régionale • universelle : *une histoire universelle présentée sous forme d'une chronologie illustrée* • officielle : *les professeurs ont dit non à l'enseignement d'une histoire officielle*
- grande [+ nom] : *la grande histoire a rendez-vous avec la petite*
- brève · courte [+ nom] : *la courte histoire de l'informatique*
- secrète : *l'histoire secrète du pacte germano-soviétique*

∞ histoire + VERBE
- être en marche · s'écrire · se faire : *l'histoire en train de se faire*
- se répéter : *l'histoire inlassablement se répète*
- (souvent passif) balayer · ballotter · blesser · bousculer : *des destins bousculés par l'histoire* · broyer · emporter · happer · malmener · maltraiter · meurtrir • séparer
- (souvent passif) fasciner • habiter · hanter • marquer
- (souvent passif) condamner · démentir : *l'histoire du dernier siècle dément la validité de cette théorie* · dépasser • juger : *ce dictateur sera jugé par l'histoire*
- (souvent passif) oublier : *nous sommes les oubliés de l'histoire*
- (souvent passif) rattraper : *l'histoire a rattrapé ce criminel*

∞ VERBE + **histoire**
- écrire : *« On le crie au village, et chez tous les voisins ; / Dans votre basse-cour on s'obstine à le croire ; / Et voilà justement comme on écrit l'histoire »* (Voltaire, *Charlot*, I, 7) · esquisser : *le livre esquisse une histoire des surréalistes* · retracer
- aborder · appréhender : *un site complet pour bien appréhender l'histoire de la civilisation maya* · apprendre : *une façon attrayante et ludique d'apprendre l'histoire* · découvrir · (se) plonger dans : *pour écrire son livre, il lui a fallu se plonger dans l'histoire de la ville* • interpréter : *l'idée de progrès peut-elle servir à interpréter l'histoire ?* · interroger
- contribuer à : *ils veulent contribuer à l'histoire en mettant leurs témoignages par écrit* · faire avancer • bousculer : *la découverte de ces daguerréotypes a bouleversé l'histoire de la photographie*
- appartenir à · (s')assurer sa place dans · avoir sa place dans · gagner une place dans · jouer un rôle dans · occuper une place à part dans : *il occupe une place à part dans l'histoire du cinéma hollywoodien* · rester dans : *cet événement restera dans l'histoire* · s'inscrire dans
- arranger · refaire · réviser · revisiter • travestir : *les négationnistes cherchent à travestir l'histoire de la Shoah* • déformer : *déformer l'histoire pour la mettre à son service* · falsifier · réécrire
- gommer : *ils veulent gommer l'histoire sous prétexte de rassembler*

- être/faire un clin d'œil à • être/faire un pied de nez à : *en s'installant dans ce site emblématique, le nouveau musée fait un pied de nez à l'histoire de la ville*

∾ NOM + DE + **histoire**
- morceau · page · pan : *un film documentaire sur un pan méconnu de l'histoire de France*
- poids : *le poids de l'histoire rend cette manifestation très ambiguë*
- cours : *remonter/infléchir/reverser/modifier le cours de l'histoire* • mouvement : *ils comprirent que le mouvement de l'histoire n'allait plus dans leur sens* · sens · vent : *le vent de l'histoire soufflait dans l'autre sens*
- oublié : *les harkis, ces oubliés de l'histoire*

hommage *nom masc.*

∾ **hommage** + ADJECTIF
- national · officiel • personnel • collectif • (à titre) posthume
- convenu • traditionnel
- particulier · spécial • appuyé • explicite : *cet ouvrage est un hommage explicite à son père* · véritable [+ nom] • unanime
- mérité : *nous souhaitons rendre un hommage mérité à celui que nous continuons à regretter*
- bel [+ nom] · grandiose : *ce disque constitue un hommage grandiose au flamenco* · magnifique · superbe • amical · chaleureux · fervent • bouleversant · émouvant · ému · vibrant [○] : *un vibrant hommage a été rendu aux martyrs de la guerre civile* • respectueux · solennel
- décalé : *Macbett, l'hommage décalé de Ionesco au Macbeth de Shakespeare* · humoristique : *un hommage humoristique sous forme de chansons parodiques* · ironique • inattendu • involontaire : *cette critique est devenue un hommage involontaire*
- discret · pudique • implicite · indirect • silencieux
- tardif
- dernier [+ nom] · ultime [+ nom] : *la foule rend un ultime hommage à ce jeune homme sauvagement assassiné*

∾ VERBE + **hommage**
- constituer
- faire · prononcer • adresser ... à : *je tiens enfin à adresser un hommage spécial à mon professeur* · rendre ... à : *sa famille lui a rendu un dernier hommage* • consacrer ... à : *le quotidien lui a consacré un hommage le mois dernier*
- multiplier (plur.)
- avoir droit à · recevoir
- valoir ... à : *l'originalité de son œuvre lui a valu un hommage au festival*
- donner lieu à : *son centième anniversaire a donné lieu à des hommages appuyés*
- organiser : *la cinémathèque organise un hommage au cinéaste disparu*
- assister à · participer à · s'associer à · se joindre à : *je voudrais me joindre aux nombreux hommages témoignés à cet homme exceptionnel*

hommages
- présenter
- recevoir

honnêteté *nom fém.*

∾ **honnêteté** + ADJECTIF
- politique : *le courage et l'honnêteté politique voudraient que l'on organise un référendum* · professionnelle • intellectuelle · morale : *être respectueux des lois plus par peur que par honnêteté morale*
- personnelle : *son honnêteté personnelle n'a pourtant jamais été mise en cause*
- absolue · exemplaire · grande [+ nom] · irréprochable · parfaite [+ nom] · profonde · rigoureuse : *c'est un homme d'une honnêteté rigoureuse, il ne te mentira pas* · sans faille · scrupuleuse • indéniable [+ nom] · indiscutable
- déconcertante · désarmante : *il se justifie avec une honnêteté désarmante*

∾ VERBE + **honnêteté**
- être de : *il est d'une grande honnêteté* · respirer : *c'est un homme qui respire l'honnêteté* • faire preuve de : *elle a fait preuve d'une grande honnêteté intellectuelle*
- croire en • louer
- assurer · garantir : *rien ne garantit l'honnêteté du fournisseur* • prouver : *les athlètes ont demandé une analyse sanguine pour prouver leur honnêteté*
- douter de · s'interroger sur : *certains médias s'interrogent sur l'honnêteté des intervenants* • contester · mettre en cause : *que tu mettes en cause mon honnêteté me blesse profondément* · mettre en doute · (re)mettre en question
- manquer de

[1] honneur *nom masc.* (réputation)

∾ **honneur** + ADJECTIF
- chevaleresque : *le long apprentissage de l'honneur chevaleresque*
- familial · national · personnel · professionnel
- intact : *il a conservé son honneur intact* · sauf : *l'honneur est sauf !*

∾ **honneur** + VERBE
- être en jeu

∞ VERBE + **honneur**

- conserver : *« Car qui ne mourrait pour conserver son honneur, celui-là serait infâme »* (Pascal, *Pensées*, II, 147) • reconquérir · recouvrer : *il veut recouvrer son honneur perdu* · restaurer • se draper dans
- laver · racheter · venger : *« Viens me venger - De quoi ? - D'un affront si cruel, Qu'à l'honneur de tous deux il porte un coup mortel »* (Corneille, *Le Cid*, I, 5) • défendre · préserver · sauvegarder · sauver : *« Et pour sauver l'honneur de ses faibles appas / Elle attache du crime au pouvoir qu'ils n'ont pas »* (Molière, *Le Misanthrope*, III, 3)
- jouer : *l'équipe joue son honneur lors de ce match*
- affecter · attenter à · bafouer · compromettre : *un charlatan qui compromet l'honneur de la profession* · entacher : *cette affaire a gravement entaché l'honneur et la crédibilité des institutions sportives* · nuire à · piétiner · porter atteinte à · salir · souiller · toucher à : *on a touché à l'honneur du chef de l'État*
- faillir à · manquer à
- perdre : *il préfère perdre son honneur plutôt que les élections*

sur l'honneur

- affirmer · certifier · jurer · s'engager

²honneur *nom masc.* (privilège)

∞ **honneur** + ADJECTIF

- grand [+ nom] · immense : *j'ai l'immense honneur de rencontrer le Dalaï-Lama* · insigne [+ nom] : *il a eu l'insigne honneur de lui serrer la main* · rare · spécial · suprême : *l'honneur suprême de la République : le défilé funèbre dans les rues de Paris*

∞ **honneur** + VERBE

- revenir à : *l'honneur lui revient d'avoir inventé cette machine*

∞ VERBE + **honneur**

- faire ... à : *un tel musicien faisait honneur au concours*
- avoir : *j'ai l'honneur de vous demander la main de votre fille*
- se disputer : *trois villes se disputent l'honneur d'accueillir les jeux*
- mériter

honneurs *nom masc. plur.* (marques de distinction)

∞ **honneurs** + ADJECTIF

- divins : *on rendait à Auguste les honneurs divins* • militaires : *un bataillon d'infanterie lui a rendu les honneurs militaires* · officiels : *seuls neuf hommes avaient eu les honneurs officiels du Panthéon* • littéraires · médiatiques

∞ **honneurs** + VERBE

- griser · monter à la tête

∞ VERBE + **honneurs**

- aimer · avoir soif de · courir après · être avide de · être sensible à · rechercher
- mériter : *on ne pourra pas lui rendre les honneurs qu'il mérite* · prétendre à
- accéder à · avoir · connaître · recevoir • accumuler · crouler sous · être chargé de : *l'écrivain vieillissant et chargé d'honneurs* · être couvert de • usurper[péj.]
- valoir ... à : *son œuvre lui a valu les plus grands honneurs littéraires de son pays*
- devoir ... à : *il a été reçu avec tous les honneurs dus à son rang / sa fonction* • rendre ... à
- être indifférent à · être insensible à • décliner · refuser : *il a toujours refusé les honneurs*

honte *nom fém.*

∞ **honte** + ADJECTIF

- nationale · sociale
- fausse [+ nom] : *n'ayez pas de fausse honte, il n'y a rien de blâmable à accepter cette offre* • courte [+ nom] : *j'avoue à ma courte honte que je savais*
- bue○ : *toute honte bue* • grande [+ nom] : *à ma grande honte, je dois avouer que j'avais oublié* • véritable [+ nom] · vraie [+ nom]

∞ **honte** + VERBE

- rejaillir sur : *cette honte a rejailli sur toute la famille* · retomber sur · s'abattre sur
- peser sur · ronger

∞ VERBE + **honte**

- être○ : *être la honte de la famille / c'est une honte !*
- entraîner · faire○ : *faire honte à qqn* · faire naître · susciter • accabler de · couvrir de · remplir de : *la débâcle a rempli vos aînés de honte*
- connaître · éprouver · porter : *cet événement sanglant dont l'humanité porte encore la honte* · ressentir • se couvrir de
- mourir de : *je ne l'avais pas reconnu, j'étais mort de honte* · rougir de
- avouer · confesser · dire · exprimer
- cacher · dissimuler · ensevelir : *« Rien ne peut plus me convenir, que la nuit profonde où je vais ensevelir ma honte »* (Choderlos de Laclos, *Les Liaisons dangereuses*, lettre 143) · masquer
- échapper à : *le suicide lui paraissait la seule solution pour échapper à la honte*
- (r)avaler · dominer · surmonter
- laver : *« Je saurai laver par ta punition la honte de t'avoir fait naître »* (Molière, *Dom Juan*, IV, 4) · venger : *« Courons donc le chercher, ce pendard qui m'affronte / Montrons notre courage à venger notre honte »* (Molière, *Sganarelle ou le Cocu imaginaire*, 7)

- effacer · en finir avec · exorciser · mettre un terme à · vaincre

sans honte

- affirmer · avouer · confesser · proclamer • assumer : *j'assume mon passé sans honte* • pleurer · etc.

[1]horaire *nom masc.* (emploi du temps)

∞ horaire + ADJECTIF

- hebdomadaire : *un horaire hebdomadaire supérieur à 35 heures* · journalier • légal · officiel • effectif
- continu : *une école à horaire continu offre un accueil des enfants durant toute la journée*
- discontinu • éclaté : *des horaires éclatés sur plusieurs jours*
- fixe · régulier · stable • uniforme : *l'ensemble du personnel de l'entreprise doit avoir un horaire uniforme* • précis : *il est incapable de respecter des horaires précis* · strict : *elle doit suivre un horaire strict pour la prise des médicaments*
- atypique · inhabituel • décalé
- élastique · extensible · flexible · modulable : *l'horaire est modulable en fonction de votre emploi du temps* · souple · variable • aléatoire · fluctuant · incertain · irrégulier • libre : *l'employé qui jouit d'un horaire libre organise lui-même ses heures*
- à la carte · aménagé · individualisé · personnalisé
- confortable · pratique
- contraignant · difficile · rigoureux · serré
- abusif · délirant · démentiel · excessif : *les horaires excessifs des jeunes cadres dynamiques* · impossible · inadapté · infernal : *ils sont soumis à des horaires infernaux* · surchargé : *un horaire surchargé peut vous faire perdre de l'efficacité*

∞ horaire + VERBE

- changer · varier : *les horaires varient d'une semaine sur l'autre en fonction de la cadence*

∞ VERBE + horaire

- définir · déterminer · établir · fixer · instituer : *la loi a pour objet d'instituer partout un horaire uniforme*
- adopter · effectuer : *un apprenti de moins de 18 ans ne peut pas effectuer un horaire journalier supérieur à 8 heures* · observer · pratiquer · respecter
- proposer • astreindre à : *il est incapable de s'astreindre à un horaire régulier* · imposer · soumettre à
- accepter : *il a accepté un horaire de travail à temps partiel* · supporter • jongler avec : *ils doivent jongler avec les horaires des garderies* · prendre en compte · se caler sur : *il s'est calé sur les horaires de ses enfants*
- adapter · (ré)ajuster · aménager : *j'ai aménagé mes horaires pour faire ma semaine en trois jours* · changer · modifier · moduler • coordonner · harmoniser : *il faut harmoniser les horaires des services publics*
- abaisser · diminuer · réduire · revoir à la baisse • ramener à : *ses horaires ont été ramenés à 31h*
- allonger : *il faut allonger les horaires d'ouverture des musées* · augmenter : *il propose d'augmenter les horaires des cours de langue* · étendre : *il étend ses horaires d'ouverture jusqu'à 20 heures* · revoir à la hausse

[2]horaire *nom masc.* (heure)

∞ horaire + ADJECTIF

- matinal : *malgré un horaire matinal, les audiences sont en constante hausse*
- tardif
- décent : *je me suis juré de regarder cette série quand elle passera à un horaire décent* · raisonnable
- déterminé · fixe · régulier

∞ VERBE + horaire

- définir · déterminer · établir · fixer · imposer • adopter · observer : *vous êtes priés d'observer l'horaire des repas* · respecter
- proposer : *je peux vous proposer un autre horaire*
- donner · indiquer : *le panneau indique les horaires de passage du ferry*
- consulter : *consulter les horaires des avions*
- être en retard sur • être en avance sur
- changer · modifier • décaler · retarder : *la Poste a retardé les horaires des levées à Paris*

[1]horizon *nom masc.* (paysage)

∞ horizon + ADJECTIF

- lointain · proche
- infini · vaste : *il contemple le vaste horizon*
- borné · bouché · limité

∞ horizon + VERBE

- se dégager · s'ouvrir
- se borner à · se limiter à : *son horizon s'est longtemps limité aux collines entourant son village*

∞ VERBE + horizon

- observer · scruter : *on scrute en vain l'horizon gelé mais rien ne bougeait*
- dégager

- assombrir · brouiller · obscurcir
- barrer : *l'horizon est barré de gratte-ciels* · boucher · fermer : *la dernière chaîne des Vosges, qui ferme l'horizon* · masquer

à l'horizon
- poindre · se pointer · se profiler

2 **horizon** *nom masc.* (perspectives)

∾ horizon + ADJECTIF
- économique · politique · professionnel : *ils viennent d'horizons géographiques très divers* • culturel · musical · etc.
- nouvel (plur.) : *cette découverte offre de nouveaux horizons* • possible · virtuel • lointain · proche
- insoupçonné : *la lecture de ce livre ouvre des horizons insoupçonnés* • infini · vaste
- prometteur · radieux : *l'horizon radieux du progrès*
- borné · bouché · limité
- indépassable : *cet idéal représente un horizon indépassable*
- inatteignable : *l'horizon inatteignable d'un idéal*

∾ horizon + VERBE
- s'éclairer : *l'horizon s'éclaire, le but de la vie se précise* · se dégager · s'ouvrir
- s'assombrir · se voiler : *l'horizon se voile à Wall Street avant la saison des résultats* · s'obscurcir

∾ VERBE + horizon
- chercher · être en quête de : *il est en quête d'autres horizons* · rêver de
- avoir · présenter • offrir · ouvrir : *ça lui a ouvert de nouveaux horizons*
- aborder · découvrir · entrevoir : *cette méthode laisse entrevoir des horizons prometteurs* • explorer : *il explore de nouveaux horizons* · parcourir
- dégager · éclaircir : *ces bénéfices devraient éclaircir l'horizon financier de l'entreprise*
- élargir
- limiter · restreindre · rétrécir
- être privé de : *une société privée d'horizon politique*
- assombrir · brouiller : *le doute brouille notre horizon* · obscurcir
- boucher · fermer

à l'horizon
- poindre · se pointer · se profiler : *une crise pétrolière de grande envergure se profile à l'horizon*

tour d'horizon

∾ tour d'horizon + ADJECTIF
- général · global • complet · large · vaste
- bref $^{+ nom}$ · petit $^{+ nom}$ · rapide

∾ VERBE + tour d'horizon
- offrir : *le journal gratuit offre un tour d'horizon de l'actualité en vingt pages* · proposer
- faire · procéder à : *il a procédé à un tour d'horizon des problèmes de sécurité* · se livrer à : *ils se sont livré à un rapide tour d'horizon des questions européennes*

1 **horreur** *nom fém.* (chose effroyable)

∾ horreur + ADJECTIF
- économique (en référence à l'essai de Viviane Forrester, *l'Horreur économique*) · sociale • concentrationnaire
- absolue · grande $^{+ nom}$ · inimaginable : *des massacres d'une horreur inimaginable* • indicible · inexprimable
- quotidienne : *l'horreur quotidienne des camps de concentration*

∾ horreur + VERBE
- régner
- culminer · être à son comble • dépasser l'entendement
- (souvent passif) hanter · paralyser · traumatiser

∾ VERBE + horreur
- connaître : *il a connu les horreurs de la guerre* · traverser · vivre • faire face à
- déboucher sur · engendrer : *combien de généreuses intentions ont engendré de grandes horreurs*
- baigner dans · basculer dans : *le pays a rapidement basculé dans l'horreur* · sombrer dans
- montrer · révéler : *le procès a révélé l'horreur du massacre* · témoigner de
- découvrir · être témoin de : *les derniers témoins oculaires des horreurs de la Première Guerre mondiale*
- dénoncer : *l'ironie peut être une façon de dénoncer l'horreur*
- se relever de · surmonter : *la résilience qui fait que certains réussissent à surmonter l'horreur*
- fuir : *des milliers de réfugiés ont fui les horreurs de la guerre civile*
- minimiser · relativiser
- [parole] • balancer $^{fam.}$ · dire · écrire · proférer · raconter · se répandre en : *il s'est répandu en horreurs sur son compte*
- [action] • commettre · perpétrer • être coupable de · être responsable de

∾ NOM + D' + horreurs
- cortège : *la guerre continue avec son cortège d'horreurs et d'exactions* · lot · tissu : *« Tout journal, de la première ligne à la dernière, n'est qu'un tissu d'horreurs »* (Baudelaire, *Mon cœur mis à nu*)

[2]horreur *nom fém.* (sentiment d'effroi)

∞ horreur + ADJECTIF

- sainte [+ nom] : *il a une sainte horreur de la presse* • sacrée

∞ VERBE + horreur

- faire° (sans art.) : *la vue du sang lui fait horreur* • inspirer : *le crime inspire nécessairement horreur* · remplir de
- avoir° (sans art.) : *j'ai horreur des choux de Bruxelles* • être frappé de · être saisi de • frémir de · frissonner de

∞ NOM + D' + horreur

- comble · sommet · summum

en horreur

- avoir · prendre · tenir : *elle tient l'oisiveté en horreur*

hospitalité *nom fém.*

∞ hospitalité + ADJECTIF

- fameuse [+ nom] : *la fameuse hospitalité des Touaregs* · légendaire · traditionnelle
- extraordinaire · généreuse · raffinée : *notre hôtel vous propose une hospitalité raffinée et chaleureuse* · royale

∞ VERBE + hospitalité

- chercher · demander • faire appel à · solliciter : *je sollicite votre hospitalité pour la nuit*
- accorder · donner · offrir : *ils nous ont gentiment offert l'hospitalité* · proposer
- être connu / réputé pour
- bénéficier de · recevoir • profiter de : *après avoir profité de notre hospitalité pour la nuit, il est reparti sans un remerciement* • abuser de
- accepter · apprécier
- refuser : *il serait insultant pour l'hôte de refuser son hospitalité*

∞ NOM + D' + hospitalité

- sens : *avoir le sens de l'hospitalité* • devoir · loi : *il a violé les lois de l'hospitalité en volant ses biens et son épouse à son hôte* · tradition • signe : *Au Maroc, le thé à la menthe est un signe d'hospitalité*
- terre

hostilité *nom fém.* (agressivité)

∞ hostilité + ADJECTIF

- ambiante · générale · populaire • unanime : *cette mesure a suscité l'hostilité unanime des syndicats*
- permanente · persistante • systématique • ancienne [+ nom] · vieille [+ nom] • mutuelle · réciproque
- de principe
- farouche · forte [+ nom] · profonde · radicale · résolue · totale · vive • violente · viscérale • affichée · franche · manifeste · ouverte · patente • croissante · grandissante
- latente · sourde • à peine voilée • relative

∞ VERBE + hostilité

- engendrer · provoquer · soulever · susciter : *la révocation de l'Édit de Nantes a suscité l'hostilité des puissances protestantes*
- faire l'objet de · rencontrer · s'attirer • percevoir · ressentir
- valoir ... à : *son refus lui a valu l'hostilité de ses collègues*
- affronter · être confronté à · être / se retrouver en butte à : *être en butte à l'hostilité de ses collègues* · être victime de · faire face à · se heurter à
- déclarer · faire part de · (ré)affirmer • réitérer · répéter : *ils ont répété leur hostilité au projet*
- afficher · manifester · marquer : *ils ont manifesté pour marquer leur hostilité à la réforme* · montrer · ne pas cacher · ne pas dissimuler · ne pas faire mystère de : *le chef de l'État n'a jamais fait mystère de son hostilité aux journalistes*
- démontrer : *les résultats du référendum ont démontré l'hostilité unanime de la population au projet*
- expliquer · justifier
- attiser · augmenter · confirmer · nourrir : *l'opinion nourrit une hostilité croissante à toute intervention militaire*
- apaiser · diminuer • désamorcer
- passer outre · surmonter · vaincre

∞ NOM + D' + hostilité

- mur : *un mur d'hostilité qui sépare ces deux communautés*
- climat
- manifestation · signe

hostilités *nom fém. plur.* (combat)

∞ hostilités + VERBE

- commencer · débuter • éclater : *le 4 septembre 1939, les hostilités éclatent et le 10 septembre c'est la guerre* • reprendre : *après une accalmie, les hostilités ont finalement repris*
- cesser · prendre fin

∞ VERBE + hostilités

- commencer · déclencher · engager · lancer · ouvrir • reprendre : *les deux parties s'accusent mutuellement d'avoir repris les hostilités*
- poursuivre · prolonger
- conduire • participer à

- interrompre · suspendre • arrêter · cesser : *le secrétaire général de l'ONU les a appelés à cesser les hostilités immédiatement* · mettre fin à · mettre un terme à : *un médiateur a été dépêché pour tenter de mettre un terme aux hostilités*

1 humanité *nom fém.* (comportement digne)

∞ humanité + ADJECTIF
- grande $^{+ nom}$ · profonde
- belle $^{+ nom}$ · formidable • bouleversante · touchante

∞ humanité + VERBE
- se révéler · s'exprimer

∞ VERBE + **humanité**
- être empreint de : *ce film est empreint d'humanité* · être plein de
- faire preuve de · montrer · témoigner de : *cet élan de solidarité témoigne de la profonde humanité de notre peuple* • offrir une leçon de • conserver
- (dé)nier : *ils nient l'humanité de la victime* · (faire) perdre

2 humanité *nom fém.* (l'ensemble des humains)

∞ humanité + ADJECTIF
- primitive : *l'humanité primitive s'intégrait harmonieusement à la biosphère*
- (toute) entière
- libérée · réconciliée : *l'utopie d'une humanité réconciliée*
- déchue • souffrante

∞ VERBE + **humanité**
- avoir confiance en · croire en
- apporter à · léguer à · offrir à : *qu'est-ce que cette technologie a offert à l'humanité ?*
- défendre ... de · délivrer ... de · libérer ... de · préserver ... de : *la Société des Nations voulait préserver l'humanité de nouveaux conflits armés* · sauver (... de) : *le super-héros doit sauver l'humanité des extraterrestres*
- menacer : *le réchauffement climatique menace l'humanité* · mettre en danger • réduire ... à : *le livre décrit une humanité réduite à l'esclavage*

humeur *nom fém.*

∞ humeur + ADJECTIF
- générale : *l'humeur générale est favorable à la réforme*
- constante : *mon collègue est d'humeur constante* · égale
- changeante : *des réflexions faciles sur l'humeur changeante des femmes* · fluctuante · inégale · instable • vagabonde : *Rimbaud, poète à l'humeur vagabonde*
- belle $^{+ nom}$: *cette victoire l'a mis de fort belle humeur* · bonne $^{○ + nom}$ · excellente $^{+ nom}$ • enjouée · euphorique · festive : *tout le monde s'est souhaité la bonne année dans une humeur festive* · guillerette · joviale · joyeuse · radieuse • insouciante · légère • rêveuse • badine · blagueuse · rigolarde : *il est d'humeur rigolarde quand il a bu* · taquine
- de chien$^{○}$ · détestable · épouvantable · exécrable · grincheuse · irascible · irritable · massacrante : *il est d'une humeur massacrante aujourd'hui* · mauvaise $^{○ + nom}$ · méchante $^{+ nom}$ · noire · terrible
- batailleuse · belliqueuse · combative · guerrière
- chagrine · maussade · mélancolique · morose · sombre · triste

∞ humeur + VERBE
- être à : *en ce début d'année, l'humeur est à la morosité / fête*
- s'assombrir

∞ VERBE + **humeur**
- être de (+adj.) : *il est d'une humeur massacrante* • se sentir de : *je me sens d'humeur à écrire*
- afficher · exprimer · manifester : *les gens iront aux urnes pour manifester clairement leur humeur* · montrer · refléter
- dépendre de · être à la merci de · être suspendu à : *l'aléa d'un verdict suspendu parfois à l'humeur d'un juge*
- changer de : *il changeait d'humeur toutes les cinq minutes*
- adoucir · calmer : *il tenta de calmer son humeur exécrable*
- évaluer : *il essaie d'évaluer l'humeur du pays* · saisir · sentir
- expliquer : *sa défaite d'hier explique son humeur de chien* · justifier

∞ NOM + D' + **humeur**
- saute : *elle est maintenant habituée aux sautes d'humeur de son mari*

bonne humeur

∞ bonne humeur + ADJECTIF
- ambiante · générale
- inaltérable · perpétuelle
- communicative : *le film déborde d'une bonne humeur communicative* · contagieuse

∾ bonne humeur + VERBE

- régner : *la bonne humeur règne*

∾ VERBE + bonne humeur

- mettre de : *ce film m'a mis de bonne humeur* • rendre : *cette lettre lui a rendu sa bonne humeur*
- retrouver
- respirer : *cette fille respire la bonne humeur et la santé*
- ne pas se départir de : *que ce soit sur scène ou dans la vie, elle ne se départ jamais de sa bonne humeur* · ne rien perdre de / ne pas perdre : *malgré sa maladie, elle n'a rien perdu de sa bonne humeur*
- altérer : *il n'aura en rien altéré la bonne humeur générale* · entamer : *cet incident n'a pas réussi à entamer ma bonne humeur*

mauvaise humeur

∾ mauvaise humeur + ADJECTIF

- ambiante · générale • franche + nom • persistante : *sa mauvaise humeur persistante* · perpétuelle

∾ mauvaise humeur + VERBE

- monter : *la mauvaise humeur commence à monter*

∾ VERBE + mauvaise humeur

- provoquer : *la douleur provoque la mauvaise humeur* • mettre de : *ça l'a mis de mauvaise humeur* · rendre de : *sa réflexion l'a rendu de mauvaise humeur* • alimenter : *sa remarque a alimenté la mauvaise humeur générale*
- manifester · ne pas cacher
- affronter : *je n'ai pas envie d'affronter sa mauvaise humeur aujourd'hui*
- dissiper : *son caractère enjoué a eu vite fait de dissiper la mauvaise humeur des clients*

∾ NOM + DE + mauvaise humeur

- accès : *il nous fatigue avec ses accès de mauvaise humeur*
- geste · manifestation · mouvement · signe

humiliation *nom fém.*

∾ humiliation + ADJECTIF

- nationale · publique
- cuisante · grande + nom · historique : *la défaite de l'équipe nationale a été perçue par la presse comme une humiliation historique* · profonde · suprême · terrible · totale · véritable + nom
- (plur.) à répétition · incessantes · répétées · successives
- constante · permanente · quotidienne : *des millions de gens vivent dans la misère et l'humiliation quotidienne*
- petite + nom : *les petites humiliations imposées aux bizuts*
- ultime + nom : *Louis XVI a accepté l'ultime humiliation d'être mis en chemise*

∾ VERBE + humiliation

- éprouver · ressentir : *Il lutte pour ne pas ressentir son humiliation* • connaître · être l'objet de · vivre : *elle a eu l'impression de vivre la plus grande humiliation de sa vie* • endurer · essuyer · être soumis à · faire face à · subir · supporter
- infliger ... à
- éviter : *pour éviter l'humiliation d'une défaite* • épargner ... à : *elle cherche à lui épargner une humiliation supplémentaire*
- garder en mémoire · ne pas oublier : *jamais je ne pourrai oublier une telle humiliation* · se souvenir de
- effacer · laver · (se) venger (de)

humour *nom masc.*

∾ humour + ADJECTIF

- à la française · anglais · juif : *l'humour juif de Woody Allen* • involontaire : *ses bourdes deviennent des traits d'humour involontaire*
- salvateur : *son humour salvateur a désamorcé le tragique de la situation* • cocasse · délicieux · exquis · irrésistible · malicieux · plaisant · savoureux · tendre • burlesque · espiègle · jovial · potache • fin · intelligent · raffiné · subtil
- à toute épreuve • efficace : *un spectacle à l'humour efficace*
- discret · léger
- absurde · décalé · déjanté · loufoque · singulier • flegmatique : *l'humour flegmatique des Anglo-Saxons*
- débridé · décapant · dévastateur · explosif · ravageur • acerbe · acéré · acide · caustique · cinglant · corrosif · grinçant · incisif · mordant · rageur · sarcastique · sardonique · sulfureux · tranchant : *des sujets délicats traités avec un humour tranchant* • cynique · moqueur · narquois · persifleur · satirique • à froid : *stoïque, il fait preuve d'un humour à froid décapant* · glacé · glacial · pince-sans-rire · sec
- insolent · irrévérencieux • cruel · féroce · vachard • amer · désabusé · lugubre · macabre · noir° · sombre · triste
- de bas étage · douteux · gras · laborieux · lourd · primaire · scatologique • lassant

∾ humour + VERBE
- affleurer · transparaître : *l'humour transparaît à toutes les lignes*
- se mêler à · traverser : *l'humour traverse le texte jusque dans les évocations les plus morbides*
- faire mouche

∾ VERBE + **humour**
- avoir de : *elle a beaucoup d'humour* · être plein de · être bourré de[fam.] : *une femme généreuse et bourrée d'humour* • exercer · faire preuve de · manier : *elle manie avec brio humour et ironie* · manifester : *chacun de ses romans manifeste le même humour corrosif* · recourir à · user de · utiliser • conserver · garder
- être bourré de[fam.] · être empreint de · être pétri de : *cet album est pétri d'humour et de tendresse* · être plein de : *un polar plein d'humour* · être teinté de • mélanger : *ses chansons mélangent humour vachard et sentimentalisme* · mêler
- témoigner de · traduire : *ses dessins traduisent un certain humour* · montrer · refléter · révéler · faire montre de
- apprécier · être sensible à · goûter : *il semblait goûter l'humour de la situation*
- être dénué de · être dépourvu de · manquer de

∾ NOM + D' + **humour**
- trait
- (petit) bijou · merveille · perle : *ce film est une perle d'humour noir*
- brin · once · pointe

sens de l'humour
- avoir · conserver · posséder · garder

avec humour
- décrire · raconter · traiter • réagir : *il a réagi avec humour à cette accusation infondée* • pointer · souligner

hurlement *nom masc.*

∾ hurlement + ADJECTIF
- guttural · rauque
- (sur)aigu · hystérique · strident
- long [+ nom] · sans fin
- déchirant · de désespoir° · de douleur° · désespéré : *il poussa un hurlement désespéré afin d'alerter ses frères* · de terreur° · plaintif • de colère° · de rage° · furieux · inhumain · sauvage : *le hurlement sauvage des sirènes* • affreux · effrayant · effroyable · lugubre · sinistre · terrible

∾ hurlement + VERBE
- monter · retentir : *soudain, un hurlement effroyable retentit à travers la lande* · s'échapper de · s'élever
- accompagner
- (souvent passif) alarmer · alerter · inquiéter · réveiller

∾ VERBE + **hurlement**
- déchaîner : *l'annonce a déchaîné les hurlements de la foule* · provoquer
- émettre · pousser : *le loup-garou pousse de longs hurlements à la lune*
- entendre : *de ma chambre, j'entendais les hurlements du vent au-dehors*
- couvrir : *la musique couvrait ses hurlements de terreur*

hygiène *nom fém.*

∾ hygiène + ADJECTIF
- alimentaire · bucco-dentaire · corporelle · dentaire · intime • mentale · morale · etc.
- hospitalière : *des mesures d'hygiène hospitalière ont été prises* · industrielle · publique : *les recommandations du service de l'hygiène publique*
- de vie° • personnelle
- grande [+ nom] · renforcée · rigoureuse · stricte
- bonne [+ nom] · irréprochable · méticuleuse : *la prévention de l'entourage du malade repose sur une hygiène méticuleuse* · remarquable
- convenable · correcte · de base : *une campagne d'éducation aux règles d'hygiène de base*
- défectueuse · douteuse · insuffisante · sommaire • déplorable · épouvantable · lamentable · mauvaise [+ nom] • inexistante : *dans ce pays pauvre, l'hygiène est inexistante*

∾ hygiène + VERBE
- progresser · s'améliorer
- laisser à désirer

∾ VERBE + **hygiène**
- faire partie de
- promouvoir · prôner • enseigner : *les marques de dentifrices viennent enseigner l'hygiène bucco-dentaire dans les écoles* • insister sur · mettre en avant · mettre l'accent sur
- (s')imposer · (se) soumettre à : *ils doivent se soumettre à une hygiène corporelle rigoureuse* • accéder à : *ce système à vocation sociale permet à tous d'accéder à une hygiène de vie correcte* · adopter • conserver · garder · maintenir
- être attentif à · être soucieux de · faire attention à · garantir : *garantir une bonne hygiène alimentaire* · respecter · se soucier de · veiller à : *elle veille attentivement à l'hygiène de ses animaux*

domestiques • améliorer · contribuer à • être obsédé par · être un maniaque de
- négliger • manquer de : *son odeur me laisse à penser qu'il manque d'hygiène*

∾ NOM + D' + **hygiène**
- conditions • mesures · précautions • consignes · normes

hypocrisie *nom fém.*

∾ **hypocrisie** + ADJECTIF
- morale · scolaire · sociale : *une étude de mœurs qui dénonce l'hypocrisie sociale*
- bourgeoise · puritaine
- ambiante · généralisée • belle + nom · fantastique · gigantesque · grande + nom · parfaite + nom · pure + nom · rare + nom · totale · vaste + nom

∾ **hypocrisie** + VERBE
- consister à · résider dans / en : *leur hypocrisie réside dans leur vocabulaire*
- cesser

∾ VERBE + **hypocrisie**
- faire preuve de
- être teinté de : *une forme de tact teintée d'hypocrisie*
- démasquer · montrer · révéler
- dénoncer · fustiger · déplorer · critiquer
- cacher · masquer : *cette noble intention ne masque pas tout à fait l'hypocrisie du film*
- arrêter · cesser

∾ NOM + D' + **hypocrisie**
- brin : *il ajouta avec un brin d'hypocrisie : "Je n'ai jamais eu aucune ambition politique"* · dose : *il y a dans cette affaire une bonne dose d'hypocrisie*
- sommet · summum

hypothèse *nom fém.*

∾ **hypothèse** + ADJECTIF
- de base · de départ • de travail : *c'est ce que nous avons pris comme hypothèse de travail*
- implicite · sous-jacente
- favorable · optimale : *même dans cette hypothèse optimale, les surcoûts seront très importants* · optimiste · rassurante
- prudente : *il n'est pas sûr que ce soit dangereux pour la santé, c'est juste une hypothèse prudente*
- plausible · possible : *il y a plusieurs hypothèses possibles* · probable · vraisemblable • raisonnable · rationnelle · réaliste · sérieuse · valable · viable • exacte : *si l'hypothèse se révèle exacte*
- ingénieuse · intéressante · judicieuse · prometteuse · séduisante
- audacieuse · hardie · révolutionnaire · surprenante • extrême : *dans une hypothèse extrême, la planète survivrait moins d'un milliard d'années*
- écartée · inverse · opposée • contradictoires (plur.) : *ces deux scientifiques avancent des hypothèses contradictoires*
- improbable · invraisemblable • contestable • aberrante · absurde · hasardeuse · hâtive · infondée • fantaisiste · farfelue
- invérifiable : *l'hypothèse invérifiable de la vie après la mort* • fragile : *cette conclusion repose sur une hypothèse fragile*
- alarmiste · catastrophique : *cette hypothèse catastrophique n'est heureusement pas encore validée* · inquiétante · pessimiste

∾ **hypothèse** + VERBE
- reposer sur : *cette hypothèse repose sur une étymologie fantaisiste du mot*
- aller bon train (plur.) : *les hypothèses vont bon train* · circuler : *une foule d'hypothèses circulent* · planer : *cette découverte laisse planer l'hypothèse d'un crime rituel* · revenir : *c'est l'hypothèse qui revient le plus souvent*
- tenir la route • se vérifier : *cette hypothèse ne s'est pas vérifiée*
- se révéler (+adj.)

∾ VERBE + **hypothèse**
- considérer · envisager · étudier : *il faut étudier toutes les hypothèses* · examiner · revoir · se placer dans · tester
- bâtir : *il a bâti des hypothèses sur la culpabilité des uns et des autres* · échafauder · élaborer · faire · imaginer · lancer : *les journaux ont lancé l'hypothèse d'un suicide* • partir de · s'appuyer sur · se baser sur · se fonder sur · poser : *posons l'hypothèse qu'elle n'était pas au courant* · prendre pour
- émettre · évoquer · exprimer · formuler · présenter · suggérer • avancer · hasarder · mettre en avant · risquer · tenter
- être bâti sur : *ce projet a été bâti sur des hypothèses contestables* · être construit sur · reposer sur
- accepter · adopter · choisir · opter pour · pencher pour : *je pencherais plutôt pour la seconde hypothèse* · préférer · privilégier · retenir · s'orienter vers
- accréditer · confirmer · conforter · corroborer · donner corps à · donner crédit à · donner du poids à · entériner · étayer · justifier · légitimer · relancer : *ces indices relancent l'hypothèse d'un coup monté* · renforcer

- prendre au sérieux · prendre en compte · tenir compte de • défendre · plaider en faveur de : *la récente expérience de ce chercheur plaide en faveur de cette hypothèse* · soutenir
- prouver : *il n'arrive pas à prouver scientifiquement son hypothèse* · valider · vérifier
- négliger : *nous avons le devoir de ne négliger aucune hypothèse*
- contredire · démentir · détruire · infirmer · mettre à mal · récuser : *l'auteur récuse l'hypothèse d'une mort psychique intégrale chez les déments séniles* · réfuter · renverser · ruiner · tordre le cou à
- balayer · écarter : *les enquêteurs n'écartent pour l'instant aucune hypothèse* · éliminer · exclure · rejeter · repousser • abandonner · laisser tomber*fam.*

∾ NOM + D' + **hypothèses**
- ensemble · multitude · série

hystérie *nom fém.*

∾ **hystérie** + ADJECTIF
- patriotique · nationaliste • spéculative • médiatique : *ce film a déclenché une hystérie médiatique outre-Atlantique*
- ambiante · collective · générale · généralisée
- pleine *+ nom* : *on est en pleine hystérie* · totale
- meurtrière

∾ **hystérie** + VERBE
- gagner · saisir · s'emparer de : *l'hystérie s'est emparée des médias et des politiques*
- monter : *tous ces succès ont encore fait monter l'hystérie d'un cran.*

∾ VERBE + **hystérie**
- déclencher · provoquer
- friser · relever de • tourner à · virer à
- être en proie à : *les analystes sont actuellement en proie à l'hystérie* · être victime de
- dénoncer
- calmer · enrayer

∾ NOM + D' + **hystérie**
- crise · vague : *nous risquons d'assister à une vague d'hystérie patriotique*
- scène
- climat · fond : *le procès s'est tenu sur fond d'hystérie collective*

i

idéal *nom masc.*

∾ idéal + ADJECTIF

- artistique · esthétique · moral · philosophique · politique · religieux
- féminin · masculin · viril
- chevaleresque · romantique • anarchiste · libertaire · révolutionnaire • communiste · socialiste • démocratique · égalitaire · humaniste · pacifiste · universaliste · républicain · etc.
- collectif · commun · fédérateur · fondateur
- absolu • fort
- bel + nom · généreux · noble · respectable
- réalisable · réaliste
- impossible · inaccessible · inatteignable · irréalisable · irréaliste • utopique
- chimérique · trompeur
- contestable · inquiétant • vide : *sans interprétation, l'égalité abstraite demeure un idéal vide*

∾ idéal + VERBE

- fonder : *l'idéal qui fonde notre démocratie*
- animer : *des idéaux qui animent les combattants* · mouvoir • unir • séduire
- être éloigné de : *cet idéal est bien éloigné de la réalité du quotidien*
- se heurter à : *les idéaux peuvent se heurter à des réalités moins séduisantes*
- s'effriter

∾ VERBE + idéal

- aspirer à · poursuivre · tendre vers
- avoir · croire en · embrasser · être acquis à · faire sien : *un idéal qu'elle a fait sien* · nourrir : *ils nourrissent un idéal de paix depuis de longues années* · porter · se forger · se raccrocher à · se réclamer de : *les prétendus idéaux dont il se réclame* · se sentir proche de • affirmer • partager
- être imprégné de · être porteur de : *cet homme est porteur des idéaux de la gauche républicaine* • se fonder sur · se baser sur
- conserver · être fidèle à · garder · préserver • être conforme à · respecter • renouer avec · revenir à • atteindre · faire triompher · réaliser • approcher • vivre : *il a renoncé à la fortune pour vivre son idéal*
- incarner : *Pantagruel incarne l'idéal rabelaisien* · représenter · symboliser
- illustrer · refléter
- professer · promouvoir · prôner • défendre · lutter pour · servir • mourir pour • concilier ... et ... : *comment concilier cet idéal et ce manque de moyens ?*
- remettre en question
- abandonner · délaisser · oublier · perdre · renoncer à · renier
- bafouer · dévoyer · piétiner · trahir : *il a dû se résoudre à trahir ses idéaux de jeunesse*

1 **idée** *nom fém.* (plan, suggestion)

∾ idée + ADJECTIF

- inédite · neuve : *ce n'est pas vraiment une idée neuve* · nouvelle · novatrice · originale
- générale · globale
- précise
- basique · simple + nom • banale
- cohérente · lucide · pertinente · raisonnable · rationnelle · réaliste · saine · sensée · valable · vraisemblable
- bonne + nom · brillante · de génie · épatante · excellente · formidable · géniale · heureuse + nom · intelligente · louable · lumineuse · magnifique · merveilleuse · riche + nom : *c'est une riche idée que ce projet participatif !* · superbe ·

sympathique • astucieuse · ingénieuse · judicieuse · prometteuse • alléchante · enthousiasmante · intéressante · séduisante
- ambitieuse · audacieuse · exigeante · hardie
- bizarre · curieuse · étonnante · étrange • amusante · délirante · extravagante · fantasque · farfelue · folle · loufoque · saugrenue
- controversée · subversive • provocatrice
- mauvaise + nom • irréalisable · irréaliste • aberrante · abracadabrante · absurde · grotesque · incongrue · ridicule · risible · stupide · tordue
- dangereuse · désastreuse • diabolique · machiavélique · perverse

∾ idée + VERBE
- apparaître : *de nouvelles idées sont apparues* · émerger · germer : *une idée a germé dans son esprit* · jaillir · naître · (re)surgir · se former · s'élaborer
- courir : *l'idée courait depuis un certain temps au sein du groupe* · effleurer · traverser l'esprit · trotter dans la tête · venir (à) : *l'idée lui est venue lors d'un voyage en Orient* · venir à l'esprit : *c'est la première idée qui me vient à l'esprit*
- fuser : *dans la salle, les idées fusent*
- remonter à : *l'idée remonte au XIX*e *siècle* • venir de : *l'idée ne vient pas de moi*
- consister à
- cheminer · faire son chemin · mûrir · s'affiner · se préciser
- aboutir · prendre corps · prendre forme · se concrétiser • déboucher sur
- se propager • s'imposer · s'installer • persister
- intéresser · plaire (à) · retenir l'attention · séduire
- choquer · déplaire (à) · déranger · faire bondir • angoisser · faire trembler · paniquer · terrifier · terroriser

∾ VERBE + idée
- chercher : *où es-tu allé chercher cette idée saugrenue ?* · être à la recherche de
- donner ... à · proposer ... à · souffler ... à · soumettre ... à · suggérer ... à • ébaucher · impulser · introduire · lancer • vendre : *ils ont vendu leur idée de rallye à une association sportive*
- trouver : *il faut trouver une meilleure idée* • glaner · puiser : *elle puise ses idées dans les contes de fées* · tirer ... de • chiper*fam.* · voler
- avoir : *il a une idée à la minute; tu n'aurais pas une idée de recette pour ce soir?* • (plur.) accumuler · emmagasiner • (plur.) bouillonner de · déborder de
- (plur.) être bourré de*fam.* · fourmiller de · regorger de
- mettre à exécution : *il n'a jamais mis son idée à exécution*
- adorer · aimer · apprécier
- écarter · éloigner · mettre au rancart*fam.* · rejeter · repousser • être opposé à · être réticent à : *il est réticent à l'idée d'adopter ce chien* · être rétif à : *il est rétif aux idées de changement* · récuser · réfuter
- abandonner · laisser tomber*fam.* · perdre : *il n'a pas perdu l'idée de retourner dans son pays natal* · renoncer à · se défaire de
- (plur.) être à court de · être en panne de · manquer de

²idée *nom fém.* (pensée, point de vue)

∾ idée + ADJECTIF
- générale · globale : *les statistiques donnent une idée globale de l'état du trafic* • personnelle
- centrale · (-)clé · directrice · fondamentale · maîtresse · phare · principale · forte • grande + nom • essentielle · marquante · saillante • sous-jacente
- dominante · majoritaire · prépondérante • connue · établie · répandue • rebattue · vieille + nom : *la vieille idée d'une taxation des mouvements de capitaux*
- admise · arrêtée · préconçue · reçue○ : *« Dictionnaire des idées reçues »* (Flaubert) · toute faite○ • bien / solidement ancrée : *cette idée est solidement ancrée dans l'esprit des / chez les jeunes* · tenace • fixe○ : *c'est une idée fixe chez toi !*
- claire : *ils ont les idées claires sur ce qu'ils souhaitent faire* · nette · précise • juste
- (plur.) larges : *avoir les idées larges* · libérale · libertaire · progressiste · réformatrice
- agréable · rassurante · réconfortante • positive
- ambitieuse · audacieuse · exigeante · hardie
- cohérente · lucide · pertinente · raisonnable · rationnelle · saine · sensée · valable
- contraire · opposée
- controversée · subversive • provocatrice
- confuse · floue · schématique · vague + nom • pâle + nom : *on ne peut donner ici qu'une pâle idée de la richesse du livre* • embrouillée○ (plur.)
- minoritaire • fugace · fugitive · furtive

- piètre $^{+ nom}$: *il a une piètre idée de la jeunesse*
- étroites (plur.) • conservatrice · dépassée · rétrograde • naïve · puérile · simpliste • fumeuse · inconsistante · spécieuse · superficielle • inacceptable · inconcevable · insensée
- erronée · fausse · illusoire
- lugubre · morbide · morose · noires○ (plur.) · suicidaire · triste • obsédante · terrifiante • négative • abominable · affreuse · atroce · dangereuse · horrible · insupportable · monstrueuse · sinistre · sombre · sordide · terrible • machiavélique

∞ idée + VERBE

- apparaître · émerger · germer : *l'idée germa dans son esprit* · jaillir · naître · re(surgir)
- effleurer · traverser l'esprit · venir à (l'esprit de) : *cette idée ne me serait jamais venue à l'esprit !* • courir : *c'est une idée qui court chez les adolescents* • trotter dans la tête
- cheminer · faire son chemin · mûrir · s'affiner · se préciser
- avoir cours : *les idées reçues qui avaient cours dans les années 1960* · se propager · s'installer • avoir la peau dure · avoir la vie dure · persister • s'imposer · triompher
- intéresser · plaire (à) · retenir l'attention · séduire
- (plur.) se bousculer : *ses idées se bousculent* · s'embrouiller · s'entrechoquer
- hanter · obnubiler · obséder · tarauder · tourmenter • angoisser · faire trembler · paniquer · terrifier · terroriser • choquer · déplaire (à) · déranger · faire bondir

∞ VERBE + idée

- caresser : *elle a longtemps caressé l'idée de s'expatrier* · (re)considérer · contempler · étudier · explorer · flirter avec · méditer · poursuivre · se pencher sur
- avoir · brasser (plur.) · nourrir · ruminer : *il rumine des idées noires / suicidaires* • ne pas démordre de · se cramponner à • (plur.) confronter · échanger · partager
- avancer · faire valoir · proposer · soumettre · suggérer • insinuer
- communiquer · émettre · évoquer · exposer · exprimer · formuler · jeter sur le papier · ne pas cacher : *il n'a jamais caché ses idées réactionnaires* · résumer • insister sur · marteler · remettre sur le tapis · répéter · ressasser · revenir sur • expliquer · formaliser · organiser · structurer
- diffuser · disséminer · distiller · être porteur de : *des films porteurs d'idées révolutionnaires* · faire passer · imposer · professer · propager · répandre · transmettre · véhiculer
- accepter · accueillir : *l'idée a été bien / mal accueillie par ses collègues* · admettre · adopter · faire bon / mauvais accueil à • comprendre · intégrer · intérioriser · s'accoutumer à · se faire à : *j'ai du mal à me faire à l'idée que je ne le reverrai plus* · s'habituer à · se résoudre à • adhérer à · approuver · embrasser · épouser · être acquis à · faire corps avec · flirter avec · rallier · souscrire à · s'ouvrir à • être attaché à · respecter · rester fidèle à • défendre · se battre pour • mourir pour • préconiser · promouvoir · prôner · soutenir
- donner corps à · matérialiser • expérimenter · mettre à profit · mettre en pratique · tester • appliquer · exploiter
- approfondir · creuser · développer · étoffer · travailler
- alimenter · entretenir · perpétuer
- accréditer · appuyer · confirmer · conforter · corroborer • ancrer · entériner · valider
- donner ... de : *pour vous donner une idée de ce que sera votre travail*
- (plur.) remettre en ordre / de l'ordre dans · se changer○ : *je vais me promener pour me changer les idées* · se rafraîchir○ : *j'ai besoin de me rafraîchir les idées sur le sujet*
- changer de : *il n'arrête pas de changer d'idée* · renier
- influencer
- chasser · dissiper · écarter · éloigner
- condamner · dénoncer · protester contre • être hostile à · être opposé à · être réticent à · être rétif à · se méfier de • combattre · lutter contre · réagir contre · se battre contre • refuser · repousser • récuser · réfuter
- détester · mépriser · ne pas supporter · rejeter
- bouleverser · bousculer • aller à l'encontre de · infirmer · remettre en cause · remettre en question
- dénaturer · trahir
- battre en brèche · démentir · démolir · ruiner

∞ NOM + D' + idées

- agitateur : *un inlassable agitateur d'idées* · brasseur · passeur · pourvoyeur
- réservoir : *ce groupe de travail sert de réservoir d'idées au parti*
- fatras · fouillis

[3] **idée** *nom fém.* (notion, concept, façon d'appréhender qqch.)

∾ idée + ADJECTIF

- à la mode · nouvelle · originale
- belle [+ nom] · généreuse · grande [+ nom] · jolie [+ nom] • élevée : *il a une idée assez élevée du devoir* · romanesque · utopique • certaine [+ nom] : *je me fais une certaine idée de la république*
- paradoxale
- dépassée · rétrograde • naïve · simpliste · superficielle
- erronée · fausse · illusoire

∾ idée + VERBE

- apparaître · germer · naître · prendre corps · prendre forme · se former · s'élaborer
- mûrir · s'affiner · se préciser

∾ VERBE + idée

- concevoir : *c'est lui qui a conçu l'idée des pizzas à domicile* · se faire • être attaché à : *il est attaché à une certaine idée du service public* · rester fidèle à
- être au service de · servir
- étendre ... à : *il faut étendre l'idée de liberté individuelle à tous* · généraliser • populariser · promouvoir
- partir de · reposer sur · s'appuyer sur · s'articuler sur / autour de • articuler · emprunter · reprendre
- exprimer · traduire : *il n'y a pas de mot en français pour traduire cette idée*
- relativiser
- dénaturer · trahir
- battre en brèche · démolir · ruiner

identification *nom fém.*

∾ identification + ADJECTIF

- génétique : *ces indices contribuent à l'identification génétique des agresseurs* · vocale : *un système d'identification vocale*
- complète · exacte · formelle : *cette enquête a conduit à l'identification formelle des explosifs utilisés* · précise
- automatique · immédiate · rapide
- mauvaise [+ nom] : *cela a pu conduire à une mauvaise identification de certaines séquences du génome*

∾ VERBE + identification

- procéder à
- contribuer à · faciliter

identité *nom fém.*

∾ identité + ADJECTIF

- communautaire · culturelle · sexuelle · sociale • visuelle
- individuelle · personnelle • unique • collective · commune • nationale · régionale · locale • imaginaire · virtuelle : *l'internaute doit s'inscrire et se choisir une identité virtuelle*
- originelle · d'origine
- nouvelle · recomposée
- définitive · fixe • forte [+ nom] · profonde • exacte : *ils tentent toujours d'établir l'identité exacte de l'auteur des coups de feu*
- réelle · véritable : *on ignore toujours l'identité véritable du commanditaire*
- complexe · double [+ nom] : *sa double identité occidentale et asiatique* • éclatée : *son projet tend à recoller les morceaux d'une identité éclatée* · plurielle
- brouillée · changeante · flottante · floue · fragile
- inconnue · mystérieuse · secrète
- fausse [+ nom]

∾ VERBE + identité

- (re)chercher · être en quête de
- construire · créer · inventer • façonner · fonder : *les références littéraires qui fondent l'identité du groupe ; ils fondent leur identité nationale sur une histoire commune* · forger
- avoir · conserver • garder • retrouver : *le pays doit retrouver son identité* · se réapproprier : *seule l'élite intellectuelle s'est réappropriée son identité régionale perdue* • emprunter : *il a emprunté l'identité de l'un de ses camarades* · prendre : *il a pris successivement l'identité d'un avocat, d'un policier et d'un médecin* • usurper
- afficher · affirmer : *il affirme fièrement son identité wallonne* · assumer • réaffirmer · revendiquer • cultiver · préserver • défendre · protéger • reconnaître · respecter
- affermir · renforcer
- (re)donner : *il cherche à donner une nouvelle identité à ce lieu*
- communiquer · décliner : *il a décliné son identité au policier* · dévoiler · divulguer · révéler : *le généreux donateur n'a pas souhaité révéler son identité*
- changer de : *elle a changé plusieurs fois de pays et d'identité* • redéfinir : *l'entreprise a redéfini son identité visuelle*
- spéculer sur · (s')interroger sur
- contrôler · vérifier • cerner
- définir · déterminer · établir
- ignorer
- attester de · confirmer · justifier de · prouver
- cacher · masquer · taire · tenir secrète • nier
- bafouer · détruire · menacer • altérer · brouiller · diluer · dissoudre • falsifier
- priver de

- perdre • abandonner · renoncer à : *elle ne veut pas renoncer à son identité culturelle*

idéologie *nom fém.*

∾ idéologie + ADJECTIF

- fondatrice · originelle
- politique · religieuse · etc.
- alternative
- officielle : *la doctrine de Confucius devint l'idéologie officielle du gouvernement impérial* • dominante · hégémonique · omniprésente • montante · porteuse · triomphante : *l'idéologie triomphante de la mondialisation libérale*
- acceptable · généreuse · porteuse de sens · respectable
- libérale • permissive · (post-)soixante-huitarde
- (plur.) concurrentes · incompatibles · opposées
- conservatrice · puritaine · sécuritaire
- confuse · creuse · floue • contestable · douteuse · suspecte
- abjecte · agressive · chauvine · criminelle · dangereuse · destructrice · fascisante · guerrière · pernicieuse · raciste · sectaire
- autoritaire · totalitaire • binaire · dogmatique · manichéenne · rigide · simpliste
- archaïque · dépassée · moribonde

∾ idéologie + VERBE

- s'échafauder • émaner de · venir de
- conduire à · déboucher sur
- alimenter · animer : *l'idéologie qui l'anime tend à considérer chaque contribuable comme un fraudeur potentiel* · façonner · faire le lit de : *cette idéologie a fait le lit de la révolution* · guider · imprégner · structurer
- imposer · promouvoir · prôner • justifier
- faire son chemin · se répandre • dominer · prédominer · prévaloir · régner • battre son plein : *à cette époque, l'idéologie sécuritaire battait son plein* · triompher
- être à l'opposé de · être aux antipodes de : *deux idéologies aux antipodes l'une de l'autre*

∾ VERBE + idéologie

- construire · créer · forger
- adopter · être adepte de · revendiquer · se prévaloir de · se réclamer de · se reconnaître dans
- faire parti de · relever de · s'inscrire dans : *ce mouvement s'inscrit dans une idéologie féministe* • baigner dans · être empreint de · être imprégné de
- récupérer · reprendre à son compte · s'emparer de • s'alimenter de : *une chasse aux sorcières qui s'alimente d'une idéologie manichéenne* · se fonder sur · se nourrir de · s'inspirer de
- conforter (dans) : *ça l'a conforté dans son idéologie anarchiste* · défendre · promouvoir · servir
- diffuser · propager · répandre · véhiculer
- être à l'opposé de · être aux antipodes de
- battre en brèche · combattre · contester · contrer · critiquer · défier : *il défie l'idéologie raciste du régime* · dénoncer · (re)mettre en cause • mettre en garde contre : *il met en garde contre toutes les idéologies sectaires*

idole *nom fém.*

∾ idole + ADJECTIF

- naissante · nouvelle
- mondiale · nationale · planétaire • locale
- à la mode · populaire • glamour
- inaccessible · intouchable
- déchue : *l'idole déchue du rock français*

∾ VERBE + idole

- avoir (comme / pour) • fabriquer · faire : *les écoliers en ont fait leur nouvelle idole*
- avoir le statut de · devenir · élever au rang de
- imiter : *il imite son idole devant la glace*
- approcher · côtoyer · rencontrer • marcher sur les pas / traces de
- déboulonner · faire tomber • briser · brûler
- [Relig.] adorer · se prosterner devant · vénérer

idylle *nom fém.*

∾ idylle + ADJECTIF

- naissante
- belle + nom · féerique · merveilleuse · parfaite · tendre
- enflammée · grande + nom · passionnée
- longue + nom : *il brise une longue idylle avec sa buraliste pour arrêter de fumer*
- brève + nom · courte + nom · éphémère
- chaste · innocente · naïve · petite + nom · platonique
- compliquée · contrariée · impossible
- improbable · singulière
- adultère • inavouable · secrète

∾ idylle + VERBE

- naître · se nouer : *une idylle se noue entre un chauffeur de taxi et sa cliente*
- durer • se poursuivre
- s'achever · se terminer · tourner court

∾ VERBE + **idylle**
- entamer
- avoir · vivre : *Pâris et Hélène ont vécu une grande idylle*
- cacher
- briser • interrompre · mettre fin à · mettre un terme à • marquer la fin de
- raconter · relater

ignorance *nom fém.*

∾ **ignorance** + ADJECTIF
- absolue · abyssale · complète · délibérée · effarante : *il n'y connaît rien, il est d'une ignorance effarante* · étonnante · extraordinaire · fabuleuse · flagrante · frappante · grande $^{+\text{nom}}$ · incroyable · infinie · manifeste · monumentale · parfaite · profonde · pure et simple · stupéfiante · terrible · totale
- crasse · éhontée · grossière · honteuse · invraisemblable · scandaleuse • coupable : *ce médecin a fait preuve d'une ignorance coupable des effets secondaires du traitement* · fâcheuse · regrettable · tragique • impardonnable · inexcusable
- feinte : *l'ironie socratique se base sur une ignorance feinte* · prétendue
- partielle · relative

∾ VERBE + **ignorance**
- afficher · faire preuve de · manifester · montrer
- admettre · avouer · confesser
- être (confiné) dans · rester dans · vivre dans
- laisser dans · maintenir dans · tenir dans
- invoquer · mettre sur le compte de · plaider · prétexter
- feindre · simuler
- cacher · dissimuler · masquer
- sortir de : *il souhaite réellement sortir de son ignorance*

illégalité *nom fém.*

∾ **illégalité** + ADJECTIF
- complète · parfaite · totale • évidente · flagrante · manifeste
- avérée · établie
- permanente

∾ VERBE + **illégalité**
- être entaché de : *cette décision est entachée d'illégalité du fait du non-respect de l'arrêté préfectoral*
- flirter avec : *il a son propre sens de l'éthique et ses règles flirtent souvent avec l'illégalité*
- constater : *le tribunal a constaté l'illégalité de l'internement* · dénoncer · souligner • invoquer
- couvrir : *il se sert des ambiguïtés de la loi pour couvrir son illégalité*

dans l'illégalité
- être · entrer : *beaucoup entrent dans l'illégalité à l'expiration du visa* · se mettre · se placer · se situer • rester
- agir · opérer
- séjourner · vivre

illusion *nom fém.*

∾ **illusion** + ADJECTIF
- (d') optique · visuelle • tactile • amoureuse
- de jeunesse • brève $^{+\text{nom}}$ · de courte durée · momentanée
- absolue · complète · flagrante · grande $^{+\text{nom}}$: *« La Grande Illusion »* (titre d'un film de Jean Renoir) · parfaite · pure $^{+\text{nom}}$ • partagée : *le théâtre serait impossible sans une illusion partagée* · répandue • permanente · perpétuelle · tenace
- agréable · apaisante · belle $^{+\text{nom}}$ · charmante · douce · féerique · plaisante · rassurante
- dangereuse · vaine • grossière · insensée · naïve · ridicule
- morte · perdue : *« Illusions perdues »* (titre d'un roman de Balzac)
- étrange $^{+\text{nom}}$ · saisissante · surprenante · trompeuse · troublante

∾ **illusion** + VERBE
- tenir : *l'illusion optique tient à un phénomène physique* · venir de · être due à
- durer · perdurer · s'installer
- (souvent passif) aveugler · griser · séduire
- se dissiper • disparaître · retomber · s'écrouler · s'effondrer · s'envoler · s'évanouir

∾ VERBE + **illusion**
- donner · laisser : *la finale ne laissa guère d'illusions* · offrir · procurer · produire · (se) créer • faire° (sans art.) : *son costume / projet ne fera pas illusion*
- nourrir : *j'ai été trop souvent déçu pour nourrir encore des illusions* • (souvent plur.) s'accrocher à : *elle a tort de s'accrocher à ses illusions* · se bercer de : *c'est se bercer d'illusions que de croire trouver du travail facilement* · se faire : *il ne se fait plus aucune illusion / elle se fait des illusions sur son éventuelle promotion* · se nourrir de · se repaître de
- conserver · garder · maintenir · préserver : *il veut préserver cette illusion d'harmonie conjugale*
- alimenter · cultiver · entretenir
- rester dans · s'enfermer dans · vivre dans

- accentuer · compléter · parfaire
- (plur.) être vacciné contre^fam. · ne pas / plus avoir · revenir de
- chasser · combattre · démasquer : *la vie se charge de démasquer les illusions...*
- enlever · ôter • abattre · balayer · briser · détruire · dissiper · faire éclater · faire voler en éclats · mettre fin à · ruiner
- abandonner : *il l'exhorte à abandonner ses illusions* · perdre

1 **illustration** *nom fém.* (image dans un livre)

∞ illustration + ADJECTIF

- en couleurs · en noir et blanc • audiovisuelle · musicale · photographique · sonore · visuelle • classique · moderne • ancienne · originale : *un exemplaire dédicacé par Jules Verne et agrémenté d'illustrations originales*
- simple · sobre
- belle ^+ nom · colorée · jolie ^+ nom · magnifique · raffinée · remarquable · réussie · soignée · somptueuse · spectaculaire · superbe • bien choisie · fidèle • amusante · humoristique · vivante
- abondante · riche
- désuète • caricaturale • convenue

∞ illustration + VERBE

- montrer · représenter • se rapporter à : *l'illustration se rapporte au texte de la page ci-contre*
- accompagner · agrémenter · égayer : *des illustrations égaient son site internet* · embellir

∞ VERBE + illustration

- contenir • être riche en (plur.)
- dessiner · faire · réaliser · signer • multiplier (plur.)
- servir de
- manquer de

2 **illustration** *nom fém.* (exemple)

∞ illustration + ADJECTIF

- concrète · magistrale : *une illustration magistrale de la cruauté humaine* • parfaite · pertinente · précise · significative · vivante • flagrante · frappante · manifeste · saisissante • éclairante · éclatante · édifiante · éloquente · révélatrice • emblématique · exemplaire · symbolique · typique • extrême : *cette dérive est une illustration extrême des défauts de la loi*
- belle ^+ nom · bonne ^+ nom · exacte · honnête · intéressante · remarquable · spectaculaire · subtile
- étonnante · surprenante
- caricaturale • cruelle · dramatique · terrible · tragique · triste

∞ illustration + VERBE

- (plur.) abonder · foisonner
- renforcer

∞ VERBE + illustration

- constituer · être : *le code génétique est l'illustration parfaite de l'ordre de la vie* · servir de
- apporter · donner · fournir · offrir · présenter
- avoir : *nous avons eu l'illustration parfaite de sa bêtise* • trouver : *les conséquences négatives de ces changements trouvent ici une illustration frappante* • (plur.) multiplier
- servir de
- voir : *elle voit dans cette affaire l'illustration parfaite de ce qu'elle dénonce*

1 **image** *nom fém.* (dessin, photographie, etc.)

∞ image + ADJECTIF

- populaire · traditionnelle • (en) couleurs · noir et blanc • animée · figée · fixe • subliminale° • télévisée • de synthèse · fractale · satellite · virtuelle
- religieuse • christique · pieuse
- pornographique
- inédite
- célèbre · fameuse • emblématique · évocatrice · symbolique
- choc · coup de poing · forte : *ces images fortes peuvent heurter la sensibilité des plus jeunes* · frappante · inoubliable · puissante · saisissante • éloquente · explicite
- récurrente · sempiternelle : *les sempiternelles images du Premier ministre en tournée électorale*
- bonne ^+ nom · de qualité • nette · léchée • belle ^+ nom · jolie ^+ nom · magnifique · superbe • apaisante · attendrissante • précieuse • épurée : *une image épurée de tous détails inutiles*
- décalée · étonnante · hallucinée · incongrue · inhabituelle · surprenante
- anodine · aseptisée · banale · convenue • d'Épinal
- entêtante · obsédante · troublante • bouleversante · choquante · dure · insoutenable · insupportable · poignante
- controversée · dérangeante · embarrassante · gênante
- horrible · terrible · triste · violente
- écornée · endommagée • brouillée · floue
- [image filmée] • saccadée · tremblante · tremblée · tremblotante
- fugitive · furtive

∞ image + VERBE

- montrer : *l'image montre un dromadaire allongé sur fond de coucher de soleil* · représenter • révéler : *l'image révèle un cratère lunaire inconnu jusque-là* • résumer : *cette image résume bien la situation politique actuelle*
- convenir à · correspondre à
- (plur.) défiler · s'entrechoquer · se succéder • envahir · submerger
- bouleverser · choquer · hanter · toucher • en dire long (sur) • être / rester gravée dans les mémoires
- aller à l'encontre de · contredire : *ces images contredisent la version des forces de l'ordre*
- [image filmée] • bouger • se brouiller · s'estomper
- [image filmée] • se figer

∞ VERBE + image

- cadrer • filmer (plur.) · réaliser · tourner (plur.) : *il a tourné ces images dans le désert de Gobi*
- capter · obtenir
- (plur.) abreuver de · saturer de : *les gens sont saturés d'images publicitaires*
- (plur.) abonder en : *la littérature abonde en images* · fourmiller de
- diffuser (en boucle) : *ils diffusent en boucle les images de l'attentat* · montrer · projeter · retransmettre • publier
- contempler · découvrir · regarder (en boucle) · visionner · (re)voir
- analyser · comprendre · décrypter : *des outils pédagogiques pour décrypter l'image* · interpréter • détailler · faire une lecture de
- superposer • digitaliser · numériser · scanner • compresser
- retoucher · travailler • déformer • manipuler · trafiquer · truquer • embellir
- abîmer · déchirer · détruire · endommager

∞ NOM + D' + images

- accumulation · chapelet · combinaison · enchaînement · ensemble · série · succession · suite • foisonnement · foule · masse • cascade · déferlante · déluge · flot · rafale · torrent · tourbillon • catalogue · collection • défilé · éventail · festival · mosaïque · symphonie
- chasseur

[2]image *nom fém.* (représentation mentale, impression donnée au public)

∞ image + ADJECTIF

- habituelle · traditionnelle : *l'image traditionnelle du grand patron fumeur de cigares*
- bonne [+ nom] · de qualité · excellente · favorable · haut de gamme • de marque° · embellie · idéale : *une sorte d'image idéale de la famille* · idéalisée · idyllique · romantique : *l'image romantique de Paris* · souriante · sublimée • flatteuse · positive · valorisante • convenable · honnête · respectable • rassurante : *l'entreprise veut projeter une image rassurante auprès du consommateur*
- claire • détaillée · précise • parfaite : *il donne l'image parfaite du self-made-man*
- crédible : *le site doit offrir une image crédible de l'association* • nuancée : *l'article donne de ce métier une image nuancée et non stéréotypée*
- décalée · énigmatique · étonnante · inhabituelle · surprenante
- convenue · lisse : *son travail exige d'elle qu'elle renvoie une image lisse et conquérante*
- erronée · fausse • mensongère · trompeuse
- dégradante : *les publicités continuent à véhiculer une image dégradante de la femme* · dévalorisante
- bas de gamme : *il veut casser l'image bas de gamme qui lui a longtemps collé à la peau* • défavorable · mauvaise [+ nom] · négative · piètre [+ nom] • calamiteuse · catastrophique · déplorable · désastreuse · désolante · détestable · lamentable · peu reluisante · triste
- caricaturale · déformée · manichéenne · réductrice · rigide · simpliste · stéréotypée
- controversée · sulfureuse
- poussiéreuse · ringarde[fam.] · surannée[littér.] : *l'île veut rompre avec son image surannée* · vieillissante · vieillotte

∞ image + VERBE

- coller à la peau : *cette image de macho lui colle à la peau* · persister

∞ VERBE + image

- brosser · dresser • donner · imposer : *ils ont réussi à imposer l'image d'un duo sympathique* · laisser · offrir · projeter : *la famille royale doit projeter une image d'unité* · renvoyer · révéler • colporter · véhiculer
- avoir · bénéficier de • conserver · garder
- exploiter : *la région exploite son image maritime* · utiliser
- souffrir de : *la banlieue souffre d'une mauvaise image*
- développer · élaborer · (se) fabriquer · (se) forger · modeler · se faire
- changer · modifier
- conforter · cultiver · défendre · promouvoir · soigner • contrôler · être soucieux de · gérer · se soucier de · tenir à

- respecter : *la publicité sera diffusée, à condition qu'elle respecte l'image de la chaîne* • préserver : *l'hôtel doit préserver son image de marque* · protéger
- adoucir · améliorer · blanchir · dépoussiérer · lisser · magnifier · peaufiner · policer · polir • moderniser · rajeunir • redorer · redresser · rehausser · rénover · restaurer
- contraster avec
- brouiller · déformer · dénaturer • altérer · casser : *il veut casser l'image élitiste du golf* · détériorer : *les affaires de dopage ont gravement détérioré l'image du Tour de France* · dévaloriser · écorner · entacher · nuire à · salir · ternir • aller à l'encontre de · combattre · contredire : *tout chez lui contredit l'image de l'artiste maudit*
- rompre avec · se débarrasser de · se défaire de · se dégager de · se démarquer de · se départir de • détruire · dissiper · effacer · enterrer

imagination *nom fém.*

∞ imagination + ADJECTIF

- collective · populaire • personnelle • enfantine
- vagabonde • époustouflante · incroyable · surprenante • démesurée · exceptionnelle · extraordinaire · formidable · forte · grande [+ nom] · prodigieuse · puissante • féconde · fertile · foisonnante · fourmillante · inépuisable · intarissable · luxuriante · riche • ardente · bouillonnante · débordante · débridée · démentielle · folle · fougueuse · impétueuse · vive · fabuleuse • échauffée · enfiévrée · fiévreuse · surexcitée • sans bornes · sans frein · sans limites
- déjantée [fam.] · délirante · excentrique · extravagante · exubérante · fantasque · hallucinatoire • diabolique
- faible · limitée · piètre [+ nom] · tarie
- belle [+ nom] : *ils ont fait preuve d'une belle imagination* · romanesque · sensible · tendre • généreuse · passionnée • brillante • créatrice · fantaisiste
- apocalyptique · morbide · tourmentée • féroce · perverse · sadique

∞ imagination + VERBE

- se nourrir de : *l'imagination se nourrit du réel*
- errer · vagabonder • fuser · ne pas avoir / connaître de limites · s'enflammer • bercer : *il s'endort, bercé par son imagination* · emporter : *il se laisse emporter par son imagination*
- jouer des tours
- faire défaut (à) · manquer
- tarir

∞ VERBE + imagination

- en appeler à · faire appel à • demander · nécessiter · réclamer · requérir : *cet art requiert de l'imagination*
- (+ adj.) être doté de · être doué de · posséder • déborder de · être bourré de [fam.] • déployer · faire preuve de • redoubler de · rivaliser de
- exercer · faire fonctionner · faire marcher · faire travailler · faire un effort de • donner / laisser libre cours à · laisser aller · laisser courir · laisser flâner • mettre ... au service de · puiser dans · se servir de · suivre : *je suis parti d'un bloc de marbre et j'ai suivi mon imagination* • utiliser
- révéler · témoigner de · montrer
- éveiller · exciter · frapper : *son nom poétique frappe l'imagination* · hanter : *il a peur de l'avenir qui hante notre imagination* · marquer · troubler • s'emparer de
- alimenter · nourrir • ouvrir · stimuler · titiller • aiguiser · échauffer · embraser · emporter · enfiévrer · enflammer · exalter
- être issu de · naître de · sortir de : *des monstres tout droit sortis de son imagination* • exister dans · peupler : *les êtres fantastiques qui peuplent son imagination*
- être dénué de · être dépourvu de · être en panne de · être privé de · manquer de
- bloquer · brider · refréner · tenir en bride · tenir en laisse • étouffer · tarir · tuer
- dépasser° : *la réalité dépasse souvent l'imagination*

∞ NOM + D' + imagination

- trésors (plur.) : *les entreprises déploient des trésors d'imagination pour fidéliser leur clientèle*

[1] imitation *nom fém.* (copie, contrefaçon)

∞ imitation + ADJECTIF

- pure et simple • admirable · bonne [+ nom] · exacte · parfaite
- approximative · mauvaise [+ nom] · pâle [+ nom]
- illicite : *une imitation illicite de son logo*

[2] imitation *nom fém.* (parodie)

∞ imitation + ADJECTIF

- parodique • vocale
- admirable · bonne [+ nom] · convaincante · impayable · réussie
- approximative · mauvaise [+ nom] · pâle [+ nom] · peu convaincante • fastidieuse · laborieuse · pénible · poussive • stupide

∞ VERBE + imitation

- faire · se lancer dans : *il a osé se lancer dans une imitation de son professeur*

immobilité *nom fém.*

∞ immobilité + ADJECTIF

- absolue · complète · de pierre · de marbre · profonde · totale • prolongée
- forcée
- apparente · relative

∞ immobilité + VERBE

- régner

∞ VERBE + immobilité

- conserver · garder · rester de : *le gendarme restait d'une immobilité de pierre*
- condamner à : *sa grossesse à complications la condamne à l'immobilité pour plusieurs mois* · contraindre à · forcer à

immunité *nom fém.* (impunité)

∞ immunité + ADJECTIF

- diplomatique · parlementaire · présidentielle • judiciaire · juridictionnelle · juridique · pénale • fiscale
- absolue · complète · totale • à vie
- limitée · relative · restreinte • temporaire

∞ immunité + VERBE

- s'appliquer : *l'immunité s'applique aussi aux juges des tribunaux administratifs*
- perdurer · subsister
- couvrir · dispenser de : *son immunité le dispense d'une charge onéreuse* · protéger

∞ VERBE + immunité

- demander · prétendre à · réclamer · revendiquer
- arguer de · invoquer · se prévaloir de
- avoir droit à · bénéficier de · disposer de · être assuré de · jouir de · obtenir · profiter de
- affirmer · décréter • accorder · assurer · attribuer · conférer · consentir · garantir · octroyer · offrir
- étendre · renforcer • conserver · maintenir
- contester • violer : *ce mandat viole l'immunité reconnue à un ministre en exercice*
- renoncer à
- lever · mettre fin à · retirer
- être privé de · perdre

[1] impact *nom masc.* (effet)

∞ impact + ADJECTIF

- émotionnel · psychologique • financier · économique • culturel · écologique · environnemental · sanitaire · touristique · visuel · etc.
- éventuel · potentiel • à long / court / moyen terme · futur • prévisible
- colossal · considérable · énorme · fort · grand [+ nom] · gros [+ nom] · important · large · majeur · non négligeable · notable · profond · retentissant · sensible · significatif · spectaculaire · tangible : *la campagne a eu un impact tangible sur le comportement des automobilistes* · véritable [+ nom] · réel [+ nom] • décisif · déterminant • croissant · grandissant • global • durable
- concret · direct • mesurable • immédiat
- bénéfique · positif
- faible · limité · marginal · mineur · négligeable · réduit • mitigé · modéré · moyen · relatif • neutre · nul · zéro • indirect
- catastrophique · désastreux · dramatique · néfaste · négatif

∞ impact + VERBE

- se faire sentir
- augmenter
- diminuer

∞ VERBE + impact

- avoir (... sur) : *la qualité de la literie a un impact sur le sommeil*
- subir · supporter
- accentuer · amplifier · maximiser · renforcer : *il cherche à renforcer l'impact de son discours*
- amortir · atténuer · compenser · diminuer · limiter · minimiser · minorer · neutraliser · réduire • relativiser
- perdre : *dix ans après sa sortie, ce brûlot n'a rien perdu de son impact*
- démontrer · montrer · prouver
- analyser · apprécier · calculer · chiffrer · estimer · étudier · évaluer · mesurer · quantifier · surveiller • envisager · imaginer · prendre en compte · prévoir · simuler : *les économistes ont simulé l'impact d'une flambée des prix du brut* · s'interroger sur · tenir compte de
- avoir conscience de · être conscient de · prendre conscience de · reconnaître · saisir · s'apercevoir de
- craindre · redouter · se soucier de · s'inquiéter de
- exagérer · surestimer • sous-estimer

[2]impact *nom masc.* (d'une balle)

∾ impact + ADJECTIF

- énorme · gros $^{+ nom}$ · spectaculaire · terrible · violent

∾ impact + VERBE

- marquer (souvent passif) : *les murs sont encore marqués par l'impact des balles* • déformer · endommager : *l'impact a endommagé la roue arrière gauche* • détruire
- creuser · trouer

∾ VERBE + impact

- porter : *la voiture porte l'impact d'une balle* • (plur.) être constellé de · être criblé de · être frappé de · être grêlé de · être piqueté de · être troué de
- relever : *ils ont relevé quelques impacts de balle*

∾ NOM + D' + impact(s)

- trace : *la façade porte des traces d'impacts de balles*

impartialité *nom fém.*

∾ impartialité + ADJECTIF

- politique : *l'impartialité politique de ce journal est toute relative*
- indispensable · nécessaire · requise : *il a démissionné car il n'avait plus l'impartialité requise*
- absolue · grande $^{+ nom}$ · légendaire · parfaite · rigoureuse · scrupuleuse · stricte • objective [Droit]
- froide · glaciale
- apparente · feinte · prétendue • contestable

∾ VERBE + impartialité

- exiger · obliger à · réclamer · requérir • être tenu à
- démontrer · faire preuve de : *le médiateur doit faire preuve d'impartialité dans son travail* • conserver · préserver
- assurer · être un gage de · garantir • respecter · veiller à
- discuter de · s'interroger sur • contester · douter de · mettre en cause · mettre en doute
- compromettre · porter atteinte à
- ne pas briller par : *la chaîne publique ne brille pas par son impartialité*

en toute impartialité

- agir · délibérer · instruire · juger

impasse *nom fém.*

∾ impasse + ADJECTIF

- diplomatique · politique · stratégique • financière • juridique • morale · intellectuelle • thérapeutique · etc.
- absolue · complète · totale • grave $^{+ nom}$ · sérieuse
- apparente
- catastrophique · inquiétante · tragique • coûteuse · dommageable

∾ impasse + VERBE

- se dessiner · se profiler
- durer · perdurer · persister · se prolonger

∾ VERBE + impasse

- aboutir à · conduire à · déboucher sur : *les négociations ont débouché sur une impasse* · mener à
- être dans · se retrouver dans • arriver à · se mettre dans · s'enfoncer dans · s'engager dans · s'engouffrer dans • être coincé dans · se fourvoyer dans · s'enfermer dans
- échapper à · éviter • se dégager de · s'extraire de · (se) sortir de
- débloquer : *ce coup d'éclat suffira-t-il à débloquer l'impasse diplomatique ?* · dépasser : *une alternative à même de dépasser l'impasse politique actuelle* · surmonter : *il compte sur les crédits pour surmonter l'impasse financière* • mettre fin à · mettre un terme à

impatience *nom fém.*

∾ impatience + ADJECTIF

- compréhensible · légitime
- grande $^{+ nom}$: *on l'attend tous avec grande impatience* · vive $^{+ nom}$ • manifeste · non dissimulée · palpable · perceptible · visible • croissante · grandissante
- fébrile • maladive
- contenue · légère

∾ impatience + VERBE

- poindre : *on sent poindre une certaine impatience dans l'assistance* · se faire sentir · se manifester
- augmenter · monter
- gagner · saisir : *l'impatience a saisi le public*

∾ VERBE + impatience

- créer · susciter
- bondir de · bouillir de · brûler de · frémir de · piaffer de · piétiner de · trépigner de
- exprimer · faire part de · manifester · dire
- laisser transparaître · témoigner de · traduire · trahir : *sa fébrilité trahissait son impatience* · montrer
- attiser
- (souvent nég.) cacher : *il ne cache pas son impatience* · dissimuler
- contenir · dompter · maîtriser · réprimer

- apaiser · calmer · canaliser • tromper : *pour tromper l'impatience de ses lecteurs, elle a publié le premier chapitre de son nouveau roman*

∾ NOM + D' + impatience
- geste · signe

avec impatience
- attendre · guetter

impératif *nom masc.*

∾ impératif + ADJECTIF
- éthique · moral • politique · stratégique • familial • écologique • pratique · technique • budgétaire · commercial · financier · de rentabilité · etc.
- seul ⁺ ⁿᵒᵐ : *il y a un seul impératif à respecter : la date d'inauguration* · unique
- absolu : *la sécurité est un impératif absolu* · catégorique · essentiel · fondamental · important · incontournable · majeur · strict · vital : *le projet de Constitution est un impératif vital pour le pays* • prioritaire : *la sécurité est un impératif prioritaire pour les habitants*
- commun : *la lutte contre le terrorisme est leur impératif commun*
- immédiat : *la réévaluation des risques techniques est notre impératif immédiat*
- (plur.) contradictoires · divergents • incompatible avec : *cet impératif est incompatible avec la protection des individus*

∾ impératif + VERBE
- obliger à
- primer sur : *cet impératif prime sur tout le reste*

∾ VERBE + impératif
- constituer · devenir · représenter · être
- définir · déterminer • assigner · dicter : *son choix est dicté par des impératifs stratégiques* · fixer
- reposer sur
- avoir pour : *le rédacteur a pour impératif de respecter le nombre de signes imposé* • (plur.) être écartelé entre · être tiraillé entre • être soumis à : *une culture de masse soumise à des impératifs commerciaux* · se heurter à · subir
- obéir à · répondre à · respecter · sacrifier à : *il a sacrifié aux impératifs d'une production industrielle* · s'astreindre à · se conformer à • prendre en compte · privilégier · reconnaître · satisfaire à · se plier à · s'incliner devant · tenir compte de
- coïncider avec · être compatible avec • concilier : *le réalisateur tente de concilier les impératifs d'un film à grand spectacle avec sa réflexion personnelle*

- échapper à · être détaché de
- ignorer · oublier

imperfection *nom fém.* (défaut, souvent plur.)

∾ imperfection + ADJECTIF
- humaine · physique · structurelle · technique
- grave ⁺ ⁿᵒᵐ · grosse ⁺ ⁿᵒᵐ · importante • visible
- inhérente à : *les imperfections inhérentes à l'improvisation* • inévitable · normale · pardonnable
- légère ⁺ ⁿᵒᵐ · minime · petite ⁺ ⁿᵒᵐ

∾ imperfection + VERBE
- demeurer · subsister
- affecter · gâcher

∾ VERBE + imperfection
- comporter · contenir · montrer : *cet appareil montre encore quelques imperfections* · présenter • souffrir de : *son texte souffre de quelques imperfections*
- accepter · admettre • assumer
- excuser · tolérer
- constater · déceler · relever · souligner • être conscient de
- montrer : *l'absence de résultats montre les imperfections de ce moteur de recherche* · révéler • faire état de
- cacher : *cette crème cache les petites imperfections de la peau* · camoufler · dissimuler · effacer · gommer : *il s'entraîne à gommer les imperfections de son jeu*
- atténuer • corriger · remédier à
- dénoncer · épingler · traquer

impertinence *nom fém.*

∾ impertinence + ADJECTIF
- rare : *c'est un enfant d'une rare impertinence*
- gouailleuse · joyeuse · rieuse · volubile
- ironique · narquoise · railleuse
- inadmissible · insupportable
- fausse ⁺ ⁿᵒᵐ

∾ impertinence + VERBE
- faire le charme de
- agacer · excéder

∾ VERBE + impertinence
- faire preuve de · se permettre • ne pas manquer de • conserver · garder
- cultiver · pousser ... jusqu'à : *il pousse l'impertinence jusqu'à mettre à nu l'hypocrisie du système*
- friser : *cette réponse frisait l'impertinence*
- perdre (souvent nég.) : *il n'a rien perdu de son impertinence*

- excuser · pardonner

[1]implication *nom fém.* (participation de qqn)

∞ implication + ADJECTIF

- citoyenne · militante
- officielle : *l'implication officielle du pays dans le génocide*
- personnelle · individuelle
- accrue · entière · forte · grande [+ nom] · manifeste · massive · pleine [+ nom] · profonde [+ nom] · totale • croissante · grandissante • active · concrète · directe · réelle [+ nom]
- courante · permanente · régulière
- présumée : *son implication présumée dans le complot* · supposée
- faible [+ nom] : *il regrette la faible implication des juristes dans la négociation* • indirecte

∞ implication + VERBE

- se limiter à : *son implication se limitera à quelques déplacements*

∞ VERBE + implication

- favoriser · renforcer : *il souhaite renforcer l'implication des populations dans le projet*
- justifier · motiver
- bénéficier de : *cette enquête a bénéficié de l'implication de nombreux intervenants* · dépendre de : *le succès dépend de l'implication des collaborateurs*
- revendiquer : *l'organisation terroriste revendique son implication dans la préparation des attentats* • admettre · avouer · reconnaître
- mesurer · évaluer : *cette fiche permet d'évaluer l'implication du stagiaire*
- accréditer : *aucune indication ne permet d'accréditer l'implication de groupes nationalistes* · attester de · confirmer · démontrer · déterminer · prouver • avoir / détenir la preuve de · conclure à · être convaincu de · être persuadé de
- contester · démentir : *les trois hommes ont démenti leur implication dans cette affaire de fraude* · nier
- écarter : *ils auraient écarté l'implication des indépendantistes* · exclure · rejeter
- craindre · se montrer réticent à · s'opposer à
- dénoncer · reprocher
- être arrêté pour · être inculpé pour · être poursuivi pour : *il a été poursuivi pour son implication dans l'affaire*
- réduire : *les majors ont nettement réduit leur implication dans la production de films français* · limiter

∞ NOM + D' + implication

- degré : *l'enquête déterminera son degré d'implication dans cette affaire*

[2]implication *nom fém.* (conséquence, souvent plur.)

∞ implication + ADJECTIF

- éthique · morale • budgétaire · économique • pratique • juridique · militaire · politique · etc.
- actuelle · contemporaine • éventuelle · potentielle · future
- considérable · énorme · importante · majeure · profonde · sérieuse • multiples (plur.) • immédiate : *les horaires de travail ont des implications immédiates sur la vie privée* • durable
- bénéfique · positive
- délicate · fâcheuse • catastrophique · désastreuse · dramatique · lourde : *cette décision a de lourdes implications politiques* · négative

∞ VERBE + implication

- avoir · comporter
- envisager · évaluer · explorer · mesurer · penser à · réfléchir à · se préoccuper de • comprendre · connaître · déterminer
- être conscient de · se rendre compte de · s'intéresser à • prendre en compte · prendre la mesure de · tenir compte de • accepter : *il n'arrive pas à accepter les implications politiques de son choix de vie* • maîtriser : *il faudrait maîtriser les implications des modifications génétiques avant d'essayer d'en tirer profit*
- craindre · redouter · s'inquiéter de
- ignorer : *il ignore les implications politiques de ce mot*

impopularité *nom fém.*

∞ impopularité + ADJECTIF

- extrême [+ nom] · forte [+ nom] · grande [+ nom] · notoire : *l'impopularité notoire des percepteurs* · profonde · sans précédent • croissante · grandissante • persistante

∞ impopularité + VERBE

- résulter de : *son impopularité résulte de ces mesures drastiques*
- pénaliser · peser sur : *son impopularité a pesé sur le scrutin*

∞ VERBE + impopularité

- être confronté à · pâtir de · se heurter à · souffrir de · subir

- accentuer · accroître · aggraver : *ses propos choquants ont aggravé son impopularité*
- expliquer
- constater · être conscient de
- assumer : *il assume l'impopularité de la mesure chez les automobilistes*

∞ NOM + D' + impopularité
- cote · niveau : *il n'avait jamais atteint un tel niveau d'impopularité*
- pic : *il enregistre un nouveau pic d'impopularité dans les sondages* · record · sommet

importance *nom fém.* (portée, ampleur)

∞ importance + ADJECTIF
- stratégique · tactique • théorique · symbolique · etc.
- potentielle · probable
- inégale · variable
- comparable · égale · identique : *deux entreprises d'importance identique*
- essentielle : *ces données sont d'une importance essentielle pour notre étude* · intrinsèque : *au-delà de son importance intrinsèque, cette découverte va également avoir des implications éthiques profondes*
- nationale · planétaire • historique : *un jour d'une importance historique* • absolue · accrue · capitale · centrale · considérable · cruciale · énorme · exceptionnelle · extraordinaire · extrême · fondamentale · grande + nom · haute + nom · incomparable · indéniable · inouïe · insoupçonnée · majeure · non négligeable · phénoménale · première + nom : *un dossier de première importance* · significative · suprême • décisive · déterminante · prédominante · prépondérante · primordiale · vitale • particulière • croissante · grandissante
- démesurée · disproportionnée · exagérée · excessive
- faible + nom · insignifiante · minime + nom · négligeable · petite + nom • limitée · mineure : *tout cela n'a qu'une importance mineure* · moyenne · relative · secondaire

∞ importance + VERBE
- résider dans
- aller au-delà de · dépasser : *l'importance de ce phénomène dépasse largement les frontières territoriales*
- augmenter · croître
- sauter aux yeux
- décroître · diminuer

∞ VERBE + importance
- acquérir · avoir : *ce détail a son importance / de l'importance pour moi* · occuper : *cette planète occupe une importance particulière pour les Mayas* • présenter · revêtir : *la confiance revêt une importance capitale dans les rapports commerciaux* • conserver · garder : *la fonction de secrétaire général garde (toute) son importance* • prendre : *une entreprise qui prend de l'importance malgré la concurrence* · gagner (en) : *la religion a gagné de l'importance / en importance*
- accorder · attacher · conférer · donner · prêter • se donner
- apprécier · (ré)évaluer · mesurer
- comprendre · constater · être conscient de · être convaincu de · percevoir · réaliser • prendre en compte · tenir compte de
- (ré)affirmer · confirmer · insister sur · pointer · rappeler · reconnaître · souligner
- faire ressortir · illustrer · mettre en lumière · prouver · refléter · témoigner de · montrer
- justifier · mériter
- augmenter · exagérer · gonfler : *les médias ont gonflé l'importance de l'affaire* · surestimer · grossir
- minimiser · pondérer · relativiser : *cette étude a permis de relativiser l'importance du problème* • sous-estimer • contester · nier • négliger • réduire
- perdre (de) : *il a perdu (de) son importance stratégique*
- cacher · dissimuler · masquer : *il voudrait masquer l'importance des devises étrangères dans le financement de l'économie du pays* · occulter

impossibilité *nom fém.*

∞ impossibilité + ADJECTIF
- concrète · matérielle · objective · physique · pratique · technique
- apparente · évidente · manifeste · palpable • absolue · fondamentale · majeure • définitive · durable · persistante
- momentanée · temporaire

∞ VERBE + impossibilité
- aboutir à · conduire à · entraîner · signifier : *les emplois précaires signifient l'impossibilité de se projeter dans l'avenir*
- maintenir dans · mettre dans
- être / sembler dans · se (re)trouver dans : *il se trouve dans l'impossibilité de payer son loyer* · se voir dans
- pâtir de · se heurter à · souffrir de

- démontrer : *ce conflit démontre l'impossibilité de créer une démocratie par la violence* · montrer · révéler · souligner
- admettre · constater · prendre acte de · reconnaître • dénoncer
- contourner

imposture *nom fém.*

∾ imposture + ADJECTIF

- artistique · intellectuelle · morale · scientifique · etc.
- classique
- énorme · flagrante · incroyable · vaste + nom • généralisée : *cette rencontre donne l'impression d'une imposture généralisée*
- belle + nom · extraordinaire · géniale · parfaite · superbe
- grossière · terrifiante

∾ imposture + VERBE

- consister à : *l'imposture qui consiste à faire passer les présentateurs pour des stars*

∾ VERBE + imposture

- relever de • friser · frôler : *un mensonge historique qui frôle l'imposture*
- démasquer · dévoiler · révéler
- accuser de · soupçonner de • dénoncer • crier à • qualifier de
- être basé sur · être construit sur : *sa notoriété est construite sur une imposture* · être fondé sur · reposer sur

impôt *nom masc.*

∾ impôt + ADJECTIF

- direct · indirect • foncier · local • sur le revenu · (de solidarité) sur la fortune · etc.
- élevé · important · lourd
- équitable · juste
- différé • forfaitaire • global • unique • exceptionnel • négatif : *un impôt négatif sous la forme d'une "prime pour l'emploi"* • dégressif · progressif · proportionnel
- excessif • discriminatoire · injuste
- minimal · minimum • modéré

∾ impôt + VERBE

- frapper : *c'est un impôt qui frappe les ménages les plus modestes* · peser sur • pénaliser

∾ VERBE + impôt

- créer · établir · instituer : *certains politiciens proposent d'instituer un impôt sur les chiens* · voter
- asseoir ... sur : *le projet prévoit d'asseoir cet impôt sur les revenus réels* · calculer
- être assujetti à · être astreint à · être soumis à · supporter
- (s')acquitter (de) · payer · régler · verser
- moduler • simplifier : *la nouvelle mesure vise à simplifier l'impôt sur le revenu*
- collecter · encaisser · lever · percevoir · prélever · recouvrer
- aggraver · alourdir · augmenter · doubler · majorer : *le gouvernement a décidé de majorer de 5 % l'impôt sur les sociétés*
- abaisser · alléger · baisser · diminuer · réduire • déduire de : *les dons peuvent être déduits de vos impôts*
- être exempté de · être exonéré de • être déductible de
- échapper à : *il espère échapper à l'impôt de solidarité sur la fortune* · éviter : *l'entreprise a réussi à éviter l'impôt sur la plus-value*
- supprimer : *le ministre entend supprimer l'impôt sur la succession*

∾ NOM + D' + impôt(s)

- augmentation · hausse
- baisse · diminution · réduction

impression *nom fém.* (sentiment)

∾ impression + ADJECTIF

- personnelle • partagée
- dominante · générale
- première + nom
- confuse · diffuse · vague + nom : *j'ai la vague impression de l'avoir déjà rencontrée* • légère + nom : *j'ai une légère impression de déjà-vu* • contrastée · en demi-teinte · mitigée
- fugace · fugitive
- bonne + nom · excellente · positive
- énorme + nom : *le livre m'a fait une énorme impression* · grosse + nom : *il a fait une grosse impression avec son invention* · profonde · vive + nom • forte + nom · grande + nom · intense · nette : *j'ai la nette impression qu'il se fiche de nous* • étonnante · frappante · incroyable · saisissante : *ce décor offre l'impression saisissante d'un voyage dans le temps* • indélébile · inoubliable · mémorable
- durable · persistante
- agréable · délectable · délicieuse · douce · enivrante · grisante · voluptueuse • apaisante · rassurante
- ambiguë · bizarre · curieuse + nom · drôle de + nom : *ce film m'a laissé une drôle d'impression* · étrange · singulière · troublante · trouble • indéfinissable · indescriptible · inexplicable

- erronée · fausse [+ nom] · illusoire : *l'impression illusoire que les catégories sociales se mélangent* · trompeuse : *une première impression trompeuse*
- défavorable · désagréable · fâcheuse · frustrante · mauvaise [+ nom] · navrante · négative · pénible · piètre [+ nom] • catastrophique · déplorable · désastreuse · détestable · épouvantable · horrible

∾ impression + VERBE
- émaner de · ressortir de : *c'est l'impression qui ressort de cette première lecture* · se dégager de
- dominer · prédominer · prévaloir
- s'accentuer · se confirmer · se renforcer : *l'impression de quiétude se renforce au fil de la promenade*
- demeurer · durer : *cette impression ne dure pas* · subsister
- se dissiper · s'estomper
- disparaître • lâcher · quitter : *cette étrange impression ne me quitte pas*

∾ VERBE + impression
- causer · créer · produire · provoquer · susciter : *le dépouillement de la pièce suscite une impression de bien-être* • dégager · donner • faire° : *il m'a fait bonne / mauvaise impression* · laisser · procurer
- avoir : *j'ai eu une impression bizarre en entrant dans la pièce* · éprouver · ressentir · retirer : *c'est du moins l'impression que nous avons retirée de cette discussion* • céder à • se fier à : *il faut se fier à sa première impression* • garder · conserver · rester sur
- confirmer · conforter : *notre rencontre a conforté l'impression que j'ai eue en voyant la photo* · corroborer
- aggraver • accentuer · accroître · ajouter à : *la vue du brasier ajoutait encore à l'impression de fournaise* · augmenter · renforcer
- communiquer · confier · décrire · échanger · exprimer · livrer : *elle m'a livré ses impressions sur leur travail* · raconter
- entendre · recueillir : *les journalistes font la queue pour recueillir ses impressions*
- corriger · rectifier : *j'ai essayé de rectifier la mauvaise impression laissée par mon premier entretien*
- contredire · démentir : *elle dément cette impression d'aisance*
- se défaire de : *on a du mal à se défaire de cette impression*
- atténuer · tempérer
- dissiper · effacer · gommer

imprudence *nom fém.* (caractère, acte)

∾ imprudence + ADJECTIF
- avérée · caractérisée · incontestable • de taille · évidente · extrême · folle · grande [+ nom] · grosse [+ nom] · incroyable · rare
- fâcheuse · grave · lourde de conséquences · regrettable · terrible • criminelle · dangereuse · fatale · funeste · mortelle · tragique
- légère [+ nom] · mineure
- passée : *il paie aujourd'hui ses imprudences passées*

∾ VERBE + imprudence
- avoir ... de (+art.déf.) : *j'ai eu l'imprudence de me confier à lui* · faire preuve de • commettre : *il a commis l'imprudence de refuser la protection de la police* • pécher par
- relever de
- pousser à : *leur passion les a poussés à l'imprudence*
- être accusé de : *le ministre est accusé d'imprudence diplomatique*
- déplorer • dénoncer · reprocher
- sanctionner
- payer : *il a payé son imprudence de sa vie*

impuissance *nom fém.*

∾ impuissance + ADJECTIF
- collective · générale · publique : *l'impuissance publique face à l'insécurité discrédite les politiques*
- avérée · évidente · flagrante · manifeste · notoire • absolue · complète · totale • extraordinaire · terrible • généralisée : *les événements actuels sont la conséquence de l'impuissance généralisée des institutions* • croissante · grandissante
- apparente · relative
- coupable : *l'impuissance coupable du gouvernement face aux peuples en détresse* · regrettable · tragique

∾ VERBE + impuissance
- conduire à : *l'indécision politique conduit à l'impuissance du pays* · mener à
- condamner à · frapper de · réduire à • se heurter à
- souffrir de : *elle souffre de son impuissance à régler le problème*
- se résigner à
- admettre · avouer · confesser · exprimer · reconnaître
- démontrer · être la preuve de · illustrer · montrer · refléter · révéler · souligner · symboliser

- constater · mesurer : *on mesure l'impuissance du gouvernement face à la crise* • comprendre · expliquer · justifier : *il justifie son impuissance par des déterminismes sociaux*
- accroître
- critiquer · dénoncer · déplorer · regretter · reprocher · stigmatiser
- cacher · dissimuler · masquer

[1]impulsion *nom fém.* (poussée, élan)

∾ impulsion + ADJECTIF

- créatrice : *l'impulsion créatrice de l'artiste* · créative · réformatrice · stratégique • extérieure
- initiale · nouvelle · première
- considérable · décisive · directe · extraordinaire · formidable · forte [+ nom] · grande [+ nom] · puissante • déterminante · importante · majeure : *la société souhaite donner une impulsion majeure à sa filiale de distribution* · notable
- courageuse · louable · utile • nécessaire
- discrète · petite [+ nom]

∾ impulsion + VERBE

- venir de
- faire défaut · manquer : *il manque une impulsion politique à la hauteur des problèmes soulevés*

∾ VERBE + impulsion

- attendre · avoir besoin de · espérer
- (re)donner : *l'accord conclu vendredi devrait donner une nouvelle impulsion au dialogue social*
- recevoir : *l'enquête a reçu une nouvelle impulsion après la nomination du médiateur* • connaître : *le centre a connu une nouvelle impulsion créatrice*

[2]impulsion *nom fém.* (pulsion, instinct)

∾ impulsion + ADJECTIF

- forte · profonde · puissante · violente · vive • brutale · soudaine · spontanée · subite
- incontrôlée · inexplicable · irraisonnée · irrationnelle · irréfléchie · irrésistible · irrépressible
- contradictoire : *les impulsions contradictoires des personnnages du film*

∾ impulsion + VERBE

- conduire à · pousser à : *c'est une impulsion subite qui m'a poussé à agir*

∾ VERBE + impulsion

- céder à · obéir à · répondre à : *certains achats répondent à des impulsions incontrôlées* · suivre
- maîtriser · résister à

inaction *nom fém.*

∾ inaction + ADJECTIF

- consciente · délibérée · volontaire : *l'inaction volontaire des pouvoirs publics face au problème*
- présumée · supposée
- absolue · complète · manifeste · totale • constante · longue [+ nom] · persistante · prolongée
- curieuse · étrange
- forcée • exaspérante · inexcusable · insoutenable · intenable · intolérable · pesante • criminelle · condamnable · coupable · fautive
- apparente • faible · relative • passagère

∾ inaction + VERBE

- conduire à
- perdurer · persister

∾ VERBE + inaction

- croupir dans · demeurer dans · être dans · rester dans · s'appesantir dans · s'engourdir dans · s'installer dans
- condamner à • contraindre à · réduire à
- excuser · expliquer · justifier • favoriser · tolérer
- montrer du doigt · pointer du doigt • accuser de · mettre en cause • condamner · contester · critiquer · dénoncer · déplorer · fustiger · reprocher · se plaindre de · stigmatiser • protester contre
- cacher · masquer : *les déclarations de principe masquent l'inaction*
- rompre avec : *l'opposition presse le gouvernement de rompre avec l'inaction* · sortir de

incapacité *nom fém.*

∾ incapacité + ADJECTIF

- financière · fonctionnelle · matérielle · technique • mentale · physique • civile [Droit] : *en cas de décès ou d'incapacité civile du titulaire* • professionnelle [Sécurité sociale]
- avérée · criante · flagrante · manifeste · notoire • absolue · complète · croissante · fondamentale · profonde · radicale · totale · viscérale : *cette paresse cache en fait une incapacité viscérale à faire des choix* • chronique · permanente
- temporaire • partielle
- apparente • prétendue [+ nom]

∞ VERBE + **incapacité**
- mettre dans : *il faudrait éviter de mettre le juge dans l'incapacité d'exercer sa mission*
- [Sécurité sociale] amener · causer · conduire à · entraîner · occasionner · provoquer
- être dans · se (re)trouver dans : *il se trouve dans l'incapacité de régler ses dettes*
- faire preuve de · manifester · montrer
- se heurter à · souffrir de : *il souffre d'une incapacité à exprimer ses émotions*
- démontrer : *il a démontré son incapacité à mener le projet* · faire ressortir · illustrer · prouver · révéler · souligner · témoigner de · traduire · montrer • mesurer
- avouer · reconnaître
- constater · voir
- expliquer · justifier
- compenser · pallier
- cacher · masquer
- blâmer · critiquer · dénoncer · déplorer · fustiger · prostester contre · regretter · s'en prendre à · se plaindre de · s'inquiéter de

incendie *nom masc.*

∞ **incendie** + ADJECTIF
- accidentel · volontaire • criminel • suspect
- de grande ampleur · gigantesque · grand + nom · grave · immense · important · spectaculaire · violent
- dévastateur · dramatique · horrible · terrible · tragique • meurtrier · mortel
- petit + nom
- inexpliqué · mystérieux : *l'incendie mystérieux qui a ravagé l'usine*

∞ **incendie** + VERBE
- débuter · éclater · se déclarer · se produire · survenir • reprendre
- faire rage • se propager · s'étendre · s'intensifier
- menacer : *l'incendie menace désormais la zone sud* • gagner : *l'incendie a gagné la forêt* · toucher : *l'incendie a touché trois communes*
- brûler · calciner · carboniser · embraser : *l'incendie a embrasé la cage d'escalier* • anéantir · détruire : *l'incendie a détruit une partie du musée* · dévaster · dévorer · endommager · ravager • blesser · faire des victimes / des morts · tuer

∞ VERBE + **incendie**
- allumer : *deux individus cagoulés ont allumé un incendie avant de s'enfuir*
- causer · déclencher · occasionner · provoquer
- simuler : *les fumigènes permettent de simuler un incendie à la fin du spectacle*
- localiser
- avertir de · signaler
- perdre dans : *elle a tout perdu dans l'incendie de sa maison* • brûler dans · mourir dans · périr dans · trouver la mort dans
- échapper à • sauver de
- circonscrire · maîtriser • combattre · lutter contre • éteindre · étouffer

∞ NOM + D' + **incendie(s)**
- foyer : *les pompiers ont localisé le foyer de l'incendie*
- série · succession · vague

incertitude *nom fém.*

∞ **incertitude** + ADJECTIF
- économique · géopolitique · juridique · météorologique · politique · scientifique · etc.
- ambiante · conjoncturelle • existentielle
- seule + nom · unique + nom • dernière + nom
- considérable · énorme · forte + nom · grande + nom · grosse + nom · immense · vaste + nom • absolue · parfaite + nom · pleine + nom · profonde · totale • importante · majeure · principale : *l'incertitude principale concerne le pourcentage de risque* • croissante · grandissante
- continuelle · permanente · perpétuelle · persistante · prolongée • longue + nom : *c'est la fin d'une longue incertitude*
- glorieuse + nom : *la glorieuse incertitude du sport / des urnes*
- affreuse · horrible • angoissante · cruelle · insoutenable · insupportable · pénible · pesante · grave + nom · lourde + nom
- légère + nom · petite + nom · relative

∞ **incertitude** + VERBE
- dominer · exister · prévaloir · régner • être inhérente à · être liée à · être relative à : *les incertitudes relatives à l'issue de la bataille* • accompagner · entourer · marquer · peser sur : *l'incertitude pèse sur l'avenir du secteur* · planer sur · se répercuter sur · toucher
- gagner · prévaloir · régner • s'accroître · s'accumuler (plur.)
- demeurer · perdurer : *l'incertitude perdure quant au nom du prochain directeur* · persister · subsister
- affecter • désorienter : *l'incertitude conjoncturelle désoriente les actionnaires* · dévorer · miner : *l'incertitude mine le moral des agriculteurs* · ronger

∾ VERBE + **incertitude**

- créer · générer · provoquer · soulever · susciter • laisser dans : *la reprise de la société par un groupe coréen laisse les salariés dans l'incertitude* · laisser place à : *l'euphorie laisse place à l'incertitude*
- être dans · être plongé dans · nager dans · vivre dans • être rempli de
- être confronté à · pâtir de · se heurter à · souffrir de
- exprimer · faire état de
- afficher · mettre en évidence · refléter · souligner
- gérer · prendre en compte · tenir compte de
- entretenir : *les responsables entretiennent l'incertitude* • accentuer · accroître · aggraver · amplifier · renforcer : *le mutisme du gouvernement renforce l'incertitude ambiante*
- atténuer · réduire
- cacher · masquer
- balayer : *le résultat de l'enquête balaie les dernières incertitudes* · dissiper · éliminer · gommer · lever · mettre fin à

∾ NOM + D' + **incertitude(s)**

- climat
- lot : *cette crise agroalimentaire comporte son lot d'incertitudes scientifiques* · océan : *un océan d'incertitudes entoure ce projet de développement* · série

incidence *nom fém.* (impact, retombées)

∾ **incidence** + ADJECTIF

- budgétaire · économique · financière · fiscale • politique · etc.
- capitale · concrète · considérable · décisive · directe · forte · importante · majeure · nette [+ nom] · sensible · sérieuse [+ nom] · significative • immédiate • croissante · grandissante
- favorable · positive : *le port de l'uniforme aurait une incidence positive sur les résultats scolaires*
- négative • déplorable · désastreuse · fâcheuse · grave · néfaste · regrettable
- limitée · lointaine [+ nom] · mineure · minime · moindre · petite [+ nom] • indirecte : *l'incidence indirecte des sondages en période électorale*

∾ VERBE + **incidence**

- avoir ... sur : *la forme d'un objet a une incidence sur sa flottaison*
- apprécier · calculer · comparer · estimer · étudier · évaluer · mesurer
- préjuger de · prendre en compte · prévoir · tenir compte de
- mettre en évidence · montrer
- compenser · neutraliser

incident *nom masc.*

∾ **incident** + ADJECTIF

- diplomatique · frontalier • technique : *cet incident technique est indépendant de notre volonté* · etc.
- de parcours○
- imprévu
- grave · gros [+ nom] · majeur · notable : *aucun incident notable n'a été signalé* · sérieux · violent
- absurde · déplorable · désagréable · fâcheux · lourd de conséquences · malencontreux · malheureux · regrettable • dramatique · sanglant · tragique
- clos○ : *je déclare cet incident clos !*
- léger [+ nom] · mineur · petit [+ nom] · sans gravité · sans importance • exceptionnel · isolé • banal

∾ **incident** + VERBE

- éclater : *des incidents ont éclaté entre les manifestants et la police* · survenir • avoir lieu · se dérouler : *l'incident s'est déroulé le 14 juillet* · se passer · se produire
- émailler · ponctuer : *quelques petits incidents ont ponctué le défilé* • se renouveler · se succéder (plur.) : *les incidents se succèdent à bord de la station spatiale*
- entraîner · provoquer : *l'incident nucléaire a provoqué une vague de panique*
- opposer : *un incident a opposé des manifestants aux forces de l'ordre*
- affecter · perturber · secouer : *de sérieux incidents ont secoué cet établissement* • embarrasser : *l'incident embarrasse la hiérarchie policière*

∾ VERBE + **incident**

- se solder par
- enregistrer : *la centrale nucléaire n'a pas enregistré un seul incident depuis 1997* · frôler : *on a frôlé l'incident diplomatique*
- être impliqué dans · être responsable de
- conter · raconter · relater • consigner : *l'incident a été consigné dans un rapport de gendarmerie* · rapporter · signaler · traiter : *le service chargé de traiter les incidents techniques* • revenir à / sur : *pour bien comprendre le problème, il faut revenir sur l'incident*
- localiser : *on a pu rapidement localiser l'incident technique sur le réseau*
- déplorer · regretter
- amplifier · dramatiser
- dédramatiser · minimiser · minorer

▪ empêcher : *cette mobilisation n'a pas empêché les incidents* • éviter · parer à : *les autorités ont déployé d'importantes forces de police pour parer à tout incident* · prévenir • gérer
▪ désamorcer • clore : *une manière habile et élégante de clore l'incident*

∞ NOM + D' + incidents
▪ cascade · enchaînement · ensemble · multiplication · multitude · série · succession

sans incident
▪ se dérouler : *le scrutin s'est déroulé sans incident majeur* • défiler · manifester • se disperser : *les manifestants se sont dispersés sans incident*

inclinaison *nom fém.*

∞ inclinaison + ADJECTIF
▪ normale • variable
▪ exceptionnelle · forte + nom · non négligeable · spectaculaire
▪ faible · infime · légère + nom · petite + nom

∞ VERBE + inclinaison
▪ avoir : *une orbite polaire a une inclinaison de 90 degrés* · présenter
▪ donner : *l'angle donne l'inclinaison de la tangente*
▪ ajuster · changer · donner ... à : *on peut donner l'inclinaison voulue à ce luminaire* · régler · varier : *on peut varier l'inclinaison du siège*

inclination *nom fém.*

∞ inclination + ADJECTIF
▪ politique • sexuelle · etc.
▪ naturelle : *l'inclination naturelle de l'homme à la rivalité* · spontanée • individuelle · personnelle
▪ particulière : *elle n'a aucune inclination particulière pour les hommes à moustache* • forte + nom · irrésistible · profonde · puissante · vive • croissante · grandissante
▪ faible + nom · légère + nom · petite + nom

∞ VERBE + inclination
▪ avoir : *il a une forte inclination pour la poésie* · sentir · se sentir : *il ne se sent aucune inclination pour cette profession* • partager
▪ avouer · confesser · exprimer · ne pas cacher
▪ montrer · laisser transparaître · témoigner de · trahir
▪ confirmer : *il a confirmé son inclination pour le théâtre en prenant des cours au conservatoire*
▪ combattre • forcer : *on ne réussit jamais quand on force son inclination*
▪ céder à · suivre

incompétence *nom fém.*

∞ incompétence + ADJECTIF
▪ avérée · criante · flagrante · manifeste · notoire · patente • absolue · incroyable + nom · rare · totale
▪ consternante · crasse · grossière · navrante

∞ VERBE + incompétence
▪ être en proie à · être victime de : *l'entreprise est victime de l'incompétence de ses dirigeants* · se heurter à · subir
▪ faire la preuve de · montrer (l'étendue de)
▪ confirmer · prouver
▪ souligner · témoigner de
▪ invoquer · plaider
▪ déplorer · reprocher • dénoncer · fustiger • accuser de · taxer de : *le chef du gouvernement a été taxé d'incompétence par l'opposition*

incompréhension *nom fém.*

∞ incompréhension + ADJECTIF
▪ mutuelle : *l'incompréhension mutuelle parents--enseignants* · réciproque
▪ inévitable
▪ générale • absolue · complète · forte + nom : *il y a une très forte incompréhension des deux côtés* · grande + nom · profonde · radicale · totale • fondamentale : *une incompréhension fondamentale de la nature du conflit a donné lieu à des évaluations militaires erronées* · majeure • croissante · grandissante · montante
▪ durable · permanente · persistante • constante
▪ décourageante · inquiétante

∞ incompréhension + VERBE
▪ dominer · régner : *l'incompréhension règne entre fumeurs et non-fumeurs*
▪ demeurer · perdurer · persister · s'installer
▪ céder le pas à : *l'incompréhension cède le pas à la surprise* · se mêler à : *l'incompréhension se mêle au dépit*

∞ VERBE + incompréhension
▪ déboucher sur · donner lieu à · générer · inspirer : *ces attentats inspirent l'incompréhension des familles des victimes* · occasionner · provoquer · susciter • être une source de
▪ ressentir : *j'ai souvent ressenti une incompréhension de la part de mes collègues* • partager • faire preuve de · manifester : *il lève un sourcil pour manifester son incompréhension*

- être confronté à · rencontrer · se heurter à · souffrir de
- avouer · exprimer
- marquer · mettre en lumière · refléter · souligner · témoigner de
- expliquer • mesurer : *en voyant ces personnes, on mesure leur incompréhension mutuelle*
- alimenter · nourrir · renforcer
- éviter : *je voudrais lever une ambiguïté pour éviter toute incompréhension* • dissiper · lever

∾ NOM + D' + incompréhension

- abîme · fossé : *le fossé d'incompréhension qui existe entre Orient et Occident* · gouffre : *un gouffre d'incompréhension les sépare* · mur · océan

inconscience *nom fém.*

∾ inconscience + ADJECTIF

- absolue · complète · extraordinaire · extrême · folle : *je trouve son attitude d'une inconscience folle* · grande + nom · incroyable · inimaginable · profonde · pure + nom · pure et simple : *conduire après avoir bu, c'est de l'inconscience pure et simple* · rare · terrible · totale
- effarante · effrayante : *le calme de l'assassin révèle son effrayante inconscience* • blâmable · coupable

∾ inconscience + VERBE

- conduire à · être à l'origine de : *c'est l'inconscience des parents qui est à l'origine de ce drame* · pousser à

∾ VERBE + inconscience

- être de : *griller les feux rouges, c'est de l'inconscience pure et simple* · faire preuve de
- être à la limite de · friser : *leur sang-froid semble friser l'inconscience* · relever de · tenir de
- montrer : *ce film veut montrer l'inconscience des pollueurs* · révéler · souligner · témoigner de

inconvénient *nom masc.*

∾ inconvénient + ADJECTIF

- éventuel · possible
- inhérent à · lié à
- inévitable · majeur · principal • évident · visible • certain · de taille · énorme · grand + nom · gros + nom · important · sérieux
- grave · lourd · regrettable
- léger + nom · menu + nom : *hors ces menus inconvénients, que d'avantages !* · mineur · minime · négligeable · petit + nom • seul + nom • passager

∾ inconvénient + VERBE

- découler de · résulter de · venir de • être lié à · résider dans · concerner : *l'inconvénient de ce produit concerne le coût*
- apparaître : *les inconvénients de ce système apparaissent de façon de plus en plus criante*
- contrebalancer : *les avantages ne contrebalancent pas les inconvénients*

∾ VERBE + inconvénient

- avoir · comporter · présenter : *la situation présente plusieurs inconvénients* • (plur.) accumuler · cumuler · multiplier
- représenter
- démontrer · faire ressortir · montrer · souligner • évoquer · mentionner · signaler
- être conscient de · voir • découvrir · s'apercevoir de · se rendre compte de • apprécier · calculer · examiner · mesurer : *il a mal mesuré les inconvénients de ce travail sur sa santé* · s'interroger sur · soupeser
- oublier · sous-estimer : *vous sous-estimez les inconvénients du travail à domicile*
- accepter · s'accommoder de
- atténuer · compenser · corriger : *il propose un amendement pour corriger les inconvénients de la loi* · réduire : *les pouvoirs locaux font tout pour réduire les inconvénients liés au chantier*
- pallier · parer à · remédier à
- balayer : *l'enthousiasme collectif a balayé ces petits inconvénients* · éliminer · faire disparaître · gommer · supprimer
- être dépourvu de

indécision *nom fém.*

∾ indécision + ADJECTIF

- extrême + nom · forte + nom · grande + nom : *la grande indécision de l'électorat* • générale • chronique · continuelle · perpétuelle
- maladive : *il décourage ses collaborateurs par son indécision maladive*
- compréhensible
- apparente + nom

∾ indécision + VERBE

- dominer · planer · régner : *à quelques minutes de la fin du match, l'indécision règne dans le stade* • demeurer : *l'indécision demeure également quant au maintien des missions de service public*
- caractériser · entourer

∾ VERBE + indécision

- être dans : *je suis dans la plus grande indécision* • faire preuve de

- montrer · révéler · traduire : *son attitude traduit son indécision* · trahir
- expliquer · justifier : *l'administration argue des ambiguïtés de la loi pour justifier son indécision*
- mettre fin à : *voilà qui mettra fin à son indécision* • sortir de · tirer de

indemnité *nom fém.* (souvent plur.)

∞ indemnité + ADJECTIF

- financière • de chômage · de départ · de licenciement • de transport · etc.
- hebdomadaire · horaire · journalière : *les indemnités journalières des accidentés du travail* · mensuelle • kilométrique : *il perçoit des indemnités kilométriques lorsqu'il se déplace dans le cadre de son travail*
- contractuelle · conventionnelle · légale : *l'indemnité légale de licenciement* · viagère
- spéciale · spécifique : *la création d'une indemnité spécifique pour les actes médicaux effectués la nuit* • dégressive · différentielle : *une indemnité différentielle de reclassement* · progressive • fixe · forfaitaire · globale · provisionnelle • complémentaire · supplémentaire
- compensatoire : *son ex-mari lui verse une indemnité compensatoire* · compensatrice : *lorsque l'employeur n'observe pas le préavis, il doit verser une indemnité compensatrice* · réparatrice
- exceptionnelle : *une indemnité exceptionnelle de mutation* • colossale · coquette + nom fam. · élevée · énorme · forte + nom · grosse + nom · importante · lourde · non négligeable · rondelette (plur.) · substantielle • majorée
- avantageuse · confortable · en or · généreuse
- indue
- dérisoire · insuffisante · maigre + nom · misérable

∞ indemnité + VERBE

- équivaloir à : *cette indemnité équivaut à un mois de salaire* · s'élever à
- compenser : *ces indemnités sont destinées à compenser la perte de revenus*

∞ VERBE + indemnité

- instituer : *il propose d'instituer des indemnités horaires pour travaux supplémentaires* · voter : *le conseil a voté les indemnités des élus*
- demander · exiger · réclamer • prétendre à : *son statut d'ex-fonctionnaire l'empêche de prétendre à des indemnités de chômage* • négocier : *il négocie des indemnités de départ*
- avoir droit à : *l'apprenti a droit aux indemnités accordées au reste du personnel* • obtenir · percevoir · recevoir · toucher • profiter de • bénéficier de • cumuler : *peut-on cumuler les indemnités ASSEDIC avec son salaire ?*
- (s')acquitter (de) : *l'employeur est tenu de s'acquitter des indemnités de licenciement* · devoir
- accorder · allouer · attribuer · octroyer · offrir · payer · promettre · (re)verser
- conserver : *il a pu conserver quelque temps ses indemnités de chômage* · maintenir
- calculer · fixer
- réviser • augmenter · doubler · majorer · relever · revaloriser
- diminuer · réduire
- refuser : *l'assureur lui a refusé des indemnités*
- renoncer à
- perdre : *il doit accepter ce poste, sous peine de perdre ses indemnités de chômage*

1 indépendance *nom fém.* (d'un pays)

∞ indépendance + ADJECTIF

- nationale : *l'Algérie a célébré le quarantième anniversaire de l'indépendance nationale*
- nouvelle + nom · récente
- totale · pleine et entière : *ils revendiquent l'indépendance pleine et entière* · pure et simple · pleine + nom · vraie + nom · véritable + nom · réelle + nom
- brève + nom · de courte durée

∞ indépendance + VERBE

- être en marche : *pourquoi cette violence alors même que l'indépendance est en marche ?*

∞ VERBE + indépendance

- aspirer à · demander · réclamer · revendiquer · rêver de · souhaiter · vouloir
- être en faveur de · être favorable à · plaider pour · prôner • combattre pour · lutter pour · militer pour · mourir pour · se battre pour
- accorder · donner · octroyer : *de Gaulle octroya son indépendance à l'Algérie* · offrir • reconnaître : *en 1783, l'Angleterre a reconnu officiellement l'indépendance des États-Unis*
- accéder à · acquérir · arriver à · conquérir · gagner : *ils ont gagné leur indépendance de haute lutte* · obtenir • recouvrer : *l'Ukraine venait tout juste de recouvrer son indépendance*
- ouvrir la voie de / à : *la loi Defferre a ouvert la voie à l'indépendance des colonies d'Afrique noire française* · préparer
- déclarer · décréter · proclamer : *proclamer officiellement l'indépendance du pays*

- célébrer · fêter : *le 4 juillet, les États-Unis fêtent leur indépendance*
- être hostile à · s'opposer à

²indépendance *nom fém.* (d'une personne, d'un groupe, d'une institution)

∾ indépendance + ADJECTIF
- éditoriale · rédactionnelle • d'esprit · intellectuelle • économique · énergétique · financière · matérielle • judiciaire · politique · syndicale · etc.
- nécessaire : *l'indépendance nécessaire à l'exercice du métier de journaliste*
- accrue · croissante · grandissante • absolue · complète · entière · grande ⁺ ⁿᵒᵐ : *il faut leur accorder une plus grande indépendance* · parfaite · totale ⁺ ⁿᵒᵐ
- farouche · ombrageuse : *la filiale belge cultive une indépendance ombrageuse* · sourcilleuse : *l'indépendance sourcilleuse de la banque centrale européenne*
- limitée · partielle · relative • apparente

∾ VERBE + indépendance
- aspirer à · demander · réclamer · revendiquer : *elle revendique son indépendance par rapport aux hommes* · rêver de · souhaiter · vouloir
- être en faveur de · être favorable à · plaider pour · prôner
- accorder · donner · offrir : *cette réforme est destinée à offrir plus d'indépendance aux autorités de contrôle* • garantir : *l'indépendance de la chaîne parlementaire est garantie par la loi*
- accéder à · acquérir · arriver à · conquérir · gagner · obtenir • avoir · conserver · garder • (re)prendre · retrouver • gagner en : *avoir son propre véhicule permet de gagner en indépendance*
- assurer · conforter · défendre · garantir · maintenir · préserver · veiller à • renforcer
- affirmer · cultiver : *il a toujours cultivé une farouche indépendance d'esprit*
- craindre pour · s'inquiéter pour
- compromettre · menacer · mettre en cause · mettre en danger · porter atteinte à
- être hostile à · s'opposer à
- renoncer à • perdre
- mettre fin à · supprimer

indicateur *nom masc.* (Écon.)

∾ indicateur + ADJECTIF
- (macro)économique • conjoncturel : *les indicateurs conjoncturels sont sans ambiguïté* · structurel • d'alerte · de tendance • démographique : *l'espérance de vie sert d'indicateur démographique* · social
- chiffré · quantitatif • qualitatif • avancé : *l'indicateur avancé de la conjoncture s'est établi à 30 points en juin* • composite : *l'indicateur composite des prix de l'OIC* • résumé · synthétique
- bon ⁺ ⁿᵒᵐ · fiable · formidable · lisible · précieux • cohérent · pertinent
- bien orienté · bon ⁺ ⁿᵒᵐ · encourageant · excellent · positif : *l'année 2000 a accumulé les indicateurs positifs : croissance de 7,6 %, budget en excédent, record du commerce extérieur* · à la hausse
- alarmant · décevant · inquiétant · mal orienté · négatif · à la baisse
- mauvais ⁺ ⁿᵒᵐ
- convergents (plur.)

∾ indicateur + VERBE
- pointer : *de nombreux indicateurs pointent un relâchement des pratiques de protection contre le sida* · refléter : *une série d'indicateurs reflètent le grand dynamisme de l'économie* · résumer · signaler : *plusieurs indicateurs signalent un ralentissement de l'économie* • attester de : *tous les indicateurs attestent des bienfaits sociaux de l'éducation des filles* · confirmer · démontrer · illustrer · montrer · prouver · rendre compte de · révéler · témoigner de
- mesurer · évaluer
- virer au vert
- virer au rouge : *la plupart des indicateurs ont viré au rouge*

∾ VERBE + indicateur
- définir : *on ne sait pas définir un indicateur qui rende compte de la qualité globale du réseau* · élaborer
- consulter
- publier

∾ NOM + D' + indicateurs
- batterie · série

indication *nom fém.* (souvent plur.)

∾ indication + ADJECTIF
- chiffrée : *il n'a donné aucune indication chiffrée pour étayer son propos* · écrite · manuscrite · orale • complémentaire · supplémentaire
- relative à
- correcte · exacte · fiable · vraie ⁺ ⁿᵒᵐ
- complète · concrète : *ils réclament une indication concrète précisant qu'un aliment contient des ingrédients OGM* · détaillée · précise • expresse • concordante

- bonne + nom · claire · correcte · crédible · encourageante · intéressante · précieuse : *la position du tireur est une précieuse indication pour le gardien de but* · sérieuse • essentielle · indispensable · nécessaire · utile • simple
- ambiguë · étrange • inutile
- éparse (plur.) • évasive · incomplète · insuffisante · limitée · partielle · sommaire · vague
- erronée · fausse · inexacte • trompeuse • périmée
- contradictoire · contraire : *sauf indication contraire, les cours ont lieu dans l'amphithéâtre Richelieu*

∞ indication + VERBE

- exister • circuler · filtrer : *aucune indication n'a filtré sur le sujet de l'examen*
- avoir trait à · concerner · se rapporter à · faire état de : *cette indication ne fait état que d'une moyenne*
- mentionner · préciser
- aider · renseigner
- confirmer · conforter : *cette indication conforte son diagnostic*
- laisser entrevoir · laisser penser
- contredire

∞ VERBE + indication

- demander · réclamer · solliciter
- apporter · communiquer · donner · fournir · livrer · offrir
- obtenir · recevoir
- être fidèle à : *le metteur en scène est fidèle aux indications de l'auteur* · respecter · suivre • se contenter de · s'en tenir à
- confirmer · corroborer : *d'autres renseignements ont permis de corroborer les premières indications obtenues* · vérifier

∞ NOM + D' + indications

- foule · série · quantité · tas fam.

1indice *nom masc.* (signe)

∞ indice + ADJECTIF

- matériel · visuel
- nouvel + nom : *le détective a trouvé un nouvel indice sur les lieux du crime*
- fragile · insuffisant · maigre : *il est capable de retrouver le coupable à partir de maigres indices* · minuscule · petit + nom · ténu : *il ne dispose que d'indices ténus pour prouver ce qu'il avance* • isolé
- bon + nom : *c'est un bon indice de la confiance des lecteurs* · fiable · infaillible · précieux · précis · probant : *les premières analyses ne livrent aucun indice probant* · sérieux
- accablant · troublant
- (plur.) concordants · convergents
- contradictoires (plur.)

∞ indice + VERBE

- s'accumuler (plur.)
- démontrer · indiquer · laisser craindre que · laisser espérer que · laisser penser que · laisser supposer que · montrer · révéler : *des indices révèlent que les maisons de la préhistoire étaient moins vastes qu'aujourd'hui* · traduire
- converger (plur.)
- accréditer : *les indices accréditent la thèse d'un suicide* · confirmer · prouver : *cet indice prouve l'hypothèse / le fait / l'existence...* · rendre vraisemblable : *il existe des indices rendant vraisemblable sa participation au crime*
- accabler · pointer vers

∞ VERBE + indice

- constituer
- (re)chercher · guetter : *elle guette le moindre indice de sa culpabilité*
- avoir · détenir · disposer de · posséder
- déceler · découvrir : *il a découvert l'indice qui le mènera au trésor* · repérer : *ils n'ont pas repéré le moindre indice susceptible d'ouvrir une piste* · trouver • glaner · ramasser · récolter · recueillir · relever • (plur.) accumuler · rassembler
- donner · fournir · laisser : *le tueur a laissé très peu d'indices derrière lui*
- (plur.) rapprocher · recouper
- partir de · s'appuyer sur · se fonder sur

∞ NOM + D' + indices

- accumulation · avalanche · chapelet · ensemble · faisceau · multitude · série

2indice *nom masc.* (Bourse)

∞ indice + ADJECTIF

- boursier · économique
- sectoriel • composite · synthétique • harmonisé : *la progression de l'indice harmonisé des prix à la consommation* • définitif · précurseur : *la publication de l'indice précurseur d'activité des États-Unis*
- phare · vedette : *l'indice vedette de la Bourse de Paris*
- bon + nom : *l'économie continue à afficher de bons indices économiques* · positif : *la conjonction d'indices positifs semble confirmer une embellie durable* • stable
- mauvais + nom · négatif

∾ indice + VERBE

- comprendre : *cet indice comprend de nombreuses valeurs exportatrices* · se composer de
- mesurer : *l'indice national mesurant le coût de la construction*
- clôturer à x points
- bondir · être en hausse · être / terminer dans le vert · flamber · gagner x points / % : *l'indice Dow Jones a gagné 1,2 %* · grimper · progresser · rebondir : *rebondir de 22 %* · terminer (la séance) sur un gain · clôturer en hausse
- baisser · descendre · être en baisse • abandonner x points / % · céder x points / % : *l'indice Footsie a cédé 2,5 %* · perdre x points / % · terminer (la séance) en recul de x points / % · clôturer en baisse • chuter · dégringoler · entamer la séance / être / terminer dans le rouge · être en chute · plonger · reculer · s'effondrer · tomber · virer au rouge

∾ VERBE + **indice**

- calculer • pondérer • comparer (plur.)
- publier
- être indexé sur : *les obligations sont indexées sur l'indice des prix*
- affecter · peser sur : *cette bonne nouvelle a pesé sur l'indice*

∾ NOM + D' + **indice(s)**

- batterie · panier : *un panier de dix indices de référence*
- augmentation · hausse · progression · rebond · remontée
- volatilité : *la forte volatilité de l'indice Nasdaq traduit les doutes des investisseurs*
- baisse · recul : *l'indice affiche un recul de 1,3 %* • dégringolade · plongeon

indifférence *nom fém.*

∾ indifférence + ADJECTIF

- ambiante • générale · généralisée
- absolue · belle + nom · complète · grande + nom · incroyable · large + nom · parfaite · profonde · suprême · totale • constante • croissante · grandissante
- courtoise · polie : *ses travaux n'ont rencontré qu'une indifférence polie*
- cruelle · cynique · dédaigneuse · froide + nom · glacée · glaciale · grossière · hautaine · insultante · méprisante • coupable · criminelle · regrettable
- affectée · étudiée • fausse + nom · feinte
- apparente · relative

∾ indifférence + VERBE

- dominer · régner : *l'indifférence règne à trois semaines du référendum* · prévaloir
- agacer · révolter

∾ VERBE + **indifférence**

- inspirer · rencontrer · susciter : *sa disparition a suscité plus d'indifférence que d'émotion*
- afficher · exprimer · faire preuve de · manifester · montrer · témoigner de
- affecter · feindre · jouer : *le député a joué l'indifférence vis-à-vis des sifflets* · simuler
- friser : *son apparente froideur frise parfois l'indifférence* • être teinté de : *son scepticisme est teinté d'indifférence*
- être condamné à · se heurter à · souffrir de · supporter (souvent nég.) • affronter : *ils ont dû affronté la cruelle indifférence du public*
- sombrer dans : *ses œuvres de jeunesse ont sombré dans l'indifférence*
- expliquer · justifier
- accuser de • combattre · critiquer · dénoncer · lutter contre · protester contre · refuser · se révolter contre
- briser : *ce message brise l'indifférence en invitant au dialogue* · rompre avec : *ce colloque voulait rompre avec une certaine indifférence sur le statut des femmes* · vaincre

∾ NOM + D' + **indifférence**

- mur : *il veut percer ce mur d'indifférence* · océan • climat · sentiment

indignation *nom fém.*

∾ indignation + ADJECTIF

- morale • populaire · médiatique
- collective · générale : *devant l'indignation générale, il a renoncé au projet* · massive · unanime • internationale
- grande + nom · perceptible · profonde · vive : *il a exprimé sa plus vive indignation suite à ces exécutions sommaires* • authentique · sincère
- compréhensible · juste · légitime • vertueuse : *l'émission lui a donné l'occasion d'une vertueuse indignation*
- froide · stérile • démesurée · excessive • feinte
- contenue · rentrée • passagère • sélective : *son indignation sélective tend à banaliser certains événements*

∾ indignation + VERBE

- se faire entendre · se manifester · s'exprimer
- embraser · emporter · saisir · s'emparer de

- dominer · monter : *l'indignation monte dans le secteur médico-social*
- retomber · s'émousser : *lorsque les images des violences disparaissent, l'indignation s'émousse*

∾ VERBE + indignation

- causer · déclencher · inspirer · provoquer · soulever : *un meurtre quelle qu'en soit la victime doit soulever la même indignation* · susciter
- éprouver · être rempli de · ressentir • partager
- frémir de · frissonner de · être gonflé de · fulminer de · s'étrangler de · suffoquer de · trembler de
- manifester · montrer · signifier · témoigner de • écrire · marquer
- clamer · confesser · exprimer · faire part de · lancer un cri de · pousser un cri de
- alimenter · exciter
- comprendre
- relayer : *sa protestation ne fait que relayer l'indignation massive des habitants* · se faire l'écho : *la presse se fait l'écho de l'indignation de la population*
- apaiser · calmer · canaliser : *la police descend dans la rue pour canaliser l'indignation du peuple* · contenir
- exploiter • se nourrir de : *le rap se nourrit d'indignation et de conscience sociale*

∾ NOM + D' + indignation

- mouvement · sursaut : *un sursaut d'indignation patriotique* · vague

indiscrétion *nom fém.*

∾ indiscrétion + ADJECTIF

- grande $^{+\,nom}$
- grossière · malveillante
- legère $^{+\,nom}$ · petite $^{+\,nom}$

∾ indiscrétion + VERBE

- émaner de
- circuler · courir · filtrer : *les premières indiscrétions commencent à filtrer*
- dévoiler · faire état de · lever le voile sur · révéler

∾ VERBE + indiscrétion

- commettre · s'autoriser
- (plur.) publier · rapporter : *il se base sur des indiscrétions rapportées par la presse*
- (plur.) obtenir · recueillir : *le magazine a recueilli des indiscrétions des proches de la star*
- être l'objet de
- craindre · se préserver de • être à l'abri de
- excuser : *excusez mon indiscrétion, mais quel âge avez-vous ?*

individu *nom masc.* (surtout Police et Sociol.)

∾ individu + ADJECTIF

- lambda · ordinaire · quelconque • anonyme
- autonome : *il parvient à s'affirmer en tant qu'individu autonome* · libre
- isolé · solitaire
- de sexe masculin / féminin · mâle
- bizarre · curieux · drôle de $^{+\,nom}$ · étrange · mystérieux · singulier
- abject · cynique · ignoble · méprisable • louche · suspect • peu rassurant · peu recommandable · sinistre • dangereux
- (en)cagoulé · masqué • armé

∾ VERBE + individu

- façonner · transformer
- rechercher : *des individus recherchés par la justice*
- identifier
- arrêter : *les forces de l'ordre peuvent arrêter tout individu soupçonné de trafic* · interpeller · interroger
- maîtriser : *ils n'ont pas pu maîtriser l'individu qui a réussi à s'enfuir*
- priver de ses droits

∾ NOM + D' + individus

- ensemble · groupe · masse • poignée : *le pouvoir est détenu par une poignée d'individus*

indulgence *nom fém.*

∾ indulgence + ADJECTIF

- extrême · grande $^{+\,nom}$ · remarquable
- étonnante · étrange · inhabituelle · particulière
- amusée · complice · tendre : *elle pardonne aux enfants avec une tendre indulgence*
- aveugle · coupable : *je suis avec moi-même d'une indulgence coupable* · excessive
- faible · modérée · relative · variable

∾ VERBE + indulgence

- demander · faire appel à · implorer · réclamer · solliciter : *je voudrais solliciter votre indulgence pour ce manquement*
- avoir de ... pour : *j'ai de l'indulgence pour lui* · être porté à : *les juges ne sont pas portés à l'indulgence* • faire montre de · faire preuve de · manifester · marquer · montrer · témoigner de
- inciter à · prôner
- avoir droit à · mériter : *une première création mérite quelque indulgence*
- bénéficier de : *il n'a pas obtenu la moyenne mais bénéficie de l'indulgence du jury*

industrie *nom fém.*

∾ industrie + ADJECTIF

- agricole · agroalimentaire · forestière • manufacturière · textile • métallurgique · minière • chimique · nucléaire · pétrolière · pharmaceutique • aéronautique · automobile · électronique · informatique · mécanique · robotique • cinématographique · culturelle · musicale · touristique · etc.
- de pointe • légère · lourde • capitaliste · privée • nationalisée · publique · nationale • artisanale · traditionnelle
- jeune · naissante · nouvelle
- florissante · lucrative · prospère · rentable • énorme · forte · grande $^{+nom}$ · grosse $^{+nom}$ · importante · puissante · toute-puissante • principale · majeure
- moderne • dynamique · efficace · performante • écologique · propre
- dangereuse · polluante
- déclinante · non rentable · sinistrée • en crise · en difficulté · en / sur le déclin · paralysée
- ancienne $^{+nom}$ · dépassée · vieille $^{+nom}$ • en ruine · moribonde · ruinée
- fragile · petite $^{+nom}$ · vulnérable

∾ industrie + VERBE

- employer • exporter • fabriquer
- se développer · s'enraciner • être en plein essor · prendre son essor · progresser • faire fortune
- accuser / encaisser le coup · souffrir de : *l'industrie du disque souffre de la crise*
- décliner · péricliter · s'essouffler · stagner · végéter
- disparaître : *il faut éviter que cette industrie ne disparaisse*

∾ VERBE + industrie

- créer · fonder · implanter • faire naître : *l'énergie éolienne va faire naître une nouvelle industrie*
- réglementer
- encourager · favoriser · protéger · relancer : *le gouvernement souhaite relancer l'industrie par l'exportation* · soutenir • développer · donner un coup de fouet à · stimuler : *cette initiative devrait stimuler l'industrie en ouvrant de nouveaux marchés*
- réformer · restructurer · révolutionner • délocaliser : *le PDG souhaite délocaliser son industrie en Inde*
- agiter · bouleverser · ébranler · frapper : *la crise économique a frappé l'industrie de plein fouet* · secouer
- affaiblir · pénaliser

∾ NOM + D' + industrie

- fleuron : *l'ancien fleuron de l'industrie lourde chinoise*
- essor : *l'essor d'une industrie plus respectueuse de l'environnement*
- déclin : *le déclin de l'industrie textile*
- capitaine°

inégalité *nom fém.* (différence)

∾ inégalité + ADJECTIF

- géographique · scolaire · sociale · salariale · culturelle · etc.
- interne · naturelle · structurelle
- criante · flagrante • énorme · extrême · fondamentale · forte $^{+nom}$ · grande $^{+nom}$ · importante · profonde • persistante • croissante · grandissante
- choquante · grave $^{+nom}$ · inacceptable · regrettable · révoltante
- apparente · petite $^{+nom}$: *on a signalé de petites inégalités relatives au temps de parole des candidats* · relative

∾ inégalité + VERBE

- (ré)apparaître
- exister · prévaloir : *le reportage décrit les inégalités qui prévalent dans le pays* · régner
- crever les yeux • augmenter · croître · exploser · progresser · s'aggraver · se creuser entre • continuer · demeurer · persister · subsister
- frapper · toucher : *l'inégalité des salaires touche tous les secteurs* • fragiliser : *les inégalités fragilisent la démocratie*
- reculer · régresser · s'aplanir · s'atténuer : *c'est un pays où les inégalités sociales s'atténuent*

∾ VERBE + inégalité

- aboutir à · créer · engendrer · générer · provoquer
- être en proie à · être victime de · souffrir de
- constater · enregistrer · observer
- pointer : *le rapport pointe les inégalités entre les deux pays* · souligner
- accentuer · accroître · aggraver · amplifier · creuser · exacerber : *la société de consommation exacerbe les inégalités* · renforcer
- maintenir · perpétuer · reproduire
- mesurer

- combattre · dénoncer · lutter contre · s'attaquer à : *le gouvernement promet de s'attaquer aux inégalités sociales* · se révolter contre
- aplanir · atténuer · compenser · corriger · diminuer · niveler · réduire · remédier à · résorber : *un système de péréquation permet de résorber une partie des inégalités salariales*
- masquer
- abolir · combler : *il est difficile de combler ces inégalités culturelles* · effacer · en finir avec · gommer · vaincre : *des mesures ont été prises pour vaincre les inégalités dans l'enseignement*

inertie *nom fém.*

∾ inertie + ADJECTIF

- administrative · bureaucratique
- ambiante · générale • habituelle
- manifeste • absolue · complète · extraordinaire · formidable · forte + nom · grande + nom · immense · inconcevable · incroyable · profonde · pure + nom · totale • longue + nom : *le parquet est mis en cause pour sa longue inertie dans l'affaire*
- dangereuse · incompréhensible · inquiétante • inacceptable · inadmissible · insupportable
- légère + nom · relative • apparente · prétendue + nom

∾ inertie + VERBE

- prévaloir · régner : *l'inertie règne dans certaines préfectures* • persister
- frapper · menacer · pénaliser · peser sur • empêcher de

∾ VERBE + inertie

- faire preuve de • s'engluer dans · se réfugier dans · sombrer dans
- contribuer à · encourager · renforcer · aggraver
- être confronté à · être victime de · se heurter à · souffrir de
- constater · mesurer
- montrer · refléter · souligner
- condamner · dénoncer · déplorer · mettre en cause · reprocher · s'en prendre à · s'inquiéter de · stigmatiser • accuser de
- expliquer • excuser · justifier
- arracher à : *j'ai arraché mon frère à l'inertie dans laquelle il s'engluait* • refuser
- en finir avec · mettre fin à · rompre avec · sortir de · surmonter

inexactitude *nom fém.* (manque de précision, souvent plur.)

∾ inexactitude + ADJECTIF

- factuelle · historique : *il y a quelques inexactitudes historiques dans le film*
- flagrante · manifeste • importante
- déplorable · fâcheuse · grossière · inexcusable · regrettable
- excusable · légère + nom · mineure · négligeable · petite + nom • inévitable

∾ VERBE + inexactitude

- comporter · contenir • (plur.) être bourré de *fam.* · être truffé de · fourmiller de
- noter · relever · repérer · trouver
- pointer : *le jury a pointé toutes les inexactitudes de son exposé* · souligner
- dénoncer · déplorer · regretter · s'étonner de
- laisser passer
- corriger · rectifier : *le livret rectifie certaines inexactitudes de dates et de lieux*

infection *nom fém.* (maladie)

∾ infection + ADJECTIF

- hépatique · intestinale · pulmonaire · rénale · respiratoire · urinaire · etc.
- bactérienne · microbienne · nosocomiale · opportuniste · tuberculeuse · virale • primaire · secondaire • asymptomatique · symptomatique
- transmissible : *cette infection est sexuellement transmissible* • aiguë • générale · généralisée · massive : *le diagnostic tardif a entraîné une infection massive* • chronique
- grave + nom · mortelle · sérieuse
- mystérieuse • rare
- résistante (à) : *une infection résistante aux antibiotiques*
- banale · bénigne · petite + nom • locale • latente

∾ infection + VERBE

- apparaître : *l'infection est apparue après l'opération*
- se caractériser par · se manifester par
- affecter : *il semblerait que cette infection affecte principalement le cerveau* · atteindre · toucher • résister à
- progresser · s'aggraver • se propager · s'étendre • se généraliser • persister
- se soigner

∾ VERBE + **infection**
- causer · être responsable de · provoquer • favoriser
- transmettre
- être exposé à · être sujet à · risquer • attraper · contracter : *20 % des malades ont contracté l'infection lors d'un séjour à l'étranger* · développer • être atteint de · souffrir de
- mourir de / suite à · succomber à
- détecter · diagnostiquer
- (se) protéger contre / de • combattre · lutter contre
- empêcher · éviter : *le malade a été mis sous bulle pour éviter l'infection* · prévenir
- guérir · soigner · traiter • se remettre de • éradiquer · vaincre

∾ NOM + D' + **infection**
- foyer : *un nouveau foyer d'infection a été découvert dans le nord du pays*

infidélité *nom fém.* (inconstance)

∾ **infidélité** + ADJECTIF
- amoureuse · conjugale
- notoire • à répétition (plur.) · chronique
- grave · impardonnable · inexcusable
- petite [+ nom] : *selon lui, cette petite infidélité est sans conséquence*
- passée

∾ VERBE + **infidélité**
- commettre · faire : *c'est la seule infidélité qu'elle lui ait faite ; j'ai fait des infidélités à mon boucher* • (plur.) accumuler · multiplier
- soupçonner de • accuser de
- apprendre · découvrir
- ignorer (souvent nég.)
- avouer · reconnaître
- fermer les yeux sur · pardonner · tolérer : *elle ne tolère pas la moindre infidélité*

infirmité *nom fém.*

∾ **infirmité** + ADJECTIF
- mentale · motrice cérébrale° · physique
- majeure • permanente
- grave · terrible

∾ **infirmité** + VERBE
- être consécutive à · résulter de
- frapper : *cette infirmité frappe une personne sur mille*
- contraindre : *cette infirmité le contraint à rester couché* · empêcher de · gêner

∾ VERBE + **infirmité**
- entraîner · provoquer • constituer : *l'incontinence constitue une infirmité majeure*
- avoir · être atteint de · souffrir de : *il souffre de cette infirmité depuis l'âge de trois ans*
- cacher
- nier
- compenser : *les aveugles compensent leur infirmité en développant les autres sens*
- guérir de · surmonter • vivre avec

inflation *nom fém.*

∾ **inflation** + ADJECTIF
- conjoncturelle · structurelle • prévisible · prévisionnelle
- chronique · endémique
- à x chiffre(s) : *une inflation à 3 chiffres est prévue pour le mois d'avril* • croissante · élevée · forte • générale · généralisée • galopante · record · vertigineuse
- excessive · incontrôlable
- extraordinaire · formidable · importante · incroyable
- latente · rampante • basse · contenue : *la comission a fixé l'objectif d'une inflation contenue sous la barre de 2 %* · faible · modérée · négligeable · réduite • décroissante • négative • zéro

∾ **inflation** + VERBE
- atteindre · ressortir à : *sur un an, l'inflation ressort à 1,2 %* · se situer à / entre ... et ... / aux environs de : *l'inflation devrait se situer à 1,9 %* · tourner autour de • se maintenir à
- crever le plafond de : *l'inflation a crevé le plafond des 100 %* · dépasser · être supérieure à • augmenter · s'accélérer
- éroder : *l'inflation érode le pouvoir d'achat* · ronger : *l'inflation ronge le pays depuis huit mois*
- être sous contrôle • être inférieure à • baisser · descendre · être ramenée à · ralentir · reculer · s'atténuer · tomber à / sous : *l'inflation est tombée à son plus bas niveau depuis 2002* • être au plus bas

∾ VERBE + **inflation**
- créer · déclencher · engendrer
- afficher · connaître · enregistrer : *le pays enregistre une inflation de 8 % en deux mois*
- alimenter · contribuer à · nourrir • accentuer · accroître · attiser · faire grimper · maintenir · rallumer · ranimer · relancer · réveiller
- être indexé sur

- calculer · estimer · évaluer · prévoir • sous-estimer • surestimer
- contenir · endiguer · freiner · limiter · réduire • amortir · compenser • contrôler · dompter · juguler : *la politique monétaire du gouvernement devrait juguler l'inflation* · maîtriser
- combattre · contrer · enrayer · être un rempart contre · lutter contre · se défendre contre · se prémunir contre : *l'immobilier est un bon moyen de se prémunir contre l'inflation* · se protéger contre
- arrêter · faire cesser · mettre fin à · stopper · vaincre : *la discipline financière a permis de vaincre l'inflation*

∾ NOM + D' + **inflation**
- accélération · bouffée · montée · pic · poussée • reflux · regain · remontée · reprise · résurgence : *les marchés boursiers vivent dans la hantise d'une résurgence de l'inflation* · retour
- recul
- signe
- spectre
- niveau · taux

influence *nom fém.*

∾ **influence** + ADJECTIF
- politique · spirituelle · etc.
- extérieure : *il a pris sa décision sans aucune influence extérieure* • mutuelle · réciproque
- majeure · principale
- effective · évidente · manifeste · marquée · nette · palpable · perceptible · visible • accrue · certaine · considérable · décisive · déterminante · énorme ⁺ ⁿᵒᵐ · exceptionnelle · extraordinaire · forte ⁺ ⁿᵒᵐ · grande ⁺ ⁿᵒᵐ · grosse ⁺ ⁿᵒᵐ · immense · importante · non négligeable · notable · prégnante : *ce philosophe a eu une influence prégnante sur les courants de pensée actuels* · prépondérante · profonde · vaste ⁺ ⁿᵒᵐ · réelle ⁺ ⁿᵒᵐ • incontestable · indéniable • directe · immédiate • reconnue • croissante · grandissante
- durable · persistante
- démesurée · disproportionnée · excessive
- appréciable · bonne ⁺ ⁿᵒᵐ · douce ⁺ ⁿᵒᵐ · favorable · positive · salutaire · utile · bénéfique · bienfaisante
- apaisante · fédératrice · modératrice · pondératrice · stimulante
- dangereuse · défavorable · délétère · désastreuse · dévastatrice · maléfique · malfaisante · mauvaise ⁺ ⁿᵒᵐ · néfaste · négative : *tes amis ont une influence négative sur toi*
- faible ⁺ ⁿᵒᵐ · infime ⁺ ⁿᵒᵐ · insignifiante · légère ⁺ ⁿᵒᵐ · limitée · lointaine : *on sent dans son œuvre l'influence lointaine des préraphaélites* · marginale · minime · modeste · négligeable · vague • nulle • indirecte

∾ **influence** + VERBE
- s'exercer sur : *son influence s'exerce encore sur la mode actuelle*
- se faire sentir
- grandir · s'accroître
- diminuer · fondre · s'éroder : *cette institution voit son influence s'éroder depuis quelques années*

∾ VERBE + **influence**
- être pétri de : *ses chansons sont pétries d'influences africaines* · être nourri de · être mâtiné de · être teinté de
- avoir · disposer de · exercer ... sur · posséder • (re)trouver : *le pays cherche à retrouver une influence régionale*
- compter sur • jouer de : *il a joué de son influence sur les médias pour se faire entendre* · user de : *le président devrait user de son influence pour obtenir un désarmement*
- accentuer · accroître · amplifier · augmenter · élargir : *l'organisation cherche à élargir son influence dans toute l'Europe* · étendre · renforcer • gagner en : *le parti nationaliste ne cesse de gagner en influence* • conserver · garder · maintenir · préserver
- ancrer · asseoir · conforter · consolider · restaurer
- être exposé à · être soumis à · subir
- être ouvert à : *il est ouvert à toutes les influences culturelles* · être sensible à
- reconnaître · revendiquer : *il revendique l'influence du surréalisme*
- cerner · mesurer • minimiser · relativiser
- surestimer • nier · sous-estimer
- illustrer · montrer · témoigner de · refléter · révéler
- observer · percevoir · ressentir · sentir
- limiter · réduire
- craindre · déplorer · s'inquiéter de · redouter
- échapper à · se débarrasser de · se dégager de · s'émanciper de · se soustraire à • combattre · contrebalancer · contrecarrer · contrer · enrayer · neutraliser
- perdre : *le ministre a perdu son influence sur le roi*

∾ NOM + D' + **influence(s)**
- combinaison · mélange · brassage
- trafic° · jeu · réseau • lutte
- sphère · zone

information *nom fém.* (nouvelle, indication)

∞ information + ADJECTIF

- nominative · personnalisée • factuelle · pratique · technique • générale
- officielle
- confidentielle · officieuse · top secret
- exclusive · inédite
- utile • capitale · de la plus haute importance · essentielle · fondamentale · importante · indispensable • abondante · ample ○ + nom (plur.) : *veuillez me contacter pour de plus amples informations*
- claire · complète • bonne + nom · de qualité · exhaustive · exploitable · fouillée · intéressante · précieuse · rare · riche · sérieuse • libre : *une information libre et ouverte sur le monde* • concrète · détaillée · précise · rigoureuse • impartiale · objective • (plur.) concordantes
- authentique · avérée · confirmée · correcte · de première main · digne de foi · exacte · fiable · sûre
- imprécise · vague • à sens unique · fragmentaire · incomplète · insuffisante · parcellaire · partielle · tronquée
- erronée · fausse · incorrecte · inexacte · mensongère · trompeuse
- défaillante · déformée · dénuée de tout fondement · de seconde main · douteuse · fantaisiste · infondée · invérifiable · mauvaise + nom : *on lui a donné une mauvaise information* · partiale • contradictoire · contraire
- ahurissante · effarante · étonnante · insolite · surprenante · troublante
- compromettante · gênante • controversée • alarmante

∞ information + VERBE

- émaner de · venir de : *l'information vient de la direction*
- arriver · filtrer : *aucune information officielle n'a filtré sur les dossiers sensibles* · paraître · parvenir à · tomber : *l'information est tombée en début d'après-midi*
- circuler · se répandre
- concerner · être relative à
- conforter · corroborer : *aucune information ne corrobore ces rumeurs*
- être sujette à caution

∞ VERBE + information

- fabriquer : *le journal a fabriqué de fausses informations* · produire
- détenir · disposer de · posséder
- contenir • (plur.) être bourré de fam. · être riche en · être truffé de · fourmiller de · regorger de
- apporter · communiquer · délivrer · diffuser · disséminer : *les réseaux de satellites disséminent les informations à une échelle globale* · distiller · divulguer · donner · faire circuler · fournir · lancer : *c'est un journal régional qui a lancé l'information* · livrer · publier · révéler • propager · répandre • relayer · répercuter · transmettre • échanger (plur.) : *le forum permet aux internautes d'échanger des informations*
- (souvent passif, plur.) assommer de · bombarder de fam. · gaver de · saturer de : *un public saturé d'informations*
- chercher · exiger · réclamer
- accéder à · avoir accès à · butiner : *les visiteurs du Salon butinent des informations d'un stand à l'autre* · dénicher · glaner · obtenir · recevoir · recueillir · récupérer • soutirer
- compléter · développer · éclaircir • faciliter : *une cellule téléphonique a été mise en place pour faciliter l'information des usagers*
- (plur.) centraliser • accumuler · collecter · compiler · engranger · réunir · stocker
- (plur.) comparer · croiser · recouper
- exploiter · s'appuyer sur · se baser sur · se fonder sur
- commenter · décrypter · réagir à • analyser · traiter • retenir : *je n'arrive pas à retenir toutes ces informations*
- confirmer · corroborer : *aucune annonce officielle n'a corroboré cette information* · étayer · vérifier
- rectifier · transformer • déformer · dénaturer : *en simplifiant le message à outrance, on dénature l'information* · manipuler
- contredire · démentir · infirmer · nier
- être privé de · manquer de
- contrôler
- cacher · étouffer · filtrer · occulter · verrouiller : *le gouvernement a totalement verrouillé l'information sur les derniers événements*

∞ NOM + D' + information(s)

- éventail • accumulation · compilation · ensemble · lot · série • foisonnement · foule · foultitude fam. · masse · multitude · somme · quantité · tas fam. • afflux · flot · flux • abondance · avalanche · déferlante · déluge · torrent • gisement · mine • réseau
- poignée · bribe
- absence · carence · manque

infraction *nom fém.*

∾ infraction + ADJECTIF

- douanière · financière · routière · sexuelle · etc.
- terroriste
- pénale
- relative à : *il a commis des infractions relatives à la gestion de sa société*
- banale · classique
- caractérisée · flagrante • grave [+ nom]
- légère · mineure · petite [+ nom]

∾ VERBE + infraction

- créer : *il propose de créer une nouvelle infraction : le "crime écologique"*
- constituer · relever de : *vingt-trois personnes ont été interpellées pour des faits relevant d'infractions terroristes*
- commettre · être coupable de
- être en : *vous êtes en infraction avec la loi* · se trouver en
- constater · enregistrer · relever • recenser (plur.)
- signaler
- juger : *le texte prévoit de faire juger davantage d'infractions routières en comparution immédiate* · poursuivre : *le choix est laissé au procureur de poursuivre ou non certaines infractions* · verbaliser • punir · réprimer · sanctionner
- accuser de • dénoncer

∾ NOM + D' + infractions

- ensemble · série

ingéniosité *nom fém.*

∾ ingéniosité + ADJECTIF

- humaine : *l'ingéniosité humaine a réussi à triompher de la rareté des ressources*
- commerciale · technique
- à toute épreuve · extrême · grande [+ nom] · incroyable · inépuisable • confondante · étonnante · renversante · stupéfiante • éblouissante · extraordinaire · merveilleuse · prodigieuse
- diabolique · machiavélique

∾ VERBE + ingéniosité

- apporter : *des spécialistes ont apporté leur ingéniosité à l'amélioration du système* · déployer : *il a déployé beaucoup d'ingéniosité pour battre ses concurrents* • faire montre de · faire preuve de · manifester • redoubler de · rivaliser de
- démontrer · montrer : *la qualité du produit montre toute l'ingéniosité de son créateur* · témoigner de
- fourmiller de · recéler : *ses créations recèlent une éblouissante ingéniosité*
- développer · stimuler
- avoir recours à · reposer sur · s'en remettre à : *il s'en remet à l'ingéniosité de sa collègue pour traiter le dossier*
- surestimer
- sous-estimer

∾ NOM + D' + ingéniosité

- trésors (plur.) : *il déploie des trésors d'ingéniosité dans son travail*

ingratitude *nom fém.*

∾ ingratitude + ADJECTIF

- absolue · complète [+ nom] · extrême · grande [+ nom] · indéniable · profonde [+ nom] · totale

∾ VERBE + ingratitude

- faire preuve de · manifester · montrer
- être confronté à · se heurter à · souffrir de : *elle souffre de l'ingratitude de ses enfants*
- accuser de · reprocher ... à · taxer de
- s'étonner de • regretter • dénoncer · se plaindre de · s'indigner de
- témoigner de
- compenser

initiative *nom fém.* (idée, projet, action)

∾ initiative + ADJECTIF

- associative · citoyenne · gouvernementale · militante • multilatérale · populaire • individuelle · personnelle · privée · spontanée · unilatérale • internationale · locale · nationale · régionale
- d'envergure · forte · grande [+ nom] · importante · majeure · marquante • musclée : *ils ont pris des initiatives musclées pour se faire entendre* · spectaculaire • concrète
- ambitieuse · belle [+ nom] · excellente · exemplaire · formidable · heureuse · intelligente · intéressante · louable · positive · réussie • constructive · salutaire · utile • audacieuse · courageuse · hardie · téméraire • créative · inédite · novatrice · originale · pilote · sans précédent
- curieuse · inhabituelle · rare : *la décision de rendre le rapport public est une initiative rare* · singulière
- dangereuse · hasardeuse · inconsidérée · intempestive · inopportune · précipitée · regrettable • maladroite · malencontreuse · malheureuse

▪ discrète · modeste · petite + nom : *il y a eu beaucoup de petites initiatives locales* • ponctuelle

∞ initiative + VERBE

▪ naître : *cette initiative est née de la rencontre des deux artistes*
▪ faire écho à : *cette initiative fait écho au projet similaire lancé en Allemagne* · s'appuyer sur
▪ fleurir : *les initiatives fleurissent dans le domaine de la culture* · se multiplier (plur.)
▪ aboutir · faire ses preuves · porter ses fruits • faire des émules
▪ intéresser • plaire · séduire
▪ se heurter à : *la moindre initiative se heurte à un parcours du combattant* • agacer · choquer · être mal vue · faire grincer des dents · laisser sceptique
▪ échouer · tourner court · capoter fam.

∞ VERBE + initiative

▪ déclencher · susciter
▪ lancer
▪ prendre : *elle a pris l'initiative d'informer ses supérieurs ; il prend souvent des initiatives dans son travail* • assumer : *il assume complètement l'initiative de ce projet*
▪ laisser à : *les négociations sont laissées à l'initiative des partenaires sociaux*
▪ appuyer · développer : *il faut développer les initiatives locales* · encourager · favoriser · promouvoir · soutenir • financer · récompenser
▪ (plur.) coordonner · fédérer
▪ applaudir à · apprécier · approuver · bien accueillir · saluer · se féliciter de · se réjouir de
▪ condamner · contester · contrer · désapprouver · protester contre · rejeter · s'opposer à
▪ décourager · freiner • bloquer · brider · étouffer : *ce système hiérarchique étouffe toutes les initiatives* · geler : *le désengagement du gouvernement gèle toute initiative*

∞ NOM + D' + initiative(s)

▪ ensemble · foule · foultitude fam. · multitude · série · tas fam.
▪ bouillonnement · foisonnement · flot · multiplication · vague : *son maintien en détention a suscité une vague d'initiatives dans toute l'Europe*
▪ esprit

à l'initiative de

▪ être créé · être entrepris · être lancé : *le projet a été lancé à l'initiative de l'institutrice* · être organisé · être réalisé

injure *nom fém.*

∞ injure + ADJECTIF

▪ profonde · terrible • suprême : *"intello" est devenu l'injure suprême dans les cours de récréation*
▪ (plur.) incessantes · permanentes
▪ petite + nom

∞ injure + VERBE

▪ (plur.) fuser · pleuvoir · voler

∞ VERBE + injure

▪ faire ... à (sans art.) : *vous faites injure à Shakespeare* · faire ... de (+ art. déf.) : *ne me faites pas l'injure de décliner mon invitation*
▪ (plur.) crier · hurler · lâcher · lancer · marmonner · proférer • abreuver de · accabler de · couvrir de · inonder de • se répandre en • échanger · se dire · s'envoyer
▪ endurer · être victime de · subir · supporter • ressentir comme
▪ être en butte à · être victime de : *elle est victime d'injures incessantes de la part de ses voisins* · faire l'objet de
▪ digérer fam. · encaisser fam.
▪ être insensible à · être sourd à · ne pas relever · ne pas répondre à · ne pas tenir compte de
▪ laver · (se) venger (de) : *il s'est vengé de cette injure en lui crevant les pneus*

∞ NOM + D' + injures

▪ avalanche · bordée : *il a lancé une bordée d'injures à son adversaire* · chapelet · flot · pluie · salve : *son attitude choquante lui a valu des salves d'injures* · torrent

injustice *nom fém.* (iniquité, action)

∞ injustice + ADJECTIF

▪ sociale
▪ absolue · extrême · profonde + nom · totale • caractérisée · notoire • criante · flagrante · manifeste · patente
▪ [action] • énorme · grande + nom · grave · majeure · véritable + nom
▪ abominable · affreuse · cruelle · dramatique · effroyable · grossière · monstrueuse · terrible • choquante · inacceptable · insupportable · intolérable · navrante · révoltante · scandaleuse

∞ injustice + VERBE

▪ caractériser · être inhérente à : *les injustices sont inhérentes à ce système aberrant*
▪ frapper : *l'injustice frappe les plus démunis*
▪ cesser : *les injustices reculent grâce à la solidarité* · reculer

∞ VERBE + **injustice**

- constituer
- [action] commettre : *nous avons commis une injustice envers lui*
- affronter · endurer · être confronté à · être / se considérer victime de : *il se considère victime d'une injustice* · souffrir de
- ressentir comme · vivre comme
- (souvent nég.) accepter · admettre · tolérer • cautionner · encourager · justifier
- condamner · dénoncer · déplorer · s'indigner de · s'insurger contre • crier à · hurler à • pointer du doigt • être sensible à : *beaucoup de nos concitoyens se disent sensibles à cette injustice*
- combattre · lutter contre · protester contre · refuser · se battre contre · se révolter contre
- compenser · pallier · remédier à • corriger · réparer · venger • éviter · limiter
- en finir avec · faire cesser · faire reculer · mettre fin à · mettre un terme à

∞ NOM + D' + **injustices**

- accumulation · lot : *tout système hiérarchique comporte son lot d'injustices* · série

[1]innocence *nom fém.* (fait de ne pas être coupable)

∞ **innocence** + ADJECTIF

- absolue · parfaite + nom : *je suis convaincu de sa parfaite innocence* · totale
- bafouée · foudroyée • perdue : *elle évoque dans son livre ces événements tragiques et son innocence perdue*
- apparente + nom · fausse + nom : *la jeune épouse arbore une expression de fausse innocence*

∞ VERBE + **innocence**

- affirmer · clamer · proclamer · revendiquer • protester de : *il n'a jamais cessé de protester de son innocence* • crier · hurler
- croire en · être convaincu de · être persuadé de · être sûr de
- conclure à · établir • confirmer · reconnaître
- défendre : *il défend avec acharnement l'innocence de son client* · plaider : *le suspect plaide l'innocence* • démontrer · prouver · apporter / fournir la preuve de
- feindre : *"j'ai écrit ça, moi ?" dit-il, feignant l'innocence*

[2]innocence *nom fém.* (naïveté)

∞ **innocence** + ADJECTIF

- sexuelle
- enfantine • originelle
- absolue · parfaite + nom · totale • belle + nom · fraîche + nom : *elle interprète parfaitement la fraîche innocence de l'héroïne*

∞ VERBE + **innocence**

- conserver · garder
- préserver : *elle cherche à préserver l'innocence de ses enfants*
- perdre

innovation *nom fém.*

∞ **innovation** + ADJECTIF

- culturelle · formelle : *le design est l'adéquation entre le goût du public et l'innovation formelle* · industrielle · pédagogique · scientifique · technique · technologique · thérapeutique · etc.
- capitale · décisive · grande + nom · importante · majeure · marquante · radicale · véritable + nom · vraie + nom · réelle + nom
- intéressante • efficace : *les radars sont une innovation efficace pour le contrôle du respect des vitesses* • heureuse · ingénieuse · judicieuse
- originale · spectaculaire · surprenante
- mineure · petite + nom

∞ **innovation** + VERBE

- apparaître : *les innovations technologiques apparues ces dernières années* · fleurir (plur.) : *les innovations pédagogiques fleurissent depuis quelques années* · voir le jour
- se développer : *l'innovation thérapeutique se développe en France*
- aider à · contribuer à

∞ VERBE + **innovation**

- introduire · lancer : *cette petite société lance des innovations surprenantes* • apporter · proposer • rivaliser de (plur.)
- être / rester à la pointe de : *cet opérateur est à la pointe de l'innovation en matière de téléphonie*
- aider · contribuer à : *le pôle de recherche a fortement contribué à l'innovation scientifique* · défendre · encourager · favoriser · promouvoir · soutenir · stimuler • miser sur · parier sur
- développer · multiplier (plur.) : *cette famille d'industriels a multiplié les innovations techniques*
- bloquer · freiner · nuire à : *le coût de la recherche nuit à l'innovation*

∾ NOM + D' + **innovations**

- série : *une série d'innovations destinées à mettre en valeur les collections d'art décoratif* · vague : *la vague d'innovations du début du siècle*

inquiétude *nom fém.*

∾ **inquiétude** + ADJECTIF

- existentielle · métaphysique
- ambiante
- particulière : *je n'ai pas d'inquiétude particulière à son sujet* • majeure · principale
- lancinante · sourde • diffuse · latente
- palpable · patente · perceptible • considérable · forte [+ nom] · franche [+ nom] : *l'attente a fait place à une franche inquiétude* · grande [+ nom] · grave [+ nom] · grosse [+ nom] · immense · profonde · sérieuse · vive · réelle [+ nom] • croissante · grandissante
- permanente · perpétuelle • persistante · vieille [+ nom] : *le conflit a réveillé les vieilles inquiétudes du pays*
- fondée · légitime
- excessive · infondée · injustifiée · irraisonnée · sans fondement
- légère [+ nom] · petite [+ nom]

∾ **inquiétude** + VERBE

- naître : *l'inquiétude est née du dernier projet de loi*
- poindre · pointer : *l'inquiétude commence à pointer*
- percer : *l'inquiétude perce dans ses propos* · se lire sur : *l'inquiétude se lit sur les visages* · transparaître
- gagner · peser sur · planer : *une vive inquiétude plane sur le champion du monde* · porter sur
- croître : *l'inquiétude ne cesse de croître chez ses amis* · grandir · monter
- demeurer · persister
- miner · ne pas quitter : *l'inquiétude ne quitte pas les salariés depuis qu'ils ont appris la nouvelle de son éviction* · ronger · tarauder · tenailler
- disparaître · se dissiper · s'envoler : *ses inquiétudes se sont envolées à l'annonce des résultats*

∾ VERBE + **inquiétude**

- causer · créer · donner · éveiller · faire naître · générer · inspirer · provoquer · semer · soulever : *le projet soulève des inquiétudes chez les partenaires européens* · susciter • cristalliser : *les attentats ont cristallisé les inquiétudes des habitants*
- avoir · céder à · éprouver · ressentir · sentir : *nous sentons une grande inquiétude face à la mondialisation* • être en proie à : *elle est en proie à une vive inquiétude depuis la dispartition de son fils* · être fou de · être rempli de • afficher · manifester • partager
- justifier : *le déséquilibre des bilans justifie l'inquiétude des opérateurs boursiers* • comprendre
- avouer · confier · exprimer · faire part de • relayer · se faire l'écho de : *les journaux se sont fait l'écho de l'inquiétude des petits producteurs indépendants*
- faire face à · répondre à • prendre en compte · tenir compte de
- accroître · aggraver · alimenter · attiser : *le mutisme du gouvernement attise les inquiétudes* · augmenter · aviver · entretenir · nourrir · raviver · renforcer : *les premiers éléments renforcent l'inquiétude des enquêteurs*
- illustrer · refléter · témoigner de · traduire · trahir
- alléger · apaiser · calmer · tempérer : *le directeur tente de tempérer l'inquiétude de ses clients* • contenir
- cacher · dissimuler
- balayer · désamorcer : *les mesures de soutien du gouvernement ont désamorcé les inquiétudes du marché* · dissiper

insécurité *nom fém.*

∾ **insécurité** + ADJECTIF

- alimentaire · économique · routière · sociale · urbaine · etc.
- ordinaire · quotidienne • permanente · persistante
- générale · généralisée • accrue · extrême · forte [+ nom] · grande [+ nom] · totale • croissante · grandissante
- effroyable · terrible • inacceptable · préoccupante
- latente

∾ **insécurité** + VERBE

- régner · sévir
- frapper · toucher : *l'insécurité qui touche les grandes villes*
- augmenter · gagner du terrain · progresser • gagner : *l'insécurité a gagné les zones rurales* · s'étendre (à)
- menacer • (souvent passif) angoisser · hanter · inquiéter · miner · préoccuper · ronger
- baisser · être en recul : *l'insécurité est en recul dans cette banlieue* · reculer

∾ VERBE + **insécurité**

- créer · générer : *les périodes de crise génèrent de l'insécurité* • contribuer à · nourrir
- affronter : *ils doivent affronter l'insécurité au quotidien* · être confronté à · subir · être soumis à • ressentir

- dénoncer · protester contre · se plaindre de
- agir contre · combattre · faire la guerre à · lutter contre · partir en guerre contre
- diminuer · réduire
- en finir avec · mettre fin à · vaincre

∞ NOM + D' + **insécurité**
- climat · sentiment

insensibilité *nom fém.*

∞ **insensibilité** + ADJECTIF
- absolue · complète · parfaite : *elle conserva sa pose avec une insensibilité parfaite* · rare · totale
- choquante · insupportable
- apparente • partielle · relative + nom

∞ VERBE + **insensibilité**
- faire montre de · faire preuve de · manifester
- dénoter · montrer · témoigner de
- accuser de · dénoncer · reprocher

insinuation *nom fém.*

∞ **insinuation** + ADJECTIF
- blessante · malveillante · odieuse · perfide · pernicieuse : *ses insinuations pernicieuses m'ont profondément blessé*
- (plur.) incessantes · permanentes · perpétuelles
- douteuse • infondée · sans fondement

∞ VERBE + **insinuation**
- faire · lancer : *il a lancé des insinuations malveillantes à mon égard*
- répondre à
- prendre mal · ne pas supporter · ne pas tolérer • dénoncer · s'élever contre · s'insurger contre
- cesser · couper court à : *le candidat a coupé court aux insinuations de son opposant* · dissiper · mettre fin à

insistance *nom fém.*

∞ **insistance** + ADJECTIF
- forte + nom · lourde + nom : *il a modifié son texte face à la lourde insistance de l'éditeur* • croissante · grandissante
- curieuse · suspecte : *son insistance à vouloir me raccompagner m'a paru suspecte* · troublante
- déplacée · désagréable · embarrassante · gênante · maladroite
- légère + nom : *il me l'a demandé gentiment mais avec une légère insistance*

∞ **insistance** + VERBE
- agacer · déranger · embarrasser · mettre mal à l'aise

∞ VERBE + **insistance**
- s'étonner de : *il s'étonne de l'insistance du journaliste*

avec insistance
- affirmer · demander · proposer : *son oncle lui propose avec insistance de partir en vacances avec lui* · rappeler · réclamer · recommander • regarder

insolence *nom fém.*

∞ **insolence** + ADJECTIF
- extrême · inouïe · invraisemblable · rare
- belle + nom · délicieuse · joyeuse · magnifique · réjouissante · truculente · vivifiante
- inadmissible · inexcusable · intolérable : *son fils est d'une insolence intolérable*

∞ **insolence** + VERBE
- dépasser les bornes
- déranger · troubler

∞ VERBE + **insolence**
- faire preuve de · manifester : *elle a toujours manifesté une extrême insolence envers les notables* • conserver · garder · ne pas se départir de • pousser ... à : *il a poussé l'insolence jusqu'à refuser de sortir*
- friser : *son assurance froide frise l'insolence* · se teinter de · tourner à · virer à
- pardonner

avec insolence
- parler · répondre • regarder

insomnie *nom fém.*

∞ **insomnie** + ADJECTIF
- chronique : *elle profite de son insomnie chronique pour lire Proust* • fréquentes (plur.)
- longue + nom : *j'avais de longues insomnies pendant l'adolescence*
- occasionnelle · passagère · transitoire

∞ **insomnie** + VERBE
- dater de • être liée à
- (souvent passif) épuiser · torturer : *elle a été torturée par une insomnie toute la nuit*
- disparaître

∞ VERBE + **insomnie**
- causer · donner · provoquer
- avoir · être sujet à · souffrir de : *elle souffre d'insomnies depuis ce traumatisme*
- se plaindre de
- occuper : *il occupait ses insomnies à refaire le monde* · profiter de

- chasser · combattre · lutter contre
- guérir · traiter

insouciance *nom fém.*

∾ insouciance + ADJECTIF

- ambiante · générale
- apparente · fausse + nom · feinte
- absolue · grande + nom · profonde · terrible · totale
- délicieuse · douce + nom · heureuse · joyeuse · merveilleuse · tendre + nom : *elle a perdu la tendre insouciance de son enfance* · tranquille • enfantine
- aveugle · coupable · dangereuse · inquiétante

∾ insouciance + VERBE

- revenir : *l'insouciance perdue ne reviendra pas*
- marquer (passif) : *une période marquée par l'insouciance*
- disparaître

∾ VERBE + insouciance

- respirer : *ce lieu calme respire l'insouciance* • baigner dans : *on baignait alors dans l'insouciance des années 1960* · vivre dans
- afficher · faire preuve de • cultiver : *elle profite de la vie et cultive l'insouciance*
- redécouvrir · retrouver
- feindre
- renoncer à : *pour le suivre, elle renonça à l'insouciance d'une jeune fille de la bourgoisie parisienne*
- perdre : *il a perdu son insouciance après cet accident*

inspection *nom fém.*

∾ inspection + ADJECTIF

- académique · administrative · sanitaire
- interne
- complète · générale
- de routine · régulière • annuelle · quotidienne · trimestrielle · etc.
- inopinée · surprise
- approfondie · attentive · détaillée · méthodique · méticuleuse · minutieuse · vigilante
- intrusive : *les enquêteurs ont effectué plusieurs inspections intrusives dans des propriétés privées*
- rapide · sommaire
- ultime + nom : *les plongeurs doivent procéder à une ultime inspection du sous-marin*

∾ inspection + VERBE

- commencer
- avoir lieu
- recenser · relever : *l'inspection a relevé plusieurs infractions* • déceler · révéler : *l'inspection a révélé un dysfonctionnement*
- s'achever · se terminer

∾ VERBE + inspection

- demander · diligenter [Admin.] · réclamer
- assurer · effectuer : *les services vétérinaires ont effectué une inspection dans l'entreprise* · faire · mener · procéder à · réaliser
- être soumis à : *tous les navires seront soumis à une inspection minutieuse* · faire l'objet de · subir
- renoncer à
- mettre fin à

∾ NOM + D' + inspection(s)

- série · tournée

[1] inspiration *nom fém.* (souffle créateur, influence)

∾ inspiration + ADJECTIF

- poétique : *dans la mythologie grecque, la lyre symbolise l'inspiration poétique* · surréaliste • autobiographique : *un récit d'inspiration autobiographique* • mystique · religieuse : *des œuvres d'inspiration religieuse* • politique : *les mots d'ordre sont d'inspiration politique* · etc.
- céleste · divine
- directe : *on sent dans son œuvre l'inspiration directe du surréalisme*
- originelle : *l'inspiration originelle du groupe a disparu* · première : *il faut revenir à l'inspiration première de notre stratégie pédagogique* • nouvelle + nom
- grande + nom : *un travail sans grande inspiration* · incroyable • belle + nom · géniale : *son inspiration géniale peut enfin s'exprimer librement* • singulière • visionnaire
- défaillante · inégale

∾ inspiration + VERBE

- venir : *l'inspiration n'a pas l'air de venir aujourd'hui !*
- se nourrir de : *son inspiration se nourrit des thèmes d'actualité* · venir de : *son inspiration vient du Brésil / de ses rêves*
- guider : *il se laisse guider par son inspiration*
- faire défaut · manquer à : *l'inspiration me manque* · se tarir : *son inspiration s'est soudainement tarie et les ventes ont plongé*

∾ VERBE + inspiration

- attendre : *il attend l'inspiration en fumant cigarette sur cigarette* · chercher : *il est parti chercher l'inspiration outre-Manche*

- (re)trouver • revenir à : *il est revenu à l'inspiration philosophique de ses premiers films*
- puiser ... dans · tirer ... de : *l'auteur a tiré son inspiration d'une affaire criminelle* · trouver ... dans
- enrichir · nourrir · stimuler • renouveler : *il a renouvelé son inspiration en voyageant*
- être à court de · être dénué de · être en manque de · être en panne de : *le scénariste est en panne d'inspiration* · être en perte de · manquer de
- couper (... à) : *son arrivée imprévue m'a coupé l'inspiration*

∞ NOM + D' + inspirations
- éventail · variété

source d'inspiration
- féconde · inépuisable · intarissable • incomparable

²inspiration *nom fém.* (idée)

∞ inspiration + ADJECTIF
- brusque · soudaine · subite
- bonne + nom · excellente + nom · heureuse + nom : *j'ai eu l'heureuse inspiration d'accepter son invitation*
- malencontreuse · mauvaise + nom

∞ VERBE + inspiration
- obéir à · se laisser guider par · suivre

³inspiration *nom fém.* (respiration)

∞ inspiration + ADJECTIF
- forte + nom · longue + nom · profonde
- légère + nom · petite + nom : *il faut prendre une petite inspiration par le nez*

∞ VERBE + inspiration
- prendre : *il prit une longue inspiration avant de répondre*

instabilité *nom fém.*

∞ instabilité + ADJECTIF
- affective · familiale • ministérielle · gouvernementale • politique • sociale • boursière · économique · fiscale · monétaire • climatique · etc.
- actuelle · ambiante • générale · globale • externe · interne
- inhérente à · liée à
- chronique · constante · permanente · perpétuelle • persistante • endémique
- croissante · grandissante • accrue · extrême · forte + nom · grande + nom · indéniable
- excessive · grave + nom • dangereuse · incontrôlable · inquiétante · menaçante
- relative + nom • temporaire

∞ instabilité + VERBE
- résulter de
- exister · prévaloir · régner : *l'instabilité sociale règne encore dans ce pays*
- menacer
- persister · s'installer • augmenter : *l'instabilité politique a encore augmenté récemment* • se généraliser · s'étendre
- affecter · déstabiliser · fragiliser · perturber · peser sur : *l'instabilité économique pèse lourdement sur l'investissement privé* · toucher : *l'instabilité touche ce secteur depuis plusieurs années*

∞ VERBE + instabilité
- causer · conduire à · créer · engendrer · susciter
- être en proie à · être soumis à : *certains pays en développement sont encore soumis à l'instabilité économique* · souffrir de
- alimenter · contribuer à · entretenir · nourrir
- accroître · aggraver · attiser
- illustrer · mettre en évidence · montrer · refléter · révéler · témoigner de
- contrôler · faire face à · gérer • compenser
- exploiter · profiter de
- craindre · redouter · s'inquiéter de
- limiter · réduire
- éviter : *la coopération entre les principales zones monétaires devrait éviter l'instabilité des taux de change* • combattre : *des mesures sont proposées pour combattre l'instabilité des marchés*
- mettre fin à · sortir de : *le pays est sorti de l'instabilité économique*

installation *nom fém.* (équipement, souvent plur.)

∞ installation + ADJECTIF
- (aéro)portuaire • civile • (hydro)électrique · nucléaire · pétrolière • sanitaire • sportive · etc.
- intérieure · souterraine
- moderne · neuve · nouvelle + nom · récente
- actuelle · existante
- définitive · permanente : *la ville est sous-équipée en installations permanentes*
- géante · grande + nom · grosse + nom · importante · monumentale · pharaonique · spectaculaire · vaste • lourde : *les épreuves de slalom exigent des installations plus lourdes*

- nécessaire · vitale : *ils ont lancé des missiles contre certaines installations vitales du pays*
- bonne + nom · correcte · performante · pratique • fiable · sûre • ingénieuse · perfectionnée · sophistiquée • belle + nom · luxueuse · splendide
- complexe
- modeste · petite + nom
- provisoire
- vulnérable : *les centrales nucléaires sont apparues comme des installations particulièrement vulnérables*
- de fortune · insuffisante · précaire · rudimentaire • à risque(s) · dangereuse · défectueuse · polluante
- coûteuse
- ancienne · vétuste · vieille + nom · vieillissante • obsolète

∞ installation + VERBE

- être en service · fonctionner
- se délabrer · vieillir

∞ VERBE + installation

- construire · monter · réaliser
- financer
- entretenir
- bénéficier de · être pourvu de · être doté de
- utiliser : *les élèves peuvent utiliser l'intégralité des installations sportives*
- contrôler · inspecter · surveiller · tester · vérifier · visiter • certifier
- agrandir
- renouveler · rénover · réparer • moderniser · rajeunir • reconvertir
- bombarder · endommager
- fermer • démanteler · démolir · démonter · détruire

instant *nom masc.*

∞ instant + ADJECTIF

- présent
- premier + nom (souvent plur.) : *après les premiers instants de colère, sa réflexion prend une autre tournure*
- précis : *à l'instant précis où je l'ai vu, j'ai su que c'était lui* • T : *une marchandise livrée à l'instant T sera payée deux mois plus tard*
- (-)clé · crucial · décisif · grave · solennel · suprême • inoubliable · mémorable · rare : *il aimerait prolonger cet instant rare* · unique
- fatal : *le compte à rebours avant l'instant fatal* · fatidique
- étrange · suspendu : *ce fut un instant suspendu où plus rien n'avait d'importance*
- bel + nom · délicieux · féerique · magique · précieux · privilégié
- bref + nom · court + nom · fugace · fugitif · petit + nom · rapide
- dernier + nom : *il a changé d'avis au dernier instant*

∞ instant + VERBE

- approcher : *l'instant de la révélation approche*
- précéder : *la boîte noire témoigne des instants qui ont précédé le crash*
- suivre : *elle ne se souvient pas des instants qui ont suivi l'accident*

∞ VERBE + instant

- attendre · guetter : *ils guettent l'instant où ils pourront s'échapper* · rêver de : *cela fait dix ans que je rêve de cet instant*
- imaginer · penser à · songer à
- (s')accorder : *il s'accorde un court instant de repos* · apporter · (se) ménager : *elle réussit à se ménager quelques instants d'intimité* · (s')offrir
- apprécier · savourer
- jouir de : *il faut savoir jouir de chaque instant* · profiter de · vivre : *vivre ses derniers instants; elle vit l'instant présent* · vivre dans○ : *vivre dans l'instant, comme un enfant*
- capter · saisir • éterniser : *elle ferma les yeux comme pour éterniser cet instant magique* · immortaliser : *le photographe officiel va immortaliser l'instant*
- prolonger : *j'aurais tant aimé prolonger cet instant*
- craindre · retarder : *il a tout fait pour retarder l'instant fatidique*

instinct *nom masc.*

∞ instinct + ADJECTIF

- animal · maternel○ · paternel · sexuel · social • grégaire · migratoire • de conservation · de propriété • de mort○ • de reproduction · de survie · de vie○
- premier · primaire · vital : *c'est un instinct vital qui le pousse à se défendre*
- profond · pur + nom
- bestial · brutal · féroce · sauvage · violent • barbare · criminel · destructeur · diabolique · guerrier · meurtrier
- bas○ + nom (plur.) · mauvais + nom : *il a cédé à ses mauvais instincts* · sombre · ténébreux : *cet instinct ténébreux qui nous pousse à aller contre notre propre intérêt* · vil + nom (souvent plur.) : *les plus vils instincts de l'homme*
- [intuition] bon + nom · étonnant · exceptionnel · hors du commun · infaillible · légendaire · remarquable · sûr

∾ instinct + VERBE
- pousser à • dicter : *l'instinct du hérisson lui dicte de se mettre en boule à l'approche d'un véhicule* · guider
- dire à : *l'instinct me dit de m'en méfier*

∾ VERBE + **instinct**
- (r)éveiller : *la naissance de sa nièce a éveillé son instinct maternel*
- être doté de · être doué de · faire preuve de · posséder • développer : *c'est dans la jungle qu'il a développé son instinct de survie* • garder • retrouver
- développer : *la guerre développe l'instinct meurtrier* · exciter · flatter · stimuler
- compter sur · faire appel à : *une idéologie qui fait appel aux instincts les plus bas de l'âme humaine* · s'appuyer sur · se servir de • écouter · être fidèle à · être sûr de · faire confiance à · se fier à · s'en remettre à
- assouvir · céder à · libérer : *il a libéré ses plus mauvais instincts dans cette bagarre* · obéir à · s'abandonner à · se laisser aller à
- contrôler · maîtriser
- freiner · refouler · refréner · réprimer

à l'instinct
- choisir · fonctionner · jouer · marcher · travailler

[1]institution *nom fém.* (organisation importante)

∾ institution + ADJECTIF
- internationale · onusienne • communautaire · européenne • locale · nationale • académique · culturelle · scientifique · scolaire · sportive · universitaire • judiciaire · militaire · policière · politique • ecclésiale · religieuse • caritative · humanitaire • financière
- indépendante · privée • publique · officielle • démocratique · élue
- connue · grande + nom · importante • centrale · majeure • sacro-sainte + nom • ancienne · vénérable · vieille + nom • traditionnelle : *les institutions traditionnelles essaient de se repositionner*
- honorable · prestigieuse · respectable · respectée • ad hoc · compétente · garante de
- dépassée · vieillie · vieillissante • à bout de souffle · moribonde

∾ institution + VERBE
- naître · voir le jour
- assurer · garantir · prendre en charge : *les institutions publiques ont pris en charge le dossier*
- changer · évoluer
- survivre : *l'institution n'a pas survécu au départ de son fondateur*

∾ VERBE + **institution**
- créer · fonder · mettre en place
- représenter : *un porte-parole est chargé de représenter les institutions officielles* • diriger : *l'institution est dirigée par des dominicains*
- défendre · être le garant de • rétablir
- changer · moderniser · réformer : *des propositions ont été faites pour réformer l'institution judiciaire* · rénover
- affaiblir · bousculer · ébranler · fragiliser · saper : *on accuse la réforme de saper l'institution familiale*
- abolir · détruire · supprimer

∾ NOM + D' + **institutions**
- ensemble · kyrielle : *l'accord a été signé par une kyrielle d'institutions financières de divers pays* · myriade · pléiade · réseau · série

[2]institution *nom fém.* (structure sociale)

∾ institution + ADJECTIF
- conjugale · familiale · maritale · matrimoniale · sociale : *le mariage est une institution sociale*
- véritable + nom : *dans la Hollande du XVII*e *siècle, le portrait de groupe est une véritable institution*

∾ VERBE + D' + **institution**
- menacer : *cette mesure menace l'institution familiale*

[1]instruction *nom fém.* (éducation)

∾ instruction + ADJECTIF
- civique · morale · religieuse • primaire · secondaire • professionnelle • militaire • publique
- gratuite • obligatoire : *la loi sur l'instruction obligatoire*
- complète · générale • grande + nom · solide + nom
- insuffisante · sommaire · superficielle

∾ VERBE + **instruction**
- avoir · posséder : *elle possède une solide instruction religieuse*
- assurer · dispenser · donner • charger de · confier ... à
- compléter : *ils ont complété leur instruction par une étude pratique*
- acquérir · recevoir : *il a reçu une solide instruction chez les jésuites*

[2]instruction *nom fém.* (directive, souvent plur.)

∾ instruction + ADJECTIF
- écrite · verbale
- nouvelle [+ nom] : *j'ai reçu de nouvelles instructions*
- directe · explicite · expresse · formelle · officielle • claire · détaillée · précise • ferme · stricte
- implicite · officieuse • secrète
- limitée · succinte
- erronée

∾ VERBE + instruction
- attendre · demander
- adresser · confier : *il m'a confié les instructions nécessaires au bon fonctionnement de l'opération* · donner : *elle m'a donné les instructions par téléphone* · envoyer · fournir · transmettre • crier · hurler • répéter
- recevoir
- agir sur · exécuter : *l'agent secret exécute les instructions au doigt et à l'œil* · obéir à · se conformer à · s'en tenir à · suivre (au pied de la lettre) : *il faut suivre les instructions du fabricant*
- contrevenir à · ignorer · passer outre à : *il est passé outre aux instructions de son chef*

∾ NOM + D' + instructions
- ensemble · liste · série · suite

[3]instruction *nom fém.* (lors d'un procès)

∾ instruction + ADJECTIF
- judiciaire · pénale • réglementaire • individuelle : *chaque demande de convention fait l'objet d'une instruction individuelle*
- interminable · longue [+ nom] · tentaculaire : *le dossier a été scindé pour éviter une instruction tentaculaire*
- expéditive · sommaire · rapide

∾ instruction + VERBE
- commencer · débuter
- progresser
- s'enliser
- prendre fin

∾ VERBE + instruction
- diligenter : *c'est ce juge qui a diligenté l'instruction*
- (r)ouvrir : *le parquet a ouvert une instruction contre l'ancien ministre*
- conduire · mener • poursuivre · reprendre
- faire l'objet de : *l'entreprise a fait l'objet d'une instruction*
- suspendre • entraver
- bâcler
- achever · boucler · clore : *les dernières auditions devraient permettre de clore l'instruction*

[1]instrument *nom masc.* (outil)

∾ instrument + ADJECTIF
- agricole · chirurgical · médical · scientifique · technique
- indispensable · irremplaçable • adapté · adéquat
- commode · maniable · performant · pratique · utile • délicat · de précision · précis • fiable · sûr
- contondant · coupant · dangereux · tranchant
- rudimentaire · simple
- complexe · compliqué · sophistiqué

∾ instrument + VERBE
- servir à / de : *cet instrument sert à la fois de hache et de marteau ; cet instrument sert à observer les étoiles* • mesurer
- aider · faciliter la tâche

∾ VERBE + instrument
- développer · inventer · mettre au point • construire · fabriquer • perfectionner
- avoir recours à · se servir de · utiliser • étalonner · régler • maîtriser
- désinfecter · nettoyer · stériliser

∾ NOM + D' + instruments
- arsenal · batterie : *il a utilisé toute une batterie d'instruments de mesure sophistiqués* · éventail · gamme · panoplie

[2]instrument *nom masc.* (chose ou personne utilisée dans un but déterminé)

∾ instrument + ADJECTIF
- démocratique · idéologique · politique • didactique · pédagogique • légal · juridique • financier · fiscal · monétaire · etc.
- classique · connu
- original
- performant · puissant • indispensable · irremplaçable • (-)clé : *l'éducation est l'instrument clé du développement du pays* · essentiel · important · majeur : *dans ce film, la musique est un instrument majeur de la narration* • redoutable : *le langage est un redoutable instrument de pouvoir*
- adapté · adéquat · bon [+ nom] · efficace • incomparable · miracle · précieux • exceptionnel · extraordinaire · fantastique · formidable · merveilleux

∾ VERBE + **instrument**
- avoir · disposer de · être en possession de • se doter de
- apparaître comme · devenir · être · servir de
- changer en · faire de : *ils veulent faire d'internet un instrument de développement* · transformer en : *ils ont transformé ce média en instrument de propagande*
- avoir recours à · employer · manier · se servir de · utiliser
- concevoir comme · considérer comme · percevoir comme · voir comme • présenter comme • utiliser comme

[3]**instrument** *nom masc.* (musique)

∾ **instrument** + ADJECTIF
- acoustique · digital · électrique · électronique · harmonique : *le clavier est l'instrument harmonique par excellence* • à cordes · à vent · à percussion · à clavier • hybride : *un instrument hybride, entre saxophone et clarinette* • exotique
- moderne • ancestral · ancien · vieil [+ nom] • classique · sacré : *l'orgue, instrument sacré, accompagne la prière des chrétiens* · traditionnel
- de prédilection : *la guimbarde est son instrument de prédilection* · favori · fétiche • emblématique : *il joue de l'oud, l'instrument emblématique de la musique arabe*
- rudimentaire · simple • improvisé : *une bouteille vide en guise d'instrument improvisé*

∾ **instrument** + VERBE
- sonner (+ adverbe) : *l'instrument sonne juste / faux / magnifiquement*
- accompagner (souvent passif) : *les chants sont accompagnés d'instruments traditionnels*

∾ VERBE + **instrument**
- inventer • fabriquer
- jouer de : *elle joue de cet instrument depuis trois ans* · pratiquer : *il pratique plusieurs instruments dont la viole de gambe* • faire sonner • utiliser
- apprendre · étudier : *il a étudié cet instrument au conservatoire* • travailler
- manier • maîtriser : *il faut plusieurs années pour maîtriser cet instrument*
- accorder • réparer
- délaisser • ranger : *il range son instrument dans sa housse*

∾ NOM + D' + **instruments**
- gamme : *ce magasin propose une large gamme d'instruments à vent*

insuffisance *nom fém.*

∾ **insuffisance** + ADJECTIF
- alimentaire • cardiaque · coronaire · hépatique · rénale · respiratoire · etc.
- numérique : *l'Éducation nationale doit pallier l'insuffisance numérique de professeurs diplômés* · qualitative · quantitative
- criante · flagrante · manifeste · patente • majeure · marquée · notoire · profonde
- chronique
- cruelle · dramatique · grave · lourde [+ nom] : *la réglementation actuelle présente de lourdes insuffisances*
- petite [+ nom] · relative

∾ **insuffisance** + VERBE
- provenir de · résulter de · venir de
- conduire à : *l'insuffisance rénale conduit souvent à un ralentissement de la croissance*

∾ VERBE + **insuffisance**
- présenter : *le nouveau système présente quelques insuffisances*
- faire apparaître · faire ressortir · pointer · révéler · signaler · souligner
- constater · faire état de · relever • être conscient de · reconnaître
- dénoncer · déplorer · épingler : *le rapport épingle l'insuffisance des contrôles internes* · protester contre · se plaindre de · s'inquiéter de
- se heurter à · souffrir de : *plusieurs patients souffrent d'une insuffisance respiratoire*
- combler · compenser · contourner : *il y a des astuces pour contourner les insuffisances du logiciel* · corriger · pallier · remédier à · suppléer à : *nous avons recours à des intérimaires pour suppléer à l'insuffisance du personnel technique*

insulte *nom fém.*

∾ **insulte** + ADJECTIF
- antisémite · raciale · raciste • machiste · sexiste
- personnelle · publique : *la loi punit les insultes publiques* • verbale
- courante · fréquente • (plur.) incessantes · permanentes · quotidiennes · répétées
- préférée · à la mode : *"tartufe", c'est la nouvelle insulte à la mode*
- suprême · véritable [+ nom]
- grave · inacceptable · inadmissible · insupportable · intolérable · pire [+ nom] • facile · gratuite

∞ **insulte** + VERBE

- être dirigée contre / vers · viser • atteindre
- (plur.) fuser · pleuvoir · voler : *les insultes ont volé entre les voisins* • fleurir : *les insultes fleurissent sur les murs de l'immeuble*

∞ VERBE + **insulte**

- balancer^fam. · crier · hurler · lancer · proférer · vociférer • (plur.) rivaliser de : *les deux candidats rivalisent d'insultes*
- échanger (plur.)
- (plur.) abreuver de · accabler de · bombarder de^fam. · couvrir de
- être la cible de · être victime de · faire l'objet de · recevoir • essuyer : *il a essuyé des insultes racistes à trois reprises* · subir
- prendre comme : *il a pris cette remarque comme une insulte* • avaler : *il nous a fait avaler les pires insultes* · supporter • accepter · tolérer (souvent nég.)
- braver · dédaigner · ignorer
- répondre à · se défendre contre • dénoncer · protester contre • se venger de
- friser

∞ NOM + D' + **insultes**

- bordée · chapelet · déluge · flopée^fam. · florilège · flot · pluie · rafale · volée : *ils ont exprimé leur haine par des volées d'insultes*

insurrection *nom fém.*

∞ **insurrection** + ADJECTIF

- ouvrière · populaire • démocratique • armée · militaire
- locale · nationale
- générale · grande ^+ nom : *la première grande insurrection d'esclaves en Jamaïque eut lieu en 1673*
- permanente : *le pays a connu un siècle d'insurrection permanente*
- sanglante · violente
- larvée · petite ^+ nom
- manquée · ratée

∞ **insurrection** + VERBE

- partir de : *l'insurrection est partie de la capitale* • commencer · débuter · éclater : *une insurrection contre la monarchie a éclaté dans le nord du pays*
- agiter · ébranler · secouer • ensanglanter : *une insurrection ensanglante la région depuis un an*
- échouer

∞ VERBE + **insurrection**

- fomenter · lancer : *les révolutionnaires ont lancé une nouvelle insurrection contre le gouvernement*
- conduire à · déchaîner · déclencher · donner lieu à · provoquer
- appeler à · prôner : *son discours prône l'insurrection*
- planifier · préparer • commander • diriger · mener : *un groupe armé mène l'insurrection*
- alimenter · encourager • aider · financer · soutenir
- participer à · prendre part à · rejoindre · se joindre à
- être confronté à · être en proie à : *toute la zone est en proie à l'insurrection*
- dégénérer en · se transformer en · tourner à
- combattre · écraser · mater : *ils ont maté l'insurrection manu militari* · réprimer
- juguler · mettre fin à

intégration *nom fém.* (assimilation, insertion)

∞ **intégration** + ADJECTIF

- culturelle · économique · politique : *l'intégration politique des jeunes immigrés* · scolaire · sociale · etc.
- collective • individuelle
- éventuelle · future · possible
- rapide : *l'intégration rapide de nouveaux outils de travail* • définitive : *l'intégration définitive des intervenants dans l'entreprise*
- globale • accrue : *ce changement est dû à une intégration accrue des femmes dans le monde du travail* · complète · forte ^+ nom · grande ^+ nom · pleine ^+ nom · poussée : *le logiciel bénéficie d'une intégration poussée dans le système informatique de l'entreprise* · totale • croissante
- bonne ^+ nom · exemplaire · formidable · harmonieuse · parfaite · réussie
- faible ^+ nom • partielle · relative • graduelle · lente ^+ nom · progressive
- délicate · difficile
- mauvaise ^+ nom

∞ **intégration** + VERBE

- se dérouler · se faire : *l'intégration se fait graduellement / facilement* · se passer : *leur intégration s'est bien / mal passé*
- réussir
- échouer

∞ VERBE + **intégration**

- lutter pour · réclamer · demander · se battre pour
- bénéficier de : *le réseau ferré français va bénéficier de son intégration à un ensemble européen plus vaste*
- poursuivre

- assurer · contribuer à · faciliter · favoriser · permettre • améliorer · consolider · renforcer
- accélérer · accroître : *le pays veut accroître son intégration dans l'économie mondiale* · faire progresser · promouvoir
- réussir : *l'architecte a parfaitement réussi l'intégration de cet hôtel monumental dans son environnement urbain*
- entraver · ralentir

intelligence *nom fém.*

∾ intelligence + ADJECTIF
- animale · humaine • artificielle
- économique · stratégique : *Internet est un accélérateur pour l'intelligence stratégique des entreprises* · etc. • analytique · intuitive • créatrice · critique · pratique
- moyenne · normale • précoce : *leur fils ne donne pas de signe d'intelligence précoce*
- admirable · aiguë · exceptionnelle · extraordinaire · extrême · fulgurante · grande + nom · hors du commun · incomparable · incroyable · pénétrante · phénoménale · prodigieuse · rare : *c'est une jeune femme d'une intelligence rare* · redoutable · remarquable · supérieure · supérieure à
- affûtée · brillante · fine · lumineuse · vive
- inférieure à : *une intelligence inférieure à la moyenne* • faible · limitée

∾ intelligence + VERBE
- se construire · s'éveiller
- fonctionner : *fais fonctionner ton intelligence !*
- l'emporter (sur) : *l'intelligence l'a emporté sur la violence*

∾ VERBE + intelligence
- être doté de · être doué de · posséder • faire montre de · faire preuve de · montrer
- être pétri de : *un petit livre pétri d'intelligence et d'humour*
- démontrer · dénoter · révéler · témoigner de · montrer
- faire appel à · requérir · solliciter
- faire confiance à · miser sur · parier sur
- aiguiser : *les imagiers aident nos petits à aiguiser leur intelligence* · développer · stimuler
- cultiver · exercer · faire travailler : *ce jeu fait travailler l'intelligence d'une facon agréable*
- admirer · apprécier · saluer · vanter : *elle n'arrête pas de louer l'intelligence de son fils* · louer
- définir • mesurer · tester : *il a été chez un psychologue pour tester son intelligence*
- sous-estimer • surestimer
- laisser en friche · mal utiliser
- être dénué de · être dépourvu de · manquer de · ne pas briller par : *son meilleur ami ne brille pas par son intelligence*

∾ NOM + D' + intelligence
- brin · dose
- (petit) bijou : *ce robot est un petit bijou d'intelligence artificielle* · merveille
- preuve · signe

intempéries *nom fém. plur.*

∾ intempéries + ADJECTIF
- exceptionnelles · fortes + nom · violentes + nom
- dangereuses · dévastatrices · graves + nom · meurtrières · terribles
- faibles + nom · petites + nom

∾ intempéries + VERBE
- causer · entraîner · occasionner · provoquer : *les intempéries ont provoqué de nombreux accidents de la route*
- sévir • affecter · frapper · s'abattre sur · toucher
- (souvent passif) anéantir · balayer · dévaster · endommager • bloquer : *les automobilistes sont bloqués par les intempéries* · jouer les trouble-fête : *les intempéries ont joué les trouble-fête pendant le bal* · paralyser · perturber • blesser · coûter la vie à · tuer
- durer : *les intempéries n'ont pas duré*
- épargner (souvent nég.) : *le sud du pays n'a pas été épargné par les intempéries*

∾ VERBE + intempéries
- affronter · subir · supporter • être confronté à · être exposé à · souffrir de • être victime de
- jouer à cache-cache avec : *les randonneurs ont joué à cache-cache avec les intempéries*
- braver · faire face à · résister à : *un toit conçu pour résister aux intempéries*
- (s')abriter de · échapper à · être à l'abri de · (se) mettre à couvert de · (se) protéger de

∾ NOM + D' + intempéries
- vague : *cette nouvelle vague d'intempéries risque de rendre la circulation très difficile*

[1] intensité *nom fém.* (force, puissance)

∾ intensité + ADJECTIF
- dramatique · émotionnelle · expressive · poétique • amoureuse · érotique • physique : *la randonnée en haute montagne nécessite une grande intensité physique* · etc.

- comparable • inégale · variable
- croissante · décuplée • exceptionnelle · extrême · forte + nom · grande + nom · incroyable · inégalée · inouïe · peu commune · rare · violente · vive
- belle + nom : *le film finit par atteindre une belle intensité* · bouleversante · émouvante · extraordinaire · incomparable · prodigieuse · remarquable · saisissante · spectaculaire · stupéfiante
- étrange · inattendue · particulière · surprenante
- basse + nom : *des conflits de basse intensité* · faible + nom · moindre • modérée : *des pluies d'intensité modérée* · moyenne

∾ intensité + VERBE
- augmenter : *l'intensité de ses douleurs augmente*
- baisser : *en soirée, l'intensité des bombardements baisse* · diminuer

∾ VERBE + **intensité**
- atteindre : *les tensions ont atteint une intensité incroyable* · avoir : *cette œuvre a une grande intensité émotionnelle* • retrouver • dégager : *le match dégage une intensité qui transcende les joueurs* • gagner (en) : *le débat éthique a gagné en intensité* · redoubler de : *les combats ont redoublé d'intensité*
- apporter · donner
- calculer · évaluer · mesurer
- varier en
- accroître · augmenter
- diminuer · réduire : *ce traitement ne fait que réduire l'intensité des symptômes*
- baisser en / de : *les tirs ont baissé d'intensité* · diminuer en / de · perdre en

²intensité *nom fém.* (Phys.)

∾ intensité + ADJECTIF
- acoustique · physique · sonore · visuelle • énergétique • électrique · lumineuse · etc.
- continue
- variable
- basse + nom · faible + nom
- forte + nom · haute + nom
- constante

∾ intensité + VERBE
- varier
- augmenter
- baisser · diminuer

∾ VERBE + **intensité**
- atteindre : *ce séisme a atteint une intensité maximale* · avoir : *à la montagne, les UV ont une intensité aussi élevée qu'à la mer*
- calculer · évaluer · mesurer
- varier en
- accroître · augmenter
- baisser : *j'ai baissé l'intensité lumineuse de mon écran d'ordinateur* · diminuer · réduire
-

∾ NOM + D' + **intensité**
- degré · échelle : *l'échelle d'intensité sismique* · niveau
- pic

intention *nom fém.*

∾ intention + ADJECTIF
- initiale · originale · originelle · première
- seule + nom : *ma seule intention était de vous aider* · unique + nom
- avouée · calculée · consciente · déclarée · délibérée • claire · évidente · ferme · manifeste • déterminée : *la volonté, c'est avoir l'intention déterminée de faire quelque chose* · particulière : *j'ai écrit ce livre sans intention particulière* • précise · profonde : *on s'interroge sur les intentions profondes du gouvernement* · réelle · vraie · véritable
- belle + nom (souvent plur.) : *les belles intentions ne suffisent pas* · bienveillante · bonne + nom · charitable · excellente · généreuse · louable · meilleure + nom (souvent plur.) : *il était animé des meilleures intentions du monde* · noble • honnête · sincère
- vague + nom : *elle avait la vague intention de l'appeler mais elle ne l'a pas fait*
- cachée · secrète
- douteuse · peu avouable · suspecte · trouble
- criminelle · délictueuse · frauduleuse • coupable · hostile · malicieuse · malveillante · mauvaise + nom · perfide • agressive : *il n'y avait aucune intention agressive de ma part* · belliqueuse • suicidaire

∾ intention + VERBE
- se préciser : *les véritables intentions du gouvernement se précisent* · transparaître : *ses intentions suicidaires transparaissent dans ses écrits*
- recouvrir : *reste à savoir ce que ces intentions recouvrent concrètement*
- se heurter à : *ses louables intentions se heurtent à la réalité du terrain*

∞ VERBE + **intention**

- être animé de · être bourré de[fam.] (plur.) · être plein de · être rempli de (plur.) : *le cœur rempli d'intentions bienveillantes* • être pétri de : *un film pétri de bonnes intentions* • afficher · manifester · montrer
- affirmer · annoncer · avouer · communiquer · déclarer · dévoiler : *il ne dévoile jamais ses intentions à personne* · exprimer · faire connaître · faire état de · faire part de · notifier · proclamer · signifier : *il lui a signifié par un geste explicite son intention de le tuer* • réaffirmer : *il a réaffirmé son intention de continuer le combat* · réitérer
- dénoter · indiquer · laisser paraître : *il essaye de percevoir l'intention de l'adversaire sans laisser paraître ses propres intentions* · révéler • trahir
- déceler · découvrir · deviner · percevoir
- décrypter · démêler · sonder • interroger sur : *le tribunal l'a interrogé sur ses intentions* • connaître
- clarifier · préciser : *le ministre des Finances a précisé les intentions budgétaires du gouvernement*
- attribuer ... à · prêter ... à : *on me prête de fausses intentions*
- accuser de · reprocher ... à : *elle lui a reproché ses intentions douteuses*
- se méprendre sur : *je m'étais mépris sur ses intentions* · se tromper sur
- cacher · dissimuler · masquer · rester discret sur · rester flou sur · taire
- dénaturer
- être dénué de (plur.) : *je le sais dénué de mauvaises intentions*
- démentir : *la direction a démenti les intentions qui lui étaient prêtées*

∞ NOM + D' + **intentions**

- catalogue : *ce programme est un catalogue de bonnes intentions*

interdiction *nom fém.*

∞ **interdiction** + ADJECTIF

- bancaire · judiciaire · légale · officielle
- absolue · complète · expresse · formelle · pure et simple · stricte · totale • explicite : *il n'y a pas d'interdiction explicite de diffuser ce type de programme* • effective
- généralisée · globale
- définitive · immuable · permanente
- immédiate
- arbitraire · autoritaire · brutale
- de principe
- temporaire
- implicite

∞ **interdiction** + VERBE

- frapper · s'appliquer à · toucher : *l'interdiction de fumer touche les lieux publics*
- prendre effet : *cette interdiction prend effet à partir du 1er juillet*

∞ VERBE + **interdiction**

- demander · réclamer · souhaiter
- annoncer · décider · décréter · édicter · imposer · notifier · promulguer : *l'État a promulgué l'interdiction de commercialiser ces matières* · prononcer : *la Cour a prononcé une interdiction de séjour à leur encontre* · signifier
- élargir · étendre • maintenir · renouveler
- approuver · être favorable à · préconiser · prôner · recommander • justifier
- respecter
- être confronté à · être soumis à • être l'objet de · être menacé de
- déplorer · protester contre • dénoncer
- braver · contourner · enfreindre · faire fi de : *il a fait fi de l'interdiction absolue de divulguer l'information* · passer outre · se soustraire à : *il a rusé pour se soustraire à l'interdiction* · violer • ignorer
- assouplir · limiter
- annuler · lever : *lever une interdiction bancaire* · mettre fin à · supprimer

∞ NOM + D' + **interdictions**

- catalogue · série

interdit *nom masc.*

∞ **interdit** + ADJECTIF

- alimentaire · culturel · religieux · sexuel · social
- rituel · symbolique • paternel : *elle a bravé l'interdit paternel en épousant un homme de condition modeste*
- fondamental · majeur • absolu · strict • explicite : *il n'y a pas d'interdit explicite du clonage thérapeutique dans les textes religieux* • définitif · immuable
- tacite

∞ **interdit** + VERBE

- être en vigueur
- frapper : *un interdit frappe les œuvres de cet auteur*
- tomber

∞ VERBE + **interdit**

- faire l'objet de
- énoncer · formuler · prononcer
- fixer · poser : *il faut savoir poser des interdits à ses enfants* • maintenir
- accepter · respecter
- bousculer · braver · défier · déjouer · dépasser · détourner · enfreindre · passer outre · rejeter · se jouer de · transgresser · violer · briser : *à l'époque, je n'avais pas du tout conscience de briser un interdit*
- suspendre • lever · annuler

[1] intérêt *nom masc.* (d'une chose, d'une situation, etc.)

∞ **intérêt** + ADJECTIF

- commercial · scientifique · économique · politique · stratégique : *des îles sans véritable intérêt stratégique* · tactique · etc.
- concret · matériel · pratique • immédiat : *je ne vois pas l'intérêt immédiat de cet investissement*
- capital · majeur · principal [+ nom] • considérable : *des documents d'un intérêt considérable* · énorme · évident · immense · important · incomparable · non négligeable · suprême • grand [+ nom] · haut [+ nom] : *c'est une question du plus haut intérêt* • incontestable · indéniable
- durable
- contestable · douteux
- accessoire · faible [+ nom] · limité · mineur · minime · mitigé · modéré · négligeable · secondaire • nul

∞ **intérêt** + VERBE

- dominer · prévaloir · primer • l'emporter sur
- consister à · résider dans : *l'intérêt scientifique de ce site réside dans l'existence de fossiles*

∞ VERBE + **intérêt**

- avoir · posséder • offrir · présenter : *l'essor de l'industrie présente un intérêt majeur pour la région*
- représenter : *cette technologie représente un véritable intérêt économique pour l'entreprise* • être au cœur de : *cette zone est au cœur des intérêts stratégiques*
- comprendre · découvrir · percevoir · trouver · voir
- connaître · évaluer
- démontrer · montrer
- accroître · augmenter · maximiser
- être dénué de · être dépourvu de
- amoindrir · limiter · diminuer
- perdre : *l'opération perd dès lors tout (son) intérêt*

∞ NOM + D' + **intérêts**

- ensemble · foule · multitude · série

[2] intérêt *nom masc.* (bénéfice retiré par une personne, un groupe)

∞ **intérêt** + ADJECTIF

- local · national • commun · général : *l'intérêt général doit primer sur les intérêts particuliers* · public : *une fondation déclarée d'intérêt public* • convergents (plur.) • mutuel : *notre intérêt mutuel est de rester unis* · réciproque : *cette guerre irait à l'encontre de leurs intérêts réciproques* • particulier · personnel · privé · propres (plur.)
- (plur.) contradictoires · contraires · divergents · opposés • conflictuels · incompatibles · irréconciliables
- capital · considérable · énorme : *des intérêts financiers énormes sont en jeu* · puissant [+ nom] : *ce projet s'est fait contre de puissants intérêts économiques* • primordial : *il s'agit des intérêts primordiaux du pays* · supérieur : *l'intérêt supérieur de l'enfant* · vital • incontestable · indéniable
- corporatistes (plur.) : *il n'y a pas que des intérêts corporatistes derrière leurs inquiétudes* • égoïste · mesquin • mercantile : *sa démarche d'artiste est dénuée d'intérêt mercantile*

∞ **intérêt** + VERBE

- être en jeu
- dominer · prévaloir · primer • l'emporter sur
- converger (plur.)
- diverger (plur.)

∞ VERBE + **intérêt**

- avoir · détenir · posséder : *ce produit possède un intérêt commercial*
- trouver : *chacun y trouve son intérêt*
- définir · identifier
- prendre en compte · se préoccuper de · se soucier de • concourir à : *cette action concourt à l'intérêt général* · conforter · défendre · faire valoir · favoriser · ménager · préserver · privilégier · promouvoir · protéger · renforcer : *il veut renforcer les intérêts du pays en Asie* · représenter : *il est censé représenter les intérêts de son pays* · respecter · satisfaire : *la négociation devrait permettre de satisfaire les intérêts de chacun* · sauvegarder · servir · soutenir · veiller à • épouser (plur.)
- concilier (plur.) : *l'entreprise veut concilier les intérêts des actionnaires et ceux des employés*

- affecter · aller à l'encontre de · compromettre · contrarier · desservir · être contraire à · heurter : *la liberté de la presse s'arrête là où elle heurte les intérêts d'autrui* · léser · menacer · nuire à · porter atteinte à · porter préjudice à · trahir • brader · sacrifier • négliger · oublier
- dépasser · transcender : *cette affaire transcende largement les intérêts locaux*

∾ NOM + D' + intérêts
- coalition · convergence · écheveau · enchevêtrement · ensemble · mosaïque · multitude · myriade · réseau · somme
- divergence

dans l'intérêt de
- agir · prendre une décision / une mesure · travailler · etc.

[3] intérêt *nom masc.* (attention, goût pour qqch.)

∾ intérêt + ADJECTIF
- précoce • tardif
- nouveau
- grand [+ nom] · immense · manifeste · marqué · non feint · particulier · profond · renouvelé : *l'intérêt renouvelé pour l'apprentissage des langues anciennes* · vif : *j'éprouve un vif intérêt pour cette technologie* · réel [+ nom] · véritable [+ nom] • croissant · grandissant • sincère
- immédiat · soudain
- constant · durable
- excessif · incompréhensible
- faible [+ nom] · limité : *il n'a qu'un intérêt limité pour la fiction* · modéré · nul · poli : *sa prestation n'a suscité qu'un intérêt poli*
- passager
- feint : *il n'affiche qu'un intérêt feint pour le malheur des autres*

∾ intérêt + VERBE
- porter sur
- renaître
- augmenter · grandir · aller croissant
- diminuer · faiblir · retomber · s'amenuiser · s'émousser : *l'intérêt s'émousse de tome en tome* · s'estomper

∾ VERBE + intérêt
- être digne de
- être dénué de · être dépourvu de
- attirer · éveiller : *l'habitat écologique éveille un intérêt modéré* · forcer · inspirer · provoquer · susciter
- capter : *il cherche à capter l'intérêt de nouveaux publics* · focaliser · retenir · soulever : *ces interrogations soulèvent notre intérêt*
- (se) découvrir · trouver • avoir · éprouver : *il n'éprouve aucun intérêt pour ce travail* · nourrir : *il nourrit tout jeune un intérêt pour la littérature* • attacher ... à : *les personnages de la série sont vraiment insipides, difficile de leur attacher un quelconque intérêt* · porter : *merci de porter autant d'intérêt à mon travail* • conserver · garder · redoubler de
- avouer · exprimer · faire connaître
- afficher · manifester · marquer : *il souhaite marquer symboliquement son intérêt pour le projet* · montrer • témoigner
- révéler · témoigner de
- feindre · simuler
- connaître : *on connaît depuis longtemps son intérêt pour les expériences extrêmes* • comprendre · expliquer
- observer · sentir • prendre en compte
- accroître · aiguiser · augmenter · exciter · ranimer · raviver · renforcer · réveiller · stimuler : *l'éducation civique stimule l'intérêt porté au processus politique*
- atténuer · diminuer · refroidir : *ce livre trop difficile a refroidi l'intérêt des élèves pour le sujet*
- perdre : *cette émission a perdu tout intérêt depuis que le présentateur a changé*

∾ NOM + D' + intérêt
- centre : *son principal centre d'intérêt est le basket*
- regain : *elle a un regain d'intérêt pour la botanique*

[4] intérêts *nom masc. plur.* (Fin.)

∾ intérêts + ADJECTIF
- moratoires • bancaires · créditeurs · débiteurs • composés · simples • courus • exigibles
- accumulés · cumulés
- élevés · énormes · exorbitants · prohibitifs · scandaleux

∾ intérêts + VERBE
- courir : *les intérêts courent depuis maintenant plus de trois ans*
- s'accumuler

∾ VERBE + intérêts
- générer · produire · rapporter : *le livret d'épargne vous rapporte des intérêts chaque année*
- demander · réclamer
- calculer · (ré)évaluer
- accorder · octroyer · verser
- percevoir · recevoir · toucher • accumuler · capitaliser · cumuler
- payer · rembourser

taux d'intérêt

∾ taux d'intérêt + ADJECTIF

- domestique · obligataire • légal • directeur • au jour le jour • actuariel
- fixe · nominal · réel · variable • à court terme · à long terme · à moyen terme • annuel · mensuel
- de base • bonifié
- effectif · réel
- attractif · élevé
- exorbitant · prohibitif
- bas · faible

∾ taux d'intérêt + VERBE

- être applicable à : *le taux d'intérêt annuel applicable à votre placement*
- connaître une hausse · être en hausse · évoluer à la hausse · grimper (en flèche) · monter
- baisser · chuter · diminuer
- converger : *les taux d'intérêt devraient converger vers le bas* • évoluer · fluctuer · varier
- rester constant · rester inchangé · se maintenir · se stabiliser • stagner

∾ VERBE + taux d'intérêt

- calculer : *il calcule le taux d'intérêt pour l'investissement total* • fixer • appliquer
- majorer · relever : *ils se sont opposés à la décision de la banque de relever les taux d'intérêt*
- baisser · réduire

∾ NOM + DE + taux d'intérêt

- flambée · relèvement · remontée
- recul · repli

1 interprétation *nom fém.* (explication)

∾ interprétation + ADJECTIF

- historique · politique · scientifique • jurisprudentielle • philosophique · métaphysique · psychanalytique · etc.
- personnelle
- nouvelle · novatrice · originale
- (plur.) contradictoires · divergentes
- (plur.) convergentes
- délicate · difficile · malaisée • polémique : *la définition exacte du terrorisme se prête encore à des interprétations polémiques*
- ambiguë
- extensive : *le texte devrait être précisé pour éviter toute interprétation extensive* · large : *le tribunal a donné une interprétation large à cette loi contestée* · libre · maximaliste : *une interprétation maximaliste du principe de précaution* · ouverte · souple • osée
- allégorique · symbolique
- favorable : *l'interprétation favorable de la loi*
- cohérente · intéressante · judicieuse · logique · rigoureuse • fine · intelligente • correcte · juste • pragmatique
- étriquée : *une interprétation étriquée d'un texte religieux* · réductrice • dogmatique : *il lutte contre l'interprétation dogmatique des idées de ce philosophe* · simpliste • abusive : *c'est une interprétation abusive de la loi* · biaisée · caricaturale · contestable · fallacieuse · fantaisiste · sujette à caution · suspecte · tendancieuse • erronée · fausse · mauvaise + nom • hâtive · (trop) rapide
- littérale · stricte • étroite · limitée · puriste · restrictive
- défavorable : *il veut éviter une interprétation défavorable des services fiscaux*

∾ interprétation + VERBE

- diverger (plur.) : *leurs interprétations du phénomène divergent* • varier (plur.)

∾ VERBE + interprétation

- demander : *cette iconographie peu commune demande une interprétation* · nécessiter · réclamer • exiger
- donner · faire · offrir · proposer · suggérer
- souscrire à : *dans leur récent manifeste, ils souscrivent à cette interprétation* • préconiser : *il préconise une interprétation symbolique des textes sacrés* · prôner
- nuancer
- être soumis à : *ses films ne peuvent être soumis à une interprétation logique* · être sujet à · se prêter à • donner lieu à

∾ NOM + D' + interprétation(s)

- foule · multitude · série · quantité
- grille : *difficile d'établir une grille d'interprétation cohérente du comportement humain*
- liberté · marge · pouvoir
- querelle · divergence · différence
- piste : *suggérer / offrir des pistes d'interprétation* · clé : *donner / fournir les clés de l'interprétation*

2 interprétation *nom fém.* (manière de jouer)

∾ interprétation + ADJECTIF

- féminine : *elle a reçu le prix d'interprétation féminine* · masculine
- étonnante · surprenante • originale · personnelle

- admirable · bonne + nom · de haute volée : *le film est réussi grâce à une interprétation de haute volée* · époustouflante · excellente · exceptionnelle · extraordinaire · formidable · inoubliable · inspirée · magistrale · prodigieuse · remarquable · splendide · sublime · superbe • brillante · éblouissante · éclatante • irréprochable · juste · parfaite • irrésistible · savoureuse • bouleversante · émouvante • nuancée · subtile
- sage · timide : *l'interprétation timide du jeune comédien*
- académique · fade · molle · convenue • outrancière

∞ VERBE + interprétation
- bénéficier de · être servi par : *le film est servi par une interprétation exceptionnelle*

∞ NOM + D' + interprétation
- prix

interrogation *nom fém.* (question)

∞ interrogation + ADJECTIF
- éthique · existentielle · métaphysique · morale · philosophique • scientifique · etc.
- collective • personnelle
- fondée · légitime
- centrale · cruciale · essentielle · fondamentale · importante · majeure
- forte + nom · grande + nom · grave + nom : *les avancées de la génétique soulèvent de graves interrogations* · lourdes + nom (plur.) : *cela pose de lourdes interrogations sur l'efficacité du dispositif* · sérieuse · vaste · vive + nom : *le cerveau a de tout temps suscité les plus vives interrogations scientifiques*
- incessante · lancinante · permanente · perpétuelle · persistante · récurrente · sempiternelle + nom : *la sempiternelle interrogation philosophique : "qui suis-je ?"*
- angoissante · inquiète : *ces propos traduisent l'interrogation inquiète de l'opinion publique*

∞ interrogation + VERBE
- apparaître · émerger : *une nouvelle interrogation sur l'avenir du pays émerge* · naître · poindre · surgir
- (plur.) fuser : *les interrogations fusent de toutes parts* · se multiplier
- concerner · porter sur · tourner autour de
- demeurer · persister · subsister • rester : *cette interrogation reste sans réponse / en suspens / entière* • revenir : *cette interrogation revient en boucle / comme un leitmotiv*
- agiter : *ces interrogations agitent le monde de la presse* · hanter · tarauder : *les interrogations existentielles qui taraudent le poète* • peser sur : *les interrogations qui pèsent sur l'avenir de l'entreprise*

∞ VERBE + interrogation
- déboucher sur · déclencher · lever · soulever : *cette situation étrange n'est pas sans soulever quelques interrogations* · susciter : *la crise boursière suscite chez certains une interrogation sur la nouvelle économie*
- être sujet à : *cette situation est sujette à interrogations* · faire l'objet de · poser : *l'origine de son nom pose déjà une interrogation*
- avoir · partager
- exprimer · formuler • livrer
- contenir : *ce livre contient des interrogations sérieuses*
- refléter · témoigner de • illustrer · traduire
- alimenter · raviver · relancer · renforcer · réveiller
- répondre à
- dissiper · mettre fin à
- écarter · éluder · évacuer

∞ NOM + D' + interrogations
- avalanche · chapelet · cortège · flot · foule · liste · monceau · multitude · nombre · série

interrogatoire *nom masc.*

∞ interrogatoire + ADJECTIF
- collectif · individuel • contradictoire [Droit] : *l'interrogatoire contradictoire mené par la défense*
- approfondi · complet · minutieux · pointilleux · poussé · précis · rigoureux · serré · véritable + nom • impitoyable · implacable · musclé · rude
- long + nom • interminable · laborieux
- chaotique · difficile · humiliant · tendu · violent
- infructueux : *l'interrogatoire s'est avéré infructueux*
- sommaire • bref + nom · court + nom · rapide

∞ interrogatoire + VERBE
- commencer · débuter
- avoir lieu · se dérouler : *l'interrogatoire se déroule sans la présence de l'avocat*
- continuer · se poursuivre : *l'interrogatoire s'est poursuivi jusque tard dans la nuit*
- porter sur · concerner
- conduire à · donner lieu à · se solder par
- finir · s'achever · se terminer

∾ VERBE + **interrogatoire**

- mener · procéder à • poursuivre · reprendre • multiplier (plur.)
- emmener pour : *treize des manifestants ont été interpellés et emmenés pour interrogatoire avant d'être relâchés* · soumettre à
- participer à : *des militaires ont participé aux interrogatoires* · passer : *j'ai passé un véritable interrogatoire* · répondre à · se soumettre à : *il a accepté de se soumettre à l'interrogatoire et aux examens de santé* • subir : *il fait subir aux suspects un interrogatoire*
- résister à : *le prévenu n'a pas résisté à l'interrogatoire serré de la présidente du tribunal*
- assister à • enregistrer · filmer
- abréger · écourter
- finir · terminer

∾ NOM + D' + **interrogatoires**

- série · succession

interruption *nom fém.*

∾ **interruption** + ADJECTIF

- estivale : *la dernière diffusion de l'émission avant l'interruption estivale* • publicitaire : *le film est diffusé sans interruption publicitaire*
- accidentelle · imprévue
- forcée
- brusque · brutale : *l'interruption brutale des négociations* · immédiate • prématurée : *cette indemnité compense l'interruption prématurée des contrats*
- longue + nom · prolongée • définitive
- complète · pure et simple : *les petites entreprises sont confrontées à une interruption pure et simple de leurs activités* · totale
- brève + nom · courte + nom • momentanée · provisoire · temporaire
- intempestive : *on a pu enfin l'entendre chanter sans interruptions intempestives*

∾ **interruption** + VERBE

- être due à : *l'interruption scolaire est due aux congés*
- se prolonger

∾ VERBE + **interruption**

- provoquer : *un problème technique a provoqué l'interruption des programmes*

sans interruption

- enchaîner · fonctionner · parler · travailler • poursuivre : *le traitement doit être poursuivi sans interruption pendant deux semaines* • être au pouvoir : *il est au pouvoir quasiment sans interruption depuis 1966* · être réélu : *il a été réélu député sans interruption jusqu'en 1991*

1 intervalle *nom masc.* (espace)

∾ **intervalle** + ADJECTIF

- (plur.) espacés • rapprochés • inégaux · irréguliers • égaux · réguliers
- petit + nom · réduit : *ces arbres, placés à intervalles réduits, forment une haie* • étroit
- grand + nom · immense • large + nom

∾ **intervalle** + VERBE

- séparer

∾ VERBE + **intervalle**

- laisser
- délimiter · mesurer
- se situer dans : *l'art se situe dans l'intervalle qui sépare la vérité du mensonge*
- augmenter
- maintenir : *le conducteur maintient un intervalle de sécurité avec le véhicule qui le précède*
- diminuer · réduire
- combler · remplir : *il faut remplir l'intervalle entre les cloisons*

2 intervalle *nom masc.* (temps)

∾ **intervalle** + ADJECTIF

- temporel · de temps
- (plur.) espacés • rapprochés • irréguliers • égaux · réguliers
- bref + nom · court + nom · petit + nom · réduit • étroit
- grand + nom · long + nom : *un long intervalle a séparé les deux publications* • large : *un large intervalle de temps*

∾ **intervalle** + VERBE

- séparer : *un court intervalle a séparé ses deux séjours à l'hôpital*

∾ VERBE + **intervalle**

- laisser
- se situer dans
- mesurer
- augmenter · prolonger
- maintenir
- diminuer · raccourcir

1 intervention *nom fém.* (action)

∾ **intervention** + ADJECTIF

- armée · militaire · policière • étatique · extérieure · internationale • humanitaire • pédagogique · éducative
- concertée · organisée • directe · indirecte • humaine · personnelle • à domicile
- préventive

- propice · providentielle · salutaire • nécessaire · opportune • habile • efficace · utile • décisive
- immédiate • impromptue · soudaine • urgente
- fréquente • croissante : *une intervention croissante de l'État dans le domaine social*
- énergique • brutale : *l'intervention brutale des forces de police* · musclée • de grande ampleur · massive • remarquée · spectaculaire
- violente • déplacée · intempestive · prématurée • inefficace
- discrète · limitée · modeste · restreinte • tardive
- courte · rapide • ponctuelle : *il propose des interventions ponctuelles auprès d'enfants handicapés* · sporadiques (plur.)

∞ intervention + VERBE
- avoir lieu · se produire
- se justifier · s'imposer : *une intervention s'impose pour éviter la prolifération des cafards*
- durer

∞ VERBE + intervention
- demander · réclamer · requérir · solliciter • attendre : *ils attendent l'intervention de l'OTAN*
- déclencher · précipiter : *les médias ont été utilisés pour précipiter l'intervention internationale* · provoquer
- proposer : *ils ont proposé son intervention comme médiateur dans le conflit*
- réaliser : *l'association réalise des interventions pédagogiques dans les écoles primaires* • multiplier (plur.)
- approuver · autoriser · cautionner • justifier • applaudir · remercier de / pour
- déplorer • condamner · dénoncer · s'opposer à • interdire • éviter : *il veut éviter une intervention de l'État*

∞ NOM + D' + intervention(s)
- champ
- série · succession · vague : *une vague d'interventions de sensibilisation aura lieu dans les lycées*
- campagne

[2] intervention *nom fém.* (discours)

∞ intervention + ADJECTIF
- inaugurale · officielle · publique · solennelle · télévisée • orale · écrite : *l'intervention écrite du député semble avoir accéléré le processus* • spontanée
- bouleversante · brillante · remarquable
- brève [+ nom] · courte [+ nom] · petite [+ nom] : *chaque étudiant doit faire une petite intervention orale*

∞ VERBE + intervention
- annoncer : *le journal annonce une intervention télévisée du président*
- organiser · préparer · programmer
- commencer · débuter
- assurer · faire
- féliciter pour : *il m'a félicité pour mon intervention sur l'environnement* • se féliciter de · se réjouir de
- poursuivre : *il a poursuivi son intervention en disant qu'il était excédé*
- interrompre
- clore · finir · terminer

[3] intervention *nom fém.* (Méd.)

∞ intervention + ADJECTIF
- chirurgicale · médicale · thérapeutique
- (plur.) innombrables · multiples
- indispensable · inévitable · nécessaire • urgente
- spectaculaire • dangereuse · délicate · lourde : *il se remet lentement de cette lourde intervention*
- bénigne · légère [+ nom] : *elle devra subir une légère intervention au genou* · petite [+ nom]
- courte · rapide

∞ intervention + VERBE
- s'imposer
- avoir lieu · se dérouler : *l'intervention se déroule sous anesthésie* · se passer : *l'intervention s'est bien passée*
- durer : *l'intervention a duré quatre heures*

∞ VERBE + intervention
- avoir besoin de · nécessiter · réclamer • justifier : *son état justifie pleinement une intervention chirurgicale*
- précipiter
- commencer
- tenter • effectuer · pratiquer · réaliser
- être soumis à · subir
- repousser · retarder
- éviter
- finir · terminer
- se remettre de

[1] intimité *nom fém.* (relation privilégiée)

∞ intimité + ADJECTIF
- amicale · émotionnelle · familiale · relationnelle • amoureuse · érotique · physique · sexuelle

- étroite · forte · grande + nom · particulière · profonde · rare : *nous avons partagé un moment d'intimité rare* · véritable + nom · vraie + nom • croissante
- douce · sereine · tranquille • complice · précieuse + nom
- fausse + nom : *la fausse intimité du ministre avec le journaliste est exaspérante*

∾ intimité + VERBE

- exister : *une intimité particulière existe entre la mère et sa fille* • se créer · se développer : *l'intimité dans le couple se développe avec le temps* · s'établir
- lier · unir
- être propice à : *l'intimité du repas est propice aux confidences* · permettre

∾ VERBE + intimité

- créer · être propice à : *une atmosphère propice à l'intimité* · offrir · assurer · instaurer : *il instaure une intimité entre l'auteur et le lecteur* · installer
- préserver · maintenir : *il veille à maintenir l'intimité entre la France et l'Allemagne*

[2]intimité *nom fém.* (vie privée)

∾ intimité + ADJECTIF

- stricte ○ + nom : *la cérémonie se déroulera dans la plus stricte intimité*
- minimale : *le système carcéral doit garantir une intimité minimale aux détenus* • relative

∾ VERBE + intimité

- avoir besoin de · (re)chercher • tenir à : *il tient beaucoup à son intimité*
- respecter • défendre · préserver · protéger
- partager
- explorer • accéder à · saisir
- faire partie de · être admis dans • relever de
- afficher · dévoiler · étaler : *le magazine a étalé leur intimité au grand jour* · déballer *fam.* · exhiber · exposer · mettre en scène · montrer
- pénétrer · envahir : *la télévision a envahi notre intimité conjugale* • menacer · porter atteinte à · surprendre · troubler · violer

∾ NOM + D' + intimité

- manque : *le manque d'intimité des chambres d'étudiants* • absence
- instant · moment

dans l'intimité

- avoir lieu · se tenir · se dérouler : *les obsèques se dérouleront dans la plus stricte intimité*
- entrer · faire incursion · fouiller · pénétrer · plonger · se glisser · s'immiscer · s'insinuer · s'introduire • être surpris · être violé

intolérance *nom fém.*

∾ intolérance + ADJECTIF

- raciale · religieuse
- grande + nom · profonde · véritable + nom • croissante · grandissante
- inadmissible · insupportable
- dangereuse · meurtrière

∾ intolérance + VERBE

- prévaloir · régner : *l'intolérance règne dans vos propos*
- gagner du terrain
- inquiéter • menacer

∾ VERBE + intolérance

- conduire à : *l'ignorance conduit à l'intolérance* · mener à
- afficher · faire preuve de · manifester · montrer · faire montre de
- illustrer • témoigner de · révéler · refléter · montrer
- accuser de
- affronter · se heurter à · souffrir de · subir : *les minorités ont souvent à subir l'intolérance des autres*
- dénoncer · déplorer · s'en prendre à · stigmatiser
- combattre · lutter contre · rejeter

∾ NOM + D' + intolérance

- climat
- mur

intransigeance *nom fém.*

∾ intransigeance + ADJECTIF

- artistique · politique • éthique · morale
- absolue · accrue · à toute épreuve · farouche · féroce · forcenée · grande + nom · impitoyable · obstinée · stricte · totale • belle + nom · rare · remarquable
- aveugle · hautaine

∾ VERBE + intransigeance

- être connu pour · être de (+ adj.) : *il est d'une grande intransigeance* · être réputé pour
- afficher · faire montre de · faire preuve de · manifester · montrer : *la hiérarchie militaire a montré son intransigeance*
- révéler · témoigner de
- être confronté à · faire face à · se heurter à : *elle s'est heurtée à l'intransigeance du vigile*
- prêcher · prôner : *nous prônons l'intransigeance envers ces comportements racistes*
- céder à : *il a dû céder à l'intransigeance de son supérieur*
- accroître · renforcer

- accuser de • condamner · critiquer · déplorer · désapprouver
- contourner · contrer
- contraster avec · trancher avec
- rompre avec · se départir de

[1]intrigue *nom fém.* (machination)

∞ intrigue + ADJECTIF

- familiale · politique
- [liaison] amoureuse · galante : *cette forêt est le cadre idéal pour nouer une intrigue galante* · sentimentale
- (plur.) incessantes · innombrables
- petite $^{+\text{ nom}}$ (souvent plur.) : *les petites intrigues du monde des lettres* • feutrée
- mystérieuse · troublante
- obscure · secrète · sournoise · souterraine • sombre $^{+\text{ nom}}$ · ténébreuse

∞ intrigue + VERBE

- aller bon train : *les intrigues de cour vont bon train dans le palais*

∞ VERBE + intrigue

- tramer
- être entraîné dans • être / se trouver au centre de • être impliqué dans
- clarifier · débrouiller · déjouer · démêler · dénouer · percer · résoudre : *il leur faut des indices pour résoudre cette mystérieuse intrigue*

∞ NOM + D' + intrigues

- cortège · lot · réseau

[2]intrigue *nom fém.* (d'un livre, d'un film, etc.)

∞ intrigue + ADJECTIF

- mélodramatique · romanesque • amoureuse · romantique : *une intrigue furieusement romantique* · sentimentale • historique • criminelle · policière · etc.
- classique
- accrocheuse · alléchante · prometteuse • captivante · haletante · passionnante · prenante
- bien ficelée · bien menée · cohérente · efficace · fluide · ingénieuse · intéressante • compréhensible · limpide • jubilatoire · réjouissante
- dense · fertile / riche en rebondissements • inventive · originale • déjantée$^{fam.}$ · farfelue · loufoque • machiavélique
- abracadabrante · alambiquée · complexe · compliquée · confuse · embrouillée · incompréhensible · rocambolesque · tarabiscotée · tortueuse · touffue • improbable · invraisemblable
- minimale · minimaliste · simple · vague $^{+\text{ nom}}$ • faible · fragile · légère · mince : *l'intrigue de ce film est mince comme une feuille de papier à cigarettes*
- cousue de fil blanc : *malgré une intrigue cousue de fil blanc, l'ensemble finit par émouvoir* · prévisible · sans surprise • artificielle · inconsistante · insipide • banale · pâlichonne$^{fam.}$ • maladroite • sordide

∞ intrigue + VERBE

- se dérouler · se passer : *l'intrigue se passe à New York* · se situer
- s'installer : *l'intrigue s'installe rapidement*
- reposer sur : *l'intrigue repose sur des faits historiques* · se fonder sur · se nourrir de · s'inspirer de
- progresser · rebondir • s'épaissir · s'étoffer
- (plur.) s'enchevêtrer · s'entrecroiser : *des intrigues s'entrecroisent dans ce texte ambitieux et complexe* · s'entrelacer
- prendre une tournure / direction (+ adj.) : *l'intrigue prend soudain une tournure inattendue*
- stagner · (se) traîner • céder à la facilité • se noyer dans : *l'intrigue se noie dans un tourbillon d'invraisemblances*

∞ VERBE + intrigue

- bâtir · concevoir · conduire · construire · élaborer · imaginer · nouer · tisser : *le romancier tisse une intrigue fertile en péripéties* · tramer · tricoter : *l'auteur tricote une intrigue alambiquée* • ancrer : *il ancre son intrigue dans le monde réel* · situer
- conter · décrire · raconter · résumer • déflorer : *ne déflorons pas l'intrigue pour ceux qui n'auraient pas encore lu le roman* · dévoiler
- alimenter · corser · pimenter : *des quiproquos pimentent cette intrigue classique* · relever
- démêler : *le protagoniste aura du mal à dénouer l'intrigue dont il est le héros* · dénouer : *il a un talent rare pour dénouer les intrigues*
- s'égarer dans · s'embourber dans : *le film s'embourbe dans une intrigue tortueuse* · se perdre dans

∞ NOM + DE + intrigue

- nœud · cœur

[1]intuition *nom fém.* (sixième sens)

∞ intuition + ADJECTIF

- artistique · politique · psychologique
- féminine°

- extraordinaire · fine : *sa fine intuition d'homme d'État* · formidable · forte ⁺ ⁿᵒᵐ · fulgurante · grande ⁺ ⁿᵒᵐ · infaillible · phénoménale · prodigieuse · rare · remarquable · surprenante · véritable ⁺ ⁿᵒᵐ

∞ intuition + VERBE
- aider · avertir · guider • pousser à

∞ VERBE + intuition
- avoir · posséder
- faire preuve de
- croire à · faire confiance à · fonctionner à : *elle fonctionne à l'intuition* · laisser parler · procéder par · se fier à · s'en remettre à · suivre
- être dépourvu de · manquer de

[2]intuition *nom fém.* (idée, prémonition)

∞ intuition + ADJECTIF
- initiale · première ⁺ ⁿᵒᵐ : *je me suis fiée à ma première intuition*
- brusque · soudaine · subite • immédiate
- simple ⁺ ⁿᵒᵐ • vague ⁺ ⁿᵒᵐ : *il avait la vague intuition que son frère n'était pas mort*
- mystérieuse · surprenante
- forte ⁺ ⁿᵒᵐ · grande ⁺ ⁿᵒᵐ · profonde
- bonne ⁺ ⁿᵒᵐ · extraordinaire · formidable · géniale : *il a eu une intuition géniale concernant les lois de l'hérédité* · remarquable

∞ intuition + VERBE
- se révéler (+ adj.)
- se confirmer · se vérifier

∞ VERBE + intuition
- partager : *sur un certain nombre de questions, nous partageons les mêmes intuitions*
- appuyer · confirmer · conforter (dans) : *ces dernières statistiques nous confortent dans notre intuition* · corroborer · étayer · renforcer · vérifier : *aucune étude n'a encore vérifié l'intuition de ce médecin* • correspondre à
- se fier à · suivre

invasion *nom fém.*

∞ invasion + ADJECTIF
- militaire · étrangère • maritime · terrestre • bactérienne · biologique · extraterrestre • culturelle · technologique · touristique
- grande ⁺ ⁿᵒᵐ : *une grande invasion de criquets pèlerins* · massive
- barbare · brutale • inacceptable · intolérable
- progressive • rampante · sournoise

∞ VERBE + invasion
- organiser · préparer
- poursuivre : *l'algue poursuit inlassablement son invasion*
- anticiper · prévoir · s'attendre à
- assister à
- approuver · être favorable à • justifier : *la défense des droits de l'homme justifie selon lui cette invasion*
- craindre · redouter · s'inquiéter de
- déplorer · condamner · critiquer · dénoncer · protester contre
- lutter contre · résister à · se battre contre · se défendre contre · s'opposer à • bloquer · endiguer · enrayer • empêcher · éviter
- fuir
- arrêter · mettre fin à · stopper

inventaire *nom masc.*

∞ inventaire + ADJECTIF
- à la Prévert
- analytique · chronologique • qualitatif · quantitatif
- mondial · national
- général · global • exhaustif · systématique
- détaillé · exact · minutieux · précis · rigoureux · scrupuleux
- complet · définitif : *un inventaire définitif des espèces à protéger*
- foisonnant · grand ⁺ ⁿᵒᵐ · long ⁺ ⁿᵒᵐ · monumental
- compliqué · difficile • fastidieux · pénible • impossible
- accablant · douloureux · effrayant · macabre : *l'inventaire macabre de ses crimes de guerre* · sombre · terrible · triste
- simple ⁺ ⁿᵒᵐ • sommaire · rapide • partiel · sélectif • flou · imprécis · incomplet
- provisoire

∞ inventaire + VERBE
- recenser · regrouper

∞ VERBE + inventaire
- tenter • commencer · engager · entreprendre · lancer : *le ministère a lancé un inventaire des richesses nationales* · se lancer dans • dresser · esquisser · établir · faire · procéder à · réaliser
- compléter · continuer · poursuivre · reprendre : *j'ai repris l'inventaire de mes DVD*
- ajouter à · inscrire à : *le bâtiment a été inscrit à l'inventaire des monuments historiques*

- apparaître dans · figurer dans · mentionner dans
- ressembler à • tourner à : *le film tourne à l'inventaire archéologique*
- présenter · publier • communiquer · fournir
- achever · boucler · finir · terminer
- manquer à

[1]invention *nom fém.* (création)

∞ invention + ADJECTIF

- conceptuelle · formelle · littéraire · technique : *un livre sur l'invention technique au siècle des Lumières* · etc.
- ancienne · vieille + nom • moderne · récente • collective · personnelle • brevetable
- admirable · audacieuse · belle + nom · extraordinaire · géniale · grande + nom · incroyable · magnifique · merveilleuse · prodigieuse • pratique · utile
- novatrice · révolutionnaire · originale
- étrange · farfelue • inutile • diabolique

∞ invention + VERBE

- apparaître · dater de · voir le jour : *l'invention du téléphone a vu le jour en 1876* • faire date
- naître de : *cette invention est née de son esprit farfelu*
- reposer sur · se baser sur · se fonder sur

∞ VERBE + invention

- mettre au point • perfectionner
- attribuer ... à : *on attribue l'invention du cinéma aux frères Lumière*
- s'approprier : *il s'est approprié l'invention de son cousin*
- importer • exporter • commercialiser · vendre : *il essaya en vain de vendre son invention à l'armée hollandaise*
- utiliser
- breveter · protéger

[2]invention *nom fém.* (esprit d'invention)

∞ invention + ADJECTIF

- constante · permanente

∞ VERBE + invention

- être bourré de *fam.* · être plein de • rivaliser de (plur.) : *les journaux rivalisent d'invention pour séduire leurs lecteurs*
- faire preuve de
- être à court de (nég.) : *il n'est jamais à court d'invention* · manquer de
- témoigner de : *ce livre témoigne d'une invention peu commune* · montrer

investissement *nom masc.* (argent)

∞ investissement + ADJECTIF

- boursier · financier · immobilier · industriel · locatif · publicitaire · technique · etc. • de capacité · de modernisation · de portefeuille · de productivité · de remplacement · de renouvellement • immatériel : *il insiste sur l'importance de l'investissement immatériel pour l'entreprise* · matériel • obligataire · spéculatif
- direct · indirect • brut · net • privé · public • collectif · personnel • étranger : *il faut repenser le rôle des investissements étrangers dans le développement du pays*
- à court terme · à moyen terme • à long terme · durable
- initial
- faible · limité · modeste · petit + nom · réduit
- indispensable · nécessaire : *les investissements nécessaires au bon fonctionnement de l'équipement*
- global · total • colossal · conséquent · considérable · énorme · gigantesque · gros + nom · massif · pharaonique · record · substantiel • coûteux · lourd • important · majeur
- avantageux · bon + nom · lucratif · performant · productif · profitable · rentable • habile · stratégique
- excessif : *ce système encourage un investissement excessif* • à risques · douteux · hasardeux · risqué • désastreux · improductif · mauvais + nom

∞ investissement + VERBE

- atteindre : *l'investissement atteindra 3,8 millions d'euros* · s'élever à
- se concentrer dans : *les investissements se concentrent dans le secteur pétrolier*
- affluer (plur.) : *les investissements affluent de l'étranger* • progresser • augmenter · croître · être en hausse
- baisser de · chuter · diminuer · être en baisse · reculer • se raréfier (plur.)
- redémarrer : *l'investissement redémarre, mais encore trop faiblement* · reprendre

∞ VERBE + investissement

- demander · nécessiter • réclamer · requérir : *le développement de l'entreprise requiert un investissement de 100 millions d'euros* • justifier : *la différence de rendement obtenu justifie pleinement l'investissement*
- prévoir
- consentir · effectuer · engager · faire · procéder à · réaliser • financer : *la filiale finance l'investissement par ses bénéfices*

- constituer · représenter : *cela représente un investissement de 25 millions d'euros*
- diversifier (plur.)
- accroître · intensifier • poursuivre
- contrôler · réglementer • défiscaliser
- absorber : *l'international absorbe 30 % des investissements* · utiliser • bénéficier de
- amortir · rentabiliser • consolider · optimiser : *il se renseigne sur le cours de la Bourse pour optimiser ses investissements*
- attirer · encourager · favoriser · stimuler : *la croissance stimule l'investissement* • dynamiser : *une politique d'aide au tourisme a dynamisé les investissements hôteliers* · relancer
- être un frein à · être un obstacle à · freiner • limiter · rogner sur : *soit on s'endette, soit on rogne sur les investissements*
- décourager · faire fuir : *ce climat de réglementation a fait fuir les investissements étrangers*
- annuler · geler · stopper : *ils ont décidé de stopper les investissements pour dénoncer les atteintes aux droits de l'homme*

∾ NOM + D' + investissements

- afflux · flot · flux : *les flux d'investissements directs entre la France et l'étranger* · série · vague : *une nouvelle vague d'investissements déferle sur l'immobilier* • stock : *ces trois continents ne représentent que 12% du stock d'investissements français à l'étranger*

invitation *nom fém.*

∾ invitation + ADJECTIF

- formelle · officielle • personnelle · collective • professionnelle
- aimable · charmante + nom · cordiale · gentille + nom
- (souvent plur.) régulière · répétée
- tardive
- [requête] appuyée · pressante • directe
- [requête] étrange · incongrue · saugrenue

∾ invitation + VERBE

- pleuvoir (plur.)

∾ VERBE + invitation

- faire · lancer • adresser · envoyer · porter · remettre · transmettre • multiplier (plur.)
- confirmer • réitérer : *je réitère mon invitation à ceux qui n'ont pas encore répondu* · renouveler · relancer
- obtenir • décrocher fam. : *il espère décrocher une invitation pour le Tour de France* · recevoir • être submergé de (plur.)
- répondre à : *il n'a jamais répondu à mon invitation*
- accepter · honorer : *son agenda ne lui a pas permis d'honorer cette invitation* · ne pas résister à : *je ne peux résister à ta si charmante invitation*
- profiter de
- décliner · refuser · rejeter
- décaler · reporter · repousser
- annuler • retirer

ironie *nom fém.*

∾ ironie + ADJECTIF

- gentille · tendre • douce : *les fables de La Fontaine sont teintées d'une douce ironie* · légère
- fine : *l'ironie fine est celle dont le vrai sens se fait attendre* · subtile • amusée : *il observe le réel avec une ironie amusée* · réjouissante • malicieuse · mutine
- décalée · déjantée fam.
- appuyée : *il lui a fait une remarque d'une ironie appuyée* · marquée · profonde
- déplacée · déplaisante · féroce · impitoyable · implacable • caustique · corrosive · cynique · incisive • abrupte · cinglante · décapante · dévastatrice · mordante · ravageuse · tranchante
- acerbe · acide · froide · glacée · glaciale · narquoise · sèche • aggressive · blessante · hargneuse · méchante
- amère · désabusée · désenchantée · désespérée · douce-amère : *le ton comique de la pièce est souvent teinté d'ironie douce-amère* · douloureuse · macabre · noire · sombre · terrible · tragique
- facile : *ne me soupçonne pas d'ironie facile*

∾ ironie + VERBE

- pointer : *l'ironie pointe le bout de son nez*
- caractériser : *l'ironie ravageuse qui caractérise le personnage*

∾ VERBE + ironie

- être emprunt de · être plein de · être teinté de
- percevoir · sentir
- manier · user de · verser dans • déployer · faire preuve de · manifester · ne pas manquer de • cultiver : *l'auteur cultive l'ironie et un humour pince-sans-rire*
- être dénué de · être dépourvu de • perdre (de) : *il n'a rien perdu de son ironie*

∾ NOM + D' + ironie

- comble
- brin · pointe : *je sens une pointe d'ironie dans tes propos* · soupçon
- sens

avec ironie
- commenter · conclure · décrire · noter · observer · remarquer · souligner

irrégularité *nom fém.* (illégalité, anomalie)

∾ irrégularité + ADJECTIF
- comptable · électorale · financière • procédurale · de procédure • formelle : *l'irrégularité formelle du contrat a été sanctionnée*
- avérée · flagrante • importante · majeure · massive
- choquante · grave
- mineure · petite + nom

∾ irrégularité + VERBE
- avoir lieu
- affecter · entacher · porter atteinte à

∾ VERBE + irrégularité
- commettre · être coupable de • accumuler (plur.)
- comporter · présenter • (plur.) être émaillé de · être truffé de : *l'acte de vente est truffé d'irrégularités*
- rechercher · traquer : *les magistrats doivent traquer les irrégularités dans la gestion des deniers publics*
- constater · découvrir · observer • déceler · détecter · identifier · relever · repérer · trouver
- établir · mettre en évidence · mettre en lumière · pointer : *il pointe une irrégularité de procédure* • faire état de · signaler
- dénoncer • sanctionner
- mettre fin à · mettre un terme à

∾ NOM + D' + irrégularités
- ensemble · série

irritation *nom fém.* (colère)

∾ irritation + ADJECTIF
- évidente · manifeste · perceptible • croissante · grandissante • forte + nom · grande + nom · vive
- compréhensible · justifiée
- légère + nom • contenue • passagère

∾ VERBE + irritation
- provoquer · susciter : *sa déclaration a suscité beaucoup d'irritation*
- éprouver (de) · ressentir (de) : *j'ai ressenti de l'irritation à la lecture de ce pamphlet*
- dire · exprimer · faire part de
- laisser paraître · refléter · témoigner de · traduire : *le sondage traduit une irritation des électeurs* · trahir : *son visage trahissait son irritation*
- déceler · percevoir
- accroître · aviver
- cacher · dissimuler
- apaiser · atténuer · calmer
- contenir · surmonter

isolement *nom masc.*

∾ isolement + ADJECTIF
- géographique • culturel · diplomatique · économique · politique · social • moral · psychologique • physique · sensoriel • carcéral · préventif · etc.
- international : *si le gouvernement refuse de coopérer, le pays risque l'isolement international*
- volontaire • forcé
- absolu · accru · complet · extrême · grand + nom · profond · total • croissant · grandissant
- artificiel : *l'isolement artificiel de l'école par rapport au monde extérieur* · dangereux · excessif
- relatif : *il vit dans un isolement relatif*

∾ isolement + VERBE
- provenir de · résulter de

∾ VERBE + isolement
- connaître • (s')enfermer dans · se retrouver dans · vivre dans
- pâtir de · souffrir de · subir
- condamner à · imposer · soumettre à • mettre à [prison] : *ils sont mis à l'isolement, parfois pendant des mois* • maintenir dans / en : *le détenu est maintenu en isolement préventif*
- avoir peur de · craindre
- déplorer · regretter • combattre · dénoncer · lutter contre · se battre contre
- accentuer · accroître · renforcer : *le sinistre économique renforce encore l'isolement de cette région* • prolonger
- révéler · souligner · montrer · illustrer
- réduire • oublier · tromper : *elle écrit pour tromper son isolement* • échapper à · éviter
- (s')arracher à : *pratiquer une activité, c'est pouvoir s'arracher à l'isolement* • briser · mettre fin à · rompre · vaincre • sortir de : *Internet les sort de leur isolement*

issue *nom fém.* (fig.)

∾ issue + ADJECTIF
- diplomatique · judiciaire · militaire · politique · etc.

- attendue · logique · normale • possible · prévisible · probable · visible : *un conflit sans issue visible* · vraisemblable • proche · prochaine • certaine · inéluctable
- finale : *il est déçu par l'issue finale du championnat*
- seule + nom · unique + nom
- rapide : *il faut trouver une issue rapide à cette crise*
- acceptable • favorable · heureuse · positive · satisfaisante • pacifique : *une issue pacifique semble se dessiner* • victorieuse : *l'issue victorieuse du combat*
- aléatoire · incertaine
- défavorable · négative • catastrophique · désastreuse · dramatique · fatale · malheureuse · meurtrière · sanglante · tragique

∾ issue + VERBE
- se dessiner · se profiler (à l'horizon)
- dépendre de · tenir à : *l'issue du match ne tient pas à grand-chose*

∾ VERBE + issue
- connaître : *le conflit devrait connaître une issue rapide*
- chercher · rechercher
- attendre : *les investisseurs préférant attendre l'issue de la réunion* • espérer : *nous espérons une issue prochaine*
- augurer de : *ces accords n'augurent pas d'une issue favorable pour l'industrie française* · déterminer · préjuger : *rien ne permet de préjuger de l'issue du procès* · prévoir · pronostiquer : *il est encore difficile de pronostiquer l'issue des élections*
- entrevoir · voir : *elle ne voyait aucune issue* · connaître : *on ne connaît pas encore l'issue du procès*
- dégager : *il a l'ambition de dégager une issue diplomatique à la crise* · trouver • offrir
- repousser · retarder

[1] itinéraire *nom masc.* (route à suivre)

∾ itinéraire + ADJECTIF
- pédestre · piéton • automobile • aérien · maritime · terrestre • touristique : *c'est le principal itinéraire touristique de la vallée*
- classique · habituel · (-)type · ordinaire · typique · banal · commun · normal • prévu • fixe · immuable
- balisé · fléché • personnalisé : *caculez votre itinéraire personnalisé*
- précis : *il arpente la ville sans itinéraire précis* · défini
- alternatif · détourné : *il emprunte un itinéraire détourné pour rejoindre l'Europe* · différent · inhabituel · original
- à suivre · bon + nom • agréable · facile • bel + nom · fabuleux • intéressant • praticable · sûr
- mauvais + nom • compliqué • sinueux · tortueux
- long + nom : *un long itinéraire à travers la steppe mongole*
- petit + nom • court · rapide

∾ itinéraire + VERBE
- conduire à · mener à : *cet itinéraire mène à la ville de Tarbes* • relier : *cet itinéraire relie l'Atlantique à la Méditerranée*
- passer par · traverser : *l'itinéraire traverse une ligne de chemin de fer* • longer · suivre
- convenir : *choisissez l'itinéraire qui vous convient le mieux*

∾ VERBE + itinéraire
- proposer · suggérer
- choisir · préparer : *on a déjà préparé notre itinéraire, il ne reste plus qu'à acheter les billets* · prévoir • définir · déterminer · établir · étudier • construire · organiser · tracer
- calculer : *il utilise un site internet pour calculer son itinéraire*
- jalonner
- emprunter · prendre • suivre
- connaître · mémoriser
- changer de · modifier
- s'écarter de · se tromper de

[2] itinéraire *nom masc.* (carrière, vie)

∾ itinéraire + ADJECTIF
- artistique · biographique · familial · professionnel • intellectuel · moral · mental · spirituel • initiatique
- individuel · intérieur · personnel
- solitaire : *ce livre retrace l'itinéraire solitaire qui conduisit Freud à ses découvertes*
- banal · classique · commun • habituel · ordinaire · typique • obligé : *il n'y a pas d'itinéraire obligé pour rentrer dans cette profession* · type
- exemplaire · extraordinaire • audacieux
- atypique · inattendu · original • hors norme · incongru · peu banal · peu ordinaire • étonnant · étrange · mystérieux · singulier • détourné
- sinueux · tortueux • mouvementé · tourmenté • chaotique · compliqué
- long + nom : *un long itinéraire spirituel*

∾ itinéraire + VERBE

- conduire à · mener à : *cet itinéraire l'a mené à la liberté*

∾ VERBE + **itinéraire**

- suivre : *il a suivi un itinéraire professionnel peu banal* · connaître
- évoquer · raconter · retracer : *le film retrace l'itinéraire artistique du chorégraphe* · revenir sur : *le reportage revient sur son itinéraire* · relater • décrire · faire connaître • reconstituer · reconstruire
- jalonner : *les grands voyages qui ont jalonné son itinéraire spirituel*

ivresse *nom fém.* (litt. et fig.)

∾ ivresse + ADJECTIF

- amoureuse · sentimentale
- ambiante · collective · générale
- garantie : *le programme est riche en sensations : ivresse garantie !*
- délicieuse · douce · joyeuse · rieuse · sensuelle · voluptueuse
- [litt.] avancée · manifeste : *dans un état d'ivresse avancé / manifeste*
- légère [+ nom] · petite [+ nom]

∾ ivresse + VERBE

- emporter (passif) : *il s'est laissé emporté par l'ivresse de la victoire* · gagner : *l'ivresse gagne les supporters*
- passer : *une fois passée l'ivresse de la libération* · retomber · s'éteindre

∾ VERBE + **ivresse**

- rechercher
- procurer · provoquer
- connaître · éprouver · (re)goûter à · ressentir : *sur scène, le comédien ressent l'ivresse du jeu* • (re)découvrir · retrouver • s'abandonner à · savourer
- prolonger
- dissiper : *on prête à l'améthyste le pouvoir de dissiper l'ivresse*

j-k

jalon *nom masc.* (étape)

∾ jalon + ADJECTIF

- nouveau $^{+ nom}$: *cette mesure est présentée comme un nouveau jalon sur le chemin du retour à la démocratie* · premier $^{+ nom}$
- capital · crucial · décisif · déterminant · essentiel · historique : *l'euro a représenté un jalon historique de l'intégration européenne* · important · incontournable · majeur

∾ VERBE + jalon

- planter · poser : *le ministre a posé les jalons d'une réforme maintes fois évoquée*
- constituer · être · représenter • demeurer · rester : *cela reste un jalon essentiel de notre histoire*

jalousie *nom fém.*

∾ jalousie + ADJECTIF

- amoureuse · professionnelle
- mutuelle · réciproque
- extrême · farouche · féroce · folle · forte $^{+ nom}$ · immense · profonde · sans bornes · sans nom · terrible · pure $^{+ nom}$
- amère · excessive · incontrôlable · mesquine · noire · sombre • dévorante · maladive · obsédante · obsessionnelle · pathologique • dangereuse · destructrice : *il a sombré dans une jalousie destructrice* · dévastatrice · enragée · haineuse · meurtrière · violente · aveugle
- imbécile · irrationnelle · ridicule · injustifiée · mal placée · puérile · stérile
- permanente : *sa jalousie permanente a ruiné leur couple* • tenace : *les années n'ont pas éteint cette jalousie tenace*
- inavouée · secrète

∾ jalousie + VERBE

- apparaître : *des petites jalousies étaient apparues lors du voyage*
- prendre / trouver ses racines dans : *une jalousie qui prend ses racines dans l'enfance* · venir de
- s'accentuer : *sa jalousie s'est accentuée avec les années*
- animer · motiver · pousser à : *c'est la jalousie qui l'a poussé au meurtre*
- dévorer : *il est dévoré par une jalousie maladive* · miner · ronger · torturer • diviser : *la jalousie les a souvent divisés*
- disparaître · s'éteindre

∾ VERBE + jalousie

- causer · créer : *cette situation crée des jalousies* · déclencher · entraîner · (r)éveiller · provoquer · susciter
- concevoir · développer · éprouver · nourrir : *il nourrit une jalousie terrible envers son confrère* · ressentir : *il ressent une grande jalousie à son égard* • être en proie à
- manifester : *il n'a jamais manifesté la moindre jalousie envers ses frères* · montrer
- connaître / endurer les affres de : *elle a connu les affres de la jalousie* · crever de$^{fam.}$ • être fou de · être ivre de
- faire pâlir de$^{\circ}$: *un bruit à faire pâlir de jalousie un propriétaire de Harley Davidson*
- avouer : *elle avoue une jalousie imbécile envers sa sœur* · confesser
- attiser · exacerber : *ces petites injustices exacerbent les jalousies* · raviver • alimenter · nourrir
- être en butte à · être victime de · faire les frais de : *elle a fait les frais de la jalousie de sa rivale* · se heurter à · souffrir de
- cacher · dissimuler · masquer : *il essaye de masquer la jalousie qui le ronge*

- apaiser · calmer • contrôler · maîtriser • dépasser : *il faut apprendre à dépasser ces jalousies puériles* · guérir de

jardin *nom masc.*

∞ jardin + ADJECTIF

- public • de ville · urbain • associatif · collectif · communautaire · partagé • familial : *les citadins peuvent pratiquer le jardinage dans les jardins familiaux* · ouvrier • privatif · privé : *la maison dispose d'un jardin privé*
- naturel · sauvage • à la française · classique • à l'anglaise · anglais · pittoresque • chinois · japonais · zen • exotique · oriental · tropical • alpin • baroque • de curé
- botanique · floral · fruitier · paysager · pédagogique · potager · zoologique • d'agrément · d'ornement · ornemental • arboré · fleuri • ombragé
- ouvert • clos · fermé • d'hiver · intérieur • suspendu : *les jardins suspendus de Babylone, l'une des sept merveilles du Monde antique*
- broussailleux · en friche
- grand [+ nom] · immense · vaste [+ nom]
- minuscule · petit [+ nom]
- beau [+ nom] · magnifique · merveilleux · splendide · superbe • entretenu · propre · soigné
- abandonné · à l'abandon

∞ jardin + VERBE

- s'étendre : *le jardin s'étend sur 3 hectares*
- embaumer

∞ VERBE + jardin

- créer · dessiner : *le jardin a été dessiné par un paysagiste* · concevoir
- planter : *il a planté un jardin de plantes médicinales*
- aménager · cultiver [aussi fig.] : *« Il faut cultiver notre jardin »* (Voltaire, *Candide*) · entretenir · faire° : *c'est son mari qui fait le jardin* · soigner • désherber · sarcler • arroser
- décorer · égayer : *elle a planté un massif de fleurs pour égayer son jardin* · embellir
- clore · clôturer · délimiter · isoler : *ils ont isolé le jardin avec une haie*
- dévaster : *la tempête a dévasté le jardin* · saccager • détruire

∞ NOM + DE + jardin

- bout · coin

jargon *nom masc.*

∞ jargon + ADJECTIF

- commercial · diplomatique · économique · informatique · journalistique · médical · militaire · parlementaire · pédagogique · philosophique · scientifique · sportif • judiciaire · juridique • bancaire · boursier · financier • administratif · bureaucratique · technocratique • carcéral · pénitentiaire · etc.
- du métier · professionnel · technique : *le jargon technique des télécommunications regorge d'acronymes mystérieux* • officiel • à la mode • local · spécialisé · spécifique
- imagé : *le jargon imagé des sorciers* · savoureux
- ésotérique : *son nouveau livre est écrit dans son habituel jargon ésotérique* · étrange · mystérieux • hermétique · impénétrable · incompréhensible · insondable • abscons : *ce livre de philosophie accessible n'utilise pas de jargon abscons* · compliqué · confus · obscur · opaque
- barbare · monstrueux • décourageant · effrayant · intimidant • indigeste : *dommage que la brochure de sensibilisation soit rédigée dans un jargon aussi indigeste !* • fumeux · pédant · prétentieux · pseudo-médical / scientifique / technique · ridicule

∞ jargon + VERBE

- imbiber · imprégner : *le jargon administratif imprègne le courrier*
- obscurcir : *leur jargon d'économistes obscurcit le sujet*

∞ VERBE + jargon

- faire partie de : *ce néologisme fait partie du jargon des ONG* • est emprunté à : *un terme emprunté au jargon de la politique* · s'apparenter à : *un vocabulaire qui s'apparente à du jargon médical*
- découvrir · s'initier à : *il s'initie au jargon de la profession* • connaître
- avoir recours à · employer · parler : *il parle un jargon technocratique monstrueux* · reprendre : *pour reprendre le jargon des designers* · user de · utiliser • communiquer dans · écrire dans · parler dans · rédiger dans · s'exprimer dans • enrober de
- s'enfermer dans · se noyer dans · se perdre dans
- affectionner : *le jargon qu'affectionnent les théoriciens* · se complaire dans
- déchiffrer · décrypter · traduire • comprendre
- combattre · éviter · proscrire : *il faut proscrire le jargon pour initiés* · refuser : *nous avons refusé tout jargon et tout langage technique* · se garder de
- se moquer de · tourner en dérision

en jargon (+adj.)

- appeler : *ce qu'on appelle en jargon géologique du "métasomatisme"* · désigner · nommer

¹jeu *nom masc.* (activité ludique ou sportive)

∞ jeu + ADJECTIF

- électronique · interactif · radiophonique · télévisé • d'éveil · éducatif · pédagogique • de simulation · vidéo · virtuel • de stratégie · stratégique · tactique • de lettres · de rapidité · d'esprit · etc.
- ancien · classique : *c'est une variante du jeu classique des dominos* · traditionnel
- innovant · nouveau + nom · novateur · original
- favori · préféré • à la mode · populaire : *ce jeu est très populaire au Japon*
- agréable · amusant · divertissant · drôle · marrant*fam.* · rigolo*fam.* • captivant · palpitant · passionnant · prenant
- facile · simple
- compliqué · difficile • physique : *le rugby est un jeu physique*
- ennuyeux · monotone
- brutal · cruel : *les enfants jouent à un jeu cruel* · violent · dangereux • idiot · imbécile · stupide · mauvais + nom : *un mauvais jeu vidéo*
- interdit : *« Jeux interdits »* (titre d'un film de René Clair)
- truqué : *le jeu était truqué et il a perdu beaucoup d'argent*
- [Tennis] • décisif○ : *l'Espagnol a gagné une deuxième fois au jeu décisif*

∞ VERBE + jeu

- aimer · être (un) accro à / de : *les accros des jeux en réseau* · être (un) adepte de · être un passionné de : *c'est un passionné du jeu de go*
- créer : *il a créé le premier jeu de l'oie multimédia* · inventer
- organiser : *ils organisent un grand jeu de loto pour la fête des rois*
- (re)commencer · ouvrir · reprendre : *on a repris le jeu après deux heures de pause*
- participer à · prendre part à · se prêter à : *elle accepte de se prêter au jeu du portrait chinois* • jouer à · s'adonner à · s'amuser à : *des inconnus s'amusent à un jeu cruel*
- animer · corser · pimenter
- gagner : *il a gagné au jeu* · remporter
- perdre (à) : *il est en train de perdre le jeu*
- interrompre · suspendre • arrêter · mettre fin à • conclure : *il conclut le jeu par un ace spectaculaire*
- quitter : *au bout d'une heure, il a brutalement quitté le jeu*

²jeu *nom masc.* (stratégie, manège)

∞ jeu + ADJECTIF

- démocratique · diplomatique · électoral : *il veut modifier les règles du jeu électoral* · politique · social : *les associations de chômeurs sont devenues un acteur du jeu social* • politicien · électoraliste
- de cache-cache○ · du chat et de la souris○
- petit○ + nom : *attention, ce petit jeu n'est pas sans risques*
- constant · incessant : *un jeu incessant de questions et de réponses* · permanent • bien connu · bien huilé · bien léché · classique : *le jeu classique de la séduction*
- honnête · loyal
- complexe : *le jeu complexe des alliances politiques* · compliqué · savant + nom : *un savant jeu d'ombre et de lumière* · sophistiqué
- ambigu · déroutant · double○ + nom · étrange · singulier · troublant · trouble : *un jeu trouble anime les coulisses du pouvoir*
- brutal · cruel · dangereux · violent • immoral · malsain · morbide • pervers · sadique • idiot · imbécile · puéril · stupide • déloyal · malhonnête
- simple + nom : *cette crise a commencé par un simple jeu politique*
- truqué

∞ jeu + VERBE

- durer : *combien de temps ce petit jeu pourra-t-il durer ?*

∞ VERBE + jeu

- amorcer · (re)commencer · instaurer
- conduire · mener : *il mène un double jeu*
- se livrer à • jouer○ : *jouer le jeu; il joue un jeu dangereux* · se laisser prendre à : *elle s'est finalement laissée prendre au jeu* · se prêter à○ : *il répugne à se prêter au jeu mondain* • réintégrer : *il va finir par réintégrer le jeu politique* · rentrer dans : *il refuse de rentrer dans ce petit jeu imbécile* · se faire une place dans : *il s'est fait une place dans le jeu électoral* · s'immiscer dans · s'intégrer à / dans
- se laisser enfermer dans : *il se laisse enfermer dans le petit jeu politicien*
- observer : *cela fait des heures que j'observe leur petit jeu du chat et de la souris*
- animer · corser · pimenter
- influer sur · peser dans : *il n'avait pas compris que cela pouvait peser dans le jeu politique*
- biaiser · brouiller : *l'arrivée des petits partis catégoriels brouille le jeu bien établi des partis historiques* · déstabiliser · empêcher : *il empêche le jeu de la concurrence* · entraver · fausser · perturber : *les coordinations sont venues perturber le jeu ordonné du dialogue social* · troubler

- dénoncer : *il dénonce ce jeu cruel*
- calmer○ : *il faut calmer le jeu*
- arrêter • en finir avec • mettre fin à • mettre un terme à
- quitter • se retirer de : *l'armée se retire du jeu*

[3]jeu *nom masc.* (façon de jouer d'un comédien)

∞ jeu + ADJECTIF

- cinématographique : *elle a suivi une initiation au jeu cinématographique* • théâtral • de scène
- dépouillé • minimaliste • sobre : *le jeu sobre des acteurs en fait une tragédie très stylisée*
- passionné • survolté • tonique
- à couper le souffle • audacieux • brillant • délicat • étourdissant • excellent • exceptionnel • extraordinaire • fabuleux • fluide • impeccable • incroyable • irréprochable • magnifique • maîtrisé • merveilleux + nom • parfait • remarquable • stupéfiant • sublime • truculent • bouleversant • émouvant • touchant • expressif : *le jeu expressif des acteurs du cinéma muet* • convaincant • criant de vérité • frais : *une comédienne au jeu frais et convaincant* • naturel
- académique • classique • théâtral
- artificiel • caricatural • figé : *le jeu figé des acteurs de l'époque* • ridicule • rigide • stéréotypé • déplorable • maladroit • mauvais + nom • médiocre • mou : *son jeu mou distille un ennui profond*

∞ jeu + VERBE

- progresser : *son jeu a beaucoup progressé depuis ses premiers films* • s'améliorer
- évoluer • se renouveler : *son jeu ne se renouvelle pas beaucoup*

∞ VERBE + jeu

- (+ adj.) avoir • renouer avec
- (+ adj.) imposer : *il a imposé son jeu fluide et naturel*
- changer de • varier : *il sait varier son jeu d'un film à l'autre*

∞ NOM + DE + jeu

- palette : *élargir / enrichir / développer sa palette de jeu*

[4]jeu *nom masc.* (façon de jouer d'un sportif)

∞ jeu + ADJECTIF

- adverse : *les français ont subi le jeu adverse durant tout le match*
- défensif • offensif
- précis • rapide • sec • vif • musclé • physique
- serré
- ambitieux • beau + nom • habile • cohérent • efficace • remarquable • spectaculaire : *ils apprécient son jeu spectaculaire et offensif* • original • fluide • souple • raffiné • stylisé
- brouillon • étriqué • imprécis • inégal
- ennuyeux • insipide

∞ jeu + VERBE

- évoluer • se renouveler
- gagner en ... : *le jeu a gagné en vitesse et en puissance* • progresser • s'améliorer

∞ VERBE + jeu

- (+ adj.) développer : *il a su développer un jeu efficace et original* • offrir : *il offre un jeu inspiré et spectaculaire* • posséder • pratiquer • renouer avec : *il a renoué avec son jeu simple* • retrouver
- ajuster • changer de • modifier • varier : *les Écossais ont su parfaitement varier leur jeu* • s'adapter à : *il n'a pas su s'adapter au jeu de son adversaire*
- améliorer • roder • dynamiser • fluidifier
- imposer : *après un démarrage poussif, il réussit à imposer son jeu en alignant les attaques gagnantes*
- être / rester concentré sur : *nous n'étions pas assez concentrés sur notre jeu* • avoir confiance en
- contenir : *ils n'ont pas su contenir le jeu de leurs adversaires* • ralentir : *il a essayé de ralentir le jeu de son adversaire*
- analyser • commenter

[1]jeunesse *nom fém.* (période)

∞ jeunesse + ADJECTIF

- banale • ordinaire • studieuse : *il a vécu une jeunesse studieuse*
- prime + nom : *un poème écrit par Neruda dans sa prime jeunesse* • tendre + nom : *il a passé ses vacances en Bretagne dès sa plus tendre jeunesse*
- seconde○ + nom : *l'ancien guitariste a retrouvé une seconde jeunesse en créant sa société de production*
- facile : *il n'a pas eu une jeunesse facile* • heureuse • insouciante • tranquille
- ardente • bouillonnante • exubérante • folle + nom : « [...] *si j'eusse étudié au temps de ma jeunesse folle / Et à bonnes mœurs dédié, / J'eusse maison et couche molle* » (F. Villon, *Le Testament*, XXVI) • fougueuse
- dissolue • orageuse • rebelle • tumultueuse : *il a passé une jeunesse tumultueuse à fréquenter des gangsters* • turbulente
- difficile : *il a eu une jeunesse difficile* • malheureuse • tourmentée
- désœuvrée : *une jeunesse désœuvrée qui tourne en rond* • oisive

∾ jeunesse + VERBE

- se passer○ : *« Il faut que jeunesse se passe »* (Proverbe)
- se faner · s'enfuir · s'envoler : *la jeunesse s'envole sans que l'on s'en rende compte*

∾ VERBE + **jeunesse**

- passer : *il a passé sa jeunesse dans le ghetto noir de Los Angeles* • (+ adj.) avoir · connaître : *elle a connu une jeunesse difficile*
- profiter de · vivre : *il vit pleinement sa jeunesse* • passer ... à : *il a passé une bonne partie de sa jeunesse à vagabonder*
- marquer : *les chansons qui ont marqué ma jeunesse*
- raconter : *elle raconte sa jeunesse pendant la deuxième guerre mondiale* · retracer • se rappeler de · se souvenir de
- prolonger : *une génération qui veut prolonger sa jeunesse à l'infini*
- courir après · regretter
- gâcher · perdre : *ils ont perdu leur jeunesse à la guerre* · sacrifier : *le fils cadet a sacrifié sa jeunesse à l'entreprise familiale*

[2]jeunesse *nom fém.* (personnes)

∾ jeunesse + ADJECTIF

- rurale · urbaine • estudiantine · étudiante • branchée • dorée○ : *une jeunesse dorée montre le bout de son nez dans des bars de luxe*
- insouciante · joyeuse • éduquée
- contestataire · dissipée · frondeuse : *un idéal de jeunesse frondeuse et rebelle* · impétueuse · rebelle · révoltée · turbulente
- déboussolée · désabusée · désemparée · désorientée · en manque de repères · sans repères : *une jeunesse sans repères et livrée à elle-même* • sans avenir · sans perspective • déshéritée : *il œuvre pour la jeunesse déshéritée des banlieues* · en difficulté
- conformiste • naïve

∾ jeunesse + VERBE

- se reconnaître dans · s'identifier à : *la jeunesse s'identifie à cette musique rebelle*
- aspirer à : *la jeunesse aspire à une véritable solidarité* · rêver à
- s'affranchir · s'émanciper • refuser · rejeter : *la jeunesse rejette les valeurs parentales* · se révolter

∾ VERBE + **jeunesse**

- éduquer · former : *« Les voyages forment la jeunesse »* (Proverbe) · informer · instruire
- mobiliser : *il a réussi à mobiliser la jeunesse pour son projet de reconstruction* • redonner espoir à • marquer : *un événement qui a marqué la jeunesse sur plusieurs générations*
- stigmatiser : *la presse stigmatise la jeunesse en l'associant systématiquement à la violence*
- diviser : *Stones et Beatles ont divisé la jeunesse de l'époque*

[3]jeunesse *nom fém.* (qualité)

∾ jeunesse + ADJECTIF

- seconde○ + nom : *il a investi des millions pour redonner une seconde jeunesse à son avion*
- extrême + nom : *l'extrême jeunesse des soldats*
- éclatante : *un torero à la jeunesse éclatante* · joyeuse · radieuse · rayonnante · riante + nom
- éternelle + nom : *le fantasme de la jeunesse éternelle* · perpétuelle : *les publicités qui vantent une jeunesse perpétuelle*

∾ VERBE + **jeunesse**

- déborder de : *un roman qui déborde de jeunesse et de vitalité* • être éclatant de : *une peau / un regard éclatant de jeunesse* · rayonner de
- conserver
- insuffler · redonner : *redonner une nouvelle / seconde jeunesse* • retrouver · se refaire : *la ville compte sur son rang de "capitale de la culture" pour se refaire une jeunesse*

joie *nom fém.*

∾ joie + ADJECTIF

- intérieure · intime
- affichée : *derrière la joie affichée, les membres du parti continuent à régler leurs comptes* · apparente
- fausse○ + nom : *tu m'as fait une fausse joie !*
- grande + nom · immense · intense · particulière (souvent nég.) : *il n'a manifesté aucune joie particulière* · profonde · pure : *des moments de joie pure* · sans limite · sans mélange • débordante · éclatante · rayonnante • indescriptible · indicible · ineffable • délirante : *la joie délirante des détenus libérés* · extatique • bruyante
- collective · partagée • communicative · contagieuse
- bon enfant · tranquille • enfantine · simple · spontanée
- amère · féroce : *il noircit le tableau avec une joie féroce*
- contenue · discrète · dissimulée : *une joie non / mal dissimulée* · secrète • petite + nom

∾ joie + VERBE

- prédominer : *ce soir-là, la joie prédomine dans la capitale* · régner • éclater : *sa joie éclate dans sa peinture* · jaillir • se dégager · transparaître
- envahir : *une joie immense nous envahit tous deux* · illuminer : *la joie illumine son visage*

- accompagner : *la joie quasi enfantine qui accompagne le danger*
- être mêlé de : *une joie mêlée de crainte*

∾ VERBE + joie
- (re)découvrir · éprouver · ressentir · se faire : *je me fais une joie de le recevoir* • être empreint de : *une œuvre empreinte de joie et de mystère*
- déborder de · être fou de · être ivre de
- déclencher · faire : *des tours de magie qui font la joie des enfants* · inspirer · mettre en · provoquer · transporter de
- apporter · donner : *cette expérience nous a donné beaucoup de joie* · procurer • communiquer · partager : *il partage sa joie avec le public*
- clamer · confier · exprimer · laisser éclater · laisser exploser · manifester • donner / laisser libre cours à · se laisser aller à : *ils se laissent aller à leur joie*
- bondir de · crier de · exploser de · hurler de · pleurer de · pousser un cri de · sauter de
- afficher · laisser affleurer · montrer · rayonner de
- imaginer : *on imagine sans peine la joie du père*
- cacher : *elle ne cache pas sa joie* · dissimuler
- contrarier : *cette nouvelle est venue contrarier la joie des participants* · gâcher · ternir
- [plaisir] • connaître (souvent plur.) : *il a connu les joies du pensionnat ; elle connaît la joie d'être grand-mère* · goûter à (plur.) : *on va pouvoir goûter à la joie de l'équeutage des haricots frais* · s'adonner à (plur.) : *ils s'adonnent aux joies du camping*

∾ NOM + DE + joie
- cri
- comble • débordement : *l'annonce de sa venue a provoqué des débordements de joie* · explosion : *la lecture des résultats a suscité une explosion de joie*

joie de vivre *nom fém.*

∾ joie de vivre + ADJECTIF
- extraordinaire · grande [+ nom] · immense · incroyable · indéniable • solide : *rien ne semble pouvoir altérer sa solide joie de vivre*
- communicative · contagieuse
- apparente : *sous sa joie de vivre apparente se cachent des pensées noires*

∾ VERBE + joie de vivre
- respirer : *il respire la joie de vivre* • être empreint de
- communiquer · exprimer : *sa musique exprime une grande joie de vivre* · transmettre
- déborder de : *une femme qui déborde de joie de vivre* · être plein de
- incarner : *elle incarne la joie de vivre malgré la misère*
- puiser · (re)trouver : *après une période difficile, il semble avoir enfin retrouvé sa joie de vivre*
- célébrer · chanter · exalter : *ce livre exalte la joie de vivre et le plaisir des sens*

[1] jour *nom masc.* (journée)

∾ jour + ADJECTIF
- calendaire • impair · pair • chômé · férié · ouvrable • anniversaire • de pointe
- dit : *le jour dit* · venu : *le jour venu* · J : *le jour J*
- consécutif : *pour le troisième jour consécutif; les agences doivent fermer pendant deux jours consécutifs* • suivant • précédent
- décisif · faste · grand [+ nom] : *aujourd'hui est un grand jour pour notre pays* · historique · marquant · mémorable
- béni · exquis · heureux : *ils coulèrent des jours heureux dans le Sud* · magnifique · merveilleux • propice à : *ce n'est pas un jour propice à une telle annonce* • beau [+ nom] : *par un beau jour de printemps... ; c'est le plus beau jour de sa vie* · ensoleillé · radieux
- de colère° • fatidique · funeste · maudit : *le jour maudit où je l'ai rencontré* · noir · sinistre · sombre · terrible · triste • froid · pluvieux · venteux

∾ jour + VERBE
- commémorer : *ce jour commémore le quarantième anniversaire de sa mort* · fêter · marquer : *ce jour marque la fin du ramadan*
- approcher · arriver • passer (plur.) : *plus les jours passaient, plus je m'ennuyais* · s'écouler (plur.) · se succéder (plur.)
- s'achever · tirer à sa fin
- apporter : *chaque jour apporte son lot d'annonces tragiques*
- croître · rallonger
- décroître · raccourcir

∾ VERBE + jour
- attendre · rêver de : *il rêve de jours heureux*
- (plur.) connaître : *le couple a connu des jours meilleurs/heureux* · couler : *il coule des jours paisibles dans son mas provençal*
- compter (plur.) : *je compte les jours qui me séparent de lui*
- se rappeler de · se souvenir de
- bénir • commémorer · fêter · marquer : *c'est sa manière personnelle de marquer ce jour particulier*
- maudire : *je maudis le jour où tu es né*

[2]jour *nom masc.* (lumière)

∾ jour + ADJECTIF

- levant · naissant : *les premières lueurs du jour naissant*
- clair · éblouissant · éclatant · grand○ + nom : *il fait encore grand jour* · plein○ + nom : *je l'ai vu en plein jour* · pur : *« Le jour n'est pas plus pur que le fond de mon cœur »* (Racine, *Phèdre*, IV, 2)
- crépusculaire^littér. : *la pièce était baignée d'un jour crépusculaire* · faible · laiteux^littér. · pâle · petit○ + nom : *elle aime se lever au petit jour* • blafard · blême · gris · grisâtre · livide
- déclinant · finissant : *dans la chaleur du jour finissant* · mourant · tombant

∾ jour + VERBE

- apparaître · (re)naître · paraître · poindre : *le jour qui point n'arrive pas à percer la brume* · se lever • luire : *lève toi, le jour luit !*
- entrer · filtrer : *le jour filtre à travers les volets* · passer · pénétrer : *le jour finissant pénètre par la verrière* · percer
- baisser · décliner · tomber

∾ NOM + DE + jour

- lever
- tombée

au grand jour

- [fig.] • apparaître · éclater : *son irresponsabilité éclate au grand jour* · s'afficher • vivre : *elle peut enfin vivre au grand jour son amour de toujours* • étaler : *il redoute de voir étalés au grand jour ses honteux secrets de jeunesse* · exposer · révéler

[3]jour *nom masc.* (perspective)

∾ jour + ADJECTIF

- cru : *il éclaire d'un jour cru l'octroi des logements de fonction* · véritable + nom · vrai + nom : *il apparaît enfin sous son vrai jour*
- inaccoutumé · inattendu · inconnu · insolite : *cette présentation inédite montre ses dessins sous un jour insolite* · singulier · surprenant • différent · nouveau · particulier
- avantageux · favorable · flatteur · positif · sympathique : *l'auteur le présente sous un jour sympathique* • meilleur + nom : *il s'est montré sous son meilleur jour*
- critique · défavorable · féroce · impitoyable · mauvais + nom · peu flatteur · peu reluisant : *son témoignage fait apparaître le directeur sous un jour peu reluisant* · sombre

∾ VERBE + jour

- faire : *il a demandé à ce qu'on fasse le jour sur cette affaire* · jeter : *son enquête jette un jour nouveau sur ces pratiques anciennes*

sous un jour (+adj.)

- dépeindre : *il dépeint son aïeul sous un jour inaccoutumé* · montrer · présenter · révéler
- apparaître · se montrer · se présenter · se révéler

d'un jour (+adj.)

- éclairer : *ce livre éclaire d'un jour inattendu la personnalité du ministre*

[1]journal *nom masc.* (publication périodique)

∾ journal + ADJECTIF

- électronique · mural • gratuit · payant • local · national · régional • dominical · hebdomadaire · quotidien • culturel · étudiant · généraliste · illustré · officiel · satirique · thématique • professionnel · technique • d'information · informatif
- ancré à droite / gauche · de droite / gauche · progouvernemental • alternatif · d'opinion : *ce journal d'information se transforme en journal d'opinion en période de campagnes électorales* · engagé · indépendant : *c'est le premier journal indépendant autorisé dans ce pays* · militant · orienté • libéral · progressiste · réformateur : *l'Iran a demandé la fermeture de deux journaux réformateurs* • conservateur · modéré • réactionnaire
- connu · considéré · grand + nom : *c'est l'un des grands journaux nationaux* · important + nom · influent + nom · réputé · vénérable : *c'est un événement de taille dans la vie du vénérable journal* · prestigieux + nom · respectable
- à grand tirage • à la mode · branché : *un journal branché et écolo* · grand public · populaire
- à scandales · à sensations · racoleur
- petit + nom • austère : *un journal austère et progouvernemental*
- agréable · bien fait · bien informé · clair · complet · d'une bonne / certaine tenue · informé · intéressant · passionnant · remarquable + nom · riche • courageux · crédible · sérieux
- équilibré · neutre
- épais · volumineux
- à petit tirage · confidentiel
- à part · décalé · hors norme · original
- concurrent : *il a été nommé directeur-adjoint du journal concurrent*

∾ journal + VERBE

- paraître · sortir : *le journal sort tous les mercredis*
- publier : *le journal a déjà publié de nombreux articles sur le sujet* • titrer : *le journal titrait en gros : "abandon de souveraineté"*
- affirmer · citer · commenter · consacrer un article / une page à : *le journal y a consacré un article entier* · écrire · évoquer · interroger · parler de · préciser · raconter · rappeler · rapporter : *le journal a rapporté de nouveaux incidents à la frontière* · signaler • apprendre : *le journal nous a appris la mort du grand pianiste* · se faire l'écho de : *le journal s'est fait l'écho de ces résultats fallacieux*
- prendre position (sur) : *le journal n'a pas pris position sur les accords de paix* · se positionner
- séduire : *le journal essaye de séduire de nouveaux lecteurs*

∾ VERBE + journal

- créer · fonder : *il a fondé le journal en 1905* · lancer · monter
- fabriquer · réaliser • diriger · être à la tête / aux commandes de • collaborer à · écrire dans · entrer à : *il est entré au journal dès sa sortie d'Oxford* · intervenir dans : *il intervient dans le journal en tant que chroniqueur gastronomique* · travailler pour
- diffuser · publier : *l'association publie un journal* · sortir
- alimenter : *ils comptent sur les contributions des lecteurs pour enrichir le journal* · enrichir • reformater · rénover : *nous devons rénover le journal pour que les ventes redécollent*
- accorder une interview / un entretien à : *un entretien accordé à plusieurs journaux étrangers* · confier à · déclarer à · donner une interview / un entretien à · révéler à · s'exprimer dans
- faire la une de : *sa photo a fait la une du journal* · paraître dans
- (s')abonner à · acheter
- apporter · distribuer · livrer (à domicile) · porter à domicile
- déplier · ouvrir · (re)plier • (re)fermer
- consulter · éplucher[fam.] · feuilleter · jeter un œil sur : *le client jette un œil sur son journal* · lire · parcourir · se plonger dans
- censurer · interdire (de parution)
- se désabonner de
- quitter : *suite au scandale, il a décidé de quitter le journal*
- vendre : *le journal a été vendu à un homme d'affaires égyptien*

[2]journal *nom masc.* (cahier personnel)

∾ journal + ADJECTIF

- intime · personnel · secret • de bord○

∾ journal + VERBE

- commencer : *son journal commence en 1973*
- s'arrêter : *ici s'arrête le journal d'André Gide*

∾ VERBE + journal

- écrire · rédiger · tenir : *elle tient son journal depuis qu'elle a 13 ans* • confier à · consigner dans
- publier : *elle a toujours refusé de publier son journal*

journée *nom fém.*

∾ journée + ADJECTIF

- commémorative : *la journée commémorative de l'abolition de l'esclavage*
- historique · inoubliable · marquante · mémorable
- (bien) chargée · (bien) pleine · (bien) remplie • agitée · folle : *quelle folle journée !* · mouvementée
- interminable · longue[+ nom] • continue : *dans les bureaux, la journée continue tend à devenir la règle*
- courte[+ nom] : *une courte journée de travail* · petite[+ nom]
- belle[+ nom] · bonne[+ nom] · exceptionnelle · exquise · magnifique · splendide · superbe · tranquille • calme · détendue • chaude · ensoleillée · radieuse · torride
- banale · ordinaire • ennuyeuse · grise · horrible · mauvaise[+ nom] · morose · triste • froide · pluvieuse · venteuse
- éprouvante · fatigante · harassante · rude
- perdue • morte : *les salariés ont annoncé que jeudi sera une journée morte dans tous les établissements*

∾ journée + VERBE

- s'écouler · se dérouler : *la journée s'est déroulée sans incident* · se passer
- commémorer
- s'achever · se terminer · tirer à sa fin

∾ VERBE + journée

- commencer · démarrer · entamer : *on a entamé la journée par un solide petit-déjeuner*
- passer : *on a passé la journée à attendre son coup de fil* • connaître : *La Bourse russe a connu une journée de panique* · vivre
- consacrer ... à : *la radio consacrera une journée spéciale aux écrivains brésiliens* · dédier ... à · employer ... à
- émailler : *plusieurs incidents ont émaillé la journée* · marquer · rythmer

- organiser : *les syndicats organisent une journée d'action* • instaurer : *le gouvernement a instauré une journée de commémoration de l'abolition de l'esclavage le 10 mai* · instituer
- célébrer : *cette journée commémorative sera célébrée dans tous les départements français*
- perdre : *tu n'as pas perdu ta journée !*
- clore · clôturer : *une grande fête populaire clôturera la journée* · terminer

∞ NOM + DE + journée
- clou : *un superbe feu d'artifice marquait le clou de cette journée*

[1]jugement *nom masc.* (d'un tribunal)

∞ jugement + ADJECTIF
- arbitral · contradictoire : *l'appel est interjeté dans les 10 jours à compter du jugement contradictoire* · déclaratif · déclaratoire · en référé · exécutoire • par contumace · par défaut
- réformable • provisoire
- décisif • définitif · irrévocable · sans appel
- équitable · impartial · juste • de Salomon • clément
- inique · injuste : *ils estiment le jugement injuste* • expéditif · sommaire

∞ jugement + VERBE
- être fixé à : *le jugement est fixé au 3 février* · tomber : *le jugement est tombé à 14 h 35*
- énoncer · indiquer · statuer
- mettre à exécution
- se fonder sur : *le juge se fonde sur un épais dossier d'instruction*
- faire date · faire jurisprudence
- satisfaire : *ce jugement ne satisfait aucune des parties*
- condamner : *le jugement condamne l'auteur à verser un euro symbolique* · débouter de : *le jugement a débouté l'ancien ministre de ses demandes*
- être entaché d'un vice / d'une erreur / d'une irrégularité

∞ VERBE + jugement
- mettre en · (faire) passer en · renvoyer en
- prononcer · rendre
- confirmer · entériner · prendre acte de · ratifier · valider : *la cour vient de valider le jugement* • exécuter · faire appliquer • mettre en délibéré : *le tribunal de grande instance de Perpignan a mis en délibéré son jugement*
- attendre
- obtenir : *il faudra plusieurs mois pour obtenir un jugement* • bénéficier de (+ adj.) : *tout accusé doit bénéficier d'un jugement impartial*
- différer · reporter · repousser
- contester · exprimer un désaccord avec • infirmer · invalider
- être victime de (+ adj.) : *il pense avoir été victime d'un jugement injuste*
- annuler · casser : *la chambre commerciale de la Cour de cassation a cassé le jugement du Tribunal de Paris*

[2]jugement *nom masc.* (avis)

∞ jugement + ADJECTIF
- moral : *je ne porte aucun jugement moral sur sa décision*
- contrasté · mitigé · modéré · nuancé
- argumenté · droit · éclairé · équilibré · équitable · honnête · impartial · lucide : *cette femme a su porter un jugement lucide et sans concession sur son époque* · objectif · pertinent · raisonnable
- catégorique · définitif · implacable · sans appel · sans concession · sans merci · tranché
- bienveillant · clément · favorable · positif : *52 % des personnes interrogées portent un jugement positif sur son bilan politique*
- abrupt · à l'emporte-pièce · caricatural · erroné · méprisant · péremptoire : *son article se termine par ce jugement péremptoire : "détournez-vous de la politique, il n'y a plus rien à en apprendre"* · préconçu · sans nuance · simpliste · sommaire • biaisé · dénué de fondement · injuste · partial · sans fondement • expéditif · hâtif · lapidaire · précipité
- au vitriol · dur · malveillant · peu amène : *tel est le jugement peu amène d'un rapport universitaire* · sévère • défavorable · dépréciatif · négatif · péjoratif

∞ VERBE + jugement
- (se) former : *le lecteur doit se former lui-même un jugement* • porter : *il porte un jugement très dur sur son prédecesseur*
- maintenir · rester sur
- émettre · exprimer · formuler · prononcer
- bénéficier de (+ adj.) : *l'école bénéficie d'un jugement très positif*
- éclairer · influencer • réajuster · revenir sur · réviser · revoir • adoucir · nuancer · relativiser : *il faut relativiser le jugement de l'auteur* · tempérer
- être / se montrer mesuré dans : *elle devrait être plus mesurée dans ses jugements*
- (+ adj.) éviter · se garder de · se méfier de : *je me méfie des jugements trop hâtifs*

- craindre · redouter : *il redoute par-dessus tout le jugement des Français*
- se tromper dans : *je reconnais m'être trompé dans mes jugements passés*

[1]justesse *nom fém.* (pertinence, authenticité)

∞ justesse + ADJECTIF

- psychologique : *les personnages du film sont d'une justesse psychologique extraordinaire*
- absolue · à couper le souffle · confondante · exceptionnelle · extrême · frappante · grande [+ nom] · impeccable · implacable : *il a eu à son propos une petite phrase d'une justesse implacable* · impressionnante [+ nom] · incomparable · incroyable · parfaite · rare : *des dialogues d'une justesse rare* · remarquable [+ nom] · saisissante · sans égal · sans faille • étonnante · stupéfiante [+ nom] • incontestable · indéniable • admirable · émouvante · époustouflante · extraordinaire [+ nom] · prodigieuse

∞ justesse + VERBE

- convaincre · séduire : *la justesse de ton des dialogues a séduit de nombreux lecteurs* · toucher

∞ VERBE + justesse

- convaincre de · persuader de • croire à · être sûr de · reconnaître : *on reconnaît maintenant la justesse de ses choix*
- atteindre : *il atteint une justesse de ton extraordinaire* · trouver
- contester · douter de : *je doute de la justesse de sa prophétie* · (re)mettre en cause : *il remet en cause la justesse de sa démarche* · remettre en question · s'interroger sur

avec justesse

- noter · pointer · souligner
- décrire · exprimer · interpréter · restituer · traduire : *il traduit avec justesse la singularité de leur relation*

[2]justesse *nom fém.* (exactitude)

∞ justesse + ADJECTIF

- mathématique · scientifique
- extraordinaire · remarquable · stupéfiante · absolue
- aléatoire · approximative

∞ VERBE + justesse

- contrôler · évaluer : *il est difficile d'évaluer la justesse de ces prévisions* · mesurer · s'assurer de · vérifier
- (dé)montrer
- (re)mettre en cause · mettre en doute · douter · contester

[1]justice *nom fém.* (ce qui est juste)

∞ justice + ADJECTIF

- économique · fiscale · sociale : *ils manifestent pour demander plus de justice sociale*
- exemplaire · sans faille · vraie [+ nom] · véritable [+ nom]
- élémentaire : *il se bat pour le respect de la justice la plus élémentaire*
- imparfaite

∞ VERBE + justice

- combattre pour · lutter pour · militer pour
- faire régner · faire respecter · garantir • faire triompher
- croire en · être affamé de : *une militante affamée de justice sociale* · être épris de
- (sans art.) crier : *ils manifestent, ils crient justice* · demander · réclamer : *ils réclament justice, depuis 10 ans*
- appliquer : *on leur reproche d'appliquer la justice des vainqueurs* · dispenser · exercer : *une enquête sur les manières d'exercer la justice dans un État de droit* · (se) faire° (sans art.) : *les gens en ont assez des tirs permanents contre leurs maisons et ils risquent de faire justice eux-mêmes* · rendre° (sans art.) : *la reconnaissance du génocide permet de rendre justice aux victimes*
- obtenir (sans art.) : *il garde espoir d'obtenir justice*
- se faire° (sans art.) : *il s'est fait justice en se pendant*

∞ NOM + DE + justice

- désir · exigence · soif

[2]justice *nom fém.* (l'organisation judiciaire)

∞ justice + ADJECTIF

- consulaire · criminelle · pénale • d'exception · militaire • fédérale • de proximité · locale • internationale · nationale • divine · humaine : *il souligne le caractère aléatoire de la justice humaine*
- exemplaire · impartiale · indépendante · souveraine
- clémente • prudente
- efficace · rapide
- ferme · implacable · inflexible · intransigeante · sévère
- punitive · répressive
- imparfaite • laxiste • impuissante : *la justice est impuissante face à des lois inapplicables* · lente
- corrompue · manipulée · complaisante • à deux vitesses · partiale • arbitraire · expéditive · sommaire

∾ justice + VERBE

- faire son travail • intervenir (dans) · se mêler de : *la justice avait déjà voulu s'en mêler* • être chargée de • suivre son cours
- diligenter une enquête · enquêter sur · examiner : *une justice impartiale aurait examiné les deux plaintes en même temps* · se pencher sur · s'interroger sur : *la justice s'interroge sur sa fortune mystérieuse* • convoquer · ordonner : *la justice a ordonné une expertise* • décider (du sort) de : *la justice a décidé de clôturer l'instruction* · juger · se prononcer sur · trancher : *la justice tranchera*
- pourchasser · poursuivre · rechercher · traquer : *la justice traque les faux électeurs*
- inquiéter (passif) : *il a été inquiété par la justice à la Libération, puis blanchi* • interdire · réprimer • accuser · condamner · faire payer · inculper · mettre en cause · prendre des sanctions · s'acharner contre : *la justice s'acharne contre le patron de presse d'opposition* · sanctionner : *leurs malversations ont rarement été sanctionnées par une justice longtemps complaisante* • débouter : *la justice l'a débouté*
- épingler · rattraper (souvent passif) : *les terroristes ont été rattrapés par la justice*
- blanchir · innocenter · mettre hors de cause · relâcher • libérer : *la justice libère les opposants* • épargner · fermer les yeux (sur) • donner raison à · donner son feu vert (à) · protéger : *la justice protège les auteurs*
- annuler une mesure / une décision / une autorisation : *la justice avait annulé cette décision* • clore l'enquête / la procédure / le dossier

∾ VERBE + **justice**

- être entre les mains de : *la situation est entre les mains de la justice* · placer sous main de° : *les personnes placées sous main de justice* · relever de : *une simple affaire commerciale ne relevant pas de la justice pénale*
- alerter : *il a alerté la justice il y a dix ans de celà* · avertir · porter à la connaissance de : *tout personnel éducatif doit porter à la connaissance de la justice des faits de nature pédophile* · transmettre à : *la cour des comptes n'a pas transmis les résultats de son enquête à la justice pénale*
- avoir recours à · en appeler à : *ils en appellent à la justice* · faire appel à : *il entend faire appel à la justice sur ce point* · porter plainte auprès de · recourir à · s'adresser à · saisir : *l'administration préfère saisir la justice pénale* · s'en remettre à · se tourner vers • déposer plainte devant
- (se) livrer à : *il s'est livré volontairement à la justice pénale internationale* · (se) remettre à · (se) rendre à : *il a décidé de se rendre à la justice*
- affronter · avoir affaire à : *le Président ne peut avoir affaire à la justice pénale* · avoir des ennuis avec · avoir maille à partir avec : *leur société a eu maille à partir avec la justice française* · être aux prises avec · se frotter à : *il s'est frotté à la justice dès 1992* · tomber sous le coup de • s'attirer / subir les foudres de • craindre (les foudres de) · redouter
- aider · apporter son concours à · collaborer avec · coopérer avec • faire confiance à
- bafouer · défier : *l'ancien dictateur a ouvertement défié la justice* • dissimuler à : *elle a dissimulé à la justice des éléments sur le décès de son mari* · faire obstruction à • échapper aux foudres de / à · être à l'abri de · éviter (les foudres de) · fuir · se dérober à · se mettre à l'abri de · se soustraire à • contourner
- se substituer à
- humaniser : *cette réforme tend à humaniser la justice* • réformer : *il souhaite réformer en profondeur la justice consulaire*

∾ NOM + DE + **justice**

- mailles : *le suspect est encore passé au travers des mailles de la justice*

en justice

- agir · aller · attaquer · ester · introduire une action · plaider • assigner · déférer · traduire • envoyer · poursuivre : *nous les poursuivrons en justice*

devant la / en justice

- comparaître · passer · se présenter · s'expliquer · témoigner

justification *nom fém.*

∾ justification + ADJECTIF

- économique · historique · scientifique • idéologique : *la justification idéologique du développement de programmes nucléaires* · morale : *il n'y a aucune justification morale à leur attitude* · philosophique · religieuse • médicale · thérapeutique • juridique · légale • théorique • rétroactive : *ils attendent de cet acquittement une justification rétroactive de leurs engagements* · a posteriori
- principale · profonde : *c'est là que réside la justification profonde de cette association*
- précise : *ils lui ont refusé leur aide sans justification précise* • vraie [+ nom] · véritable [+ nom] • suffisante
- adéquate · convaincante · solide · valable • objective : *ces mesures ont été prises sans aucune justification objective* · rationnelle
- partielle
- douteuse · évasive • tardive

∞ VERBE + **justification**

- chercher : *il cherche une justification à ce résultat qui ne s'explique pas par lui-même*
- trouver
- constituer : *rien ne peut constituer une justification à cette différence de traitement* · servir de
- apporter · avancer : *le gouvernement avance des justifications économiques pour se dédouaner* · donner · fournir · offrir · présenter
- se passer de
- enlever · ôter : *cela ôte toute justification morale au projet* • rendre caduque

k

krach *nom masc.*

∞ **krach** + ADJECTIF

- bancaire · boursier · financier · monétaire • économique · immobilier · internet · pétrolier · technologique · etc.
- annoncé · inévitable · prévisible
- gigantesque [+ nom] · grand [+ nom] · historique · retentissant · sans précédent • brutal • généralisé · mondial : *le spectre d'un krach mondial*
- larvé · rampant

∞ **krach** + VERBE

- menacer · s'annoncer
- avoir lieu · commencer · se produire · survenir
- avoir pour origine · être imputé à
- atteindre · gagner : *le krach a gagné toutes les places boursières*
- affecter : *le krach affecte toutes les places financières* · dévaster · ébranler · frapper · secouer : *le krach rampant qui secoue les Bourses asiatiques* · toucher

∞ VERBE + **krach**

- aboutir à · conduire à · déboucher sur · déclencher · entraîner · précipiter : *la baisse des impôts va précipiter le krach* · provoquer
- prédire · prévoir · pronostiquer · s'attendre à • anticiper : *plusieurs économistes avaient anticipé le krach de l'année dernière*
- se diriger vers • connaître · enregistrer · traverser
- prendre la forme de · prendre l'allure de : *l'effondrement des valeurs boursières a pris l'allure d'un krach* • dégénérer en · se transformer en
- avoir peur de · craindre · redouter
- être confronté à : *le pays est confronté à un krach financier important* · être victime de · prendre de plein fouet : *plusieurs arrondissements prennent de plein fouet le krach immobilier* · subir
- enrayer • éviter · prévenir
- échapper à · être à l'abri de : *les marchés européens ne sont pas à l'abri d'un krach* • se relever de · se remettre de · survivre à

l

lâcheté *nom fém.* (couardise)

∾ **lâcheté** + ADJECTIF

- intellectuelle · morale · politique
- collective · humaine · individuelle · masculine • naturelle • ambiante · quotidienne
- extrême · formidable [+ nom] : *laisser faire serait une formidable lâcheté* · grande [+ nom] · incroyable · inimaginable
- impardonnable · inexcusable • sordide

∾ **lâcheté** + VERBE

- régner • envahir : *il s'était senti envahi d'une grande lâcheté* · habiter : *il découvrit la lâcheté qui l'habitait*
- choquer : *ils sont choqués par la lâcheté des hommes* · décevoir · écœurer : *je suis écœurée par la lâcheté masculine*

∾ VERBE + **lâcheté**

- avoir : *il a eu la lâcheté de témoigner à visage couvert* • faire montre de · faire preuve de · montrer
- céder à
- avouer · reconnaître
- accuser de · taxer de : *on l'a rapidement taxé de lâcheté*
- découvrir · démasquer : *il démasque la lâcheté de ses contemporains* · mettre au jour · mettre en lumière · pointer · souligner
- critiquer · dénoncer · fustiger · stigmatiser : *il stigmatise la lâcheté occidentale face aux extrémismes*
- être victime de : *il a été victime de la lâcheté de ses complices*
- combattre · pourfendre · protester contre : *je proteste contre la lâcheté de nos gouvernants* · se dresser face à · s'en prendre à : *il s'en est pris à la lâcheté des gouvernants*
- pallier
- camoufler · dissimuler
- vaincre

lacune *nom fém.*

∾ **lacune** + ADJECTIF

- procédurale · réglementaire • culturelle · éditoriale · structurelle : *les lacunes structurelles du club pourraient finir par peser* · technique · etc.
- existante · présente
- inévitable • criante : *pour faire oublier les lacunes les plus criantes* · flagrante · manifeste • ahurissante : *ce sont des lacunes techniques ahurissantes à un tel niveau* · béante : *elle tente de combler ses lacunes béantes en matière de cuisine* · considérable · énorme · grande [+ nom] · grave · grosse [+ nom] · immense [+ nom] · importante · invraisemblable · majeure · sérieuse · terrible · vaste [+ nom]
- inquiétante · préoccupante • aberrante · dramatique · fâcheuse · inacceptable · regrettable
- petite [+ nom] · sans gravité

∾ **lacune** + VERBE

- apparaître · ressortir
- demeurer · rester · subsister
- affecter : *de graves lacunes affectaient la comptabilité*

∾ VERBE + **lacune**

- avoir · comporter · contenir · laisser entrevoir : *l'équipe a laissé entrevoir quelques lacunes lors des matches de préparation* · présenter · souffrir de : *le rapport souffre de lacunes graves* · afficher
- admettre · avouer · confesser
- attirer l'attention sur · dévoiler · faire état de · révéler · refléter • mettre en évidence · mettre en lumière · mettre le doigt sur · montrer · pointer : *le rapport pointe des lacunes graves* • insister sur · mettre l'accent sur · souligner

- constater · déceler · détecter · identifier · noter · prendre conscience de · recenser (plur.) · relever · repérer · s'apercevoir de · se rendre compte de · trouver
- déplorer · regretter • critiquer · dénoncer
- profiter de · tirer profit de · utiliser : *ils ont utilisé les lacunes de la loi pour éviter la condamnation*
- cacher · dissimuler · masquer
- combler · compenser · corriger · éliminer · gommer · pallier · porter remède à · rattraper · remédier à · remplir : *ils travaillent à remplir les lacunes du système* · suppléer à : *il supplée ainsi aux lacunes techniques*

REM. On rencontre parfois "redresser des lacunes". Évitez cette expression maladroite et préférez "combler des lacunes".

[1]langage *nom masc.* (système de signes, code)

∞ langage + ADJECTIF

- humain · animal : *existe-t-il un langage animal ?* • articulé · naturel • artificiel · formel · machine • codé · conventionnel · crypté · formalisé · normé · structuré • binaire · informatique · mathématique · phonétique · sténographique
- des signes° · des sourds(-muets) • des abeilles · des fleurs • corporel · du corps · gestuel · etc.

∞ VERBE + langage

- créer · former · inventer : *il a inventé un nouveau langage informatique*
- codifier · crypter • transcrire
- structurer : *les règles grammaticales structurent le langage*
- acquérir · apprendre
- maîtriser · posséder : *il possède parfaitement le langage des signes* • comprendre
- écrire · maîtriser
- employer · recourir à · utiliser • programmer en [Inform.] : *c'est programmé en langage C++*

[2]langage *nom masc.* (usage particulier, vocabulaire)

∞ langage + ADJECTIF

- administratif · de l'administration · diplomatique · politique • académique · technocratique • philosophique · scientifique • de la rue · des banlieues • judiciaire · juridique • de spécialistes · d'initiés • des affaires · des prisons · etc.
- articulé · écrit · oral · parlé : *la syntaxe du langage parlé*
- figuré · imagé · métaphorique • littéraire · poétique
- commun : *le terme "bug" est entré dans le langage commun* · courant · habituel · naturel · ordinaire · quotidien · universel · usuel · vernaculaire • à la mode · branché[fam.] · en vogue • moderne
- abordable · compréhensible · facile · simple • clair · cohérent · compréhensible · intelligible · précis
- beau[+ nom] : *« Je vis de bonne soupe, et non de beau langage »* (Molière, *Les Femmes savantes*, II, 7) • châtié · choisi · pur · raffiné • noble · précieux · subtil • relevé · soutenu
- argotique · familier · informel · populaire • cru · grossier · ordurier • inconvenant · offensant
- courtois · modéré · poli · policé · politiquement correct · prudent
- direct · droit · franc • coloré · éloquent · énergique · expressif : *une traduction qui édulcore le langage expressif des mafiosi* · fleuri · percutant · truculent · vigoureux • débridé · enflammé · sans retenue • riche
- sobre • elliptique · feutré · indirect · laconique · minimaliste
- secret
- abscons · codé · compliqué · crypté · énigmatique · ésotérique · hermétique · obscur • ambigu · double°[+ nom] : *il tient un double langage* • confus · incohérent · incompréhensible · inintelligible · tortueux
- déconcertant · étonnant · singulier
- aseptisé · convenu · figé : *Molière s'en est pris au langage figé des précieux* · standardisé
- affecté · ampoulé · emphatique · excessif · guindé · hyperbolique · maniéré · pédant · pompeux • hypocrite · lénifiant · mensonger
- agressif · guerrier
- archaïque · dépassé

∞ langage + VERBE

- apparaître · émerger : *le langage articulé aurait émergé entre 600 000 et 400 000 ans avant notre ère* · faire son apparition · naître
- s'imposer : *ce langage ampoulé s'impose dans les facultés*
- évoluer : *le langage officiel a évolué*
- exprimer · véhiculer : *le langage véhicule des idées ou des états de fait intégrés par notre inconscient*

∞ VERBE + langage

- adopter · écrire (dans) · employer · manier · parler · recourir à · s'exprimer dans · tenir : *qui oserait tenir un tel langage de nos jours ?* · user de · utiliser
- accepter · excuser · pardonner : *pardonnez-lui son langage grossier*

- renouveler : *Rimbaud a renouvelé le langage poétique* • changer (de) · adapter · simplifier : *l'État a simplifié le langage administratif* • châtier · soigner • modérer · surveiller : *surveille ton langage devant les enfants*
- entrer dans · passer dans : *le mot est passé dans le langage courant au XVIIe siècle*

[1] **langue** *nom fém.* (système de communication)

∞ langue + ADJECTIF

- mère° : *la linguistique comparée permet la reconstruction d'une langue mère préhistorique* · originelle
- universelle : *la musique est-elle une langue universelle ?* • locale · régionale • commune · internationale : *l'esperanto, langue internationale* · nationale · neutre · officielle : *la langue officielle de l'Iran est le persan* · véhiculaire • étrangère · inconnue
- usuelle · vernaculaire : *la messe est désormais dite en langue vernaculaire* • de travail
- d'origine : *les élèves entretiennent une relation complexe avec leur langue d'origine* · maternelle · natale · première : *sa langue première est le bambara* • d'adoption · deuxième · première ^+nom : *elle a étudié l'allemand en première langue*
- indo-européenne · slave · sémitique · germanique · finno-ougrienne · africaine · latine : *le français est une langue latine, tout comme l'espagnol* · orientale · romane • à clics · consonantique : *l'hébreu est une langue consonantique* · à tons • des signes · etc.
- de Molière° · de Shakespeare° · Cervantès° · de Pétrarque° · de Goethe° · etc.
- de spécialité° • savante : *le latin a longtemps été la langue savante, celle des lettrés* • liturgique · sacrée • vulgaire
- [Traduction] • source · de départ • cible · d'arrivée
- ancienne · morte • vivante : *il a choisi allemand en langue vivante I / II* • d'avenir
- obligatoire • facultative · optionnelle
- écrite · orale
- puissante · dominante : *le swahili est l'une des langues dominantes d'Afrique de l'Est* · majoritaire · principale
- dominée · minoritaire
- imaginaire : *il a conçu une langue imaginaire*
- facile : *le chinois n'est pas une langue facile*
- gutturale · rude
- belle · chantante · harmonieuse · mélodieuse · musicale · sensuelle
- complexe · difficile
- pauvre : *beaucoup pensent à tort que cette langue est pauvre*
- barbare · incompréhensible

∞ langue + VERBE

- faire son apparition
- s'imposer
- exprimer · véhiculer
- changer · évoluer
- disparaître · être en voie de disparition · mourir

∞ VERBE + langue

- écrire • parler · pratiquer
- comprendre · connaître · maîtriser · posséder • adopter
- aimer · se passionner pour : *il se passionne pour la langue de Shakespeare* • avoir le don de : *il a le don des langues*
- ignorer • baragouiner : *je baragouine le portugais* · écorcher
- avoir recours à · manier
- adapter en : *le cédérom vient d'être adapté en langue française*
- apprendre · étudier • acquérir : *à trois ans, l'enfant a acquis sa langue maternelle* · progresser dans
- créer · inventer
- enseigner • défendre · promouvoir : *ce mouvement veut promouvoir la langue basque*
- enrichir : *de nombreux mots arabes ont enrichi notre langue*
- célébrer · fêter : *la journée internationale de la francophonie fête la langue française*
- interdire : *il y a encore peu, cette langue régionale était interdite*

[2] **langue** *nom fém.* (expression individuelle)

∞ langue + ADJECTIF

- administrative · commerciale · journalistique · diplomatique · informatique · scientifique · philosophique · etc.
- écrite : *avec ces exercices, l'élève améliore la qualité de sa langue écrite* · parlée
- de bois° : *le Premier ministre manie la langue de bois à merveille*
- classique • contemporaine · moderne • courante · naturelle · vivante
- soignée · soutenue · châtiée • littéraire · poétique
- claire · fluide · limpide · pure • concise · précise
- belle ^+nom · truculente · colorée · magnifique · admirable · savoureuse • inventive · originale • riche · foisonnante • sensuelle
- complexe · difficile
- argotique · crue · familière · populaire · verte° (l'argot)

- mystérieuse : *cet écrivain use d'une langue mystérieuse et poétique*
- neutre · sobre · minimaliste · épurée · simple
- pauvre : *il écrit dans une langue simplifiée à l'extrême, voire pauvre*
- incompréhensible : *il s'exprime dans une langue incompréhensible*

∾ VERBE + **langue**
- écrire · parler • adopter · avoir recours à · employer · manier · s'exprimer dans · utiliser

larmes *nom fém. plur.*

∾ **larmes** + ADJECTIF
- abondantes · chaudes○ + nom : *il pleurait à chaudes larmes* · grosses + nom • brûlantes · intarissables
- sincères
- apaisantes · bienfaisantes · douces : *de douces larmes de joie coulaient le long de ses joues*
- contenues • furtives : *il essuya quelques larmes furtives* · silencieuses
- de crocodile○ : *inutile de verser des larmes de crocodile* · hypocrite
- amères

∾ **larmes** + VERBE
- couler · inonder · jaillir : *de grosses larmes jaillirent sous ses paupières* · perler : *des larmes perlaient entre ses cils* · rouler : *de grosses larmes roulaient sur ses joues* · ruisseler · monter : *les larmes me montèrent aux yeux*
- attendrir
- sécher · se tarir

∾ VERBE + **larmes**
- arracher : *la scène finale lui arracha quelques larmes* · faire monter : *cette chanson me fait toujours monter les larmes aux yeux* · tirer : *le récit lui tira quelques larmes*
- être au bord de : *elle était au bord des larmes* · sentir monter
- être secoué de · fondre en : *il a fondu en larmes en apprenant la mort de son père* • laisser échapper · pleurer : *pleurer toutes les larmes de son corps* · verser
- être baigné de · être embué de : *ses yeux / le regard embué(s) de larmes* · être mouillé de : *ses yeux / son sourire mouillé(s) de larmes* · être noyé de · être trempé de · se remplir de : *j'ai vu ses yeux se remplir de larmes*
- contenir · dominer · écraser : *il s'éloigna pour écraser ses larmes* · ravaler : *elle a ravalé ses larmes* · refouler · rentrer · retenir
- essuyer : *essuie tes larmes, ce n'est pas si grave* · sécher

∾ NOM + DE + **larmes**
- flot · torrent : *elle versa un torrent de larmes*

lassitude *nom fém.*

∾ **lassitude** + ADJECTIF
- générale • mentale · physique
- évidente · visible • affreuse + nom · extrême · grande + nom · immense · infinie · profonde • croissante · grandissante
- légère + nom · petite + nom · relative + nom · simple + nom
- passagère

∾ **lassitude** + VERBE
- poindre : *on sent la lassitude poindre parmi les joueurs* • se faire jour · se faire sentir
- gagner : *malgré le dévouement des équipes, la lassitude gagne* · s'installer
- envahir · s'emparer de : *une certaine lassitude s'empare du spectateur* · s'immiscer dans : *la lassitude vient un jour s'immiscer dans le couple*

∾ VERBE + **lassitude**
- causer · engendrer · entraîner · provoquer · susciter : *la récurrence des thèmes de l'émission suscite une certaine lassitude chez le téléspectateur*
- éprouver · être pris de · être saisi de : *il fut soudain saisi d'une grande lassitude* · ressentir
- céder à
- avouer · confesser · crier · dire · exprimer · faire part de
- laisser transparaître · manifester : *le public manifeste quelque lassitude à l'égard de la politique* · montrer
- témoigner de · traduire
- deviner · discerner · percevoir · sentir
- accentuer · accroître
- chasser

[1] leçon *nom fém.* (cours)

∾ **leçon** + ADJECTIF
- inaugurale · magistrale • particulière : *elle me donne des leçons particulières d'espagnol*
- admirable · brillante · claire · éblouissante · excellente · extraordinaire · fameuse + nom · marquante • captivante · intéressante · passionnante

∾ VERBE + **leçon**
- bâtir · construire : *l'épreuve d'agrégation évalue les capacités du candidat à construire une leçon* · structurer · organiser
- commencer
- faire · donner · dispenser · délivrer · administrer

- assister à • prendre : *il prend des leçons de chant / de conduite*
- apprendre : *as-tu appris ta leçon d'histoire ?* · bûcher*fam.* · potasser*fam.* · rabâcher · répéter · réviser · revoir • connaître (par cœur) · savoir (par cœur)
- débiter : *il débite sa leçon sans la comprendre* · réciter
- assimiler : *les enfants n'ont pas eu le temps d'assimiler la dernière leçon* • retenir : *il a parfaitement retenu sa leçon* · se souvenir de
- oublier
- arrêter · interrompre

2 leçon *nom fém.* (tirée d'une faute, d'un événement)

∞ leçon + ADJECTIF

- belle + nom · bonne + nom · extraordinaire · formidable + nom · jolie + nom : *c'est une jolie leçon d'espoir* · précieuse · sacrée + nom fam. · salutaire · utile : *il est nécessaire d'en tirer toutes les leçons utiles pour l'avenir* · vraie + nom · véritable + nom
- amère · cinglante : *c'est une cinglante leçon d'humilité* · cruelle · douloureuse · dure + nom · rude + nom : *la rude leçon de la défaite* · sévère · terrible
- petite + nom

∞ VERBE + leçon

- servir de : *que cela te serve de leçon !* • tourner à : *le match a tourné à la leçon de courage*
- administrer : *il vient de m'administrer une leçon de courage politique* · délivrer · dispenser · donner · faire : *faire la leçon à qqn* · infliger : *notre équipe a infligé une sévère leçon à l'Angleterre* · offrir · prodiguer : *le pays est agacé par les leçons qu'on lui prodigue à l'étranger*
- dégager : *l'expérience est intéressante ; à nous de savoir en dégager les leçons* · tirer : *ils n'ont pas su tirer la leçon de leur défaite* • recevoir : *je n'ai pas de leçon à recevoir de toi*
- comprendre : *je ne suis même pas sûre qu'il ait compris la leçon* · digérer • retenir : *il s'est déjà fait rabrouer mais il n'a pas retenu la leçon* · se souvenir de • mettre à profit • méditer

1 lecture *nom fém.* (activité)

∞ lecture + ADJECTIF

- à haute voix • mentale · silencieuse • publique : *il a fait une lecture publique de son dernier ouvrage*
- courante : *quelques cours de grec ne permettent pas d'accéder à la lecture courante des textes*
- assidue · régulière • intensive : *il s'est plongé dans la lecture intensive de romans anglo-saxons*
- linéaire • attentive · consciencieuse · méthodique · minutieuse · scrupuleuse • détaillée
- cursive · en diagonale : *la lecture en diagonale fait gagner du temps* · hâtive · rapide
- éprouvante · fastidieuse : *les nombreuses annotations rendent la lecture fastidieuse*

∞ lecture + VERBE

- absorber (souvent passif) : *complètement absorbé par sa lecture*
- bouleverser · émouvoir

∞ VERBE + lecture

- commencer · se plonger dans
- être de (+ adj.) : *ce livre est d'une lecture facile*
- faire : *je lui fais la lecture tous les soirs* • donner (sans art.) : *j'ai le rapport, je vais vous en donner lecture*
- s'adonner à : *il s'adonne à la lecture quotidienne des journaux* • poursuivre · continuer
- adorer · aimer · se passionner pour
- faciliter · permettre : *l'hypertexte permet une lecture non linéaire du texte* • inciter à · initier à · intéresser à : *elle essaie d'intéresser ses élèves à la lecture* · donner goût à / le goût de
- recommander : *je recommande vivement la lecture de ce livre*
- déconseiller : *la lecture de ce livre est déconseillée aux âmes sensibles*
- gêner : *les nombreuses coquilles gênent la lecture*
- suspendre • interrompre
- abandonner
- achever : *j'ai enfin achevé la lecture d'"À la recherche du temps perdu"* · terminer

2 lecture *nom fém.* (interprétation)

∞ lecture + ADJECTIF

- analytique · historique · poétique · politique · psychanalytique : *une lecture psychanalytique de la comtesse de Ségur* · sociologique · etc.
- croisée : *le professeur propose une lecture croisée de Sartre et Beauvoir*
- au premier degré · littérale : *les défenseurs d'une lecture littérale de la Bible* · traditionnelle • au second degré · personnelle : *c'est une lecture tout à fait personnelle de son œuvre* • double + nom : *chacun de ces textes permet une double lecture*
- critique : *il poursuit sa lecture critique des grands philosophes* · érudite · intelligente · lucide : *il faut initier les jeunes à une lecture critique et lucide des images*
- univoque : *il refuse une lecture univoque du texte*
- extensive · souple

- différente · divergente
- étroite · radicale · restrictive : *l'administration a eu une lecture restrictive de la loi* · rigoriste · stricte ⁺ nom
- optimiste
- pessimiste : *elle fait une lecture pessimiste de la situation économique*
- erronée · fausse ⁺ nom · mauvaise ⁺ nom : *il impute ces sornettes à une mauvaise lecture de Nostradamus*
- abusive · biaisée · tendancieuse • manichéenne · simpliste • superficielle

∞ VERBE + **lecture**

- autoriser : *cette approche autorise une lecture plus souple des textes*
- enrichir : *les groupes de discussion permettent d'enrichir sa lecture du point de vue des autres*
- donner lieu à : *le film donne lieu à plusieurs lectures* · faire l'objet de : *ce poème peut faire l'objet de lectures très différentes*
- livrer · proposer · donner : *il donne une lecture très personnelle du mythe d'Ulysse*
- faire · se livrer à : *on est encouragé à se livrer à une double lecture des œuvres* • s'en tenir à : *il serait dommage de s'en tenir à une lecture radicale du texte*

[3] lecture *nom fém.* (texte)

∞ **lecture** + ADJECTIF

- classique · politique · romanesque : *les lectures romanesques de son adolescence*
- estivale : *qu'as-tu prévu comme lecture estivale ?* • pour adultes · pour enfants
- favorite · fétiche · préférée
- bonne ⁺ nom · saine ⁺ nom : *je vois que tu as de saines lectures !*
- délassante · facile · reposante : *ce petit roman de gare est une lecture reposante* • absorbante · captivante · passionnante · stimulante • délicieuse · plaisante • édifiante : *j'ai eu du mal à dormir après cette lecture édifiante* · enrichissante · instructive · intéressante
- distrayante · divertissante · frivole
- malsaine · mauvaise ⁺ nom : *il voulait préserver ses enfants de ces mauvaises lectures*
- aride · austère • ennuyeuse · fastidieuse · monotone

∞ **lecture** + VERBE

- enrichir · nourrir

∞ VERBE + **lecture**

- choisir
- diversifier (plur.) : *il faut diversifier ses lectures*
- emporter · prendre : *prends de la lecture pour le voyage*

légende *nom fém.*

∞ **légende** + ADJECTIF

- arthurienne • épique · héroïque · messianique · napoléonienne : *la légende napoléonienne fut entretenue par des grognards* · olympique : *le Norvégien a rejoint dans la légende olympique la skieuse de fond russe Lioubov Egorova* · romantique • bretonne · celtique : *la quête du Graal, thème central des légendes celtiques* · scandinave · indienne
- urbaine° • familiale · locale
- tenace : *contrairement à une légende tenace, il n'y a pas beaucoup de fer dans les épinards*
- fondatrice : *les Nibelungen font partie de la légende fondatrice de la Germanie*
- naissante : *cet épisode a alimenté sa légende naissante*
- vivante : *Elvis est devenu une légende vivante du rock*
- méconnue
- ancestrale · ancienne · antique · millénaire · vieille ⁺ nom : *un conte moderne, inspiré de vieilles légendes tziganes* · ancienne • célèbre · fameuse
- étonnante · insolite
- belle ⁺ nom · dorée : *que se cache-t-il derrière la légende dorée des Beach Boys ?*

∞ **légende** + VERBE

- se bâtir : *la légende s'est bâtie sur cet exploit* · se construire · se former • commencer · naître : *la légende de ce bandit est née de son vivant*
- s'ancrer · s'installer • courir : *une très ancienne légende qui court parmi les Indiens*
- rapporter : *une légende rapporte que si vous souriez en croisant ce lézard, vos dents tomberont* • dire : *voilà ce que dit la légende* · prétendre · raconter · vouloir : *la légende voudrait que le nom du couscous vienne du bruit que ferait le pilon en broyant le blé*

∞ VERBE + **légende**

- bâtir : *l'équipe a bâti sa légende sur une défense de fer* · construire · créer · façonner · forger : *James Dean a forgé sa légende en seulement deux films* · tisser : *c'est dans ce club de jazz qu'il a commencé à tisser sa légende* · écrire
- (plur.) collecter · recueillir : *il recueille les légendes des peuplades oubliées*
- alimenter · contribuer à · cultiver · entretenir · nourrir • embellir
- appartenir à : *il appartient déjà à la légende de la BD* · entrer dans : *il est entré dans la légende du ski alpin à 17 ans* • être auréolé de : *il meurt en 1957, toujours auréolé de sa légende de cinéaste maudit*
- être pétri de : *un univers pétri de légendes celtiques* • être riche en (plur.) : *le pays est riche en légendes*

- conter · narrer · retracer : *la série documentaire retrace la légende de cette star* · faire revivre : *ce film nous fait revivre la légende du roi Arthur* • colporter[péj.]
- faire figure de · participer de · tenir de : *ces fameuses recettes qui tiennent de la légende*
- contredire · faire mentir
- accréditer
- briser · mettre fin à · tordre le cou à : *cet exemple tord le cou à la légende*

légèreté *nom fém.* (litt. et fig.)

∞ légèreté + ADJECTIF

- extrême + nom : *des costumes d'une extrême légèreté* · grande + nom · incroyable + nom • insoutenable + nom : *il dénonce l'insoutenable légèreté de leur politique énergétique* (en référence au roman de Milan Kundera *L'Insoutenable Légèreté de l'être*)
- apparente : *derrière l'apparente légèreté de son œuvre se cache une réflexion profonde* · fausse + nom

∞ VERBE + légèreté

- gagner en • retrouver (de)
- [fig.] faire preuve de : *le gouvernement a fait preuve de légèreté dans cette affaire*
- manquer de

législation *nom fém.*

∞ législation + ADJECTIF

- bancaire · douanière · fiscale · sociale • anti-avortement · antiblanchiment · anti-bruit · antidopage · antidrogue · antiraciste · antisecte · antitabac · antiterroriste · anti-trust · etc.
- actuelle · courante · en vigueur · existante
- communautaire · européenne • internationale · locale · nationale • d'exception · spécifique
- rétroactive
- adaptée · adéquate · ad hoc · appropriée : *l'État souhaite combattre ce problème par une législation appropriée* · bonne + nom · juste • protectrice • novatrice
- complète : *il faut nous doter rapidement d'une législation complète sur les OGM*
- contraignante · lourde · musclée : *les centres de bronzage sont encadrés par une législation musclée* · renforcée · répressive : *nous nous opposerons à cette législation répressive* • draconienne · restrictive : *ils ont une législation très restrictive en matière d'armes* · rigide · rigoureuse · sévère · stricte
- laxiste · permissive · souple
- floue
- discriminatoire · injuste · mauvaise + nom • inadaptée · inefficace · insuffisante · rétrograde
- ancienne • obsolète : *il faut modifier la législation obsolète sur les drogues*

∞ législation + VERBE

- entrer en vigueur : *la nouvelle législation entrera en vigueur en juillet 2008*
- concerner · être relative à · s'appliquer à · viser
- prévoir • entériner : *on attend toujours la législation entérinant l'accord* · imposer : *cette législation impose la rémunération des ayants droit de l'industrie musicale* · instituer • encadrer · prendre en charge · régir · réglementer · régler : *aucune législation ne peut régler tous les problèmes*
- exiger · imposer · stipuler
- autoriser · permettre • garantir · offrir : *la législation offre une protection réelle aux enfants* • protéger
- entraver · limiter • interdire · punir · réprimer · sanctionner : *la législation française sanctionne le racisme*
- s'assouplir : *la législation du travail devrait s'assouplir*

∞ VERBE + législation

- créer · élaborer · établir · instaurer · mettre au point · mettre en place · mettre en œuvre · préparer • édicter · promulguer · voter
- adapter : *le pays doit adapter sa législation aux directives européennes* · aménager · amender · changer · faire évoluer · infléchir · modifier · réexaminer · réformer · remanier · réviser · revoir • améliorer · faire progresser · harmoniser · moderniser · simplifier · uniformiser : *les pays adhérents doivent uniformiser leurs législations*
- assouplir
- alourdir : *plutôt que d'alourdir la législation, il faut se concentrer sur son application* · durcir · renforcer
- avoir · bénéficier de · disposer de • adopter · se doter de
- être conforme à · observer · respecter
- être assujetti à · être soumis à : *les sites internet sont soumis à la législation en vigueur sur le droit d'auteur* · être sous l'empire de : *ces accords ont été conclus sous l'empire de la législation antérieure* · se soumettre à
- appliquer : *la législation du travail est mal appliquée* · mettre en application · utiliser
- être contraire à · être en infraction avec

- contourner · détourner · échapper à • aller à l'encontre de · contrevenir à · enfreindre · prendre des libertés avec · s'affranchir de : *la tendance des multinationales à s'affranchir des législations nationales* · violer
- protester contre · remettre en cause · se plaindre de · s'opposer à
- abolir · abroger

légitimité *nom fém.*

∞ légitimité + ADJECTIF

- constitutionnelle · juridique • éthique · morale • académique · culturelle · historique · intellectuelle · religieuse · scientifique · sociale • démocratique · gouvernementale · institutionnelle · politique · républicaine • élective : *la légitimité élective du président* · électorale · issue du suffrage universel · populaire
- de fait • formelle : *cette constitution est dépourvue de légitimité formelle, donc caduque* • externe · interne : *le président de l'association doit bénéficier grâce aux élections d'une légitimité interne*
- accrue · forte [+ nom] · grande [+ nom] · particulière · solide · vraie [+ nom] · véritable [+ nom] • incontestable · indéniable • internationale · universelle : *l'ONU est une autorité internationale à la légitimité universelle*
- suffisante : *pour lui, le ministre n'a plus la légitimité suffisante pour assurer ses fonctions*
- fragile • douteuse : *un régime politique à la légitimité douteuse*

∞ légitimité + VERBE

- découler de · procéder de : *en démocratie, toute légitimité procède du suffrage universel* · venir de • reposer sur · s'appuyer sur · se fonder sur

∞ VERBE + légitimité

- établir · forger
- chercher : *il se cherche une légitimité politique* · être en quête de : *un président en quête d'une nouvelle légitimité*
- accorder : *je n'accorde aucune légitimité intellectuelle à cet imposteur* · (re)donner • conférer : *le poids économique de cette entreprise lui confère une légitimité de fait* · garantir ... à : *les élections devraient garantir une légitimité au nouveau gouvernement*
- acquérir · fonder ... sur : *le gouvernement fondait sa légitimité sur les élections* · obtenir · puiser ... dans : *le mouvement puise une partie de sa légitimité dans des traditions religieuses* · retrouver · tirer ... de : *cette assemblée ne tire pas sa légitimité de sa représentativité* · tenir ... de
- avoir · bénéficier de · disposer de · être investi de : *ils se sentent investis d'une légitimité historique* · jouir de
- gagner (en) • maintenir · conserver • accroître · asseoir : *il ne lui manquait plus que le verdict populaire pour asseoir sa légitimité* · conforter · renforcer
- exploiter · utiliser · tirer profit de
- attester · confirmer · démontrer · (ré)affirmer : *les enseignants doivent réaffirmer la légitimité de leur autorité* · valider : *les experts ont validé la légitimité du projet* • reconnaître : *le directeur a reconnu la légitimité de ces revendications*
- douter de • attaquer · contester · dénier · (re)mettre en cause · nier · récuser · rejeter • ébranler · entacher : *cette élection controversée a entaché sa légitimité* · entamer : *le scandale entame la légitimité de ce chercheur* · mettre en danger · miner · porter atteinte à · saper : *le mépris des lois sape la légitimité de la démocratie*
- être dépourvu de · être privé de · manquer de
- ôter ... à : *cela lui ôte toute légitimité*
- perdre : *ce régime a perdu sa légitimité et perdra bientôt son pouvoir*

lenteur *nom fém.* (manque de rapidité, retard)

∞ lenteur + ADJECTIF

- (souvent plur.) administrative · bureaucratique : *les lenteurs bureaucratiques leur ont fait perdre un semestre* · judiciaire
- grande [+ nom] · exceptionnelle · incroyable • extrême · infinie
- calculée : *il agissait prudemment, avec une lenteur calculée* · sage [+ nom]
- relative
- excessive • exaspérante · désespérante · insupportable
- apparente : *cette lenteur apparente fait partie de sa stratégie*

∞ VERBE + lenteur

- expliquer : *plusieurs facteurs expliquent la lenteur des travaux*
- se heurter à
- se plaindre de · s'impatienter de : *ils s'impatientent de la lenteur du procès* • dénoncer · déplorer · regretter • critiquer · protester contre : *les manifestants protestaient contre la lenteur du gouvernement*
- remédier à : *le projet de loi vise à remédier à la lenteur de la justice*

avec lenteur
- agir · réagir • évoluer : *la situation évolue avec une lenteur extrême* · progresser • avancer · marcher • bouger · se mouvoir • parler · s'exprimer

léthargie *nom fém.*

∾ léthargie + ADJECTIF
- économique · politique · etc.
- grande ⁺ ⁿᵒᵐ · profonde : *après la fermeture de l'usine, la ville a sombré dans une profonde léthargie* • longue ⁺ ⁿᵒᵐ · persistante
- curieuse · inexplicable
- douce ⁺ ⁿᵒᵐ : *elle coule de beaux jours dans une douce léthargie*
- apparente
- dangereuse · inquiétante : *après un excellent début de saison, l'équipe est tombée dans une léthargie inquiétante*

∾ VERBE + léthargie
- entrer en : *le marché européen est entré en léthargie en 1990* · être en état de · être / rester plongé dans : *le pays est plongé dans une léthargie politique* · retourner à · s'installer dans • s'enfoncer dans · sombrer dans : *ces structures scolaires sombrent dans la léthargie chaque été*
- être frappé de : *une gauche frappée de léthargie* · souffrir de : *les marchés souffrent de la léthargie de l'économie*
- arracher à · sortir de · tirer de : *les surréalistes nous ont tirés de notre léthargie* • se réveiller de
- secouer : *il est grand temps de secouer cette douce léthargie* • mettre fin à

lettre *nom fém.* (missive)

∾ lettre + ADJECTIF
- autographe · manuscrite • dactylographiée · électronique • missive [Droit]
- anonyme • circulaire • personnalisée
- de candidature · de motivation • de démission · de refus • de licenciement • de condoléances • de félicitations · de remerciements • de recommandation · de soutien • de menace(s) • de protestation • de rupture
- recommandée (avec accusé de réception) • rapide : *le tarif "lettre rapide"* · urgente
- ouverte ᴼ : *ils ont publié une lettre ouverte adressée au ministre de l'Intérieur*
- belle ⁺ ⁿᵒᵐ · bien tournée • merveilleuse · superbe
- fameuse ⁺ ⁿᵒᵐ : *les fameuses lettres de Locke sur la tolérance*
- polie · respectueuse
- agréable · aimable · amicale · chaleureuse · tendre : *il a reçu une tendre lettre de sa mère* • élogieuse · encourageante · de soutien
- enflammée · passionnée · d'amour • émouvante · pathétique · poignante · suppliante · touchante : *il lui a adressé une lettre touchante pour lui faire part de ses sentiments*
- bizarre · curieuse · singulière · étrange
- longue ⁺ ⁿᵒᵐ • interminable
- maladroite · mal tournée
- compromettante : *il a brûlé toutes les lettres compromettantes*
- comminatoire : *l'entreprise lui a envoyé une lettre comminatoire l'accusant de plagiat* · sèche • incendiaire · virulente : *après son licenciement, elle a envoyé une lettre virulente à son supérieur* · de protestation • injurieuse · insultante · ordurière
- suspecte • contaminée · empoisonnée · piégée
- brève · courte · petite ⁺ ⁿᵒᵐ • laconique

∾ lettre + VERBE
- émaner de : *la lettre émanait de la préfecture*
- arriver (dans la boîte de) · parvenir à • se croiser (plur.) : *nos lettres ont dû se croiser*
- commencer · débuter • annoncer · informer · raconter · relater • comporter · contenir • finir · se terminer : *sa lettre se termine par une formule de politesse*
- (souvent passif) notifier : *une mise en demeure notifiée par lettre recommandée* · signifier
- rester sans réponse : *toutes mes lettres sont restées sans réponse*
- s'égarer · se perdre : *la lettre s'est perdue entre Paris et Djerba*

∾ VERBE + lettre
- préparer • dicter • écrire (... à) · faire · griffonner · rédiger · se fendre de ᶠᵃᵐ· • signer : *ils ont signé une lettre de protestation contre le projet* • dactylographier · taper · imprimer • peaufiner : *il peaufinait sa lettre de motivation*
- clore : *elle clôt sa lettre sur une parole d'espoir* · conclure · finir · terminer
- affranchir · timbrer • tamponner • cacheter · fermer
- antidater : *il a antidaté une lettre de mission* · dater
- expédier · faire partir · poster • acheminer · faire parvenir · faire passer · faire suivre : *ma gardienne fait suivre mes lettres sur mon lieu de vacances* • adresser ... à · envoyer : *elle lui a envoyé une lettre de félicitations* • faxer · remettre · transmettre : *je transmets votre lettre au service compétent* • échanger (plur.)

- (plur., souvent passif) bombarder de · harceler de · inonder de : *ils ont été inondés de lettres de lecteurs mécontents*
- diffuser · publier : *le journal a publié une lettre d'excuses*
- accuser réception de · recevoir • intercepter · tomber sur : *elle est tombée sur une lettre d'amour dans la chambre de son frère*
- décacheter · ouvrir • lire · parcourir · prendre connaissance de : *j'ai pris connaissance de votre lettre du 15 février* • dévorer
- donner suite à : *le journal n'a pas donné suite à ma lettre* · faire suite à · répondre à
- donner le ton de : *la première phrase donne le ton de la lettre*

∾ NOM + DE + **lettres**
- paquet · pile : *il reçoit chaque jour une pile de lettres de soutien*
- avalanche : *la chaîne a reçu une avalanche de lettres de protestation*

[1] **liberté** *nom fém.* (droit, latitude)

∾ **liberté** + ADJECTIF
- intellectuelle · politique · religieuse · sexuelle · syndicale • de choix · de pensée · d'expression • de mouvement · de circulation · etc.
- constitutionnelle · contractuelle • fondamentale : *la liberté d'expression est une liberté fondamentale* • individuelle · publiques (plur.) : *les défenseurs des libertés publiques*
- absolue · complète · entière + nom · illimitée · pleine + nom : *ils revendiquent la pleine liberté d'action* · sans entrave(s) · sans limite(s) · totale · vraie + nom · véritable + nom · pleine + nom • extraordinaire · grande + nom · immense • incroyable · inouïe · stupéfiante
- précieuse + nom : *il refuse qu'on le prive de sa précieuse liberté de mouvement*
- excessive · insolente : *une insolente liberté de ton*
- partielle · relative : *la liberté d'aller et venir est toute relative* • surveillée○
- apparente · illusoire · prétendue

∾ VERBE + **liberté**
- demander · réclamer · revendiquer • aspirer à · avoir faim de · être assoiffé de · être avide de : *une jeunesse avide de liberté* · avoir soif de
- établir : *ils établirent la liberté de conscience et de culte* · proclamer
- accorder · donner · laisser : *il leur laisse la liberté d'écrire ce qu'ils veulent* • assurer · garantir : *cette loi garantit la liberté de culte*
- encourager · promouvoir · prôner : *il prône la liberté religieuse* • combattre pour · défendre · lutter pour · militer pour • maintenir · préserver · restaurer · sauvegarder : *ils se battent pour sauvegarder leur liberté d'expression* • respecter : *l'État respecte la liberté religieuse*
- accroître · augmenter · étendre • faire progresser · faire triompher
- acquérir · obtenir • conquérir · gagner
- prendre : *j'ai pris la liberté de venir vous voir directement* • racheter · reconquérir · recouvrer · récupérer · reprendre : *après 15 ans de mariage / dans cette entreprise, elle a repris sa liberté* · retrouver
- avoir · bénéficier de · disposer de · jouir de : *le journaliste ne jouit pas d'une totale liberté* · posséder • conserver · garder : *elle entend garder sa liberté de parole*
- afficher · faire preuve de : *il fait preuve d'une grande liberté dans son expression théâtrale*
- exercer · expérimenter · profiter de · user de : *ils usent de leur liberté de parole* • abuser de : *certains internautes abusent de cette liberté pour télécharger des fichiers*
- aimer · apprécier · être épris de · tenir à : *il tient trop à sa liberté pour se marier* • savourer
- limiter · réduire · restreindre : *les employeurs veulent restreindre la liberté syndicale*
- aliéner · aller à l'encontre de · attenter à · bafouer · brider · compromettre · entamer · entraver · menacer · porter atteinte à : *nous n'avons pas l'intention de porter atteinte à la liberté d'expression* · sacrifier (... à) · toucher à · violer : *ces pays sont accusés de violer la liberté de la presse* • (re)mettre en cause : *les intégristes remettent en cause la liberté d'expression de l'artiste* · s'opposer à : *les agents ne peuvent pas s'opposer à la liberté d'aller et venir*
- suspendre • anéantir · étouffer · faire taire · supprimer : *le gouvernement a supprimé la liberté de culte* · tuer
- confisquer · enlever · ôter · priver de
- perdre

∾ NOM + DE + **liberté**
- désir · goût · soif · faim
- souffle · vent

[2] **liberté** *nom fém.* (relaxe)

∾ **liberté** + ADJECTIF
- conditionnelle · sous contrôle judiciaire · surveillée : *il a été placé en liberté surveillée*
- provisoire : *il a été placé en liberté provisoire sous contrôle judiciaire*

∞ VERBE + **liberté**

- rendre : *ils ont rendu la liberté au prisonnier*
- goûter à : *les fugitifs n'auront goûté à la liberté qu'une semaine* • retrouver : *elle a retrouvé la liberté après 20 ans derrière les barreaux*

en liberté

- laisser • remettre : *le prisonnier / l'animal a été remis en liberté*
- être · vivre : *les lions y vivent en liberté*

licenciement *nom masc.*

∞ **licenciement** + ADJECTIF

- pour insuffisance professionnelle · pour faute (grave) • économique · pour raisons économiques · pour motif économique • boursier : *ils veulent interdire les licenciements boursiers*
- individuel • collectif · massif
- sec° : *136 suppressions de postes, dont 70 licenciements secs*
- brutal · immédiat
- abusif · injustifié · sans cause réelle ni sérieuse [Droit] · sans préavis • déguisé : *certaines préretraites ne sont autres que des licenciements déguisés*

∞ VERBE + **licenciement**

- conduire à · entraîner
- pratiquer · procéder à · recourir à : *l'entreprise a recouru au licenciement économique* • multiplier (plur.)
- menacer de • annoncer (... à) · signifier ... à : *on lui a signifié son licenciement le lendemain*
- faciliter : *de nouvelles lois sur le travail facilitent les licenciements*
- justifier · motiver
- être victime de : *elle a été victime d'un licenciement abusif* · faire l'objet de
- contester · protester contre · s'opposer à • éviter : *ils veulent éviter tout licenciement sec*
- encadrer : *les dispositions encadrant le licenciement collectif* · réglementer : *l'article 18 réglemente les licenciements abusifs*
- annuler · interdire

∞ NOM + DE + **licenciements**

- vague • plan : *ils ont annoncé un nouveau plan de licenciements*

[1] lien *nom masc.* (relation, souvent plur.)

∞ **lien** + ADJECTIF

- affectif · amical • charnel · conjugal · matrimonial • du sang · familial · filial · fraternel · parental°
- contractuel : *il n'existe aucun lien contractuel entre le stagiaire et son entreprise d'accueil* • hiérarchique · organique • interpersonnel • diplomatique · économique · religieux · social · etc.
- étroit · fort · indéfectible : *un lien indéfectible unit les deux amis* · indissoluble · privilégié · profond · solide · véritable + nom · réel
- informel : *des liens informels se sont tissés entre les employés*
- artificiel
- incestueux · malsain

∞ **lien** + VERBE

- se créer · se nouer : *des liens se sont noués entre les deux femmes*
- exister • relier · unir : *un lien très fort les unit*
- se renforcer · se resserrer
- se distendre · se relâcher
- se casser

∞ VERBE + **lien**

- assurer · construire · créer · mettre en place • réactiver · reconstituer · reconstruire : *la médiation familiale vise à reconstruire les liens entre les membres de la famille* · renouer · restaurer
- avoir : *il affirme n'avoir pas de lien avec l'association* • conserver · maintenir • cultiver · entretenir : *les liens privilégiés que nos deux pays ont entretenus pendant des siècles*
- développer · renforcer : *une solidarité nouvelle renforce le lien social* · resserrer
- conserver · garder · maintenir · nouer : *il a noué des liens d'amitié avec le président* · tisser : *nous avons tissé des liens très forts entre nos deux familles*
- briser : *on risque de briser le lien historique qui existe entre cette région et le reste du pays* · casser · couper · détruire · rompre : *ils ont rompu les liens du mariage*

REM. On rencontre parfois “approfondir des liens”. Évitez cette expression maladroite et préférez “resserrer des liens”.

[2] lien *nom masc.* (corrélation)

∞ **lien** + ADJECTIF

- de causalité : *il est difficile d'établir un lien de causalité entre les deux phénomènes* · de cause à effet · direct • statistique : *un lien statistique a été établi entre la dose de radiations reçues et le risque de cancer* • indirect : *le décès a un lien indirect avec les coups reçus*
- étroit : *il existerait un lien étroit entre chômage et suicide* • clair · évident : *il existe un lien évident entre pauvreté et violence*
- avéré · indiscutable
- faible · infime · ténu : *il n'y a qu'un lien ténu entre ce vaccin et cette maladie*

∞ **lien** + VERBE
- exister
- unir

∞ VERBE + **lien**
- établir · faire : *je n'avais pas fait le lien entre les deux histoires* · opérer : *ce chercheur a opéré un lien entre les pratiques de diagnostic prénatal et l'avortement*
- démontrer · mettre en évidence · mettre en exergue · mettre en lumière · montrer : *il est le premier à avoir montré le lien entre le cancer du poumon et le tabac*
- constater · voir
- analyser · étudier · examiner • mesurer : *ils mesurent le lien entre le travail estival et le niveau scolaire* · s'interroger sur

[1]**ligne** *nom fém.* (trait)

∞ **ligne** + ADJECTIF
- droite : *tracer une ligne droite* • brisée · discontinue · pointillée • continue · ininterrompue • courbe · incurvée · oblique · serpentine[littér.] · sinueuse • parallèle · perpendiculaire • horizontale · verticale
- [Route] • médiane · séparatrice • blanche · jaune
- épaisse
- fine : *avec son stylo, elle peut tracer des lignes très fines*

∞ VERBE + **ligne**
- décrire : *la trajectoire de la bille décrit une ligne droite* • tracer : *elle arrive à tracer des lignes droites à main levée* · tirer : *elle utilise sa règle pour tirer des lignes*
- prolonger
- franchir : *il a franchi la ligne d'arrivée; grâce aux passeurs, ils ont franchi la ligne de démarcation* • mordre : *elle a mordu la ligne continue*

[2]**ligne** *nom fém.* (action, règle de conduite)

∞ **ligne** + ADJECTIF
- de conduite · de pensée • éthique · morale • éditoriale · rédactionnelle • politique · stratégique · etc.
- claire · cohérente : *le parti cherche à définir une ligne cohérente après son échec aux élections* • rigoureuse
- (souvent plur.) grande [+ nom] : *il présente les grandes lignes du projet* · générale
- directrice : *il nous manque une ligne directrice précise* · à suivre : *ils se sont mis d'accord sur la ligne à suivre* • officielle
- constante · stable
- dure[○] : *il appartient à la ligne dure du parti* · radicale : *les partisans d'une ligne plus radicale*
- modérée

∞ VERBE + **ligne**
- choisir · décider de · définir · fixer
- adopter : *ils ont adopté la même ligne de conduite* · appliquer · revenir à : *ils sont revenus à une ligne éditoriale moins agressive* · se conformer à · s'en tenir à · suivre • camper sur · être fidèle à · respecter · tenir : *cette ligne est de plus en plus difficile à tenir* • s'inscrire dans : *leurs prises de position s'inscrivent dans la ligne officielle de l'Église catholique*
- défendre : *ils défendent une ligne éthique rigoureuse*
- contrôler : *elle contrôle la ligne éditoriale du journal* · dicter • imposer
- asseoir · renforcer : *ils veulent renforcer la ligne dure du gouvernement*
- infléchir : *ils ont essayé d'infléchir la ligne éditoriale du journal* · influencer · intervenir sur · modifier · rectifier
- aller à rebrousse-poil de : *ils vont à rebrousse-poil de la ligne gouvernementale* · déroger à : *le gouvernement n'a pas dérogé à sa ligne* · dévier de · s'écarter de • contester · s'opposer à

[3]**ligne** *nom fém.* (silhouette d'une personne)

∞ **ligne** + ADJECTIF
- allongée · effilée · filiforme · svelte : *elles veulent avoir une ligne svelte*
- belle [+ nom] · gracieuse · parfaite · pure
- onduleuse · sinueuse

∞ VERBE + **ligne**
- avoir · garder : *il mange peu pour garder la ligne* • retrouver
- faire attention à · soigner · surveiller
- perdre : *depuis qu'elle a arrêté le sport, elle a perdu la ligne*

[4]**ligne** *nom fém.* (contour, souvent plur.)

∞ **ligne** + ADJECTIF
- (aéro)dynamique · fuselée
- épurée · sobre : *une limousine aux lignes sobres*
- belle [+ nom] · douce · élégante · gracieuse · harmonieuse · magnifique · racée : *la ligne racée des berlines*

∞ VERBE + **ligne**
- (re)dessiner : *il a dessiné la ligne des plus belles voitures du constructeur*

limitation *nom fém.* (restriction)

∞ limitation + ADJECTIF

- administrative · budgétaire · etc.
- en vigueur : *cette vitesse dépasse largement les limitations en vigueur*
- exceptionnelle
- délibérée · volontaire • automatique
- progressive
- habituelle : *les limitations habituelles sur le tabac s'appliquent ici*
- générale · globale • impérative · inévitable • accrue · considérable · draconienne · drastique : *cela entraîne une limitation drastique des investissements publics* · importante · sévère · stricte

∞ limitation + VERBE

- découler de : *cette limitation découle d'un principe fondamental* · être inhérente à · venir de
- concerner · viser
- intervenir · prendre effet · s'appliquer
- avoir des effets sur · avoir pour effet de · conduire à · engendrer · être à l'origine de
- freiner : *cette limitation freine leur développement* · peser sur • empêcher · interdire

∞ VERBE + limitation

- demander · réclamer
- envisager · prévoir • édicter : *la limitation édictée par l'article L.52* · fixer · imposer · instituer : *la réforme institue une limitation du délai de l'enquête* · introduire : *c'est l'occasion d'introduire la limitation du cumul des mandats des parlementaires* · mettre en place · mettre en œuvre
- être soumis à : *leur temps de travail est soumis à la limitation des 35 heures* · faire l'objet de
- respecter · tenir compte de : *il tient toujours compte des limitations de vitesse quand il conduit*
- admettre · être favorable à · justifier · prôner : *ce pays prône la limitation des naissances*
- dénoncer · être défavorable à · regretter · déplorer
- lever · supprimer : *les limitations d'âge ont été supprimées*

1 limite *nom fém.* (ligne de démarcation)

∞ limite + ADJECTIF

- administrative : *la limite administrative entre les deux régions* · cadastrale · communale · géographique · etc.
- séparative : *ils ont construit une clôture en limite séparative*
- méridionale · occidentale · orientale · septentrionale : *on trouve ces plantes à la limite septentrionale du parc*

∞ limite + VERBE

- se situer : *entre audace et impertinence, où se situe la limite ?*
- se déplacer

∞ VERBE + limite

- dessiner · tracer : *il a tracé les limites du champ*
- marquer : *le ruisseau marquait la limite de la propriété* · matérialiser : *ils ont matérialisé la limite de la zone de baignade* · signaler
- approcher • arriver à · atteindre · parvenir à · rejoindre : *5 000 soldats ont rejoint les limites de la zone*
- déborder de · dépasser · être situé au-delà de · franchir · sortir de : *le ballon est sorti des limites du terrain*

2 limite *nom fém.* (point extrême, seuil)

∞ limite + ADJECTIF

- d'âge • chronologique · temporelle : *le libre accès aux pièces administratives, sans limite temporelle* · de temps
- autorisée · indiquée · légale · permise · prévue · réglementaire : *l'exposition aux rayons atteint dix fois la limite réglementaire* · tolérée
- absolue : *la barre des 3 % du PIB, limite absolue fixée pour la zone euro* · indépassable · infranchissable · précise · rigide · rigoureuse · stricte : *cela doit se faire dans la stricte limite du budget*
- haute : *la limite haute de la tranche d'imposition* · maximale · maximum : *des teneurs 30 fois supérieures à la limite maximum autorisée* · supérieure : *l'inflation se rapproche de la limite supérieure fixée par la Banque centrale* • extrême · ultime
- basse : *la devise a dépassé sa limite basse de fluctuation* · inférieure · minimale

∞ VERBE + limite

- déterminer · établir · fixer · imposer · indiquer · marquer · mettre en place · poser : *le deuxième alinéa pose une limite à ce droit* · préciser
- étendre · reculer · relever · repousser : *ils tentent de repousser la limite physique de la capacité de stockage*
- abaisser · réduire : *l'OPEP devra réduire sa limite maximale de production*
- approcher · frôler : *le match a frôlé la limite de la violence* • arriver à · atteindre · parvenir à : *on est parvenu à la limite de l'acceptable / du tolérable* · toucher : *il touche les limites de l'épuisement physique*
- être en deçà de : *l'inflation est en deçà de la limite de 2 % fixée pour la zone euro*
- être / aller au-delà de · excéder : *si le prix de cession excède les limites de 100 000 € ou 200 000 €*

- être touché par : *il sera bientôt touché par la limite d'âge*
- buter sur : *les fabricants de composants butent sur une limite indépassable pour la gravure des puces* · être soumis à : *les exportations de pétrole ne sont plus soumises à aucune limite* · se heurter à
- dépasser : *il a largement dépassé la limite d'âge prévue pour cet emploi* · franchir : *ils ont franchi la limite ultime fixée par la morale*

limites *nom fém. plur.* (périmètre d'action, possibilités)

∾ limites + ADJECTIF

- budgétaires • physiologiques · physiques · etc.
- fixées · imposées
- étroites : *ils refusent de s'enfermer dans les limites très étroites de l'actuel pacte de stabilité*

∾ VERBE + limites

- (se) fixer : *les parents doivent fixer des limites aux enfants* · imposer • contenir dans : *l'urbanisation devrait être contenue dans ses limites actuelles* · maintenir dans : *il faut maintenir la science dans les limites de l'éthique*
- approcher · flirter avec : *le contenu de ce site flirte avec les limites du bon goût* · frôler : *son style a toujours frôlé les limites du mauvais goût* • arriver à · atteindre · parvenir à · toucher (à) : *on touche les limites du ridicule* • montrer : *l'automatisation montre là ses limites* · trouver : *cette politique a trouvé ses limites*
- connaître : *je n'y arriverai pas, je connais mes limites ; son audace ne connaît pas de limites* · être conscient de
- observer · respecter · rester dans · s'en tenir à
- déborder de · dépasser · être / aller au-delà de · excéder · faire éclater : *il fait éclater les limites du spectacle de variétés* · franchir · outrepasser : *le magistrat a outrepassé les limites de sa saisine* · reculer · repousser : *ils s'évertuent à repousser les limites de la science / du possible* · s'affranchir de : *elle essaie de s'affranchir des limites qu'impose la mise en scène* · sortir de : *il est sorti des limites de son mandat* · transgresser

[1] liste *nom fém.* (énumération)

∾ liste + ADJECTIF

- de diffusion • de mariage° • d'attente° • noire° : *il est sur la liste noire du FBI* • [Télécom.] orange° : *les abonnés inscrits sur liste orange* · rouge° : *je suis sur liste rouge*
- alphabétique · nominale · nominative : *ils ont donné la liste nominative des victimes*
- officielle : *la liste officielle du patrimoine en péril* • électorale : *il est allé à la mairie pour s'inscrire sur les listes électorales*
- officieuse · secrète
- close · fermée : *la loi donne une liste fermée des motifs de licenciement*
- complète · détaillée · exacte · exhaustive · précise • définitive · finale
- grande [+ nom] · immense · impressionnante · longue [+ nom] : *la liste des reproches est longue* · à rallonge : *cette liste à rallonge me laisse perplexe* • interminable : *la liste de courses est interminable* • ouverte
- brève · courte · limitée · petite [+ nom] · restreinte
- inachevée · incomplète • indicative • limitative : *la liste limitative des produits concernés par le taux réduit de TVA* · partielle · sélective

∾ liste + VERBE

- comprendre · contenir · inclure · rassembler : *cette liste de diffusion rassemble près de 400 personnes*
- grossir · s'allonger · s'étoffer : *la liste des signataires s'étoffe de jour en jour*
- finir (souvent nég.) : *la liste des revendications n'en finit pas*
- circuler : *des listes nominales circulent sur internet*

∾ VERBE + liste

- composer · constituer · dresser : *elle a dressé une liste exhaustive des produits qu'elle vend* · établir · faire · fixer
- inclure dans · intégrer dans · mettre sur • ajouter à
- ouvrir : *son nom ouvrait la liste des traîtres* • apparaître dans · être présent dans · faire partie de · figurer sur · rejoindre : *il rejoint la liste des sites protégés* · se glisser dans : *un intrus s'est glissé dans la liste* • gonfler : *ils ont gonflé la liste de soutien pour rendre leur projet plus crédible* · grossir : *ils viennent grossir la liste des produits dangereux* · s'ajouter à
- arriver / figurer en tête de · être en tête de
- arrêter · boucler : *la liste des inscriptions est bouclée* · finir · terminer
- actualiser · mettre à jour • peaufiner
- valider · entériner
- (r)allonger · compléter · élargir
- dégonfler : *ce mode de calcul dégonfle artificiellement les listes de l'ANPE* · limiter · raccourcir · réduire
- omettre dans • barrer de · écarter de · radier de · rayer de : *il a été rayé de la liste des suspects* · supprimer de · virer de[fam.]

- annoncer : *l'entraîneur a annoncé la liste des joueurs pour la finale* · égrener : *il égrène la liste de ses succès* · énumérer
- afficher · présenter · publier · rendre publique : *le président a rendu publique la liste des membres du gouvernement* • confirmer · officialiser
- consulter · lire · parcourir : *j'ai parcouru rapidement la liste des noms*
- déposer : *ils ont choisi le magasin où déposer leur liste de mariage* • diffuser · donner accès à • fournir · donner · laisser · remettre · transmettre : *elle compte transmettre ces listes à la préfecture*
- avoir accès à · obtenir · prendre · récupérer · s'abonner à : *s'abonner à une liste de diffusion*
- détenir · disposer de · posséder
- clore : *cet incident a clos une longue liste de manquements aux règles*
- arriver / être / figurer en queue de
- disparaître de : *son nom a disparu de toutes les listes*

[2]**liste** *nom fém.* (Pol.)

∞ liste + ADJECTIF

- officielle
- commune · d'union · unifiée : *les deux partis ont annoncé qu'ils constitueraient une liste unifiée* · unique • plurielle : *la gauche aura des listes plurielles dans la plupart des circonscriptions*
- alternative · autonome · indépendante • apolitique
- concurrente · dissidente : *il a démissionné du parti pour conduire une liste dissidente* · séparée : *le parti veut conduire lui-même sa campagne en constituant une liste séparée*
- petite [+ nom] : *les petites listes étaient exclues du scrutin*
- gagnante
- perdante
- bloquée°

∞ liste + VERBE

- comprendre · rassembler : *cette liste rassemble toutes les forces progressistes*
- passer : *leur liste ne passera pas le premier tour* · se maintenir : *leur liste peut se maintenir au second tour*
- arriver en tête • emporter : *cette liste devrait emporter près d'un tiers des sièges* · gagner
- être distancée · perdre
- se retirer : *la liste se retire au second tour*

∞ VERBE + liste

- constituer : *ils essaient de constituer une liste d'union* · établir · mettre sur pied · monter : *ce dissident a décidé de monter sa propre liste* • boucler : *il a eu quelque mal à boucler sa liste* • intégrer dans · mettre sur · placer sur · reporter sur : *les électeurs des listes éliminées ont reporté leurs voix sur la liste centriste*
- conduire · mener : *c'est elle qui mènera la liste de la gauche*
- communiquer · présenter • déposer : *il a déposé sa liste à la préfecture pour les élections régionales* • ratifier : *la convention du parti ratifiera la liste et le programme*
- faire alliance (avec) · fusionner (avec) : *ils ont fusionné avec la liste socialiste* • soutenir
- compléter : *il manque deux personnes pour compléter la liste*
- féminiser
- apparaître dans · appartenir à · décrocher une place sur[fam.] · être / rester sur · faire partie de · figurer dans / sur · rejoindre : *elle a rejoint la liste de la gauche*
- arriver / figurer en tête de · être en tête de
- disparaître de · quitter
- écarter de : *il a été écarté de leur liste* · radier de · rayer de · exclure de
- concurrencer · devancer • éliminer
- arriver / être / figurer en queue de

litige *nom masc.*

∞ litige + ADJECTIF

- civil · commercial · contractuel · salarial · financier · fiscal · foncier · juridique · territorial • frontalier · territorial
- en cours · pendant : *cette créance fait l'objet d'un litige pendant devant le tribunal*
- individuel · privé
- gros [+ nom] · majeur · important
- vieux [+ nom]
- léger [+ nom] · mineur · petit [+ nom]

∞ litige + VERBE

- dater de · remonter à : *le litige remonte à l'été dernier*
- apparaître · survenir : *si un litige survient avec votre assureur, vous pouvez contacter un médiateur*
- relever de : *ce litige relève de la juridiction administrative*
- concerner · être relatif à : *ces juridictions statuent sur les litiges relatifs aux actes de commerce* · mettre en jeu · porter sur
- (plur.) s'accumuler · se multiplier
- perdurer · s'éterniser

- mettre en cause · opposer : *cette opération met fin à un litige qui opposait les deux entreprises*
- se compliquer · s'envenimer

∾ VERBE + litige

- être en : *ils vont discuter des points / questions en litige; cette terre est en litige* · être source de · être sujet de · faire l'objet de : *ce licenciement économique fait l'objet d'un litige*
- être saisi de : *la cour d'appel a été saisie du litige* • examiner · instruire · juger • arbitrer · se prononcer sur : *l'arbitre chargé de se prononcer sur le litige* · statuer sur · traiter · trancher : *les juges auraient dû trancher ce litige salarial*
- éviter · prévenir : *le contrat doit être rédigé de façon à prévenir tout litige*
- apporter une solution à · mettre fin à · mettre un terme à · régler · résoudre

littérature *nom fém.*

∾ littérature + ADJECTIF

- générale · étrangère · élitiste • noire° : *l'une des figures de la littérature noire contemporaine* · policière • courtoise · de genre · fantastique · sentimentale • érotique · libertine · pour adultes • économique · médicale · philosophique · politique · scientifique
- enfantine · (de) jeunesse · pour enfants • de masse · populaire • facile · légère : *les éditeurs publient de la littérature légère pour l'été*
- écrite · orale : *la littérature orale vit toujours à travers le talent des conteurs*
- ancienne · baroque · classique · médiévale · antique • contemporaine · moderne
- grande ^+ nom^ : *il ne prétend pas faire de la grande littérature* • de qualité · érudite • difficile · sérieuse • élitiste · savante
- abondante : *il existe une abondante littérature sur le sujet* · foisonnante · riche
- dissidente · engagée · militante : *il s'est consacré à la littérature militante*
- alimentaire · de gare° : *la littérature de gare est souvent considérée comme un genre mineur* • mauvaise ^+ nom^
- décadente

∾ littérature + VERBE

- éclore · émerger · naître
- témoigner de
- se nourrir de : *la littérature se nourrit volontiers de frustration*

∾ VERBE + littérature

- entrer en : *elle est entrée en littérature dès l'âge de 18 ans* · faire carrière dans · se consacrer à · se lancer dans · se tourner vers · venir à
- écrire · faire : *beaucoup de ces auteurs font de la mauvaise littérature* · produire
- avoir sa / se faire une place dans • faire date dans · marquer
- éditer : *il a édité une abondante littérature sur le sujet* · publier
- dévorer · lire
- adorer · aimer · être épris de · être féru de · être friand de · être passionné de · se passionner pour

∾ NOM + DE + littérature

- figure (de proue) : *c'est une (grande) figure de la littérature roumaine* · géant · gloire : *une des gloires de la littérature américaine des années 20* · prodige • classique
- panthéon : *il a trouvé une place de choix dans le panthéon de la littérature italienne*

livre *nom masc.*

∾ livre + ADJECTIF

- de chevet° • de lecture · de référence · de classe • de vulgarisation • de cuisine · d'entretiens · d'investigation · de poésie · de prières • autobiographique · de mémoires · de souvenirs • beau ^+ nom^ : *ils sont spécialisés dans les beaux livres* · d'art
- de jeunesse · pour enfants • pour adultes
- illustré • broché · de poche · relié
- posthume · récent • inachevé • éponyme : *l'expression "génération X", d'après le livre éponyme paru en 1991*
- énorme · épais · grand ^+ nom^ · gros ^+ nom^ · monumental · volumineux
- petit ^+ nom^
- neuf • ancien · vieux ^+ nom^ • d'occasion
- précieux · rare : *cette librairie est spécialisée dans le livre rare* · de collection
- épuisé · introuvable : *ce livre est introuvable en librairie*
- dense · documenté · foisonnant · fouillé · riche · touffu : *c'est un livre touffu, extrêmement documenté*
- capital · important · magistral · phare
- à la mode · à succès · célèbre · culte · fameux ^+ nom^ : *il a repris le titre du fameux livre de Kipling* · remarqué
- à scandale · brûlot · controversé · polémique · retentissant : *il s'est fait connaître par un livre retentissant sur les dessous du génocide* · sulfureux • noir° : *le livre noir du communisme*
- bien construit · bien ficelé · bien foutu ^fam.^ • accessible · clair · lisible

- beau + nom · bon + nom · brillant · excellent · fascinant · génial · grand + nom · inspiré : *mille et une idées sont présentées dans ce livre de cuisine inspiré* · intelligent · passionnant · remarquable • érudit · savant • édifiant · indispensable · instructif · pédagogique · salutaire : *ce livre salutaire permet de mieux comprendre les enjeux du débat européen* · utile
- attachant · bouleversant · émouvant · poignant · sensible • décapant · percutant
- novateur · original · pionnier • curieux · étrange · troublant • inattendu · inclassable · surprenant
- difficile · hermétique
- illisible · mal construit · mal ficelé · mal foutu *fam.*

∾ livre + VERBE

- paraître : *le livre doit paraître le 22 février* · sortir : *le livre est déjà sorti en librairie*
- commencer avec / comme / par / sur : *le livre commence comme une devinette; le livre commence par un constat* · s'ouvrir sur : *le livre s'ouvre sur l'enterrement du père*
- se clore sur · se terminer sur : *son livre se termine sur une citation très énigmatique*
- être destiné à : *un livre destiné aux enfants à partir de 6 ans* · s'adresser à
- être basé sur : *le livre est basé sur une histoire vraie* · s'inspirer de
- analyser · décrire · étudier · expliquer · parler de · présenter · raconter · relater · retracer · traiter de • rassembler : *ce livre rassemble les témoignages de onze femmes* · recenser · réunir • alerter sur · tirer la sonnette d'alarme
- être plein de · être rempli de · être truffé de · fourmiller de : *le livre fourmille de références / d'anecdotes* · être bourré de *fam.* • être empreint de : *un livre empreint de gravité / de lyrisme*
- porter le titre de · s'appeler · s'intituler
- circuler : *le livre circule sous le manteau*
- faire autorité · faire date : *voici un livre qui fera date dans l'histoire du cinéma*
- marcher bien · se vendre bien · connaître un succès (+ adj.) : *son dernier livre a connu un franc succès* · se vendre comme des petits pains • se lire : *ce livre se lit d'une traite / comme un roman policier*
- faire grand bruit · faire scandale • faire couler beaucoup d'encre · provoquer / faire des remous · provoquer une polémique
- être un flop · marcher mal · se vendre mal

∾ VERBE + livre

- préparer · travailler sur • (co)écrire · rédiger · (co)signer • intituler · titrer • préfacer · postfacer
- éditer · publier • corriger / relire les épreuves de : *elle corrige les épreuves d'un nouveau livre sur Yeats* • illustrer · maquetter • imprimer · mettre sous presse • relier · brocher
- adapter · traduire : *son livre a été traduit en plus de 25 langues*
- dédicacer · dédier ... à : *il dédie son livre à sa mère*
- consacrer ... à
- diffuser · distribuer · vendre • acheter · se procurer · (re)chercher
- commencer · ouvrir : *dès que j'ai ouvert le livre, j'ai plongé dans son univers*
- consulter · feuilleter · parcourir · regarder • dévorer : *j'ai dévoré ce livre d'une seule traite* · lire • se référer à · se reporter à • potasser *fam.* : *elle potasse un livre sur le nouveau logiciel*
- finir · terminer : *il n'a pas eu le temps de terminer son livre* • refermer : *c'est à regret que j'ai refermé ce livre*
- censurer · interdire : *tous ses livres ont été interdits dans son pays*
- retirer de la vente • envoyer au pilon · pilonner

∾ NOM + DE + livre(s)

- trame
- ensemble · sélection · série · collection

logement *nom masc.*

∾ logement + ADJECTIF

- ancien • moderne · neuf • autonome · modulaire : *des logements modulaires ont été implantés pour recevoir les familles sinistrées* • principal · secondaire • individuel · privé • locatif
- collectif · conjugal · familial • de fonction ○ : *il habite un logement de fonction au-dessus du lycée* • étudiant · minier · ouvrier
- équipé · meublé
- aidé : *on a construit 10 000 logements aidés* · social : *il prévoit de construire plus de logements sociaux*
- habitable • disponible · inhabité · inoccupé · libre · vacant · vide : *le logement est vide depuis août* • accessible : *l'absence de logements accessibles pour les jeunes*
- grand + nom · spacieux · vaste
- étroit · exigu · minuscule · petit + nom

- neuf · rénové • convenable · correct · décent : *tout le monde a droit à un logement décent* · digne • confortable · fonctionnel • accueillant · calme · douillet • coquet · somptueux
- d'urgence · provisoire
- de fortune : *cette caravane leur sert de logement de fortune* · précaire • surpeuplé • vétuste · vieux [+ nom] • inconfortable • insalubre · sordide

∞ VERBE + logement
- avoir · posséder : *il possède son propre logement*
- bâtir · construire
- aménager · réhabiliter · rénover
- chercher • visiter
- acheter · acquérir · obtenir · trouver • emménager dans • réquisitionner : *le préfet peut réquisitionner des logements vacants pour les sans-logis*
- donner · fournir · offrir
- habiter (dans) · occuper · squatter : *il squatte un logement inoccupé* · vivre dans • (sous-)louer
- libérer · quitter · rendre : *l'étudiant s'engage à rendre son logement dans l'état dans lequel il l'a trouvé*
- démolir

∞ NOM + DE + logements
- parc : *l'entreprise a vendu son parc de logements* • ensemble · contingent
- concentration
- programme : *un programme de logements d'urgence*
- déficit · pénurie

[1]logique *nom fém.* (raison, science)

∞ logique + ADJECTIF
- humaine • classique · traditionnelle : *d'après la logique traditionnelle les deux propositions "Socrate est mortel" et "tous les hommes sont mortels" sont de même forme* • binaire · formelle · modale · symbolique • cartésienne • floue° : *la logique floue est utilisée en statistiques*
- bonne [+ nom] : *en bonne logique, tu aurais dû t'abstenir* · grande [+ nom]
- inverse : *votre raisonnement est faux : on pourrait suivre la logique inverse !*
- bancale · défaillante
- apparente

∞ logique + VERBE
- guider · sous-tendre : *la logique qui sous-tend la démonstration* • dicter · vouloir : *la logique aurait voulu que les vandales réparent leurs dégradations*

∞ VERBE + logique
- faire preuve de
- être dénué de · manquer de : *votre raisonnement manque de logique*
- échapper à

[2]logique *nom fém.* (suite d'événements, système)

∞ logique + ADJECTIF
- capitaliste · commerciale · comptable · consumériste · de marché · économique · industrielle · marchande · productiviste · ultralibérale • de guerre · guerrière · militaire · policière • de paix · de progrès · etc.
- collective • individuelle · personnelle
- grande [+ nom] · impeccable · parfaite · puissante · rigoureuse · sans faille • admirable · imparable · impitoyable · implacable : *c'est la logique implacable des marchés* · redoutable
- mystérieuse [+ nom] : *quelle mystérieuse logique gouverne les horaires d'ouverture des jardins publics ?* · singulière · impénétrable · déroutante
- claire · cohérente : *il a adopté une logique cohérente tout au long de son rapport*
- bancale · défaillante · floue • aberrante · absurde • aveugle · brutale · désastreuse · destructrice : *la logique destructrice du profit à court terme* · suicidaire • infernale · insupportable · perverse
- apparente · fausse [+ nom] : *la fausse logique d'un discours que l'on n'a pas fini d'entendre*

∞ logique + VERBE
- poindre : *on voit poindre une logique de guerre* · se mettre en place
- se répandre • dominer · régner : *là où règne la logique de l'argent*
- l'emporter sur : *la logique des filiales va l'emporter sur celle de la maison mère* · prévaloir sur
- (plur.) être en présence · s'affronter : *deux logiques s'affrontent : la logique individuelle et la logique collective*

∞ VERBE + logique
- induire : *la mondialisation induit une logique d'affrontement*
- adopter · appliquer · imposer · installer · mettre en œuvre : *la logique libérale mise en œuvre par le ministre* • aller au bout de : *va jusqu'au bout de ta logique* · développer · pousser (à l'extrême / jusqu'au bout) : *certaines entreprises ont poussé à l'extrême la logique de la rentabilité à court terme*

- céder à · obéir à · respecter · suivre : *la télévision privée suit une logique d'optimisation commerciale* • être coincé dans · être enfermé dans · être entraîné dans · être pris dans · être prisonnier de : *le projet de loi est prisonnier d'une logique budgétaire* · s'enfermer dans · se plier à · se soumettre à · tomber dans
- entrer dans · participer de : *ces actions participent de la même logique* · répondre à : *ce mouvement de concentration répond à une logique de mondialisation* · se situer dans · s'inscrire dans
- (plur.) être déchiré entre · être écartelé entre · être tiraillé entre : *nous sommes tiraillés entre deux logiques*
- défendre · favoriser · opter pour · privilégier
- changer de · inverser : *on pourrait inverser la logique déflationniste* · renverser
- contester · défier · enrayer : *le gouvernement veut enrayer la logique de guerre* · faire reculer : *faire reculer la logique du marché ne saurait constituer un objectif en soi* · mettre à mal · prendre le contre-pied de · récuser · refuser · rejeter · s'insurger contre · s'opposer à
- renoncer à
- échapper à : *leur action échappe à toute logique politique*
- briser · démonter : *il démonte la logique antidémocratique que véhicule la notion de préférence nationale* • en finir avec · rompre avec · s'affranchir de · sortir de : *il veut aider l'adolescent à sortir de cette logique suicidaire*

[1]loi *nom fém.* (règle(s) juridique(s), droit)

∞ loi + ADJECTIF

- martiale · salique · d'exception • organique
- actuelle · en vigueur · existante • européenne · internationale · nationale · locale
- vieille [+ nom]
- ad hoc : *une loi ad hoc a été votée pour remplacer la vieille législation caduque* • de circonstance[péj.] : *il considère que la loi sur la laïcité est une loi de circonstance*
- utile · valable • bien faite · bonne [+ nom]
- équitable · juste
- contraignante · drastique · dure : *« Dura lex sed lex : la loi est dure, mais c'est la loi »* (proverbe latin) · implacable · répressive · sévère · stricte
- inapplicable • inefficace · inopérante : *l'absence de textes d'application rend la loi inopérante* · inutile
- controversée · impopulaire : *cette loi est très impopulaire chez les jeunes*
- bancale · imparfaite · mal faite · mauvaise [+ nom] • absurde · ridicule · stupide
- abusive · anticonstitutionnelle • discriminatoire · inéquitable · inique · injuste
- permissive · souple : *dans ce pays, la loi sur les stupéfiants est très souple*
- caduque · obsolète · rétrograde

∞ loi + VERBE

- entrer en application · entrer en vigueur
- passer : *la loi est passée en seconde lecture*
- concerner · être relative à · s'appliquer à : *la loi s'applique à tous*
- exiger · imposer · obliger · ordonner · stipuler : *la loi stipule qu'aucune différence de salaire liée au sexe ne peut être admise*
- défendre • libéraliser : *le vote de la loi libéralisant le marché audiovisuel*
- assurer · autoriser · garantir · permettre • entériner : *la loi entérine la création de deux nouveaux parcs nationaux* · instaurer : *la loi instaure une hausse de la CSG* · instituer · prévoir • régir · réglementer · régler
- interdire · punir · réprimer · sanctionner
- devenir / rester lettre morte : *si l'État ne fait pas d'effort, cette loi restera lettre morte*

∞ VERBE + loi

- créer · élaborer · établir · mettre au point · préparer · rédiger • présenter · proposer • adopter : *le Sénat a adopté la loi en seconde lecture* · approuver : *le conseil des ministres a approuvé la loi sur l'identité sexuelle* · édicter · faire passer · instaurer : *ils ont instauré une loi interdisant l'utilisation de logiciels pirates* · promulguer : *ils ont promulgué une loi de réforme agraire* · ratifier · voter • restaurer · rétablir
- avoir · disposer de · se doter de : *ils se sont dotés d'une loi réprimant l'excision*
- appliquer · mettre en œuvre : *le juge ne fait que mettre en œuvre la loi / cette loi fiscale*
- avoir recours à · invoquer · utiliser • s'abriter derrière · se retrancher derrière : *il s'est retranché derrière la loi pour dire qu'il ne pouvait intervenir*
- adapter · aménager · amender · changer · modifier · refondre : *il ne s'agit pas de refondre la loi mais de l'adapter* · réformer · remanier · réviser · revoir • améliorer · simplifier
- durcir · renforcer : *le député veut renforcer la loi contre les chiens dangereux*
- adoucir : *les opposants n'ont réussi à adoucir la loi que sur un point* · assouplir
- être respectueux de · obéir à · observer · respecter (au pied de la lettre) · se conformer à · se soumettre à : *les entreprises doivent se soumettre aux lois locales* · s'incliner devant

• être en accord avec • être en conformité avec : *notre société est en conformité avec la loi Informatique et Libertés*
- bénéficier de : *il a bénéficié de la loi d'amnistie*
- interpréter : *c'est au juge d'interpréter la loi*
- ignorer : *« Nemo censetur ignorare legem : nul n'est censé ignorer la loi »* (proverbe latin) • contourner : *certaines entreprises ont tendance à contourner la loi* • détourner : *l'industrie du tabac découvrit rapidement des manières de détourner la loi* • s'écarter de • tourner : *ils ont tourné la loi à leur avantage* • échapper à • se soustraire à : *aucune entreprise ne peut se soustraire à la loi / aux lois du marché*
- aller à l'encontre de • entrer en conflit avec : *ces dispositions entrent en conflit avec les lois sur la vie privée* • être contraire à • être en infraction avec • aller à l'encontre de • contrevenir à • déroger à : *cet article permet de déroger à la loi littoral* • enfreindre • faire une entorse à • transgresser • bafouer • fouler aux pieds • mépriser • passer outre • se croire au-dessus de : *il se croit au-dessus des lois* • se moquer de • violer
- remettre en cause • remettre en question
- bloquer : *ils tentent de bloquer la nouvelle loi sur le travail* • combattre • rejeter
- suspendre : *ils envisagent de suspendre la loi protégeant ces oiseaux* • abolir • abroger • annuler : *le texte annule les lois d'amnistie* • révoquer^vieilli • supprimer

∾ NOM + DE + lois
- arsenal • ensemble • nombre • série

2 loi *nom fém.* (nécessité, impératif, principe)

∾ loi + ADJECTIF
- de la jungle° • du silence° • du talion° : *ils n'hésitent pas à appliquer la loi du talion* • du marché°
- sacro-sainte : *la télévision obéit à la sacro-sainte loi de l'audimat*
- cruelle • dure • impitoyable • inexorable : *telle est la loi inexorable du temps*
- tacite : *une loi tacite veut que les livres les plus hermétiques soient imprimés en petits caractères*

∾ VERBE + loi
- dicter : *l'amour dicte sa loi* • faire : *c'est elle qui fait la loi à la maison* • imposer : *il cherche à imposer sa loi dans l'entreprise*
- être soumis à : *la biologie est soumise aux lois du hasard*
- accepter • adhérer à • être fidèle à : *le film est fidèle aux lois du genre* • obéir à • se soumettre à
- braver • déjouer : *le trapéziste déjoue en permanence les lois de la physique* • défier : *ces engins défient les lois de la gravité* • s'affranchir de • se jouer de • se moquer de : *il se moque des lois de la bienséance* • déroger à • désobéir à • enfreindre : *elle a su quelquefois enfreindre la loi du silence* • violer : *elle a violé la loi du clan* • bafouer • transgresser : *il a transgressé la loi du groupe*

1 loisir *nom masc.* (passe-temps, souvent plur.)

∾ loisir + ADJECTIF
- culturel • éducatif • nautique • sportif • de mer • de plein air • actif : *le guide des loisirs actifs en Provence-Côte d'Azur* • créatif • interactif : *le marché des loisirs interactifs est en progression*
- domestique : *il y a un fort regain des loisirs domestiques tels que le home-cinéma* • familial • personnel • privé
- de masse : *le jeu vidéo est désormais un loisir de masse* • populaire
- favori • préféré
- agréable • divertissant • sain : *le sport est un loisir sain*
- cher • coûteux • onéreux • bon marché

∾ VERBE + loisir
- avoir • pratiquer • s'adonner à : *c'est l'endroit rêvé pour s'adonner aux loisirs nautiques* • se consacrer à • se livrer à
- occuper : *je préfère occuper mes loisirs en me cultivant* • organiser

2 loisir *nom masc.* (possibilité)

∾ VERBE + loisir
- avoir : *le client a tout le loisir d'examiner l'offre chez lui*
- donner : *cet emploi du temps me donne tout le loisir de m'adonner à ma passion* • laisser • offrir : *le livre offre au lecteur le loisir de commencer par le chapitre de son choix*

à loisir
- contempler • observer • regarder : *après avoir téléchargé le film, vous pouvez le regarder à loisir pendant 24 heures* • profiter de : *vous pouvez profiter à loisir des installations sportives du paquebot* • utiliser • changer • modifier : *vous pouvez changer à loisir le temps de pose*

longueur *nom fém.*

∾ longueur + ADJECTIF
- normale • réglementaire • moyenne
- totale

- égale : *deux ficelles de longueur égale*
- suffisante • bonne $^{+\text{ nom}}$: *il faut couper le tissu à la bonne longueur*
- maximale • bonne $^{+\text{ nom}}$: *la route est droite sur une bonne longueur* · exceptionnelle · importante • excessive
- indéterminée • inhabituelle
- inégale · variable
- minimale • faible · petite $^{+\text{ nom}}$ • médiocre

∾ **longueur** + VERBE
- atteindre : *la longueur de ce crocodile peut atteindre 6 mètres*
- changer · varier : *la longueur des articles varie de 50 à 150 lignes*
- augmenter • dépasser · être supérieure à : *la longueur de ce tunnel est supérieure à 1000 m* · excéder
- diminuer • être inférieure à

∾ VERBE + **longueur**
- calculer · évaluer · mesurer
- diminuer · réduire
- augmenter · doubler · tripler

longueur d'avance

∾ **longueur d'avance** + ADJECTIF
- belle $^{+\text{ nom}}$ · bonne $^{+\text{ nom}}$ · grande $^{+\text{ nom}}$ · sérieuse $^{+\text{ nom}}$: *leur pays a pris une sérieuse longueur d'avance dans le domaine*
- petite $^{+\text{ nom}}$: *elle a une petite longueur d'avance dans les sondages*

∾ VERBE + **longueur d'avance**
- prendre : *leur équipe vient de prendre une longueur d'avance dans le championnat*
- avoir · compter : *leur entreprise compte une longueur d'avance sur son concurrent à l'international* · disposer de • conserver · garder
- donner : *cela lui donne une bonne longueur d'avance sur ses rivaux*

louanges *nom fém. plur.*

∾ **louanges** + ADJECTIF
- méritées : *ces louanges sont amplement méritées*
- hypocrites

∾ VERBE + **louanges**
- donner lieu à · faire l'objet de · s'attirer : *elle a su s'attirer les louanges de ses pairs* · susciter • valoir ... à : *ce film lui a valu les louanges de la critique* • être digne de · mériter
- avoir droit à · recevoir
- chanter° : *voilà des mois qu'on nous chante les louanges de l'équipe nationale* · se répandre en · adresser • combler de · couvrir de : *ses collaborateurs la couvrent de louanges*

∾ NOM + DE + **louanges**
- concert : *un concert de louanges a accueilli son intervention; seule fausse note dans ce concert de louanges, la critique de son frère*

REM. On rencontre parfois "tresser des louanges à qqn". Évitez cette expression maladroite. On "tresse des lauriers à qqn" mais on "couvre qqn de louanges".

lourdeur *nom fém.* (litt. et fig.)

∾ **lourdeur** + ADJECTIF
- administrative · bureaucratique
- grande $^{+\text{ nom}}$ · extrême : *ils ont contesté l'extrême lourdeur des sanctions* · incroyable
- moindre $^{+\text{ nom}}$: *son œuvre se caractérise par un style sans la moindre lourdeur* • relative

loyauté *nom fém.*

∾ **loyauté** + ADJECTIF
- politique
- absolue · à toute épreuve · entière $^{+\text{ nom}}$ · grande $^{+\text{ nom}}$ · indéfectible : *il l'avait assuré de sa loyauté indéfectible* · parfaite $^{+\text{ nom}}$: *elle a toujours fait preuve d'une parfaite loyauté envers ses collègues* · sans faille · totale • admirable · exemplaire
- réciproque
- critique : *les citoyens devraient avoir une loyauté critique à l'égard de l'État*
- chancelante · vacillante : *ces jeunes cadres ont la loyauté vacillante*

∾ VERBE + **loyauté**
- attendre : *il attend d'eux une loyauté à toute épreuve* · compter sur • exiger · réclamer • s'assurer (de) : *pour s'assurer de la totale loyauté de ses employés*
- être basé sur : *nos rapports sont basés sur la loyauté* · se fonder sur · reposer sur
- faire preuve de : *il a fait preuve d'une loyauté sans faille vis-à-vis du président* • afficher · manifester · montrer : *il montrait une loyauté totale envers son roi* • faire serment de · proclamer : *ils se sont mutinés en proclamant leur loyauté aux putschistes*
- manquer de
- douter de · mettre en cause · mettre en doute : *elle met constamment en doute la loyauté de ses amis*

lucidité *nom fém.*

∾ **lucidité** + ADJECTIF
- économique · politique · etc.
- indispensable · nécessaire

- acérée : *un article d'une lucidité acérée* · aiguë · exacerbée · extrême · grande [+ nom] · incroyable · parfaite · rare : *elle a fait preuve d'une rare lucidité* · singulière • admirable · exemplaire · remarquable • déconcertante · désarmante · étonnante
- sereine · tranquille : *il affiche une lucidité tranquille face à tous ces agités*
- amère · brutale · cruelle • féroce : *un misanthrope d'une lucidité féroce* · froide · impitoyable : *il analysait nos paroles et nos actes avec une impitoyable lucidité* · implacable · sans indulgence · sans pitié · terrible
- désabusée · désespérée · douloureuse : *une lucidité douloureuse sur la réalité sociale*

∞ VERBE + **lucidité**
- acquérir · retrouver : *il a retrouvé toute sa lucidité pour prendre l'ascendant dans le dernier set*
- avoir : *je n'ai pas eu la lucidité nécessaire pour lui refuser* • conserver · garder : *difficile de garder sa lucidité dans des moments aussi difficiles*
- afficher · faire preuve de · montrer : *il a montré une certaine lucidité sur le sujet*
- être empreint de · être mêlé de : *un sentiment de contentement mêlé de lucidité*
- accroître · aiguiser : *les déceptions ont aiguisé sa lucidité*
- entamer : *la fatigue a entamé sa lucidité*
- anéantir · avoir raison de : *l'argent et la gloire auront eu raison de sa lucidité*
- manquer de : *le joueur a manqué de lucidité sur les points importants* • perdre

∞ NOM + DE + **lucidité**
- brin : *il leur a manqué un brin de lucidité en seconde mi-temps* · dose : *il faut une bonne dose de lucidité et d'humour pour écrire cela* · éclair : *"c'est vrai" reconnaît-il dans un éclair de lucidité*

avec lucidité
- aborder · affronter · assumer · choisir · considérer · constater · faire face · réagir • analyser : *elle analyse avec lucidité son parcours professionnel* · décrire · raisonner · regarder · rendre compte · s'exprimer

[1] lumière *nom fém.* (clarté, éclairage)

∞ **lumière** + ADJECTIF
- naturelle • diurne · du jour · matinale · vespérale • lunaire · solaire · stellaire • blanche · infrarouge · ultraviolette
- directe : *l'orientation de la maison apporte une lumière directe toute la matinée* • argentée · laiteuse • ambrée · mordorée · nacrée • bleue · bleutée · colorée · fixe · grise · jaunâtre · jaune · pourpre · rose · rougeâtre · rousse · verdâtre
- verticale · zénithale • horizontale • frisante · oblique · rasante
- artificielle · électrique • laser · polarisée • fluorescente
- brillante · éclatante : *« Qu'il [l'homme] regarde cette éclatante lumière, mise comme une lampe éternelle pour éclairer l'univers »* (Pascal, *Pensées*, II, 72) · étincelante · forte · franche · grande [+ nom] · intense · puissante · vive
- brutale · crue · dure · froide : *la lumière froide des néons* • aveuglante · éblouissante · gênante · incommodante · violente
- étrange · insolite · irréelle · surnaturelle : *la lumière surnaturelle du lever de soleil sur l'île*
- belle [+ nom] · exceptionnelle · féerique · jolie [+ nom] · splendide · superbe • chaude : *la chaude lumière du soleil*
- changeante · chatoyante · irisée : *la lumière irisée du soleil couchant*
- indirecte · tamisée : *il plante le décor : musique classique, lumière tamisée...* • clignotante · intermittente • tremblotante · vacillante : *il écrivait à la lumière vacillante des bougies*
- diffuse · douce · voilée : *les lanternes rouillées jetaient une lumière voilée*
- incertaine : *la lumière incertaine d'une soirée d'hiver* · indécise : *dans la lumière indécise du matin* • crépusculaire · faible [+ nom] · faiblissante · pâle • avare · blême · insuffisante · parcimonieuse : *un vasistas ne laissait passer qu'une lumière parcimonieuse* • blafarde · douteuse · glauque : *un souterrain à la lumière glauque*

∞ **lumière** + VERBE
- provenir de · tomber de : *une faible lumière tombait de la lucarne* · venir de
- jaillir : *il tourna tous les interrupteurs pour faire jaillir la lumière* • filtrer : *la lumière du jour filtrait à peine* · ruisseler : *la lumière ruisselait sur les dalles* · passer · se répandre · s'infiltrer
- dissiper / percer les ténèbres • baigner · éclairer · illuminer · inonder · irradier • chauffer · dorer
- aveugler · éblouir : *la lumière violente des projecteurs les éblouissaient*
- trembler · trembloter · vaciller
- baisser · décliner : *la lumière commence à décliner dès 15 heures* · décroître · faiblir
- mourir · s'éteindre · s'évanouir : *la lumière s'est évanouie quand le vent a soufflé la bougie*

∞ VERBE + **lumière**

- (r)allumer
- émettre : *les lucioles émettent de la lumière* · produire · projeter
- diffuser : *une lampe diffusait une lumière tamisée* · donner : *les réverbères donnaient une faible lumière* · répandre • exposer à : *il faut éviter d'exposer à la lumière ce vieux tableau* • inonder de : *le soleil inonda la pièce de lumière*
- réfléchir · refléter · renvoyer : *un mur clair renvoie bien la lumière*
- moduler · régler : *le variateur permet de régler la lumière* · varier
- baisser : *baisse un peu la lumière* • adoucir · filtrer · tamiser
- amplifier · augmenter : *le miroir augmente la lumière par réflexion*
- accrocher : *ses cheveux accrochent la lumière* · capter · intercepter · recevoir : *la Lune reçoit la lumière du Soleil* • baigner dans · être auréolé de · être enveloppé de · être nimbé de : *l'affiche représente un gourou nimbé de lumière*
- manquer de : *c'est une belle pièce mais elle manque de lumière*
- éteindre : *as-tu éteint la lumière avant de partir ?* · fermer

∞ NOM + DE + **lumière**

- faisceau · filet : *un mince filet de lumière passait sous la porte* · rai · rayon · trait · trouée : *une trouée de lumière dans un ciel couvert*
- flot · rideau · torrent • éclair · éclat : *les éclats de lumière jetés par les diamants*

2 **lumière** *nom fém.* (point de vue, éclaircissement)

∞ **lumière** + ADJECTIF

- neuve · nouvelle • inattendue · originale · singulière · différente
- crue · implacable • cruelle : *il jette sur le système scolaire une lumière parfois cruelle* · gênante · violente

∞ VERBE + **lumière**

- apporter : *le procès pourrait apporter de nouvelles lumières sur leurs relations* · faire : *toute la lumière doit être faite sur son implication* · jeter : *il jette une lumière très crue sur le régime*

à la lumière de

- considérer · réexaminer · relire : *il faut relire le dossier à la lumière des derniers événements*

lutte *nom fém.*

∞ **lutte** + ADJECTIF

- de pouvoir° · des classes° · sociale° • étudiante · politique · syndicale • clanique · interethnique · tribale · etc.
- anticorruption · antidopage · antidrogue · antimafia · antinucléaire · antipiratage · antipollution · antiraciste · antitabac · antiterroriste · etc.
- armée° : *ils ont repris la lutte armée*
- fratricide · interne · intestine : *le parti est secoué par des luttes intestines*
- finale : *il reste deux candidats dans la lutte finale*
- ouverte : *leur lutte ouverte contre le pouvoir en place* • acharnée · âpre · de longue haleine · haute + nom · obstinée · opiniâtre · serrée : *la lutte s'annonce serrée entre les deux équipes en tête du classement* • à mort : *les deux chefs se sont engagés dans une lutte à mort* · à outrance : *il est partisan de la lutte à outrance contre la mondialisation* · au couteau : *on assiste à une lutte au couteau entre les candidats* · chaude : *la lutte pour le poste s'annonce chaude* · féroce · impitoyable · intense · sans merci
- atroce · brutale · effroyable · sanglante · sauvage : *une lutte sauvage s'est engagée en vue des présidentielles* · terrible · violente
- longue + nom • continuelle · de tous les instants · incessante · permanente · sans relâche · sans répit • éternelle · séculaire : *ils poursuivent leur lutte séculaire pour la libération de leur pays*
- épique · héroïque : *il y exalte la lutte héroïque de ses camarades* • juste · légitime
- clandestine · sourde : *il mène une lutte sourde contre le chef de son parti*
- inégale : *la lutte entre les deux joueurs / candidats est assez inégale*
- désespérée
- vaine : *leur lutte, à ce jour restée vaine, contre le régime*

∞ **lutte** + VERBE

- s'engager : *une lutte à mort s'est engagée* • s'annoncer : *la lutte s'annonce âpre*
- avoir lieu · se dérouler · se jouer : *une lutte de pouvoir se joue au sein du groupe*
- continuer · se poursuivre
- faire rage · prendre de l'ampleur · s'amplifier · se durcir · s'intensifier : *la lutte s'intensifie dans la dernière ligne droite*
- mettre aux prises : *la lutte finale met aux prises les meilleurs candidats* · opposer
- (souvent passif) miner : *le parti est miné par les luttes intestines* · secouer

∞ VERBE + **lutte**

- appeler à • prôner : *ils prônent la lutte armée*
- engager · entamer : *la lutte qu'il a entamée il y a trois ans contre cette secte* · entreprendre : *la lutte qu'ils ont entreprise pour éradiquer le fascisme*
- continuer · poursuivre · reprendre (le flambeau de) : *son frère a repris le flambeau de la lutte contre la corruption*
- coordonner · être en charge de : *il est en charge de la lutte contre le dopage* · mener · organiser
- se livrer : *les trois grands de la chaussure de sport se livrent une lutte sans merci* • être / entrer en : *le syndicalisme d'aujourd'hui n'est plus en lutte contre le capital* · participer à · prendre part à · rejoindre : *elle a rejoint la lutte antitabac* · se lancer dans · s'engager dans : *elle s'est engagée dans la lutte contre le sida* · s'impliquer dans · s'investir dans
- s'illustrer dans • incarner : *elle incarne la lutte pour la démocratie* · symboliser
- approuver · encourager · faire avancer · favoriser · redonner un / du souffle à · soutenir
- alimenter · amplifier · intensifier : *le gouvernement intensifie la lutte contre les violences urbaines* · renforcer : *ils veulent renforcer la lutte antitabac*
- entraver · être un / faire obstacle à · freiner : *des divergences entre États membres freinent la lutte antiterroriste au sein de l'UE* · mettre un frein à
- sortir vainqueur de : *les syndicats sont sortis vainqueurs de la lutte avec la direction*
- abandonner · renoncer à : *ils ont finalement renoncé à la lutte armée*
- en finir avec · mettre fin à · mettre un terme à

∞ NOM + DE + **lutte**

- plan · dispositif : *un dispositif de lutte contre l'absentéisme scolaire*
- chantre : *il s'est fait le chantre de la lutte contre la fracture sociale* · héraut • fer de lance · figure de proue · icône · pasionaria · pilier · pionnier : *une pionnière de la lutte contre les OGM*

[1]**luxe** *nom masc.* (faste, richesse)

∞ **luxe** + ADJECTIF

- discret · feutré : *le luxe feutré d'un palace parisien*
- de bon goût • exquis · raffiné · somptueux : *le luxe somptueux de Versailles*
- grand [+ nom] · haut [+ nom] : *une station de ski de haut luxe* • éblouissant · éclatant · effréné · étourdissant · extraordinaire · fantastique · incroyable · inimaginable · inouï
- excessif · extravagant · immodéré • clinquant · ostentatoire · prétentieux • indécent · insolent · insultant · provocant • de mauvais goût · tapageur · vulgaire : *le luxe vulgaire d'une maison néo-romaine*

∞ **luxe** + VERBE

- s'étaler : *une station balnéaire où s'étale un luxe excessif*

∞ VERBE + **luxe**

- baigner dans · jouir de · nager dans · s'entourer de · se vautrer dans · vivre dans : *tous ces nababs vivent dans le luxe et l'opulence*
- étaler · faire étalage de : *elle aime faire étalage du luxe dans lequel elle vit*
- renoncer à : *il a renoncé au luxe de sa villa hollywoodienne pour une petite cabane dans la forêt amazonienne*

[2]**luxe** *nom masc.* (plaisir coûteux)

∞ **luxe** + ADJECTIF

- absolu · suprême : *un hôtel avec, luxe suprême, un jacuzzi en plein air*
- abordable
- cher · coûteux · dispendieux · inabordable · inaccessible · ruineux : *collectionner les voitures de sport est un luxe ruineux*
- inutile : *il considère l'art comme un luxe inutile* · superflu

∞ VERBE + **luxe**

- se payer : *je ne peux pas me payer le luxe de refuser* · se permettre · s'offrir : *ils peuvent s'offrir le luxe de perdre quelques clients*

∞ NOM + DE + **luxe**

- comble : *posséder une voiture au début du XXe siècle était le comble du luxe*

lyrisme *nom masc.*

∞ **lyrisme** + ADJECTIF

- indéniable • ardent · bouillonnant · débordant · débridé · échevelé : *un moment de lyrisme échevelé* · époustouflant · explosif · extraordinaire · flamboyant : *le lyrisme flamboyant de ses pièces pour saxo* · inouï · profond · puissant
- sensuel · tendre · voluptueux
- bouleversant · élégiaque
- démesuré · excessif · grandiloquent • facile : *son film pèche par son lyrisme facile* · larmoyant · naïf
- contenu · discret · retenu : *des ballades au lyrisme retenu* · sans pathos · sec : *on retrouve cette écriture précise, au lyrisme sec*

∾ lyrisme + VERBE

- (souvent passif) emporter · porter : *cette tragédie est portée par le lyrisme de la mise en scène*
- faire défaut (à) : *le scénario est crédible mais le lyrisme fait défaut*

∾ VERBE + lyrisme

- donner dans · faire preuve de : *il a toujours fait preuve d'un certain lyrisme en évoquant les militants du parti* · tomber dans · verser dans : *n'hésitant pas à verser dans le lyrisme, il a évoqué le sort de ses compagnons*
- être empreint de : *un livre empreint de lyrisme et de magie*
- manquer de
- se méfier de · se refuser à : *le cinéaste se refuse à tout lyrisme sur le sujet*

∾ NOM + DE + lyrisme

- bouffée : *ces bouffées de lyrisme surprendront le spectateur* · pointe : *il s'est autorisé une pointe de lyrisme en parlant de l'Europe* · touche

REM. On rencontre parfois "lyrisme poétique". Évitez cette expression pléonastique.

m

[1] **main** *nom fém.* (litt.)

∾ main + ADJECTIF

- nue° : *une partie de pelote à mains nues* • droite · gauche
- chaude • glacée · froide • humide · moite
- baguée · gantée
- grande + nom · longue + nom • grosse + nom · large • épaisse · musclée
- diaphane : *ses petites mains diaphanes aux vénules bleues* · fine · frêle · maigre · minuscule · petite · de pianiste
- agile · experte · habile
- délicate · douce • manucurée : *les mains impeccablement manucurées* · nette · propre · soignée
- calleuse · crevassée · déformée · gercée · gonflée · parcheminée · rêche · rougie : *les mains rougies par l'eau glacée* • crochue · noueuse · osseuse • tachée • velue • graisseuse · grasse : *ne touche pas aux photos avec tes mains grasses* · poisseuse · sale · terreuse
- maladroite · malhabile • crispée : *la main crispée sur son passeport* · fébrile : *la voix mal assurée, les mains fébriles* · nerveuse : *ses mains nerveuses triturent un pan de sa veste* · tremblante · tremblotante
- artificielle

∾ main + VERBE

- attraper · (se) saisir de • caresser · effleurer · toucher
- glisser sur : *sa main glisse doucement sur ma peau*
- être agitée de tremblements · trembler · trembloter

∾ VERBE + main

- mettre · plaquer · poser • glisser · plonger : *elle plonge sa main dans son sac* • baisser · lever : *il a levé la main avant de poser sa question* • (re)fermer : *il referme la main sur la pierre* · ouvrir
- avancer · donner : *elle lui donne la main pour traverser* · tendre : *elle lui a tendu la main sans se présenter* • caresser · effleurer · toucher • baiser
- prendre · tenir : *il lui a tenu la main pendant tout le spectacle* • presser · serrer : *il a serré ma main pendant tout le film*
- enlever · ôter · retirer : *ne retire pas les mains du volant !* • lâcher
- croiser · joindre : *avant de s'exprimer, chacun joint les mains et s'incline* • (se) tordre : *il se tordait les mains d'angoisse* • se serrer : *ils ne se sont même pas serré la main* • mettre en cornet · mettre en porte-voix : *il mit ses mains en porte-voix pour l'appeler*
- attacher · entraver · menotter • comprimer · serrer • (se) salir
- (se) frotter · (se) laver · (se) nettoyer • (s')essuyer · (se) protéger : *elle se protège les mains avec du beurre de karité* • se réchauffer • bander · plâtrer
- (se) blesser · broyer : *quelle poigne ! j'ai bien cru qu'il allait me broyer la main* • amputer : *on a dû lui amputer une main / l'amputer d'une main* • perdre : *il a perdu sa main gauche lors d'un accident*
- greffer

∾ NOM + DE + main

- geste · signe

de la main

- faire bonjour · saluer • être écrit · être signé : *une partition originale signée de la main de Bach*

d'un revers de main

- balayer · écarter · rejeter

des deux mains

- applaudir : *applaudir des deux mains* • signer : *les grévistes sont prêts à signer cette pétition des deux mains* · voter

2main *nom fém.* (fig.)

∞ main + ADJECTIF

- verte○ : *elle n'a pas vraiment la main verte*
- anonyme : *une main anonyme a griffonné sur la porte un dessin obscène* • innocente○
- de fer○ · ferme · puissante : *le seigneur dirige son fief d'une main puissante* • lourde : *tu as eu la main lourde avec le gingembre ; la justice a eu la main lourde en distribuant des peines de vingt ans* • leste○ : *elle a la main un peu trop leste avec son fils*
- accueillante · amie · rassurante · secourable · tendue : *cet organisme est une main tendue vers la jeunesse désœuvrée*
- heureuse : *il n'a pas toujours eu la main heureuse dans ses choix d'acquisition* • assurée · ferme · sûre : *il mène sa troupe d'une main sûre* • bonnes○ (plur.) : *vous êtes maintenant entre de bonnes mains*
- malheureuse : *j'ai eu la main malheureuse en tirant ce numéro* • mauvaises○ (plur.) : *ces documents ne doivent pas tomber entre de mauvaises mains*

∞ VERBE + main

- offrir · tendre : *il lui a tendu une main secourable*
- (se) lier (plur.) : *cette situation de dépendance risque de lier les mains de la diplomatie occidentale pour longtemps*

main-d'œuvre *nom fém.*

∞ main-d'œuvre + ADJECTIF

- agricole · rurale • ouvrière
- féminine · masculine • étudiante • enfantine · infantile : *on accuse le pays d'utiliser la main-d'œuvre infantile*
- locale • étrangère · extérieure · immigrée
- salariée • intérimaire · saisonnière · temporaire
- diplômée · qualifiée · spécialisée
- abondante · forte + nom : *les activités / entreprises à forte main-d'œuvre* · importante : *il faudra prévoir une main-d'œuvre importante* · nombreuse · pléthorique • disponible · suffisante
- bon marché · gratuite : *les enfants offrent une main-d'œuvre gratuite* • compétente · de qualité · expérimentée • compétitive · productive • flexible · mobile : *les jeunes sont considérés comm une main-d'œuvre mobile et bon marché*
- insuffisante · rare : *les employeurs sont en concurrence entre eux pour recruter une main-d'œuvre rare*
- (taillable et) corvéable à merci○ : *les stagiaires fournissent une main-d'œuvre bon marché et corvéable à merci* · docile · disciplinée · malléable • servile
- forcée : *les esclaves ont été utilisés comme main-d'œuvre forcée* • clandestine · illicite • précaire : *l'entreprise a recours à la main-d'œuvre précaire plutôt qu'aux CDI* • chère • peu / non qualifiée · sous-qualifiée

∞ VERBE + main-d'œuvre

- avoir besoin de · demander · nécessiter · réclamer : *ce type de cultures réclame une main-d'œuvre importante* · requérir • rechercher : *les entreprises recherchent une main-d'œuvre très qualifiée*
- fournir : *des immigrés venus fournir de la main-d'œuvre aux usines de la région* · offrir
- attirer · drainer : *l'implantation de ces industries draine une main-d'œuvre ouvrière issue de l'exode rural* · faire venir · recruter • importer • trouver : *ils ont du mal à trouver une main-d'œuvre qualifiée*
- former : *les clandestins forment une main-d'œuvre illicite*
- disposer de • employer · recourir à · se servir de · utiliser : *ils n'ont aucun scrupule à utiliser une main-d'œuvre clandestine* • exploiter : *des employeurs sans scrupules exploitent impunément une main-d'œuvre bon marché*
- former : *le pôle universitaire vise à former une main-d'œuvre qualifiée* • fidéliser : *le patronat veut fidéliser la main-d'œuvre*
- économiser : *cette stratégie permet d'économiser de la main-d'œuvre*
- être à court de · manquer de

∞ NOM + DE + main-d'œuvre

- afflux
- manque · pénurie : *ce secteur connaît une pénurie de main-d'œuvre*

maison *nom fém.*

∞ maison + ADJECTIF

- principale • de famille · familiale • de campagne : *ils ont une maison de campagne en Normandie* · de vacances · secondaire
- classique · traditionnelle • contemporaine · moderne • coloniale · rustique • bourgeoise · de maître • alsacienne · bretonne · normande · provençale · etc.

- préfabriquée • de plain-pied • surélevée · sur pilotis • solaire • à colombages
- contiguë · mitoyenne • indépendante · individuelle · séparée • (plur.) clairsemées · dispersées : *on aperçoit au loin quelques maisons dispersées* · disséminées • isolée : *ils vivent dans une maison isolée, à plusieurs kilomètres du village* · retirée · solitaire
- neuve · récente
- ancienne · vieille + nom
- grande + nom · immense · spacieuse · vaste
- minuscule · petite + nom • modeste · sans prétention · simple • banale · ordinaire
- belle + nom · jolie + nom • adorable · charmante · de charme · ravissante • coquette · de poupée : *elle vit dans une maison de poupée qu'elle a décorée elle-même* • de rêve · magnifique · splendide · superbe • cossue · luxueuse · somptueuse
- bien agencée · bien conçue · fonctionnelle • accueillante · agréable · chaleureuse · confortable • claire · ensoleillée · lumineuse
- mal agencée · mal conçue • rudimentaire · vétuste • décrépie · délabrée · pauvre • lugubre · sinistre · sombre · sordide • inhabitable · insalubre
- abandonnée · déserte • en ruine

∞ maison + VERBE

- s'élever : *des maisons s'élèvent maintenant sur cette île jusqu'alors inhabitée* • dominer · surplomber : *la maison surplombe la mer*
- abriter · accueillir · loger : *cette maison peut loger jusqu'à dix personnes*
- (+ adv.) être exposée · être orientée : *la maison est orientée plein sud*
- s'élever sur : *la maison s'élève sur trois étages* • comprendre : *la maison comprend cinq chambres* · contenir · disposer de : *la maison dispose de deux salles de bains*
- brûler · prendre feu
- s'écrouler · s'effondrer

∞ VERBE + **maison**

- concevoir • bâtir · construire · édifier
- céder · léguer · louer : *l'entreprise loue des maisons à ses employés* · vendre
- acheter · acquérir · hériter de · louer
- être propriétaire de · posséder
- emménager dans · s'installer dans • habiter (dans) · occuper · squatter · vivre dans : *elle vit dans une petite maison en banlieue* • quitter
- remettre en état · rénover · retaper • aménager : *il a aménagé sa maison pour pouvoir y travailler* · arranger · décorer
- agrandir
- hypothéquer : *criblés de dettes, ils ont dû hypothéquer leur maison*
- cambrioler · dévaliser · visiter [fig.] : *plusieurs maisons ont été visitées par des cambrioleurs* • mettre à sac · saccager
- abattre · démolir · détruire · dévaster : *le cyclone a dévasté leur maison* · raser

[1] **maîtrise** *nom fém.* (virtuosité)

∞ maîtrise + ADJECTIF

- artistique · vocale · instrumentale • pratique : *il possède à la fois les connaissances théoriques et une bonne maîtrise pratique* · technique
- bonne • belle + nom · éblouissante · étonnante · exceptionnelle · exemplaire · grande + nom · incomparable · indiscutable · inouïe · parfaite · remarquable · solide + nom : *il possède une solide maîtrise du métier* · vraie + nom · réelle + nom · totale
- nécessaire : *il n'a pas encore la maîtrise nécessaire pour participer à des championnats nationaux* · suffisante
- insuffisante · mauvaise + nom · piètre + nom

∞ VERBE + **maîtrise**

- acquérir · parvenir à · retrouver • avoir · posséder : *elle possède une parfaite maîtrise du suédois* • faire montre de · faire preuve de · montrer
- révéler · témoigner de · refléter · témoigner
- utiliser · exploiter · s'appuyer sur : *le projet industriel s'est largement appuyé sur la maîtrise de cette technologie*
- accroître · renforcer • affiner • gagner en : *sa voix a gagné en maîtrise et en expressivité*
- manquer de : *son interprétation de la 9e symphonie manquait de maîtrise technique*

[2] **maîtrise** *nom fém.* (contrôle, suivi d'un nom)

∞ maîtrise + ADJECTIF

- intellectuelle : *les scientifiques n'ont plus la maîtrise intellectuelle de leur savoir*
- absolue : *la maîtrise absolue de l'information par le pouvoir* · complète · grande + nom : *elle a une grande maîtrise de ses émotions* · parfaite : *il a une parfaite maîtrise de la situation* · totale · pleine + nom

∞ VERBE + **maîtrise**

- assurer : *il plaide pour des mesures assurant la maîtrise des coûts de gestion* · offrir : *ce système leur offre une maîtrise complète de la chaîne d'édition* · permettre

- avoir : *le groupe agroalimentaire a une maîtrise totale de la traçabilité des produits* • reprendre : *les pays producteurs souhaitent reprendre la maîtrise de leur production* · retrouver • conserver : *il est soucieux de conserver la maîtrise de l'affaire* · garder
- obtenir · s'assurer : *les militaires voulaient s'assurer la maîtrise totale du ciel*
- accroître · renforcer : *le projet de loi tend à renforcer la maîtrise des risques technologiques*
- perdre : *à trop déléguer, on perd la maîtrise de son propre système*

maîtrise de soi

∾ maîtrise de soi + ADJECTIF

- grande [+ nom] · parfaite · remarquable · stupéfiante · vraie [+ nom] · pleine [+ nom]

∾ VERBE + maîtrise de soi

- demander : *cette discipline demande une grande maîtrise de soi* · nécessite · exiger · requérir
- avoir • atteindre · parvenir à
- travailler • enseigner
- manquer de

[1]majorité *nom fém.* (Pol.)

∾ majorité + ADJECTIF

- politique : *ces résultats pourraient mener à un changement de majorité politique* · électorale : *son parti n'a pas obtenu de majorité électorale* • nationale : *la politique conduite par la majorité nationale* · locale · régionale · municipale • gouvernementale · législative · parlementaire · présidentielle · sénatoriale
- disparate : *une majorité disparate de vingt élus, socialistes, écologistes et communistes* · plurielle : *il n'y a pas de consensus au sein de la majorité plurielle*
- sortante : *la presse dresse le bilan de la majorité sortante*
- nécessaire · requise : *la proposition n'a pas obtenu la majorité requise des deux tiers* · suffisante
- absolue° : *ils ont la majorité absolue au parlement* · ample · claire : *les spécialistes ne prévoient pas de majorité claire pour la nouvelle assemblée* · confortable · écrasante · franche [+ nom] · imposante : *il compte sur son imposante majorité parlementaire pour faire passer la loi* · nette · pléthorique : *il doit s'imposer face à une majorité pléthorique* · solide · vaste [+ nom] • stable : *les premiers sondages révèlent une majorité stable de 60 % environ* • cohérente : *il souhaite une majorité cohérente pour mener à bien son projet* • qualifiée° : *cette élection ne se fera plus à la majorité absolue mais à la majorité qualifiée* · renforcée° : *le candidat sort de ces élections avec une majorité renforcée au conseil général*
- courte [+ nom] : *les militants ont désigné à une très courte majorité leur candidat à l'élection* · étroite · fragile · précaire • relative° : *il revendique la présidence au nom de sa majorité relative (24 élus sur 57)* · simple° : *les sénateurs peuvent voter à la majorité simple pour l'abandon du procès*
- insuffisante

∾ majorité + VERBE

- se dégager · se dessiner : *une majorité se dessine pour un abaissement des délais* • s'installer : *une nouvelle majorité s'installe au pouvoir*
- gouverner • s'engager dans : *la majorité s'engage dans la bataille des élections*
- s'accorder à · se mettre d'accord sur · s'entendre sur • se prononcer pour / en faveur de
- s'opposer à · se prononcer contre · refuser
- se diviser : *la majorité se divise sur la question de l'immigration*
- basculer

∾ VERBE + majorité

- nécessiter · requérir
- assurer · conférer : *les dernières élections ont conféré une majorité absolue au parti populaire* · donner
- (re)conquérir · constituer · dégager : *le conseil d'administration n'est pas parvenu à dégager une majorité suffisante* · (r)emporter · obtenir · rafler[fam.] : *il a raflé la majorité absolue à l'Assemblée nationale* · recueillir : *il sait pouvoir recueillir une large majorité* · réunir • fédérer : *elle a réussi à fédérer une majorité plurielle autour de son projet* · rallier · rassembler
- avoir · bénéficier de · détenir · disposer de · se doter de • conserver • reconduire : *les électeurs ont reconduit la majorité sortante*
- bétonner · cimenter · consolider · renforcer · (res)souder
- appartenir à · faire partie de • participer à : *il ne faudra pas qu'il compte sur les Verts pour participer à une majorité*
- frôler : *l'opposition frôle la majorité absolue au référendum* • être privé de : *le candidat a été privé de majorité au soir du second tour*
- diviser : *la polémique continue à diviser la majorité*
- perdre : *les législatives de juin ont fait perdre la majorité à la coalition gouvernementale*

à la majorité

- élire • adopter · prendre une décision : *les décisions se prennent à la majorité simple* · statuer • se prononcer : *le Conseil doit se prononcer à la majorité*

[2]majorité *nom fém.* (plus grande partie)

∞ majorité + ADJECTIF

- silencieuse○ : *la majorité silencieuse des citoyens désapprouve le choix du gouvernement*
- faible + nom · légère + nom · petite + nom
- énorme + nom : *internet est le loisir préféré d'une énorme majorité de jeunes* · forte + nom · grande + nom · grosse + nom · immense + nom · large + nom · vaste + nom

∞ majorité + VERBE

- se dire + nom : *la majorité des participants se dit hostile / favorable au projet*
- s'accorder à : *la majorité s'accorde à penser que ce serait la pire des solutions* · se mettre d'accord sur · s'entendre sur • se prononcer pour / en faveur de
- s'opposer à · se prononcer contre · refuser

∞ VERBE + majorité

- composer : *les jeunes filles de moins de 15 ans composent la majorité de son public* · constituer · former · représenter
- fédérer : *ce projet fédère une grosse majorité des habitants* · rallier · rassembler · réunir
- avoir · bénéficier de · posséder · détenir : *il détient la majorité du capital* · disposer de • conserver · garder

[3]majorité *nom fém.* (âge légal)

∞ majorité + ADJECTIF

- matrimoniale · sexuelle • pénale · civile • électorale · civique

∞ VERBE + majorité

- fixer ... à
- atteindre : *l'accusé n'avait pas atteint la majorité au moment des faits*
- baisser (de ... à ...) : *le législateur a baissé la majorité de 21 ans à 18 ans*

[1]mal *nom masc.* (douleur, souffrance)

∞ mal + ADJECTIF

- haut○ + nom (l'épilepsie) • de mer · de terre · de l'air · des montagnes · des transports · etc.
- du pays○ : *elle a le mal du pays* • de vivre○ • métaphysique
- du siècle○ : *la dépression est le mal du siècle* · moderne : *l'ennui, ce mal moderne*
- étrange · inconnu · mystérieux
- insidieux · sournois · pernicieux
- affreux · atroce · effroyable · profond : *les symptômes d'un mal profond* · terrible · violent • incurable · inguérissable
- persistant · tenace • chronique : *il est atteint d'un mal chronique et mystérieux* · fréquent · récurrent

∞ mal + VERBE

- (souvent passif) consumer · miner · ronger : *la fille du roi est rongée par un mal mystérieux* · toucher

∞ VERBE + mal

- faire (... à)○ : *tu lui as fait mal / du mal*
- (sans art.) attraper · prendre○vieilli : *il a pris mal sous la pluie* • être atteint de · être frappé de · être sujet à : *je suis sujet au mal de tête / de mer* · être victime de · souffrir de • se plaindre de : *elle se plaint de maux de ventre*
- aggraver : *le remède a paradoxalement aggravé le mal* · exacerber
- prévenir • guérir · soigner · soulager : *« À raconter ses maux, souvent on les soulage »* (Corneille, *Polyeucte*, I, 3) · traiter
- débarrasser de : *l'ostéopathe m'a débarrassé de mon mal de dos*

[2]mal *nom masc.* (chose négative, fléau)

∞ mal + ADJECTIF

- grand○ : *« Aux grands maux les grands remèdes »* (proverbe)
- nécessaire○ : *cette mesure est un mal nécessaire*
- endémique : *la corruption est un mal endémique dans ce pays*
- chronique · fréquent · récurrent
- insidieux : *la corruption est un mal insidieux* · sournois · pernicieux
- moindre + nom : *l'argument / la politique du moindre mal*

∞ mal + VERBE

- toucher · épargner

∞ VERBE + mal

- vouloir ... à : *je ne lui veux pas de / aucun mal*
- causer · faire : *tu lui as fait du mal*
- aggraver : *vous risquez d'aggraver encore le mal*
- prévenir • réparer : *la vengeance ne répare pas le mal* · traiter (à la racine / à la source)
- attaquer à la racine · combattre · s'attaquer à · lutter contre
- couper à la racine · éradiquer · extirper · vaincre

∞ NOM + DE + mal

- racine : *s'attaquer à la / aux racine(s) du mal* · source

[3] mal *nom masc.* (ce qui est contraire au bien)

∞ mal + ADJECTIF

- moral : *la corruption est un mal moral* · métaphysique
- radical [Philos.] • absolu · suprême

∞ VERBE + mal

- incarner : *ce personnage incarne le mal* · symboliser · représenter
- commettre : *c'est la passion qui l'a poussé à commettre le mal* · faire : *il ne sait faire que le mal*
- reconnaître · distinguer : *distinguer le bien du mal*
- affronter · combattre · lutter contre
- délivrer de · vaincre

∞ NOM + DE + mal

- racine • cœur
- force · puissance : *il ne faut pas sous-estimer les puissances du mal*

malade *nom*

∞ malade + ADJECTIF

- cancéreux · diabétique · tuberculeux • mental : *l'image du malade mental dans la société*
- atteint (de) · porteur de : *les malades porteurs de maladies rares* • infecté : *les malades infectés du virus du sida* • isolé (= victime d'une maladie rare)
- chronique : *l'intégration au travail des malades chroniques*
- imaginaire : *tous ces malades imaginaires qui refusent de se présenter à leur procès* (en référence à la pièce de Molière *Le Malade imaginaire*)
- condamné · en phase terminale : *ils réclament le droit d'aider à mourir des malades en phase terminale* · incurable • fichu[fam.] · foutu[fam.]

∞ malade + VERBE

- présenter : *les malades présentant une hépatite chronique* · présenter un / des signe(s) de · souffrir (de)
- délirer · s'agiter • gémir · se plaindre • rester au lit · être alité
- prendre des médicaments · suivre un traitement • être en attente de : *les malades en attente de greffe / d'organe*
- passer un cap critique · se maintenir · se stabiliser
- être en convalescence • reprendre des forces · reprendre du poil de la bête[fam.] · se remettre • être sauvé · être sur pied · guérir : *seuls 50% des malades guérissent*
- faiblir
- décéder · mourir

∞ VERBE + malade

- accompagner : *cette équipe accompagne les malades en fin de vie* • accueillir : *l'hôpital accueille des malades d'origines géographiques variées* · prendre en charge
- hospitaliser • évacuer · transférer · transporter
- mettre en quarantaine · placer / mettre sous observation • examiner · prendre la température / le pouls de
- opérer · soigner · soulager · traiter • guérir · sauver

maladie *nom fém.*

∞ maladie + ADJECTIF

- humaine · animale • infantile • professionnelle : *il reçoit une pension pour maladie professionnelle* • hivernale
- allergique · auto-immune · bactérienne · bactériologique · cancéreuse : *il a contracté une maladie cancéreuse de la peau* · infectieuse · inflammatoire · nosocomiale · parasitaire · tropicale • virale · bactérienne • cardiaque · cardiovasculaire · neurologique · pulmonaire · respiratoire · vénérienne · sexuellement transmissible • mentale · psychiatrique · psychique
- congénitale · génétique · héréditaire • contagieuse · épidémique · transmissible
- dégénérative · évolutive
- émergente : *une maladie émergente transmise par les moustiques*
- foudroyante · maligne · grave · sale[+ nom fam.] · sérieuse • incurable • chronique · de longue durée · longue[+ nom]
- sournoise • handicapante · invalidante • pénible · redoutable · terrible • fatale · mortelle
- honteuse [souvent fig.] : *le sida est encore souvent perçu comme une maladie honteuse ; dire qu'on est au RMI, c'est comme avouer une maladie honteuse*
- orpheline · rare
- bénigne

∞ maladie + VERBE

- (ré)apparaître · se déclarer · survenir • se développer : *la maladie ne s'est développée que tardivement ; la maladie s'est développée dans le foie*
- empirer · évoluer · progresser · s'aggraver
- se propager • persister · s'installer
- affecter · atteindre · contaminer : *plusieurs manchots empereurs ont été contaminés par la maladie* · toucher • sévir : *la maladie sévit en Asie du Sud-Est*

- (souvent passif) affaiblir · fatiguer · ravager • handicaper · invalider • emporter · foudroyer : *il a été foudroyé par la maladie à l'âge de 65 ans* · tuer
- disparaître • être en rémission • reculer : *la maladie recule partout en Europe* · régresser • (se) guérir : *la maladie (se) guérit en une ou deux semaines* · se soigner
- réchapper à / de · revenir de : *il n'a aucun espoir de revenir de sa maladie* · survivre à

∾ VERBE + **maladie**

- entraîner · être responsable de · provoquer
- inoculer : *le vaccin est suffisamment bien dosé pour ne pas inoculer la maladie* · transmettre • propager
- dépister : *plus tôt la maladie est dépistée, plus les chances de guérison sont élevées* · détecter · diagnostiquer · identifier
- couver · incuber : *des centaines de personnes sont en train d'incuber la maladie* • avoir : *avoir une maladie des os / une maladie mortelle* · être atteint de · être frappé de / par : *des personnes frappées par la maladie / d'une maladie neuro-musculaire* · être porteur de : *ils veulent savoir quelle part de la population est porteuse d'une maladie rare* · être victime de : *deux salariés ont été victimes de maladies professionnelles* · souffrir de
- être exposé à : *ces personnes sont plus exposées que d'autres à cette maladie bactérienne* • attraper · choper*fam.* · contracter · développer • être confronté à
- aggraver : *une forte exposition au soleil risque d'aggraver la maladie*
- mourir de · succomber à : *il a succombé à une longue maladie des poumons*
- prendre en charge : *un organisme dédié à la prise en charge de cette maladie*
- se protéger contre / de • immuniser contre · vacciner contre • prévenir • combattre · lutter contre • résister à • surmonter · triompher de • guérir (de) · soigner · traiter
- enrayer · juguler • stabiliser : *ce traitement permet de stabiliser la maladie*
- éradiquer · stopper · vaincre
- être indemne de : *le pays a été déclaré indemne de la maladie par l'Observatoire international des épizooties*

∾ NOM + DE + **maladie(s)**

- éventail : *cette méthode pourrait traiter génétiquement un large éventail de maladies* · lot : *l'humidité et l'habitat insalubre apportent leur lot de maladies*
- foyer
- récidive : *le médecin a évoqué une éventuelle récidive de sa maladie* • recrudescence · résurgence : *on observe une résurgence de maladies anciennes comme la tuberculose* · retour • progression · propagation
- séquelles : *les séquelles de la maladie sont invalidantes* · suites : *il est décédé des suites de sa maladie*
- recul • disparition

[1] maladresse *nom fém.* (caractère)

∾ **maladresse** + ADJECTIF

- extrême $^{+\,nom}$ · grande $^{+\,nom}$ · infinie · insigne : *le gouvernement a été d'une maladresse insigne dans la gestion de l'affaire* • flagrante · manifeste · patente
- déconcertante · étonnante · extraordinaire · incroyable · inimaginable · inouïe · invraisemblable · sidérante
- affligeante
- charmante · touchante : *il lui caresse la main avec une touchante maladresse*

∾ VERBE + **maladresse**

- être de (+ adj.) : *il est d'une maladresse incroyable* · faire preuve de
- reprocher ... à
- excuser · pardonner

[2] maladresse *nom fém.* (action, parole maladroite)

∾ **maladresse** + ADJECTIF

- diplomatique · politique · tactique • rédactionnelle · verbale
- délibérée · intentionnelle · volontaire : *il a commis une maladresse volontaire pour révéler ce secret*
- involontaire
- énorme · grosse $^{+\,nom}$ · pure $^{+\,nom}$ • (plur.) fréquentes $^{+\,nom}$ · innombrables $^{+\,nom}$ · multiples $^{+\,nom}$
- affligeante · regrettable $^{+\,nom}$ • fatale : *une maladresse fatale dans son discours lui a fait perdre les élections* · grave • impardonnable

∾ VERBE + **maladresse**

- commettre : *il a commis une grave maladresse* • répéter • (plur.) accumuler · collectionner : *il collectionne les maladresses avec ses beaux-parents* · enchaîner
- mettre au jour · mettre en avant · mettre en lumière · révéler
- reprocher ... à
- avouer · reconnaître · regretter

- rattraper · réparer
- excuser · pardonner
- éviter

∞ NOM + DE + **maladresses**
- accumulation · cortège · série · succession

[1]**malaise** *nom masc. plur.* (tension)

∞ **malaise** + ADJECTIF
- économique · politique • étudiant · social • existentiel · identitaire
- ambiant · général • national : *ces actes de violence entretiennent le malaise national*
- manifeste · palpable · perceptible · visible • croissant · grandissant • grand + nom · grave · gros + nom · immense + nom · intense · profond · réel + nom · terrible · véritable + nom · vrai + nom • endémique
- durable · long + nom : *c'est la fin d'un long malaise* · persistant • récurrent : *les incidents traduisent le malaise récurrent des banlieues*
- étrange : *la lecture de son livre suscite un étrange malaise* • diffus : *un sentiment de malaise diffus règne dans l'entreprise* · latent · sourd : *le silence cache un malaise sourd*
- léger + nom • passager

∞ **malaise** + VERBE
- apparaître · éclater : *le malaise a éclaté lors de la campagne référendaire* · s'installer
- naître de : *le malaise naît de l'aspect factice de la scène* · venir de : *le malaise vient du décalage entre leurs conceptions respectives de la démocratie*
- entourer : *un certain malaise entoure cette élection* • gagner · régner · traverser : *le profond malaise qui traverse le parti* • affecter · peser sur · sévir : *voilà un exemple du malaise qui sévit au sein du monde sportif*
- se percevoir · s'exprimer
- grandir · s'amplifier • demeurer · perdurer · persister
- se dissiper : *le malaise s'est dissipé lors de la réunion avec la direction*

∞ VERBE + **malaise**
- causer · créer · engendrer · provoquer · susciter
- alimenter · entretenir · nourrir • accentuer · accroître : *le repli sur soi ne fait qu'accroître le malaise* · aggraver · amplifier · exacerber
- éprouver · ressentir · vivre : *cette génération vit un malaise profond*
- observer · sentir : *on sent le malaise monter au fil de l'interview*
- montrer · révéler · témoigner de · traduire • exprimer
- apaiser · atténuer • remédier à : *le gouvernement doit prendre des mesures pour remédier au malaise des hôpitaux*
- sortir de : *le pays s'épuise à sortir d'un malaise économique qui perdure* • dissiper · mettre fin à

∞ NOM + DE + **malaise**
- climat • sentiment · impression
- signe : *ce vote contestataire est un signe de malaise social*

[2]**malaise** *nom masc.* (souffrance physique)

∞ **malaise** + ADJECTIF
- physique · psychique • cardiaque · respiratoire · vagal
- grave · gros + nom · sérieux
- étrange + nom · mystérieux
- léger + nom : *j'ai eu un léger malaise en voyant tout ce sang* · petit + nom • passager

∞ **malaise** + VERBE
- survenir : *le malaise est survenu alors qu'il montait l'escalier*

∞ VERBE + **malaise**
- avoir · être pris de · être victime de · faire

∞ NOM + DE + **malaise**
- signe : *aux premiers signes de malaise, n'hésitez pas à appeler les secours*

malchance *nom fém.*

∞ **malchance** + ADJECTIF
- extraordinaire · extrême · grande + nom · incroyable · terrible + nom
- persistante · tenace • habituelle : *avec ma malchance habituelle, je vais encore rater cet entretien*

∞ **malchance** + VERBE
- accabler · frapper · poursuivre : *la malchance l'a poursuivi toute sa vie* · s'acharner contre : *la malchance s'est acharnée contre le bateau italien*

∞ VERBE + **malchance**
- avoir : *il a eu la malchance d'être absent ce jour-là* · être victime de : *elle a été victime d'une incroyable malchance* · jouer de○ : *il a joué de malchance avec les conditions atmosphériques*
- accuser · invoquer · mettre sur le compte de : *il a mis son échec sur le compte de la malchance*

∾ NOM + DE + **malchance**
- comble : *et comble de malchance, il a plu tout l'après-midi*

malentendu *nom masc.*

∾ **malentendu** + ADJECTIF
- amoureux : *l'intrigue est basée sur un malentendu amoureux* · culturel : *de nombreux malentendus culturels persistent entre les deux pays* · historique : *c'est ce malentendu historique qui a déclenché le conflit* · etc.
- énorme · gigantesque · grand + nom · gros + nom · immense · profond · total • flagrant · patent · manifeste · évident • fondamental · majeur
- persistant • éternel : *l'éternel malentendu entre les sexes*
- navrant · regrettable • ridicule + nom · stupide • affreux · dangereux : *l'opacité des consignes pourrait prêter à de dangereux malentendus* · grave + nom · terrible • fatal · tragique
- mineur · petit + nom · simple + nom • banal
- passager

∾ **malentendu** + VERBE
- apparaître · naître : *le malentendu entre les deux sœurs est né l'année dernière* · s'installer
- naître de : *le malentendu est né d'un manque de communication* · trouver son origine dans · venir de • remonter : *le malentendu remonte à l'article qu'il a publié en 1985*
- régner : *un malentendu règne quant au partage des tâches*
- durer : *ce malentendu dure depuis plus de trente ans !* · perdurer · persister · se poursuivre : *le malentendu se poursuivit jusqu'à la fin de sa carrière* · subsister • avoir la vie dure
- cesser · se dissiper

∾ VERBE + **malentendu**
- causer · donner lieu à · être à l'origine de · être source de · générer · prêter à ○ : *ce discours ambigu prête à malentendu* · provoquer
- être victime de
- être basé sur · être fondé sur · reposer sur : *toute cette crise repose sur un regrettable malentendu*
- alimenter · cultiver · entretenir · nourrir : *cette confusion nourrit le malentendu*
- invoquer · plaider
- déplorer
- empêcher · éviter : *il s'est soumis au contrôle pour éviter tout malentendu*
- apaiser · clarifier · éclaircir : *l'enquête a permis d'éclaircir le malentendu* · expliquer
- balayer · couper court à : *explique-toi directement avec lui, cela coupera court à tous les malentendus* · dissiper · lever · mettre fin à

∾ NOM + DE + **malentendus**
- source
- accumulation · série · succession · suite

[1]malheur *nom masc.* (événement pénible, triste)

∾ **malheur** + ADJECTIF
- personnel : *il a vécu ce drame national comme un malheur personnel* · individuel • collectif
- épouvantable · grand + nom · immense
- petit + nom : *les petits malheurs de la vie quotidienne*

∾ **malheur** + VERBE
- advenir · arriver : *« Un malheur n'arrive / ne vient jamais seul »* (proverbe) · avoir lieu • s'accumuler (plur.)

∾ VERBE + **malheur**
- causer • être responsable de : *vous êtes responsable de vos propres malheurs*
- connaître · subir : *elle a subi tant de malheurs dans sa jeunesse*
- conter : *il nous a conté ses malheurs toute la soirée* · étaler · faire étalage de · raconter
- affronter · faire face à
- compatir à : *ils compatissent au malheur du pays voisin*
- cultiver · s'apitoyer sur : *il s'apitoie sur son propre malheur*
- souhaiter : *je ne souhaite de malheur à personne* • se réjouir de
- fuir · oublier : *il est parti naviguer pour oublier ses malheurs*

∾ NOM + DE + **malheurs**
- accumulation · avalanche · cortège · lot : *le lot de malheurs qu'apporte chaque jour aux passagers du radeau* · série · suite • liste : *ce drame allonge la liste des malheurs que connaît la région*

[2]malheur *nom masc.* (adversité)

∾ **malheur** + ADJECTIF
- ordinaire : *le malheur ordinaire du quotidien* • social : *le gouvernement se montre sourd au malheur social*

∾ **malheur** + VERBE
- atteindre · frapper · s'abattre sur : *le malheur s'abat sur la frange la plus pauvre de la population*
- se perpétuer

∞ VERBE + **malheur**
- attirer · causer · être responsable de
- connaître · être dans : *il faut aider ceux qui sont dans le malheur*
- conjurer : *il porte un talisman pour conjurer le malheur*

∞ COMBLE + DE + **malheur**
- comble : *comble de malheur, il est tombé gravement malade*

mandat *nom masc. plur.* (mission)

∞ **mandat** + ADJECTIF
- électif : *un siège au Sénat américain est le mandat électif le plus convoité* · politique • local · national · municipal · européen • unique : *ce mandat unique n'est pas cumulable avec un autre mandat*
- exécutif · législatif · judiciaire • parlementaire · présidentiel · sénatorial · syndical
- renouvelable : *le mandat est renouvelable 3 ans* • (plur.) consécutifs · successifs
- provisoire

∞ **mandat** + VERBE
- courir : *son mandat court jusqu'en mai 2008*
- arriver à échéance · arriver à expiration · arriver à terme · expirer · s'achever

∞ VERBE + **mandat**
- confier · délivrer · donner (souvent sans art.)
- obtenir · recevoir : *le préfet recevra prochainement un mandat de négociation*
- avoir · détenir · disposer de • conserver • cumuler (plur.)
- entamer : *il entame son deuxième mandat présidentiel*
- accomplir · exercer : *il renonce à exercer son mandat de maire* · remplir
- briguer · demander (le renouvellement de) · postuler à · solliciter : *il a décidé de ne pas solliciter un septième mandat*
- prolonger · proroger · reconduire · renouveler
- écourter · raccourcir · réduire : *ils ont décidé de réduire le mandat des élus de neuf à six ans*
- achever · aller au terme de
- remettre en jeu • abandonner · démissionner de · renoncer à
- priver de
- être déchu de : *il ne sera déchu de son mandat qu'en cas de condamnation définitive* • perdre

manie *nom fém.*

∞ **manie** + ADJECTIF
- compulsive · obsessionnelle
- vieille $^{+ \text{nom}}$
- petite $^{+ \text{nom}}$: *il a ses petites manies* · simple $^{+ \text{nom}}$
- curieuse · étrange · inexplicable
- dangereuse · idiote · mauvaise $^{+ \text{nom}}$ · sale $^{+ \text{nom} \, fam.}$ • déplorable · détestable · fâcheuse · déplaisante · regrettable

∞ VERBE + **manie**
- devenir · rester
- céder à · contracter : *il a contracté cette manie au collège*
- avoir : *ce chat a la manie de venir nous réveiller en miaulant dans nos oreilles* · être plein de (plur.)
- entretenir
- corriger : *une thérapie l'a aidé à corriger cette manie*
- perdre · se débarrasser de : *elle n'arrive pas à se débarrasser de cette vieille manie*

maniement *nom masc.*

∞ **maniement** + ADJECTIF
- complexe · compliqué · délicat · difficile · fastidieux · incommode · malaisé · pénible
- aisé · commode · facile · pratique · simple

∞ VERBE + **maniement**
- demander · requérir · nécessiter · réclamer : *cette machine réclame un maniement délicat*
- enseigner · expliquer · former à · initier à : *ils les initient au maniement des armes*
- apprendre · se former à · s'entraîner à · s'exercer à · s'initier à
- connaître · être expert dans : *il est expert dans le maniement du double discours*
- ignorer (tout de) : *j'ignore tout du maniement des baguettes chinoises*

manières *nom fém. plur.* (comportement)

∞ **manières** + ADJECTIF
- affables · agréables · aimables · avenantes · belles $^{+ \text{nom}}$ · bonnes $^{\circ + \text{nom}}$ · cordiales · courtoises · polies · respectueuses • suaves • élégantes · nobles · policées · raffinées • simples
- affectées · arrogantes · cérémonieuses · hautaines · précieuses · prétentieuses
- bourrues · campagnardes · cavalières · familières · frustes · paysannes · rudes · grossières
- curieuses · étranges
- détestables · mauvaises $^{\circ + \text{nom}}$ · sales $^{+ \text{nom}}$

∾ VERBE + **manières**

- avoir : *il a des manières un peu curieuses*
- imiter : *il imite les manières de son maître* · prendre
- apprendre : *je vais t'apprendre les bonnes manières, moi !* · enseigner · inculquer
- changer : *il faut qu'il change ses manières bourrues*

[1] **manifestation** *nom fém.* (défilé de protestation)

∾ **manifestation** + ADJECTIF

- féministe · indépendantiste · pacifiste · politique · syndicale • étudiante · lycéenne • unitaire • de solidarité · de soutien • de protestation · d'opposition • anti-gouvernementale · antimondialisation · antinucléaire · antiraciste
- de rue · publique • spontanée : *le résultat des élections a donné lieu à une manifestation spontanée*
- d'ampleur nationale · de masse : *une manifestation de masse a eu lieu dans la capitale* · d'envergure · de première / grande ampleur · géante : *la manifestation géante du 1er mai* · gigantesque · grande [+ nom] · grosse [+ nom] · immense · importante · imposante · impressionnante · massive · monstre[fam.]
- bruyante · violente
- non-violente · pacifique • calme · discrète • silencieuse : *l'association a organisé une manifestation silencieuse devant la préfecture*
- de faible ampleur · petite [+ nom] • sporadiques (plur.) : *plusieurs manifestations sporadiques ont rassemblé quelques centaines de personnes*

∾ **manifestation** + VERBE

- commencer · débuter
- avoir lieu · prendre place · se dérouler · se tenir : *deux manifestations se sont tenues devant l'ambassade cette semaine* • aller de ... à : *la manifestation ira de la mairie à l'usine* • rassembler · réunir
- (plur.) se multiplier • s'enchaîner : *les manifestations s'enchaînent depuis un mois* · se succéder • se poursuivre : *les manifestations contre le président se poursuivent aux quatre coins du pays*
- dégénérer · tourner à l'émeute
- se disperser : *la manifestation s'est dispersée sans incidents* • se terminer

∾ VERBE + **manifestation**

- déclencher · donner lieu à · provoquer
- orchestrer : *la manifestation a visiblement été orchestrée par les militaires* · organiser : *les syndicats devraient organiser une manifestation nationale à Paris* · préparer • conduire · être à la / en tête de : *les étudiants sont à la tête de la manifestation*
- connaître : *la capitale n'avait pas connu une manifestation d'une telle ampleur depuis 1998* · être le théâtre de : *la ville a été le théâtre de manifestations lycéennes*
- appeler à • annoncer
- aller à · participer à · prendre part à · se rendre à
- couvrir : *il couvre la manifestation pour une agence de presse espagnole*
- autoriser
- empêcher · interdire
- mater : *ils ont envoyé des chars pour mater ces manifestations de rue* · réprimer
- disperser : *la police basque a dispersé une manifestation indépendantiste*
- annuler

∾ NOM + DE + **manifestation(s)**

- théâtre : *la capitale a été hier le théâtre de nombreuses manifestations*
- série · succession · vague : *les violences de ces derniers jours ont provoqué une vague de manifestations antiracistes*
- dispersion

[2] **manifestation** *nom fém.* (événement)

∾ **manifestation** + ADJECTIF

- artistique · cinématographique · culturelle · musicale · religieuse · sportive · théâtrale · etc.
- internationale · locale · nationale · régionale • annuelle · estivale · mensuelle · etc.
- gigantesque : *cette manifestation gigantesque a accueilli 250 000 visiteurs en 3 jours* · grande [+ nom] · grandiose · grosse [+ nom] · importante • médiatique · populaire · phare
- bon enfant · conviviale · sympathique
- petite [+ nom] · modeste

∾ **manifestation** + VERBE

- commencer · débuter
- avoir lieu · prendre place · se dérouler · se tenir : *la manifestation se tiendra à la salle polyvalente* • (plur.) se multiplier · s'enchaîner : *c'est un festival où les manifestations s'enchaînent* · se succéder
- attirer · rassembler · réunir • accueillir : *la ville accueille chaque année cette manifestation musicale*
- se terminer

∾ VERBE + **manifestation**

- donner le coup d'envoi à · inaugurer · lancer
- organiser · préparer • animer
- accueillir · être le théâtre de

- parrainer · patronner · sponsoriser · financer
- assister à • participer à · prendre part à
- bouder : *les musiciens italiens ont boudé cette manifestation* · boycotter
- empêcher · interdire
- annuler

[1]manipulation *nom fém.* (manœuvre)

∾ manipulation + ADJECTIF

- électorale · médiatique · politique • budgétaire · comptable · financière · fiscale • idéologique · mentale · psychologique
- vaste [+ nom] : *l'avocat voit dans cette affaire une vaste manipulation* • flagrante · grossière : *il s'agit d'une manipulation grossière découverte rapidement par les enquêteurs*
- frauduleuse · suspecte
- cynique

∾ VERBE + manipulation

- se livrer à
- être victime de · faire l'objet de
- dénoncer • accuser de
- éviter

[2]manipulation *nom fém.* (Sciences)

∾ manipulation + ADJECTIF

- biologique · génétique · chimique
- compliquée · délicate · complexe : *ils ont eu recours à des manipulations complexes pour obtenir ce résultat*

∾ VERBE + manipulation

- avoir recours à · se livrer à : *le laboratoire se livre à des manipulations chimiques* · faire

par manipulation

- obtenir · produire · créer : *c'est une nouvelle variété de roses créée par manipulation génétique*
- modifier

manque *nom masc.*

∾ manque + ADJECTIF

- affectif : *cet enfant souffre d'un manque affectif*
- criant : *le manque criant de travailleurs sociaux* · évident · flagrant · manifeste · patent • complet : *il y a un manque complet de concertation* · énorme · grand [+ nom] · profond [+ nom] : *un profond manque de confiance en soi* · total · vrai [+ nom] · véritable [+ nom] · réel [+ nom] • croissant • chronique · constant · permanent · persistant
- crucial : *il y a un manque crucial de logements pour les plus démunis* · cruel : *cette affaire est la démonstration du manque cruel de moyens de la justice* · dramatique · grave [+ nom] : *un grave manque de* · sérieux · terrible · tragique • déplorable · inquiétant · préoccupant · regrettable
- apparent · léger [+ nom] · petit [+ nom] · relatif

∾ manque + VERBE

- affecter · entraver · faire obstacle à · gêner · handicaper · pénaliser : *cette réforme est pénalisée par le manque de moyens* • affaiblir : *des enfants affaiblis par le manque de nourriture*

∾ VERBE + manque

- être lié à · résulter de · venir de
- causer · créer · entraîner · induire · occasionner · provoquer
- avoir : *il a un certain manque d'expérience* · éprouver · être en : *il est en manque d'affection* · ressentir · sentir : *le manque de pluie se fait cruellement sentir*
- accroître · exacerber
- être confronté à · faire face à · pâtir de · se heurter à · souffrir de : *le secteur souffre d'un manque d'investissements*
- dénoter · souligner
- constater
- avouer : *elle avoue son manque d'ambition* • arguer de · invoquer · prétexter
- déplorer · regretter · se plaindre de • épingler • dénoncer • critiquer : *les syndicats critiquent le manque de courage politique du ministre*
- contester
- combler · compenser · pallier · parer (à) · remédier à · répondre à · suppléer (à) : *l'imagination et l'astuce peuvent suppléer au manque de moyens*

[1]manuscrit *nom masc.* (d'un livre qui n'a pas encore été publié)

∾ manuscrit + ADJECTIF

- anonyme • préparatoire • complet · définitif • inachevé
- inédit · original : *le manuscrit original d'"Ulysse" de James Joyce*
- illisible • impubliable

∾ VERBE + manuscrit

- écrire · rédiger
- achever : *il est pressé par son éditeur d'achever un autre manuscrit* · terminer
- corriger · mettre la dernière main à · relire · remanier · retoucher · réviser · peaufiner

- présenter · proposer · soumettre • déposer · porter : *il est allé porter le manuscrit de son texte à l'éditeur* · remettre
- découvrir · feuilleter · lire • annoter
- accepter • éditer · publier
- refuser · rejeter

²manuscrit *nom masc.* (livre ou document ancien)

∾ manuscrit + ADJECTIF

- anonyme : *un manuscrit anonyme du XIIIe siècle* · autographe : *un manuscrit autographe de Flaubert* · médiéval
- enluminé : *un manuscrit enluminé sur peau de vélin* · relié
- ancien · vieux + nom
- exceptionnel · précieux · rare • célèbre · fameux + nom
- illisible · indéchiffrable • en mauvais état

∾ manuscrit + VERBE

- dater de · remonter à : *ce manuscrit remonte à la Renaissance*

∾ VERBE + manuscrit

- découvrir · (re)trouver : *on a retrouvé des manuscrits de poésie persane*
- acheter · acquérir · s'emparer de • reproduire
- avoir · posséder • collectionner (plur.) • conserver : *ces manuscrits sont conservés à la Bibliothèque nationale*
- déchiffrer · lire
- authentifier
- dater

∾ NOM + DE + manuscrits

- collection · ensemble · lot

marasme *nom masc.*

∾ marasme + ADJECTIF

- boursier · économique : *les élections se déroulent sur fond de marasme économique* · financier · immobilier · politique · social · touristique • existentiel : *les personnages se débattent dans un marasme existentiel*
- ambiant · général • complet · total • chronique · long + nom · persistant

∾ VERBE + marasme

- plonger dans : *la guerre a plongé le pays dans le marasme économique* • conduire à · créer · provoquer
- connaître · être en plein · traverser • s'embourber dans · s'enfoncer dans · s'engluer dans · s'enliser dans
- être victime de · pâtir de · souffrir de · subir (de plein fouet) • faire face à
- échapper à · résister à
- remédier à · (se) sortir de · surmonter · (se) tirer de

marchandise *nom fém.*

∾ marchandise + ADJECTIF

- étrangère • franco de port
- belle + nom · bonne + nom · de premier choix · de (bonne) qualité · précieuse • neuve
- périssable
- avariée · défectueuse · de mauvaise qualité · de pacotille · douteuse · mauvaise + nom · périmée
- frauduleuse · illicite · prohibée • contrefaite

∾ marchandise + VERBE

- circuler · être sur le marché • sortir de : *les marchandises sortaient du pays sans aucun contrôle* • arriver de · provenir de · venir de • être en transit · transiter (par) • entrer dans / sur : *ces marchandises entrent sur notre territoire en fraude*
- être disponible · être en stock
- pourrir · se détériorer · s'abîmer
- rester sur les bras à

∾ VERBE + marchandise

- fabriquer
- déclarer
- négocier • facturer
- acheminer · (dé)charger · (r)emballer · expédier · transborder · transporter • consigner · dédouaner
- échanger (plur.) • exporter · proposer · livrer · offrir
- (re)fourguer fam. · refiler fam. • céder · écouler · (re)vendre : *des marchandises vendues en gros / au détail* • liquider · solder
- déballer • étaler · exposer
- acheter · commander · importer · prendre livraison de · réceptionner · recevoir
- saisir : *les douaniers ont saisi la marchandise frauduleuse* • détourner · faire main basse sur · voler
- emmagasiner · entreposer · stocker • crouler sous : *le grossiste croule sous la marchandise périmée*
- contrôler • inventorier
- tromper sur ○ : *ce bonimenteur m'a trompé sur la marchandise*
- refuser • renvoyer · retourner

- abîmer · endommager · gâter
- détruire • perdre

∾ NOM + DE + **marchandises**
- flux · trafic
- livraison · réception
- stock
- contrôle · inventaire

[1]**marche** *nom fém.* (d'une affaire, d'un processus)

∾ **marche** + ADJECTIF
- quotidienne
- à suivre○ · bonne○ + nom : *les rivalités perturbent la bonne marche de l'établissement*
- accélérée · rapide : *un accord permettrait une marche rapide vers la paix*
- longue + nom • lente : *la lente marche vers l'émancipation*
- progressive

∾ VERBE + **marche**
- assurer : *il assure la bonne marche de l'entreprise*
- accélérer : *cet accord accélère leur marche vers l'indépendance*
- ralentir : *cela a ralenti la marche des opérations*
- enrayer • entraver : *il est accusé d'avoir entravé la bonne marche de la justice*

[2]**marche** *nom fém.* (manifestation)

∾ **marche** + ADJECTIF
- mondiale · nationale • populaire • unitaire
- de solidarité · de soutien • protestataire · de protestation · d'opposition · révolutionnaire • pacifiste · anti-gouvernementale · anti-mondialisation · antinucléaire · antiraciste
- pacifique · silencieuse
- conquérante : *la marche conquérante des légions de César* • triomphale · victorieuse
- longue + nom : *ils ont organisé une longue marche contre le racisme*

∾ VERBE + **marche**
- lancer · organiser · préparer
- effectuer · entamer · entreprendre · faire • participer à
- ouvrir : *les principaux représentants syndicaux ouvrent la marche* • être en / à la tête de
- rythmer : *des slogans révolutionnaires rythment la marche vers la mairie*
- clore · fermer
- empêcher

[3]**marche** *nom fém.* (Sport, promenade)

∾ **marche** + ADJECTIF
- athlétique : *la marche athlétique est une discipline sportive* · rapide : *il pratique la marche rapide tous les week-ends* · de grand fond · de montagne
- accélérée · rapide : *il faut dix minutes de marche rapide pour atteindre la ville*
- longue
- agréable · aisée · facile · tranquille
- difficile · épuisante · fatigante · harassante · éprouvante · laborieuse

∾ VERBE + **marche**
- pratiquer : *il pratique la marche à pied et le ski de fond*
- entamer · entreprendre · faire • continuer · reprendre
- rendre (+ adj.) : *le soleil rend la marche difficile*

[1]**marché** *nom masc.* (Écon., Bourse)

∾ **marché** + ADJECTIF
- économique • audiovisuel · automobile · boursier · immobilier · locatif · pétrolier · publicitaire · etc.
- capitaliste · libre : *le modèle économique du marché libre* • réglementé
- international · mondial · planétaire • domestique · intérieur · local · national • européen · hexagonal · etc.
- commun○ · unique○
- balbutiant · émergent · naissant
- en (pleine) évolution · en (pleine) mutation
- captif○ : *le marché captif est le rêve de tout directeur de marketing* · compétitif · concurrentiel
- de niche○
- attractif · convoité : *internet représente un marché très convoité* · mature · porteur · prometteur • intéressant · juteux^fam. · rentable · solvable
- grand public · de masse
- colossal · énorme · gigantesque · gros + nom · immense : *l'immense marché potentiel qu'est la Chine* · important · vaste • en (pleine / forte) croissance : *un marché en croissance rapide / accélérée* · en (plein / fort) développement · en (pleine / forte) expansion · en plein essor • dynamique · florissant
- [Bourse] en hausse · étoffé · haussier · orienté à la hausse · soutenu
- exigu · limité · petit + nom · restreint
- encombré · saturé · fermé · difficile • en dents de scie · hésitant · instable · nerveux • atone · déprimé · en berne · morose • amorphe · frileux · inactif · maussade · mou • en crise ·

en difficulté • [Bourse] baissier · en baisse · orienté à la baisse • moribond · mort
- clandestin : *le marché clandestin de l'art* · noir○ : *il faut démanteler le marché noir de l'armement nucléaire* · parallèle · opaque

∾ marché + VERBE
- s'ouvrir (à) : *ce marché s'ouvre à la concurrence ; ce marché s'ouvre moins rapidement que celui de l'électricité* • se globaliser
- être à la hausse · être en pleine croissance · être en pleine expansion · progresser • rebondir · se redresser • être en ébullition · exploser · flamber : *le marché locatif flambe* · s'emballer
- être en baisse · être en crise · être en perte de vitesse · ralentir · s'effriter · se réduire · se rétrécir · s'essouffler • somnoler · stagner • chuter · décliner · être en déclin · se dégrader · s'effondrer

∾ VERBE + marché
- être · représenter : *le cinéma représente un marché planétaire*
- créer · se constituer : *l'entreprise a besoin de se constituer un marché*
- viser : *la firme vise essentiellement le marché des femmes*
- prendre / tâter le pouls de • évaluer · explorer · prospecter · s'attaquer à • séduire · travailler
- alimenter · développer · donner un coup de fouet à · doper · dynamiser
- fluidifier : *la baisse des droits de mutation a fluidifié le marché de l'ancien* • assainir
- trouver • arriver sur · débouler sur · entrer sur · pénétrer · se lancer sur · s'implanter sur · s'insérer sur • lancer sur · mettre sur · sortir sur • accéder à · être disponible sur · être présent sur · faire une percée sur · opérer sur · percer : *ils ont eu du mal à percer le marché français* · prendre pied sur
- retirer de : *dix médicaments ont été retirés du marché*
- se disputer • capter · conquérir · contrôler x % de · dominer · être leader sur · mettre la main sur · s'imposer sur · tenir : *il tient 20% du marché mondial des alcools* • maîtriser • monopoliser • accaparer x % de : *à eux seuls, ces pays accaparent 82 % du marché mondial des médicaments* · s'adjuger x % de · s'emparer de : *il a monté une société pour s'emparer du marché des échecs sur internet*
- décloisonner · déréguler · libéraliser · ouvrir
- réglementer · réguler
- atomiser · cloisonner · segmenter
- encombrer · engorger · envahir · inonder · saturer
- assécher : *la multiplication des divorces contribue à assécher le marché locatif* · déstabiliser
- bouleverser : *ce système d'abonnements a bouleversé le marché cinématographique* · peser sur · plomber
- verrouiller · bloquer : *cette loi risque de bloquer le marché de l'occasion*
- démanteler

∾ NOM + DE + marché
- part : *il détient 20% de parts du marché audiovisuel*
- baisse : *une baisse historique du marché publicitaire* · chute · contraction · crise · déclin · dégradation · déprime · détérioration · effondrement · essoufflement · plongeon · tassement • volatilité : *les analystes ont expliqué la volatilité du marché par la nervosité des investisseurs*
- accroissement · boom · croissance · décollage · essor · explosion · hausse • bonne tenue

[2]marché *nom masc.* (affaire)

∾ marché + ADJECTIF
- public○ • de gré à gré
- juteux · intéressant · rentable · avantageux
- de dupes○

∾ VERBE + marché
- conclure : *marché conclu !* · faire · passer
- obtenir · remporter
- attribuer · octroyer
- dénoncer : *l'État a dénoncé le marché*
- truquer

[1]marge *nom fém.* (latitude)

∾ marge + ADJECTIF
- d'appréciation · d'autonomie · de liberté · de manœuvre • d'erreur · de sécurité
- bonne [+ nom] · confortable · énorme · grande [+ nom] · grosse [+ nom] · importante · large · sérieuse • suffisante
- dérisoire · étroite · faible [+ nom] · mince [+ nom] : *ils ne nous laissent qu'une mince marge d'économie* · négligeable · petite [+ nom] · réduite · restreinte : *le législateur dispose d'une marge très restreinte*

∾ VERBE + marge
- avoir : *avoir de la marge* · disposer de : *je dispose d'une certaine marge de manœuvre* · bénéficier de • conserver · préserver

- (s')accorder · (se) donner · (se) laisser · (se) ménager · obtenir · (s')octroyer · (s')offrir · prévoir : *ils n'ont prévu aucune marge de sécurité*
- limiter · réduire · restreindre

2 marge *nom fém.* (finances)

∞ marge + ADJECTIF

- budgétaire · commerciale · financière
- bénéficiaire · opérationnelle • brute · nette
- forte + nom · grosse + nom · importante
- faible · modeste · petite + nom · réduite · négligeable · restreinte · dérisoire

∞ VERBE + marge

- dégager : *l'entreprise dégage une grosse marge sur ses prix* · réaliser • maintenir ... au-dessus de / proche de : *il arrive à maintenir sa marge opérationnelle au-dessus de 9 %*
- accroître · augmenter
- réduire

marginalité *nom fém.*

∞ marginalité + ADJECTIF

- sociale • politique
- extrême · grande + nom
- certaine · relative

∞ VERBE + marginalité

- être condamné à : *le commerce équitable est-il condamné à la marginalité ?* · être voué à : *un artiste voué à la marginalité* • basculer dans · tomber dans • s'enfoncer dans
- rejeter dans : *les personnes victimes de la précarité sont rejetées dans la marginalité*
- revendiquer : *il revendique clairement sa marginalité*
- sortir de : *c'est l'occasion pour lui de sortir de la marginalité*

1 mariage *nom masc.* (union)

∞ mariage + ADJECTIF

- d'amour • mixte : *le mélange des cultures a fait augmenter le nombre de mariages mixtes* • homosexuel
- de convenance · de raison • d'argent · d'intérêt • blanc° : *le maire soupçonne un mariage blanc* · de complaisance • arrangé • contraint · imposé · forcé : *le mariage forcé est poursuivi comme crime*
- précoce : *son mariage précoce avec un baron hollandais la sauva de l'usine* · tardif
- impossible [fig.] : *femmes et mathématiques : un mariage impossible ?* · improbable [souvent fig.]
- harmonieux · heureux · réussi [souvent fig.] · solide • riche : *elle a fait un riche mariage*
- indissoluble : *ils ont fait le choix résolu de la monogamie et du mariage indissoluble*
- catastrophique · désastreux · malheureux · raté [souvent fig.]
- avorté [souvent fig.] : *après un premier mariage avorté, les deux firmes sont à nouveau en négociation*

∞ mariage + VERBE

- durer · tenir : *leur mariage a tenu trente ans*
- avoir du plomb dans l'aile · battre de l'aile

∞ VERBE + mariage

- demander en
- proposer · promettre : *il la séduisit en lui promettant le mariage* • donner en : *il lui a donné sa fille en mariage* · offrir en · promettre en : *la belle danseuse fut promise en mariage au Maharadjah*
- annoncer
- imposer · forcer à · contraindre à
- se résoudre à : *elle n'arrive pas à se résoudre à ce mariage arrangé* • accepter · approuver · autoriser
- prendre en · s'unir par : *les conjoints ont déclaré leur volonté de s'unir par le mariage*
- contracter*Admin.* : *les époux ayant contracté un mariage avant cette date* · sceller • consommer
- empêcher · interdire · refuser : *des jeunes filles osent refuser le mariage imposé par leurs familles* · s'opposer à
- échapper à : *elle a échappé de justesse à un mariage forcé* · éviter • renoncer à
- annuler · briser · déclarer nul · dissoudre : *les tribunaux ecclésiastiques peuvent dissoudre un mariage religieux* · rompre : *elle cherche un moyen légal de rompre le mariage*

2 mariage *nom masc.* (cérémonie)

∞ mariage + ADJECTIF

- civil · coutumier · religieux • traditionnel
- en grande pompe · fastueux · grand + nom · somptueux • beau + nom • princier · royal
- intime · petit
- clandestin · secret

∞ mariage + VERBE

- avoir lieu · se dérouler

∞ VERBE + mariage

- rêver de
- organiser · préparer
- célébrer · procéder à : *le maire a refusé de procéder au mariage* • bénir • fêter
- être invité à • aller à · assister à

- être témoin à : *elle était témoin au mariage de son frère*
- différer
- annuler

[1]marque *nom fém.* (commerciale)

∾ marque + ADJECTIF
- locale · mondiale · nationale
- ombrelle° (la marque ombrelle regroupe une large variété de produits appartenant à des domaines différents)
- concurrente · rivale
- déposée° · protégée
- à la mode · célèbre · connue · culte · légendaire • grande [+ nom] : *un costume de grande marque* · haut de gamme · phare : *c'est la marque phare du groupe* · de prestige · de luxe · de qualité · prestigieuse • bonne [+ nom] · reconnue · sûre · digne de confiance
- bas de gamme · bon marché

∾ VERBE + marque
- créer · lancer
- imposer : *l'entreprise a levé une grosse somme pour imposer sa marque*
- représenter : *le footballeur a signé un contrat pour représenter une marque de cosmétiques*
- déposer · protéger
- décliner : *il décline sa marque sous forme de produits dérivés* • développer · promouvoir • vanter les mérites de
- être féru de : *de jeunes consommateurs férus de marques* · raffoler de
- être / rester attaché à · être / rester fidèle à
- acheter · détenir · posséder
- vendre : *le groupe a vendu sa marque de produits laitiers*

∾ NOM + DE + marques
- éventail · portefeuille : *cette filiale détient l'un des plus beaux portefeuilles de marques du monde*

sous une marque
- vendre : *la même bière est vendue sous plusieurs marques* · commercialiser · distribuer

[2]marque *nom fém.* (apparence, preuve)

∾ marque + ADJECTIF
- de fabrique° · distinctive · personnelle
- certaine · indiscutable · visible · évidente

∾ VERBE + marque
- porter : *ce crime porte la marque de la mafia*
- apporter · apposer · imposer : *il compte bien imposer sa marque sur la politique de sécurité américaine* · imprimer : *il a réussi à imprimer sa marque sur l'entreprise familiale* · laisser : *il a déjà laissé sa marque dans l'histoire du sport*

[3]marque *nom fém.* (trace physique)

∾ marque + ADJECTIF
- grande [+ nom] • nette · visible : *la guerre a laissé des marques visibles* • indélébile · profonde · ineffaçable : *cette nuit blanche a laissé dans ma mémoire une marque ineffaçable* · permanente
- petite [+ nom]

∾ VERBE + marque
- (se) faire · laisser : *ses crampons ont laissé une marque dans le sol*
- avoir · porter : *son visage porte la marque de la fatigue*
- effacer · enlever : *je n'arrive pas à enlever la marque du fer à repasser*

massacre *nom masc.*

∾ massacre + ADJECTIF
- écologique : *cet incendie a abouti à un massacre écologique* • routier : *le bilan annuel du massacre routier* • intercommunautaire · (inter)ethnique · interreligieux
- à la chaîne · méthodique · systématique • à grande échelle · grand [+ nom] · massif · sans précédent • collectif
- abominable · atroce · barbare · effroyable · épouvantable · horrible · monstrueux · sanglant · sauvage · terrible

∾ massacre + VERBE
- se dérouler · se passer · se produire · survenir
- [plur.] • s'intensifier : *les massacres se sont intensifiés*

∾ VERBE + massacre
- commanditer · organiser · planifier · préméditer · programmer
- tourner à : *le safari a tourné au massacre* · virer à
- commettre · perpétrer : *les milices ont perpétré de nombreux massacres* · se livrer à • être impliqué dans · être responsable de · participer à · prendre part à
- attribuer ... à · imputer ... à
- assister à : *nous ne pouvons assister à ce massacre sans rien dire* · être témoin de

- sauver de • échapper à · empêcher · survivre à
- connaître : *c'est l'un des pires massacres qu'ait connu le pays* · subir
- être tué dans · être victime de
- revendiquer : *un groupe terroriste revendique ce massacre*
- enquêter sur
- arrêter · (faire) cesser · stopper • mettre fin à · mettre un terme à
- déplorer · s'indigner devant
- commémorer

∞ NOM + DE + **massacres**
- série · vague

match *nom masc.*

∞ **match** + ADJECTIF
- aller° · retour° • à domicile • amical • de gala · (-)exhibition • d'ouverture · inaugural • homologué · officiel • international · national
- avancé · décalé • de suspension
- nul° : *ils font fait match nul 2 à 2*
- de barrage · éliminatoire · qualificatif
- capital · couperet · décisif · important • attendu : *c'est un match très attendu* · vedette : *c'est le match vedette du championnat*
- costaud · engagé : *le match a été très engagé en première mi-temps* · gros [+ nom] · intense · musclé · offensif · physique • difficile · piège : *la France va devoir disputer deux matchs pièges* • serré · acharné
- débridé · de haute volée · épique · époustouflant · grand [+ nom] · spectaculaire • admirable · beau [+ nom] · bon [+ nom] · extraordinaire · magnifique · somptueux · superbe • équilibré · parfait • excitant · haletant · passionnant • mémorable
- victorieux
- marathon [Tennis] : *après un match marathon de 3 heures et 52 minutes, l'Australien est arrivé à bout de l'Espagnol* • interminable · long [+ nom]
- crispant · émaillé d'incidents / de fautes · houleux · tendu · violent
- calamiteux · catastrophique · décevant · dramatique · lamentable : *ce match lamentable a déçu tous les supporters* · mauvais [+ nom] · médiocre · piètre [+ nom] · pitoyable · médiocre · petit [+ nom] : *l'équipe a fait un petit match hier* • décousu · haché • longuet · soporifique · terne • pénible
- défensif • fermé • à sens unique

∞ **match** + VERBE
- commencer · débuter : *le match a débuté sur les chapeaux de roue*
- avoir lieu · se dérouler · se jouer : *le match se jouera au Stade de France*
- opposer
- compter pour les qualifications
- s'éterniser • s'engluer
- se terminer

∞ VERBE + **match**
- (se) préparer (à / pour)
- aborder · entamer • (r)entrer dans : *ils ont eu du mal à rentrer dans le match*
- disputer · (re)jouer • faire (+ adj.) : *elle a fait un superbe match* · réaliser (+ adj.)
- concéder : *Lens a concédé le match nul à domicile face au Bayern de Munich* • purger : *purger un match de suspension*
- mener · tenir : *Arsenal menait 1-0 et tenait le match* • revenir dans
- arracher · gagner · remporter · réussir
- commenter • arbitrer
- retransmettre
- assister à · regarder · suivre · voir
- ajourner · reporter • interrompre · suspendre • annuler · arrêter : *le match fut arrêté dès la 2ᵉ minute en raison d'une bagarre générale*
- achever · conclure
- laisser filer · passer à côté de : *il est complètement passé à côté de son match* · rater • perdre
- (souvent passif) acheter · arranger · truquer

∞ NOM + DE + **match(s)**
- poignée · série
- début : *un début de match tonitruant* · entame
- fin

[1] **matière** *nom fém.* (matériau)

∞ **matière** + ADJECTIF
- brute · première° • terrestre • vivante • de synthèse · plastique · synthétique • grise°
- noble : *il aime le travail du bois, matière noble et vivante* · précieuse
- délicate · fragile
- combustible · inflammable · dangereuse

∞ **matière** + VERBE
- imiter : *cette matière imite l'or*

∞ VERBE + **matière**
- sculpter · traiter · transformer · travailler
- altérer

[2]matière *nom fém.* (sujet de réflexion)

∞ matière + ADJECTIF
- à interrogation · à méditation · à réflexion • à controverse · à débat · à discussion · à polémique · à scandale
- inépuisable

∞ VERBE + matière
- (sans art.) donner : *l'ouvrage donne matière à penser* · fournir : *ce conte a fourni matière à un opéra* · offrir : *son livre ne cesse d'offrir matière à discussion* · servir de
- trouver (sans art.) : *il doit se forcer pour trouver matière à sourire*
- entrer en[○] (sans art.)
- traiter : *ce court laps de temps ne permettra pas de traiter complètement la matière*
- approfondir • être expert en (+ art. déf.) · être spécialiste en (+ art. déf.)
- être incompétent en (+ art. déf.) : *il a avoué être totalement incompétent en la matière*
- épuiser

[3]matière *nom fém.* (scolaire)

∞ matière + ADJECTIF
- obligatoire · principale • facultative · optionnelle · secondaire
- intéressante · passionnante
- de prédilection · favorite · préférée : *quelle est ta matière préférée à l'école ?*
- ardue · aride · difficile • ennuyeuse · rébarbative

∞ matière + VERBE
- faire l'objet d'un cours / d'un examen

∞ VERBE + matière
- enseigner
- apprendre · étudier • réviser · travailler
- (re)passer : *il doit repasser cette matière à la session de rattrapage*
- aimer
- détester
- faire l'impasse sur

[1]maturité *nom fém.* (litt.)

∞ maturité + ADJECTIF
- complète [+ nom] · parfaite · pleine [+ nom] : *le soleil fait arriver les fruits à pleine maturité* · optimale

∞ VERBE + maturité
- attendre : *les viticulteurs ont attendu sereinement la maturité optimale des raisins*
- arriver à : *ces fruits mettent un an pour arriver à maturité* · parvenir à · être à : *quand son parfum est perceptible, le melon est à maturité*

[2]maturité *nom fém.* (fig.)

∞ maturité + ADJECTIF
- affective · émotionnelle · intellectuelle · psychologique • physique · sexuelle • artistique · créatrice : *fauché en pleine maturité créatrice* • démocratique · politique · etc.
- nécessaire · requise
- exceptionnelle · extraordinaire · grande [+ nom] • étonnante · formidable · incroyable · rare · remarquable · stupéfiante · surprenante • précoce • épanouie · rayonnante

∞ VERBE + maturité
- acquérir · atteindre · avoir : *je n'avais pas la maturité suffisante pour réaliser ce qui se passait* · parvenir à
- faire preuve de · montrer • gagner en
- manquer de
- évaluer : *le professeur évalue la maturité du projet professionnel de l'élève* · mesurer

∞ NOM + DE + maturité
- âge : *arriver à / atteindre l'âge de la maturité* · stade : *le pays semble avoir atteint un stade de maturité économique*

mécanisme *nom masc.* (processus)

∞ mécanisme + ADJECTIF
- financier · juridique • physiologique · psychologique • correcteur · régulateur · etc.
- conscient · inconscient
- simple • bien rodé • robuste · solide
- fondamental : *il a mis en lumière un mécanisme fondamental dans la genèse des maladies dégénératrices* · de base
- complexe · compliqué · délicat • ingénieux · perfectionné · savant [+ nom] · sophistiqué · subtil
- implacable · infernal • pervers : *le mécanisme pervers de l'endettement*

∞ mécanisme + VERBE
- entrer en action · se déclencher · se mettre en marche · s'enclencher • être en marche
- se dérégler · se détraquer · s'enrayer

∞ VERBE + mécanisme
- créer · développer · instituer · mettre au point · mettre en place · mettre sur pied
- prévoir • disposer de · être doté de · trouver

- actionner · déclencher · enclencher · mettre en action · mettre en mouvement • exploiter · utiliser
- changer · modifier · réviser • alléger · assouplir · simplifier • améliorer
- élucider · identifier · mettre en lumière • comprendre · décortiquer : *la réalisatrice décortique le mécanisme de la violence conjugale* · démonter : *j'ai démonté le mécanisme d'une montre pour comprendre son fonctionnement* • expliquer
- bloquer · dérégler · enrayer · gêner
- casser · détruire

∾ NOM + DE + **mécanismes**
- ensemble · série

méchanceté *nom fém.*

∾ **méchanceté** + ADJECTIF
- humaine • naturelle
- grande $^{+ nom}$ · incroyable · pure $^{+ nom}$ • féroce • gratuite : *c'est facile de balancer des méchancetés gratuites*
- jubilatoire

∾ VERBE + **méchanceté**
- faire montre de · faire preuve de • être capable de
- être dénué de
- [parole] balancer$^{fam.}$ · (se) dire · lancer

méconnaissance *nom fém.*

∾ **méconnaissance** + ADJECTIF
- absolue · abyssale : *c'est un jugement de valeur qui témoigne d'une méconnaissance abyssale du sujet* · complète · grande $^{+ nom}$ · parfaite · profonde · totale
- curieuse · étonnante · étrange · extraordinaire · incroyable · stupéfiante
- grossière · regrettable : *il fait preuve d'une méconnaissance regrettable du dossier*
- relative : *cette maladie rare fait l'objet d'une méconnaissance relative chez les soignants*

∾ VERBE + **méconnaissance**
- afficher · faire preuve de · manifester · montrer
- démontrer · être le signe de · montrer · refléter · révéler · témoigner de · traduire
- avouer
- souffrir de : *l'orientation des jeunes souffre de leur méconnaissance des professions* · faire l'objet de
- mettre sur le compte de · pécher par

mécontentement *nom masc.*

∾ **mécontentement** + ADJECTIF
- ouvrier · paysan · syndical • populaire · social
- ambiant • général · généralisé
- évident · flagrant · manifeste · patent · perceptible · visible
- croissant · grandissant • extrême · fort $^{+ nom}$ · grand $^{+ nom}$ · profond · sans précédent · vif $^{+ nom}$
- éternel $^{+ nom}$: *l'éternel mécontentement de mes enfants me désespère* • persistant
- justifié · légitime
- larvé · latent • diffus

∾ **mécontentement** + VERBE
- naître de · venir de
- couver · gronder : *le mécontentement gronde contre les dirigeants*
- se manifester (par) · s'exprimer
- grandir · monter • se généraliser · se répandre • gagner : *le mécontentement a gagné ce secteur d'activité* • persister

∾ VERBE + **mécontentement**
- catalyser · causer · créer · engendrer · entraîner · provoquer · susciter : *cette loi suscite le mécontentement de la population* • cristalliser
- partager : *je partage votre mécontentement* • afficher · montrer · ne pas cacher · ne pas dissimuler
- clamer · crier · dire · exprimer · faire entendre · faire connaître · faire part de · faire savoir · manifester : *ils manifestent leur mécontentement bruyamment* · signifier
- marquer · montrer : *le bébé montre son mécontentement en criant* · révéler · témoigner de
- aggraver · alimenter · attiser · exacerber : *la hausse des impôts a exacerbé le mécontentement*
- affronter · être confronté à · faire face à · se heurter à
- répondre à : *l'entreprise a voulu répondre au mécontentement des employés* • comprendre · prendre en compte
- exploiter · profiter de · tirer profit de · utiliser
- canaliser · contenir : *les aides sociales contiennent le mécontentement* • apaiser · calmer
- désamorcer : *cette stratégie politique est étudiée pour désamorcer le mécontentement populaire* · dissiper

∾ NOM + DE + **mécontentement**
- sujet · motif · source
- manifestation · expression · signe · réaction
- vague : *l'annonce d'un plan de licenciements a suscité une vague de mécontentement* · mouvement

médecine *nom fém.*

∾ médecine + ADJECTIF

- moderne • traditionnelle · ancestrale
- occidentale • chinoise · tibétaine · ayurvédique · etc.
- alternative · douce · homéopathique · naturelle · parallèle • ambulatoire · clinique · opératoire • de garde · hospitalière · libérale • du sport · du travail · légale • générale · spécialisée • mentale · psychiatrique • infantile · pédiatrique
- curative · palliative · préventive
- de pointe · efficace · performante

∾ médecine + VERBE

- avancer : *la médecine avance à grands pas* · progresser

∾ VERBE + médecine

- croire à : *il ne croit pas aux médecines douces* · avoir confiance en
- étudier · faire° (sans art.) : *après son bac, il a fait médecine*
- exercer · faire : *il a fait de la médecine générale avant de se spécialiser* · pratiquer
- faire appel à · avoir recours à · utiliser
- révolutionner
- humaniser : *il se bat pour humaniser la médecine psychiatrique*

média *nom masc.* (souvent plur.)

∾ média + ADJECTIF

- audiovisuel · écrit · électronique • publicitaire · radiophonique · télévisuel • interactif · virtuel
- gratuit · indépendant • privé · public
- nouveau $^{+\,nom}$ · révolutionnaire · original
- de masse
- efficace · fiable

∾ média + VERBE

- affirmer · révéler • commenter • diffuser · publier : *la plupart des médias écrits publient des courriers de lecteurs* • propager · relayer : *les médias ont abondamment relayé l'information* · véhiculer • informer
- se focaliser sur · se saisir de · s'intéresser à • couvrir : *les médias couvrent la campagne électorale*
- se déchaîner · s'emballer
- dénoncer

∾ VERBE + média

- travailler dans
- être présent dans
- alerter · parler à · s'exprimer dans
- attirer : *cet événement a attiré les médias* · séduire • vendre à : *il a gonflé son témoignage pour le vendre aux médias*
- avoir recours à · exploiter : *l'institutrice exploite ce média à des fins pédagogiques* · se servir de · utiliser
- apprendre dans · entendre dans · lire dans
- censurer · contrôler : *l'ancien régime contrôlait tous les médias*
- critiquer

médiatisation *nom fém.*

∾ médiatisation + ADJECTIF

- accrue · croissante • extrême · forte $^{+\,nom}$ · grande $^{+\,nom}$: *ils veulent éviter une trop grande médiatisation* · importante · incroyable · intense · large : *cette guerre est l'objet d'une très large médiatisation* · massive · sans précédent
- à outrance : *la médiatisation à outrance de faits divers dramatiques* · excessive · incontrôlée · outrancière
- faible $^{+\,nom}$: *la faible médiatisation de son œuvre n'a pas empêché son énorme succès*

∾ médiatisation + VERBE

- entraîner : *la forte médiatisation de l'affaire a entraîné de nombreux courriers de soutien* · provoquer

∾ VERBE + médiatisation

- assurer • contribuer à
- (s') accompagner (de) : *son succès s'accompagne d'une intense médiatisation* · faire l'objet de
- dénoncer · déplorer • refuser : *cet auteur refuse la médiatisation*
- échapper à · éviter
- profiter de

médiocrité *nom fém.*

∾ médiocrité + ADJECTIF

- humaine : *un grand idéaliste déçu par la médiocrité humaine* • intellectuelle
- ambiante • extrême · grande $^{+\,nom}$ · incroyable • accablante · affligeante · alarmante · confondante · consternante · crasse · désespérante · insondable : *l'insondable médiocrité de ses écrits* · insupportable · terrible · terrifiante

∾ VERBE + médiocrité

- être de (+ adj.) : *le match a été d'une extrême médiocrité* • rivaliser de : *les acteurs de ce film rivalisent de médiocrité* • s'enfoncer dans · sombrer dans · tomber dans • s'enliser dans

- souligner · pointer
- (souvent nég.) accepter · tolérer : *elle tolère la médiocrité des rédactions des plus jeunes*
- déplorer · être déçu par • dénoncer
- lutter contre · refuser • échapper à · fuir
- rompre avec

méfiance *nom fém.*

∞ méfiance + ADJECTIF

- extrême · grande $^{+\text{ nom}}$ · profonde · réelle $^{+\text{ nom}}$ · solide $^{+\text{ nom}}$ · viscérale : *de cette expérience, il a conservé une méfiance viscérale à son égard* • croissante · grandissante • systématique · générale • mutuelle · réciproque
- persistante · tenace : *il nourrit une méfiance tenace à l'égard de tout ce qui touche à la politique* • instinctive · traditionnelle · vieille $^{+\text{ nom}}$: *il règne encore parfois une vieille méfiance réciproque entre le monde universitaire et le monde industriel*
- normale • justifiée · légitime : *dans les pays totalitaires, les romanciers inspirent une méfiance légitime*
- injustifiée • maladive
- petite $^{+\text{ nom}}$: *le bébé manifeste une petite méfiance à l'égard des inconnus*

∞ méfiance + VERBE

- s'imposer : *une certaine méfiance s'impose désormais*
- s'installer • régner : *depuis, la méfiance règne au bureau* • demeurer

∞ VERBE + méfiance

- engendrer · (r)éveiller : *le leurre n'éveille pas la méfiance des poissons* · inciter à · inspirer · susciter
- avoir · éprouver · ressentir • conserver · garder · nourrir · entretenir : *il entretient une grande méfiance à l'égard de la télévision*
- être empreint de : *des relations empreintes d'une méfiance réciproque*
- exprimer · faire preuve de · manifester · montrer
- accentuer · accroître · renforcer • attiser · cultiver · entretenir : *cet événement n'a fait qu'entretenir leur méfiance*
- cacher · surmonter
- apaiser : *ces paroles qui visaient à apaiser sa méfiance* · endormir : *ils l'ont poussé à boire pour endormir sa méfiance*
- dissiper · vaincre

∞ NOM + DE + méfiance

- climat : *un climat de méfiance s'instaure*

avec méfiance

- aborder · considérer · percevoir · regarder • accueillir : *la proposition a été accueillie avec méfiance*

mélancolie *nom fém.*

∞ mélancolie + ADJECTIF

- ambiante
- grande $^{+\text{ nom}}$ · immense $^{+\text{ nom}}$ · infinie · intense · profonde
- douce $^{+\text{ nom}}$ · rêveuse
- sourde • diffuse · vague : *toutes ces émotions l'avaient plongé dans une vague mélancolie*
- noire · sombre $^{+\text{ nom}}$

∞ mélancolie + VERBE

- émaner de · se dégager de
- envahir · gagner · submerger : *il fut soudain submergé par la mélancolie*

∞ VERBE + mélancolie

- engendrer (souvent nég.) : *ce spectacle n'engendre pas la mélancolie* · inciter à : *ce genre de paysages incite à la mélancolie*
- cultiver · être enclin à · se laisser aller à • se réfugier dans · sombrer dans · tomber dans
- exprimer · dégager
- accentuer · aggraver
- adoucir · apaiser
- sortir de
- chasser · dissiper

mélange *nom masc.*

∞ mélange + ADJECTIF

- culturel · ethnique · littéraire • acoustique · sonore · etc.
- hétéroclite · hétérogène • homogène
- complexe · savant
- équilibré · parfait • audacieux · habile · ingénieux · judicieux · subtil • amusant · joli $^{+\text{ nom}}$ · joyeux • efficace · harmonieux · remarquable · réussi · savoureux • envoûtant · fascinant
- détonant : *le dihydrogène et l'air peuvent former un mélange détonant ; un mélange détonant d'opéra et de techno* · explosif : *alcool, drogues et conduite : un mélange explosif !*
- baroque · bizarre · curieux · déconcertant · improbable · inattendu · insolite · singulier · spécial · surprenant
- confus · incohérent • indigeste · invraisemblable

∾ VERBE + **mélange**
- faire · préparer · procéder à : *procédez au mélange pour obtenir une pâte lisse et molle* · réaliser • doser : *il faut doser très précisément le mélange air-carburant*
- former : *ces couleurs forment un très beau mélange*
- éviter : *quand on boit de l'alcool, il faut éviter les mélanges*

mélodie *nom fém.*

∾ **mélodie** + ADJECTIF
- instrumentale · vocale
- belle + nom · chantante · délicieuse · jolie + nom · sublime • enjouée · gaie • caressante · enjôleuse · suave • chavirante · délicate · douce · romantique · tendre
- simple · facile
- célèbre · populaire · fameuse
- accrocheuse · entêtante · envoûtante · lancinante · obsédante
- mélancolique · triste
- monotone · plate

∾ **mélodie** + VERBE
- trotter dans la tête : *cette mélodie me trotte dans la tête depuis hier*

∾ VERBE + **mélodie**
- composer · créer · écrire · inventer
- chanter · entonner · fredonner · interpréter • improviser · jouer · siffler • reprendre : *ils ont tous repris la mélodie en chœur*
- écouter · entendre : *j'ai déjà entendu cette mélodie quelque part*
- avoir dans la tête • se rappeler · se souvenir de • reconnaître
- oublier

1 mémoire *nom fém.* (faculté)

∾ **mémoire** + ADJECTIF
- photographique · rétinienne · visuelle • gustative · sensorielle · tactile • corporelle · du corps • affective : *la mémoire affective de l'individu est liée à l'élaboration des émotions* · émotionnelle
- à court terme · à long terme · à moyen terme
- sélective
- bonne + nom · colossale · d'éléphant○ · éléphantesque : *il met à profit sa mémoire éléphantesque en participant à des jeux télévisés* · étonnante · excellente · exceptionnelle · extraordinaire · impressionnante · incroyable · infaillible · phénoménale · prodigieuse · stupéfiante • longue : *les habitants du village ont la mémoire longue*
- chancelante · défaillante · mauvaise • courte○ : *tu as la mémoire courte !* · de poisson rouge *fam.*

∾ **mémoire** + VERBE
- emmagasiner · enregistrer · stocker
- faiblir · flancher : *« J'ai la mémoire qui flanche, j'me souviens plus très bien »* (S. Rezvani, *J'ai la mémoire qui flanche*) · jouer des tours · vaciller
- occulter

∾ VERBE + **mémoire**
- avoir (+ adj.) : *elle a une bonne mémoire* · avoir de : *il n'a plus beaucoup de mémoire à son âge* · être doué de (+ adj.) : *il est doué d'une mémoire exceptionnelle* • retrouver
- cultiver · développer · entraîner · entretenir · exercer · faire travailler • améliorer • (se) rafraîchir : *rafraîchis-moi la mémoire : ça se passait où ?*
- altérer : *l'ecstasy altère la mémoire à long terme*
- perdre : *depuis son accident, il a complètement perdu la mémoire*

∾ NOM + DE + **mémoire**
- perte : *la maladie d'Alzheimer entraîne des pertes de mémoire* · trou : *j'ai un trou de mémoire : peux-tu me rappeler ton prénom ?* · trouble : *il souffre de troubles de la mémoire*

2 mémoire *nom fém.* (souvenir)

∾ **mémoire** + ADJECTIF
- familiale · historique : *ce monument commémore la mémoire historique de tout un peuple* • collective · populaire • cinéphile · littéraire : *ce livre a toutes les chances de s'inscrire dans la mémoire littéraire nationale* · musicale · etc.

∾ VERBE + **mémoire**
- être / rester gravé dans · être / rester inscrit dans • hanter : *la vue de cet accident hantera longtemps ma mémoire* • être enfoui dans
- chercher dans · fouiller dans
- occulter de : *un chapitre souvent occulté de la mémoire ouvrière* · rayer de
- préserver : *un musée destiné à préserver la mémoire de la ville* · protéger • conserver · garder : *le tueur a gardé une mémoire très précise des lieux du crime*

de mémoire
- citer · dessiner

en mémoire
- avoir · (se) remettre • conserver · garder • revenir : *l'odeur de sa chambre d'enfant lui revient en mémoire*

[3]mémoire *nom fém.* (souvenir d'un défunt)

∞ mémoire + ADJECTIF
- glorieuse [+ nom] · noble [+ nom]
- funeste [+ nom] · sinistre [+ nom] · triste [+ nom] : *une date de triste mémoire*

∞ VERBE + mémoire
- célébrer · rendre hommage à · saluer · vénérer • pleurer • défendre · venger : *ils sont prêts à se battre pour venger la mémoire de leur ami*
- dédier à · élever / ériger / construire un monument en / à la · élever / ériger une stèle en / à la
- évoquer : *il évoque la mémoire de son ami disparu l'an dernier*
- immortaliser · perpétuer
- flétrir : *l'Histoire a injustement flétri sa mémoire* · salir · souiller · ternir

[4]mémoire *nom fém.* (informatique)

∞ mémoire + ADJECTIF
- cache · externe · interne · morte · tampon · vive · volatile • auxiliaire · de masse • centrale · principale

∞ VERBE + mémoire
- avoir · être doté de : *ce mini-ordinateur est doté d'une mémoire de 4 gigaoctets*
- augmenter · booster
- changer : *je dois changer la mémoire de mon ordinateur*

[1]menace *nom fém.* (danger)

∞ menace + ADJECTIF
- atomique · nucléaire • sismique · écologique • terroriste • inflationniste · économique · stratégique : *le terrorisme constitue une menace stratégique* • existentielle : *il s'agit d'une véritable menace existentielle pour ce peuple*
- extérieure · intérieure • mondiale · planétaire • nationale · internationale
- crédible · potentielle
- imminente
- croissante · grandissante • constante · continuelle
- majeure · principale • directe · grave · palpable · précise · réelle [+ nom] · sérieuse · vraie [+ nom] · véritable [+ nom]
- horrible · sourde · terrible · terrifiante
- diffuse · latente • prétendue [+ nom] : *il faut relativiser cette prétendue menace*

∞ menace + VERBE
- émerger · pointer (à l'horizon) : *une nouvelle menace pointe à l'horizon : les logiciels espions* · se profiler (à l'horizon) • resurgir
- peser sur · planer sur : *une menace de fermeture plane sur l'usine*
- persister · subsister
- disparaître · s'éloigner

∞ VERBE + menace
- constituer · représenter • être lourd de : *leur avenir est lourd de menaces* • faire / laisser planer sur
- être confronté à · faire face à • prendre au sérieux
- accentuer · accroître · amplifier
- braver · combattre · contrer : *il faut nous préparer à contrer la menace bioterroriste* · endiguer : *nous avons réussi à endiguer la menace du paludisme* · parer (à) · réduire : *agissons pour réduire la menace du réchauffement de la planète*
- désamorcer · écarter · éliminer · lever · mettre fin à

sous la menace
- être · rester · vivre

[2]menace *nom fém.* (intimidation)

∞ menace + ADJECTIF
- physique · verbale • téléphonique • anonyme
- grave · horrible · terrible · terrifiante
- voilée : *c'était une menace à peine voilée*

∞ VERBE + menace
- adresser ... à
- agiter · faire · formuler · lancer · proférer • réitérer
- avoir recours à · brandir : *ils brandissent la menace d'une intervention militaire* · employer · user de (plur.) : *il n'hésite pas à user de menaces diverses* · utiliser : *les salariés ont utilisé la menace du boycott*
- mettre à exécution : *il a mis sa menace à exécution et l'a frappée*
- prendre au sérieux
- être / faire l'objet de (plur.) : *le président continue de faire l'objet de menaces téléphoniques* · être victime de (plur.) : *elle a été victime de menaces de mort*
- céder à : *je ne céderai pas à leurs menaces* · plier à / devant

mensonge *nom masc.*

∾ mensonge + ADJECTIF

- historique : *cette thèse politique s'appuie sur des mensonges historiques* • d'État · officiel : *les mensonges officiels de ce régime totalitaire* • collectif
- par omission
- petit + nom · sans conséquences • innocent · pieux○ + nom
- beau + nom · énorme · gigantesque · grand + nom · grave + nom · gros + nom · monstrueux · pur + nom • éhonté : *l'affirmation du journaliste est un mensonge éhonté* · flagrant · grossier · patent • délibéré
- permanent
- plausible

∾ VERBE + mensonge

- dire · proférer · raconter : *il n'arrête pas de raconter des mensonges* • inventer • accumuler (plur.) : *il accumule les mensonges pour essayer de se défendre*
- s'enfermer dans · vivre dans
- avaler : *il ne me fera pas avaler ses mensonges* · croire à · gober fam.
- détecter : *une machine à détecter les mensonges*
- dénoncer : *le reporter dénonce les mensonges du gouvernement*

∾ NOM + DE + mensonges

- accumulation · amas : *je suis sidéré par un tel amas de mensonges* · catalogue · ramassis : *sa déposition est un ramassis de mensonges* · série · tas fam. · tissu : *ce texte est un tissu de mensonges !*

mentalité *nom fém.*

∾ mentalité + ADJECTIF

- féminine · masculine • occidentale · orientale • clanique · insulaire · tribale · etc.
- conservatrice · traditionnelle • moderne
- belle○ + nom iron. · bonne + nom · jolie○ + nom iron. : *tu l'as dénoncé ? jolie mentalité !*
- ambiante · collective · générale • enracinée · vieille + nom
- déplorable · détestable · mauvaise + nom · sacrée + nom · sale○ + nom • archaïque · primitive · rétrograde • machiste • élitiste • coloniale · conquérante · impériale • d'assiégé · d'assisté

∾ mentalité + VERBE

- changer · évoluer : *les mentalités ont beaucoup évolué dans ce domaine*

∾ VERBE + mentalité

- adopter · développer : *ils ont développé une mentalité clanique*
- façonner : *des mentalités façonnées par des années de régime autocratique* · forger : *il s'est forgé une mentalité de gagneur* • imprégner : *ce mouvement a imprégné les mentalités en profondeur* · influencer • changer · modifier
- avoir · cultiver : *ils ont longtemps cultivé une mentalité d'assiégés* · posséder • être imprégné de : *le pays est maintenant bien imprégné de mentalité capitaliste* · être pétri de • conserver · garder : *il a gardé une mentalité de battant*
- (plur.) entrer dans : *ce concept a du mal à entrer dans les mentalités* · être / rester ancré dans : *ce type de raisonnement reste bien ancré dans les mentalités*
- comprendre · connaître • prendre en compte · tenir compte · s'adapter à : *je me suis adapté à la mentalité anglaise*
- dénoncer
- en finir avec · rompre avec

menton *nom masc.*

∾ menton + ADJECTIF

- double + nom · triple + nom • flasque • carré · pointu · rond
- en galoche · proéminent · prognathe · saillant · volontaire : *il a le nez en bec d'oiseau et le menton volontaire*
- fuyant : *sa barbe camoufle son menton fuyant*
- tremblant

∾ VERBE + menton

- se caresser · se frotter · se gratter · se tapoter
- (re)lever • rentrer : *baissez la tête et rentrez bien le menton !*

menu *nom masc.* (liste de plats)

∾ menu + ADJECTIF

- à la carte · unique : *le vendredi soir, il y a un menu unique* • spécial · standard · touristique • gastronomique · gourmand • végétarien
- habituel · quotidien
- équilibré · varié • allégé · diététique
- alléchant · appétissant · délicieux · excellent : *un excellent menu végétarien à 10 euros* · succulent · superbe • créatif · inventif • abordable · raisonnable
- copieux · abondant
- frugal · léger · simple

∞ VERBE + **menu**
- composer · concocter : *il nous a concocté un superbe menu pour ce soir* · établir · préparer
- offrir · proposer : *ils proposent un menu différent tous les jours*
- être à / sur · figurer à / sur
- changer · varier : *il fait attention à l'équilibre des repas et à varier les menus*
- commander
- [carte] • demander • consulter · parcourir · regarder

mépris *nom masc.*

∞ **mépris** + ADJECTIF
- évident · flagrant · manifeste • complet · parfait + nom · total + nom : *ils ont montré leur total mépris de l'autre* • franc + nom : *il m'a dévisagé avec un franc mépris* · grand + nom : *il affiche le plus grand mépris pour les valeurs démocratiques* · immense · inimaginable · profond · royal : *j'ai un mépris royal pour ces prétendus intellectuels* · sans bornes · solide · souverain : *il montre un mépris souverain pour les règles du droit* · véritable + nom · réel + nom
- mutuel · réciproque
- condescendant · hautain • insupportable · scandaleux • raciste : *le créole a longtemps été considéré avec un mépris raciste*
- léger + nom • inavoué

∞ VERBE + **mépris**
- engendrer · inspirer : *son comportement inspire le plus grand mépris* • s'attirer : *il a fini par s'attirer le mépris de la population toute entière*
- avoir ... pour : *ils n'ont que mépris pour ses méthodes* · éprouver ... pour / envers : *je n'éprouve ni mépris ni rancune envers eux* · témoigner de : *ils témoignent d'un mépris total pour la vie humaine*
- afficher · exprimer · faire preuve de · manifester · montrer · témoigner : *je ne lui ai pas adressé la parole de la soirée pour lui témoigner mon mépris* · ne pas / plus cacher • accabler de • professer
- être / faire l'objet de · souffrir de • mériter : *cette attitude ne mérite que le mépris*
- montrer · témoigner de : *la diffusion irrégulière de l'émission témoigne du mépris de la chaîne pour les téléspectateurs* · trahir
- dénoncer : *ils dénoncent le mépris manifesté à l'égard des enseignants*

∞ NOM + DE + **mépris**
- geste · marque · regard · signe • ton · air

avec mépris
- appeler · surnommer : *il la surnomme avec mépris "la bonne à tout faire"* • considérer · regarder • traiter : *ils l'ont traité avec le plus grand mépris* • refuser : *il a refusé leurs subventions avec mépris* · rejeter · repousser

méprise *nom fém.*

∞ **méprise** + ADJECTIF
- fâcheuse + nom · grande + nom · grave + nom · grosse + nom · terrible + nom • funeste + nom · tragique + nom
- légère + nom · petite + nom : *il y a eu une petite méprise quant au nombre de convives*

∞ VERBE + **méprise**
- engendrer · occasionner
- commettre : *l'infirmière a commis une tragique méprise*
- comprendre · réaliser · s'apercevoir de
- être victime de
- éviter : *une plus grande vigilance aurait permis d'éviter cette méprise*

mer *nom fém.*

∞ **mer** + ADJECTIF
- intérieure : *la mer intérieure est entourée de plusieurs pays*
- scintillante • cristalline · translucide · transparente · turquoise
- bleue • grise · sombre · verte
- calme · d'huile° · étale · immobile · plate · sereine
- profonde • immense · infinie · vaste
- capricieuse • agitée · déchaînée · démontée · en furie · houleuse · rugissante · tempétueuse · tourmentée • dangereuse · hostile · menaçante

∞ **mer** + VERBE
- scintiller • écumer • baigner : *quelle mer baigne la région de Venise ?*
- monter • se soulever • se creuser • gronder · moutonner · s'agiter
- avancer : *la mer avance d'environ deux mètres par an*
- emporter · engloutir : *la mer a englouti bien des vaisseaux*
- calmir · descendre · se calmer • reculer · se retirer

∾ VERBE + **mer**

- avoir vue sur · dominer · faire face à · surplomber : *une superbe terrasse surplombant la mer des Caraïbes* • tourner le dos à • longer : *on a pédalé vers le nord en longeant la mer* • traverser
- naviguer : *il a navigué sur toutes les mers du monde* · parcourir · (re)prendre

à la mer

- aller · partir : *ils sont partis à la mer pour le week-end* • jeter : *une bouteille jetée à la mer* · pousser · tomber : *un homme est tombé à la mer*

en mer

- naviguer : *c'est la première fois qu'il navigue en mer* · partir • disparaître · mourir · périr • s'abîmer : *leur bateau s'est abîmé en mer, au large d'Ouessant*

mère *nom fém.*

∾ **mère** + ADJECTIF

- biologique · naturelle • adoptive • porteuse○ • célibataire · isolée
- attentive · bonne + nom · dévouée · excellente : *elle fut pour lui une excellente mère* · merveilleuse · présente • affectueuse · aimante · câline · consolatrice · tendre • nourricière○
- poule○ · protectrice · juive○ : *ce rôle de mère juive lui va très bien* • castratrice · dominatrice · possessive
- autoritaire · sévère
- abusive · indigne · mauvaise + nom · négligente • absente

mérite *nom masc.* (qualité)

∾ **mérite** + ADJECTIF

- personnel
- essentiel · fondamental : *l'ouvrage a au moins un mérite fondamental, celui de rappeler un principe de base trop souvent oublié* · majeur · principal
- incontestable · indéniable • considérable · énorme · exceptionnel · extraordinaire · grand + nom · immense · incomparable
- juste + nom : *son génie n'est pas reconnu à son juste mérite*

∾ **mérite** + VERBE

- revenir à : *le mérite lui revient*

∾ VERBE + **mérite**

- avoir : *l'ouvrage a au moins le mérite d'exister* · posséder : *ce film possède l'immense mérite de sortir des sentiers battus*
- apprécier · juger de : *au dernier festival, on a pu juger des mérites de ce jeune pianiste*
- revendiquer
- reconnaître : *je lui reconnais ce mérite* • accorder · attribuer : *il essaie de s'attribuer le mérite de l'ensemble du projet*
- célébrer · faire valoir · mettre en avant · vanter : *la publicité vante les mérites de yaourts au soja*
- récompenser (à) : *les employés sont récompensés au mérite*
- être basé sur : *une société basée sur le mérite plutôt que sur l'hérédité* · être fondé sur · reposer sur
- diminuer : *cela ne diminue en rien son mérite*
- contester · (re)mettre en cause · remettre en question

merveille *nom fém.*

∾ **merveille** + ADJECTIF

- architecturale · écologique : *cette île est une merveille écologique* · technologique · etc.
- authentique + nom · pure + nom : *ce bijou est une pure merveille !* • petite + nom : *une petite merveille de miniaturisation*
- méconnue : *ce film est une merveille méconnue du cinéma espagnol*

∾ VERBE + **merveille**

- accomplir (plur.) · faire○ : *sa voix grave fait merveille dans le blues ; le cuisinier a encore fait des merveilles*
- receler (plur.) : *la mécanique de cette voiture recèle des merveilles d'ingéniosité*
- s'attendre à : *il ne faut pas s'attendre à des merveilles !*
- contempler · découvrir : *j'ai découvert cette petite merveille chez un brocanteur*

mésaventure *nom fém.*

∾ **mésaventure** + ADJECTIF

- judiciaire · politique • sentimentale · etc.
- curieuse · rocambolesque • cocasse · tragi-comique
- désagréable · fâcheuse · pénible · regrettable • dramatique · terrible · tragique · triste + nom
- petite + nom : *j'ai eu quelques petites mésaventures en cours de route*

∾ **mésaventure** + VERBE

- arriver (à) : *il m'est arrivé une petite mésaventure* · survenir • se produire • se renouveler : *toutes les dispositions ont été prises pour que pareille mésaventure ne se renouvelle pas* · se reproduire

∞ VERBE + **mésaventure**

- connaître · vivre : *nous avons vécu des mésaventures très désagréables* • affronter · être victime de · subir : *ils ont subi la même mésaventure il y a quelques mois*
- narrer · raconter · relater • rire de : *deux ans plus tard, il riait de toutes ces mésaventures*
- éviter : *pour éviter de nouvelles mésaventures, prenons des précautions*

∞ NOM + DE + **mésaventures**

- accumulation : *cette accumulation de mésaventures invraisemblables plombent le film* · série · suite

mésentente *nom fém.*

∞ **mésentente** + ADJECTIF

- conjugale · familiale · sexuelle
- légère [+ nom] · superficielle
- cordiale : *l'heure est à la mésentente cordiale entre les deux capitales* · fondamentale · grave · profonde · totale • croissante • durable · persistante · tenace

∞ **mésentente** + VERBE

- régner • s'installer : *la mésentente s'est installée au sein du couple mais ils refusent de divorcer*
- diviser : *ils peinent à dissimuler la mésentente qui divise la communauté*

1 message *nom masc.* (d'une personne à une autre)

∞ **message** + ADJECTIF

- commercial · promotionnel · publicitaire • électronique · télégraphique · téléphonique · télévisé : *le Président a expliqué les raisons de sa décision dans un bref message télévisé* · vocal
- personnel • officiel · présidentiel
- principal • de la plus haute importance · important · vital • ferme : *ces sanctions adressent un message ferme aux délinquants* · pressant : *les syndicats ont adressé un message pressant au gouvernement* · urgent
- clair · cohérent · explicite · intelligible · sans ambiguïté · sans équivoque · précis
- apaisant · chaleureux · rassurant · réconfortant • d'admiration · d'amour · de bienvenue · de félicitations · d'encouragement · de remerciement · de soutien · d'espoir · de sympathie
- long [+ nom]
- bref · court · laconique · petit [+ nom] · sibyllin · (de style) télégraphique
- ambigu · opaque • curieux · énigmatique • contradictoire
- confus · incohérent
- chiffré : *le message chiffré ne peut être décodé qu'avec la clé privée du destinataire* · codé · crypté · secret • subliminal
- alarmiste · d'alerte · de détresse · désespéré
- accusateur · assassin · d'insultes · haineux · hostile

∞ **message** + VERBE

- s'adresser à • dire : *le message disait simplement : "rendez-vous à Rome le 22 février"* • arriver : *le message est arrivé par la poste hier matin* • s'afficher : *un message s'affiche sur l'écran de contrôle*
- se vouloir (+ adj.) : *le message se veut clair / rassurant* · valoir : *le message vaut toujours / pour tous*
- (plur.) abonder · se multiplier · se succéder : *les messages de félicitations se succèdent*

∞ VERBE + **message**

- attendre · espérer · guetter
- écrire · gribouiller · griffonner · rédiger
- communiquer · diffuser · émettre · lancer • acheminer · poster • adresser · délivrer · envoyer · faire passer · porter · transmettre • relayer
- marteler · réitérer · répéter · renouveler • multiplier (plur.) : *la municipalité multiplie les messages rassurants*
- chiffrer · coder · crypter • brouiller
- entendre · lire • capter : *l'avion a capté un message d'un navire en détresse* · intercepter · recevoir (cinq sur cinq) · recueillir • prendre : *ce répondeur ne prend pas de messages* • (plur.) être bombardé de : *le siège a été bombardé de messages de protestation* · être inondé de : *les boîtes aux lettres électroniques sont inondées de messages publicitaires* · être saturé de · être truffé de : *une émission truffée de messages publicitaires*
- déchiffrer · décoder · décrypter • comprendre · interpréter
- filtrer : *il filtre les messages sur son répondeur*
- [sur un répondeur, une messagerie] effacer · supprimer • détruire

∞ NOM + DE + **messages**

- avalanche : *une avalanche de messages de soutien arrive chaque jour* · tonne [fam.] · déluge · flot · multitude · pile · série · vague

2 message *nom masc.* (idée principale d'un livre, d'un discours)

∞ **message** + ADJECTIF

- biblique · divin · prophétique • philosophique · politique : *il n'y a pas de message politique caché* · etc.
- beau ⁺ ⁿᵒᵐ : *c'est un beau message d'espoir* • humaniste · pacifiste · positif • universel
- subversif · contestataire
- explicite · sans ambiguïté · sans équivoque • clair · intelligible • cohérent • fort · important • majeur · principal
- ambigu · énigmatique • obscur · opaque
- caché · implicite
- confus · incohérent
- haineux · hostile · négatif · violent

∾ message + VERBE

- passer : *le message a du mal à passer auprès des jeunes*
- aller droit au cœur
- se brouiller · se diluer

∾ VERBE + message

- contenir · distiller · être porteur de · faire passer · porter · répandre : *on l'accuse de répandre un message de haine et de violence* · véhiculer
- recevoir • capter · comprendre : *je ne suis pas certaine qu'il ait bien compris le message du livre* · déchiffrer · décrypter · interpréter • enregistrer · retenir
- brouiller : *tout cela finit par brouiller le message du film*

[1] mesure *nom fém.* (disposition)

∾ mesure + ADJECTIF

- écologique · sanitaire · thérapeutique • économique · sociale • administrative · policière · préfectorale · politique • légale · officielle
- ad hoc · de bon sens · de précaution · de première nécessité · de prudence · de salut public · de sûreté · d'urgence • palliative · préventive • bilatérale · unilatérale • rétroactive • symbolique
- coercitive · comminatoire · conservatoire · décisive · dilatoire · disciplinaire · préventive · réparatoire
- inédite · nouvelle
- importante · indispensable · nécessaire · souhaitable • concrète · effective · pratique • de portée générale • d'exception · exceptionnelle · massive · prioritaire • agressive · draconienne · drastique · dure · énergique · extrême · ferme · radicale · renforcée · rigoureuse · sévère · significative · spectaculaire · stricte · substantielle · vigoureuse
- prompte · rapide : *il faut prendre des mesures rapides* · urgente • immédiate • définitive • à long terme
- équitable · juste · justifiable · justifiée · légitime • adaptée · adéquate · appropriée · efficace · heureuse · intelligente · opportune · salutaire · utile • ambitieuse · audacieuse · hardie • claire · convaincante · séduisante • populaire
- disproportionnée · illégale · illégitime · inapplicable · inappropriée · injuste · injustifiable · injustifiée · inopérante · inutile • inefficace · insuffisante • inopportune · maladroite • aberrante · absurde · arbitraire · mauvaise ⁺ ⁿᵒᵐ : *les syndicats considèrent le dispositif mis en place comme une mauvaise mesure* · néfaste • discriminatoire · pénalisante · vexatoire • démagogique • réactionnaire · rétrograde • impopulaire • hâtive · prématurée
- de façade
- minimale · modeste · prudente · timide • improvisée
- intérimaire · ponctuelle · provisoire · temporaire · transitoire • à court terme · à moyen terme

∾ mesure + VERBE

- avoir vocation à · servir à : *cette mesure qui sert à lutter contre le chômage* · viser à • relever de · s'inscrire dans : *cette mesure s'inscrit dans la nouvelle stratégie du gouvernement* • agir sur · avoir un effet sur · conduire à · provoquer
- accompagner : *cette mesure devrait accompagner la mise en place de la réforme* · aller dans le sens de : *la nouvelle mesure va dans le sens de l'intérêt national* · améliorer · défendre · être favorable à · favoriser · permettre · résoudre
- limiter · ralentir · réduire · restreindre
- aller à l'encontre de : *c'est une mesure qui va à l'encontre des directives européennes* · pénaliser : *cette mesure va pénaliser en priorité les femmes* • risquer de

∾ VERBE + mesure

- appeler de ses vœux : *il appelle de ses vœux des mesures pour aider les jeunes* · demander · exiger · réclamer · requérir : *la situation requiert des mesures drastiques* · souhaiter • attendre
- aboutir à · déboucher sur · se traduire par
- annoncer · présenter · promettre
- envisager · étudier · prévoir · projeter • adopter · arrêter · engager · instaurer · instituer · lancer · prendre • appliquer · mettre en pratique · mettre en route · mettre en œuvre

- annoncer · édicter · formuler · prononcer [Droit] : *le juge peut prononcer une mesure d'inéligibilité* · proposer • accorder : *la commission a accordé une mesure d'indemnisation exceptionnelle* · décider de · définir · établir • convenir de · s'accorder sur · s'entendre sur • imposer
- applaudir · approuver · défendre · être en faveur de · être partisan de · être pour · plaider pour · préconiser · prôner · se réjouir de · soutenir • justifier · légitimer : *la lutte contre l'insécurité ne légitime pas certaines mesures de répression* · motiver
- bénéficier de · obtenir
- être assorti de · être accompagné de
- souffrir de · subir : *les entrepreneurs subissent les nouvelles mesures financières*
- augmenter : *les autorités ont augmenté les mesures de sécurité dans les aéroports* · renforcer • étendre · généraliser • reconduire • multiplier (plur.)
- alléger : *il convient d'alléger les mesures bureaucratiques* · assouplir
- combattre · contourner · être contre · protester contre · s'opposer à
- reporter · repousser
- annuler · lever

∞ NOM + DE + mesures

- arsenal · avalanche · batterie · cascade · catalogue · chapelet · cocktail : *le gouvernement prépare un cocktail de mesures pour réduire le déficit* · cortège · empilement · ensemble · éventail · faisceau · kyrielle · nombre · palette · panoplie · paquet : *le pays a mis en place un paquet de mesures fiscales et budgétaires* · plan · série · train : *le président annonce un train de mesures antiterroristes*
- absence

[2]mesure *nom fém* (quantité souhaitable, modération)

∞ mesure + ADJECTIF

- bonne + nom : *il faut trouver la bonne mesure entre le chic et le décontracté* · juste + nom : *il n'est pas apprécié à sa juste mesure*

∞ VERBE + mesure

- avoir le sens de · prôner • garder
- manquer de
- dépasser : *cette horreur dépasse la mesure de l'entendement*

avec mesure

- réagir · s'exprimer · traiter • boire

métamorphose *nom fém.*

∞ métamorphose + ADJECTIF

- corporelle · physique • intérieure · mentale
- étonnante · incroyable · inouïe · spectaculaire · surprenante
- complète + nom · radicale · totale · véritable + nom · vraie + nom
- brusque + nom · instantanée · rapide
- constante + nom : *une ville en constante métamorphose* · permanente
- graduelle · lente · progressive
- inachevée · incomplète

∞ métamorphose + VERBE

- commencer
- s'accomplir · se produire : *la métamorphose s'est produite en l'espace d'une génération* · s'opérer
- se terminer

∞ VERBE + métamorphose

- amorcer · commencer · entamer
- opérer : *l'opinion publique est en train d'opérer une spectaculaire métamorphose*
- connaître · être en : *la capitale est en pleine métamorphose* · subir
- achever · parachever : *avec son dernier film, il parachève la métamorphose de son style* · terminer
- réussir : *la comédienne a réussi sa métamorphose*
- constater · observer

∞ NOM + DE + métamorphoses

- cascade · série · suite

métaphore *nom fém.*

∞ métaphore + ADJECTIF

- animalière · culinaire · ferroviaire · footballistique · médicale · militaire · religieuse · sportive • musicale · poétique · romanesque · théâtrale • érotique · sexuelle : *le conférencier voit dans cet ouvrage une métaphore sexuelle* • biblique · etc.
- filée° : *il y a une métaphore filée de la mer dans tout le paragraphe* · grande + nom · vaste + nom : *une vaste métaphore structure l'ensemble de l'œuvre*
- claire · limpide · parlante · transparente • efficace · expressive · percutante
- audacieuse · hardie · provocatrice • surprenante · troublante
- belle + nom · jolie + nom · magnifique · splendide • intéressante
- douteuse · facile : *sa métaphore du bateau est un peu facile* · lourde · simpliste

∾ VERBE + **métaphore**

- être féru de : *un orateur féru de métaphores* · être friand de
- oser · se risquer à • développer · élaborer · filer○ : *il a filé la métaphore tout au long du discours* • avoir recours à · donner dans · employer · faire · manier · recourir à : *la vulgarisation scientifique impose parfois de recourir à des métaphores* · user de · utiliser • accumuler (plur.) • abuser de (plur.) • reprendre · rester dans
- avoir valeur de · devenir : *la quête de la Toison d'or par Jason devient une métaphore politique sur le pouvoir* · ressembler à · se lire comme · tenir lieu de : *cette histoire tient lieu de métaphore sur la religion*

météo *nom fém.*

∾ **météo** + ADJECTIF

- marine : *un fidèle auditeur de la météo marine* · des neiges
- automnale · printanière · saisonnière · estivale : *une météo estivale capricieuse*
- changeante · variable • capricieuse · imprévisible · incertaine
- bonne + nom · clémente · favorable : *nous pourrons observer le ciel au téléscope si la météo est favorable* • calme · stable
- abominable · calamiteuse · catastrophique · défavorable · désastreuse · exécrable · maussade · mauvaise · pourrie*fam.* · triste • humide · pluvieuse

∾ **météo** + VERBE

- être au beau fixe • s'améliorer
- se dégrader
- [organisme] dire : *que dit la météo pour aujourd'hui ?* · prévoir : *la météo prévoit une amélioration pour lundi*

∾ VERBE + **météo**

- annoncer · prévoir : *ils prévoient la météo avec une précision variable*
- présenter : *il a longtemps présenté la météo sur une chaîne câblée*
- surveiller • consulter · écouter
- dépendre de · être lié à : *notre programme est lié à la météo*

méthode *nom fém.* (moyen)

∾ **méthode** + ADJECTIF

- éducative · pédagogique • contraceptive · curative · thérapeutique · etc.
- cartésienne · empirique • scientifique • déductive · inductive
- ancienne + nom · classique · traditionnelle · vieille + nom • courante · habituelle • universelle
- [de lecture] • globale○ · semi-globale · syllabique
- adéquate · appropriée · à suivre • bonne + nom · excellente • ingénieuse · intéressante • rigoureuse • facile · simple • pragmatique • efficace · fiable · infaillible • connue · éprouvée
- curieuse · étrange • expérimentale · inédite · novatrice · originale · révolutionnaire
- radicale • expéditive · rapide
- douce · naturelle : *elle essaye de mincir grâce à des méthodes naturelles*
- discutable · mauvaise + nom · peu orthodoxe • indéfendable · inhumaine • déloyale • autoritaire · barbare · brutale · dictatoriale · forte○ : *il a fini par recourir à la méthode forte pour se faire entendre* · musclée

∾ **méthode** + VERBE

- consister à : *c'est une méthode qui consiste à limiter l'apport calorique tout en empêchant la fonte musculaire*
- avoir du bon • convenir · faire ses preuves · réussir (à) : *cette méthode lui réussit bien, on dirait !*
- aller à · convenir à
- choquer · surprendre

∾ VERBE + **méthode**

- rechercher · réfléchir à
- définir · développer · ébaucher · élaborer · établir : *la commission doit établir une méthode d'évaluation* · imaginer · inventer · mettre au point
- avoir · trouver
- offrir · proposer • exposer : *le chercheur a exposé ses méthodes dans un magazine scientifique* • imposer : *le directeur tente d'imposer ses méthodes aux employés*
- opter pour · préconiser · privilégier · retenir · choisir • adopter · appliquer · avoir recours à · employer · mettre en pratique · mettre en œuvre : *ils ont décidé de mettre en œuvre une méthode d'enseignement plus ludique* · recourir à · suivre · utiliser
- changer de · passer à : *il est temps de passer à une méthode plus rigoureuse*
- être adepte de · être attaché à · être fidèle à
- adapter · simplifier • affiner · perfectionner
- s'adapter à · se plier à

- calquer ... sur : *la multinationale a calqué ses méthodes de gestion sur celles de la restauration rapide* · copier · s'inspirer de • reprendre · revenir à · transposer ... sur : *plusieurs banques vont transposer cette méthode sur le marché étranger*
- évaluer · expérimenter · tester
- critiquer · dénoncer · désapprouver · (re)mettre en cause : *certains remettent en cause les méthodes d'enseignement* • refuser · rejeter

méthodologie *nom fém.*

∞ méthodologie + ADJECTIF

- scientifique : *une méthodologie scientifique doit éliminer les variables parasites*
- expérimentale • novatrice · originale · nouvelle + nom
- spécifique · précise · rigoureuse · stricte • sophistiquée • éprouvée · fiable : *il faut définir une méthodologie fiable pour ne pas se fourvoyer*
- défaillante · discutable

∞ VERBE + méthodologie

- définir · développer
- préconiser · privilégier · proposer
- adopter · choisir · opter pour · retenir • appliquer · mettre en œuvre · se fonder sur · utiliser
- affiner · améliorer
- (re)mettre en cause · critiquer

métier *nom masc.*

∞ métier + ADJECTIF

- féminin · masculin • artisanal · manuel · technique · artistique · scientifique
- émergent · nouveau • d'avenir
- agréable · beau + nom · bon + nom · joli + nom · passionnant • facile (souvent nég.) : *ils n'ont pas un métier facile !* • utile • noble · prestigieux
- lucratif • d'avenir · stratégique
- réglementé
- ancien + nom : *elle raconte son ancien métier d'assistante parlementaire* · traditionnel · vieux + nom : *le plus vieux métier du monde ; cette exposition évoque les vieux métiers artisanaux*
- méconnu • rare • hors du commun · peu commun : *il a un métier peu commun : généalogiste* · original
- accaparant · astreignant · éprouvant · prenant · exigeant • difficile : *être roi est un métier difficile* · dur • fatigant · pénible · stressant · tuant *fam.*
- de chien · ingrat • précaire • à risques · dangereux · risqué
- sot + nom : *« Il n'est point de sot métier »* (proverbe)

∞ métier + VERBE

- émerger : *de nouveaux métiers émergent dans ce domaine*
- consister : *mon métier consiste à aider le metteur en scène*
- attirer : *ce métier attire beaucoup de jeunes* · séduire
- avoir de l'avenir : *il vaut mieux choisir un métier qui a de l'avenir*
- évoluer : *notre métier a évolué en fonction des nouvelles technologies* · changer
- demander · exiger : *ce métier exige beaucoup de psychologie et d'aisance relationnelle* · nécessiter · requérir
- rentrer° : *c'est dur, mais il faut bien que le métier rentre*

∞ VERBE + métier

- aspirer à · chercher • choisir · s'orienter vers • se réorienter vers : *il va se réorienter vers un métier plus scientifique* • trouver : *il a enfin trouvé un métier qui lui convient*
- débuter dans • apprendre · se former à · se préparer à : *elle se prépare au métier d'infirmière* · s'initier à
- exercer · faire · pratiquer • se consacrer à : *il se consacre désormais entièrement à son métier d'archéologue* • reprendre · revenir à : *il est revenu au métier de luthier / de sa jeunesse*
- avoir : *avoir un (bon) métier* • être du° : *il n'est pas du métier*
- vivre de : *elle n'arrive plus à vivre de son métier de guide*
- connaître (toutes les ficelles de) : *il connaît bien son métier !*
- être amoureux de · être fier de · s'épanouir dans
- changer de
- réhabiliter · revaloriser : *le gouvernement veut revaloriser les métiers manuels*
- dégoûter de : *toutes ces magouilles l'ont dégoûté du métier*
- dévaloriser
- abandonner · quitter : *il veut quitter ce métier trop stressant* · renoncer à

meurtre *nom masc.*

∞ meurtre + ADJECTIF

- crapuleux · passionnel · raciste • rituel · symbolique : *le meurtre symbolique du père*
- mystérieux

- aggravé [Droit] : *il a été renvoyé devant la cour d'assises de Paris pour meurtre aggravé* • délibéré : *le meurtre délibéré de civils* · prémédité • de sang-froid : *on ne connaît pas encore le mobile de ce meurtre de sang-froid* • atroce · barbare · brutal · horrible · odieux · sanglant · sauvage · sordide
- en série (plur.) : *ces meurtres en série ont créé une véritable psychose dans la ville*

∾ VERBE + **meurtre**
- inciter à · pousser à : *on ne sait ce qui l'a poussé au meurtre de sa femme*
- commanditer • préméditer
- commettre · être coupable de • avoir ... sur la conscience
- avoir / donner des envies de° : *quand je l'entends se plaindre, j'ai des envies de meurtre*
- être accusé de · être condamné pour · être inculpé de · être jugé pour
- enquêter sur • élucider
- soupçonner de · suspecter de
- avouer • revendiquer : *un groupe terroriste a revendiqué le meurtre*
- être victime de
- venger : *il a vengé le meurtre de son frère*
- camoufler (en suicide / en accident) · maquiller (en suicide / en accident)

∾ NOM + DE + **meurtre(s)**
- tentative
- série · vague

[1]**milieu** *nom masc.* (environnement humain, social)

∾ **milieu** + ADJECTIF
- rural · urbain • familial · professionnel · social · socioculturel · socioprofessionnel • agricole : *l'inquiétude est grande dans le milieu agricole* · artistique · associatif · audiovisuel · cinématographique · éditorial · éducatif : *cette mesure a été saluée par l'ensemble des acteurs du milieu éducatif* · intellectuel · journalistique · littéraire · politique · scientifique · scolaire : *une étude sur la violence en milieu scolaire* · sportif · universitaire • estudiantin · étudiant • hospitalier · médical · etc.
- carcéral · pénitentiaire • fermé° : *une expérience en milieu fermé* · ouvert° : *on laisse un nombre croissant de malades en milieu ouvert*
- ambiant : *il a enlevé sa cravate pour mieux se fondre dans le milieu ambiant*
- favorable (à) : *il a baigné dans un milieu favorable à l'éclosion de son talent* · propice (à) • adéquat · approprié
- libéral · ouvert · tolérant
- aisé · bon + nom : *elle a grandi dans un bon milieu* · bourgeois · favorisé · privilégié
- ouvrier · populaire • défavorisé · modeste · pauvre
- conservateur · traditionnel • clos · confiné · étriqué · fermé : *le milieu très fermé de la haute couture* • aseptisé : *elle fréquente un milieu aseptisé d'expatriés*
- étouffant · hostile · violent • machiste • pollué

∾ VERBE + **milieu**
- offrir : *la région offre un milieu propice à l'implantation des entreprises*
- découvrir : *en 1948, il découvre le milieu parisien de l'art d'après-guerre* · (r)entrer dans · infiltrer : *ils ont infiltré le milieu du grand banditisme* · intégrer · pénétrer
- être élevé dans · être issu de · grandir dans · naître dans · provenir de : *elle provient d'un milieu plutôt aisé* · sortir de · venir de • appartenir à · baigner dans · évoluer dans · fréquenter · travailler dans · vivre dans • être connu dans · s'imposer dans • vivre en (+ adj.) : *il n'est pas toujours facile de vivre en milieu rural*
- être à l'aise dans · être / se sentir comme un poisson dans l'eau dans · se sentir bien / à l'aise dans
- être étranger à : *je suis complètement étranger au milieu de la mode*
- s'éloigner de : *elle s'est éloignée du milieu familial* • fuir · quitter · sortir de : *il voudrait sortir de ce milieu confiné*

[2]**milieu** *nom masc.* (environnement physique)

∾ **milieu** + ADJECTIF
- géographique · physique
- aride · sec • humide · tropical • montagnard · rural · (péri)urbain • aquatique · aqueux • nutritif : *les cellules sont placées dans un milieu nutritif*
- artificiel : *un élevage de fourmis en milieu artificiel* · naturel : *un milieu naturel hostile ; ils partent observer les castors dans leur milieu naturel* • extérieur · intérieur : *le milieu intérieur correspond à l'ensemble des liquides extracellulaires* • hétérogène : *c'est un milieu hétérogène, à la limite entre l'air et l'eau* · homogène : *dans un milieu homogène, un rayon lumineux se propage en ligne droite* • aseptisé : *toutes les opérations se font en milieu aseptisé* · stérile

- adéquat · approprié · sain : *la vitesse de croissance des poissons prouve qu'ils sont élevés dans un milieu sain*
- à risques : *la vaccination précoce est réservée aux enfants vivant dans un milieu à risques*

∾ VERBE + **milieu**
- s'adapter à : *un riz adapté au milieu salin sera bientôt testé*
- se développer en · vivre en
- réintroduire dans

[1]mine *nom fém.* (expression du visage)

∾ **mine** + ADJECTIF
- de circonstance : *la journaliste annonce le nombre de victimes avec la mine de circonstance*
- belle [+ nom] · bonne [+ nom] · éclatante · épanouie · radieuse · resplendissante · splendide · superbe • satisfaite • amusée · hilare · joviale · ravie · réjouie · souriante • avenante
- grave · solennelle • impassible
- assurée · concentrée · déterminée
- farouche · sévère • butée · patibulaire • chafouine
- ahurie · ébahie · effarée · hébétée
- contrariée · renfrognée · scandalisée
- abattue · allongée · basse : *la mine basse, l'accusé fixait le sol* · chiffonnée : *j'ai vu à sa mine chiffonnée qu'il n'était pas en forme* · creusée · famélique · fatiguée · mauvaise [+ nom] : *tu as mauvaise mine* · pâle · petite [+ nom] · piètre [+ nom] : *ils font piètre mine face à leurs victorieux concurrents* · piteuse [+ nom] · sale [+ nom] · terrible · triste [+ nom]
- désolée · gênée • inquiète · soucieuse • contrite · déconfite · défaite • attristée · boudeuse · dépitée · grise° [+ nom] : *faire grise mine* · maussade • lugubre · sombre

∾ VERBE + **mine**
- afficher · arborer · avoir · prendre : *il a pris une mine scandalisée*
- faire (sans art.) : *il fait mine d'obtempérer*

minorité *nom fém.*

∾ **minorité** + ADJECTIF
- ethnique · nationale · politique · raciale · religieuse
- visible° : *pour une meilleure intégration dans les entreprises des minorités visibles*
- forte [+ nom] · grande [+ nom] · grosse [+ nom] · importante : *l'importante minorité albanaise de Macédoine* · imposante · non négligeable
- faible [+ nom] · infime [+ nom] · petite [+ nom]
- active · agissante • influente · puissante
- silencieuse : *les minorités silencieuses n'intéressent guère les politiques*

∾ VERBE + **minorité**
- appartenir à · former : *les gens du voyage forment une minorité*
- aider · défendre · protéger • accueillir · intégrer : *la société doit savoir intégrer ses minorités*
- mépriser · opprimer (souvent passif) · persécuter (souvent passif) · s'attaquer à : *des extrémistes se sont attaqués à la minorité hindoue*

minute *nom fém.*

∾ **minute** + ADJECTIF
- délicieuse : *nous avons passé des minutes délicieuses* · exquise · inoubliable • haletante : *seules les 20 premières minutes du match furent vraiment haletantes*
- décisive : *les premières minutes sont décisives pour sauver des vies* • précieuse : *de précieuses minutes ont été gâchées* • fatale : *ces 3 minutes furent fatales pour l'équipe d'Angers* · fatidique
- longue [+ nom] : *le préfet nous reçut enfin, après de longues minutes*
- affreuse · horrible · pénible

∾ **minute** + VERBE
- passer : *les minutes passent et nous n'avons toujours pas d'information* · s'écouler · s'égréner • précéder · suivre : *dans les minutes qui ont suivi l'explosion*

∾ VERBE + **minute**
- accorder : *auriez-vous une minute à m'accorder ?* · donner : *je te donne 5 minutes pour quitter les lieux*
- avoir : *tu as 3 minutes pour trouver une solution* · disposer de
- mettre · passer · prendre : *il a pris plus de 20 minutes pour faire l'exercice ; cela lui a pris plus de 20 minutes*
- être en avance de • être en retard de : *le candidat est en retard de 10 minutes*
- compter : *je comptais les minutes jusqu'à son retour*

miracle *nom masc.*

∾ **miracle** + ADJECTIF
- économique • technologique
- grand [+ nom] · inespéré · extraordinaire · vrai [+ nom] · véritable [+ nom]
- permanent · quotidien · renouvelé
- petit [+ nom]

∾ **miracle** + VERBE
- avoir lieu · (s')opérer : *quand les danseurs entrent en scène, le miracle opère ; il ne suffit pas de prier pour qu'un miracle s'opère* · s'accomplir · se produire · se réaliser · survenir • arriver : *l'homme par qui les miracles arrivent* · exister : *il paraît que les miracles existent encore !*
- sauver : *seul un miracle pourrait encore le sauver*

∾ VERBE + **miracle**
- attendre · compter sur · espérer • demander : *on ne peut pas non plus leur demander un miracle*
- promettre : *cet escroc leur a promis des miracles*
- accomplir · être capable de : *l'amour est capable de miracles* · faire : *ce médicament fait des miracles* · produire · provoquer · réussir : *il réussit le miracle de réanimer la langue de la Bible* • renouveler : *il tente de renouveler le miracle du festival de l'année passée* · reproduire
- relever de · être · tenir de : *cette victoire tient du miracle*
- croire à : *les enfants croient aux miracles*
- crier à : *les fidèles attroupés crient au miracle*
- assister à · être témoin de · vivre : *il a l'impression de vivre un miracle*

∾ NOM + DE + **miracles**
- série · succession

mise en scène *nom fém.*

∾ **mise en scène** + ADJECTIF
- cinématographique · lyrique · théâtrale
- classique · moderne
- dynamique · nerveuse
- efficace • appliquée · maîtrisée · rigoureuse · soignée • élaborée · élégante · raffinée · remarquable · somptueuse · sophistiquée • éblouissante · spectaculaire • inventive · originale
- tape-à-l'œil : *les œuvres sont accrochées sobrement, sans mise en scène tape-à-l'œil*
- austère : *la mise en scène austère accentue la dureté du propos* · dépouillée · épurée · sobre · minimaliste
- banale • maladroite · molle
- macabre : *le tueur avait conçu une mise en scène macabre*

∾ VERBE + **mise en scène**
- confier ... à : *la mise en scène a été confiée à un jeune Canadien*
- assurer · concevoir · imaginer · inventer · régler · signer : *elle a signé la mise en scène de plusieurs pièces*
- soigner : *le gouvernement a soigné la mise en scène de cette intervention*

misère *nom fém.* (pauvreté, carence)

∾ **misère** + ADJECTIF
- humaine · du monde° : *il semble porter toute la misère du monde sur ses maigres épaules* • économique · sociale · financière · matérielle • physiologique[Méd.] · physique • culturelle · intellectuelle · morale • affective · sexuelle
- ouvrière · rurale · urbaine
- ambiante : *la misère ambiante d'un quartier défavorisé* · quotidienne
- criante · évidente • croissante · grandissante • extrême · grande [+ nom] · profonde · totale
- persistante • endémique : *une misère endémique frappe cette région*
- affreuse · atroce · effroyable · épouvantable · sordide · terrible • insupportable · intolérable

∾ **misère** + VERBE
- s'installer • régner
- augmenter · avancer · progresser • s'accroître · s'étendre
- chasser (passif) : *des émigrés sont venus chassés par la misère* · frapper · toucher : *la misère touche 30 % de la population*
- reculer

∾ VERBE + **misère**
- semer : *les régimes autoritaires ont semé misère et violence*
- plonger dans : *sans ressources, ils ont plongé dans la misère ; le chômage a plongé bien des familles dans la misère* · s'enfoncer dans · sombrer dans • connaître · croupir dans · être dans · vivre dans • être réduit à : *ces paysans sont réduits à la misère* · être victime de • traîner (+ possessif) : *il traîne sa misère sur les trottoirs de la capitale* • mourir dans
- crier° (sans art.) : *crier misère*
- côtoyer · découvrir · voir
- cacher · dissimuler · masquer
- fermer les yeux sur · ignorer
- dénoncer
- combattre · lutter contre
- réduire · soulager : *des centres d'accueil permettent de soulager la misère des plus pauvres*
- échapper à · fuir • se sortir de · s'extraire de
- arracher à · sauver de · sortir de · tirer de • mettre à l'abri de · préserver de
- éradiquer · supprimer · vaincre

∞ NOM + DE + **misère(s)**
- océan
- cortège · lot : *chaque jour apporte son lot de misères*

mission *nom fém.*

∞ **mission** + ADJECTIF
- humanitaire • culturelle • éducative · pédagogique • militaire · parlementaire • de bons offices · diplomatique • archéologique · scientifique • de reconnaissance · exploratoire • lunaire · martienne · spatiale • divine
- accomplie : *mission accomplie, chef!*
- exclusive : *sa mission exclusive est de veiller à la bonne marche des machines* · unique + nom
- noble + nom
- ambitieuse · importante • de la plus haute importance · essentielle · principale
- ardue · délicate · difficile · impossible○ : *lui faire changer d'avis ? c'est mission impossible !* · pas facile • dangereuse · périlleuse • ingrate · pénible
- longue · (de) longue durée • permanente : *ce service assurera une mission permanente de suivi et d'évaluation*
- de routine
- courte · de courte durée • ponctuelle · temporaire : *le député est chargé d'une mission temporaire auprès du secrétaire d'État*
- secrète : *le roi lui a confié une mission secrète en pays ennemi*

∞ **mission** + VERBE
- consister à : *votre mission consistera à détruire ces documents*
- incomber à : *la recherche des responsables est une mission qui incombe à la justice* · revenir à
- arriver à terme · s'arrêter · se terminer

∞ VERBE + **mission**
- commander · commanditer · dépêcher : *l'ONU a dépêché une mission d'évaluation dans le pays* · diligenter
- clarifier · préciser · recentrer (... sur / autour) : *il faut recentrer la mission de l'école élémentaire sur l'acquisition des compétences de base* · (re)définir
- assigner · attribuer · confier · déléguer · donner · proposer • charger de · envoyer en
- accompagner dans · aider dans • financer
- hériter de · recevoir (comme / pour) • se donner (comme / pour) • avoir (comme / pour) · être investi de : *cet organisme est investi d'une mission sociale* • se sentir / croire investi de : *il se sent investi d'une mission divine* • accepter
- entamer · se lancer dans · s'embarquer dans · s'engager dans
- être en · partir en • participer à · s'impliquer dans · s'investir dans • conduire · mener · piloter : *c'est le CNRS qui pilote cette mission* • accomplir · assumer : *l'administration assume sa mission de service public* · assurer · effectuer · exécuter • poursuivre • achever : *il a achevé sa mission de médiation la semaine dernière*
- mener à bien · remplir · réussir (dans) · s'acquitter de · se montrer à la hauteur de : *la chaîne se montre à la hauteur de sa mission culturelle*
- échouer dans · faillir à · manquer à · négliger • renoncer à
- entraver · faire obstacle à
- interrompre · mettre fin à · mettre un terme à

mobilisation *nom fém.*

∞ **mobilisation** + ADJECTIF
- diplomatique · politique · sociale • électorale · républicaine · civique • citoyenne · populaire • associative · (inter)syndicale · unitaire • étudiante · lycéenne • antimondialisation · antinucléaire · antiraciste · etc.
- collective · générale○ • internationale · mondiale · nationale · régionale
- croissante · grandissante • accrue · bonne + nom · énorme · formidable · forte + nom : *les syndicats appellent à une forte mobilisation* · grande + nom · importante · intense · large · massive · puissante · sans faille · vaste • exceptionnelle · extraordinaire · impressionnante · spectaculaire · historique · inespérée · sans précédent
- spontanée • rapide • permanente · constante
- efficace : *la mobilisation efficace de l'association a convaincu le gouvernement de modifier la loi*
- faible + nom · insuffisante · petite + nom
- tardive : *la mobilisation, trop tardive, n'aura servi à rien*

∞ **mobilisation** + VERBE
- commencer • se mettre en place · se préparer · s'organiser
- prendre de l'ampleur · s'accroître · s'amplifier · se renforcer · s'intensifier • continuer · se poursuivre : *la mobilisation contre les essais nucléaires se poursuit*
- faiblir : *la mobilisation des étudiants ne faiblit pas*

∾ VERBE + **mobilisation**

- déclencher · entraîner · provoquer · susciter · créer
- demander · nécessiter · requérir : *la lutte contre la drogue requiert une véritable mobilisation des gouvernements* • appeler à · décréter : *il est urgent de décréter une mobilisation générale* · inviter à · (re)lancer • annoncer
- coordonner • participer à
- accroître · amplifier · élargir : *l'intervention télévisée permettra d'élargir la mobilisation* · intensifier · renforcer • reprendre • continuer · maintenir · poursuivre · prolonger
- saluer : *elle salue la mobilisation importante de la jeunesse* · se féliciter de
- mesurer : *on a pu mesurer la forte mobilisation lors de cette manifestation*

mode *nom fém.* (tendance)

∾ **mode** + ADJECTIF

- alimentaire · architecturale · intellectuelle : *son étude sacrifie à une mode intellectuelle* · vestimentaire • enfantine · féminine · masculine
- dernière $^{+ \text{nom}}$ · nouvelle $^{+ \text{nom}}$
- actuelle
- répandue : *la mode des mouches était très répandue au XVIIe siècle*
- passagère · éphémère

∾ **mode** + VERBE

- être à : *la mode n'est plus au saut à l'élastique avec ses collègues*
- se répandre • durer : *cette mode n'aura duré que quelques mois* · persister • être à l'honneur · faire fureur : *la mode du tatouage fait fureur* • revenir : *la mode des pattes d'éléphant revient*
- changer · évoluer
- passer : *cette mode est déjà passée*

∾ VERBE + **mode**

- créer · inventer • amorcer · introduire · (re)lancer
- dicter : *les grands couturiers dictent la mode*
- influencer • révolutionner : *il a révolutionné la mode avec la première mini-jupe*
- être à : *être à la (pointe de la) mode ; les bars à eau sont très à la mode* · se mettre à • céder à · obéir à · sacrifier à · se conformer à · se soumettre à · suivre : *les adolescents se sentent parfois obligés de suivre la mode* • être (une) victime de : *être victime de la mode, est-ce être un mouton de Panurge ?* • surfer sur : *la marque semble surfer sur la mode du développement durable*
- anticiper · devancer · être en avance sur
- échapper à : *son dernier livre n'échappe pas à la mode du roman narcissique* · résister à

∾ NOM + DE + **mode**

- effet : *c'est un des effets de la mode, ça ne durera pas*
- caprice · diktat : *il refuse la société de consommation et le diktat de la mode*
- icône : *Coco Chanel, une grande icône de la mode*

à la mode

- être · revenir
- mettre

mode de vie *nom masc.*

∾ **mode de vie** + ADJECTIF

- américain · moderne · occidental • nomade · sédentaire • rural · urbain • consumériste · etc.
- ancestral · traditionnel
- alternatif · différent

∾ VERBE + **mode de vie**

- adopter · choisir · opter pour
- avoir · partager : *il a partagé pendant plusieurs mois le mode de vie des bédouins*
- conserver · garder · préserver : *il tente de préserver son mode de vie ancestral* • respecter
- supporter : *il ne supportait plus le mode de vie consumériste*
- influencer · influer sur • changer · modifier : *la technologie modifie constamment notre mode de vie*

¹modèle *nom masc.* (exemple)

∾ **modèle** + ADJECTIF

- culturel · social • éducatif · familial • économique · politique · institutionnel · etc.
- démocratique · féodal · libéral
- américain · européen · asiatique · occidental · etc.
- émergent • expérimental
- alternatif · original
- à suivre · bon $^{+ \text{nom}}$ · éprouvé · viable
- idéal · parfait : *c'est un parfait modèle d'intégration*
- absolu · universel • unique : *les effets pervers d'un modèle unique de développement économique* • par excellence
- contestable · mauvais $^{+ \text{nom}}$: *un mauvais modèle économique* • rigide

∾ VERBE + **modèle**

- bâtir : *ils veulent bâtir un nouveau modèle universitaire* · construire · élaborer · établir
- fournir · proposer • imposer
- (se) donner en · ériger en · (se) poser en · se vouloir : *il se veut un modèle de bonté*

- constituer · devenir · incarner • faire figure de : *cette entreprise fait figure de modèle en matière de réussite* · servir de
- admirer · défendre · prôner · vanter : *il vante le modèle danois*
- avoir comme / pour · prendre (comme / pour) : *prendre modèle sur qqn; prendre qqch. / qqn pour modèle* • adopter · appliquer · opter pour · reprendre · reproduire · se conformer à · se référer à · s'inspirer de · suivre • calquer · copier : *il copie le modèle britannique* · imiter · importer · plaquer ... sur : *il plaque le modèle suisse sur notre pays* · se mouler dans · transposer · utiliser • être conforme à
- (se) baser sur · bâtir sur · calquer sur : *un projet de loi calqué sur le modèle suédois* · construire sur · fonder sur • aller vers : *ils veulent aller vers un modèle fédéral* · converger vers · s'orienter vers
- se passer de • récuser · rejeter · s'éloigner de • abandonner · rompre avec

REM. On rencontre parfois "modèle canonique, modèle type". Évitez ces expressions pléonastiques.

2 modèle *nom masc.* (objet)

∞ modèle + ADJECTIF

- breveté · déposé • classique · courant · standard · de base · basique • unique : *chacun de ces pendentifs est un modèle unique* • reproductible
- ancien · vieux + nom • traditionnel · classique
- nouveau + nom
- hors normes · innovant · original
- beau + nom · joli + nom · magnifique · splendide · sublime · superbe • haut de gamme · luxueux · de luxe · sophistiqué • à succès · phare
- miniature · réduit°
- bas de gamme

∞ VERBE + modèle

- concevoir · créer · dessiner · développer · mettre au point · produire
- lancer · sortir : *ils viennent de sortir un nouveau modèle de voiture* • présenter
- affiner · améliorer · peaufiner
- tester

∞ NOM + DE + modèles

- gamme · série

modération *nom fém.* (mesure)

∞ modération + ADJECTIF

- fiscale : *un effort de modération fiscale* · politique · salariale · tarifaire • verbale
- extrême · forte + nom · grande + nom
- nécessaire • appréciable · exemplaire
- apparente : *le Premier ministre cultive une apparente modération* · relative

∞ VERBE + modération

- appeler à : *ils appellent à plus de modération dans les discours* · inciter à · inviter à · prêcher · prôner · recommander : *l'infirmière recommande au patient la modération*
- faire preuve de · faire un effort de · montrer

avec / sans modération

- boire · consommer · déguster

modestie *nom fém.* (humilité)

∞ modestie + ADJECTIF

- à toute épreuve · confondante · étonnante · exemplaire · extrême · grande + nom · incroyable · inégalable · surprenante · vraie + nom
- coutumière · habituelle • bien connue · légendaire
- inaccoutumée · inhabituelle
- excessive
- fausse° + nom · feinte

∞ modestie + VERBE

- caractériser : *il a présenté son projet avec toute la modestie qui le caractérise*
- être de rigueur · s'imposer

∞ VERBE + modestie

- inciter à · inviter à • apprendre ... à : *cette expérience douloureuse lui a appris la modestie* · enseigner ... à
- afficher · faire assaut de : *il fait assaut de modestie et ne se reconnaît aucun talent* · faire preuve de · montrer • être un modèle de • cultiver
- être empreint de : *un petit texte empreint de modestie*
- manquer de
- blesser : *au risque de blesser votre modestie, je dirai que vous êtes talentueux*

modification *nom fém.*

∞ modification + ADJECTIF

- constitutionnelle · législative · statutaire • génétique · morphologique · physiologique · physique • formelle · structurelle · technique · etc.
- progressive • grande + nom · lourde · profonde · radicale · sérieuse · significative · substantielle • importante · majeure • indispensable · nécessaire

- durable · irréversible · permanente
- de pure forme • de surface · infime : *une modification infime du champ magnétique terrestre serait détectée par la machine* · légère [+ nom] · mineure · petite [+ nom] · subtile : *cette réplique a subi une modification subtile lors de l'adaptation au cinéma* · superficielle · simple [+ nom]

∾ modification + VERBE
- intervenir · se produire · s'opérer
- affecter · concerner · porter sur : *la modification porte sur un élément essentiel du contrat*

∾ VERBE + modification
- aboutir à · amener · entraîner · mener à · provoquer
- demander · nécessiter · réclamer · requérir
- envisager · prévoir • proposer · suggérer • annoncer · informer de · signaler
- adopter · apporter · effectuer · faire · introduire · opérer · procéder à
- connaître · être sujet à : *le détail du programme est sujet à modification* · recevoir · subir • comporter · intégrer : *le texte final a intégré certaines modifications importantes*
- être hostile à · refuser · rejeter · s'opposer à

∾ NOM + DE + modifications
- ensemble · foule · liste · série

[1] mœurs *nom fém. plur.* (habitudes)

∾ mœurs + ADJECTIF
- alimentaires · politiques · sociales : *il enquête sur les mœurs sociales des grandes entreprises* • amoureuses · sexuelles
- locales · provinciales • bourgeoises · populaires
- bizarres · curieuses · étranges · particulières
- raffinées
- archaïques · féodales · moyenâgeuses · primitives • barbares · sauvages · violentes

∾ mœurs + VERBE
- changer · évoluer · se modifier

∾ VERBE + mœurs
- adopter · avoir : *il a des mœurs un peu bizarres*
- introduire dans
- entrer dans · passer dans • être ancré dans : *c'est une habitude fermement ancrée dans les mœurs*
- étudier · observer • décrire · (dé)peindre : *l'auteur peint dans son roman les mœurs de ses contemporains*
- changer : *il veut changer les mœurs du club* • perturber
- adoucir○ : *« La musique adoucit les mœurs »* (proverbe)

[2] mœurs *nom fém. plur.* (morale)

∾ mœurs + ADJECTIF
- bonnes○ [+ nom] : *son attitude constitue un outrage aux bonnes mœurs* · honnêtes · intègres · irréprochables · pures
- libérées · libres · relâchées • douteuses · équivoques • dépravées · dissolues · inavouables · légères · licencieuses • mauvaises [+ nom] : *on dit qu'il a de mauvaises mœurs*

∾ VERBE + mœurs
- avoir : *il a des mœurs dissolues*
- libérer : *le contexte des "années folles" a contribué à libérer les mœurs*
- protéger · veiller au respect de : *le censeur était chargé de veiller au respect des mœurs dans Rome*
- corrompre : *on accusa la psychanalyse de corrompre les mœurs* • attenter à · contrevenir à · être contraire à · porter atteinte à : *ce film porte atteinte aux bonnes mœurs*

moisson *nom fém.* (litt. et fig.)

∾ moisson + ADJECTIF
- précoce • tardive
- belle [+ nom] · bonne [+ nom] • abondante · fructueuse : *les scientifiques espèrent que le satellite rapportera une moisson fructueuse de données* · riche • exceptionnelle · extraordinaire · fabuleuse · formidable
- maigre • mauvaise [+ nom]

∾ moisson + VERBE
- approcher : *les blés mûrissent, la moisson approche*
- commencer
- se poursuivre • battre son plein : *la moisson bat son plein*
- s'achever · se terminer

∾ VERBE + moisson
- [fig.] apporter : *chaque année apporte sa moisson de découvertes*
- commencer
- faire : *enfant, je faisais les moissons avec mes oncles* • poursuivre
- récolter • engranger · rentrer • [fig.] remporter : *l'équipe olympique a remporté une moisson de médailles*
- achever · terminer

moment *nom masc.*

∞ moment + ADJECTIF

- capital · crucial · décisif · déterminant · important · critique · majeur • charnière · (-)clé : *cette victoire est un moment clé de sa carrière* · historique : *nous vivons un moment historique* • fort° · grand + nom · intense · unique · rare • inoubliable · mémorable • grave · solennel
- interminable · long + nom
- adéquat · bon + nom : *ce n'était pas le bon moment pour lui parler* · favorable · approprié · idéal · idoine · opportun · propice · stratégique
- précieux · privilégié : *les vacances sont un moment privilégié de détente* • agréable · beau + nom : *c'est le plus beau moment du film* · délicieux · excellent : *j'ai passé un excellent moment en votre compagnie* · exquis · extraordinaire · formidable · heureux · magique · plaisant · savoureux
- petit + nom • bref · court + nom · éphémère · fugace · furtif · rapide + nom • unique + nom : *c'est l'unique moment de la journée où on peut observer l'animal* • rare + nom : *les rares moments de répit que je m'octroyais* • creux : *la saison estivale est considérée comme un moment creux*
- délicat · embarrassant • critique · crucial
- inopportun · mauvais + nom · sale + nom fam. : *ce n'est qu'un sale moment à passer*
- atroce · désagréable · difficile · douloureux · dramatique · dur · noir : *les moments noirs de son mandat* · pénible · sombre · terrible · tragique • fatidique

∞ moment + VERBE

- approcher : *plus le moment approche, plus je me pose des questions* · arriver · se rapproche
- passer

∞ VERBE + moment

- attendre : *il faut attendre le bon moment pour lui parler* · choisir · guetter
- saisir : *il a su saisir le moment opportun pour agir* · trouver • prendre : *elle prend un moment pour elle* · s'accorder · s'octroyer
- connaître : *elle a connu des moments difficiles* · passer : *tous ces moments passés ensemble sur les bancs de l'école* · traverser · vivre • endurer
- profiter de · savourer
- garder en mémoire · revivre · se rappeler · se remémorer · se souvenir de • immortaliser : *la photo immortalise ce précieux moment de bonheur*
- appréhender : *j'appréhende ce moment*
- différer · repousser · retarder : *on retarde le moment de se quitter*

∞ NOM + DE + moments

- série : *l'héroïne va vivre une série de moments délicats* · succession · suite

[1] monde *nom masc.* (Terre)

∞ monde + ADJECTIF

- connu : *la carte du monde connu à l'époque des Romains*
- vaste + nom : *il a passé sa vie à parcourir le vaste monde* • entier : *ils sont présents dans le monde entier*
- petit + nom : *on se retrouvera, le monde est petit !*
- bas° + nom : *dans ce bas monde, tout se monnaye*
- de / en paix · paisible
- en guerre

∞ monde + VERBE

- être en danger

∞ VERBE + monde

- créer : *ils affirment que le monde a été créé par Dieu en sept jours*
- conquérir : *jeune, il rêvait de conquérir le monde*
- diriger · gouverner · mener : *ce sont les femmes qui mènent le monde* • dominer
- délivrer · sauver : *un de ces super-héros qui sauvent le monde in extremis*
- arpenter · courir · explorer · faire le tour de : *il va faire le tour du monde en bateau* · parcourir · voir • se promener dans : *il s'est promené dans le monde entier* · voyager dans
- mettre en danger · menacer : *une pénurie d'eau menace le monde* • détruire · déchirer
- quitter° : *ayons une pensée pour nos proches qui ont quitté ce (bas) monde*

[2] monde *nom masc.* (univers, civilisation)

∞ monde + ADJECTIF

- animal · minéral · végétal • matériel · physique • sous-marin
- féminin · masculin
- social : *un monde social aux valeurs factices* • artistique · associatif · médical · professionnel · sportif • des affaires · des lettres · des rêves • agricole · paysan · rural · etc.
- bipolaire · multipolaire · unipolaire
- [avec une majuscule] • Nouveau + nom : *Christophe Colomb a découvert le Nouveau Monde* • Ancien + nom · Vieux + nom
- médiéval · antique • barbare
- actuel : *la géopolitique du monde actuel* · contemporain • environnant · extérieur

- intérieur : *les enfants se construisent un monde intérieur* • hors du temps · imaginaire · irréel • virtuel : *le monde virtuel des jeux vidéo* • inconnu : *un monde inconnu du grand public* • différent · parallèle · souterrain
- changeant · évolutif
- en développement • civilisé · développé : *ce fléau n'épargne pas le monde développé, notamment les États-Unis* · industrialisé · moderne · riche : *l'opposition entre le monde riche et les pays pauvres*
- idéal · meilleur : *construire un monde meilleur* · parfait • harmonieux · paisible : *il rêve d'un monde paisible* · plus humain · tranquille · vivable • fascinant · foisonnant : *il découvre un monde foisonnant de mythes et de légendes* · merveilleux · paradisiaque • enchanté · fantastique · onirique
- complexe · étrange • clos · fermé : *le monde très fermé de la lutte traditionnelle nippone* · hermétique · impénétrable · inaccessible
- factice : *elle travaille dans le monde factice d'un parc d'attractions*
- pauvre · sous-développé
- dangereux · difficile · dur • instable · précaire • cruel : *adieu, monde cruel !* · barbare · individualiste · pourri^fam.^ · sans pitié • angoissant • kafkaïen
- déréglé · fou · malade · privé de sens / repères · sens dessus dessous
- petit ^+nom^ : *mon petit monde à moi*
- vieux ^+nom^ : *« Je suis venu trop tard dans un monde trop vieux »* (A. de Musset, *Poésies nouvelles*, "Rolla", I) • disparu : *les vestiges archéologiques d'un monde disparu* · en voie de disparition

∾ monde + VERBE
- être peuplé de : *le monde de Magritte est peuplé de pommes, de parapluies et de pipes*
- bouger · changer · évoluer
- être en ébullition
- s'écrouler · s'effondrer • courir à sa perte

∾ VERBE + monde
- entrer dans · être transporté dans : *le jeune héros est transporté dans un monde imaginaire* · s'immerger dans · plonger dans un monde • découvrir · s'ouvrir à / sur : *les enfants s'ouvrent petit à petit au monde extérieur*
- fréquenter · se mouvoir dans · vivre dans
- diriger · gouverner · régenter : *les journalistes qui régentent le monde de la culture*
- conquérir : *son physique lui a permis de conquérir le monde de la mode*
- comprendre · concevoir : *il conçoit le monde de manière assez étrange* · percevoir · voir : *sa manière de voir le monde*
- décrire · faire un portrait de
- refaire○ : *on passait nos nuits à refaire le monde*
- bouleverser : *ce mouvement a bouleversé le monde rural* · changer · menacer
- échapper à · fuir · se cacher de • quitter : *il a quitté le petit monde de la bande dessinée* · renoncer à : *il a renoncé au monde matériel il y a douze ans* · se couper de

[3]monde *nom masc.* (personnes, foule)

∾ monde + ADJECTIF
- dingue^fam.^ · fou^fam.^ · impressionnant
- beau○ ^+nom^ : *il n'y avait que du beau monde à sa soirée*

∾ VERBE + monde
- attirer : *la dernière édition du festival a attiré beaucoup de monde*
- faire venir · inviter
- être noir de · grouiller de
- rencontrer · voir • avoir○ : *nous avons du monde ce week-end* · recevoir
- connaître : *elle connaît du monde / beaucoup de monde*

[1]monnaie *nom fém.* (unité monétaire)

∾ monnaie + ADJECTIF
- étrangère · internationale · locale : *la monnaie locale est le shekel* · mondiale · nationale • commune · unique : *l'euro est la monnaie unique de l'Union européenne* • légale · officielle • active · circulante · courante · en circulation · en vigueur
- convertible · inconvertible • ancienne · nouvelle
- bonne ^+nom^ • forte · solide • souveraine • constante · stable • de référence · étalon○ : *la monnaie nationale a une valeur officielle exprimée par rapport à une monnaie étalon* • refuge○ : *le dollar reste la monnaie refuge dans la plupart des pays*
- sous-évaluée • surévaluée
- mauvaise ^+nom^ : *la mauvaise monnaie chasse la bonne* • faible
- fondante · de nécessité○

∾ monnaie + VERBE
- entrer en vigueur : *la monnaie unique est entrée en vigueur le 1er janvier 2002*
- rester stable
- fluctuer · flotter
- se déprécier · se dévaloriser

∾ VERBE + **monnaie**
- convertir · transférer
- adopter
- soutenir • réévaluer

∾ NOM + DE + **monnaie(s)**
- agrégat[Écon.] : *les agrégats de monnaie enregistrent une faible progression*
- hausse
- baisse · chute · dégringolade · plongeon
- valeur · pouvoir d'achat · cours

[2]monnaie *nom fém.* (argent)

∾ **monnaie** + ADJECTIF
- de banque · manuelle · numéraire • divisionnaire · métallique · sonnante et trébuchante° • fiduciaire · papier • de réserve • d'échange° [aussi fig.] : *ils veulent se servir des otages comme monnaie d'échange* • flottante • de compte · fictive · scripturale • électronique · virtuelle
- d'appoint · menue [+ nom] : *son portefeuille ne contenait plus que de la menue monnaie* · petite [+ nom]
- fausse [+ nom] : *le banques seront obligées de retirer la fausse monnaie de la circulation* • de singe° : *fais attention à ne pas te faire payer en monnaie de singe*

∾ **monnaie** + VERBE
- circuler · être en circulation

∾ VERBE + **monnaie**
- battre : *cet État bat monnaie et imprime ses propres passeports* · créer · fabriquer · frapper
- mettre en circulation · mettre en place • émettre
- avoir de (sur soi) : *attends, j'ai un peu de monnaie sur moi*
- rendre : *la vendeuse m'a rendu la monnaie* • faire de
- garder : *gardez la monnaie !*
- ne pas avoir (un sou) de
- retirer de la circulation

monologue *nom masc.*

∾ **monologue** + ADJECTIF
- intérieur : *ce roman est la retranscription d'un long monologue intérieur*
- beau [+ nom] · bouleversant · déchirant · émouvant · pathétique
- interminable · long [+ nom] · sans fin
- confus · délirant · incompréhensible
- bref [+ nom] · court [+ nom] · petit [+ nom]

∾ VERBE + **monologue**
- se lancer dans · s'engager dans • se livrer à : *le personnage se livre à un monologue déchirant* • interpréter : *il a interprété avec brio le monologue d'Hamlet*
- se transformer en · tourner au : *la discussion a vite tourné au monologue*

monopole *nom masc.* (litt. et fig.)

∾ **monopole** + ADJECTIF
- commercial · des médias · des télécommunications · financier · industriel · pétrolier · postal · technique · etc.
- d'État · étatique · public · syndical • privé • mondial · territorial • légal : *La Poste a longtemps détenu un monopole légal dans son secteur* · naturel : *les réseaux d'infrastructure, réseaux ferroviaires, réseaux routiers et autoroutiers, sont souvent des monopoles naturels* • féminin · masculin : *rien ne réussit à entamer le quasi-monopole masculin dans la distribution des mandats*
- absolu · exclusif • puissant
- abusif · scandaleux

∾ VERBE + **monopole**
- constituer : *cette entreprise est en train de se constituer un quasi-monopole dans son secteur*
- accorder · attribuer · octroyer • laisser : *il ne veut pas laisser le monopole de l'écologie aux associations*
- [fig.] • s'arroger · s'attribuer · se réserver · s'octroyer • revendiquer : *il revendique le monopole de la lutte contre la précarité*
- avoir : *ce célèbre duel télévisé où Giscard lançait à Mitterrand qu'il n'avait pas "le monopole du cœur"* · détenir · disposer de · être détenteur de · exercer : *l'État exerce le monopole de la violence légitime* · jouir de : *l'être humain ne jouit pas du monopole de l'intelligence* · posséder • imposer : *ils tentent d'imposer leur monopole sur la récolte du tabac*
- étendre · renforcer • conserver · maintenir • prolonger
- protester contre · (re)mettre en cause · (re)mettre en question • contourner · défier · entamer · lutter contre · combattre
- briser · démanteler : *l'État agit pour démanteler ce monopole* · faire exploser · mettre fin à · supprimer
- renoncer à : *ils se sont vus dans l'obligation de renoncer à leur monopole commercial* • perdre

monotonie *nom fém.*

∞ **monotonie** + ADJECTIF
- conjugale · familiale • quotidienne : *l'antidote parfait à la monotonie quotidienne*
- extrême · grande + nom · infinie
- plate + nom • consternante · désespérante · effrayante · insupportable
- douce · rassurante : *la monotonie rassurante des petits rituels*
- apparente

∞ **monotonie** + VERBE
- guetter : *la monotonie guette tous les couples*
- s'installer : *au bout de quelques pages, la monotonie s'installe*
- engourdir : *ils s'étaient endormis, engourdis par la monotonie du spectacle* · assommer

∞ VERBE + **monotonie**
- être de (+ adj.) : *sa vie est d'une monotonie extrême*
- sombrer dans : *par crainte de sombrer dans la monotonie, il se mit en quête d'autres aventures*
- briser · casser · rompre (avec) : *l'originalité du bâtiment rompt avec la monotonie des autres constructions* • échapper à · éviter · sortir de

monstre *nom masc.* (animal fantastique)

∞ **monstre** + ADJECTIF
- [fig.] • étatique · technocratique · juridique · judiciaire · industriel · politique
- [fig.] • sacré ○ : *c'est un monstre sacré du théâtre londonien* (en référence à la pièce de Cocteau *Les Monstres sacrés*)
- marin • hybride · à deux / cent têtes
- préhistorique • mythique : *le monstre mythique du Loch Ness* · mythologique
- gros + nom · énorme + nom • gigantesque
- célèbre + nom · fameux + nom : *Nessie, le fameux monstre du Loch Ness*
- difforme • hideux · repoussant · grimaçant · répugnant · affreux · horrible + nom
- sanguinaire · méchant + nom · dévoreur d'enfants
- froid : *l'entreprise peut être autre chose qu'un monstre froid*
- gentil
- petit + nom : *ce dessin animé met en scène un petit monstre vert*

∞ **monstre** + VERBE
- peupler (souvent passif) : *un univers magique peuplé de monstres* · hanter : *ce monstre hante les fonds marins*
- effrayer · faire peur à · terroriser : *la Sphynge était le monstre qui terrorisait Thèbes dans la mythologie grecque*

∞ VERBE + **monstre**
- [aussi fig.] • accoucher de : *la nymphe Filira accoucha d'un monstre, le centaure Chiron* · enfanter · créer · engendrer : *« Le sommeil de la raison engendre des monstres »* (titre d'une eau-forte de Francisco Goya) • se transformer en : *dans ce film, le héros se transforme en monstre hybride* · devenir
- combattre • tuer · venir à bout de

∞ NOM + DE + **monstres**
- galerie • horde · tas fam.

montagne *nom masc.*

∞ **montagne** + ADJECTIF
- jeune · vieille • à vaches · basse + nom : *une zone de basse montagne* • haute + nom : *il a gravi les plus hautes montagnes du globe ; un sport de haute montagne* · moyenne + nom : *les massifs de moyenne montagne* • petite + nom · pleine + nom
- en dents de scie • pelée : *cette montagne pelée est la conséquence de la pratique du surpâturage* • rocheuse • enneigée
- environnante : *notre hôtel offre une vue panoramique sur la montagne environnante*
- abrupte · à pic · escarpée
- inaccessible • dangereuse

∞ **montagne** + VERBE
- dominer : *les montagnes qui dominent Rio de Janeiro* · surplomber
- culminer à · s'élever (à) : *cette montagne s'élève à plus de 4700 mètres ; la montagne s'élève au-dessus de la ville*

∞ VERBE + **montagne**
- arpenter · parcourir : *ils parcourent la montagne en VTT* • contourner · franchir : *la route emprunte un passage naturel qui permet de franchir la montagne* · traverser • escalader · gravir · grimper • descendre (de) · dévaler • survoler

∞ NOM + DE + **montagnes**
- chaîne • cirque : *le château se trouve au milieu d'un cirque de montagnes*

montant *nom masc.* (somme d'argent)

∞ **montant** + ADJECTIF
- brut · net • cumulé · forfaitaire • conventionnel · légal • dû
- égal à
- exact • définitif

- global · total • supérieur à : *un bon de réduction à valoir sur une commande d'un montant supérieur à 150 €* • maximal · maximum • astronomique · colossal · record · considérable · élevé · énorme · exorbitant · faramineux · gros + nom · non négligeable
- inférieur à : *le montant du RMI est inférieur à celui du seuil de pauvreté* • dérisoire · faible · minimal · minimum · petit + nom
- raisonnable

∾ montant + VERBE
- avoisiner : *les montants de cotisation au club avoisinent les 1 500 à 2 000 €* · tourner autour • s'élever à
- égaler · équivaloir à : *le montant de l'assurance équivaut à un mois de loyer*
- varier : *le montant du loyer varie selon le niveau des prestations offertes*
- augmenter · croître
- baisser · diminuer : *le montant des salaires a diminué*

∾ VERBE + montant
- atteindre : *la facture atteint un montant de 400 euros / un montant exorbitant*
- afficher : *le système affiche en francs le montant saisi en euros* · indiquer · mentionner · préciser • annoncer · communiquer · divulguer : *il ne divulgue jamais le montant de ses revenus* · révéler
- déterminer · fixer · se prononcer sur • s'accorder sur · s'engager sur · s'entendre sur • (re)calculer · chiffrer · estimer · évaluer
- accroître · augmenter · majorer • dépasser · excéder
- arrondir • moduler : *vous pouvez moduler le montant de vos cotisations mensuelles* · adapter · modifier • convertir
- diminuer · limiter · minorer · plafonner · réduire
- avancer · prêter • allouer · débloquer · donner • répartir • débourser · régler · verser • rembourser
- percevoir · toucher • débiter · déduire · prélever
- contester
- taire · tenir secret

montée *nom fém.* (augmentation)

∾ montée + ADJECTIF
- en puissance · en charge · en force • forte + nom · nette · significative • foudroyante · vertigineuse • extraordinaire · formidable · incroyable · spectaculaire
- inéluctable · inexorable · irrésistible
- brusque · brutale · en flèche · rapide · soudaine · subite • continue · régulière
- inattendue
- excessive · inquiétante : *la montée inquiétante de la xénophobie*
- lente · progressive

∾ VERBE + montée
- commencer · débuter · entamer
- provoquer · entraîner · déclencher • favoriser
- confirmer : *l'entreprise confirme son inexorable montée en puissance*
- envisager • prévoir · pronostiquer • expliquer
- constater · observer · percevoir
- illustrer · montrer · souligner · mettre en lumière
- craindre · redouter
- affronter · faire face à
- prévenir • contenir : *une mesure pour contenir la montée des extrémismes* · endiguer · enrayer · freiner · lutter contre

monument *nom masc.* (litt. et fig.)

∾ monument + ADJECTIF
- commémoratif · funéraire · religieux • touristique : *le palais de l'ancien dictateur est devenu un monument touristique*
- [fig.] • législatif : *l'ordonnance de Villers-Cotterêts fait figure de monument législatif* · littéraire · musical · artistique
- classé · historique° · national : *ce lieu est devenu monument national* • public : *la dégradation d'un monument public* • naturel : *cette vallée a été classée parmi les monuments naturels à protéger*
- colossal · grand + nom · imposant · impressionnant · massif
- important • prestigieux · grandiose • emblématique · symbolique : *Big Ben est le monument symbolique de Londres*
- célèbre · connu · légendaire
- exceptionnel · magnifique · majestueux · splendide · superbe • beau + nom · harmonieux · joli + nom
- vivant° : *c'est un monument vivant de la musique congolaise*
- (de taille) modeste · petit + nom : *un petit monument érigé à la mémoire d'un soldat*

∾ monument + VERBE
- célébrer · commémorer

∾ VERBE + **monument**
- bâtir · concevoir · construire · dresser · édifier · élever · ériger
- inaugurer
- [fig.] • être · devenir · faire figure de : *la reine fait figure de monument historique*
- consacrer ... à · dédier ... à : *ce monument est dédié à James Cook*
- recenser (plur.) · répertorier
- entretenir • réhabiliter · restaurer • classer : *le ministère de la Culture a classé cette église monument historique* • protéger · sauvegarder · sauver : *la restauration a permis de sauver ce monument*
- visiter : *de nombreux touristes visitent ce monument*

moquerie *nom fém.*

∾ **moquerie** + ADJECTIF
- affectueuse · amicale · bon enfant · douce · gentille · innocente · sympathique · tendre • petite + nom
- acerbe · cruelle · féroce · impitoyable
- facile : *il a évité l'écueil de la moquerie facile*

∾ **moquerie** + VERBE
- fuser (plur.)

∾ VERBE + **moquerie**
- attirer · provoquer · susciter • inviter à • valoir (... à) : *cet échec lui valut toutes les moqueries*
- connaître · essuyer · être l'objet de • affronter · être victime de · souffrir de · subir
- répondre à
- être / rester indifférent à · être / rester insensible à • supporter

moral *nom masc.*

∾ **moral** + ADJECTIF
- à toute épreuve · d'acier○ · de fer : *malgré sa défaite, il garde un moral de fer* · solide • de champion · de vainqueur
- au beau fixe · bon + nom · en hausse : *d'après une étude, les industriels ont le moral en hausse* · intact
- au plus haut · au top*fam.* · au zénith · excellent · super
- fluctuant • en baisse
- au trente-sixième dessous*fam.* · à zéro*fam.* · (au plus) bas · dans les chaussettes*fam.* · défaillant · en berne : *l'équipe a le moral en berne après une saison difficile* · mauvais + nom

∾ **moral** + VERBE
- aller bien : *le moral va bien*
- monter en flèche · remonter · s'améliorer
- fluctuer : *son moral fluctue en fonction du climat* • chanceler · chuter · flancher · fléchir · se dégrader · se détériorer · en prendre un coup*fam.*

∾ VERBE + **moral**
- afficher · avoir : *il a le moral; il a un bon moral* • garder : *il faut garder le moral* • retrouver
- (re)donner • améliorer · doper : *il cherche des idées pour doper le moral des employés* · entretenir · (re)gonfler · (se) remonter · (se) requinquer*fam.* · revigorer · soigner · soutenir : *la chanteuse est venue soutenir le moral des troupes*
- agir sur · avoir des effets sur · avoir un impact sur · influer sur · jouer sur
- affecter · atteindre · entamer · peser sur • affaiblir · briser · casser : *tu as vraiment le chic pour me casser le moral !* · miner · plomber : *cette grisaille me plombe le moral* · saper
- perdre : *après plusieurs échecs, il a perdu le moral*

morale *nom fém.* (éthique)

∾ **morale** + ADJECTIF
- civique • médicale · politique · professionnelle · sexuelle
- laïque · religieuse
- ambiante : *la morale ambiante est peu conciliante* • ordinaire · traditionnelle • publique · sociale · collective • universelle · naturelle • populaire • personnelle • bourgeoise
- élémentaire : *cette règle de conduite est le fondement d'une morale élémentaire*
- austère · exigeante · inflexible · intransigeante · irréprochable · rigoureuse · sans concession · stricte : *sa mère lui imposait une morale stricte* • sauve : *la morale est sauve*
- accommodante · conciliante · indulgente · souple
- douteuse · laxiste · relâchée
- étriquée · pudibonde · puritaine · rigide • hypocrite

∾ **morale** + VERBE
- dicter · imposer
- réprouver : *une conduite que la morale réprouve* · condamner

∾ VERBE + **morale**
- avoir
- fonder ... sur : *sa morale est fondée sur le respect de l'autre* • mettre en pratique : *il essaie de mettre en pratique sa morale rigoureuse*

- défendre · prêcher • imposer
- être conforme à · être fondé sur : *une politique fondée sur la morale* · obéir à
- refuser • bafouer · braver · être / aller à l'encontre de · être contraire à · outrager
- être dépourvu de
- [sermon] • donner des leçons de · faire○ : *faire la morale à qqn*

moralité *nom fém.*

∞ moralité + ADJECTIF
- publique○ : *la moralité publique exige que l'on respecte les institutions*
- bonne○ + nom*Droit* : *pour devenir policier, il faut avoir une bonne moralité* · exemplaire · grande + nom · haute · irréprochable · parfaite · sans faille
- douteuse · relâchée · sujette à caution

∞ moralité + VERBE
- dicter · imposer

∞ VERBE + moralité
- avoir · être de : *il est d'une moralité irréprochable*
- garantir · veiller à
- être conforme à
- être contraire à · porter atteinte à

morosité *nom fém.*

∞ morosité + ADJECTIF
- boursière · conjoncturelle : *les indicateurs prévoient une morosité conjoncturelle jusqu'au milieu de l'année* · économique · etc.
- ambiante · générale
- grande + nom • persistante · prolongée

∞ morosité + VERBE
- frapper · s'emparer de : *la morosité s'est emparée des marchés européens* · toucher : *la morosité touche ce secteur économique* • s'installer
- persister

∞ VERBE + morosité
- être à : *l'ambiance / l'heure est à la morosité*
- s'abandonner à · se laisser aller à · sombrer dans : *pas question pour elle de sombrer dans la morosité*
- accentuer · accroître · alimenter · contribuer à : *la baisse de la consommation contribue à la morosité des perspectives de croissance*
- chasser · combattre • échapper à · résister à : *l'entreprise résiste à la morosité du marché* • sortir de

mort *nom fém.* (fin de la vie)

∞ mort + ADJECTIF
- cérébrale · clinique • naturelle • accidentelle • médicalement assistée • civile : *la mort civile se définit comme l'état d'une personne privée de toute participation aux droits civils*
- symbolique : *après cette mort symbolique, l'initié devient un homme nouveau*
- annoncée · assurée · certaine : *il s'enfuit pour échapper à une mort certaine* · inévitable · inéluctable · promise : *les rescapés d'une mort promise*
- imminente : *il a démenti l'annonce de sa mort imminente* · prochaine : *convaincu de sa mort prochaine, il règle ses affaires* · proche
- omniprésente : *la mort est omniprésente dans ses films*
- brutale · foudroyante · soudaine · subite○ : *la mort subite du nourrisson* • immédiate · instantanée · rapide
- précoce : *la malnutrition conduit des enfants à une mort précoce* · prématurée
- énigmatique · étrange · mystérieuse • suspecte : *les enquêteurs considèrent cette mort comme suspecte*
- belle + nom • calme · douce • digne • glorieuse · héroïque
- lente · progressive : *la mort progressive et inéluctable des cellules nerveuses*
- affreuse · atroce · douloureuse · épouvantable · violente : *il est mort de mort violente*
- dramatique · tragique
- absurde · stupide • banale • solitaire

∞ mort + VERBE
- approcher · planer : *la mort plane sur des millions de malades du SIDA* · rôder : *la mort rôde dans ce quartier mal famé*
- survenir • dater de · remonter à
- résulter de : *la mort résulte de l'arrêt du cœur*
- (souvent passif) hanter · obséder • effrayer · faire peur • fasciner : *beaucoup d'artistes sont fascinés par la mort*
- (souvent passif) endeuiller : *la mort du champion a endeuillé tout le pays* • affecter · attrister · bouleverser · choquer · marquer : *il a été très marqué par la mort accidentelle de son père* · toucher · traumatiser

∞ VERBE + mort
- causer · conduire à · entraîner · provoquer • avoir ... sur la conscience • se solder par : *les combats se sont soldés par la mort de dizaines de soldats* • semer : *les terroristes ont semé la mort dans*

ce village • signer [fig.] : *ce décret signerait la mort de l'industrie laitière*
- menacer de • donner○ : *certains vont jusqu'à donner la mort au nom de leurs idéaux* · envoyer à○ : *des milliers de condamnés envoyés à la mort* · mettre à : *le torero a mis le taureau à mort*
- être condamné à : *il est condamné à mort / condamné à une mort certaine*
- connaître : *il connut une mort des plus violentes* · trouver○ : *elle a trouvé la mort dans un accident de voiture* • côtoyer · rencontrer : *il vécut dans la clandestinité avant de rencontrer la mort* • mourir de : *il est mort d'une mort lente et douloureuse* • aller à
- être / passer à deux doigts de · flirter avec : *il flirte avec la mort en roulant à toute allure* · frôler • risquer
- prédire : *la voyante lui a prédit une mort atroce ; elle prédit la mort du théâtre* • programmer · planifier
- annoncer · informer de
- envisager · penser à • accepter · apprivoiser : *il apprend chaque jour à apprivoiser sa mort* · se préparer à • conjurer : *l'amour conjure la mort*
- attendre • choisir : *elle a choisi sa mort en se suicidant à 82 ans*
- déplorer : *le Premier ministre a regretté la mort de civils innocents* · regretter
- avoir peur de · craindre · redouter
- braver · défier · narguer : *il nargue la mort et brave son destin* · refuser • lutter contre : *il lutte de toutes ses forces contre la mort* • échapper à · éviter · triompher de
- arracher à · sauver de
- commémorer : *un arbre a été planté pour commémorer sa mort*
- enquêter sur • expliquer
- se consoler de
- venger : *en le tuant, il a vengé la mort de son père*

[1] **mot** *nom masc.* (terme)

∾ **mot** + ADJECTIF
- didactique · technique
- féminin · masculin · neutre : *"templum" est un mot neutre en latin* • composé○
- argotique · familier · populaire • littéraire · précieux · rare · recherché • savant • neutre : *employons un mot neutre pour ne vexer personne*
- nouveau : *chaque année, le dictionnaire s'enrichit de nouveaux mots*
- courant · en usage · usuel • à la mode · en vogue
- archaïque · désuet · obsolète · vieilli • vieux + nom • inusité
- fétiche • (-)clé · maître○ + nom : *la sécurité, voilà le maître mot de la conduite automobile* • magique : *elle connaît le mot magique qui ouvre les portes*
- adéquat · approprié · bon + nom · exact · juste : *il sait trouver le mot juste* • clair · concret · précis • expressif · joli + nom : *elle trouve qu'"évanescent" est un fort joli mot*
- compliqué · difficile · imprononçable
- abstrait • à double sens · ambigu · équivoque • fourre-tout : *"style" est devenu un mot fourre-tout* · vague
- tabou • cru · gros○ + nom : *arrête de dire des gros mots !* · grossier · injurieux · obscène · péjoratif · vilain + nom
- abject · affreux · dégoûtant · horrible · terrible

∾ **mot** + VERBE
- dériver de · être hérité de · venir de : *ce mot vient du grec*
- commencer par : *le mot commence par la lettre B* • finir par · se terminer par : *un mot en cinq lettres se terminant par la lettre G*
- s'employer • désigner · qualifier · recouvrir : *ce mot recouvre des réalités bien différentes selon les régions* · s'appliquer à • prendre un sens (+ adj.) : *ce mot prend un sens particulier dans ses textes* · signifier · vouloir dire • évoquer : *ce mot évoque tout de suite la peur* · exprimer
- avoir du sens · être chargé de sens
- perdre son sens · se vider de son sens
- sortir de l'usage · tomber en désuétude
- échapper à : *le mot m'échappe*

∾ VERBE + **mot**
- créer · fabriquer · forger · inventer • introduire (souvent passif) : *le mot a été introduit dans notre langue au XVIIe siècle*
- définir • épeler • traduire
- écrire · tracer
- emprunter ... à : *le français a emprunté le mot à l'italien au XVIe siècle*
- articuler : *elle articule bien chaque mot* · prononcer : *on évite de prononcer le mot qui fâche* • dire · lâcher • employer · utiliser : *il aime utiliser des mots rares* • balbutier · baragouiner · chuchoter · murmurer
- avaler (+ possessif) : *je me souviens d'un jeune homme timide qui avalait ses mots* · manger (+ possessif) • trébucher sur • écorcher
- marteler · scander : *la foule en liesse scandait le mot "encore"* • appuyer sur : *"il m'a transmis ce don", dit-il en appuyant sur le mot "don"* · insister sur

- (plur.) jongler avec · manier : *il manie les mots avec dextérité* · user de • accoupler · assembler · combiner
- chercher : *j'ai cherché le mot dans le dictionnaire ; je cherche le mot juste* • manquer de : *je manque de mots pour exprimer ma gratitude* • avoir ... sur le bout de la langue • trouver : *il a du mal à trouver ses mots*
- remplacer
- galvauder (souvent passif) : *le mot "solidarité" est souvent galvaudé* • confondre (plur.) : *il confond les mots "mégalomanie" et "mythomanie"* · intervertir
- se cacher derrière : *derrière le mot "éducation" se cache un véritable endoctrinement*
- éviter • bannir · interdire · proscrire : *j'ai proscrit ce mot de mon vocabulaire*
- barrer · effacer · raturer · supprimer

∞ NOM + DE + **mots**

- série · suite • groupe · liste • flot · torrent : *le livre est un torrent de mots, une cascade de phrases savoureuses*

²mot *nom masc.* (propos que quelqu'un tient, souvent plur.)

∞ **mot** + ADJECTIF

- bon° + nom : *le dernier bon mot de cet humoriste* · d'esprit°
- dernier° + nom : *elle veut toujours avoir le dernier mot ; 100 euros, c'est votre dernier mot ?*
- adéquat · approprié : *il a trouvé les mots appropriés pour exprimer leur sympathie* · juste • pesé · prudent · sage • prophétique • aimable · amical · apaisant • doux° : *il lui glissait des petits mots doux à l'oreille* · tendre • élogieux · flatteur
- décisif · fatidique : *le mot fatidique tombe, ce sera la peine de mort* · significatif • célèbre : *le célèbre mot de Vespasien : " l'argent n'a pas d'odeur"* · fameux
- fort : *"haïr" ? le mot est fort !* · grand° + nom : *"génie", c'est un grand mot ; tout de suite les grands mots !*
- cinglant · cruel · de colère · dur • amer · blessant · insultant · ordurier • terrible · terrifiant
- faible : *"bête" ? le mot est faible !* • couvert° : *ils évoquent à mots couverts la difficulté de faire campagne dans le contexte actuel* · feutré : *elle parle à mots feutrés de sa douleur*
- dénué de sens · vide de sens • incompréhensible : *il prononça quelques mots incompréhensibles*
- mielleux
- maladroit · malheureux · stupide

∞ **mot** + VERBE

- devenir · se faire (+ adj.) : *les mots se font plus durs*
- [plur.] • s'enchaîner · se succéder • se bousculer · se heurter · s'entrechoquer
- laisser entendre / entrevoir / transparaître · montrer
- manquer à : *les mots me manquent*
- rester en travers de la gorge : *ces mots insultants me sont restés en travers de la gorge* · fâcher : *il faut éviter les mots qui fâchent* · blesser
- aller droit au cœur : *ces mots me sont allés droit au cœur*
- étonner · surprendre • faire mouche : *le petit mot cinglant fait mouche* · frapper : *ces mots frappent l'imagination / l'inconscient collectif* · toucher : *ces mots m'ont touché au vif*

∞ VERBE + **mot**

- trouver : *je n'ai pas su trouver les mots pour le consoler*
- adresser · articuler : *elle est incapable d'articuler le moindre mot d'excuse* · chuchoter · dire : *j'ai quand même mon mot à dire dans cette affaire* · glisser : *je vais lui en glisser un mot* · murmurer · proférer : *il profère des mots d'une rare violence* · risquer · souffler · (en) toucher • ajouter : *j'aimerais ajouter encore un mot* · ne pas avoir dit° : *ne pas avoir dit son dernier mot* • échanger · se dire • se passer° · se donner° : *ils ont pris la même décision sans se donner le mot*
- ne pas mâcher° : *je ne compte pas mâcher mes mots*
- (bien) choisir · peser° : *il pèse ses mots / chaque mot*
- ne pas piper° (sans art.) : *elle n'a pas pipé mot de la soirée* · ne pas souffler°
- ne pas saisir° : *je n'ai pas saisi un traître mot de ce qu'elle a dit*
- prendre à° : *je l'ai pris au mot*

mot d'ordre

∞ **mot d'ordre** + ADJECTIF

- gouvernemental · syndical
- général · officiel · unique
- clair · simple : *ils s'étaient unis autour d'un mot d'ordre simple : "changer"*

∞ VERBE + **mot d'ordre**

- donner : *ils n'ont pas donné de mot d'ordre à ce sujet* · lancer : *il lançait son mot d'ordre favori : " Action"* • confirmer · maintenir : *les comités ont maintenu un mot d'ordre de manifestation* · reprendre
- répondre à : *la majorité a répondu au mot d'ordre de l'intersyndicale* · se rallier à · suivre
- braver : *ils ont bravé le mot d'ordre de grève.*

- suspendre • annuler · lever : *ils ont levé le mot d'ordre de grève*

mot de passe

∾ mot de passe + ADJECTIF

- individuel · personnel • commun (à) : *un mot de passe commun à plusieurs applications informatiques* • par défaut
- complexe · compliqué · difficile (à deviner / à trouver)
- bon [+ nom] : *un bon mot de passe doit être assez complexe pour ne pas être découvert.* · sûr • simple
- confidentiel · secret : *le mot de passe doit être gardé / tenu secret* • chiffré · codé · crypté · sécurisé
- mauvais [+ nom] : *j'ai bloqué mon dossier en saisissant un mauvais mot de passe*

∾ mot de passe + VERBE

- protéger : *un mot de passe protège l'accès aux données*

∾ VERBE + mot de passe

- (re)demander
- attribuer : *le fournisseur d'accès vous attribue un mot de passe* · donner · fournir
- avoir · posséder • obtenir · (re)trouver • choisir · créer · inventer • coder · crypter · chiffrer
- connaître • mémoriser · retenir · se rappeler · se souvenir de • conserver · noter
- essayer • (r)entrer · saisir · taper • utiliser : *il est dangereux d'utiliser un même mot de passe pour plusieurs sites* • enregistrer
- vérifier
- changer · modifier • effacer
- communiquer · divulguer · révéler
- découvrir · deviner • déchiffrer · décoder · décrypter • pirater · récupérer : *certains virus récupèrent les mots de passe* · voler
- oublier · perdre

motif *nom masc.* (raison)

∾ motif + ADJECTIF

- familial · personnel • légal · officiel • économique · médical · professionnel · etc.
- déterminant · grave · impérieux · sérieux
- avouable • crédible · plausible • bon [+ nom] · excellent · légitime · louable · raisonnable · valable • clair · concret · précis • suffisant : *ce n'est pas un motif suffisant pour être licencié*
- insuffisant • abusif · inavouable • égoïste · futile · mesquin • bidon[fam.] · fallacieux · faux [+ nom]
- caché

∾ motif + VERBE

- justifier

∾ VERBE + motif

- chercher
- avoir : *il faut avoir un motif sérieux pour contester cette décision* · trouver : *elle a trouvé un motif bidon pour se justifier*
- constituer : *cela ne constitue pas un motif valable pour s'absenter*
- alléguer · arguer de : *le quidam doit arguer d'un motif légitime pour détenir une arme* · avancer · fournir · invoquer • annoncer · établir : *les enquêteurs n'ont pas pu établir le motif de l'enlèvement* · indiquer · préciser : *l'inspection s'est refusée à préciser les motifs officiels de la sanction* · révéler
- comprendre · découvrir
- mettre en doute
- ignorer : *on ignore le motif officiel de sa convocation*

[1]motivation *nom fém.* (enthousiasme)

∾ motivation + ADJECTIF

- essentielle · indispensable · nécessaire · suffisante
- individuelle · personnelle • collective : *la motivation collective pour mettre en place un projet est quelque chose de très important*
- croissante · grandissante • contagieuse • accrue · énorme · exceptionnelle · extraordinaire · forte [+ nom] · grosse [+ nom] · importante · profonde · puissante · véritable [+ nom] · réelle [+ nom] • intacte
- chancelante · faible [+ nom] • insuffisante

∾ motivation + VERBE

- être au rendez-vous · être là : *la tâche est difficile mais la motivation est là*
- croître · grandir
- faire défaut à · manquer à
- s'émousser • disparaître

∾ VERBE + motivation

- demander · nécessiter · requérir
- donner : *les élections prochaines donnent une extraordinaire motivation aux militants*
- favoriser : *le travail par projet favorise la motivation des élèves* · préserver
- afficher · avoir · manifester · montrer • (re)trouver : *j'ai retrouvé ma motivation au terme d'une longue période de doute* • puiser ... dans : *il puise sa motivation dans le soutien de son entourage*
- gagner en • conserver · garder
- accroître · aiguiser · augmenter · décupler · entretenir · renforcer

- montrer · témoigner de
- mesurer · tester · vérifier : *ils veulent vérifier la motivation des étudiants*
- ébranler · émousser : *ma motivation est passablement émoussée depuis cette entrevue* · saper
- manquer de
- perdre : *j'ai perdu toute motivation*

2 motivation *nom fém.* (justification)

∾ motivation + ADJECTIF
- idéologique · morale · psychologique • religieuse • commerciale · économique · financière · pécuniaire · etc.
- personnelle · individuelle • consciente · inconsciente
- particulière • essentielle · numéro un · première : *la reconnaissance a toujours été sa motivation première* · principale
- obscure : *leurs motivations demeurent obscures*

∾ motivation + VERBE
- animer : *c'est une motivation pécuniaire qui l'anime*

∾ VERBE + motivation
- afficher · avoir
- constituer : *cela ne constitue pas une motivation suffisante* · représenter
- analyser · cerner · déterminer · interroger

∾ NOM + DE + motivations
- ensemble · faisceau : *un faisceau de motivations hétéroclites* · série

moustache *nom fém.*

∾ moustache + ADJECTIF
- en croc : *une moustache en croc souligne son air taciturne* • en brosse (à dents) • en guidon (de vélo) · tombante
- naissante : *un adolescent timide à la moustache naissante*
- belle + nom
- grande + nom · longue + nom (plur.) : *un chat aux longues moustaches* • énorme + nom · épaisse + nom · grosse + nom
- en bataille
- fine : *un visage barré d'une fine moustache* · petite + nom
- fausse + nom · postiche

∾ moustache + VERBE
- pousser
- piquer

∾ VERBE + moustache
- arborer : *il arbore une petite moustache depuis dix ans* · porter
- couper · tailler
- (se) raser

1 mouvement *nom masc.* (groupe, action concertée)

∾ mouvement + ADJECTIF
- associatif • politique • artistique · philosophique · religieux · littéraire · etc.
- social : *des retards dus à des mouvements sociaux dans les transports* · syndical • ouvrier • estudiantin · étudiant · lycéen · etc.
- civique · démocratique · citoyen • nationaliste · populiste • indépendantiste · séparatiste • altermondialiste · écologiste · pacifiste · utopiste • féministe · etc.
- alternatif · indépendant • international · national · local · régional · mondial
- spontané : *un mouvement spontané de protestation a éclaté dans plusieurs villes*
- contestataire · dissident · militant · protestataire · revendicatif · révolutionnaire • insurrectionnel · rebelle • subversif
- extrémiste · radical · intégriste • fondamentaliste · violent • réactionnaire · sectaire
- collectif · populaire · uni • formidable · grand + nom · important · impressionnant : *cet impressionnant mouvement de solidarité les a réconfortés* · large + nom : *les organisations veulent lancer un large mouvement de protestation contre la réforme* · profond · puissant : *ils se heurtent à un puissant mouvement de résistance nationale* • massif · vaste + nom : *un vaste mouvement de protestation*
- minoritaire · petit + nom • éphémère

∾ mouvement + VERBE
- commencer · démarrer
- [groupe] émerger · voir le jour · surgir · éclate
- agiter
- réclamer · revendiquer
- lutter contre / pour · se battre contre / pour
- reprendre du poil de la bête • s'accélérer · s'amplifier • être à son apogée
- continuer · durer · se poursuivre
- se durcir · se radicaliser
- être en perte de vitesse · faiblir : *le mouvement social ne faiblit pas* · s'essouffler

∞ VERBE + **mouvement**

- [groupe] créer · fonder : *il a fondé ce mouvement dans les années 1950*
- amorcer · déclencher · impulser · initier · provoquer • engager · lancer
- appartenir à · faire partie de • entrer dans · participer à · rejoindre · se joindre à · s'engager dans · s'impliquer dans · s'investir dans • s'inscrire dans
- coordonner · diriger · être à la tête de · mener
- aider · apporter son soutien à · favoriser · soutenir · encourager · suivre • donner un nouvel élan à
- (ré)unifier : *il a réussi à réunifier le mouvement syndical* • politiser : *la répression a contribué à politiser le mouvement* · radicaliser
- amplifier : *le syndicat veut amplifier le mouvement* · accélérer • poursuivre : *les chefs de clinique ont décidé de poursuivre leur mouvement* · reconduire : *ils ont décidé de reconduire leur mouvement de grève*
- canaliser : *le syndicat cherche à canaliser le mouvement de grève* · contrôler · récupérer : *certains syndicats essaient de récupérer le mouvement étudiant*
- donner un coup de frein à · freiner : *il essaie de freiner le mouvement de démocratisation amorcé un an auparavant* • affaiblir : *tout est fait pour affaiblir ce mouvement religieux* · balkaniser : *il ne veut pas balkaniser le mouvement dont il brigue la présidence* · menacer : *la guerre des chefs menace le mouvement*
- écraser · réprimer : *des chars avaient été envoyés pour réprimer ce mouvement de rébellion*
- se désolidariser de · se retirer de · quitter · abandonner
- interrompre · suspendre • arrêter : *ils ont décidé d'arrêter leur mouvement de grève*

∞ NOM + DE + **mouvement**

- figure de proue · chef (de file) · leader · tête · pilier : *elle fut un des piliers du mouvement féministe des années 1960* · égérie
- apogée • montée (en puissance) : *la montée en puissance du mouvement antimondialisation*
- poursuite · reconduction : *les employés on voté la reconduction du mouvement*
- effritement : *ils misent sur l'effritement du mouvement de protestation pendant les vacances* · essoufflement · pourrissement

[2] **mouvement** *nom masc.* (évolution, tendance)

∞ **mouvement** + ADJECTIF

- migratoire
- de fond° : *ils affirment incarner un mouvement de fond au sein de l'organisation* · extraordinaire [+ nom] : *les nouvelles technologies poussent à un extraordinaire mouvement de concentration des entreprises* · formidable · fort [+ nom] : *la persistance d'un fort mouvement de croissance* · gigantesque · important · large [+ nom] : *ces entreprises s'engagent dans un large mouvement de concentration* · puissant : *leur vive inquiétude devant le puissant mouvement de concentration dans le secteur audiovisuel* · sans précédent · violent : *l'euro a connu son plus violent mouvement de baisse depuis son lancement*
- irréversible
- petit [+ nom] • éphémère · passager
- erratique : *les mouvements erratiques de la Bourse* • incontrôlé

∞ **mouvement** + VERBE

- aller crescendo · s'accélérer
- durer · persister · se poursuivre : *ce mouvement de repli risque de se poursuivre dans les prochains mois*
- s'essouffler · ralentir

∞ VERBE + **mouvement**

- amorcer · déclencher · impulser · enclencher : *une fois que le mouvement sera enclenché, plus rien ne pourra l'arrêter* • engager : *la Banque centrale s'est enfin décidée à engager un mouvement de baisse de ses taux d'intérêt* · entraîner · générer · provoquer
- accélérer · accentuer : *les grandes devises internationales accentuent le mouvement de recul amorcé la semaine dernière* · hâter : *ces entretiens l'ont visiblement décidée à hâter le mouvement* • précipiter : *en éventant l'affaire, il a précipité le mouvement*
- assister à : *on assiste à un mouvement de désinvestissement* · constater
- prendre la mesure de · prendre conscience de • anticiper : *les investisseurs avaient anticipé ce mouvement* · prévoir
- accompagner : *l'État souhaite accompagner le mouvement de globalisation* · soutenir · encourager
- compenser • contrecarrer · désamorcer · limiter · s'opposer à • entraver : *cela risque d'entraver le mouvement de rapprochement entre nos deux pays* · freiner · ralentir · réduire
- stopper : *cette déclaration avait stoppé net le mouvement de hausse du dollar*

▷ voir aussi [1]**mouvement**

[3]mouvement *nom masc.* (déplacement)

∾ **mouvement** + ADJECTIF

- ascendant · ascensionnel • descendant • linéaire · rectiligne • centrifuge · hélicoïdal · oscillatoire · pendulaire · tournoyant • circulaire · giratoire · rotatif
- cyclique · intermittent • lent
- continu · incessant : *l'incessant mouvement de la caméra finit par agacer* · perpétuel • rapide

∾ VERBE + **mouvement**

- amorcer • déclencher · imprimer : *le mécanisme imprime un mouvement de rotation régulier au balancier* · impulser
- anticiper · détecter
- infléchir · orienter
- compenser : *l'appareil permet de compenser régulièrement le mouvement de rotation de la Terre* · freiner : *des forces magnétiques freinent le mouvement de rotation*
- entraver
- arrêter · interrompre · suspendre

[4]mouvement *nom masc.* (geste)

∾ **mouvement** + ADJECTIF

- musculaire · oculaire · respiratoire · etc.
- régulier · uniforme
- ample : *une danse aux mouvements amples et harmonieux* • énergique · rapide · vif
- fluide · souple · agile • gracieux · harmonieux • langoureux · sensuel
- incessant
- brusque · précipité
- disgracieux · saccadé · compulsif · incontrôlé : *un mouvement incontrôlé des yeux* • douloureux
- faux○ : *faire un faux mouvement*
- imperceptible · léger · petit + nom · timide • lent · ralenti

∾ VERBE + **mouvement**

- avoir : *elle a eu un mouvement d'impatience* · effectuer · exécuter · faire • travailler • être agité de : *il fut agité de mouvements compulsifs*
- être / rester libre de○ : *il est sous surveillance mais il reste libre de ses mouvements*
- décomposer : *elle nous a appris cette chorégraphie en décomposant chaque mouvement*
- entraver : *les longues manches entravaient ses mouvements* · gêner
- contenir · réprimer : *il ne put réprimer un mouvement de colère*

moyen *nom masc.* (procédé)

∾ **moyen** + ADJECTIF

- automatique · direct • mécanique · technique • expérimental • mnémotechnique : *j'ai trouvé un moyen mnémotechnique pour me rappeler le code d'entrée*
- coercitif○ · de pression○ • de persuasion • dilatoire
- puissant : *ces lettres constituent un puissant moyen de pression* • extrême · grands○ (plur.) : *il va falloir employer les grands moyens* · radical
- bon + nom · commode · efficace · éprouvé · excellent + nom · formidable • fiable · imparable · infaillible : *il existe un moyen infaillible de reconnaître les faux billets* · sûr • idéal · privilégié : *la marche est le moyen privilégié pour découvrir le pays* • adapté · adéquat · approprié • astucieux · avantageux · ingénieux · performant : *c'est un moyen performant de détection des produits dopants* · pratique · utile • facile · simple
- honnête · légal • légitime
- détourné : *il a trouvé un moyen détourné pour obtenir des renseignements* · subreptice : *le gouvernement a employé un moyen subreptice pour faire accepter cette réforme*
- de fortune · du bord○ (plur.) : *on a dû faire avec les moyens du bord*
- inadapté · inadéquat · inapproprié • déloyal · frauduleux · illégal · illégitime

∾ VERBE + **moyen**

- constituer
- chercher · étudier · examiner · réfléchir à
- développer · imaginer · inventer : *des chercheurs ont inventé un moyen pour réduire la pollution*
- indiquer · préconiser : *la commission préconise des moyens radicaux* · proposer · suggérer
- choisir · s'accorder sur • se doter de · trouver • disposer de · posséder
- avoir recours à · employer · mettre en œuvre · se servir de · recourir à · user de · utiliser : *il a utilisé des moyens détournés pour arriver à ses fins*

∾ NOM + DE + **moyens**

- armada · batterie : *une batterie de moyens techniques* · palette · panoplie · gamme

moyens *nom masc. plur.* (ressources)

∾ **moyens** + ADJECTIF

- intellectuels · physiques • diplomatiques · humains · politiques • budgétaires · financiers • informatiques · logistiques · matériels · techniques

- à disposition · disponibles
- bons + nom : *il dispose de bons moyens techniques pour réussir son projet* · décents • nécessaires · suffisants : *faute de moyens suffisants, ils n'ont pu terminer les travaux*
- amples + nom : *les organisations professionnelles souhaitent se doter de plus amples moyens financiers* · colossaux · considérables · énormes · gigantesques · gros + nom · importants · impressionnants • illimités
- démesurés · disproportionnés
- de fortune : *ils ont secouru les blessés avec des moyens de fortune* · dérisoires · faibles · insuffisants · limités · maigres · modestes : *elle a lancé son entreprise avec des moyens modestes* · pauvres + nom : *l'association doit se contenter de ces pauvres moyens* · petits + nom · réduits · restreints

∾ moyens + VERBE
- suffire
- assurer · permettre
- faire défaut · manquer

∾ VERBE + moyens
- mobiliser · rassembler · trouver
- accorder · allouer · donner · doter de · fournir · mettre à disposition · offrir • consacrer ... à : *l'Union va consacrer davantage de moyens à la recherche*
- accroître · augmenter · renforcer : *le ministère veut renforcer les moyens logistiques* • ne pas lésiner sur
- avoir · bénéficier de · disposer de · être doté de · posséder • se donner : *il faut se donner les moyens d'assurer le financement des développements* · se doter de
- avoir recours à · recourir à • employer · se servir de · user de · utiliser • exploiter : *il est dommage de ne pas exploiter tous les moyens à disposition* • (re)déployer
- être dépourvu de : *la chaîne de télévision nationale est totalement dépourvue de moyens* · manquer de : *ils manquent cruellement de moyens*
- dépasser : *cet achat dépasse largement mes moyens*
- être en (pleine) possession de : *il semble à nouveau en pleine possession de ses moyens physiques et intellectuels*
- couper : *il me coupe tous mes moyens*
- perdre : *dès que je le vois, je perds tous mes moyens*

∾ NOM + DE + moyens
- débauche · accroissement
- faiblesse • carence · manque • absence

mur *nom masc.*

∾ mur + ADJECTIF
- mitoyen • porteur • acoustique · antibruit • aveugle · nu · pignon • vitré
- droit
- bombé · ventru
- grand + nom · haut : *un mur haut de 5 mètres ; la propriété est entourée d'un haut mur* · infranchissable • épais · solide
- étanche • sain
- bas · petit + nom • mince
- branlant · délabré · fissuré • décrépi · écaillé · lépreux • humide · poreux

∾ mur + VERBE
- border · longer • entourer • diviser · partager : *ce mur partage la ville en deux parties* · séparer • clore : *un grand mur clôt la cour*
- suinter : *des murs qui suintent l'histoire / d'humidité*
- protéger (de) : *un mur protège le jardin des regards*
- pencher • s'écrouler · se délabrer · se fissurer · tomber (en ruine) : *le mur de Berlin est tombé en 1989*

∾ VERBE + mur
- bâtir · construire · dresser · élever · ériger : *le maire veut ériger un mur au nord de la ville*
- consolider · étayer · fortifier • rehausser · surélever
- blanchir · carreler · chauler · décaper · enduire · lessiver · peindre · poncer · rafraîchir · ravaler • couvrir ... de : *ils ont couvert le mur de graffitis* · tapisser ... de • décorer · égayer · orner
- accrocher à / sur · afficher à / sur · coller à / sur · épingler à / sur · placarder à / sur · punaiser à / sur · scotcher à / sur • écrire sur · inscrire sur · tagger (sur)
- plaquer contre • s'adosser à · s'appuyer contre • s'encastrer dans
- escalader · franchir · sauter (par-dessus) : *les fuyards ont sauté par-dessus le mur* • contourner · longer · raser [fig.] (plur.) : *depuis cette histoire, il rase les murs* • faire° : *faire le mur*
- dégrader • abattre · défoncer · démolir · détruire · faire sauter
- faire trembler° (plur.) : *il poussa un hurlement à faire trembler les murs*
- [obstacle] • buter contre · se cogner contre : *il se cogne contre un mur de silence* · se heurter à

∾ NOM + DE + mur
- pan • bout · coin

murmure *nom masc.*

∾ **murmure** + ADJECTIF

- incessant · ininterrompu · insistant · long [+ nom] : *le vent souffle en un long murmure*
- discret · léger • confus · étouffé · faible [+ nom] · imperceptible · inaudible · indistinct · lointain : *le murmure lointain des vagues*
- étrange · indéfinissable · mystérieux
- doux [+ nom] : *le doux murmure de la rivière* • approbateur · flatteur : *l'assistance l'accueillit avec un murmure flatteur*
- réprobateur · désapprobateur

∾ **murmure** + VERBE

- se faire entendre · s'élever de : *un murmure désapprobateur s'élève de la foule*
- parcourir : *un murmure parcourut l'assemblée*
- s'amplifier · s'intensifier

∾ VERBE + **murmure**

- déclencher · provoquer · susciter : *son discours a suscité des murmures d'agacement dans le public*
- entendre · percevoir : *on perçoit des murmures étranges dans les couloirs du château*

muscle *nom masc.*

∾ **muscle** + ADJECTIF

- lisse · strié • court · long • adducteur · extenseur · moteur · obturateur · redresseur • cardiaque · labial · oculaire · respiratoire · squelettique · etc.
- au repos · décontracté
- contracté · tendu
- d'acier (plur.) • hypertrophié · puissant · saillant · solide • développé · dur · ferme · gonflé • noueux : *une femme très mince aux muscles noueux*
- douloureux · endolori

∾ **muscle** + VERBE

- se crisper · tressaillir • se bander · se contracter · se gonfler · se tendre • s'étirer
- se décontracter · se détendre · se relâcher : *les muscles se relâchent au cours de la relaxation*
- s'ankyloser · se fatiguer • se déchirer · se froisser • se rétracter : *les muscles se rétractent à cause du froid*
- fondre : *depuis qu'elle est alitée, tous ses muscles ont fondu* · s'atrophier

∾ VERBE + **muscle**

- avoir : *elle a des muscles / du muscle* · être tout en° : *être tout en muscles*
- développer · se faire : *se faire les / des muscles* · travailler • gagner : *gagner du muscle* · prendre : *prendre du muscle*
- raffermir · tonifier
- mobiliser • bander · contracter · étirer · gonfler · tendre
- montrer [fig.] : *il est temps que l'ONU montre ses muscles* · (faire) rouler : *le bellâtre roulait ses muscles sous un tee-shirt immaculé*
- décontracter · détendre · relâcher
- (se) fatiguer • (se) claquer · (se) déchirer · (se) froisser • atrophier : *ce virus atrophie les muscles*

musique *nom fém.*

∾ **musique** + ADJECTIF

- grande° [+ nom] : *elle n'écoute que de la grande musique* • ancienne · baroque · classique · de chambre · médiévale • contemporaine · moderne • chorale · instrumentale · polyphonique · vocale • acoustique · électronique · synthétique : *il joue de la musique synthétique avec son ordinateur* • militaire • profane • religieuse · sacrée • ethnique · du monde • folklorique · traditionnelle • alternative · indépendante · underground • d'avant-garde · expérimentale • dodécaphonique · sérielle · tonale • originale : *la musique originale du film est disponible sur CD* • populaire · à la mode
- agréable · belle [+ nom] · bonne [+ nom] · excellente · extraordinaire · harmonieuse · mélodieuse • dansante · entraînante · excitante · festive · gaie · joyeuse · sautillante · vivante
- apaisante · douce • aérienne · légère • fascinante · langoureuse · majestueuse · suave • enchanteresse · enivrante · ensorcelante · envoûtante · planante
- étrange · bizarre • entêtante · obsédante · répétitive · lancinante
- lente • mélancolique · triste (à mourir)
- mièvre · sirupeuse • ennuyeuse · monotone • énervante · infernale
- agressive · violente • assourdissante · discordante · stridente

∾ **musique** + VERBE

- commencer : *que la musique commence !*
- aller crescendo
- accompagner : *cette musique accompagne le spectacle joué par les enfants* · illustrer : *la musique illustre parfaitement les images*
- bercer : *la musique baroque a bercé toute mon enfance* · porter : *laissez-vous porter par la musique*
- prendre fin · s'arrêter : *la musique s'arrêta brusquement* · s'interrompre

∾ VERBE + **musique**

- apprendre · étudier · s'initier à • faire : *j'ai fait de la musique classique pendant quinze ans* · s'adonner à · se consacrer à • se réfugier dans
- déchiffrer : *il faut apprendre le solfège pour déchiffrer la musique* · lire • connaître [aussi fig.] : *il connaît la musique depuis tout petit ; on me la fait pas, je connais la musique !*
- composer · écrire • exécuter · interpréter · jouer
- enregistrer • diffuser • télécharger : *il télécharge de la musique sur Internet*
- entendre • écouter
- aimer · apprécier · être sensible à • avoir une passion pour · être amateur de · être friand de : *je suis friand de musique baroque* • s'enivrer de
- danser sur : *elle aime danser sur de la musique électronique*

∾ NOM + DE + **musique**

- torrent · flot : *un flot de musique envahit la salle*
- morceau · air

mutisme *nom masc.*

∾ **mutisme** + ADJECTIF

- absolu · complet · grand + nom · profond · total • boudeur · farouche · obstiné · opiniâtre • assourdissant · éloquent
- persistant · prolongé : *son mutisme prolongé a valeur d'aveu*
- étrange · troublant · dérangeant · gênant
- étouffant · exaspérant • inquiétant • hostile

∾ VERBE + **mutisme**

- être atteint de · être frappé de : *depuis cette tragédie, il est frappé de mutisme* • sombrer dans · (re)tomber dans • garder : *il gardait un mutisme absolu* · s'astreindre à • se murer dans · s'enfermer dans · se plonger dans · se réfugier dans · se retrancher dans
- condamner à
- se heurter à : *il se heurte au mutisme de l'Administration*
- s'inquiéter de • dénoncer : *il dénonce le mutisme des autorités* · déplorer · regretter
- arracher à · briser · rompre · sortir de : *le gouvernement est enfin sorti de son mutisme*

mystère *nom masc.*

∾ **mystère** + ADJECTIF

- épais + nom · grand + nom · impénétrable · insondable · profond + nom : *cette affaire reste entourée d'un profond mystère* · véritable + nom · vrai + nom
- étrange · troublant · incompréhensible · incroyable · inexplicable
- persistant

∾ **mystère** + VERBE

- accompagner : *le mystère qui accompagne la vie du Chevalier d'Eon* · entourer : *le mystère qui entoure le meurtre du jardinier* · peser sur · planer (sur) : *il laisse planer le mystère pendant toute la première partie du film*
- dépasser : *ce mystère nous dépasse*
- s'épaissir : *le mystère s'épaissit d'heure en heure*
- rester / demeurer entier • demeurer · persister · planer · subsister : *toutes les hypothèses ont circulé mais le mystère subsiste*
- s'éclaircir : *le mystère s'éclaircit grâce aux aveux du coupable* · se dissiper

∾ VERBE + **mystère**

- faire○ : *ne fais pas tant de mystère ; il n'a jamais fait mystère de sa déception*
- cultiver · distiller · (s')entourer de · (s')envelopper de · faire / laisser planer
- être teinté de : *sa vie reste encore teintée de mystère* · receler : *ce domaine de recherche recèle autant de mystères que de certitudes* • conserver · garder : *la pyramide a gardé tout son mystère*
- ajouter à · épaissir · participer à : *le brouillard participe au mystère de la scène* · renforcer • entretenir : *cette actrice a toujours entretenu le mystère quant à sa vie privée* · préserver : *il n'a rien dévoilé pour préserver le mystère*
- explorer : *depuis vingt ans, il explore les mystères du cerveau* · sonder
- déchiffrer · décrypter · démêler · dévoiler · éclaircir · éclairer : *l'audition des témoins n'a pas éclairé ce mystère* · élucider · expliquer · pénétrer · percer · résoudre · révéler • dissiper · lever · lever le voile sur

mythe *nom masc.* (litt. et fig.)

∾ **mythe** + ADJECTIF

- cinématographique · littéraire · politique · familial • biblique : *les échos du mythe biblique du déluge dans la littérature contemporaine* • héroïque : *le sacrifice est une constante du mythe héroïque* · romantique : *le mythe romantique de l'artiste maudit*
- fondateur : *la défaite de Vercingétorix à Alésia est un mythe fondateur de l'histoire de France* · originel • national · universel
- vivant : *Elvis est devenu un mythe vivant* • moderne : *l'histoire de Frankenstein est un mythe moderne*

- ancestral · éternel · vieux $^{+ nom}$ • traditionnel
- bien ancré · tenace · véritable $^{+ nom}$ • récurrent
- célèbre · fameux $^{+ nom}$: *le fameux mythe de Sisyphe* · populaire

∾ **mythe** + VERBE
- émerger · naître
- entourer : *le mythe qui entoure cette civilisation*
- avoir la vie dure : *le mythe de la Révolution a la vie dure* · perdurer
- s'écrouler · s'effondrer · s'effriter · tomber

∾ VERBE + **mythe**
- construire · créer · engendrer · fabriquer · façonner · forger : *sa mort prématurée contribua à forger le mythe*
- constituer · devenir · incarner : *mieux que tout autre, il incarne le mythe de l'aventurier* • faire partie de
- être / rester attaché à
- alimenter · entretenir · nourrir : *la littérature nourrit le mythe du vampire* · renforcer • véhiculer : *c'est un mythe véhiculé par le cinéma* • faire revivre · ressusciter : *ce roman ressuscite le mythe d'Orphée* • perpétuer : *tous ces documentaires sur Marilyn Monroe ont perpétué le mythe*
- revisiter : *le spectacle revisite le mythe du loup-garou*
- remettre en cause • briser · casser · déconstruire : *le cinéaste déconstruit le mythe de l'amour absolu* · dégonfler : *ce reportage dégonfle le mythe de la jet-set* · détruire · dissiper · écorner : *les dernières études ont largement écorné le mythe de la toute-puissance masculine* • enterrer · en finir avec · rompre avec · tuer

∾ NOM + DE + **mythes**
- réservoir : *l'Asie constitue un réservoir de mythes et de légendes* · source

mythologie *nom fém.*

∾ **mythologie** + ADJECTIF
- celtique · égyptienne · grecque · latine · scandinave · etc.
- antique · classique • populaire · traditionnelle · ancienne $^{+ nom}$ · vieille $^{+ nom}$ • moderne
- collective · personnelle
- révolutionnaire · romanesque · urbaine · etc.

∾ VERBE + **mythologie**
- construire · créer · façonner · inventer : *le cinéaste a inventé une véritable mythologie du monde moderne*
- appartenir à · faire partie de • prendre place dans : *c'est à cette époque que le cerf a pris place dans la mythologie gauloise*
- entretenir : *ce roman entretient toute une mythologie autour de cette dynastie* · nourrir
- emprunter à · s'inspirer de : *son univers s'inspire de la mythologie scandinave*
- revisiter : *son roman revisite la mythologie grecque*

n

[1] naissance *nom fém.* (d'une personne)

∞ naissance + ADJECTIF

- sans complications • normale : *lors d'une naissance normale, la tête se présente en premier*
- avant terme · prématurée
- difficile : *des complications survenues après une naissance difficile* • non désirée : *un couple en crise après une naissance non désirée*
- multiple : *une aide est versée en cas de naissance multiple*
- [origine] • bonne [+ nom] · haute [+ nom]

∞ VERBE + naissance

- attendre : *ils attendent la naissance d'une petite fille*
- donner° (sans art.) : *elle a donné naissance à trois filles* • entraîner : *le choc a entraîné une naissance prématurée*
- assister à : *beaucoup d'hommes souhaitent assister à la naissance de leur enfant*
- annoncer : *la reine a annoncé la naissance d'un héritier* · faire part de • fêter : *ils ont fêté la naissance de leur premier enfant* • célébrer : *l'année prochaine on célébrera la naissance de Molière*
- favoriser : *les régimes alimentaires censés favoriser la naissance d'un garçon ou d'une fille*

[2] naissance *nom fém.* (point de départ)

∞ naissance + ADJECTIF

- juridique : *l'immatriculation constitue la naissance juridique du commerçant* • officielle

∞ VERBE + naissance

- prendre° (sans art.) : *l'incendie a pris naissance au troisième étage*
- aboutir à · conduire à · donner° : *la fusion des deux entreprises a donné naissance à une grande multinationale* · entraîner
- annoncer · préfigurer : *ce nouvel équipement préfigure la naissance d'un vaste complexe sportif* · préluder à
- contribuer à · permettre : *ces mesures ont permis la naissance de nouvelles entreprises* • encourager · favoriser
- devoir ... à
- assister à : *on assiste à la naissance d'une équipe prometteuse* · voir : *l'année qui a vu la naissance du cubisme*
- accompagner • présider à : *les valeurs qui ont présidé à la naissance de l'association*
- marquer · représenter
- célébrer · fêter · saluer
- annoncer : *le groupe a annoncé la naissance de sa nouvelle filiale* · faire part de • proclamer : *proclamer la naissance d'un État* • raconter · retracer : *un film qui retrace la naissance du mouvement hippie*
- empêcher : *le communiqué officiel n'a pas empêché la naissance d'une polémique* · éviter

naïveté *nom fém.*

∞ naïveté + ADJECTIF

- adolescente · enfantine
- abyssale · extraordinaire · extrême · grande [+ nom] · immense · incroyable · insondable · profonde · sans bornes
- charmante · délicieuse · poétique · rafraîchissante • attachante · désarmante · émouvante · touchante
- confondante · consternante · déconcertante · sidérante · stupéfiante · surprenante · troublante • agaçante · désespérante · navrante
- fausse [+ nom] · feinte • apparente : *sous l'apparente naïveté d'une comédie pastorale, il fait entendre un message pour le moins subversif*

∞ **naïveté** + VERBE

- désarçonner · étonner · laisser bouche bée · stupéfaire (passif) : *je suis stupéfait de la naïveté dont il fait preuve* · surprendre

∞ VERBE + **naïveté**

- être de (+ adj.) : *il est d'une naïveté désespérante* · faire preuve de · se montrer (+ adj.) : *il s'est montré d'une naïveté déconcertante* • friser : *sa sincérité frise la naïveté* • tourner à : *sa bonne volonté tourne à la naïveté*
- avoir : *il a la naïveté de croire toutes les promesses électorales* • relever de : *soutenir une telle affirmation relève de la naïveté* • être coupable de : *les victimes de l'escroc sont seulement coupables de naïveté* • pécher par : *je reconnais avoir péché par naïveté* • être empreint de · être teinté de
- pousser : *il pousse la naïveté jusqu'à croire les histoires les plus farfelues* • conserver · garder
- avouer · confesser · reconnaître : *il reconnaît sa naïveté dans cette affaire* • assumer : *il assume une certaine naïveté dans ses chansons* • plaider : *il plaide la naïveté et le manque d'expérience*
- mettre sur le compte de : *on mettra cet étonnement sur le compte de la naïveté*
- ironiser sur : *il ironise sur la naïveté de la jeune actrice* · railler · rire de · s'amuser de · se moquer de
- accuser de : *un roman souvent accusé de naïveté* · reprocher · taxer de • soupçonner de
- abuser de : *le notaire a abusé de la naïveté de son client* · exploiter · profiter de · tirer profit de
- perdre : *avec toutes ces épreuves elle a perdu sa naïveté*

∞ NOM + DE + **naïveté**

- dose : *il fait preuve d'une bonne dose de naïveté* • part : *une jeune adolescente avec sa part de naïveté ; son roman comporte une part de naïveté*

natalité *nom fém.*

∞ **natalité** + ADJECTIF

- forte + nom : *une période de forte natalité* · galopante : *un pays pauvre à la natalité galopante*
- faible + nom : *la faible natalité des pays développés*

∞ **natalité** + VERBE

- se maintenir : *la natalité se maintient à un niveau très élevé* · stagner
- retrouver son niveau de : *la natalité a retrouvé son niveau de 2000*
- afficher un taux élevé · augmenter · connaître une hausse · enregistrer une hausse · être en hausse · faire un bond · progresser • amorcer/connaître une reprise · remonter : *la natalité remonte légèrement depuis trois ans* · repartir (à la hausse) · reprendre : *il faut que la natalité reprenne pour assurer le renouvellement des générations* • rester forte : *la population est dense car la natalité reste forte* · se porter bien
- afficher un taux faible · baisser · chuter · connaître une baisse · décliner · décroître · diminuer · être en / enregistrer une baisse · retomber · s'effondrer : *la natalité devrait s'effondrer l'année prochaine* · souffrir d'une baisse / crise de · tomber bas • rester faible · se porter mal

∞ VERBE + **natalité**

- encourager · favoriser · promouvoir · soutenir • relancer : *une politique familiale qui vise à renouveler la natalité* • enrayer la chute de : *des mesures natalistes à même d'enrayer la chute de la natalité*
- abaisser · réduire : *les campagnes d'information contribuent à réduire la natalité*
- être un frein à : *le mariage tardif est un frein à la natalité*

∞ NOM + DE + **natalité**

- augmentation · hausse
- baisse · recul
- taux

nation *nom fém.*

∞ **nation** + ADJECTIF

- indépendante · souveraine • unique : *l'intégration des différentes tribus dans une nation unique*
- émergente : *les nations émergentes du handball international*
- avancée · développée · forte · grande + nom · industrialisée · industrielle · prospère · (ultra)puissante · riche
- civilisée : *ces pratiques ne sont pas dignes d'une nation civilisée* · démocratique · libre · ouverte sur le monde • pacifique
- unie : *une nation unie face à l'ennemi*
- divisée
- petite + nom • en voie de développement · pauvre · sous-développée • fragile · isolée
- dévastée · endettée · exsangue : *après ce long conflit, la nation est exsangue* · ruinée

∞ VERBE + **nation**

- construire · former : *les peuples de la région ont formé une nation*
- fonder : *le lien social qui fonde la nation*
- devenir • représenter : *le Parlement représente la nation*
- prendre / tâter le pouls de

- diriger • gouverner • s'adresser à : *le Président devrait s'adresser à la nation dans la soirée*
- consolider : *le gouvernement est parvenu à consolider la nation*
- affaiblir : *le conflit qui affaiblit la nation*
- mettre au ban de° : *mettre un pays au ban des nations*

nationalisme *nom masc.*

∾ nationalisme + ADJECTIF

- artistique • culturel • économique : *le nationalisme économique du pays est critiqué à l'étranger* • religieux • sportif
- ethnique : *un noyau idéologique fondé sur le nationalisme ethnique* • identitaire • populiste : *l'émergence d'un nationalisme populiste* • préélectoral • révolutionnaire • populaire : *une nouvelle forme de nationalisme populaire se dessine*
- modéré : *un parti qui défend un nationalisme modéré*
- exalté • extrême : *on assiste à un retour du nationalisme extrême* • farouche • féroce • fervent • intransigeant : *un peuple fier, au nationalisme intransigeant* • irréductible • profond • pur et dur • radical • redoutable • vigoureux • virulent • vivace • à fleur de peau : *les supporters font preuve d'un nationalisme à fleur de peau* • exacerbé • sourcilleux • à outrance : *c'est le nationalisme à outrance qui a déclenché le conflit* • outrancier • ambiant : *j'ai du mal à supporter le nationalisme ambiant* • dominant • montant • triomphant
- agressif • belliqueux • brutal • fanatique • guerrier • haineux • violent • cocardier • intégriste : *son discours est emprunt d'un nationalisme intégriste* • xénophobe • arrogant • aveugle : *les dangers d'un nationalisme aveugle* • dangereux • malsain • borné • étriqué : *il parle de son pays avec un nationalisme étriqué* • étroit • obtus : *des intellectuels ont dénoncé l'apparition d'un nationalisme obtus* • anachronique • archaïque • d'un autre âge : *son nationalisme d'un autre âge m'effraie* • réactionnaire • rétrograde

∾ nationalisme + VERBE

- émerger • (re)naître • resurgir : *un contexte où les nationalismes resurgissent* • se réveiller
- se faire jour • s'exprimer
- se développer • s'enraciner • se renforcer • se porter bien • triompher
- menacer : *un pays où le nationalisme menace la liberté*

∾ VERBE + nationalisme

- être le berceau de : *le nord du pays est le berceau du nationalisme*
- ranimer • réveiller
- être empreint de • être imprégné de : *ses écrits sont fortement imprégnés de nationalisme* • être mâtiné de • être teinté de
- basculer dans : *de jeunes militants ont brusquement basculé dans le nationalisme* • plonger dans • sombrer dans • tomber dans • trouver refuge dans • flirter avec : *une idéologie qui flirte avec le nationalisme* • verser dans : *il parle de son pays sans verser dans le nationalisme* • céder à • donner libre cours à : *une politique qui donne libre cours à un nationalisme radical*
- entretenir : *ces théories servent à entretenir le nationalisme* • exacerber • exalter • flatter : *il flatte le nationalisme vivace de l'armée* • nourrir • renforcer
- défendre : *ils défendent le nationalisme avec vigueur* • encourager • promouvoir • prôner : *une presse qui prône un nationalisme féroce*
- exploiter • jouer la carte de : *le candidat joue la carte du nationalisme exacerbé* • utiliser • être fondé sur : *un régime antidémocratique qui est fondé sur le nationalisme*
- être en butte à • se heurter à • souffrir de
- condamner • dénoncer • rejeter : *notre parti rejette le nationalisme* • s'en prendre à • combattre • mettre en garde contre : *l'écrivain met en garde contre un nationalisme agressif* • s'inquiéter de
- rompre avec • tourner la page de : *un gouvernement désireux de tourner la page du nationalisme*

∾ NOM + DE + nationalisme

- montée : *ce documentaire évoque la montée des nationalismes* • poussée • regain : *les attentats ont provoqué un regain de nationalisme* • retour • vague : *une vague de nationalisme et de xénophobie*
- chantre : *l'ancien ministre est le chantre du nationalisme économique* • champion : *ce politicien radical est le champion du nationalisme identitaire*

nationalité *nom fém.*

∾ nationalité + ADJECTIF

- communautaire : *le conjoint n'a pas une nationalité communautaire* • européenne • étrangère : *de nombreuses victimes sont de nationalité étrangère* • d'origine : *elle veut reprendre sa nationalité d'origine* • double [+ nom] : *il a la double nationalité franco-canadienne*
- incertaine : *un sans-papiers à la nationalité incertaine* • inconnue : *onze victimes de nationalité inconnue* • indéterminée

∞ VERBE + **nationalité**

- demander · réclamer · revendiquer : *les détenus revendiquent la nationalité française* · vouloir
- avoir droit à : *l'enfant a droit à la nationalité marocaine de sa mère*
- accorder · attribuer · conférer · donner · proposer • rendre : *les délégués ont décidé de rendre aux exilés leur nationalité d'origine* • donner accès à · faciliter l'accès à
- perdre : *il a perdu la nationalité française et souhaite la réintégrer*
- accéder à · acquérir : *la possibilité d'acquérir la nationalité portugaise* · bénéficier de · obtenir · recevoir : *elle a reçu la nationalité française en 1982* • adopter · choisir : *il envisage de choisir la nationalité américaine* · opter pour · prendre
- recouvrer · réintégrer · retrouver • reprendre
- avoir · posséder • conserver · garder
- se prévaloir de : *il s'est prévalu d'une nationalité européenne pour obtenir ce poste*
- connaître • déterminer : *la naissance sur un territoire détermine la nationalité* • confirmer · contrôler · prouver · établir · vérifier : *l'employeur doit vérifier la nationalité des candidats*
- mentionner · préciser : *le commentateur n'a pas précisé la nationalité des athlètes*
- changer de : *l'actrice envisage de changer de nationalité*
- refuser : *il s'est vu refuser la nationalité française* • déchoir de : *le terroriste a été déchu de sa nationalité* · déposséder de · priver de : *le fait qu'un citoyen réside à l'étranger ne peut le priver de sa nationalité* · retirer ... à : *le gouvernement peut retirer la nationalité britannique à toute personne constituant une menace pour le pays*
- abandonner : *il a récemment abandonné sa nationalité canadienne* · renoncer à : *les naturalisés doivent renoncer à leur nationalité d'origine*

[1] **nature** *nom fém.* (caractère d'une personne)

∞ **nature** + ADJECTIF

- humaine : *ce qu'il y a de pire dans la nature humaine*
- profonde · seconde° [+ nom] : *« L'habitude est une seconde nature »* (proverbe)
- contemplative · méditative : *le calme qui convient à sa nature méditative*
- expansive · extravertie · ouverte · sociable • énergique · enflammée · excessive · explosive · fougueuse · impétueuse : *derrière son calme apparent se cache une nature impétueuse* · indomptable · passionnée · sauvage · volcanique : *sa nature volcanique a fait beaucoup jaser* • indépendante
- déterminée · exigeante · obstinée · opiniâtre · résolue
- accommodante · affable · avenante : *une vendeuse souriante et de nature avenante* · bonne [+ nom] : *sa bonne nature la rend facile à vivre* · conciliante · docile · facile · serviable
- affectueuse · agréable · aimable · attachante · charmante · douce · enjouée · enthousiaste : *on recherche un employé dynamique et de nature enthousiaste* · facile · gaie · heureuse · insouciante · joviale · joyeuse • confiante · optimiste • courageuse : *le natif du Bélier se distingue par sa nature courageuse*
- agressive : *la nature agressive des Vikings* · bestiale · brutale · violente
- indécise · lunatique : *de nature lunatique, il passe brusquement du rire aux larmes* • imprévisible
- compliquée · difficile
- effacée · farouche · fermée · froide · introvertie · renfermée · réservée : *elle est d'un abord froid et d'une nature réservée* · secrète · timide
- méfiante : *de nature méfiante, les villageois ne facilitent pas notre enquête* · soupçonneuse • peureuse • angoissée · anxieuse · inquiète · mélancolique · tourmentée • émotive · sentimentale : *d'une nature sentimentale, elle met toujours l'amour au premier plan*

∞ **nature** + VERBE

- s'affirmer : *des projets qui permettent à sa nature énergique de s'affirmer*
- s'exprimer : *c'est sur scène que s'exprime sa nature extravertie* • se révéler : *sa véritable nature se révèle dans ses chansons*

∞ VERBE + **nature**

- être de (+ adj.) : *elle est d'une nature confiante*
- avoir (+ adj.) : *il a une nature tourmentée*
- révéler · reflète
- cacher : *elle cache sa nature anxieuse sous une apparente désinvolture* · dissimuler · masquer
- changer : *on ne peut pas changer sa nature profonde*
- entamer : *cet échec n'a en rien entamé sa nature optimiste* • pervertir : *il est facile de pervertir la nature humaine*

[2] **nature** *nom fém.* (caractère d'une situation, d'une relation, etc.)

∞ **nature** + ADJECTIF

- changeante : *la nature changeante de la société* · imprévisible · mouvante · capricieuse · instable · volatile

- énigmatique : *la nature énigmatique de ces statues* · floue · singulière • ambiguë · ambivalente : *la nature ambivalente de ses propos* · hybride · mixte · multiple • complexe · délicate : *la nature délicate de cette mission* · sensible
- vraie + nom · véritable + nom · réelle + nom

∾ VERBE + nature

- avoir (+ adj.) : *ce phénomène a une nature complexe*
- être de (+ adj.) : *ce conflit est d'une nature différente*
- déterminer · éclairer · élucider · étudier • (re)définir · préciser · repenser
- réfléchir à / sur · s'interroger sur : *je m'interroge sur la nature de l'accident*
- confirmer · se prononcer sur · vérifier : *un expert juridique vérifie la nature des contrats* • cerner · comprendre · connaître · découvrir
- mettre à nu : *son livre met à nu la nature réelle de cette guerre* · montrer : *un rapport qui montre la nature du projet* · révéler · trahir
- affecter · altérer · changer · modifier · transformer
- changer de : *le marché risque de changer de nature*
- ignorer : *les médecins ignorent la nature de la maladie*
- dissimuler : *ils cherchent à dissimuler la nature de leurs activités* · cacher · masquer

3 nature *nom fém.* (environnement)

∾ nature + ADJECTIF

- immaculée · indomptée · intacte : *une nature encore intacte* · intouchée · préservée · sauvage · vierge · pleine + nom
- belle + nom · enchanteresse · exceptionnelle · impressionnante · majestueuse · riante : *la nature riante rend la promenade agréable* · splendide · sublime • idyllique : *la nostalgie d'une nature idyllique* • reposante : *une petite maison au sein d'une nature reposante* • accueillante · généreuse · hospitalière • exubérante · flamboyante · grandiose · luxuriante · opulente
- capricieuse · hostile · impitoyable : *un pays rude où la nature impitoyable est reine* · ingrate · inhospitalière · rude

∾ nature + VERBE

- s'étendre : *la nature s'étend à perte de vue*
- régner : *une région où règne une nature luxuriante* • reprendre ses droits : *dès qu'on quitte la capitale, la nature reprend ses droits* · se déchaîner : *le spectacle impressionnant de la nature qui se déchaîne* · envahir : *la nature envahit les lieux désaffectés* • détruire : *« L'homme n'a pas fini de construire que la nature détruit déjà »* (Victor Hugo, *Le Rhin*, lettre X)

∾ VERBE + nature

- préserver · protéger · respecter · sauvegarder : *des mesures qui contribuent à sauvegarder la nature*
- communier avec · entrer en communion avec · être / vivre en harmonie avec · être / vivre en symbiose avec • idéaliser
- être épris de : *les citadins épris de nature*
- apprivoiser · domestiquer : *l'homme a toujours voulu domestiquer la nature* · dompter · maîtriser
- contempler · étudier · observer
- copier · imiter : *l'art imite la nature*
- laisser faire : *doit-on l'opérer ou laisser faire la nature ?*
- bouleverser · détruire · dévaster · ravager · saccager

∾ NOM + DE + nature

- bout · coin : *un coin de nature au cœur de la ville* · morceau : *un morceau de nature encore vierge*

dans la nature

- [fig.] • disparaître · s'évanouir · s'évaporer • lâcher

1 naturel *nom masc.* (caractère)

∾ naturel + ADJECTIF

- confiant · optimiste • flegmatique : *on dit les Anglais d'un naturel flegmatique* · insouciant • calme · modéré : *je me suis emporté malgré mon naturel modéré* · patient · philosophe : *j'admire ton naturel philosophe* · posé • accommodant · arrangeant · conciliant • compatissant · généreux · sensible
- bavard · communicatif : *d'un naturel communicatif, il a répondu volontiers à nos questions* · expansif · ouvert · spontané : *ils apprécient sa fraîcheur et son naturel spontané* • curieux • affable · bonhomme : *c'est quelqu'un de simple et d'un naturel bonhomme* · chaleureux · doux
- discret · effacé · renfermé · réservé • modeste : *d'un naturel modeste, il fuit ce genre de cérémonie*
- farouche · méfiant · rétif · sceptique • alarmiste · angoissé · anxieux · inquiet · pessimiste · peureux
- prévoyant · prudent
- dépressif : *il a toujours été d'un naturel dépressif* · sombre • jaloux • violent : *je ne suis pas d'un naturel violent mais il ne faut pas m'embêter* • impatient

∾ VERBE + naturel

- être de (+ adj.) : *elle est d'un naturel confiant*
- refléter : *son attitude reflète un naturel anxieux* · révéler · montrer

- retrouver : *elle a retrouvé son naturel malicieux*
- forcer : *il va jusqu'à forcer son naturel réservé dans un livre-confession* · garder • chasser : *il est inutile de chasser le naturel* • perdre : *il n'a rien perdu de son naturel optimiste*

²naturel *nom masc.* (aisance, spontanéité)

∞ naturel + ADJECTIF

- absolu · grand ⁺ ⁿᵒᵐ : *elle raconte son histoire avec le plus grand naturel* · imperturbable · inimitable · parfait : *les personnages évoluent avec un parfait naturel*
- confondant · déconcertant · étonnant · étourdissant · sidérant
- attendrissant · désarmant · irrésistible
- impudique

∞ naturel + VERBE

- désarçonner : *il s'est exprimé avec un naturel qui a désarçonné tout le monde* · surprendre · sidérer
- séduire : *son naturel a séduit le jury* · attendrir · toucher

∞ VERBE + naturel

- afficher (+ adj.) : *il affiche un naturel étonnant* · faire preuve de : *elle fait preuve de beaucoup de naturel avec les élèves* · se montrer (+ adj.)
- retrouver : *il a retrouvé son naturel malgré le stress*
- interpréter avec • passer avec : *elle passe du rire aux larmes avec un parfait naturel*

¹naufrage *nom masc.* (d'un bateau)

∞ naufrage + ADJECTIF

- dramatique : *le livre raconte le naufrage dramatique du navire pendant une tempête* · meurtrier

∞ naufrage + VERBE

- avoir lieu · se produire · survenir
- causer / provoquer une marée noire / une catastrophe écologique • coûter la vie à · entraîner la mort de

∞ VERBE + naufrage

- faire° : *elle a fait naufrage au large des côtes bretonnes*
- entraîner · être à l'origine de : *une torpille serait à l'origine du naufrage* · provoquer
- assister à : *ils ont assisté impuissants au naufrage du pétrolier*
- déterminer les causes de · enquêter sur : *la commission chargée d'enquêter sur le naufrage du bateau*
- être responsable de
- échapper à · survivre à
- disparaître dans · mourir dans · périr dans

²naufrage *nom masc.* (déchéance)

∞ naufrage + ADJECTIF

- idéologique · moral • économique · industriel · financier • judiciaire • scolaire • électoral · politique · etc.
- annoncé · inévitable · prévisible : *faute d'investissements, le naufrage de l'entreprise était prévisible* · programmé
- collectif : *le naufrage collectif de l'équipe après la défaite* • complet : *la performance de l'acteur sauve le film du naufrage complet* · retentissant

∞ VERBE + naufrage

- entraîner (dans) : *les désaccords ont entraîné le naufrage des négociations; la fermeture de l'usine entraîne dans son naufrage toute la région* · provoquer • aboutir à · conduire à · mener à · se solder par : *sa campagne électorale s'est soldée par un naufrage*
- tourner à : *une affaire qui tourne au naufrage judiciaire* · virer à : *le médiateur n'a pas empêché le débat de virer au naufrage*
- annoncer · augurer · prédire : *les plus pessimistes prédisent un naufrage économique*
- assister à : *le pays assiste au naufrage des institutions*
- expliquer : *le manque de préparation explique ce naufrage*
- être responsable de : *les dirigeants disent ne pas être responsables du naufrage de l'entreprise*
- empêcher · éviter
- échapper à • sauver de : *un rachat qui devrait sauver la société du naufrage*

nécessité *nom fém.*

∞ nécessité + ADJECTIF

- commerciale · économique · financière · matérielle • politique · professionnelle · sociale • morale · psychologique · intérieure : *une vocation, c'est une nécessité intérieure*
- vraie ⁺ ⁿᵒᵐ · véritable ⁺ ⁿᵒᵐ · réelle ⁺ ⁿᵒᵐ • absolue · impérative · impérieuse : *la nécessité impérieuse de faire triompher la vérité* · incontournable · profonde · supérieure : *la nécessité supérieure de la lutte contre le terrorisme* · vitale • première ⁺ ⁿᵒᵐ : *des produits de première nécessité* • pressante · urgente • criante · évidente · flagrante : *la nécessité flagrante d'une réflexion sur le problème* · manifeste : *ils n'interviendront qu'en cas de nécessité manifeste* · objective : *la nécessité objective d'une réforme* • incontestable · indiscutable
- simple ⁺ ⁿᵒᵐ

∞ nécessité + VERBE

- apparaître : *cette nécessité est apparue durant le tournage du film* · poindre : *je sens poindre la nécessité d'intervenir*
- s'imposer : *cette nécessité s'impose de manière de plus en plus criante* · se présenter
- guider : *la coordination est une nécessité qui guide les travaux* • motiver · porter à : *la nécessité qui porte les survivants à témoigner*
- faire loi○ : *« Nécessité fait loi »* (proverbe)

∞ VERBE + **nécessité**

- être : *l'information de la population est une nécessité* · se présenter comme · s'imposer comme : *l'écriture s'impose comme une nécessité*
- renforcer : *le risque d'intempéries renforce la nécessité d'une bonne protection* • ne rien enlever à : *ces résultats encourageants n'enlèvent rien à la nécessité de progresser*
- admettre · croire à / en : *je crois en la nécessité de travailler ensemble* · être convaincu de · être persuadé de • éprouver · ressentir : *je ne ressens pas la nécessité d'en parler* · sentir • comprendre · prendre conscience de · reconnaître • s'accorder sur · s'entendre sur
- (ré)affirmer : *le ministre a affirmé la nécessité de lutter contre l'échec scolaire* · arguer de · avancer · évoquer · expliquer · faire valoir · invoquer · justifier : *l'essor du tourisme justifie la nécessité des travaux* · parler de · souligner • insister sur · mettre en avant · mettre en évidence · mettre l'accent sur · rappeler · revenir sur
- apprécier · mesurer • réfléchir à · s'interroger sur • conclure à : *le rapport conclut à la nécessité de fermer le site*
- illustrer · montrer · témoigner de • convaincre de · démontrer · persuader de • confirmer
- être confronté à : *des employés confrontés à la nécessité de développer leurs compétences* · être soumis à
- obéir à : *son départ obéit à une nécessité intérieure* · répondre à • concilier : *il faut concilier les nécessités du court terme et du long terme*
- être coincé entre ... et ... · être partagé entre ... et ... : *il est partagé entre la nécessité de faire croire qu'il sait et celle d'apprendre* · être pris entre ... et ... · être tiraillé entre ... et ...
- contester · douter de · (re)mettre en cause · (re)mettre en question • ne pas voir : *je ne vois pas la nécessité d'une réunion pour le moment*

négation *nom fém.*

∞ négation + ADJECTIF

- absolue · brutale : *la négation brutale des droits de l'homme* · pure et simple · radicale : *ses propos sont une négation radicale de nos valeurs* • systématique • complète · totale
- absurde : *la négation absurde de la réalité*

∞ VERBE + **négation**

- constituer : *cette pratique constitue une négation du débat public*
- conduire à : *ces exigences conduisent à la négation totale du droit des étrangers*
- bâtir sur · établir sur : *on ne peut établir la paix sur la négation des droits d'un peuple* · être fondé sur : *un mode de vie fondé sur la négation de l'autre* • reposer sur
- persister dans · s'obstiner dans : *il s'obstine dans la négation du passé*

négligence *nom fém.* (caractère, acte)

∞ négligence + ADJECTIF

- administrative · médicale · parentale · professionnelle
- grosse + nom : *l'erreur serait due à une grosse négligence* · majeure • caractérisée · extrême · flagrante · grande + nom · manifeste · pure et simple
- blâmable · consternante · fautive : *le médecin a été condamné pour négligence fautive* · grave · impardonnable · inadmissible · inquiétante · intolérable · lourde : *un enfant victime de négligences lourdes* · révoltante • coupable · criminelle • fatale

∞ VERBE + **négligence**

- être de (+ adj.) : *il a été d'une négligence révoltante* · être coupable de • commettre • faire montre de · montrer · faire preuve de · se montrer de (+ adj.)
- assumer : *l'électricien assume les négligences à l'origine de l'incendie* • réparer
- (plur.) accumuler · multiplier : *il multiplie les négligences de gestion*
- prouver : *la banque devra prouver la négligence du détenteur de la carte*
- pointer · souligner
- dénoncer · mettre en cause · protester contre • accuser de · reprocher · soupçonner de • taxer de : *il pourrait être taxé de négligence envers la sécurité nationale*
- excuser · pardonner : *son inexpérience ne pardonne pas ses négligences* · tolérer
- punir · sanctionner : *toute négligence sera sanctionnée*

négociation *nom fém.* (souvent plur.)

∞ **négociation** + ADJECTIF

- commerciale · diplomatique · politique · sociale • contractuelle · salariale
- bilatérale · multilatérale · paritaire • directe · indirecte · interne • exclusive
- globale · importante · vaste • collective
- ouverte
- finale · ultime
- à huis clos · secrète
- approfondie · intense · sérieuse
- marathon · rapide
- interminable · longue + nom
- permanente : *il y a une négociation permanente entre le film et la réalité*
- (à l') amiable · pacifique
- efficace
- âpre · ardue · délicate · difficile · dure · houleuse · rude · tendue · serrée : *la municipalité et les associations se réunissent pour des négociations serrées* • laborieuse
- impossible • vaine

∞ **négociation** + VERBE

- commencer · être ouverte · s'engager • se préparer · s'organiser
- avoir lieu · être en cours · se dérouler · se nouer : *les véritables négociations ne pourront se nouer que dans un an minimum* • s'effectuer • reprendre
- se poursuivre · s'éterniser • aller bon train
- se focaliser sur
- être au point mort · faire du surplace · patiner · rester en plan · s'enliser · tourner à vide
- aboutir · déboucher sur · réussir
- achopper : *les négociations achoppent sur le temps de travail* • échouer · tourner court
- arriver à son terme · s'achever · toucher à sa fin

∞ VERBE + **négociation**

- amorcer · commencer · engager · engager (un processus de) · entamer · entreprendre · lancer · ouvrir (un processus de) · s'asseoir à la table de · s'engager dans
- conduire · mener · présider • préparer
- demander · réclamer
- imposer
- être le fruit de • être en cours de · être l'objet de · faire l'objet de
- être propice à · être un préalable à · servir de base à
- être impliqué dans · être partie à · intervenir dans · mettre la main à · participer à · revenir à la table de
- conduire à la table de · laisser place à · permettre • favoriser · privilégier · promouvoir
- faciliter · faire avancer • ramener à la table de • relancer · sortir de l'impasse : *sortir la négociation de l'impasse* · tirer de l'impasse : *tirer la négociation de l'impasse*
- élargir : *ils tentent d'élargir la négociation sur le salaire minimum* · multiplier (plur.)
- continuer · poursuivre · reprendre
- achever · conclure • faire aboutir
- quitter · se retirer de • renoncer à
- suspendre • arrêter · clore · mettre fin à · stopper
- exclure : *il exclut toute forme de négociation avec ce gouvernement* · fermer la porte à · refuser · rejeter • exclure de : *les acteurs qu'on veut exclure de la négociation*
- bloquer · freiner · geler · paralyser • compliquer · hypothéquer · parasiter · peser sur • faire capoter*fam.* · faire échouer
- claquer la porte de · rompre

∞ NOM + DE + **négociations**

- [plur.] • table : *conduire / s'asseoir / ramener à la table des négociations* · porte : *claquer la porte des négociations*
- processus · cycle

nervosité *nom fém.*

∞ **nervosité** + ADJECTIF

- ambiante : *son calme tranche avec la nervosité ambiante*
- palpable · perceptible · visible
- exacerbée · extrême · grande + nom : *elle est d'une grande nervosité* · incroyable · intense • croissante · grandissante • persistante : *la nervosité persistante des marchés financiers*

∞ **nervosité** + VERBE

- régner : *une grande nervosité règne dans la capitale*
- gagner : *la nervosité gagne la troupe avant le spectacle*
- s'expliquer par : *sa nervosité s'explique par son manque de préparation*
- augmenter · grandir · monter (d'un cran) : *la nervosité monte à l'approche de l'annonce officielle* · s'accentuer
- persister · s'installer : *la nervosité s'installe au sein des délégations ministérielles*

∞ VERBE + **nervosité**

- être de (+ adj.) : *il est d'une nervosité extrême*
- éprouver · ressentir : *une certaine nervosité se ressent dans les coulisses* · sentir

- faire montre de : *les groupes extrémistes font montre d'une grande nervosité* • manifester : *les deux camps manifestaient une certaine nervosité*
- accentuer • accroître • alimenter • attiser : *les malentendus attisent la nervosité au sein du couple* • augmenter • contribuer à : *l'insuffisance de sommeil contribue à la nervosité* • entretenir • exacerber • renforcer
- illustrer • témoigner de • traduire • trahir : *ses gestes ne trahissent aucune nervosité*
- avouer • confesser
- cacher • camoufler • dissimuler : *elle a du mal à dissimuler sa nervosité* • masquer : *cette attitude agressive masque mal la nervosité croissante de l'accusé*
- canaliser • contenir : *un sport où il faut contenir sa nervosité* • contrôler • tromper : *il fume pour tromper sa nervosité*
- apaiser • calmer • dissiper

∞ NOM + DE + **nervosité**

- signe : *son entourage montre des signes de nervosité*

netteté *nom fém.* (propreté, clarté, précision)

∞ **netteté** + ADJECTIF

- absolue • extraordinaire • extrême : *des photos d'une netteté extrême* • grande $^{+ nom}$ • impeccable • impressionnante • irréprochable • parfaite • remarquable • rigoureuse • étonnante : *l'image est d'une netteté étonnante* • singulière • implacable : *un tempo d'une netteté implacable* • redoutable

∞ VERBE + **netteté**

- manquer de : *la photo manque de netteté*

avec netteté

- apparaître • ressortir • se dessiner : *ses intentions se dessinent avec netteté*
- affirmer : *le rapport affirme avec netteté les dispositions à prendre* • dire • répondre • s'exprimer

neutralité *nom fém.*

∞ **neutralité** + ADJECTIF

- politique : *la neutralité politique de l'armée* • religieuse
- objective • scientifique : *les chercheurs en quête de neutralité scientifique*
- officielle : *la neutralité officielle du pays pendant le conflit* • légendaire : *un sujet sur lequel le pays a conservé sa neutralité légendaire* • traditionnelle
- indispensable • nécessaire : *la neutralité nécessaire à l'enseignement laïque* • irréprochable • parfaite • redoutable • rigoureuse • scrupuleuse • stricte • absolue • totale • sacro-sainte $^{+ nom}$
- affichée • affirmée • revendiquée
- bienveillante : *il écoute son patient avec une neutralité bienveillante* • de bon aloi • éthique
- relative
- apparente • de façade • fausse $^{+ nom}$ • hypocrite • prétendue $^{+ nom}$: *sa prétendue neutralité est un prétexte pour masquer son embarras* • supposée
- ambiguë : *un pays à la neutralité ambiguë pendant le conflit* • coupable • discutable

∞ VERBE + **neutralité**

- appeler à • exiger • rechercher
- être un modèle de : *la science est considérée comme un modèle de neutralité*
- observer • respecter : *vous devez respecter une neutralité absolue pendant la campagne* • afficher • faire montre de : *ils devront faire montre de neutralité dans leur travail* • faire preuve de • montrer • adopter • jouer : *il joue la neutralité même s'il a choisi son camp*
- conserver • garder : *l'historien garde une neutralité objective* • maintenir
- être attaché à : *une population qui était jusque-là attachée à la neutralité* • prôner • assurer • garantir
- affirmer • déclarer : *le pays déclare officiellement sa neutralité* • revendiquer
- s'appuyer sur • se réfugier derrière
- douter de • mettre en cause : *le documentaire met en cause la neutralité du dirigeant*
- manquer de : *son discours manque de neutralité*
- compromettre • menacer : *cette loi menace la neutralité des institutions publiques* • porter atteinte à
- abandonner • se départir de : *il faut enquêter sans se départir de sa neutralité* • sortir de

∞ NOM + DE + **neutralité**

- devoir : *l'Administration n'a pas failli à son devoir de neutralité* • principe : *invoquer le principe de neutralité* • attitude : *adopter / observer / respecter une attitude de neutralité* • politique • position : *le gouvernement adopte une position de neutralité*

nez *nom masc.*

∞ **nez** + ADJECTIF

- droit • grec • aplati • camard • camus • écrasé • épaté • effilé • étroit • fin • pincé • aquilin • bourbonien • busqué • courbé • crochu • en bec d'aigle • recourbé • en patate • rond • en trompette • fripon • mutin • retroussé • pointu • en pied de marmite • en selle • bourgeonnant • bourgeonné : *le nez bourgeonné d'un ivrogne* • rouge

- allongé · grand [+ nom] · gros [+ nom] · large · long • énorme · proéminent · protubérant
- court · petit [+ nom]
- beau [+ nom] · joli [+ nom] · mignon · ravissant : *elle a un petit nez ravissant* • parfait
- bossu · difforme · tordu • affreux · horrible
- cassé · de boxeur
- de clown · faux [+ nom]

∞ nez + VERBE
- couler • saigner
- être bouché : *il a le nez bouché à cause d'un rhume* · être encombré • être obstrué
- défigurer : *elle était défigurée par un nez difforme*

∞ VERBE + nez
- froncer · plisser • lever° fig. : *impossible de lever le nez du livre, l'histoire est palpitante !*
- se boucher · se pincer • se curer · se frotter · se gratter
- être pris de° : *il est tout le temps pris du nez*
- (s')essuyer · (se) moucher • dégager
- refaire : *elle s'est fait refaire le nez* · remodeler : *le chirurgien lui a remodelé le nez*
- (se) casser · (se) fracturer

par le nez
- expirer · inhaler · inspirer · respirer · souffler

[1]niveau *nom masc.* (degré, seuil)

∞ niveau + ADJECTIF
- marin · sonore
- général · global • national · officiel • moyen · normal
- imposé · requis
- initial
- inconnu depuis (+date) : *un niveau inconnu depuis 1977* · inédit
- comparable · égal · équivalent
- acceptable · décent · nécessaire · raisonnable · satisfaisant · souhaitable · suffisant · supportable · tolérable • adapté · adéquat · approprié · conforme à : *un niveau conforme aux exigences du marché* • optimal · optimum
- élevé : *un niveau historiquement élevé* · haut [+ nom] : *le taux de natalité a atteint son plus haut niveau depuis six ans* · important · supérieur • exceptionnel · extraordinaire · significatif : *la pollution atmosphérique a atteint un niveau significatif* · vertigineux • historique · inégalé · inhabituel · jamais atteint · jamais égalé · jamais enregistré · jamais vu · record · sans précédent • symbolique • maximal · maximum
- constant · régulier
- bas : *un niveau historiquement bas* · faible · inférieur · modéré · modeste · moindre : *l'entreprise demeure rentable mais à un niveau moindre* • minimal · minimum · plancher • zéro : *cette émission est le niveau zéro de l'intelligence*
- excessif • anormal : *la température a atteint un niveau anormal* · catastrophique · critique · désastreux · désespérant · effarant · inquiétant · préoccupant • inacceptable · insuffisant · intolérable : *la violence a atteint un niveau intolérable*

∞ niveau + VERBE
- arriver : *le niveau arrive dans la zone rouge* · atteindre : *le niveau des eaux a atteint une cote d'alerte* • demeurer à · rester à · se maintenir à : *le prix des loyers se maintient à un niveau élevé* • se stabiliser · stagner : *le niveau de vie stagne depuis deux ans*
- augmenter : *le niveau augmente quand la marée monte* · grimper : *le niveau des stocks grimpe et les prix chutent* · (re)monter : *le niveau est monté d'un cran* · s'élever : *le niveau des eaux s'est élevé dans la Somme* • excéder : *le niveau des dépenses excède celui des recettes*
- baisser · chuter : *le niveau des commandes a chuté de 20 %* · dégringoler · diminuer : *le niveau des rémunérations diminue sans cesse*

∞ VERBE + niveau
- afficher : *le taux de réussite affiche un niveau jamais atteint* · connaître · enregistrer · se situer à : *le taux d'abstention se situe à un niveau record* • conserver : *l'entreprise veut conserver le même niveau de productivité* · demeurer à · garder · (se) maintenir à : *la délinquance se maintient à un niveau élevé* · rester à • se stabiliser à · stagner à : *l'audience de l'émission stagne à un niveau raisonnable*
- arriver à · atteindre · parvenir à · se hisser à · se placer à • remonter à · repasser à · retourner à · retrouver · revenir à
- rattraper · rejoindre • dépasser · franchir : *l'indice boursier a franchi un niveau symbolique*
- ramener ... à · replacer à
- assurer · garantir
- chuter à : *le cours du brut a chuté à un niveau record* · descendre à · tomber à • monter à · s'élever à
- améliorer · redresser : *des efforts sont faits pour redresser le niveau de l'aide publique* · rétablir
- abaisser · réduire : *il faut réduire le niveau de pollution*

- estimer · évaluer : *il est difficile d'évaluer le niveau de consommation* • contrôler · surveiller : *les agents chargés de surveiller le niveau d'eau* • s'inquiéter de
- avoir une incidence sur : *la nouvelle loi n'a pas eu d'incidence sur le niveau d'indemnisation* · avoir une influence sur · influer sur · modifier · se répercuter sur : *cela se répercute sur le niveau général de la santé publique*
- accroître · augmenter · élever · rehausser · relever · remonter · renforcer : *ils veulent renforcer le niveau de sécurité*

2 **niveau** *nom masc.* (de compétence)

∞ niveau + ADJECTIF

- professionnel • culturel · d'éducation · intellectuel : *le faible niveau intellectuel de l'émission* · social • académique · éducatif · scolaire • international : *un athlète de niveau international* · national
- acceptable · bon + nom : *un judoka de bon niveau* · décent · honnête : *il a atteint un niveau honnête en italien* · honorable · satisfaisant · suffisant · vrai + nom • moyen • élevé · exceptionnel · remarquable · haut + nom
- inégal · médiocre : *un élève de niveau médiocre* • au ras des pâquerettes *fam.* · mauvais + nom • catastrophique

∞ niveau + VERBE

- baisser · diminuer · se dégrader : *le niveau de jeu de l'équipe s'est dégradé*
- (re)monter : *le niveau scolaire général est remonté l'année dernière*
- stagner

∞ VERBE + niveau

- améliorer · redresser · rétablir
- afficher : *ce joueur affiche un niveau des plus moyens* · avoir
- acquérir · arriver à · atteindre · parvenir à • retrouver : *la consommation a retrouvé un niveau comparable à celle de 2004* • rattraper · rejoindre : *il a rejoint le niveau de son adversaire*
- assurer · garantir : *son expérience garantit un niveau satisfaisant* • maintenir : *il a su se maintenir à un niveau honnête*
- estimer · évaluer : *le professeur évalue le niveau de ses élèves*
- avoir une incidence sur : *ses problèmes familiaux ont eu une incidence sur son niveau scolaire* · avoir une influence sur · influer sur
- améliorer · relever

1 **nom** *nom masc.* (désignation)

∞ nom + ADJECTIF

- commun ○ · propre ○ • de famille · de jeune fille · marital · maternel · paternel : *le nom paternel précède le nom maternel* · patronymique • composé
- commercial : *le nom commercial d'un médicament diffère de sa dénomination chimique* · déposé
- de naissance · de baptême • véritable + nom · vrai + nom : *le vrai nom de Serge Gainsbourg*
- de combat · de guerre • d'emprunt · de plume · de scène • faux + nom : *il voyageait sous un faux nom* • de code • familier : *"le Vieux", nom familier donné au chef du parlement* · petit ○ + nom : *ils l'ont rebaptisée d'un petit nom affectueux*
- à consonance (+ adj.) : *un nom à consonance russe* · connoté • approprié · bien trouvé : *un nom bien trouvé pour une boisson qui se veut rafraîchissante* · prédestiné : *Monsieur Bouquet, un fleuriste au nom prédestiné* · symbolique : *le nom symbolique de la ville évoque son passé tourmenté*
- international : *le nom international des espèces vient du latin* · universel
- courant : *le nom courant de l'acide carboxylique* · d'usage · officiel • commun · habituel · répandu • caractéristique : *un nom caractéristique de la Dordogne* · distinctif · typique
- ancien + nom : *l'ancien nom de Marseille* · d'origine · historique · originel
- complet · exact : *je ne me souviens plus du nom exact de l'auteur*
- savant · scientifique : *le nom scientifique de la loutre de mer*
- définitif : *ils ont choisi le nom définitif du restaurant*
- provisoire : *le nom provisoire du projet*
- anodin · banal · commun · courant : *Zhang est un nom très courant en Chine* · passe-partout : *il a préféré un nom passe-partout pour ne pas attirer l'attention*
- bizarre : *une petite ville au nom bizarre* · curieux · exotique · improbable · pittoresque • peu connu · peu courant
- à coucher dehors *fam.* · barbare · compliqué · impossible : *je n'ai pas retenu son nom impossible* · imprononçable • pompeux · ridicule · ronflant
- valorisant · vendeur : *une voiture au nom vendeur* · flatteur
- beau + nom · doux · gracieux : *un cours d'eau au nom gracieux* · joli + nom · magnifique · plaisant : *Rabelais désigne Jean Rondelet du nom plaisant de Rondibilis* · ravissant
- évocateur · expressif · imagé

∞ **nom** + VERBE

- commencer par : *un nom qui commence par un W* · se terminer par
- avoir pour origine · venir de · être issu de • s'inspirer de : *le nom du groupe s'inspire d'un personnage de roman*
- être synonyme de : *RTT, nom synonyme de temps retrouvé pour les loisirs* • signifier · vouloir dire • désigner • faire référence à
- sonner (+ adj.) : *un nom qui sonne alsacien*
- évoquer · rappeler : *un nom qui rappelle des événements tragiques* • se prêter à : *un nom qui se prête aux jeux de mots*
- être indissociable de : *son nom est indissociable du cinéma italien* · être / rester associé à · être / rester attaché à · être / rester lié à · rester accolé à : *son nom reste accolé à une affaire judiciaire*
- circuler · être sur toutes les lèvres · revenir dans les débats · revenir souvent · s'imposer • rester gravé dans les mémoires : *Romy Schneider, un nom qui reste gravé dans les mémoires*
- faire rêver · plaire : *elle a choisi l'hôtel dont le nom lui a plu*
- prêter à sourire : *le comptable a un nom qui prête à sourire*

∞ VERBE + **nom**

- inventer · trouver • donner : *ils ont donné un nom ridicule à leur chat*
- avoir · porter · répondre à : *un vieil homme répondant au doux nom d'Ali Baba* • être affublé de (+ adj.) · être doté de (+ adj.) • se cacher sous : *il se cache sous un nom d'emprunt* • conserver · garder : *elle a gardé son nom de jeune fille*
- mériter (bien)° : *l'Invincible est un bateau qui mérite bien son nom*
- adopter · choisir · prendre · se parer de : *elle s'est parée d'un nom exotique comme pseudonyme* • retenir · s'accorder sur · se mettre d'accord sur · s'entendre sur • tirer au sort : *on a tiré au sort le nom du gagnant*
- recevoir : *le projet n'a pas encore reçu de nom officiel* • devoir ... à : *La Sorbonne doit son nom à Robert de Sorbon, chapelain de Saint-Louis* · emprunter : *elle emprunte son nom à une déesse grecque* · hériter ... de · tenir ... de • usurper : *il usurpait un nom et une biographie depuis des années*
- donner ... à · laisser ... à : *elle a laissé son nom à un parfum célèbre* · prêter ... à : *le village prête son nom à un vin* • accoler ... à : *depuis la loi de 1985, la mère peut accoler son nom à celui du père* · attribuer · transmettre • associer ... à · attacher ... à · lier ... à : *cette famille a déjà lié son nom à plusieurs grands musées*
- appeler par : *il l'appelle par son petit nom* · désigner par / sous : *le produit est désigné par son nom commercial*
- changer de • simplifier • franciser • changer · modifier · transformer
- déformer · écorcher · estropier : *ils ont estropié son nom dans le générique de fin* · se tromper sur • détourner : *il les accuse d'avoir détourné son nom pour en faire une marque*
- abandonner : *elle abandonna son nom et adopta celui de sa grand-mère*
- demander : *on lui a demandé son nom à l'entrée*
- donner · indiquer · laisser : *laissez vos nom et adresse dans le cahier* • épeler • déchiffrer • avancer · citer · communiquer · évoquer · lâcher · lancer · prononcer • dévoiler · divulguer · livrer : *il a livré son nom à la police* · rendre public · révéler
- apposer : *il refuse d'apposer son nom sur la page de garde* · écrire : *« Sur mes cahiers d'écolier / Sur mon pupitre et les arbres / Sur le sable sur la neige / J'écris ton nom »* (P. Éluard, *Poésie et Vérité*, "Liberté") · graver · inscrire · mentionner : *un badge mentionne son nom* · préciser · tatouer
- savoir · connaître • se rappeler de • mettre sur un visage : *mettre un nom sur un visage*
- cacher · ne pas oser dire° : *une guerre qui n'ose pas dire son nom* · taire
- ignorer • oublier

sous le nom / un nom de

- connaître : *le sumac de Virginie est aussi connu sous le nom de vinaigrier* · se présenter • commercialiser · vendre · diffuser · publier

[2]**nom** *nom masc.* (réputation)

∞ **nom** + ADJECTIF

- distingué · éminent · grand [+ nom] · honorable · prestigieux · qui fait autorité · vénérable • auréolé de gloire · glorieux • incontournable
- célèbre · connu · fameux · illustre : *un écrivain au nom illustre*
- tombé dans l'oubli
- honni · redouté

∞ **nom** + VERBE

- faire autorité : *son nom fait autorité dans le domaine de l'éthologie*
- tomber dans l'oubli

∞ VERBE + **nom**

- se faire° : *il s'est fait un nom dans la musique* • imposer : *il a imposé son nom dans le domaine de la recherche*

- tirer de l'oubli • éterniser : *une rue parisienne éternise son nom* · immortaliser : *il a immortalisé son nom dans une biographie à succès* · perpétuer
- déshonorer · entacher : *un scandale a entaché son nom* · salir · ternir
- engager : *il engage son nom et son image de marque*
- exploiter : *des produits contrefaits qui exploitent le nom de l'actrice*

nombre *nom masc.*

∞ nombre + ADJECTIF

- [Math.] complexe° · décimal · entier° · premier° • d'or° • impair · pair • cardinal · ordinal • rond
- officiel • moyen : *le nombre moyen d'élèves par classe* • minimal · minimum • maximal · maximum
- global · total : *le nombre total de votants*
- exact · précis
- adéquat · approprié · nécessaire · souhaitable : *le nombre souhaitable de participants*
- idéal · parfait
- égal à · équivalent à · identique · similaire
- définitif · final
- impossible à chiffrer : *un nombre de cas impossible à chiffrer* · inconnu · indéfini · indéterminé • approximatif
- fluctuant · variable
- constant · stable
- insuffisant
- accru · astronomique : *un nombre astronomique de touristes* · colossal · considérable · écrasant : *les soldats sont vaincus par le nombre écrasant de leurs ennemis* · élevé · énorme · étourdissant · faramineux · gigantesque · grand [+ nom] · immense · important · impressionnant · incroyable · record · remarquable · vertigineux • illimité · inépuisable · infini · incalculable • croissant · grandissant • exceptionnel · formidable : *un nombre formidable de manifestants* · historique · prodigieux · sans précédent • appréciable · conséquent · imposant · non négligeable · notable · respectable · significatif · substantiel : *la grippe entraîne un nombre substantiel d'hospitalisations*
- ahurissant · étonnant · inhabituel · surprenant
- alarmant · anormal · déraisonnable · effrayant : *je reçois un nombre effrayant de prospectus chaque jour* · excessif
- faible · infime · limité · modeste · négligeable : *les mécontents ne représentent qu'un nombre négligeable* · petit [+ nom] · réduit · restreint

∞ nombre + VERBE

- atteindre · avoisiner · (se) monter à · se chiffrer à : *le nombre de victimes se chiffre à trente* · s'élever à • se préciser • osciller entre ... et ... • passer (de ...) à ... : *le nombre de candidats est passé de quatre à neuf* · se situer entre ... et ... • varier
- aller croissant · augmenter · croître · exploser · grandir · grimper · progresser • doubler · tripler • dépasser
- se stabiliser · stagner
- baisser · chuter · décroître · diminuer · être en baisse · fondre : *le nombre d'habitants a fondu en quelques années* · reculer · s'amenuiser · se réduire · se restreindre : *le nombre de bénévoles se restreint d'année en année* • tomber à : *cette année le nombre de diplômés est tombé à onze* • se limiter à

∞ VERBE + nombre

- atteindre : *on atteint maintenant le nombre de 354 salariés*
- porter ... à : *cela porte le nombre de blessés à 7* · ramener ... à
- calculer · chiffrer : *personne ne se hasarde à chiffrer le nombre de travailleurs saisonniers* · comptabiliser : *on a comptabilisé le nombre de bulletins* · compter • définir · fixer · préciser • apprécier · déterminer · estimer · établir · évaluer · mesurer · recenser : *il a recensé le nombre de coupures d'électricité* • contrôler · vérifier • connaître
- surestimer · gonfler · grossir : *il a admis avoir grossi le nombre de participants* • sous-estimer · minimiser
- comparer : *on a comparé le nombre d'étudiants dans les deux capitales*
- afficher · indiquer : *cette enquête indique un nombre croissant d'initiatives locales* · révéler · montrer
- attester · garantir
- ignorer : *on ignore le nombre exact de détenus* • se tromper sur
- se préoccuper de · s'étonner de · s'inquiéter de
- contester · démentir : *la police a démenti le nombre de manifestants annoncé par le collectif*
- accroître · augmenter · décupler · doubler · élargir : *il faudrait élargir le nombre des bénéficiaires* · gonfler : *l'immigration en provenance d'Amérique latine a gonflé le nombre de catholiques* · grossir · multiplier : *le nombre de classes a été multiplié par trois* · tripler
- maintenir · stabiliser

- abaisser : *le gouvernement veut abaisser le nombre d'élèves par classe* · faire baisser · diminuer · diviser ... par : *il faut diviser ce nombre par deux* · réduire · restreindre • limiter · plafonner
- modifier • revoir : *ils ont revu le nombre de trains par rapport aux besoins des usagers* · repenser · redéfinir
- reposer sur : *ce calcul repose sur le nombre de personnes inscrites au chômage au 1er janvier* · s'appuyer sur · se baser sur · se fonder sur

nomination *nom fém.*

∞ nomination + ADJECTIF

- officielle : *sa nomination officielle au gouvernement aura lieu dans la matinée* • définitive : *la nomination définitive d'un professeur à temps plein* · effective • éventuelle · possible · probable
- attendue : *la nomination attendue d'un nouveau directeur régional* • imminente · prochaine : *la nomination prochaine du candidat officiel* • récente
- inattendue · surprise : *la nomination surprise d'un haut fonctionnaire sans famille politique*
- controversée : *la nomination controversée d'un obscur avocat*

∞ nomination + VERBE

- intervenir : *sa nomination intervient à un moment difficile* • avoir lieu · faire suite à
- se heurter à : *sa nomination se heurte à de nombreuses réticences*

∞ VERBE + nomination

- demander · réclamer • proposer · suggérer : *la France suggère la nomination d'un médiateur*
- aboutir à : *les négociations ont abouti à la nomination d'un administrateur provisoire* · conduire à · entraîner
- obtenir : *les syndicats ont obtenu la nomination d'un expert*
- [à un festival] décrocher*fam.* : *il a décroché une nomination au titre de meilleur film*
- procéder à : *le directeur a procédé à la nomination de son successeur*
- commenter · donner son avis sur : *le juge ne peut donner son avis sur la nomination des membres du comité* · se prononcer sur
- accepter : *le ministre a accepté la nomination d'un expert en droit public* · approuver · soutenir • confirmer · entériner · officialiser : *un communiqué qui officialise la nomination d'un nouvel entraîneur*
- accueillir : *une nomination froidement accueillie par les salariés* · saluer
- retarder
- contester · dénoncer · être hostile à : *les employés sont hostiles à la nomination du nouveau chef de service* · protester contre · refuser · s'opposer à
- bloquer · empêcher · suspendre : *le ministère a suspendu la nomination d'un nouvel ambassadeur*

nonchalance *nom fém.*

∞ nonchalance + ADJECTIF

- adolescente · estivale : *bientôt Paris va perdre sa nonchalance estivale* · méditerranéenne : *la nonchalance méditerranéenne qui fait son charme* • naturelle : *le ton de sa voix est le reflet de sa nonchalance naturelle*
- extraordinaire · incroyable
- charmeuse · élégante : *la nonchalance élégante d'un jeune dandy*
- apparente · fausse + nom · prétendue · trompeuse · affectée · calculée · entretenue · étudiée
- coupable • insolente · provocante

∞ VERBE + nonchalance

- afficher : *il affiche une nonchalance toute méditerranéenne* · dégager : *ses gestes dégagent une extraordinaire nonchalance* • promener : *il promène sa nonchalance sur tous les plateaux de télévision* · traîner
- cultiver · entretenir : *elle entretient une nonchalance adolescente*

norme *nom fém.* (directive, standard)

∞ norme + ADJECTIF

- alimentaire · électrique · environnementale · industrielle · professionnelle · sanitaire · scolaire · sociale · technique • qualitative • éthique · morale : *une norme morale est à la base de nos systèmes de croyances*
- européenne · communautaire : *la norme communautaire devient la règle commune* • internationale · nationale · mondiale · universelle
- privée · publique : *l'éclairage est conforme à la norme publique*
- juridique · légale : *une durée de travail supérieure à la norme légale* · législative · réglementaire • actuelle · en vigueur • admise · obligatoire • commune · officielle · standard · unique • autorisée : *un taux qui dépasse la norme autorisée* · homologuée : *une procédure destinée à devenir une norme homologuée* • applicable • moyenne : *l'élévation de la norme moyenne de rentabilité* • traditionnelle : *en rupture avec les normes traditionnelles* · habituelle

- particulière · spécifique
- minimale : *des normes minimales de confort*
- acceptable · raisonnable : *une norme raisonnable de temps de pause par heure travaillée* · rationnelle
- maximale : *les normes maximales de sécurité* • absolue : *il n'y a pas de norme absolue en la matière* · incontournable • intangible • contraignante · drastique · exigeante · précise · rigide · rigoureuse : *le produit est soumis à des normes rigoureuses* · sévère · stricte
- arbitraire : *ils ne veulent pas se laisser imposer une norme arbitraire*

∞ **norme** + VERBE

- demander · exiger · imposer : *la norme impose un seuil maximal de 80 décibels* · requérir
- s'appliquer • s'imposer : *une norme qui s'impose progressivement dans les milieux industriels*
- changer · évoluer : *les normes de sécurité évoluent chaque année* · varier : *la norme varie selon les pays*

∞ VERBE + **norme**

- convenir de · créer : *Bruxelles veut créer de nouvelles normes européennes* · définir · déterminer · développer · élaborer · ériger · établir · fixer • retenir · se mettre d'accord sur : *l'incapacité des industriels à se mettre d'accord sur une norme commune* • instaurer · introduire · mettre en place • adopter · se doter de • dicter · édicter · imposer
- promouvoir : *une campagne qui promeut l'adoption d'une norme commune*
- garantir : *un document qui garantit une norme minimale de qualité*
- appliquer · (se) (re)mettre à (plur.) : *l'obligation de mettre les ascenseurs aux normes* · (se) mettre en conformité avec · répondre à · respecter · correspondre à · s'adapter à · satisfaire à : *une voiture qui satisfait aux normes de sécurité* · se plier à · se soumettre à • être à (plur.) : *un jouet qui n'est pas aux normes* · être conforme à
- correspondre à · devenir : *l'usage finit par devenir la norme* · être considéré comme · représenter
- dépasser : *les échantillons d'eau potable dépassent les normes de pollution* · être supérieur à
- être inférieur à : *un nombre de logements sociaux inférieur à la norme*
- être dans : *le restaurant n'est pas dans les normes d'hygiène* · rentrer dans : *elle abandonne ses excentricités pour rentrer dans la norme* • rester dans : *le niveau des pluies est resté dans la norme*
- prendre en compte · s'appuyer sur · se fonder sur · se référer à · tenir compte de · utiliser
- adapter · changer · redéfinir · renouveler
- abaisser · alléger · tirer vers le bas : *ces mesures tirent les normes sociales vers le bas*
- durcir · renforcer : *un projet de loi visant à renforcer les normes de fabrication*
- refuser · rejeter · remettre en cause
- enfreindre · violer : *un pays qui viole les normes internationales* • bousculer : *cet établissement bouscule les normes scolaires* · braver : *un esprit libertaire qui brave les normes établies* · s'affranchir de · s'écarter de · s'éloigner de
- échapper à · sortir de

nostalgie *nom fém.*

∞ **nostalgie** + ADJECTIF

- grande + nom · immense · ineffable · infinie · profonde • inconsolable · incurable · indéracinable : *l'indéracinable nostalgie de l'enfance* · inguérissable • douloureuse : *un récit empreint d'une douloureuse nostalgie*
- durable · éternelle · persistante · tenace
- douce + nom · tendre + nom : *j'ai revu ces photos avec une tendre nostalgie*
- excessive
- diffuse : *on perçoit une nostalgie diffuse de l'ancien régime* · vague + nom

∞ **nostalgie** + VERBE

- gagner · saisir : *la nostalgie qui m'a saisi en la revoyant*

∞ VERBE + **nostalgie**

- avoir : *il a la nostalgie des années 1980* · éprouver : *elle n'éprouve aucune nostalgie pour cette époque* · être enclin à · être pris de · être saisi de · nourrir : *un musée qui nourrit la nostalgie des collectionneurs* · ressentir • basculer dans · plonger dans · se réfugier dans · tomber dans · verser dans : *le cinéma italien verse dans la nostalgie* · céder à · être en proie à · s'abandonner à · se laisser aller à • garder : *je garde la nostalgie de cette époque* · conserver
- cultiver : *rien ne sert de cultiver la nostalgie d'un monde passé* • bercer : *le phonographe est là pour bercer notre nostalgie* · nourrir
- avoir / dégager · être empreint de · être imprégné de · être nimbé de · être pétri de : *un film pétri de nostalgie* · être plein de · être teinté de • exhaler · exprimer · manifester : *ses chroniques manifestent une nostalgie profonde de sa région natale* · refléter · trahir
- chanter : *il chante la nostalgie de son pays*
- (r)éveiller · inciter à · provoquer · susciter
- accentuer · aiguiser · ajouter à · alimenter : *cette mode alimente la nostalgie des 25-35 ans* · entretenir · renforcer
- éviter · lutter contre · refuser · rompre avec

∞ NOM + DE + **nostalgie**

- brin : *je garde un brin de nostalgie pour cette décennie* · soupçon : *une œuvre empreinte d'un soupçon de nostalgie* • air · parfum • souffle · vague

avec nostalgie

- évoquer · parler · raconter • se rappeler · se souvenir : *il se souvient avec nostalgie de ses premières années étudiantes* • retrouver · revoir

¹note *nom fém.* (commentaire)

∞ **note** + ADJECTIF

- écrite · manuscrite
- détaillée · longue + nom : *une longue note du traducteur précède le roman*
- claire · précise
- brève + nom · courte + nom · petite + nom · succincte

∞ VERBE + **note**

- prendre : *prendre des notes ; prendre note de qqch.* • couvrir de
- être bourré de fam. : *un dossier médical bourré de notes manuscrites* · être couvert de · être plein de · être rempli de · être truffé de
- déchiffrer · décrypter : *avec son écriture, il est impossible de décrypter ses notes* • consulter : *il m'a permis de consulter ses notes de cours* · (re)lire · revoir

²note *nom fém.* (communiqué)

∞ **note** + ADJECTIF

- écrite · manuscrite • de synthèse · explicative · récapitulative · technique • diplomatique · officielle • interne
- introductive · liminaire · préalable · préliminaire
- détaillée · longue + nom : *une longue note envoyée à la presse*
- claire · précise
- brève + nom · courte + nom
- anonyme · confidentielle · secrète

∞ **note** + VERBE

- émaner de : *une note qui émane du ministère* · venir de
- circuler · passer : *la note interne est passée de bureau en bureau*
- déclarer · expliquer · indiquer · préciser · révéler • préconiser · stipuler : *une note qui stipule les tarifs en vigueur*

∞ VERBE + **note**

- écrire · griffonner : *il a griffonné une note pour ses employés* · pondre fam. · rédiger · se fendre de : *il s'est fendu d'une note ironique de deux pages*
- adresser · communiquer · envoyer · faire parvenir · faire passer · publier : *le ministère des Finances a publié une note sur le sujet* · remettre · transmettre

³note *nom fém.* (facture)

∞ **note** + ADJECTIF

- fiscale : *les moyens de réduire sa note fiscale* · pétrolière : *la note pétrolière a quasiment doublé*
- globale · totale : *une note totale d'un million d'euros*
- élevée · salée°
- raisonnable : *une cuisine de qualité pour une note raisonnable*

∞ **note** + VERBE

- atteindre · se chiffrer à / en : *la note se chiffre à 300 euros ; la note se chiffre en millions de dollars* · s'élever à
- augmenter · grimper : *un restaurant où la note grimpe très vite*
- baisser : *la note d'électricité a baissé ce mois-ci* · se réduire

∞ VERBE + **note**

- présenter : *l'armée a présenté la note au ministre : 255 millions d'euros*
- acquitter · payer · régler : *il a réglé la note par chèque*
- évaluer • vérifier : *il n'a pas vérifié la note du fournisseur*
- alourdir · augmenter : *ces petits riens qui augmentent la note* · gonfler · revoir / réviser à la hausse
- adoucir · (a)baisser · réduire · revoir / réviser à la baisse

⁴note *nom fém.* (appréciation)

∞ **note** + ADJECTIF

- éliminatoire : *zéro est une note éliminatoire* • moyenne • globale • finale
- acceptable · bonne + nom · élevée · excellente · exceptionnelle · haute : *il a obtenu la plus haute note* · honorable
- généreuse · indulgente : *il a reçu une note indulgente compte tenu de son manque d'efforts* • parfaite : *elle obtint un 10, la note parfaite, aux JO de Montréal* · maximale
- minimale : *la note minimale pour passer en classe supérieure*

- médiocre · passable • sévère : *il ne méritait pas une note aussi sévère* • basse · catastrophique · déplorable · désastreuse · faible · lamentable · mauvaise [+ nom] · sale [+ nom fam.] : *il n'a que des sales notes depuis la rentrée*

∾ note + VERBE
- refléter : *sa note reflète son niveau médiocre* · montrer · illustrer
- grimper : *ses efforts ont fait grimper ses notes* · (re)monter
- baisser · chuter : *ses notes ont chuté au deuxième semestre* · dégringoler

∾ VERBE + note
- attribuer · décerner : *les juges lui ont décerné la note maximale* · distribuer (plur.) : *le professeur a distribué les notes à toute la classe* · donner · mettre
- avoir : *j'ai eu une mauvaise note au contrôle de maths* · obtenir · recevoir · recueillir : *la majorité des copies ont recueilli une note proche de la moyenne* • écoper de [fam.] : *il a écopé d'une note médiocre* • mériter : *son excellent travail mérite une bonne note*
- améliorer : *des cours particuliers pour améliorer ses notes* · gonfler · relever : *il a relevé sa note d'un point*
- (a)baisser : *les enseignants envisagent d'abaisser sa note*
- falsifier : *certains élèves ont falsifié leurs notes*

[5]note *nom fém.* (Mus.)

∾ note + ADJECTIF
- aiguë • stridente • grave · rauque : *le saxophone égrène des notes rauques*
- juste
- brève · courte
- longue · soutenue : *un violon lance une note soutenue* · tenue : *le morceau se termine par une note tenue*
- piquée · tonique • puissante : *des notes puissantes envahissent le salon*
- claire · cristalline : *sa harpe émet des notes cristallines* · légère : *les notes légères des carillons* · limpide
- plaintive : *deux notes plaintives jouées par un violon*
- fausse [+ nom] : *il a fait une fausse note*

∾ note + VERBE
- résonner : *quelques notes de piano résonnent au loin* • (re)descendre · (re)monter
- se prolonger · s'étirer
- (plur.) s'égréner : *une à une, les notes s'égrènent lentement* · se succéder

∾ VERBE + note
- attaquer : *sa façon rageuse d'attaquer les notes*
- lancer : *la trompette lance des notes piquées en ralentissant* • émettre • égréner (plur.) : *il égrène quelques notes de musique triste* · jouer • marteler : *le piano martèle des notes toujours plus graves*
- tenir · filer
- (plur.) détacher
- (plur.) lier

[6]note *nom fém.* (élément, touche)

∾ note + ADJECTIF
- boisée · fleurie · florale · fruitée • exotique
- dominante : *une note dominante de romarin*
- gaie · joyeuse · légère : *le film finit sur une note légère* • optimiste · positive • chaleureuse : *le bois ajoute une note chaleureuse dans la maison* • originale • amusante · humoristique : *son histoire se termine par une note humoristique* · ironique
- sombre · triste • négative · pessimiste : *il a conclu son discours par une note pessimiste* • discordante : *la seule note discordante de la soirée*

∾ VERBE + note
- ajouter · apporter : *une décoration qui apporte une note exotique à son salon* · donner · introduire
- accentuer

sur une note
- commencer · (s')ouvrir
- (s')achever · (se) clore · (se) clôturer · (se) conclure · (se) terminer

notion *nom fém.*

∾ notion + ADJECTIF
- juridique · philosophique · psychologique · scientifique · etc.
- abstraite : *le temps est une notion abstraite*
- traditionnelle : *le Conseil a donné un statut juridique à cette notion traditionnelle d'ordre public*
- capitale · essentielle · fondamentale · importante · primordiale : *la sécurité est une notion primordiale sur les chantiers*
- claire · précise • intéressante : *l'association a publié un article sur une notion intéressante*
- ambiguë • confuse · floue · vague · obscure • fourre-tout : *l'éthique est devenue une notion fourre-tout* • élastique · fluctuante · fragile · relative
- large : *la culture est une notion large*
- complexe · compliquée · controversée · délicate · difficile : *la conscience est une notion difficile à définir* · problématique

- démodée · dépassée · désuette · vieillie • galvaudée : *le romantisme est une notion galvaudée, éloignée de son sens premier*
- étroite : *une logique fondée sur une notion étroite de l'interactivité*

∾ notion + VERBE
- se construire : *la notion de chômage s'est construite au XXe siècle* · s'élaborer
- concerner · renvoyer à : *une notion qui renvoie à des réalités multiples*
- être sujette à : *une notion sujette à toutes les interprétations ; une notion sujette à polémique*
- s'opposer (à) : *une notion qui s'oppose à celle de propriété privée* • être incompatible avec : *une notion incompatible avec les principes de la république*

∾ VERBE + **notion**
- forger · imposer · introduire · inventer • impliquer : *le développement durable implique la notion d'écologie* · (ré)intégrer • retenir · garder : *dans un régime, il faut garder la notion de plaisir* · conserver · prendre en compte · tenir compte de
- concerner · développer : *son œuvre développe la notion d'expression corporelle* · tourner autour de
- élargir · généraliser
- clarifier · démystifier : *il faut démystifier la notion de créativité* · préciser
- défendre · privilégier · promouvoir · réhabiliter · revaloriser
- s'accorder sur · se mettre d'accord sur · s'entendre sur · définir
- reposer sur · s'appuyer sur · se rattacher à • avoir recours à · mettre en avant · utiliser
- insister sur · mettre l'accent sur · s'attarder sur
- débattre de / sur · discuter · explorer · interroger : *ses travaux interrogent la notion de territoire* · réfléchir à / sur · se pencher sur · s'interroger sur · travailler sur
- redéfinir · repenser · revenir sur · revisiter · revoir • remplacer ... par · substituer ... à : *un soutien qui permet de substituer la notion d'erreur à celle de faute* • aller au-delà de · dépasser : *des problèmes qui dépassent la notion de propriété intellectuelle*
- bouleverser : *la technologie bouleverse les notions de temps et d'espace* · modifier
- affaiblir · diluer : *le rapport dilue la notion de délinquance* • obscurcir · vider de son sens / contenu : *un mécanisme qui vide de son sens la notion même de démocratie*
- contester · refuser · rejeter · se libérer de : *sa pensée se libère de la notion de péché* • ignorer : *le droit allemand ignore la notion d'enfant adultérin* · oublier • (re)mettre en question · (re)mettre en cause : *une mise en scène qui remet en cause la notion d'espace* • mettre en danger · mettre en péril
- abolir : *cette nouvelle loi abolit la notion de famille légitime* · supprimer : *on a supprimé la notion de faute dans le divorce*
- perdre° : *perdre la notion du temps / de l'espace / de plaisir* • abandonner

notoriété *nom fém.*

∾ notoriété + ADJECTIF
- littéraire · médiatique · politique · scientifique
- naissante · nouvelle
- locale · régionale • nationale • internationale · mondiale · planétaire
- immédiate · soudaine · brusque
- inattendue · inespérée
- accrue · considérable · forte + nom · grande + nom · immense · incontestable · réelle + nom • croissante · grandissante : *il jouit d'une notoriété grandissante en Allemagne*
- belle + nom · bonne + nom · exceptionnelle
- faible + nom : *des petites sociétés de faible notoriété* · limitée • tardive
- sulfureuse : *une actrice à la notoriété sulfureuse*

∾ notoriété + VERBE
- s'établir : *la notoriété de l'entreprise familiale s'est établie sur plusieurs générations*
- représenter un atout / un capital : *un milieu où la notoriété représente un atout important* • être un rempart contre : *la notoriété est un rempart contre les condamnations*
- enfler · grimper (en flèche) • déborder : *sa notoriété déborde au-delà de la ville* · dépasser : *sa notoriété dépasser les frontières de l'Europe* · s'étendre
- chuter · retomber : *sa notoriété est vite retombée*

∾ VERBE + **notoriété**
- aspirer à · avoir soif de · être en quête de : *de jeunes comédiens en quête de notoriété* · rechercher
- apporter · assurer · conférer · contribuer à · donner · être un vecteur de : *une implantation qui peut être vecteur de notoriété pour la région* · offrir · participer à • valoir ... à
- conquérir · gagner : *son site gagne en notoriété* • accéder à · acquérir · arriver à · atteindre · (se) bâtir sur : *une notoriété bâtie sur des années d'expérience* · construire · établir · parvenir à ·

s'assurer · se faire · se forger : *il s'est forgé une belle notoriété* • baser ... sur · devoir ... à · fonder ... sur : *une marque qui a fondé sa notoriété sur la qualité de ses produits* · tirer ... de
- avoir · bénéficier de · connaître : *elle connaît une grande notoriété* · disposer de · jouir de • goûter (à) : *il n'a pas encore goûté à la notoriété* · savourer
- conserver · préserver
- accentuer : *une campagne pour accentuer la notoriété du produit* · accroître · ajouter à · améliorer · augmenter · développer · élargir · entretenir · renforcer • asseoir · confirmer · conforter · garantir : *une technique de pointe qui garantit la notoriété du laboratoire*
- compter sur : *il compte sur sa notoriété pour investir le marché des entreprises* · exploiter · mettre ... au service de : *elle a mis sa notoriété au service d'une cause humanitaire* · prendre appui sur · profiter de · s'appuyer sur · tirer parti de · tirer profit de · utiliser
- envier : *l'agence envie la notoriété de son concurrent*
- assumer : *il a du mal à assumer sa soudaine notoriété*
- être en mal de
- redouter • échapper à : *elle veut échapper à sa sulfureuse notoriété* · fuir

∞ NOM + DE + **notoriété**
- vecteur
- déficit : *pallier / combler / compenser un déficit de notoriété* · manque : *pâtir / souffrir d'un manque de notoriété*
- regain : *elle a connu un regain de notoriété ces dernières années*

nourriture *nom fém.*

∞ **nourriture** + ADJECTIF
- intellectuelle · spirituelle • terrestre (en référence au roman de Gide, *Les Nourritures terrestres*)
- lyophilisée · sèche • solide • liquide • animale · carnée • biologique · naturelle · végétale · végétarienne • industrielle : *le faible coût de la nourriture industrielle* · surgelée • périssable
- de base • habituelle · normale · quotidienne · traditionnelle
- essentielle : *la gelée royale est la nourriture essentielle de la reine des abeilles* · indispensable · nécessaire · suffisante
- calorique · complète · consistante · énergétique : *une nourriture énergétique à base de céréales* · fortifiante · nourrissante · riche · substantielle • variée
- abondante · copieuse : *ils servent une nourriture copieuse et du vin à volonté*
- convenable · correcte · simple • appétissante · délicate · délicieuse · exquise · savoureuse · succulente : *l'accueil est déplorable mais la nourriture succulente* • équilibrée · saine
- frugale · insuffisante : *les soldats se plaignent d'une nourriture insuffisante* · légère · spartiate
- avariée · malsaine • carencée : *une nourriture carencée en protéines* · pauvre • grasse · indigeste · lourde • impropre · inadaptée • déplorable · exécrable · immonde · infâme · infecte · immangeable · innommable · mauvaise · médiocre • fade · insipide : *le repas était composé d'une nourriture insipide*

∞ **nourriture** + VERBE
- (venir à) manquer • se faire rare · se raréfier : *la nourriture se raréfie à l'approche de l'hiver*
- s'abîmer

∞ VERBE + **nourriture**
- être une source de · produire
- servir de : *le krill sert de nourriture aux poissons*
- assurer : *il pêche pour assurer sa nourriture* · pourvoir à · subvenir à
- chercher · demander · être / partir à la recherche de · être / partir en quête de · mendier · quémander · rechercher · réclamer
- apporter · distribuer · donner · fournir · livrer · partager · porter · procurer • servir : *un restaurant qui sert de la nourriture grecque* · offrir • gaver de : *les marmottes se gavent de nourriture en vue de l'hiver*
- obtenir · trouver • foncer sur : *il fonça sur la nourriture et mangea goulûment* · se jeter sur · se précipiter sur
- absorber · consommer · goûter · ingérer · ingurgiter · manger
- rationner : *à cette époque, on rationnait encore la nourriture* • économiser sur · rogner sur · se priver de • limiter : *il faut limiter les nourritures grasses*
- bouder · jeter · refuser : *elle refuse toute nourriture depuis trois jours*
- être à court de : *les naufragés sont à court de nourriture* · manquer de

∞ NOM + DE + **nourriture**
- abondance
- quantité : *une quantité de nourriture insuffisante* · volume • portion · ration : *la distribution des rations de nourriture* • réserve · stock : *le stock de nourriture est épuisé*

nouveauté *nom fém.*

∞ nouveauté + ADJECTIF

- juridique • technique · technologique · etc.
- absolue · complète · extrême · radicale • fondamentale · grande + nom · importante · majeure · marquante · vraie + nom · véritable + nom · réelle + nom
- intéressante · porteuse d'avenir · prometteuse · séduisante
- relative + nom : *la relative nouveauté de ce procédé*

∞ nouveauté + VERBE

- résider dans · tenir à : *la nouveauté tient surtout au changement de design* · venir de : *la nouveauté vient d'un système à infrarouge*
- (souvent passif) attirer · enthousiasmer · fasciner · séduire : *le public est séduit par la nouveauté du produit*

∞ VERBE + nouveauté

- apporter · introduire · présenter · proposer • annoncer : *l'animateur annonce une nouveauté dans son émission*
- constituer · représenter
- comporter · comprendre : *la nouvelle version du logiciel comprend trois nouveautés*
- avoir soif de · être assoiffé de · être avide de · être friand de · rechercher • aimer · être ouvert à : *mes parents ne sont pas très ouverts à la nouveauté* · se tenir au courant de
- se faire à · s'adapter à
- mettre en lumière · souligner • comprendre · saisir
- manquer de
- avoir peur de · être fermé à : *une vieille institution qui est fermée à la nouveauté* · être hostile à · être rétif à

nouvelle *nom fém.* (annonce)

∞ nouvelle + ADJECTIF

- dernière + nom : *aux dernières nouvelles la situation n'a pas évolué* · exclusive · fraîche : *des nouvelles fraîches des combats dans le sud-ouest* · récente
- grande + nom : *il veut nous annoncer une grande nouvelle* · importante • à sensation : *les nouvelles à sensation occupent la moitié du journal*
- bonne + nom · excellente · extraordinaire · heureuse + nom · joyeuse • encourageante : *une nouvelle encourageante pour la recherche scientifique* · rassurante · réconfortante · réjouissante • amusante
- ahurissante · déconcertante · effarante · époustouflante · incroyable · renversante · sidérante : *le journal a annoncé une nouvelle sidérante* · stupéfiante
- affreuse · fâcheuse · grave · mauvaise + nom : *une mauvaise nouvelle pour le commerce extérieur* · pénible · triste • pas fameuse[fam.]
- affligeante · alarmante · attristante · bouleversante · consternante · décourageante · désespérante · inquiétante · navrante · terrifiante
- fausse + nom : *le ministre a démenti cette fausse nouvelle*

∞ nouvelle + VERBE

- circuler : *la nouvelle circule depuis hier soir* · faire du bruit · faire le tour de : *la nouvelle a fait le tour du monde* · s'ébruiter : *la nouvelle s'est ébruitée rapidement* · se répandre
- déclencher · provoquer · susciter : *la nouvelle a suscité de nombreuses réactions*
- se confirmer
- faire sourire : *la nouvelle fait sourire dans l'hémicycle* · ravir · réjouir · susciter un espoir · susciter un intérêt
- être sujette à caution
- [souvent passif] • accabler · affecter · agiter · bouleverser · ébranler · préoccuper · semer le trouble · traumatiser • abasourdir · choquer · dérouter • laisser pantois · prendre de court · sidérer · surprendre
- créer un vent de panique · éclater comme un coup de tonnerre : *la nouvelle a éclaté comme un coup de tonnerre dans les milieux scientifiques* · faire l'effet d'une bombe : *une nouvelle incroyable qui a fait l'effet d'une bombe* · faire l'effet d'une douche froide · faire l'effet d'un électrochoc · faire scandale · provoquer des remous · provoquer un tollé · susciter de l'inquiétude · susciter un émoi / une émotion : *la nouvelle a suscité une vive émotion*

∞ VERBE + nouvelle

- être à l'affût de : *un journaliste à l'affût des dernières nouvelles*
- annoncer · apporter · conter · dire · divulguer : *son entourage avait déjà divulgué la nouvelle* · faire connaître : *il leur a fait connaître la nouvelle par téléphone* · rapporter • colporter · diffuser · ébruiter · propager · répandre
- délivrer : *ils ont délivré la nouvelle vers midi* · envoyer · transmettre
- apprendre : *il n'a appris la nouvelle qu'à son retour* • connaître : *il a connu la nouvelle à son retour* • accueillir : *il a accueilli la nouvelle avec déception*
- croire : *il n'a pas voulu croire la triste nouvelle*
- accréditer · ajouter foi à · confirmer
- déformer · grossir : *les médias ont grossi la nouvelle*
- démentir : *le comédien a démenti la nouvelle à la télévision*

nouvelles *nom fém. plur.* (renseignements sur qqn)

∞ nouvelles + ADJECTIF

- récentes : *il a eu des nouvelles récentes par internet*

∞ VERBE + nouvelles

- demander : *il m'a demandé de tes nouvelles* · réclamer : *elle réclame des nouvelles de son mari*
- donner : *il m'a donné des nouvelles par courriel* · envoyer
- avoir : *je n'ai pas de nouvelles de lui depuis six mois* · obtenir : *il cherche à obtenir des nouvelles de sa famille* · recevoir • prendre : *elle prend de mes nouvelles régulièrement* · venir à° : *il est venu aux nouvelles ce matin*
- être sans° : *je suis sans nouvelles depuis des semaines*

[1] **nuance** *nom fém.* (différence légère, différenciation)

∞ nuance + ADJECTIF

- sémantique
- de taille : *une nuance de taille : l'expérience sera cette fois pratiquée sur des humains* · d'importance · essentielle · fondamentale · importante
- légère [+ nom] · petite [+ nom] : *il a répété la même chose avec une petite nuance* • difficile à saisir : *une nuance difficile à saisir pour les néophytes* · subtile

∞ nuance + VERBE

- avoir son importance : *une nuance qui a son importance et qui révèle un certain état d'esprit*

∞ VERBE + nuance

- inciter à : *son discours incite à la nuance* · inviter à : *les erreurs du passé invitent à la nuance* • laisser place à : *le débat ne laisse guère de place à la (aux) nuance(s)*
- avoir le souci de · cultiver (l'art de) : *des propos directs qui ne cultivent pas la nuance* · faire dans (souvent nég.) : *les tabloïds ne font pas dans la nuance* • jouer : *le maire a décidé de jouer la nuance pour se faire entendre*
- ajouter · apporter · introduire • établir : *il est nécessaire d'établir une nuance quant à cette théorie* • faire : *il faut faire la nuance entre le crime et la faute*
- percevoir · saisir : *il n'a pas saisi la nuance entre les deux termes* · voir
- mériter : *ce tableau idyllique mérite quelques nuances*
- manquer de : *un portrait caricatural qui manque de nuances*
- ne pas s'embarrasser de : *une symbolique qui ne s'embarrasse pas de nuances* · ne pas s'encombrer de • gommer

[2] **nuance** *nom fém.* (tonalité)

∞ nuance + ADJECTIF

- aromatique • gustative
- délicate : *un parfum aux nuances délicates* · fine · subtile
- exacte · précise • recherchée : *le dosage des couleurs jusqu'à la nuance recherchée*
- [couleur] • intense • foncée : *la nuance foncée du plancher* · sombre • claire · douce • irisée · moirée : *un plumage de corbeau aux nuances moirées*
- (plur.) infinies : *les nuances infinies des sables du désert* · innombrables

∞ VERBE + nuance

- capter : *il a su capter toutes les nuances de l'interprétation du baryton* · discerner · distinguer · percevoir · saisir : *un assortiment qui permet de saisir toutes les nuances de la cuisine indienne* · voir
- exprimer : *une langue qui exprime toutes les nuances de la pensée* · faire ressortir · rendre : *le traducteur peine à rendre les nuances du japonais*
- obtenir : *cette technique permet d'obtenir des nuances de rouge différentes* · trouver
- (plur.) varier : *l'encre de chine lui permet de varier les nuances de gris*
- comporter : *ce mot comporte une nuance de respect*
- décliner : *il avait rarement décliné autant de nuances dans son chant* · jouer sur / avec

[1] **nuit** *nom fém.* (période de la journée)

∞ nuit + ADJECTIF

- complète · entière
- interminable · longue [+ nom] · sans fin
- courte : *la nuit fut courte !*
- profonde : *« C'était pendant l'horreur d'une profonde nuit »* (Racine, *Athalie*, II, 5)
- belle [+ nom] : *« Le ciel est toujours clair tant que dure son cours, / Et nous avons des nuits plus belles que vos jours »* (Racine, *lettre à M. Vitard*, 17 janvier 1662) • calme · paisible · tranquille • bonne [+ nom] · merveilleuse • câline · voluptueuse • douce · douillette
- agitée · éprouvante · folle [+ nom] · mémorable · mouvementée · rocambolesque
- épouvantable · mauvaise [+ nom] • blanche° : *il a les traits cernés après une nuit blanche* · sans sommeil
- fraîche · froide · glacée · glaciale • chaude
- fatidique · maudite · tragique : *le fait divers d'une nuit tragique de 1980*

∞ nuit + VERBE

- commencer
- se passer : *la nuit s'est passée sans incidents*
- s'achever

∾ VERBE + **nuit**

- passer : *il a passé sa nuit à travailler*
- faire○ : *le bébé fait ses nuits*
- écourter
- prolonger : *ils ont prolongé la nuit dans un bar* • finir : *il s'est recouché pour finir sa nuit ; elle a fini la nuit en boîte* · terminer

[2]**nuit** *nom fém.* (obscurité)

∾ **nuit** + ADJECTIF

- boréale : *durant la nuit boréale, la lune ne se couche pas* · polaire · tropicale
- étoilée : *une belle promenade par une nuit étoilée* · claire
- sans étoiles · sans lune • complète · totale • épaisse : *une nuit épaisse chargée d'orages* · noire○ · obscure · opaque · profonde · sombre • lugubre
- perpétuelle : *une région plongée dans une nuit perpétuelle*

∾ **nuit** + VERBE

- approcher : *il faut rentrer quand la nuit approche* · arriver · commencer · venir • s'abattre sur : *la nuit s'est brusquement abattue sur la ville* · tomber : *la nuit tombe vers 19 heures*
- s'installer • régner : *une période hivernale où la nuit règne*
- s'épaissir : *la nuit s'épaissit et devient très sombre*
- [souvent passif] • surprendre : *les randonneurs se sont laissé surprendre par la nuit*
- se dissiper : *le ciel s'éclaircit et la nuit se dissipe*

∾ VERBE + **nuit**

- faire○ : *il fait nuit*
- éclairer : *la lune éclaire la nuit* · illuminer : *les lumières du phare illuminent la nuit* • déchirer : *un coup de feu déchire la nuit*

O

obéissance *nom fém.*

∾ obéissance + ADJECTIF

- civique • filiale
- absolue · entière [+ nom] · stricte [+ nom] · totale
- aveugle · servile : *son obéissance servile témoigne de son manque de personnalité* • passive : *l'obéissance passive des citoyens fait la force des régimes totalitaires*

∾ VERBE + obéissance

- prôner
- jurer (sans art.) : *la jeune femme devait jurer obéissance à son époux*
- refuser

∾ NOM + D' + obéissance

- devoir
- refus

[1] objectif *nom masc.* (but)

∾ objectif + ADJECTIF

- diplomatique · économique · légal · politique • thérapeutique • stratégique · tactique · etc.
- qualitatif · quantitatif • chiffré · prévisionnel
- à court terme · à long terme · à moyen terme
- commun · partagé · collectif • individuel · personnel
- de départ · initial · premier
- affiché · avoué · déclaré · proclamé • délibéré · manifeste
- recherché · souhaité
- véritable [+ nom] • essentiel · fondamental · vital • primordial · principal · prioritaire · suprême : *le désendettement reste son objectif suprême* • unique
- concret · pratique · utilitaire • accessible · raisonnable · réaliste · simple • consensuel
- louable · noble • ambitieux · élevé • clair · précis
- flou · mal défini · vague
- limité · modeste
- caché · inavoué
- démesuré · difficile à atteindre · hors d'atteinte · hors de portée · illusoire · inaccessible · inatteignable · irréalisable · irréaliste : *poursuivre un objectif irréaliste n'est guère motivant*
- (plur.) contradictoires · difficiles à concilier · inconciliables
- final · ultime

∾ objectif + VERBE

- dicter · nécessiter · requérir
- primer sur

∾ VERBE + objectif

- avoir pour · cibler · poursuivre · viser • se limiter à · s'en tenir à : *ce serait dommage de s'en tenir à des objectifs économiques*
- cerner · définir · déterminer
- adopter · (s')assigner · prendre pour · (se) donner pour / comme · (se) fixer • s'engager sur : *l'entreprise s'engage sur des objectifs précis en matière de formation* • accepter · adhérer à · respecter · servir : *les cadres doivent servir les objectifs de l'entreprise*
- annoncer • maintenir • rappeler · réaffirmer : *elle réaffirme l'objectif de l'amélioration des résultats scolaires*
- ajuster · modifier · redéfinir • affiner · corriger
- limiter · réviser / revoir à la baisse : *les objectifs de croissance ont été revus à la baisse*
- réviser / revoir à la hausse : *nous sommes en mesure de réviser à la hausse notre objectif de chiffre d'affaires*

- aboutir à · arriver à · atteindre · parvenir à • accomplir · mener à bien · réaliser · remplir · répondre à · satisfaire
- avoir des doutes sur · contester · remettre en cause · s'interroger sur · remettre en question
- (se) détourner de · dévier de · (s') éloigner de • aller à l'encontre de · compromettre · contrecarrer · être un obstacle à · s'opposer à • sacrifier : *les joueurs sont prêts à sacrifier leurs objectifs individuels pour le bien de l'équipe*
- cacher · dissimuler · masquer
- manquer : *le livre se veut didactique mais il manque ses objectifs*
- abandonner · renoncer à

2objectif *nom masc.* (cible militaire)

∞ objectif + ADJECTIF
- civil · militaire

∞ VERBE + objectif
- cibler · viser
- atteindre · toucher • attaquer · bombarder • neutraliser
- détruire

objection *nom fém.*

∞ objection + ADJECTIF
- éthique · morale · idéologique · philosophique • formelle · technique • économique · médicale · scientifique · etc.
- classique · courante · fréquente · habituelle
- de conscience°
- de principe : *je n'ai pas d'objection de principe à cette idée* • de fond : *le projet n'a soulevé aucune objection de fond* · fondamentale • majeure · principale • forte + nom · sérieuse · solide
- particulière · précise
- fondée · juste · légitime · pertinente · raisonnable · valable

∞ VERBE + objection
- appeler : *si cette décision appelle des objections de votre part, dites-le* · provoquer · soulever : *la vente de tissus humains soulève des objections éthiques* · susciter
- avoir • avancer · élever · émettre · énoncer · faire connaître · faire entendre · faire part de · formuler · présenter • opposer ... à : *c'est la seule objection que l'on peut opposer au projet* · trouver (... à) : *on pourra toujours y trouver des objections* • voir (souvent nég.) : *il veut venir? je n'y vois pas d'objection* • multiplier (plur.)
- aller au-devant de · anticiper · devancer · prévenir · prévoir • tenir compte de
- rencontrer · se heurter à : *sa proposition s'est heurtée à de vives objections de principe* · s'exposer à
- faire fi de · ignorer · passer outre • réfuter · repousser • parer à · répondre à : *pour répondre à votre objection, je dirai que qui ne tente rien n'a rien*
- lever • balayer : *il a balayé mes objections d'un revers de la main* · écarter

∞ NOM + D' + objections
- multitude · série

objectivité *nom fém.*

∞ objectivité + ADJECTIF
- historique · journalistique · scientifique · etc.
- absolue · parfaite · pure : *l'objectivité pure est une illusion* · totale
- froide + nom : *la froide objectivité des données statistiques*
- apparente · fausse + nom · prétendue · supposée : *il remet en cause l'objectivité supposée des examinateurs*

∞ VERBE + objectivité
- chercher · viser à : *le nouveau roman visait-il vraiment à la parfaite objectivité?* • prétendre à · revendiquer : *ils revendiquent haut et fort l'objectivité de leurs travaux* • avoir le souci de · faire un effort de · s'efforcer à
- être capable de · faire preuve de • atteindre · parvenir à • conserver · garder
- assurer · garantir • se porter garant de
- douter de · (re)mettre en cause · (re)mettre en doute
- perdre (tout sens de) · se départir de : *l'auteur se départit clairement de toute objectivité* • manquer de

avec objectivité
- analyser · considérer · évaluer · informer · juger

objet *nom masc.*

∞ objet + ADJECTIF
- cinématographique · littéraire : *un étrange objet littéraire d'une invention formelle stupéfiante* · chorégraphique · etc.
- inanimé : *« Objets inanimés, avez-vous donc une âme / Qui s'attache à notre âme et la force d'aimer? »* (Lamartine, *Harmonies poétiques et religieuses*, III, 2, "Milly") • trouvé° : *quand devient-on propriétaire d'un objet trouvé?* • volant (non identifié)° • transitionnel° • rituel · de culte
- métallique · dur

- usuel · familier · ordinaire • indispensable · de première nécessité · fonctionnel · utile · utilitaire
- précieux · de luxe · de valeur
- inutile · décoratif • étrange · insolite · curieux · bizarre · singulier • non identifié · hybride · inclassable
- encombrant · lourd · massif
- jetable · modeste · fragile • contondant • suspect

∞ VERBE +**objet**
- construire · créer · fabriquer
- manier · saisir · manipuler : *manipulez cet objet avec précaution* • déplacer
- cogner · heurter : *la pelle heurta un objet dur*

∞ NOM + D' + **objets**
- gamme
- accumulation · amas · multitude · nombre · quantité · tas*fam.*

obligation *nom fém.* (devoir)

∞ **obligation** + ADJECTIF
- civique · contractuelle · militaire · morale · religieuse · scolaire • formelle · juridique · légale · réglementaire
- familiale · mondaine · professionnelle · etc.
- de moyens° · de résultats°
- commune • réciproque : *employeur et employé ont des obligations communes* · mutuelle
- absolue · ardente : *la réforme du scrutin est une ardente obligation* · impérative · impérieuse · incontournable · stricte • contraignante : *il considère le travail comme une obligation contraignante*

∞ **obligation** + VERBE
- découler de · naître de · venir de
- s'imposer à • incomber à

∞ VERBE + **obligation**
- créer · définir · fixer • instaurer · introduire • faire ... à° : *le droit international fait obligation aux États d'enquêter sur les violations humanitaires*
- constituer : *les formalités de la garde à vue constituent des obligations impératives*
- maintenir • étendre · renforcer : *le texte renforce l'obligation d'accessibilité des bâtiments aux handicapés*
- assujettir à · astreindre à · imposer : *mon contrat de travail impose une obligation de non-concurrence* · soumettre à
- avoir : *elle a une obligation de résultats* · contracter · être sous le coup de : *certains pédophiles sont sous le coup d'une obligation de soins* • être / se trouver dans · se mettre dans · se voir dans : *je me vois dans l'obligation d'annuler notre rendez-vous* • être tenu à
- accepter : *il accepte les obligations mondaines de son nouveau statut* · répondre à : *ils devront répondre aux mêmes obligations* · respecter · se plier à • assumer · être / se mettre en conformité avec : *nous sommes en conformité avec nos obligations légales* · faire face à · honorer : *il a honoré toutes ses obligations de paiement* · remplir · s'acquitter de · satisfaire à · se conformer à
- remettre en cause • oublier · délaisser · perdre de vue : *ils n'ont pas perdu de vue leur obligation d'aider les pays pauvres*
- contrevenir à : *contrevenir à cette obligation est contraire à la loi* · violer · faillir à · faire fi de · fuir · manquer à · se dérober à · se soustraire à
- se débarrasser de · se décharger de : *il s'est peu à peu déchargé de ses obligations familiales* · se dégager de : *une fois dégagé de ses obligations militaires* · se délivrer de : *le colocataire ne s'était pas délivré de toutes ses obligations* · se libérer de • échapper à
- délier de · dispenser de · exempter de · libérer de
- annuler · lever · mettre fin à · supprimer

obscénité *nom fém.*

∞ **obscénité** + ADJECTIF
- effroyable · révoltante

∞ VERBE + **obscénité**
- débiter · déverser : *il déverse des obscénités à la pelle* · dire · hurler · lancer · proférer • écrire

∞ NOM + D' + **obscénités**
- torrent : *son sketch n'est qu'un torrent d'obscénités*

obscurité *nom fém.*

∞ **obscurité** + ADJECTIF
- absolue · complète · totale • compacte · dense · épaisse · opaque · profonde • impénétrable · insondable

∞ **obscurité** + VERBE
- tomber : *vers 17 heures, quand l'obscurité commence à tomber*
- régner
- envelopper · gagner : *l'obscurité gagna lentement la pièce*
- disparaître · se dissiper

∾ VERBE + **obscurité**
- s'accoutumer à · se faire à · s'habituer à : *peu à peu ses yeux s'habituent à l'obscurité*
- profiter de
- avoir peur de
- chasser · dissiper · percer · trouer : *au loin, la lueur d'un feu troue l'obscurité*

dans l'obscurité
- plonger · rester • disparaître · se fondre : *le voleur s'est fondu dans l'obscurité* · s'enfoncer · s'évanouir • briller · luire · scintiller
- chercher · tâtonner
- distinguer · voir

de l'obscurité
- sortir · surgir : *soudain, un monstre surgit de l'obscurité*

à la faveur de l'obscurité
- agir · fuir · se cacher

[1]observation *nom fém.* (remarque)

∾ **observation** + ADJECTIF
- d'ordre général · générale • écrite · orale
- favorable · positive
- [plur.] • fine · intéressante · judicieuse · juste · perspicace · sensée • fondée · pertinente
- petite [+ nom] : *permettez-moi juste une petite observation*
- critique • négative

∾ **observation** + VERBE
- (se) recouper : *ces observations recoupent celles de l'année précédente*

∾ VERBE + **observation**
- appeler : *vos contestations appellent de ma part les observations suivantes* · mériter · soulever
- avancer · hasarder · se permettre • adresser · émettre · faire · formuler · livrer · noter · publier · rédiger
- centraliser · consigner · recueillir : *j'ai recueilli les observations de tous les membres de la commission*
- prendre en compte · tenir compte de
- aller dans le sens de : *cet exemple va dans le sens de mon observation* · confirmer · corroborer
- faire fi de · ignorer · ne pas tenir compte de
- contester · réfuter · rejeter

∾ NOM + D' + **observations**
- ensemble · foule · série

[2]observation *nom fém.* (surveillance, chose observée)

∾ **observation** + ADJECTIF
- clinique · médicale : *il est sous observation médicale depuis trois jours* • ethnographique · sociologique • scientifique
- aérienne · optique · radar · satellitaire · etc.
- directe · in situ° : *l'observation in situ des animaux* • indirecte • empirique • participante° : *l'observation participante laisse entendre qu'on s'insère dans la vie des gens qu'on étudie*
- longue [+ nom] • permanente
- brève [+ nom] · courte [+ nom]
- attentive · fine : *l'observation fine des mécanismes de dépendance* · méthodique · minutieuse · rigoureuse • patiente : *la nature ne se révèle que par l'observation patiente*
- simple [+ nom]

∾ **observation** + VERBE
- commencer · débuter
- montrer · prouver • confirmer · conforter · corroborer
- durer
- prendre fin · se terminer

∾ VERBE + **observation**
- mener : *il a mené une observation participante de trois mois* · réaliser
- continuer · poursuivre
- fonder sa démarche sur · partir de · reposer sur · s'appuyer sur · se baser sur : *cette constatation se base sur des observations scientifiques*
- généraliser : *aucune étude ne permet de généraliser ces observations*

en observation
- mettre · placer : *le patient a été placé en observation pendant 48 heures* • être · rester

obsession *nom fém.*

∾ **obsession** + ADJECTIF
- amoureuse · érotique · sexuelle • sécuritaire · etc.
- collective · commune • personnelle
- grande [+ nom] · véritable [+ nom] • majeure · principale
- récurrente · tenace : *l'obsession tenace de la mort* • constante · permanente
- du moment : *son obsession du moment : perdre du poids* • seule [+ nom] · unique [+ nom]
- maladive · morbide · pathologique • dangereuse : *la compétitivité peut devenir une dangereuse obsession*

∾ VERBE + **obsession**
- devenir · relever de · tourner à • friser : *son envie d'y aller frise l'obsession*

- affronter · être en proie à · être / rester prisonnier de · faire face à
- avoir · partager : *les deux écrivains partagent certaines obsessions* • aller jusqu'au bout de · pousser ... jusqu'à : *il pousse l'obsession jusqu'à s'abonner simultanément à trois quotidiens*
- se nourrir de : *ses romans se nourrissent des mêmes obsessions fondamentales : la disparition, les liens du sang*
- avouer · confesser : *elle confesse son obsession de la mort*
- (se) débarrasser de · (se) délivrer de · en finir avec · (se) guérir de · (se) libérer de

obstacle *nom masc.* (litt. et fig.)

∞ obstacle + ADJECTIF

- culturel · linguistique • psychologique • éthique · moral • juridique · légal · législatif · réglementaire • de principe : *les chercheurs estiment qu'il n'y a plus d'obstacle de principe à mettre en place ce dispositif* · formel · structurel • matériel · financier · technique · etc.
- [litt.] • artificiel · naturel
- franchissable · léger [+ nom] · petit [+ nom] · surmontable : *la dyslexie est un obstacle surmontable* • dérisoire · insignifiant
- imprévu · inattendu
- majeur · principal • énorme · gros [+ nom] · important · sérieux · véritable [+ nom] • infranchissable · insurmontable · rédhibitoire
- durable · persistant
- gênant • dangereux · redoutable
- dernier [+ nom] · ultime : *ce projet bute sur un ultime obstacle : le financement*

∞ obstacle + VERBE

- jalonner : *de nombreux obstacles ont jalonné son parcours* • se présenter · surgir
- subsister : *un dernier obstacle subsiste : il n'a pas donné son accord*
- barrer le chemin à · bloquer · encombrer · entraver · gêner · obstruer · perturber • empêcher · freiner · ralentir · rendre difficile • se mettre / se dresser sur / en travers de : *il n'ignorait pas quels obstacles se dresseraient en travers de sa route* · s'opposer à
- décourager : *ces obstacles financiers l'ont découragé de faire ses études*
- disparaître · tomber

∞ VERBE + obstacle

- dresser : *l'Administration tente de dresser des obstacles au blanchiment d'argent* · élever · ériger · mettre · placer : *les autorités ont placé de nombreux obstacles sur son chemin* • [plur.] accumuler · multiplier
- (plur.) être jonché de · être parsemé de · être semé de : *le parcours des candidats à l'adoption est semé d'obstacles*
- faire° (sans art.) : *l'écran fait obstacle à la lumière ; ce pays est accusé de faire obstacle au plan de paix* • constituer · former
- découvrir · repérer
- affronter · buter contre / sur · être confronté à · faire face à · rencontrer · se heurter à · tomber sur : *lorsqu'il tombe sur un obstacle, il le contourne*
- aplanir · réduire : *l'OMC est chargée de réduire les obstacles au commerce mondial*
- éviter
- reculer devant : *elle n'a jamais reculé devant le moindre obstacle* · se dérober devant : *le cheval s'est dérobé devant l'obstacle*
- braver · s'attaquer à
- dépasser · enjamber · franchir · passer · sauter · surmonter : *ils ont surmonté un obstacle majeur dans la recherche d'un accord de paix* · traverser : *des balles peuvent aisément traverser cet obstacle* • contourner · déjouer · se jouer de
- avoir raison de · triompher de : *sa ténacité triomphait des pires obstacles* · vaincre · venir à bout de • balayer · écarter · éliminer · faire disparaître · faire tomber · lever · renverser · supprimer

obstination *nom fém.*

∞ obstination + ADJECTIF

- entêtée · farouche · féroce · forcenée · imperturbable · incroyable · inouïe · phénoménale · tenace · têtue • peu commune · rare • légendaire : *sa légendaire obstination lui vient de ses racines berrichonnes*
- belle [+ nom] · courageuse · exemplaire · héroïque · remarquable • patiente : *leur patiente obstination force le respect* • sereine · tranquille
- déroutante • agaçante · exaspérante
- aveugle · butée • absurde · déraisonnable · stupide

∞ obstination + VERBE

- payer : *son obstination a fini par payer*
- impressionner
- agacer · exaspérer

∞ VERBE + obstination

- afficher · faire montre de · faire preuve de · mettre ... à : *ils y mettent de l'obstination*

- buter contre · affronter : *il doit affronter la stupide obstination de son chef* · se heurter à
- comprendre : *on comprend mal son obstination*
- récompenser : *sa réussite a récompensé son obstination*
- avoir raison de · vaincre · venir à bout de : *il vint à bout de leur obstination grâce à sa grande diplomatie*

avec obstination
- nier • refuser
- poursuivre · rechercher

occasion *nom fém.*

∾ occasion + ADJECTIF
- nouvelle + nom • première + nom : *il s'est échappé à la première occasion* • prochaine + nom
- (plur.) innombrables · maintes · moult*littér.* · nombreuses
- rares + nom (plur.)
- historique : *c'est une occasion historique de bâtir la paix* · rare · rarissime · unique · véritable + nom • grande + nom : *une grande occasion vient d'être ratée ; elle ne prépare ce plat que pour les grandes occasions*
- excellente · exceptionnelle · extraordinaire · formidable · intéressante · magnifique · remarquable · en or • favorable · précieuse · propice • idéale · inespérée · providentielle · rêvée • séduisante · tentante • à saisir : *vends voiture tout équipée : occasion à saisir !*
- gâchée · manquée · perdue · ratée : *encore une occasion ratée de marquer un but !*

∾ occasion + VERBE
- se présenter · se produire · s'offrir à
- revenir · se renouveler · se représenter : *une telle occasion ne se représentera peut-être pas*

∾ VERBE + occasion
- (se) créer : *ils se sont créé plusieurs occasions de but* · faire naître · provoquer
- donner · fournir · laisser : *il ne lui a pas laissé une seule occasion de faire ses preuves* · offrir • multiplier (plur.)
- constituer : *ces rencontres constituent une excellente occasion de tourner la page* · être ... de : *c'est une occasion idéale pour l'association de mieux se faire connaître* · représenter
- attendre · chercher · épier · guetter : *elle guette la première occasion pour s'enfuir*
- disposer de • avoir : *il est heureux lorsqu'il a l'occasion de parler de lui*
- saisir (au bond) · sauter sur : *ils avaient besoin d'un chauffeur et j'ai sauté sur l'occasion* · se saisir de • profiter de : *je profite de cette occasion pour vous remercier*
- gâcher · laisser échapper · laisser filer · laisser passer · laisser s'envoler · louper*fam.* : *il n'a pas loupé l'occasion de faire référence à son propre livre* · manquer · négliger · perdre : *tu as perdu une occasion de te taire* · rater

∾ NOM + D' + occasions
- foule · nombre · pléthore · quantité · tas*fam.*

occupation *nom fém.* (activité)

∾ occupation + ADJECTIF
- professionnelle • sociale
- favorite · préférée
- (plur.) multiples · nombreuses · variées
- nouvelle + nom • unique + nom
- absorbante · accaparante
- astreignante · contraignante
- intéressante · noble · sérieuse • saine : *lire est une saine occupation*
- ennuyeuse · monotone
- frivole · futile : *le jeu est souvent considéré comme une occupation futile*

∾ VERBE + occupation
- chercher
- donner · procurer · offrir
- trouver
- exercer : *il exerce de nouveau une occupation professionnelle* · s'adonner à · se livrer à • reprendre · retourner à · vaquer à : *tu peux vaquer à tes occupations* • continuer · poursuivre
- changer de

odeur *nom fém.*

∾ odeur + ADJECTIF
- corporelle • animale • culinaire
- naturelle • artificielle · chimique
- ambrée · boisée · épicée · fleurie · florale · fraîche · fruitée · iodée · marine · musquée · sucrée • de brûlé · de moisi · de renfermé · etc.
- caractéristique · particulière · reconnaissable · spécifique
- forte · pénétrante · prononcée · puissante · riche : *l'odeur riche et puissante de l'humus* • capiteuse · enivrante · entêtante · envoûtante : *l'odeur envoûtante des fleurs de frangipanier* · grisante · insistante • lourde · obsédante · violente
- persistante · tenace
- faible · imperceptible · légère + nom · petite + nom · vague
- éphémère · fugace · passagère

- agréable · bonne [+ nom] • accueillante · alléchante · délectable · délicieuse · divine : *l'odeur divine des orangers en fleur* · douce · exquise • suave · voluptueuse • délicate · subtile
- inconnue · indéfinissable · insaisissable
- bizarre · étrange • anormale · inquiétante · suspecte : *une odeur suspecte de brûlé*
- douceâtre · doucereuse • acide · âcre · aigre · piquante • désagréable · écœurante · incommodante · insoutenable · insupportable · repoussante · répugnante · suffocante • abominable · épouvantable · exécrable · de fauve ○ · fétide · horrible · infecte · innommable · mauvaise [+ nom] · méphitique [littér.] · nauséabonde · pestilentielle : *les voisins se sont plaints d'odeurs pestilentielles venant de la décharge* · putride · rance

∾ odeur + VERBE

- émaner de · s'échapper de · se dégager de · venir de
- flotter · planer · régner : *une odeur de brûlé régnait dans la cour* • assaillir : *une violente odeur de chlore vous assaille (les narines) dès que vous entrez* · envahir · imprégner • se mélanger avec · se mêler à : *l'odeur des rosiers se mêle à celle des glycines*
- embaumer : *l'odeur de la tarte aux abricots embaume la maison*
- s'accentuer : *la mauvaise odeur s'accentue quand il fait chaud* • se répandre : *l'odeur de gaz s'est répandue dans toute la maison*
- incommoder · indisposer • prendre à la gorge
- disparaître · se dissiper

∾ VERBE + odeur

- avoir · dégager · diffuser · exhaler · répandre : *le chocolat fondu répandait une délicieuse odeur*
- baigner dans : *l'île baignait dans une forte odeur d'eucalyptus*
- détecter · flairer · humer · percevoir · reconnaître • respirer · sentir • retrouver : *il retrouvait l'odeur des madeleines de son enfance*
- masquer : *l'encens masque l'odeur du tabac*
- chasser : *une bougie pour chasser les odeurs de tabac* · combattre : *un excellent produit pour combattre les mauvaises odeurs* · lutter contre

odorat *nom masc.*

∾ odorat + ADJECTIF

- bon [+ nom] · développé · excellent · fin · remarquable · (ultra)sensible
- mauvais [+ nom] · médiocre

∾ VERBE + odorat

- avoir · être doté de : *il est doté d'un très bon odorat* · posséder : *le chien possède un odorat très développé*
- avoir recours à · faire appel à
- aiguiser : *ce parcours thématique invite le public à aiguiser son odorat* · améliorer · développer
- flatter : *ce doux parfum flatte mon odorat*
- manquer de · perdre (l'usage de)

à l'odorat

- chasser · traquer • distinguer · reconnaître · repérer

[1] œil *nom masc.* (regard)

∾ œil + ADJECTIF

- de Chimène : *il a des yeux de Chimène pour les patrons de PME* · de velours ○ · doux • amoureux · de braise ○ · langoureux • amical · attendri · tendre • gourmand : *il regarde les gâteaux d'un œil gourmand* • expressif
- content · émerveillé · satisfait • candide · débonnaire · ingénu
- amusé · égrillard · espiègle · fripon · goguenard : *l'acteur évolue sous l'œil goguenard de la script* · hilare · rieur • dédaigneux · hautain • ironique · malicieux · moqueur · narquois : *elle a posé un œil narquois sur mon œuvre d'art* · taquin
- éberlué · étonné · halluciné · perplexe • effaré · horrifié · médusé
- espiègle · intelligent · pénétrant · perçant · pétillant · rusé · vif • acéré · affûté · aiguisé · averti · bon [+ nom] · exercé · expérimenté : *l'œil expérimenté de l'expert ne s'y trompe pas : c'est un faux* · sagace
- avide · curieux · fureteur · indiscret · inquisiteur • attentif · scrutateur · vigilant
- distrait • blasé · impassible · indifférent • mauvais : *il la regardait d'un œil mauvais* · méchant • cruel
- de chien battu · de cocker · de merlan frit · froid · glauque · morne · terne • hagard · vide
- concupiscent · lubrique
- inquiet · triste • furibond · noir
- baissé • (perdu) dans le vague : *elle écoutait, les yeux (perdus) dans le vague* · perdu : *les yeux perdus dans le lointain*

∾ œil + VERBE

- être fixé sur · être rivé sur : *tous les yeux sont rivés sur les écrans de télévision* • se porter sur / vers · se tourner vers • s'arrêter sur · s'attarder sur · se lever (vers) : *ses yeux se lèvent vers le*

toit de l'église • détailler · jauger · observer · regarder : *« L'œil était dans la tombe et regardait Caïn »* (Victor Hugo, *La Légende des siècles*, II, "La conscience") · scruter • balayer · chercher · parcourir : *ses yeux parcoururent rapidement les petites annonces*
- s'égarer · se perdre : *ses yeux se perdirent dans le lointain*
- se détourner de : *nos yeux se détournent du soleil par réflexe*

∾ VERBE + œil
- avoir à° : *je t'ai à l'œil !* · garder : *il garde un œil sur l'affaire* · ouvrir : *ouvre l'œil et le bon !* • jeter : *jette un œil à cet article* · porter · poser : *elle pose les yeux sur la photo* · regarder de (+ adj.) : *il l'a regardé d'un œil mauvais* • voir de (+ adj.) : *« Je l'ai vu, dis-je, vu, de mes propres yeux vu, / Ce qu'on appelle vu. »* (Molière, *Tartuffe*, V, 3)
- accrocher · frapper · retenir · taper dans[fam.] : *ce sac / ce type m'a tapé dans l'œil* • crever[fam.] : *il est amoureux, ça crève les yeux* · sauter à
- réjouir : *cette exposition réjouit les yeux*
- échapper à : *rien n'échappe à son œil aiguisé*
- fermer° : *il ferme l'œil sur des pratiques discutables*
- quitter de (plur., nég.) : *il ne la quitte jamais des yeux*

d'un œil (+ adj.)
- fixer · observer · regarder : *elle le regardait d'un œil noir*

▷ voir aussi **yeux**

[2]œil *nom masc.* (jugement)

∾ œil + ADJECTIF
- approbateur · bienveillant · bon° + nom : *il ne voit pas cela d'un très bon œil* · favorable • compatissant · indulgent · protecteur • complaisant
- critique · malveillant · mauvais° + nom : *il regarde leur relation d'un très mauvais œil* · sévère • circonspect · réprobateur · réticent · sceptique · soupçonneux · suspicieux • impitoyable : *l'œil impitoyable des critiques* · aiguisé

∾ VERBE + œil
- avoir : *il a un œil très critique sur la société de consommation* • promener : *il promène un œil sévère sur le monde qui l'entoure*
- (plur.) dessiller : *ce rapport lui a dessillé les yeux* · ouvrir : *il faut lui ouvrir les yeux*

d'un œil (+ adj.)
- considérer · juger · regarder : *il regarde ces changements d'un mauvais œil* · voir

▷ voir aussi [1]**œil**

[1]œuvre *nom fém.* (production[s] artistique[s])

∾ œuvre + ADJECTIF
- artistique · d'art° • audiovisuelle · cinématographique · dramatique · littéraire · lyrique · musicale · narrative · picturale · poétique · romanesque · théâtrale
- abstraite · figurative • classique · moderne
- collective • autobiographique · personnelle
- emblématique · symbolique · typique
- complète : *les œuvres complètes d'Aristote* · intégrale • choisie : *une belle édition d'œuvres choisies de Queneau*
- de commande • de circonstance
- de jeunesse · primitive • récente • de maturité · tardive • posthume
- originale : *la copie est fidèle à l'œuvre originale*
- atypique · curieuse · énigmatique · essentielle · fondamentale · étrange · hors norme · inclassable · originale · singulière · surprenante • d'avant-garde • totale : *l'utopie d'une œuvre d'art totale, où se mélangeraient tous les genres*
- éclectique · multiforme · multiple · protéiforme : *son œuvre protéiforme échappe à toute définition*
- abondante · colossale · énorme · féconde · (-)fleuve · foisonnante · gigantesque · imposante · monumentale · prolifique · titanesque
- célèbre · connue · culte • capitale · de premier plan · essentielle · fondamentale · importante · incontournable · maîtresse · majeure · phare : *"Le Joueur d'échecs", œuvre phare de Stefan Zweig*
- admirable · de grande qualité · exceptionnelle · exemplaire · extraordinaire · grandiose · hors du commun · magnifique · sublime · pure + nom : *cette toile est une pure œuvre d'art* · véritable + nom • incomparable · indépassable · inoubliable · sans équivalent • fascinante · forte · intense · phénoménale · puissante · saisissante • ambitieuse · magistrale • aboutie · mature • accessible • universelle
- complexe · dense • difficile · obscure • érudite · savante
- mineure : *cette œuvre est considérée à tort comme mineure* • méconnue • inédite
- inachevée
- inégale • insignifiante · insipide · médiocre
- scandaleuse · subversive · sulfureuse
- crépusculaire : *une œuvre crépusculaire hantée par la mort* · douloureuse · sombre · violente

∾ **œuvre** + VERBE

- dater de · remonter à
- être empreinte de : *une œuvre empreinte de poésie et d'humour* · être imprégnée de : *son œuvre est imprégnée de spiritualité* · porter la trace / l'empreinte de • avoir trait à · être consacrée à · traiter de • faire écho à : *l'œuvre fait écho à de nombreux mythes classiques* · renvoyer à · se nourrir de : *son œuvre se nourrit de l'histoire de son peuple*
- influencer : *cette œuvre étrange a influencé de nombreux auteurs* · inspirer : *ce voyage lui a inspiré une œuvre musicale d'une grande beauté*
- survivre à

∾ VERBE + **œuvre**

- constituer
- habiter · hanter • influencer · inspirer
- attribuer à
- commander
- acheter · acquérir · dénicher · mettre la main sur : *j'ai réussi à mettre la main sur cette œuvre rare* • s'approprier · s'emparer de • exhumer
- commencer · débuter
- composer · concevoir · construire · créer · donner naissance à · écrire · élaborer · produire · réaliser · exécuter : *chaque sculpteur invité exécute une œuvre sur marbre* • achever · mettre la dernière main · peaufiner · retoucher · terminer • appeler · intituler · nommer • signer : *il ne signait aucune de ses œuvres*
- enregistrer · exécuter : *son quatuor exécute principalement des œuvres de Mozart et de Haydn* · interpréter · jouer · monter · publier • traduire
- laisser : *elle laisse derrière elle une œuvre colossale* · léguer · livrer · offrir
- dévoiler · diffuser · exposer · faire connaître · montrer · présenter
- regarder · voir · contempler • découvrir • visionner • écouter • lire · parcourir
- (plur.) collectionner • regrouper · compiler · réunir
- (plur.) répertorier · recenser
- aborder · se pencher sur · se plonger dans · s'intéresser à · travailler sur • décortiquer · disséquer • analyser · commenter · discuter de · méditer • accéder à · comprendre • connaître
- adapter · remanier · revisiter : *le cinéaste revisite avec brio cette grande œuvre littéraire*
- abriter : *le musée abrite la majorité de ses œuvres de jeunesse* • protéger · restaurer · sauvegarder · sauver • défendre · réhabiliter
- couronner : *ce prix couronne la meilleure œuvre de fiction* · honorer
- critiquer · discréditer

∾ NOM + **œuvres**

- série
- choix · sélection

²œuvre *nom fém.* (action)

∾ **œuvre** + ADJECTIF

- pédagogique • politique
- de longue haleine • durable · pérenne
- bonnes° + nom (plur.) · caritative • utile
- hautes° + nom (plur.) : *on appelait le bourreau "exécuteur des hautes œuvres"*
- basses° + nom (plur.) : *il a été manipulé pour exécuter les basses œuvres de l'entreprise* • stérile
- fragile

∾ VERBE + **œuvre**

- commencer : *ils ont commencé leur œuvre de destruction* · débuter · engager : *nous avons engagé ensemble une œuvre de transformation concrète* · entreprendre
- accomplir • exécuter^péj. : *il a été mis à contribution pour exécuter les basses œuvres du président* • faire° (sans art.) : *le gouvernement doit faire œuvre de pédagogie*
- poursuivre • mener à bien : *il veut mener à bien son œuvre de modernisation*
- collaborer à · participer à · prendre part à
- achever · finir · parachever · terminer

à l'œuvre

- être° : *c'est la même logique qui est à l'œuvre dans ces deux affaires*
- se mettre° : *les techniciens se sont mis à l'œuvre sans tarder*
- voir° : *il suffit de les voir à l'œuvre pour comprendre leur courage*

offense *nom fém.*

∾ **offense** + ADJECTIF

- personnelle · publique
- grande + nom · grave + nom · impardonnable · majeure · suprême + nom
- légère + nom · mineure · petite + nom

∾ VERBE + **offense**

- commettre · faire° (sans art.) : *il a fait offense aux électeurs avec de fausses promesses* · porter° (sans art.) : *il a été sanctionné pour avoir porté offense au roi*
- constituer : *ces affirmations constituent une offense à la mémoire collective*
- être victime de · subir

- considérer comme · prendre comme · ressentir comme
- répondre à · venger : *il veut venger l'offense faite à sa cousine*
- pardonner
- réparer : *des excuses ne répareront pas l'offense qu'il a commise*

offensive *nom fém.* (Milit. et fig.)

∞ offensive + ADJECTIF

- militaire • aérienne · maritime · terrestre • terroriste
- [fig.] • boursière · commerciale · diplomatique · judiciaire · médiatique · verbale • marketing · publicitaire • de charme
- concertée · conjointe · coordonnée • stratégique : *cette offensive stratégique a des buts directement politiques*
- efficace · victorieuse
- d'envergure · générale · généralisée · vaste [+ nom] • importante · majeure • massive · musclée · tous azimuts · vigoureuse · véritable [+ nom] • sans précédent
- (-)éclair
- meurtrière · sanglante · violente
- ratée

∞ offensive + VERBE

- commencer · survenir : *cette nouvelle offensive survient trois mois après le début de l'opération* • se dérouler : *cette offensive s'est déroulée de juillet à décembre 1916* • se poursuivre
- déstabiliser · surprendre
- réussir
- échouer : *les soldats reconnaissent que leur offensive a échoué*

∞ VERBE + offensive

- amorcer · déclencher · engager · entreprendre : *le consortium va entreprendre une vaste offensive pour consolider ses positions* · lancer · ouvrir · partir à° · passer à° : *ils ont abandonné les discussions pour passer à l'offensive*
- tenter • mettre au point · monter · orchestrer · organiser · préparer • conduire · diriger · mener : *le fabricant mène une véritable offensive sur le marché européen* • poursuivre · reprendre : *le groupe armé a repris l'offensive pour s'emparer du territoire*
- participer à · prendre part à • soutenir
- durcir · étendre · intensifier : *les rebelles menacent d'intensifier leur offensive pour contraindre les autorités à négocier* • multiplier (plur.) : *le gouvernement multiplie les offensives diplomatiques depuis plusieurs mois*
- essuyer · faire face à · faire l'objet de : *le camp des réfugiés a fait l'objet d'une offensive sans précédent*
- craindre · redouter
- contrecarrer · contrer · déjouer · repousser : *les troupes ont repoussé une offensive des paramilitaires* · résister à · contenir · freiner • fuir : *les réfugiés affluent, fuyant les violentes offensives dans le nord du pays*
- arrêter · cesser · mettre fin à · mettre un terme à · stopper

[1] offre *nom fém.* (proposition)

∞ offre + ADJECTIF

- commerciale · de service · tarifaire • publique d'achat / de vente° • d'emploi
- complète : *une offre complète comprenant la télévision, l'accès à Internet et le téléphone* • forfaitaire · globale • à la carte • gratuite : *l'offre gratuite de tabac est interdite* · payante
- ciblée • de base
- à prendre ou à laisser • de dernière minute
- bon marché · compétitive · économique • exclusive · limitée · privilégiée · promotionnelle · spéciale
- raisonnable · satisfaisante · valable • alléchante · attractive · attrayante · avantageuse · défiant toute concurrence · engageante · exceptionnelle · généreuse · intéressante · mirifique · mirobolante · séduisante · tentante • haut de gamme
- concrète · sérieuse • définitive · ferme • inconditionnelle
- élevée
- basse : *son offre a été jugée trop basse*
- conditionnelle · soumise à condition°
- bas de gamme

∞ offre + VERBE

- émaner de · venir de
- comprendre · inclure • proposer : *cette offre propose trois heures de communications par mois*
- se monter à : *l'offre se monte à 5,68 euros par action*
- mériter réflexion
- être valable : *cette offre n'est valable que pour les nouveaux abonnés*
- marcher : *cette offre ne marche pas à cause d'une concurrence trop importante* • rencontrer un grand succès

∞ VERBE + offre

- faire · lancer : *le fabricant a lancé une offre défiant toute concurrence* · présenter · proposer : *il propose une offre plus intéressante* • multiplier (plur.) · renouveler : *il a renouvelé son offre de négociation*

- composer : *dix-huit chaînes thématiques composent cette nouvelle offre télévisuelle* • concocter : *il a concocté une offre très attractive*
- affiner · améliorer · peaufiner : *le vépéciste peaufine ses offres pour la rentrée*
- augmenter : *la compagnie a augmenté son offre de vols internationaux*
- accepter · sauter sur • faire suite à · répondre à • souscrire à : *il a souscrit à une offre numérique*
- bénéficier de · être assailli de (plur.) : *ils sont assaillis d'offres commerciales* · recevoir
- considérer · (ré)étudier · examiner · juger · réfléchir à : *je vais réfléchir à votre offre* · soupeser • s'informer sur · consulter : *je consulte les offres d'emploi tous les jours* • comparer (plur.)
- profiter de · tirer parti de
- décliner · écarter : *elle a écarté son offre d'un revers de main* · refuser · rejeter · repousser
- retirer : *il a retiré son offre* · revenir sur

[2]**offre** *nom fém.* (par opposition à la demande)

∞ offre + ADJECTIF
- culturelle · éditoriale • immobilière · locative · touristique · politique · etc.
- concurrentielle
- diversifiée · compétitive
- croissante • abondante · accrue · considérable · large · pléthorique • excédentaire : *le marché du sucre est engorgé par une offre excédentaire*
- insuffisante : *il y a une offre insuffisante de logements* · limitée · restreinte

∞ offre + VERBE
- créer : *le principe qui énonce que l'offre crée la demande*
- correspondre à · rencontrer · répondre à : *leur offre répond à une demande réelle* · satisfaire : *l'offre est incapable de satisfaire la demande* • suivre : *c'est un secteur où l'offre suit toujours la demande* • égaler : *le seuil d'équilibre où l'offre égale la demande*
- augmenter · se développer · s'étoffer • dépasser : *l'offre dépasse la demande* · être supérieure à : *l'offre est largement supérieure à la demande* · excéder · rattraper : *l'offre rattrape la demande*
- évoluer · progresser : *l'offre a progressé en qualité et en quantité*
- être inférieure à • baisser · diminuer · se raréfier : *l'offre de logements en centre-ville se raréfie*

∞ VERBE + **offre**
- avoir · disposer de
- ajuster : *des mesures sont prises pour ajuster l'offre et la demande* • améliorer
- accroître · augmenter · développer · élargir · stimuler : *ce dispositif est destiné à stimuler l'offre locative*
- diminuer · limiter · restreindre

∞ NOM + D' + **offre**
- augmentation · accroissement · hausse · explosion
- baisse · diminution

[1]**ombre** *nom fém.* (part non exposée au soleil)

∞ ombre + ADJECTIF
- épaisse : *les pins parasols plongent la maison dans une ombre épaisse* · noire · sombre
- agréable · appréciable · bienvenue · bienfaisante : *l'ombre bienfaisante du vieux platane* · bienfaitrice • fraîche · rafraîchissante
- diffuse · douce · légère : *cette plante pousse mieux sous une ombre légère qu'au soleil*
- rare : *le soleil était écrasant et l'ombre rare*
- [fig.] petite [+ nom] : *une petite ombre plane sur ce tableau idyllique*

∞ VERBE + **ombre**
- chercher : *nous cherchons désespérément un peu d'ombre*
- (se) mettre à : *elle a mis l'enfant à l'ombre*
- donner · faire : *le tilleul nous fait de l'ombre* · offrir
- [fig.] faire ... à : *ces jeunes recrues ne font pas d'ombre aux anciens cadres* · jeter : *cet incident jette une ombre sur les relations entre les deux pays*
- [souvent fig.] sortir de · surgir de • être tapi dans : *le félin était tapi dans l'ombre*

∞ NOM + D' + **ombre**
- coin · tache
- [fig.] zone : *l'enquête a permis d'éclairer certaines zones d'ombre du dossier; certaines zones d'ombre subsistent* · part : *chacun de ses coups d'éclat comporte sa part d'ombre*

dans l'ombre
- [souvent fig.] • laisser · rejeter · reléguer • agir · œuvrer · rester : *il est resté dans l'ombre (de sa femme) pendant 20 ans* · travailler : *beaucoup de compositeurs travaillent dans l'ombre*

[2]**ombre** *nom fém.* (ombre portée)

∞ ombre + ADJECTIF
- terrestre • humaine • chinoise° · découpée · portée°
- géante · grande [+ nom] · grandissante · longue [+ nom] : *la Terre projette dans l'espace une longue ombre conique*

- dansante · mouvante · tremblante · vacillante : *c'est une pièce éclairée à la bougie, où se dessinent des ombres vacillantes* • floue · informe
- fugace : *l'ombre fugace des nuages dans le ciel* · fugitive · furtive
- menaçante

∞ **ombre** + VERBE
- se profiler : *une ombre humaine se profile à l'horizon* • courir · passer : *des ombres passent dans les couloirs du château* · ramper : *leurs ombres rampent sur les murs* • danser : *les ombres des promeneurs dansent derrière les arbres*
- se projeter sur · tomber sur
- grandir · s'allonger : *le soleil déclinait, les ombres s'allongeaient peu à peu sur le sable*

∞ VERBE + **ombre**
- dessiner · projeter : *l'obélisque projette son ombre sur la façade*
- suivre comme° : *il la suit comme son ombre*

3ombre *nom fém.* (fantôme, souvenir)

∞ **ombre** + ADJECTIF
- paternelle : *l'ombre paternelle veille sur lui*
- bienveillante · protectrice · tutélaire : *une ombre tutélaire le protège* • rassurante
- étrange · mystérieuse
- omniprésente · imposante • encombrante · envahissante · obsédante · pesante : *elle vit avec l'ombre pesante de la première épouse de son mari*
- effrayante · inquiétante · menaçante • fantomatique • maléfique : *ce manoir est hanté par des ombres maléfiques* · ténébreuse · terrible

∞ **ombre** + VERBE
- flotter · planer · rôder : *l'ombre du père rôdait encore dans la maison* • veiller
- hanter
- protéger
- menacer

∞ VERBE + **ombre**
- chasser : *il essaye de chasser l'ombre de son prédécesseur* · oublier : *elle veut oublier les ombres du passé*

à l'ombre de
- grandir · vivre

omission *nom fém.*

∞ **omission** + ADJECTIF
- délibérée · volontaire
- grave · importante · majeure • flagrante • révélatrice : *cette omission est révélatrice de leur désengagement*
- fâcheuse · malheureuse • coupable · fautive [Droit] : *l'employeur commet une omission fautive s'il ne déclare pas un accident du travail* · impardonnable · inexcusable
- involontaire

∞ VERBE + **omission**
- constater · relever : *j'ai relevé plusieurs omissions dans son rapport*
- mentionner · signaler • dénoncer
- remédier à · réparer

par omission
- mentir · pécher

ongle *nom masc.*

∞ **ongle** + ADJECTIF
- plat • bombé • crochu
- court
- long
- manucuré · net · propre · soigné • brillant · poli
- laqué : *les ongles laqués de rouge* · peint · verni
- négligé · noir · peu soigné · rongé · sale · terreux
- cassant
- incarné°

∞ **ongle** + VERBE
- (re)pousser
- se dédoubler

∞ VERBE + **ongle**
- se faire · soigner • (se) brosser · (se) curer · (se) décrasser
- (se) couper · (se) limer · (se) polir · (se) rogner · (se) tailler
- (se) peindre · (se) vernir
- (se) laisser pousser
- se mordre · se ronger : *il se ronge les ongles dès qu'il est stressé*
- (s')arracher : *la torture consistait à leur arracher les ongles* · (se) casser • perdre
- enfoncer ... dans : *elle enfonça ses ongles dans sa peau*

1opération *nom fém.* (initiative, campagne)

∞ **opération** + ADJECTIF
- culturelle · médiatique · politique • de communication · marketing · promotionnelle · publicitaire • de sauvetage · de secours · etc.
- stratégique • de prestige • spéciale
- locale · régionale • internationale · mondiale · nationale

- coup de poing° : *ils ont lancé une opération coup de poing contre les trafiquants de drogue* • ambitieuse · audacieuse • historique · importante · majeure · véritable + nom • à grande échelle · de grande ampleur · d'envergure · gigantesque · grosse + nom · monstrueuse · sans précédent · spectaculaire · vaste + nom
- au long cours · de longue haleine · longue + nom
- de routine · simple + nom
- couronnée de succès · efficace · fructueuse
- coûteuse
- complexe • délicate · difficile • à haut risque · dangereuse · insensée

∾ opération + VERBE

- commencer · débuter • être en cours · se dérouler : *l'opération se déroule en quatre étapes* · se passer
- durer · se poursuivre • s'échelonner · s'étaler sur : *l'opération va s'étaler sur 3 ans*
- couvrir : *l'opération couvre tout le nord du département* · impliquer : *cette gigantesque opération implique plusieurs ministères*
- se chiffrer à · se monter à : *l'opération se monte à 40 millions d'euros*
- aboutir · tourner bien
- capoter fam. · échouer · tourner mal
- finir · s'achever · se terminer

∾ VERBE + opération

- déclencher · donner lieu à
- entamer · lancer : *la marque va lancer une grande opération publicitaire à la rentrée*
- mettre en place · mettre en route · mettre en œuvre · mettre sur les rails · mettre sur pied · monter · organiser · se charger de • conduire · mener · réaliser · se livrer à
- diriger · piloter · superviser · surveiller (la bonne marche de) • (plur.) centraliser · coordonner
- contribuer à · être mêlé à · être partie prenante de · participer à · prendre part à • s'engager dans · s'impliquer dans · s'investir dans
- recommencer · rééditer · réitérer · renouveler · répéter • développer · étendre · inscrire dans la durée
- mener avec succès · réussir • mener à bien · mener à son terme
- achever · terminer
- donner le feu vert à • approuver · cautionner · être favorable à · soutenir • financer · patronner : *c'est l'Office du tourisme qui patronne l'opération* • faciliter · favoriser • accélérer : *le ministère veut accélérer les opérations de renouvellement urbain*
- limiter dans le temps
- compliquer • contrarier · entraver · freiner · perturber · ralentir : *le mauvais temps a considérablement ralenti les opérations de sauvetage*
- interrompre · suspendre • annuler · arrêter · mettre fin à · stopper

∾ NOM + D' + opérations

- série : *la Région a lancé une série d'opérations de prévention contre le tabagisme*

²opération *nom fém.* (Milit.)

∾ opération + ADJECTIF

- armée · militaire • défensive · offensive • antiterroriste • de représailles · punitive • ciblée · commando • stratégique · tactique • aérienne · maritime · terrestre • clandestine · secrète
- de grande ampleur · de grande / d'envergure · grande + nom · grosse + nom · sans précédent · spectaculaire · vaste + nom • décisive · importante + nom · majeure · véritable + nom
- à haut risque · dangereuse · difficile · périlleuse
- dévastatrice · meurtrière · sanglante

∾ opération + VERBE

- commencer · débuter • être en cours · se dérouler : *les opérations se déroulent principalement dans le nord du pays* • se poursuivre
- impliquer · mobiliser : *l'opération mobilise 3 000 hommes*
- aboutir · tourner bien
- capoter fam. · échouer · tourner mal
- s'achever · se terminer

∾ VERBE + opération

- annoncer · envisager · prévoir : *le gouvernement prévoit une opération offensive en pays ennemi* • organiser · préparer
- déclencher · engager · lancer · mener · monter : *l'armée a monté une opération secrète* • poursuivre
- être chargé de · prendre en charge : *l'Union européenne a pris en charge trois opérations militaires* • commander : *il a commandé les opérations au Kosovo* · conduire · diriger : *c'est le ministère qui a dirigé les opérations*
- participer à · prendre part à · s'engager dans
- intensifier (plur.)

- mener à bien · mener à son terme · mener avec succès
- achever · mettre fin à · terminer
- donner le feu vert à · être favorable à · soutenir • justifier : *la situation du pays justifie l'opération*
- entraver
- être défavorable à • suspendre

∾ NOM + D' + **opérations**
- théâtre : *plusieurs avions de combat doivent rejoindre le théâtre des opérations*
- série

[3]**opération** *nom fém.* (transaction financière)

∾ **opération** + ADJECTIF
- bancaire · boursière · financière · monétaire • commerciale · immobilière · industrielle • scripturale : *une grande partie des opérations scripturales se fait encore par chèque* • d'achat · de privatisation · de rachat · de vente • de change · de crédit
- courante • hors bilan
- énorme · gigantesque + nom · grande + nom · grosse + nom · importante + nom · vaste + nom
- bonne + nom · excellente + nom · habile · judicieuse • avantageuse · fructueuse · juteuse *fam.* · lucrative
- catastrophique · mauvaise + nom
- délictueuse · douteuse · frauduleuse · irrégulière · malhonnête · illégale

∾ VERBE + **opération**
- conduire · effectuer · réaliser · se livrer à : *ils se livrent à des opérations de courtage*
- profiter de · tirer profit de
- finaliser : *le groupe n'a pas finalisé l'opération de rachat de la société* · mener à son terme · mener avec succès
- avoir (un) droit de regard sur

[4]**opération** *nom fém.* (Méd.)

∾ **opération** + ADJECTIF
- cardiaque · chirurgicale · esthétique • à cœur ouvert
- urgente • grave + nom · lourde • compliquée · délicate + nom · difficile • douloureuse · pénible
- anodine · bénigne · petite + nom • banale · courante • indolore

∾ VERBE + **opération**
- nécessiter · requérir
- subir
- faire · pratiquer · réaliser : *l'opération est réalisée sous anesthésie générale* • tenter
- mener à bien · réussir
- rater
- se remettre de : *il a mis plusieurs mois à se remettre de son opération*

∾ NOM + D' + **opérations**
- série : *elle a dû subir une série d'opérations chirurgicales*

[1]**opinion** *nom fém.* (avis)

∾ **opinion** + ADJECTIF
- politique · religieuse
- intime · personnelle · propre
- franche · sincère • libre + nom : *on laisse à chacun sa libre opinion*
- dominante : *son avis est représentatif de l'opinion dominante* · générale · majoritaire · unanime • courante · répandue • admise : *cela ne correspond pas à l'opinion communément admise*
- isolée · minoritaire : *cette opinion minoritaire a peu de poids dans le débat public*
- arrêtée · définitive · ferme · tranchée : *elle a des opinions très tranchées en matière de culture*
- bonne + nom · favorable · haute + nom : *je n'ai pas une très haute opinion de lui* · positive
- mitigée • défavorable · mauvaise + nom · négative · piètre + nom · triste + nom : *il doit se faire une triste opinion du niveau des lecteurs*
- contradictoire (plur.) · contraire · différente · discordante (plur.) · dissidente · divergente · opposée
- claire · précise • défendable · pertinente · raisonnable · rationnelle • éclairée · fondée · impartiale · nuancée · réfléchie • juste
- contestable · discutable · indéfendable • hâtive · partiale · préconçue · toute faite

∾ **opinion** + VERBE
- avoir du poids • prévaloir : *c'est l'opinion qui prévaut aujourd'hui* · s'imposer
- changer : *mon opinion a changé* · évoluer • mûrir
- (plur.) différer · diverger · varier : *l'opinion des Français varie selon la conjoncture économique*

∾ VERBE + **opinion**
- demander · solliciter
- se faire · se forger · se former • baser ... sur · fonder ... sur
- hasarder · risquer • avancer · dire · donner · émettre · exprimer · faire connaître · faire part de · formuler • développer · exposer

- diffuser · propager · répandre • imposer : *il tente d'imposer son opinion par l'usage des armes*
- changer (de) · réviser · revoir
- correspondre à · être représentatif de · montrer · refléter : *son discours reflète l'opinion générale*
- expliquer · justifier • défendre
- partager · se rallier à · se ranger à : *il s'est finalement rangé à l'opinion majoritaire* · souscrire à · suivre • être sensible à · tenir compte de
- confirmer · conforter • concilier (plur.) : *la démocratie veut concilier les différentes opinions*
- aller à contre-courant de : *ses écrits vont à contre-courant de l'opinion dominante* · aller à l'encontre de · désapprouver · réfuter : *ses recherches réfutent une opinion très répandue*

[2] **opinion** *nom fém.* (l'opinion publique)

∾ opinion + ADJECTIF

- populaire · publique • internationale · locale · mondiale
- cultivée · éclairée · informée
- désabusée · réticente · sceptique : *le gouvernement a du mal à convaincre une opinion sceptique*

∾ opinion + VERBE

- comprendre · prendre conscience de · se réveiller
- mûrir : *l'opinion a mûri tardivement sur ce sujet délicat* · évoluer • se radicaliser
- se faire entendre · s'exprimer
- s'émouvoir de : *l'opinion s'émeut de ces plans de licenciement* · s'inquiéter de • se déchaîner · s'enflammer
- réagir • (souvent passif) accueillir · juger · percevoir : *il est perçu par l'opinion comme quelqu'un d'authentique* · recevoir · ressentir
- demander · réclamer · revendiquer
- (souvent passif) accepter : *l'idée est encore mal acceptée par l'opinion* · admettre · approuver · créditer • porter : *le préfet est porté par l'opinion populaire* · soutenir • pousser · presser : *le ministre est pressé par l'opinion d'apporter des résultats concrets*
- (souvent passif) condamner · critiquer · rejeter • sanctionner · s'opposer à
- bouleverser · choquer · ébranler · scandaliser

∾ VERBE + opinion

- chercher à connaître · consulter · prendre la température de : *les sondages ont pris la température de l'opinion deux mois avant les élections* · sonder
- faire connaître à · informer · s'adresser à
- livrer / jeter en pâture à : *on a jeté en pâture à l'opinion publique des hommes présumés innocents*
- ménager · préparer · travailler • accoutumer ... à : *il faut accoutumer l'opinion à cette idée* · habituer ... à • donner des gages à · rassurer · tranquilliser
- émouvoir · intéresser · passionner · séduire · sensibiliser · toucher • attirer l'attention de · convaincre · mobiliser · persuader · satisfaire
- avoir un soutien dans : *son programme a un large soutien dans l'opinion* · bénéficier du soutien de · emporter l'adhésion de · être / rester populaire dans : *l'ancien dirigeant est resté populaire dans l'opinion publique* · faire passer dans · gagner des points dans : *le candidat a gagné des points dans l'opinion* · reconquérir · remonter dans · trouver un écho dans : *ces propositions ont trouvé un écho favorable dans l'opinion publique*
- façonner · modeler • manipuler • faire basculer · infléchir · influencer · retourner
- diviser : *l'opinion est restée divisée sur la question du nucléaire*
- affronter · braver : *il est prêt à braver l'opinion pour imposer ses idées* · faire face à
- affoler · choquer · agiter · alarmer · alerter · exciter · remuer · secouer · traumatiser : *une opinion traumatisée par les scandales à répétition* • chauffer à blanc · créer un choc dans · provoquer un déclic dans · provoquer un électrochoc dans
- froisser · heurter · mécontenter • descendre dans · perdre des points dans • creuser un fossé entre ... et ... : *les derniers événements ont creusé un fossé entre l'opinion et les politiques* • aller à contre-courant de · aller à l'encontre de · prendre à rebrousse-poil : *ce n'est pas la première fois que le ministre prend l'opinion à rebrousse-poil* · se mettre à dos

∾ NOM + D' + opinion

- courant : *un courant d'opinion hostile à une intervention armée*

[1] **opportunité** *nom fém.* (occasion)

∾ opportunité + ADJECTIF

- commerciale · économique · politique · professionnelle · stratégique · etc.
- vraie [+ nom] · véritable [+ nom] · réelle [+ nom] • historique · rare · unique : *c'est une opportunité unique pour l'évolution de sa carrière*

- alléchante · à saisir : *cette mesure d'aide est une opportunité à saisir* · attrayante · belle + nom · bonne + nom · en or · excellente + nom · exceptionnelle · extraordinaire · fabuleuse · fantastique · formidable · incroyable · intéressante · précieuse · rêvée • inespérée · miraculeuse
- nombreuses + nom (plur.)
- (plur.) limitées : *les opportunités professionnelles restent limitées dans cette région* · rares

∾ opportunité + VERBE
- s'annoncer · se (re)présenter : *une telle opportunité ne se présente pas deux fois* · se profiler · s'offrir (à) : *il faut saisir l'opportunité qui s'offre à toi*
- être limitée (plur.)
- ne pas manquer (plur.) : *les opportunités ne manquent pas dans le domaine de l'agroalimentaire*

∾ VERBE + **opportunité**
- attendre · espérer · rechercher • être / rester à l'affût de · être / rester à l'écoute de : *je reste à l'écoute des opportunités professionnelles qui peuvent se présenter* · être / rester attentif à · guetter
- découvrir : *c'est l'occasion de découvrir de nouvelles opportunités* · entrevoir · voir : *il voit là l'opportunité d'accélérer le projet*
- constituer : *cette nouvelle loi constitue une opportunité pour les jeunes entreprises* · représenter
- bénéficier de · disposer de · profiter de • saisir · s'emparer de
- exploiter · tirer profit de : *bon nombre d'investisseurs ont tiré profit de cette opportunité financière*
- donner · fournir · offrir • multiplier (plur.) : *Internet multiplie les opportunités de rencontres*
- gâcher · laisser passer · manquer · perdre · rater : *il regrette d'avoir raté une telle opportunité*

2 opportunité *nom fém.* (caractère opportun de qqch.)

∾ VERBE + **opportunité**
- apprécier · décider de · discuter de · étudier · évaluer · examiner · juger de · se pencher sur : *la commission se penche sur l'opportunité d'une telle réforme* · s'interroger sur · vérifier
- convaincre de : *la directrice s'est laissé convaincre de l'opportunité d'acquérir du nouveau matériel*
- contester · douter de : *il paraît douter de l'opportunité du référendum*

1 opposition *nom fém.* (résistance, désaccord)

∾ opposition + ADJECTIF
- de principe
- acharnée · énergique + nom · farouche · ferme · forcenée · forte + nom · franche : *aucune opposition franche ne s'exprime à l'encontre de ces mesures* · frontale : *le conseil exécutif maintient son opposition frontale au projet de loi* · intense · sérieuse · tranchée · violente · virulente · vive · vraie + nom · réelle + nom • fondamentale · irréductible · radicale · totale · viscérale • déclarée · manifeste · ouverte • obstinée · opiniâtre · tenace • systématique
- constructive : *il prône une opposition constructive en appelant au dialogue* · active
- molle : *il accuse la gauche de pratiquer une opposition molle*

∾ opposition + VERBE
- apparaître · se dessiner
- se manifester
- venir de

∾ VERBE + **opposition**
- soulever : *ces décisions ont soulevé une vive opposition dans l'opinion publique*
- (re)dire · exprimer · faire savoir : *les syndicats ont fait savoir leur opposition à ce texte* • rappeler · réaffirmer · réitérer · renouveler
- afficher · manifester : *il manifeste son opposition à ce projet* · marquer : *les manifestants entendent marquer leur opposition à la politique du gouvernement* · montrer · signifier : *il a démissionné pour signifier son opposition à la vente de l'entreprise* · pratiquer
- être en : *je suis en opposition totale avec sa vision des choses* · se trouver en
- braver · faire face à · rencontrer · se heurter à · affronter
- durcir · renforcer : *les sénateurs renforcent leur opposition à la limitation du cumul des mandats* • confirmer · maintenir : *les marins-pêcheurs maintiennent leur opposition à la signature du traité*
- cristalliser : *ce point de désaccord a toujours cristallisé l'opposition des travailleurs*
- faire ° (sans art.) : *il est possible de faire opposition au jugement dans le délai d'un mois*
- anéantir · éliminer · laminer

2 opposition *nom fém.* (contraste)

∾ opposition + ADJECTIF
- binaire • manichéenne
- nette • irréductible · radicale
- classique : *l'opposition classique entre nature et culture* · éternelle + nom : *l'éternelle opposition gauche-droite* · perpétuelle · séculaire · traditionnelle · vieille + nom
- caricaturale · simpliste : *l'opposition simpliste entre le bien et le mal* • stérile

- artificielle : *l'opposition artificielle entre stabilité et mobilité*

∾ VERBE + **opposition**
- créer : *les jeux de lumière créent une opposition entre les deux espaces*
- illustrer : *le film illustre à merveille l'opposition entre les deux cultures* · mettre en relief · révéler · refléter · montrer • mettre en valeur · souligner
- dépasser : *il faut dépasser la vieille opposition entre conservatisme et réformisme*

³opposition *nom fém.* (Pol.)

∾ **opposition** + ADJECTIF
- armée
- majoritaire
- croissante • forte ⁺ ⁿᵒᵐ
- minoritaire
- émiettée : *il est urgent de rassembler une opposition émiettée* · laminée : *la partie sera facile face à une opposition laminée*

∾ **opposition** + VERBE
- s'organiser • faire front · se rassembler (autour de) · se souder · s'unifier
- se diviser
- accuser · attaquer · défier • contester · critiquer · dénoncer · protester contre · s'insurger contre

∾ VERBE + **opposition**
- entrer dans · passer dans le camp de · passer dans les rangs de · rallier · rejoindre · se ranger dans • passer à : *ils sont passés à l'opposition* · tomber aux mains de • faire partie de
- créer • réveiller : *le but de ce rassemblement est de réveiller l'opposition*
- conduire · diriger · être à la tête de · mener
- radicaliser · renforcer
- composer avec · dialoguer avec · négocier avec • se concilier
- faire face à • affaiblir · diviser • combattre · déstabiliser • intimider · museler : *le président est accusé de vouloir museler l'opposition* · faire taire · réprimer
- anéantir : *il a réussi à anéantir toute opposition au régime* · briser · éliminer · laminer · neutraliser · vaincre

oppression *nom fém.*

∾ **oppression** + ADJECTIF
- culturelle · raciale · sociale • coloniale · militaire · politique • familiale • masculine · patriarcale
- brutale · violente
- permanente • quotidienne

∾ VERBE + **oppression**
- participer à : *ce type de société participe à l'oppression des femmes* · contribuer à
- renforcer : *cette loi renforce l'oppression sociale* • maintenir
- être victime de · souffrir de · subir
- dénoncer • combattre · lutter contre · se révolter contre • résister à
- échapper à · fuir · (se) libérer de
- mettre fin à

option *nom fém.*

∾ **option** + ADJECTIF
- seule · unique • possible : *c'est la seule option possible*
- facultative [Scol.] : *les élèves peuvent choisir une option facultative de deux ou trois heures*
- avantageuse · bonne ⁺ ⁿᵒᵐ • alléchante · attrayante · séduisante • raisonnable · réaliste · sérieuse · viable • sans risques · sûre
- dangereuse · discutable · hasardeuse · risquée • mauvaise ⁺ ⁿᵒᵐ
- extrême · radicale : *les salariés ont choisi l'option radicale : la grève*
- intermédiaire : *il n'envisage aucune option intermédiaire entre ces deux solutions extrêmes*

∾ **option** + VERBE
- consister à : *la seule option consiste à porter plainte à la police*
- se révéler (+ adj.) : *cette option se révèle trop dangereuse*
- s'imposer : *à l'évidence, c'est la seconde option qui s'impose*

∾ VERBE + **option**
- donner · offrir : *il nous a offert quatre options* · proposer
- choisir · opter pour · préférer · retenir : *après réflexion, j'ai retenu la deuxième option* • prendre • cocher · sélectionner • conserver · garder
- avoir (le choix entre) · disposer de
- (plur.) énumérer · faire le point sur · recenser : *il recense les options disponibles pour mener à bien son projet*
- considérer · envisager · examiner · évaluer · se pencher sur • discuter de
- préconiser · soutenir : *il soutient résolument cette option dans les débats* · être favorable à · prôner
- ajouter : *la dernière mise à jour ajoute des options au logiciel*
- contester · critiquer · être défavorable à

- abandonner · renoncer à · se priver de • éliminer · exclure · refuser · rejeter : *les citoyens ont rejeté cette option lors du référendum*
- lever [Fin.]
- limiter (plur.) : *ça limite sérieusement les options*

∞ NOM + D' + **options**
- ensemble · éventail · groupe · palette : *les étudiants disposent d'une large palette d'options* · série

orage *nom masc.*

∞ **orage** + ADJECTIF
- tropical
- magnétique : *un orage magnétique peut perturber les communications radio* • sec • de grêle
- imminent
- grand [+ nom] · gros [+ nom] · puissant • terrible · violent [+ nom]
- petit [+ nom] • passager

∞ **orage** + VERBE
- approcher · menacer • gronder • survenir • éclater · se lever
- frapper · s'abattre sur : *un violent orage s'est abattu sur la région*
- s'éloigner
- passer

∞ VERBE + **orage**
- annoncer
- prévoir : *des orages sont prévus en fin d'après-midi*
- se mettre à l'abri de

[1] ordre *nom masc.* (directive)

∞ **ordre** + ADJECTIF
- d'achat · de vente • de mission · etc.
- personnel • ministériel · présidentiel • écrit • verbal : *sur simple ordre verbal du juge* · oral
- direct · explicite · exprès · formel · précis • impératif : *il a reçu l'ordre impératif de rester au lit*
- bref : *l'adjudant aboya un ordre bref*
- raisonnable
- contradictoire : *les employés se plaignent de recevoir des ordres contradictoires*

∞ VERBE + **ordre**
- donner · lancer • adresser · envoyer · transmettre
- intimer : *il s'est vu intimer l'ordre de quitter le pays sous 72 heures* · notifier · signifier • aboyer · marteler • renouveler • imposer : *elle n'apprécie pas qu'on lui impose des ordres*
- recevoir
- exécuter · obéir à · obtempérer à · suivre • se plier à · se soumettre à
- (plur.) être à : *il était aux ordres du général* · travailler sous : *il travaille sous les ordres du directeur artistique*
- braver · contourner · contrevenir à · désobéir à · enfreindre · transgresser · violer : *il a violé son ordre de bannissement* • discuter : *elle ne cesse de discuter les ordres de ses parents* · refuser • ignorer

sur ordre de
- agir · commettre : *elle a commis un acte illégal sur ordre de son patron* • assassiner : *Louis d'Orléans est assassiné à Paris sur ordre du duc de Bourgogne, Jean sans Peur* • arrêter

[2] ordre *nom masc.* (succession régulière)

∞ **ordre** + ADJECTIF
- d'arrivée • d'importance • [Mil.] de bataille · de marche · serré
- alphabétique · chronologique • hiérarchique · protocolaire : *il salue ses invités selon l'ordre protocolaire*
- croissant · décroissant
- défini · préétabli • habituel
- aléatoire · arbitraire
- certain [+ nom] · déterminé · rigoureux : *les noms sont classés selon un ordre rigoureux* · logique
- bon [+ nom] : *il faut les mettre dans le bon ordre*
- mauvais [+ nom] : *les cartes sont dans le mauvais ordre*
- dispersé° : *en ordre dispersé ; ils sont allés voter en ordre dispersé*

∞ **ordre** + VERBE
- changer : *en latin, l'ordre des mots peut changer*

∞ VERBE + **ordre**
- déterminer · établir · fixer : *je dois fixer un ordre de priorité entre toutes ces tâches*
- garder · préserver · conserver
- changer : *on a changé l'ordre des conférences* · modifier • bouleverser · chambouler[fam.] • intervertir · inverser · renverser

par ordre
- classer · disposer · (se) présenter : *les résultats sont présentés par ordre alphabétique* · (se) ranger • procéder

en ordre
- mettre · présenter : *ils présenteront les films en ordre chronologique* · ranger

[3] ordre *nom masc.* (bonne organisation)

∞ **ordre** + ADJECTIF
- absolu · admirable : *un ordre admirable règne dans cette maison* · parfait

▪ approximatif · relatif • apparent : *l'ordre apparent de la pièce, trop vite rangée*

∞ VERBE + ordre

▪ apporter · créer : *comment créer de l'ordre dans ce chaos ?* · faire : *il faut faire un peu d'ordre dans tout ça* · (re)mettre : *le professeur met ses papiers en ordre*
▪ aimer • avoir besoin de
▪ bouleverser · chambouler*fam.* · déranger · perturber
▪ rentrer dans : *tout va bientôt rentrer dans l'ordre*

en ordre

▪ laisser · (re)mettre : *il a remis sa chambre en ordre*

[4] ordre *nom masc.* (manière dont la société est organisée)

∞ ordre + ADJECTIF

▪ moral : *on a le sentiment d'un inquiétant retour à l'ordre moral* • public° : *l'exhibitionniste a troublé l'ordre public* • constitutionnel · démocratique • cosmique · naturel • patriarcal · social : *les rites de passage assurent l'ordre social des communautés*
▪ nouveau • international · mondial
▪ établi° • ancien · traditionnel · vieil + nom : *la restauration du vieil ordre social* • immuable : *l'ordre immuable de la nature*

∞ ordre + VERBE

▪ régner : *l'ordre règne à nouveau dans la ville*

∞ VERBE + ordre

▪ défendre · prôner : *ils prônent un ordre nouveau*
▪ imposer · respecter · veiller au respect de • maintenir : *l'armée n'arrive pas à maintenir l'ordre* · préserver • assurer · faire régner • ramener : *ils ont tout tenté pour essayer de ramener l'ordre* · restaurer · rétablir
▪ être épris de : *un homme politique épris d'ordre moral*
▪ contester • constituer une menace pour · être / représenter un danger pour · menacer • porter atteinte à · s'attaquer à • troubler
▪ abolir · balayer · renverser

ordre du jour *nom masc.*

∞ ordre du jour + ADJECTIF

▪ officiel · parlementaire · politique · etc.
▪ précis
▪ établi · fixé · prévu
▪ fourni · (sur)chargé

∞ ordre du jour + VERBE

▪ comporter : *l'ordre du jour comporte surtout des questions de rémunération* · porter sur : *l'ordre du jour portait sur la production* · prévoir : *l'ordre du jour prévoit trois points principaux*

∞ VERBE + ordre du jour

▪ être à · figurer à : *ce sujet ne figurait pas à l'ordre du jour*
▪ arrêter · définir · élaborer · établir · fixer · mettre au point · se mettre d'accord sur • imposer : *il a réussi à imposer l'ordre du jour*
▪ inscrire à · (re)mettre à · prévoir à : *la révision des statuts est prévue à l'ordre du jour*
▪ observer · respecter · revenir à : *cessons ces digressions et revenons à l'ordre du jour* · s'en tenir à
▪ modifier · changer · revoir · redéfinir
▪ compléter · élargir : *le comité a élargi l'ordre du jour à d'autres sujets* • ajouter à : *ce point a été ajouté à l'ordre du jour*
▪ retirer de
▪ bouleverser · bousculer · perturber

[1] oreille *nom fém.* (organe de l'ouïe)

∞ oreille + ADJECTIF

▪ externe · interne · moyenne
▪ d'âne° · pointue • charnue • poilue · velue • percée : *il aime les filles qui ont les oreilles percées*
▪ décollée · en feuille de chou · en chou-fleur
▪ grande + nom
▪ minuscule · petite + nom
▪ bouchée : *j'ai les oreilles bouchées quand je prends l'avion*
▪ [d'un animal] • pendante · tombante • longue + nom : *un lama aux longues oreilles* • rabattue : *un lièvre aux oreilles rabattues*

∞ oreille + VERBE

▪ bourdonner : *ses oreilles bourdonnent, elle sent qu'elle va tomber* • siffler

∞ VERBE + oreille

▪ (se) boucher : *le son était trop fort, je me suis bouché les oreilles*
▪ (se) curer · (se) déboucher : *son ORL a débouché ses oreilles pleines de cérumen*
▪ percer : *elle s'est fait percer les oreilles* • déchirer
▪ remuer • [d'un animal] dresser • coller ... à : *il colle son oreille au plancher*
▪ être collé à · être rivé à : *il se promène, le portable rivé à l'oreille* · être vissé à
▪ (plur.) frotter° : *« Allons, vous, vous rêvez, et bayez aux corneilles / Jour de Dieu ! je saurai vous frotter les oreilles »* (Molière, *Tartuffe*, I, 1) · tirer° : *l'enfant turbulent se fait tirer les oreilles* · pincer

à l'oreille
- chuchoter · murmurer · susurrer • crier · parler

[2]oreille *nom fém.* (écoute)

∾ oreille + ADJECTIF
- absolue° : *elle a l'oreille absolue* • musicienne • bonne + nom · fine · juste • délicate · sensible • avertie · exercée : *une oreille exercée pouvait entendre le bruit de la caméra*
- accueillante · amie · attentive · bienveillante · compatissante · compréhensive · indulgente · réceptive : *il espère trouver une oreille réceptive à ses avertissements* • complaisante • amusée : *elle écoutait tout cela d'une oreille amusée*
- distraite : *j'écoutais l'émission d'une oreille distraite*
- sourde° + nom : *faire la sourde oreille*
- ennemie : *attention, des oreilles ennemies nous écoutent !* • indiscrète
- chaste · prude : *ces propos pourraient choquer les oreilles prudes*

∾ VERBE + oreille
- dresser : *les enfants dressent l'oreille pour écouter les conversations des adultes* · ouvrir : *ouvre grand tes oreilles et écoute-moi bien* · tendre • écouter de (+ adj.) : *il l'écoute d'une oreille distraite* · prêter : *prêter l'oreille à qqch. ; il lui a prêté une oreille attentive*
- bénéficier de (+ adj.) · trouver (+ adj.)
- exercer : *j'exerce mon oreille en écoutant des cassettes en langue étrangère*
- flatter · ravir : *ce sont des mélodies qui ravissent l'oreille*
- (é)chauffer° : *il commence à me chauffer les oreilles, avec ses critiques* · rebattre° • casser · écorcher : *ces sons discordants écorchent l'oreille / les oreilles*

à l' (aux) oreille(s) de
- arriver · parvenir : *cette affaire était déjà parvenue aux oreilles du ministre* • résonner : *ses cris résonnent encore à mes oreilles* · sonner : *son nom sonne familièrement aux oreilles britanniques*

organe *nom masc.*

∾ organe + ADJECTIF
- génital · reproducteur · sexuel • digestif • auditif · gustatif · olfactif · sensoriel · tactile · visuel
- externe · interne • spécialisé • érectile
- vital : *le cœur est un organe vital*
- défaillant · défectueux · endommagé · malade

∾ VERBE + organe
- atteindre · toucher : *le coup a touché des organes vitaux*
- donner · faire don de : *elle a déclaré vouloir faire don de ses organes*
- prélever · retirer : *les embaumeurs retiraient les principaux organes du corps des défunts* • greffer · transplanter : *pour sauver le malade, on doit lui transplanter l'organe d'un donneur*
- tolérer : *le corps tolère mal un organe venu d'un autre humain*
- rejeter : *son corps a rejeté l'organe greffé*
- reconstituer : *des scientifiques ont réussi à reconstituer un organe entier à partir de cellules souches* · régénérer

[1]organisation *nom fém.* (manière d'organiser les choses)

∾ organisation + ADJECTIF
- matérielle · technique
- hiérarchisée · pyramidale · structurée • centralisée • décentralisée
- bonne + nom · efficace · impeccable · parfaite · sans faille • bien huilée · bien rodée • implacable · millimétrée · minutieuse · rigoureuse · solide
- intelligente · logique · méthodique · rationnelle
- souple • libre + nom : *il faut respecter la libre organisation des collectivités locales*
- atypique · différente
- complexe · compliquée · lourde • bureaucratique · rigide
- brouillonne · défectueuse · imparfaite • déplorable · mauvaise + nom

∾ organisation + VERBE
- laisser à désirer

∾ VERBE + organisation
- avoir · être doté de : *l'entreprise est dotée d'une organisation centralisée très efficace*
- conserver : *l'équipe conserve une bonne organisation sur le terrain* · garder
- demander · nécessiter : *ces opérations nécessitent une organisation parfaite* · requérir
- mettre au point : *nous avons mis au point une organisation extrêmement rigoureuse* · mettre en place · mettre sur pied
- charger de · confier ... à : *il lui a confié l'organisation du festival*
- assurer · coordonner · prendre en charge : *elle a pris en charge toute l'organisation du tournoi*

- participer à · prendre part à : *il a pris part à l'organisation des Jeux olympiques* · prêter son concours à · aider · apporter son aide à
- améliorer · optimiser · simplifier
- critiquer · dénoncer · remettre en cause · remettre en question : *cet essai remet en question l'organisation de nos institutions*
- changer : *notre objectif n'est pas de changer l'organisation du travail* · modifier · remettre à plat · revoir · révolutionner • bouleverser · chambouler · perturber
- manquer de : *ce professeur manque terriblement d'organisation*

[2]organisation *nom fém.* (association)

∾ organisation + ADJECTIF
- patronale · professionnelle · syndicale • (para)militaire · terroriste • écologiste • religieuse • sportive
- à but non lucratif · caritative · charitable · humanitaire · philanthropique • indépendante · non gouvernementale° · privée
- régionale · locale • internationale · mondiale · nationale
- active • grande [+ nom] · grosse [+ nom] · influente · puissante · tentaculaire • majoritaire : *ce syndicat est l'organisation majoritaire du département*
- petite [+ nom] • minoritaire
- criminelle · frauduleuse · illégale · mafieuse • opaque

∾ organisation + VERBE
- naître : *cette organisation est née en réponse à une demande sociale*
- garantir : *cette organisation a été fondée pour garantir la paix civile* • financer
- combattre · lutter pour / contre · se battre pour / contre • promouvoir · œuvrer pour
- être en charge de · gérer • superviser · surveiller

∾ VERBE + organisation
- créer · fonder · former · mettre en place · mettre sur pied · monter
- appartenir à · dépendre de · être affilié à · être membre de · faire partie de · se réclamer de : *tous les membres qui se réclament de cette organisation portent le même insigne*
- adhérer à · rejoindre · s'engager dans • militer dans
- renforcer
- diriger · être à la tête de · prendre la tête de · présider
- (plur.) fédérer · regrouper : *cette association regroupe diverses organisations religieuses*
- faire pression sur
- démanteler · dissoudre : *le moral est tellement bas qu'il est question de dissoudre l'organisation*
- quitter

[1]organisme *nom masc.* (association)

∾ organisme + ADJECTIF
- cultuel · culturel · financier · scientifique · social · syndical · etc.
- indépendant · non gouvernemental · privé • gouvernemental · officiel · public
- international · mondial • supranational
- consultatif · régulateur : *l'organisme régulateur du football français* · représentatif • spécialisé
- agréé : *un organisme agréé par le service Jeunesse et Sports* · compétent

∾ organisme + VERBE
- naître
- garantir : *cet organisme garantit le paiement des loyers* • financer : *l'organisme finance des recherches sur les causes de la maladie*
- combattre · lutter pour / contre · promouvoir · se battre pour / contre · œuvrer pour
- être en charge de · gérer • superviser · surveiller : *différents organismes surveillent la qualité de l'eau*

∾ VERBE + organisme
- créer · fonder · former · mettre en place · mettre sur pied : *ils ont mis sur pied un organisme qui offre des programmes éducatifs* · monter
- diriger · être à la tête de · prendre la tête de · présider
- (plur.) fédérer : *cette association fédère plusieurs organismes de centres de vacances* · regrouper
- appartenir à · dépendre de · faire partie de · être membre de
- recourir à
- dissoudre

[2]organisme *nom masc.* (corps humain)

∾ organisme + ADJECTIF
- humain • adulte : *la quantité moyenne d'eau contenue dans un organisme adulte est de 65 %*
- robuste • sain
- malade • faible

∾ organisme + VERBE
- produire : *son organisme produit des hormones en excès* • éliminer : *l'organisme élimine les toxines*
- tolérer : *son organisme ne tolère plus aucun excès*

∾ VERBE + organisme

- être présent dans : *cette protéine est naturellement présente dans l'organisme*
- injecter dans · introduire dans : *la vaccination consiste à introduire dans l'organisme un agent qui va sensibiliser le système immunitaire*
- entrer dans · pénétrer dans : *le plomb pénètre dans l'organisme par voie aérienne ou digestive*
- ménager : *les sportifs doivent ménager leurs organismes*

[3]organisme *nom masc.* (être vivant)

∾ organisme + ADJECTIF

- biologique · vivant • marin • microscopique · multicellulaire · unicellulaire · etc.
- simple
- complexe
- génétiquement modifié° : *organisme génétiquement modifié, OGM*

orgueil *nom masc.*

∾ orgueil + ADJECTIF

- national · patriotique : *la Coupe du monde excite chez tous les peuples un orgueil patriotique* • mâle · masculin • féminin
- démesuré · extrême · immense · incommensurable · indomptable : *l'orgueil indomptable du roi* · monumental · sans bornes · sans limites • pur [+ nom] : *il l'a fait par pur orgueil*
- bafoué · blessé · froissé · humilié · meurtri
- mal placé · ridicule · stupide • insolent

∾ VERBE + orgueil

- tirer ... de : *il tire son orgueil de ses bons résultats scolaires*
- concevoir : *d'autres en auraient conçu un orgueil démesuré* · se remplir de • placer ... dans • être bouffi de · être drapé dans : *drapé dans son orgueil, il ne veut rien entendre* · être gonflé de · être pétri de • pécher par°
- exciter · nourrir
- atteindre dans · blesser · piquer au vif : *il a été piqué au vif dans son orgueil* · toucher dans · vexer dans
- flatter · ménager : *il ménage l'orgueil de ses troupes* · satisfaire
- ravaler : *ravalez votre orgueil et admettez que vous avez eu tort !*

original *nom masc.* (d'une œuvre, d'un document)

∾ VERBE + original

- donner · confier · remettre
- récupérer · retrouver
- avoir entre les mains · avoir sous les yeux · détenir · disposer de • conserver : *l'original est conservé au musée du Louvre* · garder · préserver
- montrer · présenter : *vous devez présenter à la banque l'original de votre pièce d'identité*
- comparer avec · confronter à : *il confronte la traduction à l'original*
- être conforme à · être fidèle à · respecter
- égaler • remplacer
- dénaturer : *la reprise de cette chanson dénature totalement l'original* • s'écarter de · s'éloigner de : *ce remake s'éloigne beaucoup de l'original*
- détruire
- égarer · perdre
- [document administratif] • faire une copie de · photocopier • certifier conforme à • joindre : *vous devez joindre l'original au procès-verbal* · produire • signer

originalité *nom fém.*

∾ originalité + ADJECTIF

- culturelle · musicale · narrative · technique · etc.
- petite [+ nom] : *petite originalité de ce lieu : il n'ouvre ses portes qu'à minuit*
- de taille · majeure · notable • absolue · extraordinaire · extrême · folle · frappante : *ce nouveau type d'illustrations en relief est d'une originalité frappante* · grande [+ nom] · incontestable · indiscutable · profonde · puissante · rare : *une œuvre abondante et d'une rare originalité*

∾ originalité + VERBE

- consister à · résider dans · tenir à / dans : *l'originalité de cette recette tient dans le mélange agrumes et fruits secs*
- s'affirmer : *au fur et à mesure des films, son originalité s'affirme*
- déconcerter · frapper · surprendre

∾ VERBE + originalité

- (re)chercher : *elle ne cherche pas l'originalité*
- constituer · faire : *ses sautes d'humeur qui font son originalité* • tirer ... de · trouver ... dans • avoir pour · présenter : *l'intrigue ne présente pas une grande originalité*
- faire montre de · faire preuve de : *elle aime faire preuve d'originalité quand elle offre un cadeau* · faire œuvre de : *un compositeur qui fait œuvre d'originalité* · manifester · montrer • se distinguer par • faire assaut de · rivaliser de • jouer la carte de

- affirmer · revendiquer : *ce groupe de rap revendique son originalité en adoptant un nom provocateur* · tenir à • défendre · garder · préserver : *ce département a su préserver toute l'originalité de ses traditions et de son architecture*
- confirmer : *avec son dernier livre, l'auteur confirme l'originalité de son style*
- comprendre · remarquer : *elle a très tôt remarqué l'originalité de son écriture* · souligner
- enlever ... à : *cela enlève toute originalité au film* · ôter ... à
- perdre · renoncer à : *elle n'a jamais renoncé à son originalité*
- être dépourvu de · être incapable de · manquer de · ne pas briller par : *le scénario ne brille pas par son originalité*

origine *nom fém.*

∞ origine + ADJECTIF

- ethnique · familiale · géographique · historique · raciale · religieuse · sociale · socioculturelle · etc.
- [d'une maladie] biologique : *l'hypothèse d'une origine biologique de la maladie mentale* • bactérienne · infectieuse · virale
- étrangère • aristocratique · bourgeoise · noble · superbe : *« Courage, enfant déchu d'une race divine ! / Tu portes sur ton front ta superbe origine »* (Lamartine, *Premières Méditations poétiques*, "L'Homme") • modeste · ouvrière · paysanne · populaire
- ancienne · lointaine : *l'origine lointaine de ce mot est incertaine*
- réelle · véritable + nom : *beaucoup d'adoptés n'ont connu leur véritable origine qu'à l'âge adulte* · véritable + nom • connue • claire · exacte · précise : *l'origine précise de cette essence d'arbre n'est pas connue*
- incertaine · inconnue · indéterminée · mystérieuse : *l'origine mystérieuse de ce gigantesque trou* • prétendue · supposée
- douteuse : *des liasses de billets d'origine douteuse* · louche · obscure · trouble • criminelle · frauduleuse : *l'accusé avait connaissance de l'origine frauduleuse de ces biens*

∞ origine + VERBE

- dater de · remonter à : *l'origine de ce mouvement remonte à la fin du XIXe siècle* • se situer dans : *l'origine de ce drame se situe dans un passé lointain* · se trouver dans • se perdre dans / remonter à la nuit des temps○ : *le ski est un moyen de transport scandinave dont l'origine remonte à la nuit des temps*

∞ VERBE + origine

- avoir pour · prendre ... dans · tirer ... de : *le terme "respect" tire son origine du latin* respectus · trouver ... dans
- renouer avec : *il renoue avec les origines foraines du cinéma* · retrouver
- être fier de : *il est fier de ses origines amérindiennes* · se flatter de
- dire · préciser • avouer · révéler : *nous sommes assez intimes pour que je te révèle mes véritables origines*
- (re)chercher : *il recherche ses origines familiales lors d'un long voyage* · être en quête de • enquêter sur · étudier
- avoir accès à (plur.) : *l'enfant adopté n'a pas toujours accès à ses origines* • comprendre · connaître · découvrir · déterminer : *il essaie de déterminer l'origine des violences urbaines* · élucider · faire la lumière sur : *ces recherches pourraient faire la lumière sur les origines de cette maladie* · identifier · reconnaître · retracer • situer
- contrôler · vérifier • certifier · garantir : *une pastille garantit l'origine de chaque fromage* · prouver
- révéler : *son nom révèle son origine alsacienne* · trahir : *sa prononciation trahit ses origines écossaises*
- remettre en cause · remettre en question • contester · discuter
- cacher · dissimuler · effacer : *l'uniforme permet d'effacer les origines sociales* • avoir honte de : *il a honte de ses origines modestes* · mentir sur · nier · renier
- ignorer : *on ignore l'origine de cet argent* • laisser un doute sur : *son accent ne laisse aucun doute sur son origine provençale*

ornière *nom fém.* (litt. et fig.)

∞ ornière + ADJECTIF

- économique · financière · etc.
- profonde : *pour sortir d'une ornière profonde, jouez souplement avec le volant*

∞ VERBE + ornière

- (re)tomber dans [fig.] : *pour éviter de retomber dans l'ornière, les pays de la région doivent s'entraider*
- creuser : *le tracteur creuse une ornière* · tracer
- (se) dégager de · s'extraire de · (se) sortir de · (se) tirer de : *ce professeur a tiré beaucoup de ses élèves de l'ornière*

[1] orthographe *nom fém.* (manière d'écrire un mot ; système de notation propre à une langue, une époque)

∾ **orthographe** + ADJECTIF
- grammaticale · phonétique • d'accord · d'usage
- ancienne · originelle
- conventionnelle · officielle • nouvelle [+ nom] : *la nouvelle orthographe du français existe depuis 1990*
- variable • voisine : *les mots d'orthographe voisine tels que " balade" et "ballade"*
- correcte · exacte : *le dictionnaire peut servir à vérifier l'orthographe exacte d'un mot* · précise · bonne [+ nom]
- fantaisiste • erronée · fautive

∾ **orthographe** + VERBE
- s'imposer : *cette orthographe s'est imposée au XIXe siècle*
- être conforme à : *l'orthographe est conforme à l'étymologie*

∾ VERBE + **orthographe**
- connaître • respecter • être sûr de
- moderniser · réformer • harmoniser · normaliser
- changer · modifier : *il a modifié l'orthographe de son prénom* • franciser
- vérifier
- ignorer · se tromper sur • malmener • faire fi de · prendre des libertés avec · se ficher de

2 orthographe *nom fém.* (capacité à écrire sans fautes)

∾ **orthographe** + ADJECTIF
- bonne [+ nom] · excellente · parfaite
- approximative · hasardeuse : *c'est écrit dans un style d'une rare médiocrité avec une orthographe plus qu'hasardeuse* • catastrophique · désastreuse · mauvaise [+ nom] : *une mauvaise orthographe fait perdre des points aux examens*

∾ **orthographe** + VERBE
- laisser à désirer : *l'expression orale est bonne mais l'orthographe laisse encore à désirer*
- s'améliorer

∾ VERBE + **orthographe**
- avoir · posséder
- être bon en · être excellent en • maîtriser : *un élève de seconde sur deux ne maîtriserait pas l'orthographe*
- apprendre · travailler : *tu dois travailler ton orthographe, c'est important* • améliorer
- être brouillé avec · être fâché avec : *j'ai toujours été fâché avec l'orthographe* · être mauvais en · être nul en

os *nom masc.*

∾ **os** + ADJECTIF
- iliaque · pariétal · etc.
- à moelle
- pointu · saillant
- grand [+ nom] · gros [+ nom] · long • solide · lourd • plat
- court · petit [+ nom] • fragile · friable · léger • fracturé

∾ **os** + VERBE
- se former
- grandir
- craquer : *mes vieux os craquent*

∾ VERBE + **os**
- (se) briser · (se) casser · (se) fracturer · (se) rompre • broyer : *la machine lui a broyé les os de la main*
- déplacer : *il ne faut jamais déplacer un os fracturé*
- fragiliser : *la décalcification fragilise les os*
- remettre en place • consolider · renforcer : *le calcium est nécessaire pour renforcer les os* • ressouder : *cette colle pourrait ressouder les os fracturés* • reconstituer : *les produits laitiers contribuent à reconstituer les os*
- enterrer • ronger · sucer : *le chien suce son os*

1 oubli *nom masc.* (omission)

∾ **oubli** + ADJECTIF
- volontaire : *les oublis volontaires de la mémoire collective*
- inévitable : *les erreurs et les oublis sont inévitables* • éventuel : *j'essaie d'éviter au maximum les oublis éventuels*
- fondamental · important · majeur : *l'absence de ce grand homme dans le dictionnaire est un oubli majeur* • significatif
- fâcheux · impardonnable · inexcusable · regrettable : *je me dépêche de réparer cet oubli regrettable et vous présente mes excuses* • injuste
- simple [+ nom]

∾ VERBE + **oubli**
- pointer · relever · signaler • regretter : *on regrette l'oubli de deux des meilleurs films de la saison dans la sélection*
- compenser · corriger · réparer • se faire pardonner : *puis-je vous offrir à boire pour me faire pardonner ce fâcheux oubli ?*

2 oubli *nom masc.* (fait de ne plus prendre en considération)

∾ **oubli** + ADJECTIF

- absolu : *grâce à cette biographie, cette femme de talent n'est pas tombée dans l'oubli absolu* • total
- collectif : *un hommage aux musiciens passionnés tombés dans l'oubli collectif*
- impossible

∾ VERBE + **oubli**
- chercher : *il est parti en voyage chercher l'oubli*
- être condamné à • être voué à : *il pense que son œuvre est vouée à l'oubli* • sombrer dans • (re)tomber dans
- combattre • lutter contre • empêcher • éviter
- arracher de • sauver de • sortir de • tirer de : *Botticelli ne fut tiré de l'oubli qu'à la fin du XIXe siècle*

ouïe *nom fém.*

∾ **ouïe** + ADJECTIF
- bonne [+ nom] • fine • sensible • (sur)développée • exceptionnelle • extraordinaire • perçante

∾ **ouïe** + VERBE
- fonctionner : *son ouïe fonctionne correctement* • revenir : *mon ouïe est revenue après quelques minutes*
- s'affiner : *peu à peu l'ouïe des bébés s'affine*
- baisser

∾ VERBE + **ouïe**
- avoir • être doté de : *l'éléphant est doté d'une ouïe exceptionnelle* • posséder
- aiguiser : *faire de la musique a considérablement aiguisé mon ouïe* • exercer : *il exerce son ouïe à repérer les bruits nocturnes*
- altérer : *l'écoute de la musique forte pendant une période prolongée risque d'altérer l'ouie*
- perdre : *elle a perdu l'ouïe à la suite d'une chute*
- restaurer : *une opération pour restaurer l'ouïe*

outil *nom masc.* (instrument de travail)

∾ **outil** + ADJECTIF
- agricole • industriel • économique • financier • fiscal • statistique • militaire • politique • stratégique : *l'intranet est un outil stratégique pour l'entreprise* • éducatif • pédagogique • commercial • marketing : *le texto est devenu un outil marketing avec l'envoi de publicités sur les mobiles* • publicitaire • mathématique • scientifique • etc.
- électrique • électronique • mécanique • technique • technologique • graphique • informatique : *il maîtrise bien l'outil informatique* • internet
- ancien • traditionnel • vieil [+ nom] • moderne • nouveau
- individuel • personnel • collectif • commun : *nous devons définir un outil commun de travail* • global
- multifonctions • particulier • spécialisé • spécifique
- beau • bon [+ nom] • de choix • de qualité • fiable • robuste • solide • adéquat • ad hoc : *il lui fallait l'outil ad hoc pour démonter le moteur* • approprié • commode • fonctionnel • pratique • de pointe • efficace • performant
- important • principal • de prédilection • favori • préféré • grand [+ nom] • puissant
- excellent • idéal • parfait • extraordinaire • fabuleux • formidable • génial • incomparable • précieux • super • superbe • véritable [+ nom] • incontournable • indispensable
- fragile
- mauvais [+ nom] • défectueux

∾ VERBE + **outil**
- constituer : *ce document constitue un outil de documentation* • être
- avoir • disposer de • posséder
- concevoir • créer • inventer • construire • fabriquer • faire • forger : *il a forgé un nouvel outil informatique pour ses besoins personnels*
- s'approprier : *il fait une formation pour s'approprier ce nouvel outil* • tester
- manier : *elle sait maintenant manier cet outil mathématique* • utiliser • maîtriser
- nécessiter : *la taille de la pierre nécessite un outil spécifique*
- améliorer • moderniser • optimiser • adapter ... à : *l'entreprise adapte ses outils publicitaires à chaque public*
- casser

∾ NOM + D' + **outils**
- batterie • gamme • palette • panoplie

[1] ouvrage *nom masc.* (livre)

∾ **ouvrage** + ADJECTIF
- de référence • de vulgarisation • (para)scolaire • universitaire • didactique • pédagogique • spécialisé • technique • illustré
- posthume • inachevé • nouveau • nouvel [+ nom] • récent
- éponyme : *ce film porte fidèlement à l'écran l'ouvrage éponyme de l'écrivain*
- collectif
- attendu : *son dernier ouvrage est très attendu*
- novateur • pionnier : *suite à l'ouvrage pionnier de Thomas More, de nombreux récits utopiques furent publiés*

- gros + nom · monumental · volumineux
- complet · dense · foisonnant · fouillé · riche · touffu • capital · important · magistral
- à succès · célèbre · remarqué · retentissant • à scandale · controversé · polémique : *cet ouvrage polémique s'attaque ouvertement à un homme politique* • licencieux · sulfureux
- modeste : *un ouvrage modeste par son volume mais très instructif* · petit + nom
- inattendu · surprenant • curieux · étrange · troublant • inclassable · original
- bel + nom · bon + nom · brillant · excellent · intelligent · passionnant · remarquable • édifiant · instructif · salutaire : *c'est un ouvrage salutaire à l'heure où les télés nous abreuvent d'images* · utile • décapant · inspiré · percutant • documenté · érudit · savant • accessible · bien construit · bien foutu*fam.* · clair · lisible • concis
- illisible · mal construit · mal foutu*fam.*
- épuisé : *l'ouvrage était épuisé dès sa sortie* · introuvable

∞ ouvrage + VERBE

- paraître · sortir : *son ouvrage sortira à l'automne*
- être destiné à : *c'est un ouvrage destiné au jeune public*
- faire date : *cet ouvrage monumental fera sans doute date dans son domaine* • bien marcher · bien se vendre • faire autorité • faire grand bruit · faire scandale • provoquer / faire des remous · provoquer une polémique
- être rempli de · être truffé de : *son ouvrage est truffé d'anecdotes personnelles* · fourmiller de · être bourré de*fam.*
- marcher mal · se vendre mal
- décrire · parler de · présenter · raconter · relater · retracer · traiter de • analyser · étudier · expliquer · passer au crible : *l'ouvrage passe au crible toutes les techniques de la broderie* • rassembler · recenser · répertorier · réunir : *cet ouvrage réunit en un seul volume près de 500 articles de lois*
- porter le titre de · s'appeler · s'intituler
- circuler : *l'ouvrage circule sous le manteau*

∞ VERBE + ouvrage

- (co)écrire · rédiger · (co)signer • intituler · préfacer • préparer · travailler sur • adapter · traduire • illustrer
- éditer · imprimer · publier • diffuser · distribuer
- consacrer ... à : *il a consacré son dernier ouvrage à ce sujet* • dédier ... à : *je dédie cet ouvrage à toute ma famille*
- faire ... de · tirer ... de : *il a tiré de son expérience de professeur un ouvrage remarquable*
- acheter · acquérir · se procurer
- conseiller · recommander : *l'ouvrage est chaudement recommandé par la critique*
- consulter · feuilleter · lire · parcourir : *j'ai parcouru l'ouvrage en librairie avant de l'acheter* · regarder · se référer à · se reporter à : *pour compléter cette lecture, vous pouvez vous reporter à un autre ouvrage du même auteur*
- censurer · interdire : *l'ouvrage fut interdit par les autorités royales*
- emprunter ... à : *j'ai emprunté cet ouvrage à la bibliothèque* • rendre ... à
- terminer • refermer : *je n'ai pu refermer son ouvrage qu'après l'avoir terminé*

[2]ouvrage *nom masc.* (travail)

∞ ouvrage + ADJECTIF

- hydraulique · portuaire • de dames*vieilli*
- admirable · bel + nom · joli · magnifique · remarquable
- colossal · gigantesque · imposant · massif · monumental
- coûteux

∞ VERBE + ouvrage

- mettre en chantier · s'atteler à
- construire · édifier · réaliser • mettre la main à : *même le patron a mis la main à l'ouvrage*
- remettre sur le métier : *« Hâtez-vous lentement, et sans perdre courage, / Vingt fois sur le métier remettez votre ouvrage »* (Boileau, *L'Art poétique*, I)
- achever · finir · terminer : *l'architecte n'a pu terminer l'ouvrage dans les délais prévus*

∞ NOM + D' + ouvrages

- ensemble · sélection
- quantité · multitude · nombre · série

ovation *nom fém.*

∞ ovation + ADJECTIF

- debout : *il a été accueilli par une longue ovation debout* • d'usage : *après les ovations d'usage, il a commencé son discours* • spontanée
- formidable · immense + nom : *une immense ovation a accueilli les résultats définitifs* · impressionnante · monstre*fam.* · phénoménale · triomphale • bruyante · hystérique · tonitruante
- interminable · longue + nom · sans fin : *le public a réservé une ovation sans fin aux interprètes*

- belle + nom · inoubliable • chaleureuse · enthousiaste · joyeuse • émouvante · émue · vibrante
- petite + nom · timide

∾ ovation + VERBE

- monter de : *une ovation montait lentement de l'arène* · s'élever de
- accompagner : *une longue ovation a accompagné son entrée* · accueillir · saluer : *une formidable ovation salue cette victoire*
- exploser

∾ VERBE + ovation

- provoquer · soulever • valoir ... à : *ça lui a valu une ovation debout*
- faire : *le public a fait une ovation enthousiaste au musicien* · offrir · réserver
- avoir droit à · recevoir • mériter : *ils lui ont réservé l'ovation qu'elle méritait*

∾ NOM + D' + ovations

- tonnerre : *l'auditoire se lève pour saluer les artistes dans un tonnerre d'ovations*

p

pacte *nom masc.*

∾ pacte + ADJECTIF

- démocratique · républicain · social
- fondateur · originel
- sacré : *le pacte sacré liant les deux époux devant Dieu* • de sang
- durable · éternel
- implicite · silencieux · tacite • secret
- fragile • provisoire
- contraignant
- diabolique

∾ pacte + VERBE

- lier (à) : *le pacte qui lie les actionnaires* · unir (à) : *le pacte qui l'unit aux autres joueurs* • sceller : *ce pacte a scellé l'indépendance du pays*
- reposer sur : *ce pacte repose sur des principes issus de la Déclaration universelle des droits de l'homme* • fonder : *le pacte qui fonde la République*
- garantir : *un nouveau pacte devrait garantir les acquis sociaux* • obliger ... à · viser à • fixer · imposer
- autoriser · permettre : *ce pacte de stabilité permet de normaliser les relations entre les deux pays*
- interdire : *ce pacte interdit aux actionnaires du groupe de vendre ou d'acheter des titres*
- prendre fin

∾ VERBE + pacte

- proposer • négocier : *le gouvernement invite les syndicats et le patronat à négocier un pacte social*
- instaurer · mettre en place • conclure · contracter · former · (re)nouer : *la vocation du dispositif est de renouer le pacte républicain* · passer • ratifier · sceller : *il a scellé un pacte avec le Diable* · signer
- adopter : *l'assemblée générale a adopté le pacte relatif aux droits économiques* • appliquer · respecter : *les gouvernements sont tenus de respecter le pacte de croissance*
- renouveler
- changer · modifier · réviser • durcir • assouplir
- critiquer · dénoncer · remettre en cause · remettre en question
- abandonner : *Bruxelles a décidé d'abandonner le pacte de stabilité* · rejeter
- violer • briser : *l'opposition pourrait briser le pacte de réconciliation nationale* · rompre : *il a rompu le pacte qu'il avait passé avec ses partenaires*

[1] **page** *nom fém.* (feuillet)

∾ page + ADJECTIF

- centrale · intérieure • de garde · de titre • dactylographiée · manuscrite • impaire · paire • précédente · suivante
- entière · pleine [+ nom] : *le journal a consacré deux pleines pages au champion*
- blanche · vierge • illustrée
- aérée

∾ VERBE + page

- comporter · contenir : *le rapport ne contient que vingt pages* · faire : *son livre fait 420 pages*
- écrire · rédiger : *elle a déjà rédigé les cent premières pages de sa thèse* • noircir : *inspiré, il noircissait des dizaines de pages par jour* · remplir
- consacrer ... à : *les pages consacrées à l'économie* · dédier ... à • intituler · titrer • traduire
- maquetter : *les pages ont été maquettées avant la relecture* • illustrer • numéroter
- émailler : *d'innombrables absurdités émaillent chaque page* · imprégner · traverser : *le désespoir traverse les pages du roman*
- lire · parcourir • feuilleter (plur.) : *il feuilletait les pages de l'album* · tourner

▪ sauter : *j'ai sauté les pages de description*
▪ (é)corner : *j'ai corné la page pour signaler le passage* • froisser • arracher · déchirer • retirer · supprimer : *il a dû supprimer les pages au contenu litigieux*

²page *nom fém.* (page web)

∞ page + ADJECTIF
▪ web • perso*fam.* · personnelle • d'accueil · de démarrage • de recherche

∞ VERBE + page
▪ concevoir · créer • consacrer ... à : *elle a consacré une page à sa passion pour l'ukulélé* · dédier ... à
▪ héberger : *sa page est hébergée par son fournisseur d'accès* • indexer · référencer : *sa page est référencée par un serveur web*
▪ (ré)actualiser · rafraîchir : *il faut rafraîchir la page pour voir si de nouvelles informations ont été ajoutées*
▪ télécharger • consulter · lire · voir : *les pages les plus vues du site* • visiter : *n'hésitez pas à aller visiter les autres pages de mon site*

³page *nom fém.* (moment)

∞ page + ADJECTIF
▪ nouvelle + nom
▪ décisive · essentielle : *la Nouvelle Vague est une page essentielle de l'histoire du grand écran*
▪ belle + nom • glorieuse : *il se félicite de cette page glorieuse de l'histoire de la justice*
▪ intéressante • étonnante
▪ ignorée · mal connue · méconnue : *c'est une page méconnue de la carrière de l'actrice*
▪ honteuse • difficile · douloureuse : *il vient de tourner une page douloureuse de sa vie* • noire : *cette crise est une page noire de l'histoire de la ville* · obscure · sinistre · sombre · triste + nom : *une triste page de l'histoire occidentale* • sanglante · violente

∞ page + VERBE
▪ s'ouvrir : *une nouvelle page s'ouvre avec la signature de ce traité*
▪ se refermer : *une page s'est refermée avec la faillite de l'usine*

∞ VERBE + page
▪ ouvrir
▪ écrire · raconter
▪ constituer : *ces événements constituent une page honteuse de notre histoire*
▪ tourner○ : *il faut savoir tourner la page* • refermer : *il n'a jamais vraiment refermé la page après son divorce*

paiement *nom masc.*

∞ paiement + ADJECTIF
▪ en ligne
▪ à terme • annuel · trimestriel
▪ complet · intégral : *il a obtenu le paiement intégral du premier acompte* · total • comptant · direct : *elle reçoit la pension alimentaire par paiement direct* · immédiat • anticipé · préalable
▪ différé • à la carte
▪ régulier
▪ partiel • tardif
▪ indu : *la vigilance du comptable a permis d'éviter un paiement indu* • irrégulier · occulte

∞ VERBE + paiement
▪ devoir : *il me doit encore le paiement de la dernière livraison*
▪ demander · exiger · ordonner · réclamer · solliciter : *les architectes ont sollicité le paiement d'un solde d'honoraires*
▪ accepter · obtenir · recevoir : *j'ai enfin reçu le paiement des indemnités*
▪ effectuer · honorer · s'acquitter de : *il s'est acquitté du paiement de ses dettes* • faire face à : *il a du mal à faire face au paiement des mensualités*
▪ assurer · garantir • sécuriser : *les paiements sur le site sont sécurisés*
▪ attester (de) : *le relevé bancaire atteste du paiement* · prouver
▪ dispenser de : *les petites entreprises sont dispensées du paiement de cette taxe* · exonérer de
▪ anticiper : *l'assurance a anticipé le paiement des réparations* · avancer • ajourner · différer · retarder · surseoir à : *le redevable peut demander à surseoir au paiement en cas de difficultés* · suspendre • échelonner · étaler : *vous pouvez étaler le paiement de la taxe professionnelle* · fractionner
▪ refuser • bloquer · faire opposition à : *il a fait opposition au paiement du chèque volé* · geler

∞ NOM + DE + paiement
▪ facilité · moyen

¹paix *nom fém.* (absence de guerre)

∞ paix + ADJECTIF
▪ civile · politique · sociale • des ménages○*hum.* : *je suis pour la paix des ménages !* • armée : *l'heure est encore à la paix armée plutôt qu'à l'entente cordiale* • séparée : *en 1918, la Russie bolchevique signa une paix séparée avec l'Allemagne*
▪ effective • globale · universelle : *un message de paix universelle* • solide · stable · viable : *des accords ont été passés pour construire une paix viable* • définitive · durable • éternelle · perpétuelle : *la paix perpétuelle est une utopie*

- acceptable · équitable · honorable : *le souverain a promis une paix honorable dans le respect de toutes les communautés* · juste • des braves○
- relative • bancale · boiteuse : *cette paix boiteuse porte en elle les germes de conflits ultérieurs* · fragile · instable · précaire • courte + nom · éphémère · temporaire
- honteuse : *ils durent capituler et signer une paix honteuse* · mauvaise + nom • impossible
- avortée · manquée : *la paix manquée des accords de Camp David*

∞ paix + VERBE
- se conclure · se construire : *la paix se construit sur la base de la reconnaissance mutuelle*
- régner · s'installer • revenir

∞ VERBE + paix
- appeler à · aspirer à · chercher · demander · espérer · rechercher · réclamer · souhaiter · vouloir • désirer
- amener · bâtir : *les anciens ennemis doivent travailler ensemble pour bâtir la paix* · construire · instaurer : *l'application des mesures devrait instaurer une paix durable* • négocier : *une paix pourrait être négociée par les deux pays*
- aboutir à · obtenir · parvenir à
- conclure · établir · faire○ : *faisons la paix* · réaliser · sceller : *ce cadeau est destiné à sceller la paix entre les deux empires* · signer • apporter · assurer · garantir · offrir · proposer • dicter · imposer : *c'est le seul homme capable d'imposer la paix* • ramener · restaurer · rétablir
- croire à • prêcher · promouvoir · prôner · soutenir : *une grande partie du peuple soutient la paix* • se battre pour · militer pour · œuvrer en faveur de • contribuer à · faire avancer : *c'est une initiative majeure pour faire avancer la paix* · servir • accepter • célébrer
- affermir · cimenter · consolider · enraciner (... dans) : *les dirigeants doivent maintenir ce cap pour enraciner la paix* • maintenir · préserver • sauvegarder : *le gouvernement a tout fait pour sauvegarder la paix* · sauver
- compromettre · faire obstacle à · fragiliser : *cet attentat fragilise la paix* · menacer · mettre en danger · mettre en péril • saboter • refuser : *le pays refuse la paix dans ces conditions*
- s'éloigner de : *la situation actuelle impose le constat d'un monde qui s'éloigne de la paix*

∞ NOM + DE + paix
- désir · espoir · perspective
- initiative · proposition • conférence · dialogue · négociation · pourparlers • mission • accord · solution · traité • plan · processus · règlement
- homme · force : *ils ont décidé l'envoi d'une force de paix au Moyen-Orient*

²paix *nom fém.* (tranquillité)

∞ paix + ADJECTIF
- intérieure
- environnante : *toute cette paix environnante l'apaisait*
- extraordinaire : *il règne une paix extraordinaire dans ce jardin* · grande + nom

∞ paix + VERBE
- régner

∞ VERBE + paix
- aspirer à : *il aspire à la paix après une vie tourmentée* · (re)chercher · demander · vouloir
- accorder · ficher*fam.* : *fiche-moi la paix !* • procurer
- avoir○ : *j'aimerais avoir la paix pendant cinq minutes !* · connaître · goûter : *le voyageur goûte une paix extraordinaire dans cet endroit tranquille* • (re)trouver : *la méditation me permet de retrouver une certaine paix intérieure*
- troubler · violer

∞ NOM + DE + paix
- havre : *cette maison de campagne est un véritable havre de paix*

en paix
- être · rester · vivre • laisser : *les enfants ne la laissent pas en paix une minute*

pâleur *nom fém.*

∞ pâleur + ADJECTIF
- naturelle • diaphane · translucide : *sa peau était d'une pâleur translucide qui laissait voir les veines* · transparente • marmoréenne*littér.*
- étrange · singulière
- exceptionnelle · extraordinaire · extrême · grande + nom · profonde
- anormale · excessive • effrayante · effroyable • anémique · cadavérique · cireuse · maladive · mortelle : *le malade était d'une pâleur mortelle*
- légère + nom : *une certaine gravité habilla son visage d'une légère pâleur*

∞ VERBE + pâleur
- être de (+ adj.) : *il était d'une pâleur effrayante*
- prendre (+ adj.) : *son teint avait pris une pâleur transparente*
- accentuer · faire ressortir · renforcer : *le maquillage renforçait la pâleur naturelle de son teint*

- contraster avec · trancher avec : *la pâleur de son teint tranchait avec ses cheveux noirs*

palier *nom masc.*

∞ palier + ADJECTIF

- psychologique • tarifaire
- évolutif : *l'apprentissage se fait par le franchissement de paliers évolutifs successifs* · intermédiaire · supplémentaire
- supérieur : *ils ont du mal à franchir le palier supérieur* • élevé : *les prix se sont maintenus à un palier élevé*
- décisif · important • significatif · symbolique : *le taux de chômage a atteint un palier symbolique* • successifs (plur.)
- inférieur · supérieur
- difficile (à franchir)

∞ VERBE + palier

- définir · établir : *l'opérateur a établi de nouveaux paliers tarifaires*
- observer · respecter : *il faut respecter les paliers de décompression*
- arriver à · atteindre · se situer à · se (re)trouver à
- dépasser · franchir : *il n'est pas capable de franchir le palier supérieur*

par palier(s)

- évoluer · monter · progresser : *dans l'apprentissage, on progresse par paliers* • procéder : *cette thérapie procède par paliers*

panique *nom fém.*

∞ panique + ADJECTIF

- boursière · financière • sécuritaire : *la ville est dans un climat de panique sécuritaire depuis les attentats*
- ambiante • collective · générale · généralisée
- soudaine · subite
- grande $^{+ nom}$ · pure $^{+ nom}$: *il a été saisi d'une pure panique* · totale · monstre$^{fam.}$ · véritable $^{+ nom}$ • folle : *une folle panique s'est emparée des passagers* · incontrôlable
- démesurée : *une panique démesurée a suivi le premier cas de contamination* · injustifiée
- petite $^{+ nom}$: *il a déclenché une petite panique au sein de l'institution*

∞ panique + VERBE

- guetter : *la panique guette en ces temps de crise diplomatique* • éclater · poindre
- s'installer • régner • se propager · se répandre : *la panique boursière s'est rapidement répandue* • (re)prendre le dessus
- envahir · gagner · ne pas épargner · s'abattre sur · saisir · s'emparer de : *la panique s'est emparée de la foule* · toucher
- affecter · agiter · ébranler : *l'article relate la panique qui a ébranlé Wall Street*
- conduire à · pousser à : *la panique l'a poussé à sauter par la fenêtre*

∞ VERBE + panique

- causer · créer · déclencher : *ses cris ont déclenché une panique générale* · engendrer · mener à · provoquer · susciter • répandre · semer : *l'annonce de la direction a semé la panique parmi les employés*
- alimenter · entretenir • amplifier
- laisser place à · tourner à : *l'inquiétude a tourné à la panique*
- être en proie à · être frappé de · être pris de · être saisi de • céder à
- enrayer : *le gouvernement a réussi à enrayer la panique des consommateurs* · éviter : *le problème a été caché pour éviter la panique*

∞ NOM + DE + panique

- accès : *elle est en proie à des accès de panique depuis son agression* · crise · mouvement : *un mouvement de panique a saisi la foule* · vague · vent : *un vent de panique souffle sur les marchés boursiers*
- geste · signe : *il a agi sans manifester le moindre signe de panique*
- ambiance · atmosphère · climat

panne *nom fém.*

∞ panne + ADJECTIF

- électrique · informatique · technique · mécanique • sèche$^{○}$ • sexuelle
- gigantesque · grave · grosse $^{+ nom}$ · immense $^{+ nom}$: *une immense panne électrique a touché toute la ville* · importante · majeure · sérieuse • générale • historique : *une panne historique du système téléphonique américain*
- intempestive · malencontreuse : *une malencontreuse panne du serveur a obligé les étudiants à repasser l'examen*
- étrange · imprévisible
- longue $^{+ nom}$ · prolongée • chronique : *cet appareil aux pannes chroniques est décevant* · fréquente · quotidienne · récurrente
- banale · négligeable · simple $^{+ nom}$
- courte $^{+ nom}$ · intermittente · passagère : *la panne passagère du réseau électrique n'a pas eu de conséquences graves*

∾ panne + VERBE

- apparaître : *une panne est apparue dans le système de surveillance* · se produire · survenir : *la panne est survenue vers 15 heures*
- durer · se prolonger
- menacer : *un mécanisme menacé par la panne de courant* • affecter · immobiliser · retarder : *cette panne a retardé tout le trafic*
- concerner : *la panne concerne un seul serveur* · toucher : *la panne a touché tout le réseau informatique*
- avoir pour conséquence : *la panne a eu pour conséquence l'arrêt de la production pendant une journée* · entraîner : *la panne a entraîné un énorme embouteillage*
- (plur.) s'accumuler · se multiplier

∾ VERBE + **panne**

- aboutir à · créer · entraîner · être à l'origine de : *une panne technique serait à l'origine de la catastrophe* · provoquer : *les pannes ont été provoquées par d'importantes chutes de neige* • simuler
- être dû à
- connaître : *le système connaît des pannes à répétition* · être victime de · souffrir de · subir
- craindre · redouter : *le pays redoute une panne de la consommation*
- empêcher · éviter • faire face à · pallier • réparer · résoudre
- constater · croire à : *on a d'abord cru à une panne technique* · découvrir · détecter • diagnostiquer · identifier • signaler
- expliquer
- s'étonner de
- prétexter

∾ NOM + DE + **panne(s)**

- série · suite
- origine · source

en panne

- être · se retrouver · tomber • rester

[1]panorama *nom masc.* (paysage)

∾ panorama + ADJECTIF

- circulaire
- immense · vaste
- à couper le souffle : *au sommet de la montagne, nous avons admiré un panorama à couper le souffle* · époustouflant · exceptionnel · extraordinaire · grandiose · impressionnant · spectaculaire · unique · vertigineux • admirable · beau + nom · incomparable · magnifique · merveilleux · remarquable · superbe • majestueux · somptueux : *ce village haut perché bénéficie d'un somptueux panorama sur la région* · splendide · sublime • idyllique · romantique

∾ panorama + VERBE

- se déployer · s'étendre · s'ouvrir : *un vaste panorama s'ouvre sur la vallée* • embrasser : *le panorama embrasse l'ensemble du massif*

∾ VERBE + **panorama**

- bénéficier de · disposer de : *l'emplacement dispose d'un panorama merveilleux*
- offrir : *le site offre un panorama exceptionnel*
- jouir de : *de la terrasse, on jouit d'un magnifique panorama* • embrasser : *le regard embrasse un panorama splendide sur l'ensemble de la presqu'île*
- dominer : *une bâtisse du XVIe siècle domine le panorama*
- découvrir · observer • admirer · apprécier · contempler

[2]panorama *nom masc.* (étude)

∾ panorama + ADJECTIF

- culturel · historique · politique · etc.
- chronologique : *cet ouvrage propose un panorama chronologique du surréalisme*
- complet : *l'émission dresse un panorama complet des mouvements artistiques du XXe siècle* · exhaustif · général · global • foisonnant · large · riche · vaste + nom • diversifié · éclectique : *c'est un panorama éclectique de l'actualité musicale* · varié
- clair · cohérent • minutieux · pointu · précis • intéressant · passionnant · précieux : *ces documents constituent un précieux panorama des civilisations précolombiennes* · vivant
- encourageant · idyllique : *la réalité est bien différente de ce panorama idyllique*
- bref + nom · petit + nom · rapide : *il nous a présenté un panorama rapide des activités de l'entreprise* • incomplet · superficiel
- inquiétant · sombre : *ce livre dresse un sombre panorama des magouilles politiques des vingt dernières années*

∾ VERBE + **panorama**

- offrir · présenter · proposer
- ébaucher · esquisser • brosser : *l'article brosse un panorama rapide des différentes solutions envisagées* · composer · dresser · tracer : *ces témoignages tracent un panorama inquiétant de l'état actuel du secteur*
- compléter · élargir
- clore : *le chanteur vient clore ce panorama du rock anglais*

papier *nom masc.* (document)

∞ papier + ADJECTIF
- officiel • personnel (souvent plur.) : *on a retrouvé cette lettre parmi ses papiers personnels* • vieux + nom (souvent plur.) : *il est temps de trier ces vieux papiers*
- important · précieux · utile
- confidentiel · intime · secret
- compromettant

∞ papier + VERBE
- attester de · garantir · prouver

∞ VERBE + papier
- (plur.) classer · mettre de l'ordre dans · ranger · réunir : *je n'ai pas eu le temps de réunir les papiers demandés* · trier • (plur.) compulser · fouiller dans · rechercher dans
- retrouver
- cacher • brûler · déchirer · détruire · jeter : *j'ai jeté plein de papiers inutiles*
- remplir : *j'ai dû remplir des papiers pour officialiser ma demande* • signer

∞ NOM + DE + papier(s)
- bout • liasse · pile · tas*fam.* · tonne*fam.*

papiers *nom masc. plur.*

∞ papiers + ADJECTIF
- d'identité · militaires
- provisoires : *il a obtenu des papiers provisoires en attendant de régulariser sa situation*
- en règle : *tous ses papiers étaient en règle* · valides
- faux + nom : *ils ont passé la frontière avec de faux papiers* · falsifiés

∞ VERBE + papiers
- demander · réclamer
- délivrer · fournir
- faire : *il s'est fait faire de faux papiers* • obtenir
- avoir · être muni de
- montrer · présenter : *elle a dû présenter ses papiers aux policiers*
- brûler : *ils brûlent leurs papiers avant de tenter d'émigrer* · déchirer · détruire
- dérober · voler • confisquer
- égarer · perdre
- falsifier : *il a été condamné pour avoir falsifié ses papiers*

paradoxe *nom masc.*

∞ paradoxe + ADJECTIF
- majeur • total • de taille · flagrant · fondamental · grand + nom : *c'est le grand paradoxe de cette réforme* · inouï · profond • vrai + nom · véritable + nom • frappant · saisissant · stupéfiant • suprême : *le paradoxe suprême est que ces atrocités ont pu faire avancer l'humanité* · ultime + nom
- curieux · étonnant · étrange · incroyable · singulier · troublant
- extraordinaire · joli + nom : *c'est un joli paradoxe que cette éclosion artistique ait eu lieu sous un régime dictatorial* · remarquable • amusant · réjouissant · savoureux · sublime : *le paradoxe sublime du film est que plus il prend des libertés avec l'Histoire, plus il se rapproche du vécu intime*
- constant
- cruel · terrible · tragique • insoutenable
- mineur · petit + nom
- apparent · faux + nom

∞ paradoxe + VERBE
- consister à : *le paradoxe qui consiste à montrer au monde entier des textes dits intimes* · vouloir que : *le paradoxe veut que ce nationaliste ne se soit jamais rendu dans son pays*
- ne pas échapper à · sauter aux yeux : *le paradoxe de cette réforme régressive saute aux yeux*
- demeurer : *malgré la pertinence du projet, les paradoxes demeurent*

∞ VERBE + paradoxe
- créer
- relever de
- (plur.) être pétri de : *un homme pétri de paradoxes* · fourmiller de · ne pas être exempt de · ne pas manquer de • cumuler : *son œuvre cumule les paradoxes* · multiplier
- être confronté à · rencontrer · observer • donner dans · nager en plein : *l'industrie musicale nage en plein paradoxe* · vivre
- aimer • cultiver · manier • se nourrir de (sans art.)
- pointer · souligner · mettre en lumière • illustrer · montrer · refléter · révéler
- comprendre · éclairer : *son histoire personnelle permet d'éclairer ce paradoxe* · expliquer • élucider · résoudre : *la connaissance de soi permet de résoudre bien des paradoxes*
- assumer · ne pas craindre : *il ne faut pas craindre les paradoxes de sa personnalité*

∞ NOM + DE + paradoxe
- comble : *comble du paradoxe, ils ne souffrent pas de la baisse des revenus du tourisme*

parallèle *nom masc.* (comparaison)

∞ parallèle + ADJECTIF
- explicite • implicite

- évident · indiscutable · inévitable • frappant · saisissant : *il y a un parallèle saisissant entre son histoire personnelle et celle de son pays*
- étonnant · surprenant · troublant : *on voit un parallèle troublant entre la réalité et la fiction* • audacieux · hardi · osé
- instructif · intéressant · édifiant • habile • séduisant • flatteur : *la presse a établi un parallèle flatteur avec les grandes actrices des années 1950*
- abusif · approximatif · facile · hâtif · simpliste • discutable · inacceptable • absurde · farfelu · grotesque • dangereux · maladroit • choquant · gênant

∞ **parallèle** + VERBE
- sauter aux yeux : *le parallèle entre les deux artistes saute aux yeux* · s'imposer
- avoir des limites : *le parallèle entre les deux pays a des limites car leur culture n'est pas la même* • s'arrêter là : *le parallèle entre les deux hommes s'arrête là*

∞ VERBE + **parallèle**
- trouver · voir : *on peut voir un parallèle entre l'entraînement sportif et celui des acteurs*
- se livrer à : *le conférencier s'est livré à un parallèle intéressant entre les deux auteurs* • dresser · esquisser · établir · faire · tirer · tracer • oser · se lancer dans
- souligner · montrer

[1]paralysie *nom fém.* (absence de mouvement)

∞ **paralysie** + ADJECTIF
- cérébrale · faciale · musculaire • bilatérale · spasmodique
- complète · générale · totale • irréversible : *l'infection peut entraîner une paralysie irréversible*
- partielle • progressive

∞ **paralysie** + VERBE
- affecter · gagner : *la paralysie a gagné tout le côté droit* • s'étendre : *la paralysie s'est étendue à l'ensemble de la jambe*
- se résorber : *la paralysie s'est résorbée au bout de quelques jours* • disparaître

∞ VERBE + **paralysie**
- causer · conduire à · entraîner · provoquer : *le choc a provoqué une paralysie faciale*
- être atteint de · être frappé de : *il a été frappé de paralysie lors d'un accident de voiture*

[2]paralysie *nom fém.* (arrêt total)

∞ **paralysie** + ADJECTIF
- administrative · économique · institutionnelle
- croissante · grandissante : *la paralysie grandissante des activités économiques* · progressive • complète · générale · totale
- durable · longue $^{+ nom}$: *le pays est victime d'une longue paralysie du système social*
- partielle • momentanée · temporaire : *ce type de problème peut entraîner la paralysie temporaire d'une administration*

∞ **paralysie** + VERBE
- menacer : *la paralysie des transports routiers menace l'économie du pays* • affecter · frapper · gagner
- s'étendre

∞ VERBE + **paralysie**
- causer · conduire à · entraîner · provoquer : *la grève a provoqué une paralysie totale des universités*
- accentuer · aggraver
- connaître : *l'usine a connu une paralysie momentanée de l'activité* · être frappé de : *l'entreprise est frappée de paralysie à cause d'une panne informatique*
- pâtir de · souffrir de
- craindre · risquer • se plaindre de : *le pays se plaint de la paralysie des institutions* · s'inquiéter de
- éviter • échapper à · sauver de : *le recours à des sous-traitants devrait nous sauver de la paralysie* • surmonter
- mettre fin à · sortir de : *l'activité économique est enfin sortie de la paralysie*

paramètre *nom masc.*

∞ **paramètre** + ADJECTIF
- biologique · climatique · économique · physique · social · technique · etc.
- qualitatif · quantitatif
- précis • capital · crucial · décisif · déterminant · essentiel · fondamental · important · primordial · vital • majeur · principal
- mesurable · vérifiable : *il est nécessaire de fonder cette technologie sur des paramètres vérifiables*
- fiable · pertinent : *le public visé est un paramètre pertinent quant à la méthode à adopter* · utile • inchangé : *à paramètres inchangés, on prévoit un déficit important pour la fin de l'année* · stable
- modifiable · variable : *cet outil informatique a des paramètres variables* · sensible : *l'utilisateur peut modifier les paramètres sensibles du système* • aléatoire
- négligeable : *l'âge n'est pas un paramètre négligeable quant aux conséquences de la maladie* • inconnu : *de nombreux paramètres inconnus s'ajoutent à la complexité du problème*

∾ paramètre + VERBE
- apparaître · s'ajouter
- avoir un impact sur · conditionner · déterminer · entrer en ligne de compte (dans) · impacter · influencer · influer sur · intervenir · jouer (sur) : *ces paramètres jouent indéniablement sur les résultats obtenus* · peser sur
- changer · évoluer : *les paramètres climatiques ont beaucoup évolué*
- échapper à : *de nombreux paramètres nous échappent*

∾ VERBE + **paramètre**
- définir · fixer · introduire : *ils ont introduit de nouveaux paramètres dans les normes de sécurité*
- dégager : *il faut dégager les paramètres majeurs du problème* · identifier · retenir
- considérer · intégrer · prendre en compte · prendre en considération · tenir compte de : *il faut tenir compte des paramètres climatiques pour la construction de l'édifice*
- dépendre de · être soumis à · obéir à : *le milieu géologique obéit à des paramètres physiques et chimiques* • utiliser · reposer sur · s'appuyer sur : *ce calcul s'appuie sur des paramètres précis* · se fonder sur • (plur.) conjuguer · croiser · jouer sur : *cette réforme joue sur différents paramètres*
- contrôler · gérer · maîtriser · surveiller : *ce système surveille les paramètres vitaux de l'organisme* • adapter · changer · modifier · toucher à • ajuster · optimiser · pondérer : *les experts pondèrent les paramètres de croissance par des notions générales*
- calculer · évaluer : *les tests sanguins servent à évaluer différents paramètres, notamment le taux d'hémoglobine* · mesurer
- bousculer · brouiller : *ce produit brouille les paramètres de contrôle antidopage* · fausser
- négliger · oublier
- écarter · éliminer

∾ NOM + DE + **paramètres**
- ensemble · faisceau : *le retour de la croissance dépend d'un faisceau de paramètres variables* · foule · multitude · série · tas^fam.

[1]**parcours** *nom masc.* (chemin)

∾ parcours + ADJECTIF
- culturel · historique : *l'office du tourisme propose un parcours historique de la ville* · touristique
- boisé : *ce parcours boisé peut se faire en trois heures de marche* · champêtre
- rectiligne • ombragé
- à suivre
- long ^+ nom^ • laborieux
- agréable · beau ^+ nom^
- différent · original
- accidenté • dangereux
- bref : *c'est un parcours bref mais dangereux* · rapide

∾ parcours + VERBE
- longer · passer par : *ce parcours passe par le vieux pont* · suivre : *le parcours suit la rivière sur sa rive droite* • se poursuivre : *le parcours se poursuit par-delà la forêt*
- s'arrêter : *le parcours s'arrête devant l'abbaye*

∾ VERBE + **parcours**
- effectuer · faire
- dessiner · élaborer · établir · tracer : *les organisateurs ont tracé un parcours original* • baliser · flécher : *le parcours est fléché pour éviter de se perdre*
- suivre : *nous avons suivi le parcours qui mène au vieux moulin*
- quitter · s'éloigner de

[2]**parcours** *nom masc.* (activités, progression)

∾ parcours + ADJECTIF
- biographique · individuel · personnel • initiatique : *le roman relate le parcours initiatique de Perceval* • artistique · politique · professionnel · scolaire · etc.
- classique · habituel · ordinaire • diversifié · éclectique : *ce touche-à-tout a un parcours artistique éclectique*
- beau ^+ nom^ · bon ^+ nom^ · brillant · exceptionnel · hors du commun · impressionnant · joli ^+ nom^ : *il a déjà un joli parcours professionnel* · magnifique · phénoménal · remarquable · riche · superbe • édifiant · exemplaire • réussi · sans faute : *ce jeune diplômé a un parcours scolaire sans faute* · triomphal : *le film poursuit son parcours triomphal* • emblématique
- fulgurant : *le parcours fulgurant d'un musicien surdoué* • long ^+ nom^
- atypique · curieux · différent · étonnant · étrange · imprévisible · inhabituel · insolite · original · pas très / peu orthodoxe · peu banal : *c'est l'histoire d'une femme au parcours peu banal* · singulier · surprenant · unique
- banal · classique · habituel · ordinaire · prévisible · rectiligne
- bref ^+ nom^ : *il a eu un bref parcours dans la sidérurgie*
- complexe · compliqué • agité · chaotique · en dents de scie · erratique · hésitant · heurté · mouvementé · sinueux · tortueux · tumultueux : *le parcours tumultueux des candidats à l'adoption* • difficile · douloureux · du combattant · éprouvant

∾ parcours + VERBE

- être jalonné de · être parsemé de · être ponctué de · être semé de : *son parcours a été semé d'embûches*

∾ VERBE + **parcours**

- débuter · démarrer · entamer : *il a entamé un parcours de réinsertion*
- accomplir · effectuer · emprunter : *elle a emprunté un parcours sinueux pour arriver à ses fins* · suivre • poursuivre
- réussir : *il a réussi un parcours sans faute dans l'entreprise*
- déterminer : *ses origines culturelles ont déterminé son parcours*
- décrire · raconter · reconstituer · résumer · retracer : *le livre retrace le parcours du ministre*
- analyser · comprendre · éclairer
- compromettre · entraver · freiner : *il ne veut pas laisser ses adversaires freiner son parcours* • briser : *cet accident a brisé un parcours exceptionnel*
- interrompre : *elle a interrompu un brillant parcours professionnel pour s'occuper de ses enfants*
- achever · finir · terminer

pardon *nom masc.* (mansuétude)

∾ pardon + ADJECTIF

- collectif • mutuel : *il appelle au pardon mutuel et à la réconciliation* · réciproque
- généreux · sincère

∾ VERBE + **pardon**

- appeler à · prêcher : *c'est une religion qui prêche le pardon* • demander • implorer · mendier
- accorder
- être digne de · mériter
- bénéficier de · obtenir
- refuser : *il refuse le pardon à ceux qui ne reconnaissent pas leurs erreurs*

parenté *nom fém.* (rapport, ressemblance)

∾ parenté + ADJECTIF

- culturelle · intellectuelle · littéraire · musicale · spirituelle : *il y a une parenté spirituelle entre les deux auteurs*
- flagrante · frappante • évidente · incontestable • étroite · forte + nom · intime : *une parenté intime unit les deux tribus* · profonde
- curieuse · étonnante · étrange · troublante : *il y a une parenté troublante entre ces deux tableaux*
- éloignée · lointaine · vague + nom : *il y a une vague parenté entre les deux mélodies* • controversée · douteuse · incertaine • secrète

∾ parenté + VERBE

- lier · unir : *une parenté culturelle unit les deux pays*

∾ VERBE + **parenté**

- avoir · offrir : *ses écrits offrent une certaine parenté avec ceux de son frère* · présenter • afficher : *son œuvre affiche une parenté étroite avec le symbolisme*
- mettre en relief / lumière / évidence · montrer : *son film montre une parenté profonde avec ceux de Truffaut* · révéler · souligner • établir
- admettre · affirmer · reconnaître : *il reconnaît la parenté avec le parcours de son prédécesseur* · revendiquer
- démentir : *il dément toute parenté avec les organisations terroristes* · nier · récuser : *il récuse vigoureusement les parentés établies par les médias* · rejeter

[1] parenthèse *nom fém.* (digression)

∾ parenthèse + ADJECTIF

- anecdotique • explicative : *il a fait une parenthèse explicative pour les néophytes*
- essentielle · indispensable · précieuse · utile
- grande + nom · interminable · longue + nom
- brève + nom · courte + nom · petite + nom

∾ parenthèse + VERBE

- durer · se prolonger : *la parenthèse s'est tellement prolongée qu'il n'a pas eu le temps de finir son exposé* · s'éterniser

∾ VERBE + **parenthèse**

- faire · introduire · ouvrir
- mettre à profit · profiter de : *il a profité de cette petite parenthèse pour aborder un point intéressant*
- clore · (re)fermer

[2] parenthèse *nom fém.* (moment)

∾ parenthèse + ADJECTIF

- amoureuse · historique : *cette parenthèse historique a duré dix ans* • hors du temps : *ces vacances étaient une parenthèse hors du temps*
- grande + nom · longue + nom : *le pays a connu une longue parenthèse avant le retour de l'épidémie*
- belle + nom · enchantée : *cet âge d'or n'était-il qu'une parenthèse enchantée ?* · heureuse · joyeuse · magique : *cette fête fut une parenthèse magique dans la grisaille du quotidien*
- brève + nom · courte + nom · de courte durée · petite + nom
- oubliée : *une parenthèse oubliée de l'histoire des religions* · peu connue
- douloureuse · pénible • malheureuse · regrettable · tragique · triste + nom

∞ parenthèse + VERBE

- s'ouvrir : *une parenthèse s'ouvre au lendemain de Mai 68*
- durer · se prolonger : *la parenthèse s'est prolongée jusque dans les années 1970*
- se refermer : *la parenthèse s'est refermée avec la mort du dictateur*

∞ VERBE + **parenthèse**

- connaître • s'offrir : *je me suis offert une petite parenthèse en allant me promener au parc*
- mettre à profit · profiter de
- clore · (re)fermer

paresse *nom fém.*

∞ paresse + ADJECTIF

- intellectuelle : *faire preuve de paresse intellectuelle évite de se remettre en question* • intestinale
- extrême · grande [+ nom] · incorrigible · incurable · indicible · inimaginable · insondable • affichée • légendaire
- douce · langoureuse · molle : *« Ô délices d'amour ! et toi, molle paresse / Vous aurez donc usé mon oisive jeunesse ! »* (Chénier, *Élégies*) · voluptueuse : *la paresse voluptueuse des longues soirées d'hiver*

∞ paresse + VERBE

- gagner : *il se fait tard et la paresse me gagne*

∞ VERBE + **paresse**

- engendrer · inciter à · pousser à : *le progrès pousse-t-il à la paresse ?*
- encourager · faire l'éloge de : *son livre fait l'éloge de la paresse*
- s'abandonner à · s'adonner à · se laisser aller à • avoir une tendance à · être enclin à
- accuser de : *son professeur l'accuse de paresse*
- combattre · lutter contre · secouer : *il faut secouer ta légendaire paresse pour agir* • surmonter · vaincre : *la nécessité de gagner de l'argent me force à vaincre ma paresse*

[1]parfum *nom masc.* (odeur, substance)

∞ parfum + ADJECTIF

- artificiel · naturel • ambré · fleuri · fruité · musqué · vanillé • poudré · sucré
- classique · reconnaissable
- capiteux : *ces roses dégagent un parfum capiteux* · corsé · fort · intense · lourd : *le parfum lourd du musc* · pénétrant · profond · prononcé · puissant · riche • enivrant · entêtant · étourdissant · grisant • envoûtant · suave · voluptueux • persistant · tenace
- curieux · étrange · indéfinissable · mystérieux · singulier · surprenant
- agréable · apaisant · délicieux · exquis · irrésistible • extraordinaire · incomparable · remarquable · unique • doux · tendre • délicat · subtil • frais · vivifiant • exotique • magique • [substance] cher · chic · de luxe · précieux · sophistiqué
- [substance] bon marché • âcre · nauséabond · pestilentiel • agressif · déplaisant · oppressant · violent
- léger [+ nom] : *ce vin a un léger parfum d'amande grillée* • éphémère · fugace

∞ parfum + VERBE

- fleurer : *ce parfum fleure bon l'Orient* · sentir
- embaumer : *le parfum du jasmin embaumait la terrasse* • flotter • imprégner · pénétrer · se répandre : *un parfum délicieux se répand jusqu'à mes narines frétillantes*
- enivrer · envoûter
- incommoder : *un parfum trop lourd peut incommoder*
- se dissiper · s'évaporer

∞ VERBE + **parfum**

- [substance] créer · élaborer · lancer
- avoir · dégager · diffuser · exhaler · répandre
- humer · respirer · sentir
- savourer · s'enivrer de
- [substance] • (se) mettre · vaporiser • porter : *elle porte un nouveau parfum*
- (plur.) marier · mélanger

∞ NOM + DE + **parfums**

- gamme · palette

[2]parfum *nom masc.* (atmosphère, suivi d'un nom)

∞ parfum + ADJECTIF

- de mystère
- d'aventure · de vacances · d'exotisme
- nostalgique · de nostalgie
- amer • de scandale : *un film au léger parfum de scandale* · sulfureux

∞ parfum + VERBE

- émaner de : *un parfum de mystère émane de cette vieille bâtisse* • entourer · flotter · planer · régner : *il règne un certain parfum de mafia dans ce village*

∞ VERBE + **parfum**

- dégager · exhaler · répandre • prendre · retrouver : *je retrouve dans mes lectures de jeunesse un parfum d'aventure*
- apporter · conférer · donner
- flairer · humer · sentir : *on sent déjà le parfum de la victoire*

pari *nom masc.*

∾ pari + ADJECTIF

- commercial · stratégique • technique · technologique • architectural · artistique · éditorial · littéraire · etc.
- pascalien (pari sur l'existence de Dieu que Pascal propose aux incroyants)
- à long terme
- formidable · incroyable : *ils ont réussi le pari incroyable de relier toutes les villes saintes du monde en tandem* · inouï • ambitieux · audacieux · courageux · osé · téméraire • de taille · fou · grand + nom · gros + nom
- raisonnable • bon + nom · gagnant : *un pari gagnant remporte neuf fois la mise* · payant : *le pari s'est avéré payant*
- délicat · difficile · hasardeux · périlleux · risqué
- absurde · dangereux · stupide • mauvais + nom • impossible · insensé : *le pari insensé de Phileas Fogg : faire le tour du monde en 80 jours*

∾ pari + VERBE

- (plur.) aller bon train : *les paris vont bon train chez les bookmakers* · être ouvert : *les paris sont ouverts*
- consister en · reposer sur : *ce pari repose sur la bonne volonté des participants*
- s'avérer · se révéler (+ adj.) : *le pari s'est révélé gagnant*
- échouer : *si votre pari échoue, vous perdrez votre mise*

∾ VERBE + pari

- lancer : *il lance un pari à son rival* • faire : *je fais le pari qu'il renoncera* • oser · tenter
- accepter · prendre : *je prends les paris ; je prends le pari qu'elle viendra*
- gagner · remporter · réussir : *ces artistes réussissent le pari de concilier des styles musicaux très différents* • réaliser · tenir : *pari tenu !*
- manquer · perdre : *tu as perdu ton pari*

[1]parole *nom fém.* (mots, souvent plur.)

∾ parole + ADJECTIF

- individuelle · institutionnelle · publique
- divine · sacrée • bonne○ + nom : *nous nous sommes quittés sur ces bonnes paroles* • prémonitoire
- dernières + nom (plur.) : *telles furent les dernières paroles de son grand-père*
- dissidente : *il fait mine d'ignorer les paroles dissidentes*
- appropriée · raisonnable · sage • constructive · intelligente · juste · profonde : *médite donc ces paroles profondes*
- agréable · aimable · amicale • caressante · douce + nom · tendre • apaisante · consolatrice : *les paroles consolatrices du style "après la pluie vient le beau temps" ne lui font plus beaucoup d'effet* · encourageante · rassurante · réconfortante
- de circonstance : *le maire prononce quelques paroles de circonstance* · solennelle • élogieuse · flatteuse • engageante · persuasive : *son avocat a eu des paroles persuasives pendant le procès* • enjôleuse · mielleuse : *ce n'est pas avec ses paroles mielleuses qu'il me trompera*
- claire · compréhensible · intelligible • explicite · franche • enflammée · forte · tranchante · vive • inoubliable · mémorable : *un recueil de paroles mémorables des grands de ce monde*
- étonnante · troublante • énigmatique · obscure : *j'ai mis longtemps à comprendre le sens de ces paroles obscures* • ambiguë · ambivalente · équivoque • confuse · embrouillée · incohérente · incompréhensible
- inaudible · indistincte · inintelligible • embarrassée · timide : *au premier rendez-vous, il n'a eu que des paroles timides*
- déplacée : *les messages contenant des paroles déplacées ne seront pas diffusés* · impertinente · intempestive · maladroite · malheureuse • compromettante · imprudente
- absurde · incongrue · insensée · naïve • banale · convenue · creuse · insignifiante · inutile · vaine : *que de temps perdu à écouter de vaines paroles !* · vide de sens
- blessante · choquante · désobligeante · menaçante · offensante · outrageante • arrogante · hypocrite · prétentieuse • acerbe · agressive · amère · brutale · caustique · cruelle · cynique · désagréable · dure · malveillante · rude · sarcastique · violente • grossière · inconvenante · injurieuse · obscène · ordurière · provocante · vulgaire : *il ne laisse jamais échapper de paroles vulgaires devant ses enfants*

∾ parole + VERBE

- aller droit au cœur de · toucher
- blesser · choquer · vexer • sonner faux • dépasser la pensée de : *mes paroles ont dépassé ma pensée*

∾ VERBE + parole

- articuler : *blessé à mort, il articule avec difficulté une dernière parole* · émettre · laisser échapper · proférer · prononcer : *il éclata de rire en prononçant ces paroles* • balbutier · bredouiller · grommeler · marmonner · murmurer : *elle lui murmure de douces paroles à l'oreille*

- adresser° : *il n'adresse plus la parole à son frère* • échanger (plur.) : *nous avons échangé quelques paroles*
- citer · rapporter · restituer
- (plur.) recueillir : *les journalistes sont là pour recueillir les paroles du ministre* • boire° : *elle boit les paroles de son fils* · ne pas perdre une miette de • méditer
- écouter : *il faut écouter la parole des enfants !*
- mesurer · surveiller : *il surveille toujours ses paroles et évite de prononcer certains noms*
- regretter : *elle a aussitôt regretté ces paroles*
- être avare de (plur.) : *c'est un homme farouche, avare de paroles*
- contredire
- ignorer : *il ignore la parole des étudiants*

∞ NOM + DE + paroles
- flot · torrent : *le journaliste n'arrive pas à interrompre ce torrent de paroles*

la bonne parole
- apporter · délivrer · diffuser · dispenser · faire passer · porter · prêcher · propager · répandre · semer · transmettre
- écouter · entendre : *il est venu entendre la bonne parole dispensée par le Premier ministre*

[2]parole *nom fém.* (fait de parler, possibilité)

∞ parole + ADJECTIF
- débridée · libérée · libre : *chacun a droit à la libre parole dans l'assemblée* · spontanée
- facile : *elle a la parole facile*

∞ parole + VERBE
- être à : *la parole est à vous !*
- exploser · se libérer

∞ VERBE + parole
- avoir : *seules les personnes haut placées ont la parole*
- demander : *je demande la parole*
- accorder · céder · donner · laisser · passer • rendre : *il faut rendre la parole aux électeurs*
- (re)prendre • monopoliser : *cet élève monopolise la parole*
- recouvrer : *elle a recouvré la parole après trois années de mutisme complet* · retrouver
- libérer • faire circuler : *il faut faire circuler la parole entre les différentes générations*
- confisquer : *on l'accuse de confisquer la parole aux citoyens* · refuser • couper · museler : *des lois qui tendent à museler la parole* · ôter · priver de · retirer

∞ NOM + DE + parole
- droit · liberté

[3]parole *nom fém.* (promesse)

∞ parole + ADJECTIF
- d'honneur°
- (plur.) belles + nom · séduisantes
- (plur.) trompeuses

∞ VERBE + parole
- donner • engager : *il n'engage pas sa parole à la légère*
- bercer de (plur.) : *il la berce de belles paroles*
- être fidèle à · respecter · tenir : *tu n'as pas tenu (ta) parole*
- croire sur° : *je te crois sur parole*
- retirer · revenir sur : *il est revenu sur sa parole* • manquer à : *elle n'a jamais manqué à sa parole* · renier

paroxysme *nom masc.*

∞ paroxysme + ADJECTIF
- dramatique : *cette crise s'intensifie pour aboutir à un paroxysme dramatique* · tragique

∞ VERBE + paroxysme
- porter à · pousser à : *l'entreprise pousse la politique du profit au paroxysme*
- arriver à · atteindre · connaître : *l'exode rural a connu un paroxysme au cours des années 1990*

part *nom fém.*

∞ part + ADJECTIF
- personnelle · du gâteau° • résiduelle · restante • supplémentaire • variable
- appréciable · bonne + nom · confortable · conséquente · considérable · écrasante · énorme · grande + nom · grosse + nom · immense · importante · large + nom · non négligeable • déterminante · essentielle · majeure · notable · prédominante · prépondérante · significative · substantielle • irréductible • croissante · grandissante
- belle · meilleure + nom · du lion° · généreuse
- démesurée · disproportionnée
- faible + nom · modeste + nom · petite + nom · réduite • dérisoire · infime · infinitésimale · insignifiante · minime · minuscule · négligeable • manquante
- (plur.) égales : *le territoire a été découpé en deux parts égales* · équivalentes • équitables
- maudite : *la démocratie grecque eut l'esclavage comme part maudite* · obscure
- inégales (plur.)

∾ **part** + VERBE
- représenter · s'élever à : *la part de chaque héritier s'élève à plus de 2 millions d'euros*

∾ VERBE + **part**
- demander · exiger · réclamer : *la benjamine réclame à son tour sa part du gâteau* · revendiquer · vouloir
- acheter · acquérir · prendre : *il sait prendre sa part de responsabilité dans le travail* • absorber • se réserver · s'octroyer : *il s'est octroyé la plus belle part* • recevoir
- accorder · allouer · attribuer · distribuer · donner • rendre · rétrocéder • consacrer
- diviser en
- bénéficier de · détenir • avoir · posséder : *cette œuvre possède une grande part de mystère*
- évaluer · mesurer
- accroître · augmenter
- minimiser · réduire
- abandonner · céder · laisser · renoncer à : *il renonce à sa part de l'héritage*
- perdre

part de marché

∾ **part de marché** + VERBE
- passer de ... à ... : *sa part de marché est passée de 15 % à 8,5 %*
- progresser : *ils ont vu leurs parts de marché progresser de 25 points* · remonter
- baisser · diminuer · tomber

∾ VERBE + **part de marché**
- atteindre : *il souhaite atteindre une part de marché de 5 % dans l'Hexagone* · obtenir
- détenir • conserver • maintenir : *le constructeur souhaite maintenir sa part de marché à 7 %*
- conquérir : *l'entreprise cherche à conquérir de nouvelles parts de marché* · gagner • grignoter : *il continue à grignoter des parts de marché à ses concurrents*
- accroître · augmenter

▷ voir aussi **part**

partage *nom masc.*

∾ **partage** + ADJECTIF
- géographique · territorial
- véritable $^{+ nom}$ · vrai $^{+ nom}$ · réel $^{+ nom}$
- cohérent · égalitaire · équitable : *elle milite pour un partage équitable des ressources nationales* · juste • égal · équilibré · harmonieux
- délicat · difficile · complexe
- inégal · inéquitable · inique · injuste · léonin : *il est le grand perdant de ce partage léonin*

∾ VERBE + **partage**
- demander · réclamer • ordonner · imposer
- prévoir · proposer · réfléchir à
- accepter · autoriser • favoriser · encourager
- négocier : *il a négocié un partage des tâches avec ses collaborateurs* • obtenir
- opérer · organiser · procéder à · s'occuper de : *après leur divorce, un notaire s'est occupé du partage des biens* • rééquilibrer
- empêcher : *ils ne purent empêcher le partage du pays en trois*

en partage
- donner • avoir · recevoir

sans partage
- gouverner · régner : *l'imprimerie de Gutenberg a régné sans partage jusqu'à la révolution industrielle*

partenariat *nom masc.*

∾ **partenariat** + ADJECTIF
- commercial · économique · industriel · social · stratégique · technologique
- officiel • privé
- accru · actif · étroit : *elle travaille en partenariat étroit avec eux* · fort : *la formation se fonde sur un partenariat fort entre l'université et l'entreprise* · solide · véritable $^{+ nom}$ · vrai $^{+ nom}$ • élargi · étendu · large $^{+ nom}$: *ce large partenariat associe acteurs publics et privés*
- alléchant · efficace · fructueux · juteux • équilibré : *nous souhaitons un partenariat équilibré avec les associations locales*

∾ VERBE + **partenariat**
- envisager · imaginer · négocier · réfléchir à
- initier · instaurer · lancer : *ces deux chefs d'État veulent lancer un partenariat entre leurs pays* • proposer
- aboutir à · parvenir à • bâtir · conclure · créer · développer · établir · former · mettre en place · mettre sur pied · nouer · s'engager dans : *l'entreprise a noué un partenariat avec une ONG* · organiser · tisser : *la chambre de commerce et d'industrie tisse des partenariats avec les élus locaux* • sceller : *ce contrat scelle leur partenariat* · signer
- encourager · faciliter · promouvoir
- consolider · renforcer : *les deux entreprises veulent renforcer leur partenariat* • élargir · intensifier : *ils ont intensifié leur partenariat en matière de défense* • relancer : *cette ville française relance un partenariat avec une ville allemande*
- s'appuyer sur : *il s'appuie sur un partenariat de longue date avec les pays nord-américains* · se fonder sur

- interrompre • arrêter · geler · mettre fin / un terme à · rompre

en partenariat avec

- créer · élaborer · réaliser · travailler : *le service vie scolaire travaille en partenariat avec les enseignants afin de faciliter l'organisation des activités*

parti *nom masc.* (groupe politique)

∾ parti + ADJECTIF

- politique
- de droite · de gauche · d'extrême droite · d'extrême gauche • progressiste • conservateur · traditionaliste • centriste · du centre · modéré • extrémiste · révolutionnaire • dissident · protestataire
- adverse · concurrent · rival
- fort · grand + nom · puissant • majoritaire · populaire · rassembleur • dirigeant · vainqueur : *le parti vainqueur des législatives* · victorieux
- tout-puissant · unique○
- structuré • soudé · uni
- minuscule + nom · petit + nom • minoritaire • affaibli · en perte de vitesse
- moribond · sclérosé · vieillissant • corrompu

∾ parti + VERBE

- entrer / être en lice : *son parti est toujours en lice pour les législatives* · se présenter
- élire · se réunir : *le parti doit se réunir en congrès ce week-end*
- dominer · être / revenir au pouvoir · gouverner : *le même parti a gouverné pendant plus de quarante ans* • avoir le vent en poupe · progresser : *le parti progresse de 1 point / de 3 sièges / de 20 000 voix* • devancer : *selon les derniers sondages, le parti travailliste devance légèrement le parti national* • gagner : *ce parti a gagné plusieurs sièges au Parlement* · recueillir x voix
- promettre • prôner : *ce parti politique prône l'intervention de l'État dans l'économie*
- attirer · recruter · séduire
- faire peau neuve · se renouveler
- se scinder • être en recul : *leur parti est en net recul depuis cinq ans* · se marginaliser
- perdre : *lors des législatives, notre parti a perdu la majorité absolue au Parlement*

∾ VERBE + parti

- bâtir · constituer · construire · créer · fonder · former · lancer : *cette actrice a décidé de lancer son parti politique*
- entrer dans · s'engager dans • adhérer à · appartenir à · rallier · rejoindre · s'affilier à · s'enrôler dans · se réclamer de · s'inscrire à • s'imposer dans
- donner sa voix à · voter pour • amener au pouvoir • militer dans · soutenir • servir • se reconnaître dans : *il ne se reconnaît dans aucun parti politique* • être inféodé à : *la radio et la télévision nationales sont inféodées au parti* · pactiser avec
- animer : *il anime un parti dans la clandestinité* · conduire · diriger · être à la tête de · être aux commandes du · tenir les rênes de • représenter : *il a été choisi pour représenter le parti à l'assemblée régionale*
- financer • rassembler · unifier • consolider · dynamiser • légaliser • ressusciter
- donner un nouveau visage à · rénover · restructurer
- critiquer · entrer en dissidence avec / contre • affaiblir · déstabiliser
- battre : *il a battu de justesse le parti adverse* · devancer : *les centristes ont devancé son parti aux dernières élections* · écraser · laminer
- interdire
- claquer la porte de · quitter
- expulser de
- dissoudre · prononcer la dissolution de • saborder

partialité *nom fém.*

∾ partialité + ADJECTIF

- grande + nom • criante · évidente · flagrante : *la flagrante partialité de cet arbitre* · manifeste

∾ VERBE + partialité

- être coupable de · faire preuve de
- être entaché de : *le verdict de première instance était entaché de partialité*
- condamner · dénoncer · mettre en cause · protester contre · reprocher · se plaindre de • accuser de · soupçonner de · suspecter de · taxer de
- montrer · refléter · révéler
- se défendre de : *il s'est défendu de toute partialité*

[1] participation *nom fém.* (à une action)

∾ participation + ADJECTIF

- citoyenne : *l'avenir de nos villes repose sur la participation citoyenne de la majorité de la population* • financière
- bénévole • aimable○ + nom : *ce film a été réalisé grâce à l'aimable participation des musées nationaux* • enthousiaste

- entière [+ nom] : *nous avons besoin de votre entière participation à la préparation de l'événement* • active • directe : *il a reconnu sa participation directe à l'attentat*
- modeste • indirecte • épisodique • ponctuelle

∾ VERBE + participation
- demander • exiger • requérir • réclamer • solliciter • attendre • compter sur : *nous comptons sur la participation de tous à ce projet* • avoir besoin de
- apporter • offrir • proposer : *je ne peux vous proposer qu'une participation modeste*
- avouer : *il a avoué sa participation au canular* • raconter • reconnaître
- encourager : *il faut encourager la participation directe de tous les citoyens* • favoriser • valoriser • renforcer
- critiquer • dénoncer • reprocher ... à • interdire : *la législation interdit la participation des jeunes enfants à l'activité économique*
- minimiser
- contester • nier : *elle nie toute participation à l'attentat*
- renoncer à • suspendre : *l'entraîneur a autorité pour suspendre la participation d'un joueur aux matchs*

[2]participation *nom fém.* (à un scrutin)

∾ participation + ADJECTIF
- électorale : *la participation électorale augmente au second tour des présidentielles*
- accrue : *il pense qu'il y aura une participation accrue aux élections en ligne* • élevée • exceptionnelle • forte [+ nom] • importante • massive • croissante • grandissante
- faible • insuffisante : *les élections ont été invalidées pour cause de participation insuffisante au scrutin*

∾ participation + VERBE
- atteindre • dépasser : *la participation a dépassé les 85 %*
- augmenter
- chuter • diminuer

∾ VERBE + participation
- (s')attendre (à) • compter sur : *le parti compte sur la participation de ses adhérents* • prévoir

particularisme *nom masc.*

∾ particularisme + ADJECTIF
- local • national • régional • culturel • identitaire • religieux
- fort [+ nom] • marqué • puissant

∾ particularisme + VERBE
- se manifester : *ce particularisme se manifeste par la continuité d'une tradition transmise de père en fils* • s'exprimer

∾ VERBE + particularisme
- cultiver • défendre • revendiquer : *il est métis et revendique son particularisme* • tenir à
- afficher • faire apparaître • faire ressortir • mettre en avant
- prendre en compte • reconnaître • tenir compte de • respecter • s'adapter à : *cette chaîne de restaurants s'adapte aux particularismes nationaux*
- reposer sur • s'appuyer sur
- faire fi de • ignorer • combattre
- transcender • abolir • effacer • gommer • mettre fin à • supprimer • renoncer à

particularité *nom fém.*

∾ particularité + ADJECTIF
- essentielle • fondamentale • importante • majeure • principale • flagrante • frappante • marquante • notable • remarquable
- peu commune • rare • unique • curieuse • étonnante • étrange

∾ particularité + VERBE
- résider dans : *la particularité de cette ville réside dans son cosmopolitisme*
- sauter aux yeux : *la particularité de son visage saute aux yeux* • se remarquer
- différencier • distinguer : *cette particularité vous distingue de vos homologues étrangers*

∾ VERBE + particularité
- avoir (pour) • être doté de • offrir • posséder • présenter : *l'église romane de ce village présente la particularité de posséder trois absides* • conserver • garder
- affirmer • cultiver • être attaché à
- être attentif à • prendre en compte • tenir compte de • préserver • respecter • s'adapter à : *les premiers secours savent s'adapter aux particularités d'une situation*
- accentuer • souligner : *ce dictionnaire souligne les particularités de chaque mot*
- perdre : *les francophones sont déterminés à ne pas perdre leur particularité linguistique*

[1]partie *nom fém.* (morceau)

∾ partie + ADJECTIF
- intégrante° : *elle fait partie intégrante du groupe* • égale • inégale • manquante • restante

- centrale : *le noyau est la partie centrale de l'atome* · essentielle · importante · principale
- bonne + nom · considérable · énorme · grande + nom · grosse + nom · immense · importante · large + nom · majeure · non négligeable · significative · substantielle
- faible + nom · infime · modeste · négligeable · petite + nom · réduite

∞ VERBE + partie
- se composer de · être constitué de · être formé de
- former : *les jeunes forment une grosse partie des manifestants* · composer · constituer
- (plur.) rassembler · réunir • agencer
- (plur.) coordonner · équilibrer · harmoniser

en x parties
- couper · découper · diviser · répartir · scinder : *le cours est scindé en trois parties*

²partie *nom fém.* (match, aussi fig.)

∞ partie + ADJECTIF
- nulle
- serrée • délicate · difficile · rude
- cruciale · décisive · importante • acharnée · animée · endiablée : *une partie endiablée de badminton* · mouvementée
- interminable · longue + nom
- belle + nom · de haute volée · intéressante · magnifique · superbe
- décevante · médiocre · molle · monotone

∞ partie + VERBE
- se disputer · se jouer : *la partie se joue en deux sets gagnants*
- s'éterniser · traîner en longueur
- se solder par : *la partie s'est soldée par un score nul* • se terminer : *la partie s'est terminée à la nuit tombée*

∞ VERBE + partie
- commencer · engager : *l'arbitre tire au sort l'équipe qui engage la partie* • entrer dans
- disputer · jouer · se livrer à
- organiser · proposer : *il propose une partie de scrabble*
- conduire · mener : *il a mené la partie de bout en bout* • (r)emporter · gagner
- finir · terminer
- perdre : *face à son rival en amour, il admet qu'il a perdu la partie*
- abandonner · quitter : *quand un joueur quitte la partie, il perd son score*
- arrêter · interrompre : *ils ont interrompu la partie à cause de la pluie* · suspendre

³partie *nom fém.* (personne, Jur.)

∞ partie + ADJECTIF
- civile° · tierce + nom : *la surveillance des opérations est assurée par une tierce partie, impartiale* • contractante · signataire
- lésée · plaignante · poursuivante · demandeuse
- défenderesse • adverse : *l'avocat discute avec la partie adverse pour essayer de régler le litige à l'amiable*

∞ partie + VERBE
- être concernée · être impliquée
- (plur.) se rencontrer • convenir de · s'entendre sur
- obtenir · parvenir à : *les deux parties sont parvenues à un accord* • contracter · s'engager à

∞ VERBE + partie
- entendre : *le juge a entendu toutes les parties*
- (plur.) concilier · mettre d'accord
- indemniser
- débouter : *la cour d'appel a débouté la partie civile de ses demandes* • renvoyer : *le juge a renvoyé les parties devant le tribunal de grande instance*

parti pris *nom masc.*

∞ parti pris + ADJECTIF
- idéologique · politique • esthétique · formel
- clair · évident · flagrant · manifeste • fort · radical • systématique
- audacieux · courageux • intelligent · intéressant
- atypique · étonnant · inhabituel · insolite · original · singulier · surprenant
- dangereux · risqué
- contestable · discutable

∞ parti pris + VERBE
- dérouter : *ce parti pris esthétique peut dérouter le spectateur* · étonner • agacer

∞ VERBE + parti pris
- adopter : *le parti pris adopté par l'éditeur est très discutable*
- afficher : *le metteur en scène affiche son parti pris dans sa note d'intention* • annoncer · exprimer
- montrer · refléter · trahir
- assumer · défendre : *il défend dans ses écrits un certain parti pris idéologique*
- accuser de · soupçonner de · suspecter de : *le juge est suspecté de parti pris* • critiquer · dénoncer · déplorer

- éviter : *ce média veut éviter tout parti pris dans sa couverture de l'actualité* • abandonner : *sous la pression des producteurs, il a dû abandonner son parti pris atypique*
- être dépourvu de · être sans

[1] pas *nom masc.* (démarche)

∾ pas + ADJECTIF

- premiers° + nom (plur.) : *quand l'enfant fait ses premiers pas ; elle a fait ses premiers pas en politique dans les années 1980*
- alerte · assuré · bon + nom : *j'ai marché d'un bon pas jusqu'à la gare* · décidé · de géant° · dynamique · énergique · ferme · intrépide · sûr · vif • pressé · rapide • agité : *le capitaine arpentait la plateforme d'un pas agité* · précipité · saccadé
- grave · magistral · majestueux · solennel • triomphant
- agile · allègre · joyeux · léger · sautillant • élastique · glissé · souple • cadencé · chaloupé : *elle avance d'un pas chaloupé*
- (plur.) de loup° : *je m'approche à pas de loup pour ne pas les réveiller* · feutrés · silencieux · sourds
- (plur.) comptés : *il avance à pas comptés, assurant toujours ses arrières* · mesurés
- petit + nom · menu • lent · nonchalant · traînant : *il alla ouvrir la porte d'un pas traînant* · tranquille
- lourd · pesant • chancelant · claudicant · tremblant • gauche · hésitant · incertain · maladroit · mal assuré : *les pas de l'enfant sont encore mal assurés*

∾ pas + VERBE

- conduire · mener · porter : *mes pas me portèrent dans le quartier chinois*
- résonner : *ses pas résonnaient sur le pavé*

∾ VERBE + pas

- faire : *il a fait quelques pas vers elle* • esquisser : *elle a esquissé quelques pas de danse* • diriger (plur.) : *il dirige ses pas vers la pharmacie la plus proche*
- guider : *le chien guide les pas de son maître aveugle* • forcer° • marquer°
- emboîter° : *elle lui a emboîté le pas* • suivre° : *il suit les pas de son père* • régler ... sur : *j'ai réglé mon pas sur le sien*
- écouter · entendre
- accélérer · allonger · hâter · presser : *il faut presser le pas si nous voulons être à l'heure*
- ralentir · traîner
- revenir sur° : *je suis revenu sur mes pas mais n'ai pas retrouvé la clé*

à pas (+adj.)

- aller · arriver · avancer : *le pays avance, à pas mesurés, vers la démocratie* · descendre · entrer : *il est entré à pas de loup* · marcher · monter · progresser : *nous progressions à pas comptés* · sortir

[2] pas *nom masc.* (avancée)

∾ pas + ADJECTIF

- nouveau + nom · premier° + nom : *faire le premier pas ; « Il n'y a que le premier pas qui coûte »* (Mme du Deffand, *Correspondance*)
- considérable · énorme · gigantesque · grand + nom · important • crucial · décisif · de géant° : *la loi sur la transplantation d'organes est un pas de géant pour la chirurgie* · déterminant · significatif
- dans la bonne direction · encourageant · positif : *cet accord est un pas positif vers la paix*
- difficile
- petit + nom : *« C'est un petit pas pour l'homme mais un grand pas pour l'humanité »* (Neil Armstrong) · prudent · timide
- dangereux

∾ VERBE + pas

- (+ adj.) accomplir · faire : *les nouvelles technologies font des pas de géant* · franchir
- (+ adj.) constituer · être · représenter : *cela représente un premier pas vers un programme européen structuré*

[1] passage *nom masc.* (d'un état à un autre)

∾ passage + ADJECTIF

- nécessaire · obligatoire • automatique • inéluctable · inévitable · inexorable : *le passage inexorable du temps* · irréversible · prévisible
- immédiat · instantané · rapide • brusque · brutal · subit
- en douceur · graduel · insensible : *le passage insensible d'une couleur à l'autre* · progressif • réversible
- délicat · difficile : *le passage de l'enfance à l'âge adulte est difficile* · douloureux · laborieux · périlleux
- réussi

∾ passage + VERBE

- s'imposer : *le passage au numérique s'est imposé aux entreprises*
- se passer · s' opérer : *ce passage s'opère progressivement* • aboutir

∾ VERBE + **passage**
- assurer · organiser · préparer • tenter : *j'ai tenté le passage à un autre logiciel*
- faciliter · favoriser · accompagner
- aborder · appréhender · faire face à : *il a fallu faire face au passage à l'an 2000* • anticiper
- franchir
- marquer : *la circoncision marque le passage du statut de garçon à celui d'homme* · symboliser
- célébrer · saluer : *ce rite salue le passage de l'hiver au printemps*
- échapper à · éviter

[2]**passage** *nom masc.* (déplacement, allée et venue)

∾ **passage** + ADJECTIF
- continuel · incessant • fréquent : *le passage fréquent de VTT a endommagé le chemin* · régulier
- obligatoire · obligé○
- hypothétique · possible • bref [+ nom] : *son bref passage au gouvernement* · court [+ nom] · (-)éclair · express · furtif · rapide • rare
- dernier · ultime [+ nom]

∾ VERBE + **passage**
- attendre · guetter : *elle guette le passage du boulanger* · surveiller
- autoriser : *le passage des camions sous le tunnel est à nouveau autorisé* • aider · assurer · faciliter
- accompagner · marquer • accueillir · célébrer · saluer
- laisser sur : *ces touristes laissent sur leur passage papiers gras et sacs plastique*
- empêcher · entraver · gêner • interdire · protester contre · refuser
- annuler : *il a dû annuler son passage à la télévision*

[3]**passage** *nom masc.* (lieu)

∾ **passage** + ADJECTIF
- couvert · frontalier · piétonnier · à niveau○
- large · long [+ nom]
- tranquille : *l'hôtel est situé dans un passage tranquille qui relie deux rues principales*
- secret · sombre · souterrain
- étroit · petit [+ nom]
- interdit • dangereux · délicat · difficile · mortel · périlleux • abrupt · glissant

∾ VERBE + **passage**
- dégager · ouvrir · aménager · ménager • se faire · se frayer · trouver
- fournir · offrir
- agrandir · élargir
- emprunter · prendre
- contrôler · garder · surveiller
- contourner · éviter
- interdire • barrer · bloquer · entraver • fermer
- boucher : *un gros rocher bouche le passage* · obstruer

[4]**passage** *nom masc.* (extrait)

∾ **passage** + ADJECTIF
- important · significatif
- célèbre [+ nom] · fameux [+ nom] · mémorable
- long [+ nom] • interminable
- beau [+ nom] · émouvant · savoureux • admirable · brillant · captivant · excellent · intéressant · remarquable · réussi • clair · intelligible
- favori · préféré
- curieux · étonnant
- bref [+ nom] · court [+ nom]
- lourd · maladroit • ennuyeux · laborieux • difficile · obscur • illisible · indéchiffrable

∾ VERBE + **passage**
- citer · déclamer · réciter : *il récite son passage favori de* L'Iliade • résumer
- retenir · se souvenir de • connaître par cœur
- relever : *j'ai relevé quelques passages intéressants dans son rapport* · souligner
- (re)lire • recopier · reproduire · transcrire
- comprendre · éclaircir : *la glose permet parfois d'éclaircir un passage obscur* • analyser · commenter · déchiffrer · expliquer · interpréter
- renvoyer à • se reporter à : *reportez-vous au passage cité plus haut*
- biffer : *il a finalement biffé ce passage de son discours* · effacer · supprimer

passe *nom fém.* (période de la vie)

∾ **passe** + ADJECTIF
- bonne○ [+ nom] : *il est dans une bonne passe en ce moment*
- délicate · difficile · mauvaise○ [+ nom] · sale [+ nom fam.] : *l'équipe n'arrive pas à sortir de cette sale passe*

∾ VERBE + **passe**
- entrer dans · être dans · se trouver dans • affronter · faire face à • connaître · traverser
- franchir · sortir de

passé *nom masc.*

∾ **passé** + ADJECTIF
- immédiat · proche · récent • lointain • disparu · mort · perdu · révolu : *ce musée montre des objets témoins d'un passé révolu*

- brillant · fastueux : *les riches ornements témoignent du passé fastueux de cette villa* · glorieux · grandiose · héroïque · illustre · mythique · prestigieux · riche • heureux · paisible
- agité · brûlant · chaotique · mouvementé · tumultueux : *son passé tumultueux le poursuit encore*
- énigmatique · mystérieux · secret
- obscur : *ils répugnent à revenir sur leur passé obscur* · sombre · trouble • douteux · honteux · louche · sulfureux
- dérangeant · encombrant · lourd (à porter) : *il avait fait la guerre mais en parlait peu : c'était un passé trop lourd à porter* • obsédant
- douloureux · malheureux · tragique : *le monument commémoratif évoque le passé tragique de la ville*

∾ passé + VERBE
- resurgir : *soudain, son passé resurgit en la personne d'une ancienne amie* • coller à la peau · rattraper : *son passé de traître le rattrape* · poursuivre
- hanter · obséder • passer mal

∾ VERBE + **passé**
- appartenir à · faire partie de : *toutes ces aventures font partie du passé*
- attester de · témoigner de : *ces monuments témoignent d'un passé prestigieux*
- connaître · découvrir • hériter de : *les nations doivent entretenir le patrimoine hérité de leur passé* · retrouver
- regarder · revoir · se rappeler · se remémorer : *elle se remémore avec nostalgie son passé de chanteuse adulée* · se souvenir de
- rappeler · raviver · remuer : *il remue le passé sulfureux de son concurrent* · ressusciter • évoquer : *ils aiment à évoquer ensemble le passé* · faire revivre · mentionner · parler de · retracer • confesser : *il a confessé à la presse son passé d'espion* · dévoiler
- penser à · revenir sur · se pencher sur · songer à • remâcher · ressasser · ruminer · s'appesantir sur : *il n'aime pas trop s'appesantir sur son passé* • être enchaîné à · être figé dans · être prisonnier de : *l'homme est-il toujours prisonnier de son passé ?* · regarder vers · s'accrocher à · se complaire dans · se cramponner à · vivre dans • être attaché à · être ancré dans • replonger dans · se réfugier dans
- affronter · se confronter à
- analyser · ausculter · comprendre · éclairer · enquêter sur · étudier · explorer · fouiller (dans) : *les gendarmes fouillent le passé de la victime* · interroger
- tirer les enseignements de · tirer les leçons de · tirer profit de • renvoyer à
- interpréter · réécrire · revisiter · se fabriquer
- embellir · glorifier · idéaliser · mythifier • blanchir • commémorer
- accepter · assumer · renouer avec · se réconcilier avec • (se) libérer de · se réapproprier
- être fier de · avoir l'amour de · avoir le culte de
- avoir la nostalgie de · être nostalgique de · regretter
- enfouir · occulter · refouler · renier • cacher · garder le silence sur · mentir sur • ignorer
- échapper à : *il a fui au Chili pour échapper à son passé encombrant* · fuir · oublier · rompre avec · se débarrasser de · se détacher de · surmonter · tourner la page de · tourner le dos à
- apurer · solder • effacer · enterrer · tirer un trait sur • exorciser · faire table rase de • liquider

[1]passion *nom fém.* (amour ardent)

∾ passion + ADJECTIF
- adolescente · enfantine · juvénile • amoureuse · charnelle · romantique · sensuelle · sexuelle
- naissante : *le roman raconte la passion naissante de deux étudiants*
- belle $^{+\text{ nom}}$ · pure : *la passion pure de deux adolescents* · tendre
- ardente · brûlante · folle $^{+\text{ nom}}$: *ils se sont aimés d'une folle passion* · grande $^{+\text{ nom}}$ · sauvage · torride · violente · vive $^{+\text{ nom}}$: *il éprouvait une vive passion pour la comtesse* · volcanique : *elle éprouve une passion volcanique pour son dentiste*
- vieille $^{+\text{ nom}}$: *leur vieille passion ne s'est jamais éteinte* • mutuelle · réciproque
- aveugle • égoïste · exclusive · jalouse • destructrice · dévastatrice · ravageuse : *il est aveuglé par cette passion ravageuse* • orageuse · tumultueuse • malheureuse · triste
- adultère · coupable · interdite • malsaine · morbide
- muette · contenue • cachée · secrète
- platonique • brève · éphémère · fugace · fugitive · passagère : *cette passion passagère s'est rapidement étiolée*

∾ passion + VERBE
- naître · s'éveiller
- unir : *une tendre passion les unit* • (souvent passif) brûler : *elle brûle de passion pour son amant* · consumer : *la passion qui consume Phèdre*

▪ dévorer : *il s'est laissé dévorer par cette passion destructrice* • aveugler • perdre : *cette passion jalouse l'aura perdu*
▪ s'émousser : *la passion s'émousse avec le temps* · s'étioler • s'éteindre

∞ VERBE + passion
▪ éveiller · inspirer : *sa jolie voisine lui a inspiré une ardente passion*
▪ éprouver · nourrir : *il nourrit une passion secrète pour sa belle-sœur*
▪ être en proie à • céder à · s'abandonner à
▪ attiser · ranimer : *ils ont réussi à ranimer leur passion après vingt ans de mariage*

[2]passion *nom fém.* (grand intérêt)

∞ passion + ADJECTIF
▪ cinéphile · collectionneuse · etc.
▪ authentique : *il partage avec elle une authentique passion pour l'opéra* · belle [+ nom] · enthousiaste · sincère · vraie [+ nom] · véritable [+ nom] • intacte : *vingt ans plus tard, ma passion pour les dictionnaires reste intacte*
▪ débordante · dévorante · exacerbée · immodérée · inextinguible[littér.] : *j'éprouve une passion inextinguible pour les peintres flamands* · sans borne(s) · sans limites · viscérale · vive : *j'ai une vive passion pour cette région* • exclusive : *il a une passion exclusive pour la musique des années 1980* · sans partage • communicative · contagieuse • indéfectible
▪ subite : *elle s'est découvert une passion subite pour le rodéo*
▪ étrange · inexplicable
▪ maladive · obsessionnelle : *une passion obsessionnelle du détail* • coûteuse : *une passion coûteuse pour les voitures de luxe*

∞ passion + VERBE
▪ animer · habiter : *cette passion pour le clavecin l'habite depuis l'adolescence*

∞ VERBE + passion
▪ se découvrir · se prendre de : *il s'est pris de passion pour les vieilles motos* • avoir · éprouver · nourrir · ressentir : *je ressens une étrange passion pour les phénomènes occultes* • partager : *ils partagent une passion pour les dauphins*
▪ s'adonner à · se consacrer à · se vouer à • s'abandonner à • vivre • assouvir : *elle assouvit sa passion du chant liturgique dans une chorale*
▪ avouer · clamer · dire · exprimer · raconter : *elle nous a raconté sa passion pour la dentelle de Bruges*
▪ communiquer · transmettre : *la passion de la corrida se transmet de père en fils* • partager
▪ hériter de : *j'ai hérité cette passion des fleurs de ma mère*
▪ cultiver : *il cultive une passion pour les pays scandinaves* · développer • conserver · garder

[3]passion *nom fém.* (émotion forte, souvent plur.)

∞ passion + ADJECTIF
▪ humaine • populaire : *cette question soulève la passion populaire*
▪ identitaire : *ses discours exaltent les passions identitaires* · nationaliste
▪ exacerbée · violente • excessive
▪ (plur.) contradictoires · divergentes

∞ passion + VERBE
▪ animer · habiter • dominer : *la passion domine la raison* · gouverner · régir : *ce sont des comportements exagérés régis par la passion*
▪ (re)prendre le dessus : *le débat a commencé calmement mais la passion a rapidement pris le dessus*
▪ emporter
▪ se déchaîner

∞ VERBE + passion
▪ (r)animer : *ce nouveau rebondissement judiciaire a ranimé les passions* · cristalliser · déclencher : *cette affaire a déclenché bien des passions* · (r)éveiller · soulever : *la polémique soulève les passions*
▪ agiter · alimenter · déchaîner · enflammer : *la campagne électorale enflamme les passions* · exacerber : *la fête locale a exacerbé les passions entre bandes rivales* · exciter
▪ céder à · être en proie à • être esclave / prisonnier de : *une dissertation sur le thème "le passionné est-il l'esclave de sa passion ?"*
▪ explorer : *le film explore les passions humaines les plus excessives*
▪ apaiser · brider · calmer · canaliser · contenir · dompter : *une philosophie qui cherche à dompter les passions* · maîtriser · modérer · refréner · refroidir : *le gouvernement tente de refroidir les passions de l'opinion*
▪ éteindre · étouffer · faire taire • purger[littér.] : *la catharsis permet de purger les passions*

passivité *nom fém.*

∞ passivité + ADJECTIF
▪ extraordinaire · extrême · grande [+ nom] · sans borne(s) • absolue · totale
▪ étonnante · étrange · singulière · troublante • consternante · stupéfiante
▪ complice · coupable
▪ apparente : *la passivité apparente du ministre a choqué l'opinion*

∾ VERBE + **passivité**
- conduire à : *la morosité générale conduit à la passivité* • encourager · entretenir
- faire preuve de · manifester · montrer • se complaire dans · se résigner à : *l'opinion minoritaire a dû se résigner à la passivité*
- condamner · décrier · dénoncer · déplorer · regretter · s'emporter contre · se plaindre de · s'insurger contre • accuser · reprocher
- s'étonner de : *la presse s'étonne de la passivité des pouvoirs publics* · s'interroger sur • expliquer · interpréter : *cette passivité a été interprétée comme de la complaisance* • justifier
- combattre · secouer : *il tente de secouer la passivité de ses contemporains*
- rompre avec • vaincre

patience *nom fém.*

∾ **patience** + ADJECTIF
- indispensable · nécessaire · requise
- à toute épreuve : *s'occuper d'enfants demande une patience à toute épreuve* · considérable · énorme · grande [+ nom] · immense · inégalée · infinie · inouïe · obstinée · sans fin · sans limites • inépuisable · infatigable · inlassable : *c'est un chercheur tenace à la patience inlassable* • longue [+ nom] · tenace
- angélique · belle [+ nom] : *il a effectué la tâche avec une belle patience* · d'ange° : *il l'a attendue avec une patience d'ange* • admirable · exemplaire · impressionnante · remarquable

∾ **patience** + VERBE
- payer : *sa patience a fini par payer*
- avoir des limites : *ma patience a des limites !*

∾ VERBE + **patience**
- appeler à · demander : *je vous demande un peu de patience, il va arriver* · exhorter à • compter sur
- demander · exiger · nécessiter · réclamer · requérir : *ce jeu requiert beaucoup de patience*
- déployer · faire preuve de · manifester · montrer · user de • s'armer de · se munir de : *il va falloir se munir de patience pour obtenir gain de cause* • garder° (sans art.) : *il faut savoir patience garder / garder patience* • redoubler de
- apprendre · enseigner : *cette épreuve lui a enseigné la patience et l'obstination*
- récompenser (de) : *sa victoire a récompensé sa patience; vous serez bientôt récompensé de votre patience*
- avoir raison de · éprouver · épuiser · lasser : *il a besoin de résultats rapides s'il ne veut pas lasser la patience de ses partisans*
- être à bout de° : *il a fini par céder car il était à bout de patience* · manquer de · perdre° (sans art.) : *au bout de deux heures, j'ai perdu patience*

∾ NOM + DE + **patience**
- dose
- trésors (plur.) : *s'occuper de lui tous les jours exige des trésors de patience*

patrie *nom fém.*

∾ **patrie** + ADJECTIF
- d'origine · natale [+ nom] • ancestrale · ancienne [+ nom]
- adoptive · d'adoption · nouvelle [+ nom] · seconde [+ nom] • spirituelle
- adorée · bien-aimée · chère [+ nom]
- perdue : *ils ont la nostalgie d'une patrie perdue*

∾ **patrie** + VERBE
- être en danger · être en péril : *tous doivent se mobiliser quand la patrie est en péril*

∾ VERBE + **patrie**
- avoir
- combattre pour · défendre · lutter pour · protéger · se battre pour : *les soldats se sont battus pour leur patrie* · servir • délivrer · libérer · sauver • mourir pour · se sacrifier pour : *tous ces jeunes gens se sont sacrifiés pour leur patrie*
- aimer · chérir
- regagner · retourner dans : *il est retourné dans sa patrie natale après vingt ans d'exil* · retrouver
- arracher à
- abandonner · quitter
- trahir : *il a été exécuté pour avoir trahi sa patrie*

[1]patrimoine *nom masc.* (bien commun)

∾ **patrimoine** + ADJECTIF
- artistique · culturel · historique · industriel · littéraire · naturel • architectural · monumental : *de gros efforts ont été déployés pour sauver le patrimoine monumental, notamment les églises*
- génétique · héréditaire
- collectif · local · national · public · régional · universel : *ce monument fait partie du patrimoine universel* · de l'humanité
- abondant : *c'est une région pittoresque au patrimoine abondant* · considérable · énorme [+ nom] · gros [+ nom] · important · riche : *la ville possède un riche patrimoine historique* · vaste [+ nom] · véritable [+ nom]
- exceptionnel · extraordinaire · fabuleux · fantastique · inestimable · magnifique · précieux · superbe : *le superbe patrimoine architectural du site*

∞ patrimoine + VERBE
- appartenir à : *ce patrimoine naturel appartient à tous*

∞ VERBE + **patrimoine**
- abriter : *Prague abrite un patrimoine exceptionnel* · avoir · bénéficier de · disposer de · être héritier de : *le pays est héritier d'un important patrimoine* · posséder • être doté de : *deux jumeaux dotés d'un patrimoine génétique identique*
- revendiquer : *la Bretagne revendique le patrimoine des chevaliers de la Table ronde*
- composer · faire partie de
- transmettre : *nous devons transmettre ce patrimoine aux générations futures*
- défendre · respecter • préserver · protéger · sauvegarder
- entretenir · réhabiliter : *l'association veut réhabiliter le patrimoine littoral* · restaurer : *la ville a restauré son patrimoine architectural* • mettre en valeur · valoriser • perpétuer : *ces passionnés perpétuent tout un patrimoine médiéval*
- enrichir : *le musée a enrichi son patrimoine avec une nouvelle collection*
- (re)découvrir : *les Journées du patrimoine permettent aux Français de redécouvrir la richesse culturelle de leur pays*
- classer (à) : *ce monument est classé (au) patrimoine mondial de l'humanité*
- exploiter : *les professionnels du cru ont exploité ce patrimoine avec succès* · puiser dans : *son répertoire puise allégrement dans le patrimoine musical français* · utiliser
- brader : *le pays s'est vu accusé de brader le patrimoine national* • détruire · endommager · piller · saccager : *les vacanciers saccagent le patrimoine naturel*

∞ NOM + DE + **patrimoine**
- fleuron · joyau : *ce château est un joyau du patrimoine régional*

2patrimoine *nom masc.* (biens)

∞ patrimoine + ADJECTIF
- foncier · financier · immobilier · social • familial
- successoral · taxable
- considérable · énorme $^{+ \text{nom}}$ · gros $^{+ \text{nom}}$ · important · vaste $^{+ \text{nom}}$

∞ patrimoine + VERBE
- appartenir à

∞ VERBE + **patrimoine**
- se constituer • hériter de
- être à la tête de · posséder : *le directeur possède un important patrimoine financier*
- léguer · transmettre
- évaluer
- administrer · gérer
- accroître · augmenter · élargir · étendre · enrichir • diversifier : *beaucoup d'investisseurs diversifient leur patrimoine pour éviter les risques* • faire fructifier · valoriser
- entamer • dilapider · engloutir · gaspiller
- se séparer de : *la société s'est séparée de son patrimoine immobilier*

patriotisme *nom masc.*

∞ patriotisme + ADJECTIF
- ardent · enflammé · exacerbé · exalté · fervent · vibrant • démonstratif
- excessif • borné • malsain

∞ patriotisme + VERBE
- (souvent passif) animer : *ces soldats sont animés par un patriotisme exacerbé*

∞ VERBE + **patriotisme**
- en appeler à · faire appel à : *le gouvernement fait appel au patriotisme des citoyens*
- être enclin à : *les jeunes ne sont pas très enclins au patriotisme* • renouer avec
- afficher · faire montre de · faire preuve de · manifester · témoigner de : *cet essai témoigne d'un patriotisme enflammé* · montrer
- affirmer · exprimer · proclamer
- se teinter de : *l'enthousiasme affiché par les supporters se teinte d'un patriotisme malsain*
- exacerber · exalter · faire vibrer / jouer sur la corde de : *son discours joue sur la corde du patriotisme*
- heurter

∞ NOM + DE + **patriotisme**
- élan · vague : *les événements internationaux ont entraîné une vague de patriotisme* • regain

pause *nom fém.*

∞ pause + ADJECTIF
- estivale : *les affaires reprendront après la pause estivale* · hivernale
- obligatoire · réglementaire
- bienvenue · nécessaire · utile
- bénéfique · salutaire · salvatrice • agréable · apaisante · rafraîchissante : *le bar vous accueille à toute heure pour une pause rafraîchissante*

- grande + nom · longue + nom • interminable
- brève + nom · courte + nom · de courte durée · petite + nom · rapide : *j'ai pris une pause rapide avant de me remettre au travail* • rares (plur.)

∾ pause + VERBE
- avoir lieu : *la pause a lieu toutes les deux heures* • durer
- interrompre : *une pause cigarette a interrompu la démonstration*
- s'achever · se terminer

∾ VERBE + pause
- avoir besoin de · réclamer · souhaiter · vouloir
- aménager · prévoir • annoncer · décider de · décréter • suggérer · proposer • accorder · octroyer · offrir
- obtenir · s'accorder · s'autoriser · s'octroyer : *je me suis octroyé une petite pause goûter* · s'offrir
- effectuer · faire : *il fit une pause avant de reprendre son discours* · marquer · observer · prendre : *vous pouvez prendre une pause de dix minutes*
- connaître : *après avoir connu une pause, l'activité semble se ressaisir* • être entrecoupé de : *l'entretien a duré deux heures, entrecoupé de longues pauses*
- mériter : *ils méritent une pause après tant d'efforts*
- profiter de : *j'ai profité de la pause pour téléphoner à un ami*
- prolonger : *la pause s'est prolongée jusqu'à 15 heures*

pauvreté *nom fém.*

∾ pauvreté + ADJECTIF
- matérielle • affective · morale : *la pauvreté morale de ces jeunes délinquants*
- rurale · urbaine
- absolue · accrue · criante · extrême · grande + nom · immense • croissante · endémique · galopante : *un pays à la pauvreté galopante* · grandissante • persistante
- abjecte · insoutenable · terrible
- relative • apparente : *la pauvreté apparente de la région cache des richesses à exploiter*

∾ pauvreté + VERBE
- régner
- affecter · frapper · menacer · miner : *ce quartier est miné par la pauvreté* · toucher
- augmenter · s'étendre : *la pauvreté s'étend sur tout le territoire*
- baisser · diminuer · être en recul · reculer : *ces mesures ont considérablement fait reculer la pauvreté*

∾ VERBE + pauvreté
- connaître · être réduit à · vivre dans • être confronté à · être victime de · souffrir de
- croupir dans · basculer dans · s'enfoncer dans · sombrer dans
- alléger · atténuer · endiguer · réduire
- faire vœu de (sans art.) : *en prenant le voile, elle a fait vœu de pauvreté*
- aggraver : *la dictature a aggravé la pauvreté du pays*
- dénoncer • agir contre · combattre · lutter contre · s'attaquer à : *ce dispositif s'attaque à la pauvreté dans les campagnes*
- échapper à · fuir : *des centaines d'émigrés fuient la pauvreté* • éliminer · éradiquer : *il n'y a pas de solution pour éradiquer la pauvreté* · sortir de · vaincre

pays *nom masc.*

∾ pays + ADJECTIF
- d'origine · natal • d'adoption : *il est espagnol mais la France est son pays d'adoption* • étranger • frontalier · limitrophe · proche : *un pays proche et pourtant dépaysant* · voisin • exotique · lointain
- agricole · industriel · pétrolier · producteur : *les pays producteurs de pétrole*
- donateur · hôte : *le pays hôte de la Coupe du Monde* · membre : *les pays membres de l'Union européenne* · signataire : *les pays signataires du traité* • centralisé · décentralisé · fédéral • indépendant · libre · souverain · unifié
- nucléaire · nucléarisé
- enclavé · montagneux · plat : *c'est un pays plat, aux reliefs quasi inexistants* · vallonné • aride · désertique · fertile
- neuf : *un pays neuf où tout reste à construire*
- avancé · développé · industrialisé • alphabétisé : *un pays fortement alphabétisé* • florissant · grand + nom · immense · nanti : *les pays nantis doivent se mobiliser pour aider les pays pauvres* · opulent · prospère · puissant · riche
- démocratique • gouvernable · stable
- accueillant · ami · hospitalier • beau + nom · charmant · extraordinaire · merveilleux • de prédilection : *c'est le pays de prédilection des investisseurs étrangers* • de cocagne
- minuscule · petit + nom • émergent · en voie de développement° · sous-développé° : *la FAO intervient en priorité dans les pays sous-développés* • arriéré · faible · modeste · pauvre
- conquis · occupé • coupé en deux · divisé • dévasté · en (plein) désarroi · en ruine · meurtri · ravagé · ruiné · sinistré • endetté · exsangue

- surpeuplé • inégalitaire • hostile · inhospitalier · invivable • autoritaire · policé · totalitaire

∞ pays + VERBE
- exporter · importer · produire
- être en paix
- attirer · séduire
- abonder en · regorger de : *ce pays regorge de multiples richesses* · receler : *le pays recèle plus de la moitié des réserves mondiales de cobalt*
- (plur.) fraterniser · se coaliser · s'unir
- se développer · se redresser · se relever
- dépendre de · être à la remorque de : *il veut changer l'image d'un pays à la remorque des Occidentaux*
- souffrir de • connaître des difficultés · décliner · être à la traîne · être au bord / fond de l'abîme · être dans une mauvaise passe · être sur le déclin · s'appauvrir · sombrer dans : *pour éviter que le pays ne sombre dans le chaos / la misère*
- être en crise · être en ébullition · s'embraser • être en conflit · être en guerre

∞ VERBE + pays
- hériter de : *le nouveau président hérite d'un pays en crise* · prendre les rênes de
- attaquer · conquérir · envahir · faire la conquête de · occuper • asservir · mettre à genoux : *les factions rivales ont mis le pays à genoux* · mettre / placer sous tutelle
- administrer · conduire · contrôler · diriger · être à la tête de · gérer · gouverner · prendre la direction de · tenir les rênes de
- désarmer · pacifier • libérer · (ré)unifier • affranchir ... de · libérer ... de
- développer · reconstruire · redresser · relever • alphabétiser
- aimer · défendre · servir • être à l'écoute de : *le gouvernement est à l'écoute du pays* · prendre le pouls de : *un nouveau sondage prend le pouls du pays* • s'aligner sur · suivre
- s'acclimater à
- écumer · faire le tour de · parcourir · quadriller · sillonner : *il a entrepris de sillonner le pays en autobus* · traverser • découvrir · visiter • voir° : *j'ai envie de voir du pays*
- entrer dans · pénétrer dans • regagner · rentrer à / dans · retourner à / dans · revenir à / dans • se fixer dans : *les exilés souhaitent se fixer dans leur pays d'accueil* · s'implanter dans · s'installer dans • résider dans · vivre dans
- déchirer · diviser · secouer • briser · détruire · dévaster · piller · ravager · ruiner · saccager • mettre en danger • endeuiller · ensanglanter • prendre en otage · prendre pour cible • déstabiliser · paralyser
- isoler · marginaliser • mettre en quarantaine · sanctionner
- fuir · quitter : *la famine les a obligés à quitter le pays* · s'éloigner de · sortir de

∞ NOM + DE + pays
- bloc · ensemble · groupe · liste

[1] paysage *nom masc.* (panorama, vue)

∞ paysage + ADJECTIF
- environnant : *nous avons une très belle vue sur le paysage environnant* • familier : *le bocage est un paysage familier pour qui connaît la campagne normande*
- boisé · bucolique · campagnard · champêtre · rural · verdoyant • accidenté · escarpé · vallonné • plat • désert · désertique · minéral · montagneux · sauvage
- bétonné · urbain : *le paysage urbain se modifie au gré des constructions*
- admirable · beau + nom · charmant · époustouflant · exceptionnel · extraordinaire · fantastique · formidable · grandiose · impressionnant · inoubliable · joli · magnifique · majestueux · merveilleux · plaisant · remarquable · somptueux · spectaculaire · splendide · sublime · superbe • pittoresque • enchanteur · féerique · idyllique
- apaisant · paisible · reposant : *une région calme au paysage reposant* · serein · tranquille : *un paysage tranquille de collines et de vallées*
- irréel · lunaire · onirique · surréaliste : *l'érosion de la roche a créé un paysage surréaliste* • étonnant · étrange · mystérieux
- immense : *la région offre un immense paysage désertique* · vaste
- changeant · varié • contrasté
- âpre · aride · austère · dépouillé • monotone
- angoissant · inquiétant
- apocalyptique · chaotique · dévasté • blafard · désolé · lugubre : *un paysage lugubre de lande rocailleuse* · maussade · mélancolique · morne · navrant · sinistre · sombre · triste

∞ paysage + VERBE
- apparaître · défiler : *le paysage défilait rapidement sous nos yeux* · se déployer · s'étaler · s'étendre · s'ouvrir (sur) : *le paysage s'ouvre à perte de vue ; le paysage s'ouvre sur des falaises spectaculaires*

∞ VERBE + **paysage**

- découvrir · regarder • admirer · apprécier · contempler · savourer : *je suis resté un long moment à savourer ce paysage exceptionnel*
- dominer : *le clocher domine le paysage*
- dessiner · peindre
- changer · modifier · transformer
- être en accord avec : *ces maisons en bois sont en accord avec le paysage* · être en harmonie avec · se fondre dans
- cacher · masquer : *un brouillard épais masquait le paysage* · occulter
- défigurer · enlaidir · gâter · mutiler : *les incendies de l'été dernier ont mutilé le paysage* • apparaître comme / être une verrue dans : *le centre de stockage apparaît comme une verrue dans le paysage* · déparer : *ces constructions modernes déparent le paysage* · détonner dans

[2] paysage *nom masc.* (environnement, contexte)

∞ **paysage** + ADJECTIF

- audiovisuel · cinématographique · culturel · économique · éditorial · musical · politique · radiophonique · etc.
- actuel · contemporain
- changeant · varié : *un pays au paysage culturel varié*
- inquiétant · sombre
- éclaté · morcelé • fragile • chaotique

∞ **paysage** + VERBE

- être marqué par : *le paysage télévisuel est marqué par l'abondance de l'offre*
- s'assombrir · se brouiller
- changer · se modifier · se transformer

∞ VERBE + **paysage**

- dessiner : *ces décisions achèveront de dessiner le nouveau paysage européen* · façonner · modeler
- faire partie de · se fondre dans : *l'association s'est rapidement fondue dans le paysage culturel local* · s'enraciner dans · s'inscrire dans · s'installer dans : *un petit parti bien installé dans le paysage politique national* · s'intégrer dans • dominer : *le paysage musical actuel est dominé par des artistes formatés*
- détonner dans : *ce journaliste détonne dans le paysage audiovisuel français*
- changer · modifier · recomposer : *le projet vise à recomposer le paysage des collectivités françaises* · remodeler · transformer • bouleverser · brouiller · chambouler[fam.] · fragiliser · révolutionner · troubler : *un paysage économique troublé par la crise*
- disparaître de : *ce genre d'émissions a totalement disparu du paysage audiovisuel*

peau *nom fém.*

∞ **peau** + ADJECTIF

- animale · humaine • artificielle : *la peau artificielle pour les grands brûlés*
- brune · colorée · foncée · mate · noire • bronzée · cuivrée · dorée · tannée • diaphane · laiteuse · transparente • blanche · claire · pâle • marbrée
- douce · lisse · souple • satinée • saine
- [comestible] croustillante · tendre
- fine : *la peau autour des yeux est très fine*
- acnéique · à problèmes : *une lotion pour les peaux à problèmes* · fragile · jeune · sensible
- épaisse · dure
- mixte
- déshydratée · sèche
- grasse · luisante · moite
- burinée · fripée · parcheminée · ridée • grêlée • granuleuse · rêche · rugueuse • flasque
- morte : *il faut enlever la peau morte autour des ongles*
- grumeleuse [comestible]

∞ **peau** + VERBE

- bronzer : *j'ai la peau qui bronze facilement* · brunir
- brûler · picoter
- se dessécher • marquer : *il y a des peaux qui marquent plus ou moins* • se distendre · se flétrir : *c'est un âge où la peau commence à se flétrir* • se crevasser · se fendiller · se gercer
- (se) desquamer : *la peau desquame à la suite d'un coup de soleil* · peler · se détacher · tomber

∞ VERBE + **peau**

- caresser
- protéger : *une crème solaire pour protéger la peau* • (ré)hydrater · nourrir • désincruster : *ce masque est parfait pour désincruster la peau* · exfolier • raffermir · tonifier • frotter : *il faut se frotter la peau pour enlever les cellules mortes*
- abîmer · brûler : *la cire chaude m'a brûlé la peau* · dessécher · irriter • plisser • égratigner · érafler · gercer • couper • arracher
- [comestible] enlever · retirer
- [d'un animal] dépiler · étirer · lustrer · préparer · tanner

[1] peine *nom fém.* (sanction)

∞ **peine** + ADJECTIF

- double[○ + nom] : *il milite contre la double peine* • carcérale · correctionnelle · de sûreté[○] ·

disciplinaire · pécuniaire · pénale • privative de droit · privative de liberté • capitale○ · de mort○ • alternative · de substitution
- exemplaire • longue [+ nom] · maximale • fixe · incompressible : *une peine incompressible de dix-huit ans de réclusion* · non commuable
- aggravée · lourde · sévère
- juste · méritée
- atténuée : *une peine atténuée en raison de l'absence d'antécédents judiciaires* · légère · minimale · petite [+ nom] • courte [+ nom] • amnistiable • de principe○ · dérisoire · symbolique
- démesurée · disproportionnée · excessive · injuste · injustifiée • cruelle · dégradante · infamante · inhumaine

∞ peine + VERBE
- aller de ... (jusqu')à ... : *des peines pouvant aller jusqu'à quinze ans de prison* · être comprise entre ... et ...
- sanctionner : *les peines sanctionnant la fraude fiscale*

∞ VERBE + peine
- encourir · risquer : *si vous récidivez, vous risquez une peine de deux ans de prison* · s'exposer à • être passible de : *ce délit est passible d'une peine d'emprisonnement d'un an* • mériter
- appliquer · édicter : *les peines édictées par l'article 1837 du Code général des impôts* · prévoir : *la loi prévoit une peine de prison de six mois* • prononcer • condamner à · infliger ... à · punir de • assortir de : *l'amende est assortie d'une peine de trois mois d'emprisonnement*
- réclamer : *il réclame une peine de principe contre le directeur* · requérir : *le ministère public a requis la peine maximale*
- écoper de[fam.] : *le meurtrier écope d'une peine de dix-sept ans* · obtenir · recevoir • subir : *il est le dernier à avoir subi la peine capitale*
- accomplir · effectuer · exécuter : *il pourra exécuter sa peine en semi-liberté* · purger
- confirmer · maintenir : *la cour d'appel a maintenu la peine prononcée en première instance* • aggraver · alourdir : *la peine a été alourdie en appel*
- justifier
- adoucir · alléger · atténuer : *la justice a atténué sa peine pour raisons médicales* • abréger · écourter
- échapper à · être dispensé de : *il a été dispensé de peine mais devra verser un euro symbolique* · éviter
- commuer (en) : *la peine de mort a été commuée en emprisonnement; la condamnation est commuée en peine de travaux forcés* • suspendre
- annuler
- abolir : *ils veulent abolir la peine de mort*

[2]peine *nom fém.* (chagrin)

∞ peine + ADJECTIF
- de cœur
- grande [+ nom] · immense · incommensurable · profonde • indescriptible · indicible • cruelle · inconsolable

∞ VERBE + peine
- causer ... à · faire ... à : *tu m'as fait beaucoup de peine*
- avoir · éprouver · être dans · ressentir : *je ressens une peine incommensurable*
- confier · dire · épancher : *c'est un lieu où l'on peut épancher librement sa peine* · exprimer • partager
- adoucir · atténuer : *seul le temps atténuera ma peine* · soulager

[1]peinture *nom fém.* (matière)

∞ peinture + ADJECTIF
- acrylique · à l'eau · à l'huile · glycéro • brillante · mate • laquée · métallisée · satinée · vernie • 3D : *la peinture 3D permet des effets de relief* • transparente
- monocouche • lessivable
- fraîche : *attention : peinture fraîche !*
- belle [+ nom] : *une belle peinture métallisée* · lumineuse
- anticorrosion · antirouille · de protection
- terne
- toxique

∞ peinture + VERBE
- couler · dégouliner • (re)couvrir : *une peinture aubergine recouvre le mur du salon* • sécher : *cette peinture sèche en une heure*
- tenir (sur) : *c'est une peinture qui tient bien; cette peinture tient sur le métal*
- cloquer : *la peinture cloque à cause de l'humidité* · s'écailler

∞ VERBE + peinture
- préparer • mélanger • diluer
- appliquer · asperger de · badigeonner de · (re)couvrir · enduire de · étaler : *j'ai étalé la peinture avec un rouleau* • (re)faire : *il a fait lui-même les peintures des chambres*
- être maculé de : *sa blouse de travail est maculée de peinture*
- nettoyer : *il faut nettoyer la peinture qui a coulé avec un produit spécifique* • gratter • décaper · enlever · poncer

[2]peinture *nom fém.* (activité, art)

∞ peinture + ADJECTIF
- abstraite · décorative · expressionniste · figurative · impressionniste · moderne · naïve · naturaliste · primitive · réaliste · sacrée · surréaliste • académique • officielle
- sur porcelaine · rupestre · sur soie : *elle pratique la peinture sur soie à ses heures perdues* · murale

∞ VERBE + peinture
- se mettre à : *je me suis mis à la peinture sur le tard* · s'initier à
- pratiquer · s'adonner à · se consacrer à • se réfugier dans • vivre de : *il vit difficilement de sa peinture*
- abandonner : *il a abandonné la peinture pour se consacrer à l'écriture* · renoncer à

[3]peinture *nom fém.* (œuvre)

∞ peinture + ADJECTIF
- murale
- grande [+ nom] · immense [+ nom] · monumentale
- belle [+ nom] · magnifique · superbe • troublante • ressemblante : *cette peinture n'est pas très ressemblante*
- inachevée

∞ peinture + VERBE
- décrire · représenter : *cette peinture représente Marie-Antoinette*

∞ VERBE + peinture
- commander
- réaliser • achever
- dater : *on a du mal à dater cette peinture*
- accrocher · encadrer • nettoyer · rentoiler · restaurer

∞ NOM + DE + peintures
- ensemble · collection · série

[4]peinture *nom fém.* (représentation)

∞ peinture + ADJECTIF
- exacte · fidèle · juste : *ce film est une peinture très juste de notre société* • impartiale
- drôle · fine · réussie
- acide · au vitriol · cruelle · implacable · mordante : *une peinture mordante du milieu aristocratique*

∞ VERBE + peinture
- (+ adj.) brosser : *l'auteur brosse une peinture pleine d'humour de ses contemporains* · donner · faire · offrir : *il offre une peinture fidèle du Londres des années 1980* · présenter

pénalité *nom fém.*

∞ pénalité + ADJECTIF
- financière · fiscale
- automatique · contractuelle · forfaitaire
- forte [+ nom] · grosse [+ nom] · importante · lourde · sévère
- faible · petite [+ nom] · symbolique • minimale

∞ pénalité + VERBE
- aller de ... (jusqu')à ... · équivaloir à · s'élever à · se monter à : *les pénalités de retard se montent à 90 euros*
- frapper : *aucune pénalité ne frappe les entreprises qui enfreignent ces lois*

∞ VERBE + pénalité
- entraîner : *toute absence injustifiée entraîne des pénalités* • coûter ... à : *cela lui a coûté une pénalité*
- calculer · évaluer · fixer • ajuster
- prévoir : *le contrat prévoit des pénalités si les résultats ne sont pas satisfaisants* • demander · réclamer • appliquer : *l'enseignant est libre d'appliquer une pénalité dans la notation* • prononcer
- facturer ... à : *le fournisseur nous a facturé des pénalités de retard* · infliger ... à
- encourir · s'exposer à • écoper de[fam.] · subir
- payer · s'acquitter de · verser
- alourdir : *la directive alourdit les pénalités contre les fraudeurs* · doubler
- alléger · limiter · réduire : *on réduit les pénalités en cas d'insolvabilité*
- échapper à · éviter · s'affranchir de

penchant *nom masc.*

∞ penchant + ADJECTIF
- sexuel • artistique • alcoolique • mystique
- naturel · vieux [+ nom] : *son vieux penchant pour les soirées arrosées*
- affirmé · avéré · fort [+ nom] · gros [+ nom] · immodéré : *son penchant immodéré pour le consensus* · marqué · net · profond · prononcé · sérieux • irrépressible · irrésistible • excessif
- léger [+ nom] : *j'ai un léger penchant anticlérical* · petit [+ nom]
- curieux · étrange · singulier
- inavouable · mauvais [○ + nom] : *il se laisse aller à ses mauvais penchants* • morbide · suicidaire : *une lycéenne aux penchants suicidaires*

∞ VERBE + penchant
- avoir : *il a un net penchant pour les rousses* • cultiver · développer • partager • conserver · garder
- assouvir · céder à · satisfaire · se laisser aller à · succomber à · suivre

- affirmer · avouer · confesser · confier
- constater · déceler · (se) découvrir · deviner • confirmer
- afficher · manifester • illustrer · laisser deviner · refléter · témoigner de · traduire
- encourager : *ses parents encouragent ses penchants artistiques* · entretenir · flatter • accentuer · renforcer
- contrôler · modérer : *je voudrais modérer mon penchant pour les gâteaux au chocolat*
- dénoncer
- cacher · camoufler · masquer · dissimuler • brider · combattre · dominer · étouffer · lutter contre · refouler · réprimer : *il a du mal à réprimer son penchant pour la violence* • résister à · surmonter · vaincre : *il a vaincu son penchant pour la boisson*

[1]**pensée** *nom fém.* (fait, manière de penser ; doctrine)

∞ pensée + ADJECTIF

- philosophique · politique • citoyenne · démocratique • darwinienne · freudienne · lacanienne · libérale · postmoderne · etc.
- abstraite · analytique · conceptuelle · critique · logique · rationnelle • magique° : *leurs rituels font appel à la pensée magique*
- autonome · libre : *la pensée libre combat l'écrasement totalitaire* · personnelle
- correcte : *la pensée correcte véhiculée par les médias* · dominante · triomphante · unique° : *les méfaits de la pensée unique*
- dense · féconde · profonde • clairvoyante · percutante • brillante · claire · cohérente · fine · intelligente · intéressante
- anticonformiste · atypique · nouvelle · originale • insoumise · radicale · rebelle • hardie · incisive · téméraire
- dissidente · marginale · minoritaire
- complexe · compliquée · labyrinthique · obscure · tortueuse
- confuse · désordonnée · floue
- binaire · réductrice · simpliste • réactionnaire

∞ pensée + VERBE

- éclore · germer : *une pensée dissidente commence à germer* • s'élaborer
- s'exprimer
- s'alimenter de · se nourrir de
- prendre son envol · prendre son essor · se développer · s'imposer • imprégner : *cette pensée simpliste imprègne notre société à tous les niveaux*
- cheminer · divaguer · errer
- déranger · inquiéter

∞ VERBE + pensée

- articuler · construire · développer · élaborer · fonder : *il a fondé une pensée en opposition à celle d'Aristote* · forger : *il faut forger une pensée citoyenne* · structurer
- alimenter · enrichir · nourrir • affiner · mûrir · préciser · prolonger : *par cette interprétation des rêves, il a prolongé la pensée freudienne*
- imposer ... à : *le directeur veut imposer sa pensée à ses subordonnés*
- incarner : *ce mouvement culturel incarne une nouvelle pensée rebelle et anticonformiste*
- communiquer · dévoiler · exposer · exprimer · formuler · livrer • diffuser · faire connaître · promouvoir · véhiculer
- refléter · traduire
- étudier · méditer • éclaircir · expliquer · interpréter · préciser · vulgariser • condenser : *on peut condenser sa pensée en une seule formule* · résumer • comprendre · connaître · pénétrer · saisir
- infléchir · influencer · influer sur • nuancer • émanciper : *il a émancipé sa pensée avec des idées nouvelles* · renouveler
- adhérer à • admirer · célébrer
- caricaturer · déformer · délayer · dénaturer · trahir · travestir : *ce résumé hâtif travestit complètement la pensée de l'auteur*
- combattre · étouffer : *le dirigeant veut étouffer toute pensée dissidente* · pourfendre · se battre contre • contrôler : *il dénonce les puissants qui tentent de contrôler la pensée* · emprisonner : *le formatage emprisonne la pensée*

∞ NOM + DE + pensée

- courant · école · famille · ligne : *il n'a jamais dérogé à sa ligne de pensée*
- mode · système · forme · cadre · schéma
- catégorie : *il a été formé aux catégories de la pensée occidentale* · habitude : *comment s'affranchir de nos habitudes de pensée ?*
- fond° : *il a livré le fond de sa pensée aux caméras de télévision*
- police · pourfendeur : *un pourfendeur de la pensée unique*

[2]**pensée** *nom fém.* (ce que l'on pense, idée)

∞ pensée + ADJECTIF

- généreuse · noble
- (plur.) [formules de politesse] affectueuses · émues · sincères : *je vous adresse mes pensées les plus sincères*

- agréable • apaisante • plaisante • voluptueuse
- incessantes (plur.)
- refoulée • secrète : *le journal intime contenait toutes ses pensées secrètes*
- désagréable • douloureuse • effrayante : *elle ressasse des pensées effrayantes depuis son accident* • insupportable • lancinante • obsédante • pénible
- amère • déprimante • désabusée • funeste • inquiète • lugubre • noire : *il essaye de chasser ses pensées noires* • sombre : *elle a confié ses sombres pensées à son médecin* • triste
- frivole • stérile • vaine • abjecte • affreuse • inavouable • inconvenante • répréhensible • impure • vilaine + nom

∾ pensée + VERBE

- germer dans l'esprit de • jaillir • traverser l'esprit de • venir à (l'esprit de)
- se tourner vers : *sa pensée s'est tournée vers sa fille lorsqu'il a pris la parole*
- (plur.) divaguer • s'agiter • tournoyer • trotter • vagabonder
- (plur.) défiler : *mes pensées défilent à toute vitesse* • foisonner • fourmiller • se bousculer • se presser

∾ VERBE + pensée

- avoir • être assailli de (plur.) • (plur. +possessif) être absorbé dans • être perdu dans • être plongé dans
- ressasser • ruminer : *arrête de ruminer ces tristes pensées !*
- communiquer • coucher ... dans / sur : *elle couche ses pensées dans un cahier / sur le papier* • dévoiler • dire • émettre • exposer • exprimer • formuler • livrer • révéler • confier • faire connaître • partager
- dépasser : *les mots ont dépassé ma pensée*
- deviner • lire dans (plur.) : *il lit dans mes pensées*
- cacher • dissimuler • masquer • chasser • combattre • écarter

∾ NOM + DE + pensée(s)

- cours • flux : *l'observation des brouillons permet de suivre le flux de pensée de l'artiste* • cheminement • développement • fil : *il perd le fil de sa pensée*
- collection • ensemble • recueil : *il a publié un recueil de pensées*

pension *nom fém.* (allocation)

∾ pension + ADJECTIF

- alimentaire • militaire • viagère • de retraite • d'invalidité • de réversion
- fixe • complémentaire • annuelle • mensuelle
- généreuse • grosse + nom • royale • substantielle • exorbitante
- raisonnable • suffisante
- maigre • modeste • petite + nom • de misère • misérable • ridicule

∾ VERBE + pension

- demander • réclamer
- calculer • fixer : *la juge a fixé la pension alimentaire due aux enfants*
- accorder • allouer • octroyer : *le tribunal des pensions militaires lui a octroyé une pension d'invalidité* • payer • verser
- bénéficier de • obtenir • percevoir • toucher • conserver • garder
- augmenter • revaloriser • compléter : *il veut racheter des années de cotisations pour compléter sa pension de retraite*
- réduire : *le juge a réduit la pension alimentaire*

pente *nom fém.* (litt. et fig.)

∾ pente + ADJECTIF

- ascendante • descendante
- abrupte • ardue • drue • escarpée • forte • inclinée • prononcée • raide • verticale • vertigineuse
- régulière
- dangereuse • difficile • [fig.] fatale • glissante • mauvaise + nom • savonneuse : *la drogue l'a entraîné sur une pente savonneuse*
- douce • légère • petite + nom

∾ pente + VERBE

- conduire à • mener à : *une courte pente mène à ce petit sommet*
- s'accentuer : *la pente s'accentue jusqu'au col pour atteindre les 6 %*
- s'adoucir • se redresser

∾ VERBE + pente

- entraîner sur
- attaquer • s'engager sur : *les dirigeants du parti se sont engagés sur une pente dangereuse* • se lancer dans / sur : *les cyclistes se lancent dans la pente à toute allure*
- glisser sur : *le pays glisse sur la pente de la médiocrité* • rouler sur • dégringoler • descendre • dévaler : *il a dévalé la pente en rollers* • escalader • gravir • grimper • monter • remonter [souvent fig.] : *après cet échec / ce deuil, il a eu du mal à remonter la pente*
- calculer • mesurer

pénurie *nom fém.*

∞ pénurie + ADJECTIF

- alimentaire • immobilière · foncière · locative
- générale · généralisée • forte + nom · grande + nom · importante • criante · évidente · flagrante • cruelle · grave · sérieuse · sévère · terrible • alarmante · dramatique · inquiétante • croissante · grandissante • chronique : *une pénurie chronique d'eau sévit dans ce pays* · persistante
- artificielle · organisée : *la pénurie organisée peut être une stratégie commerciale*
- petite + nom · relative

∞ pénurie + VERBE

- apparaître · s'annoncer · se profiler • s'installer
- faire rage · régner · se faire sentir : *très rapidement, la pénurie de vivres se fait sentir* · sévir
- affecter · empêcher · menacer · perturber · peser sur · toucher
- s'aggraver • durer · perdurer · persister
- profiter à
- s'atténuer · se résorber : *pour que les prix baissent, il faudrait que la pénurie de logements se résorbe*

∞ VERBE + pénurie

- laisser présager • déclencher · engendrer · entraîner · générer · provoquer : *une grève de transporteurs provoque une pénurie partielle de carburant*
- annoncer · évoquer · prévoir
- affronter · connaître · être confronté à · se heurter à · souffrir de : *la ville souffre de la pénurie d'égouts*
- constater
- accentuer · aggraver · amplifier : *la guerre amplifie la pénurie de vivres*
- organiser : *ils organisent une pénurie du sucre pour faire monter les cours* · profiter de : *les milieux immobiliers profitent abusivement de la pénurie de logements*
- avoir peur de · craindre · redouter · s'inquiéter de • dénoncer · se plaindre de
- gérer : *le rationnement leur permet pour l'instant de gérer la pénurie alimentaire* • anticiper • éviter · prévenir : *la gestion des réservoirs devrait prévenir toute pénurie d'eau* • combler · compenser · pallier · remédier à : *le maire a promis de remédier à la pénurie de crèches* • endiguer · enrayer · lutter contre

[1]perception *nom fém.* (par les sens)

∞ perception + ADJECTIF

- auditive · olfactive · sensorielle · tactile · visuelle
- consciente
- extrasensorielle · subliminale : *une perception subliminale d'un stimulus visuel*

∞ perception + VERBE

- s'affiner : *avec les exercices, sa perception auditive s'est affinée*
- se détériorer

∞ VERBE + perception

- accroître · affiner · aiguiser · améliorer · développer · exacerber
- altérer · brouiller : *les motifs picturaux se superposent pour brouiller notre perception* · gêner

[2]perception *nom fém.* (compréhension)

∞ perception + ADJECTIF

- commune · répandue • générale · globale • collective
- décalée · différente • subjective • (plur.) contradictoires · divergentes
- immédiate
- correcte · exacte • aiguë : *il a une perception aiguë des transformations de la société* · claire · fine · juste
- floue • biaisée · déformée · tronquée : *nous n'avons qu'une perception tronquée du problème*
- erronée · fausse · mauvaise + nom

∞ perception + VERBE

- changer · évoluer

∞ VERBE + perception

- accroître · développer • renforcer
- favoriser
- refléter
- bouleverser · changer · modifier · renouveler · révolutionner : *ses théories ont révolutionné notre perception du monde* · transformer • moderniser • corriger : *son témoignage corrige ma perception des événements*
- affecter · altérer · biaiser · brouiller · déformer

perfection *nom fém.*

∞ perfection + ADJECTIF

- esthétique · formelle · morale • corporelle · physique · plastique • mécanique · technique · etc.

- absolue · grande [+ nom] · haute [+ nom] · suprême • incarnée : *pour lui, cette actrice est la perfection incarnée*
- admirable · éblouissante · incroyable · inégalée · rare · remarquable
- excessive • froide · glacée • inquiétante · suspecte

∾ perfection + VERBE
- laisser pantois · stupéfier
- ne pas être de ce monde°

∾ VERBE + perfection
- poursuivre · rechercher
- aimer · avoir le goût de · avoir le souci de : *il a un grand souci de perfection* • croire à
- approcher · confiner à · être proche de · friser · frôler · toucher à • atteindre : *son interprétation de la sonate atteint la perfection*
- faire ressortir · souligner

à la perfection
- imiter : *il imite le Premier ministre à la perfection* · incarner · interpréter · jouer

[1]performance *nom fém.* (résultat, souvent plur.)

∾ performance + ADJECTIF
- boursière · économique · opérationnelle : *l'entreprise veut améliorer ses performances opérationnelles*
- acceptable · moyenne [Bourse] : *ces actions enregistrent des performances moyennes* • bonne [+ nom] : *ces actions bénéficient de la bonne performance de la Bourse de Hong-Kong* · correcte · honorable · notable · satisfaisante • positive [Bourse] : *les fonds d'actions qui affichent des performances positives*
- haute [+ nom] : *des pneus haute performance* • accrue · grande [+ nom] · grosse [+ nom] · solide : *l'économie continue à enregistrer de solides performances* • époustouflante · étonnante · exceptionnelle · extraordinaire · impressionnante · incroyable · remarquable · stupéfiante · surprenante
- historique · inédite · inégalée · record : *le secteur des hydrocarbures a atteint une performance record*
- belle [+ nom] · brillante · excellente · intéressante · jolie · magnifique · réjouissante
- faible [+ nom] · insuffisante · limitée · maigre · modeste • (plur.) contrastées · mitigées : *les actions européennes ont enregistré des performances mitigées*
- négative [Bourse] : *des performances négatives pour les sicav obligataires* • décevante · mauvaise [+ nom] · médiocre · piètre [+ nom]

∾ VERBE + performance
- chercher · privilégier : *ils privilégient la performance scolaire au détriment de la maturité*
- afficher · atteindre · enregistrer · obtenir · présenter • égaler
- apprécier · étudier · évaluer · juger · mesurer • s'interroger sur • relativiser
- vanter : *il vantait les performances du moteur*
- accroître · améliorer · augmenter · gonfler : *quelques gérants ont mis en place des stratégies pour gonfler leurs performances* · optimiser
- diminuer • peser sur : *leurs créances douteuses continuent de peser sur leurs performances*

[2]performance *nom fém.* (exploit, réussite)

∾ performance + ADJECTIF
- athlétique · physique · etc.
- individuelle : *une part de la rémunération est indexée sur la performance individuelle*
- éblouissante · extraordinaire · fabuleuse · immense · phénoménale · superbe · surhumaine
- petite [+ nom] : *réunir deux cent cinquante abonnés est déjà une petite performance*

∾ VERBE + performance
- accomplir · réaliser · réussir : *il a réussi une vraie performance en battant le numéro deux mondial* • rééditer · réitérer · répéter
- être fier de : *elle peut être fière de sa performance dans le tournoi* · savourer
- admirer · reconnaître · saluer : *la performance de ce jeune joueur mérite d'être saluée* · souligner • récompenser : *une prime annuelle pour récompenser la performance individuelle*

▷ voir aussi [1]**performance**

péril *nom masc.*

∾ péril + ADJECTIF
- atomique · écologique • fasciste · jaune° · rouge° · etc.
- imminent
- extrême : *ces reporters de guerre s'exposent aux plus extrêmes périls* · grand [+ nom] · grave · majeur • mortel

∾ péril + VERBE
- guetter · menacer · peser sur : *un grave péril pèse sur les accords de paix*

∾ VERBE + **péril**

- être lourd de : *cette situation économique est lourde de périls*
- accroître : *ces inimitiés accroissent le péril atomique*
- prendre conscience de · prendre la mesure de : *ils n'ont pas pris toute la mesure des périls qui les guettent*
- affronter · braver : *ils sont prêts à braver tous les périls pour se faire un peu d'argent*
- conjurer : *pour conjurer le péril d'une alliance entre ses concurrents*
- préserver de · protéger de
- échapper à

∾ NOM + DE + **péril(s)**

- montée : *il évoque la montée des périls dans cette région du monde*

périmètre *nom masc.*

∾ **périmètre** + ADJECTIF

- d'action • interdit · réservé • de sécurité · sensible : *le périmètre sensible qui entoure la prison* • autorisé • sacré : *un périmètre sacré a été délimité autour du lieu de culte*
- grand $^{+ \text{nom}}$ · immense · large · vaste : *à l'occasion du feu d'artifice, un vaste périmètre sera interdit à la circulation*
- exact · précis • constant · définitif
- variable
- limité · minuscule · petit $^{+ \text{nom}}$ · réduit · restreint

∾ **périmètre** + VERBE

- englober · recouvrir : *le périmètre recouvre 75 communes* · s'étendre sur : *le périmètre s'étend sur 850 hectares*
- se réduire : *elle a vu son périmètre d'action se réduire comme peau de chagrin*

∾ VERBE + **périmètre**

- définir · délimiter · déterminer · établir • imposer : *ils ont imposé un périmètre de sécurité tout autour de l'école* · installer • boucler : *la police a bouclé tout le périmètre*
- couvrir · occuper : *le palais royal occupe un périmètre de 80 hectares* • dépasser
- entrer dans · pénétrer dans · se tenir dans
- défendre · protéger · respecter : *ce bateau ne respecte pas le périmètre de sécurité*
- adapter · modifier · redéfinir
- accroître · agrandir · augmenter · élargir · étendre : *les policiers ont décidé d'étendre le périmètre des recherches*
- limiter · réduire · restreindre
- exclure de : *il a exclu ces hôtels du périmètre de la cession*
- quitter · sortir de : *il est interdit de sortir du périmètre du camp*

période *nom fém.*

∾ **période** + ADJECTIF

- probatoire
- de pointe○ : *les billets de train coûtent plus cher en période de pointe*
- charnière : *l'adolescence est une période charnière où l'individu quitte l'enfance pour entrer dans l'âge adulte* · cruciale · décisive · grande $^{+ \text{nom}}$ · marquante · transitoire • spéciale · particulière
- longue $^{+ \text{nom}}$
- brève · courte · de courte durée
- indéfinie · indéterminée
- belle $^{+ \text{nom}}$ · bénie · bonne $^{+ \text{nom}}$ · euphorique · exceptionnelle · fabuleuse · fantastique · formidable · harmonieuse · heureuse · privilégiée • créatrice · faste · féconde · florissante · fructueuse · novatrice · prospère • fertile (en) · intense · riche (en) : *une période riche en événements / célébrations* • glorieuse · héroïque • mémorable · inoubliable • stable
- favorable à · propice à
- calme · creuse : *cette année a été une période creuse pour sa carrière* · normale
- critique · délicate · difficile · dure
- agitée · chaotique · confuse · instable · mouvementée · tourmentée · troublée · tumultueuse
- obscure · trouble • horrible · malheureuse · mauvaise $^{+ \text{nom}}$ · morose · noire : *cette période noire restera longtemps gravée dans les mémoires* · peu glorieuse · sale $^{+ \text{nom fam.}}$ · triste • dramatique · sanglante · sombre · violente
- révolue

∾ **période** + VERBE

- s'ouvrir : *une nouvelle période s'ouvre dans l'histoire de l'Europe*
- s'ensuivre · succéder à · suivre • précéder
- coïncider avec · englober · s'étendre de ... à ...
- rester (gravée) dans les mémoires
- s'achever : *la période hivernale s'achève avec le retour des beaux jours* · s'arrêter · se terminer

∾ VERBE + **période**

- entamer · inaugurer : *le mercredi des Cendres inaugure la période de Carême* · ouvrir • aborder : *le pays aborde une nouvelle période de croissance* · entrer dans : *les étudiants entrent dans la période des examens*

- connaître : *l'entreprise a connu des périodes difficiles* · être dans · traverser : *son couple traverse une mauvaise période* · vivre
- s'étaler sur
- appréhender • éclairer · étudier • couvrir : *le programme d'histoire couvre la période postcoloniale* • évoquer · (se) rappeler (de) · se remémorer · se souvenir de • revivre
- parler de · raconter • être témoin de
- méconnaître
- marquer · symboliser
- allonger · étendre
- réduire
- profiter de : *les jeunes veulent profiter pleinement de cette période de leur existence*
- sortir de : *il sort d'une longue période de détention*
- clore

périple *nom masc.*

∞ périple + ADJECTIF

- musical · poétique · littéraire · etc.
- ferroviaire · pédestre • circumterrestre · interplanétaire
- intérieur · personnel · solitaire • initiatique
- grand [+ nom] · lointain · long [+ nom]
- aventureux · rocambolesque : *son voyage s'est transformé en un périple rocambolesque* • fou · incroyable • inoubliable
- étonnant · hors du commun · peu ordinaire • improbable · invraisemblable
- dangereux · difficile · hasardeux · périlleux · risqué • éprouvant · épuisant · harassant • mouvementé
- court [+ nom] · petit [+ nom] : *que faisait-il lors de ses petits périples nocturnes ?*

∞ périple + VERBE

- commencer
- se dérouler
- conduire ... à · mener ... à • éloigner
- continuer · se poursuivre • durer · se prolonger : *notre périple s'est prolongé jusqu'en Amérique latine*
- être ponctué de · être semé de
- s'achever · se clore · toucher à sa fin

∞ VERBE + périple

- démarrer · entamer : *la torche olympique a entamé son périple de deux mois* · entreprendre • partir pour · se lancer dans · s'embarquer dans : *il s'est embarqué dans un long périple autour du monde*
- accomplir · effectuer : *le président a effectué un grand périple en Afrique* · faire
- convier · entraîner dans · inviter · offrir
- décrire · dépeindre · raconter · relater : *elle relate ses périples en Italie* · retracer
- interrompre
- boucler : *elle vient de boucler un périple de plus de 1000 kilomètres* · conclure · finir · terminer · achever

permis *nom masc.*

∞ permis + ADJECTIF

- de chasse · de conduire · de construire · de pêche · de séjour · etc.
- probatoire : *le permis probatoire s'adresse à tous les nouveaux titulaires du permis de conduire* • tacite
- exceptionnel · spécial
- définitif
- provisoire
- valide
- périmé • faux [+ nom] · illégal · irrégulier

∞ permis + VERBE

- être en cours de validité · être en règle
- expirer : *mon permis de chasse expire à la fin de la saison*

∞ VERBE + permis

- demander · exiger · solliciter : *en cas d'homicide, il est interdit au conducteur de solliciter un nouveau permis pendant trois ou cinq ans* • nécessiter · requérir
- accorder · attribuer · délivrer · distribuer · donner · octroyer
- obtenir : *il a obtenu un permis de séjour* · recevoir · se procurer • prendre · se munir de
- [permis de conduire] • passer : *il a passé trois fois son permis avant de l'avoir* • préparer
- avoir · disposer de · être doté de · être muni de · être titulaire de · posséder • bénéficier de
- maintenir • renouveler
- justifier de · présenter · se prévaloir de • déposer : *il a déposé un permis de construire*
- refuser
- [permis de conduire] louper[fam.] · rater
- se faire sucrer[fam.]
- suspendre · retirer ... à • annuler · détruire

permission *nom fém.*

∞ permission + ADJECTIF

- écrite · orale • de minuit○
- expresse
- exceptionnelle · spéciale
- implicite · tacite

∞ VERBE + **permission**
- demander · solliciter : *le patient sollicite la permission de sortir de l'hôpital pour un week-end* • attendre • négocier : *elle a négocié la permission de minuit avec son père*
- accorder · délivrer · donner
- avoir · obtenir · recevoir
- arracher : *il m'a arraché la permission de sortir*
- refuser
- supprimer · suspendre · retirer
- se passer de : *puisque c'est comme ça, je me passerai de ta permission !*

perplexité *nom fém.*

∞ **perplexité** + ADJECTIF
- complète · extrême · grande [+ nom] · pleine [+ nom] · profonde · totale

∞ VERBE + **perplexité**
- créer · installer · provoquer · susciter • céder / laisser (la) place à : *l'euphorie a rapidement laissé place à la perplexité*
- jeter dans · plonger dans : *le propre de la magie est de nous plonger dans une profonde perplexité*
- partager
- avouer · confier · exprimer · faire part de : *le député a fait part de sa grande perplexité devant cette proposition de loi* · manifester · ne pas cacher
- accentuer · accroître · ajouter à · alimenter
- souligner · témoigner de · traduire : *son regard traduit sa perplexité*
- comprendre
- dissiper : *j'espère avoir réussi à dissiper un peu votre perplexité*

∞ NOM + DE + **perplexité**
- source : *cette théorie a longtemps été pour moi source de perplexité*
- abîme : *cette découverte a plongé les scientifiques dans un abîme de perplexité*

perquisition *nom fém.*

∞ **perquisition** + ADJECTIF
- domiciliaire • judiciaire
- surprise • mouvementée · musclée · spectaculaire
- longue [+ nom] · vaste [+ nom] : *les services de sécurité ont entrepris une vaste perquisition des lieux*
- légitime • fructueuse
- contestée · controversée · polémique
- brutale · violente • illégale · infructueuse · irrégulière

∞ **perquisition** + VERBE
- avoir lieu · intervenir · se dérouler • donner des résultats
- ne rien donner

∞ VERBE + **perquisition**
- demander · ordonner : *le procureur a ordonné une perquisition au domicile du suspect* • autoriser
- conduire · effectuer · entreprendre · faire · mener : *les gendarmes ont mené une perquisition* · opérer · procéder à · réaliser
- faire l'objet de : *ce journal a fait l'objet d'une perquisition* · subir

∞ NOM + DE + **perquisitions**
- série · vague : *une nouvelle vague de perquisitions marque la reprise de l'enquête*

persécution *nom fém.*

∞ **persécution** + ADJECTIF
- politique · religieuse • antisémite · raciale · raciste
- étatique · judiciaire · policière
- incessante · quotidienne
- sanglante · terrible · violente : *ces réfugiés politiques ont subi de violentes persécutions dans leur pays*

∞ **persécution** + VERBE
- frapper · viser : *cette persécution vise des gens pacifiques*

∞ VERBE + **persécution**
- être responsable de · mener · se rendre coupable de
- contribuer à · être impliqué dans · participer à
- connaître · endurer · être en butte à : *ce prisonnier politique est en butte à de terribles persécutions* · être soumis à · être exposé à · être la proie de · être victime de · souffrir de · subir
- échapper à : *ils ont fui leur pays pour échapper aux persécutions* · fuir • survivre à

∞ NOM + DE + **persécution**
- campagne : *Néron lança une grande campagne de persécution contre les chrétiens*

persévérance *nom fém.*

∞ **persévérance** + ADJECTIF
- admirable · exemplaire · extraordinaire · fabuleuse · formidable · grande [+ nom] · louable • infatigable : *il a fait preuve d'une persévérance infatigable dans son travail*

∾ persévérance + VERBE
- payer · porter ses fruits

∾ VERBE + **persévérance**
- demander · nécessiter · requérir
- faire montre de · faire preuve de · montrer
- mettre à l'épreuve · tester
- récompenser : *son succès à l'examen a récompensé sa persévérance* • saluer

[1]personnage *nom masc.* (célébrité)

∾ personnage + ADJECTIF
- historique • médiatique · officiel · public
- (-)clé · de premier plan · emblématique · important · incontournable : *il est devenu le personnage incontournable de toutes les négociations* · majeur · marquant · notable · phare • célèbre · connu · éminent · familier · illustre · légendaire · mythique • grand [+ nom] · haut [+ nom] · haut placé · influent · puissant
- attachant · charismatique · fascinant · populaire · sympathique
- étonnant · étrange · insaisissable · singulier · curieux • atypique · aux multiples facettes · complexe · déroutant · détonnant · hors du commun • décalé · déjanté[fam.] · extravagant · haut en couleur · pittoresque
- obscur · secret • ambigu · controversé · douteux · retors · sulfureux · suspect • inquiétant · interlope : *un paquebot de luxe peuplé de personnages interlopes* · louche
- antipathique · arrogant · cynique · déplaisant • cruel · dangereux · tyrannique · violent

∾ personnage + VERBE
- fasciner · plaire · séduire
- déranger · dérouter • agacer · déplaire · énerver

∾ VERBE + **personnage**
- (plur.) foisonner de · fourmiller de · grouiller de
- détester · haïr

[2]personnage *nom masc.* (fiction)

∾ personnage + ADJECTIF
- de fiction · de roman · fictif · romanesque · virtuel
- central · (-)clé · important · majeur · pivot : *cette femme mystérieuse va devenir le personnage pivot du film* · principal • récurrent • fétiche
- accessoire · mineur · secondaire • épisodique : *de personnage épisodique, il est devenu récurrent dans la série*
- dense · fouillé · complexe • flamboyant · grandiose · haut en couleur · pittoresque · truculent • attachant · beau [+ nom] · bouleversant · magnifique · sympathique • inoubliable
- curieux · déjanté[fam.] · étrange · singulier • atypique • ambigu · ambivalent · paradoxal
- tragique • désabusé · désespéré · torturé : *le personnage est torturé par ses contradictions intérieures*
- caricatural · stéréotypé • inconsistant • grotesque • bancal

∾ personnage + VERBE
- prendre forme • prendre vie
- graviter autour : *quelques personnages secondaires gravitent autour des deux héros*
- ressembler à : *son personnage lui ressemble beaucoup* • être éloigné de
- échapper à : *au fil des chapitres, les personnages échappent à leur auteur*

∾ VERBE + **personnage**
- être centré sur : *le premier acte est centré sur un personnage*
- (plur.) être peuplé de · fourmiller de · grouiller de · foisonner de
- croiser : *on y croise des personnages rocambolesques du Berlin des années 1920*
- croquer · dessiner • construire · créer · inventer • camper : *elle campe un personnage de femme d'affaires atypique* · composer · endosser : *elle endosse un personnage de révolutionnaire avec un naturel troublant* · incarner · interpréter · jouer
- faire revivre · ressusciter
- filmer · mettre en scène
- travailler • coller à : *pour mieux coller à son personnage de boxeur, il a pris vingt kilos* · entrer dans
- alimenter · étoffer · nourrir
- aimer · s'attacher à
- se reconnaître dans · s'identifier à
- enfermer : *on a voulu m'enfermer dans un personnage que je n'étais pas* · être prisonnier de

∾ NOM + DE + **personnages**
- ballet · brochette[fam.] : *le casting nous offre une brochette de personnages haut en couleur* · cohorte · collection · constellation · cortège · défilé · ensemble · foule · galerie · groupe · kyrielle · multitude · pléiade · ronde : *c'est une ronde de personnages qui se quittent, se retrouvent, se perdent* · série
- poignée

[1]personnalité *nom fém.* (caractère)

∞ personnalité + ADJECTIF

- affirmée · bien trempée : *son air doux cache une personnalité bien trempée* · forte · indépendante · solide · charismatique • indomptable · obstinée
- atypique · hors du commun · originale · unique
- ambiguë · énigmatique · étrange • complexe · contrastée
- excentrique · extravertie · exubérante
- attachante · chaleureuse · charmante
- introvertie
- fragile • malléable
- difficile
- profonde · véritable + nom · vraie + nom

∞ personnalité + VERBE

- se construire · se forger : *la personnalité se forge dès l'enfance*
- se dessiner : *au fil de ses œuvres, la personnalité de l'artiste se dessine* · se révéler
- s'affirmer

∞ VERBE + personnalité

- avoir : *il a une forte personnalité; il a de la personnalité!* · posséder : *elle possède une forte personnalité* • conserver · garder
- (souvent passif) dominer · marquer : *la personnalité névrotique est marquée par des tendances impulsives*
- affirmer · développer • exprimer · imposer : *elle a réussi à imposer sa personnalité dans ce milieu masculin*
- analyser · explorer • appréhender · cerner · décrire · définir · dresser · éclairer • reconstituer : *les psychologues essaient de reconstituer la personnalité du tueur en série* • dévoiler · révéler
- être dépourvu de · manquer de

[2]personnalité *nom fém.* (personne)

∞ personnalité + ADJECTIF

- connue · de premier plan · éminente · grande + nom · haute + nom · majeure · marquante · notoire • emblématique · incontournable : *elle fut une personnalité incontournable du music-hall français* • influente · puissante
- attachante · touchante • extraordinaire · fascinante • aimée · populaire
- flamboyante · rayonnante • haute en couleur
- controversée · sulfureuse

∞ personnalité + VERBE

- se côtoyer (plur.) : *un club où toutes les personnalités du moment se côtoient*
- faire l'actualité
- attirer · fasciner · impressionner · séduire

∞ VERBE + personnalité

- (plur.) rassembler · s'entourer de

∞ NOM + DE + personnalités

- aréopage : *la première projection aura lieu devant un aréopage de personnalités* · brochette*fam.* · cohorte · défilé · éventail · groupe · liste · parterre : *le prix lui a été remis devant un parterre de personnalités* • collectif · comité · délégation

[1]perspective *nom fém.* (point de vue)

∞ perspective + ADJECTIF

- historique · politique · sociale : *son projet s'inscrit dans une perspective sociale* • critique : *l'éducation aux médias est abordée dans une perspective critique*
- inédite · neuve · nouvelle + nom · inattendue • alternative · différente
- large · globale

∞ VERBE + perspective

- s'inscrire dans
- changer · inverser · modifier · renverser • élargir
- replacer dans
- fausser : *le manque de données fausse sa perspective*

[2]perspective *nom fém.* (idée, ouverture, avenir)

∞ perspective + ADJECTIF

- actuelle • à court / moyen / long terme · d'avenir · future
- théorique • concrète · réaliste · réelle
- inédite · nouvelle • inattendue
- grande + nom • vraie + nom · véritable + nom · réelle + nom
- favorable • belle + nom · bonne + nom · formidable · intéressante · positive · radieuse · souriante • alléchante · encourageante · exaltante · motivante · optimiste · prometteuse · rassurante · réjouissante · séduisante
- claire · précise
- faible + nom : *une faible perspective de croissance économique* · moindre + nom • floue · hypothétique · incertaine • lointaine : *la parité entre les sexes reste une perspective lointaine dans certains pays*

- accablante · angoissante · désespérante · effrayante · inquiétante · terrifiante • catastrophique · mauvaise [+ nom] · médiocre · morne · morose · négative : *ces perspectives négatives ont été bloquées par la remontées des cours* · pessimiste · sombre · terrible · triste • bouchée

∞ perspective + VERBE
- s'annoncer : *les perspectives de vente s'annoncent médiocres pour l'année prochaine* · se dessiner · s'esquisser • s'offrir à : *de nouvelles perspectives s'offrent à nous pour les prochaines années*
- s'assombrir

∞ VERBE + **perspective**
- explorer · étudier
- donner · offrir · ouvrir : *cette association tente d'ouvrir des perspectives d'avenir pour les plus démunis* • afficher · avancer
- agiter · faire miroiter · présenter • annoncer · dégager · dessiner : *cette proposition dessine une perspective à long terme* · tracer : *il s'est montré incapable de tracer de nouvelles perspectives*
- découvrir · entrevoir : *la population entrevoit enfin une perspective d'avenir plus souriante*
- avoir · disposer de
- modifier · réviser • revoir à la hausse / baisse
- améliorer : *de bonnes précipitations ont amélioré les perspectives de récoltes*
- accepter : *comment accepter une telle perspective d'un cœur léger ?* · être / rester confiant dans / sur : *il reste confiant sur les perspectives de croissance*
- être privé de : *des jeunes privés de perspective d'emploi*
- boucher : *un obstacle majeur bouche toute perspective* · obstruer
- écarter · refuser · rejeter · repousser • bloquer · bouleverser · compromettre
- fermer · ruiner : *le terrorisme veut ruiner toute perspective de paix*

perspicacité *nom fém.*

∞ perspicacité + ADJECTIF
- aiguë · extraordinaire · grande [+ nom] · incroyable · phénoménale · rare : *il a fait preuve d'une rare perspicacité* · redoutable • étonnante · singulière · surprenante
- admirable · belle [+ nom] · remarquable

∞ VERBE + **perspicacité**
- être de (+adj.) • faire preuve de · montrer · témoigner de
- user de : *le détective doit user de toute sa perspicacité pour résoudre les énigmes*
- aiguiser
- mettre à l'épreuve : *ce jeu mettra votre perspicacité à l'épreuve* • échapper à : *ce détail n'a pas échappé à sa perspicacité*
- manquer de : *il manque singulièrement de perspicacité*

[1] perte *nom fém.* (sens général)

∞ perte + ADJECTIF
- humaine · militaire · en hommes
- financière · matérielle · en matériel • brute • nette · sèche
- inévitable
- brusque
- notable · perceptible · sensible • appréciable · conséquente · élevée · forte [+ nom] · grande [+ nom] · grosse [+ nom] · lourde [+ nom] : *la région a subi de lourdes pertes financières* · sérieuse · sévère : *nous risquons des pertes sévères en cas de guerre* · significative · substantielle • abyssale : *la société affiche une perte abyssale de 3 milliards de dollars* · colossale · considérable · énorme · exceptionnelle · faramineuse · immense · importante · massive · monumentale · phénoménale · pure [+ nom] : *l'argent a été investi en pure perte* • historique · record • incalculable · incommensurable · inestimable
- catastrophique · grave [+ nom] · terrible • irrémédiable · irréparable • inadmissible · injustifiable
- cruelle · douloureuse [+ nom]
- symbolique • dérisoire · insignifiante · légère [+ nom] · minime · petite [+ nom]

∞ perte + VERBE
- atteindre : *la perte atteint les 42,5 %* · s'élever à
- se creuser : *les pertes se sont encore creusées l'année dernière*

∞ VERBE + **perte**
- causer · entraîner · occasionner · provoquer
- infliger ... à : *l'ennemi nous a infligé de lourdes pertes*
- afficher · connaître · enregistrer • encaisser : *le fabricant a encaissé une perte nette de 80 millions d'euros* · essuyer · subir · supporter • être confronté à • accumuler (plur.)
- chiffrer · dénombrer : *on a dénombré une perte de 300 postes* · estimer · évaluer · mesurer • anticiper · prévoir
- annoncer · déclarer · révéler
- déplorer · regretter • pleurer · souffrir de : *le théâtre souffre d'une perte de son prestige*

- enrayer : *cette initiative est destinée à enrayer la perte de parts de marché* • atténuer · limiter · minimiser · réduire
- éviter • combler · compenser · contrebalancer · éponger · rattraper
- dédommager de · indemniser de
- se consoler de · se remettre de

∞ NOM + DE + **pertes**
- foyer [Écon.] : *le groupe a annoncé la cession d'un important foyer de pertes*

[2]**perte** *nom fém.* (déchéance, ruine)

∞ **perte** + ADJECTIF
- certaine : *il est promis à une perte certaine* · inévitable

∞ VERBE + **perte**
- décider · jurer : *mes ennemis ont juré ma perte* · vouloir
- conspirer · manigancer · préparer : *il a préparé la perte de son rival* · tramer : *des intrigants ont tramé la perte du roi*
- causer : *son insouciance a causé sa perte* · entraîner · mener à : *les erreurs qui l'ont mené à sa perte*
- contribuer à · participer à
- être promis à · être voué à : *quiconque pactise avec le diable est voué à sa propre perte* • être à deux doigts de : *une période sombre où le pays était à deux doigts de sa perte* · être au bord de · frôler : *une guerre où l'humanité a frôlé sa perte* • aller à · courir à : *ne te lance pas dans cette affaire, tu cours à ta perte*

pertinence *nom fém.*

∞ **pertinence** + ADJECTIF
- empirique : *la pertinence empirique du diagnostic* • économique · politique · psychologique · etc.
- accrue · grande + nom · haute + nom · rare · singulière : *ces remarques sont d'une singulière pertinence*
- relative • variable
- contestable · discutable · douteuse

∞ VERBE + **pertinence**
- posséder : *cette approche possède une certaine pertinence* • conserver · garder : *vingt ans plus tard, son analyse garde toute sa pertinence*
- analyser · apprécier · définir · déterminer · discuter de · étudier · évaluer · examiner · juger de · mesurer · tester • se poser des questions sur · s'interroger sur
- s'assurer de · valider · vérifier
- être convaincu de · être persuadé de
- confirmer · démontrer · établir · montrer · prouver · reconnaître • affirmer · souligner
- affiner · améliorer : *le paramétrage permet d'améliorer la pertinence des résultats*
- relativiser : *ces nouvelles théories économiques relativisent la pertinence du modèle actuel*
- contester · critiquer · discuter · douter de · mettre en cause · mettre en doute
- enlever ... à · ôter ... à
- être dépourvu de · manquer de · perdre (de) : *son discours n'a rien perdu de sa pertinence*

perturbation *nom fém.* (souvent plur.)

∞ **perturbation** + ADJECTIF
- atmosphérique · climatique · météorologique • psychique · psychologique • physique
- forte + nom · grande + nom · grosse + nom · intense · puissante · sensible • grave + nom · lourde + nom : *la grève a occasionné de lourdes perturbations* • importante · majeure · sérieuse · significative • durable
- infime · légère + nom · petite + nom • momentanée · temporaire : *les perturbations du trafic ne sont que temporaires*

∞ **perturbation** + VERBE
- avoir lieu · se produire · survenir : *des perturbations sont survenues sur le réseau électrique*
- gagner · s'étendre • durer · se poursuivre
- découler de · être dû à · être imputable à : *ces perturbations sont imputables au mauvais état des chaussées*
- engendrer · entraîner : *ces perturbations ont entraîné le retard de tous les trains*
- affecter · agiter · contrarier · gêner · pénaliser · troubler : *les perturbations ont troublé le fonctionnement du site* • marquer : *des perturbations ont marqué la préparation du procès* · toucher : *ces perturbations ont touché plusieurs aéroports*

∞ VERBE + **perturbation**
- causer · créer · déclencher · engendrer · générer · induire : *le réchauffement de la planète induit de graves perturbations climatiques* · occasionner · provoquer
- connaître · subir : *le métro a subi des perturbations dans la matinée*
- constater · enregistrer · faire état de · observer
- annoncer : *la SNCF annonce une perturbation du trafic sur la ligne A* • prévoir · s'attendre à • craindre · redouter · s'inquiéter de

- mesurer · évaluer
- atténuer · limiter · minimiser : *ce système permet de minimiser les perturbations dues aux orages*
- échapper à : *le pays n'a pas échappé aux perturbations boursières* · éviter

pessimisme *nom masc.*

∞ pessimisme + ADJECTIF
- culturel · historique
- actuel · ambiant • habituel · naturel
- fondé · légitime · lucide
- diffus · modéré · tempéré : *les analystes financiers affichent un pessimisme modéré* • apparent
- absolu · accru · acéré · exacerbé · extrême · foncier · fondamental · intégral · invétéré : *un philosophe au pessimisme invétéré* · profond · pur + nom · radical · résolu · total · viscéral
- amer · dépressif · désabusé · désenchanté · désespéré · noir · résigné
- excessif · injustifié · outrancier : *une période de pessimisme outrancier*
- curieux · singulier · surprenant

∞ pessimisme + VERBE
- dominer · être de mise : *avec la croissance, le pessimisme n'est plus de mise* · régner · l'emporter · prévaloir • atteindre · envahir · gagner · s'abattre sur · s'emparer de · toucher
- croître · gagner du terrain · s'accentuer · s'amplifier • durer · persister
- battre en retraite · reculer · régresser

∞ VERBE + pessimisme
- céder à · plonger dans · se laisser aller à · sombrer dans · succomber à · tomber dans · verser dans : *les industriels versent dans un profond pessimisme*
- être empreint de · véhiculer : *le pessimisme véhiculé par la presse*
- afficher : *même les plus enthousiastes affichent un certain pessimisme* · faire preuve de · montrer • partager
- avouer · faire part de · ne pas cacher
- cultiver • accentuer · accroître · alimenter · amplifier · nourrir : *ce scandale a contribué à nourrir le pessimisme de l'opinion publique* · renforcer
- conforter • justifier : *la conjoncture actuelle justifie un tel pessimisme*
- enrayer : *le gouvernement veut enrayer le pessimisme ambiant* · rejeter · résister à • éviter · prévenir
- modérer · tempérer : *il a tempéré son pessimisme habituel par quelques notes d'espoir*
- dissiper

pétition *nom fém.*

∞ pétition + ADJECTIF
- internationale · nationale • citoyenne • électronique

∞ pétition + VERBE
- circuler · faire le tour de : *la pétition a fait le tour de l'université* · passer
- émaner de · provenir de · venir de
- appeler à · demander · exiger · réclamer
- dénoncer : *la pétition dénonce la destruction d'un jardin public* · s'élever contre
- collecter / rassembler / recueillir / réunir x signatures

∞ VERBE + pétition
- lancer · organiser : *l'association a organisé une pétition nationale contre l'implantation de l'usine* • écrire · faire · rédiger
- diffuser · distribuer · faire circuler • adresser · envoyer · présenter · remettre
- mettre son nom sur · signer • appuyer · soutenir

REM. On rencontre parfois “pétition de principe” dans le sens de “ déclaration de convictions personnelles ”, par confusion avec “déclaration de principe”. Évitez cette expression fautive.

1 peuple *nom masc.* (nation, communauté)

∞ peuple + ADJECTIF
- autochtone · indigène
- libre · souverain
- fort · grand + nom
- solidaire · uni
- esclave • martyr · meurtri

∞ peuple + VERBE
- souffrir
- se révolter

∞ VERBE + peuple
- appartenir à · représenter
- conduire · guider : *« La Liberté guidant le peuple »* (titre d'un célèbre tableau de Delacroix)
- défendre · protéger • émanciper · libérer
- trahir • diviser
- asservir · coloniser · mettre à genoux · soumettre • exploiter · humilier · martyriser · opprimer · persécuter : *le peuple aborigène a longtemps été persécuté*
- anéantir · décimer · exterminer · massacrer

2 peuple *nom masc.* (gens, citoyens)

∞ peuple + ADJECTIF
- solidaire · uni
- en liesse
- déboussolé • mécontent · en colère

∞ **peuple** + VERBE
- se mobiliser · se révolter · se soulever • défiler · être dans la rue · manifester • être déterminé
- condamner : *le peuple condamne cette initiative* • se plaindre (de)
- juger : *le peuple doit pouvoir juger en connaissance de cause* • approuver · soutenir : *le peuple soutient massivement le mouvement social* • élire

∞ VERBE + **peuple**
- appartenir à · représenter
- ameuter : *le huis clos évite d'ameuter le peuple* · attirer : *ce genre de manifestation attire le peuple*
- donner / rendre la parole à · mobiliser
- consulter : *il a consulté le peuple avec un référendum* • affronter : *il a affronté le peuple lors d'un meeting* · se confronter à
- flatter · parler à · s'adresser à • exhorter ... à · en appeler à • promettre à • convaincre ... de
- être coupé de : *les politiciens sont trop souvent coupés du peuple*
- endormir : *ces discours démagogiques endorment le peuple* • diviser : *cette question divise le peuple*

peur *nom fém.*

∞ **peur** + ADJECTIF
- primitive · universelle : *la peur universelle de la mort* • ancestrale · vieille [+ nom] · ancienne • enfantine : *la peur enfantine de l'obscurité* • millénariste • physique : *il a une peur physique de se faire agresser*
- rétrospective
- belle [○ + nom] · folle · grande [+ nom] · vraie [+ nom] • affreuse · atroce · bleue [○] : *j'ai eu une peur bleue* · épouvantable · horrible · intense · panique [○] · profonde · terrible · violente • indescriptible · indicible
- inexplicable • irrationnelle · maladive · morbide · phobique • dévorante · obsédante · oppressante · paralysante
- actuelle · palpable • ambiante · omniprésente • constante · permanente · perpétuelle
- fondée · justifiée · légitime
- feinte
- enfouie · inavouée · secrète
- diffuse · imprécise · sourde · vague • légère [+ nom]

∞ **peur** + VERBE
- dominer : *la peur domine depuis les attentats* · régner : *la peur règne dans toute la ville*
- gagner · habiter : *cette peur légitime habite tous les hommes* · saisir · s'emparer de · s'insinuer dans
- figer · paralyser · tétaniser : *je suis resté tétanisé par la peur* • ronger
- grandir · se propager · se répandre
- se lire · se sentir · suinter : *la peur suinte dans ce quartier mal famé*
- être mêlé de : *une peur mêlée de fascination*
- reculer · retomber : *la peur est retombée après les premiers résultats*
- disparaître · se dissiper · s'évanouir

∞ VERBE + **peur**
- faire [○] (sans art.) : *tu m'as fait peur* • déclencher · engendrer · produire · provoquer · semer : *la nouvelle a semé la peur dans tout le pays* • inspirer · susciter
- développer : *il a développé une peur excessive des microbes* · prendre [○] (sans art.)
- avoir [○] (sans art.) · éprouver · ressentir • être mort de [fam.] · être pris de • être confronté à · être en proie à
- sentir · suer · suinter · transpirer : *une ambiance malsaine qui transpire la peur*
- céder à · se laisser aller à • vivre dans : *les habitants vivent dans la peur d'un nouveau séisme*
- avouer · confesser · confier · dire · exprimer · formuler · raconter
- aggraver · alimenter : *toutes ces rumeurs ont alimenté la peur* · amplifier · attiser · cultiver : *les discours du candidat cultivent la peur* · entretenir · nourrir · renforcer · réveiller
- montrer · refléter · trahir : *son regard trahissait sa peur*
- crier de · hurler de • trembler de • être pétrifié de · être transi de
- exploiter · surfer sur : *cette campagne surfe sur les peurs actuelles*
- cacher · dissimuler
- apaiser • faire reculer
- braver · conjurer · ignorer · oublier · réprimer · surmonter : *il a réussi à surmonter sa peur et a sauté dans le vide* • apprivoiser : *on leur apprend à apprivoiser leur peur de l'avion* · canaliser · dominer · maîtriser
- briser : *seul le dialogue peut briser la peur* · exorciser · se débarrasser de · vaincre : *cette thérapie lui a permis de vaincre sa peur de la foule*

∞ NOM + DE + **peur**
- climat · sentiment

phase *nom fém.* (étape)

∞ phase + ADJECTIF
- empirique · expérimentale · exploratoire : *le projet est en phase exploratoire* • concrète · opérationnelle
- préalable · préliminaire · préparatoire
- initiale · nouvelle [+ nom] · première : *la phase première de la maladie*
- ultérieure • dernière · finale · terminale · ultime : *les malades en phase ultime*
- ascendante · croissante · culminante · haussière [Bourse] · montante : *l'Europe est dans la phase montante du cycle économique*
- cruciale · décisive · déterminante • accélérée · intense · intensive
- longue [+ nom] · prolongée
- (plur.) différentes · distinctes · successives
- baissière [Bourse] · décroissante : *la mobilisation populaire est en phase décroissante* · descendante
- brève [+ nom] · courte [+ nom] : *il y a eu une courte phase de récession* • passagère · temporaire • intermédiaire · transitoire
- aiguë · critique · délicate · difficile • dangereuse · périlleuse
- fastidieuse · laborieuse

∞ phase + VERBE
- commencer · débuter
- durer · se prolonger
- s'achever · se terminer

∞ VERBE + **phase**
- créer · déclencher : *le départ du dirigeant a déclenché une phase périlleuse pour l'entreprise* · engager · lancer
- aborder · amorcer · commencer · démarrer · entamer · entrer dans / en : *nous entrons dans une phase de prospérité* · ouvrir : *la Justice a ouvert une nouvelle phase de l'enquête*
- connaître · passer par · traverser • affronter
- comporter
- réussir • franchir : *nous avons franchi une étape décisive du processus de paix* • achever · terminer

phénomène *nom masc.* (manifestation)

∞ phénomène + ADJECTIF
- conjoncturel · culturel · de mode · de société
- spontané
- émergent : *ce phénomène émergent va continuer à s'étendre* · inédit · nouveau · récent
- inéluctable · naturel · normal · prévisible • banal · classique · connu • universel • courant · fréquent · répandu
- frappant · important · majeur · marquant · notable : *l'augmentation du nombre d'hommes au foyer est un phénomène notable* · significatif • en (pleine) expansion · exponentiel · gigantesque · massif · planétaire · vaste • endémique
- irréversible • durable · persistant
- compréhensible · explicable · quantifiable
- positif · sain : *la crise d'adolescence est un phénomène sain*
- intéressant · remarquable • grandiose · impressionnant · incroyable · spectaculaire · unique
- curieux · étonnant · étrange · inexplicable · inexpliqué · insolite · mystérieux · surprenant · troublant • occulte : *les scientifiques ne prennent pas au sérieux les phénomènes occultes* · paranormal · surnaturel
- imprévisible · inattendu · sans précédent • méconnu
- complexe · compliqué • ambigu · paradoxal
- inquiétant · préoccupant • dangereux · insidieux
- aléatoire • accidentel · isolé · marginal • réversible • cyclique · périodique · récurrent · saisonnier : *l'augmentation du prix du charbon est un phénomène saisonnier* • ponctuel · sporadique • passager · rapide · temporaire · transitoire • inhabituel · rare · rarissime : *l'éclipse totale est un phénomène rarissime* · unique

∞ phénomène + VERBE
- apparaître · émerger : *ce phénomène a émergé dans les années 1980* · survenir : *un étrange phénomène est survenu dans ce petit village* • se manifester · se produire
- affecter · atteindre · frapper · toucher : *le phénomène touche tous les pays d'Europe* • sévir : *ce phénomène de mode sévit surtout auprès des adolescents* • bousculer : *ce phénomène insolite bouscule les idées reçues* · inquiéter · perturber
- épargner : *ce phénomène inquiétant n'épargne pas les pays industrialisés*
- faire boule de neige · gagner du terrain · prendre de l'ampleur · s'accélérer · s'accentuer · s'accroître · s'amplifier : *le phénomène s'est amplifié au cours des six derniers mois* · se développer · se généraliser · se propager · s'étendre
- empirer · s'aggraver
- continuer · perdurer · persister • se renouveler · se répéter : *ce phénomène se répète périodiquement* · se reproduire
- s'observer • se vérifier : *ce phénomène économique se vérifie depuis une dizaine d'années*

- décliner · diminuer · être en baisse · s'essouffler
- cesser · disparaître

∞ VERBE + **phénomène**
- déclencher · entraîner : *le dopage peut entraîner un phénomène de dépendance physique* · provoquer • favoriser : *ce phénomène de mode est favorisé par les médias*
- assister à · enregistrer · rencontrer · voir • être confronté à
- contempler : *les spécialistes contemplent le phénomène avec un certain recul* · observer : *c'est un phénomène observé chez les plus de 40 ans* • prendre conscience de
- faire du battage autour de · médiatiser · s'emparer de : *la presse s'est vite emparée de ce phénomène culturel sans précédent*
- décrire · évoquer · noter · signaler · rendre compte de
- éclairer · illustrer · mettre en évidence · mettre en exergue · mettre en lumière · refléter · souligner : *son article souligne un phénomène tout à fait étonnant*
- aborder · analyser · appréhender · étudier · examiner · s'interroger sur • prédire · prévoir • comprendre · décrypter · élucider · expliquer · interpréter • caractériser · qualifier • relier ... à • apprécier · chiffrer · évaluer · mesurer · prendre la mesure de : *le gouvernement ne semble pas avoir pris la mesure du phénomène* · quantifier • cerner · isoler • tenir compte de
- inverser : *ce projet vise à inverser le phénomène de la fuite des cerveaux*
- accélérer · accentuer · amplifier · généraliser · grossir · intensifier · radicaliser • aggraver
- exagérer · monter en épingle : *le phénomène a été monté en épingle par les journaux* · surestimer
- minimiser · relativiser · sous-estimer : *ce phénomène exponentiel est encore sous-estimé* • masquer • ignorer · nier
- craindre · redouter • déplorer
- combattre · enrayer · lutter contre · s'attaquer à
- atténuer · contenir · endiguer · freiner · limiter · maîtriser
- arrêter · éradiquer : *les nouvelles mesures visent à éradiquer ce phénomène conjoncturel*

∞ NOM + DE + **phénomènes**
- ensemble · faisceau : *les dérèglements actuels s'expliquent par un faisceau de phénomènes bien identifiés* · série · suite

philosophie *nom fém.* (conception)

∞ **philosophie** + ADJECTIF
- humaniste · libérale • anarchiste · libertaire • individualiste
- personnelle
- belle [+ nom] • optimiste
- cohérente • simple
- nouvelle · originale
- désespérée · nihiliste · pessimiste : *sa philosophie est bien pessimiste quant à l'avenir du monde*

∞ **philosophie** + VERBE
- consister à / en : *il déplore cette philosophie qui consiste à penser que tout était mieux avant* • être fondée sur · être basée sur
- légitimer
- guider · imprégner · inspirer : *cette philosophie a inspiré toute la vie du cinéaste*

∞ VERBE + **philosophie**
- concevoir · créer · développer · élaborer • tirer ... de : *il a tiré une belle philosophie de la vie de ces voyages*
- appliquer (à) : *il veut appliquer cette philosophie à la politique sociale* · cultiver · pratiquer • adhérer à · adopter • avoir en commun · partager
- s'imprégner de · s'inspirer de : *leurs propositions s'inspirent de la philosophie libertaire*
- changer de
- défendre · professer : *il professe dans ses écrits une philosophie anarchiste* · prôner • réhabiliter · revenir à
- résumer : *cette philosophie peut se résumer en une formule*
- critiquer · remettre en cause · remettre en question · s'opposer à

phobie *nom fém.*

∞ **phobie** + ADJECTIF
- scolaire · sociale • sécuritaire
- véritable [+ nom] : *elle a une véritable phobie scolaire*
- paralysante

∞ **phobie** + VERBE
- avoir pour cause / origine · être due à · provenir de · trouver sa cause / son origine dans : *cette phobie trouve son origine dans les traumatismes de l'enfance*
- consister : *la phobie sociale consiste à craindre le regard des autres*
- gâcher : *sa phobie lui gâche l'existence* · perturber : *cette phobie perturbe sa vie au quotidien* • empêcher de : *sa phobie des hauteurs l'empêche de s'aventurer sur un balcon*

∞ VERBE + **phobie**

- avoir : *j'ai la phobie des ascenseurs* · développer · souffrir de
- devenir · se transformer en
- guérir (de) · soigner · traiter
- se débarrasser de · se libérer de · surmonter · vaincre : *elle a réussi à vaincre sa phobie des araignées*

photo(graphie) *nom fém.*

∞ **photo(graphie)** + ADJECTIF

- aérienne · satellite • instantanée · polaroïd • (en) couleur(s) · noir et blanc · sépia • analogique · argentique · numérique
- dédicacée · officielle · souvenir
- artistique · conceptuelle
- récente • vieille + nom
- réussie • belle + nom · magnifique · superbe • poignante · spectaculaire · troublante • emblématique · symbolique
- bonne + nom · nette
- floue · jaunie · mauvaise + nom · ratée · sombre · sous-exposée · surexposée · voilée

∞ **photo(graphie)** + VERBE

- s'étaler : *sa photo s'étale à la une de tous les journaux*
- illustrer • montrer · représenter

∞ VERBE + **photo(graphie)**

- faire · prendre : *j'ai pris quelques photos de la maison* · réaliser • cadrer · centrer • développer · tirer
- réussir
- rater
- agrandir · reproduire • recadrer · retoucher
- truquer
- (plur.) classer · trier • sélectionner · choisir • légender
- encadrer • exposer · montrer · placarder · publier
- poser pour • rendre bien / mal sur

∞ NOM + DE + **photo(graphie)s**

- collection · ensemble · série · tas*fam.* · tonne*fam.*

phrase *nom fém.*

∞ **phrase** + ADJECTIF

- nominale · verbale • affirmative · exclamative · interrogative · négative
- célèbre · fameuse + nom · historique • fatidique · prémonitoire
- proverbiale · rituelle • attendue · convenue : *j'ai terminé ma lettre par une phrase convenue* · toute faite • anodine · banale
- (-)clé : *c'est une phrase clé du roman* · culte · essentielle · importante • récurrente : *une phrase récurrente du livre* • lourde de sens · lourde de sous-entendus · éloquente
- interminable · longue + nom
- brève · concise · courte · elliptique · laconique • petite + nom [aussi fig.] : *la presse se régale des petites phrases du ministre* • inachevée · incomplète
- bien construite · bien formée · correcte • belle + nom · bien agencée · bien balancée · ciselée : *les phrases ciselées de l'auteur sont de petits bijoux* · claire · élégante · harmonieuse · jolie + nom · juste : *il a trouvé les phrases justes pour nous convaincre* · rythmée
- aimable · gentille · polie • encourageante · rassurante · réconfortante
- à double sens · ambiguë · équivoque · obscure • codée · énigmatique · mystérieuse · sibylline
- alambiquée · grandiloquente · lourde · lourdingue*fam.* · pompeuse · ronflante · sinueuse
- bancale · boîteuse · incorrecte · mal construite · mal formée • confuse · incompréhensible • creuse · idiote · incohérente • gauche · hésitante · imprudente · incongrue · maladroite
- abrupte · bien sentie · cinglante · coupante · définitive · incisive · lapidaire · sans appel · sèche · sentencieuse · terrible • acerbe · assassine · blessante · choquante · inconvenante · injurieuse · méchante · méprisante · provocante

∞ **phrase** + VERBE

- émailler : *son texte est émaillé de phrases en allemand* · ponctuer : *quelques phrases du narrateur ponctuent le film*
- résumer : *cette phrase résume bien son programme politique*
- faire mouche

∞ VERBE + **phrase**

- bâtir · composer : *elle compose chaque phrase avec soin* · construire · écrire · tourner : *je ne sais pas comment tourner cette phrase* • ciseler · sculpter · travailler
- commencer
- aligner : *il est incapable d'aligner deux phrases en anglais* · articuler · avoir : *il n'a pas eu la moindre petite phrase réconfortante* · dire · émettre · énoncer · faire · lâcher : *il a fini par lâcher une phrase lapidaire* · lancer · prononcer • asséner : *il assène aux journalistes quelques phrases définitives*

sur le sujet · proférer · scander : *le comédien scandait des phrases grandiloquentes* • distiller (plur.) · glisser · hasarder · insérer · oser : *il ose une phrase ou deux puis se retire* • ponctuer ... de : *il ponctue chaque phrase d'un "peuchère"* · rythmer • crier · hurler • balbutier · bredouiller • (plur.) débiter · enchaîner
- redire · répéter • avoir à la bouche : *il n'a que cette phrase à la bouche*
- échanger (plur.) : *ils ont échangé quelques phrases*
- méditer (sur) · penser à · songer à • analyser · commenter · déchiffrer · décrypter · interpréter
- citer · faire allusion à · relever · reprendre · souligner • employer · emprunter : *il emprunte cette phrase à Beckett* · faire sienne • mettre en exergue : *cette phrase de Lao Tseu a été mise en exergue au roman* • (se) rappeler · se souvenir de
- retourner : *en retournant la phrase, on obtient le titre de l'œuvre*
- déformer • extraire de son contexte · sortir de son contexte : *ses phrases ont été sorties de leur contexte* · tronquer
- oublier · sauter
- interrompre • compléter · reconstituer • achever · aller au bout de · finir · mettre un point final à · terminer

[1]**pic** *nom masc.* (point le plus haut d'une courbe)

∾ pic + ADJECTIF
- démographique · épidémique • de chaleur · de pollution • d'audience
- estival · saisonnier • annuel
- historique · spectaculaire : *les températures ont connu un pic spectaculaire*

∾ VERBE + pic
- atteindre : *la consommation atteint un pic entre 10 et 11 heures* · connaître : *la capitale a connu un pic de pollution hier* · enregistrer : *la chaîne enregistre des pics d'audience en soirée*
- passer : *le taux de croissance de la population a passé un pic*
- escompter · prévoir · s'attendre à : *il faut s'attendre à un pic d'inflation au printemps*

[2]**pic** *nom masc.* (montagne)

∾ pic + ADJECTIF
- montagneux · rocailleux · rocheux • enneigé
- vieux + nom • jeune
- haut + nom : *c'est le plus haut pic du Canada* · vertigineux • abrupt · escarpé
- petit + nom

∾ pic + VERBE
- culminer • dominer : *le pic Saint-Loup domine la région* · surplomber

∾ VERBE + pic
- atteindre · escalader · gravir · grimper
- contourner

piège *nom masc.*

∾ piège + ADJECTIF
- idéologique · intellectuel · moral
- grand + nom · vrai + nom • implacable : *ils ont mis en place un piège implacable pour arriver à leurs fins* · parfait
- cruel · diabolique · effroyable · horrible · infernal · redoutable · terrible + nom • fatal · meurtrier · mortel
- évident · grossier

∾ piège + VERBE
- consister à
- fonctionner • se refermer (sur) : *le piège s'est refermé sur la souris / le ministre*

∾ VERBE + piège
- dresser · installer · mettre en place · poser · préparer · tendre
- attirer dans : *ils n'ont pas eu de mal à attirer la jeune ingénue dans le piège* · enfermer dans : *il s'est laissé enfermer dans le piège tendu par ses rivaux* · entraîner dans
- être pris à / dans · foncer / se jeter tête baissée dans · tomber dans
- cacher · comporter · masquer • (plur.) être bourré de fam. · être infesté de · être plein de · être semé de · être truffé de
- se transformer en • fonctionner comme · se refermer comme
- flairer : *son intuition lui a permis de flairer le piège* · sentir · soupçonner • débusquer · découvrir
- déjouer · désactiver · désamorcer
- dénoncer • mettre en garde contre : *il faut mettre en garde les consommateurs contre les pièges de ces offres alléchantes*
- éventer
- échapper à · esquiver · éviter · se jouer de (plur.) : *le brillant candidat s'est joué de tous les pièges* • (s')extirper de · (s')extraire de · (se) sauver de · (se) sortir de · (se) tirer de : *l'aventurier se tire du piège in extremis*

pillage *nom masc.*

∾ pillage + ADJECTIF

- à grande échelle · effréné · en règle : *le pillage en règle des ressources naturelles de l'Afrique* · généralisé · méthodique · organisé · systématique • éhonté · sans vergogne

∞ pillage + VERBE
- avoir lieu · se dérouler · se produire
- s'étendre à : *les pillages se sont étendus au sud de la région* • continuer · durer · reprendre · se poursuivre • (plur.) se développer · se multiplier
- cesser · prendre fin

∞ VERBE + pillage
- être en proie à · être la proie de · être victime de : *les familles ont été victimes d'un pillage* · faire l'objet de
- donner lieu à · entraîner • dégénérer en · tourner à
- commettre : *des militaires auraient commis des pillages dans la région* · mener : *les pillages menés par les Vikings en Normandie* · opérer · organiser · perpétrer · se livrer à
- être impliqué dans · participer à · prendre part à · prêter son concours à
- encourager · faciliter : *l'absence d'éclairage public facilite le pillage* · permettre • justifier · légitimer
- enregistrer · faire état de · rapporter
- condamner · dénoncer · déplorer · regretter · s'indigner de · s'insurger contre • accuser de · crier à
- avoir peur de · craindre
- lutter contre · protester contre · s'opposer à • empêcher · éviter · prévenir
- échapper à
- arrêter · mettre fin à · mettre un terme à

∞ NOM + DE + pillage(s)
- vague
- acte : *des actes de pillage ont été signalés dans la capitale* · opération

[1]piste *nom fém.* (voie)

∞ piste + ADJECTIF
- cyclable • balisée • de ski · skiable • bleue° · noire° · rouge° · verte°
- enneigée · goudronnée · poussiéreuse · sablonneuse
- à suivre · bonne ⁺ ⁿᵒᵐ • entretenue · facile : *les pistes vertes sont les plus faciles*
- grande + nom · immense · longue • large
- courte · petite + nom • étroite
- accidentée · cahoteuse · défoncée · difficile · impraticable · mauvaise + nom · sinueuse • détrempée

∞ piste + VERBE
- commencer
- courir : *une piste cyclable court le long du canal* · grimper • croiser · mener à • serpenter · zigzaguer
- s'arrêter • se perdre : *la piste se perd dans la savane*

∞ VERBE + piste
- aménager · ouvrir · tracer
- entretenir · nettoyer • défricher • damer : *les pistes de ski sont damées tous les soirs*
- emprunter · longer · parcourir · (re)prendre · suivre • fréquenter : *il fréquente assidûment les pistes de karting* • croiser · traverser • descendre · dévaler : *il a dévalé la piste à toute allure* • remonter
- abandonner · quitter • sortir de : *la skieuse est sortie de la piste*
- joncher • border : *de grands arbres bordent la piste cyclable* • surplomber : *l'hôtel surplombe les pistes de ski*

[2]piste *nom fém.* (ce qui guide dans une recherche)

∞ piste + ADJECTIF
- crapuleuse · criminelle : *les enquêteurs confirment la piste criminelle en ce qui concerne l'incendie* • accidentelle
- inexplorée · nouvelle + nom
- bonne + nom · intéressante : *je pense avoir trouvé une piste intéressante* · prometteuse · sérieuse
- fausse + nom : *les enquêteurs étaient sur une fausse piste depuis le début* · mauvaise + nom
- moindre + nom : *la police n'a pas la moindre piste*

∞ piste + VERBE
- être à l'étude
- se perdre

∞ VERBE + piste
- esquisser : *le ministre a esquissé quelques pistes de réforme* · lancer · ouvrir : *cette découverte ouvre de nouvelles pistes de recherche*
- avancer · formuler : *nous avons formulé plusieurs pistes de réflexion* · proposer · suggérer • donner · fournir : *cet indice fournit une piste sérieuse à la police judiciaire* · offrir • mettre sur : *c'est ce détail qui m'a mis sur la piste*
- avoir (à sa disposition) · disposer de · tenir : *le détective tenait enfin une piste* • croiser · découvrir · reprendre · retrouver
- creuser · enquêter sur · étudier · explorer · tester · vérifier • remonter : *le juge d'instruction remonte la piste de ces versements occultes* · s'aiguiller sur · se lancer sur · se mettre sur · s'orienter sur / vers · suivre

- croire à · privilégier : *la police privilégie la piste criminelle* • conclure à · s'accrocher à : *le juge s'accroche à la piste du tueur en série*
- accréditer : *aucun indice n'accrédite la piste du grand banditisme*
- brouiller (plur.) : *il prend un certain plaisir à brouiller les pistes*
- négliger • balayer · écarter : *la police n'écarte aucune piste* · exclure
- abandonner • perdre : *les policiers ont perdu sa piste*

plafond *nom masc.* (seuil)

∾ plafond + ADJECTIF
- budgétaire · de ressources · financier · monétaire · salarial
- annuel · mensuel
- admis · autorisé · déterminé · légal · réglementaire : *le montant de la rémunération ne peut excéder le plafond réglementaire*
- maximal • majorable • élevé
- minimal • bas

∾ VERBE + **plafond**
- atteindre : *le plafond de ressources n'est pas encore atteint*
- adopter · définir · déterminer · fixer · garantir · instaurer
- appliquer · respecter : *le budget respecte strictement le plafond adopté par le Parlement*
- bénéficier de : *l'investisseur bénéficie d'un plafond de déduction fiscale*
- dépasser · être supérieur à · excéder
- être inférieur à
- augmenter · relever
- abaisser : *le gouvernement a abaissé le plafond du quotient familial*
- supprimer

plaidoyer *nom masc.*

∾ plaidoyer + ADJECTIF
- antiraciste · écologiste · libéral · pacifiste · etc.
- pro domo : *son plaidoyer pro domo est une réponse à un acte d'accusation*
- long [+ nom]
- ardent · éloquent · énergique · enflammé · passionné · vibrant : *il s'est lancé dans un plaidoyer vibrant contre la peine de mort* · vigoureux · véritable [+ nom]
- argumenté · brillant · convaincant • beau [+ nom] · courageux · émouvant · magnifique · sincère
- implacable · violent
- larmoyant · naïf

∾ VERBE + **plaidoyer**
- faire · se livrer à • lancer · livrer · présenter • adresser · prononcer · se lancer dans • écrire · rédiger · signer : *il signe avec cette chanson un plaidoyer pour la tolérance*
- poursuivre
- faire figure de · relever de · se transformer en : *le documentaire se transforme vite en un plaidoyer larmoyant*

[1]plaie *nom fém.* (blessure, litt.)

∾ plaie + ADJECTIF
- fraîche · nouvelle [+ nom]
- à vif : *ce pansement anti-ampoules se pose sur les plaies à vif* · béante · ouverte · profonde • pénétrante[Méd.] • sanglante · sanguinolente
- affreuse · hideuse · horrible • douloureuse • infectée · purulente · souillée · suppurante · vilaine [+ nom] : *il a une vilaine plaie sur la jambe* • mortelle : *« Plaie d'argent n'est pas mortelle »* (Proverbe)
- petite [+ nom] • superficielle • indolore

∾ plaie + VERBE
- s'ouvrir · se rouvrir • s'envenimer · s'infecter
- brûler · saigner · suppurer
- cicatriser · être en voie de cicatrisation · guérir · se refermer

∾ VERBE + **plaie**
- être couvert de (plur.) • souffrir de : *il souffre de plaies multiples / d'une plaie au genou gauche*
- examiner · sonder
- envenimer · infecter • (r)aviver · rouvrir
- débrider : *il faut débrider la plaie pour libérer l'épanchement sanguin* · inciser · ouvrir • désinfecter · laver · nettoyer • bander · cautériser · guérir · panser · recoudre · soigner · suturer · traiter
- cicatriser · (re)fermer

[2]plaie *nom fém.* (fléau, fig.)

∾ plaie + ADJECTIF
- morale · sociale : *comment cicatriser les plaies sociales ?*
- ancienne [+ nom] · vieille [+ nom] • intérieure · secrète
- à vif · béante · ouverte · profonde · vive • douloureuse

∾ VERBE + **plaie**

- mettre du baume sur • guérir · panser · soigner
- mettre du sel sur° : *il ne cesse de mettre du sel sur la plaie en reparlant de l'accident* · raviver · rouvrir · tourner / remuer le couteau / fer dans°
- mettre le doigt sur° : *le rapport met le doigt sur la plaie des financements occultes*

[1]plainte *nom fém.* (gémissement)

∾ **plainte** + ADJECTIF

- aiguë · lancinante • amère · déchirante · lugubre · pathétique
- longue + nom
- étouffée : *on entend une plainte étouffée au loin* · faible + nom · sourde • douce : *son chant ressemble à une plainte douce* · petite + nom

∾ **plainte** + VERBE

- monter · s'élever : *des plaintes s'élèvent du champ de bataille*
- faiblir

∾ VERBE + **plainte**

- émettre · faire entendre : *le chacal fait entendre sa plainte lugubre* · pousser
- calmer · étouffer

[2]plainte *nom fém.* (récrimination)

∾ **plainte** + ADJECTIF

- continuelle · incessante · permanente · sempiternelle : *« Le jet d'eau fait toujours son murmure argentin / Et le vieux tremble sa plainte sempiternelle »* (Verlaine, *Poèmes saturniens*, « Melancholia »)
- injustifiée

∾ **plainte** + VERBE

- monter · s'élever : *des plaintes s'élèvent parmi les soldats*
- rester lettre morte

∾ VERBE + **plainte**

- émettre · exprimer · faire entendre · formuler • se répandre en (plur.)
- (plur.) être assailli de · être submergé de • recevoir • écouter · prendre en compte · répondre à · tenir compte de
- ignorer · rester sourd à : *le roi reste sourd aux plaintes du peuple*

[3]plainte *nom fém.* (doléance, Droit)

∾ **plainte** + ADJECTIF

- administrative · civile · criminelle · fédérale · judiciaire · pénale • formelle · officielle • collective · en nom collectif • individuelle • contre X
- recevable
- irrecevable

∾ **plainte** + VERBE

- émaner de · provenir de : *la plainte provient des ayants droit*
- concerner · viser : *une nouvelle plainte vise cette grande entreprise*
- aboutir

∾ VERBE + **plainte**

- donner lieu à : *sa conduite a donné lieu à une plainte* • faire l'objet de : *il fait l'objet d'une plainte pour coups et blessures volontaires*
- déposer : *il a déposé (une) plainte auprès du tribunal* · engager · introduire : *le plaignant a introduit une plainte auprès du médiateur* · porter° (sans art.) : *elle a porté plainte contre X* • adresser · transmettre
- étayer : *il a rassemblé une centaine de signatures pour étayer sa plainte*
- enregistrer · être saisi de : *le tribunal administratif a été saisi de sa plainte* · recevoir · recueillir (plur.) : *ce service recueille les plaintes des clients non satisfaits*
- étudier · examiner · instruire : *le procureur a donné un délai de quatre mois pour instruire cette plainte* · traiter
- donner suite à : *la justice n'a pas donné suite à sa plainte*
- classer (sans suite) · rejeter • débouter de : *le tribunal de commerce l'a débouté de sa plainte*
- abandonner · renoncer à · retirer : *l'entreprise a finalement retiré sa plainte*

∾ NOM + DE + **plaintes**

- avalanche · série · vague

plaisanterie *nom fém.* (histoire, canular)

∾ **plaisanterie** + ADJECTIF

- bonne + nom · charmante · de bon goût · délectable · drôle · excellente · fine : *cette comédie est pleine de plaisanteries fines* · joyeuse · savoureuse · subtile · truculente
- sans méchanceté · innocente · inoffensive • anodine · banale · légère : *son badinage est plein de plaisanteries légères* · petite + nom • courte : *« Les plaisanteries les plus courtes sont toujours les meilleures »* (proverbe) · de courte durée
- usée · vieille + nom • facile · lourde · lourdingue *fam.* · mauvaise + nom · médiocre · primaire · stupide · vaseuse • bête · de bas étage · de mauvais goût · déplacée · douteuse · d'un goût douteux · limite • crue · gaillarde · graveleuse · grivoise · grossière · obscène · salace · vulgaire

- acerbe · amère · cruelle · douce amère · féroce • macabre

∾ plaisanterie + VERBE
- circuler : *beaucoup de plaisanteries circulent sur son compte / à son sujet* • (plur.) fuser : *les plaisanteries fusent de toutes parts* · pleuvoir
- manquer / rater son effet · tomber à plat • tourner mal

∾ VERBE + **plaisanterie**
- tourner en : *il a préféré tourner toute l'affaire en plaisanterie* • pousser (... jusqu'à) : *il a poussé la plaisanterie jusqu'à se faire passer pour un détective ; il pousse la plaisanterie un peu loin cette fois-ci*
- dire · faire · lâcher · lancer · placer • hasarder · se permettre • (plur.) échanger · se lancer · se renvoyer
- prêter à : *la situation ne prête pas vraiment à (la) plaisanterie*
- être sujet à / de : *c'est pour eux un sujet récurrent de plaisanterie* · faire l'objet de • être victime de
- croire à · prendre pour
- comprendre : *attention, elle comprend mal la plaisanterie* • apprécier · bien prendre · goûter · rire à : *il rit à toutes ses plaisanteries* · savourer · sourire à
- prendre mal

plaisir *nom masc.*

∾ plaisir + ADJECTIF
- des sens · terrestres (plur.) • amoureux · charnel · de la chair · érotique · intime · sensuel · sexuel · solitaire° • culinaire · de bouche · de la table · gastronomique · gourmand • esthétique · visuel • cérébral · intellectuel • hédoniste
- immédiat
- inconnu · nouveau
- intact • éclatant · évident · manifeste · non feint : *c'est avec un plaisir non feint qu'il refuse l'invitation* · visible • extraordinaire · extrême · fou · grand + nom : *j'accepte avec grand plaisir* · immense · infini · inouï · intense · particulier · profond · pur + nom : *ce concert a été un moment de pur plaisir* · rare · sans mélange : *il goûte avec un plaisir sans mélange le repos dominical* · suprême · vif · réel + nom • décuplé : *un plaisir décuplé par l'attente* · violent • indicible · ineffable • inoubliable • communicatif
- délicieux · divin · doux · jubilatoire · subtil · voluptueux
- étrange · malin + nom : *il prend un malin plaisir à me contredire* · singulier
- moindre + nom • menus + nom (plur.) : *les menus plaisirs de la vie* · minuscule · petit + nom : *je me suis fait un petit plaisir, j'ai acheté la robe*
- éphémère : *c'est un plaisir bien éphémère au regard de l'investissement* · fugace · furtif · momentané · passager · rapide
- égoïste • amer · triste • masochiste · morbide • pervers · sadique · vicieux : *elle le regardait souffrir avec un plaisir vicieux*
- défendu · interdit • coupable

∾ plaisir + VERBE
- consister à : *son plus grand plaisir consiste à paresser sur la plage*
- être mêlé de : *un plaisir mêlé de culpabilité*
- durer

∾ VERBE + **plaisir**
- rechercher
- causer · (se) faire° : *fais-moi plaisir, tais-toi ; il s'est fait un plaisir de finir le gâteau* • donner ... à · procurer ... à • distiller
- (plur.) combiner · conjuguer
- découvrir · goûter à • avoir · connaître · éprouver · ressentir · sentir • jouir de · savourer • prendre ... à · tirer (sans art.) · trouver • cultiver : *cette exposition invite les enfants à cultiver le plaisir de la découverte*
- céder à · s'abandonner à · s'adonner à : *il s'adonne sans retenue aux plaisirs de la table* · se livrer à
- être ivre de · rayonner de • être rouge de · rougir de • défaillir de · fondre de : *j'ai fondu de plaisir en savourant ce carré de chocolat* • frémir de · frétiller de · frissonner de · trembler de • ronronner de · rugir de
- décupler · renforcer • renouveler • faire durer · prolonger
- varier° (plur.) : *ce livre propose de nombreuses recettes pour varier les plaisirs*
- bouder (+ possessif) : *pas question de bouder notre plaisir* · résister à • renoncer à : *il n'a pas renoncé aux plaisirs de la vie*
- gâcher · gâter · nuire à
- priver de : *ne me prive pas du plaisir de le lui dire en face*

[1]plan *nom masc.* (projet)

∾ plan + ADJECTIF
- d'action · d'attaque • de réforme · de reprise • de licenciement · de restructuration · social° : *ils ont annoncé un nouveau plan social dans l'entreprise* • financier • d'alerte · d'urgence • de paix · etc.

- gouvernemental • national • concerté • sectoriel • prospectif · stratégique • préétabli
- quadriennal · quinquennal · triennal
- ambitieux · gigantesque · grand [+ nom] · grandiose · vaste • draconien · drastique
- astucieux · audacieux · bien conçu · bien pensé · génial · habile · hardi · ingénieux · judicieux · mûrement réfléchi • cohérent · exécutable : *un plan difficilement / facilement exécutable* · raisonnable · réalisable • précis
- délirant · extravagant • compliqué
- inacceptable · inapplicable · irréalisable • désastreux · imparfait · risqué • diabolique · machiavélique

∾ plan + VERBE
- réussir
- échouer · s'écrouler

∾ VERBE + plan
- arrêter · bâtir · concevoir · développer · ébaucher · échafauder · élaborer · esquisser · établir · former · imaginer · mettre au point · mettre en œuvre · mettre en place · monter · préparer • faire / tirer ... sur la comète [○] (plur.) : *inutile de tirer des plans sur la comète* • définir · détailler • concocter · mûrir · ourdir [littér.] · ruminer
- poursuivre : *le groupe poursuit son plan de restructuration*
- boucler · finaliser · parachever · peaufiner · perfectionner
- annoncer · dévoiler · exposer : *ils nous ont exposé leur plan stratégique* · présenter
- accepter · adhérer à · adopter · approuver · avaliser • respecter · s'en tenir à · suivre
- (ré)activer · appliquer · déclencher · engager · exécuter · lancer · mettre à exécution · recourir à · se lancer dans • coordonner · piloter · superviser
- changer · modifier · réviser · revoir
- condamner · protester contre · refuser · rejeter • voir d'un œil (+ adj.) : *il voit ce plan d'un œil critique*
- bouleverser · bousculer · contrecarrer (plur.) : *il a réussi à contrecarrer les plans de son rival* · perturber • déjouer • saboter : *les extrémistes essaient de saboter le plan de paix* • ruiner · tuer dans l'œuf
- abandonner · renoncer à

[2]plan *nom masc.* (carte)

∾ plan + ADJECTIF
- cadastral
- détaillé · minutieux · précis
- correct · fidèle : *le plan n'est pas fidèle à la réalité du terrain*

∾ VERBE + plan
- dessiner · dresser · faire : *il a fait un plan à main levée* · tracer • reconstituer : *il a reconstitué le plan de l'usine de mémoire*

[3]plan *nom masc.* (Cinéma)

∾ plan + ADJECTIF
- fixe · panoramique • séquence • large · général · d'ensemble • américain · moyen · poitrine · taille • gros [+ nom] · rapproché · serré • arrière- [+ nom] : *on voit un magnifique paysage en arrière-plan* · premier [+ nom] · second
- interminable · long [+ nom]
- bref · court

∾ VERBE + plan
- filmer · tourner : *il a fallu plusieurs jours pour tourner ce plan* • alterner : *la caméra alterne plans larges et contre-plongées*

∾ NOM + DE + plans
- série : *le montage devient plus saccadé avec cette série de gros plans*
- échelle

en plan (+ adj.)
- filmer · tourner : *la scène est tournée en plan rapproché*
- cadrer · montrer : *son visage est montré en gros plan*

pleurs *nom masc. plur.*

∾ pleurs + ADJECTIF
- abondants · incessants • convulsifs
- amers · déchirants
- silencieux

∾ pleurs + VERBE
- secouer : *des pleurs convulsifs la secouent*
- résonner • recommencer
- cesser : *les pleurs de l'enfant cessèrent enfin*

∾ VERBE + pleurs
- verser : *elle versa des pleurs de désespoir*
- entendre
- contenir · refouler · retenir • étouffer : *elle mord ses lèvres pour étouffer ses pleurs*
- apaiser · calmer · essuyer · sécher : *il a le don de sécher mes pleurs*

en pleurs
- éclater · fondre · s'effondrer

pluie *nom fém.*

∞ pluie + ADJECTIF

- tropicale • estivale · hivernale • orageuse • acide° : *les forêts sont attaquées par les pluies acides*
- première + nom : *les premières pluies de la mousson sont tombées hier*
- abondante · forte + nom · grosse + nom · importante · intense • battante : *ils sont sortis sous une pluie battante* · d'enfer · diluvienne · drue · torrentielle · violente • exceptionnelle (plur.) • continuelle · incessante · ininterrompue · insistante · persistante · tenace : *les petites pluies tenaces que l'on a sur le littoral*
- bienfaisante · bienfaitrice
- froide · glacée · glaciale · verglaçante • cinglante · pénétrante
- dévastatrice · meurtrière : *des pluies meurtrières ont fait vingt-quatre victimes*
- intermittente • faible · fine : *une petite pluie fine tombait depuis le matin* · légère + nom · petite + nom

∞ pluie + VERBE

- survenir
- battre : *la pluie battait les vitres* · fouetter · marteler : *la pluie martèle le toit* · ruisseler · tomber
- arroser · s'abattre sur : *des pluies torrentielles se sont abattues sur la région*
- redoubler • recommencer · reprendre • persister
- délaver · détremper · lessiver : *les pluies diluviennes lessivent le sol* · mouiller • rendre glissant : *la chaussée est rendue glissante par la pluie* • inonder · noyer · tremper • transpercer : *la pluie glacée transperce nos vêtements*
- surprendre : *la pluie nous a surpris*
- gâcher · perturber

∞ VERBE + pluie

- amener · apporter • déclencher [fig.] : *ses paroles ont déclenché une pluie d'injures*
- annoncer · être annonciateur / signe de pluie : *de gros nuages annonciateurs de pluie*
- braver
- être / se mettre à l'abri de · s'abriter de
- essuyer [fig.] : *les policiers ont essuyé une pluie de balles*

∞ NOM + DE + pluie

- chute • mur : *le paysage disparaît derrière un mur de pluie*
- goutte : *il n'est tombé que quelques gouttes de pluie*

poème *nom masc.*

∞ poème + ADJECTIF

- épique · patriotique • mystique · religieux · sacré • d'amour · érotique · romantique • dramatique · lyrique · satirique · surréaliste
- chanté · dansé · narratif · symphonique · visuel • en prose • en vers · rimé
- inédit
- grand + nom · immense · long + nom
- célèbre · fameux
- admirable · beau + nom · dense · magnifique · merveilleux · splendide · superbe
- hermétique : *certains poèmes de Mallarmé sont un peu hermétiques* · incompréhensible · obscur
- mièvre · naïf
- bref · court : *les haïkus sont de très courts poèmes* · petit + nom

∞ poème + VERBE

- être composé de : *ce poème est composé de quatre strophes* · s'intituler
- évoquer · exprimer · parler de · raconter
- célébrer : *le poème célèbre l'harmonie de la Nature* · être un hommage à • exalter : *ce poème exalte le romantisme* • chanter : *la majorité de ses poèmes chante l'amour*

∞ VERBE + poème

- composer · construire · créer · écrire
- dédier ... à : *il dédie ce poème à sa fille* • intituler · titrer • mettre en musique • traduire • éditer · publier
- apprendre / connaître (par cœur) • chanter · déclamer · lire · réciter
- être emprunté à : *le titre de son film est emprunté à un poème d'Aragon* · reprendre · s'inspirer de : *le scénario s'inspire d'un poème chinois du VIe siècle*
- interpréter

∞ NOM + DE + poèmes

- anthologie · collection · ensemble · florilège · recueil · série

poésie *nom fém.* (qualité poétique)

∞ poésie + ADJECTIF

- grande + nom · haute + nom · indéniable · infinie · intense · profonde · puissante : *ce texte est empreint d'une poésie puissante* · pure · rare
- belle + nom · délicate · irrésistible · savoureuse · sensuelle
- étrange • loufoque^fam.^ : *la poésie un peu loufoque de ses chansons*
- dépouillée · sobre
- mélancolique · sombre • mauvaise + nom • hermétique · obscure

∾ VERBE + poésie

- être empreint de • cultiver : *cet auteur cultive une poésie délicate* • dégager : *les arbres nus dégagent une intense poésie*
- être sensible à
- populariser
- influencer
- être dénué de · manquer de
- être insensible à

∾ NOM + DE + poésie

- brin · dose · touche : *une touche de poésie dans ce monde de brutes*

[1]poids *nom masc.* (masse)

∾ poids + ADJECTIF

- corporel • mort° • brut • effectif · net · total • moyen
- initial • antérieur
- bon + nom · considérable · élevé · important · non négligeable · respectable • de forme° · idéal · juste + nom · suffisant
- faible : *un courrier de faible poids* · plume° : *c'est un poids plume cette fille* • insuffisant

∾ VERBE + poids

- atteindre : *j'ai atteint mon poids de forme* • retrouver • conserver · garder
- gagner · prendre : *il a pris un peu de poids pendant les vacances* • dépasser : *le bagage dépasse le poids admis*
- calculer · déterminer · estimer · évaluer · mesurer · vérifier • surveiller : *je surveille mon poids en permanence*
- alourdir : *l'eau alourdit le poids des vêtements* · augmenter
- peser
- alléger · diminuer · perdre · réduire • se décharger de
- porter · se charger de · soulever · soutenir : *cette poutre soutient tout le poids de la chape* · supporter

∾ NOM + DE + poids

- courbe : *il est important de suivre la courbe de poids des enfants*

sous le poids de

- courber · craquer · crouler : *les avocatiers croulaient sous le poids des fruits* · fléchir · plier · ployer : *la branche ploie sous le poids de l'oiseau* · s'écrouler · s'effondrer

[2]poids *nom masc.* (importance)

∾ poids + ADJECTIF

- émotionnel : *ils ont sous-estimé le poids émotionnel du débat sur les erreurs judiciaires* · moral · symbolique • démographique · économique · électoral · financier · politique · stratégique
- accru · considérable · élevé · énorme · formidable · grand + nom · important • décisif · déterminant · dominant · prédominant · prépondérant : *l'Europe garde un poids prépondérant dans les décisions* • croissant · grandissant • persistant
- démesuré · disproportionné · excessif · exorbitant : *le poids exorbitant de la dette publique* • accablant · écrasant · étouffant : *le poids étouffant de la tradition*
- relatif • faible • insuffisant

∾ poids + VERBE

- peser dans / sur : *leur poids pèsera lourdement dans la négociation ; elle s'est délestée de ce poids qui pesait sur son avenir*

∾ VERBE + poids

- accorder : *il faut accorder plus de poids aux acteurs sociaux* · donner • assurer
- acquérir · gagner · prendre
- détenir · disposer de • peser de : *la Roumanie pèse d'un poids déterminant dans les négociations* • conserver · garder : *la puissance publique doit garder un certain poids dans l'orientation de l'entreprise*
- accroître : *cela pourrait accroître le poids des soupçons sur l'ancien PDG* · ajouter · alourdir · renforcer
- accuser : *le moteur accuse le poids des années* • être lesté de · subir · supporter
- prendre conscience de · sentir · se rendre compte de
- estimer · évaluer · mesurer
- négliger • surestimer
- contester · (re)mettre en cause
- alléger : *il faut alléger le poids de la dette des pays les plus pauvres*
- (s')affranchir de · (se) débarasser de · (se) délester de · (se) libérer de
- enlever ... de · lever ... de · ôter ... de : *cela m'ôte un grand poids du cœur*

sous le poids de

- courber · craquer · crouler · étouffer · être écrasé · fléchir · plier · ployer · s'écrouler · s'effondrer · succomber

[1]point *nom masc.* (partie d'un raisonnement, d'un discours, etc.)

∾ point + ADJECTIF

- concret · particulier · précis

- capital · central · (-)clé : *le point clé de son projet de réforme est l'amélioration de l'accueil du public* · crucial · essentiel · fondamental · fort : *ce débat a été le point fort de la rencontre* · important · majeur · non négligeable · primordial · principal • incontestable · indiscutable
- intéressant
- faible • mineur · secondaire · subsidiaire
- brûlant · conflictuel · contesté · controversé · épineux · litigieux • délicat · difficile · sensible
- obscur : *c'est le point le plus obscur de son discours*

∞ VERBE + **point**
- évoquer · inscrire / mettre à l'ordre du jour · mentionner · parler de · rappeler · soulever • aborder · traiter : *je traiterai ce point dans le cours suivant* • attirer l'attention sur · développer · faire ressortir · insister sur · mettre en lumière · revenir sur · souligner
- prendre en compte · tenir compte de
- clarifier · éclaircir · élucider · préciser
- achopper sur : *les pourparlers achoppent encore sur deux ou trois points*
- céder sur · concéder
- s'accorder sur · (se) rejoindre sur : *nous nous rejoignons au moins sur un point : la situation est dramatique*

[2]point *nom masc.* (Sport)

∞ **point** + ADJECTIF
- décisif · important · précieux • gagnant : *il collectionne les points gagnants au cours de cette manche*
- facile
- difficile
- consécutifs (plur.) : *l'Argentin a marqué cinq points consécutifs*

∞ **point** + VERBE
- séparer : *trois points séparent toujours les deux équipes au classement général*

∞ VERBE + **point**
- aligner : *elle a aligné les points gagnants dans la troisième manche* · totaliser • empocher · glaner · grapiller · récolter • gagner : *des points âprement gagnés* · inscrire · marquer · prendre · remporter • (plur.) accumuler · additionner · cumuler · engranger
- battre de · devancer de : *il devance son principal rival de cinq points* · distancer de · mener (de) : *les tricolores menaient six points à trois / de quinze points à dix minutes de la fin du match* • être relégué à : *les Français sont relégués à douze points des Ukrainiens*
- concéder : *il a concédé trois points à son adversaire*

[3]point *nom masc.* (dans des statistiques)

∞ **point** + VERBE
- séparer

∞ VERBE + **point**
- gagner · grapiller : *il a grapillé quelques points dans les sondages* • augmenter de · progresser de : *l'action progresse de 2,5 points*
- baisser de · chuter de · dégringoler de · diminuer de · fléchir de · perdre · reculer de · régresser de : *le taux de chômage a régressé de près de 3 points*

[1]point de vue *nom masc.* (opinion)

∞ **point de vue** + ADJECTIF
- comparable · identique
- dominant · majoritaire · répandu • consensuel
- (plur.) antagonistes · contradictoires · différents · divergents · inconciliables • inverse · opposé : *nous avons des points de vue diamétralement opposés sur le sujet*
- documenté · éclairé • éclairant · intéressant
- objectif · rationnel
- partisan · subjectif
- discutable • indéfendable

∞ VERBE + **point de vue**
- afficher · affirmer · donner · émettre : *lors du débat, six invités ont émis leur propre point de vue sur la question* · exposer · exprimer · faire entendre · faire part de · livrer · proposer • assumer : *j'assume pleinement mon point de vue* • (plur.) confronter : *cette rencontre est l'occasion de confronter nos différents points de vue* · échanger
- faire prévaloir · imposer
- adhérer à · adopter · épouser · partager · rejoindre · se rallier à · soutenir • concilier · harmoniser · rapprocher : *cette rencontre est l'occasion de rapprocher les points de vue*
- défendre · justifier · légitimer · privilégier : *le reportage n'est pas objectif et privilégie l'un des points de vue* • comprendre · expliquer · rendre compte de
- infléchir · influencer
- contrebalancer
- rejeter · rester sourd à

∞ NOM + DE + **points de vue**
- multiplicité · diversité

[2]point de vue *nom masc.* (aspect, perspective)

∾ point de vue + ADJECTIF
- écologique · économique · historique • juridique · législatif • éthique · moral
- qualitatif · quantitatif • conceptuel · formel · théorique • pratique

∾ VERBE + **point de vue**
- adopter · faire (pré)valoir · privilégier
- (plur.) alterner : *la narration alterne les points de vue des différents personnages* · multiplier • changer de
- ignorer : *il serait trop simple d'ignorer le point de vue scientifique*

du point de vue de
- aborder · envisager · se placer

poison *nom masc.* (litt. et fig.)

∾ poison + ADJECTIF
- chimique · végétal
- puissant · violent • véritable + nom • foudroyant · rapide • redoutable · terrible
- paralysant • mortel
- insidieux : *la jalousie agit en lui comme un poison insidieux qui le consume* • lent
- indécelable · inodore · incolore

∾ poison + VERBE
- se répandre
- faire effet • paralyser · ronger : *la mélancolie est un poison qui ronge l'homme*

∾ VERBE + **poison**
- contenir · renfermer • sécréter
- mettre au point · préparer
- administrer · injecter · inoculer : *le serpent inocule le poison dans le corps de sa victime en une seule morsure* · (dé)verser : *il a versé discrètement du poison dans son verre* • distiller · instiller : *elle a instillé le poison du doute dans son esprit*
- agir comme • se transformer en : *mélangée à de l'eau, cette forme de mercure se transforme en poison*
- absorber · avaler · boire · ingurgiter : *Socrate fut condamné à ingurgiter un poison mortel* · respirer
- détecter · identifier
- éliminer · neutraliser : *ce sérum est si riche en anticorps qu'il neutralise le poison*

polémique *nom fém.*

∾ polémique + ADJECTIF
- électorale · politicienne · politique • religieuse
- publique • interne : *la polémique interne qui agite les ténors du parti*
- naissante
- acerbe · âpre · ardente · forte + nom · furieuse · grande + nom · grave · importante · intense · sans précédent · terrible · vaste + nom · violente · virulente · vive • croissante · grandissante
- éternelle · incessante · récurrente • interminable · sans fin : *le dopage est le sujet d'une polémique sans fin*
- inutile · stérile : *cessons cette polémique stérile qui ne nous mènera nulle part* · vaine • excessive : *il a fait un rapport sans polémique excessive sur la question* · idiote • navrante · pénible • amère · lancinante
- feutrée · sourde
- fausse + nom

∾ polémique + VERBE
- couver • commencer · éclater : *la polémique a éclaté autour de sa nomination* · intervenir · se développer · (re)surgir · survenir
- concerner · entourer · porter sur
- agiter · secouer : *cette polémique a secoué toute la classe politique*
- faire rage · gronder • battre son plein · prendre de l'ampleur · s'amplifier • dépasser : *la polémique dépasse le cadre politique* • avoir un large écho · s'étaler : *la polémique s'étale dans toute la presse locale*
- persister · se prolonger
- rebondir · se déplacer : *la polémique s'est déplacée sur le terrain des organisations internationales*
- faire long feu · retomber · se calmer • cesser · prendre fin · s'éteindre : *la polémique autour du film s'est rapidement éteinte*

∾ VERBE + **polémique**
- créer · déclencher · engager · provoquer · soulever · susciter : *l'affaire a suscité une vive polémique* • donner lieu à · donner matière à · prêter à • être au centre de · être au cœur de : *la légalisation de l'euthanasie est au cœur de cette polémique* · être le sujet de • être / faire l'objet de
- entrer dans : *je refuse d'entrer dans cette polémique* · se lancer dans · se livrer à : *ils aiment se livrer à des polémiques sans fin* · s'engager dans · tomber dans
- alimenter · attiser · (r)aviver · enfler · entretenir · envenimer · grossir · nourrir : *ce nouvel incident vient nourrir la polémique* · ranimer · relancer

- éviter · ignorer · rester à l'écart de : *le producteur du film a tenu à rester à l'écart de la polémique* · se garder de
- apaiser · désamorcer : *le ministre a tenté de désamorcer la polémique par une déclaration apaisante*
- clore : *ce vote clôt plusieurs années de polémique* · couper court à : *pour couper court à toute polémique, il a accepté* · enterrer · éteindre · faire cesser · mettre fin à · mettre un terme à

police *nom fém.*

∞ police + ADJECTIF

- de proximité · fédérale · internationale · locale · municipale · nationale • administrative · antidrogue · antiémeute · (de l'air et) des frontières · des mœurs · judiciaire · maritime · militaire · politique · religieuse · routière · scientifique · des polices • secrète • privée

∞ police + VERBE

- intervenir : *la police a dû intervenir à plusieurs reprises* · venir en renfort • stationner • se déployer • patrouiller : *la police patrouille dans les rues pour prévenir les pillages* · quadriller
- contrôler · enquêter sur · surveiller · vérifier • diligenter une enquête • être sur la piste de · pourchasser · poursuivre · prendre en filature · rechercher · traquer
- ratisser • ficher · fouiller • mettre la main sur • infiltrer · interroger · perquisitionner • appréhender · arrêter · embarquer · intercepter · interpeller • confisquer · réquisitionner · saisir : *120 kilos de cocaïne ont été saisis par la police*
- escorter · protéger · surveiller • veiller à
- identifier : *la police a identifié le cadavre*
- accuser · bloquer l'accès à · déjouer : *la police a déjoué un attentat contre le ministère* · interdire
- déloger · disperser · évacuer • relâcher
- démanteler
- être sur les dents : *la police de l'air et des frontières est sur les dents depuis cette évasion*

∞ VERBE + police

- entrer dans · intégrer : *il a intégré la police à dix-huit ans*
- faire appel à · faire intervenir · requérir · saisir : *le magistrat a décidé de saisir la police des polices*
- alerter · aller chercher · appeler · avertir · contacter • confier à · déclarer à · dénoncer à · porter plainte à · prévenir ... de · se plaindre à · signaler à
- aider · collaborer avec · coopérer avec • indiquer à · informer · mettre sur la piste · mettre sur le coup
- se livrer à · se rendre à
- avoir affaire à · avoir des ennuis avec
- échapper à

∞ NOM + DE + police

- griffes (plur.) : *le fuyard est finalement tombé dans les griffes de la police*

politesse *nom fém.*

∞ politesse + ADJECTIF

- à toute épreuve · exemplaire · extrême · grande [+ nom]
- exquise : *il est d'une politesse exquise et se montre obligeant pour tous* · raffinée · respectueuse
- pure [+ nom] : *j'ai pris la peine de lui répondre par pure politesse* · simple [+ nom]
- appuyée · cérémonieuse · exagérée · excessive • affectée · obséquieuse • distante · froide · glacée

∞ VERBE + politesse

- afficher · avoir : *il n'a même pas eu la politesse de me prévenir* · faire assaut de
- (plur.) [parole] • multiplier · se confondre en • échanger · se faire : *elles se sont fait mille politesses devant la porte*
- apprendre : *je vais lui apprendre la politesse*
- rendre · renvoyer · retourner : *il nous a invités, il nous faut lui retourner la politesse*
- brûler · griller · souffler : *pour une fois, c'est la chaîne publique qui a grillé la politesse à la chaîne privée*
- oublier

[1]politique *nom fém.* (stratégie)

∞ politique + ADJECTIF

- agricole · culturelle · économique · éditoriale · éducative · énergétique · familiale · industrielle · linguistique · pénale · sociale • commerciale · fiscale · monétaire · salariale · tarifaire · contractuelle
- gouvernementale · publique • intérieure : *il s'implique davantage dans la politique intérieure que dans les affaires internationales* · régionale · nationale · locale · municipale • étrangère · extérieure • commune : *l'Union européenne essaie de mettre en place une politique commune à tous ses états membres* • unilatérale
- de prestige : *cette politique de prestige laisse l'électorat indifférent*
- du pire ○ : *ils refusent la politique du pire*

- conservatrice · expansionniste · libérale • déflationniste · inflationniste • nataliste • sécuritaire · etc.
- vraie + nom · véritable + nom · réelle + nom • active · dynamique · énergique · radicale · volontariste
- d'austérité · de rigueur · musclée : *il a mis en place une politique musclée contre la délinquance* · rigoureuse · sévère • draconienne · drastique · restrictive • impitoyable · intransigeante
- à long terme · suivie
- adroite · astucieuse · cohérente • adéquate · avisée · clairvoyante · opportune · responsable · sage • efficace • pragmatique · raisonnable · réaliste • prévoyante · prudente • conciliante · généreuse • d'ouverture○ : *le pays poursuit sa politique d'ouverture des marchés* · progressiste • courageuse • imaginative · novatrice • équilibrée · modérée · nuancée
- incitative • préventive • d'intégration
- discriminatoire • coercitive · de la carotte (et du bâton) · répressive • belliqueuse · belliciste · de revanche · offensive • antisociale
- agressive · autoritaire · dirigiste · rigide • chaotique · désastreuse · irresponsable · laxiste · maladroite · mauvaise + nom · piètre + nom · rétrograde • coûteuse · onéreuse • inefficace · inopérante • inacceptable · inadmissible • aberrante · absurde · incohérente · inconséquente · irrationnelle • criminelle · dangereuse • extrémiste
- attentiste · passive • de l'autruche○ : *ils pratiquent la politique de l'autruche* · hésitante · indécise • à court terme

∾ politique + VERBE

- s'inscrire dans : *sa politique s'inscrit dans la durée / une continuité ; leur politique s'inscrit dans le contexte de la lutte contre la délinquance*
- durer : *cette politique dure depuis des années*
- attirer · séduire • faire des émules
- réussir · triompher
- échouer

∾ VERBE + politique

- élaborer · établir · impulser : *les jeunes cadres du parti impulsent une nouvelle politique* · inaugurer : *cette publication inaugure une nouvelle politique éditoriale* · instaurer · lancer · mettre au point · mettre en œuvre · mettre en place · mettre en route · se lancer dans : *le gouvernement s'est lancé dans une politique de grands travaux publics*
- bâtir · concevoir · construire · définir · dessiner · déterminer · développer · imaginer • adopter · appliquer · avoir · conduire · entreprendre · mener · mener à bien · pratiquer : *la ville pratique une véritable politique d'intégration* · se doter de : *ils doivent se doter d'une politique familiale digne de ce nom* · suivre · tenter • renouer avec · revenir à • s'aligner sur : *ils s'alignaient alors sur la politique de l'URSS*
- faire prévaloir · imposer
- accentuer · confirmer · consolider · intensifier · renforcer • durcir · radicaliser : *l'entreprise a radicalisé sa politique salariale* · resserrer • continuer · être fidèle à · maintenir · poursuivre · reconduire · relancer · reprendre
- appuyer · avaliser · cautionner · défendre · donner son aval / sa caution à · encourager · être partisan de : *il est partisan d'une politique plus rigoureuse en matière d'emploi* · favoriser · financer · préconiser · promouvoir · prôner · soutenir · vanter • justifier
- bénéficier de · récolter les fruits de • subir
- dicter · infléchir : *la crise du pétrole est venue infléchir sa politique* · influencer · influer sur · orienter
- gauchir : *l'opposition veut gauchir la politique du gouvernement* • avoir (un) droit de regard sur • adapter · ajuster · changer de · modifier · (ré)orienter · réviser · revoir • harmoniser (plur.)
- assouplir : *il faut assouplir notre politique fiscale* · relâcher : *les banquiers ont dû relâcher leur politique monétaire*
- dresser le bilan de · (ré)évaluer • clarifier · éclaircir
- (re)mettre en cause · (re)mettre en question • attaquer · combattre · critiquer · décrier · mettre à mal · protester contre · réprouver · s'attaquer à • aller à l'encontre de · contrer · faire obstacle à
- geler · mettre entre parenthèses : *dans ce cas, il faut mettre la politique entre parenthèses et être plus pragmatique* • mettre fin à · rompre avec

∾ NOM + DE + politique

- fer de lance · pièce maîtresse

[2] politique *nom fém.* (affaires publiques)

∾ VERBE + politique

- basculer dans · faire ses premiers pas / premières armes dans · se destiner à · se lancer dans · s'engager dans · s'orienter vers • se frotter à · se mêler de · s'occuper de

- se désintéresser de • lâcher · quitter · renoncer à · se retirer de : *après cet échec aux présidentielles, il a décidé de se retirer définitivement de la politique*

³politique *nom masc.* (personne)

∞ **politique** + ADJECTIF

- aguerri · chevronné · expérimenté • fin ⁺ ⁿᵒᵐ · habile • ambitieux
- redoutable · retors

∞ NOM + DE + **politiques**

- brochette *fam.* · collection

pollution *nom fém.*

∞ **pollution** + ADJECTIF

- atmosphérique · environnementale · marine · maritime · urbaine • acoustique · sonore • olfactive • lumineuse : *la pollution lumineuse empêche de bien voir les étoiles* · visuelle : *la pollution visuelle due à de trop nombreuses publicités*
- agricole · automobile · humaine · industrielle • azotée · bactériologique · chimique · magnétique · pétrolière · radioactive
- accidentelle · volontaire
- considérable · forte + nom · grosse + nom · massive : *une pollution massive d'un cours d'eau par un insecticide* • chronique · continue · récurrente
- alarmante · dangereuse · désastreuse · dramatique · grave · inquiétante
- diffuse · limitée · réduite • (quasi) nulle • résiduelle

∞ **pollution** + VERBE

- menacer • atteindre · ravager : *la pollution ravage la couche d'ozone* · toucher
- augmenter
- diminuer · reculer

∞ VERBE + **pollution**

- engendrer · être responsable de · générer · provoquer · entraîner
- être victime de · souffrir de · subir
- contrôler · évaluer · mesurer
- accroître · augmenter
- craindre · se plaindre de
- agir contre · combattre · lutter contre
- diminuer · limiter · réduire : *il faut essayer de réduire au maximum la pollution de l'air*
- stopper
- être exempt de · être vierge de

∞ NOM + DE + **pollution**

- épisode · pic
- nuage : *on peut observer un nuage de pollution au-dessus de la capitale*
- taux

poncif *nom masc.* (souvent plur.)

∞ **poncif** + ADJECTIF

- du genre · habituel • vieux + nom
- éculé · usé (jusqu'à la trame / corde)

∞ VERBE + **poncif**

- (plur.) accumuler · aligner · égrener : *l'émission a égrené tous les poncifs habituels sur le sujet* · enfiler · énoncer • répéter · ressortir • faire appel à · jongler avec · jouer avec · manipuler · user de
- être chargé de · véhiculer : *il est dangereux de véhiculer de tels poncifs*
- donner dans · retomber dans
- (re)mettre en cause · se méfier de · s'en prendre à • déjouer : *le film réussit à déjouer les poncifs de ce genre de scénario* · échapper à · éviter • ébranler · renverser
- trancher avec : *cette série tranche avec les poncifs du genre*
- abandonner · balayer · rompre avec · sortir de

∞ NOM + DE + **poncifs**

- amas · avalanche · série

ponctualité *nom fém.*

∞ **ponctualité** + ADJECTIF

- exemplaire · grande + nom · parfaite : *elle est arrivée avec une ponctualité parfaite* • pointilleuse · stricte • habituelle · légendaire

∞ VERBE + **ponctualité**

- demander · exiger
- assurer · veiller à : *il veille à la ponctualité de ses employés*
- être de (+ adj.) : *elle est d'une ponctualité exemplaire* · faire preuve de · respecter
- manquer de
- améliorer

pont *nom masc.*

∞ **pont** + ADJECTIF

- (à) bascule · fixe · flottant · glissant · levant · mobile · roulant · suspendu · tournant · transbordeur • ferroviaire · piétonnier · (auto)routier • aérien : *ils ont mis en place un pont aérien entre les deux pays*
- gigantesque · grand + nom · immense

∾ pont + VERBE

- enjamber : *le pont enjambe la Garonne* · franchir • relier (à) : *le pont relie l'île au continent* • surplomber • mener à
- s'affaisser · s'écrouler · s'effondrer

∾ VERBE + pont

- bâtir · construire · jeter · lancer • [fig.] créer : *il veut créer un pont entre les deux disciplines* · (r)établir
- emprunter · passer (sur) · traverser : *prenez à droite après avoir traversé le pont*
- détruire · endommager : *le séisme a sérieusement endommagé le pont* • bombarder · couper : *César a coupé le pont du Rhône pour empêcher le passage des Helvètes* · faire sauter : *les résistants ont fait sauter le pont*
- (plur.) [fig.] couper · rompre : *il a rompu les ponts avec sa famille*

popularité *nom fém.*

∾ popularité + ADJECTIF

- personnelle : *sa popularité personnelle est énorme auprès des jeunes*
- naissante
- accrue · considérable · élevée · énorme · étonnante · évidente · exceptionnelle · formidable · forte + nom · grande + nom · immense · importante · incontestable · incroyable · inégalée · inouïe • internationale · planétaire • durable · persistante • intacte • croissante · grandissante
- méritée
- déclinante · faible + nom • éphémère

∾ popularité + VERBE

- dépasser : *sa popularité dépasse les frontières ; la popularité de cette manifestation dépasse toutes les espérances* • aller croissant · croître · grimper · remonter : *sa popularité remonte aux années 1920 ; sa popularité a remonté d'un cran avec la sortie de son nouvel album* • être au plus haut
- baisser · chuter · décliner · décroître · être en baisse · fléchir : *sa popularité a légèrement fléchi suite à cette affaire* • être au plus bas · s'effondrer

∾ VERBE + popularité

- construire (... sur)
- acquérir · retrouver • bénéficier de · connaître · jouir de • conserver • gagner en : *le ministre gagne encore en popularité ce mois-ci*
- être conscient de • mettre à profit · profiter de · utiliser
- accroître · affirmer · asseoir · conforter · renforcer : *son engagement dans l'humanitaire a renforcé sa popularité* • confirmer · vérifier
- être soucieux de • soigner : *il compte sur la baisse du chômage pour soigner sa popularité*
- attester de · donner la mesure de · témoigner de
- mesurer · tester : *il a pu tester sa popularité lors du défilé dans les rues de la ville*
- entamer
- ruiner : *cette affaire aura achevé de ruiner sa popularité*
- perdre : *il a choisi de prendre ce risque, quitte à perdre sa popularité*

∾ NOM + DE + popularité

- côte · niveau
- regain : *cet instrument connaît un certain regain de popularité* · surcroît • faîte · sommet
- chute · érosion

population *nom fém.*

∾ population + ADJECTIF

- civile : *la population civile continue d'être la principale victime de cette guerre* · militaire
- agricole · rurale • insulaire · urbaine • migrante · mobile · nomade • sédentaire
- active · inactive • estudiantine · scolaire • ouvrière
- carcérale · pénale · pénitentiaire
- jeune · vieillissante · âgée • féminine · masculine
- mondiale · terrestre
- moyenne • globale · totale
- allochtone · étrangère · immigrée • autochtone · indigène · locale
- environnante · limitrophe · riveraine
- dense · énorme · forte + nom · importante · large • agglomérée : *la population agglomérée de la commune est de 2 334 personnes* • équilibrée : *selon les démographes, un taux de natalité de 2,1 est nécessaire pour garder une population équilibrée* · stable
- composite · cosmopolite · hétéroclite · mélangée • homogène
- isolée · marginalisée • à risque : *les fumeurs constituent une population à risque* · fragile • défavorisée · modeste • démunie · désemparée · en détresse
- clairsemée · dispersée : *il est difficile de fournir des services publics à une population dispersée* · éparse · faible · restreinte : *ce syndrome ne touche qu'une population restreinte*
- définie · particulière

∾ **population** + VERBE

- atteindre · avoisiner : *la population avoisine les 25 000 personnes* · compter · s'élever à · (se) monter à • se limiter à
- augmenter · croître · grossir · s'accroître • exploser • décupler · doubler · tripler : *la population du pays a triplé en vingt ans*
- évoluer · se diversifier : *la population se diversifie sur le plan ethnique* • se féminiser • rajeunir • vieillir
- émigrer · fuir · immigrer · migrer : *la pauvreté oblige la population rurale à migrer vers les villes*
- stagner • descendre à · diminuer

∾ VERBE + **population**

- abriter · accueillir • attirer : *la vallée attire une population jeune et soucieuse de l'environnement* • (plur.) brasser : *New York brasse des populations du monde entier* · regrouper
- faire partie de
- cibler : *cette publicité cible une population bien particulière* · toucher · s'adresser à : *la mesure s'adresse à une population marginalisée*
- appeler ... à · exhorter ... à · inciter ... à • consulter · sonder
- parler à · s'adresser à : *le président s'adressera à la population lors d'une allocution télévisée* • alerter · prévenir · sensibiliser : *la population est sensibilisée aux problèmes de l'environnement*
- estimer · recenser : *la population est recensée tous les quinze ans*
- accroître
- fixer : *le recensement fixe officiellement la population du village à 1 311 habitants*
- alphabétiser · éduquer · responsabiliser • loger • (ré)approvisionner · ravitailler
- aider · améliorer le sort de · apaiser · conforter · protéger · rassurer · secourir · soulager · vacciner · venir en aide à • épargner • amadouer · séduire • satisfaire
- affecter · frapper de plein fouet : *l'embargo frappe de plein fouet la population civile*
- exploiter · forcer ... à · soumettre • faire souffrir · s'attaquer à · s'en prendre à • prendre en otage : *les grévistes ont pris la population en otage* • alarmer · inquiéter · intimider · menacer · paniquer · terroriser • rançonner • exclure · isoler · séparer
- affamer · appauvrir • décimer · exterminer · massacrer
- diminuer
- déraciner • évacuer : *ils ont évacué par hélicoptère la population de la zone sinistrée* • déplacer · déporter · expulser

∾ NOM + DE + **population**

- catégorie · frange : *une large frange de la population est défavorable au projet*
- accroissement · augmentation · croissance • afflux • concentration
- baisse

port *nom masc.* (pour les bateaux)

∾ **port** + ADJECTIF

- de pêche · de plaisance · de transit · pétrolier • commercial · de commerce • autonome · franc
- fluvial • de mer · maritime

∾ **port** + VERBE

- s'ensabler · s'envaser
- abriter · accueillir · recevoir

∾ VERBE + **port**

- toucher (à) • amarrer à • accoster à · arriver à · débarquer à · (r)entrer à : *les bateaux de pêche rentrent au port vers 11 heures* • être ancré dans · faire escale dans · stationner dans
- quitter · sortir de
- désensabler · désenvaser · draguer

porte *nom fém.*

∾ **porte** + ADJECTIF

- [aussi fig.] d'accès · d'entrée • cochère • [aussi fig.] de secours · de sortie • latérale · principale • coupe-feu · pare-feu • de service • blindée · capitonnée · grillagée · matelassée · métallique · vitrée • à deux battants · à tambour° · battante · coulissante · pivotante • automatique
- [aussi fig.] close · ouverte
- grande + nom [aussi fig.] · haute · large · lourde : *il eut du mal à pousser la lourde porte de bois* · massive · monumentale
- basse · étroite · petite + nom [aussi fig.] • dérobée · secrète

∾ **porte** + VERBE

- communiquer avec : *cette porte communique avec la salle à manger* · conduire à · desservir · donner sur · s'ouvrir sur
- s'entrebâiller · s'entrouvrir · s'ouvrir · tourner sur ses gonds • bâiller • se refermer : *la lourde porte se referme sur eux* • pivoter
- couiner · grincer • claquer : *la porte a claqué toute seule* • se bloquer · se coincer

∾ VERBE + **porte**

- attendre à · être à · se présenter à · se tenir à • assiéger : *les journalistes assiégeaient sa porte depuis 2 h de l'après-midi* · se presser à : *la foule se presse à la porte de la salle*
- cogner à · frapper à · sonner à · tambouriner à · taper à · toquer à
- emprunter · utiliser • entrer par : *il est entré dans l'entreprise par la petite porte* · franchir · passer (par) · pousser : *il poussa la haute porte qui donnait sur le salon* • s'échapper par · s'éclipser par · sortir par • se précipiter vers · se ruer vers
- être posté à / devant · garder · surveiller • tenir ... à : *tu peux me tenir la porte s'il te plaît ?*
- actionner • entrebâiller · entrouvrir • déverrouiller · (r)ouvrir
- casser · crocheter · défoncer · forcer · fracasser · fracturer • enfoncer [aussi fig.] : *vous enfoncez une porte ouverte*
- cadenasser · (re)fermer : *tu as mal fermé la porte* · tirer · verrouiller • calfeutrer • claquer [aussi fig.] : *il a claqué la porte du syndicat*
- barrer · barricader · bloquer : *toutes les portes du bâtiment ont été bloquées* · condamner
- [aussi fig.] foutre à[fam.] · ficher à[fam.] · jeter à · mettre à • raccompagner à · reconduire à : *elle l'a gentiment reconduit à la porte du musée*
- [fig., porte close / fermée] se heurter à : *il s'est heurté aux portes closes des mairies* · trouver : *elle s'est présentée à plusieurs centres d'accueil, elle a toujours trouvé porte close*
- [fig., porte de sortie] • chercher · (se) ménager : *ils essaient de lui ménager une porte de sortie honorable* • trouver

portée *nom fém.* (effet, impact)

∾ **portée** + ADJECTIF

- culturelle · économique · juridique · politique · sociale • pédagogique • éthique · morale • métaphysique · philosophique · etc.
- internationale · planétaire · universelle : *ce poème a une portée universelle* • nationale
- générale : *il livre une conclusion de portée générale* · globale
- à long terme · à moyen terme • à court terme · immédiate
- rétroactive[Admin.] : *cet accord ne peut avoir de portée rétroactive*
- considérable · forte [+ nom] : *c'est une décision à forte portée politique* · grande [+ nom] · haute [+ nom] · historique · immense · importante · incalculable : *des conséquences d'une portée incalculable* · profonde · réelle [+ nom] · véritable [+ nom] • concrète · pratique • exacte · précise
- subversive
- faible [+ nom] · limitée • symbolique : *ce geste a une haute portée symbolique*

∾ **portée** + VERBE

- dépasser : *la portée symbolique du geste dépasse de loin son efficacité* · excéder

∾ VERBE + **portée**

- attribuer ... à · conférer ... à · donner ... à
- avoir · revêtir (+ adj.) : *cette visite officielle de l'ambassadeur revêt une portée importante* • conserver
- avoir conscience de · comprendre · percevoir · saisir : *ils n'ont pas saisi toute la portée de leur geste*
- analyser · apprécier · déterminer · évaluer · mesurer · s'interroger sur
- exagérer · surestimer
- rendre compte de • mettre en avant · mettre en lumière · montrer · souligner
- accroître · amplifier · augmenter
- minimiser · relativiser : *il voudrait relativiser la portée de la révolution Internet* · sous-estimer
- affaiblir · altérer · amoindrir · atténuer · limiter · réduire · restreindre : *cet amendement restreint la portée de la loi*
- contester · dénier · nier : *il nie la portée politique de ce texte*
- perdre • être dénué de · être dépourvu de

portion *nom fém.*

∾ **portion** + ADJECTIF

- alimentaire
- individuelle
- égale · équivalente · identique
- inégale
- bonne [+ nom] · copieuse · double · énorme · grande [+ nom] · grosse [+ nom] · importante · large
- congrue° : *ses allocations ont été réduites à la portion congrue* • demi- [+ nom] [fig.] • infime · maigre [+ nom] · minuscule · petite [+ nom]

∾ VERBE + **portion**

- demander · réclamer
- extraire : *cette fonction permet d'extraire une portion de l'enregistrement* · prélever • enlever · retirer · emporter
- accorder · allouer · céder · distribuer · donner · laisser · offrir
- annexer : *l'État voisin a annexé une portion de notre territoire* · s'approprier · (se) réserver
- utiliser

- augmenter
- diminuer · réduire
- limiter · réduire : *si vous voulez maigrir, réduisez les portions*
- perdre

[1]portrait *nom masc.* (description)

∞ portrait + ADJECTIF

- psychologique : *il s'efforce de tracer le portrait psychologique du tueur en série* • intimiste • clinique • croisé : *le portrait croisé de deux militants*
- approfondi · détaillé · fouillé · précis • long $^{+ nom}$
- bref · rapide
- crédible · exact · juste · réaliste • honnête · lucide · sans complaisance · sans fard · sobre
- réussi · saisissant • admirable · beau $^{+ nom}$ · excellent · magnifique · remarquable · vivant • attachant · bouleversant · émouvant · sensible · touchant
- nuancé : *la biographe dresse un portrait nuancé de cet homme politique* · tout en nuances • complexe · contrasté · mitigé
- étonnant · surprenant
- idyllique · optimiste · séduisant • admiratif · avantageux · élogieux · flatteur : *tous ceux qui l'ont connu en ont fait un portrait flatteur* · hagiographique · idéalisé
- acerbe · acéré · au vitriol○ : *il a fait un portrait au vitriol de son adversaire* · caustique · corrosif · critique · cru · dur · féroce · impitoyable · implacable · ironique · mordant · sans concession · satirique : *l'auteur dresse un portrait satirique du monde de la publicité* · sévère
- désespéré · pessimiste
- caricatural · sans nuance • convenu · naïf

∞ VERBE + portrait

- ébaucher · esquisser : *il esquisse le portrait d'une ville en pleine mutation* • brosser : *le documentaire brosse le portrait de ce réalisateur américain* · dresser · établir · faire · réaliser · tracer
- livrer · offrir · proposer
- réussir
- affiner · compléter : *de nombreux témoignages viennent compléter le portrait de l'écrivain*
- correspondre à : *il ne correspond pas au portrait idyllique que l'on m'en a fait*

[2]portrait *nom masc.* (dessin, photo)

∞ portrait + ADJECTIF

- individuel · officiel • robot○ : *la police a dressé un portrait robot du fuyard* • de famille · de groupe • en buste · en pied • de face · de profil · de trois-quarts • en couleurs · noir et blanc • d'apparat · équestre · royal • anonyme
- craché○ · criant de vérité · fidèle · réaliste · ressemblant
- stylisé
- énorme · géant : *la porte est ornée d'un portrait géant de Mao* · gigantesque · grand $^{+ nom}$ · immense
- petit $^{+ nom}$
- expressif · saisissant • admirable · beau $^{+ nom}$ · joli $^{+ nom}$ · magnifique · superbe

∞ portrait + VERBE

- trôner : *le portrait de l'aïeul trônait au-dessus de la cheminée*

∞ VERBE + portrait

- croquer : *il croque le portrait des passants pour une somme modique* · dessiner · esquisser · faire · peindre · réaliser
- se faire tirer○fam.
- accrocher · exposer • diffuser : *le portrait robot du tueur a été diffusé dans toute la presse*

∞ NOM + DE + portraits

- galerie · série

pose *nom fém.*

∞ pose + ADJECTIF

- classique • hiératique · martiale • figée · sculpturale
- avantageuse · gracieuse · majestueuse : *les dieux de l'Olympe sont souvent représentés dans une pose majestueuse*
- étudiée · recherchée • affectée
- décontractée · désinvolte · nonchalante
- abandonnée · alanguie · impudique · langoureuse · lascive · provocante · suggestive · vulgaire

∞ VERBE + pose

- adopter · avoir · prendre : *il prit la pose devant la photographe ; elle a pris une pose avantageuse* • garder · tenir : *difficile de tenir la/cette pose pendant des heures*

[1]position *nom fém.* (posture)

∞ position + ADJECTIF

- accroupie · assise · debout · du lotus • allongée · couchée • fœtale · ventrale • horizontale · verticale • d'attaque · de

défense · défensive : *une position défensive du kung-fu* · offensive • méditative • latérale de sécurité ᵓ : *il faut mettre le blessé en position latérale de sécurité*
- adéquate · appropriée · bonne + nom • confortable · décontractée • stable : *mettez-vous dans une postion stable pour éviter de tomber*
- curieuse + nom · étrange • acrobatique · extravagante · incongrue
- suggestive
- fatigante · incommode · inconfortable : *j'ai fait tout le trajet dans une position inconfortable* · mauvaise + nom

∾ VERBE + position
- ajuster · changer (de) · modifier

dans une position / en position
- adopter · (se) mettre : *je me suis mis dans une position confortable* · prendre • dormir · placer · rester · s'asseoir : *elle s'est assise en position du lotus* · se figer

[2] position *nom fém.* (emplacement)

∾ position + ADJECTIF
- frontalière · géographique · géostratégique · orbitale · etc.
- basse · (sur)élevée · haute · inférieure · supérieure • frontale · latérale • centrale · excentrée · intermédiaire · médiane • arrière · avant
- fixe · immuable · stable • exacte · précise • stratégique
- instable · variable
- belle + nom · idéale · privilégiée : *la Géorgie jouit d'une position géographique privilégiée entre l'Europe et l'Asie* · unique

∾ position + VERBE
- changer : *la position des astres change*

∾ VERBE + position
- avoir · être dans · être situé à / dans • bénéficier de · jouir de
- déterminer : *les services de secours ont déterminé la position du bateau* · établir · localiser · mesurer : *cette technique permet de mesurer très précisément la position des étoiles* · trouver
- indiquer · marquer : *ils ont marqué la position de l'épave avec des bouées*
- profiter de · tirer parti de : *la ville tire parti de sa position frontalière sur le plan économique*
- changer : *j'ai changé la position des bibelots sur la cheminée* · modifier · revoir

en première, deuxième ... position
- démarrer · partir • se placer · se retrouver · venir • arriver · terminer

[3] position *nom fém.* (Mil.)

∾ position + ADJECTIF
- militaire
- stratégique • défensive • avancée · fortifiée
- ennemie

∾ VERBE + position
- installer : *l'armée a installé une position militaire à l'intérieur du camp*
- attaquer · bombarder · pilonner : *les bombardiers ont pilonné les positions des rebelles*
- défendre
- (re)conquérir · s'emparer de : *l'armée s'est emparée des positions des guérilleros*
- détruire · évacuer

[4] position *nom fém.* (situation)

∾ position + ADJECTIF
- commerciale · professionnelle · sociale
- centrale · (-)clé : *il occupe une position clé dans l'entreprise* · de leader : *l'entreprise détient la position de leader sur le marché* · dominante · éminente · importante · influente · prédominante · prééminente : *notre pays occupe une position prééminente dans la production de médicaments* • de monopole · hégémonique · monopolistique
- solide · stable • avantageuse · belle + nom · bonne + nom · enviable · enviée · excellente · favorable : *il se retrouve dans une position favorable pour le second tour* · idéale · prestigieuse · privilégiée : *il bénéficie d'une situation sociale privilégiée* · unique • stratégique • de force : *elles sont en position de force pour négocier*
- modeste · subalterne • excentrée
- incertaine · mauvaise + nom · précaire • compliquée · critique · défavorable · délicate · difficile · périlleuse • embarrassante · gênante • impossible : *suite à cet incident diplomatique, il s'est retrouvé dans une position impossible* · intenable

∾ position + VERBE
- évoluer

∾ VERBE + position
- prétendre à · viser : *ils visent une position de leader sur le marché dans les cinq ans*
- aboutir à · accéder à · acquérir · atteindre · s'assurer : *elle veut s'assurer une position importante au sein du groupe* · se faire · se hisser à · se mettre dans · se (re)trouver en

- bénéficier de · détenir · disposer de · être en : *le fabricant est actuellement en position de monopole* · jouir de : *il jouit d'une excellente position professionnelle* · occuper : *il occupe une position dominante au sein du parti* · posséder · stabiliser • conserver · maintenir · préserver
- affermir · conforter · établir • améliorer · consolider · fortifier · renforcer : *le pays souhaite renforcer sa position sur le plan international*
- changer de · faire évoluer
- profiter de · tirer profit de : *il a toujours tiré profit de sa situation influente auprès du président* · utiliser • abuser de : *elle abuse de sa situation dominante pour s'octroyer des privilèges*
- déstabiliser · nuire à • affaiblir · fragiliser : *ses problèmes de santé ont fragilisé sa position dans l'équipe* · réduire : *le fondateur a accepté de réduire sa position dans le holding*
- sortir de : *il est enfin sorti de sa position précaire*

[5]position *nom fém.* (opinion)

∾ position + ADJECTIF

- idéologique · morale · politique · religieuse · etc.
- de principe : *il a réitéré la position de principe de l'Union contre la peine de mort*
- claire · déterminée · ferme · (claire et) nette · sans ambiguïté · sans équivoque · tranchée • catégorique · définitive · inébranlable · inflexible · intransigeante • dure · extrême · jusqu'au-boutiste · radicale · rigide
- constante · inchangée • traditionnelle : *c'est la position traditionnelle des syndicats sur le sujet* • commune · majoritaire · partagée · similaire · symétrique
- courageuse · hardie • conciliante · équilibrée · intermédiaire · médiane · modérée · nuancée • lucide · prudente · réaliste · sage [+ nom]
- mi-chèvre mi-chou • attentiste · conservatrice · frileuse : *la position frileuse du gouvernement face à la situation internationale est critiquée* • marginale · minoritaire
- décalée • inverse · opposée • (plur.) divergentes · inconciliables
- ambiguë · ambivalente · étrange
- controversée

∾ position + VERBE

- se manifester : *cette position se manifeste en France depuis une dizaine d'années* · s'exprimer
- changer : *la position des syndicats n'a pas changé* · évoluer · fluctuer
- se durcir · se radicaliser
- être en décalage par rapport à : *sa position est en décalage par rapport à celle de l'opinion publique* · trancher avec

∾ VERBE + position

- adopter · avoir · opter pour · prendre° (sans art.) : *prendre position pour qqn / qqch.* • faire émerger · parvenir à : *ils ont eu du mal à parvenir à une position commune* · trouver • développer : *il a développé une position originale sur la mondialisation* • partager
- arrêter · décider de · définir
- détailler · expliquer · préciser • affirmer · exposer : *il a exposé ses positions au cours d'un meeting* • marteler · réitérer : *il a réitéré sa position radicale au cours du débat* · revenir sur
- afficher • assumer
- se distinguer par · se faire remarquer par
- s'en tenir à : *le ministre s'en tient à une position modérée* · tenir : *les enseignants tiennent une position courageuse* • camper sur · s'arc-bouter sur · se crisper sur : *le pays continue à se crisper sur sa position intransigeante* · se figer dans · se raidir sur · se replier sur • durcir · radicaliser · raidir : *le gouvernement a raidi sa position avec ce nouveau décret*
- justifier · légitimer · valider : *la Cour de cassation a validé la position de la cour d'appel* • défendre · s'aligner sur : *le pays s'est aligné sur la position européenne* · se rallier à · soutenir · suivre • concilier (plur.)
- ajuster · modifier · nuancer · revenir sur : *il est finalement revenu sur ses positions* · revoir • infléchir : *les manifestations ont contraint le maire à infléchir sa position*
- affiner · clarifier • (plur.) harmoniser · rapprocher
- adoucir · assouplir : *il a dû assouplir sa position pour qu'un compromis soit trouvé*
- se heurter à : *il s'est heurté à la position inflexible du directeur*
- prendre le contre-pied de : *il prend le contrepied de la position traditionnelle de ses confrères* · prendre ses distances avec · s'écarter de · se démarquer de · sortir de : *les syndicats sont sortis de leur position de refus* · trahir
- combattre · critiquer · remettre en cause · renier

possibilité *nom fém.*

∾ possibilité + ADJECTIF

- matérielle · pratique · technique • théorique • juridique · légale · etc.
- inédite · nouvelle

- réelle [+ nom] · véritable [+ nom]
- (plur.) accrues · considérables · diverses · énormes [+ nom] · grandes [+ nom] · illimitées : *les effets spéciaux offrent des possibilités illimitées* · immenses [+ nom] · importantes [+ nom] · infinies · innombrables [+ nom] · larges [+ nom] · multiples [+ nom] · nombreuses [+ nom] · vastes [+ nom] : *l'université propose de vastes possibilités de formation*
- extraordinaire · formidable · intéressante · séduisante : *c'est un appareil photo aux possibilités séduisantes* • exceptionnelle · rare · unique
- moindre [+ nom]
- (plur.) faibles [+ nom] · limitées · réduites · restreintes : *un secteur aux possibilités restreintes*

∞ VERBE + **possibilité**

- chercher · demander · être à l'affût de · réclamer
- envisager · prendre en compte · prévoir • étudier · évaluer · examiner · explorer · réfléchir à · s'interroger sur • (plur.) faire le tour de : *nous avons fait le tour des possibilités proposées par ce logiciel* · faire l'inventaire de · recenser
- entrevoir · voir • croire à
- accorder · assurer · (re)donner · garantir · laisser · (se) ménager : *il souhaite ménager la possibilité d'orienter les élèves dans des classes techniques* · offrir · ouvrir : *l'entreprise a ouvert de nouvelles possibilités à ses employés* · présenter · procurer · proposer · (se) réserver • rétablir : *cette décision rétablit la possibilité de régularisation pour ces personnes sans papiers*
- faire miroiter · laisser transparaître · montrer • évoquer
- avoir · bénéficier de • gagner · (re)trouver • conserver · garder · préserver : *la souplesse de ce système préserve les différentes possibilités d'évolution*
- avoir recours à · employer · mettre à profit • combiner (plur.) : *cet appareil combine les possibilités de l'ordinateur et du téléphone portable*
- améliorer · développer : *des informaticiens ont développé les différentes possibilités du produit* · élargir · renforcer • (dé)multiplier (plur.)
- limiter · restreindre
- enlever ... à · ôter ... à · supprimer • épuiser (plur.)
- se couper de · se priver de
- douter de · être sceptique sur • démentir · nier
- écarter · éliminer · éviter : *ce sytème évite toute possibilité de fraude* · exclure · interdire

∞ NOM + DE + **possibilités**

- champ : *les innovations technologiques permettent d'élargir le champ des possibilités* · éventail · foule · gamme · multitude · palette

poste *nom masc.* (emploi)

∞ **poste** + ADJECTIF

- administratif · diplomatique · gouvernemental · ministériel · etc.
- hiérarchique
- fixe · stable • (-)clé · important · majeur · stratégique • de haut niveau · dirigeant · élevé · éminent · haut placé · honorable · influent · prestigieux
- formateur · gratifiant · motivant · stimulant • enviable · envié • attrayant · avantageux · convoité · d'avenir : *c'est un poste d'avenir dans un secteur porteur* • honorifique
- évolutif
- saisonnier · temporaire
- mineur · modeste · subalterne
- délicat · sensible : *le poste sensible de procureur général*
- à pourvoir : *il y a trois postes à pourvoir au service marketing* · disponible · inoccupé · libre · non pourvu · vacant
- occupé · pourvu · pris

∞ VERBE + **poste**

- créer • libérer : *les départs en retraite ont libéré une dizaine de postes*
- ambitionner · avoir en vue · briguer · concourir pour · convoiter · demander · espérer · être candidat à · lorgner (sur) · postuler à · rêver de · se porter candidat à · se présenter à · viser : *il vise le poste de secrétaire général* · vouloir • être en lice pour · rivaliser pour
- pourvoir : *la mairie cherche à pourvoir un poste de jardinier* • pérenniser : *la direction a décidé de pérenniser le poste en le transformant en emploi statutaire*
- faire miroiter • offrir · proposer • affecter à · assigner à · attribuer · confier · embaucher à · nommer à · placer à · promouvoir à · propulser à · réserver • reconduire à : *le patron du groupe a été reconduit à son poste pour cinq ans*
- être pressenti pour • accéder à · décrocher[fam.] · obtenir · prendre · trouver • conserver · demeurer à · garder · rester à • réintégrer : *elle a réintégré son poste après un congé parental* · retrouver
- être en : *il est en poste depuis deux ans* · être titulaire de · occuper · tenir
- changer de
- chasser de · destituer de · éjecter de · évincer de · licencier de · limoger de
- abandonner · démissionner de · lâcher[fam.] · quitter : *il a quitté son poste de directeur à l'automne* • perdre

- supprimer : *la direction a supprimé cinquante postes*

postérité *nom fém.* (avenir)

∞ postérité + ADJECTIF
- littéraire · musicale
- étonnante · inattendue · incroyable · singulière
- durable [+ nom]
- enviable

∞ VERBE + **postérité**
- assurer ... à : *cette œuvre monumentale lui a assuré la postérité* · valoir ... à
- laisser à · transmettre à
- accéder à · entrer dans · passer à : *cette phrase du président passera à la postérité* • connaître : *il a connu la postérité grâce à son engagement politique*

pour la postérité
- écrire · fixer · poser · travailler

postulat *nom masc.*

∞ postulat + ADJECTIF
- philosophique · politique · scientifique
- de départ · initial
- double [+ nom] • général
- implicite
- audacieux · original
- fragile : *cette théorie bancale repose sur un postulat fragile*
- erroné

∞ VERBE + **postulat**
- énoncer · formuler • avancer · poser (comme / en) · prendre comme
- accepter · adopter • partir de : *l'auteur part du postulat que les comportements dépendent des représentations sociales*
- reposer sur : *toute sa théorie repose sur un postulat erroné* · se fonder sur
- rejeter

[1]posture *nom fém.* (position du corps)

∞ posture + ADJECTIF
- de base : *j'ai appris les postures de base du yoga* • assise · debout
- naturelle • bonne [+ nom] · confortable
- bizarre · étrange : *on l'a retrouvée prostrée dans une étrange posture* · inhabituelle · particulière · singulière
- alanguie · désinvolte · nonchalante · paresseuse
- indécente · lascive : *des odalisques aux postures lascives* · obscène · osée · provocante
- douloureuse · inconfortable · mauvaise [+ nom] · pénible : *elle est restée dans une posture pénible pendant tout le trajet*

∞ VERBE + **posture**
- essayer • adopter · choisir · prendre : *il faut prendre une posture confortable pour ne pas avoir mal au dos*
- changer de

[2]posture *nom fém.* (situation, position)

∞ posture + ADJECTIF
- idéologique · intellectuelle · morale • diplomatique · politique • sociale
- compréhensive · conciliante · constructive · favorable (à) : *il bénéficie d'une posture favorable dans l'opinion* · mesurée
- habituelle · traditionnelle
- bonne [+ nom] • stratégique · tactique
- d'attente [+ nom]
- ferme : *les syndicats affichent une posture ferme*
- critique · défavorable (à) · protestataire • agressive · batailleuse · combative · guerrière · hostile · offensive : *le pays adopte une posture offensive dans le conflit* • défensive
- dangereuse · délicate · difficile · embarrassante · fâcheuse [+ nom] · mauvaise [+ nom]

∞ VERBE + **posture**
- adopter · choisir · prendre • afficher • passer à · se mettre en / dans · se placer en / dans · se retrouver en / dans • se figer dans : *la direction se fige dans une posture hostile* · s'enfermer dans
- retrouver • se contenter de · s'en tenir à : *le secrétaire d'État s'en tient à sa posture initiale*
- garder · tenir : *il ne pourra pas tenir plus longtemps cette posture de refus*
- conforter · privilégier • assumer · conserver · rester fidèle à
- contraindre à · obliger à
- s'adapter à • changer de
- trancher avec
- dénoncer · s'opposer à
- abandonner · quitter · renoncer à · rompre avec : *le gouvernement a enfin rompu avec cette posture d'attente qui bloquait les négociations*

potentiel *nom masc.*

∞ potentiel + ADJECTIF
- électoral · humain · touristique • comique • commercial · de croissance · économique · industriel · technologique • créatif · intellectuel • émotif · émotionnel · érotique · physique · sexuel

- considérable · élevé · énorme · fort $^{+ nom}$ · gros $^{+ nom}$ · illimité · immense $^{+ nom}$ · incontestable $^{+ nom}$ · incroyable $^{+ nom}$ · phénoménal : *l'entreprise va lancer un nouveau produit au potentiel phénoménal* · remarquable $^{+ nom}$ · véritable $^{+ nom}$ · vrai $^{+ nom}$
- intéressant · prometteur : *de nombreux débutants ont montré un potentiel prometteur*
- théorique • inexploité · inutilisé
- destructeur · dévastateur · explosif • offensif^{Sport} : *l'équipe a confirmé son redoutable potentiel offensif* • déstabilisateur · subversif : *les producteurs misent sur le potentiel subversif du film*

∾ VERBE + potentiel

- avoir · bénéficier de · disposer de · offrir : *la ville offre un potentiel touristique considérable* · posséder · présenter · receler • conserver · garder · maintenir
- représenter : *le marché de la restauration collective représente un potentiel important*
- accroître · augmenter · décupler · développer · élargir : *les nouvelles fonctionnalités du logiciel ont considérablement élargi son potentiel* · préserver · renforcer • libérer : *son nouvel emploi lui permet de libérer tout son potentiel créatif* • optimiser · valoriser : *cette initiative vise à valoriser le potentiel économique des PME*
- estimer · évaluer · jauger · mesurer • minimiser · sous-estimer • surestimer · surévaluer
- prendre conscience de • déceler · découvrir · détecter · entrevoir · repérer · sentir : *l'éditeur a très vite senti le potentiel de l'ouvrage* · voir : *elle a tout de suite vu le potentiel du jeune pianiste* • prendre en compte · tenir compte de
- attester de · démontrer · dévoiler · mettre en lumière : *le journal a mis en lumière l'immense potentiel de cette découverte scientifique* · montrer · révéler · souligner • confirmer · prouver
- insister sur · louer · vanter : *la direction vante le potentiel de l'entreprise aux investisseurs*
- compter sur · miser sur · parier sur • exploiter · mobiliser : *ce projet mobilise tout le potentiel de recherche et de développement de la région* · profiter de · tirer parti de : *les publicitaires tirent parti du potentiel d'Internet* · utiliser
- affaiblir · amoindrir · entamer : *les pluies ont entamé le potentiel qualitatif du millésime*
- gâcher : *il a gâché son potentiel en arrêtant ses études* • détruire · épuiser

pouls *nom masc.*

∾ pouls + ADJECTIF

- artériel · fémoral · jugulaire · radial · veineux
- [fig.] économique · politique
- bon $^{+ nom}$ · normal • réglé · régulier · uniforme
- rapide
- inégal · irrégulier
- faible · lent • filant° (= pouls très faible) · filiforme° · imperceptible

∾ pouls + VERBE

- battre : *son pouls bat trop vite*
- atteindre : *son pouls a atteint 180 battements par minute*
- s'accélérer · s'emballer : *son pouls s'emballe à mesure que la peur augmente*
- diminuer · faiblir · ralentir

∾ VERBE + pouls

- mesurer · prendre : *il a pris son pouls au niveau du cou* · tâter : *le médecin tâte son pouls ; ils tâtent le pouls économique du pays* · vérifier • surveiller
- percevoir · sentir
- donner : *ce sondage donne le pouls de l'opinion à quelques jours des élections*

pourparlers *nom masc. plur.*

∾ pourparlers + ADJECTIF

- politiques • de paix°
- bilatéraux · bipartites · multilatéraux · multipartites · tripartites · etc. • officiels • directs · indirects
- secrets
- préalables · préliminaires · premiers $^{+ nom}$
- intensifs • approfondis · avancés · concrets · sérieux • longs $^{+ nom}$
- difficiles · laborieux $^{+ nom}$ • inutiles · vains
- définitifs · derniers $^{+ nom}$ · finaux · ultimes $^{+ nom}$

∾ pourparlers + VERBE

- porter sur
- commencer · s'amorcer · s'engager : *des pourparlers se sont engagés en vue du rachat de l'entreprise* • redémarrer · reprendre
- avoir lieu · être en cours · se tenir : *des pourparlers se tiennent actuellement entre la direction et les syndicats*
- avancer · continuer · être en bonne voie · progresser : *les pourparlers entre les deux pays progressent de manière satisfaisante* • aboutir (à) : *les pourparlers ont enfin abouti ; les pourparlers ont abouti à un accord définitif*
- être voués à l'échec • achopper sur · buter sur • être au point mort · être dans l'impasse · piétiner · s'enliser • échouer · tourner court

∞ VERBE + **pourparlers**

- amorcer · (s')engager (dans) · entamer · entreprendre · entrer en · (se) lancer (dans) · organiser · ouvrir : *le gouvernement a ouvert des pourparlers avec la guérilla*
- être en · tenir : *des membres du parti auraient tenu des pourparlers secrets avec l'opposition* • conduire · mener • relancer · reprendre • poursuivre
- être partie prenante de · participer à • présider • parrainer
- débloquer : *l'ONU est intervenue afin de débloquer les laborieux pourparlers* • accélérer
- exclure de
- bloquer • interrompre · suspendre
- rompre : *le pays a rompu les pourparlers avec les négociateurs* · stopper • abandonner

[1] poursuite *nom fém.* (Droit, souvent plur.)

∞ **poursuite** + ADJECTIF

- judiciaire : *elle a engagé des poursuites judiciaires contre l'entreprise* • civile · correctionnelle · criminelle · disciplinaire · fiscale · pénale · etc.
- immédiate : *ce type d'infraction donne lieu à des poursuites immédiates* • systématique : *le producteur engage des poursuites systématiques en cas de piratage*
- abusive : *cette procédure devrait limiter les poursuites abusives* · injustifiée

∞ **poursuite** + VERBE

- concerner : *les poursuites concernent le financement des partis* · viser

∞ VERBE + **poursuite**

- déclencher · donner lieu à : *la publication des photos a donné lieu à des poursuites judiciaires*
- enclencher · engager · entamer · entreprendre · initier : *le requérant dispose d'un délai de quinze jours pour initier des poursuites* · ouvrir : *la justice a ouvert des poursuites contre le contrevenant* • exercer · intenter : *plusieurs familles ont intenté des poursuites contre le promoteur*
- menacer de • diriger contre
- encourir · être passible de · être susceptible de · risquer · s'exposer à : *si vous ne payez pas l'amende, vous vous exposez à des poursuites* • être confronté à · être / faire l'objet de · être sous le coup de : *le directeur est sous le coup de poursuites pour fraude fiscale*
- fonder · justifier · motiver : *certaines preuves sont susceptibles de motiver des poursuites*
- valoir ... à : *ses récentes déclarations lui ont valu des poursuites*
- être / se sentir à l'abri de • fuir • échapper à · éviter · se soustraire à
- préserver de : *la prescription le préserve d'éventuelles poursuites* • exempter de : *le pays exige que ses ressortissants soient exemptés de toute poursuite* · exonérer de · relaxer de : *le maire a été relaxé des poursuites en diffamation engagées contre lui* • débouter de : *le conseil de l'ordre a été débouté de ses poursuites contre le praticien*
- bloquer · geler · suspendre : *la cour d'appel a suspendu ses poursuites contre le dirigeant* • annuler · arrêter · cesser · éteindre · mettre fin à • abandonner · renoncer à : *elle a finalement renoncé aux poursuites engagées contre le chirurgien*

[2] poursuite *nom fém.* (course, recherche)

∞ **poursuite** + ADJECTIF

- automobile • policière
- acharnée · effrénée · éperdue : *la poursuite éperdue d'un idéal* · folle $^{+ nom}$: *une folle poursuite s'est engagée entre les policiers et les braqueurs* · incroyable · infernale · mouvementée • sans fin
- vaine : *la vaine poursuite d'une utopie*

∞ **poursuite** + VERBE

- s'engager : *une poursuite infernale s'engage alors dans les rues de la ville*

∞ VERBE + **poursuite**

- se lancer dans : *il s'est lancé dans la poursuite du ravisseur*

à la poursuite de

- aller · partir · se jeter · se lancer · s'élancer · se mettre • être : *les policiers sont à sa poursuite depuis hier*

[1] pouvoir *nom masc.* (influence, autorité)

∞ **pouvoir** + ADJECTIF

- économique · juridictionnel · médiatique · médical · monétaire · politique · syndical · etc.
- constitutionnel · légal · réglementaire • arbitraire · consultatif · décisionnaire · disciplinaire · discrétionnaire
- effectif • réel $^{+ nom}$ · véritable $^{+ nom}$ · vrai $^{+ nom}$ • accru • colossal · considérable · énorme $^{+ nom}$ · gigantesque $^{+ nom}$ · immense $^{+ nom}$ · incroyable • illimité · sans borne(s) · sans limites · sans partage • (souvent plur.) élargi · étendu · renforcé • pleins $^{+ nom}$ (plur.) : *les délégués ont les pleins pouvoirs* • croissant · grandissant
- démesuré · excessif · exorbitant

- coercitif · dissuasif
- occulte
- limité · restreint

∞ pouvoir + VERBE

- être concentré entre les mains de : *trop de pouvoirs sont concentrés entre les mains d'une seule famille* · incomber à · reposer entre les mains de · revenir à • émaner de : *le pouvoir émane du roi et de lui seul*

∞ VERBE + pouvoir

- avoir le goût de · être assoiffé de · être avide de · rêver de • jalouser
- acquérir · obtenir • empiéter sur · s'arroger : *ils s'arrogent un pouvoir que les électeurs ne leur ont pas donné*
- avoir · bénéficier de · détenir · disposer de · être doté de : *les inspecteurs sont dotés de pouvoirs très étendus* · jouir de • conserver · garder
- accorder · attribuer · conférer : *en vertu des pouvoirs qui me sont conférés* · confier : *on a confié ce pouvoir aux élus locaux* · donner · investir · octroyer • déléguer · transférer · transmettre • partager
- accroître · augmenter · élargir · étendre • concentrer (plur.) : *la propension du ministre à concentrer les pouvoirs agace*
- faire usage de · jouer de · user de · utiliser
- abuser de · outrepasser : *je n'ai pas outrepassé mes pouvoirs de vice-présidente*
- dépasser · excéder : *ces initiatives excédaient les pouvoirs du syndic*
- séparer • (ré)équilibrer : *il s'agit de rééquilibrer les pouvoirs entre employeurs et représentants syndicaux* • redéfinir
- minimiser · relativiser • sous-estimer
- surestimer
- atténuer · diluer · diminuer · limiter · réduire · rogner (sur) : *ce texte rogne sur le pouvoir des classes supérieures* · tempérer
- brider · contrecarrer · entraver

∞ NOM + DE + pouvoir

- appétit · soif
- once : *il refuse de céder une once de pouvoir* · parcelle

[2]pouvoir *nom masc.* (autorité, mandat politique)

∞ pouvoir + ADJECTIF

- monarchique · oligarchique · présidentiel · régalien · supranational • exécutif · judiciaire · législatif • civil · militaire • religieux · spirituel · temporel
- en place
- fort : *les tenants d'un pouvoir fort* • central · centralisé • absolu : *il exerce un pouvoir absolu sur son royaume* • souverain · suprême : *sa lente ascension jusqu'au pouvoir suprême*
- démocratique • légitime • stable
- abusif · autocratique · autoritaire · dictatorial · oppresseur · oppressif · tyrannique • corrompu • illégitime
- branlant · chancelant · fragile · précaire • divisé · impuissant

∞ pouvoir + VERBE

- s'exercer sur : *son pouvoir s'exerce sur tout le continent*
- chanceler · se fissurer · vaciller : *cette vague de révolte a fait vaciller le pouvoir*

∞ VERBE + pouvoir

- aspirer à · briguer · convoiter · prétendre à · revendiquer · souhaiter • se disputer : *les deux factions se disputent le pouvoir*
- conquérir · obtenir · prendre (les rênes de) · s'emparer de • (s')accaparer · confisquer à · monopoliser · ravir · usurper : *une poignée de militaires prétend usurper le pouvoir* • récupérer · reprendre
- avoir · contrôler · exercer · occuper : *il a occupé le pouvoir pendant dix-sept ans* · tenir les rênes de • goûter à
- affermir · asseoir : *ils ont besoin de grandes démonstrations de force pour asseoir leur pouvoir* · consolider · fortifier • rétablir : *la Chambre est dissoute, le pouvoir absolu rétabli*
- légitimer · soutenir : *ils soutiennent le pouvoir en place* • collaborer avec · composer avec · négocier avec
- être à la botte de · être inféodé à : *ce syndicat est totalement inféodé au pouvoir* · se heurter à · (se) soumettre à
- défier : *les républicains défient le pouvoir du roi* · résister à · s'attaquer à • affaiblir : *la défection des sénateurs affaiblit le pouvoir* · ébranler · éroder · fragiliser · miner · saper : *corruption et anarchie ont sapé un pouvoir précaire*
- corrompre
- bouter hors de[vieux] · chasser de · déposséder de · dessaisir de · écarter de · priver de · tenir à l'écart de
- abandonner · lâcher : *il n'a pas l'air prêt à lâcher le pouvoir de sitôt* · quitter · renoncer à · se retirer de
- faire basculer · mettre fin à : *ce coup d'État a mis fin au pouvoir du général* · renverser

∾ NOM + DE + **pouvoir(s)**
- concentration : *la concentration des pouvoirs en faveur du PDG est critiquée*
- abus · excès

au pouvoir
- amener : *les législatives ont amené la droite au pouvoir* · mettre · porter · propulser • ramener · rétablir : *l'armée a rétabli son chef au pouvoir*
- accéder · arriver : *elle est arrivée au pouvoir en 1999* · être · parvenir · se hisser · s'installer · venir • demeurer · rester · se cramponner : *il se cramponne au pouvoir depuis vingt-cinq ans* · se maintenir

[3]pouvoir *nom masc.* (propriété, capacité)

∾ **pouvoir** + ADJECTIF
- hypnotique · magnétique · médiumnique · psychique
- énergisant : *une potion aux pouvoirs énergisants* · relaxant • curatif
- efficace · énorme $^{+ nom}$ · exceptionnel · extraordinaire · formidable · grand $^{+ nom}$ · incroyable · irrésistible · prodigieux $^{+ nom}$ · puissant : *ce produit a un puissant pouvoir antioxydant* · redoutable
- magique · surhumain : *un superhéros doué de pouvoirs surhumains* · surnaturel • étrange · singulier · spécial • mystérieux · occulte · secret
- diabolique · maléfique : *une sorcière aux pouvoirs maléfiques* • destructeur

∾ VERBE + **pouvoir**
- avoir · détenir : *il est convaincu de détenir des pouvoirs surnaturels* · être doté de · être doué de · jouir de · posséder • conserver · garder
- croire en / au : *il croit au pouvoir curatif de cette plante*
- accentuer · accroître · augmenter · décupler
- affaiblir · diminuer · limiter · réduire

pouvoir d'achat

∾ **pouvoir d'achat** + ADJECTIF
- global
- important : *les seniors ont un pouvoir d'achat important* · substantiel · supplémentaire

∾ **pouvoir d'achat** + VERBE
- augmenter · être en hausse · progresser
- stagner
- baisser · être en baisse · se dégrader · se détériorer : *leur pouvoir d'achat s'est rapidement détérioré*

∾ VERBE + **pouvoir d'achat**
- avoir · disposer de • gagner : *ils ont gagné 26 % de pouvoir d'achat entre 2000 et 2005* · conserver · garder
- injecter (... dans) : *l'opportunité d'injecter du pouvoir d'achat dans les pays du Sud* · libérer : *notre priorité est de libérer du pouvoir d'achat pour ceux qui en ont le plus besoin* • distribuer à · (re)donner
- garantir · maintenir · préserver
- accroître · améliorer · augmenter · donner un coup de pouce à : *cette réduction d'impôt a donné un coup de pouce au pouvoir d'achat des ménages* · doper · relancer · revaloriser · stimuler
- éroder · laminer
- perdre

∾ NOM + DE + **pouvoir d'achat**
- hausse · augmentation
- baisse · chute : *la chute du pouvoir d'achat a asphyxié la demande* · diminution · érosion
- gain
- perte
- rattrapage : *les syndicats demandent un rattrapage du pouvoir d'achat perdu en 2005*

pouvoirs publics

∾ **pouvoirs publics** + VERBE
- agir · intervenir · légiférer · prendre leurs responsabilités · prendre une décision / des mesures · réagir · se mobiliser : *les pouvoirs publics se mobilisent pour défendre une profession menacée* · s'engager • décider de · réfléchir à · se pencher sur : *les pouvoirs publics se sont déjà penchés sur la question* • s'empresser de
- contrôler · encadrer · gérer · réglementer · réguler : *la difficulté des pouvoirs publics à réguler le système de santé* · veiller à
- encourager · soutenir
- accorder : *les dérogations accordées par les pouvoirs publics* · délivrer · donner • autoriser • imposer
- être confrontés à : *les pouvoirs publics sont confrontés à un nouveau défi*
- durcir le ton
- faire la sourde oreille · se désengager · traîner les pieds • rester sourd à : *les pouvoirs publics restent sourds à nos besoins* · tarder à
- abandonner : *les personnels soignants se sentent abandonnés par les pouvoirs publics*

∾ VERBE + **pouvoirs publics**
- alerter : *il s'agit d'alerter les pouvoirs publics sur l'asphyxie du marché de l'art* · interpeller · sensibiliser à : *nous voulons sensibiliser les pouvoirs publics à ce problème crucial* • dialoguer avec

- incomber à
- être dans le collimateur de : *le groupe américain est désormais dans le collimateur des pouvoirs publics*

∾ NOM + DE + pouvoirs publics

- volonté · détermination • soutien · aide · engagement · effort
- attentisme · impuissance · inaction · incurie · inertie · laxisme · passivité

[1] **pratique** *nom fém.* (habitude, coutume)

∾ pratique + ADJECTIF

- religieuse · sexuelle · sociale · etc.
- collective • individuelle · privée
- courante · générale · généralisée · habituelle · répandue · usuelle : *les pratiques usuelles de sécurité* • actuelle · en cours : *un rapport dénonce les pratiques en cours dans certains hôpitaux* · en vigueur · en vogue • universelle • coutumière · populaire · traditionnelle
- ancestrale · ancienne · séculaire · vieille [+ nom]
- locale • marginale · méconnue : *le covoiturage reste une pratique méconnue*
- bizarre · curieuse · étrange · inhabituelle · nouvelle [+ nom] · originale • peu orthodoxe
- d'un autre âge : *ce régime totalitaire se livre à des pratiques d'un autre âge* · moyenâgeuse
- condamnable · contestable · critiquable · discutable · douteuse · inadmissible · malhonnête · répréhensible • inacceptable · intolérable • abusive · barbare · inique · odieuse · immorale · scandaleuse : *cet organisme lutte contre certaines pratiques scandaleuses de la grande distribution*
- discriminatoire · sectaire • déviante
- addictive • à risque : *une campagne de prévention sur les pratiques à risque* · dangereuse · dommageable

∾ pratique + VERBE

- avoir cours : *cette pratique barbare n'a plus cours de nos jours*
- croître · prendre de l'ampleur · se banaliser : *ces pratiques peu orthodoxes se banalisent de plus en plus* · se développer · se généraliser • s'étendre à : *cette pratique médicale va s'étendre aux actes de radiologie* • perdurer · persister · subsister : *certaines pratiques ancestrales subsistent dans les régions rurales*
- bouger · changer · évoluer · varier : *les pratiques varient selon les médecins*
- passer de mode • être en recul · reculer · tomber en désuétude • cesser · prendre fin

∾ VERBE + pratique

- instaurer : *il a instauré une pratique du dialogue qui porte ses fruits* · instituer
- adopter · recourir à · utiliser • s'adonner à · se livrer à : *cette secte se livre à d'étranges pratiques* • être fidèle à · renouer avec · revenir à • avoir recours à (plur.) : *ils ont eu recours à des pratiques juridiquement contestables*
- autoriser · cautionner · légaliser · légitimer · protéger · tolérer • encourager · être favorable à · promouvoir • entériner : *la réforme entérine une pratique déjà existante*
- diffuser · faire connaître • généraliser · renforcer • conforter · consacrer · développer • continuer · perpétuer : *la fête du village perpétue de vieilles pratiques locales*
- dresser un état des lieux de · enquêter sur · faire le point sur · recenser • analyser · s'interroger à / sur
- bouleverser · changer · modifier · rénover : *le ministère veut rénover les pratiques des administrations* • (plur.) harmoniser · homogénéiser · rationaliser
- déconsidérer · se moquer de • condamner · contester · critiquer · dénoncer · désapprouver · désavouer · dresser un réquisitoire contre · être défavorable à · fustiger · (re)mettre en cause · (re)mettre en question · s'élever contre · se plaindre de · s'opposer à • contrer • lutter contre · réprimer · sanctionner
- faire reculer : *ces mesures ont fait reculer certaines pratiques abusives* · freiner
- abandonner · laisser de côté · oublier · renoncer à
- abolir · bannir · éliminer · en finir avec · interdire · mettre fin à · prohiber · rompre avec · supprimer

∾ NOM + DE + pratique(s)

- ensemble · éventail · liste · série • multitude : *ce modèle intègre une multitude de pratiques sociales*
- déclin

[2] **pratique** *nom fém.* (exercice d'une activité, expérience)

∾ pratique + ADJECTIF

- amateur · professionnelle : *la pratique professionnelle du théâtre* • artistique · médicale · politique · etc.
- collective • individuelle · privée
- rigoureuse • assidue · constante · intensive · journalière · quotidienne · régulière • systématique

- bonne + nom : *il a une bonne pratique du logiciel* · grande + nom · solide • longue + nom
- légale • éthique · honnête
- clandestine • déloyale : *la cour d'appel a estimé qu'il s'agissait d'une pratique déloyale* • délictueuse · frauduleuse · illégale · illicite
- irrégulière · occasionnelle : *cet appareil convient à une pratique occasionnelle de la photo*
- maigre • insuffisante

∞ VERBE + pratique

- acquérir · avoir : *il a une longue pratique de l'enseignement*
- améliorer · approfondir
- être inapte à : *selon les médecins, il est inapte à la pratique de ce sport*
- manquer de
- codifier · encadrer · réglementer : *la pratique de la chasse est strictement réglementée par la loi*

préalable *nom masc.*

∞ préalable + ADJECTIF

- absolu · fondamental • incontournable · indispensable · nécessaire · obligatoire · obligé

∞ VERBE + préalable

- établir (comme) · en faire : *il refuse d'en faire un préalable aux négociations* · imposer (comme) · mettre (comme) · poser (comme) : *le gouvernement pose comme préalable à toute négociation l'arrêt des bombardements*
- constituer : *l'étude de marché constitue un préalable indispensable au lancement d'un nouveau produit*
- renoncer à : *le gouvernement a renoncé au préalable de l'arrêt des frappes aériennes* • lever

précarité *nom fém.*

∞ précarité + ADJECTIF

- économique · financière : *elle est dans une situation de précarité financière* • alimentaire • professionnelle · sociale
- accrue · croissante · grandissante • absolue · extrême · forte + nom : *une ville à forte précarité sociale* · grande + nom · totale : *il vit dans une précarité totale* • généralisée • permanente

∞ précarité + VERBE

- augmenter • régner : *c'est une banlieue où règne la précarité* · se développer : *c'est surtout dans ce secteur que se développe une certaine précarité* · s'installer
- affecter · marquer : *ce milieu reste marqué par la précarité et les bas salaires* · toucher : *les étudiants sont souvent touchés par la précarité*
- reculer

∞ VERBE + précarité

- créer · développer
- connaître · vivre dans • être victime de : *beaucoup de jeunes sont victimes de la précarité* • s'enfoncer dans · s'installer dans · sombrer dans : *il a sombré dans une précarité extrême*
- maintenir ... dans : *ces salaires de misère les maintiennent dans la précarité*
- accroître · aggraver · augmenter • favoriser
- mettre en lumière · montrer · refléter · révéler · souligner
- dénoncer · protester contre • lutter contre
- échapper à · résister à • sortir de : *le plan social a aidé des familles à sortir de la précarité*
- réduire · résorber : *ces mesures visent à résorber la précarité*
- éliminer · éradiquer · vaincre : *cette association mise sur la solidarité pour vaincre la précarité*

précaution *nom fém.*

∞ précaution + ADJECTIF

- (plur.) oratoires · rhétoriques · sémantiques · verbales • médicale · sanitaire • diplomatique • juridique · légale · etc.
- de base : *il faut respecter les précautions de base quand on manipule des produits dangereux* · d'usage · élémentaire · habituelle
- extrême · grande + nom · infinie + nom · maximale · renforcée • (plur.) draconiennes · énormes + nom · importantes + nom · strictes • (plur.) multiples · nombreuses
- appropriée · indispensable · nécessaire • suffisante • exceptionnelle · inhabituelle · particulière · spéciale • supplémentaire : *il faut prendre des précautions supplémentaires en cas de mauvais temps*
- sage + nom : *il a pris la sage précaution de s'entourer d'experts* • efficace · utile : *il a pris toutes les précautions utiles en cas de problème*
- simple + nom : *une simple précaution d'usage*
- excessive • inutile · superflue • vaine + nom : *ce dispositif de sécurité n'est pas une vaine précaution*
- ultime + nom

∞ précaution + VERBE

- s'imposer : *il faut prendre les précautions qui s'imposent*

∞ VERBE + précaution

- demander · exiger · nécessiter · requérir • préconiser
- (plur.) prendre · s'entourer de : *il s'entoure toujours de mille précautions* • multiplier (plur.) • redoubler de : *les personnes non vaccinées doivent redoubler de précaution*

- (plur.) négliger : *ils ont négligé les précautions d'usage/élémentaires* · ne pas s'embarrasser de : *il ne s'embarrasse pas de précautions oratoires*
- justifier

∾ NOM + DE + **précaution(s)**
- principe
- luxe : *un luxe de précautions* · série

avec précaution
- interpréter • manier · manipuler · utiliser : *cette substance est à utiliser avec précaution*

précepte *nom masc.*

∾ **précepte** + ADJECTIF
- éthique · moral · religieux • politique
- de base · originel : *les préceptes originels de leur culte*
- fameux + nom : *le fameux précepte de Socrate : "Connais toi toi-même"* · grand + nom • vieux + nom
- bon + nom · sage : *il a fait sien ce sage précepte*

∾ VERBE + **précepte**
- énoncer • rappeler
- être fidèle à · faire sien · obéir à · observer · respecter · se conformer à · suivre • appliquer · mettre en œuvre
- se baser sur · se fonder sur • se cacher / se réfugier / s'abriter derrière : *ils se cachent derrière des préceptes moraux pour justifier leur conduite*
- être en adéquation avec : *il est en parfaite adéquation avec les préceptes de sa religion*
- remettre en cause • contrevenir à

précipitations *nom fém. plur.* (Météo)

∾ **précipitations** + ADJECTIF
- de grêle · de neige · neigeuses • de pluie · pluvieuses • tropicales • hivernales
- annuelles • de saison · saisonnières
- abondantes · exceptionnelles : *des précipitations exceptionnelles pour la saison se sont abattues sur la région* · fortes + nom · grosses + nom · importantes · intenses · record(s) · torrentielles · violentes • fréquentes
- faibles · petites + nom • modérées
- irrégulières : *les cultures ont souffert des précipitations irrégulières* · sporadiques

∾ **précipitations** + VERBE
- survenir · tomber
- arroser : *d'abondantes précipitations ont arrosé le pays* · s'abattre sur
- augmenter
- diminuer
- entraîner · provoquer : *les précipitations ont provoqué des inondations*

∾ VERBE + **précipitations**
- connaître : *les régions méditerranéennes devraient connaître quelques précipitations* · enregistrer
- entraîner : *le réchauffement climatique entraîne des précipitations plus intenses*

1 précision *nom fém.* (exactitude)

∾ **précision** + ADJECTIF
- anatomique · optique · rythmique · scientifique · etc.
- métrique · millimétrique : *la localisation de la lésion se fait avec une précision millimétrique grâce au scanner*
- chirurgicale [souvent fig.] : *l'auteur décrit la scène avec une précision chirurgicale* · clinique [souvent fig.] · d'horloger○ · horlogère · mathématique [souvent fig.] · métronomique • absolue · extrême · folle · grande + nom · haute + nom : *des instruments de haute précision* · implacable : *il exécute son plan avec une précision implacable* · incroyable · inégalée · infinie · inouïe · phénoménale · rare · redoutable · rigoureuse · sans précédent • admirable · extraordinaire · fantastique · irréprochable · parfaite · remarquable · sans faille • méticuleuse · minutieuse • étonnante · stupéfiante · surprenante
- diabolique : *l'attaque aérienne a été d'une précision diabolique* · froide : *le cambrioleur force chaque coffre avec la froide précision d'un chirurgien* · maniaque
- relative : *cette vieille horloge est d'une précision toute relative et d'une fiabilité limitée*

∾ VERBE + **précision**
- demander · exiger · nécessiter · réclamer · requérir : *cette opération requiert la plus grande précision*
- atteindre · obtenir : *ce zoom permet d'obtenir une précision irréprochable dans les prises de vue*
- accroître · améliorer · augmenter
- manquer de

∾ NOM + DE + **précision**
- souci
- degré

avec précision
- prédire · prévoir • définir · déterminer · localiser · situer : *l'astronome situe avec précision les objets dans l'espace* • calculer · chiffrer · dater : *avec la technique du carbone 14, on pourra dater l'épave avec précision* · évaluer · mesurer • décrire · relater · (re)tracer : *les gendarmes retracent avec précision le déroulement du drame*

[2]précision *nom fém.* (information supplémentaire)

∾ **précision** + ADJECTIF
- biographique · chronologique · géographique · historique · sémantique · etc.
- chiffrée : *il s'est refusé à fournir des précisions chiffrées* · écrite · orale
- liminaire · préalable
- petite [+ nom] : *juste une petite précision avant de commencer*
- essentielle · importante • intéressante · précieuse · utile : *l'arrêt apporte une précision utile au texte de loi* • amples [+ nom] (plur.) : *pour obtenir de plus amples précisions, vous pouvez consulter notre catalogue*
- dernière [+ nom] · ultime • complémentaire · supplémentaire

∾ VERBE + **précision**
- appeler : *cette remarque appelle quelques précisions* · demander · mériter : *cette notion ambiguë mérite une précision* · nécessiter · réclamer · requérir
- apporter · donner · fournir
- obtenir · recevoir • avoir · disposer de : *nous ne disposons malheureusement d'aucunes précisions supplémentaires*

prédiction *nom fém.*

∾ **prédiction** + ADJECTIF
- bonne [+ nom] · fiable · exacte · juste
- encourageante · optimiste
- mauvaise [+ nom] · fausse
- alarmiste · apocalyptique · funeste · pessimiste · sinistre · sombre

∾ **prédiction** + VERBE
- s'avérer : *cette prédiction s'est avérée juste* • s'accomplir · se réaliser · se vérifier

∾ VERBE + **prédiction**
- faire : *il fait de sombres prédictions sur l'avenir du pays*
- croire à
- confirmer • vérifier : *l'expérience a vérifié cette prédiction*
- démentir · faire mentir : *c'est à nous de faire mentir cette prédiction pessimiste*
- se refuser à : *l'entraîneur s'est refusé à toute prédiction*

prédilection *nom fém.*

∾ **prédilection** + ADJECTIF
- certaine [+ nom] : *j'ai une certaine prédilection pour ce musicien* · forte [+ nom] · grande [+ nom] · indéniable · marquée · nette [+ nom] · particulière

∾ VERBE + **prédilection**
- afficher : *sa peinture affiche une prédilection pour le sfumato* · avoir · exprimer · manifester : *il a très vite manifesté une prédilection pour les sciences* · montrer

prédisposition *nom fém.*

∾ **prédisposition** + ADJECTIF
- familiale : *une prédisposition familiale à l'asthme* · génétique · héréditaire • naturelle • individuelle · personnelle
- forte [+ nom] · grande [+ nom] · particulière

∾ VERBE + **prédisposition**
- déceler · détecter : *l'analyse a détecté une prédisposition génétique à l'obésité* · identifier
- avoir · montrer · présenter : *un tiers de la population présente une prédisposition aux allergies*

préférence *nom fém.*

∾ **préférence** + ADJECTIF
- alimentaire · sexuelle • artistique · culturelle · esthétique · littéraire · musicale • idéologique · partisane · politique · etc.
- individuelle · personnelle • collective
- affichée · forte [+ nom] · marquée · nette • systématique
- légère [+ nom] : *elle a une légère préférence pour les bruns* · petite [+ nom]

∾ **préférence** + VERBE
- aller à : *ma préférence va à la musique baroque* · se porter sur

∾ VERBE + **préférence**
- avouer · clamer (haut et fort) : *il clame haut et fort sa préférence pour les hommes* · déclarer · dire · exprimer · ne pas cacher · ne pas taire • afficher · manifester · marquer : *l'enfant marque une nette préférence pour le sucré* · montrer
- accorder ... à · donner ... à : *je donne ma préférence aux produits équitables*
- indiquer · montrer · révéler
- avoir · emporter : *cette solution emporte notre préférence*
- expliquer · justifier : *elle a justifié sa préférence pour cette solution par de solides arguments*

préjudice *nom masc.*

∾ **préjudice** + ADJECTIF
- corporel · esthétique · moral · professionnel • commercial · économique · financier · matériel · pécuniaire · etc.
- collectif · personnel

- direct : *le conjoint d'une personne victime d'une escroquerie subit un préjudice direct* • considérable • énorme • grand $^{+ \text{nom}}$ • gros $^{+ \text{nom}}$ • immense • important • irréparable : *le massacre de ces personnes constitue un préjudice irréparable pour leur communauté* • lourd • global : *il chiffre le préjudice global de son pays à 1,5 milliard de dollars* • permanent : *l'erreur médicale a occasionné un préjudice permanent pour le patient* • grave
- indirect • léger • indemnisable • réparable

∞ VERBE + préjudice

- causer • occasionner • porter° (sans art.) : *cette affaire risque de porter préjudice au monde du cyclisme*
- constituer • être • représenter
- souffrir de • subir : *elle a subi un préjudice corporel entraînant un arrêt de travail*
- conclure à : *le tribunal a conclu au préjudice moral* • chiffrer • estimer • évaluer
- alléguer • se prévaloir de : *les proches d'une victime peuvent se prévaloir d'un préjudice moral* • justifier de
- compenser • indemniser • réparer

préjugé *nom masc.*

∞ préjugé + ADJECTIF

- social • sexiste • sexuel • antisémite • racial : *le préjugé racial subsiste dans certains comportements sociaux* • raciste • xénophobe • idéologique • politique • culturel • esthétique
- ancestral : *les rapaces nocturnes sont victimes de préjugés ancestraux* • ancien $^{+ \text{nom}}$ • vieux $^{+ \text{nom}}$ • (bien / solidement) ancré • (bien / solidement) enraciné : *cette idée choque parce qu'elle heurte des préjugés solidement enracinés* • indéracinable • tenace • vivace • répandu : *contrairement à un préjugé répandu, le rouge n'attire pas les taureaux ; c'est un préjugé très répandu chez / parmi les jeunes*
- défavorable • négatif : *elle a beaucoup de préjugés négatifs à son égard*
- bourgeois • injuste • ridicule • stupide
- favorable : *ce nouvel élu bénéficie d'un préjugé favorable* • positif

∞ préjugé + VERBE

- aveugler : *ils sont complètement aveuglés par leurs préjugés*
- s'enraciner • avoir la vie / peau dure : *les préjugés ont la vie dure et la discrimination à l'emploi existe encore* • demeurer : *vis-à-vis de l'homosexualité, les préjugés demeurent* • persister • subsister
- disparaître • tomber

∞ VERBE + préjugé

- (plur.) être plein de
- afficher
- conforter • cultiver • encourager • entretenir • nourrir : *l'ignorance nourrit le préjugé* • renforcer • perpétuer
- être confronté à • être en butte à • être victime de • se heurter à • souffrir de
- bénéficier de : *le chocolat suisse bénéficie d'un préjugé positif* • jouir de
- remettre en question • réviser • revoir
- bousculer • ébranler • secouer • attaquer • braver : *elle a dû braver les préjugés de ses voisins* • combattre • défier • faire / déclarer la guerre à : *cette association fait la guerre aux préjugés sexistes* • lutter contre • piétiner • repousser • s'attaquer à • s'en prendre à • aller à l'encontre de • heurter : *cet auteur a heurté les préjugés de son temps* • faire fi de • se moquer de
- dépasser • surmonter • vaincre : *il faut lutter contre l'ignorance pour vaincre les préjugés* • se débarrasser de • se libérer de • balayer • démonter • déraciner • dissiper • en finir avec • tordre le cou à : *cet humoriste tord le cou aux préjugés racistes*
- être dépourvu de : *il pose sur cette autre civilisation un regard dépourvu de préjugés*

∞ NOM + DE + préjugés

- ensemble • foule • masse • série

préoccupation *nom fém.*

∞ préoccupation + ADJECTIF

- éthique • humanitaire : *une aide motivée par des préoccupations humanitaires* • sociale • écologique • environnementale • existentielle • métaphysique • spirituelle • économique • matérielle • etc.
- exclusive • unique • centrale • de base • de premier plan • dominante • essentielle • fondamentale • majeure • première • principale • prioritaire
- croissante • grandissante : *la sécurité sur Internet est une préoccupation grandissante* • extrême • forte $^{+ \text{nom}}$: *cette nouvelle a suscité une forte préoccupation du public* • grande $^{+ \text{nom}}$ • grave • grosse $^{+ \text{nom}}$ • profonde • sérieuse
- habituelle • constante • continuelle • de tous les instants : *la protection de l'environnement devrait être une préoccupation de tous les instants* • permanente • quotidienne
- compréhensible • justifiée • légitime : *le gouvernement a été sensible à cette préoccupation légitime de garantir la santé publique*

- actuelle · du moment
- petite + nom · secondaire • futile : *elle fuit ses camarades qui n'ont que des préoccupations futiles*
- mercantile · terre à terre : *les préoccupations terre à terre d'une existence sans envergure*

∞ VERBE + préoccupation

- avoir (en tête) : *il a d'autres préoccupations en tête* • partager : *nous partageons une même préoccupation* · rejoindre : *je rejoins entièrement votre préoccupation*
- constituer : *la santé constitue sa principale préoccupation* • (plur.) être au cœur de : *le magasin affirme que ses clients sont au cœur de ses préoccupations* · être en tête de : *d'après ce sondage, le chômage est en tête des préoccupations des Français*
- dire · exprimer · faire état de · faire part de
- afficher · manifester · montrer • laisser percer : *son ouvrage laisse percer ses préoccupations du moment* · montrer · refléter · révéler · traduire
- coller à : *ce programme colle aux préoccupations des électeurs* · répondre à • être attentif à · prendre en compte · tenir compte de • faire écho à : *cette pétition fait écho aux préoccupations de la population*
- être éloigné de : *leur discours politique est très éloigné des préoccupations des citoyens*
- prendre le pas sur : *l'urgence de l'action humanitaire a pris le pas sur les préoccupations politiques*

préparatifs *nom masc. plur.*

∞ préparatifs + ADJECTIF

- intenses · minutieux • grands + nom • longs + nom
- derniers + nom · ultimes : *ce sont les ultimes préparatifs avant le départ de la transat*

∞ préparatifs + VERBE

- commencer · démarrer : *les préparatifs ont démarré quatre ans avant l'événement*
- avoir lieu · se faire : *les préparatifs se font dans la joie et la bonne humeur*
- aller bon train · avancer · battre leur plein : *à moins d'un mois de la fête, les préparatifs battent leur plein*

∞ VERBE + préparatifs

- engager · s'atteler à : *ils s'attellent aux préparatifs de leur mariage*
- accélérer : *nous devons accélérer les préparatifs si nous voulons être prêts à temps* · hâter : *on hâte les préparatifs de la négociation* • intensifier • continuer · poursuivre
- effectuer · procéder à · se livrer à
- mettre la (dernière) main à : *tout le monde met la dernière main aux préparatifs du réveillon* · participer à
- assister à · présider à : *c'est le pays hôte du sommet annuel qui préside aux préparatifs* · superviser · surveiller
- terminer

préparation *nom fém.* (entraînement, préparatifs)

∞ préparation + ADJECTIF

- mentale · psychologique • physique • athlétique · olympique · sportive • logistique · matérielle · technique · etc.
- individuelle · personnalisée · spéciale · spécifique
- active · en profondeur · importante · intense · intensive · poussée : *l'équipe bénéficie d'une préparation poussée avant le championnat* · sérieuse · soignée • exigeante · rigoureuse · solide • méticuleuse · minutieuse
- continue • de longue haleine · longue + nom
- bonne + nom · excellente • adéquate · ad hoc : *il vaut mieux faire une préparation ad hoc pour réussir ce concours* • nécessaire · suffisante
- graduelle • courte + nom · réduite au minimum
- tardive
- délicate · difficile
- insuffisante · mauvaise

∞ préparation + VERBE

- avoir lieu · se dérouler · suivre son cours
- durer : *la préparation physique dure plusieurs semaines*
- faire défaut (à)

∞ VERBE + préparation

- demander · exiger · nécessiter · réclamer · requérir : *ces tournois requièrent une préparation mentale particulière*
- commencer · entamer · s'atteler à
- assurer : *le coordonnateur assure la préparation des réunions* · être chargé de • fournir : *le cours fournit aux élèves une préparation au concours* • coordonner · présider à • aider à · contribuer à · être impliqué dans · jouer un rôle dans : *il a joué un rôle clé / un grand rôle dans la préparation de cet événement* · participer à · prendre part à · procéder à · s'engager dans · s'investir dans · travailler à
- soumettre à : *ils sont soumis à une préparation intensive en vue du championnat*
- bénéficier de • être en : *l'équipe est en pleine préparation* • continuer · poursuivre

- faciliter
- affiner : *il prend du temps pour affiner la préparation de sa campagne* · soigner • compléter · fignoler*fam.* · parfaire
- achever · clore
- manquer de

prérogative *nom fém.*

∞ prérogative + ADJECTIF

- constitutionnelle · parlementaire · politique · présidentielle · régalienne : *la protection du patrimoine est une prérogative régalienne de l'État* · royale · etc.
- personnelle · statutaire : *l'Assemblée parlementaire dispose de prérogatives statutaires* • locale · nationale · régionale
- exclusive · particulière · singulière · spéciale • essentielle · fondamentale
- grande + nom · importante · larges + nom (plur.) : *pour décentraliser le pouvoir, il faut confier aux régions de plus larges prérogatives* • élargie · étendue · renforcée
- ancienne · traditionnelle
- limitée · réduite • seule + nom · unique : *le médecin n'a pas pour prérogative unique de dépister la maladie : il doit aussi accompagner son patient* • rare + nom

∞ prérogative + VERBE

- être dévolue à : *la présidence du gouvernement est une prérogative dévolue au Premier ministre* · être réservée à

∞ VERBE + prérogative

- faire partie de • relever de : *cette nomination relève des prérogatives du président de la République*
- réclamer • se prévaloir de • être à cheval sur : *le chef de service est très à cheval sur ses prérogatives* · être attaché à · être jaloux de · être soucieux de · s'accrocher à : *chacun s'accroche à ses prérogatives sans se soucier du bien collectif* · tenir à • affirmer · défendre · faire valoir
- accorder · offrir · reconnaître : *la Constitution leur reconnaît cette prérogative* • céder · transférer • rendre · restaurer
- respecter · tenir compte de
- obtenir · s'arroger : *ce dictateur s'arroge toujours plus de prérogatives* • bénéficier de · disposer de · jouir de : *tout État souverain jouit de la prérogative de percevoir des impôts* • conserver · garder • retrouver • partager : *il n'a aucunement envie de partager ses prérogatives*
- assurer : *il est incapable d'assurer ses prérogatives* · exercer · user de · utiliser
- abuser de · usurper • outrepasser · sortir de : *il est accusé d'être sorti de ses prérogatives*
- maintenir · perpétuer • accroître · augmenter · élargir · étendre : *peu à peu, ce parti politique étend ses prérogatives* · renforcer
- redéfinir
- (re)mettre en cause · porter atteinte à · remettre en question
- amputer · grignoter : *il grignote les prérogatives du Premier ministre* · limiter · réduire · restreindre · rogner (sur) : *la loi sur la présomption d'innocence a rogné (sur) les prérogatives du juge d'instruction* • empiéter sur : *il supporte mal qu'on empiète sur ses prérogatives*
- abandonner · renoncer à • perdre
- déposséder : *il a été dépossédé de toutes les prérogatives de sa fonction* · dessaisir · enlever · priver · retirer
- abolir · supprimer

présage *nom masc.*

∞ présage + ADJECTIF

- bon + nom · excellent · favorable · heureux : *la présence d'hirondelles est souvent considérée comme un heureux présage*
- fâcheux · funeste · mauvais + nom · sinistre · sombre + nom : *le sombre présage des vautours tournoyant dans le ciel*

∞ présage + VERBE

- annoncer : *ce présage annonce la prospérité*

∞ VERBE + présage

- constituer : *le rêve peut selon lui constituer un présage* · être
- voir : *faut-il y voir un mauvais présage ?*

[1] prescription *nom fém.* (Droit)

∞ prescription + ADJECTIF

- légale · réglementaire • acquisitive · extinctive • criminelle · pénale
- biennale · décennale · quadriennale · triennale
- générale • particulière · spéciale
- abrégée : *les infractions par voie de presse sont soumises au régime de prescription abrégée* · restreinte

∞ prescription + VERBE

- commencer · débuter : *la prescription débute lorsque cesse la séquestration*
- courir : *la prescription court à compter du jour où l'auteur a exercé son activité coupable*
- couvrir : *la prescription ne couvre pas les rappels de taxe*

∞ VERBE + **prescription**
- réclamer • invoquer • plaider
- frapper de
- contourner • échapper à : *ce crime échappe à la prescription*
- interrompre : *la désignation d'un expert à la suite d'un sinistre interrompt la prescription* • suspendre

[2]**prescription** *nom fém.* (recommandation)

∞ **prescription** + ADJECTIF
- alimentaire • hospitalière • médicale • médicamenteuse • pharmaceutique • thérapeutique : *le médecin fait une prescription thérapeutique s'il y a lieu*
- adaptée • adéquate • appropriée • bonne [+ nom]
- injustifiée • abusive : *la prescription abusive d'antidépresseurs*

∞ VERBE + **prescription**
- établir : *l'étude des symptômes permet d'établir une prescription adaptée* • rédiger
- justifier • recommander
- appliquer • observer • respecter • se conformer à • se soumettre à • suivre • être conforme à
- délivrer sur : *cet antiviral est délivré uniquement sur prescription médicale*
- limiter • réduire : *la Sécurité sociale demande aux médecins de réduire la prescription de certains médicaments*
- enfreindre : *il a enfreint la prescription de son médecin* • s'écarter de • s'opposer à

présence *nom fém.*

∞ **présence** + ADJECTIF
- divine • humaine • étrangère • militaire • policière : *certains souhaitent une présence policière dans les écoles* • physique
- impérative • nécessaire • obligatoire
- symbolique : *la présence symbolique des représentants des trois religions* • concomitante • simultanée • éventuelle • possible • potentielle • présumée • probable • vraisemblable
- effective • accrue • de tous les instants • grandissante • importante • massive : *la présence massive de journalistes lors du festival* • significative • palpable • perceptible • visible • remarquée
- constante • continue • continuelle • durable • ininterrompue • permanente • persistante • fréquente • récurrente • habituelle • quotidienne • régulière • assidue : *sa présence assidue aux cours est appréciée*
- apaisante • rassurante • sécurisante • bienfaisante • douce • amicale • amie • charmante
- opportune • providentielle • justifiée • légitime • indispensable • utile
- accidentelle • fortuite • anormale • étrange • inattendue • incongrue : *on signale la présence incongrue d'un sanglier sur la piste d'atterrissage* • inhabituelle • insolite • singulière • improbable
- inquiétante • suspecte • déplacée • importune • indésirable • injustifiée • scandaleuse
- dissuasive : *la présence dissuasive des forces de police* • intimidante • menaçante • gênante • humiliante • encombrante • envahissante : *la présence envahissante de sa famille* • étouffante • lourde • pesante • obsédante : *le livre est habité par la présence obsédante de la mort*
- diffuse • faible : *la faible présence des femmes dans les instances politiques* • discrète • imperceptible • invisible
- brève [+ nom] • éphémère • fugace • fugitive • momentanée • temporaire • épisodique • intermittente • sporadique

∞ **présence** + VERBE
- apaiser • rassurer • réconforter : *la présence de sa mère le réconforte* • faciliter : *la présence d'un médiateur facilite la négociation* • stimuler
- dérouter • intriguer • surprendre • troubler
- bouleverser • impressionner • intimider • agacer • énerver • importuner • inquiéter • perturber : *la présence de son ancien petit ami la perturbe* • hanter • obséder

∞ VERBE + **présence**
- faire acte de° : *il se contente de faire acte de présence aux réunions* • honorer de° : *elle a honoré notre fête de sa présence*
- demander : *il a demandé la présence d'un avocat* • exiger • réclamer
- demander • nécessiter : *cette opération nécessite la présence de deux personnes* • réclamer • requérir : *l'inscription à ce cours requiert la présence régulière de l'étudiant*
- annoncer • dévoiler • évoquer • mentionner • révéler • signaler • souligner • alerter sur / de : *ce programme l'a alerté sur la présence de virus dans son ordinateur* • informer de
- indiquer • marquer • mettre en évidence • révéler • témoigner de • trahir : *le grincement du plancher a trahi sa présence* • montrer
- deviner • sentir • soupçonner • constater • déceler • découvrir • détecter : *les tests permettent de détecter la présence de bactéries dans l'eau* • identifier • noter • observer • reconnaître •

remarquer · repérer · s'apercevoir de · se rendre compte de
- rechercher : *on recherche la présence d'alcool dans le sang*
- s'assurer de · vérifier • assurer de · attester de · certifier · confirmer · garantir : *nous garantissons la présence de chaque ingrédient indiqué sur l'étiquette*
- expliquer · justifier
- accepter · permettre · s'accommoder de · s'habituer à · tolérer • apprécier · cautionner · encourager · être favorable à · favoriser · saluer
- profiter de : *je profite de votre présence pour vous remercier*
- augmenter · intensifier · renforcer : *ils ont renforcé la présence policière autour des bâtiments publics* • maintenir · perpétuer
- s'étonner de • critiquer · refuser · regretter · s'inquiéter de · s'insurger contre • manifester contre · militer contre : *ce mouvement milite contre la présence de la publicité dans le métro*
- pâtir de · subir · souffrir de
- cacher · dissimuler · masquer
- contester · infirmer · nier
- ignorer
- limiter · réduire : *ce répulsif réduit la présence de moustiques dans la maison*

en présence de
- être · se trouver • mettre : *pendant le procès, il a été mis en présence de son agresseur*

[1]présentation *nom fém.* (exposé)

∾ présentation + ADJECTIF
- biographique · chronologique
- écrite · orale · virtuelle : *le site propose une présentation virtuelle des œuvres de la collection* • officielle · publique · solennelle
- dense · détaillée · exhaustive • longue [+ nom]
- claire · cohérente · ordonnée · précise • équilibrée · objective
- bonne [+ nom] · éclairante · excellente [+ nom] · passionnante
- brève · rapide · synthétique • schématique · sommaire · succincte
- caricaturale · simpliste · tendancieuse • bancale · confuse
- erronée · fallacieuse : *il déplore cette présentation fallacieuse des faits* · mensongère

∾ VERBE + présentation
- faire : *il a fait une présentation rapide des nouvelles normes de sécurité*
- commencer · entamer : *l'accusé a entamé la présentation de sa défense devant le tribunal*
- assister à
- achever · clore · clôturer : *un apéritif a clôturé la présentation* · terminer

[2]présentation *nom fém.* (apparence donnée à qqch.)

∾ présentation + ADJECTIF
- visuelle
- belle [+ nom] · bonne [+ nom] · jolie [+ nom] • élégante · soignée • originale
- sobre

∾ VERBE + présentation
- aérer · soigner • améliorer • parfaire · peaufiner : *il m'a demandé conseil pour peaufiner la présentation de son CV*
- changer · modifier · revoir : *la présentation du site Internet a été revue*

présomption *nom fém.* (supposition)

∾ présomption + ADJECTIF
- légale : *des présomptions légales pèsent sur lui* • de culpabilité · d'innocence
- forte [+ nom] · grave · lourde [+ nom] : *de lourdes présomptions pèsent sur lui* · sérieuse • irréfragable : *une présomption irréfragable est une présomption dont la preuve contraire ne peut être apportée*
- simple° : *la présomption simple renverse la charge de la preuve*

∾ présomption + VERBE
- peser sur

∾ VERBE + présomption
- constituer · valoir (sans art.) : *cette seule adhésion vaut présomption de bonne conduite*
- établir : *la loi établit une présomption de culpabilité en cas de non-retour au travail* · retenir : *le tribunal a retenu la "présomption de juvénilité"*
- confirmer : *il faudra faire des analyses pour confirmer cette présomption*
- bénéficier de [présomption d'innocence] : *il a bénéficié de la présomption d'innocence* · se prévaloir de
- renforcer [présomption d'innocence] : *un projet de loi visant à renforcer la présomption d'innocence*
- [présomption d'innocence] garantir · respecter

∾ NOM + DE + présomptions
- ensemble · faisceau : *ce n'est plus seulement un faisceau de présomptions, il y a des preuves* · série

presse *nom fém.*

∾ presse + ADJECTIF
- audiovisuelle · écrite · parlée · télévisée

- étrangère · internationale · nationale • locale · régionale • traditionnelle • officielle • indépendante · privée
- gratuite • payante
- critique · militante · réformatrice • libérale
- périodique · quotidienne · mensuelle · hebdomadaire
- généraliste · professionnelle · spécialisée • féminine · littéraire · masculine · médicale · religieuse · scientifique · sportive
- de qualité
- démocratique · libre : *une presse libre est une composante essentielle de toute société démocratique*
- à scandale · à sensation · populaire · tabloïde
- abondante · foisonnante · variée
- unanime : *la presse unanime a salué ce disque*
- dithyrambique · élogieuse · enthousiaste · favorable · positive • complaisante
- déchaînée · impitoyable • hostile · négative · sévère : *la presse a été sévère avec cet homme politique*

∞ presse + VERBE

- faire état de · parler de · rapporter · relater • divulguer · révéler · publier • colporter · relayer · se faire l'écho de · véhiculer : *la presse véhicule parfois des contrevérités* • commenter
- encenser : *la presse internationale encense ce musicien*
- accréditer : *la presse a accrédité la thèse selon laquelle l'incendie serait accidentel*
- se déchaîner
- attaquer • harceler : *il est harcelé par la presse à scandale*

∞ VERBE + presse

- (r)ameuter · convoquer · réunir • alerter : *les locataires ont alerté la presse locale*
- consulter · feuilleter · lire · parcourir
- avoir à sa botte · contrôler · manipuler • bâillonner · étouffer · museler

pressentiment *nom masc.*

∞ pressentiment + ADJECTIF

- fort $^{+\text{nom}}$: *j'ai le fort pressentiment que j'attends un garçon* • général
- bizarre · curieux · étrange · mystérieux · troublant
- affreux · atroce · funeste · horrible · noir · obscur · sinistre · sombre · terrible · triste
- confus · petit $^{+\text{nom}}$ · vague : *j'ai le vague pressentiment que quelque chose d'affreux va arriver*

∞ VERBE + pressentiment

- avoir • partager : *tout le monde semble partager ce pressentiment*
- confirmer : *malheureusement, mon pressentiment a été confirmé*
- démentir : *la réalité n'a pas démenti ce pressentiment*

[1] pression *nom fém.* (force physique)

∞ pression + ADJECTIF

- atmosphérique : *la pression atmosphérique se mesure à l'aide d'un baromètre* • acoustique · artérielle · oculaire · sanguine
- positive : *la pression positive est supérieure à la pression atmosphérique* • considérable · formidable · forte · grande $^{+\text{nom}}$ · haute $^{+\text{nom}}$ · importante • maximale : *la pression maximale pour un pneu est toujours indiquée sur le flanc*
- faible $^{+\text{nom}}$ · légère $^{+\text{nom}}$: *d'une légère pression du doigt, il fit pivoter le panneau* · modérée · petite $^{+\text{nom}}$ • minimale : *l'alcool fait monter la pression artérielle minimale*

∞ pression + VERBE

- s'exercer sur : *quand on met la tête sous l'eau, une pression s'exerce sur les tympans*
- changer · évoluer · varier
- augmenter · croître · monter
- baisser · chuter : *la pression artérielle a brusquement chuté* · décroître · diminuer

∞ VERBE + pression

- appliquer · exercer : *en exerçant une petite pression sur le cadran, on modifie l'image* · imposer
- être exposé à · être soumis à : *le sous-marin est soumis à de formidables pressions*
- résister à · supporter : *le matériau doit supporter des pressions considérables*
- évaluer · mesurer
- modifier · régler · varier
- accentuer · accroître · augmenter · intensifier • maintenir
- abaisser · alléger · diminuer · réduire

sous la pression

- céder · craquer

[2] pression *nom fém.* (contrainte)

∞ pression + ADJECTIF

- diplomatique · extérieure · gouvernementale · intérieure · internationale · juridique · politique • démographique • idéologique · médiatique • populaire • psychologique • familiale · sociale • économique · fiscale · inflationniste

- normative : *comment échapper à la pression normative ?*
- accrue · énorme · forte · grande ⁺ ⁿᵒᵐ · grosse ⁺ ⁿᵒᵐ · immense · importante · intense · maximale : *ils veulent exercer une pression maximale sur le dictateur* · soutenue • insistante : *il a cédé à la pression insistante de ses collaborateurs* • croissante · grandissante
- constante · continuelle · incessante · permanente
- impitoyable · insoutenable · intolérable · terrible • démesurée · excessive
- inutile · superflue
- légère ⁺ ⁿᵒᵐ · modérée · petite ⁺ ⁿᵒᵐ

∾ pression + VERBE
- peser sur · s'exercer sur • régner
- augmenter · monter · redoubler · s'intensifier
- baisser · diminuer · (re)tomber

∾ VERBE + pression
- exercer · faire° (sans art.) : *faire pression sur qqn* · mettre° : *mettre la pression sur qqn*
- ressentir · sentir • être exposé à · être / faire l'objet de : *les politiques font l'objet d'une pression accrue des grands industriels* · être soumis à · subir
- faire face à · gérer · résister à · supporter • répondre à
- accentuer · accroître · augmenter · intensifier · renforcer • maintenir : *l'entraîneur maintient la pression sur les deux leaders de l'équipe*
- abaisser · alléger : *des mesures pour alléger la pression fiscale* · atténuer · diminuer · modérer · réduire · relâcher : *elle va profiter des vacances pour relâcher la pression* · soulager : *ce bâtiment a été construit pour soulager la pression du marché de l'immobilier*
- céder à

∾ NOM + DE + pression
- instrument : *leurs ressources énergétiques sont un instrument de pression sur leurs voisins* · moyen

sous pression
- être : *elle travaille moins bien quand elle est sous pression* · se retrouver • mettre : *les terroristes veulent mettre le gouvernement sous pression* • agir · travailler

[1]prestation *nom fém.* (performance)

∾ prestation + ADJECTIF
- artistique · audiovisuelle · médiatique · scénique · sportive · télévisuelle
- orale · vocale • télévisée • publique : *la chorale donnera sa première prestation publique ce soir*
- belle ⁺ ⁿᵒᵐ · bonne ⁺ ⁿᵒᵐ · brillante · excellente · prometteuse • époustouflante · étourdissante · exemplaire · grandiose · impressionnante · irréprochable · remarquable · remarquée · spectaculaire · sublime · superbe • de haute tenue · de haute volée · de haut niveau · de qualité
- en demi-teinte · faible ⁺ ⁿᵒᵐ · mi-figue mi-raisin · moyenne • décevante · désolante · navrante • calamiteuse · désastreuse · médiocre · piètre ⁺ ⁿᵒᵐ : *sa piètre prestation a déçu tout le monde* · piteuse · terne

∾ VERBE + prestation
- débuter
- donner · effectuer · livrer : *il nous a livré une prestation de haut niveau* · offrir • réussir
- évaluer · juger (de) · noter : *sa prestation a été bien notée par le jury*
- saluer
- être content de · être fier de · être satisfait de
- avoir honte de : *j'ai honte de la prestation de mon équipe*
- terminer

[2]prestation *nom fém.* (service, souvent plur.)

∾ prestation + ADJECTIF
- hôtelière · informatique · technique • de conseil · de service · etc.
- extérieure · externe
- marchande · payante • gratuite • forfaitaire
- clé(s) en main • à la carte
- complète
- correcte · satisfaisante • belle ⁺ ⁿᵒᵐ · de qualité · exceptionnelle · impeccable · irréprochable • haut de gamme · luxueuse
- fictive : *il est accusé d'avoir facturé des prestations fictives*

∾ VERBE + prestation
- fournir : *cette entreprise fournit des prestations à la carte* · offrir · proposer • effectuer · réaliser : *ce consultant réalise des prestations de conseil en ingénierie publique*
- facturer
- avoir recours à • acheter · payer · rémunérer : *ces prestations sont rémunérées en fonction des résultats obtenus*
- améliorer

∾ NOM + DE + prestations
- éventail · gamme

[3]prestation *nom fém.* (allocation, souvent plur.)

∞ prestation + ADJECTIF

- familiale · sociale
- compensatoire : *il verse à son ex-épouse une prestation compensatoire*
- généreuse · substantielle
- faible · maigre · modeste

∞ prestation + VERBE

- augmenter
- diminuer : *les prestations familiales ont sensiblement diminué l'année dernière*

∞ VERBE + prestation

- allouer : *ces prestations sont allouées aux personnes dépendantes* · octroyer · verser
- avoir droit à · être bénéficiaire de • percevoir · recevoir · toucher : *certains chômeurs ne touchent aucune prestation sociale*
- financer : *cette taxe est destinée à financer les prestations sociales*
- améliorer · augmenter · réviser / revoir à la hausse • compléter
- diminuer · réduire · réviser / revoir à la baisse
- suspendre : *les prestations sont suspendues en cas de retour à l'emploi* • supprimer

prestige *nom masc.*

∞ prestige + ADJECTIF

- culturel · diplomatique · intellectuel · moral · scientifique · social · etc.
- personnel • international · national
- certain · particulier • considérable · grand [+ nom] · immense • intact • durable · inaltérable

∞ prestige + VERBE

- être attaché à : *le prestige attaché à ces cépages* · être lié à
- croître · grandir
- diminuer • décliner

∞ VERBE + prestige

- avoir · bénéficier de · être auréolé de : *une école supérieure auréolée de prestige* · jouir de
- conférer · donner
- acquérir · retirer ... de · tirer ... de : *il tire un prestige personnel de cette victoire* • retrouver • gagner (en)
- jouer de · profiter de · user de
- accroître · asseoir : *ces spectacles sublimes ont assis le prestige de ce théâtre* · consolider · étendre : *l'ouverture de plusieurs restaurants dans le monde a permis d'étendre le prestige du chef* · redorer : *cette campagne de publicité est destinée à redorer le prestige de la société* · rehausser : *la présence de plusieurs célébrités a rehaussé le prestige du festival* · renforcer : *ce succès a renforcé le prestige de l'entreprise* • préserver · sauvegarder • conserver · garder · maintenir
- diminuer
- compromettre · écorner : *cette défaite a écorné le prestige du champion* · entamer · mettre à mal · porter atteinte à · ruiner · saper · ternir : *ce scandale a terni le prestige de l'hôtel*
- perdre

prêt *nom masc.* (d'argent)

∞ prêt + ADJECTIF

- bancaire · hypothécaire · immobilier • bonifié · classique · conventionné · gagé · participatif · personnel · public · syndiqué • convertible · modulable • remboursable sur : *un prêt remboursable sur dix ans*
- à x % : *un prêt à 0%* • à taux zéro
- à court / moyen / long terme
- exceptionnel • avantageux · privilégié : *il a bénéficié d'un prêt privilégié pour l'achat de sa maison*
- plafonné : *un prêt plafonné à 7 000 euros*
- usuraire • douteux · fictif

∞ VERBE + prêt

- demander · solliciter • négocier : *j'ai négocié un prêt plus avantageux avec une autre banque*
- financer : *le gouvernement a décidé de financer des prêts aux étudiants*
- proposer • débloquer : *la Banque mondiale a débloqué un prêt de 50 millions de dollars pour soutenir cette action* • garantir : *le gouvernement envisage de garantir un prêt pour sauver l'entreprise de la faillite* • accorder · attribuer · consentir · octroyer · offrir • reconduire · renouveler
- conclure : *le parti a conclu un prêt pour financer la campagne* · contracter · faire · souscrire : *nous avons souscrit un prêt pour l'achat d'une nouvelle voiture* • bénéficier de · obtenir · recevoir
- rembourser · solder : *il est dans l'incapacité de solder son prêt*
- bloquer · suspendre • refuser

[1]prétention *nom fém.* (vanité)

∞ prétention + ADJECTIF

- confondante · extraordinaire · extravagante · extrême · grande [+ nom] · incroyable · insondable · invraisemblable · sans borne(s) : *ce comédien fait preuve d'une prétention sans bornes* · stupéfiante • démesurée · excessive

- agaçante · exaspérante • inadmissible · insolente · insupportable · intolérable

∾ VERBE + **prétention**

- avoir ... de · être de (+ adj.) : *elle est d'une prétention incroyable* · faire preuve de
- être dénué de

[2]prétention *nom fém.* (ambition, exigence)

∾ **prétention** + ADJECTIF

- artistique · culturelle · intellectuelle · scientifique : *ce film n'a aucune prétention scientifique* • (plur.) financières · salariales
- universelle : *un modèle de justice à prétention universelle*
- exorbitante · extraordinaire · grande + nom · immense
- démesurée · déraisonnable · exagérée · excessive · folle • absurde · naïve
- modérée · modeste · raisonnable

∾ VERBE + **prétention**

- afficher : *son programme affiche des prétentions démesurées* · avoir (pour)
- annoncer · exprimer · faire part de • confirmer · maintenir
- être à la hauteur de : *son salaire n'est pas à la hauteur de ses prétentions* · satisfaire : *il fera tout pour satisfaire ses prétentions*
- justifier · légitimer
- (plur.) gonfler · réviser / revoir à la hausse
- (plur.) baisser · diminuer · limiter · mettre en sourdine · modérer · réduire · réviser / revoir à la baisse
- rejeter : *la cour a rejeté les prétentions du requérant*
- balayer : *cette défaite a balayé les prétentions de l'équipe* · mettre fin à
- abandonner : *il a abandonné sa prétention à la présidence* · renoncer à

prétexte *nom masc.*

∾ **prétexte** + ADJECTIF

- médical · religieux · etc.
- officiel • classique · quelconque : *les voleurs se sont introduits dans le bâtiment sous un prétexte quelconque*
- plausible · vraisemblable • commode · idéal · pratique · tout trouvé • bon + nom · excellent + nom · habile · solide
- fallacieux○ · mauvais + nom · spécieux • futile · indigent : *son prétexte indigent n'a convaincu personne* · insuffisant · mince + nom • absurde · ridicule

∾ VERBE + **prétexte**

- avoir besoin de · chercher
- devenir : *la moindre pièce manquante devient prétexte à différer le versement ; ses maux de tête sont devenus un prétexte pour s'absenter* · servir de
- donner · fournir · offrir
- avoir · inventer · trouver
- invoquer · prendre comme / pour · prendre ... de (sans art.) : *ils ont pris prétexte des licenciements pour manifester* · (se) saisir (de) · tirer ... de (sans art.) : *elle a tiré prétexte de la grève des transports pour justifier son retard* · utiliser (comme) • user de : *il use de prétextes absurdes pour se dérober*
- refuser

REM. On rencontre parfois "faux prétexte". Cette expression est maladroite car un prétexte est une raison alléguée pour dissimuler le véritable motif d'une action.

preuve *nom fém.*

∾ **preuve** + ADJECTIF

- concrète · empirique · formelle · matérielle · scientifique • écrite • vivante○ : *elle est la preuve vivante que l'on peut concilier vie familiale et vie professionnelle*
- criante · évidente · flagrante · manifeste · palpable · patente · tangible • claire · directe · précise • concluante · convaincante · suffisante · valable • absolue · certaine · décisive · définitive : *il n'a pas fait la preuve définitive de son efficacité* · éclatante · éloquente : *le nombre d'ouvrages parus est la preuve éloquente de l'intérêt du public pour le sujet* · grande + nom : *c'est la plus grande preuve de sa réussite* · incontestable · indéniable · indiscutable · indubitable · irrécusable · irréfragable [Droit] · irréfutable · solide · suprême · réelle + nom · véritable + nom · vraie + nom
- contraire : *les soupçons sont tombés quand il nous a apporté la preuve contraire*
- accablante · à charge○ : *cette fausse signature est la principale preuve à charge*
- à décharge○
- moindre + nom : *les enquêteurs n'ont pas la moindre preuve de sa culpabilité* • contestable · fragile · insuffisante • prétendue + nom • irrecevable
- fausse + nom : *la police aurait fabriqué de fausses preuves*

∾ **preuve** + VERBE

- confirmer : *ces preuves confirment la première hypothèse* · corroborer · étayer : *il ne dispose d'aucune preuve qui étaye ses affirmations*
- faire défaut · manquer

∞ VERBE + **preuve**

- constituer : *ce témoignage constitue une preuve irréfutable* · tenir lieu de : *cette déclaration est versée au dossier et tient lieu de preuve*
- chercher
- fabriquer : *il est accusé d'avoir fabriqué de fausses preuves*
- demander · exiger · nécessiter · réclamer
- avoir · détenir · disposer de · être / se trouver en possession de · posséder
- obtenir · trouver • (plur.) accumuler · rassembler · recueillir · réunir
- administrer : *il nous a administré la preuve de son efficacité* · apporter · avancer · donner · établir · fournir • exhiber · montrer · présenter · produire : *c'est à lui de produire la preuve de son innocence* • asséner
- manquer de
- cacher · dissimuler • détruire · faire disparaître

∞ NOM + DE + **preuves**

- accumulation · faisceau : *l'avocat dispose d'un faisceau de preuves accablantes* · profusion · série

sans preuve

- accuser · condamner

prévention *nom fém.* (anticipation)

∞ **prévention** + ADJECTIF

- médicale · sanitaire · vaccinale • routière · sociale : *le gouvernement veut multiplier les actions de prévention sociale dans les quartiers* · etc.
- ciblée · spécialisée • collective · publique
- active • précoce
- adaptée · bonne + nom · efficace · suffisante : *l'information ne constitue pas une prévention suffisante*
- insuffisante • inefficace

∞ VERBE + **prévention**

- assurer · faire : *il faut faire plus de prévention en matière sanitaire*
- encourager · favoriser · inciter à · préférer (... à) · privilégier : *il faut privilégier la prévention des conflits*
- insister sur • améliorer · renforcer : *le ministère veut renforcer la prévention routière*
- négliger

∞ NOM + DE + **prévention**

- action · mesure • campagne · dispositif · plan · politique · programme

prévision *nom fém.* (souvent plur.)

∞ **prévision** + ADJECTIF

- démographique · électorale • climatique · météorologique : *les prévisions météorologiques annoncent du beau temps pour demain* • budgétaire · conjoncturelle · économique • astrologique
- annuelle · semestrielle • à court / moyen / long terme • chiffrée • officielle • générale · globale
- crédible · fiable · réaliste · sérieuse • sûre • exacte · précise : *les économistes ont fait des prévisions précises pour l'année prochaine*
- bonne + nom · satisfaisante : *nous pouvons tabler sur des prévisons satisfaisantes quant aux résultats annuels* • favorable · mirobolante^fam. · optimiste · rassurante
- prudente : *les spécialistes ont livré des prévisions électorales prudentes car tout peut basculer au dernier moment* • modeste
- médiocre · pessimiste • accablante · alarmiste · apocalyptique · catastrophique · inquiétante · sombre + nom : *les chiffres actuels sont conformes aux sombres prévisions de croissance*
- caduque · erronée · fausse + nom
- aléatoire · vague • fantaisiste · folle · hasardeuse · irréaliste

∞ **prévision** + VERBE

- annoncer · miser sur · tabler sur
- s'avérer : *les prévisions se sont avérées exactes*
- se confirmer

∞ VERBE + **prévision**

- se hasarder à · tenter • effectuer · élaborer : *le chargé d'études a élaboré des prévisions à moyen terme* · établir · faire · se livrer à
- donner · émettre : *les analystes émettent des prévisions prudentes* · faire état de · formuler · livrer · publier · rendre publique • maintenir : *la filiale a maintenu ses prévisions de bénéfice pour le prochain semestre*
- s'appuyer sur · se fonder sur : *le budget se fonde sur une prévision de croissance de 2,5 %*
- se tromper dans
- (ré)ajuster · corriger · modifier · rectifier · revenir sur · réviser : *le ministre a dû réviser ses prévisions* • affiner : *les images satellites permettent d'affiner les prévisions* · améliorer
- augmenter · réviser / revoir à la hausse
- abaisser · réduire · réviser / revoir à la baisse
- confirmer · valider
- être conforme à · réaliser · tenir : *l'entreprise n'est pas parvenue à tenir ses prévisions budgétaires* • dépasser · être supérieur à · excéder

- démentir • infirmer
- être inférieur à : *les résultats sont inférieurs aux prévisions*

∾ NOM + DE + **prévisions**
- fourchette : *les premiers résultats se situent dans le haut de la fourchette de prévisions*

prière *nom fém.* (Rel., demande)

∾ **prière** + ADJECTIF
- collective • familiale • publique • hebdomadaire • quotidienne • œcuménique • universelle
- ardente • fervente • insistante : *j'ai finalement cédé à ses prières insistantes* • interminable • longue + nom • (plur.) continuelles • incessantes
- intérieure • muette • silencieuse • brève + nom • courte + nom • petite + nom
- ultime + nom

∾ **prière** + VERBE
- commencer • débuter
- retentir

∾ VERBE + **prière**
- appeller à : *le muezzin appelle les fidèles à la prière*
- entamer • être en : *des centaines d'admirateurs étaient en prière devant l'hôpital* • se réfugier dans • s'isoler dans
- dire • faire • lire • prononcer • réciter • chuchoter • marmonner • murmurer • chanter • psalmodier • adresser ... à : *elle adresse ses prières à saint Antoine de Padoue* • pratiquer : *il pratique la prière et la méditation*
- conduire • diriger • guider • organiser • présider
- assister à • participer à
- céder à • exaucer : *Dieu a exaucé mes prières*
- demeurer / être / rester / insensible à • demeurer / être / rester / sourd à : *il est demeuré sourd à mes prières*
- clore • finir • terminer

primauté *nom fém.*

∾ **primauté** + ADJECTIF
- absolue • indiscutable : *la primauté indiscutable de l'esprit sur la matière*

∾ VERBE + **primauté**
- revendiquer : *ces musiciens revendiquent la primauté de l'instinct sur la technique*
- instaurer • restaurer : *il faut restaurer la primauté des élus sur la machine administrative* • rétablir • consacrer • établir : *ce principe établit la primauté du politique sur le militaire* • fonder • accorder : *le système scolaire accorde la primauté à l'enseignement général plutôt qu'à l'enseignement technique* • (re)donner • imposer
- accepter • admettre • confirmer • prôner : *il prône la primauté de l'éducation sur la répression* • reconnaître • assurer • défendre • garantir : *il faut garantir la primauté de la personne humaine dans les expériences scientifiques* • maintenir
- (ré)affirmer • proclamer • souligner
- avoir • détenir • conserver
- contester • remettre en cause • s'opposer à : *certains militaires s'opposent à la primauté du pouvoir civil*
- mettre fin à : *le pays veut mettre fin à la primauté de l'armement nucléaire*

prime *nom fém.*

∾ **prime** + ADJECTIF
- annuelle • mensuelle
- compensatoire • majoritaire • individuelle • supplémentaire • fixe • forfaitaire • variable • défiscalisée
- exceptionnelle • spéciale
- belle + nom • forte + nom • généreuse • grosse + nom • substantielle
- dérisoire • maigre + nom • petite + nom • ponctuelle
- occulte

∾ VERBE + **prime**
- créer : *le gouvernement a créé une prime pour l'emploi des seniors* • instaurer • instituer
- demander • exiger • réclamer • vouloir
- accorder • allouer • attribuer • distribuer • donner • octroyer • offrir • payer • verser : *il leur verse une prime à la productivité*
- empocher • obtenir • percevoir • recevoir • toucher : *on touche une prime en fin d'année* • bénéficier de • disposer de
- calculer
- augmenter • revaloriser • réviser / revoir à la hausse
- baisser • diminuer • réduire • réviser / revoir à la baisse

principe *nom masc.* (règle)

∾ **principe** + ADJECTIF
- économique • juridique • mathématique • mécanique • politique • pédagogique •

religieux • déontologique · éthique · moral · philosophique • démocratique
- [Psychan.] de plaisir○ : *les enfants agissent selon le principe de plaisir* · de réalité○ : *le principe de réalité nous conduit à tenir compte des contraintes extérieures*
- vital○
- consensuel • structurant · unificateur
- central · (-)clé · de base · directeur · élémentaire · essentiel · fondamental · fondateur · fort · général · grand + nom · important · premier • éternel · vieux + nom • intangible · sacré • commun
- rigide · rigoureux · strict • immuable · incontesté · inébranlable · universel
- clair · simple : *il part d'un principe très simple* • applicable · de bon sens · raisonnable • bon + nom · excellent · sage
- beau + nom · louable · noble · respectable • élevé · supérieur

∞ principe + VERBE
- prévaloir · s'appliquer · s'imposer
- avoir du bon
- animer · fonder · guider · présider à · régir · sous-tendre : *nous avons défini les principes qui sous-tendent cet accord*
- évoluer

∞ VERBE + principe
- affirmer · édicter : *le règlement édicte des principes très stricts* · émettre · énoncer · exposer · faire connaître · formuler · proclamer • ériger en : *la lutte contre l'impunité a été érigée en principe* · (se) fixer (comme) · poser (comme) · prendre comme • définir · dégager · déterminer • retenir
- avoir · être bourré de fam. (plur.) • revenir à · s'en tenir à : *je m'en tiens à quelques principes de base*
- être à cheval sur · être attaché à
- accepter · adhérer à · admettre · adopter · croire à • défendre · légitimer · promouvoir · soutenir • être / rester fidèle à · obéir à · respecter · se conformer à
- être conforme à : *de telles méthodes ne sont pas conformes à nos principes* · être en accord avec
- inculquer : *son père lui a inculqué quelques principes* · enseigner
- appliquer · mettre en pratique
- partir de · reposer sur · s'appuyer sur : *ce projet s'appuie sur un principe simple* · se baser sur · se fonder sur · utiliser
- rappeler · réaffirmer : *le président a réaffirmé le principe fondamental de la laïcité* • renforcer • élargir ... (à) · étendre ... (à) : *le gouvernement veut étendre ce principe économique à d'autres secteurs* • maintenir
- assouplir : *le ministre souhaite assouplir le principe du collège unique*
- être confronté à · se heurter à : *il s'est heurté au principe du secret de l'instruction*
- contester · critiquer · être hostile à : *certains clients sont hostiles au principe du paiement différé* · refuser · rejeter · s'élever contre
- bousculer · mettre à l'épreuve · mettre à mal · porter atteinte à · remettre en cause · remettre en question • bafouer · contrevenir à · déroger à · enfreindre · faire échec à : *ces discriminations font échec au principe d'égalité* · heurter · ignorer · manquer à · s'asseoir sur · trahir · transgresser · violer • écorner : *sa prise de position a sérieusement écorné le principe de neutralité* · malmener
- aller à l'encontre de · être contraire à
- s'affranchir de · s'écarter · s'éloigner de • abandonner · balayer · renoncer à · rompre avec

∞ NOM + DE + principes
- catalogue · ensemble · liste · série

priorité *nom fém.*

∞ priorité + ADJECTIF
- culturelle · politique · sanitaire · sociale · etc.
- internationale · mondiale · nationale
- stratégique
- absolue · exclusive · unique • essentielle · fondamentale · forte + nom · grande + nom · haute + nom : *la plus haute priorité est la baisse des impôts* · majeure · numéro un · première + nom : *sa première priorité est sa vie de famille* · principale • constante

∞ priorité + VERBE
- concerner : *notre première priorité concerne la formation continue*
- (plur.) changer · fluctuer · varier

∞ VERBE + priorité
- constituer · être (en tête de) · faire partie de (plur.) · figurer dans / parmi (plur.) • devenir • demeurer · rester
- avoir (pour) · considérer comme · ériger en : *le président a érigé la lutte antiterroriste en priorité* · hisser au rang de : *le gouvernement a hissé l'éducation au rang de priorité* · retenir comme • choisir · décider de · définir · dégager · déterminer · (se) donner (comme) · (se) fixer (comme) • (plur.) classer dans · inscrire dans / parmi · placer au centre / en tête de
- hiérarchiser (plur.)

- afficher (comme) · affirmer · annoncer · faire connaître · mettre en avant : *il a mis en avant trois priorités pour son prochain mandat*
- imposer : *les syndicats ont réussi à imposer leurs priorités* • accorder ... à · donner ... à
- insister sur · mettre l'accent sur · réaffirmer : *le maire a réaffirmé ses priorités lors de son intervention* • maintenir
- orienter • changer · inverser · modifier · reconsidérer · redéfinir • bouleverser · bousculer : *cette catastrophe naturelle a bousculé les priorités du gouvernement*
- se tromper de : *le pays se trompe de priorité en misant tout sur la défense*
- [Code de la route] • avoir • respecter • céder · laisser
- [Code de la route] brûler · griller^fam. · refuser

∞ NOM + DE + **priorités**
- liste · série
- ordre : *la direction a fixé l'ordre des priorités*

prise de conscience *nom fém.*

∞ **prise de conscience** + ADJECTIF
- citoyenne · écologique · éthique · morale · politique · sociale · etc.
- individuelle · personnelle • internationale · mondiale · nationale · planétaire · universelle : *il y a une prise de conscience universelle des problèmes liés aux changements climatiques* • collective · générale · globale · publique : *la sécurité routière doit passer par une vraie prise de conscience publique* · unanime
- naissante
- accrue · aiguë · capitale · évidente · fondamentale · grande ^+ nom · intense · large ^+ nom · nette · radicale · réelle ^+ nom · véritable ^+ nom • croissante · grandissante
- brusque · brutale · immédiate · soudaine • rapide • précoce
- bénéfique · nécessaire · salutaire : *cette catastrophe a entraîné une prise de conscience salutaire chez nos concitoyens*
- insuffisante • lente · progressive • tardive
- douloureuse

∞ **prise de conscience** + VERBE
- commencer · s'amorcer · se dessiner
- avoir lieu · se faire · s'opérer

∞ VERBE + **prise de conscience**
- amener à · conduire à · créer · déboucher sur · déclencher : *cette campagne veut déclencher une prise de conscience chez les automobilistes* · engendrer · entraîner · provoquer · susciter
- aider à · contribuer à · faciliter · favoriser · permettre
- faire l'objet de
- appeler à : *l'association appelle à une prise de conscience du gouvernement*
- opérer : *cette enquête a contribué à opérer une prise de conscience du phénomène*
- accroître · renforcer : *le débat a renforcé la prise de conscience autour de l'accroissement des inégalités* • accélérer · hâter
- montrer · témoigner de : *la baisse du nombre d'accidents témoigne de la prise de conscience qui s'amorce chez les Français*
- constater
- empêcher · retarder : *les intérêts économiques ont longtemps retardé cette prise de conscience*

prison *nom fém.* (lieu, peine)

∞ **prison** + ADJECTIF
- centrale · de haute sécurité : *il est détenu à la prison de haute sécurité d'Alcatraz* • de femmes
- dorée ○ : *le campus est devenu une prison dorée*
- surchargée · surpeuplée
- [peine] • à perpétuité · à vie · ferme : *il a été condamné à neuf ans de prison ferme*

∞ VERBE + **prison**
- faire : *il a déjà fait de la prison* • encourir : *il encourt la prison à vie / à perpétuité*
- échapper à : *il a échappé de justesse à la prison*
- sortir de • s'évader de
- désengorger : *cette loi vise à désengorger les prisons* · vider

en prison
- envoyer · jeter : *ils l'ont jeté en prison comme un voleur* · mettre
- aller • dormir · être · se retrouver • croupir · moisir : *il a moisi en prison près de vingt ans* • retourner

prisonnier, ière *nom*

∞ **prisonnier, ière** + ADJECTIF
- de droit commun ○ • d'opinion ○ · politique • de guerre
- encombrant

∞ **prisonnier, ière** + VERBE
- purger sa peine
- se mutiner · se révolter
- se faire la belle^fam. · s'évader

∞ VERBE + **prisonnier, ière**

- se constituer : *il s'est constitué prisonnier le lendemain*
- capturer · faire : *neuf miliciens ont été faits prisonniers par les rebelles*
- détenir • retenir : *il est retenu prisonnier depuis quinze jours ; ils retiennent deux cents prisonniers dans le camp*
- enfermer · incarcérer • enchaîner · ligoter · menotter
- déporter · transférer • rapatrier
- interroger
- torturer
- exécuter · liquider
- libérer · relâcher · remettre en liberté · rendre à la liberté • amnistier · grâcier • échanger : *les deux factions ont échangé leurs prisonniers*
- réinsérer

REM. On rencontre parfois "prisonnier de conscience", qui est un anglicisme. Évitez cette expression et préférez "prisonnier d'opinion".

privatisation *nom fém.*

∞ **privatisation** + ADJECTIF

- complète · totale • massive
- rampante : *les fonctionnaires dénoncent une privatisation rampante de l'agence*
- sauvage : *la privatisation sauvage est due à une réglementation trop lâche*
- partielle • progressive
- réussie
- ratée

∞ **privatisation** + VERBE

- être en cours

∞ VERBE + **privatisation**

- approuver · être favorable à · préconiser · prôner
- annoncer • décider · prévoir · programmer
- engager · lancer : *le ministre veut lancer la privatisation de la compagnie aérienne cet automne* · procéder : *le pays va procéder à la privatisation de certains services*
- piloter · superviser • procéder à
- accélérer
- mener à terme : *le gouvernement a mené à terme la privatisation de l'entreprise* · réussir
- désapprouver · être opposé à · protester contre · refuser · remettre en cause · s'opposer à : *les syndicats tentent de s'opposer à cette privatisation* • éviter
- rater : *le groupe financier a raté la privatisation de la chaîne*
- geler : *le nouveau gouvernement a gelé les privatisations en cours* · reporter · suspendre

privilège *nom masc.*

∞ **privilège** + ADJECTIF

- aristocratique · corporatiste · diplomatique · monarchique · présidentiel · royal · seigneurial · social • ancestral · antique · héréditaire · historique
- exclusif · particulier · spécial • féminin · masculin
- absolu · suprême • considérable · énorme · grand + nom · immense · inouï · vrai + nom • appréciable · enviable · exceptionnel · extraordinaire · formidable · heureux + nom · incomparable · merveilleux • rare : *dans certains pays, l'accès à l'eau est un privilège rare*
- indu : *l'article dénonce certains privilèges indus des hommes politiques* • exorbitant : *le gouvernement lui aurait accordé des privilèges exorbitants*
- lourd + nom · redoutable + nom · terrible + nom : *il a le terrible privilège de devoir prendre lui-même cette décision* · triste + nom
- petit + nom

∞ **privilège** + VERBE

- être attaché à : *les privilèges attachés à la fonction*
- tomber en désuétude

∞ VERBE + **privilège**

- établir · instituer
- demander · réclamer · revendiquer • invoquer · se prévaloir de • se disputer : *ils se disputèrent le privilège de la raccompagner*
- accorder · attribuer · conférer · donner · laisser ... à · octroyer · offrir · réserver • transmettre ... à : *il ne peut transmettre le privilège du rang dont il jouit à ses descendants* • donner droit à : *ce titre donne droit à des privilèges considérables*
- acquérir · hériter de · obtenir · recevoir : *la banque de France a reçu le privilège d'émettre la monnaie en 1803* • s'arroger : *certains dirigeants s'arrogent des privilèges inouïs* · se donner · se réserver · s'offrir • se partager
- avoir (droit à) • détenir · disposer de · posséder : *la noblesse possédait des privilèges héréditaires* • conserver · garder
- exercer · jouir de · profiter de · user de • apprécier · savourer
- maintenir · perpétuer : *cette école veut perpétuer les privilèges corporatistes*
- abuser de
- défendre · être attaché à · être jaloux de · tenir à

- dénoncer
- (re)mettre en cause
- priver de
- abandonner · renoncer à : *en renonçant au trône, il renonce à de nombreux privilèges*
- être dépourvu de : *cette fonction est dépourvue de tout privilège particulier* · perdre
- abolir · mettre fin à · supprimer • retirer ... à

[1] **prix** *nom masc.* (coût)

∾ prix + ADJECTIF

- économique · humain · politique : *le prix politique à payer sera énorme*
- total · unitaire • hors taxes · HT • toutes taxes comprises · TTC
- courant · de base · moyen • forfaitaire · global • variable • coûtant
- ferme • conventionné · fixe · stable • unique° : *le prix unique du livre* • définitif · gelé
- flexible · fluctuant • libre
- approximatif · indicatif
- d'appel · plancher · premier° + nom : *une brosse à dents premier prix* • plafond • au rabais · bas : *une enseigne réputée pour ses prix bas ; une vente exceptionnelle à bas prix* · cassé · économique · faible · modéré · modique · petit + nom · réduit • flexible · fluctuant • dérisoire · ridicule · sacrifié · vil° + nom
- de faveur · préférentiel · spécial • abordable · avantageux · bon + nom · doux · fou · imbattable · intéressant · jamais vu · symbolique : *la municipalité propose de louer des vélos à un prix symbolique* • alléchant · attractif · tentant • compétitif · concurrentiel · défiant toute concurrence
- acceptable · adéquat · correct · décent · équitable · honnête · juste · raisonnable · sage
- astronomique · considérable · élevé · exorbitant · faramineux*fam.* · vertigineux • record : *le tableau a atteint un prix record aux enchères*
- réel : *seule la vente publique permet d'établir le prix réel d'un objet sur le marché*
- arbitraire • dissuasif · effarant · effrayant • abusif · démentiel · déraisonnable · excessif · extravagant · fou : *j'ai payé un prix fou pour cette babiole* · honteux · inabordable · prohibitif · scandaleux

∾ prix + VERBE

- atteindre · avoisiner · évoluer entre ... et ... · osciller entre ... et ... · s'élever à · se monter à · varier entre ... et ...
- se maintenir · se stabiliser · stagner
- évoluer · fluctuer · varier
- augmenter · doubler · être en hausse · grimper · (re)monter · progresser · repartir à la hausse • bondir · déraper · être au plus haut · exploser · flamber · (re)monter en flèche · s'enflammer · s'envoler
- baisser · descendre · diminuer · être à la baisse • chuter · dégringoler · être au plus bas · plonger · s'écrouler · s'effondrer · tomber : *les prix sont tombés à cause d'une baisse de la demande*

∾ VERBE + prix

- avoir° [aussi fig.] : *la santé / la liberté n'a pas de prix* • atteindre
- demander · s'informer de
- définir · fixer • calculer · déterminer · estimer · évaluer • comprendre dans · inclure dans • comparer (plur.) : *il faut comparer les prix avant d'acheter*
- afficher · donner · indiquer · préciser
- débattre · discuter · marchander • convenir de · s'accorder sur · s'entendre sur
- payer : *je n'aurais jamais payé ce prix-là pour un pull !*
- accorder · consentir · faire° : *il m'a fait un prix, je l'ai eu à 20 euros au lieu de 25* • pratiquer : *ce commerçant pratique des prix scandaleux* · proposer
- tirer ... de (+ adj.) : *j'ai tiré un bon prix de mon vieux vélo*
- amortir
- augmenter · hausser · majorer · provoquer la hausse de · tirer vers le haut • faire flamber · gonfler · renchérir
- ajuster · aligner ... sur · contrôler · encadrer : *le gouvernement a encadré les prix pour éviter une hausse trop importante* • stabiliser
- libérer
- provoquer la baisse de · tirer vers le bas • baisser · limiter • brader · casser · écraser · faire une opération coup de poing sur · sacrifier
- geler

∾ NOM + DE + prix

- éventail · fourchette · gamme : *ils proposent une gamme de prix très compétitifs*
- (re)montée · augmentation · envolée · explosion · flambée · hausse · inflation
- fluctuation · volatilité · variation
- baisse · diminution · plongeon

à un prix (+ adj.)

- céder · vendre • acheter : *il l'a acheté à un prix avantageux* · acquérir · obtenir

²prix *nom masc.* (récompense)

∾ prix + ADJECTIF
- littéraire · musical · etc.
- honorifique · prestigieux
- de consolation : *le perdant a reçu un prix de consolation*

∾ prix + VERBE
- aller à : *le prix est allé au film d'un jeune réalisateur espagnol* • couronner · récompenser : *ce prix récompense de jeunes talents musicaux*

∾ VERBE + **prix**
- fonder · créer · instituer
- accorder : *le jury lui a accordé un prix d'interprétation* · attribuer · décerner : *le prix lui a été décerné à titre posthume* · donner · octroyer · remettre • distribuer (plur.)
- valoir ... à : *cette prouesse qui lui valut un prix d'interprétation*
- décrocher^fam. · empocher · (r)emporter · gagner · obtenir · rafler^fam. : *ce film a raflé cinq prix aux Césars* · recevoir • accumuler (plur.)
- mériter
- refuser

∾ NOM + DE + **prix**
- avalanche · cascade

probabilité *nom fém.*

∾ probabilité + ADJECTIF
- statistique
- réelle • croissante • élevée · énorme · forte ⁺ ⁿᵒᵐ : *il y a une forte probabilité de réussite* · grande ⁺ ⁿᵒᵐ · importante · non négligeable · sérieuse · significative
- faible · infime ⁺ ⁿᵒᵐ · mince · minime · négligeable · petite ⁺ ⁿᵒᵐ
- nulle

∾ VERBE + **probabilité**
- s'interroger sur • calculer · chiffrer · déterminer · évaluer · mesurer : *on ne peut pas mesurer la probabilité d'échec de ce projet*
- accroître · augmenter · renforcer : *la conjoncture renforce la probabilité d'une prochaine crise*
- réduire

probité *nom fém.*

∾ probité + ADJECTIF
- intellectuelle · morale · professionnelle
- personnelle • publique
- absolue · à toute épreuve : *l'expert doit être d'une probité à toute épreuve* · extrême · grande ⁺ ⁿᵒᵐ • exemplaire · parfaite ⁺ ⁿᵒᵐ • légendaire · notoire
- candide : *« Cet homme marchait loin des sentiers obliques, Vêtu de probité candide et de lin blanc »* (Hugo, *La Légende des siècles*, II, 6, « Booz endormi »)

∾ VERBE + **probité**
- être de (+ adj.) · être réputé pour • faire preuve de · témoigner de
- exalter · souligner
- douter de · mettre en cause · mettre en doute
- porter atteinte à : *cette infraction porte atteinte à la probité publique*

problématique *nom fém.*

∾ problématique + ADJECTIF
- actuelle · contemporaine · moderne
- ancestrale · classique · vieille ⁺ ⁿᵒᵐ
- centrale · majeure · principale • générale · globale · large · vaste
- complexe

∾ problématique + VERBE
- apparaître · émerger
- s'articuler : *la problématique du cours s'articule en deux volets*
- changer · évoluer : *la problématique des drogues a beaucoup évolué aujourd'hui*

∾ VERBE + **problématique**
- aborder • être confronté à · faire face à
- définir · développer · exposer : *il expose la problématique dans l'introduction de son devoir* · poser
- analyser · examiner · explorer · réfléchir à · se pencher sur · s'intéresser à · traiter : *le débat permettra de traiter la problématique de la sécurité en ville* • appréhender · cerner · comprendre • reprendre : *il a repris la problématique de ce philosophe*
- entrer dans · être / se situer au cœur de : *cette question morale se situe au cœur de notre problématique* · s'inscrire dans
- déplacer · renouveler · renverser : *on peut renverser la problématique en se plaçant d'un autre point de vue* • élargir
- échapper à
- sortir de

problème *nom masc.*

∾ problème + ADJECTIF
- éthique · moral • mathématique · scientifique • familial · personnel · social • conjugal · sexuel • juridique • structurel • matériel · pratique • logistique · technique • théorique

- cardiaque · circulatoire · médical · physique · respiratoire • comportemental · identitaire · mental · psychologique · relationnel
- mondial · national
- concret : *épaulé par un ingénieur, chaque élève étudie un problème concret* · particulier · précis · spécifique
- domestique · interne
- réel · véritable + nom · vrai + nom
- central · essentiel · fondamental · majeur · principal • incontournable · inévitable • considérable · crucial · décisif · de la plus haute importance · de taille : *le piratage de logiciels est un problème de taille* · d'importance · énorme · évident · grand + nom · gros + nom · immense · important · sérieux · vaste · vital · sacré + nom *fam.*
- urgent
- banal · chronique · classique : *c'est un problème classique avec ce genre d'installations vétustes* · éternel · lancinant · vieux + nom • incessants (plur.) · récurrent
- intéressant · passionnant
- douloureux · dramatique · inquiétant · (ultra)sensible
- ardu · complexe · compliqué · délicat · difficile · épineux : *le problème épineux du téléchargement de la musique sur internet* • inextricable · insoluble · insurmontable • kafkaïen • grave · redoutable · terrible
- élémentaire • bénin · léger + nom · mineur · petit + nom · sans importance · simple • accessoire · annexe · secondaire : *comparé à ses douleurs, mon mal de tête n'est qu'un problème secondaire* • latent
- faux ○ + nom : *il pense que la pollution automobile est un faux problème*

∾ problème + VERBE

- apparaître · arriver · commencer · se dessiner · se profiler · surgir : *dès qu'un problème surgit, il se réfugie dans l'alcool* · survenir • se (re)poser : *le problème se reposera dans toute son acuité à la rentrée*
- exister · rester entier • être à l'ordre du jour • ne pas manquer (plur.) · s'accumuler
- être indissociable de · être lié à · se greffer sur • s'imbriquer (plur.)
- peser sur · tomber sur • (souvent passif) miner · ronger · tourmenter • submerger • hanter · obséder
- mériter réflexion • s'aggraver · se compliquer
- être / rester en suspens · perdurer · persister
- se régler · se résoudre • disparaître · s'envoler · s'estomper

∾ VERBE + problème

- causer · (se) créer · engendrer · être à l'origine de · être responsable de · être source de · faire ○ (sans art.) : *l'audace de certaines scènes risque de faire problème* · poser : *si cela te pose (un) problème, dis-le-moi !*
- être à la base de · être au centre de · être / rester ancré dans · être / se retrouver au cœur de
- attirer l'attention sur · évoquer · exposer · faire état de · mettre le doigt sur · mettre / poser à plat · pointer · signaler · soulever • insister sur · mettre l'accent sur · revenir sur
- confier • (plur.) déballer *fam.* · extérioriser
- (plur.) lister · recenser
- détecter · voir • comprendre · être au courant de · être averti de · être conscient de · être sensibilisé à : *le personnel est sensibilisé au problème du harcèlement moral*
- écouter · être à l'écoute de : *elle est à l'écoute des problèmes de ses employés* · être attentif à · prendre à cœur · prendre en compte · s'intéresser à · tenir compte de
- toucher à • aborder · analyser · approcher · cerner · clarifier · (re)considérer · étudier · examiner · faire le tour de · méditer sur · (re)penser · plancher sur *fam.* · prendre la mesure de · réfléchir sur · se pencher sur · s'interroger sur • concentrer ses efforts sur · se concentrer sur · se focaliser sur • approfondir · creuser · s'appesantir sur : *il n'y a pas de raison de s'appesantir plus longtemps sur le problème* · s'attarder sur
- anticiper · prendre en amont • prendre à bras-le-corps · prendre au sérieux · prendre de front · prendre en charge · prendre par le bon bout · prendre par les deux bouts · s'atteler à : *le ministre s'est attelé au problème de la pollution* · se charger de · se consacrer à · se saisir de · s'occuper de · traiter (à la racine / la source) · traiter au fond • gérer · maîtriser · répondre à : *est-ce par la formation qu'on peut répondre au problème du chômage ?* • combattre · lutter contre · s'attaquer à
- achopper sur · buter sur · se casser les dents sur · se heurter à • affronter · avoir · connaître · être confronté à · être victime de · faire face à · rencontrer · souffrir de • (plur.) être empêtré dans · être englué dans · être enlisé dans · nager dans · se débattre dans · s'enfermer dans · s'enliser dans

- aggraver · compliquer · exacerber • multiplier (plur.)
- dédramatiser · minimiser · relativiser • mettre en perspective · simplifier
- déconnecter ... de · dissocier ... de
- prendre par le mauvais bout • rester à la surface de • mettre sous le boisseau · se débarrasser de · se décharger de • déplacer • écarter · éluder · esquiver · évacuer · éviter · fermer les yeux sur · ignorer · négliger · ne pas s'embarrasser de : *il ne s'embarrasse pas de problèmes moraux* · occulter · oublier · reléguer ... à : *elle tente de reléguer ce problème au second plan* · rester sourd à · se désintéresser de · traiter par dessus la jambe
- être / se mettre à l'abri de
- cacher · camoufler · masquer
- garder pour soi · taire
- démêler · dénouer · désamorcer : *la discussion peut être une façon de désamorcer le problème* · régler · remédier à · résoudre · trouver une solution à • éradiquer · mettre fin à · se débarrasser de · sortir de

∞ NOM + DE + **problèmes**
- accumulation · cascade · série · suite · tas[fam.] · lot · montagne
- nœud : *son attitude constitue le nœud du problème* · racine · cœur · source

procédé *nom masc.*

∞ **procédé** + ADJECTIF
- narratif · rhétorique · visuel • industriel · mécanique · technique · technologique · etc.
- naturel • artisanal • empirique · expérimental
- inédit · innovant · nouveau · novateur · révolutionnaire
- curieux · étrange · inhabituel · original · spécial
- ancestral · courant · éprouvé · habituel · traditionnel · vieux [+ nom] : *c'est un vieux procédé de fabrication* • classique
- bon [+ nom] · efficace · excellent • astucieux · habile · ingénieux : *il a inventé un procédé ingénieux de recyclage du papier*
- fiable · infaillible · sûr
- commode · simple • rapide
- légal
- peu orthodoxe • déloyal · malhonnête • frauduleux · illégal · interdit • cavalier · inavouable · indigne • détestable · inacceptable · inadmissible · indélicat · inqualifiable · révoltant · scandaleux : *le procédé d'insertion de publicité dans les livres est scandaleux*
- dangereux
- compliqué · laborieux
- coûteux · onéreux

∞ VERBE + **procédé**
- élaborer · inventer · mettre au point • breveter : *il a breveté un procédé de pasteurisation*
- préconiser · recommander
- essayer · mettre à l'essai · tester : *l'entreprise teste le procédé dans une installation pilote*
- adopter · appliquer · avoir recours à : *l'écriture SMS a recours à de vieux procédés, comme l'abréviation ou les sigles* · choisir · employer · faire usage de · mettre en œuvre · recourir à · suivre · user de : *il vaut mieux user de ce procédé avec modération* · utiliser • reprendre
- étendre ... à · généraliser : *ils envisagent de généraliser ce procédé à l'ensemble de leurs équipements*
- changer de
- améliorer · optimiser · perfectionner
- abandonner · renoncer à : *le laboratoire a dû renoncer à ce procédé, considéré comme dangereux*
- blâmer · critiquer · désapprouver · s'indigner de

[1] procédure *nom fém.* (marche à suivre)

∞ **procédure** + ADJECTIF
- administrative · bureaucratique · technique • législative
- écrite · manuelle • formelle · officielle
- exceptionnelle · spéciale
- interminable · longue [+ nom] · sans fin
- à suivre · habituelle · logique · normale · usuelle • légale · réglementaire · régulière
- pratique · simple · souple • rapide
- contraignante · fastidieuse · laborieuse · lourde
- abusive · illégale · irrégulière

∞ **procédure** + VERBE
- s'enclencher : *la procédure automatique de surveillance s'enclenche toutes les nuits*
- viser à : *cette procédure vise à protéger votre boîte électronique* · servir à
- durer
- aboutir : *la procédure de remboursement n'a pas abouti* · s'achever

∞ VERBE + **procédure**
- imposer • demander · nécessiter · requérir
- prévoir • établir · instituer · mettre au point · mettre en place
- déclencher · donner lieu à · enclencher · engager • démarrer · entamer · lancer · mettre en branle · mettre en œuvre · se lancer dans

- adopter · passer par · recourir à · user de · utiliser
- s'engluer dans · s'enliser dans · se perdre dans
- respecter · se conformer à · se plier à · suivre : *il suit scrupuleusement la procédure administrative*
- être soumis à · faire l'objet de : *quelques filières font l'objet d'une procédure d'admission particulière*
- être impliqué dans · intervenir dans
- détailler
- cautionner · valider : *je valide ma procédure d'achat*
- redéfinir • changer · modifier · réformer · réviser · revoir
- alléger · assouplir : *le gouvernement veut assouplir la procédure du vote par procuration* · faciliter • clarifier · simplifier • abréger · raccourcir • (plur.) harmoniser · unifier
- relancer · renforcer : *le directeur a renforcé la procédure de contrôle du travail* • accélérer · hâter
- bâcler • contourner · ignorer • bloquer
- annuler · arrêter · mettre fin à · mettre un terme à · suspendre
- abandonner

∞ NOM + DE + procédures

- avalanche · série
- accélération : *le Premier ministre a annoncé une accélération de la procédure du droit d'asile*

²procédure *nom fém.* (Droit)

∞ procédure + ADJECTIF

- judiciaire • civile · pénale · policière • accusatoire · inquisitoire • contentieuse · criminelle · disciplinaire · etc.
- ad hoc : *la procédure ad hoc de demande d'asile* • constitutionnelle · démocratique · légale · réglementaire · régulière
- abusive · irrégulière • expéditive · sommaire

∞ procédure + VERBE

- s'enclencher
- durer
- s'enliser
- aboutir : *la procédure a abouti à un non-lieu* · s'achever

∞ VERBE + procédure

- déclencher · donner lieu à · enclencher · engager : *l'entreprise a engagé une procédure de licenciement* • démarrer · entamer · lancer · diligenter · mettre en branle · mettre en œuvre · ouvrir : *l'ordre des avocats a ouvert une procédure disciplinaire pour "détournement de fonds"* · se lancer dans • intenter : *elle intente une procédure judiciaire contre son locataire*
- avoir recours à · mener · passer par · recourir à · user de · utiliser
- s'engluer dans · s'enliser dans · se perdre dans
- être soumis à · faire l'objet de
- être impliqué dans · intervenir dans
- relancer • accélérer · hâter
- annuler · arrêter · casser · mettre fin à · mettre un terme à · suspendre • dessaisir de
- abandonner

∞ NOM + DE + procédure(s)

- avalanche · série
- bataille : *la famille a engagé une longue bataille de procédure*

▷ voir aussi ¹**procédure**

procès *nom masc.*

∞ procès + ADJECTIF

- correctionnel · criminel • politique
- collectif • public • à huis clos
- exceptionnel · grand ⁺ ⁿᵒᵐ · historique · hors du commun · hors norme(s) · sans précédent : *ce procès sans précédent est très médiatisé* • célèbre ⁺ ⁿᵒᵐ · médiatique · médiatisé • à rebondissements · à sensation · retentissant · sensationnel
- interminable · -fleuve : *ce procès-fleuve devrait durer plus d'un an* · long ⁺ ⁿᵒᵐ · sans fin
- bon ⁺ ⁿᵒᵐ : *« Un mauvais arrangement vaut mieux qu'un bon procès »* (Balzac, *Illusions perdues*) · équitable · exemplaire · juste
- coûteux
- inéquitable · inique · scandaleux • truqué
- [fig.] faux ○ ⁺ ⁿᵒᵐ · mauvais ○ ⁺ ⁿᵒᵐ : *ils font un mauvais procès à cette personne qu'ils ne connaissent même pas*
- rapide
- expéditif · bâclé

∞ procès + VERBE

- commencer · débuter · s'engager · s'ouvrir : *le procès devrait bientôt s'ouvrir*
- avoir lieu · se dérouler · se tenir : *le procès se tient à huis clos*
- faire couler beaucoup d'encre · faire du bruit
- avancer • rebondir
- s'éterniser · traîner (en longueur) : *ce procès traîne depuis plusieurs années*
- tomber à l'eau
- prendre fin · s'achever

∾ VERBE + **procès**

- demander · exiger · réclamer · vouloir
- donner lieu à • ouvrir la voie à : *cette jurisprudence risque d'ouvrir la voie à de nombreux procès* • valoir ... à : *ce livre a valu un procès en diffamation à son éditeur*
- engager · entreprendre · faire ... à · intenter ... à : *il lui a intenté un procès en diffamation* · ouvrir • coller ... sur le dos de*fam.* • multiplier (plur.)
- avoir ... avec · être en ... avec • avoir ... sur le dos*fam.*
- être en charge de · instruire · mener · présider • faire le procès de [fig.] : *dans cet essai, l'auteur fait le procès de la justice* • préparer
- être impliqué dans · participer à • témoigner dans
- assister à · être présent à · suivre : *le pays tout entier a suivi le procès de ce célèbre escroc*
- être menacé de · risquer • être soumis à · subir : *l'ancien dictateur a été déclaré hors d'état de subir un procès par les médecins*
- échapper à · éviter : *ils ont évité un procès en résolvant leur contentieux à l'amiable* · s'épargner
- réviser
- gagner · remporter : *cet avocat n'a jamais remporté le moindre procès*
- perdre
- boycotter
- ajourner · reporter · repousser · retarder
- interrompre · mettre fin à
- annuler
- renoncer à

∾ NOM + DE + **procès**

- avalanche · série
- parodie : *ils ont été condamnés à mort au terme d'une parodie de procès* · simulacre

procession *nom fém.*

∾ **procession** + ADJECTIF

- religieuse • funèbre · mortuaire
- rituelle · solennelle · traditionnelle · annuelle
- grande *+ nom* · immense · longue *+ nom* • imposante · impressionnante • spectaculaire • ininterrompue : *une procession ininterrompue de pèlerins* · interminable
- belle *+ nom* · fastueuse · flamboyante · magnifique · somptueuse • chamarrée · fleurie · multicolore
- étonnante · étrange : *une étrange procession de comédiens costumés défile dans les rues* · curieux
- petite *+ nom* • silencieuse · sobre • austère · fantomatique · lugubre · monotone · morne · sombre

∾ **procession** + VERBE

- commencer · (re)partir · s'ébranler · se mettre en branle · se mettre en route
- défiler : *il ôte son chapeau devant la procession qui défile* · se diriger vers · se rendre à
- s'immobiliser : *la procession s'immobilisa devant sa statue* • prendre fin : *ce n'est que tard dans la nuit que la procession a pris fin*

∾ VERBE + **procession**

- organiser • conduire · être en tête de · mener · ouvrir : *l'évêque a ouvert la procession du saint sacrement*
- participer à · suivre : *une torche allumée à la main, ils suivaient la procession des reliques de saint Jean*

en procession

- aller · défiler · marcher · s'avancer : *les fidèles s'avancent en procession vers le chœur* · se rendre • conduire · mener · porter : *la tradition consiste à porter en procession des effigies de dragons*

processus *nom masc.*

∾ **processus** + ADJECTIF

- historique • créatif · intellectuel • judiciaire · législatif · politique • biologique · scientifique · vital○ : *l'hémoglobine est une protéine importante dans le processus vital* • inconscient · mental · psychique
- automatique • linéaire · simple
- dynamique · évolutif
- inéluctable · logique · naturel • irréversible
- graduel · lent
- de longue haleine · interminable · long *+ nom* • continu
- complexe · délicat · difficile
- laborieux · pénible • coûteux

∾ **processus** + VERBE

- commencer · se mettre en marche · s'enclencher : *le processus de désarmement s'est enclenché* · s'engager
- être en marche : *un véritable processus démocratique est en marche* · se dérouler
- avancer · progresser · se poursuivre • repartir · reprendre • s'accélérer · s'amplifier : *le processus d'industrialisation n'a cessé de s'amplifier*
- aboutir : *il fait tout pour que le processus de paix aboutisse*
- s'inverser
- piétiner · ralentir • dérailler • être au point mort
- avorter · capoter*fam.* · échouer

∾ VERBE + **processus**

- amorcer : *ils ont amorcé un processus de médiation familiale* · enclencher · engager · entamer · lancer · mettre en branle · mettre en marche · mettre en œuvre · mettre en route
- entrer dans · s'engager dans : *le gouvernement s'engage dans un processus de réforme* • prendre part à · s'impliquer dans • suivre
- faire partie de : *cette mesure fait partie d'un processus plus large*
- simplifier • contrôler · réguler : *le pays doit réguler son processus migratoire* · superviser
- encourager · être favorable à · soutenir • débloquer : *il veut débloquer le processus de paix* • favoriser
- décomposer · modéliser • définir • automatiser : *l'entreprise a automatisé son processus de réception des commandes*
- inverser • changer · modifier · réviser · revoir
- poursuivre • consolider · renforcer • accélérer · hâter · ranimer · réactiver : *ce sommet a réactivé le processus de négociation* · relancer
- lutter contre · remettre en cause · remettre en question · s'opposer à
- échapper à
- compliquer • fragiliser · mettre à mal • altérer · bloquer · court-circuiter · désamorcer · détruire · donner un coup d'arrêt à · empêcher · enrayer · entraver · faire obstacle à · miner · saborder · saboter · torpiller
- ralentir · retarder
- annuler · arrêter · geler · interrompre · mettre fin à · stopper
- achever · aller au bout de : *il est déterminé à aller au bout du processus*

∾ NOM + DE + **processus**

- ensemble · éventail · série
- accélération

procès-verbal *nom masc.*

∾ **procès-verbal** + ADJECTIF

- authentique • contradictoire • récapitulatif
- détaillé
- définitif
- sommaire
- provisoire

∾ **procès-verbal** + VERBE

- consigner : *un procès-verbal consigne les noms des candidats ayant participé à l'épreuve* · mentionner · rapporter · relater

∾ VERBE + **procès-verbal**

- donner lieu à · faire l'objet de
- dresser : *le policier lui dresse un procès-verbal pour conduite en état d'ivresse* · établir · rédiger
- approuver · signer
- figurer dans / sur : *le montant de l'amende figure sur le procès-verbal*
- annuler

production *nom fém.* (fabrication, produits)

∾ **production** + ADJECTIF

- automobile · pétrolière • agricole · (agro)alimentaire · céréalière · laitière • éditoriale · littéraire • artistique · audiovisuelle · cinématographique · culturelle · discographique · etc.
- annuelle · journalière · mensuelle • domestique · nationale • étrangère · mondiale
- stable · stationnaire
- à grande échelle · à la chaîne · de / en masse : *l'ère de la production de masse ; la machine à vapeur est à l'origine de la production en masse des biens* · de / en série · industrielle
- abondante · élevée · énorme · forte [+ nom] · grosse [+ nom] · importante · intensive · massive · pléthorique • croissante • excédentaire · excessive · surabondante
- constante · continue · régulière
- artisanale • faible [+ nom] · limitée · marginale
- insuffisante
- de qualité · haut de gamme
- bas de gamme
- coûteuse

∾ **production** + VERBE

- augmenter · croître · être en hausse • atteindre un record / son maximum · exploser : *la production de déchets a explosé en Europe*
- se stabiliser · stagner
- baisser · chuter · décliner · diminuer · être en baisse · ralentir · tomber (en dessous de) : *la production de sucre tombe de 33 000 à 12 000 tonnes*

∾ VERBE + **production**

- se lancer dans · s'engager dans • se spécialiser dans
- contrôler · encadrer · organiser · réglementer · réguler
- assurer : *ce site assure le quart de la production totale du groupe* · garantir : *en cas de faibles pluies, l'irrigation peut garantir la production agricole*
- développer · encourager · faciliter · stimuler

- réorganiser · restructurer • délocaliser · externaliser : *ils ont externalisé la production de leurs emballages en Asie*
- automatiser · industrialiser · optimiser · rationaliser • améliorer · redresser
- diversifier · modifier
- accroître · augmenter • accélérer · hâter
- écouler · exporter · vendre : *il vend toute sa production en Chine*
- acheter
- baisser · diminuer · limiter · réduire : *la production a été réduite de moitié* · restreindre • freiner · ralentir
- bloquer · inhiber [Biol.] : *cette molécule inhibe la production de l'hormone de croissance* • interrompre • arrêter · stopper

∞ NOM + DE + **production**
- facteur : *l'énergie est un facteur de production de premier ordre*
- moyen
- augmentation
- diminution

productivité *nom fém.*

∞ **productivité** + ADJECTIF
- agricole · industrielle
- normale · potentielle • horaire · moyenne • individuelle • [Écon.] globale · marginale
- bonne [+ nom] · élevée · exceptionnelle · forte [+ nom] · grande [+ nom] · record : *grâce à leur travail intensif, ils ont atteint une productivité record* · spectaculaire • maximale · pleine [+ nom]
- basse · faible [+ nom] • insuffisante · mauvaise [+ nom] · médiocre

∞ **productivité** + VERBE
- croître · être en hausse · être en progrès · progresser · s'accroître · s'améliorer • bondir · être multipliée par x · faire un bond de x %
- stagner • baisser · décliner · diminuer · être en baisse · régresser • chuter

∞ VERBE + **productivité**
- exiger · rechercher : *l'organisation scientifique du travail recherche la productivité maximale*
- calculer · mesurer
- booster · doper · encourager · favoriser · stimuler
- accélérer · accroître · améliorer · augmenter · développer · intensifier · renforcer
- gagner en : *l'automatisation nous a fait gagner en productivité*
- entraver · limiter · nuire à
- perdre en

∞ NOM + DE + **productivité**
- accélération · accroissement · augmentation · croissance · hausse · progrès
- baisse · chute · déclin · diminution · ralentissement · recul
- gain
- perte

[1] produit *nom masc.* (bien de consommation)

∞ **produit** + ADJECTIF
- alimentaire · laitier • d'entretien · ménager • de toilette · d'hygiène • cosmétique · de beauté • pharmaceutique
- bio(logique) · écologique · naturel · sain • frais • congelé · surgelé
- dégriffé • générique
- de saison · saisonnier
- d'appel · promotionnel • leader : *un produit leader sur le marché* · phare : *c'est le produit phare de la marque* · vedette • dérivé
- adapté · clé(s) en main · personnalisé · sur mesure • à usage unique
- neuf • d'occasion • recyclé
- de luxe · de (grande) marque · haut de gamme
- à bas prix · bon marché · premier prix • compétitif · concurrentiel • cher · coûteux · hors de prix · onéreux
- du terroir · local · régional
- basique · courant · de base · de consommation courante · de masse · de première nécessité · d'usage courant · standard
- introuvable · rare · recherché
- nouveau • pilote • innovant · original
- à la mode · tendance
- de remplacement · de substitution • contrefait
- attractif • fiable · bon [+ nom] · de qualité · de référence • de haute technologie · de pointe · dernier cri
- mauvais [+ nom] • bas de gamme · cheap[fam.]

∞ **produit** + VERBE
- être issu de : *c'est un produit issu de l'agriculture biologique* · venir de : *ce nouveau produit vient d'Allemagne*
- apparaître : *c'est un produit récemment apparu sur le marché* · sortir : *ce produit vient de sortir*
- être en circulation · être en vente · être sur le marché • être disponible · être en stock
- être en promotion
- marcher · se vendre
- avoir fait ses preuves
- être en rupture de stock · être épuisé

∞ VERBE + **produit**
- concevoir · créer · développer • fabriquer
- tester · évaluer
- lancer · mettre en circulation · mettre en place · mettre en vente · mettre sur le marché
- commercialiser · vendre • référencer • exporter • diffuser : *c'est un produit diffusé uniquement en boutiques spécialisées* · distribuer · proposer
- coûter · valoir : *ce produit vaut 30 euros*
- faire la publicité de · promotionner · promouvoir • labelliser · primer : *un produit primé par le ministère de la Culture* • conseiller · recommander
- rechercher
- trouver : *j'ai trouvé ce produit en grande surface* • acheter · acquérir · obtenir • importer
- essayer · faire l'essai de • consommer · employer · utiliser
- être satisfait de • être / rester fidèle à
- décliner : *le fabricant a décliné le produit en différentes couleurs*
- bouder : *les consommateurs ont boudé ce produit*
- retirer de la circulation / vente

∞ NOM + DE + **produits**
- assortiment · sélection • éventail · gamme · ligne · palette • stock · cargaison
- multitude · tas*fam.*

[2]produit *nom masc.* (substance)

∞ **produit** + ADJECTIF
- naturel · organique · écologique • chimique · de synthèse
- colorant · tinctorial
- hallucinogène · psychotrope · stupéfiant
- de substitution
- dopant · énergisant • amincissant • absorbant · assouplissant · décapant · détartrant · nettoyant · etc.
- concentré · pur
- actif
- efficace • miracle : *il n'y a pas de produit miracle pour mincir*
- inefficace
- abrasif · corrosif · irritant • à risque · dangereux · nocif · toxique • ignifuge • inflammable • radioactif
- illégal · illicite · interdit · prohibé

∞ **produit** + VERBE
- agir : *le produit agit en quelques instants* · faire effet
- réagir à : *le produit réagit à la chaleur* • s'enflammer
- s'évaporer

∞ VERBE + **produit**
- essayer · faire l'essai de • avoir recours à · employer · recourir à · utiliser
- manipuler : *il faut manipuler le produit avec précaution* • mélanger
- administrer · injecter • appliquer ... sur · étaler ... sur · répandre ... sur
- absorber · avaler · consommer · ingérer · prendre : *il nie avoir pris des produits dopants*
- diluer · dissoudre
- être sous l'effet de : *il était sous l'effet d'un produit hallucinogène* · être sous l'emprise de
- déceler · identifier • analyser
- interdire • retirer de la circulation / vente
- détruire · jeter : *après l'application, jetez le produit restant*

∞ NOM + DE + **produit**
- dose · quantité : *n'utiliser qu'une petite quantité de produit*

professeur *nom masc.*

∞ **professeur** + ADJECTIF
- agrégé · certifié • associé · émérite • principal • auxiliaire · suppléant · titulaire · vacataire • à domicile · particulier
- débutant · jeune
- bon *+ nom* · brillant · excellent *+ nom* · formidable · remarquable • célèbre · distingué · éminent · grand *+ nom* · renommé · vénérable • chevronné · expérimenté • cultivé · érudit
- exigeant · pointilleux · sévère : *un vieux professeur sévère mais juste*
- barbant*fam.* · ennuyeux • incompétent · mauvais *+ nom*
- indulgent • laxiste

∞ **professeur** + VERBE
- donner un cours · enseigner · faire cours : *il fait cours tous les lundis à Jussieu* • encadrer · diriger
- corriger · noter

∞ VERBE + **professeur**
- affecter ... à · nommer • titulariser • muter (souvent passif)
- remplacer · suppléer

∞ NOM + DE + **professeurs**
- équipe · groupe

profession *nom fém.*

∞ **profession** + ADJECTIF
- intellectuelle · manuelle • médicale · paramédicale • libérale · salariée • sédentaire

- féminine · masculine • jeune : *c'est une profession jeune, avec une moyenne d'âge de 35 ans*
- belle + nom · bonne + nom · noble • gratifiante · valorisante • lucrative
- jeune : *une profession jeune mais déjà bien réglementée* · méconnue
- menacée (de disparition) : *les professions du spectacle vivant sont gravement menacées*
- à risque · dangereuse · difficile

∞ profession + VERBE
- attirer · séduire · tenter
- être en développement · se développer
- évoluer • se féminiser · se masculiniser
- connaître une crise · être en crise

∞ VERBE + profession
- avoir · exercer · pratiquer
- représenter : *les organisations qui représentent la profession*
- choisir · se destiner à · se préparer à
- changer de
- arriver dans · débuter dans · embrasser · entrer dans · faire ses débuts dans · faire ses premiers pas dans · se lancer dans · se tourner vers • percer dans : *elle est chanteuse mais n'arrive pas à percer dans la profession*
- contrôler · encadrer · régir · réglementer · structurer
- aimer · s'épanouir dans
- réformer · restructurer
- assainir · moraliser : *ils ont mis en place une charte de qualité, afin de moraliser leur profession* • défendre · protéger · sauver • réhabiliter : *cette rencontre veut contribuer à réhabiliter la profession* · revaloriser
- déconsidérer · déshonorer · jeter le discrédit sur · jeter l'opprobre sur · salir : *de telles pratiques salissent notre profession* • diviser
- abandonner · quitter

[1]profil *nom masc.* (silhouette de personne)

∞ profil + ADJECTIF
- droit · grec°
- beau + nom · délicat · doux · élégant · esthétique · fin · joli · parfait · pur · ravissant • de médaille° : *il est d'une grande beauté avec son profil de médaille* · équilibré · lisse · régulier
- acéré · anguleux

∞ VERBE + profil
- avoir (+ adj.) : *elle a un beau profil droit*
- dessiner · peindre

[2]profil *nom masc.* (caractéristiques, compétences)

∞ profil + ADJECTIF
- génétique · professionnel · psychologique · sociologique · socioprofessionnel : *le profil socioprofessionnel des personnes interrogées*
- demandé · recherché : *il n'a pas tout à fait le profil recherché pour le poste* · requis
- adapté · adéquat · approprié · bon + nom • intéressant • idéal · parfait
- type : *il a le profil type de l'étudiant en droit* • dominant
- atypique · curieux · étrange · hors norme(s) · particulier · singulier
- inadapté · mauvais + nom

∞ VERBE + profil
- cerner · décrire : *le profil tel qu'il est décrit dans cet appel à candidature* · définir · déterminer · dresser · esquisser · établir · tracer • affiner
- (re)chercher
- adopter · afficher · avoir : *il a le profil adéquat pour le poste* · posséder : *elle possède le profil recherché* · présenter • cultiver : *il cultive son profil de jeune cadre dynamique*
- cadrer avec : *il cadre avec le profil demandé* · correspondre à · répondre à · satisfaire à

[3]profil *nom masc.* (attitude)

∞ profil + ADJECTIF
- bas° : *il fait profil bas* · discret · modeste

∞ VERBE + profil
- adopter • garder
- afficher

[1]profit *nom masc.* (argent, souvent plur.)

∞ profit + ADJECTIF
- boursier · spéculatif
- brut · imposable · taxable • net
- mensuel · annuel
- beau + nom · colossal · confortable · considérable · énorme · exceptionnel · exorbitant · fabuleux · faramineux *fam.* · formidable · gigantesque · gros + nom · important · joli + nom · juteux *fam.* · mirifique · substantiel • historique · maximal · record
- immédiat · rapide
- faible + nom · maigre + nom · menu + nom · mince + nom · minime · petit + nom : *il n'y a pas de petits profits*
- indu • illégal · illicite

∾ **profit** + VERBE
- provenir de
- augmenter · croître · gonfler · s'accroître
- baisser · chuter · décliner · s'effondrer · s'éroder

∾ VERBE + **profit**
- attendre · espérer · être en quête de · rechercher • être avide de
- générer · procurer · rapporter
- dégager · enregistrer · faire : *faire du profit; ils ont fait d'énormes profits* · prendre · réaliser • (plur.) accumuler · engranger : *la compagnie se préoccupe davantage d'engranger des profits que de garantir la sécurité des passagers*
- afficher · annoncer
- accroître • maximiser
- réduire • laminer

∾ NOM + DE + **profit**
- source : *le tourisme est leur principale source de profit*

2 profit *nom masc.* (avantage)

∾ **profit** + ADJECTIF
- économique · financier · matériel : *le profit matériel n'est pas sa motivation principale* · pécuniaire • électoral · diplomatique · etc.
- personnel : *il n'en a tiré aucun profit personnel*
- inattendu · inespéré
- considérable · énorme · formidable · grand + nom : *pour le plus grand profit de la mafia* · important • immédiat · rapide
- faible + nom · mince + nom · minime · petit + nom

∾ VERBE + **profit**
- retirer · tirer ○ (sans art.) : *il cherche à tirer profit de la situation*

à son / leur profit
- capter · détourner : *il aurait détourné une partie des dons à son profit* · exploiter · faire jouer · mettre · récupérer · retourner · utiliser

1 profondeur *nom fém.* (litt.)

∾ **profondeur** + ADJECTIF
- (plur.) marines · océaniques
- (plur.) obscures · secrètes
- moyenne • variable
- considérable · grande + nom • abyssales (plur.) : *les profondeurs abyssales de la bêtise humaine* · insondable · vertigineuse • maximale
- bonne + nom · convenable
- apparente · faible + nom

∾ VERBE + **profondeur**
- avoir
- mesurer • (plur.) explorer · sonder
- (plur.) jaillir de · (re)monter de · sortir de · surgir de · venir de • plonger dans (plur.) · sombrer dans : *ce joueur a sombré dans les profondeurs des classements*

2 profondeur *nom fém.* (fig.)

∾ **profondeur** + ADJECTIF
- humaine · psychologique : *des personnages d'une grande profondeur psychologique*
- considérable · grande + nom
- apparente · faible + nom

∾ VERBE + **profondeur**
- avoir
- apporter · donner · offrir
- atteindre
- gagner en
- mesurer
- manquer de

profusion *nom fém.*

∾ **profusion** + ADJECTIF
- créative · éditoriale · musicale · sonore
- exceptionnelle · extraordinaire · grande + nom · immense · incroyable • soudaine
- anarchique · chaotique : *c'est une profusion chaotique de couleurs et de formes*

∾ VERBE + **profusion**
- contenir · maîtriser
- se noyer dans · se perdre dans : *l'étudiant se perd dans la profusion des formations existantes*

1 programme *nom masc.* (projet)

∾ **programme** + ADJECTIF
- alimentaire · de recherche · de réformes · éducatif · humanitaire · nucléaire · scientifique · spatial
- international · local · national · régional
- à court / moyen / long terme
- expérimental · original · pilote · spécial
- prioritaire • d'envergure · grand + nom · gros + nom · important · vaste + nom : *Vaste programme !* (allusion à une phrase du général de Gaulle)
- ambitieux · audacieux • alléchant · intéressant · prometteur · séduisant
- adapté · sur mesure • approprié · cohérent • concret · réaliste
- modeste · petit + nom
- coûteux · onéreux
- dément · irréalisable · irréaliste

∞ **programme** + VERBE
- avoir pour but / objectif de · prévoir · viser à
- durer · se poursuivre

∞ VERBE + **programme**
- offrir · présenter · proposer
- concevoir · construire · créer · développer · élaborer · établir · mettre au point · mettre en place · mettre sur pied · monter • harmoniser (plur.)
- adopter · engager · entamer · entreprendre · instaurer · lancer · se lancer dans : *ils ne veulent pas se lancer dans de coûteux programmes de recherche*
- financer • défendre · promouvoir · soutenir
- coordonner · diriger · gérer · organiser · superviser • mettre à exécution
- participer à · s'impliquer dans · s'investir dans
- conduire à son terme • continuer · poursuivre • relancer · reprendre
- geler · suspendre
- arrêter · mettre fin à · mettre un terme à : *ils veulent mettre un terme au programme d'aide financière*
- abandonner · renoncer à

[2]programme *nom masc.* (Pol.)

∞ **programme** + ADJECTIF
- électoral · gouvernemental · politique · présidentiel • économique · fiscal · social
- conservateur · libéral • progressiste
- commun
- ambitieux · audacieux · véritable + nom • alléchant · prometteur · séduisant
- clair · cohérent • raisonnable · réaliste
- modeste · petit + nom
- flou · vague
- réactionnaire

∞ VERBE + **programme**
- concevoir · concocter · construire · élaborer · esquisser · établir · mettre au point · travailler sur • rédiger
- annoncer · dévoiler : *la gauche dévoilera prochainement son programme commun* · exposer : *il a exposé son programme devant les parlementaires* · présenter · proposer
- appliquer · mettre à exécution · mettre en œuvre
- être (inscrit) dans · être prévu dans · figurer dans : *cette opération ne figurait dans aucun programme politique*
- financer : *leur programme est audacieux, mais comment le financer ?* • défendre · promouvoir · soutenir

[3]programme *nom masc.* (calendrier, événements prévus)

∞ **programme** + ADJECTIF
- culturel · musical · sportif · etc.
- officiel
- détaillé · précis
- ambitieux · audacieux • beau + nom · exceptionnel · intéressant · original • alléchant · prometteur · séduisant
- copieux · important · pléthorique : *un festival au programme pléthorique* · riche · varié · vaste + nom
- chargé : *j'ai un programme très chargé la semaine prochaine* · dense · gros + nom · lourd
- à la carte · flexible · libre
- modeste · petit + nom

∞ VERBE + **programme**
- concevoir · concocter · construire · élaborer · établir · mettre au point • définir · se fixer
- afficher · offrir · présenter · proposer • annoncer · dévoiler · énoncer
- respecter · suivre · tenir
- être (inscrit) à · être prévu à : *il vient ? ce n'était pas prévu au programme !* · figurer à
- garder ... à · maintenir ... à : *ce concert est maintenu au programme*
- améliorer · peaufiner
- changer · modifier · repenser · réviser · revoir
- bouleverser · chambouler fam.
- alléger
- achever · boucler
- abandonner · renoncer à

[4]programme *nom masc.* (Scol.)

∞ **programme** + ADJECTIF
- scolaire
- lourd · (sur)chargé

∞ VERBE + **programme**
- modifier · refondre · renouveler • harmoniser (plur.)
- alléger : *ils souhaitent que les programmes soient allégés*
- être (inscrit) à : *l'œuvre est (inscrite) au programme de terminale* · figurer à
- faire : *on n'a pas fait tout le programme en maths* • bûcher fam. · potasser fam. · réviser
- suivre : *le prof ne suit pas du tout le programme*

5 programme *nom masc.* (Informatique)

∾ programme + ADJECTIF

- informatique
- interactif • additionnel (=plug-in)
- téléchargeable : *le programme est téléchargeable gratuitement à partir de notre site*
- astucieux
- gros + nom
- petit + nom : *c'est un astucieux petit programme qui se déclenche dès que l'ordinateur se met en marche*
- bogué recomm. offic. · buggé

∾ programme + VERBE

- demander · nécessiter · requérir : *le programme requiert un minimum de 2 gigaoctets de mémoire*
- fonctionner · se déclencher · tourner : *le programme ne tourne pas sur ce type d'ordinateur*
- exécuter · traiter • boucler
- planter

∾ VERBE + programme

- compiler · concevoir · créer · développer · (ré)écrire : *j'ai écrit le programme en java* • bidouiller fam. · bricoler fam. • améliorer
- installer · télécharger • copier • pirater
- tester • exécuter · lancer · utiliser
- déboguer recomm. offic. · débugger
- désinstaller

6 programme *nom masc.* (TV, Audio.)

∾ programme + ADJECTIF

- télévisuel · radiophonique • analogique · numérique
- de qualité
- de grande audience · en prime time · phare · populaire · grand public

∾ programme + VERBE

- passer : *ce programme passe sur la première chaîne / en boucle*
- durer : *le programme dure plus de deux heures*
- avoir pour cible · viser
- faire de l'audience

∾ VERBE + programme

- concevoir · créer
- (re)diffuser · retransmettre : *ils retransmettent leurs programmes en direct sur Internet*
- modifier · renouveler • chambouler fam. : *la chaîne a chamboulé ses programmes pour lui rendre hommage*
- regarder · visionner · voir • écouter · être à l'écoute de
- interrompre : *ils ont interrompu leurs programmes pour annoncer sa mort* · suspendre

∾ NOM + DE + programmes

- bouquet : *les opérateurs des deux bouquets de programmes numériques en Espagne* • grille

1 progrès *nom masc.* (amélioration)

∾ progrès + ADJECTIF

- chirurgical · scientifique · technique · technologique · thérapeutique · etc.
- concret · évident · incontestable · indéniable · tangible • appréciable · décisif · grand + nom · gros + nom · important · net · notable · réel + nom · significatif · substantiel · véritable + nom · vrai + nom • énorme · extraordinaire · formidable · fou · immense · phénoménal · prodigieux · remarquable · sérieux · spectaculaire • encourageant
- foudroyant · fulgurant · rapide
- étonnant · inattendu · inespéré · surprenant
- constant · continuel · incessant
- lent : *sois patient, les progrès sont lents mais réels*
- léger + nom · petit + nom · timide
- insuffisant · nul

∾ progrès + VERBE

- se dessiner
- résulter de · venir de
- s'accélérer

∾ VERBE + progrès

- noter · observer · remarquer · voir
- accomplir : *des progrès décisifs ont été accomplis durant ces quelques mois* · être en : *cet élève est en progrès constant* · faire · réaliser • enregistrer : *les ventes ont enregistré un net progrès depuis l'année dernière*
- constituer · représenter
- évaluer · juger de · mesurer
- freiner
- bénéficier de : *ces populations ne bénéficient pas des progrès thérapeutiques* · jouir de
- se féliciter de · se réjouir de
- confirmer : *ces résultats confirment les progrès réalisés*

2 progrès *nom masc.* (évolution de l'humanité)

∾ progrès + ADJECTIF

- humain · social

∾ VERBE + progrès

- être en marche vers • être tourné vers • être à la pointe de
- contribuer à · participer à · promouvoir : *il faut accroître la prospérité et promouvoir le progrès social* • être porteur de : *ils prônent une modernité porteuse de progrès*

- accélérer : *les avancées technologiques ont fortement contribué à accélérer le progrès humain*
- avoir confiance dans · avoir foi dans · croire à
- refuser : *le principe de précaution ne consiste pas à refuser le progrès* · s'opposer à
- être un frein à · faire obstacle à · freiner · paralyser • arrêter : *on n'arrête pas le progrès !* · arrêter / interrompre la marche de · bloquer · stopper

∾ NOM + DE + **progrès**
- facteur : *il pense que la mondialisation est un facteur de progrès* · source : *la technologie constitue une source de progrès* · vecteur • force [Pol.] : *un front des forces de progrès*
- pointe : *une technologie à la pointe du progrès*
- accélération

▷ voir aussi [1]**progrès**

progression *nom fém.*

∾ **progression** + ADJECTIF
- professionnelle · salariale · sociale
- qualitative · quantitative • globale
- chronologique · logique
- annuelle · trimestrielle
- grande [+ nom] · importante · nette [+ nom] · notable · réelle [+ nom] · sensible · significative · substantielle • belle [+ nom] · énorme · formidable · forte [+ nom] · foudroyante · fulgurante · historique · impressionnante · phénoménale · remarquable · spectaculaire · vertigineuse • exponentielle · rapide · vive
- brusque · soudaine
- normale • constante · continue · ininterrompue · linéaire · permanente · régulière
- en dents de scie · irrégulière • inattendue · stupéfiante · surprenante
- inéluctable · inexorable
- alarmante · dramatique • effrayante · inquiétante
- faible [+ nom] · légère [+ nom] · lente · maigre [+ nom] · médiocre · modérée · modeste · petite [+ nom] • nulle

∾ **progression** + VERBE
- se faire · s'effectuer
- atteindre x % • être inférieure / supérieure à x %
- s'accélérer : *la progression du chômage s'accélère* • se poursuivre
- (se) ralentir
- s'arrêter

∾ VERBE + **progression**
- (s')attendre (à) · escompter · prévoir • espérer · tabler sur
- entraîner · générer · provoquer · susciter
- amorcer · entamer
- suivre : *le livre suit une progression logique* • connaître · être en : *ce secteur est en (pleine) progression* • afficher : *le secteur affiche une progression fulgurante / de plus de 18 %* · enregistrer · marquer · montrer • continuer · maintenir · poursuivre · reprendre : *après un passage à vide, l'équipe a repris sa progression dans le championnat*
- assister à · constater · être témoin de · observer · remarquer
- assurer : *sa stratégie assure à l'entreprise une progression constante*
- expliquer
- accélérer • stimuler : *l'action de la chambre de commerce stimule la progression des entreprises*
- limiter · maîtriser • bloquer · contrer · endiguer · enrayer : *la police veut enrayer la progression de la criminalité* · entraver · faire obstacle à • freiner · ralentir : *le traitement ralentit la progression de la maladie* · retarder
- briser • stopper

∾ NOM + DE + **progression**
- courbe
- rythme · vitesse
- marge

proie *nom fém.*

∾ **proie** + ADJECTIF
- vivante : *le chat a ramené une proie vivante* • possible · potentielle
- facile · vulnérable • alléchante · belle [+ nom] · bonne [+ nom] · convoitée : *les terrains en bord de mer sont des proies convoitées pour les promoteurs* · de choix · (toute) désignée : *sa naïveté fait d'elle une proie toute désignée pour les escrocs* · idéale · rêvée · tentante
- consentante : *elle devint la proie consentante d'un amant cruel*
- grosse [+ nom]
- petite [+ nom]

∾ VERBE + **proie**
- constituer : *l'enfant constituait une proie facile* • offrir
- choisir • chercher · poursuivre · traquer • attendre · épier · guetter · surveiller
- flairer : *rien n'arrête un tigre qui a flairé une proie* · observer · repérer

- attaquer · attraper · bondir sur · capturer · fondre sur : *l'aigle fondit sur sa proie* · s'abattre sur · saisir · sauter sur · se jeter sur
- abattre · dépecer : *l'animal dépèce sa proie avant de la dévorer* · dévorer • s'acharner sur
- manquer · rater
- abandonner · (re)lâcher : *« Le chien qui lâche sa proie pour l'ombre »* (titre d'une fable de La Fontaine)

projectile *nom masc.*

∞ projectile + ADJECTIF

- incendiaire · métallique · nucléaire
- radioguidé · télécommandé
- petit $^{+\ nom}$
- énorme · gros $^{+\ nom}$
- meurtrier · mortel

∞ projectile + VERBE

- (plur.) fuser · pleuvoir · voler : *des projectiles ont volé devant l'ambassade*
- siffler • exploser
- viser • atteindre · cogner contre · frapper (de plein fouet) · s'abattre sur · s'écraser sur · s'enfoncer · tomber sur · toucher · traverser • blesser · détruire · tuer
- dévier (de sa trajectoire)

∞ VERBE + projectile

- balancer · cracher (plur.) · diriger ... sur · envoyer · jeter · lancer · tirer : *cette arme tire des projectiles à une distance de 200 mètres ; les malfrats ont tiré des projectiles en direction du véhicule*
- bombarder de (plur.)
- recevoir
- (se) protéger de • être hors d'atteinte de
- dévier : *il a dévié le projectile avec le pied* • arrêter

∞ NOM + DE + projectile(s)

- déluge · pluie
- course · trajectoire · trajet

projet *nom masc.*

∞ projet + ADJECTIF

- artistique · éditorial · pédagogique · politique
- innovant · novateur · pilote
- bien conçu · bien ficelé · exécutable · jouable · réalisable · réaliste · sérieux • attrayant · excitant · intéressant · rassembleur · séduisant
- phare • à grande échelle · ambitieux · de grande ampleur · d'envergure · grand $^{+\ nom}$ · gros $^{+\ nom}$ · vaste • audacieux • somptuaire
- au long cours · de longue haleine
- aventureux · utopique
- dément(iel) · farfelu · fou · mégalo(maniaque) · surdimensionné • casse-gueule$^{fam.}$ · chimérique · irréalisable · irréaliste · non viable • boiteux · foireux$^{fam.}$ · mal conçu • imprudent
- complexe · compliqué · délicat · difficile · sensible
- vague $^{+\ nom}$: *j'ai quelques vagues projets pour les vacances* • nébuleux
- avorté · inabouti · mort-né

∞ projet + VERBE

- être en gestation
- naître · voir le jour
- prendre consistance · prendre corps · prendre de l'envergure · prendre figure · prendre forme · progresser · se dessiner
- être à l'ordre du jour
- réussir · se réaliser
- attirer · rassembler · séduire
- dormir / rester dans les cartons · dormir / rester dans le tiroir · être dans les limbes • être en suspens
- avoir du plomb dans l'aile · être au point mort · faire du surplace · foirer$^{fam.}$ · patiner · prendre l'eau : *son projet a pris l'eau faute d'investisseurs* · rester en plan
- avorter · capoter$^{fam.}$ · faire un fiasco · passer à la trappe : *ce projet novateur est malheureusement passé à la trappe* · tomber à l'eau · tourner court

∞ VERBE + projet

- commander · faire un appel à$^{\circ}$ (sans art.) : *le département a fait un appel à projet pour la conception du nouveau musée*
- concevoir · développer · mettre au point · mûrir · penser • ruminer • échafauder · esquisser · initier · lancer · mettre en chantier · mettre en place · mettre en route · mettre sur les rails · mettre sur orbite : *l'entreprise a mis sur orbite un grand projet pour l'année prochaine* • étudier · examiner • relancer · ressortir des cartons · ressortir du tiroir · ressusciter
- être à l'origine de
- proposer • dévoiler · exposer · présenter
- concrétiser · donner corps à · matérialiser : *il n'a pas de moyens financiers suffisants pour matérialiser ce projet* · mettre à exécution · réaliser : *elle a réalisé un projet artistique de grande envergure* • mener à bien
- collaborer à · participer à · s'associer à · travailler à • avoir la haute main sur · diriger · gérer · piloter · superviser · coordonner

- modifier · recadrer : *la commission doit recadrer le projet avant qu'il ne prenne l'eau* · revoir
- financer · patronner : *le projet a été patronné par la municipalité* · soutenir • adhérer à · souscrire à • donner suite à
- condamner · réprouver • remettre en cause · remettre en question
- refuser · rejeter
- compromettre · faire échec à · gêner • menacer · saborder • plomber
- (plur.) chambouler*fam.* · contrarier : *cet imprévu a contrarié tous mes projets* · contrecarrer · déranger
- geler · laisser en plan*fam.* · laisser en rade*fam.* · mettre en suspens · mettre en veilleuse · suspendre
- abandonner · donner / mettre / porter un coup d'arrêt à · enterrer : *le nouveau chef de service a enterré le projet de son prédécesseur* · jeter / mettre aux oubliettes · mettre au rancart*fam.* · renoncer à · signer l'arrêt de mort de

projet de loi *nom masc.*

∾ **projet de loi** + ADJECTIF
- controversé

∾ **projet de loi** + VERBE
- faire la navette entre ... et ... : *le projet de loi fait la navette entre le Parlement et le Sénat*
- porter sur : *le projet de loi porte sur l'organisation des pouvoirs publics* · viser à
- passer
- créer · instituer · prévoir • définir • autoriser · légaliser
- durcir · renforcer : *ce projet de loi renforce la censure* • élargir : *certains proposent d'élargir le projet de loi à d'autres catégories de la population*
- abolir · interdire · supprimer • limiter • réprimer

∾ VERBE + **projet de loi**
- déposer : *le ministre a déposé un projet de loi sur l'environnement* · (ré)introduire • présenter · soumettre
- débattre de · discuter · examiner · se pencher sur
- adopter · approuver · soutenir • (faire) voter
- amender
- refuser · rejeter · repousser
- retirer : *le gouvernement a finalement retiré son projet de loi*

prolifération *nom fém.*

∾ **prolifération** + ADJECTIF
- bactérienne · biologique · cancéreuse · cellulaire · microbienne • balistique · militaire · nucléaire : *la lutte contre la prolifération nucléaire*
- brutale · soudaine : *il y a eu une prolifération soudaine de rats dans le quartier* • accélérée · rapide
- anarchique · sauvage • anormale · excessive · incontrôlée : *la prolifération incontrôlée d'armes légères dans le pays* • affolante · inquiétante

∾ **prolifération** + VERBE
- se poursuivre : *la prolifération des armes biologiques se poursuit*
- inquiéter : *cette prolifération inquiète les pouvoirs publics*
- cesser

∾ VERBE + **prolifération**
- déclencher · entraîner · provoquer
- contribuer à · encourager · faciliter · favoriser : *le compost favorise la prolifération des micro-organismes*
- assister à · constater · enregistrer
- craindre · s'inquiéter de • dénoncer · protester contre · s'opposer à
- anticiper · faire face à · gérer : *les scientifiques ont su gérer la prolifération bactérienne*
- empêcher · éviter · prévenir • limiter · réduire • combattre · lutter contre • bloquer · contenir · contrôler · endiguer · enrayer : *ce système permet d'enrayer la prolifération des algues microscopiques* · entraver
- arrêter · mettre fin à · stopper

[1] promenade *nom fém.* (balade)

∾ **promenade** + ADJECTIF
- digestive · dominicale • équestre · pédestre • bucolique · champêtre • architecturale · culturelle · historique · littéraire · musicale · sonore · etc.
- commentée · guidée · touristique • solitaire · vagabonde • familiale
- interactive · virtuelle
- dominicale · quotidienne · traditionnelle • matinale · nocturne · vespérale
- grande + nom · interminable : *je rêve de promenades interminables à la campagne* · longue + nom
- agréable · belle + nom · bonne + nom · délicieuse · jolie + nom · magnifique · merveilleuse • revigorante · vivifiante
- courte + nom · petite + nom • facile · tranquille • sans but

∾ VERBE + promenade

- inciter à · inviter à : *cet endroit magnifique invite à la promenade*
- offrir · proposer • organiser : *ils organisent des promenades en mer*
- commencer · entamer : *nous avons entamé une petite promenade après le déjeuner*
- effectuer · faire · s'offrir • être en · partir en
- continuer · poursuivre · prolonger : *nous avons prolongé la promenade jusqu'au vieux moulin* • reprendre
- abréger : *on a dû abréger notre promenade à cause de l'orage* · écourter
- rentrer de · revenir de • finir · terminer

2 promenade *nom fém.* (lieu)

∾ promenade + ADJECTIF

- piétonne · publique • balnéaire · littorale · maritime · urbaine • ombragée · plantée

∾ promenade + VERBE

- traverser · longer · suivre

∾ VERBE + promenade

- aménager : *la municipalité va aménager une promenade littorale* · construire

promesse *nom fém.*

∾ promesse + ADJECTIF

- économique · électorale · gouvernementale · ministérielle · présidentielle · etc.
- orale · verbale • écrite
- folle · grande + nom • généreuse · mirobolante fam. • alléchante · attrayante · belle + nom · jolie + nom
- concrète · ferme · sérieuse · sincère · solennelle • crédible · raisonnable · réaliste · réfléchie
- éternelle · vieille + nom
- implicite · tacite
- floue · vague • fragile
- bidon fam. · de Gascon○ · d'ivrogne○ · en l'air○ · fallacieuse · fausse + nom · mensongère · sans lendemain · trompeuse
- creuse · démagogique · imprudente · inconsidérée · irréfléchie · ronflante • illusoire · intenable · irréalisable · irréaliste · vaine

∾ promesse + VERBE

- engager : *les promesses n'engagent que ceux qui les écoutent*

∾ VERBE + promesse

- faire · formuler • multiplier (plur.) • réitérer · renouveler : *le ministre a renouvelé sa promesse de mener à bien le projet* • rivaliser de (plur.) : *les leaders politiques rivalisent de promesses* • faire miroiter
- bercer de (plur.) : *il la berce de promesses*
- (plur.) être plein de○ : *un jeune pianiste plein de promesses* · être riche de○
- arracher ... à · extorquer · soutirer ... à • obtenir ... de
- croire (à) · se fier à • s'accrocher à
- accomplir : *il n'a pas accompli ses promesses électorales* · être / rester fidèle à · honorer · réaliser · respecter · satisfaire (à) · tenir : *j'ai tenu ma promesse* • concrétiser : *l'association appelle le gouvernement à concrétiser sa promesse d'aide financière*
- abandonner : *le maire a abandonné ses promesses sociales* · enterrer · faillir à · manquer à · oublier · renier · renoncer à : *le gouvernement a dû renoncer à sa promesse de baisse d'impôts* · revenir sur · rompre · trahir · violer : *il a violé sa promesse de garder le secret*

∾ NOM + DE + promesses

- lot • surenchère : *il y a une surenchère de promesses électorales*

1 promotion *nom fém.* (avancement)

∾ promotion + ADJECTIF

- professionnelle · sociale • individuelle · interne
- canapé○ : *on murmure qu'elle a obtenu ce poste grâce à la promotion canapé*
- belle + nom · grande + nom · importante · remarquable • inespérée · rêvée
- (-)éclair · fulgurante : *il s'est fait beaucoup d'ennemis dans l'entreprise avec sa promotion fulgurante* · rapide
- petite + nom

∾ VERBE + promotion

- demander · réclamer • attendre
- mériter : *il a obtenu la promotion qu'il méritait*
- accorder · offrir • proposer
- avoir · bénéficier de · décrocher fam. · obtenir
- célébrer · fêter

∾ NOM + DE + promotions

- série · vague : *il y a eu une vague de promotions dans l'entreprise en début d'année*

2 promotion *nom fém.* (rabais)

∾ promotion + ADJECTIF

- énorme · exceptionnelle · exclusive · grande + nom · grosse + nom · importante · incroyable · massive · monstre *fam.* · spéciale • alléchante · belle + nom · intéressante · séduisante
- valable : *la promotion est valable jusqu'au 4 mars*
- petite + nom
- ponctuelle · saisonnière : *cette agence propose des promotions saisonnières sur les voyages*

∾ VERBE + promotion

- faire : *ils font des promotions sur les écrans plats* · offrir
- profiter de : *elle a profité des promotions pour renouveler sa garde-robe*

en promotion

- être : *le produit est en promotion jusqu'à la fin du mois*

[3]promotion *nom fém.* (publicité)

∾ promotion + ADJECTIF

- commerciale · médiatique · publicitaire • artistique · culturelle · économique · touristique : *une campagne de promotion touristique de l'île*
- croisée : *les deux sociétés se sont alliées pour mettre en place une stratégie de promotion croisée* · mutuelle · réciproque
- active · coup de poing : *ils ont su atteindre le public grâce à une promotion coup de poing* · dynamique · grosse + nom · massive · monstre *fam.* • agressive : *le marketing a mis en place une promotion agressive pour lancer le produit* · tapageuse
- efficace · originale · remarquable
- ciblée
- inefficace • insuffisante

∾ VERBE + promotion

- assurer : *cette agence assure la promotion du livre* · faire · mettre en place · orchestrer · organiser • être chargé de · prendre en charge · s'occuper de
- bénéficier de : *le film bénéficie d'une grosse promotion*
- aider à : *cet organisme aide à la promotion des jeunes artistes* · encourager : *le gouvernement encourage la promotion des médicaments génériques* · favoriser · œuvrer pour : *l'institut œuvre pour la promotion des biotechnologies*

∾ NOM + DE + promotion

- action · campagne · effort · opération · plan
- outil · support • service · structure
- instrument · matériel · moyen

prononciation *nom fém.*

∾ prononciation + ADJECTIF

- standard • dialectale · locale · régionale
- convenable · correcte · exacte • bonne + nom · claire · distincte · nette • excellente · exemplaire · impeccable · parfaite
- difficile
- imparfaite · incorrecte · mauvaise + nom

∾ VERBE + prononciation

- avoir (+ adj.) : *elle a une excellente prononciation en italien*
- s'exercer à : *elle s'exerce à la prononciation de l'allemand avec une méthode audiovisuelle* · s'entraîner à
- améliorer · parfaire · soigner : *il est important de soigner la prononciation pour un oral de langue étrangère* • corriger : *le professeur m'a aidé à corriger la prononciation de certains mots*

pronostic *nom masc.*

∾ pronostic + ADJECTIF

- hippique · sportif
- [Méd.] vital ○ : *le pronostic vital est engagé*
- à terme · immédiat : *le pronostic immédiat est bon mais l'évolution est difficile à évaluer* • à long / moyen terme
- bon + nom · exact · fiable · infaillible · précis · sérieux · sûr
- bon + nom · excellent · favorable · optimiste · positif
- catégorique · définitif : *les spécialistes ont rendu un pronostic définitif* • immédiat
- prudent · réservé : *le pronostic des médecins est réservé* • flou
- alarmant · alarmiste · catastrophique · défavorable · inquiétant · mauvais + nom · pessimiste · préoccupant · sombre • fatal
- difficile
- hasardeux : *gardons-nous de tout pronostic hasardeux* · incertain · risqué • hâtif
- erroné

∾ pronostic + VERBE

- aller bon train : *à l'hippodrome, les pronostics vont bon train*
- s'avérer (+ adj.) : *son pronostic s'est avéré exact* · se révéler (+ adj.)
- se confirmer · se réaliser · se vérifier : *les pronostics des spécialistes se sont largement vérifiés*

∾ VERBE + pronostic

- hasarder · oser · se risquer à • avancer · délivrer · donner · émettre : *le médecin a émis un pronostic pessimiste* · établir · faire · formuler · livrer · rendre · se livrer à • maintenir

- affiner · améliorer
- confirmer · conforter : *de récentes études confirment ce pronostic* · justifier : *l'existence de plusieurs cas similaires justifie ce pronostic*
- bouleverser : *l'accident du joueur a bouleversé les pronostics* · chambouler[fam.]
- réviser / revoir à la baisse · réviser / revoir à la hausse
- dépasser
- se méfier de
- réserver • éviter · se garder de · se refuser à : *l'entraîneur se refuse à tout pronostic*
- se tromper dans : *les analystes se sont trompés dans leurs pronostics*
- contredire · défier · déjouer : *la victoire de cet inconnu a déjoué tous les pronostics* · démentir · faire mentir : *ces résultats inattendus ont fait mentir les pronostics*
- engager : *une pathologie qui peut engager le pronostic vital du patient*

propagande *nom fém.*

∞ **propagande** + ADJECTIF
- gouvernementale · officielle • idéologique · militaire · politique · religieuse • nationaliste · patriotique • antisémite · xénophobe
- acharnée · active · bruyante · gigantesque · grande [+ nom] · grosse [+ nom] · importante · intense · intensive · massive • pure [+ nom]
- efficace · habile
- agressive · basse [+ nom] : *cette basse propagande s'apparente à de la diffamation* · grossière • dangereuse · néfaste · odieuse • guerrière · haineuse · hostile · malveillante

∞ VERBE + **propagande**
- faire : *ce n'est pas l'endroit pour faire de la propagande* · mener • orchestrer : *c'est une propagande orchestrée par un groupuscule extrémiste* · organiser
- durcir · intensifier : *le comité a décidé d'intensifier sa propagande en faveur d'une nourriture équilibrée*
- relever de · s'apparenter à
- alimenter · diffuser · relayer : *la télévision sert à relayer la propagande officielle du pays* · servir
- être soumis à · être sous l'emprise de
- dénoncer · rejeter • contrecarrer · contrer · lutter contre · s'opposer à • échapper à : *personne n'échappe à la propagande gouvernementale*
- cesser · mettre fin à · mettre un terme à

∞ NOM + DE + **propagande**
- action · appareil · arme · instrument · machine · matériel · moyen · outil • campagne : *cet article dénonce la campagne de propagande dans les écoles* · effort · opération • organe · service • affiche · document · film · image · livre · œuvre · tract

propension *nom fém.*

∞ **propension** + ADJECTIF
- naturelle
- certaine · évidente · nette • extraordinaire · forte [+ nom] · grande [+ nom] · incroyable • incurable · irrépressible : *il a une propension irrépressible à la mythomanie* · irrésistible • courante · répandue • croissante · grandissante • récurrente · vieille [+ nom]
- curieuse · étonnante · étrange · singulière
- fâcheuse : *ses discours ont une fâcheuse propension au manichéisme*
- faible [+ nom] : *les Français ont une faible propension à la mobilité* · petite [+ nom]

∞ VERBE + **propension**
- afficher · avoir · faire preuve de · manifester : *il manifeste une incroyable propension au mauvais goût* • montrer · témoigner de
- connaître • remarquer
- pointer : *cette étude pointe la faible propension des jeunes à adopter une attitude citoyenne* · souligner
- amplifier · augmenter
- dénoncer · regretter • se désoler de · s'inquiéter de
- contenir · freiner

proportion *nom fém.* (rapport)

∞ **proportion** + ADJECTIF
- habituelle · moyenne · normale • stable
- égale · identique • équivalente · similaire · voisine
- acceptable · appréciable · bonne [+ nom] · raisonnable · respectable · satisfaisante • correcte • exacte : *la proportion exacte d'enfants nés sous X est difficile à établir* · précise
- considérable · élevée · énorme · exceptionnelle · forte [+ nom] · grande [+ nom] · importante · impressionnante · incroyable · large [+ nom] · non négligeable · significative • croissante · grandissante
- étonnante · insoupçonnée · surprenante
- variable
- affolante · ahurissante · alarmante · anormale · catastrophique · dramatique · effrayante · excessive · inquiétante
- faible [+ nom] : *la faible proportion de femmes dans les instances politiques* · minuscule · négligeable · petite [+ nom]

∾ proportion + VERBE
- atteindre
- augmenter · croître · être en hausse · grimper (à / jusqu'à) · monter (à / jusqu'à) • dépasser
- varier
- baisser · chuter · diminuer · être en baisse · régresser · tomber à : *la proportion de films français est tombée à 30 %*

∾ VERBE + **proportion**
- atteindre : *le nombre d'étudiants étrangers a atteint une proportion satisfaisante* • garder : *l'absentéisme a gardé des proportions raisonnables* · maintenir
- déterminer · évaluer · mesurer
- augmenter
- inverser : *cette recette propose d'inverser les proportions habituelles des ingrédients*
- diminuer

proportions *nom fém. plur.* (dimensions)

∾ proportions + ADJECTIF
- égales · équivalentes · identiques · similaires · voisines
- admirables · belles [+ nom] : *un bâtiment de belles proportions* · harmonieuses · parfaites
- bibliques : *une famine aux proportions bibliques* · colossales · considérables · énormes · généreuses · gigantesques · importantes · non négligeables · sans précédent · spectaculaires · vertigineuses
- étonnantes · inattendues · incroyables · inédites · inimaginables · insoupçonnées
- ahurissantes · démesurées · excessives · extravagantes • alarmantes · dramatiques · effrayantes · inquiétantes · préoccupantes • monstrueuses : *les élevages ont pris des proportions monstrueuses* • supérieures : *le problème a pris des proportions supérieures en fin d'année*
- variables
- justes : *il faut ramener l'incident à de justes proportions* · raisonnables
- modestes • inférieures · moindres : *la France est également concernée par ce problème, mais dans des proportions moindres*

∾ VERBE + **proportions**
- atteindre · prendre : *la dispute a pris des proportions dramatiques* • reprendre · retrouver : *l'engouement médiatique a retrouvé des proportions raisonnables*
- déterminer · évaluer · mesurer
- augmenter
- diminuer · ramener à : *il faut ramener l'affaire à de plus modestes proportions*

propos *nom masc.* (paroles, souvent plur.)

∾ propos + ADJECTIF
- officiel
- clair · cohérent • pertinent · sensé • convaincant
- mesuré · prudent
- apaisant · conciliant · lénifiant [souvent péj.] · rassurant · réconfortant • aimable · flatteur • optimiste
- anodin · badin · léger
- laconique · sibyllin · vague • ambigu • confus · décousu · dépourvu de sens · incohérent · incompréhensible · inepte · insensé • étonnant · étrange · inattendu · surprenant
- ferme · radical • dur · rude · sévère • musclé
- mordant · osé • incendiaire · virulent
- ironique · moqueur • déplaisant · désobligeant · irritant · peu amène · vexant • acerbe · blessant · malveillant · offensant · outrageant · méprisant • calomnieux · diffamatoire · médisant • injurieux · insultant • choquant · provocateur • revanchard · vengeur • belliqueux · menaçant · séditieux • haineux · raciste
- délirant · effarant · excessif · extravagant · outrancier • contradictoires (plur.) • à l'emporte-pièce · imprudent · inconsidéré · incohérent · irréfléchi · maladroit • présomptueux • impertinent · inacceptable · inconvenant · inqualifiable · irrespectueux • indécent · obscène · ordurier
- mensonger · trompeur
- acide · aigre(-doux) · amer • alarmiste · défaitiste · désabusé · inquiétant · pessimiste

∾ propos + VERBE
- (souvent passif) blesser · choquer · meurtrir · scandaliser · secouer · ulcérer

∾ VERBE + **propos**
- (+ adj.) avoir · proférer · prononcer · tenir : *il s'est mis à tenir des propos incohérents* · user de : *il a usé de propos très durs à mon égard* • centrer ... sur · émailler ... de : *il émaille ses propos de mots désuets* • multiplier (plur.)
- surveiller (plur.) : *surveillez vos propos !*
- échanger (plur.)
- écouter · entendre • recueillir : *le journaliste a recueilli les propos du président*
- (mal) interpréter • réagir à
- citer · faire état de · rapporter · relater · répéter · reprendre • attribuer ... à · prêter ... à : *les médias ont prêté à la comédienne des propos haineux qu'elle dit n'avoir jamais tenus* • replacer dans son / leur contexte

- déformer · dénaturer • sortir de son / leur contexte
- recentrer • nuancer
- appuyer · étayer · illustrer · renforcer : *une importante documentation renforce ses propos*
- approuver · cautionner • confirmer
- adoucir · atténuer · édulcorer : *les scénaristes ont édulcoré le propos du livre* · modérer · tempérer • minimiser : *le porte-parole a tenté de minimiser les propos du ministre*
- condamner · critiquer · dénoncer · fustiger : *les associations antiracistes ont fustigé les propos du politicien*
- ignorer · rester sourd à
- contredire · démentir · infirmer · nier : *le secrétaire d'État nie les propos qu'on lui prête*
- regretter • retirer

proposition *nom fém.*

∾ proposition + ADJECTIF
- budgétaire · financière · tarifaire • de loi
- alternative
- concrète · détaillée · précise • claire · cohérente · convaincante · réfléchie · sérieuse • constructive · ferme
- acceptable · honnête○ : *le concessionnaire nous a fait une proposition honnête* • raisonnable • alléchante · attrayante · avantageuse · bonne + nom · généreuse · intéressante · séduisante
- ambiguë · vague
- inattendue · inespérée
- aberrante · absurde · ahurissante · délirante · extravagante · folle : *j'ai une proposition folle à te faire : partons* · irréfléchie · saugrenue • déconcertante
- inacceptable · indécente · malhonnête
- simple + nom

∾ proposition + VERBE
- émaner de · venir de
- être à l'ordre du jour
- mériter réflexion

∾ VERBE + proposition
- adresser · avancer · émettre · faire · formuler · lancer · présenter · soumettre • être à l'origine de : *cet élu est à l'origine de la proposition de loi* • réitérer · renouveler
- étudier · examiner · réfléchir à
- accueillir : *ils ont accueilli favorablement / froidement ma proposition* · recevoir : *sa proposition a été très bien reçue* • donner suite à · répondre à • prendre en compte · tenir compte de
- faire bon accueil à · soutenir • accepter · approuver · avaliser : *le chef de service a avalisé les propositions de l'employé* · entériner · retenir
- décliner · écarter : *le directeur a écarté la proposition du prestataire* · opposer une fin de non-recevoir à · refuser · rejeter · repousser · s'opposer à

∾ NOM + DE + propositions
- catalogue · ensemble · liste · paquet · série

propreté *nom fém.*

∾ propreté + ADJECTIF
- corporelle
- visible • absolue · admirable · éclatante · exemplaire · extraordinaire · extrême · grande + nom · impeccable · irréprochable · méticuleuse · parfaite · rare · remarquable · rigoureuse
- douteuse

∾ propreté + VERBE
- régner : *une maison bien tenue où règne une propreté parfaite*
- laisser à désirer

∾ VERBE + propreté
- être de (+ adj.) : *ce chat est d'une propreté impeccable*
- assurer · surveiller · veiller à • respecter : *respectez la propreté de ce lieu*
- améliorer
- contrôler · s'assurer de · se soucier de · vérifier

[1]propriété *nom fém.* (caractéristique)

∾ propriété + ADJECTIF
- acoustique · biologique · chimique · électrique · mécanique · physique • médicinale · nutritionnelle · thérapeutique
- anesthésique · antibiotique · anti-inflammatoire · aphrodisiaque · curative · diurétique · hypnotique · etc.
- essentielle · fondamentale · naturelle • caractéristique · particulière · spécifique
- bénéfique · bienfaisante • désaltérante · rafraîchissante • adoucissante · apaisante · calmante • réparatrice • stimulante : *c'est une lotion aux propriétés stimulantes* · tonifiante · vivifiante
- étonnante · stupéfiante
- exceptionnelle · miraculeuse : *cette plante a des propriétés miraculeuses* · remarquable

∾ VERBE + **propriété**

- attribuer ... à • conférer ... à : *ce gène confère une propriété insecticide à la plante*
- avoir · posséder · présenter : *les corticoïdes présentent des propriétés anti-inflammatoires* · recéler · offrir • conserver · garder
- étudier
- découvrir · démontrer · mettre en évidence · révéler
- perdre : *exposé à la chaleur, le médicament perd ses propriétés*

²propriété *nom fém.* (Droit)

∾ **propriété** + ADJECTIF

- artistique · intellectuelle • foncière · immobilière · terrienne • commerciale · industrielle
- personnelle · privée • exclusive • indivise • collective · communale · domaniale · publique
- pleine ⁺ ⁿᵒᵐ : *il a la pleine propriété de ces gisements pétroliers*

∾ VERBE + **propriété**

- réclamer · revendiquer : *le photographe revendique la propriété de cette image*
- céder · transférer
- accéder à : *le dispositif aide les jeunes à accéder à la propriété*
- avoir la jouissance de · jouir de • partager
- protéger : *cette loi protège la propriété intellectuelle* • respecter
- renoncer à

∾ NOM + DE + **propriété**

- droit : *ils estiment que cette loi viole le droit de propriété*

³propriété *nom fém.* (domaine)

∾ **propriété** + ADJECTIF

- agricole · forestière · viticole • campagnarde · rurale
- familiale
- grande + nom · immense · imposante · vaste + nom
- bourgeoise • belle + nom · élégante · luxueuse · magnifique · somptueuse · splendide
- petite + nom
- ancienne · vieille + nom

∾ **propriété** + VERBE

- aller de ... à ... · couvrir · s'étendre sur : *la propriété s'étend sur 80 hectares autour du château*
- appartenir à

∾ VERBE + **propriété**

- acheter · acquérir • hériter de
- avoir · posséder
- céder · vendre • léguer

prose *nom fém.*

∾ **prose** + ADJECTIF

- administrative · narrative · philosophique
- lyrique · poétique · rimée • classique
- admirable · belle + nom · bonne + nom · brillante · éblouissante · élégante · inimitable · inspirée · inventive · limpide · magnifique · somptueuse · subtile • enchanteresse · ensorcelante · envoûtante • aérienne · ample · fluide · légère : *l'auteur s'est fait remarquer par sa prose légère et élégante* · libre · vagabonde • énergique · épique · nerveuse · rythmée · rythmique · scandée · vigoureuse • colorée · imagée · luxuriante
- simple • austère · sèche
- indigeste · lourde · mauvaise + nom · médiocre · prétentieuse

∾ VERBE + **prose**

- écrire · faire : *monsieur Jourdain faisait de la prose sans le savoir* • lire : *il est rare de lire de la prose d'une telle qualité*
- déchiffrer : *on a du mal à déchiffrer la prose de certains fonctionnaires*

prospérité *nom fém.*

∾ **prospérité** + ADJECTIF

- commerciale · économique · industrielle · matérielle
- collective · générale · globale • mondiale · nationale • ambiante : *il faut profiter de la prospérité ambiante pour investir*
- exceptionnelle · extraordinaire · extrême · grande + nom · incomparable · incroyable · remarquable · véritable + nom • inconnue (jusqu'alors) · inégalée · sans précédent : *la région bénéficie d'une prospérité sans précédent* • croissante · grandissante
- éclatante • insolente
- retrouvée • soudaine • durable · longue + nom · pérenne
- apparente · fragile · relative • tranquille
- éphémère · passagère

∾ **prospérité** + VERBE

- régner
- dépendre de · reposer sur

∾ VERBE + prospérité
- promettre
- amener · apporter : *le nouveau régime a apporté la prospérité au pays* · assurer · contribuer à · favoriser · garantir • préserver
- accroître · augmenter
- bâtir · construire : *on ne peut construire une prospérité véritable et durable sans démocratie* · fonder ... sur · tirer ... de
- afficher · respirer : *c'est une région paisible qui respire la prospérité* • bénéficier de · connaître · jouir de : *l'entreprise jouit d'une prospérité exceptionnelle* • retrouver : *cette branche a retrouvé sa prospérité d'il y a quinze ans*
- être exclu de : *certains secteurs sont exclus de la prospérité actuelle*
- affecter · menacer

∾ NOM + DE + prospérité
- havre · îlot · zone
- facteur · source

protection *nom fém.*

∾ protection + ADJECTIF
- civile · militaire · policière • légale · pénale · sociale • physique · sanitaire • intellectuelle : *toute protection intellectuelle nécessite une déclaration d'invention*
- bonne [+ nom] · efficace · suffisante • adaptée · adéquate · appropriée · spéciale
- haute [+ nom] : *le bâtiment est sous haute protection* · maximale : *ce système assure une protection maximale en cas d'incendie* · optimale · solide · totale • rapprochée [○] : *le ministre bénéficie d'une protection rapprochée*
- faible [+ nom] · insuffisante : *les habitants se plaignent de la protection insuffisante en cas d'inondation* · mauvaise [+ nom] · précaire : *un mot de passe n'est qu'une protection précaire contre le piratage*

∾ VERBE + protection
- avoir besoin de · demander · nécessiter · réclamer · requérir • solliciter : *elle a sollicité la protection de la police*
- accorder · conférer · donner · offrir • assurer : *trois hommes assurent la protection du président* · garantir · veiller à
- avoir · bénéficier de · disposer de
- accroître · améliorer · renforcer

∾ NOM + DE + protection
- dispositif · mesure · système • force : *les habitants réclament une force de protection municipale*

sous (la) protection (de)
- (se) mettre · (se) placer · prendre • être

protestation *nom fém.*

∾ protestation + ADJECTIF
- politique · sociale • étudiante · ouvrière · populaire · syndicale • internationale · publique
- verbale • écrite
- officielle : *la protestation officielle du syndicat*
- bruyante · énergique : *la protestation énergique des villageois face au projet de construction d'un aéroport* · indignée · véhémente · vigoureuse · violente · vive [+ nom] : *ces accusations ont soulevé de vives protestations de la part des opposants* • forte [+ nom] · grande [+ nom] · massive : *une protestation massive des Français contre cette loi impopulaire*
- pacifique · silencieuse
- discrète · faible [+ nom] · molle [+ nom] · timide • isolée · rare [+ nom] • de pure forme
- injustifiée • stérile · vaine

∾ protestation + VERBE
- s'organiser : *une protestation s'organise sous l'égide du parti écologiste*
- fuser (plur.) : *les protestations ont fusé à l'Assemblée* • enfler : *la protestation a enflé à mesure que s'intensifiait la répression*

∾ VERBE + protestation
- déclencher · provoquer · soulever · susciter
- adresser · élever · émettre
- s'associer à · se joindre à · se mêler à • organiser
- entendre · réagir à · répondre à
- soutenir
- être en butte à · se heurter à
- demeurer / rester sourd à
- calmer • faire taire : *la perspective de création d'emplois n'a pas fait taire les protestations*

∾ NOM + DE + protestation(s)
- avalanche · déluge · tempête · torrent · vague : *la nouvelle a déclenché une vague de protestations* · concert
- action · lettre · manifestation · mouvement

[1] protocole *nom masc.* (étiquette)

∾ protocole + ADJECTIF
- méticuleux · rigoureux · strict • austère · rigide • contraignant
- souple

∞ **protocole** + VERBE

- régir · régler : *un protocole très strict règle le déroulement de la cérémonie*
- imposer : *le protocole impose une tenue spécifique* · prévoir

∞ VERBE + **protocole**

- être prévu dans
- appliquer · obéir à · observer · respecter · suivre : *ils ont suivi scrupuleusement le protocole*
- changer · modifier · réviser • adapter · assouplir : *la présidente a prévu d'assouplir le protocole*
- bousculer · commettre / faire une entorse à · transgresser

²protocole *nom masc.* (traité, procédure)

∞ **protocole** + ADJECTIF

- commercial · d'accord · financier · social · etc.
- [procédure] expérimental · médical · opératoire · thérapeutique

∞ **protocole** + VERBE

- entrer en vigueur

∞ VERBE + **protocole**

- bâtir · conclure · définir · élaborer · établir · mettre au point · mettre en place · rédiger
- accepter · adopter · approuver · entériner · ratifier · signer : *ils ont signé un protocole d'accord*
- [procédure] appliquer · suivre
- metttre en œuvre · se référer à
- refuser · rejeter · s'opposer à

prouesse *nom fém.*

∞ **prouesse** + ADJECTIF

- médicale · scientifique · technique · technologique • architecturale · formelle · littéraire · musicale · stylistique • acrobatique · physique · sportive • sexuelle
- belle ⁺ ⁿᵒᵐ · formidable : *la construction de ce pont est une formidable prouesse* · grande ⁺ ⁿᵒᵐ · incroyable · spectaculaire · véritable ⁺ ⁿᵒᵐ · vraie ⁺ ⁿᵒᵐ
- petite ⁺ ⁿᵒᵐ

∞ VERBE + **prouesse**

- permettre · rendre possible
- relever de · tenir de : *cet appareil tient de la prouesse technologique*
- être capable de • accomplir : *ce chirurgien accomplit des prouesses* · effectuer · faire · réaliser · réussir : *il a réussi une prouesse architecturale* · se livrer à • multiplier (plur.) • rééditer : *l'équipe n'a pas réédité les prouesses du précédent match* · renouveler
- conter · raconter · relater
- admirer · glorifier · immortaliser · saluer • se féliciter de · s'enorgueillir de · vanter

provisions *nom fém. plur.*

∞ **provisions** + ADJECTIF

- bonnes ⁺ ⁿᵒᵐ · nécessaires · suffisantes
- énormes · grandes ⁺ ⁿᵒᵐ : *il y a de grandes provisions de bois dans le jardin* · immenses · importantes ⁺ ⁿᵒᵐ • inépuisables
- maigres ⁺ ⁿᵒᵐ · petites ⁺ ⁿᵒᵐ • insuffisantes

∞ VERBE + **provisions**

- constituer · faire
- emporter · prendre : *ils ont pris des provisions de bouche* · se munir de
- manquer de
- épuiser · venir à bout de

provocation *nom fém.*

∞ **provocation** + ADJECTIF

- physique · verbale : *toute provocation verbale est interdite au sein de l'établissement* • raciale · sexuelle
- armée · policière : *les manifestants ont vécu l'intervention des CRS comme une provocation policière* • politique
- directe · pure ⁺ ⁿᵒᵐ : *c'est de la pure provocation, complètement gratuite* • calculée : *c'était là une provocation savamment calculée* · délibérée • grosse ⁺ ⁿᵒᵐ · immense • suprême : *provocation suprême, il a craché sur le drapeau* · ultime ⁺ ⁿᵒᵐ
- facile · gratuite : *il aime beaucoup faire de la provocation gratuite* • inutile
- grossière : *je ne réponds pas à ce genre de provocation grossière* • éhontée · grave · inacceptable · insolente · insupportable · intolérable · irresponsable • dangereuse
- permanente · quotidienne
- petite ⁺ ⁿᵒᵐ : *c'était juste une petite provocation pour vous faire réagir*

∞ **provocation** + VERBE

- être destinée à · viser à

∞ VERBE + **provocation**

- constituer • passer pour • sonner comme
- considérer comme • interpréter comme • percevoir comme • ressentir comme • vivre comme
- faire • se livrer à : *cet homme politique se livre à une provocation calculée* • tomber dans : *l'auteur tombe dans la provocation et la surenchère* • (plur.) accumuler • multiplier
- aimer • avoir le goût de
- crier à • dénoncer • protester contre • regretter
- réagir à • répondre à : *ils ont répondu à la provocation par la provocation* • riposter à • céder à (souvent nég.)
- éviter • se garder de
- abandonner • cesser

prudence *nom fém.*

∞ **prudence** + ADJECTIF

- diplomatique • financière • tactique • verbale
- élémentaire : *la prudence la plus élémentaire exige de connaître les risques avant de se lancer* • justifiée • légitime : *sa prudence vis-à-vis des démarcheurs à domicile me paraît légitime* • nécessaire
- absolue • accrue • de loup° • de Sioux° : *il s'est imposé une prudence de Sioux pendant la négociation du contrat* • exemplaire • extrême • grande [+ nom] • infinie : *elle retira l'épine avec une prudence infinie* • coutumière • habituelle • légendaire
- exagérée • excessive

∞ **prudence** + VERBE

- être de mise : *la prudence est de mise lorsque l'on conduit par temps de pluie* • être de rigueur • s'imposer

∞ VERBE + **prudence**

- appeler à • conseiller • inciter à • inviter à • préconiser • prôner • recommander : *on vous recommande la plus grande prudence sur les routes ce week-end* • imposer
- demander • exiger • requérir : *cette enquête délicate requiert patience et prudence*
- avoir ... de : *elle a eu la prudence de nous prévenir* • afficher • être de (+ adj.) • faire preuve de • manifester • observer • choisir • jouer • préférer • cultiver • redoubler de : *les cyclistes doivent redoubler de prudence à l'approche des intersections* • être contraint à
- récompenser
- manquer de

∞ NOM + DE + **prudence**

- excès : *l'équipe a péché par son excès de prudence*

avec prudence

- aborder : *il faut aborder ce sujet épineux avec prudence* • accueillir
- agir • avancer : *ils avancent avec prudence dans la forêt profonde*
- manier : *c'est une expression à manier avec prudence* • utiliser
- considérer • interpréter • prendre

pseudonyme *nom masc.*

∞ **pseudonyme** + ADJECTIF

- littéraire
- collectif
- transparent : *Pierre prit le pseudonyme transparent de "Caillou"*
- farfelu • loufoque

∞ VERBE + **pseudonyme**

- adopter • (se) choisir • prendre • s'attribuer • (se) donner • s'inventer • (se) trouver • emprunter ... à
- recourir à • user de • utiliser
- abandonner

derrière un pseudonyme

- s'abriter • se cacher • se dissimuler : *l'auteur se dissimule derrière un pseudonyme féminin* • se réfugier

sous un pseudonyme

- (se faire) connaître • écrire • faire carrière • publier • se présenter • signer

psychologie *nom fém.*

∞ **psychologie** + ADJECTIF

- analytique • appliquée • clinique • cognitive • comportementale • évolutionniste • expérimentale • médicale • occupationnelle • pratique • sociale
- animale • humaine • infantile • collective • de masse • criminelle
- profonde : *il s'intéresse à la psychologie profonde des tueurs en série*
- de bas étage • de bazar • de comptoir • de supermarché
- réductrice • sommaire : *la psychologie des personnages est sommaire*

∞ VERBE + **psychologie**

- étudier • comprendre • saisir • prendre en compte • tenir compte de
- avoir • faire preuve de • user de : *il a dû user de beaucoup de psychologie pour le convaincre*
- manquer de : *elle a manqué de psychologie en lui reprochant ainsi ses faiblesses*

∾ NOM + DE + **psychologie**
- brin · once
- trésors (plur.) : *elle a déployé des trésors de psychologie pour le faire parler*

psychose *nom fém.* (obsession)

∾ **psychose** + ADJECTIF
- alimentaire : *la psychose alimentaire gagne les consommateurs de viande* · sécuritaire • sociale
- collective
- naissante
- véritable + nom : *l'annonce de ce meurtre a déclenché une véritable psychose*

∾ **psychose** + VERBE
- gagner · régner · s'emparer de : *après ce meurtre, la psychose s'est emparée de la ville*
- enfler · s'aggraver · se développer · se répandre · s'étendre : *la psychose du bioterrorisme continue de s'étendre*

∾ VERBE + **psychose**
- créer · déclencher · engendrer · provoquer : *l'annonce d'une inflation a provoqué une psychose*
- se transformer en
- céder à • sombrer dans · tomber dans • vivre dans
- accroître : *cette explosion a accru la psychose des attentats terroristes* · aggraver · alimenter : *les médias alimentent la psychose* · entretenir · renforcer
- désamorcer · en finir avec

puanteur *nom fém.*

∾ **puanteur** + ADJECTIF
- ambiante
- caractéristique · singulière
- forte + nom • persistante · tenace : *je n'arrive pas à me débarrasser de la puanteur tenace du tabac*
- abominable · âcre · atroce · épouvantable · horrible · infecte · terrible • insoutenable : *la puanteur insoutenable des cadavres* · insupportable • indicible

∾ **puanteur** + VERBE
- se dégager de · monter de
- envahir · régner : *la puanteur règne dans ce lieu putride* • persister
- se dissiper

∾ VERBE + **puanteur**
- dégager · exhaler

public *nom masc.* (audience, assistance)

∾ **public** + ADJECTIF
- familial · populaire • bourgeois · privilégié • international · local • cinéphile • étudiant · jeune • âgé · vieillissant
- bigarré · composite · hétérogène · mélangé · varié • homogène
- ciblé · sélectionné • cible : *leur public cible : les 15-24 ans* • potentiel
- nouveau + nom
- grand + nom · immense · large · vaste • fidèle · habituel • croissant · grandissant
- acquis · bon ○ + nom : *il est bon public, il rit à toutes nos blagues* · bon enfant · chaleureux · fervent · réceptif • avide · curieux · impatient
- conquis · enthousiaste · heureux · satisfait • amusé • admiratif · ébahi · médusé · subjugué • ému
- averti · branché · cultivé · éclairé
- agité · chauffé à blanc · déchaîné · en délire · en folie · hystérique · surchauffé · survolté
- exigeant · impitoyable · redoutable • blasé · capricieux
- hostile
- désorienté · excédé
- clairsemé · limité · maigre · petit + nom · rare · restreint

∾ **public** + VERBE
- fréquenter
- acclamer · applaudir • aduler · ovationner · plébisciter · s'enflammer (pour) • aimer · être friand de · priser • être / rester fidèle à
- rester de marbre • bouder · se lasser • huer · siffler
- être trié sur le volet

∾ VERBE + **public**
- cibler · s'adresser à · toucher : *son émission touche un large public* · viser • sensibiliser • atteindre · conquérir · convaincre · drainer · fédérer · fidéliser · gagner (les faveurs de) : *la troupe cherche à gagner un vaste public ; cet album lui a permis de gagner les faveurs d'un nouveau public*
- éduquer · informer • être accessible à · être ouvert à
- accueillir · convier · inviter
- offrir à : *il offre un livre mystérieux à son fidèle public*
- connaître : *il faut connaîre son public pour mieux s'adapter*
- rencontrer : *l'émission n'a pas encore rencontré son public* · trouver

- communier avec : *les joueurs ont envie de communier avec leur public* • charmer · chauffer · embraser · enchanter · enflammer · faire chavirer · faire frissonner • bouleverser · émouvoir · envoûter · fasciner • divertir · faire rire
- étonner · surprendre
- allécher · appâter · (attirer) l'attention de · mettre en appétit · mobiliser · plaire à · séduire · s'imposer auprès de · susciter l'intérêt de • captiver · électriser · enthousiasmer · soulever l'enthousiasme de
- s'adapter à • répondre aux attentes de · satisfaire
- être ignoré de • être inconnu de : *un groupe ignoré du (grand) public* · être méconnu de
- affronter · se heurter à : *ils se sont heurtés à un public peu réceptif à l'humour noir*
- choquer · heurter la sensibilité de · troubler • décevoir · lasser : *la difficulté de ses textes lasse le jeune public* • diviser : *la projection de ce film d'art et d'essai a divisé le public*

en public
- chanter · paraître · parler · se produire · s'exhiber · s'exprimer

[1]publication *nom fém.* (diffusion, parution)

∞ ADJECTIF + publication
- annuelle · hebdomadaire · mensuelle · périodique · trimestrielle · etc.
- officielle • indépendante
- confidentielle : *la publication de ses poèmes fut longtemps confidentielle*
- clandestine : *pendant la guerre, beaucoup d'éditeurs lancèrent des publications clandestines*
- posthume : *son dernier ouvrage a fait l'objet d'une publication posthume*

∞ VERBE + publication
- être destinée à : *ce texte n'était pas destiné à la publication*
- faire l'objet de : *cette information n'a pas encore fait l'objet d'une publication officielle*
- attendre : *on attend avec impatience la publication des résultats*
- commencer · entreprendre · lancer
- reprendre • poursuivre
- anticiper · avancer
- achever : *en 1953, il acheva la publication de ses mémoires*
- autoriser · avaliser
- différer · repousser · retarder · surseoir à : *le journal a décidé de surseoir à la publication de ces révélations* · reporter
- suspendre : *la publication du journal a été suspendue* • bloquer · interdire · refuser
- arrêter · cesser

[2]publication *nom fém.* (écrit publié)

∞ publication + ADJECTIF
- critique · médicale · professionnelle · scientifique · spécialisée
- illustrée
- prestigieuse • belle [+ nom] · luxueuse • de qualité
- complète · intégrale

∞ VERBE + publication
- éditer
- diffuser · vendre

publicité *nom fém.*

∞ publicité + ADJECTIF
- commerciale · institutionnelle · politique
- audiovisuelle · radiophonique · télévisée • imprimée · interactive · rédactionnelle
- ciblée • comparative • gratuite : *il fait de la publicité gratuite sur internet* · payante • internationale · locale · nationale
- accrocheuse · alléchante · attractive · bonne [+ nom] · habile • amusante
- énorme · formidable · grande [+ nom] : *cette manifestation a bénéficié d'une grande publicité* · grosse [+ nom] · large [+ nom] · massive
- agressive · envahissante · intempestive · sauvage · tapageuse • racoleuse · sexiste
- clandestine · illicite • déguisée · indirecte
- mensongère · trompeuse • déloyale · tendancieuse
- mauvaise [+ nom]

∞ publicité + VERBE
- inciter à · vanter (les mérites de)
- choquer · scandaliser

∞ VERBE + publicité
- faire : *il est interdit de faire de la publicité politique* • réaliser · tourner : *ils ont tourné cette publicité dans le désert*
- diffuser • insérer : *il a inséré des publicités dans son journal*
- avoir recours à · utiliser
- (plur.) entrecouper de · truffer de
- bombarder de[fam.] · inonder de • saturer de
- autoriser • réglementer : *la loi réglemente la publicité des boissons alcoolisées*
- interdire · prohiber

∞ NOM + DE + **publicité**
- page : *et maintenant, une page de publicité*
- campagne

pudeur *nom fém.*

∞ **pudeur** + ADJECTIF
- extrême · grande $^{+ \text{nom}}$ · infinie • légendaire
- maladive • excessive · inutile · mal placée
- affectée · déplacée · fausse $^{+ \text{nom}}$: *elle explore le genre de l'autobiographie sans fausse pudeur*
- étonnante · étrange
- élémentaire

∞ **pudeur** + VERBE
- empêcher · retenir : *la pudeur la retient de parler de ses sentiments*

∞ VERBE + **pudeur**
- avoir ... de : *il a eu la pudeur de se taire* • être de (+ adj.) · être plein de · faire preuve de
- respecter
- surmonter
- être dépourvu de · être sans · manquer de
- attenter à · blesser · offenser · porter atteinte à

[1] puissance *nom fém.* (Phys., énergie)

∞ **puissance** + ADJECTIF
- calorifique · électrique · hydraulique · motrice • de feu · de frappe • de calcul · etc.
- active · réactive • effective · nominale • moyenne
- maximale • colossale · considérable · démesurée · énorme · étonnante · extraordinaire · fantastique · formidable · forte $^{+ \text{nom}}$ · grande $^{+ \text{nom}}$ · illimitée · impressionnante · incroyable · inouïe · phénoménale · pleine $^{+ \text{nom}}$: *les réacteurs nucléaires étaient poussés à pleine puissance* · prodigieuse · redoutable · remarquable
- minimale • faible $^{+ \text{nom}}$ · petite $^{+ \text{nom}}$

∞ VERBE + **puissance**
- donner
- avoir · développer : *cela leur a permis de développer une puissance de calcul de plus de 1 000 milliards d'opérations par seconde* · gagner (en) : *les moteurs gagnent en puissance tout en consommant moins* • dégager : *les lâchers d'eau dégagent une puissance équivalente à 2 000 mégawatts*
- disposer de · offrir
- évaluer · mesurer
- accroître · augmenter · décupler · démultiplier : *cela va démultiplier la puissance des serveurs* · doubler
- diminuer · limiter · réduire
- perdre (en)

∞ NOM + DE + **puissance**
- gain
- perte

[2] puissance *nom fém.* (capacité, faculté)

∞ **puissance** + ADJECTIF
- athlétique · musculaire · physique · sexuelle • intellectuelle • sonore · vocale
- créatrice • d'évocation · émotionnelle · émotive · évocatrice · expressive · suggestive • hypnotique · incantatoire
- colossale · considérable · démesurée · énorme · étonnante · extraordinaire · fantastique · formidable · forte $^{+ \text{nom}}$ · grande $^{+ \text{nom}}$ · illimitée · impressionnante · incomparable · incroyable · inouïe · invincible · phénoménale · pleine $^{+ \text{nom}}$ · prodigieuse · redoutable · remarquable · singulière · stupéfiante • incontestable · indéniable
- destructrice : *la puissance destructrice des cyclones* · dévastatrice • effrayante · terrifiante
- faible $^{+ \text{nom}}$

∞ **puissance** + VERBE
- reposer sur : *une armée dont la puissance repose sur la technique*

∞ VERBE + **puissance**
- conférer : *cela nous a conféré une puissance de négociation évidente* · donner
- tirer ... de : *ces groupes européens tirent leur puissance de la télévision*
- avoir · dégager : *ces corps dégagent une étrange puissance érotique* · détenir · disposer de · gagner (en) : *par le travail collectif, le texte a gagné en puissance* • être au sommet de : *leur civilisation était alors au sommet de sa puissance*
- afficher · étaler · faire étalage de · montrer
- exercer · user de • abuser de
- accroître · améliorer · asseoir : *les opérateurs ont intérêt à asseoir leur puissance en fusionnant* · augmenter · décupler · développer : *des exercices pour développer sa puissance intellectuelle* · doubler
- affaiblir : *cela risque d'affaiblir la puissance de l'État* · atténuer · diminuer · limiter
- contrecarrer · contrer
- perdre

∞ NOM + DE + **puissance**
- apogée · faîte : *un homme politique au faîte de sa puissance*

montée en puissance

∞ **montée en puissance** + ADJECTIF
- économique · militaire · politique
- forte + nom · nette + nom • extraordinaire · formidable · spectaculaire • inexorable · irrésistible
- rapide
- lente · longue + nom · progressive

∞ **montée en puissance** + VERBE
- marquer : *l'évolution technologique actuelle est marquée par la montée en puissance de la transmission sans fil*

∞ VERBE + **montée en puissance**
- assister à · observer • reconnaître
- aller de pair avec · accompagner : *certains dangers accompagnent la montée en puissance de l'islamisme*
- illustrer · témoigner de · traduire • confirmer : *ces données confirment la montée en puissance du courant évangélique* · consacrer
- assurer · faciliter · favoriser : *l'absence du pouvoir a favorisé la montée en puissance de groupes armés* · permettre • accompagner : *il veut accompagner la montée en puissance du club avec la construction d'un vrai centre d'entraînement* · financer
- accélérer
- contrer · faire obstacle à · freiner
- craindre · s'inquiéter de : *ils s'inquiètent de la montée en puissance de nouveaux groupes mafieux*

3 puissance *nom fém.* (pays, empire)

∞ **puissance** + ADJECTIF
- aérienne · maritime · militaire · navale · nucléaire · politique • commerciale · économique · financière · industrielle
- mondiale · régionale • étrangère • alliée · ennemie
- grande ○ + nom · majeure • autonome · hégémonique · souveraine
- coloniale · impériale · impérialiste · occupante
- protectrice
- petite + nom : *ce n'est encore qu'une petite puissance nucléaire*

∞ **puissance** + VERBE
- reposer sur · s'appuyer sur
- compter : *c'est une puissance qui compte dans la région* • s'affirmer · se développer
- vaciller

∞ VERBE + **puissance**
- (re)devenir : *ils voudraient redevenir une puissance internationale* · être

puits *nom masc.*

∞ **puits** + ADJECTIF
- artésien · pétrolier
- naturel · vertical • central
- profond · sans fond

∞ **puits** + VERBE
- s'assécher · se tarir • être à sec

∞ VERBE + **puits**
- construire · creuser · forer : *il a fait fortune en forant des puits de pétrole* · installer
- approfondir
- sonder • curer
- exploiter
- boucher • condamner · fermer : *la mine n'est plus rentable, on va fermer tous les puits*

pulsion *nom fém.*

∞ **pulsion** + ADJECTIF
- charnelle · érotique · sexuelle • alimentaire • de vie · vitale • de mort • archaïque · primitive · régressive
- petite + nom · sourde : *les pulsions sourdes de notre inconscient*
- animale · bestiale · sauvage • formidable · forte + nom · incontrôlable · irrépressible : *l'agresseur dit avoir cédé à une pulsion irrépressible* · irrésistible · profonde · vive
- brusque · brutale · violente • soudaine
- curieuse · étrange · inexpliquée · mystérieuse
- enfouie · refoulée
- dangereuse · inavouable · mauvaise + nom • agressive · négative : *j'essaie de contenir mes pulsions négatives* • (auto)destructrice · criminelle · guerrière · homicide : *il est en proie à des pulsions homicides* · meurtrière · morbide · sadique • masochiste · suicidaire
- contradictoires (plur.) : *le héros de ce drame éprouve des pulsions contradictoires*
- secrète

∞ **pulsion** + VERBE
- (plur.) se déchaîner
- animer · gouverner · habiter • porter à · pousser à
- hanter • dévorer

∞ VERBE + **pulsion**
- déclencher · provoquer
- avoir · éprouver · être en proie à : *il est en proie à une pulsion autodestructrice*
- avouer · exprimer

- assouvir · céder à · obéir à · s'abandonner à · satisfaire · se laisser aller à · succomber à • laisser libre cours à (plur.) : *sur le front, il laisse libre cours à ses pulsions meurtrières* · libérer
- canaliser · contrôler · dominer · gérer · maîtriser : *elle a appris à maîtriser ses pulsions alimentaires*
- brider · contenir · juguler · lutter contre · refouler · refréner · réprimer · résister à

punition *nom fém.*

∾ punition + ADJECTIF
- disciplinaire · militaire · scolaire • divine • corporelle · écrite
- collective · individuelle
- appropriée · juste
- exemplaire : *il veut infliger une punition exemplaire à ces délinquants*
- dure · lourde + nom · rigoureuse · sévère
- atroce · barbare · cruelle · effroyable · horrible · impitoyable · inhumaine · terrible
- abusive · disproportionnée · excessive • arbitraire · injuste · injustifiée
- légère · petite + nom

∾ VERBE + punition
- administrer · donner · imposer · infliger
- avoir recours à · recourir à
- menacer
- encourir · s'exposer à
- mériter : *il a bien mérité sa punition*
- recevoir · subir
- accepter
- échapper à · éviter
- lever

pureté *nom fém.*

∾ pureté + ADJECTIF
- acoustique · mélodique · vocale • chimique • idéologique · morale • ethnique · raciale
- originelle · primitive
- absolue · exceptionnelle · exemplaire · extraordinaire · extrême · grande + nom · incomparable · incontestable · incroyable · inimaginable · inouïe · irréprochable · parfaite · saisissante
- angélique · cristalline · éblouissante · éclatante · exquise · magnifique · merveilleuse · virginale
- étrange · inhabituelle · rare : *l'eau était d'une pureté rare* · singulière
- prétendue + nom

∾ VERBE + pureté
- être en quête de · rechercher
- (+ adj.) atteindre · être de · retrouver • garder · préserver
- altérer
- perdre

puzzle *nom masc.* (litt. et fig.)

∾ puzzle + ADJECTIF
- ethnique · familial · historique · politique
- énorme · géant · gigantesque · grand + nom · immense · vaste + nom
- éparpillé
- complexe · délicat · diabolique : *l'inspecteur tente de reconstituer ce puzzle diabolique*
- inachevé · incomplet

∾ puzzle + VERBE
- se mettre en place

∾ VERBE + puzzle
- composer : *plus de mille pièces composent ce puzzle* · former
- compléter : *petit à petit, elle complète le puzzle de sa famille*
- assembler : *il n'y a plus qu'à assembler le puzzle pour découvrir l'identité du coupable* · recomposer · reconstituer · reconstruire

q

qualificatif *nom masc.*

∾ **qualificatif** + ADJECTIF
- adapté · adéquat · approprié · pertinent
- aimable · élogieux · flatteur · laudatif · valorisant
- dégradant · dépréciatif · infamant · injurieux · méprisant : *les bons élèves sont affublés du qualificatif méprisant d'"intellos"*

∾ **qualificatif** + VERBE
- désigner • convenir à · s'appliquer à : *ce qualificatif s'applique bien à sa musique*
- venir à la bouche : *c'est le premier qualificatif qui me vient à la bouche à la vue de ce tableau* · venir à l'esprit
- abonder : *les qualificatifs flatteurs abondent*

∾ VERBE + **qualificatif**
- appliquer ... à · attribuer ... à · donner ... à • affubler de
- employer · user de · utiliser • (plur.) ne pas être avare de
- accepter · revendiquer : *il revendique le qualificatif de "dilettante"*
- mériter · valoir à : *son comportement lui a valu le qualificatif de "gourou"*
- récuser · refuser · réfuter : *il réfute le qualificatif d'"extrémiste"*

[1]qualification *nom fém.* (aptitude)

∾ **qualification** + ADJECTIF
- professionnelle · technique
- requise • suffisante
- bonne + nom · élevée · forte + nom · haute + nom : *ce diplôme atteste d'une haute qualification professionnelle*
- basse + nom · faible + nom • insuffisante

∾ VERBE + **qualification**
- demander · exiger · requérir
- développer : *un emploi stable lui permettra de développer sa qualification* · proposer
- acquérir • avoir · posséder
- améliorer • compléter · parfaire : *elle fait un stage pour parfaire ses qualifications*
- reconnaître · valider

[2]qualification *nom fém.* (Sport)

∾ **qualification** + ADJECTIF
- olympique · sportive
- automatique · directe
- historique • inespérée · miraculeuse
- difficile · laborieuse

∾ VERBE + **qualification**
- espérer · prétendre à : *elle peut prétendre à une qualification en quart de finale*
- préparer
- disputer · participer à : *leur équipe n'a pas pu participer aux qualifications de la coupe du monde*
- mériter
- assurer ... à · garantir ... à : *une victoire ce soir nous assurerait une qualification directe pour le second tour*
- arracher · décrocher fam. : *elle a décroché de justesse sa qualification pour les Jeux olympiques* · obtenir

[1]qualité *nom fém.* (fait d'être bon ou mauvais)

∾ **qualité** + ADJECTIF
- artistique · esthétique · littéraire · plastique · visuelle • acoustique · sonore · technique • diététique · nutritionnelle

- admirable · belle + nom · bonne + nom · excellente · exceptionnelle · formidable · grande + nom · haute + nom · importante · impressionnante · incontestable · incroyable · indéniable · inégalable · inimitable · irréprochable · légendaire · première + nom · rare · remarquable · sans faille · supérieure • optimale · parfaite : *des images d'une qualité parfaite* • constante
- moyenne · ordinaire
- variable • faible + nom · inférieure · minimale
- déplorable · douteuse · mauvaise + nom · médiocre · piètre + nom

∞ qualité + VERBE

- primer
- s'améliorer
- pâtir de · s'en ressentir : *ce produit est moins cher mais la qualité s'en ressent !* · souffrir de
- baisser · se dégrader : *la qualité de l'eau du fleuve se dégrade progressivement*

∞ VERBE + qualité

- être de (+ adj.) · offrir : *nous vous offrons une excellente qualité de services* · être doté de : *ce clavier est doté d'une incroyable qualité sonore*
- mettre l'accent sur · miser sur · ne pas lésiner sur · privilégier · veiller à • être exigeant sur · être intransigeant sur · être regardant sur · être sourcilleux sur
- mettre en lumière · mettre en valeur · souligner • louer · vanter : *le maraîcher vante la qualité de ses légumes*
- contrôler · vérifier • apprécier · évaluer · jauger : *elle jauge la qualité du tissu* · mesurer
- assurer · être un gage de · garantir
- améliorer · rehausser · renforcer
- maintenir · préserver
- altérer · dégrader · nuire à · porter atteinte à : *la pollution porte atteinte à la qualité de l'air*
- tromper sur

²qualité *nom fém.* (avantage, talent)

∞ qualité + ADJECTIF

- individuelle · personnelle • (plur.) de cœur · humaines · relationnelles • athlétique · physique • professionnelle
- inhérente à · innée · intrinsèque · naturelle
- grande + nom · immense · incontestable · indéniable · légendaire · solide + nom : *il possède de solides qualités rédactionnelles* · véritable + nom · vraie + nom
- dominante · majeure · principale • appréciable · enviable · essentielle · fondamentale · inestimable · précieuse · rare : *la générosité est une qualité rare*

∞ VERBE + qualité

- demander · exiger · nécessiter · requérir : *ce métier requiert une bonne qualité relationnelle*
- transmettre : *sa mère lui a transmis beaucoup de ses qualités*
- hériter ... de : *elle a hérité cette qualité de son père*
- avoir · posséder • afficher · faire montre de : *le héros doit faire montre de qualités exceptionnelles pour mener à bien sa mission* · faire preuve de · montrer • développer
- reconnaître (... à) : *elle ne lui reconnaît aucune qualité* · trouver (... à) • (plur.) énumérer
- louer · vanter • apprécier
- insister sur · mettre l'accent sur · souligner
- nier

querelle *nom fém.*

∞ querelle + ADJECTIF

- amoureuse · conjugale • de famille · domestique · familiale • idéologique · sémantique • dogmatique · religieuse • judiciaire · juridique · politicienne · politique
- de chapelle° · de clocher° : *cette querelle de clocher oppose les deux villages depuis dix ans* • interne · intestine · locale • personnelle
- grande + nom · grosse + nom · sérieuse · violente · vive
- ancienne + nom · vieille + nom • éternelle · habituelle · incessante · récurrente · sempiternelle • interminable · longue + nom
- fratricide • sanglante
- mesquine · obscure · sordide • absurde · byzantine° · d'Allemand° · idiote · inutile · stérile · vaine • fausse + nom : *nature et culture, la fausse querelle ?* · mauvaise + nom
- sourde • banale · insignifiante · petite + nom

∞ querelle + VERBE

- éclater : *une violente querelle éclata entre les deux frères*
- déchirer · diviser · opposer : *la querelle des Anciens et des Modernes opposa entre autres Perrault à Racine* • miner
- s'apaiser

∞ VERBE + querelle

- chercher° (sans art.) : *chercher querelle à quelqu'un*
- déclencher · donner lieu à · provoquer • faire l'objet de : *l'eau fait depuis toujours l'objet de querelles dans la région*

- entrer dans · prendre part à • intervenir dans · se mêler à / de
- s'enfermer dans · s'enferrer dans · s'enliser dans • se heurter à : *le projet s'est heurté à des querelles de chapelle*
- alimenter · attiser · aviver · entretenir · envenimer · nourrir • faire renaître : *cette décision a fait renaître de vieilles querelles* · rallumer · raviver : *inutile de raviver les vieilles querelles de famille* · relancer · réveiller
- arbitrer · trancher : *un groupe d'experts est chargé de trancher la querelle*
- apaiser
- éviter · se préserver de • dépasser · oublier · sortir de · surmonter : *avant de choisir leur candidat, ils vont devoir surmonter leurs querelles internes*
- désamorcer · enterrer · éteindre · étouffer · faire taire : *ils ont fait taire leurs querelles pour s'allier contre leur ennemi commun* · mettre en sourdine · mettre fin à · mettre un terme à · régler · résoudre · vider : *ils ont eu recours au duel pour vider leur querelle*

[1]**question** *nom fém.* (interrogation)

∞ question + ADJECTIF

- intime · personnelle • existentielle · métaphysique
- fermée · ouverte • rhétorique○ • à mille francs○*fam.* · qui tue○*fam.* : *il lui pose alors la question qui tue : "allez-vous démissionner?"* • hypothétique • préalable
- concrète · pratique • abstraite
- grande + nom · importante · profonde · sérieuse · vaste + nom : *et comment faire? vaste question!*
- insistante : *il a été décontenancé par les questions insistantes des journalistes* · pressante
- bonne + nom · intéressante · judicieuse · pertinente · sensée
- claire · directe · incisive · pointue · précise
- facile · simple
- anodine · banale
- floue · vague
- secondaire • facultative · subsidiaire : *le candidat a été repêché par la question subsidiaire*
- insolite • audacieuse · hardie · osée
- ardue · complexe · compliquée · difficile
- désobligeante · embarrassante · impertinente · inconvenante · indiscrète · tabou(e) • déplacée · maladroite · mal venue • déconcertante · dérangeante · déroutante · gênante · troublante • qui fâche○ : *Europe : les questions qui fâchent*
- perfide · piège○ • à la noix*fam.* · bête · (à la) con*fam.* · idiote · stupide : *à question stupide, réponse idiote* · tordue • incongrue · saugrenue • naïve · oiseuse • insidieuse · tendancieuse • narquoise

∞ question + VERBE

- (plur.) affluer · fuser · s'accumuler
- déranger : *elle a le don de poser les questions qui dérangent* · embarrasser • fâcher
- être / rester en suspens · être / rester ouverte · être / rester sans réponse

∞ VERBE + question

- déclencher · entraîner · provoquer · susciter
- affronter : *il va devoir affronter les questions des journalistes* · faire face à
- avoir : *j'ai une question pour le maire* · énoncer · formuler · poser (... à) • adresser ... à
- (plur., souvent passif) accabler de · assaillir de · bombarder de*fam.* · harceler de · mitrailler de : *le procureur l'a mitraillé de questions* · presser de · soûler de
- reformuler · réitérer · renouveler · répéter · reposer
- répondre à : *j'ai dû répondre au pied levé à plusieurs questions* • prendre : *acceptez-vous de prendre les questions des auditeurs?*
- devancer : *elle avait devancé la question du reporter*
- contourner · éluder · esquiver · fuir · ignorer

∞ NOM + DE + questions

- avalanche · batterie · déluge · éventail · feu (roulant) · flot · foule · liste · multitude · nombre · rafale · salve · série · tas*fam.* · tonne*fam.*

[2]**question** *nom fém.* (problème)

∞ question + ADJECTIF

- économique · éthique · scolaire · sociale · stratégique • pratique
- actuelle · d'actualité
- cruciale · de vie ou de mort · vitale • capitale · centrale : *l'éducation est une question centrale de la démocratie* · (-)clé : *il n'a pu éviter la question clé de la rémunération des stagiaires* · de la plus haute importance · essentielle · fondamentale · importante · primordiale · prioritaire • grave · profonde · sérieuse • grande + nom · vaste + nom • pressante · urgente : *j'ai quelques questions urgentes à traiter* • récurrente · sempiternelle
- véritable + nom · vraie + nom
- intéressante · palpitante · passionnante
- brûlante · controversée · litigieuse · problématique · sensible · tabou(e)

- ardue · complexe · délicate · difficile · épineuse · redoutable • insoluble
- angoissante · lancinante · obsédante · préoccupante

∾ **question** + VERBE
- concerner · toucher à
- être à l'ordre du jour
- se poser : *la question du suivi des délinquants se pose à nouveau* • (re)mettre / venir sur le tapis • réapparaître · (re)surgir
- mériter réflexion
- obséder · préoccuper · tarauder : *la question des relations entre les hommes et les femmes taraude ce sociologue* · tracasser · turlupiner*fam.*
- se compliquer : *s'il refuse de participer, la question se complique sérieusement*
- être / rester en suspens · être / rester ouverte : *à l'issue du débat, cette question reste ouverte* · être / rester sans réponse

∾ VERBE + **question**
- lever · (re)mettre / porter sur le tapis · soulever • amener · (re)poser
- aborder · affronter · envisager · s'attaquer à • analyser · (re)considérer · étudier · examiner · plancher sur*fam.* · réfléchir à · revenir sur · se frotter à · se pencher sur · s'intéresser à · s'occuper de · traiter de • approfondir · creuser · défricher : *l'ouvrage défriche habilement la question* · éplucher · fouiller • débattre de / sur · discuter de / sur • comprendre · éclaircir · élucider • sensibiliser à
- effleurer · survoler
- s'appesantir sur · se focaliser sur : *tout le monde se focalise sur la question économique* · s'étendre sur • ressasser (plur.)
- se prononcer sur · s'exprimer sur · trancher • ne pas transiger sur
- régler · répondre à · résoudre : *cette mesure ne résoudra pas à elle seule la question du chômage*
- affronter · faire face à • achopper sur · buter sur · se heurter à : *elle se heurte à des questions pratiques auxquelles elle n'avait pas pensé*
- balayer · contourner · détourner · écarter · éluder · escamoter : *le rapport escamote totalement cette question pourtant essentielle* · esquiver · évacuer : *cette loi évacuera quelques questions difficiles* · fuir · ignorer · laisser de côté · se désintéresser de · se détourner de

questionnaire *nom masc.*

∾ **questionnaire** + ADJECTIF
- de santé · médical • de satisfaction · d'évaluation • de Proust○
- anonyme • nominatif
- type • simple • à choix multiple
- rigoureux • redoutable
- détaillé · précis • complexe · long + nom

∾ **questionnaire** + VERBE
- être relatif à · porter sur
- viser à : *le questionnaire vise à recenser les personnes à risque*

∾ VERBE + **questionnaire**
- élaborer · établir · mettre au point : *ils ont mis au point un questionnaire de satisfaction à faire remplir par leurs clients* · préparer · réaliser · rédiger
- diffuser · faire circuler · lancer • adresser · distribuer · envoyer · remettre • soumettre • proposer
- recevoir
- compléter · remplir : *merci de me renvoyer le questionnaire dûment rempli* · répondre à • renvoyer · retourner • signer
- analyser · dépouiller : *un logiciel est capable de dépouiller les questionnaires*

quête *nom fém.*

∾ **quête** + ADJECTIF
- amoureuse · intellectuelle • scientifique • intérieure · intime · personnelle • existentielle · identitaire · initiatique · mystique · spirituelle • solitaire
- acharnée · active · désespérée · effrénée · enfiévrée · éperdue · farouche · fiévreuse · folle : *sa folle quête l'a conduit jusqu'au bout du monde* · frénétique · grande + nom · insatiable · obsessionnelle
- longue + nom • constante · éternelle · incessante · infinie · ininterrompue · inlassable : *l'inlassable quête du Graal* · interminable · permanente · perpétuelle · sans fin
- étrange · secrète
- obstinée · patiente
- enivrante · passionnante
- difficile · périlleuse
- angoissée · douloureuse
- absurde · insensée • illusoire · impossible · incertaine · pathétique · vaine

∾ VERBE + **quête**
- commencer · entamer · entreprendre · se lancer dans
- continuer · poursuivre : *il poursuit sa quête, inlassablement*
- achever
- abandonner · renoncer à : *il n'a pas renoncé à sa quête de vérité*

- échouer dans : *il a échoué dans sa quête du titre mondial*

en quête de

- être : *tout le monde est en quête de bonheur* · partir · se mettre

quiétude *nom fém.*

∾ **quiétude** + ADJECTIF

- grande ^+ nom^ · parfaite · profonde
- constante · habituelle · immuable
- douce : *la douce quiétude du foyer*
- morne ^+ nom^ : *rien ne vient troubler la morne quiétude de leur existence*
- relative
- apparente · fausse ^+ nom^ · trompeuse

∾ **quiétude** + VERBE

- régner : *rien ne trouble la quiétude qui règne en ces lieux*

∾ VERBE + **quiétude**

- mériter
- (re)trouver
- savourer
- préserver · protéger
- menacer • bousculer · perturber · troubler : *son arrivée a troublé la quiétude des riverains*
- arracher à : *un cri déchirant l'arracha à sa quiétude* · sortir de · tirer de
- mettre fin à · rompre : *ces conflits ont failli rompre la quiétude entre les deux communautés*

quiproquo *nom masc.*

∾ **quiproquo** + ADJECTIF

- amoureux
- burlesque · comique
- affreux · épouvantable · navrant · terrible • regrettable : *il s'agit d'un regrettable quiproquo* • grotesque · ridicule
- petit ^+ nom^ · simple ^+ nom^

∾ **quiproquo** + VERBE

- (plur.) s'accumuler · se multiplier • s'enchaîner : *gags et quiproquos s'enchaînent sans temps mort* · se succéder

∾ VERBE + **quiproquo**

- créer · engendrer · ouvrir la voie à · produire · provoquer • être à l'origine de • multiplier (plur.)
- être victime de : *ce jeune homme, victime d'un quiproquo, a été pris pour une célébrité*
- se rendre compte de
- chercher l'origine de · comprendre · éclaircir
- éviter • lever · réparer

∾ NOM + DE + **quiproquos**

- cascade · série · succession · suite

quorum *nom masc.*

∾ **quorum** + ADJECTIF

- minimum • indispensable · légal · nécessaire · obligatoire · requis : *le quorum requis est de deux tiers des membres de l'assemblée*

∾ VERBE + **quorum**

- atteindre : *l'assemblée générale n'ayant pas atteint son quorum, elle doit être convoquée à nouveau* · obtenir · réunir : *ils ont souvent du mal à réunir leur quorum*
- dépasser · être supérieur à
- être inférieur à

quota *nom masc.*

∾ **quota** + ADJECTIF

- (plur.) tarifaires • ethniques · raciaux • audiovisuels · radiophoniques
- officiel
- annuel · journalier · mensuel
- minimum • obligatoire · requis : *cette ville n'atteint pas le quota requis de logements sociaux*
- précis · strict : *les importations sont encadrées par des quotas stricts*

∾ VERBE + **quota**

- fixer · imposer · instaurer · introduire
- recourir à · utiliser
- atteindre · remplir : *le parti doit remplir les quotas en intégrant davantage de femmes* · respecter
- augmenter : *il ne souhaite pas augmenter les quotas de visiteurs*
- réduire : *l'entreprise a réduit ses quotas de production*
- dépasser : *il a dépassé son quota annuel d'heures supplémentaires*
- contourner : *il contourne les quotas en vendant une partie de sa production au noir*

quotidien *nom masc.*

∾ **quotidien** + ADJECTIF

- banal · ordinaire • monotone · morne · routinier • médiocre
- difficile · lourd · pesant • incertain • désespérant · invivable · malheureux · sinistre · sordide · tragique · triste

∾ VERBE + **quotidien**

- constituer · faire partie de • régir · rythmer : *travail et prière rythment le quotidien du moine*
- vivre : *ce séjour sera l'occasion de vivre le quotidien du berger* • partager

- assurer · construire · gérer : *l'équipe de vie scolaire gère le quotidien des élèves* · organiser
- chanter · décrire • être ancré dans · être enraciné dans · se nourrir de : *ses œuvres insolites se nourrissent du quotidien*
- changer · transformer • bouleverser · chambouler[fam.]
- améliorer · égayer : *ces spectacles égaient un peu le quotidien des enfants hospitalisés* · embellir
- rompre avec · se déconnecter de : *nous sommes partis quelques jours pour nous déconnecter du quotidien* · sortir de

au quotidien

- vivre : *elle a appris à vivre au quotidien avec sa maladie* • côtoyer · être confronté
- faire • agir : *il agit au quotidien pour l'environnement* · se battre

r

rabais *nom masc.*

∾ rabais + ADJECTIF

- significatif · substantiel • appréciable · avantageux · intéressant • énorme · exceptionnel · gros $^{+\text{nom}}$ · important

∾ rabais + VERBE

- aller jusqu'à · atteindre : *les rabais peuvent atteindre plus de 40 %* • dépasser · excéder

∾ VERBE + **rabais**

- demander · négocier · réclamer
- faire · pratiquer · prévoir · proposer • accorder · consentir · offrir
- bénéficier de · obtenir • profiter de
- limiter ... à

raccourci *nom masc.* (formule elliptique)

∾ raccourci + ADJECTIF

- historique · narratif · sémantique · etc.
- curieux · étonnant · surprenant
- audacieux · hardi · osé · téméraire
- fulgurant · saisissant : *l'affaire offre un raccourci saisissant de la corruption ordinaire*
- commode · facile · tentant
- beau $^{+\text{nom}}$ · brillant · joli $^{+\text{nom}}$ · poétique
- brutal · grossier · simplificateur • dangereux · malheureux
- contestable · inacceptable · injustifiable

∾ VERBE + **raccourci**

- employer · emprunter : *le sociologue emprunte des raccourcis audacieux* · opérer · oser · prendre : *cet historien prend des raccourcis un peu contestables* · user de · utiliser • avoir le sens de ○ : *ce politicien a le sens du raccourci et de la formule*
- offrir : *ce reportage offre un raccourci de dix ans d'histoire*
- éviter · se méfier de

racines *nom fém. plur.* (origine)

∾ racines + ADJECTIF

- culturelles · historiques · identitaires · sociales · spirituelles • bibliques · religieuses
- communes
- ouvrières · paysannes · populaires · rurales
- ancestrales : *une coutume aux racines ancestrales* · anciennes $^{+\text{nom}}$ · lointaines : *c'est un peuple aux racines lointaines* · profondes : *les racines profondes du problème* · vieilles $^{+\text{nom}}$

∾ racines + VERBE

- plonger dans : *les racines de ce mythe plongent dans la tradition celtique* · remonter à : *les racines de cette discorde remontent au XIXe siècle* • être ancrées dans : *c'est un genre dont les racines sont ancrées dans le conte de fées*

∾ VERBE + **racines**

- prendre ○ (sans art., sing.) : *cette doctrine prend racine aux États-Unis dans les années 1920*
- avoir (+ adj.) : *il a des racines guadeloupéennes* • enfoncer ... dans · plonger ... dans · puiser ... dans : *une musique qui puise ses racines dans le delta du Mississippi* · tirer ... dans · trouver ... dans
- (re)chercher · être en quête de : *cet enfant adopté est en quête de ses racines* • s'interroger sur
- découvrir · retrouver • renouer avec · revenir à • cultiver : *il cultive ses racines antillaises* · être attaché à · être fidèle à
- afficher · être fier de · revendiquer
- comprendre · démêler : *les sociologues tentent de démêler les racines du conflit* • reconnaître
- (se) couper de · oublier · renier
- arracher • s'attaquer à : *il faut s'attaquer aux racines du conflit* • extirper

racisme *nom masc.*

∾ racisme + ADJECTIF
- colonial • institutionnalisé · institutionnel
- affiché · déclaré · flagrant · virulent
- banal · ordinaire • ambiant
- diffus • insidieux · larvé · latent · rampant

∾ racisme + VERBE
- s'exprimer : *le racisme s'exprime sans retenue*
- augmenter · croître · être en hausse · s'intensifier

∾ VERBE + **racisme**
- créer · engendrer : *c'est la peur des différences qui engendre le racisme*
- être teinté de
- alimenter · faire le lit de · nourrir : *ces propos haineux ne peuvent que nourrir le racisme*
- afficher · faire preuve de · manifester · montrer
- être confronté à · être en butte à · être victime de : *beaucoup de jeunes immigrés sont victimes du racisme* · souffrir de · subir
- crier à · dénoncer • accuser de · soupçonner de · taxer de
- combattre · condamner · fustiger · lutter contre · militer contre · refuser · se mobiliser contre : *l'association se mobilise contre le racisme* · s'opposer à
- en finir avec · mettre fin à · mettre un terme à : *le gouvernement veut mettre un terme au racisme ambiant*

raffinement *nom masc.*

∾ raffinement + ADJECTIF
- artistique · culturel · esthétique · intellectuel • technique • culinaire · gastronomique · etc.
- absolu · extrême · grand [+ nom] · incroyable · inouï · peu commun · rare · remarquable • suprême · ultime [+ nom] : *ultime raffinement de cette baignoire, un système de massage automatique*
- délicat · discret · subtil : *une décoration au raffinement subtil*

∾ VERBE + **raffinement**
- avoir · offrir · posséder • arriver à · atteindre : *l'art de servir le thé atteint un raffinement extrême en Asie*
- manquer de : *sa cuisine est bonne mais manque de raffinement*

∾ NOM + DE + **raffinement**
- comble : *comble du raffinement, elle a passé des rubans dans ses tresses*

rage *nom fém.*

∾ rage + ADJECTIF
- folle · incommensurable · inouïe · profonde · terrible
- aveugle · destructrice · insensée · meurtrière · noire : *la nouvelle le mit dans une rage noire* • froide
- intérieure · rentrée · sourde : *cette rage sourde qu'il n'arrive pas à exprimer* • impuissante : *il éprouve une rage impuissante face à ce mauvais coup du sort*

∾ rage + VERBE
- s'emparer de : *la rage s'empara de lui* • monter : *j'ai senti la rage monter en lui* • éclater : *elle laissa éclater sa rage*
- sommeiller
- habiter : *je sentais la rage qui l'habitait* · saisir : *un forcené saisi par la rage*

∾ VERBE + **rage**
- inspirer ... à • mettre en
- avoir · éprouver · être dans / en : *il était en rage / dans une rage folle* • céder à
- (+ possessif) crier · exprimer
- contenir • apaiser · calmer • désamorcer · dissiper

∾ NOM + DE + **rage**
- accès : *il l'a frappé dans un accès de rage* · crise

de rage
- bondir · crier · écumer · hurler · pleurer · s'étouffer · suffoquer
- être blême · être fou · être ivre · être vert

raillerie *nom fém.*

∾ raillerie + ADJECTIF
- acerbe · acérée · corrosive · grinçante
- incessante · permanente

∾ raillerie + VERBE
- (plur.) fuser · pleuvoir

∾ VERBE + **raillerie**
- provoquer · susciter • valoir ... à : *son prénom lui a valu de nombreuses railleries*
- s'attirer
- endurer · être confronté à · être en butte à · être objet / sujet de : *sa maladresse est l'objet de railleries* · subir · supporter
- répondre à

[1] raison *nom fém.* (motif)

∾ raison + ADJECTIF
- de vivre° · d'être° • d'État°

- familiale · médicale · personnelle · professionnelle · sentimentale • éthique · humanitaire · idéologique · morale · politique • juridique · légale • économique · financière · matérielle · pragmatique · pratique · technique · etc.
- officielle • officieuse
- essentielle · majeure · principale · (bonne et) simple ^+ nom^ : *il ne vient pas au spectacle pour la simple raison qu'il déteste le flamenco* • grave · impérieuse : *il a dû s'absenter pour une raison impérieuse*
- apparente : *il a crié sans raison apparente*
- réelle ^+ nom^ · véritable ^+ nom^ · vraie ^+ nom^ • profonde • particulière · précise • évidente
- avouable · honorable • bonne ^+ nom^ · excellente ^+ nom^ · objective · pertinente · sérieuse · solide • acceptable · compréhensible · satisfaisante · suffisante · valable • convaincante · crédible · logique · plausible
- bizarre · confuse · inconnue · indéterminée · inexpliquée · mystérieuse · obscure : *il a quitté le pays pour d'obscures raisons*
- mauvaise ^+ nom^ • inacceptable · inadmissible • futile · ridicule
- fausse ^+ nom^
- égoïste
- cachée
- simple : *il y a une raison simple à son absence : il était avec moi*

∞ VERBE + raison

- chercher · (s')inventer
- avoir : *« Le cœur a ses raisons que la raison ne connaît point »* (Pascal, *Pensées*, IV, 277) · (se) trouver
- avancer · donner · fournir : *il n'a pas fourni la raison de son retard* · préciser
- détailler : *il n'a pas détaillé les raisons de son choix* · expliciter · expliquer • (plur.) énoncer · énumérer · exposer • invoquer · mettre en avant
- s'interroger sur
- apporter / jeter / offrir un éclairage nouveau sur : *cette analyse offre un éclairage nouveau sur les raisons d'une telle crise* · approfondir · cerner · déterminer · éclaircir · éclairer
- connaître · deviner • comprendre
- ignorer : *j'ignore la raison de son refus*

∞ NOM + DE + raisons

- ensemble · multitude · nombre : *un grand/petit nombre de raisons* · série · tas^fam.^

[2] raison *nom fém.* (faculté de discernement)

∞ raison + ADJECTIF

- humaine

∞ raison + VERBE

- l'emporter · prévaloir : *pour certains, la raison prévaut sur la passion*
- dicter · guider : *c'est la raison qui me guide dans mes choix*
- défaillir : *quand elle apprit ce drame, sa raison défaillit*

∞ VERBE + raison

- être doué de : *l'homme est doué de raison*
- appeler à : *le ministre appelle les grévistes à la raison* · faire appel à · faire entendre (sans art.) : *j'ai essayé de lui faire entendre raison, en vain* • ramener à
- avoir^○^ (sans art.) : *il n'a plus toute sa raison* • obéir à · être conforme à • recouvrer · retrouver · revenir à : *je t'en reparlerai quand tu seras revenu à la raison*
- perdre^○^ : *tu as perdu la raison*
- être contraire à

raisonnement *nom masc.*

∞ raisonnement + ADJECTIF

- économique · juridique · mathématique · médical · scientifique
- analogique · cartésien · circulaire · déductif · formel · logique · philosophique · théorique
- identique · similaire
- inverse
- beau ^+ nom^ · cohérent · juste · rigoureux · valable • imparable · implacable • subtil • simple
- curieux · étonnant · étrange
- bancal · boiteux · contestable · douteux · mauvais ^+ nom^ · tortueux · vaseux^fam.^ • vicieux • dangereux
- absurde · idiot · ridicule · stupide

∞ raisonnement + VERBE

- consister à · reposer sur : *ce raisonnement repose sur des extrapolations* · se baser sur · se fonder sur
- conduire à · mener à : *ce raisonnement mène à une impasse*
- se tenir · tenir debout : *votre raisonnement ne tient pas debout !* · tenir la route^fam.^
- s'écrouler

∞ VERBE + raisonnement

- bâtir · développer · faire : *on peut aussi faire le raisonnement inverse* · tenir : *l'avocat tient un raisonnement boiteux*

- reprendre · utiliser • appliquer ... à • aller au bout de · poursuivre · pousser : *il pousse le raisonnement jusqu'au bout / à l'extrême / encore plus loin* · suivre : *en suivant ce raisonnement, il faudrait dormir dix heures par jour*
- expliquer · exposer
- comprendre · suivre : *j'ai du mal à suivre ton raisonnement !*
- appuyer · étayer
- inverser
- contester • casser · démonter

rancœur *nom fém.*

∞ rancœur + ADJECTIF

- sociale • (plur.) familiales · historiques · passées
- énorme + nom · forte + nom · grosse + nom · lourde + nom : *il voudrait oublier les lourdes rancœurs du passé* · profonde • sourde • évidente · perceptible
- solide · tenace
- ancienne + nom · vieille + nom

∞ rancœur + VERBE

- se réveiller · (re)surgir • s'installer
- culminer · s'exacerber
- habiter : *une sourde rancœur les habite*
- s'adoucir · s'estomper

∞ VERBE + rancœur

- générer · créer
- avoir · éprouver · être plein de · manifester • remâcher · ressasser · ruminer
- déballer fam. : *il a déballé sa rancœur dans une interview* · exposer · exprimer • décharger ... sur fam. : *il a déchargé toute sa rancœur sur elle*
- alimenter · entretenir · nourrir : *les non-dits nourrissent les rancœurs* • accentuer · aggraver · aiguiser · attiser · cristalliser : *cette discorde cristallise les vieilles rancœurs* · exacerber · raviver
- taire : *les rancœurs que l'on tait finissent toujours par resurgir*
- apaiser · contenir
- oublier

rançon *nom fém.*

∞ rançon + ADJECTIF

- élevée · forte + nom · grosse + nom · importante · lourde • astronomique · énorme · exorbitante
- modeste · petite + nom

∞ VERBE + rançon

- demander · exiger · réclamer • attendre
- obtenir · recevoir · toucher • extorquer : *ils ont tenté d'extorquer une grosse rançon au riche beau-père*
- payer · remettre · verser : *ils refusent de verser la rançon aux ravisseurs*

rancune *nom fém.*

∞ rancune + ADJECTIF

- féroce · forte + nom · grande + nom · profonde · vive + nom • solide · tenace • certaine
- ancestrale · ancienne + nom · vieille + nom

∞ VERBE + rancune

- éprouver · être plein de • avoir : *je n'ai pas de rancune* · entretenir · nourrir : *elle nourrit une profonde rancune contre lui* · vouer ... à : *il lui voue une rancune tenace* • garder : *il ne lui a pas gardé rancune ; il en a gardé une rancune certaine* • remâcher · ruminer
- ranimer · renforcer · réveiller : *cette promotion a réveillé les vieilles rancunes*
- apaiser

rang *nom masc.* (ordre, hiérarchie)

∞ rang + ADJECTIF

- hiérarchique · protocolaire · social
- mondial
- bon + nom · élevé · haut + nom • distingué · éminent · honorable • suprême
- intermédiaire · moyen
- inférieur · médiocre · modeste • subalterne

∞ VERBE + rang

- revendiquer : *l'entreprise revendique le rang de leader du marché* · se disputer
- élever à · promouvoir à · propulser à
- accéder à · passer à · se hisser à : *avec cette victoire, elle se hisse au premier rang mondial* • retrouver : *avec ce mariage, elle a retrouvé un rang social élevé*
- être classé à · être placé à · figurer à · occuper • conserver · garder · (se) maintenir (à) : *la multinationale se maintient à un rang tout à fait honorable* · rester à
- confirmer : *Milan confirme son rang de capitale pour la mode masculine* · conforter : *l'Australien a conforté son rang de leader* • être conforme à · faire honneur à°
- mettre / ranger à : *il a rangé cet épisode au rang des mauvais souvenirs*
- rabaisser à · ramener à · ravaler à · reléguer à · rétrograder à

- sortir de○ : *les autres pays membres considèrent qu'il est sorti du rang en prenant une telle position*
- perdre

rangs *nom masc. plur.* (groupe)

∞ rangs + ADJECTIF
- adverses · ennemis • rebelles
- serrés○ : *les troupes avancent en rangs serrés* • d'oignons○
- clairsemés · dispersés : *les militants ont défilé en rangs dispersés*

∞ VERBE + rangs
- former • compter dans · figurer dans : *quelques femmes figurent dans les rangs de l'association*
- sortir de : *les professeurs les plus cotés sortent des rangs de l'Église*
- accepter dans · admettre dans · ouvrir ... à : *l'école a décidé d'ouvrir ses rangs aux non-bacheliers*
- entrer dans · gagner · intégrer · rallier · rejoindre · rentrer dans · s'engager dans • combattre dans · militer dans · servir dans : *il a servi dans les rangs de l'armée pendant quinze ans*
- étoffer · gonfler · grossir : *trois sympathisants sont venus grossir nos rangs* · nourrir : *des lycéens ont nourri les rangs des manifestants* · renforcer
- resserrer · ressouder : *les militants veulent ressouder les rangs de l'opposition* · serrer
- (re)mettre en ordre / de l'ordre dans : *le mouvement tente de remettre de l'ordre dans ses rangs*
- infiltrer
- quitter
- rompre○ : *c'est un ancien adepte qui a rompu les rangs*

rapidité *nom fém.*

∞ rapidité + ADJECTIF
- ahurissante · déconcertante · étonnante · exceptionnelle · exemplaire · extraordinaire · extrême · folle · foudroyante · fulgurante · grande + nom · hors du commun · impressionnante · incomparable · incroyable · phénoménale · remarquable · sidérante · stupéfiante · surprenante · vertigineuse : *la technologie évolue avec une rapidité vertigineuse*
- inattendue · inhabituelle · inouïe

∞ rapidité + VERBE
- étonner · frapper · impressionner · surprendre

∞ VERBE + rapidité
- faire preuve de · posséder : *ce joueur possède une rapidité incroyable*
- démontrer · montrer · témoigner de
- déterminer • évaluer · mesurer · tester
- apprécier · louer · saluer · vanter : *le ministre a vanté la rapidité d'intervention de l'armée*
- améliorer · augmenter · gagner en : *cet apprenti a gagné en rapidité dans son travail*
- manquer de
- perdre en : *avec l'âge, ce cheval a perdu en rapidité*

[1] rapport *nom masc.* (compte rendu)

∞ rapport + ADJECTIF
- financier · judiciaire · médical · etc.
- indépendant • officiel · public • général
- annuel · périodique · semestriel · etc.
- interne • confidentiel · secret • inédit
- célèbre · fameux + nom : *le fameux rapport secret du Pentagone sur le Viêtnam*
- circonstancié · complet · détaillé · (bien) documenté · fouillé : *il nous a fourni un rapport fouillé de 600 pages* · précis • épais · monumental · volumineux
- définitif · final
- bon + nom · clair · édifiant · excellent • honnête · sérieux • impartial · modéré : *un rapport modéré qui pèse le pour et le contre*
- élogieux · favorable · optimiste · positif
- bref + nom · sommaire · succinct • provisoire
- incomplet · lacunaire
- biaisé · orienté · partial · tendancieux • mensonger
- indigeste
- controversé · explosif : *ce rapport explosif a fait grand bruit*
- accablant · accusateur · critique · défavorable · incendiaire : *il a publié un rapport incendiaire sur les emplois fictifs* · négatif · pessimiste · sévère • alarmant · alarmiste · inquiétant

∞ rapport + VERBE
- émaner de
- faire grand bruit · faire scandale : *ce rapport qui dénonce certains dessous-de-table a fait scandale*
- avoir pour objet · contenir · évoquer · parler de · porter sur • décrire · documenter · énumérer · évoquer · expliquer · faire état de : *le rapport fait état de plusieurs dysfonctionnements* · indiquer · mentionner · noter · parler de · relater · résumer · signaler • dévoiler · divulguer · révéler • insister sur · souligner • confirmer

- appeler à · invoquer · proposer · réclamer · suggérer • plaider pour · préconiser · prôner · recommander
- définir · détailler · identifier • commenter · comparer · conclure à : *le rapport conclut à la nécessité d'assouplir la procédure* · dresser un bilan (+ adj.) : *ce rapport dresse un bilan alarmant* · dresser un constat (+ adj.) · étudier · évaluer · examiner · juger · préciser · se pencher sur · s'interroger sur
- constater · mettre au jour : *ce rapport met au jour l'insalubrité de certains immeubles* · mettre en évidence · montrer
- accuser · blâmer · contester · critiquer · dénoncer · épingler : *son rapport épingle la gestion du musée* · fustiger · incriminer · mettre en cause · stigmatiser
- ignorer · occulter · omettre · oublier · rester muet sur : *le rapport reste muet sur l'origine de l'explosion*

∾ VERBE + **rapport**

- commander · commanditer : *le rapport a été commandité par le conseil général* · demander · exiger · réclamer
- déboucher sur : *le rapport a débouché sur l'interrogatoire des personnes mises en cause* · donner lieu à • faire l'objet de : *le rapport a fait l'objet d'une enquête officielle*
- dresser · écrire · élaborer · entreprendre · réaliser : *la commission a réalisé un rapport détaillé* · rédiger
- achever · boucler · clôturer · fignoler*fam.* · finaliser · mettre la dernière main à · mettre un point final à
- communiquer · envoyer · fournir · produire · remettre · transmettre • diffuser · faire circuler · présenter · publier · rendre (public) : *les chercheurs ont rendu le rapport commandé par le ministère* • dévoiler · divulguer
- obtenir · se procurer
- consulter · éplucher : *les enquêteurs ont épluché les rapports financiers de l'entreprise* · étudier · examiner · lire · prendre connaissance de • analyser · interpréter
- accepter · approuver · appuyer · avaliser · cautionner : *le rapport est cautionné par le CNRS* · entériner • saluer
- brandir : *l'avocat a brandi un rapport édifiant* · citer · faire référence à · invoquer · s'appuyer sur · se fonder sur · se référer à
- contester · critiquer
- enterrer

[2] **rapport** *nom masc.* (corrélation)

∾ **rapport** + ADJECTIF

- essentiel · étroit · fondamental · grand $^{+ \text{nom}}$: *c'est une question sans grand rapport avec le sujet du débat* • certain · évident · véritable $^{+ \text{nom}}$ • direct · immédiat
- constant · permanent
- apparent : *le titre est sans rapport apparent avec le contenu du livre*
- éloigné · limité · lointain : *son métier n'a qu'un rapport lointain avec sa vraie passion* • indirect : *il y aurait un rapport indirect entre ces négligences et l'accident*
- complexe · subtil
- [avec deux noms apposés] • bon $^{+ \text{nom}}$ · excellent $^{+ \text{nom}}$: *un excellent rapport qualité-prix*
- [avec deux noms apposés] • mauvais $^{+ \text{nom}}$: *un mauvais rapport bénéfice-risque*
- moindre $^{+ \text{nom}}$: *il n'y a pas le moindre rapport entre ces deux affaires*

∾ VERBE + **rapport**

- avoir · présenter : *le film présente un rapport évident avec les premières œuvres du cinéaste*
- comprendre · saisir · voir : *on a du mal à voir un rapport entre les deux affaires*
- étudier · explorer • analyser · définir · déterminer · éclairer : *ce reportage éclaire le rapport entre notre système actuel et celui de la Rome antique* · identifier
- confirmer · établir
- exclure : *les enquêteurs ont exclu tout rapport entre le récent attentat et celui de l'année dernière*
- [avec deux noms apposés] • calculer · évaluer · mesurer
- [avec deux noms apposés] • améliorer · optimiser : *il faut optimiser le rapport coût-performance* · rééquilibrer

[3] **rapport** *nom masc.* (relations humaines, souvent plur.)

∾ **rapport** + ADJECTIF

- personnel · social • familial • hiérarchique • affectif · amoureux · physique · sexuel
- émotionnel · fusionnel · passionné · passionnel · tendre
- étroit : *il y a un rapport étroit entre les deux auteurs* · intime • bon $^{+ \text{nom}}$ · satisfaisant • amical · cordial · excellent · harmonieux · privilégié • égalitaire • sain · serein • fécond
- curieux · étrange · singulier • complexe · compliqué • ambigu · ambivalent : *il entretient des rapports ambivalents avec son ex-femme*

- difficile · problématique · tendu · troublé • conflictuel · détestable · dur · empoisonné · exécrable · malsain · mauvais + nom · orageux · torturé · violent
- inégal · inégalitaire
- distants (plur.) : *je préfère m'en tenir à des rapports distants avec elle* · superficiel

∾ **rapport** + VERBE
- se nouer : *un rapport affectif s'est noué entre eux* · s'établir · se tisser
- exister
- changer · évoluer · se modifier
- se détériorer · se gâter · s'envenimer · se refroidir : *nos rapports se sont refroidis depuis cette affaire*

∾ VERBE + **rapport**
- créer · développer · établir · installer · instaurer · instituer · nouer · tisser : *les salariés ont tissé des rapports de confiance avec leurs syndicats* • restaurer
- avoir · entretenir : *nous entretenons des rapports tout à fait cordiaux ; quels rapports entreteniez-vous avec la victime ?*
- organiser · régir : *un contrat régit les rapports entre les deux associés* · régler · réguler : *cette mesure cherche à réguler les rapports sociaux* · structurer • gérer
- décrire · évoquer
- étudier · explorer · interroger • analyser · cerner · définir · éclairer · expliquer · interpréter
- reconsidérer · repenser · s'interroger sur : *ce livre s'interroge sur les rapports entre les hommes et les femmes*
- influencer · inverser · modifier · transformer
- encourager · faciliter · favoriser : *l'ambiance agréable du magasin favorise les rapports avec le client*
- améliorer · assainir : *une réforme pourrait assainir les rapports entre justice et politique* · clarifier · normaliser : *le gouvernement souhaite normaliser les rapports avec le pays voisin* · pacifier
- bouleverser · bousculer • peser sur : *cette affaire a pesé lourdement sur les rapports entre les deux pays* · ternir : *ce malentendu a terni nos rapports*

rapport de forces

∾ **rapport de forces** + ADJECTIF
- économique · électoral · géopolitique · militaire · politique · social
- international · mondial • interne : *il y a un rapport de forces interne entre les deux chefs de service* • traditionnel
- pur + nom · véritable + nom
- favorable
- inégal : *il y a un rapport de forces inégal entre les deux pays* • défavorable

∾ **rapport de forces** + VERBE
- exister : *un rapport de forces existe au sein du conseil municipal*
- évoluer · varier • basculer : *le rapport de forces a basculé en sa faveur*
- être favorable à : *le rapport de forces est favorable à l'opposition*
- être défavorable à

∾ VERBE + **rapport de forces**
- bâtir · créer · établir : *les syndicats ont établi un rapport de forces avec le gouvernement*
- imposer
- illustrer · montrer · refléter
- analyser · évaluer · mesurer
- changer · inverser · modifier · moduler · rééquilibrer
- prendre en compte · tenir compte de • faire jouer

[1] rapprochement *nom masc.* (de groupes, de personnes)

∾ **rapprochement** + ADJECTIF
- culturel · œcuménique · diplomatique · économique · géographique : *il envisage le rapprochement géographique des deux entreprises* · politique • familial°
- logique · naturel · nécessaire • stratégique · tactique • amical [Comm.] : *le projet de rapprochement amical des deux groupes sidérurgiques*
- graduel · progressif
- important · significatif : *un rapprochement significatif s'est opéré entre les deux pays*
- rapide
- bénéfique · positif · salutaire
- limité
- lent + nom
- avorté · raté

∾ **rapprochement** + VERBE
- aboutir à · donner naissance à : *ce rapprochement donnera naissance au leader mondial du marché* · engendrer · permettre
- se dessiner · s'esquisser : *un rapprochement s'esquisse actuellement entre les deux partis* • s'effectuer · s'opérer : *un rapprochement s'est opéré entre les deux opérateurs*

∾ VERBE + **rapprochement**

- demander · exiger · réclamer · souhaiter • appeler à · inviter à · militer pour · plaider pour · promouvoir · prôner
- déboucher sur · engendrer · entraîner · provoquer : *l'ouverture à la concurrence continue de provoquer des rapprochements*
- amorcer · engager · entamer · esquisser · initier : *le gouvernement du pays a initié un rapprochement avec les États-Unis*
- tenter • effectuer · mener · opérer · procéder à · réaliser • poursuivre
- faciliter · favoriser • aider à · contribuer à · œuvrer à : *l'association œuvre au rapprochement des professionnels du secteur* · travailler à
- concrétiser · consolider · sceller : *cet accord a scellé le rapprochement entre les deux groupes* • accélérer · confirmer · renforcer
- assister à · constater · observer : *on a pu observer un rapprochement entre les deux têtes de liste*
- refuser · rejeter · s'opposer à
- nuire à • bloquer · empêcher · entraver : *la nouvelle loi pourrait entraver certains rapprochements économiques du secteur privé* · être un obstacle à • ralentir

[2]rapprochement *nom masc.* (parallèle)

∾ **rapprochement** + ADJECTIF

- logique · naturel
- étonnant · improbable · inattendu · saisissant · troublant
- audacieux · hardi : *il a établi un rapprochement hardi entre ces deux périodes de l'histoire* · osé
- intéressant
- abusif · dangereux · douteux · hasardeux · hâtif · incongru · maladroit · périlleux : *il s'est lancé dans un rapprochement périlleux entre les deux pays*

∾ **rapprochement** + VERBE

- avoir ses limites · s'arrêter là

∾ VERBE + **rapprochement**

- se lancer dans • oser · tenter • effectuer : *son livre effectue un rapprochement étonnant entre la société occidentale et les tribus amazoniennes* · établir · faire · opérer
- éviter · se garder de · se méfier de : *méfions-nous des rapprochements hâtifs*

ravage *nom masc.* (souvent plur.)

∾ **ravage** + ADJECTIF

- humain • affectif · mental · psychologique • écologique · économique · social
- considérable · grand[+ nom] · important · incommensurable : *la catastrophe a fait des ravages incommensurables* · irréparable · sérieux · terrible : *le sida fait de terribles ravages dans ce pays*

∾ VERBE + **ravage**

- causer · entraîner · exercer : *les mesures préventives n'ont pas empêché la pollution des eaux d'exercer ses ravages* · faire : *les criquets font des ravages terribles dans les récoltes* · occasionner · produire : *les guerres de Religion ont produit des ravages pendant des décennies* · provoquer : *la grande distribution a provoqué des ravages chez les petits commerçants*
- continuer : *la guerre continue ses ravages*
- connaître · subir
- constater · être conscient de
- évaluer · mesurer
- dénoncer · déplorer · s'inquiéter de
- limiter • contrer · lutter contre • résister à : *sa beauté a résisté aux ravages du temps*

[1]réaction *nom fém.* (réponse)

∾ **réaction** + ADJECTIF

- classique · naturelle · prévisible
- officielle • collective · massive · populaire : *le gouvernement craint une vive réaction populaire* • unanime
- (plur.) contrastées · variées
- en cascade (plur.) : *la déclaration du ministre a entraîné des réactions en cascade dans le monde entier* · en chaîne : *la décision a provoqué la réaction en chaîne de tous les syndicats*
- initiale
- prompte · rapide • à chaud° : *les journalistes ont recueilli les réactions à chaud du principal intéressé* · à vif · immédiate · impulsive · instinctive · spontanée • émotionnelle · émotive · épidermique : *son intervention a suscité des réactions épidermiques dans le public* · viscérale
- chaleureuse · encourageante · enthousiaste · favorable · positive
- appropriée · cohérente · compréhensible · légitime • intelligente • digne • saine · salutaire • citoyenne : *ce mouvement contestataire est né de la réaction citoyenne de plusieurs habitants*
- équilibrée · modérée • hésitante · mesurée · mitigée · prudente
- inévitable • décidée : *le personnel exige une réaction décidée de la direction* · énergique · ferme · forte[+ nom] : *l'événement a déclenché une forte réaction des médias* · radicale : *l'opinion attend une réaction radicale du gouvernement* · tranchée · vigoureuse · vive

- agressive · brutale · sévère · véhémente · violente · virulente • courroucée · furibonde · horrifiée · indignée · outragée • critique · hostile · négative • blessante · cinglante · sèche
- ambiguë · ambivalente • imprévue · inattendue
- inexplicable · irrationnelle • démesurée · disproportionnée · excessive • irresponsable · maladroite · primaire · puérile · stupide
- désespérée
- à retardement : *cette manifestation est une réaction à retardement contre les mesures prises l'année dernière* · tardive

∾ réaction + VERBE

- (souvent nég.) se faire attendre · tarder
- suivre : *les réactions qui ont suivi la nouvelle* • se faire entendre · se manifester
- montrer · témoigner de · traduire
- étonner · surprendre

∾ VERBE + réaction

- appeler · attendre · espérer · s'attendre à
- anticiper · prédire · prévoir
- déclencher · entraîner · produire · provoquer · susciter • précipiter
- laisser augurer · présager de : *nul ne peut présager de la réaction du public*
- avoir : *les médias ont eu des réactions disproportionnées* • s'en tenir à : *il s'en est tenu à une réaction prudente*
- exprimer · manifester · témoigner
- enregistrer · entendre · recueillir · rencontrer : *il a rencontré des réactions chaleureuses dans son entourage*
- être confronté à · se heurter à : *il s'est heurté à la réaction hostile de ses supérieurs*
- prendre en compte · tenir compte de
- examiner · observer • mesurer · tester : *l'avant-première a permis de tester la réaction du public* • comprendre · connaître · expliquer
- apprécier · saluer : *les journalistes ont salué la réaction rapide du gouvernement*
- s'étonner de · s'offusquer de
- appréhender · craindre · redouter · s'inquiéter de • dénoncer · mettre en cause : *le rapport met en cause la réaction tardive des autorités* · regretter
- éviter : *l'affaire a été tenue secrète pour éviter les réactions violentes*

2 réaction *nom fém.* (phénomène chimique ou allergique)

∾ réaction + ADJECTIF

- chimique · nucléaire · physique • allergique · cutanée · immunitaire · inflammatoire
- en chaîne° : *la fission de l'uranium provoque une réaction en chaîne*

∾ VERBE + réaction

- déclencher · enclencher · entraîner · induire · produire · provoquer
- développer : *la patiente a développé une réaction allergique au médicament*
- accélérer · favoriser : *le milieu basique favorise la réaction chimique*
- ralentir : *un ciel nuageux ralentit la réaction photochimique*
- empêcher

1 réalisme *nom masc.* (conception artistique)

∾ réalisme + ADJECTIF

- cinématographique · littéraire · photographique • historique · psychologique · scientifique · social : *le réalisme social de son œuvre a un peu vieilli*
- fantastique · magique° · merveilleux · poétique : *le réalisme poétique du tandem Carné-Prévert*
- absolu · exemplaire · grand + nom · strict · inégalé • brut · cru • confondant · déconcertant · étonnant · surprenant · troublant • époustouflant · percutant · stupéfiant • convaincant · puissant · saisissant
- cruel · féroce · froid · noir : *le réalisme noir des films d'avant-guerre*
- relatif

∾ réalisme + VERBE

- dominer : *un réalisme cru domine dans les scènes de bataille*

∾ VERBE + réalisme

- choisir · opter pour · privilégier • céder / laisser la place à : *le fantastique laisse la place au réalisme* · faire place à • allier ... et ... · concilier ... et ... · conjuguer ... et ... · mêler ... et ...
- donner ... à : *il utilise une technique numérique pour donner plus de réalisme à ses dinosaures*
- atteindre : *ces statues de cire atteignent un réalisme époustouflant*
- gagner en
- accentuer · intensifier · pousser à l'extrême
- refuser · s'ériger contre : *ils s'érigent contre le réalisme de leurs prédécesseurs* · s'opposer à

- faire fi de · manquer de · s'affranchir de (tout) : *c'est une œuvre extravagante qui s'affranchit de tout réalisme*
- perdre en · s'éloigner de

∞ NOM + DE + réalisme
- brin · dose : *le film nous plonge, avec une bonne dose de réalisme, dans l'univers des Aborigènes* · pointe · soupçon · touche

avec réalisme
- décrire · dépeindre · évoquer · montrer · recréer · restituer · traiter • incarner

²réalisme *nom masc.* (attitude d'une personne réaliste)

∞ réalisme + ADJECTIF
- économique · politique : *une leçon de réalisme politique*
- implacable
- cynique
- tempéré

∞ réalisme + VERBE
- s'imposer • dominer
- commander · réclamer

∞ VERBE + réalisme
- être de (+ adj.) : *il est d'un réalisme implacable* • afficher · faire preuve de : *son programme fait preuve de beaucoup de réalisme* • céder / laisser la place à · faire place à
- prôner

réalité *nom fém.*

∞ réalité + ADJECTIF
- économique · sociale · sociologique · etc.
- parallèle · virtuelle
- nouvelle : *les familles recomposées sont une réalité nouvelle incontournable*
- concrète · objective · palpable · sensible · tangible · visible • incontestable • incontournable • connue
- brute · crue · sans fard • profonde
- immuable · quotidienne : *derrière les discours, la réalité quotidienne du travail en entreprise*
- complexe · protéiforme • ambiguë · contrastée · mouvante · paradoxale : *la réalité paradoxale d'une société vieillissante qui pratique le jeunisme*
- accablante · affligeante · alarmante · consternante · déplaisante · gênante · inquiétante • brutale · cruelle · difficile · douloureuse · dure · effrayante · glauque · impitoyable · implacable · insoutenable · noire · rude · sordide · triste + nom
- banale · grise · morne · prosaïque · terne
- cachée : *ce reportage dévoile la réalité cachée du travail clandestin*

∞ réalité + VERBE
- dépasser la fiction° : *« La réalité dépasse la fiction »* (proverbe) · rejoindre la fiction
- affleurer : *la réalité afghane affleure à chaque page du roman* • s'imposer : *cette nouvelle réalité s'impose sans que personne ne puisse y échapper*

∞ VERBE + réalité
- constituer · correspondre à · devenir : *son rêve devint réalité* · représenter • rester • recouvrir : *l'exclusion est un problème qui recouvre une réalité complexe*
- affronter · être confronté à : *un photographe confronté à la réalité de la guerre* · être en butte à · se heurter à
- plonger dans · s'immerger dans : *les politiciens feraient bien de s'immerger dans la réalité* · se colleter à • être ancré dans · être au contact de · être en prise directe avec · être enraciné dans · être inscrit dans • coller à : *le film colle au plus près à la réalité biographique du peintre* · puiser dans · s'approprier · s'appuyer sur · se fonder sur · s'inspirer de
- décrire · évoquer · raconter · rendre compte de · retracer • dévoiler · faire apparaître · restituer
- illustrer · lever le voile sur : *ce reportage lève le voile sur la réalité des entreprises* · mettre en évidence · mettre en lumière · montrer · pointer · présenter · refléter · rendre compte de : *ce témoignage rend compte de la réalité quotidienne des immigrés* · révéler · témoigner de · traduire
- ramener à
- accéder à · appréhender · approcher · cerner · comprendre · découvrir · entrevoir · saisir · traquer : *c'est un document qui traque la réalité de la pauvreté* · voir ... en face : *il ne veut pas voir la réalité en face*
- accepter · composer avec · tenir compte de • avoir le sens de (plur.)
- admettre · confirmer
- sublimer · transcender : *sa vision poétique transcende la réalité* · transfigurer : *le conteur transfigure cette réalité sordide en un beau récit d'initiation* · transformer
- faire fi de : *ses projets utopistes font fi de la réalité du terrain* · ignorer · méconnaître • être coupé de · être déconnecté de · être en décalage avec · perdre (le) contact avec : *ses hautes fonctions lui ont fait perdre contact avec la réalité* • être inadapté à

- être au-dessous / au-dessus / en deçà de : *les résultats officiels seraient au-dessous de la réalité* · être éloigné de · être loin de
- cacher · dissimuler · masquer : *ces chiffres masquent une réalité moins glorieuse* · occulter
- caricaturer · déformer · donner une image distordue de • travestir
- contester · nier
- fuir · oublier · refuser • échapper à · perdre le sens de · s'évader de · (se) sortir de • survivre à : *leur passion n'a pas survécu à la réalité du quotidien*

rébellion *nom fém.*

∞ rébellion + ADJECTIF
- autonomiste · indépendantiste · séparatiste
- adolescente • citoyenne · générale · populaire · sociale • armée · militaire • intérieure · interne
- ouverte : *une rébellion ouverte a éclaté au sein de son parti* • permanente
- soudaine · spontanée
- inattendue
- sanglante · violente
- douce · tranquille : *la rébellion tranquille des hippies*

∞ rébellion + VERBE
- gronder : *la rébellion gronde aux portes du palais* · menacer
- éclater
- gagner du terrain

∞ VERBE + **rébellion**
- exprimer · manifester : *le fils manifeste sa rébellion contre l'autorité parentale en fréquentant une secte*
- fomenter : *des matelots ont fomenté une rébellion contre le capitaine du navire* · lancer · organiser
- déclencher · entraîner · être à l'origine de · provoquer · susciter : *cet excès d'autorité a suscité une rébellion dans le sud du pays*
- apporter son soutien à · soutenir
- être aux prises avec : *le roi est aux prises avec une rébellion populaire* · être confronté à · être en proie à · faire face à
- entrer en : *une partie de l'armée est entrée en rébellion* · gonfler les rangs de : *les habitants de la capitale sont venus gonfler les rangs de la rébellion* · rallier · rejoindre · se joindre à
- combattre · contrer · enrayer · lutter contre
- asphyxier · désamorcer · écraser · étouffer : *le dictateur tente d'étouffer la rébellion* · mater · mettre fin à · mettre un terme à · réprimer · vaincre

∞ NOM + DE + **rébellion**
- air · vent : *un vent de rébellion souffle dans l'entreprise*

rebondissement *nom masc.*

∞ rebondissement + ADJECTIF
- judiciaire · procédural • politique • dramatique · romanesque
- nouveau + nom
- énième : *un énième rebondissement dans le procès du tueur en série* • (plur.) incessants · innombrables · moult + nom/littér. · multiples · nombreux · sans fin
- spectaculaire · théâtral • étonnant · imprévisible · imprévu · inattendu · surprenant • étrange · improbable · incroyable · invraisemblable · loufoque · rocambolesque
- dernier + nom · final · ultime : *l'histoire connaît un ultime rebondissement*

∞ rebondissement + VERBE
- avoir lieu · survenir : *un rebondissement survient pour relancer l'action*
- (plur.) s'accumuler · se multiplier · se succéder
- (plur.) émailler · jalonner · rythmer : *émotion, suspense et rebondissements rythment ce feuilleton*

∞ VERBE + **rebondissement**
- constituer
- connaître · vivre : *le pays vient de vivre un rebondissement politique surprenant*
- offrir
- (plur.) multiplier : *le scénario multiplie tellement les rebondissements qu'il en perd toute crédibilité* • être bourré de *fam.* · être fertile en : *ce roman conte une aventure fertile en rebondissements* · être plein de · être rempli de · être riche en : *une journée riche en rebondissements a marqué le procès* · être truffé de · regorger de
- suivre : *il suit de près chaque rebondissement de la campagne électorale*

réception *nom fém.* (fête)

∞ réception + ADJECTIF
- familiale · privée • officielle · publique • annuelle · traditionnelle
- grande + nom · grosse + nom • chic · mondaine • belle + nom · élégante · fastueuse · luxueuse · magnifique · royale · soignée · somptueuse : *une réception somptueuse a été donnée en son honneur* · splendide
- réussie • inoubliable
- petite + nom · simple

∞ **réception** + VERBE
- avoir lieu · se dérouler · se tenir : *la réception s'est tenue dans les jardins du consulat*

∞ VERBE + **réception**
- organiser · préparer
- donner · offrir • convier à · inviter à
- assister à · participer à · se rendre à • courir (plur.) : *elle n'est pas du genre à courir les réceptions*
- annuler · mettre fin à

récession *nom fém.*

∞ **récession** + ADJECTIF
- économique · industrielle · touristique
- générale · généralisée · globale • internationale · mondiale · planétaire
- inévitable · prévisible
- forte [+ nom] · grande [+ nom] · grave · profonde · sévère · terrible • brutale · violente • historique · sans précédent : *le pays fait face à une récession économique sans précédent*
- durable · longue [+ nom] · persistante · prolongée
- modérée · petite [+ nom] • brève [+ nom]

∞ **récession** + VERBE
- être consécutive à : *la récession consécutive au choc pétrolier* · venir de
- guetter · menacer : *la récession économique menace le pays* • s'annoncer · se dessiner · se préparer · se profiler : *une nouvelle récession se profile à l'horizon* • commencer · débuter • arriver · avoir lieu · survenir
- s'accentuer · s'aggraver • se confirmer • durer · persister · se poursuivre · se prolonger · s'éterniser · s'installer : *la récession s'est maintenant durablement installée*
- affaiblir · affecter · atteindre · déstabiliser · fragiliser · frapper (de plein fouet) · peser sur · secouer : *une grave récession secoue le marché* · toucher : *la récession touche tous les secteurs à des degrés divers* • creuser les déficits

∞ VERBE + **récession**
- annoncer : *les économistes sont unanimes pour annoncer une grave récession* · prédire · prévoir • envisager · s'attendre à • anticiper · se préparer à • craindre · redouter
- aboutir à · amener · conduire à · déclencher · entraîner · provoquer • précipiter : *la chute du moral des ménages a précipité l'économie dans la récession*
- dégénérer en · se transformer en
- être proche de · être / se trouver au bord de · flirter avec · frôler • affronter · connaître · enregistrer · essuyer · être confronté à · être en · être en proie à · faire face à · prendre (de plein fouet) · subir · traverser
- amorcer · basculer dans · entrer en · glisser dans · (re)plonger dans · sombrer dans · (re)tomber en • s'empêtrer dans · s'enfoncer dans · s'engluer dans · s'enliser dans
- être aux prises avec : *aux prises avec la récession, l'entreprise a annoncé une suppression d'emplois* · pâtir de · souffrir de · subir les effets de
- accentuer · aggraver • prolonger
- enrayer · limiter (les effets / les risques de) · lutter contre · minimiser les risques de : *le ministre des Finances minimise les risques de récession mondiale*
- empêcher · éviter • échapper à · résister à · se mettre à l'abri de : *pour se mettre à l'abri d'une récession, beaucoup d'argent a été injecté dans l'économie*
- sortir de · surmonter

1 recette *nom fém.* (de cuisine)

∞ **recette** + ADJECTIF
- classique · familiale · maison · traditionnelle • authentique · de grand-mère · fameuse [+ nom] : *la fameuse recette du fondant au chocolat* · originale : *la recette originale du petit-beurre*
- nouvelle [+ nom]
- bonne [+ nom] · délicieuse · savoureuse · succulente
- basique · facile · inratable [fam.] · simple · toute bête
- élaborée · sophistiquée • compliquée · difficile
- jalousement gardée · secrète

∞ **recette** + VERBE
- venir de : *cette recette vient de Norvège*
- contenir : *cette recette contient beaucoup de sucre* · utiliser
- nécessiter : *cette recette ne nécessite aucune cuisson* · requérir

∞ VERBE + **recette**
- élaborer · inventer : *béni soit celui qui a inventé la recette du pain d'épice !* · mettre au point
- demander
- donner · livrer · proposer · révéler : *il n'a jamais voulu révéler sa recette de confiture à la noix de coco*
- avoir · connaître • tenir ... de : *elle tient la recette de la chorba de sa grand-mère kabyle*

- préparer · réaliser • suivre (à la lettre) : *si tu suis la recette à la lettre, ton plat sera délicieux*
- tester
- adapter · améliorer · modifier · simplifier
- rater

∞ NOM + DE + **recettes**
- compilation · livre · recueil

2 recette *nom fém.* (truc, secret)

∞ **recette** + ADJECTIF
- fameuse + nom : *la fameuse recette du "diviser pour mieux régner"* • ancestrale · classique · connue · éprouvée · vieille (comme le monde) : *la bonne vieille recette du héros au passé mystérieux marche toujours* · de grand-mère : *une recette de grand-mère pour redonner de l'éclat à vos cuivres*
- bonne + nom · efficace • gagnante : *humour, cascades et action : c'est la recette gagnante de ce film* · payante
- magique : *il n'y a pas de recette magique pour régler ce conflit* · miracle · miraculeuse • universelle : *ces principes ne valent pas recette universelle* • garantie · sûre • fiable · imparable : *j'ai une recette imparable contre les boutons* · infaillible

∞ **recette** + VERBE
- consister à · reposer sur
- faire ses preuves · fonctionner · gagner · marcher : *c'est une recette qui marche* · porter ses fruits
- faire la fortune de · faire la réputation de · faire le succès de : *le scénariste n'a pas renoncé à la recette qui a fait son succès*

∞ VERBE + **recette**
- donner · livrer · proposer · révéler
- connaître · détenir : *il pense détenir la recette du bonheur universel* · posséder
- adopter · appliquer · employer · reprendre : *il ne fait que reprendre une recette éprouvée* · suivre
- tester

1 recherche *nom fém.* (quête, enquête)

∞ **recherche** + ADJECTIF
- documentaire • artistique · plastique · poétique • spirituelle · etc.
- accrue : *une recherche accrue de gains de productivité* · acharnée · active · désespérée · effrénée · éperdue · fébrile · forcenée : *une recherche forcenée de résultats* · frénétique · inlassable · intense : *après quatre jours de recherche intense, les gendarmes perdent espoir* • obsessionnelle • systématique · tous azimuts
- constante · continue · incessante · permanente · perpétuelle • longue + nom · patiente · sans fin
- approfondie · poussée • exhaustive · exigeante · méthodique · méticuleuse · minutieuse · rigoureuse · sérieuse • ambitieuse · vaste + nom : *elle a entrepris une vaste recherche documentaire pour sa thèse*
- fructueuse
- petite + nom
- brève + nom · courte + nom · rapide
- difficile · fastidieuse • tâtonnante
- infructueuse · stérile · vaine
- [documentaire] • avancée · détaillée · multicritère

∞ **recherche** + VERBE
- porter sur
- avancer · donner des résultats · progresser • aboutir (à) · déboucher sur · conduire à • réussir
- échouer · ne rien donner

∞ VERBE + **recherche**
- déclencher · donner lieu à · entraîner
- être / faire l'objet de
- engager · entamer · entreprendre · lancer : *j'ai lancé une recherche sur internet ; ils ont lancé les recherches trois jours après sa disparition* · procéder à : *j'ai procédé à une rapide recherche dans ma bibliothèque / sur internet* · se lancer dans · se livrer à
- accomplir · effectuer · faire · mener · organiser • animer · conduire · coordonner (plur.) · diriger
- continuer · persévérer dans · poursuivre · reprendre
- s'appuyer sur : *ces affirmations s'appuient sur les dernières recherches en la matière* • être fondé sur
- alimenter : *cet échec a alimenté la recherche d'une troisième voie* · nourrir
- autoriser • aider (à) · faciliter • favoriser · privilégier · prôner • relancer
- achever · mener à bien · terminer
- [documentaire] • affiner : *pour affiner votre recherche, vous pouvez sélectionner plusieurs critères*
- intensifier • accélérer • étendre · systématiser
- (ré)orienter : *il va orienter ses recherches vers les résidences d'étudiants*
- compliquer : *cela risque de compliquer davantage la recherche d'une solution à la crise* · ralentir
- abandonner · arrêter · mettre un terme à

[2]recherche *nom fém.* (la recherche scientifique)

∞ recherche + ADJECTIF

- scientifique • clinique · thérapeutique
- fondamentale · théorique • appliquée · opérationnelle • empirique : *cet article est le fruit d'une recherche empirique, à partir de 200 entreprises françaises* • conceptuelle · critique · formelle
- de haut niveau · pointue · savante : *l'histoire du cinéma est reconnue comme un domaine de recherche savante à part entière* • à grande échelle · ambitieuse · vaste + nom

∞ recherche + VERBE

- porter sur : *notre recherche porte sur la sédimentation globulaire*
- avancer · progresser

∞ VERBE + recherche

- être / faire l'objet de : *la découverte de ce gène est l'objet de sa recherche*
- se consacrer à · se vouer à • animer · conduire · coordonner (plur.) : *il coordonne les recherches de plusieurs laboratoires* · diriger
- développer : *il a développé la recherche sur les maladies des agrumes*
- encourager · promouvoir · soutenir : *l'État soutient la recherche dans les nouvelles technologies* · valoriser • financer · subventionner : *cette association subventionne la recherche en chirurgie* • dynamiser · stimuler
- alimenter · nourrir
- (ré)orienter

∞ NOM + DE + recherche

- champ · domaine
- centre · laboratoire

▷ voir aussi [1]**recherche**

récit *nom masc.*

∞ récit + ADJECTIF

- (auto)biographique • dramatique · épique · fictif · littéraire · picaresque · romancé · romanesque • initiatique • historique · légendaire : *le mythe d'Osiris est le récit légendaire des origines de l'Égypte* · mythologique • classique · réaliste · traditionnel • fantastique · onirique · poétique • chronologique · linéaire · rétrospectif • intime · intimiste
- écrit · oral • filmique
- originel • inédit
- circonstancié · complet · détaillé · documenté
- authentique · véridique
- brut : *le récit brut et sans fard des faits* · sans fard
- cohérent · construit · structuré
- fidèle : *il a fait un récit fidèle des événements* • lucide
- alerte · captivant · envoûtant · haletant · intéressant · palpitant · passionnant · savoureux · vivant • chatoyant · échevelé : *ce récit échevelé est parfois déroutant* · enlevé · halluciné · haut en couleur : *l'auteur se lance dans le récit haut en couleur de ses aventures* · pittoresque · riche en rebondissements
- cocasse · désopilant · drôle · irrésistible • incisif · ironique • brillant • édifiant
- ahurissant · étrange · original · singulier • déroutant
- attachant · émouvant · poignant • déchirant · douloureux · dur · éprouvant · terrifiant · tragique · troublant : *le récit troublant d'une enfance malheureuse* • grave · lugubre · sombre • mélancolique
- minimal · sobre • bref · rapide : *le fait divers est le récit rapide d'un événement dans la presse*
- complexe • déstructuré · éclaté : *le récit éclaté permet de suivre l'itinéraire de chacun des protagonistes* · fragmenté · sinueux • (plur.) emboîtés · enchâssés · entrecroisés : *le roman est fait de récits entrecroisés* · entremêlés
- lacunaire • confus · incohérent

∞ récit + VERBE

- s'ouvrir (avec / par / sur) : *le récit s'ouvre sur la rencontre de deux hommes désespérés*
- avoir pour cadre · se dérouler : *le récit se déroule durant la guerre / à Rome / en 2012 / sur plusieurs niveaux* · se passer
- s'adresser à
- avancer : *le récit avance à petits pas / par à-coups* · progresser : *le récit progresse laborieusement*
- bifurquer : *le récit bifurque soudainement vers le fantastique*
- se terminer (avec / par / sur) : *le récit se termine par une sorte de fable philosophique*

∞ VERBE + récit

- inspirer : *ce voyage lui a inspiré un récit étrange et cocasse*
- se lancer dans • faire : *il accepte de faire le récit de son aventure* • reprendre • écrire · rédiger : *il a fini de rédiger le récit de son voyage au pôle Nord* · signer • composer · concocter · conduire · construire : *il réussit à construire un récit à la fois gai et édifiant* · élaborer · mener : *elle mène parfaitement son récit en évitant tout pathos*
- fournir · livrer : *elle livre un récit qui tient du rêve éveillé* · offrir · proposer · rapporter • publier

- lire • entrer dans
- arranger · enjoliver • enrichir · nourrir • pimenter : *de nombreuses anecdotes pimentent le récit* • étoffer
- émailler ... de · parsemer ... de : *quelques mots d'occitan parsèment le récit* · rythmer
- peupler : *les personnages qui peuplent ses récits*
- adapter : *adapter ce récit au cinéma relevait du défi impossible* · transposer ... dans • être adapté de
- écourter · simplifier
- fragmenter
- interrompre

∾ NOM + DE + récit

- fil : *j'ai peine à suivre le fil de ce récit* • trame : *cet auteur commence toujours par définir la trame du récit avant de commencer à écrire*

récolte *nom fém.*

∾ récolte + ADJECTIF

- [action] manuelle · mécanique · mécanisée
- précoce • tardive
- de qualité
- abondante · belle + nom · bonne + nom · excellente · généreuse : *les pronostics, optimistes, prévoient une récolte généreuse* · grosse + nom • exceptionnelle · historique · record
- faible + nom · maigre + nom · médiocre · petite + nom • mauvaise + nom • déficitaire : *une crise inflationniste a eu lieu après la récolte déficitaire* • catastrophique · désastreuse : *après la récolte désastreuse de l'année dernière, cette saison s'annonce meilleure*

∾ récolte + VERBE

- [action] débuter · démarrer : *la récolte des reinettes démarre en septembre*
- s'élever à : *la récolte de miel s'élève à sept tonnes cette année*
- dépasser les prévisions
- pourrir (sur pied) • geler
- se terminer

∾ VERBE + récolte

- donner · produire : *ces vignobles produisent une récolte exceptionnelle*
- [action] • commencer · entamer • faire · procéder à : *il faut attendre deux ans après la plantation pour procéder à la première récolte*
- [action] finir · terminer
- engranger : *les producteurs devraient engranger des récoltes céréalières records* · obtenir
- réquisitionner
- écouler : *ces petits viticulteurs écoulent leur récolte sur les marchés locaux* · vendre
- engranger : *ce haut bâtiment servait à l'origine à engranger les récoltes* · rentrer • conserver · stocker
- chiffrer · évaluer · prévoir : *on prévoit une récolte record de canne à sucre*
- accroître · améliorer · augmenter : *l'agriculture intensive a permis d'augmenter les récoltes*
- protéger · sauver : *la douceur du mois de septembre a sauvé la récolte*
- réduire : *la sécheresse pendant l'été a terriblement réduit la récolte de maïs*
- compromettre · menacer • anéantir · attaquer · détruire · dévaster · dévorer · endommager · ravager · ruiner · saccager • incendier
- perdre

[1] recommandation *nom fém.* (conseil)

∾ recommandation + ADJECTIF

- officielle • personnelle
- particulière • précise · spéciale · spécifique
- habituelle • dernière + nom · ultime
- importante • pressante
- appropriée · pertinente : *l'expert a émis une recommandation pertinente*
- simple + nom • floue · vague
- superflue · inutile

∾ recommandation + VERBE

- être en vigueur · être valable
- appeler à : *la recommandation appelle à promouvoir les sources d'énergies renouvelables* · préconiser
- concerner · porter sur · viser : *cette recommandation vise toutes les personnes de plus de soixante ans*

∾ VERBE + recommandation

- adresser · donner : *l'Organisation mondiale de la santé donne des recommandations aux voyageurs* · édicter : *la commission a édicté des recommandations relatives à l'indépendance des médias* · élaborer · émettre : *le rapport émet de nombreuses recommandations aux autorités publiques* · exprimer · faire · formuler · présenter · proposer • multiplier (plur.) • maintenir : *le conseil maintient les recommandations de son dernier rapport*
- publier : *le CSA a publié ses recommandations en vue de la campagne électorale*
- faire l'objet de

- accepter · adhérer à · approuver · appuyer • adopter · appliquer · écouter · mettre en œuvre : *le gouvernement envisage de mettre en œuvre ces recommandations dès la fin de cette année* · mettre en pratique · obéir à · prendre en compte · respecter · se conformer à · se plier à · suivre · tenir compte de
- (se) reposer sur · s'appuyer sur · se baser sur · se fonder sur
- se limiter à : *les rédacteurs du rapport se limitent à des recommandations d'ordre général*
- ignorer · passer outre

∾ NOM + DE + **recommandations**
- liste · série

²recommandation *nom fém.* (avis favorable)

∾ **recommandation** + ADJECTIF
- personnelle
- bonne + nom · excellente + nom • favorable · positive
- chaleureuse : *elle a obtenu cet emploi grâce à la chaleureuse recommandation de son oncle*

∾ VERBE + **recommandation**
- avoir · bénéficier de : *elle bénéficie des recommandations de ses anciens employeurs*
- demander
- [Bourse] relever : *ils ont relevé leur recommandation sur la valeur*
- [Bourse] abaisser : *ils ont abaissé leur recommandation sur le titre après cette annonce*

¹récompense *nom fém.* (argent)

∾ **récompense** + ADJECTIF
- financière · sonnante et trébuchante : *ils s'engagent à rendre les objets volés contre récompense sonnante et trébuchante*
- belle + nom · forte + nom · généreuse · grosse + nom : *nous offrons une grosse récompense à qui nous aidera à retrouver notre chat* · importante
- juste : *le principe puritain qui fait de l'argent la juste récompense du travail fourni*
- petite + nom

∾ VERBE + **récompense**
- espérer • réclamer · vouloir
- mériter · valoir : *je vous ai fait de la publicité, cela vaut bien une petite récompense, non ?*
- offrir · promettre • donner
- recevoir · toucher : *le chasseur de primes vient toucher sa récompense*
- refuser : *il a refusé la récompense qu'elle lui offrait pour son aide*

²récompense *nom fém.* (prix)

∾ **récompense** + ADJECTIF
- financière • honorifique • collective · individuelle • à titre posthume
- importante
- belle + nom · haute + nom : *c'est la plus haute récompense internationale dans le domaine de l'architecture* · prestigieuse + nom · suprême
- juste + nom · légitime · méritée
- tardive

∾ **récompense** + VERBE
- consacrer · couronner · sacrer : *cette récompense sacre l'un des cinéastes les plus novateurs de notre temps* · saluer : *cette récompense salue la réussite d'un projet courageux*

∾ VERBE + **récompense**
- constituer · servir de : *votre sourire me sert de récompense*
- mériter · valoir : *ce film lui a valu plusieurs récompenses dans des festivals*
- accorder · attribuer · décerner · distribuer · donner · remettre • dédier ... à : *je dédie cette récompense à ma famille*
- décrocher fam. : *ce sportif a décroché l'unique récompense qui manquait à son palmarès* · obtenir · recevoir · récolter · remporter
- refuser

réconciliation *nom fém.*

∾ **réconciliation** + ADJECTIF
- nationale : *il prône la réconciliation nationale*
- authentique · sincère
- générale
- définitive · durable • finale : *le récit mène les personnages à une réconciliation finale*
- fragile • hypothétique • de courte durée
- tardive
- difficile · impossible

∾ VERBE + **réconciliation**
- amorcer · prendre l'initiative de : *c'est lui qui a pris l'initiative de la réconciliation*
- souhaiter • encourager · prêcher : *il n'a cessé de prêcher la réconciliation entre les deux communautés* · promouvoir · prôner • aider à · contribuer à · favoriser · travailler à
- sceller : *ce texte scelle contractuellement la réconciliation entre les deux pays*

réconfort *nom masc.*

∾ **réconfort** + ADJECTIF
- moral · psychologique • spirituel

- énorme · grand + nom : *son appui m'est d'un grand réconfort* · immense · puissant : *ta lettre a été un puissant réconfort pour moi* • quotidien • immédiat
- beau + nom · doux + nom · précieux
- léger + nom · petit + nom • momentané · passager : *le médicament ne m'apporte qu'un réconfort passager*
- faible + nom · maigre + nom · piètre + nom

∞ VERBE + **réconfort**

- avoir besoin de · chercher · demander · espérer
- apporter · donner · offrir
- trouver : *elle a trouvé du réconfort dans les bras de son mari*

∞ NOM + DE + **réconfort**

- source : *ces marques de solidarité représentent une grande source de réconfort* • message : *adresser / délivrer / recevoir un message de réconfort à qqn* · mot · parole

[1] reconnaissance *nom fém.* (acceptation)

∞ **reconnaissance** + ADJECTIF

- constitutionnelle · institutionnelle · juridique · légale : *la reconnaissance légale du couple homosexuel* • académique · diplomatique · politique • historique : *la reconnaissance historique du passé colonial de la France*
- explicite · officielle · publique · solennelle • de jure
- formelle · morale · symbolique • de facto · implicite
- internationale • mutuelle · réciproque • définitive · irrévocable
- immédiate
- progressive : *la reconnaissance progressive des erreurs passées*

∞ VERBE + **reconnaissance**

- exiger · réclamer · revendiquer
- accorder · offrir
- constituer · valoir • marquer
- obtenir

[2] reconnaissance *nom fém.* (gratitude)

∞ **reconnaissance** + ADJECTIF

- personnelle · professionnelle · scientifique · sociale : *la jeunesse est en manque de reconnaissance sociale* • artistique · littéraire • critique · médiatique
- éperdue : *elle lui voue une reconnaissance éperdue depuis qu'il lui a sauvé la vie* · grande + nom · large + nom · immense · profonde · sans borne(s) · vive • unanime • éternelle
- belle + nom : *cette victoire est une belle reconnaissance pour ce sportif courageux* · extraordinaire • juste · méritée : *son œuvre jouit d'une reconnaissance méritée* • inespérée
- faible + nom : *il souffre d'une trop faible reconnaissance du public* • tardive

∞ VERBE + **reconnaissance**

- avoir soif de · être avide de · être en quête de : *beaucoup de jeunes artistes sont en quête de reconnaissance*
- avoir · éprouver • conserver ... à · devoir ... à : *je lui dois une reconnaissance éternelle* · garder ... à · vouer ... à : *il voue une grande reconnaissance à son professeur*
- exprimer · manifester · marquer · témoigner
- mériter : *il mérite plus de reconnaissance de la part de ses pairs*

record *nom masc.*

∞ **record** + ADJECTIF

- du monde · mondial · national • olympique
- ancien + nom · vieux + nom
- nouveau + nom
- historique : *les prix du pétrole ont enregistré un record historique* • imbattable · inégalé • absolu : *un record absolu de température*
- sinistre · triste + nom : *ce pays détient le triste record du nombre de syndicalistes tués*

∞ **record** + VERBE

- appartenir à : *le record lui appartient avec trois victoires*
- tomber : *il ne se passe pas une séance sans qu'un nouveau record tombe*

∞ VERBE + **record**

- constituer : *l'audience de cette émission constitue un record historique*
- partir à la conquête de
- décrocher fam. · enregistrer · établir : *il tente d'établir un nouveau record de vitesse* · marquer · obtenir · s'adjuger · s'approprier : *il s'est approprié le record du monde de cette discipline* · s'attribuer · s'offrir • atteindre : *la saison touristique devrait atteindre un record historique* · flirter avec : *les ventes de cette fin d'année devraient flirter avec de nouveaux records* • égaler : *le constructeur automobile espère égaler son record de vente de 2003*

- afficher · détenir · posséder : *cette ville possède le record du chômage*
- améliorer : *il améliore le record de France de 2 secondes*
- faire passer de ... à ... : *le plongeur italien a fait passer le record de 49 à 105 mètres* • porter ... à : *ils portent le record de durée d'une mission dans l'espace à 185 jours*
- battre · dépasser · exploser · pulvériser : *les ventes ont pulvérisé tous les records*
- homologuer : *ce record a été homologué par la fédération*

rectification *nom fém.*

∞ rectification + ADJECTIF
- nécessaire • grosse + nom · importante
- mineure · petite + nom

∞ rectification + VERBE
- concerner · porter sur

∞ VERBE + rectification
- proposer • demander · exiger
- donner lieu à · entraîner
- apporter · effectuer · faire · opérer · procéder à : *l'administration a procédé à une rectification du cadastre*

[1] recul *nom masc.* (baisse)

∞ recul + ADJECTIF
- généralisé · global
- considérable · fort + nom · important · majeur · marqué · net · notable · prononcé · sans précédent · sensible · sérieux · significatif
- brusque · brutal
- léger · limité • progressif • passager

∞ VERBE + recul
- prévoir · s'attendre à • anticiper
- aboutir à · conduire à · entraîner · provoquer
- accuser : *le marché du travail accuse un léger recul cette année* · afficher · avoir · connaître · enregistrer · subir
- annoncer
- faire apparaître · illustrer · indiquer · marquer · montrer · refléter · révéler · traduire : *selon lui, ce projet de loi traduit un recul des droits fondamentaux*
- assister à · constater · observer
- amplifier
- éviter • enrayer : *le regain d'activité enraie le recul de l'indicateur de rentabilité*

[2] recul *nom masc.* (distance)

∞ recul + ADJECTIF
- suffisant • indispensable · nécessaire
- salutaire

∞ VERBE + recul
- prendre : *il est parti pour prendre un peu de recul sur sa vie sentimentale* • avoir · disposer de : *ils ne disposent pas du recul nécessaire pour évaluer les effets secondaires*
- manquer de

avec (du / le) recul
- apparaître · paraître : *avec du recul, cette histoire paraît complètement absurde*
- comprendre · réaliser · reconnaître : *avec le recul, je reconnais que j'ai eu tort* · se rendre compte de • analyser · examiner · etc.

[1] réduction *nom fém.* (rabais)

∞ réduction + ADJECTIF
- forfaitaire
- immédiate
- exceptionnelle · grosse + nom · importante
- dégressive • modeste · petite + nom

∞ VERBE + réduction
- souhaiter • demander · exiger · réclamer • négocier
- accorder · consentir · faire · proposer • ouvrir droit à : *le don ouvre droit à une réduction d'impôt égale à 60 % des sommes versées*
- bénéficier de · obtenir
- représenter : *cela représente une réduction de 5 %*

[2] réduction *nom fém.* (diminution)

∞ réduction + ADJECTIF
- effective · notable · perceptible · sensible · significative • considérable · exceptionnelle · grosse + nom · importante · majeure · massive · radicale · spectaculaire · substantielle : *il demande une réduction substantielle des dépenses militaires* • générale · généralisée · globale
- rapide • durable
- autoritaire · brutale · draconienne · drastique
- légère + nom · modérée · modeste · petite + nom • progressive • momentanée · temporaire

∞ VERBE + réduction
- préconiser · prôner • demander · exiger · réclamer · souhaiter • imposer : *le protocole de Kyoto impose une réduction des émissions de gaz à effet de serre*

- annoncer · envisager • prévoir · s'attendre à • anticiper
- aboutir à · conduire à · entraîner · impliquer · induire · provoquer : *le contexte économique a provoqué des réductions de salaire* • contribuer à : *responsabiliser les conducteurs contribue à la réduction des accidents*
- opérer · procéder à
- afficher · connaître · enregistrer · subir : *plusieurs ministères vont subir des réductions de crédit* • être assorti de · s'accompagner de · se doubler de
- assister à
- représenter : *cela représente une réduction significative du pouvoir d'achat*
- accepter · justifier : *cet effet secondaire justifie une réduction de posologie*

[1] référence *nom fém.* (allusion)

∾ **référence** + ADJECTIF

- biblique : *ses nouvelles chansons sont imprégnées de références bibliques* · culturelle · historique · littéraire · mythologique · religieuse • cinématographique · picturale · visuelle · etc.
- claire · directe · évidente · explicite • avouée : *une référence avouée à son prédécesseur*
- constante · permanente : *la référence permanente au modèle américain* · systématique
- commune · partagée
- érudite · savante : *il tente de brouiller les pistes sous une avalanche de références savantes*
- symbolique
- discrète · implicite · indirecte • vague : *le texte ne fait qu'une vague référence à cette femme illustre* • moindre [+ nom]

∾ VERBE + **référence**

- comporter · contenir : *son film contient des références à Charlie Chaplin*
- (plur.) abonder en · être bourré de[fam.] · être imprégné de · être parsemé de · être plein de · être saturé de · être saupoudré de · être truffé de : *le film est truffé de références cachées* · fourmiller de • être nourri de : *un récit nourri de références autobiographiques*
- (plur.) brasser · mêler : *il mêle références à la psychanalyse et au septième art* • accumuler · multiplier • puiser ... dans : *il puise ses références dans le cirque chinois* • partager : *ils partagent de nombreux souvenirs et références culturelles communes*

∾ NOM + DE + **références**

- abondance : *l'abondance de références érudites rend la lecture de cet essai difficile* · avalanche • catalogue · foule · quantité

[2] référence *nom fém.* (valeur)

∾ **référence** + ADJECTIF

- culturelle · identitaire : *la religion ne constitue qu'une référence identitaire parmi d'autres* · idéologique · intellectuelle · morale · religieuse • artistique · littéraire
- fondatrice : *les trois références fondatrices du genre dans les années 1970* · théorique : *c'est l'une des plus grandes références théoriques dans ce domaine*
- absolue · cardinale · grande [+ nom] · incontestable · incontournable · indépassable · majeure · obligatoire · obligée : *c'est devenu la référence obligée en la matière* · suprême · ultime : *il est la référence ultime en matière de polar à la française* · véritable [+ nom] • prestigieuse : *le circuit du Mans reste une référence prestigieuse en matière de compétition* • unique : *l'Audimat est devenu la référence unique de l'audiovisuel* • universelle : *le la sert de référence universelle pour accorder les instruments de musique*

∾ VERBE + **référence**

- constituer · devenir · être : *ce château est une référence architecturale* · servir de
- rester : *il reste une grande référence dans le monde du théâtre*

[3] référence *nom fém.* (cote, numéro)

∾ **référence** + ADJECTIF

- bibliographique · discographique · etc.
- complète

∾ VERBE + **référence**

- citer · donner · rappeler : *rappelez la référence de notre lettre dans votre réponse*

références *nom fém. plur.*

∾ **références** + ADJECTIF

- personnelles · professionnelles
- bonnes [+ nom] · prestigieuses : *notre entreprise bénéficie de références prestigieuses* · sérieuses · solides

∾ VERBE + **références**

- avoir · bénéficier de
- demander : *le propriétaire a demandé ses références au candidat locataire*
- fournir : *il n'a pas fourni de références assez sérieuses*

[1]reflet *nom masc.* (éclat)

∞ reflet + ADJECTIF

- brillant · cuivré · doré · irisé · luisant · métallique · moiré • bleu · bleuté · fauve · verdâtre · etc.
- changeant · chatoyant · ondoyant

∞ VERBE + reflet

- avoir
- jeter · projeter : *les pales de l'hélicoptère projettent les reflets du soleil*

[2]reflet *nom masc.* (image en miroir)

∞ reflet + ADJECTIF

- exact · fidèle · parfait
- lointain · pâle • imparfait : *selon Platon, le monde physique n'est que le reflet imparfait du monde des idées* · incomplet · partiel
- déformé · inversé
- changeant · chatoyant · ondoyant

∞ VERBE + reflet

- avoir
- projeter
- fournir · offrir : *la télévision offre un reflet déformé de la société* · renvoyer

[1]réflexe *nom masc.* (Physiol.)

∞ réflexe + ADJECTIF

- de survie · vital
- conditionné° · pavlovien° • acquis · inné
- (plur.) étonnants · incroyables · surprenants
- (plur.) bons [+ nom] : *mon médecin m'a dit que j'avais de bons réflexes* • aiguisés · rapides
- (plur.) altérés · diminués · ralentis
- (plur.) mauvais [+ nom]

∞ VERBE + réflexe

- déclencher · entraîner · provoquer
- retrouver : *j'ai vite retrouvé mes réflexes au tennis*
- être sûr de
- perdre
- (plur.) avoir : *elle a de bons réflexes* • conserver · garder
- (plur.) manquer de : *il manque de réflexes*

[2]réflexe *nom masc.* (réaction)

∞ réflexe + ADJECTIF

- défensif · sécuritaire • professionnel • communautaire · corporatiste · identitaire · national · nationaliste
- ancestral · séculaire · vieux [+ nom] • classique · habituel · typique • de base · naturel · normal · premier [+ nom] : *mon premier réflexe a été de refuser*
- bon [+ nom] : *il a eu le bon réflexe de freiner* · salutaire • simple : *en cas d'incendie, des réflexes simples peuvent vous sauver la vie*
- idiot · mauvais [+ nom] · stupide

∞ réflexe + VERBE

- refaire surface · resurgir : *en cas de crise, les vieux réflexes resurgissent* · revenir
- avoir la vie dure : *il compte toujours en francs : les vieux réflexes ont la vie dure !* • perdurer · subsister
- disparaître

∞ VERBE + réflexe

- créer · déclencher · entraîner · provoquer · susciter : *la publicité suscite de nouveaux réflexes de consommation*
- enseigner · inculquer
- avoir : *elle a eu le réflexe de couper le gaz* • conserver · garder
- acquérir · adopter · intégrer • retrouver
- céder à : *ne cédons pas aux vieux réflexes nationalistes* · obéir à
- devenir : *utiliser internet est devenu un réflexe*
- alimenter · cultiver · développer · entretenir • attiser · réactiver · renforcer · réveiller : *son discours cherche à réveiller les réflexes xénophobes*
- jouer de / sur
- dépasser • abandonner · se débarrasser de · se départir de
- perdre

[1]réflexion *nom fém.* (pensée, essai)

∞ réflexion + ADJECTIF

- critique · intellectuelle • éthique · morale · philosophique • historique · politique · sociale • prospective · stratégique • théorique • poétique
- personnelle • collective · commune · conjointe
- de fond · d'ensemble · d'ordre général · élargie · générale · globale · large : *ils ont mis en œuvre une large réflexion sur l'éthique du sport* · vaste : *ce roman est une vaste réflexion sur la littérature* • importante · magistrale · majeure • approfondie · de grande ampleur · dense · en profondeur · intense · mûre° [+ nom] : *après mûre réflexion, elle a décidé d'y aller* · poussée · profonde

- ouverte : *une réflexion ouverte sur l'avenir* · sereine • constructive · féconde • aboutie · cohérente · sérieuse • indispensable · pertinente · utile
- argumentée · documentée : *votre réflexion est bien documentée, vous méritez votre note* · fouillée : *l'auteur nous propose une réflexion fouillée sur la question de l'immigration* · rigoureuse • audacieuse · originale • érudite · savante • intelligente · intéressante · riche • passionnante · stimulante : *une réflexion stimulante pour résister à la pensée unique* • sensible : *ce film est une réflexion sensible sur la solitude* · subtile

∾ réflexion + VERBE
- émerger · naître · s'élaborer · s'engager : *il souhaite qu'une réflexion s'engage sur les dangers de ce système* • remonter à : *notre réflexion remonte à plus de trois ans*
- rejoindre · s'inscrire dans / en marge de : *cette réflexion s'inscrit dans un projet collectif*
- avancer · progresser : *notre réflexion a progressé sur ce point* • aboutir : *cette réflexion a abouti à la publication d'un rapport*

∾ VERBE + **réflexion**
- donner matière à · donner / être l'occasion de · impulser · provoquer · susciter • permettre
- appeler à · plaider pour · préconiser · proposer · souhaiter · suggérer • réclamer : *ils réclament une véritable réflexion sur l'évolution du système éducatif*
- appeler : *ce taux de participation dérisoire appelle une sérieuse réflexion* · exiger · imposer : *la révolution numérique impose une réflexion sur la nature des archives de demain* · nécessiter
- amorcer · commencer · ébaucher · (s')engager (dans) · entamer · entreprendre · esquisser · initier · (se) lancer (dans) : *il souhaite lancer une réflexion collective sur les changements à opérer* · mettre en œuvre · ouvrir
- animer · conduire · mener · organiser • avoir · développer · élaborer · mûrir · se livrer à • poursuivre · pousser (... au-delà de / jusqu'à) · prolonger
- (plur.) être absorbé dans · être plongé dans
- apporter · livrer · offrir • confier · faire part de : *il nous a fait part de sa réflexion sur l'enseignement sur son site* · partager • publier
- faire l'objet de • être au centre de · être au cœur de • s'accompagner de : *son travail poétique s'accompagne d'une réflexion sur le langage* · se doubler de • appartenir à · faire partie de · s'inscrire dans : *ce choix s'inscrit dans une réflexion stratégique plus large* · s'insérer dans · s'intégrer dans
- mériter° (sans art.) : *cette affaire mérite réflexion*
- être le fruit de : *cet ouvrage est le fruit d'une réflexion collective* · être le résultat de
- alimenter · encourager · favoriser · nourrir · stimuler : *cette bande dessinée stimule la réflexion sur l'intolérance*
- empêcher · paralyser
- manquer de : *les propositions qu'ils ont faites manquent de réflexion*
- (souvent nég.) échapper à · éviter · faire l'économie de : *les producteurs ne pourront faire l'économie d'une réflexion stratégique en profondeur* · se dispenser de

[2] réflexion *nom fém.* (remarque, souvent plur.)

∾ réflexion + ADJECTIF
- bonne + nom · excellente • amusante · drôle • fine · juste · pertinente • judicieuse · sage
- petite + nom
- ironique · sarcastique • acerbe · acérée · acide • blessante · déplaisante · désagréable · désobligeante • idiote · puérile · stupide

∾ réflexion + VERBE
- (plur.) fuser
- couper le sifflet à *fam.* • rester en travers de la gorge

∾ VERBE + **réflexion**
- (se) faire : *on lui a fait des réflexions sur son travail ; je m'étais déjà fait la réflexion* · lâcher · laisser échapper · lancer
- garder : *garde tes réflexions pour toi* • épargner ... à : *si tu pouvais nous épargner tes réflexions stupides !*

réforme *nom fém.*

∾ réforme + ADJECTIF
- agraire · économique · foncière · politique • constitutionnelle · électorale · législative · statutaire • structurelle
- nouvelle + nom • énième + nom
- indispensable · inéluctable · inévitable · nécessaire · urgente
- ambitieuse · ample · complète · de grande envergure · d'envergure · drastique · en profondeur · fondamentale · générale · globale · grande + nom · importante · large · lourde : *c'est une réforme lourde qu'on ne peut envisager à court terme* · majeure · profonde · radicale · sérieuse · substantielle · totale · vaste • concrète

- rapide
- bonne $^{+nom}$ · réussie
- consensuelle
- douloureuse · épineuse · sensible • contestée · controversée · impopulaire : *le ministre a eu le courage d'imposer une réforme impopulaire*
- hypothétique
- douce · en douceur
- minimaliste · modeste · petite $^{+nom}$ · prudente · timide • ponctuelle
- inachevée • avortée

∞ réforme + VERBE

- s'imposer : *au vu des difficultés financières de l'État, une réforme s'impose*
- aller dans le sens de : *cette réforme va dans le sens des demandes du grand patronat* • permettre · viser à • toucher à : *cette réforme touche à l'un des points les plus symboliques de cette institution française*
- prendre corps • aboutir · passer · réussir · voir le jour : *cette réforme a vu le jour au début de l'année*
- capoter$^{fam.}$: *la réforme a capoté faute de moyens* · échouer

∞ VERBE + réforme

- demander · exiger · réclamer • préconiser · prôner · souhaiter
- imposer • proposer : *ce parti propose une réforme des institutions*
- concevoir · envisager · mettre en chantier · penser · plancher sur$^{fam.}$ · préparer
- prendre l'initiative de · s'atteler à : *dès son arrivée, le ministre s'est attelé à la réforme des établissements carcéraux* · se lancer dans • amorcer · commencer · donner le coup d'envoi à / de · enclencher · engager · entamer · initier · instaurer : *cette loi instaure une réforme de l'assurance maladie* · instituer · introduire · lancer
- obtenir : *les avocats sont en grève pour obtenir une réforme de l'aide juridictionnelle*
- s'accompagner de : *le projet s'accompagne d'une réforme complète du système*
- annoncer
- accomplir · appliquer · effectuer · faire · mener · mettre en œuvre · mettre en place · mettre en route / sur les rails · opérer · réaliser • boucler : *l'objectif est de boucler cette réforme le plus rapidement possible* · faire aboutir · faire avancer · mener à bien · mener à terme
- accélérer • poursuivre
- faciliter : *ce compromis politique a facilité la réforme* • accompagner : *un projet de loi accompagne cette réforme* • défendre · promouvoir · soutenir
- adopter · entériner · ratifier · voter
- critiquer · remettre en cause • combattre
- bloquer · entraver · freiner • retarder
- enterrer : *ils ont largement contribué à enterrer cette ambitieuse réforme*

∞ NOM + DE + réforme(s)

- série · train
- accélération
- vent : *un vent de réforme souffle dans ce pays*

refrain *nom masc.* (litt. et fig.)

∞ refrain + ADJECTIF

- favori · préféré
- éternel · sempiternel $^{+nom}$: *mes grands-parents reprennent en chœur le sempiternel refrain : "y a plus de saisons !"* · vieux $^{+nom}$
- archiconnu$^{fam.}$ · célèbre · connu · fameux $^{+nom}$ · populaire
- accrocheur · entêtant · envoûtant · lancinant · obsédant • efficace : *la chanson est sauvée par un refrain efficace* · imparable
- entraînant · gai · joyeux
- agaçant · niais

∞ VERBE + refrain

- devenir · revenir comme : *cette phrase revient comme un refrain tout au long du roman*
- chanter · chantonner · entonner : *le public entonne le refrain ; ils entonnent comme d'habitude le refrain de la République en danger* · fredonner • répéter · reprendre (en chœur)
- connaître : *"responsable mais pas coupable", on connaît le refrain ; tout le monde connaît le refrain de cette célèbre chanson*

refuge *nom masc.* (litt. et fig.)

∞ refuge + ADJECTIF

- naturel : *cette grotte est un refuge naturel*
- identitaire
- véritable $^{+nom}$ • commode · confortable · douillet · idéal
- précaire • provisoire · temporaire
- seul $^{+nom}$ · unique • dernier $^{+nom}$ · ultime : *internet est l'ultime refuge de la liberté d'expression dans ce pays*

∞ VERBE + refuge

- chercher (... à / auprès de / dans / sur)° (sans art.) · être en quête de

- trouver (... à / auprès de / dans / sur) ○ (sans art.) : *nos descendants trouveront peut-être refuge sur Mars* • gagner · rejoindre • (se) construire
- devenir · servir de : *les falaises servent de refuge aux fugitifs* • offrir ... à : *les salles obscures offrent un refuge à cet enfant timide* • se transformer en
- quitter

refus *nom masc.*

∞ refus + ADJECTIF

- conscient • inconscient : *son amnésie pourrait être un refus inconscient de se rappeler*
- initial
- collectif · général · large [+ nom] : *cette mesure s'est heurtée à un large refus de l'électorat* · massif · (quasi)unanime • global • public · solennel
- a priori · de principe · instinctif · viscéral • absolu · catégorique · clair · ferme · formel · net · profond · pur et simple · radical · sans appel · sans équivoque · total • brutal · cinglant · énergique · farouche : *son refus farouche de la loi du plus fort* • délibéré · ostentatoire
- croissant · grandissant • constant · permanent · systématique • définitif : *le jury peut proposer un refus définitif de titularisation* · obstiné · persistant · prolongé
- froid · hautain · sec • borné · buté · entêté · têtu : *son refus têtu de reconnaître son erreur*
- simple [+ nom] • courtois · poli : *il l'a invitée au restaurant mais a essuyé un refus poli*
- implicite : *l'absence de réponse dans un délai de deux mois vaut refus implicite*

∞ VERBE + refus

- s'attendre à
- assimiler à · interpréter comme
- équivaloir à
- aboutir à · donner lieu à · engendrer · entraîner · se solder par : *les soutiens demandés aux sponsors privés se sont soldés par un refus*
- opposer ... à : *la direction a opposé un refus catégorique au projet*
- être confronté à · se heurter à • essuyer : *les journalistes ont essuyé plusieurs refus avant d'obtenir une interview* · s'attirer
- faire l'objet de : *10% des demandes ont fait l'objet d'un refus*
- étayer · expliquer · justifier · motiver : *de bonnes raisons motivent son refus*
- enregistrer · entériner · prendre acte de : *l'employeur prend acte du refus du salarié de modifier son contrat*
- affirmer · annoncer · proclamer · signifier • notifier · rendre public • afficher · manifester : *les lycéens ont manifesté leur refus de la réforme* • assumer : *elle assume parfaitement son refus de toute concession*
- rappeler · réaffirmer · redire · réitérer · renouveler · répéter • camper sur : *la direction campe sur son refus de prise en compte des revendications* · demeurer / rester ferme dans · maintenir · persévérer dans · persister dans · rester cantonné dans · s'enfermer dans · s'obstiner dans • confirmer : *il confirme son refus de négocier*
- exprimer · indiquer · marquer · traduire : *sa ligne de conduite traduit son refus des préceptes moraux*
- conforter (dans) : *cette expérience les conforte dans leur refus de faire du stop*
- déplorer · regretter

regain *nom masc.*

∞ regain + ADJECTIF

- démographique · économique · inflationniste
- nouveau [+ nom]
- brusque [+ nom] · brutal · soudain • considérable · formidable · fort [+ nom] · important · sérieux · spectaculaire · vif [+ nom] • incontestable · manifeste · net · sensible
- léger [+ nom] · modeste · timide

∞ VERBE + regain

- aboutir à · conduire à · créer · déclencher · entraîner · être à l'origine de : *les formes inédites de l'art contemporain sont à l'origine du regain d'intérêt pour l'esthétique* · générer · provoquer · susciter
- alimenter · contribuer à · favoriser
- apporter · redonner
- connaître · enregistrer : *l'entreprise a enregistré un regain de croissance* • afficher · faire état de · manifester · montrer • bénéficier de : *ce sujet a bénéficié d'un regain d'intérêt* · jouir de · profiter de • s'accompagner de
- prévoir · s'attendre à
- assister à · constater · déceler · entrevoir · noter · observer · sentir : *le gérant sent un léger regain d'activité depuis quelques mois*
- illustrer · indiquer · marquer · montrer · refléter · révéler · témoigner de : *le succès du colloque témoigne du regain d'intérêt pour cet auteur* · traduire • confirmer : *l'année 2006 a confirmé le regain de confiance des investisseurs*

- être confronté à · faire face à
- craindre · redouter · s'inquiéter de : *le pays s'inquiète du regain de l'épidémie*

[1] **regard** *nom masc.* (coup d'œil, yeux)

∞ regard + ADJECTIF

- clair · d'acier · délavé · limpide · pâle • charbonneux
- inoubliable · magnifique • angélique · de velours° · doux · tendre · velouté : *je suis ensorcelé par son regard velouté* • amusé · espiègle · facétieux · gai · gourmand · malicieux · rieur • brillant · émerveillé · illuminé · lumineux · pétillant · rayonnant • apaisé · calme · serein · tranquille
- digne · droit : *il avait le regard droit des hommes qui ne trichent pas* • intelligent
- admiratif · affable · affectueux · aimable · amical · chaleureux · complice · fraternel · gentil • amoureux · attendri · enamouré · éperdu • approbateur · bienveillant · compatissant · empathique · plein de sollicitude • apitoyé · désolé • confiant · encourageant • attentif · vigilant
- éloquent · expressif · qui en dit long
- assuré · conquérant · déterminé · fier · satisfait · victorieux · vif · volontaire • intense · pénétrant · perçant · profond • animé · ardent · brûlant · enflammé · fiévreux • appuyé · fixe : *un gardien au regard étrangement fixe* · fureteur · insistant · interrogateur · prolongé · scrutateur • buté
- aguicheur · cajoleur · coquin · hardi · impertinent · langoureux · polisson · sensuel
- rêveur · songeur · vague • absent · détaché · égaré · ennuyé · éteint · hagard · hébété · impassible · indifférent · inexpressif · lointain · perdu : *le regard perdu d'une jeune femme mélancolique* · sans vie · terne · vide · vitreux • las · résigné
- abasourdi · ahuri · dubitatif · étonné · perplexe • bizarre · curieux · étrange · impénétrable · indéchiffrable · inhabituel · mystérieux · trouble
- abattu · affligé · assombri · attristé · mélancolique · penaud · pitoyable · sombre • affolé · angoissé · anxieux · apeuré · désemparé · effaré · terrorisé • craintif · farouche · fuyant · gêné · peureux • embrumé · embué : *j'ai vu à son regard embué qu'elle avait pleuré* · humide · voilé
- distrait · furtif · rapide
- envieux · intéressé
- agressif · assassin · cruel · dur · fourbe · froid · glaçant · glacial · haineux · hostile · mauvais · menaçant · noir : *il lança un regard noir aux inspecteurs* · peu amène • courroucé · furieux • cynique · désabusé · sarcastique • arrogant · condescendant · dédaigneux · dominateur · méprisant · moqueur · narquois · supérieur • accusateur · désapprobateur · de travers · en coin · indigné · méfiant · oblique · réprobateur · soupçonneux · suspicieux · torve • lourd (de reproches / de sous-entendus)
- exalté · fou · halluciné
- gênant · impudique · indiscret
- vicieux • bovin · stupide

∞ regard + VERBE

- balayer · caresser · effleurer · embrasser · glisser sur · parcourir · passer sur · se porter sur / vers · se promener sur · se tourner vers • s'arrêter sur : *son regard s'est arrêté sur un détail du tableau* · se fixer sur · se heurter à : *le regard se heurte à un entassement chaotique de ferraille* · se poser sur • (plur.) se croiser : *je suis tombé amoureux d'elle à l'instant même où nos regards se sont croisés* · se rencontrer
- ausculter · chercher · détailler · examiner · explorer · fouiller : *son regard d'expert fouillait chaque détail de l'objet* · inspecter · scruter
- implorer · supplier : *son regard me suppliait de rester*
- montrer : *son regard montrait une certaine inquiétude* • désigner · indiquer
- dévorer · foudroyer · glacer le sang · transpercer • jeter / lancer des étincelles
- s'assombrir · se voiler : *à l'évocation de ce jour, son regard se voila* · s'obscurcir • se durcir
- se dérober

∞ VERBE + regard

- avoir (+ adj.) : *elle a un regard vif et malicieux*
- aiguiser : *ces cours de dessin m'ont appris à aiguiser mon regard* · exercer
- oser · risquer • accorder · adresser · décocher : *il lui a décoché un regard assassin* • fusiller de • échanger ... avec : *il n'échange pas un regard avec sa concurrente* • braquer ... sur · couler ... à / dans / sur : *il s'approcha et coula un regard dans l'ouverture* · envoyer ... à / sur / vers · glisser ... à / vers : *il glissa un regard à la victime* · jeter ... à / sur / vers · lancer ... à / vers · lever ... sur / vers · plonger ... dans / sur / vers · poser ... sur • diriger ... sur / vers · suivre de : *il a suivi du regard la voiture qui s'éloignait*

- accrocher : *la somptueuse vitrine accroche immédiatement le regard* • croiser
- laisser errer · laisser traîner : *il laissa traîner son regard sur les statues du jardin*
- être une fête pour · être un ravissement pour · ravir · réjouir : *la présentation des plats réjouit le regard*
- frapper : *cette peinture frappe le regard par sa taille monumentale* · (s')offrir à : *ce paysage offre au regard un émerveillement constant* · s'imposer à
- détacher ... de · détourner ... de • être / (se) mettre à l'abri de · fuir · se dérober à · soustraire ... à

[2] regard *nom masc.* (point de vue)

∾ regard + ADJECTIF

- clinique : *le film porte un regard clinique sur les personnages* · scientifique • anthropologique · ethnographique • professionnel
- personnel · subjectif • impartial · objectif
- rétrospectif
- autre · décalé · différent · en coulisse · frais · neuf : *il propose un regard neuf sur l'Afrique* · original · singulier
- distancié · distant · étranger · extérieur
- fin · sensible · subtil • averti · avisé · juste · lucide · sagace • éclairant : *cette analyse propose un regard éclairant sur le problème* • libre : *détaché de toute appartenance politique, il porte un regard libre sur l'actualité*
- bienveillant · empathique · indulgent · tendre • généreux · humain · humaniste · ouvert · respectueux • encourageant · positif • amusé : *il porte un regard amusé sur la frivolité de ses contemporains*
- acéré · aigu · aiguisé · critique · exigeant · impitoyable · implacable · négatif · sans complaisance · sans concession · sans pitié · sévère
- acerbe · acide · caustique · corrosif · décapant · féroce · incisif · ironique · mordant
- nostalgique : *il jette parfois un regard nostalgique sur la ville de sa jeunesse* • amer · désabusé · désespéré
- candide · innocent · naïf

∾ VERBE + regard

- demander · solliciter : *je sollicite souvent le regard d'un expert*
- avoir (+ adj.) : *elle a un regard très original sur le problème* • jeter · porter : *il porte un regard très critique sur ces nouvelles technologies* · poser · promener : *il promène un regard à la fois amusé et désolé sur notre société* • conserver : *il conserve un regard naïf sur le monde* · garder
- apporter · donner : *il donne son regard personnel sur le déroulement du procès* · imposer : *la grande vertu de ce documentaire est de ne pas imposer un seul regard* · offrir · proposer : *elle propose un regard différent sur les jeunes et la banlieue*

[1] régime *nom masc.* (diète)

∾ régime + ADJECTIF

- alimentaire • crétois · méditerranéen • dissocié • lacté · sans sel · sec° : *la gymnaste est au régime sec avant la compétition*
- sur mesure
- fortifiant · hypercalorique · hyperprotéiné · riche : *un régime riche en fer / en fibres / en graisses*
- amaigrissant · amincissant · basses calories · diététique · hypocalorique
- draconien : *il suit un régime draconien depuis trois mois* · jockey° : *un repas frugal digne d'un régime jockey* · rigoureux · sévère · strict
- équilibré · sain • adéquat · approprié
- carencé · déséquilibré

∾ régime + VERBE

- consister à / en : *ce régime consiste à privilégier les glucides*

∾ VERBE + régime

- prescrire · recommander
- commencer · se mettre à : *elle a décidé de se mettre au régime avant l'été*
- appliquer · être à° · observer · s'astreindre à · se soumettre à : *il s'est soumis à un régime pour perdre quinze kilos* · suivre (à la lettre) : *elle suit un régime rigoureux*
- faire une entorse à : *j'ai fait plusieurs entorses à mon régime pendant les fêtes*
- abandonner • arrêter

[2] régime *nom masc.* (système politique)

∾ régime + ADJECTIF

- Ancien [avec une majuscule] : *les unités de mesure de l'Ancien Régime* · féodal • impérial · libéral · militaire · monarchique · oligarchique · parlementaire · présidentiel · représentatif · républicain
- ancien [+ nom] : *il a été ministre sous l'Ancien Régime*
- démocratique · égalitaire • tolérant • stable

- autoritaire · de fer · despotique · dictatorial · fasciste · totalitaire · tyrannique • corrompu · pourri • obscurantiste · oppresseur · oppressif · policier · répressif · tyrannique • à poigne · musclé • brutal · meurtrier · sanguinaire
- impie · odieux
- instable • chancelant · vacillant
- d'exception
- fantoche
- à bout de souffle · agonisant · aux abois · déliquescent · en déliquescence · finissant · moribond • défunt + nom : *les hauts dignitaires du défunt régime*

∾ **régime** + VERBE
- s'installer
- se scléroser • chanceler · vaciller
- s'écrouler · tomber

∾ VERBE + **régime**
- instaurer : *le souverain veut instaurer un régime démocratique* · jeter les premières fondations de · mettre en place • restaurer : *le roi a restauré l'Ancien Régime*
- vivre sous : *le pays vit sous un régime totalitaire*
- reconnaître • se rallier à : *il s'est rallié au régime par opportunisme* · soutenir
- démocratiser : *le nouveau gouvernement s'est engagé à démocratiser le régime*
- durcir · renforcer : *le tyran a renforcé le régime répressif*
- condamner · critiquer · dénoncer • combattre
- désarmer : *une coalition s'est formée pour désarmer le régime et libérer le peuple* • affaiblir · déstabiliser · ébranler · fragiliser · isoler
- abattre · démanteler · détruire · renverser
- fuir : *fuyant le régime nazi, sa famille s'installa aux États-Unis*

∾ NOM + DE + **régime**
- durcissement
- chute · écroulement · renversement

[3]régime *nom masc.* (système administratif ou juridique)

∾ **régime** + ADJECTIF
- administratif · fiscal · juridique • carcéral · pénitentiaire
- douanier · maladie · vieillesse
- d'exception : *ce secteur particulier bénéficie d'un régime d'exception* • particulier · spécifique
- transitoire : *un régime transitoire va être instauré en attendant l'application de la loi*
- définitif

∾ VERBE + **régime**
- fonder · instaurer · instituer : *ce texte de loi institue un nouveau régime juridique* · mettre en place
- bénéficier de · être soumis à : *les parents isolés sont soumis à un régime spécifique*
- choisir · opter pour
- consolider : *le gouvernement veut consolider le régime de protection des monuments* • maintenir
- durcir : *ils ont durci le régime carcéral* · renforcer
- changer · modifier · réformer • aménager · assouplir : *ce texte assouplit le régime des quotas de diffusion d'œuvres françaises et européennes* · simplifier

région *nom fém.*

∾ **région** + ADJECTIF
- administrative · géographique
- industrielle · rurale · urbaine · urbanisée • habitée · peuplée
- accidentée · boisée · côtière · forestière · montagneuse · vallonée • arctique · désertique • aride · humide · méridionale · sèche · tropicale
- frontalière · transfrontalière
- pétrolière • vinicole · viticole
- d'origine
- pittoresque • enchanteresse · hospitalière · paradisiaque • favorisée · prospère · puissante · riche
- accessible
- inaccessible · inexplorée · inhabitée · sauvage • éloignée (de) · excentrée · isolée (de) : *le réseau ne couvre pas certaines régions isolées* · reculée
- inhospitalière · rude • défavorisée · désolée · dévastée · sinistrée • dépeuplée

∾ **région** + VERBE
- abonder en · regorger de : *la région regorge de gibier*
- se développer • se (re)peupler
- se dépeupler

∾ VERBE + **région**
- habiter • (re)peupler
- parcourir · sillonner · traverser • visiter • passer au peigne fin · ratisser : *la police ratisse la région depuis samedi*
- diriger · gouverner
- désenclaver : *la nouvelle ligne de train va permettre de désenclaver la région* • apaiser · pacifier : *les autorités vont intervenir pour pacifier la région*

- déchirer · déstabiliser · embraser · ravager : *une épidémie de choléra ravage la région* · secouer : *ce crime ignoble a secoué la région*
- fuir · quitter : *beaucoup de jeunes ont quitté la région faute de travail*

[1] registre *nom masc.* (ton)

∾ registre + ADJECTIF
- dramatique · littéraire
- classique · convenu
- réaliste • affectif · émotionnel · intimiste • pathétique · tragique • épique · lyrique · poétique • élégiaque · laudatif • burlesque · comique · décalé · léger • ironique · parodique · satirique • polémique
- différent · inattendu : *il fait un retour au cinéma dans un registre inattendu* · inédit

∾ registre + VERBE
- convenir à

∾ VERBE + **registre**
- appartenir à · entrer dans · s'inscrire dans : *ses films s'inscrivent dans un registre intimiste*
- donner dans · évoluer dans · jouer dans · se placer dans • basculer de ... à : *la pièce bascule soudainement du registre tragique au registre comique* · changer de · glisser de ... à · passer de ... à : *il passe du registre le plus tragique à celui de la bouffonnerie* · sauter de ... à • demeurer dans · poursuivre dans · rester dans
- êter / se montrer à l'aise dans · exceller dans
- (se) cantonner à / dans · (se) limiter à · s'enfermer dans : *il a tort de s'enfermer dans ce registre convenu*
- se tromper de
- quitter : *il a quitté le registre épique de ses premières œuvres*

[2] registre *nom masc.* (niveau de langue)

∾ registre + ADJECTIF
- de langue · linguistique
- littéraire · soutenu • courant · neutre · standard • familier · relâché • vulgaire • écrit · oral

∾ VERBE + **registre**
- appartenir à : *ce mot appartient au registre familier*
- choisir · employer : *dans cette situation, il convient d'employer un registre soutenu* · s'exprimer dans : *ce jeune homme s'exprime dans un registre très familier* · utiliser
- changer de

[3] registre *nom masc.* (Mus.)

∾ registre + ADJECTIF
- vocal
- bas · grave • médium · moyen • aigu · haut
- étendu · large

∾ registre + VERBE
- couvrir : *son registre couvre cinq octaves* · s'étendre de ... à ... : *son registre s'étend du murmure étouffé au fortissimo le plus aigu*

∾ VERBE + **registre**
- avoir : *elle a un registre très étendu*
- élargir

règle *nom fém.* (loi, principe, habitude)

∾ règle + ADJECTIF
- du jeu° : *s'il veut se joindre à nous, il faut qu'il accepte les règles du jeu* • de sécurité · de vie : *il s'est imposé des règles de vie très strictes* · d'hygiène · sanitaire · sociale • démocratique • de bonne conduite · déontologique · éthique · morale • constitutionnelle · procédurale • comptable · financière • juridique · légale • grammaticale · syntaxique
- écrite · officielle • affichée
- collective · commune • générale • habituelle · usuelle
- fixe · immuable · inflexible · intangible · stable
- cardinale : *ses règles cardinales sont la tolérance et le respect* · de base · d'or° : *dans ce métier, la règle d'or est de toujours garder le sourire* · élémentaire : *la politesse est une règle élémentaire* · essentielle · fondamentale · importante · sacrée · sacro-sainte + nom • absolue · impérative • fameuse + nom : *la fameuse règle de calcul de Fibonacci permet de définir la forme d'une spirale parfaite*
- simple • minimale (plur.) : *il ne respecte pas les règles minimales de prudence* • claire · précise
- rigide · rigoureuse · sévère · stricte • contraignante · draconienne : *un régime aux règles draconiennes*
- compliquée • confuse : *c'est un jeu compliqué aux règles confuses* · floue
- arbitraire • inapplicable
- souple
- implicite · tacite

∾ règle + VERBE
- (re)devenir : *il vaudrait mieux éviter que ça ne devienne la règle* · être

- être en vigueur · prévaloir : *dans une telle situation, c'est la règle de prudence qui prévaut* · s'imposer • s'appliquer à · valoir pour : *cette règle vaut pour tous*
- consister à · vouloir que • exiger · imposer · obliger à · stipuler que • déterminer · encadrer · gouverner · guider · organiser · présider à : *les règles qui président à l'élection d'un pape* · régir
- autoriser · permettre
- interdire · limiter
- avoir / comporter des exceptions · connaître des exceptions · souffrir une exception

∾ VERBE + règle
- élaborer · instaurer · instituer · mettre en place • édicter · énoncer · établir · formuler · imposer · prescrire • ériger en : *une entreprise où la discrétion a été érigée en règle d'or*
- adopter · avoir (comme / pour) · (se) fixer (comme / pour) : *il s'était fixé pour règle de ne jamais retourner au même endroit* · poser (comme) · prendre (comme / pour) · se donner (comme / pour)
- accepter · appliquer · être assujetti à · observer · respecter · se conformer à · se mettre en conformité avec : *les copropriétaires doivent se mettre en conformité avec les règles sanitaires* · se plier à · (se) soumettre à · suivre
- être conforme à : *l'ascenseur n'est pas conforme aux règles de sécurité* • confirmer : *c'est l'exception qui confirme la règle* • ne pas faillir à
- changer · modifier · réviser · revoir
- durcir
- assouplir : *la directrice a accepté d'assouplir les règles jugées trop sévères*
- aller à l'encontre de · bousculer : *son ton décalé bouscule les règles établies* · chambouler[fam.] · contester · mettre à mal • contourner • mépriser · négliger • contrevenir à · déroger à (souvent nég.) : *ses livres sont toujours passionnants et le dernier en date ne déroge pas à la règle* · désobéir à · échapper à · enfreindre · faire une entorse à · manquer à · outrepasser · s'affranchir de · s'écarter de · transgresser · violer • rompre (avec) : *son comportement rompt avec les règles de bonne conduite* • faire mentir : *le second tour des législatives aura fait mentir la règle*
- faire exception à : *le pays est en crise et ce secteur ne fait pas exception à la règle*

∾ NOM + DE + règles
- corpus · ensemble · série

[1] règlement *nom masc.* (solution)

∾ règlement + ADJECTIF
- (à l')amiable · diplomatique · négocié : *les pourparlers ont abouti à un règlement négocié du conflit* · pacifique
- global
- imminent · proche • rapide
- définitif · durable · final
- équitable · juste
- favorable

∾ VERBE + règlement
- rechercher · souhaiter · vouloir • encourager · plaider pour : *le médiateur plaide pour un règlement à l'amiable*
- négocier
- contribuer à : *l'intervention de l'ONU a contribué au règlement rapide du conflit* · permettre
- aboutir à · arriver à · parvenir à : *nous sommes parvenus à un règlement équitable du contentieux*

[2] règlement *nom masc.* (réglementation)

∾ règlement + ADJECTIF
- de service · intérieur · interne
- formel : *le règlement est formel et nul ne peut y déroger* • précis · rigoureux · sévère · strict • contraignant · draconien
- souple
- flou : *le règlement reste très flou sur ce point* · vague
- imbécile · inadapté

∾ règlement + VERBE
- concerner · être applicable à : *le règlement est applicable à toutes les parties communes de la résidence* · s'appliquer
- entrer en vigueur : *ce règlement entrera en vigueur au / le 1er septembre*
- prévoir · stipuler
- exiger · requérir • autoriser · imposer · obliger à
- interdire

∾ VERBE + règlement
- adopter · édicter : *le règlement édicté par le décret* · établir · fixer : *le règlement a été fixé par la directrice*
- rappeler
- faire l'objet de : *les visites aux malades font l'objet d'un règlement précis*
- appliquer · obéir à · observer · respecter (à la lettre) · se conformer à · suivre
- être conforme à • être assujetti à · être soumis à : *toutes les écoles sont soumises au même règlement*
- connaître

- actualiser · adapter · modifier · revoir : *nous allons revoir le règlement sur ce point* • harmoniser (plur.) : *il faut harmoniser les règlements en vigueur dans les différents départements*
- s'abriter derrière · se réfugier derrière : *accusé de négligence, il s'est réfugié derrière le règlement*
- contourner · contrevenir à · déroger à · enfreindre · faire une entorse à : *je fais une entorse au règlement en vous laissant entrer ici* · violer • être contraire à

réglementation *nom fém.*

∾ réglementation + ADJECTIF

- bancaire · étatique · fiscale · sanitaire · tarifaire
- actuelle · en vigueur
- spécifique • précise • contraignante · draconienne : *l'hygiène alimentaire est soumise à une réglementation draconienne* · rigoureuse · sévère · stricte · tatillonne
- souple • floue
- abusive : *c'est un établissement sévère à la réglementation abusive* · imbécile · inadaptée

∾ réglementation + VERBE

- exister • être applicable à
- autoriser • prévoir
- exiger · imposer · obliger à · requérir • interdire · stipuler
- évoluer : *la réglementation en la matière a beaucoup évolué*

∾ VERBE + réglementation

- adopter · édicter · établir · fixer · instaurer · mettre en place : *le gouvernement a mis en place une réglementation sur la propriété intellectuelle*
- rappeler
- faire l'objet de : *ils font l'objet d'une réglementation spécifique*
- appliquer · respecter : *la réglementation sur les espaces fumeurs n'est pas toujours respectée* · se conformer à
- connaître : *vous ne semblez pas connaître la réglementation en vigueur*
- durcir · renforcer : *le pays a renforcé la réglementation du travail de nuit*
- actualiser · adapter · modifier · revoir · simplifier • harmoniser (plur.)
- alléger · assouplir
- contourner · contrevenir à : *il a dû payer une amende pour avoir contrevenu à la réglementation* · enfreindre · violer • être contraire à

régression *nom fém.*

∾ régression + ADJECTIF

- [Psychol.] infantile : *on nage en pleine régression infantile* · mentale
- démocratique · économique · juridique · politique · sociale • culturelle · intellectuelle • morale
- incontestable · nette · notable · notoire · patente · sensible · significative • complète · totale • collective · générale • considérable · formidable · forte + nom · grande + nom · importante · incroyable · majeure · sans précédent : *cette mesure constitue une régression sans précédent quant au respect de la vie privée* · véritable + nom
- catastrophique · dangereuse : *la perte d'indépendance de la justice serait une dangereuse régression* · dramatique · grave + nom · inquiétante · terrible · triste + nom : *le choix systématique de la guerre comme solution politique est une triste régression*
- brutale · rapide
- régulière : *l'épidémie est en régression régulière depuis dix ans* • constante
- légère + nom : *le taux de chômage est en légère régression* · petite + nom

∾ VERBE + régression

- entraîner · provoquer · se traduire par : *la crise se traduit par une régression économique*
- constituer · marquer : *ce traité marque une grave régression dans la construction communautaire* · représenter
- connaître · être en : *la région est en pleine régression culturelle* · subir : *la ville subit une régression sociale catastrophique*
- enregistrer : *le marché français du disque a enregistré une régression importante de son chiffre d'affaires* · observer
- accentuer : *l'épidémie a accentué la régression démographique* • accélérer : *il n'y a pas de traitement spécifique pour accélérer la régression des troubles moteurs*
- dénoncer : *les syndicats dénoncent cette régression sociale*
- éviter

regret *nom masc.*

∾ regret + ADJECTIF

- officiel : *le gouvernement a exprimé ses regrets officiels aux victimes*
- principal · seul + nom · unique + nom
- sincère : *je vous exprime mes plus sincères regrets*

- amer + nom · cuisant : *le souvenir de cet échec lui laisse un regret cuisant* · grand + nom : *à mon grand regret, je ne serai pas parmi vous* · immense · profond : *il a exprimé un regret profond pour ses erreurs passées* · terrible · vif + nom
- éternel : *son éternel regret est de ne jamais avoir gagné la compétition*
- petit + nom · vague + nom : *le coupable n'a même pas affiché un vague regret* • tardif
- inutile · vain

∾ VERBE + regret
- donner · laisser · susciter
- être à ○ : *je suis au regret d'annuler la soirée* • avoir : *j'ai le regret de vous annoncer que votre demande a été refusée* · cultiver · éprouver · être plein de (plur.) · nourrir : *l'équipe perdante nourrit d'amers regrets* • partager • garder
- être empreint de : *des mots empreints de regrets* · être teinté de
- confier · dire · émettre · exprimer · faire part de · formuler : *je n'ai qu'un seul regret à formuler*
- afficher · laisser percer · laisser pointer : *son discours laisse pointer quelques regrets* · manifester · montrer
- attiser · aviver : *cette victoire inattendue ne fait qu'aviver leurs regrets*

[1] régularité *nom fém.* (rythme)

∾ régularité + ADJECTIF
- rythmique
- de métronome ○ : *elle publie un roman chaque année, avec une régularité de métronome* · d'horloge ○ · d'une horloge / montre suisse ○ · mécanique : *le temps s'écoule avec une régularité mécanique* · métronomique · stricte + nom • belle + nom · remarquable • absolue · exceptionnelle · exemplaire · grande + nom · implacable · irréprochable · parfaite • consternante · déconcertante · étonnante · impressionnante · incroyable · saisissante
- affolante · désespérante · effrayante · navrante
- apparente + nom

∾ VERBE + régularité
- assurer · garantir
- faire preuve de : *il fait preuve d'une belle régularité dans son travail*
- améliorer • gagner en : *le joueur doit gagner en régularité pour améliorer ses résultats*
- avoir une incidence sur : *les conditions climatiques ont une incidence sur la régularité de la production*
- manquer de • perdre

[2] régularité *nom fém.* (légalité)

∾ régularité + ADJECTIF
- absolue · irréprochable · parfaite + nom
- discutable · douteuse : *la régularité douteuse de cette élection*

∾ VERBE + régularité
- apprécier : *un huissier est chargé d'apprécier la régularité du concours* · contrôler · se prononcer sur · veiller à · vérifier
- assurer · attester (de) : *ce document atteste de la régularité de leur séjour* · confirmer · établir · garantir · justifier · prouver
- contester · (re)mettre en cause : *le rapport met en cause la régularité de la comptabilité de l'entreprise*

réinsertion *nom fém.*

∾ réinsertion + ADJECTIF
- économique · professionnelle · sociale · socioprofessionnelle • scolaire : *la réinsertion scolaire des jeunes au parcours interrompu*
- effective : *la réinsertion effective des personnes en libération conditionnelle* • bonne + nom · parfaite + nom
- rapide • définitive · durable
- lente · progressive
- difficile · laborieuse : *sa réinsertion fut laborieuse après une si longue période sans activité* • improbable • impossible

∾ VERBE + réinsertion
- préparer · travailler à • assurer · permettre • accompagner : *cette structure accompagne la réinsertion des détenus libérés* · aider à · faciliter · favoriser
- être en voie de : *un ancien sans-abri en voie de réinsertion*
- réussir : *cette mesure devrait aider ces jeunes à réussir leur réinsertion*
- empêcher · faire obstacle à

rejet *nom masc.*

∾ rejet + ADJECTIF
- social : *un contexte de rejet social des malades*
- collectif · général · global · massif · populaire : *le rejet populaire de la réforme* · unanime
- officiel : *un rejet officiel des autorités à la demande de hausse des quotas*

- explicite · sans équivoque • absolu · catégorique · clair (et net) · croissant · farouche · ferme · formidable · fort [+ nom] · franc · implacable · important · net [+ nom] · obstiné · profond [+ nom] · pur et simple · radical · sans appel · sans nuance · significatif · systématique · total • instinctif · viscéral
- immédiat · spontané
- définitif
- social
- brutal · violent
- partiel • relatif

∾ VERBE + rejet

- aboutir à · conduire à · entraîner · provoquer · se traduire par · susciter : *cette décision suscite le rejet de l'opinion* • conclure à [Droit] : *l'avocat conclut au rejet du pourvoi*
- contribuer à • soutenir
- appeler à : *l'opposition appelle au rejet du traité* · demander · réclamer · souhaiter
- exprimer · signifier • confirmer · notifier
- marteler · réaffirmer : *la rébellion a réaffirmé son rejet d'une médiation* · réitérer
- nuancer
- symboliser · témoigner de · traduire
- être confronté à · être en butte à · faire face à · se heurter à
- obtenir : *la droite a fini par obtenir le rejet de la réforme*
- empêcher · éviter

[1]relation *nom fém.* (rapport humain, souvent plur.)

∾ relation + ADJECTIF

- (plur.) diplomatiques · formelles · officielles • publiques° • commerciales · contractuelles · d'affaires • culturelles · interculturelles
- (plur.) humaines° : *le directeur accorde beaucoup d'importance aux relations humaines* • mondaine · personnelle : *il a su construire une relation personnelle avec le ministre* · sociale • familiale · filiale • affective · amoureuse · charnelle · conjugale · platonique · sexuelle • adultère · extraconjugale · hors mariage • duelle : *l'enfant ne doit pas rester trop longtemps dans une relation duelle avec sa mère* · triangulaire • épistolaire : *elle entretient une relation épistolaire avec sa fille* • hiérarchique · professionnelle
- stable · suivie • longue [+ nom] · de longue durée • ancienne · vieille [+ nom]
- particulière · spéciale • affectueuse · amicale · intime · tendre • extraordinaire · privilégiée · unique : *l'artiste a une relation unique avec son public* • étroite : *le CNRS a une relation étroite avec l'université* · forte · intense · profonde · solide • fusionnelle · passionnée · passionnelle
- apaisée · détendue · saine · sereine • bonne [+ nom] · chaleureuse · excellente · harmonieuse • féconde · fructueuse : *beaucoup de découvertes sont nées de la relation fructueuse des deux scientifiques* • cordiale · courtoise
- égalitaire · équilibrée • désintéressée
- épisodique · intermittente · occasionnelle
- superficielle • fragile : *les deux communautés religieuses ont une relation fragile*
- complexe · compliquée · délicate · difficile • ambiguë · ambivalente · équivoque · étrange
- conflictuelle · houleuse · orageuse · tourmentée · tumultueuse • exécrable · mauvaise [+ nom] · tendue
- virtuelle : *une relation virtuelle sur internet*

∾ relation + VERBE

- commencer : *c'est ainsi que notre relation a commencé* · débuter · naître · voir le jour • se mettre en place · se nouer · s'établir · s'installer · s'instaurer
- être faite de : *nos relations ont toujours été faites de non-dits* • être basée sur : *une relation basée sur la confiance* · se fonder sur • impliquer : *la relation pédagogique implique un engagement affectif*
- exister : *ils veulent officialiser une relation qui existe depuis trois ans* • lier · unir : *la relation qui les unit est très forte*
- durer : *leur relation tumultueuse n'a pas duré*
- donner naissance à · engendrer
- connaître des hauts et des bas • évoluer
- connaître une embellie · s'améliorer • être au beau fixe : *les relations entre nos deux pays sont au beau fixe*
- s'altérer · se dégrader · se détériorer · se distendre · s'effilocher · se gâter · se tendre • s'envenimer : *ses relations avec le directeur se sont envenimées* · tourner / virer à l'aigre • être au point mort · être dans l'impasse : *les relations diplomatiques avec ce pays sont dans l'impasse*

∾ VERBE + relation

- amorcer · entamer · instituer : *le texte institue de nouvelles relations entre les parquets et la chancellerie* • bâtir · construire · développer · établir · instaurer · nouer · tisser : *ils ont tissé une relation solide au fil du temps* • restaurer · rétablir : *le pays*

veut rétablir les relations diplomatiques rompues il y a dix ans • retrouver (+ adj.) : *ils veulent retrouver des relations sociales normales*
- avoir · entretenir : *nous entretenons des relations amicales, sans plus* · vivre
- cultiver · soigner : *il soigne ses relations avec ses clients* • maintenir · préserver
- codifier · fonder · régir
- dévoiler : *la presse a dévoilé la relation extraconjugale du ministre* · révéler • officialiser · rendre publique
- affermir · consolider · (re)dynamiser · intensifier · recoller les morceaux de[fam.] · renforcer · revitaliser : *le gouvernement veut revitaliser les relations franco-allemandes*
- améliorer · assainir · décrisper · réchauffer : *la visite officielle a permis de réchauffer les relations entre les deux pays* • (ré)équilibrer · normaliser • harmoniser · inverser : *il a réussi à inverser cette relation de dépendance*
- faire jouer : *il a fait jouer ses relations pour obtenir ce poste* · utiliser
- clarifier : *le journal doit clarifier ses relations avec le parti* • redéfinir · réexaminer · repenser · transformer
- altérer · assombrir · détériorer · empoisonner · envenimer · mettre à mal · perturber · pourrir · refroidir : *ce malentendu a refroidi nos relations* · ternir
- cacher · nier : *il nie toute relation avec la Mafia* · taire
- geler : *le pays menace de geler ses relations avec Bruxelles* · interrompre · suspendre • briser · cesser : *elle a cessé toute relation avec lui* · couper · rompre

∾ NOM + DE + **relations**
- cercle · réseau · tissu

[2]relation *nom fém.* (corrélation)

∾ **relation** + ADJECTIF
- causale · de cause à effet° : *il y aurait une relation de cause à effet entre l'utilisation de ces produits et le réchauffement de la planète*
- évidente · manifeste • directe · étroite : *ce problème est en relation étroite avec le faible taux d'activité des femmes* · forte[+ nom] · intime · profonde
- complexe · compliquée • étrange · particulière · spéciale
- apparente
- indirecte : *les conditions climatiques ont une relation indirecte avec l'accident* · lointaine : *le résultat n'a qu'une lointaine relation avec le projet initial* · subtile · ténue

∾ VERBE + **relation**
- dégager · faire ressortir · mettre au jour · mettre en évidence · mettre en lumière
- éclairer · comprendre
- découvrir · établir : *la relation entre les deux phénomènes n'a jamais été clairement établie* · (dé)montrer · prouver
- inverser

relève *nom fém.*

∾ **relève** + ADJECTIF
- familiale · générationnelle · politique

∾ **relève** + VERBE
- s'organiser
- être assurée · être en place · être prête : *les aînés sont fatigués mais la relève est prête*

∾ VERBE + **relève**
- attendre
- être prêt à : *les militants sont prêts à la relève* · organiser · penser à · se préparer à
- assurer · prendre : *il a accepté de prendre la relève du directeur parti en retraite*
- incarner : *ces jeunes talents incarnent la relève du cinéma français* · représenter

[1]relief *nom masc.* (Géog.)

∾ **relief** + ADJECTIF
- naturel : *l'artiste utilise le relief naturel de la paroi rocheuse* • sous-marin · volcanique • montagneux · vallonné • inversé : *les coulées de basalte forment un relief inversé*
- fort[+ nom] : *c'est une île volcanique à fort relief* · marqué · prononcé • abrupt : *le relief abrupt de la côte* · accidenté · anguleux · crénelé · déchiqueté · découpé · escarpé · tourmenté • sauvage : *une île au relief sauvage et escarpé*
- magnifique · spectaculaire
- envoûtant · étrange · mystérieux
- arrondi : *les falaises présentent un relief arrondi à cause de l'érosion* • doux · faible[+ nom] · léger[+ nom] • érodé

∾ VERBE + **relief**
- créer : *les éruptions volcaniques ont créé ce relief tourmenté*
- avoir · bénéficier de · être doté de · présenter
- accentuer : *la lumière du soir accentue le relief*

[2]relief *nom masc.* (profondeur, contraste)

∾ relief + ADJECTIF

- acoustique · sonore : *le relief sonore de la stéréophonie*
- étonnant · frappant · grand $^{+ \text{nom}}$: *c'est un entraîneur sans grand relief* · saisissant · singulier · surprenant
- exceptionnel · incomparable

∾ VERBE + relief

- ajouter · apporter · donner
- acquérir · prendre : *son jeu d'acteur commence à prendre du relief* • retrouver
- être dépourvu de · manquer de : *la structure du récit manque de relief*
- perdre : *le jeu de l'équipe a perdu tout relief*

religion *nom fém.*

∾ religion + ADJECTIF

- animiste · ésotérique · païenne · panthéiste · polythéiste · syncrétique • du Livre° · monothéiste · révélée • naturelle°
- primitive · séculière · traditionnelle • d'État : *certains États européens conservent une religion d'État* · nationale · officielle • syncrétique · universelle : *certains voudraient fusionner les religions pour faire une religion universelle* • [fig.] civile · personnelle : *André Breton parlait du surréalisme comme d'une religion personnelle*
- nouvelle : *le bahaïsme est une religion nouvelle apparue au milieu du XIXe siècle* · réformée
- vivante • dominante : *le catholicisme reste la religion dominante dans le pays* · grande $^{+ \text{nom}}$ · majoritaire
- minoritaire : *le bouddhisme est une religion minoritaire en Occident*
- tolérante
- prosélyte : *le judaïsme n'est pas une religion prosélyte*
- intolérante · violente

∾ religion + VERBE

- naître
- s'implanter · s'installer
- être basée sur · être fondée sur : *c'est une religion fondée sur la tolérance*
- prescrire · proclamer · prôner : *cette religion prône le dialogue et la modération*
- autoriser · permettre
- imposer · obliger • empêcher · interdire : *sa religion lui interdit de boire de l'alcool* · proscrire
- gagner du terrain · progresser · se développer
- être sur le déclin · perdre du terrain
- disparaître

∾ VERBE + religion

- fonder : *Saint-Simon voulait fonder une nouvelle religion*
- appartenir à : *il appartient à une religion minoritaire* · être adepte de [souvent fig.] : *les adeptes de la religion du jogging* • adhérer à · adopter : *il s'est marié et a adopté la religion musulmane* · embrasser · se convertir à • entrer en° : *elle est entrée en religion par vocation* • être attaché à · être / rester fidèle à : *une partie de la population est restée fidèle à la religion animiste traditionnelle* • exercer : *les détenus peuvent librement exercer leur religion* · pratiquer
- prêcher · professer · propager : *les missionnaires sont chargés de propager la religion à travers le monde* • enseigner
- changer de
- réformer
- reconnaître comme • respecter • défendre : *il est prêt à tout pour défendre sa religion*
- délaisser · s'écarter de · s'éloigner de • rejeter • abandonner
- [fig.] se faire° : *grâce à la richesse des débats, chacun a pu se faire une religion*
- [fig.] élever au rang de · promouvoir au rang de
- [fig.] accéder au rang de : *un pays où le foot a accédé au rang de religion*

remaniement *nom masc.*

∾ remaniement + ADJECTIF

- administratif · ministériel · politique · technique
- inéluctable · inévitable · nécessaire
- ambitieux · complet · de grande ampleur · d'envergure · général · grand $^{+ \text{nom}}$ · important · majeur · profond · sérieux $^{+ \text{nom}}$ · vaste $^{+ \text{nom}}$
- brusque $^{+ \text{nom}}$ · brutal
- constant · continuel · perpétuel $^{+ \text{nom}}$
- léger $^{+ \text{nom}}$ · petit $^{+ \text{nom}}$

∾ remaniement + VERBE

- s'annoncer : *un remaniement s'annonce pour la fin du mois* • commencer
- intervenir : *ce remaniement intervient en pleine crise politique* • se poursuivre
- concerner · toucher : *le remaniement touche cinq ministères*

∾ VERBE + remaniement

- exiger · réclamer · souhaiter • plaider pour : *le ministre a plaidé pour un remaniement du gouvernement*

- conduire à · donner lieu à · entraîner : *la démission du Premier ministre a entraîné un remaniement du gouvernement* · provoquer
- décider · envisager · prévoir · programmer • préparer • effectuer · opérer · procéder à : *le secrétaire national du parti a procédé à un remaniement de son équipe* · se livrer à
- annoncer · rendre public
- connaître · subir : *cette commission a subi plusieurs remaniements*
- justifier • accepter · approuver
- critiquer · s'opposer à

remarque *nom fém.*

∞ remarque + ADJECTIF

- liminaire · préliminaire : *il a fait quelques remarques préliminaires avant de présenter son exposé* • d'ordre général · générale • formelle • personnelle
- (plur.) continuelles · incessantes
- annexe · incidente • ponctuelles (plur.) : *son intervention s'est limitée à quelques remarques ponctuelles*
- éclairante · fondée · intéressante · juste · profonde · sagace · sensée · utile · valable • à propos · bienvenue · judicieuse · opportune · pertinente
- élogieuse · flatteuse
- anodine · banale · insignifiante • dénuée d'intérêt · oiseuse
- mi-figue, mi-raisin • inattendue
- déplacée · incongrue : *sa remarque incongrue a surpris tout le monde* · inopinée · inopportune · inutile · maladroite · malencontreuse · malvenue
- acerbe · acide · assassine · cruelle · cynique · lapidaire : *le professeur a noté une remarque lapidaire sur ma copie* • impertinente · ironique · moqueuse · provocatrice · sarcastique
- acrimonieuse · désobligeante · irrespectueuse · malveillante · méprisante · négative : *la direction a émis des remarques négatives sur son travail* · offensante · venimeuse · vexante • désagréable · imbécile · stupide • raciste · sexiste
- désabusée · sceptique : *ses remarques sceptiques montrent qu'il ne croit pas au projet*
- moindre $^{+ \text{nom}}$: *il s'énerve à la moindre remarque*

∞ remarque + VERBE

- s'adresser à · viser : *cette remarque ne te visait pas* • concerner · porter sur · toucher : *cette remarque touche l'intégralité de la publication* • être valable pour · s'appliquer à · valoir pour : *cette remarque vaut pour beaucoup d'autres pays*
- faire écho à · faire référence à
- commenter · expliquer
- faire / prêter à sourire
- tomber sous le sens • faire mouche° : *sa remarque assassine a fait mouche*
- couper le sifflet à*fam.* · laisser pantois · rabattre le caquet à*fam.* • rester en travers de la gorge*fam.* • choquer · énerver · faire bondir
- arriver / tomber / venir comme un cheveu sur la soupe · tomber à plat • laisser de marbre · laisser indifférent

∞ VERBE + remarque

- appeler · attirer · faire l'objet de · inspirer · soulever · susciter
- émettre · exprimer · faire · formuler · lancer · placer • adresser · apporter · transmettre • hasarder · laisser échapper : *elle a laissé échapper une remarque déplacée* • se limiter à · s'en tenir à : *il s'en est tenu à quelques remarques d'ordre formel* • réitérer
- accepter · accueillir : *il accueille ces remarques avec sérénité* · apprécier · être sensible à · prendre en compte · tenir compte de
- prendre au premier degré · prendre pour soi
- interpréter : *tu as mal interprété sa remarque*
- garder pour soi · se dispenser de
- ignorer

remboursement *nom masc.*

∞ remboursement + ADJECTIF

- forfaitaire
- anticipé : *le remboursement anticipé d'un crédit immobilier* · avant terme
- complet · intégral · total
- immédiat
- annuel · mensuel · etc.
- partiel · sélectif : *le remboursement sélectif des médicaments*

∞ remboursement + VERBE

- avoir lieu · intervenir : *le remboursement interviendra en fin de mois*

∞ VERBE + remboursement

- demander · exiger · réclamer · solliciter : *il a sollicité le remboursement des frais annexes* • attendre · espérer
- donner lieu à : *cette consultation ne peut donner lieu à un remboursement*
- correspondre à : *ce chèque correspond au remboursement des frais de déplacement*

- effectuer · procéder à · verser : *le remboursement a été directement versé sur mon compte*
- assurer · garantir · prendre en charge : *le remboursement des frais est pris intégralement en charge par l'entreprise*
- échelonner · étaler
- bénéficier de · obtenir
- différer · reporter
- geler · interrompre · suspendre

remède *nom masc.*

∞ remède + ADJECTIF

- préventif • homéopathique • naturel
- ancestral · classique · de bonne femme° : *elle utilise un vieux remède de bonne femme contre les brûlures* · de grand-mère° · traditionnel · vieux $^{+ nom}$
- de cheval° : *ce remède de cheval fait son effet à tous les coups* · drastique · puissant • absolu · grand $^{+ nom}$: *« Aux grands maux les grands remèdes »* (proverbe) · idéal · imparable · infaillible : *l'infusion de thym, un remède infaillible contre la gueule de bois* · miracle · radical · souverain · universel
- efficace · excellent · salutaire : *le repos est un remède salutaire contre le stress* • adapté · adéquat · approprié · bon $^{+ nom}$
- de charlatan · inefficace · sans effet

∞ remède + VERBE

- exister
- consister à / en : *le remède consiste en des injections quotidiennes*
- agir · faire son effet · opérer • convenir à • guérir · soulager • faire merveille • faciliter · favoriser
- atténuer · diminuer : *ce remède diminue la douleur* • faire disparaître

∞ VERBE + remède

- chercher ... à : *elle cherche un remède à ses angoisses*
- constituer : *l'arnica constitue un excellent remède contre les contusions*
- découvrir · trouver
- conseiller · indiquer · préconiser · prescrire · prôner · proposer · recommander
- administrer · appliquer · apporter · donner · fournir · offrir
- connaître • détenir · disposer de · posséder
- avoir recours à · employer · prendre · recourir à · utiliser

remerciements *nom masc. plur.*

∞ remerciements + ADJECTIF

- publics
- appuyés · chaleureux $^{+ nom}$ · profonds · sincères · vifs $^{+ nom}$ • émus
- tardifs
- hypocrites

∞ VERBE + remerciements

- devoir ... à : *je vous dois des remerciements pour ce que vous avez fait*
- valoir ... à
- se confondre en : *quand je lui ai rendu son chat, elle s'est confondue en remerciements* • multiplier • réitérer · renouveler
- dire · exprimer · formuler · présenter : *je vais aller présenter mes remerciements à mes hôtes* • balbutier · marmonner • se fendre de$^{fam.}$
- adresser · envoyer · transmettre • échanger
- agréer : *veuillez agréer mes remerciements les plus sincères* · recevoir

remontée *nom fém.* (hausse)

∞ remontée + ADJECTIF

- forte $^{+ nom}$ · importante · nette · sensible • belle $^{+ nom}$ · folle $^{+ nom}$: *l'équipe continue sa folle remontée dans le classement* · formidable $^{+ nom}$ · incroyable $^{+ nom}$ · spectaculaire $^{+ nom}$
- brusque $^{+ nom}$ · brutale $^{+ nom}$ · soudaine · violente $^{+ nom}$ · vive • fulgurante $^{+ nom}$ · rapide $^{+ nom}$
- inattendue
- lente · progressive
- jolie $^{+ nom}$ · légère $^{+ nom}$ · petite $^{+ nom}$ · timide $^{+ nom}$

∞ VERBE + remontée

- anticiper · prévoir
- entraîner · provoquer
- contribuer à · favoriser : *la croissance a favorisé la remontée des taux*
- amorcer · entamer : *l'indice boursier a entamé une remontée spectaculaire*
- effectuer · faire : *il a fait une jolie remontée dans les sondages* • continuer · poursuivre : *l'euro a poursuivi sa remontée face au dollar*
- profiter de : *il a profité de la remontée du cours pour vendre ses actions*
- enrayer : *le gouvernement veut enrayer la remontée du chômage* · stopper

remords *nom masc.* (souvent plur.)

∞ remords + ADJECTIF

- profond : *elle m'a exprimé ses profonds remords* · sincère · vif

- cruel · cuisant : *« Je sens au fond de mon cœur mille remords cuisants »* (Corneille, *Cinna*, III, 2) · lancinant : *un remords lancinant rongeait le criminel*
- vague + nom
- moindre + nom : *il n'a jamais exprimé le moindre remords*
- tardif

∾ remords + VERBE
- surgir
- (souvent passif) assaillir • dévorer · hanter · ronger · tarauder · tenailler : *tenaillé par le remords, il a fini par se rendre à la police*

∾ VERBE + remords
- donner ... à : *le succès de son nouveau roman a donné des remords à son ancien éditeur*
- avoir · éprouver · être bourrelé de · être en proie à · être plein de · être pris de : *il fut soudain pris de remords à l'idée qu'il l'avait abandonnée* · ressentir
- cueillir : *« Pendant que des mortels la multitude vile, [...] Va cueillir des remords dans la fête servile »* (Baudelaire, *Les Fleurs du mal*, "Recueillement")
- exprimer • manifester · montrer
- étouffer : *ce ne sont pas les remords qui l'étouffent*

REM. On rencontre parfois "être bourré de remords". Évitez cette expression maladroite et préférez "être bourrelé de remords".

remous *nom masc. plur.*

∾ remous + ADJECTIF
- diplomatiques · judiciaires · médiatiques · politiques · sociaux • boursiers · financiers · monétaires
- internes
- forts + nom · grands + nom · importants · profonds · sérieux + nom · vifs + nom : *le débat a provoqué de vifs remous à l'Assemblée* · violents + nom

∾ remous + VERBE
- affecter · agiter · secouer : *de sérieux remous secouent l'opposition*
- épargner : *les marchés européens n'ont pas été épargnés par ces remous*

∾ VERBE + remous
- anticiper · prévoir · s'attendre à : *on peut s'attendre à des remous lors du sommet mondial*
- craindre · redouter
- causer · créer · déclencher · entraîner · faire : *la nouvelle a fait des remous* · provoquer · soulever : *le procès soulève des remous dans l'opinion* · susciter
- connaître · être pris dans : *le journal est pris dans des remous judiciaires*
- accroître · amplifier
- atténuer · calmer : *le ministre a donné son accord afin de calmer les remous sociaux* • éviter : *ils ont agi en douce afin d'éviter les remous*
- résister à · survivre à • rester / se mettre / se tenir à l'écart de : *il évite la polémique et se tient à l'écart des remous* • maintenir / mettre à l'abri de

remplacement *nom masc.*

∾ remplacement + ADJECTIF
- gratuit : *le fabricant a effectué le remplacement gratuit des pièces défectueuses*
- au pied levé° · immédiat · rapide
- périodique · régulier
- définitif : *le remplacement définitif d'un salarié* • complet · intégral
- temporaire
- partiel • progressif : *l'entreprise va procéder au remplacement progressif de tous ses ordinateurs*

∾ VERBE + remplacement
- avoir besoin de · nécessiter • demander : *j'ai demandé le remplacement de l'appareil hors service* · exiger
- proposer • offrir
- effectuer : *l'entraîneur a déjà effectué deux remplacements en première mi-temps* · faire · opérer · pourvoir à : *il est nécessaire de pourvoir au remplacement des postes vacants* · procéder à

[1] rencontre *nom fém.* (mise en relation fortuite)

∾ rencontre + ADJECTIF
- amoureuse • du premier / deuxième / troisième type [Ufologie]
- brève + nom : *une brève rencontre amoureuse sans lendemain* · fugitive · furtive • occasionnelle
- accidentelle : *elle veut éviter toute rencontre accidentelle avec son ex-mari* · de hasard · fortuite · imprévue · impromptue · inopinée • improbable : *la rencontre improbable d'une jeune fille extravertie avec un vieux misanthrope* · incongrue
- décisive · déterminante · essentielle · importante · marquante • mémorable
- désagréable · mauvaise° + nom : *elle a fait une mauvaise rencontre dans les bois*

∾ rencontre + VERBE
- avoir lieu
- façonner : *les rencontres qui ont façonné son destin professionnel* · influencer · marquer

∾ VERBE + rencontre

- donner lieu à · provoquer • sceller : *sa musique scelle la rencontre de l'Orient et de l'Occident*
- faire : *j'ai fait une drôle de rencontre tout à l'heure*
- être le fruit de : *cet album est le fruit d'une rencontre entre deux grands jazzmen* · naître de · résulter de

à la rencontre de

- aller · partir · venir • emmener

²rencontre *nom fém.* (réunion, rendez-vous)

∾ rencontre + ADJECTIF

- diplomatique · politique • musicale · théâtrale · etc.
- bilatérale · internationale · tripartite • préliminaire · préparatoire
- attendue : *la rencontre entre les deux chefs d'État est très attendue* · prochaine
- inédite : *la rencontre inédite du président avec le pape*
- directe : *il n'a pas prévu de rencontre directe avec ses électeurs* • au sommet° · formelle • capitale · mémorable • historique : *la rencontre historique entre Mao et Nixon*
- amicale · chaleureuse · fraternelle · informelle
- fructueuse
- à huis clos • clandestine · secrète
- houleuse · violente

∾ rencontre + VERBE

- commencer · débuter
- avoir lieu · se dérouler
- mettre en présence : *la rencontre a mis en présence les principaux dirigeants*
- durer · se prolonger
- finir · se terminer

∾ VERBE + rencontre

- planifier : *nous avons planifié une rencontre avec l'équipe marketing* · prévoir · projeter • arranger · mettre sur pied · organiser · préparer
- proposer
- abriter · accueillir
- assister à · participer à
- boycotter
- reporter • interrompre
- annuler

³rencontre *nom fém.* (Sport)

∾ rencontre + ADJECTIF

- aller° · retour° : *la rencontre retour s'annonce difficile pour l'équipe* • à domicile • amicale : *la rencontre amicale France-Allemagne* · internationale : *une rencontre internationale de rugby* • avancée : *la rencontre avancée de la 17ᵉ journée de championnat* • à sens unique
- de barrage · qualificative
- capitale · décisive · importante • attendue
- acharnée · disputée
- débridée · épique · époustouflante · spectaculaire • haletante · passionnante
- houleuse · tendue

∾ rencontre + VERBE

- commencer · débuter
- avoir lieu · se dérouler · se jouer
- opposer
- se terminer

∾ VERBE + rencontre

- (se) préparer (à / pour)
- aborder · entamer • donner le coup d'envoi à
- disputer : *il a été sélectionné pour disputer la rencontre France-Écosse* · (re)jouer
- gagner · remporter
- assurer le commentaire de · commenter • arbitrer
- retransmettre
- assister à · regarder · suivre
- ajourner · reporter • interrompre · suspendre • annuler · arrêter : *l'arbitre a dû arrêter la rencontre pendant dix minutes*

rendement *nom masc.*

∾ rendement + ADJECTIF

- annuel · moyen • global
- brut • initial
- effectif · net · réel : *le rendement réel du marché boursier a été de 14 % l'année dernière* • garanti : *il préfère investir dans des produits bancaires à rendement garanti*
- positif • constant · régulier • élevé · excellent · fort ⁺ ⁿᵒᵐ · important · intéressant · plein ⁺ ⁿᵒᵐ : *les machines tournent à plein rendement* • maximal · optimal · optimum · record • supérieur à : *un rendement supérieur à 3 %*
- faible ⁺ ⁿᵒᵐ · insuffisant • inégal : *ce secteur a eu un rendement inégal ces dernières années* • mauvais ⁺ ⁿᵒᵐ · médiocre · piètre ⁺ ⁿᵒᵐ • inférieur à : *un rendement inférieur à 10 %*

∾ rendement + VERBE

- se situer entre ... et ... : *les actions de cette entreprise offrent un rendement qui se situe entre 5,5 % et 8 %* · tourner autour de • atteindre : *le rendement atteint actuellement 10 %* · s'élever à

- augmenter · être à la hausse • remonter • dépasser : *le rendement ne dépasse pas 13 %*
- se maintenir
- baisser · chuter · diminuer
- évoluer · varier

∾ VERBE + rendement
- afficher · avoir · enregistrer · obtenir · réaliser : *l'entreprise a réalisé un meilleur rendement cette année*
- donner · fournir · offrir · procurer • garantir
- calculer · évaluer
- améliorer · doper · optimiser : *les nouvelles machines ont aidé l'usine à optimiser son rendement* • accroître · augmenter · doubler : *les avancées scientifiques ont permis de doubler le rendement des récoltes*
- diminuer

rendez-vous *nom masc.*

∾ rendez-vous + ADJECTIF
- amoureux · galant° • d'affaires
- festif : *les grands rendez-vous festifs de la saison culturelle* · mondain • culturel · littéraire · musical • électoral · politique
- annuel · dominical · hebdomadaire · mensuel · quotidien · saisonnier • matinal · nocturne
- premier [+ nom]
- habituel · incontournable · régulier · traditionnel : *le traditionnel rendez-vous de rentrée du secteur de l'information*
- attendu • grand [+ nom] · historique · important • crucial · décisif
- clandestin · secret : *les amants ont convenu d'un rendez-vous secret*
- étrange · mystérieux
- manqué° : *il voit son échec aux élections comme un rendez-vous manqué avec le peuple* · raté
- simple [+ nom] : *vous pouvez parler à un conseiller sur simple rendez-vous*

∾ rendez-vous + VERBE
- avoir lieu · se tenir : *le rendez-vous se tiendra devant la cathédrale*
- (plur.) s'enchaîner · se succéder
- réunir : *le rendez-vous de dimanche a réuni six cents passionnés*

∾ VERBE + rendez-vous
- demander · réclamer · solliciter : *elle a sollicité un rendez-vous avec le préfet*
- accorder · donner : *on s'est donné rendez-vous en ville*
- proposer • arranger · convenir de · fixer · prendre : *prenez (un) rendez-vous avec ma secrétaire ; nous avons pris rendez-vous pour demain matin* • confirmer
- décrocher[fam.] · obtenir • avoir ... (avec)
- (plur.) enchaîner : *elle enchaîne les rendez-vous d'affaires* · multiplier
- noter : *j'ai noté le rendez-vous dans mon agenda* · prendre note de
- être à : *le succès ne fut pas au rendez-vous* • être exact / ponctuel à · honorer • être fidèle à : *il est fidèle au rendez-vous annuel de la corporation* · se rappeler de
- invoquer · prétexter (de)
- organiser · préparer
- changer · déplacer • ajourner · repousser
- louper[fam.] · manquer · rater : *les associations locales n'ont pas voulu rater ce rendez-vous régional*
- bouder : *le public a boudé ce rendez-vous* • oublier
- annuler · décommander • déprogrammer

renommée *nom fém.*

∾ renommée + ADJECTIF
- littéraire · scientifique · etc.
- naissante : *la renommée naissante de la jeune peintre*
- posthume : *la renommée posthume d'un auteur inconnu de son vivant*
- belle [+ nom] · bonne [+ nom] : *« Bonne renommée vaut mieux que ceinture dorée »* (proverbe) • considérable · extraordinaire · grande [+ nom] · haute [+ nom] : *la haute renommée internationale de cette université* · solide [+ nom] : *il bénéficie d'une solide renommée dans le milieu artistique* • croissante · grandissante
- internationale · mondiale · planétaire · universelle • nationale
- soudaine
- sulfureuse : *un écrivain anticonformiste à la renommée sulfureuse* • triste [+ nom] : *la triste renommée de ce criminel*
- faible [+ nom] · petite [+ nom]

∾ renommée + VERBE
- grandir · s'amplifier · s'étendre (à / au-delà de) : *sa renommée s'étendait au-delà des mers*

∾ VERBE + renommée
- accéder à · acquérir · atteindre : *il a atteint une renommée extraordinaire au Japon* • (s')assurer · (se) bâtir · (se) construire · (se) forger
- avoir · bénéficier de · connaître · jouir de : *il jouit d'une belle renommée dans la région* • mériter
- asseoir · établir : *c'est ce savoir-faire unique qui a établi sa renommée*

- devoir ... à : *la ville doit sa renommée à ses nombreux vestiges*
- faire ... de · valoir ... à
- compromettre : *cette affaire pourrait compromettre la renommée de l'association* · ternir

∾ NOM + DE + **renommée**

- trompette○ : *« Trompettes de la renommée, Vous êtes bien mal embouchées ! »* (Brassens, *Les Trompettes de la renommée*)

renouveau *nom masc.*

∾ **renouveau** + ADJECTIF

- culturel · démocratique · économique · politique · religieux · social · spirituel • urbain
- perceptible · sensible • authentique · incontestable • extraordinaire · fantastique · formidable · grand + nom · important · profond · remarquable · significatif · spectaculaire
- prometteur
- imperceptible · petit + nom · timide : *le timide renouveau des langues régionales*

∾ **renouveau** + VERBE

- apparaître · naître • avoir lieu
- dater de
- se confirmer : *le renouveau économique semble se confirmer*

∾ VERBE + **renouveau**

- avoir besoin de
- appeler à · plaider pour · préconiser • aspirer à
- contribuer à · favoriser · préparer · travailler à
- amener · apporter · déclencher · insuffler : *cette loi insuffle un renouveau aux droits des personnes handicapées* · permettre · provoquer · susciter
- amorcer · entamer
- connaître · vivre • s'accompagner de
- confirmer
- incarner · représenter · symboliser : *la venue du printemps symbolise le renouveau de la nature*
- annoncer · marquer
- assister à · constater · être témoin de · observer
- bénéficier de · profiter de : *la guérilla profite d'un incontestable renouveau du nationalisme*
- célébrer · saluer

∾ NOM + DE + **renouveau**

- souffle : *ce réalisateur a incarné un souffle de renouveau en son temps* · vent : *un vent de renouveau souffle sur le pays*

renseignement *nom masc.* (souvent plur.)

∾ **renseignement** + ADJECTIF

- biographique · médical · personnel • bibliographique • administratif · commercial · etc.
- inédit · nouveau + nom
- complémentaire · supplémentaire • amples○ + nom (plur.) : *j'aimerais avoir de plus amples renseignements sur ce programme*
- détaillé · précis
- exact · fiable · vérifiable
- important · indispensable · intéressant · nécessaire · pratique · précieux · utile
- petit + nom · rapide · simple + nom : *je téléphone pour un simple renseignement*
- confidentiel · secret · sensible
- erroné · faux + nom · inexact
- contradictoires (plur.)
- insuffisant · vague

∾ **renseignement** + VERBE

- concerner
- émaner de : *ce renseignement émane de l'agence de presse* · provenir de · venir de
- concorder (plur.)
- être sujet à caution

∾ VERBE + **renseignement**

- avoir besoin de · (re)chercher • aller à○ (plur.) : *aller aux renseignements* · demander · prendre : *j'ai pris des renseignements auprès de la préfecture* · réclamer · solliciter
- apporter · communiquer · délivrer · donner · fournir · livrer · offrir • diffuser · transmettre • dévoiler · divulguer : *il n'a divulgué aucun renseignement sur le déroulement des opérations* • échanger (plur.)
- tenir ... de : *je tiens ce renseignement de sa mère* · tirer ... de • collecter · glaner : *internet lui a permis de glaner quelques renseignements sur elle* · obtenir · puiser · récolter · recueillir · se procurer · trouver • (plur.) accumuler · centraliser · rassembler · réunir • arracher ... à · soutirer ... à
- avoir · détenir · disposer de : *on ne dispose d'aucun renseignement biographique sur lui*
- (plur.) être bourré de*fam.* · être plein de · être truffé de*fam.* · fourmiller de
- contrôler · vérifier : *vérifiez bien les renseignements que vous avez saisis au moment de votre commande* • confirmer
- exploiter · utiliser
- être avare de • garder pour soi
- manquer de : *je manque de renseignements pour tirer une conclusion définitive*

∾ NOM + DE + **renseignements**

- masse · mine : *internet offre une mine de renseignements* · source : *ce livre est une source inépuisable de renseignements sur la France du XVIIIe siècle*
- faisceau · quantité · série

rentabilité *nom fém.*

∾ **rentabilité** + ADJECTIF

- économique · financière • opérationnelle
- moyenne · normale • globale • nette · réelle
- garantie • immédiate
- bonne $^{+ nom}$ · correcte · satisfaisante · suffisante • belle $^{+ nom}$ · excellente · remarquable
- élevée · forte $^{+ nom}$ · grande $^{+ nom}$ • maximale · maximum
- aléatoire · hypothétique · incertaine · inégale
- faible $^{+ nom}$ · insuffisante • minimale · minimum
- mauvaise $^{+ nom}$ · médiocre · piètre $^{+ nom}$

∾ **rentabilité** + VERBE

- tourner autour de • atteindre · se situer à x % : *la rentabilité se situe entre 15 et 20 % en fonction des ateliers*
- être en jeu
- augmenter · s'accroître · s'améliorer • dépasser · être au-dessus de x %
- être en dessous de x % • baisser · chuter · diminuer · passer sous la barre des x % · s'effondrer

∾ VERBE + **rentabilité**

- exiger · réclamer
- assurer · garantir
- atteindre · dégager : *cette société n'a pas dégagé une rentabilité suffisante* • retrouver • conserver · maintenir
- calculer
- redresser · restaurer : *le groupe a conçu un plan visant à restaurer sa rentabilité* · rétablir
- accroître · améliorer · augmenter
- démontrer · faire la preuve de · prouver
- affecter · compromettre · mettre en péril
- diminuer · éroder : *la hausse des prix érode la rentabilité des placements*

∾ NOM + DE + **rentabilité**

- norme : *les Presses universitaires exigent désormais des normes de rentabilité* · seuil
- critère : *une entreprise fonctionne toujours sur des critères de rentabilité* · culture · logique • objectif · perspective · quête · recherche · souci : *le souci de rentabilité conduit les responsables financiers à contrôler de très près les dépenses* • besoin · contrainte · exigence · impératif
- effort · promesse : *s'il ne tient pas ses promesses de rentabilité, il risque de mettre la clé sous la porte*

rente *nom fém.*

∾ **rente** + ADJECTIF

- foncière · viagère • compensatoire · complémentaire • financière • pétrolière
- défiscalisée · (non) imposable
- annuelle · semestrielle · trimestrielle • fixe · régulière
- à vie · perpétuelle
- suffisante • bonne $^{+ nom}$ · confortable · élevée · grande $^{+ nom}$ · grosse $^{+ nom}$
- faible $^{+ nom}$ · maigre $^{+ nom}$ · modeste · petite $^{+ nom}$

∾ VERBE + **rente**

- (se) constituer
- accorder · allouer · attribuer · octroyer · offrir · payer · verser : *son père lui verse une rente tous les mois* • assurer · garantir
- bénéficier de · disposer de · jouir de
- obtenir · percevoir · s'assurer · toucher
- vivre de (plur.) : *elle vit de ses rentes*

rentrée *nom fém.* (reprise)

∾ **rentrée** + ADJECTIF

- littéraire · médiatique • parlementaire · politique • scolaire · universitaire • solennelle° [Droit] : *l'audience de rentrée solennelle du tribunal de grande instance a lieu demain*
- anticipée : *20 % des élèves font une rentrée anticipée pour compenser la semaine de quatre jours*
- agitée · chaude : *la rentrée universitaire va être chaude* · fracassante · mouvementée
- sereine • calme · paisible · tranquille : *le ministre de l'Éducation nationale annonce une rentrée tranquille*
- difficile · dure • cafardeuse · morose : *rentrée morose pour la consommation*

∾ **rentrée** + VERBE

- approcher • avoir lieu · se dérouler · se passer : *la rentrée se passe dans de bonnes conditions*

∾ VERBE + **rentrée**

- organiser · préparer • assurer : *le ministère a ouvert 450 nouveaux postes pour assurer la rentrée dans les écoles*
- effectuer : *le Premier ministre devrait effectuer sa rentrée sur la deuxième chaîne* · faire : *le comédien fait sa rentrée au théâtre de l'Étoile*
- aborder : *elle aborde la rentrée avec sérénité*
- marquer : *les événements qui ont marqué la rentrée musicale*

- réussir
- gâcher
- différer : *la rentrée scolaire a dû être différée en raison des intempéries*

renvoi *nom masc.* (licenciement)

∾ renvoi + ADJECTIF
- pur et simple • définitif
- brusque · brutal · immédiat

∾ VERBE + renvoi
- préconiser · proposer • demander · exiger · ordonner · réclamer
- décider de • notifier ... à · signifier ... à : *mon employeur m'a signifié mon renvoi pour faute professionnelle*
- obtenir
- justifier : *rien ne justifiait son renvoi*
- éviter

1 réparation *nom fém.* (restauration)

∾ réparation + ADJECTIF
- mécanique : *un garage spécialisé en réparation mécanique*
- inévitable · nécessaire · urgente : *un service dépannage est assuré en cas de réparation urgente* • grosse [+ nom] · importante
- légère · petite [+ nom] · simple
- de fortune : *cette réparation de fortune n'a pas tenu longtemps* · grossière · sommaire • provisoire

∾ réparation + VERBE
- être à la charge de · incomber à : *la réparation du toit incombe au propriétaire*

∾ VERBE + réparation
- avoir besoin de · nécessiter
- assurer · effectuer · faire • payer · prendre en charge
- être en : *ma voiture est actuellement en réparation* • subir

2 réparation *nom fém.* (compensation)

∾ réparation + ADJECTIF
- morale • financière · forfaitaire · matérielle · pécuniaire
- complète · entière · intégrale · pleine [+ nom] : *la victime doit bénéficier d'une pleine réparation du préjudice subi* · totale
- partielle • symbolique

∾ VERBE + réparation
- donner lieu à : *toute dégradation donne lieu à réparation du préjudice*
- demander · exiger · réclamer : *j'entends réclamer réparation des préjudices subis*
- mériter : *un licenciement mérite réparation*
- devoir ... à • accorder · offrir
- obtenir : *elle a obtenu une réparation matérielle de 18 000 euros*

repartie *nom fém.*

∾ repartie + ADJECTIF
- bonne [+ nom] • fine · savoureuse
- vive • cinglante
- facile : *elle a la repartie facile*

∾ VERBE + repartie
- avoir (le sens de)
- manquer de

repas *nom masc.*

∾ repas + ADJECTIF
- d'adieu · de fête · de mariage · dominical • d'affaires · de travail
- de famille · de quartier · familial · traditionnel • champêtre
- chaud · froid • végétarien • à la carte
- abondant · consistant · copieux · grand [+ nom] · substantiel • gargantuesque · pantagruélique · plantureux • de gala · fastueux · royal · somptueux • (bien) arrosé
- bon [+ nom] · excellent · fameux · gastronomique : *le restaurant propose des repas gastronomiques à base de produits du terroir* · savoureux · succulent • complet · équilibré · sain
- frugal · léger · maigre : *la messe de minuit est précédée d'un repas maigre* · modeste · petit [+ nom] · simple · sommaire • rapide · sur le pouce
- déséquilibré · gras : *évitez les repas gras* · lourd

∾ repas + VERBE
- avoir lieu · se dérouler · se passer
- commencer · débuter
- durer · se prolonger • s'éterniser · traîner en longueur
- se terminer

∾ VERBE + repas
- composer · constituer : *une poignée de figues et un morceau de galette constituent ce repas frugal*
- improviser • confectionner · cuisiner · organiser · préparer
- commander
- convier à · inviter à

- donner · offrir · distribuer : *une soupe populaire distribue mille repas par jour* • apporter · servir • partager
- attaquer$^{fam.}$ · commencer
- faire : *je ne fais que deux repas par jour* · prendre : *je vais prendre mon repas sur place ; ce soir-là, ils prirent leur repas en silence* • avaler • engloutir · expédier • déguster · savourer • faire honneur à : *il a prié ses hôtes de faire honneur au repas*
- accompagner : *rien de tel qu'un bon pain pour accompagner un repas* · arroser : *il arrose ses repas de vin*
- achever · finir · terminer • venir à bout de
- sauter : *il faut éviter de sauter des repas*

repentir *nom masc.*

∾ repentir + ADJECTIF
- actif [Droit] (le repentir actif est le fait pour l'auteur d'une infraction de réparer le préjudice causé)
- admirable · exemplaire · sincère : *il manifeste un repentir sincère*
- tardif

∾ VERBE + repentir
- appeler à : *le pape appelle les fidèles au repentir*
- exprimer • afficher · faire preuve de · manifester : *l'ancien dictateur n'a manifesté aucun repentir* · montrer · témoigner
- accepter • prendre en compte · tenir compte de

répercussion *nom fém.* (souvent plur.)

∾ répercussion + ADJECTIF
- économique · financière • politique · sociale • psychologique
- à court terme · immédiate
- évidente · inévitable • concrète · directe · notable · visible • considérable · énorme · forte $^{+ nom}$ · grande $^{+ nom}$ · grosse $^{+ nom}$ · immense · importante · indéniable : *cette affaire a eu des répercussions indéniables sur la scène politique* · large $^{+ nom}$ · majeure · profonde · sensible · spectaculaire
- à long terme · durable
- bénéfique · favorable · positive
- inattendue
- défavorable · dommageable · fâcheuse · négative · regrettable • grave · lourde · sérieuse · sévère • catastrophique · désastreuse · dramatique · gravissime · néfaste · terrible · tragique • irréversible
- indirecte : *les répercussions indirectes de la surconsommation sur l'environnement sont énormes* • faible $^{+ nom}$ · limitée · minime

∾ VERBE + répercussion
- avoir ... sur : *les carences alimentaires peuvent avoir des répercussions négatives sur la santé*
- subir • affronter · faire face à
- se pencher sur · s'intéresser à · s'interroger sur • connaître : *il est trop tôt pour connaître les répercussions de cette affaire* · étudier · évaluer · mesurer • sous-estimer
- craindre · redouter · s'inquiéter de
- éviter · prévenir
- atténuer : *le gouvernement fera tout pour atténuer les répercussions négatives de cette mesure* · limiter

repère *nom masc.* (souvent plur.)

∾ repère + ADJECTIF
- biographique · chronologique · géographique · historique • (spatio)temporel : *la nuit polaire efface les repères temporels* · visuel • culturel · familial · identitaire · social • éthique · idéologique · moral • symbolique : *les monuments sont des repères symboliques dans l'espace urbain*
- collectif · commun • conventionnel · habituel · traditionnel • ancien $^{+ nom}$ · vieux $^{+ nom}$
- fixe · stable
- fort · incontournable : *ce club est un repère incontournable des nuits parisiennes* · solide • clair · simple • commode · pratique • indispensable · précieux
- bon $^{+ nom}$ · fiable
- flou : *l'adolescence est une période aux repères flous* · vague $^{+ nom}$: *elle a dû se débrouiller avec ces vagues repères géographiques*

∾ repère + VERBE
- guider · indiquer
- se brouiller : *le monde évolue si vite que tous les repères se brouillent* · vaciller
- s'estomper • s'effacer · s'évanouir • disparaître · se perdre

∾ VERBE + repère
- avoir besoin de • chercher · être en quête de
- constituer · devenir · servir de : *ce tronc d'arbre mort sert de repère aux promeneurs*
- construire · définir · établir · fixer · mettre en place · poser · tracer : *il trace des repères au crayon sur la toise*
- apporter · donner · fournir · offrir · transmettre

- prendre · (re)trouver : *après quelques jours dans la ville / l'entreprise, j'avais trouvé mes repères*
- s'appuyer sur : *son argumentation s'appuie sur des repères historiques* · utiliser
- changer • bouleverser · bousculer · brouiller : *l'art contemporain a su brouiller tous les repères* · chambouler[fam.] · fausser : *les non-dits faussent les repères des enfants*
- abolir · balayer · détruire · effacer · gommer
- abandonner : *il a dû abandonner tous ses repères quand il est parti à l'étranger* • oublier · perdre

répertoire *nom masc.* (ensemble d'œuvres)

∾ répertoire + ADJECTIF

- culinaire · dramatique · littéraire · musical · théâtral · etc.
- folklorique · populaire : *la chorale des retraités chantera quelques refrains du répertoire populaire* • baroque · classique · contemporain · lyrique · romantique · symphonique · etc.
- profane · sacré
- local · personnel
- étendu · grand [+ nom] · immense · inépuisable · large · riche · vaste : *l'orchestre couvre un vaste répertoire* • contrasté · éclectique · varié • inédit · neuf
- traditionnel • ancien · vieux [+ nom]
- audacieux · hors / loin des sentiers battus : *le répertoire de ce chanteur se situe hors des sentiers battus* · original
- de prédilection : *la musique baroque est son répertoire de prédilection* · favori · préféré
- léger • limité · restreint : *ils ne proposent pour l'instant qu'un répertoire restreint*

∾ répertoire + VERBE

- aller de ... à ... : *son répertoire va du XVIIe siècle à nos jours* · allier · combiner · croiser · mêler • faire la part belle à : *le répertoire fait la part belle aux grands compositeurs* · puiser dans : *son répertoire puise aussi dans les standards de Broadway* · se constituer de · s'inspirer de
- s'élargir · s'étendre · s'étoffer

∾ VERBE + répertoire

- appartenir à
- entrer à · faire son entrée à
- inscrire à · mettre à
- aborder · s'attaquer à · se tourner vers : *il se tourne maintenant vers le répertoire contemporain* • choisir dans · piocher dans : *il pioche allègrement dans le répertoire de ce groupe célèbre* • avoir accès à
- apprendre · explorer : *elle a exploré le répertoire théâtral africain* • défendre • jouer · servir : *il sert indifféremment le répertoire classique et la création la plus contemporaine* • se consacrer à · se spécialiser dans : *cette troupe s'est spécialisée dans le répertoire shakespearien*
- offrir · proposer
- élargir · enrichir · étendre · étoffer : *le trio a étoffé son répertoire de chansons*
- actualiser · adapter · moderniser · renouveler · varier : *j'essaie de varier mon répertoire culinaire* • changer de • revisiter : *il revisite son répertoire à la sauce jazzy*
- abandonner · délaisser : *ce comédien a totalement délaissé le répertoire classique sur la fin de sa vie*

répétition *nom fém.* (reproduction, redite)

∾ répétition + ADJECTIF

- mentale : *la répétition mentale du trajet la tranquillise* • incantatoire
- périodique · régulière • constante · continue · continuelle · incessante · infinie · systématique • inexorable · inlassable · interminable · sans fin
- mécanique · monotone • stérile
- simple [+ nom]

∾ VERBE + répétition

- autoriser : *l'écriture poétique autorise la répétition* • permettre : *le moulage permet la répétition des formes à l'identique*
- être basé sur · être construit sur · jouer sur : *le morceau joue sur la répétition de ces accords*
- tomber dans : *il a su garder son style sans pour autant tomber dans la répétition*
- empêcher · éviter

répit *nom masc.*

∾ répit + ADJECTIF

- nécessaire • appréciable · bénéfique · bienvenu · précieux · providentiel · salutaire
- supplémentaire : *il s'est accordé un répit supplémentaire* • long [+ nom] : *sa maladie lui a laissé un long répit durant ces dix dernières années*
- fragile • léger [+ nom] : *malgré un léger répit, la monnaie n'est pas à l'abri d'un nouveau choc* · relatif • bref [+ nom] · court [+ nom] · de courte durée · momentané · passager · petit [+ nom] · provisoire · temporaire
- moindre [+ nom] : *on ne lui laisse pas le moindre répit*

∾ **répit** + VERBE
- durer : *ce répit ne dure que quelques minutes*
- donner l'occasion (de) · permettre (de) : *ce répit lui permet de reprendre ses esprits*
- prendre fin

∾ VERBE + **répit**
- (s')accorder · (se) donner · (se) laisser · (s')octroyer : *tu devrais t'octroyer un peu de répit* · (s')offrir
- bénéficier de · connaître · disposer de · jouir de · obtenir · prendre
- mettre à profit · profiter de · utiliser

[1] repli *nom masc.* (retrait)

∾ **repli** + ADJECTIF
- communautaire · corporatiste · identitaire · national · nationaliste · tribal • défensif · protectionniste · stratégique • sécuritaire · tactique
- fort [+ nom] · marqué · net · patent · radical · sensible · significatif • général · généralisé • croissant · grandissant
- brusque · brutal · rapide · vif
- autarcique · autistique : *son comportement fait penser à un repli autistique* · individualiste · sur soi • frileux

∾ VERBE + **repli**
- s'attendre à
- aboutir à · conduire à · entraîner · provoquer
- effectuer · opérer · préparer
- accentuer : *la situation géographique de la région accentue le repli sur soi de ses habitants* · confirmer · favoriser
- assister à · observer
- dénoncer · déplorer · redouter
- refuser • empêcher

∾ NOM + DE + **repli**
- attitude · discours · forme · mouvement · position • réaction · réflexe · tentation : *il faut lutter contre la tentation du repli sur soi-même* • solution · stratégie
- base · lieu

[2] repli *nom masc.* (baisse)

∾ **repli** + ADJECTIF
- fort [+ nom] · marqué · net [+ nom] · radical · sensible · significatif • général · généralisé
- brusque · brutal · rapide · vif
- léger [+ nom] · limité · modéré · modeste • partiel · progressif

∾ VERBE + **repli**
- s'attendre à
- aboutir à · conduire à · entraîner · provoquer
- [Bourse] • accuser · afficher · annoncer · enregistrer : *la production industrielle a enregistré un fort repli*
- accentuer : *la Bourse accentue son repli après deux séances de hausse d'affilée* · confirmer · favoriser
- accélérer · continuer : *le marché de la publicité continue son repli* · poursuivre
- assister à · observer
- dénoncer · déplorer · redouter
- refuser • empêcher

en repli
- [Bourse] • être : *être en léger / net repli* · s'inscrire • ouvrir • clôturer · terminer

[1] réplique *nom fém.* (réponse)

∾ **réplique** + ADJECTIF
- bien envoyée · cinglante · foudroyante · vive • sèche · verte : *cela lui a valu une verte réplique du président*
- facile° : *avoir la réplique facile*

∾ **réplique** + VERBE
- (plur.) fuser
- faire mouche · tuer[fam.] : *la réplique qui tue !*

∾ VERBE + **réplique**
- appeler : *son ton n'appelle aucune réplique* • s'attirer
- constituer : *ce livre constitue la réplique de l'auteur à une accusation de plagiat*
- ne pas admettre de

[2] réplique *nom fém.* (Théâtre, Cinéma)

∾ **réplique** + ADJECTIF
- célèbre [+ nom] · culte · fameuse [+ nom] · mythique
- longue [+ nom]
- courte [+ nom]
- belle [+ nom] • bonne [+ nom] • drôle

∾ VERBE + **réplique**
- donner ... à° : *elle donnera la réplique à un grand acteur américain dans son nouveau film* • lancer
- oublier · sauter

[3] réplique *nom fém.* (réaction, contre-attaque)

∾ **réplique** + ADJECTIF
- militaire : *l'attaque terroriste a suscité une réplique militaire*
- directe • immédiate

∞ réplique + VERBE
- ne pas se faire attendre · ne pas tarder

∞ VERBE + réplique
- appeler
- entraîner · provoquer · susciter · valoir (... à)
- s'attendre à : *on s'attend à une réplique de la concurrence*
- mûrir · préparer

4réplique *nom fém.* (reproduction)

∞ réplique + ADJECTIF
- miniature • grandeur nature
- bonne · exacte · fidèle • parfaite
- belle + nom · magnifique · superbe
- pâle + nom

∞ VERBE + réplique
- constituer · être : *c'est une réplique parfaite du masque d'origine*
- construire · faire

1réponse *nom fém.* (à une demande, une question)

∞ réponse + ADJECTIF
- officielle : *le secrétaire général a rédigé une réponse officielle* • personnalisée
- bonne + nom · correcte · exacte · juste
- bien pesée · bien réfléchie • complète · détaillée · (bien) documentée · précise • argumentée · cohérente · logique · sérieuse • adroite · intelligente · raisonnable · sensée • claire · éloquente · intelligible · limpide · lumineuse • convaincante • acceptable · pertinente · plausible · satisfaisante · valable • adaptée · adéquate · appropriée · légitime • intéressante • nuancée
- facile · simple
- honnête · sincère
- directe · franche · (claire et) nette · sans ambiguïté · sans équivoque • catégorique · définitive · énergique · ferme · irrévocable · tranchée
- diligente · prompte · rapide • hâtive
- longue + nom
- immédiate · instantanée · spontanée • toute prête : *il donne toujours la même réponse toute prête à cette question* · toute trouvée
- affirmative · favorable · positive • rassurante
- attendue · classique · prévisible · stéréotypée · toute faite
- ambiguë : *je ne sais que penser de sa réponse ambiguë* · équivoque · mi-chèvre, mi-chou • déconcertante · incongrue · saugrenue • ingénue · malicieuse
- hésitante · indécise • approximative · incomplète : *toute réponse incomplète sera considérée comme fausse* • embarrassée · évasive · gênée · prudente · timide · timorée • brève + nom · elliptique · laconique · lapidaire · sommaire • tardive • indirecte : *c'est une réponse indirecte à la déclaration télévisée du ministre* • courte + nom
- erronée · fausse · incorrecte · inexacte · mauvaise + nom
- naïve · niaise • aberrante · absurde · inacceptable · incohérente • alambiquée · confuse · incompréhensible · inintelligible
- défavorable · négative • agacée · irritée • acide · brutale · hardie · incisive · ironique · mordante • cinglante · effrontée · insolente · moqueuse · narquoise • désagréable · désobligeante · inconvenante · peu amène *littér.* • bien sentie : *j'ai adressé une réponse bien sentie à l'auteur des lettres d'insultes* · glaciale · injurieuse · péremptoire · sèche • dilatoire : *il déplore la réponse dilatoire de son homologue britannique*

∞ réponse + VERBE
- parvenir à : *la réponse est parvenue à son destinataire*
- tomber sous le sens
- (plur.) fuser · jaillir
- tenir lieu de · valoir : *cette réponse vaut ce qu'elle vaut*
- faire réfléchir · retenir l'attention • surprendre • faire scandale

∞ VERBE + réponse
- attendre · demander · réclamer · vouloir • mériter
- tenir lieu de : *ton attitude tient lieu de réponse* · valoir
- souffler : *il lui a soufflé la bonne réponse* • proposer · suggérer • adresser · apporter · avancer · donner · formuler · fournir · livrer • écrire · rédiger
- rapporter · transmettre • publier : *le journal publie la réponse du ministre à son détracteur*
- obtenir · recevoir · s'attirer : *il s'est attiré une réponse brutale / cinglante / sèche*
- connaître · savoir · trouver
- différer · réserver : *pour le moment, il réserve sa réponse*

2réponse *nom fém.* (à une situation, un problème)

∞ réponse + ADJECTIF
- personnalisée
- à court / moyen / long terme

- bien pesée · bien réfléchie • complète · détaillée · (bien) documentée · précise • argumentée · cohérente · logique · sérieuse • adroite · intelligente · raisonnable · sensée • claire · éloquente · intelligible · limpide · lumineuse • convaincante • acceptable · pertinente · plausible · satisfaisante · valable • adaptée · adéquate · appropriée · légitime • concrète : *cette loi apporte une réponse concrète à leur problème* • courageuse • intéressante • nuancée
- facile · simple
- véritable ⁺ ⁿᵒᵐ · vraie ⁺ ⁿᵒᵐ • directe · énergique · franche · (claire et) nette · sans ambiguïté · sans équivoque • définitive
- diligente · prompte · rapide • hâtive
- immédiate · instantanée · spontanée • toute prête : *il n'existe aucune réponse toute prête au problème de l'emploi* · toute trouvée
- attendue · classique · prévisible · stéréotypée · toute faite
- prudente · timide · timorée • tardive • indirecte • ponctuelle
- naïve · niaise • aberrante · absurde · inacceptable · incohérente

∾ **réponse** + VERBE
- constituer · être
- parvenir à
- valoir
- faire réfléchir · retenir l'attention • surprendre • faire scandale

∾ VERBE + **réponse**
- provoquer
- constituer (+ adj.) : *la prison ne peut constituer la seule réponse à la délinquance sexuelle*
- attendre · demander · réclamer · vouloir • mériter
- mûrir · préparer
- amorcer · esquisser
- proposer · suggérer • adresser · apporter · avancer · donner · formuler · fournir · livrer
- rapporter · transmettre
- connaître : *je pense connaître la réponse à ce problème* · savoir · trouver

repos *nom masc.*

∾ **repos** + ADJECTIF
- dominical · hebdomadaire : *le shabbat est le repos hebdomadaire des juifs* · sabbatique • compensateur
- long ⁺ ⁿᵒᵐ · prolongé • éternel°
- absolu · complet · strict : *le médecin a ordonné le plus strict repos* · total
- bien mérité · du guerrier° : *c'est le repos du guerrier après les efforts de la journée*
- doux ⁺ ⁿᵒᵐ • réparateur : *profitez des vacances pour vous accorder un repos réparateur*
- forcé · obligatoire • de sécurité : *l'interne bénéficie du repos de sécurité à l'issue de chaque garde de nuit*
- bref ⁺ ⁿᵒᵐ · court ⁺ ⁿᵒᵐ · de courte durée

∾ VERBE + **repos**
- aspirer à · avoir besoin de · chercher
- conseiller · exiger
- avoir droit à · bénéficier de
- accorder • apporter : *la nuit ne lui apporta ni conseil ni repos* • inviter à : *la clairière invitait au repos*
- prendre : *je vais prendre un peu de repos cette semaine* • connaître : *son esprit ne connaît pas le repos* · goûter · savourer : *à l'ombre d'un arbre, il savoure un repos bien mérité* · trouver
- troubler : *la loi interdit de troubler le repos de ses voisins* • interrompre

au repos
- laisser · mettre
- demeurer · être · rester

représailles *nom fém. plur.*

∾ **représailles** + ADJECTIF
- aériennes · armées · militaires • physiques • commerciales · économiques · politiques
- justifiées · légitimes
- ponctuelles
- immédiates · instantanées
- directes · fortes ⁺ ⁿᵒᵐ · massives · musclées : *le dictateur préconise des représailles musclées à l'égard des rebelles* · sérieuses · sévères · spectaculaires • dévastatrices · épouvantables · féroces · impitoyables · lourdes ⁺ ⁿᵒᵐ · sanglantes · terribles · violentes
- aveugles · brutales · cruelles • démesurées · disproportionnées · inappropriées · inconsidérées

∾ **représailles** + VERBE
- suivre • ne pas se faire attendre · ne pas tarder

∾ VERBE + **représailles**
- déclencher : *l'assassinat a déclenché des représailles* · entraîner · provoquer
- annoncer · promettre : *ils promettent des représailles sanglantes contre les terroristes* • menacer de

- s'attendre à · se préparer à : *préparez-vous à de sérieuses représailles de sa part*
- craindre · redouter
- engager · lancer • exercer · mener · se livrer à
- durcir · intensifier : *le parti intensifie ses représailles contre les dissidents*
- risquer · s'attirer · s'exposer à • être / faire l'objet de · être victime de : *il n'a pas osé porter plainte de peur d'être victime de représailles* · faire face à · subir
- justifier : *rien ne pouvait justifier de pareilles représailles*
- éviter • échapper à : *il se cache pour échapper aux représailles de la Mafia* · être / se mettre à l'abri de
- mettre fin à

∾ NOM + DE + **représailles**
- acte · action · mesure · opération · raid
- cycle

[1]**représentation** *nom fém.* (image)

∾ **représentation** + ADJECTIF
- mentale • virtuelle • abstraite · figurée • concrète · figurative • artistique · graphique · picturale
- classique · traditionnelle
- imaginaire · mythique · symbolique
- claire · cohérente · crédible • fidèle · réaliste
- flatteuse · idéale · idéalisée · magnifiée : *la représentation magnifiée des héros du passé*
- détaillée · précise
- pâle [+ nom] · schématique · simple · simplifiée : *le schéma est une représentation simplifiée de la réalité* · stylisée • fragmentée : *nous n'avons qu'une représentation fragmentée du monde*
- erronée · fausse
- artificielle · figée · maladroite • caricaturale · déformée · déséquilibrée
- dégradante · dévalorisante

∾ VERBE + **représentation**
- avoir · se faire : *l'image sur l'emballage doit permettre de se faire une représentation claire du produit*
- arriver à · parvenir à : *il veut parvenir à une représentation fidèle de la réalité*
- donner · offrir · proposer
- contribuer à
- changer · modifier
- refuser • s'éloigner de · sortir de

[2]**représentation** *nom fém.* (spectacle)

∾ **représentation** + ADJECTIF
- filmée · filmique • scénique · théâtrale
- première [+ nom] • dernière [+ nom]
- exceptionnelle · unique
- supplémentaire

∾ **représentation** + VERBE
- commencer
- avoir lieu : *la représentation a lieu samedi à 20h30* · se dérouler : *la représentation se déroule dans un silence religieux*
- s'achever : *la représentation s'achève par un tonnerre d'applaudissements* · se terminer

∾ VERBE + **représentation**
- être en : *il est actuellement en représentation dans un théâtre lyonnais*
- donner : *la compagnie donnera plusieurs représentations de "Phèdre"* · offrir • inviter à
- aller à · se rendre à • assister à
- annuler

[3]**représentation** *nom fém.* (de citoyens, etc.)

∾ **représentation** + ADJECTIF
- démocratique · diplomatique · électorale · parlementaire · politique · sociale • étudiante · patronale · salariale · syndicale · etc.
- nationale · officielle · publique • autonome • élue
- féminine · masculine
- conforme à : *le groupe aimerait avoir une représentation conforme à son poids économique* · égalitaire · équilibrée · équitable · paritaire : *la représentation paritaire des hommes et des femmes dans les institutions* · proportionnelle
- collective : *la représentation collective des salariés est assurée par les syndicats* · commune
- forte [+ nom] · importante · large • majoritaire : *la démocratie est basée sur un principe de représentation majoritaire*
- faible [+ nom] · insuffisante • minoritaire
- permanente

∾ VERBE + **représentation**
- demander · exiger · réclamer · revendiquer : *l'opposition revendique une représentation équitable au sein de la commission électorale*
- obtenir • bénéficier de · disposer de : *l'entreprise dispose d'une représentation en Inde*
- assurer · garantir · permettre • imposer

- améliorer : *il faut améliorer la représentation des étudiants au sein des instances administratives* • augmenter : *ce système vise à augmenter la représentation des minorités dans l'Administration* · étendre · renforcer
- limiter

répression *nom fém.*

∾ répression + ADJECTIF
- antireligieuse · antisyndicale • administrative · policière
- légale
- continue
- accrue · forte ^+ nom^ · grande ^+ nom^ · massive • musclée · vigoureuse • systématique · tous azimuts • pure et simple • à outrance
- arbitraire · aveugle · brutale · dure · féroce · impitoyable · implacable · meurtrière · redoutable · sanglante · sauvage · sévère · terrible · violente • intolérable

∾ répression + VERBE
- augmenter · battre son plein : *cette vague d'arrestations confirme que la répression bat son plein à l'encontre des dissidents* · s'accroître • continuer · durer
- faire des blessés / des morts / des victimes

∾ VERBE + répression
- demander · réclamer
- conduire · exercer · mener · orchestrer
- être soumis à · être victime de · faire face à · subir
- accentuer · augmenter · durcir : *l'État veut durcir la répression des fraudes* · étendre · intensifier · renforcer : *les autorités ont renforcé leur répression contre les proxénètes*
- justifier
- dénoncer · protester contre
- fuir
- échapper à · survivre à
- en finir avec · mettre fin à · mettre un terme à

∾ NOM + DE + répression
- vague : *une vague de répression contre les militants de la société civile*
- dispositif · force · instrument · mesure · organe · outil
- action · opération

réprimande *nom fém.*

∾ réprimande + ADJECTIF
- officielle · publique • écrite · orale
- sévère · verte ^○ + nom^ · vive
- douce · petite ^+ nom^ · simple

∾ VERBE + réprimande
- adresser : *le juge adresse une réprimande au mineur délinquant* · faire ... à
- avoir droit à · recevoir • mériter
- valoir ... à : *son retard lui a valu une réprimande*
- faire l'objet de
- échapper à · éviter

[1] reprise *nom fém.* (Écon.)

∾ reprise + ADJECTIF
- conjoncturelle · économique
- cyclique : *la reprise cyclique conduira-t-elle à une croissance soutenue ?* • graduelle · progressive
- franche · marquée · nette · sensible · significative • forte · sérieuse · solide · vigoureuse · vive • durable
- faible ^+ nom^ · fragile · hésitante · légère ^+ nom^ · modérée · modeste · molle : *la reprise reste molle* · petite ^+ nom^ · timide • difficile • tardive
- courte ^+ nom^ · de courte durée · éphémère · rapide
- avortée : *le pays navigue entre récession et reprise avortée*

∾ reprise + VERBE
- s'amorcer · se dessiner · se profiler · s'esquisser
- être au rendez-vous : *la reprise n'est toujours pas au rendez-vous* · se faire sentir · se manifester
- durer · se confirmer · se poursuivre
- (souvent passif) doper : *la consommation énergétique a été dopée par la reprise économique* · porter · stimuler : *les importations sont stimulées par la reprise économique*
- se faire attendre · tarder
- déraper · s'essouffler

∾ VERBE + reprise
- annoncer · laisser croire à · laisser espérer · laisser présager • indiquer · marquer · montrer
- attendre · escompter · espérer · parier sur : *il parie sur une reprise de l'économie américaine* • anticiper · prévoir · s'attendre à
- enclencher · déclencher · provoquer
- amorcer : *la reprise économique amorcée au début de l'année se confirme*
- connaître · enregistrer
- assister à · constater · entrevoir · observer
- accélérer · conforter : *la remontée du billet vert permettra de conforter la reprise* · consolider · contribuer à · favoriser · stimuler

- bénéficier de : *c'est le premier secteur à bénéficier de la reprise économique* · profiter de : *l'immobilier de montagne profite timidement de la reprise*
- être les laissés-pour-compte de · rater : *les investisseurs ne veulent pas rater la reprise de l'économie nippone*
- compromettre · entraver · étrangler · fragiliser · freiner · gêner · handicaper · pénaliser · peser sur : *la hausse des taux risque de peser sur la reprise économique* · retarder
- stopper

∾ NOM + DE + reprise
- chance · espoir : *cela réduit considérablement les espoirs de reprise* · perspective
- locomotive · moteur : *le principal moteur de la reprise est la consommation*
- signe : *les signes de reprise sont là*

²reprise *nom fém.* (recommencement)

∾ reprise + ADJECTIF
- imminente : *ils se disent optimistes sur la reprise imminente des négociations* • immédiate • soudaine
- graduelle · progressive : *la reprise progressive du trafic*
- définitive
- partielle • provisoire · temporaire

∾ VERBE + reprise
- aboutir à · conduire à · entraîner · provoquer
- appeler à · espérer · prôner : *il prône la reprise du dialogue entre les deux factions* · souhaiter • demander · exiger · ordonner : *le tribunal a ordonné la reprise des travaux* · réclamer
- autoriser : *la justice a autorisé la reprise de l'activité au sein de l'entreprise* · permettre
- négocier • décider de · voter : *ils ont voté la reprise du travail*
- obtenir
- annoncer
- contribuer à · faciliter • encourager : *il faut encourager la reprise d'activité des chômeurs de longue durée*
- conditionner · faire dépendre de
- retarder : *la division des indépendantistes retarde la reprise des négociations* • bloquer · empêcher

³reprise *nom fém.* (rachat)

∾ reprise + ADJECTIF
- effective
- totale
- partielle

∾ reprise + VERBE
- avoir lieu

∾ VERBE + reprise
- ouvrir la voie à · permettre
- annoncer
- être en lice pour : *cinq groupes sont en lice pour la reprise du consortium* · être / se porter candidat à : *les cadres se sont portés candidats à la reprise de leur entreprise*

réprobation *nom fém.*

∾ réprobation + ADJECTIF
- morale • sociale : *la réprobation sociale à l'égard de l'avortement reste forte dans ce pays*
- publique · solennelle • générale · large ⁺ ⁿᵒᵐ · unanime · universelle · vaste ⁺ ⁿᵒᵐ • forte ⁺ ⁿᵒᵐ · profonde · véhémente : *il ne s'attendait pas à susciter une réprobation aussi véhémente* · vive ⁺ ⁿᵒᵐ • croissante · grandissante

∾ VERBE + réprobation
- provoquer · soulever : *les attentats ont soulevé la réprobation générale de la population* · susciter
- dire · exprimer · manifester · proclamer • marquer : *il a démissionné pour marquer sa réprobation* · montrer
- encourir · faire l'objet de · se heurter à

∾ NOM + DE + réprobation
- vague : *cette annonce a suscité une vague de réprobation* • murmure : *un murmure de réprobation a accueilli ses propos*

reproche *nom masc.*

∾ reproche + ADJECTIF
- vivant : *il semble un reproche vivant tant il incarne cette défaite électorale*
- amer · direct · grand ⁺ ⁿᵒᵐ · sérieux · sévère · véhément · vif ⁺ ⁿᵒᵐ · violent • unanime
- majeur · principal • fréquent · récurrent · souvent entendu • continuel · sempiternel : *j'entends d'ici le sempiternel reproche : "tu ne viens jamais nous voir"*
- fondé · juste ⁺ ⁿᵒᵐ · justifié · mérité
- affectueux · amical · doux ⁺ ⁿᵒᵐ
- implicite · muet
- à peine voilé · discret · léger ⁺ ⁿᵒᵐ · petit ⁺ ⁿᵒᵐ
- immérité · infondé · injuste · injustifié
- malvenu : *ce reproche est plutôt malvenu de ta part* · mesquin

∞ reproche + VERBE
- valoir pour · viser : *ce reproche me vise directement*
- porter sur
- revenir sans cesse
- (plur.) fuser · pleuvoir
- atteindre

∞ VERBE + **reproche**
- adresser · exprimer · faire • (plur.) accabler de · couvrir de • se répandre en (plur.)
- encourir · risquer · s'exposer à : *en abandonnant le projet, il s'expose à de vifs reproches* • essuyer : *il a essuyé les reproches d'un client mécontent* · faire l'objet de · s'attirer · subir
- mériter
- être plein / rempli de : *leurs regards sont tristes et pleins de reproches*
- être exempt de (souvent nég.) : *je ne suis pas exempt de reproches dans cette affaire*
- sonner comme : *ta remarque sonne comme un reproche*
- échapper à · éviter · prévenir
- répondre à : *il a tenté de répondre aux reproches du public* • balayer : *il arrive à balayer sans aigreur les reproches de ses détracteurs* · récuser

[1]reproduction *nom fém.* (Biol.)

∞ reproduction + ADJECTIF
- biologique • animale · humaine · végétale : *la recherche en reproduction végétale permet de meilleurs rendements*
- naturelle · sexuée · sexuelle • artificielle · asexuée · assistée · in vitro · végétative : *la reproduction végétative par bouture a un taux de réussite de plus de 90 %*
- faible [+ nom]

∞ reproduction + VERBE
- se dérouler : *la reproduction du vautour se déroule de mai à août* · s'effectuer

∞ VERBE + **reproduction**
- assurer · favoriser · permettre • protéger : *ce parc naturel est destiné à protéger la reproduction de la faune locale*
- contrôler · maîtriser
- gêner · perturber
- arrêter : *les médicaments arrêtent la reproduction du virus dans le sang* · enrayer

∞ NOM + DE + **reproduction**
- cycle · période · saison
- technique : *l'insémination artificielle est une technique de reproduction qui doit suivre un protocole précis* • mécanisme · mode · processus
- organe
- instinct : *l'instinct de reproduction déclenche la recherche d'un partenaire sexuel*

[2]reproduction *nom fém.* (copie, imitation)

∞ reproduction + ADJECTIF
- mécanique · numérique · photographique • artisanale · manuelle • directe · indirecte : *on entend par reproduction indirecte une copie de copie* • grandeur nature • (en) couleurs · (en) noir et blanc • privée : *toute reproduction privée est interdite*
- bonne [+ nom] · de qualité · réussie • à l'identique · exacte · fidèle [+ nom] · parfaite
- complète · intégrale · totale
- permanente : *la reproduction permanente ou provisoire de ce logiciel est interdite*
- rapide : *cette imprimante permet des reproductions rapides et de qualité*
- partielle : *la reproduction totale ou partielle de cet ouvrage est interdite*
- provisoire · temporaire
- mauvaise [+ nom] · piètre [+ nom] • mimétique : *ce peintre ne cherche pas une reproduction mimétique de la réalité* · plate · servile
- abusive • illégale · illicite

∞ VERBE + **reproduction**
- effectuer · faire · réaliser
- autoriser · permettre
- empêcher · prévenir
- refuser · s'opposer à : *toute personne peut s'opposer à la reproduction de son image* • interdire

∞ NOM + DE + **reproduction**
- droit
- technique

répulsion *nom fém.*

∞ répulsion + ADJECTIF
- morale · physique • instinctive · naturelle · viscérale
- extrême · profonde : *il éprouve une répulsion profonde pour la vodka* · violente · vive [+ nom]

∞ VERBE + **répulsion**
- causer · déclencher · engendrer · provoquer · susciter • exercer · inspirer : *ce type ne m'inspire que de la répulsion*
- avoir · éprouver
- exprimer · manifester : *il a manifesté sa répulsion devant ce carnage* · ne pas cacher
- surmonter · vaincre : *j'ai dû vaincre ma répulsion pour soigner sa blessure*

réputation *nom fém.*

∞ réputation + ADJECTIF

- artistique · gastronomique · personnelle · professionnelle · touristique
- naissante
- internationale · mondiale · planétaire • légendaire · mythique • croissante · grandissante • (bien) établie · forte + nom · grande + nom · sérieuse · solide
- petite + nom : *il jouit d'une petite réputation dans le milieu musical*
- belle + nom · bonne + nom · brillante · enviable · excellente · flatteuse · haute + nom : *ces recettes ont fait la haute réputation gastronomique du Sud-Ouest* · honorable · inattaquable · jolie + nom · positive • intacte · sans faille · sans tache
- justifiée · méritée
- calamiteuse · détestable · douteuse · épouvantable · exécrable · fâcheuse + nom · mauvaise + nom · peu enviable · piètre + nom · redoutable · sale + nom fam. · terrible • inquiétante · sinistre · triste + nom • scandaleuse · sulfureuse · trouble
- imméritée · injustifiée · surfaite

∞ réputation + VERBE

- précéder : *votre réputation vous a précédé* • coller à (la peau) • ne plus être à faire○ : *la réputation de ce médecin n'est plus à faire*
- se bâtir (sur) · se faire (sur) • reposer sur · tenir à
- croître · grandir · s'accroître · se propager : *sa réputation s'est propagée grâce au bouche à oreille* • dépasser : *sa réputation dépasse les frontières européennes*
- souffrir de : *sa réputation souffre d'un malentendu*
- être en jeu

∞ VERBE + réputation

- (se) forger · se faire · se tailler : *il s'est taillé une jolie réputation avec son premier roman* • bâtir ... sur · construire ... sur · fonder ... sur
- acquérir · gagner • restaurer · rétablir
- avoir · posséder • traîner : *elle traîne une réputation de mythomane* • bénéficier de · être auréolé de · jouir de • conserver · garder · maintenir : *la maison maintient l'excellente réputation de ses produits*
- usurper : *il n'a pas usurpé sa réputation de séducteur*
- tenir à • coller à : *il essaie de coller à sa réputation d'élève modèle* · cultiver · entretenir · être fidèle à • défendre · être soucieux de · préserver · protéger · sauvegarder · sauver : *elle l'a quitté pour sauver sa réputation* · soigner · veiller sur
- être à la hauteur de · mériter · ne pas voler○
- contribuer à • affermir · alimenter · asseoir : *son nouvel album devrait finir d'asseoir la réputation de ce chanteur* · conforter · consolider · renforcer
- confirmer · sceller : *sa dernière victoire a définitivement scellé sa réputation de grand joueur*
- jouer sur · vivre sur : *il vit sur sa réputation et non plus sur ses performances*
- être victime de · pâtir de · souffrir de : *elle souffre de la réputation sulfureuse de son mari*
- améliorer · arranger · laver · rétablir · se refaire
- craindre pour · jouer : *le Premier ministre joue sa réputation sur cette réforme* · risquer
- casser · compromettre · détruire · écorner : *ce coup de boule a légèrement écorné sa réputation* · entacher · entamer · flétrir · mettre à mal · mettre en danger · mettre en jeu · miner · noircir · nuire à · porter atteinte à · porter un coup à · ruiner · salir · tacher · ternir : *tous ces scandales ont terni sa réputation* · toucher à
- faire oublier · rompre avec · s'affranchir de · se débarrasser de · se défaire de · perdre
- déroger à · faillir à · faire mentir · se démarquer de · trahir · ne pas être à la hauteur de

réquisitoire *nom masc.*

∞ réquisitoire + ADJECTIF

- [Droit] introductif · supplétif
- final
- interminable · long + nom
- accablant · cinglant · féroce · impitoyable · implacable · sans appel : *il dresse un réquisitoire sans appel contre la politique du gouvernement* · sans concession · sans merci · sans pitié · sévère · violent · virulent : *ce film est un réquisitoire virulent contre l'excision* • véritable + nom
- beau + nom • passionné · vibrant : *l'avocat général a fait un vibrant réquisitoire pour dénoncer l'horreur de ce crime* · vigoureux • brillant · efficace • argumenté · circonstancié · détaillé
- modéré · nuancé

∞ réquisitoire + VERBE

- commencer par · débuter par
- concerner · viser : *ce réquisitoire vise l'incompétence de certains médecins* • invoquer · mentionner
- dénoncer · mettre en cause
- se conclure sur · se terminer sur : *le réquisitoire s'est terminé sur une mise en garde*

∞ VERBE + **réquisitoire**
- construire · dresser • publier · rédiger · signer
- entamer · se lancer dans : *à la stupeur générale, il s'est lancé dans un violent réquisitoire*
- adresser · délivrer [Droit] : *le procureur a délivré un réquisitoire d'incarcération* · prononcer · se livrer à : *il s'est livré à un véritable réquisitoire contre la peine de mort*
- signer
- prendre la forme de · s'apparenter à • se transformer en · tourner à · virer à : *son discours a viré au réquisitoire contre le capitalisme*
- faire l'objet de
- conclure · terminer

réservation *nom fém.*

∞ **réservation** + ADJECTIF
- aérienne : *le nombre de réservations aériennes a beaucoup chuté ces derniers mois* · hôtelière
- électronique · téléphonique • automatique · centralisée • gratuite · payante
- conseillée · recommandée · souhaitable · souhaitée • facultative
- impérative · indispensable · obligatoire
- de dernière minute · tardive : *en cas de réservation tardive, le solde est dû immédiatement*
- simple + nom : *l'accès à ces services est disponible sur simple réservation*

∞ VERBE + **réservation**
- ouvrir : *les réservations pour le spectacle sont ouvertes*
- effectuer · faire : *j'ai fait la réservation par téléphone*
- enregistrer • confirmer : *elle a confirmé sa réservation par courrier*
- payer · régler
- avoir · bénéficier de · disposer de
- changer · modifier : *vous pouvez modifier votre réservation à tout moment*
- annuler

1 réserve *nom fém.* (discrétion)

∞ **réserve** + ADJECTIF
- diplomatique · professionnelle
- habituelle · légendaire · traditionnelle
- grande + nom • absolue · extrême
- prudente
- compréhensible · de bon aloi · justifiée · légitime
- certaine + nom

∞ VERBE + **réserve**
- inciter à · pousser à : *sa vigilance le pousse à une certaine réserve* • astreindre à · contraindre à · obliger à : *sa fonction l'oblige à la réserve*
- être tenu à
- être de (+ adj.) : *il a toujours été d'une grande réserve sur ce sujet* · faire preuve de · garder · manifester · montrer · observer
- manquer de · oublier • rompre avec · se départir de · sortir de : *cette critique l'a fait sortir de sa réserve*

sur la réserve
- être / demeurer · rester · se tenir : *avant les élections, il préfère se tenir sur la réserve*

2 réserve *nom fém.* (restriction)

∞ **réserve** + ADJECTIF
- forte + nom · grande + nom · importante · sérieuse : *j'ai de sérieuses réserves à son égard* · vive + nom • expresse : *il a été extradé sous la réserve expresse que la peine de mort ne soit pas requise*
- légère + nom · petite + nom

∞ VERBE + **réserve**
- provoquer : *la loi a provoqué des réserves de la part des syndicats* · susciter • appeler : *cette affirmation n'est pas sans appeler quelques réserves*
- apporter · avoir · émettre · exprimer · faire part de · formuler : *l'État n'a formulé aucune réserve lors de la signature de la convention* · introduire · manifester : *il a manifesté une réserve quant au système de notation*

3 réserve *nom fém.* (stock, souvent plur.)

∞ **réserve** + ADJECTIF
- énergétique · forestière · gazière · hydraulique · minière · nutritive · pétrolière • financière · monétaire
- nationale · mondiale • personnelle • naturelle ○ : *la réserve naturelle des Sept-Îles*
- majeure · principale : *ce lac est la principale réserve d'eau douce du pays*
- suffisante • abondante · considérable · énorme · fabuleuse · grande + nom · grosse + nom · importante · vaste • illimitée · inépuisable • renouvelable
- stratégique
- officielle · prouvée : *les réserves prouvées de la mine sont de 40 tonnes d'or*
- cachée · insoupçonnée : *des réserves d'énergie insoupçonnées*

- faible [+ nom] · limitée · maigre [+ nom] · modeste · petite [+ nom] • non renouvelable • insuffisante : *ils ne disposent que de réserves nettement insuffisantes d'eau potable*

∾ réserve + VERBE

- augmenter
- baisser · diminuer
- fondre : *nos réserves de nourriture fondent dangereusement*

∾ VERBE + réserve

- constituer · faire : *l'écureuil fait des réserves avant l'hiver* • accumuler · engranger : *la marmotte engrange des réserves pour hiberner* · entasser · stocker : *nous avons stocké des réserves de sang grâce aux donneurs* • reconstituer : *la pluie reconstitue les réserves en eau des sols*
- avoir · détenir : *ils détiennent les plus grosses réserves mondiales de gaz* • recéler
- constituer · représenter : *internet représente une importante réserve de documents*
- estimer · évaluer
- conserver · préserver · garder
- augmenter • recharger · renflouer
- partager
- exploiter • entamer · ponctionner : *l'État a dû ponctionner ses réserves stratégiques* · puiser dans : *lors d'un long effort physique, l'organisme puise dans les réserves de graisse* · utiliser
- épuiser

[1] résistance *nom fém.* (opposition)

∾ résistance + ADJECTIF

- culturelle · intellectuelle • spirituelle : *la résistance spirituelle d'un peuple opprimé qui veut garder sa dignité*
- citoyenne · civile · populaire • armée · militaire
- inattendue • active · ouverte : *ils ont manifesté une résistance ouverte en refusant d'obtempérer* • farouche · féroce · forte [+ nom] · grande [+ nom] · grosse [+ nom] · importante • acharnée · obstinée · opiniâtre · tenace · têtue · vive [+ nom] : *la vive résistance des syndicats à l'égard du projet* · véritable [+ nom] · réelle [+ nom]
- belle [+ nom] · courageuse · désespérée : *la résistance désespérée des habitants du ghetto* · héroïque : *l'envahisseur a fait face à une résistance héroïque*
- non violente · pacifique · passive : *la résistance passive par l'abstention*
- longue [+ nom] : *ils ont fini par céder après une longue résistance*
- sourde
- faible [+ nom] · moindre [+ nom] : *ils n'ont pas opposé la moindre résistance* · petite [+ nom] · piètre [+ nom] • nulle
- clandestine

∾ résistance + VERBE

- naître • s'organiser
- freiner
- se briser · s'effondrer

∾ VERBE + résistance

- appeler à : *ces tracts appellent à la résistance*
- susciter : *le projet du gouvernement suscite une très forte résistance au Parlement*
- entrer en : *le village est entré en résistance contre les autorités locales* · s'engager dans
- organiser : *les petits labels organisent la résistance contre les majors* • manifester · opposer · pratiquer : *ce groupe pacifiste pratique une résistance non violente*
- montrer · témoigner de · traduire
- incarner · symboliser : *sainte Geneviève symbolise la résistance de Paris à Attila*
- sentir : *quand j'ai voulu ouvrir la porte, j'ai senti une résistance* • être confronté à · être en butte à · faire face à · rencontrer : *les militaires ont pris la ville sans rencontrer de résistance* · se heurter à
- affaiblir · entamer : *ces persécutions n'ont pas entamé la résistance du peuple* · miner · saper
- surmonter · triompher de • annihiler · avoir raison de · briser · détruire · vaincre · venir à bout de : *les syndicats sont venus à bout de la résistance du gouvernement*

∾ NOM + DE + résistance

- fer de lance : *il fut le fer de lance de la résistance contre la dictature*
- bastion · foyer : *la ville fut un foyer de résistance contre l'occupant* · îlot · noyau : *un noyau de résistance constitué d'étudiants et d'ouvriers* · pôle
- acte · mouvement
- mécanisme

[2] résistance *nom fém.* (endurance)

∾ résistance + ADJECTIF

- croisée [Sciences] : *la résistance croisée d'un microbe à tous les médicaments d'une même famille*
- physique • nerveuse : *son incroyable résistance nerveuse lui permet de surmonter le stress* · psychologique
- étonnante · inattendue · stupéfiante • accrue · à toute épreuve · exceptionnelle · extraordinaire · formidable · grande [+ nom] · incroyable · remarquable : *sa résistance à la douleur est remarquable*
- faible [+ nom] · petite [+ nom] • nulle

∾ VERBE + **résistance**
- afficher · faire montre de : *ce sportif fait montre d'une grande résistance* · faire preuve de · manifester · offrir : *la vieille porte offrait une résistance inattendue* · opposer
- montrer · témoigner de · traduire
- mettre à l'épreuve · tester : *un banc d'essai teste la résistance du matériau*
- améliorer · augmenter · développer · renforcer : *cela renforce la résistance des insectes aux pesticides*
- affaiblir · amoindrir : *la malnutrition amoindrit la résistance du corps à la maladie* · diminuer
- manquer de : *ces plantes manquent de résistance au gel en hiver*

∾ NOM + DE + **résistance**
- seuil : *elle a un seuil de résistance à la douleur très élevé*

1 résolution *nom fém.* (décision)

∾ **résolution** + ADJECTIF
- bonne ⁺ ⁿᵒᵐ · judicieuse · sage ⁺ ⁿᵒᵐ
- définitive · ferme ⁺ ⁿᵒᵐ · irrévocable : *elle a pris la résolution irrévocable de subir cette opération*

∾ VERBE + **résolution**
- prendre : *j'ai pris de bonnes résolutions pour la nouvelle année*

2 résolution *nom fém.* (détermination)

∾ **résolution** + ADJECTIF
- belle ⁺ ⁿᵒᵐ • ardente · farouche · ferme ⁺ ⁿᵒᵐ : *il a exposé son point de vue avec une ferme résolution* · grande ⁺ ⁿᵒᵐ : *il a fait preuve d'une grande résolution dans ses choix* · inébranlable · inflexible · solide

∾ **résolution** + VERBE
- chanceler · vaciller

∾ VERBE + **résolution**
- faire montre de · faire preuve de · montrer · manifester
- confirmer dans · conforter dans
- affermir · renforcer
- affaiblir : *la répression n'a pas affaibli la résolution des grévistes* · ébranler
- manquer de : *il accuse la direction de manquer de résolution*

3 résolution *nom fém.* (Pol.)

∾ **résolution** + VERBE
- demander · exiger · réclamer · recommander • viser à
- autoriser · reconnaître • prévoir
- condamner · sanctionner

∾ VERBE + **résolution**
- présenter · proposer : *des sénateurs ont proposé une résolution demandant la levée de l'embargo* • soumettre ... au vote
- adopter · approuver · signer · soutenir · voter
- appliquer · respecter · suivre
- rejeter

1 respect *nom masc.* (d'une personne)

∾ **respect** + ADJECTIF
- filial · humain
- absolu · énorme · grand ⁺ ⁿᵒᵐ · immense · infini · profond • pieux ⁺ ⁿᵒᵐ · religieux • mutuel · réciproque • égal ⁺ ⁿᵒᵐ : *il traite tous ses employés avec un égal respect*
- sincère : *il éprouve un respect sincère pour son professeur*
- aveugle · exagéré · excessif

∾ **respect** + VERBE
- être mêlé de : *on lit dans son regard un respect mêlé de crainte*

∾ VERBE + **respect**
- commander · forcer : *son savoir-faire force le respect* · imposer · inspirer
- conquérir : *il a su conquérir le respect de ses beaux-parents* · gagner · s'attirer : *il s'est attiré le respect de tous ses collègues*
- devoir ... à : *sauf le respect que je vous dois*
- avoir droit à · être digne de · mériter
- avoir ... pour : *j'ai beaucoup de respect pour lui* · éprouver ... pour · porter ... à : *je lui porte un profond respect* · ressentir ... pour · vouer ... à : *la jeune génération lui voue un immense respect* • garder ... à : *elle garde un grand respect pour les religieuses qui l'ont élevée*
- afficher · manifester · montrer • entourer de : *un grand homme entouré du respect de ses pairs* · témoigner : *il ne témoigne aucun respect aux autorités*
- montrer · témoigner de : *son film témoigne de son respect pour les coutumes de ses aînés*
- être basé sur · être fondé sur : *des relations fondées sur le respect mutuel*
- manquer de

∾ NOM + DE + **respect**
- marque · preuve · signe

2 respect *nom masc.* (d'une loi, d'un principe)

∾ **respect** + ADJECTIF
- universel : *le respect universel des principes éthiques*

- élémentaire : *un pays où le respect élémentaire de la vie et de la dignité reste un combat quotidien*
- effectif • fidèle • fort • inconditionnel • intégral • intransigeant • parfait + nom • plein + nom : *ces mesures ont été prises dans le plein respect des droits de l'homme* • rigoureux • scrupuleux • strict : *cette demande est soumise au respect strict des conditions de remboursement* • total • croissant • grandissant
- apparent • formel : *sa piété ne dépasse pas le respect formel de deux ou trois fêtes religieuses*

∞ VERBE + respect

- appeler à • prôner : *le ministre prône le respect du cessez-le-feu* • invoquer • insister sur
- assurer • être garant de : *l'État est le garant du respect de valeurs communes* • garantir • veiller à • être soucieux de : *une entreprise soucieuse du respect de l'environnement* • concilier • être compatible avec : *ces conditions de détention ne sont pas compatibles avec le respect de la dignité humaine* • trouver un (point d')équilibre entre : *il faut trouver un équilibre entre le respect des traditions et du droit*
- être écartelé entre • être partagé entre • être tiraillé entre : *ils sont tiraillés entre le respect de la vie et le droit des malades*

respiration *nom fém.*

∞ respiration + ADJECTIF

- humaine • abdominale • cellulaire • cutanée • pulmonaire • ventrale
- naturelle • spontanée • artificielle • assistée : *le patient est sous respiration assistée*
- profonde : *une respiration profonde aide à se relaxer* • rapide
- courte : *la respiration courte est un symptôme de la maladie* • lente
- libre : *le désencombrement des voies aériennes permet de retrouver une respiration libre* • aisée : *c'est un appareil qui permet une respiration aisée sous l'eau* • régulière
- difficile • pénible
- irrégulière • hachée : *le stress provoque une respiration hachée* • haletante • précipitée • saccadée
- asthmatique • sibilante [Méd.] : *la respiration sibilante des asthmatiques* • sifflante • bruyante • caverneuse • rauque • stertoreuse [Méd.]

∞ respiration + VERBE

- s'accélérer : *la respiration s'accélère lors de la course*
- ralentir
- s'arrêter

∞ VERBE + respiration

- reprendre : *j'ai repris ma respiration en haut des marches* • retrouver
- aider • faciliter : *cette position facilite la respiration* • contrôler : *le malade apprend à contrôler sa respiration* • réguler
- bloquer : *il bloque sa respiration avant de plonger* • retenir
- empêcher • gêner : *un col trop serré gêne la respiration* • couper : *le choc lui a coupé la respiration*

[1]responsabilité *nom fém.* (charge, devoir, obligation ; souvent plur.)

∞ responsabilité + ADJECTIF

- ministérielle • politique • syndicale • parentale : *l'exercice conjoint des responsabilités parentales* • etc.
- éminente • grosse + nom • haute + nom : *poste de haute responsabilité ; les politiques en charge des plus hautes responsabilités de la République* • énorme • immense • importante • lourde + nom • majeure • terrible • véritable + nom • vraie + nom • accrue • élargie
- limitée • faible + nom

∞ responsabilité + VERBE

- incomber à : *cette responsabilité incombe au transporteur* • peser sur (les épaules de) : *de grosses responsabilités pèsent sur ses épaules* • revenir à

∞ VERBE + responsabilité

- conférer • confier • déléguer • investir de • mettre face à : *son chef l'a mis face à ses responsabilités*
- accéder à : *elle a accédé à de hautes responsabilités dans le gouvernement* • avoir • exercer : *il exerçait des responsabilités politiques importantes à l'époque*
- endosser : *il se dit prêt à endosser les responsabilités de chef d'équipe* • prendre : *elle a pris de plus en plus de responsabilités au sein de l'entreprise*
- avoir conscience de • avoir le sens de (plur.) • être conscient de • être face à (plur.) • accepter • assumer : *elle n'est pas prête à assumer la responsabilité d'un enfant* • faire face à (plur.)
- abdiquer • démissionner de • esquiver • fuir (devant) • refuser • se dégager de • se dérober à • se libérer de • se soustraire à • s'exonérer de : *le gouvernement ne peut s'exonérer de ses responsabilités* • se défausser de (... sur) : *il a tôt fait de se défausser de ses responsabilités sur ses collègues*

- décharger de · dessaisir de : *ils ne demandent qu'à être dessaisis de leurs responsabilités* · retirer

[2]responsabilité *nom fém.* (imputabilité, Droit, Admin.)

∞ responsabilité + ADJECTIF
- civile · pénale • financière · pécuniaire : *cette disposition instaure la responsabilité pécuniaire du propriétaire du véhicule* • morale
- collective · mutuelle · partagée • individuelle · personnelle
- décennale · illimitée · indéfinie : *les statuts prévoient la responsabilité indéfinie des associés en ce qui concerne le passif social*
- directe · entière + nom · pleine + nom : *j'assume la pleine responsabilité de cette défaite* • écrasante : *les médias portent une responsabilité écrasante dans le drame* · énorme · immense · importante · lourde + nom
- limitée · faible + nom • indirecte : *il insiste sur la responsabilité indirecte des autorités françaises dans les massacres* • présumée : *il va comparaître pour sa responsabilité présumée dans l'accident*

∞ responsabilité + VERBE
- être en jeu
- ne faire aucun doute : *leur responsabilité dans les attentats ne fait aucun doute*

∞ VERBE + responsabilité
- mettre en jeu · engager : *l'assuré n'a pas engagé sa responsabilité*
- attribuer ... à · imputer ... à · rejeter ... sur : *ils se rejettent mutuellement la responsabilité de l'incident* · renvoyer ... sur
- avoir · endosser : *il n'est plus disposé à endosser seul la responsabilité des destructions* · porter : *il porte l'entière responsabilité de cet accident* • admettre · assumer · reconnaître • revendiquer · s'attribuer
- déterminer : *l'enquête déterminera les éventuelles responsabilités pénales* · établir • démontrer · prouver : *sa responsabilité reste à prouver*
- atténuer · diluer : *ils ont cherché à diluer leur responsabilité en impliquant toutes les autres organisations* • décliner : *la maison décline toute responsabilité en cas de vol* • nier
- décharger de : *son rapport décharge ses hommes de toute responsabilité* · dédouaner de : *cet angélisme dédouane de toute responsabilité les auteurs de violences*

∞ NOM + DE + responsabilité
- part : *les médias ont aussi leur part de responsabilité dans cette affaire*

ressemblance *nom fém.*

∞ ressemblance + ADJECTIF
- formelle
- étroite : *il existe une ressemblance étroite entre ces deux cultures* · extrême : *ces deux toiles sont d'une ressemblance extrême* · forte + nom · grande + nom · parfaite · profonde · totale • incontestable · indéniable • criante · évidente · flagrante · frappante · notable · saisissante • hallucinante · singulière · stupéfiante
- étrange · surprenante · troublante : *il y a une ressemblance troublante entre les deux romans*
- légère + nom · lointaine · vague + nom • apparente · superficielle
- accidentelle · fortuite : *toute ressemblance avec des personnages existant ou ayant existé serait purement fortuite*

∞ ressemblance + VERBE
- exister : *il existe une ressemblance indéniable entre les deux projets*
- frapper · sauter aux yeux : *leur ressemblance saute immédiatement aux yeux*
- abuser · tromper
- s'arrêter là : *la ressemblance entre les deux films s'arrête là*

∞ VERBE + ressemblance
- afficher : *il n'affiche aucune ressemblance avec son frère* · avoir · offrir · présenter : *il présente une certaine ressemblance avec un acteur célèbre*
- cultiver
- constater · découvrir · noter · observer · remarquer : *le professeur a remarqué une légère ressemblance avec la copie d'un autre élève* · voir
- faire apparaître · pointer : *cette analyse pointe les ressemblances entre les deux auteurs*
- établir · prouver : *l'avocat devra prouver la ressemblance entre les deux œuvres*
- accentuer : *sa nouvelle coupe accentue la ressemblance avec sa mère* · augmenter

ressentiment *nom masc.*

∞ ressentiment + ADJECTIF
- général · populaire · social • personnel
- croissant · grandissant • énorme · extrême + nom · fort + nom · grand + nom · immense · profond · puissant + nom : *il éprouve un profond ressentiment pour ceux qui l'ont fait souffrir* · vif + nom · violent
- ancien · vieux + nom • durable · permanent · tenace : *il rumine un ressentiment tenace depuis des années*
- amer · douloureux

- juste + nom : *le juste ressentiment d'un homme bafoué*
- diffus · léger + nom · petit + nom · sourd : *il n'a jamais exprimé ce sourd ressentiment*

∾ **ressentiment** + VERBE

- guider · inspirer · motiver : *c'est le ressentiment qui a motivé son crime*

∾ VERBE + **ressentiment**

- créer · déclencher · engendrer : *cette attitude inadmissible a engendré un profond ressentiment de notre part* · entraîner · être une source de : *ces brimades ont été une source de ressentiment* · générer · produire · provoquer · susciter • se transformer en : *la déception s'est transformée en ressentiment*
- concevoir · cultiver · éprouver · être en proie à · nourrir : *elle nourrit un ressentiment amer depuis cet échec* · ruminer : *il ne fait que ruminer ce vieux ressentiment* • accumuler : *il a laissé éclater tout le ressentiment accumulé depuis des années* • garder
- crier · exprimer · laisser éclater / parler · laisser percer / poindre · manifester · ne pas cacher
- cristalliser : *l'intervention militaire a cristallisé le ressentiment du peuple* • alimenter · entretenir • ajouter à · attiser · augmenter · (r)aviver · exacerber : *son attitude injuste a exacerbé mon ressentiment* · renforcer
- être l'objet de : *« Rome, l'unique objet de mon ressentiment »* (Corneille, *Horace*, IV, 5) • être confronté à
- mesurer
- comprendre · expliquer · justifier : *cette imposture justifie son ressentiment*
- apaiser · atténuer
- exploiter
- canaliser · surmonter : *il faut savoir surmonter son ressentiment et aller de l'avant*
- dissiper · éteindre · étouffer : *elle a préféré étouffer son ressentiment et oublier le passé* · faire taire : *les deux adversaires ont fait taire leur ressentiment pendant la trêve* · vaincre

ressource *nom fém.* (moyen, richesse ; souvent plur.)

∾ **ressource** + ADJECTIF

- énergétique · hydraulique · hydrique · minérale · minière · naturelle · pétrolière • budgétaire · économique · financière · fiscale • génétique : *les ressources génétiques des grands fonds marins* • humaines° (plur.)
- propre : *la croissance s'appuie sur les ressources propres du pays* • accessible · disponible · potentielle
- (plur.) abondantes · colossales · considérables · énormes · immenses • inépuisables · infinies
- importante · majeure · principale • nécessaire · suffisante • stable : *le tourisme est l'une des principales ressources stables du pays* • exceptionnelle · précieuse · vitale
- cachée · insoupçonnée
- insuffisante • éparses (plur.) : *il a financé son projet avec des ressources éparses* · faible + nom · limitée · maigre + nom · modeste · rare · réduite
- inemployée · inexploitée · inutilisée

∾ VERBE + **ressource**

- dégager · drainer : *l'essor de ce secteur devrait drainer de nouvelles ressources* · (se) procurer
- avoir · disposer de · posséder : *le pays possède d'importantes ressources naturelles*
- allouer : *la commission est chargée d'allouer des ressources financières aux départements* · (re)distribuer · offrir · procurer
- augmenter
- diminuer
- employer · exploiter : *le pays exploite ses propres ressources naturelles* • mobiliser · puiser dans : *le journal puise 90 % de ses ressources dans la publicité*
- optimiser
- plafonner : *des logements réservés aux locataires dont les ressources sont plafonnées*
- économiser · ménager · préserver : *cet équipement d'épuration est destiné à préserver nos ressources en eau douce*
- gaspiller · piller : *ils ont pillé les ressources de l'Afrique* • surexploiter
- être dénué de · être dépourvu de · être privé de · être sans : *cette bourse est attribuée aux personnes qui sont sans ressources* · manquer de
- assécher · épuiser · tarir : *la délocalisation risque de tarir les ressources du pays*

∾ NOM + DE + **ressources**

- besoin
- niveau · plafond
- abondance
- manque

restriction *nom fém.*

∾ **restriction** + ADJECTIF

- bancaire · budgétaire · commerciale · financière • alimentaire
- quantitative : *la loi prévoit une restriction quantitative de l'importation* • légale

- énorme · grande [+ nom] · grosse [+ nom] · importante • draconienne · drastique : *ce régime impose une restriction drastique des lipides* · sérieuse [+ nom] · sévère · stricte • (plur.) innombrables · multiples
- injustifiée · inutile
- petite [+ nom] : *nous avons dû faire quelques petites restrictions sur le budget*

∾ restriction + VERBE
- empêcher · limiter
- s'appliquer à : *les restrictions ne s'appliquent pas aux contrats déjà conclus* • frapper · peser sur · toucher : *ces restrictions touchent toutes les régions en déficit d'eau*

∾ VERBE + restriction
- prévoir • appliquer : *la mutuelle peut appliquer des restrictions à l'octroi d'un nouveau prêt* · apporter · décider de · fixer · imposer · introduire · mettre · mettre en place : *les responsables ont mis en place des restrictions quant aux mouvements de capitaux* · poser · proposer • assujettir à · soumettre à
- renforcer • maintenir
- comporter : *l'exercice de ce droit ne comporte aucune restriction* • connaître · être sujet à · faire face à · faire l'objet de · souffrir de · subir
- respecter : *les habitants n'ont pas respecté les restrictions en eau*
- dénoncer · protester contre · s'élever contre
- échapper à : *la recherche et le développement échappent aux restrictions budgétaires*
- alléger : *le pays a allégé les restrictions imposées au travail des journalistes étrangers* · limiter
- abolir · éliminer : *Bruxelles prévoit d'éliminer les restrictions de change* · lever : *le préfet a levé les restrictions d'urbanisation* · mettre un terme à · supprimer

[1] résultat *nom masc.* (conséquences)

∾ résultat + ADJECTIF
- direct · immédiat
- inévitable · logique · prévisible
- exact · précis
- concret · effectif · vrai [+ nom] : *ils veulent voir un vrai résultat sur le terrain* • significatif · tangible : *c'est le résultat le plus tangible de la réforme* · visible • important
- déconcertant · étonnant · frappant · inattendu · sidérant · stupéfiant · surprenant · troublant • contradictoire · paradoxal
- indirect
- aléatoire · incertain
- simple [+ nom] : *c'est le simple résultat d'une bonne gestion*

∾ VERBE + résultat
- avoir (comme / pour) : *ces sanctions ont eu pour résultat d'isoler injustement le pays* · conduire à · donner : *l'expérience a donné des résultats inattendus* · mener à · produire
- constater · observer

[2] résultat *nom masc.* (réalisation, performance)

∾ résultat + ADJECTIF
- immédiat · rapide
- concluant · convaincant · probant • encourageant · non négligeable · positif · prometteur · rassurant • bon [+ nom] · satisfaisant
- optimal : *pour un résultat optimal, trempez les biscuits dans du lait* · parfait • beau (+ nom) · éblouissant · ébouriffant · époustouflant · excellent · exceptionnel · extraordinaire · fracassant · grandiose · incroyable · inespéré · joli [+ nom] · magnifique · remarquable · superbe • historique · inégalé · sans précédent • inespéré
- en demi-teinte · en dents de scie · inégal · mi-chèvre, mi-chou · mitigé · variable : *les résultats du traitement sont très variables*
- maigre [+ nom] · mince [+ nom] : *la gestion est plus transparente, ce qui n'est pas un mince résultat* · modeste · moyen
- alarmant · calamiteux · catastrophique · désastreux · exécrable · inquiétant · lamentable · mauvais [+ nom] · médiocre · peu reluisant · piètre [+ nom] · piteux [+ nom] · terrible • décevant · décourageant • pire [+ nom] : *l'économie a enregistré son pire résultat depuis 1953*
- inverse : *on risque d'aboutir au résultat inverse à celui espéré*

∾ résultat + VERBE
- être en (net) progrès · progresser • dépasser les attentes / espérances / prévisions
- changer · varier
- être en chute libre
- décevoir

∾ VERBE + résultat
- laisser augurer · présager · prévoir • escompter · espérer · parier sur · (s')attendre (à) · tabler sur · viser (à)
- aboutir à · arriver à · obtenir · parvenir à : *on ne parvient à ce résultat qu'après des années d'effort*
- avoir · enregistrer : *l'équipe a enregistré de très bons résultats cette année*

- annoncer · présenter · proclamer
- déterminer · influer sur • améliorer
- confirmer

[3] **résultat** *nom masc.* (d'un match, d'une élection, etc.)

∞ résultat + ADJECTIF

- électoral · sportif
- officiel · officieux
- incertain · serré : *toutes les estimations donnent un résultat très serré pour ce second tour*
- complet : *et maintenant les résultats complets des courses à Vincennes* · global : *les résultats globaux du parti aux élections européennes*
- définitif · final : *cela ne changera rien au résultat final dans cet arrondissement*
- provisoire • incomplet · partiel
- nul [Sport] : *le match s'est soldé par un résultat nul, zéro à zéro*
- bon + nom · correct · honorable • excellent · fantastique · inespéré
- édifiant · éloquent · parlant · probant
- en demi-teinte · en dents de scie : *ils sont fatigués des résultats en dents de scie de leur équipe* · mitigé · moyen
- étonnant · inattendu · surprenant
- contestable · douteux
- calamiteux · catastrophique · désastreux · lamentable · mauvais + nom · médiocre · peu reluisant · piètre + nom · piteux + nom

∞ VERBE + résultat

- engranger (plur.) : *la gauche a engrangé d'excellents résultats aux municipales* · faire · obtenir : *elle a obtenu des résultats tout à fait honorables dans les sondages* · réaliser : *ils ont réalisé leur plus mauvais résultat électoral depuis 1995* • se solder par
- annoncer · communiquer · présenter · proclamer : *ils viennent de proclamer les résultats du premier tour* · publier
- améliorer : *le parti améliore son résultat de l'année dernière*
- dépouiller : *ils sont en train de dépouiller les résultats de l'enquête officielle* • contrôler · examiner • comparer · confronter · recouper
- confirmer · entériner
- compromettre • influencer · influer sur · peser sur : *l'affaire a sans doute pesé sur le résultat du scrutin* · modifier : *quelques dizaines de bulletins de vote pourraient modifier les résultats du premier tour* • inverser : *il n'a pas pu inverser le résultat du scrutin*
- biaiser : *le taux d'abstention biaise les résultats* · fausser • maquiller · trafiquer · truquer : *ils sont accusés d'avoir truqué les résultats des élections*
- contester • jeter une ombre sur : *ce fort taux d'abstention jette une ombre sur le résultat de l'élection*
- invalider : *le Conseil d'État / le CIO a invalidé le résultat*

REM. On rencontre parfois "promulguer des résultats". Évitez cette expression maladroite et préférez "publier des résultats".

[4] **résultat** *nom masc.* (Fin., Écon.)

∞ résultat + ADJECTIF

- commercial · financier • brut (d'exploitation) • consolidé · net · opérationnel
- (plur.) annuels · semestriels · trimestriels • intermédiaire : *l'entreprise a publié des résultats intermédiaires encourageants* · prévisionnel
- bénéficiaire · positif • bon + nom · encourageant · non négligeable · satisfaisant • excellent · mirobolant *fam.* · record : *les banques françaises affichent des résultats records*
- contrasté · en dents de scie · fragile : *les résultats enregistrés ces dernières années restent fragiles* · inégal · irrégulier
- déficitaire · négatif • en berne : *ce fabricant affiche des résultats en berne* · mauvais + nom · médiocre · piètre + nom • catastrophique · désastreux

∞ résultat + VERBE

- être en (net) progrès · être / s'inscrire en hausse · progresser · (re)passer dans le vert
- être / s'inscrire en baisse : *le résultat est en baisse de 15 % par rapport à l'année dernière* · être / plonger / rester dans le rouge

∞ VERBE + résultat

- annoncer : *il a annoncé des résultats en hausse de 3 %* · communiquer · publier · rendre public
- afficher : *l'entreprise affiche un résultat opérationnel à faire pâlir d'envie tous ses concurrents* · dégager : *ils dégagent un résultat d'exploitation positif* · engranger · enregistrer · faire
- extrapoler
- équilibrer : *ils espèrent équilibrer le résultat d'exploitation l'année prochaine* • améliorer · doper · redresser : *la réduction des coûts devrait redresser les résultats*
- éroder · grever · laminer : *la crise des télécoms a laminé leurs résultats* · plomber *fam.*

[5] **résultat** *nom masc.* (Math.)

∞ résultat + ADJECTIF

- bon + nom · correct · exact · juste • fiable
- faux · incorrect + nom · inexact • aberrant
- approximatif

∞ VERBE + **résultat**

- arriver à · avoir · trouver : *je viens de refaire mes calculs et j'arrive toujours à ce résultat aberrant*

résultats *nom masc. plur.* (Scol.)

∞ **résultats** + ADJECTIF

- scolaires
- annuels · semestriels · trimestriels
- acceptables · bons + nom · convenables · honnêtes · honorables · satisfaisants • réguliers · stables • excellents · exceptionnels • encourageants · prometteurs
- en dents de scie · inégaux · irréguliers • corrects · mitigés · moyens
- décevants · insuffisants · mauvais + nom · médiocres · piètres + nom • catastrophiques · désastreux · nuls

∞ VERBE + **résultats**

- avoir · obtenir : *elle a obtenu d'excellents résultats au dernier trimestre*

1 retard *nom masc.* (sur un horaire, un programme)

∞ **retard** + ADJECTIF

- gros + nom · important • irrattrapable · lourd de conséquences
- habituel : *la compagnie est connue pour ses habituels retards*
- inévitable : *la réforme va entraîner un retard inévitable dans le traitement des dossiers*
- léger + nom · minime · petit + nom • insignifiant · négligeable · rattrapable · sans conséquences
- inadmissible · inexplicable · injustifiable · intolérable • injustifié
- anormal · inquiétant

∞ VERBE + **retard**

- causer · entraîner · occasionner · provoquer
- accuser : *les trains accusent d'importants retards* • accumuler · prendre : *j'ai pris beaucoup de retard dans mon travail*
- expliquer · justifier · motiver
- tolérer : *il ne tolère aucun retard à ses cours* • excuser · pardonner

2 retard *nom masc.* (de développement)

∞ **retard** + ADJECTIF

- économique · technologique • scolaire • mental · psychomoteur · etc.
- considérable · énorme · grand + nom · gros + nom · important · non négligeable · notable · sérieux · terrible · vrai + nom • irrattrapable · lourd de conséquences
- inadmissible · inexplicable · injustifiable · intolérable • injustifié
- anormal · inquiétant
- minime · petit • insignifiant · rattrapable · sans conséquences

∞ VERBE + **retard**

- causer · entraîner · occasionner · provoquer
- accumuler · accuser
- souffrir de · subir
- augmenter · creuser : *ces lacunes ont creusé le retard du pays par rapport à ses voisins*
- combler · compenser · rattraper : *l'île a rattrapé son retard en matière d'infrastructures*
- déplorer · s'inquiéter de
- réduire · résorber : *l'aide de l'État a permis de résorber le retard de la région*

retentissement *nom masc.* (écho)

∞ **retentissement** + ADJECTIF

- médiatique · politique
- international · mondial · national • colossal · considérable · énorme · exceptionnel · extraordinaire · formidable · fort + nom · grand + nom · gros + nom · immense · important · intense · majeur · profond · sans précédent : *l'affaire a eu un retentissement sans précédent* · spectaculaire · vif + nom : *cette découverte scientifique a connu un vif retentissement* • certain + nom
- étonnant · inattendu · inespéré : *cette inauguration en grande pompe a eu pour la ville un retentissement inespéré*
- immédiat · instantané
- faible + nom · mineur · petit + nom

∞ **retentissement** + VERBE

- déborder : *le retentissement de l'exposition déborde largement nos frontières* · dépasser

∞ VERBE + **retentissement**

- compter sur · escompter : *le fabricant escompte un retentissement médiatique important* · espérer • attendre · prévoir
- assurer · donner : *les terroristes utilisent la presse pour donner un grand retentissement à leurs actions*
- avoir · connaître : *le disque a connu un certain retentissement dans le milieu underground* · rencontrer • obtenir · trouver

retenue *nom fém.* (modération)

∞ **retenue** + ADJECTIF

- naturelle
- extrême · grande + nom · immense · infinie • certaine + nom

- étonnante · rare • élégante : *elle interprète le rôle avec une retenue élégante* · exemplaire • sage

∾ VERBE + **retenue**
- appeler à · encourager · inviter à : *il nous a invités à plus de retenue dans nos interventions*
- afficher · faire montre de · faire preuve de · manifester · montrer · observer : *il a observé une certaine retenue lors de la réunion*
- être empreint de : *un récit empreint d'une étonnante retenue*
- manquer de : *il manque de retenue en société*

réticence *nom fém.*

∾ **réticence** + ADJECTIF
- culturelle · psychologique • personnelle
- initiale
- forte · perceptible · profonde · prononcée · vive [+ nom] • certaine [+ nom] · particulière • persistante
- compréhensible · fondée · légitime
- légère [+ nom] · petite [+ nom] · moindre [+ nom]

∾ **réticence** + VERBE
- concerner · porter sur
- subsister
- disparaître · s'effacer · tomber

∾ VERBE + **réticence**
- provoquer · soulever · susciter
- avoir : *j'ai quelques réticences à lui en parler* · éprouver • afficher · faire preuve de · marquer : *l'opinion marque une certaine réticence à l'égard de la réforme* · montrer • partager • conserver
- avouer · confier · émettre · exprimer · faire part de · manifester · ne pas cacher : *l'opposition ne cache pas ses réticences à supprimer cet impôt*
- témoigner de · traduire
- affronter · être confronté à · rencontrer : *le projet a rencontré quelques réticences au conseil municipal* · se heurter à
- constater · deviner · être conscient de · observer · sentir : *j'ai senti sa réticence à en parler*
- expliquer · justifier
- comprendre • prendre en compte · tenir compte de
- alimenter : *les rumeurs les plus folles ont alimenté les réticences de la population* · conforter : *l'importance des risques conforte mes réticences* · renforcer
- apaiser : *le parti s'efforce d'apaiser les réticences dans ses rangs* · réduire : *la levée des barrières protectionnistes n'a pas suffi à réduire les réticences des investisseurs*
- braver · combattre · contourner
- dépasser · passer outre · surmonter • balayer : *la conviction des organisateurs a balayé toutes les réticences* · briser : *l'enjeu de la campagne est de briser les réticences de la population* · désamorcer · dissiper · lever : *le soutien de l'État a levé les réticences des banques françaises* · oublier · triompher de · vaincre · venir à bout de

retombées *nom fém. plur.* (répercussions)

∾ **retombées** + ADJECTIF
- médiatiques • écologiques · environnementales • médicales · psychologiques · sanitaires • sociales • électorales · politiques • commerciales · économiques · financières · publicitaires · etc.
- locales : *l'implantation de l'usine a eu d'importantes retombées locales* · mondiales · etc.
- attendues · inévitables · prévisibles
- immédiates • rapides : *les investisseurs attendent des retombées rapides sur le plan financier*
- durables
- considérables · énormes · fondamentales · fortes [+ nom] · grosses [+ nom] · importantes · incalculables · incroyables · majeures · non négligeables · significatives · substantielles · visibles • concrètes · directes · pratiques
- bénéfiques · positives • exceptionnelles · formidables · intéressantes · satisfaisantes
- négatives • catastrophiques · dangereuses · déplorables · désastreuses · néfastes · tragiques
- discrètes · faibles [+ nom] · maigres [+ nom] : *ils sont déçus par les maigres retombées de leur travail*
- indirectes
- tardives

∾ VERBE + **retombées**
- assurer · avoir · entraîner · générer : *la construction du gazoduc a généré des retombées financières pour la région*
- espérer · guetter • attendre · compter sur · croire à · escompter : *l'entreprise escompte des retombées médiatiques importantes* • préjuger de · prévoir
- se préoccuper de · s'interroger sur • analyser · calculer · chiffrer · estimer : *on ne peut pas encore estimer les retombées de la catastrophe* · étudier · évaluer · mesurer • être attentif à · prendre en compte · tenir compte de
- appréhender · craindre · redouter · s'inquiéter de
- relativiser · sous-estimer · surestimer

- enregistrer · observer · percevoir : *le gouvernement n'avait pas perçu les retombées négatives de l'affaire*
- bénéficier de · exploiter · profiter de · tirer profit de · utiliser
- faire face à · subir : *le pays continue de subir les retombées de la crise économique*
- atténuer · circonscrire : *le gouvernement s'emploie à circonscrire les retombées du scandale* · limiter • compenser

rétribution *nom fém.*

∾ rétribution + ADJECTIF

- financière
- forfaitaire · imposable
- belle + nom · bonne + nom · forte + nom · grosse + nom · importante · maximale · solide + nom
- appropriée · équitable · juste · normale · suffisante
- motivante
- faible + nom · insuffisante · maigre + nom · petite + nom • symbolique : *une rétribution symbolique de quelques euros* • minimum • insuffisante

∾ rétribution + VERBE

- atteindre · s'élever à : *la rétribution pourrait s'élever à 80 000 euros* • correspondre à · équivaloir à : *la rétribution équivaut à 80 % du salaire* · représenter

∾ VERBE + rétribution

- demander · réclamer • négocier
- donner droit à : *les heures supplémentaires donnent droit à une rétribution appropriée* · donner lieu à
- mériter
- assurer · garantir : *ce système devrait garantir la rétribution des artistes* • allouer · payer · verser
- bénéficier de · percevoir · recevoir · toucher • se contenter de
- ajuster · réviser / revoir à la hausse / baisse

retrouvailles *nom fém. plur.*

∾ retrouvailles + ADJECTIF

- amoureuses · familiales
- grandes + nom · solennelles
- bouleversantes · émouvantes · émues : *des retrouvailles émues après dix ans d'absence* · touchantes : *les retrouvailles touchantes de deux amis d'enfance*
- belles + nom : *les belles retrouvailles de toute la famille* · chaleureuses · enthousiastes · heureuses · joyeuses · passionnées : *les retrouvailles passionnées des deux amants*
- fortuites · impromptues · inattendues · inopinées : *des retrouvailles inopinées au coin d'une rue*
- tardives
- difficiles · douloureuses : *des retrouvailles douloureuses avec le pays de son enfance malheureuse* · tendues • explosives · houleuses · orageuses : *les retrouvailles orageuses des frères ennemis*
- manquées · ratées

∾ retrouvailles + VERBE

- avoir lieu · se dérouler : *les retrouvailles se sont déroulées sur le lieu même de leur rencontre*
- s'annoncer (+ adj.) : *les retrouvailles des ex-époux s'annoncent tendues*

∾ VERBE + retrouvailles

- conduire à · donner lieu à
- concrétiser · marquer · sceller : *la visite du chef d'État a scellé les retrouvailles des deux pays*
- célébrer · fêter : *nous avons fêté nos retrouvailles autour d'un verre*
- différer · repousser · retarder
- gâcher · perturber

réunion *nom fém.* (rassemblement, comité)

∾ réunion + ADJECTIF

- privée · publique • paritaire • d'information · préparatoire • d'affaires · de famille · électorale · familiale · mondaine · (inter)professionnelle
- plénière • au sommet° : *une réunion au sommet entre les principaux dirigeants* · exceptionnelle · formelle · solennelle • cruciale · décisive · de la plus grande / haute importance · importante
- urgente
- longue + nom • interminable
- amicale · joyeuse · sympathique
- constructive · fructueuse : *cette réunion fructueuse nous a permis d'arriver à un accord* · utile
- intime : *une réunion intime avec trois participants* · restreinte • informelle • de routine • discrète
- courte + nom · petite + nom
- à huis clos • confidentielle · secrète : *le complot a été organisé lors d'une réunion secrète*
- chaotique · houleuse · orageuse · tendue : *une réunion tendue entre les antagonistes*
- ennuyeuse • infructueuse · inutile

∾ réunion + VERBE

- porter sur : *la réunion porte sur le bilan d'activité*
- commencer · débuter · s'ouvrir : *la réunion s'est ouverte ce matin dans une atmosphère tendue*

- avoir lieu · se dérouler · se tenir : *une réunion s'est tenue aujourd'hui à Bruxelles*
- durer · se poursuivre · se prolonger : *la réunion s'est prolongée tard dans la nuit*
- n'en plus finir · s'éterniser · traîner en longueur
- prendre fin · s'achever · se terminer

∾ VERBE + réunion
- convoquer · demander
- fixer · prendre date pour • arranger · organiser · préparer · prévoir · programmer • improviser • animer · conduire · présider : *la réunion était présidée par le délégué syndical* • faire · tenir
- être à l'ordre du jour de · être au menu de · faire l'objet de : *les problèmes de sécurité ont fait l'objet d'une réunion*
- convier à · inviter à
- assister à · participer à · prendre part à · se rendre à
- bouder · boycotter
- perturber · troubler
- interdire
- abréger · écourter
- ajourner · reporter · repousser
- claquer la porte de · quitter
- interrompre • annuler · décommander

réussite *nom fém.* (bons résultats)

∾ réussite + ADJECTIF
- artistique · scolaire · sociale · technique • commerciale · économique · financière
- individuelle · personnelle : *il doit sa réussite personnelle au talent de son impresario* • collective
- incontestable · indéniable · indiscutable • absolue · complète · parfaite · totale • exceptionnelle · majeure · sans précédent · unique • belle + nom · éclatante · extraordinaire · fantastique · formidable · impressionnante · incroyable · insolente : *la réussite insolente de ce jeune homme surdoué* · jolie + nom · remarquable · sidérante · spectaculaire · véritable + nom · vraie + nom • édifiante · exemplaire : *sa réussite exemplaire me fait rêver* · magnifique
- immédiate • foudroyante · fulgurante · rapide
- inattendue · inespérée
- imparfaite · inégale · mitigée : *le spectacle connaît une réussite mitigée* · partielle : *une réussite partielle aux examens*

∾ réussite + VERBE
- dépendre de · être due à · être liée à · reposer sur · tenir à : *la réussite du film tient au jeu des acteurs*
- ne pas se démentir : *la réussite de l'entreprise ne s'est jamais démentie*
- faire des envieux · faire rêver
- griser : *une jeune comédienne grisée par sa réussite fulgurante* • obnubiler : *il est complètement obnubilé par la réussite sociale* · obséder

∾ VERBE + réussite
- avoir soif de • croire à · parier sur : *l'entreprise parie sur la réussite commerciale de ce nouveau produit*
- concourir à · conditionner : *c'est l'accueil des autorités qui conditionnera la réussite du programme* · déterminer · participer à • assurer · être un gage de · garantir : *les différents partenariats garantissent la réussite du projet* • aboutir à · conduire à
- s'avérer : *ce premier roman s'avère une réussite* · se révéler • constituer · devenir · être
- afficher : *ce secteur affiche une réussite exceptionnelle* · connaître
- incarner : *ce fils d'ouvriers incarne la réussite sociale* · symboliser
- fêter · saluer · vanter : *tous les journaux vantent la réussite artistique du film*
- savourer : *l'équipe victorieuse savoure sa réussite*

∾ NOM + DE + réussite
- clé · gage · ingrédient · secret • facteur
- modèle • critère · preuve · signe
- chance · pourcentage · probabilité · taux
- faîte : *il est au faîte de la réussite sociale* · sommet

revanche *nom fém.*

∾ revanche + ADJECTIF
- suprême • belle + nom · éclatante · formidable · jolie + nom · sacrée + nom · superbe
- délicieuse : *elle savoure sa délicieuse revanche après plusieurs défaites* · douce + nom
- modeste : *sa victoire sur le fil fut une modeste revanche* · petite + nom · piètre + nom

∾ VERBE + revanche
- être avide de · être en quête : *il est en quête de revanche après cette humiliation* · vouloir
- accorder : *le champion olympique a accordé une revanche à son adversaire*
- avoir : *elle aura mis vingt ans à avoir sa revanche* · prendre : *il a pris sa revanche sur la vie* · tenir : *le parti espère tenir sa revanche aux prochaines élections*
- savourer : *le jeune diplômé savoure sa revanche sur son enfance difficile*

∞ NOM + DE + revanche

- air · allure : *le match avait des allures de revanche* · goût · parfum : *le procès a un parfum de revanche*
- appétit : *il m'a confié son appétit de revanche* · désir · envie · espoir · rêve · soif · volonté
- sentiment

[1] rêve *nom masc.* (litt.)

∞ rêve + ADJECTIF

- érotique · prémonitoire • éveillé° : *ils vivent un rêve éveillé depuis leur rencontre*
- bizarre · curieux · étrange · troublant
- confus · délirant
- pénétrant : *« Je fais souvent ce rêve étrange et pénétrant / D'une femme inconnue, et que j'aime et qui m'aime »* (Verlaine, *Poèmes saturniens*, VI, "Mon rêve familier")
- familier · récurrent
- agréable · beau [+ nom] : *fais de beaux rêves !*
- affreux · angoissant · désagréable · horrible · mauvais [+ nom] : *ce film d'horreur m'a fait faire de mauvais rêves* · pénible · terrifiant

∞ rêve + VERBE

- revenir · se répéter
- réveiller • hanter · obséder
- se dissiper · s'évanouir

∞ VERBE + rêve

- faire : *j'ai fait un drôle de rêve cette nuit* • être perdu dans (plur.) : *tu as l'air d'être perdu dans tes rêves*
- se rappeler · se souvenir de • raconter
- interpréter : *il interprétait les rêves de l'empereur*
- arracher à : *ce bruit soudain m'a arraché à mes rêves*
- sortir de : *je suis sorti de ce rêve quand le réveil a sonné*

[2] rêve *nom masc.* (ambition)

∞ rêve + ADJECTIF

- adolescent · de gosse[fam.] · de jeunesse · d'enfant · de petit(e) garçon / fille
- américain : *un jeune immigré fasciné par le rêve américain* · bourgeois · hollywoodien
- de gloire · de grandeur · de puissance • démocratique · égalitaire
- ancien · vieux [+ nom]
- beau [+ nom] · fabuleux · grandiose · merveilleux
- accessible : *c'est désormais un rêve accessible à tous* · réalisable
- délirant · fou
- absurde · insensé
- secret : *son rêve secret est de devenir danseur de claquettes*
- chimérique · lointain : *le tourisme spatial paraît un rêve lointain* • impossible · inaccessible · utopique
- inachevé · inassouvi : *l'œuvre parfaite reste un rêve inassouvi*

∞ rêve + VERBE

- animer · habiter : *elle raconte le rêve qui l'habite depuis son adolescence* • hanter
- devenir réalité · prendre forme · se concrétiser · se réaliser : *son rêve de sauter en parachute s'est enfin réalisé*
- se transformer en cauchemar · tourner / virer au cauchemar : *leur rêve de construire une maison a viré au cauchemar*
- s'éloigner · s'estomper • rester une chimère : *un rêve qui restera une chimère*
- mourir · prendre fin · se briser · s'écrouler · s'effondrer · s'en aller en fumée · s'envoler : *le rêve s'est envolé avec le krach* · se terminer · s'évanouir · voler en éclats : *cette défaite fait voler en éclats ses rêves de petite fille*

∞ VERBE + rêve

- offrir : *les parcs d'attractions offrent du rêve* · vendre : *les chanteurs pour adolescentes vendent du rêve*
- incarner : *ce self-made-man incarne le rêve américain*
- avoir · caresser · couver · cultiver : *il cultive un rêve de gloire* · nourrir : *elle nourrit un rêve inaccessible* · poursuivre • avoir en commun · partager
- alimenter
- avouer · confier · raconter
- accomplir : *il a accompli le rêve de l'émigrant, revenir au pays en conquérant* · concrétiser · donner forme à : *les joueurs ont donné forme au rêve de toute une nation* · réaliser
- poursuivre · prolonger : *ils ont filmé leur voyage pour prolonger le rêve*
- confronter ... à : *il a fallu confronter le rêve à la réalité*
- mettre à mal : *son livre met à mal le rêve américain*
- arracher à : *la dure réalité l'a arraché à son rêve*
- briser · mettre fin à · mettre un terme à
- abandonner · renoncer à : *il a renoncé à tous ses rêves d'enfant* • perdre

[1] réveil *nom masc.* (litt.)

∞ réveil + ADJECTIF

- matinal
- précoce
- tardif

- en douceur : *le soleil m'a réveillé en douceur* · naturel · progressif
- en fanfare : *un réveil en fanfare causé par le bruit d'une tronçonneuse* • brutal
- comateux · embrumé · pâteux
- cruel · difficile · dur

∾ VERBE + **réveil**

- annoncer : *la sonnerie qui annonce le réveil du matin*

[2]réveil *nom masc.* (renaissance, retour à la réalité)

∾ **réveil** + ADJECTIF

- démocratique · identitaire · nationaliste · politique • militant · protestataire · social • religieux · spirituel • économique
- salutaire : *cette prise de conscience est un réveil salutaire pour le pays*
- brusque · soudain : *comment expliquer ce réveil soudain de l'opinion ?*
- brutal · difficile · dur · pénible · rude : *un réveil rude après une période de douces illusions* • amer : *cette trahison a entraîné un réveil amer* · douloureux · triste
- hypothétique • lent · progressif • tardif : *l'élève a eu un réveil tardif au dernier trimestre*

∾ VERBE + **réveil**

- appeler à
- attendre · espérer
- entraîner · favoriser · provoquer · susciter
- connaître (+ adj.)
- assister à · constater
- annoncer · sonner : *sa victoire sonne le réveil du tennis anglais* • incarner · représenter · symboliser : *l'apparition des gratte-ciel symbolise le réveil économique du pays* • illustrer · marquer · témoigner de · traduire • confirmer

[1]révélation *nom fém.* (déclaration)

∾ **révélation** + ADJECTIF

- publique
- inédite · nouvelle $^{+\text{ nom}}$
- capitale · importante · majeure • extraordinaire · incroyable · spectaculaire • explosive · fracassante · retentissante · sensationnelle
- curieuse · étonnante · étrange · inattendue · surprenante · troublante
- croquignolette$^{fam.}$ · croustillante$^{fam.}$: *le journal a fait des révélations croustillantes sur la vie amoureuse de l'actrice* • choquante · compromettante · embarrassante · gênante · scandaleuse : *des révélations scandaleuses sur des politiciens véreux* · sordide
- accablante · cruelle · douloureuse · inquiétante · terrible
- tardive
- fausse $^{+\text{ nom}}$ · prétendue $^{+\text{ nom}}$: *ces prétendues révélations n'ont surpris personne*

∾ **révélation** + VERBE

- concerner · toucher · viser
- (plur.) pleuvoir · s'accumuler · se multiplier · s'enchaîner · se succéder : *les révélations se sont succédé au cours du procès*
- confirmer · dévoiler : *ces révélations ont dévoilé des failles dans la sécurité du système* · éclairer · mettre en évidence
- compromettre · (re)mettre en cause : *des révélations mettent en cause plusieurs anciens ministres*
- faire beaucoup de / grand bruit · faire la une : *ces révélations ont fait la une de tous les journaux*
- choquer · étonner · surprendre · troubler

∾ VERBE + **révélation**

- être en quête de : *les journalistes sont en quête de révélations sur l'affaire* · s'attendre à
- déboucher sur · être à l'origine de · provoquer
- annoncer · promettre : *la couverture du livre promet des révélations sur les stars de cinéma*
- apporter : *le reportage n'apporte que de fausses révélations* · comporter : *le pamphlet comporte quelques révélations fracassantes* · contenir
- faire • diffuser · distiller : *l'auteur distille les révélations au fur et à mesure des chapitres* · publier • multiplier (plur.)
- confirmer
- s'appuyer sur · se baser sur · se fonder sur
- minimiser : *la direction veut minimiser ces révélations pour éviter le scandale*
- démentir
- étouffer

∾ NOM + DE + **révélations**

- avalanche · cascade · flot : *ce flot de révélations a choqué l'opinion* · lot

[2]révélation *nom fém.* (expérience, découverte)

∾ **révélation** + ADJECTIF

- mystique : *cet homme d'affaires a eu une révélation mystique lors d'un voyage en Inde* · religieuse • artistique · littéraire · musicale · etc.
- grande $^{+\text{ nom}}$: *ce spectacle fut une grande révélation pour moi* · véritable $^{+\text{ nom}}$ · vraie $^{+\text{ nom}}$
- brusque · brutale : *il eut la révélation brutale de sa vocation médicale alors qu'il était balayeur dans un hôpital* • immédiate · soudaine · subite
- inattendue

- bouleversante · fascinante · incroyable
- tardive

∾ VERBE + **révélation**

- avoir : *il a eu une révélation en visitant une abbaye cistercienne*
- constituer : *ce disque constitue une des grandes révélations musicales de l'année* · être : *c'est la révélation de l'année*

revendication *nom fém.*

∾ **revendication** + ADJECTIF

- catégorielle · étudiante · ouvrière · patronale · syndicale • culturelle · identitaire · politique · religieuse · sociale · territoriale • autonomiste · indépendantiste · nationaliste · séparatiste • égalitaire • commerciale · économique · financière · matérielle · pécuniaire · salariale • morale · symbolique
- individuelle · locale : *chaque établissement a présenté ses revendications locales* • particulière · précise · spécifique • collective · commune · conjointe
- officielle • centrale · dominante · essentielle · fondamentale · forte + nom · grande + nom · majeure · phare : *l'assouplissement des contrats est la revendication phare de la fédération* · principale · prioritaire • non négociable : *les travailleurs ont fait du départ de leur chef du personnel une revendication non négociable* · radicale
- croissante · grandissante : *une époque marquée par une revendication grandissante de justice sociale* • continuelle · permanente · récurrente · systématique
- classique · historique : *la baisse de la TVA est une revendication historique des restaurateurs* · séculaire · traditionnelle · vieille + nom
- juste · justifiée · légitime · logique • claire · modérée · raisonnable : *le gouvernement semble prêt à accepter les revendications raisonnables des syndicats* · réaliste · sérieuse
- étrange · originale
- abusive · illégitime · inacceptable • absurde · déraisonnable · excessive · incohérente · irréaliste

∾ **revendication** + VERBE

- concerner · porter sur · toucher à · viser à : *les revendications visent à instaurer des prix minimums*
- émaner de · venir de
- s'étendre : *leurs revendications pourraient s'étendre à d'autres domaines*
- aboutir : *il a fallu attendre un mois pour voir nos revendications aboutir*
- rester lettre morte : *les grévistes menacent d'amplifier le mouvement si les revendications restent lettre morte*

∾ VERBE + **revendication**

- constituer • être au cœur de : *la sécurité est au cœur des revendications* · faire partie de
- adresser · afficher · avancer · émettre · exposer · exprimer · faire part de · formuler · poser · présenter
- rappeler · réaffirmer · réitérer · renouveler · répéter : *les délégués syndicaux répètent les mêmes revendications depuis le début de la crise* • maintenir · s'accrocher à
- élargir · étendre • durcir
- affiner · aiguiser · alimenter : *la suppression de 7 000 emplois alimente les revendications* · développer · nourrir • donner du poids à : *la forte participation au défilé a donné du poids aux revendications* · exacerber : *les profits à la hausse ont exacerbé les revendications*
- étayer · justifier · légitimer • appuyer · défendre · faire avancer · faire valoir · promouvoir
- connaître • comprendre · écouter · entendre · être à l'écoute de : *la direction se doit d'être à l'écoute des revendications des salariés* · être attentif à · être favorable à · prendre en compte · répondre à · soutenir · tenir compte de
- s'associer à · se joindre à • rejoindre
- accepter · approuver · céder à / sur : *le gouvernement ne veut pas céder aux revendications des cheminots* · donner satisfaction à · satisfaire (à)
- obtenir satisfaction pour / sur : *les grévistes ont obtenu satisfaction sur plusieurs revendications*
- affronter · être confronté à · faire face à
- affaiblir · atténuer · calmer · canaliser : *les élus s'efforcent de canaliser les revendications régionalistes* · désamorcer · mettre en sourdine : *les militants devront mettre en sourdine leurs revendications* · tempérer
- contester · opposer une fin de non-recevoir à · refuser · rejeter · rester sourd à : *le directeur est resté sourd aux revendications des employés* · s'opposer à • balayer
- abandonner · renoncer à

∾ NOM + DE + **revendications**

- catalogue · ensemble

rêverie *nom fém.*

rêverie + ADJECTIF

- métaphysique · mystique • poétique • amoureuse · érotique · romantique · sentimentale
- nocturne • diurne · éveillée
- calme · douce + nom • agréable · délicieuse • pure + nom
- longue + nom · prolongée
- mélancolique · nostalgique • sombre : *ses idées noires l'ont plongé dans une sombre rêverie* • étrange + nom : *la fièvre le plongea dans une étrange rêverie*
- solitaire
- brève + nom · éphémère · fugace
- stérile · vaine

VERBE + **rêverie**

- appeler à · inciter à · inviter à : *cette promenade autour du lac invite à la rêverie*
- s'abandonner à · s'adonner à · se laisser aller à • se réfugier dans : *elle se réfugie dans la rêverie pour oublier ces instants douloureux* • être perdu dans
- poursuivre · prolonger : *nous avons prolongé la rêverie de cette magnifique journée par un dîner aux chandelles*
- alimenter · nourrir : *le décor féerique nourrissait la rêverie*
- troubler • interrompre
- tirer de : *la sonnerie du téléphone l'a tiré de sa rêverie*
- sortir de : *je suis sorti de ma rêverie quand quelqu'un a frappé à la porte*

revirement *nom masc.*

revirement + ADJECTIF

- politique · stratégique
- énième · nouveau + nom
- brusque · brutal · soudain · subit : *ce revirement politique subit en a étonné plus d'un*
- complet · grand + nom · majeur · radical · sensible · spectaculaire : *l'avocat de l'accusé a opéré un revirement spectaculaire en plaidant coupable* · total
- curieux · étrange · imprévisible · inattendu · inexpliqué
- tardif • ultime · dernier

revirement + VERBE

- avoir lieu · se produire : *un revirement de situation s'est produit hier après-midi* · s'opérer
- se confirmer
- déboussoler *fam.* · embarrasser • étonner · stupéfier
- affaiblir · affecter · fragiliser

VERBE + **revirement**

- produire · provoquer : *cette révélation a provoqué un revirement de situation*
- accomplir · effectuer · opérer : *la pression des actionnaires l'a contraint à opérer des revirements stratégiques*
- constituer · marquer : *la dernière partie de sa carrière marque un revirement dans sa pensée religieuse*
- assister à
- justifier · motiver • expliquer · interpréter
- critiquer

révolte *nom fém.*

révolte + ADJECTIF

- sociale • ouvrière · paysanne · populaire • adolescente · étudiante · etc.
- armée : *la manifestation s'est transformée en révolte armée*
- intérieure • morale : *une révolte morale légitime contre cette loi*
- spontanée • absolue • permanente : *des adolescents en révolte permanente*
- brutale · sanglante · violente
- saine · salutaire : *face à l'exploitation, elle appelle à une révolte salutaire* • juste · légitime
- silencieuse · sourde : *une révolte sourde gronde chez les salariés*

révolte + VERBE

- couver · gronder : *on entend la révolte qui gronde dans les rues* · menacer
- éclater : *en 1905, une révolte éclate à bord du cuirassé Potemkine*
- gagner : *la révolte gagne le sud du pays*
- durer

VERBE + **révolte**

- déclencher · engendrer · provoquer · susciter : *cette réforme suscite la révolte des travailleurs*
- fomenter : *ils fomentent une révolte contre le pouvoir en place* · mener · organiser • [Sport] sonner : *après la mauvaise prestation du match aller, l'équipe a sonné la révolte lors du match retour*
- appeler à · encourager · inciter à · pousser à · prêcher • exciter · nourrir
- crier : *mon cœur crie sa révolte* · dire · exprimer
- comprendre
- incarner · symboliser
- briser · écraser · enrayer · étouffer · mater : *l'armée a maté la révolte dans le sang* · réprimer

∾ NOM + DE + **révolte**
- climat · parfum : *il flotte dans l'air comme un parfum de révolte* · vent • esprit : *ses œuvres reflètent l'esprit de révolte* · état · sentiment
- cri · signe
- acte · geste • mouvement

[1]**révolution** *nom fém.* (changement de système politique)

∾ **révolution** + ADJECTIF
- politique · sociale • démocratique • bourgeoise · populaire · prolétarienne • mondiale
- armée • violente
- douce · tranquille • non violente · pacifique : *elle veut croire à la possibilité d'une révolution pacifique* • de velours°
- avortée · manquée

∾ **révolution** + VERBE
- gronder · menacer · se préparer
- éclater : *en 1917, la révolution éclate en Russie* • être en marche : *une poignée d'hommes marcha sur la capitale, la révolution était en marche* • avoir lieu
- triompher
- balayer · bouleverser · bousculer
- mettre à bas : *la révolution a mis à bas ce régime dictatorial* · renverser
- échouer

∾ VERBE + **révolution**
- appeler à · prôner
- fomenter · préparer • faire : *ce sont principalement des bourgeois qui ont fait la Révolution* · accomplir : *la gauche n'a pas su accomplir la révolution démocratique* • conduire · mener
- étendre · exporter : *ils espèrent exporter leur révolution à toute l'Europe*
- écraser · mater
- mettre fin à

[2]**révolution** *nom fém.* (changement radical)

∾ **révolution** + ADJECTIF
- industrielle · technologique • cybernétique · informatique · numérique · internet • sexuelle • démographique • constitutionnelle · institutionnelle • conceptuelle · culturelle · esthétique · idéologique · intellectuelle · picturale · etc.
- interne : *l'association a opéré une révolution interne pour être plus efficace*
- copernicienne° · grande $^{+\,nom}$ · immense · importante · majeure · profonde · radicale · sans précédent · véritable $^{+\,nom}$ · vraie $^{+\,nom}$
- douce · petite $^{+\,nom}$: *ce nouveau gadget est une petite révolution pour les amateurs de musique* · silencieuse · tranquille : *la révolution tranquille du numérique s'accomplit en silence*
- avortée · manquée

∾ **révolution** + VERBE
- se préparer
- être en marche : *une révolution culturelle, initiée par internet, est en marche* · s'accomplir · se produire · s'opérer
- concerner · toucher : *cette révolution touche les destins de millions d'individus*
- balayer · bouleverser · bousculer

∾ VERBE + **révolution**
- déclencher · entraîner · produire
- préparer • amorcer : *l'amélioration des techniques permit d'amorcer une révolution agricole* · donner le coup d'envoi de
- assister à · connaître · traverser · vivre : *nous vivons une révolution démographique*
- accomplir : *l'entreprise doit accomplir une révolution interne* · faire : *l'université est en train de faire sa révolution culturelle*
- constituer · être · représenter : *le commerce électronique représente une véritable révolution pour les entreprises*

rhétorique *nom fém.*

∾ **rhétorique** + ADJECTIF
- politique • révolutionnaire • nationaliste · patriotique
- classique · habituelle · traditionnelle • officielle : *la rhétorique officielle dissimule la réalité des faits*
- pure $^{+\,nom}$: *certains articles de la loi ne sont que pure rhétorique*
- belliqueuse · guerrière · haineuse · raciste · sécuritaire · xénophobe
- démagogique · populiste · simpliste • binaire · manichéenne : *l'avocat a eu recours à une rhétorique manichéenne dans son plaidoyer* • creuse · vide : *il s'écoute parler, c'est de la rhétorique vide* • usée

∾ **rhétorique** + VERBE
- dissimuler · masquer : *cette rhétorique masque une tout autre réalité*

∾ VERBE + **rhétorique**
- développer · inventer
- adopter • avoir recours à · employer · manier : *il sait fort bien manier la rhétorique révolutionnaire* · recourir à · s'abriter derrière : *elle s'abrite derrière une rhétorique simpliste* · s'appuyer sur · user de · utiliser • reprendre : *elle a repris la rhétorique de son concurrent*
- maîtriser : *un homme politique doit savoir maîtriser la rhétorique*
- adapter ... à
- dénoncer • échapper à · éviter · refuser
- abandonner · rompre avec : *son discours rompt avec la rhétorique traditionnelle* · sortir de

[1] richesse *nom fém.* (opulence, biens matériels)

∾ **richesse** + ADJECTIF
- matérielle · foncière · immobilière
- globale : *tous bénéficient de la richesse globale du pays*
- colossale · considérable · extrême · grande [+ nom] · immense · inépuisable • exceptionnelle · extraordinaire · fabuleuse · formidable · inouïe · prodigieuse
- arrogante · éhontée · excessive · insolente : *cette richesse insolente côtoie la misère des bidonvilles* • inégalement partagée / répartie
- relative

∾ VERBE + **richesse**
- avoir soif de
- créer : *ces petites entreprises créent de la richesse et des emplois*
- bâtir ... sur · tirer ... de : *l'émirat tire sa richesse de son sol*
- constituer : *quelques meubles constituaient toute sa richesse*
- (plur.) accumuler · amasser
- montrer · refléter • étaler · exhiber : *il exhibe sa richesse pensant attirer les filles* · faire étalage de
- mesurer · évaluer
- accroître · augmenter
- partager · répartir

∾ NOM + DE + **richesse**
- source : *la pêche est leur principale source de richesse*
- signe (extérieur / ostentatoire) · symbole

[2] richesse *nom fém.* (qualité, diversité)

∾ **richesse** + ADJECTIF
- artistique · culturelle · intellectuelle · spirituelle • humaine
- belle [+ nom] : *la belle richesse de notre patrimoine* • extrême · grande [+ nom] · immense · inappréciable · incalculable · incommensurable · inestimable · infinie • époustouflante · étourdissante · exceptionnelle · extraordinaire · fabuleuse · formidable · incroyable · inouïe · prodigieuse · unique · vraie [+ nom]
- étonnante · insoupçonnée

∾ VERBE + **richesse**
- avoir · recéler
- constituer · faire : *cette diversité culturelle fait la richesse de notre pays*
- dévoiler · être le reflet de · montrer · refléter · révéler · témoigner de
- connaître · découvrir : *je n'ai découvert que récemment les richesses artistiques de cette région* · partir à la découverte de · voir
- avoir conscience de

richesses *nom fém. plur.* (ressources)

∾ **richesses** + ADJECTIF
- naturelles • maritimes · terrestres • agricoles · énergétiques · minérales · minières · pétrolières
- locales : *ils n'exploitent pas suffisamment les richesses locales* · nationales · régionales
- importantes

∾ VERBE + **richesses**
- avoir · regorger de : *ce territoire regorge de richesses naturelles, comme le minerai de fer*
- produire
- découvrir · trouver
- exploiter : *ils exploitent au maximum les richesses naturelles de leur région*
- piller : *ils ont pillé les richesses naturelles de notre pays* · s'accaparer · voler

ridicule *nom masc.*

∾ **ridicule** + ADJECTIF
- achevé · consommé : *cette scène d'amour est d'un ridicule consommé* · parfait · sans nom
- assumé
- involontaire

∾ **ridicule** + VERBE
- ne pas tuer° : *« Le ridicule ne tue pas »* (proverbe)

∾ VERBE + **ridicule**
- encourir · risquer
- braver · ne pas avoir peur de · ne pas craindre
- confiner à : *son refus de la nouveauté confine au ridicule* · friser · frôler • sombrer dans · tomber dans

- pousser ... jusqu'à : *elle pousse le ridicule jusqu'à porter des tee-shirts à l'effigie de son chien*
- faire ressortir · montrer · souligner : *je tiens à souligner le ridicule de tels propos*
- couvrir de • tourner en : *il tourne en ridicule cette rhétorique démagogique*
- échapper à · éviter · s'épargner : *il aurait pu s'épargner le ridicule d'arriver en retard*

∞ NOM + DE + **ridicule**
- comble · sommet · summum

[1]**rigueur** *nom fém.* (précision)

∞ **rigueur** + ADJECTIF
- professionnelle • analytique · intellectuelle · logique · méthodologique • formelle • stylistique • déontologique · éthique · morale • mathématique · scientifique · technique
- indispensable · nécessaire · requise · souhaitable : *cette expérience n'a pas été réalisée avec toute la rigueur souhaitable*
- de tous les instants
- accrue • absolue · extrême · grande [+ nom] · impitoyable · implacable · incontestable · inflexible · méticuleuse · stricte : *une stricte rigueur dans la gestion des comptes s'impose* • impeccable · irréprochable · parfaite · remarquable · sans faille
- diabolique · excessive · maniaque : *il est d'une rigueur maniaque dans son travail*

∞ **rigueur** + VERBE
- s'imposer
- caractériser : *avec la rigueur qui caractérise tous ses travaux*

∞ VERBE + **rigueur**
- être de (+ adj.) : *cette étude est d'une rigueur absolue*
- demander · exiger · nécessiter · réclamer · requérir : *ce poste requiert une grande rigueur* • obliger à
- avoir · posséder : *elle possède une grande rigueur professionnelle* • retrouver : *l'équipe a retrouvé un peu de sa rigueur en seconde mi-temps*
- privilégier · prôner
- faire preuve de · montrer • garder · maintenir • allier ... et ... · concilier ... et ... : *ce livre de vulgarisation concilie rigueur et clarté*
- renforcer : *ils ont renforcé la rigueur du protocole*
- assurer · garantir · veiller à
- apprécier · saluer : *je voudrais saluer la grande rigueur de son travail*
- nuire à • sacrifier ... à : *elle a sacrifié la rigueur formelle à l'esthétique*
- manquer de

[2]**rigueur** *nom fém.* (austérité)

∞ **rigueur** + ADJECTIF
- budgétaire · économique · financière · monétaire : *une politique de rigueur monétaire*
- accrue : *il doit gérer le budget avec une rigueur accrue* • absolue · extrême · grande [+ nom] · impitoyable · implacable · stricte

∞ VERBE + **rigueur**
- (s')imposer : *le pays s'est imposé une rigueur budgétaire accrue*
- renforcer : *ces règles contraignantes permettent de renforcer la rigueur de gestion*
- adoucir · atténuer : *cet amendement atténue la rigueur de la législation*
- subir : *les plantes ont subi les rigueurs de l'hiver*

riposte *nom fém.* (contre-attaque)

∞ **riposte** + ADJECTIF
- armée · militaire : *ils mettent au point une riposte militaire contre les organisations terroristes*
- imminente • immédiate · instantanée · prompte · rapide
- d'envergure • brutale · cinglante · énergique · impitoyable · musclée : *la riposte musclée des forces de l'ordre ne s'est pas fait attendre* · sanglante · sévère · vigoureuse · violente · vive : *cette loi a déclenché une vive riposte de l'opposition*
- collective • massive
- adaptée · adéquate · appropriée · proportionnée • légitime • efficace
- graduée : *il plaide pour une riposte graduée* • mesurée
- aveugle • démesurée · disproportionnée : *la riposte qui a suivi était totalement disproportionnée* · excessive

∞ **riposte** + VERBE
- suivre
- ne pas se faire attendre · ne pas tarder : *la riposte n'a pas tardé : les grèves ont commencé le lendemain*

∞ VERBE + **riposte**
- déclencher · entraîner · provoquer · susciter : *l'incursion de l'armée a suscité une violente riposte*
- envisager · prévoir • annoncer : *il annonce une riposte cinglante à ses détracteurs*
- mettre au point · organiser · préparer : *les syndicats préparent leur riposte*
- s'exposer à
- craindre · redouter

∾ NOM + DE + **riposte**
- plan : *le gouvernement élabore un plan de riposte à l'épidémie*
- moyens

rire *nom masc.*

∾ **rire** + ADJECTIF
- aigu · strident · suraigu
- caverneux · grave
- bruyant · éclatant · énorme · franc · gigantesque · grand [+ nom] · gros [+ nom] · homérique° · immense · monumental · puissant · sonore · tonitruant • triomphant
- inextinguible · interminable · prolongé
- dément
- communicatif · contagieux • chaleureux · complice · généreux • sincère · spontané • inimitable · irrésistible
- enfantin · innocent
- beau [+ nom] · charmant · clair · cristallin · doux · étoilé : *« Les sept éclats de glace de ton rire étoilé »* (Jacques Prévert, *Paroles*, "Le miroir brisé") · joyeux · limpide · merveilleux · perlé • délicieux · espiègle · savoureux · sensuel
- libérateur · salutaire · salvateur
- convulsif · frénétique · hystérique : *à bout de nerfs, elle partit soudain dans un rire hystérique* · nerveux · saccadé
- effronté · frondeur · insolent • cynique · goguenard · ironique · moqueur · narquois · sarcastique · sardonique • mauvais · méprisant · sec · vengeur • diabolique · féroce · méchant · méphistophélique [littér.] · noir · sadique
- forcé · jaune° • effrayant · grimaçant · hideux • gras · obscène • bête · niais · stupide
- amer · désabusé · désespéré · triste
- intérieur • discret · étouffé · léger [+ nom] · minuscule · petit [+ nom] · silencieux • bref

∾ **rire** + VERBE
- éclater · fuser (plur.) : *dès qu'il ouvre la bouche, les rires fusent* · résonner · retentir
- sonner faux
- virer au jaune : *quand je lui ai dit que c'était vrai, son rire a vite viré au jaune* • se briser

∾ VERBE + **rire**
- déclencher · provoquer · susciter : *le film suscite les rires de la salle*
- arracher ... à : *il a même réussi à arracher un rire discret au ministre du Travail* • forcer : *il cherche à forcer le rire des spectateurs par des moyens grossiers*
- avoir · éclater de : *il éclata d'un rire vengeur* · être secoué de · exploser de · faire entendre · lâcher · partir de : *entre deux phrases, il part d'un rire tonitruant* • s'étrangler de : *j'ai failli m'étrangler de rire en le voyant*
- ponctuer de : *il ponctue chacune de ses phrases d'un rire gras*
- ravaler · réprimer : *j'ai eu du mal à réprimer ce rire nerveux* · retenir • étouffer : *un rire étouffé est un rire mort-né*

∾ NOM + DE + **rire(s)**
- avalanche · cascade
- éclat : *« Mon verre s'est brisé comme un éclat de rire »* (Apollinaire, *Alcools*, "Nuit rhénane")

fou rire

∾ **fou rire** + ADJECTIF
- général
- nerveux · incontrôlable · irrépressible : *j'ai été pris d'un fou rire irrépressible, j'ai dû quitter la salle*

∾ **fou rire** + VERBE
- provoquer · déchaîner · déclencher
- avoir · piquer · être pris de
- réprimer

risque *nom masc.*

∾ **risque** + ADJECTIF
- environnemental · naturel : *les inondations constituent le premier risque naturel en France* · sismique • politique · social • professionnel • alimentaire · cancérigène · infectieux · opératoire · physique · sanitaire • familial · génétique · héréditaire • technologique • économique · financier · industriel • [Fin.] inflationniste · opérationnel · systémique
- inhérent à · relatif à • éventuel · potentiel • à court / moyen / long terme • permanent • immédiat • quantifiable • résiduel
- accru · considérable · élevé · énorme · fort [+ nom] · grand [+ nom] · gros [+ nom] · haut [+ nom] : *un sport à haut risque* · immense · important · lourd : *une grossesse à risque lourd* · non négligeable · réel [+ nom] · sérieux · terrible · véritable [+ nom] · vrai [+ nom] • inévitable • grave · mortel · vital
- majeur · principal • évident · indéniable · manifeste
- démesuré · disproportionné : *ce traitement présente un risque disproportionné par rapport au bénéfice escompté* · excessif · inconsidéré • insensé · inutile · stupide

- maîtrisé · mesuré • faible + nom · hypothétique · infime · léger + nom · limité · minime · petit + nom · réduit : *les bébés nourris au sein auraient un risque réduit de développer des otites* • mineur · moindre + nom : *vous n'encourez pas le moindre risque* · négligeable • nul · zéro

∞ risque + VERBE

- existir · survenir
- être associé à · être lié à • accompagner : *les risques qui accompagnent toute opération chirurgicale*
- peser sur : *des risques graves pèsent sur le devenir de l'association*
- augmenter · s'accroître
- baisser · diminuer

∞ VERBE + risque

- créer · impliquer · induire • faire courir
- comporter · contenir · être porteur de : *l'encombrement de cette route est porteur de risques d'accident* · présenter
- constituer · faire partie de : *cela fait partie des risques du métier*
- courir · prendre · s'exposer à : *tout utilisateur d'internet s'expose au risque du piratage informatique* • être confronté à · faire face à
- envisager · prévoir : *on ne peut pas prévoir tous les risques avant de partir* • évaluer · mesurer • avoir / prendre conscience de · connaître · être conscient de • prendre en compte · tenir compte de
- accepter · assumer : *elle assume le risque d'investissement* • couvrir : *l'assurance couvre les risques* · supporter • se partager (plur.) : *les associés se partagent les risques* • gérer · maîtriser • compenser
- détecter · entrevoir · percevoir
- insister sur · souligner : *l'institut souligne le risque de propagation du virus* • s'inquiéter de
- exagérer · surestimer : *il a tendance à surestimer les risques de contagion*
- augmenter · majorer : *la présence de ces deux facteurs majore le risque* · multiplier : *conduire et téléphoner en même temps multiplient le risque d'accident par quatre*
- oublier · sous-estimer : *l'industriel a sous-estimé les risques chimiques*
- cacher · passer sous silence · taire
- atténuer · diminuer · limiter · minimiser · réduire (au minimum)
- lutter contre • parer à · (se) protéger contre · se prémunir contre • écarter · exclure · prévenir : *ce système de sécurité prévient tout risque de fuite*
- être dénué de · être dépourvu de : *aucune opération n'est dépourvue de risques* · être exempt de

∞ NOM + DE + risque(s)

- multitude · série : *l'assurance couvre toute une série de risques, du vol au dégât des eaux*
- facteur

REM. On rencontre parfois "encourir un risque". Or, on encourt une peine ou une sanction, mais pas une éventualité. Préférez "courir un risque, s'exposer à un risque".

rite *nom masc.*

∞ rite + ADJECTIF

- familial · local · social · tribal • chamanique · ésotérique · magique · païen · religieux · sacré · symbolique · vaudou
- de passage° · d'initiation · initiatique : *le jeune homme doit vivre un rite initiatique et choisir un animal pour totem* • funéraire · mortuaire • sacrificiel
- collectif · populaire
- étrange · mystérieux · secret
- ancestral · ancien · immuable : *la cérémonie se déroule selon un rite immuable* · séculaire · traditionnel · vieux + nom
- barbare · sanglant · sanguinaire · satanique

∞ rite + VERBE

- accompagner · entourer · régir : *les rites régissent symboliquement le temps des hommes*

∞ VERBE + rite

- (s')inventer : *il faut inventer de nouveaux rites de passage pour notre société* • (s')initier à : *il a été initié aux rites de cette tribu*
- obéir à · observer · respecter · sacrifier à : *le ministre a sacrifié hier au rite de la conférence de presse* · se conformer à · se plier à · se prêter à · se soumettre à · suivre • accomplir · célébrer · participer à · pratiquer · procéder à : *le prêtre a procédé aux rites funéraires* · s'adonner à : *il s'adonne aux rites vaudous* · se livrer à • perpétuer : *il perpétue le rite de la fête des Lumières*
- renoncer à

rituel *nom masc.*

∞ rituel + ADJECTIF

- familial · social · tribal • chamanique · magique · païen · religieux · sacré · symbolique · vaudou · etc.
- de passage · d'initiation · initiatique • funéraire • sacrificiel • amoureux · érotique · sexuel
- matinal · quotidien : *mon petit rituel quotidien : le petit-déjeuner sur la terrasse*

- collectif · populaire
- ancestral · ancien · immuable · traditionnel · vieux ⁺ ⁿᵒᵐ · vieux comme le monde
- codé · codifié : *le rituel codifié de l'Institut de France* · établi : *il s'agit là d'un rituel établi depuis des siècles* · précis · strict • obligé : *le bizutage n'est plus perçu comme un rituel obligé*
- magique · mystérieux • curieux · étrange
- festif • fascinant · raffiné
- simple
- complexe · compliqué
- barbare · macabre · morbide · sanglant · satanique

∞ **rituel** + VERBE
- se dérouler · se pratiquer : *ce rituel doit se pratiquer à la nuit tombée* • accompagner · précéder
- remonter à : *ce rituel remonte à un temps immémorial*
- se perpétuer : *voilà cinquante ans que le rituel se perpétue* · se répéter

∞ VERBE + **rituel**
- instaurer · instituer · introduire · (s')inventer • imposer
- devenir · relever de · s'apparenter à · tenir de : *cette habitude tiendrait presque du rituel*
- faire partie de · former · s'inscrire dans : *l'oraison funèbre s'inscrit dans le rituel des funérailles*
- accomplir · exécuter · s'adonner à · se livrer à · se prêter à • participer à · prendre part à • obéir à · observer · respecter · sacrifier à · se plier à · se soumettre à • ne pas échapper à
- perpétuer
- vider de son sens : *il continue d'observer un rituel vidé de son sens*

rival *nom masc.*

∞ **rival** + ADJECTIF
- politique : *son ex-bras droit est maintenant son rival politique* • amoureux · en amour
- ancestral · ancien + nom · de toujours · éternel · historique : *ce tennisman allemand est son rival historique* · traditionnel · vieux + nom
- grand + nom · principal • pire + nom • déclaré : *il est son rival déclaré dans la course à la présidence* · direct
- éventuel · potentiel
- dangereux · de taille · meilleur + nom · puissant · redoutable · sérieux
- encombrant · gênant : *elle a pris des dispositions pour écarter cette rivale gênante*
- heureux : *on dit que Mozart fut le rival heureux de Salieri*
- malheureux

∞ VERBE + **rival**
- avoir
- affronter
- avoir / prendre l'avantage sur : *avec ce nouveau succès commercial, l'entreprise prend un léger avantage sur ses rivaux* · devancer · distancer • dominer • battre · évincer
- écarter • assassiner · éliminer · étouffer : *« J'embrasse mon rival mais c'est pour l'étouffer »* (Racine, *Britannicus*, IV, 3) · se débarrasser de : *il a loué les services d'un tueur à gages pour se débarrasser de son rival* · tuer

rivalité *nom fém.*

∞ **rivalité** + ADJECTIF
- amoureuse · commerciale · idéologique · politique
- personnelle • interne · intestine • clanique · ethnique · tribale • locale · régionale
- évidente · manifeste · patente • accrue · acharnée · âpre : *ce poste a fait l'objet d'une âpre rivalité entre des candidats sans scrupules* · exacerbée · forte + nom · grande + nom · intense · vive
- ancestrale · ancienne · éternelle · historique : *il y a une rivalité historique entre les deux pays* · longue + nom · séculaire · traditionnelle · vieille + nom • permanente
- cruelle · meurtrière
- latente · sourde : *cette affaire fait l'objet d'une sourde rivalité au sein du gouvernement* • de clocher (plur.) : *des rivalités de clocher opposent les deux maires* · petite + nom
- saine : *une saine rivalité oppose les deux hommes depuis plusieurs années*

∞ **rivalité** + VERBE
- opposer : *une vieille rivalité oppose les deux cuisiniers*
- miner (souvent passif) : *le parti est miné par les rivalités internes*
- s'accentuer
- cesser · disparaître

∞ VERBE + **rivalité**
- entrer en : *il est entré en rivalité avec son collègue*
- être / faire l'objet de : *ce marché est l'objet d'une rivalité entre les deux multinationales* • être en proie à : *le pays est encore en proie aux rivalités ethniques* • faire les frais de
- jouer de : *le gouvernement a su jouer des vieilles rivalités entre ethnies* · tirer profit de

- entretenir · nourrir : *la concurrence économique n'a fait que nourrir la rivalité des deux pays* • attiser · exacerber · raviver · réveiller : *le départ du directeur a réveillé les rivalités*
- dépasser · éviter · surmonter
- apaiser : *le gouvernement tente d'apaiser les rivalités entre les différentes communautés*
- faire taire : *ils ont fait taire leur rivalité pour rassembler le parti* · mettre fin à · mettre un terme à

rivière *nom fém.*

∞ rivière + ADJECTIF

- côtière · souterraine
- large + nom · longue + nom
- étroite · petite + nom
- lente · paresseuse • paisible · tranquille
- jolie + nom
- poissonneuse

∞ rivière + VERBE

- couler · serpenter • se jeter dans : *la rivière se jette dans la Loire*
- charrier · transporter
- arroser · baigner · sillonner : *une paisible rivière sillonne la vallée* · traverser : *ce fleuve traverse sept États américains* • inonder
- s'élargir
- atteindre sa cote d'alerte · grossir · monter • déborder · être en crue · sortir de son lit
- se rétrécir
- amorcer sa décrue · baisser · être en décrue

∞ VERBE + rivière

- enjamber : *une passerelle enjambe la rivière* · franchir · passer · traverser
- descendre · remonter
- gonfler : *la rivière est gonflée par les eaux de pluie*
- détourner / dévier le cours de • canaliser · endiguer
- longer : *nous avons longé la rivière sur tout son parcours*
- border : *des saules bordent la rivière* • surplomber

∞ NOM + DE + rivière

- bras
- méandre

[1] rôle *nom masc.* (fonction)

∞ rôle + ADJECTIF

- éducatif • fédérateur · unificateur : *il a un rôle unificateur au sein du parti* • modérateur · régulateur : *le rôle régulateur de la démocratie* • utilitaire : *une haie a d'abord un rôle utilitaire, celle de séparer deux propriétés* • dissuasif · préventif
- polyvalent
- présumé : *son rôle présumé dans l'affaire des fausses factures*
- habituel · traditionnel
- exact · particulier · précis
- emblématique · symbolique • croissant · grandissant • capital · central · charnière : *ce film a eu un rôle charnière dans sa carrière* · (-)clé · conséquent · considérable · critique · crucial · décisif · de premier plan · déterminant · dominant · éminent : *le préfet a un rôle éminent dans la vie politique locale* · énorme · essentiel · exorbitant : *il dénonce le rôle exorbitant des experts* · fondamental · grand + nom · immense · important · influent · majeur · non négligeable · notable · prééminent · prépondérant · primordial · significatif • indispensable · irremplaçable • incontestable · manifeste • actif : *il a joué un rôle actif dans l'organisation du complot* · dynamique · moteur • stratégique · vital
- efficace · positif · précieux · utile • constructif
- confortable · enviable · gratifiant : *la fonction de délégué général est un rôle gratifiant*
- délicat · difficile · ingrat · mauvais + nom : *c'est encore moi qui ai le mauvais rôle dans cette histoire*
- ambigu · complexe · obscur · trouble • occulte
- controversé
- déstabilisateur : *le mouvement de grève a eu un rôle déstabilisateur* • négatif · nocif : *cette étude montre le rôle nocif de la dioxine*
- discret · faible + nom · marginal : *l'Europe n'a joué qu'un rôle marginal dans ce conflit* · mineur · minime · minuscule · périphérique : *il a été relégué à un rôle périphérique dans l'entreprise* · petit + nom · subalterne • indirect : *l'alimentation a eu un rôle indirect dans le déclenchement de la maladie* · passif · secondaire

∞ rôle + VERBE

- consister à
- être dévolu à : *le rôle dévolu au roi* · échoir à · revenir à : *ce rôle revient au père*
- convenir à · être fait pour · seoir à : *ce rôle lui sied bien*
- se borner à : *son rôle se borne à tamponner les passeports* · se limiter à · se réduire à · se résumer à : *son rôle s'est résumé à la transmission d'informations* • s'arrêter là : *je les ai mis en contact, mon rôle dans cette affaire s'arrête là*

∞ VERBE + **rôle**

- aspirer à · entendre jouer : *elle entend jouer un rôle important dans les prochaines élections* · prétendre à · souhaiter
- assigner · attribuer · impartir • (plur.) distribuer : *le Premier ministre a distribué les rôles du nouveau gouvernement* · répartir
- assurer · avoir · exercer · jouer · occuper · tenir : *elle a parfaitement tenu son rôle de vérificatrice* • conserver · garder
- accaparer · prendre · s'emparer de : *elle s'est emparée du rôle de trésorière de l'association*
- se cantonner à · se confiner à · se contenter de · se limiter à · s'enfermer dans : *il s'est enfermé dans un rôle d'adjoint* · s'en tenir à
- ramener à · reléguer à · renvoyer à • réduire (à)
- se préparer à · s'habituer à • accepter • assumer · coller à · être fidèle à · remplir · s'acquitter de · se conformer à • prendre à cœur · prendre au sérieux
- définir
- redéfinir · redistribuer • intervertir · inverser · renverser
- élargir · renforcer
- saluer • insister sur
- surestimer
- minimiser · minorer · sous-estimer
- mettre en cause : *il met en cause le rôle de l'armée dans cette affaire*
- faillir à • dépasser · outrepasser
- refuser : *je refuse ce rôle d'intermédiaire* • renoncer à

[2]**rôle** *nom masc.* (Théâtre, Cinéma)

∞ **rôle** + ADJECTIF

- éponyme • de composition○ : *tueur en série, c'est évidemment un rôle de composition*
- premier + nom · principal · -titre○ • important · phare
- de rêve : *Juliette est un rôle de rêve pour une jeune comédienne* · en or · intéressant · joli · magnifique • fétiche · préféré
- (taillé) sur mesure : *le réalisateur lui a offert un rôle sur mesure*
- petit + nom · second○ + nom · secondaire • de figurant · muet
- à contre-emploi
- difficile

∞ **rôle** + VERBE

- coller à la peau : *le rôle de tueur lui colle à la peau* · poursuivre
- aller comme un gant à • ressembler à : *c'est un rôle qui lui ressemble*
- marquer : *ce rôle a marqué sa carrière / un tournant dans sa carrière*

∞ VERBE + **rôle**

- créer : *Jouvet a créé le rôle de Knock*
- accorder · confier · offrir · proposer • distribuer (plur.)
- décrocher*fam.* · obtenir • accepter
- s'enfermer dans • être cantonné à : *il a longtemps été cantonné aux petits rôles* · être habitué à : *c'est un habitué des rôles de méchants* · être relégué à · être voué à : *elle semble vouée aux rôles de soubrettes*
- apprendre · répéter • réciter
- composer · endosser : *elle a endossé le rôle d'une courtisane dans un film historique* · interpréter · jouer · tenir : *il a accepté de tenir le rôle du policier*
- coller à : *ce jeune comédien colle parfaitement au rôle* · s'identifier à
- triompher dans
- refuser : *elle a refusé un rôle dans un film de Truffaut* · renoncer à

roman *nom masc.*

∞ **roman** + ADJECTIF

- à clé○ · allégorique · à thèse○ · fantastique · historique · intimiste · onirique · psychologique · satirique • d'aventure · initiatique • à la première personne · autobiographique • épique · picaresque • à suspense · d'espionnage · noir · policier • à l'eau de rose · mélodramatique · rose : *cette jeune fille un peu fleur bleue dévore des romans roses* · sentimental • érotique · libertin · etc.
- classique · traditionnel
- premier • inédit · nouveau
- à la mode · à succès · célèbre · culte : *"Sur la route", le roman culte de Kerouac* · fameux + nom · populaire • emblématique • prometteur
- épais · volumineux
- -fleuve○ : *"Autant en emporte le vent" est un roman-fleuve sur la guerre de Sécession* • colossal · magistral · monumental · vaste • dense · foisonnant · touffu : *un roman touffu aux personnages nombreux et aux intrigues complexes*
- bien ficelé · efficace · habile • abouti · accompli · ambitieux • admirable · attachant · beau + nom · délicieux · enchanteur · excellent · fascinant · formidable · génial · irrésistible · magnifique · remarquable · singulier · splendide · superbe • bouleversant ·

émouvant · percutant · poignant · puissant · saisissant · sensible • distrayant · exaltant · haletant · palpitant · passionnant · plaisant • alerte · drôle · enlevé · espiègle · flamboyant · pétillant · tonique • visionnaire • poétique • humaniste · optimiste • documenté · édifiant · érudit

- atypique · curieux · décalé · déjanté[fam.] : *c'est un roman déjanté aux personnages atypiques* · énigmatique · étrange · exubérant · farfelu · inclassable : *le mélange des genres fait de ce livre un roman inclassable* · inhabituel · loufoque[fam.]
- à scandale · dérangeant · déroutant · insolent · provocant · sulfureux · troublant • brûlant : *ce roman brûlant met en cause le système actuel* · choc : *un roman choc pour toute une génération de lecteurs* · décapant
- controversé
- cruel · dur · glaçant · grinçant · inquiétant · terrifiant · violent • grave · pessimiste · triste
- inachevé
- décousu · illisible · inconsistant · inégal · maladroit · mauvais[+ nom] · médiocre · raté • ennuyeux · soporifique

∾ **roman** + VERBE

- commencer sur · débuter par · s'ouvrir sur
- s'achever sur · se terminer par
- paraître · sortir : *son dernier roman est sorti en septembre* • dater de
- avoir pour titre · s'appeler · se nommer · s'intituler
- se dérouler · se passer · se situer : *ce roman se situe dans l'entre-deux-guerres*
- se baser sur · s'inspirer de • avoir pour thème · explorer · porter sur · traiter de • évoquer · mettre en scène : *ce roman met en scène les événements de Mai 68* · raconter · relater · retracer • jouer sur · mêler : *son dernier roman mêle humour et émotion* • tenir de : *c'est un roman qui tient autant du policier que du fantastique*
- se lire : *son roman se lit vite / d'une traite*
- plaire • se vendre : *son dernier roman se vend bien / comme des petits pains*
- faire couler beaucoup d'encre · faire scandale
- faire connaître · rendre célèbre : *c'est son second roman qui l'a rendue célèbre* • confirmer les qualités / talents d'écrivain de

∾ VERBE + **roman**

- préparer · travailler à • bâtir · composer · construire • accoucher de : *il a accouché de ce roman dans la douleur* · écrire · faire · produire · rédiger · signer • pondre[péj.] : *il pond un roman tous les ans*
- étoffer · peaufiner • remanier · retravailler • mettre la dernière main à
- éditer · publier · sortir
- lire • aimer · apprécier · entrer dans : *je suis entré dans ce roman dès la première page* • dévorer · se jeter sur
- adapter : *il adapte ses propres romans au cinéma* · transposer : *il a transposé le roman de James Baldwin à Marseille* • porter à l'écran • traduire
- être adapté de · être tiré de : *le film est tiré d'un roman de Queneau*
- parodier : *il parodie les romans à l'eau de rose* · pasticher
- refuser : *tous les autres éditeurs avaient refusé son roman* • censurer

romantisme *nom masc.*

∾ **romantisme** + ADJECTIF

- adolescent · juvénile • révolutionnaire • chevaleresque · nostalgique
- absolu : *un amour d'un romantisme absolu* · débridé · échevelé · effréné · enflammé · exacerbé · fiévreux : *le romantisme fiévreux de l'adolescence* · flamboyant · forcené · fou · lyrique
- délicat · doux[+ nom] · fleur bleue · tendre
- dépassé · désuet • maladroit • benêt · larmoyant : *c'est un film sentimental au romantisme larmoyant* · mièvre · naïf
- désabusé · désenchanté • désespéré · noir · sombre · ténébreux : *le romantisme ténébreux de Baudelaire* · tragique : *le romantisme tragique des grandes histoires d'amour*

∾ VERBE + **romantisme**

- être en mal de : *c'est une adolescente en mal de romantisme*
- cultiver · faire preuve de · se laisser aller à · tomber dans : *son livre tombe dans un romantisme fleur bleue* · verser dans : *ses lettres versent dans un romantisme juvénile*
- exalter
- être empreint de · être imprégné de · être teinté de

rouage *nom masc.* (souvent plur.)

∾ **rouage** + ADJECTIF

- social • administratif · institutionnel · politique • économique · financier · etc.
- interne
- intime · secret
- central · essentiel · fondamental · important · indispensable · principal

- bien huilé : *les rouages bien huilés de la finance internationale* • implacable : *les rouages implacables de la machine judiciaire*

∞ VERBE + **rouage**

- contrôler · maîtriser : *il est bien difficile de maîtriser tous les rouages de l'Administration*
- graisser · huiler · mettre de l'huile dans : *le gouvernement veut mettre de l'huile dans les rouages de l'économie*
- comprendre · connaître · découvrir • décrire · dévoiler · montrer · révéler : *ce documentaire révèle les rouages intimes de la télévision* • décortiquer · décrypter : *ce livre décrypte les rouages des grandes institutions* · démonter · explorer : *cette émission explore les rouages de l'industrie du divertissement* · plonger dans : *l'auteur nous plonge dans les rouages de la procédure pénale*
- bloquer · enrayer · gripper : *la corruption grippe les rouages de l'économie*

[1] **route** *nom fém.* (voie de communication)

∞ **route** + ADJECTIF

- aérienne · maritime · terrestre
- côtière · de campagne · de montagne · forestière
- asphaltée · bitumée · caillouteuse · goudronnée · pavée · sablonneuse • bordée d'arbres · fleurie
- ancienne + nom · vieille + nom • nouvelle + nom
- droite • en lacet · sinueuse · tortueuse
- encaissée · en pente · escarpée · pentue · raide
- fréquentée
- grande + nom · large · longue + nom
- nationale · principale • à grande circulation · rapide · à plusieurs voies
- bonne + nom · carrossable · praticable
- pittoresque · touristique
- barrée · coupée • congestionnée · encombrée · engorgée
- glissante · inondée
- poussiéreuse • accidentée · défoncée · impraticable : *les routes sont impraticables à la saison des pluies* · mauvaise : *méfie-toi, la route est mauvaise* · ravinée • cabossée · cahoteuse · difficile · pénible • dangereuse · meurtrière : *c'est la route la plus meurtrière du département*
- départementale · secondaire • étroite · petite + nom
- calme · déserte · peu fréquentée

∞ **route** + VERBE

- conduire à / vers · filer vers : *c'est l'unique route filant vers le nord* · mener à • desservir · relier • croiser · passer par · traverser : *la route traverse les champs* • longer • séparer
- contourner : *la route principale contourne le village* • descendre · grimper · (re)monter · suivre : *la route suit la voie ferrée* • faire un S · se faufiler · serpenter · sinuer · tourner • faire une fourche · se diviser • bifurquer • se perdre : *la route se perd dans la forêt*
- s'élargir
- se rétrécir
- s'arrêter • se terminer en cul-de-sac

∞ VERBE + **route**

- aménager · tracer : *ils ont tracé une route qui nous reliera à la grande ville* • ouvrir · percer : *les bulldozers ont percé une nouvelle route* • construire
- améliorer · entretenir • sécuriser
- prolonger
- barrer · bloquer · couper · dévier · fermer ... à la circulation · obstruer
- border · jalonner · longer · se frayer
- emprunter · parcourir · prendre : *nous avons pris la route vers 5 heures ; ce chauffard prend toute la route* · s'engager sur • croiser · traverser
- quitter : *le véhicule a brusquement quitté la route* · sortir de

[2] **route** *nom fém.* (itinéraire)

∞ **route** + ADJECTIF

- longue + nom
- agréable · belle + nom · jolie + nom

∞ VERBE + **route**

- se frayer [souvent fig.] : *il a peiné pour se frayer une route vers les quarts de finale*
- faire : *on a fait la route ensemble jusqu'à Lyon* • tailler *fam.*
- (re)prendre : *nous avons pris la route vers 5 heures* • croiser [fig.] · retrouver
- indiquer · retrouver
- rallonger : *il doit rallonger sa route pour bénéficier des vents portants*
- changer de [souvent fig.] : *il décide de changer de route et tente une carrière de journaliste*
- se tromper de · perdre : *les oiseaux migrateurs peuvent perdre leur route en raison d'intempéries*

routine *nom fém.*

∞ **routine** + ADJECTIF

- administrative · bureaucratique

- petite [+ nom] : *sa vie était devenue une petite routine imperturbable*
- habituelle · matinale : *la routine matinale de la douche et du petit-déjeuner* · quotidienne
- imperturbable · inexorable · inflexible • bien huilée · réglée comme du papier à musique
- vieille [+ nom]
- paisible · tranquille
- agaçante · détestable · effroyable · insupportable · pesante • terrible · triste

∾ **routine** + VERBE

- s'installer
- reprendre le dessus : *et puis on revient de vacances et la routine reprend vite le dessus* · reprendre ses droits / son cours

∾ VERBE + **routine**

- devenir · faire partie de · relever de : *pour lui, l'ascension d'un sommet de 3 000 mètres relève de la routine*
- (s')imposer • (s')astreindre à · condamner à · (se) soumettre à
- retourner à · retrouver • garder · maintenir · préserver
- s'enfoncer dans · s'installer dans · sombrer dans · tomber dans : *il veut éviter de tomber dans la routine du quotidien* • croupir dans · s'engluer dans · s'enliser dans
- égayer • bouleverser · bousculer · contrarier
- arracher à · distraire de
- échapper à · éviter • fuir : *ses activités artistiques lui permettent de fuir la routine* · rejeter · sortir de
- briser · casser : *cet événement inattendu a cassé la routine de leur petite vie tranquille* · en finir avec · rompre (avec) : *elle veut rompre la routine de sa vie conjugale*

rue *nom fém.*

∾ **rue** + ADJECTIF

- commerçante · marchande • piétonne
- en pente · pentue • droite • tortueuse
- goudronnée · pavée • bordée / plantée d'arbres · fleurie
- à arcades · couverte : *les rues couvertes du souk* • à double sens · à sens unique
- adjacente · avoisinante · voisine : *elle habite dans la rue voisine* • parallèle · perpendiculaire : *la mercerie est dans la rue perpendiculaire à celle-ci*
- privée : *ils ont une belle villa dans une rue privée*
- centrale · grande [+ nom] · immense · large · longue [+ nom]
- animée · bondée · bruissante · bruyante · fourmillante / grouillante de monde · (très) fréquentée · noire / pleine de monde · passante · populeuse · vivante • embouteillée
- agréable · belle [+ nom] • éclairée · ensoleillée · illuminée
- sûre
- barrée · encombrée · obstruée
- borgne° : *seule dans cette rue borgne, elle ne se sentait pas en sécurité* · mal éclairée · obscure · sombre • défoncée · poussiéreuse · sale
- morne · sans vie · triste • sinistre · sordide • mal famée · peu sûre
- étroite · exiguë · petite [+ nom]
- calme · paisible · peu fréquentée · tranquille • déserte
- en cul-de-sac · sans issue

∾ **rue** + VERBE

- border : *la rue borde le quai* · longer • croiser · traverser • conduire à · mener à • donner sur
- être en travaux
- se remplir • s'animer · s'éveiller
- se vider : *la rue s'est vidée en quelques minutes*

∾ VERBE + **rue**

- ouvrir : *le maire a fait ouvrir une rue derrière l'église* · percer : *six immeubles ont été rasés pour percer une rue qui traverse la cité*
- (re)baptiser • débaptiser
- habiter · vivre dans
- border · longer • conduire à · mener à • donner sur
- prolonger : *la démolition du bâtiment a permis de prolonger la rue* • élargir
- emprunter · s'enfoncer dans · s'engager dans : *les voitures se sont engagées dans la rue centrale* • arpenter · marcher dans · parcourir · passer par : *je suis passé par une petite rue* · prendre : *vous prendrez la première rue à droite* • atteindre · rejoindre • croiser · franchir : *il a franchi la rue sans faire attention aux voitures* · traverser • descendre · (re)monter : *il a remonté la rue à toute vitesse* • traîner dans : *il passe ses journées à traîner dans les rues*
- bloquer · encombrer • envahir : *les manifestants ont envahi les rues de la capitale* · occuper

à la rue

- jeter · mettre • être · se retrouver

dans la rue

- défiler · descendre • vivre

[1]ruine *nom fém.* (perte, défaite, gouffre)

ruine + ADJECTIF

- économique · financière • politique
- complète · totale : *il a décidé de vendre ses biens afin d'éviter la ruine totale pour insolvabilité*

VERBE + **ruine**

- causer · contribuer à · entraîner · provoquer • achever : *les Barbares ont achevé la ruine du pays* · consommer : *mon rival a tout fait pour consommer ma ruine*
- être : *cette passion coûteuse est une ruine*
- être au bord de • aller à : *l'entreprise va à la ruine* · courir vers
- accélérer · hâter · précipiter
- acculer à : *l'apparition des grandes surfaces a acculé de nombreux petits commerçants à la ruine*

[2]ruine *nom fém.* (délabrement)

VERBE + **ruine**

- menacer (sans art.) : *l'immeuble menace ruine*

en ruine

- laisser • être · tomber

ruines *nom fém.* (décombres)

ruines + ADJECTIF

- antiques · grecques · romaines • industrielles
- romantiques • grandioses · somptueuses · sublimes
- calcinées · carbonisées · fumantes : *après l'explosion, le bâtiment n'est plus que ruines fumantes*

VERBE + **ruines**

- réparer · restaurer : *ils ont restauré les ruines de l'abbaye* · retaper[fam.] • déblayer · relever (de)
- hanter : *les fantômes qui hantent les ruines des châteaux écossais*

NOM + DE + **ruines**

- amas : *leur maison n'est plus qu'un amas de ruines* · monceau · tas[fam.] • champ : *la ville est devenue un champ de ruines* · décor · paysage

sur les ruines

- bâtir · (re)construire · édifier • danser

[1]rumeur *nom fém.* (nouvelle non vérifiée)

rumeur + ADJECTIF

- familiale : *la rumeur familiale prétend qu'elle avait un amant italien* · populaire · publique : *la rumeur publique lui attribue plusieurs internements psychiatriques* • locale : *une rumeur locale raconte que la maison est habitée par des mafiosi*
- forte [+ nom] · insistante · persistante · récurrente · répandue · tenace • grandissante
- fondée
- favorable · flatteuse
- extravagante · fantaisiste · folle : *les rumeurs les plus folles courent sur elles* · incroyable • invérifiable • fumeuse : *je démens totalement cette rumeur fumeuse* · infondée
- non confirmée · vague [+ nom] • fausse [+ nom] · mensongère
- assassine · insidieuse : *les rumeurs insidieuses sur son passé* • sulfureuse • alarmante · terrifiante : *il y a des rumeurs terrifiantes sur les causes de sa mort*

rumeur + VERBE

- naître : *la rumeur est née sur internet / pendant les fêtes de Noël*
- précéder : *des rumeurs fantaisistes ont précédé l'annonce officielle*
- bruire : *cela fait déjà trois jours que cette rumeur bruit* · circuler · courir · gronder · traîner • faire le tour de · gagner · s'emparer de · traverser
- enfler · gonfler · grossir · prendre de l'ampleur · s'amplifier • aller bon train : *les rumeurs vont bon train quant à la composition du nouveau gouvernement* · se propager · se répandre : *la rumeur s'est répandue dans le monde entier* · s'installer
- se confirmer
- affirmer · annoncer · assurer · colporter · dire · donner : *la rumeur le donne pour mort* · évoquer · faire état de · laisser entendre · prétendre · raconter · vouloir que : *la rumeur veut que son fils lui succède* • attribuer · prêter : *la rumeur lui prête des effets cancérigènes*
- accuser · mettre en cause
- se dissiper : *la rumeur s'est dissipée d'elle-même*

VERBE + **rumeur**

- donner naissance à
- faire circuler / courir · lancer : *c'est un quotidien régional qui a lancé la rumeur* • colporter · diffuser · distiller · propager · répandre : *les commères du village ont rapidement répandu la rumeur* · se faire l'écho de : *les médias se sont fait l'écho de la rumeur* · véhiculer • faire état de : *cet article fait état d'une rumeur alarmante*
- alimenter · amplifier · donner du crédit à · encourager · entretenir · étayer · nourrir : *les photos compromettantes n'ont fait que nourrir la rumeur* · relancer : *les nouveaux éléments de l'enquête ont relancé la rumeur* · renforcer

- croire (à) • vérifier • accréditer : *il a fait des sous-entendus qui accréditent cette rumeur* · confirmer · entériner
- être basé sur : *toute cette affaire est basée sur des rumeurs* · être fondé sur
- affronter : *il a dû affronter les rumeurs de la presse à scandale* · être victime de : *la comédienne est victime d'une rumeur mensongère*
- démentir · tordre le cou à • balayer · couper court à : *ce communiqué a coupé court aux rumeurs* · étouffer · faire taire · mettre un terme à · tuer : *les conclusions de l'enquête n'ont pas tué toutes les rumeurs*

2 **rumeur** *nom fém.* (vacarme)

∞ **rumeur** + ADJECTIF

- immense [+ nom] : *une immense rumeur s'échappe du carrefour* • assourdissante : *la rumeur assourdissante de la circulation*
- assourdie · confuse · diffuse · feutrée · lointaine · sourde : *la rumeur sourde du torrent*

∞ **rumeur** + VERBE

- s'élever : *une rumeur immense s'éleva dans la foule* · s'échapper de · traverser : *une rumeur confuse traversa les bancs des parties civiles*

∞ VERBE + **rumeur**

- écouter : *ils viennent écouter la rumeur du monde qui leur parvient par la radio* · entendre · percevoir : *d'ici on perçoit la rumeur de la ville*

1 **rupture** *nom fém.* (coupure d'un lien)

∞ **rupture** + ADJECTIF

- affective · amoureuse · conjugale · sentimentale • familiale · sociale • diplomatique
- d'un commun accord
- [d'un contrat] anticipée · avant terme · négociée · unilatérale
- inéluctable · inévitable • nécessaire · salutaire
- définitive · irrémédiable : *le divorce pour rupture irrémédiable du lien conjugal* · irréversible
- brusque · brutale : *elle ne s'attendait pas à une rupture aussi brutale* · rapide
- inattendue
- douloureuse · violente
- [d'un contrat] abusive · fautive : *il a dû verser une compensation pour rupture fautive du contrat*
- précoce · prématurée : *une rupture prématurée des liens familiaux à l'âge de treize ans*
- douce · en douceur : *une rupture en douceur sans cris et sans larmes*

∞ **rupture** + VERBE

- avoir lieu · intervenir · se produire : *la rupture s'est produite quand elle a découvert son infidélité* · survenir

∞ VERBE + **rupture**

- aboutir à · conduire à · entraîner · produire · provoquer • hâter · précipiter
- pousser à
- être au bord de : *le couple est au bord de la rupture* · frôler • être / passer à deux doigts de
- confirmer · consacrer · consommer : *cette dispute a consommé leur rupture* · cristalliser : *les émeutes ont cristallisé la rupture entre le pouvoir et la rue* · officialiser · sceller
- craindre · redouter • regretter

2 **rupture** *nom fém.* (cassure dans la continuité)

∞ **rupture** + ADJECTIF

- idéologique · institutionnelle · politique
- inéluctable · inévitable • nécessaire · salutaire
- absolue · complète · fondamentale · forte : *une rupture forte avec le passé est nécessaire* · grande [+ nom] · grosse [+ nom] · spectaculaire · totale • claire · éclatante · formidable · franche : *une rupture franche avec la politique du gouvernement précédent* · nette · profonde · pure et simple · radicale · véritable [+ nom] · vraie [+ nom] • décisive · historique · importante · majeure • définitive · irréversible • délibérée : *c'est une rupture délibérée avec l'idéologie classique*
- symbolique : *cette réforme marque une rupture symbolique avec le passé*
- brusque · brutale · rapide · violente
- douce · en douceur · progressive : *une rupture progressive avec la dépendance*

∞ **rupture** + VERBE

- avoir lieu · intervenir · se produire · survenir

∞ VERBE + **rupture**

- prôner · réclamer · souhaiter • nécessiter · requérir : *le renouveau requiert une rupture totale*
- aboutir à · conduire à · entraîner · produire · provoquer
- créer · introduire : *ce roman introduit une rupture profonde dans son œuvre* · opérer
- confirmer · consacrer • accentuer
- constituer · correspondre à · marquer · signifier • incarner · représenter · symboliser
- révéler · traduire
- assister à · constater : *on constate une rupture dans son parcours professionnel*

ruse *nom fém.*

∞ ruse + ADJECTIF

- politique · tactique : *il a gagné grâce à ses ruses tactiques* • de guerre
- classique : *c'est une ruse classique au poker* • suprême : *sa ruse suprême est de gagner la confiance de ses ennemis*
- de Sioux° • subtile • ingénieuse · savante
- grossière · pauvre + nom • basse + nom · diabolique · ignoble · indigne · perfide : *il a recours aux ruses les plus perfides pour arriver à ses fins* · satanique

∞ ruse + VERBE

- fonctionner · marcher · réussir : *ses ruses les plus subtiles n'ont pas réussi*

∞ VERBE + ruse

- inventer · trouver : *il a trouvé une ruse diabolique pour déjouer leurs plans*
- avoir recours à · déployer : *des petits malins qui déployaient des ruses de Sioux* · employer · être rompu à (plur.) : *il est rompu à toutes les ruses de la profession* · jouer de · recourir à · user de : *elle a usé de basses ruses pour s'introduire dans le bâtiment* · utiliser • multiplier
- deviner · flairer : *flairant la ruse, elle a rebroussé chemin*
- déjouer · triompher de : *il a triomphé des ruses de ses ennemis*

1 rythme *nom masc.* (cadence, vitesse)

∞ rythme + ADJECTIF

- biologique · cardiaque · respiratoire • scolaire
- de croisière° · régulier • irrégulier • progressif
- annuel · hebdomadaire · journalier · mensuel · quotidien
- croissant • dynamique · élevé · rapide · soutenu · vif • d'enfer · effréné · fou · infernal • impressionnant · incroyable · insensé
- modéré • lent · mou · paresseux
- bon + nom : *j'ai mis du temps à trouver le bon rythme* • régulier
- lancinant · languissant · monotone · soporifique
- faux + nom : *le match a débuté sur un faux rythme*

∞ rythme + VERBE

- augmenter · s'accélérer
- varier : *le rythme de travail varie d'une saison à l'autre*
- diminuer · faiblir
- être adapté à · être approprié à

∞ VERBE + rythme

- donner : *ce procédé narratif donne du rythme au roman* · insuffler • imposer : *il nous a imposé un rythme de travail incroyable*
- acquérir · adopter · prendre : *elle a pris un bon rythme* · trouver : *j'ai trouvé mon rythme* • atteindre : *le pays a atteint un rythme de croissance soutenu*
- aller à : *chacun va à son rythme* • soutenir · suivre : *je n'arrive pas à suivre le rythme* · tenir
- conserver · maintenir : *l'essentiel n'est pas d'aller vite mais de maintenir le rythme*
- accélérer · accroître
- ralentir
- changer de · modifier
- respecter • aménager : *il faut aménager le rythme scolaire des plus jeunes*
- perturber • casser : *ces longues descriptions cassent le rythme de la narration* · rompre
- manquer de : *le spectacle manque un peu de rythme*
- perdre

2 rythme *nom masc.* (Mus.)

∞ rythme + ADJECTIF

- binaire · ternaire
- saccadé · syncopé
- entraînant : *une musique au rythme entraînant* · rapide • d'enfer · endiablé
- modéré • chaloupé : *une danse langoureuse au rythme chaloupé* · lent · mou

∞ rythme + VERBE

- s'accélérer
- varier
- ralentir

∞ VERBE + rythme

- avoir ... dans la peau° : *cette danseuse a le rythme dans la peau* · avoir le sens de
- se laisser porter par
- marquer : *il marque le rythme du pied*
- changer de · modifier

S

[1]**sacrifice** *nom masc.* (cérémonie)

∾ **sacrifice** + ADJECTIF

- animal · humain • païen · religieux · rituel · traditionnel • symbolique • expiatoire : *une purification par un sacrifice expiatoire*
- suprême · ultime $^{+ nom}$: *il s'est donné la mort dans un ultime sacrifice*
- sanglant : *le sacrifice sanglant qui consiste à immoler un animal*

∾ **sacrifice** + VERBE

- consister à
- se dérouler : *le sacrifice se déroule au pied d'une statue de Bacchus*

∾ VERBE + **sacrifice**

- pratiquer : *ils pratiquaient encore des sacrifices humains* · se livrer à • accomplir · faire : *la grande prêtresse a fait un sacrifice en l'honneur d'Artémis* · procéder à : *la loi interdit rigoureusement de procéder à ces sacrifices*
- offrir (en)
- être voué à : *une jeune vierge vouée au sacrifice*

[2]**sacrifice** *nom masc.* (renoncement)

∾ **sacrifice** + ADJECTIF

- économique · financier · matériel · salarial · social
- individuel · personnel
- indispensable : *un sacrifice indispensable pour assurer l'avenir de ses enfants* · nécessaire
- considérable · énorme · grand $^{+ nom}$ · gros $^{+ nom}$ · immense · important · lourd : *ils se sont fait construire une maison au prix d'un lourd sacrifice financier*
- héroïque · sublime
- difficile · douloureux · dur $^{+ nom}$: *se séparer de son enfant a été un dur sacrifice*
- mince $^{+ nom}$: *renoncer à ses privilèges n'est pas un mince sacrifice* · petit $^{+ nom}$
- inutile $^{+ nom}$ · vain

∾ VERBE + **sacrifice**

- demander · engendrer : *toute passion engendre des sacrifices* · entraîner · exiger · impliquer · imposer · ne pas aller sans · réclamer : *le sport de haut niveau réclame de grands sacrifices*
- accepter · consentir · être prêt à : *elle est prête au sacrifice de sa carrière pour élever ses enfants*
- faire : *pour mener à bien mon projet, j'ai dû faire des sacrifices* • aller jusqu'à : *un dévouement absolu qui va jusqu'au sacrifice de soi*
- constituer : *cet investissement constitue un énorme sacrifice* · représenter
- refuser
- récompenser : *ses brillants résultats récompensent tous ses sacrifices*

sagesse *nom fém.* (bon sens)

∾ **sagesse** + ADJECTIF

- des nations° · universelle • paysanne · populaire · traditionnelle • divine · humaine • orientale
- économique · philosophique · politique
- ancestrale : *une civilisation à la sagesse ancestrale* · ancienne · antique · millénaire · vieille $^{+ nom}$
- exemplaire · grande $^{+ nom}$ · immense · infinie • suprême : *la sagesse suprême d'un vieil ermite*
- pratique : *une philosophie purement conceptuelle lui convient moins qu'une sagesse pratique*

∾ **sagesse** + VERBE

- venir du fond des âges
- commander : *la sagesse commande de réfléchir avant d'agir* · conseiller · consister à · dire · imposer · vouloir que : *la sagesse aurait voulu qu'il renonce*

∞ VERBE + **sagesse**
- appeler à • exhorter à
- chercher · être en quête de
- conduire à : *le chemin qui conduit à la sagesse* • apprendre : *avec l'âge, j'ai appris la sagesse*
- accéder à · acquérir · arriver à · atteindre
- avoir · faire montre de · faire preuve de
- être empreint de : *des mots empreints de sagesse* · être plein de
- faire confiance à · s'en remettre à
- louer · vanter
- manquer de

∞ NOM + DE + **sagesse**
- source • trésor

[1]saison *nom fém.* (division de l'année)

∞ **saison** + ADJECTIF
- des pluies · humide · pluvieuse • sèche • fraîche · froide • chaude • estivale · hivernale
- agréable · belle [+ nom] • idéale : *l'hiver est la saison idéale pour pratiquer la plongée en mer Rouge*
- mauvaise [+ nom] : *c'est la mauvaise saison pour partir skier*
- précoce : *la famine serait la conséquence d'une saison sèche précoce* • tardive • déréglées (plur.)

∞ **saison** + VERBE
- approcher (à grands pas) : *la belle saison approche à grands pas* · arriver • commencer : *la saison des pluies commence au mois de mai* · débuter • se succéder (plur.)
- être (bien) avancée : *la saison estivale est déjà bien avancée*
- s'achever · se terminer
- rythmer : *les saisons rythment la vie du jardinier*

∞ VERBE + **saison**
- être de° : *ces températures sont de saison*

∞ NOM + DE + **saison(s)**
- cours · rythme : *ils vivent au rythme des saisons*

[2]saison *nom fém.* (période d'activité)

∞ **saison** + ADJECTIF
- cinématographique · culturelle · littéraire · lyrique · théâtrale · touristique • des amours
- haute [+ nom] : *les locations sont très chères en haute saison* · pleine [+ nom]
- basse · creuse · morte : *la station est déserte en morte saison*
- moyenne · normale · ordinaire · sans surprise : *une saison sans surprise pour les professionnels de l'hôtellerie*
- bien remplie · chargée : *une saison chargée en événements littéraires* • belle [+ nom] · bonne [+ nom] · brillante : *ce secteur termine une brillante saison* · exceptionnelle · extraordinaire · fastueuse : *une saison fastueuse pour le cinéma français* · prometteuse
- interminable · longue : *le match clôt une saison longue et difficile pour le handball français*
- courte [+ nom] · petite [+ nom]
- en demi-teinte : *c'est une saison en demie-teinte pour notre équipe* · en dents de scie · irrégulière · mitigée
- chaotique · infernale · mouvementée • difficile · éprouvante · rigoureuse
- médiocre · morose · piètre [+ nom] • calamiteuse · catastrophique · cauchemardesque · décevante · désastreuse · maudite · mauvaise [+ nom] · noire : *un retour en beauté après une saison noire* · ratée

∞ **saison** + VERBE
- approcher · arriver : *la saison des régates arrive* • commencer · débuter · démarrer : *la saison touristique démarre fort*
- battre son plein : *en août, la saison touristique bat son plein* · être (bien) avancée
- se présenter : *la saison se présente bien / sous de bons auspices / sous le signe du renouveau*
- être marquée par : *la saison fut marquée par 5 victoires*
- s'achever · se terminer

∞ VERBE + **saison**
- commencer · donner le coup d'envoi de / à · entamer · inaugurer : *le festival inaugure la saison théâtrale* · ouvrir
- préparer
- avoir : *nous avons eu une saison culturelle décevante* · connaître · faire : *le cycliste a fait une saison exceptionnelle* · vivre : *les professionnels du secteur ont vécu une très belle saison*
- rythmer : *une saison rythmée par les succès*
- sauver : *les vacanciers de septembre n'ont pas sauvé la saison*
- boucler · clore · clôturer : *le défilé clôture la saison des collections de haute couture* • finir · terminer

salaire *nom masc.*

∞ **salaire** + ADJECTIF
- brut · imposable · net • direct · indirect : *les prestations sociales constituent un salaire indirect* • nominal • horaire · journalier · mensuel
- fixe · régulier • négociable · variable
- moyen · normal • de base · minimal · minimum • maximal · maximum

- bon [+ nom] · confortable · convenable · correct · décent · raisonnable · suffisant • excessif • conséquent · élevé · gros [+ nom] : *c'est un des plus gros salaires de l'entreprise* · haut [+ nom] • colossal · de ministre · énorme · excellent [+ nom] · exceptionnel · faramineux : *les salaires faramineux des footballeurs* · mirifique · mirobolant · royal
- équitable · juste • motivant · stimulant
- bas [+ nom] : *ils veulent revaloriser les bas salaires* · faible · maigre [+ nom] · modeste · petit [+ nom] • symbolique
- au rabais · médiocre · de famine° · de misère° · dérisoire · indécent · insuffisant · minable · ridicule
- fictif : *il a été mis en examen pour avoir touché un salaire fictif*

∞ **salaire** + VERBE
- tomber : *le salaire tombe en fin de mois*
- couvrir : *mon salaire couvre à peine mes frais*
- atteindre : *son salaire atteint 150 000 euros par an* · s'élever à • approcher · avoisiner · osciller entre ... et ... : *son salaire oscille entre 2 000 et 3 000 euros*
- évoluer · fluctuer · varier
- être basé sur · être indexé sur
- augmenter · flamber : *un secteur où les salaires flambent* · progresser : *les salaires progressent moins vite que l'inflation*
- baisser

∞ VERBE + **salaire**
- correspondre à · être assimilé à
- demander · exiger · réclamer · revendiquer : *il revendique un salaire de cadre* • défendre : *les employés se sont mis en grève pour défendre leurs salaires*
- avoir droit à · mériter : *« Toute peine mérite salaire »* (proverbe)
- justifier : *ses diplômes ne justifient pas un tel salaire*
- assurer · garantir • offrir · promettre · proposer : *on lui a proposé un salaire mirobolant* • pratiquer : *cette entreprise pratique des salaires indécents* • accorder · octroyer · payer · régler · verser : *il lui verse un salaire tous les mois* · virer
- avoir : *il a un salaire confortable* · bénéficier de · disposer de • se contenter de : *il se contente d'un salaire dérisoire*
- discuter · négocier (sur) : *il a négocié un meilleur salaire avec l'employeur* • calculer · évaluer · fixer
- accepter · empocher : *il a empoché un salaire colossal pour ce film* · gagner · obtenir · percevoir · recevoir · toucher : *elle touche un salaire correct*
- ajuster · réviser · revoir • individualiser : *l'entreprise individualise les salaires en fonction des compétences* • harmoniser (plur.) : *un pacte social destiné à harmoniser les salaires*
- accroître · améliorer · augmenter · doubler · réévaluer · relever · revaloriser · revoir / réviser ... à la hausse · tirer ... vers le haut : *les gains de productivité ne tirent plus les salaires vers le haut* • cumuler (... avec) : *il cumule son salaire avec une pension militaire*
- être indexé sur : *les loyers sont indexés sur les salaires*
- abaisser · amputer (de) : *le salaire moyen a été amputé de 20 % en dix ans* · diminuer · réduire · revoir / réviser ... à la baisse · rogner sur : *l'entreprise réduit ses coûts en rognant sur les salaires* · tirer ... vers le bas • prélever sur • plafonner : *il faut plafonner le salaire des élus*
- bloquer · geler : *le directeur a menacé de geler les salaires des employés*
- renoncer à : *il est prêt à renoncer à son salaire confortable pour se consacrer à la peinture*

∞ NOM + DE + **salaire(s)**
- augmentation · hausse • inflation
- baisse · diminution · gel
- échelle · grille
- bulletin : *je n'ai pas encore reçu mon bulletin de salaire*

saleté *nom fém.*

∞ **saleté** + ADJECTIF
- extrême · grande [+ nom] • indescriptible · inimaginable : *les chambres sont d'une saleté inimaginable*
- dégoûtante · effrayante · infâme · insoutenable · noire : *les murs étaient recouverts d'une saleté noire* · repoussante · répugnante : *ses cheveux sont d'une saleté répugnante*

∞ **saleté** + VERBE
- recouvrir · se déposer • s'accumuler · s'incruster
- régner : *un bidonville où règne une saleté insoutenable*
- partir : *la saleté ne part pas* · s'en aller

∞ VERBE + **saleté**
- vivre dans
- se plaindre de
- enlever · nettoyer · s'attaquer à : *des nettoyeurs vont s'attaquer à la saleté des façades*

[1] salut *nom masc.* (salutation)

∞ **salut** + ADJECTIF
- rituel · traditionnel • militaire

- cordial · poli : *le salut poli du portier* • affectueux · amical · chaleureux · fraternel : *il adresse un salut fraternel à ses collègues* • enjoué · jovial
- discret · petit + nom · timide : *il se met à chanter après un salut timide au public* • désinvolte • bref + nom · rapide
- final

∞ VERBE + **salut**
- adresser · envoyer · faire : *il a fait le salut militaire* · lancer : *il lance un salut amical à son voisin* • échanger (plur.) • rendre : *elle ne m'a même pas rendu mon salut* · répondre à

²salut *nom masc.* (solution, secours)

∞ **salut** + ADJECTIF
- individuel · personnel
- éternel

∞ **salut** + VERBE
- dépendre de · passer par : *le salut passe par le don de soi* · venir de

∞ VERBE + **salut**
- croire à : *ce romancier croit au salut par l'écriture*
- attendre · (re)chercher · espérer
- accorder : *il supplie Dieu de lui accorder le salut éternel* · apporter · assurer · offrir : *Dieu offre le salut à tous les hommes* • devoir ... à
- obtenir · trouver

sanction *nom fém.*

∞ **sanction** + ADJECTIF
- officielle • administrative · disciplinaire · judiciaire · pénale • des urnes° · politique • commerciale · économique · financière · fiscale · pécuniaire • professionnelle • éducative : *les élèves indisciplinés risquent des sanctions éducatives* • alternative
- négative : *une sanction négative est nécessaire pour qu'il prenne conscience de sa faute* · positive : *son travail a été récompensé par une sanction positive*
- immédiate : *s'il se trompe, la sanction est immédiate*
- concrète · effective • dure + nom · exceptionnelle · grave · lourde · radicale · sévère · stricte · terrible : *l'interdiction de jouer constitue pour le footballeur une terrible sanction* · véritable + nom • exemplaire • maximale · suprême : *la peine de mort reste la sanction suprême dans certains pays*
- nécessaire • juste · légitime : *c'est une sanction légitime compte tenu de l'importance des négligences* • adéquate · proportionnée · appropriée • efficace : *l'amende constitue une sanction efficace*
- coercitive · dissuasive
- criminelle · cruelle · inhumaine • démesurée · disproportionnée : *le professeur révoqué juge sa sanction disproportionnée* · excessive • inadaptée · inadéquate • arbitraire · injuste · injustifiée
- déguisée
- légère · petite + nom · moindre + nom : *jamais la moindre sanction n'a été prononcée contre eux* • minimale

∞ **sanction** + VERBE
- intervenir · tomber : *la sanction est tombée : il a été exclu du club* • accompagner
- aller jusqu'à : *la sanction peut aller jusqu'à l'exclusion / deux années de suspension*
- affecter · frapper : *le joueur a été frappé par une sanction très sévère* · toucher

∞ VERBE + **sanction**
- encourir · être passible de · mériter · risquer · s'exposer à • être sous la menace de • s'attendre à
- aboutir à · déboucher sur · déclencher · entraîner · provoquer : *ce manque de déontologie a provoqué des sanctions*
- demander · exiger · réclamer • préconiser · souhaiter · voter / s'exprimer en faveur de
- annoncer · brandir : *le pays profite de son statut pour brandir des sanctions* · promettre • envisager · prévoir • confirmer
- adopter · décider de · décréter : *l'Union européenne a décrété des sanctions contre le pays* · déterminer · prononcer · voter : *le pays vient de voter de nouvelles sanctions contre les trafiquants* • créer · instaurer · mettre en place • rétablir • maintenir • menacer de
- être assorti de : *le retrait du permis est assorti d'une sanction financière*
- valoir ... à : *les fautes qu'il a commises lui ont valu de lourdes sanctions*
- faire subir · infliger · prendre ... contre / à l'encontre de • appliquer · exercer • exécuter · mettre en œuvre
- écoper de*fam.* · faire l'objet de · obtenir · recevoir • être soumis à · être victime de : *l'employé a été victime d'une sanction injustifiée* · pâtir de
- constituer : *la peine de prison constitue la plus lourde sanction*
- justifier
- adapter
- aggraver · alourdir : *certains sénateurs souhaitent alourdir les sanctions contre le piratage* · durcir · renforcer
- maintenir

- alléger · assouplir : *le Conseil de sécurité a décidé d'assouplir les sanctions économiques contre le pays* • limiter (... à)
- contester · dénoncer · s'opposer à · voter / s'exprimer contre
- suspendre • annuler · interrompre · lever : *le gouvernement a levé les sanctions contre les responsables* · mettre fin à · supprimer
- échapper à · être exempté de : *les coupables ont finalement été exemptés de sanctions* · être / se mettre à l'abri de · éviter

∞ NOM + DE + **sanction(s)**
- arsenal : *les juges disposent d'un arsenal de sanctions alternatives*
- procédure : *la Cour de cassation a annulé la procédure de sanction*
- échelle : *en judo, il existe quatre degrés sur l'échelle des sanctions*
- levée

sang *nom masc.*

∞ **sang** + ADJECTIF
- artériel · oxygéné · veineux
- frais [souvent fig.] : *cet homme avait du sang frais sur les mains*
- chaud : *les animaux à sang chaud* · froid
- [ascendance] • bleu° : *du sang bleu coule dans ses veines* · noble · royal • bon [+ nom] : *« Bon sang ne saurait mentir »* (proverbe)
- contaminé : *l'affaire du sang contaminé* · corrompu · vicié
- séché

∞ **sang** + VERBE
- circuler · couler : *le sang qui coule dans mes veines ; du sang coulait sur son visage* • affluer • dégouliner · gicler · jaillir · refluer · ruisseler · s'épancher
- coaguler · se cailler · se figer
- s'appauvrir
- (souvent passif) couvrir · éclabousser · maculer : *le pantalon tout maculé de sang* · souiller · tacher : *la chemise encore tachée du sang de son garde du corps*
- sécher

∞ VERBE + **sang**
- analyser · prélever
- fluidifier • vivifier
- donner : *je donne mon sang tous les ans* · verser : *ceux qui ont versé leur sang pour la patrie*
- collecter • transfuser
- glacer : *une histoire à vous glacer le sang*
- cracher · vomir
- dégouliner de • perdre : *il a perdu beaucoup de sang dans l'accident* · pisser[fam.] · se vider de
- être assoiffé de : *des généraux assoiffés de sang*

∞ NOM + DE + **sang**
- éclaboussure · giclée · goutte
- tache · trace
- flaque · mare • fleuve · flot · ruisseau : *il enjambait les ruisseaux de sang dans l'abattoir* • [fig.] bain : *il a fait son possible pour éviter le bain de sang* · effusion : *pour dénouer la crise sans effusion de sang*
- caillot
- prise

sang-froid *nom masc.*

∞ **sang-froid** + ADJECTIF
- nécessaire
- déconcertant · étonnant · grand [+ nom] · impressionnant · incroyable · parfait [+ nom] · stupéfiant • imperturbable • admirable · à toute épreuve · beau [+ nom] · exceptionnel · exemplaire · extraordinaire · remarquable
- habituel · légendaire

∞ VERBE + **sang-froid**
- avoir · faire montre de · faire preuve de · manifester · montrer • afficher • conserver · garder • retrouver
- témoigner : *ce fait divers témoigne du sang-froid des policiers*
- admirer
- manquer de : *il manque un peu de sang-froid pour un pompier*
- perdre

de sang-froid
- abattre · assassiner · exécuter · tirer · tuer : *elle a tué son mari de sang-froid*

santé *nom fém.*

∞ **santé** + ADJECTIF
- physique • mentale · psychique • environnementale : *des experts en santé environnementale se sont prononcés sur les dangers de l'amiante*
- économique · financière
- publique° : *les établissements de santé publique* • animale · humaine
- bonne [+ nom] : *on constate la bonne santé de l'euro* · de fer° · éclatante : *à 90 ans passés, elle est d'une santé éclatante* · excellente [+ nom] · exceptionnelle · florissante : *la santé florissante des constructeurs allemands* · inaltérable · insolente : *le commerce électronique affiche une santé insolente* · parfaite [+ nom] · pleine [+ nom] · resplendissante · robuste · satisfaisante · solide · vigoureuse : *c'est un homme d'une santé vigoureuse* • belle [+ nom]

- délicate · fragile · mauvaise + nom : *elle est en très mauvaise santé* · petite + nom · précaire • chancelante · déclinante : *la crise de succession est liée à la santé déclinante du roi* · défaillante · déficiente · vacillante • déplorable : *les enfants de ces bidonvilles ont une santé déplorable*

∞ santé + VERBE
- s'améliorer
- décliner · se dégrader · se délabrer · se détériorer

∞ VERBE + **santé**
- avoir : *il a toujours eu une santé précaire* · jouir de • [Écon.] afficher · faire preuve de
- péter fam. : *elle pète la santé malgré son âge canonique* · respirer : *cet enfant respire la santé*
- conserver · garder
- recouvrer · retrouver · se refaire : *je suis allé me refaire une petite santé à la campagne*
- assurer · garantir • entretenir · ménager · prendre soin de · préserver · protéger : *cette mesure vise à protéger la santé des travailleurs* · veiller à : *quatre spécialistes veillent à la santé du dalaï-lama* • améliorer · contribuer à • redonner · restaurer : *la multinationale a restauré sa santé financière grâce aux exportations*
- s'enquérir de
- craindre pour · se faire du souci pour · se préoccuper de · se soucier de : *elle se soucie de la santé de ses enfants* · s'inquiéter pour
- confirmer [Écon.] : *cette année a confirmé la bonne santé financière du groupe* · rassurer sur : *les médecins l'ont rassuré sur la santé de son amie*
- jouer avec : *ces fêtards invétérés jouent avec leur santé* · mettre en danger · mettre en péril · risquer • négliger • abîmer · affecter · altérer · compromettre · esquinter · miner : *le stress mine la santé* · nuire à
- (se) détruire · perdre · ruiner

∞ NOM + DE +**santé**
- amélioration
- dégradation
- trouble · problème
- bilan · bulletin

satire *nom fém.*

∞ satire + ADJECTIF
- politique · sociale
- décapante · mordante · piquante • cinglante · incisive · percutante · vive + nom • acerbe · au vitriol : *une satire au vitriol de la grande bourgeoisie* · corrosive · féroce · grinçante · virulente • cruelle · saignante · violente + nom • impitoyable · implacable : *il met en scène une satire implacable de la société de consommation*
- brillante + nom · éblouissante · efficace · excellente · géniale · réussie · talentueuse + nom • amusante · bouffonne · cocasse · désopilante · drôle · hilarante · humoristique · joyeuse · jubilatoire : *une satire jubilatoire du monde de l'entreprise* · réjouissante • irrésistible · savoureuse + nom · truculente
- gentille · gentillette : *une satire gentillette des coulisses de la télévision* · petite + nom

∞ VERBE + **satire**
- faire ... de : *son livre fait la satire de la société américaine* • dresser · écrire · mettre en scène
- se vouloir : *ce film se veut une satire du monde de la mode*

satisfaction *nom fém.* (contentement, motif de contentement)

∞ satisfaction + ADJECTIF
- morale • individuelle · personnelle • professionnelle
- immédiate : *la société de consommation suscite un besoin de satisfaction immédiate* • complète · entière + nom · pleine + nom · totale + nom • énorme · grande + nom · grosse + nom · immense + nom · intense · profonde · vive + nom • non dissimulée · non feinte • double + nom : *la double satisfaction d'avoir mené le projet à terme et du succès qu'il rencontre* • générale : *à la satisfaction générale, le projet a été adopté* • durable : *le suivi permet une satisfaction durable de la clientèle*
- compréhensible · légitime • belle + nom : *cette victoire est une belle satisfaction pour toute l'équipe*
- égoïste · narcissique · vaine
- mesurée · mitigée · partielle · relative • prudente : *les syndicats ont manifesté une satisfaction prudente après l'annonce du plan* • maigre + nom : *il a la maigre satisfaction de ne pas être le dernier du classement* · petite + nom · piètre + nom

∞ VERBE + **satisfaction**
- avoir · éprouver
- afficher · montrer · ne pas cacher · ne pas dissimuler · témoigner • exprimer · manifester
- apporter · procurer
- tirer : *elle tire une grande satisfaction de son travail ; combien de personnes tirent satisfaction de ces installations ?* • trouver
- [réponse à une demande] • accorder : *le magistrat a accordé satisfaction au plaignant* · donner : *la préfecture a donné satisfaction à ma demande*
- [réponse à une demande] • obtenir : *les grévistes ont obtenu satisfaction*

avec satisfaction

- accueillir · constater · enregistrer · noter · observer · relever · remarquer

sauvagerie *nom fém.*

∾ sauvagerie + ADJECTIF

- animale · humaine • primitive • naturelle
- extraordinaire · extrême · incroyable · inouïe · insensée · peu commune · rare · stupéfiante · pure [+ nom] • froide [+ nom] : *la froide sauvagerie du tueur* • insoutenable : *la sauvagerie insoutenable de ce film*

∾ VERBE + sauvagerie

- être de : *ces images sont d'une sauvagerie extrême*
- faire preuve de

sauvetage *nom masc.*

∾ sauvetage + ADJECTIF

- écologique · humanitaire : *le sauvetage humanitaire des réfugiés* • économique · financier
- inespéré · in extremis : *le sauvetage in extremis d'un naufragé en danger de mort*
- difficile · périlleux · risqué : *le sauvetage risqué des habitants d'une maison en flammes* • héroïque
- réussi • miraculeux · spectaculaire : *un sauvetage spectaculaire en haute montagne*

∾ VERBE + sauvetage

- commencer · entreprendre : *la région veut entreprendre le sauvetage de l'usine*
- tenter • coordonner · diriger · organiser • procéder à : *des spécialistes procèdent au sauvetage de la baleine échouée* · se charger de • participer à · prendre part à · s'engager dans
- assurer · garantir • aider à · contribuer à : *les bénévoles ont contribué au sauvetage de l'association* · faciliter · financer : *3 banques ont financé le sauvetage de l'entreprise* · permettre · rendre possible
- réussir : *l'armée a réussi le sauvetage des alpinistes*

∾ NOM + DE + sauvetage

- mesure : *le gouvernement a mis en place des mesures de sauvetage des régions sinistrées* · plan · programme · solution • action · intervention · manœuvre : *ils ont exécuté une manœuvre de sauvetage en conditions réelles* · mission · opération

saveur *nom fém.*

∾ saveur + ADJECTIF

- salée · sucrée • douce · douceâtre • épicée · pimentée · poivrée • acide · acidulée · aigre-douce · aigrelette · astringente • fruitée · herbacée : *le cresson donne une saveur herbacée au plat* · marine : *le caviar a une saveur marine aux accents de noisette*
- familière · reconnaissable
- originelle • authentique • intacte : *la cuisson à la vapeur restitue la saveur intacte des légumes*
- incomparable · inimitable · spéciale · unique • exotique • curieuse · déconcertante · étrange · inattendue · inconnue · indéfinissable · inédite · insolite · originale · singulière
- corsée : *la saveur corsée du café* · exceptionnelle · extraordinaire · incomparable · incroyable · marquée · profonde · prononcée : *on reconnaît la saveur prononcée des baies sauvages* · puissante · rare · riche : *la saveur riche de l'huile d'olive*
- agréable · délicieuse · excellente · exquise · raffinée : *la saveur raffinée du thé aux pétales de rose*
- âcre · amère · âpre · désagréable · infecte · rude : *cette eau-de-vie a une saveur rude* • métallique
- discrète · légère · petite [+ nom] : *les épices donnent une petite saveur exotique à la soupe* · subtile : *la saveur subtile de la mayonnaise maison* • fade · neutre : *une gelée à la saveur neutre permet d'unifier les préparations*

∾ saveur + VERBE

- évoquer : *cette saveur évoque la cerise amère / des souvenirs d'enfance* · rappeler
- dominer
- (plur.) cohabiter · se combiner · se marier · se mélanger · se mêler
- disparaître : *cette saveur désagréable disparaît à la cuisson*

∾ VERBE + saveur

- apporter · conférer · donner : *c'est la graisse qui donne toute sa saveur à la viande* • restituer : *ce mode de conservation restitue toute la saveur des aliments*
- développer : *l'olive développe une petite saveur aigrelette* · prendre : *en mûrissant, le fruit prend une saveur incomparable* · s'imprégner de • gagner en
- offrir · posséder · présenter : *ce miel présente une saveur délicate* • conserver · garder
- enrichir • accentuer · corser · exalter · rehausser : *le poireau rehausse la saveur du poisson* · relever · souligner : *le vin blanc souligne la saveur du foie gras*
- dévoiler · révéler : *le sel révèle les saveurs sucrées*
- associer · combiner · marier · mélanger · mêler : *ce plat mêle la saveur des légumes et du homard* • jongler avec · jouer avec : *le chef joue avec des saveurs inédites*

- décomposer · reconnaître
- découvrir · goûter (à) : *venez goûter les saveurs de notre terroir* • connaître • percevoir · sentir : *on sent bien la saveur du potiron* • retrouver : *on retrouve la saveur des recettes d'antan*
- corriger · modifier : *le vinaigre modifie la saveur des aliments* • adoucir : *le lait adoucit la saveur du chou-fleur*
- masquer • détruire : *le citron détruit la saveur des autres ingrédients*
- être dépourvu de · manquer de • perdre (en/de) : *l'aliment perd (de) sa saveur à la cuisson*

∾ NOM + DE +**saveurs**
- bouquet • explosion

savoir *nom masc.*

∾ **savoir** + ADJECTIF
- abstrait · livresque : *cet historien a un immense savoir livresque* · théorique • empirique · pratique : *cette formation professionnalisante enseigne un savoir pratique*
- universel • ancestral · ancien · millénaire · vieux $^{+ nom}$
- approfondi · encyclopédique : *c'est un érudit au savoir encyclopédique* · étendu · immense · impressionnant · phénoménal · solide · vaste $^{+ nom}$: *cette encyclopédie permet d'accéder à un vaste savoir*
- de base · essentiel
- important · précieux : *il transmet le savoir précieux des anciens*
- désintéressé : *un savoir désintéressé sans finalité professionnelle*
- secret : *ce sorcier dit détenir un savoir secret*

∾ VERBE + **savoir**
- avoir soif de · être affamé de · être avide de
- communiquer · délivrer · dispenser · enseigner · transmettre
- accéder à : *tous les enfants doivent accéder au savoir* • acquérir
- détenir · posséder • accumuler
- étaler · faire étalage de

savoir-faire *nom masc.*

∾ **savoir-faire** + ADJECTIF
- artisanal · manuel • industriel • informatique · pédagogique · technique · technologique · etc.
- collectif · individuel • local
- authentique · original · unique : *le savoir-faire unique des artisans locaux*
- incontournable · indispensable · précieux : *il a été engagé pour son précieux savoir-faire*
- ancestral · ancien $^{+ nom}$ · éprouvé · millénaire · rodé · traditionnel · vieux $^{+ nom}$
- incontestable · indéniable · indiscutable • considérable · étendu · grand $^{+ nom}$ · immense · irréprochable · solide · vrai $^{+ nom}$ · véritable $^{+ nom}$ • admirable · éblouissant · exceptionnel · extraordinaire · formidable · impressionnant · incomparable · insurpassable · prodigieux · remarquable • pointu · précis • légendaire : *le savoir-faire légendaire des vignerons de la région*
- oublié : *le savoir-faire oublié des métiers d'antan*

∾ **savoir-faire** + VERBE
- consister en · résider dans : *leur savoir-faire réside dans la maîtrise de la culture des espèces sauvages*
- se perpétuer : *le savoir-faire se perpétue de génération en génération*
- disparaître · être menacé de disparition · se perdre : *ce savoir-faire s'est perdu avec l'industrialisation*

∾ VERBE + **savoir-faire**
- constituer
- demander · exiger · nécessiter · réclamer · requérir : *ce métier requiert un savoir-faire immense* · supposer : *une telle qualité suppose un certain savoir-faire* • avoir besoin de · faire appel à : *le ministère a fait appel au savoir-faire d'un cabinet d'études*
- enseigner · inculquer · transmettre : *il transmet son savoir-faire à ses apprentis* • apporter · fournir · mettre ... au profit / service de : *elle met son savoir-faire au service de la cause écologique* · offrir · partager · prêter ... à : *des graphistes ont prêté leur savoir-faire à la conception de vidéos éducatives* • commercialiser · exporter · vendre : *ce cabinet de conseil vend son savoir-faire dans le monde entier*
- construire · développer · mettre au point : *le groupe de recherche a mis au point un savoir-faire efficace en matière de gestion de crise* • acquérir · hériter de • s'approprier
- avoir · détenir · disposer de · être doté de : *c'est un artisan scrupuleux doté d'un savoir-faire exceptionnel* · maîtriser · posséder · se forger : *avec le temps, il s'est forgé un savoir-faire incomparable* • conserver · garder
- afficher · démontrer : *le nouvel employé n'a pas encore démontré tout son savoir-faire* · déployer : *il va devoir déployer tout son savoir-faire pour gérer cette crise diplomatique* · faire preuve de · montrer
- (dé)montrer : *l'époustouflante scène d'ouverture démontre tout le savoir-faire du réalisateur* · illustrer · prouver · révéler · témoigner de · refléter • confirmer

- célébrer · défendre · entretenir : *les stages pratiques permettent d'entretenir le savoir-faire des bénévoles* · préserver · protéger · sauvegarder : *la région veut sauvegarder le savoir-faire des exploitants traditionnels*
- bénéficier de · exploiter · reposer sur • compter sur · mettre à contribution · s'adjoindre · s'appuyer sur · se servir de · tirer parti / profit de : *le maire souhaite tirer parti du savoir-faire des commerçants de la commune* · utiliser • allier · combiner · conjuguer : *ce système conjugue les savoir-faire traditionnels et les technologies de pointe* • capitaliser (sur) : *l'enjeu est de capitaliser les savoir-faire individuels ; le secteur capitalise sur le savoir-faire des équipes françaises*
- affirmer · faire valoir · revendiquer • louer · mettre en avant : *le directeur met en avant le savoir-faire de ses employés* · mettre en valeur : *l'association met en valeur le savoir-faire des artisans indépendants* · promouvoir · reconnaître · réhabiliter · (re)valoriser : *ce salon revalorise le savoir-faire des entreprises locales* · vanter • récompenser : *ce nouveau contrat récompense notre savoir-faire*
- enrichir · perfectionner : *le groupe a perfectionné son savoir-faire dans ce domaine*
- pérenniser · perpétuer : *cette maison familiale perpétue un savoir-faire ancestral*
- manquer de
- perdre

scandale *nom masc.*

∾ scandale + ADJECTIF
- éthique · moral • financier : *un gouvernement en plein scandale financier* · immobilier · politique
- absolu · énorme · gigantesque · grand $^{+ nom}$ · gros $^{+ nom}$ · immense · retentissant : *cette affaire de financement occulte a provoqué un scandale retentissant* · sans précédent · véritable $^{+ nom}$
- (plur.) à répétition · récurrent
- déplorable · insupportable · intolérable : *l'exploitation de ces enfants est un scandale intolérable*
- petit $^{+ nom}$

∾ scandale + VERBE
- éclater · naître : *le scandale est né lors de la publication de ces documents* • arriver : *la femme par laquelle le scandale est arrivé*
- éclabousser : *le scandale a éclaboussé toute la classe politique* · frapper · secouer · toucher • entourer : *le scandale entourant la sélection des prochains Jeux olympiques d'hiver* • rattraper : *ce notable a été rattrapé par un scandale financier*
- défrayer la chronique
- rebondir : *le scandale a rebondi avec cette nouvelle révélation*

∾ VERBE + scandale
- causer · créer · déclencher · faire : *cette affaire a fait scandale ; si ça continue, je vais faire un scandale !* · occasionner · provoquer · soulever : *ces licenciements ont soulevé un nouveau scandale* · susciter
- être impliqué dans · être mêlé à • être embourbé dans · être empêtré dans : *le maire est empêtré dans un scandale financier*
- dévoiler · étaler : *la presse a étalé ce scandale au grand jour* · mettre au jour · révéler : *c'est un ancien employé qui a révélé ce scandale* • crier à · dénoncer · hurler à
- craindre · redouter
- éviter • étouffer : *le ministre aurait tenté d'étouffer ce scandale* • désamorcer : *une enquête officielle devrait désamorcer le scandale*
- échapper à
- enterrer : *la décision de la commission a définitivement enterré le scandale* · faire cesser · mettre fin à
- survivre à

∾ NOM + DE + scandale(s)
- série · succession
- objet : *ce tableau était, il y a quelques années encore, un objet de scandale* • odeur · parfum : *un parfum de scandale entoure son succès*
- succès : *les scènes très crues ont apporté au film un succès de scandale*

[1] scénario *nom masc.* (cinéma)

∾ scénario + ADJECTIF
- inédit · original
- bien construit · bien ficelé · cohérent · consistant • audacieux · bon $^{+ nom}$ · ingénieux · original • brillant · captivant · excellent · remarquable · séduisant · superbe
- complexe · compliqué • abracadabrant · rocambolesque • délirant · invraisemblable · sans queue ni tête · tiré par les cheveux
- dense · élaboré · touffu • riche en rebondissements · rythmé
- artificiel · banal · conventionnel · plat · prévisible • bancal · mal construit · mal ficelé • calamiteux · indigent · mauvais $^{+ nom}$ · mince
- sobre

∾ scénario + VERBE
- reposer sur · s'appuyer sur · se baser sur · s'inspirer de : *le scénario s'inspire d'un fait divers réel*
- tenir debout : *ce scénario abracadabrant ne tient pas debout* · tenir la distance · tenir la route

- s'enliser · s'essouffler : *le scénario s'essouffle au bout d'une demi-heure*

∾ VERBE + **scénario**
- plancher sur · préparer · travailler sur / à • composer · concevoir · concocter : *le réalisateur a concocté un scénario au suspense haletant* · créer · (co)écrire · élaborer · rédiger · (co)signer · construire · bâtir
- mettre la dernière main à · peaufiner · retoucher · retravailler
- alimenter : *de nombreux rebondissements alimentent le scénario* · nourrir : *cette histoire est assez rocambolesque pour nourrir un scénario*
- lire

2 scénario *nom masc.* (hypothèse, événements)

∾ **scénario** + ADJECTIF
- de départ · initial
- analogue · identique · similaire
- crédible · envisageable · plausible · prévisible · probable · vraisemblable
- alternatif
- bien huilé : *cette visite officielle s'est déroulée selon un scénario bien huilé* · bien rodé · immuable
- idéal · optimiste : *les spécialistes envisagent un scénario optimiste*
- improbable : *cette hypothèse farfelue repose sur un scénario totalement improbable* · irréaliste • futuriste : *ce scénario futuriste pourrait devenir réalité d'ici quelques années*
- noir : *le scénario noir d'une nouvelle crise boursière* · pessimiste • alarmiste · apocalyptique · catastrophe : *un scénario catastrophe se profile si nous n'intervenons pas à temps* · cauchemardesque · infernal · tragique • pire [+ nom] : *c'est le pire scénario qu'on puisse imaginer*

∾ **scénario** + VERBE
- se dessiner · se profiler
- se produire • se répéter : *le scénario de cette affaire judiciaire risque de se répéter* · se reproduire
- se confirmer · se réaliser · se vérifier : *le scénario prévu par les analystes s'est vérifié au cours des derniers mois*

∾ VERBE + **scénario**
- envisager · prévoir • bâtir · ébaucher · échafauder : *les journalistes échafaudent des scénarios alarmistes* · construire · esquisser · imaginer : *il faut imaginer tous les scénarios possibles*
- retenir : *les économistes ne retiennent pas de scénario pessimiste*
- privilégier : *le gouvernement privilégie un scénario de privatisation rapide*
- établir · reconstituer : *les enquêteurs ont pu reconstituer le scénario du détournement de l'avion*
- répéter · reproduire • rejouer · revivre : *ce secteur revit le même scénario qu'il y a 10 ans*
- éviter
- craindre · redouter
- bouleverser · chambouler[fam.] · contrarier · perturber : *les nouveaux éléments ont perturbé le scénario initial*
- accréditer · confirmer : *les premiers résultats semblent confirmer ce scénario*
- écarter : *les experts semblent écarter le scénario catastrophe*

1 scène *nom fém.* (action)

∾ **scène** + ADJECTIF
- primitive [Psychan.] : *il ne réussit pas à se défaire du poids de la scène primitive*
- belle [+ nom] · extraordinaire • forte · impressionnante • attendrissante : *j'ai été lé témoin d'une scène attendrissante à la maternité* · bouleversante · émouvante · touchante • cocasse · drôle · hilarante · rigolote
- inoubliable · marquante · mémorable
- incroyable · surréaliste • étonnante · étrange · insolite · stupéfiante · troublante
- macabre · sinistre
- affreuse · atroce • déchirante · insoutenable : *une scène insoutenable de passage à tabac* · pathétique · pénible · terrible · tragique

∾ **scène** + VERBE
- se dérouler · se passer : *la scène s'est passée dans le XIVe arrondissement : deux hommes ont braqué une banque* • se répéter : *cette scène étrange s'est répétée plusieurs fois*

∾ VERBE + **scène**
- assister à · être (le) témoin de : *seul un enfant fut témoin de la scène* · observer · voir
- décrire · raconter · rapporter : *c'est un de mes amis, présent ce jour-là, qui m'a rapporté la scène*
- reconstituer : *les enquêteurs ont essayé de reconstituer la scène*

2 scène *nom fém.* (d'un film, d'un livre, d'un tableau)

∾ **scène** + ADJECTIF
- biblique · mythologique • champêtre · pastorale • d'action · de bataille · de carnage · de combat · de fusillade • d'amour · de sexe · érotique · pornographique · sexuelle
- muette
- bonus : *as-tu regardé la scène bonus sur le DVD ?* · inédite

- longue + nom
- courte + nom · petite + nom : *le peintre a représenté une petite scène champêtre*
- célèbre · (-)clé · fameuse : *la scène fameuse avec Bardot et Piccoli dans "Le Mépris"* • culte · mythique • inoubliable · marquante · mémorable • forte · impressionnante
- cocasse · drôle · hilarante · rigolote
- belle + nom · extraordinaire • attendrissante · bouleversante · émouvante · touchante
- déchirante · pathétique · pénible · terrible · tragique
- choquante : *le film est interdit aux moins de 12 ans car il contient une scène choquante* · crue • difficile · dure · insoutenable · violente • affreuse · atroce
- grotesque : *j'ai trouvé la scène d'amour complètement grotesque* · invraisemblable

∞ **scène** + VERBE
- s'ouvrir sur : *la scène s'ouvre sur un intérieur bourgeois*
- se dérouler · se jouer · se passer
- traîner en longueur
- s'ensuivre : *ils se disputent; une scène tragique où chacun pleure s'ensuit*

∞ VERBE + **scène**
- s'ouvrir sur : *le roman s'ouvre sur une scène d'enterrement*
- connaître (par cœur) • préparer · répéter · travailler • jouer : *il faut jouer cette scène plus en nuances*
- diriger : *le réalisateur est très concentré quand il dirige une scène* • filmer · tourner
- décrire · raconter · rapporter • dépeindre : *la tapisserie dépeint une scène de l'Odyssée* · peindre · représenter
- regarder · visionner · voir
- couper (... au montage) · enlever • censurer
- se terminer sur

∞ NOM + DE +**scènes**
- succession : *le film commence par une succession de scènes dramatiques*

[3]**scène** *nom fém.* (théâtre, planches)

∞ **scène** + ADJECTIF
- nationale : *le Parvis, scène nationale de Tarbes* · régionale • conventionnée
- ouverte : *tous les vendredis, une scène ouverte s'offre aux amateurs*
- dépouillée : *elle est seule sur la vaste scène dépouillée* • décorée • tournante
- belle + nom : *il est content de jouer sur la belle scène du Théâtre* • grande + nom · immense · large · vaste
- étroite · petite + nom
- mythique : *il a chanté sur la scène mythique de l'Olympia*

∞ VERBE + **scène**
- installer : *les techniciens installent la scène pour le concert*
- monter sur : *elle est montée pour la première fois sur scène en 1977* • entrer en · faire irruption sur : *un plaisantin a fait irruption sur scène en pleine cérémonie de remise des prix* · faire son entrée sur · paraître sur · s'installer sur • rejoindre (sur) : *elle a invité le metteur en scène à la rejoindre sur scène à la fin du spectacle* • envahir · investir : *en un clin d'œil, les comédiens ont investi la scène*
- être sur : *quel plaisir d'être sur scène !*
- avoir une (grande) expérience de : *nous recherchons des comédiens ayant une grande expérience de la scène* · avoir une (bonne) maîtrise de
- faire / effectuer son (grand) retour sur
- écumer (plur.) : *le groupe écume les scènes de France et de Navarre sans relâche*
- quitter : *ils ont quitté la scène sous un tonnerre d'applaudissements* · sortir de • abandonner : *cela fait trois fois qu'il déclare officiellement qu'il abandonne la scène*

[4]**scène** *nom fém.* (sphère d'activités)

∞ **scène** + ADJECTIF
- artistique · culturelle · littéraire · musicale • électorale · politique
- alternative : *les labels indépendants soutiennent la scène alternative* · underground • internationale · locale · publique
- bouillonnante · dynamique · florissante : *cette ville est connue pour sa scène culturelle florissante*

∞ VERBE + **scène**
- faire irruption sur · faire son entrée sur : *il a fait son entrée sur la scène politique en devenant maire*
- chercher / trouver sa place sur · conquérir · tenter un retour sur : *elle tente un retour sur la scène littéraire après trois ans d'absence*
- dominer · envahir : *ils sont en train d'envahir la scène underground* · occuper : *la décentralisation occupe la scène de l'actualité* • partager
- disparaître de · quitter

schéma *nom masc.* (plan, organisation)

∞ **schéma** + ADJECTIF
- global • idéologique · narratif • stratégique · tactique
- directeur ○ [Urbanisme] : *les urbanistes ont présenté le schéma directeur de la région*

- initial · originel
- classique : *les choses se sont déroulées selon le schéma classique* · habituel · traditionnel • type
- précis • connu · (pré)défini · préconçu · préétabli
- clair · simple • cohérent · réaliste • idéal : *le schéma idéal prévoit un aboutissement rapide*
- évolutif : *ce schéma évolutif permet de s'adapter aux imprévus*
- complexe · compliqué
- convenu : *le débat a été organisé selon un schéma convenu* • réducteur · simpliste : *le schéma simpliste du vaudeville* • binaire · manichéen : *le schéma manichéen du combat contre les forces du mal*
- final

∾ **schéma** + VERBE
- s'inspirer de : *ce schéma s'inspire des méthodes norvégiennes* · se baser sur · être fondé sur
- prévoir
- évoluer : *ce schéma de croissance évolue vers une stabilisation de la population mondiale*

∾ VERBE + **schéma**
- définir · élaborer · imaginer · mettre au point · mettre en place
- présenter · prévoir · proposer • imposer
- adopter · reprendre · se conformer à · suivre • entrer dans · (s')inscrire dans · s'intégrer dans : *ce projet atypique ne s'intègre pas dans le schéma habituel du secteur* • reproduire : *il reproduit le schéma parental* • (s')enfermer dans · être / rester prisonnier de
- bousculer · mettre à mal : *l'évolution de la société a mis à mal le schéma familial traditionnel* · refuser · sortir de : *le réalisateur sort du schéma habituel des films sur l'adolescence*
- en finir avec · rompre avec : *elle veut rompre avec le schéma de la femme au foyer*

science *nom fém.*

∾ **science** + ADJECTIF
- (souvent plur.) économique · humaine · naturelle · physique · politique · sociale · etc.
- appliquée · expérimentale • abstraite · théorique
- dure° : *il s'intéresse aux sciences dures comme les mathématiques* · exacte : *la météorologie n'est pas une science exacte* · pure
- nouvelle · récente
- ancienne : *l'astronomie est une science ancienne*
- fiable · maîtrisée · rigoureuse : *cette théorie relève plus de la science-fiction que d'une science rigoureuse*
- incertaine : *la science incertaine des sondages d'opinion* · molle°
- occulte

∾ **science** + VERBE
- avancer · évoluer · progresser : *la science progresse chaque jour*

∾ VERBE + **science**
- faire avancer : *ces récentes découvertes ont fait avancer la science*
- vulgariser : *il est nécessaire de vulgariser cette science pour le grand public*

scolarité *nom fém.*

∾ **scolarité** + ADJECTIF
- obligatoire : *la scolarité est obligatoire jusqu'à l'âge de 16 ans*
- classique · normale · sans surprise : *il avait eu jusqu'alors une scolarité sans surprise* · traditionnelle • régulière • complète
- bonne + nom · convenable · correcte • sans embûche · sans problème • brillante · excellente · exemplaire · réussie · studieuse
- courte : *il est devenu berger à l'issue d'une courte scolarité* • inachevée
- longue + nom : *ils n'ont pas bénéficié d'une longue scolarité*
- aménagée : *les jeunes sportifs de haut niveau bénéficient d'une scolarité aménagée*
- médiocre · moyenne • chaotique · difficile · douloureuse · laborieuse · mouvementée : *il a connu une scolarité mouvementée dans une banlieue difficile*

∾ **scolarité** + VERBE
- se dérouler · s'effectuer : *sa scolarité s'effectue sans problème* · se passer
- durer · s'allonger : *la scolarité moyenne s'est allongée ces dernières années*
- s'arrêter · se terminer : *sa scolarité s'est terminée en 3e*

∾ VERBE + **scolarité**
- dispenser · offrir · proposer : *cet établissement propose une scolarité aménagée* • assurer · garantir
- avoir accès à · bénéficier de
- commencer · démarrer · entamer : *il a entamé sa scolarité à Saint-Cyr en 1989*
- accomplir : *il a accompli sa scolarité dans une école privée* · effectuer · faire · suivre • connaître · vivre : *cette association permet aux enfants malades de vivre une scolarité normale* • recommencer · reprendre : *elle a repris sa scolarité après deux ans d'interruption* • continuer · poursuivre : *il a poursuivi sa scolarité chez les Jésuites* • gérer · mener de front : *elle mène de front sa scolarité et un travail à mi-temps*

- allonger : *ils voudraient allonger la scolarité obligatoire* · prolonger
- aménager
- financer
- mener à bien · réussir
- affecter · gêner · nuire à · pénaliser · perturber : *les problèmes familiaux ont perturbé sa scolarité*
- rater
- écourter • interrompre · mettre un terme à : *cette exclusion a mis un terme à sa scolarité*
- abandonner : *elle a abandonné sa scolarité pour élever son enfant*
- achever : *les élèves ayant achevé leur scolarité avant juin 2005* · finir · terminer

[1] **score** *nom masc.* (Sport)

∞ score + ADJECTIF
- final
- identique · inchangé : *le score était inchangé en seconde mi-temps*
- de parité : *le match s'est conclu sur un score de parité 20-20* • nul · vierge
- étriqué : *le score étriqué (14-13) traduit la petite forme de notre équipe* · serré : *le score est toujours très serré, 25 à 23*
- bon [+ nom] · correct · honorable · respectable • beau [+ nom] · excellent · fantastique · gros [+ nom] · impressionnant · joli [+ nom] • exceptionnel · (-)fleuve : *un score fleuve obtenu grâce à une fin de match tonitruante* · historique · record : *c'est un score record pour un match de rugby* · sans précédent • écrasant · sans appel : *65 à 15, le score est sans appel*
- étonnant · inattendu · inespéré · surprenant
- modeste · moyen · petit [+ nom]
- calamiteux · décevant · mauvais [+ nom] · médiocre · minable · piètre [+ nom] · piteux · ridicule · sévère : *6 à 0, le score est sévère !* • désastreux · exécrable · honteux · humiliant

∞ score + VERBE
- atteindre
- refléter : *ce score ne reflète pas la qualité de la rencontre* · traduire

∞ VERBE + **score**
- ouvrir : *il ouvre le score dès la 5e minute de jeu*
- afficher : *le score est affiché en haut de l'écran*
- faire · réaliser · signer : *ils ont signé un score sans appel dans cette rencontre* • recoller à · revenir à : *ils ont eu du mal à revenir au score*
- mener à : *ils mènent au score par 2 buts à 0*
- aggraver : *ils ont aggravé le score en seconde période par un coup franc* · alourdir
- ramener ... à : *ils sont arrivés à ramener le score à 2 buts partout* · réduire : *il réduit le score sur pénalty*
- s'achever sur · se solder par : *cette superbe rencontre s'est soldée sur un score nul de 3 à 3* · se terminer sur

[2] **score** *nom masc.* (à une élection, d'audience, etc.)

∞ score + ADJECTIF
- électoral • national
- (plur.) additionnés : *les scores additionnés de l'extrême gauche* · cumulés • final · total
- étriqué · serré : *dans la plupart des circonscriptions, le score est serré*
- bon [+ nom] · correct · honorable · respectable • élevé · fort [+ nom] : *ils enregistrent de forts scores d'audience quotidiens* · haut [+ nom] : *la chaîne cumule les cinq plus hauts scores en première partie de soirée* · important · significatif • beau [+ nom] · excellent · fantastique · gros [+ nom] : *le parti vient de réaliser son plus gros score en douze ans* · impressionnant · joli [+ nom] · remarquable • exceptionnel · -fleuve · historique · record · sans précédent · (à la) soviétique : *il s'est fait réélire dernièrement avec un score quasi soviétique de plus de 97 % des voix* • écrasant · sans appel • flatteur : *c'est un score peu flatteur pour le président* · glorieux
- étonnant · inattendu · inespéré · surprenant
- faible [+ nom] · maigre [+ nom] : *il subit les contrecoups de son maigre score aux élections européennes* · modeste · moyen · petit [+ nom] · plus bas : *avec 17 %, il obtient son plus bas score depuis un an*
- décevant · dérisoire · mauvais [+ nom] · médiocre · piètre [+ nom] : *il a du mal à se remettre de son piètre score aux législatives* • calamiteux · désastreux · exécrable · honteux · humiliant · minable · piteux · ridicule · sévère

∞ score + VERBE
- atteindre
- être digne de : *un score digne des plus beaux jours du parti unique*
- refléter : *ce score ne reflète qu'imparfaitement la réalité* · traduire · illustrer · montrer
- augmenter
- baisser : *la règle de la parité a fait baisser notre score* · diminuer

∞ VERBE + **score**
- atteindre · détenir · enregistrer : *la droite enregistre un score décevant dans l'un de ses bastions traditionnels* · établir · faire · obtenir · réaliser
- améliorer · augmenter · doper : *il cherche à doper son score du premier tour et dépasser les 30 %* · doubler · gonfler : *l'insécurité a contribué à gonfler le score du candidat* · tripler

scrupule *nom masc.* (souvent plur.)

∞ scrupule + ADJECTIF

- déontologique · moral
- extrême · pur $^{+ nom}$
- exagéré · excessif : *elle se laisse ronger par des scrupules excessifs*

∞ scrupule + VERBE

- dévorer · étouffer : *ce ne sont pas les scrupules qui l'étouffent* · paralyser · ronger · tenailler : *il n'ose pas agir, tenaillé par les scrupules*

∞ VERBE + scrupule

- avoir · éprouver · être pris de · manifester
- avouer : *j'avoue mes scrupules à lui mentir*
- étouffer : *il a étouffé ses scrupules et a rompu sa promesse* · vaincre • avoir raison de : *le bakchich a eu raison de ses scrupules*
- être dénué de · être dépourvu de • ne pas s'embarrasser de · ne pas s'encombrer de : *cet homme d'affaires véreux ne s'encombre pas de scrupules* • balayer · écarter · oublier · s'affranchir de

scrutin *nom masc.*

∞ scrutin + ADJECTIF

- cantonal · communal · législatif · local · municipal · présidentiel · régional • référendaire
- à main levée · direct · indirect • majoritaire · mixte · proportionnel • de liste · uninominal • partiel • anticipé • interne
- démocratique · libre : *c'est le premier scrutin libre depuis la fin de la dictature* · public · transparent
- ouvert : *tout citoyen électeur peut participer à ce scrutin ouvert* • incertain · serré : *il a été élu à l'issue d'un scrutin serré*
- crucial · décisif
- secret : *le président de l'Assemblée nationale est désigné lors d'un scrutin secret à la tribune*
- contesté · controversé : *il est nécessaire d'enquêter sur ce scrutin controversé*

∞ scrutin + VERBE

- se dérouler · se faire : *le scrutin se fera sous haute surveillance* · se jouer · se passer · se tenir : *le scrutin se tiendra en mai prochain*
- se prolonger
- être marqué par : *le scrutin est marqué par une forte / faible abstention / participation*

∞ VERBE + scrutin

- donner lieu à : *le projet de loi a donné lieu à un scrutin public*
- demander · exiger · réclamer • appeler à · convoquer : *si l'élection est invalidée, il faudra convoquer un nouveau scrutin*
- organiser · préparer • veiller / garantir le bon déroulement de : *l'ONU va garantir le bon déroulement du scrutin*
- participer à · prendre part à • se (re)présenter à : *le maire sortant a décidé de se représenter au scrutin*
- arbitrer · dépouiller : *ils ont eu deux heures pour dépouiller le scrutin* • valider : *la participation n'a pas atteint les 50 % requis pour valider ce scrutin*
- faire basculer · faire pencher · peser sur
- remporter
- bouder : *les électeurs ont boudé en masse ce scrutin* · boycotter
- contester • annuler · invalider : *le tribunal administratif a invalidé le scrutin* • entacher : *il dénonce les irrégularités qui ont entaché le scrutin*

séance *nom fém.* (session)

∞ séance + ADJECTIF

- inaugurale • dernière $^{+ nom}$ • à huis clos • officielle · solennelle • ordinaire · plénière · publique
- habituelle · normale · traditionnelle
- fameuse $^{+ nom}$ · historique · mémorable : *la séance mémorable qui réunit Benjamin Franklin et Voltaire*
- interminable · longue
- agitée · animée · houleuse : *le débat s'est déroulé lors d'une séance houleuse* · mouvementée · orageuse
- exceptionnelle · extraordinaire · spéciale
- sans relief

∞ séance + VERBE

- commencer · débuter · démarrer
- se dérouler · se tenir
- réunir
- durer · se prolonger • s'éterniser
- finir · s'achever (sur) · se terminer

∞ VERBE + séance

- prévoir · programmer
- convoquer ... à · inviter ... à
- entamer · ouvrir : *le président a ouvert la séance*
- présider : *c'est le secrétaire général qui a présidé la séance* • assister à · participer à · prendre part à
- manquer • quitter : *un élu excédé a quitté la séance avant la fin des débats*
- clore · clôturer : *il a communiqué les résultats annuels avant de clôturer la séance* · fermer · finir · terminer
- ajourner · remettre à plus tard · renvoyer (aux calendes grecques) · reporter : *la commission a décidé de reporter la séance sine die*

- interrompre · lever · suspendre
- annuler

sécheresse *nom fém.* (climat)

∾ sécheresse + ADJECTIF

- anormale · exceptionnelle · inhabituelle · sans précédent : *la région connaît une sécheresse sans précédent depuis trois mois*
- longue [+ nom] · persistante : *la végétation est victime d'une sécheresse persistante* · prolongée • chronique : *le pays doit faire face à six mois de sécheresse chronique*
- extrême · forte [+ nom] · grande [+ nom] · importante · intense
- alarmante · calamiteuse · catastrophique · dramatique · dure [+ nom] · grave · gravissime · inquiétante · sévère · terrible
- passagère

∾ sécheresse + VERBE

- faire rage : *c'est une région où la sécheresse fait rage* · sévir • perdurer · persister · se prolonger · s'installer : *la sécheresse s'est installée depuis dix ans au Niger*
- guetter : *la sécheresse guette le Sahel* · menacer • s'abattre sur : *une terrible sécheresse s'est abattue sur un pays déjà éreinté* • affecter · frapper • accabler · affamer : *au Malawi, la sécheresse affame la population* · anéantir · dévaster · tuer

∾ VERBE + sécheresse

- entraîner · provoquer : *le courant El Niño a provoqué une sécheresse alarmante dans le Pacifique Sud*
- aggraver
- connaître · enregistrer • souffrir de : *les cultures souffrent de la sécheresse*
- affronter · faire face à • combattre · lutter contre • fuir : *des milliers de réfugiés fuient la sécheresse*
- résister à : *cette variété de riz résiste bien à la sécheresse*

secousse *nom fém.*

∾ secousse + ADJECTIF

- électrique • sismique · tellurique • boursière · financière · monétaire · politique · sociale
- principale • forte [+ nom] · grande [+ nom] · grosse [+ nom] · importante · intense · majeure
- brutale · terrible · violente • dévastatrice · meurtrière : *des secousses sismiques meurtrières ont frappé la région*
- légère [+ nom] · petite [+ nom] • secondaire : *une secousse secondaire a suivi la secousse principale du séisme*

∾ secousse + VERBE

- se produire • parcourir : *le terrain fut parcouru de terribles secousses* · traverser • se propager : *la secousse électrique se propage dans tout le système nerveux*
- affecter · frapper : *de violentes secousses telluriques ont frappé le pays* · toucher • agiter · ébranler : *ces secousses boursières ont ébranlé le monde de la finance* • endommager : *plusieurs canalisations ont été endommagées par les secousses*

∾ VERBE + secousse

- causer · provoquer
- recevoir · ressentir : *la secousse a été ressentie jusqu'à Hong-Kong* · sentir
- enregistrer · observer : *on observe d'importantes secousses sur les marchés financiers* • essuyer · subir : *l'île continue à subir de violentes secousses*
- résister à : *ces structures sont capables de résister à de grosses secousses sismiques*

[1] secret *nom masc.* (confidence)

∾ secret + ADJECTIF

- familial · de famille
- bien / farouchement gardé · enfoui : *il a révélé des secrets de famille enfouis depuis des années* · grand [+ nom] · jaloux : *ils gardent le secret jaloux de leur intimité*
- intime
- honteux · inavouable · indicible : *le secret indicible des terribles violences qu'elle a subies* • douloureux · horrible · lourd [+ nom] : *sa grand-mère lui a confié un lourd secret* · terrible · terrifiant
- de polichinelle° : *ils sortent ensemble, c'est un secret de polichinelle*

∾ secret + VERBE

- ronger : *un terrible secret la ronge*

∾ VERBE + secret

- confier · lever le voile sur · livrer · mettre dans : *il a mis son cousin dans le secret* · partager (... avec) · révéler à : *elle avait 8 ans lorsqu'on lui a révélé le secret de sa naissance*
- apprendre
- détenir · posséder • connaître · être dans : *sa mère était dans le secret*
- garder (pour soi) : *il est incapable de garder un secret*
- dévoiler · éventer : *c'est la petite sœur qui a éventé le secret* · trahir : *il a trahi le secret que je lui avais confié*

[2] secret *nom masc.* (mystère)

∾ secret + ADJECTIF

- grand + nom · impénétrable : *le monde sous-marin reste un secret impénétrable* · obscur : *les catacombes recèlent des secrets obscurs*

∾ secret + VERBE
- entourer : *le secret qui entoure son voyage*
- régner

∾ VERBE + secret
- recéler : *le grenier recèle encore beaucoup de secrets*
- demeurer · rester : *cette affaire est restée un grand secret*
- cultiver · entretenir : *elle aime entretenir le secret quant à sa vie privée*
- pénétrer : *la biologie moléculaire a permis de pénétrer les secrets de l'ADN* · percer : *plusieurs livres tentent de percer le secret de sa mort violente*

[3]secret *nom masc.* (moyen, recette)

∾ secret + ADJECTIF
- de fabrication° · industriel
- ancestral · millénaire : *le secret millénaire des femmes berbères*
- de la plus haute importance
- infaillible : *elle a un secret infaillible pour soigner les morsures de serpent*

∾ VERBE + secret
- apprendre • détenir · posséder : *le présentateur se flatte de posséder le secret de la longévité* • retrouver : *il a retrouvé le secret de la composition des émaux* • conserver religieusement / jalousement · garder religieusement / jalousement : *elle garde religieusement le secret de son éternelle jeunesse*
- confier · dévoiler : *elle n'a jamais voulu dévoiler le secret de son gâteau au fromage* · livrer · partager (... avec) · transmettre : *il lui manque un héritier à qui transmettre les secrets de son art*

[4]secret *nom masc.* (discrétion)

∾ secret + ADJECTIF
- bancaire · défense° : *le dossier est classé secret défense* · d'État° · médical · professionnel
- absolu : *je veux le secret absolu sur cette affaire*

∾ secret + VERBE
- lier : *il est lié par le secret de l'instruction*
- couvrir : *ce dossier confidentiel est couvert par le secret* · protéger : *les patients sont protégés par le secret médical*

∾ VERBE + secret
- relever de : *ces informations relèvent du secret professionnel*
- demander · exiger · réclamer
- promettre : *il a promis le secret absolu sur cette affaire*
- respecter • (sans art.) garder · tenir : *le nom du coupable a été tenu secret*
- être assujetti à · être astreint à : *tout ministre du culte est astreint au secret* · être dépositaire de · être soumis à : *je suis soumis au secret médical* · être tenu à • mettre à° : *il a été arrêté et mis au secret à Fresnes pendant onze mois*
- bénéficier de
- invoquer · opposer · s'abriter derrière · se retrancher derrière : *le directeur s'est retranché derrière le secret professionnel*
- déroger à · faire une entorse à · trahir · violer : *en répondant aux journalistes, il a violé le secret de l'enquête*
- lever : *la Justice a levé le secret sur des documents saisis par la police*
- délier de : *les témoins ont été déliés du secret professionnel*

secteur *nom masc.* (Écon.)

∾ secteur + ADJECTIF
- économique • privé · (semi-)public • primaire · secondaire · tertiaire • agricole · bancaire · culturel · industriel · pétrolier · social • marchand : *de nouvelles entreprises ont été créées dans le secteur marchand* • associatif · caritatif · coopératif · non lucratif · non marchand • informel : *le secteur informel échappe au contrôle de l'administration*
- clé · majeur · phare : *l'automobile est le secteur phare de ce constructeur* · vital • dynamique · florissant • en (pleine) ébullition · en (pleine) expansion : *le secteur des télécommunications est en pleine expansion* · en plein boom · en pleine croissance
- attirant · convoité
- porteur · prometteur • lucratif · profitable · rentable · stratégique
- de pointe · innovant · tourné vers l'avenir • sain · viable : *il préfère investir dans un secteur viable*
- en (pleine) évolution • en (pleine) concentration : *le secteur bancaire est en pleine concentration*
- concurrentiel • difficile · exposé · risqué · sensible : *le gouvernement doit venir en aide au secteur sensible de l'agriculture* · à risque
- marginal : *l'édition poétique est un secteur marginal* • cyclique : *l'industrie automobile est un secteur cyclique* · saisonnier : *le tourisme fait partie des secteurs saisonniers*
- en (pleine) crise · en difficulté • en déclin · fragilisé · mal en point • au plus bas · sinistré

∾ secteur + VERBE

- employer (x personnes) · réaliser (un chiffre d'affaires) : *ce secteur réalise environ 600 millions d'euros de chiffre* · représenter
- fleurir · se porter bien • croître · exploser · progresser · se développer
- s'adapter (à) · se concentrer : *ce secteur s'est concentré autour de quelques grands groupes industriels* · se féminiser · se professionnaliser
- être sensible à : *ce secteur est particulièrement sensible à la crise* • souffrir de : *ce secteur souffre d'une mauvaise image* • décliner : *ce secteur décline depuis quelques années* · se porter mal

∾ VERBE + **secteur**

- se positionner dans : *l'entreprise veut se positionner dans un secteur porteur* · s'établir dans · s'implanter dans • investir dans • opérer dans · rejoindre : *il a décidé de rejoindre le secteur privé* · travailler dans • se spécialiser dans
- dominer · être leader de / dans
- se cantonner à · se limiter à : *notre entreprise se limite au secteur tertiaire*
- contrôler · réglementer · réguler
- aider · soutenir • préserver · sauvegarder · sauver
- développer · ouvrir : *le gouvernement a décidé d'ouvrir ce secteur à la concurrence* • consolider · renforcer : *le ministre veut renforcer le secteur énergétique français*
- donner un coup de pouce / fouet · (re)dynamiser : *la modernisation devrait redynamiser ce secteur* · moderniser · (re)vitaliser • assainir · restructurer
- affecter · fragiliser · frapper · mettre à mal · secouer : *la conjoncture actuelle a vivement secoué le secteur* • détruire · ravager : *la crise économique ravage le secteur*
- quitter

∾ NOM + DE +**secteur**

- essor · développement
- faillite

sécurité *nom fém.*

∾ sécurité + ADJECTIF

- alimentaire · informatique · juridique · militaire · sanitaire • civile · publique • financière · matérielle
- [Auto] • routière • active : *la sécurité active, telle que le freinage et la tenue de route, a été améliorée* · passive : *les protections antichocs renforcent la sécurité passive du véhicule*
- accrue · rapprochée · renforcée : *la venue du ministre bénéficie d'une sécurité renforcée* • absolue · complète · parfaite · totale • maximale · optimale
- apparente · relative : *la sécurité relative de cet investissement* • minimale
- douteuse · précaire : *ces contrats offrent une sécurité précaire*

∾ VERBE + **sécurité**

- rechercher
- placer en tête / au premier rang de ses préoccupations • jouer (la carte de) : *le gouvernement a préféré jouer la sécurité en annulant l'ensemble des festivités* · privilégier • avoir la charge de · prendre en charge : *la police a pris en charge la sécurité de l'aéroport* • concourir à · être / se porter garant de · garantir : *cet organisme garantit la sécurité alimentaire* · veiller à : *un garde du corps veille à la sécurité de la comédienne* • défendre · préserver · respecter · sauvegarder
- apporter · assurer · offrir : *cet équipement offre une sécurité absolue* • mettre en : *elle a mis ses bijoux en sécurité dans un coffre* • ramener · restaurer : *l'intervention militaire a restauré la sécurité sur le territoire* · rétablir • maintenir
- connaître · être / vivre en : *les enfants sont en sécurité dans la maison* • retrouver • se croire / sentir en : *elle se sent en sécurité auprès de lui*
- évaluer · mesurer · tester
- accroître · améliorer · renforcer : *ce dispositif renforce la sécurité juridique des propriétaires*
- compromettre · menacer · mettre à mal · mettre en danger · mettre en jeu · mettre en péril · porter atteinte à · troubler • négliger · sacrifier à

∾ NOM + DE +**sécurité**

- exigence · impératif
- gage
- norme
- dispositif
- zone

séisme *nom masc.*

∾ séisme + ADJECTIF

- [fig.] • culturel · électoral · médiatique · politique · social • boursier · financier • intérieur
- de forte intensité / magnitude · gigantesque · grand [+ nom] · important · violent
- brutal · catastrophique · grave · terrible • dévastateur · meurtrier
- de faible intensité / magnitude • petit [+ nom] [fig.]

séisme + VERBE
- ébranler · frapper · secouer : *un violent séisme a secoué la région* · toucher • dévaster · endommager · ravager
- épargner : *le village n'a pas été épargné par le séisme*

VERBE + séisme
- annoncer · prédire · prévoir
- [fig.] causer · déclencher · provoquer : *la nouvelle a provoqué un véritable séisme médiatique*
- connaître · enregistrer : *on n'avait pas enregistré un séisme aussi important depuis 1978*
- percevoir · ressentir : *le séisme a été ressenti à plus de 300 km de son centre*
- résister à : *ces constructions sont censées résister à des séismes de magnitude 5 sur l'échelle de Richter*

[1]sélection *nom fém.* (action de choisir)

sélection + ADJECTIF
- automatique · naturelle° : *la sélection naturelle a fait disparaître certaines espèces*
- difficile · draconienne · drastique · exigeante · impitoyable · rigoureuse : *les candidats font l'objet d'une sélection rigoureuse* · sévère
- aléatoire · arbitraire : *une sélection arbitraire par tirage au sort*

VERBE + sélection
- effectuer · faire · opérer · pratiquer : *cet établissement pratique une sélection sévère* · procéder à : *le comité de lecture procède à une sélection des meilleurs manuscrits*
- participer à : *il a participé à la sélection des spectacles pour le festival*
- affiner

[2]sélection *nom fém.* (éléments choisis)

sélection + ADJECTIF
- [Sport] • nationale · officielle · olympique
- petite [+ nom]
- grande [+ nom] · large · vaste [+ nom]
- de choix : *les organisateurs promettent une sélection de choix* · pointue : *une sélection pointue de crus bordelais* • raisonnée : *j'ai présenté une sélection raisonnée de mes travaux personnels*

VERBE + sélection
- rassembler : *nos archives rassemblent une sélection d'articles de presse*
- aboutir à · obtenir : *il a obtenu sa sélection dans l'équipe*
- présenter · proposer : *ce disque propose une sélection de ses plus belles chansons*
- être retenu dans · figurer dans : *le film figure dans la sélection officielle*

[1]sens *nom masc.* (signification, acception)

sens + ADJECTIF
- abstrait · concret • littéral · propre • allégorique · figuré · métaphorique • technique • philosophique • analogue · dérivé · proche • contextuel
- étymologique · originel · premier · primitif • ancien · archaïque · classique · vieilli
- nouveau • actuel · contemporain · moderne
- courant · ordinaire · traditionnel · usuel
- étendu · large • absolu · complet · élargi · fort : *c'est une révolution au sens fort du mot* · plein : *un débat philosophique au sens plein* · profond : *c'est le sens profond de cette réforme*
- clair · discernable · évident · transparent
- défini · déterminé · exact · précis · rigoureux · spécifique · strict • univoque : *de ces interprétations se dégage un sens univoque*
- correct
- bon [+ nom] : *elle est curieuse au bon sens du terme* · mélioratif · positif • noble : *c'est un véritable bijou au sens noble du terme*
- étriqué · étroit · restreint
- relatif • douteux · énigmatique · incertain · insaisissable · obscur • indéterminé · vague • approximatif
- ambigu · double [+ nom] · équivoque : *des propos au sens équivoque*
- faux° [+ nom] · impropre · incorrect · inexact
- caché · implicite
- dépréciatif · mauvais [+ nom] · négatif · péjoratif : *c'est un amateur au sens péjoratif du terme*

sens + VERBE
- apparaître : *ce sens du mot est apparu au XVIe siècle*
- se dégager de : *le sens qui se dégage de l'œuvre*
- changer · différer · évoluer · se modifier : *le sens du mot s'est modifié au cours des siècles* · varier : *le sens de ce terme varie d'une région à l'autre*
- disparaître · tomber en désuétude : *le sens premier est tombé en désuétude*

VERBE + sens
- accorder ... à · attribuer ... à · prêter ... à • fabriquer : *c'est l'échange autour de l'information qui fabrique du sens* • (re)donner : *donner du / un sens à sa vie* · mettre ... dans
- dégager
- avoir · exprimer • faire (sans art.) : *sa démarche fait sens* · prendre : *ce verbe a pris un nouveau sens* • être chargé de · être empreint de · être lourd de · être plein de · être porteur de • conserver · garder • préserver

- chercher · réfléchir sur · s'interroger sur
- comprendre · déchiffrer · déterminer · pénétrer · percer : *je n'ai pas su percer le sens du livre* · saisir · trouver : *ils ont trouvé un sens à leur existence* • s'accorder sur
- fixer : *il a tenu à fixer clairement le sens de cette mission*
- affiner · éclairer (sur) · expliquer · préciser · révéler : *le guide nous a révélé le sens du tableau* • insister sur · mettre l'accent sur
- approfondir : *le débat a permis d'approfondir le sens de cette manifestation* • élargir · étendre : *le sens du mot a été étendu à d'autres domaines*
- limiter · réduire · restreindre : *pour être précis, il convient de restreindre le sens du mot*
- changer · inverser
- se tromper sur • altérer · déformer · dénaturer · détourner · dévoyer · fausser · galvauder · pervertir · trahir · travestir : *le sens de cette expression a été travesti par un emploi peu rigoureux*
- vider de
- être dénué de · être dépourvu de · être vide de · être vidé de

²sens *nom masc.* (faculté)

∾ sens + ADJECTIF

- critique · pratique • des responsabilités • des valeurs · moral • de la famille · de l'humour · des affaires · du ridicule • commun : *tu as perdu le sens commun !*
- inné · instinctif • sixième○ + nom : *il a un sixième sens pour dénicher les bonnes affaires*
- aigu · aiguisé · développé · étonnant · extraordinaire · formidable · fort : *il a un sens fort des valeurs familiales* · indéniable · inégalé · inouï · intime · poussé · profond · rare · redoutable : *elle a un redoutable sens de la repartie* · remarquable · sacré + nom fam. · solide : *il a un solide sens critique* · sûr · vif • authentique
- modéré : *elle a un sens de l'humour modéré* · faible + nom

∾ sens + VERBE

- (plur.) être en émoi : *les sens sont en émoi dans cet endroit paradisiaque* · être en éveil

∾ VERBE + sens

- impliquer · nécessiter · réclamer · requérir · supposer : *ce métier suppose un sens aiguisé des relations humaines*
- avoir · être doté de · être doué de · posséder • retrouver • conserver · garder • être doublé de : *un esprit alerte doublé d'un sens aigu de l'observation*
- faire preuve de · montrer · témoigner de : *ses travaux témoignent d'un profond sens de l'observation* • user de • cultiver : *il cultive le sens du détail*
- affiner · aiguiser : *ces jeux pédagogiques ont pour but d'aiguiser le sens de l'observation* · éveiller : *il a su éveiller mon sens de la curiosité* · stimuler
- (plur.) affoler : *ce parfum envoûtant affole les sens* · exciter · titiller fam.
- altérer : *rien n'a pu altérer son sens de l'humour* · anesthésier : *les décisions collectives finissent par anesthésier tout sens de la responsabilité individuelle*
- perdre : *il a perdu tout sens critique*
- être dépourvu de · manquer de

bon sens

∾ bon sens + ADJECTIF

- économique · pédagogique · politique
- paysan · populaire · terrien : *le bon sens terrien des gens de la campagne*
- grand + nom · indéniable · solide : *c'est un garçon futé doté d'un solide bon sens* · pur + nom
- élémentaire · simple + nom

∾ bon sens + VERBE

- commander · recommander · suggérer · vouloir • dicter · guider

∾ VERBE + bon sens

- faire appel à • demander · nécessiter · réclamer · requérir · suggérer · supposer
- relever de • être frappé / marqué au coin de : *une remarque frappée au coin du bon sens*
- avoir · être doté de · être doué de : *c'est ainsi qu'agirait toute personne douée de bon sens* • être plein de • faire preuve de · montrer
- heurter • défier · être un défi à
- être dénué de · être dépourvu de · manquer de
- perdre : *il a perdu le bon sens que ses parents lui avaient donné*

∾ NOM + DE + bon sens

- dose · grain · once · zeste

³sens *nom masc.* (direction)

∾ sens + ADJECTIF

- unique : *la relation est à sens unique ; une rue à sens unique* • double + nom
- voulu : *cette décision va dans le sens voulu par le gouvernement*
- bon + nom : *cette mesure va dans le bon sens* • favorable à
- mauvais + nom • contraire · inverse · opposé • défavorable à

∞ VERBE + sens

- aller dans : *cette réforme va dans le sens contraire de la démocratie* · être dans
- orienter ... dans : *le projet a été orienté dans ce sens* • infléchir · influer sur • inverser
- abonder dans · aller dans : *je vais tout à fait dans votre sens*
- continuer dans · persévérer dans : *malgré cet échec, je veux persévérer dans ce sens*

sensation *nom fém.*

∞ sensation + ADJECTIF

- physique • auditive · sonore • gustative · olfactive · tactile · visuelle
- inconnue · inédite · neuve · nouvelle : *le nourrisson découvre des sensations nouvelles*
- connue · familière • permanente · persistante
- nette : *j'ai une nette sensation de somnolence* · perceptible · véritable + nom • extrême : *les adeptes de sensations extrêmes* · forte · impressionnante · incroyable · intense · pure : *le saut à l'élastique procure des sensations pures*
- immédiate : *ce lieu donne une sensation immédiate de bien-être*
- rare · unique
- agréable · appréciable · bonne + nom · délicieuse · enivrante · envoûtante · extraordinaire · magique · voluptueuse
- bizarre · curieuse · déroutante · difficile à définir · étrange · particulière · troublante · trouble • incommunicable · indéfinissable · indescriptible
- déplaisante · désagréable : *j'ai la sensation désagréable qu'il se fiche de moi* • angoissante · douloureuse · effrayante · intolérable · oppressante
- mitigée • diffuse · légère + nom · vague + nom : *une vague sensation de malaise*
- fugace · furtive : *le produit laisse une sensation furtive de brûlure*

∞ sensation + VERBE

- s'accentuer • persister · rester : *cette sensation étrange est restée après mon réveil* · se confirmer
- disparaître · se dissiper · s'estomper · s'évanouir : *cette sensation désagréable s'évanouit en quelques instants*

∞ VERBE + sensation

- créer · produire · provoquer • apporter · donner · offrir · procurer : *ce parfum procure une sensation enivrante* • transmettre : *le décor transmet une sensation de quiétude* • laisser : *cette histoire laisse une sensation de gâchis*
- être amateur de : *c'est le parc d'attractions idéal pour les amateurs de sensations fortes* · être assoiffé de · être avide de · être en mal de · être en quête de
- être riche en : *ce fut une journée riche en sensations*
- découvrir • éprouver · obtenir · ressentir : *j'ai ressenti une sensation de bonheur en apprenant la nouvelle* • retrouver : *je commence à retrouver mes sensations sur le court* • garder
- accentuer · accroître · augmenter · renforcer : *ce produit renforce la sensation de satiété*
- éviter : *il faut éviter les sensations fortes quand on a un cœur fragile*
- atténuer · diminuer : *ce stimulant diminue la sensation de fatigue*
- effacer · gommer : *l'amortissement a tendance à gommer toute sensation de vitesse*

1 sensibilité *nom fém.* (émotivité, réactivité)

∞ sensibilité + ADJECTIF

- artistique · littéraire · morale · musicale : *il a développé sa sensibilité musicale au conservatoire* • féminine • romantique
- commune · proche (de) : *une sensibilité proche de la sienne* · similaire
- frémissante • accrue · aiguë · ardente · élevée · exceptionnelle · extraordinaire · extrême · forte + nom · grande + nom · hors du commun · impétueuse · incroyable · insoupçonnée · profonde · remarquable · vive • à fleur de peau ○ · à vif · d'écorché (vif) · écorchée : *tous les excès d'une sensibilité écorchée* · exacerbée • excessive
- admirable · belle + nom • exquise · fine · raffinée • délicate · fragile
- contenue : *elle interprète le rôle avec une sensibilité contenue*

∞ VERBE + sensibilité

- avoir · posséder • (+adj.) être doté de : *il est doté d'une grande sensibilité artistique* · être doué de · être de • partager
- faire appel à : *cette cause fait appel à votre sensibilité morale*
- afficher · faire preuve de · montrer : *elle montre une belle sensibilité littéraire*
- démontrer · exprimer · refléter · témoigner de : *ses écrits témoignent de sa sensibilité* · traduire
- prendre en compte · tenir compte de : *il faut tenir compte de la sensibilité de chacun* • correspondre à : *ce genre d'écriture ne correspond pas à ma sensibilité* • flatter · toucher
- développer • accroître · aiguiser · augmenter · réveiller : *cette déclaration a réveillé sa sensibilité*

- blesser · choquer · être une offense à · froisser · heurter : *certaines scènes peuvent heurter la sensibilité des plus jeunes* · offenser
- afficher / montrer un manque de · être dépourvu de · manquer de

[2]sensibilité *nom fém.* (tendance)

∾ sensibilité + ADJECTIF
- politique · religieuse • centriste · de droite · de gauche · écologiste · sociale · communiste · socialiste · démocrate · républicaine · etc.

∾ VERBE + sensibilité
- (+adj.) avoir · être de
- incarner · représenter : *le parti qui représente la sensibilité religieuse principale*
- afficher · revendiquer

sensualité *nom fém.*

∾ sensualité + ADJECTIF
- naturelle
- frémissante · naissante · nouvelle
- affichée · débridée · libre · revendiquée
- à fleur de peau° • aiguë · débordante · exacerbée · extraordinaire · extrême · folle : *une sensualité folle se dégage de ces photos* · incroyable · inouïe · intense · rare
- animale · brute · crue · féline · sauvage • affolante · aguicheuse · brûlante · fiévreuse · irrésistible · provocante · ravageuse · sulfureuse
- belle + nom : *une danse empreinte d'une belle sensualité* · éclatante · épanouie · rayonnante · triomphante
- étrange · troublante : *la sensualité troublante de sa voix* · trouble
- diffuse · latente
- bridée · réprimée · retenue : *une comédienne à la sensualité retenue*

∾ sensualité + VERBE
- affleurer · se dégager ... de

∾ VERBE + sensualité
- conférer : *la lumière confère à la scène une sensualité sauvage* · donner
- (r)éveiller : *cet amour de jeunesse a éveillé sa sensualité* · faire place à
- donner libre cours à · libérer · se laisser aller à : *elle se laisse aller à une sensualité débridée*
- exalter
- dégager · exprimer : *son œuvre exprime une sensualité crue* • être empreint de · être imprégné de : *tous ses gestes sont imprégnés de sensualité*

sentence *nom fém.*

∾ sentence + ADJECTIF
- arbitrale · divine · judiciaire
- exemplaire · implacable · lourde : *les circonstances du procès font craindre une sentence lourde* · rude · sévère · terrible • définitive · irrévocable · sans appel • capitale
- applicable : *la sentence est applicable immédiatement* • appropriée · équitable · juste
- anormale · inéquitable · inique · injuste • cruelle · disproportionnée · scandaleuse : *une telle sentence est scandaleuse*

∾ sentence + VERBE
- tomber : *la sentence est tombée : 3 ans de prison ferme*
- frapper : *la terrible sentence qui a frappé le joueur*

∾ VERBE + sentence
- attendre
- émettre · énoncer · proclamer · prononcer · rendre : *le juge a rendu sa sentence* • confirmer : *la cour d'appel a confirmé la sentence*
- connaître • obtenir : *il est parvenu à obtenir une sentence moins lourde* · subir : *les pécheurs subiront la sentence divine*
- appliquer · exécuter : *le bourreau a exécuté la sentence* · mettre à exécution
- alourdir
- commuer ... en : *ils ont commué la sentence en peine de prison* • adoucir
- accueillir • accepter · respecter · s'incliner devant : *il s'est incliné devant cette sentence équitable*
- justifier : *sa faute ne justifie pas une telle sentence*
- contester · dénoncer · désapprouver : *le peuple désapprouve la sentence*
- annuler · casser : *le juge a décidé de casser la sentence*

sentiment *nom masc.*

∾ sentiment + ADJECTIF
- amoureux · religieux • national · nationaliste · patriotique • populaire • filial · maternel · paternel • intime : *le sentiment intime de la culpabilité* · personnel
- collectif · individuel
- particulier · spécial · unique • rare : *un sentiment rare de plénitude absolue*
- nouveau
- à fleur de peau : *c'est une adolescente aux sentiments à fleur de peau* · aigu · ardent · exacerbé · fort : *la haine est un sentiment fort* · immense + nom : *tous ont un immense sentiment de gâchis* · incroyable · indéniable : *un indéniable sentiment de frustration* · intense · net + nom ·

passionné · profond · puissant · solide · vif · violent · vivace · pur + nom : *un pur sentiment de liberté*
- dominant · général · (largement) partagé · prédominant · répandu • unanime
- croissant · grandissant • persistant · tenace
- euphorique · grisant • doux : *l'amitié est un sentiment doux* · formidable · magnifique · merveilleux · réconfortant · tendre • compréhensible
- honorable · noble · sincère : *il éprouve pour elle des sentiments sincères* · pur : *l'amour n'est pas toujours le sentiment pur dont parlent les contes de fées* • bienveillant · magnanime • positif : *je n'ai que des sentiments positifs à son égard*
- incommunicable · indéfinissable • bizarre · confus · curieux · étrange · mystérieux · obscur
- ambigu · complexe : *un sentiment complexe où se mêlent la haine et la fascination* · compliqué • ambivalent · mélangé · mêlé · mitigé · nuancé · partagé : *j'ai pour ce projet un sentiment partagé*
- diffus · latent : *un sentiment latent d'insécurité* • léger + nom · vague : *elle ressent un vague sentiment de jalousie*
- éphémère · fugace · furtif · passager
- dangereux • affreux · amer · angoissant · atroce · cruel · déchirant · désagréable · douloureux · humiliant · lancinant : *le sentiment lancinant de ne pas être à la hauteur* · pénible · terrible
- inavouable · malveillant : *il cache des sentiments malveillants à son égard*
- trompeur

∾ sentiment + VERBE
- affleurer · naître · poindre · se faire jour : *un sentiment de dégoût se fait jour dans la population*
- ressortir · se dégager · se manifester · s'exprimer · transparaître
- exister • (pré)dominer · prévaloir : *le sentiment prévaut que le pire a été évité* · régner • accompagner : *un sentiment de déception accompagne les supporters* • unir : *un sentiment profond les unit*
- (souvent passif) envahir · gagner · habiter · prendre · saisir : *il fut saisi d'un sentiment d'impuissance* • ronger
- (passif) animer · emporter · mouvoir · porter · pousser : *il est poussé par un sentiment violent*
- croître · grandir · s'accentuer · se cristalliser : *le sentiment national s'est cristallisé au moment de ces événements tragiques* · se préciser · se renforcer : *mes sentiments pour elle n'ont fait que se renforcer au fil du temps* · s'exacerber • se répandre
- se confirmer · s'installer • perdurer
- évoluer · mûrir : *les sentiments passionnés de sa jeunesse ont beaucoup mûri*
- diminuer
- disparaître · se dissiper · s'éteindre : *ce sentiment ardent s'est rapidement éteint* · s'évanouir · s'évaporer

∾ VERBE + sentiment
- créer · déboucher sur · donner naissance à · éveiller : *cette révélation a éveillé en lui un sentiment de frustration* · faire (re)naître · générer · inspirer · motiver · provoquer • donner · procurer • laisser sur : *l'exposition laisse sur le sentiment pénible d'une occasion gâchée*
- éprouver · nourrir : *elle nourrit à son égard un tendre sentiment* · ressentir • rester sur : *on reste sur un sentiment d'échec* • partager
- alimenter · conforter (dans) · entretenir · nourrir : *ce drame n'a fait que nourrir le sentiment d'insécurité* • ranimer
- être en proie à : *il était en proie à des sentiments contradictoires* · souffrir de
- accentuer · accroître · aiguiser · cristalliser · exacerber · renforcer : *l'éloignement renforce les sentiments*
- analyser • expliquer · justifier : *la précarité justifie ce sentiment de désœuvrement* • toucher du doigt
- avouer · révéler • communiquer · épancher : *il épanche ses sentiments par l'écriture* · exprimer · faire état de · faire part de · manifester • formuler · résumer
- afficher · donner/laisser libre cours à · étaler : *elle étale ses sentiments sur internet* · extérioriser · faire connaître · montrer
- refléter · traduire · trahir : *son sourire béat trahit ses sentiments*
- flatter · jouer sur · miser sur : *ils misent sur un sentiment de lassitude de la communauté internationale* · reposer sur · s'appuyer sur · surfer sur : *il surfe sur le sentiment de peur et d'insécurité des électeurs* • prendre par : *prendre qqn par les sentiments*
- cacher · dissimuler · garder pour soi (plur.) · masquer · nier · se défendre de : *elle se défend de sentiments négatifs à leur égard* • contenir · lutter contre · refouler · réprimer
- blesser · froisser · heurter : *ce discours a heurté les sentiments de tout un peuple*
- adoucir · atténuer : *le temps n'a pas atténué mes sentiments*
- être fermé à · être imperméable à
- se défaire de · se dépouiller de • dissiper · effacer · étouffer · vaincre : *il a réussi à vaincre ce sentiment d'échec*

∾ NOM + DE +sentiment(s)
- montée
- gamme · palette : *il aborde dans ses histoires toute la palette des sentiments humains*

sentimentalisme *nom masc.*

∾ sentimentalisme + ADJECTIF
- déplacé · excessif · facile • écœurant · larmoyant : *un film au sentimentalisme larmoyant* · poisseux · sirupeux • mièvre · niais · ridicule

∾ VERBE + sentimentalisme
- avoir un penchant pour : *cet auteur a un penchant pour le sentimentalisme* • faire preuve de · se laisser aller à · verser dans : *ce politicien verse dans un sentimentalisme facile*
- dégouliner de : *son discours dégouline de sentimentalisme* · être empreint de
- être dénué de · être exempt de : *une poésie brute, exempte de tout sentimentalisme*

séparation *nom fém.*

∾ séparation + ADJECTIF
- formelle · géographique · physique • ethnique • juridique
- inéluctable · inévitable · nécessaire
- absolue · claire · complète · nette : *une séparation nette entre la vie privée et la vie professionnelle* · pure et simple · radicale · totale · véritable [+ nom] · vraie [+ nom]
- brusque
- [de personnes] à l'amiable · d'un commun accord
- [de personnes] cruelle · déchirante · difficile (à supporter) · douloureuse · pénible · traumatique
- forcée : *elle a retrouvé son frère vingt ans après leur séparation forcée*
- définitive · irrévocable
- longue [+ nom]
- progressive • courte [+ nom] · momentanée · passagère · provisoire · temporaire : *une séparation temporaire du groupe pour des projets en solo*

∾ VERBE + séparation
- demander · réclamer • opter pour : *nous avons opté pour une séparation des biens*
- annoncer · prévoir · prononcer
- conduire à · entraîner · provoquer : *ce désaccord a provoqué leur séparation*
- opérer : *il convient d'opérer une séparation entre l'administration et le parti au pouvoir* • imposer
- obtenir : *le peuple cherche à obtenir la séparation administrative des deux régions*
- approuver · conforter · entériner : *le jugement n'a fait qu'entériner cette séparation*
- renforcer : *l'entreprise a décidé de renforcer la séparation de ses activités* • accélérer · brusquer : *il ne faut pas brusquer la séparation de la mère et l'enfant*
- craindre · redouter • éviter · refuser
- mettre fin à

sérénité *nom fém.*

∾ sérénité + ADJECTIF
- intérieure • ambiante
- indispensable · nécessaire
- absolue · extraordinaire · extrême · grande [+ nom] · impressionnante · incroyable · parfaite · profonde · suprême · totale • à toute épreuve · inébranlable
- exemplaire · remarquable • belle [+ nom] · douce [+ nom] · tranquille : *la sérénité tranquille de la retraite*
- déconcertante · étonnante · étrange · singulière • inhabituelle
- apparente · relative

∾ sérénité + VERBE
- émaner de · habiter : *une incroyable sérénité l'habite*
- dominer · régner • revenir : *la sérénité est revenue sur les marchés européens*

∾ VERBE + sérénité
- appeler à · exiger · nécessiter · réclamer • aspirer à · avoir besoin de · chercher : *elle cherche la sérénité d'une vie tranquille*
- apporter · ramener : *l'intervention du président n'a pas réussi à ramener la sérénité*
- accéder à · acquérir · atteindre · trouver : *elle a trouvé la sérénité dans un temple tibétain* • gagner en : *avec l'âge, on gagne en sérénité*
- afficher · faire preuve de : *elle fait preuve d'une sérénité déconcertante* · montrer • opposer (... à) : *le ministère oppose une sérénité inébranlable*
- déborder de · dégager · donner une impression de : *une décoration dépouillée donne une impression de sérénité* · être empreint de : *un film humaniste empreint de sérénité* · respirer : *ce paysage rural respire la sérénité*
- conserver · garder
- contribuer à · être propice à · favoriser · garantir · inviter à : *décor et climat invitent à la sérénité* • préserver · restaurer · rétablir : *les forces de l'ordre ne sont pas parvenues à rétablir la sérénité*
- affecter · altérer · entamer : *les coups durs n'ont pas entamé sa sérénité* · nuire à · troubler : *cette terrible affaire a troublé la sérénité du village*

- manquer de

∾ NOM + DE +**sérénité**
- climat : *ils ont préparé le match dans un climat de sérénité*

[1]**sérieux** *nom masc.* (fiabilité)

∾ **sérieux** + ADJECTIF
- professionnel : *le sérieux professionnel de l'entreprise*
- extrême [+ nom] · grand [+ nom] • indiscutable : *ce n'est pas de leur faute, ils sont d'un sérieux indiscutable* · irréprochable

∾ **sérieux** + VERBE
- faire la réputation de : *un sérieux qui a fait la réputation de la marque*
- faire défaut

∾ VERBE + **sérieux**
- faire preuve de · montrer · prouver • être (re)connu pour · être réputé pour
- être un gage de
- assurer · garantir : *ce prestataire vous garantit un sérieux irréprochable*
- douter de · (re)mettre en cause : *ils mettent en cause le sérieux de son travail*
- reconnaître : *il reconnaît le sérieux des arguments avancés*
- vanter : *il vante le sérieux de cette méthode*
- manquer de

∾ NOM + DE +**sérieux**
- gage · garantie

[2]**sérieux** *nom masc.* (gravité)

∾ **sérieux** + ADJECTIF
- imperturbable
- désarmant · touchant
- excessif · ridicule : *une cérémonie au sérieux ridicule*

∾ VERBE + **sérieux**
- faire preuve de : *il a fait preuve d'un sérieux imperturbable durant la discussion* · montrer
- conserver · garder : *je n'ai pas réussi à garder mon sérieux* • reprendre : *reprends ton sérieux !* · retrouver
- (se) prendre à° : *il faut prendre ces menaces au sérieux ; il se prend trop au sérieux*
- perdre

[1]**service** *nom masc.* (prestation)

∾ **service** + ADJECTIF
- bancaire · postal · télématique · téléphonique · en ligne • public°
- gratuit · payant • rentable
- minimal · de base • minimum : *il plaide pour un service minimum pendant les grèves*
- ad hoc · à la carte · clé en main · individualisé · personnalisé · sur mesure
- complet : *nous offrons à nos clients un service complet de banque en ligne* • vrai [+ nom] · véritable [+ nom] : *un véritable service clientèle*
- continu · régulier
- rentable
- de pointe • de qualité · excellent [+ nom] · bon [+ nom]
- mauvais · médiocre

∾ VERBE + **service**
- créer · instaurer · lancer · mettre en place • ouvrir [Internet] : *il a ouvert un service de météo gratuit*
- apporter · assurer · délivrer : *ils s'engagent à délivrer un service de qualité* · fournir · garantir · offrir · proposer • rendre • vendre
- améliorer · développer
- facturer · taxer
- s'abonner à : *les internautes peuvent s'abonner à un service payant* · souscrire à : *ils peuvent souscrire à un service qui les alerte par e-mail* • s'assurer • acheter · payer
- avoir · bénéficier de : *chacun doit pouvoir bénéficier d'un service personnalisé* · disposer de
- avoir recours à · utiliser
- se passer de : *je vais devoir me passer de leurs services*
- interrompre : *l'opérateur a été contraint d'interrompre son service de messagerie* • fermer : *il a fermé ce service en ligne pour des problèmes de sécurité*

∾ NOM + DE + **services**
- batterie · ensemble · éventail · foule · gamme · multitude · palette · panoplie · pléthore • [Internet] bouquet : *il a annoncé le lancement d'un bouquet de services Internet* · portail : *elle est chargée de développer un portail de services financiers*

[2]**service** *nom masc.* (département)

∾ **service** + ADJECTIF
- administratif · commercial · hospitalier · etc.
- performant
- compétent : *mon service n'est pas compétent en la matière*
- engorgé · en sous-effectif

∾ **service** + VERBE
- dépendre de · être rattaché : *ce service est directement rattaché à la direction générale*
- fonctionner • traiter · s'occuper de · être chargé de

∾ VERBE + **service**
- avoir · créer · se doter de
- faire partie de · rejoindre · travailler dans
- diriger · être à la tête de · être en charge de · être responsable de · gérer · prendre la direction de
- réaménager · réorganiser · restructurer
- agrandir · renforcer
- décongestionner · désengorger : *il faudrait désengorger le service fabrication*
- court-circuiter
- démanteler · fermer : *le service de gynécologie va être fermé*

3service *nom masc.* (au restaurant)

∾ **service** + ADJECTIF
- compris · non compris
- deuxième + nom · premier + nom
- impeccable · irréprochable · parfait • sympathique · décontracté · jovial · attentif · aimable
- lent · indolent · nonchalant · négligent • minimum • désagréable

∾ **service** + VERBE
- laisser à désirer

∾ VERBE + **service**
- assurer : *j'assure le service du soir* · faire • terminer

4service *nom masc.* (Sport)

∾ **service** + ADJECTIF
- bon + nom · excellent • canon
- lifté · slicé

∾ VERBE + **service**
- être à : *c'est le Français qui est au service* · faire
- gagner : *elle a gagné tous ses services* · prendre : *il lui a pris son service dès le début du set*
- perdre : *il a perdu 2 services de suite dans ce set*

5service *nom masc.* (Mil.)

∾ **service** + ADJECTIF
- civil · militaire · national

∾ VERBE + **service**
- commencer : *il a commencé son service militaire au bataillon de Joinville*
- accomplir · effectuer · faire : *il a fait son service civil dans une ONG*
- terminer · achever
- être dispensé de · être exempté de : *il a été exempté de service militaire pour des raisons de santé*

session *nom fém.*

∾ **session** + ADJECTIF
- budgétaire · ministérielle · parlementaire
- extraordinaire · inaugurale · ordinaire · plénière · publique · solennelle • de rattrapage
- annuelle · mensuelle • d'automne · de printemps · d'été · d'hiver • de rentrée
- d'ouverture
- ultime • de clôture

∾ **session** + VERBE
- commencer · débuter · démarrer · s'ouvrir : *la prochaine session s'ouvrira le 24 janvier*
- avoir lieu · se dérouler · se tenir : *la première session s'est tenue hier*
- réunir : *la session a réuni les représentants de chaque pays*
- prendre fin · s'achever · se terminer : *la session se terminera fin juin*

∾ VERBE + **session**
- convoquer : *le Parlement a convoqué une session spéciale*
- prévoir : *ils ont prévu une nouvelle session à la rentrée* • préparer
- réunir (en) : *ils se sont réunis en session extraordinaire* · tenir
- ouvrir : *le Sénat ouvre sa session le 5 janvier*
- présider : *la session a été présidée par le délégué national* • participer à
- ajourner
- interrompre · suspendre
- annuler
- clôturer : *une conférence de presse clôturera la session* · terminer

seuil *nom masc.*

∾ **seuil** + ADJECTIF
- démographique · épidémique • psychologique • de résistance · de tolérance • de pauvreté : *ils vivent en dessous du seuil de pauvreté*
- légal · réglementaire • admis · admissible · autorisé · toléré • incompressible : *il a déterminé un seuil incompressible de compétences pour chaque niveau*
- minimal
- maximal
- historique • critique · décisif · fatidique • symbolique

∾ **seuil** + VERBE
- se situer : *le seuil épidémique se situe à 22 cas pour 100 000 habitants*

∾ VERBE + **seuil**
- définir · déterminer · établir · (se) fixer • imposer · instaurer
- atteindre : *la pollution a atteint un seuil critique* · franchir · parvenir à · (re)passer • frôler
- correspondre à · marquer · représenter : *20%, cela représente un seuil critique*
- augmenter · relever
- dépasser : *le conducteur avait largement dépassé le seuil autorisé* · être supérieur à · excéder
- abaisser · baisser · diminuer · réduire
- être inférieur à

sévérité *nom fém.*

∾ **sévérité** + ADJECTIF
- accrue · extrême · grande [+ nom] · incroyable · sans faille • exceptionnelle · inhabituelle · particulière · peu commune · rare · sans précédent • exemplaire : *le jury a été d'une sévérité exemplaire* · impitoyable · implacable
- légitime
- exagérée · excessive : *elle est d'une sévérité excessive avec ses enfants*
- relative : *une peine à la sévérité relative compte tenu des faits*

∾ VERBE + **sévérité**
- faire montre de · faire preuve de · montrer : *ils devront montrer une plus grande sévérité en cas de récidive* • appliquer : *il veut appliquer la même sévérité à l'égard de tous*
- justifier
- accentuer · accroître : *ces dispositions tendent à accroître la sévérité du jugement*
- adoucir · tempérer : *la douceur de son regard tempérait la sévérité de ses propos*

avec sévérité
- juger · traiter • sanctionner

sévices *nom masc. plur.*

∾ **sévices** + ADJECTIF
- corporels · physiques · sexuels
- atroces · cruels · graves • pires [+ nom] : *ils ont subi les pires sévices*

∾ VERBE + **sévices**
- (souvent passif) commettre · perpétrer : *des sévices auraient été perpétrés par des militaires* · pratiquer : *les sévices pratiqués à l'époque dans les prisons* • exercer ... sur · infliger ... à
- soumettre à
- être victime de · subir : *elle a subi des sévices pendant son enfance* · supporter
- dénoncer · se plaindre de • accuser de

[1] siège *nom masc.* (Mil.)

∾ **siège** + ADJECTIF
- militaire
- interminable · long [+ nom]
- ininterrompu • acharné
- meurtrier · sanglant

∾ **siège** + VERBE
- durer : *le siège dura 30 jours*

∾ VERBE + **siège**
- faire : *il a fait le siège devant mon bureau pendant trois heures* · imposer : *l'occupant a continué d'imposer le siège sur la ville* • maintenir
- résister à : *le mur leur permit de résister au siège* · tenir : *ils ont assez de munitions pour tenir un siège* · soutenir : *ils ont eu besoin de renfort pour soutenir le siège*
- lever : *ils levèrent le siège au bout de trois mois* · mettre fin à

[2] siège *nom masc.* (centre administratif)

∾ **siège** + ADJECTIF
- administratif · central · social • historique • international · national · régional
- permanent : *c'est là que se trouve le siège permanent de l'entreprise*
- provisoire · temporaire

∾ VERBE + **siège**
- abriter · accueillir · héberger
- délocaliser · déménager · déplacer · transférer : *le siège social a été transféré à Paris*
- occuper : *les manifestants occupent le siège administratif* • attaquer · endommager · incendier · ravager · saccager : *la foule a saccagé le siège de l'association*

[3] siège *nom masc.* (poste)

∾ **siège** + ADJECTIF
- à pourvoir · vacant : *des élections ont été organisées afin de pourvoir le siège vacant*
- convoité
- permanent : *il a un siège permanent à la Commission*

∾ VERBE + **siège**
- briguer · convoiter · lorgner (sur)
- pourvoir : *le siège a été pourvu en octobre*
- (re)conquérir · décrocher [fam.] · enlever · ravir : *il veut ravir le siège du conseiller sortant* • retrouver : *il entend retrouver son siège de sénateur*
- détenir · occuper : *il occupe un siège au conseil de sécurité* • conserver · garder
- mettre en jeu · risquer

- céder : *il a cédé son siège à la première adjointe* · quitter • laisser vacant : *sa démission a laissé le siège vacant*

signal *nom masc.*

∾ signal + ADJECTIF

- acoustique · électrique · lumineux · optique · sonore · thermique • analogique · numérique • extraterrestre : *la recherche d'éventuels signaux extraterrestres* • satellite • politique • d'alarme · d'alerte · de détresse
- bon + nom · encourageant · favorable · positif · rassurant : *la reprise des négociations est un signal rassurant*
- important · puissant • long + nom
- clair · ferme · fort · précis
- alarmant · inquiétant · mauvais + nom · négatif · préoccupant
- faible • bref
- codé

∾ VERBE + signal

- attendre • guetter · traquer
- constituer · représenter
- adresser · déclencher · délivrer · diffuser · donner · émettre · envoyer : *les naufragés envoient des signaux de détresse* · fournir · lancer · produire : *la diode produit un signal lumineux* • diriger • relayer · transmettre : *l'émetteur transmet un signal puissant*
- multiplier (plur.)
- capter · détecter · enregistrer · entendre · intercepter · percevoir · recevoir : *nous avons reçu un signal d'alerte de la part des autorités*
- décoder · décrypter : *la machine décrypte le signal codé* · reconnaître
- considérer comme · interpréter comme · percevoir comme · voir (dans) : *le ministre voit dans ces événements un signal préoccupant*
- perdre

signal d'alarme

∾ VERBE + signal d'alarme

- actionner · déclencher · tirer • lancer
- constituer : *ces violences constituent un signal d'alarme*
- entendre

[1]signature *nom fém.* (paraphe)

∾ signature + ADJECTIF

- autographe · manuscrite • électronique : *la signature électronique permet de faire des démarches administratives sur internet* · numérique • légalisée : *la procuration nécessite la signature légalisée du mandant* • institutionnelle : *la nouvelle signature institutionnelle de l'université* · sociale : *ce document comporte la signature sociale de son employeur*
- fausse + nom
- illisible

∾ signature + VERBE

- figurer : *sa signature figure au bas de la feuille*

∾ VERBE + signature

- nécessiter · requérir : *cette attestation requiert la signature d'un médecin*
- faire office de : *le tampon fait office de signature*
- apposer · mettre : *mettez votre signature sur toutes les pages* · revêtir de
- comporter · porter : *le document porte leur signature*
- obtenir · recueillir : *la pétition a recueilli plus de 4 000 signatures*
- reconnaître • expertiser · vérifier • authentifier · certifier · légaliser : *la signature a été légalisée par la mairie*
- honorer : *le gouvernement doit désormais honorer la signature de la France*
- contrefaire · falsifier : *il a été condamné pour avoir falsifié la signature de son ex-épouse* · imiter : *j'imitais la signature de mon père sur mon carnet scolaire*

[2]signature *nom fém.* (action de signer)

∾ signature + ADJECTIF

- formelle · officielle : *la signature officielle du contrat est imminente*
- imminente
- définitive : *la signature définitive du rachat de l'entreprise*
- partielle : *le syndicat n'exclut pas une signature partielle du protocole*

∾ signature + VERBE

- être en cours : *la signature de l'accord est en cours*

∾ VERBE + signature

- exiger · réclamer : *le pays réclame la signature du traité* · demander
- annoncer
- aboutir à · déboucher sur : *les négociations ont débouché sur la signature d'un accord*
- être à : *le contrat est à la signature*
- être conditionné à · être soumis à · être suspendu à : *notre avenir est suspendu à la signature de la convention* · reposer sur
- déléguer : *il a délégué sa signature à son adjoint*
- assister à

- retirer : *le pays a retiré sa signature de la charte* · revenir sur : *le fournisseur a décidé de revenir sur sa signature*
- avaliser · être favorable à : *la direction est favorable à la signature d'un accord*
- bloquer · être opposé à
- surseoir à : *la situation actuelle a amené le gouvernement à surseoir à la signature de la convention*

[3]signature *nom fém.* (moyen d'identification)

∾ signature + ADJECTIF
- génétique : *on a retrouvé la signature génétique du suspect* · morphologique · radar · sonore · vocale : *l'utilisateur est reconnu grâce à sa signature vocale* • chimique
- typique · reconnaissable

∾ VERBE + signature
- constituer
- porter
- identifier : *les enquêteurs ont identifié la signature du tueur en série* · reconnaître

[1]signe *nom masc.* (geste)

∾ signe + ADJECTIF
- affirmatif · approbatif : *il fit un signe approbatif de la tête* • symbolique
- amical
- discret · petit [+ nom] · timide : *il lui répondit d'un petit signe de la main*

∾ VERBE + signe
- adresser · envoyer · esquisser · faire • échanger · se faire
- multiplier (plur.)
- interpréter
- saluer de : *il m'a salué d'un petit signe amical*

par signe
- communiquer · parler · s'exprimer

[2]signe *nom masc.* (indice)

∾ signe + ADJECTIF
- clinique • divin : *il refuse d'y voir une coïncidence, pour lui c'est un signe divin*
- caractéristique · de reconnaissance · distinctif : *signes distinctifs : néant* · particulier • apparent · extérieur · ostentatoire : *des signes ostentatoires de richesse* • supplémentaire
- précoce · premier [+ nom] : *les premiers signes de la maladie* • annonciateur · avant-coureur · précurseur · prémonitoire : *les signes prémonitoires du désastre* • révélateur · significatif
- bon [+ nom] : *ce premier résultat est plutôt bon signe* · encourageant · positif · prometteur · rassurant · réconfortant : *l'enthousiasme du public est un signe réconfortant*
- croissant : *des signes croissants de reprise* • concret : *on attend des signes concrets de leur bonne volonté* · éclatant · évident · explicite · flagrant · fort · majeur · manifeste · net · patent · perceptible · sensible · tangible · visible · vrai [+ nom] · véritable [+ nom] • incontestable · indéniable · indiscutable · indubitable · infaillible · irréfutable : *c'est le signe irréfutable d'un changement profond de notre société*
- alarmant · déconcertant · funeste · inquiétant · mauvais [+ nom] : *le ciel est sombre, c'est mauvais signe* · négatif
- trompeur : *les feuilles sèches peuvent être un signe trompeur d'un excès d'eau*
- ténu · timide : *c'est un signe timide de la reprise de la croissance*

∾ signe + VERBE
- ne pas tromper : *il y a des signes qui ne trompent pas*

∾ VERBE + signe
- attendre · épier · être à l'affût de : *il était à l'affût du moindre signe d'encouragement de sa part* · guetter · espérer
- avoir · donner · montrer : *elle montrait des signes d'impatience* • contenir : *cette réforme contient les signes d'un renouveau* · porter : *elle porte un signe de reconnaissance* • afficher · arborer : *il arbore les signes du clan* · présenter
- constituer • paraître : *cela paraît un signe de bien mauvais augure*
- constater · déceler · détecter · discerner · distinguer · noter · percevoir · relever · repérer · voir • identifier · reconnaître : *il a reconnu les signes d'un infarctus*
- déchiffrer · décrypter · interpréter • considérer comme · interpréter comme : *ces chiffres ont été interprétés comme un mauvais signe*

[3]signe *nom masc.* (symbole)

∾ signe + ADJECTIF
- religieux
- de ponctuation · diacritique
- abstrait • indéchiffrable : *ce sont des signes indéchiffrables pour les non-initiés* • bizarre · cabalistique : *les murs des catacombes portent des signes cabalistiques* · mystérieux · secret
- maléfique : *la sorcière dessina un signe maléfique*

∞ VERBE + **signe**
- dessiner · graver · tracer : *il traçait des signes étranges à la craie*
- être couvert de · porter
- déchiffrer · interpréter · décrypter

signification *nom fém.* (sens)

∞ **signification** + ADJECTIF
- métaphysique · morale · philosophique • culturelle · historique · politique · sociale
- particulière • symbolique : *la signification symbolique de l'œuvre*
- concrète : *il m'a expliqué la signification concrète de sa démarche* · profonde • fondamentale · forte : *cet événement a une signification forte* · importante • large · universelle
- exacte · précise : *ce terme a une signification précise*
- immédiate
- claire · évidente · intelligible : *un symbole à la signification intelligible*
- cachée · secrète : *la signification secrète du tableau*

∞ VERBE + **signification**
- avoir · posséder · receler : *ces images recèlent plusieurs significations* · revêtir : *dans ce contexte, ce mot revêt une signification particulière* • être lourd de : *c'est un acte lourd de signification* · être plein de
- acquérir · prendre : *ce mythe a pris une signification universelle* • retrouver
- chercher · réfléchir à · s'interroger sur : *je m'interroge sur la signification de ce texte* • analyser · déchiffrer · décrypter • expliquer
- connaître • comprendre · percevoir · saisir : *j'ai du mal à saisir la signification profonde du film*
- accorder ... à · attacher ... à · attribuer ... à : *il attribue une signification sociale à cet événement* · conférer ... à · donner ... à
- changer · modifier : *il a réutilisé ce concept en en changeant la signification*
- limiter · minimiser : *les autorités tentent de minimiser la signification de ces chiffres*
- ignorer · oublier : *j'ai oublié la signification de ce symbole*

silence *nom masc.*

∞ **silence** + ADJECTIF
- absolu · complet · parfait [+ nom] · profond · total • extraordinaire · impressionnant · incroyable · sidéral : *un silence sidéral régnait dans la salle* • assourdissant° : *le gouvernement se mure dans un silence assourdissant* • enveloppant · épais · pénétrant : *le silence pénétrant de l'église*
- gros [+ nom] · long [+ nom] · prolongé • interminable · obstiné : *elle a conservé un silence obstiné* · persistant : *je m'interroge sur les raisons de ce silence persistant*
- éloquent : *il répondit par un silence éloquent*
- prudent : *elle a gardé un silence prudent lors du débat*
- complice · consentant · coupable : *il avoua par un silence coupable*
- poli · pudique • pieux · recueilli · religieux : *ils entrèrent dans un silence religieux* · respectueux · solennel • ému
- apaisant : *j'aime le silence apaisant de la campagne* · feutré · paisible
- étrange · inhabituel · troublant • irréel
- dédaigneux · méprisant • glacial : *un silence glacial accueillit la proposition* · hostile · réprobateur
- embarrassé · gêné • de plomb · embarrassant · gênant · insupportable · lourd · pesant • angoissant · inquiétant · pénible • de mort° · funèbre · morne · mortel · sépulcral : *un silence sépulcral régnait dans la maison abandonnée* · sinistre
- court [+ nom] · léger [+ nom] • relatif : *un silence relatif régnait dans la classe*

∞ **silence** + VERBE
- se faire : *dès qu'il entra, le silence se fit* • envahir · s'abattre sur : *un silence de mort s'abattit sur la ville* • retomber
- angoisser · effrayer : *« Le silence éternel de ces espaces infinis m'effraie »* (Pascal, *Pensées*, 206-201) · mettre mal à l'aise
- planer · régner : *un silence angoissant régnait dans le château*
- en dire long (sur) : *son silence en dit long sur le malaise ambiant*
- persister · s'installer

∞ VERBE + **silence**
- avoir besoin de • exiger · imposer · ordonner · réclamer : *le maître réclama un silence absolu*
- condamner à · forcer à · réduire à : *il tente de réduire au silence tous les journalistes indépendants*
- faire régner · obtenir · ramener : *il a réussi à ramener le silence dans la salle*
- observer · s'obstiner à : *le principal suspect s'obstine au silence sur cette affaire* • faire vœu de • conserver · garder : *vous avez le droit de conserver le silence* • retomber dans · se murer dans · s'enfermer dans · se réfugier dans · se retrancher dans • persister dans · se figer dans : *l'assistance s'est figée dans le silence* • briller par : *le ministre a brillé par son silence lors de la réunion*

- se heurter à : *il se heurte au silence de l'administration*
- acheter : *il a acheté le silence des journalistes*
- briser · déchirer · percer · rompre : *le vol d'une mouche vint rompre le silence* · troubler · trouer : *le son de la cloche troua le silence*
- sortir de : *un témoin est sorti de son silence*

en silence
- pleurer · ruminer · souffrir
- pécher
- avancer · marcher • défiler · manifester

silhouette *nom fém.* (contours, profil, forme générale)

∞ silhouette + ADJECTIF
- adolescente · juvénile • androgyne
- corpulente · épaisse · forte · massive · puissante · râblée · ramassée · trapue : *un chien à la silhouette trapue*
- arrondie : *un scooter à la silhouette arrondie* · ronde : *la silhouette ronde d'une jeune fille pulpeuse*
- emblématique : *la silhouette emblématique du viaduc* · familière : *j'ai reconnu de loin sa silhouette familière*
- belle + nom · parfaite • altière : *un chevalier à la silhouette altière* · distinguée · élégante · impeccable • féline · souple • aérienne : *cette robe à volants vous fait une silhouette aérienne* · élancée · fluide · galbée : *la musculation permet de retrouver une silhouette galbée* · sportive
- affinée · déliée · effilée · filiforme · fine · gracile · longiligne · longue + nom · mince · svelte
- imposante · impressionnante · majestueuse • haute + nom · immense · longue + nom
- discrète · sobre : *la silhouette sobre d'un tailleur* • fluette · fragile · frêle · menue
- minuscule · petite + nom
- étrange · fantomatique · floue : *j'aperçus une silhouette floue dans le brouillard*
- osseuse · sèche • dégingandée · informe • courbée · engoncée · voûtée
- austère : *la silhouette austère de la forteresse* · sombre : *une silhouette sombre sortit de la forêt*
- effrayante · inquiétante

∞ silhouette + VERBE
- apparaître · se dessiner · se distinguer · se profiler : *une étrange silhouette se profila à l'horizon* • se découper dans / sur : *la silhouette du dôme se découpe nettement dans le ciel* · se détacher de / sur
- s'avancer · se glisser
- s'arrondir · s'épaissir : *sa silhouette s'est épaissie après plusieurs grossesses*
- s'affiner
- disparaître · se perdre

∞ VERBE + silhouette
- dessiner · façonner · faire ... à (+ adj.) : *cette tenue te fait une belle silhouette* • épouser : *cette robe épouse parfaitement la silhouette*
- imposer : *la bâtisse impose sa silhouette immense dans le paysage*
- conserver : *à 50 ans, elle a conservé une silhouette juvénile* · garder
- affiner
- prêter ... à : *il a prêté sa silhouette pour une campagne de publicité*
- promener : *il promène sa silhouette ronde dans toutes les manifestations*
- apercevoir · distinguer · reconnaître

[1] simplicité *nom fém.* (sobriété)

∞ simplicité + ADJECTIF
- naturelle • originelle : *ils essayent de retrouver la simplicité originelle de cette cérémonie*
- bonhomme · rustique • spartiate : *un ameublement d'une simplicité spartiate*
- admirable · belle + nom · de bon aloi · majestueuse · séduisante • émouvante · touchante : *une histoire d'une simplicité touchante*
- déconcertante · déroutante · désarmante · étonnante · surprenante
- apparente · relative
- affectée : *il tutoie les commerçants avec une simplicité affectée* · fausse + nom · trompeuse

∞ VERBE + simplicité
- aspirer à (plus de) · chercher (plus de) · être en quête de · revendiquer : *elle revendique la simplicité de son mode de vie*
- choisir · faire le pari de · jouer (la carte de) : *le décor joue la carte de la simplicité* · opter pour · prendre le parti de : *le couturier a pris le parti de la simplicité* · renouer avec · revenir à (plus de)
- atteindre : *en architecture, le plus difficile est d'atteindre la simplicité* · retrouver
- être empreint de : *un accueil chaleureux empreint de simplicité* · respirer : *ce lieu dépouillé respire la simplicité* • conserver · garder
- cultiver · préserver
- gagner en : *le jeu du comédien a gagné en simplicité*
- entamer : *le succès n'a pas entamé sa simplicité*
- perdre de : *ce petit village n'a rien perdu de sa simplicité* • manquer de

²simplicité *nom fém.* (facilité)

∾ simplicité + ADJECTIF

- biblique○ : *l'affaire est pourtant d'une simplicité biblique* · enfantine○ • absolue · évidente · exemplaire : *l'installation de la machine est d'une simplicité exemplaire* · extrême · grande + nom · implacable · incroyable · rare · redoutable : *le principe de ce jeu est d'une simplicité redoutable* · remarquable
- lumineuse : *il a trouvé une solution d'une simplicité lumineuse*
- confondante · déconcertante · déroutante · désarmante · étonnante · surprenante
- apparente · relative • trompeuse : *la simplicité trompeuse de ses vers cache une œuvre tortueuse*

∾ VERBE + simplicité

- avoir le souci de · opter pour · privilégier • apprécier
- avoir le mérite de · offrir l'avantage de : *ce logiciel offre l'avantage de la simplicité* • briller par : *cette méthode brille par sa simplicité*
- gagner en : *la procédure y a gagné en simplicité*
- frapper par · se distinguer par · séduire par · s'imposer par · surprendre par : *l'utilisation du produit surprend par sa simplicité*
- insister sur · souligner

simplification *nom fém.*

∾ simplification + ADJECTIF

- administrative · fiscale · institutionnelle · juridique · tarifaire : *l'opérateur propose une simplification tarifaire* · technique
- drastique · extrême · importante · radicale · significative : *le projet prévoit une simplification significative des formalités*
- nécessaire • appréciable · bénéfique · bienvenue
- abusive · excessive · outrancière : *une simplification outrancière de la psychologie des personnages* • grossière · réductrice : *une simplification réductrice de l'information*

∾ VERBE + simplification

- plaider pour · prôner · réclamer · souhaiter : *les usagers souhaitent une simplification de l'administration* • rechercher · viser : *la nouvelle version du logiciel vise une simplification d'utilisation*
- proposer • envisager · prévoir
- engager : *le gouvernement a décidé d'engager une simplification des politiques territoriales* · entamer · mettre en œuvre
- aller vers : *on va vers une simplification du traitement des dossiers* • aboutir à : *la réforme a abouti à une simplification des procédures*

sincérité *nom fém.*

∾ sincérité + ADJECTIF

- absolue · grande + nom · profonde · totale • évidente · visible
- déconcertante · désarmante · touchante · troublante
- non feinte • incontestable + nom · indiscutable + nom
- apparente

∾ VERBE + sincérité

- être de (+ adj.) : *elle a été d'une sincérité désarmante* · faire preuve de · montrer · témoigner de
- garantir · juger de · s'assurer de : *je veux m'assurer de la sincérité de ses sentiments* · vérifier
- attester de · démontrer · prouver : *ces petites attentions prouvent sa sincérité*
- croire à / en · être convaincu de
- contester · émettre / jeter un doute sur · (re)mettre en cause · mettre en doute · s'interroger sur : *je m'interroge sur la sincérité de sa démarche*
- manquer de

∾ NOM + DE + sincérité

- accès · élan
- gage · preuve • accent : *un discours aux accents de sincérité*

¹site *nom masc.* (environnement, emplacement)

∾ site + ADJECTIF

- naturel · sauvage
- classé · préservé · protégé • historique
- aurifère • d'enfouissement · industriel · militaire · stratégique • archéologique · paléolithique · paléontologique
- propre : *des couloirs de bus en site propre*
- beau + nom · exceptionnel · privilégié · remarquable · superbe
- célèbre · fameux + nom : *la vallée de la Reine, le plus fameux site historique de Haute-Égypte* · prestigieux
- à risque · dangereux

∾ site + VERBE

- ouvrir (ses portes)
- accueillir : *le site accueille déjà près de 10 000 visiteurs par mois* · recevoir • abriter : *leur site abrite 400 chercheurs permanents*
- compter x salariés · employer
- fermer (ses portes)

∾ VERBE + site

- (re)chercher • (pré)sélectionner : *la liste des sites présélectionnés pour implanter le laboratoire de recherche*
- exploiter

- (ré)aménager
- inspecter · visiter
- contaminer · polluer
- bombarder · détruire · pilonner
- protéger · sécuriser : *ils ont entrepris des travaux pour sécuriser le site de production* · surveiller • décontaminer · dépolluer
- fermer

[2]site *nom masc.* (internet)

∾ site + ADJECTIF
- internet · web
- officiel • perso[fam.] · personnel
- accessible : *ce site web est accessible depuis un téléphone mobile* • gratuit · payant
- spécialisé · thématique • parodique : *les sites parodiques ont-ils un effet sur la campagne électorale ?* · satirique • de rencontres • porno[fam.] · pornographique · X
- infecté · piraté • pirate : *un site pirate qui ressemble à s'y méprendre à celui de la FIFA*

∾ site + VERBE
- être consacré à · être dédié à · traiter de
- afficher · diffuser • proposer : *le site propose une aide en ligne aux collégiens*
- être basé à : *les sites web basés Outre-Atlantique*
- saturer · planter[fam.]

∾ VERBE + site
- inaugurer : *le ténor italien va bientôt inaugurer son site internet le 30 avril* · lancer : *les partenaires ont prévu de lancer un site commun de commerce électronique* · ouvrir : *l'association a ouvert un site web* • bidouiller[fam.] : *il a bidouillé un site avec des copains* · concevoir · créer · réaliser • baptiser : *elle a baptisé son site "journal de bord"* · intituler
- gérer : *il gère les sites web de plusieurs grands quotidiens américains* · s'occuper de · administrer • actualiser · mettre à jour
- (plur.) indexer · recenser · répertorier
- héberger
- avoir accès à · consulter · fréquenter · naviguer sur · se connecter à · surfer sur · visiter
- télécharger ... à partir de / depuis / sur / via : *il a téléchargé des images à partir du site de la Bibliothèque nationale*
- labelliser : *il propose de labelliser les sites à contenu éducatif* • sécuriser : *le site est sécurisé, ce qui permet le paiement en ligne*
- saturer : *les pirates ont saturé le site de connexions bidons* • pirater : *il a piraté le site de la police de Los Angeles*
- censurer : *une loi visant à censurer les sites internet à contenu pédophile* · interdire
- fermer

∾ NOM + DE + site(s)
- annuaire : *un annuaire de sites* · répertoire · liste
- flopée[fam.] · myriade · nébuleuse · multitude · série · quantité · infinité · nombre
- hébergeur • portail

[1]situation *nom fém.* (circonstances)

∾ situation + ADJECTIF
- familiale · personnelle • financière · matérielle · pécuniaire • conjoncturelle
- imprévisible • exceptionnelle · incroyable · inédite · inhabituelle · sans précédent
- habituelle · ordinaire • inévitable · prévisible
- analogue · comparable · équivalente · similaire : *on a connu une situation similaire en 2003*
- bonne[+ nom] · excellente · favorable · idéale : *la situation n'est pas idéale pour entamer des négociations* • viable • calme
- stable · stationnaire · statique • irréversible · permanente • inchangée
- passagère · provisoire · temporaire · transitoire • évolutive · fluctuante · mouvante • réversible : *le chômage est bien souvent une situation réversible*
- floue · fragile · incertaine · précaire
- ambiguë · contrastée : *une situation contrastée, entre modernité et tradition* · équivoque · paradoxale • ironique • curieuse · étonnante · étrange · singulière • d'exception · exceptionnelle : *ce secteur est dans une situation exceptionnelle* · extraordinaire · particulière · spéciale
- complexe · compliquée · cornélienne : *ce choix impossible me met dans une situation cornélienne* · délicate · problématique • critique · difficile • conflictuelle · explosive · instable · tendue · trouble : *le pays est dans une situation trouble depuis deux ans* • bloquée · figée : *le conflit est dans une situation figée*
- désagréable · désolante · embarrassante · fâcheuse · gênante · impossible · incommode · inconfortable · navrante · peu confortable
- aberrante · grand-guignolesque · grotesque · incompréhensible · incongrue · kafkaïenne · ridicule · ubuesque

▪ incontrôlable · ingérable • anormale · inacceptable · inadmissible · insatisfaisante · insoutenable · insupportable · intenable · intolérable · révoltante · schizophrénique • abominable · affligeante · douloureuse · dramatique · épouvantable · horrible · infernale · lamentable · malheureuse · pénible · périlleuse · piteuse · pitoyable · terrible · terrifiante · tragique · triste • malsaine • alarmante · anxiogène · décourageante · inquiétante · peu enviable · préoccupante · stressante • à risque · calamiteuse · catastrophique · chaotique · confuse · critique · dangereuse · défavorable · déplorable · désastreuse · grave · gravissime : *l'entreprise est dans une situation gravissime* · peu / pas très reluisante : *ils sont dans une situation financière peu reluisante* · inextricable · mauvaise [+ nom] · pas brillante[fam.] • désespérée · sans espoir · sans issue

∾ situation + VERBE

▪ se présenter : *si la situation se présente, nous serons prêts à intervenir* · se (re)produire : *cette situation se produit régulièrement* • prévaloir : *la situation qui prévaut actuellement en France* • (re)devenir : *la situation est redevenue calme*

▪ (+ adj.) s'annoncer · s'avérer · se révéler

▪ montrer · révéler · traduire : *cette situation traduit une désaffection pour la politique*

▪ durer · perdurer : *malgré les efforts internationaux, la situation perdure* · se maintenir · se perpétuer · se poursuivre · se prolonger · s'éterniser · s'installer • se répéter • ne pas dater d'hier / d'aujourd'hui

▪ changer · évoluer · se modifier • se renverser · se retourner contre : *la situation s'est finalement retournée contre lui* · s'inverser

▪ s'améliorer · s'arranger · se redresser • se débloquer · se décanter · se dégeler · se dénouer · se normaliser : *la situation devrait se normaliser dans les prochains jours* • s'apaiser · se calmer · se détendre • se stabiliser : *cette situation fluctuante a fini par se stabiliser* • s'éclaircir · se clarifier : *les spécialistes pensent que la situation va se clarifier*

▪ profiter à : *la situation profite aux investisseurs étrangers*

▪ aller de mal en pis · dégénérer · empirer · s'aggraver · s'assombrir · se crisper · se dégrader · se détériorer · se gâter · s'envenimer · se tendre · tourner au tragique / au cauchemar / au vinaigre • se précariser • se durcir · se radicaliser : *nous craignons que la situation ne se radicalise* • se compliquer · se corser • se bloquer · s'enliser • être au point mort · se trouver dans une impasse

▪ inquiéter · préoccuper : *la situation préoccupe les pouvoirs publics*

∾ VERBE + **situation**

▪ créer · faire naître : *le conflit diplomatique a fait naître une situation inextricable*

▪ connaître · se (re)trouver dans · vivre · être confronté à • se placer dans / en · tomber dans

▪ appréhender · craindre · redouter

▪ prendre à cœur · prendre au sérieux : *le gouvernement doit prendre au sérieux la situation*

▪ exposer · rendre compte de : *des experts ont rendu compte de la situation* • expliquer · interpréter • résumer : *tu as bien résumé la situation*

▪ (re)considérer · évaluer · (ré)examiner · faire le tour de · juger · prendre la mesure de

▪ contrôler · dominer · gérer · maîtriser · rester maître de • prendre en charge · prendre en main · se saisir de • assumer

▪ dédramatiser · prendre à la légère

▪ dramatiser

▪ s'accommoder de · tolérer : *l'association ne peut pas tolérer une telle situation* • justifier · légitimer

▪ bénéficier de · exploiter · profiter de · tirer parti de · tirer profit de • abuser de : *il était seul avec elle et il a abusé de la situation*

▪ inverser · renverser : *le joueur a réussi à renverser la situation* · retourner • changer · modifier

▪ clarifier · débrouiller · démêler · dénouer : *un accord devrait dénouer la situation* · éclaircir • remédier à • améliorer · assainir · redresser · résoudre : *tout a été tenté pour résoudre la situation* • calmer · normaliser · pacifier • débloquer · décrisper · dégeler

▪ consolider · stabiliser

▪ embraser : *cette décision impopulaire risque d'embraser la situation* • aggraver · compliquer · compromettre · détériorer · envenimer : *son entêtement a envenimé la situation* · laisser pourrir : *en refusant de réagir, la direction a laissé pourrir la situation* · pourrir • bloquer · figer

▪ éviter • mettre fin à

▪ échapper à · fuir · se dépêtrer de · se sortir de · se tirer de

∾ NOM + DE +**situation**

▪ amélioration

▪ détérioration · dégradation

[2]**situation** *nom fém.* (emploi)

∾ situation + ADJECTIF

▪ professionnelle · sociale

- belle [+ nom] · bonne [+ nom] · brillante · confortable · enviée · jolie [+ nom] · prestigieuse : *il a une situation prestigieuse au sein de la compagnie* • stable

∾ VERBE + **situation**
- offrir ... à · proposer ... à
- occuper · se faire : *mon frère s'est fait une belle situation* · trouver

slogan *nom masc.*

∾ **slogan** + ADJECTIF
- électoral · politique • promotionnel · publicitaire • officiel • nationaliste · patriotique · révolutionnaire
- célèbre [+ nom] · fameux [+ nom] : *le fameux slogan de la marque de shampooing* • favori · fétiche · populaire
- commun · fédérateur · unique : *un slogan unique marque mieux les esprits*
- ancien [+ nom] · traditionnel · vieux [+ nom] : *ils ont ressorti les vieux slogans des années 1960*
- accrocheur · choc · percutant : *les publicitaires ont trouvé un slogan percutant*
- beau [+ nom] · bon [+ nom] · joli [+ nom] • simple · sobre • efficace : *une campagne de publicité au slogan efficace*
- démagogique · populiste · racoleur : *le slogan racoleur de sa campagne électorale* • facile · simplificateur · simpliste : *le slogan simpliste "tous pourris"* • creux · vide (de sens) • trompeur • provocateur
- guerrier · hostile · vengeur : *les slogans vengeurs des manifestants*

∾ **slogan** + VERBE
- clamer · proclamer
- (plur.) fleurir : *les slogans fleurissent sur les murs de Paris* · fuser : *les slogans fusent dans les gradins*
- avoir du punch · faire mouche · sonner bien : *il faut trouver un slogan qui sonne bien* • faire florès : *un slogan qui a fait florès dans les années 1970* · faire fureur

∾ VERBE + **slogan**
- lancer · balancer [fam.] • inventer · (se) trouver : *l'équipe marketing est chargée de trouver un slogan* • adopter (comme) · choisir (comme / pour) · prendre (comme / pour) : *ils ont pris comme slogan "un pour tous, tous pour un"*
- afficher · inscrire · peindre : *ils ont peint des slogans sur des banderoles*
- devenir · servir de : *cette phrase célèbre leur sert de slogan*
- être barré de · être frappé de · être orné de · porter
- clamer · crier · entonner : *les manifestants entonnent des slogans révolutionnaires* · hurler : *la foule hurle des slogans hostiles* · reprendre (en chœur) · scander
- claquer comme : *une phrase bien sentie qui claque comme un slogan* · résonner comme · sonner comme
- se résumer à : *leur action se résume à un slogan : "vivre libre ou mourir"*
- décliner · paraphraser : *son discours n'a fait que paraphraser le slogan de sa campagne électorale* · reprendre à son compte • détourner · parodier : *l'humoriste parodie les slogans du moment*
- appliquer · s'appuyer sur : *sa philosophie s'appuie sur les slogans hippies*

sobriété *nom fém.*

∾ **sobriété** + ADJECTIF
- protestante
- absolue · exemplaire · extrême · grande [+ nom] · implacable · irréprochable · rare
- de bon aloi : *la sobriété de bon aloi du prieuré* • admirable · belle [+ nom] · élégante · impressionnante · magnifique · remarquable • bouleversante · émouvante · poignante : *la cérémonie fut d'une sobriété poignante*
- étonnante · surprenante

∾ VERBE + **sobriété**
- (+ adj.) être de : *son discours était d'une sobriété étonnante* · témoigner de • gagner en : *son interprétation a gagné en sobriété*
- faire dans : *la mise en scène (ne) fait (pas) dans la sobriété* · faire preuve de · jouer · miser sur · opter pour : *la décoration opte pour une sobriété élégante* • préférer · privilégier
- briller par
- contraster avec : *le cadre chargé contraste avec la sobriété du tableau* • trancher par : *la maison tranche par sa sobriété*

1 société *nom fém.* (communauté)

∾ **société** + ADJECTIF
- agraire · agricole · rurale · villageoise • (post)industrielle · urbaine • jeune · vieillissante • contemporaine · moderne • capitaliste · consumériste · de consommation° · marchande · productiviste • communiste • religieuse · sécularisée • médiatique • archaïque · féodale · primitive • clanique • bien-pensante · bourgeoise · conformiste • matriarcale · patriarcale

- bigarrée · cosmopolite · diversifiée : *le Japon est devenu une société beaucoup plus complexe et diversifiée qu'autrefois* · hétérogène · interculturelle · métissée · multiculturelle · multiraciale · pluraliste · plurielle · pluriethnique
- alternative · différente · parallèle
- d'abondance · prospère · riche
- homogène • harmonieuse · idéale · meilleure : *il rêve d'une société meilleure* • respectueuse (de) · responsable
- à visage humain · égalitaire · fraternelle · humaniste · juste · ouverte : *une société ouverte qui prône la multiplicité culturelle* · pacifique · solidaire · tolérante • civilisée · démocratique • libérale · libre · permissive
- atomisée · fracturée · fragilisée · fragmentée · morcelée • divisée · hiérarchisée · stratifiée
- cloisonnée · fermée · figée • en perdition · gangrenée · malade • frivole · irresponsable
- dure · impitoyable • égoïste · individualiste
- conservatrice · traditionnelle • pudibonde · puritaine
- autoritaire · oppressive · policée · répressive • à deux vitesses : *une société à deux vitesses où les riches s'enrichissent et les pauvres s'appauvrissent* · duale : *une société duale qui protège un noyau de privilégiés de plus en plus restreint* • inégalitaire · injuste · intolérante · machiste

∾ **société** + VERBE

- être basée sur : *une société basée sur l'annihilation de l'individu au profit de la collectivité* · être fondée sur
- bouger · évoluer (vers) : *la société traditionnelle évolue vers une société plus libérale* · changer • s'orienter vers : *notre société s'oriente vers une hiérarchisation encore plus importante*
- éclater · s'écrouler · se disloquer : *le mépris de l'autre fait que notre société se disloque* · s'effriter

∾ VERBE + **société**

- imaginer · promouvoir : *il promeut une société ouverte et multiculturelle* · prôner
- bâtir · construire · créer · édifier : *pour édifier une société plus juste et fraternelle*
- former : *les éléphants forment une société de type matriarcal*
- (s')adapter à · (s')insérer dans · (s')intégrer dans
- améliorer · humaniser : *ces mesures d'entraide humanisent la société*
- influer sur • changer · réformer · transformer : *ces nouvelles mœurs transforment notre société*
- vivre aux crochets de
- gangrener · miner · ronger : *les corporatismes rongent la société* • déstabiliser · ébranler
- détruire : *la dictature a détruit la société rurale*
- exclure de · mettre au ban de : *certaines communautés sont mises au banc de la société* · rejeter de
- être en rupture avec : *des marginaux en rupture avec la société* · vivre en marge de

∾ NOM + DE + **société**

- pan : *ce fléau touche des pans entiers de la société* • secteur
- frange : *cette langue n'est parlée que par une frange minoritaire de la société*
- fait · phénomène

²société *nom fém.* (entreprise)

∾ **société** + ADJECTIF

- audiovisuelle · d'assurances · d'investissement · fiduciaire · pétrolière · etc.
- civile · commerciale • de capitaux · par actions • à responsabilité limitée · en commandite (simple / par actions) · en nom collectif • anonyme · cotée (en Bourse) : *cette société est cotée au second marché* • familiale • nationale · privée • commune · conjointe
- contractante · exploitante • emprunteuse · prêteuse • exportatrice · importatrice
- écran° : *l'argent a été versé sur le compte d'une société écran* · fantôme
- jeune
- concurrente
- (de taille) moyenne • de taille modeste · petite ⁺ ⁿᵒᵐ
- grande ⁺ ⁿᵒᵐ · grosse ⁺ ⁿᵒᵐ · importante · puissante • internationale · multinationale · nationale
- solvable • florissante · lucrative · performante · prospère · rentable · riche · saine
- compétitive · dynamique • innovante · pionnière : *c'est l'une des sociétés pionnières dans ce secteur*
- à la traîne · en crise · en difficulté • déficitaire · endettée · surendettée

∾ **société** + VERBE

- s'établir · s'implanter · s'installer • être basée à · être sise à[Admin.] • entrer sur un marché
- compter x employés / salariés : *sa société compte 120 salariés* · embaucher · employer · recruter
- exploiter · produire • sous-traiter
- concurrencer • absorber · fusionner avec
- clôturer son exercice
- peser : *leur société pèse près de 20 milliards d'euros*

- déménager · se délocaliser · transférer ses activités (à) • faire peau neuve · se diversifier (dans) · se reconvertir (dans) · se redéployer · se restructurer · se spécialiser dans • passer dans le giron de · tomber dans l'escarcelle de : *leur société est tombée dans l'escarcelle d'un groupe américain*
- faire des investissements • financer · investir dans
- parvenir à maturité • être en pleine croissance / expansion · prendre de l'envergure · prendre son essor · se développer • faire / réaliser des profits / bénéfices · prospérer • redorer son blason
- dégraisser (ses effectifs) · licencier
- s'endetter : *la société s'est endettée à hauteur de 30 millions d'euros* • avoir du plomb dans l'aile[fam.] · battre de l'aile · connaître des hauts et des bas · dépérir · être au bord du gouffre · être au creux de la vague · être dans / traverser une mauvaise passe · être en perdition · être en perte de vitesse · être / se trouver en difficulté · mal tourner · marcher sur trois pattes · souffrir · tourner au ralenti · végéter · vivoter
- aller / foncer (droit) dans le mur · cesser ses activités · couler · déposer le bilan · disparaître · être en cessation d'activité · faire faillite · faire la culbute · fermer · mettre la clé sous la porte · sombrer (corps et biens)

∾ VERBE + **société**

- constituer · créer · fonder · former : *ils souhaitent former une société commune dans le domaine de l'aéronautique* · lancer · monter • établir · implanter · installer • introduire en Bourse · recapitaliser
- déposer les statuts de · domicilier : *la société est domiciliée aux Bahamas* · immatriculer : *la société est immatriculée au registre du commerce* • appeler · baptiser · nommer
- (r)acheter · acquérir : *le groupe a acquis deux sociétés de presse* · faire / lancer une OPA sur · reprendre · se lancer à l'assaut de
- avoir · détenir · posséder • administrer · contrôler · diriger · être à la tête de · être à / prendre la direction de · faire marcher · gérer · présider
- arriver dans · débarquer dans · débuter dans · rejoindre : *elle a rejoint notre société en 2002* • avoir de l'ancienneté dans · faire carrière dans · rester dans · travailler dans
- délocaliser · déménager • mettre sous tutelle · nationaliser · privatiser • restructurer
- investir dans • assainir · donner un nouveau souffle à · redresser · relancer · remettre à flot · remettre d'aplomb · remettre en état de marche · remettre sur les rails · renflouer · reprendre en main · sauver (du naufrage)
- agrandir · développer · élargir
- concurrencer • démanteler · dépecer • mettre en déficit · mettre en difficulté · mettre en faillite · mettre en péril · ruiner · saborder
- démissionner de · quitter
- céder · mettre en vente · (re)vendre
- dissoudre · liquider · mettre en liquidation (judiciaire)

∾ NOM + DE + **sociétés**

- consortium · groupement • kyrielle · multitude · nébuleuse

[1] soif *nom fém.* (litt.)

∾ **soif** + ADJECTIF

- intense
- ardente · brûlante · dévorante • abominable · atroce · intolérable · terrible • excessive : *la maladie se caractérise par une soif excessive*
- inextinguible · insatiable • inassouvie

∾ **soif** + VERBE

- (souvent passif) brûler · dévorer · tourmenter : *le voyageur est tourmenté par la soif*

∾ VERBE + **soif**

- donner (sans art.) : *ces petits gâteaux donnent soif*
- avoir (sans art.) : *j'ai très soif* • endurer · être en proie à · souffrir de • crever de[fam.] · mourir de
- apaiser · calmer • étancher · éteindre : *l'animal se dirigea vers la rivière pour éteindre sa soif*

[2] soif *nom fém.* (désir)

∾ **soif** + ADJECTIF

- dévorante : *une soif dévorante de pouvoir* · énorme [+ nom] · formidable · immense · immodérée • inaltérable · inépuisable · inextinguible · infinie · insatiable

∾ VERBE + **soif**

- provoquer · susciter : *le défaite a suscité une soif de vengeance*
- attiser : *cette affaire a attisé une soif de vérité* · aviver
- assouvir : *des milliers de pratiquants viennent y assouvir leur soif de spiritualité* · satisfaire

soin *nom masc.* (application)

∾ **soin** + ADJECTIF
- attentif : *elle exécute la tâche avec un soin attentif* · vigilant : *les bâtiments sont entretenus avec un soin vigilant* • exemplaire · remarquable • infini · jaloux • méticuleux · minutieux · particulier · scrupuleux
- constant · permanent

∾ VERBE + **soin**
- demander · nécessiter · réclamer · requérir : *cette tâche requiert beaucoup de soin*
- apporter ... à · entourer de · mettre ... à : *il a mis un soin particulier à sélectionner les photos* • redoubler de

soins *nom masc. plur.* (traitement)

∾ **soins** + ADJECTIF
- corporels · dentaires · esthétiques • médicaux · psychiatriques • à domicile · ambulatoires · hospitaliers · infirmiers
- curatifs · préventifs • palliatifs
- de base · premiers [+ nom] : *elle a donné les premiers soins aux victimes* · urgents : *les soins urgents sont pris en charge par l'assurance* · d'urgence
- quotidiens • permanents : *son état nécessite des soins permanents*
- (de) longue durée : *une structure de soins de longue durée*
- [Admin.] inopinés · programmés
- adéquats · appropriés
- de qualité · efficaces

∾ **soins** + VERBE
- convenir à

∾ VERBE + **soins**
- nécessiter · réclamer · requérir : *sa maladie requiert des soins quotidiens* • justifier : *votre état justifie des soins*
- administrer : *les soins administrés aux assurés sociaux* · dispenser · donner · prodiguer • continuer · poursuivre
- prendre en charge : *la Sécurité sociale ne prend pas en charge ces soins* · rembourser
- recevoir : *les victimes de l'explosion ont reçu les premiers soins sur place*
- refuser
- arrêter

∾ NOM + DE + **soins**
- ensemble · gamme · panier : *chaque année, l'État fixerait un panier de soins remboursable à 100 %*
- programme

soleil *nom masc.*

∾ **soleil** + ADJECTIF
- levant • couchant
- pâle · timide · voilé • d'hiver · hivernal
- beau [+ nom] · éclatant · généreux : *dès demain, ce sera le retour d'un soleil généreux sur tout le pays* · grand [+ nom] : *il fait grand soleil* · radieux · resplendissant
- accablant · ardent · brûlant · chaud · de plomb ○ · écrasant · implacable • noir : *« Ma seule étoile est morte / et mon luth constellé Porte le soleil noir de la mélancolie »* (G. de Nerval, *Poésies*, "Les chimères", El Desdichado)

∾ **soleil** + VERBE
- apparaître · se lever · surgir : *le soleil surgit brusquement sur le flanc de la montagne* • réapparaître · revenir
- filtrer · jouer à cache-cache avec les nuages · percer la brume / les nuages
- entrer dans · pénétrer dans • baigner · illuminer · inonder : *dans la chambre inondée de soleil*
- monter • être au zénith · être haut dans le ciel
- baisser · décliner • être bas sur l'horizon
- disparaître · se cacher · se coucher
- briller · darder ses rayons · étinceler · luire : *le soleil luit dans le ciel*
- chauffer · cogner · frapper · taper
- bronzer · dorer · hâler · rougir : *le crâne rougi par le soleil* · tanner : *la peau tannée par le soleil des tropiques*
- (souvent passif) brûler · calciner · cuire · dessécher · griller : *les vacanciers grillés par le soleil* · jaunir
- (souvent passif) aveugler · éblouir

∾ VERBE + **soleil**
- s'exposer à
- craindre : *cette plante craint le soleil*
- (s')abriter de · (se) mettre à l'abri de · (se) protéger de
- cacher · couvrir · masquer · voiler : *une fine brume voilait le soleil*

∾ NOM + DE + **soleil**
- lever • coucher
- rai · rayon
- bain : *elle prend un bain de soleil sur la terrasse*
- coup

solidarité *nom fém.*

∾ **solidarité** + ADJECTIF
- financière · matérielle

- internationale · planétaire · mondiale · Nord-Sud • nationale · locale
- corporatiste · familiale · féminine · intergénérationnelle • mutuelle · réciproque
- active · concrète · de fait · effective • absolue · accrue · à toute épreuve · énorme + nom · étroite + nom · forte + nom · renforcée · sans faille · totale : *nous exprimons notre solidarité totale avec les victimes* · vraie + nom · véritable + nom · réelle + nom
- durable · indéfectible
- extraordinaire · formidable • belle + nom · chaleureuse · fraternelle
- sélective • relative · tardive
- de façade : *une solidarité de façade qui ne s'est jamais concrétisée par des actes*

∞ VERBE + **solidarité**

- appeler à · faire appel à : *cet organisme fait appel à la solidarité* • exiger · réclamer
- développer · instaurer · mettre en œuvre · organiser : *la solidarité organisée par les associations*
- faire preuve de • afficher ... avec : *il affiche sa solidarité avec les expulsés* · manifester ... avec : *le pays manifeste sa solidarité avec les prisonniers politiques* • (ré)affirmer ... avec · exprimer ... avec · témoigner ... à

∞ NOM + DE + **solidarité**

- action : *elle participe à des actions de solidarité internationale de développement* · campagne · mission
- élan · sursaut · vague • chaîne : *nous avons organisé une grande chaîne de solidarité* · réseau
- acte • geste · signe • message · témoignage

solidité *nom fém.*

∞ **solidité** + ADJECTIF

- physique
- absolue · à toute épreuve · exceptionnelle · extraordinaire · extrême · grande + nom · impressionnante · incroyable · inébranlable · inouïe · parfaite · remarquable • légendaire
- apparente · (toute) relative

∞ VERBE + **solidité**

- faire preuve de · montrer
- accroître · augmenter · renforcer • gagner en : *le mobilier urbain a gagné en solidité* • maintenir · préserver
- éprouver · évaluer · mesurer · tester : *le fabricant teste la solidité de ses outils* · vérifier
- assurer · confirmer · garantir • vanter
- attester de · constituer un gage de · démontrer · prouver · refléter
- mettre en cause · mettre en doute · s'interroger sur
- altérer · entamer · menacer · mettre en danger · mettre en péril · nuire à : *les occupants ne peuvent pas effectuer des travaux susceptibles de nuire à la solidité du bâtiment*
- manquer de

solitude *nom fém.*

∞ **solitude** + ADJECTIF

- humaine • affective · sentimentale • intérieure · morale
- carcérale · urbaine
- absolue · complète · extrême · grande + nom · immense · infinie · parfaite · profonde · totale • insondable : *l'insondable solitude du poète maudit* • irrémédiable : *le film évoque l'irrémédiable solitude de l'Homme*
- longue + nom • quotidienne
- heureuse · paisible · sereine • créatrice
- affreuse · dramatique · effroyable · pénible · terrible · tragique • insoutenable · insupportable · intolérable : *pour lui la solitude est devenue intolérable*
- relative

∞ VERBE + **solitude**

- aspirer à · chercher · rechercher
- ressentir · sentir • connaître · découvrir · expérimenter · faire l'expérience de · vivre : *il vit mal sa solitude*
- retourner à · retrouver : *après cette séparation, elle a retrouvé sa solitude*
- promener · traîner
- aimer · assumer · prendre goût à · s'accommoder de · s'accrocher à • réapprendre · s'habituer à
- se murer dans · s'enfermer dans : *il ne sort jamais et s'enferme dans la solitude*
- avoir horreur de · avoir peur de · craindre · souffrir de • être abandonné à · être condamné à • affronter · supporter
- meubler : *elle multiplie les loisirs pour meubler sa solitude* · peupler : *il s'invente un ami pour peupler sa solitude* • échapper à · surmonter · tromper • fuir
- arracher à · tirer de
- briser · en finir avec · rompre

solution *nom fém.*

∞ **solution** + ADJECTIF

- envisageable · possible
- drastique · radicale
- définitive • durable · pérenne

- alternative · de rechange : *il n'y a aucune solution de rechange* · de substitution
- (à l')amiable · concertée · diplomatique · négociée : *le conflit devrait être résolu par une solution négociée*
- acceptable · convenable · satisfaisante · valable · viable • adéquate · appropriée · bonne $^{+ \text{nom}}$ · efficace • ad hoc · clé en main · sur mesure • cohérente · raisonnable · rationnelle • commode · pratique · simple
- idéale · miracle · optimale · parfaite · vraie $^{+ \text{nom}}$ • équilibrée · équitable • consensuelle • universelle
- astucieuse · ingénieuse · intelligente · judicieuse
- inattendue • innovante · novatrice · originale • peu orthodoxe : *il a fallu recourir à une solution peu orthodoxe en dehors du cadre légal* • séduisante · tentante • élégante : *les algues sont une solution élégante pour détruire les bactéries dans un aquarium*
- ponctuelle • d'attente · momentanée · provisoire · transitoire
- hybride · médiane · mi-chèvre, mi-chou : *c'est une solution mi-chèvre, mi-chou qui masque mal les divisions de la majorité* • de fortune : *les syndicats ne se satisfont pas de cette solution de fortune* · incomplète · partielle · précaire
- compliquée · risquée
- bancale · bâtarde · boiteuse • discutable · imparfaite • de facilité · paresseuse : *revenir en arrière serait une solution paresseuse* • insatisfaisante · mauvaise $^{+ \text{nom}}$ · médiocre • impossible · inacceptable • coûteuse · onéreuse

∾ **solution** + VERBE
- consister à • présenter : *cette solution présente de nombreux avantages* · offrir
- se présenter : *voilà les deux solutions qui se présentent à nous* · s'offrir à • prévaloir · s'imposer
- avoir du bon · tenir la route : *la solution proposée tient à peu près la route*

∾ VERBE + **solution**
- (re)chercher · être en quête de
- envisager · évoquer · examiner · réfléchir à • entrevoir · voir : *je ne vois pas de solution dans l'immédiat*
- bâtir · concevoir · échafauder : *des réunions sont organisées pour échafauder des solutions* · esquisser · imaginer · mettre au point • aboutir à · déboucher sur · dégager · parvenir à · trouver • avoir · détenir · tenir
- apporter · donner · fournir · imposer · présenter · proposer · suggérer · offrir
- accepter · adopter · choisir · être favorable à · être partisan de · opter pour · pencher pour · plaider pour / en faveur de · préconiser · préférer · privilégier · prôner · recommander · retenir · se déclarer / se prononcer en faveur de · se rallier à · souhaiter
- appliquer · mettre en œuvre · recourir à : *j'ai dû recourir à une solution radicale*
- contribuer à · œuvrer à
- être à court de
- écarter · s'opposer à · refuser · rejeter

∾ NOM + DE +**solution(s)**
- choix · éventail · ensemble · gamme · multitude
- amorce : *nous n'avons pas la moindre amorce de solution*

REM. On rencontre parfois "solution intérimaire". Évitez cette expression maladroite et préférez "solution d'attente, provisoire".

somme *nom fém.*

∾ **somme** + ADJECTIF
- fixe • convenue d'avance · forfaitaire • proportionnelle à
- égale · identique
- globale · totale
- convenable · correcte · raisonnable • belle $^{+ \text{nom}}$ · confortable · conséquente · considérable · coquette $^{+ \text{nom}}$ · élevée · forte $^{+ \text{nom}}$ · généreuse · grosse $^{+ \text{nom}}$ · importante · jolie $^{+ \text{nom}}$ · non négligeable · rondelette$^{fam.}$ · significative · substantielle • colossale · énorme · fabuleuse · folle · impressionnante · incroyable · prodigieuse · record : *les salaires des joueurs atteignent souvent des sommes record* • maximale
- astronomique · exorbitante · disproportionnée · effarante · excessive · faramineuse · invraisemblable · monumentale · pharaonique
- indue$^{Admin.}$: *vous devez nous rembourser les sommes indues*
- minimale • dérisoire · faible $^{+ \text{nom}}$ · maigre $^{+ \text{nom}}$ · minime · modeste · modique · négligeable · petite $^{+ \text{nom}}$ · ridicule · symbolique

∾ **somme** + VERBE
- représenter
- atteindre · se monter à · s'élever à • osciller entre ... et ... · varier entre ... et ... : *les sommes allouées varient entre 75 et 150 euros*

- être inférieure à
- dépasser · être supérieure à

∾ VERBE + **somme**
- demander · exiger • prévoir · tabler sur • devoir ... à
- promettre · proposer · s'engager sur : *le ministère refuse de s'engager sur les sommes versées* • avancer · prêter • accorder · allouer · attribuer : *la commission m'a attribué une somme substantielle* • donner · léguer · offrir · remettre • créditer de : *son compte a été crédité de sommes colossales* • débloquer · dégager • déposer · injecter · mettre sur la table • partager · répartir · ventiler • (s')acquitter (de) · consigner : *le contrevenant doit consigner une somme égale au montant de l'amende forfaitaire* · payer · régler · (re)verser · virer • rembourser · rendre · restituer
- collecter · économiser · épargner · rassembler · réunir : *les habitants ont réuni une somme rondelette* • mettre de côté
- débourser · dépenser • affecter ... à · consacrer ... à · dédier ... à · destiner ... à · employer ... à · réserver ... à
- emprunter : *il a emprunté une grosse somme à sa mère* • encaisser · engranger · gagner · obtenir · percevoir · recevoir · toucher • récupérer
- dérober · détourner
- déduire ... de • débiter · prélever
- amputer ... de : *la somme globale a été amputée de 300 euros*
- arrondir · compléter
- investir : *j'ai investi une somme considérable dans son affaire*
- calculer · estimer · évaluer · fixer
- dévoiler · divulguer · préciser
- mettre en jeu · miser

sommeil *nom masc.*

∾ **sommeil** + ADJECTIF
- naturel[○] • cataleptique · hypnotique · léthargique • paradoxal
- dernier[+ nom littér., euph.] : *le vieil homme attend son dernier sommeil avec sérénité* · éternel[○ littér., euph.]
- comateux · de plomb[○] · lourd · profond • long[+ nom]
- indispensable · nécessaire
- bénéfique · bienfaisant · réparateur • agréable · doux[+ nom] • bon[+ nom] · calme · du juste[○] : *il dormait du sommeil du juste* · paisible · tranquille • sans rêve
- difficile · fragile : *on a le sommeil fragile, à cet âge* · léger · mauvais[+ nom] • agité · anxieux · fiévreux · inquiet · tourmenté · troublé

∾ **sommeil** + VERBE
- arriver · venir : *le sommeil tardant à venir, il prit un livre*
- envahir · gagner : *vos yeux se ferment, le sommeil vous gagne* • (souvent passif) emporter · prendre · vaincre

∾ VERBE + **sommeil**
- chercher : *il cherchait en vain le sommeil*
- avoir : *j'ai très sommeil ; elle a un sommeil de plomb* • s'abandonner à · (re)trouver
- céder à · succomber à • se réfugier dans • plonger dans · sombrer dans · tomber dans : *il tomba dans un profond sommeil*
- être abruti de · être engourdi de · s'écrouler de · tomber de
- lutter contre · résister à
- perturber · troubler
- arracher à : « *[...] dans le simple appareil D'une beauté qu'on vient d'arracher au sommeil* » (Racine, *Britannicus*, II, 2) · tirer de : *le réveil me tira brusquement de mon sommeil*
- émerger de · sortir de
- être privé de · manquer de
- perdre : *son fils lui cause des soucis, elle en a perdu le sommeil*

en sommeil
- [fig., inactivité] • laisser · mettre • entrer • être · rester : *le projet est resté en sommeil de longues années durant*

son *nom masc.*

∾ **son** + ADJECTIF
- neutre • aigu · cuivré · rond · sifflant • grave · guttural • âpre · brut : *le son brut des guitares électriques* · caverneux · rocailleux • mat · sec • argentin · cristallin • creux · sourd • léché · lisse
- métallique · nasillard • grinçant · perçant · strident · suraigu
- caractéristique · original · unique
- neuf · nouveau : *un album au son nouveau*
- ample · dense · intense · pénétrant · plein · profond · puissant · retentissant · saturé
- continu · prolongé
- bizarre · étrange · curieux
- authentique · naturel • bon[+ nom] · clair · excellent · juste · net · parfait · pur • harmonieux · mélodieux · raffiné · subtil • chaud · doux · moelleux • généreux · riche • éclatant · extraordinaire • inégalable · inimitable
- hypnotique · lancinant · monocorde · monotone • étrange · inquiétant

- déchirant · plaintif · triste : *« Dieu que le son du cor est triste au fond des bois ! »* (A. de Vigny, *Poèmes antiques et modernes*, "le Cor")
- crachotant · grésillant • dégueulasse*fam.* · déplorable · discordant · exécrable · mauvais · médiocre · pourri*fam.* • désagréable · horrible · insupportable · monstrueux
- étouffé · imperceptible · inaudible · léger · voilé • lointain · mourant • bref : *un son bref, "dong", suivi d'un autre, "pling"*

∞ son + VERBE
- résonner · retentir · s'échapper de · se faire entendre
- monter
- baisser

∞ VERBE + son
- créer · générer · produire • émettre · rendre : *la lyre rend des sons harmonieux* · posséder
- obtenir · retrouver · tirer ... de : *il tirait des sons grinçants de son instrument* • trouver • reproduire
- diffuser · propager · transmettre · transporter • réfléchir · renvoyer · répercuter · réverbérer • restituer : *ce casque stéréo restitue un son cristallin*
- [volume] • contrôler · régler
- [volume] • amplifier · mettre à fond · monter • renforcer
- mixer · moduler · transformer · travailler • filtrer • améliorer
- capter · entendre • distinguer · percevoir · reconnaître
- enregistrer
- amortir · assourdir · couvrir · diminuer · étouffer
- [volume] • baisser · réduire
- [volume] • couper · éteindre

[1]sort *nom masc.* (destinée, condition)

∞ sort + ADJECTIF
- analogue : *il risque de subir un sort analogue* · comparable · semblable · similaire : *les deux frères ont connu un sort similaire*
- définitif · final : *le sort final de ce monument historique ne sera connu que dans un mois*
- enviable · heureux : *après tant de mésaventures, il connut finalement un sort heureux*
- impitoyable · implacable
- indigne · ingrat · injuste • affreux · atroce · cruel · dramatique · malheureux · navrant · pitoyable · triste *+ nom* • funeste · tragique : *ce livre évoque le sort tragique d'un innocent condamné à mort*
- incertain

∞ sort + VERBE
- attendre : *le sort qui l'attend n'est pas enviable* · être fait à · être promis à : *on n'imaginait pas alors, le sort promis aux bouddhas de Bamiyan*
- dépendre de · être entre les mains de : *mon sort est entre vos mains*
- se jouer
- frapper : *le sort malheureux qui a frappé cette famille*
- (souvent passif) concerner · émouvoir : *l'opinion publique est émue par le sort des réfugiés* · indigner · préoccuper · toucher

∞ VERBE + sort
- confier ... à · remettre ... entre les mains de : *il a remis son sort entre les mains de ses supérieurs*
- lier ... à : *le sort des deux monnaies est maintenant lié*
- décider de · déterminer · fixer · sceller : *le sort du traité sera scellé lors d'un référendum* · se prononcer sur · statuer sur : *une commission est chargée de statuer sur le sort des candidats* · trancher sur
- connaître · être fixé sur
- réserver ... à • abandonner à : *vous n'allez pas m'abandonner ainsi à mon triste sort !*
- avoir · connaître • partager • subir : *il va subir le même sort prochainement*
- accepter • être maître de • (ne pas) se faire d'illusions sur · se résigner à
- envier : *je n'envie pas le sort des citadins* • être content / heureux / satisfait de
- être dans l'incertitude sur · ignorer
- enquêter sur · se pencher sur · s'interroger sur • faire la lumière sur
- évoquer : *il évoque le sort dramatique des ouvriers agricoles clandestins* • dénoncer · protester contre • alerter sur · attirer l'attention sur • être attentif à · se préoccuper de
- plaindre · pleurer sur • s'apitoyer sur : *il ne sait que s'apitoyer sur son sort* · se lamenter sur
- adoucir · améliorer • régler : *il faut régler le sort des familles mal logées* · s'occuper de
- compromettre • aggraver : *cet accident n'a fait qu'aggraver leur sort*

[2]sort *nom masc.* (hasard)

∞ sort + VERBE
- décider · vouloir : *le sort l'a voulu ainsi* • réserver à : *je me demande ce que le sort me réserve*
- tomber sur : *le sort est tombé sur le plus jeune des matelots* • jouer des tours à : *le sort lui a joué bien des tours*
- s'acharner sur · s'obstiner à / sur
- en être jeté○ : *le sort en est jeté*

∞ VERBE + **sort**

- être le jouet de : *l'homme n'est qu'un jouet du sort*
- forcer : *pour la rencontrer, j'ai un peu forcé le sort en m'installant en face d'elle*
- accuser : *cessez d'accuser le sort et prenez-vous en main !*
- conjurer • prendre sa revanche sur • braver · défier · tenter : *il ne faut pas tenter le sort, réservons nos places*

∞ NOM + DE + **sort**

- coup : *affronter, braver, supporter les coups du sort*

[1] **sortie** *nom fém.* (accès vers l'extérieur)

∞ **sortie** + ADJECTIF

- principale • dérobée : *l'actrice est passée par une sortie dérobée pour éviter la foule* · de secours · latérale

∞ VERBE + **sortie**

- chercher
- trouver : *il a trouvé la sortie du labyrinthe* • passer par · prendre
- accéder à : *pour accéder à la sortie, prenez le couloir de gauche* · atteindre • converger vers · (re)gagner · se diriger vers • se précipiter vers · se ruer vers
- escorter vers : *les deux policiers l'ont escorté vers la sortie* · pousser vers
- bloquer

[2] **sortie** *nom fém.* (fait de sortir, départ)

∞ **sortie** + ADJECTIF

- prématurée : *la sortie prématurée du joueur après une blessure*
- remarquée : *elle a fait une sortie remarquée*
- discrète · timide
- digne : *l'ex-dictateur espère une sortie digne pour lui et pour sa famille* · honorable

∞ VERBE + **sortie**

- attendre · guetter : *elle guettait sa sortie du bureau*
- préparer • faire : *entre deux averses, quelques abeilles font une timide sortie*
- réussir : *on peut dire qu'il a réussi sa sortie*
- manquer : *il a manqué sa sortie dans la deuxième scène* · rater
- empêcher : *ils n'ont pas réussi à empêcher sa sortie du territoire*

[3] **sortie** *nom fém.* (mission, promenade, visite)

∞ **sortie** + ADJECTIF

- culturelle · éducative · pédagogique · scolaire
- médiatique : *c'est sa première sortie médiatique dans le cadre de la campagne électorale* · officielle · politique
- nationale · internationale
- grande [+ nom] : *le président a effectué sa première grande sortie internationale*
- petite [+ nom] : *cette petite sortie culturelle m'a bien plu*
- nocturne · dominicale
- régulière : *des sorties régulières organisées dans le cadre scolaire*

∞ VERBE + **sortie**

- organiser · proposer
- accompagner · encadrer : *chaque sortie est encadrée par au moins deux enseignants*
- tenter : *malgré le mauvais temps, ils ont tenté une sortie* • effectuer : *il effectuera une sortie dans l'espace de cinq heures* · faire : *les sauveteurs ont fait plusieurs sorties en mer cette semaine* • (plur.) multiplier : *il multiplie les sorties en hélicoptère pour surveiller la zone*

[4] **sortie** *nom fém.* (lancement, mise en vente)

∞ **sortie** + ADJECTIF

- commerciale : *son premier titre à connaître une sortie commerciale*
- imminente : *la sortie imminente du film sur tout le territoire*
- mondiale : *la sortie mondiale du nouvel opus de la saga* · nationale
- en grande pompe : *la sortie en grande pompe du livre du ministre* · médiatisée
- controversée : *la sortie du film est très controversée dans ce pays*

∞ VERBE + **sortie**

- autoriser
- prévoir • annoncer · signaler : *signalons la sortie en poche de son dernier essai*
- accompagner : *le programme promotionnel accompagnant la sortie du roman*
- attendre · guetter : *tous ses fans guettent la sortie de son dernier album*
- accueillir · saluer
- célébrer : *pour célébrer la sortie de leur disque* · fêter
- différer · repousser · retarder
- entraver : *ils ont fait irruption à l'imprimerie pour entraver la sortie du livre* • empêcher · interdire
- annuler

[5] **sortie** *nom fém.* (désengagement)

∞ **sortie** + ADJECTIF

- progressive : *la sortie progressive du nucléaire*

- brutale : *il faudrait éviter une sortie trop brutale de notre partenariat* • immédiate • rapide : *ils espèrent une sortie rapide du conflit*
- définitive : *l'objectif est d'assurer une sortie définitive de la crise*
- négociée : *il s'est engagé à rechercher une sortie négociée au conflit* • pacifique : *il faut trouver une sortie pacifique au conflit*

∾ VERBE + **sortie**
- demander • exiger • réclamer : *il continue de réclamer la sortie immédiate du nucléaire*
- (re)chercher • planifier • programmer • trouver • assurer
- faciliter : *des mesures pour faciliter une sortie de crise* • hâter
- entrevoir

sottise *nom fém.*

∾ **sottise** + ADJECTIF
- confondante • énorme • formidable • grande [+ nom] • incommensurable : *ses propos sont d'une incommensurable sottise* • incurable • insondable • monstrueuse • sans pareil • terrible • affligeante • impardonnable • inacceptable • navrante • regrettable

∾ VERBE + **sottise**
- commettre : *j'avoue avoir commis une sottise* • faire : *elle ne fait que des sottises*
- dire • (plur.) débiter • proférer : *comment peut-il proférer de pareilles sottises ?*

souci *nom masc.* (inquiétude, problème ; souvent plur.)

∾ **souci** + ADJECTIF
- d'argent • domestique • judiciaire • matériel • métaphysique • professionnel • techniques
- grave • gros [+ nom]
- majeur • principal
- constant • de tous les instants
- mineur • petit [+ nom]

∾ VERBE + **souci**
- causer • créer • donner : *la piste donne beaucoup de soucis aux techniciens*
- avoir : *j'ai de gros soucis de santé* • connaître : *il a connu de graves soucis judiciaires* • partager • se faire : *je me fais vraiment du souci à son sujet*
- oublier : *partez au soleil et oubliez tous vos soucis*
- (se) mettre / être à l'abri de : *avec cet héritage, il est à l'abri des soucis d'argent*

∾ NOM + DE + **souci**
- source : *le braconnage n'est pas la seule source de soucis*

[1] souffle *nom masc.* (air)

∾ **souffle** + ADJECTIF
- frais • froid • glacé • brûlant • chaud • tiède
- régulier
- grand [+ nom] • puissant
- doux : *le souffle doux d'une légère brise* • léger [+ nom]

∾ **souffle** + VERBE
- passer : *un souffle léger passa entre les arbres*
- entrer dans • s'engouffrer dans : *un souffle froid s'engouffra dans la maison*
- caresser : *le souffle du vent caressait ses cheveux* • agiter : *un souffle agita les feuilles* • soulever

[2] souffle *nom masc.* (respiration)

∾ **souffle** + ADJECTIF
- régulier • continu° : *la technique du souffle continu permet d'émettre un débit d'air constant* • rauque
- court : *il avait le souffle court*
- haletant • irrégulier • saccadé
- dernier [+ nom euph.] : *il cria son innocence jusqu'à son dernier souffle*

∾ **souffle** + VERBE
- s'accélérer
- ralentir

∾ VERBE + **souffle**
- (re)prendre • retrouver
- retenir • suspendre
- couper : *sa violence m'a coupé le souffle* • perdre • être à bout de : *je suis à bout de souffle*

[3] souffle *nom masc.* (inspiration)

∾ **souffle** + ADJECTIF
- vital° • créateur • divin • dramatique • épique • lyrique • poétique • romanesque • romantique
- neuf : *cette collaboration a apporté un souffle neuf à son œuvre* • nouveau
- second° [+ nom] [fig.] : *la volonté de donner un second souffle aux réformes économiques*
- formidable • impressionnant • intense • puissant

∾ **souffle** + VERBE
- animer • guider • porter • pousser : *il affirme avoir été poussé par un souffle divin*

∾ VERBE + **souffle**
- chercher : *l'équipe cherche un souffle nouveau*
- apporter · (re)donner
- (re)trouver
- manquer de : *son film démarre bien mais manque de souffle*

souffrance *nom fém.*

∾ **souffrance** + ADJECTIF
- affective · mentale · morale · psychique · psychologique • intérieure · intime • physique • sociale : *la souffrance sociale des plus démunis*
- aiguë · énorme · extrême · grande + nom · immense · profonde · sans nom · vraie + nom · véritable + nom • indéfinissable · indescriptible · indicible · infinie · inimaginable · inouïe
- insupportable · insurmontable · intolérable • atroce · cruelle · effroyable · horrible · terrible • pire + nom : *ils lui ont fait subir les pires souffrances*
- longue + nom : *il est décédé après de longues souffrances* • persistante
- inutile : *pour vous épargner toute souffrance inutile, je vous fais une anesthésie locale*
- enfouie · muette · silencieuse : *les exclus sont condamnés à une souffrance silencieuse* · sourde

∾ **souffrance** + VERBE
- accompagner : *la souffrance qui accompagne l'effort physique*
- s'exprimer
- perdurer · persister

∾ VERBE + **souffrance**
- apporter · infliger • causer · créer · engendrer · occasionner · provoquer
- connaître · éprouver · ressentir
- endurer · être confronté à · faire face à · subir · supporter : *je ne sais pas comment il fait pour supporter une telle souffrance* · découvrir
- accroître · augmenter · (r)aviver · exacerber · renforcer
- exploiter : *il exploite la souffrance humaine*
- afficher · mettre à nu · montrer · révéler · traduire : *son agressivité traduit une souffrance psychique*
- décrire · évoquer · exprimer · raconter
- compatir à · comprendre · partager
- prévenir • gérer · résister à · surmonter
- épargner ... à · éviter
- guérir · traiter : *comment traiter la souffrance des victimes?* • adoucir · alléger · apaiser · atténuer · soulager
- cacher · dissimuler • nier
- supprimer • se libérer de · vaincre : *les médicaments ne permettent pas de vaincre les souffrances de la maladie*
- abréger○ : *il l'a tué pour abréger ses souffrances*

∾ NOM + DE +**souffrances**
- cortège · lot : *la guerre est bien là, avec son lot de souffrances*

souhait *nom masc.*

∾ **souhait** + ADJECTIF
- initial
- seul · unique + nom
- ardent · (le plus) cher · (le plus) grand : *c'est mon plus grand souhait* · profond · (le plus) vif
- sincère
- légitime • raisonnable · réalisable

∾ VERBE + **souhait**
- avoir : *je n'ai qu'un seul souhait : le voir heureux* • partager
- affirmer · annoncer · émettre · exprimer · faire · faire connaître · faire état de · faire part de · former · formuler · indiquer · manifester : *elle a manifesté son souhait de se joindre à nous* · signifier : *l'enfant a clairement signifié le souhait de vivre avec son père*
- insister sur · souligner : *il a maintes fois souligné son souhait de remédier à cette situation* • confirmer · rappeler · réaffirmer · réitérer · renouveler · répéter : *le pays a répété son souhait de voir les frappes s'arrêter*
- afficher · montrer · ne pas cacher · ne pas faire mystère de : *il ne fait pas mystère de son souhait de rejoindre l'équipe de France*
- accéder à · exaucer · prendre en compte · respecter · satisfaire • accomplir · réaliser : *tous ses souhaits ont été réalisés*
- correspondre à · faire écho à · rejoindre : *la décision du gouvernement rejoint le souhait de nombreux Français* · répondre à

soulagement *nom masc.*

∾ **soulagement** + ADJECTIF
- considérable · énorme · extraordinaire · grand + nom : *à mon grand soulagement il était parti à mon retour* · gros + nom · immense · inexprimable · infini · intense + nom · profond + nom · vif + nom : *j'ai appris la nouvelle avec un vif soulagement* · vrai + nom · véritable + nom · réel + nom • évident · manifeste · palpable : *elle a signé la vente de son appartement avec un soulagement palpable* · perceptible · sensible · visible

- collectif · général · partagé · unanime : *la libération de l'otage a provoqué un soulagement unanime*
- immédiat · instantané · rapide
- compréhensible · légitime
- léger • de courte durée · momentané · passager · provisoire · temporaire : *un soulagement temporaire en attendant la décision finale*
- lâche + nom : *il éprouve un lâche soulagement de n'avoir pas dû se justifier*

∾ soulagement + VERBE
- s'emparer de : *un immense soulagement s'empara du monde médical* • accompagner : *un soulagement infini accompagna l'annonce des résultats*
- dominer · prévaloir • être de mise • se faire sentir · se lire sur les visages : *la joie et le soulagement se lisaient sur les visages*
- être teinté de : *un soulagement teinté de regret / d'amertume / de déception*

∾ VERBE + **soulagement**
- entraîner · provoquer · susciter
- apporter · procurer : *ce jugement favorable m'a procuré un grand soulagement*
- éprouver · ressentir • trouver ... dans : *il trouve un soulagement dans l'écriture* • partager
- afficher · manifester · marquer · ne pas cacher
- affirmer · avouer · dire · exprimer · faire part de
- traduire · montrer

∾ NOM + DE + **soulagement**
- motif
- sentiment • ouf : *les employés ont poussé un ouf de soulagement* · soupir
- pointe

avec soulagement
- accueillir · apprendre

soulèvement *nom masc.*

∾ soulèvement + ADJECTIF
- armé · militaire • national · nationaliste • paysan · populaire • démocratique · pacifique : *un soulèvement pacifique du peuple contre le pouvoir*
- général · généralisé · massif · vaste + nom : *la décision provoqua un vaste soulèvement populaire*
- brusque · spontané
- sanglant
- local

∾ VERBE + **soulèvement**
- appeler à
- déclencher · être à l'origine de · provoquer : *ces injustices ont fini par provoquer un soulèvement général*
- mener · organiser • participer à
- affronter · faire face à
- empêcher • réprimer : *ils ont réprimé ce soulèvement dans le sang* • étouffer · mater

soupçon *nom masc.*

∾ soupçon + ADJECTIF
- initial · premier + nom : *les premiers soupçons se sont portés sur le mari*
- croissant · grandissant • fort + nom · grave + nom · gros + nom · lourd + nom • tenace
- permanent · persistant · récurrent
- fondé · justifié · légitime
- infondé · injuste · injustifié · sans fondement • absurde · ridicule
- simple • ténu · vague

∾ soupçon + VERBE
- apparaître · naître
- concerner · entourer : *les soupçons de dopage qui entourent cette compétition* · être lié à · porter sur : *les soupçons portent sur les trucages de la qualité du vin*
- peser sur · planer sur · se porter sur : *les soupçons se sont portés sur le frère* • discréditer · entacher · ternir (la réputation de)
- se fonder sur : *ces soupçons se fondent sur le témoignage de survivants*
- s'avérer (+adj.) : *mes soupçons se sont avérés justifiés*

∾ VERBE + **soupçon**
- créer · déclencher : *son comportement étrange a déclenché des soupçons* · engendrer · entraîner · éveiller · faire naître · faire (re)surgir · générer · inspirer : *une telle réussite inspire le soupçon* · provoquer · susciter • attirer ... à · valoir ... à : *ses réponses contradictoires lui ont valu des soupçons*
- accréditer · alimenter · conforter · consolider · entretenir · étayer · laisser planer · nourrir : *toutes ces incohérences ont nourri les soupçons*
- exacerber · raviver · renforcer • relancer · réveiller
- avoir · concevoir : *j'ai conçu des soupçons à son égard* · former
- instiller · introduire • focaliser (... sur) · jeter ... sur
- faire état de · faire part de • avancer · émettre · exprimer · formuler : *elle a formulé des soupçons contre son gendre* • distiller · relayer · se faire l'écho de

- donner prise à · encourir : *le ministre pourrait encourir le soupçon de recel* · faire face à · prêter le flanc à · s'exposer à : *en agissant aussi mystérieusement, tu t'exposes aux soupçons* • être / faire l'objet de
- expliquer · justifier
- enquêter sur · faire la lumière sur • confirmer · vérifier
- répondre à : *il a accepté de répondre aux soupçons de malversations qui pèsent sur lui* • protester contre · s'insurger contre • balayer · contester · démentir · faire mentir : *les résultats de l'enquête ont fait mentir les soupçons* · infirmer · (se) laver de · récuser · réfuter · rejeter · se défendre de • échapper à · éloigner · éviter · prévenir · se mettre à l'abri de · se prémunir contre
- apaiser · dissiper • désamorcer · écarter · éliminer : *des garanties destinées à éliminer les soupçons* · éloigner · en finir avec · faire taire : *le communiqué officiel a fait taire les soupçons*
- se mettre à l'abri de • être au-dessus de tout° : *le type même du notable au-dessus de tout soupçon*

soupir *nom masc.*

∾ soupir + ADJECTIF
- énorme ⁺ ⁿᵒᵐ · grand ⁺ ⁿᵒᵐ · gros ⁺ ⁿᵒᵐ · immense ⁺ ⁿᵒᵐ : *il poussa un immense soupir de soulagement* · long ⁺ ⁿᵒᵐ · profond ⁺ ⁿᵒᵐ
- langoureux • admiratif • satisfait
- agacé · ennuyé · exaspéré · impatient • dépité · désabusé · fataliste · las • à fendre l'âme° : *le chien poussa un soupir à fendre l'âme*
- discret · étouffé · imperceptible · léger ⁺ ⁿᵒᵐ · petit ⁺ ⁿᵒᵐ · pudique · vague ⁺ ⁿᵒᵐ
- dernier° ⁺ ⁿᵒᵐ ᵉᵘᵖʰ· : *elle a rendu le / son dernier soupir hier*

∾ VERBE + soupir
- arracher ... à : *le dépit lui arracha un grand soupir* · provoquer : *l'annonce des résultats a provoqué des soupirs de déception au sein du parti*
- exhaler · lâcher · laisser échapper · pousser
- entendre
- étouffer · retenir : *j'ai retenu un soupir de soulagement quand elle est partie*

souplesse *nom fém.* (capacité d'adaptation)

∾ souplesse + ADJECTIF
- budgétaire · financière · horaire · monétaire • diplomatique · tactique : *l'équipe a manqué de souplesse tactique*
- nécessaire · requise
- accrue · extrême · grande ⁺ ⁿᵒᵐ · infinie • étonnante · incroyable · remarquable
- relative ⁺ ⁿᵒᵐ : *il a une attitude ambiguë, entre fermeté de façade et relative souplesse*

∾ VERBE + souplesse
- demander · exiger · nécessiter · réclamer · requérir
- apporter · donner : *il faut donner plus de souplesse au système*
- avoir : *cela nous permet d'avoir la souplesse d'une petite structure* · faire preuve de · montrer : *le ministre a montré une certaine souplesse diplomatique dans cette affaire*
- prouver : *les nombreuses options prouvent la souplesse du logiciel*
- conserver · garder • retrouver
- augmenter · gagner (en)
- manquer de • perdre (en)

¹source *nom fém.* (eau)

∾ source + ADJECTIF
- chaude · ferrugineuse · salée · saline · sulfureuse · thermale • miraculeuse : *au pied du sycomore jaillit une source miraculeuse*
- bouillonnante · vive
- pérenne
- claire · limpide · pure • fraîche
- épuisée · tarie

∾ source + VERBE
- jaillir
- couler
- (se) tarir

∾ VERBE + source
- capter : *ils n'ont pas obtenu l'autorisation pour capter cette source* • puiser à : *cette eau a été puisée à la source du village*
- détourner • assécher · couper
- tarir

²source *nom fém.* (cause, origine)

∾ source + ADJECTIF
- originelle : *il remonte aux sources originelles de la civilisation occidentale*
- profonde : *c'est la source profonde du problème*

∾ VERBE + source
- avoir ... dans : *cette phobie a sa source dans les traumatismes de l'enfance* • prendre ... dans · puiser ... dans : *son répertoire puise sa source dans la tradition afro-brésilienne* · trouver ... dans
- (re)chercher
- déterminer · identifier : *la source de l'infestation n'a pas encore été identifiée* · retrouver

à la source
- prélever · retenir : *l'impôt est retenu à la source* • puiser • agir
- remonter · retourner · revenir

[3]**source** *nom fém.* (ressource)

∞ source + ADJECTIF
- économique · énergétique · financière
- privée : *le financement provient essentiellement de sources privées* · publique • seule · unique : *ce maigre salaire est leur seule et unique source de revenus* • possible · potentielle • primaire · secondaire • alternative
- importante · non négligeable • essentielle · majeure · principale • abondante : *les algues sont une source abondante de vitamines et de minéraux* • inépuisable · infinie : *ce pays est une source infinie d'inspiration pour les musiciens* · intarissable • permanente
- (plur.) diverses · multiples
- bonne + nom : *c'est une bonne source de revenus* · excellente + nom • inestimable · précieuse
- limitée : *ce gisement de fer reste une source limitée*

∞ source + VERBE
- (se) tarir

∞ VERBE + **source**
- constituer : *ce phénomène constitue la principale source de chaleur de l'atmosphère*
- tirer ... de : *ils tirent du bois tropical une source importante de revenus*
- exploiter : *ils exploitent une source d'énergie renouvelable* · utiliser
- diversifier : *il faut diversifier les sources de revenus*
- assécher : *l'instabilité fiscale risque d'assécher cette source de croissance* • couper : *les militaires ont coupé les sources d'approvisionnement du pays*
- tarir : *ils craignent de voir tarir cette source de financement*

[4]**source** *nom fém.* (origine d'une information)

∞ source + ADJECTIF
- documentaire · historique · littéraire • diplomatique · gouvernementale · judiciaire · militaire · ministérielle · policière · syndicale • hospitalière · médicale · etc.
- autorisée · officielle : *information non confirmée de source officielle* • indépendante • interne • proche de : *selon une source proche de l'enquête*
- écrite · manuscrite · orale
- officieuse • anonyme · inconnue · non identifiée : *il faut prendre avec prudence cette information de source non identifiée* • confidentielle
- directe
- bonne + nom · excellente + nom · inestimable · précieuse · privilégiée : *les conseillers généraux sont une source privilégiée d'information* • crédible · digne de foi · fiable · (bien) informée · sérieuse · sûre : *je le tiens de source sûre* • concordantes (plur.)
- indirecte

∞ source + VERBE
- affirmer · expliquer · indiquer · préciser · rapporter · révéler
- requérir l'anonymat · souhaiter / tenir à / préférer garder l'anonymat
- (plur.) concorder · se recouper : *toutes nos sources se recoupent sur son implication*

∞ VERBE + **source**
- provenir de : *ces documents proviennent de sources diverses*
- citer : *il prétend, sans citer de source, que le marché a été conclu* · divulguer : *il refuse de divulguer ses sources* · indiquer · révéler
- confronter • vérifier

de source (+adj.)
- dire · indiquer : *on indiquait hier, de source onusienne, que le nombre de victimes continue d'augmenter*
- émaner · provenir : *des documents provenant de sources fiables*
- apprendre : *l'accord a été signé, apprend-on de source syndicale* · obtenir · savoir · tenir

sourire *nom masc.*

∞ sourire + ADJECTIF
- (en) banane○ · grand + nom · immense + nom · (fendu) jusqu'aux oreilles○ · large + nom • béat · extatique · franc + nom • éternel + nom · imperturbable · inamovible : *la déception ne lui a pas ôté son sourire inamovible* • long + nom : *elle répondit par un long sourire approbateur*
- adorable · beau + nom · éclatant · épanoui · étincelant · gracieux · joli + nom · lumineux · merveilleux · pétillant · photogénique · radieux · rayonnant • charmant · charmeur · craquant · désarmant · enjôleur · ensorcelant · irrésistible · ravageur · séducteur · séduisant • débonnaire · espiègle · gourmand · joyeux · malicieux · malin · mutin
- angélique · d'ange · d'enfant · doux + nom : *« Mon Père, ce héros au sourire si doux »* (V. Hugo, *La Légende des siècles*) · enfantin · ingénu · innocent · plein de douceur / bonté · tendre • paisible · placide · rêveur · tranquille

- approbateur · confiant · encourageant • complice · de connivence · entendu • accueillant · affable · affectueux · aimable · avenant · bienveillant · chaleureux · engageant · généreux · rassurant • indulgent • amusé · attendri • ému · mouillé de larmes (en référence au sourire d'Andromaque à Hector)
- conquérant · fier · satisfait · triomphant : *il ressortit du bureau, un sourire triomphant aux lèvres*
- énigmatique · impénétrable · indéfinissable · insaisissable · insondable · mystérieux
- commercial · convenu · diplomatique · poli · professionnel • de circonstance · de façade · factice · faux · figé · forcé · mécanique • contraint · crispé · pincé • bête · mielleux · mièvre · niais
- carnassier · démoniaque · féroce · froid · inquiétant · machiavélique · méchant · méprisant · narquois · perfide • en coin ○ · goguenard · impertinent · insolent · ironique · irrespectueux · moqueur · taquin · voyou
- édenté
- fatigué · las · résigné • mélancolique · penaud · sceptique · triste • douloureux • craintif • contrit · désolé · embarrassé · gêné · navré
- discret · imperceptible · léger $^{+ nom}$ · mince · minuscule · pâle · petit $^{+ nom}$ • timide • modeste

∾ sourire + VERBE
- naître : *je vis un sourire naître sur son visage* · se dessiner : *un petit sourire se dessina sur ses lèvres*
- en dire long (sur)
- s'élargir
- illuminer le visage
- se crisper · se figer • se faire (+ adj.) : *soudain le sourire se fait un peu douloureux*
- disparaître · s'effacer · s'évanouir : *son sourire s'évanouit quand il apprit la nouvelle*

∾ VERBE + **sourire**
- provoquer • redonner
- ébaucher · esquisser
- faire : *fais-moi un petit sourire*
- avoir : *elle a toujours le sourire* • afficher : *il affiche un sourire imperturbable* · arborer : *il arborait un sourire narquois* · être armé de : *il est arrivé armé d'un sourire ravageur* • laisser échapper · oser
- garder · ne pas se départir de • retrouver : *elle retrouve enfin le sourire*
- arracher ... à : *je n'ai même pas pu lui arracher un sourire*
- adresser ... à · décocher : *elle n'a pas décoché un sourire de la soirée* · gratifier ... de • rendre ... à • échanger (plur.)
- ravaler · réprimer : *j'ai réprimé un sourire en le voyant dans cet accoutrement* · retenir
- accueillir avec · répondre avec / par : *il répondit par un sourire complice*

d'un sourire
- approuver · encourager · remercier · saluer • s'excuser

soutien *nom masc.*

∾ soutien + ADJECTIF
- financier · logistique • moral · psychologique
- indispensable · précieux : *je te remercie pour ton précieux soutien*
- affiché · explicite · ostensible
- accru · de poids · important · non négligeable • vrai $^{+ nom}$ · véritable $^{+ nom}$ · réel $^{+ nom}$ • exceptionnel : *nous avons bénéficié du soutien du musée d'Art moderne* • actif · appuyé · énergique · ferme · fort · musclé : *son intervention a reçu le soutien musclé des militants* · résolu • de tous les instants · entier · inconditionnel · indéfectible · sans condition · sans équivoque · sans faille · sans limite · sans réserve · total
- automatique · de principe · systématique • mutuel · réciproque
- large · massif · unanime
- implicite · tacite
- imprévu · inattendu · inespéré
- amical · fraternel • loyal • adapté · adéquat · approprié
- aveugle · sans nuance
- déguisé : *ces horaires tardifs de diffusion constituent-ils un soutien déguisé à l'industrie du café*
- conditionnel · indirect • occasionnel · ponctuel · temporaire
- sans enthousiasme · tiède • discret · timide • tardif • sélectif : *ce soutien sélectif est réservé uniquement aux productions nationales*

∾ VERBE + **soutien**
- demander · réclamer • attendre · compter sur · espérer · tabler sur : *le ministre table sur le soutien de ses homologues européens*
- assurer de : *il l'a assuré de son soutien* · promettre • accorder · apporter · donner
- afficher · annoncer · déclarer · exprimer · faire connaître · manifester • réaffirmer · réitérer • confirmer
- obtenir · recevoir • bénéficier de • s'assurer de · se ménager • se prévaloir de
- valoir ... à : *ses prises de position lui ont valu le soutien appuyé des pays occidentaux*
- apprécier • remercier de
- retirer • refuser

[1]souvenir *nom masc.* (réminiscence)

∞ souvenir + ADJECTIF

- intime · personnel
- fort · intense · marquant • (parfaitement) clair : *il a conservé un souvenir parfaitement clair de cette réunion* · exact · intact · précis · vif · vivace • particulier : *je n'ai aucun souvenir particulier de notre première rencontre*
- durable · impérissable · inaltérable · indélébile · ineffaçable · inoubliable · tenace • éternel
- agréable · bon [+ nom] · délicieux · doux · éblouissant · excellent · fabuleux · fantastique · formidable · heureux · magique · magnifique · merveilleux · plaisant • émouvant · poignant
- amusé · attendri · ébloui · émerveillé · ému
- mélancolique · nostalgique
- doux-amer
- exécrable · mauvais [+ nom] • affreux · amer · atroce · cauchemardesque · déplaisant · désagréable · douloureux · épouvantable · horrible · pénible · terrible · triste • brûlant · cuisant · marqué au fer rouge • honteux · humiliant • encombrant · envahissant · lancinant · obsédant · pesant · traumatique · traumatisant
- confus · diffus · flou · imprécis · lointain · vague • enfoui · refoulé • fugace

∞ souvenir + VERBE

- remonter (à la surface) · (re)surgir · revenir (à la mémoire) • (plur.) affluer · défiler : *quand je regarde ces photos, les souvenirs défilent*
- marquer : *il y a des souvenirs qui marquent plus que d'autres*
- assaillir · envahir · submerger • accabler · hanter · obséder · peser : *ces souvenirs pénibles pèsent sur sa conscience* · pourchasser · ronger · tourmenter : *il est tourmenté par ces souvenirs affreux*
- s'effacer · s'estomper · s'évanouir

∞ VERBE + souvenir

- rester : *ce voyage restera un mauvais souvenir*
- laisser : *ce concert m'a laissé un souvenir impérissable* · faire : *ça vous fera des souvenirs !*
- avoir · conserver · garder : *je n'ai gardé aucun souvenir de cette période* • rapporter : *il a rapporté de sa visite un souvenir émerveillé* · revenir avec • (plur.) être chargé de · être plein de : *cette maison est pleine de souvenirs*
- déterrer · exhumer · retrouver · se (re)plonger dans · se rappeler · se remémorer • (plur.) mettre de l'ordre dans · rassembler • (plur.) brasser · fouiller (dans) · puiser dans · remuer
- (plur.) ressasser · ruminer : *il passe son temps à ruminer ses souvenirs de guerre*
- revivre · vivre avec : *depuis la disparition de son mari, elle vit avec ses souvenirs*
- (plur.) écrire · publier • (plur.) déballer · égrener • évoquer · raconter • (plur.) échanger · partager
- traîner • s'accrocher à • se perdre dans (plur.)
- ranimer · rappeler : *ça va lui rappeler de mauvais souvenirs* · raviver · réveiller
- chasser · effacer · occulter • se libérer de • refouler
- être relégué au rang de : *cette dispute est désormais reléguée au rang de souvenir* · ne plus être que : *l'Amazonie risque de n'être bientôt plus qu'un souvenir dans les manuels de géographie*
- perdre : *j'ai complètement perdu le souvenir de mes premières années*

∞ NOM + DE + souvenirs

- amas · cortège : *ces retrouvailles ont réveillé tout un cortège de souvenirs* · flot · tas[fam.]
- bribes · lambeaux

REM. On rencontre parfois "rafraîchir des souvenirs", sur le modèle de "rafraîchir la mémoire". Évitez cette expression maladroite et préférez "raviver des souvenirs".

[2]souvenir *nom masc.* (mémoire d'une personne, d'un événement)

∞ souvenir + ADJECTIF

- glorieux · mythique : *le souvenir mythique de cette époque d'insouciance*

∞ VERBE + souvenir

- ranimer • entretenir · perpétuer : *ce musée perpétue le souvenir des grandes actrices hollywoodiennes*
- vivre dans : *il vit dans le souvenir du Montmartre d'avant-guerre*

souveraineté *nom fém.*

∞ souveraineté + ADJECTIF

- démocratique · étatique · nationale · populaire • culturelle · économique · fiscale · interne · monétaire · territoriale
- théorique • contestée · limitée
- de fait • absolue · complète · entière [+ nom] · pleine [+ nom] · totale • inaliénable

∞ souveraineté + VERBE

- appartenir à : *l'article 3 de la Constitution proclame que la souveraineté appartient au peuple*

∞ VERBE + **souveraineté**
- revendiquer · se disputer
- conférer • transférer : *les pays de la zone euro ont transféré leur souveraineté monétaire à la Banque centrale européenne* • restaurer · rétablir
- être dépositaire de · exercer • partager • recouvrer · retrouver • conserver · maintenir : *le peuple doit maintenir sa souveraineté*
- défendre · garantir · préserver · sauvegarder • respecter • asseoir : *la victoire du pays lui a permis d'asseoir sa souveraineté*
- (ré)affirmer · proclamer
- limiter · restreindre
- contester • attenter à · porter atteinte à · violer
- abandonner · renoncer à
- perdre : *ils ont perdu leur souveraineté sur le pays en 1859*

sous souveraineté +adj
- maintenir · placer
- être · rester : *cette petite enclave est restée sous souveraineté espagnole*

[1]spectacle *nom masc.* (représentation artistique)

∞ **spectacle** + ADJECTIF
- chorégraphique · dansé · musical · son et lumière○ · théâtral · vivant○ : *le musée propose un spectacle vivant à destination du jeune public*
- traditionnel • de rue · en plein air • gratuit · payant • inédit · nouveau
- beau + nom · bon + nom · de haute tenue · de haute volée · de qualité • de toute beauté · extraordinaire · formidable · inoubliable · magique · magnifique · merveilleux · splendide · sublime • original · hors normes
- distrayant · divertissant • comique · désopilant · hilarant · jouissif · jubilatoire
- ennuyeux · lamentable · mauvais + nom · monotone

∞ **spectacle** + VERBE
- inaugurer : *ce spectacle inaugure la rentrée théâtrale*
- se donner · se jouer : *le spectacle s'est joué pendant trois mois à guichets fermés* • se dérouler
- être au point · valoir le déplacement / le détour *fam.*
- faire salle comble / pleine · faire un malheur / un massacre
- faire un flop / un bide *fam.*
- commencer (sur / par) · s'ouvrir (sur)
- s'achever (sur / par) · se clore (sur / par) · se terminer (sur / par) : *le spectacle se termine par un feu d'artifice*

∞ VERBE + **spectacle**
- concevoir · imaginer • construire · créer · composer · mettre en scène · monter : *elle a monté ce spectacle en deux mois* · organiser · réaliser • préparer · travailler à · participer à • chorégraphier
- répéter
- donner : *la troupe donne son nouveau spectacle à partir de demain* · offrir · présenter : *elle présente un spectacle de marionnettes dans le parc*
- financer · parrainer
- aller à · assister à · venir à : *les adolescents viennent en masse à ce spectacle* · (re)voir
- rater · manquer
- bouder : *le public a boudé son spectacle malgré l'excellent accueil critique*

∞ NOM + DE +**spectacle**
- clou : *le clou du spectacle était un ballet aquatique*

[2]spectacle *nom masc.* (vue)

∞ **spectacle** + ADJECTIF
- familier · habituel • permanent
- captivant · passionnant • charmant · de toute beauté : *ces landes à perte de vue offrent un spectacle de toute beauté* · éblouissant · enchanteur · extraordinaire · féerique · grandiose · incroyable · joli + nom · magique · magnifique · majestueux · merveilleux · splendide · sublime • amusant · plaisant • désopilant · hilarant · jouissif · joyeux · jubilatoire · réjouissant
- bouleversant · émouvant · poignant
- réconfortant · reposant
- époustouflant · hallucinant · impressionnant · incroyable · inoubliable · inouï · saisissant
- inattendu · inhabituel • curieux · déconcertant · étonnant · étrange · insolite · singulier · surréaliste
- affreux · apocalyptique · effrayant · épouvantable · horrible · terrifiant : *le spectacle terrifiant d'une région dévastée* • affligeant · attristant · consternant · désolant · écœurant · grotesque · indécent · insupportable · navrant · peu glorieux · pitoyable · répugnant · révoltant • choquant · déchirant · déprimant · douloureux · pénible · tragique · triste • avilissant · humiliant

∞ **spectacle** + VERBE
- se dérouler · s'offrir aux yeux / au regard de : *le spectacle qui s'offre au regard du promeneur est époustouflant* • continuer

∾ VERBE + **spectacle**

- offrir · présenter • se donner en° : *arrête de te donner en spectacle* • assurer • infliger : *quelle honte d'infliger un tel spectacle à des enfants*
- avoir droit à : *avec cette bagarre en pleine rue, on a eu droit à un spectacle affligeant*
- assister à · contempler · être témoin de · regarder
- admirer · goûter · savourer
- décrire
- rater : *il est entré en furie dans mon bureau : tu viens de rater un spectacle !*

spectre *nom masc.* (ombre, menace)

∾ **spectre** + ADJECTIF

- effrayant · menaçant · terrible · terrifiant

∾ **spectre** + VERBE

- se profiler : *le spectre du fascisme se profile à nouveau* · (re)surgir
- guetter · hanter · menacer · planer sur : *le spectre du terrorisme plane sur la ville*
- s'éloigner • disparaître

∾ VERBE + **spectre**

- agiter · brandir : *le candidat brandit le spectre d'une menace intégriste* • ranimer : *la nouvelle a ranimé le spectre de la guerre*
- conjurer • écarter · éloigner

[1]spéculation *nom fém.* (conjecture)

∾ **spéculation** + ADJECTIF

- intellectuelle · théorique • philosophique
- pure $^{+ \text{nom}}$: *ces propos ne sont que pure spéculation*
- folle : *la nouvelle a entraîné de folles spéculations* • absurde · hasardeuse

∾ **spéculation** + VERBE

- entourer : *les spéculations qui entourent le mariage du prince*
- (plur.) aller bon train · se multiplier · se poursuivre : *les spéculations se poursuivent quant à d'éventuels licenciements*

∾ VERBE + **spéculation**

- se livrer à : *ils se livrent à des spéculations plus folles les unes que les autres*
- faire l'objet de : *la génétique fait encore l'objet de spéculations*
- alimenter · encourager · favoriser · relancer : *cet échec relance les spéculations sur l'avenir de la société*

[2]spéculation *nom fém.* (Écon.)

∾ **spéculation** + ADJECTIF

- boursière · financière · foncière · immobilière · monétaire
- intense • débridée · effrénée

∾ **spéculation** + VERBE

- s'emparer de
- faire rage · se déchaîner
- déstabiliser · être dommageable à
- se calmer · se dégonfler : *la spéculation se dégonfle sur les marchés boursiers*
- s'arrêter

∾ VERBE + **spéculation**

- encourager · favoriser
- se livrer à : *cette retraitée se livre à la spéculation immobilière*
- (re)devenir un objet de : *le pétrole est redevenu un objet de spéculation*
- dénoncer · s'opposer à • contrer · éviter · décourager · empêcher • s'attaquer à
- calmer · endiguer · freiner : *une taxe sur les transactions financières freinerait la spéculation* · limiter
- stopper

spirale *nom fém.*

∾ **spirale** + ADJECTIF

- inflationniste · spéculative • productiviste • ascendante · positive : *le secteur est actuellement dans une spirale positive* • vertueuse : *la spirale vertueuse de la croissance économique*
- baissière · déflationniste · dépressive · descendante · dévaluationniste · négative · récessionniste · régressive
- inéluctable · inévitable
- hypnotique : *la musique entraîne l'auditeur dans une spirale hypnotique* • incontrôlable · vertigineuse • longue $^{+ \text{nom}}$ · sans fin
- dangereuse · (auto)destructrice · effroyable · inquiétante • catastrophique · folle · infernale · vicieuse • mortelle · mortifère

∾ **spirale** + VERBE

- conduire à · entraîner : *la spirale qui entraîne les marchés toujours plus bas*

∾ VERBE + **spirale**

- créer · déclencher · enclencher : *le renchérissement des prix a enclenché une spirale inflationniste* · engendrer · entraîner · provoquer
- (souvent passif) aspirer dans · attirer dans · emporter dans · entraîner dans · précipiter dans

- entrer dans · plonger dans : *il faut éviter que l'économie ne plonge dans une spirale récessionniste* · se lancer dans · s'engager dans · s'engouffrer dans : *les producteurs se sont engouffrés dans la spirale du tout-marketing* • s'enfermer dans · s'enfoncer dans • être happé par / dans · être pris dans
- alimenter · entretenir · nourrir · relancer • accélérer : *la crise a accéléré cette spirale de la dégradation*
- inverser · renverser : *les syndicats veulent renverser la spirale de la privatisation des emplois*
- enrayer • arrêter · briser · casser : *l'entreprise doit casser la spirale du déclin* · mettre fin à · rompre (avec) · sortir de · stopper
- échapper à • éviter

splendeur *nom fém.*

∾ splendeur + ADJECTIF
- ancienne · déchue : *la splendeur déchue de l'aristocratie* · disparue · fanée · passée · perdue
- restaurée · retrouvée
- absolue : *le paysage est d'une splendeur absolue* · aveuglante · éclatante · incomparable · inconcevable · inouïe · rare · unique · vertigineuse

∾ splendeur + VERBE
- ébahir · éblouir · fasciner · subjuguer : *je suis subjugué par la splendeur des lieux*

∾ VERBE + **splendeur**
- faire revivre · ranimer · rendre : *il faut rendre au château sa splendeur d'antan*
- retrouver
- perdre

∾ NOM + DE + **splendeur**
- souvenir · témoin · trace · vestige : *les vestiges des splendeurs de la chevalerie*

spontanéité *nom fém.*

∾ spontanéité + ADJECTIF
- extraordinaire · incroyable
- charmante · désarmante · enfantine : *elle se confie avec une spontanéité enfantine* • chaleureuse · joyeuse · rafraîchissante · sympathique

∾ VERBE + **spontanéité**
- apporter · (re)donner
- cultiver · revendiquer • aimer · encourager : *il encourage la spontanéité de ses élèves* · favoriser · privilégier · saluer • préserver • ne rien enlever à
- retrouver • conserver (une part de) · garder (une part de) : *au théâtre, il faut garder une part de spontanéité*
- brider · ne pas laisser de place à
- perdre (de / en) : *il a perdu de sa spontanéité* • manquer de
- étouffer · tuer : *ces contrôles permanents tuent la spontanéité*

sport *nom masc.*

∾ sport + ADJECTIF
- automobile · mécanique • équestre · hippique • aérien · de glisse · nautique • athlétique · cycliste • de balle · de ballon • de combat
- extrême : *il pratique des sports extrêmes comme le kitesurf ou le snowboard* • de compétition · de haut niveau • olympique • national [aussi fig.] : *la fraude est devenue un sport national*
- amateur · professionnel
- individuel • collectif : *les sports collectifs favorisent l'esprit d'équipe* · d'équipe
- de plein air • de salle
- bon [+ nom] · excellent
- [aussi fig.] • à la mode · populaire • de prédilection · favori · préféré
- dangereux • violent

∾ sport + VERBE
- se jouer : *c'est un sport qui se joue à 7* · se pratiquer : *ce sport se pratique en plein air*
- se professionnaliser • se démocratiser

∾ VERBE + **sport**
- faire : *j'ai fait beaucoup de sport quand j'étais jeune* · pratiquer : *il ne faut pas pratiquer ce sport à outrance* · s'adonner à

stabilité *nom fém.*

∾ stabilité + ADJECTIF
- démocratique · politique • budgétaire · économique · financière · monétaire • stratégique : *le désarmement progressif devrait favoriser la stabilité stratégique des deux pays* • démographique • mentale • familiale : *son épanouissement nécessite une certaine stabilité familiale* • professionnelle
- globale • absolue · parfaite • à toute épreuve · étonnante · extraordinaire · remarquable • durable : *le pays est dans une phase de stabilité économique durable*
- apparente · relative • fragile : *ce secteur a encore une stabilité précaire* · précaire • provisoire

∾ VERBE + **stabilité**

- avoir besoin de · nécessiter • chercher : *elle cherche la stabilité d'une vie tranquille* · viser
- conférer · donner • apporter · assurer · garantir · ramener · restaurer · rétablir : *le nouveau régime a rétabli la stabilité politique du pays*
- accéder à · acquérir
- posséder · avoir · bénéficier de
- être garant de · préserver · veiller à • contribuer à · être un élément de : *c'est un élément de stabilité dans l'équipe* · favoriser
- conserver · maintenir : *la région maintient sa stabilité démographique*
- améliorer · augmenter · renforcer : *les différents partenariats ont renforcé la stabilité de l'entreprise*
- compromettre : *ces désordres pourraient compromettre la stabilité politique du pays* · menacer · mettre en danger · mettre en péril · porter atteinte à · représenter un danger pour · troubler : *les manœuvres spéculatives troublent la stabilité du marché*

∾ NOM + DE + **stabilité**

- facteur · gage : *l'actionnariat salarié est un gage de stabilité pour la direction* · garantie • pacte
- période : *cette période de stabilité professionnelle touche à sa fin* · phase
- climat : *un climat de stabilité favorable aux investissements* · contexte

stade *nom masc.* (étape)

∾ **stade** + ADJECTIF

- préliminaire · préparatoire • élémentaire · embryonnaire : *son nouveau roman n'en est qu'au stade embryonnaire* · initial · premier • expérimental • précoce • antérieur
- intermédiaire · transitoire : *un stade transitoire entre la fleur et le fruit*
- avancé • postérieur · supérieur · ultérieur
- important • critique · crucial : *c'est un stade crucial du programme de réforme* · décisif • suprême
- final · terminal · ultime : *l'automatisation est le stade ultime de la production industrielle de masse* • tardif : *la tumeur a été diagnostiquée à un stade tardif*

∾ VERBE + **stade**

- se situer à · se trouver à
- accéder à · arriver à · atteindre · parvenir à · passer à / par • revenir à : *le pays est revenu à un stade préindustriel*
- dépasser · franchir · passer
- s'arrêter à : *le projet s'est arrêté au stade préparatoire*

stage *nom masc.*

∾ **stage** + ADJECTIF

- facultatif · obligatoire • probatoire : *les candidats doivent effectuer un stage probatoire pour obtenir le diplôme* • d'observation · pratique : *le stage pratique lui permet d'appliquer ses connaissances* · théorique • préparatoire • (non) rémunéré
- de longue durée · long
- court · de courte durée • accéléré · intensif : *elle a appris l'allemand grâce à des stages intensifs*
- enrichissant · formateur
- bidon[fam.] · inintéressant • abusif

∾ VERBE + **stage**

- chercher : *je cherche un stage dans l'édition*
- décrocher[fam.] · trouver · obtenir
- s'inscrire à • commencer • accomplir · effectuer · faire · participer à · suivre : *j'ai suivi deux stages de formation*
- organiser • animer · diriger · encadrer : *le stage est encadré par des professionnels*
- valider
- terminer

stationnement *nom masc.*

∾ **stationnement** + ADJECTIF

- résidentiel • alterné · bilatéral · rotatif · unilatéral • réservé • gratuit · payant : *le stationnement est payant jusqu'à 18 heures*
- autorisé
- interdit
- anarchique · en double file · sauvage : *on voit de plus en plus de stationnement sauvage sur les trottoirs* • illégal · illicite · irrégulier · mauvais[+ nom] : *il a eu une contravention pour mauvais stationnement* • dangereux · gênant

∾ VERBE + **stationnement**

- autoriser : *le stationnement n'est autorisé que pour les livraisons* • faciliter
- limiter : *la municipalité veut limiter le stationnement dans ce quartier*
- interdire

statistique *nom fém.* (souvent plur.)

∾ **statistique** + ADJECTIF

- officielle • globale • brute • récente
- formelle : *les statistiques sont formelles : les catastrophes naturelles sont en augmentation* · irréfutable • définitive
- claire · complète • fiable • détaillée : *il nous a fourni des statistiques détaillées qui confirment ses dires* · précise · rigoureuse

- éloquente · parlante · révélatrice • impitoyable · implacable
- encourageante · favorable · flatteuse · bonne [+ nom]
- ahurissante · étonnante : *la presse fait état de statistiques étonnantes*
- décevante · défavorable · mauvaise [+ nom] • accablante : *ces statistiques accablantes révèlent une absence totale de conscience écologique* · affligeante · désastreuse
- mitigée : *ces statistiques mitigées révèlent l'instabilité du marché*
- provisoire
- imprécise
- fausse [+ nom] • trompeuse : *ce discours rassurant s'appuie sur des statistiques trompeuses*

∾ **statistique** + VERBE
- mesurer
- faire apparaître · faire état de · indiquer : *les statistiques indiquent une hausse de la consommation des foyers* · montrer · refléter · révéler · traduire • attester (de) · confirmer · corroborer · démontrer · prouver : *les Français grandissent, les statistiques le prouvent*

∾ VERBE + **statistique**
- effectuer · élaborer · établir : *les spécialistes ont établi des statistiques précises* · faire
- diffuser · fournir · publier
- disposer de : *le CNRS dispose de statistiques précises* • recueillir • compiler
- consulter · lire
- avancer · citer • se référer à
- s'appuyer sur : *cette étude s'appuie sur des statistiques récentes*
- confirmer • prendre au sérieux
- faire exploser · faire grimper : *les charrettes de licenciements font grimper les statistiques du chômage* · faire monter · gonfler • améliorer
- faire baisser : *la campagne de prévention a fait baisser les statistiques de la sécurité routière*
- fausser : *ce paramètre fausse complètement les statistiques*
- manipuler · maquiller · truquer : *l'institut aurait truqué les statistiques*
- contester • faire mentir : *la longévité de leur mariage fait mentir les statistiques*
- se méfier de
- manquer de : *on manque de statistiques à ce sujet*

statu quo *nom masc.*

∾ **statu quo** + ADJECTIF
- institutionnel · politique • territorial • fiscal · monétaire : *le statu quo monétaire devrait stopper l'inflation*
- ante (bellum) ○ : *il faut ramener la situation au statu quo ante bellum* · antérieur
- durable : *les analystes tablent sur un statu quo durable* · prolongé
- acceptable • possible
- inacceptable • impossible

∾ **statu quo** + VERBE
- prévaloir : *le statu quo monétaire qui prévaut dans la zone euro* · régner : *le statu quo règne sur la région*

∾ VERBE + **statu quo**
- prévoir : *les chercheurs prévoient un statu quo des investissements* · tabler sur
- appeler à · faire / lancer un appel à • défendre · être partisan de · être tenant de · justifier · militer pour · plaider pour · proposer · se prononcer pour · voter pour : *5 membres du conseil ont voté pour le statu quo*
- choisir : *la commission a choisi le statu quo* · opter pour • décider • imposer
- déboucher sur · se conclure par · se solder par : *les négociations se sont soldées par un statu quo*
- accepter · respecter · se résigner à
- en rester à : *certains membres de l'Union préfèrent en rester au statu quo* · revenir à · s'en tenir à • conserver · maintenir • préserver · protéger • s'accrocher à
- changer · modifier
- contester : *les syndicats contestent le statu quo décidé par le gouvernement* · remettre en cause
- briser · mettre fin à : *la grève met fin au statu quo* · rompre

[1]stature *nom fém.* (taille)

∾ **stature** + ADJECTIF
- physique
- colossale · imposante · impressionnante · large : *la stature large du nageur* · massive • athlétique
- moyenne · normale • petite [+ nom] : *un homme de petite stature*

∾ VERBE + **stature**
- avoir : *il a une stature impressionnante* · posséder
- afficher · imposer · promener : *il promène sa stature de rugbyman sur les plateaux de télévision*

[2]stature *nom fém.* (calibre)

∾ **stature** + ADJECTIF
- intellectuelle · morale · spirituelle • présidentielle
- nécessaire : *il a la stature nécessaire pour y parvenir*

- internationale : *une entreprise de stature internationale* · nationale • exceptionnelle · incontestée · inégalable · solide · unique • historique : *la stature historique d'un homme politique* · légendaire

∾ VERBE + stature

- prétendre à
- (se) bâtir · (se) construire · (se) donner · (se) forger : *en quelques années, il s'est forgé une stature unique*
- avoir · posséder
- acquérir · gagner (en) : *il a gagné une stature d'homme d'État; le dirigeant a gagné en stature* • retrouver
- conserver · maintenir
- améliorer · peaufiner : *le candidat veut peaufiner sa stature internationale* · soigner : *il est soucieux de soigner sa stature présidentielle*
- (ré)affirmer · asseoir : *le fabricant compte asseoir sa stature au niveau européen* · confirmer · conforter · consolider · rehausser · renforcer
- affecter : *cette affaire n'a pas affecté sa stature*
- manquer de

statut *nom masc.* (position, condition)

∾ statut + ADJECTIF

- professionnel · social • juridique : *les associations ont un statut juridique particulier* · légal • pénal : *le problème du statut pénal du président de la République* • fiscal
- d'exception · particulier · spécial · spécifique · sur mesure : *il faut un statut sur mesure pour les collectivités d'outre-mer*
- définitif · final
- enviable · envié • avantageux · privilégié · protecteur : *il ne pourra plus bénéficier de ce statut protecteur*
- ambigu · bâtard · hybride : *un statut hybride entre salariat et indépendance* • fragile · incertain · précaire
- illégal • inégal : *plusieurs langues de statut inégal se côtoient dans la région*

∾ statut + VERBE

- conférer · garantir · offrir : *son statut lui offre certains privilèges* · permettre • protéger : *un statut spécifique protège ces institutions*

∾ VERBE + statut

- demander · prétendre à · réclamer : *la profession réclame un statut particulier* · requérir · revendiquer
- créer · instaurer
- accorder · conférer · donner · octroyer • ramener à : *le guide est ramené au statut de simple accompagnateur*
- accéder à · acquérir · obtenir
- avoir : *elle a le statut de médecin salarié* · bénéficier de · jouir de • conserver : *elle veut conserver son statut de free-lance* · garder • changer de
- pérenniser
- régir : *les textes de loi qui régissent le statut des intermittents*
- clarifier · se pencher sur : *le gouvernement va se pencher sur le statut des intermittents du spectacle*
- conforter · reconnaître · rehausser · revaloriser : *ces mesures concrètes devraient revaloriser le statut des enseignants*
- changer · modifier · redéfinir · réformer · réviser : *le Parlement s'est réuni pour réviser le statut du territoire*
- dénier ... à · refuser ... à
- écorner : *cette première défaite a écorné son statut de favori* • remettre en cause
- abolir

statuts *nom masc. plur.* (acte constitutif)

∾ statuts + ADJECTIF

- fondateur : *les statuts fondateurs de l'Académie*
- provisoire
- définitif

∾ statuts + VERBE

- fixer · indiquer · prévoir : *les statuts prévoient une limite au nombre de mandats consécutifs* · stipuler
- interdire

∾ VERBE + statuts

- élaborer · rédiger : *un avocat a rédigé les statuts de la fondation*
- adopter · approuver · ratifier · signer
- déposer : *j'ai déposé les statuts de l'association à la préfecture* · faire enregistrer
- changer · mettre à jour · modifier · réformer · réviser

stéréotype *nom masc.*

∾ stéréotype + ADJECTIF

- culturel · national · psychologique · social • féminin · masculin · sexuel • colonial · hollywoodien : *la comédienne incarne le stéréotype hollywoodien* · télévisuel
- négatif • antisémite · machiste · misogyne · raciste · sexiste
- positif · valorisant
- habituel · répandu · traditionnel • éternel · séculaire · tenace · vieux $^{+\text{nom}}$: *ces vieux stéréotypes ont la peau dure*
- éculé · usé

∾ stéréotype + VERBE
- associer : *le stéréotype qui associe le poste de dirigeant à la masculinité* • stigmatiser : *les stéréotypes qui stigmatisent ce peuple*
- circuler : *les stéréotypes qui circulent sur les blondes*
- avoir la peau / vie dure · perdurer · persister
- disparaître · s'effondrer · tomber : *l'image du métier évolue et les stéréotypes tombent*

∾ VERBE + stéréotype
- correspondre à · incarner · relever de • renvoyer à : *le sondage renvoie à des stéréotypes sexuels éculés*
- construire · produire
- associer ... à : *les stéréotypes qu'on associe à ce pays* • enfermer dans · réduire à
- colporter · véhiculer : *les stéréotypes véhiculés par les médias*
- alimenter · conforter · consolider · nourrir
- exploiter · jouer avec · utiliser : *cette comédie utilise de vieux stéréotypes*
- détourner · recycler • se jouer de · se moquer de
- céder à • s'engluer dans · s'enliser dans · tomber dans
- être victime de · souffrir de : *cette communauté souffre de stéréotypes tenaces*
- accumuler (plur.) • répéter · reproduire
- traquer • condamner · critiquer · dénoncer · mettre à mal · mettre en cause · s'attaquer à · s'en prendre à • éviter · refuser • bousculer · contourner · déconstruire : *l'auteur veut déconstruire certains stéréotypes* · déjouer · dépasser · écorner · faire reculer : *ces reportages font reculer les stéréotypes* · lutter contre · transcender : *un point de vue original qui transcende les stéréotypes*
- échapper à · (se) libérer de · se débarrasser de · sortir de • abandonner · balayer · briser · casser · en finir avec · renverser · rompre avec · tordre le cou à · vaincre

stock *nom masc.*

∾ stock + ADJECTIF
- régulateur : *le stock régulateur absorbe les surplus de la production* · stratégique • tampon
- actuel · disponible · existant
- suffisant • considérable · énorme · gigantesque · grand + nom · gros + nom · important · impressionnant · large + nom • inépuisable
- bas · faible + nom · limité · petit + nom · restreint : *le commerçant n'a pu obtenir qu'un stock restreint d'articles*

∾ VERBE + stock
- constituer · créer · faire • acheter
- gérer · maîtriser
- approvisionner • reconstituer · renouveler : *le gérant renouvelle le stock tous les trois mois*
- accroître · augmenter · grossir : *un nouvel arrivage a grossi le stock*
- prélever sur · puiser dans : *le journaliste a puisé dans le stock d'images d'archives*
- diminuer · résorber
- écouler · épuiser : *la canicule a épuisé les stocks de ventilateurs* · faire disparaître · liquider • vendre
- être en rupture de

stratagème *nom masc.*

∾ stratagème + ADJECTIF
- bien connu · vieux + nom
- curieux · étrange
- efficace · sûr • astucieux · génial · habile · ingénieux · savant + nom : *les escrocs avaient mis au point un savant stratagème*
- petit + nom · simple
- diabolique · machiavélique
- grossier : *il a tenté de nous berner par un stratagème grossier* · indigne · minable

∾ VERBE + stratagème
- élaborer · imaginer · inventer · mettre au point
- avoir recours à · déployer : *elle a déployé mille et un stratagèmes pour le conquérir* · recourir à · user de · utiliser
- découvrir : *j'ai découvert leur petit stratagème*
- déjouer

stratégie *nom fém.*

∾ stratégie + ADJECTIF
- commerciale · financière · industrielle · marketing · militaire · politique
- commune · concertée · coordonnée • globale • internationale · mondiale · planétaire • nationale · régionale
- alternative • parallèle · similaire
- attentiste · pragmatique · prudente : *l'entreprise a choisi une stratégie prudente pour éviter les risques*
- de dissuasion · défensive · préventive • offensive : *l'équipe a opté pour une stratégie offensive* · volontariste
- affichée : *une stratégie affichée d'ouverture* · délibérée : *le harcèlement peut être une stratégie délibérée pour se débarrasser d'un employé*

- véritable + nom · vraie + nom : *ils n'ont pas de vraie stratégie politique*
- adaptée · bonne + nom • gagnante · payante
- bien huilée · (mûrement) réfléchie • claire · crédible · lisible • simple
- ambitieuse · audacieuse : *la région s'est développée grâce à une stratégie industrielle audacieuse* · courageuse · subtile • innovante · originale • cohérente · habile · intelligente · judicieuse
- complexe · compliquée · élaborée
- opportuniste • agressive · conquérante · guerrière : *le candidat a adopté une stratégie guerrière* • diabolique
- périlleuse · risquée • erronée : *cette stratégie erronée n'a jamais porté ses fruits* · incohérente · maladroite · mauvaise • coûteuse • désastreuse · suicidaire : *une stratégie suicidaire qui a conduit à la ruine de l'entreprise*
- floue : *l'opposition dénonce la stratégie floue du gouvernement pour résoudre le conflit*
- secrète

∾ **stratégie** + VERBE
- consister à · être axée sur · être centrée sur · être fondée sur · être orientée sur / vers · s'articuler autour de : *notre stratégie s'articule autour de quatre grands principes* · s'inscrire dans : *notre stratégie s'inscrit dans le long terme / dans une logique de concertation* • s'appuyer sur · se nourrir de
- dicter
- (+ adj.) s'avérer : *une telle stratégie s'avère périlleuse* · se révéler
- s'imposer • faire des adeptes · séduire
- être couronnée de succès · porter ses fruits · réussir
- changer
- se heurter à : *cette stratégie se heurte à des réalités technologiques*
- se retourner contre : *une stratégie aussi risquée pourrait se retourner contre nous*
- avoir / montrer ses limites · échouer

∾ VERBE + **stratégie**
- envisager · réfléchir à • esquisser · initier · lancer · s'engager dans
- bâtir · concevoir · construire : *nous avons construit une stratégie cohérente au fil des années* · développer · élaborer · établir · imaginer · mettre au point · mettre en place • adopter · arrêter · choisir · décider de · opter pour · se doter de • disposer de
- opposer · proposer • dicter · imposer : *les Européens ont imposé leur stratégie diplomatique*
- coordonner : *ce sommet coordonne les stratégies des différents États membres* · se mettre d'accord sur • défendre · justifier · plaider pour : *le ministre plaide pour une stratégie offensive* · s'expliquer sur
- clarifier · dévoiler · lever le flou / le voile sur • définir · détailler · expliquer · présenter
- appliquer · avoir recours à · déployer · employer · mener · mettre en œuvre · pratiquer · suivre : *il semble hésiter sur la stratégie à suivre* · utiliser • se replier sur
- étendre ... à · généraliser • poursuivre
- concrétiser : *le groupe tarde à concrétiser sa stratégie dans ce secteur*
- conforter · valider : *la hausse des ventes valide notre stratégie*
- infléchir · influencer · influer sur · peser sur
- ajuster · calquer ... sur · changer (de) · modifier · recadrer · redéfinir · réorienter : *le nouveau manager veut réorienter la stratégie de développement* · repenser · réviser · revoir
- affiner · affûter · peaufiner : *l'entreprise peaufine sa stratégie d'implantation internationale*
- hésiter sur · s'interroger sur • diverger sur · être divisé sur · être partagé sur · s'opposer sur
- critiquer · dénoncer
- bouleverser · bousculer · mettre à mal • contrer · déjouer · torpiller : *l'insurrection a torpillé la stratégie des députés*
- marquer l'échec de : *le dépôt de bilan marque l'échec de notre stratégie*

stress *nom masc.*

∾ **stress** + ADJECTIF
- émotionnel · psychique · psychologique • physiologique · physique • post-traumatique • professionnel · social • urbain : *je suis parti en vacances loin du stress urbain* • extérieur
- [Écol.] • environnemental○ · hydrique○ : *le stress hydrique est dû à la sécheresse*
- caractérisé • important · majeur • aigu · considérable · énorme : *les examens lui causent un stress énorme* · fort + nom · immense · incroyable · intense
- chronique · fréquent · permanent : *ses responsabilités sont la cause d'un stress permanent* · prolongé · quotidien
- communicatif · contagieux
- bon + nom · positif : *le stress positif est un facteur stimulant*
- mauvais + nom · négatif • excessif • épouvantable · éprouvant · intolérable · terrible
- léger + nom · petit + nom

∾ stress + VERBE
- être inhérent à · être lié à : *le stress lié au travail*
- monter · s'accentuer
- épuiser · fatiguer • ronger : *il est rongé en permanence par le stress*
- disparaître · retomber

∾ VERBE + **stress**
- causer · déclencher · engendrer · entraîner · être (une) cause de · être (un) facteur de · générer · induire : *le stress induit par le surmenage* · provoquer
- communiquer : *à force de s'énerver, elle m'a communiqué son stress*
- connaître · donner / présenter des signes de · éprouver · ressentir • affronter · être exposé à : *la population urbaine est particulièrement exposée au stress* · être soumis à · faire face à · subir · supporter • être victime de · souffrir de
- contrôler : *elle a appris à contrôler son stress par la relaxation* · gérer · maîtriser • résister à • vivre avec
- accentuer · (s')ajouter à · amplifier · augmenter
- atténuer · diminuer · limiter · réduire
- chasser · combattre · lutter contre
- échapper à · éviter · fuir · se mettre / être à l'abri de • éliminer · en finir avec · évacuer : *il évacue son stress en pratiquant le squash* · (se) libérer (de)
- ignorer

[1]structure *nom fém.* (architecture, litt. et fig.)

∾ structure + ADJECTIF
- économique · familiale · sociale • formelle · narrative : *la structure narrative des contes de fées* • administrative · financière · judiciaire
- centralisée · décentralisée • clanique · tribale • hiérarchique · hiérarchisée · pyramidale • étoilée : *la structure étoilée du réseau routier de la ville*
- fine · intime : *les physiciens étudient la structure intime de l'atome* · profonde
- superficielle
- légère · simple · souple : *une structure souple qui résiste aux chocs*
- stable • universelle : *la structure universelle des grands mythes*
- évolutive : *une structure évolutive réglable en hauteur*
- éclatée · morcelée
- complexe : *ce film a une structure complexe* • lourde · rigide

∾ structure + VERBE
- évoluer : *les structures familiales ont beaucoup évolué* · se modifier

∾ VERBE + **structure**
- constituer · former
- créer · mettre en place • construire · monter
- disposer de · être doté de · posséder · présenter : *ce nouveau modèle présente une structure en aluminium*
- respecter · s'intégrer à / dans : *cette démarche s'intègre parfaitement dans la structure économique actuelle*
- consolider · renforcer • conserver · maintenir
- analyser · étudier · explorer · sonder • déterminer · identifier
- reposer sur · s'appuyer sur : *l'immeuble s'appuie sur une structure métallique*
- adapter · modifier · rationaliser · rééquilibrer · rénover · réorganiser · repenser · simplifier : *ce projet vise à simplifier la structure administrative du pays*
- bouleverser · compromettre · déstabiliser · ébranler • endommager
- casser · détruire

[2]structure *nom fém.* (organisation)

∾ structure + ADJECTIF
- associative • intercommunale · interprofessionnelle
- privée · publique • formelle · informelle • indépendante · ouverte
- colossale · énorme · grande [+ nom] · grosse [+ nom] · importante · massive · puissante
- à taille humaine • adaptée · ad hoc : *il faut créer une structure ad hoc pour prendre en charge les victimes* · idoine • fonctionnelle · souple : *une structure souple qui accorde une réelle autonomie aux équipes locales*

∾ structure + VERBE
- chapeauter · coiffer : *cette structure coiffe différents organismes publics* · coordonner · gérer
- fédérer · regrouper · réunir

∾ VERBE + **structure**
- créer · établir · fonder · former · mettre en place : *une structure indépendante a été mise en place par le gouvernement* · monter
- conserver · maintenir
- disposer de · être doté de · posséder
- animer · diriger
- dissoudre : *le conseil municipal a décidé de dissoudre cette structure*

stupéfaction *nom fém.*

∞ stupéfaction + ADJECTIF
- générale : *il a annoncé sa démission à la stupéfaction générale* • complète · grande $^{+ nom}$ · profonde · totale

∞ stupéfaction + VERBE
- se lire sur le visage

∞ VERBE + **stupéfaction**
- provoquer · susciter : *ses propos ont suscité la stupéfaction*
- éprouver · être frappé de
- avouer · exprimer

avec stupéfaction
- apprendre · constater · découvrir • accueillir : *ils ont accueilli la nouvelle avec stupéfaction*

stupidité *nom fém.*

∞ stupidité + ADJECTIF
- crasse · déconcertante · désespérante · effarante · grande $^{+ nom}$ · inouïe · insensée · insondable · monumentale : *il est d'une stupidité monumentale* · prodigieuse · profonde · rare · stupéfiante
- criminelle

∞ VERBE + **stupidité**
- faire montre de · faire preuve de
- débiter (plur.) : *il a débité des stupidités toute la soirée* · dire
- dénoncer

style *nom masc.* (façon de faire, d'écrire, etc.)

∞ style + ADJECTIF
- narratif · oratoire : *les procédés rhétoriques du style oratoire*
- architectural · pictural · vestimentaire
- académique · classique · conventionnel • abstrait · figuratif · réaliste • expressionniste · (néo)gothique · impressionniste · nouille · pompier · rococo · victorien · etc.
- composite · éclectique · hybride
- caractéristique · particulier · personnel : *elle a développé un style très personnel* · propre · reconnaissable • inimitable : *on reconnaît immédiatement l'auteur à son style inimitable* · original
- indémodable
- à la mode · branché$^{fam.}$
- démodé · désuet
- [langue] • châtié · formel · littéraire · soutenu • familier · informel
- bcbg : *elle a un style vestimentaire bcbg* · bon chic bon genre
- appliqué · ciselé · étudié · fouillé · maîtrisé · recherché · soigné · sophistiqué · travaillé
- dense · foisonnant · touffu • chatoyant · coloré · fleuri · haut en couleur • débridé · enflammé · fiévreux · flamboyant · majestueux · truculent
- abrupt · alerte : *le style alerte de son écriture* · direct · énergique · incisif · mordant · nerveux · percutant · piquant · puissant · relevé · sec · vif · vigoureux · vivant
- décontracté · naturel · spontané • aérien · fluide · harmonieux · limpide · lumineux • admirable · beau $^{+ nom}$ · brillant · élégant · raffiné · savoureux • pur • efficace
- concis · elliptique · laconique · lapidaire · minimaliste · télégraphique : *le style télégraphique de ses courriels* • sibyllin
- austère · dépouillé : *le style dépouillé de l'art roman* · épuré · simple · sobre • pudique · retenu
- dur · rude · rugueux · sombre • écorché (vif) · tourmenté
- apprêté · léché • emphatique · grandiloquent · verbeux • affecté · ampoulé · compassé · guindé · maniéré • alambiqué · chargé · clinquant · empesé · guindé · kitsch · outré · pompeux · précieux · ronflant · surchargé · tape-à-l'œil · tarabiscoté : *son style tarabiscoté rend son roman difficile d'accès* • démonstratif
- artificiel · figé · froid
- mièvre · naïf · niais • décousu · embarrassé · inégal · maladroit
- désinvolte · relâché
- ennuyeux · laborieux · monotone · poussif · rébarbatif • insipide · pâle · pauvre · plat · sans âme · terne

∞ style + VERBE
- évoquer · rappeler · ressembler à
- n'appartenir qu'à : *c'est un style qui n'appartient qu'à lui*
- privilégier : *son style privilégie les formes pures* • allier · associer · conjuguer · marier : *un style qui marie la fantaisie à la rigueur* · mêler
- s'affiner · s'affirmer
- changer · évoluer : *leur style a beaucoup évolué depuis leur premier disque*
- s'affranchir de : *c'est un style qui s'affranchit des codes habituels*

∞ VERBE + **style**
- créer · développer · (se) donner · élaborer · (se) forger · inventer · (se) trouver

- avoir · posséder • adopter · employer
- imposer : *elle a su imposer son style à la mode masculine*
- incarner · être représentatif de
- caractériser : *ce maniérisme qui caractérise son style* · définir
- révéler : *son œuvre révèle un style insolite* · refléter · être révélateur de
- affiner · épurer · peaufiner · perfectionner · soigner · travailler
- être tiraillé entre ... et ... · hésiter entre ... et ... · osciller entre ... et ... : *son style oscille entre surréalisme et expressionnisme*
- changer (de) : *elle a changé de style vestimentaire* · renouveler · varier
- reconnaître
- affectionner · cultiver · promouvoir · remettre à l'honneur : *ils ont remis le style androgyne à l'honneur*
- copier · imiter
- alourdir : *ces incises alourdissent inutilement son style*

∾ NOM + DE +style
- exercice • figure · clause • effet
- affaire · question
- unité
- changement · rupture

[1]substance *nom fém.* (matière)

∾ substance + ADJECTIF
- naturelle • vivante · organique • chimique • inflammable · volatile
- nutritive : *le fer est une substance nutritive essentielle* • médicamenteuse · thérapeutique
- active
- inactive : *le placebo, substance chimiquement inactive*
- révolutionnaire • précieuse • miracle · miraculeuse : *il prétend avoir découvert une substance miraculeuse capable de guérir la maladie*
- dopante · hallucinogène · opiacée · psychotrope
- corrosive · incendiaire · inflammable • dangereuse : *cette substance dangereuse doit être conservée hors de portée des enfants* · nocive · nuisible • cancérigène · létale · mortelle · radioactive · toxique
- incriminée · suspecte • illégale · illicite

∾ substance + VERBE
- être dérivée de : *une substance dérivée de la cocaïne* · être extraite de

∾ VERBE + substance
- découvrir : *cette substance a été découverte par un chimiste allemand*
- contenir · renfermer • produire · sécréter
- détecter : *les spécialistes ont détecté une substance toxique* · identifier • analyser • classer : *l'OMS a classé ces substances comme cancérigènes*
- administrer · injecter : *il lui a injecté la substance avec une seringue*
- avoir recours à · employer · recourir à : *il nie avoir recouru à des substances dopantes* · utiliser
- absorber · avaler · consommer · ingérer : *ils ont ingéré des substances illicites pour améliorer leurs performances*
- interdire · prohiber

[2]substance *nom fém.* (essence, contenu)

∾ substance + ADJECTIF
- concrète : *il estime que l'action du gouvernement manque de substance concrète* · matérielle · vitale

∾ VERBE + substance
- donner
- puiser ... dans · tirer ... de : *l'art rupestre tire sa substance du chamanisme*
- changer · modifier : *cela modifie la substance du contrat*
- vider de : *il a modifié son programme, mais sans le vider de sa substance*
- perdre de • manquer de

subterfuge *nom masc.*

∾ subterfuge + ADJECTIF
- littéraire · sémantique · technique · visuel · etc.
- habile : *il a trouvé un habile subterfuge pour entrer sans se faire remarquer* · ingénieux
- improvisé • petit [+ nom]

∾ VERBE + subterfuge
- chercher
- inventer · trouver : *sa mère avait trouvé ce subterfuge pour lui faire avaler son potage*
- avoir recours à · déployer · employer · faire appel à · recourir à · user de · utiliser
- découvrir : *la police a découvert le subterfuge utilisé par les escrocs*

subvention *nom fém.*

∾ subvention + ADJECTIF
- européenne · étatique · fédérale · gouvernementale · municipale · privée : *les subventions privées du mécénat d'entreprise* · publique • agricole

- (non) imposable • directe · indirecte • compensatrice : *l'association reçoit de l'État une subvention compensatrice de loyer*
- exceptionnelle · spéciale
- élevée · énorme · forte ^+ nom^ · généreuse · grosse ^+ nom^ · importante • massive
- faible ^+ nom^ · modeste · petite ^+ nom^
- indue • déguisée

∞ subvention + VERBE

- être affectée à : *la subvention est affectée à l'acquisition d'équipements* · financer

∞ VERBE + **subvention**

- demander · réclamer · solliciter : *ils ont sollicité des subventions auprès de la mairie*
- promettre • débloquer · voter • accorder · allouer · attribuer · consentir · distribuer · donner · octroyer · offrir · verser • reconduire
- être éligible à : *ces zones sont éligibles aux subventions européennes* • accepter · décrocher^fam.^ · obtenir · percevoir · recevoir : *l'association a reçu une subvention du gouvernement* · toucher
- bénéficier de · disposer de
- accroître · augmenter · majorer
- limiter · plafonner : *les subventions sont plafonnées en fonction du nombre de personnes habitant dans le logement* · réduire
- refuser • retirer
- suspendre • éliminer : *il souhaite éliminer progressivement les subventions versées aux agriculteurs* · supprimer · annuler

succès *nom masc.*

∞ succès + ADJECTIF

- diplomatique · militaire • commercial · économique · éditorial
- critique · d'estime • populaire · public
- international · planétaire : *ce disque a connu un succès planétaire* • local · régional
- croissant · grandissant • incontestable · indéniable · indiscutable · probant : *ce succès probant a convaincu les investisseurs* • beau ^+ nom^ · brillant : *la pièce a connu un brillant succès à Broadway* · honorable · joli ^+ nom^ • absolu · plein ^+ nom^ : *je vous souhaite plein succès dans cette entreprise* · total • colossal · considérable · éclatant · écrasant · énorme · exceptionnel · extraordinaire · fabuleux · formidable · fou · fracassant · franc ^+ nom^ : *l'initiative a connu un franc succès* · grand ^+ nom^ · gros ^+ nom^ · immense · incroyable · inouï · large · massif · monstre^fam.^ · phénoménal · prodigieux · retentissant · sans précédent · triomphal · vif ^+ nom^ • étourdissant · grisant • époustouflant · étonnant · impressionnant · insolent · spectaculaire • historique · sans égal · sans précédent
- foudroyant · fulgurant : *le succès fulgurant de la jeune chanteuse* · immédiat • durable · ininterrompu · jamais démenti · persistant
- précoce • tardif : *un succès tardif après quinze ans de carrière*
- justifié · légitime · mérité : *c'est un succès mérité pour ce bourreau de travail*
- attendu · escompté • facile : *ces recettes éprouvées assurent un succès facile* • assuré · garanti : *avec un casting pareil, c'est le succès garanti*
- imprévu · inattendu · inespéré
- hypothétique · improbable : *des techniques expérimentales au succès improbable* · incertain
- maigre ^+ nom^ • inégal · mitigé : *un succès mitigé en comparaison des chiffres record de l'année dernière* · relatif
- de courte durée · éphémère
- ambigu : *le succès ambigu d'une œuvre au sensationnalisme malsain* · inquiétant : *le succès inquiétant des sectes*
- immérité : *le succès immérité d'un chanteur sans talent* · injustifié

∞ succès + VERBE

- dépendre de
- arriver • être au rendez-vous : *dès son premier spectacle, le succès fut au rendez-vous* · ne pas se faire attendre
- ne pas faiblir · ne pas se démentir · se confirmer • aller crescendo · aller croissant • (plur.) s'accumuler · s'enchaîner : *depuis sa première pièce, les succès s'enchaînent*
- enivrer · faire tourner la tête à · griser · monter à la tête de • doper : *dopée par son succès en France, l'entreprise veut s'attaquer au marché international* · encourager
- s'expliquer par : *ce succès s'explique par la souplesse du dispositif*
- se faire attendre : *le succès s'est fait longtemps attendre*

∞ VERBE + **succès**

- espérer • être avide de • être sûr de : *les producteurs sont sûrs du succès du film*
- mériter : *elle mérite son succès*
- apporter · valoir ... à : *son premier disque lui a valu un succès d'estime* · être à la base de : *tous ces ingrédients sont à la base du succès de cette série*
- être un gage de · assurer · garantir • contribuer à · participer à • confirmer · consolider • parachever : *cette dernière victoire parachève son succès*

- connaître · enregistrer · renouer avec : *ce dernier album lui permet de renouer avec le succès* · se prévaloir de
- avoir à son actif (plur.) · engranger (plur.) · récolter · recueillir • obtenir · remporter · rencontrer · s'adjuger · se tailler : *le spectacle s'est taillé un franc succès* • être auréolé par / de · être couronné de : *son projet a été couronné de succès* · bénéficier de • se solder par : *la troisième tentative s'est soldée par un succès*
- constituer · marquer · représenter : *cet intérêt du public représente un joli succès*
- s'enorgueillir de · se féliciter de • célébrer · fêter • savourer
- surfer sur (la vague de) : *la chaîne surfe sur le / la vague du succès de la télé-réalité* · profiter de
- (s')expliquer : *on ne s'explique pas le succès d'un tel succès*
- être dépassé par · être victime de : *l'entreprise est victime de son succès : son site est souvent saturé*
- minimiser
- compromettre · nuire à

∾ NOM + DE +**succès**
- chance · espoir
- clé : *le travail, voilà la clé du succès* · condition • raison · secret · recette · ingrédient • artisan : *il fut l'artisan du succès de cette radio*
- chemin · voie : *il n'a jamais retrouvé la voie du succès*
- preuve
- rançon

[1]succession *nom fém.* (série, suite)

∾ **succession** + ADJECTIF
- chronologique • logique
- rapide : *le dessin animé est une succession rapide d'images fixes*
- continue · incessante · ininterrompue : *il y a eu une succession ininterrompue de coups de téléphone toute la matinée* • infinie · interminable · longue + nom · sans fin
- incroyable · invraisemblable : *une succession invraisemblable de quiproquos*

[2]succession *nom fém.* (relève)

∾ **succession** + ADJECTIF
- dynastique · héréditaire • présidentielle
- délicate · difficile · périlleuse • disputée : *la succession disputée du Président de la commission a entraîné des conflits internes*

∾ VERBE + **succession**
- ouvrir : *son départ inattendu ouvre sa succession de façon précoce*
- préparer • gérer · organiser : *le maire cherche à organiser sa succession*
- briguer · être candidat à · prétendre à · revendiquer • se disputer
- confier : *il a confié la succession de l'entreprise à son fils*
- être appelé à • accepter · assumer : *j'ai été désigné pour assumer sa succession* · assurer · prendre

[1]suffrage *nom masc.* (scrutin)

∾ **suffrage** + ADJECTIF
- démocratique · populaire • direct · indirect · uninominal · universel • électronique : *la municipalité a mis en place le suffrage électronique* • féminin : *l'adoption du suffrage féminin en France date de 1944* · masculin
- censitaire · restreint

∾ VERBE + **suffrage**
- instaurer : *le suffrage universel a été instauré au lendemain de la guerre* · introduire · mettre en place
- soumettre à : *une partie des sièges est soumise au suffrage indirect*
- se présenter à : *il a décidé de se présenter au suffrage des militants*

[2]suffrage *nom masc.* (vote, approbation ; souvent plur.)

∾ VERBE + **suffrage**
- briguer · se disputer · solliciter : *pas moins de 25 candidats sollicitent les suffrages des électeurs*
- conquérir : *les candidats susceptibles de conquérir les suffrages des Français* · obtenir · rafler · récolter · recueillir · remporter · réunir · totaliser : *l'opposition totalise 40 % des suffrages exprimés*
- accorder · apporter : *les électeurs ont massivement apporté leurs suffrages au maire sortant* • exprimer : *le nombre de suffrages exprimés*

suggestion *nom fém.*

∾ **suggestion** + ADJECTIF
- bonne + nom · excellente + nom · intéressante • constructive · judicieuse : *ces suggestions judicieuses nous ont permis de progresser* · pertinente · utile
- simple + nom

∾ **suggestion** + VERBE

- émaner de · venir de
- avoir l'aval de : *nos suggestions ont eu l'aval de la direction* · retenir l'attention

∾ VERBE + **suggestion**

- avancer · émettre · exprimer · faire · formuler · soumettre : *les utilisateurs nous ont soumis quelques suggestions pour améliorer le produit*
- accueillir : *sa suggestion a été très mal accueillie* · faire bon / mauvais accueil à · recevoir
- écouter • accepter · approuver • prendre en compte · retenir · tenir compte de : *ils n'ont pas tenu compte des suggestions de l'architecte* • s'appuyer sur · s'inspirer de • reprendre · suivre
- écarter · refuser · rejeter · repousser : *le ministre a repoussé la suggestion d'un nouveau plan de relance*

suite *nom fém.* (prolongement, souvent plur.)

∾ **suite** + ADJECTIF

- administrative · judiciaire · pénale · politique
- logique · naturelle · normale
- possible · probable
- favorable · positive : *la campagne d'information a eu des suites positives*
- imprévisible
- déplorable · fâcheuse · négative · regrettable • grave · tragique : *les suites tragiques d'une altercation*

∾ VERBE + **suite**

- discuter de · s'interroger sur
- décider de · préjuger de · prévoir
- (plur., souvent passif) donner · réserver : *on ne connaît pas encore les suites réservées à l'enquête*
- informer de : *il nous a informés des suites de l'affaire*

suivi *nom masc.*

∾ **suivi** + ADJECTIF

- médical · prénatal · psychiatrique · psychologique · thérapeutique • éducatif · pédagogique • social : *le suivi social des familles en difficulté*
- individualisé : *les élèves ont besoin d'un suivi individualisé* · personnalisé
- quotidien · régulier • continu · continuel · permanent
- véritable [+ nom] · vrai [+ nom] · réel
- attentif • méthodique · précis · rigoureux · systématique : *il faut mettre en place le suivi systématique des personnes à risque*

∾ VERBE + **suivi**

- avoir besoin de · demander · nécessiter · requérir
- établir · instaurer · mettre en place
- assurer · effectuer · réaliser • prendre en charge · se charger de
- améliorer · faciliter : *le dossier médical facilite le suivi des malades* · permettre
- bénéficier de
- intensifier · renforcer

sujet *nom masc.* (question, matière)

∾ **sujet** + ADJECTIF

- de débat · de discussion · de conversation · de société · de réflexion
- économique · philosophique · politique · etc.
- central · crucial · essentiel · fondamental · important · incontournable · majeur · primordial · prioritaire • véritable [+ nom] · vrai [+ nom] · réel • inépuisable · large · vaste • fécond · riche : *c'est un sujet riche sur lequel on pourrait débattre pendant des heures* • récurrent : *les régimes sont un sujet récurrent dans la presse féminine*
- à la mode · médiatique · porteur : *il a choisi un sujet porteur pour susciter l'intérêt des médias* • de prédilection · favori
- beau [+ nom] · bon [+ nom] · excellent · intéressant · palpitant · passionnant • en or : *c'est un sujet en or pour les scénaristes*
- consensuel • de fierté · de satisfaction
- inattendu · original • méconnu
- complexe · compliqué · délicat · difficile • abscons · ardu · pointu
- à risque · brûlant · chaud • épineux : *les circonstances de sa mort restent un sujet éminemment épineux* · explosif · houleux · passionnel · polémique · (ultra)sensible · de discorde · de friction · d'affrontement • casse-gueule[fam.] · périlleux • controversé · dérangeant · embarrassant · fâcheux • sulfureux · tabou : *la violence conjugale reste un sujet tabou*
- sérieux : *l'écologie est un sujet sérieux* • douloureux · grave · pénible · de préoccupation : *la montée de l'intégrisme reste un sujet de préoccupation majeur* · d'inquiétude
- aride · austère • indigeste · rébarbatif
- inintéressant · insignifiant • banal · bateau[fam.] · conventionnel · éculé · rebattu · trivial · usé : *les sujets usés des émissions de télé*
- léger : *cette comédie n'aborde pourtant pas un sujet léger* • mince : *c'est un sujet un peu mince pour y consacrer un livre*

∾ **sujet** + VERBE
- être à l'ordre du jour · faire débat • revenir sur le tapis · revenir sans cesse
- mériter réflexion
- être cher à · intéresser · préoccuper · tenir à cœur à • passionner · susciter l'intérêt / les passions • ne pas avoir de secret(s) pour : *ce sujet n'a pas de secret pour lui*
- embarrasser : *le sujet semble embarrasser le gouvernement* · gêner : *il vaut mieux éviter les sujets qui gênent*
- diviser · être une pomme de discorde · opposer • fâcher · irriter : *il a osé aborder un sujet qui irrite le directeur*

∾ VERBE + **sujet**
- être confronté à
- chercher : *je cherchais désespérément un sujet de conversation* • enquêter sur · plancher sur · travailler sur • méditer · réfléchir sur • étudier · explorer
- amener · proposer • fournir · offrir : *il offre un sujet en or à la romancière*
- choisir · se saisir de · se tourner vers : *le réalisateur se tourne désormais vers des sujets moins conventionnels* · trouver
- aborder · (s')attaquer (à) · défricher · embrasser · (re)mettre sur le tapis · s'emparer de · se pencher sur • toucher à · traiter (de)
- effleurer
- déflorer : *je ne veux pas déflorer le sujet du film*
- faire le tour de • approfondir : *il souhaite approfondir le sujet dans son prochain ouvrage* · creuser · développer
- s'appesantir sur · s'attarder sur : *le sujet mérite qu'on s'y attarde* · s'étendre sur • revenir sur / à • relancer : *ce fait divers a relancé un sujet sensible*
- débattre de / sur • faire le point sur · se mettre d'accord sur • évoquer · parler de · s'exprimer sur • donner son opinion sur · se prononcer sur
- se passionner pour • connaître · dominer · être maître de · maîtriser : *j'ai confié le dossier à un professionnel qui maîtrise parfaitement le sujet*
- changer de • renouveler : *son approche originale renouvelle le sujet*
- ignorer · méconnaître
- éluder · éviter
- s'écarter de · s'éloigner de · sortir de
- épuiser : *j'y ai déjà consacré trois livres, mais je suis loin d'avoir épuisé le sujet*

supercherie *nom fém.*

∾ **supercherie** + ADJECTIF
- littéraire · scientifique
- énorme · gigantesque · grande [+ nom] · immense · vaste [+ nom] • extraordinaire · incroyable · pure et simple
- effroyable
- adroite · habile : *pour arriver à ses fins, il a eu recours à une habile supercherie*
- grossière : *j'ai tout de suite démasqué cette grossière supercherie*

∾ **supercherie** + VERBE
- durer : *la supercherie a duré plus de dix mois*

∾ VERBE + **supercherie**
- avoir recours à • reposer sur : *cette affaire repose sur une vaste supercherie*
- être dupe de : *personne n'est dupe de la supercherie* · être victime de · se laisser prendre par
- flairer · soupçonner : *des historiens soupçonnent une supercherie* • comprendre · déceler · découvrir · repérer · s'apercevoir de · se douter de · se rendre compte de
- démasquer · démonter : *la police a démonté la supercherie* · démontrer • dévoiler · révéler · signaler
- conclure à · crier à • qualifier ... de

supériorité *nom fém.* (qualité supérieure)

∾ **supériorité** + ADJECTIF
- culturelle · économique · industrielle · intellectuelle · morale · tactique · technique · technologique • matérielle · qualitative • numérique · quantitative
- absolue · énorme · immense · infinie · marquée • incontestable · indéniable · indiscutable : *l'indiscutable supériorité industrielle du pays* • évidente · manifeste · nette · patente • décisive · écrasante
- prétendue · supposée
- légère [+ nom] · relative

∾ VERBE + **supériorité**
- assurer · conférer · donner
- bénéficier de · disposer de · jouir de · posséder • afficher : *leurs troupes affichent une supériorité numérique manifeste*
- revendiquer · se targuer de : *l'équipe se targue d'une supériorité technique sur ses adversaires*
- conclure à · démontrer · établir · montrer · prouver · reconnaître • croire à · être convaincu de • admettre
- accroître · renforcer • asseoir · confirmer · conforter · consacrer : *le conflit de 1870 avait consacré la supériorité de l'artillerie prussienne*
- maintenir

- (ré)affirmer · proclamer · rappeler · souligner • faire valoir · mettre en avant · vanter : *l'auteur vante la supériorité du modèle économique asiatique*
- montrer · refléter
- contester · nier

supplice *nom masc.*

∞ supplice + ADJECTIF

- chinois° · de Tantale° : *voir ces somptueux vêtements qu'on ne peut s'offrir, c'est pour elle un supplice de Tantale* • dernier° + nom : *le condamné fut livré au dernier supplice*
- délicieux · exquis · raffiné
- long + nom • de tous les instants · permanent · quotidien
- atroce · cruel · effroyable · épouvantable · horrible · odieux • insoutenable · insupportable · intolérable • pire + nom

∞ supplice + VERBE

- consister à : *le supplice consiste à être plongé dans de l'eau bouillante*
- durer

∞ VERBE + supplice

- imaginer · inventer
- faire subir · infliger · livrer à : *Ponce Pilate livra le Christ au supplice* · mettre à : *ces crampes le mettent au supplice*
- faire durer · prolonger
- endurer : *il a enduré les pires supplices dans ces prisons* · subir • être à° : *être au supplice* • être condamné à • marcher à° : *les condamnés marchaient au supplice*
- échapper à
- abréger · écourter
- mettre fin à

supposition *nom fém.*

∞ supposition + ADJECTIF

- fondée • plausible · vraisemblable
- pure + nom · simple + nom
- dénuée de fondements · gratuite · infondée : *on ne peut se baser sur des suppositions infondées* • erronée · fausse
- absurde · étrange · extravagante · incongrue · invraisemblable

∞ VERBE + supposition

- faire • en être réduit à : *en l'absence d'informations, on est réduit à des suppositions*
- reposer sur : *cette théorie ne repose que sur des suppositions* · se baser sur · se fonder sur
- confirmer · corroborer : *les premiers résultats corroborent mes suppositions*
- balayer · repousser

suppression *nom fém.*

∞ suppression + ADJECTIF

- prochaine · programmée
- brusque · brutale · immédiate · pure et simple : *toute fraude entraîne la suppression pure et simple de l'allocation* • systématique • complète · totale • massive : *une suppression massive de postes d'enseignant* • définitive
- arbitraire
- graduelle · progressive • partielle • momentanée · temporaire

∞ VERBE + suppression

- demander · exiger · ordonner · réclamer : *les syndicats réclament la suppression de la mesure* · vouloir
- militer pour · plaider pour · se prononcer pour • préconiser · prôner · recommander • proposer · suggérer • prévoir : *ils prévoient la suppression de quinze postes* · projeter • annoncer
- entraîner · se solder par · se traduire par : *la restructuration se traduit par la suppression de certaines filières*
- obtenir
- compenser : *des réductions fiscales pourraient compenser la suppression des aides*

suprématie *nom fém.*

∞ suprématie + ADJECTIF

- aérienne · commerciale · culturelle · économique · intellectuelle · militaire · politique
- absolue · écrasante · incontestée : *leur suprématie incontestée sur les mers* · nette + nom · totale • traditionnelle : *il remet en cause la suprématie traditionnelle du groupe sur l'individu*
- arrogante · insolente

∞ VERBE + suprématie

- contribuer à • assurer · donner : *l'avance technologique du pays lui donne une nette suprématie*
- acquérir · retrouver • détenir · disposer de • exercer • se disputer : *les deux constructeurs se disputent la suprématie sur le marché mondial*
- conserver · garder · maintenir
- restaurer · rétablir • garantir · préserver · sauvegarder : *le parti veut sauvegarder sa suprématie dans la région*
- asseoir · confirmer · conforter · consacrer · consolider · établir · imposer : *l'entreprise a réussi à imposer sa suprématie sur ce type de produit* • accroître · étendre · renforcer

- (ré)affirmer · clamer • croire à · reconnaître
- afficher • marquer : *le championnat a marqué la suprématie des joueurs français* · démontrer · prouver : *les résultats prouvent la suprématie de la méthode empirique*
- contester · douter de · mettre en doute · remettre en cause · remettre en question
- battre en brèche · combattre · contrecarrer : *les échanges permettent de contrecarrer la suprématie d'une culture sur les autres* · contrer · faire front à · lutter contre · refuser · rejeter · résister à • bousculer · compromettre · ébranler · entamer · menacer · mettre à mal : *la nouvelle donne économique a mis à mal la suprématie de la multinationale*
- mettre fin à · mettre un terme à • perdre : *la banque a perdu sa suprématie sur l'Hexagone*

surenchère *nom fém.*

∞ surenchère + ADJECTIF

- commerciale · financière · médiatique · technologique · verbale • (pré)électorale · politique • nationaliste · patriotique • démagogique : *la surenchère démagogique de certains candidats en période d'élection* · sécuritaire
- constante · permanente
- folle + nom : *les États se sont engagés dans une folle surenchère pour capter les flux financiers* · spectaculaire
- excessive • coûteuse · dangereuse

∞ VERBE + surenchère

- conduire à · déclencher · pousser à · provoquer · susciter • contraindre à : *les chaînes privées sont contraintes à une surenchère permanente*
- faire · jouer · pratiquer · se laisser aller à · se lancer dans · se livrer à : *la mise en scène se livre à une surenchère d'effets spéciaux* • participer à · se prêter au jeu de
- assister à : *on assiste à une surenchère entre les différents groupes radicaux*
- alimenter · attiser : *la pénurie de diplômés en électronique a attisé la surenchère des recruteurs*
- être confronté à · être soumis à : *la technologie est soumise à une surenchère constante* · faire face à
- craindre • dénoncer · mettre en garde contre
- (se) refuser (à) · renoncer à • éviter

surplus *nom masc.*

∞ surplus + ADJECTIF

- budgétaire · commercial · fiscal • agricole • militaire
- colossal · considérable · gros + nom · immense · important
- léger + nom · petit + nom

∞ VERBE + surplus

- dégager : *le pays s'est engagé à dégager des surplus budgétaires*
- conserver · stocker
- écouler · exporter · vendre • dépenser : *le sport lui permet de dépenser son surplus d'énergie* · évacuer
- affecter ... à : *ils vont affecter le surplus de recettes à une baisse des impôts*
- absorber · résorber : *la hausse de l'activité a permis de résorber le surplus de main-d'œuvre*

[1]surprise *nom fém.* (étonnement)

∞ surprise + ADJECTIF

- perceptible · visible • absolue · grande + nom · totale • générale : *à la surprise générale, il annonça sa démission*

∞ VERBE + surprise

- causer · créer · provoquer · susciter : *l'annonce des résultats a suscité la surprise des militants*
- ménager
- être muet de · être sous le coup de
- exprimer • manifester · montrer : *elle n'a montré aucune surprise quand je suis entré*
- cacher · contenir · masquer
- revenir de · se remettre de : *elle s'est à peine remise de sa surprise*

∞ NOM + DE + surprise

- effet · élément

[2]surprise *nom fém.* (chose inattendue)

∞ surprise + ADJECTIF

- de taille · grande + nom · majeure · grosse + nom
- agréable · belle + nom · bonne + nom · excellente · jolie · merveilleuse
- désagréable · mauvaise + nom : *j'ai eu de mauvaises surprises en consultant mon compte bancaire*

∞ surprise + VERBE

- attendre : *une surprise les attend à leur retour de vacances*

∞ VERBE + surprise

- apporter : *la rentrée apporte des mauvaises surprises* • faire · préparer · réserver • laisser ... à : *laissons la surprise au lecteur* · ménager : *le festival a encore ménagé de belles surprise cette année* · promettre : *il nous promet bien d'autres surprises*
- aller de ... en ... : *on va de surprise en surprise dans ce musée* · avoir

- constituer : *sa nomination ne constitue pas vraiment une surprise*
- être à l'abri de : *on n'est jamais à l'abri d'une mauvaise surprise* · (se) mettre à l'abri de

∞ NOM + DE + **surprises**
- lot : *chaque jour apporte son lot de surprises*
- effet
- réaction · cri

sursis *nom masc.*

∞ **sursis** + ADJECTIF
- légal • probatoire
- nouveau · supplémentaire
- long + nom
- ultime + nom : *le tribunal a accordé un ultime sursis à la compagnie*

∞ VERBE + **sursis**
- espérer • demander
- accorder · donner · octroyer • ordonner · prononcer : *le juge a prononcé le sursis à exécution du permis de construire*
- bénéficier de · obtenir
- être assorti de : *la peine est assortie d'un sursis de 2 ans*
- prolonger
- refuser · révoquer : *la cour a révoqué le sursis qu'il avait obtenu*

surveillance *nom fém.*

∞ **surveillance** + ADJECTIF
- douanière · policière • clinique · épidémiologique · médicale · prénatale • aérienne · maritime • satellitaire · vidéo : *le musée est sous surveillance vidéo*
- accrue · active · étroite · forte + nom · haute ○ + nom : *un quartier placé sous haute surveillance* · rapprochée · renforcée : *le bâtiment bénéficie d'une surveillance renforcée* · rigoureuse · sévère · stricte • particulière
- attentive · minutieuse · vigilante • tatillonne : *la surveillance tatillonne de l'administration locale*
- constante : *à la piscine, les enfants doivent être sous surveillance constante* · continue · continuelle · de tous les instants · incessante · permanente • régulière
- discrète : *la caméra dissimulée permet une surveillance dicrète*

∞ VERBE + **surveillance**
- demander · nécessiter · requérir • se dérouler sous : *le transfert s'est déroulé sous haute surveillance*
- charger de · confier ... à
- assurer · exercer
- mettre en place • mettre sous : *les services secrets ont mis l'individu sous surveillance* · placer sous • soumettre à
- bénéficier de · être / faire l'objet de · être sous • rester sous
- intensifier · renforcer · resserrer : *la police a resserré sa surveillance du chef d'État*
- desserrer · relâcher : *il ne faut pas relâcher la surveillance des zones sensibles*
- déjouer · échapper à · tromper : *elle a réussi à tromper la surveillance de ses gardiens*

∞ NOM + DE +**surveillance**
- dispositif : *ce protocole institue un dispositif de surveillance maritime*

susceptibilité *nom fém.*

∞ **susceptibilité** + ADJECTIF
- nationale · politique • individuelle · particulière · personnelle • locale
- aiguë · exacerbée · extrême : *méfie-toi, il est d'une susceptibilité extrême* · forte + nom · grande + nom
- excessive · maladive

∞ VERBE + **susceptibilité**
- faire preuve de · manifester · montrer : *il montre une susceptibilité excessive* · témoigner de
- être respectueux de · ménager : *j'ai ménagé sa susceptibilité en évitant les sujets sensibles* · préserver · tenir compte de : *il faut savoir tenir compte de la susceptibilité de chacun*
- exacerber · raviver
- affecter · blesser · chatouiller : *le journaliste n'hésite pas à chatouiller la susceptibilité des célébrités* · contrarier · froisser · heurter · irriter · mettre à rude épreuve
- ravaler

suspense *nom masc.*

∞ **suspense** + ADJECTIF
- dramatique : *le suspense dramatique d'une tragédie familiale* · judiciaire · policier · psychologique • hitchcockien
- garanti
- interminable : *le suspense interminable d'un scrutin très serré*
- complet · entier · parfait · total • extraordinaire · grand + nom · incroyable · inouï · intense · terrible · véritable + nom · vrai + nom • fiévreux · fou · haletant : *un thriller au suspense haletant* · torride • bien mené · efficace • palpitant · passionnant · prenant · troublant

- angoissant · lourd · pesant · terrifiant • insoutenable · insupportable · intolérable
- artificiel : *ce suspense artificiel alourdit la mise en scène* • faux $^{+\,nom}$: *c'est un faux suspense on sait très bien qui est le coupable*
- petit $^{+\,nom}$ · ténu : *le réalisateur construit son film autour d'un suspense ténu* • absent : *le suspense est complètement absent de cette histoire policière*

∞ suspense + VERBE

- naître de · résider dans : *le suspense réside dans la découverte progressive de secrets enfouis* · résulter de
- s'installer • planer : *je laisse planer le suspense un peu plus longtemps* · régner : *le suspense règne du début à la fin du film* • durer (depuis) • croître · monter
- être à son comble • rester / demeurer entier
- continuer · durer · se poursuivre · se prolonger
- tenir en haleine : *le suspense nous a tenus en haleine jusqu'au bout*
- prendre fin

∞ VERBE + **suspense**

- créer
- raviver · renforcer · relancer • maintenir (un semblant de) · prolonger • alimenter · contribuer à · cultiver · entretenir : *il entretient savamment le suspense sur ses véritables intentions* • ménager : *l'auteur ménage le suspense jusqu'au bout* · préserver
- nuire à : *il est difficile de parler du film sans nuire au suspense de l'intrigue*
- briser · casser · tuer : *je n'en raconte pas davantage pour ne pas tuer le suspense* • couper court à : *l'annonce officielle a coupé court au suspense* · lever : *ses aveux ont levé le suspense* · mettre fin à
- être dénué de · être dépourvu de

suspension *nom fém.*

∞ suspension + ADJECTIF

- rétroactive • unilatérale
- automatique · immédiate
- effective · ferme : *une suspension ferme de six mois pour faute grave* • totale • définitive
- partielle • provisoire · temporaire • sine die : *la suspension sine die des débats*

∞ VERBE + **suspension**

- entraîner : *les problèmes financiers ont entraîné la suspension des travaux*
- demander · exiger · ordonner · réclamer
- décréter : *ils ont décrété unilatéralement la suspension du versement des cotisations* · prononcer : *le président de la Cour a prononcé une suspension d'audience en milieu d'après-midi* • confirmer
- infliger : *le tribunal lui a infligé une suspension du permis de conduire*
- encourir : *le joueur encourt une suspension d'un an* · risquer
- valoir ... à : *le contrôle positif lui a valu une suspension de plusieurs mois*
- annuler

suspicion *nom fém.*

∞ suspicion + ADJECTIF

- générale · généralisée
- croissante · grandissante • forte $^{+\,nom}$ • mutuelle · réciproque
- incessante · permanente · perpétuelle • persistante · tenace
- justifiée · légitime [aussi Droit] : *son comportement a suscité une suspicion légitime ; la requête en suspicion légitime est une procédure rare*
- vague $^{+\,nom}$

∞ suspicion + VERBE

- régner : *une époque où règne la suspicion* • entourer · flotter sur · peser sur : *les suspicions qui pèsent sur le joueur* · planer sur
- gagner · se généraliser • demeurer · s'installer : *la suspicion s'est installée au sein du gouvernement*

∞ VERBE + **suspicion**

- attirer · créer · engendrer · éveiller · provoquer · susciter · semer : *les contrôles positifs des joueurs sèment la suspicion dans le football italien*
- frapper de : *l'opposition a frappé de suspicion les chiffres officiels* · jeter ... sur
- tenir en : *les enquêteurs tiennent ces témoignages en suspicion* • exprimer · manifester
- être confronté à · être en butte à : *le pays est en butte à la suspicion internationale* · être / faire l'objet de • être entaché de · être frappé de
- être lourd de : *une ambiance lourde de suspicion*
- alimenter · encourager · entretenir · favoriser · nourrir : *cette opacité nourrit la suspicion* • accroître · ajouter à · attiser · renforcer : *l'affaire n'a fait que renforcer la suspicion des médias*
- confirmer
- dissiper · écarter · éliminer · lever : *l'enquête a permis de lever les suspicions* · mettre fin à

∞ NOM + DE + **suspicion**

- ambiance · atmosphère · climat

symbole *nom masc.*

∞ symbole + ADJECTIF

- culturel · religieux · social • visuel • phallique · sexuel

- local • mondial · national · universel • populaire · récurrent · traditionnel : *la grenade est un symbole traditionnel de fertilité*
- reconnu · respecté · vénéré • positif : *le serpent était un symbole positif dans l'Antiquité*
- concret : *c'est le premier symbole concret de la réunification* · vivant
- important · majeur • absolu · suprême · ultime : *cette réforme est le symbole ultime d'une volonté de renouveau* • fort : *cette nomination est un symbole fort d'intégration* · mobilisateur · puissant : *la pyramide est un symbole puissant dans de nombreuses cultures*
- beau + nom · parfait • éclatant · flamboyant
- honni : *ce mur constituait un symbole honni* • négatif

∞ VERBE + **symbole**

- élever au rang de · ériger en : *Ghandi érigea le rouet en symbole de libération nationale* · faire de · transformer en • prendre comme / pour · se doter de
- constituer · devenir · incarner : *le roi incarne le symbole de l'unité nationale* · représenter · servir de • avoir / prendre des allures de · avoir valeur de : *ce fait divers a valeur de symbole*
- assimiler à · percevoir comme · reconnaître comme · voir comme : *la mer est souvent vue comme un symbole de fécondité*
- être attaché à · respecter • défendre : *il s'attache à défendre les symboles nationaux*
- s'approprier : *l'artiste s'est approprié les symboles des contes de fées* • détourner : *la publicité détourne les symboles populaires*
- porter atteinte à · s'attaquer à · s'en prendre à · toucher : *le cinéaste n'hésite pas à toucher aux symboles religieux*
- détruire

symétrie *nom fém.* (équilibre)

∞ **symétrie** + ADJECTIF

- axiale · bilatérale
- belle + nom · parfaite : *un édifice à la symétrie parfaite* · remarquable
- étrange · fascinante · troublante
- apparente • fausse + nom

∞ VERBE + **symétrie**

- présenter
- rétablir
- jouer sur : *l'artiste joue sur la symétrie de formes circulaires ou courbes* · s'appuyer sur · utiliser
- briser · détruire · rompre (avec)

[1]**sympathie** *nom fém.* (penchant naturel, popularité)

∞ **sympathie** + ADJECTIF

- personnelle
- générale · populaire : *un élan de sympathie populaire*
- mutuelle · partagée · réciproque
- immédiate · instinctive · naturelle · spontanée : *sa bonne humeur suscite une sympathie spontanée*
- évidente · manifeste • grande + nom · immense · particulière · profonde

∞ VERBE + **sympathie**

- attirer · conquérir · déclencher · emporter · forcer : *sa simplicité et sa gentillesse forcent la sympathie* · gagner · inspirer · provoquer · rencontrer · s'attirer : *il s'est attiré la sympathie des habitants du quartier* · susciter • capter
- avoir ... pour · déborder de ... pour · éprouver ... pour · ressentir ... pour · se prendre de ... pour : *il s'est pris de sympathie pour sa nouvelle voisine*
- bénéficier de · jouir de • conserver : *malgré ses erreurs, il conserve la sympathie de l'opinion*
- perdre : *il risque de perdre la sympathie du public*

∞ NOM + DE + **sympathie**

- capital : *le présentateur a un gros capital de sympathie auprès des plus de 50 ans*
- courant : *le joueur bénéficie d'un extraordinaire courant de sympathie des Français* · élan

[2]**sympathie** *nom fém.* (compassion)

∞ **sympathie** + ADJECTIF

- totale
- sincère · réelle + nom

∞ VERBE + **sympathie**

- affirmer · exprimer · faire part de · témoigner (de) : *le gouvernement a témoigné sa sympathie aux victimes*

∞ NOM + DE + **sympathie**

- marque : *elle a reçu des marques de sympathie de tout le pays* · geste · témoignage

[3]**sympathie** *nom fém.* (affinités politiques)

∞ VERBE + **sympathie**

- être en • afficher · manifester · ne pas cacher : *il ne cachait pas ses sympathies pour le fascisme*
- soupçonner de : *l'armée chasse les populations soupçonnées de sympathie pour les rebelles*

symptôme *nom masc.*

∞ symptôme + ADJECTIF

- clinique · physique • dépressif · hystérique
- premier [+ nom] : *la toux est le premier symptôme de la maladie*
- caractéristique : *c'est un symptôme caractéristique de la dépression* · classique · (bien) connu · spécifique · typique • aigu · important · majeur • annonciateur · évocateur · révélateur : *le symptôme révélateur de la tumeur est l'épilepsie*
- clair · marqué · net · visible
- fréquent : *la fièvre est un symptôme habituel de la grippe* · habituel · répandu
- alarmant · grave · inquiétant
- invalidant : *la narcolepsie entraîne des symptômes invalidants*
- étrange · curieux · bizarre
- mineur : *les symptômes mineurs sont plus difficiles à repérer*

∞ symptôme + VERBE

- (ré)apparaître · (re)faire son apparition
- caractériser : *ce sont les symptômes qui caractérisent la maladie*
- associer : *les symptômes peuvent associer fièvre et douleurs musculaires*
- révéler · traduire • faire penser à · laisser craindre : *ces symtômes laissent craindre une infection grave*
- ne pas tromper • (plur.) ne pas manquer · s'accumuler
- s'accentuer · s'aggraver • durer · persister : *si les symptômes persistent, consultez votre médecin*
- disparaître · partir : *grâce au traitement, les symptômes sont partis d'un coup*

∞ VERBE + symptôme

- déclencher · entraîner · provoquer
- avoir · développer · présenter • souffrir de : *la patiente souffre de symptômes étranges*
- guetter · surveiller
- décrire · détailler : *cette brochure détaille tous les symptômes du syndrome* · préciser
- déceler · découvrir · enregistrer · observer • reconnaître · repérer · voir : *on peut y voir les symptômes d'un malaise profond*
- expliquer · interpréter
- cacher · masquer
- combattre · s'attaquer à : *il est illusoire de s'attaquer aux symptômes de la pauvreté plutôt qu'à ses causes*
- atténuer · réduire • soigner · soulager · traiter : *il ne traite que les symptômes du mal, mais pas les causes*
- prévenir • supprimer : *une thérapie permet de prévenir ou de supprimer certains symptômes*

syndrome *nom masc.*

∞ syndrome + ADJECTIF

- biologique · clinique · génétique · lésionnel · métabolique · neurologique · (post-)traumatique • mental · psychiatrique · psychique · psychologique · psychotique • autistique · dépressif
- célèbre · fameux [+ nom] : *le fameux syndrome de Stockholm*
- courant · fréquent · répandu · connu
- méconnu · rare
- curieux · étrange · mystérieux
- douloureux

∞ syndrome + VERBE

- apparaître : *ce syndrome apparaît le plus souvent à l'âge adulte* · se déclarer · survenir
- se développer
- affecter · toucher : *c'est un syndrome qui touche aussi bien les hommes que les femmes*
- évoluer
- disparaître : *le syndrome peut disparaître au bout de quelques années*

∞ VERBE + syndrome

- découvrir : *ce syndrome a été découvert par Gilles de la Tourette*
- causer : *un syndrome causé par un choc émotionnel* · être à l'origine de · être responsable de · provoquer
- détecter · diagnostiquer · identifier · reconnaître : *ce syndrome est généralement reconnu à la puberté*
- être atteint de · être frappé de : *elle est frappée d'un étrange syndrome* · être victime de : *ils sont victimes du syndrome de Jérusalem* · souffrir de
- caractériser : *le syndrome est caractérisé par des accès répétés d'hyperphagie*
- combattre · lutter contre • soigner · traiter : *le syndrome doit être traité par une thérapie efficace*

synergie *nom fém.*

∞ synergie + ADJECTIF

- commerciale · financière · industrielle
- grande [+ nom] · importante
- belle [+ nom] · efficace · fructueuse · positive : *toutes ces initiatives produisent une synergie positive pour l'entreprise* · profitable · réussie

∞ synergie + VERBE

- se mettre en place · s'établir · s'installer · s'instaurer : *une synergie s'est instaurée entre les professionnels du secteur*
- se dégager de : *une belle synergie se dégage de leur action commune*
- fonctionner • porter ses fruits : *cette synergie avec nos partenaires porte déjà ses fruits*

∾ VERBE + **synergie**

- (re)chercher
- créer : *cette structure crée une synergie entre les communes* · développer · induire · générer · permettre · produire • faciliter · favoriser
- obtenir · réaliser • bénéficier de
- améliorer · renforcer
- exploiter · faire jouer · profiter de : *les élèves ont su profiter de la synergie du travail en groupe* · utiliser : *le fabricant utilise la synergie de différentes techniques de pointe*

en synergie

- mettre • entrer • être · travailler

synthèse *nom fém.* (résumé, regroupement)

∾ **synthèse** + ADJECTIF

- générale • définitive · finale
- brillante · claire · efficace · intelligente · magistrale · parfaite : *il nous a présenté une synthèse parfaite des différents aspects du problème* · remarquable · réussie
- vivante : *ces artistes sont la synthèse vivante de toute une culture*

∾ VERBE + **synthèse**

- constituer · être
- (re)chercher : *le musicien recherche une synthèse entre le style classique et les innovations technologiques*
- esquisser · tenter : *l'auteur tente une synthèse de ces différentes approches*
- dégager · élaborer · établir · faire · opérer : *ce compte-rendu opère la synthèse des informations* · produire · réaliser • aboutir à · arriver à · parvenir à · réussir
- fournir · offrir · présenter · proposer • publier : *le laboratoire a publié une synthèse de ses travaux* · rédiger

∾ NOM + DE +**synthèse**

- esprit · effort
- document · rapport · travail

système *nom masc.* (organisation, méthode)

∾ **système** + ADJECTIF

- politique • judiciaire · légal · pénal • financier · fiscal · industriel · monétaire • culturel · social • éducatif · scolaire
- formel • hiérarchique : *le système hiérarchique de l'entreprise* • binaire · dual • centralisé · décentralisé • ouvert : *Internet est un système ouvert qui permet à tous d'intervenir* • clos · fermé
- traditionnel • ancien
- alternatif · expérimental · inédit · novateur · original · nouveau
- bâtard · hybride • bizarre · étrange
- complexe · compliqué · sophistiqué : *nos services ont adopté un système sophistiqué de gestion des archives* · subtil
- bon [+ nom] · cohérent · efficace · fiable · fonctionnel · (bien) huilé · pratique · rigoureux : *ce système rigoureux limite la possibilité de cumul à deux mandats* · (bien) rodé : *un réseau de blanchiment d'argent au système bien rodé* • opérationnel • astucieux · habile · ingénieux · intelligent • simple • flexible · souple : *c'est un système souple qui peut évoluer en fonction des besoins* • idéal · parfait
- égalitaire · équilibré · juste • adapté · adéquat · ad hoc · approprié
- inefficace · inopérant · mauvais [+ nom] • à bout de souffle : *il accuse un système politique à bout de souffle* · branlant · défaillant • coûteux • discutable · imparfait · incohérent
- figé · lourd · pesant · rigide
- inhumain · injuste · pervers : *un système pervers qui perpétue les inégalités*
- archaïque · dépassé · féodal · obsolète · primitif

∾ **système** + VERBE

- reposer sur : *ce système repose sur quatre principes* · se baser sur · se fonder sur · utiliser
- autoriser · offrir · permettre
- évoluer · se modifier
- avoir ses mérites • fonctionner (bien) · marcher (bien)
- fonctionner mal · marcher mal • s'enrayer
- s'écrouler · s'effondrer : *le pays a vu son système financier s'effondrer*

∾ VERBE + **système**

- concevoir · imaginer · inventer • bâtir · créer · développer · élaborer · ériger · établir · installer · mettre au point · mettre sur pied · organiser • implanter · instaurer · introduire · mettre en place • bidouiller[fam.] · bricoler[fam.] • reconstruire • restaurer : *il souhaite restaurer l'ancien système judiciaire*
- disposer de · être doté de · être équipé de : *l'avion est équipé d'un système automatique d'alarme anticollision* · être muni de · posséder • être couplé à
- proposer • imposer
- adopter · choisir · opter pour · préconiser · préférer · se rallier à • appliquer · déployer · faire appel à · faire usage de · mettre en pratique · mettre en œuvre · opérer · pratiquer · se servir de · user de · utiliser

• revenir à : *certains souhaitent revenir à un système monarchique*
▪ adhérer à · défendre · se rallier à • soutenir : *il refuse de soutenir ce système à bout de souffle*
▪ constituer · être • appartenir à · entrer dans : *le secteur est entré dans un système de libre concurrence* · faire partie de · s'insérer dans • être inhérent à
▪ être enfermé dans · être pris dans · être récupéré par : *les producteurs indépendants ont été récupérés par le système* · être victime de
▪ copier · reproduire : *il voudrait reproduire le système scolaire scandinave*
▪ mettre à plat • évaluer · expérimenter · tester
▪ substituer (... à) • bouleverser · changer · faire évoluer · modifier · transformer
▪ adapter · affiner : *les remontées des commerciaux nous ont permis d'affiner le système de distribution* · améliorer · moderniser · perfectionner · réformer · renforcer · roder • rationaliser · simplifier : *le projet vise à simplifier le système des retraites*
▪ généraliser : *en cas de succès, le système pourrait se généraliser à la France entière*
▪ pérenniser · perpétuer
▪ accuser · dénoncer · (re)mettre en cause · refuser • marquer / montrer les limites de : *la catastrophe a montré les limites du système d'indemnisation*
▪ contourner : *les fraudeurs ont su contourner le système judiciaire* · échapper à • affaiblir · compromettre · destabiliser · menacer · mettre à mal · peser sur • affronter · combattre
▪ bloquer · casser · démolir · détruire • donner / porter le coup de grâce à · mettre fin à · renverser · rompre avec · supprimer : *ils ont supprimé le système des appels d'offres*

t

[1] **tableau** *nom masc.* (peinture)

∾ **tableau** + ADJECTIF

- impressionniste · naïf · naturaliste · primitif · (hyper)réaliste · surréaliste · etc.
- abstrait · figuratif • allégorique · onirique · symbolique
- à la gouache · à l'huile · au pastel • monochrome · multicolore
- anonyme · sans titre
- célèbre · de maître · fameux + nom
- impressionnant · majestueux · monumental
- beau + nom · extraordinaire · magnifique · superbe
- étrange · original · surprenant
- affreux · horrible · laid
- faux + nom : *il est impliqué dans une affaire de faux tableaux*

∾ **tableau** + VERBE

- représenter
- orner : *des tableaux de maître ornaient les murs de la demeure*
- faire scandale

∾ VERBE + **tableau**

- commencer · entreprendre
- composer · exécuter · faire · peindre · réaliser
- retoucher · retravailler
- achever · finir · mettre la dernière main / touche à · mettre la touche finale à · terminer
- intituler
- attribuer ... à : *ce tableau a longtemps été attribué à Rembrandt*
- copier • reproduire : *le timbre reproduit un tableau de Chagall*
- encadrer · entoiler
- nettoyer · restaurer • vernir
- accrocher · pendre : *trois tableaux étaient pendus au mur / à la cimaise* • exposer · montrer
- admirer · contempler · examiner · regarder
- mettre en vente · vendre • adjuger ... à
- acheter · collectionner (plur.) • conserver · posséder
- estimer · expertiser • inventorier (plur.)
- abîmer · défigurer · lacérer · mutiler
- dérober · voler

∾ NOM + DE + **tableaux**

- collection · ensemble · série · suite

[2] **tableau** *nom masc.* (description)

∾ **tableau** + ADJECTIF

- général • complet · documenté · exhaustif · fouillé
- fidèle · minutieux · précis • objectif · réaliste · vivant : *l'auteur brosse un tableau vivant de la fin du XIXe siècle industriel*
- édifiant · intéressant
- étonnant · saisissant · spectaculaire · surprenant
- encourageant · optimiste · positif · réjouissant • idéal · idyllique · rose : *à ce tableau rose, ses adversaires en opposent un beaucoup plus sombre* • élogieux · flatteur
- rapide · sommaire · succinct : *il a commencé la réunion par un tableau succinct de la situation* • incomplet · partiel
- contrasté · mitigé · nuancé
- critique · féroce · impitoyable · sans concession · sévère · virulent
- négatif • accablant · affligeant · apocalyptique · chaotique · déprimant · lugubre · morose · pas brillant · peu reluisant · sinistre · tragique · triste • alarmiste · effrayant · inquiétant · noir · pessimiste · préoccupant · sombre · terrifiant

∞ VERBE + tableau

- brosser : *il brosse un tableau assez déprimant de ce pays* · camper · composer · dresser · faire · peindre · tracer : *cet économiste trace un tableau effrayant du marché actuel*
- offrir : *cet ouvrage offre un tableau général de la littérature du Québec*
- compléter • parfaire : *pour parfaire ce tableau inquiétant, les travaux accusent un énorme retard*
- assombrir · jeter une ombre à · noircir · obscurcir · ternir : *aucune ombre ne vient ternir ce tableau de fête* • nuancer • compliquer

tabou *nom masc.*

∞ tabou + ADJECTIF

- culturel · politique · sexuel · social
- fort : *cela reste un tabou très fort dans la société africaine* · majeur · véritable + nom · vrai + nom • absolu · suprême
- dernier + nom · ultime + nom
- vieux + nom : *un vieux tabou vient d'être brisé* • bien ancré · vivace • durable · persistant

∞ tabou + VERBE

- concerner · être lié à · être relatif à
- entourer · peser sur · régner sur
- demeurer · persister
- sauter · tomber · voler en éclats : *ce film nous replonge à l'époque où les tabous moralisateurs volent en éclats*

∞ VERBE + tabou

- constituer · devenir · être (considéré comme) · relever de • demeurer · rester
- aborder · évoquer • toucher à
- affronter · faire face à · se heurter à
- respecter
- éviter : *il n'évite aucun tabou*
- dénoncer · remettre en cause · s'élever contre • battre en brèche · bousculer · combattre · s'attaquer à · s'en prendre à • braver · défier · enfreindre · rompre · transgresser · violer : *cette émission télévisée viole un vieux tabou*
- abattre · balayer · briser · dynamiter · lever · mettre fin à · renverser · vaincre • dépasser : *il lui a fallu quarante ans pour dépasser ce tabou* · s'affranchir de · se débarrasser de · se libérer de
- être dépourvu de

sans tabou

- débattre · discuter · évoquer · parler · s'exprimer • aborder · traiter

tache *nom fém.*

∞ tache + ADJECTIF

- énorme · grande + nom · grosse + nom
- indélébile · rebelle · tenace
- noire · sombre
- suspecte : *les draps étaient pleins de taches suspectes*
- minuscule · petite + nom

∞ tache + VERBE

- apparaître
- s'élargir · s'étendre
- s'estomper • disparaître · partir : *la tache n'est pas partie au lavage*

∞ VERBE + tache

- faire : *il a fait plein de taches sur le cahier*
- (plur.) être couvert de · être maculé de · être parsemé de : *la fourrure du jaguar est parsemée de taches noires* · être plein de
- effacer · enlever · laver · ôter • venir à bout de : *le produit idéal pour venir à bout des taches rebelles*

tâche *nom fém.*

∞ tâche + ADJECTIF

- administrative · logistique • intellectuelle · manuelle • domestique · familiale · ménagère
- concrète · spécifique • annexe · supplémentaire
- courante · journalière · quotidienne
- de la plus haute importance · importante · première : *la tâche première de cet organisme est de veiller à la stabilité des prix* · primordiale · principale • prioritaire · urgente
- minutieuse · pointue · précise
- ambitieuse · colossale · considérable · énorme · gigantesque · herculéenne · immense · infinie · titanesque · vaste
- ardue · complexe · compliquée · délicate · difficile · rude • dangereuse • écrasante · lourde + nom : *il a la lourde tâche de surveiller l'ensemble des opérations* · redoutable
- de longue haleine · interminable • démesurée · impossible · insurmontable
- intéressante · passionnante • absorbante · exigeante · prenante
- abrutissante · assommante · épuisante · éreintante · harassante
- monotone · répétitive · routinière • désagréable · fastidieuse · ingrate · pénible · rebutante • servile • aride · austère • absurde · obscure : *on l'occupe à quelques obscures tâches administratives* · sans intérêt · triviale · vaine

- aisée : *le robot rend la tâche plus aisée* · facile · simple
- modeste · petite $^{+ nom}$ • marginale · subalterne • limitée · ponctuelle

∾ tâche + VERBE
- attendre · échoir à · incomber à · revenir à · se présenter (à)
- consister à • (+ adj.) promettre d'être : *cette tâche promet d'être longue et difficile* · risquer d'être · s'annoncer
- se compliquer

∾ VERBE + **tâche**
- définir · fixer
- affecter à · assigner · attribuer · confier · déléguer · (se) donner (comme / pour) • s'astreindre à · s'imposer • partager · répartir
- charger de • reléguer dans : *elle a relégué son bras droit dans des tâches marginales*
- avoir (pour) : *il aura la / pour tâche de définir un programme culturel* • être / rester cantonné à : *il reste cantonné à des tâches subalternes*
- commencer · entamer · entreprendre • reprendre · s'atteler à : *je m'attelle à la tâche dès le matin* · se (re)mettre à
- accepter · accomplir · assumer · assurer · effectuer · exécuter · mener · prendre en charge · procéder à · remplir · se consacrer à · se livrer à · s'employer à · s'occuper de • participer à : *il participe peu aux tâches ménagères* · prendre part à • continuer · poursuivre • se concentrer sur · se focaliser sur
- aider dans · assister dans · épauler dans · seconder dans
- achever · finir · mener à bien · mener à terme · terminer • être / se montrer à la hauteur de • s'acquitter de · se débarrasser de • bien se sortir / tirer de : *elle s'est très bien sortie de cette tâche pourtant difficile*
- démontrer l'ampleur / la complexité de · illustrer l'ampleur / la complexité de · montrer l'ampleur / la complexité de · souligner l'ampleur / la complexité de · témoigner de l'ampleur / la complexité de • réaliser l'ampleur / la complexité de
- alléger · réduire : *ce logiciel devrait réduire la tâche des rédacteurs*
- faciliter · simplifier
- s'épuiser à · se tuer à : *je ne vais pas me tuer à la tâche pour eux* • être débordé par · être écrasé par
- alourdir · compliquer
- dispenser de · libérer de
- rechigner à · refuser • faillir à : *il n'a jamais failli à sa tâche*

tact *nom masc.*

∾ tact + ADJECTIF
- diplomatique · politique
- nécessaire
- grand $^{+ nom}$ · immense · infini · rare • admirable · exemplaire

∾ VERBE + **tact**
- demander · nécessiter · requérir
- avoir · être plein de · faire preuve de • manifester · montrer · témoigner de : *elle a témoigné d'un tact exemplaire dans cette affaire*
- être dépourvu de · manquer de

tactique *nom fém.*

∾ tactique + ADJECTIF
- commerciale · électorale · militaire · politicienne · politique · etc.
- différente · inédite · nouvelle · originale • inverse
- connue · éprouvée · maîtrisée • classique · conventionnelle · habituelle · vieille $^{+ nom}$
- audacieuse · bonne $^{+ nom}$ · excellente · géniale · habile · judicieuse · redoutable • efficace · gagnante · imparable · payante : *sa tactique s'est révélée payante*
- élaborée · perfectionnée · sophistiquée · subtile
- agressive • offensive
- défensive • frileuse : *leur tactique frileuse leur a coûté le match* · prudente
- dangereuse · risquée · suicidaire • inefficace · maladroite · mauvaise $^{+ nom}$

∾ tactique + VERBE
- consister à · être basée sur · être fondée sur · reposer sur
- être destinée à · viser à • permettre de · réussir à
- faire ses preuves · fonctionner (bien) · gagner · marcher (bien) · réussir
- laisser sceptique • échouer · fonctionner mal · marcher mal

∾ VERBE + **tactique**
- ébaucher · élaborer · mettre au point · mettre en place · mettre sur pied • décider de · définir · s'accorder sur

- adopter · choisir · opter pour • préconiser · se rallier à • appliquer (à la lettre) · déployer · développer · employer · mettre en œuvre · mettre en pratique · pratiquer · recourir à · suivre · utiliser • être fidèle à • revenir à • passer à : *ils sont passés à une tactique plus offensive*
- imposer
- dévoiler · exposer · présenter
- changer de · modifier · réviser · revoir • adapter • affiner · peaufiner
- être divisé sur : *leurs chefs étaient divisés sur la tactique à suivre* · s'opposer sur

[1]taille *nom fém.* (mesure, hauteur, grosseur)

∞ taille + ADJECTIF

- intermédiaire · moyenne · normale · standard • unique : *tous les tee-shirts sont de taille unique*
- nécessaire · requise • réglementaire
- exacte · précise
- maximale • correcte · honorable · raisonnable · respectable • croissante • belle [+ nom] · considérable · énorme · gigantesque · grande [+ nom] • mondiale
- démesurée · excessive
- adaptée · bonne [+ nom] · idéale · optimale : *cette ville a la taille optimale pour ce genre d'activité* • mannequin○ : *il n'a pas vraiment la taille mannequin*
- critique : *nos centres de recherche n'ont pas la taille critique qui garantirait leur visibilité*
- minimale • minuscule · modeste · petite [+ nom]

∞ taille + VERBE

- atteindre · équivaloir à : *la taille du bonobo équivaut à celle du chimpanzé*
- osciller entre ... et ... · varier
- être inférieure à
- dépasser · être supérieure à · excéder

∞ VERBE + taille

- acquérir : *la fusion leur permettra d'acquérir une taille mondiale* · atteindre · avoir · faire · posséder
- estimer · évaluer · mesurer • surestimer • sous-estimer
- changer · modifier
- accroître · augmenter · doubler
- diminuer · limiter · réduire : *nous avons réduit la taille des emballages*

[2]taille *nom fém.* (silhouette)

∞ taille + ADJECTIF

- bien tournée · marquée
- de guêpe○ : *le corset lui faisait une taille de guêpe* · élancée · fine · svelte

∞ taille + VERBE

- s'affiner
- s'arrondir

∞ VERBE + taille

- affiner · amincir
- mettre en valeur · souligner

talent *nom masc.* (qualité)

∞ talent + ADJECTIF

- artistique · comique · culinaire · littéraire · musical · narratif · oratoire · pédagogique • créatif · inventif
- personnel • particulier · singulier • inimitable · original • inné · naturel • précoce
- éclectique · polymorphe
- naissant
- évident · manifeste • incontestable · indéniable · indiscutable • incontesté · reconnu
- confondant · considérable · énorme · exceptionnel · fou · grand [+ nom] · immense · impressionnant · inouï · marqué · phénoménal · prononcé : *cet élève a un talent prononcé pour le dessin* · rare · remarquable · unique · vrai [+ nom] · réel [+ nom] • étonnant · hors du commun · hors norme · hors pair · incomparable · inégalable · inégalé · inhabituel • éblouissant · extraordinaire · fabuleux · formidable · merveilleux · prodigieux • précieux · prometteur • insolent : *un jeune pianiste au talent insolent* • brut · (à l'état) pur
- caché
- inemployé · inexploité
- inégal · variable • discutable

∞ talent + VERBE

- éclore
- résider dans : *son talent réside dans sa capacité à suggérer sans exprimer*
- grandir · mûrir · s'affirmer · s'épanouir • se confirmer · se vérifier
- ouvrir des portes · payer • porter (passif) : *un film excellent porté par le talent des deux interprètes principaux*
- faire défaut à · manquer à

∞ VERBE + talent

- demander · exiger · nécessiter · réclamer · requérir · supposer • faire appel à : *j'ai fait appel au talent d'un décorateur*
- avoir · être bourré de[fam.] · être pétri de • (+ adj.) être doté de · être doué de · posséder • retrouver

- déployer · dévoiler (toutes les facettes de) · donner la (pleine) mesure de · donner le meilleur de · faire montre de · imposer · manifester · montrer (toute l'étendue de) · révéler (toute l'étendue de) : *dans cette exposition, l'artiste révèle toute l'étendue de son talent* • témoigner de : *ce film témoigne de son immense talent* • affirmer · cultiver · développer · donner libre cours à · exercer · exprimer
- consacrer ... à · employer ... à · exploiter · mettre (à profit) · mettre ... au service de · user de · utiliser • donner / laisser libre cours à • forcer : *« Ne forçons point notre talent ; Nous ne ferions rien avec grâce »* (La Fontaine, *Fables, IV, 5*, "L'âne et le petit chien")
- connaître · être conscient de
- confirmer · démontrer · faire (la) preuve de · prouver
- [aussi personne] découvrir · détecter · repérer : *il a repéré quelques talents dans les cafés-théâtres de province*
- avoir / faire confiance dans / en · croire à
- juger de · mesurer · prendre la mesure de
- admirer · apprécier (à sa juste valeur) • honorer · reconnaître · rendre hommage à · rendre justice à · respecter · saluer · s'incliner devant • récompenser : *cette distinction vient récompenser un talent littéraire hors du commun*
- monnayer · vendre • vivre de : *elle a du mal à vivre de son talent*
- devoir à : *il doit sa réussite à son talent d'orateur*
- contester · mettre en cause • ignorer · négliger : *le jury du festival ne néglige aucun talent* · nier · sous-estimer
- ne rien enlever à : *sa défaite n'enlève rien à son talent*
- gâcher · gaspiller · laisser en friche · négliger : *il a négligé ses talents de musicien*
- brider
- être dénué de · être dépourvu de · manquer de

tapage *nom masc.* (litt. et fig.)

∞ tapage + ADJECTIF

- diurne · nocturne°
- médiatique · publicitaire
- assourdissant · d'enfer · extraordinaire · grand + nom · infernal

∞ VERBE + tapage

- déchaîner · provoquer
- faire · mener (sans art.) : *les médias ont mené grand tapage autour de cet événement* · se livrer à • orchestrer : *c'est elle qui a orchestré tout ce tapage médiatique* · participer à
- dénoncer · déplorer · se plaindre de
- éviter · fuir
- faire cesser · mettre un terme à

tare *nom fém.*

∞ tare + ADJECTIF

- congénitale · génétique · héréditaire • physique • originelle
- grande + nom · grosse + nom · importante · majeure
- indélébile · irrémédiable
- rédhibitoire
- inavouable

∞ VERBE + tare

- hériter de : *il a hérité de la tare physique de son père*
- comporter · porter · posséder · présenter • traîner • (plur.) accumuler · concentrer · cumuler · multiplier
- constituer · être • apparaître comme · être considéré comme
- mettre en lumière · pointer
- être exempt de : *un cheval exempt de tare*

tarif *nom masc.*

∞ tarif + ADJECTIF

- douanier · publicitaire
- actuel · en vigueur • officiel · syndical • de base · fixe · habituel · standard • forfaitaire · unique • indicatif
- horaire · journalier • moyen · normal • demi- + nom · plein + nom · réduit
- à la hausse · élevé · majoré • maximal · maximum
- alléchant · attractif · attrayant · avantageux · bon marché · compétitif · défiant toute concurrence · économique · exceptionnel · imbattable · intéressant · séduisant • accessible · correct · modéré · raisonnable • négocié · préférentiel · privilégié · promotionnel · spécial • incitatif : *cet hôtel affiche des tarifs incitatifs en semaine*
- délirant · déraisonnable · excessif · exorbitant · prohibitif • ascensionnel • dissuasif
- minimal · minimum • dégressif · progressif
- à la baisse · bas · modique • dérisoire · ridicule

∾ **tarif** + VERBE
- débuter à • varier • aller de ... à ... · osciller entre ... et ... · passer de ... à ... • dépasser
- être supérieur à • augmenter · flamber · grimper · monter · s'envoler
- baisser · chuter · dégringoler · tomber à : *pour tout engagement d'un an, ce tarif tombe à 30 euros par mois*

∾ VERBE + **tarif**
- définir · établir · fixer · instaurer · instituer : *le musée a institué un tarif réduit pour les étudiants*
- négocier • se mettre d'accord sur · s'entendre sur
- afficher · appliquer · offrir · pratiquer · proposer • consentir : *l'agence de voyages nous a consenti un tarif de groupe* • assurer · garantir • maintenir
- obtenir • bénéficier de · profiter de
- contrôler • comparer
- avoir un impact sur · peser sur · (se) répercuter sur
- (ré)ajuster · aligner ... sur · changer · modifier · réviser · revoir • adapter · moduler : *l'idée est de moduler les tarifs en fonction de la demande*
- augmenter · gonfler · relever · réviser / revoir à la hausse · tirer vers le haut
- abaisser · baisser · diminuer · réduire · réviser / revoir à la baisse • démocratiser • tirer vers le bas : *le constructeur essaie de tirer ses tarifs vers le bas*

∾ NOM + DE + **tarif(s)**
- augmentation · hausse · inflation
- baisse · diminution · réduction

taux *nom masc.*

∾ **taux** + ADJECTIF
- bancaire · interbancaire • d'intérêt · de remboursement · etc.
- acheteur · actuariel · créditeur · débiteur · vendeur • directeur : *la banque centrale a relevé son principal taux directeur de un point*
- actuel · en vigueur • moyen · normal • administré · officiel · réglementé • national • annualisé · annuel · horaire • brut · net • marginal • effectif · pivot · principal · réel • forfaitaire · global • à court terme · court • à long terme · long
- constant · fixe · garanti · stable · uniforme · unique
- révisable · variable • dégressif · progressif
- maximal · maximum · plafond · plein : *elle devra travailler encore quarante ans pour bénéficier d'une retraite à taux plein* • élevé · majoré · record • positif
- bonifié • acceptable · convenable · favorable · raisonnable • attrayant · avantageux · défiant toute concurrence · exceptionnel · imbattable · intéressant • de faveur° : *certaines acquisitions bénéficient d'un taux de faveur pour la taxe foncière* · préférentiel
- anormal · désavantageux · excessif · exorbitant · prohibitif • alarmant · inacceptable · usuraire : *cette banque pratique des taux usuraires*
- bas · en baisse · faible · minoré · modique · réduit • négatif • minimal · minimum · plancher

∾ **taux** + VERBE
- approcher · avoisiner : *un taux de chômage avoisinant les 3 %* · être égal à · être proche de · être voisin de · friser • atteindre · passer (de ...) à · s'élever à · se situer à / entre ... et ... · s'établir à • osciller entre ... et ... · varier de ... à ... • dépasser
- être supérieur à • augmenter · être en hausse · grimper · (re)monter · s'envoler
- se stabiliser · stagner
- être inférieur à • baisser · chuter · descendre (à) · diminuer · être en baisse · tomber à : *le taux de remboursement de ces médicaments est tombé à 35 %*
- servir de référence

∾ VERBE + **taux**
- établir · fixer · instaurer · instituer · introduire · mettre en place
- adopter · afficher · pratiquer : *ils pratiquent des taux très intéressants pour les jeunes*
- enregistrer : *ce film enregistre un bon taux de fréquentation*
- comparer
- contrôler · réglementer
- modifier · réviser / revoir à la baisse / hausse • niveler · pondérer : *on a pondéré le taux de croissance de chaque pays en fonction du PIB*
- augmenter · élever · hausser · majorer · relever : *les banques hésitent à relever les taux d'intérêt*
- abaisser · baisser · minorer · réduire • améliorer

∾ NOM + DE + **taux**
- accroissement · augmentation · hausse · inflation · (re)montée
- fluctuation · variation · volatilité

- baisse · diminution

▷ voir aussi **taux d'intérêt**

taxe *nom fém.*

∞ taxe + ADJECTIF

- douanière · (para)fiscale · foncière · professionnelle · sociale · sur la valeur ajoutée° • aérienne · portuaire
- internationale · locale · municipale • directe · indirecte • spéciale · spécifique • forfaitaire
- incitative : *une taxe incitative sera peut-être appliquée aux carburants*
- considérable · élevée · énorme · grosse + nom · lourde + nom
- minimale · modeste · petite + nom • dégressive
- équitable · juste
- impopulaire
- cachée · déguisée : *la tarification envisagée n'est qu'une taxe déguisée*

∞ taxe + VERBE

- concerner · frapper : *les taxes frappant les cigarettes* · porter sur · toucher • pénaliser : *ces taxes pénalisent l'émission de gaz polluants / les petites entreprises*
- rapporter • alimenter : *cette taxe est destinée à alimenter un fonds de soutien au cinéma* · financer
- augmenter · grimper • s'ajouter à
- baisser · diminuer

∞ VERBE + taxe

- créer · établir · instaurer · instituer · introduire : *le ministre compte introduire une taxe sur le kérosène* · mettre en place
- appliquer · imposer • assujettir à · frapper de · soumettre à
- supporter : *les artisans doivent supporter une taxe supplémentaire* • (s')acquitter (de) · payer · verser • reverser
- prélever • collecter · empocher · encaisser · percevoir
- asseoir ... sur : *le député proposait d'asseoir cette taxe sur le revenu des habitants*
- comprendre · inclure : *le prix inclut la taxe d'aéroport*
- réformer • harmoniser
- augmenter · relever • étendre ... à • déplafonner : *si on déplafonne cette taxe, elle deviendra rentable*
- abaisser · alléger · baisser · diminuer · moduler · réduire • plafonner : *le gouvernement a plafonné la taxe à 500 000 € par site d'exploitation*
- contourner · échapper à · éviter : *les spéculateurs trouveront-ils un moyen d'éviter la taxe ?*
- dispenser de · exempter de · exonérer de
- abolir · annuler · lever · supprimer

[1]technique *nom fém.* (méthode)

∞ technique + ADJECTIF

- industrielle · scientifique
- ancestrale · ancienne · classique · traditionnelle • (bien) connue · courante
- exclusive · inédite · innovante · nouvelle · novatrice · originale · révolutionnaire • alternative · expérimentale
- particulière · singulière · unique • bizarre · étrange · insolite
- impressionnante · spectaculaire • de pointe° · élaborée · évoluée · poussée · (ultra)moderne • complexe · compliquée · difficile · pointue · sophistiquée
- astucieuse · bonne + nom : *apparemment, tu n'utilises pas la bonne technique !* · excellente · ingénieuse • éprouvée · maîtrisée · rodée • efficace · fiable · imparable · performante · rigoureuse · sans faille · sans risque · sûre • bon marché · rentable
- simple • archaïque · rudimentaire
- chère · coûteuse · onéreuse • dangereuse • défaillante

∞ technique + VERBE

- consister à · se baser sur · se fonder sur · reposer sur · s'inspirer de · utiliser
- offrir des perspectives / possibilités · permettre de · servir à • améliorer · faciliter · simplifier
- évoluer · se modifier
- arriver / parvenir à maturité : *les techniques d'imagerie numérique arrivent à maturité* · faire des progrès · progresser · s'affiner · s'améliorer • être au point · fonctionner · marcher : *cette technique marche bien / mal*
- avoir des / ses limites

∞ VERBE + technique

- concevoir · développer · élaborer · imaginer · inventer · mettre au point · mettre en place · proposer • inaugurer · introduire : *il a introduit cette nouvelle technique dans le processus de fabrication*
- acquérir · apprendre · découvrir · s'approprier : *tout bricoleur peut s'approprier cette technique* · se former à · s'initier à
- avoir · bénéficier de · disposer de · posséder • connaître · maîtriser

- adopter · appliquer · avoir recours à · employer · faire appel à · mettre à profit · mettre en œuvre · pratiquer · recourir à · s'appuyer sur · suivre · user de · utiliser • emprunter · reprendre · s'inspirer de • privilégier • allier · combiner : *il combine différentes techniques de jeu*
- évaluer · expérimenter • breveter · valider
- préconiser · promouvoir • diffuser · mettre ... à la portée de · populariser : *l'entreprise a popularisé cette technique dans les années 1990*
- avoir confiance en / dans · faire confiance à · se fier à
- adapter · révolutionner
- simplifier • affiner · améliorer · peaufiner · perfectionner
- critiquer
- abandonner · laisser tomber[fam.] · renoncer à

∾ NOM + DE + **techniques**
- arsenal · ensemble

²technique *nom fém.* (habileté)

∾ **technique** + ADJECTIF
- bonne [+ nom] • éblouissante · excellente · impeccable · impressionnante · irréprochable : *un pianiste à la technique irréprochable* · parfaite · spectaculaire

∾ VERBE + **technique**
- avoir · posséder
- affiner · aiguiser · améliorer · peaufiner : *ce stage est destiné aux skieurs souhaitant peaufiner leur technique* · perfectionner
- manquer de : *cet accordéoniste est sympathique mais il manque un peu de technique*

technologie *nom fém.*

∾ **technologie** + ADJECTIF
- agricole · industrielle · médicale • électronique · informatique · numérique • civile · militaire
- avant-gardiste · d'avant-garde · émergente · expérimentale · inédite · innovante · nouvelle [+ nom] · révolutionnaire
- évolutive · hybride · interactive
- avancée · complexe · de pointe° · dernier cri · évoluée · haute [+ nom] · (ultra)moderne · perfectionnée · pointue · poussée · sophistiquée
- intéressante · séduisante • (porteuse) d'avenir · prometteuse • en plein essor
- efficace · éprouvée · fiable · performante • puissante · robuste
- inefficace · lourde
- dépassée · désuète · obsolète

∾ **technologie** + VERBE
- apparaître · arriver · émerger · faire irruption
- consister à · reposer sur · se baser sur · se fonder sur · s'inspirer de : *notre technologie s'inspire de recherches en neurobiologie* · utiliser
- bouleverser · révolutionner · transformer • faciliter · ouvrir des perspectives / possibilités · permettre de · simplifier
- évoluer · progresser
- se développer · se généraliser : *la technologie numérique se généralise*

∾ VERBE + **technologie**
- développer · élaborer · inventer · mettre au point · mettre en place • maîtriser
- se tourner vers · s'éveiller à · s'intéresser à · s'ouvrir à • apprivoiser : *les opérateurs téléphoniques ont des difficultés à apprivoiser cette technologie* · s'approprier · se convertir à · se former à · s'initier à • s'adapter à
- mettre la main sur · s'emparer de
- détenir · disposer de · être équipé de · posséder • accéder à · avoir accès à · bénéficier de · se doter de
- adopter · avoir recours à · déployer : *le géant de l'informatique a déployé sa technique d'identification des courriels* · employer · exploiter · intégrer · mettre en œuvre · utiliser • appliquer ... à · mettre ... à la disposition de · mettre à profit · mettre ... au service de : *ils ont mis leur technologie au service des enseignants*
- reposer sur · s'appuyer sur · se baser sur · se fonder sur : *ce navigateur est fondé sur la même technique*
- breveter • commercialiser · exporter • importer • transférer : *le laboratoire pharmaceutique refuse de transférer sa technologie*
- faire avancer · promouvoir • développer l'accès à · diffuser • investir dans
- améliorer · parfaire
- être hostile à · être rebelle à · être réfractaire à : *il est réfractaire à toute technologie moderne* · résister à

∾ NOM + DE + **technologie(s)**
- (petit) bijou · concentré
- débauche

teint *nom masc.* (carnation)

∾ **teint** + ADJECTIF
- mat

- basané · bistre · bronzé · coloré · cuivré · fleuri[littér.] : *« Il a l'oreille rouge et le teint bien fleuri »* (Molière, *Tartuffe*, II, 3) · hâlé
- clair · d'albâtre○ · de porcelaine○ · diaphane · d'opale○
- beau[+ nom] · éclatant · de pêche○ : *une petite fille au teint de pêche* • frais · rose
- pâle • blafard · blême · cireux · d'endive○ · de papier mâché○ · hâve · livide · olivâtre · terreux
- brouillé · gris

∞ VERBE + **teint**
- (+ adj.) avoir · conserver · garder : *une bonne recette pour conserver le teint frais*
- éclaircir · donner un coup d'éclat à · rehausser : *le rouge à lèvres permet de rehausser le teint* • matifier · unifier
- brouiller

REM. On rencontre parfois "teint buriné". Évitez cette expression maladroite et préférez "teint hâlé".

télévision *nom masc.*

∞ **télévision** + ADJECTIF
- à péage · payante • gratuite : *la télévision gratuite sur internet*
- câblée · numérique · satellite • analogique · hertzienne · terrestre : *la télévision analogique terrestre*
- haute définition · interactive • à la carte
- locale : *la télévision locale de Clermont-Ferrand* · nationale · régionale

∞ **télévision** + VERBE
- diffuser · montrer · retransmettre : *les télévisions du monde entier ont retransmis ces images*

∞ VERBE + **télévision**
- allumer · mettre
- passer des heures devant · regarder
- éteindre

∞ NOM + DE + **télévision**
- bouquet : *le lancement des premiers bouquets de télévision numérique* · chaîne

témérité *nom fém.*

∞ **témérité** + ADJECTIF
- folle · grande[+ nom] · incroyable · singulière
- belle[+ nom] · digne d'éloges · louable • émouvante · touchante
- excessive • dangereuse

∞ **témérité** + VERBE
- payer : *sa témérité a finalement payé* • valoir ... à : *sa folle témérité lui a valu le surnom d'"arme fatale"*
- coûter cher : *sa témérité lui a coûté cher, il s'est cassé la jambe*

∞ VERBE + **témérité**
- faire preuve de · montrer
- témoigner de : *cet exploit témoigne de sa témérité*
- rendre hommage à · saluer
- payer (de sa vie) : *le jeune pompier a payé de sa vie sa témérité*

témoignage *nom masc.* (Droit et fig.)

∞ **témoignage** + ADJECTIF
- individuel · personnel • anonyme • spontané
- de première / seconde main · direct • officiel · sous serment
- oculaire • écrit · oral
- intime · nostalgique : *un témoignage nostalgique de la Grèce des années 1970*
- exclusif · inédit
- détaillé · fidèle : *cette biographie est le témoignage fidèle de son parcours politique* · précis
- capital · crucial · décisif · essentiel · important · indispensable · irremplaçable · majeur • inestimable · précieux · rare · unique • historique : *un témoignage historique sur l'école primaire française au début du siècle*
- digne de foi · irrécusable · irréfutable · probant : *il s'agit du premier témoignage probant recueilli par les enquêteurs* • concordants (plur.)
- beau[+ nom] · exceptionnel · magnifique · passionant • vivant
- bouleversant · déchirant · émouvant · frappant · poignant · touchant • édifiant · éloquent · sans fard
- fragmentaire · parcellaire : *les seules informations disponibles proviennent de témoignages parcellaires recueillis par téléphone*
- (plur.) contradictoires · discordants · divergents
- accablant · accusateur • terrifiant
- incohérent · irrecevable • faux○ [+ nom] · mensonger

∞ **témoignage** + VERBE
- (plur.) abonder · affluer : *les témoignages des survivants affluent* · foisonner · s'accumuler · se multiplier
- émaner de · provenir de · venir de
- évoquer · faire état de · raconter · relater • mettre en avant · mettre en évidence

- éclairer : *ce nouveau témoignage éclaire l'enquête* · faire rebondir • appuyer · étayer · renforcer · servir d'argument à • attester · confirmer · corroborer · prouver : *son témoignage prouve la réalité des faits*
- (plur.) coïncider · concorder · se recouper
- (plur.) diverger · se contredire
- sonner faux / juste
- accabler · mettre en cause • fragiliser • contredire · démentir : *ce témoignage dément la thèse officielle* · infirmer

∾ VERBE + **témoignage**

- lancer un appel à · solliciter : *le juge a sollicité les témoignages des policiers*
- apporter · délivrer · donner · fournir · laisser · livrer · offrir · porter · transmettre : *j'ai transmis ce témoignage au juge d'instruction*
- publier • enregistrer
- obtenir · recevoir • collecter · recueillir • entendre · lire • (plur.) accumuler · rassembler • disposer de
- constituer : *ces photos constituent un témoignage exceptionnel des émeutes* · représenter • contenir
- citer · invoquer · produire · rapporter · reprendre • opposer : *on lui a aussitôt opposé le témoignage de sa femme*
- reposer sur · s'appuyer sur · se baser sur : *le film est basé sur le témoignage de rescapés* · se fonder sur : *un jugement ne peut être fondé sur un seul témoignage de ce type* • prendre en compte · tenir compte de · utiliser
- accorder crédit à · croire · donner du poids à
- (plur.) confronter · recouper • vérifier : *ils sont chargés de vérifier les témoignages de ces deux mille individus*
- confirmer · correspondre à · corroborer · étayer
- contester (la valeur de) · mettre en doute · récuser · refuser • contredire · démentir · infirmer : *le récit du gardien infirme le témoignage du suspect*
- influencer : *il a cherché à influencer le témoignage de sa secrétaire*

témoin *nom masc.*

∾ **témoin** + ADJECTIF

- auditif · auriculaire • oculaire · visuel • de première main · direct · indirect • anonyme • à charge · à décharge
- important • (-)clé · décisif · essentiel · majeur · numéro un : *elle est le témoin numéro un dans cette affaire* · principal
- exceptionnel · précieux • rare · unique • vedette : *ce témoin vedette a fait salle comble au tribunal*
- crédible · digne de foi · fiable • impartial
- actif : *ce peintre reste le témoin actif de l'art abstrait américain* • attentif · éclairé · lucide · privilégié
- gênant · indésirable : *ils n'hésitent pas à se débarrasser des témoins indésirables*
- partial • douteux · peu crédible · suspect
- faux [+ nom] : *pourquoi l'avocat avait-il engagé ce faux témoin ?*
- involontaire • impassible · indifférent · muet · passif · placide • impuissant : *il fut le témoin impuissant du massacre*
- dernier [+ nom] : *l'un des derniers témoins de la guerre des tranchées*

∾ **témoin** + VERBE

- se manifester · surgir • comparaître : *il comparaît à titre de / comme / en qualité de témoin dans l'affaire des fausses factures*
- s'exprimer • affirmer · assurer · confier · faire état de · raconter · rapporter · relater · révéler • décrire · évoquer • déclarer · proclamer • déposer (sous serment)
- se rappeler de · se souvenir de • identifier · reconnaître • attester · confirmer
- (plur.) défiler (à la barre) · se succéder (à la barre) : *les témoins à charge se sont succédé à la barre toute la journée*
- accabler · accuser · mettre en cause • contredire
- se dérober • se rétracter : *le témoin s'est rétracté et a dit qu'il n'avait rien vu*

∾ VERBE + **témoin**

- avoir / jouer un rôle de · se faire · se poser en · servir de
- chercher · lancer un appel à • appeler (à la barre) · assigner / citer à comparaître · convoquer (à titre de / comme / en qualité de) · demander l'audition (à titre de / comme / en qualité de) · faire venir · interroger (à titre de / comme / en qualité de)
- (re)trouver
- citer (comme) · faire entrer · présenter · produire • confronter (à) : *tout accusé peut être confronté aux témoins qui l'accusent ou qui peuvent l'innocenter* • prendre à° : *le syndicat a pris à témoin des médecins du travail*
- auditionner · entendre (comme)

- faire pression sur · intimider • acheter · corrompre · suborner : *l'accusé a tenté de suborner le témoin clé de l'affaire*
- récuser : *la juge a récusé le témoin principal pour partialité* · refuser
- éliminer · faire taire · se débarrasser de · supprimer : *ils ont supprimé tous les témoins gênants*

tempérament *nom masc.*

∾ tempérament + ADJECTIF

- artistique · littéraire · sportif
- national • latin · méditerranéen : *son tempérament méditerranéen chaleureux est apprécié des étudiants* · méridional
- affirmé · fort + nom · sacré + nom fam. · solide : *encadrer des adolescents demande un tempérament solide* • beau + nom · exceptionnel
- actif : *il tient de son père ce tempérament actif* · ardent · bouillant · bouillonnant · chaud · de battant · de feu · énergique · explosif · fiévreux · fougueux · volcanique : *d'un tempérament volcanique, elle se laisse vite emporter par ses émotions* • exalté · fantasque · passionné
- enjoué · enthousiaste · jovial • optimiste • chaleureux · expansif
- romantique · sensible · sentimental
- affable · calme · délicat · doux · flegmatique · modéré · paisible · placide · tranquille
- introverti · réservé · retenu • apathique
- anxieux · bilieux · inquiet · mélancolique • cafardeux · dépressif · pessimiste · tourmenté
- agressif · belliqueux · colérique · excessif · guerrier · impétueux · impulsif · irascible · irritable · ombrageux · rebelle · sanguin · violent • jaloux

∾ VERBE + tempérament

- avoir : *il a du tempérament; il a un sacré tempérament!* · être doté de · être doué de · faire preuve de · posséder • afficher · dévoiler : *au cours du match, il a dévoilé un tempérament de battant* • être connu pour • conserver · garder
- coller à : *ce nouveau poste colle bien à son tempérament* · convenir à · correspondre à · être adapté à · être conforme à · seoir à littér. : *l'éclectisme de ce récital sied bien au tempérament de la jeune pianiste*
- indiquer · montrer · révéler · témoigner de · traduire : *sa réaction brutale traduit un tempérament de feu* • confirmer
- cacher : *cette douceur cache un tempérament violent*
- canaliser • brider : *l'entraîneur n'a pas bridé le tempérament offensif de ses joueurs*

[1]tempête *nom fém.* (Météo)

∾ tempête + ADJECTIF

- tropicale • de grêle · de neige · de sable
- énorme · forte + nom · grande + nom · grosse + nom • exceptionnelle · formidable · furieuse · spectaculaire
- destructrice · dévastatrice · effroyable · terrible · violente
- courte + nom · de courte durée · petite + nom

∾ tempête + VERBE

- se lever • sévir : *la tempête sévit depuis deux jours* · souffler
- gronder • battre son plein · faire rage : *une tempête tropicale fait rage sur la région et provoque des pluies diluviennes* · se déchaîner
- déferler sur · s'abattre sur · traverser : *la tempête qui a traversé le pays*
- atteindre · balayer · bloquer · démolir · déraciner · détruire · dévaster · emporter · endommager · faire des morts / victimes · faucher · frapper · occasionner / provoquer des dégâts / dommages · raser · ravager : *la tempête a ravagé toute la forêt*
- épargner
- faiblir · s'affaiblir · s'éloigner
- passer

∾ VERBE + tempête

- annoncer : *la météo avait annoncé une tempête sur les départements du Sud-Ouest*
- affronter · braver : *il a bravé la tempête pour être au rendez-vous*
- être victime de
- (se) mettre à l'abri de
- essuyer : *nous avons essuyé une tempête et échoué sur une île déserte*

[2]tempête *nom fém.* (fig.)

∾ tempête + ADJECTIF

- boursière · diplomatique · financière · judiciaire · médiatique · monétaire · politique · etc.

∾ tempête + VERBE

- gronder : *la tempête révolutionnaire gronde dans la capitale* • battre son plein · faire rage · se déchaîner · souffler : *la tempête souffle aussi sur le milieu politique*
- secouer : *la tempête qui secoue les marchés financiers inquiète les actionnaires* · toucher
- épargner
- faiblir · s'affaiblir
- passer

∾ VERBE + **tempête**

- créer · déchaîner · déclencher · provoquer · soulever · susciter : *l'annonce des résultats de l'élection a suscité une tempête de protestations*
- être / se trouver au cœur de : *le directeur général est au cœur d'une tempête médiatique* · être pris dans • affronter · connaître · essuyer · faire face à · subir · traverser
- calmer : *seule sa démission pourrait calmer cette tempête médiatique*
- échapper à · résister à · sortir de · survivre à
- récolter° : *« Qui sème le vent récolte la tempête »* (proverbe)

¹temps *nom masc.* (époque, souvent plur.)

∾ **temps** + ADJECTIF

- antique · biblique · préhistorique • ancien + nom · immémorial : *une cité engloutie sous les flots depuis des temps immémoriaux* · lointain · reculé • passé · révolu
- nouveau : *nouveaux temps, nouvelles mœurs* • moderne : *ces gladiateurs des temps modernes*
- béni · bon (vieux) : *il se souvient du bon vieux temps où il sillonnait les mers du globe* · heureux • héroïque
- chahuté · difficile · dur · troublé

∾ **temps** + VERBE

- changer : *les temps changent*
- être fini · être passé · être révolu

∾ VERBE + **temps**

- connaître · traverser · vivre : *nous vivons des temps troublés* • revivre
- vivre avec : *il faut vivre avec son temps* • être en avance sur
- regretter

∾ NOM + DES + **temps**

- signe

²temps *nom masc.* (passage des ans)

∾ **temps** + ADJECTIF

- chronologique · historique : *il inscrit cette analyse dans le temps historique* · linéaire · objectif • subjectif · symbolique • universel : *il est 14 heures en temps universel*

∾ **temps** + VERBE

- reprendre son cours • couler · courir · filer · fuir · passer · s'écouler · s'enfuir
- accomplir / faire son œuvre • jouer contre / en défaveur de • jouer en faveur de / pour
- atténuer · effacer · estomper • apaiser · guérir : *le temps guérit les pires blessures*
- s'accélérer · s'emballer
- paraître / sembler long
- se dilater · s'étirer
- s'arrêter · se figer · suspendre son vol littér. : *« Ô temps, suspends ton vol ! et vous, heures propices, Suspendez votre cours ! »* (Lamartine, *Méditations poétiques*, "Le lac")

∾ VERBE + **temps**

- s'inscrire dans : *ce type de processus s'inscrit dans le temps* • traverser : *son œuvre a traversé le temps*
- défier · lutter contre • abolir : *ce type de transmission abolit le temps et l'espace*
- occuper · (faire) passer · tromper : *elle fait des siestes pour tromper le temps* · tuer
- remonter · voyager dans
- arrêter · suspendre : *il prenait des hallucinogènes pour suspendre le temps*

³temps *nom masc.* (durée, portion de temps)

∾ **temps** + ADJECTIF

- déterminé · officiel · réglementaire
- matériel : *je n'aurai pas le temps matériel pour le faire* • indispensable · nécessaire • imparti : *le temps imparti est écoulé*
- partiel · plein : *je travaille à temps plein* • additionnel : *le but a été marqué pendant le temps additionnel* · supplémentaire
- moyen : *c'est le temps moyen d'une intervention*
- appréciable · précieux
- maximum • long : *je commençais à trouver le temps long* • illimité · indéterminé · infini
- minimum • bref · court : *le temps court de l'actualité* · limité • record : *elle a parcouru la distance en un temps record*
- écoulé

∾ **temps** + VERBE

- être compté · presser : *partons maintenant, le temps presse*
- faire défaut · manquer : *le temps manque pour tout voir*

∾ VERBE + **temps**

- demander · exiger · nécessiter · requérir
- prévoir • déterminer · fixer • calculer · comptabiliser : *ce logiciel comptabilise le temps passé par projet* · compter · décompter · mesurer
- allonger : *il faudra allonger le temps de pause*
- diminuer · limiter · raccourcir : *cela permettrait de raccourcir le temps de trajet de 15 minutes* · réduire
- accorder · donner · laisser · offrir • répartir

- (se) ménager · prendre : *elle ne prend pas le temps de s'occuper d'elle* · s'accorder · se donner · s'octroyer · trouver • avoir · disposer de
- employer : *il emploie mal son temps* · mettre à profit · utiliser • consacrer ... à : *il veut consacrer plus de temps à sa famille* • mettre ... à / pour : *tu as mis du temps pour arriver !*
- gérer · organiser • être maître de · maîtriser
- optimiser · valoriser
- rattraper : *on ne rattrape jamais le temps perdu*
- économiser · gagner
- absorber · accaparer : *cet enfant accapare tout mon temps* · prendre : *le trajet me prend beaucoup trop de temps*
- dépenser · gaspiller · perdre : *j'ai perdu du temps à lui expliquer*
- manquer de • être pris par

∞ NOM + DE + temps

- intervalle · laps
- gain
- gaspillage · perte

▷ voir aussi **emploi du temps**

4temps *nom masc.* (moment)

∞ temps + ADJECTIF

- fort○ : *cette représentation est l'un des temps forts du festival*
- bon○ + nom : *il prend du bon temps en attendant la rentrée*
- mort○ [Sport et fig.] • libéré : *grâce au temps libéré, on participe mieux à la vie associative* · libre○

∞ temps + VERBE

- arriver · venir : *le temps est venu de la réconciliation*

5temps *nom masc.* (Météo)

∞ temps + ADJECTIF

- automnal · estival · hivernal · printanier
- humide · sec
- calme • agréable · beau + nom · chaud · clair : *par temps clair, on peut apercevoir l'île* · clément · doux · ensoleillé • de rêve · divin · exquis · idéal : *allons nous baigner, le temps est idéal* · magnifique · merveilleux · radieux · splendide · superbe
- capricieux · changeant · incertain · instable · variable
- brumeux · couvert • bruineux · neigeux · orageux · pluvieux · venteux • gros + nom [Naut.] : *on ne sort pas en mer par gros temps*
- frisquet · froid · glacial
- gris · maussade · morne · sinistre · sombre · triste · tristounet fam.
- menaçant • abominable · affreux · atroce · de chien○ · de cochon○ · épouvantable : *il fait un temps épouvantable* · exécrable · infect · mauvais + nom · pas fameux · pourri fam. · sale + nom fam. · vilain + nom fam.
- déréglé · détraqué

∞ temps + VERBE

- être au beau (fixe) • s'éclaircir · se dégager • s'adoucir · s'améliorer : *le temps devrait s'améliorer dans la journée* · se radoucir · se réchauffer
- fraîchir • s'assombrir · se couvrir · se dégrader · se gâter : *méfie-toi, le temps se gâte* • être / se mettre à la pluie · être / se mettre à l'orage · virer à la pluie / à l'orage
- se maintenir : *le beau temps se maintiendra toute la semaine*

∞ VERBE + temps

- jouir de · profiter de : *on a profité du beau temps pour aller à la plage*

ténacité *nom fém.*

∞ ténacité + ADJECTIF

- à toute épreuve · extrême · farouche · grande + nom · rare · redoutable • étonnante · formidable : *leurs militants font preuve d'une ténacité formidable* · impressionnante · incroyable
- légendaire • exemplaire · remarquable

∞ ténacité + VERBE

- payer : *sa ténacité a fini par payer*

∞ VERBE + ténacité

- demander · nécessiter · requérir : *monter un tel projet requiert de la ténacité* · supposer
- faire montre de · faire preuve de · montrer • opposer
- devoir à : *il doit cette réussite à sa ténacité*
- admirer · récompenser · rendre hommage à : *il a rendu hommage à la ténacité des enquêteurs* · saluer

∞ NOM + DE + ténacité

- dose : *il fallait une bonne dose de ténacité pour y arriver*

1tendance *nom fém.* (inclination)

∞ tendance + ADJECTIF

- artistique · musicale · politique · sexuelle · etc.
- naturelle
- émergente : *ce succès est l'expression d'une tendance émergente*

- dépressive · paranoïaque · suicidaire
- claire · manifeste · perceptible • grande [+ nom] · importante • accusée · affirmée · forte · furieuse [+ nom] : *il a une furieuse tendance à dilapider son argent* · lourde · marquée · nette · profonde · prononcée · significative · soutenue · véritable [+ nom] · vraie [+ nom]
- déplorable · fâcheuse : *elle a une fâcheuse tendance à critiquer tout le monde*
- faible [+ nom] · légère [+ nom] · petite [+ nom]

∾ tendance + VERBE

- apparaître · émerger · se faire jour · se manifester
- s'affirmer : *ses tendances artistiques se sont affirmées à l'adolescence*

∾ VERBE + tendance

- avoir • afficher · montrer · présenter : *le patient présente des tendances suicidaires*
- constater · déceler · détecter · discerner · identifier · noter · observer · percevoir · relever · remarquer · repérer
- accentuer · accroître · alimenter : *ces dérapages alimentent la tendance des consommateurs à privilégier les produits biologiques* · amplifier · encourager · favoriser · nourrir · renforcer
- confirmer : *les dernières études confirment la tendance des cadres à la mobilité*
- combattre · lutter contre • contrarier · refouler · réprimer

[2]tendance *nom fém.* (évolution)

∾ tendance + ADJECTIF

- boursière · économique
- déflationniste · inflationniste • à la baisse · au recul · baissière · négative • à la hausse · haussière • centrifuge : *la tendance centrifuge du développement urbain* · centripète
- actuelle
- antagoniste · contradictoire · contraire · inverse · opposée
- dominante · majeure · principale • claire · manifeste · perceptible • accusée · affirmée · confirmée · de fond : *la fusion des banques et des assurances est une tendance de fond* · forte · lourde · marquée · nette · profonde · prononcée · significative · soutenue : *la tendance soutenue à l'externalisation* · véritable [+ nom]
- continue · durable · pérenne · persistante
- favorable : *cette dégradation conjoncturelle s'oppose à la tendance nationale favorable*
- défavorable • alarmante · inquiétante • dangereuse
- faible [+ nom] · légère [+ nom] · modérée · petite [+ nom]

∾ tendance + VERBE

- apparaître · émerger · s'amorcer · se dégager · se dessiner · se faire jour · se manifester • dominer : *une tendance à la hausse domine dans le secteur*
- (plur.) coexister • s'affronter : *deux tendances s'affrontent : une augmentation des investissements et un besoin de stabilité*
- s'accentuer · s'affirmer · s'amplifier · se renforcer • s'accélérer • se généraliser • durer · perdurer · persister · se confirmer · se maintenir · se poursuivre · se vérifier : *la tendance des entreprises à se spécialiser se vérifie dans tous les domaines*
- se renverser · se retourner : *la tendance baissière s'est retournée en fin de journée* · s'inverser

∾ VERBE + tendance

- amorcer · dessiner · esquisser : *la consommation esquisse une légère tendance à la hausse*
- afficher · connaître · enregistrer
- appartenir à · correspondre à · s'inscrire dans : *la bonne santé du secteur s'inscrit dans la tendance mondiale*
- annoncer · indiquer • être le reflet de · illustrer · montrer · présenter · refléter · révéler · témoigner de • représenter • confirmer
- constater · déceler · détecter · discerner · identifier · noter · observer · percevoir · relever · remarquer · repérer
- expliquer : *plusieurs facteurs peuvent expliquer cette tendance*
- alimenter · conforter · consolider · favoriser · nourrir · renforcer • accentuer · accroître · amplifier : *cette brusque croissance amplifie la tendance observée depuis six mois*
- coller à · épouser · suivre • céder à · sacrifier à
- corriger • inverser · renverser : *les joueurs ont lutté pendant tout le match pour renverser la tendance* · retourner
- critiquer · dénoncer · déplorer
- combattre · contrarier · contrecarrer · contrer · enrayer · lutter contre • atténuer · faire reculer · freiner : *la politique de surtaxe des importations a freiné la tendance*
- contredire : *l'apparition de nouveaux titres contredit la tendance au recul de la presse magazine* · s'opposer à
- échapper à : *les petites structures n'échappent pas à la tendance*
- arrêter · couper court à · rompre avec

tendresse *nom fém.*

∾ tendresse + ADJECTIF

- amoureuse · familiale · filiale · fraternelle · humaine · maternelle · paternelle
- extraordinaire · folle · grande $^{+\text{nom}}$ · immense · ineffable · inépuisable · infinie · (toute) particulière : *elle a une tendresse toute particulière pour ses neveux* · profonde · sans limites • débordante
- partagée · réciproque
- excessive • maladroite
- contenue · pudique

∾ tendresse + VERBE

- affleurer · se dégager (de) : *la tendresse qui se dégage de son film* · s'exprimer
- lier · unir : *une profonde tendresse les unit*

∾ VERBE + tendresse

- inspirer
- avoir besoin de · avoir soif de • être en mal de · être en manque de
- vouer ... à : *je lui voue une tendresse toute particulière* • avoir · éprouver · être plein de · nourrir · ressentir • conserver · garder
- être empreint de · être mêlé de : *il avait pour elle une grande fierté mêlée de tendresse*
- manifester · montrer
- révéler · témoigner de
- avouer · exprimer : *il ne sait comment lui exprimer sa tendresse*
- deviner · percevoir · sentir
- être dénué de · être dépourvu de

∾ NOM + DE + tendresse

- geste · marque • mot
- accès · effusion : *elle m'a accueilli avec des effusions de tendresse* · élan

ténèbres *nom fém. plur.*

∾ ténèbres + ADJECTIF

- extérieures · intérieures
- épaisses · noires : *les noires ténèbres de l'enfer* · opaques · profondes
- impénétrables · insondables · mystérieuses : *les ténèbres mystérieuses de l'inconscient*

∾ ténèbres + VERBE

- couvrir · descendre (sur) · engloutir · envahir · envelopper : *les ténèbres enveloppèrent les voyageurs* · obscurcir · s'abattre sur : *les ténèbres se sont abattues sur la ville*
- se dissiper

∾ VERBE + ténèbres

- émerger de · percer · surgir de : *le monstre surgit des ténèbres*
- affronter · chasser · combattre
- disperser · dissiper : *le flot de lumière dissipa les ténèbres*

dans les ténèbres

- plonger · s'avancer · s'enfoncer · se noyer · se perdre · s'évanouir · sombrer
- briller · luire : *deux yeux luisaient dans les ténèbres*

1 tension *nom fém.* (stress)

∾ tension + ADJECTIF

- nerveuse · physique · psychologique
- inévitable
- ambiante : *la tension ambiante due aux rumeurs de licenciements* • manifeste · palpable · perceptible · visible
- énorme · extrême · forte · grande $^{+\text{nom}}$ · grosse $^{+\text{nom}}$ · importante · terrible
- constante : *la compétition crée une tension constante* · continuelle · permanente · perpétuelle · quotidienne • durable · persistante
- féconde · positive
- douloureuse · pénible • insoutenable · insupportable · insurmontable · intolérable

∾ tension + VERBE

- être due à · être inhérente à · naître (de) · provenir de
- exister · prévaloir · régner
- augmenter · croître · grandir · grimper · (re)monter : *la tension a remonté d'un cran avant l'annonce des résultats* · s'accentuer · s'accroître · s'intensifier • atteindre son apogée · être à son comble · être à son paroxysme • culminer • s'accumuler
- demeurer · persister · subsister
- baisser · diminuer · s'apaiser · se relâcher : *les examens terminés, la tension s'est relâchée* · s'estomper · (re)tomber

∾ VERBE + tension

- créer · engendrer · entraîner · générer · produire · provoquer
- refléter · témoigner de · traduire · trahir
- ajouter à : *l'attente interminable ajoute à la tension* · alimenter · contribuer à • accentuer · accroître · augmenter • entretenir · maintenir : *le silence des autorités a maintenu la tension jusqu'au bout*
- cacher · dissimuler · masquer

- canaliser · gérer • alléger · apaiser · atténuer · calmer · réduire : *ce moment de détente a permis de réduire la tension*

[2]tension *nom fém.* (Méd.)

∾ tension + ADJECTIF
- artérielle
- bonne [+ nom] : *selon le médecin, ma tension est bonne* · normale
- anormale : *il doit subir des examens à cause d'une tension anormale*
- basse · faible [+ nom] · inférieure à la normale
- élevée · forte [+ nom] · supérieure à la normale

∾ tension + VERBE
- baisser
- augmenter : *la tension peut augmenter quand on prend du poids* · monter

∾ VERBE + tension
- mesurer · prendre
- souffrir de (+ adj.) : *elle souffre d'une tension artérielle élevée*
- réduire : *une activité physique régulière permet de réduire la tension*

∾ NOM + DE + tension
- hausse
- chute : *il a souvent des vertiges à cause de chutes de tension*
- gaspillage · perte

tensions *nom fém. plur.* (relations conflictuelles)

∾ tensions + ADJECTIF
- (inter)communautaires · (inter)confessionnelles · (inter)ethniques · familiales · idéologiques · intergénérationnelles · (inter)raciales · religieuses • économiques · financières · inflationnistes • salariales • diplomatiques · militaires · politiques · sociales · etc.
- internationales · locales · régionales · nationales • intérieures · internes
- inévitables
- croissantes · grandissantes • énormes · extrêmes · fortes · grandes [+ nom] · grosses [+ nom] · importantes · sérieuses : *il y a de sérieuses tensions au sein de l'équipe* · terribles · vives [+ nom]
- fréquentes • constantes · continuelles · permanentes · perpétuelles · quotidiennes • durables · persistantes : *il y a des tensions persistantes au sein de l'entreprise*
- dangereuses · explosives : *les tensions explosives entre les communautés*
- latentes · sourdes · souterraines : *il y a des tensions souterraines dans le parti*
- passagères

∾ tensions + VERBE
- être dues à : *les tensions sont dues aux rivalités internes* · provenir de · venir de • être inhérentes à
- affleurer · apparaître (au grand jour) · éclater (au grand jour) · émerger · naître (de) · poindre · se faire jour · se faire sentir · se manifester · (re)surgir
- exister · prévaloir · régner • s'installer
- agiter · travailler · traverser : *des tensions traversent le gouvernement*
- aller crescendo · aller croissant · augmenter · croître · grandir · grimper : *la tension grimpe entre les deux pays* · monter : *les tensions entre les ethnies ont monté d'un cran* · remonter · s'accentuer · s'accroître · s'intensifier • culminer • s'accumuler : *les tensions se sont accumulées au sein de leur couple*
- demeurer · persister · subsister : *des tensions subsistent entre eux*
- baisser · diminuer · (re)tomber · s'apaiser · se relâcher : *depuis le changement de direction, les tensions se relâchent* · s'estomper

∾ VERBE + tensions
- causer · créer · déclencher · engendrer · entraîner · être source de : *les conflits d'intérêts sont source de tensions* · générer · produire · provoquer · susciter • s'accompagner de : *la polémique s'accompagne de tensions*
- affronter · connaître · faire face à • gérer
- constater · observer · percevoir · voir
- mettre en évidence · mettre en lumière · révéler • refléter : *ce désaccord reflète les tensions entre les deux pays* · traduire · trahir
- ajouter à · alimenter · contribuer à · nourrir • accentuer · accroître · aggraver · aiguiser : *il veut éviter d'aiguiser les tensions internes* · amplifier · attiser · augmenter · (r)aviver · entretenir · exacerber : *la décision du gouvernement a exacerbé les tensions* · intensifier · renforcer • cristalliser : *le scrutin présidentiel cristallise les tensions*
- craindre · s'inquiéter de
- cacher · dissimuler · masquer
- canaliser · contenir • alléger · apaiser : *un compromis pourrait apaiser les tensions* · atténuer · calmer · réduire
- éviter · prévenir • désamorcer · mettre fin à

∾ NOM + DE + **tension(s)**

- [au sing.] foyer : *cette région est un véritable foyer de tension*
- [au sing.] escalade · regain
- atmosphère · climat · contexte

tentation *nom fém.*

∾ **tentation** + ADJECTIF

- autoritaire · dictatoriale · extrémiste · hégémonique · intégriste · totalitaire • démagogique · populiste • protectionniste · sécuritaire
- inévitable · naturelle
- forte · grande + nom · irrésistible · violente • facile : *profiter d'une position influente est une tentation facile*
- éternelle + nom : *l'éternelle tentation de l'appât du gain* · permanente
- dangereuse · diabolique : *il n'a pas su résister à la tentation diabolique de l'infidélité*

∾ **tentation** + VERBE

- (souvent passif) gagner · saisir : *le pays fut saisi par la tentation hégémonique* • piéger : *l'auteur s'est laissé piéger par la tentation du nombrilisme*

∾ VERBE + **tentation**

- constituer · être un objet de : *le chocolat est pour elle un irrésistible objet de tentation* · incarner · représenter • offrir : *la société de consommation offre des tentations permanentes*
- être soumis à · s'exposer à
- avoir · éprouver · être en proie à · être victime de
- céder à · succomber à : *il était très beau, j'ai succombé à la tentation* · tomber dans : *il faut éviter de tomber dans la tentation du relativisme culturel*
- limiter : *je ne sors plus, ça limite les tentations* · éviter · prévenir
- mettre en garde contre : *sa mère l'a mise en garde contre les tentations de la grande ville* • redouter · se méfier de
- écarter : *pour écarter toute tentation de fraude* · refuser · rejeter · repousser : *il faut repousser la tentation du catastrophisme* • conjurer • combattre : *un débat clair permet de combattre toutes les tentations de repli* · lutter contre • fuir
- être à l'abri de • échapper à · résister à : *il faut résister à la tentation du repli identitaire* · surmonter

tentative *nom fém.*

∾ **tentative** + ADJECTIF

- artistique · littéraire • diplomatique · politique · etc.
- individuelle
- nouvelle + nom · première + nom • énième + nom
- dernière + nom · ultime + nom
- analogue · similaire
- (plur.) diverses · innombrables · nombreuses · répétées
- longue + nom : *son discours fut une longue tentative de justification*
- avouée · délibérée : *il dénonce une tentative délibérée de manipulation médiatique*
- rare · sans précédent · unique • importante • ambitieuse · audacieuse · courageuse · héroïque · osée • extrême : *une tentative extrême pour sauver le navire*
- risquée • folle
- curieuse · originale • intéressante
- poignante · touchante
- fructueuse · heureuse · réussie
- désespérée • maladroite • pathétique · pitoyable
- modeste · petite + nom • timide : *leur timide tentative d'insurrection a échoué*
- désastreuse · malheureuse : *c'était sa seconde candidature après une tentative malheureuse en 2002*
- avortée · manquée · ratée • infructueuse · inutile · sans succès · vaine

∾ **tentative** + VERBE

- avoir lieu • se multiplier (plur.)
- déboucher sur · viser à • donner un résultat (+ adj.) : *la première tentative a donné un résultat mitigé*
- aboutir · être couronnée de succès · réussir • être la bonne : *la dernière tentative a été la bonne*
- être vouée à l'échec • avorter · échouer · être un échec · mal tourner · se solder par un échec · tourner court

∾ VERBE + **tentative**

- effectuer · faire · mener · procéder à : *le juge procède à une tentative de conciliation des époux*
- recommencer · refaire · renouveler · répéter • multiplier (plur.)
- apparaître comme · constituer · ressembler à · s'agir de · s'apparenter à : *son intervention s'apparente à une tentative d'intimidation*
- analyser comme · considérer comme · interpréter comme · voir : *il voit dans cette initiative une tentative de conciliation*
- accueillir (+ adverbe) : *notre tentative a été mal accueillie* • appuyer · soutenir • encourager · saluer
- réussir (dans) : *le prisonnier a réussi sa tentative d'évasion ; le coureur n'a pas réussi dans sa tentative de battre le record*

- condamner · dénoncer · mettre en garde contre · protester contre · s'opposer à
- nier · récuser
- abandonner · renoncer à
- échouer dans
- discréditer : *le journaliste tente de discréditer les tentatives de réforme du gouvernement*
- étouffer dans l'œuf · faire échec à · torpiller : *les opposants ont torpillé toute tentative de solution pacifique* • empêcher · éviter · prévenir • refuser · rejeter · repousser · résister à • balayer : *la direction a balayé toute tentative de contestation* · bloquer · combattre · contrecarrer · contrer · décourager · déjouer · lutter contre

tentative d'assassinat / d'escroquerie / de meurtre

- fomenter • être impliqué dans : *elle serait impliquée dans une tentative d'escroquerie* · être mêlé à · participer à
- [Droit] être accusé de · être inculpé de · être soupçonné de
- [Droit] • déposer plainte pour • mettre en examen pour : *il a été mis en examen pour tentative de meurtre* · poursuivre pour · rechercher pour
- [Droit] échapper à

tenue *nom fém.* (vêtements)

∞ tenue + ADJECTIF

- de fête · de gala · de soirée · grande ○ + nom : *ils sont en grande tenue pour l'événement* • d'apparat • de travail • civile · de ville • de camouflage · de combat · militaire • rituelle · traditionnelle • de sport · sportive • décontractée · informelle • d'intérieur • d'Adam ○euph. · d'Ève ○euph.
- complète : *il a la tenue complète du parfait supporter*
- officielle · réglementaire · spécifique • imposée · obligatoire
- légère · minimale · petite ○ + nom : *elle se promenait en petite tenue dans le jardin*
- adaptée · adéquate : *c'est la tenue adéquate pour un dimanche à la campagne* · appropriée · de circonstance • confortable
- convenable · correcte · décente : *vous êtes priés de porter une tenue décente dans l'église* • chic · élégante
- immaculée · impeccable : *elle arbore toujours une tenue impeccable* · irréprochable
- bariolée · voyante • bizarre · excentrique · insolite · surprenante
- affriolante · sexy
- inconvenante : *il a été renvoyé pour sa tenue inconvenante* · indécente • débraillée · négligée • inadaptée · inappropriée
- sobre · stricte
- discrète · passe-partout · quelconque · simple

∞ tenue + VERBE

- être de rigueur
- être réservée à : *cette tenue est réservée aux cérémonies religieuses* • convenir à : *cette tenue ne convient pas à une balade en forêt*

∞ VERBE + tenue

- recommander • exiger · imposer : *le règlement impose une tenue spécifique*
- arborer · être en / dans · être habillé de / en : *il était habillé d'une tenue de camouflage verte* • adopter · endosser · enfiler · mettre · porter · revêtir : *il a revêtu sa tenue de travail* · se mettre en · se vêtir de
- faire partie de : *la coiffe fait partie de la tenue traditionnelle*
- être identifiable à · être reconnaissable à : *les religieuses sont reconnaissables à leur tenue* · être repérable à
- faire attention à · soigner : *il a soigné sa tenue pour son entretien d'embauche*
- négliger
- changer de · troquer ... pour [aussi fig.] : *il a troqué sa tenue de marin pour celle de livreur* • quitter [aussi fig.] : *il a quitté sa tenue militaire*

[1] terme *nom masc.* (fin, limite)

∞ terme + ADJECTIF

- court + nom : *le court terme reste notre priorité* · proche · rapproché • prématuré : *il a préféré mettre un terme prématuré à sa carrière politique*
- éloigné · lointain · long + nom
- moyen + nom
- provisoire : *cette décision a mis un terme provisoire à la crise*
- échu : *le loyer est payé à terme échu*
- inéluctable : *il connaît le terme inéluctable de sa maladie* • fatidique · tragique

∞ terme + VERBE

- approcher
- échoir · expirer

∞ VERBE + terme

- attendre : *il lui faut attendre le terme de la législature*
- (se) fixer : *il faut se fixer un terme pour la remise du dossier* · prévoir • mettre ... à : *j'ai mis un terme à la discussion*

- marquer : *ce conseil marquera le terme de la présidence française*
- approcher de · atteindre : *nous atteignons le terme de la visite*

à terme

- arriver : *le contrat est arrivé à terme*
- conduire · mener

REM. On rencontre parfois "mettre un terme définitif à". Évitez cette expression pléonastique.

[2]terme *nom masc.* (mot)

∞ terme + ADJECTIF

- didactique · juridique · scientifique · technique · de spécialité · spécialisé • savant
- générique : *"cardiopathie" est un terme générique qui désigne différentes affections du cœur* · neutre • argotique · familier · populaire • littéraire : *c'est un terme littéraire peu employé dans le langage courant* · rare · recherché • imagé
- consacré · courant · en usage · habituel · usuel • à la mode · en vogue : *c'est un terme en vogue dans la presse féminine* · populaire
- équivalent · identique · interchangeables (plur.) · proche · semblable · similaire · synonyme · (de sens) voisin
- concret · explicite
- commode · pratique
- adéquat · approprié · bon [+ nom] • exact : *c'est le terme exact pour désigner ce phénomène* · juste · précis • particulier · pointu · spécifique
- abstrait • alambiqué · compliqué · hermétique · obscur • ambigu : *c'est un terme ambigu hors contexte* · équivoque • flou · imprécis · passe-partout · sibyllin · vague
- impropre · inadéquat · inexact • controversé
- grossier · injurieux · insultant · péjoratif · raciste · vulgaire
- archaïque · désuet · obsolète : *ce terme obsolète n'est plus employé par les professionnels* · vieilli · vieux [+ nom] • inusité

∞ terme + VERBE

- dériver de · être hérité de · venir de : *ce terme vient du latin*
- s'employer • désigner · qualifier · recouvrir : *ce terme recouvre plusieurs réalités* · s'appliquer à • prendre un sens (+ adj.) : *ce terme prend un sens très particulier dans sa bouche* · signifier · vouloir dire • évoquer · exprimer
- convenir · correspondre
- fâcher · faire peur
- sortir de l'usage · tomber en désuétude

∞ VERBE + terme

- créer · fabriquer · forger · inventer • introduire : *ce terme a été introduit tardivement dans notre langue*
- définir • traduire
- choisir • employer · faire usage de · manier : *il faut manier ce terme avec précaution* · prononcer · se servir de · user de · utiliser • appliquer à · réserver à • reprendre • insister sur
- se cacher derrière : *derrière ce terme se cache une réalité complexe*
- remplacer
- galvauder (souvent passif) : *le mot "solidarité" est galvaudé*
- contester · critiquer · récuser · refuser · rejeter · remettre en cause
- éviter • bannir · interdire · proscrire • abandonner · supprimer

[1]termes *nom masc. plur.* (manière de s'exprimer)

∞ termes + ADJECTIF

- choisis • clairs · explicites
- courtois · galants : *« Ah, qu'en termes galants ces choses-là sont mises ! »* (Molière, *Le Misanthope*, I, 2) · respectueux
- dithyrambiques · élogieux · flatteurs · laudatifs
- crus · explicites · forts • acerbes · brutaux · vifs · vigoureux · violents · virulents • accablants · apocalyptiques · critiques · désagréables · durs · provocants · sévères • arrogants · méprisants
- flous · sibyllins · vagues • compliqués · hermétiques · obscurs • ambigus · équivoques
- feutrés · voilés • pudiques • mesurés · modérés

en (des) termes (+ adj.)

- commenter · parler · répondre · s'exprimer • écrire · rédiger • critiquer : *elle l'a critiqué en des termes non ambigus* • énoncer · se poser

[2]termes *nom masc. plur.* (conditions d'un contrat, d'une relation, etc.)

∞ VERBE + termes

- (re)définir · dicter : *il ne se laissera pas dicter les termes de l'arrangement* · poser · (re)préciser · se prononcer sur
- discuter de / sur · (re)négocier • accepter · s'entendre sur • finaliser
- informer de · rappeler • confirmer : *la Cour de cassation a confirmé les termes de l'accord*

- étudier · examiner : *des experts ont examiné les termes du contrat de concession*
- honorer · respecter : *vous n'avez pas respecté les termes du contrat*
- changer · modifier · réviser · revoir • renouveler : *il renouvelle les termes du débat qui oppose les partisans du déterminisme à ceux de l'indéterminisme*
- contester · critiquer · rejeter · remettre en cause

[1]**terrain** *nom masc.* (sol)

∞ terrain + ADJECTIF

- argileux · calcaire · glaiseux · granitique · sableux · sablonneux • caillouteux · pierreux · rocheux
- collant · lourd : *c'est un cheval performant sur terrain lourd* · meuble
- accidenté · défoncé · raviné • boueux · fangeux · inondé · marécageux
- cultivable · fertile · riche
- impraticable : *les fortes pluies ont rendu le terrain impraticable* • non cultivable • pauvre • aride · sec

[2]**terrain** *nom masc.* (lopin de terre)

∞ terrain + ADJECTIF

- privé · public • agricole · militaire · etc.
- à bâtir : *ils ont acheté un terrain à bâtir pour y faire construire leur maison* · à lotir • bâti · cadastré • d'un seul tenant
- grand [+ nom] · immense : *ils ont un immense terrain derrière la maison* · large [+ nom] · vaste [+ nom]
- étroit · petit [+ nom]
- plat • en dénivelé · en pente · pentu · vallonné
- en friche · en jachère • boisé · broussailleux · herbeux
- beau [+ nom] • ensoleillé • bien placé / situé • constructible
- nu · vacant · vague ○ · vide
- inconstructible
- humide • mal placé / situé

∞ VERBE + **terrain**

- borner · clore · délimiter
- diviser · lotir · partager
- aménager : *le terrain a été aménagé pour y construire un lotissement* · transformer · viabiliser • déblayer · défricher · dégager • labourer · ratisser • assainir · réhabiliter
- cultiver · exploiter · mettre en valeur • affecter ... à : *un terrain affecté au séjour des nomades*
- arpenter · traverser • explorer · quadriller
- acheter · acquérir
- vendre

∞ NOM + DE + **terrain**

- bout : *ils ont acheté un bout de terrain en Provence*

[3]**terrain** *nom masc.* (domaine, lieu d'action)

∞ terrain + ADJECTIF

- diplomatique · économique · politique · religieux · social • culturel · idéologique · médiatique • judiciaire · juridique · légal · législatif · pénal · etc.
- connu · familier · de connaissance • conquis : *il se croit en terrain conquis* • de prédilection : *le pays dogon, terrain de prédilection de l'ethnologue* • d'entente • de bataille · de chasse · de confrontation · de lutte
- étranger · inconnu
- neutre : *une rencontre en terrain neutre*
- libre : *il laisse le terrain libre aux extrémistes* • neuf · vierge : *le nouveau directeur n'arrive pas tout à fait en terrain vierge*
- bon [+ nom] · idéal · solide : *nous ne sommes pas là sur un terrain juridique très solide* • favorable à : *il trouvait là un terrain favorable à la création* · propice à
- fragile · sensible • glissant : *il a préféré quitter le terrain glissant de l'euro* · miné : *la question de la religion est un terrain miné* · mouvant • brûlant · dangereux · difficile · explosif · hostile : *ils progressent en terrain hostile*
- ennemi

∞ VERBE + **terrain**

- se disputer
- connaître : *elle connaît bien le terrain* • explorer · reconnaître · sonder · tâter : *je vais tâter le terrain avant de lui faire la proposition* • baliser · déblayer · débroussailler · préparer : *je vais préparer le terrain avant la réunion* • déminer : *il a fait quelques propositions pour déminer le terrain*
- offrir : *ce marché leur offre un nouveau terrain d'action*
- céder : *ils ont cédé du terrain à l'ennemi ; les valeurs françaises ont cédé du terrain* · concéder
- aller sur : *je vais sur le terrain discuter avec les jeunes* · être présent sur : *des dizaines d'observateurs sont déjà présents sur le terrain* · retourner sur · se déplacer sur • (ré)investir · occuper : *les multinationales occupent déjà le terrain* • agir sur ·

intervenir sur · se placer sur · se situer sur · s'imposer sur • s'aventurer en / sur : *je ne m'aventure jamais sur le terrain de la politique avec lui*

- (re)conquérir · (re)gagner • grignoter : *les sociaux-démocrates grignotent du terrain*
- déborder sur · empiéter sur : *je prends bien garde de ne pas empiéter sur son terrain de prédilection*
- abandonner : *ils ont choisi d'abandonner le terrain de la discussion pour passer à l'offensive* · déserter : *il n'entend pas déserter le terrain social* · quitter
- (re)perdre : *son concurrent a reperdu du terrain*

[1]**terre** *nom fém.* (planète, surface du globe)

∾ terre + ADJECTIF

- ronde • plate : *on a longtemps cru que la Terre était plate* • bleue : *« La Terre est bleue comme une orange »* (titre d'un poème d'Éluard)
- bonne vieille [+ nom] : *les astronautes sont de retour sur notre bonne vieille Terre*

∾ terre + VERBE

- tourner • gronder · trembler

∾ VERBE + terre

- peupler : *plus de six milliards d'habitants peuplent désormais la Terre*
- faire le tour de · parcourir : *cette journaliste a parcouru la terre entière*
- préserver · protéger · sauvegarder
- frôler · passer à ... de / près de : *l'astéroïde est passé à quelques kilomètres de la Terre*
- observer
- menacer : *les bouleversements climatiques menacent notre Terre* • envahir : *dans ce film, des extraterrestres envahissent la Terre*
- détruire
- quitter : *la fusée a quitté la Terre à 16 h 22 ; il a quitté cette terre à l'âge de 78 ans*

∾ NOM + DE + terre

- tremblement ○
- surface : *le dodo a disparu de la surface de la Terre* • entrailles : *une voix off terrifiante semblant surgir des entrailles de la Terre*

autour de la terre

- être / rester en orbite · graviter · tourner • placer / mettre en orbite : *un satellite mis en orbite autour de la Terre*

sur terre

- vivre
- [aussi fig.] revenir : *la navette reviendra sur terre dans deux semaines* · redescendre : *redescends sur terre et arrête tes bêtises !*
- ramener · rapporter : *des échantillons lunaires ont été rapportés sur terre*

[2]**terre** *nom fém.* (matière, sol)

∾ terre + ADJECTIF

- calcaire • argileuse · glaise
- végétale · de bruyère ○ : *les agrumes nécessitent un mélange de terre de bruyère et de terre de jardin* · de jardin ○
- compacte · dure • battue ○ : *le sol est en terre battue*
- [par opposition à la mer] ferme : *ils ont hâte de retrouver la terre ferme*
- grasse · humide • boueuse
- bonne [+ nom] • féconde · fertile · riche (en) • arable · cultivable
- légère · meuble · molle
- aride · craquelée · sèche
- mauvaise [+ nom] • stérile

∾ VERBE + terre

- préparer : *avant de semer, vous devez préparer la terre* • labourer · travailler • aérer · bêcher · creuser · remuer · retourner • tasser
- arroser · humidifier • laisser reposer
- enrichir · fertiliser
- fatiguer • appauvrir · épuiser : *la culture sur brûlis épuise la terre* • polluer
- [par opposition à la mer] • apercevoir • toucher ○ (sans art.) : *le navigateur a touché terre avant la nuit*

∾ NOM + DE + terre

- amoncellement · masse · monticule · motte · talus · tas

à / par terre

- être · rester • mettre pied : *il a mis pied à terre pour observer le paysage*
- poser · mettre • jeter · lancer · plaquer • rouler · tomber
- (se) coucher · dormir · (se) rouler

dans la / une terre

- pousser : *cette plante ne pousse que dans une terre riche en fer* • planter • enfouir · enfoncer

en terre

- mettre : *mettre en terre un défunt ; mettre en terre un rosier*

[3]**terre** *nom fém.* (étendue géographique, souvent plur.)

∾ terre + ADJECTIF

- agricole · forestière · viticole · etc.
- habitée · vierge • inconnue · lointaine • étrangère

- émergée
- familiale · de ses ancêtres · historique : *les terres historiques de la couronne d'Angleterre*
- promise° · sainte° • d'accueil · d'adoption · d'exil
- grande + nom · immense
- de contrastes
- accueillante · habitable · hospitalière
- hostile · inhospitalière

∞ terre + VERBE
- couvrir une superficie de · s'étendre sur : *ses terres s'étendent sur des milliers d'hectares*

∞ VERBE + terre
- découvrir • arpenter : *il arpente ses terres tous les matins* • entrer sur · passer sur
- acheter · acquérir • hériter de : *l'aîné hérita des terres de son père*
- confisquer · conquérir
- avoir · posséder
- cultiver · exploiter : *il exploite la terre familiale*
- habiter : *cette tribu habite cette terre depuis des temps immémoriaux* · vivre sur
- partager : *le testament les oblige à partager les terres* • céder · vendre
- quitter : *ils ne veulent pas quitter la terre de leurs ancêtres*

∞ NOM + DE + terre
- bande • arpent · lopin · parcelle · portion

sur la terre / les terres
- vivre • se retirer : *elle s'est retirée sur ses terres bretonnes* • [aussi fig.] chasser : *désormais, ils chassent sur les terres de leur concurrent* · braconner

terreur *nom fém.*

∞ terreur + ADJECTIF
- militaire · politique • domestique · intellectuelle · psychologique
- enfantine • nocturne
- ambiante · diffuse • ordinaire
- sacrée° : *la terreur sacrée que Dieu inspire aux hommes* • absolue · folle · grande + nom · profonde · véritable + nom
- constante · incessante · permanente • croissante

∞ terreur + VERBE
- s'installer • régner : *la terreur régnait sur la ville*

∞ VERBE + terreur
- exercer · pratiquer : *des partis totalitaires n'hésitant pas à pratiquer la terreur* · user de · utiliser
- faire régner · répandre · semer : *les brigands semaient la terreur dans la région* • frapper de · inspirer
- planifier : *la terreur était planifiée par les plus hauts échelons du commandement* • entretenir · perpétuer
- vivre dans / sous • être confronté à · être en proie à : *les habitants en proie à la terreur se sont barricadés* · subir

∞ NOM + DE + terreur
- atmosphère · climat : *ils entretiennent un climat de terreur dans la population*
- acte · action : *les forces militaires continuent leurs actions de terreur* · campagne : *il mène une campagne de terreur systématique* • instrument · politique · régime · stratégie • vague : *ils ont déclenché une vague de terreur*

territoire *nom masc.*

∞ territoire + ADJECTIF
- naturel • administratif · géographique
- autonome · sous contrôle étranger • étranger · national
- désertique · montagneux · rural
- inexploré
- d'un seul tenant • grand + nom · immense · large + nom · vaste + nom
- exigu · grand comme un mouchoir de poche · minuscule · petit + nom

∞ VERBE + territoire
- circonscrire · délimiter · marquer : *le lion urine pour marquer son territoire*
- (re)définir · (re)modeler · transformer • découper · morceler
- couvrir : *la forêt couvre 50 % du territoire* · mailler : *pour mieux mailler le territoire national en hôpitaux* • se répartir sur
- disposer de · être doté de • (se) partager • conserver · garder
- contrôler · diriger · régner sur : *cette dynastie règne sur le territoire depuis quatre cents ans* • défendre · préserver · protéger · surveiller • aménager · développer · mettre en valeur
- agrandir · élargir
- entrer en / sur : *les troupes sont entrées sur le territoire* · investir · passer par / sur · pénétrer en / sur · s'aventurer en / sur · s'enfoncer dans / en • s'implanter en / sur • résider sur · séjourner sur • (re)peupler
- récupérer · s'approprier · s'emparer de • annexer : *le royaume avait annexé ce territoire en 1860* · (re)conquérir · (ré)occuper • gagner · grignoter • empiéter sur · envahir · violer

- explorer · parcourir · quadriller · sillonner : *ils sillonnent le territoire à la recherche des disparus* · survoler · visiter
- accueillir sur · admettre sur
- enclaver · isoler
- attaquer · bombarder · frapper
- céder · rendre • perdre
- déserter · évacuer · fuir · partir de · quitter · se retirer de · sortir de
- expulser de

∾ NOM + DE + **territoire**
- bout · morceau · parcelle · portion

terrorisme *nom masc.*

∾ **terrorisme** + ADJECTIF
- nationaliste · organisé · politique • fanatique · fondamentaliste · religieux • d'État • aérien · biologique · suicidaire • économique · informatique · intellectuel
- de masse • international · mondial · sans frontières · transfrontalier · transnational
- aveugle • meurtrier

∾ **terrorisme** + VERBE
- viser
- menacer : *le terrorisme menace la sécurité du pays* • sévir • atteindre · frapper · toucher • faire des / x morts · faire des / x victimes
- prospérer • se mondialiser · s'internationaliser
- reculer : *malgré les mesures défensives, le terrorisme n'a pas reculé*

∾ VERBE + **terrorisme**
- choisir • avoir recours à · pratiquer · recourir à · se livrer à · utiliser : *le pays utilise le terrorisme pour parvenir à ses fins*
- être confronté à · être victime de · subir
- alimenter · développer · nourrir : *les représailles nourrissent le terrorisme* • encourager · favoriser · soutenir • financer · parrainer • excuser · justifier
- baisser les bras face à · céder à / devant : *le président appelle la population à ne pas céder devant le terrorisme*
- accuser de
- être hostile à · manifester contre · se mobiliser contre · s'opposer à · s'unir contre • condamner · refuser · rejeter
- répondre à · riposter à · se défendre contre · se protéger contre • endiguer · enrayer · faire barrage à · faire obstacle à · freiner · réprimer · s'attaquer à • combattre · lutter contre · se battre contre
- éliminer · éradiquer · faire cesser · mettre fin à · mettre un terme à · vaincre : *le gouvernement veut vaincre le terrorisme par des actions militaires*
- abandonner · arrêter · combattre · en finir avec · lutter contre · renoncer à · rompre avec · tourner le dos à : *le pays semble décidé à tourner le dos au terrorisme*

∾ NOM + DE + **terrorisme**
- acte : *le gouvernement dénonce ces actes de terrorisme* · fait : *il a été condamné pour des faits de terrorisme*
- vague

test *nom masc.*

∾ **test** + ADJECTIF
- graphologique · linguistique · de connaissances · de niveau · de personnalité · d'intelligence • biologique · génétique · médical · sanguin • de détection · de dépistage · de diagnostic · etc.
- comparatif · diagnostique · probatoire • à l'aveugle
- obligatoire · préalable · préliminaire
- facile · simple • rapide
- crucial · décisif · déterminant
- approfondi : *les industriels doivent mener des tests approfondis* · complet · grandeur nature · majeur · poussé · sérieux · vrai [+ nom] • systématique • complexe · élaboré · sophistiqué • difficile · impitoyable · rigoureux · sévère
- fiable : *le test est fiable à 99 %* · infaillible
- concluant · probant • intéressant · révélateur · significatif
- négatif : *tous les tests se sont révélés négatifs* · positif
- coûteux · onéreux

∾ **test** + VERBE
- avoir lieu · se dérouler : *les tests se déroulent en laboratoire / en deux temps*
- durer
- consister en · faire appel à : *ces tests font appel à la logique des candidats* · porter sur : *ils ont engagé des tests portant sur la résistance des matériaux*
- déterminer · permettre de
- attester · faire apparaître · révéler • confirmer · prouver • donner un résultat
- aboutir · donner satisfaction · réussir : *tous les tests de fonctionnement de la machine ont réussi*
- échouer

∾ VERBE + **test**
- concevoir · créer · développer · élaborer · mettre au point · mettre en place

- instaurer · instituer · introduire
- homologuer · valider : *le test a été validé par le ministère de la Santé*
- exiger · imposer · proposer
- disposer de • avoir recours à · faire appel à · utiliser
- commencer • conduire · effectuer · faire · mener · mettre en œuvre · pratiquer · procéder à · réaliser • renouveler • généraliser : *les médecins ont généralisé les tests de dépistage depuis quelques années*
- soumettre à
- (re)passer · répondre à : *il a dû répondre à des tests de connaissances* · se plier à • faire l'objet de · se soumettre à : *il s'est soumis à un test de paternité* · subir
- être en cours de · être en phase de : *le médicament est en phase de test*
- constituer · faire figure de · servir de
- réussir · satisfaire à : *il faut satisfaire à des tests physiques pour intégrer l'école de police*
- échouer à : *elle a échoué à son test d'aptitude*

∾ NOM + DE + **tests**

- batterie · série
- campagne : *une campagne de tests de dépistage* · programme

testament *nom masc.* (litt. et fig.)

∾ **testament** + ADJECTIF

- manuscrit · olographe • authentique · public
- [fig.] • politique • mystique · spirituel • artistique · cinématographique · littéraire · poétique · etc.
- valide
- faux [+ nom]
- caduc : *le testament est caduc si le légataire meurt avant le testateur*

∾ **testament** + VERBE

- être en faveur de : *le testament est en faveur de ses deux filles*
- révoquer : *ceci est mon testament qui révoque toutes dispositions antérieures*

∾ VERBE + **testament**

- écrire · faire · rédiger : *il s'est éteint avant d'avoir rédigé son testament* • coucher / mettre sur
- publier : *le testament du pape a été publié à la veille de ses funérailles*
- lire · prendre connaissance de
- contester : *le neveu déshérité conteste le testament*
- annuler

par testament

- attribuer : *la propriété lui a été attribuée par testament* · léguer · transmettre

[1] texte *nom masc.* (écrit, œuvre littéraire)

∾ **texte** + ADJECTIF

- autobiographique · critique · dramatique · littéraire · philosophique · sacré · scientifique · technique
- manuscrit • imprimé • dactylographié
- collectif
- original · originel
- essentiel · fondamental · fondateur : *c'est le texte fondateur de l'histoire des mathématiques* · important · majeur • connu
- inédit
- complet · in extenso · intégral
- définitif · final
- bref · court · petit [+ nom] • inachevé
- long [+ nom] • (-)fleuve · interminable
- abordable · accessible · compréhensible · facile · lisible
- bien charpenté · bien construit · bien écrit • clair · limpide · lumineux
- admirable · beau [+ nom] · magnifique · remarquable • bouleversant · émouvant • ambitieux · courageux
- prémonitoire • choquant · dérangeant
- complexe · dense
- ambigu · confus • incompréhensible · indéchiffrable · obscur · opaque · sibyllin
- bâclé · boiteux · incohérent • imparfait
- criblé de fautes · émaillé de fautes · mal écrit · bourré / plein / truffé de fautes
- creux · inepte · inconsistant · insipide

∾ **texte** + VERBE

- circuler
- expliquer · exposer · exprimer · formuler • affirmer • préciser · souligner • ajouter · conclure · poursuivre
- défendre · encourager · soutenir
- condamner · dénoncer · s'attaquer à

∾ VERBE + **texte**

- être extrait de · venir de
- écrire · pondre[péj.] · rédiger • finaliser • intituler
- (re)copier · mettre en forme · taper · transcrire
- éditer · publier • communiquer · diffuser · transmettre • restituer : *la nouvelle édition restitue le texte dans sa version originale*

- citer · faire référence à · invoquer · s'appuyer sur · se référer à · se reporter à • paraphraser • traduire
- consulter · jeter un coup d'œil à · lire · parcourir • se concentrer sur · se plonger dans
- déchiffrer · décortiquer · décrypter · étudier · examiner • comprendre · interpréter
- annoter
- adapter · apporter des modifications à · modifier · remanier · reprendre · revoir · transformer • corriger
- condenser · résumer · synthétiser • abréger · raccourcir · réduire · tronquer
- prendre des libertés avec : *il a pris des libertés avec le texte en supprimant de nombreux passages* • s'écarter de · s'éloigner de
- améliorer · dépoussiérer
- alourdir • altérer · dénaturer • édulcorer : *le metteur en scène a demandé à l'auteur d'édulcorer son texte*

∾ NOM + DE + **texte(s)**
- bribes • compilation · corpus · ensemble · florilège · série · suite
- masse

[2]texte *nom masc.* (Droit)

∾ **texte** + ADJECTIF
- conventionnel · législatif
- actuel : *le texte actuel prévoit un système de règlement des différends* · en vigueur
- introductif · préparatoire
- équilibré • consensuel
- de circonstance
- alambiqué : *ce texte alambiqué et complexe ne comprend pas moins de 400 articles*
- contraignant • répressif · sévère
- inapplicable • ambigu · confus
- bancal : *l'opposition juge le texte trop bancal* · imparfait · mauvais [+nom] • dangereux · liberticide
- controversé
- provisoire
- définitif · final
- caduc : *un projet de loi sera voté pour remplacer le texte caduc*

∾ **texte** + VERBE
- passer : *le texte est passé avec 364 voix pour et 153 contre* • entrer en application · entrer en vigueur
- concerner · être relatif à · s'appliquer à · viser à
- exiger · réclamer · stipuler : *le texte stipule qu'un référendum sera organisé dans le courant de l'année*
- préconiser · prévoir • instaurer · instituer
- assurer · autoriser · garantir : *le nouveau texte garantit le droit à la copie privée* · permettre
- imposer · obliger • régir : *ce texte régit la vente d'armes à feu* · réglementer • interdire

∾ VERBE + **texte**
- élaborer · mettre au point · préparer
- appliquer
- améliorer • dépoussiérer · toiletter • amender • remanier · revoir
- déposer · inscrire à l'ordre du jour · proposer • soumettre (au vote) : *ils entendent soumettre le texte au Conseil constitutionnel* • discuter de · se prononcer sur
- défendre • agréer · approuver · signer : *le syndicat a refusé de signer le texte* · voter (pour) • se mettre d'accord sur
- parapher · ratifier • adopter · entériner · promulguer : *contestant la validité de la procédure, le président avait refusé de promulguer le texte*
- violer
- rejeter · s'opposer à · voter contre • abroger · retirer

∾ NOM + DE + **textes**
- arsenal : *le juge dispose d'un arsenal de textes*

texture *nom fém.* (consistance)

∾ **texture** + ADJECTIF
- fibreuse · granuleuse · pâteuse · poudrée · sableuse • gélatineuse · molle · spongieuse : *la texture spongieuse des roches volcaniques* • mousseuse • crémeuse · grasse · moelleuse · onctueuse
- homogène : *il faut mélanger la pâte jusqu'à obtention d'une texture homogène*
- fondante · friable : *un fromage à la texture friable*
- généreuse · riche • compacte · dense · épaisse • dure · ferme
- souple • aérée · fine · légère • délicate · douce · tendre
- bizarre · étrange
- agréable
- désagréable

∾ VERBE + **texture**
- présenter : *le produit présente une texture onctueuse*
- changer : *l'ajout de lait change la texture de la préparation* · modifier

[1]théâtre *nom masc.* (genre, activité)

∾ théâtre + ADJECTIF

- de marionnettes · de rue · d'ombres · équestre · lyrique · musical • de boulevard · de l'absurde · d'opérette
- antique · classique · traditionnel • contemporain · moderne • d'avant-garde
- populaire • politique • psychologique

∾ VERBE + théâtre

- débuter à · faire ses débuts à • être formé à · venir de : *c'est le premier long-métrage de ce réalisateur anglais venu du théâtre*
- se destiner à • faire : *il a toujours voulu faire du théâtre* · pratiquer : *ils pratiquent le théâtre en amateurs* • se consacrer à · se dédier à • jouer à : *il a pris des cours avant de jouer au théâtre* • revenir à
- écrire pour · porter à : *le jeune metteur en scène porte au théâtre ce roman* • adapter à

[2]théâtre *nom masc.* (salle de spectacles)

∾ théâtre + ADJECTIF

- à l'italienne · antique · romain • à ciel ouvert · de verdure°
- indépendant · privé • municipal · national · public • subventionné
- célèbre · fameux [+ nom] · mythique
- grand [+ nom] · immense
- minuscule · modeste · petit [+ nom]

∾ théâtre + VERBE

- ouvrir (ses portes)
- afficher complet
- donner / jouer / présenter une pièce
- faire relâche
- fermer (ses portes)

∾ VERBE + théâtre

- être propriétaire de · posséder : *la ville ne possède plus qu'un seul théâtre*
- ouvrir • animer · diriger
- jouer à / dans · se produire dans : *il s'est longtemps produit dans de petits théâtres de province*
- aller à · fréquenter · se rendre à • emmener à
- fermer

coup de théâtre

∾ coup de théâtre + ADJECTIF

- nouveau [+ nom] • dernier [+ nom] · final · ultime [+ nom]
- de dernière minute • improbable [+ nom] · inattendu • curieux · étrange
- énorme [+ nom] · véritable [+ nom] • époustouflant · incroyable
- petit [+ nom]

∾ coup de théâtre + VERBE

- intervenir · se produire : *le coup de théâtre s'est produit suite à un communiqué du ministère*

∾ VERBE + coup de théâtre

- espérer
- déclencher · provoquer
- constituer
- connaître
- s'achever par / sur · se terminer par / sur

thème *nom masc.* (sujet, question)

∾ thème + ADJECTIF

- artistique · économique · historique · littéraire · mythologique · politique · scientifique · social · etc.
- classique · traditionnel • universel
- officiel : *le sommet aura pour thème officiel les sciences et technologies en Afrique* • commun · général
- particulier · précis · spécifique • unique
- actuel · d'actualité • à la mode · en vogue : *le développement durable est un thème en vogue* · populaire · porteur · prisé
- éternel · inusable · récurrent · vieux (comme le monde)
- banal · convenu · éculé · galvaudé · rebattu · ressassé
- central · dominant · emblématique · essentiel · fondamental · fort · grand [+ nom] · important · majeur · omniprésent · phare · prédominant · principal · prioritaire • crucial · déterminant • obsessionnel : *la disparition est un thème obsessionnel dans ses romans*
- grand [+ nom] · inépuisable · large · riche · vaste
- consensuel · fédérateur · mobilisateur · rassembleur
- audacieux • alléchant · intéressant · passionnant
- de prédilection : *les animaux sont leur thème de prédilection* · favori · fétiche
- inattendu · insolite · original
- complexe • brûlant · controversé · délicat · épineux · sensible · tabou
- grave · tragique
- léger • simple

∾ thème + VERBE

- être à l'ordre du jour • resurgir · revenir : *le thème de la mort revient sans cesse dans ses romans*

- dominer · sous-tendre : *ce thème populaire sous-tend toute la campagne électorale*
- passionner • être cher à · tenir à cœur à : *il veut s'exprimer sur ce thème qui lui tient à cœur*

∞ VERBE + **thème**
- introduire · (re)lancer
- constituer
- identifier • explorer · plancher sur[fam.] · s'attaquer à · s'interroger sur · travailler sur
- définir · fixer · préciser • (se) donner (pour) · imposer • choisir (comme / pour) · prendre (comme / pour) · retenir (comme / pour)
- avoir comme / pour • être centré sur · être consacré à · s'articuler autour de · tourner autour de : *cette pièce de théâtre tourne autour du thème de la culpabilité*
- emprunter · récupérer · renouer avec · reprendre · retrouver · revenir sur • broder sur · décliner · recycler · reprendre à son compte · revisiter
- agiter · brandir : *il brandit le thème populaire de la redistribution des terres* · exploiter · jouer (sur)
- approfondir · creuser · développer · insister sur · mettre en avant · mettre l'accent sur
- affectionner • être sensible à
- populariser
- aborder · évoquer · traiter (de) • débattre de / sur · discuter de • s'affronter sur • effleurer
- illustrer
- éviter : *il évite soigneusement le thème du Moyen-Orient*
- abandonner · délaisser

théorie *nom fém.*

∞ **théorie** + ADJECTIF
- économique · littéraire · politique · scientifique · psychanalytique · philosophique · mathématique · musicale • marxiste · freudienne · darwinienne · etc.
- classique · traditionnelle
- admise · dominante
- générale : *une théorie générale des sociétés animales*
- moderne • nouvelle · révolutionnaire • audacieuse · originale
- célèbre · fameuse [+ nom]
- intéressante · séduisante • valable
- aberrante · abracadabrante · délirante · extravagante · fantaisiste • simpliste • floue · nébuleuse · vaseuse • bidon[fam.] · fumeuse
- contestable · discutable · douteuse • controversée
- raciste
- dépassée : *ils s'appuient sur des théories économiques complètement dépassées*

∞ **théorie** + VERBE
- faire école · faire florès : *les théories du complot font aujourd'hui florès*
- reposer sur · s'appuyer sur : *cette théorie s'appuie sur trois postulats* · se baser sur · se fonder sur · se référer à · utiliser
- affirmer · postuler · prétendre • prédire
- (plur.) s'affronter · s'opposer
- se heurter à : *cette théorie se heurte à de nombreux problèmes*

∞ VERBE + **théorie**
- mûrir · réfléchir à • ébaucher • bâtir · concevoir · construire · créer · développer · échafauder · élaborer · établir · inventer • formaliser
- lancer · proposer • avancer · émettre · énoncer · évoquer · exposer · présenter
- appliquer · mettre en application · mettre en pratique
- exploiter · reposer sur : *la cosmologie moderne repose sur la théorie du big-bang* · reprendre · s'appuyer sur · se baser sur · se fonder sur · se référer à · s'inspirer de · utiliser • se rattacher à · se réclamer de
- enseigner : *il enseigne la théorie économique à l'université*
- croire à · défendre · être (un) adepte de · être partisan de · soutenir
- appuyer · cautionner · conforter · corroborer · démontrer le bien-fondé de · étayer · renforcer • illustrer
- généraliser
- repenser · réviser · revisiter · revoir
- mettre ... à l'épreuve de · tester · vérifier : *il faut vérifier cette théorie sur des cas concrets*
- confirmer · valider
- combattre · désapprouver · réfuter · rejeter · rompre avec • bouleverser · discréditer · infirmer · mettre à mal · (re)mettre en cause · remettre en question · s'inscrire en faux contre
- détruire

[1]thèse *nom fém.* (théorie)

∞ **thèse** + ADJECTIF
- officielle • classique · traditionnelle • (communément / largement) admise · en vogue · populaire
- centrale · dominante · essentielle · fondamentale · principale

- célèbre · fameuse + nom
- audacieuse · intéressante · originale · séduisante
- défendable • convaincante · crédible
- contraire · inverse · opposée
- controversée
- dérangeante · provocante
- extravagante · fantaisiste • indéfendable

∞ thèse + VERBE

- reposer sur · s'appuyer sur · se baser sur · se fonder sur
- affirmer · postuler · prétendre
- l'emporter
- (plur.) s'affronter · s'opposer
- se heurter à
- s'effondrer

∞ VERBE + thèse

- construire · développer · élaborer · lancer
- avancer · émettre · énoncer · envisager · évoquer · proposer • exposer · présenter • résumer • maintenir • s'en tenir à
- accepter · adhérer à · admettre · cautionner · croire à · défendre · démontrer le bien-fondé de · épouser : *la justice a épousé la thèse d'une escroquerie familiale* · être favorable à · être partisan de · partager · plaider pour · réhabiliter · retenir · se rallier à · soutenir • faire valoir · pencher pour · privilégier
- diffuser · professer · promouvoir · répandre • faire connaître · populariser · relancer
- alimenter · nourrir · renforcer • accréditer · appuyer · confirmer · conforter · corroborer · étayer : *aucune étude n'étaie cette thèse* · illustrer • démontrer · prouver · valider : *les statistiques ne valident pas cette thèse* • rejoindre : *ce que vous dites rejoint une thèse développée par les services secrets*
- reprendre (à son compte)
- contester · (re)mettre en cause · mettre en doute · (re)mettre en question · s'inscrire en faux contre • combattre · dénoncer · désapprouver · s'opposer à
- aller à l'encontre de · contredire · infirmer
- démolir · démonter • écarter · exclure · récuser · réfuter · rejeter

[2]thèse *nom fém.* (travail universitaire)

∞ thèse + ADJECTIF

- de doctorat · (de doctorat) d'État · de troisième cycle · universitaire
- monumentale
- bonne + nom · brillante · excellente · remarquable

∞ VERBE + thèse

- s'inscrire en
- intituler (souvent passif) : *elle a soutenu sa thèse intitulée : "un genre littéraire entre critique et poétique : le dictionnaire"*
- commencer · entamer · entreprendre • écrire · faire · préparer · rédiger · travailler à
- diriger : *il a tenu à remercier le professeur qui a dirigé sa thèse*
- consacrer ... à
- achever · finir · terminer
- passer : *elle a passé sa thèse en 2001* · présenter · soutenir
- publier

timidité *nom fém.* (embarras)

∞ timidité + ADJECTIF

- naturelle • enfantine
- extrême · grande + nom • légendaire
- touchante
- maladive • paralysante

∞ VERBE + timidité

- être de (+ adj.) : *elle est d'une timidité maladive* • faire preuve de · montrer
- cacher · dissimuler · masquer
- combattre
- dépasser · oublier · surmonter · vaincre • perdre

[1]titre *nom masc.* (intitulé d'un livre, d'un film, etc.)

∞ titre + ADJECTIF

- générique : *ses comédies satiriques ont été regroupées sous le titre générique "La Saison des amours"* • officiel • éponyme : *Lara, le titre éponyme de l'album*
- définitif · provisoire • original : *le titre original du film n'a pas été gardé pour la version américaine*
- clair · explicite · sans ambiguïté · sans équivoque
- accrocheur · aguicheur · alléchant • racoleur • choc : *le journal barre sa une cette semaine d'un titre choc* · provocateur
- éloquent · évocateur · suggestif : *un tableau de Magritte au titre suggestif, "La Folie des grandeurs"* • ambitieux · prometteur
- approprié · bon + nom
- énigmatique · intrigant · obscur · sibyllin
- ambigu • trompeur
- impossible : *il a insisté pour publier son livre sous ce titre impossible* · mauvais + nom
- modeste · simple • anodin · banal

∾ **titre** + VERBE
- en dire long sur : *le titre en dit long sur les intentions de l'auteur*

∾ VERBE + **titre**
- chercher
- choisir · donner
- inventer · trouver • reprendre
- avoir (pour)

[2]titre *nom masc.* (fonction, grade, etc.)

∾ **titre** + ADJECTIF
- honorifique • officiel
- convoité • glorieux · prestigieux
- pompeux · ronflant : *il porte le titre ronflant de "directeur des affaires politiques et citoyennes"* • fantaisiste

∾ VERBE + **titre**
- aspirer à · revendiquer
- mériter
- accorder · attribuer · conférer · décerner : *la ville lui a décerné le titre de citoyen d'honneur*
- hériter de : *il hérite du titre de numéro deux du parti* • obtenir
- s'arroger · usurper : *il est accusé d'avoir usurpé le titre de baron*
- refuser · renoncer à

[3]titre *nom masc.* (Sport)

∾ **titre** + ADJECTIF
- européen · international · mondial · national · olympique

∾ VERBE + **titre**
- aspirer à · briguer · convoiter · prétendre à · rêver de • concourir pour · défendre : *il défendra son titre de champion du monde lundi prochain* • se disputer
- (re)mettre en jeu
- arracher · conquérir · décrocher[fam.] · emporter · enlever · gagner · remporter · s'offrir : *la jeune skieuse s'est offert son deuxième titre olympique* · obtenir : *il a obtenu son premier titre mondial* • reconquérir · récupérer : *le boxeur a récupéré son titre de champion du monde*
- détenir · être le tenant de · posséder • conserver · garder
- laisser échapper · laisser filer[fam.] · perdre
- retirer : *on lui a retiré le titre mondial suite à un contrôle antidopage positif*

tolérance *nom fém.* (compréhension, ouverture d'esprit)

∾ **tolérance** + ADJECTIF
- confessionnelle · culturelle · religieuse · sociale
- administrative
- mutuelle · réciproque
- légendaire · traditionnelle
- absolue · extrême · grande [+ nom] · infinie · totale • exemplaire · extraordinaire
- faible [+ nom] · relative • zéro : *les autorités refusent d'assouplir leur politique de tolérance zéro*

∾ VERBE + **tolérance**
- être un modèle de • être connu pour · être réputé pour : *le pays est réputé pour sa tolérance vis-à-vis des minorités religieuses*
- encourager · plaider pour · prêcher : *ils prêchent la tolérance et le respect des droits de l'homme* · professer · promouvoir · prôner • appeler à : *le Premier ministre a appelé à la tolérance et au dialogue* · inciter à
- afficher · faire montre de · faire preuve de · manifester · montrer · témoigner
- développer · renforcer
- apprendre · enseigner
- être basé sur · être fondé sur
- manquer de

∾ NOM + DE + **tolérance**
- climat · culture · esprit · valeur : *il prône les valeurs de tolérance et de démocratie* · tradition : *la longue tradition de tolérance de l'île*
- leçon · message

tollé *nom masc.*

∾ **tollé** + ADJECTIF
- diplomatique · médiatique · politique · scientifique · social · syndical
- général • international · national
- beau [+ nom] · grand [+ nom] · véritable [+ nom]

∾ **tollé** + VERBE
- s'ensuivre · suivre
- accueillir : *la décision a été accueillie par un tollé d'indignation*

∾ VERBE + **tollé**
- causer · créer · déclencher · engendrer · entraîner · provoquer · soulever : *la proposition a soulevé un tollé dans l'opposition* · susciter

[1]ton *nom masc.* (intonation)

∾ **ton** + ADJECTIF
- naturel · neutre

- égal • mécanique · monocorde : *il répète son discours sur un ton monocorde*
- affable · amène · amical · bienveillant · cordial · courtois · poli
- badin · dégagé · désinvolte · détaché · distancié · évasif · léger
- allègre · amusé · enjoué · jovial • blagueur · bonhomme · gouailleur · patelin*littér.* · potache • triomphant
- calme · doux · paisible · placide · posé · serein
- apaisant · rassurant • lénifiant
- admiratif • déférent · doucereux · mielleux · suave · sucré
- confidentiel · de confidence · énigmatique · mystérieux · secret • pensif · rêveur • laconique
- entendu : *"on ne sait jamais", dit-il d'un ton entendu* · explicite · sans équivoque • assuré · catégorique · déterminé · ferme · résolu
- autoritaire · cassant · dur · sec · sévère • comminatoire · enflammé · péremptoire · pressant · tranchant · véhément · vif · virulent
- froid · glacé · glacial • acide · bourru · désagréable · intimidant · méchant · menaçant · revêche
- réprobateur • condescendant · dédaigneux · méprisant · prétentieux · rogue · supérieur • ironique · narquois · railleur · sarcastique
- compatissant · paternaliste • moralisateur · pontifiant
- grave · sérieux · solennel • pincé · pince-sans-rire
- ampoulé · compassé · docte · emprunté · pompeux · précieux · professoral · protocolaire · sentencieux
- agressif · combatif · martial : *il lut son discours d'un ton martial* · vengeur
- hésitant • gémissant · pleurnichard · suppliant
- dramatique · emphatique · grandiloquent · lyrique • incantatoire
- abattu · accablé · affecté · dépité · désenchanté · désespéré · ennuyé • blasé · las · résigné
- inquiet · préoccupé • agacé · courroucé · énervé · exaspéré · excédé · indigné · rageur
- doux amer · mélancolique • contrit · lugubre · sinistre · triste

∞ ton + VERBE

- se vouloir (+ adj.) : *son ton se voulait détaché mais ses lèvres tremblaient*
- convenir à : *son ton enjoué ne convenait pas vraiment aux circonstances*
- trancher avec
- changer · se faire plus (+ adj.) : *son ton s'est fait plus doux lorsqu'elle est entrée*
- monter · se durcir
- baisser · s'adoucir

∞ VERBE + ton

- adopter · avoir · employer · prendre · user de : *je n'aime pas que l'on use de ce ton condescendant avec moi* • (re)trouver • conserver · garder
- changer de • se départir de
- élever : *il poursuit son exposé en élevant parfois le ton* · hausser : *il sait se faire écouter des élèves sans hausser le ton* · monter • forcer : *"parfait !" répondit-elle en forçant le ton enjoué de sa voix*
- durcir
- adoucir · baisser : *baisse un peu le ton, je ne suis pas sourd !*

d'un ton / sur un ton (+ adj.)

- affirmer · déclarer · dire · évoquer · parler • ajouter • répondre · rétorquer

[2]ton *nom masc.* (style, ambiance)

∞ ton + ADJECTIF

- général : *cette entrée en matière annonce le ton général des discussions*
- pédagogique : *le ton du reportage se veut pédagogique* • familier · intimiste · réaliste
- décalé · inhabituel · nouveau · novateur · original • particulier · personnel · singulier
- direct : *les rapporteurs ont adopté un ton simple et direct* · libre : *il a été enthousiasmé par le ton libre des débats* • explicite · sans équivoque
- adéquat · approprié · bon + nom · juste : *elle a trouvé le ton juste pour parler de ce sujet délicat*
- confiant · optimiste : *la plupart des interventions étaient marquées par un ton optimiste*
- mesuré · modéré · sobre
- alerte · dynamique · enlevé

∞ ton + VERBE

- se vouloir (+ adj.) : *le ton de son livre se veut pédagogique*
- marquer (souvent passif) : *à l'issue d'une campagne marquée par son ton agressif*
- convenir à
- trancher avec : *son ton tranche avec la langue de bois habituelle*
- changer · se faire plus (+ adj.)
- monter : *le ton est brusquement monté vendredi*
- baisser : *depuis cette déclaration, le ton a baissé* · s'adoucir

∾ VERBE + **ton**

- donner : *son préambule a donné le ton des débats* · imposer : *ses premiers films réussissent à imposer un ton très original*
- adopter · avoir · employer · prendre · user de · utiliser • (re)trouver • conserver · garder
- changer de • se départir de
- élever · hausser : *les syndicats commencent à hausser le ton* • forcer
- adoucir : *la gauche a adouci le ton de ses critiques sur le gouvernement* · baisser

▷ voir aussi [1]**ton**

[3]ton *nom masc.* (intensité de couleur)

∾ **ton** + ADJECTIF

- neutre
- chaud • froid • métallique
- clair • doux · léger · pastel • délavé · passé
- foncé · obscur · sombre
- franc · pur : *il juxtapose sur la toile de petites touches de tons purs* · tranché
- acidulé · riche : *des tons riches de cuivre rouge* · soutenu · vif · vigoureux • saturé
- dégradé • rompu○ [Techn.] : *elle ajoute la couleur complémentaire pour obtenir un ton rompu*
- délicat · subtil
- chaleureux · gai · harmonieux · lumineux
- agressif · criard
- fade · grisâtre · terne · triste
- changeant · moiré : *les tons moirés de l'étoffe changent selon la lumière*
- local [Techn.] : *le peintre respecte le ton local de l'objet*

∾ VERBE + **ton**

- obtenir : *en ajoutant du blanc, on obtient un ton pastel*
- utiliser : *le peintre utilise des tons soutenus* • (plur.) juxtaposer · mélanger : *évitez de mélanger les tons froids avec les tons chauds*
- (plur.) ajuster · harmoniser
- modifier • assombrir · foncer • dégrader · éclaircir
- accentuer · renforcer
- adoucir · atténuer

∾ NOM + DE + **tons**

- gamme · palette

tonnerre *nom masc.*

∾ **tonnerre** + ADJECTIF

- assourdissant
- effroyable · épouvantable

∾ **tonnerre** + VERBE

- éclater
- gronder · retentir · rouler

∾ VERBE + **tonnerre**

- [fig.] déchaîner · déclencher : *sa remarque a déclenché un tonnerre d'applaudissements* · provoquer : *l'annonce a provoqué un tonnerre de protestations*
- entendre

∾ NOM + DE + **tonnerre**

- coup [aussi fig.] : *ils ont été réveillés par un coup de tonnerre ; la nouvelle a fait l'effet d'un coup de tonnerre dans le ciel financier*

torpeur *nom fém.*

∾ **torpeur** + ADJECTIF

- intellectuelle · politique
- estivale : *il sort ce dossier sensible en pleine torpeur estivale* · hivernale • matinale · provinciale
- ambiante · générale
- profonde [+ nom] • longue [+ nom]
- confortable · douce [+ nom] · voluptueuse

∾ **torpeur** + VERBE

- s'installer
- envahir · gagner • envelopper

∾ VERBE + **torpeur**

- plonger dans · s'installer dans · sombrer dans • retomber dans • baigner dans : *le jardin baigne dans une douce torpeur* • être englué dans
- secouer · troubler
- arracher à · tirer de : *le cri vient le tirer de sa torpeur*
- émerger de · quitter · se réveiller de : *il s'est réveillé de sa torpeur pour s'exprimer* · sortir de

[1]tort *nom masc.* (dommage, préjudice)

∾ **tort** + ADJECTIF

- (plur.) partagés • exclusifs [Droit] : *quand le divorce est prononcé aux torts exclusifs de l'un des époux*
- considérable · énorme · incalculable • irréparable

∾ VERBE + **tort**

- causer · faire : *il m'a fait (du) tort / beaucoup de tort* · porter ... à (sans art.) : *cette attitude lui a porté tort*
- redresser · réparer : *il a ainsi la possibilité de réparer le tort qu'il a causé à la collectivité*
- partager : *les juges ont décidé de partager les torts*

REM. On rencontre parfois "commettre un tort", "infliger un tort à". Évitez ces expressions maladroites et préférez "porter tort à".

[2]tort *nom masc.* (faute, erreur)

∞ tort + ADJECTIF

- énorme · grand [+ nom] : *mon plus grand tort a été de lui faire confiance*

∞ tort + VERBE

- être du côté de : *les torts ne sont pas tous du même côté* · revenir à : *le tort en revient exclusivement à l'Administration*

∞ VERBE + tort

- avoir : *j'ai des torts envers lui*
- avouer · confesser · reconnaître
- demander pardon de · regretter

torture *nom fém.*

∞ torture + ADJECTIF

- physique • mentale · morale · psychique · psychologique
- généralisée · systématique • continue · permanente
- longue [+ nom] • véritable [+ nom]
- abominable · affreuse [+ nom] · atroce · effroyable · épouvantable · insoutenable · terrible

∞ torture + VERBE

- être monnaie / pratique courante : *la torture est monnaie courante dans ce pays* · se banaliser · se généraliser

∞ VERBE + torture

- instaurer · instituer
- justifier · légitimer
- autoriser · institutionnaliser · légaliser • banaliser · généraliser
- avoir recours à · employer · pratiquer · recourir à · user de · utiliser • participer à : *ces soldats ont participé à la torture*
- faire subir · infliger · soumettre à • mettre à [fig.] : *cette attente l'a mis à la torture*
- endurer · être victime de · subir • être à [fig.] : *je suis à la torture, je ne supporte plus cette incertitude*
- mourir de · succomber à
- être insensible à • résister à · survivre à
- assister à · être témoin de
- décrire · détailler · évoquer · faire état de · faire le récit de · raconter
- enquêter sur
- accuser de
- condamner · dénoncer · lutter contre · militer contre · s'élever contre · s'opposer à
- interdire · prohiber · proscrire • abolir · faire cesser

∞ NOM + DE + torture

- marque · trace : *les prisonniers portent des traces de torture*

sous la torture

- extorquer / obtenir / recueillir des aveux
- avouer · parler
- mourir · périr

tourisme *nom masc.*

∞ tourisme + ADJECTIF

- archéologique · artisanal · culturel · gastronomique · industriel · religieux · sportif • sexuel
- estival · hivernal • balnéaire · fluvial · montagnard · spatial · thermal • rural · urbain • écologique · vert
- international · mondial • intérieur · local
- classique
- alternatif · durable : *les initiatives se multiplient pour mettre sur pied un tourisme durable*
- de masse · familial · individuel • populaire • associatif · social • d'affaires • de luxe · élitiste · haut de gamme
- florissant : *le tourisme florissant soutient l'économie locale*
- de masse
- doux : *il prône un tourisme doux qui respecte les lieux et les habitants* · maîtrisé • à visage humain
- humanitaire · solidaire

∞ tourisme + VERBE

- être en plein essor · se développer • se porter bien • se relever de : *le tourisme se relève tout juste des conséquences du tsunami*
- se porter mal • pâtir de · souffrir de • s'effondrer

∞ VERBE + tourisme

- faire : *je fais du tourisme dans la Creuse*
- être propice à : *c'est une belle région propice au tourisme* • s'ouvrir à • être voué à : *une île vouée au tourisme*
- développer · doper · dynamiser · encourager · favoriser · promouvoir · stimuler : *la construction d'un aéroport devrait stimuler le tourisme*
- dépendre de · vivre de : *toute la vallée vit du tourisme vert*
- travailler dans

∞ NOM + DE + tourisme

- essor · développement
- baisse : *nous enregistrons une baisse du tourisme depuis plusieurs mois*
- fleuron : *les châteaux hantés, fleurons du tourisme écossais*

touriste *nom*

∞ touriste + ADJECTIF

- sexuel • spatial
- en goguette : *les touristes en goguette dans la Ville lumière* • égaré : *il ne vient jamais personne ici à part quelques touristes égarés*

∞ touriste + VERBE

- arriver · débarquer · (re)venir • (plur.) affluer · se presser : *les touristes se pressent devant leurs échoppes*
- se promener • fréquenter (souvent passif) : *un café fréquenté essentiellement par des touristes japonais* · visiter • séjourner
- être en quête de : *des touristes en quête d'exotisme tropical* • aimer · être friand de · priser (passif) : *la région très prisée des touristes américains* · raffoler de
- bouder · déserter

∞ VERBE + touriste

- attirer
- accueillir · héberger
- effrayer : *ils ont réduit la présence policière afin de ne pas effrayer les touristes* · faire fuir

∞ NOM + DE + touristes

- afflux · bataillon · cargaison : *une flotille de cars déverse sa cargaison de touristes* · cohorte · flot · foule · grappe · groupe · horde · marée

tourment *nom masc.* (souvent plur.)

∞ tourment + ADJECTIF

- moral · physique • intérieur · intime • amoureux · existentiel · familial • judiciaire
- quotidien
- grand + nom · indicible
- affreux · atroce · cruel · douloureux · effroyable · horrible · sombre • pire + nom
- secret : *elle devinait tous ses tourments secrets*
- petit + nom

∞ tourment + VERBE

- agiter · assaillir · dévorer · ronger

∞ VERBE + tourment

- causer · donner • être la cause de · être source de • valoir ... à
- avoir • connaître · endurer (souvent passif) : *l'article décrit les tourments endurés par ces femmes* · être en proie à : *elle est en proie aux pires tourments* · souffrir : *il a souffert mille tourments* · subir
- confier · décrire · raconter
- adoucir · alléger · apaiser
- effacer • mettre fin à

tourmente *nom fém.*

∞ tourmente + ADJECTIF

- boursière · commerciale · financière · monétaire • économique · judiciaire · médiatique · politique · sociale • révolutionnaire
- grande + nom · grave + nom · violente + nom

∞ tourmente + VERBE

- gagner · rattraper · s'abattre sur · souffler sur • agiter · secouer • affecter · bousculer · déchirer · ébranler · ravager • balayer · emporter · entraîner · happer : *la tourmente dans laquelle est happé le groupe automobile*
- épargner : *les producteurs espèrent être épargnés par la tourmente économique*

∞ VERBE + tourmente

- déclencher : *ses propos ont déclenché une véritable tourmente* · provoquer
- être dans / au centre / milieu / cœur de · être dans / en pleine · être pris dans · se (re)trouver dans / au centre / milieu / cœur de • affronter · faire face à · traverser : *ce sportif traverse une tourmente médiatique*
- disparaître dans · être emporté dans
- échapper à · résister à · survivre à : *ces compagnies ne survivront pas à la tourmente boursière*

tournant *nom masc.* (changement de direction)

∞ tournant + ADJECTIF

- idéologique · politique · social · stratégique • démocratique
- capital · crucial · décisif · déterminant · essentiel · fondamental · grand + nom · historique · important · incontestable · majeur · sans précédent · véritable + nom · vrai + nom • symbolique : *cet événement marque un tournant symbolique dans l'histoire du cinéma*
- irréversible : *l'affaire a marqué un tournant irréversible*
- brusque · brutal
- critique · dangereux · difficile
- positif : *cette rencontre représente un tournant positif dans ma vie*

∞ tournant + VERBE

- s'amorcer
- avoir lieu · se produire : *un tournant s'est produit avec la crise économique* · s'opérer

∞ VERBE + tournant

- annoncer : *ce livre semble annoncer un tournant dans son œuvre*
- constituer · être considéré comme · marquer · représenter

- arriver à · connaître · être / se trouver à : *il est à un tournant de sa carrière* · parvenir à : *je suis parvenu à un tournant important de ma vie* · vivre
- amorcer · engager • effectuer · opérer : *avec cette réforme, le gouvernement a opéré un tournant majeur* · prendre
- manquer · rater : *cet opérateur a raté le tournant du numérique*

REM. On rencontre parfois "provoquer un tournant". Évitez cette expression maladroite et préférez "amorcer un tournant".

tournoi *nom masc.*

∞ tournoi + ADJECTIF
- international · mondial · olympique
- junior · senior • féminin · masculin
- qualificatif • amical
- grand + nom · majeur • prestigieux
- (richement) doté : *un tournoi doté de 620 000 €*
- beau + nom
- petit + nom : *il a préféré ce petit tournoi à la grande exhibition*

∞ tournoi + VERBE
- se dérouler · se disputer · se jouer
- opposer

∞ VERBE + tournoi
- organiser
- se qualifier pour
- donner le coup d'envoi à · ouvrir : *le match France-Italie ouvrira le tournoi des six nations*
- commencer · débuter · entamer : *l'équipe a très mal entamé le tournoi*
- disputer · être en lice dans : *il ne reste plus qu'un seul Australien en lice dans le tournoi* · jouer · participer à · prendre part à • continuer · poursuivre
- être bien placé dans • dominer · (r)emporter · enlever · gagner · s'imposer à / dans · sortir victorieux de · triompher à / dans
- diffuser · retransmettre
- assister à · suivre
- bouder : *les têtes de série ont boudé le tournoi* • boycotter
- quitter · renoncer à · se retirer de · sortir de
- être éliminé de · perdre

[1]tournure *nom fém.* (déroulement des événements)

∞ tournure + ADJECTIF
- judiciaire · politique
- nouvelle + nom • inédite · inhabituelle • imprévue · inattendue
- bizarre · étonnante · étrange · singulière · troublante
- bonne + nom · excellente : *notre affaire prend une excellente tournure* • intéressante
- prévisible • fatale · inéluctable
- alarmante · inquiétante • défavorable · fâcheuse + nom · mauvaise + nom · négative · sale + nom fam. · vilaine + nom
- violente : *la revendication séparatiste a pris une tournure violente* • dramatique · tragique

∞ tournure + VERBE
- (passif) alarmer · consterner · déconcerter · décontenancer · dépasser · préoccuper · surprendre • décevoir : *il s'est dit déçu par la tournure prise par les discussions*

∞ VERBE + tournure
- donner (+ adj.) : *elle a su donner une tournure nouvelle au projet*
- prendre (+ adj.) : *les émeutes prennent une tournure plus violente ; l'affaire a pris une drôle de tournure*
- prendre ○ (sans art.) : *le projet commence à prendre tournure*
- déplorer • être inquiet de · être mécontent de · s'inquiéter de : *il s'inquiète de la tournure des négociations*

[2]tournure *nom fém.* (formule)

∞ tournure + ADJECTIF
- grammaticale · syntaxique
- idiomatique • impersonnelle · périphrastique • affirmative · négative
- fréquente · usitée
- élégante · jolie + nom · littéraire · raffinée
- archaïque · désuète · inusitée · surannée · vieillie
- argotique · familière
- erronée · fautive

∞ VERBE + tournure
- employer · utiliser

toux *nom fém.*

∞ toux + ADJECTIF
- asthmatique · convulsive · nerveuse · spasmodique
- grasse ○ · sèche ○ • sifflante • rauque
- grosse + nom • mauvaise + nom · méchante + nom · vilaine + nom
- opiniâtre · persistante · prolongée · tenace • chronique
- légère · petite + nom

∾ toux + VERBE

- apparaître : *la toux apparaît après trois jours d'incubation*
- accompagner : *une fièvre accompagnée d'une toux sèche*
- persister : *si la toux persiste, consultez votre médecin*
- disparaître : *la toux disparaît progressivement en trois à cinq jours*

∾ VERBE + **toux**

- souffrir de : *le patient souffre d'une toux chronique*
- accompagner : *une toux accompagnée de nausées*
- traîner : *je traîne une mauvaise toux depuis plusieurs semaines*
- éviter : *un traitement préventif pour éviter la toux*
- soigner · traiter
- arrêter · stopper : *le thym est un vieux remède pour stopper la toux*

∾ NOM + DE + **toux**

- accès · quinte

trac *nom masc.*

∾ trac + ADJECTIF

- apparent · manifeste · perceptible
- fou · grand $^{+\text{ nom}}$ · gros $^{+\text{ nom}}$ • abominable · effroyable · épouvantable · monstrueux
- permanent

∾ trac + VERBE

- se manifester
- (souvent passif) assaillir · saisir • dévorer · paralyser : *paralysé par le trac, il reste muet* · pétrifier · tétaniser
- disparaître : *dès qu'elle commence à parler, le trac disparaît*

∾ VERBE + **trac**

- donner · ficher$^{fam.}$ · flanquer$^{fam.}$ · foutre$^{fam.}$
- avoir · ressentir • être mort de
- lutter contre • apprivoiser · dompter • dominer · surmonter : *une fois sur scène, il arrive à surmonter son trac*

tracas *nom masc.* (souvent plur.)

∾ tracas + ADJECTIF

- administratif · financier · judiciaire • amoureux • conjugal · familial
- grand $^{+\text{ nom}}$ · gros $^{+\text{ nom}}$
- quotidien
- habituel • léger $^{+\text{ nom}}$ · mineur · petit $^{+\text{ nom}}$
- passager
- inutile : *être plus prévoyant lui éviterait bien des tracas inutiles*

∾ VERBE + **tracas**

- causer · entraîner · être une source de · occasionner • valoir ... à
- avoir · connaître
- (s')épargner · (s')éviter
- oublier : *partez en toute confiance et oubliez vos tracas*

tracasserie *nom fém.* (souvent plur.)

∾ tracasserie + ADJECTIF

- administrative · bureaucratique • douanière · judiciaire · policière
- habituelle · quotidienne • incessante · permanente
- inutile

∾ VERBE + **tracasserie**

- être en butte à · être / faire l'objet de · être soumis à · être victime de : *ils sont victimes d'incessantes tracasseries de la part des autorités locales* · subir
- dénoncer
- être / mettre à l'abri de · s'éviter

1 trace *nom fém.* (marque, indice, vestige ; souvent plur.)

∾ trace + ADJECTIF

- matérielle · physique • archéologique · fossile · fossilisée • numérique • psychique · psychologique • visuelle • écrite · manuscrite
- ancienne : *ce sont les plus anciennes traces jamais laissées par un dinosaure* · première $^{+\text{ nom}}$: *les premières traces de chasseurs-cueilleurs remontent aux alentours de – 50 000 ans* · vieille $^{+\text{ nom}}$
- concrète · évidente · perceptible · tangible · visible
- (plur.) abondantes · multiples · nombreuses
- profonde : *ce procès a laissé des traces profondes dans la population* • durable · indélébile : *les pogroms ont laissé des traces indélébiles* • douloureuse
- légère $^{+\text{ nom}}$
- rares (plur.) : *rares sont les traces de cette civilisation*

∾ trace + VERBE

- indiquer
- rester · subsister
- s'effacer · s'estomper • disparaître

∾ VERBE + **trace**

- imprimer : *il a fortement imprimé sa trace au ministère* · laisser : *ce produit laisse des traces sur la vitre*

- porter · receler • conserver · garder
- montrer · révéler
- (re)chercher · traquer : *les scientifiques traquent activement des traces de vie*
- (re)trouver : *je ne trouve aucune trace du dossier* • apercevoir · déceler · découvrir · observer · relever : *des traces de pneus / de doigts ont été relevées sur le lieu du crime* · remarquer · repérer · voir • identifier
- cacher · couvrir · dissimuler · masquer : *ils ont systématiquement cherché à masquer les traces de leurs exactions*
- détruire · effacer : *elle essaie d'effacer les traces de rouge à lèvres / il tente d'effacer les traces de ses vieilles blessures* · estomper : *l'anticernes permet d'estomper les traces de fatigue* · gommer · nettoyer

²trace *nom fém.* (piste)

∞ trace + ADJECTIF
- fraîche : *on peut distinguer les traces fraîches des éléphants*

∞ trace + VERBE
- conduire à · indiquer · mener à : *les traces mènent directement au terrier*
- s'effacer · s'estomper • disparaître · se perdre : *sa trace se perd en Russie / en 1944*

∞ VERBE + trace
- laisser : *il a disparu sans laisser de trace*
- porter • conserver · garder
- montrer · révéler
- (re)chercher • pister · poursuivre · suivre
- retrouver : *l'enquêteur a retrouvé leur trace en Australie*
- cacher · couvrir · dissimuler · effacer
- perdre : *les policiers ont perdu sa trace*

sur les traces de
- conduire · emmener · entraîner • marcher · (re)partir · retourner · se lancer : *il s'est lancé sur les traces de Marco Polo*

à la trace
- suivre

³trace *nom fém.* (petite quantité)

∞ trace + ADJECTIF
- ADN · génétique : *la comparaison des traces génétiques retrouvées sur les lieux du crime* • radioactive
- faible ⁺ ⁿᵒᵐ : *la présence de faibles traces d'OGM dans les échantillons de maïs* · infinitésimale · insignifiante · légère ⁺ ⁿᵒᵐ · minime · résiduelle

∞ trace + VERBE
- rester · subsister : *quelques rares traces radioactives subsistent encore*

∞ VERBE + trace
- comporter · contenir : *l'échantillon contenait des traces de* Bacillus anthracis
- prélever : *les traces ADN sont prélevées sur les lieux des infractions* • déceler · découvrir · détecter · identifier · observer · relever · remarquer · repérer · (re)trouver : *des traces minimes de corticoïdes ont été retrouvées dans ses urines*
- montrer · révéler

tractations *nom fém. plur.*

∞ tractations + ADJECTIF
- diplomatiques · politiques • commerciales · financières
- internationales • internes • actuelles · en cours
- finales · ultimes : *les ultimes tractations avant la signature de l'accord*
- longues + nom • interminables · sans fin
- intenses · tous azimuts
- acharnées · âpres · délicates · difficiles · dures · fébriles · houleuses · laborieuses · pénibles · rudes · serrées
- sordides • obscures + nom : *le transfert du joueur serait dû à d'obscures tractations financières*
- discrètes · en coulisses : *ce blocage de façade masquait des tractations en coulisses* · occultes · secrètes · souterraines • informelles · parallèles
- infructueuses · vaines

∞ tractations + VERBE
- commencer · s'engager • reprendre
- avoir lieu · être en cours · se dérouler · se tenir
- concerner · porter sur
- continuer · durer · se poursuivre • traîner en longueur
- s'intensifier • aller bon train : *les tractations vont bon train à l'approche des élections*
- aboutir
- piétiner • achopper sur • échouer

∞ VERBE + tractations
- donner lieu à · faire l'objet de
- être au centre de · être au cœur de : *le sort des salariés est au cœur des tractations*
- amorcer · commencer · engager · entamer · (se) lancer (dans) : *le parti s'est lancé dans des tractations pour rallier les formations minoritaires* • reprendre

- mener · se livrer à • participer à · prendre part à
- accélérer : *le président du groupe veut accélérer les tractations en vue d'une restructuration* • multiplier • continuer · poursuivre
- être le fruit de · être le résultat de · résulter de
- tenir à l'écart de : *les syndicats ont été tenus à l'écart des tractations*
- mettre fin à · mettre un terme à

tradition *nom fém.*

∾ tradition + ADJECTIF

- artisanale · artistique · culinaire · culturelle · littéraire · militaire · musicale · philosophique · poétique · religieuse • idéologique · politique • démocratique · égalitaire · humaniste · intellectuelle · libérale · républicaine • contestataire · critique
- familiale : *les crêpes du dimanche soir, c'est devenu une tradition familiale* · sociale • locale · régionale • classique · médiévale • ouvrière · paysanne · populaire • orale
- ancestrale · ancienne · historique : *le pays tient à sa tradition historique de neutralité* · immémoriale · immuable · longue + nom · millénaire · séculaire · vieille + nom • désuète
- fameuse + nom • affirmée · bien ancrée · bien établie · forte + nom · grande + nom · haute + nom : *la haute tradition du théâtre italien* · indéracinable · solide · tenace · pure + nom : *un jeu de stratégie réussi, dans la plus pure tradition du genre* • vivace · vivante
- belle + nom · noble · riche • authentique • bonne vieille + nom : *elle est attachée aux bonnes vieilles traditions bretonnes*
- en voie de disparition · menacée

∾ tradition + VERBE

- être héritée de · remonter à • s'inspirer de
- naître · s'instaurer : *cette tradition s'est instaurée au XIVe siècle*
- prévaloir • perdurer · persister · se perpétuer
- avoir du bon
- consister à : *la tradition consiste à tremper la pomme dans du miel pour que l'année soit douce* · vouloir que : *la tradition veut que l'on offre les roses en nombre impair*
- dire · prétendre · raconter · rapporter
- disparaître · mourir · se perdre · tomber en désuétude

∾ VERBE + tradition

- instaurer • rétablir : *cette tradition fut rétablie par Louis XI*
- transmettre · véhiculer : *une tradition véhiculée par les anciens*
- hériter de • avoir · être porteur de : *ces artisans sont porteurs d'une tradition séculaire* · posséder • conserver · garder
- appartenir à · correspondre à · être ancré dans · être héritier de · être issu de · être nourri de · puiser ... dans : *des contes puisés dans la tradition orale* · rappeler · relever de · renvoyer à · s'enraciner dans · se rattacher à · se référer à · s'inscrire dans · s'insérer dans · rejoindre : *la poésie orale des rappeurs rejoint les traditions de la joute et des troubadours* • s'appuyer sur • invoquer · (se) revendiquer (de) : *ces artistes se revendiquent de la tradition classique*
- continuer · maintenir · perpétuer · poursuivre · prolonger : *son fils est parti travailler sur un chantier naval prolongeant ainsi la tradition familiale* · rester dans • faire revivre · renouer avec · reprendre · retrouver : *on retrouve ici une certaine tradition de l'élégance française* · revenir à
- être attaché à · être fier de · tenir à • défendre · entretenir · préserver · veiller sur • sauver • demeurer / être / rester fidèle à · suivre • être conforme à · être respectueux de • respecter · sacrifier à · se plier à • prendre en compte · tenir compte de • concilier : *il faut concilier tradition et modernité*
- incarner : *il incarne la tradition turque d'un islam sécularisé* · symboliser
- moderniser · renouveler • détourner · reprendre à son compte
- découvrir : *un joueur de cithare nous a fait découvrir la tradition classique du nord de l'Inde*
- se heurter à
- rejeter · remettre en cause · s'en prendre à · se révolter contre • bouleverser · bousculer · ébranler · toucher à • bafouer · déroger à · enfreindre · faillir à · faire une entorse à · manquer à · trahir
- échapper à · se soustraire à • abandonner · renier · renoncer à · rompre avec · s'écarter de • perdre
- mettre fin à : *il a mis fin à cette tradition judiciaire vieille de deux cents ans*

∾ NOM + DE + tradition

- poids : *ils essaient de se libérer du poids de la tradition*

1 traduction *nom fém.* (d'un mot, d'un texte, etc.)

∾ traduction + ADJECTIF

- littéraire · poétique · théâtrale • scientifique · technique • académique · universitaire
- assistée par ordinateur · automatique • orale · simultanée • écrite
- libre · personnelle • assermentée · (non) officielle • anonyme
- littérale · mot à mot
- ancienne • inédite · moderne · nouvelle
- originale : *c'est la traduction originale de Poe par Baudelaire*
- complète · intégrale
- correcte · exacte • fiable · fidèle
- admirable · bonne ⁺ ⁿᵒᵐ · brillante · excellente · parfaite · remarquable · réussie · satisfaisante • belle ⁺ ⁿᵒᵐ · fluide · limpide · lumineuse · magnifique · sensible
- erronée · fausse ⁺ ⁿᵒᵐ · fautive · inexacte · mauvaise ⁺ ⁿᵒᵐ • approximative · contestable · fantaisiste · hasardeuse · imparfaite · laborieuse · malheureuse • bâclée · médiocre · truffée de faux sens / de contresens
- incomplète · partielle

∾ traduction + VERBE

- paraître
- vieillir : *la traduction de 1936 a beaucoup vieilli*

∾ VERBE + traduction

- entreprendre · s'atteler à · se lancer dans • se charger de · se consacrer à • préparer · travailler à • assurer · effectuer · faire · réaliser • participer à • mener à bien
- faire l'objet de : *son roman à succès a fait l'objet de traductions dans de nombreuses langues*
- donner · offrir · proposer • publier
- corriger · (re)lire · reprendre • rafraîchir · réviser · revoir • annoter · commenter
- buter sur : *je bute sur la traduction de ce mot*

[2]traduction *nom fém.* (expression)

∾ traduction + ADJECTIF

- juridique · législative · monétaire · politique · sociale • musicale · visuelle · vocale
- concrète : *ces actions de terrain sont la traduction concrète du dispositif* · pratique : *ce film est la première traduction pratique d'un manifeste esthétique*
- immédiate
- parfaite ⁺ ⁿᵒᵐ · fidèle : *cette architecture est une traduction fidèle du principe de "l'îlot ouvert"*

∾ VERBE + traduction

- donner : *le gouvernement souhaite donner une traduction législative à ce rapport*
- avoir · trouver : *ces images ont trouvé ici leur parfaite traduction musicale*

[1]trafic *nom masc.* (circulation)

∾ trafic + ADJECTIF

- aérien · automobile · ferroviaire · maritime · routier • commercial · passager : *le trafic passager a baissé depuis les attentats* · pétrolier · postal
- intérieur · international · local · mondial · national · régional · transfrontalier · urbain
- habituel · régulier • normal
- accru · dense · énorme · fort ⁺ ⁿᵒᵐ · important · intense • inhabituel • record
- fluide
- faible ⁺ ⁿᵒᵐ · limité · réduit · restreint

∾ trafic + VERBE

- reprendre • augmenter · doubler · s'accentuer · s'accroître · s'intensifier
- stagner • baisser · chuter · dégringoler : *le trafic de la compagnie dégringole depuis quelques mois* · diminuer

∾ VERBE + trafic

- créer · engendrer · générer · susciter
- assurer : *cette compagnie assure un trafic essentiellement régional*
- rétablir : *la direction espère rétablir le trafic en fin de semaine*
- améliorer · optimiser • contrôler · surveiller • gérer · réguler
- affecter · bloquer · entraver · gêner · perturber • paralyser · ralentir
- limiter · réduire
- interdire : *le maire a interdit tout trafic aérien au-dessus du stade* · interrompre · suspendre : *les syndicats ont décidé de suspendre le trafic des bus*

[2]trafic *nom masc.* (commerce, péj.)

∾ trafic + ADJECTIF

- humain · sexuel
- international · local · mondial · national · transfrontalier
- organisé • à grande échelle · énorme · important · massif · vaste
- florissant · juteux · lucratif
- clandestin · frauduleux · illégal · illicite

∾ trafic + VERBE

- reprendre : *le trafic a repris de plus belle* • augmenter · s'intensifier
- baisser · diminuer

∾ VERBE + **trafic**

- faire · organiser · se livrer à • être impliqué dans · être mouillé dans · participer à
- faire l'objet de : *l'ivoire fait toujours l'objet de trafic*
- alimenter · favoriser · nourrir
- couvrir : *les autorités locales auraient couvert un trafic de diamants*
- combattre · lutter contre • empêcher · endiguer · limiter · réduire • interdire · réprimer • punir · sanctionner
- démanteler · en finir avec · mettre fin à · mettre un terme à
- accuser de · soupçonner de • condamner pour · poursuivre pour

tragédie *nom fém.*

∾ tragédie + ADJECTIF

- aérienne · ferroviaire · humanitaire · politique · sociale · etc.
- collective · nationale
- familiale · humaine · intérieure · intime · personnelle
- annoncée · inéluctable · prévisible
- absolue · énorme + nom · grande + nom · immense · majeure · sans précédent · véritable + nom · vraie + nom
- quotidienne : *ces enfants maltraités vivent une tragédie quotidienne* • éternelle · sans fin
- effroyable · épouvantable · innommable · sanglante · terrible · terrifiante

∾ tragédie + VERBE

- s'annoncer · se préparer • survenir : *une tragédie survenue à la veille de Noël*
- avoir lieu · se dérouler · se produire
- durer · se poursuivre
- affecter · frapper · marquer · rattraper · toucher • déchirer · dévaster · endeuiller · ensanglanter · ravager • bouleverser · traumatiser

∾ VERBE + **tragédie**

- aboutir à · causer · conduire à · mener à · provoquer
- être confronté à · faire face à • connaître · vivre
- frôler : *les passagers de l'avion ont frôlé la tragédie*
- avoir / prendre / revêtir des allures de • basculer dans : *la fête a basculé dans la tragédie* · se terminer en · se transformer en · tourner à · virer à
- révéler : *le reportage révèle la tragédie que vit ce pays*
- découvrir
- décrire · dépeindre · évoquer · raconter · relater · retracer · revenir sur : *cette émission revient sur la tragédie de l'an passé* • reconstituer • commémorer
- analyser · comprendre • tirer une leçon de
- minimiser • occulter
- exploiter
- empêcher · éviter · prévenir
- mettre fin à · mettre un terme à

trahison *nom fém.*

∾ trahison + ADJECTIF

- familiale · politique
- double • haute + nom : *il a été jugé pour haute trahison* · suprême · ultime
- impardonnable · inadmissible · indigne · infâme · intolérable · vile + nom : *elle ressent cette infidélité comme une vile trahison*

∾ VERBE + **trahison**

- commettre · être / se rendre coupable de
- découvrir
- percevoir comme · prendre comme · ressentir comme · vivre comme • considérer comme · qualifier de
- crier à · dénoncer · hurler à : *les puristes ont hurlé à la trahison*
- soupçonner de • accuser de • condamner pour · inculper de / pour • faire payer : *il est bien décidé à lui faire payer cette trahison*
- pardonner : *il ne se sent pas prêt à lui pardonner cette trahison*

[1] trait *nom masc.* (caractéristique)

∾ trait + ADJECTIF

- culturel • de caractère · psychologique : *l'auteur a défini avec précision les traits psychologiques des personnages*
- féminin · masculin • archaïque : *un pays moderne qui garde encore des traits archaïques*
- grand○ + nom · principal • caractéristique · distinctif · dominant · essentiel · marquant · récurrent · remarquable · saillant · spécifique • caricatural : *on regrette que l'ouvrage ne décrive que les traits caricaturaux du pays*
- commun○ : *ces pays possèdent de nombreux traits communs*
- inhabituel · original · singulier

∞ VERBE + **trait**
- hériter de
- avoir · montrer · posséder · présenter : *ces langues présentent des traits caractéristiques* · révéler
- conserver · garder
- emprunter ... à : *ce statut emprunte de nombreux traits au modèle parlementaire*
- distinguer · reconnaître
- décrire : *il décrit les grands traits du projet* · définir

[2]trait *nom masc.* (coup de crayon)

∞ **trait** + ADJECTIF
- noir
- large · long [+ nom] • appuyé · épais · gras · gros [+ nom]
- net · précis • énergique
- délicat · fin · petit [+ nom]

∞ VERBE + **trait**
- dessiner · tracer
- effacer · gommer

d'un trait (+ adj., nom)
- dessiner : *des silhouettes dessinées d'un trait net*
- souligner : *il souligne d'un trait noir les contours des visages*
- [d'un trait de plume, fig.] effacer : *on ne peut effacer d'un trait de plume des années de dictature*
- barrer : *il a rageusement barré son nom d'un trait rouge* · rayer

à traits (+ adj.)
- [fig.] • brosser : *l'auteur brosse à larges traits l'histoire tumultueuse des cités* · dessiner · esquisser · tracer • résumer : *il a résumé à grands traits l'idéologie de son mouvement*

traits *nom masc. plur.* (physionomie)

∞ **traits** + ADJECTIF
- physiques • féminins · masculins
- délicats · fins · harmonieux · lisses · purs · réguliers • angéliques · poupins • détendus
- marqués · prononcés • acérés · anguleux · durs · rudes • burinés
- figés · impassibles
- creusés · déformés · émaciés · fatigués · tirés • crispés · tendus
- bouffis · épais · grossiers • féroces

∞ **traits** + VERBE
- exprimer · révéler · suggérer · trahir : *ses traits trahissent sa fatigue*
- se contracter • se durcir : *ses traits se sont durcis avec le temps*
- se détendre

∞ VERBE + **traits**
- avoir · posséder
- hériter de : *elle a hérité des traits de son père*
- adoucir · affiner • illuminer : *ce produit illumine les traits du visage* · mettre en valeur · souligner
- deviner · reconnaître
- prêter ... à : *le comédien prête ses traits au personnage de Jean Valjean*

sous les traits de
- dépeindre · représenter : *il pousse la mégalomanie jusqu'à se représenter sous les traits du dieu Osiris* • apparaître · se matérialiser · s'incarner

traité *nom masc.* (convention)

∞ **traité** + ADJECTIF
- commercial · politique • de non-prolifération (nucléaire) · de paix • constitutionnel
- (trans)frontalier · global · international · mondial • bilatéral · multilatéral
- fondateur : *le traité fondateur du Marché commun*

∞ **traité** + VERBE
- régir · s'appliquer à • concerner • réglementer
- amorcer · créer · définir · instituer · jeter les bases de : *le traité jette les bases d'une harmonisation sociale* • énoncer · fixer · mentionner · préciser · prévoir
- confirmer · consacrer · renforcer : *le traité renforce la protection des droits fondamentaux*
- autoriser • exiger · imposer · obliger
- interdire
- exclure · laisser de côté

∞ VERBE + **traité**
- écrire · élaborer · préparer · rédiger • négocier
- aboutir à · déboucher sur · parvenir à
- inclure dans · inscrire dans · intégrer dans · introduire dans • figurer dans
- soumettre à : *le traité a été soumis à un référendum*
- approuver · cautionner · défendre • accepter · adhérer à · adopter · conclure · entériner · ratifier · signer • agir / être en conformité avec · être compatible avec · être conforme à · obéir à · respecter
- amender · réformer • renégocier : *Berlin est prêt à renégocier le traité*
- contester · dénoncer · refuser · rejeter · remettre en cause · voter contre • bafouer : *ce pays bafoue le traité de non-prolifération* · violer
- abroger • enterrer

[1] **traitement** *nom masc.* (d'une personne, d'un dossier, d'une affaire)

∾ **traitement** + ADJECTIF
- judiciaire : *le traitement judiciaire des infractions* · médiatique : *le traitement médiatique de l'information* · social : *le traitement social du surendettement*
- automatique · informatique • manuel
- personnalisé · sur mesure • particulier · spécial · spécifique
- en bloc · global
- de choc○ · de fond○ · énergique · intensif · radical
- rapide • accéléré
- efficace : *ce logiciel permet un traitement efficace des données*
- adapté · adéquat · approprié • bon + nom · de faveur · d'exception · exceptionnel · préférentiel · privilégié • équitable
- lent • progressif • simple
- désinvolte • brutal · cruel · dégradant · indigne · inhumain · mauvais○ + nom · sévère
- injuste • discriminatoire · inégal
- inefficace

∾ VERBE + **traitement**
- mériter
- gérer · organiser
- accorder · appliquer · réserver : *la direction lui a réservé un traitement particulier*
- faire subir · infliger : *ils lui ont infligé un traitement inhumain* · soumettre à
- automatiser · informatiser • centraliser
- améliorer · optimiser · rationaliser • harmoniser : *ces directives nationales devraient harmoniser le traitement des dossiers* • faciliter · simplifier
- accélérer
- avoir droit à · bénéficier de · être / faire l'objet de : *le chef de l'État a fait l'objet d'un traitement privilégié* · jouir de · recevoir
- dénoncer · protester contre · se plaindre de

[2] **traitement** *nom masc.* (soins médicaux)

∾ **traitement** + ADJECTIF
- curatif · médical · thérapeutique • préventif · prophylactique · symptomatique • palliatif • antibiotique · chirurgical · hormonal · médicamenteux • chimiothérapique · chimique • allopathique · homéopathique • psychiatrique · psychologique • cosmétique
- anticancéreux · anticoagulant · antidouleur · antirétroviral · antiviral · etc.
- complémentaire • unique • de substitution
- classique · habituel · standard
- placébo
- alternatif · expérimental · nouveau
- de choc○ : *seul un traitement de choc s'est révélé efficace* · énergique · intensif · radical
- au long cours : *le traitement au long cours de la dépression* · de fond○ : *ces problèmes chroniques se soignent par un traitement de fond* · de longue durée · long + nom · prolongé
- accéléré · rapide • allégé
- précoce : *un traitement précoce a permis la guérison*
- particulier · spécifique • ciblé • adapté · adéquat · approprié
- efficace · miracle
- coûteux · onéreux
- contraignant · lourd • invasif : *le traitement invasif des maladies coronariennes* • douloureux
- inefficace
- anodin · léger

∾ **traitement** + VERBE
- fonctionner · marcher : *ce traitement ne marche pas à tous les coups*
- échouer

∾ VERBE + **traitement**
- demander · exiger · nécessiter · réclamer · requérir
- mettre au point • mettre en place · mettre en route
- envisager · imaginer · prévoir · offrir : *ce programme offre à trois millions de patients séropositifs un traitement antirétroviral* • préconiser · prescrire · privilégier : *il privilégie un traitement au laser / au cas par cas* · proposer • imposer · ordonner • réserver : *la pénicilline était réservée au traitement des infections graves* • administrer
- commencer · entamer · entreprendre
- bénéficier de • être en / sous : *le malade est sous traitement antidouleur* · suivre • être astreint à · subir : *il a dû regagner la France pour y subir un traitement médical*
- avoir recours à · recourir à
- continuer · poursuivre
- accélérer · améliorer • financer
- tolérer
- refuser
- arrêter · interrompre · suspendre

[1] **trajectoire** *nom fém.* (courbe, ligne)

∾ **trajectoire** + ADJECTIF
- balistique
- courbe · elliptique · oblique • ascendante · descendante • complexe : *ce satellite a une trajectoire complexe* · rectiligne

- longue + nom
- courte + nom

∞ trajectoire + VERBE
- commencer
- croiser : *la trajectoire de la météorite a croisé l'orbite terrestre*
- s'achever

∞ VERBE + **trajectoire**
- décrire · dessiner · enregistrer · prendre : *l'avion a commencé à prendre une trajectoire descendante* · tracer • garder · poursuivre · tenir
- déterminer · fixer • calculer · mesurer
- observer · suivre • contrôler · maîtriser · surveiller
- couper · croiser · se trouver sur : *il se trouvait malheureusement sur la trajectoire du projectile*
- guider · infléchir • dévier : *il a réussi à dévier la trajectoire de la tarte à la crème lancée sur le Premier ministre* • corriger · modifier · rectifier
- détourner de · dévier de · écarter de
- changer de · dévier de : *l'astéroïde a dévié de sa trajectoire* · quitter · s'écarter de · sortir de

²trajectoire *nom fém.* (d'une personne)

∞ trajectoire + ADJECTIF
- historique • politique · professionnelle · sportive
- individuelle · personnelle
- banale · classique · commune · normale · ordinaire · prévue
- analogue · similaire • croisées (plur.) · parallèle : *sa carrière politique suit une trajectoire parallèle à celle du président russe*
- différente · dissemblable · divergente · inverse
- atypique · curieuse · étonnante · incroyable · originale · singulière
- longue + nom : *après une longue trajectoire au cinéma, elle s'est tournée vers la chanson*
- bonne + nom · brillante · exemplaire · hors du commun · optimale · parfaite · remarquable · sans faute
- fulgurante · météorique : *la trajectoire météorique de sa courte carrière*
- en dents de scie · mouvementée
- brisée · dramatique

∞ trajectoire + VERBE
- commencer
- croiser : *sa trajectoire a croisé celle de nombreuses célébrités*
- s'achever

∞ VERBE + **trajectoire**
- connaître : *elle a connu une trajectoire en dents de scie* • poursuivre
- évoquer · retracer • éclairer : *ce documentaire éclaire la trajectoire d'un artiste mal connu* · mettre en lumière
- couper · croiser · se trouver sur : *une bonne fée se trouvait sur sa trajectoire*
- guider · infléchir • détourner de
- changer de · dévier de · quitter · s'écarter de · sortir de

trajet *nom masc.* (parcours, voyage)

∞ trajet + ADJECTIF
- professionnel · scolaire
- habituel · journalier · quotidien
- inverse : *j'ai fait le parcours inverse pour essayer de retrouver ma montre*
- interminable · long + nom
- éprouvant · épuisant · fatigant
- court + nom · petit + nom · rapide
- agréable

∞ trajet + VERBE
- conduire à : *elle m'a expliqué le trajet qui conduit à la grand-place* · mener à
- durer

∞ VERBE + **trajet**
- connaître : *je connais le trajet par cœur* • accomplir · effectuer · emprunter · faire : *il a fait le trajet à pied / en vélo* · parcourir · suivre • poursuivre
- baliser · jalonner · ponctuer
- décider de · définir · déterminer
- changer de : *je change de trajet tous les jours* · modifier
- rallonger
- raccourcir
- interrompre · terminer : *elle a terminé le trajet toute seule*

tranquillité *nom fém.*

∞ tranquillité + ADJECTIF
- financière · matérielle
- publique • d'esprit · intérieure
- nécessaire
- absolue · grande + nom · parfaite + nom · totale
- douce + nom : *les résidents bénéficient d'une douce tranquillité*
- relative : *ce fut une période de tranquillité relative jusqu'à la révolution*
- apparente • factice · trompeuse

∾ tranquillité + VERBE

- régner : *la tranquillité la plus parfaite règne dans la ville*

∾ VERBE + **tranquillité**

- afficher · respirer : *cette maison respire la tranquillité* • être un gage de
- aspirer à · avoir besoin de · avoir soif de · (re)chercher · souhaiter · vouloir • aimer · tenir à
- bénéficier de · jouir de · profiter de
- gagner (en) · (re)trouver
- se soucier de · veiller à • préserver · respecter : *il faut respecter la tranquillité de vos voisins*
- permettre • assurer · garantir • accorder · apporter · ramener · restaurer : *le maire veut restaurer la tranquillité publique*
- conserver · maintenir
- menacer • bousculer · nuire à · porter atteinte à · troubler : *les nouvelles constructions pourraient troubler la tranquillité du village*
- perdre (en)

∾ NOM + DE + **tranquillité**

- havre : *cette île est un havre de tranquillité*

transaction *nom fém.* (contrat, opération financière)

∾ transaction + ADJECTIF

- bancaire · boursière · commerciale · financière · immobilière • électronique · en ligne : *ces sites internet sont spécialisés dans les transactions en ligne* • dématérialisée : *le développement des transactions dématérialisées crée des problèmes de fraude* · virtuelle
- internationale
- rapide
- courante (souvent plur.) : *la balance des transactions courantes du pays dégage un excédent* · quotidienne (souvent plur.)
- grande ^+ nom^ · importante ^+ nom^
- petite ^+ nom^
- secrète : *ces deux sociétés ont conclu une transaction secrète*
- douteuse · suspecte • illégale · illicite

∾ VERBE + **transaction**

- négocier : *ils sont en position de force pour négocier une transaction financière* • conclure · effectuer · réaliser
- (souvent passif) estimer : *une transaction estimée à plusieurs millions* · évaluer
- faciliter : *la monnaie unique facilite les transactions* • sécuriser
- approuver · valider
- bloquer : *la banque a bloqué toutes leurs transactions* · interrompre · suspendre
- annuler

transformation *nom fém.*

∾ transformation + ADJECTIF

- culturelle · formelle · physique · sociale · structurelle
- récente
- inéluctable · nécessaire · obligatoire
- globale • complète · dramatique · en profondeur · forte ^+ nom^ · grande ^+ nom^ · grosse ^+ nom^ · importante · majeure · profonde · radicale · substantielle · totale • révolutionnaire • spectaculaire • irréversible : *la possibilité de faire subir au corps des transformations irréversibles*
- brusque · brutale • immédiate · rapide
- constante · permanente · perpétuelle : *une société en perpétuelle transformation*
- (plur.) successives : *une évolution faite de transformations successives*
- légère ^+ nom^ · petite ^+ nom^ · subtile
- lente ^+ nom^ • graduelle · progressive
- bénéfique · positive
- négative
- apparente

∾ transformation + VERBE

- intervenir · s'accomplir · s'opérer · survenir
- continuer · se poursuivre
- affecter : *ces transformations affectent l'ensemble des services publics* · toucher

∾ VERBE + **transformation**

- demander · exiger · impliquer · imposer : *l'évolution de la société a imposé une transformation du système scolaire* · nécessiter · requérir
- amener · entraîner · provoquer · susciter • s'accompagner de : *la modernisation s'est accompagnée d'une transformation complète de la structure de l'entreprise*
- préconiser · recommander • annoncer · envisager · évoquer · prévoir
- apporter · entreprendre · mener · opérer : *le pays a opéré une transformation politique radicale* · réaliser
- connaître · subir · vivre
- participer à · travailler à
- contribuer à · favoriser · permettre
- accélérer · hâter · poursuivre
- assister à • constater · observer • analyser · décrire · suivre : *ce dispositif permet de suivre les transformations du marché de l'emploi*

- illustrer · traduire · refléter
- refuser • empêcher : *ils veulent empêcher la transformation de la salle de cinéma en supermarché*

transition *nom fém.* (évolution)

∞ transition + ADJECTIF

- agricole · démocratique : *la transition démocratique des anciennes dictatures* · démographique : *une transition démographique marquée par une baisse de la natalité* · économique · énergétique · industrielle · institutionnelle · militaire · monétaire · politique · professionnelle : *la transition professionnelle des jeunes sortant de l'enseignement secondaire* · urbaine • numérique : *la transition numérique de l'industrie culturelle* · technologique • libérale : *la crise financière est révélatrice des carences de la transition libérale*
- importante : *c'est une transition importante par rapport au système traditionnel*
- interminable · longue + nom
- courte + nom · rapide
- graduelle · progressive • lente • douce · en douceur · pacifique : *le nouveau pouvoir affiche une volonté de transition pacifique* · paisible · sans heurts · sereine · souple : *une transition souple vers l'indépendance* · tranquille • aisée · facile
- bonne + nom : *les institutions sont chargées d'assurer une bonne transition entre les deux systèmes monétaires* • idéale : *la classe préparatoire constitue la transition idéale entre le lycée et les grandes écoles*
- abrupte · brutale · brute • chaotique · mouvementée
- fragile + nom : *une fragile transition démocratique* • délicate · difficile · laborieuse · périlleuse • douloureuse · pénible
- réussie

∞ transition + VERBE

- commencer · débuter
- avoir lieu : *cette transition a lieu dans un contexte de crise identitaire* · se dérouler · s'effectuer · s'opérer
- se poursuivre
- aboutir à · conduire à · mener à
- prendre fin · s'achever · se terminer

∞ VERBE + transition

- négocier : *les différentes ethnies ont été réunies pour négocier la transition* • ménager · organiser : *ils ont déjà organisé la transition vers le tout-numérique* · préparer
- amorcer · commencer · engager · entamer · initier · s'engager dans
- être en voie de : *les pays en voie de transition industrielle*
- effectuer · opérer • conduire : *la transition économique conduite par le gouvernement* · diriger · gérer · mener • assurer · garantir • accomplir · mener à bien · mener à terme · parachever
- connaître · vivre : *le marché du management vit actuellement une transition délicate*
- constituer · marquer : *ces années noires ont marqué une transition vers l'économie de marché*
- continuer · poursuivre • accélérer · hâter
- adoucir · faciliter • aider • favoriser · améliorer : *il souhaite améliorer la transition de l'école primaire au secondaire* • accompagner : *un dispositif a été mis en place pour accompagner la transition agricole*
- rater

∞ NOM + DE + transition

- période · phase : *le marché du disque est actuellement en phase de transition*

transparence *nom fém.* (fig.)

∞ transparence + ADJECTIF

- financière · fiscale
- indispensable · nécessaire
- suffisante • accrue · grande + nom • absolue · complète · entière · sans précédent · totale · véritable + nom • exemplaire · parfaite
- insuffisante

∞ transparence + VERBE

- prévaloir · régner : *c'est un secteur où règne une grande transparence* · s'imposer
- faire défaut · laisser à désirer

∞ VERBE + transparence

- exiger · imposer · réclamer : *les syndicats réclament davantage de transparence de la part de la direction* · souhaiter • demander · rechercher · requérir
- promettre · revendiquer : *les organisateurs revendiquent une grande transparence* • apporter · instaurer · introduire • assurer · faire un effort de · garantir · veiller à • restaurer • choisir · jouer (la carte de) : *l'industrie agroalimentaire joue la transparence pour rassurer les consommateurs* • être un gage de
- afficher · faire preuve de · pratiquer • être un modèle de : *ce système politique n'est pas un modèle de transparence*
- obtenir : *ils veulent obtenir plus de transparence dans la politique d'accueil des étrangers*

- encourager · plaider pour · prôner • contribuer à · favoriser
- accroître · améliorer · gagner en · renforcer
- manquer de

transport *nom masc.* (acheminement)

∾ transport + ADJECTIF

- aérien · automobile · ferroviaire · fluvial · maritime · routier · terrestre • alimentaire · commercial · hydraulique · industriel · marchand • scolaire · touristique · etc.
- intercontinental · international · national · régional • spatial : *une étape importante dans l'histoire du transport spatial*
- individuel • collectif · en commun · interurbain · public · urbain
- combiné : *le transport combiné par rail et route* · multimodal
- en vrac° : *les nouvelles pratiques logistiques dans le transport en vrac* • lourd : *ce véhicule pour transports lourds permet de déplacer des colis jusqu'à 200 tonnes* • léger : *le transport léger permet la livraison rapide de colis dans toute la France*
- express : *cette entreprise propose le transport express de tous vos colis* · rapide

∾ transport + VERBE

- acheminer : *le transport maritime achemine 80 % du commerce international*

∾ VERBE + transport

- assurer · gérer : *l'entreprise gère elle-même le transport des produits* · organiser · prendre en charge · se charger de • exécuter · opérer
- confier ... à : *ils ont confié le transport à un sous-traitant*
- développer • augmenter : *le préfet indique la nécessité d'augmenter le transport ferroviaire*
- améliorer · faciliter • optimiser : *l'entreprise cherche à optimiser le transport des marchandises*
- limiter : *la commission veut limiter le transport routier dans un but écologique*
- empêcher : *l'armée a coupé les routes pour empêcher le transport d'armes*

traumatisme *nom masc.*

∾ traumatisme + ADJECTIF

- affectif · mental · moral : *la découverte du système concentrationnaire fut un véritable traumatisme moral* · psychique · psychologique
- crânien · facial · physique · sexuel
- collectif · national · social • historique : *le traumatisme historique d'un pays opprimé* • familial · individuel · personnel
- enfantin · infantile • initial · originel · primitif
- considérable · énorme + nom · fort + nom · général · grand + nom · immense + nom · important · profond · véritable + nom · vrai + nom • grave · terrible · violent • majeur · sans précédent • multiples (plur.) : *il souffre de traumatismes multiples*
- durable
- enfoui · refoulé
- léger · minime · petit + nom

∾ traumatisme + VERBE

- engendrer · être à l'origine de : *le traumatisme qui est à l'origine de sa phobie*
- marquer (passif) : *ce début de siècle marqué par le traumatisme du 11 Septembre* • hanter · ronger

∾ VERBE + traumatisme

- causer · créer · engendrer · entraîner · occasionner · provoquer : *cette rupture brutale a provoqué un énorme traumatisme* · susciter
- constituer · représenter
- être victime de · souffrir de · subir • revivre : *il revit le traumatisme sous l'effet de l'hypnose* • faire face à · porter : *ces enfants portent le traumatisme de violences familiales*
- ressentir comme · vivre comme : *elle a vécu cet exode comme un traumatisme*
- refléter · témoigner de • révéler : *l'examen n'a révélé aucun traumatisme majeur*
- évaluer · mesurer
- accentuer · aggraver · ajouter à • raviver · réveiller : *le patient doit éviter les situations susceptibles de réveiller le traumatisme*
- atténuer • guérir : *une thérapie peut guérir certains traumatismes*
- épargner ... à : *on lui a ainsi épargné le traumatisme de l'incarcération* · éviter ... à
- dépasser · oublier · se remettre de · sortir de · surmonter : *la plupart des victimes n'ont jamais surmonté le traumatisme* • effacer : *cette bonne nouvelle n'efface pas le traumatisme de la défaite* · évacuer : *l'expression artistique permet d'évacuer le traumatisme* · exorciser • refouler

[1] travail *nom masc.* (métier)

∾ travail + ADJECTIF

- à mi-temps · à temps plein / plein temps • bénévole · rétribué · salarié • intellectuel · scientifique • artisanal · manuel • domestique • à distance · à domicile · à la carte • de nuit · nomade · sédentaire • alimentaire • à la chaîne°
- régulier · stable

- décent · honnête • gratifiant · noble · valorisant • attrayant · créatif · enrichissant · intéressant · passionnant · satisfaisant · varié • peinard[fam.] · pépère[fam.]
- bien payé · bien rémunéré · rémunérateur
- forcé○ · servile • au noir○ · clandestin · dissimulé · illégal · irrégulier
- mal payé · mal rémunéré · sous-payé
- de courte durée · intérimaire · intermittent · temporaire • journalier · saisonnier • à la tâche • précaire
- solitaire : *la traduction est un travail solitaire* • ingrat • difficile · exigeant
- dévalorisant • dangereux • subalterne • ennuyeux · inintéressant • besogneux · monotone · répétitif · routinier • abêtissant · abrutissant · assommant · crevant[fam.] · épuisant · éreintant · exténuant · fatigant · harassant · pénible · tuant[fam.] · usant • éprouvant · stressant • astreignant · rebutant • salissant

∞ travail + VERBE
- demander · exiger · impliquer · nécessiter · obliger à · réclamer · requérir
- convenir à · correspondre à
- (souvent passif) intéresser · motiver · passionner · plaire (à) • attirer · séduire · tenter
- (souvent passif) accaparer · occuper • obséder • aliéner · assujettir
- manquer

∞ VERBE + travail
- chercher · réclamer : *les manifestants réclament du travail*
- donner · fournir · procurer
- faire • pratiquer (+ adj.) : *il pratique régulièrement le travail à distance* • se consacrer à
- accéder à : *les jeunes ont du mal à accéder à un travail stable* · (re)trouver • en être réduit à (+ adj.) : *faute de papiers, il en est réduit au travail clandestin*
- commencer • reprendre
- sortir de : *il ne sort pas du travail avant 20 heures* • rentrer de
- aimer · être dévoué à · s'accomplir dans · s'intéresser à · s'investir dans
- être pris par • se réfugier dans • être accro à[fam.] · être un acharné de · être un maniaque de • être esclave de · se tuer à
- (re)valoriser • encourager : *les mesures de l'État vise à encourager le travail des femmes* · inciter à
- être apte à • être inapte à
- légiférer sur · réglementer • gérer · (ré)organiser
- payer · rémunérer
- avoir recours à (+ adj.) : *ils n'hésitent pas à avoir recours au travail clandestin / des enfants* · passer par · recourir à
- dévaloriser : *cette politique dévalorise le travail manuel*
- s'ennuyer dans (+ possessif) • détester
- cesser : *les enseignants ont cessé le travail en signe de solidarité* · interrompre · suspendre • mettre fin à : *il faut mettre fin au travail des enfants*
- démissionner de · quitter · renoncer à • perdre
- être / rester sans

au travail
- aller · partir · se rendre • arriver

²travail *nom masc.* (effort, fruit de l'effort)

∞ travail + ADJECTIF
- diplomatique · journalistique · militant · politique • éducatif · pédagogique • expérimental
- préliminaire · préparatoire • prospectif
- collectif · (en) commun • individuel · personnel • intérieur : *il a acquis cette sagesse au prix d'un long travail intérieur*
- assidu · constant · de longue haleine · de tous les instants : *le jardinage est un travail de tous les instants* · quotidien · régulier · soutenu • au long cours · long • continu · incessant · ininterrompu · permanent • sans fin · sans relâche · sans répit
- essentiel · fondamental · indispensable · utile
- colossal · considérable · de bénédictin○ · de fou · de Romain○ · de titan○ · d'Hercule · énorme · herculéen · important · intensif · monstre[fam.] · monstrueux · pharaonique · surhumain · titanesque • approfondi · de fond · systématique • acharné · forcené · fou · inlassable · intense · obstiné · opiniâtre
- consciencieux · de fourmi · d'orfèvre○ · méticuleux · minutieux · patient · rigoureux · sérieux · soigné • de précision · précis
- ambitieux · courageux · méritoire • novateur · original
- admirable · beau [+ nom] · bon [+ nom] · de qualité · extraordinaire · héroïque · irréprochable · magnifique · remarquable • précieux · salutaire
- effectif · productif
- amusant : *c'est un travail plutôt amusant en fin de compte* • enrichissant · gratifiant · intéressant • aisé · de tout repos (souvent nég.) · facile · simple • rapide

- absorbant · exigeant · prenant
- laborieux · lourd • complexe · délicat · difficile · dur · laborieux · pénible • dangereux
- abêtissant · abrutissant · asservissant · assommant · crevant*fam.* · épuisant · éreintant · exténuant · fatigant · harassant · tuant*fam.* · usant • éprouvant · stressant • rebutant • décourageant · frustrant · ingrat • salissant • inutile · superflu
- aride · ennuyeux · fastidieux · inintéressant • de routine · monotone · répétitif
- bâclé · d'amateur · mal fait
- discret · secret · souterrain

∾ travail + VERBE

- être du ressort de · incomber à · revenir à
- demander · exiger · impliquer · nécessiter · obliger à · réclamer • mobiliser : *ce travail a mobilisé une centaine de professeurs et d'étudiants*
- viser à • aboutir à · déboucher sur
- consister à · reposer sur • s'inscrire dans
- commencer : *le travail a commencé en février 2000* · débuter
- continuer • durer : *ce travail a duré plus de dix ans*
- intéresser · passionner · plaire
- (souvent passif) absorber · accaparer · occuper
- s'en ressentir : *il est évident que le travail s'en ressentira* · souffrir de
- arriver à son terme · prendre fin · se terminer

∾ VERBE + travail

- demander · imposer · nécessiter
- déléguer · distribuer • confier · donner
- commander • financer
- être chargé de · être responsable de • accomplir · effectuer · exécuter · faire · procéder à · réaliser · s'adonner à · se livrer à · se prêter à • abattre : *une stakhanoviste abattant le travail de deux magistrats ordinaires* • se consacrer à
- dégrossir · procéder • (re)commencer · démarrer · engager · entamer • s'atteler à · se jeter (à corps perdu) dans · se (re)mettre à · s'engager dans
- continuer · poursuivre • avancer dans · progresser dans
- participer à · prendre part à · s'impliquer dans • aider à / dans · assister dans · collaborer à · contribuer à • interférer dans · intervenir dans · s'immiscer dans • empiéter sur
- achever · mener à bien · mener à terme · terminer · venir à bout de
- s'abrutir de · se noyer dans • être accablé de · être débordé de · être submergé de · être surchargé de
- gérer · (ré)organiser • coordonner · superviser · surveiller
- passer par · reposer sur : *cette structure d'accueil repose entièrement sur le travail des bénévoles* · s'appuyer sur • compter sur
- centrer ... sur · concentrer ... sur
- aimer · s'intéresser à
- se concentrer sur · soigner
- améliorer · peaufiner • parachever · parfaire
- faciliter · simplifier • accélérer : *la planification permettra d'accélérer le travail* • mâcher
- apprécier · récompenser · reconnaître · saluer : *il salue l'extraordinaire travail des bénévoles*
- critiquer · dénigrer · dévaloriser : *loin de moi l'idée de dévaloriser son travail*
- compliquer : *ce texte risque de compliquer le travail des chercheurs*
- délaisser · négliger • bâcler · expédier · torcher*fam.*
- saboter : *il accuse le gouvernement d'avoir saboté le travail des juges* • court-circuiter · entraver
- abandonner · laisser en plan

traversée *nom fém.*

∾ traversée + ADJECTIF

- aérienne · ferroviaire · maritime • transatlantique
- du désert° · solitaire • initiatique
- grande + nom · interminable · longue + nom
- épique · homérique · inoubliable
- dangereuse · difficile · mouvementée · périlleuse · tumultueuse
- éprouvante · épuisante · pénible · rude
- clandestine
- calme · sans histoire(s)
- brève + nom · courte + nom · petite + nom

∾ traversée + VERBE

- commencer
- durer
- s'achever · se terminer

∾ VERBE + traversée

- commencer · entamer · entreprendre
- continuer · poursuivre
- assurer : *des ferries assurent la traversée du détroit* · proposer
- tenter : *il a tenté la traversée de la Manche à la nage* • accomplir · effectuer · faire • réussir
- connaître : *il a connu une longue traversée du désert avant de revenir sur le devant de la scène*

- raconter · relater
- interrompre : *le navigateur a été contraint d'interrompre sa traversée du Pacifique*
- achever

tremblement *nom masc.*

∞ tremblement + ADJECTIF
- convulsif · irrépressible · nerveux
- fort + nom · violent
- continu · incessant
- imperceptible · infime · léger + nom · petit + nom

∞ tremblement + VERBE
- (souvent passif) gagner · parcourir · secouer : *son corps fut soudain secoué de tremblements*
- augmenter · s'accentuer
- diminuer
- cesser · s'arrêter

∞ VERBE + tremblement
- déclencher · provoquer
- être agité de : *le patient est agité de tremblements* · être pris de · être sujet à • souffrir de
- contrôler · maîtriser • contenir · faire cesser

tremblement de terre *nom masc.*

∞ tremblement de terre + ADJECTIF
- d'amplitude x sur l'échelle de Richter
- fort + nom · grand + nom · important • terrible · violent • de grande amplitude · destructeur · dévastateur · meurtrier · tragique
- de faible amplitude · léger + nom · petit + nom

∞ tremblement de terre + VERBE
- avoir lieu · survenir
- ébranler · frapper · secouer · toucher : *un tremblement de terre d'amplitude 5 sur l'échelle de Richter a touché la région* • abîmer · anéantir · détruire · dévaster · faire des blessés / morts / victimes · ravager
- épargner : *le petit village a été miraculeusement épargné par le tremblement de terre*

∞ VERBE + tremblement de terre
- [fig.] provoquer
- être victime de
- ressentir
- se préparer à
- résister à · survivre à

trésor *nom masc.*

∞ trésor + ADJECTIF
- architectural · artistique · culturel · naturel • national • royal • de guerre°
- fabuleux · formidable · grand + nom · immense · véritable + nom · vrai + nom • sans pareil · unique • inestimable · précieux • inépuisable : *cette région recèle des trésors inépuisables pour les archéologues*
- caché · enfoui · secret • englouti : *ils sont partis à la recherche d'un trésor englouti au large des côtes du Sénégal*
- petit + nom

∞ VERBE + trésor
- constituer : *cette collection de masques constitue un trésor fabuleux*
- chercher
- découvrir · mettre la main sur · trouver • déterrer · exhumer · mettre au jour : *l'équipe a mis au jour un trésor inestimable*
- amasser · se constituer : *il a eu le temps de se constituer un trésor de guerre* • récupérer • mettre la main sur · s'emparer de · voler
- avoir · disposer de · posséder • receler : *le musée recèle des trésors impressionnistes* · renfermer • regorger de (plur.) • conserver · garder
- partager : *les trois héritiers décidèrent de partager le trésor royal*
- veiller sur : *il veille jalousement sur son trésor* • préserver · protéger : *il faut protéger ce trésor architectural*
- exploiter : *ils n'ont pas su exploiter le trésor que constitue ce fonds musical*
- cacher · enfouir · enterrer

trêve *nom fém.*

∞ trêve + ADJECTIF
- humanitaire · politique · sociale
- des confiseurs° · estivale · hivernale · olympique : *les forces armées ont respecté la trêve olympique pendant les jeux d'hiver* · pascale
- immédiate : *il a réitéré son appel à une trêve immédiate*
- fameuse + nom · traditionnelle + nom : *la traditionnelle trêve de Noël*
- durable : *il relance l'espoir d'une trêve durable* · longue + nom • illimitée
- partielle • fragile · précaire
- courte + nom · de courte durée

∞ trêve + VERBE
- entrer en vigueur
- durer • se prolonger

∞ VERBE + **trêve**
- appeler à · demander · exiger · réclamer
- proposer • décréter · imposer · instaurer
- annoncer · proclamer
- accorder · offrir
- conclure · négocier • accepter · signer
- obtenir : *ils ont obtenu une trêve et espèrent relancer le processus de paix*
- connaître (souvent nég.) : *le débat au sein du parti ne connaît pas de trêve estivale* • bénéficier de · profiter de
- observer · respecter
- consolider : *une force internationale doit consolider la trêve* • prolonger
- mettre à mal
- mettre fin à · mettre un terme à • rompre · violer

tri *nom masc.*

∞ **tri** + ADJECTIF
- postal • sélectif°
- manuel • automatique · mécanique
- préalable · premier [+ nom] : *on a effectué un premier tri parmi les candidatures*
- nécessaire : *le tri nécessaire entre l'essentiel et l'accessoire*
- rigoureux · sévère : *un tri sévère est effectué à la récolte* · strict
- successifs (plur.)
- rapide · sommaire : *ils ont procédé à un tri sommaire sur place*

∞ VERBE + **tri**
- effectuer · faire : *il est difficile de faire le tri entre vrais professionnels et charlatans* · opérer · procéder à · réaliser
- [tri sélectif] • mettre en place · pratiquer • encourager : *des mesures encourageant le tri sélectif* · favoriser

tribunal *nom masc.*

∞ **tribunal** + ADJECTIF
- administratif · arbitral · civil · constitutionnel · correctionnel · criminel · pénal · suprême • de commerce · de conflits · de police · pour enfants • de grande / première instance • mixte · paritaire (des baux ruraux) • militaire · populaire · révolutionnaire • d'exception · spécial • ecclésiastique · religieux
- fédéral · international · local · national · régional
- indépendant · souverain
- ad hoc · compétent : *le tribunal administratif n'est pas compétent en la matière*
- impartial

∞ **tribunal** + VERBE
- siéger : *ce tribunal siège à huis clos*
- entendre • apprécier : *le procureur a laissé le tribunal apprécier la bonne foi du journal* · considérer · constater · examiner
- décider de · déterminer · estimer · fixer · reconnaître • juger · rendre une décision · rendre un jugement / verdict · se prononcer sur · statuer · trancher
- mandater · nommer
- ordonner : *le tribunal a ordonné son maintien en détention* · prononcer
- accuser · inculper • condamner à : *le tribunal a condamné son complice à douze mois d'emprisonnement*
- annuler · interdire • débouter : *le tribunal l'a débouté de l'ensemble de ses demandes*
- autoriser • accorder · octroyer
- acquitter · relaxer
- se déclarer incompétent

∞ VERBE + **tribunal**
- créer · mettre en place • établir : *cette loi vise à établir un tribunal international* · instituer : *cet accord institue un tribunal militaire*
- [fig.] s'ériger en : *il s'est érigé en tribunal du goût*
- siéger à • présider
- être du ressort de · relever de : *cette affaire relève du tribunal correctionnel* • être justiciable de : *mineur de moins de seize ans, il est justiciable du tribunal pour enfants*
- donner compétence à • saisir • faire appel à · se tourner vers
- confier à · soumettre à : *ce dossier a été soumis au tribunal de commerce*
- aider · collaborer avec · coopérer avec
- fréquenter : *cela fait longtemps qu'il fréquente les tribunaux correctionnels*
- s'adresser à • faire part à · raconter à · signaler à
- convaincre · prouver à : *elle doit prouver au tribunal que son mari l'a maltraitée* • émouvoir
- déclarer ... incompétent · dessaisir : *le tribunal administratif a été dessaisi du dossier*

au tribunal / devant le tribunal
- convoquer : *les deux hommes devraient être convoqués au tribunal demain* • déférer · envoyer · traîner
- déclarer : *elle a déclaré au tribunal avoir entendu un coup de feu* • déposer

- demander réparation · déposer plainte · porter plainte
- se présenter · se rendre

devant le tribunal
- appeler / assigner à comparaître · citer : *le directeur est directement cité devant le tribunal* · citer / convoquer à comparaître • attaquer · poursuivre · traduire • renvoyer : *ils ont été renvoyés devant le tribunal correctionnel*
- porter : *l'affaire a été portée devant le tribunal de grande instance*
- déposer un recours / référé · faire appel · introduire / engager un recours • contester · défendre · plaider
- comparaître · passer · se retrouver • témoigner • répondre

auprès du tribunal
- déposer plainte · engager une action / procédure · exercer un recours · faire appel

triomphalisme *nom masc.*

∾ triomphalisme + ADJECTIF
- démesuré · exagéré · excessif
- naïf
- prématuré : *tout triomphalisme serait prématuré*

∾ VERBE + triomphalisme
- afficher · faire : *il n'y a pas de quoi faire de triomphalisme* · faire preuve de · manifester · montrer • céder à · tomber dans
- éviter · refuser · se garder de : *il faut se garder de tout triomphalisme*

triomphe *nom masc.*

∾ triomphe + ADJECTIF
- démocratique · électoral · politique • olympique · sportif • commercial • militaire
- personnel : *un triomphe personnel pour le nouveau chef de parti*
- populaire · public • critique
- local · national • international · mondial · planétaire
- absolu · éclatant · énorme · grand + nom · immense · sans partage · total • historique · sans précédent • définitif : *ces élections marquent le triomphe définitif de la démocratie*
- beau + nom · mérité : *le public a fait un triomphe mérité au ténor*
- final · ultime + nom : *cette victoire signe l'ultime triomphe de sa carrière sportive*
- discret · modeste : *il a le triomphe modeste*

∾ VERBE + triomphe
- s'achever par / sur · se solder par / sur · se terminer par / sur
- valoir ... à : *son dernier film lui a valu un triomphe critique et public*
- faire · réserver : *le public des connaisseurs réserve un triomphe au pianiste*
- assurer : *ce nouvel outil devrait assurer le triomphe de la mission astronomique française* · contribuer à
- enregistrer · faire : *elle a fait un triomphe au festival*
- assister à • voir : *1960 voit le triomphe du cinéma italien avec la palme d'or de "La Dolce Vita"*
- consacrer · marquer · représenter · signer · signifier · symboliser • prendre des allures de : *cette qualification en finale prenait des allures de triomphe*
- célébrer · fêter · saluer : *la presse a salué le triomphe du skieur*
- savourer : *après un match parfait, il a pu savourer son triomphe*

en triomphe
- porter : *le musicien fut porté en triomphe par le public*
- [Tauromachie] sortir : *elle est sortie en triomphe de la corrida avec quatre oreilles coupées*

tristesse *nom fém.* (chagrin, mélancolie)

∾ tristesse + ADJECTIF
- à peine voilée · palpable · perceptible
- extrême · folle · grande + nom · immense · infinie · insondable · profonde · sans fond • incurable • communicative · poignante
- indéfinissable · indescriptible · indicible · inexprimable
- amère
- légère + nom · vague + nom
- [de qqch.] • accablante · affligeante : *cette couleur est d'une tristesse affligeante* · désespérante • à pleurer

∾ tristesse + VERBE
- envahir : *une tristesse infinie envahit mon cœur*
- émaner de · se dégager de

∾ VERBE + tristesse
- remplir de : *cette nouvelle l'a rempli de tristesse* • faire / laisser place à : *la joie a laissé place à la tristesse*
- éprouver · ressentir · sombrer dans : *il est facile de sombrer dans la tristesse et le désespoir* • mourir de
- (de qqch.) être (r)empli de : *son regard est empli de tristesse* · être empreint de · être mêlé de
- avouer · confier · dire · exprimer · faire part de

- comprendre · partager
- cacher · dissimuler · masquer
- chasser · dissiper : *cet espoir dissipe sa tristesse*

∾ NOM + DE + **tristesse**
- océan
- brin : *il lui dit "au revoir" avec un brin de tristesse*

trône *nom masc.*

∾ **trône** + ADJECTIF
- impérial · royal • épiscopal · pontifical

∾ VERBE + **trône**
- convoiter · prétendre à : *ils sont deux à pouvoir prétendre au trône* • se disputer
- céder ... à : *dix ans plus tard, elle céda le trône à son fils* • appeler à · installer sur : *il a installé sa fille sur le trône royal*
- accéder à · monter sur · obtenir : *il réussit à obtenir le trône en tuant son rival* • conquérir · ravir : *il tenta de ravir le trône du calife* · s'emparer de • usurper
- occuper • succéder à ... sur : *sa sœur lui succéda sur le trône royal* • se succéder sur : *en trois ans, quatre rois se sont succédé sur le trône*
- sauver : *il a réussi à sauver son trône et à consolider son pouvoir*
- renoncer à
- renverser : *il tenta sans succès de renverser le trône*
- chasser de · écarter de
- perdre

trou *nom masc.*

∾ **trou** + ADJECTIF
- grand ⁺ ⁿᵒᵐ · gros ⁺ ⁿᵒᵐ • profond • abyssal · béant · énorme · immense · sans fond
- minuscule · petit ⁺ ⁿᵒᵐ

∾ **trou** + VERBE
- apparaître : *un trou est apparu entre le carrelage et la cloison* · se former
- s'agrandir · se creuser · s'élargir

∾ VERBE + **trou**
- creuser · faire : *il a fait un trou dans le mur* · percer · pratiquer
- agrandir · élargir
- réduire
- (re)boucher · colmater · combler · obturer : *elle a obturé le trou avec du mastic*

trouvaille *nom fém.*

∾ **trouvaille** + ADJECTIF
- mélodique · musicale · sonore • formelle · plastique • comique : *une mise en scène pleine de trouvailles comiques* • sémantique · verbale • scénique · visuelle • culinaire • technique · technologique
- dernière + nom : *quelle est sa dernière trouvaille ?* · nouvelle + nom · récente + nom
- inattendue · surprenante
- ingénieuse · intéressante • belle + nom · jolie + nom • bonne + nom · formidable · géniale + nom · grande + nom · heureuse + nom · magnifique

∾ VERBE + **trouvaille**
- faire : *j'ai fait une belle trouvaille au grenier* • (plur.) multiplier
- (plur.) déborder de · être bourré de[fam.] · être riche de / en : *un album magnifique, riche en trouvailles sonores*
- exposer : *il expose ses trouvailles musicales sur son blog* · présenter · proposer : *un salon où chacun vient proposer ses dernières trouvailles*
- être fier de

tumeur *nom fém.*

∾ **tumeur** + ADJECTIF
- cérébrale · gastrique · pulmonaire · etc.
- fréquente : *une tumeur fréquente comme le cancer du sein*
- rare
- kystique · solide • cancéreuse · maligne · métastasée
- grave · grosse + nom • incurable · inopérable
- petite + nom • bénine

∾ **tumeur** + VERBE
- apparaître
- augmenter de volume · grossir
- diminuer de volume · régresser

∾ VERBE + **tumeur**
- provoquer : *le tabagisme peut provoquer des tumeurs de la bouche*
- développer • être atteint de : *il est atteint d'une tumeur au cerveau* · souffrir de · être victime de
- dépister · détecter · diagnostiquer : *les médecins ont diagnostiqué une tumeur maligne*
- enlever · ôter · retirer • opérer de : *elle a été opérée d'une tumeur au sein*
- mourir de · succomber à

tumulte *nom masc.*

∾ tumulte + ADJECTIF

- médiatique · politique
- intérieur : *rien n'apaise son tumulte intérieur*
- ambiant · habituel
- incessant
- joyeux [+ nom] : *les enfants sont sortis de classe dans un joyeux tumulte*
- grand [+ nom] · incroyable • assourdissant · étourdissant
- épouvantable · infernal

∾ VERBE + tumulte

- déclencher : *ce rapport a déclenché un tumulte au Parlement européen* · provoquer
- apaiser : *une telle proposition n'était pas faite pour apaiser le tumulte*
- échapper à : *c'est un endroit parfait pour échapper au tumulte du centre-ville*

tunnel *nom masc.*

∾ tunnel + ADJECTIF

- autoroutier · ferroviaire · piétonnier
- sous-marin · souterrain
- secret
- immense · interminable · large · long [+ nom]
- court · étroit · petit [+ nom]
- obscur · sombre

∾ tunnel + VERBE

- conduire à · déboucher sur · mener à • relier : *ce tunnel relie l'île à la métropole*

∾ VERBE + tunnel

- construire · creuser · (r)ouvrir · percer • inaugurer
- entrer dans · pénétrer dans · s'enfoncer dans · s'engouffrer dans : *le train s'est engouffré dans le tunnel* • emprunter · franchir : *les poids lourds ne peuvent franchir le tunnel qu'à certaines heures* · passer par · prendre
- [aussi fig.] • être dans · traverser • sortir de
- bloquer • interdire ... à : *ils veulent interdire le tunnel aux camions*
- fermer

le bout / la fin du tunnel

- [aussi fig.] arriver à
- [aussi fig.] apercevoir · entrevoir : *après des années de thérapie, il entrevoit le bout du tunnel* · voir

U

ultimatum *nom masc.*

∞ ultimatum + VERBE

- enjoindre : *elles ont reçu un ultimatum les enjoignant de payer avant lundi* · exiger · menacer
- arriver à échéance · expirer · prendre fin

∞ VERBE + ultimatum

- adresser · déposer · donner · envoyer · fixer : *quatre heures avant la fin de l'ultimatum fixé dimanche à minuit* · lancer : *ils ont lancé un ultimatum au gouvernement* · poser
- recevoir
- céder à : *il refuse de céder à l'ultimatum des preneurs d'otages* • obéir à · respecter : *l'Iran n'a pas respecté l'ultimatum fixé par l'ONU* · se plier à · se ranger à · se soumettre à
- condamner · dénoncer · protester contre • refuser · rejeter • ignorer
- annuler · lever : *il a levé l'ultimatum exigeant le retrait des forces armées*

unanimité *nom fém.*

∞ unanimité + ADJECTIF

- critique · intellectuelle · journalistique • politique : *ce projet fait l'unanimité politique* · syndicale • nationale
- large [+ nom] · totale [+ nom] • belle [+ nom]
- rare [+ nom] : *les centrales syndicales pointent avec une rare unanimité le manque de concertation*
- surprenante · troublante
- apparente · de façade : *cette unanimité de façade cache mal certaines arrière-pensées*

∞ unanimité + VERBE

- être de mise · être de règle
- se dégager · se former • prévaloir · régner
- cacher : *cette unanimité apparente cache des fractures internes*

∞ VERBE + unanimité

- nécessiter · requérir : *l'adoption du projet requiert l'unanimité du conseil* • rechercher
- susciter
- faire : *sa proposition a fait / est loin de faire l'unanimité* · obtenir · réaliser · recueillir • maintenir · préserver
- briser · rompre

à l'unanimité

- accorder · attribuer · décerner • choisir · désigner · élire • accepter · adopter · approuver · prendre une décision : *les décisions sont prises à l'unanimité* · ratifier · soutenir • décider · se prononcer · statuer · voter • rejeter

une *nom fém.* (article de presse)

∞ une + ADJECTIF

- provocatrice

∞ VERBE + une

- consacrer ... à : *le journal lui consacre la une de son édition européenne*
- barrer : *un gros titre barrait la une : "Que fait le gouvernement ?"* · (re)faire : *l'attentat fait la une de tous les journaux* • avoir droit à · occuper : *ces incidents raciaux qui ont occupé la une des journaux ces dernières semaines* • orner : *son portrait orne souvent la une des magazines*
- quitter : *l'affaire ne quitte plus la une des quotidiens australiens*

à la / en une

- publier · titrer : *le quotidien titrait à la une en lettres capitales : "Enfin !"* • propulser : *ce contrat l'a propulsé à la une de la presse financière* • reprendre : *l'article a été repris en une de l'hebdomadaire scientifique*

- apparaître · être · figurer · s'étaler : *sa déclaration s'étale à la une de tous les quotidiens* · paraître
- affirmer · annoncer · indiquer · proclamer • citer

uniformité *nom fém.*

∾ uniformité + ADJECTIF

- culturelle · musicale · sociale · vestimentaire · etc.
- grande + nom : *il y a une grande uniformité dans le style des nouvelles maisons*
- belle + nom · impeccable
- apparente
- monotone · morne • lassante · pesante

∾ VERBE + uniformité

- assurer : *cette technique assure l'uniformité de la présentation graphique* · imposer : *ils essaient d'imposer une uniformité culturelle*
- combattre · lutter contre • refuser · résister à · s'opposer à
- briser · rompre : *les bandes colorées viennent rompre l'uniformité des murs gris*

1 union *nom fém.* (association, groupement, fédération)

∾ union + ADJECTIF

- commerciale · douanière · économique · fédérale · militaire · monétaire · patronale · professionnelle · syndicale · etc. • sacrée° [Hist. et fig.] : *le Premier ministre essaie de refaire l'union sacrée autour de lui*
- mondiale · nationale
- étroite : *une union étroite entre les différents organismes* • large
- de circonstance · de raison
- éphémère · momentanée · provisoire · temporaire
- difficile · mouvementée

∾ union + VERBE

- se lézarder : *l'union sacrée des politiques se lézarde*
- éclater · voler en éclats

∾ VERBE + union

- prôner : *elle prône l'union des listes de gauche pour le second tour*
- bâtir · construire · créer · former · instaurer : *une union douanière a été instaurée* · instituer · mettre en place · mettre sur pied · réaliser : *elle souhaite réaliser l'union de toute la gauche* • fonder (sur) : *les traités sur lesquels est fondée l'Union européenne*
- préserver · sauver
- intégrer : *leur pays voudrait intégrer l'Union européenne* · rejoindre
- présider
- élargir : *ils veulent élargir l'Union européenne à l'Est*
- cimenter : *l'euro cimente l'Union européenne* · consolider · renforcer
- fragiliser
- briser · casser · rompre

2 union *nom fém.* (couple)

∾ union + ADJECTIF

- conjugale • de fait : *ils ont vécu en union de fait avant de se marier* · hors mariage · libre° • légale
- sexuelle • hétérosexuelle · homosexuelle
- durable · solide · stable
- heureuse · passionnée · sans nuages
- arrangée · forcée
- contre nature · incestueuse • illégitime · scandaleuse
- malheureuse

∾ union + VERBE

- durer · tenir
- se raffermir · se renforcer
- donner naissance à [aussi fig.] : *leur union donnera naissance à trois filles / au numéro un du secteur*
- battre de l'aile • tourner court

∾ VERBE + union

- formaliser · légaliser · légitimer · officialiser · régulariser • bénir · célébrer
- [fig.] consommer : *les deux entreprises n'ont pas réussi à consommer cette union* · sceller : *les deux conglomérats ont scellé leur union qui donnera naissance au numéro un du secteur*
- naître de : *deux fils sont nés de cette union*
- échapper à : *la fille a fui pour échapper à une union forcée*

unité *nom fém.* (homogénéité, cohésion)

∾ unité + ADJECTIF

- familiale • nationale · politique · territoriale • linguistique · stylistique • visuelle • architecturale • temporelle • intérieure · interne
- indispensable · nécessaire
- grande + nom · incontestable · profonde · réelle + nom · remarquable · véritable + nom · vraie + nom • parfaite · sans faille
- relative • fragile : *les rivalités auraient pu faire éclater cette unité fragile*
- apparente · de façade : *leur unité de façade se lézarde*

∞ **unité** + VERBE
- se manifester
- résister à
- se fissurer · se lézarder • éclater · se briser · se casser · se rompre

∞ VERBE + **unité**
- préconiser · prôner
- faire : *le fil conducteur qui fait l'unité du récit* · réaliser • reconstituer · refaire : *il doit prendre des initiatives pour refaire l'unité du parti* · restaurer · rétablir
- (re)trouver ... (dans) : *l'organisation a su retrouver une unité après la crise / son œuvre trouve son unité dans sa thématique*
- afficher : *la gauche plurielle affiche une unité de façade* · montrer
- démontrer · montrer · souligner · symboliser
- conserver · garder · maintenir
- assurer · être garant de : *elle est seule garante de l'unité du parti* · garantir • défendre · préserver · sauvegarder · sauver : *cette mesure sauve l'unité nationale* • respecter • conforter · contribuer à
- cimenter · renforcer · sceller : *pour sceller leur unité, ils ont prêté serment*
- (re)mettre en cause • affecter · compromettre · fragiliser · menacer · mettre en péril : *ces affrontements mettent en péril l'unité intérieure* · nuire à · porter atteinte à
- briser · casser · fissurer · rompre
- manquer de

univers *nom masc.* (domaine, sphère)

∞ **univers** + ADJECTIF
- animal · aquatique · humain · minéral · végétal
- médiatique · politique · religieux · social • artistique · culturel · littéraire · musical · poétique · sonore · visuel • fictif · fictionnel · imaginaire · romanesque · virtuel • parallèle • abstrait · conceptuel • mythique · onirique · symbolique · etc.
- domestique · familial • carcéral · concentrationnaire • professionnel • intime · mental · personnel · privé
- féminin · masculin • contrasté · cosmopolite : *il décrit l'univers cosmopolite d'ouvriers venus de toute l'Europe*
- habituel · quotidien
- complexe · dense · riche • sans limites : *un univers sans limites où tout est possible*
- enchanté · enchanteur · magique · merveilleux • envoûtant · fascinant
- étranger · inconnu · peu connu • insolite · original · singulier • bizarre · déconcertant · étrange · fantasmagorique · inattendu · mystérieux
- hétéroclite · hétérogène · hybride
- homogène
- décalé · déjanté[fam.] · fantaisiste · loufoque[fam.] • baroque · fantastique · surnaturel
- changeant · en évolution : *l'informatique est un univers en perpétuelle évolution* · mouvant
- feutré · secret · souterrain
- cloisonné • clos · fermé • confiné · étouffant · oppressant
- anonyme · déshumanisé · formaté : *ce film tranche avec l'univers formaté du cinéma hollywoodien* · lisse : *l'univers lisse de ces séries télévisées* • artificiel · aseptisé · factice
- concurrentiel • difficile · rude • cruel · hostile · impitoyable · sans pitié · violent
- froid · glacé · gris · mélancolique · morne · triste • sombre · tragique
- chaotique · confus · trouble • kafkaïen • effrayant · inquiétant · terrifiant • cauchemardesque · glauque · noir · sordide • sulfureux
- de pacotille · factice

∞ **univers** + VERBE
- (passif) fasciner · séduire
- basculer · s'écrouler · s'effondrer : *cet homme d'affaires a vu tout son univers s'effondrer*

∞ VERBE + **univers**
- bâtir · construire · créer · faire éclore · faire surgir · (s')inventer • reconstituer · recréer
- former : *ses toiles forment un univers poétique* • appartenir à · composer · constituer · faire partie de
- être présent dans · habiter · hanter · peupler
- traduire : *le réalisateur traduit un univers paranoïaque*
- refléter : *cet album reflète son univers musical* • dévoiler · révéler
- s'intéresser à • découvrir · explorer · observer • connaître · se familiariser avec : *l'étudiant doit se familiariser avec différents univers professionnels*
- décrire · évoquer • mettre en scène : *ce cinéaste met en scène l'univers des premiers clubs de jazz*
- entraîner dans · propulser dans : *dès les premières pages, il nous propulse dans un univers inconnu*

- basculer dans · débarquer dans · entrer (de plain-pied) dans · faire / tenter une incursion dans · investir · pénétrer (dans) · rejoindre · se glisser dans · se projeter dans · s'introduire dans • renouer avec · revenir à • baigner dans · évoluer dans · grandir dans · vivre dans • arpenter · se promener dans · traverser • (se) plonger dans · se fondre dans · s'immerger dans • survivre dans
- rester dans · s'enfermer dans · s'installer dans • se cantonner à : *elle ne veut pas se cantonner à l'univers de la recherche* • être confiné dans · être prisonnier de
- conquérir · être connu dans : *il est connu dans l'univers de la mode* · s'approprier · s'imposer dans
- faire référence à · se référer à · s'inspirer de
- bouleverser · chambouler*fam.* · ébranler
- changer de : *lassé de l'entreprise, il est ravi de changer d'univers* • être loin de · s'éloigner de • être étranger à : *il était complètement étranger à l'univers rural avant de venir ici*
- échapper à · fuir • quitter · rompre avec · sortir de : *il a du mal à sortir de son petit univers cloisonné*

urgence *nom fém.*

∞ urgence + ADJECTIF

- médicale • humanitaire · sanitaire • économique · sociale · etc.
- internationale · nationale
- absolue · exceptionnelle : *sauf urgence exceptionnelle, la trachéotomie doit être réalisée par un chirurgien* · extraordinaire · extrême *+ nom* · grande *+ nom* • réelle *+ nom* · vraie *+ nom* • immédiate · impérieuse • vitale : *il faut prévenir les secours, c'est une urgence vitale*

∞ urgence + VERBE

- se faire sentir · s'imposer
- commander (de) · pousser à : *cette urgence a poussé le gouvernement à bouleverser son calendrier*

∞ VERBE + urgence

- être confronté à · être dans • faire face à · parer à · répondre à : *le pays doit répondre à une urgence sanitaire*
- avoir conscience de · être convaincu de · reconnaître · se rendre compte de • insister sur · rappeler
- démontrer · montrer · souligner : *le rapport souligne l'urgence de la situation*

dans l'urgence

- improviser • agir · élaborer · faire · œuvrer · réaliser · travailler • gérer · intervenir · réagir • écrire : *ce petit livre a été écrit dans l'urgence* • boucler : *ce plan d'envergure a été bouclé dans l'urgence*

en urgence

- consulter · convoquer · réunir • accourir · acheter
- atterrir · rapatrier • hospitaliser · opérer

REM. On rencontre parfois "décréter l'urgence". Évitez cette expression maladroite et préférez "décréter l'état d'urgence".

▷ voir aussi **état d'urgence**

urgences *nom fém. plur.*

∞ urgences + ADJECTIF

- hospitalières • obstétricales · pédiatriques · psychiatriques · etc.

aux urgences

- emmener · transporter
- arriver · être admis : *il a été admis aux urgences suite à un malaise*
- recevoir

urnes *nom fém. plur.* (élections)

∞ urnes + VERBE

- légitimer (souvent passif) : *le prochain président devra être légitimé par les urnes*
- (souvent passif) désavouer : *désavoué par les urnes, il a quitté le pouvoir* · discréditer • balayer · chasser · renverser : *le despote a été renversé par les urnes*
- menacer (souvent passif) : *l'accord de paix est menacé par les urnes*

∞ VERBE + urnes

- être issu de : *le nouveau gouvernement issu des urnes* · sortir de : *la majorité qui sortira des urnes risque d'être infime*
- appeler à · convoquer à
- aller à · (re)prendre le chemin de · retourner à · se déplacer à · se présenter à · se rendre (en masse / massivement) à · venir jusqu'à • se précipiter vers · se presser à · se ruer à
- sortir gagnant de • arriver / parvenir au pouvoir par (la voie de) · conquérir le pouvoir par (la voie de) · revenir au pouvoir par (la voie de)
- bouder : *plus de la moitié des électeurs a boudé les urnes* · boycotter · déserter · se détourner de
- bourrer : *ils auraient bourré les urnes en votant chacun plusieurs fois*

∾ NOM + D' + **urnes**
- recours : *ils veulent éviter un recours anticipé aux urnes*
- résultat : *respecter / s'incliner devant / se plier au résultat des urnes* · verdict : *il redoute le verdict des urnes*
- secret : *les votes s'expriment dans le secret des urnes*

dans les urnes
- s'exprimer
- peser : *ces négligences pèseront lourd dans les urnes* • se confirmer · se refléter · se traduire : *leur mécontentement s'est traduit dans les urnes*
- gagner : *il espère gagner sa légitimité dans les urnes*
- perdre

[1] usage *nom masc.* (utilisation)

∾ **usage** + ADJECTIF
- domestique · familial · individuel · personnel · privé • commercial · industriel · professionnel • récréatif • alimentaire • interne • civil · militaire • médical · thérapeutique · etc.
- exclusif : *un gymnase à l'usage exclusif des clients de l'hôtel* • unique : *des seringues à usage unique*
- [Méd.] externe : *une lotion à usage externe* · local
- courant · habituel · normal
- principal • initial · original · originel · premier : *cet artiste détourne des objets de leur usage premier; la recherche d'informations reste le premier usage d'internet* • particulier · précis · spécifique
- (plur.) multiples · variés
- abondant : *il fait un usage abondant de la couleur* · extensif · grand [+ nom] · intensif · large [+ nom] · massif : *l'usage massif de produits dopants est dangereux* · systématique • fréquent · quotidien · régulier · répété • généralisé · répandu • croissant • prolongé : *l'usage prolongé de ce médicament peut provoquer des effets secondaires*
- adéquat · approprié · bon [+ nom] · conforme à : *il fait de ce produit un usage conforme à la réglementation* · raisonnable • justifié · légitime • [Inform.] loyal : *l'usage loyal des contenus numériques*
- limité · modéré · réduit • occasionnel
- inédit · nouveau · original • inattendu
- difficile · problématique
- abusif · excessif · immodéré : *les risques d'un usage immodéré des ressources naturelles* · inconsidéré · incontrôlé • contestable • inapproprié · injustifié · intempestif · irréfléchi • mauvais [+ nom] : *du mauvais usage des statistiques*
- délictueux · frauduleux · illégitime · illicite · prohibé

∾ **usage** + VERBE
- se généraliser : *l'usage des vaccins s'est généralisé* · se répandre · s'étendre
- disparaître · se perdre

∾ VERBE + **usage**
- imposer · instituer · introduire
- avoir · faire : *faites-en bon usage* • retrouver : *elle a retrouvé l'usage de la parole*
- affecter à · destiner à · réserver à : *utilisez le sac réservé à cet usage*
- faciliter : *ces nouvelles pistes cyclables facilitent l'usage du vélo* · permettre
- défendre · encourager · inciter à · prescrire · promouvoir · prôner · recommander • admettre · autoriser · dépénaliser • préférer · privilégier • justifier · tolérer : *certains pays tolèrent l'usage de drogues douces*
- banaliser · démocratiser · développer · élargir · généraliser · répandre · systématiser
- encadrer · régir · réglementer • contrôler · réguler · surveiller
- limiter · réduire · restreindre
- détourner de : *ce sculpteur détourne de leur usage habituel certains matériaux*
- condamner · déplorer · regretter • déconseiller • contester · dénoncer · être hostile à · être opposé à · refuser
- éviter · prévenir
- pénaliser • punir · réprimer • bannir · interdire · prohiber · proscrire
- abandonner : *l'agriculture "raisonnée" abandonne l'usage systématique des pesticides* • abolir
- perdre : *il a perdu l'usage de sa jambe* • être hors de°

[2] usage *nom masc.* (coutume, habitude)

∾ **usage** + ADJECTIF
- actuel · en vigueur : *comme le veut l'usage en vigueur, il a enlevé ses chaussures* • local : *il se conforme sans problème aux usages locaux*
- ancestral · ancien · traditionnel · vieil [+ nom]

∾ **usage** + VERBE
- persister · se perpétuer
- disparaître · se perdre : *l'usage de frapper les trois coups avant une représentation se perd*

∾ VERBE + **usage**
- établir : *l'usage est établi depuis le Moyen Âge* · instaurer · instituer · introduire
- entrer dans : *le tri sélectif commence à entrer dans l'usage* · être dans / en

- renouer avec : *il a bâti sa maison en pierre en renouant avec les usages ancestraux*
- connaître • coller à · respecter : *les touristes doivent respecter les usages locaux* · se conformer à · se plier à · suivre
- conserver · garder · maintenir
- être ignorant de : *elle était complètement ignorante des usages en vigueur* · ignorer
- déroger à • être contraire à · rompre avec : *en faisant ce choix, nous voulions rompre avec les usages en vigueur dans le domaine*
- abolir • abandonner · renoncer à

3 usage *nom masc.* (d'un mot, d'une langue)

∞ **usage** + ADJECTIF
- écrit · oral
- littéraire · soutenu • familier · populaire
- commun · courant · général
- contemporain · moderne
- bel $^{+ nom}$ · bon $^{+ nom}$ · correct
- incorrect $^{+ nom}$ · mauvais $^{+ nom}$

∞ VERBE + **usage**
- entrer / passer dans : *ce terme est passé dans l'usage populaire* • être en • remettre en
- entériner : *la mission de l'Académie a toujours été d'entériner l'usage*
- être sorti de : *cette tournure est sortie de l'usage depuis le XIXe siècle*

us et coutumes *nom masc. plur.*

∞ **us et coutumes** + ADJECTIF
- en vigueur · locaux

∞ VERBE + **us et coutumes**
- faire partie de
- adopter • conserver · garder
- respecter · s'adapter à : *ils s'adaptent aux us et coutumes de leur terre d'accueil* · se plier à • être conforme à
- étudier · observer • se familiariser avec · se renseigner sur · s'informer sur · s'initier à
- bouleverser • rompre avec
- être contraire à

1 usure *nom fém.* (détérioration)

∞ **usure** + ADJECTIF
- du temps : *la pierre se fissure à cause de l'usure du temps* • naturelle · normale
- lente : *des pneus à usure lente*
- accélérée · rapide
- précoce · prématurée
- anormale · excessive

∞ VERBE + **usure**
- entraîner · provoquer : *le sous-gonflage provoque une usure plus rapide des pneus*
- accélérer : *une conduite trop agressive accélère l'usure du moteur*
- risquer : *son système auditif risque une usure prématurée* • souffrir de : *le clocher souffre de l'usure du temps* · subir : *le véhicule a subi une usure anormale*
- éviter · lutter contre : *cette technologie permet de lutter contre l'usure* • résister à : *le polyester, fibre solide, résiste bien à l'usure*

∞ NOM + D' + **usure**
- marque · signe · trace : *un livre en bon état malgré quelques traces d'usure sur la couverture*

2 usure *nom fém.* (lassitude)

∞ **usure** + ADJECTIF
- du pouvoir · politique • physique • mentale · nerveuse · psychologique • professionnelle : *il faut anticiper l'usure professionnelle*

∞ **usure** + VERBE
- gagner : *l'usure gagne le mouvement social*

∞ VERBE + **usure**
- souffrir de · subir : *le gouvernement subit l'usure du pouvoir* • être victime de
- lutter contre • résister à
- jouer · parier sur : *le gouvernement parie sur l'usure du mouvement étudiant*
- avoir à° : *ils l'ont eu à l'usure*

∞ NOM + D' + **usure**
- signe : *le régime montre des signes d'usure*

utilité *nom fém.*

∞ **utilité** + ADJECTIF
- collective : *travaux / activités d'utilité collective* · commune · générale · publique : *il est condamné à des travaux d'utilité publique* • pratique • médicale • économique · politique · sociale • scientifique · technique • pédagogique · etc.
- [Écon.] marginale : *l'utilité marginale du revenu d'un individu est d'autant moindre que son revenu est plus élevé* · totale
- immédiate
- considérable · grande $^{+ nom}$ • évidente · incontestable · manifeste : *ce logiciel présente une utilité manifeste pour l'entreprise*
- contestable • faible · limitée · relative · restreinte

∾ VERBE + **utilité**

- avoir · posséder · présenter
- trouver ... (à / dans) : *j'ai trouvé une nouvelle utilité à cet appareil*
- faire la preuve de · faire ressortir • illustrer · montrer · révéler · témoigner de • confirmer · démontrer : *cette fonction est amusante mais son utilité reste à démontrer* · prouver • affirmer · expliquer • convaincre de
- débattre de / sur · discuter de / sur · se poser la question de : *le député se pose la question de l'utilité d'une telle réforme* · s'interroger sur • évaluer · juger de
- croire en · être persuadé de • admettre · comprendre · reconnaître • constater · voir • apprécier : *les nouveaux employés apprécient l'utilité du guide*
- exagérer · surestimer
- avoir un doute sur · contester · douter de · (re)mettre en cause · mettre en doute • sous-estimer • dénier · nier : *nous ne nions pas l'utilité de son intervention*
- perdre (de) : *cet examen a perdu toute utilité*

V

vacances *nom fém. plur.*

∞ vacances + ADJECTIF

- scolaires · universitaires • parlementaires · présidentielles
- de neige° · exotiques : *pas de vacances exotiques cette année, on ira en Bretagne* · vertes° : *des vacances vertes à la ferme* • actives · artistiques · culturelles · musicales · sportives
- en famille · familiales • en groupe • en solo · solitaires
- annuelles • grandes° + nom : *les enfants attendent les grandes vacances avec impatience* · petites° + nom : *ils vont au centre aéré pendant les petites vacances* • d'été · estivales • d'hiver : *ils ont passé les vacances d'hiver au Maroc* · hivernales
- longues + nom
- courtes · petites + nom : *il a pris de petites vacances en septembre*
- calmes · paisibles · tranquilles • relaxantes · reposantes
- agréables · bonnes + nom · heureuses : *nous avons passé d'heureuses vacances en Bretagne* · réussies • de rêve · fabuleuses · inoubliables
- studieuses
- moroses : *les vacances furent moroses à cause du mauvais temps* · pluvieuses • désastreuses · ratées
- bon marché
- chères · coûteuses : *tout le monde ne peut pas s'offrir des vacances aussi coûteuses* · de luxe
- forcées : *ils ont eu droit à des vacances forcées suite aux inondations*

∞ vacances + VERBE

- approcher · arriver • commencer · débuter
- se dérouler · se passer : *nos vacances se sont bien passées*
- continuer · durer · se poursuivre
- s'achever : *les vacances s'achèvent déjà !* · se terminer

∞ VERBE + vacances

- organiser · préparer
- (s')offrir · (se) payer
- avoir besoin de • avoir droit à · mériter : *il est de retour après des vacances bien méritées*
- partir en · prendre : *elle prend ses vacances en août* · solder : *je dois solder mes vacances avant fin mai* • être en : *je suis en vacances depuis hier* · passer : *il passe ses vacances en Espagne*
- fractionner • étaler · répartir : *il préfère répartir ses vacances sur l'année*
- mettre à profit : *j'ai mis à profit mes vacances pour m'initier à la peinture sur soie* · profiter de : *elle a profité de ses vacances pour venir nous voir / pour se reposer*
- réussir
- prolonger · rallonger
- gâcher : *la pluie a gâché nos vacances* · troubler
- rentrer de · revenir de : *je reviens tout juste de vacances*
- différer · reporter · repousser • interrompre • abréger · écourter · raccourcir : *j'ai préféré raccourcir mes vacances d'été pour partir plus longtemps en hiver* • annuler · renoncer à : *faute d'argent, ils ont dû renoncer aux vacances* · sacrifier

vacarme *nom masc.*

∞ vacarme + ADJECTIF

- médiatique · politique
- ambiant · général
- beau + nom · joyeux + nom • assourdissant · d'enfer *fam.* · énorme · grand + nom · immense · incroyable
- épouvantable · infernal · terrible
- incessant

∞ VERBE + vacarme

- déclencher · faire : *les voisins ont fait un vacarme incroyable hier soir* · produire
- couvrir · étouffer : *la musique n'a pas étouffé le vacarme des travaux*
- cesser

va-et-vient *nom masc.* (mouvement alternatif, allées et venues)

∞ va-et-vient + ADJECTIF

- constant · habituel · incessant : *son œuvre est un va-et-vient incessant entre la tradition et la subversion ; un va-et-vient incessant de camions* · permanent · perpétuel

∞ VERBE + va-et-vient

- effectuer · faire : *des embarcations font le va-et-vient entre les deux rives*

vague *nom fém.* (litt. et fig.)

∞ vague + ADJECTIF

- démographique · migratoire • antimondialisation · conservatrice · extrémiste · populiste · répressive · sécuritaire · spéculative • de fond • de chaleur · de froid · etc.
- [Pol.] bleue · rose · rouge · verte
- déferlante : *des vagues déferlantes de 4 à 6 mètres interdisent toute sortie en mer ; une vague déferlante de privatisations*
- énorme · géante · grande $^{+ \text{nom}}$ · grosse $^{+ \text{nom}}$ • massive : *la vague massive de départs en retraite attendue pour 2020*

∞ vague + VERBE

- porter (souvent passif) : *le maire socialiste porté par la vague rose de 2004*
- (souvent passif) balayer · emporter · secouer : *toute la région a été secouée par une vague d'attentats* · submerger : *les vagues submergent le canot*
- déferler · se briser
- retomber : *après plusieurs semaines de contestation, la vague retombe un peu*

∞ VERBE + vague

- chevaucher · surfer sur : *ils surfent sur la vague de la Net-économie*
- déclencher : *ces interdictions avaient déclenché une vague de protestations* · entraîner · provoquer · soulever : *son attitude a soulevé une vague d'indignation dans tout le pays* · susciter : *le mouvement lycéen suscite une vague de sympathie*
- contenir : *ils essaient de contenir la vague de l'extrême droite / d'insatisfaction* · endiguer · enrayer : *le pays est incapable d'enrayer la vague d'agressions racistes* · résister à
- être en proie à : *le pays est en proie à une vague de violence sans précédent* · être victime de

[1]valeur *nom fém.* (qualité, validité, importance)

∞ valeur + ADJECTIF

- artistique · esthétique · littéraire · musicale • éducative · pédagogique • historique · scientifique · stratégique • énergétique · nutritionnelle · nutritive · etc.
- constitutionnelle · juridique · légale · officielle · réglementaire
- grande $^{+ \text{nom}}$ · haute $^{+ \text{nom}}$: *la haute valeur énergétique du beurre de cacahuètes* • bonne $^{+ \text{nom}}$ · excellente $^{+ \text{nom}}$ · forte • inestimable
- d'exemple : *son cas a pris une valeur d'exemple* · exemplaire
- juste $^{+ \text{nom}}$: *tu ne le juges pas à sa juste valeur*
- probante · probatoire : *cette proposition de loi vise à reconnaître la valeur probatoire d'une signature électronique*
- contraignante : *cette charte n'a pas de valeur contraignante*
- affective · sentimentale • de symbole · symbolique

∞ VERBE + valeur

- acquérir · prendre : *sa présence prend une valeur de symbole* • avoir : *ce document a une valeur inestimable*
- conserver · garder : *ces vieux films gardent une valeur historique*
- donner • accorder · attacher · prêter : *on prête une grande valeur littéraire à ce livre*
- apprécier · (re)connaître · être conscient de
- estimer · juger de · mesurer
- faire ressortir · insister sur · mettre en évidence · mettre en lumière · mettre en relief · montrer · souligner
- contester • sous-estimer · surestimer
- perdre (de) : *le mariage a perdu de sa valeur auprès de beaucoup de jeunes*

[2]valeur *nom fém.* (principe, souvent plur.)

∞ valeur + ADJECTIF

- éthique · morale • religieuse · spirituelle • culturelle · familiale · identitaire · sociale • sportive : *le respect de l'adversaire est une valeur sportive essentielle*
- bourgeoise · judéo-chrétienne • traditionnelle

- constitutive : *les valeurs constitutives de la laïcité* · fondatrice : *c'est l'une des valeurs fondatrices de la république* • centrale · élémentaire · essentielle · fondamentale · grande [+ nom] · sacrée · vraie [+ nom]
- universelle • commune
- positive • citoyenne · démocratique · humaine : *au nom des valeurs humaines* · humaniste · républicaine : *la citoyenneté est une valeur républicaine*
- archaïque · dépassée · d'un autre temps · rétrograde

∾ valeur + VERBE
- fonder · forger · présider à • lier : *ils sont liés par des valeurs communes*

∾ VERBE + valeur
- avoir : *nous n'avons pas les mêmes valeurs* · partager • être nourri de : *une éducation nourrie de valeurs chrétiennes* · être pétri de • adhérer à · adopter · faire sienne • conserver · garder
- être porteur de · reposer sur · véhiculer : *ce parti véhicule des valeurs rétrogrades*
- être attaché à · respecter · tenir à
- (plur.) partager : *nous partageons les mêmes valeurs* · se rassembler / retrouver autour de · se rejoindre sur
- affirmer · porter haut · prôner • défendre · être le garant de · préserver · protéger • (re)valoriser
- (re)définir : *il faut redéfinir les valeurs de la République*
- donner · transmettre
- contester · défier · mettre en cause · rejeter • bafouer · mépriser · nuire à · porter atteinte à
- (plur.) abandonner · abdiquer : *il n'a jamais abdiqué ses valeurs* · renoncer à • perdre

∾ NOM + DE + valeur(s)
- système
- échelle · hiérarchie

[3]valeur *nom fém.* (prix, cote)

∾ valeur + ADJECTIF
- comptable · locative • monétaire · vénale • faciale · nominale • marchande · réelle • déclarée · officielle • indicative • d'échange · d'usage
- intrinsèque • ajoutée° : *les industriels sont taxés sur la valeur ajoutée*
- marginale • nette • moyenne • absolue · relative
- globale · totale
- grande [+ nom] · inestimable · significative • maximale · record
- minimale · plancher

∾ valeur + VERBE
- augmenter
- baisser · diminuer

∾ VERBE + valeur
- apporter : *ces fonctions apportent une faible valeur ajoutée* · donner : *ces travaux de restauration ont donné de la valeur à la maison*
- acquérir • atteindre : *le bénéfice de l'entreprise a atteint une valeur record* · avoir
- conserver · garder
- calculer · déterminer · estimer · fixer
- sous-estimer · surestimer
- déclarer : *la valeur du don doit être déclarée auprès de nos services*
- prendre : *le terrain a pris de la valeur*
- maintenir • accroître · augmenter
- diminuer
- perdre (de) : *ces immeubles ont rapidement perdu de leur valeur*

[4]valeur *nom fém.* (Bourse)

∾ valeur + ADJECTIF
- bancaire · boursière · financière · spéculative • externe · liquidative • disponible
- immobilière · industrielle · mobilière · patrimoniale · pétrolière • de haute technologie · technologique · etc.
- montante · phare : *c'est l'une des valeurs phares du CAC 40* · vedette
- de père de famille · de premier ordre · refuge · sûre° [aussi fig.] : *la Bible reste aujourd'hui une valeur sûre de l'édition*
- négociable
- volatile

∾ valeur + VERBE
- atteindre · clôturer à · ouvrir à • se maintenir
- gagner · progresser • bondir : *cette valeur a bondi de 5 %* · flamber · grimper (en flèche) · (re)monter (en flèche) · ouvrir / clôturer en hausse · se redresser · se ressaisir
- baisser · chuter · dégringoler · être en chute libre : *les valeurs de haute technologie sont en chute libre* · fléchir · ouvrir / clôturer en baisse / en recul · se déprécier · s'effondrer

∾ VERBE + valeur
- coter : *les valeurs technologiques cotées à la Bourse de New York* • acheter • vendre • spéculer sur
- bouder : *les valeurs pharmaceutiques sont boudées par les investisseurs* · délaisser

validité *nom fém.*

∞ validité + ADJECTIF
- juridique · scientifique · technique · etc.
- universelle : *la validité universelle des grands concepts psychanalitiques*
- illimitée : *ce code d'accès a une validité illimitée* · permanente

∞ validité + VERBE
- expirer : *la validité de votre carte bancaire a expiré*

∞ VERBE + validité
- apprécier · contrôler · discuter (de) : *les historiens discutent la validité de ces enquêtes* · évaluer · examiner · s'interroger sur · juger de · vérifier • éprouver : *il a éprouvé la validité du questionnaire auprès de 500 patients* · tester
- affirmer · se prononcer sur · statuer sur : *le conseil de prud'hommes a statué sur la validité du contrat*
- démontrer · établir · prouver : *il semble impossible de prouver la validité scientifique de la graphologie* • confirmer · réaffirmer • reconnaître
- assurer : *il faut 50 % de taux de participation pour assurer la validité du vote* · garantir
- prolonger
- limiter : *la validité de la carte de séjour est limitée à 3 ans* · restreindre
- douter de · (re)mettre en cause • contester · récuser : *ils récusent la validité de l'élection*
- affecter : *ces irrégularités affectent la validité de l'acte de procédure*

vanité *nom fém.* (prétention)

∞ vanité + ADJECTIF
- humaine • personnelle
- folle $^{+ nom}$ · grande $^{+ nom}$ · incommensurable
- ridicule
- petite $^{+ nom}$ (souvent plur.) : *elle se moque des petites vanités du grand écrivain*

∞ VERBE + vanité
- tirer° (sans art.) : *« Il était agaçant comme un renseigné qui tire vanité des secrets qu'il détient »* (Proust, À la recherche du temps perdu, t. XII, p. 127)
- avoir : *j'ai la vanité de croire que mon travail est utile* • être bouffi de · être plein de
- montrer · révéler : *l'auteur révèle la vanité de ses contemporains*
- flatter : *il flatte la vanité du roi pour obtenir ses faveurs*
- (se) moquer (de) · railler · stigmatiser
- blesser dans

variation *nom fém.* (changement)

∞ variation + ADJECTIF
- climatique · géographique · météorologique · thermique • chromatique • génétique • conjoncturelle · monétaire · etc.
- saisonnière • cyclique · périodique
- brusque · brutale · soudaine · subite
- considérable : *des variations considérables du climat* · forte $^{+ nom}$ · grande $^{+ nom}$ · importante · notable
- aléatoire · anormale · erratique : *les variations erratiques du cours du pétrole*
- faible · imperceptible · infime · légère · minime · petite $^{+ nom}$ • subtile

∞ VERBE + variation
- constater · enregistrer · observer
- connaître · présenter : *la courbe démographique du pays présente des variations brutales* • comporter • être soumis à · subir : *la région subit des variations climatiques importantes*
- étudier • comparer (plur.) • expliquer · interpréter • prévoir : *il a du mal à prévoir les variations de la charge de travail*
- intégrer · prendre en compte · s'adapter à · suivre : *la production doit pouvoir suivre les variations du marché* · tenir compte de
- maîtriser • compenser · corriger
- éliminer · supprimer : *ce système permet de supprimer les variations thermiques*

végétation *nom fém.*

∞ végétation + ADJECTIF
- aquatique · forestière · marine · terrestre • alpine · méditerranéenne · tropicale
- arbustive · buissonnante · herbacée
- environnante
- mixte : *une végétation mixte composée d'arbres à feuilles caduques et à feuilles persistantes* · variée
- haute • dense · drue · épaisse : *la végétation épaisse de la jungle* · fournie · touffue • abondante · exubérante · foisonnante · luxuriante : *une immense serre abrite une végétation luxuriante* · riche • folle · sauvage · spontanée
- basse : *une végétation basse de fougères et de ronces* · rase • aride · sèche • chétive · maigre · pauvre · rabougrie • clairsemée · rare : *c'est une région sèche où la végétation se fait rare*

∞ végétation + VERBE
- croître · (re)pousser : *la végétation pousse plus lentement dans les zones nordiques* · se développer : *la végétation se développe au-dessus de la surface des eaux* • renaître

- être composée de : *une végétation composée de mousses et de lichens*
- s'épaissir • gagner du terrain
- (souvent passif) (re)couvrir : *les ruines sont recouvertes d'une épaisse végétation* · envahir
- se dessécher • s'appauvrir · se faire rare · se raréfier
- disparaître · mourir

∾ VERBE + végétation
- abriter : *la région abrite une végétation abondante*
- préserver · protéger
- être enfoui sous · être noyé sous
- détruire · dévaster · ravager : *les incendies ont ravagé la végétation*

en végétation
- (re)mettre : *mettez les bulbes en végétation dès la fin février* • (re)partir : *les vivaces sont déjà reparties en végétation*

véhicule *nom masc.*

∾ véhicule + ADJECTIF
- aérien · amphibie · spatial · terrestre • 4x4 · automobile · automoteur*Admin.* · hippomobile · monospace · motorisé · tout-terrain • électrique · hybride : *ce véhicule hybride associe deux modes de génération de l'énergie* · hydraulique
- de loisirs · de tourisme · récréatif : *ils ont loué un véhicule récréatif pour les vacances* • industriel · utilitaire • de combat · blindé°
- prioritaire : *une voie d'urgence réservée aux autobus et aux véhicules prioritaires*
- de première main · neuf • de seconde main · d'occasion
- grand + nom · gros + nom · long : *la catégorie des véhicules longs* • lourd • spacieux
- compact · petit + nom • léger
- rapide
- lent : *il dépasse un véhicule lent*
- haut de gamme • bas de gamme
- piégé : *un véhicule piégé a explosé devant un poste de police*
- hors d'usage · hors service

∾ véhicule + VERBE
- démarrer
- circuler · rouler : *le véhicule roulait à vive allure sur la voie de gauche*
- transporter : *le véhicule transportait des touristes / de la marchandise*
- accélérer · prendre de la vitesse
- décélérer · freiner · perdre de la vitesse · ralentir
- emboutir · heurter · percuter · rentrer dans • faucher · renverser • écraser
- caler
- s'arrêter · s'immobiliser
- exploser · prendre feu

∾ VERBE + véhicule
- fournir · louer · prêter · vendre
- acheter · louer
- immatriculer · mettre en circulation*Admin.* • assurer
- entrer dans · grimper dans · monter dans · sauter dans : *les ravisseurs ont sauté dans un véhicule et se sont enfuis* · s'engouffrer dans · s'installer dans • être à bord de • bondir hors de · descendre de · sauter hors de • être éjecté de
- charger dans : *ils ont chargé les colis dans le véhicule* • décharger (de) : *elle m'a aidé à décharger le véhicule*
- démarrer · mettre en marche
- être au volant de · être aux commandes de • conduire · manœuvrer • déplacer · diriger · guider
- dépanner · réparer • tracter : *un véhicule tracté par des chevaux*
- pourchasser · poursuivre · prendre en chasse : *la police a pris en chasse le véhicule des fuyards*
- freiner · ralentir
- arrêter · immobiliser • garer · ranger · stationner

velléité *nom fém.*

∾ velléité + ADJECTIF
- artistique · politique · spirituelle · etc.
- forte + nom : *il manifeste de fortes velléités d'indépendance* · grande + nom
- réformatrice · rénovatrice • contestataire · frondeuse · révolutionnaire
- autonomiste · indépendantiste · irrédentiste · sécessionniste · séparatiste · souverainiste
- sécuritaire • expansionniste • belliqueuse · guerrière · offensive • autoritaire · hégémonique · totalitaire

∾ VERBE + velléité
- avoir · manifester · montrer : *le ministre montre des velléités présidentielles*
- avouer
- affronter · faire face à
- encourager : *elle encourage les velléités artistiques de son fils*

- aiguiser · raviver
- prévenir • décourager · dissuader : *le gouvernement cherche à dissuader les velléités d'indépendance* · refroidir • apaiser · calmer · contenir · endiguer · endormir · freiner · tempérer
- dénoncer · s'opposer à • bloquer · brider · combattre · contrecarrer · contrer · entraver · faire barrage à · mettre à mal · porter un coup à : *les sanctions ont porté un coup aux velléités contestataires*
- désamorcer · étouffer · tuer dans l'œuf • avoir raison de · briser · couper court à · écraser · enterrer : *le gouvernement a enterré les velléités de privatisation* · mettre fin à · mettre un terme à · neutraliser · ruiner
- contester · démentir · nier : *le parti nie toute velléité belliqueuse*
- abandonner · abdiquer : *le pays a abdiqué ses velléités expansionnistes* · renoncer à

vélo *nom masc.*

∾ vélo + ADJECTIF

- de ville · urbain • hybride : *le vélo hybride est un bon compromis entre le vélo de ville et le vélo de montagne* • de montagne · tout-terrain • de compétition · de course • d'appartement • d'enfant · de femme · d'homme
- pliant • couché • électrique · à moteur
- neuf
- d'occasion · vieux $^{+\text{ nom}}$
- grand $^{+\text{ nom}}$
- petit $^{+\text{ nom}}$

∾ vélo + VERBE

- dérailler : *mon vélo a encore déraillé*

∾ VERBE + vélo

- enfourcher · grimper sur · monter sur
- faire : *elle fait du vélo depuis toujours*
- être juché sur : *un gamin juché sur un vélo trop grand*
- descendre de • tomber de
- garer · ranger

à / en vélo

- circuler · rouler · se déplacer • aller : *elle va au travail en vélo* • se balader · se promener

vengeance *nom fém.*

∾ vengeance + ADJECTIF

- politique · sociale : *un justicier assoiffé de vengeance sociale*
- familiale · filiale • divine • individuelle · personnelle · privée • collective · populaire
- cruelle · mortelle · terrible
- juste $^{+\text{ nom}}$
- petite $^{+\text{ nom}}$

∾ VERBE + vengeance

- avoir soif de · être assoiffé de · être ivre de • crier° (sans art.) · demander (sans art.) · réclamer (sans art.)
- méditer · mûrir · nourrir · préparer · ruminer : *il a longtemps ruminé sa vengeance avant de passer à l'acte*
- accomplir · exercer : *elle passa sa vie entière à exercer sa vengeance*
- tirer° (sans art.) : *il s'est bien juré de tirer vengeance du roi* • assouvir : *il n'a qu'un seul but désormais, assouvir sa vengeance*
- savourer

∾ NOM + DE + vengeance

- instrument
- désir · envie · soif : *tout en lui respire la soif de vengeance*

vent *nom masc.* (brise)

∾ vent + ADJECTIF

- de sable · marin • solaire [Astron.]
- arrière · contraire · de face · de travers · latéral • [Naut.] debout · en poupe : *le navire a le vent en poupe*
- favorable · portant · propice
- de force 0-12 • cinglant · fort · furieux · grand $^{+\text{ nom}}$: *par grand vent, on sent la tour bouger* · impétueux · puissant · rageur · redoutable · soutenu : *les surfeurs ont bénéficié d'un vent soutenu* · terrible · tourbillonnant · vif · violent • dominant
- régulier · stable
- capricieux · changeant · instable · irrégulier
- caressant · doux • rafraîchissant · revigorant · vivifiant
- frais · frisquet · froid • glacé · glacial · polaire
- aride · chaud · sec · tiède • asséchant · brûlant · étouffant
- aigre · mauvais : *« Et je m'en vais / Au vent mauvais / Qui m'emporte / Deçà, delà / Pareil à la feuille morte »* (Verlaine, "Chanson d'automne")
- défavorable
- faible · léger · modéré : *un vent modéré de force 3 à 4* · mou : *la mer était calme et le vent mou* · petit $^{+\text{ nom}}$

∾ vent + VERBE

- se lever
- souffler · tourbillonner • pénétrer · s'engouffrer · traverser • dépasser les x km/h
- gémir · hurler · mugir · rugir · siffler

- tourner : *le vent a tourné, il souffle du nord maintenant*
- bercer • caresser
- fraîchir • forcir • monter • redoubler (de violence / force / puissance) • se déchaîner • souffler en bourrasques / rafales / tempête
- s²oûler : *je roulais sur la corniche, soûlé par le vent*
- balayer • charrier • chasser : *le vent va chasser les nuages / la pluie* • déplacer • emporter • porter • pousser • soulever • transporter • battre : *des falaises battues par le vent* • cingler • coucher • courber • décoiffer • fouetter • secouer • déraciner • dévaster • attiser (le feu) : *le vent attisait le feu / les flammes*
- s'essouffler • calmir^Naut. • faiblir • mollir : *le vent mollit à l'approche des îles* • s'apaiser • se calmer • tomber
- se taire

∾ VERBE + vent
- lutter contre • marcher contre • (s')abriter de • être / se mettre à l'abri de • (se) protéger de

∾ NOM + DE + vent
- bourrasque • rafale
- nœud : *départ de Saint-Malo par 30 nœuds de vent*

au vent / dans le vent
- battre • claquer • danser • flotter • onduler • se balancer • tourbillonner : *les feuilles tourbillonnaient dans le vent*

vente *nom fém.* (action de vendre, séance de vente)

∾ vente + ADJECTIF
- aux enchères • de charité • judiciaire • privée • publique
- à domicile • ambulante • directe • groupée • par correspondance • par courtage • électronique • en ligne • à emporter • pyramidale
- au détail • en gros
- libre° : *le médicament est en vente libre* • exclusive : *ce produit est en vente exclusive dans notre chaîne de boutiques*
- anticipée : *une vente anticipée de ce timbre aura lieu les 5 et 6 mars* • réglementée
- en bloc : *la vente en bloc d'un immeuble* • totale
- grosse ^+ nom • massive • record : *la vente record d'un tableau de Van Gogh*
- imminente • rapide
- partielle • petite ^+ nom
- clandestine • illicite • sauvage : *la police enquête sur les ventes sauvages de véhicules* • forcée : *les juristes assimilent cela à de la vente forcée*

∾ vente + VERBE
- commencer • débuter
- avoir lieu • intervenir • s'effectuer • se dérouler : *la vente se déroule dans un hangar*
- financer • générer • rapporter

∾ VERBE + vente
- annoncer : *la société a annoncé la vente d'une partie de son parc immobilier*
- pratiquer : *le fabricant ne pratique pas la vente au détail* • se spécialiser dans
- assurer : *le magasin assure la vente et la maintenance des appareils* • contrôler • diriger • gérer • négocier • orchestrer : *la vente est orchestrée par un notaire* • organiser • se charger de • s'occuper de • effectuer • procéder à • réaliser : *la société d'enchères américaine a réalisé sa première vente à Paris*
- achever • boucler • clôturer • conclure • finaliser • mener à bien • signer
- autoriser
- contrôler • réglementer • réguler
- développer • encourager • faciliter • favoriser • pousser à • promouvoir • accélérer
- provenir de
- tirer de : *les bénéfices tirés de la vente du disque*
- dénoncer • s'opposer à
- différer • reporter • retarder
- abandonner • cesser • renoncer à • bloquer • geler • interrompre • suspendre • annuler • casser • interdire
- retirer de
- rater : *j'ai raté la vente privée du grand magasin*

à la vente
- être disponible • offrir • proposer
- être interdit

en vente
- mettre • être

ventes *nom fém. plur.* (quantité vendue)

∾ ventes + ADJECTIF
- domestiques • internationales • mondiales • transfrontalières
- annuelles • mensuelles • trimestrielles • brutes • nettes • globales • totales
- belles ^+ nom • bonnes ^+ nom • fortes ^+ nom • grosses ^+ nom • importantes • massives • record
- stagnantes • décevantes • insuffisantes • faibles • limitées • maigres • moroses • petites ^+ nom

∾ **ventes** + VERBE
- atteindre : *les ventes ont atteint les / le seuil des 500 000 exemplaires* • dépasser
- financer · générer · rapporter
- progresser • bondir · décoller · doubler · enregistrer une hausse · exploser · grimper · remonter · repartir (à la hausse) · s'envoler
- demeurer stable · se maintenir • piétiner · plafonner · stagner
- ralentir · s'effondrer · s'éroder · s'essouffler · se tasser • accuser une baisse · chuter · décliner · dégringoler · diminuer · enregistrer une baisse · fléchir · plonger · reculer · régresser : *les ventes ont régressé par rapport à l'année précédente*

∾ VERBE + **ventes**
- prévoir : *le fabricant prévoit des ventes importantes à la rentrée* • compter sur · tabler sur
- enregistrer · réaliser : *ils ont réalisé des ventes record à Noël*
- représenter x% de : *les bandes dessinées représentent 45 % de leurs ventes de livres* · surveiller • rester n° 1 de
- accroître · améliorer · augmenter · booster · doper : *la campagne de publicité a dopé les ventes* · doubler · dynamiser · pousser · redresser · relancer · stimuler
- avoir un impact sur
- cannibaliser : *nous ne voulons pas cannibaliser les ventes du journal*

∾ NOM + DE + **ventes**
- volume
- classement · courbe
- accroissement · augmentation · croissance · hausse • reprise · sursaut • bond · boom · envolée · explosion · flambée
- baisse · chute · contraction · déclin · diminution · érosion · ralentissement · recul : *les ventes sont en net recul* · tassement

en tête des ventes
- être · se hisser : *son album s'est hissé en tête des ventes* · se retrouver
- placer

ventre *nom masc.*

∾ **ventre** + ADJECTIF
- maternel
- arrondi · rebondi · rond • bedonnant · gros [+ nom] · proéminent · protubérant
- plat
- plein [fig.] : *je ne peux plus rien manger, j'ai le ventre plein*
- [fig.] affamé : *« Ventre affamé n'a point d'oreilles »* (La Fontaine, *Fables*, IX, "Le milan et le rossignol") · creux · vide : *je ne peux pas travailler avec / sur un ventre vide*
- flasque
- ballonné · gonflé • noué : *il avait le ventre noué avant de passer ses examens*

∾ **ventre** + VERBE
- gonfler · grossir · s'arrondir • se distendre

∾ VERBE + **ventre**
- se remplir [fig.]
- avoir · prendre° : *il a pris du ventre avec l'âge*
- perdre° : *il fait des exercices pour perdre du ventre*
- muscler · raffermir : *je fais des abdominaux pour raffermir mon ventre*
- rentrer : *soufflez en rentrant le ventre*
- avoir mal à

véracité *nom fém.*

∾ **véracité** + ADJECTIF
- historique · scientifique

∾ VERBE + **véracité**
- contrôler · enquêter sur · s'assurer de : *les enquêteurs veulent s'assurer de la véracité des faits relatés* · vérifier
- préjuger de • démontrer · déterminer · établir · prouver • attester de · conclure à : *rien ne me permet de conclure à la véracité de ces affirmations* · faire la preuve de · témoigner de • reconnaître
- s'interroger sur • contester · douter de · mettre en cause · mettre en doute : *il met en doute la véracité de leurs dires*
- croire à · être convaincu de · être persuadé de

verdict *nom masc.* (Droit et fig.)

∾ **verdict** + ADJECTIF
- officiel • populaire : *la question sera soumise au verdict populaire*
- définitif · final
- unanime : *verdict unanime des spectateurs à la sortie*
- clair • exemplaire : *c'est un verdict exemplaire, à la mesure de la gravité des faits*
- clément : *ils ont prononcé un verdict clément en raison des circonstances atténuantes*
- défavorable · négatif : *la commission a rendu un verdict négatif quant au projet* • implacable · sévère · terrible : *ce verdict terrible a choqué l'opinion*

∞ verdict + VERBE
- intervenir • tomber : *le verdict est tombé en fin de journée*
- condamner : *le verdict le condamne à 20 ans de réclusion* • interdire
- choquer · mécontenter · révolter · soulever l'émotion · susciter l'indignation
- soulager • satisfaire

∞ VERBE + **verdict**
- soumettre à (souvent passif) : *ces films seront soumis au verdict d'un jury d'étudiants*
- attendre
- délivrer · donner · énoncer · livrer · prononcer · rendre : *la cour a rendu son verdict* • confirmer
- entendre
- réserver : *hier soir, le syndicat réservait toujours son verdict* • repousser : *le juge a repoussé son verdict en raison d'éléments nouveaux* · retarder
- affronter : *il va devoir affronter le verdict final*
- accueillir · commenter • saluer : *la presse salue un verdict exemplaire* · se féliciter de
- accepter · respecter · se soumettre à : *il va devoir se soumettre au verdict des urnes*
- dénoncer · faire appel de : *il a quatorze jours pour faire appel du verdict* • invalider · refuser

vérification *nom fém.*

∞ vérification + ADJECTIF
- administrative · comptable · fiscale · juridique · policière • qualitative · sanitaire · scientifique · technique
- expérimentale • manuelle · visuelle
- annuelle · semestrielle • journalière · périodique
- obligatoire · réglementaire • indispensable · nécessaire · opportune · utile
- aisée · simple
- générale · intégrale · totale • approfondie · méthodique · minutieuse · poussée · stricte
- fréquente · systématique : *les agents de sécurité procèdent à une vérification systématique des bagages*
- rapide · sommaire
- épisodique · ponctuelle : *les techniciens effectuent une vérification ponctuelle des machines*

∞ vérification + VERBE
- s'imposer
- consister à • concerner · porter sur · viser : *ces vérifications visent à garantir la sécurité du système*
- être en cours · se dérouler · se faire · s'effectuer • se poursuivre
- mettre en évidence · révéler : *les vérifications ont révélé plusieurs dysfonctionnements* • confirmer

∞ VERBE + **vérification**
- demander · diligenter · exiger · imposer · ordonner · réclamer
- commencer · débuter · engager · entamer · entreprendre · mettre en œuvre · se lancer dans · se livrer à : *les informaticiens se sont livrés à une vérification minutieuse des données*
- faire l'objet de • soumettre à
- assurer · conduire · coordonner · effectuer · faire · mener · procéder à · réaliser
- renforcer
- achever · compléter · finir · mener à bien : *des experts ont été chargés de mener à bien les vérifications* · terminer

[1]vérité *nom fém.* (vrai, véracité)

∞ vérité + ADJECTIF
- objective · scientifique • historique · judiciaire • divine · religieuse · révélée : *la Vérité révélée des Évangiles ; je n'ai pas la vérité révélée, loin de là*
- entière [+ nom] · (toute) nue · pure [+ nom] · vraie [○fam.] : *c'est la vérité vraie* • absolue · complète · incontestable · irréfragable [littér. ou Droit] · irréfutable · profonde • brute · crue
- complexe : *la vérité est plus complexe que la version officielle*
- fuyante
- parcellaire · relative
- apparente

∞ vérité + VERBE
- apparaître · éclater · jaillir · pointer · se faire jour · s'imposer · sortir : *la vérité finira par sortir un jour* · surgir · triompher : *son combat pour faire triompher la vérité*
- blesser · faire mal · faire peur
- échapper à · se dérober

∞ VERBE + **vérité**
- (re)chercher · poursuivre · traquer • demander · exiger · réclamer · vouloir
- avoir soif de · être épris de
- accéder à · arriver à · atteindre · cerner · découvrir · mettre le doigt sur · parvenir à · trouver • approcher (de) • apprendre · connaître • deviner
- détenir : *ils sont persuadés de détenir la vérité* · posséder • avoir le monopole de : *la science a-t-elle le monopole de la vérité ?* · être dépositaire de
- conduire à · mener à
- (r)établir · restaurer · restituer
- attester · prouver

- avouer · dévoiler · dire : *jurez-vous de dire la vérité, toute la vérité, rien que la vérité ?* · révéler : *j'étais chargé de révéler la vérité après sa mort*
- nier · refuser
- cacher : *ils essaient de cacher la vérité sur leur rôle dans le conflit* · dissimuler · étouffer · masquer · occulter · taire
- altérer · arranger · déformer · faire une entorse à · trahir • déguiser · farder*littér.* · maquiller · travestir

∾ NOM + DE + vérité
- quête · recherche • exigence · souci
- heure : *l'heure de vérité approche / a sonné* · instant · moment
- épreuve : *ce modèle libéral va devoir affronter une épreuve de vérité* · exercice
- grain : *le rapport ne contenait pas un grain de vérité* · once : *« Il fallut presser cent quintaux de mensonges pour en extraire une once de vérité »* (Voltaire, *Fragments sur l'histoire*, V) · parcelle

▷ voir aussi ¹**vérité**

²vérité *nom fém.* (loi, fait avéré ; souvent plur.)

∾ vérité + ADJECTIF
- élémentaire · essentielle · fondamentale · grande ⁺ ⁿᵒᵐ · majeure · première · simple : *il est temps de reconnaître quelques vérités simples* • unique : *il n'y a pas de vérité unique dans ce domaine*
- absolue : *ils ont détruit tout ce que nous tenions pour des vérités absolues* · universelle • éternelle · immuable
- bien senties (plur.) : *il nous a assené quelques vérités bien senties*
- factuelle · objective
- officielle
- cachée · enfouie
- salutaire
- rassurante
- blessante · dérangeante · désagréable
- amère : *« on avale à pleine gorgée le mensonge qui nous flatte, et l'on boit goutte à goutte une vérité qui nous est amère »* (Diderot, *Le Neveu de Rameau*) · cruelle · horrible + nom · terrible + nom · triste + nom

∾ vérité + VERBE
- blesser · déranger · faire mal

∾ VERBE + vérité
- débusquer · découvrir
- dire · énoncer · rappeler • assener : *à force d'assener certaines vérités, il finira peut-être par être entendu* · répéter · rétablir : *il est peut-être temps de rétablir quelques vérités fondamentales*
- entendre : *elle a du mal à entendre certaines vérités*
- nier : *le gouvernement continue à nier l'horrible vérité* · refuser

verre *nom masc.* (substance solide)

∾ verre + ADJECTIF
- ordinaire • spécial
- minéral · organique
- allégé • plat • armé · feuilleté • coulé · étiré · filé • bombé · bullé : *le verre bullé est obtenu en saupoudrant du bicarbonate de soude sur la matière en fusion* · flotté · laminé · moulé · poli · sablé · trempé · craquelé · givré
- incolore • blanc · bleuté · coloré · irisé · mat · teinté · fumé
- opaque • transparent · translucide
- épais · solide • incassable · de sécurité : *tous les pare-brise sont en verre de sécurité*
- fin · mince

∾ verre + VERBE
- résister : *ce verre résiste à la chaleur*
- se briser : *ce type de verre se brise au moindre choc* · se casser

∾ VERBE + verre
- fabriquer : *on fabriquait déjà du verre en Mésopotamie*
- travailler · souffler • polir • graver · peindre : *ce livre expose différentes techniques pour peindre le verre* · décorer • découper : *découper le verre demande un outillage adapté* · tailler
- récupérer · recycler

∾ NOM + DE + verre
- débris • bout · éclat · fragment · morceau · tesson

verrou *nom masc.* (litt. et fig.)

∾ verrou + ADJECTIF
- constitutionnel : *le gouvernement veut faire sauter le verrou constitutionnel* · législatif • psychologique • stratégique : *ils ont perdu le dernier verrou stratégique avec la chute de la ville* · technologique : *la fabrication d'une telle arme suppose que l'on fasse sauter quelques verrous technologiques* · etc.

∾ verrou + VERBE
- bloquer : *les verrous qui bloquent la concurrence* · empêcher
- sauter : *le dernier verrou qui empêchait la vente vient de sauter*

∾ VERBE + verrou
- mettre · poser • fermer · pousser · tirer
- lever : *notre but est de lever les verrous psychologiques*

vers *nom masc. plur.* (poésie)

∾ vers + ADJECTIF
- croisés · libres · rimés • irréguliers · réguliers
- enflammés : *il parle d'amour et de trahison dans des vers enflammés*
- de circonstance
- de mirliton° · faciles · médiocres

∾ vers + VERBE
- rimer

∾ VERBE + vers
- écrire
- chanter · déclamer · lire · réciter · scander : *il scandait des vers sur la place du marché*

[1]version *nom fém.* (interprétation d'un fait)

∾ version + ADJECTIF
- officielle
- initiale : *le témoin est revenu sur sa version initiale*
- exacte : *je le soupçonne de ne pas rapporter une version exacte des événements*
- différente : *elle nous livre une version différente de la version officielle*
- optimiste : *dans la version optimiste, aucun emploi ne serait supprimé*
- pessimiste

∾ VERBE + version
- donner : *il a donné sa version des faits* · livrer · présenter · raconter · rapporter
- obtenir • écouter · entendre
- changer de : *le principal suspect a changé plusieurs fois de version* · modifier • revenir à
- accréditer · confirmer : *les autres témoins confirment sa version* · valider
- démentir · rejeter

[2]version *nom fém.* (mouture d'un texte, d'une œuvre, d'un objet)

∾ version + ADJECTIF
- normale · standard
- initiale · originale · première
- actuelle · antérieure · récente • intermédiaire · provisoire • différente · inédite
- définitive
- fidèle (à l'original)
- complète · intégrale · longue
- actualisée · adaptée · améliorée · remaniée · revisitée • (re)mise à jour · (re)mise au goût du jour · moderne · modernisée · revue et corrigée • restaurée [Cin.]
- courte • incomplète • abrégée · allégée · condensée · écourtée · raccourcie · résumée · simplifiée • dépouillée · épurée · minimaliste
- affadie · édulcorée : *les députés proposent une version édulcorée de cette loi* · expurgée
- approximative : *il chante une version approximative de "L'été indien"*

∾ VERBE + version
- élaborer • enregistrer[Mus.]
- aboutir à · arriver à · obtenir • se mettre d'accord sur
- proposer · publier
- exister en : *ce logiciel existe en plusieurs versions* · se décliner en
- améliorer • actualiser · moderniser · remanier · rénover · revisiter : *c'est une vieille chanson revisitée par un groupe de rock*
- abréger · tronquer

vertige *nom masc.* (litt.et fig.)

∾ vertige + ADJECTIF
- existentiel · métaphysique • amoureux · érotique
- terrible
- léger [+ nom] · petit [+ nom] : *j'ai eu un petit vertige en descendant du manège*

∾ vertige + VERBE
- (souvent passif) prendre · saisir

∾ VERBE + vertige
- donner · filer[fam.] · provoquer
- craindre · être en proie à : *le patient est en proie à de terribles vertiges* · être sujet à · souffrir de
- avoir · éprouver · être pris de : *elle fut prise de vertiges en arrivant sur la passerelle* · ressentir
- [fig.] céder à · succomber à : *il a succombé au vertige de l'argent facile*

verve *nom fém.*

∾ verve + ADJECTIF
- habituelle • inimitable · sans pareille
- acerbe · assassine · caustique · critique · féroce · gouailleuse · iconoclaste · insolente · mordante · pamphlétaire · parodique · sarcastique · satirique
- populaire · rabelaisienne : *un auteur à la verve rabelaisienne* · truculente • comique • flamboyante · jubilatoire · pétillante · réjouissante

∾ VERBE + **verve**

- être plein de · ne pas manquer de · posséder • conserver · garder
- donner libre cours à · être en° : *il était très en verve hier soir* • exercer : *il n'a pas manqué d'occasions pour exercer sa verve* • renouer avec · retrouver
- aiguiser · alimenter · exciter · nourrir
- apprécier · saluer
- perdre (souvent nég.) : *après 20 ans de scène, ils n'ont rien perdu de leur verve*

avec verve

- dépeindre · expliquer · raconter • critiquer · pourfendre

vestige *nom masc.*

∾ **vestige** + ADJECTIF

- humain • architectural · funéraire · industriel
- archéologique · du passé • antique · gallo-romain · médiéval · préhistorique
- dernier + nom · ultime + nom
- rare : *le site abrite des vestiges rares de l'Empire romain* • unique + nom : *c'est l'unique vestige de cette civilisation*
- précieux · riche • beau + nom · fascinant · spectaculaire · splendide

∾ **vestige** + VERBE

- subsister
- dater de · remonter à

∾ VERBE + **vestige**

- laisser : *l'occupation phénicienne a laissé des vestiges spectaculaires*
- découvrir · mettre au jour · trouver • exhumer : *les archéologues ont exhumé les vestiges d'une civilisation précolombienne*
- abriter · être riche en · receler · renfermer : *le sous-sol renferme des vestiges archéologiques en quantité* • conserver · garder : *le village a gardé quelques beaux vestiges médiévaux*
- protéger · sauvegarder · sauver
- visiter
- détruire · raser

vêtement *nom masc.*

∾ **vêtement** + ADJECTIF

- civil · liturgique · militaire • de pluie · de sport • de protection · de travail • d'extérieur · d'intérieur • de rechange
- féminin · masculin • mixte · unisexe
- étanche · imperméable • chaud · doublé
- bariolé · bigarré · chamarré · coloré
- basique · classique · ordinaire · simple • excentrique · original
- ajusté · moulant · serré • léger
- sur mesure • intelligent : *des vêtements intelligents qui s'adaptent à la température extérieure* • agréable (à porter) · ample · confortable · décontracté • adapté · pratique
- ancien · rétro • démodé · passé de mode • vieillot · ringard
- actuel · moderne • à la mode · branché · tendance : *la redingote est un vêtement tendance cette année* • culte : *le jean, un vêtement culte* · fétiche · indémodable
- exclusif · unique • chic · de luxe • de marque · griffé • dégriffé
- beau + nom · magnifique · somptueux · splendide • bien coupé · seyant • de qualité · inusable · résistant
- propre
- affreux · moche • grotesque · ridicule • informe · mal coupé • immettable · importable
- crasseux · sale · souillé · taché
- abordable · bon marché
- cher · hors de prix · inabordable
- chiffonné · froissé • décoloré · délavé • élimé · râpé · usagé · usé · vieux + nom • abîmé · détérioré · endommagé • déchiré · en charpie · en lambeaux · en loques · troué

∾ **vêtement** + VERBE

- couvrir · épouser : *le vêtement épouse parfaitement ses formes*
- protéger (de / contre)
- aller (comme un gant) à : *ce vêtement te va bien / comme un gant* · mettre en valeur : *ce vêtement la met en valeur ; ces vêtements mettent en valeur tes formes* • amincir • rajeunir
- grossir : *je trouve que ce vêtement te grossit* • vieillir
- gêner · oppresser
- rétrécir : *ce vêtement a rétréci au lavage*
- s'abîmer · se défraîchir · s'user : *des vêtements qui s'usent vite* • se déchirer • tomber en lambeaux · tomber en loques

∾ VERBE + **vêtement**

- concevoir · créer · dessiner · imaginer • confectionner · coudre · couper · fabriquer · réaliser · tailler
- essayer
- enfiler · mettre · passer
- s'habiller de / avec · porter
- entretenir · laver · nettoyer • rafraîchir • raccommoder · rapiécer · ravauder · repriser

- transformer • (ré)ajuster · recouper · retailler · retoucher : *elle a fait retoucher ce vêtement par une couturière* • customiser · personnaliser • teindre
- rallonger • raccourcir : *j'ai raccourci le vêtement de 3 cm*
- changer de
- enlever · ôter · quitter · retirer · se débarrasser de
- arracher ... à · dépouiller de • déchirer

∾ NOM + DE + **vêtements**
- collection · ligne

veto *nom masc.*

∾ **veto** + ADJECTIF
- parental · présidentiel
- absolu
- suspensif : *le veto suspensif retarderait de 4 ans l'application de la loi*

∾ **veto** + VERBE
- bloquer · paralyser : *le veto a paralysé la décison du conseil*

∾ VERBE + **veto**
- brandir · émettre · mettre : *elle a mis son veto au projet* · opposer
- menacer de
- s'exposer à • essuyer · se heurter à
- braver · contourner · passer outre
- annuler · lever

∾ NOM + DE + **veto**
- droit : *le président a un droit de veto*

vexation *nom fém.* (souvent plur.)

∾ **vexation** + ADJECTIF
- policière
- (plur.) innombrables · quotidiennes · répétées

∾ VERBE + **vexation**
- infliger · soumettre à : *les employés étaient soumis à d'innombrables vexations*
- connaître · essuyer · être en butte à • endurer · subir · supporter : *il a dû supporter les vexations quotidiennes de ses codétenus pendant trois ans*

viande *nom fém.* (chair)

∾ **viande** + ADJECTIF
- blanche · noire · rouge • bovine · chevaline · ovine · porcine
- froide : *un plat de viandes froides*
- grasse · maigre
- de boucherie • casher · halal • bio(logique) • labellisée
- bleue · crue · fraîche · saignante
- fumée · marinée · séchée
- bonne + nom · excellente · goûteuse · savoureuse · tendre
- coriace · dure · filandreuse • aux hormones
- faisandée • avariée · périmée · pourrie • contaminée · infectée

∾ VERBE + **viande**
- boucaner · bouillir · braiser · brasiller · cuire · faire mariner · faire mijoter · faire revenir · fumer · griller · rôtir
- congeler • saler · sécher
- couper · découper · desosser · hacher
- attendrir · mortifier[vieilli]
- consommer · manger

∾ NOM + DE + **viande**
- boulette · bout · morceau · tranche

vice *nom masc.* (défaut, imperfection)

∾ **vice** + ADJECTIF
- de construction · de fabrication · de fonctionnement • [Droit] de consentement : *il y a vice de consentement car le vendeur lui a forcé la main* · de forme : *le vice de forme est une cause de nullité* · de procédure
- grave · irrémédiable • rédhibitoire [Droit] : *la vente a été annulée pour vice rédhibitoire*
- apparent
- caché

∾ VERBE + **vice**
- contenir : *ce paragraphe contient un vice de forme* · être entaché de : *l'arrêté est entaché d'un vice de procédure* · souffrir de
- constater · découvrir : *l'acheteur qui découvre un vice de fabrication peut engager une procédure*
- remédier à : *le fournisseur s'engage à remédier à tout vice de fonctionnement* · réparer

victime *nom fém.*

∾ **victime** + ADJECTIF
- militaire • civile • potentielle : *pas de quoi rassurer les victimes potentielles de ce manque d'information* • présumée : *l'une des victimes présumées du tueur en série*
- collatérale · indirecte • directe
- expiatoire · sacrificielle
- rescapée · survivante
- éternelle ○ + nom : *l'éternelle victime d'un préjugé tenace*

- innocente · sans défense • infortunée + nom · malheureuse + nom
- (toute) désignée : *sa naïveté en fait une victime toute désignée* · facile · idéale
- consentante • docile · passive • impuissante • silencieuse : *les victimes silencieuses de la barbarie*
- oubliée : *les victimes oubliées de ces tueries*

∞ victime + VERBE

- subir : *les victimes ont subi des violences atroces*
- décéder · mourir · tomber : *une minute de silence fut observée en mémoire des victimes tombées sous les balles*
- témoigner : *une partie des victimes est venue témoigner*
- obtenir réparation

∞ VERBE + victime

- faire : *la bombe a explosé sans faire de victimes* · occasionner
- déplorer : *on déplore beaucoup de victimes*
- compter · faire le décompte de · recenser : *l'enquête avait permis de recenser quinze victimes*
- (plur.) choisir : *il choisissait ses victimes dans l'annuaire*
- guetter · piéger • s'acharner sur · torturer
- aider · secourir • prendre en charge · s'occuper de • dédommager · indemniser • réhabiliter : *un projet de loi visant à réhabiliter et indemniser les victimes oubliées de la dictature*
- venger
- rendre hommage à • être dédié à : *un monument sera dédié aux victimes de la guerre*
- jouer : *arrête de jouer les victimes !* · se poser en

victoire *nom fém.*

∞ victoire + ADJECTIF

- diplomatique · médiatique · militaire • commerciale • idéologique · morale • judiciaire · juridique • électorale · législative · présidentielle · politique · etc.
- personnelle • collective · commune
- posthume : *ce verdict est une victoire posthume pour les victimes*
- finale · ultime + nom
- annoncée · attendue • acquise : *ils sont favoris mais la victoire ne semble pas acquise pour autant* · assurée • aisée · facile
- décisive · grande + nom · historique · majeure · mémorable · sans précédent · significative • ample + nom · complète · éclatante · écrasante · fracassante · haut la main · incontestable · indiscutable · large + nom · massive · nette · retentissante · sans appel · sans équivoque · sans partage · triomphale • convaincante · probante
- belle + nom · brillante · magistrale • formidable + nom · remarquable • précieuse : *une victoire précieuse en vue des qualifications* • (bien) méritée
- (-)éclair · expéditive : *une victoire expéditive en deux sets* · fulgurante
- (plur.) consécutives · successives
- inattendue · inespérée · miraculeuse · stupéfiante · surprenante · surprise
- ambiguë · équivoque • amère · cruelle • à la Pyrrhus° · à l'arraché · arrachée / emportée de haute lutte · chèrement acquise / payée · difficile · laborieuse · pénible
- hypothétique · incertaine
- courte + nom : *l'équipe a remporté une courte victoire 1 à 0* · étriquée : *une victoire étriquée avec peu de voix d'avance* · mince + nom · modeste

∞ victoire + VERBE

- s'annoncer · se dessiner
- aller à : *la victoire va au joueur allemand*
- échapper à : *la victoire lui a échappé de peu*
- avoir un goût amer · avoir un prix

∞ VERBE + victoire

- espérer · souhaiter • prétendre à • se disputer : *les coureurs se sont disputé la victoire au sprint*
- croire à · prédire · prévoir • miser sur · parier sur · tabler sur · donner ... à : *tous les pronostics leur donnent la victoire*
- donner ... à : *le but qui leur a donné la victoire* · offrir ... à : *il offre la victoire à son adversaire*
- aller chercher : *ils sont allés chercher la victoire voix après voix* · aller vers · courir à · marcher vers · voler vers
- enregistrer · marquer · signer : *il a signé une importante victoire en championnat* • arracher · décrocher · empocher · enlever · ravir : *elles ont ravi la victoire à la dernière minute* · remporter · s'adjuger · s'assurer · s'offrir • goûter · renouer avec : *après trois tournois malheureux, il renoue enfin avec la victoire* • (plur.) aligner · totaliser • multiplier (plur.) · voler de ... en ... : *il continue à voler de victoire en victoire*
- aboutir à · se terminer par • être proche de
- assurer • conduire à · mener à • contribuer à · participer à • être l'artisan de
- marquer : *ce scrutin marque la première victoire du parti* • conforter · consolider · parachever · sceller : *c'est le match qui a scellé la victoire de l'équipe*
- assister à
- annoncer • crier° (sans art.)
- mériter

- dédier ... à : *elle dédie sa victoire à son frère*
- célébrer · fêter • reconnaître · saluer • savourer • commémorer
- attribuer ... à : *il attribue cette victoire électorale à ses réponses concrètes au problème du chômage* · expliquer
- douter de
- déplorer · regretter • craindre · redouter
- frôler • laisser échapper
- compromettre · empêcher • priver de
- gâcher · ternir : *la victoire fut ternie par les bagarres entre supporters*
- voler : *grand favori des sondages, il se vit voler sa victoire par un inconnu*

∞ NOM + DE + **victoire**

- désir · espoir · goût · rêve · soif
- air · parfum : *il y avait un parfum de victoire dans les rues de la ville*
- cri · geste · signe : *les doigts en V en signe de victoire*

vide *nom masc.* (manque, lacune)

∞ **vide** + ADJECTIF

- institutionnel · juridique · jurisprudentiel · législatif · réglementaire • existentiel · intérieur • spirituel • culturel · intellectuel · social • conceptuel • idéologique · politique
- absolu · complet · total • abyssal · béant · énorme · grand + nom · immense · incommensurable · infini · insondable · profond
- cruel · douloureux · impossible à combler • angoissant · inquiétant · intolérable • dangereux : *la crise du parti crée un vide dangereux dans le paysage politique* • désespérant
- relatif : *après dix ans de vide culturel relatif, le pays a connu un déferlement de productions théâtrales*

∞ **vide** + VERBE

- entourer : *le vide juridique qui entoure le concubinage*

∞ VERBE + **vide**

- créer · creuser · laisser : *son départ laisse un grand vide dans l'équipe* · provoquer
- ressentir
- être confronté à · faire face à : *la justice doit faire face au vide législatif qui entoure le problème*
- souligner
- dénoncer · déplorer : *la presse déplore le vide culturel de la chaîne*
- craindre • éviter
- cacher · camoufler · dissimuler : *ces provocations dissimulent un vide idéologique* · masquer
- combler · meubler · occuper : *il essaye d'occuper le vide laissé par le désengagement des États-Unis* · remplir • pallier · remédier à • oublier
- exploiter : *les contrefacteurs exploitent le vide juridique du pays*

[1]**vie** *nom fém.* (Biologie)

∞ **vie** + ADJECTIF

- animale · humaine · végétale
- végétative • sensitive
- artificielle

∞ VERBE + **vie**

- donner : *lorsque la femme donne la vie* · transmettre • créer : *peut-on créer la vie ex nihilo ?*
- ramener à : *les sauveteurs n'ont pas pu le ramener à la vie*
- renaître à · reprendre (sans art.) : *la plante reprend vie depuis que je l'arrose* · revenir à • lutter pour
- menacer · mettre en danger · mettre en péril
- enlever · ôter • détruire : *de tels changements climatiques risqueraient de détruire toute vie sur la planète*

∞ NOM + DE + **vie**

- combat · lutte : *il existe une formidable lutte pour la vie entre micro-organismes*
- signe : *il n'a donné aucun signe de vie depuis deux semaines*

en vie

- être · rester
- garder · laisser · maintenir

sans vie

- demeurer · être · rester

[2]**vie** *nom fém.* (existence)

∞ **vie** + ADJECTIF

- antérieure : *j'ai dû le rencontrer dans une vie antérieure* • future · prochaine + nom
- longue + nom : *je te souhaite longue vie* • éternelle○ : *ils croient en la vie éternelle* • dure○ : *elle / ce préjugé a la vie dure*
- courte + nom

∞ VERBE + **vie**

- donner : *elle donna la vie à un enfant hors mariage ; il donna vie à une œuvre picturale très onirique*
- protéger · sauver : *il m'a sauvé la vie ; ce médicament a sauvé des milliers de vies* • épargner
- aimer • se cramponner à · se raccrocher à · tenir à : *je ne monterai pas en moto avec lui, je tiens trop à la vie*
- allonger · prolonger
- craindre pour : *il craint pour la vie des siens*

- exposer · jouer · mettre en danger · mettre en péril · risquer : *les pompiers risquent leur vie au quotidien* • attenter à · menacer : *cette famine menace la vie de plusieurs milliers de personnes* • donner (...à / pour) : *il a donné sa vie pour ce pays* · sacrifier
- coûter ... à : *cette imprudence lui a coûté la vie*
- perdre : *il a perdu la vie en mer*
- abréger · en finir avec · interrompre : *cette loi permet aux médecins d'interrompre la vie d'un patient à sa demande* · quitter

∞ NOM + DE + vie

- tranche : *elle met en scène une tranche de vie d'un quartier populaire de Madrid*

[3]vie *nom fém.* (activités, façon de vivre)

∞ vie + ADJECTIF

- affective · amoureuse · intime · sentimentale · sexuelle • conjugale · maritale • de famille · familiale
- mondaine · sociale • publique • associative • communautaire · en communauté • active○ · professionnelle
- intérieure · psychique · spirituelle
- civile · étudiante · militaire • monastique · religieuse • carcérale
- artistique · culturelle · intellectuelle · littéraire · musicale • politique · etc.
- citadine · urbaine • campagnarde · champêtre · rurale
- courante : *c'est assez rare dans la vie courante* · de tous les jours · quotidienne • moderne
- domestique : *les objets de la vie domestique* · pratique : *une émission consacrée aux problèmes de la vie pratique*
- normale · ordinaire · stable • sédentaire
- de bohème · nomade • errante · marginale · vagabonde
- nouvelle [+ nom] : *une nouvelle vie commence !* • deuxième [+ nom] · seconde [+ nom] : *elle a donné une seconde vie à son manteau*
- libre : *le retour à la vie libre des détenus* • de rêve · rêvée • facile · insouciante • agréable · belle [+ nom] · douce · gaie · heureuse • confortable · de château○ · de pacha○ · douillette · luxueuse
- droite · honnête
- exaltante · excitante · extraordinaire · fabuleuse • édifiante · intéressante · passionnante
- bien remplie · frénétique · trépidante • agitée · aventureuse · rocambolesque · romanesque · tempétueuse · tumultueuse • de bâton de chaise · de patachon · déréglée · désordonnée · dispersée · dissolue
- accidentée · chaotique · compliquée · heurtée · mouvementée · orageuse · tourmentée · troublée • difficile · dure · fatigante · laborieuse · pénible · précaire · stressante • dangereuse · périlleuse
- saine • simple · sobre
- ascétique · austère · monacale • isolée · recluse · solitaire
- calme · feutrée · paisible · tranquille • (bien) ordonnée · peinarde[fam.] · pépère[fam.] · (bien) rangée · sans histoires • casanière · routinière • oisive
- banale · étriquée · grise · insipide · monotone · morne · morose · sans joie · terne
- médiocre · minable · misérable • absurde
- malheureuse · triste [+ nom] • tragique
- double [+ nom] : *il mène une double vie* · parallèle · secrète

∞ vie + VERBE

- commencer
- continuer • reprendre (son cours)
- attirer · tenter : *je fus tenté un temps par la vie d'artiste*
- combler · gâter : *la vie m'a beaucoup gâté*
- manquer de fantaisie
- (souvent passif) lasser : *lassé de sa vie londonienne, il partit s'installer dans un village de Cornouailles* • meurtrir
- basculer : *sa vie a complètement basculé après cet accident*

∞ VERBE + vie

- commencer : *il est temps de commencer une nouvelle vie / une autre vie* • aborder : *ils n'abordent pas la vie avec des chances égales* · traverser
- apprendre : *depuis il a appris la vie et le respect des gens* · découvrir · faire l'apprentissage de • goûter à : *il a goûté à la vie communautaire dans les années 1970* · tenter
- (se) choisir · (se) construire · (s')inventer · se faire • avoir · connaître · mener · vivre • continuer · poursuivre · s'installer dans : *ils se sont installés dans une petite vie bien rangée* • traîner : *il traîne sa vie solitaire dans les faubourgs de Santiago*
- donner · offrir : *il voudrait offrir à son fils une vie meilleure*

- renouer avec · retrouver : *il aimerait pouvoir retrouver une vie normale* • réapprendre : *l'ancien détenu a dû réapprendre la vie* · reconstruire · refaire : *elle a refait sa vie avec un autre homme* · réinventer
- passer : *j'ai passé ma vie à m'occuper de lui* • consacrer ... à
- jouir de · profiter de : *maintenant que tes enfants sont grands, profite un peu de la vie*
- conduire · gérer · mener : *chacun mène sa vie comme il l'entend* • encadrer : *des mesures de protection juridiques sont prévues pour encadrer la vie de ces adultes*
- articuler · concilier : *il leur devient très difficile de concilier vie professionnelle et vie familiale*
- dominer · émailler · jalonner : *les grands événements qui ont jalonné sa vie (professionnelle)* · marquer · régir · rythmer · structurer
- partager · prendre part à : *il prend part à la vie de son quartier*
- étudier · observer • être en prise avec : *une école plus en prise avec la vie professionnelle*
- donner un sens à · enrichir • améliorer • (se) faciliter · (se) simplifier
- réussir : *elle a réussi sa vie professionnelle et familiale*
- évoquer · raconter · retracer • aborder · parler de • s'inspirer de : *son premier roman s'inspire de la vie de sa mère*
- décrire · montrer · refléter
- changer · modifier · transformer
- bouleverser · perturber • compliquer · empoisonner · pourrir · sacrifier
- refuser : *elle refuse cette vie d'esclave*
- gâcher · rater • briser · détruire
- (se) couper de : *le village se sent coupé de la vie culturelle*
- abandonner : *il a abandonné la vie politique en 1990* · se retirer de
- terminer : *je voudrais terminer ma vie sereinement*

vie active

∾ VERBE + **vie active**

- entrer dans · s'insérer dans : *cette réforme vise à aider les jeunes à s'insérer dans la vie active*
- quitter · se retirer de

vie privée

∾ **vie privée** + VERBE

- concerner · regarder : *ma vie privée ne regarde que moi*

∾ VERBE + **vie privée**

- dévoiler · étaler : *elle étale sa vie privée dans les journaux à sensation*
- respecter • préserver · protéger
- envahir · s'immiscer dans · violer • sacrifier
- être discret sur

vieillissement *nom masc.*

∾ **vieillissement** + ADJECTIF

- cellulaire · cérébral · cutané • démographique
- naturel · normal
- artificiel : *ce laboratoire mène des expériences de vieillissement artificiel*
- global • important · spectaculaire • croissant • inéluctable · inévitable · inexorable · irrésistible • irréversible
- accéléré · rapide
- précoce · prématuré
- inquiétant
- lent · progressif

∾ **vieillissement** + VERBE

- guetter · menacer • atteindre · toucher : *le vieillissement ne touche pas tous les individus de façon égale*
- hanter · obséder

∾ VERBE + **vieillissement**

- entraîner · provoquer
- assister à : *on assiste au vieillissement de la population*
- être confronté à · faire face à • connaître · souffrir de
- accentuer · favoriser : *trop de soleil favorise le vieillissement de la peau* • accélérer
- contrôler · surveiller • prendre en compte · tenir compte de
- prévoir
- s'inquiéter de
- combattre · contrer · empêcher · éviter · lutter contre · prévenir • enrayer · freiner · ralentir · retarder • atténuer · réduire • compenser
- stopper

∾ NOM + DE + **vieillissement**

- effet : *un moyen de mesurer / combattre les effets du vieillissement* · signe : *la peau montre / présente des signes de vieillissement*

vigilance *nom fém.*

∾ **vigilance** + ADJECTIF

- citoyenne · parentale · policière • éthique · intellectuelle

- cyclonique · météorologique
- nécessaire
- extrême · générale · grande + nom · haute + nom • attentive · critique · rigoureuse · sans failles · sourcilleuse • accrue : *les banques exercent une vigilance accrue dans la lutte contre le blanchiment* · particulière
- constante · de tous les instants · permanente

∞ vigilance + VERBE
- s'imposer • être / rester de mise · être / rester de rigueur · rester à l'ordre du jour
- baisser · se relâcher

∞ VERBE + vigilance
- appeler à · inciter à · prôner • demander · exiger · imposer · nécessiter · réclamer
- justifier
- exercer · faire preuve de · manifester · témoigner de
- maintenir : *la baisse de la criminalité n'empêche pas les autorités de maintenir leur vigilance* · redoubler de : *les services de santé redoublent de vigilance face à une éventuelle épidémie* • renforcer · accroître : *le ministre a demandé aux policiers d'accroître leur vigilance*
- relâcher • manquer de
- endormir • tromper : *ils ont réussi à tromper la vigilance des gardiens* • échapper à

avec vigilance
- contrôler · examiner · surveiller

vigueur *nom fém.*

∞ vigueur + ADJECTIF
- économique · intellectuelle · physique · etc.
- nouvelle · renouvelée
- belle + nom • accrue · exceptionnelle · extrême · impressionnante · particulière • étonnante · inattendue · surprenante • inhabituelle · peu commune · rare + nom : *elle a réagi avec une rare vigueur*

∞ VERBE + vigueur
- apporter · (re)donner · insuffler : *ces musiciens insufflent une vigueur nouvelle au jazz*
- prendre · trouver • reprendre · retrouver
- être de (+ adj.) · faire preuve de · montrer • conserver · garder
- illustrer · refléter · témoigner de : *les chiffres témoignent de la vigueur économique du pays* · traduire • attester de · démontrer • confirmer
- manquer de
- perdre (de) : *ce vieux chanteur n'a rien perdu de sa vigueur*

ville *nom fém.*

∞ ville + ADJECTIF
- commerçante · industrielle · industrieuse · minière · portuaire • balnéaire · d'art · d'eaux · festivalière · thermale · touristique • administrative : *cette ville administrative est le siège d'une quarantaine de services publics* • estudiantine · universitaire • sainte
- côtière · frontalière · maritime • de province • de banlieue · dortoir○ · résidentielle · satellite
- autonome · indépendante
- de naissance : *la ville de naissance de Picasso* · natale
- fortifiée · murée • ouverte • basse · haute : *l'église est dans la ville haute*
- médiévale · vieille + nom
- neuve · nouvelle : *Marne-la-Vallée est une ville nouvelle créée dans les années 1960* · récente
- capitale · importante · phare : *c'est une ville phare du 7e art*
- étendue · grande + nom • labyrinthe · labyrinthique · tentaculaire • champignon○
- peuplée · populeuse • animée · vivante • mouvementée · grouillante
- cosmopolite · multiculturelle
- moyenne • petite + nom
- calme · paisible · sans histoire · tranquille
- désertée · désolée · fantôme○ · morte
- agréable · belle + nom · charmante · jolie • propre · proprette • prospère · riche
- laide • sale • miséreuse · pauvre
- morne · triste
- martyre : *Varsovie fut une ville martyre durant la guerre*

∞ ville + VERBE
- naître · sortir de terre : *la ville est sortie de terre en l'espace d'un an*
- se réveiller · s'éveiller
- couvrir : *la ville couvre une superficie de 500 km²* · s'étaler sur · s'étendre sur : *la ville s'étend sur les deux rives du fleuve*
- compter x habitants : *la ville compte 50 000 habitants*
- être jumelée avec
- faire peau neuve
- prospérer • croître · pousser · s'agrandir · s'étendre : *la ville s'est étendue au fil des ans*
- se dépeupler · se vider
- dormir : *c'est une ville qui ne dort jamais* · s'endormir · somnoler

∾ VERBE + **ville**

- créer : *une ville créée au XVIIe siècle* · fonder • bâtir · construire
- habiter dans · résider dans · vivre dans : *elle vit dans une petite ville de province*
- administrer · diriger · gérer · gouverner
- arpenter · parcourir · sillonner • quadriller : *des hommes en uniforme quadrillent la ville*
- ceinturer : *des remparts ceinturent la ville*
- donner un nouveau visage à : *l'Exposition universelle a donné un nouveau visage à la ville* · moderniser · remodeler
- ravitailler • défendre · protéger • libérer : *la ville fut libérée en 1945*
- annexer · envahir · investir · prendre : *la ville fut prise par les Macédoniens en 348* · s'emparer de
- assiéger • occuper · prendre le contrôle de · se rendre maître de
- mettre à sac · piller · saccager • incendier · mettre le feu à • bombarder · pilonner
- anéantir · détruire · dévaster · ravager · ruiner • raser
- déserter · évacuer · fuir · quitter

vin *nom masc.*

∾ **vin** + ADJECTIF

- blanc° · gris° · jaune° · rosé° · rouge° • brut · demi-sec · doux · moelleux · sec · sucré • dépouillé° • effervescent · mousseux · perlant · pétillant · résiné° · tranquille° • chaud • cuit
- de pays° · de table° · ordinaire • d'appellation d'origine contrôlée · délimité de qualité supérieure • de garde
- d'honneur° : *à l'issue de la cérémonie, un vin d'honneur sera servi aux convives*
- fruité • équilibré · gouleyant · rond · souple • léger • capiteux · charpenté · corsé · généreux · puissant · racé · riche · structuré · tannique · typé · vineux • fumeux^vieux ou littér.
- bourru° · vert° • jeune · primeur
- vieux
- grand ^+ nom · noble · prestigieux · renommé · réputé • fameux ^+ nom
- bon ^+ nom · excellent · fin • délicat · élégant
- mauvais ^+ nom · médiocre · petit ^+ nom • imbuvable · infect • impropre à la consommation [Admin.]
- aigre · âpre · râpeux • bouchonné • éventé · frelaté · oxydé · piqué • déclassé

∾ **vin** + VERBE

- titrer à x degrés : *ce vin titre à 12 degrés*
- se faire · travailler : *le vin travaille lentement dans les caves* • vieillir
- accompagner : *ce petit vin accompagne très bien les poissons* · se marier avec · se servir avec
- couler à flots
- enivrer · étourdir · monter à la tête · taper^fam.
- avoir de la cuisse° · avoir du caractère · avoir un nez° (+ adj.) : *ce vin a un nez exceptionnel* • se laisser boire
- se bonifier
- surir · tourner

∾ VERBE + **vin**

- élever : *un vin élevé en fûts de chêne* · fabriquer · faire · produire
- tirer : *il a tiré le vin du tonneau*
- embouteiller · mettre en bouteilles
- conserver · garder
- boire · consommer : *le vin est à consommer avec modération* · déguster · goûter · siroter
- aimer · apprécier
- chambrer • décanter : *il faut décanter le vin pour laisser les arômes se développer*
- chaptaliser • clarifier · coller · filtrer • couper : *ils ont coupé le vin avec de l'eau* · mouiller · noyer
- frelater · trafiquer

∾ NOM + DE + **vin**

- goutte · larme : *elle n'a pris qu'une larme de vin* · trait

violation *nom fém.*

∾ **violation** + ADJECTIF

- fondamentale : *ces actes représentent une violation fondamentale des droits de l'enfant* · grave · importante · majeure • massive · substantielle • complète · parfaite · totale • caractérisée : *ces raids constituent une violation caractérisée du cessez-le-feu* · claire · flagrante · manifeste · patente • délibérée
- constante · permanente · systématique
- grossière · inacceptable · inadmissible · intolérable

∾ VERBE + **violation**

- commettre : *il a commis de graves violations des droits de l'homme* · se rendre coupable de
- constituer · être considéré comme · représenter : *cette action provocatrice représente une violation de l'armistice*
- qualifier de
- constater · faire état de · invoquer

- condamner · dénoncer · reprocher
- accuser de · poursuivre pour • condamner pour · mettre en examen pour · reconnaître coupable de
- déposer une plainte pour · porter plainte pour

violence *nom fém.*

∾ violence + ADJECTIF

- conjugale · domestique • routière · scolaire · urbaine • télévisuelle • institutionnelle · policière • juvénile • armée · extrémiste · guerrière · mafieuse · terroriste
- machiste · sexiste • interethnique • raciale · raciste · sectaire · xénophobe • verbale : *ils ont été surpris par la violence verbale des supporters* • physique · sexuelle • psychologique
- primitive • ordinaire • endémique • ritualisée • symbolique
- aveugle · exacerbée · extraordinaire · extrême · folle · grande [+ nom] · incroyable · inouïe · sauvage · spectaculaire · stupéfiante · terrible • incontrôlée
- inaccoutumée · inconnue · inhabituelle · rare
- imprévisible · soudaine · subite
- omniprésente
- désespérée • (auto)destructrice
- haineuse • froide • gratuite • absurde · inutile • excessive · injustifiable
- cachée · contenue • larvée · latente · sourde • insidieuse
- libératrice

∾ violence + VERBE

- régner · reprendre ses droits / le dessus
- éclater · exploser : *la violence explose dans les banlieues sensibles* · se déchaîner
- augmenter • s'installer : *il faut éviter que la violence ne s'installe dans le couple*
- continuer · durer · persister
- frapper · secouer · toucher
- baisser
- cesser

∾ VERBE + violence

- déclencher · donner lieu à · engendrer · entraîner · produire · provoquer • fomenter • être porteur de · être responsable de · être source de
- céder à • basculer dans · s'enfoncer dans : *la capitale s'est enfoncée dans une violence incontrôlable*
- avoir recours à · employer · exercer · faire usage de · pratiquer · recourir à · user de · utiliser
- être confronté à · être en proie à · être victime de · subir : *ces femmes subissent la violence au quotidien*
- répondre à : *ils ont répondu à la violence par la fermeté*
- légitimer · tolérer • encourager · inciter à · promouvoir : *on accuse le chanteur de promouvoir la violence auprès des jeunes* · prôner : *ces militants prônent parfois la violence*
- attiser : *ces paroles ne font qu'attiser la violence*
- redoubler de : *les combats ont redoublé de violence*
- illustrer · montrer · refléter · révéler · témoigner de
- minimiser • banaliser : *ce genre d'images contribue à banaliser la violence*
- éviter · prévenir • condamner · dénoncer · être opposé à · refuser · rejeter • combattre · contrer · lutter contre · réprimer • se mobiliser contre
- canaliser : *l'art est un moyen de canaliser la violence* · contenir · contrôler · endiguer · réduire
- arrêter · désamorcer · éradiquer : *ils ont pris des mesures afin d'éradiquer la violence* · exorciser · juguler · mettre fin à · mettre un terme à · stopper
- renoncer à : *ils renoncent à la violence comme moyen d'action politique*

∾ NOM + DE + violence

- augmentation · déferlement · escalade · explosion · flambée · montée · vague
- baisse · diminution

violences *nom fém. plur.* (actes violents)

∾ violences + ADJECTIF

- aggravées [Droit] · graves
- récurrentes · répétées · systématiques

∾ violences + VERBE

- éclater · reprendre (de plus belle)
- avoir lieu · intervenir : *les violences intervenues la nuit dernière* · se produire · s'exercer sur / contre
- continuer · durer · se poursuivre : *les violences et les combats se poursuivent*
- se multiplier
- coûter la vie à · faire des morts / victimes

∾ VERBE + violences

- déclencher · donner lieu à · provoquer
- être l'auteur de · être responsable de
- commettre · infliger · perpétrer · se livrer à • participer à
- s'accompagner de : *cette vague de répression s'est accompagnée de violences*

- être la cible de · être victime de · subir
- porter plainte pour · poursuivre pour

▷ voir aussi **violence**

[1]virage *nom masc.* (coude)

∾ virage + ADJECTIF

- relevé • parallèle [Ski] • à 180 degrés • en S
- à la corde○ · en épingle à cheveux○ · serré • abrupt · brusque · brutal · sec • dangereux · délicat · sans visibilité · traître

∾ VERBE + virage

- aborder · attaquer • négocier · prendre : *il a pris le virage trop serré / large*
- accélérer dans • freiner dans
- couper : *il a coupé le virage pour le doubler*
- sortir de
- manquer · rater • louper[fam.] · se manger[fam.]
- attendre à○ : *ils sont nombreux à nous attendre au virage*

[2]virage *nom masc.* (changement)

∾ virage + ADJECTIF

- culturel · social • diplomatique · politique • stratégique • idéologique • à droite · à gauche · démocratique • industriel · numérique · technologique · etc.
- brusque · brutal · soudain
- à 180 degrés · complet · net · radical • crucial · décisif · historique · important · majeur
- audacieux · spectaculaire : *sa carrière a pris un virage spectaculaire*
- dangereux · délicat : *avec cette restructuration, la société opère un virage délicat*

∾ VERBE + virage

- aborder · amorcer · entamer : *le parti entame un virage politique au centre*
- tenter • effectuer · faire · opérer : *la société a opéré un virage radical vers la nouvelle économie* · prendre
- gérer · négocier : *ils ont bien / mal négocié le virage du numérique* • réussir
- illustrer : *cet album illustre le virage pris par le groupe* · marquer · représenter • confirmer
- manquer · rater

virtuosité *nom fém.*

∾ virtuosité + ADJECTIF

- graphique · narrative · oratoire · vocale • formelle · technique • digitale [Piano] · musicale
- extrême · grande [+ nom] · rare • éblouissante · époustouflante · étonnante · étourdissante · exceptionnelle · extraordinaire · impressionnante · incroyable · prodigieuse · remarquable · spectaculaire · stupéfiante • incontestable · indéniable

∾ VERBE + virtuosité

- démontrer · déployer · faire montre de · faire preuve de · montrer
- montrer · témoigner de

virus *nom masc.*

∾ virus + ADJECTIF

- grippal · respiratoire • aviaire · porcin · etc.
- informatique
- oncogène · pathogène • contagieux
- dangereux · grave · redoutable • dévastateur · meurtrier · mortel • foudroyant • destructeur [Inform.]
- bénin · inoffensif
- atténué : *le virus atténué est utilisé comme vaccin* · vecteur
- dérivé · mutant • (génétiquement) modifié
- dormant · lent : *un virus lent reste en sommeil pendant plusieurs années*
- faux [+ nom] [Inform.]

∾ virus + VERBE

- apparaître · faire son apparition
- circuler · pénétrer · se répandre • agir • [Inform.] s'activer : *le virus s'active dès l'ouverture du fichier* · voyager
- proliférer · se multiplier
- contaminer · toucher : *30 000 personnes seraient touchées par ce virus* • attaquer · infecter • décimer · détruire · ravager · tuer
- disparaître

∾ VERBE + virus

- [Inform.] concevoir · créer · programmer
- inoculer · introduire · transmettre • diffuser [Inform.]
- attraper · contracter
- avoir · être atteint de · être porteur de
- découvrir · détecter · identifier · isoler : *les chercheurs ont réussi à isoler un virus de fièvre hémorragique*
- cultiver : *ils cultivent ce virus pour en faire une arme de guerre*
- se protéger de • échapper à • résister à
- combattre · lutter contre
- être victime de · succomber à
- éradiquer · vaincre
- [Inform.] supprimer

REM. On rencontre parfois "virus virulent". Évitez cette expression maladroite et préférez "virus redoutable".

visage *nom masc.*

∞ visage + ADJECTIF

- allongé · anguleux · carré · ovale · pointu · rond · triangulaire
- congestionné · rougi · rubicond • basané · bronzé · buriné · tanné
- diaphane · pâle • blafard · blême · cadavérique · livide
- glabre · imberbe
- petit + nom • amaigri · ascétique · émacié
- étrange
- d'enfant · enfantin · poupin • angélique · d'ange · de madone○
- beau + nom · joli + nom · magnifique • doux · lisse • fin • aimable · charmant
- apaisé · serein • rayonnant · rieur
- expressif
- dur · taillé à la serpe
- bouffi · empâté · joufflu • boursouflé · enflé · tuméfié
- affreux · effrayant · hideux · horrible
- barbouillé · maculé · noirci · sale
- fripé · parcheminé · plissé · ridé • chiffonné
- fatigué · hagard · hébété • décomposé · défait
- convulsé · crispé · grimaçant
- balafré • défiguré · déformé · ravagé
- boudeur · buté · renfrogné
- maussade · triste • austère · grave · sévère
- fermé : *son visage fermé des mauvais jours* · figé · impassible · inexpressif
- cagoulé · masqué : *des hommes au visage masqué ont braqué la banque*
- véritable · vrai + nom [fig.] : *le vrai visage de la guerre*

∞ visage + VERBE

- exprimer · trahir : *son visage trahit son étonnement*
- s'animer : *le visage du mime s'anima tout à coup* • resplendir · s'éclairer · se fendre d'un sourire · s'illuminer
- s'assombrir : *son visage s'assombrit, laissant transparaître son angoisse* · se fermer • être couvert de / être inondé de larmes

∞ VERBE + visage

- auréoler : *un beau visage auréolé de cheveux noirs* · encadrer : *des boucles brunes encadraient son visage* • barrer : *le visage barré d'une sombre moustache* · manger : *de grands yeux / de grosses lunettes lui mangeaient le visage*
- (re)modeler • (souvent passif) farder · grimer · maquiller · poudrer
- scruter
- se lire sur · se peindre sur : *une immense fierté se peignait sur son visage* · s'inscrire sur
- cacher · dissimuler : *le visage dissimulé derrière un loup* · masquer • (re)couvrir : *un voile lui recouvrait le visage*
- (souvent passif) barbouiller · maculer
- défigurer · déformer · taillader

visibilité *nom fém.* (vue à long terme, possibilité d'être vu)

∞ visibilité + ADJECTIF

- médiatique · sociale • politique • financière · fiscale · etc.
- croissante · grandissante • accrue · forte + nom · grande + nom • maximale · parfaite • bonne + nom · excellente • suffisante
- faible · limitée · réduite • nulle
- insuffisante • mauvaise + nom · médiocre • nulle

∞ VERBE + visibilité

- avoir besoin de : *les entreprises ont besoin de visibilité pour agir*
- apporter · donner : *ce genre de média donne plus de visibilité à nos produits* · offrir
- acquérir · gagner en
- mesurer
- assurer : *sa position de première dame lui assure une visibilité médiatique* · garantir · maintenir
- accroître · améliorer · augmenter · renforcer : *ils ont créé un site Internet pour renforcer leur visibilité*
- brouiller · gêner : *ce brouillard épais gêne la visibilité*
- perdre en
- manquer de

[1]vision *nom fém.* (sens de la vue)

∞ vision + ADJECTIF

- centrale • latérale · périphérique • panoramique · stéréoscopique • nocturne
- de loin · éloignée • de près · rapprochée
- normale • bonne + nom · nette · satisfaisante
- défectueuse · floue · mauvaise + nom
- aveugle○ : *des sujets atteints de vision aveugle*

∞ VERBE + vision

- avoir
- améliorer · corriger · faciliter
- brouiller · troubler

∞ NOM + DE + vision

- anomalie · trouble : *elle a des troubles de la vision*

[2]vision *nom fém.* (image)

∞ **vision** + ADJECTIF
- mystique · onirique • prémonitoire · prophétique
- familière • récurrente
- fugitive · furtive · momentanée
- immédiate · instantanée : *ce logiciel donne une vision instantanée des stocks*
- inoubliable • bouleversante · déconcertante · époustouflante · étonnante · fascinante · hallucinante · hallucinatoire · hallucinée
- insolite · surréaliste
- enchanteresse · fantastique · féerique • extraordinaire · merveilleuse
- déprimante · désolante • obsédante · obsessionnelle · torturante
- abominable · affreuse · apocalyptique · atroce · cauchemardesque · d'horreur : *une vision d'horreur a frappé les témoins du drame* · effroyable · horrible · infernale · inquiétante · terrible · terrifiante

∞ **vision** + VERBE
- marquer • hanter · poursuivre

∞ VERBE + **vision**
- avoir : *elle eut plusieurs visions mystiques dans son enfance*
- décrire · évoquer
- chasser · dissiper

[3]vision *nom fém.* (conception)

∞ **vision** + ADJECTIF
- économique · géopolitique · historique · politique · sociale
- abstraite · concrète • futuriste
- critique • personnelle · subjective
- complète · d'ensemble · globale · synthétique · transversale • kaléidoscopique : *le film offre une vision kaléidoscopique des relations hommes/femmes* • à long terme · large · ouverte : *il a une vision très ouverte de la laïcité*
- globalisante · universaliste • cosmique
- claire : *elle a une vision claire de la situation* · nette
- bonne · équilibrée · exacte · juste · nuancée • cohérente · lucide · pragmatique · réaliste
- alternative · décalée · insolite · neuve · nouvelle · originale • décapante
- radicale : *ce film offre une vision radicale de la violence juvénile*
- poétique · romantique • édulcorée · idéalisée · idyllique • fantasmagorique · fantasmatique
- généreuse · humaniste • optimiste · positive
- antagoniste · contraire · opposée • éloignée
- à court terme • fragmentée · morcelée · partielle
- réductrice · simpliste · sommaire · tronquée • étriquée · étroite · limitée · superficielle • partiale • confuse · floue • à courte vue · bornée
- élitiste • individualiste
- biaisée · déformée · erronée · falsifiée · faussée • trompeuse
- bipolaire · caricaturale · manichéenne · monolithique · stéréotypée
- cynique · désabusée · sarcastique • mercantile • passéiste · réactionnaire · rétrograde
- acide · apocalyptique : *il a une vision apocalyptique de l'avenir de la société* · négative · noire · pessimiste · sombre · tragique • catastrophiste · misérabiliste

∞ VERBE + **vision**
- bâtir : *il veut bâtir une vision nouvelle de la banlieue* · développer · élaborer · façonner
- avoir : *nous avons maintenant une vision globale du secteur* · être porteur de : *les deux pays sont porteurs d'une vision commune* · porter • conserver · garder
- apporter · donner · fournir · offrir • imposer • opposer
- confier · dévoiler · exposer · exprimer · livrer · présenter · proposer
- cultiver · défendre · faire valoir · privilégier · promouvoir · soutenir • concilier
- alimenter · concourir à · entretenir · nourrir • propager · répandre • perpétuer
- accepter · adopter · endosser · se retrouver dans · souscrire à • tomber dans : *ils tombent dans une vision caricaturale de la société* • partager · s'accorder sur · se mettre d'accord sur
- procéder de · relever de · renvoyer à · reposer sur • faire partie de · participer de : *cette mesure participe de leur vision de l'économie libérale* · s'insérer dans
- illustrer · refléter · traduire • incarner : *elle incarne une vision optimiste de l'avenir*
- changer · modifier · renouveler • élargir
- contester · lutter contre · refuser • ébranler · remettre en cause
- dépasser · en finir avec · rompre avec · sortir de
- manquer de : *elle reproche aux dirigeants de manquer de vision stratégique*

[1]visite *nom fém.* (d'une personne)

∞ visite + ADJECTIF

- amicale · familiale • historique · officielle • [Méd.] à domicile · de contrôle · médicale
- de politesse • obligatoire
- impromptue · inopinée · spontanée · surprise • imprévue · inattendue · inespérée
- périodique · régulière
- formelle
- intéressée
- incongrue · inopportune · intempestive
- infructueuse
- fructueuse
- controversée • mouvementée
- secrète
- brève · courte · (-)éclair · express · petite [+ nom] · rapide
- [plur.] irrégulières · rares

∞ visite + VERBE

- commencer · se dérouler
- continuer · se poursuivre
- s'achever · se conclure · se terminer
- revêtir un caractère (+ adj.) : *la visite du pape revêt un caractère symbolique*

∞ VERBE + visite

- planifier · préparer · prévoir • annoncer • confirmer
- attendre • se réjouir de
- faire · rendre (sans art.) : *je lui ai rendu visite cet après-midi* • effectuer · être / se trouver en
- commencer · entamer
- achever · conclure · terminer
- avoir · recevoir
- multiplier (plur.)
- raconter · relater
- profiter de
- espacer (plur.) • reculer · remettre · reporter · retarder
- abréger · écourter
- interrompre • annuler · déprogrammer
- interdire

[2]visite *nom fém.* (d'un lieu)

∞ visite + ADJECTIF

- accompagnée · commentée · guidée • privée • gratuite · payante • touristique • thématique • virtuelle
- obligatoire · obligée
- approfondie · complète · détaillée · exhaustive
- périodique · régulière
- agréable · enrichissante · intéressante · passionnante
- ennuyeuse
- au pas de course · (-)éclair · express · rapide · sommaire

∞ visite + VERBE

- commencer · se dérouler
- continuer · reprendre · se poursuivre
- s'achever · se terminer
- être consacrée à

∞ VERBE + visite

- organiser · planifier · prévoir • proposer
- encadrer
- faire · suivre
- raconter · relater

visiteur *nom masc.*

∞ visiteur + ADJECTIF

- payant : *vous bénéficiez d'une gratuité pour vingt visiteurs payants*
- curieux : *l'usine accueille chaque année des milliers de visiteurs curieux de découvrir cet ouvrage unique au monde*
- assidu · régulier • averti
- nombreux (plur.)
- occasionnel : *beaucoup sont des visiteurs occasionnels, mais près de 3 000 sont devenus des habitués*
- rares (plur.)

∞ visiteur + VERBE

- arriver · entrer
- avoir accès à : *les visiteurs ont accès à l'ensemble du parc*
- arpenter · déambuler · défiler (plur.) : *de nombreux visiteurs ont défilé devant cette toile* · se promener • fréquenter : *l'été, un millier de visiteurs fréquentent le parc*
- contempler · découvrir · observer
- affluer (plur.)
- se presser (plur.)
- partir · s'en aller · sortir • quitter

∞ VERBE + visiteur

- inviter
- attendre : *25 000 visiteurs sont attendus cette année* · escompter · espérer
- attirer : *des millions de visiteurs attirés par les douceurs de la France* · drainer • accueillir : *les trois millions de visiteurs accueillis chaque année* · recevoir • admettre : *les rares visiteurs admis au château*
- enregistrer : *le site enregistre 800 000 visiteurs par an*

- escorter · guider • canaliser : *il faut canaliser les visiteurs pour éviter tout débordement*
- fidéliser
- congédier · donner congé à · mettre à la porte

∞ NOM + DE + **visiteurs**
- flot · flux • file • groupe • foule : *le stand a encore attiré cette année une foule de visiteurs* · pléthore
- poignée

vitalité *nom fém.*

∞ **vitalité** + ADJECTIF
- démographique · économique · linguistique • artistique · culturelle · intellectuelle · littéraire · musicale · etc.
- inconnue · nouvelle • inattendue
- folle · grande [+ nom] · intense • étonnante · exceptionnelle · extraordinaire · impressionnante · incroyable · phénoménale · prodigieuse · remarquable · singulière · surprenante • insolente • inépuisable
- communicative · contagieuse
- belle [+ nom] · créative · joyeuse • prometteuse

∞ VERBE + **vitalité**
- (re)donner · insuffler
- afficher · dégager · faire preuve de · manifester • déborder de · être plein de
- avoir / connaître un regain de · recouvrer · retrouver
- gagner en · redoubler de
- conserver · garder · maintenir
- attester de · confirmer · indiquer · montrer · prouver · refléter · rendre compte de · témoigner de
- assurer · entretenir · favoriser · préserver
- mesurer • expliquer
- perdre
- manquer de

vitesse *nom fém.*

∞ **vitesse** + ADJECTIF
- de la lumière · du son • automobile • ascensionnelle • nominale
- moyenne • autorisée • de croisière°
- normale • adaptée · raisonnable · suffisante • optimale
- initiale
- de l'éclair° · élevée · folle · grande [+ nom] · haute [+ nom] · supersonique • record • de pointe · maximale · maximum · pleine [+ nom] : *un train lancé à pleine vitesse* • supérieure • accélérée · croissante · exponentielle • pure
- ahurissante · déconcertante · ébouriffante · effarante · étonnante · étourdissante · extraordinaire · fulgurante · hallucinante · impressionnante · inouïe · phénoménale · prodigieuse · stupéfiante · vertigineuse • grand V° : *à la vitesse grand V* • excessive
- constante · régulière · uniforme
- faible [+ nom] · lente · modérée · modeste · petite [+ nom] · réduite • limitée • minimale

∞ **vitesse** + VERBE
- (souvent passif) griser · soûler
- augmenter · croître • dépasser : *une vitesse qui dépasse les 150 km/h*
- diminuer

∞ VERBE + **vitesse**
- afficher • atteindre · (re)trouver
- conserver · maintenir
- calculer · enregistrer · mesurer • contrôler
- autoriser
- adapter · régler ... sur • changer de · passer à
- respecter : *il ne respecte pas la vitesse autorisée*
- accélérer · accroître · augmenter • prendre : *la voiture commença à prendre de la vitesse* • dépasser
- diminuer · limiter · modérer · ralentir · réduire • être en perte de°

à une vitesse (+ adj.)
- conduire · rouler · se déplacer · voler

vivacité *nom fém.*

∞ **vivacité** + ADJECTIF
- intellectuelle
- étonnante · surprenante • extrême · grande [+ nom] · incroyable · indéniable
- belle [+ nom] · éblouissante · exceptionnelle · remarquable
- fébrile

∞ VERBE + **vivacité**
- faire preuve de · montrer • être plein de
- manquer de [+ nom]
- perdre

vocabulaire *nom masc.*

∞ **vocabulaire** + ADJECTIF
- administratif · architectural · diplomatique · guerrier · médical · militaire · musical · politique · religieux · scientifique · sportif · etc.
- contemporain · moderne • classique · traditionnel • officiel

- commun · courant · de base · élémentaire · fondamental · habituel · quotidien · simple · usuel • complexe · savant · spécialisé · spécifique · technique
- adapté · approprié · maîtrisé
- étendu · large · riche · varié · vaste • précis
- plein de trouvailles · recherché • expressif · fleuri · imagé
- précieux · sophistiqué • châtié
- limité · réduit · restreint • pauvre : *il utilise un vocabulaire pauvre et mal adapté*

∞ vocabulaire + VERBE
- avoir cours
- évoquer · fleurer : *un vocabulaire qui fleure bon le Moyen Âge* · trahir : *ce vocabulaire trahit les contradictions de l'auteur*
- se limiter à · se réduire
- évoluer · se transformer • changer · différer

∞ VERBE + **vocabulaire**
- créer · inventer
- acquérir • élargir · enrichir · étendre
- emprunter : *un vocabulaire emprunté au monde agricole* • choisir · employer

[1]vocation *nom fém.* (désir pour un métier, une activité)

∞ vocation + ADJECTIF
- artistique · religieuse · etc.
- précoce • tardive : *il s'est découvert une vocation tardive d'historien*
- irrésistible · véritable [+ nom] · vraie [+ nom]
- contrariée

∞ vocation + VERBE
- naître (de) : *sa vocation est née d'un choc émotionnel ; il sentit naître en lui une vocation de sculpteur*

∞ VERBE + **vocation**
- éveiller
- (se) chercher
- (se) découvrir · trouver • se sentir : *il ne se sent pas une vocation de militant*
- accomplir : *il s'exila en France pour accomplir sa vocation de peintre* · réaliser : *il put enfin réaliser sa vocation de chef*
- confirmer · conforter dans · encourager dans
- détourner de · dévier de • contrarier · étouffer
- changer de
- manquer : *vous avez manqué votre vocation, vous auriez dû être artiste* · rater • abandonner · renoncer à

[2]vocation *nom fém.* (mission, destin)

∞ vocation + ADJECTIF
- culturelle · professionnelle · sociale • agricole : *une région à vocation agricole* · touristique • éducative · pédagogique • humanitaire · etc.
- internationale · mondiale · régionale • universelle : *il restitue à la Bible sa vocation universelle*
- naturelle • essentielle · principale
- d'origine · initiale · première
- double [+ nom] · triple [+ nom] : *cette mission aura une triple vocation, historique, éducative et de solidarité*
- noble : *l'association a une vocation noble, favoriser le dialogue interculturel*

∞ VERBE + **vocation**
- avoir ... à (sans art.) : *nous n'avons pas vocation à gérer ce type de situations* · avoir pour : *ce festival a pour vocation de promouvoir les jeunes talents*
- (se) recentrer sur · renouer avec : *cette exposition renoue avec la vocation humaniste du centre* · retrouver • assumer
- conserver · garder
- rappeler · réaffirmer : *la chaîne tient à réaffimer sa vocation européenne*
- renforcer
- être conforme à · être fidèle à : *un label resté fidèle à sa vocation de découvreur de talents* · respecter
- détourner de · dévier de
- changer de : *ce site a complètement changé de vocation*
- abandonner · renoncer à · se détourner de • trahir : *le festival innove sans trahir sa vocation*

vœu *nom masc.* (désir)

∞ vœu + ADJECTIF
- ardent · le plus cher · profond
- sincère
- secret
- pieux° : *l'ouverture d'une nouvelle classe est restée à l'état de vœu pieux*
- commun [souvent Pol.] : *les groupes socialiste, vert et communiste ont déposé un vœu commun relatif au retrait du CPE*

∞ vœu + VERBE
- demander [Pol., Admin.] : *un vœu demandant la "reconnaissance institutionnelle de l'identité bretonne"*
- se réaliser

∾ VERBE + **vœu**

- émettre · exprimer · faire · former · formuler · prononcer • [Pol.] déposer · présenter
- appeler de° : *il appelle de ses vœux le rétablissement du dialogue*
- réitérer · renouveler
- accomplir · exaucer · réaliser • tenir compte de • accéder à · combler · correspondre à · répondre à · respecter · satisfaire · se conformer à • [Pol.] adopter · voter

vœux *nom masc. plur.* (souhaits)

∾ **vœux** + ADJECTIF

- présidentiels
- traditionnels : *les vœux traditionnels échangés à l'occasion de la nouvelle année* • télévisés
- de fin d'année • de bonne année • de bonheur · de prospérité · etc.

∾ VERBE + **vœux**

- échanger • adresser · envoyer · présenter : *je vous présente tous mes vœux de bonheur*
- recevoir

[1]**voie** *nom fém.* (voie de communication)

∾ **voie** + ADJECTIF

- de mer · fluviale · maritime · navigable • aérienne · des airs : *les blessés ont été évacués par la voie des airs* • routière · terrestre • ferrée°
- privée · publique° (art. déf.) : *il a été interpellé en état d'ivresse sur la voie publique* • piétonne · souterraine
- d'accès • à double sens · à sens unique
- dégagée · libre
- prioritaire · rapide • principale • large + nom · longue + nom
- secondaire • escarpée · étroite · petite + nom
- défoncée • interdite · sans issue

∾ VERBE + **voie**

- emprunter · s'engager sur / dans · prendre
- barrer · encombrer
- quitter · sortir de

[2]**voie** *nom fém.* (itinéraire)

∾ **voie** + ADJECTIF

- démocratique · politique • diplomatique · hiérarchique • judiciaire · légale · législative · réglementaire • professionnelle
- classique · conventionnelle · habituelle · normale • obligée · toute tracée : *sa famille et ses études le préparaient à une voie toute tracée*
- privilégiée · royale° : *le Conservatoire demeure la voie royale pour devenir comédien* • logique · raisonnable · sûre • bonne + nom : *tu es sur la bonne voie ; le projet est en bonne voie* • équilibrée · médiane
- alternative · nouvelle · originale · secondaire • détournée
- dégagée · libre · ouverte
- dangereuse · difficile · périlleuse • sans issue • mauvaise + nom

∾ VERBE + **voie**

- chercher
- mettre sur · montrer
- explorer • esquisser • créer · définir · imaginer · inventer • creuser · dégager · (se) frayer · tracer : *nous suivrons la voie tracée par les pays qui nous ont précédés* • ouvrir ... à : *cette réforme ouvrait la voie à la privatisation des terres* · préparer ... à
- offrir : *il offre une voie alternative aux deux candidats traditionnels*
- trouver • se lancer sur / dans · s'embarquer dans / sur · s'engager dans / sur · s'engouffrer dans • adopter · aller dans · choisir · emprunter · passer par · prendre · suivre · utiliser : *tout ce qu'il reste à faire, c'est utiliser la voie de la diplomatie* • revenir à
- préférer · privilégier
- continuer dans / sur · persévérer dans / sur · poursuivre dans / sur • avancer dans / sur · progresser dans / sur : *ils ont progressé sur la voie de la démocratie*
- quitter

voisinage *nom masc.*

∾ **voisinage** + ADJECTIF

- immédiat
- agréable · amical • bon + nom : *ils vivent en bon voisinage*
- bruyant • hostile • mauvais + nom : *des relations de mauvais voisinage*

∾ VERBE + **voisinage**

- être aimé de / dans · être apprécié de / dans · être connu de / dans
- ameuter • déranger · perturber · troubler

∾ NOM + DE + **voisinage**

- relations : *ils entretiennent des relations de bon voisinage*
- bruits · nuisances · troubles • plainte : *ce service a compétence pour régler les plaintes de voisinage* • conflit · querelle

voiture *nom fém.*

∞ voiture + ADJECTIF

- de fonction • de sport · de tourisme · familiale
- blindée : *le président circule en voiture blindée* • cinq portes · trois portes • à toit ouvrant · décapotable • diesel · électrique · (à) essence · hybride : *une voiture hybride qui fonctionne à l'essence et à l'électricité* • sans permis • téléguidée
- banalisée
- de première main · (flambant) neuve • de seconde main · d'occasion
- récente
- vieille + nom
- grande + nom · grosse + nom
- bonne + nom • nerveuse · puissante · rapide
- gourmande
- petite + nom
- belle + nom · splendide · superbe • de luxe · luxueuse
- propre · rutilante
- customisée · personnalisée
- sale • rouillée • accidentée · cabossée · endommagée • calcinée
- piégée

∞ voiture + VERBE

- être en circulation : *la moitié des voitures en circulation dans ce pays sont volées*
- démarrer • avancer • circuler · rouler • dépasser · doubler • faire marche arrière · reculer
- faire des appels de phares · klaxonner • serrer
- accélérer · foncer · filer à toute allure
- freiner · ralentir
- adhérer à la route · bien tenir la route
- emplafonner fam. · percuter · tamponner • faucher · renverser • écraser
- s'écraser contre : *la voiture s'est écrasée contre un platane* · s'encastrer dans / sous
- déraper · faire des zigzags · faire un tête-à-queue · sortir de la route • faire un tonneau · se retourner • tomber en panne

∞ VERBE + voiture

- construire · fabriquer
- assurer · immatriculer
- démarrer · mettre en marche
- conduire · être au volant de
- entretenir · réviser • vidanger • dépanner · réparer
- garder le contrôle de · maîtriser
- poursuivre · prendre en chasse
- voler • abîmer · cabosser · endommager • brûler · incendier · mettre le feu à
- arrêter · immobiliser · stopper • garer · parquer · ranger · stationner
- mettre en fourrière • mettre à la casse

[1]voix *nom fém.* (litt.)

∞ voix + ADJECTIF

- artificielle · synthétique • off • chantée · parlée
- de poitrine · de tête • de basse · de ténor
- féminine · masculine • androgyne · enfantine · juvénile • (sur)aiguë · flûtée · haut perchée · nasale • cuivrée · métallique • caverneuse · grave · gutturale • râpeuse · rauque · rocailleuse · rugueuse
- caractéristique · inimitable · unique • chère : *« L'inflexion des voix chères qui se sont tues »* (Verlaine, *Poèmes saturniens*, Melancholia, VI, "Mon rêve familier") · familière
- haute : *il a lu le texte à voix haute* • audible · claire · distincte · (haute et) intelligible ○ + nom · sonore • bien timbrée · grosse + nom · pénétrante · percutante · profonde · puissante · retentissante · tonitruante · tonnante • mâle · virile • assurée · décidée · énergique · ferme · pleine d'assurance · tranchante · volontaire • triomphante • solennelle
- étrange · mystérieuse
- ample : *une chanteuse dotée d'une voix ample et profonde* · moelleuse · onctueuse · pleine · ronde · souple • admirable · agréable · belle + nom · éblouissante · enchanteresse · étonnante · exceptionnelle · extraordinaire · fabuleuse · jolie · juste · magnifique · mélodieuse · merveilleuse · remarquable · riche · splendide · superbe • aérienne · cristalline · délicate · diaphane : *elle éclaire la partition de sa voix diaphane* · limpide · pure • bouleversante · déchirante · émouvante · poignante · prenante
- accrocheuse · chaleureuse · chaude · engageante • affectueuse · angélique · apaisante · caressante · rassurante · tendre · veloutée • cajoleuse · câline · charmeuse · doucereuse · enjôleuse · gourmande · lascive · mielleuse · mutine · roucoulante · suave · sucrée · susurrante • aimable
- alerte · allègre · canaille · chantante · enjouée · fraîche · gaie · joyeuse · rieuse
- calme · douce · paisible · posée · sereine · tranquille • pensive · songeuse • nonchalante

- feutrée · fluette · fragile · frêle · légère : *une voix légère au timbre coloré* · petite + nom
- à peine audible · basse : *ils se parlent à voix basse* · chétive · faible · inaudible · indistincte · inintelligible · murmurante · timide • embrumée · étouffée · étranglée · nouée : *la voix nouée par l'émotion* · sourde · voilée • languissante · traînante • éteinte · mourante • fatiguée · lasse · usée
- blanche · froide · glaciale · hagarde · mate · mécanique · monocorde · neutre • atone · creuse · désincarnée · impersonnelle · incolore · inexpressive · morne · terne
- attendrie · émue • accablée · éplorée • affligée · bouleversée · brisée · déchirée · écorchée · larmoyante • angoissée · désespérée · inquiète • craintive · peureuse • bégayante · bredouillante · mal assurée • chevrotante · saccadée · tremblante · tremblotante
- d'outre-tombe · lugubre · sépulcrale · sombre · tragique · triste • mélancolique
- languissante · plaintive · suppliante
- autoritaire · dominatrice · dure · incisive · rude • coléreuse · courroucée · furibonde · furieuse · rageuse • désagréable · menaçante • bourrue · sévère • hautaine · méprisante · moqueuse · revêche
- maniérée
- acide · acidulée · aigre · aigrelette · criarde · de crécelle○ · de fausset○ · discordante · grinçante · nasillarde · perçante · pointue · sifflante · stridente
- cassée · enrouée · éraillée · irritée • avinée · grasse · pâteuse

∞ voix + VERBE
- s'élever (de) : *une voix s'éleva du public* • gronder · porter : *sa voix porte loin* · résonner · retentir · tonner
- enfler · monter
- annoncer · lancer • crier • chuchoter · murmurer • rassurer
- faiblir
- chevroter · trembler • dérailler · s'enrouer · s'érailler · s'étrangler : *sa voix s'étrangla dans un sanglot* • se briser · se casser · se nouer
- (plur.) se mêler : *leurs voix se mêlent et se répondent*
- muer

∞ VERBE + **voix**
- avoir : *avoir de la voix ; il a une voix douce* · être doté de
- (+ adj.) adopter · prendre : *il a pris une grosse voix pour l'impressionner* • imiter
- travailler • maîtriser : *il maîtrise parfaitement sa voix*
- poser : *il a appris à bien poser sa voix*
- s'éclaircir : *il s'éclaircit la voix avant d'entamer sa lecture*
- forcer · pousser : *dans certaines chansons, elle pousse sa voix jusqu'à la plainte*
- élever · hausser • enfler
- baisser • adoucir
- moduler • changer · modifier · transformer • déformer
- couvrir • déguiser
- être en○ : *être en voix*

∞ NOM + DE + **voix**
- tessiture • coloration · teinte · timbre

d'une voix (+ adj.)
- crier · dire · parler · répondre • lire · réciter · reprendre

sans voix
- être · demeurer · rester

[2]**voix** *nom fém.* (suffrage, surtout plur.)

∞ voix + ADJECTIF
- du peuple · populaire
- consultative • prépondérante : *en cas d'égalité, le président a une voix prépondérante*

∞ voix + VERBE
- se répartir entre / sur : *leurs voix se répartissent entre le parti socialiste et la liste écologiste*
- se disperser · s'éparpiller

∞ VERBE + **voix**
- mettre aux○ : *ils ont mis le texte aux voix*
- briguer · chercher · courir après · quémander • conquérir : *ils rivalisent d'initiatives pour conquérir les voix féminines* • se disputer
- apporter · donner · joindre : *il a annoncé qu'il joindrait sa voix au Parti communiste* • reporter ... sur : *il a appelé ses électeurs à reporter leurs voix sur le candidat de la gauche*
- disposer de : *l'Italie fait partie des grands pays qui disposent de 10 voix*
- (s')attirer · capter · conquérir · drainer : *il a du mal à drainer de nouvelles voix* · engranger · faire le plein de · gagner · rallier · rassembler • glaner · grappiller • être crédité de · obtenir · recueillir · remporter · totaliser
- piquer^fam. : *ces petites listes vont certainement lui piquer des voix* · récupérer · voler
- bénéficier de : *il espère bénéficier des voix de l'extrême gauche*
- (re)compter · décompter

- refuser (...à) : *il a refusé sa voix au traité européen ; il refuse les voix de l'extrême droite au second tour*
- perdre

∞ NOM + DE + **voix**
- décompte
- report

[3]voix *nom fém.* (opinion)

∞ **voix** + ADJECTIF
- officielle • indépendante · originale · singulière

∞ VERBE + **voix**
- faire entendre : *il veut faire entendre la voix des travailleurs* · joindre : *il a joint sa voix au concert des protestations* • mêler · unir (plur.) : *plusieurs dirigeants européens ont uni leurs voix pour lancer un vibrant appel à la prudence*
- étouffer : *la dictature a étouffé la voix des écrivains*

[1]vol *nom masc.* (d'oiseau)

∞ **vol** + ADJECTIF
- ondulé : *le vol ondulé du pélican* · plané
- lourd · maladroit

∞ VERBE + **vol**
- regarder · suivre • admirer

[2]vol *nom masc.* (d'avion, de navette spatiale)

∞ **vol** + ADJECTIF
- civil · militaire • commercial · humanitaire · passager
- domestique · international · long courrier · longue distance · transatlantique • direct · sans escale • charter · nolisé · spécial • régulier • sec : *on a juste acheté des vols secs, on trouvera un hôtel en arrivant sur place* • privé
- expérimental · inaugural • humain : *le premier vol humain dans la stratosphère* • subsonique · supersonique • d'essai • de nuit · nocturne • [navette spatiale] habité · spatial
- (sub)orbital · stationnaire • horizontal · rasant • vertical • parabolique • automatique
- historique
- long [+ nom] • éprouvant
- court · rapide

∞ **vol** + VERBE
- relier
- se dérouler : *le vol s'est déroulé normalement / dans le calme* · s'effectuer : *le vol s'est s'effectué sans incident*
- durer

∞ VERBE + **vol**
- affréter · organiser • assurer · effectuer
- réserver
- attendre
- emprunter · prendre
- embarquer pour / sur
- rater
- dérouter · détourner
- interdire (de) : *ces appareils sont interdits de vol en cas de brouillard ; le couvre-feu interdit tout vol entre 23 heures et 6 heures du matin*
- retarder
- suspendre : *les vols pour Londres sont suspendus* • annuler

en vol
- abattre · détruire • exploser

[3]vol *nom masc.* (larcin)

∞ **vol** + ADJECTIF
- à l'arraché · à l'étalage · à main armée · à la roulotte · à la tire · avec effraction
- organisé [aussi fig.]
- spectaculaire : *le vol spectaculaire de trois tableaux de Vermeer* • mystérieux : *vol mystérieux de plusieurs dossiers de la commission d'enquête*
- [Droit] • aggravé · qualifié
- simple [Droit] • sans violence / effraction • petit [+ nom]

∞ VERBE + **vol**
- constituer · s'apparenter à
- commettre • participer à · prendre part à
- être victime de
- constater · découvrir
- déclarer · signaler
- avouer · revendiquer
- lutter contre : *comment lutter contre le vol des vélos ?*
- soupçonner de • accuser de · crier à • reprocher : *on lui reproche le vol de trois téléphones portables* • être coupable de • arrêter pour · être inculpé pour · mettre en examen pour • condamner pour · sanctionner

[1]volonté *nom fém.* (souhait, intention)

∞ **volonté** + ADJECTIF
- humaine • divine • maternelle · parentale · paternelle • gouvernementale · politique • démocratique · hégémonique · réformatrice • artistique · pédagogique · etc.
- individuelle · propre • générale · populaire • collective · commune · conjointe · partagée · unanime : *une volonté unanime d'accélérer ces changements*

- absolue · accrue : *il y a une volonté accrue de pénaliser l'action militante* · acharnée · forte
- affichée · affirmée · claire · clairement exprimée · délibérée · évidente · explicite · expresse · manifeste · ouverte · proclamée • consciente : *il s'agit d'une volonté consciente d'exclure les femmes du pouvoir* • réaffirmée · réitérée · renouvelée • constante · permanente
- louable : *une volonté louable de conciliation*
- apparente
- inconsciente : *une volonté inconsciente de faire capoter le projet*
- dernière○ + nom (souvent plur.) : *il dicta ses dernières volontés à un notaire*

∾ volonté + VERBE

- exister : *si la volonté existe, nous trouverons les moyens financiers nécessaires*
- (passif) animer · motiver · mouvoir : *il est mû par une volonté de vengeance personnelle*
- se heurter à

∾ VERBE + **volonté**

- avoir
- assurer de · clamer · déclarer · (re)dire · exprimer · faire connaître · insister sur · mettre en avant : *il met en avant sa volonté d'indépendance vis-à-vis du pouvoir* • confirmer · rappeler · réaffirmer
- afficher · démontrer · faire état de · faire montre de · faire preuve de · manifester · témoigner de • attester de · en dire long sur · être révélateur de · illustrer · indiquer · marquer · refléter · traduire · trahir
- incarner · représenter : *il représente la volonté de changement* · symboliser • participer de · s'inscrire dans
- naître de : *ce projet est né de la volonté d'un seul homme* · reposer sur
- expliquer · justifier
- être dû à · tenir à : *cela tient essentiellement à la volonté de fer du Premier ministre*
- imposer : *il a réussi à imposer sa volonté à l'Assemblée*
- conforter (dans) · encourager · soutenir • attiser · nourrir · raviver · renforcer
- déceler · détecter · ressentir : *on ressent clairement cette volonté d'intégration* · voir
- accepter : *vous devez accepter la volonté de la majorité* · prendre acte de · prendre en compte · tenir compte de • répondre à · respecter · se plier à · suivre : *vous ne devez pas suivre uniquement votre propre volonté*
- accomplir · concrétiser : *cette mesure vise à concrétiser notre volonté d'encourager le commerce équitable*
- critiquer · protester contre · stigmatiser
- se heurter à • dépendre de · être dépendant de
- aller à l'encontre de · contrarier · contrer · faire échec à • résister à • l'emporter sur : *la continuité risque de l'emporter sur la volonté de rupture*
- douter de · remettre en cause : *nul ne remet en cause la volonté sincère du gouvernement*
- contester · nier
- cacher · dissimuler · masquer
- abandonner · renoncer à : *ils ont renoncé à toute volonté de changer les choses*

[2]volonté *nom fém.* (énergie)

∾ volonté + ADJECTIF

- acharnée : *la volonté acharnée de savoir* · d'acier○ · de fer○ · farouche · ferme : *ce projet n'aurait pu être réalisé sans la volonté ferme des petits producteurs* · forte · sans faille • déterminée · inébranlable · inflexible · obstinée · tenace · têtue

∾ volonté + VERBE

- (passif) animer : *un militant animé d'une volonté tenace*

∾ VERBE + **volonté**

- exiger · réclamer : *une telle entreprise réclame une volonté de fer*
- trouver : *il ne trouve pas la volonté de faire qqch.* • avoir
- admirer · saluer
- entamer · grignoter
- anéantir · briser · étouffer
- manquer de · ne pas avoir

bonne volonté *nom fém.*

∾ bonne volonté + ADJECTIF

- affichée · évidente · manifeste

∾ bonne volonté + VERBE

- être bienvenue [personne] (plur.) : *toutes les bonnes volontés seront les bienvenues*
- manquer : *ce n'est pourtant pas la bonne volonté qui manque*
- se heurter à • ne pas suffire

∾ VERBE + **bonne volonté**

- faire appel à · compter sur
- dépendre de · reposer sur : *la qualité de ce service repose sur la bonne volonté de chacun*
- (plur.) [personnes] fédérer · mobiliser · rassembler · réunir
- être armé de : *armé de sa seule bonne volonté, il ignore tout du monde de l'entreprise* · être plein de

- y mettre · faire assaut de • afficher · faire preuve de · manifester • pousser ... jusqu'à
- démontrer · montrer · prouver • marquer · témoigner de
- croire à · être convaincu de · faire confiance à
- saluer : *la classe politique salue la bonne volonté du roi*
- douter de · (re)mettre en cause : *personne ne met en cause sa bonne volonté et sa sincérité*
- avoir raison de · décourager · lasser
- manquer de

∞ VERBE + bonne volonté
- geste · signe • gage : *la suspension de la grève est présentée comme un gage de bonne volonté* · preuve

mauvaise volonté *nom fém.*

∞ mauvaise volonté + ADJECTIF
- caractérisée · singulière • évidente · manifeste

∞ mauvaise volonté + VERBE
- (passif) entraver • agacer · exaspérer

∞ VERBE + mauvaise volonté
- faire preuve de · manifester · montrer · y mettre : *comment peut-on y mettre autant de mauvaise volonté ?*
- marquer · montrer · témoigner de
- être dû à : *cet état de fait n'est pas seulement dû à la mauvaise volonté des employeurs* · tenir à
- se heurter à : *il s'est heurté à la mauvaise volonté des services sociaux*
- critiquer · dénoncer · fustiger · regretter · s'en prendre à · se plaindre de · stigmatiser • s'impatienter devant · s'irriter de • montrer du doigt · pointer

volte-face *nom fém. invar.*

∞ volte-face + ADJECTIF
- diplomatique · politique • stratégique · tactique
- brusque ⁺ ⁿᵒᵐ · brutale ⁺ ⁿᵒᵐ · soudaine · subite
- incroyable · saisissante · spectaculaire · stupéfiante · théâtrale • complète · radicale
- imprévue · improbable · inattendue • curieuse · étonnante • incompréhensible
- tardive

∞ VERBE + volte-face
- faire (sans art.) : *la justice a fait volte-face en prononçant un non-lieu* · opérer • multiplier (plur.) : *il multiplie les volte-face stratégiques*
- expliquer · justifier : *il a eu quelques difficultés à justifier sa volte-face*

volupté *nom fém.*

∞ volupté + ADJECTIF
- extrême · grande + nom · infinie · intense : *un moment de volupté intense* · profonde · suprême • étonnante · indéniable · singulière
- douce + nom · exquise + nom
- secrète

∞ VERBE + volupté
- procurer : *la volupté procurée par la dégustation d'un macaron à la rose*
- trouver ... dans : *il trouve une secrète volupté dans l'échec*

vote *nom masc.*

∞ vote + ADJECTIF
- populaire : *il devra respecter le vote populaire*
- à bulletin secret · à main levée · à (la) majorité (absolue / qualifiée) · proportionnel • électronique · par correspondance · par procuration
- direct · indirect · uninominal • conforme : *cette réforme nécessite un vote conforme des députés et des sénateurs* • bloqué° : *le gouvernement a eu recours au vote bloqué*
- démocratique · libre
- blanc · nul • de confiance° • utile : *le réflexe du vote utile a pénalisé les petites formations*
- formel : *ils n'ont pas eu recours à un vote formel pour prendre cette décision* · solennel
- préalable · préliminaire • indicatif
- obligatoire : *les partisans du vote obligatoire*
- décisif • définitif : *le vote définitif du projet de loi doit intervenir le 9 avril* · final
- massif • majoritaire · plébiscitaire · unanime
- serré : *il a été réélu gouverneur à l'issu d'un vote serré*
- sans surprise
- favorable · positif
- contestataire · protestataire · sanction • militant
- extrémiste · nationaliste
- défavorable · hostile (à) · négatif

∞ vote + VERBE
- avoir lieu · intervenir · se dérouler · se tenir
- progresser : *le vote protestataire progresse*
- être acquis : *le vote a été acquis à l'unanimité*
- tenter (passif) : *les électeurs tentés par le vote écologiste*
- indiquer · montrer · refléter · témoigner de · traduire
- confirmer · entériner · valider • trancher : *cette question sera tranchée par le vote des militants* · départager • légitimer
- désigner · élire : *les membres de l'assemblée seront élus par un vote à bulletins secrets*

∞ VERBE + vote

- demander · exiger · nécessiter : *une telle mesure nécessiterait le vote d'une loi*
- appeler à · préconiser : *il préconise le vote blanc* • proposer · réclamer · solliciter
- encourager · favoriser : *les facteurs qui ont favorisé le vote sanction*
- instaurer · organiser
- avoir recours à · passer à / par · procéder à · recourir à • faire l'objet de · soumettre à
- participer à · prendre part à
- émettre : *ils ont émis un vote massivement favorable à la monnaie unique* · exprimer
- prévoir · s'attendre à
- faire basculer · influencer · orienter · peser sur
- se disputer : *les deux candidats se disputent le vote des femmes*
- arracher · conquérir · gagner · obtenir · récupérer · s'assurer · se mettre dans la poche
- approuver · confirmer · entériner · valider • respecter
- expliquer · justifier
- différer • anticiper · avancer • reporter · repousser · retarder
- annuler : *ils ont annulé le vote en raison des soupçons de fraude*
- contester · critiquer · refuser • boycotter • bloquer · empêcher · perturber
- entacher : *aucun incident n'a entaché le vote dans la capitale*

∞ NOM + vote

- droit : *le débat sur le droit de vote des étrangers* · liberté
- consigne : *elle n'a donné aucune consigne de vote* • intention : *il est crédité de 30 % des intentions de vote dans les derniers sondages*
- modalité · opérations : *les opérations de vote se poursuivront jusqu'à minuit* · procédure · système
- bulletin : *ils poursuivent le décompte manuel des bulletins de vote* · bureau

par le / un vote

- adopter · approuver · décider
- s'exprimer · se prononcer

voyage *nom masc.*

∞ voyage + ADJECTIF

- d'agrément · privé · touristique • officiel : *le Premier ministre est en voyage officiel à Moscou* • d'affaires · d'étude · exploratoire · humanitaire • éducatif · scolaire • de noces • à la carte · indépendant · organisé • intersidéral · interstellaire · spatio-temporel • inaugural : *le voyage inaugural du Titanic*
- initiatique · spirituel • immobile · intérieur · mental • nostalgique · sentimental
- historique : *le voyage historique de Sadate à Jérusalem* · important
- beau $^{+\,nom}$ · enchanté · fabuleux · fantastique · fascinant · inoubliable · intéressant · joli $^{+\,nom}$ · magnifique · merveilleux · passionnant
- aventureux · épique · mouvementé · plein de péripéties · plein d'imprévus · riche en surprises
- dangereux · périlleux · risqué • sans retour : *pour beaucoup de ces esclaves, c'était un voyage sans retour*
- éprouvant · épuisant · éreintant · fatigant · harassant · pénible
- clandestin · incognito
- au long cours · grand $^{+\,nom}$ [aussi euph.] : *faire le grand voyage; il a fait un grand voyage en Asie* · long $^{+\,nom}$
- court $^{+\,nom}$ · (-)éclair · express · petit $^{+\,nom}$ · rapide
- dernier $^{+\,nom}$ · ultime $^{+\,nom}$: *la station orbitale effectue son dernier voyage*

∞ voyage + VERBE

- commencer
- se dérouler · se passer • se poursuivre
- s'achever · s'arrêter · se terminer
- impressionner · marquer : *c'est un voyage qui l'a beaucoup marqué* • éprouver · enchanter · plaire
- éprouver · fatiguer

∞ VERBE + voyage

- planifier · prévoir · projeter • réserver
- organiser · préparer • accompagner · encadrer
- financer : *ils ont organisé une tombola pour financer leur voyage* · (se) payer
- emmener en · inviter à · offrir · proposer
- gagner : *il a gagné un voyage pour deux aux îles Marquises*
- (s')embarquer dans · entreprendre · partir en • commencer · entamer • tenter
- accomplir : *Hérodote a accompli un voyage chez les Scythes au 5e siècle av. J.C.* · effectuer · faire · s'offrir • être de : *il aurait dû être du voyage mais il n'avait pas son visa* · faire partie de · participer à
- être en • continuer · poursuivre • prolonger
- achever · terminer
- rentrer de · revenir de
- narrer · raconter · relater · retracer : *son film retrace le voyage de deux clandestins*

- décaler • avancer • ajourner • différer • remettre : *il a remis son voyage à plus tard* • reporter • repousser
- écourter • interrompre
- annuler • renoncer à
- (mal) supporter : *le champagne / la vieille dame a mal supporté le voyage*
- se remettre de
- valoir (+ art. déf.) : *le nord du Pays de Galles vaut le voyage*

∾ NOM + **voyage**
- carnet • livre • note • récit

[1]**vue** *nom fém.* (opinion, souvent plur.)

∾ **vue** + ADJECTIF
- personnelle : *le ministre a des vues personnelles très précises sur le sujet*
- critique • conservatrice • modérée • radicale • etc.
- complète • d'ensemble • générale • globale • synthétique
- nouvelle • originale
- différente • (diamétralement) opposée
- intéressante • éclairée • juste • pertinente • claire • précise
- sommaire • superficielle : *il a une vue très superficielle du problème de l'immigration* • fragmentaire • incomplète • partielle • tronquée • naïve • simpliste : *il dénonce cette vue simpliste du conflit*
- bornée • étroite • archaïque • rétrograde • basse° : *avoir la vue basse* • courte : *avoir la vue courte*

∾ VERBE + **vue**
- avoir • être connu pour : *il est connu pour ses vues rétrogrades*
- développer : *il a développé une vue originale de la place de l'intellectuel dans la société*
- apporter : *il apporte une vue d'ensemble du métier* • donner • proposer • exposer • exprimer • confronter • échanger
- faire prévaloir • faire valoir • imposer : *il cherche à imposer ses vues personnelles au gouvernement*
- épouser • se rallier à • se ranger à • partager : *un groupe de citoyens qui partagent les mêmes vues*

point de vue

∾ **point de vue** + ADJECTIF
- critique : *il conserve un point de vue critique sur le libéralisme*
- personnel : *je n'exprime là qu'un point de vue personnel* • subjectif
- commun : *il exprime le point de vue commun aux associations*
- contraire • différent • original • particulier • singulier • extérieur : *nous avons besoin d'un point de vue extérieur*
- identique • proche

∾ VERBE + **point de vue**
- avoir : *les syndicats ont un point de vue différent sur la question* • partager : *un point de vue partagé par l'ensemble des parents* • rejoindre
- adopter : *l'auteur a adopté le point de vue d'un soldat français* • épouser
- demander : *personne ne nous a demandé notre point de vue*
- apporter • donner • imposer
- recueillir : *nous sommes venus recueillir le point de vue des salariés* • connaître • lire : *tu peux lire le point de vue du ministre dans le journal*
- refléter • représenter : *il est censé représenter le point de vue de la collectivité* • résumer
- exposer • exprimer • faire connaître • faire part de • préciser • publier : *c'est ce qu'il affirmait dans un point de vue publié hier dans le journal*
- confronter • échanger : *ce forum permet aux membres d'échanger leurs points de vue et leurs expériences*
- faire entendre • faire valoir
- expliquer • justifier
- maintenir • réaffirmer
- défendre • soutenir : *il soutient le point de vue contraire* • admettre • comprendre • accepter
- confirmer • conforter
- prendre en compte
- changer • réviser

[2]**vue** *nom fém.* (d'un paysage)

∾ **vue** + ADJECTIF
- aérienne • cavalière° • subjective° • directe • frontale • imprenable° : *quatre heures d'ascension pour une vue imprenable sur les Alpes* • plongeante • d'ensemble • générale • panoramique
- claire • dégagée : *à l'ouest, la vue est parfaitement dégagée*
- magistrale • majestueuse • somptueuse • époustouflante • étonnante • impressionnante • incroyable • inoubliable • saisissante • spectaculaire • surprenante • admirable • belle + nom • éblouissante • exceptionnelle • fantastique • jolie + nom • magnifique • merveilleuse • ravissante • remarquable • splendide •

sublime · superbe • enchanteresse · magique • apaisante

∾ **vue** + VERBE

- porter : *la vue porte loin / jusqu'à la Forêt Noire* · s'étendre • plonger sur : *de la tour, la vue plonge sur la vallée de l'Aveyron* · s'ouvrir sur

∾ VERBE + **vue**

- avoir · disposer de · offrir : *la terrasse offre une vue imprenable sur la vallée* · posséder • bénéficier de · jouir de : *l'hôtel jouit d'une vue splendide sur l'océan*
- découvrir • admirer · contempler · regarder
- apprécier · profiter de
- dégager : *des arbres ont été abattus afin de dégager la vue*
- barrer · boucher · cacher · gêner : *cette colonne gêne la vue des premiers rangs* · masquer : *la palissade masque la vue des bâtiments* · obstruer

[3]**vue** *nom fém.* (sens)

∾ **vue** + ADJECTIF

- bonne ⁺ ⁿᵒᵐ · excellente · perçante
- mauvaise ⁺ ⁿᵒᵐ • déclinante · fatiguée
- brouillée : *la vue brouillée par les larmes*

∾ **vue** + VERBE

- baisser · décliner : *sa vue a commencé à décliner* · faiblir
- se brouiller · se troubler

∾ VERBE + **vue**

- avoir (+ adj.) : *il a une très bonne vue*
- améliorer
- redonner · rendre
- recouvrer · retrouver : *il a retrouvé la vue après une longue période de cécité*
- brouiller · troubler
- perdre
- réjouir : *ce jardin réjouit la vue et l'odorat* • en mettre plein°
- ne pas supporter : *il ne supporte pas la vue du sang*

vulgarité *nom fém.*

∾ **vulgarité** + ADJECTIF

- incroyable · rare + nom • affligeante · confondante · crasse

∾ VERBE + **vulgarité**

- (+ adj.) être : *cette émission est d'une vulgarité crasse* · se montrer • faire assaut de
- (souvent nég.) céder à : *il nous fait rire sans jamais céder à la vulgarité* · sombrer dans · tomber dans · verser dans • se complaire dans
- éviter · refuser
- être dénué de : *un style totalement dénué de vulgarité*

∾ NOM + **vulgarité**

- soupçon • once (nég.) : *sans une once de vulgarité*

W-Z

xénophobie *nom fém.*

∾ xénophobie + ADJECTIF
- ambiante • ordinaire
- latente : *l'exploitation politique de la xénophobie latente* · rampante

∾ xénophobie + VERBE
- gagner : *la xénophobie gagne du terrain / les milieux régionalistes*

∾ VERBE + xénophobie
- flirter avec : *son discours identitaire flirte souvent avec la xénophobie* · friser • être imprégné de · être teinté de : *un populisme teinté de xénophobie*
- encourager • alimenter · attiser · nourrir
- être confronté à · être victime de
- dénoncer · s'élever contre • combattre · lutter contre · manifester contre

∾ NOM + DE + xénophobie
- climat · fond
- flambée · montée : *ils s'alarment de la montée de la xénophobie et du racisme* · poussée · regain · vague • relent (plur.)

y

yeux *nom masc. plur.*

∾ yeux + ADJECTIF
- clairs · sombres • bleus · bruns · dorés · gris · marron · noirs · noisette · verts · violets • cerclés de khôl · charbonneux : *des yeux charbonneux dessinés au khôl* • vairons
- (aussi sing.) d'aigle° · de lynx° : *son œil de lynx l'avait tout de suite repéré*
- allongés · bridés : *il a les yeux un peu bridés* · de chat° · en amande° · fendus • en boules de loto° · en boutons de bottines° • ronds
- beaux + nom : *« T'as d'beaux yeux, tu sais »* (*Quai des Brumes*, film de Marcel Carné, dialogues de Jacques Prévert) · jolis + nom · magnifiques · splendides
- énormes · grands + nom · immenses • exorbités · globuleux · protubérants
- brillants · étincelants · lumineux · pétillants
- embrumés · embués · humides · inondés de larmes · larmoyants
- rouges · rougis • vitreux • secs
- minuscules · petits° + nom : *tu as de petits yeux, tu ne dors pas assez* • enfoncés • de cochon° · porcins
- bouffis · cernés · gonflés : *les yeux gonflés de larmes / de sommeil* • chassieux • au beurre noir · pochés · tuméfiés
- fous : *un gourou aux yeux fous*
- comme des soucoupes° · (grand) ouverts : *il dort les yeux ouverts*
- (mi-)clos · fermés

∾ yeux + VERBE
- s'ouvrir • s'agrandir · s'écarquiller
- clignoter · papilloter
- briller · pétiller · s'allumer · s'animer · s'éclairer · s'illuminer • rire · sourire • lancer des éclairs
- se fermer
- trahir : *ses yeux trahissent une grande fatigue*
- pleurer : *ses yeux pleurent à cause du froid* · s'embrumer · s'embuer · se mouiller · s'emplir de larmes · se voiler
- se fatiguer • picoter · piquer : *j'ai les yeux qui piquent, je vais me coucher*
- se révulser • chavirer

∾ VERBE + yeux
- écarquiller · ouvrir
- ciller · cligner de · plisser • lever au ciel : *les yeux levés au ciel, elle soupire de soulagement* ·

tourner … vers : *il tourna les yeux vers moi* • se frotter
- regarder dans : *regardez-moi (droit) dans les yeux*
- dessiner au khôl · (se) (dé)maquiller
- (s')esquinter*fam.* : *tu t'esquintes les yeux à lire sans lumière* · (se) fatiguer · (s')user
- (s')abriter · (se) protéger · (se) reposer
- arracher : *j'ai cru qu'il allait m'arracher les yeux quand j'ai dit ça*
- fermer : *il a fermé les yeux et s'est endormi ; c'est elle qui a fermé les yeux de son père* • bander : *ils lui ont bandé les yeux avant de le changer de cachette*

▷ voir aussi [1]**œil**

Z

zèle *nom masc.*

∾ zèle + ADJECTIF
- administratif · policier • patriotique · religieux • militant · prosélyte • du néophyte : *animé du zèle du néophyte*
- particulier • inaccoutumé · inédit · inusité · peu commun
- ardent · extraordinaire · extrême · infatigable · inlassable
- excessif • déplacé · intempestif : *les policiers ont fait montre d'un zèle intempestif* · mal placé
- répressif : *le zèle répressif dont font encore preuve certains tribunaux*

∾ VERBE + zèle
- faire : *arrête de faire du zèle !* • déployer · faire montre de · faire preuve de · manifester · montrer · témoigner de • être animé de (+ adj.) • rivaliser de • redoubler de : *les ouvriers ont redoublé de zèle pour mener la tâche à bien* • pousser … jusqu'à : *il pousse le zèle jusqu'à travailler la nuit*
- enflammer : *ces discussions enflammèrent son zèle révolutionnaire* · réveiller
- refroidir • tempérer : *les contrôleurs ont dû tempérer leur zèle*
- dénoncer · reprocher

∾ NOM + DE + zèle
- excès : *il a péché par excès de zèle*
- manque : *il lui reproche son manque de zèle*

zizanie *nom fém.*

∾ zizanie + VERBE
- régner · s'installer : *la zizanie s'est installée dans le couple / parmi les dirigeants*

∾ VERBE + zizanie
- semer : *le ministre a semé la zizanie au sein de l'Union / entre les infirmières et les médecins*
- être une source de · être un sujet de

zone *nom fém.* (territoire)

∾ zone + ADJECTIF
- géographique · linguistique · militaire · etc.
- économique • euro · monétaire
- de libre échange · franche○ • d'élevage · de pêche
- habitée • rurale · urbaine • périphérique · périurbaine • piétonne · piétonnière • pavillonnaire • [Admin.] à urbaniser en priorité (ZUP) · d'aménagement concerté (ZAC) · d'aménagement différé (ZAD)
- artisanale · commerciale · d'activités · industrielle
- frontalière · limitrophe
- côtière · forestière · maritime · montagneuse
- tempérée • aride · désertique · sèche • humide · tropicale
- accessible (à) : *une zone accessible aux seuls résidents*
- constructible
- inconnue · inexplorée · vierge : *l'une des dernières zones vierges d'Europe*
- [Mil.] • de combat · occupée • de sécurité · tampon • libre○ [surtout Hist.] • neutre : *l'aéroport se trouve en zone neutre*
- étendue · grande + nom · large · vaste
- centrale · importante · stratégique
- calme · tranquille
- protégée : *ce parc fait partie d'une zone protégée*
- inconstructible · inondable · marécageuse
- inaccessible (à) • difficile d'accès · enclavée • interdite · rouge : *une zone rouge a été instaurée autour du lieu de réunion du G8*
- à risque · de turbulences • dangereuse · difficile · sensible · vulnérable • de non-droit
- dévastée · inondée · sinistrée

∾ zone + VERBE
- abriter · compter : *cette zone compte 30 % de chômeurs* · contenir
- aller de … à … · s'étendre de … à …

∾ VERBE + zone
- créer · définir · délimiter · établir · instaurer · instituer : *l'acte instituant une zone franche / d'aménagement différé* · mettre en place : *ils ont mis en place une zone de sécurité* • développer : *ils veulent développer une zone industrielle* • conserver · maintenir

- constituer · former • appartenir à · faire partie de · s'inscrire dans
- être concentré dans / sur : *la guérilla est concentrée dans cette zone* · être présent dans · être situé dans
- explorer · parcourir · survoler · traverser • patrouiller · quadriller · sillonner · surveiller
- atteindre · franchir · rejoindre • entrer dans / en · pénétrer dans / en · s'aventurer dans / en · se rendre dans / en • s'implanter dans / en · s'installer dans / en • se réfugier dans / en · se replier dans / en • vivre dans / en
- intégrer : *les contraintes financières imposées pour intégrer la zone euro*
- annexer · (re)conquérir
- aménager · mettre en valeur · valoriser • préserver · protéger • assainir : *ils ont le projet d'assainir cette zone inondable*
- sécuriser • (dé)militariser • libérer
- urbaniser • (re)peupler
- contrôler · gouverner • occuper
- (re)convertir en · transformer
- (souvent passif) contaminer · infester · polluer • dévaster · ravager
- s'éloigner de • évacuer : *les pompiers ont fait évacuer la zone* · fuir · quitter · se retirer de · sortir de
- fermer

Imprimé en Italie par

LTV

LA TIPOGRAFICA VARESE
Società per Azioni
Italie
N° d'éditeur 10193987 - Dépôt légal Janvier 2013